本丛书出版获得
中央民族大学“铸牢中华民族共同体意识”研究专项基金
中央民族大学中国史一级学科建设专项经费
资助

八旗档案文献汇编

【第一辑】第一册

哈斯巴根 主编

佐领印轴

族长印轴

钦定拣放佐领则例

中国边疆民族多语种历史文献丛书

社会科学文献出版社
SOCIAL SCIENCES ACADEMIC PRESS (CHINA)

前　言

整体而言，清代继承和发展了前代的政治制度。其中，八旗制度集汉、满、蒙等众多族群，为清代特有的政治制度。雍正帝所言："八旗为本朝根本，国家莫有要于此者。"八旗是清朝独创的社会组织形式，入关前集军事、行政管理、生产等诸多职能为一体。八旗由八旗满洲、八旗蒙古和八旗汉军构成，"其制以旗统人，即以旗统兵"。入关后，八旗的军事职能得到加强，分为京旗和驻防八旗。另外在边疆地区设有以八旗制组建起来的一些部族。

清代多语种八旗档案文献属于中华民族传统文化的组成部分，因此对海内外相关档案文献进行调查、整理和研究并建设文献数据库，是一项综合性文化工程，对增加我国文化大国的历史文献权重、建立国家民族的文化自信、复兴中华优秀传统文化，都具有重要的现实意义和学术价值。

一

清初八旗形成和发展的记述，首先见于《满文老档》（其原本为

《满文原档》)。国内研究《满文老档》始于金梁等人的选译。1969年，台北“故宫博物院”以《旧满洲档》为名影印出版《满文老档》的原本。其后，辽宁大学历史系出版《重译〈满文老档〉》，中国第一历史档案馆、中国社会科学院历史研究所组织对《满文老档》进行重译，于1990年出版。2006年，台北“故宫博物院”重新影印出版《满文老档》原本时，冠以《满文原档》之名。2009年，中国第一历史档案馆又整理出版《内阁藏本满文老档》。至此《满文老档》及其原本均已相继问世。

日本学者内藤湖南于1905年在沈阳故宫崇谟阁首先发现《满文老档》。二战后，日本学者将《满文老档》译成日文出版。1972年至2001年间，东洋文库清代史研究室以《镶红旗档》为名共出版了4册（日文3册、英文1册）目录和档案汇编。1972年、1975年，东洋文库清代史研究室又将《天聪九年档》整理出版。

20世纪下半叶，国内陆续推出过一些有关清代八旗档案文献的点校本，如《八旗通志初集》《钦定八旗通志》《清代的旗地》等。20世纪80~90年代，八旗各驻防点的档案也有人整理出版，如《珲春副都统衙门档案选编》《兴京旗人档案史料》等。有些学者也进行了满文档案的汉译工作，其中，关嘉禄等人汉译原藏东洋文库的满文镶红旗雍正、乾隆年间部分档案。集体协作汉译的档案资料汇编有《清代西迁新疆察哈尔蒙古满文档案译编》《三姓副都统衙门满文档案译编》《锡伯族档案史料》等。其间，八旗驻防志也陆续出版，例如《杭州八旗驻防营志略·绥远旗志·京口八旗志·福州驻防志

（附琴江志）》《荆州驻防八旗志》等。在满族及八旗家谱方面，李林、傅波、张德玉、何晓芳等人主编过各种版本的家谱选编。

此外，八旗有关碑刻文献也逐渐引起学界的注意。1989 年，中州古籍出版社就出版了北京图书馆藏历代碑刻拓片，名为《北京图书馆藏中国历代石刻拓本汇编》，其中清代部分占据很大比例。2019 年，李林主编的《满族碑石》（满汉文）由辽宁民族出版社出版，给学界提供了不少珍稀文献。

在影印出版八旗档案文献方面，台湾商务印书馆很早就推出文渊阁四库全书影印本，其中就有汉文《钦定八旗通志》《上谕八旗》等相关文献资料。2012 年，全国图书馆文献缩微复制中心影印出版《清代八旗史料汇编》。2015 年，辽海出版社又推出《八旗文献集成（第一辑）》，公布了又一批汉文八旗研究文献。2018 年，吴忠良和赵洪祥主编出版《清代伯都讷满汉文档案选辑》。

国内的八旗制度研究起步很早，质量颇高。孟森先生于 1936 年发表长篇经典论文《八旗制度考实》。中华人民共和国成立后，中央民族学院（中央民族大学前身）的王锺翰先生重点关注八旗制度研究，撰写《清初八旗蒙古考》（1957）、《清代八旗中的满汉民族成分问题》（1990）等论文，开拓了一个新的研究领域。他指导的研究生如刘小萌、定宜庄、姚念慈、祁美琴、赵令志，分别在满族部落到国家的发展、八旗驻防制度、八旗制国家、内务府、八旗土地制度等领域撰写学位论文，后又陆续修订出版专著。

另外，杨学琛、周远廉合著的《清代八旗王公贵族兴衰史》

（1986）和张晋藩、郭成康合著的《清入关前国家法律制度史》（1988），是相关研究较早的著作。杜家骥陆续出版《八旗与清朝政治论稿》（2008）、《清代八旗官制与行政》（2015）等专著。刘小萌的《清代北京旗人社会》（2008）是一部有关北京旗人研究的经典著作。杜家骥的学生雷炳炎专门研究八旗贵族世家问题，出版两部专著。

还有一些学者虽然没有八旗研究专著，但他们的学术贡献是很突出的。陈佳华、傅克东、达力扎布、张永江等在八旗佐领、户籍、教育、官制和八旗察哈尔等方面进行过开创性研究。台湾学者广禄、李学智、庄吉发、陈捷先、陈文石、刘家驹等人编选的相关档案文献及进行的专题研讨也值得肯定。近几年八旗研究某些专题也有所深入，定宜庄、祁美琴、朱永杰、孙守朋、邱源媛、孙静、潘洪钢、宏伟、金鑫、刘蒙林、鹿智钧等学者相继推出其学术著作。

国外八旗制度研究，以日本和美国学者的成绩最为突出。其中日本学者的研究较早，成果颇丰。1940 年周藤吉之就探讨过八旗驻防问题。1965 年，三田村泰助出版专著《清朝前期史研究》，讨论了满洲氏族组织与八旗成立的过程。其后，安部健夫在其著作中专门探讨了满洲牛录问题。1980 年，阿南惟敬的《清初军事史论考》出版，解析了八旗诸多疑难问题。松村润和神田信夫的研究主要集中在八旗档案文献方面。细谷良夫关注汉军八旗，发表了多篇有分量的论文和实地调查报告。近二十年，日本的八旗研究也有进展，杉山清彦、柳泽明、增井宽也、楠木贤道、承志、绵贯哲郎、谷井阳子等学者，或有专著出版，或有系列论文发表。松浦茂的世职官研究也是开拓性的。

在北美，“新清史”研究主要关注的是“族群认同”，他们的研究或多或少涉及八旗问题。例如柯娇燕的《孤军：满人一家三代与清帝国的终结》（1991）、《历史的透镜：清帝国意识形态中的历史和族性认同》（1999），罗友枝的《清代宫廷社会史》（1998），路康乐的《满与汉：清末民初的族群关系与政治权力》（2001），欧立德的《满洲之道：八旗与中华帝国晚期的种族认同》（2001）等，视角很独特，但他们的有些观点值得商榷。

此外，在早期研究当中，俄国学者史禄国的满洲社会组织研究也是非常突出的。

概括而言，以前的研究虽然在八旗档案文献的整理与研究方面取得了不少的成绩，但依然在以下几个方面尚有不足。第一，多语种民族文字档案文献的挖掘、整理不充分，对多语种档案文献的解读不成系统。第二，诸多八旗相关专题研究不够深入。如整体上看，和满洲八旗研究相比，蒙古八旗、汉军八旗的研究很滞后；经济、文化、人物等课题需要深入，尤其是对作为基层单位的佐领和八旗内部氏族组织之研究较为欠缺。从时间段来讲，入关后八旗的研究尚存在诸多空白之处。第三，档案文献数据库的建设尚不存在。因此，系统地调查、整理和研究，并建设相关文献数据库，是当前八旗历史文献整理和研究面临的重大课题。

二

多语种八旗档案文献是指用汉、满、蒙、藏等多种文字撰写而成，内容涉及清代八旗政治、经济、文化诸方面的历史资料。其中，档案主要是指遗留下来的公文或历史文书；文献主要是指官、私修典籍。我们今天可以结合利用清代官修政治法律文献和多语种档案，集中精力对八旗源流、氏族组织与牛录的关系、牛录类型、八旗人口及户籍制度、旗内世爵世职制、军功贵族制、兵制、牧厂，以及相关法律制度、社会经济、民族关系、国家认同等具体内容进行深入研究。

据考察，在中国第一历史档案馆所藏全宗中，直接与八旗有关的有八旗都统衙门档案，共 783 卷（据秦国经《明清档案学》）35073 件（册）（据中国第一历史档案馆网站）。我们知道雍正初建立 24 个都统衙门，该全宗就是这些都统衙门办公过程中形成的行政文书的一部分。我们说其为一部分，是据文献记录，雍正十三年查看库内，发现自顺治年间至康熙六十一年的八旗行文档册有 120 册，文书有 64652 件；雍正年间的八旗档册有 470 册，文书有 62412 件。可见中国第一历史档案馆收藏的八旗都统衙门档案只是清代该类档案的一部分，剩下的大部分已经毁掉或流散在海外了。中国第一历史档案馆还收藏八旗世袭谱档、八旗杂档。以上是专门的八旗档案，另外还有军机处录副奏折、朱批奏折，户部、兵部、刑部、理藩院、步军统领衙门、前锋护军营等各部门的档案里都保存着数量不少的满汉文八旗相关档案。还有1956年苏联返还的黑龙江将军衙门、宁古塔副都统衙门、阿拉楚喀副都统衙门、珲春副都统衙门等机构的档案，数量可观。

此外，台北的“故宫博物院”和中研院等机构保存有一定数量的满汉文档案，其中也有内容涉及八旗。历朝宫中档和军机处档折件是台湾保存清代八旗档案的主要全宗。清代各地方驻防将军、都统、副都统衙门的档案也保存在各地方。如黑龙江将军衙门、吉林将军衙门、宁古塔副都统衙门、阿拉楚喀副都统衙门、珲春副都统衙门等机构的档案，有一部分至今保存在黑龙江省档案馆和吉林省档案馆。辽宁省档案馆保存黑图档、三姓副都统衙门等档案。内蒙古自治区档案馆收藏清代呼伦贝尔副都统衙门档案。土默特左旗档案馆保存清代归化城土默特副都统衙门档案。以上档案的绝大部分是满文、满汉合璧或蒙文的，只有少量的汉文档案。

以上主要介绍八旗有关档案的保存情况。另外，相关典籍文献也收藏在国内各图书馆等机构。据笔者考察，国家图书馆就藏有多语种合璧石刻文献，以及满文家谱、诰命、印轴、户口册，历代《八旗则例》，《八旗通志》初集、二集，《八旗满洲氏族通谱》等。此外，中央民族大学图书馆、北京大学图书馆、民族文化宫图书馆等机构也保存八旗有关满文或满汉合璧的珍稀文献等。再就是社会上个人的收藏也是不能忽略的需要挖掘的对象。

因历史原因，部分八旗档案文献流传到海外各收藏机构。目前知道的有日本的东洋文库、天理图书馆和美国的哈佛燕京图书馆，以及法国、俄罗斯、蒙古国等国家各级档案馆、图书馆，它们均收藏数量可观的相关文献。

其中，东洋文库所藏满汉文“镶红旗档”是雍正元年（1723）至民国 11 年（1922）间的镶红旗满洲、汉军都统衙门的档案集成。1972 年、1983 年，东洋文库方面已经出版镶红旗满洲都统衙门档案中的雍正、乾隆朝部分和光绪朝的目录《东洋文库所藏镶红旗档光绪朝目录》。该档所包含的镶红旗满洲旗人的历史资料内容丰富而广泛，全面反映了雍乾两朝八旗社会的政治、军事、经济活动。据已经翻译出版的雍正、乾隆两朝档案（国内有汉译本出版），除个别外，基本上由奏折及其附件构成。由于奏折内容及格式极其多样，很难严格分类，可权且分作（1）人事关系奏折，（2）定例奏折，（3）事件奏折，（4）谢恩折、谢罪折四类。关于附件，其形式、内容决定于奏折本体。

另外，东洋文库藏有一部分珍贵的满文清代镶白旗蒙古都统衙门档案。东洋文库最新目录把镶白旗蒙古都统衙门档案重新编号为 MA2-23-4、MA2-23-5，分别登记有 60 件和 96 件。但是，笔者翻阅时发现 MA2-23-5 下有 98 件，目录少做了 2 件。这样总共应有 158 件。从格式上分类，该部分档案有佐领根源档、佐领承袭或佐领署理的奏折及家谱档、世爵世职承袭的奏折及家谱档、引见补授档、旧营房兵丁一年情况汇报档、循例请给纪录档、纪录折单、谢恩折、钱粮关系档、佐领遗孀生女上报档等类型。其史料价值，可以从蒙古八旗的佐领人员构成、牛录及佐领的类型、世爵世职、法令的实效性等几个方面去了解。

除此之外，东洋文库还收藏满文满洲正黄旗档、满洲正红旗档，荆州驻防、张家口驻防、察哈尔八旗档，等等。

据目录和相关报道，日本的天理图书馆收藏部分原奏、八旗人物传记和奏折稿等档案文献资料。如《伊犁奏折稿》（满汉文）、《古尔布什额驸事迹稿》（满文）、《塔尔巴哈台事宜上谕》（满汉文，抄本、三册，嘉庆二年），以及乾隆七年、五十年满文《钦定八旗则例》等，这些也是比较珍贵的第一手资料。

美国哈佛大学燕京图书馆藏有不少满文档案，其中一部分已由广西师范大学出版社出版。如《附镶黄旗察哈尔和硕特公札萨克台吉等源流册》《抄本满文户口册》《甲喇档册》《嘉庆、道光满洲正红旗奏折档》《光绪、宣统满洲正红旗奏折档》《蒙古镶黄旗档册》等。此外，美国国会图书馆藏满汉文文献有《上谕八旗》（满文 10 册、汉文 10 册）、《谕行旗务奏议》（满文 10 册、汉文 6 册）、《上谕旗务议复》（满文 10 册、汉文 8 册）、《镶黄旗汉军红白册》（满文）、《正红旗闲散宗室花名册》（满文）、正白旗满洲《世管佐领承袭系图》（满文）、《圆明园包衣三旗护军营养育兵应得银两旗佐领花名数目册》（满文，道光十四年八月）等。

上述之外，蒙古国中央档案馆收藏有清代库伦办事大臣档案（蒙满文）等重要档案。

以上简单地考察了国内外八旗相关档案文献的收藏情况及研究概况。据此可知，八旗档案文献的公布还需要学界的继续努力。绝大部分档案尚未公布（不管是网上公开还是纸质版的出版），而且原样影印出版的相关档案文献极少，影响我们研究的深入展开。

因此，中央民族大学历史文化学院现规划影印出版一系列与清代八旗有关的档案文献，名为“中国边疆民族多语种历史文献丛书”。本丛书选择档案文献的基本原则如下。第一，必须是国内首次影印出版。第二，要公布的档案文献的内容涉及八旗的政治、兵制、行政、经济、户口、文化、人物等方面。第三，选择汉、满、蒙、藏等多种（或合璧）文字撰写的资料。我们的目的是通过第一手档案文献的公布来重启和推进八旗制度研究，将该研究推到一个新的高度。

三

此次，我们首先要公布一部分中国国家图书馆馆藏满文档案文献，作为丛书第一部分《八旗档案文献汇编》的第一辑。我们可以把此次准备影印出版的档案文献分为两大类，即印轴档案和《钦定拣放佐领则例》。印轴档案还可以分为佐领印轴和族长印轴。中国国家图书馆收藏印轴档案共 45 件，分别为佐领印轴 26 件、族长印轴 19 件。佐领印轴涉及的佐领类型有世管佐领、轮管佐领、勋旧佐领等。这次我们选择其中品相较好的 24 件。据考证，《钦定拣放佐领则例》（共 2 卷）是乾隆初年的法令性文件。以上两类档案文献从未公开出版过。因此，有必要先介绍其形制、内容和史料价值。

首先，我们对佐领印轴和族长印轴形成的年代及历史背景加以考察。

整个雍正时期及乾隆前期，清朝对八旗制度进行了一次较大规模的改革。其内容之一就是重新查清和登记牛录根源、佐领源流，并制作佐领印轴、族长印轴等，以息牛录内人员的争讼。乾隆《会典则例》载："乾隆三年复准，八旗世袭佐领应设立黄纸印轴，将原立佐领原委及承袭支派备书于轴，给发佐领各族长等收执，以凭稽考。其长短尺寸，移咨工部。先造千轴，计长三丈、四丈、五丈者各三百轴；十丈者百轴。其周围螭边款式及纵广尺寸均照功牌式样。嗣后成造均依兵部所需数目及来文内长短尺寸办给。"可见，开始制作佐领印轴的年代是乾隆三年。当时佐领印轴的名称确实是"印轴"，这应该是由其卷轴装和钤印的特征所决定的。当年命制作各长三丈、四丈、五丈、十丈的印轴共千件。乾隆《钦定大清会典》有较为详细的佐领印轴款式尺寸的规定："凡世袭佐领印轴，黄纸制，表里二层，高尺有五寸五分，长数丈至数十丈有差。四周作螭文，缘以色绫，轴端用紫榆木。"从现在发现的佐领印轴来看，不管是世管佐领印轴还是互管佐领印轴、族长印轴，都符合这一规格。

乾隆五年（1740），大学士总理兵部事务大臣鄂尔泰等请旨："今于乾隆五年正月内经钦派王大臣等议定，八旗旧管佐领一百三十七个，准各该旗陆续造册送部。该臣等查得，八旗左右旧管佐领、世管佐领、互管佐领八百有余，佐领下所有族长五千有余，共计佐领、族长将及六千。"（《明清档案》第95册，A95~49）可知，据乾隆五年统计，八旗族长共五千有余，再加上近千名佐领，需要制作将近六千件印轴。由于数量庞大，当时总理兵部事务大臣鄂尔泰等上奏请旨派专员分批制作这些印轴。鄂尔泰的上奏又接着说："印轴系开载佐领、族长等根由来历，实为世守之符，理应作速办理给发。请将佐领印轴臣部书写给与外，应给族长等印轴分交八旗书写，俟书写完日陆续送部，与存贮档册详加核对，盖部印给与。"佐领印轴和族长印轴分别先由兵部和八旗书写后，钤兵部印存放在佐领和佐领下各族长处。所以今天中国国家图书馆收藏的印轴都钤有兵部之印。

其次，宗族组织与牛录编立和佐领承袭问题。

八旗佐领下各设族长，"以教其族人"。宗族组织涉及八旗牛录编立、佐领承袭和牛录内部人员的管理等事项，并与清朝的政治特征等问题密切相关。但是，清初宗族组织的发展，与牛录、佐领的关系等问题，学界至今很少有人涉及。

俄国学者史禄国对满族氏族组织的研究和符拉基米尔佐夫对古代蒙古氏族组织的研究结论不谋而合。在史禄国看来，"在一个较早的时候，族外婚单位——哈拉——都有一个专门名称，并占据着一块土地。当这些族外婚单位在广阔的地域里扩散开的时候，满族人形成了新的族外婚单位，但是，这些单位没有专门名称，而被呼以哈拉的名称和他们定居的地区的军团旗帜的颜色。那么，一个哈拉变成了包含若干新的族外婚单位——嘎尔干这种新的分支——的一个群体。这些新的单位继续移动，它们再一次发生交叉混合，于是满族人创设了一种新的单位——莫昆"。"现在，每一个哈拉可能有许多莫昆，也可能只有一个莫昆。”二战后，日本学者三田村泰助曾有论著对穆昆（即莫昆，宗族之意）进行探讨。他认为，穆昆是哈拉的派生部分，即以地域关系为基础的血缘集团。观察牛录内宗族的人员构成，与牛录根源相比，佐领印轴和族长印轴所述牛录内各宗族人员的名单非常清楚。

再次，考察佐领之分（ubu）。

ubu 一字，来自女真语，意为“分”“分位”。具体到佐领之分，是指在佐领承袭中具有拟正、拟陪或列名等资格。佐领之分的问题也与宗族组织息息相关。雍正、乾隆年间，八旗改革的重要内容之一是议定佐领类型（性质）问题。乾隆时划分佐领为世管佐领、公中佐领和互管佐领等。每一种佐领出缺后，何人或一个宗族内的哪一支有资格被拟正、拟陪或列名等，都有比较严格的规定。我们通过印轴资料，可以了解诸多佐领下宗族的具体情况。

最后，印轴档案反映宗族和牛录人员的驻防情况。

清廷的驻防制度始于入关前。而入关后至雍正朝，驻防制度逐渐走向完备，近一半的八旗兵驻防京城，剩余的驻防在全国各地。由印轴可知，镶红旗蒙古萨尔柱、钮格二牛录的人在西安、江宁、荆州、宁夏、奉天府、养息牧牧厂、古安、上都盐湖、凉州、庄浪、杭州、右卫、四川、天津、热河等关内外各地驻防。在两牛录丁数 235 名中，在京城以外直省驻防和在口外牧厂等地居住者有 162 名，占总数的 68.9%。

通过对牛录所派驻全国各地的人丁数目的考察，我们可以初步了解每一个牛录在八旗各个驻防点的具体人数。以往的研究中，学界通常只是大致知道各驻防点的满蒙马甲兵丁总数，并不清楚蒙古、汉军兵丁的具体人数，尤其对一个蒙古、汉军牛录派驻兵丁的人数缺乏了解。研究佐领印轴，不仅可以厘清相关几个牛录在各驻防点的兵丁人数，还可进一步了解牛录内每个宗族在各驻防点的人丁数目。

雍乾之际，清廷为解决佐领拣放过程中日益严重的争讼问题，对八旗各都统下佐领之根源进行了一次较为彻底的查勘与确认，并陆续制作了数千件佐领印轴和族长印轴，作为佐领拣放时得分之凭据。这些印轴除了记载八旗各佐领根源外，对于各佐领下之宗族来源、族群构成及派驻地点等信息均有十分详细的记录，尤其是添写部分关于佐领承袭之信息直接记录到清末宣统元年，为其他史料所不及。无论是对清代的制度史、民族史，还是对社会、经济、人口等方面的研究，均有重要的学术价值。我们通过印轴档案可以深入了解清代八旗佐领的以下几个方面。

第一，雍乾时期为解决拣放佐领时得分争讼日益严重的问题而进行的查定佐领根源等政务，依据主要是旗部档案、实录、无圈点档等文字档册，以及族众的呈文。

第二，拣放佐领时拟正、拟陪、列名之得分，主要由旧例及前代皇帝的谕令等文件确定，即便是乾隆八年《钦定拣放佐领则例》及其后乾隆三十年《六条例》颁布，该两文件仍未得到严格执行，皇帝仍然是得分与否的最终决定者。

第三，佐领印轴添写的主要原因除补放佐领之缺外，还有佐领更名、旗送有分名单等。添写本身并不必然紧随续修事件，而是常在事件发生一段时间后（甚至数年后）。

第四,八旗满洲佐领下宗族成分复杂，一方面表现在其族源包括满洲、蒙古、索伦、锡伯甚至汉人等不同族群，另一方面佐领下各宗族长期处于合并、重组或人员调动的状态之中。

概括而言，印轴档案的史料价值有以下几点。

第一，据该档案，可以了解牛录的编立年代和历代佐领之间的亲属关系以及氏族等内容。

第二，牛录内部各宗族及其人员的构成是《八旗通志》初集、二集等清代各种编纂性史书都没有记载的内容。印轴档案清楚地记录了清乾隆初期牛录内部各个宗族的原驻地（所属部落）、姓氏及其人丁等情况，较为清楚地说明了这些佐领与其内部宗族的关系。

第三，通过解读印轴，我们可以了解到当时有关氏族的一些概念。例如镶红旗蒙古都统第二参领所属第五佐领喀喇沁地方人 hibcu（钦察）氏宗族内就有锡伯人，可以判断当时的宗族，并不完全是一个同祖源的血缘集团，而是已经发展成以血缘关系为基础的地缘和血缘集团相结合的社会组织了。

第四，我们知道，有关八旗和佐领方面的资料，在《八旗通志》初集、二集,《八旗满洲氏族通谱》等官方编纂史书,《会典事例》《会典则例》《八旗则例》《钦定拣放佐领则例》《六条例》等法令性文献之外，另有《佐领家谱册》《佐领根源册》《人丁册》《履历册》

《承袭册》等档案类资料。我们认为，清廷主导编写这些档案各有其功能和作用。佐领印轴、族长印轴的主要功能是通过追溯该牛录、佐领的源流以及各个宗族与该牛录的关系，清楚地确定佐领的性质和类型。

事实上，印轴中所载内容远不止于此，除上述信息外，各满文印轴还记载了各类司法案件、八旗汉军中养育兵的相关情况以及佐领拣放过程中的诸多事情，这些均有待进一步研究。尤其值得注意的是，族长印轴的制作和发放，标志着其时八旗佐领下族长的确立显然已经不再是单纯的家族内部事务，朝廷的认可与任命成为必须，这也正是清代八旗组织进一步官僚化的具体体现。

另外，根据抄本《钦定拣放佐领则例》之内容可知，该《则例》并非由指定人员纂修，而是在乾隆三年至六年，慎郡王允禧、领侍卫内大臣讷亲及和亲王弘昼等，依据钦派办理佐领根源之王公大臣及八旗大臣所审定的佐领根源和各旗上报的佐领家谱，详晰拟定拣选勋旧佐领、世管佐领时，针对承袭佐领者如何给分，进而选定拟正、拟陪、列名人员引见补放所制定的细则。该抄本即汇总此间办理该项事务相关上谕、奏折、咨文的专册。上册为所拟补放勋旧佐领之给分则例，下册为补放世管佐领之给分则例。因奏折均奉旨“依议”，故冠以 hesei toktobuha，即“钦定”，而该专册则成为钦定的补放八旗佐领的则例。

至乾隆三年（1738），各旗将佐领根源、佐领家谱及所造画押之册，陆续整理完毕，上报汇总给办理佐领根源之王大臣等，该王大臣等将所议定之佐领根源具报。乾隆降旨另派允禧、讷亲、专司审定办理佐领根源之王大臣等定拟佐领根源，并审核家谱和画押册，分门别类，按与原立佐领的亲疏关系，确定补放勋旧佐领等拟正、拟陪、列名给分事宜。五年，又谕和亲王弘昼专办此事。经过三年多时间，允禧、弘昼等陆续核查完毕，并将各类有争议之佐领，分别拟定给分之例。最终，乾隆八年将此期间之朱批奏折汇总成册，即为满文本《钦定拣放佐领则例》。该《则例》分别勋旧、优异世管、世管佐领之不同情况，共拟定 12 条拣选引见补放者之拟正、拟陪、列名得分例，其中勋旧佐领有 7 条，涉及优异世管佐领者 4 条，世管佐领者 1 条。

关于清代补放佐领的规则，在《钦定八旗则例》，雍正《大清会典》，乾隆《大清会典》及其《则例》，嘉庆、光绪《大清会典》及其《事例》，《钦定八旗通志》内，均有专条，但与该《钦定拣放佐领则例》相比，内容过于简略。正如有些学者指出的，补放勋旧、优异世管、世管佐领，及八旗内部从属关系、继承关系、奖励军功、敦睦族亲等问题，需要有非常详细的规定，因而可以断定，《钦定拣放佐领则例》以及乾隆三十年在该《则例》基础上精简而成的《六条例》，才是清代补放勋旧、优异世管、世管佐领时所依据的章程。

此次影印出版的族长印轴、佐领印轴，以及《钦定拣放佐领则例》，都是作为雍乾时期八旗改革的结果而诞生的。从其印章来判断，该档案文献的原收藏机构分别为兵部和镶白旗汉军都统衙门。应该是中国国家图书馆前身京师图书馆或国立北平图书馆时代用各种途径征集到的内阁、八旗有关档案文献中的一部分。

《八旗档案文献汇编》第一辑的出版得到中央民族大学“铸牢中华民族共同体意识”研究专项基金和中国史一级学科建设专项经费的资助，中央民族大学历史文化学院、中国边疆民族历史研究院的各位领导一直非常关心和大力支持本书的出版，社会科学文献出版社历史学分社的编辑付出了辛勤劳动，在此一并对以上关心、参与的各位领导、同人表示衷心的谢意！

编辑说明

一、本辑所收录的档案文献分为三个部分。第一部分为佐领印轴，共 16 件，其中八旗满洲 7 件，蒙古 2 件，汉军 7 件；第二部分为族长印轴，共 8 件，其中满洲佐领下 6 件，蒙古和汉军佐领下各 1 件；第三部分为《钦定拣放佐领则例》2 卷。佐领印轴和族长印轴均为满文书写，《钦定拣放佐领则例》中有部分汉文内容。佐领印轴置于本书第一、二册，族长印轴和《钦定拣放佐领则例》收入本书第三册。三部分现均收藏于中国国家图书馆。

二、关于印轴名称的汉译。本书根据《清会典》《清实录》《钦定八旗通志》等文献记载，对印轴的满文题名进行了规范的汉译，旗分、佐领姓名及印轴这种档案文书本身的称谓，均有案可稽。

三、关于印轴的排序。本书根据《钦定八旗通志》中的旗分顺序，将佐领印轴和族长印轴按满洲、蒙古、汉军顺序排列，同一旗分下的印轴则按其制作时间区分先后，时间相同者以《钦定八旗通志》中所载参领、佐领顺序为准。

四、《钦定拣放佐领则例》是与八旗印轴同时期形成的文献，其是在查定佐领根源和确立佐领拣放得分原则过程中形成的典型案例汇编，具有总结性质和指导作用，故置于印轴之后。该文献除家谱等少部分内容为汉文外，大部分内容为满文。其中载有满汉文世袭谱图若干，相关内容以彩印方式呈现，以保留其完整的历史信息。

五、清代制作印轴时虽有统一形制，但不同印轴制作时间有别，所载内容多寡不一，添写次数有差，故规格亦不尽一致。尤其是在流传、收藏过程中，印轴保存的完好程度又有较大差别。是故，本书在每件印轴影印件前，对印轴的形制、规格、保存状态等予以必要说明。

六、佐领印轴的添写情况不尽相同，除少部分印轴添写满幅外，多数印轴仍有较多的黄纸余量。黄纸的余量亦是考察印轴形制的重要信息，是故虽无文字内容，出版时亦加以保留，以便于识其全貌。族长印轴亦然。

目　录

第一册

第一部分　佐领印轴

| 第一部分 |

佐领印轴

正红旗满洲佐领察德承袭世管佐领印轴

满文写本，卷轴装，页面46.8cm×1360.0cm，四周双边，螭文，钤兵部印，前后部分残缺，满文题名不存，初修时间与相关添写信息均不详。

[illegible]

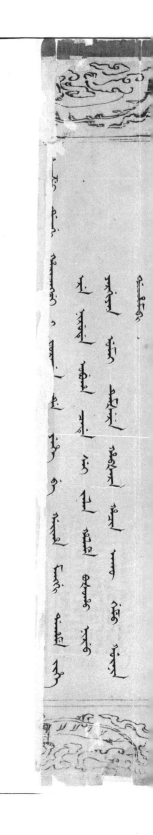

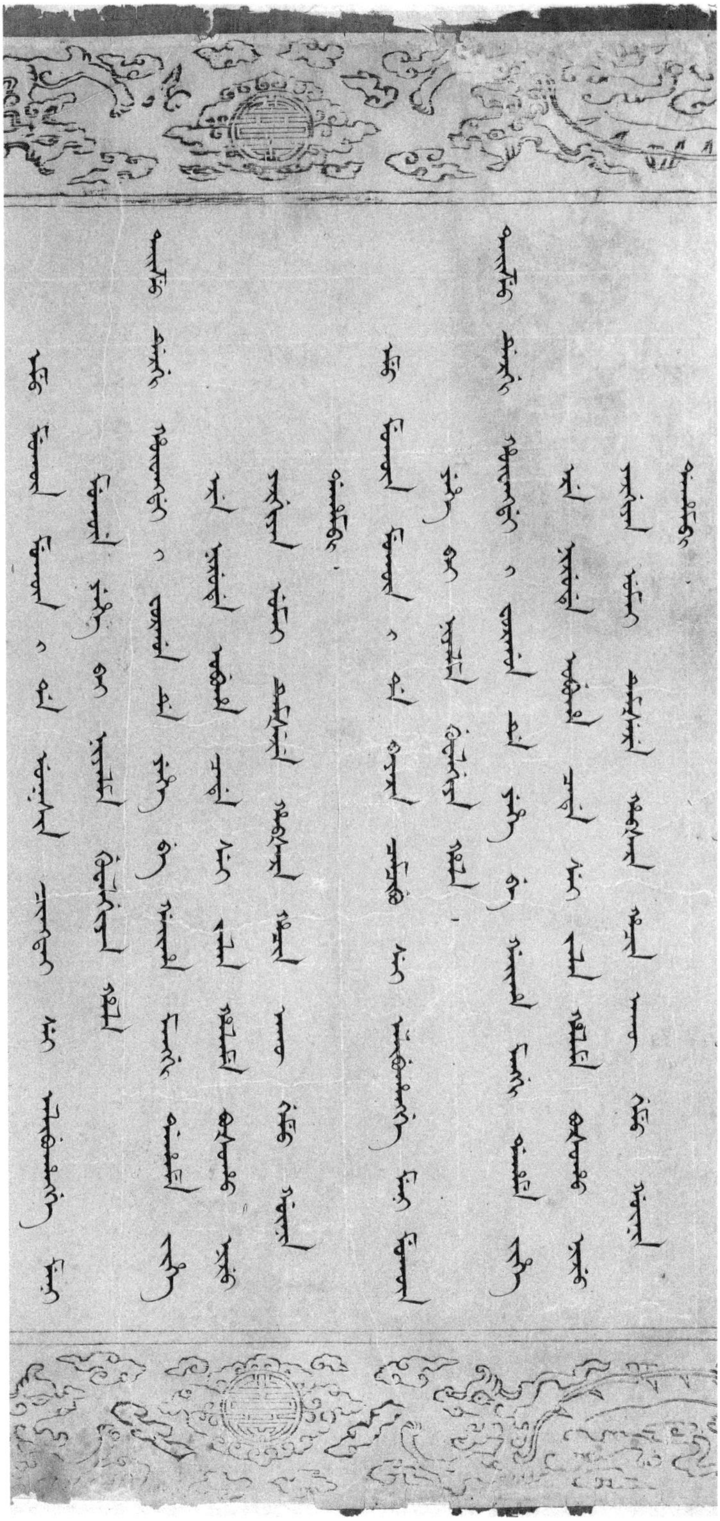

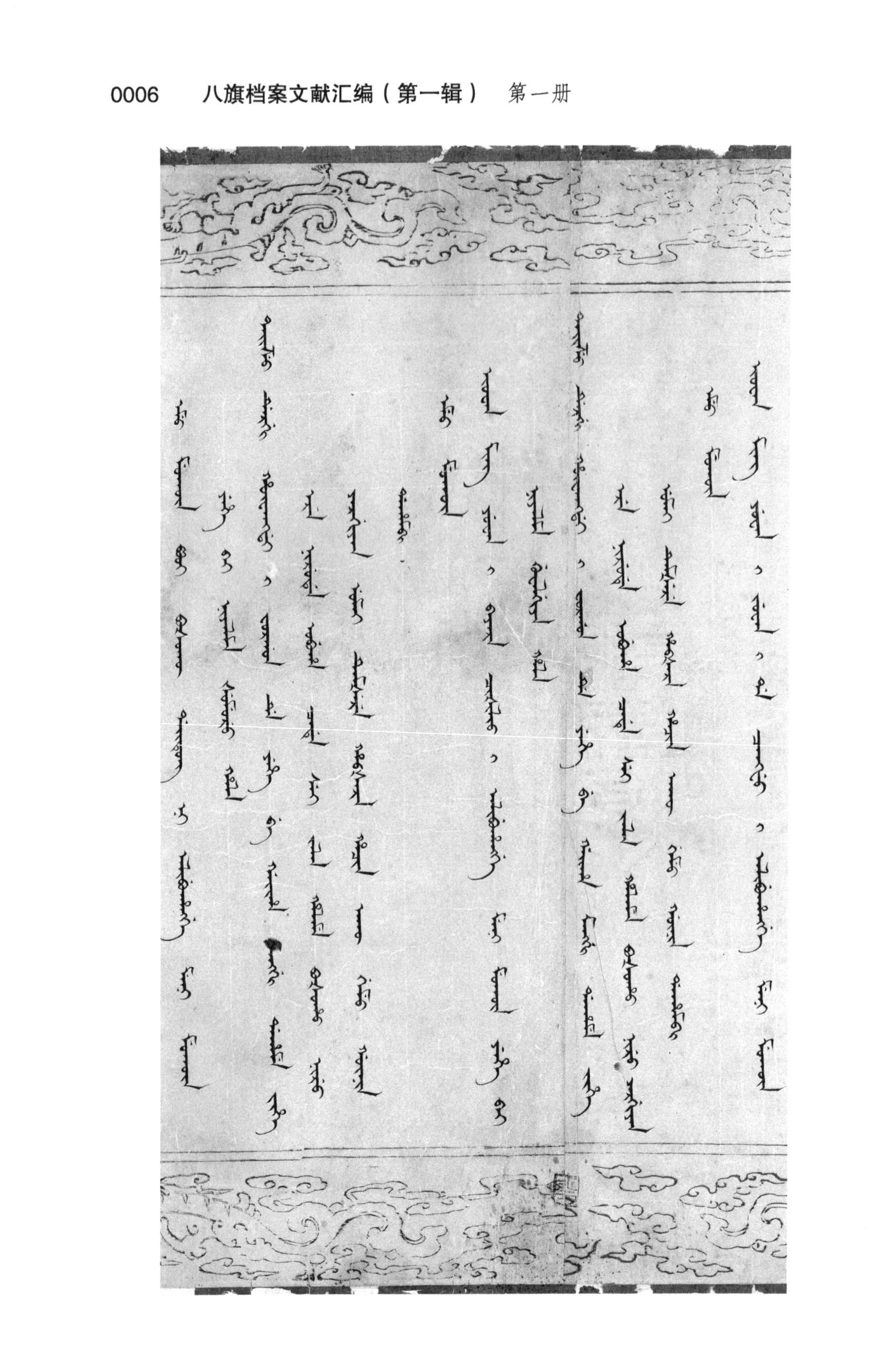

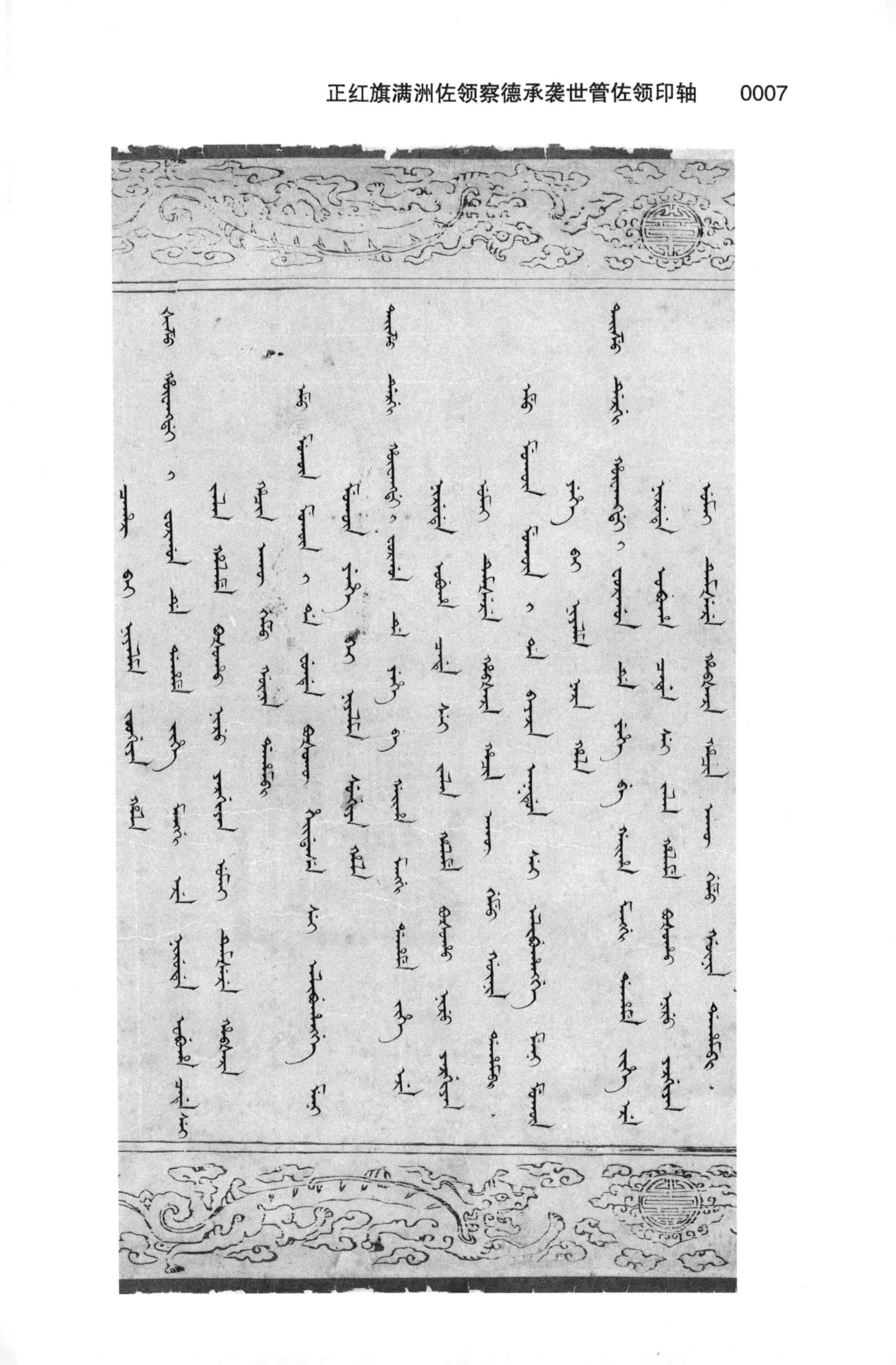

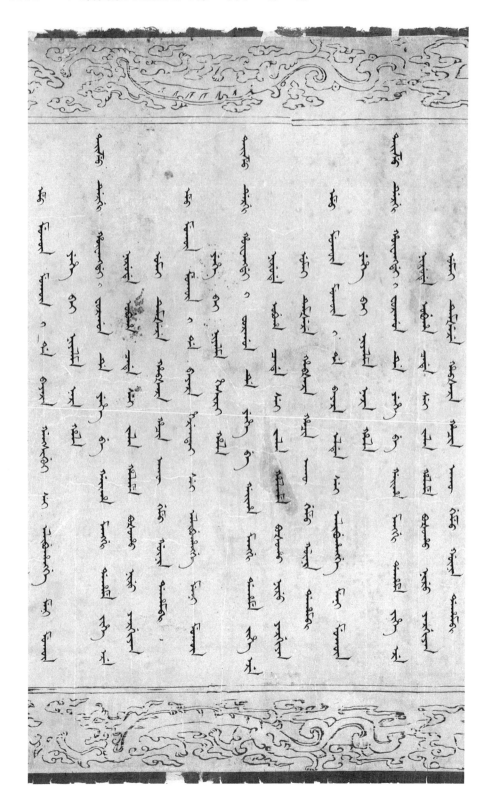

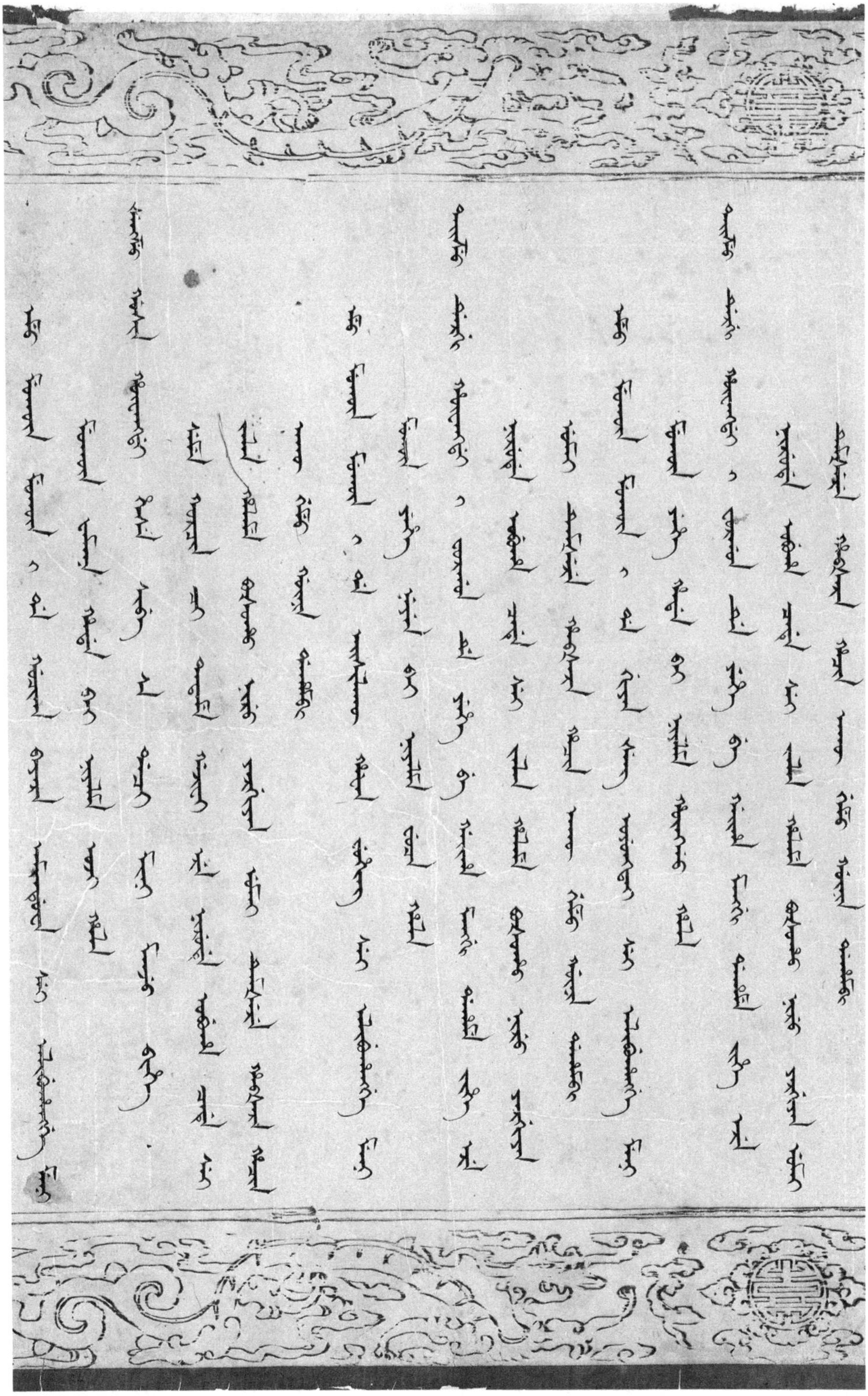

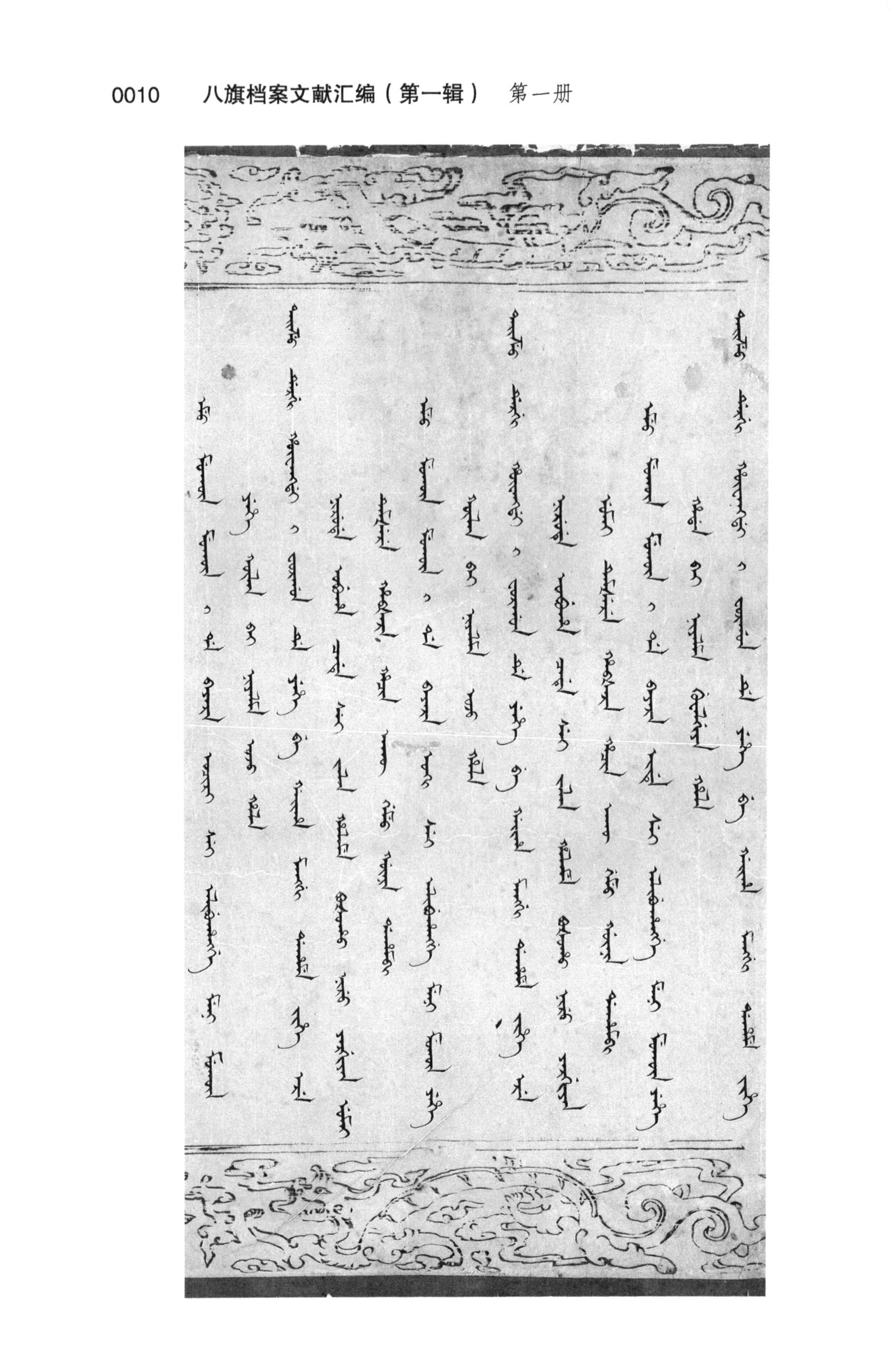

[illegible]

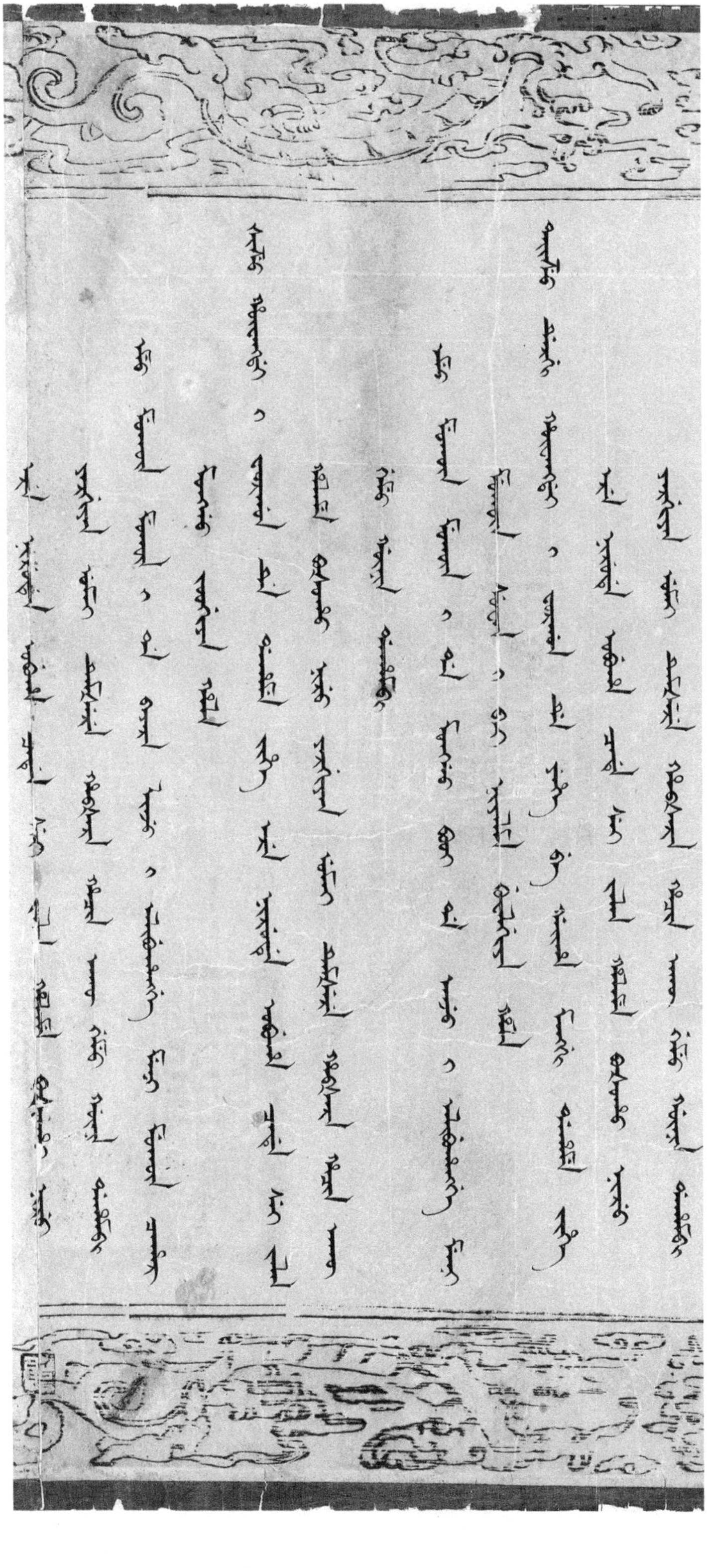

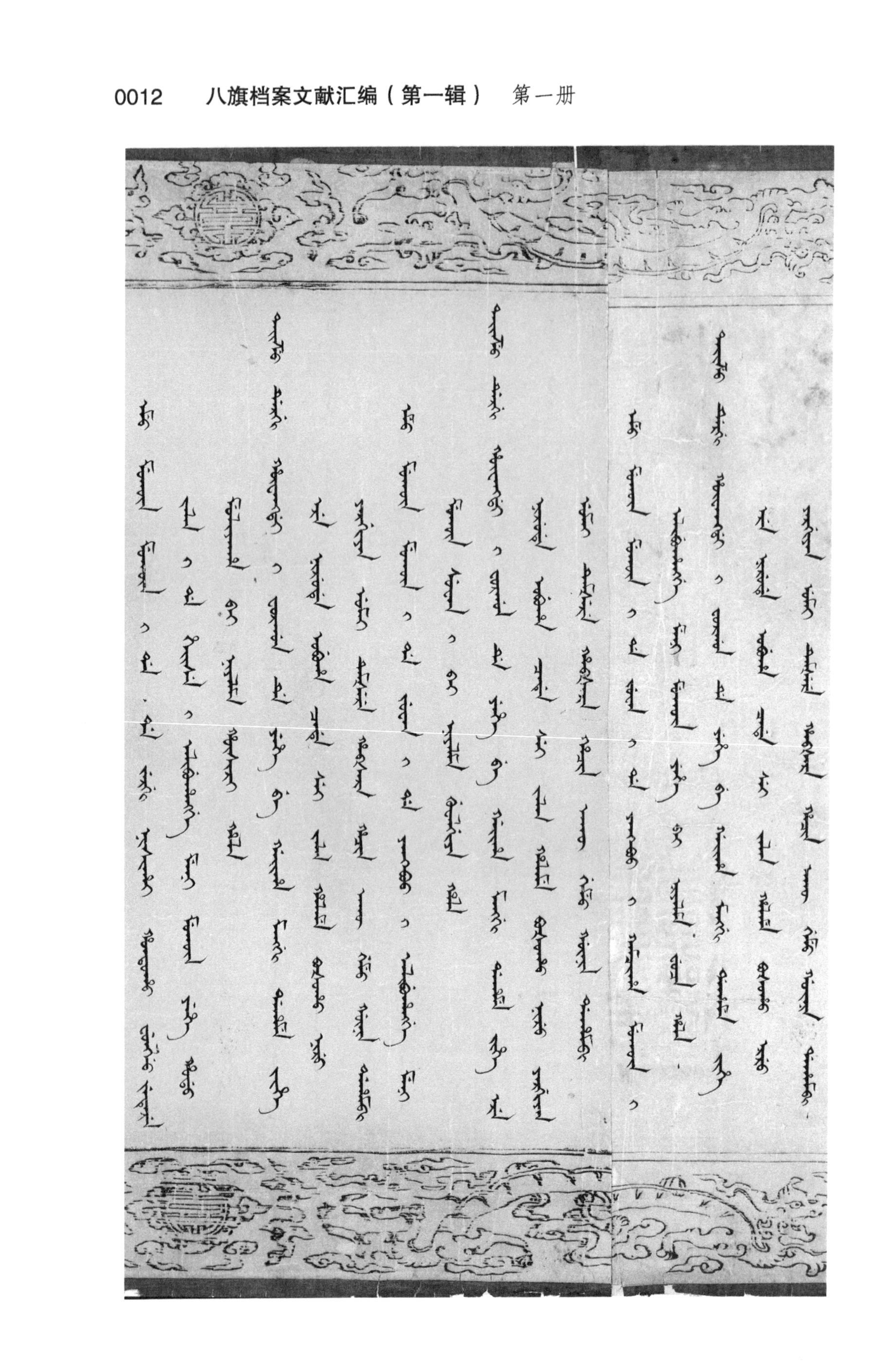

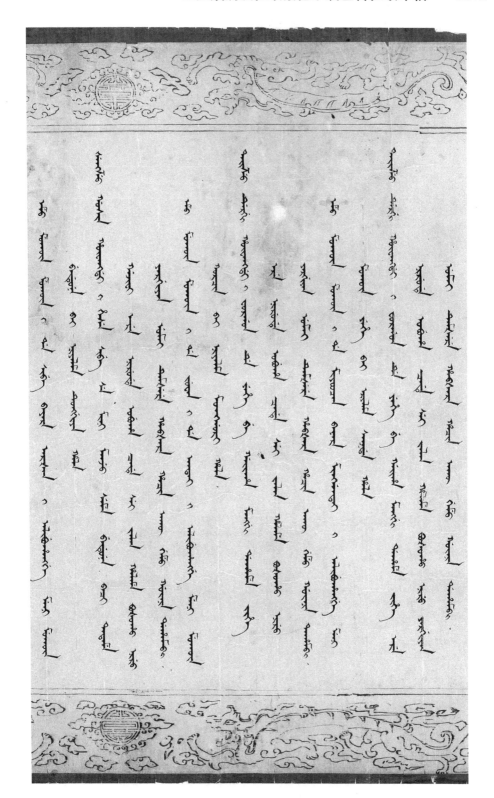

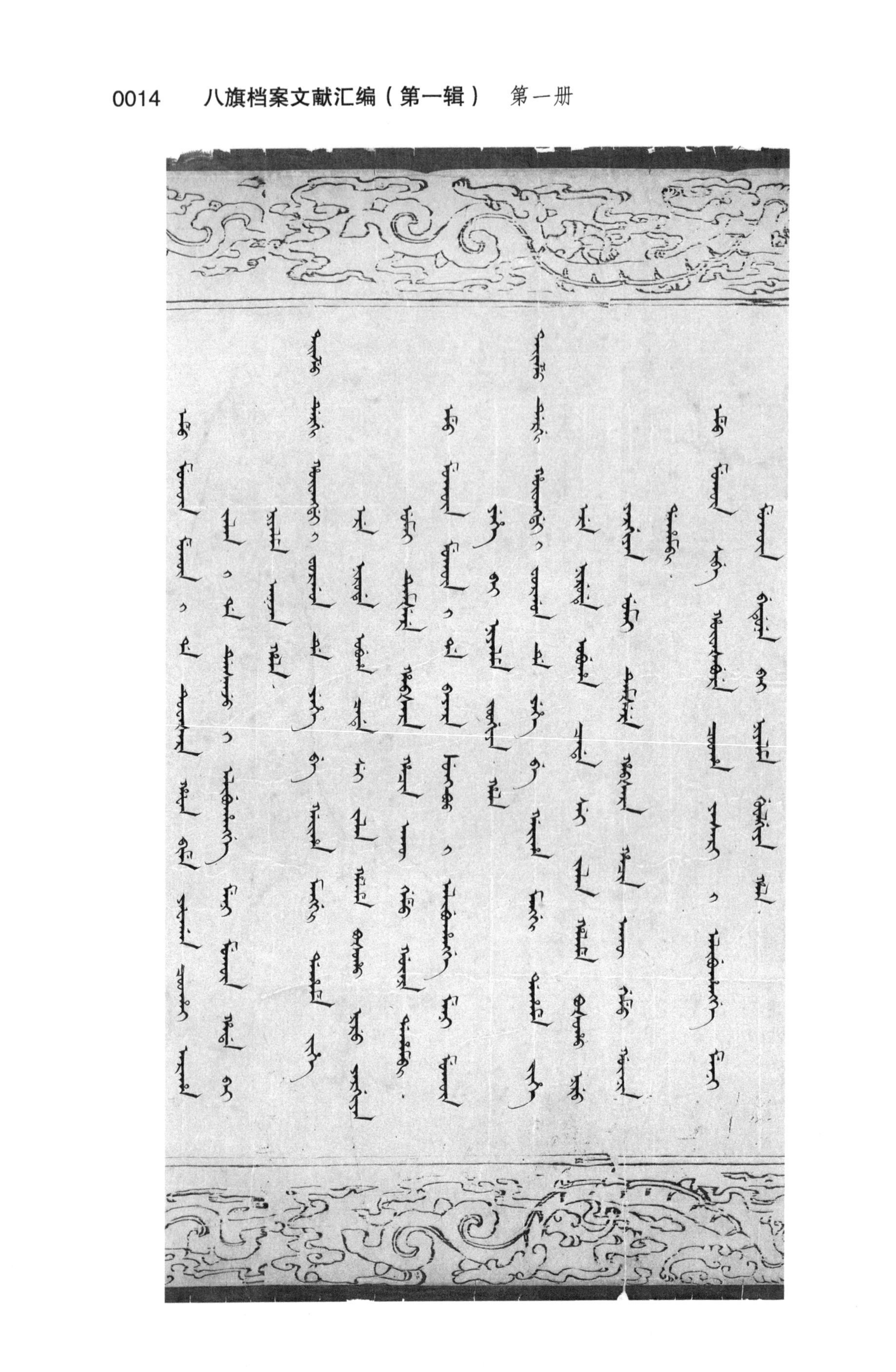

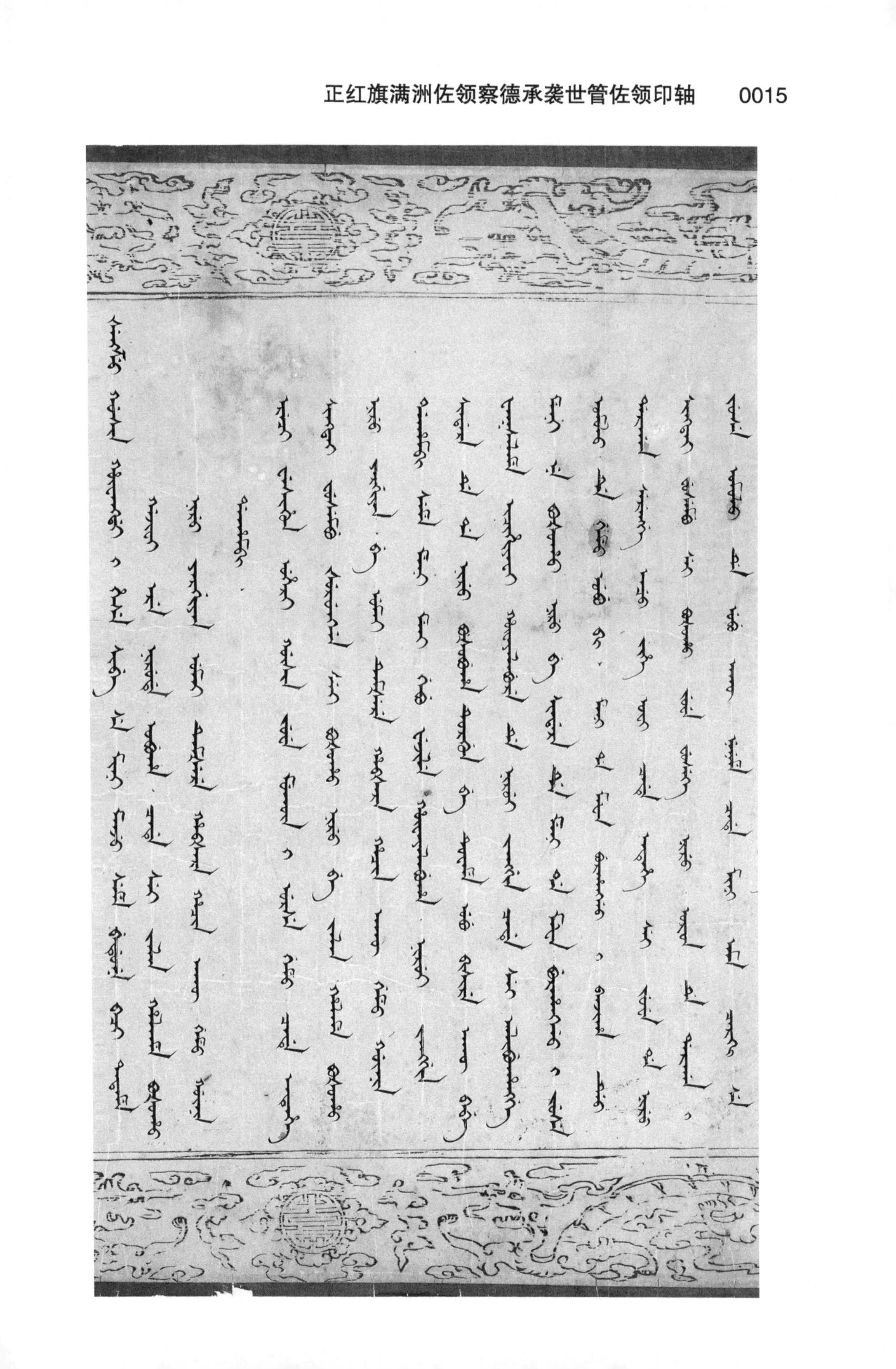

[illegible]

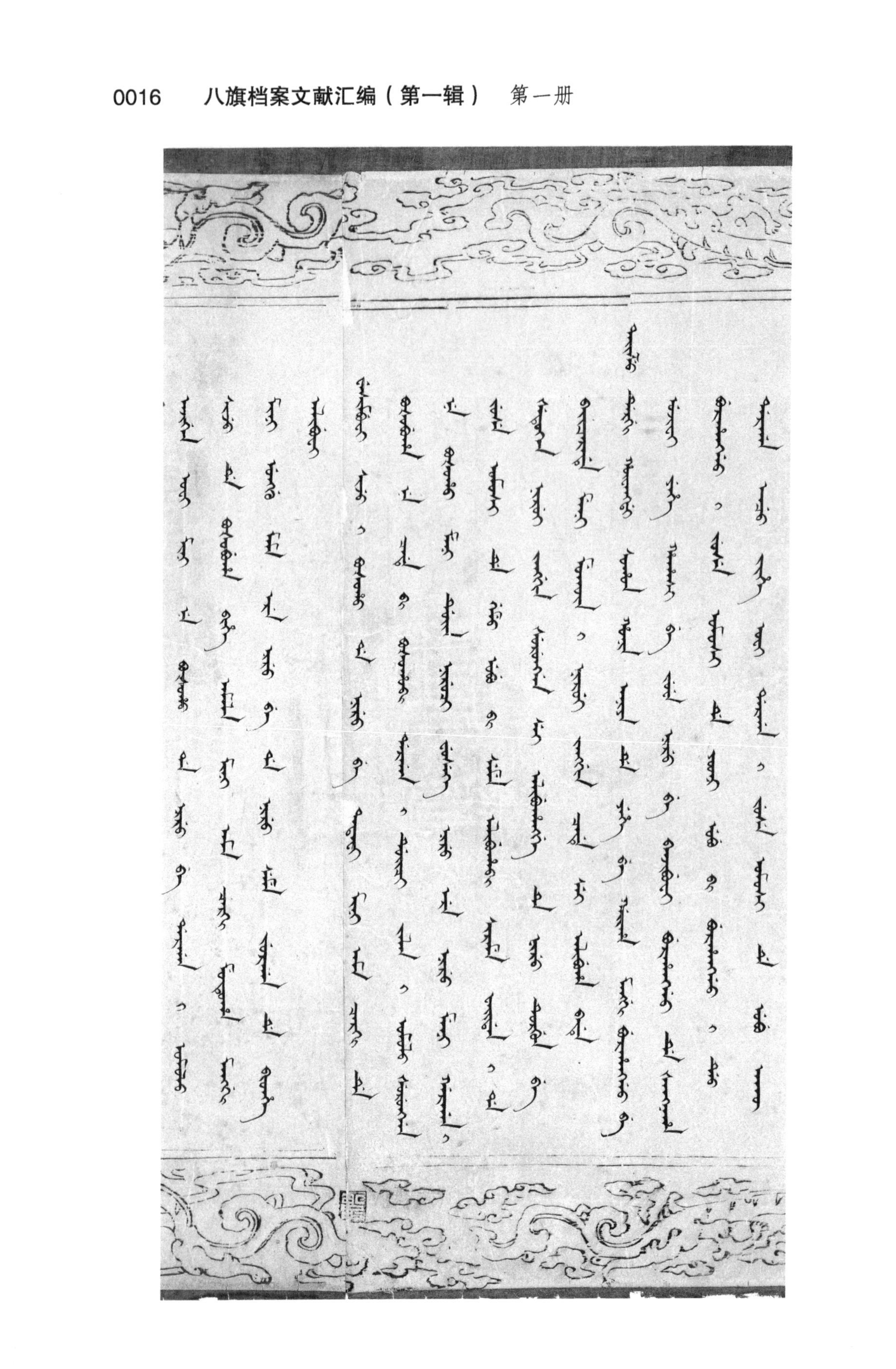

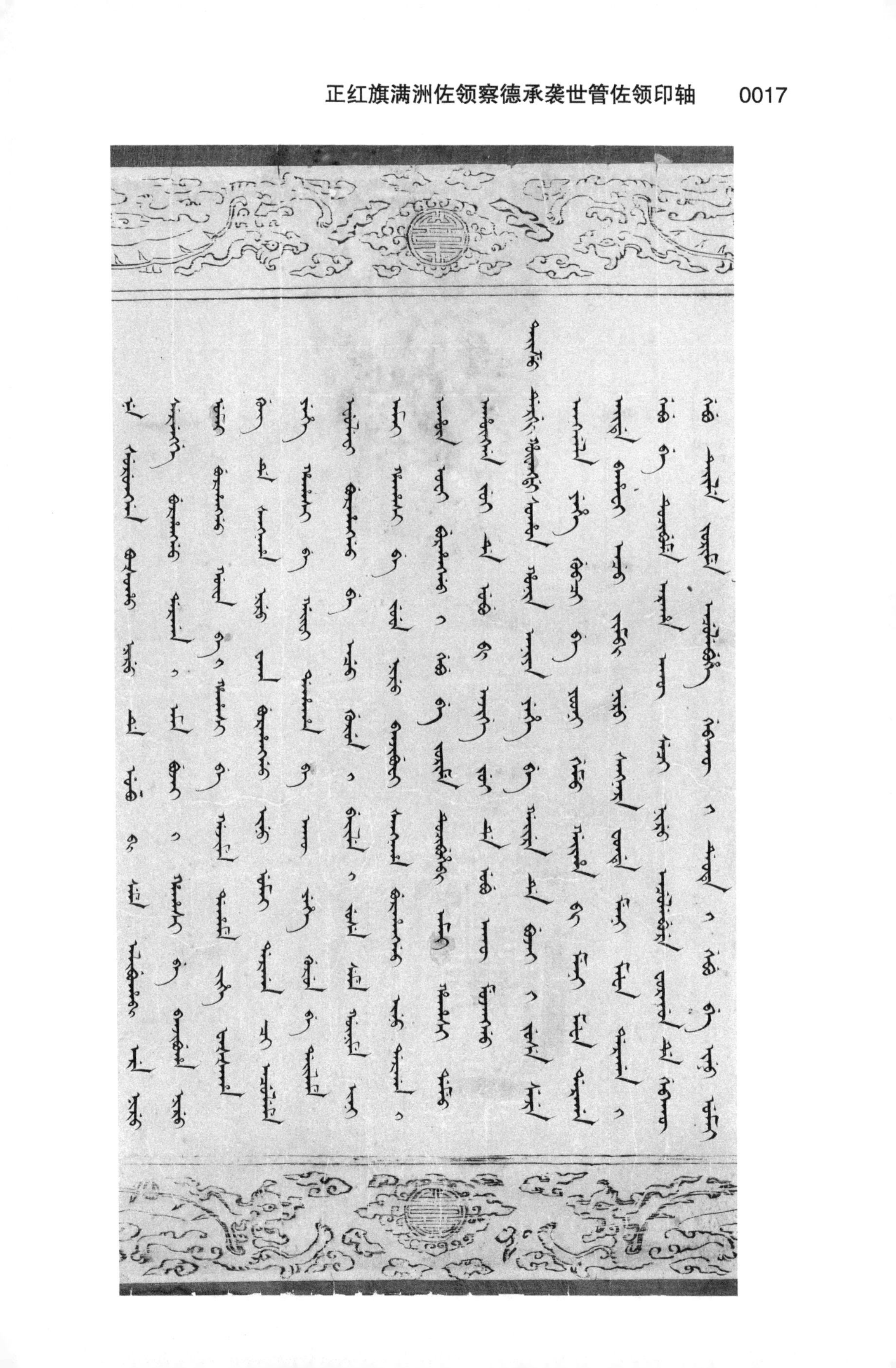

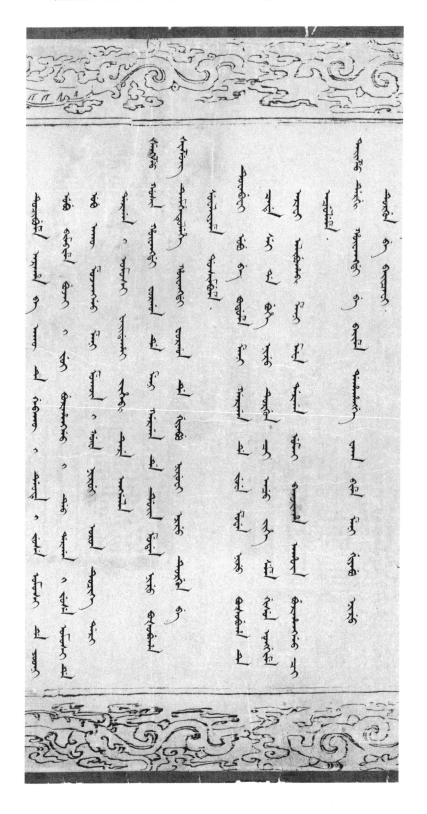

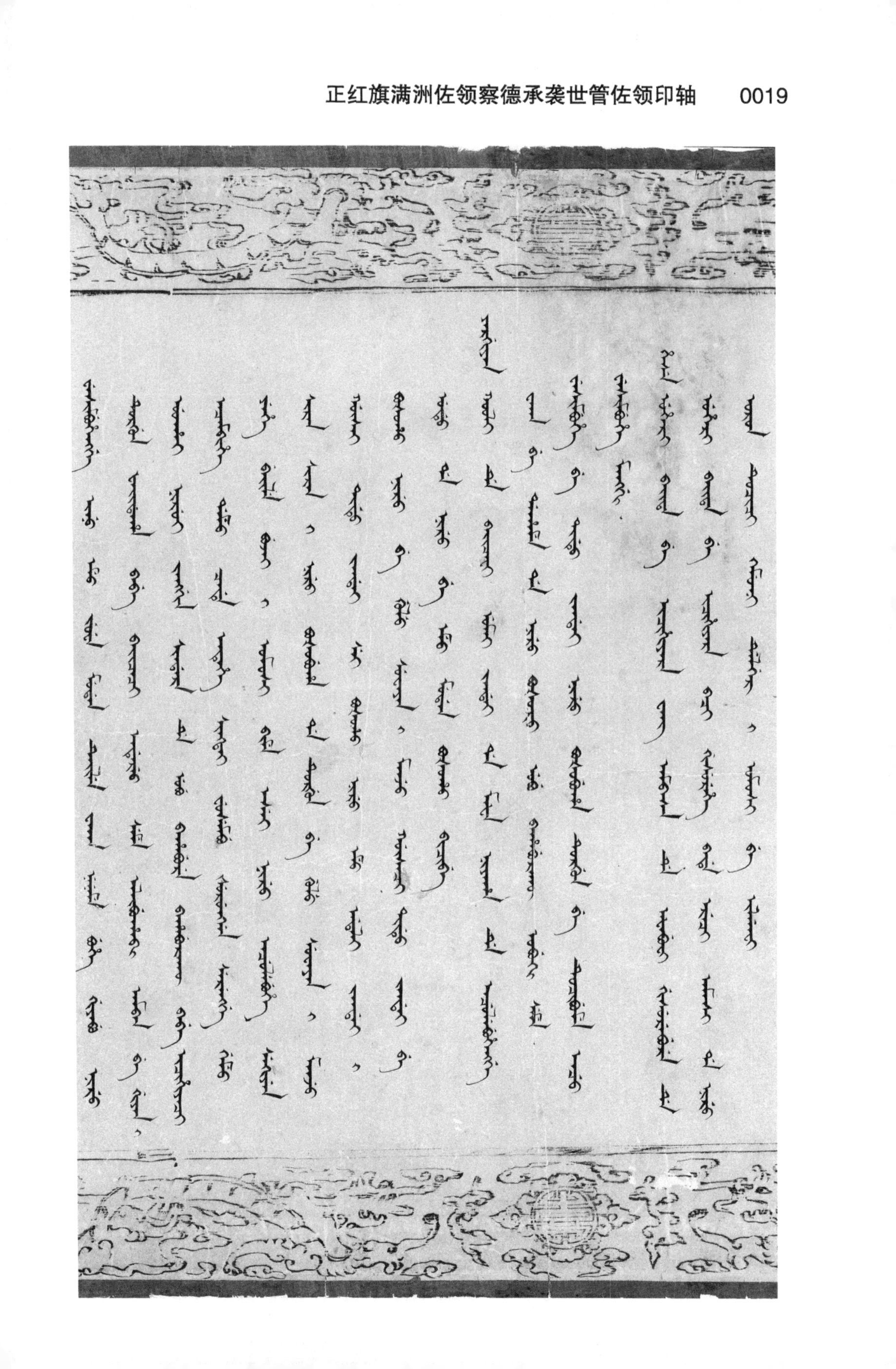

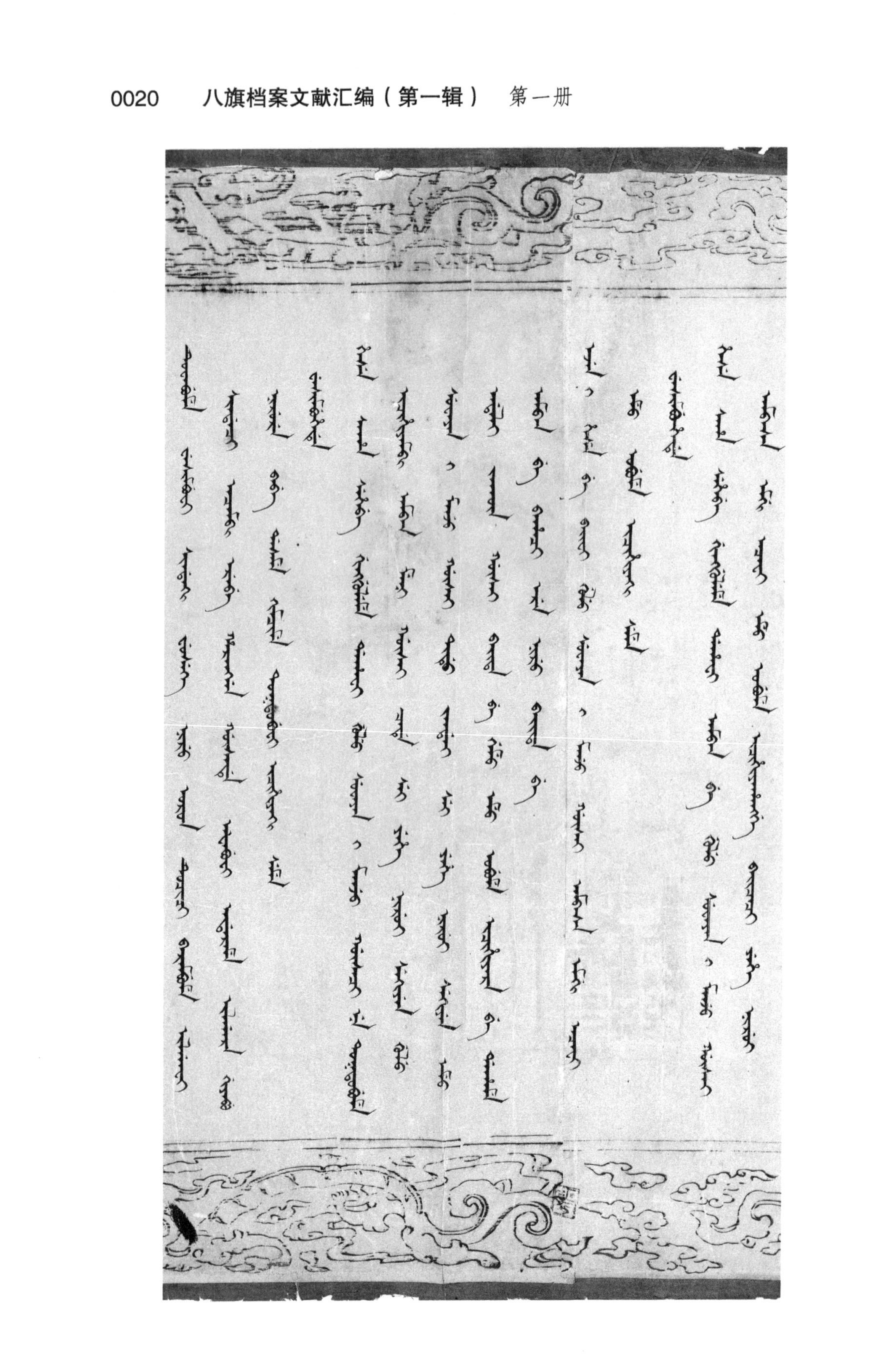

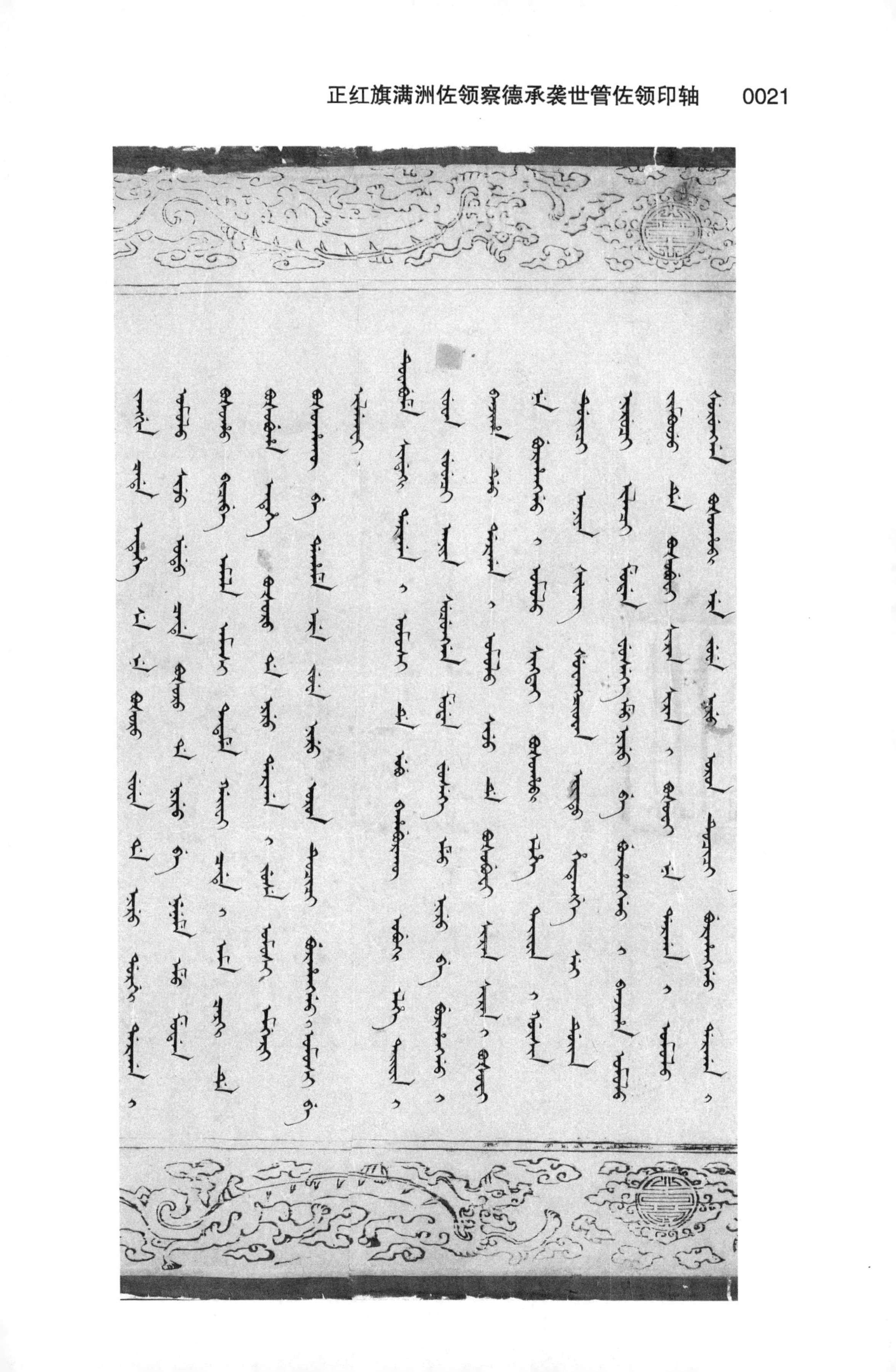

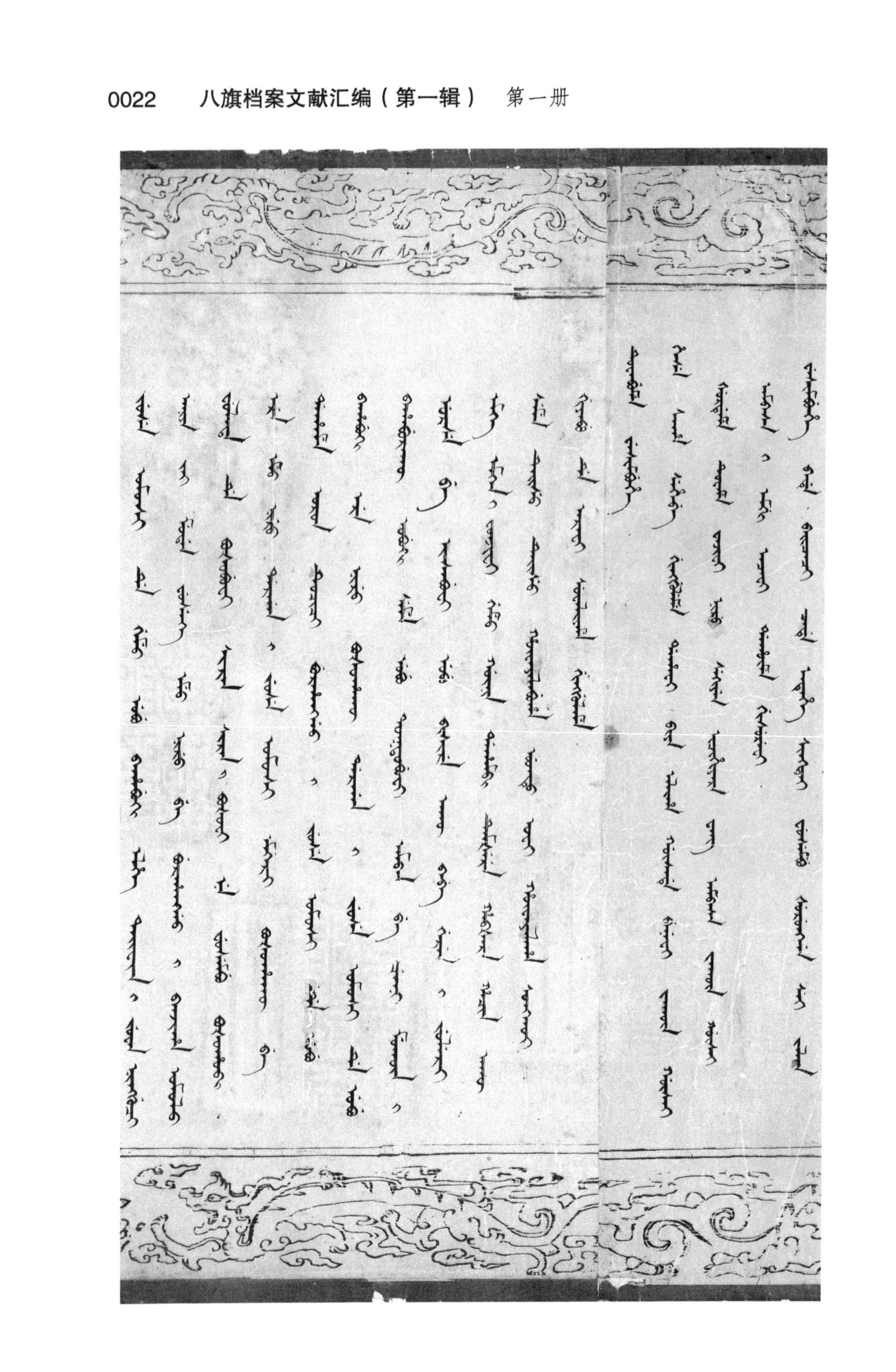

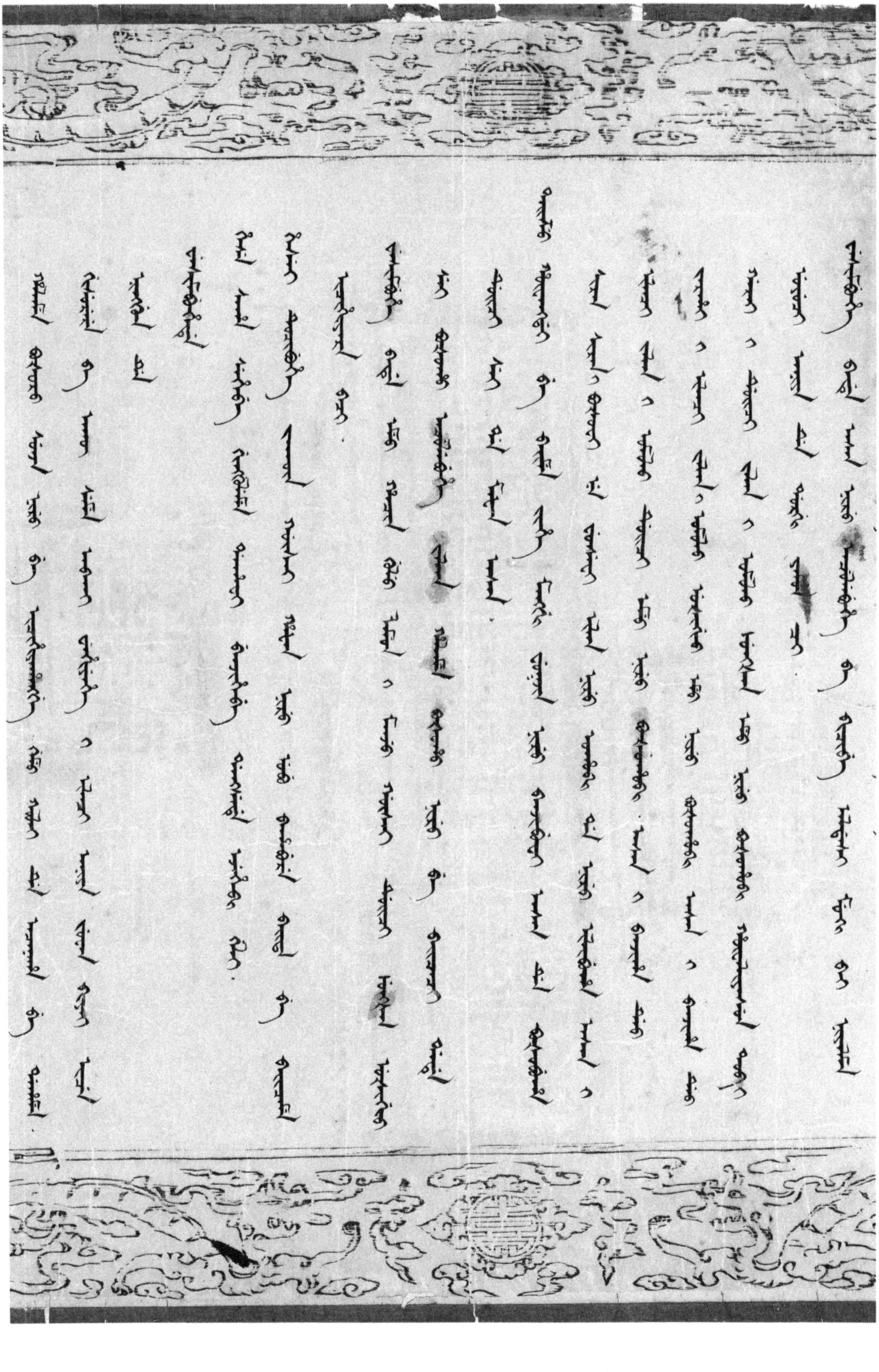

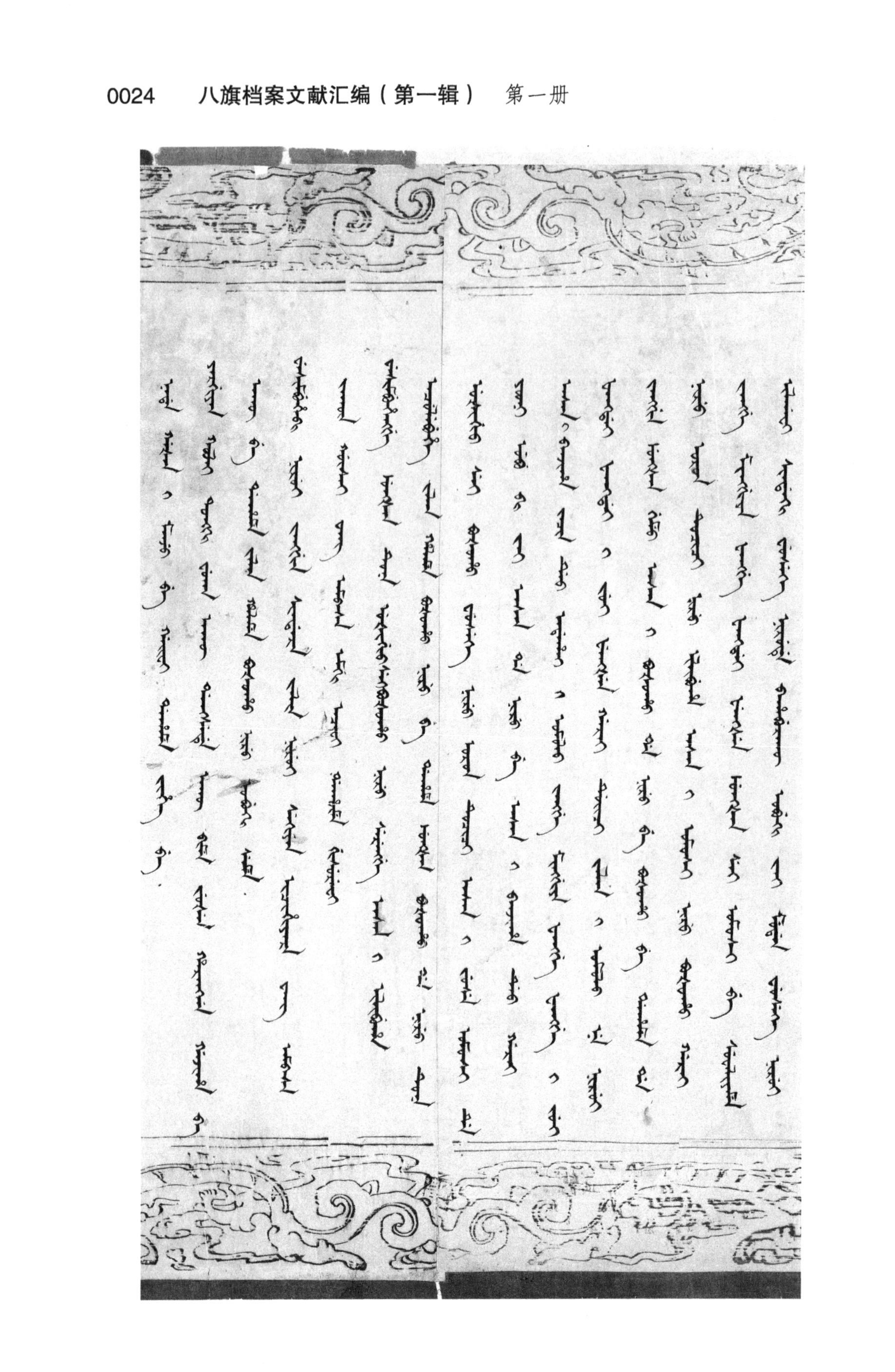

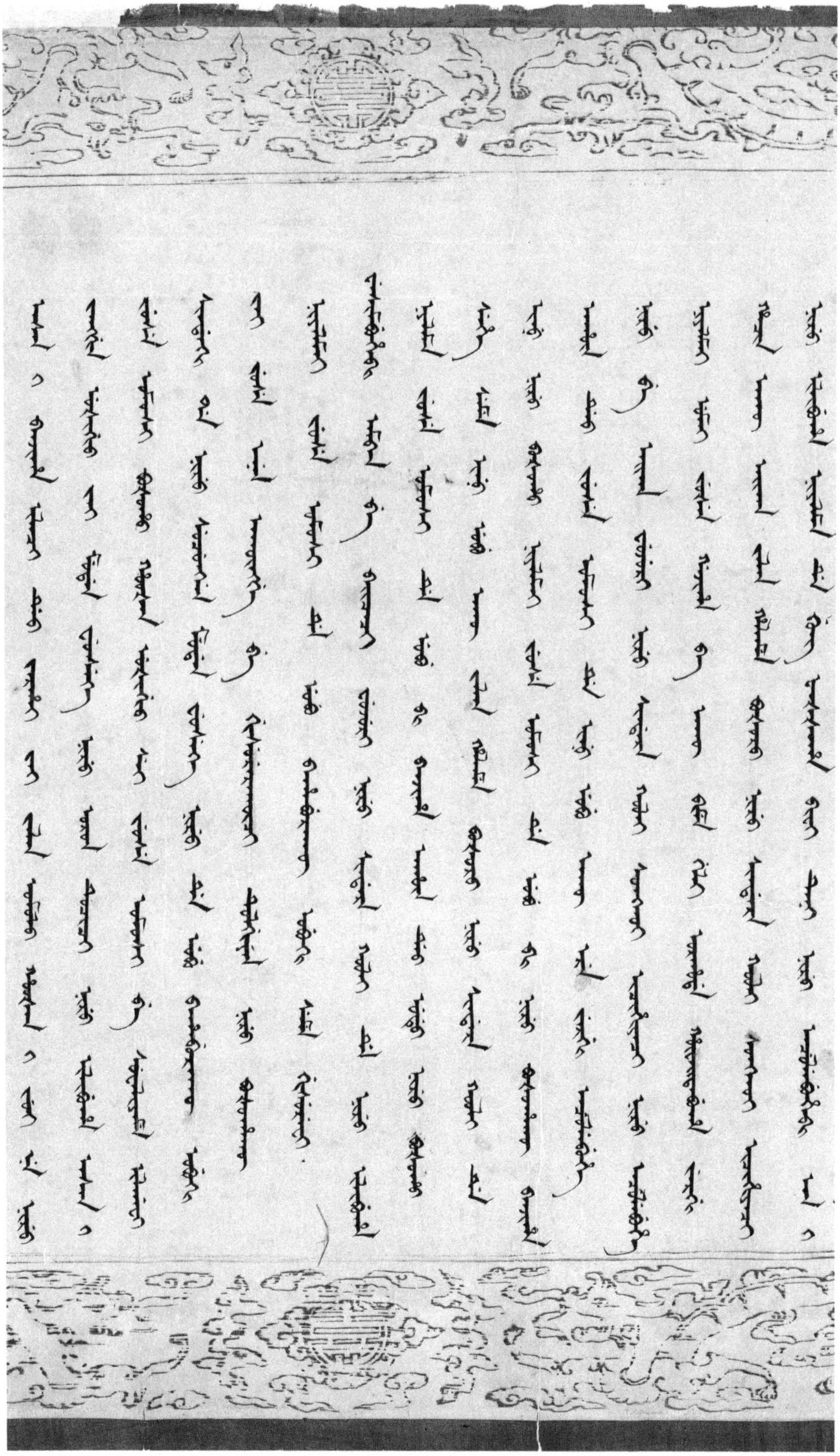

[illegible]

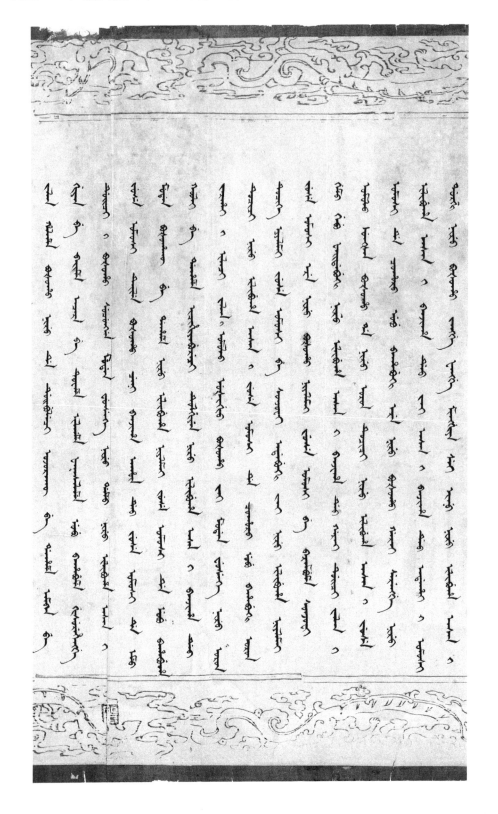

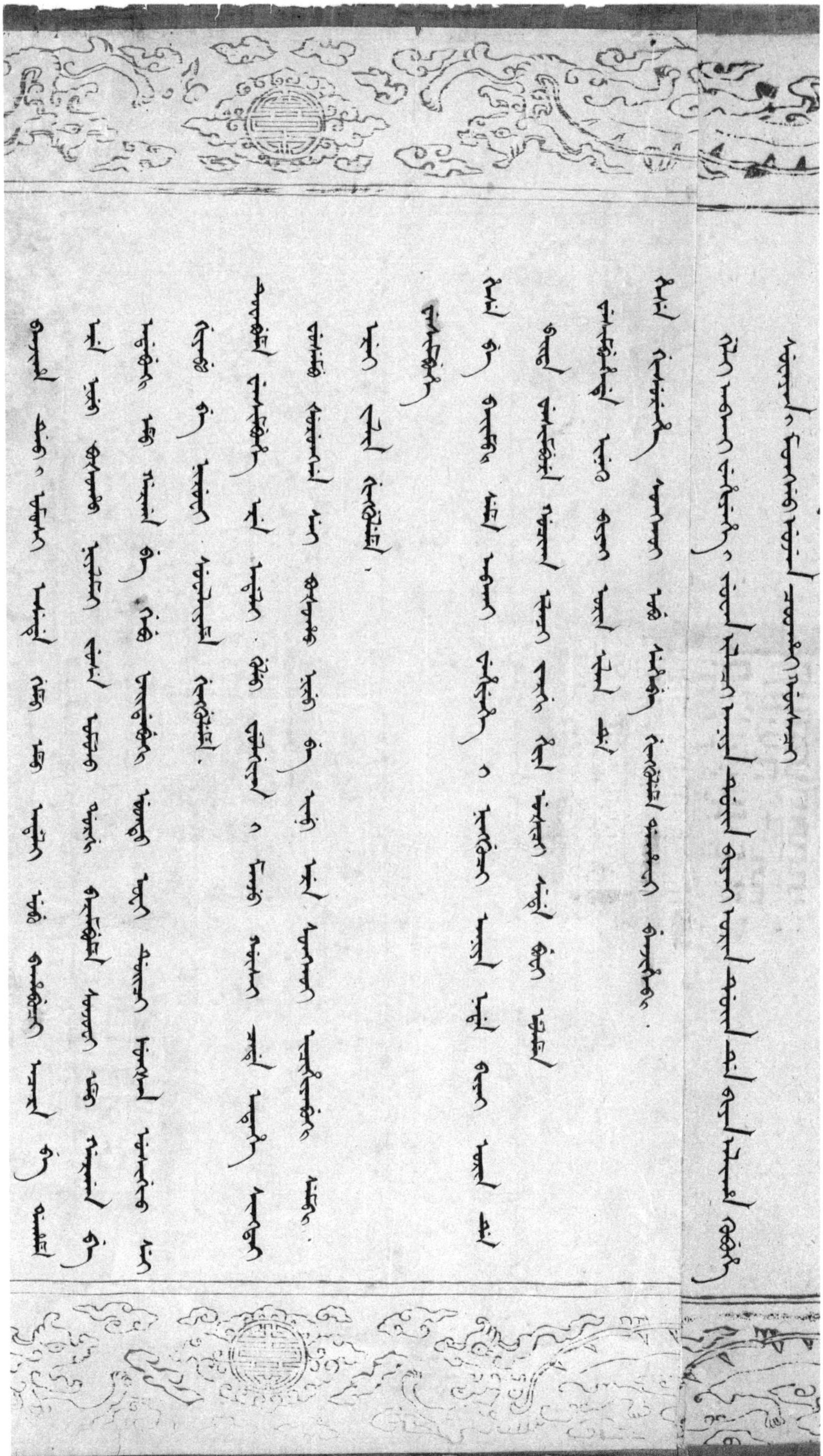

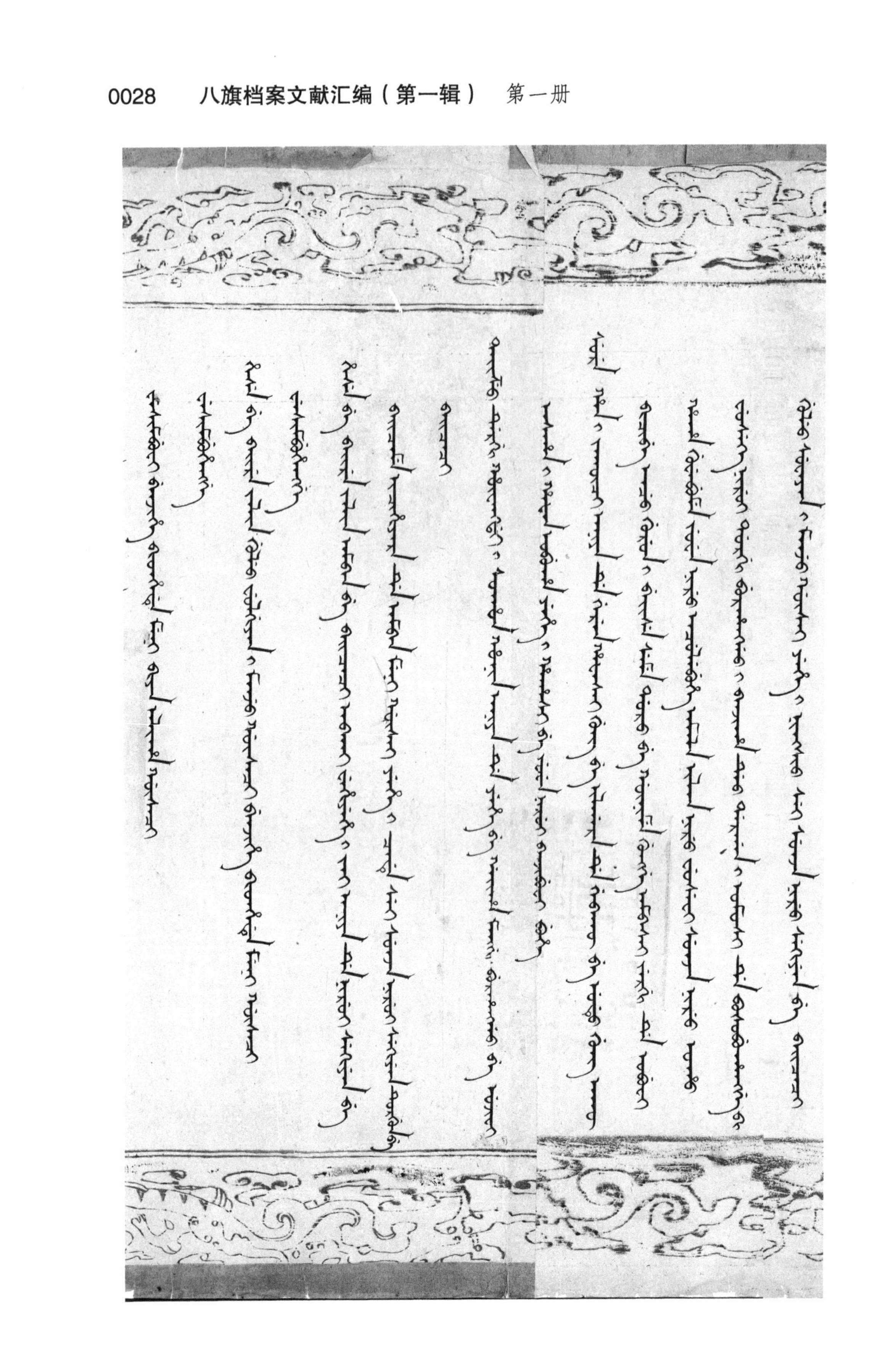

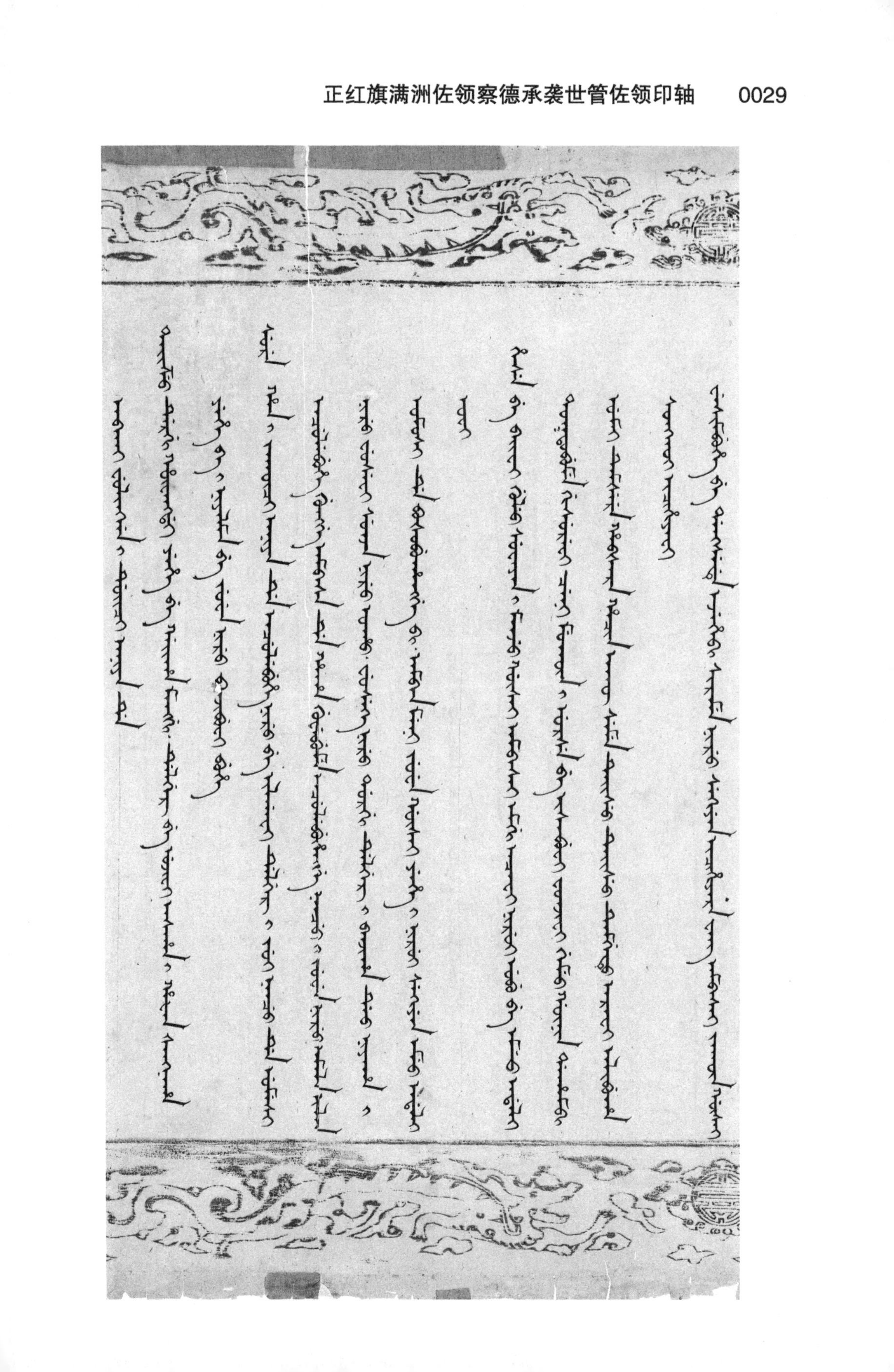

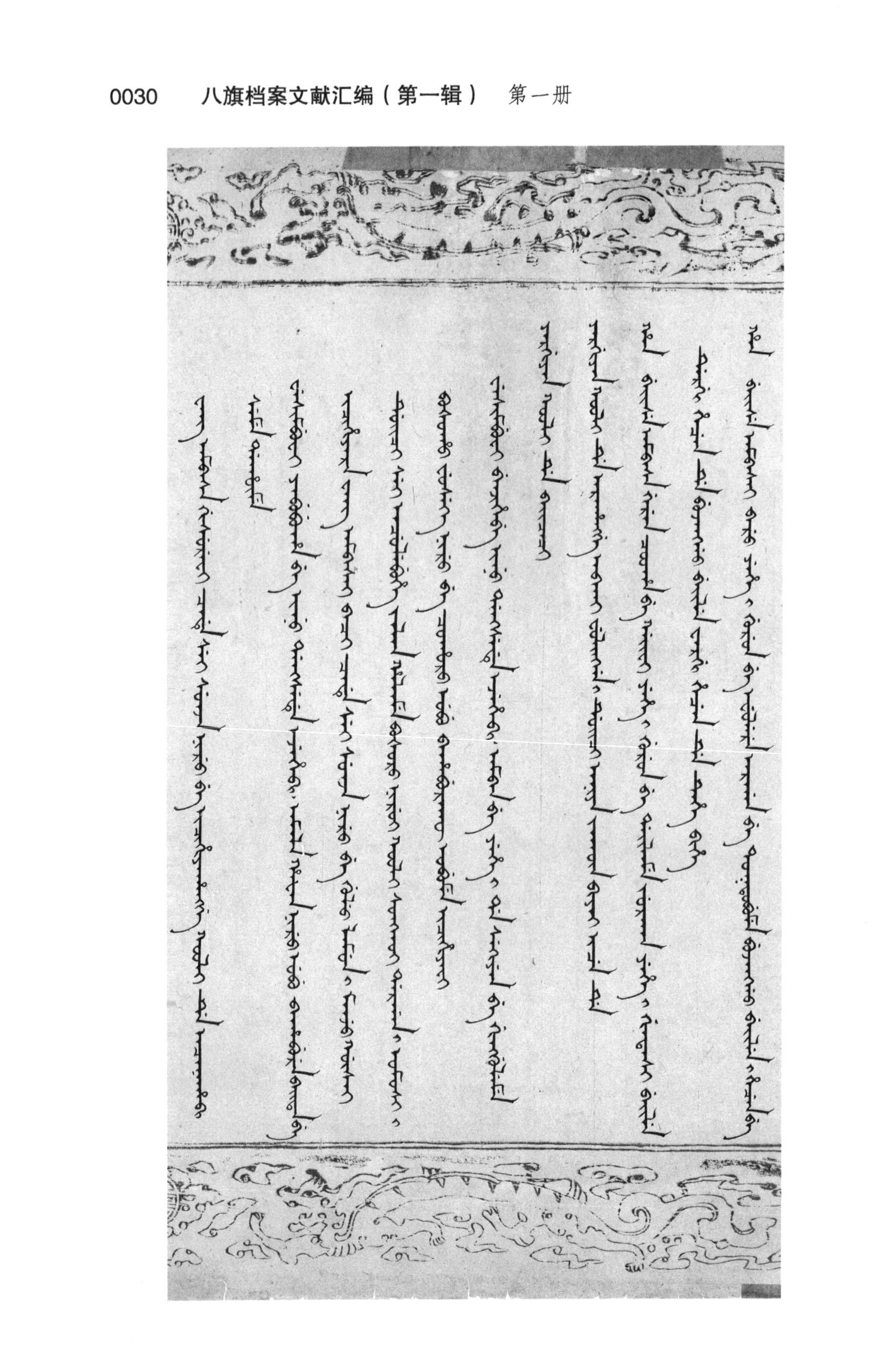

[illegible]

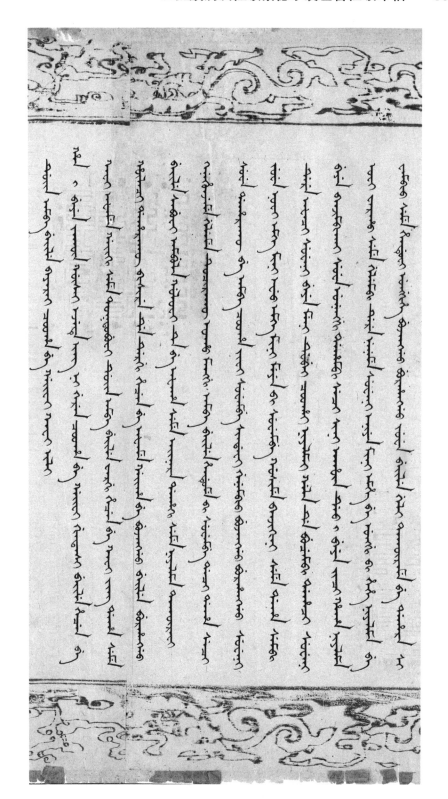

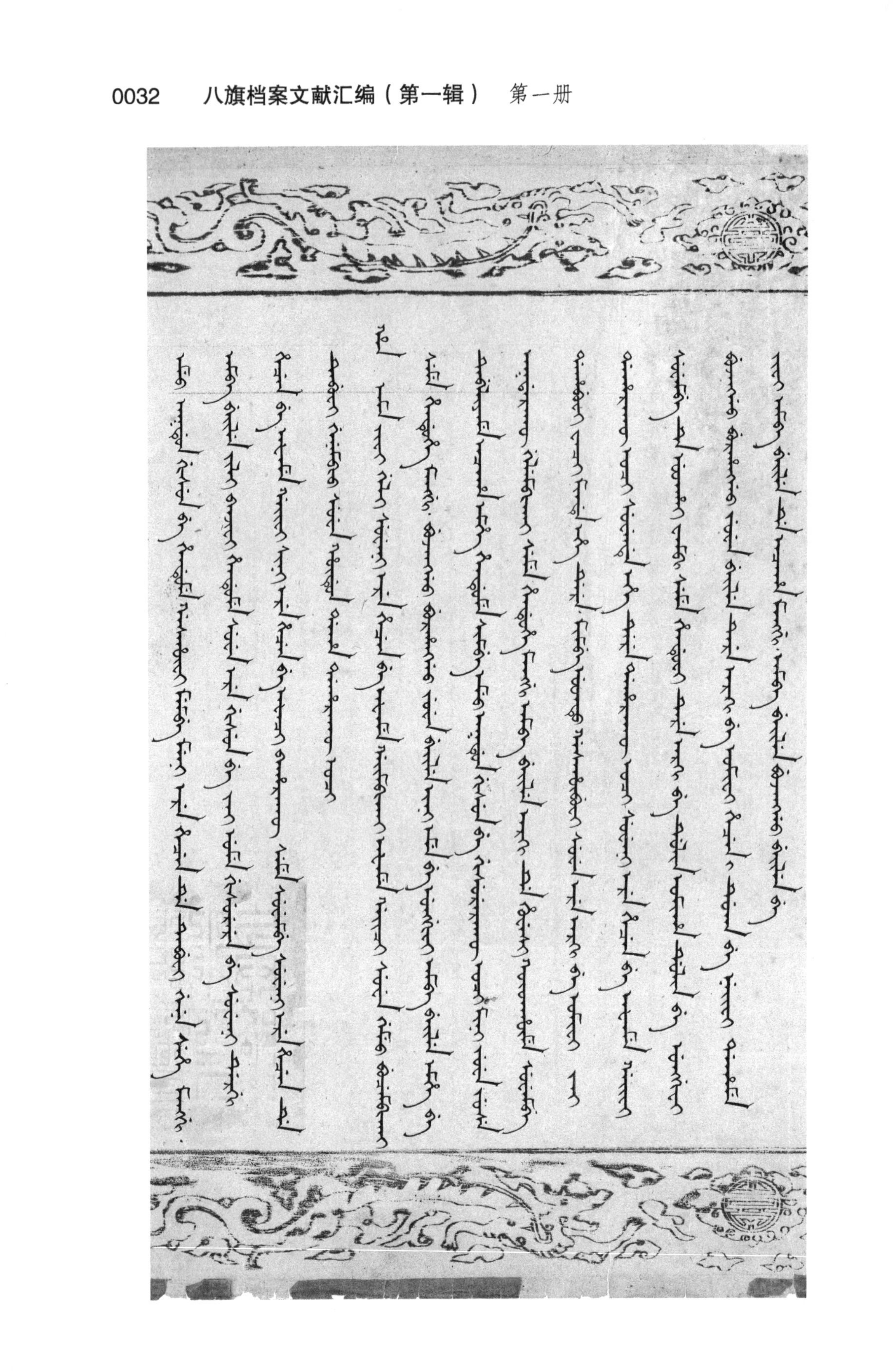

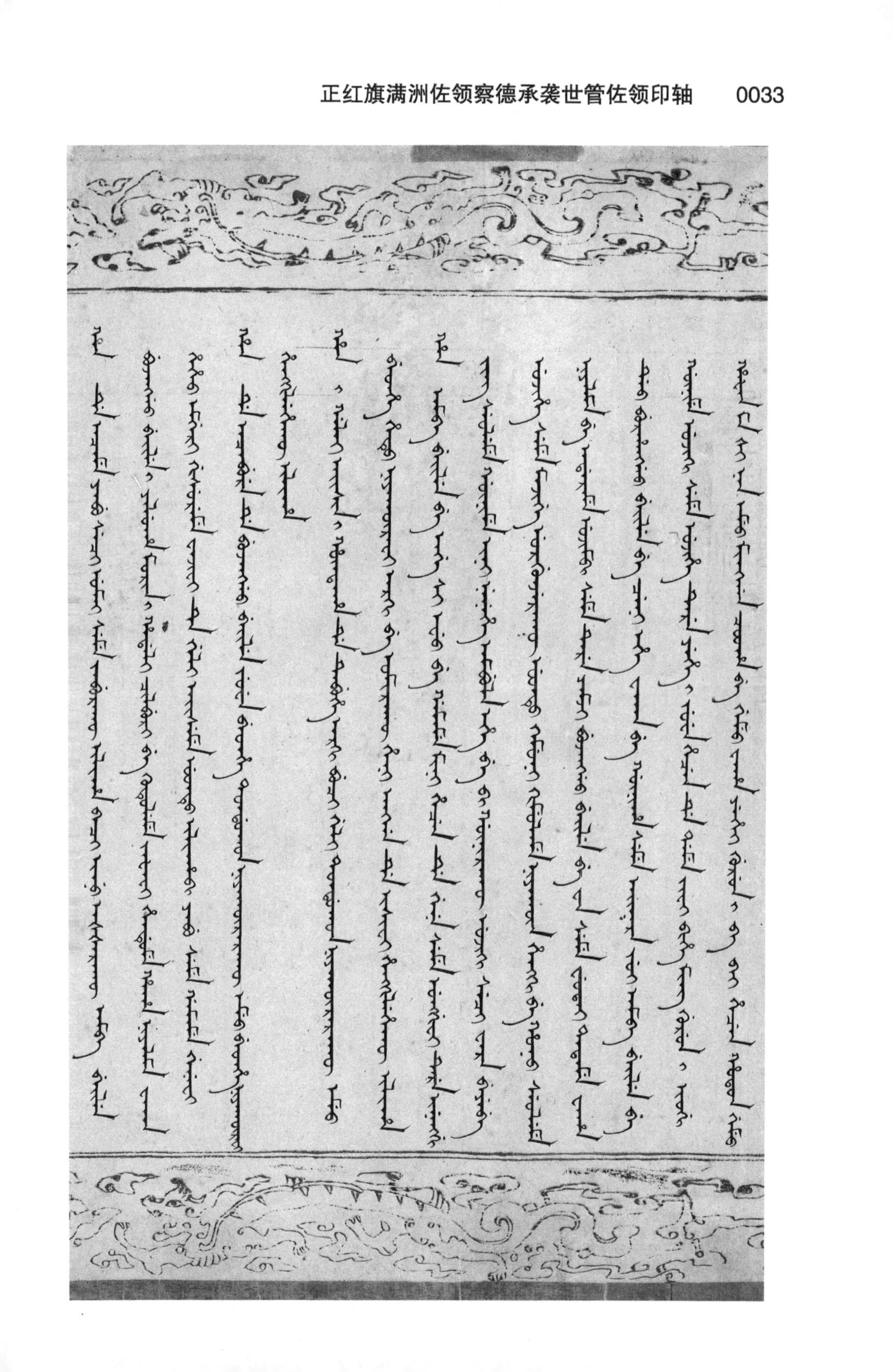

[illegible]

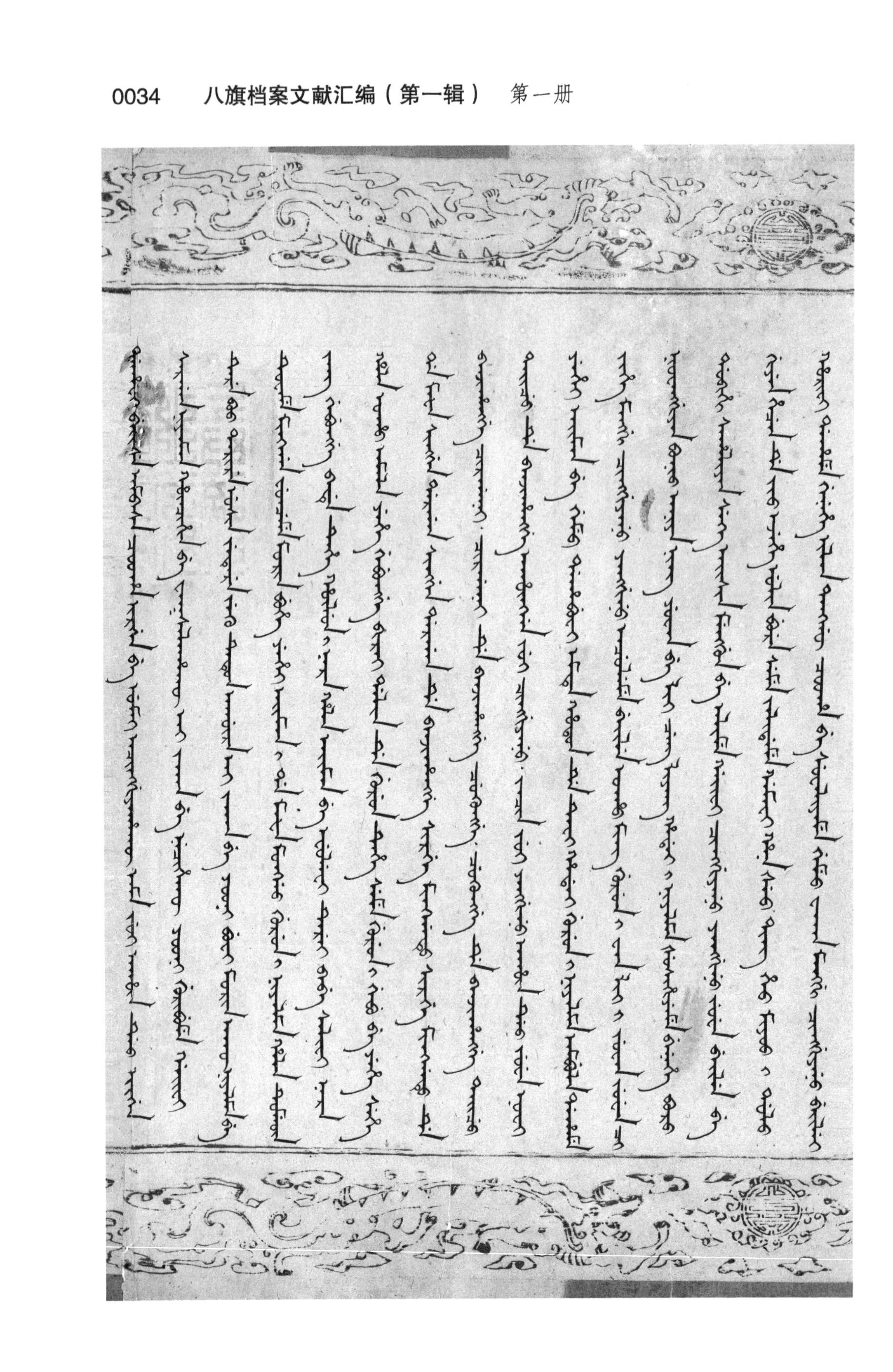

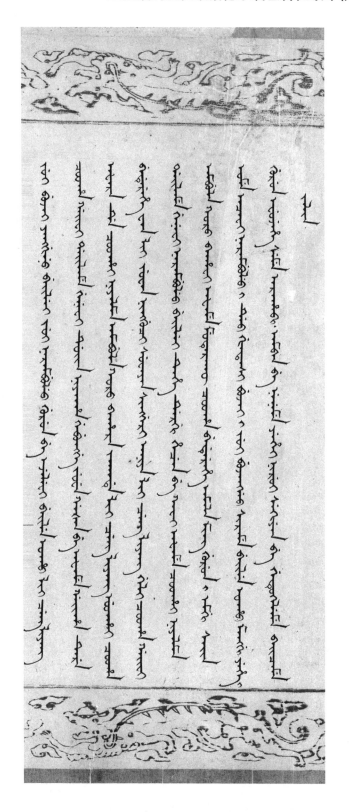

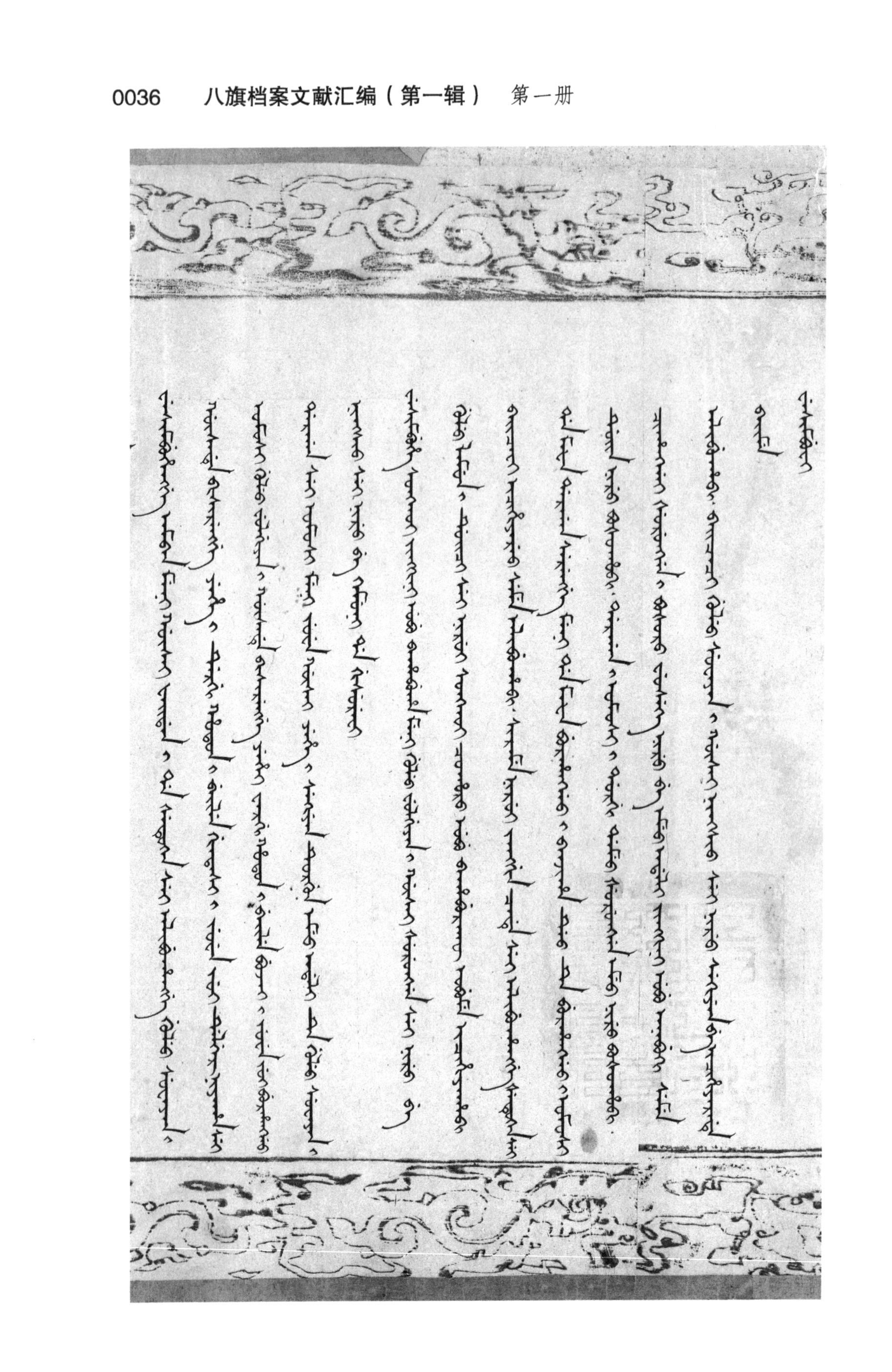

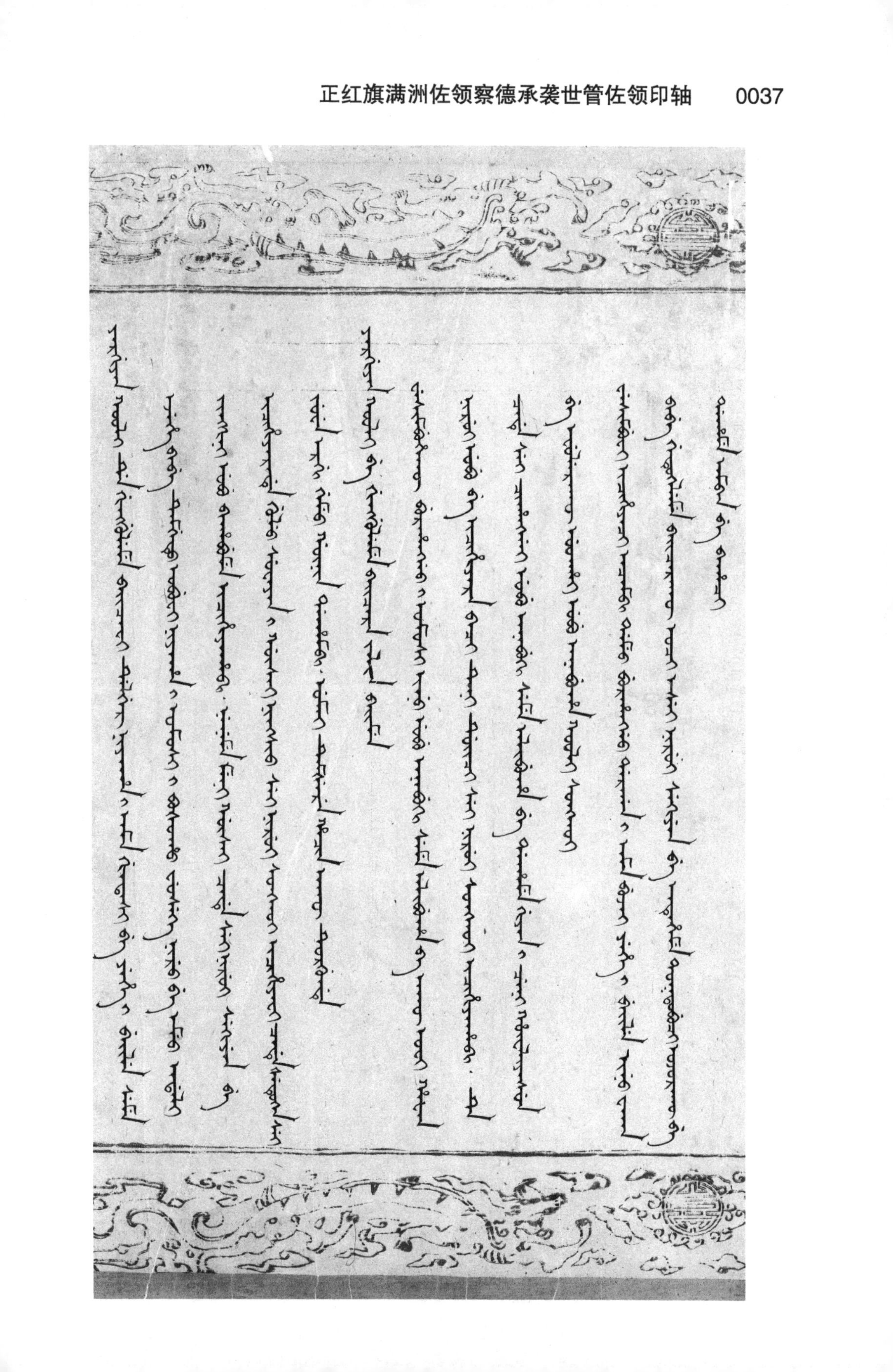

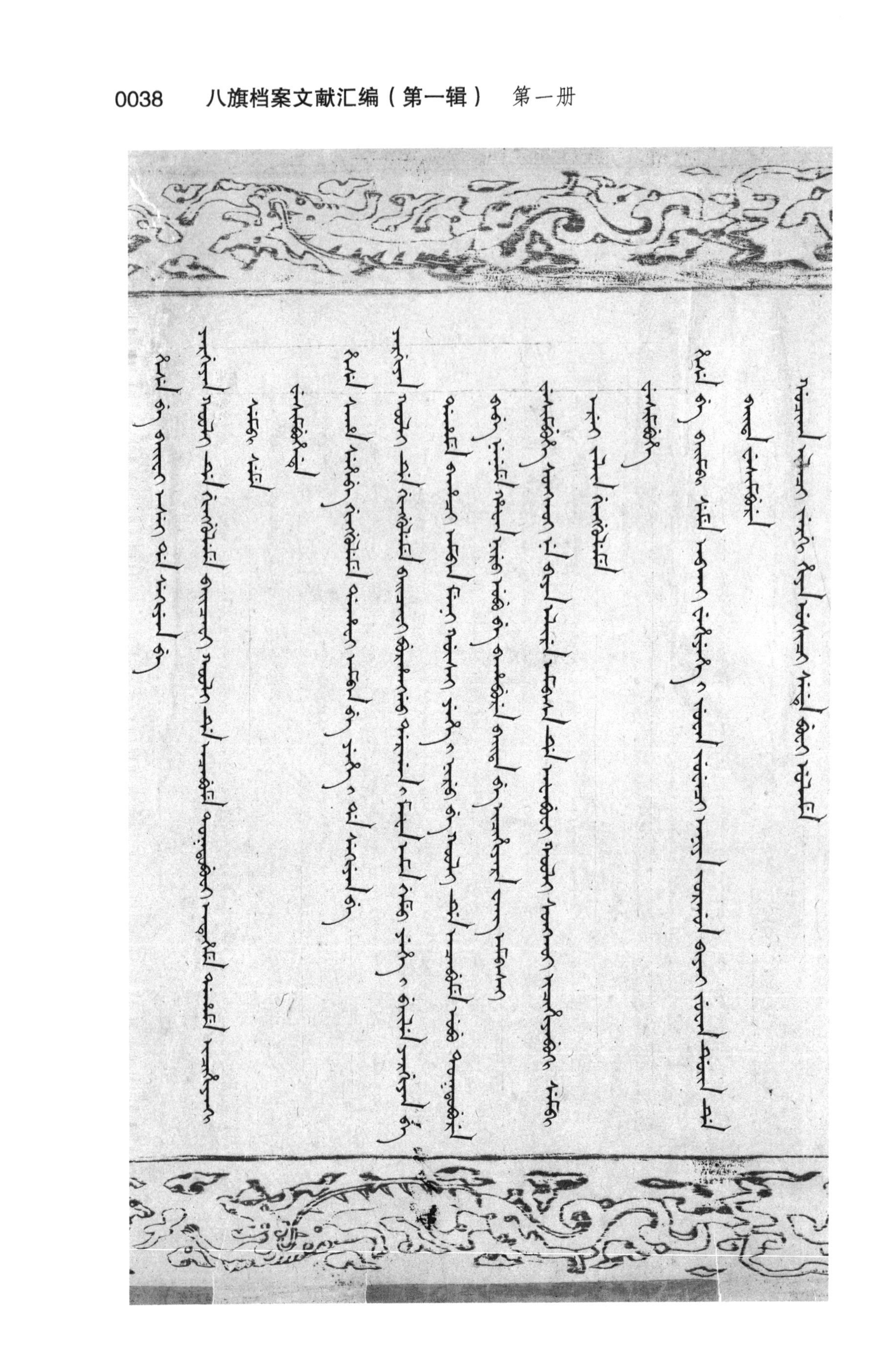

[illegible]

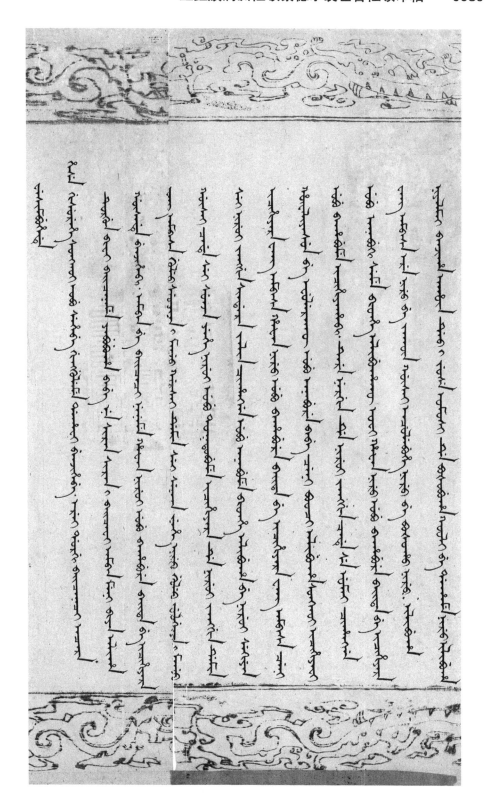

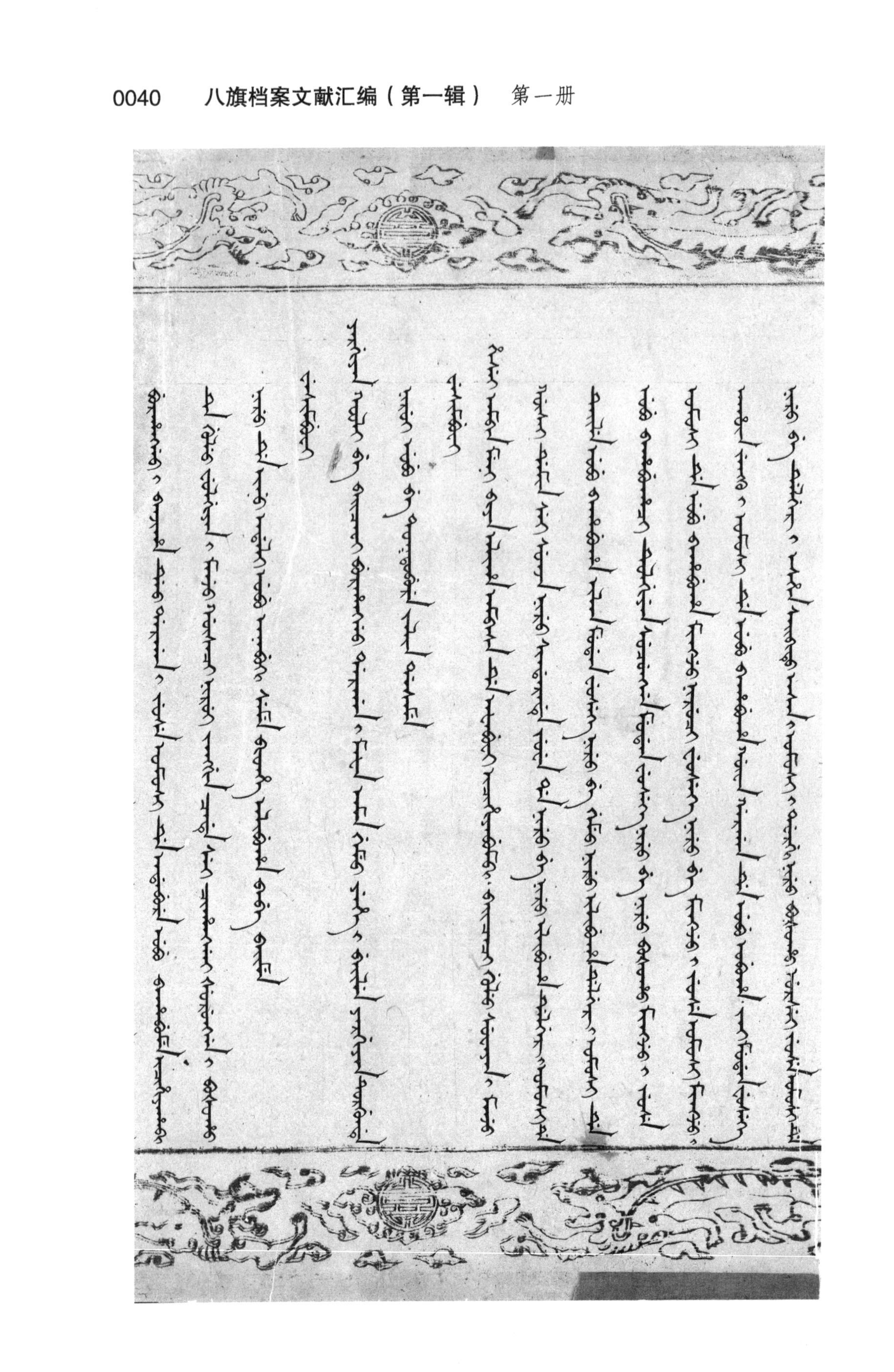

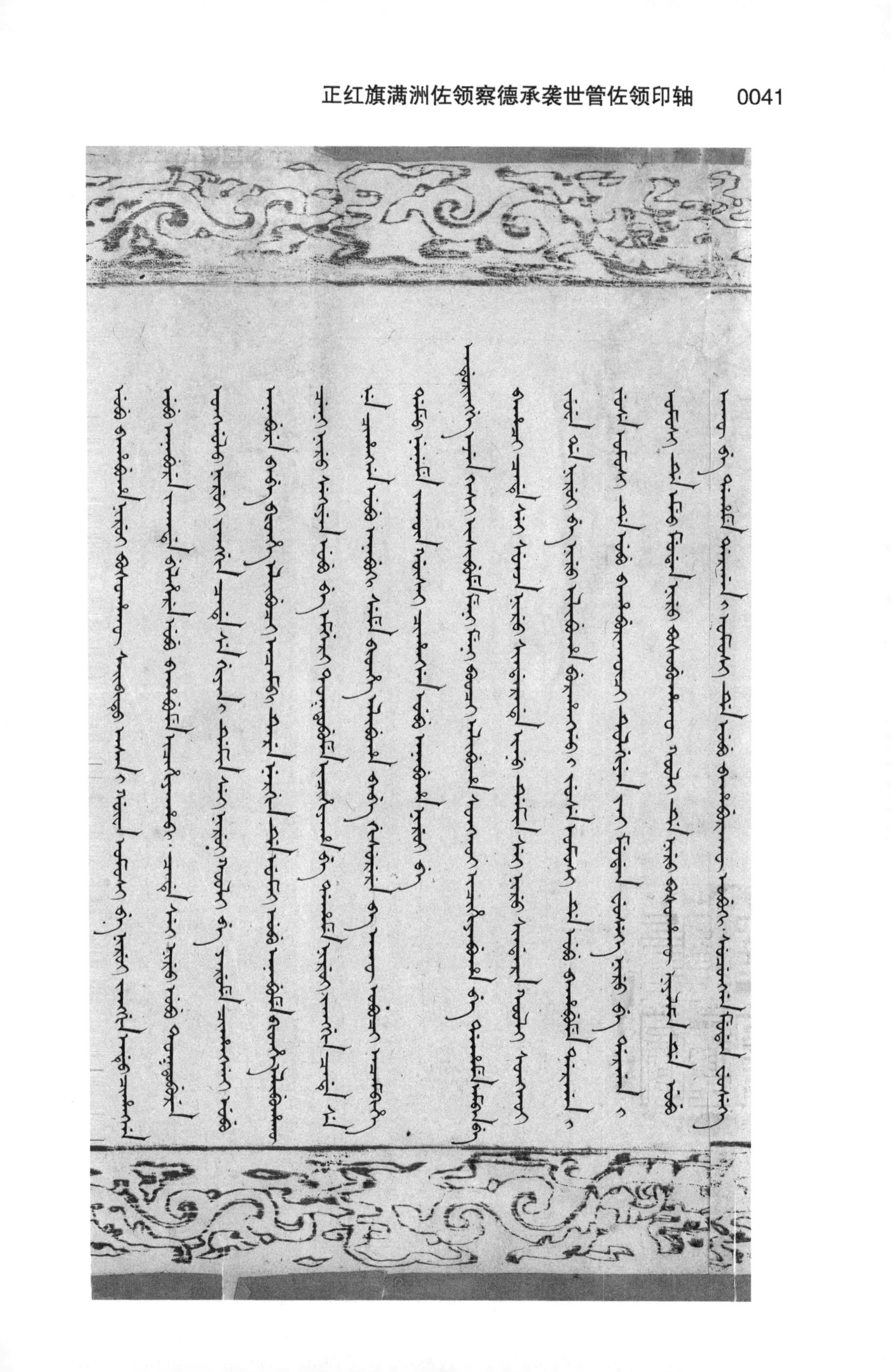

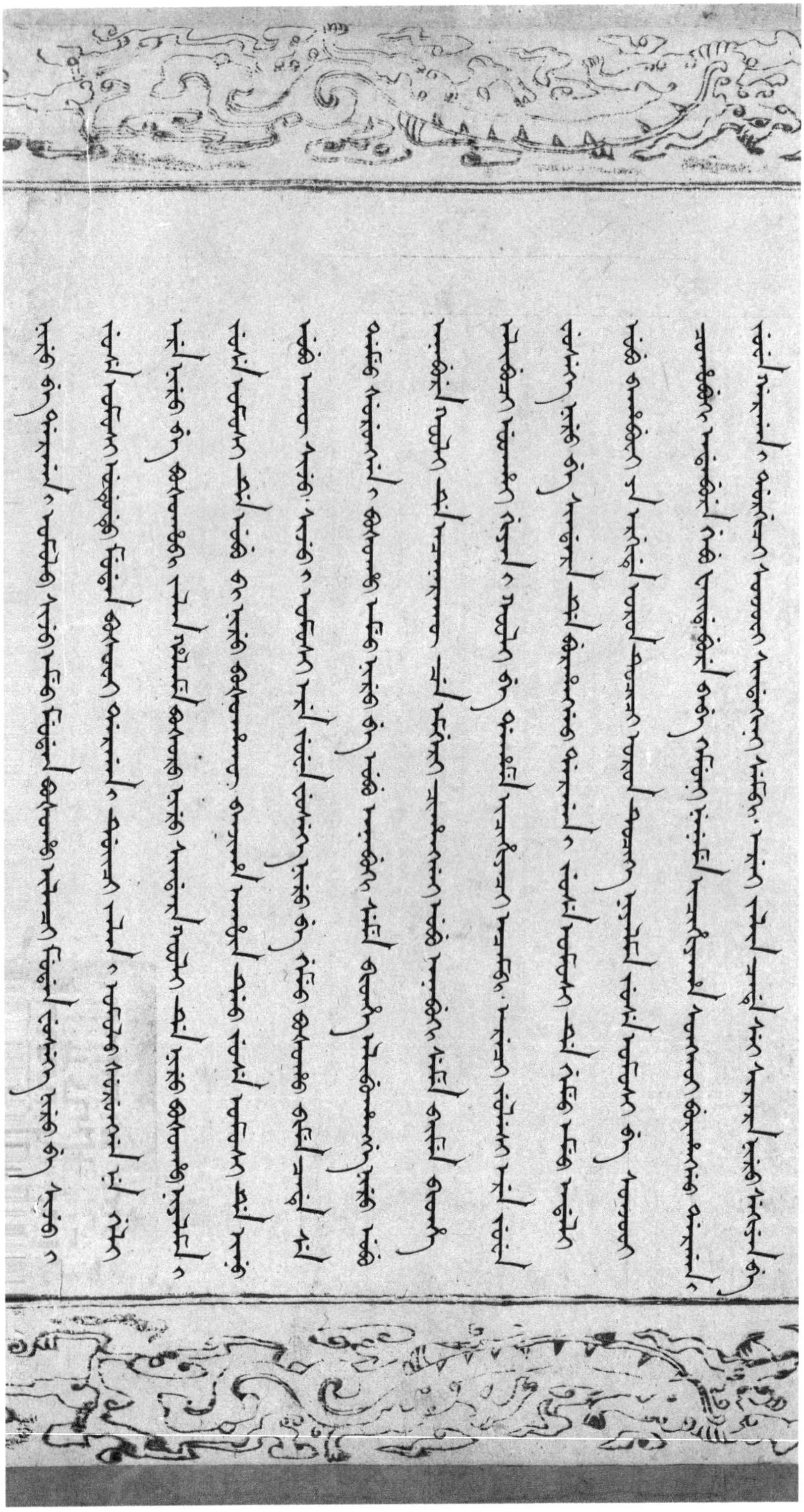

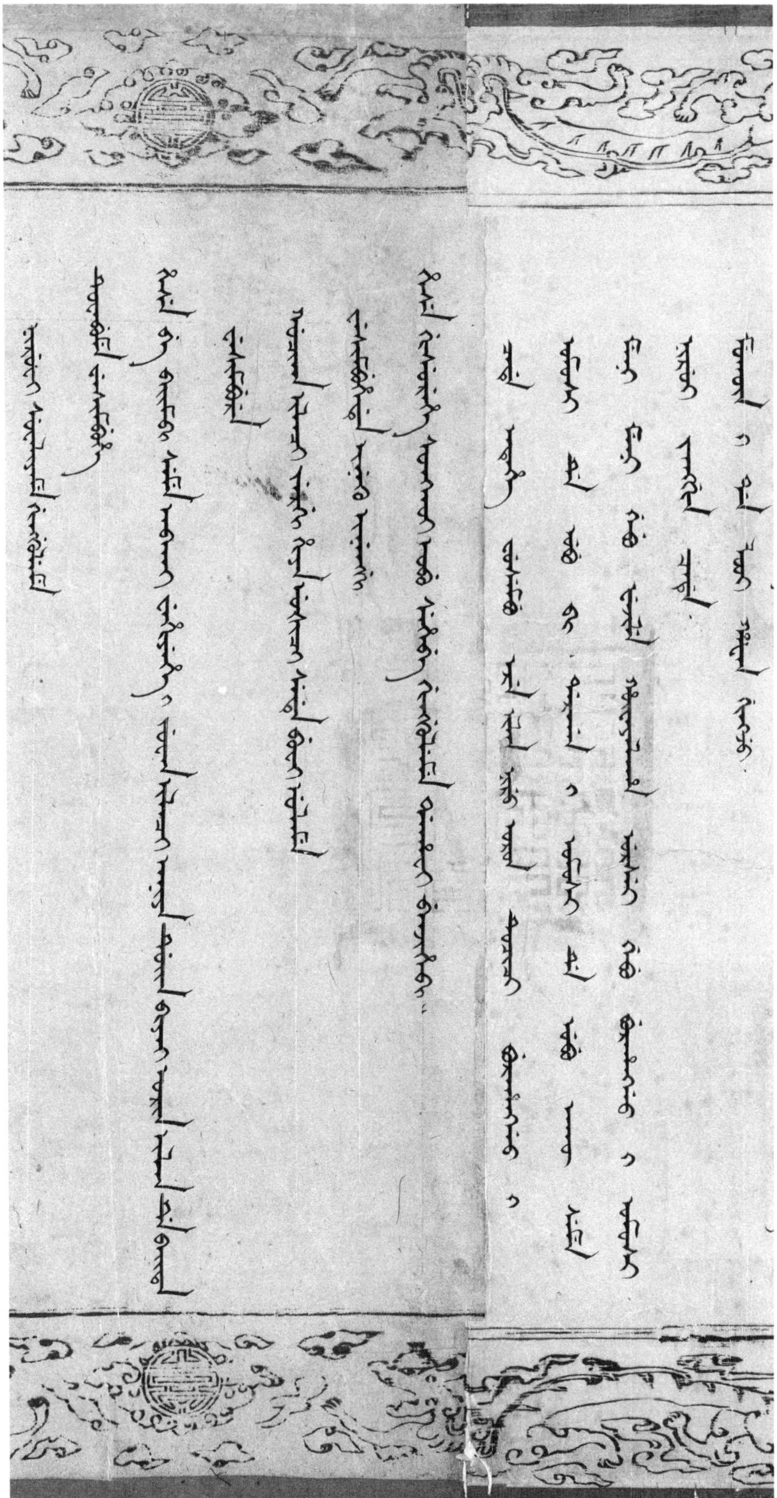

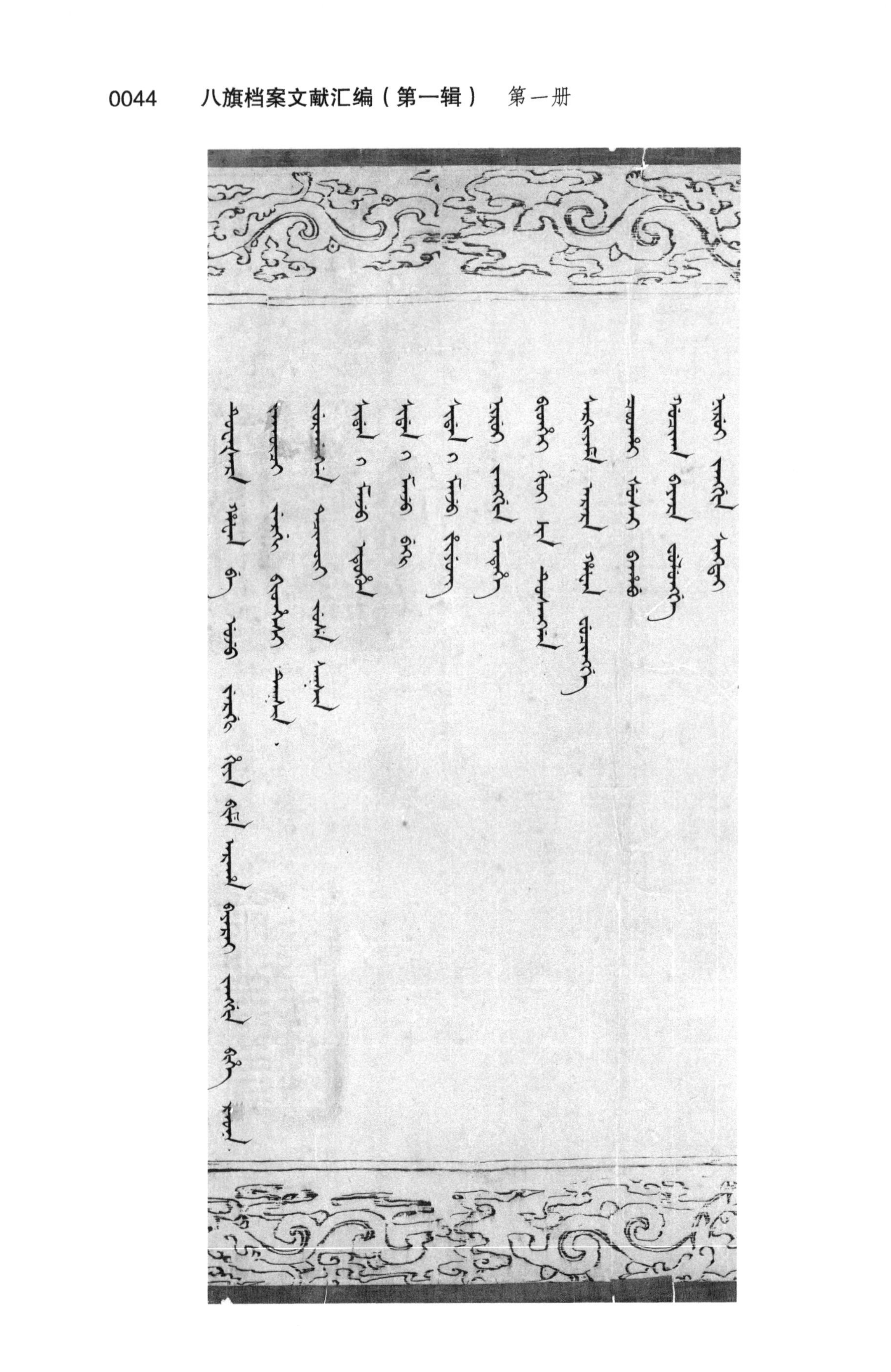

[illegible]

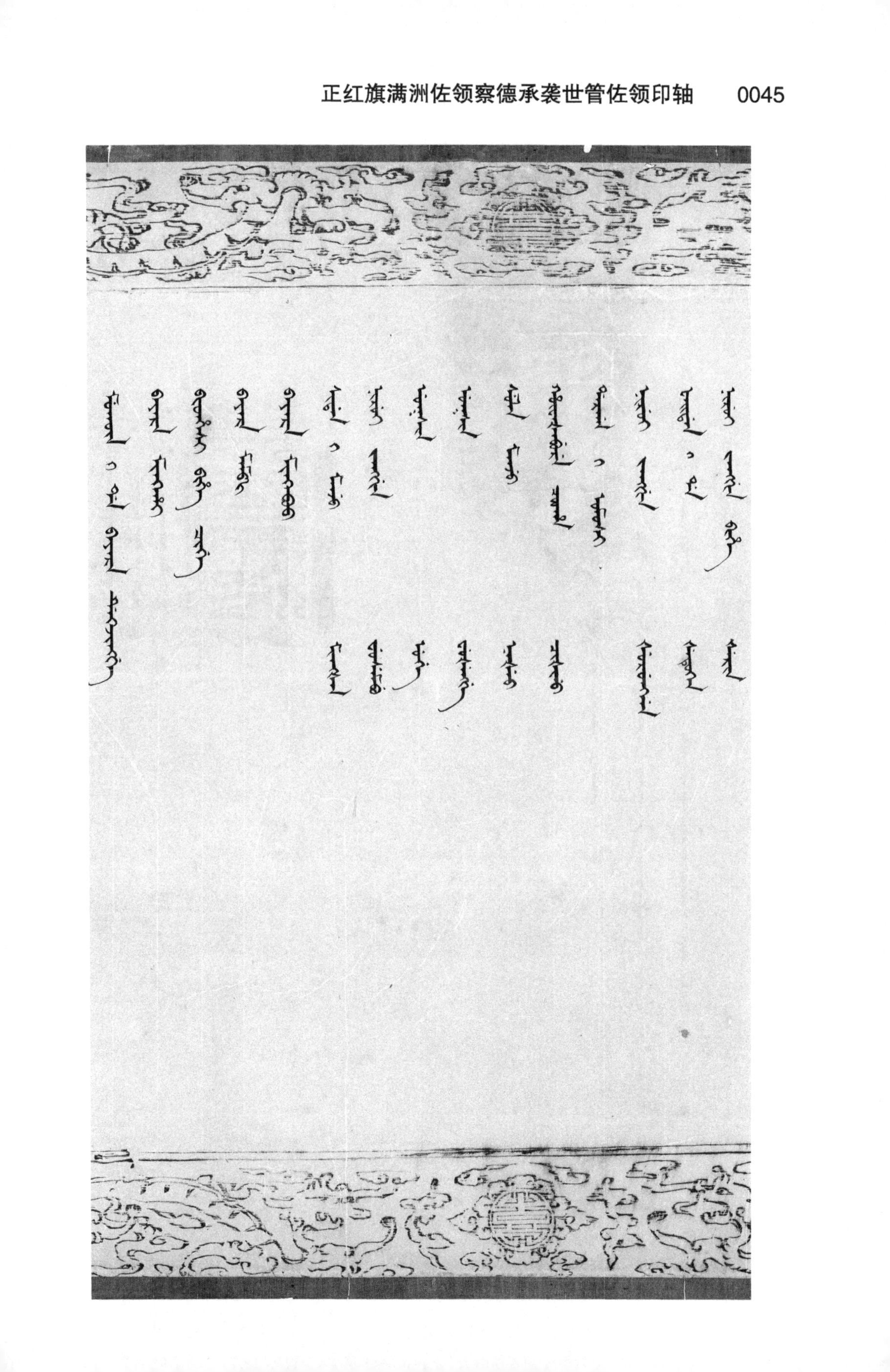

[illegible]

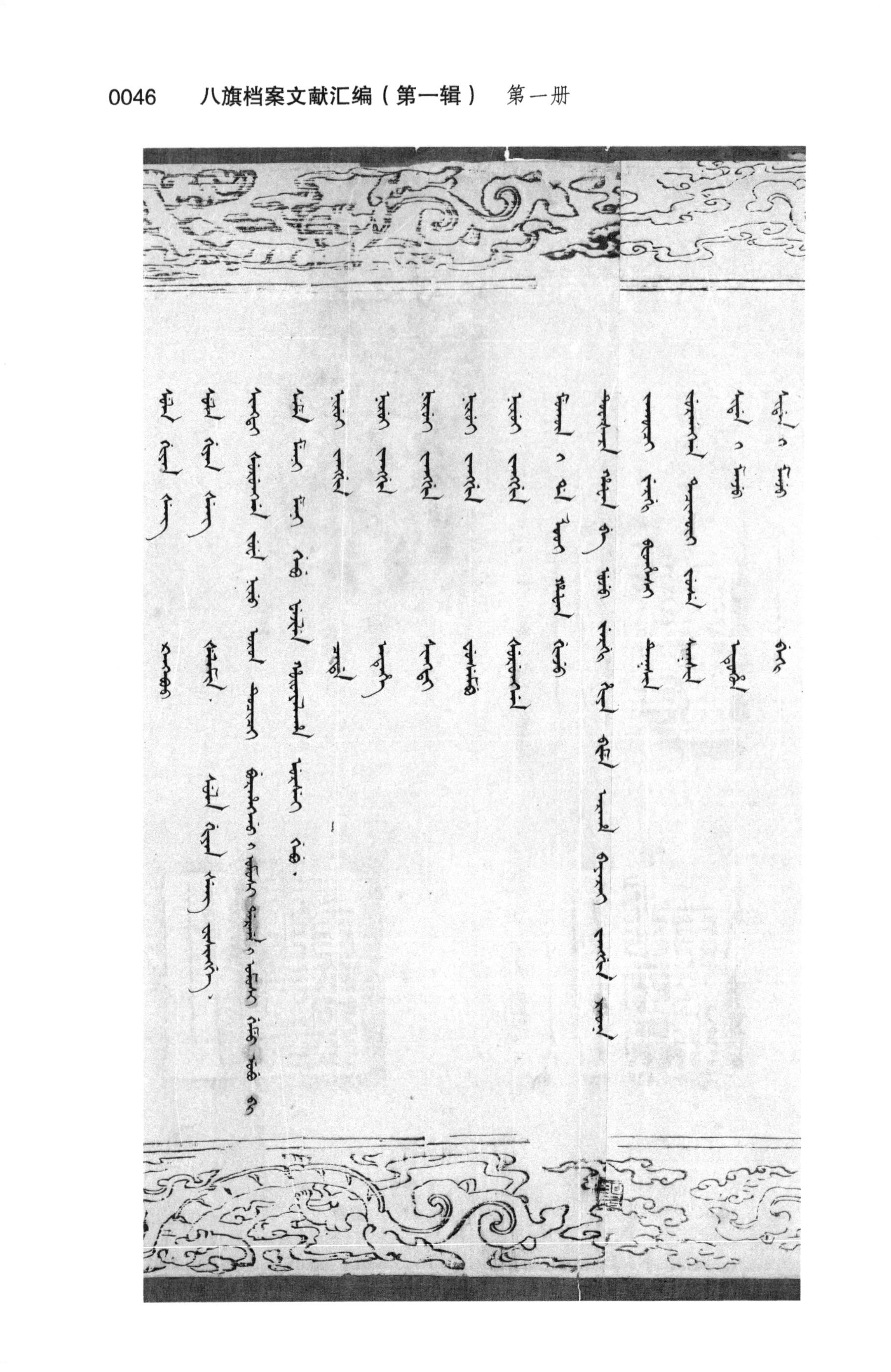

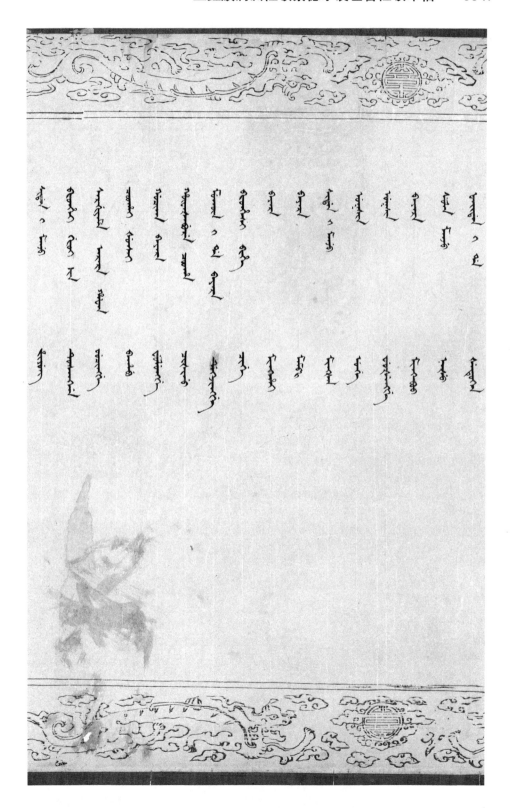

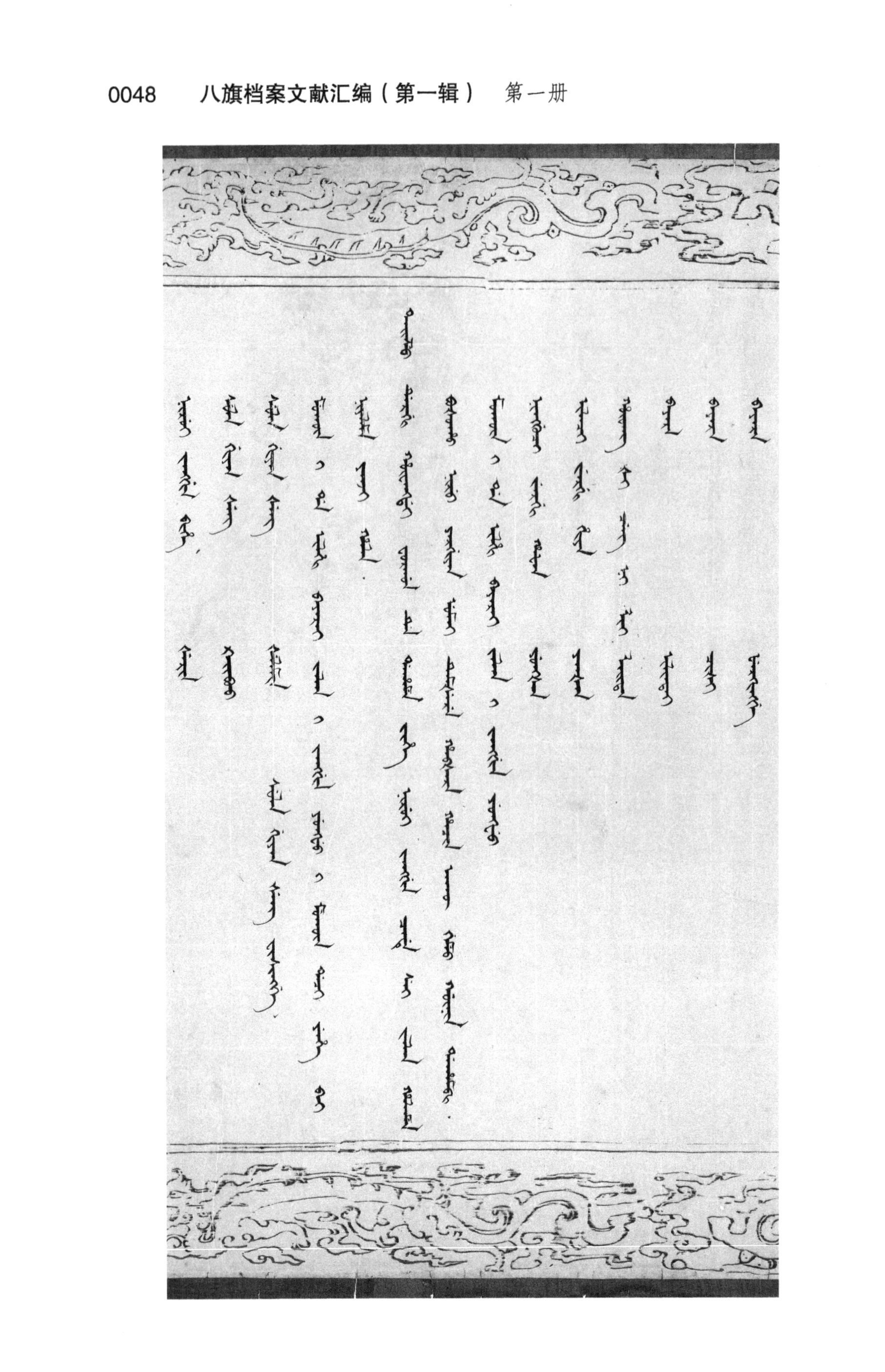

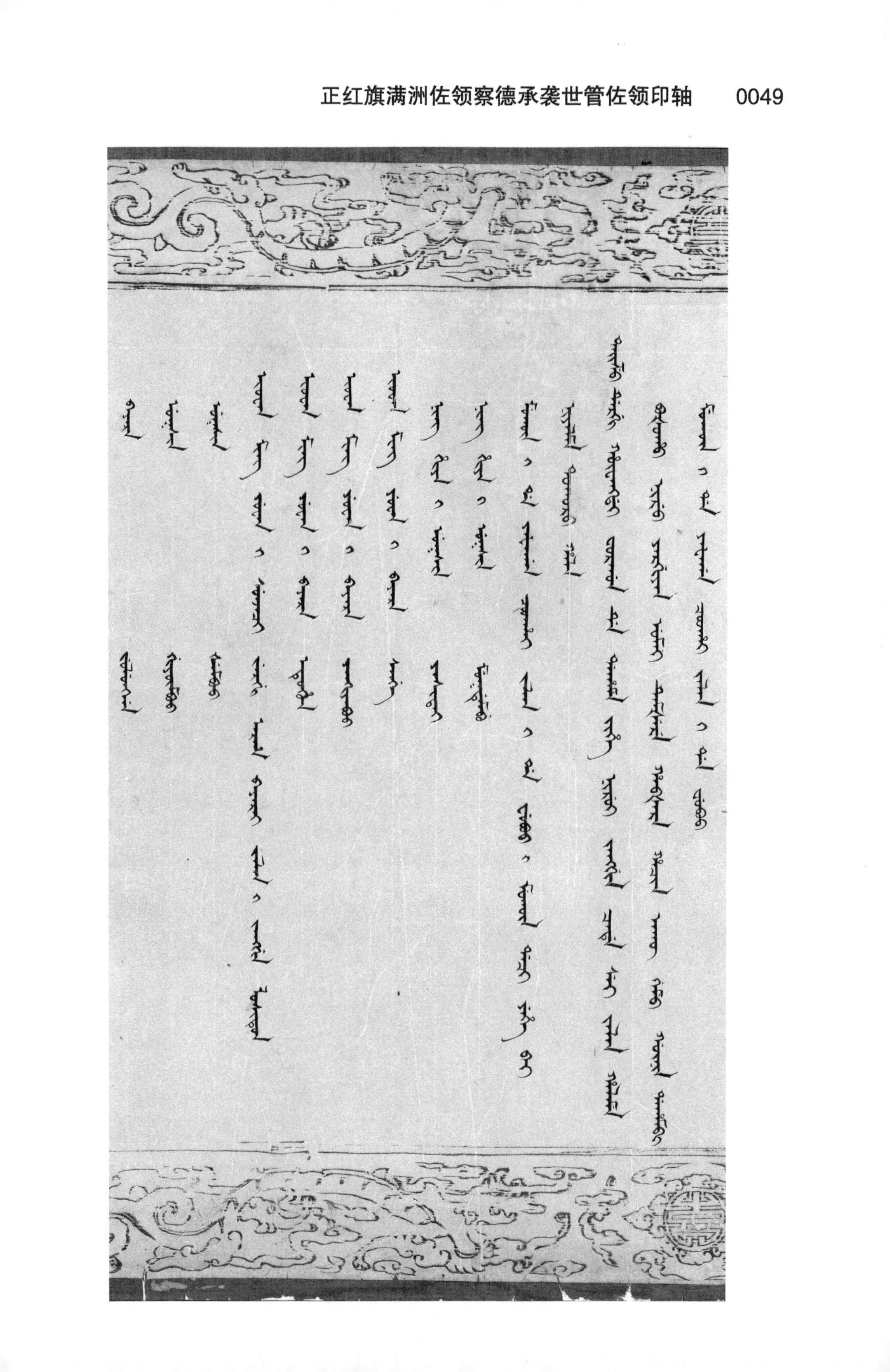

[illegible]

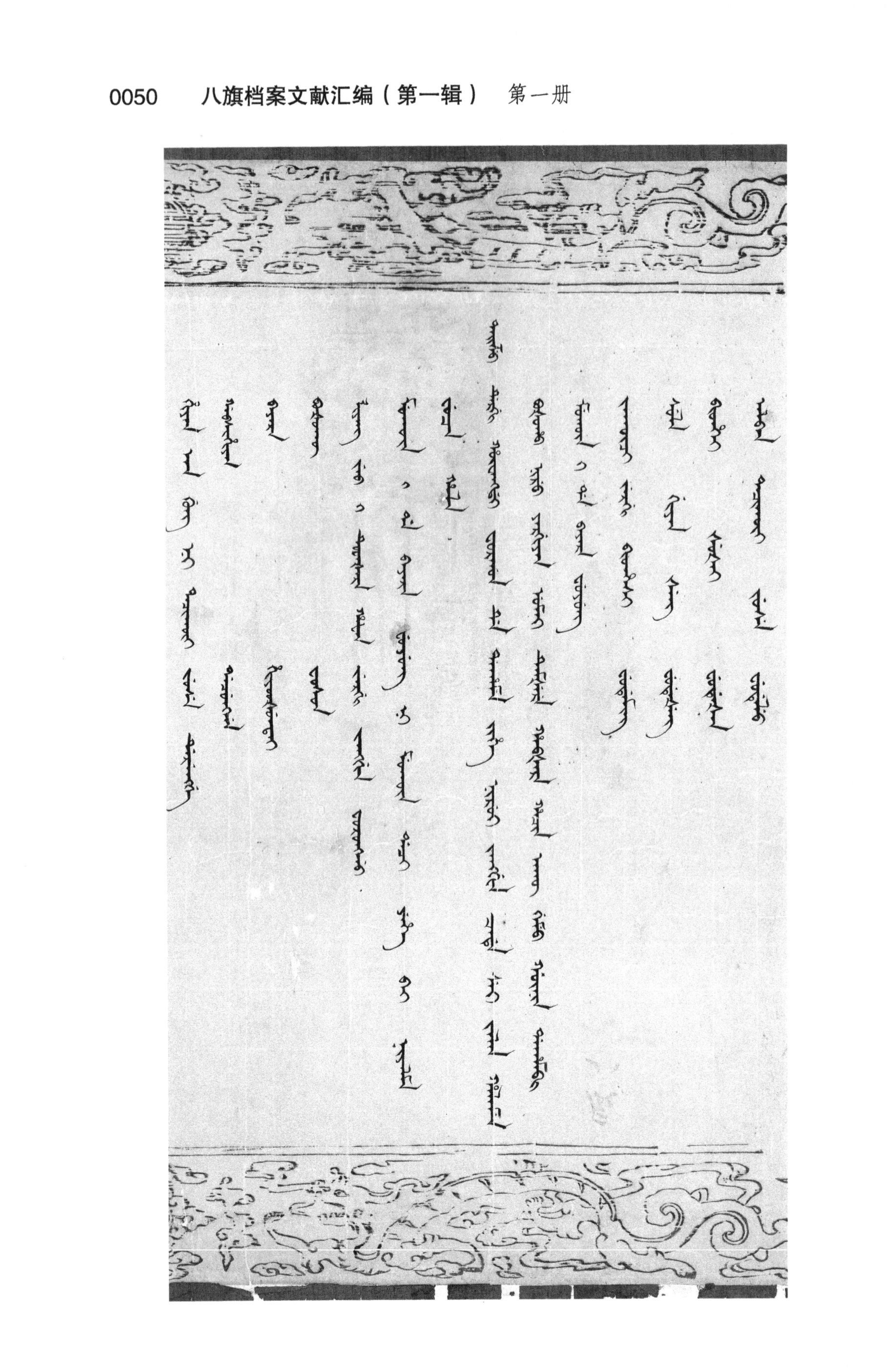

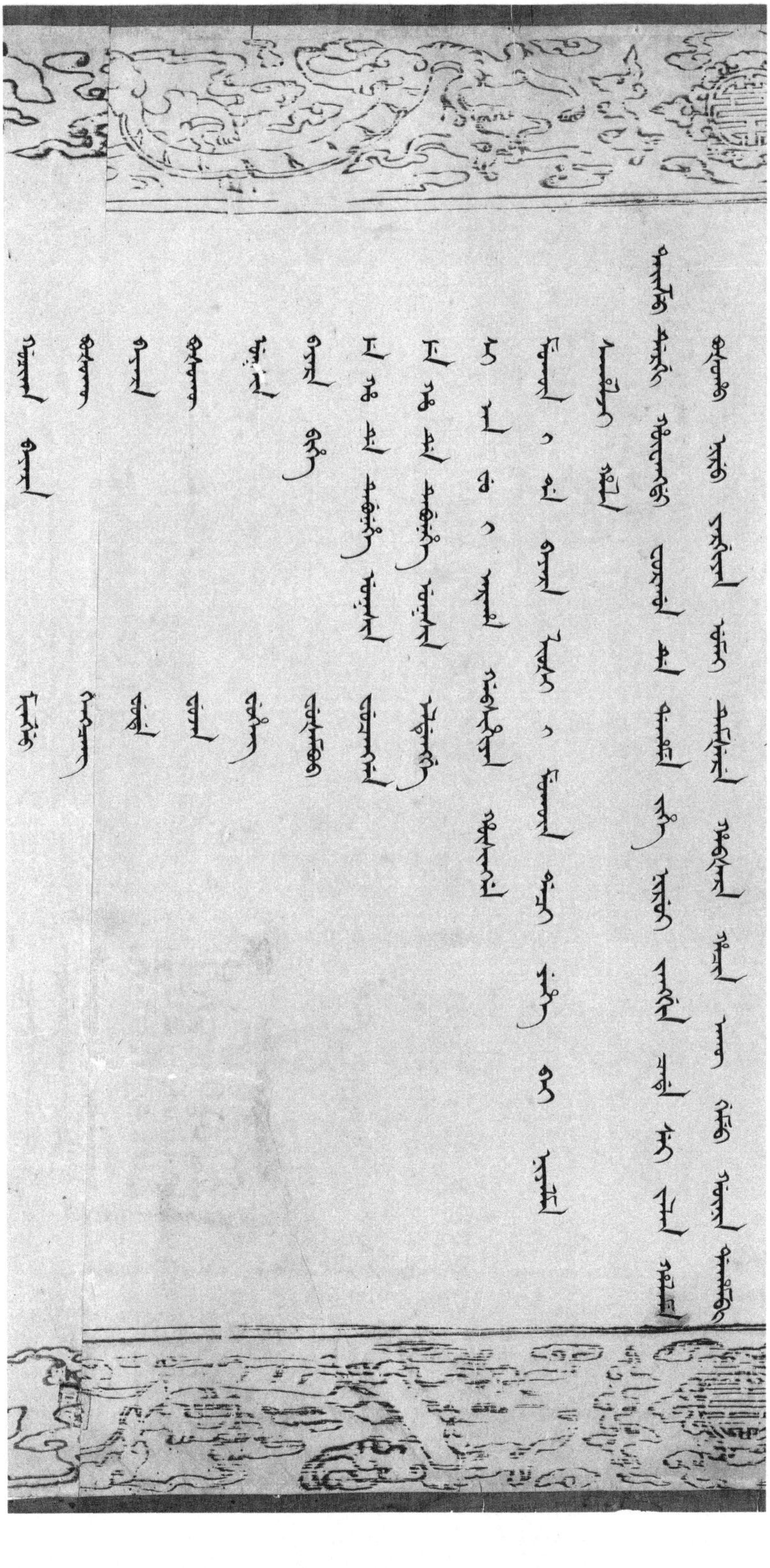

[illegible]

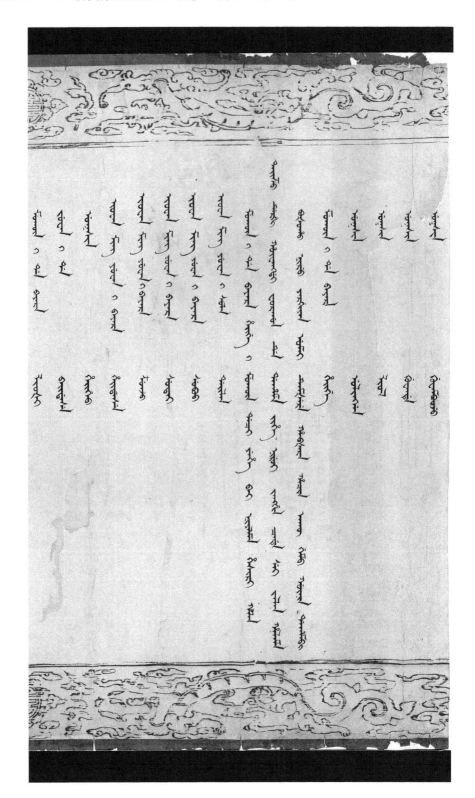

镶红旗满洲佐领纳兰太承袭世管佐领印轴

满文写本，卷轴装，页面47.0cm×1995.0cm，四周双边，螭文，钤兵部印，前部略有残缺，满文题名不存。初修时间为乾隆八年，后陆续添写至光绪五年，未满幅。该印轴与后文中《镶红旗满洲佐领富明额承袭世管佐领印轴》佐领根源部分内容完全相同，可借助后者识别原文中部分缺失信息。

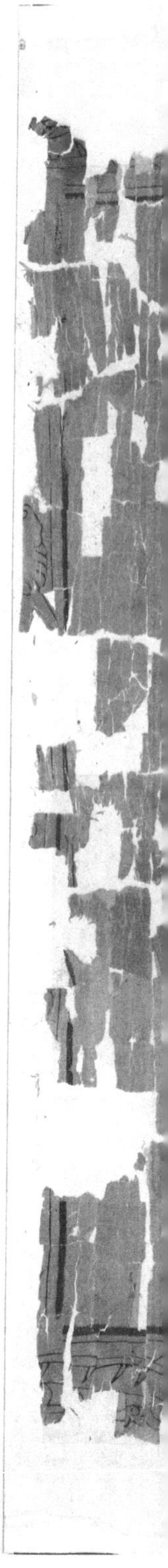

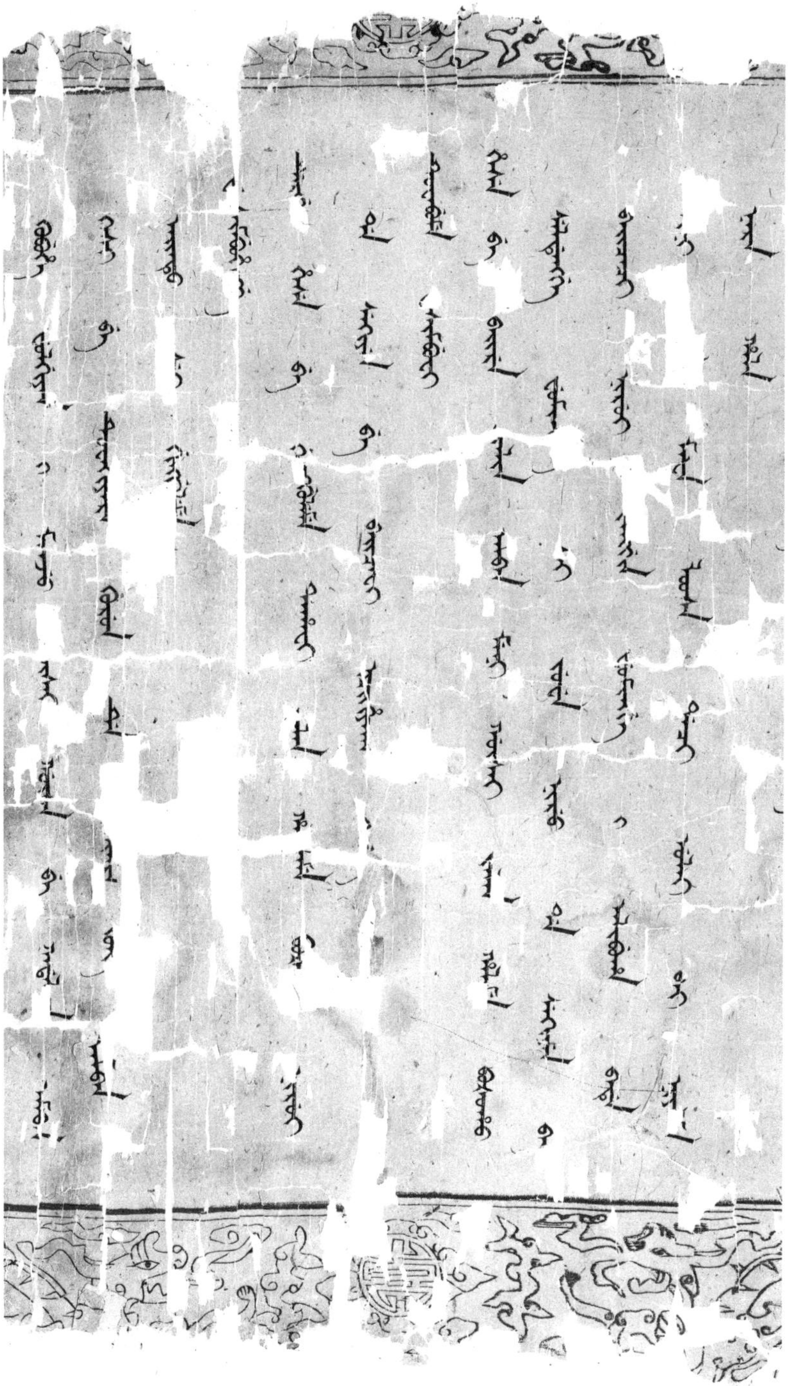

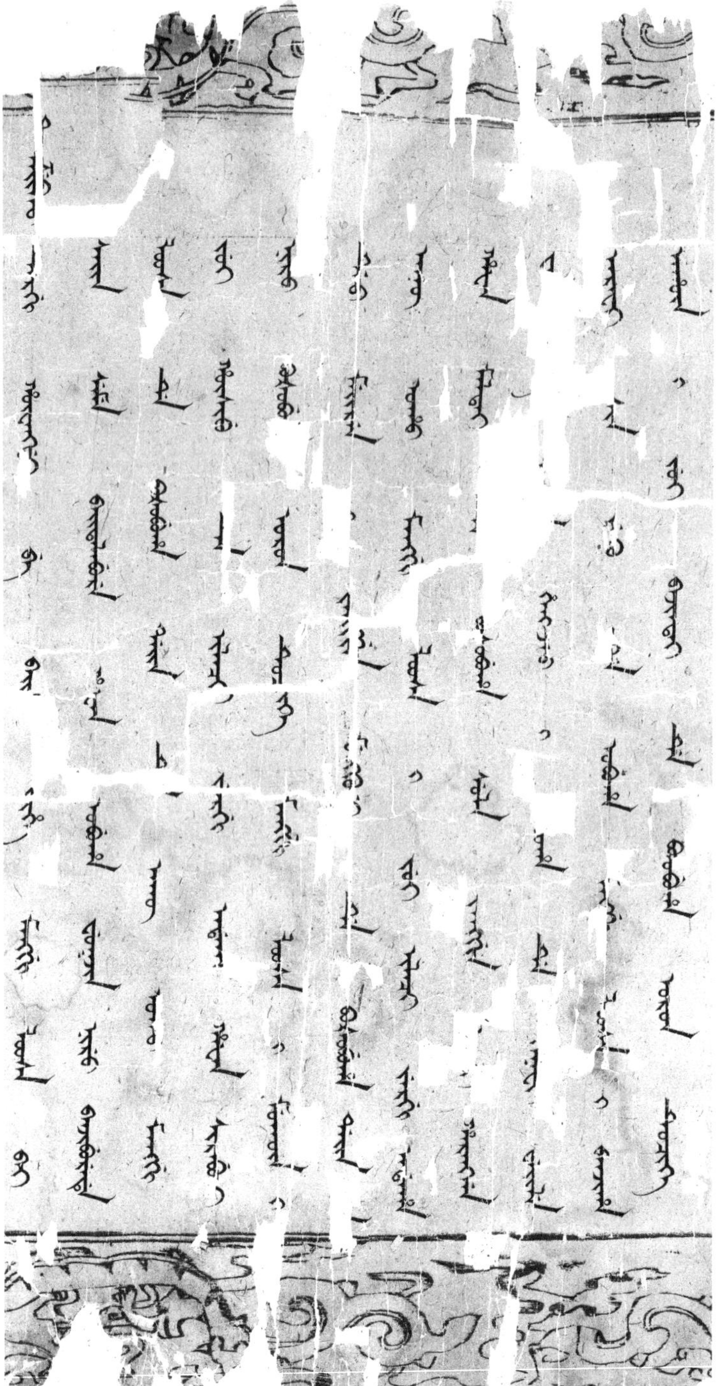

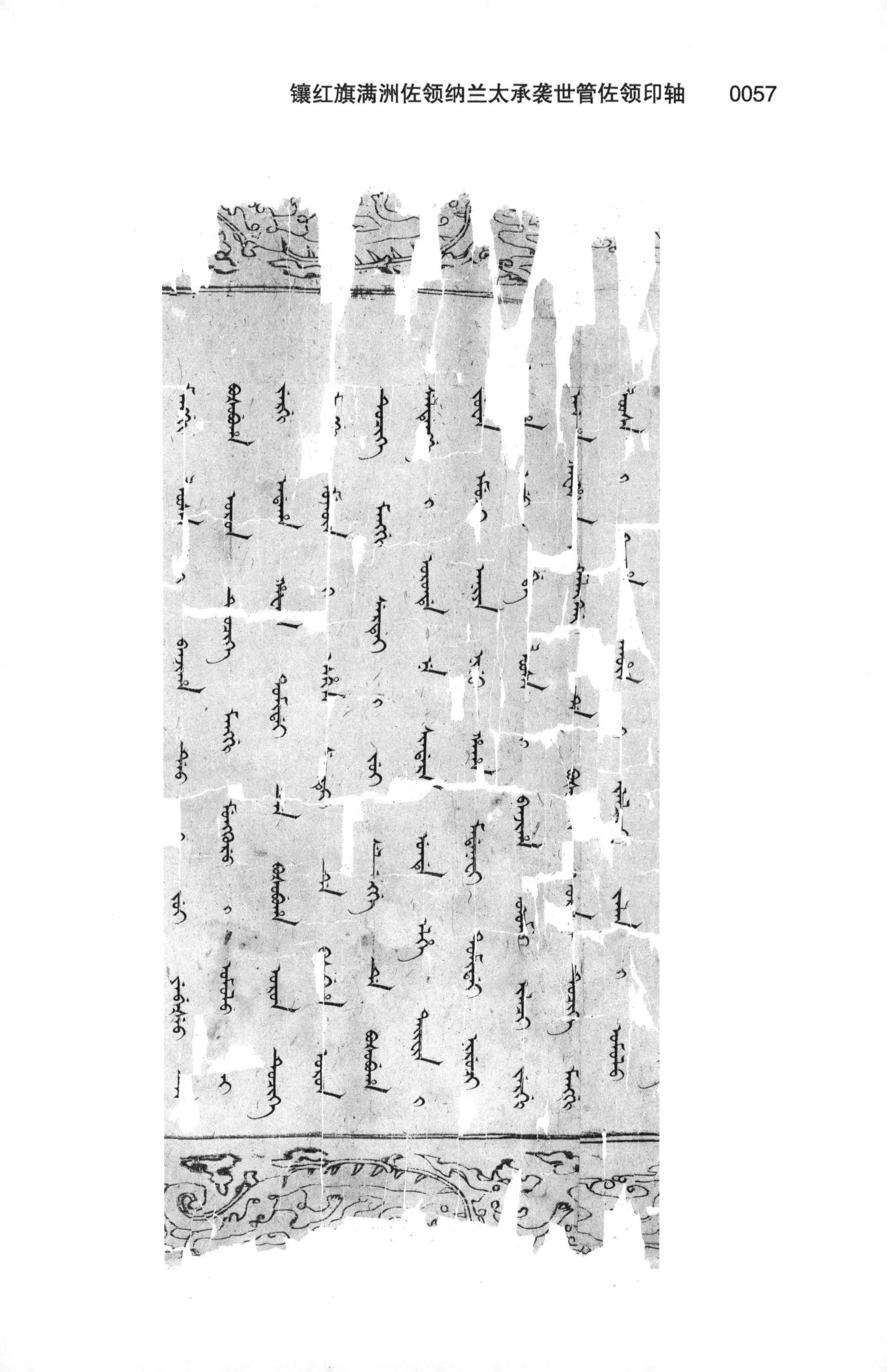

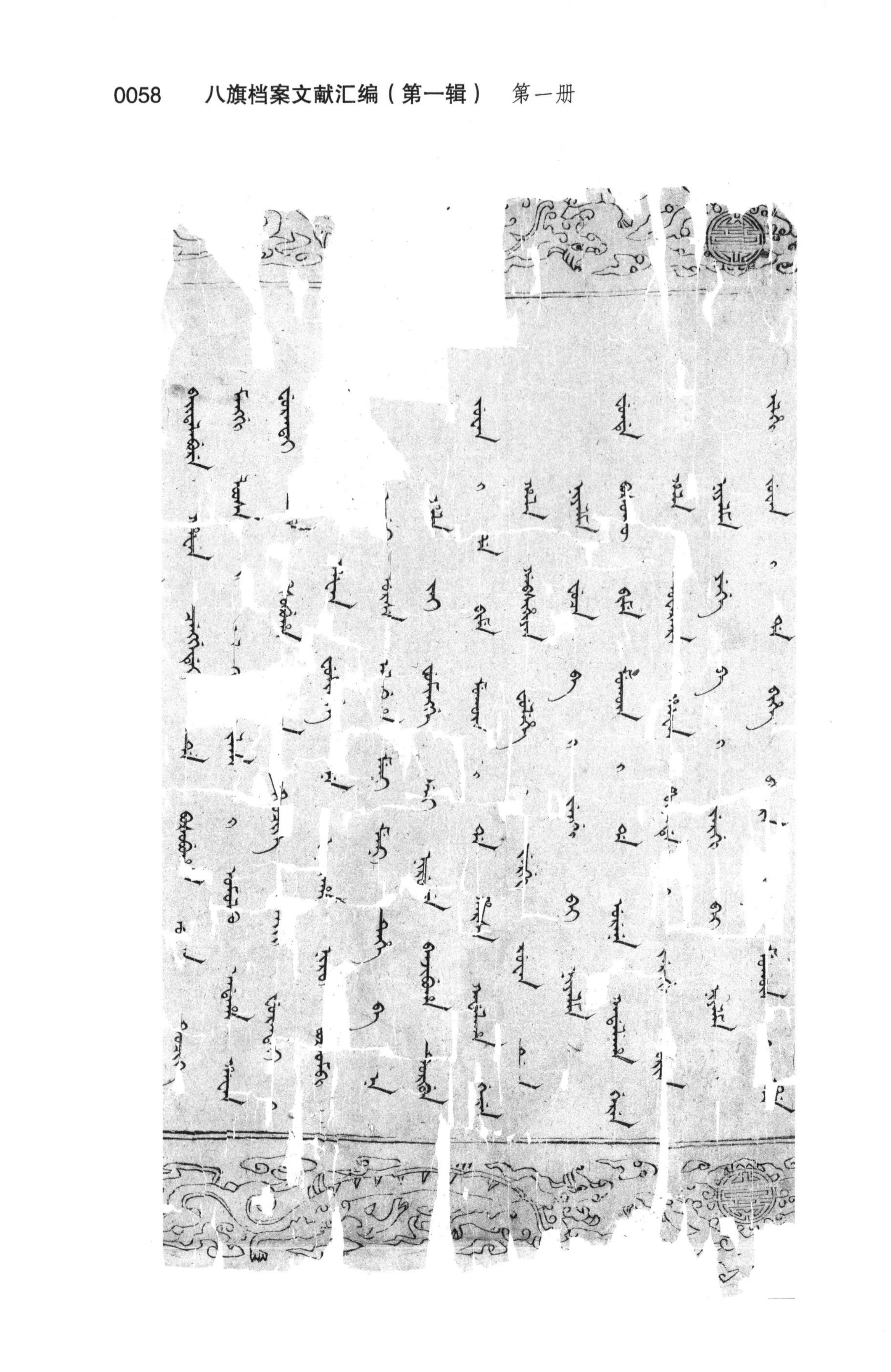

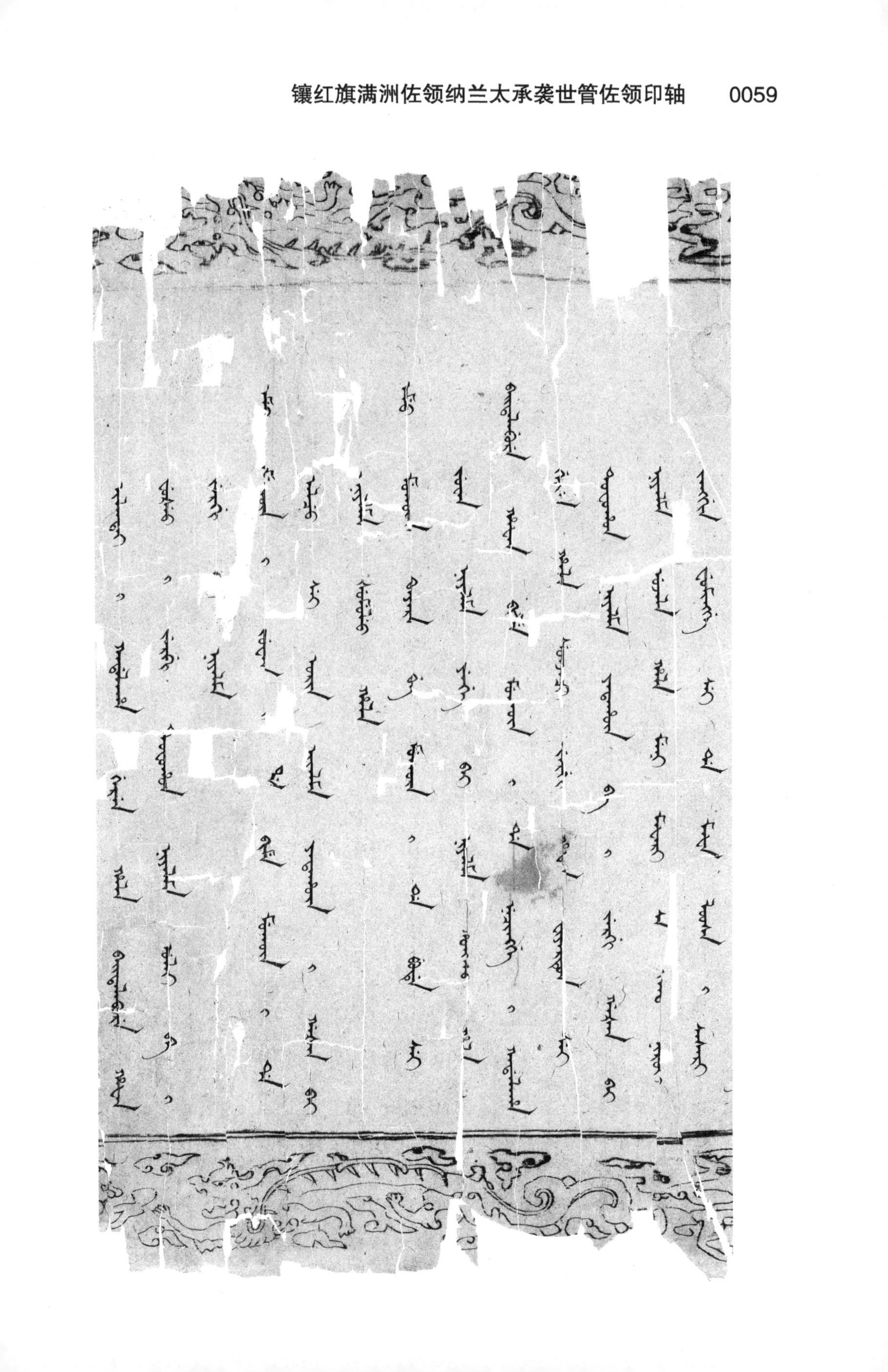

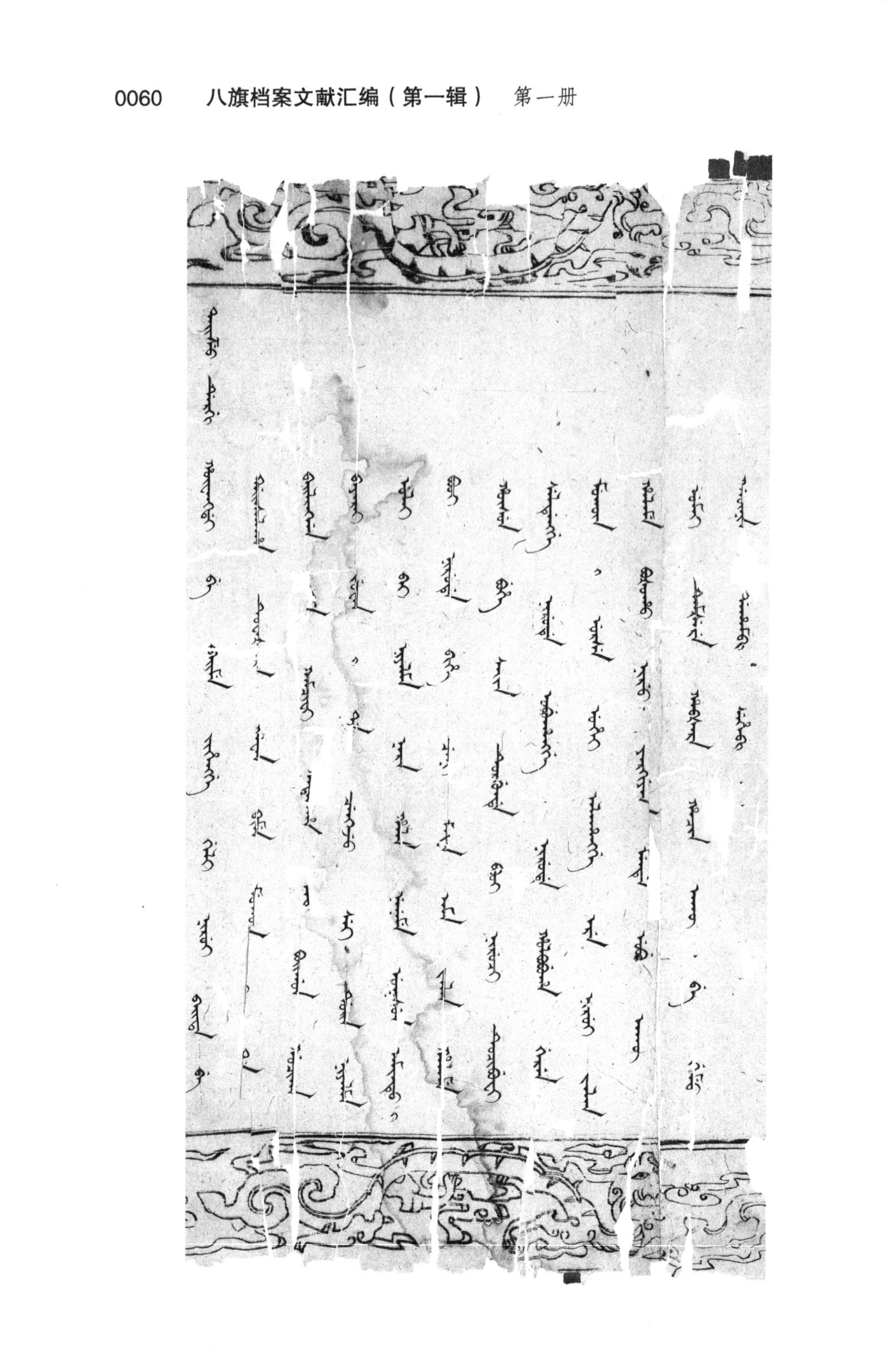

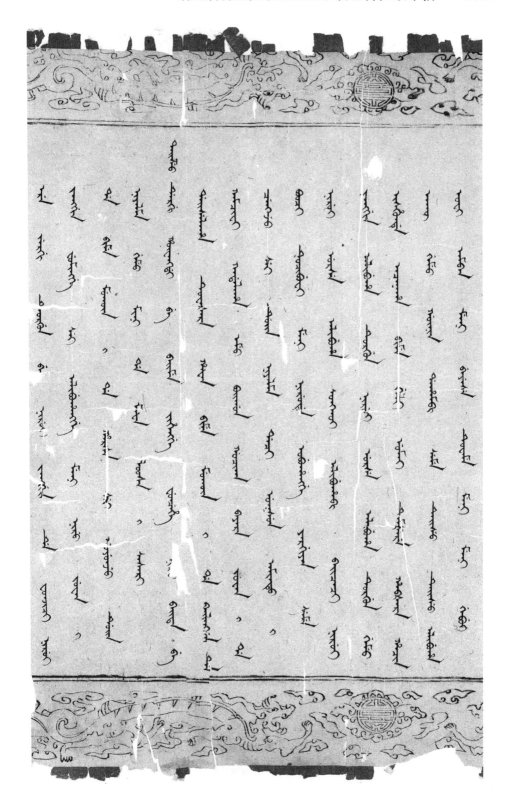

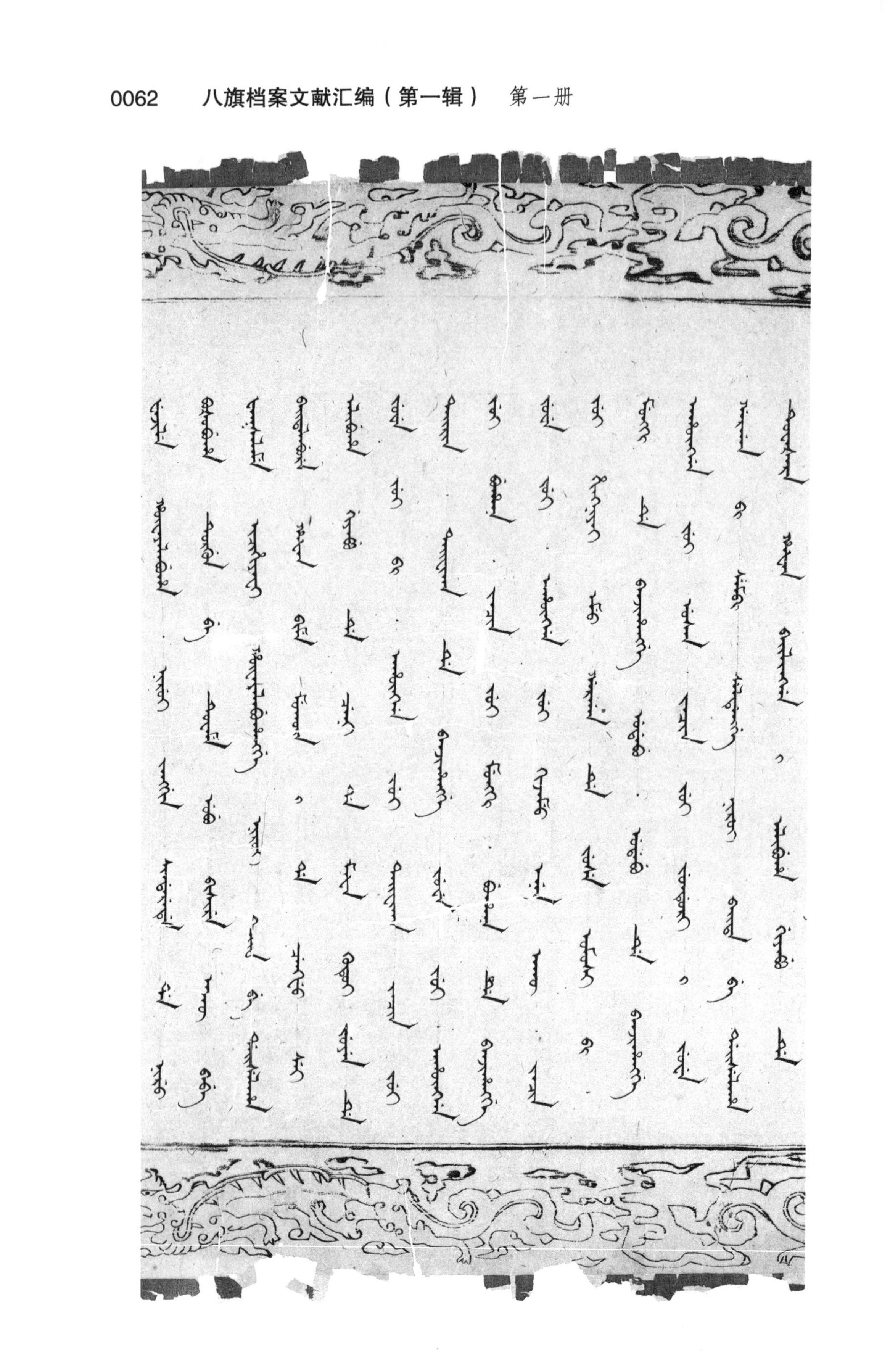

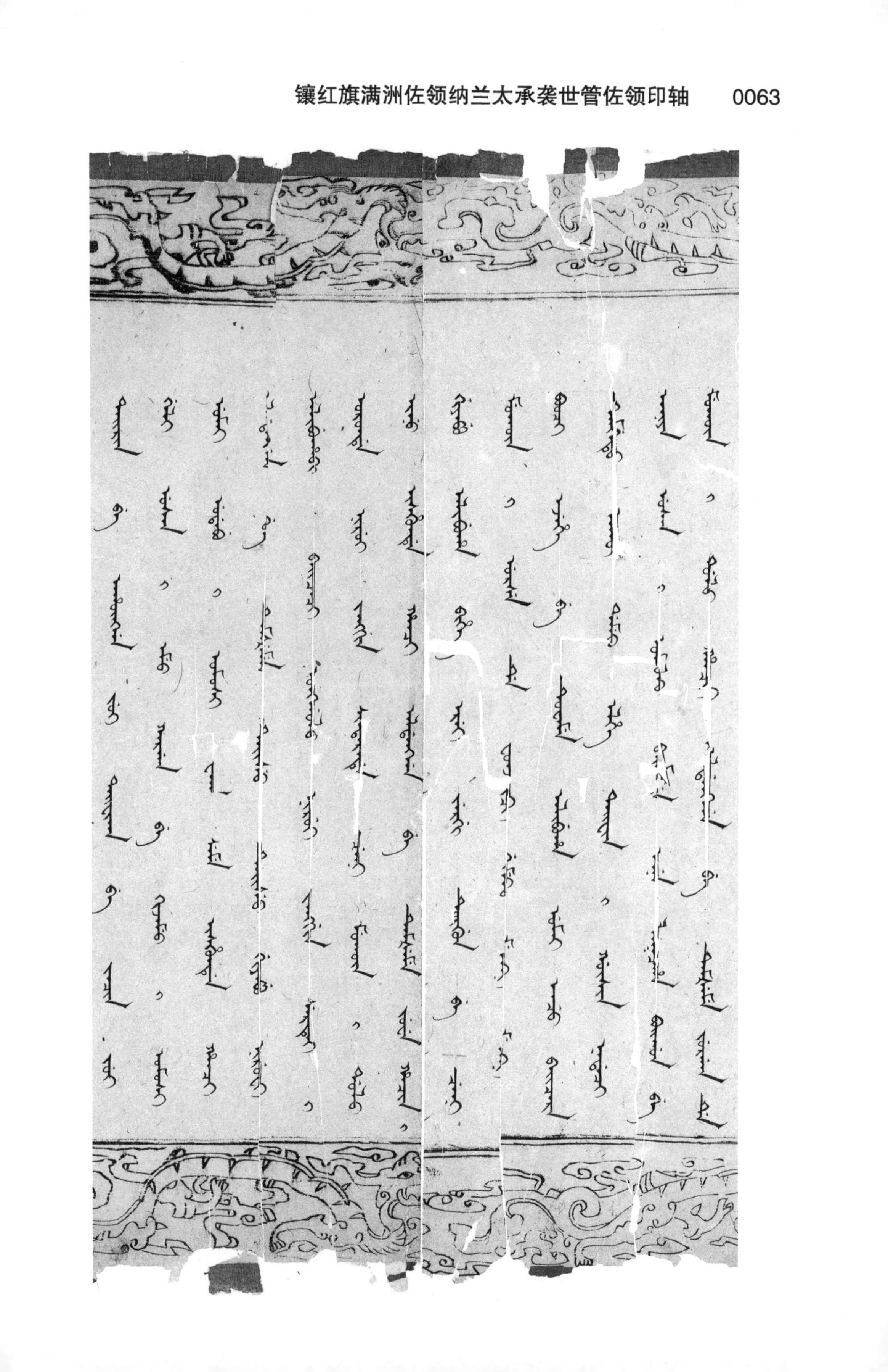

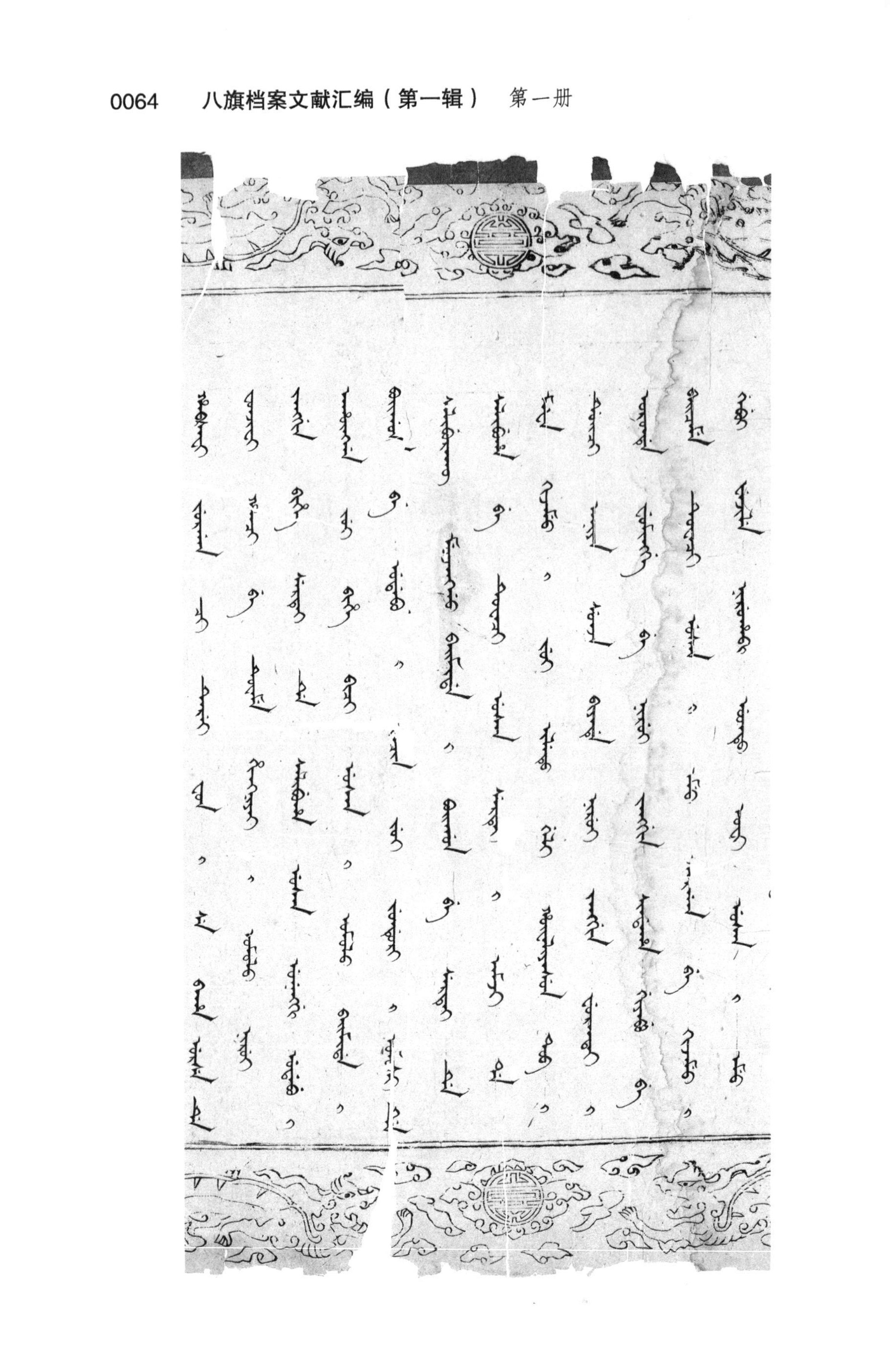

[illegible]

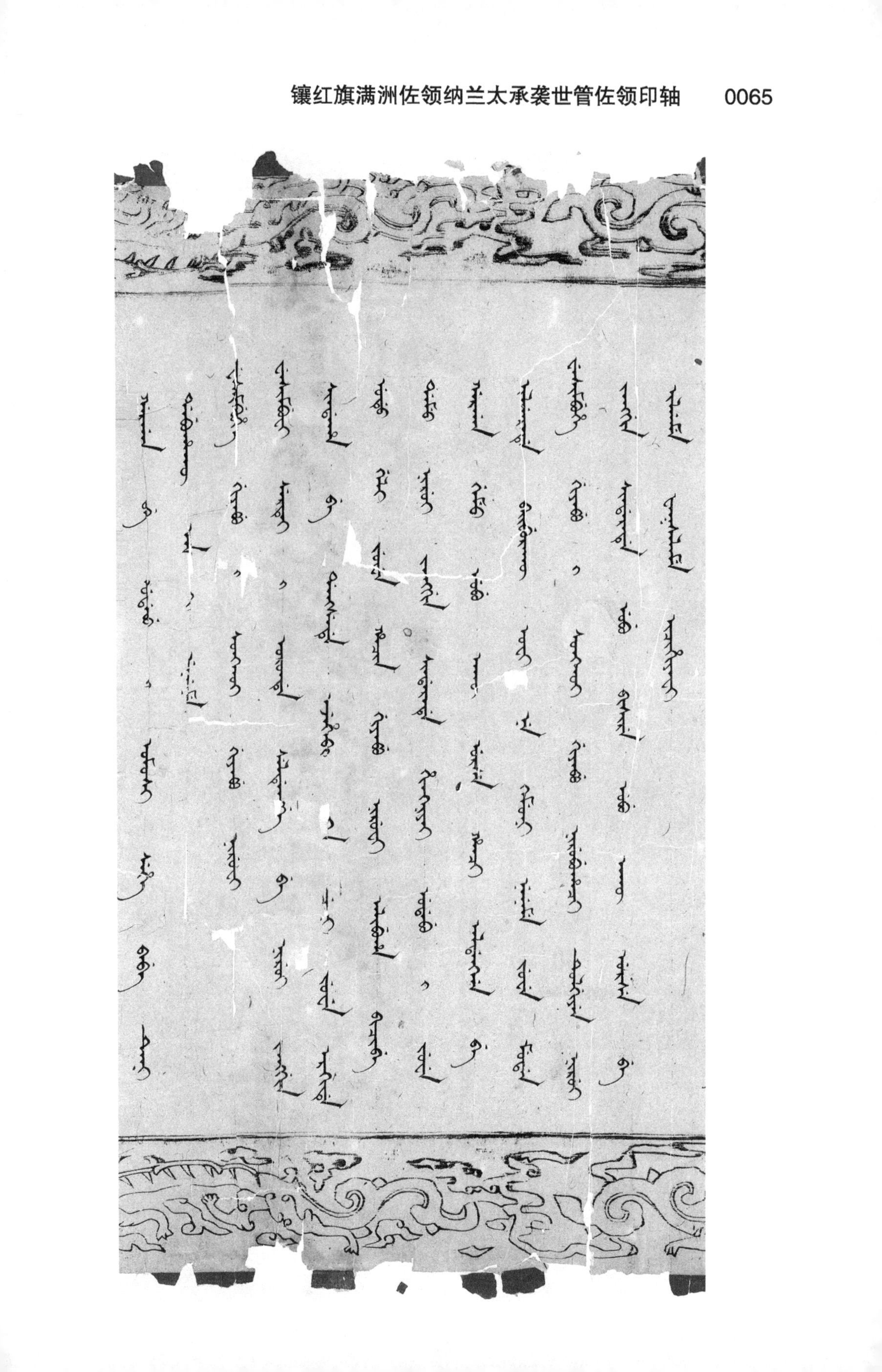

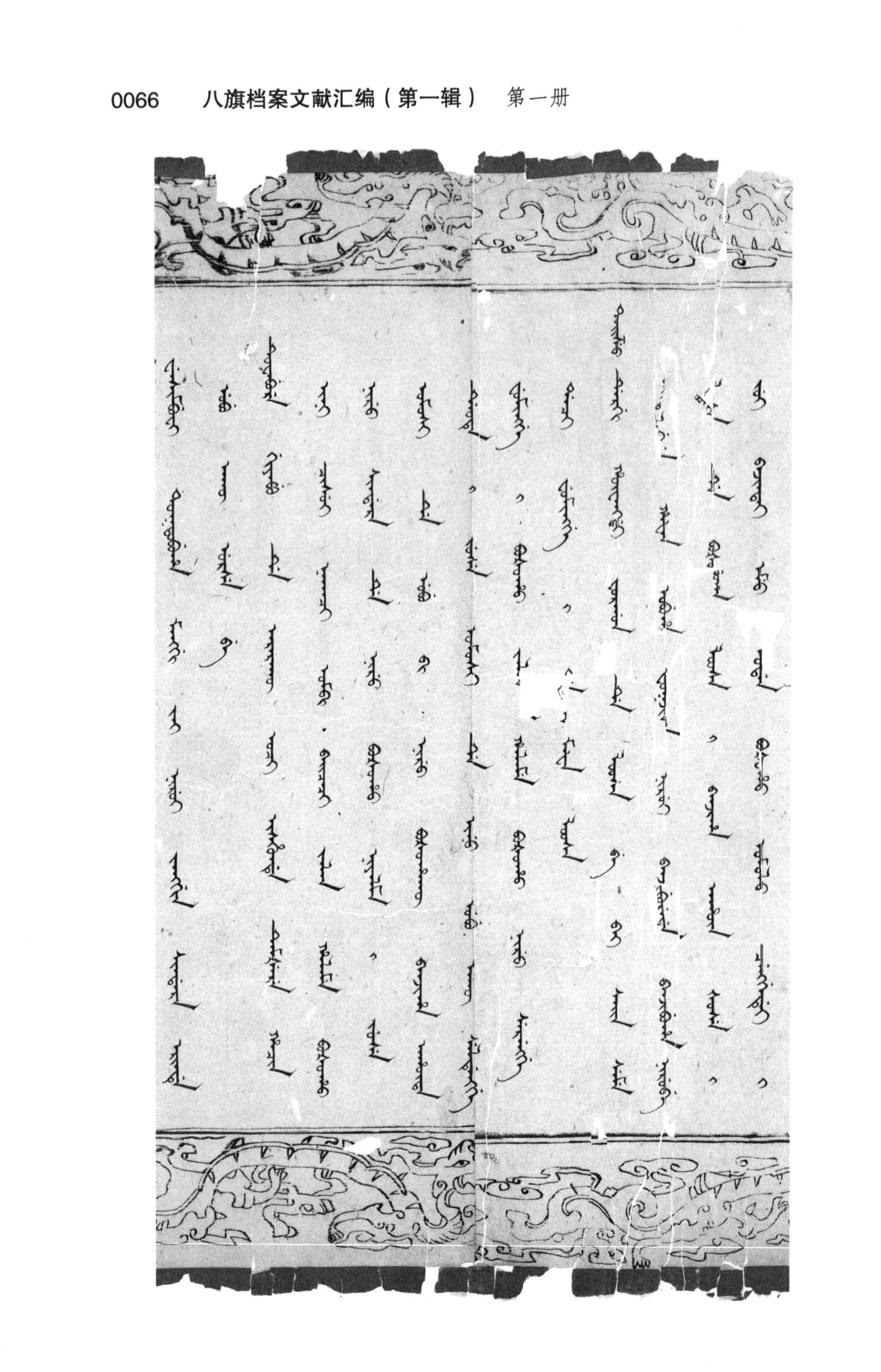

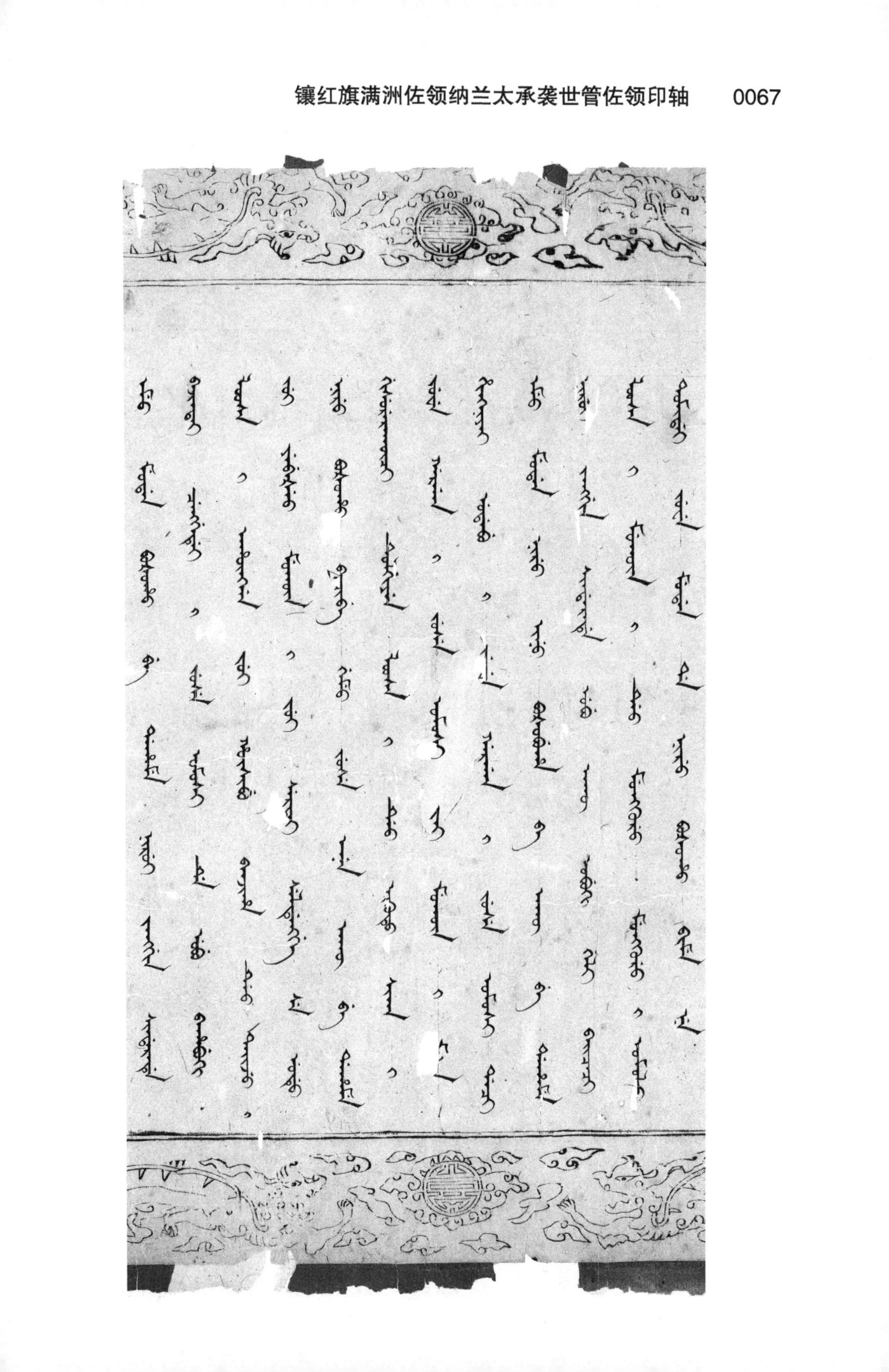

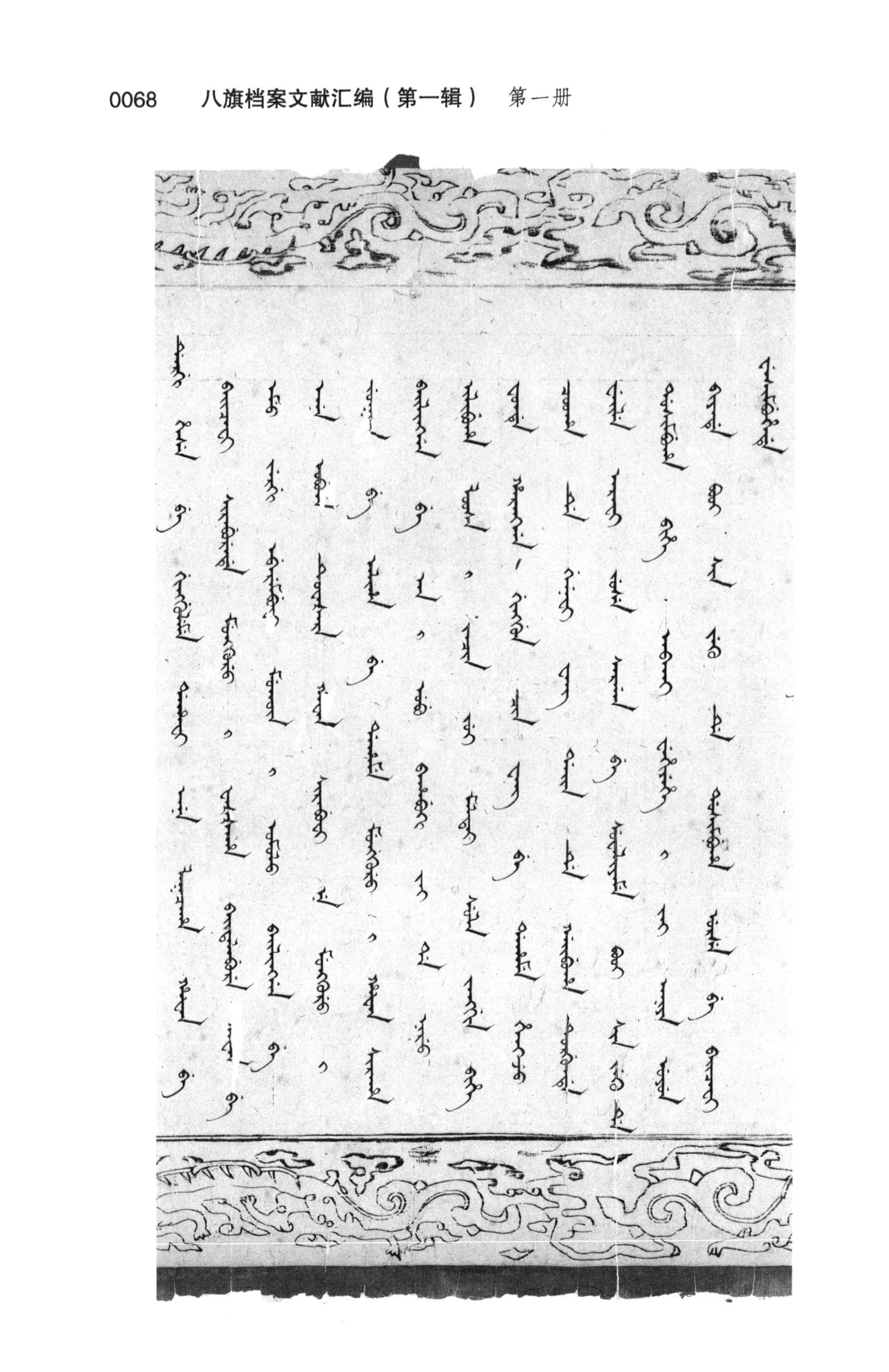

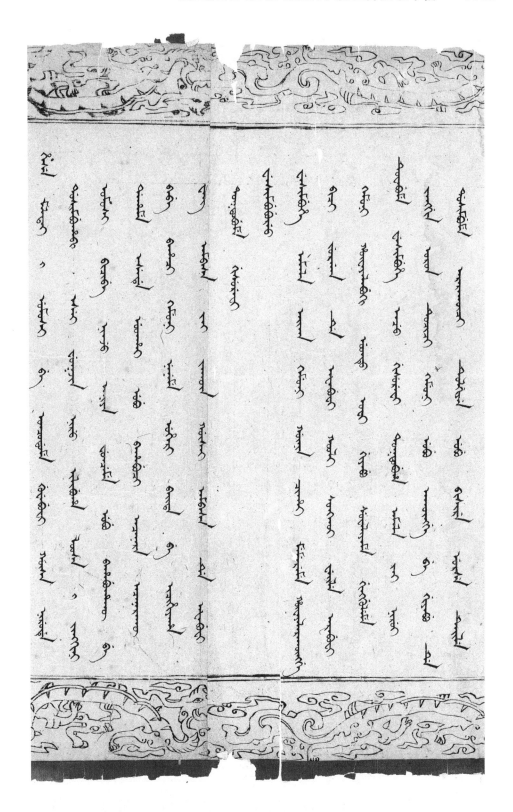

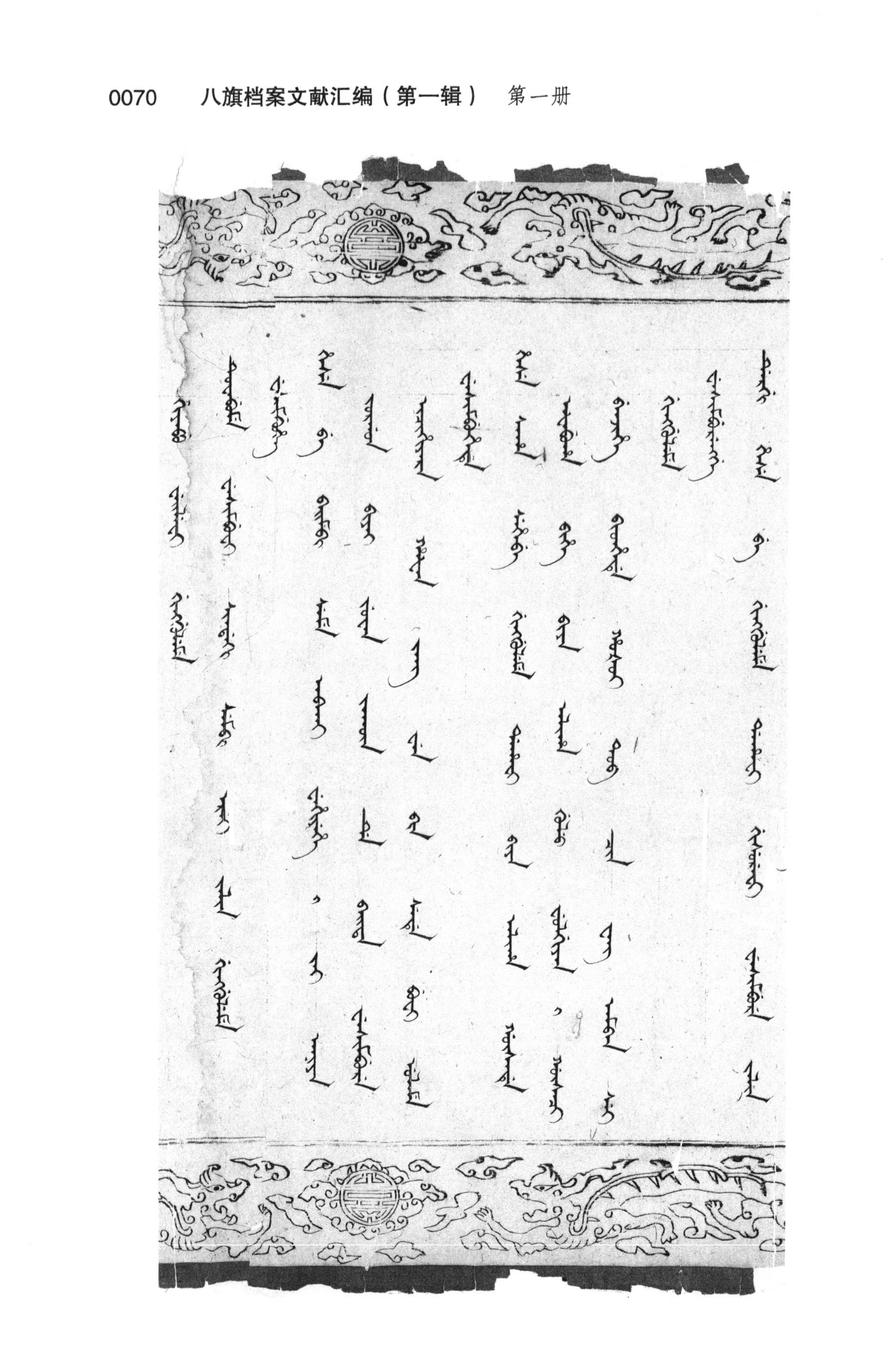

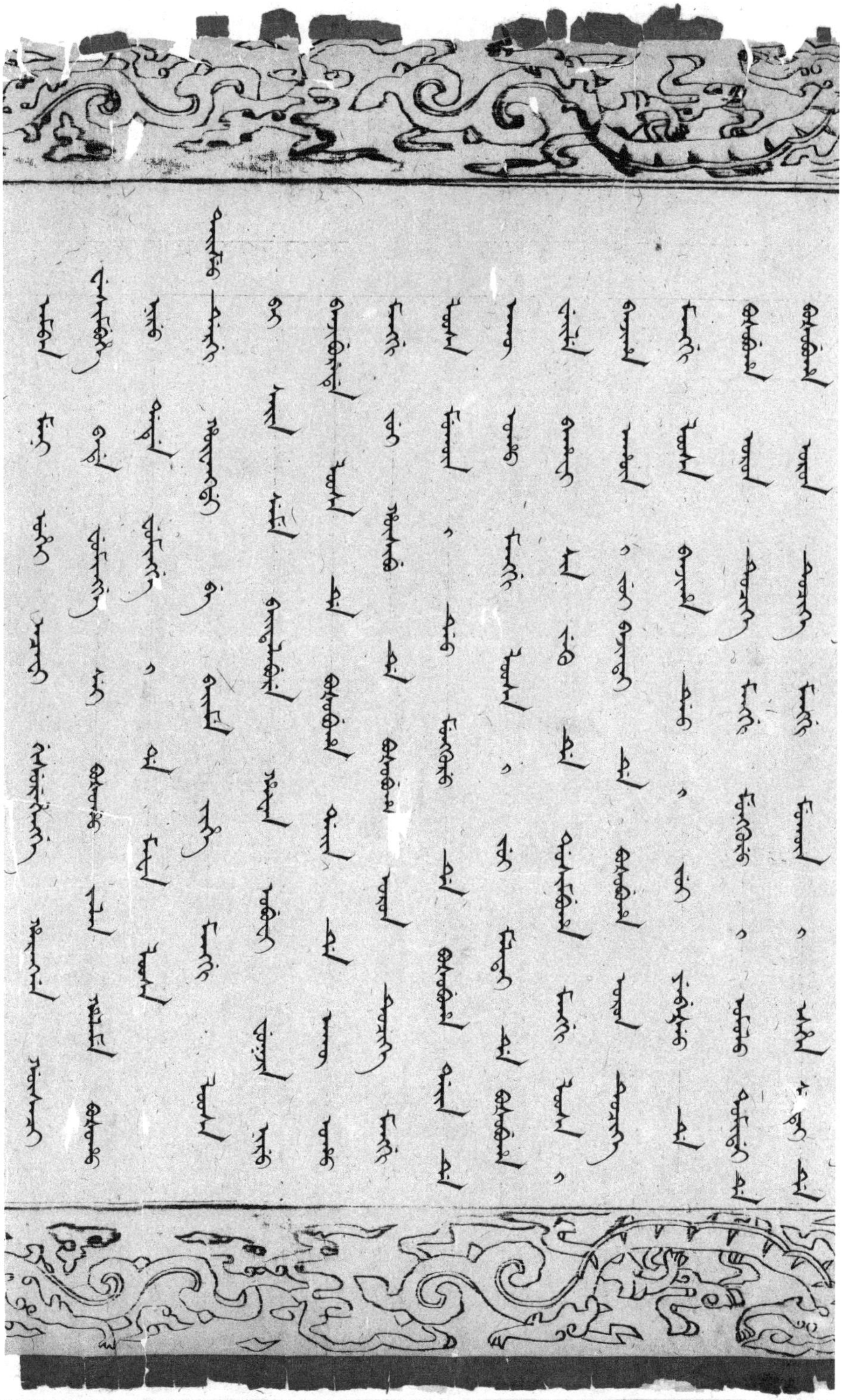

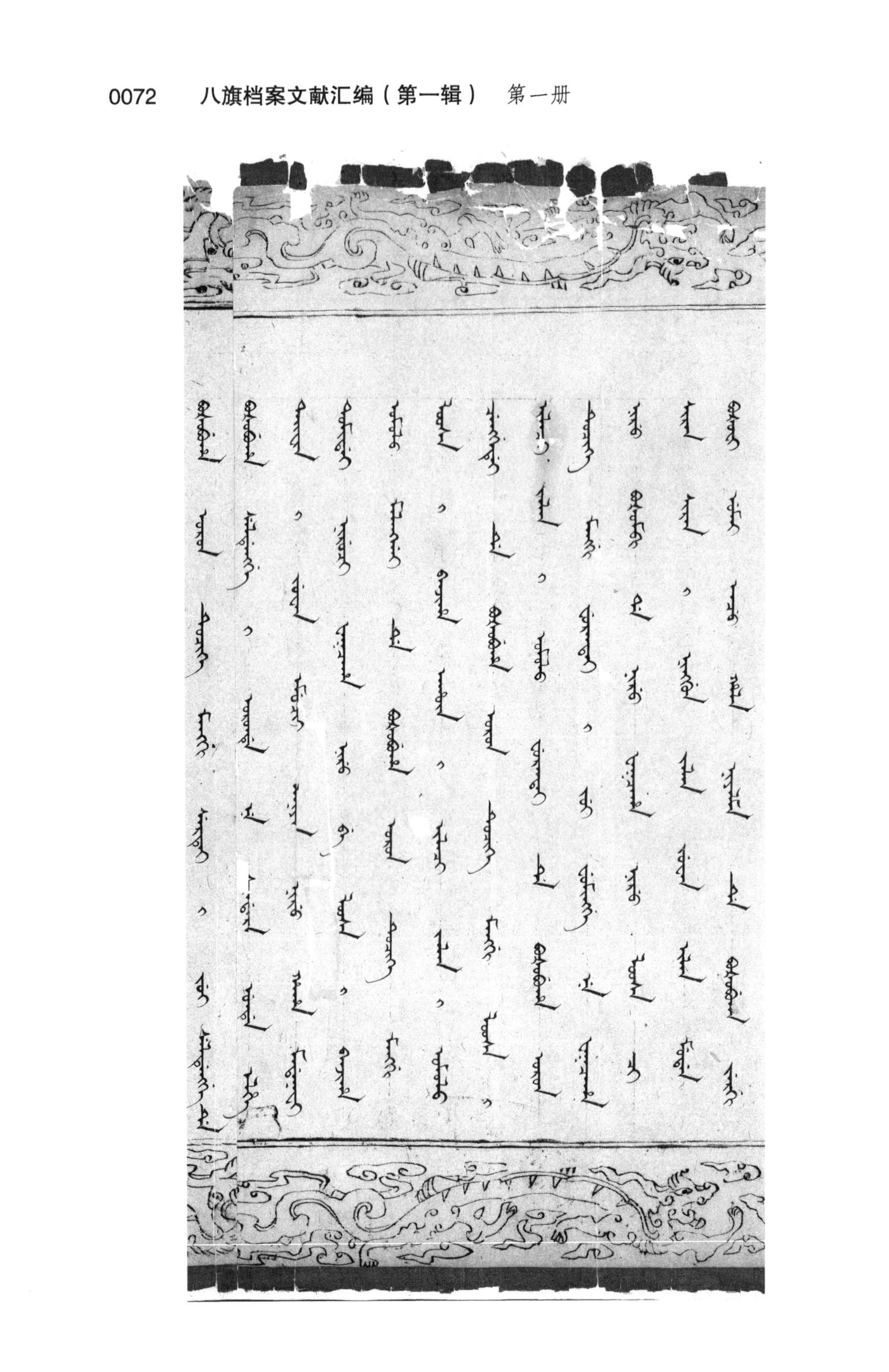

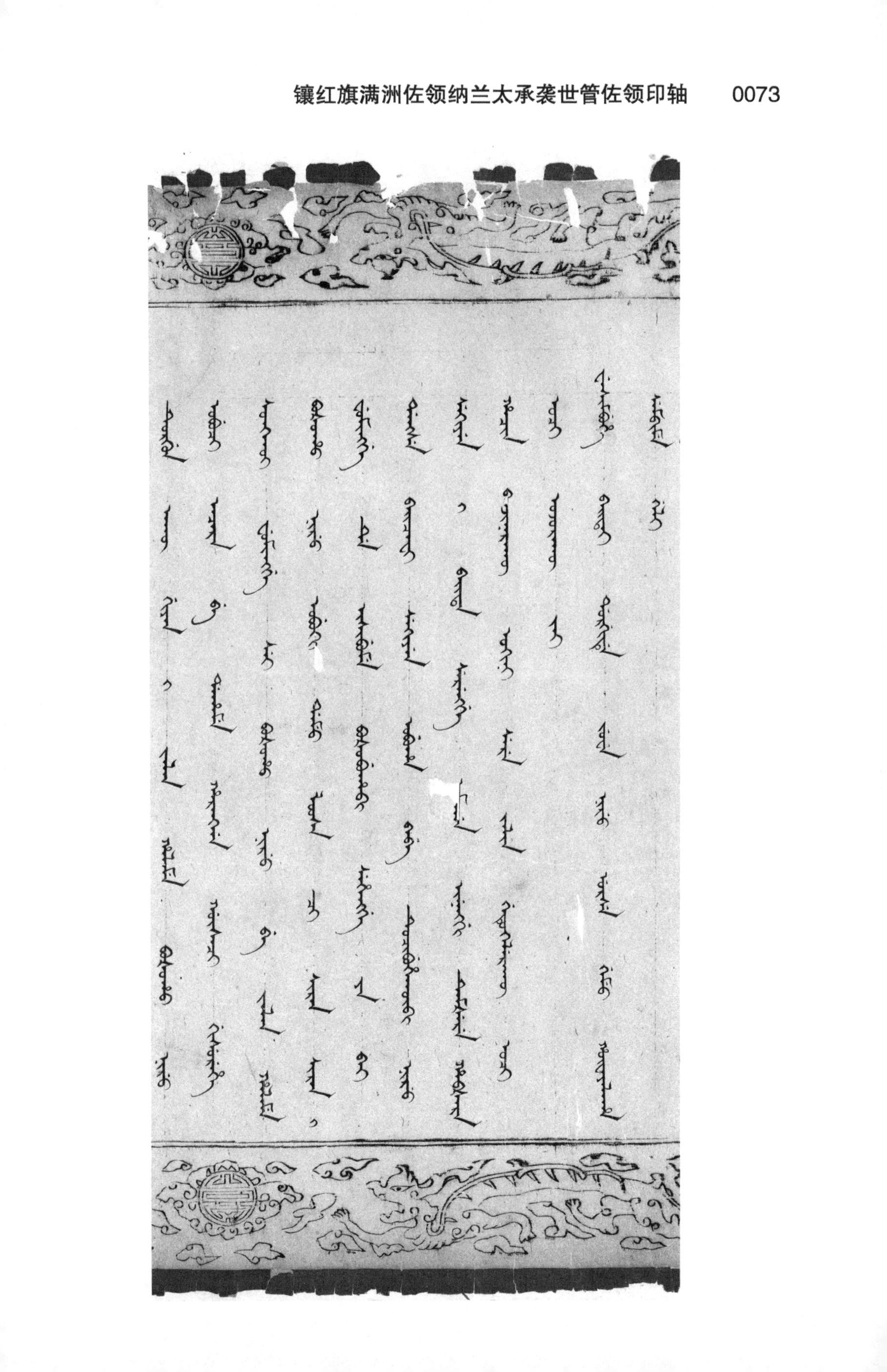

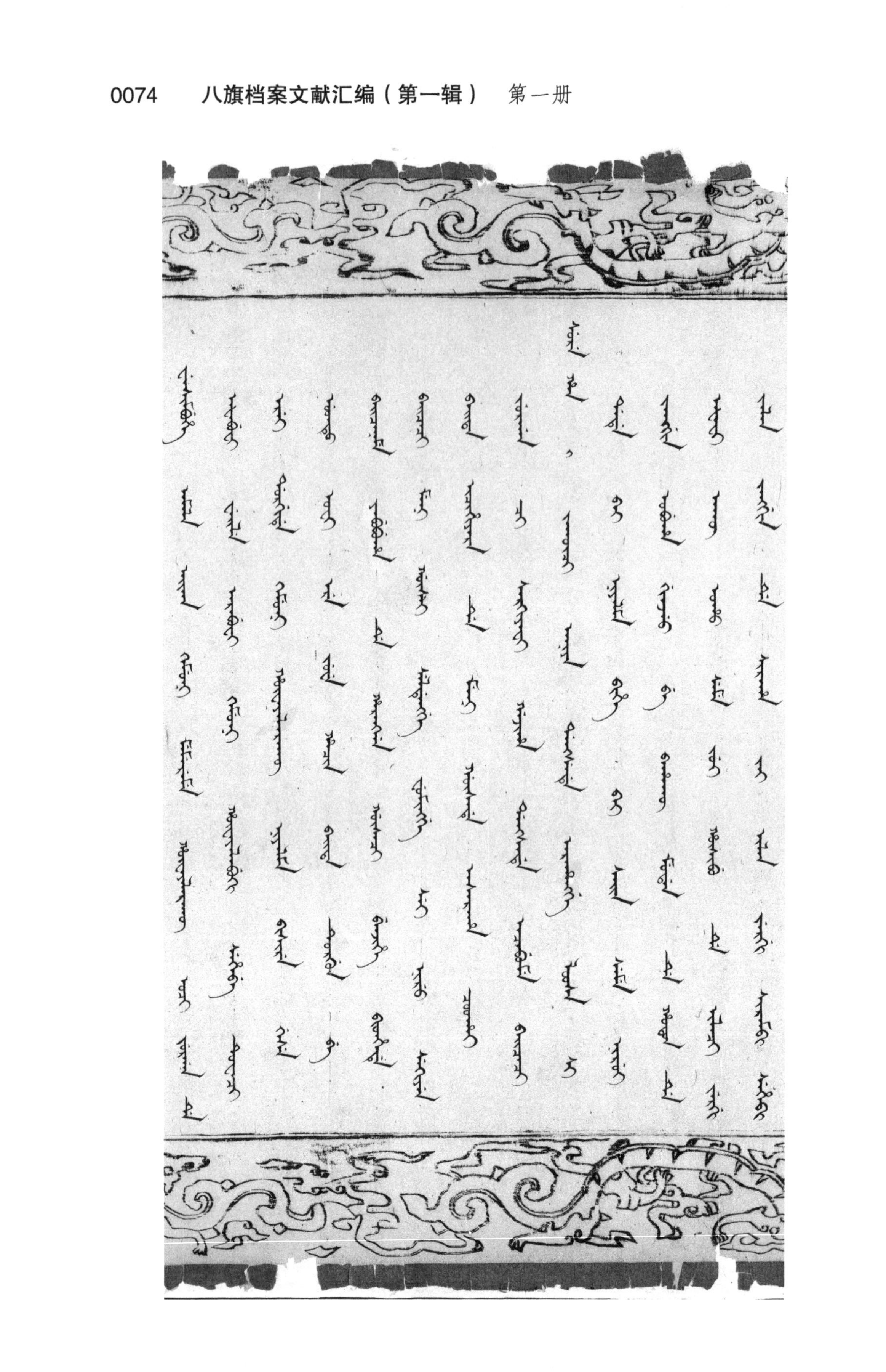

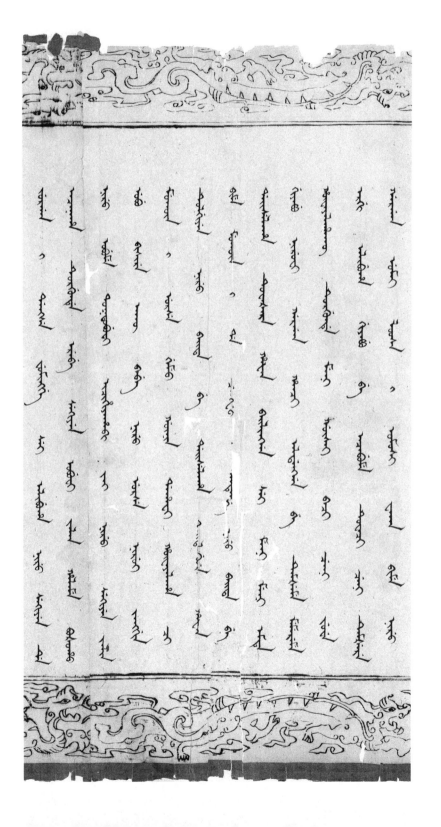

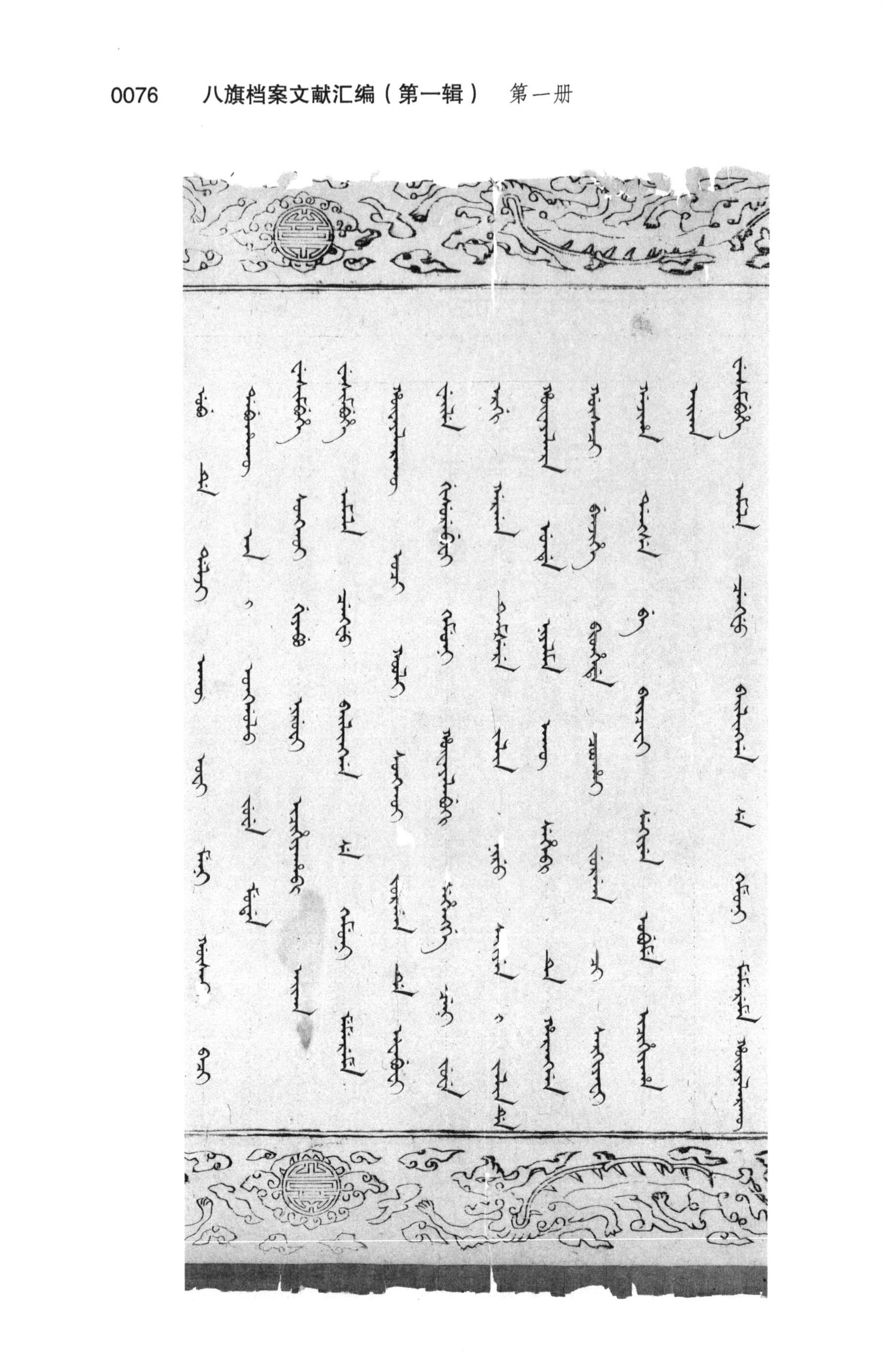

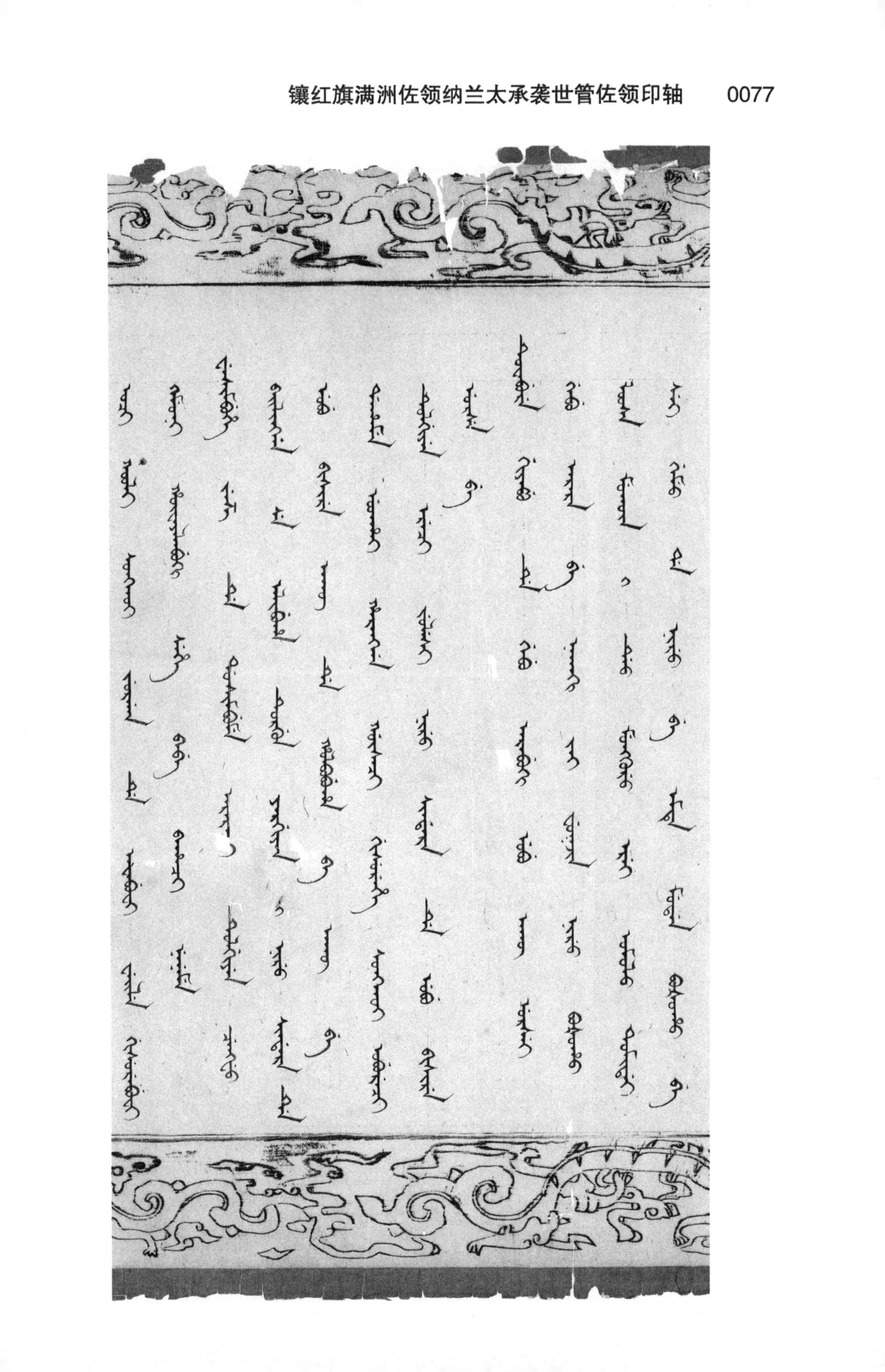

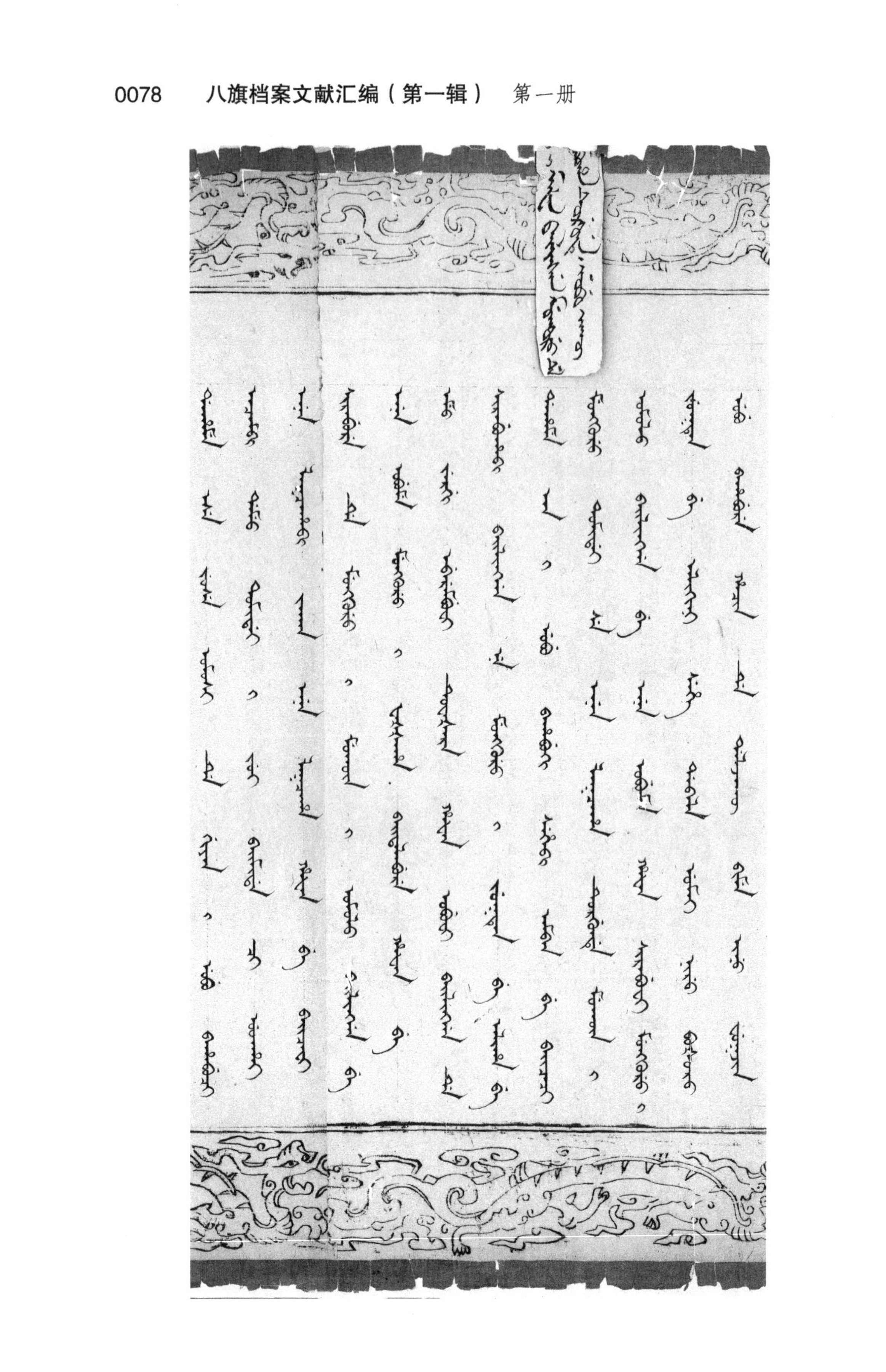

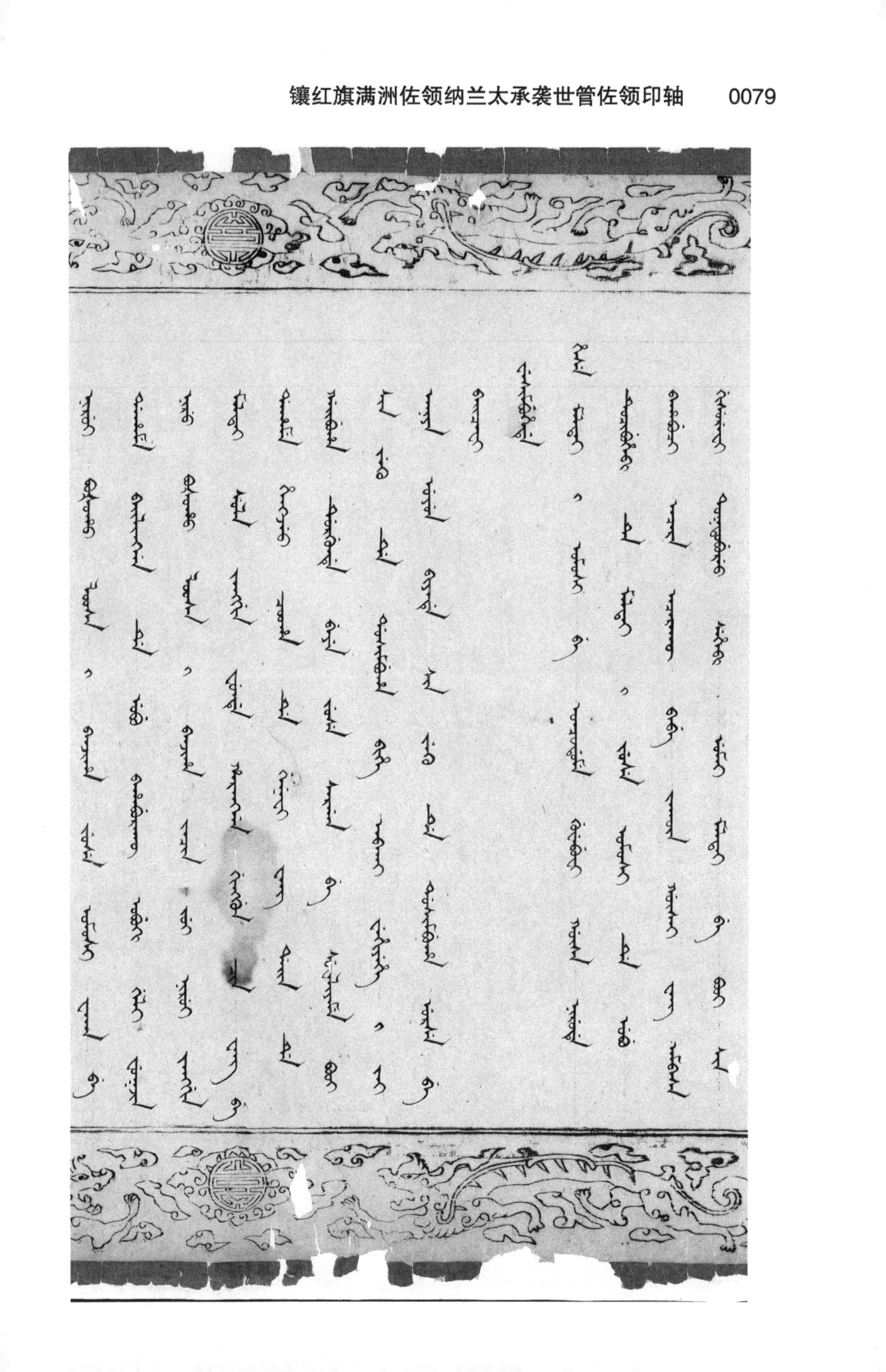

[illegible]

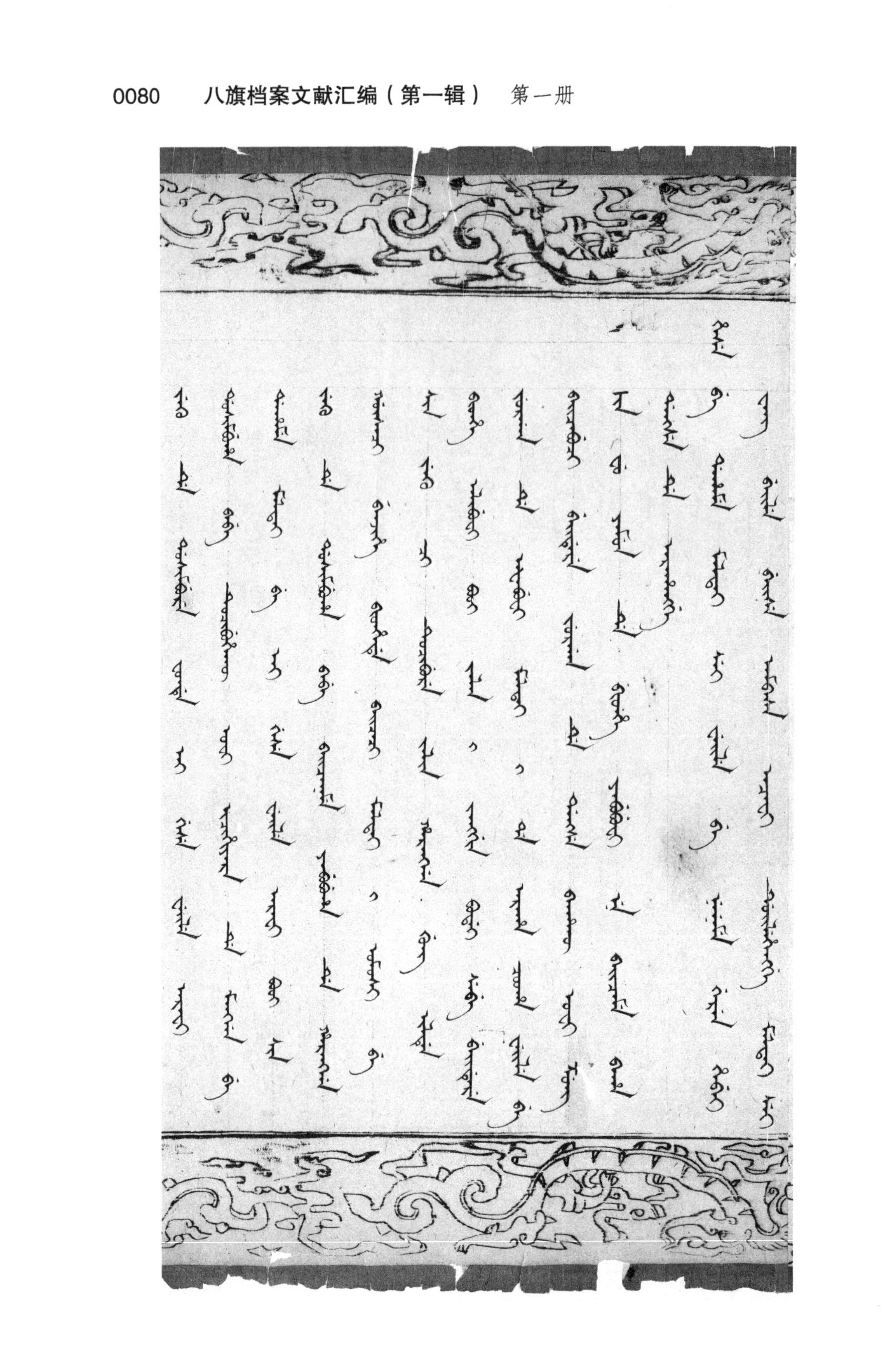

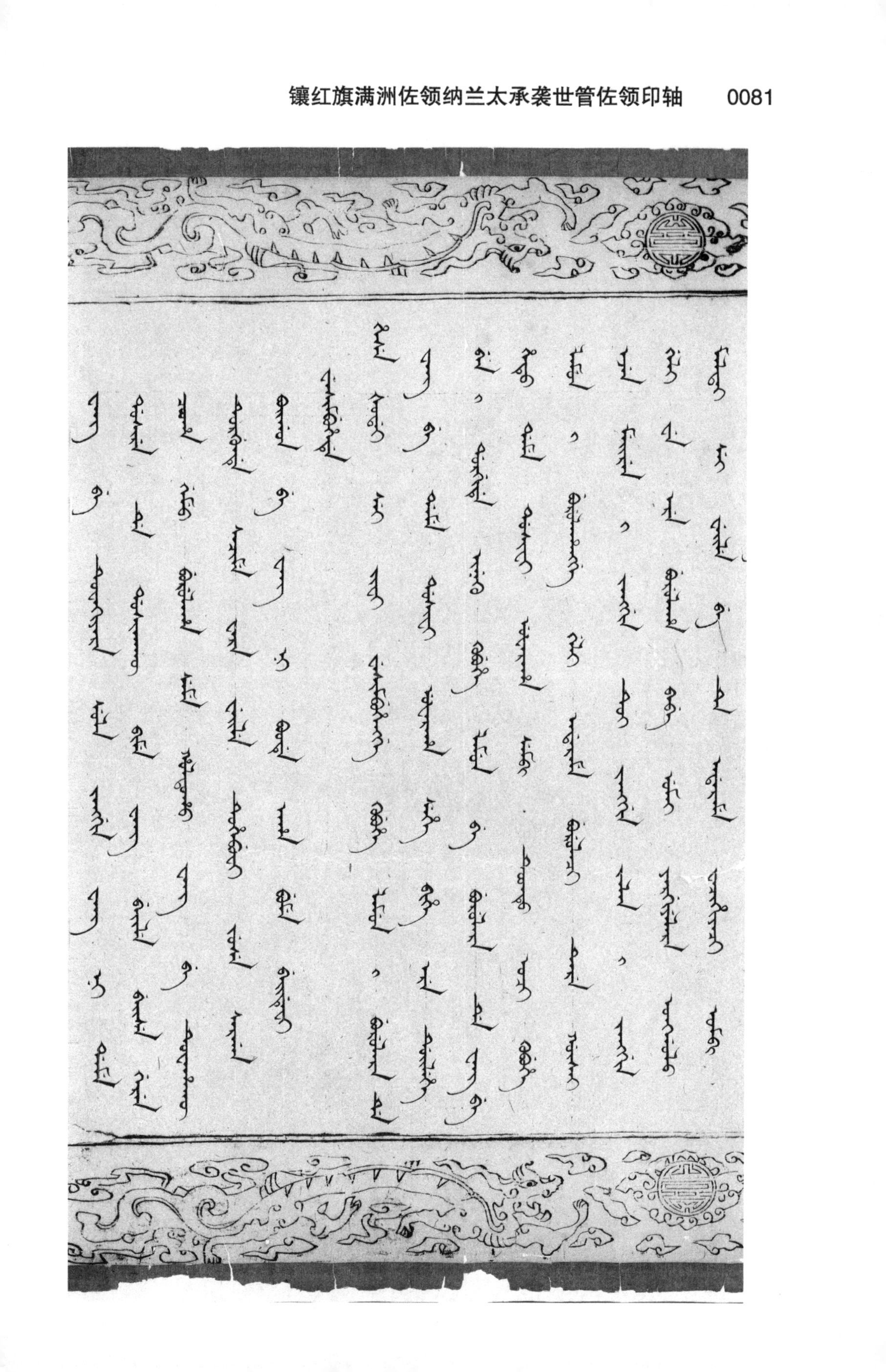

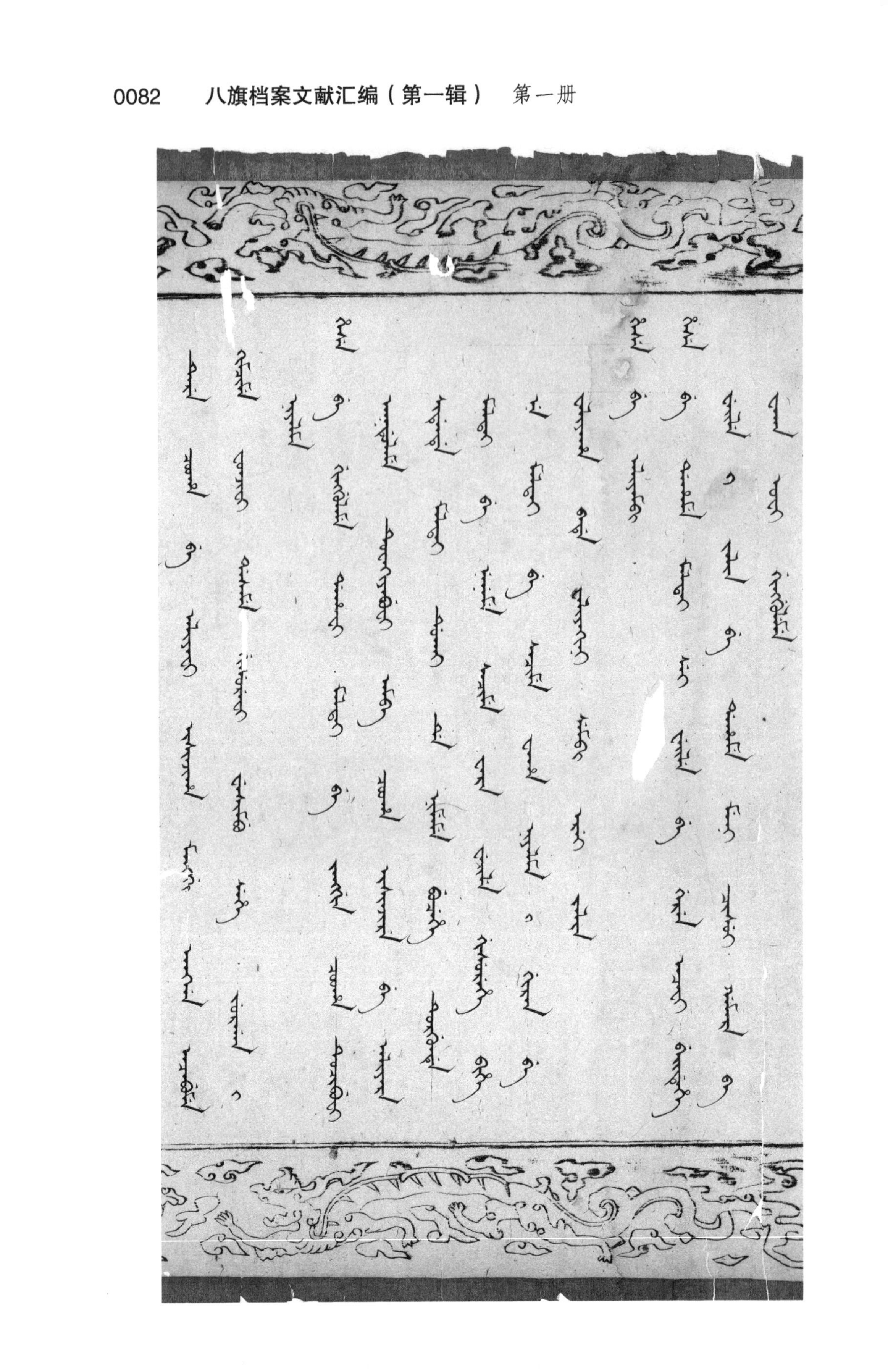

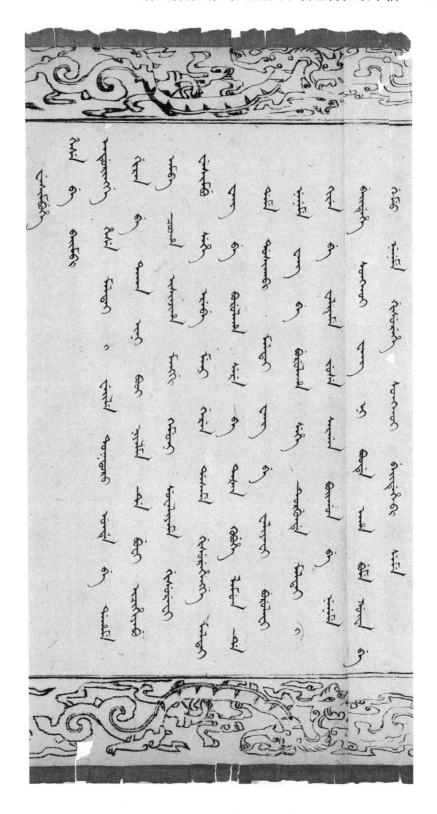

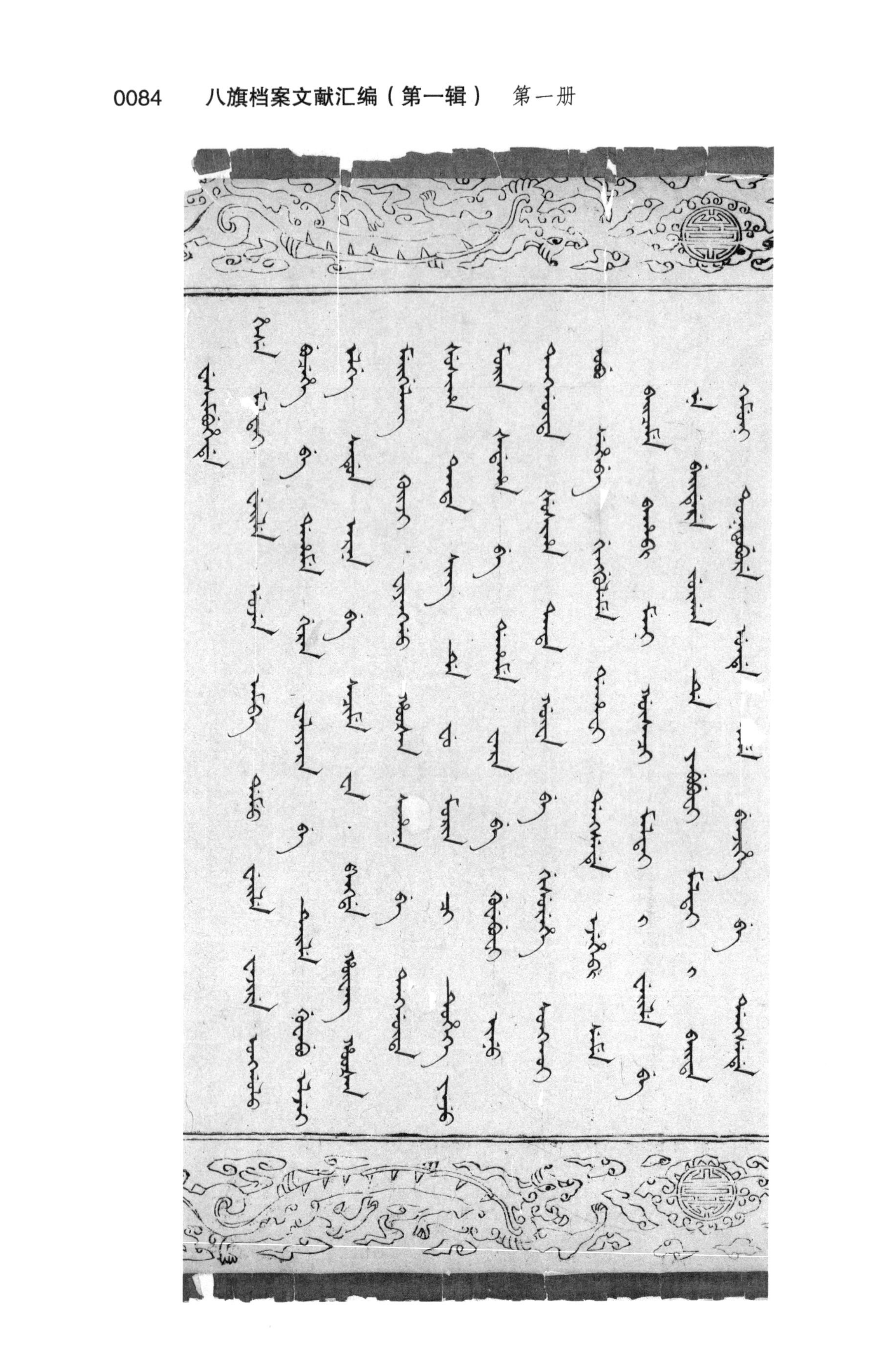

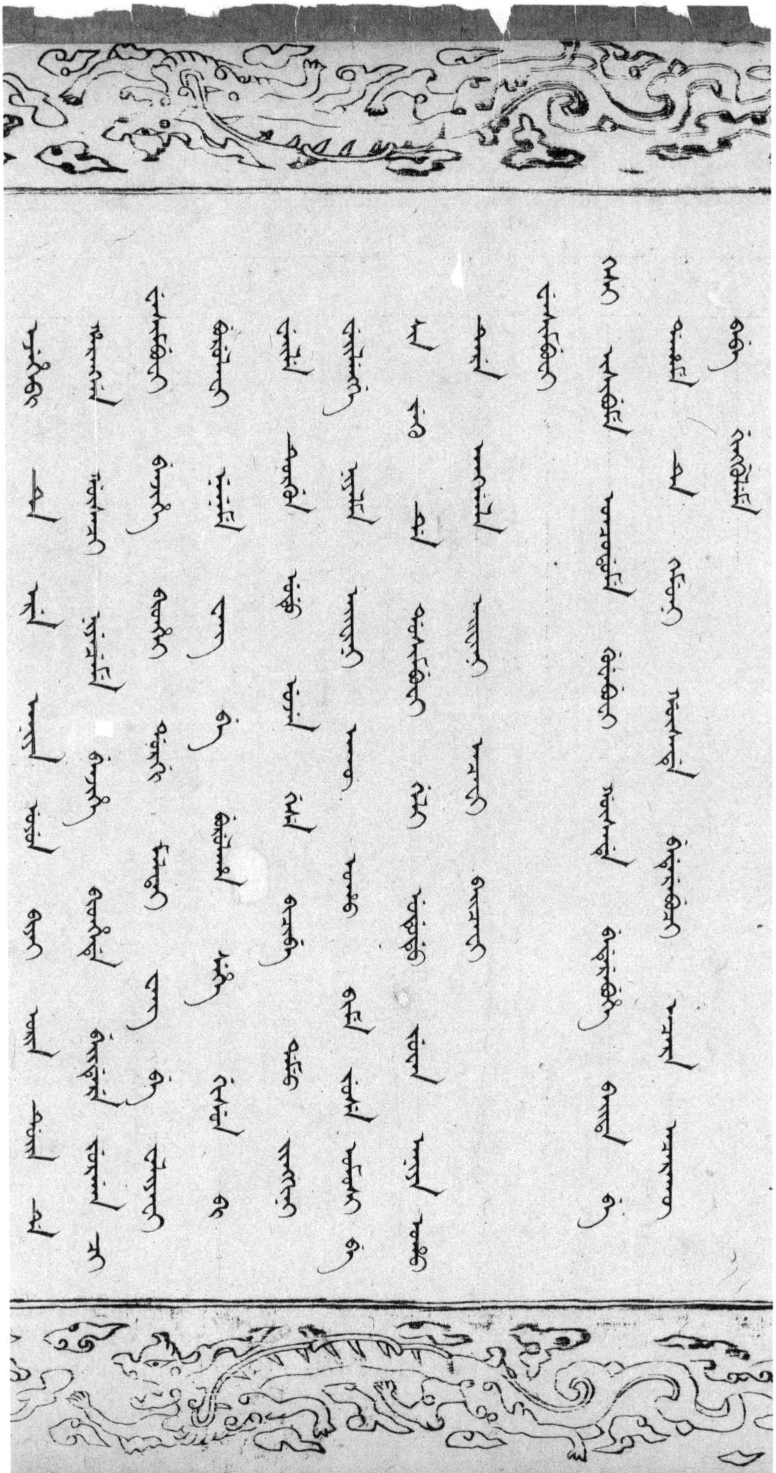

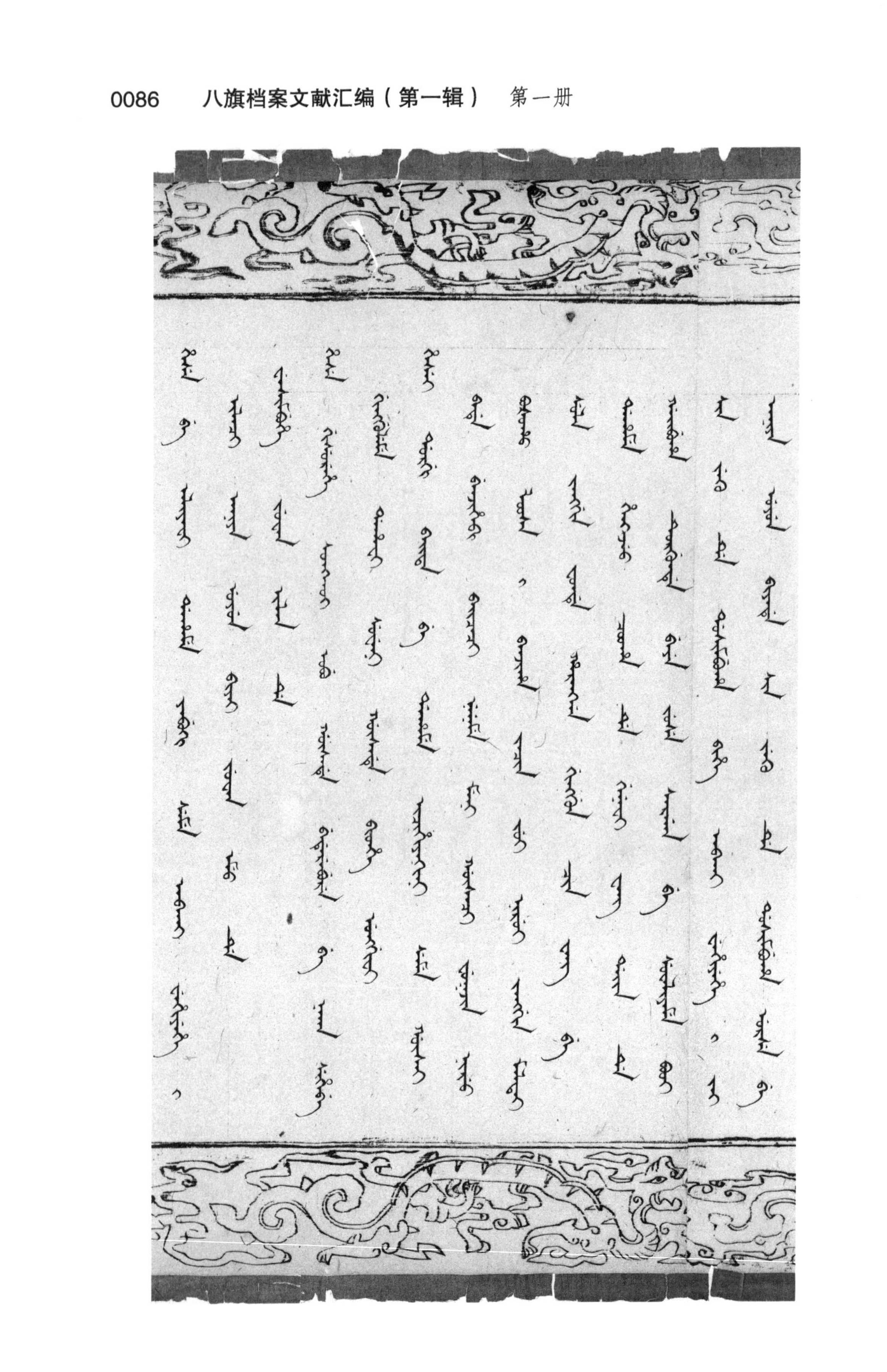

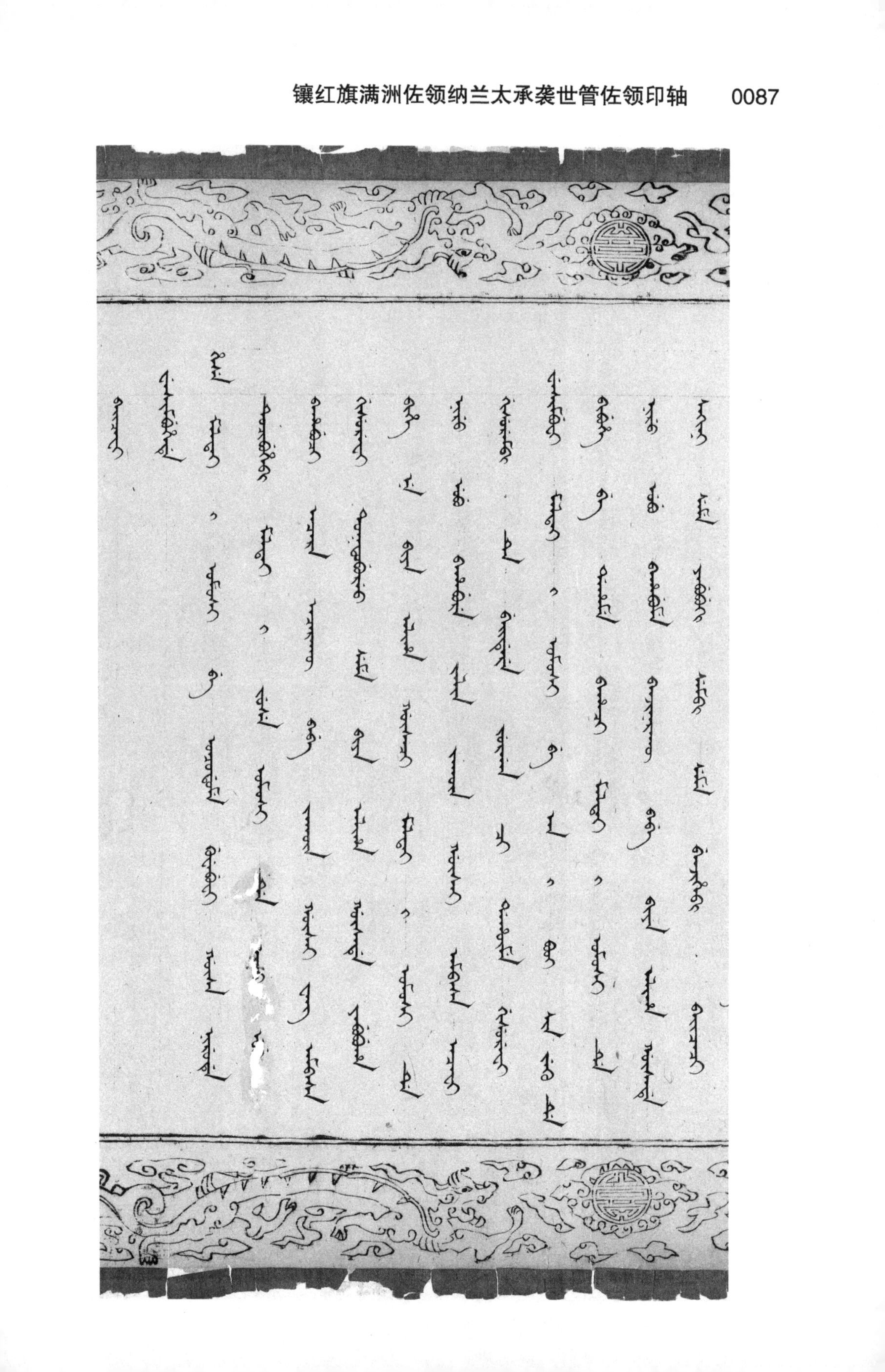

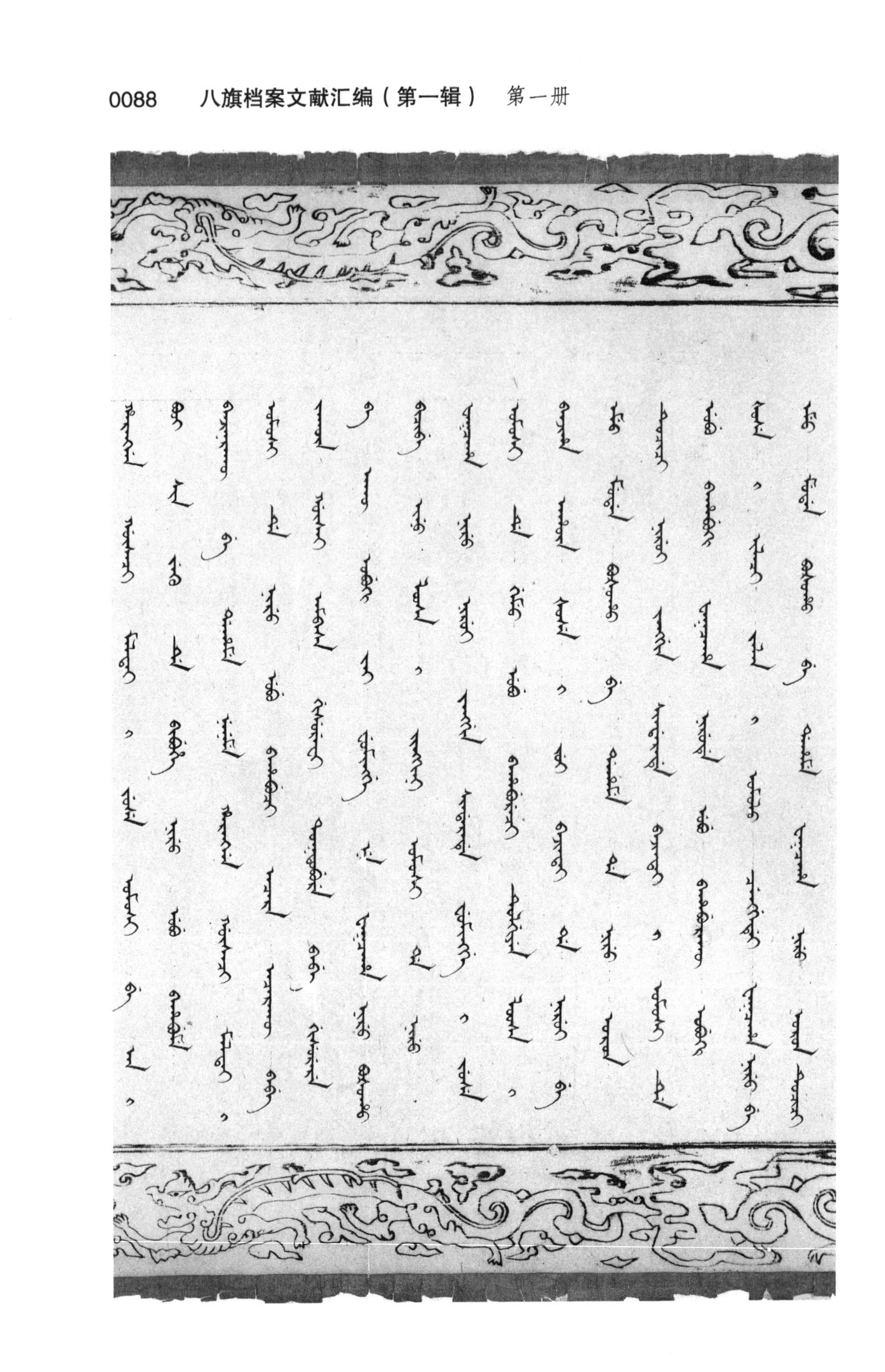

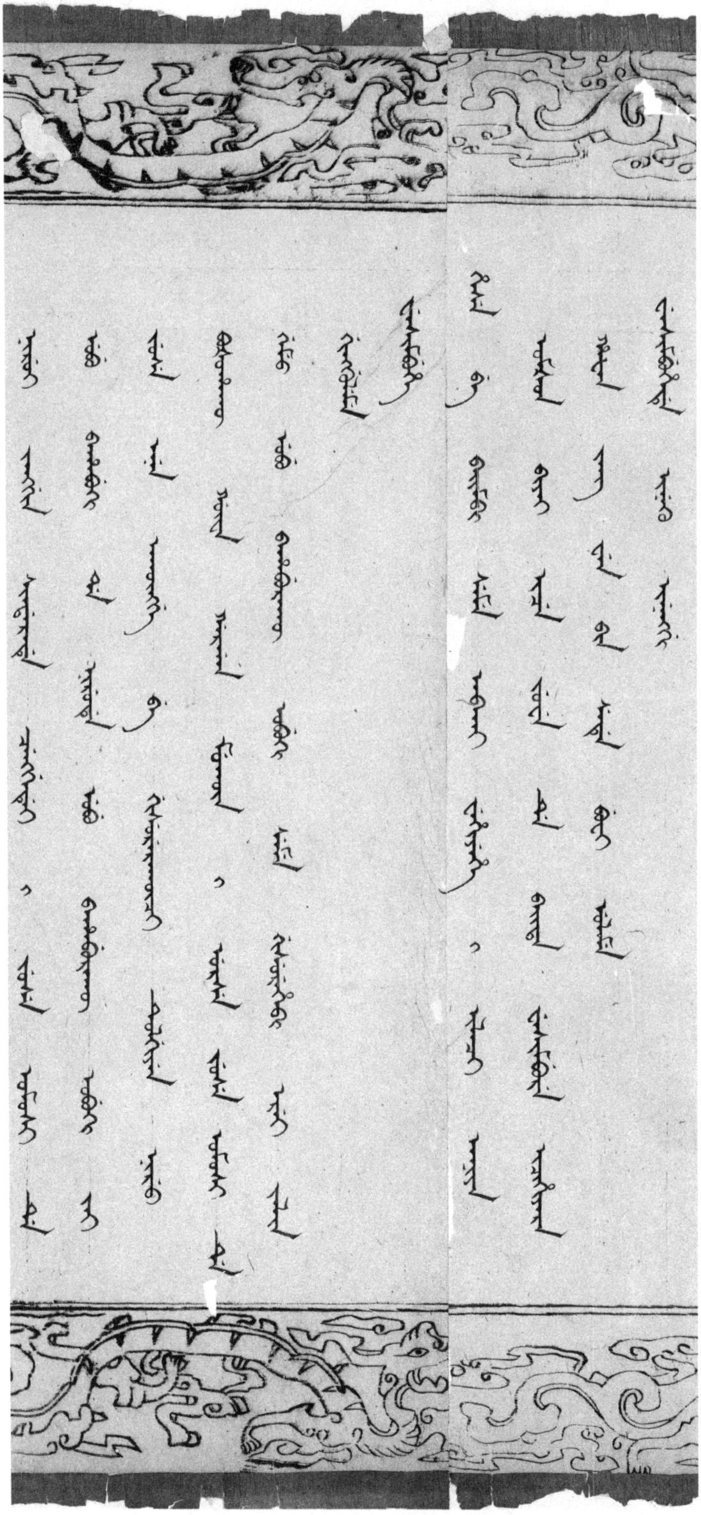

[illegible]

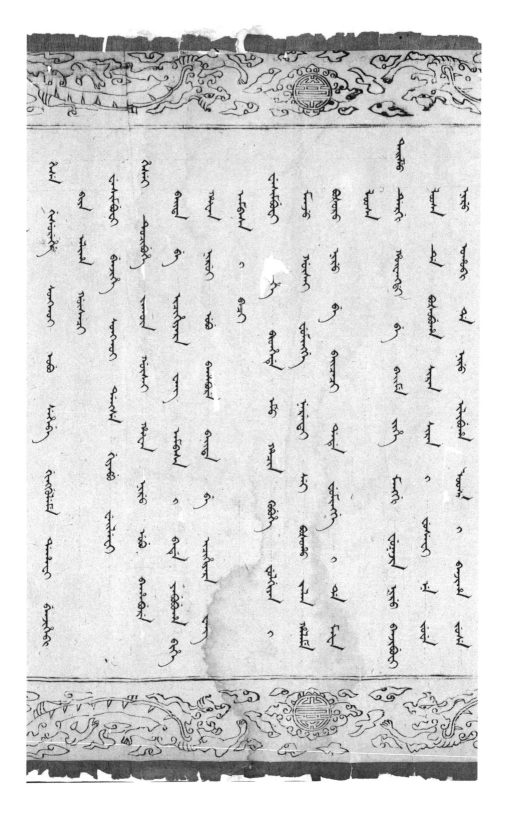

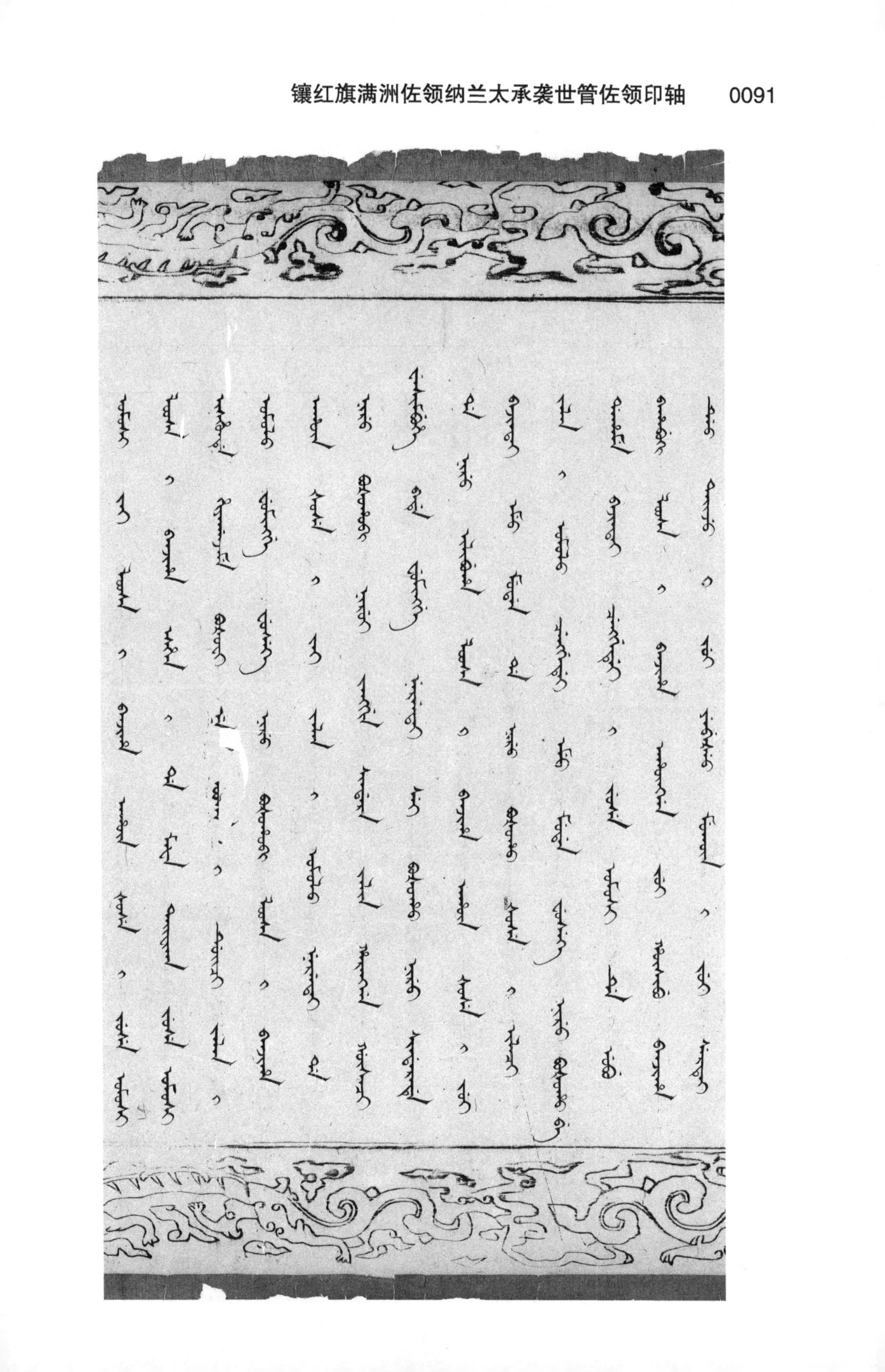

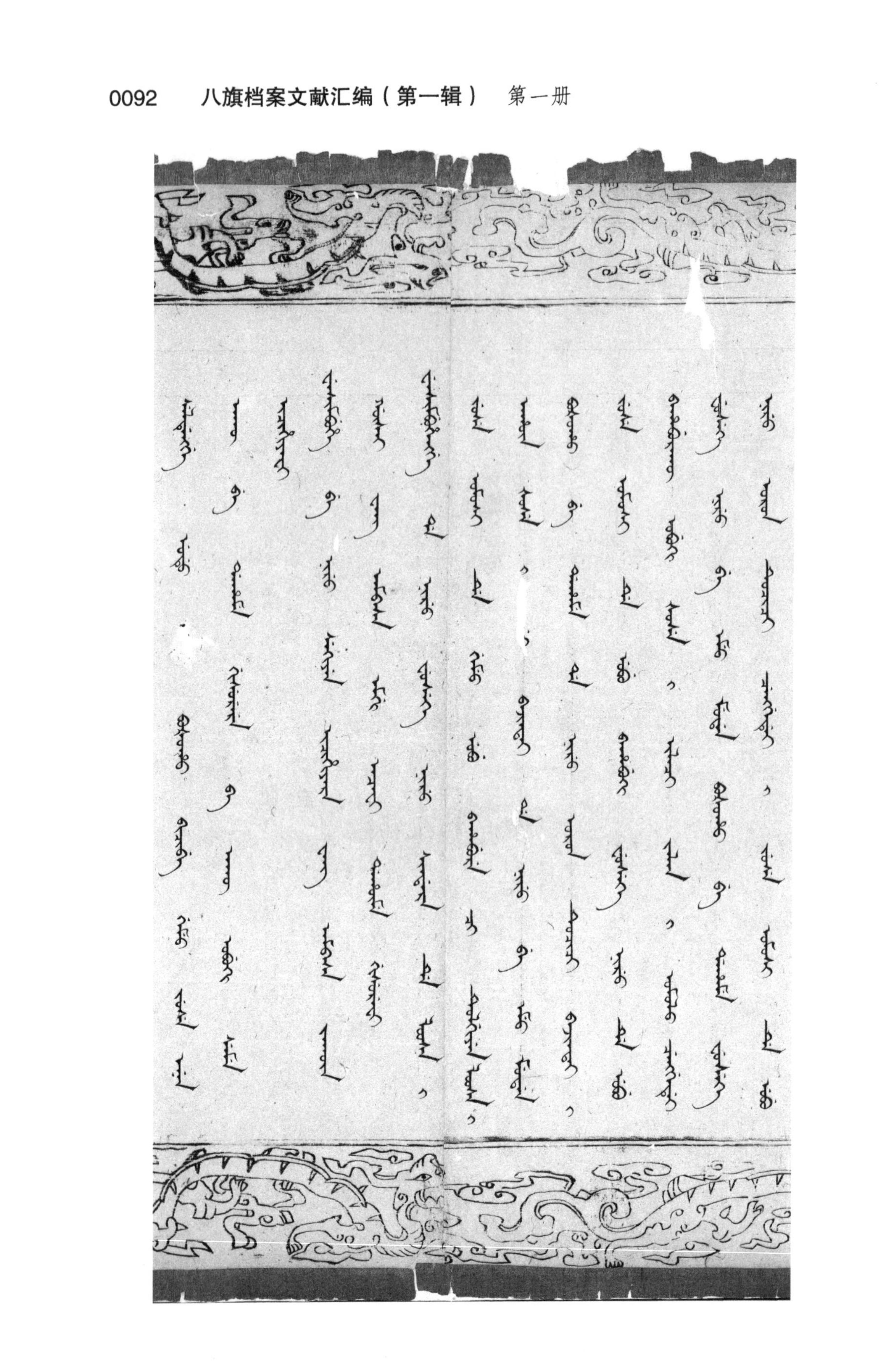

[illegible]

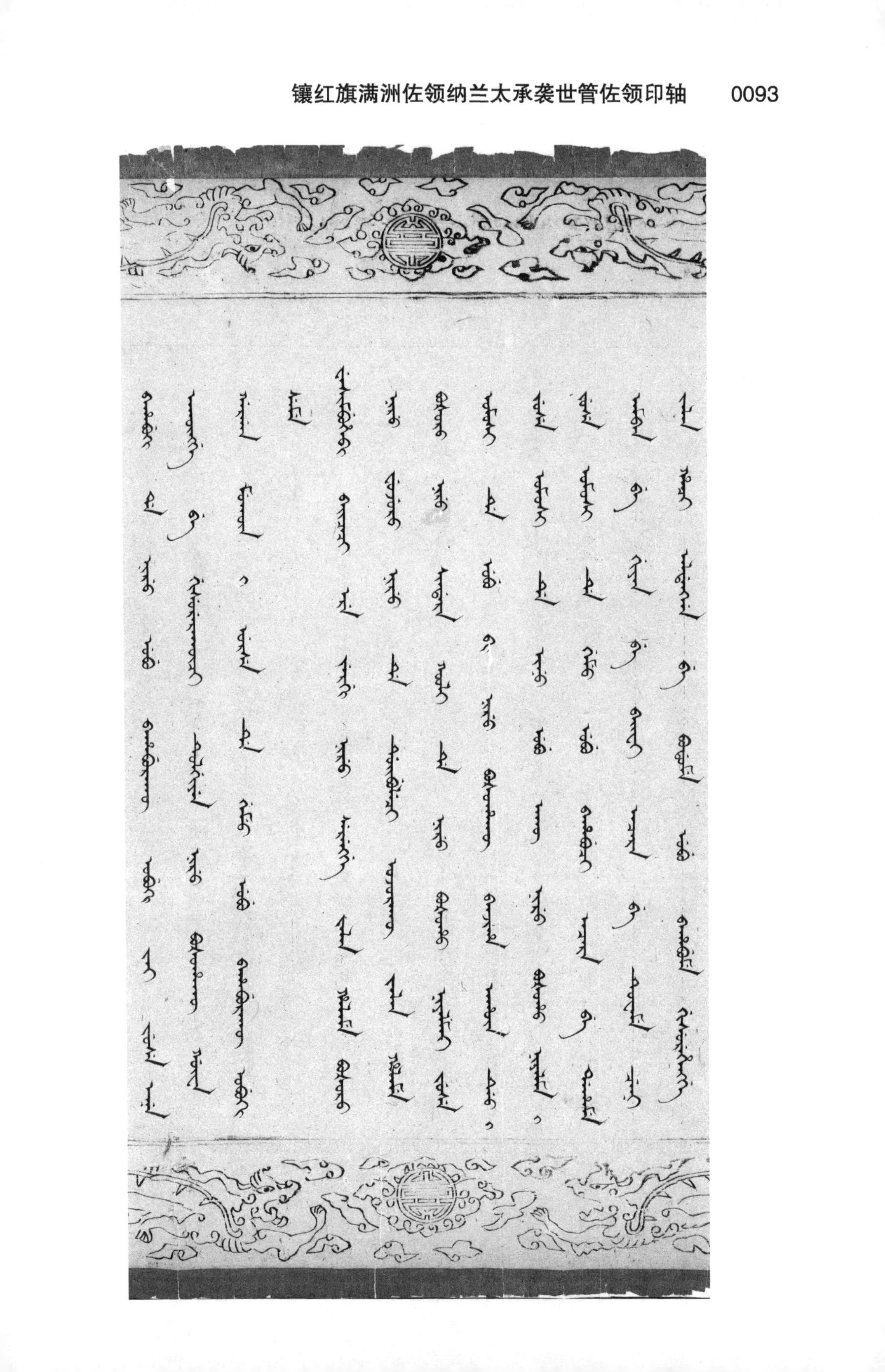

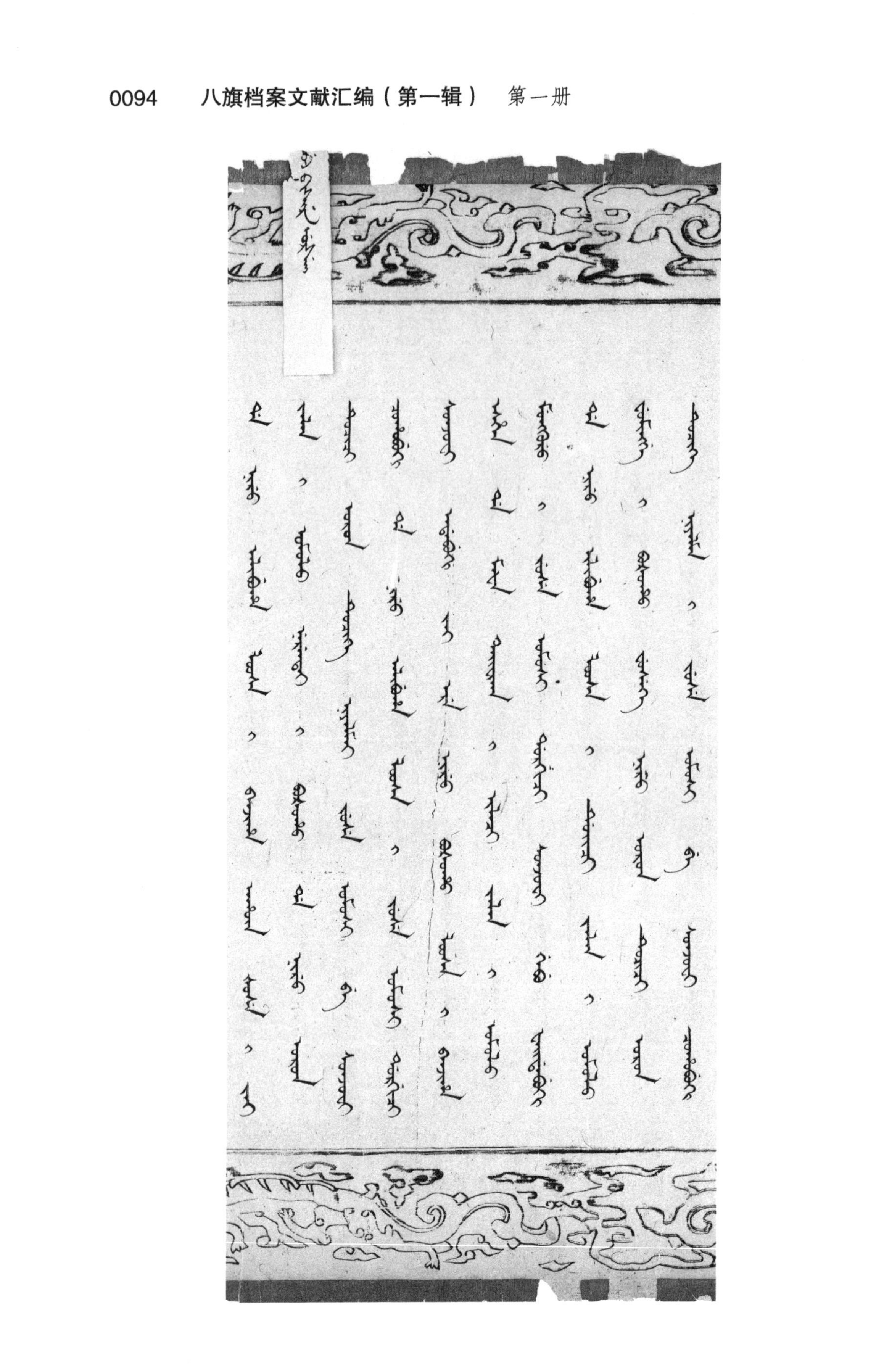

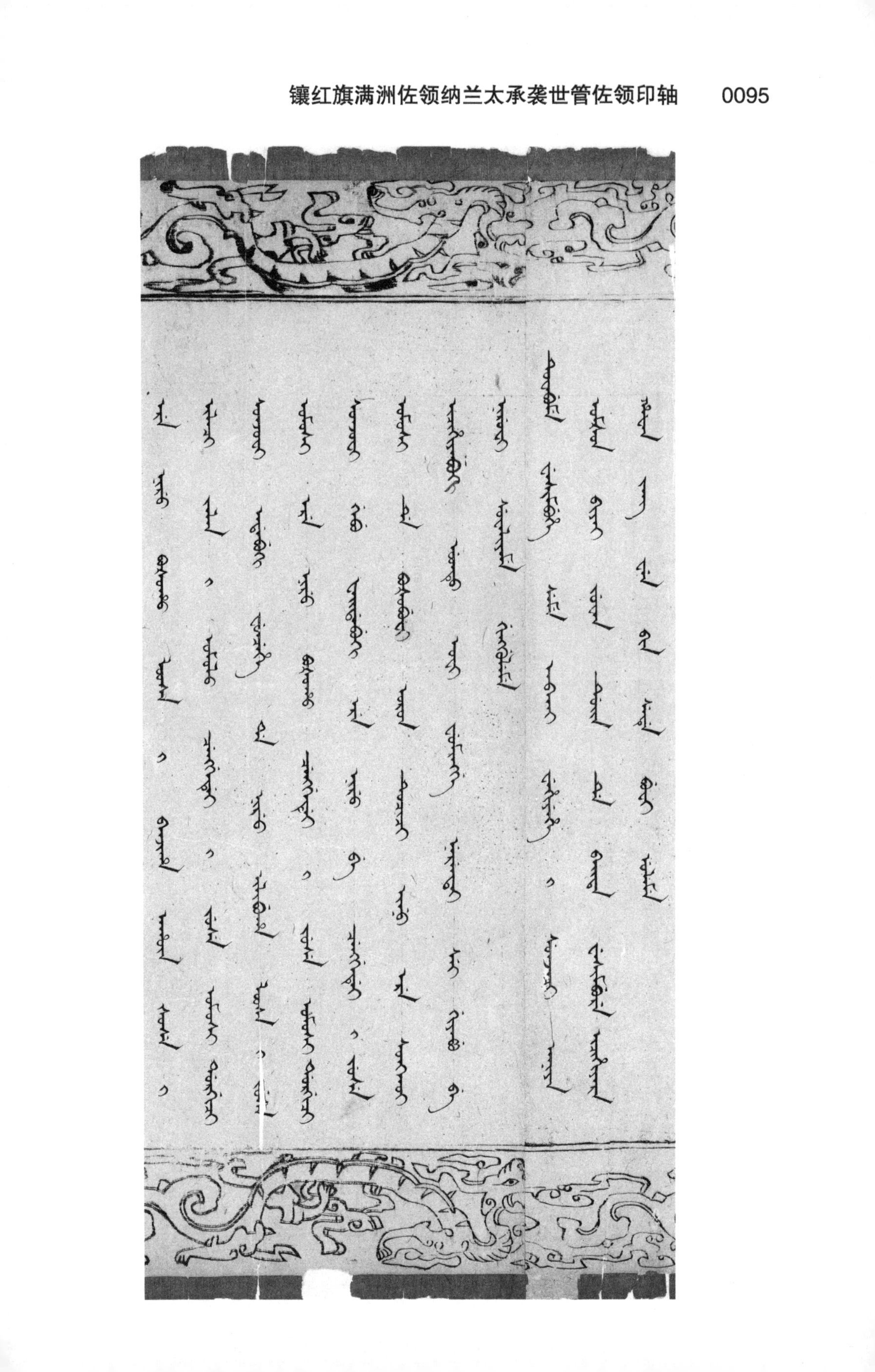

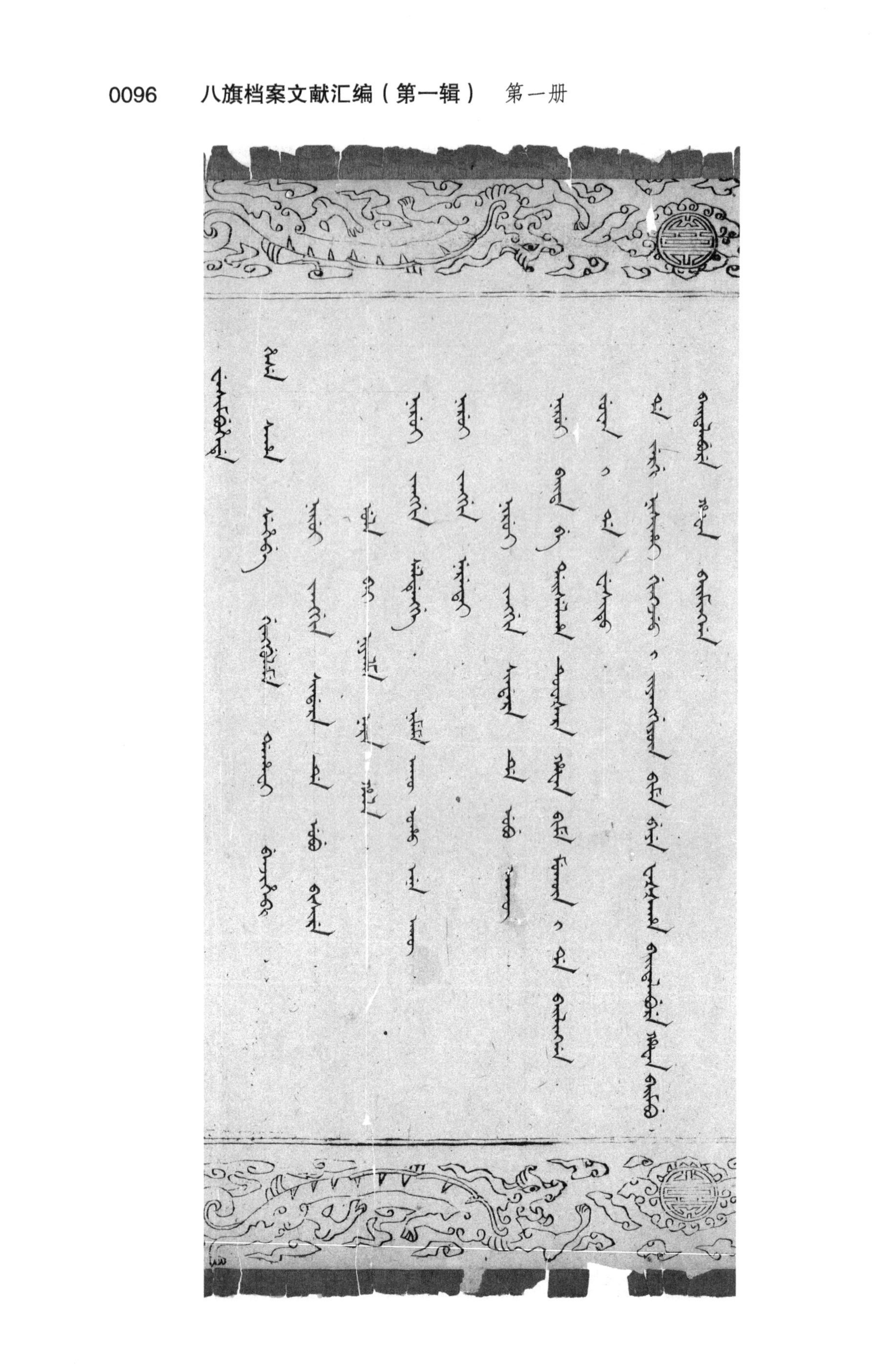

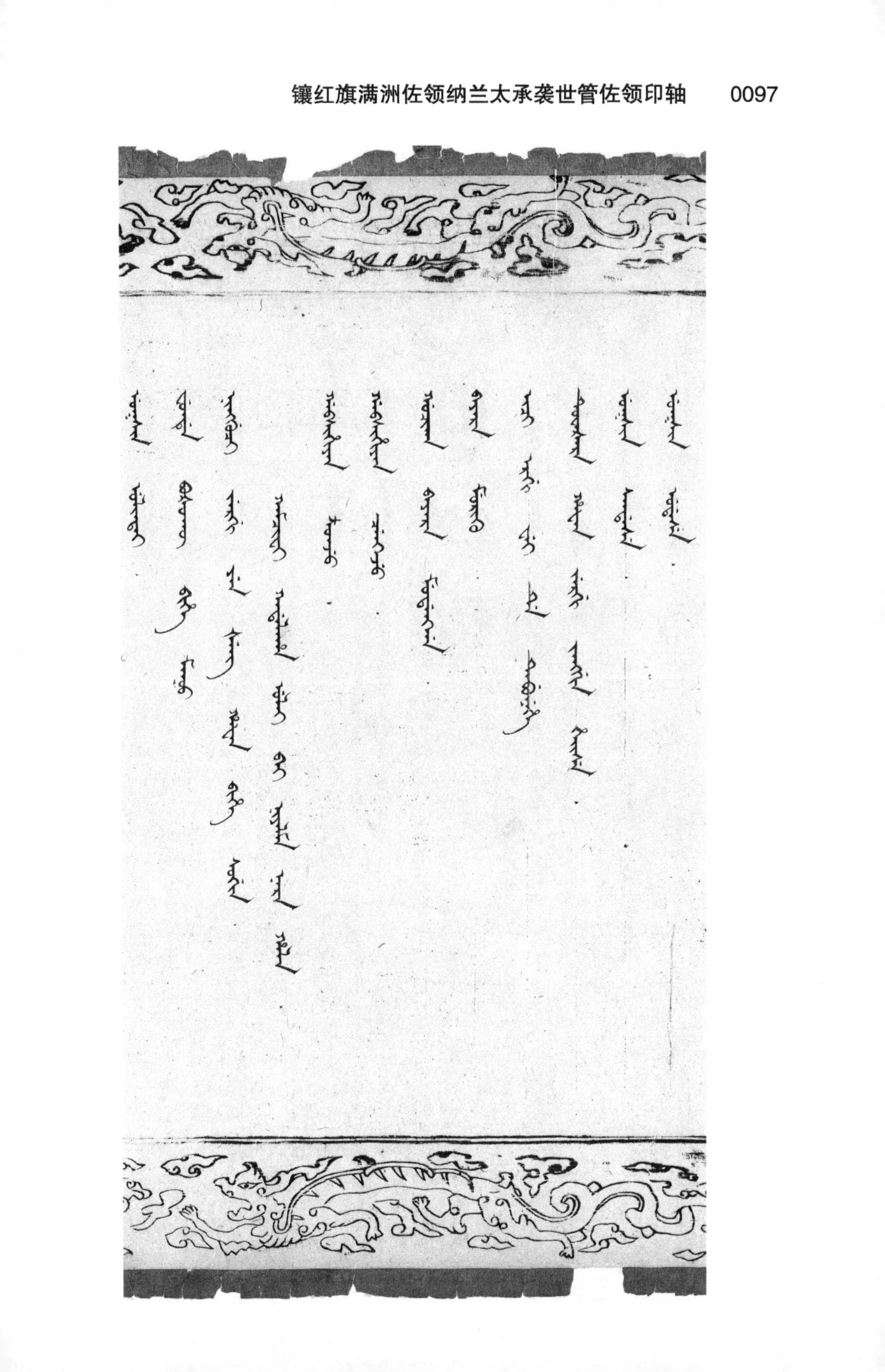

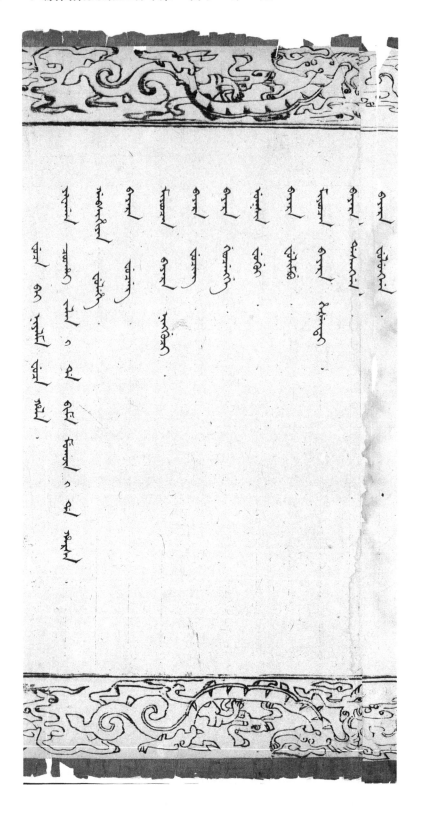

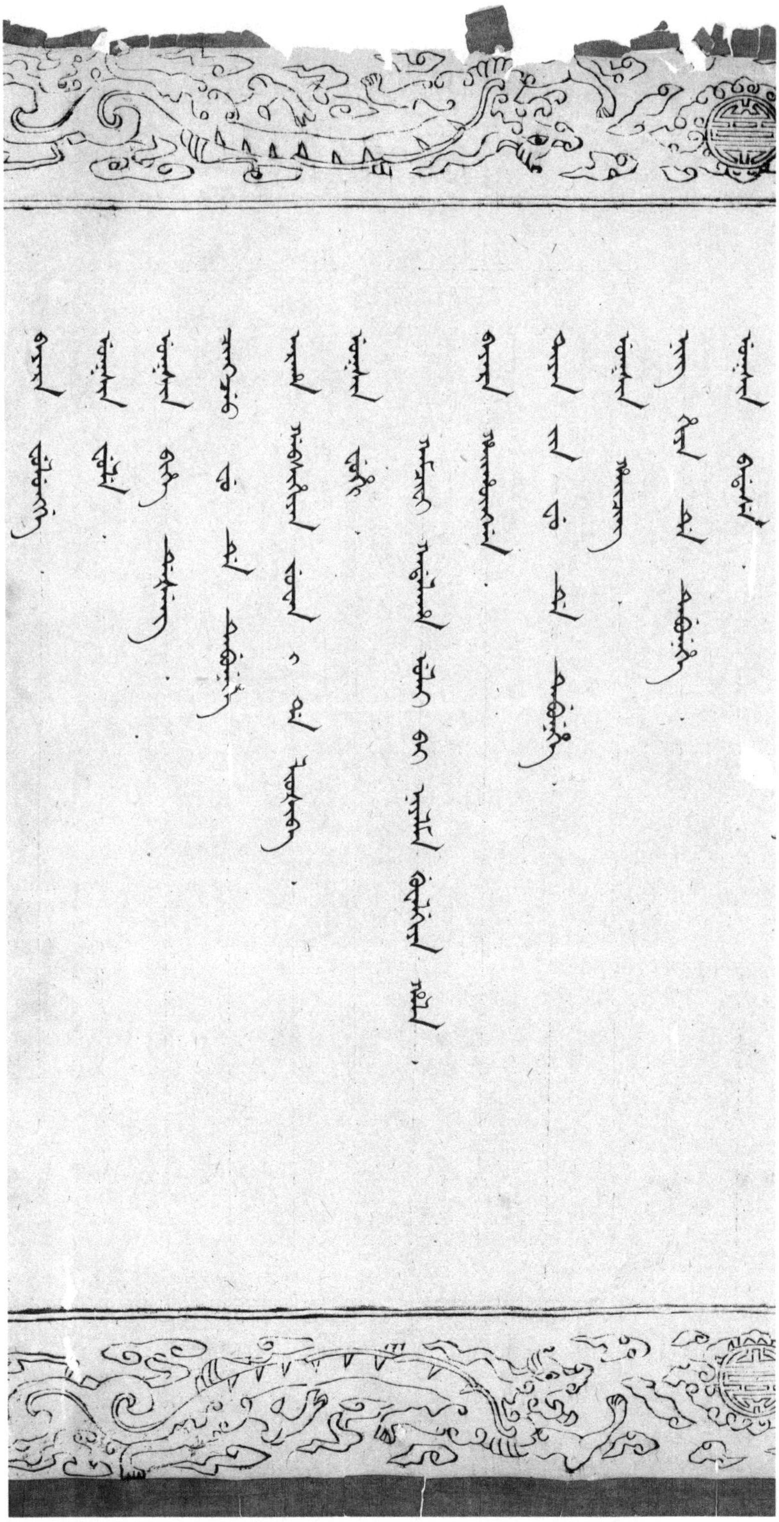

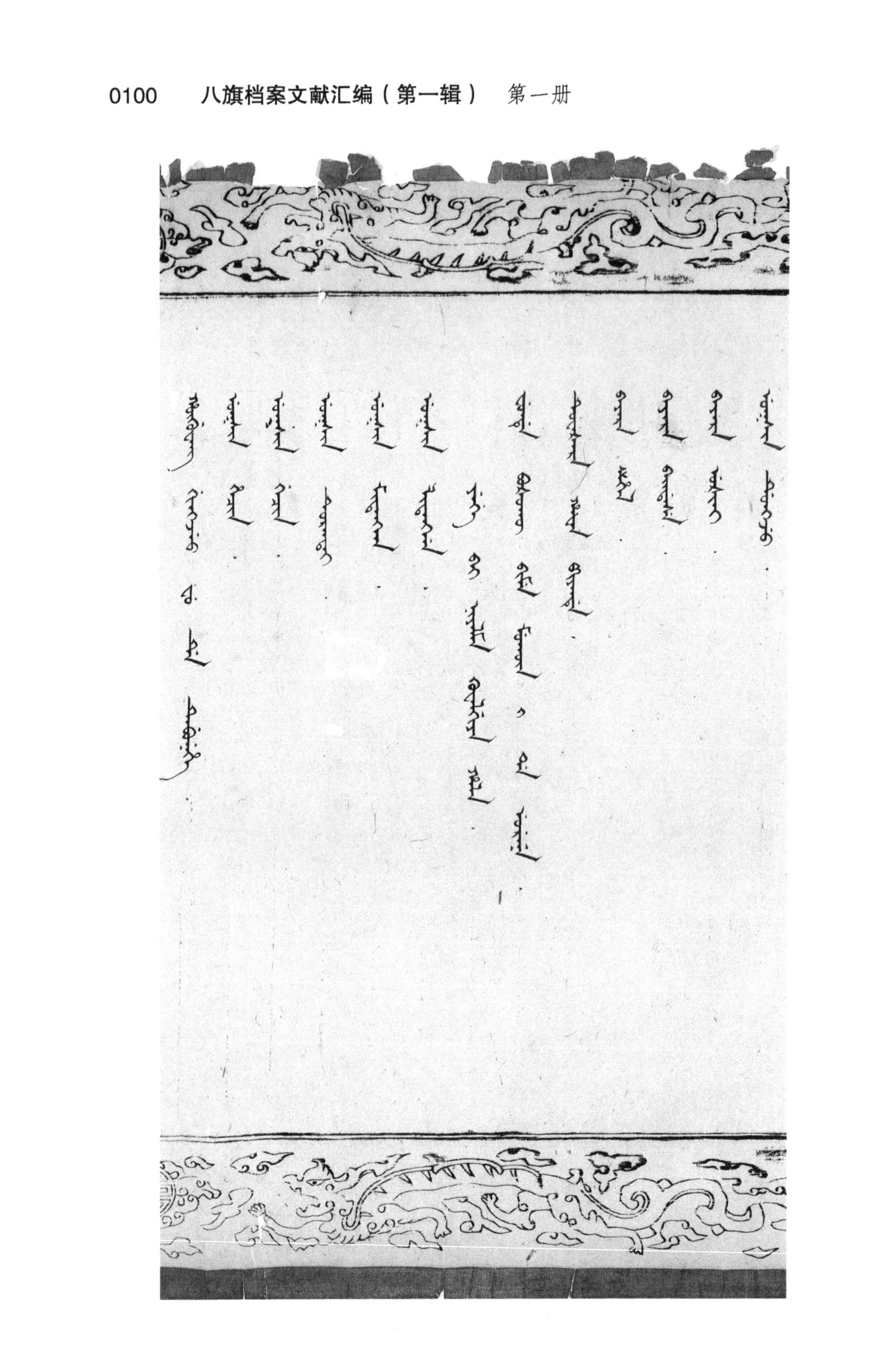

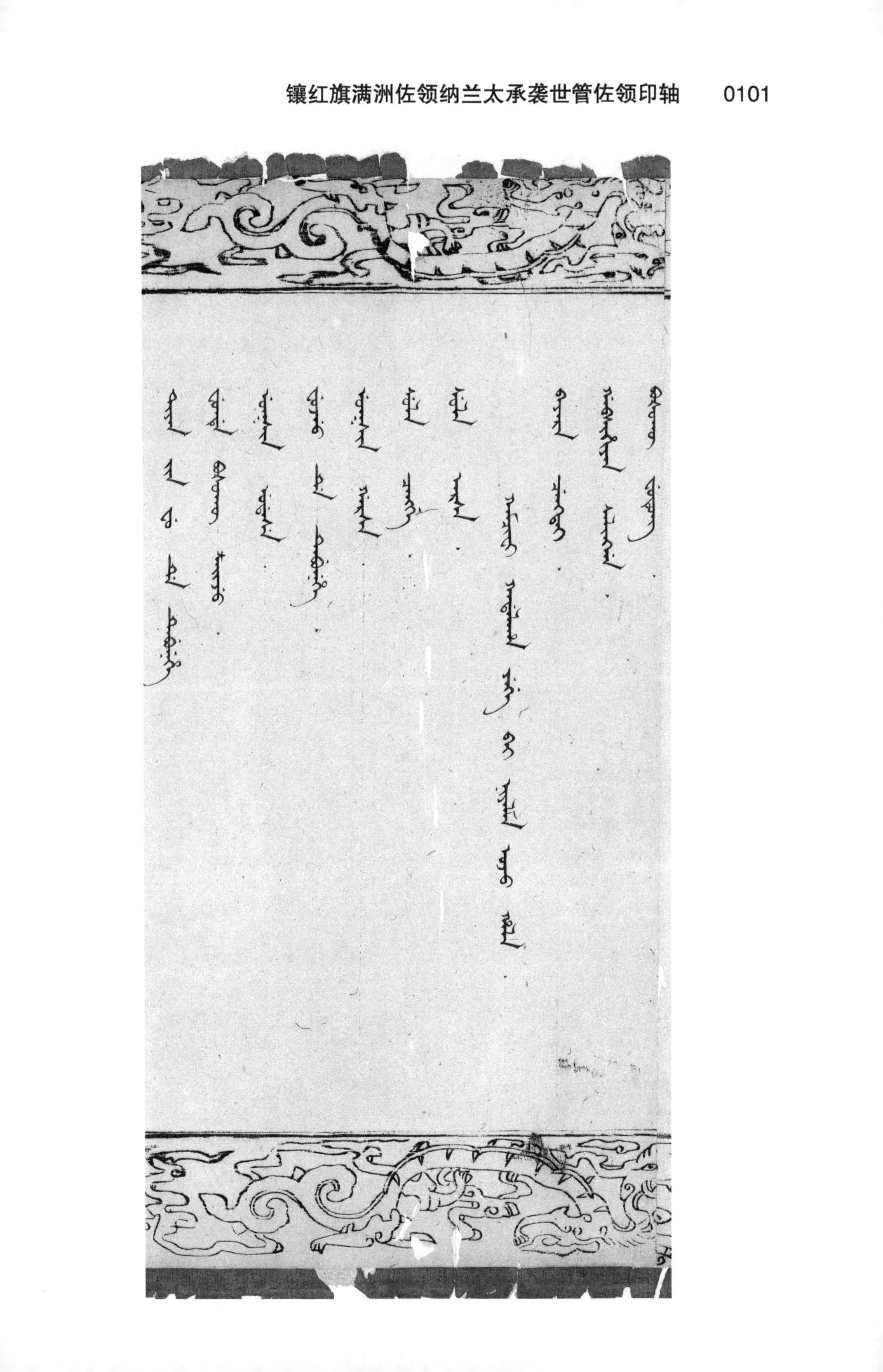

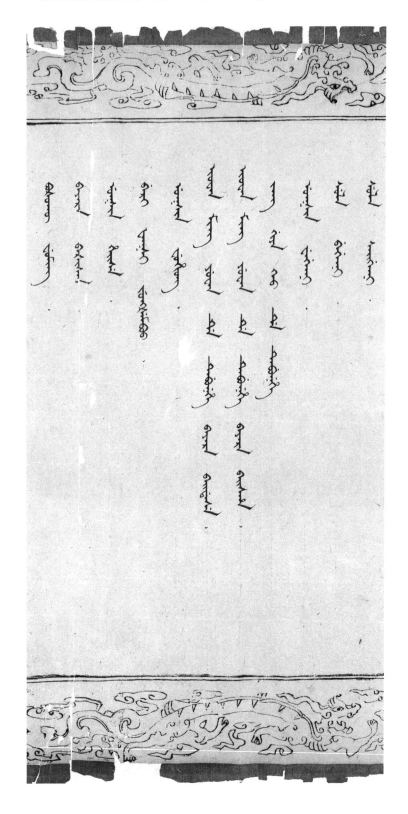

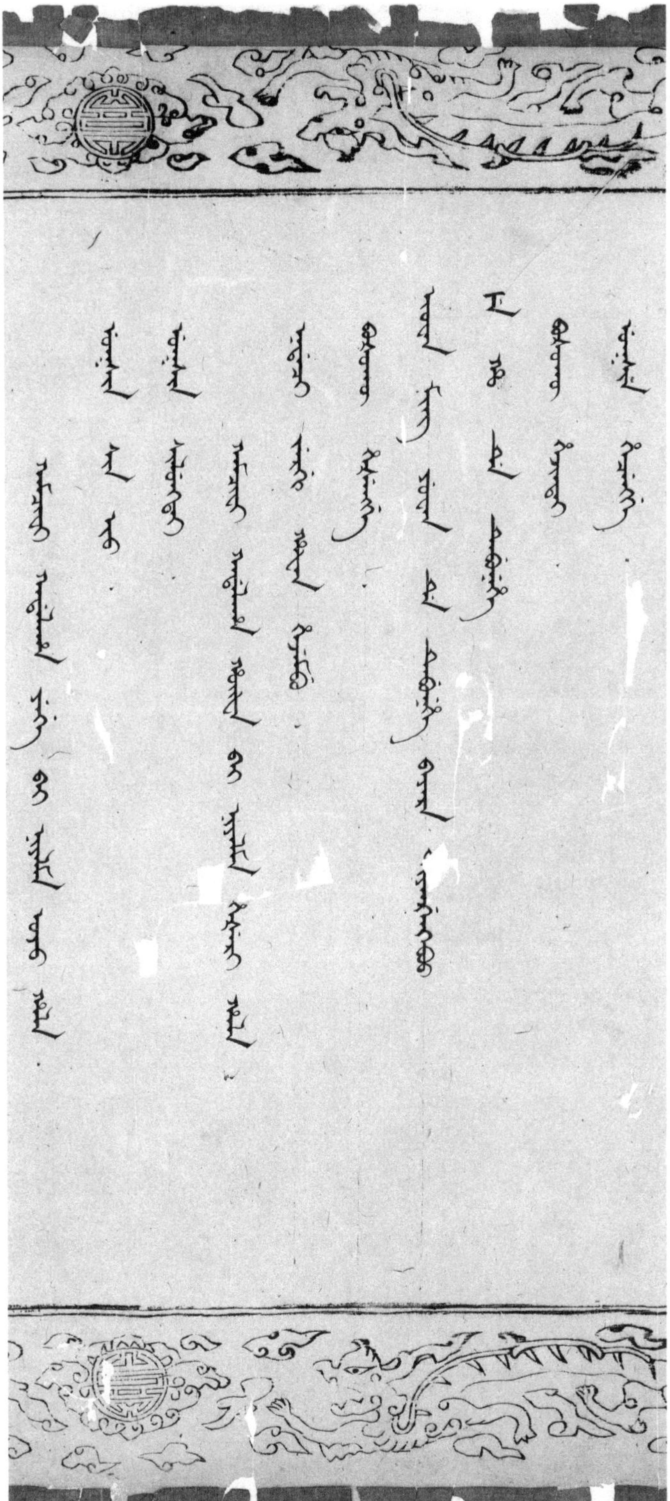

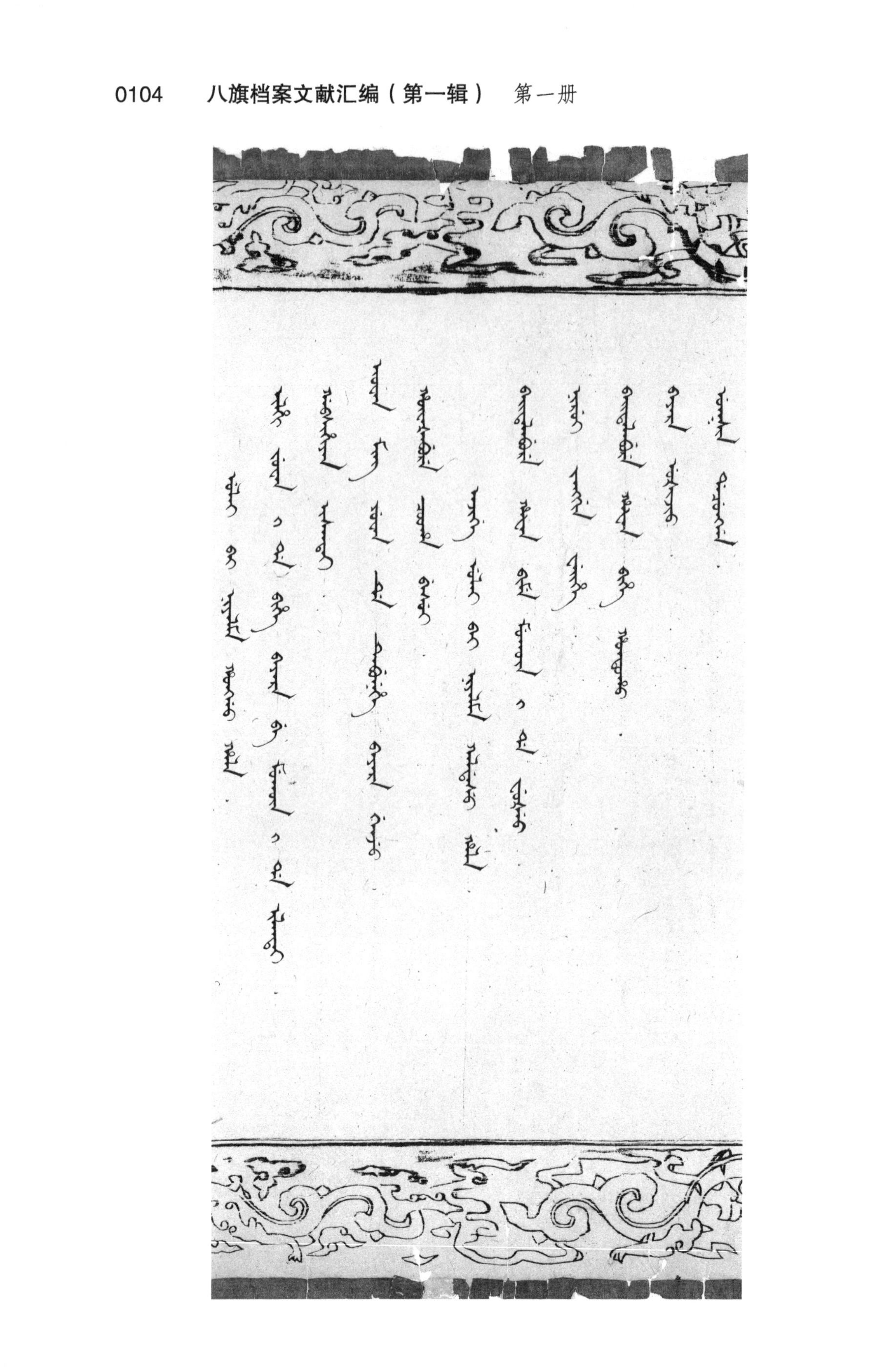

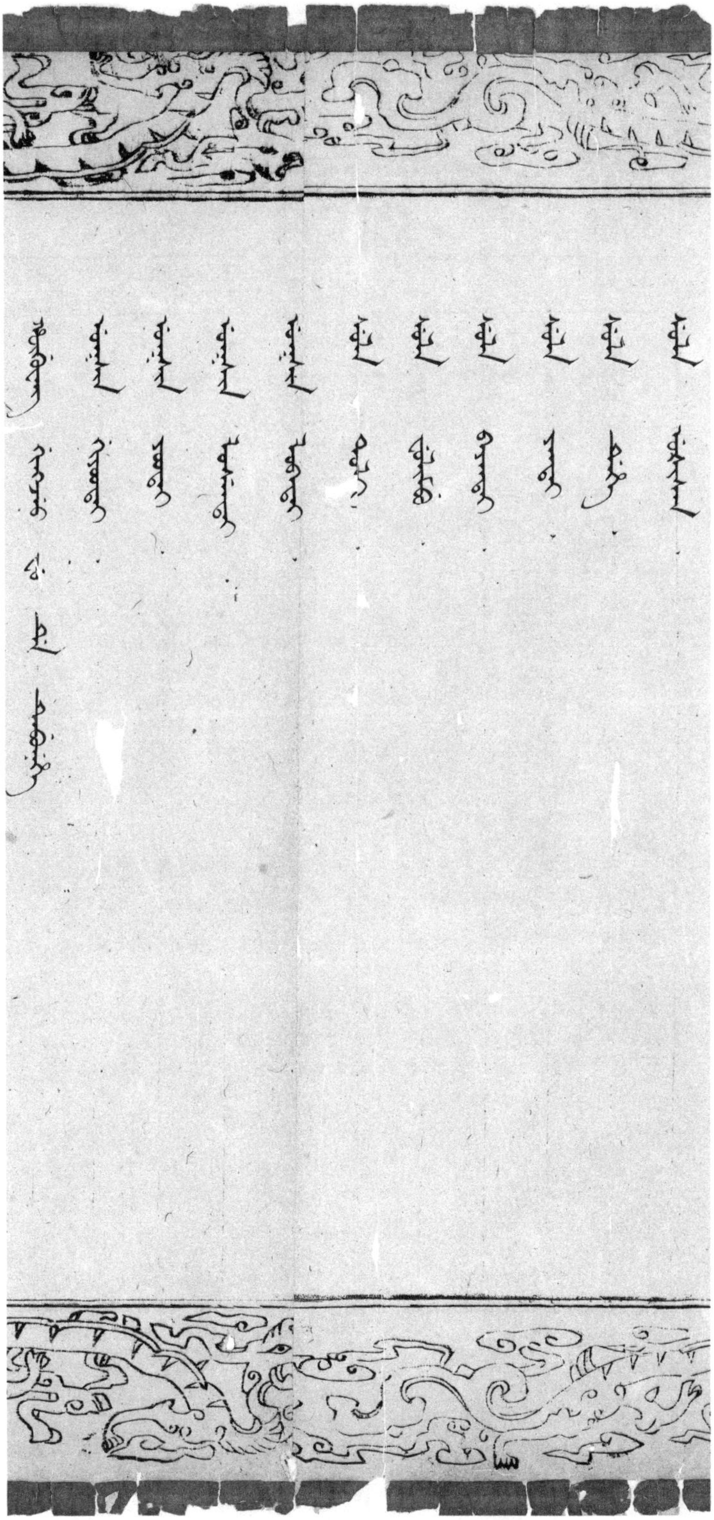

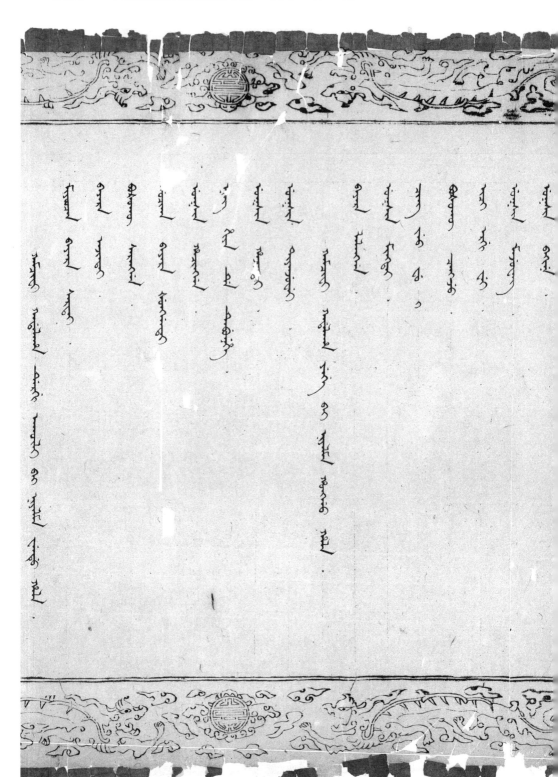

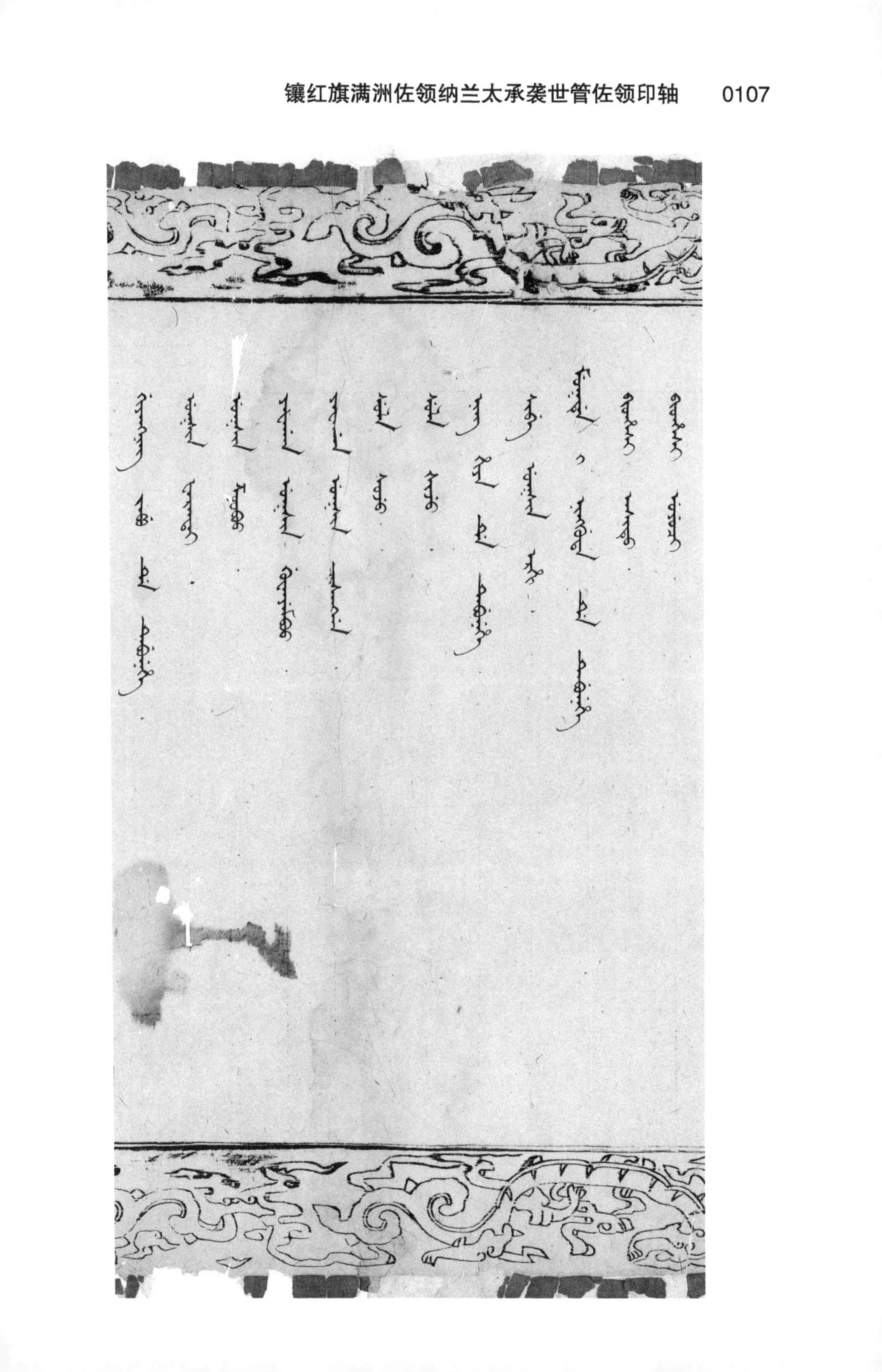

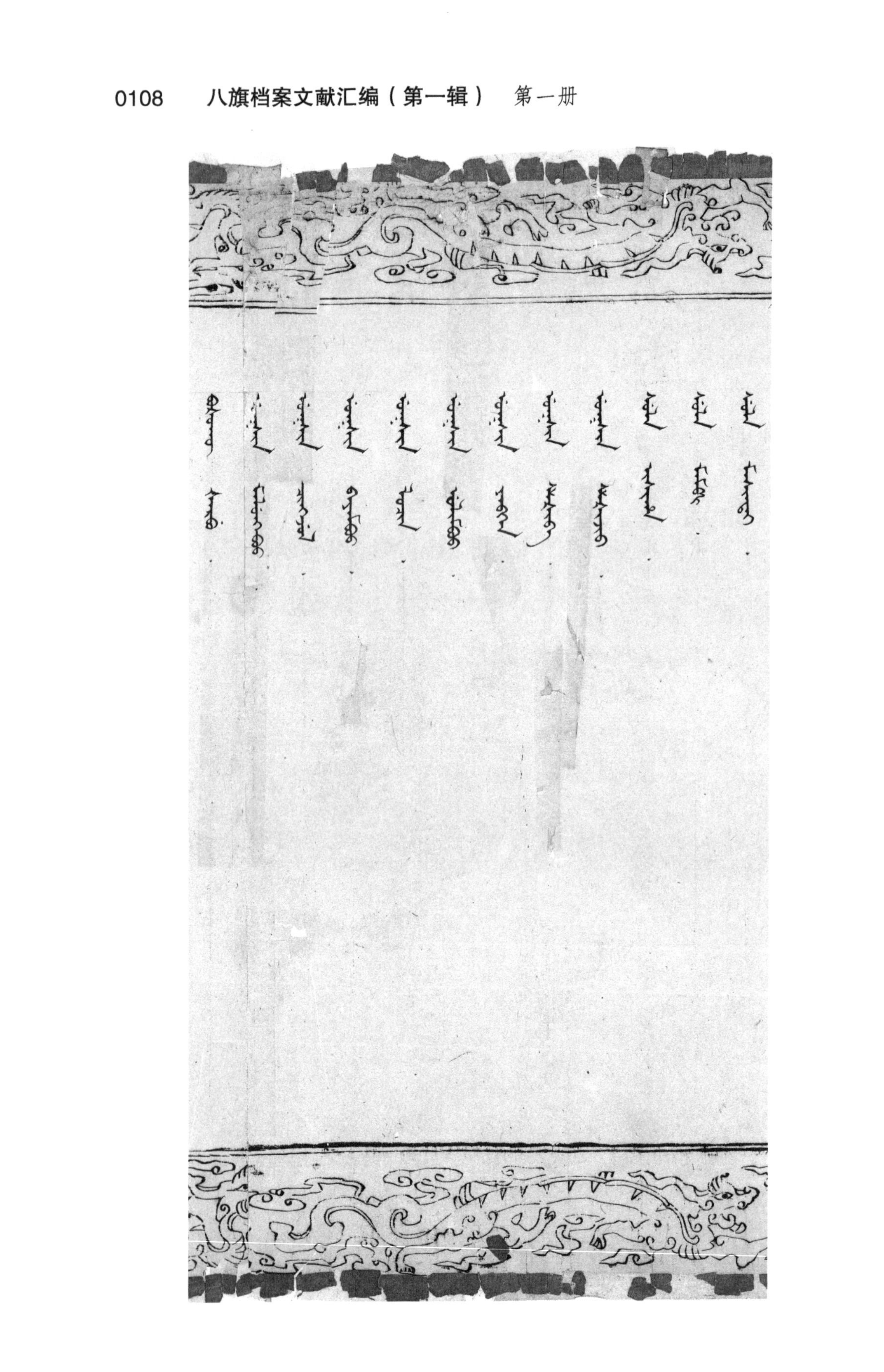

[illegible]

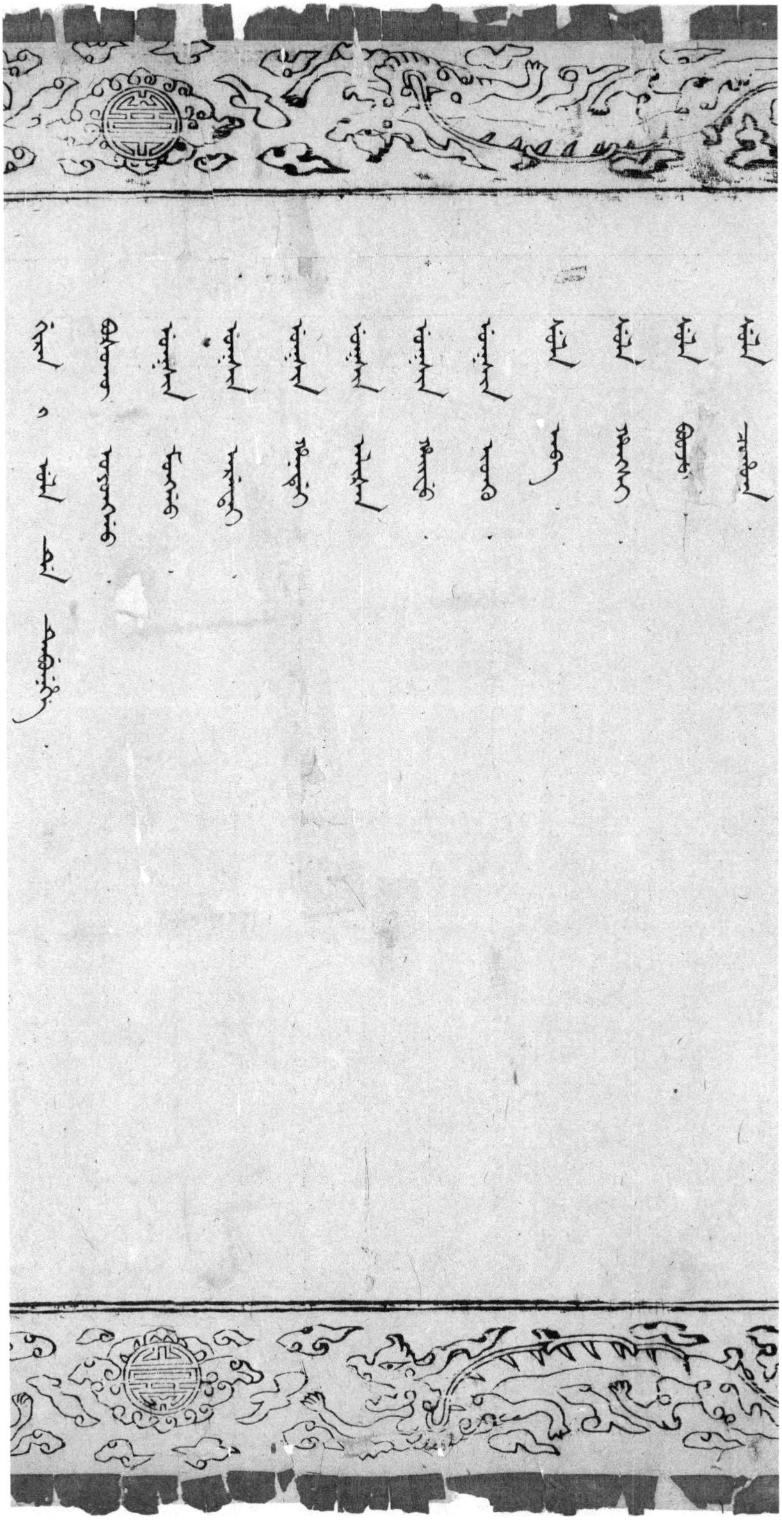

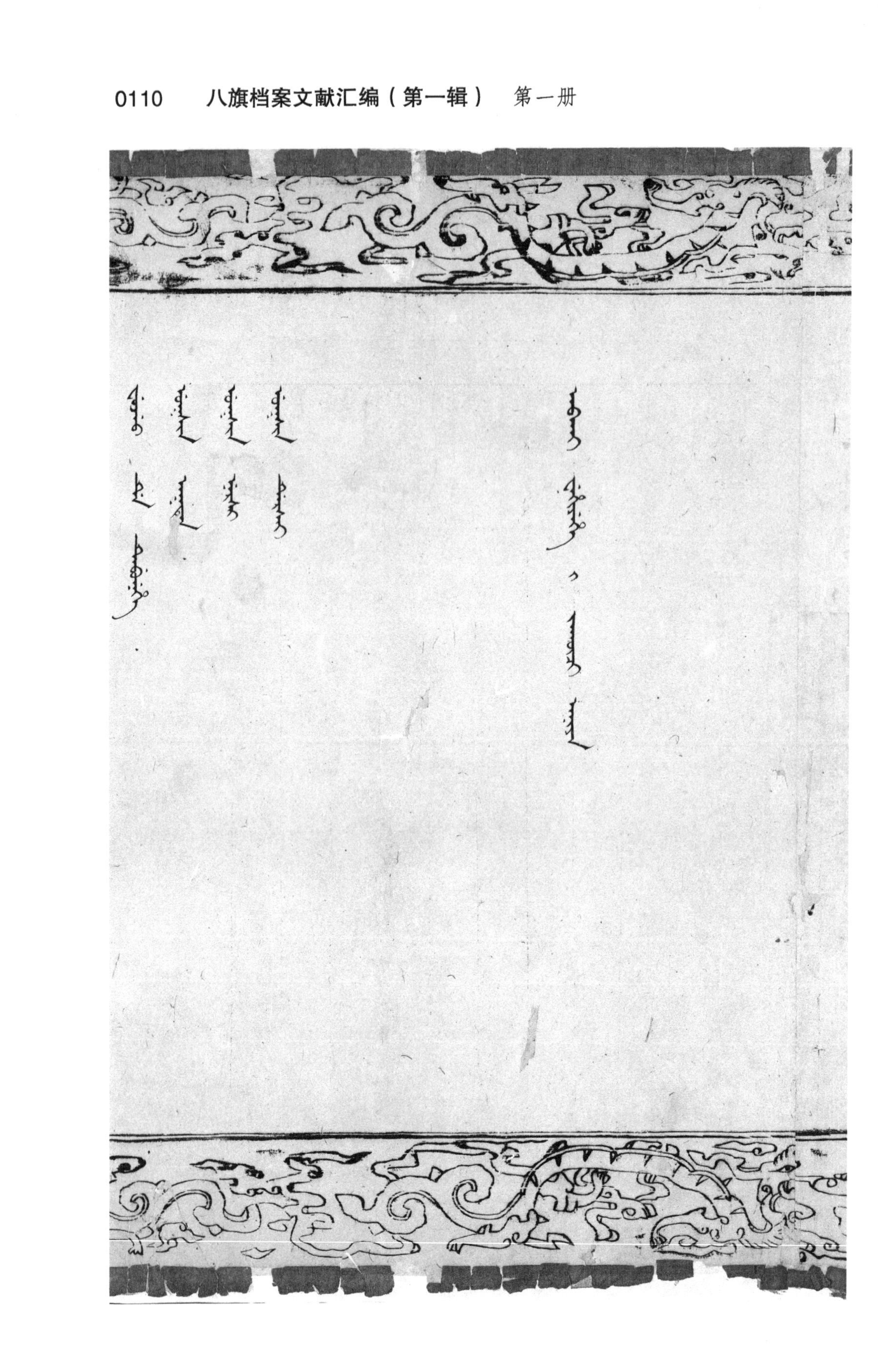

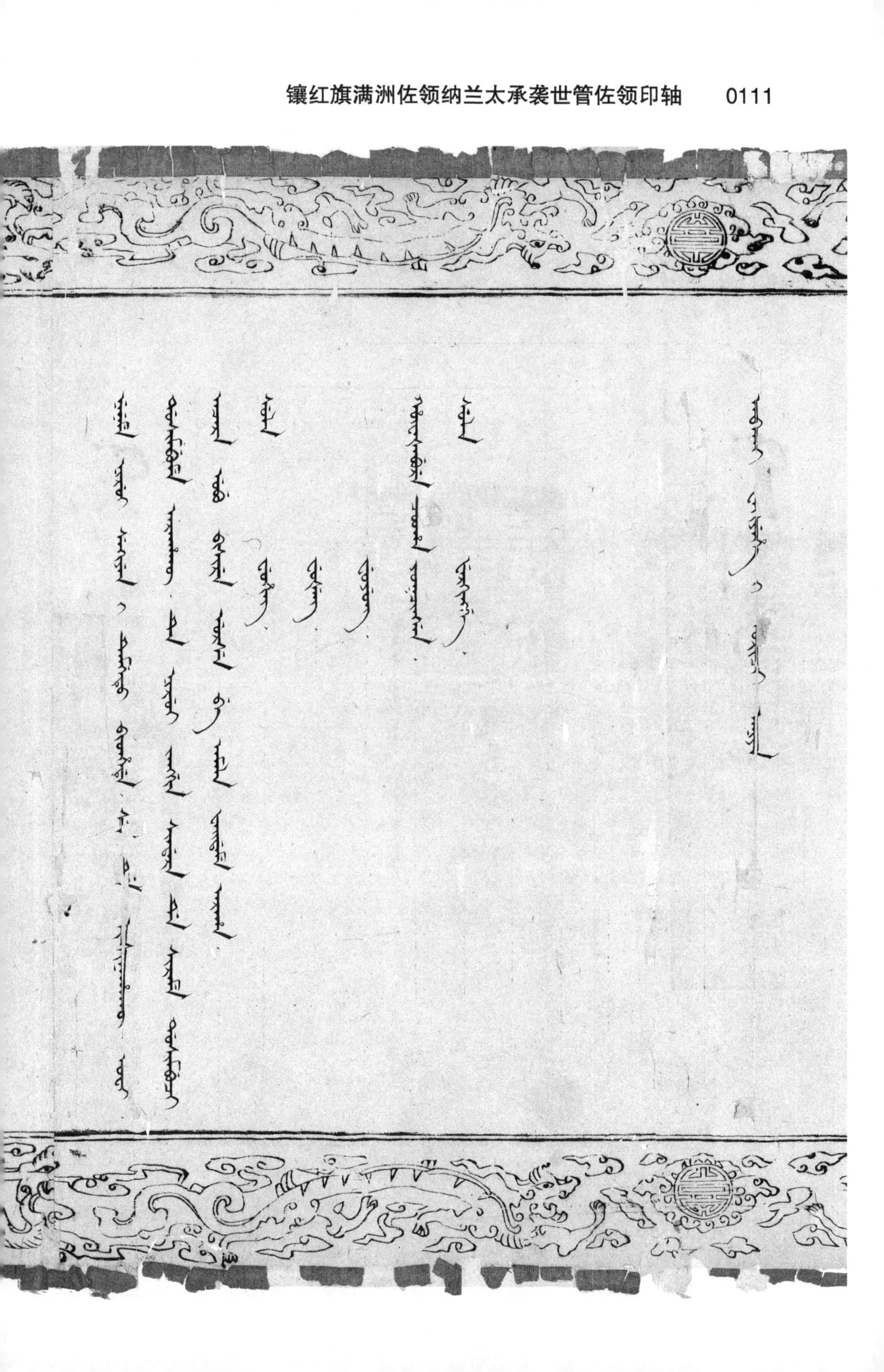

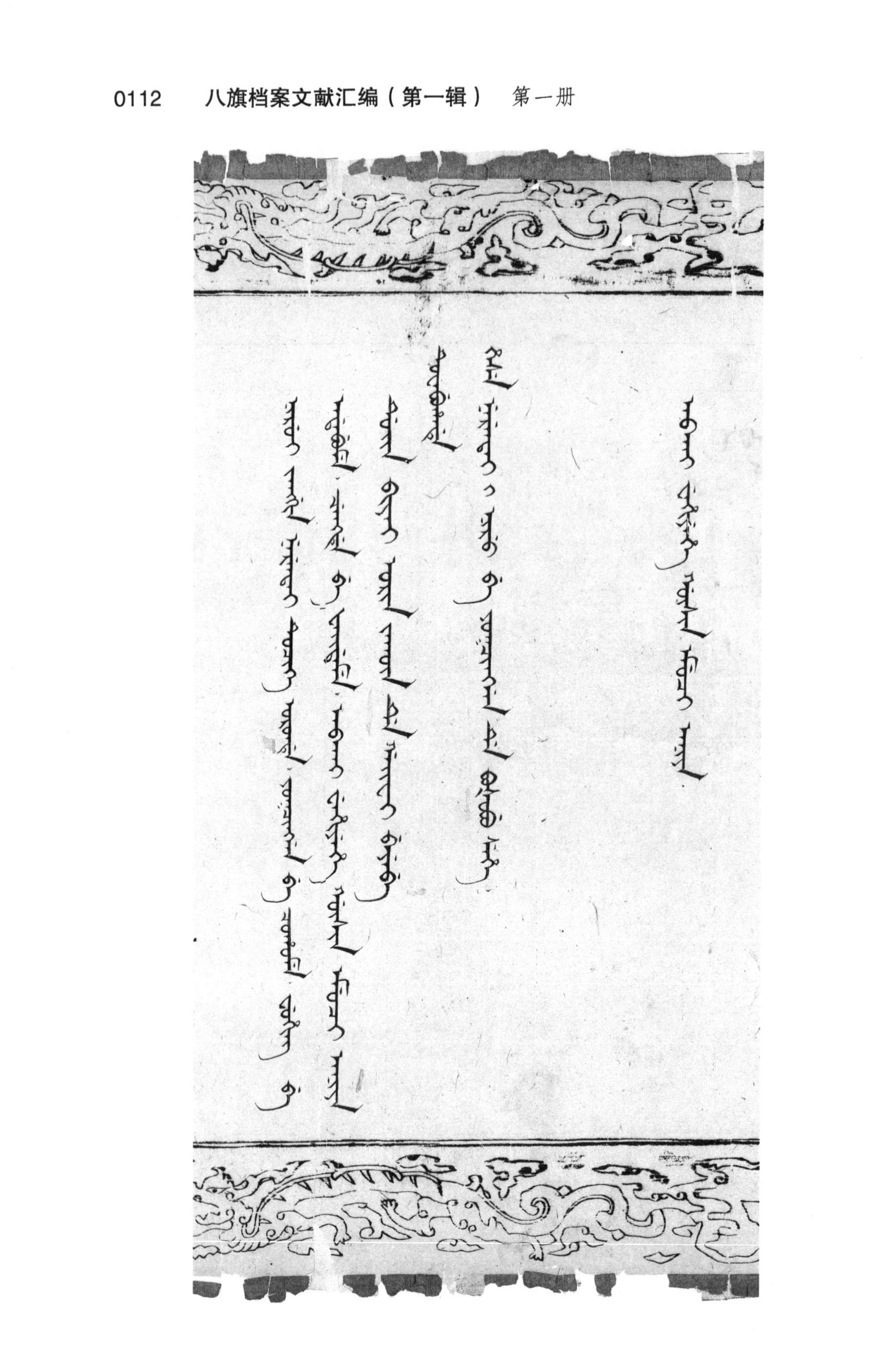

[illegible]

[illegible]

[illegible]

[illegible]

[illegible]

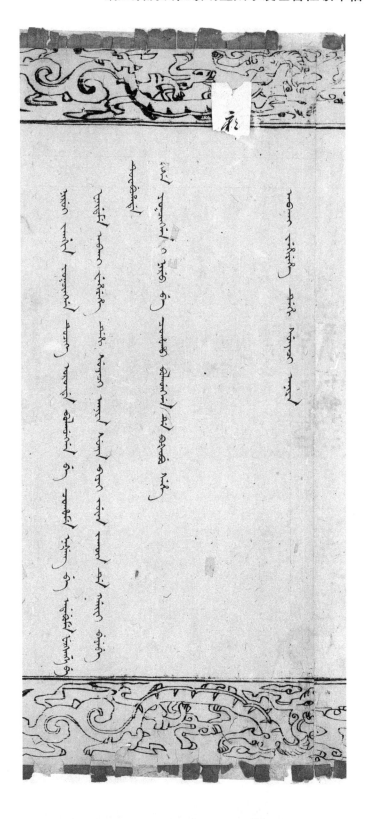

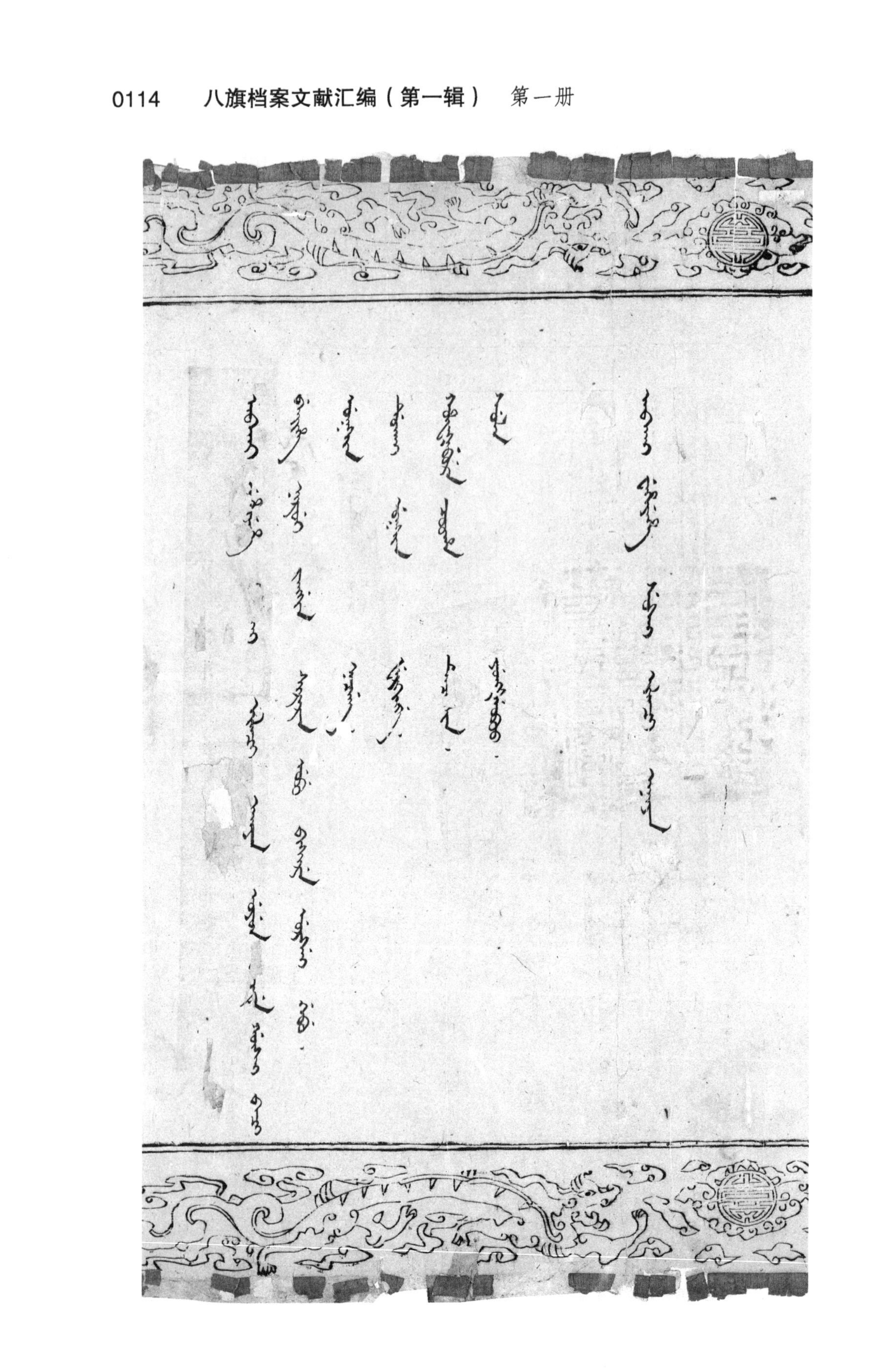

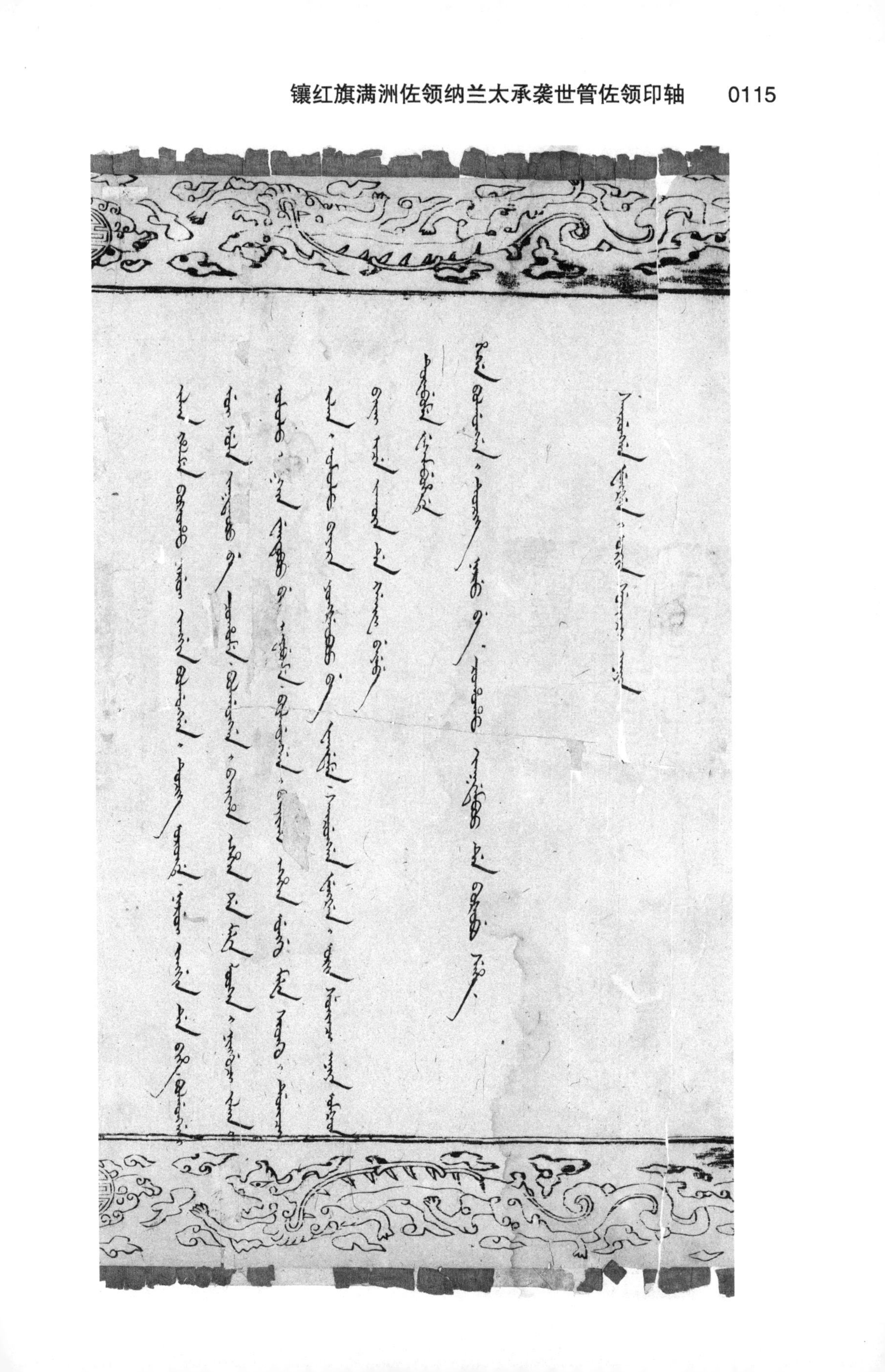

[illegible]

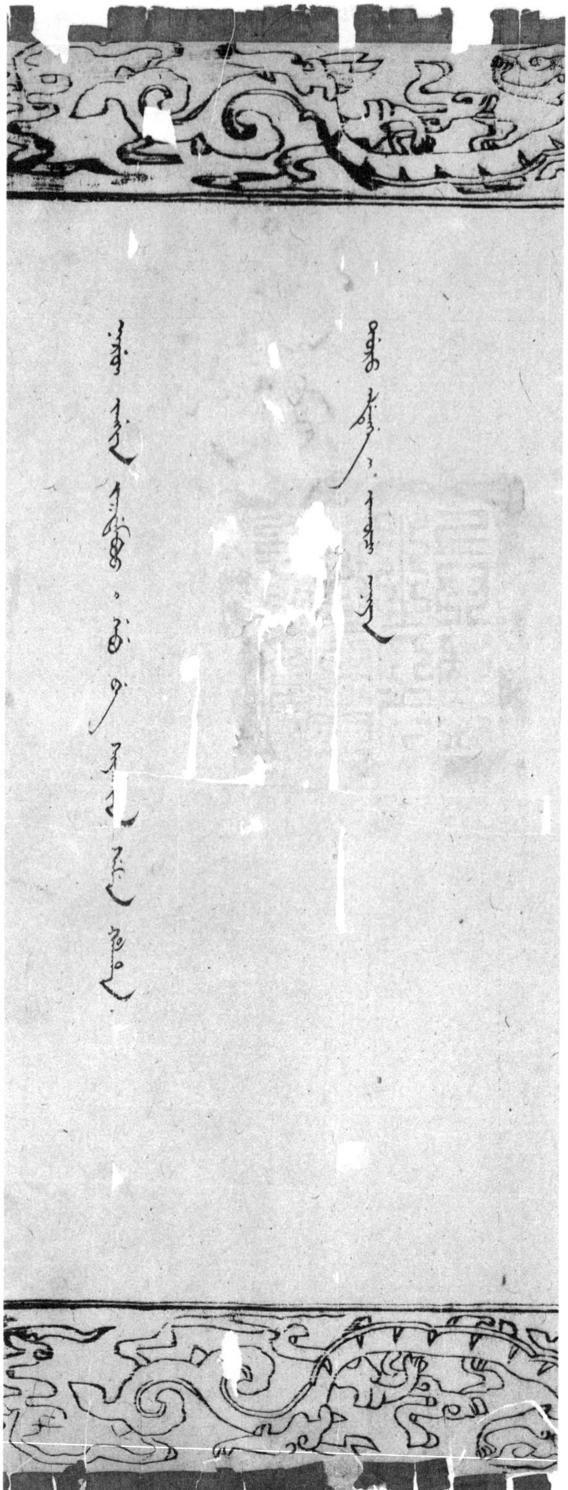

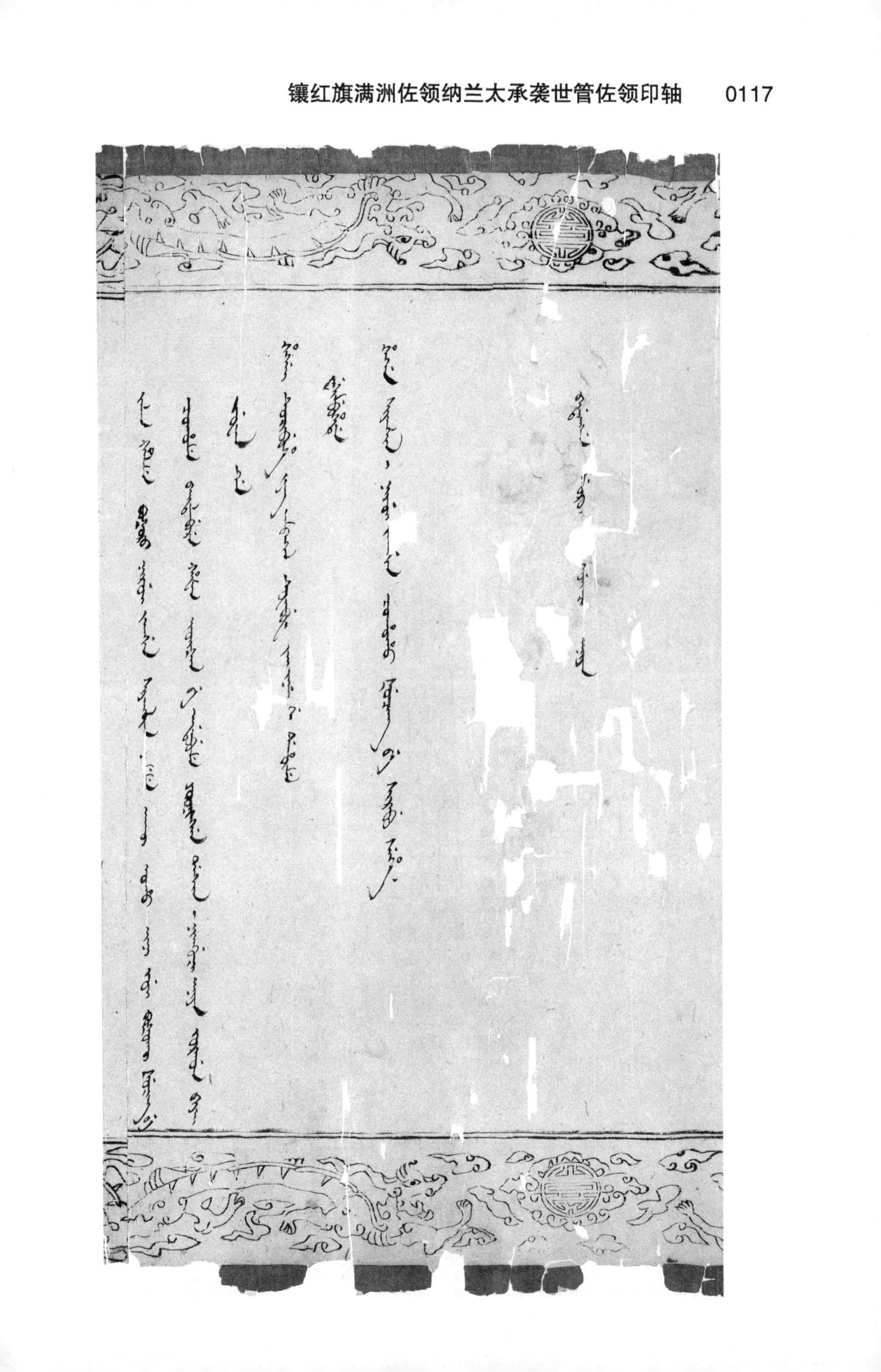

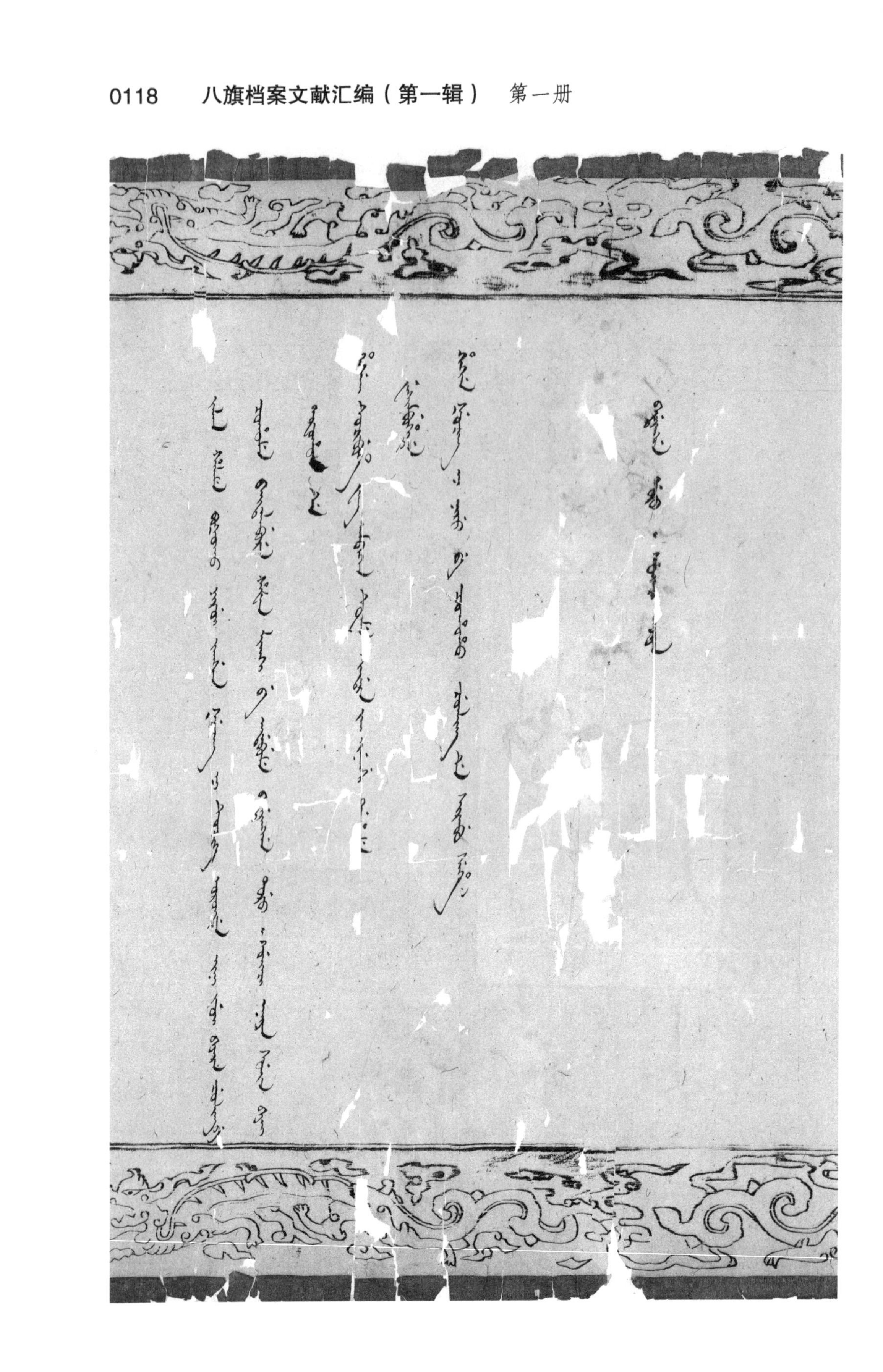

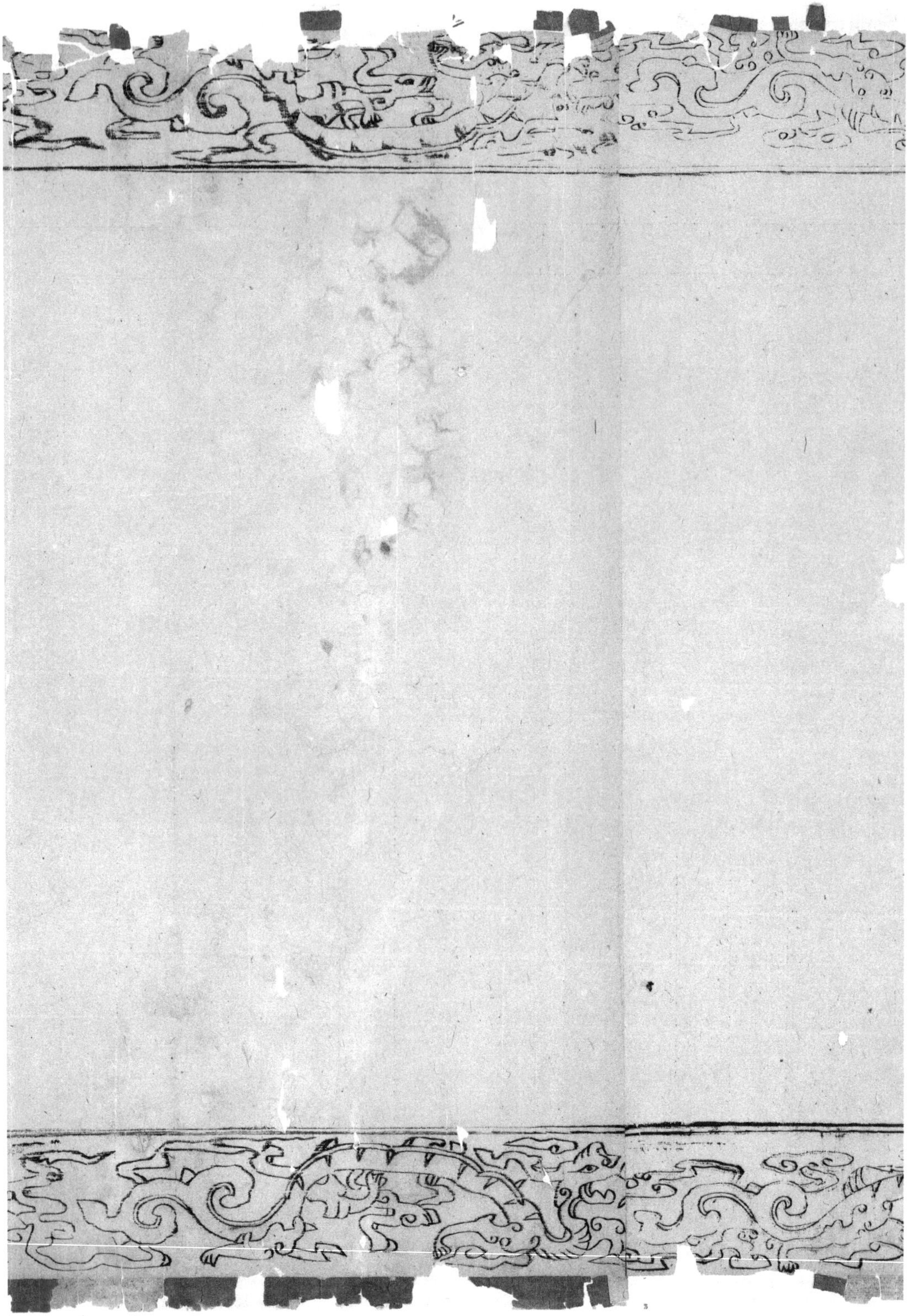

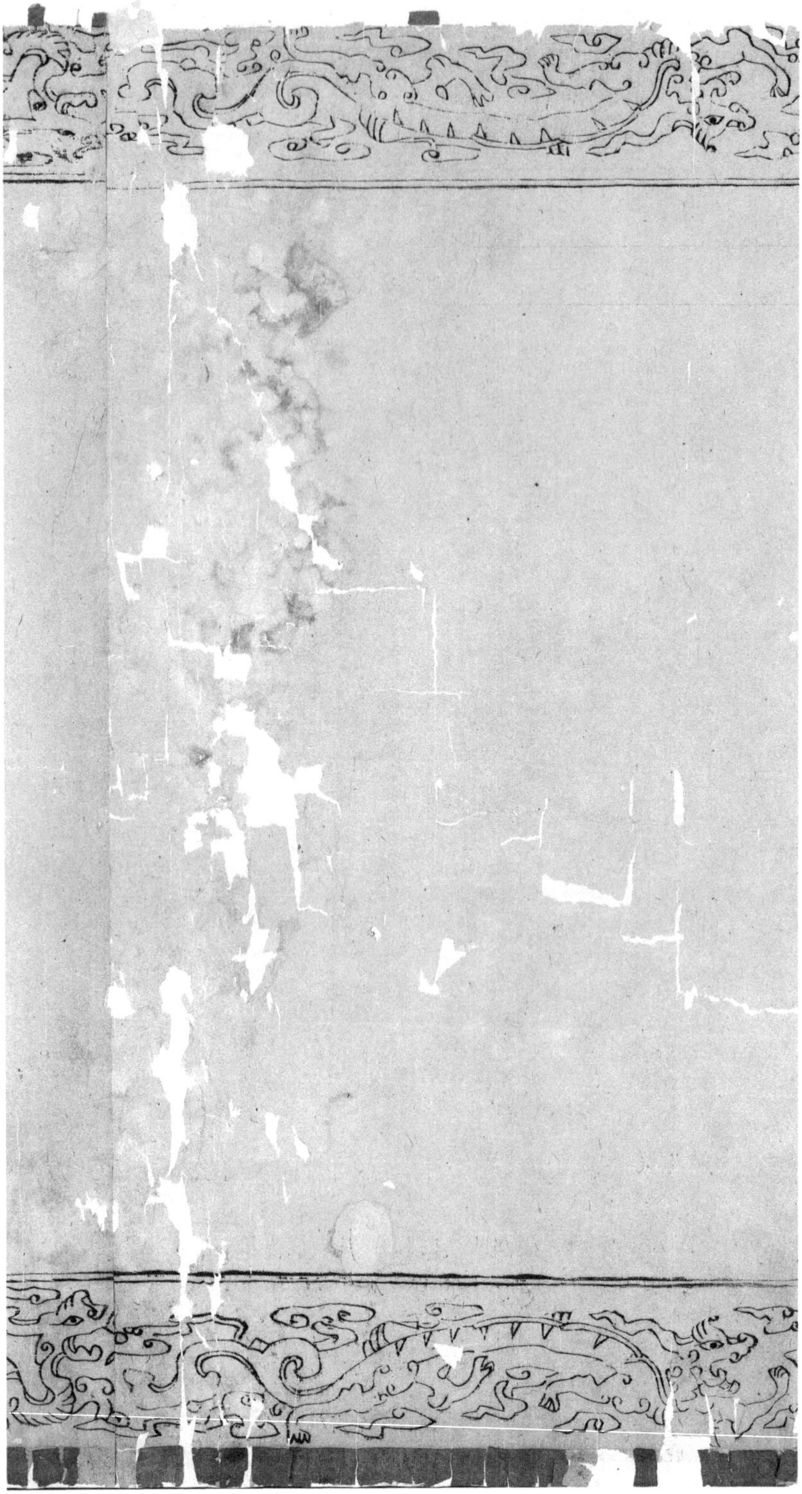

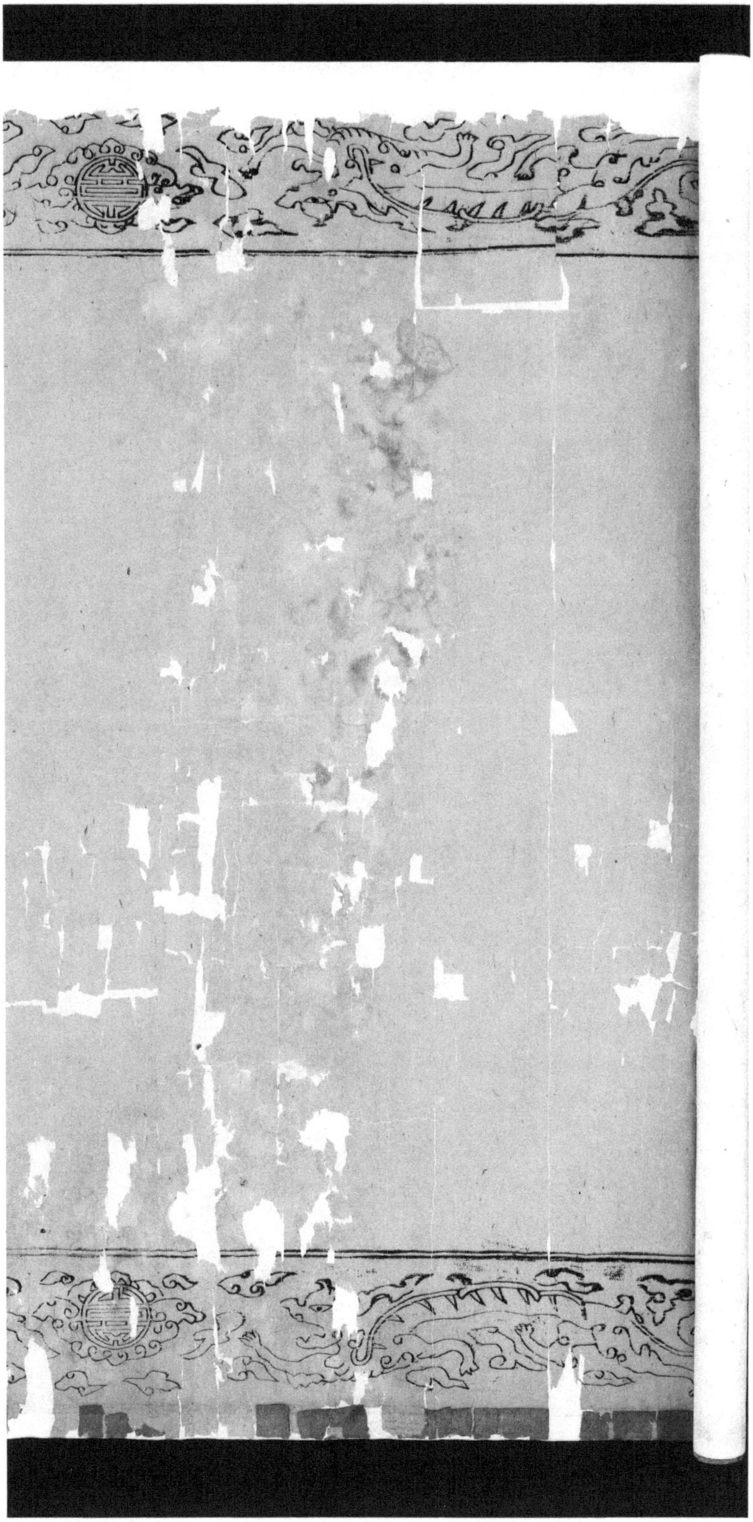

镶红旗满洲佐领富明额承袭世管佐领印轴

满文写本，卷轴装，页面48.8cm×1062.0cm，四周双边，螭文，钤兵部印，印轴保存完好，满文题名为kubuhe fulgiyan i manju gūsai nirui janggin fumingge i bošoho jalan halame bošoro nirui temgetu bithe。初修时间为乾隆八年，后陆续添写至光绪二十九年，未满幅。该印轴与前文中《镶红旗满洲佐领纳兰太承袭世管佐领印轴》佐领根源部分内容完全相同。

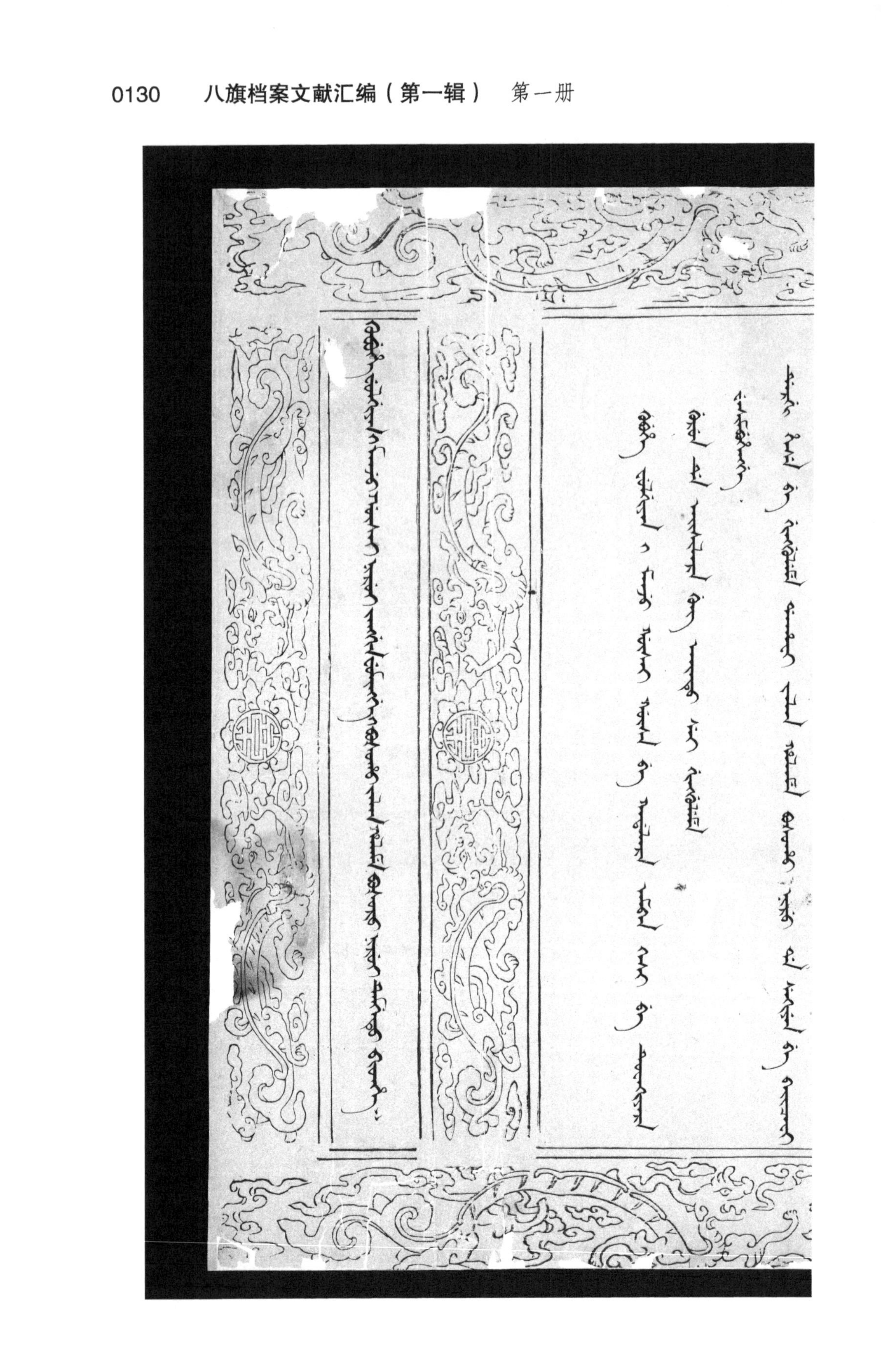

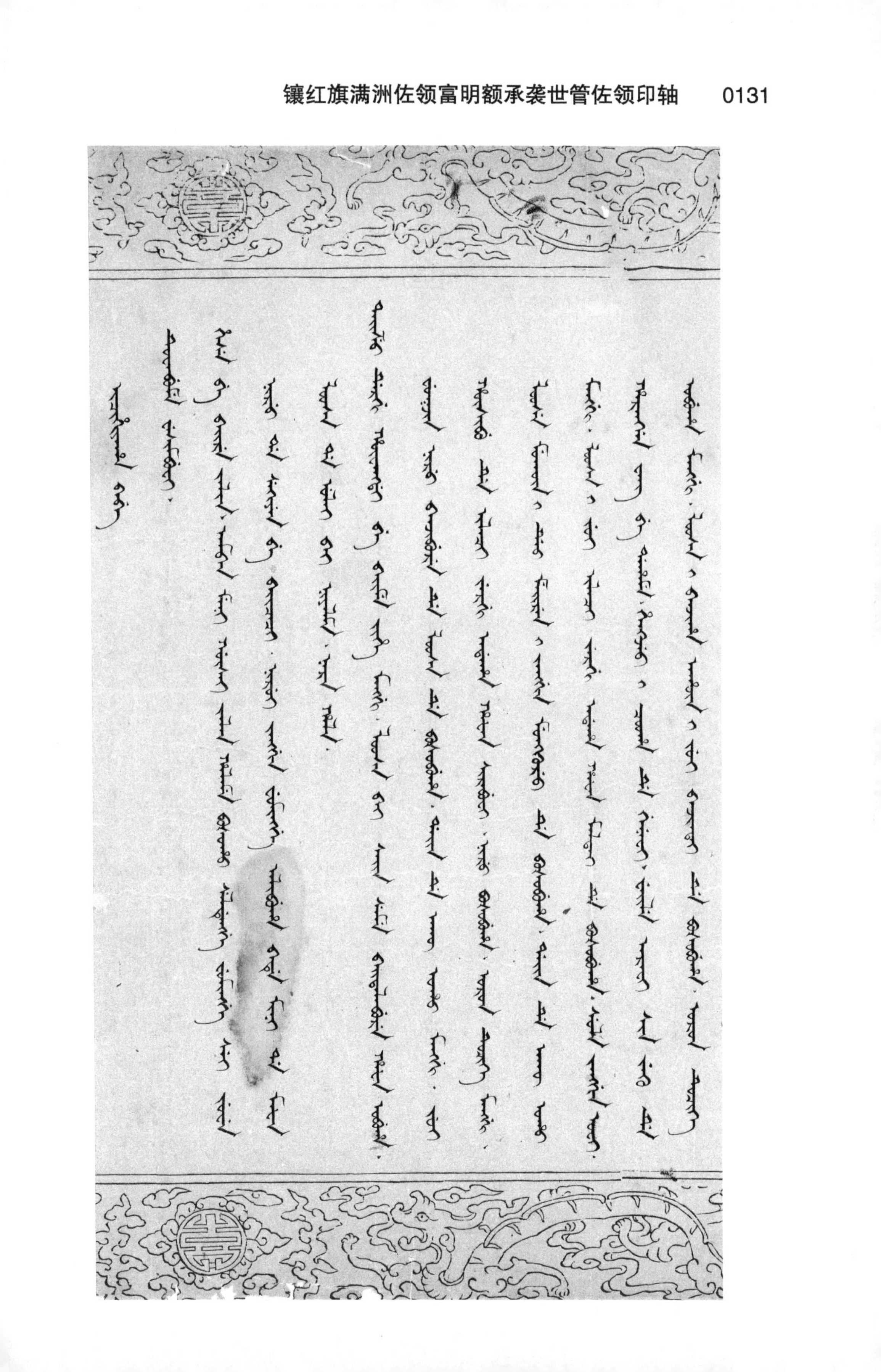

[illegible]

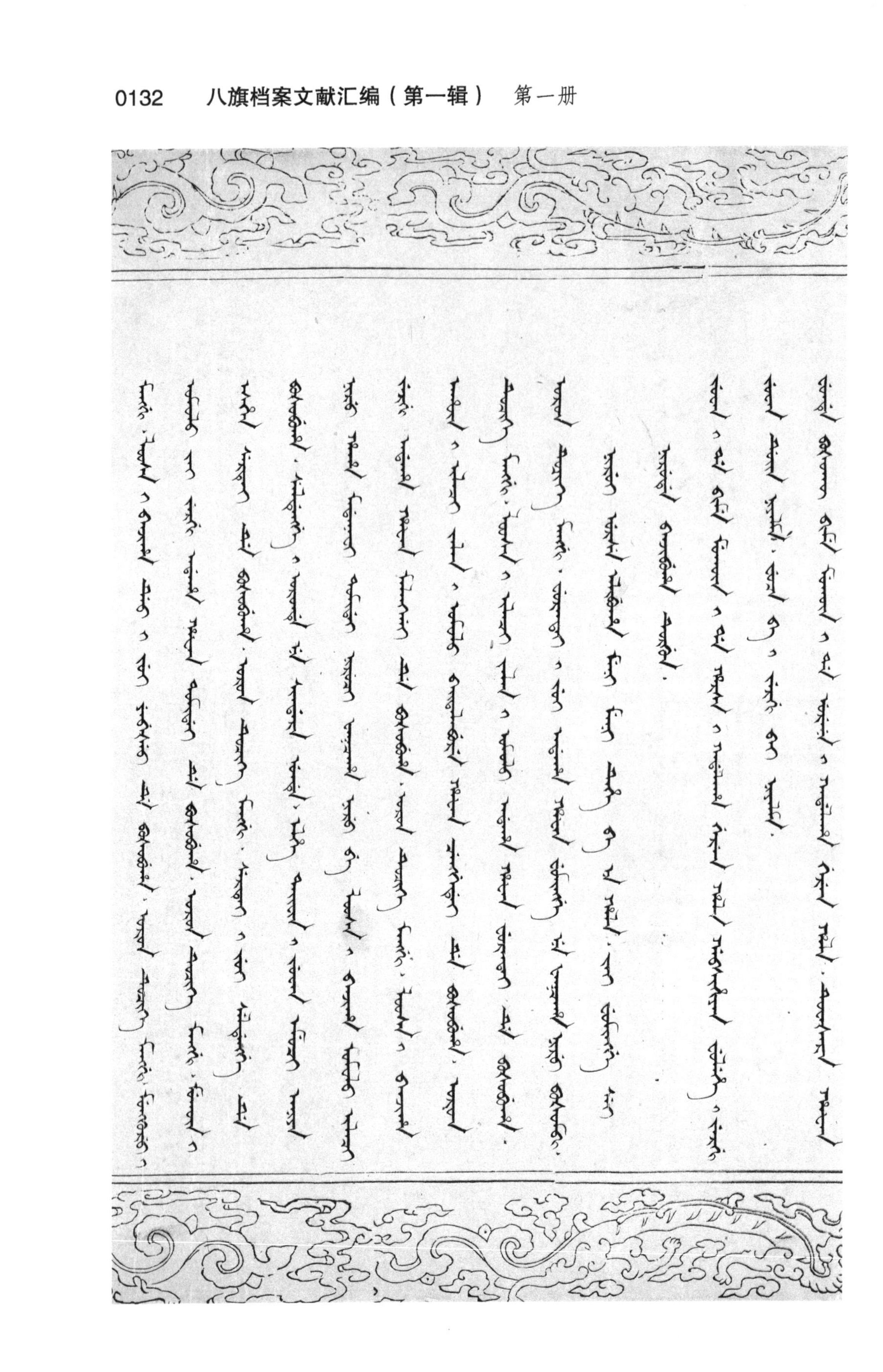

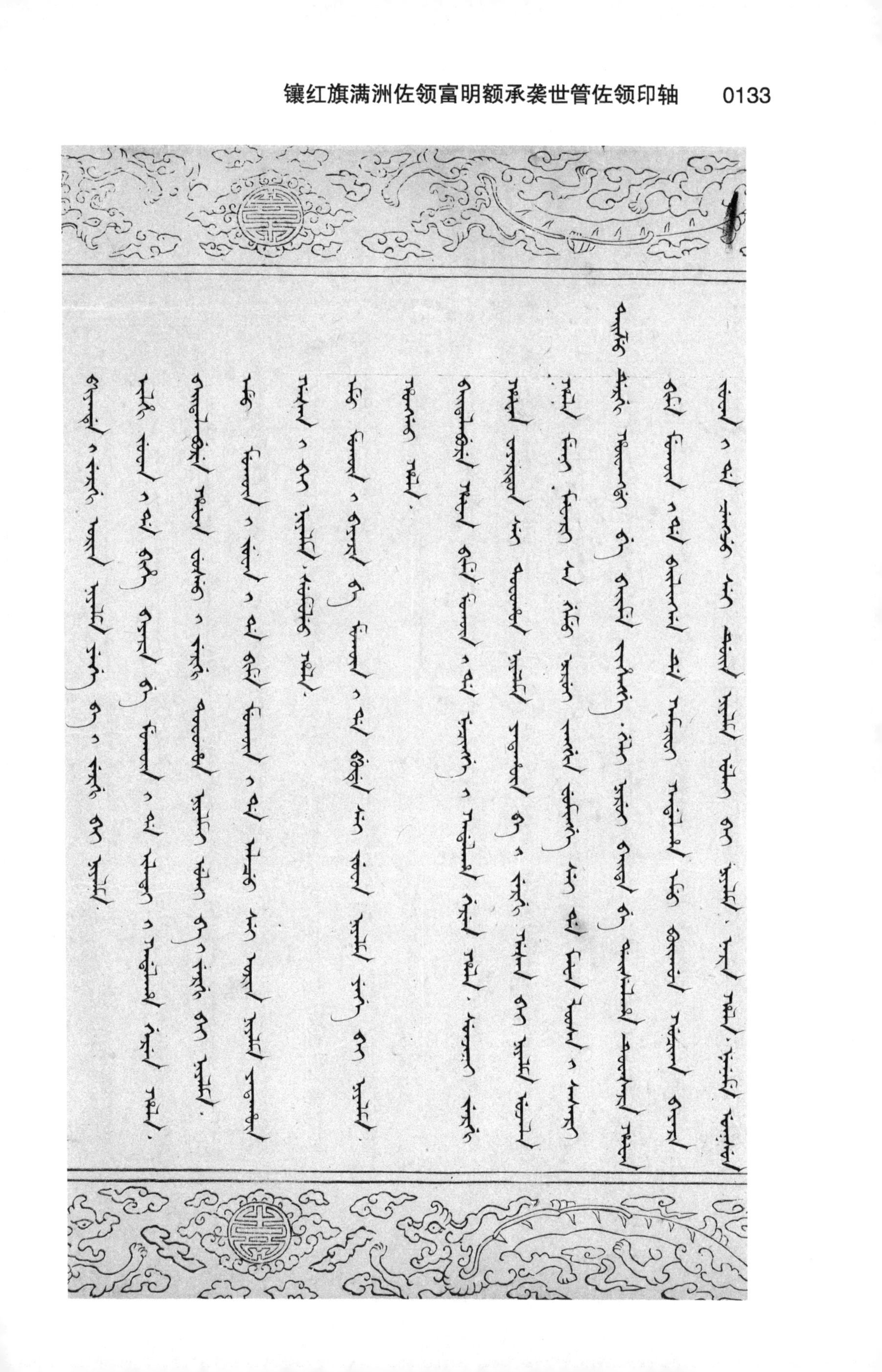

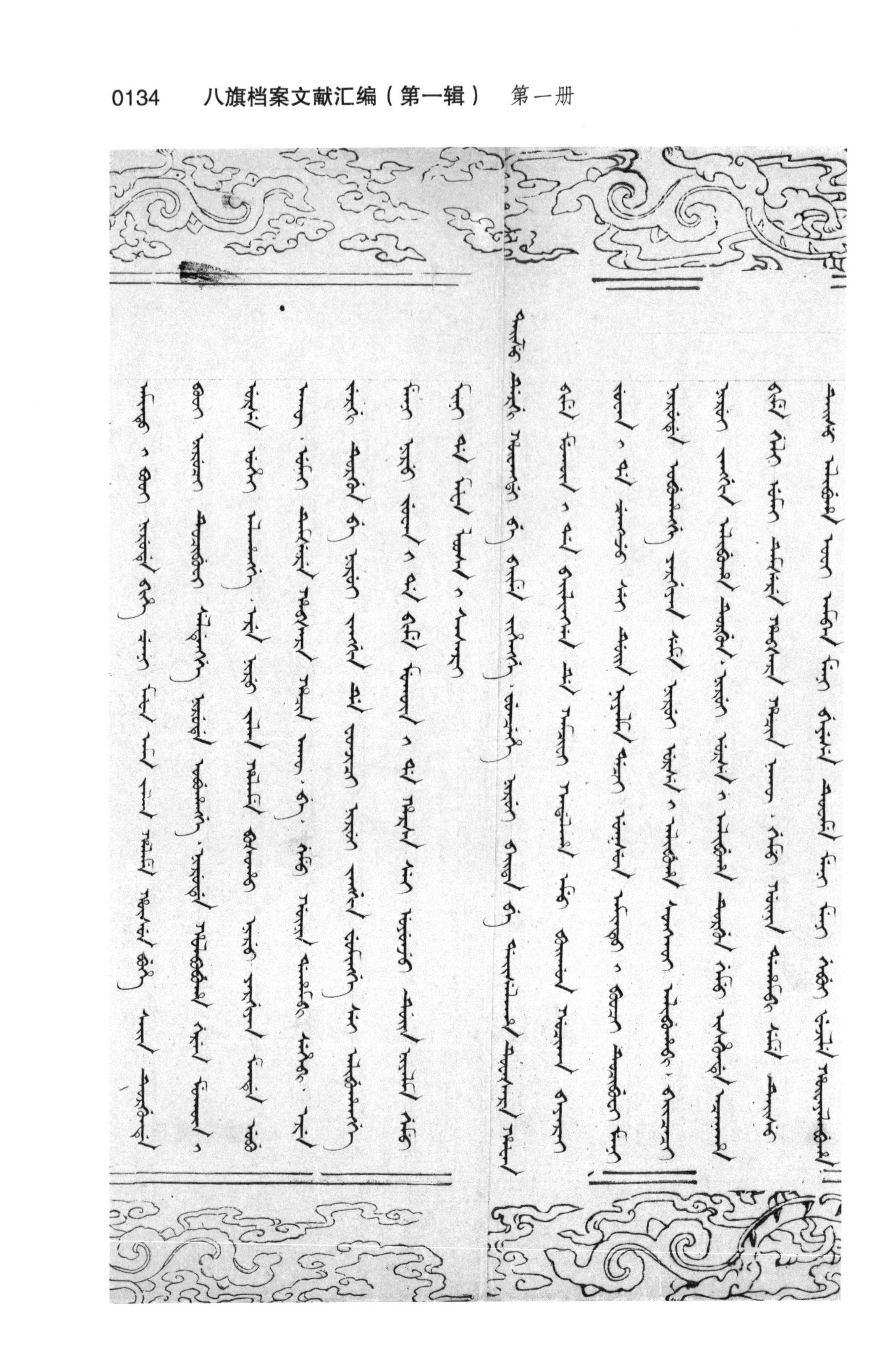

[illegible]

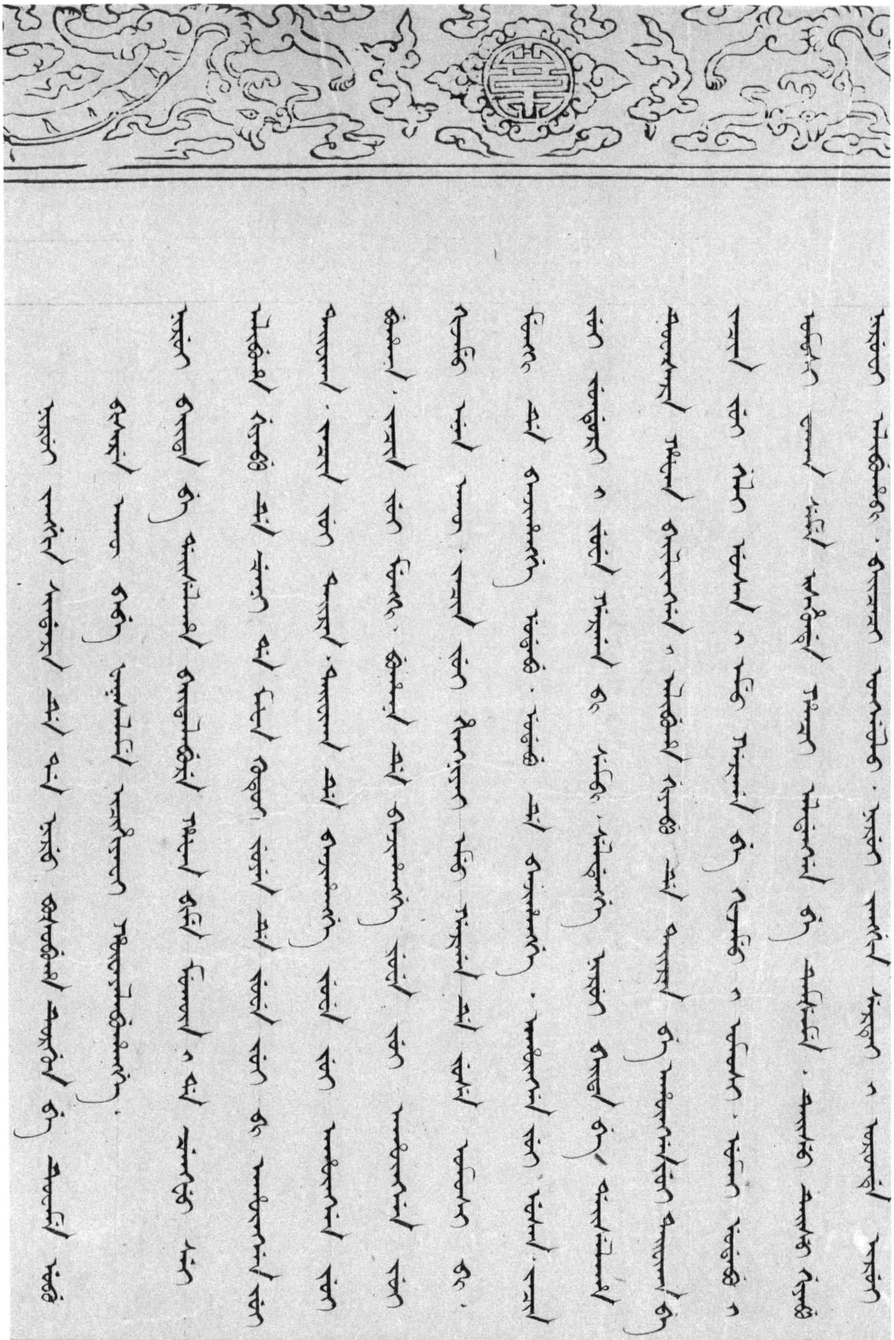

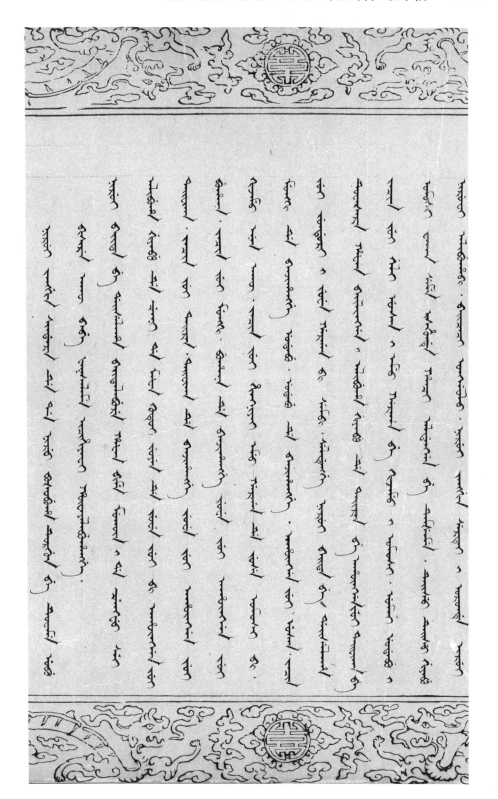

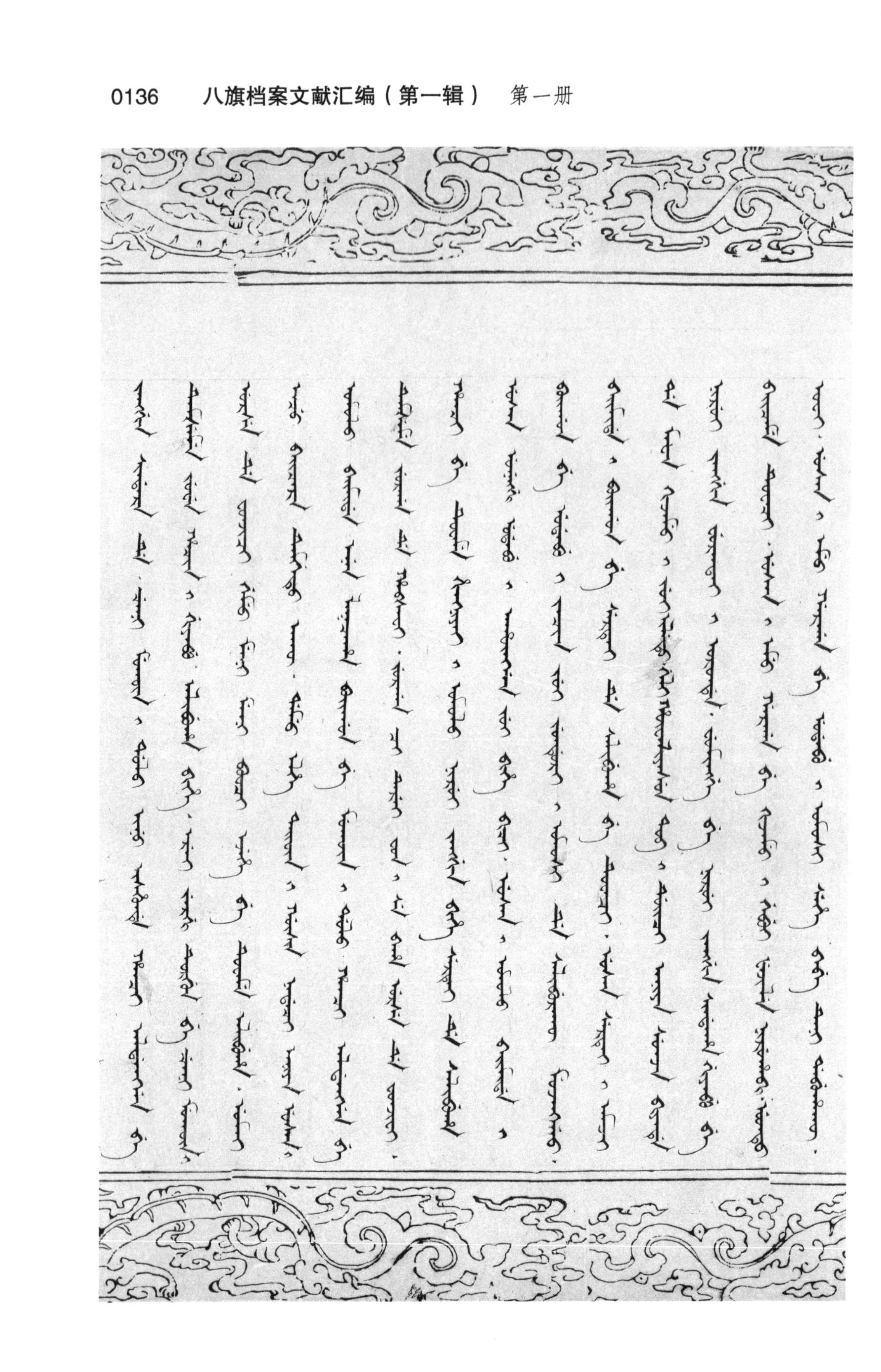

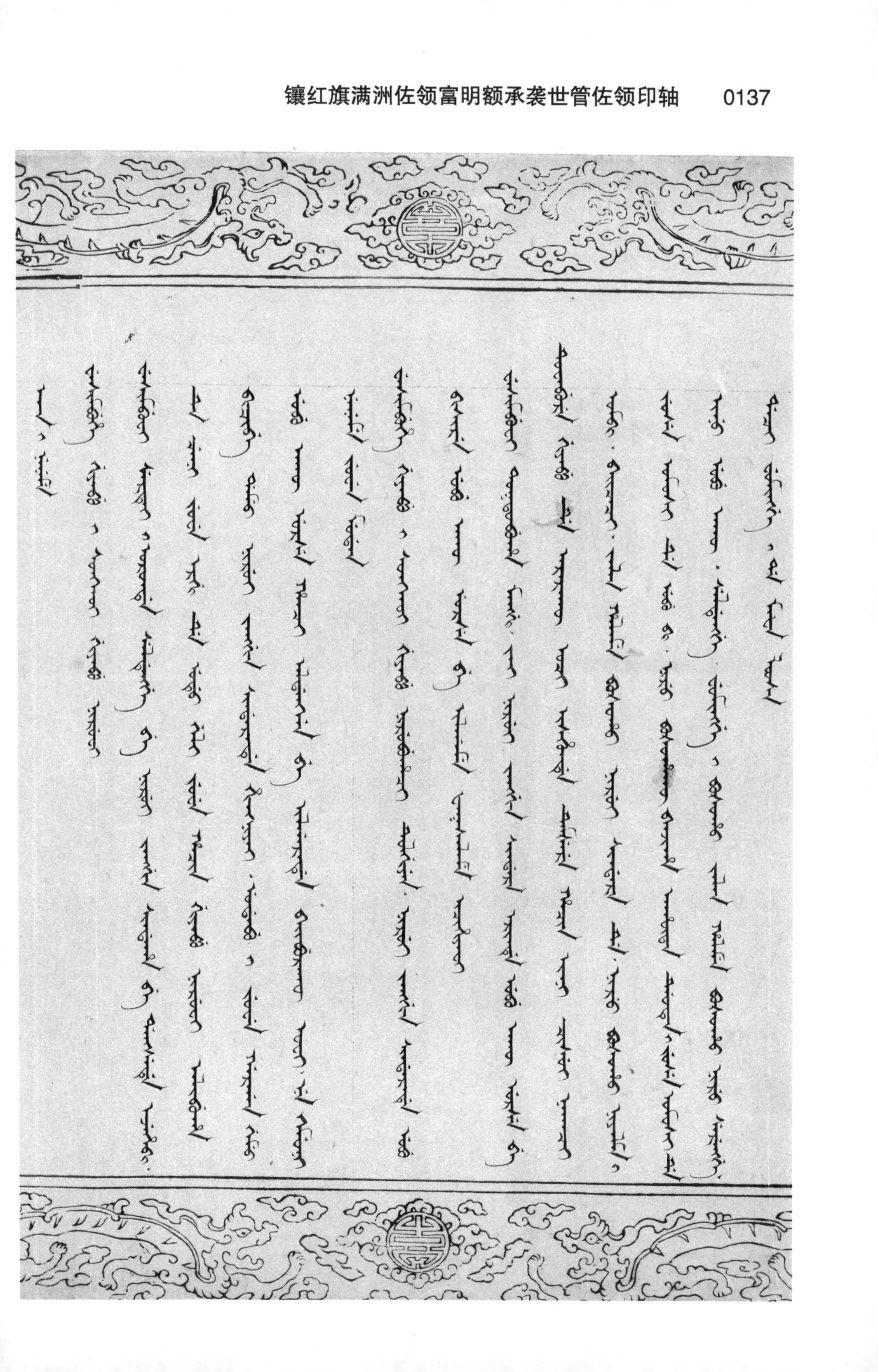

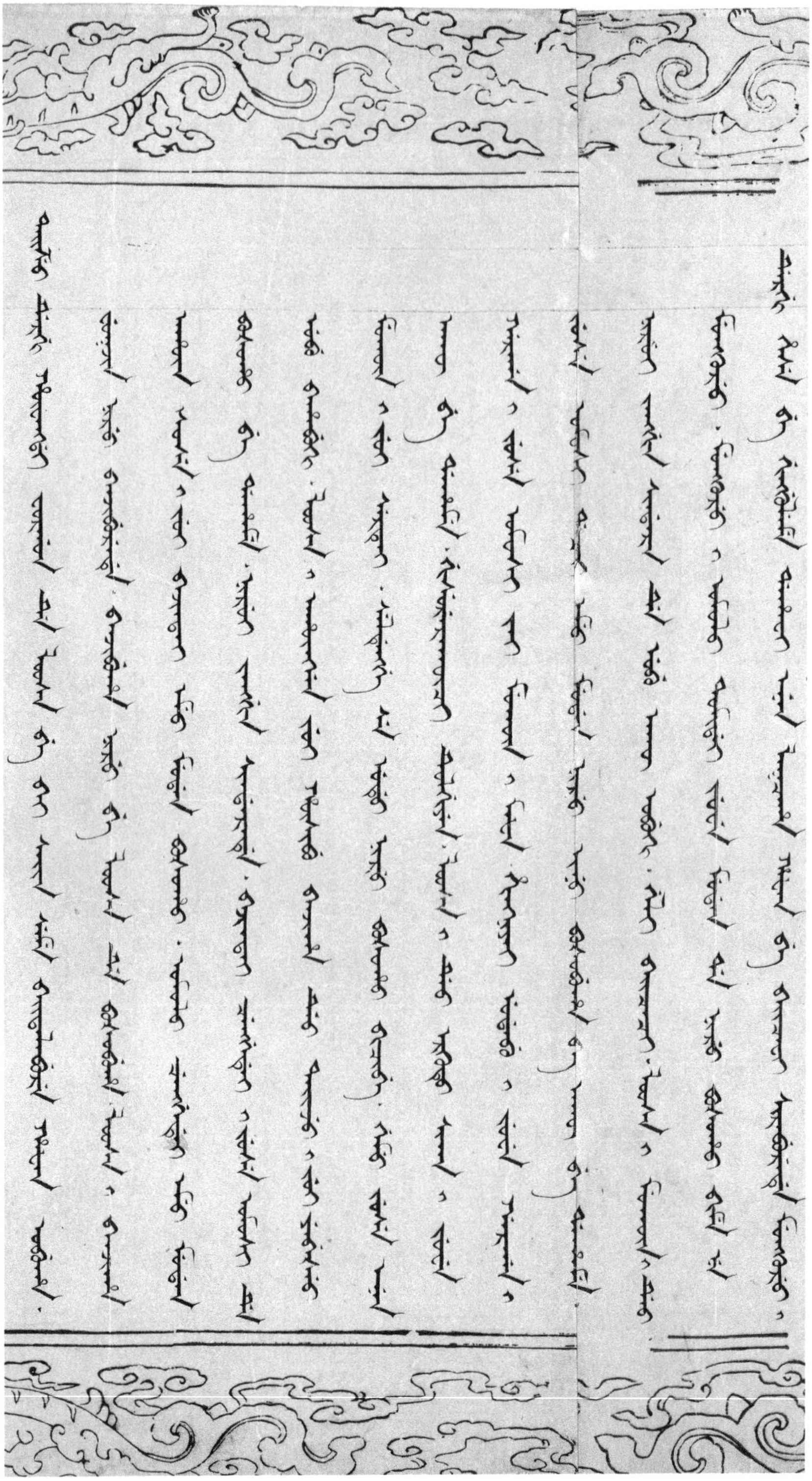

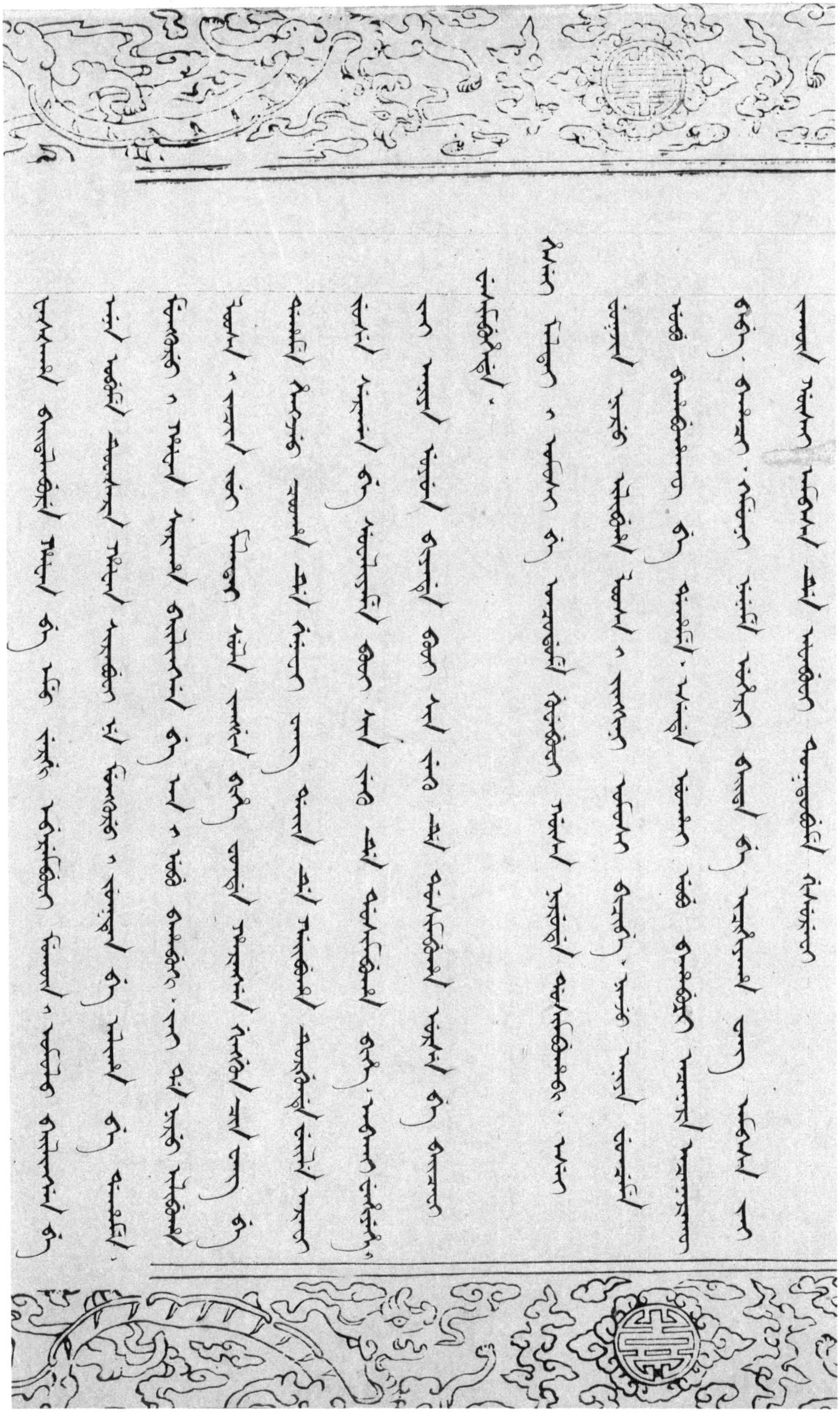

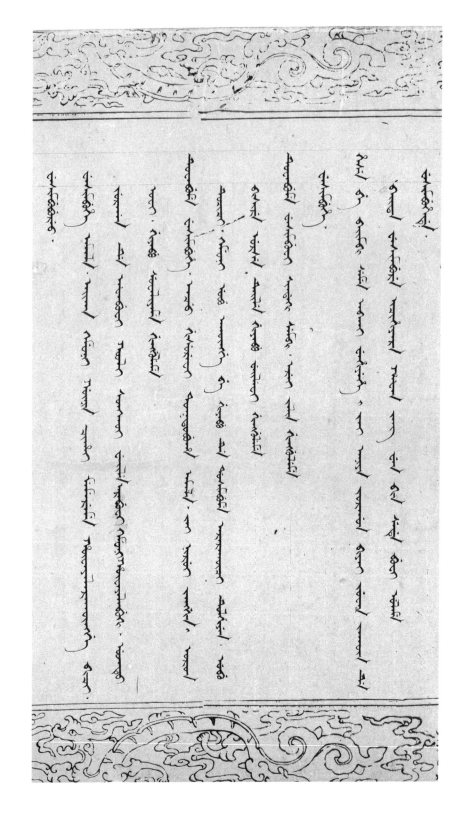

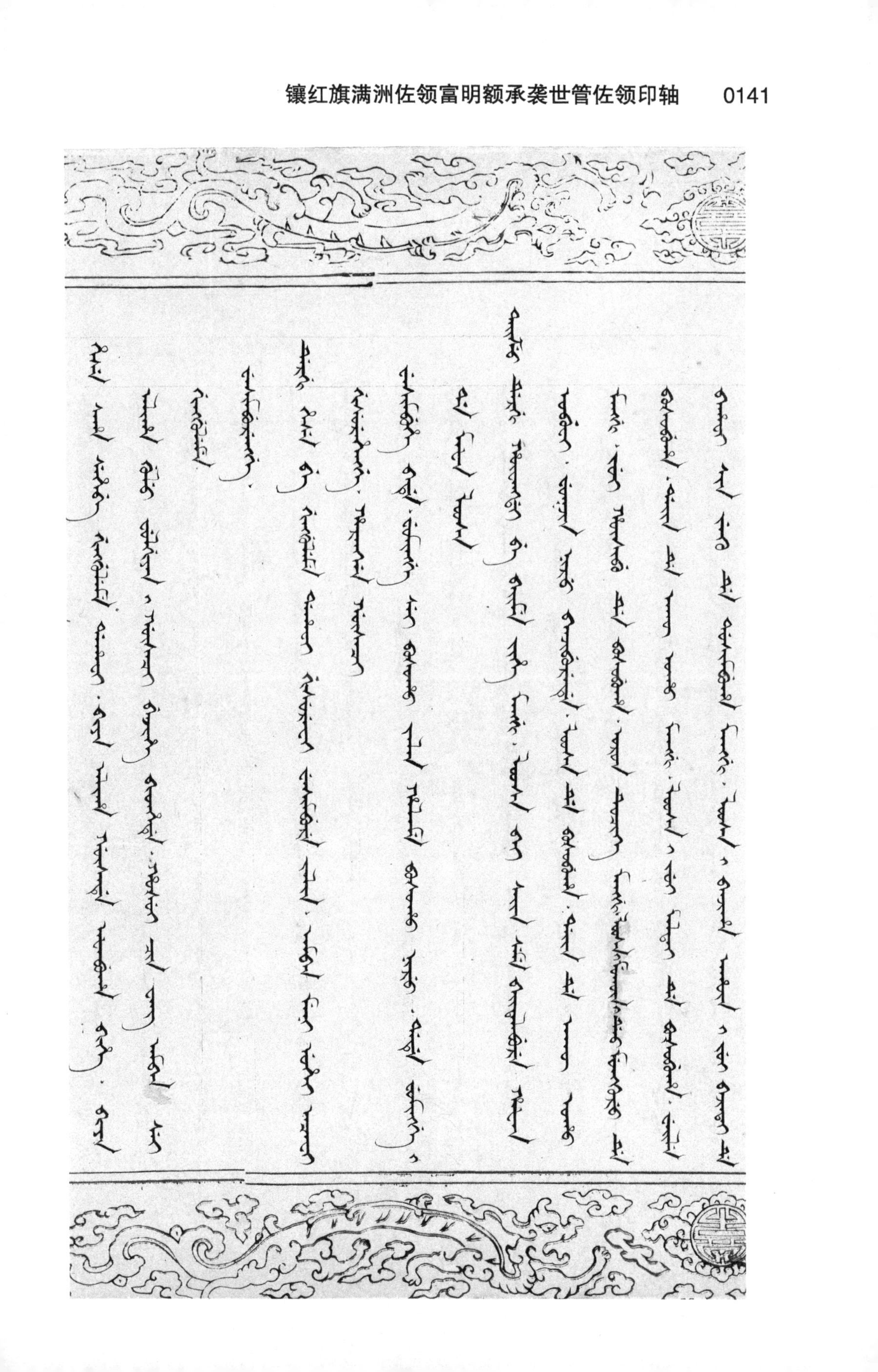

[illegible]

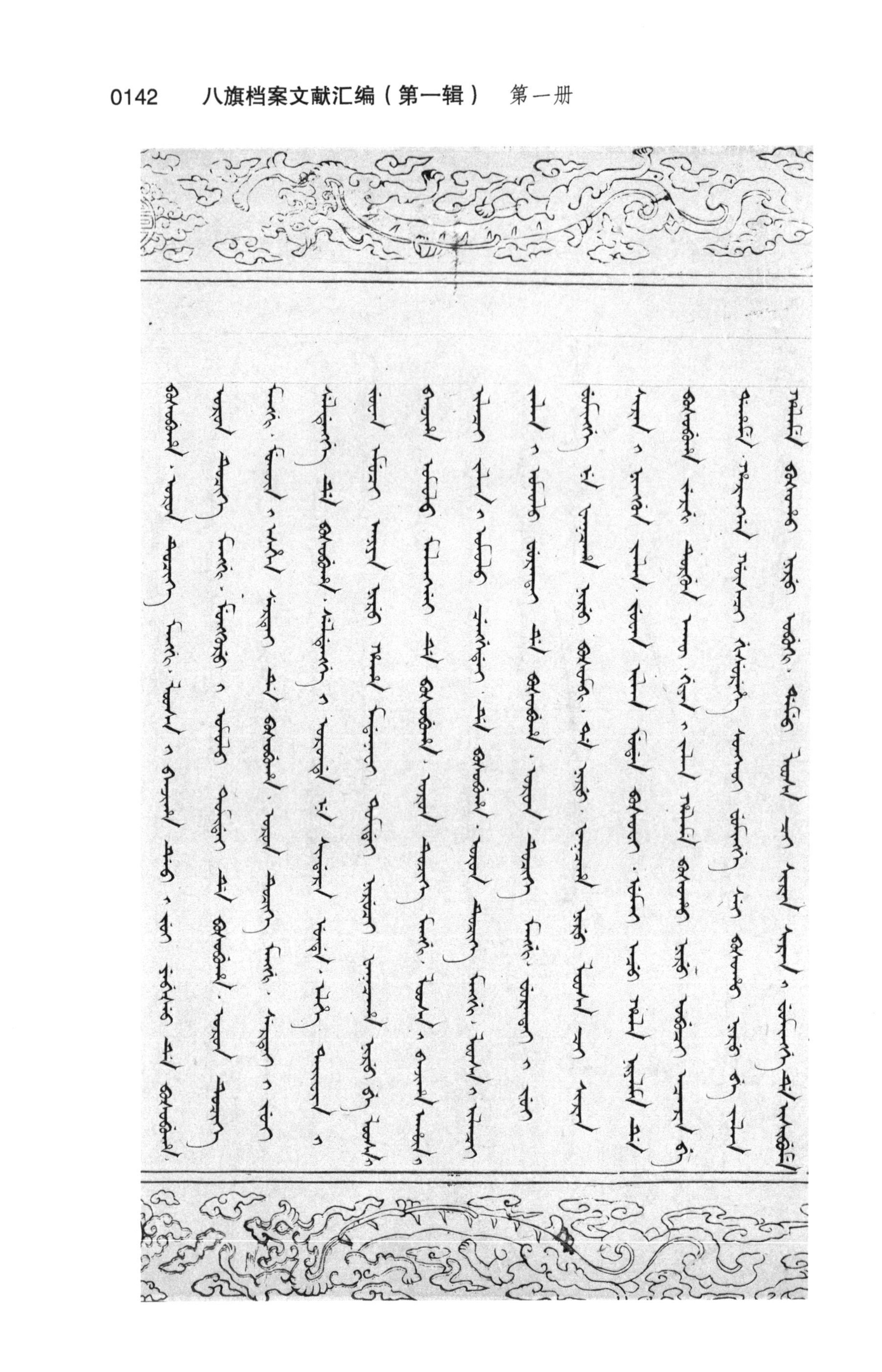

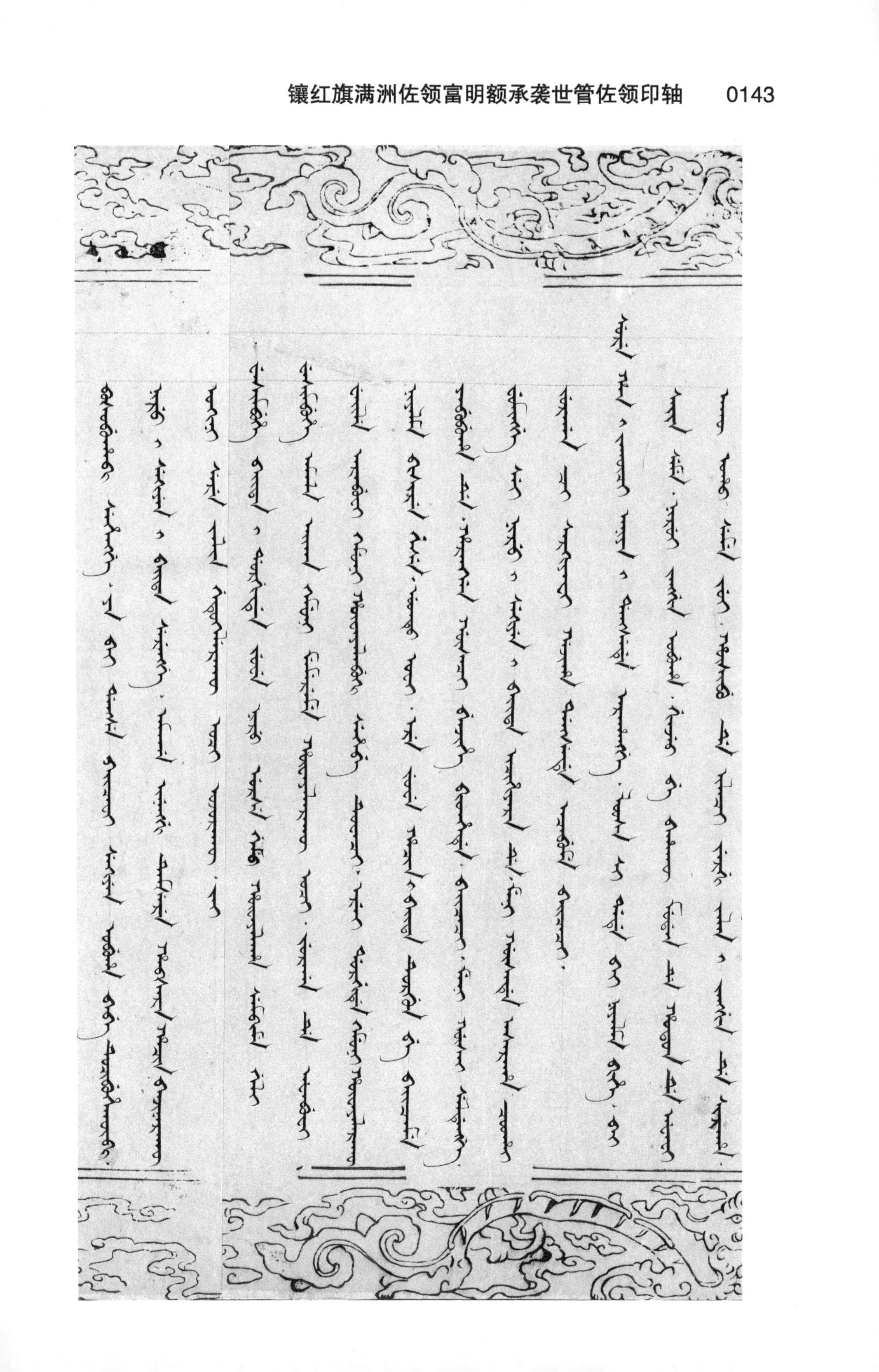

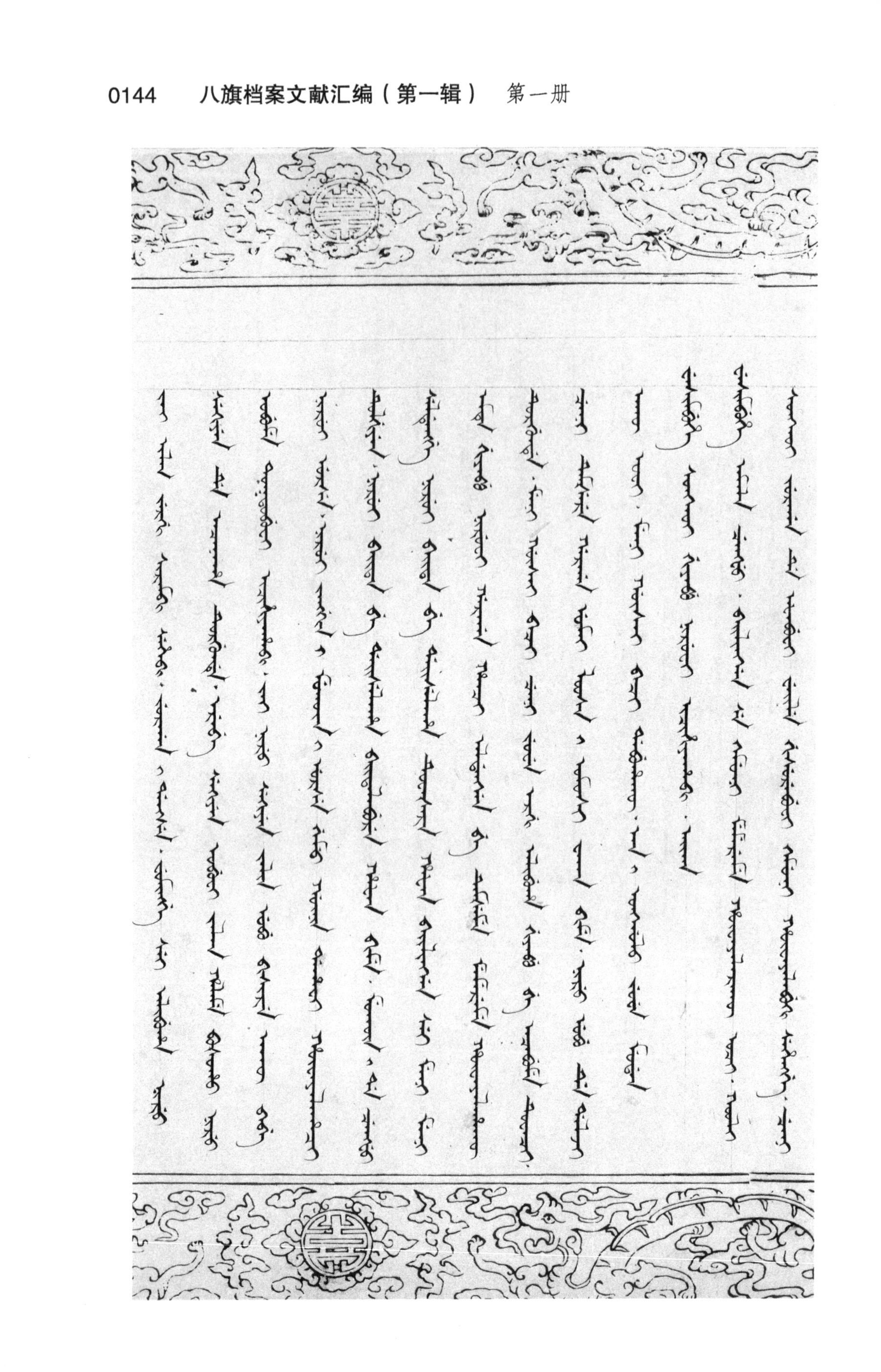

[illegible]

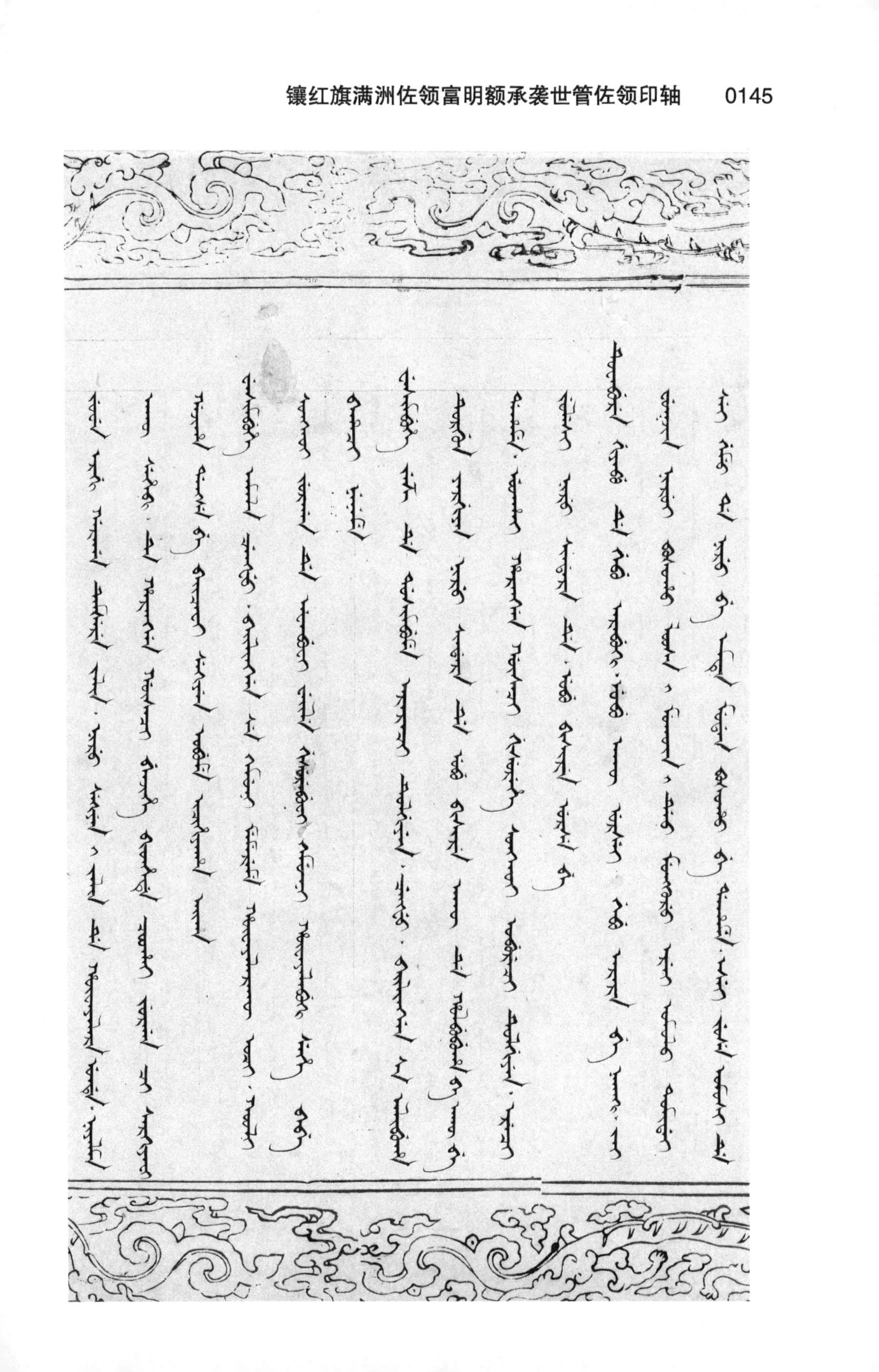

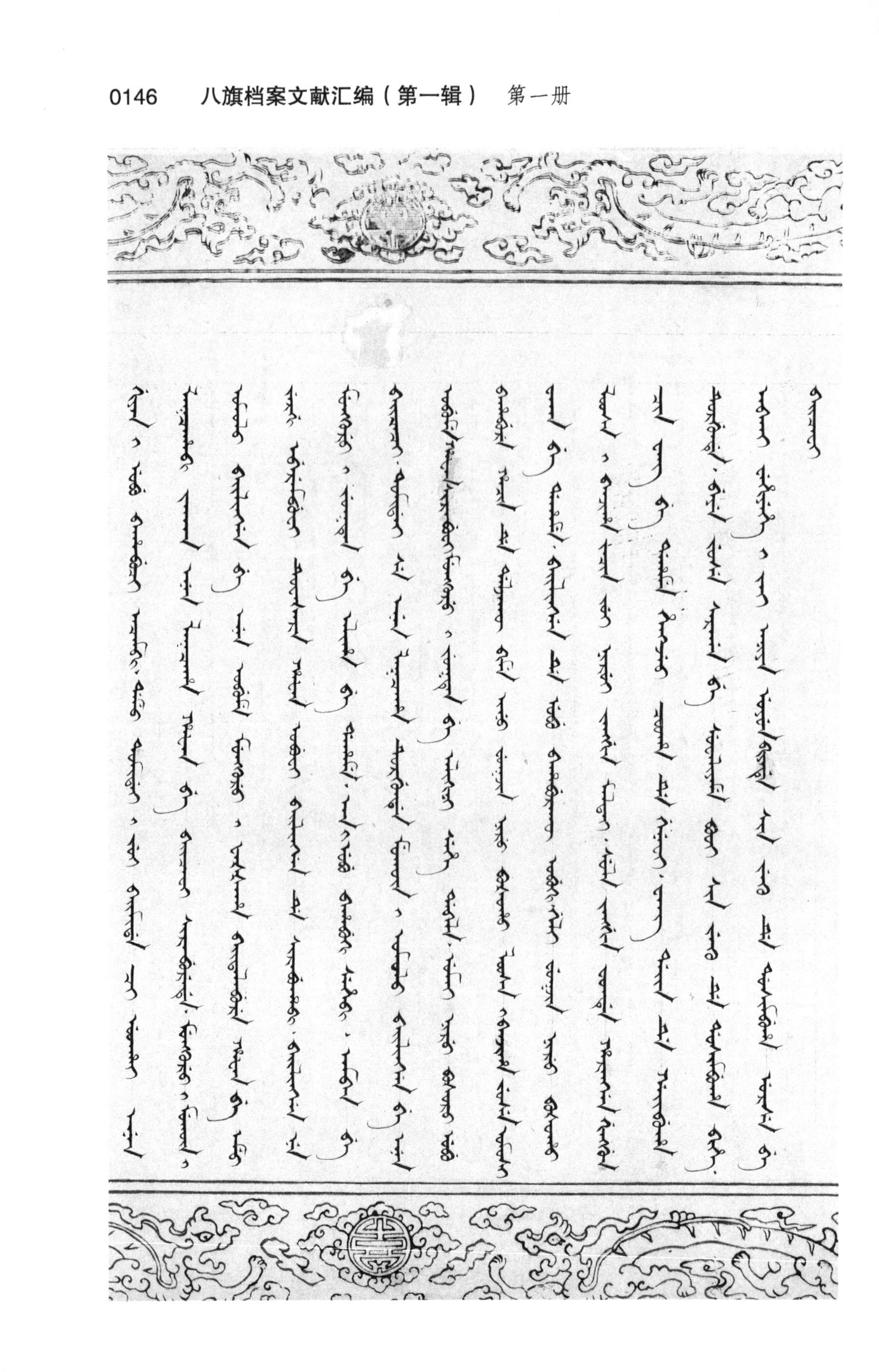

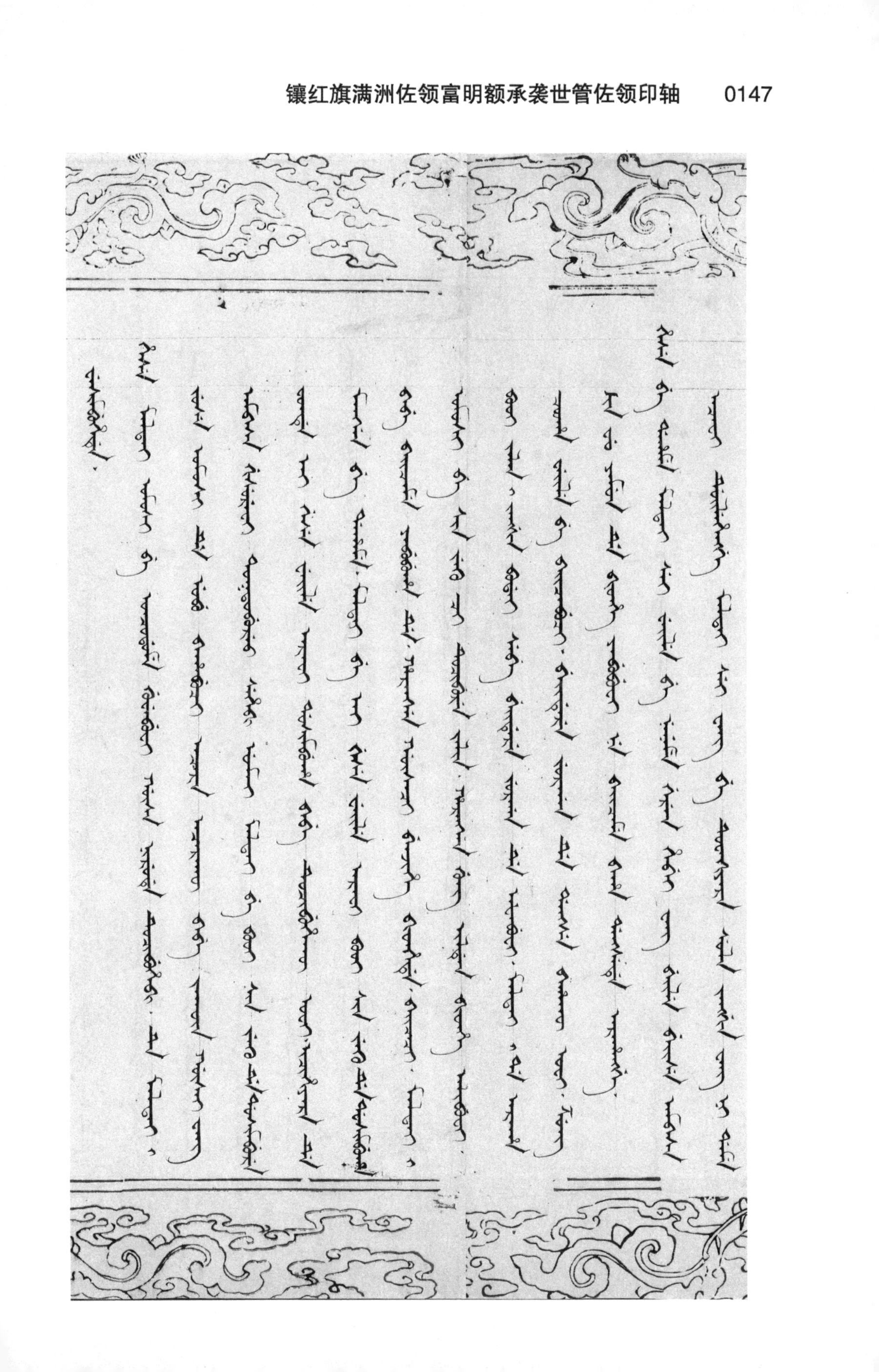

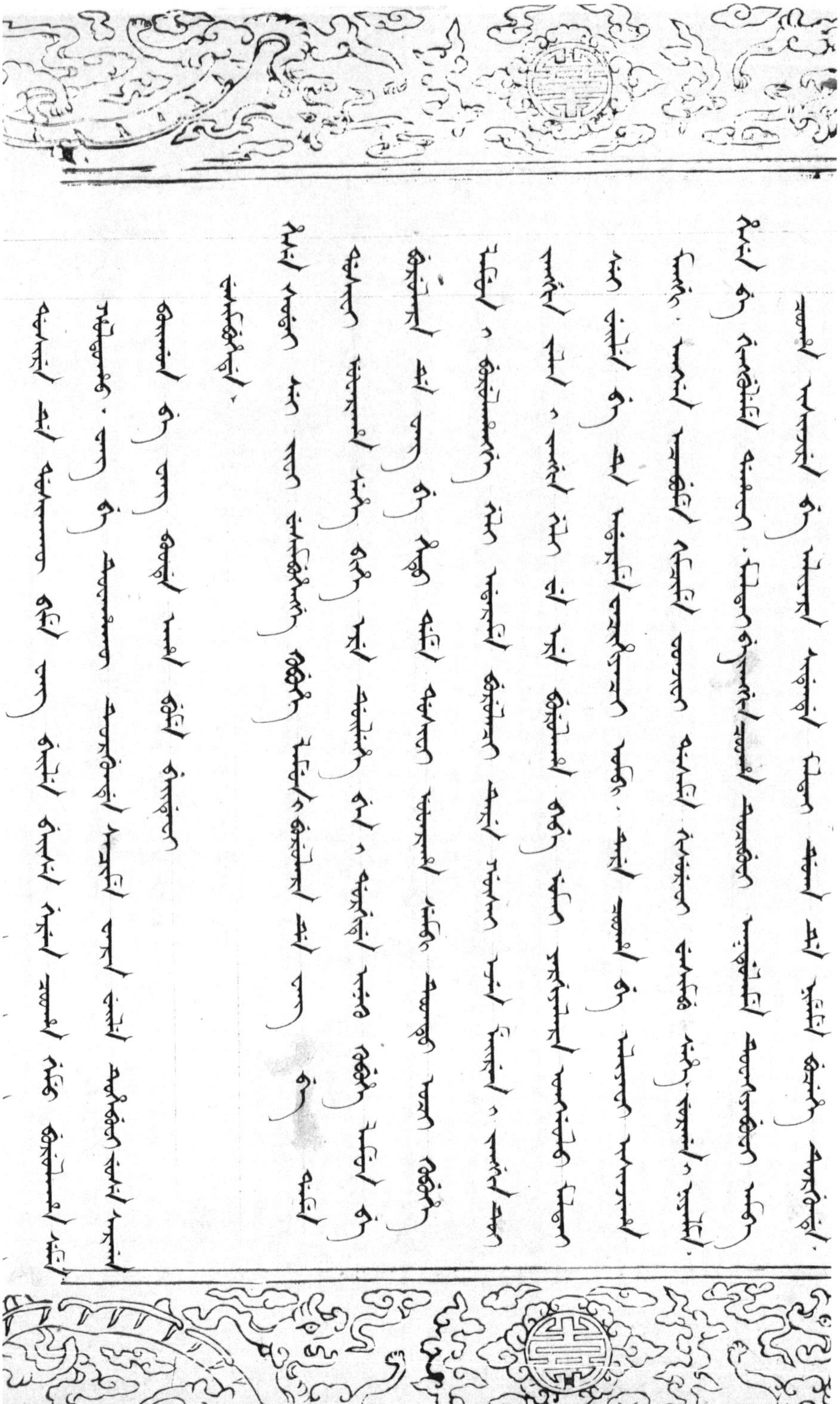

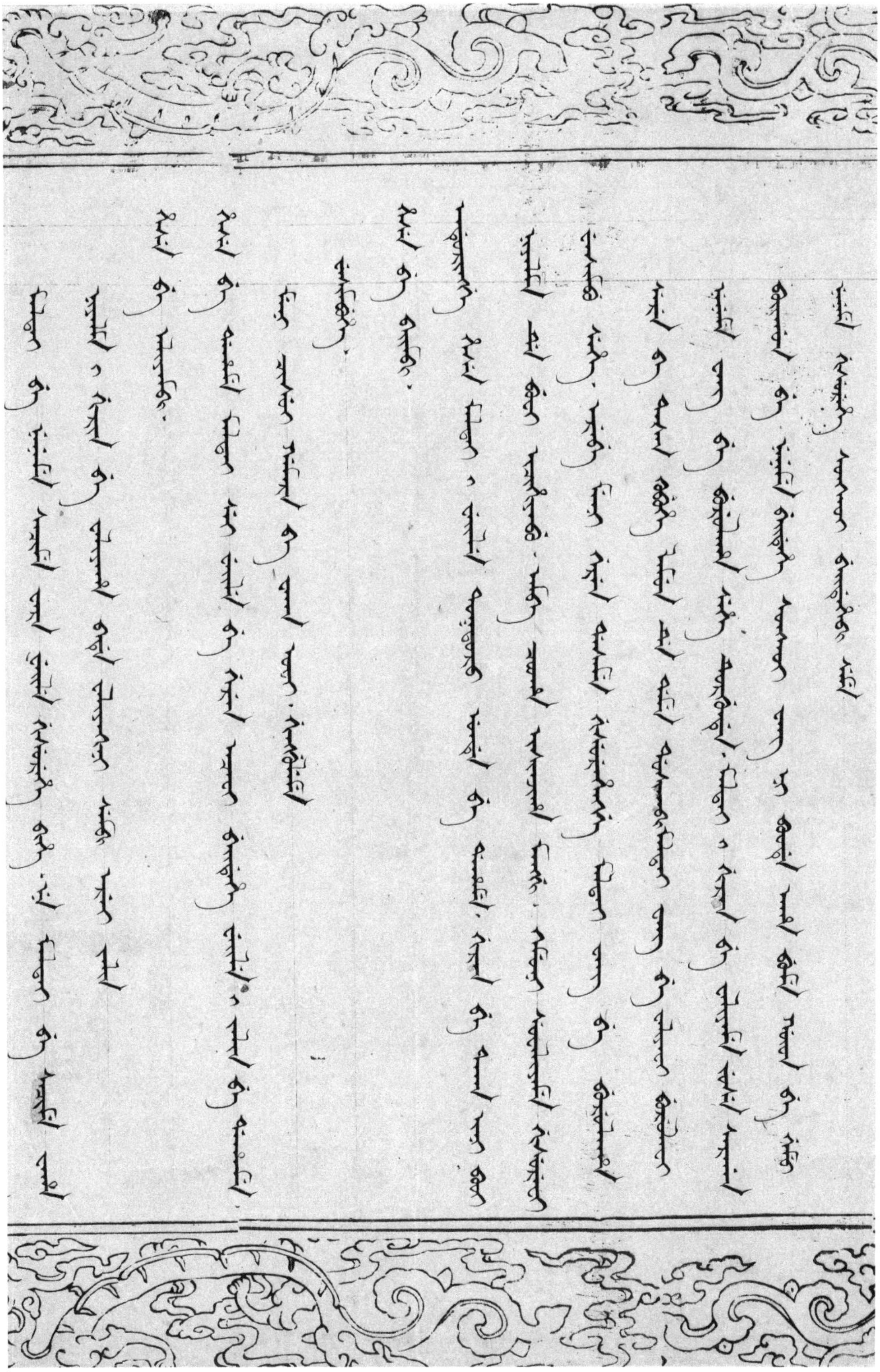

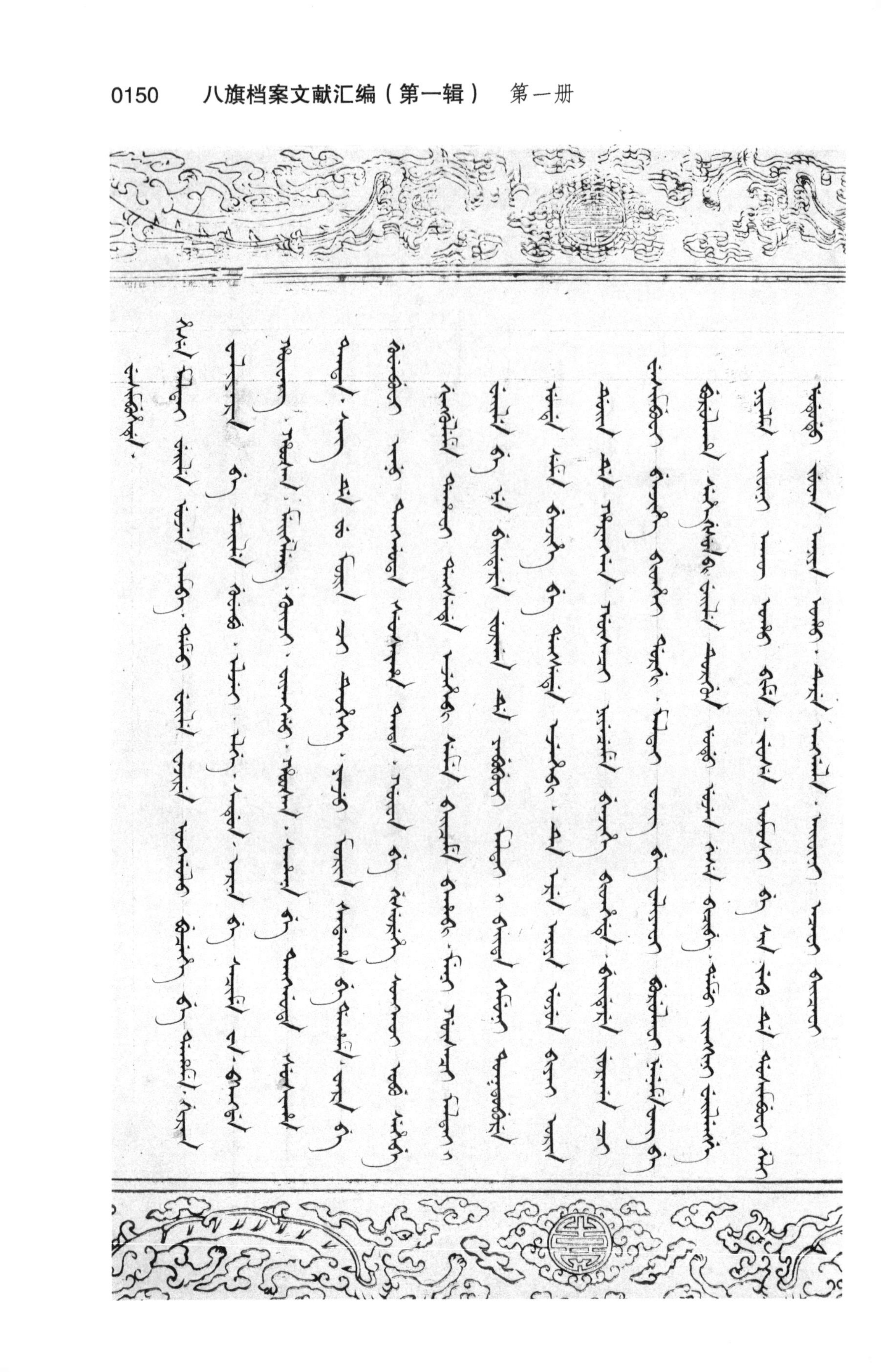

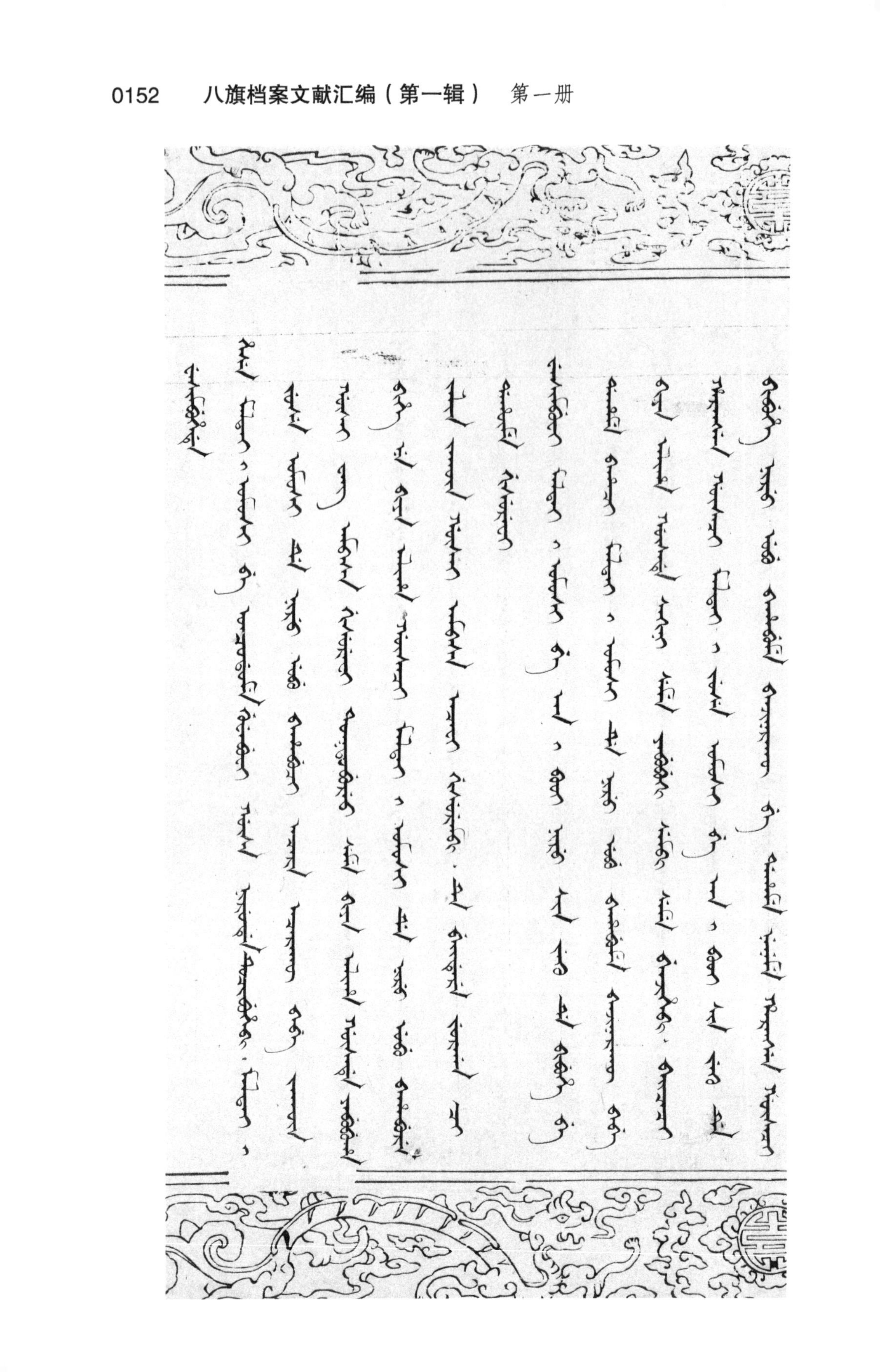

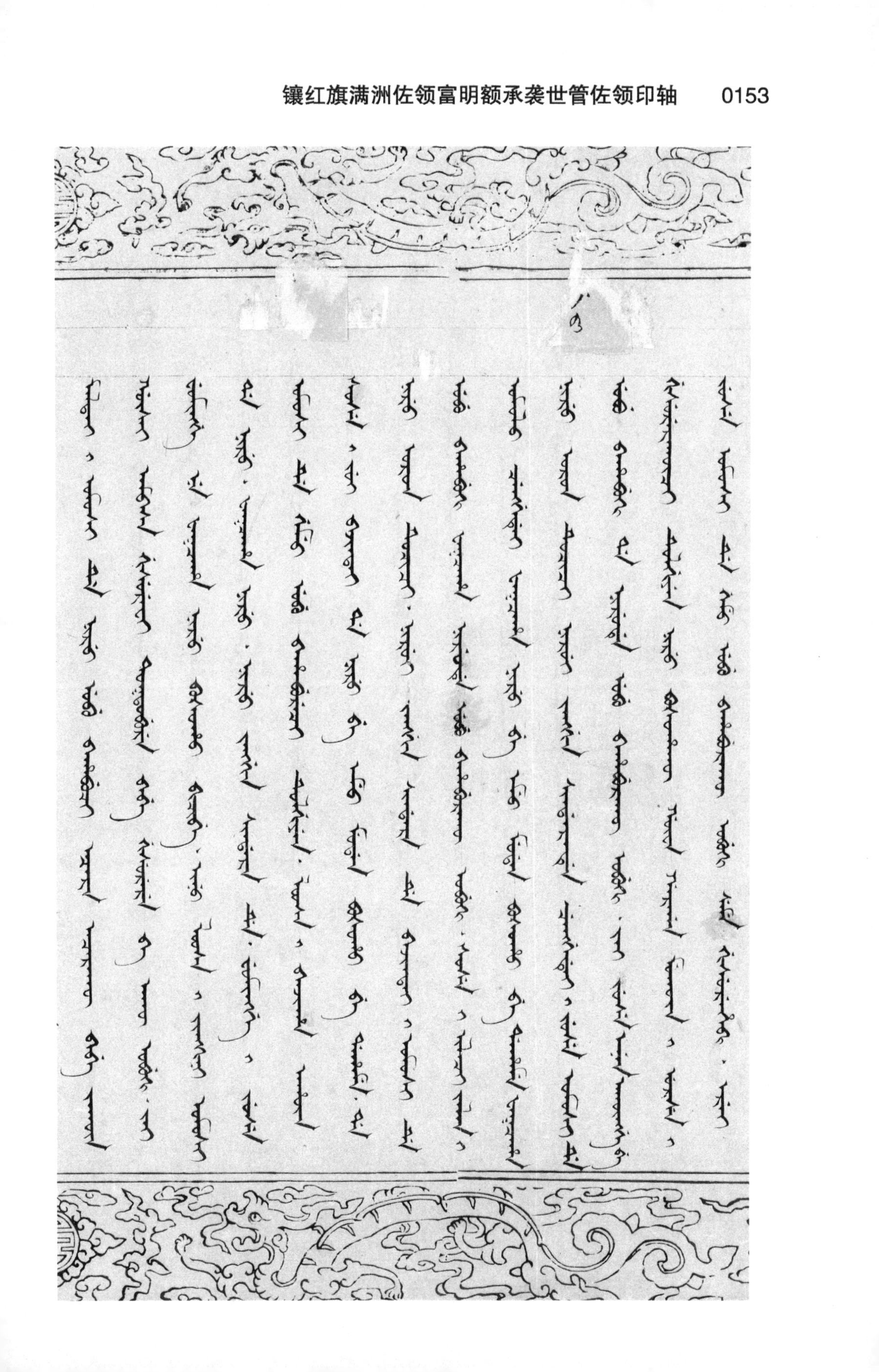

[illegible]

[illegible]

[illegible]

[illegible]

[illegible]

[illegible]

[illegible]

[illegible]

[illegible]

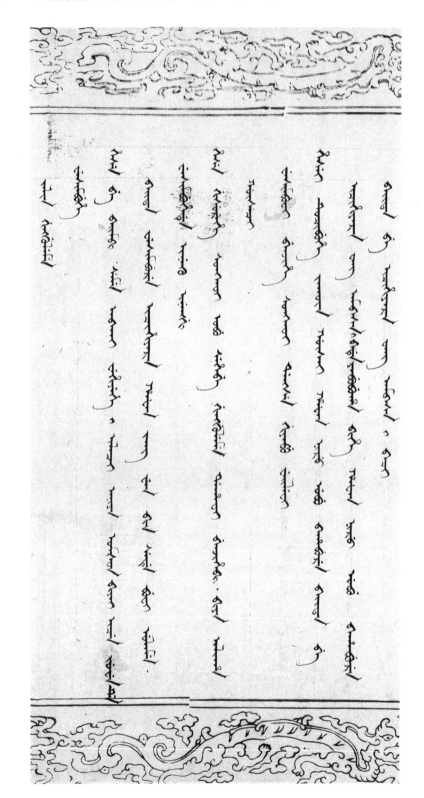

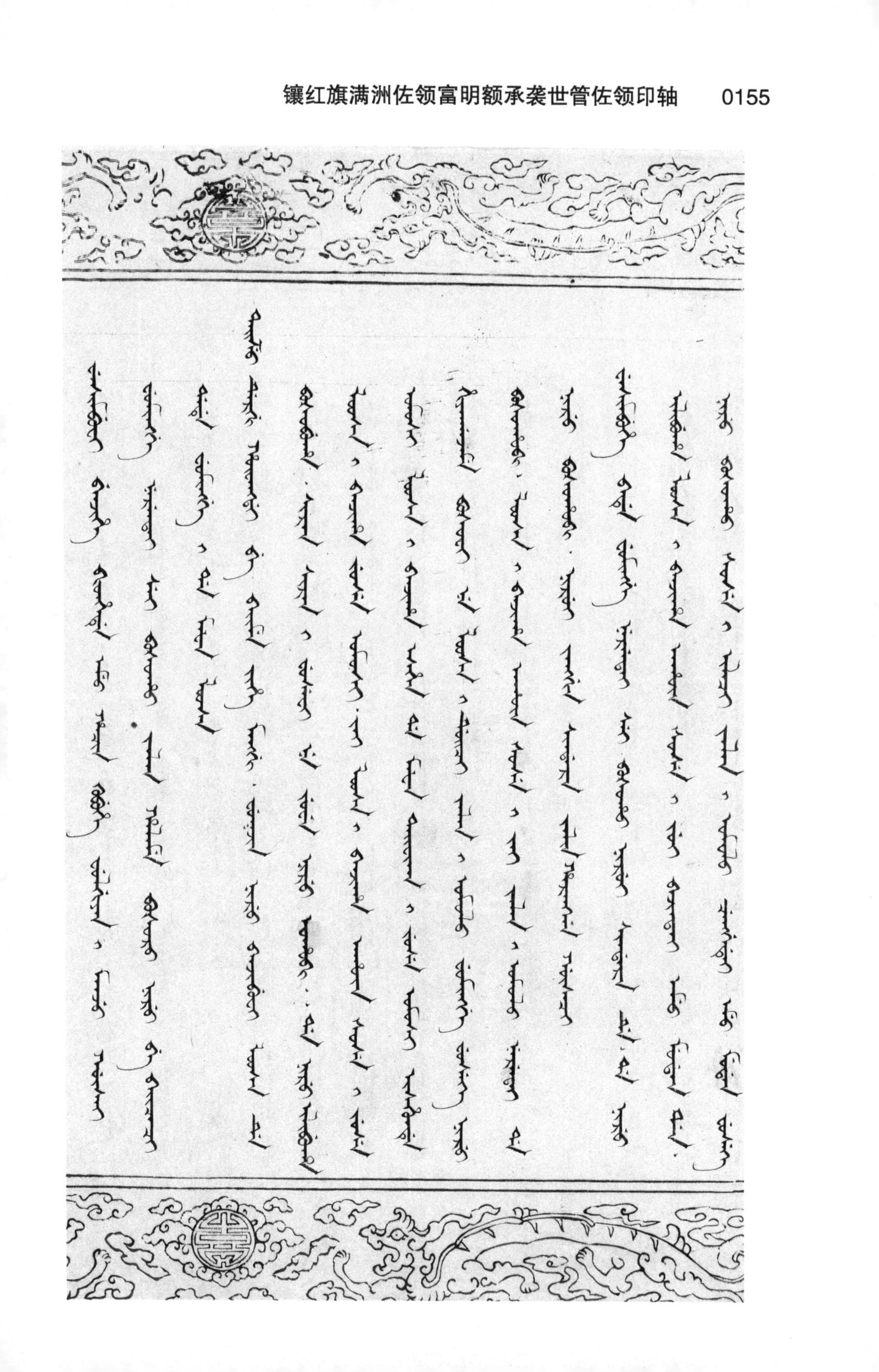

[illegible]

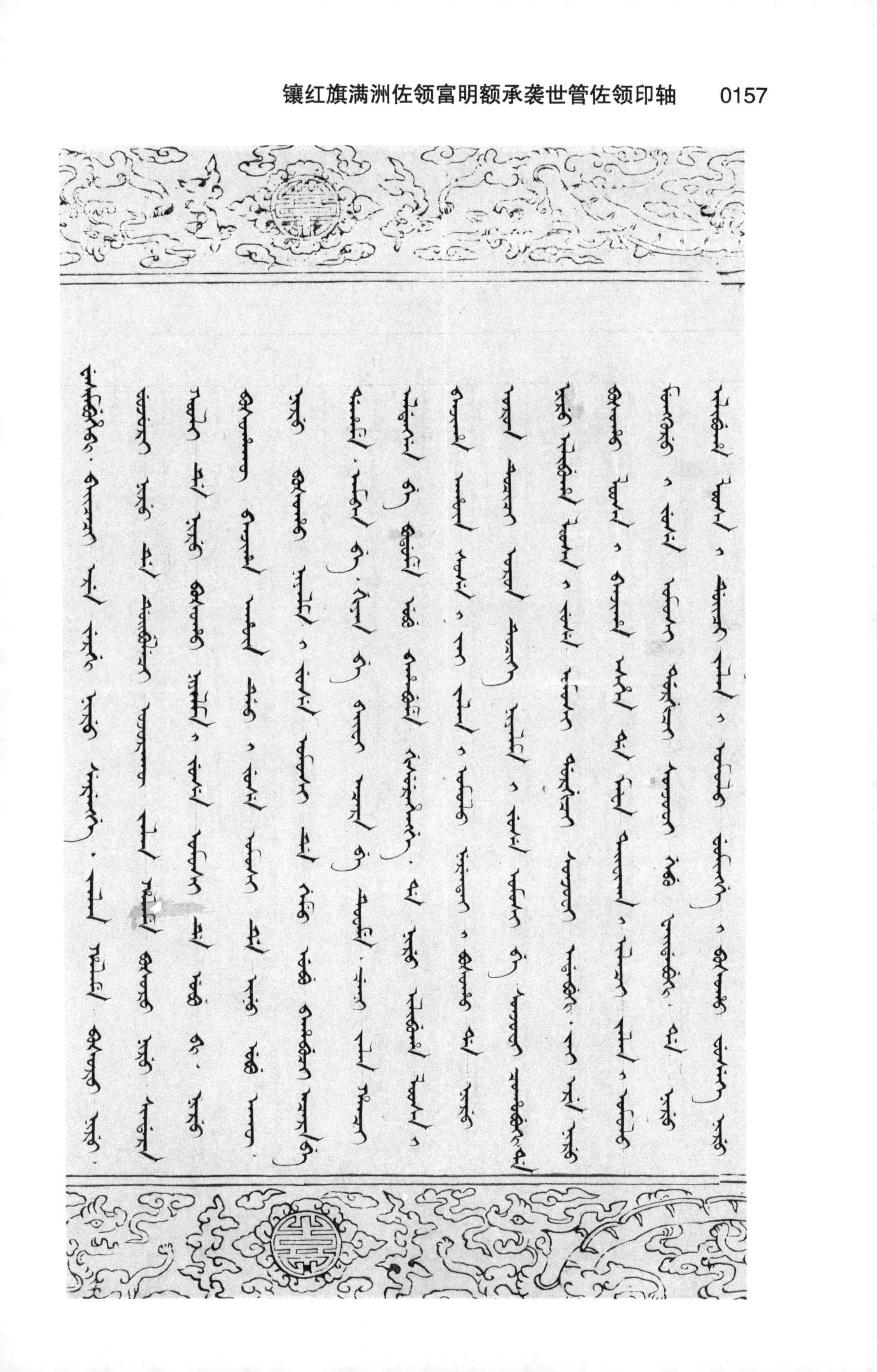

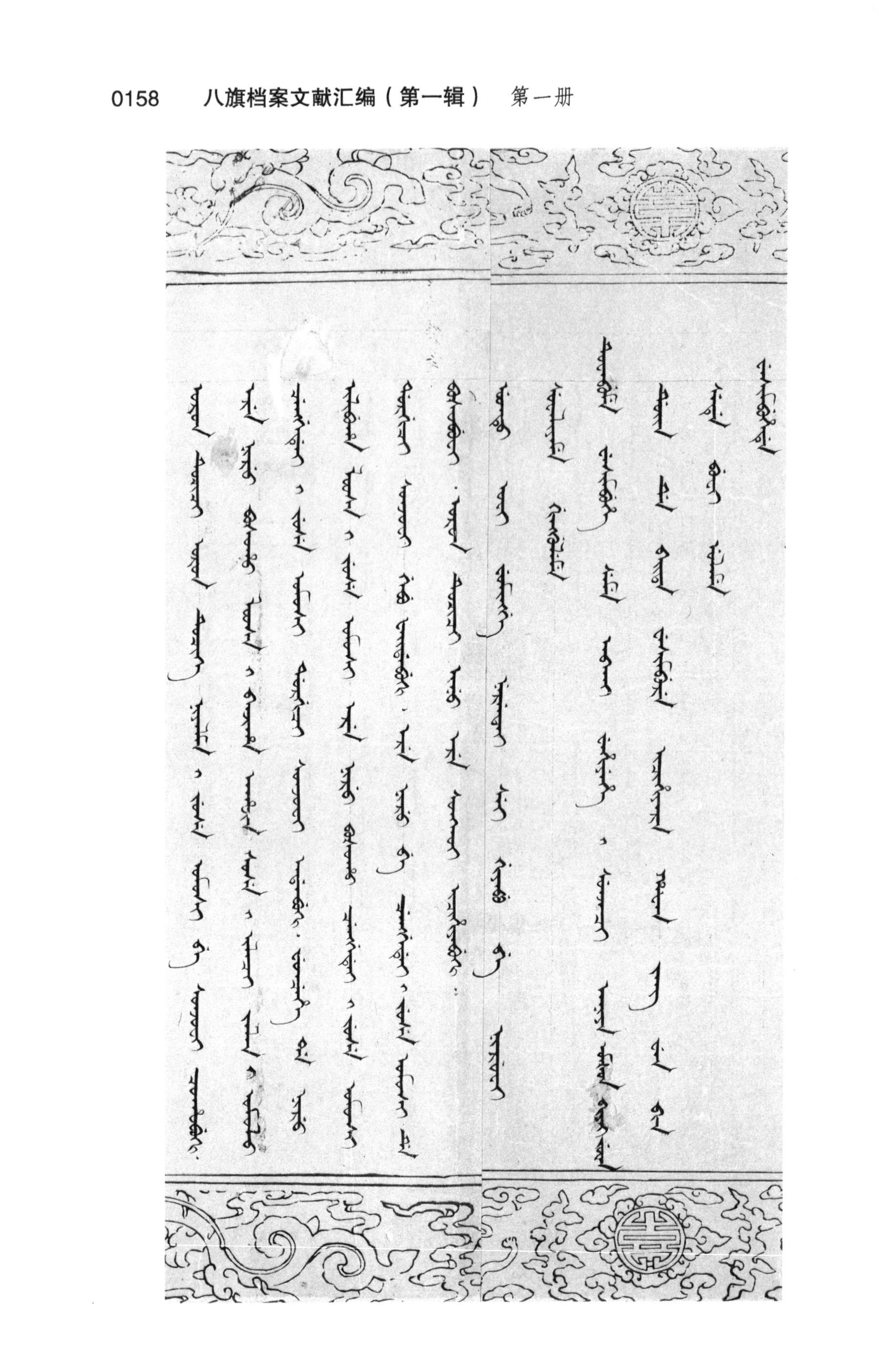

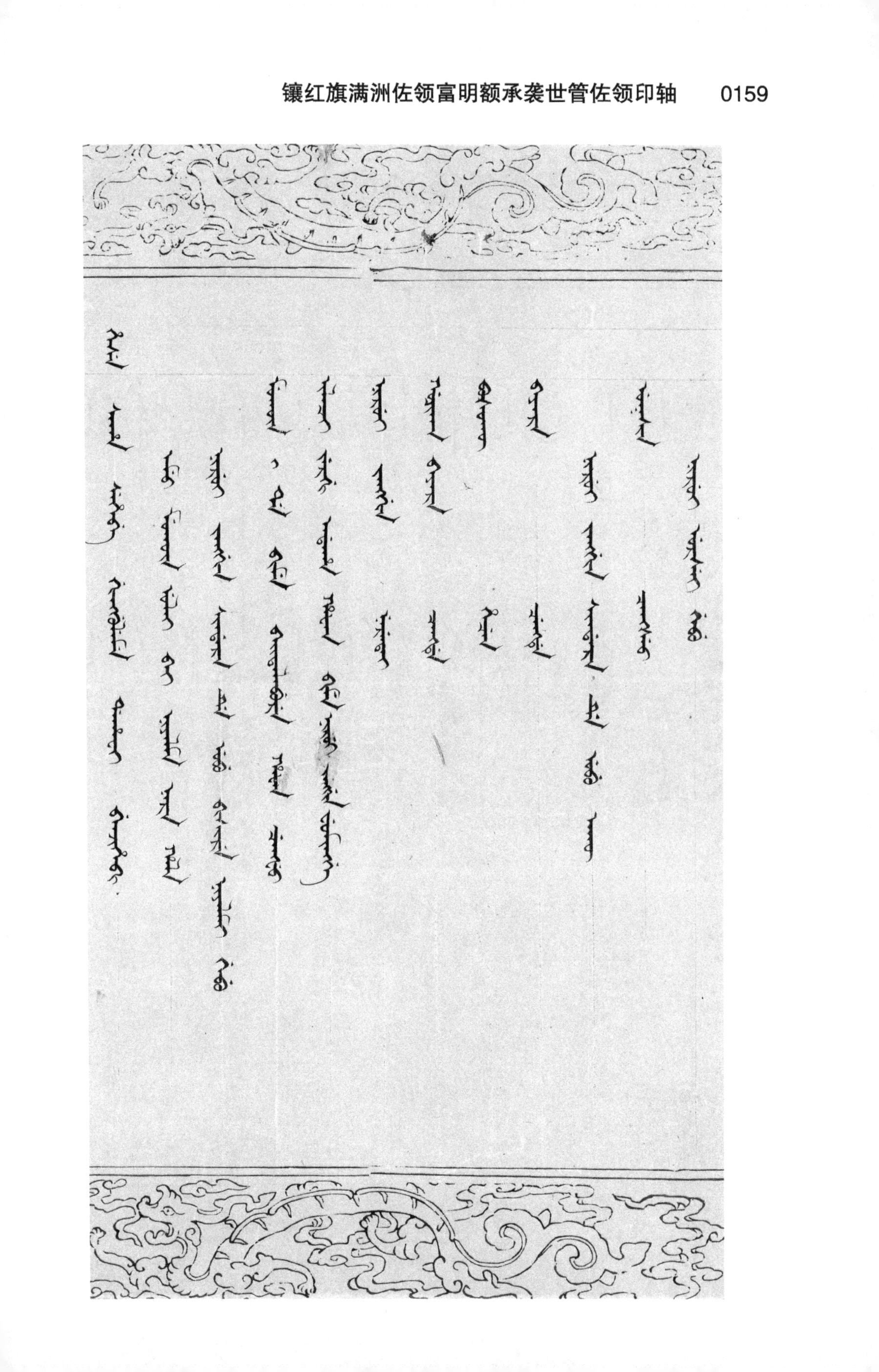

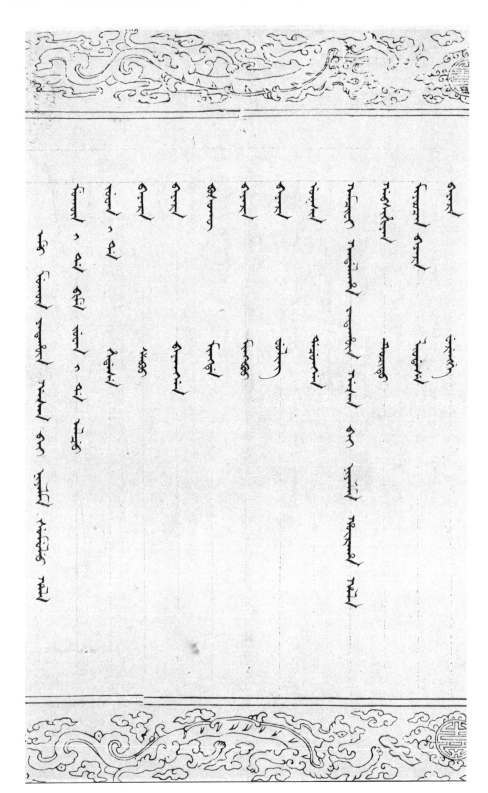

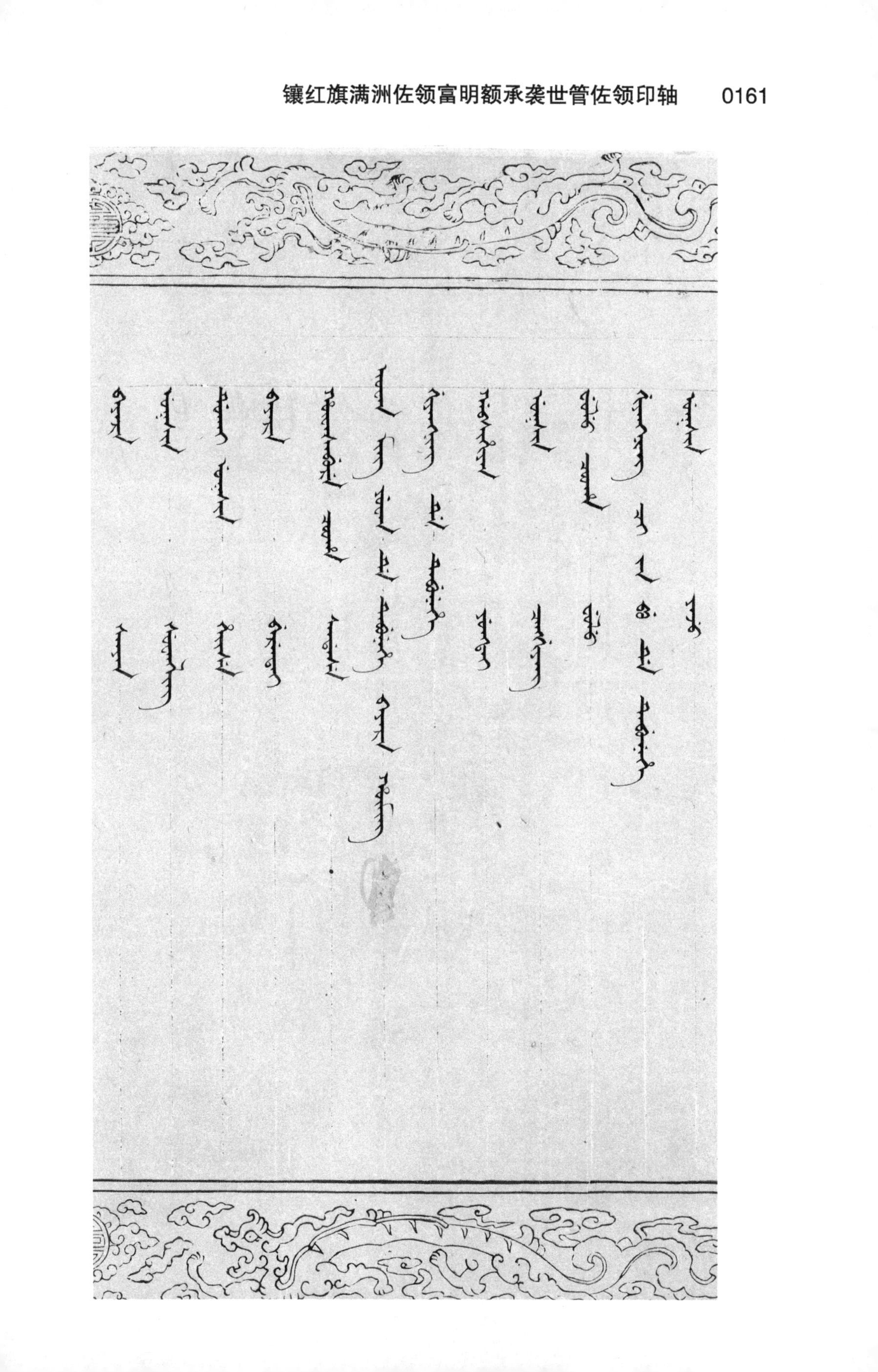

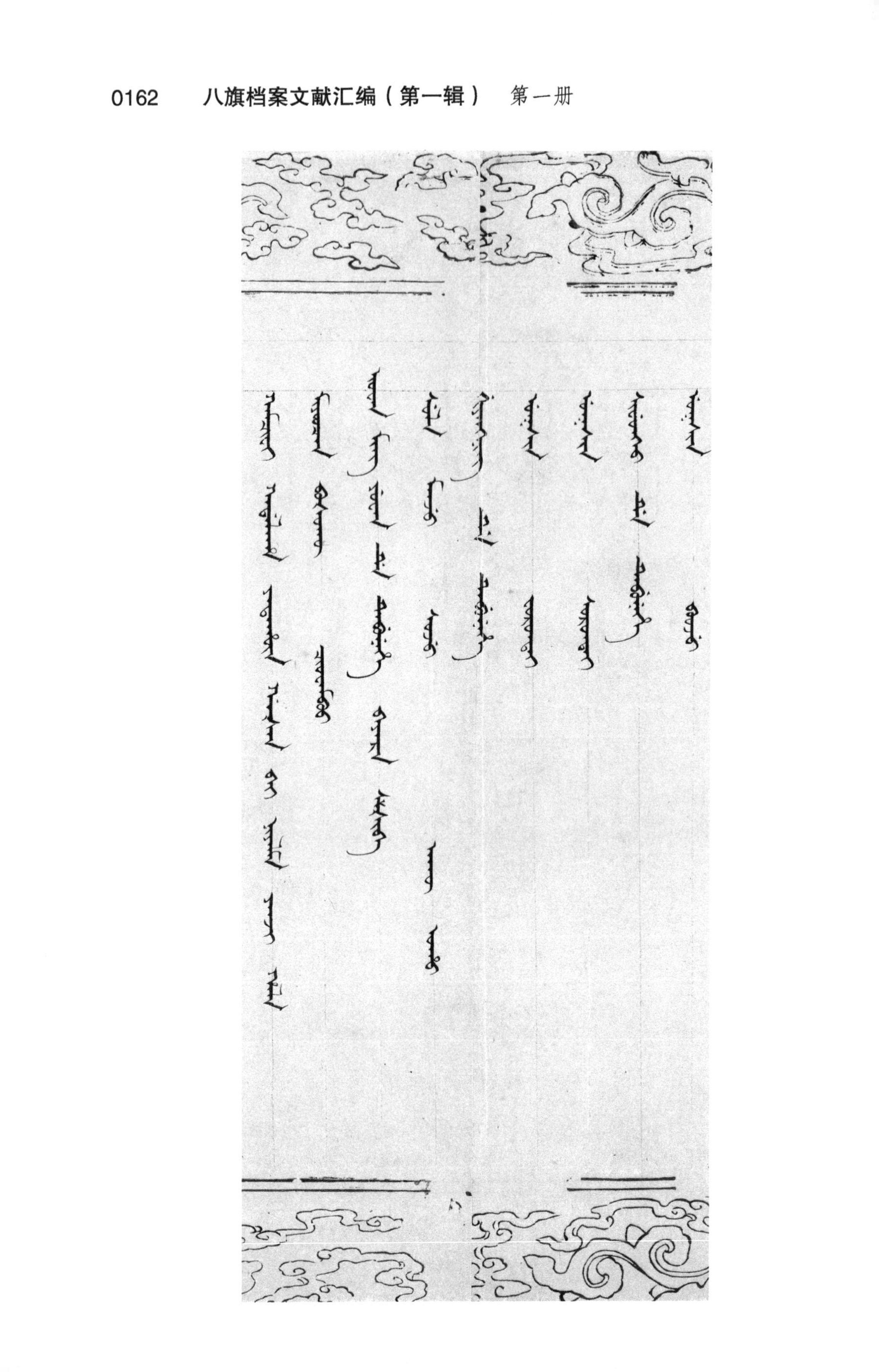

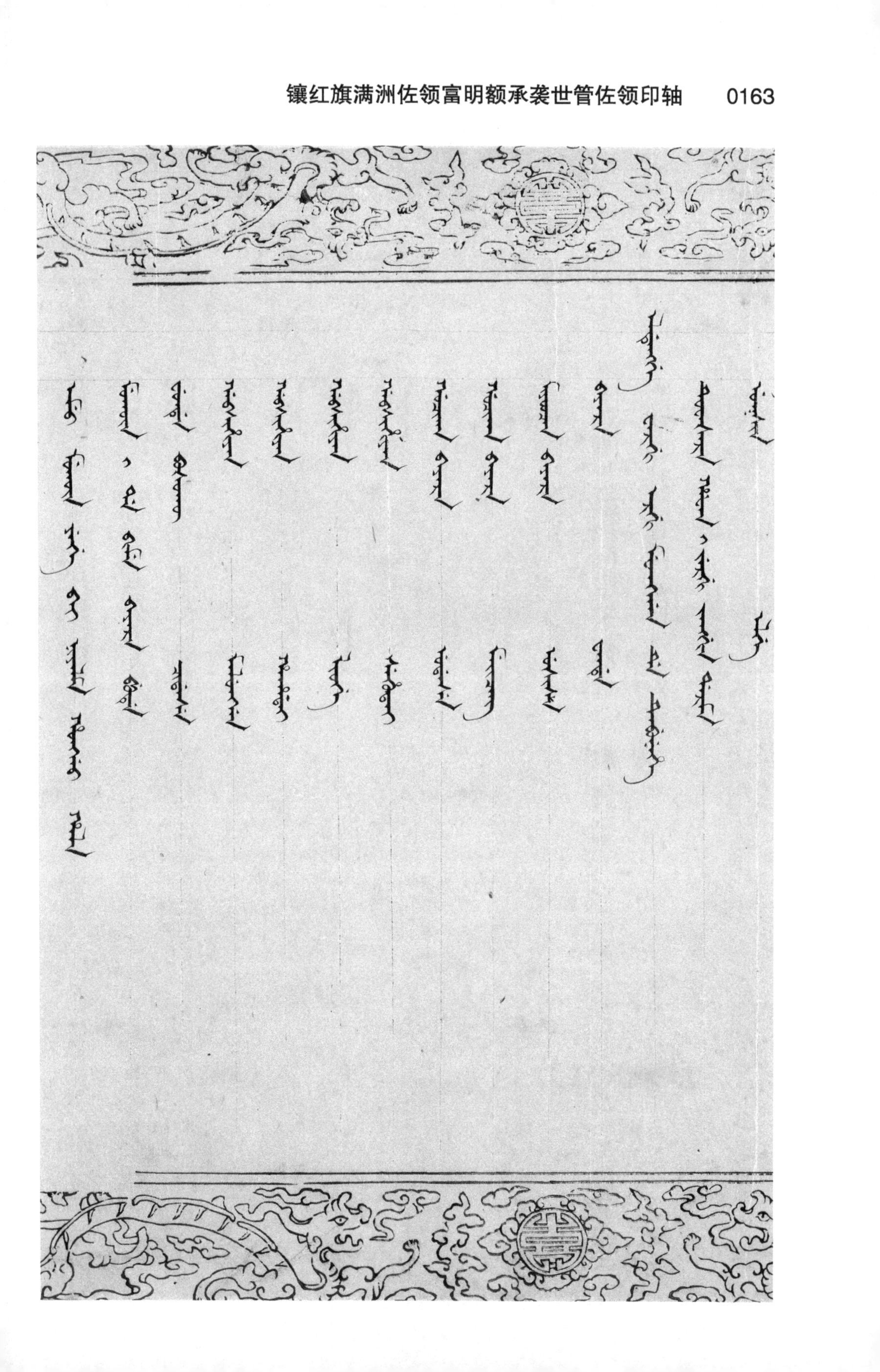

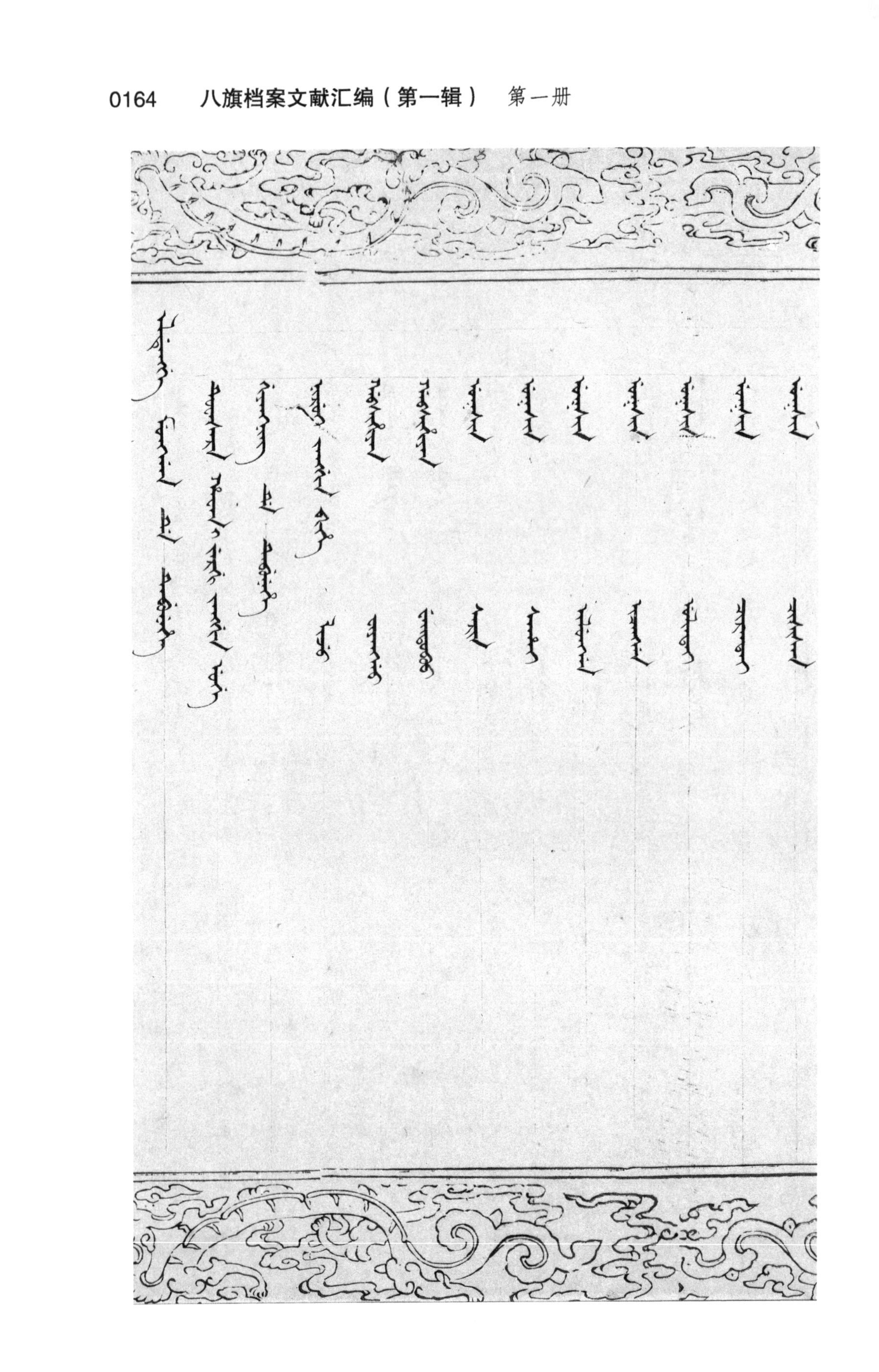

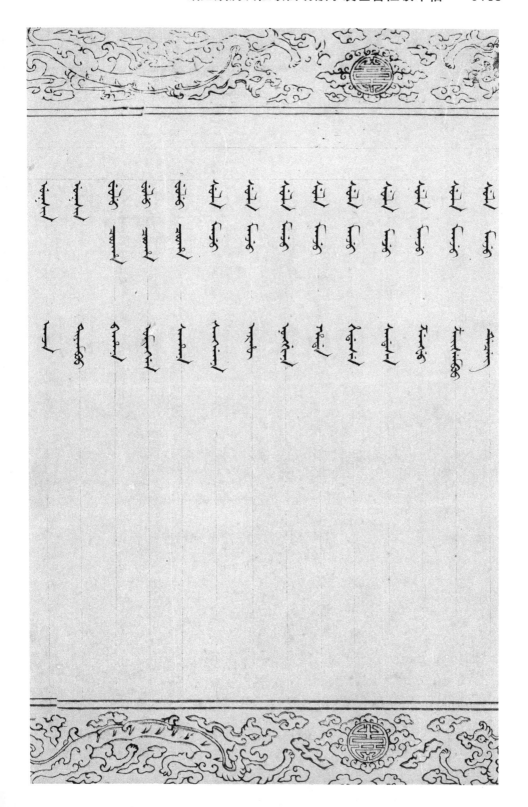

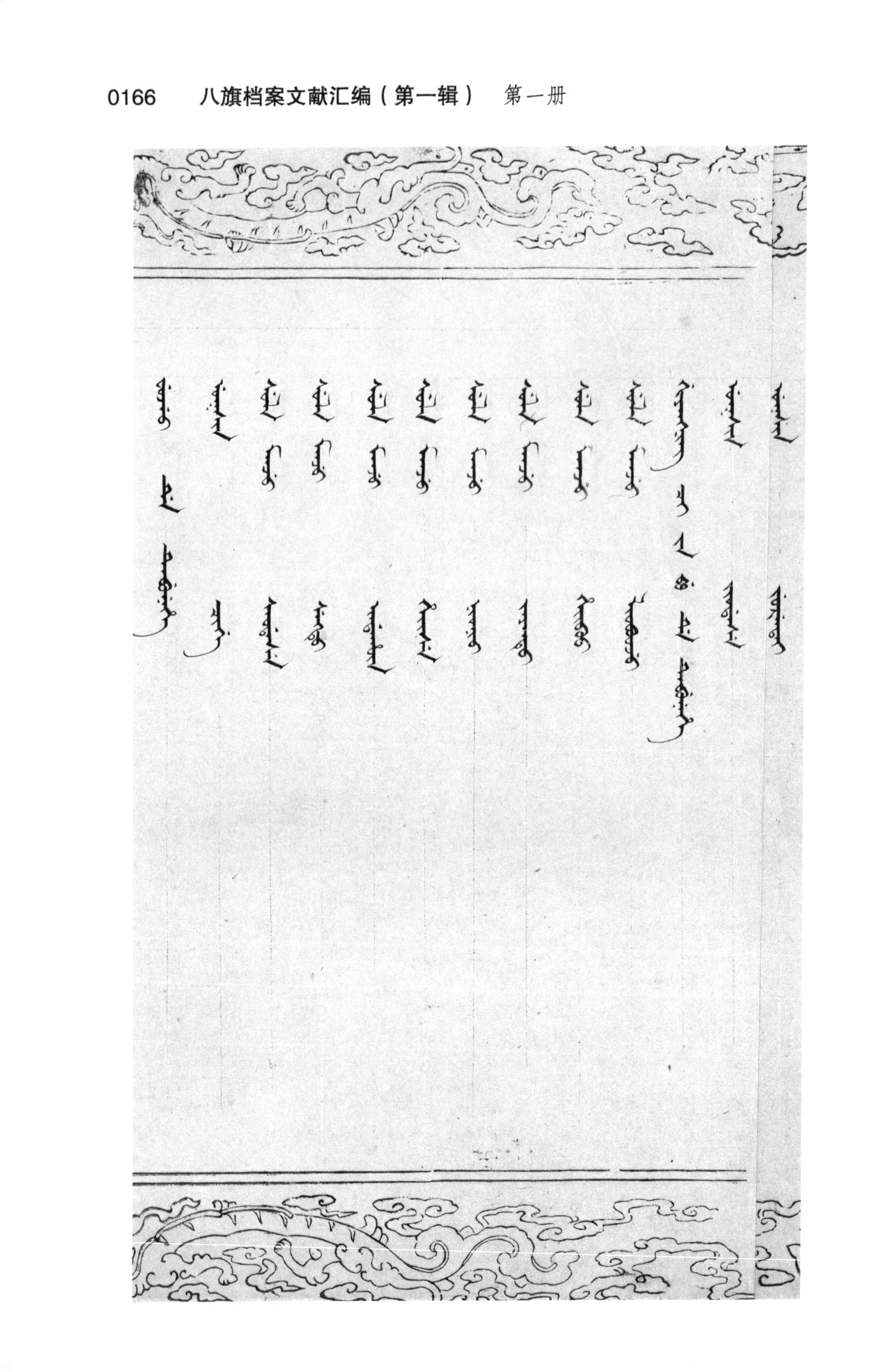

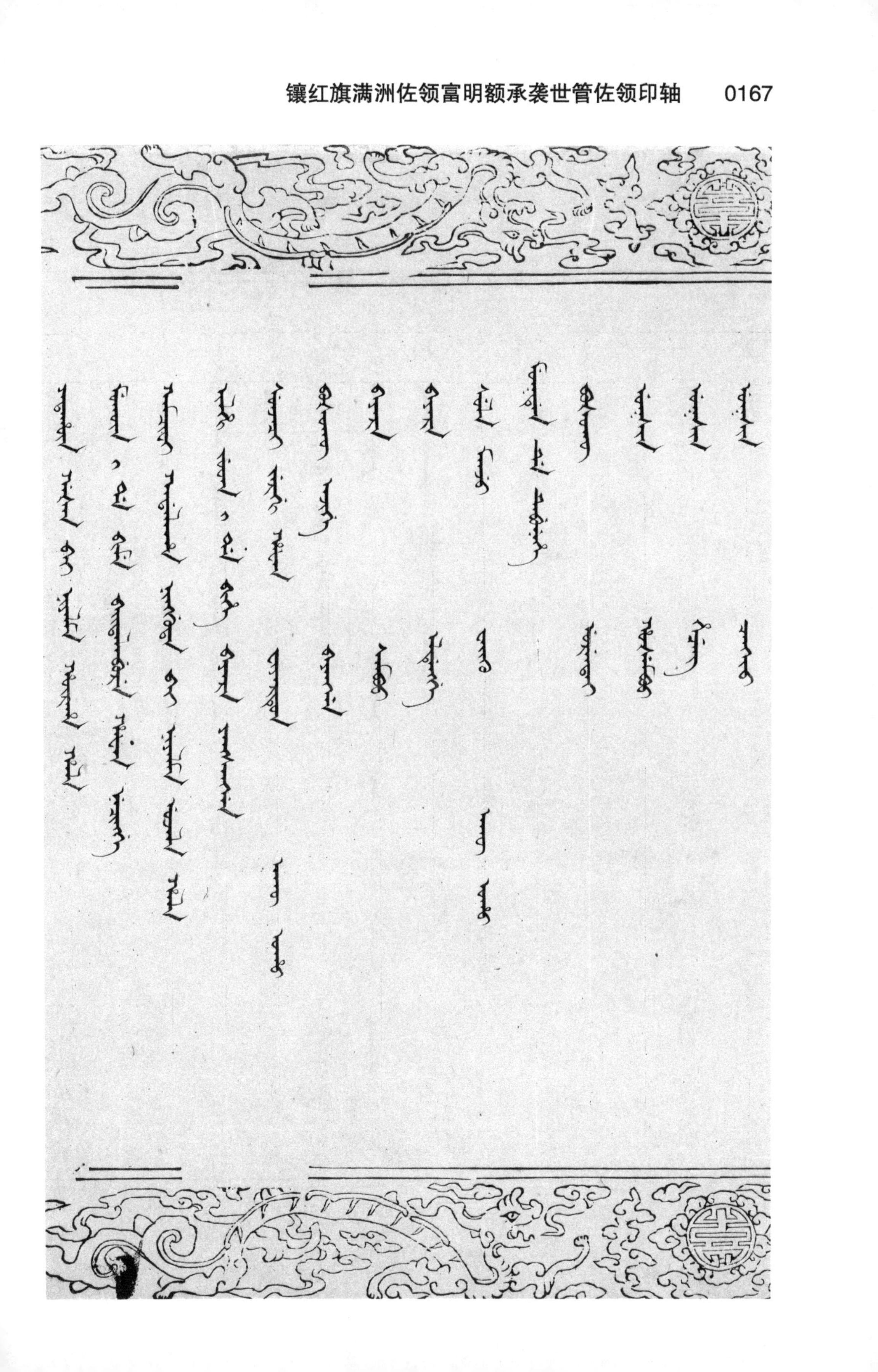

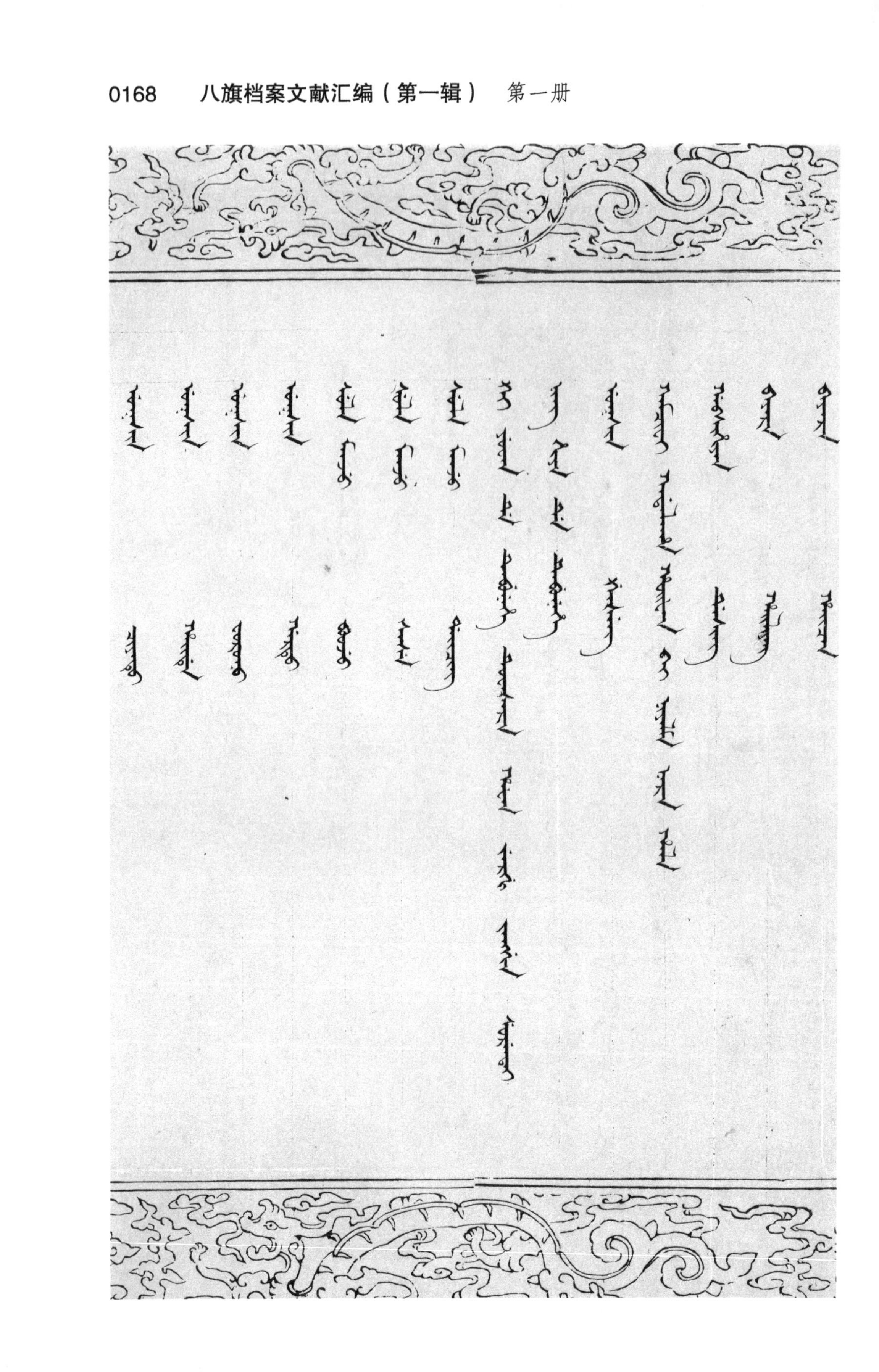

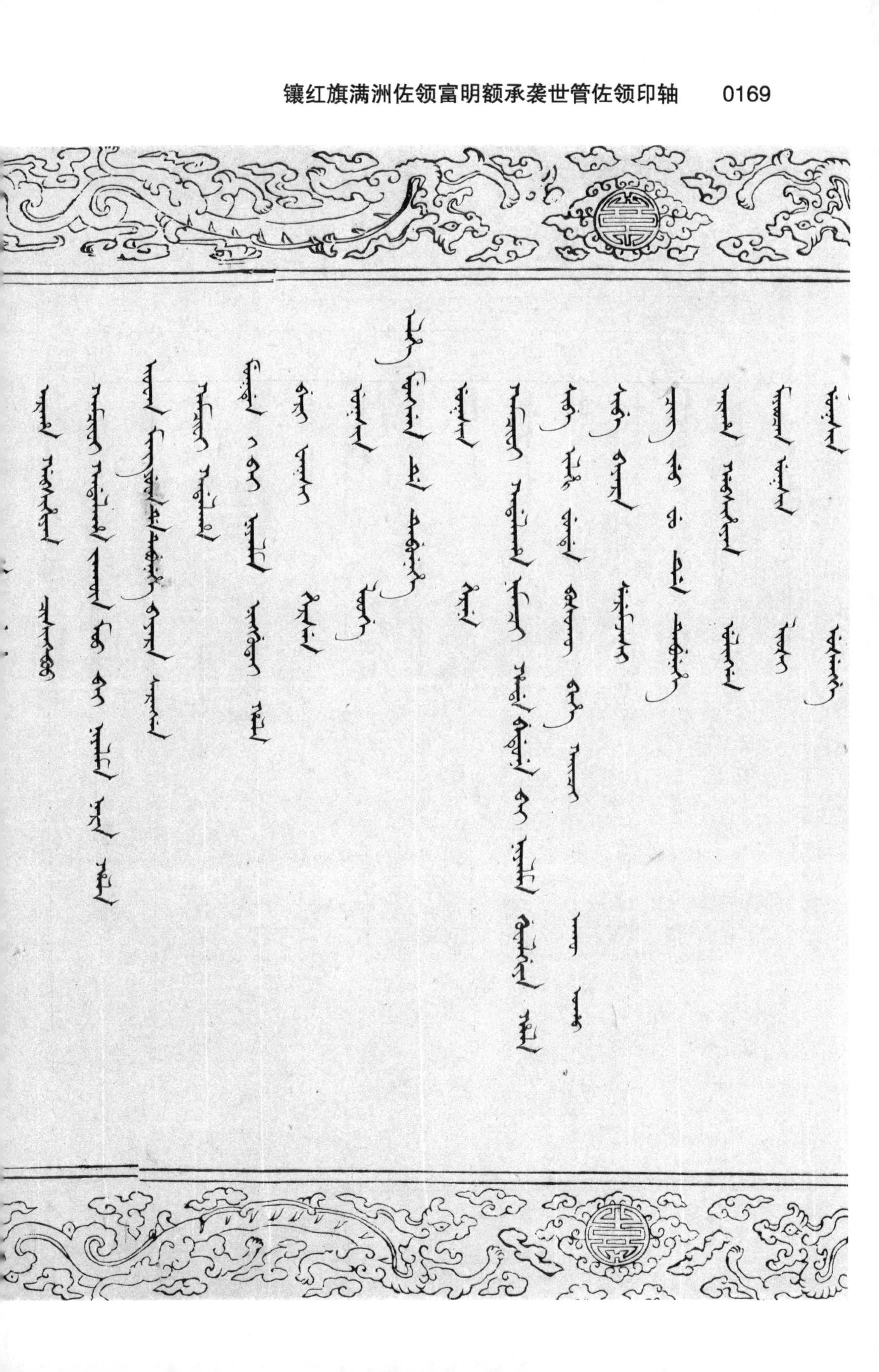

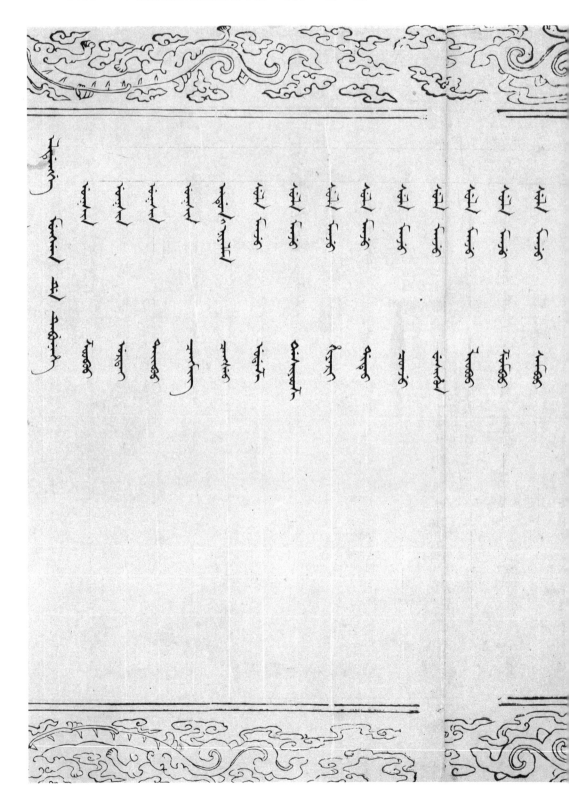

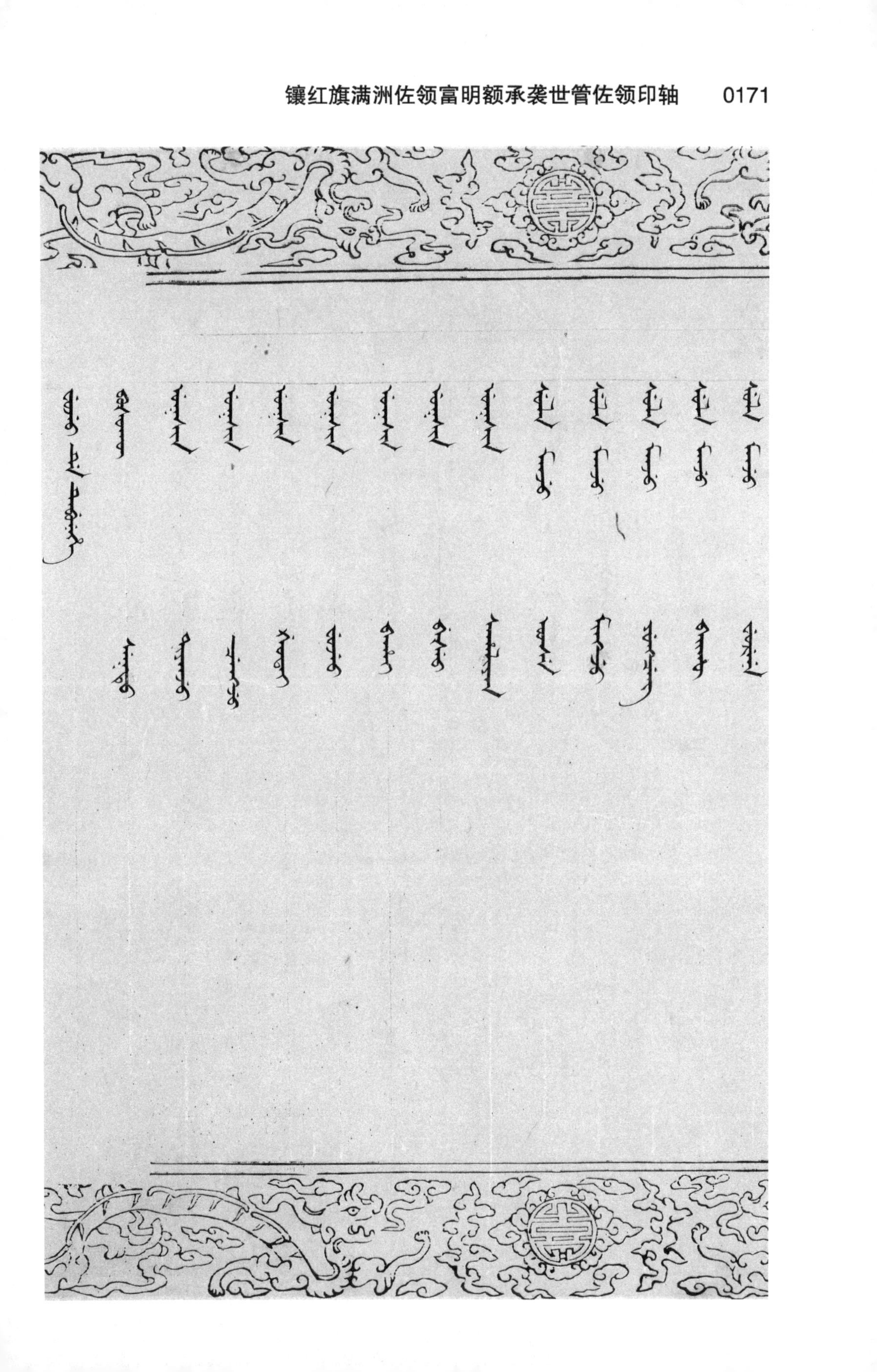

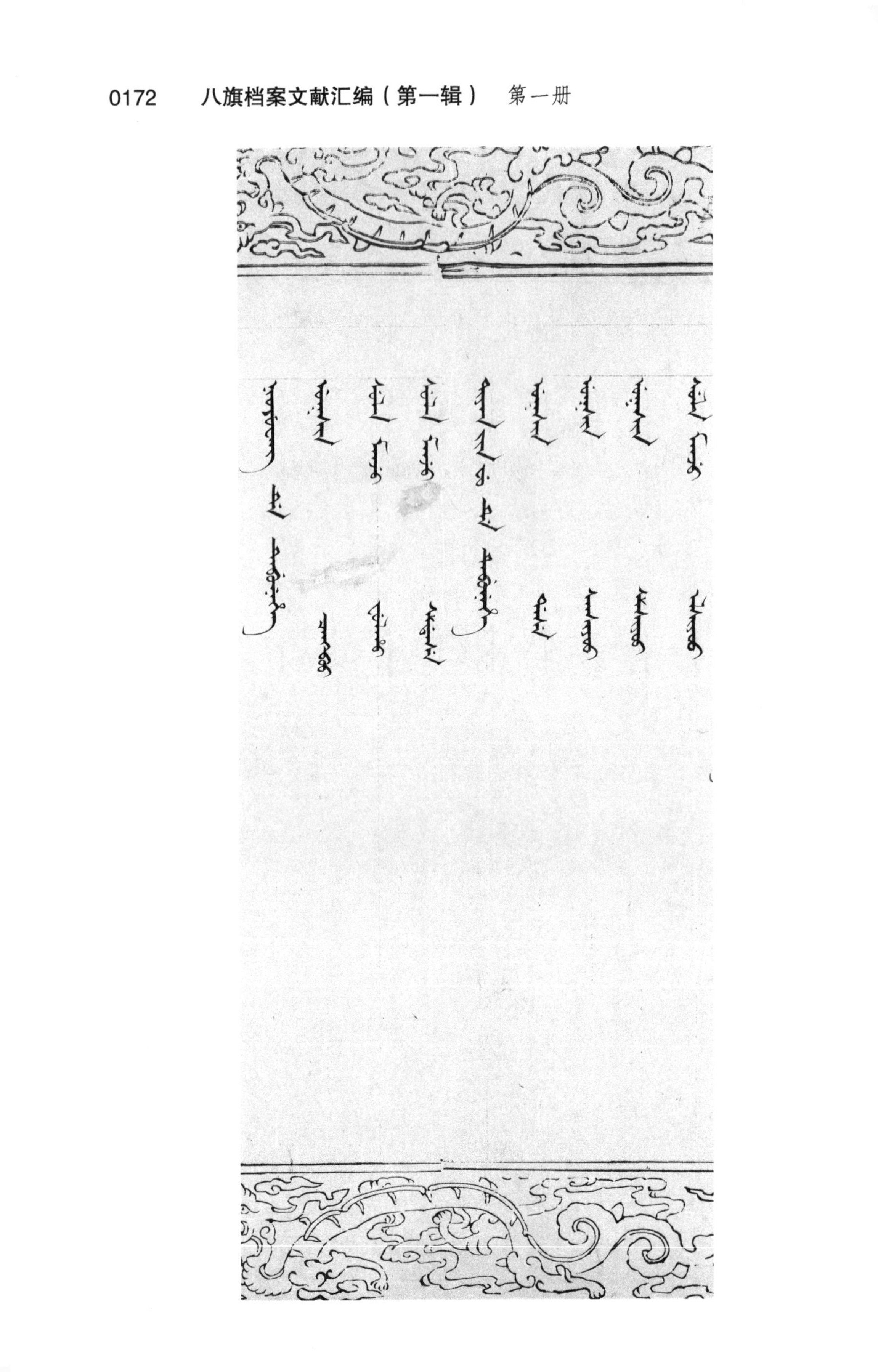

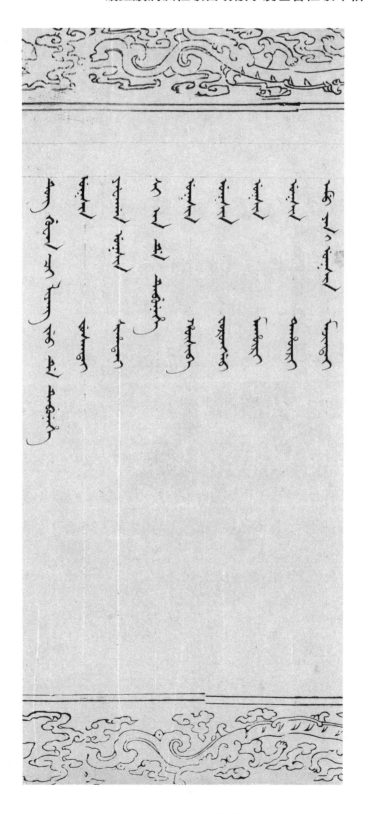

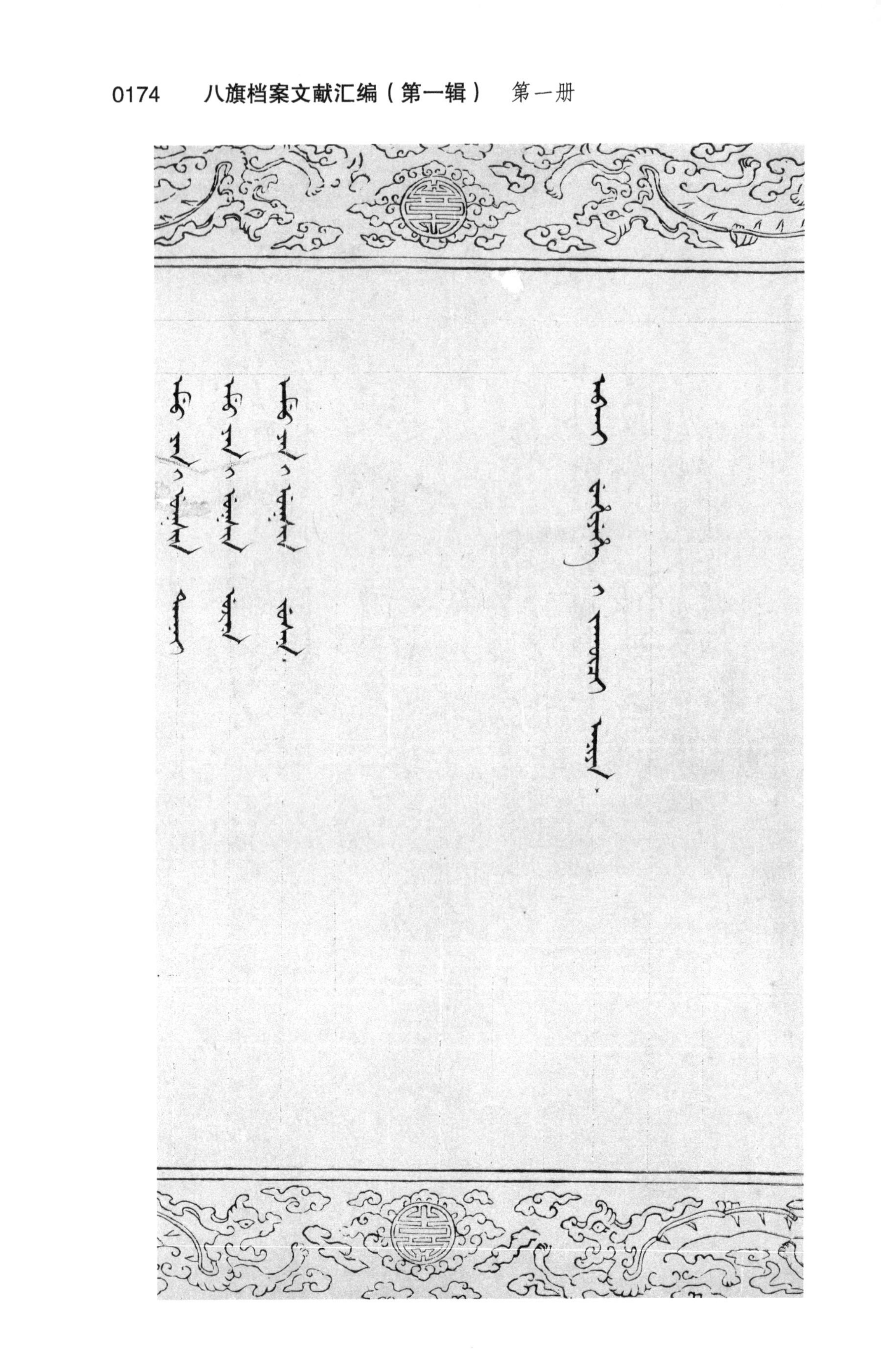

[illegible]

[illegible]

[illegible]

[illegible]

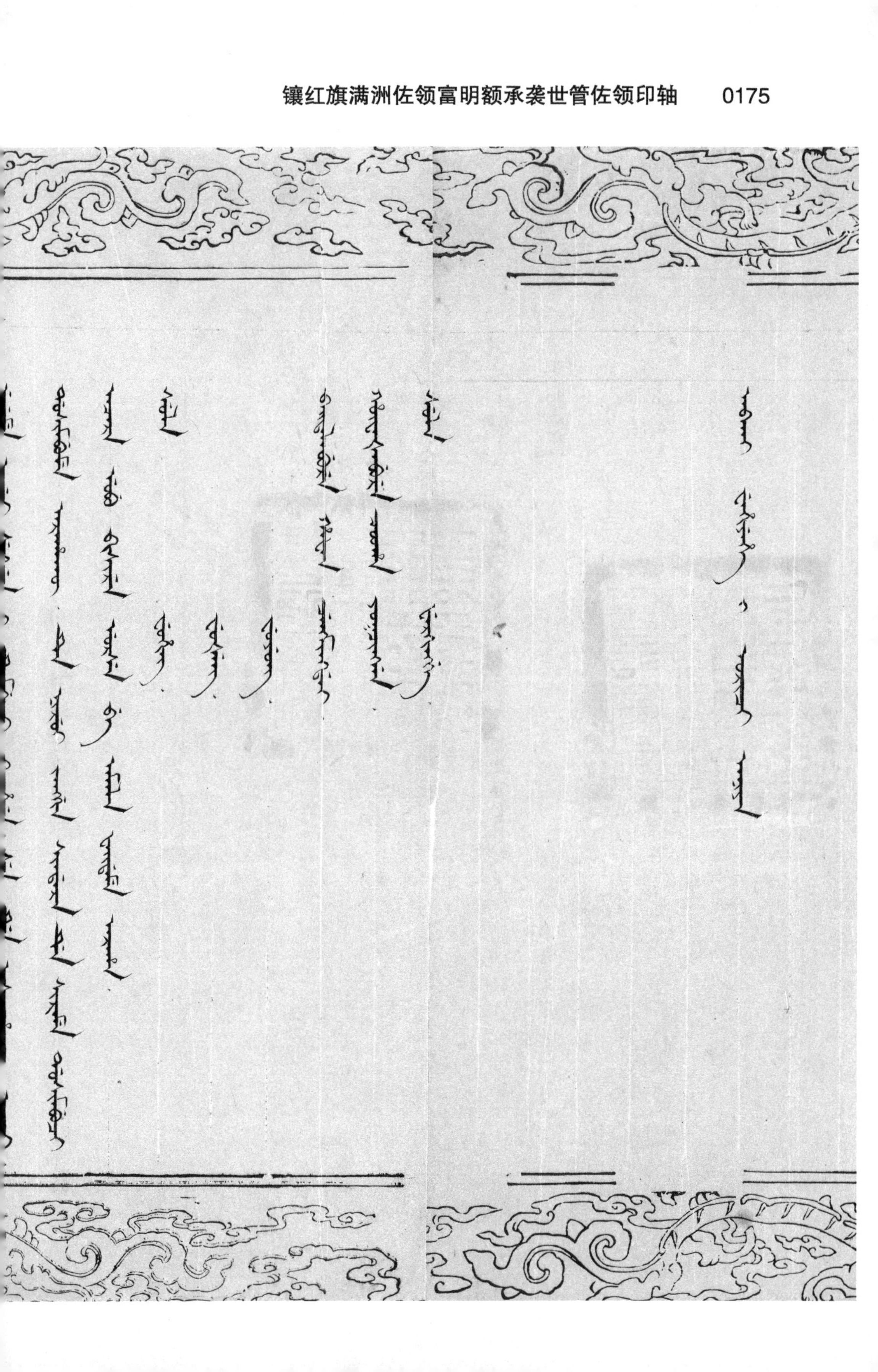

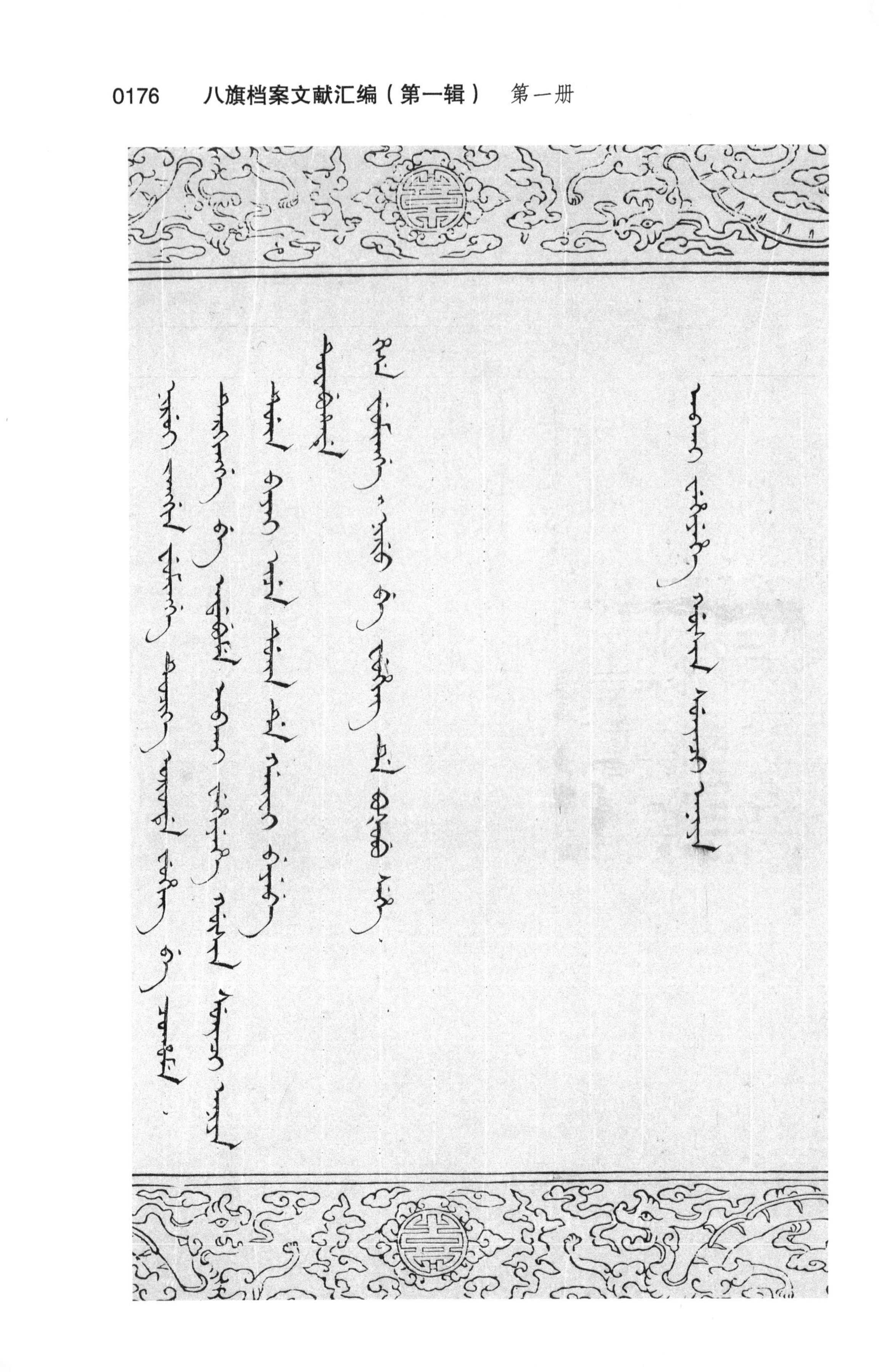

[illegible]

[illegible]

[illegible]

[illegible]

[illegible]

ᠨᡳᡵᡠᡳ ᠵᠠᠩᡤᡳᠨ ᡥᠠᡶᠠᠨ ᠨᡳᡵᡠ ᠪᡝ ᠰᡳᡵᠠᡴᡳᠨ ᠪᠣᡧᠣᡴᠣ ᠰᡝᠮᡝ ᠨᡳᡵᡠᡳ ᠪᡝ ᠪᠣᡧᠣᠪᡠᡥᠠ

ᡥᠠᡶᠠᠰᠠ ᡳ ᠰᡳᡵᠠᡥᠠ ᡝᠯᡩᡝᠩᡤᡝ ᡤᡳᠰᡠᠨ ᠠᠯᡳᡥᠠ ᡳᠯᡳᡥᠠ ᠰᠠᡳᠨ ᠨᡳᠶᠠᠯᠮᠠ ᡤᡝᡵᡝᠨ ᡳᠨᡳ ᠰᠠᡥᠠ ᡳᠨᡝᠩᡤᡳ ᠠᠮᡝᠯᠠ

ᡠᠰᡳᠨ ᠪᠠᡳᡨᠠ

ᡥᠠᡶᠠᠨᠪᡝᡳ

ᡤᡳᠰᡠᠨ ᡳᠨᠪᡝ ᡳ ᠪᠠᡳᡨᠠ ᡳᠨᡳ ᡤᡳᠰᡠᠨ ᠨᡳ ᡠᡥᡝ ᠪᡝᡳ

ᡩᠣᡵᠣ ᡝᠯᡩᡝᠩᡤᡝ ᠣᡵᡳᠨ ᠠᠨᡳᠶᠠ

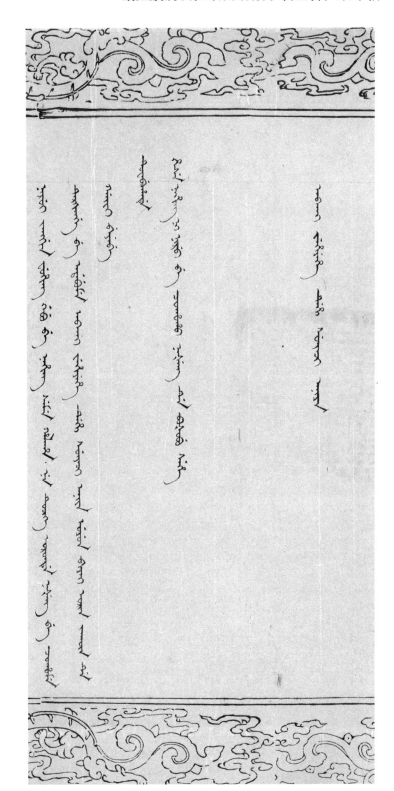

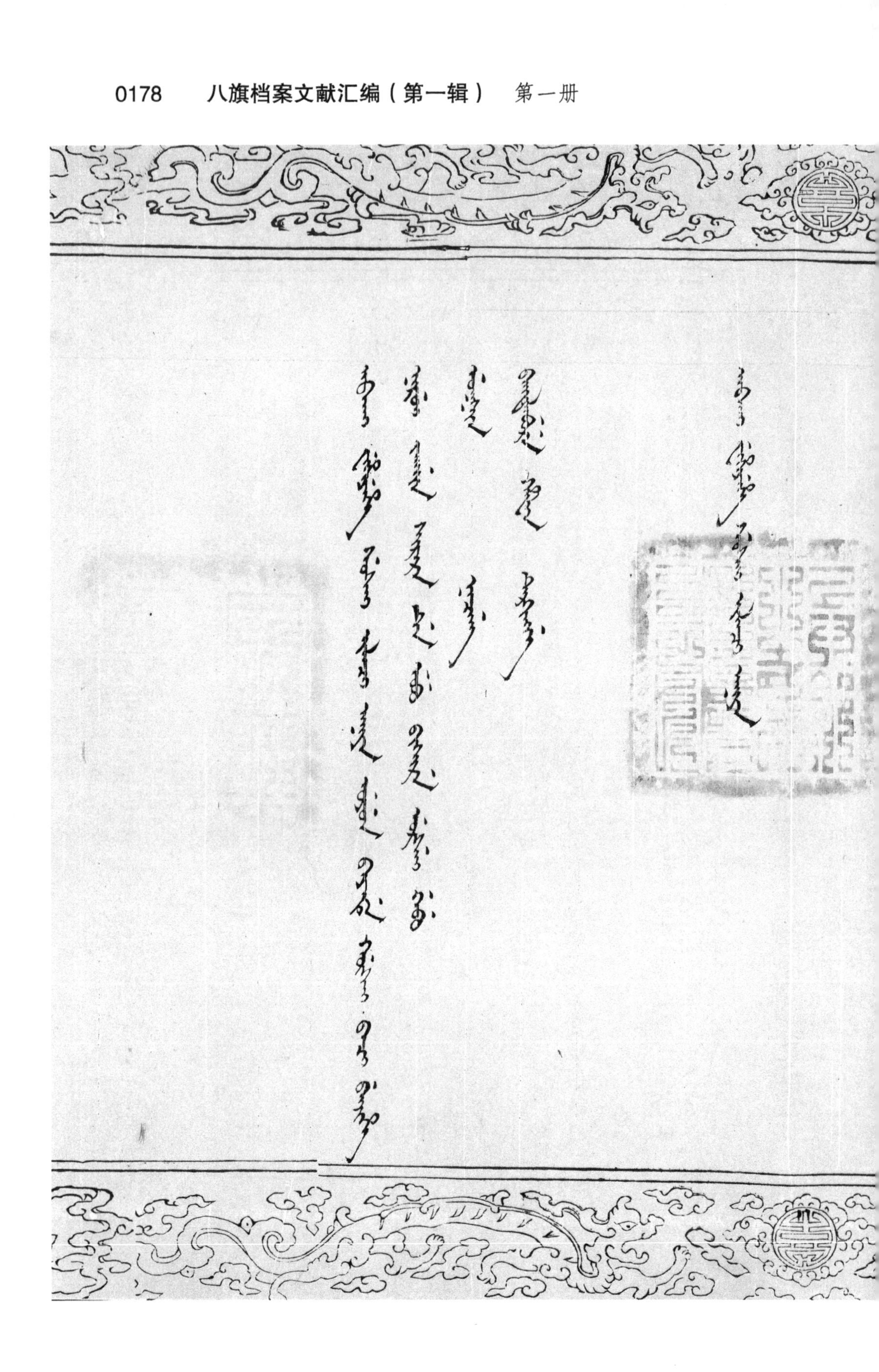

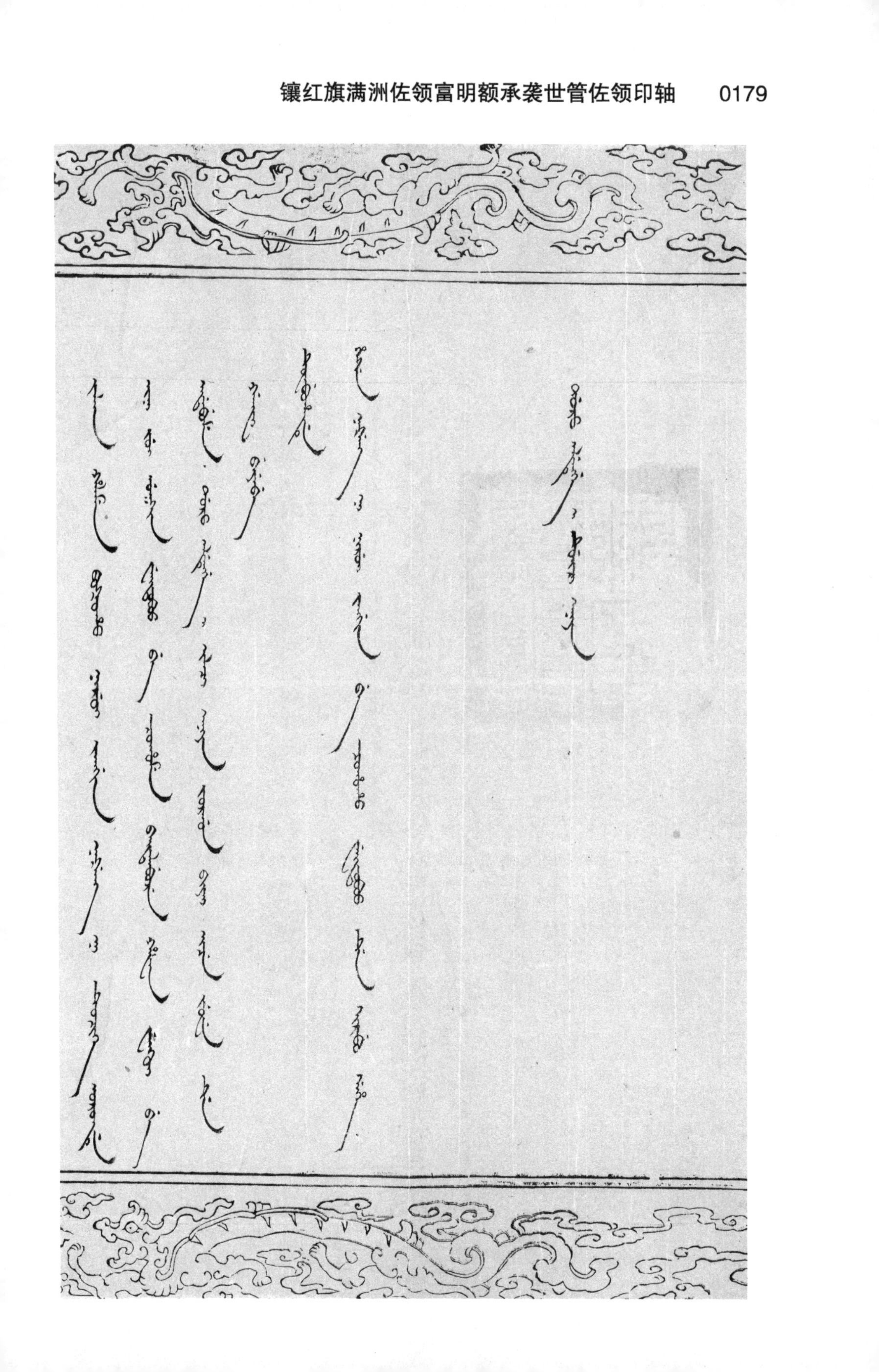

[illegible]

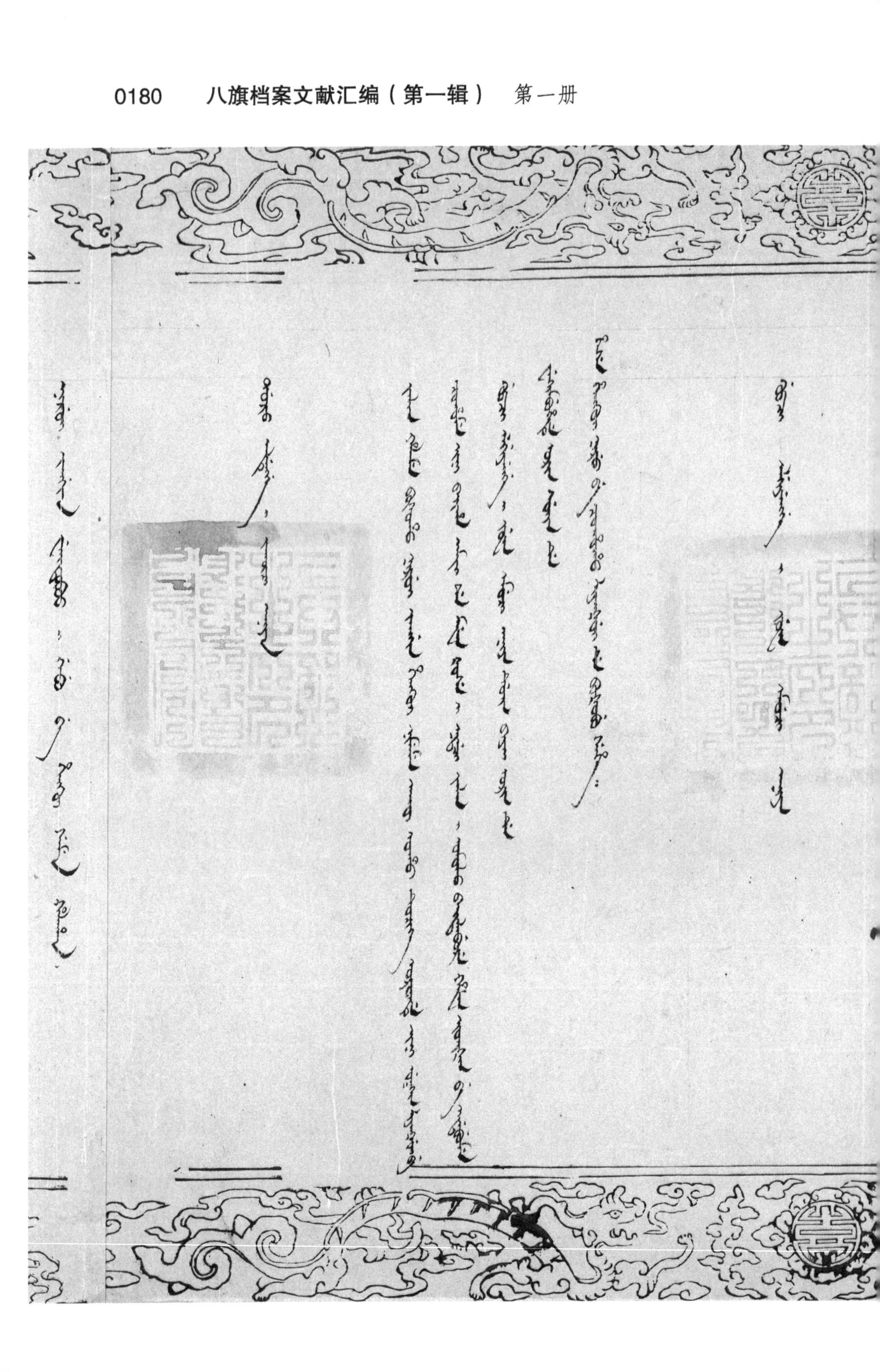

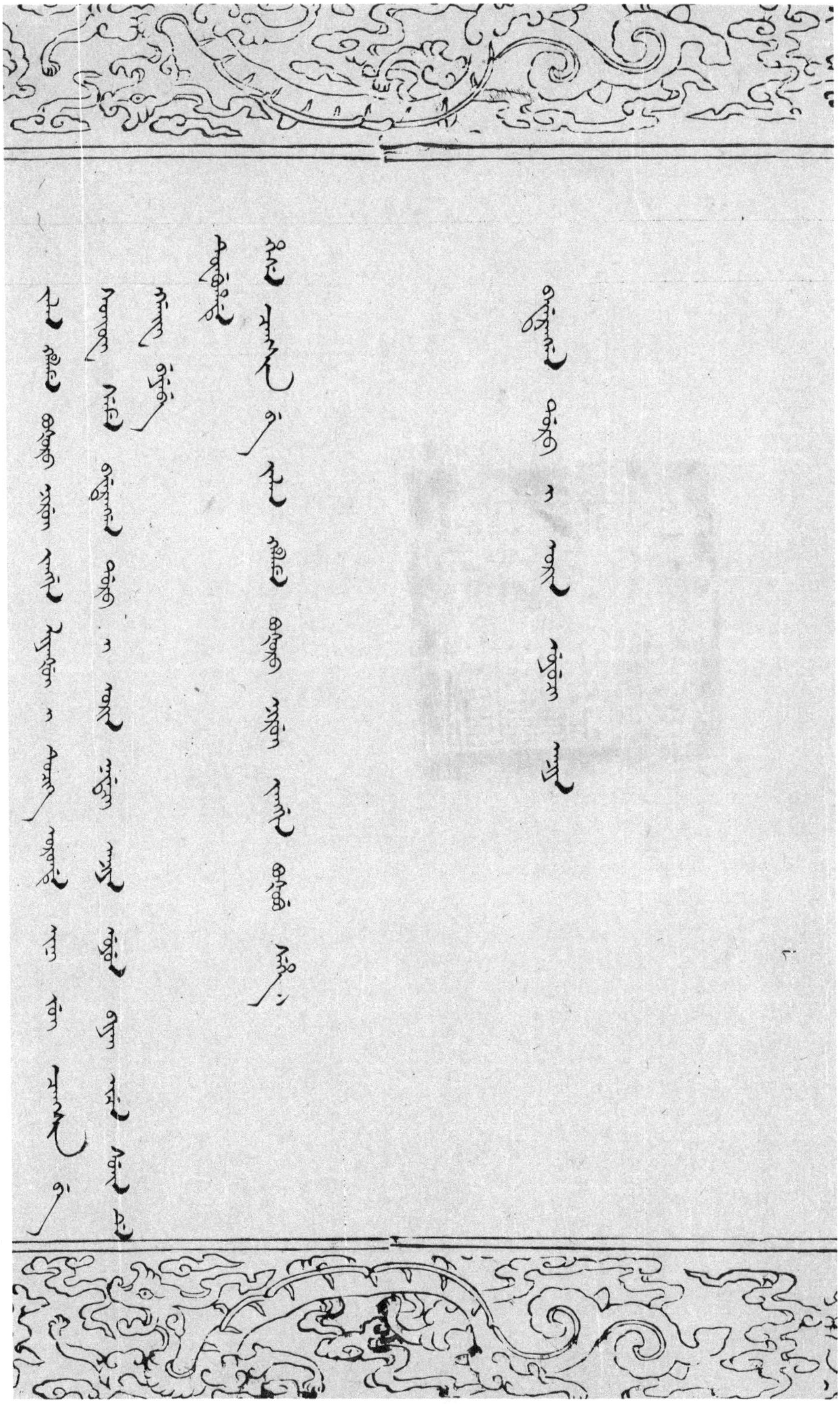

镶红旗满洲佐领岳成额承袭世管佐领印轴

满文写本，卷轴装，页面47.0cm×1685.5cm，四周双边，螭文，钤兵部印，前部内容缺失，满文题名不存。初修时间为乾隆二十年，后陆续添写至咸丰十年，未满幅。

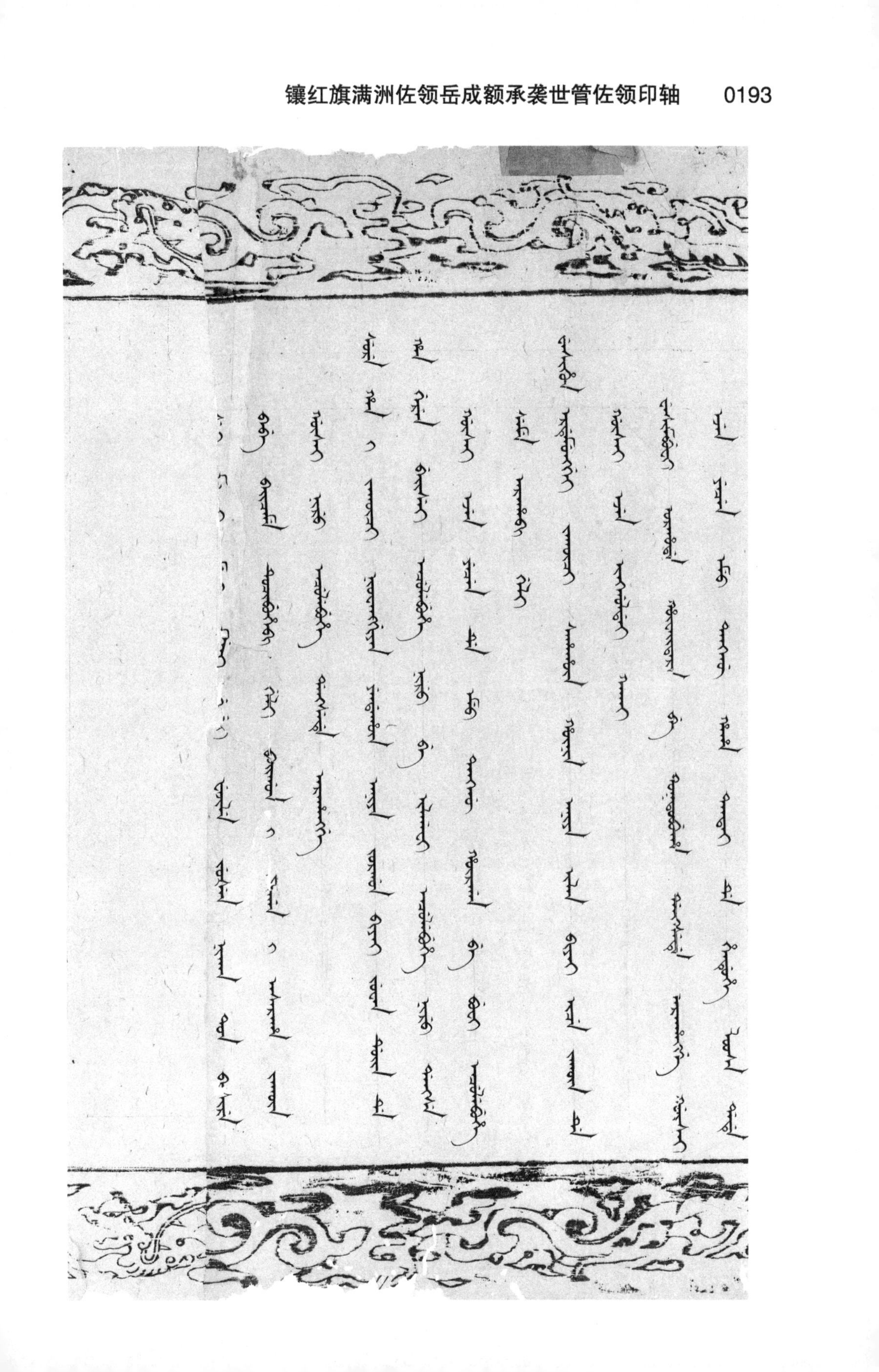

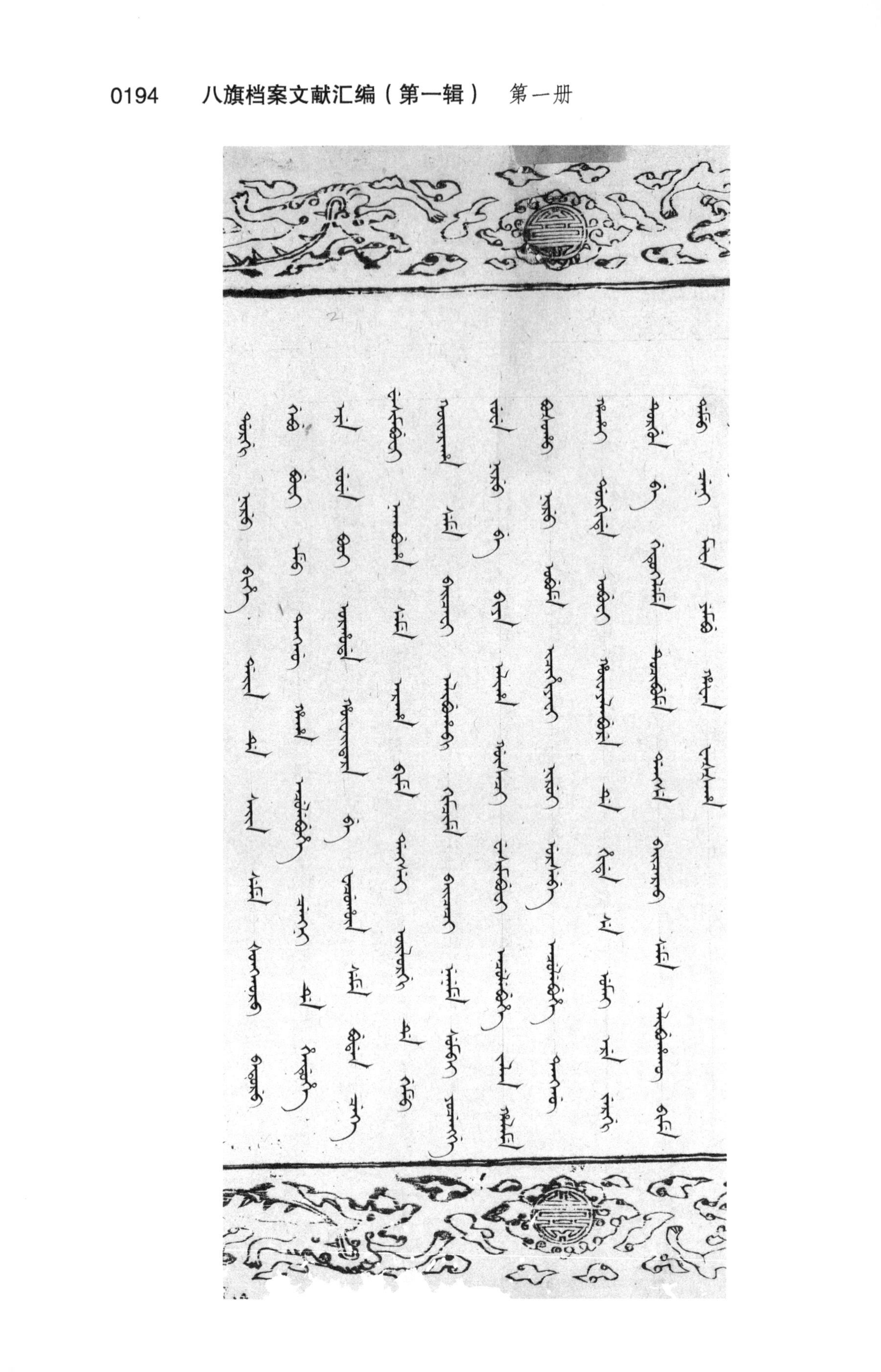

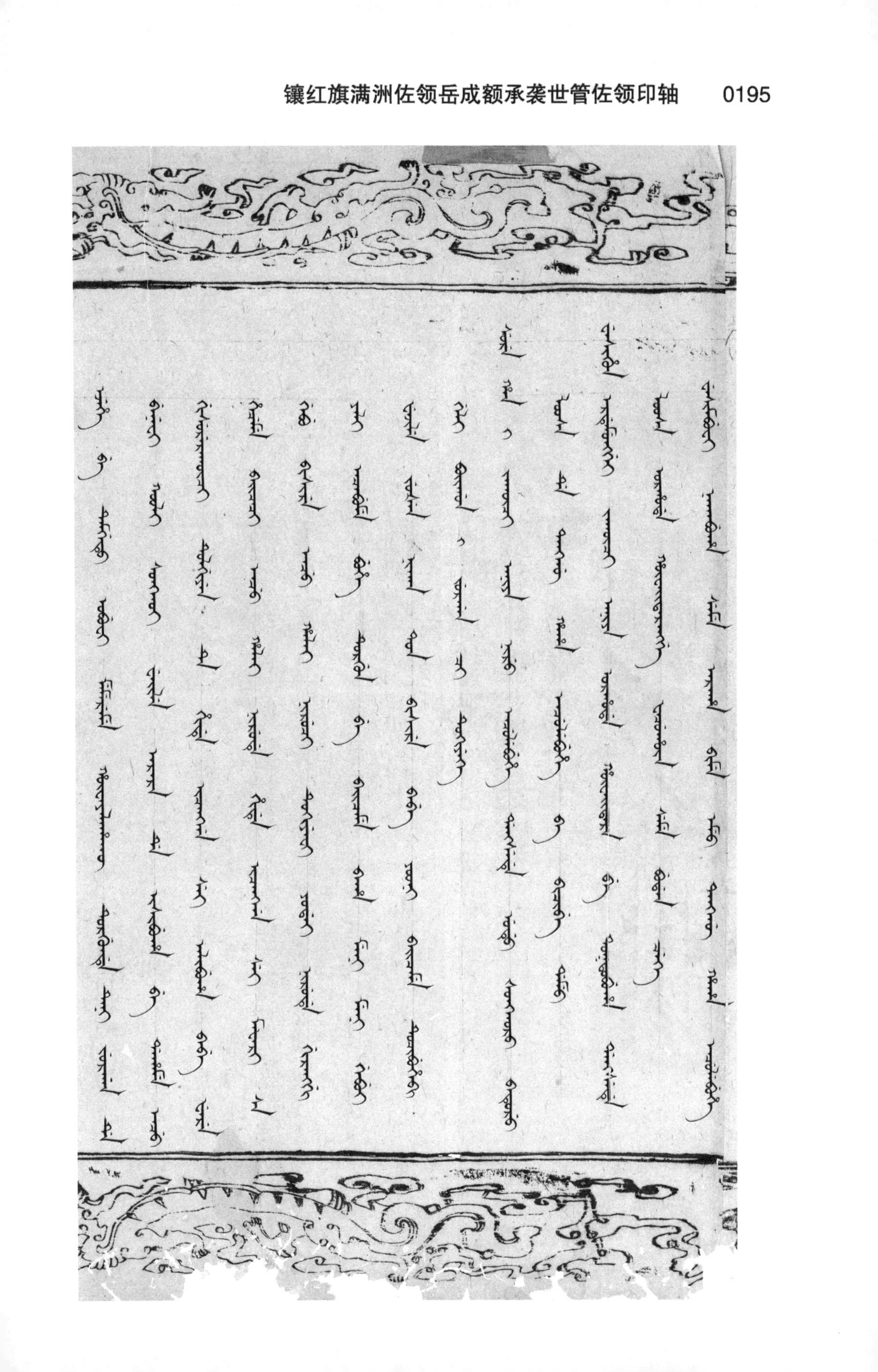

[illegible]

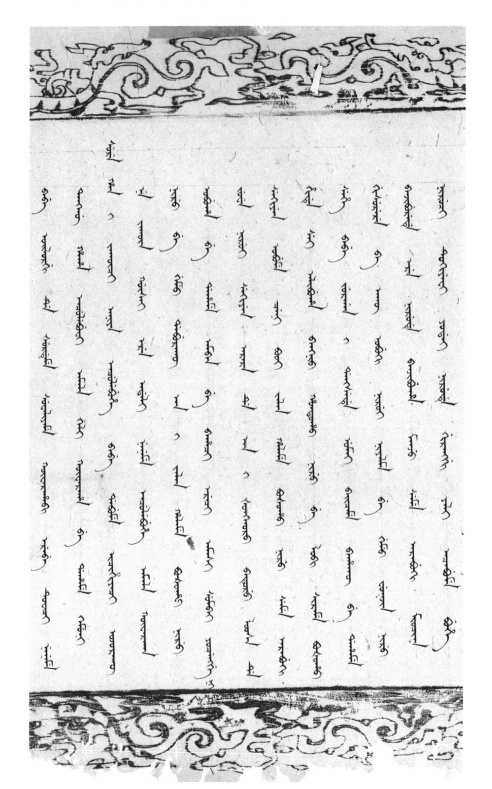

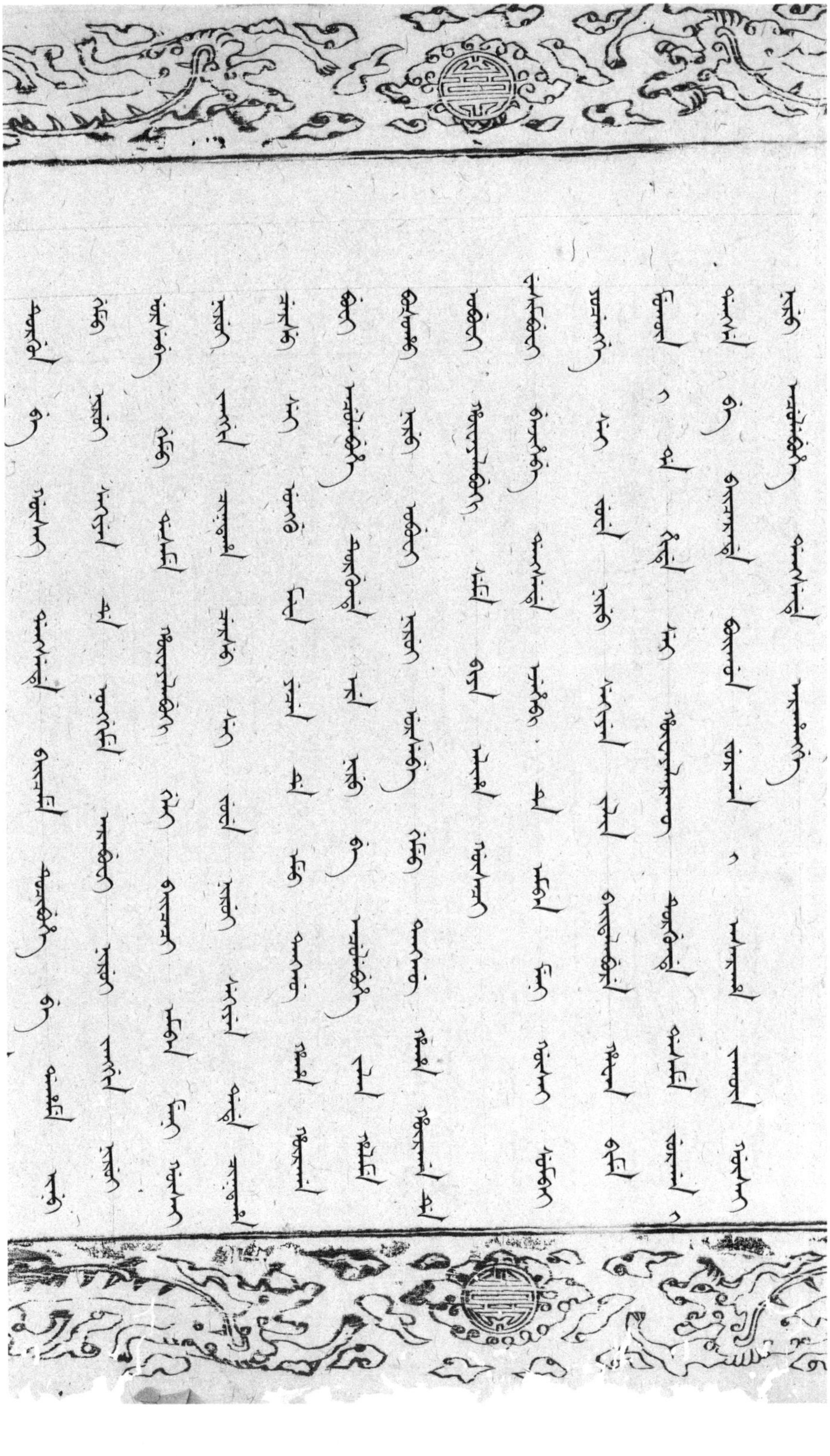

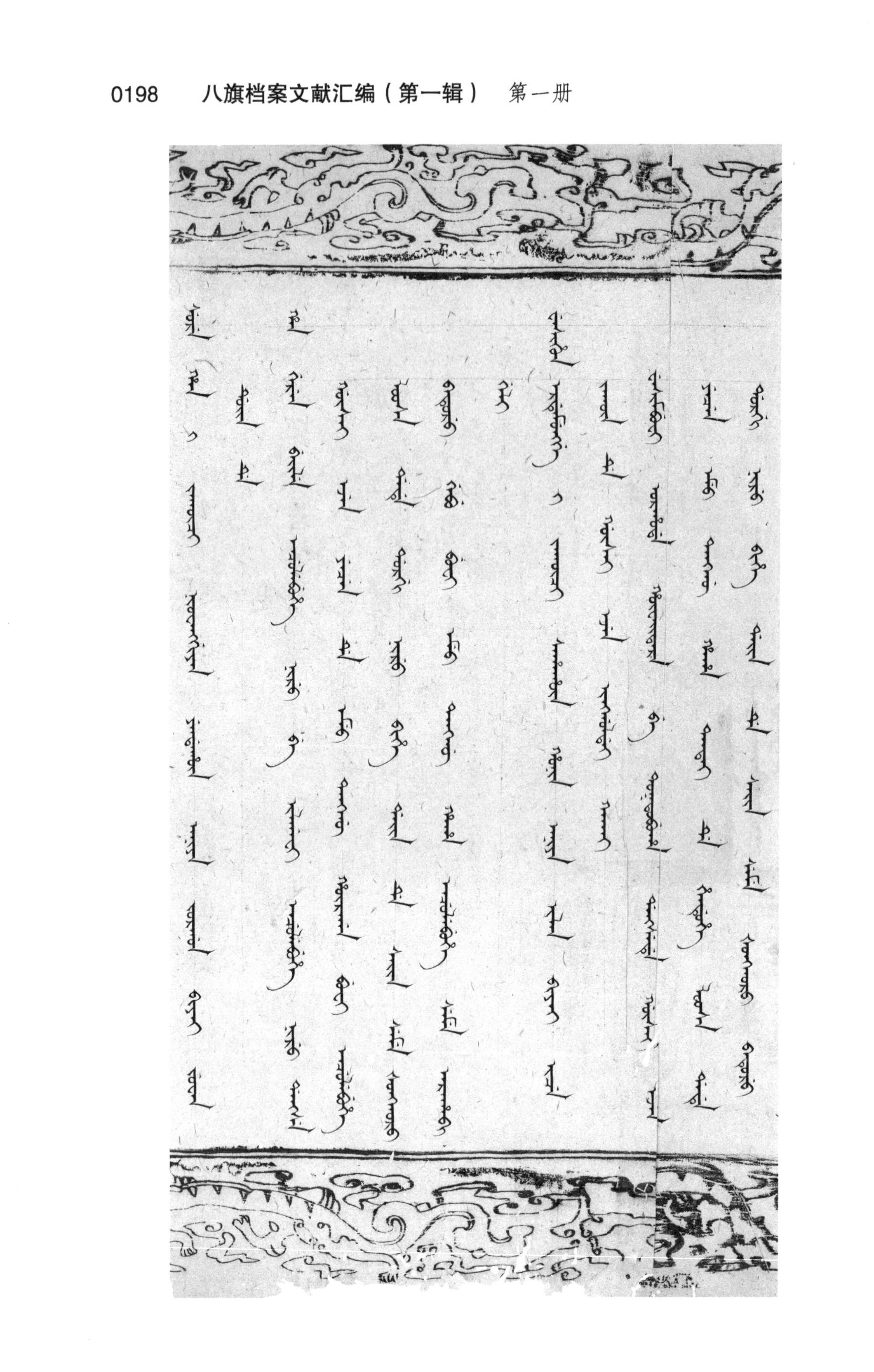

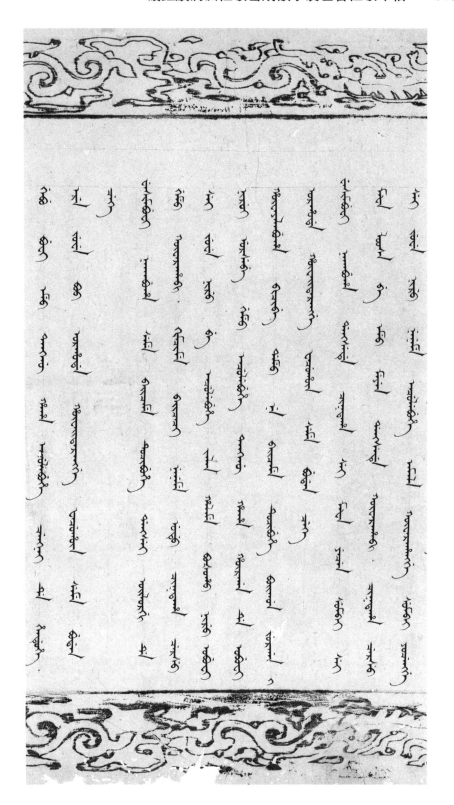

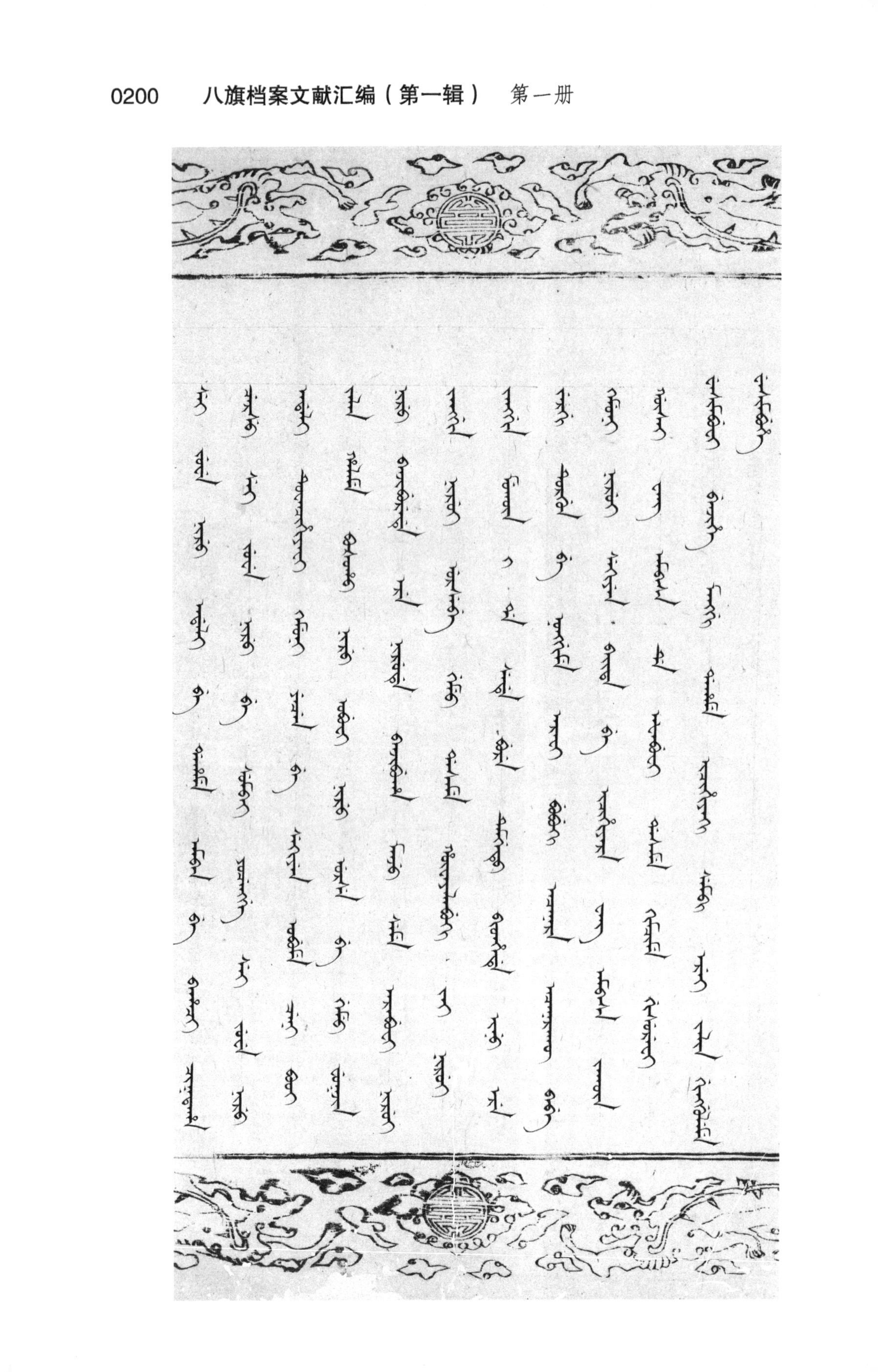

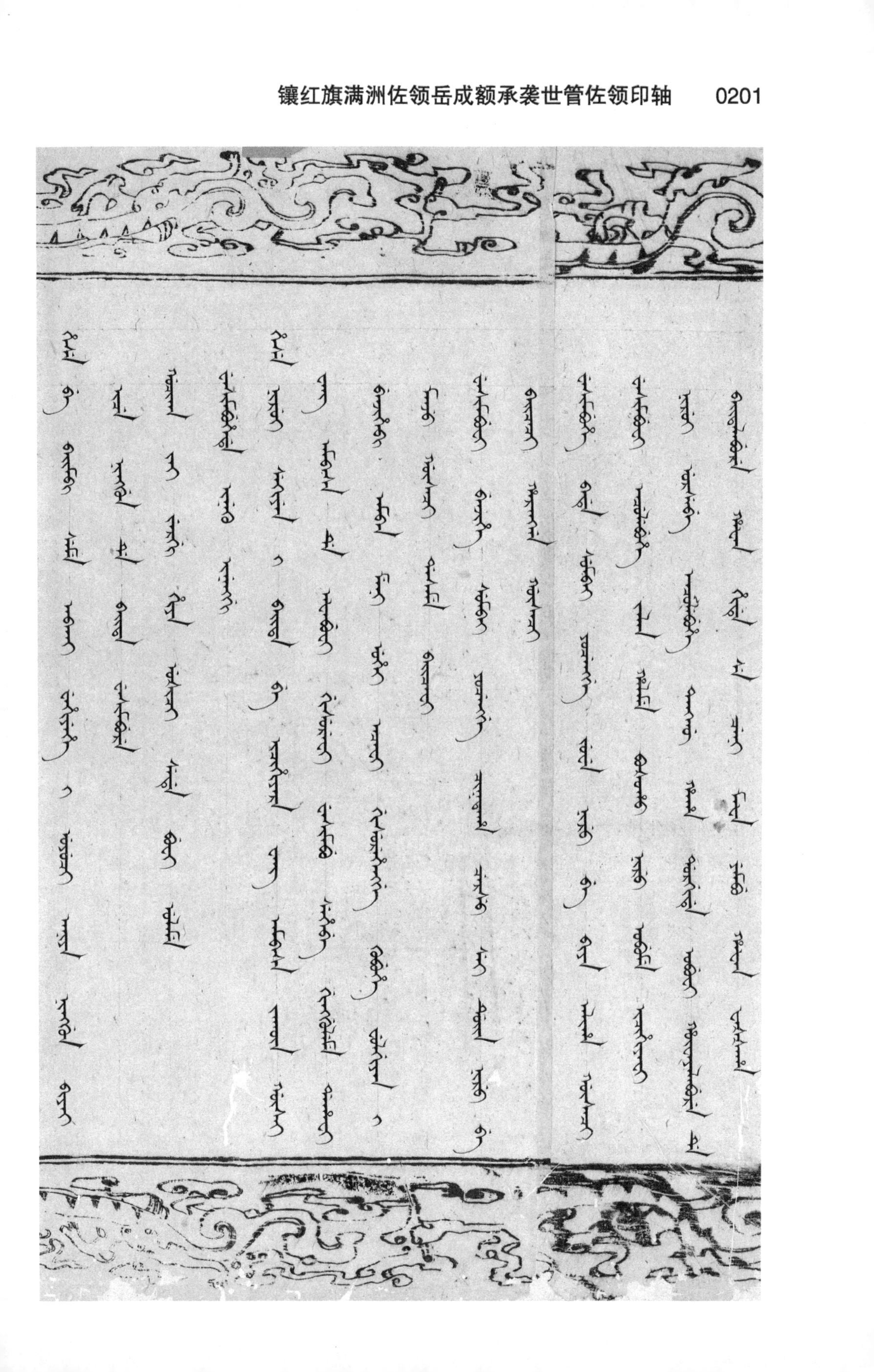

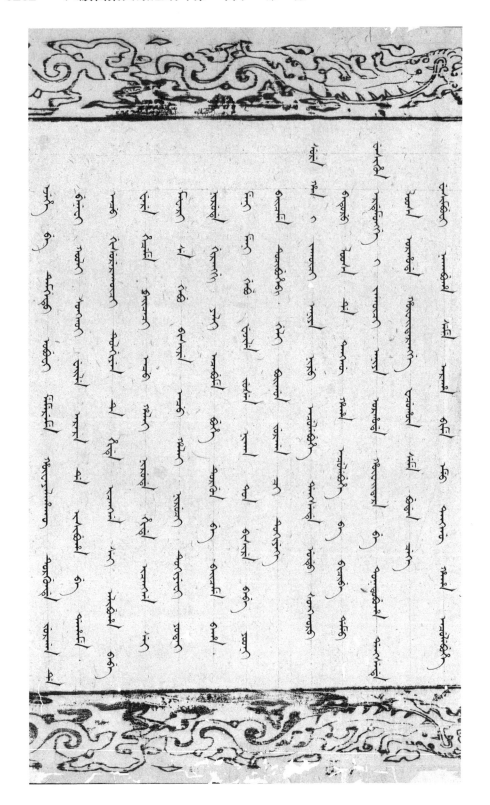

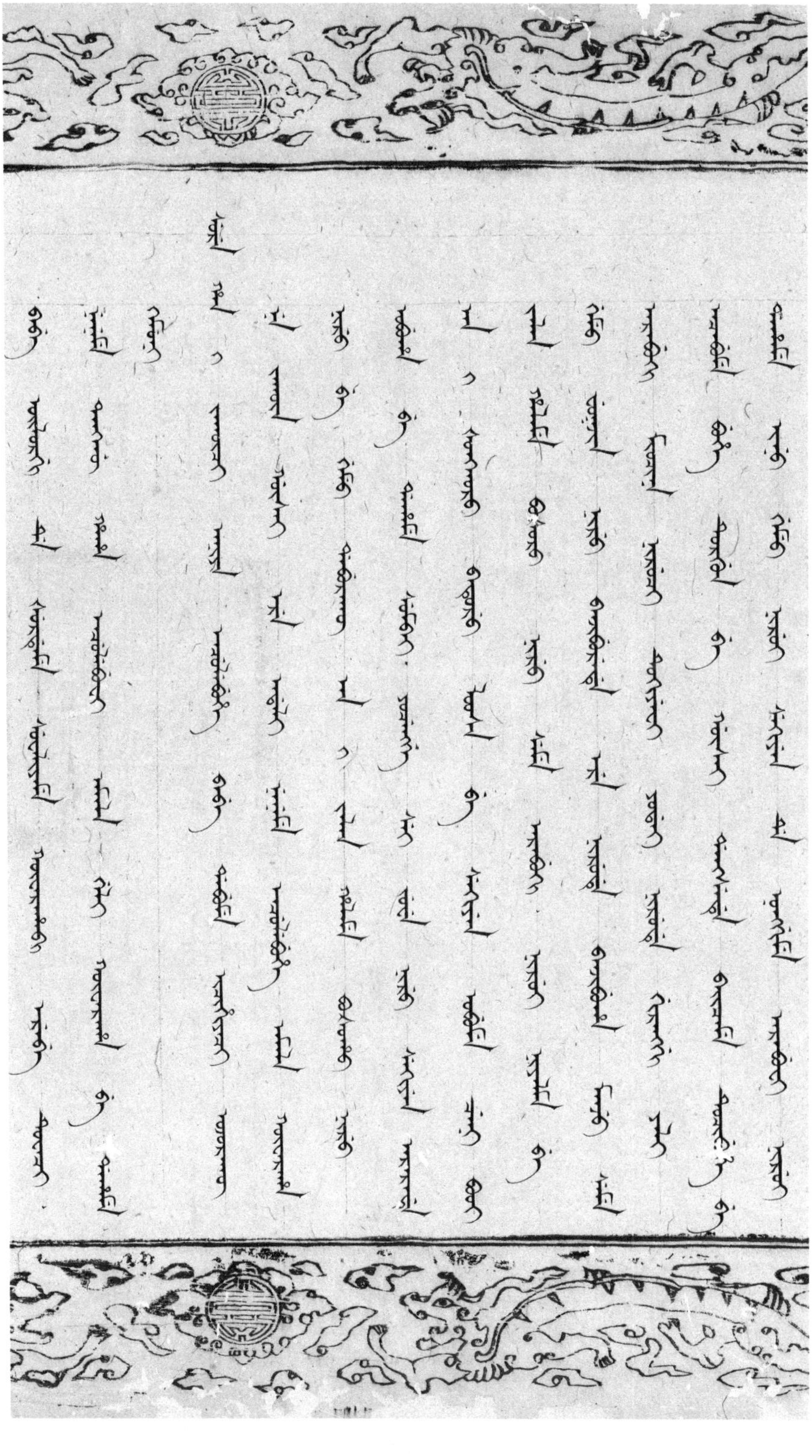

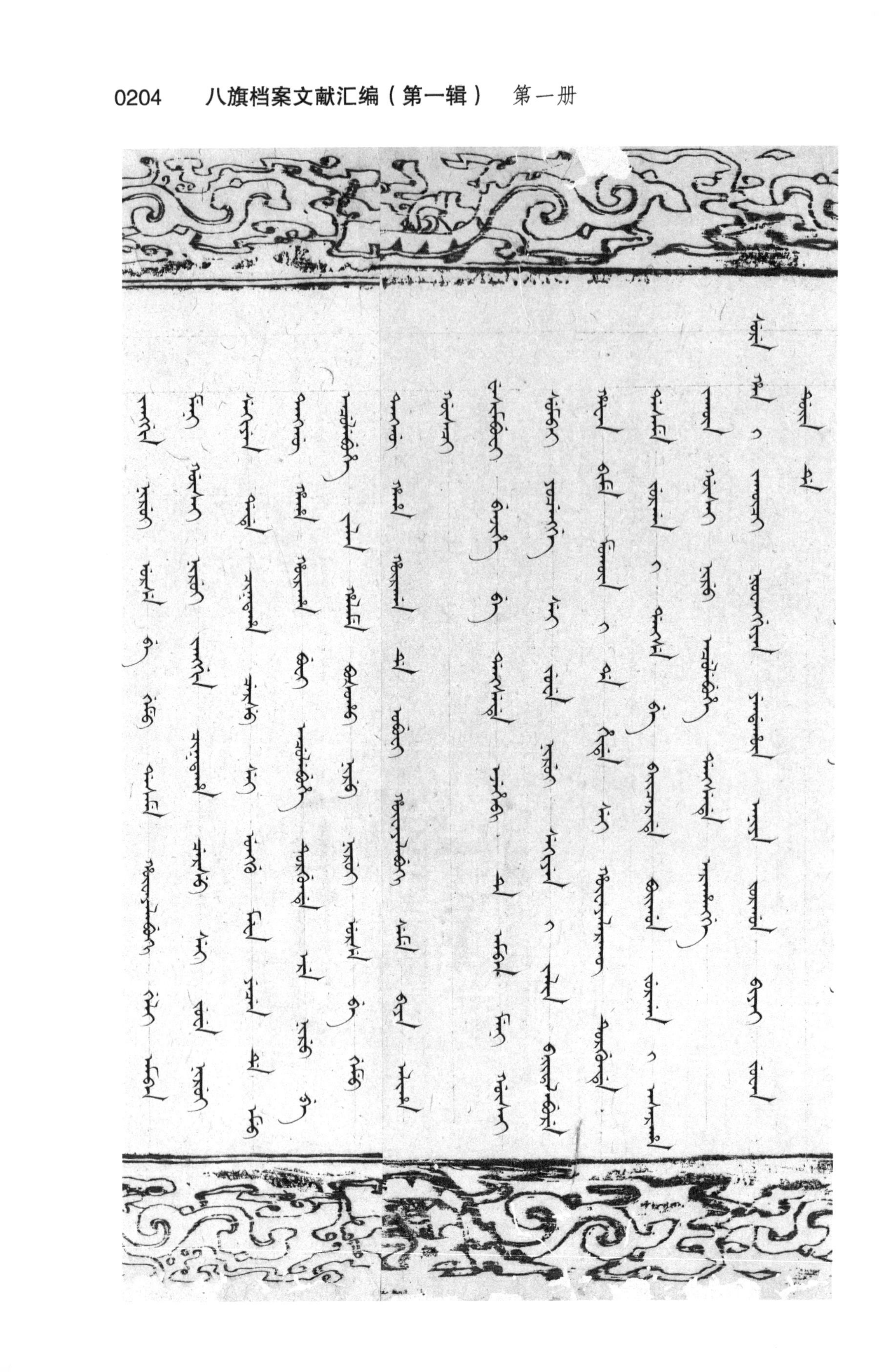

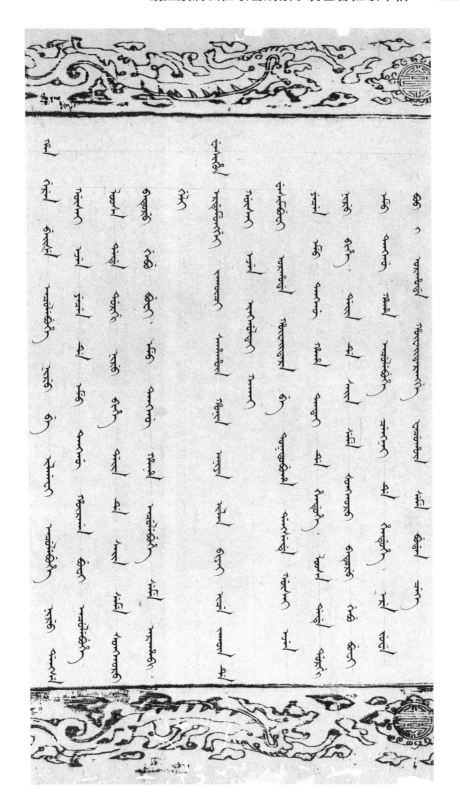

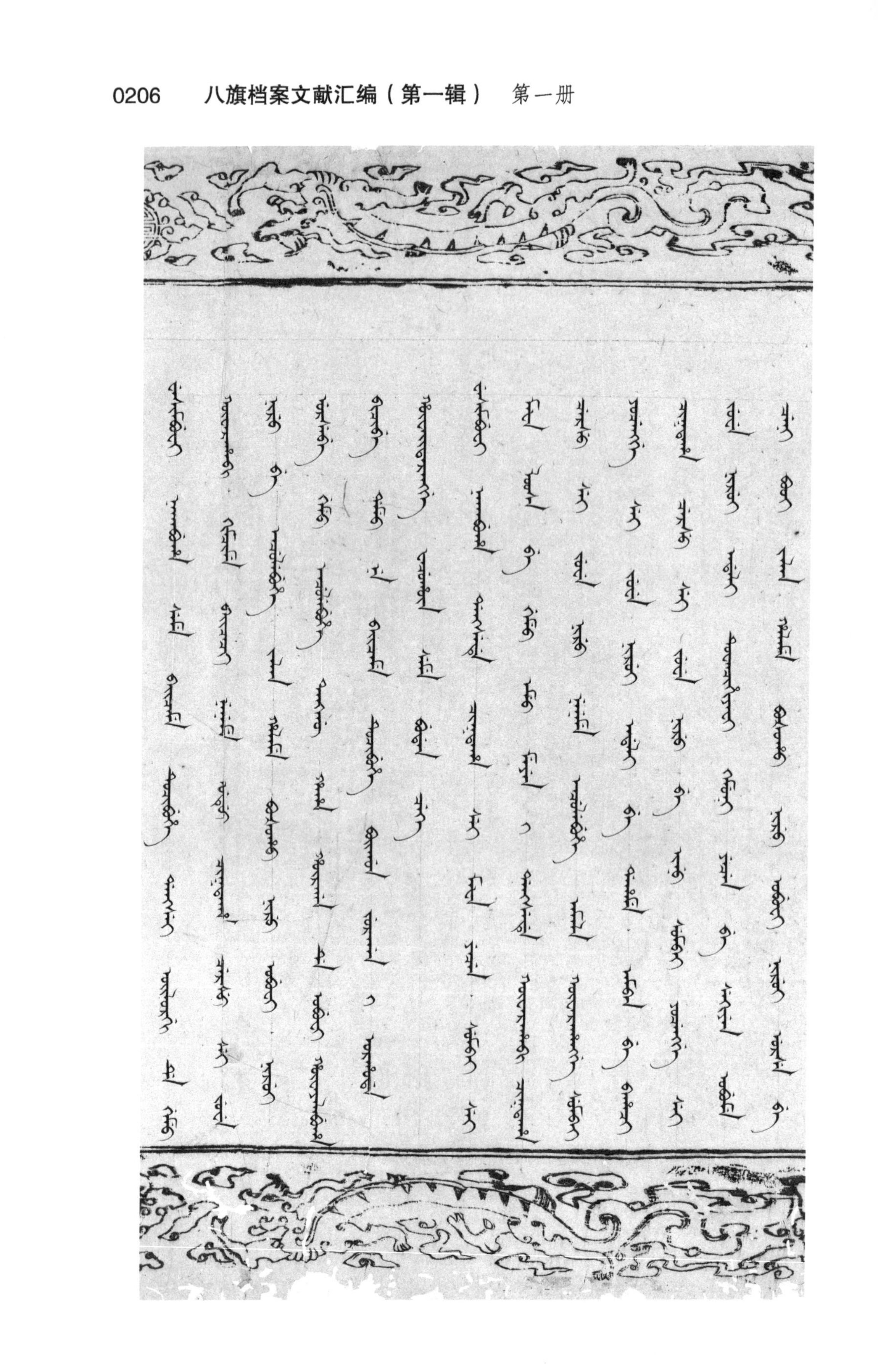

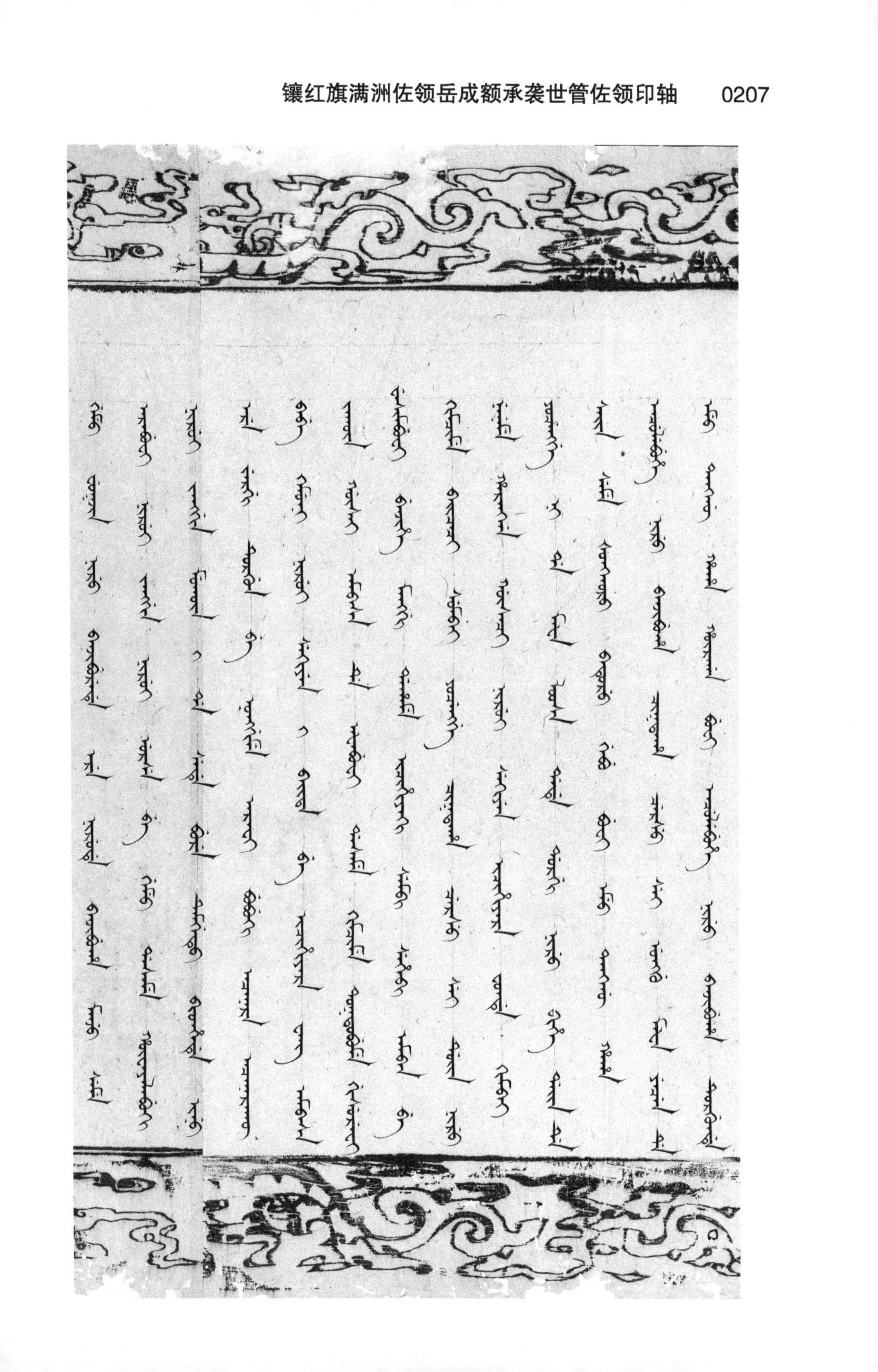

[illegible]

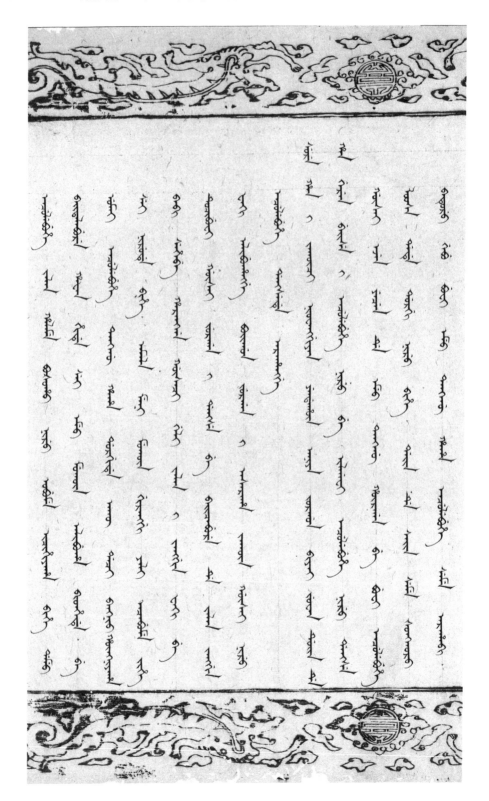

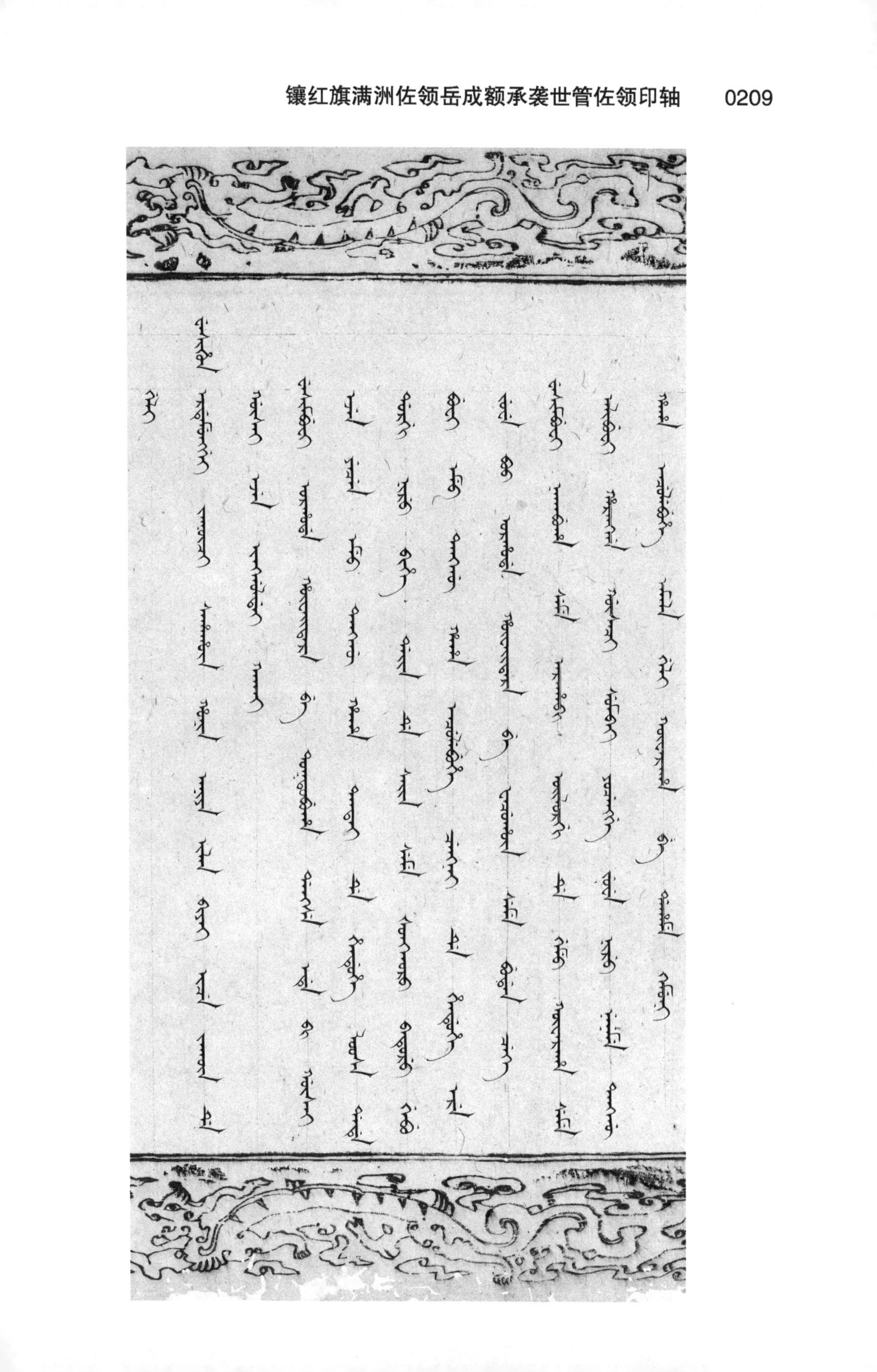

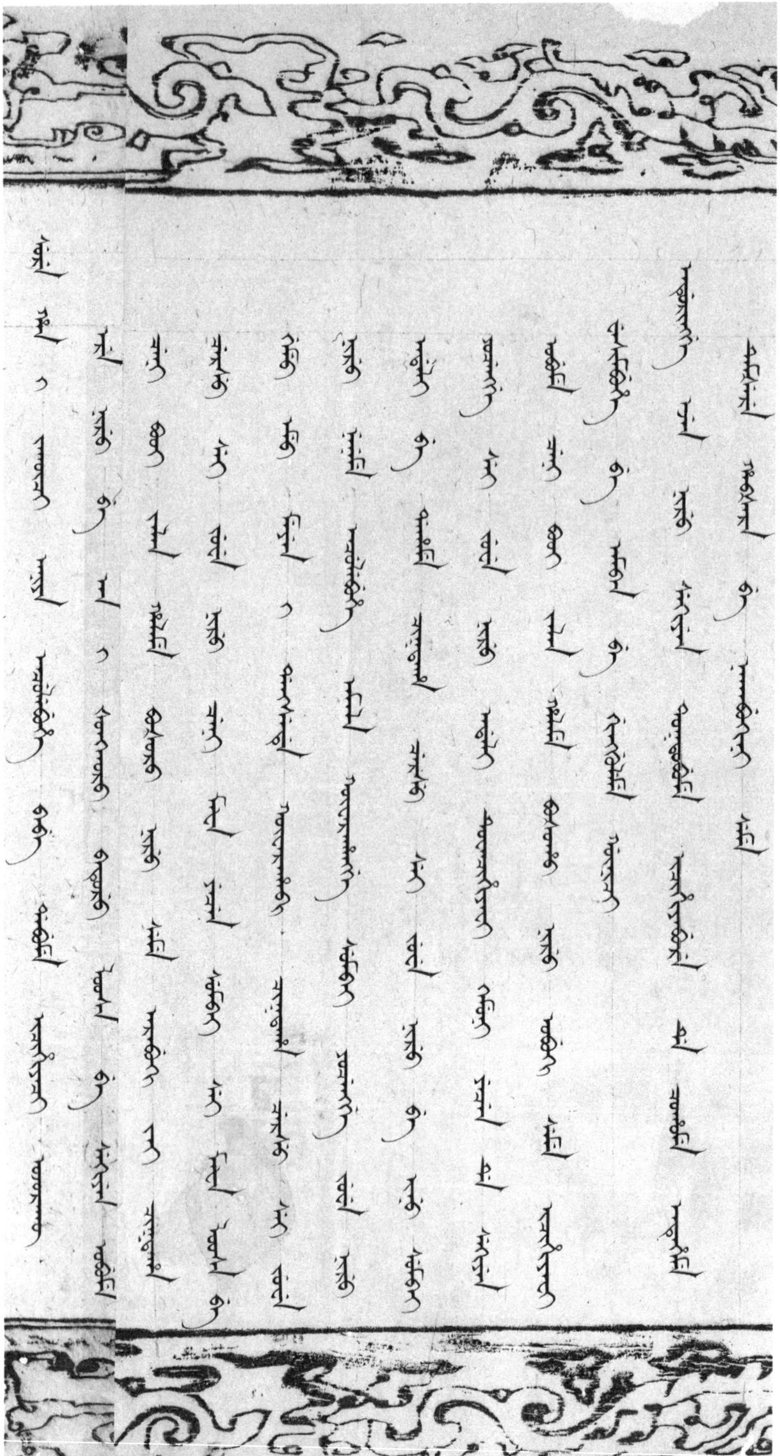

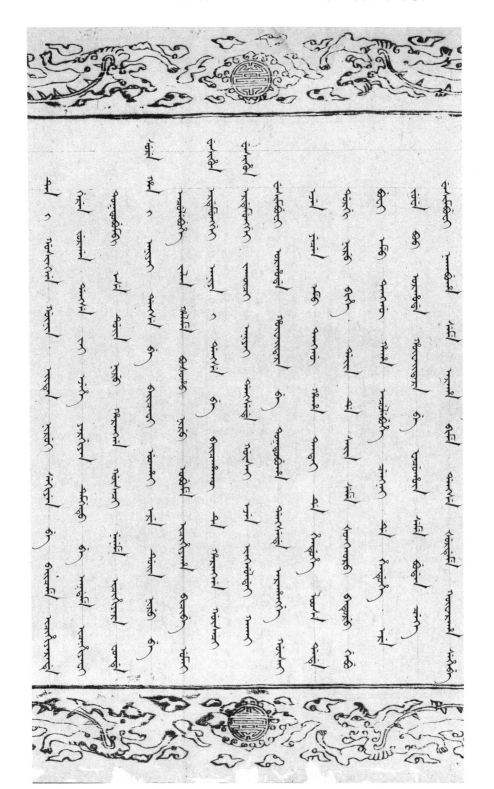

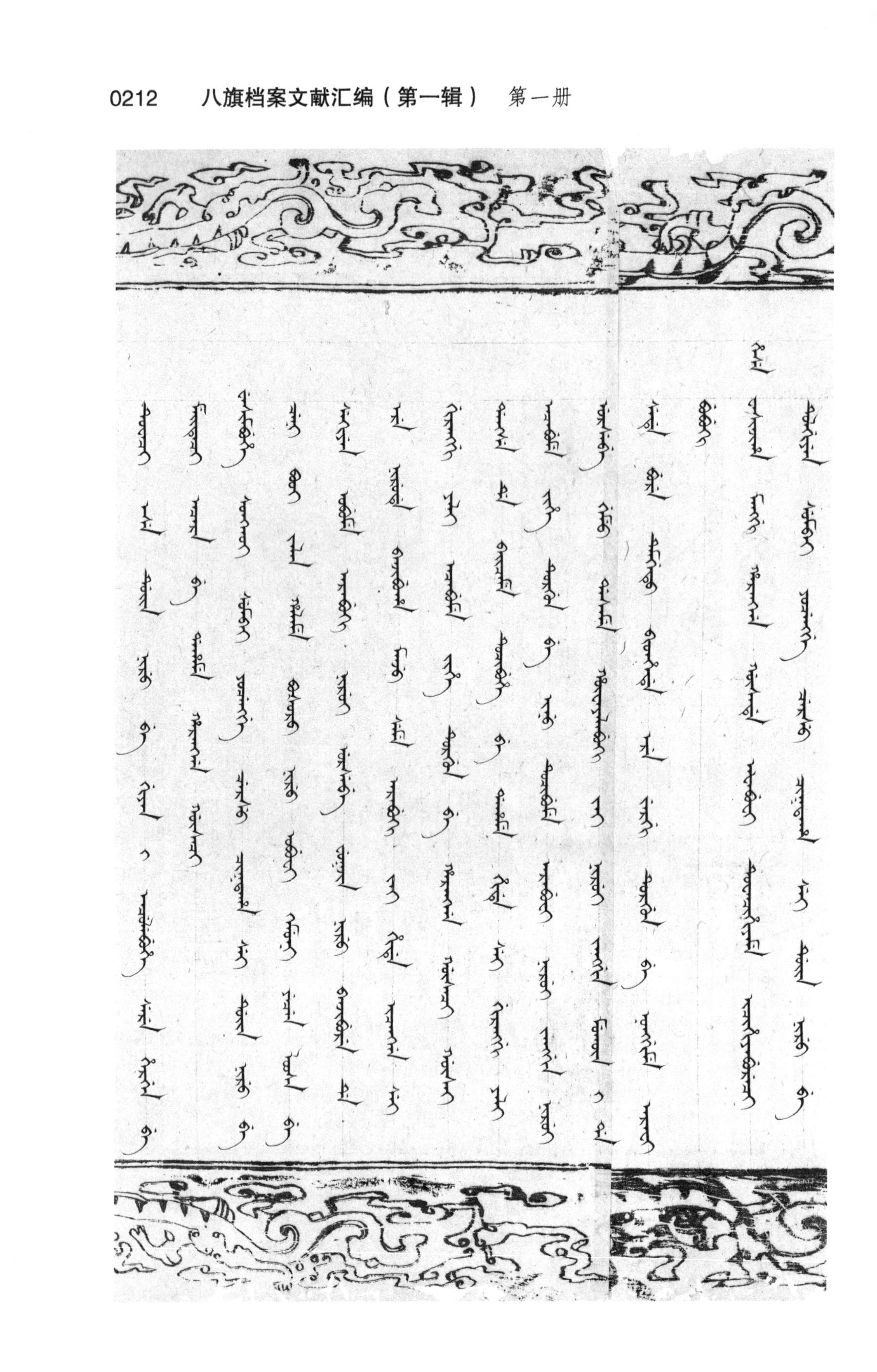

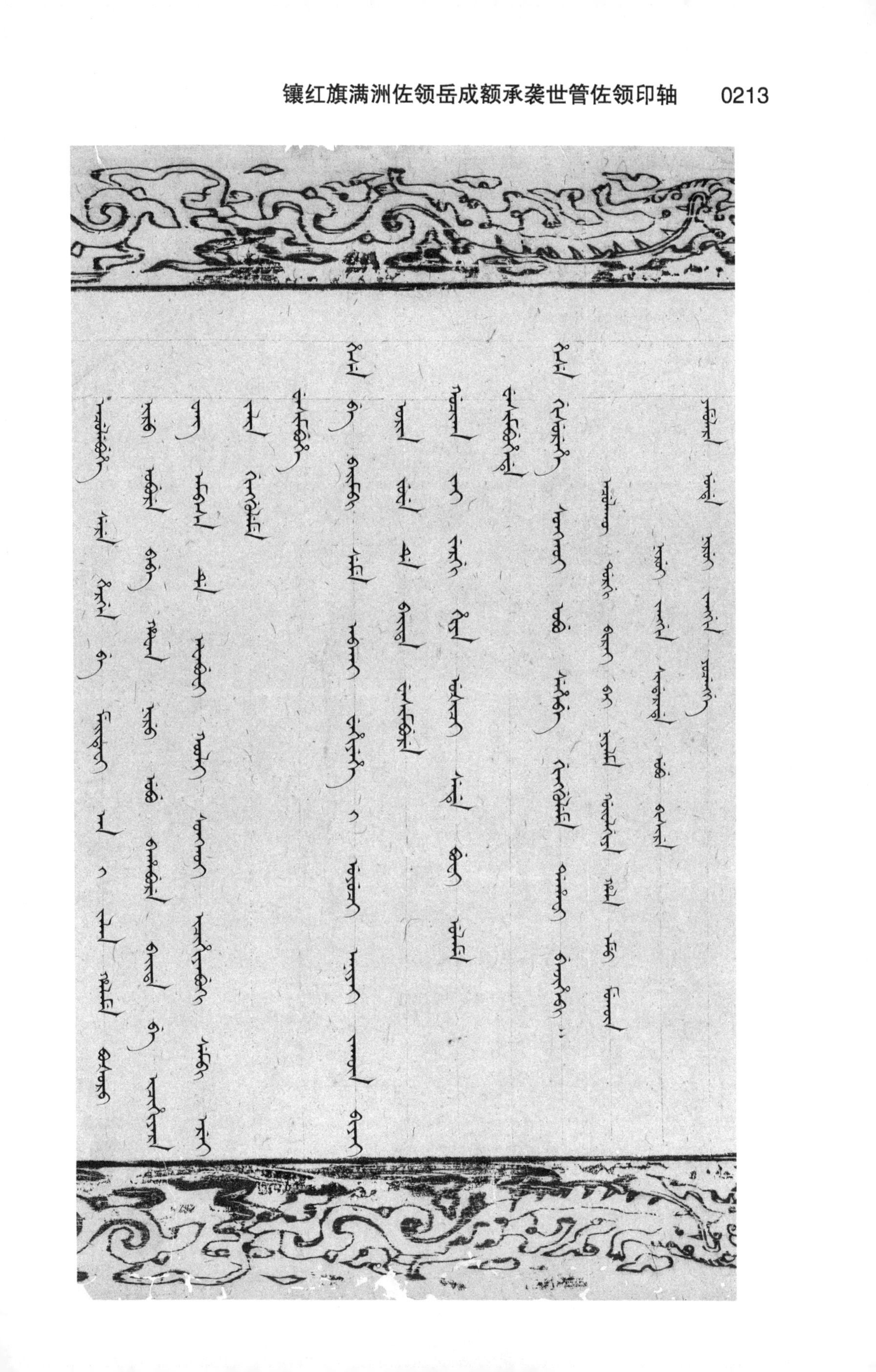

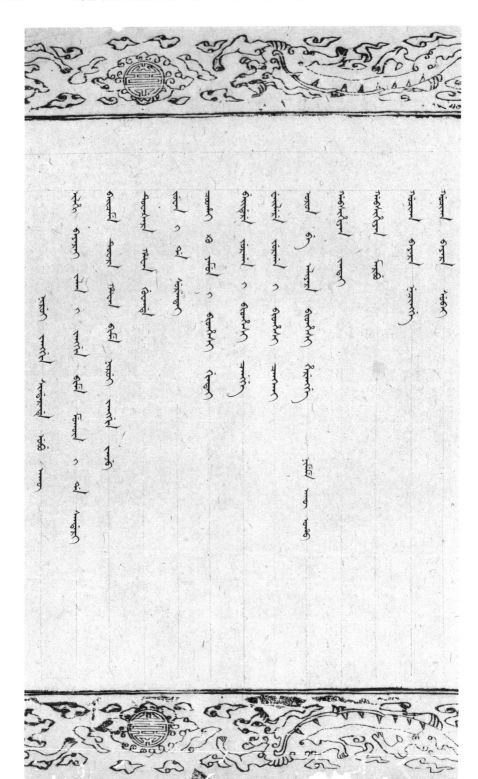

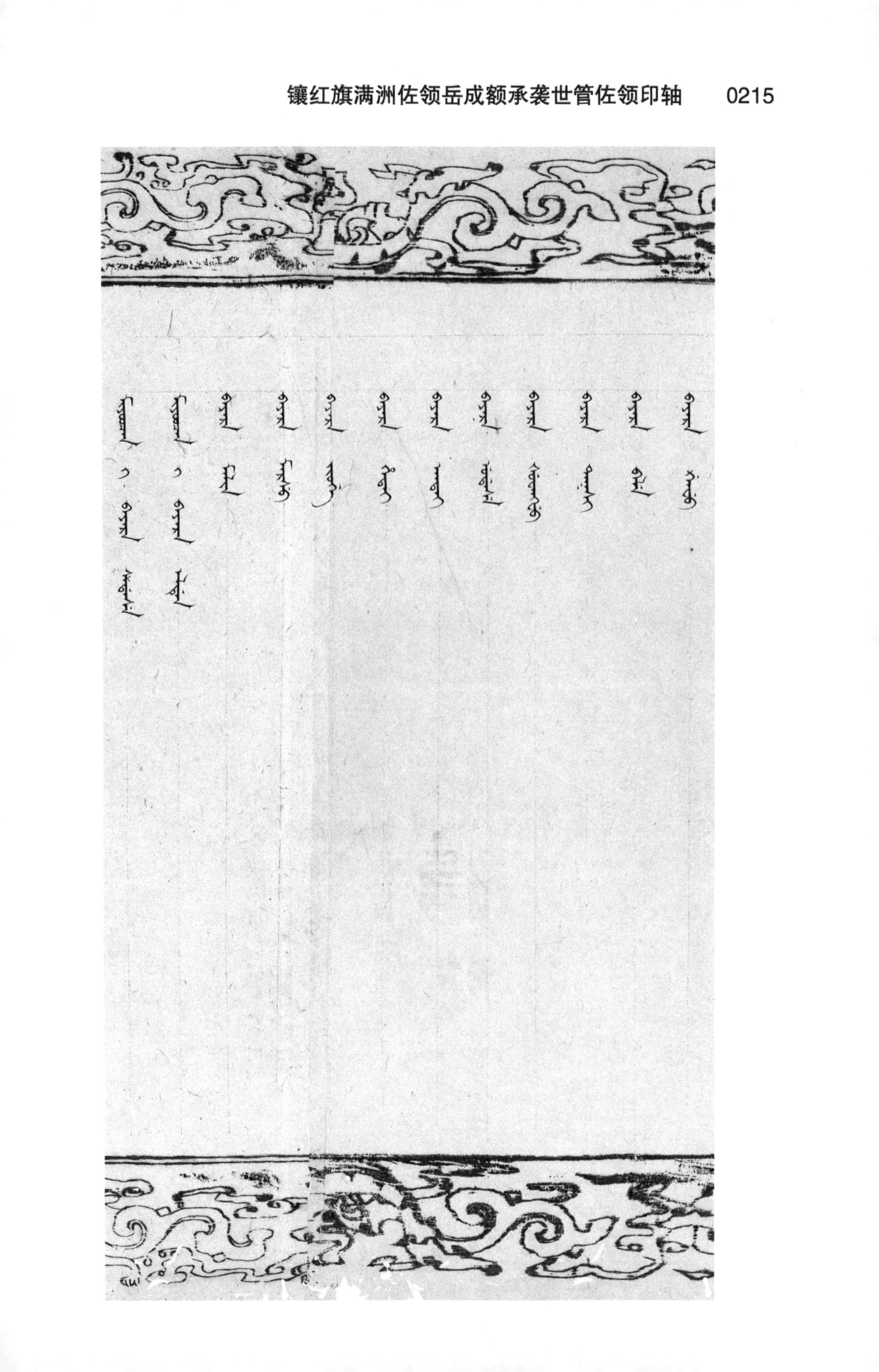

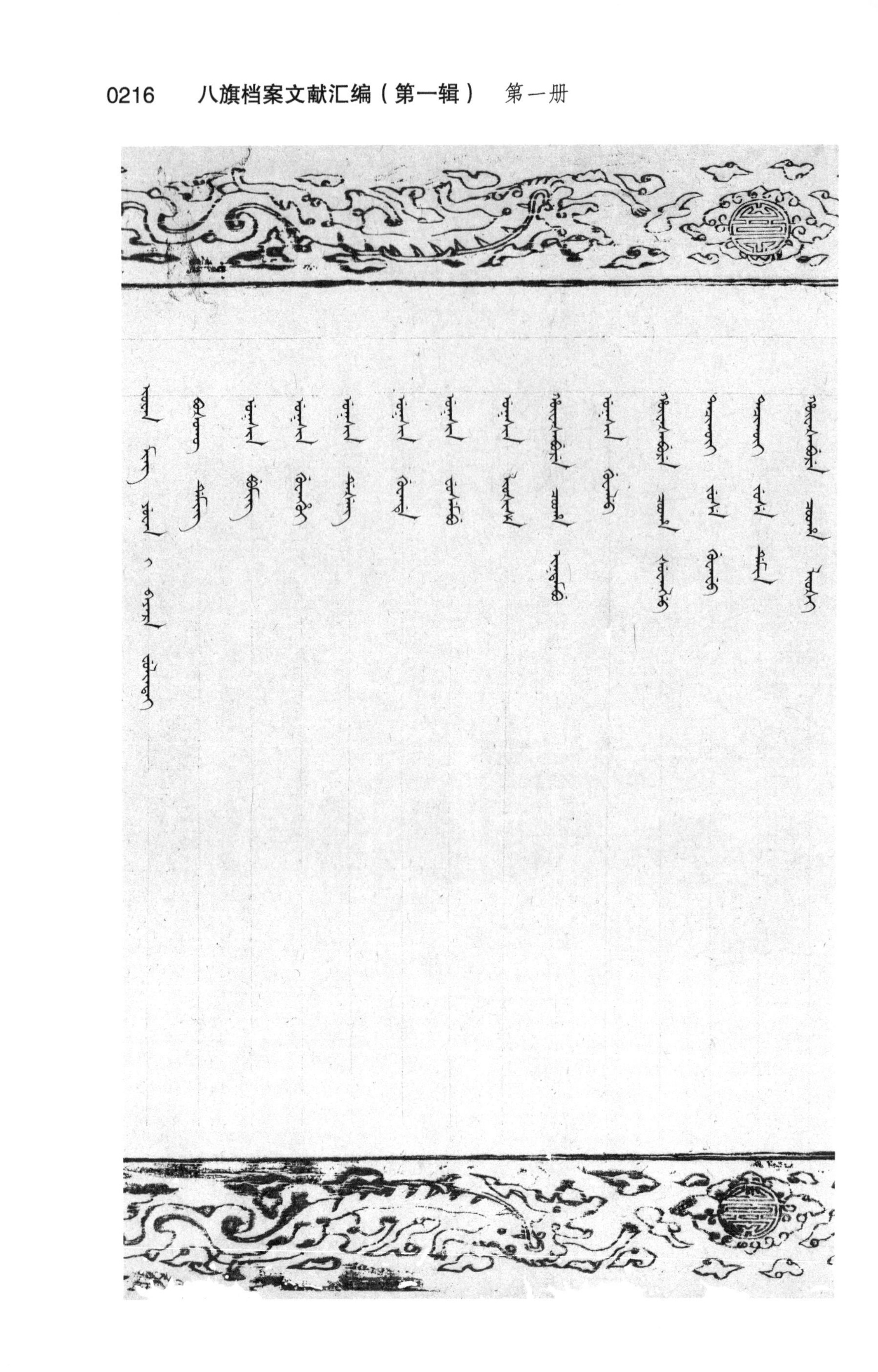

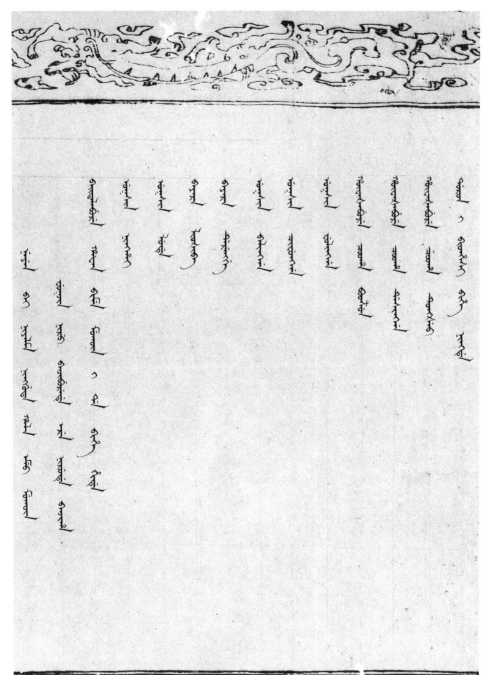

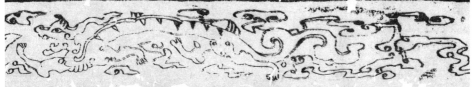

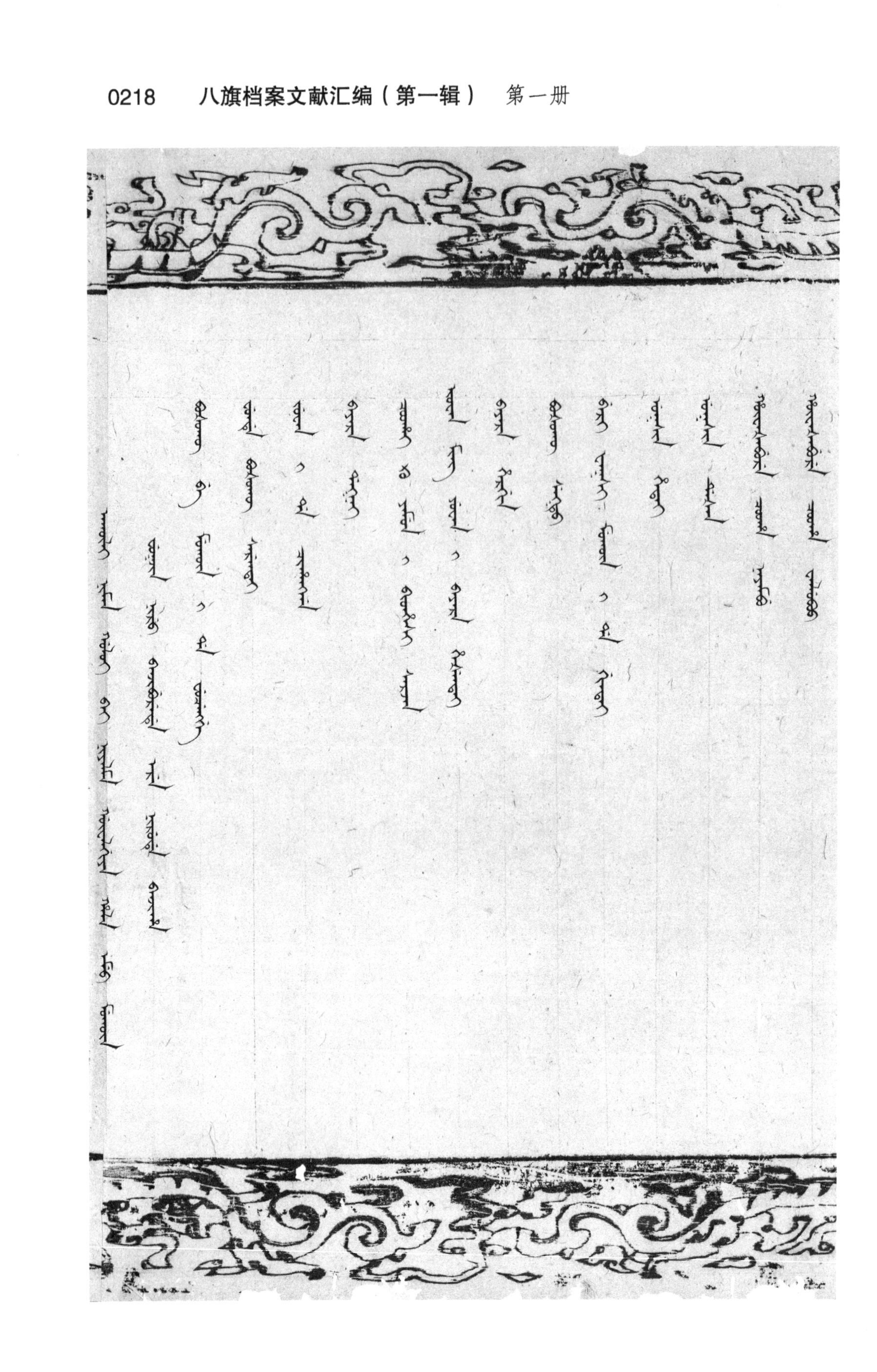

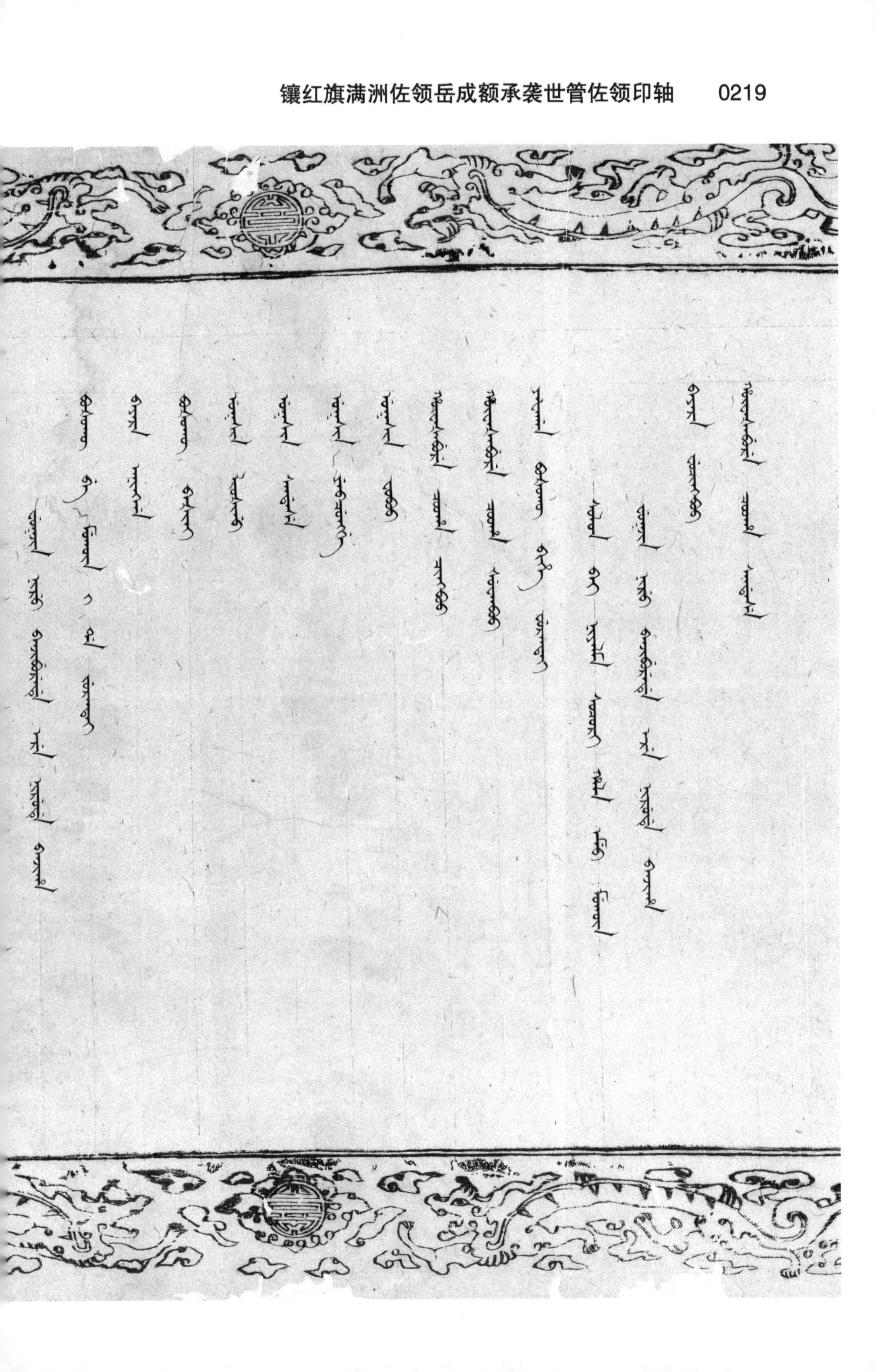

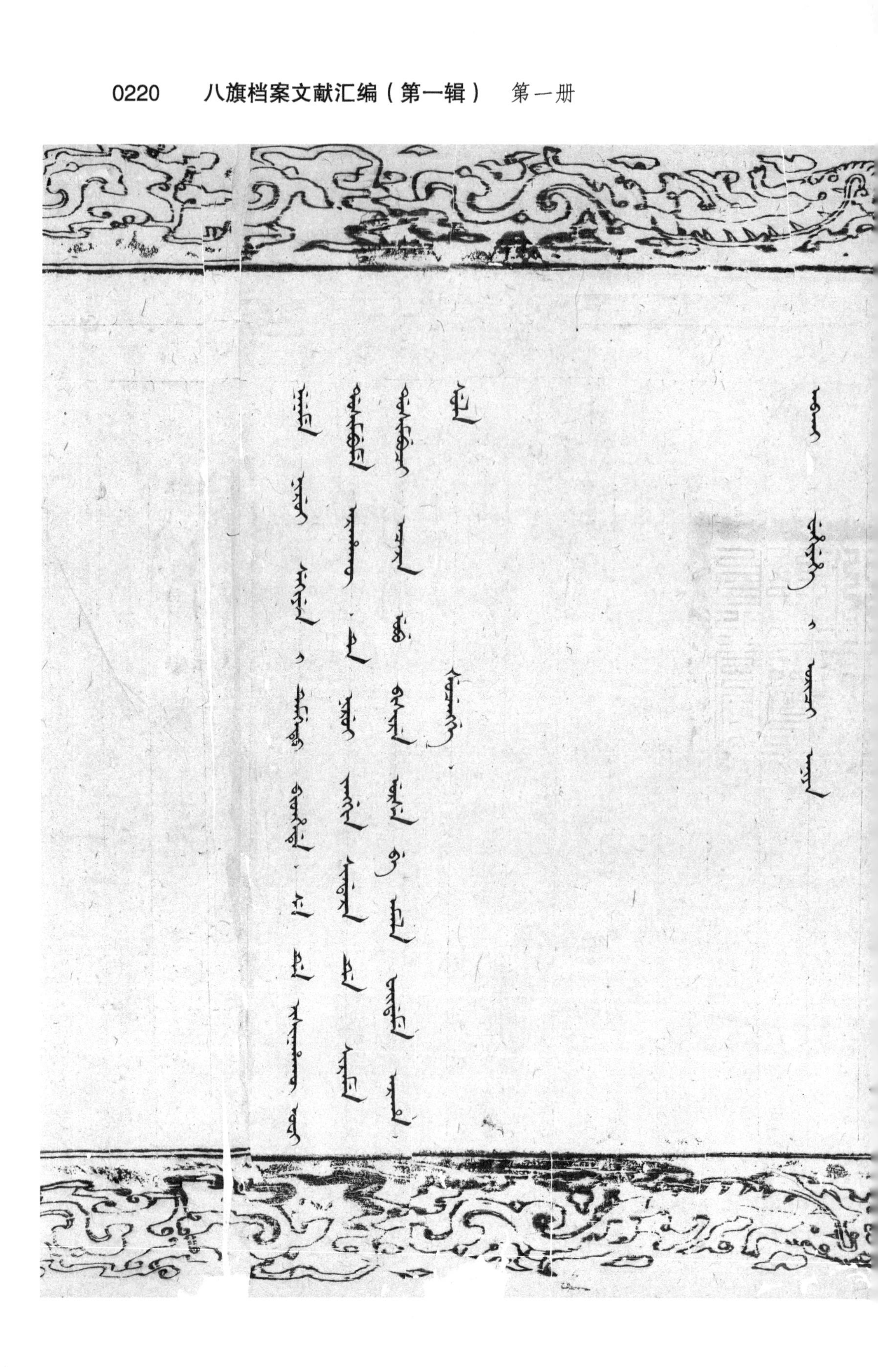

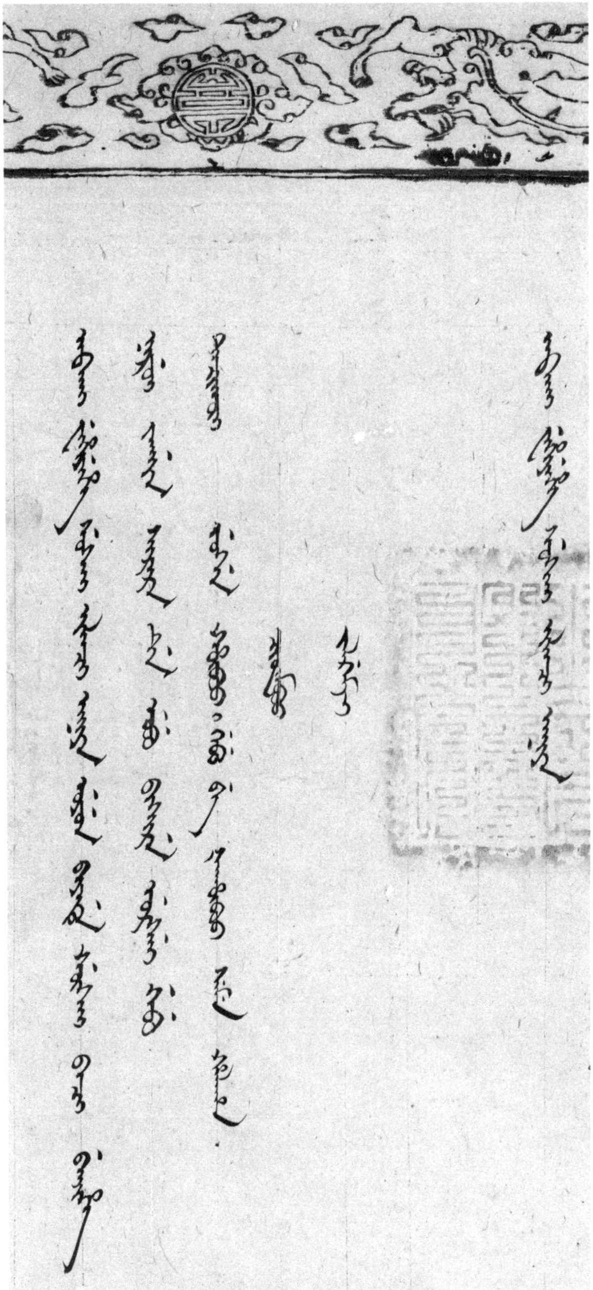

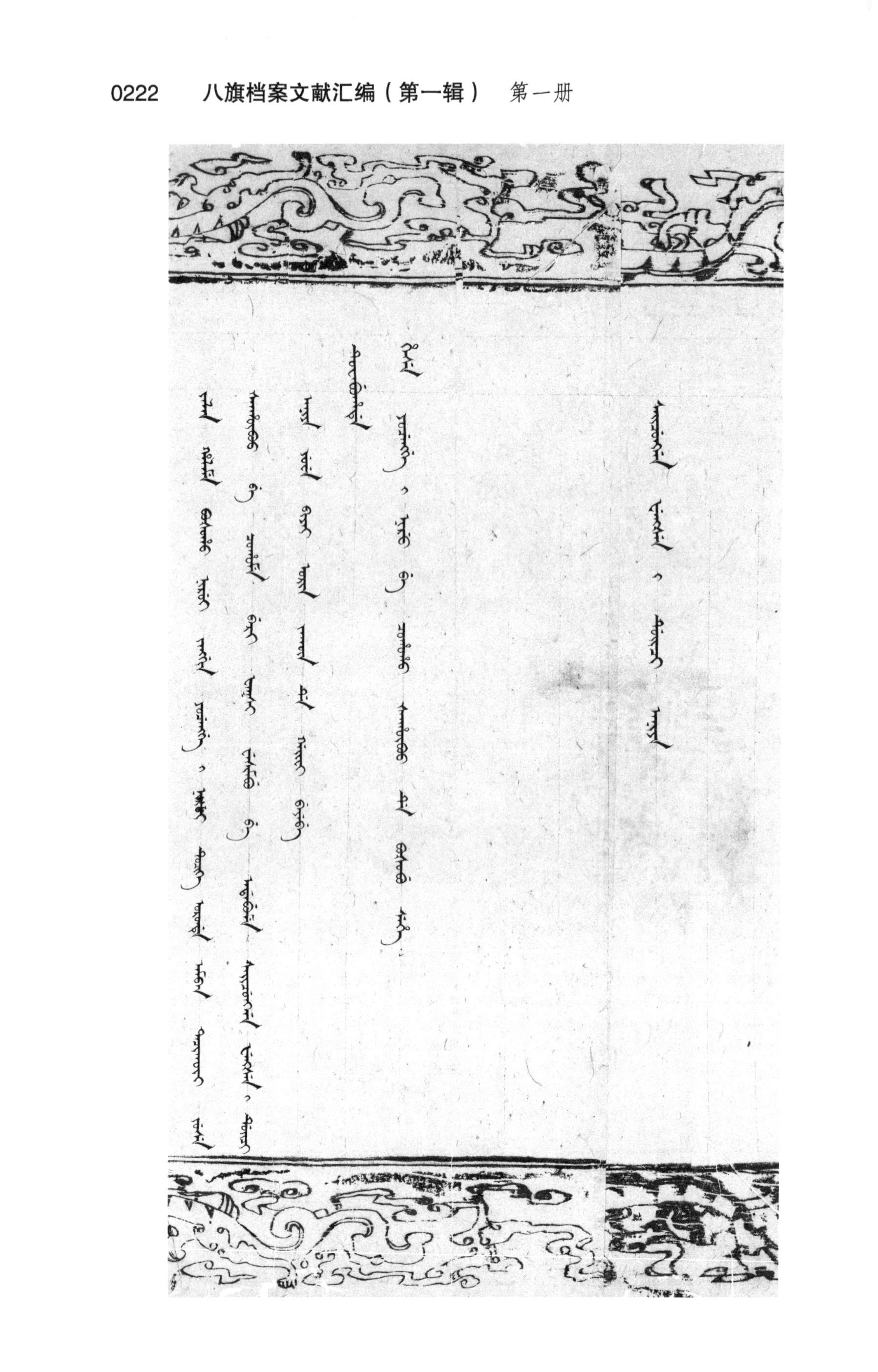

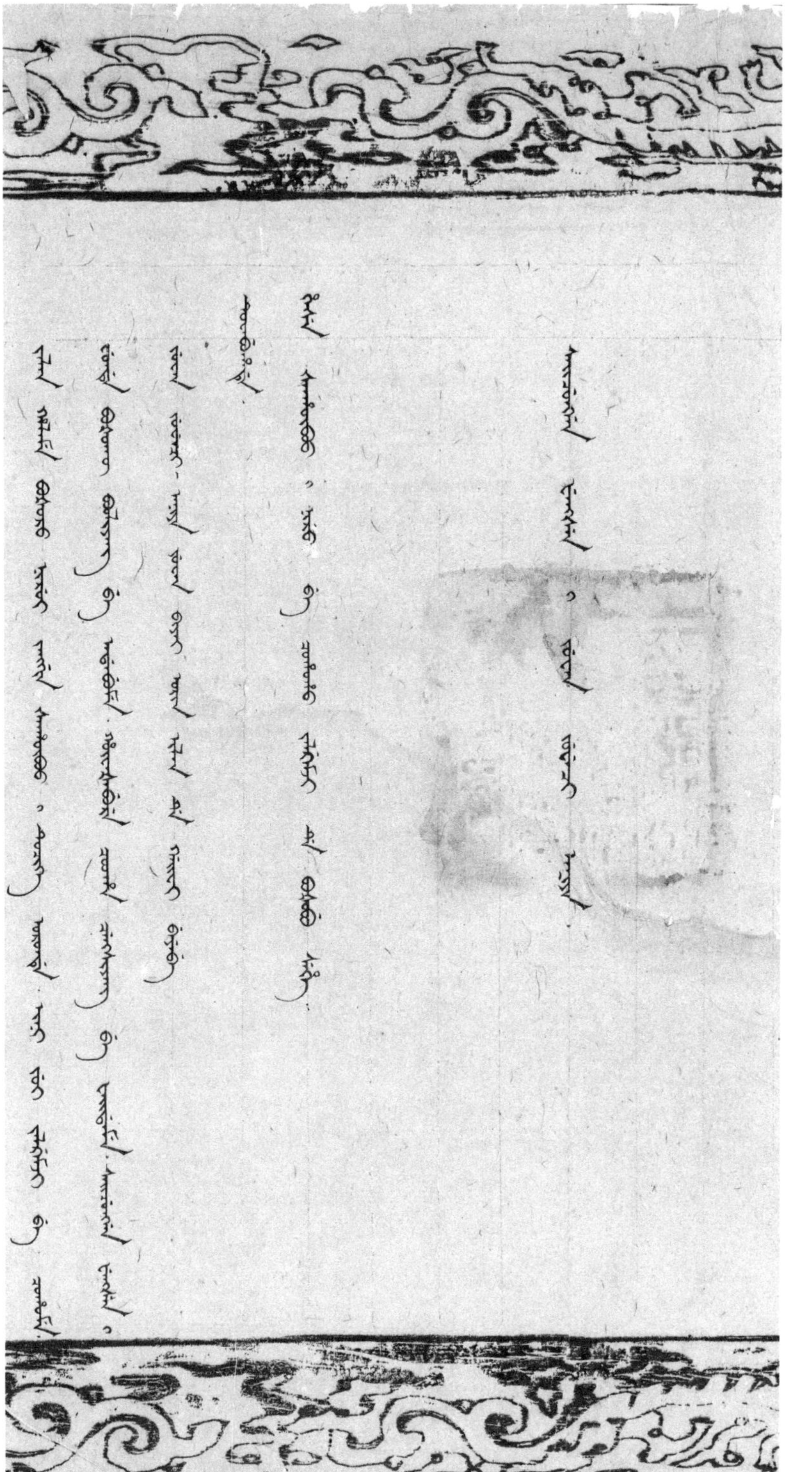

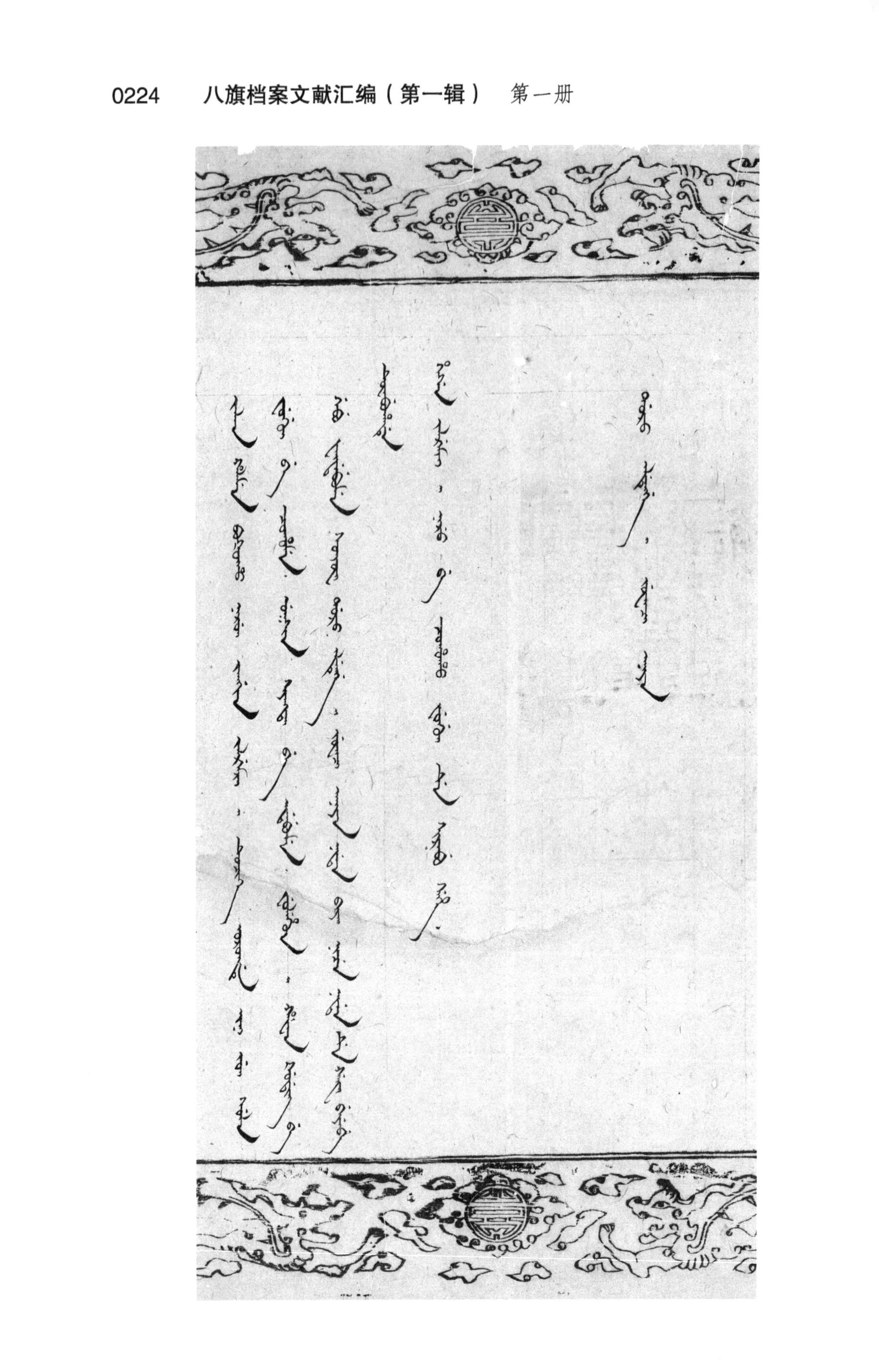

[illegible]

[illegible]

[illegible]

[illegible]

[illegible]

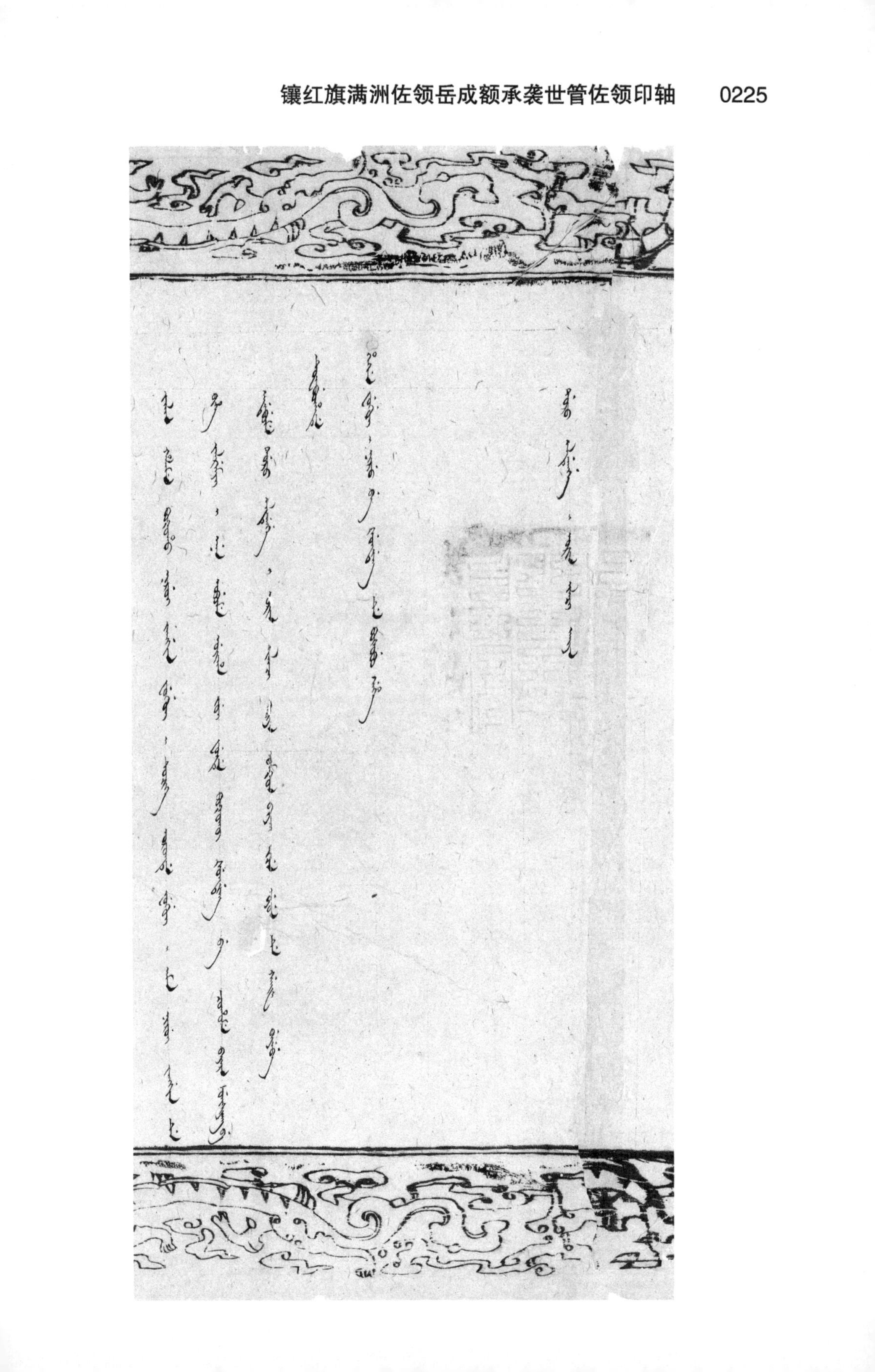

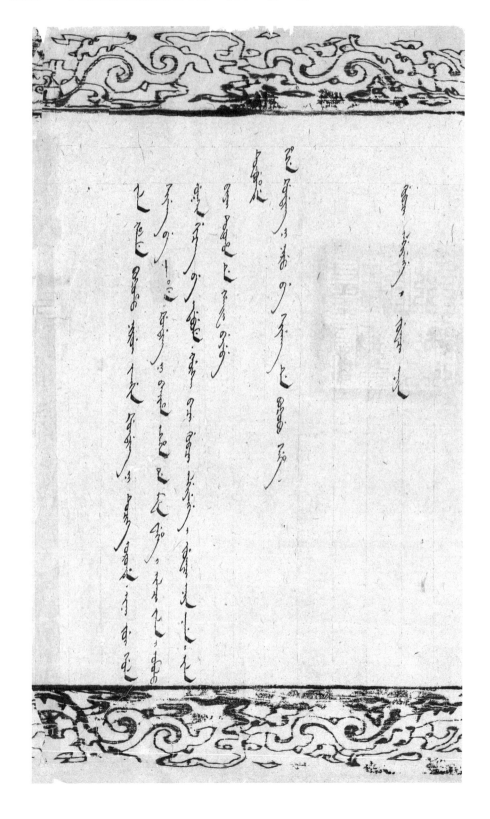

正蓝旗满洲佐领宗室诺木柱承袭勋旧佐领印轴

满文写本，卷轴装，页面47.0cm×817.5cm，四周双边，螭文，钤兵部印，印轴内容保存完整，满文题名为 gulu lamun i manju gūsai nirui janggin uksun nomju i bošoho fujuri nirui temgetu bithe。初修时间为乾隆七年，后陆续添写至宣统元年，满幅。该印轴是本辑中唯一一件宗室佐领印轴。

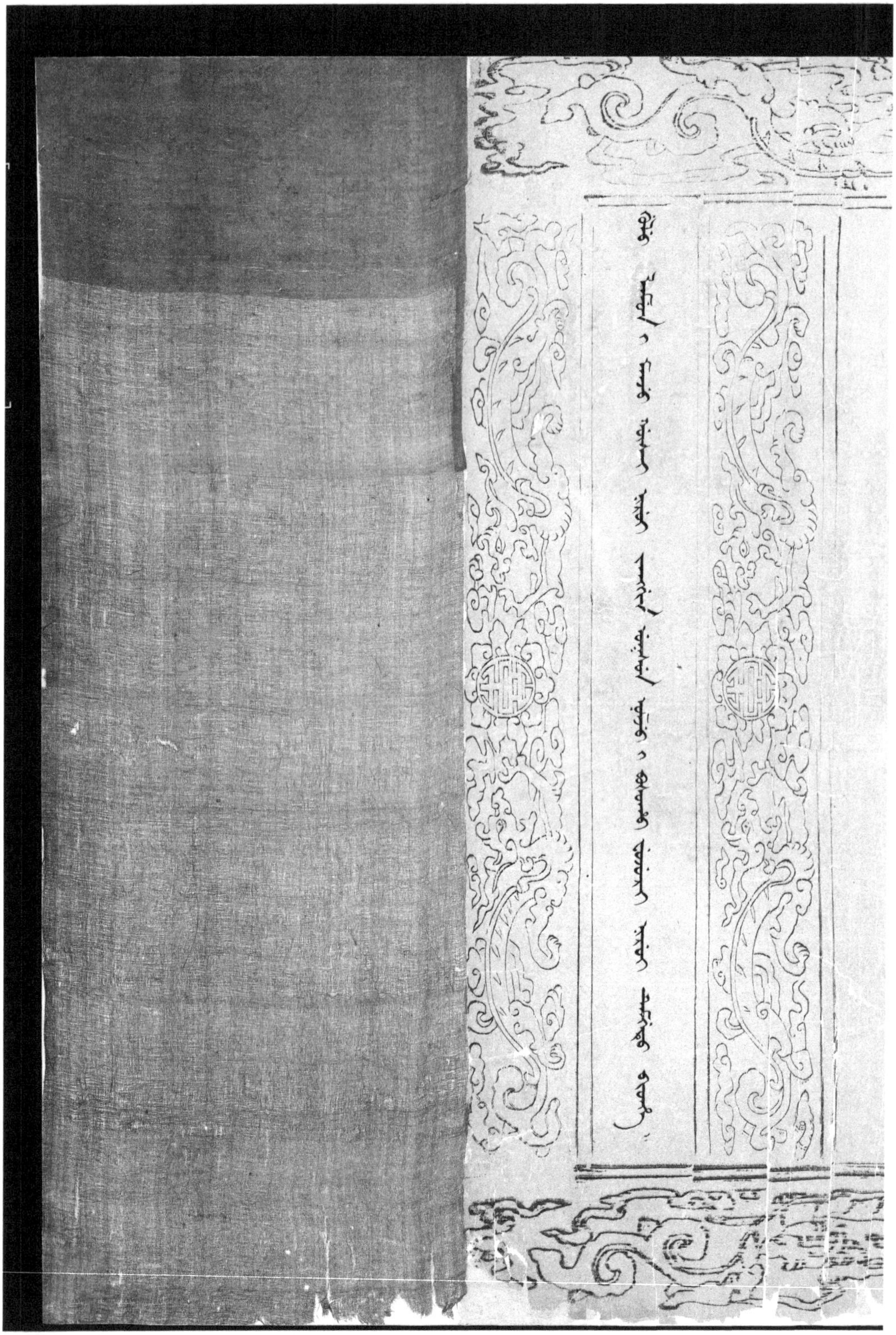

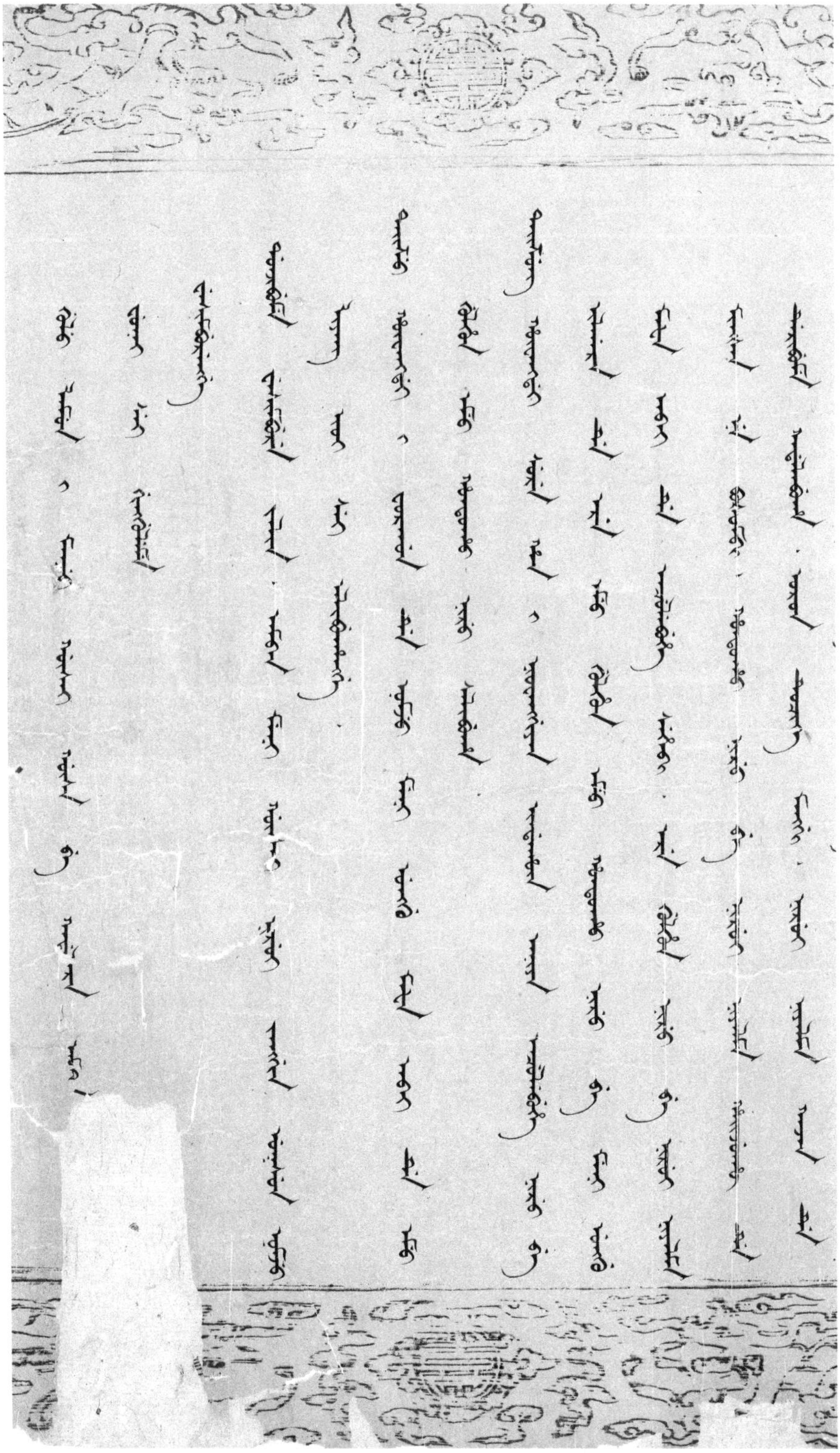

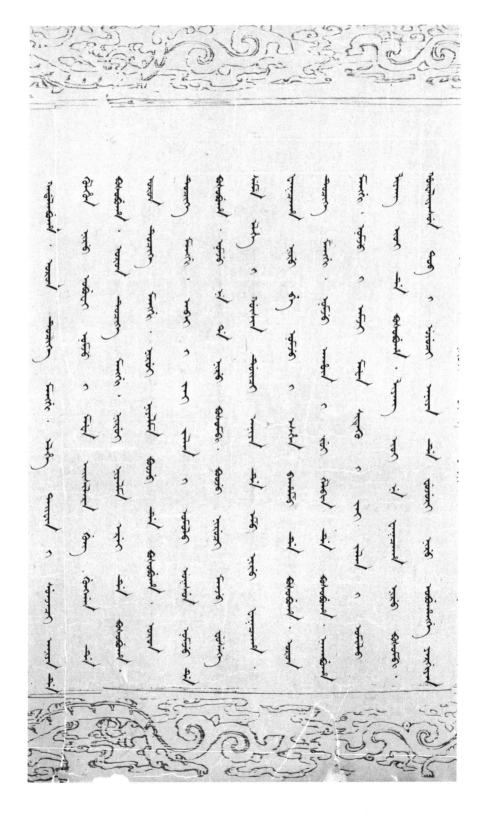

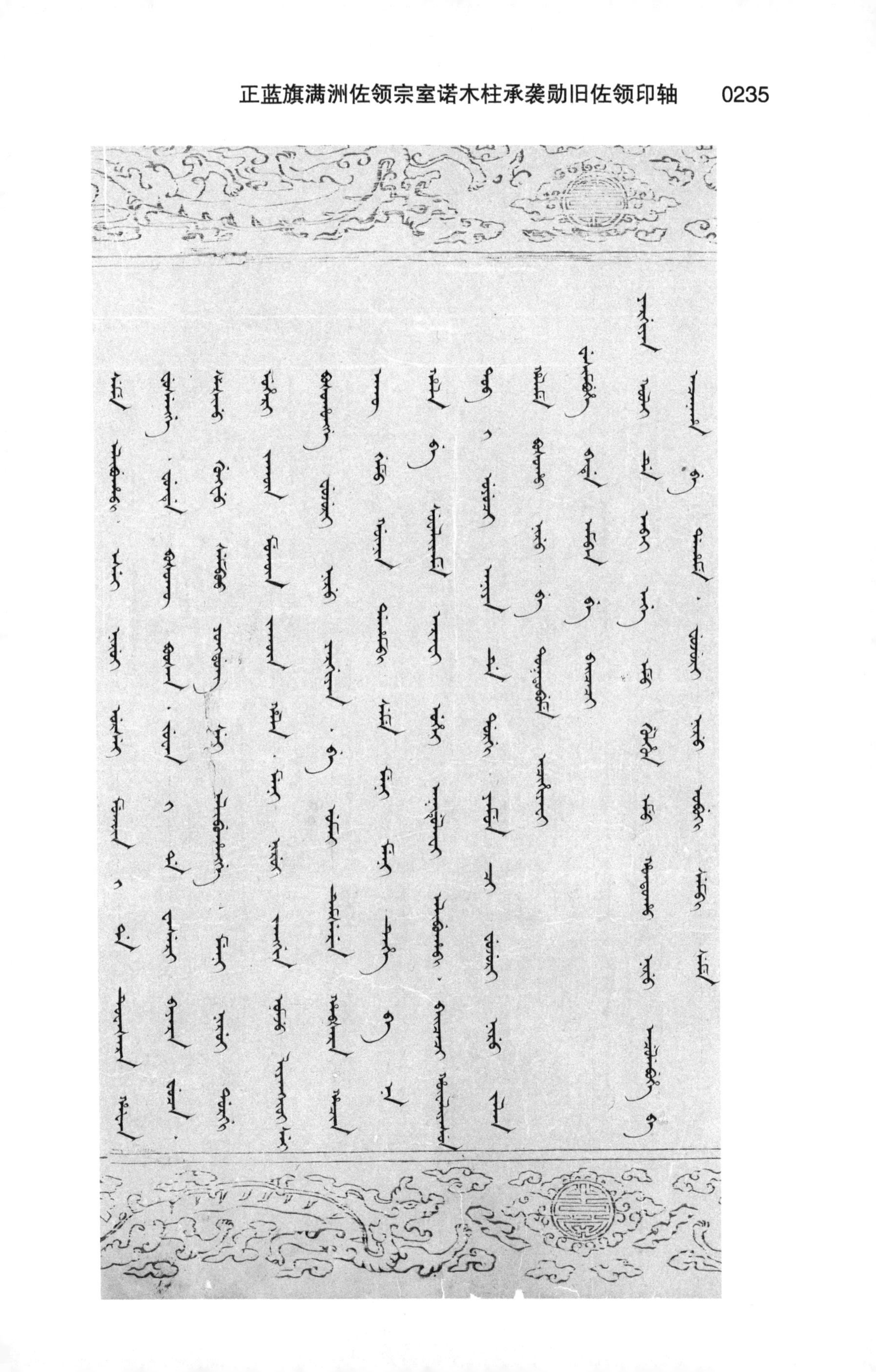

[illegible]

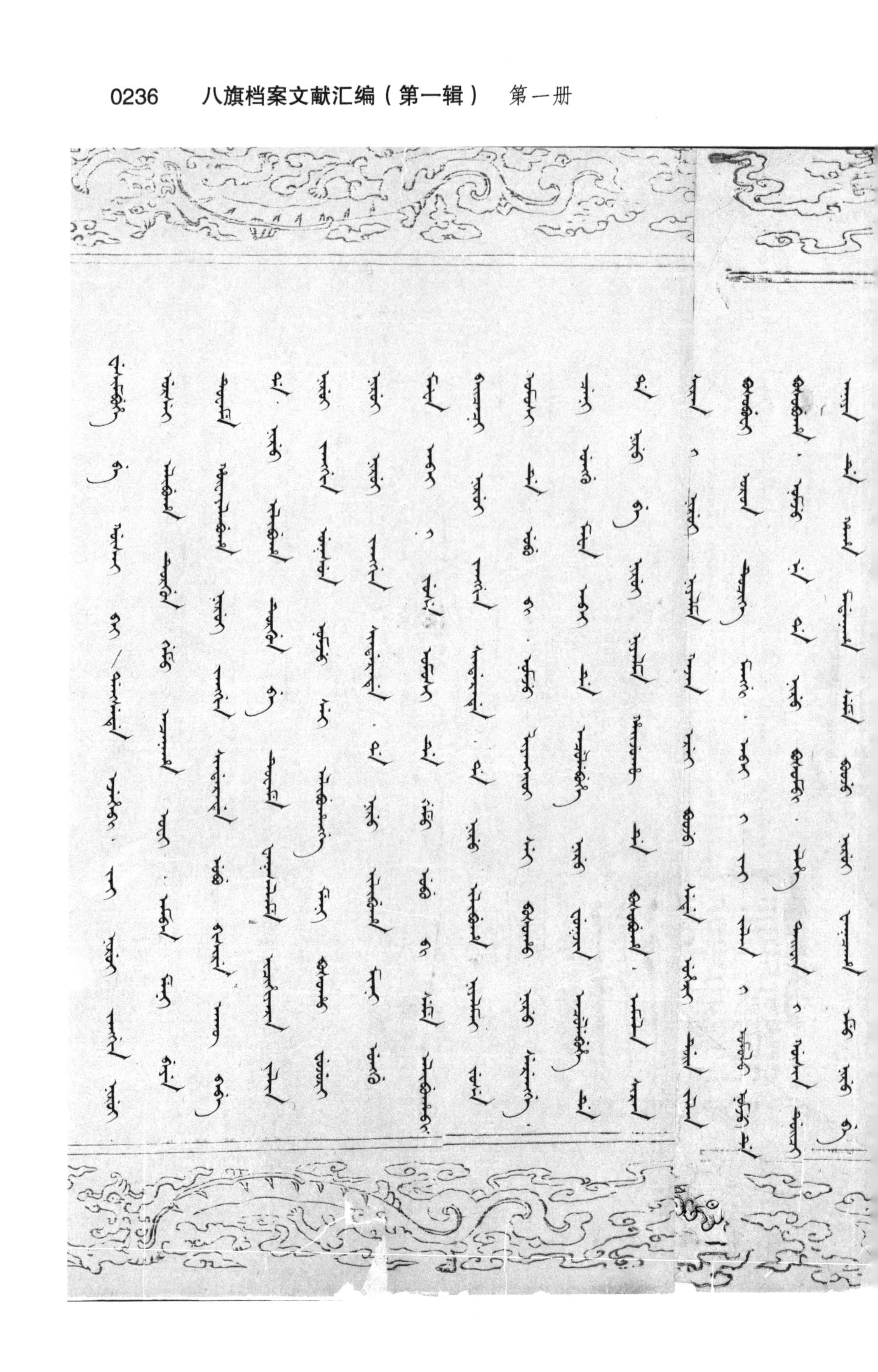

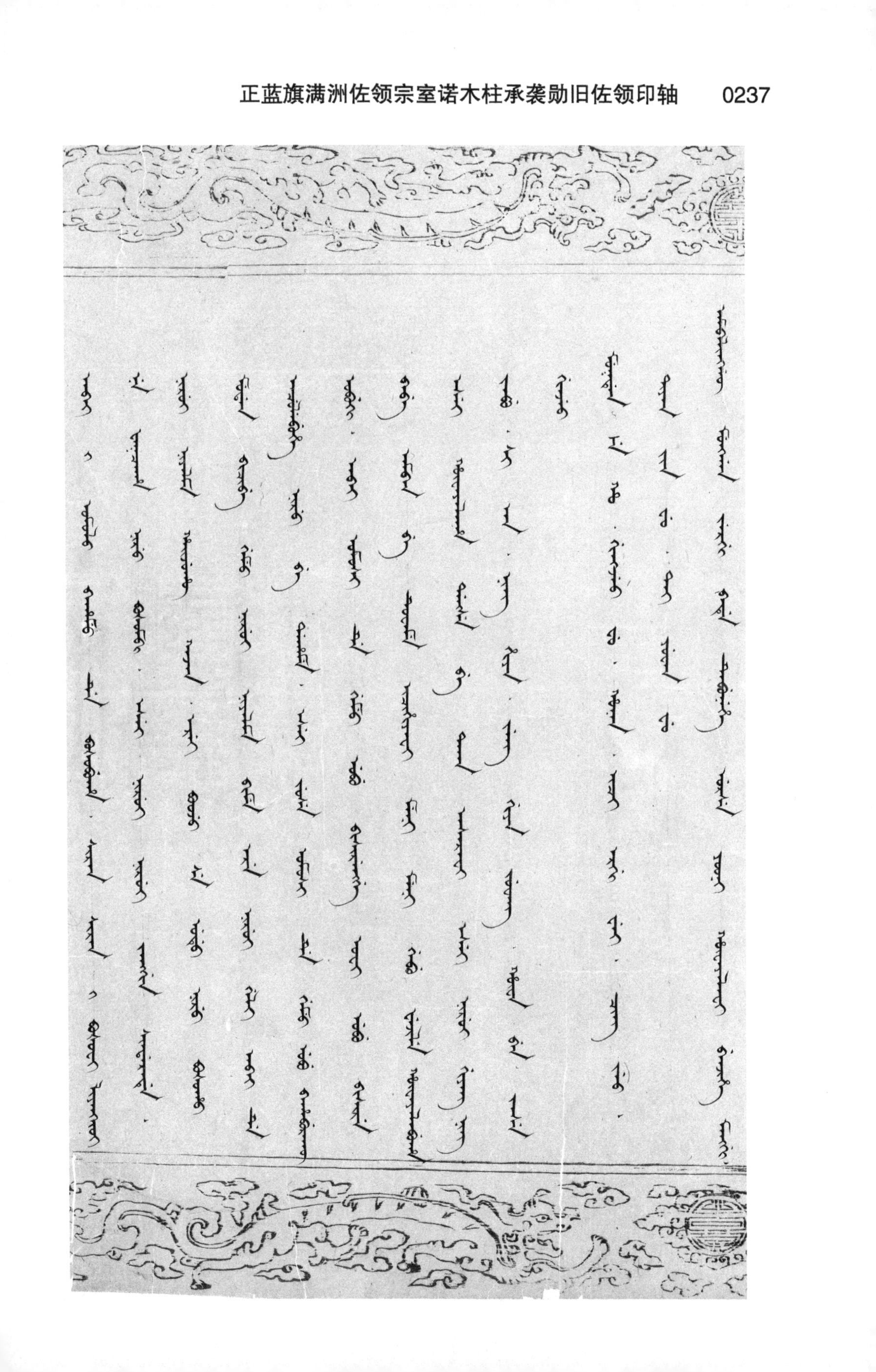

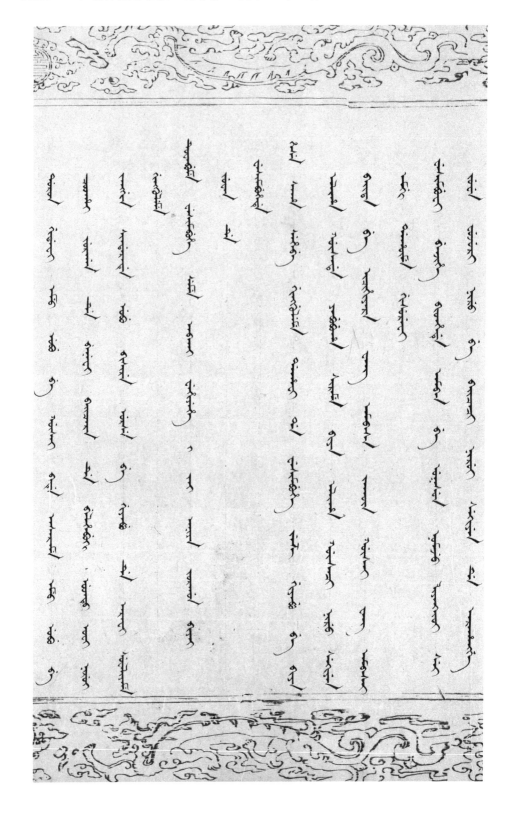

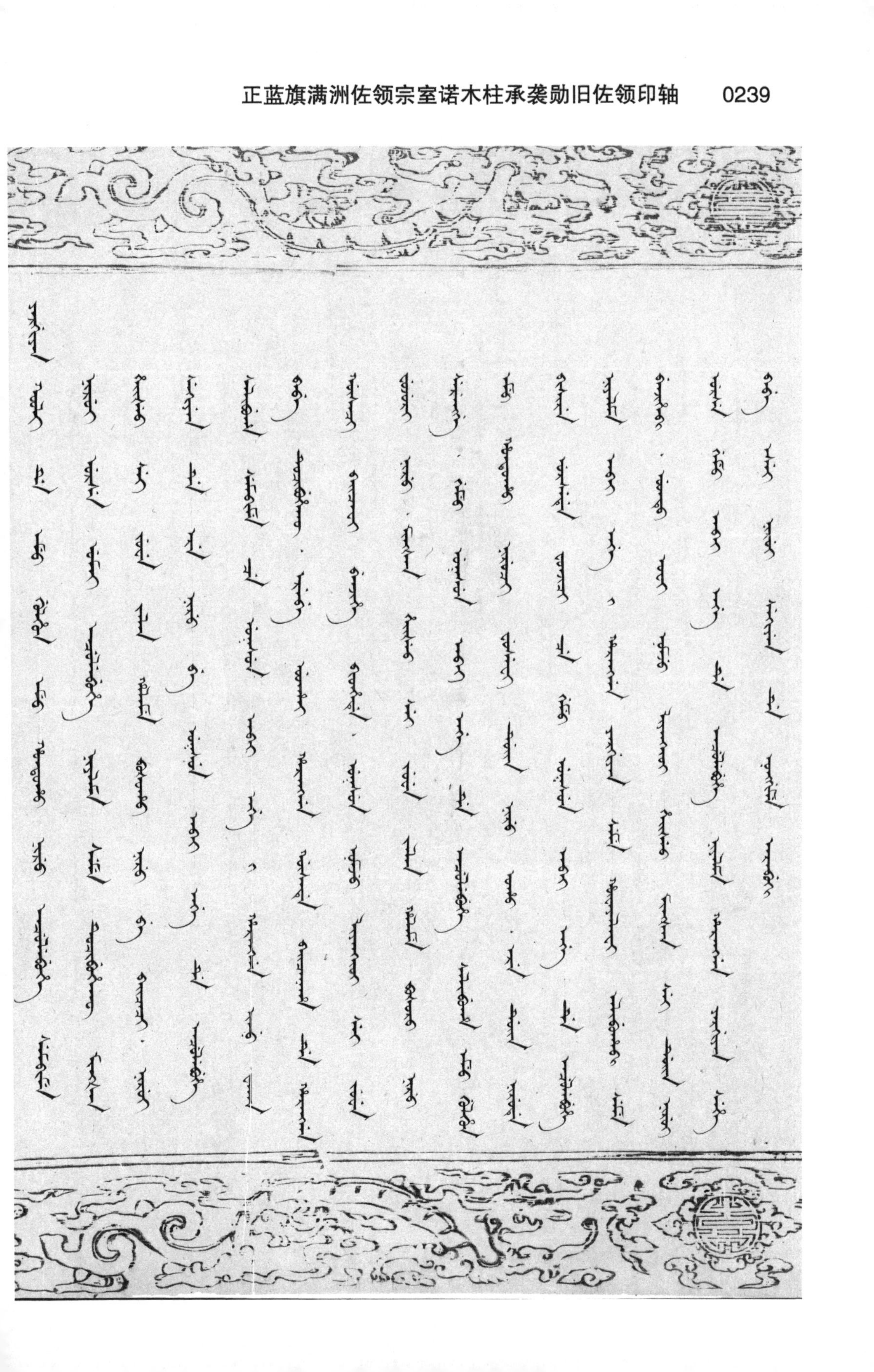

[illegible]

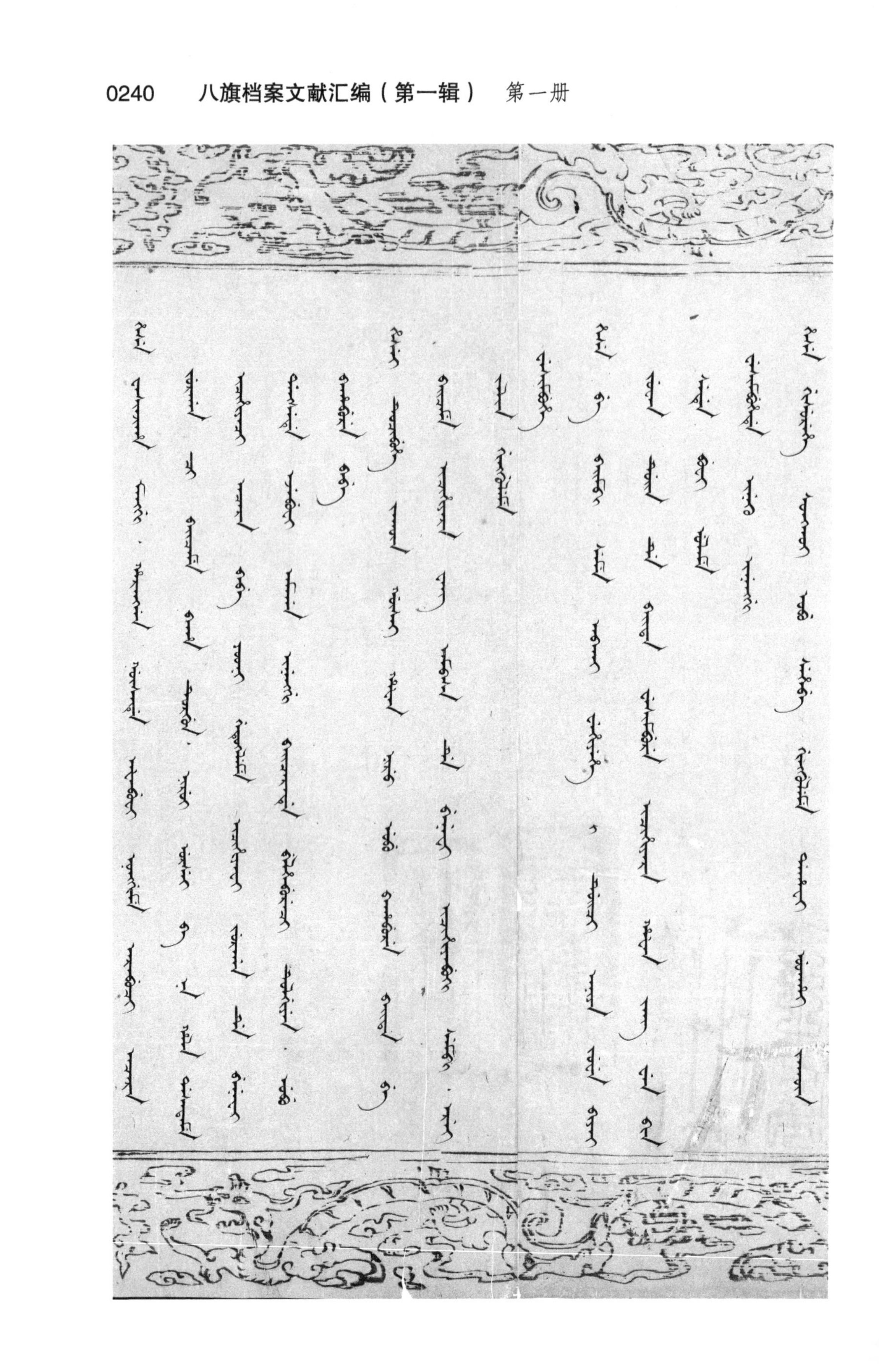

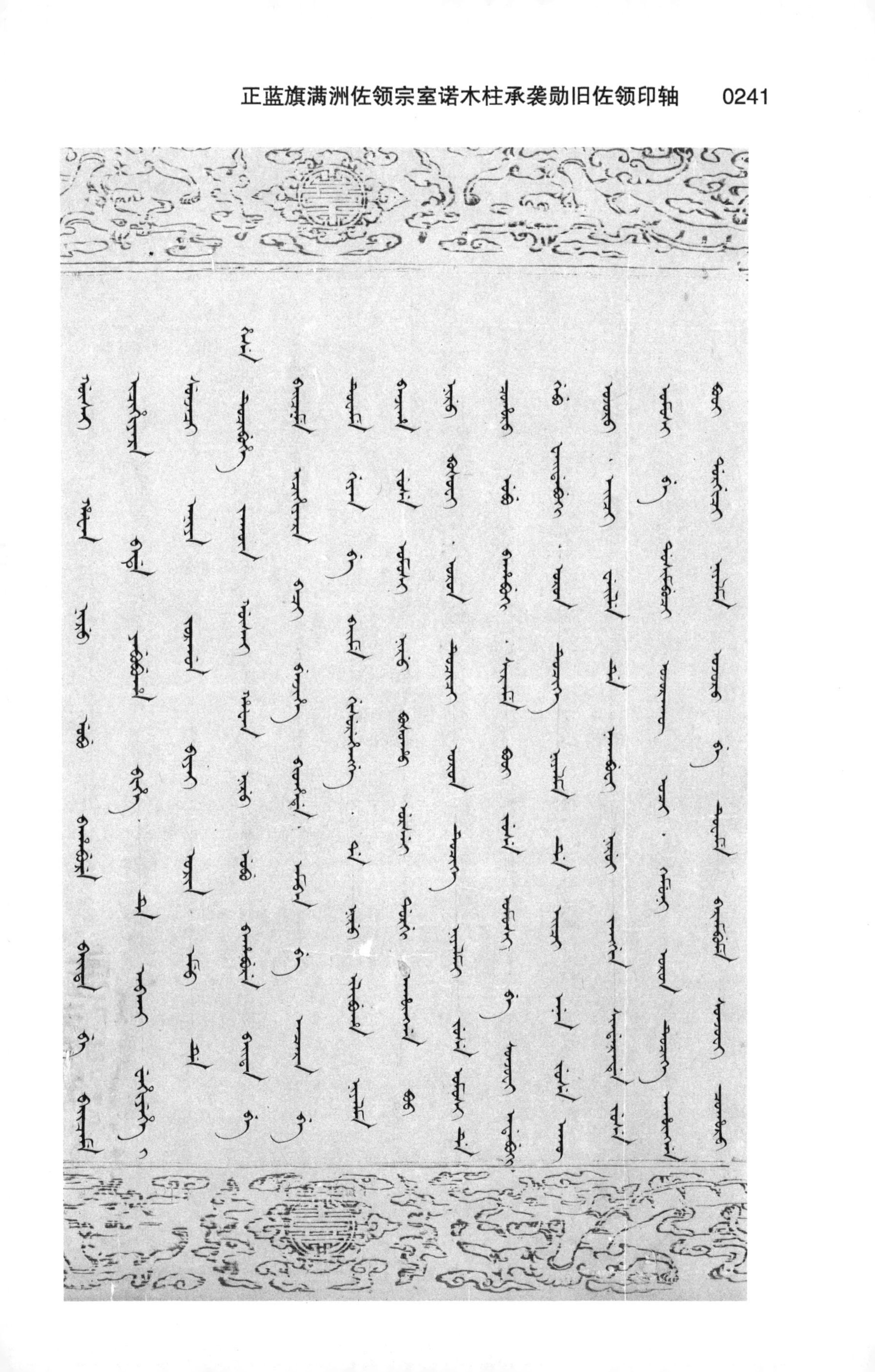

[illegible]

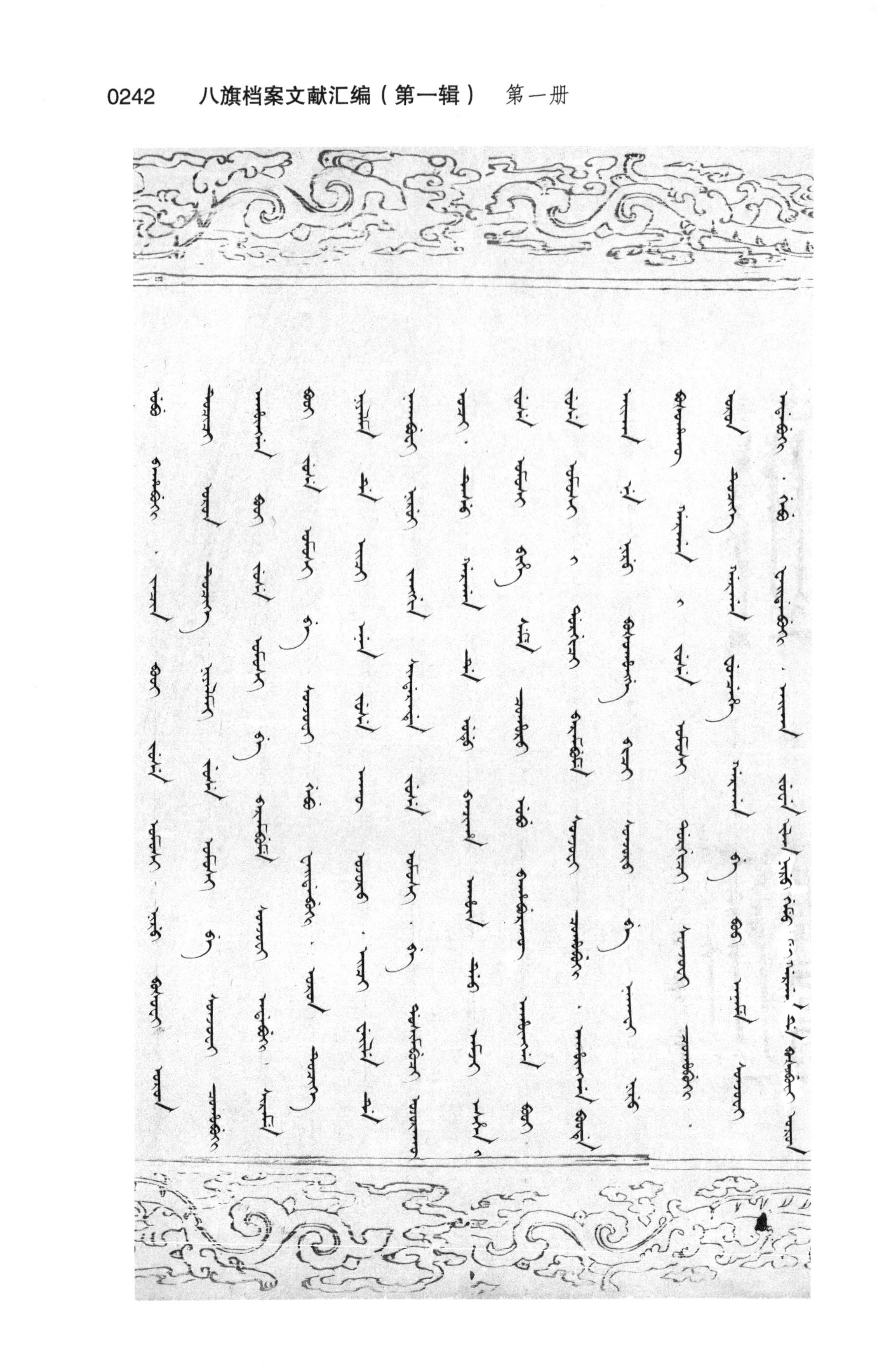

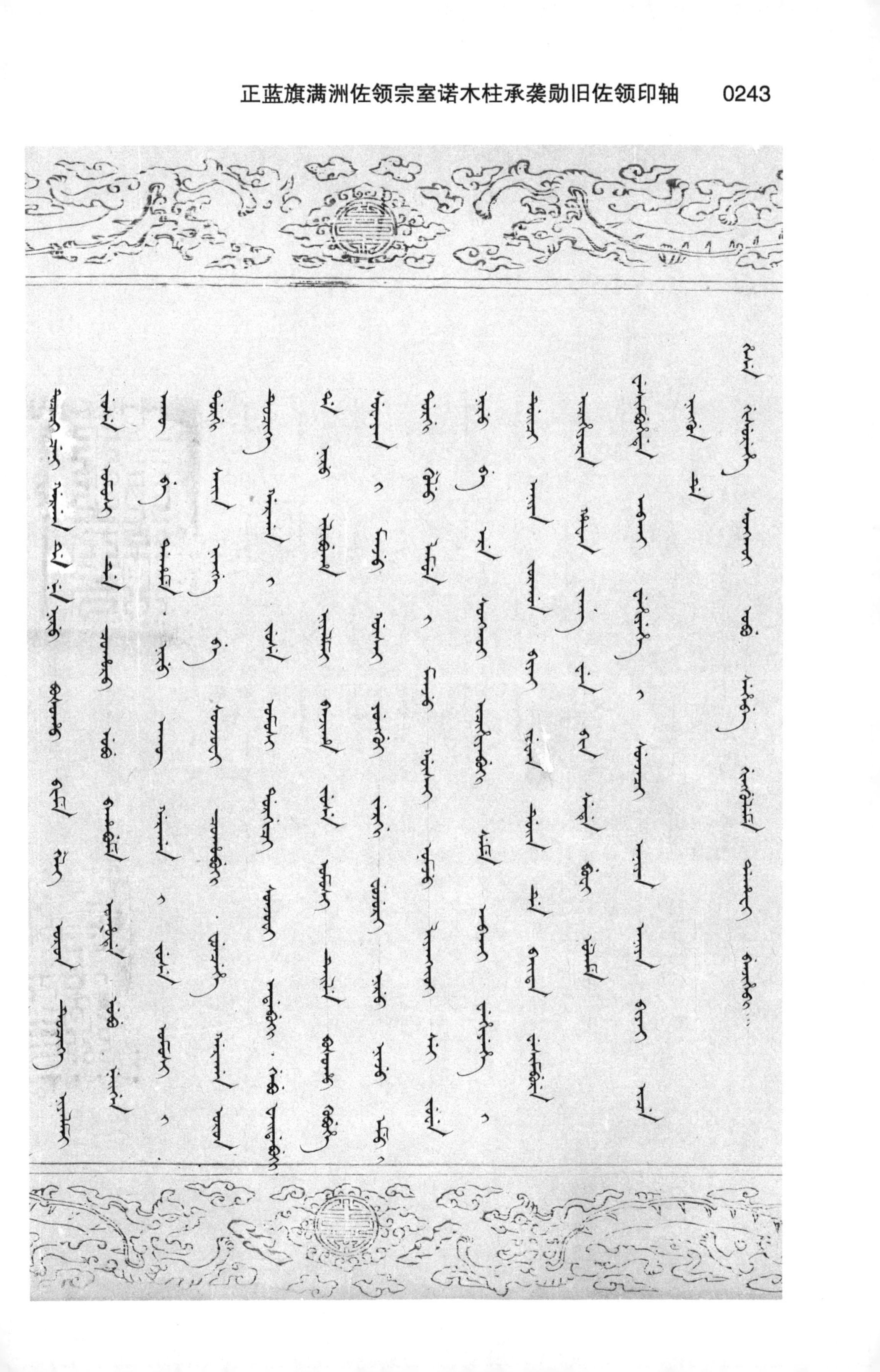

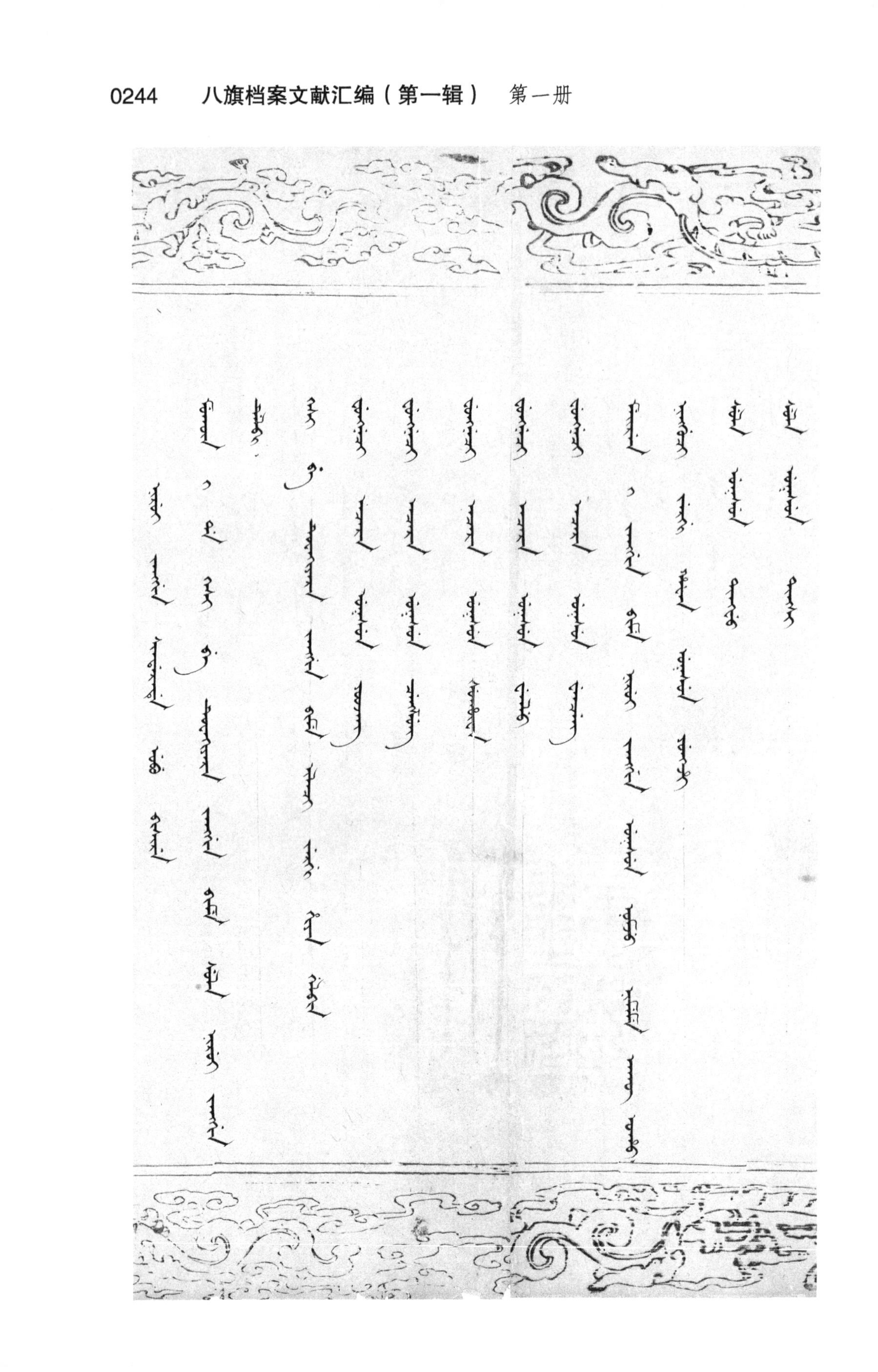

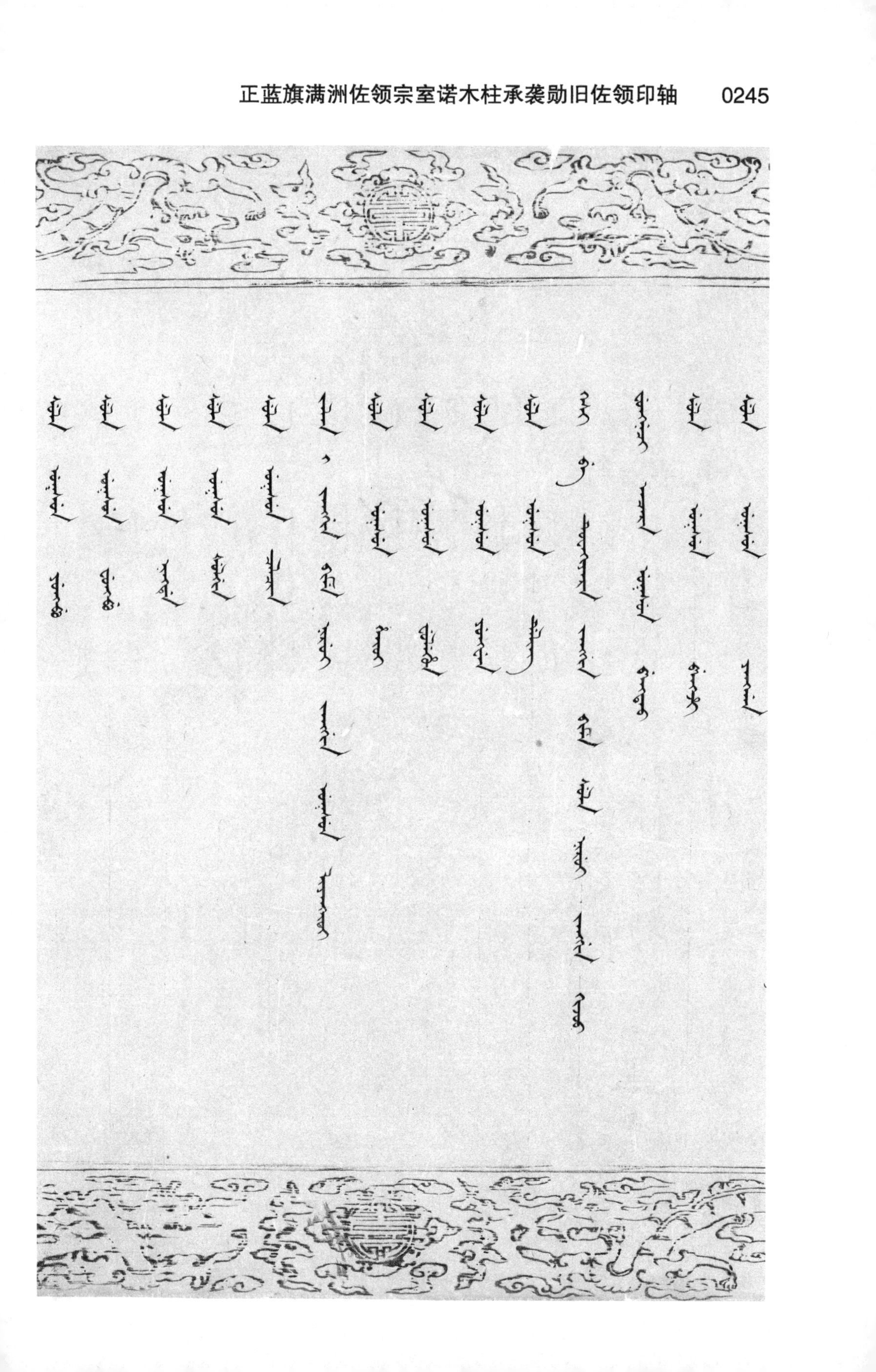

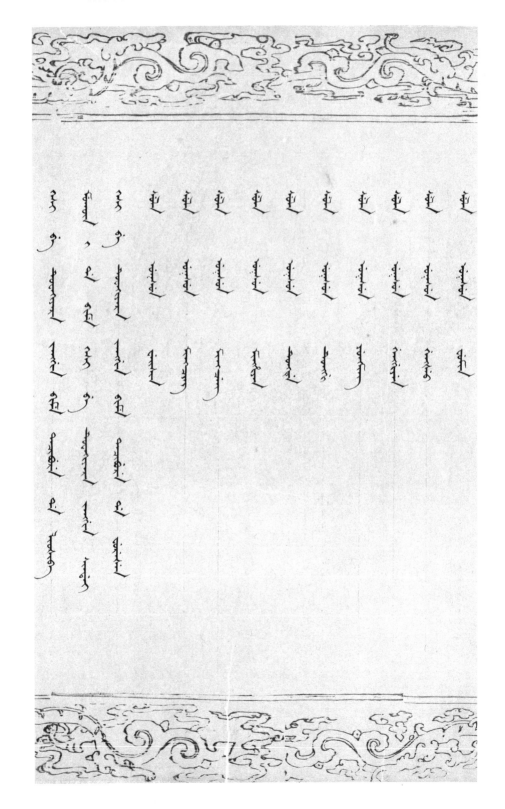

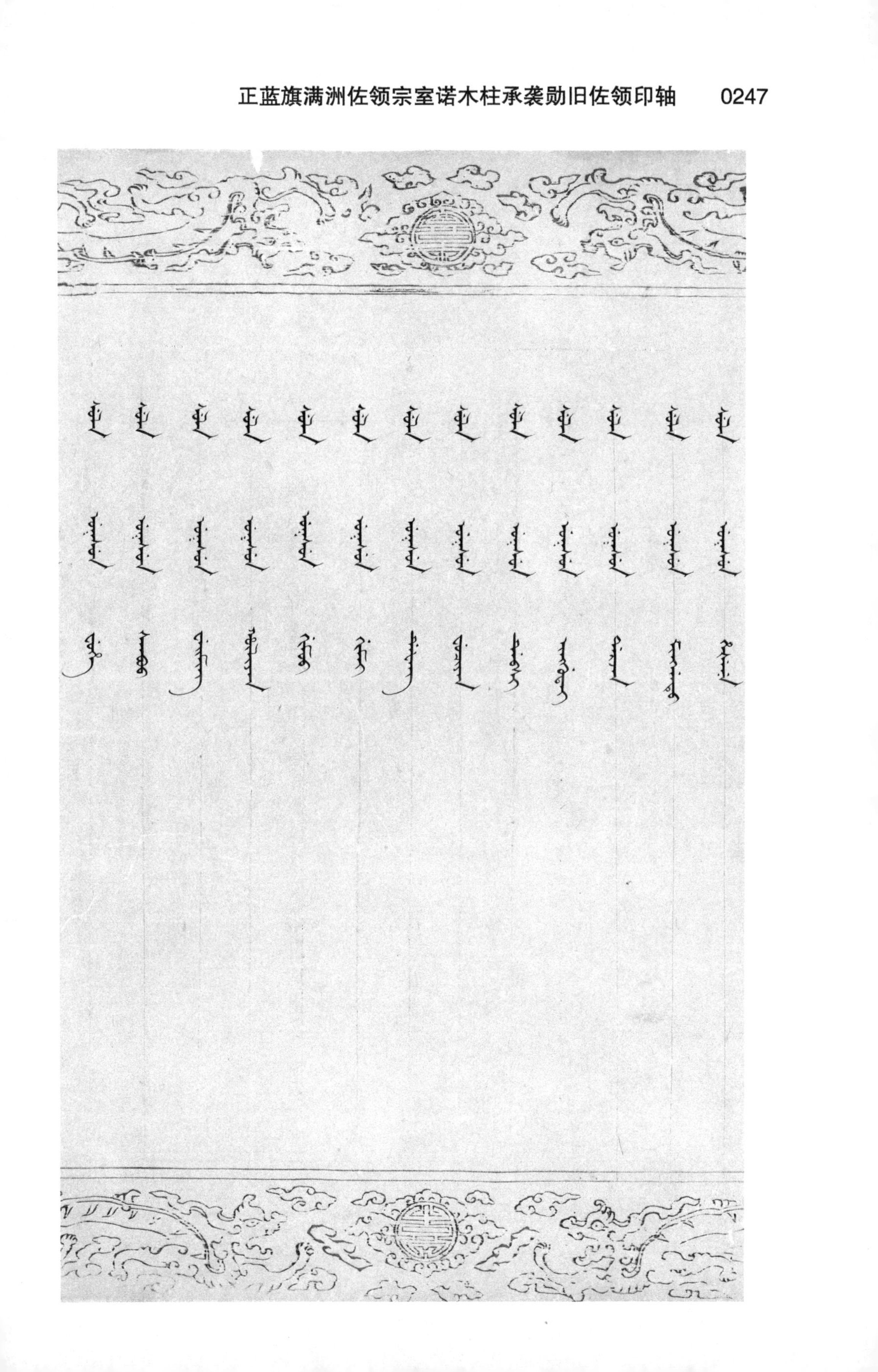

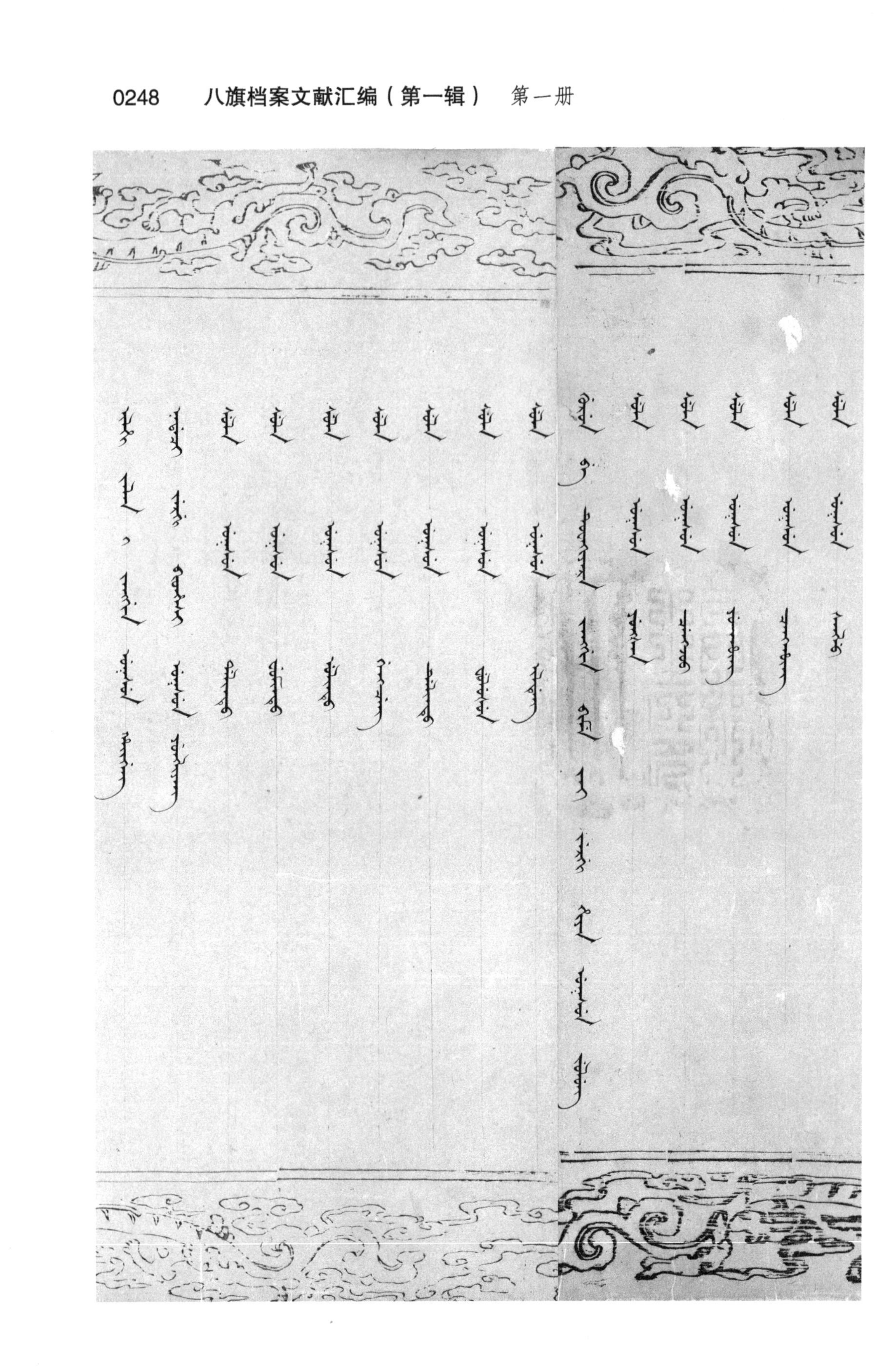

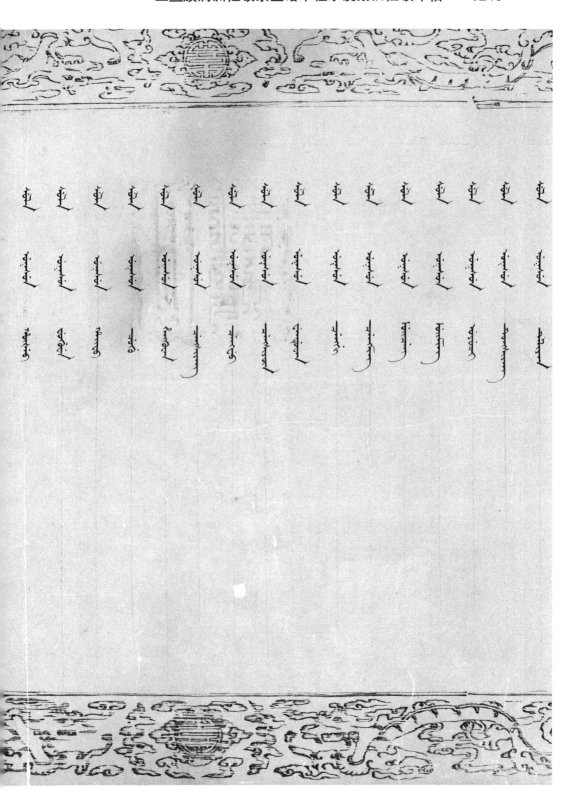

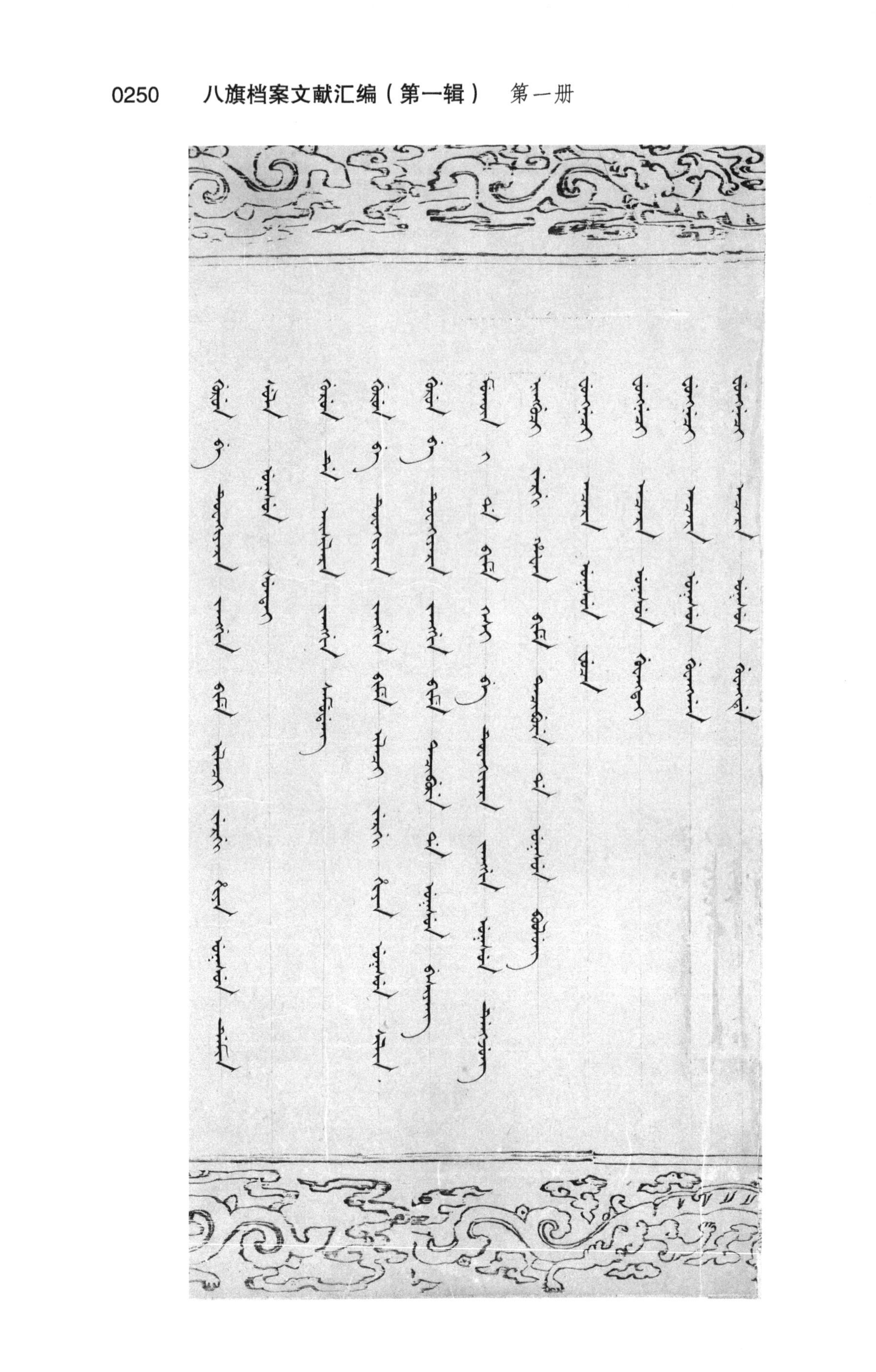

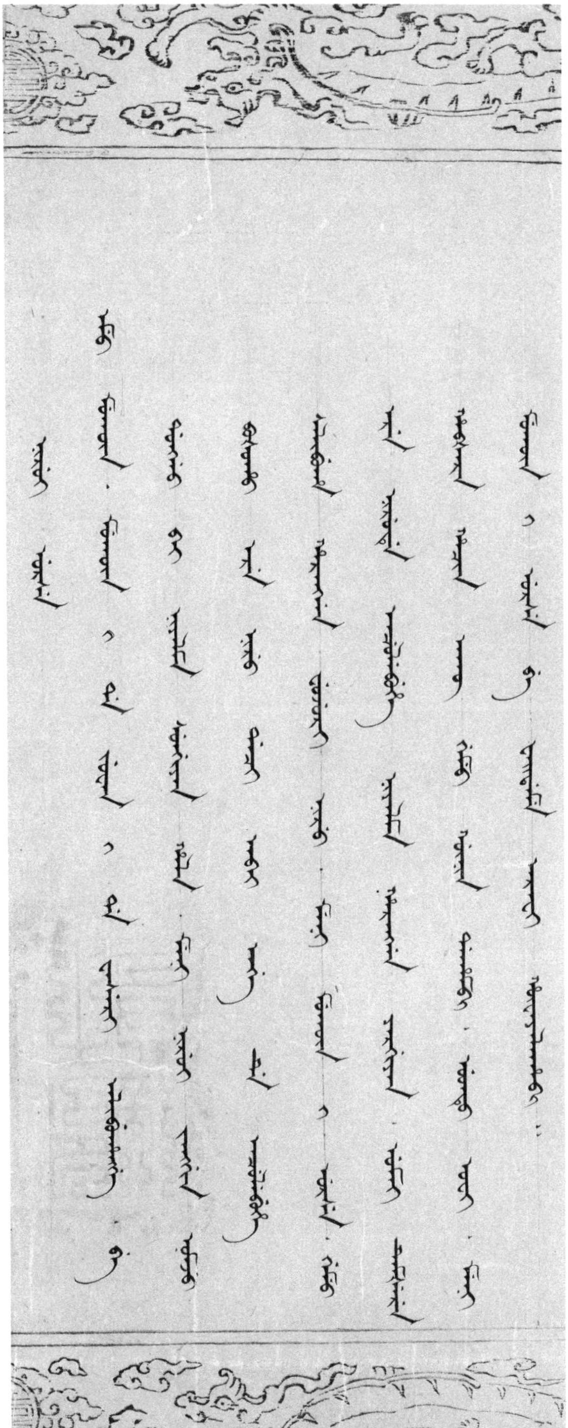

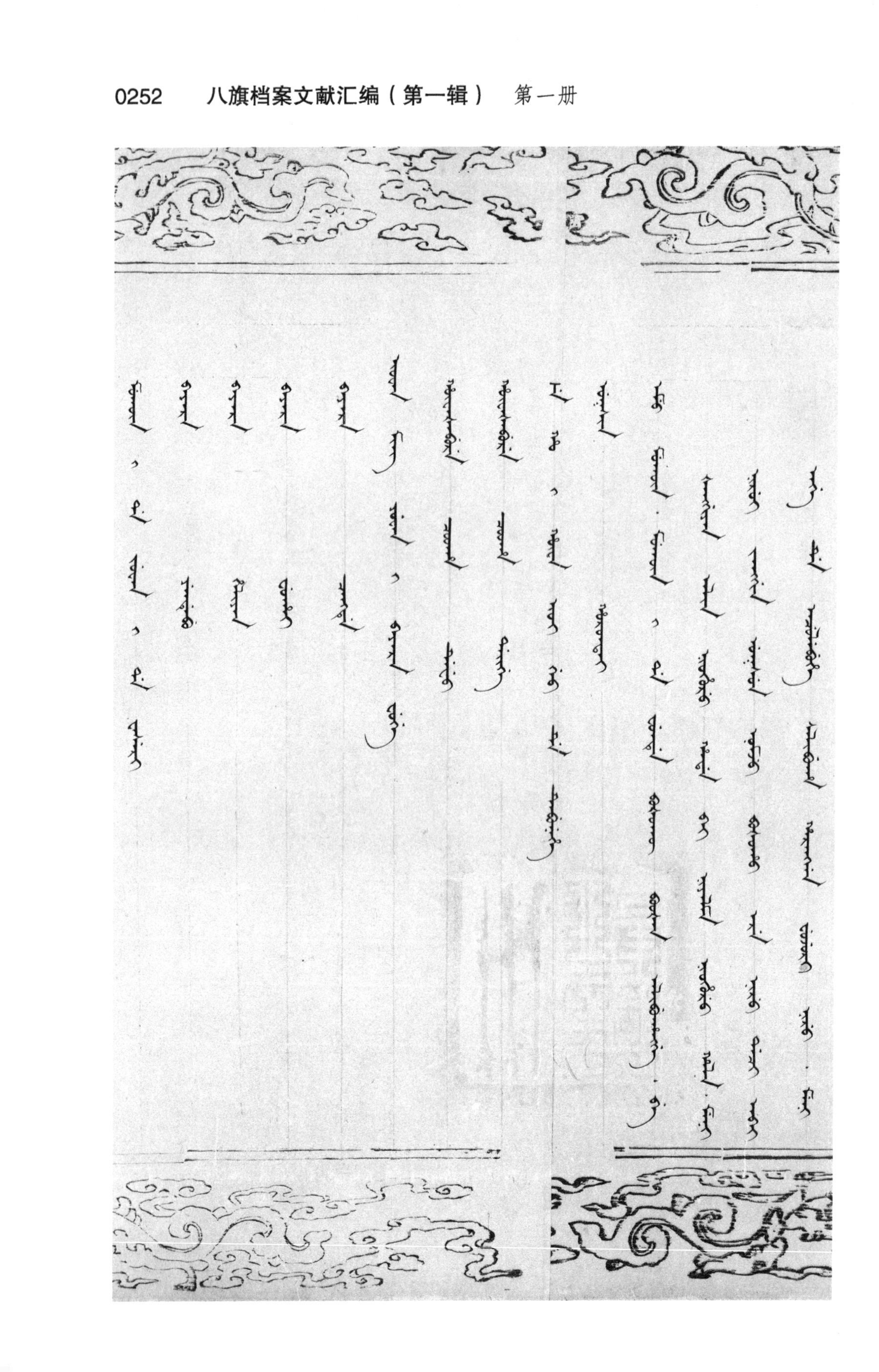

[illegible]

[illegible]

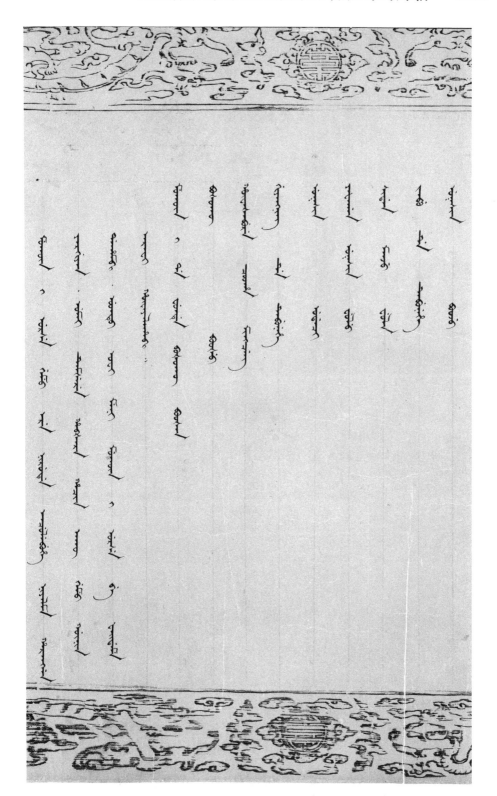

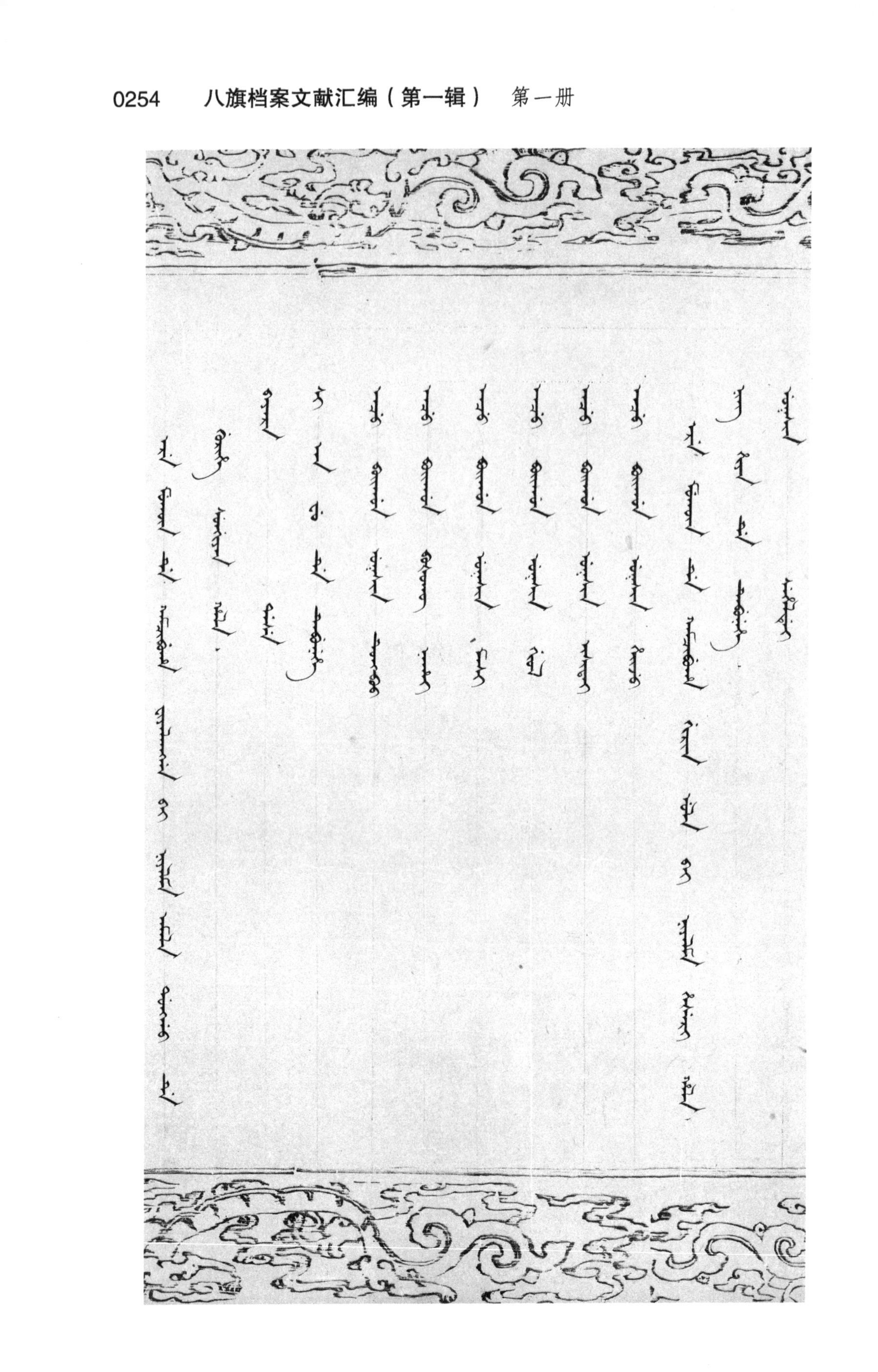

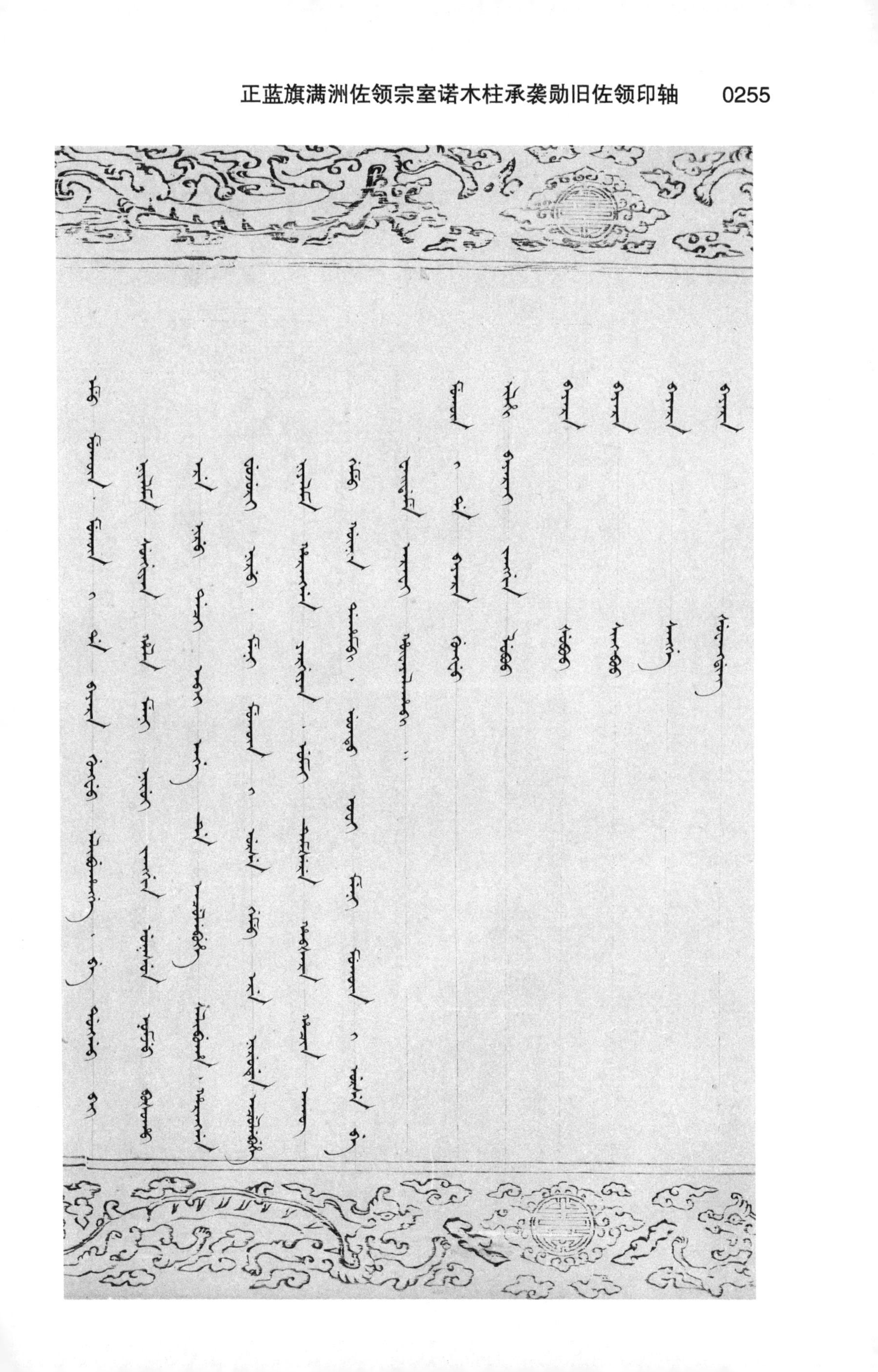

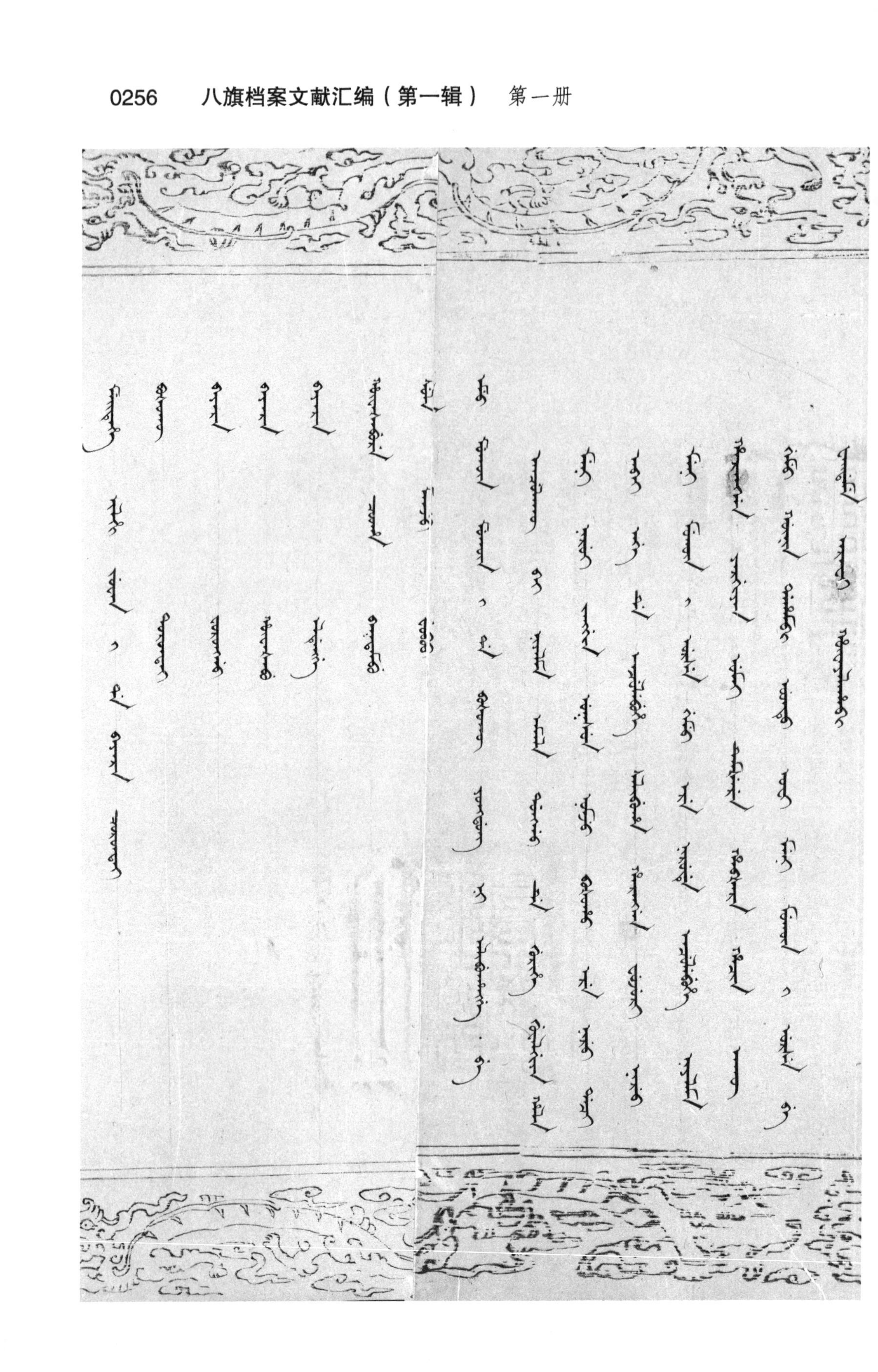

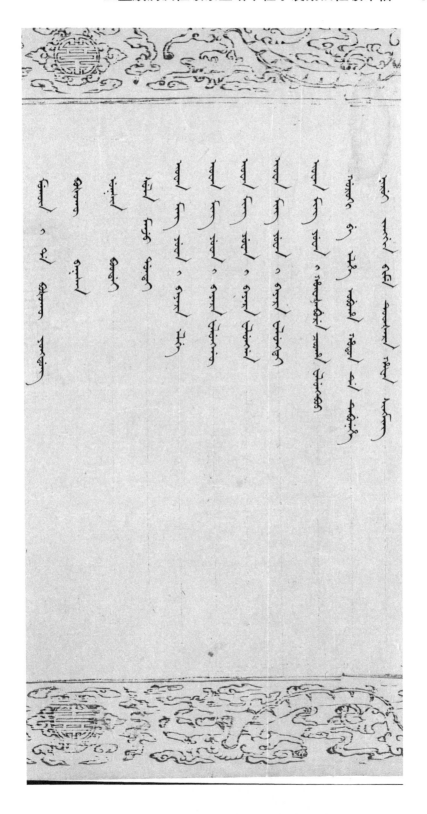

[illegible]

[illegible]

[illegible]

[illegible]

[illegible]

[illegible]

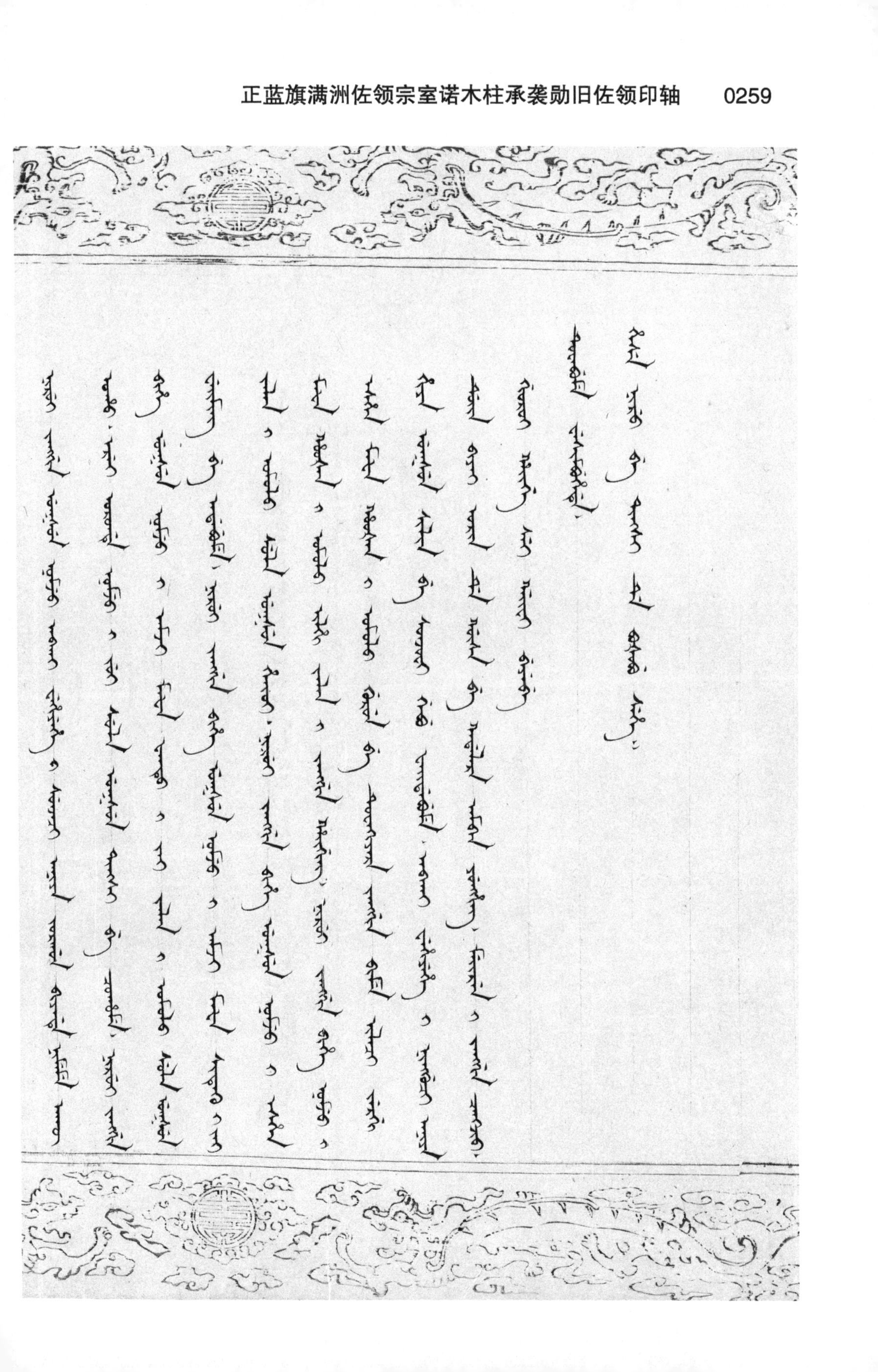

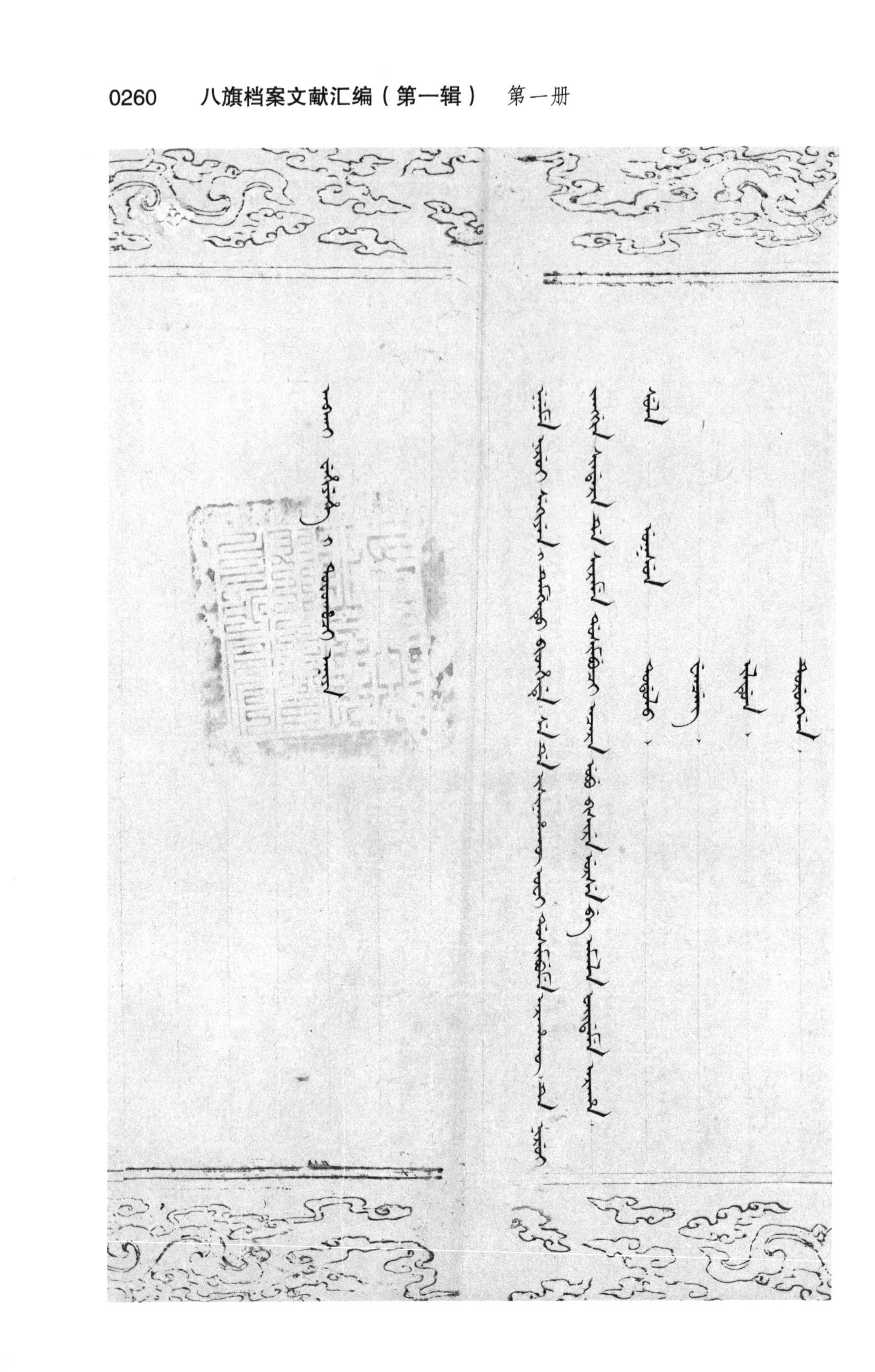

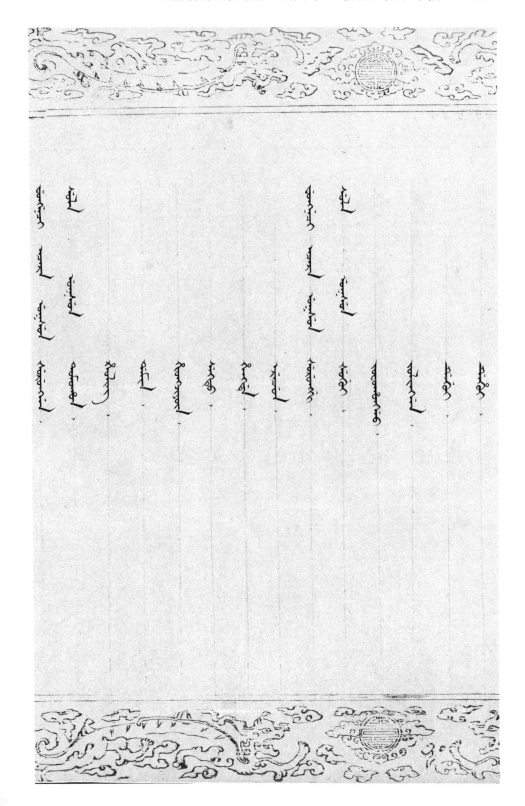

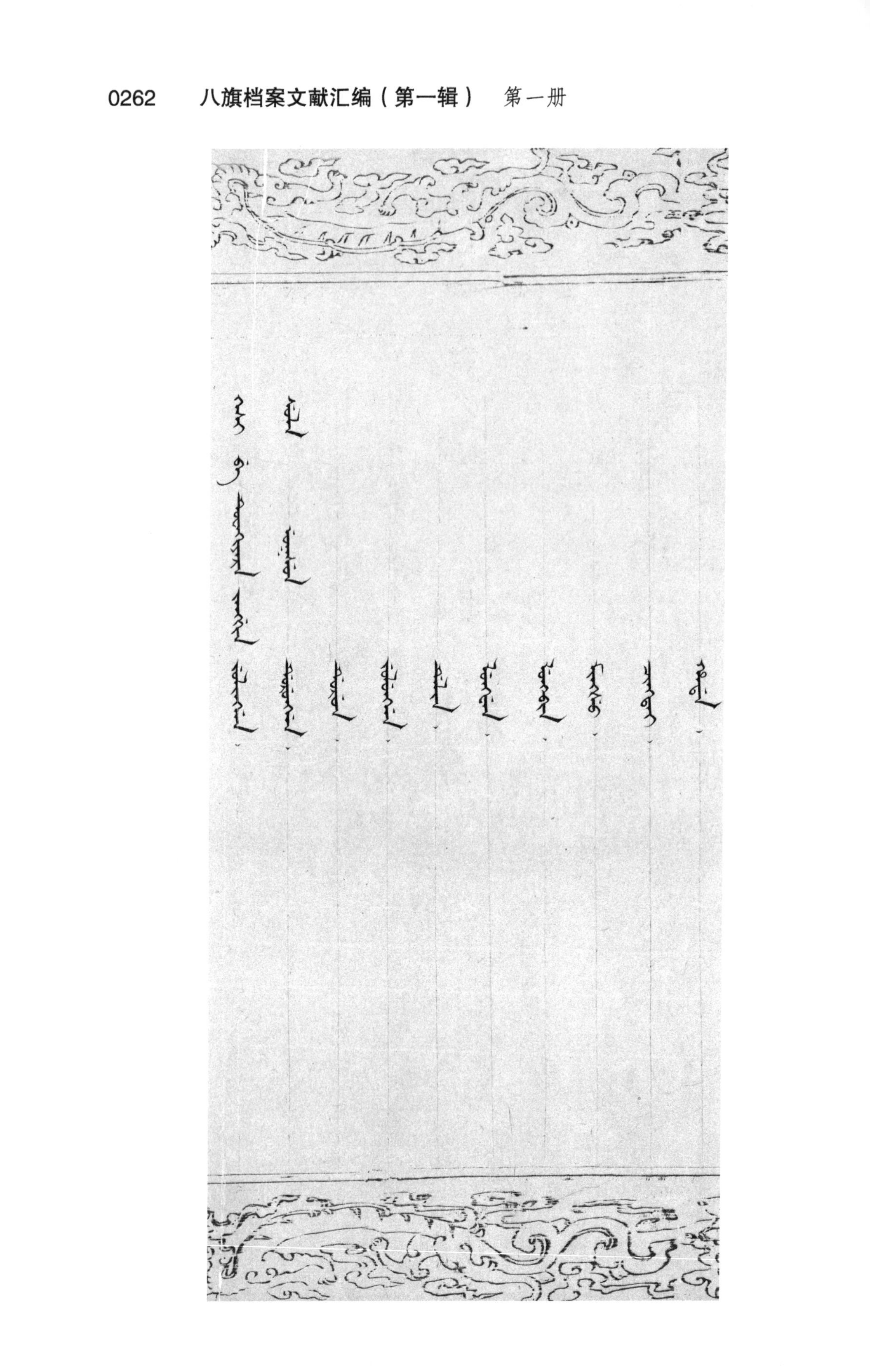

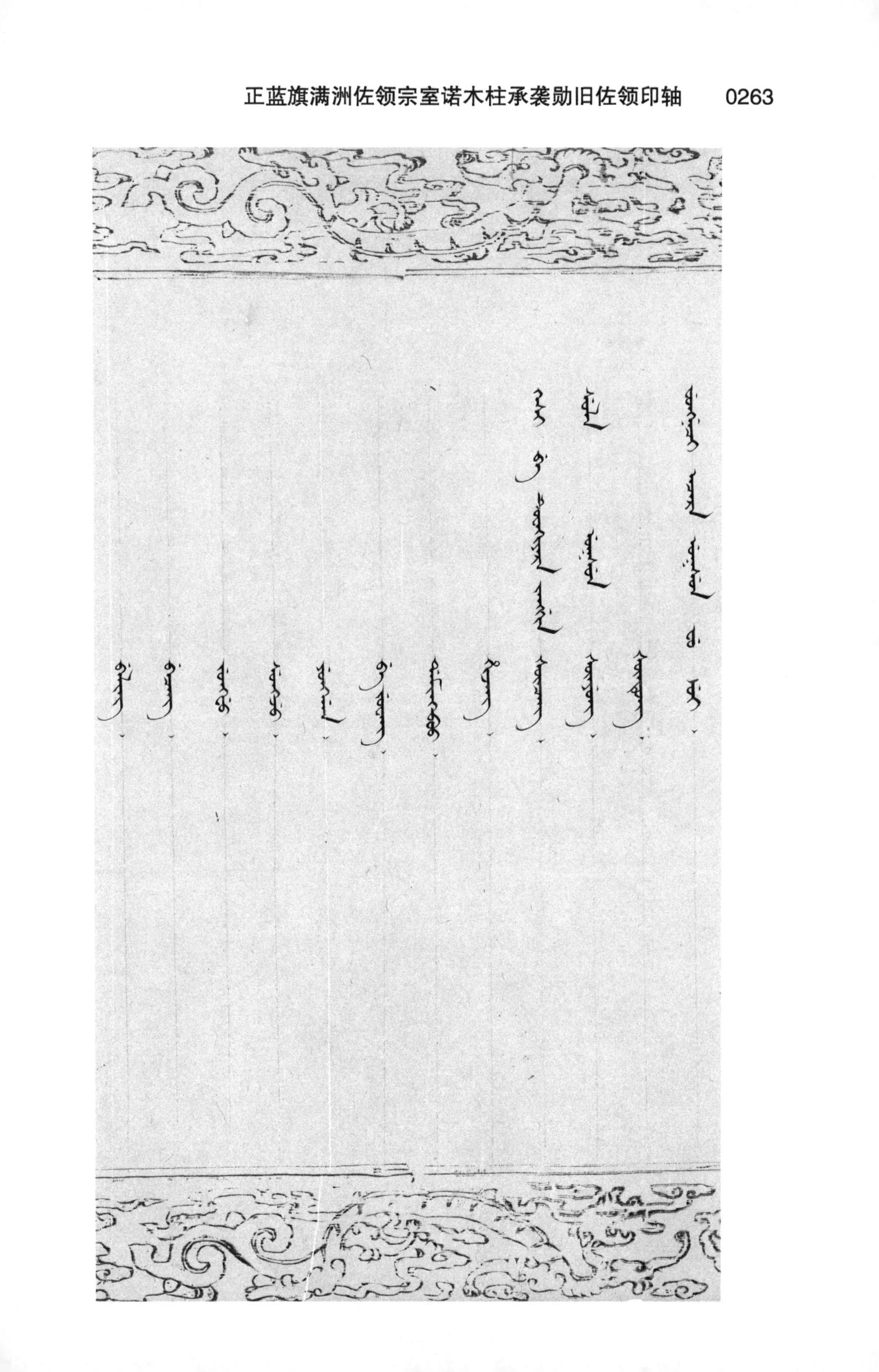

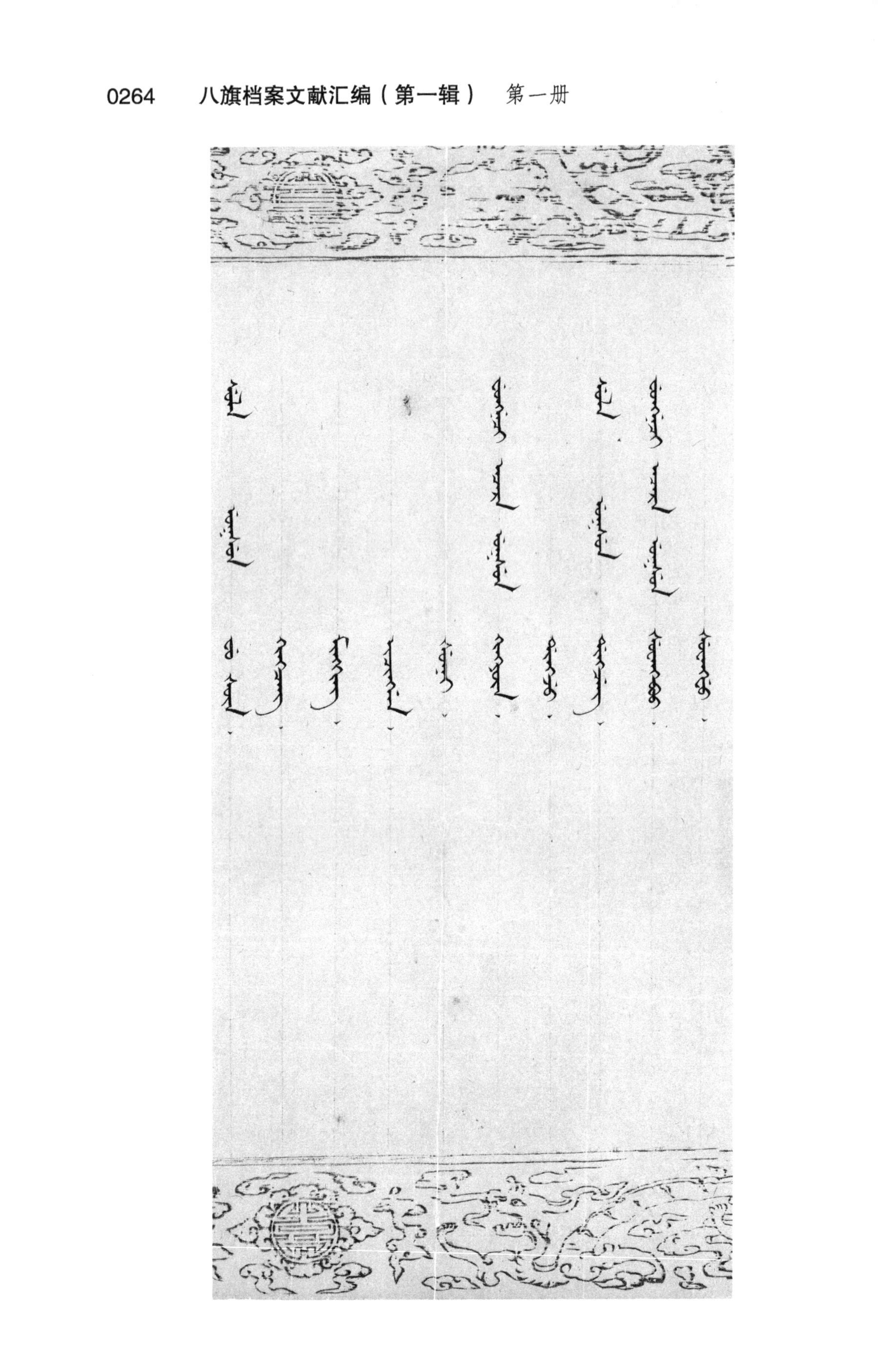

[illegible]

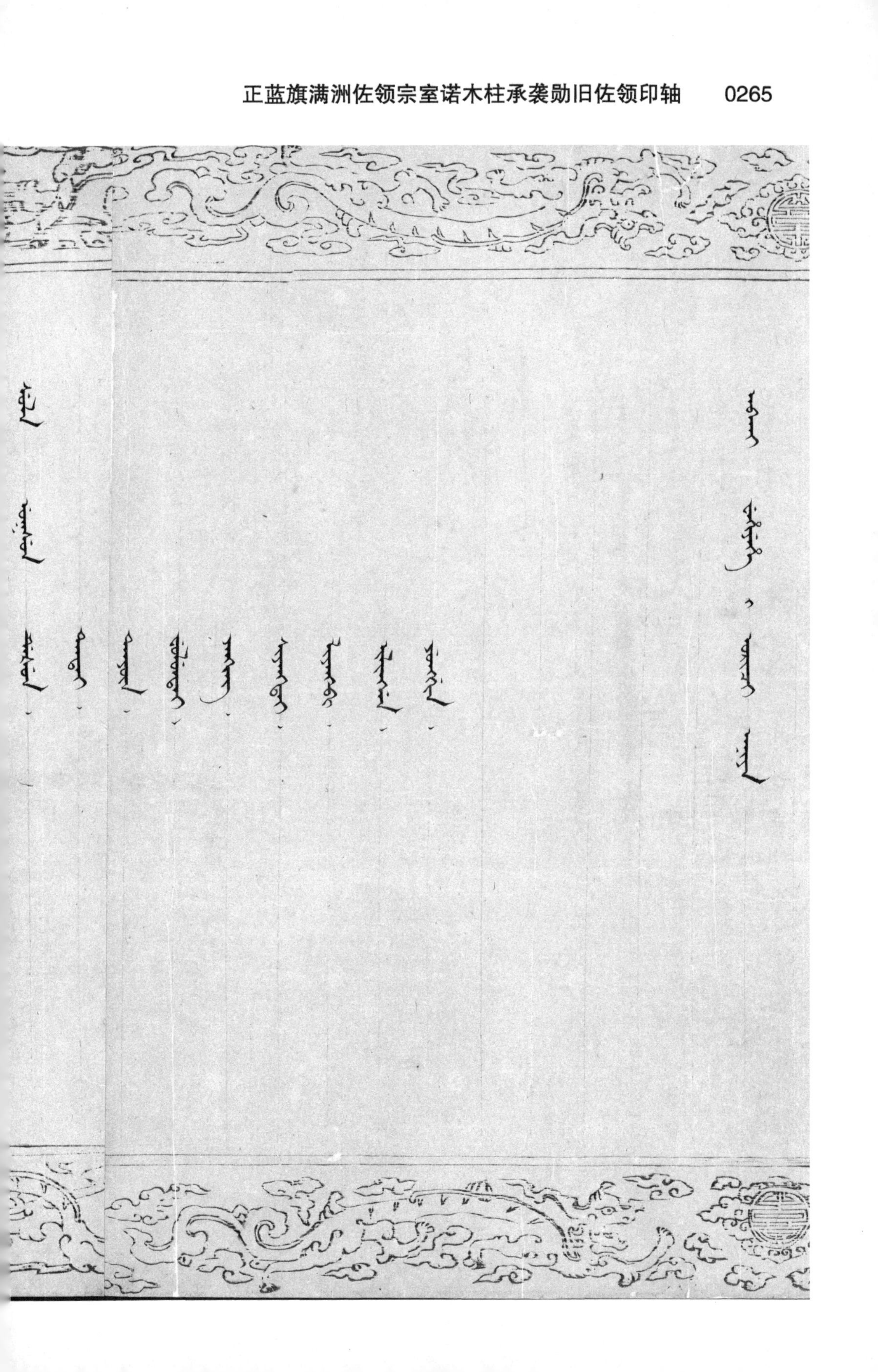

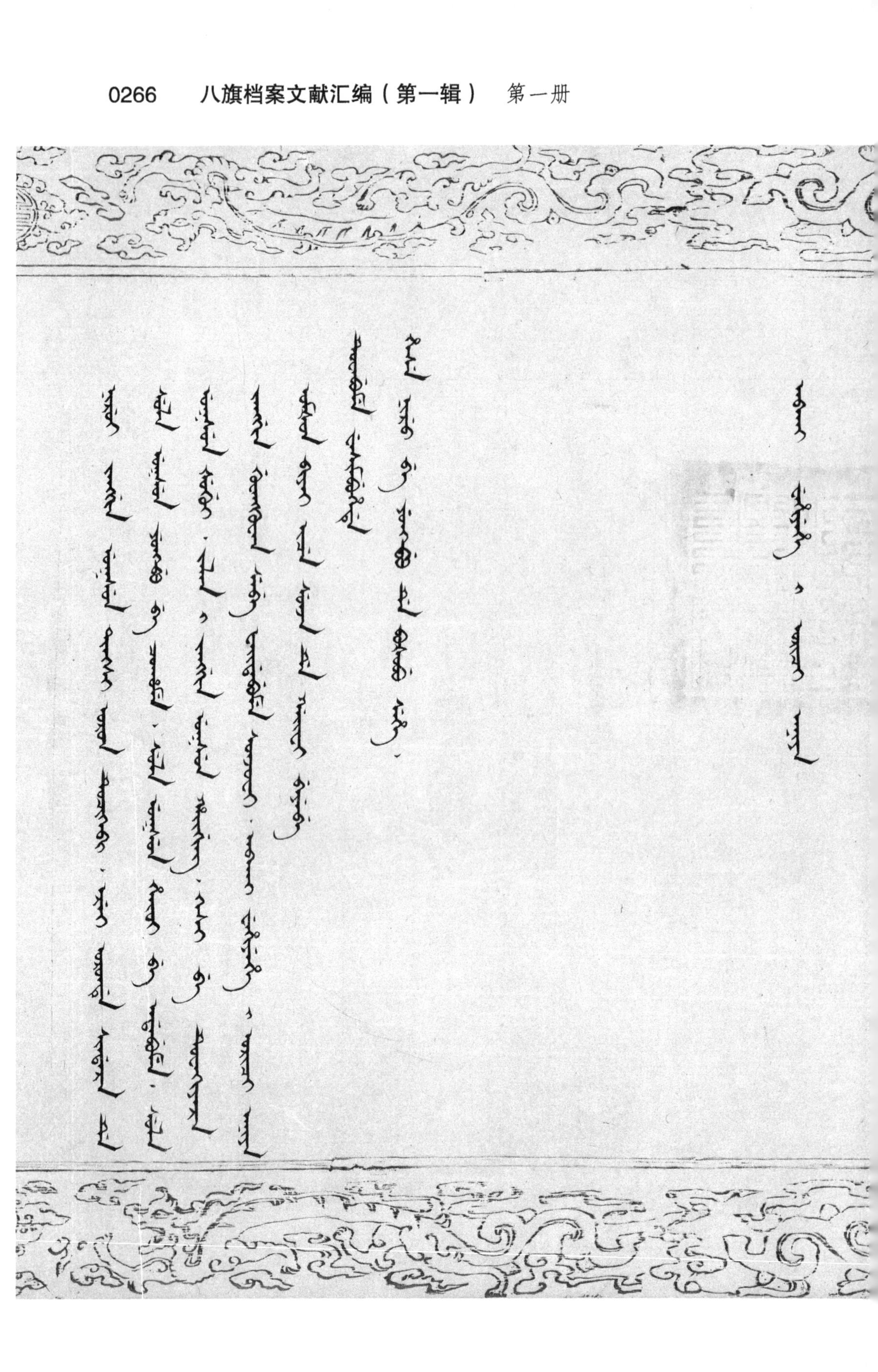

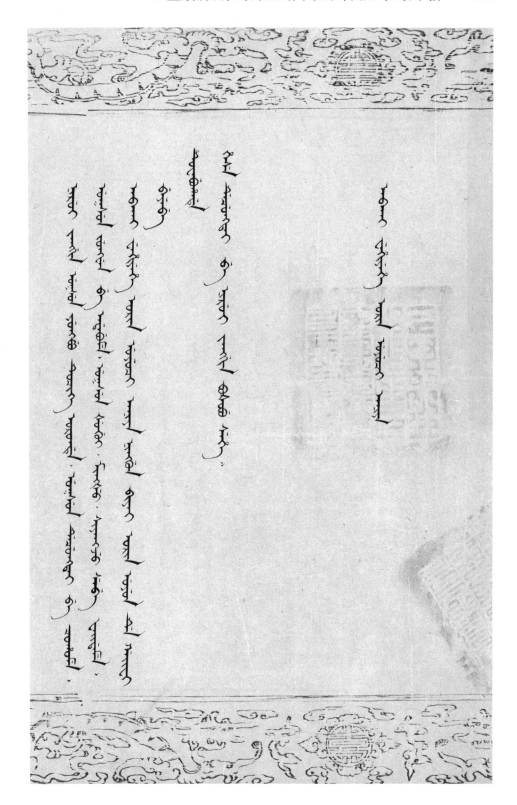

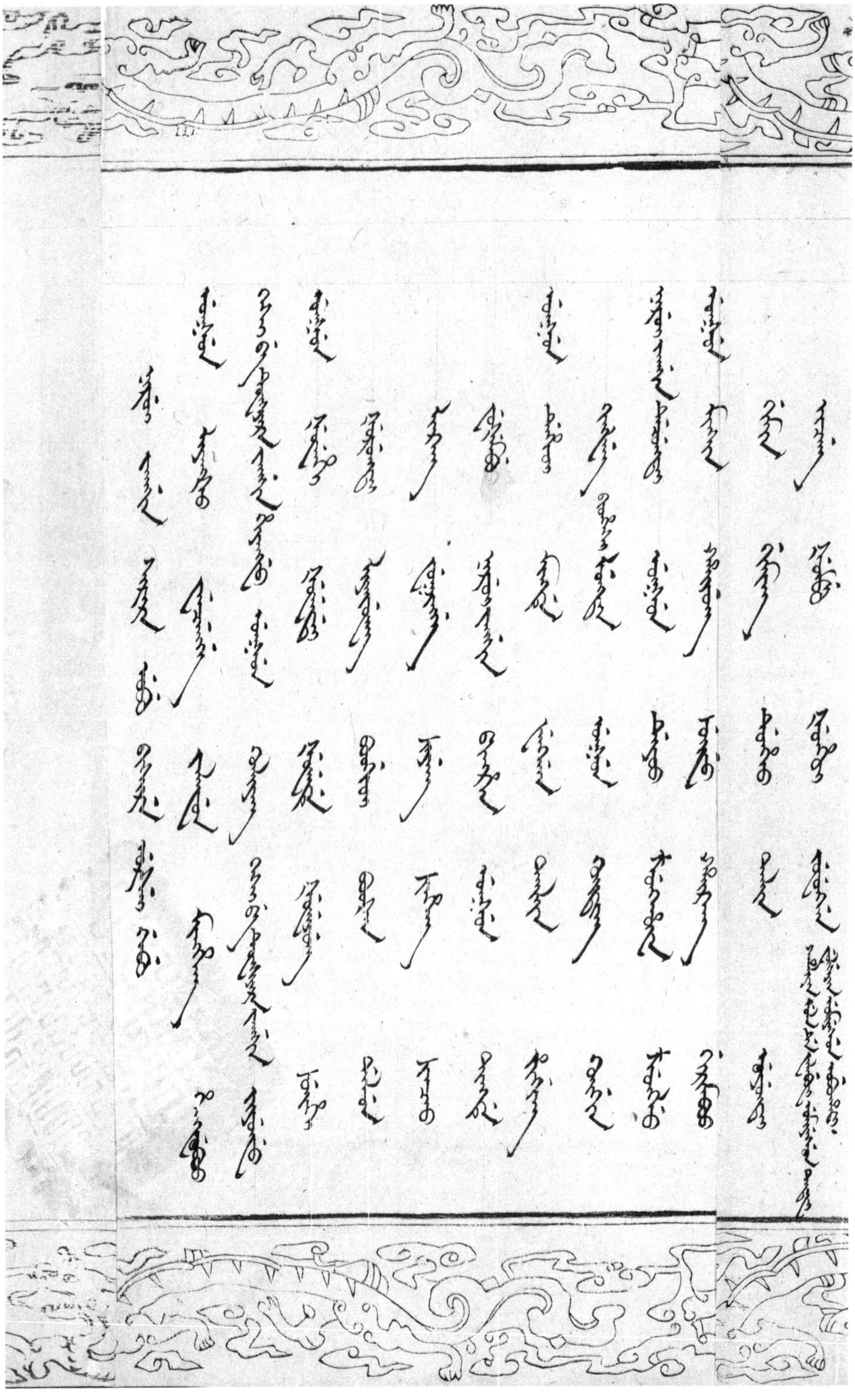

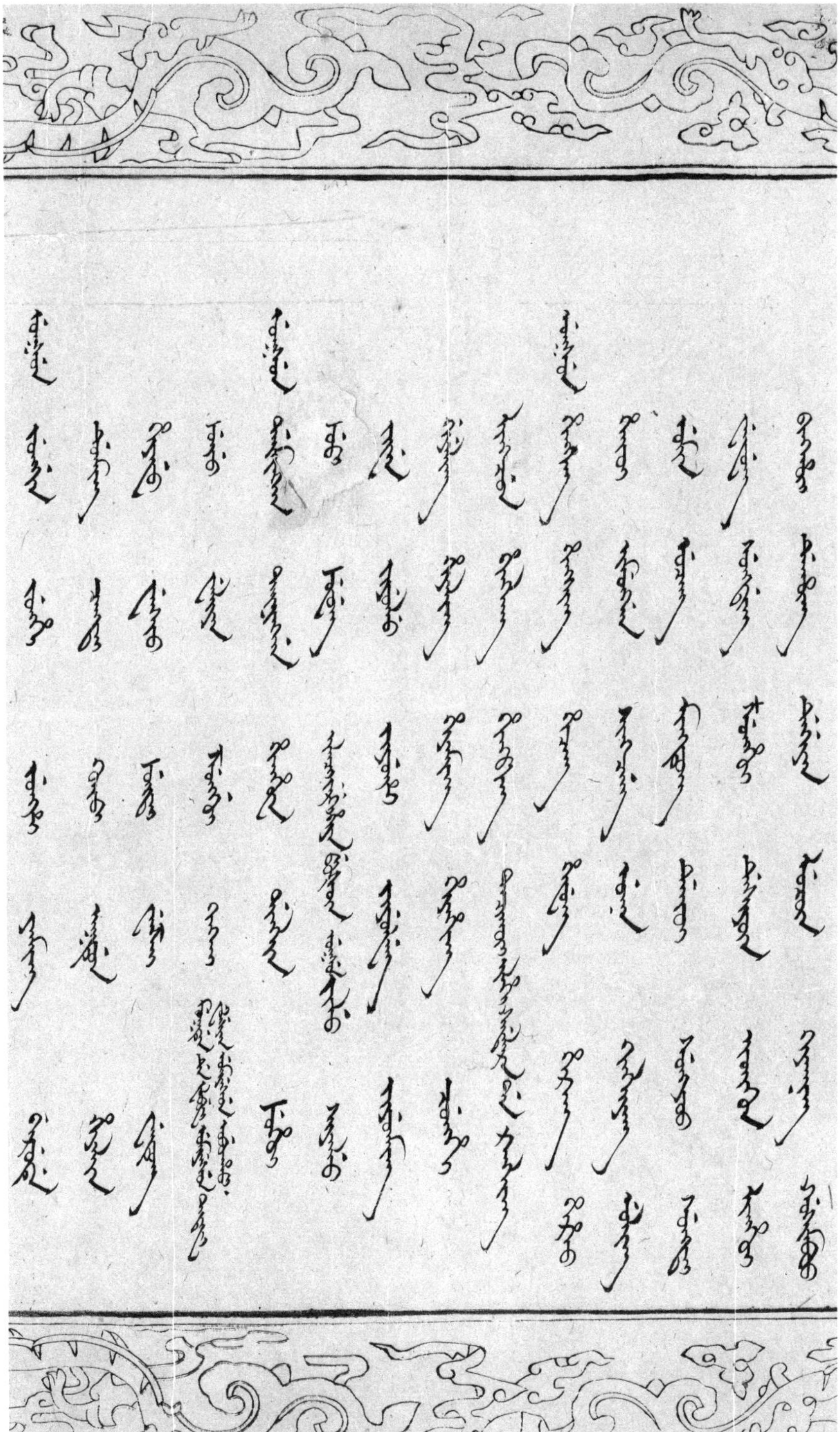

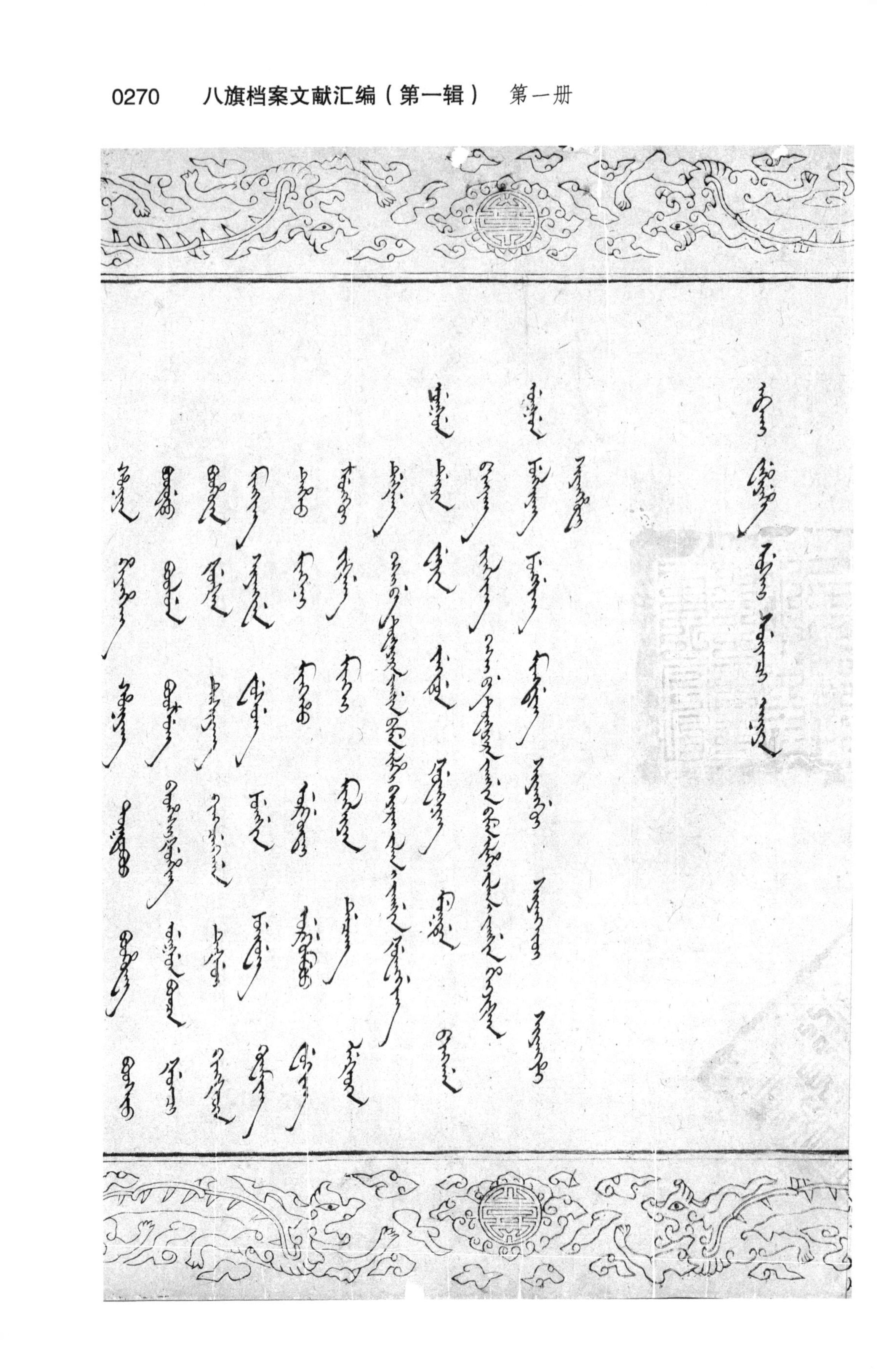

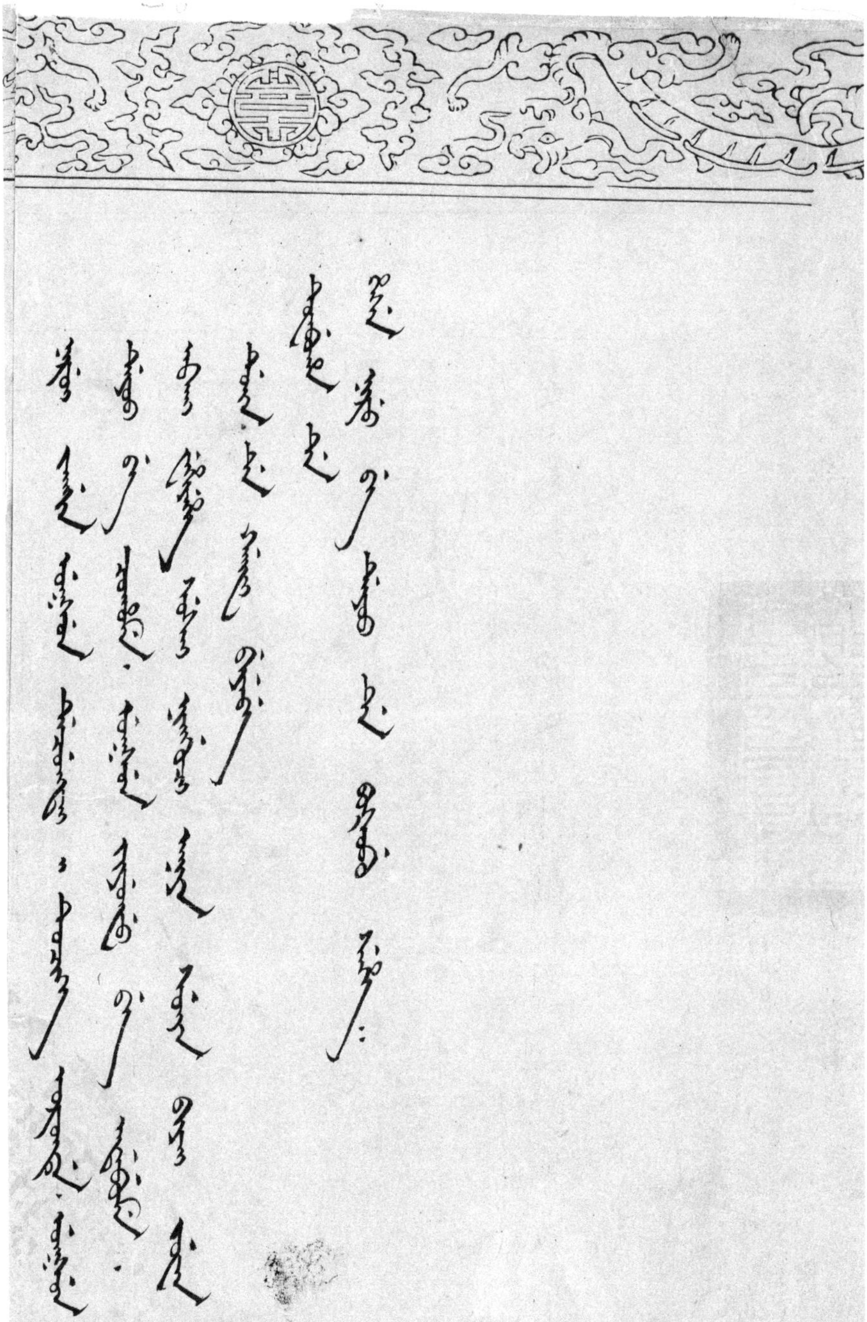

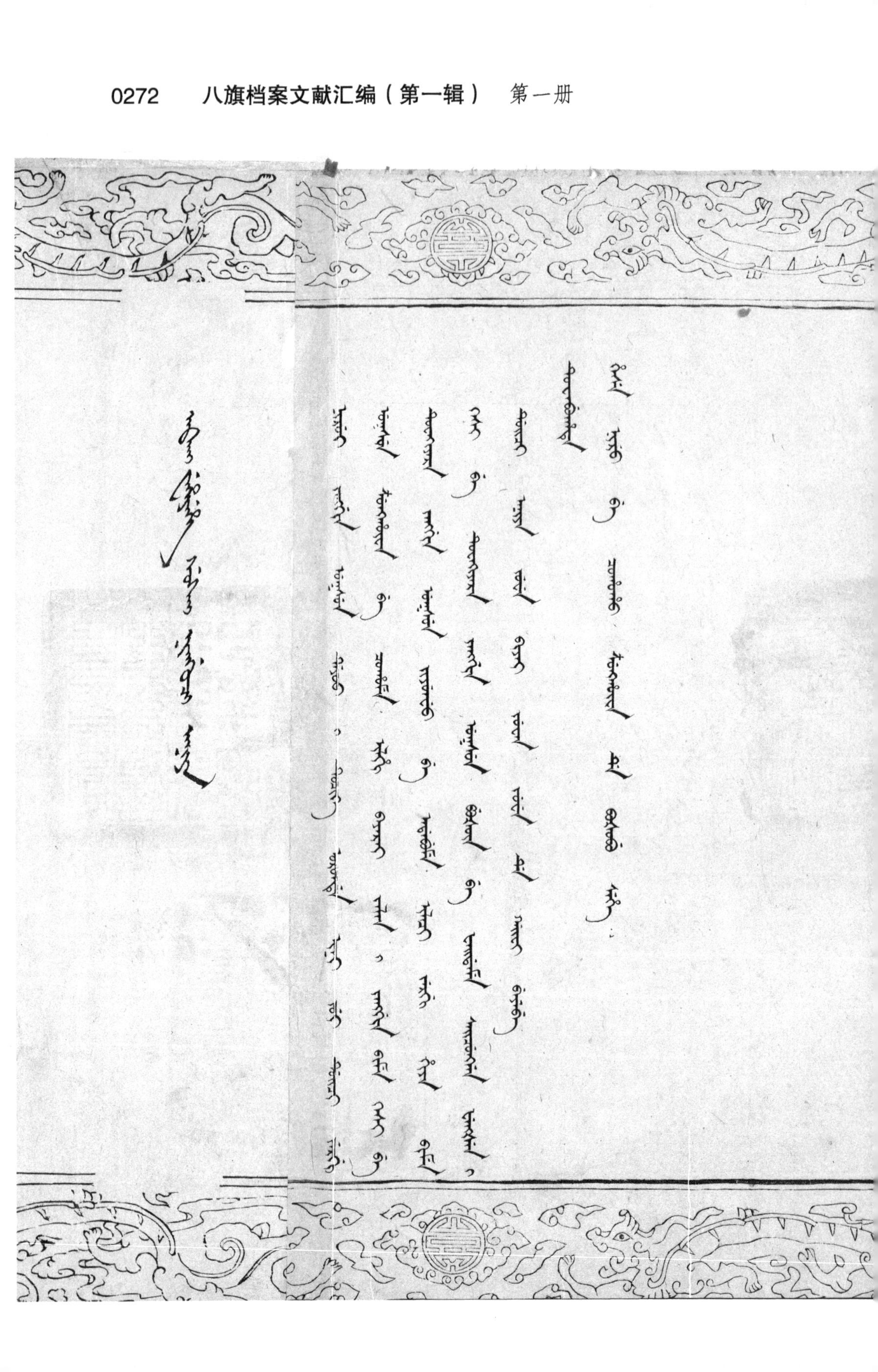

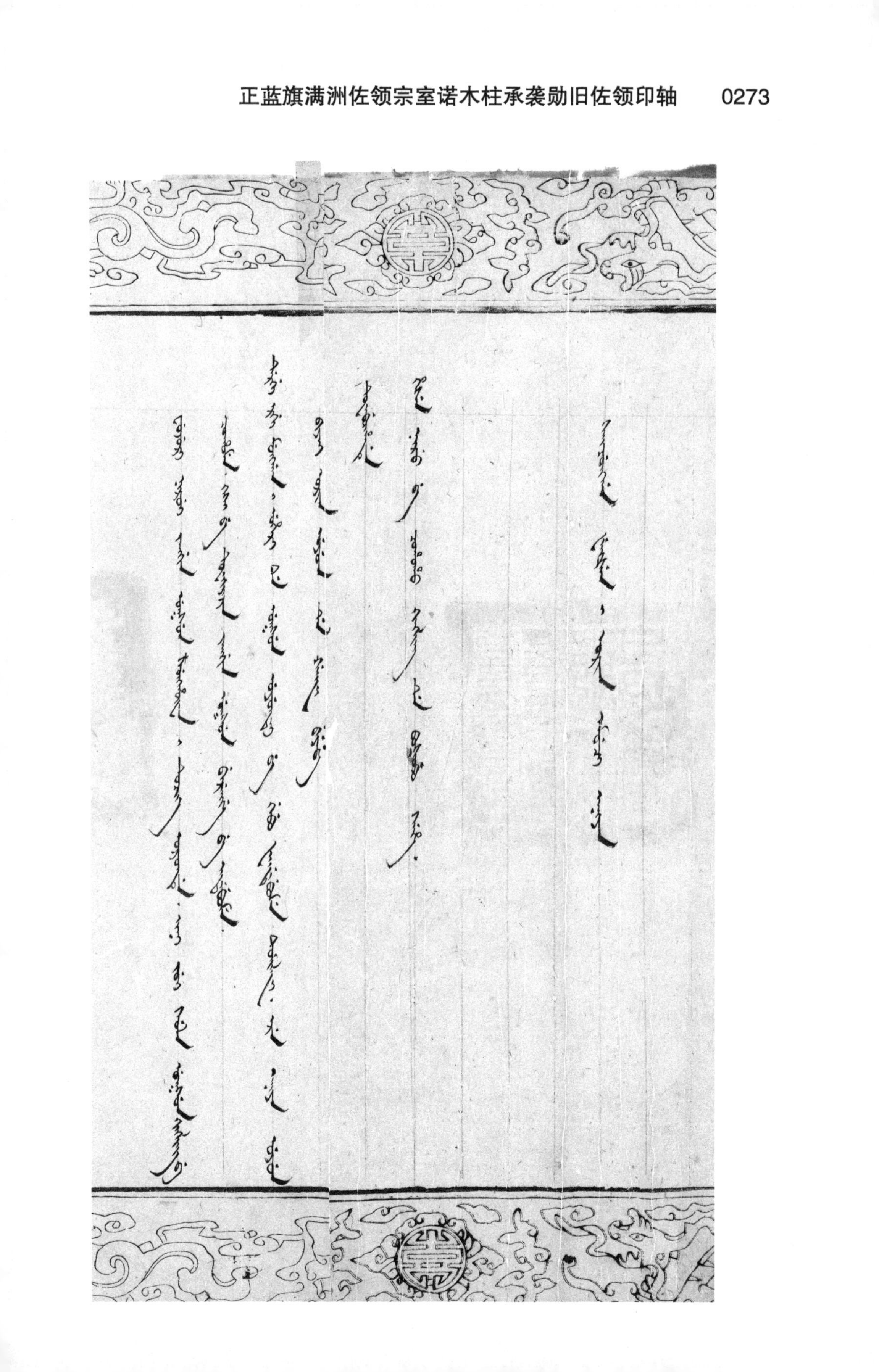

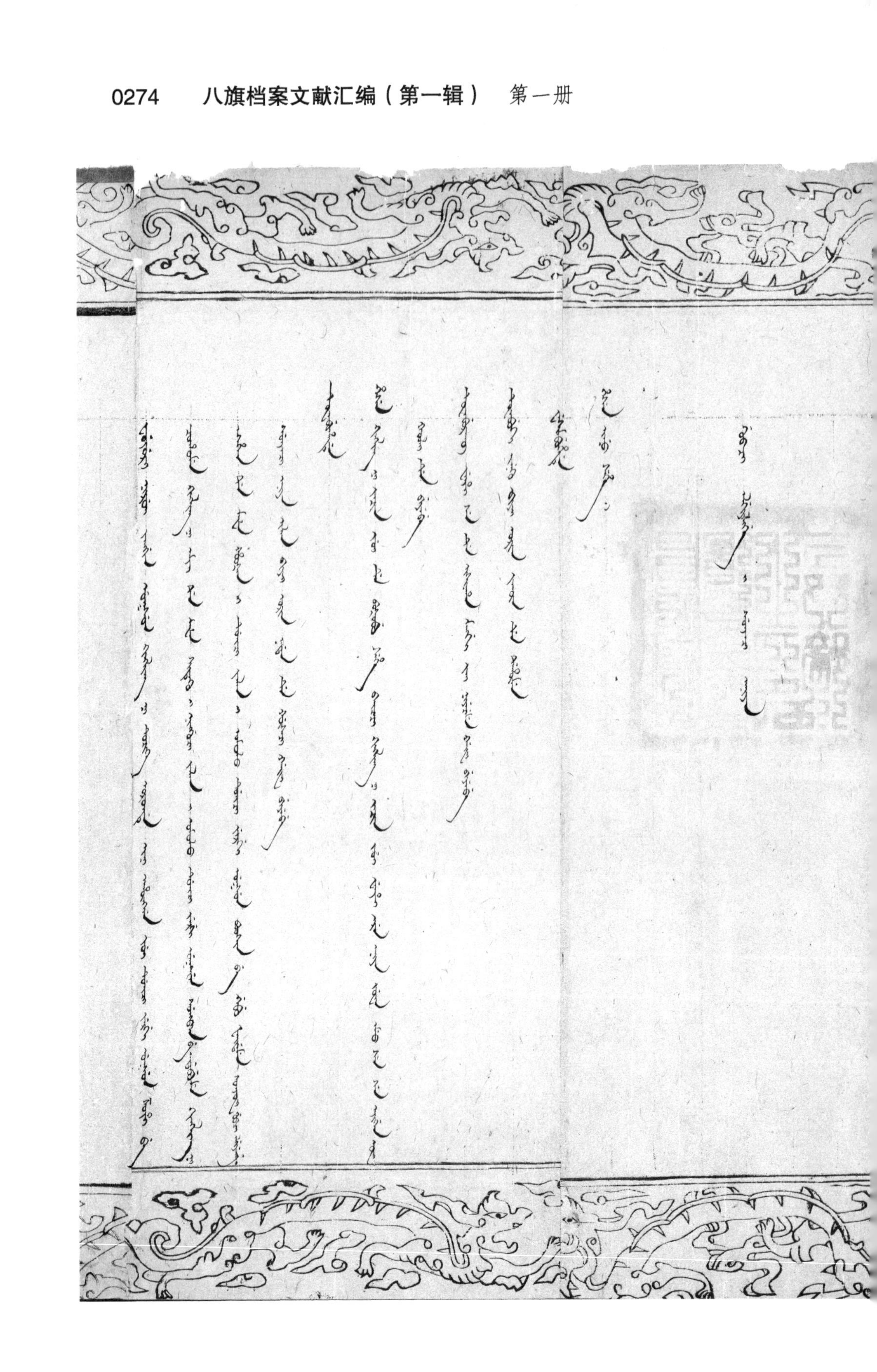

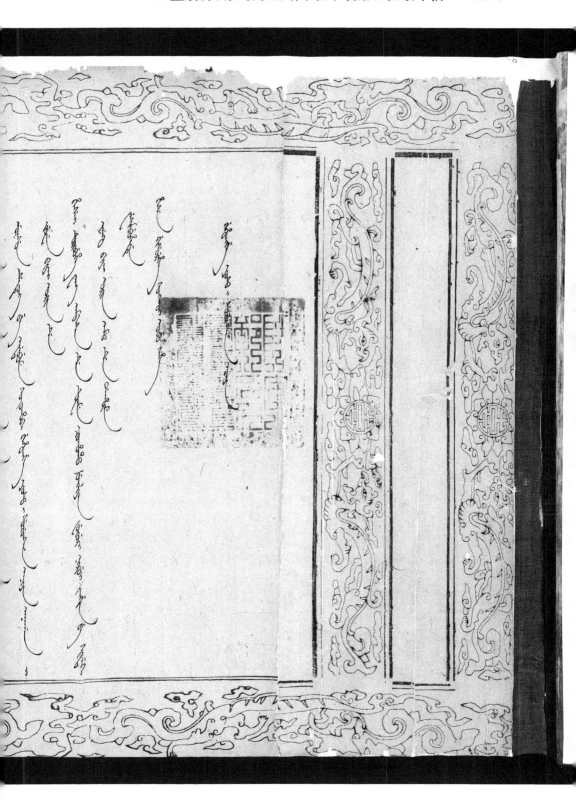

正蓝旗满洲佐领岳索礼承袭世管佐领印轴

满文写本，卷轴装，页面48.2cm×2159.0cm，四周双边，螭文，钤兵部印，前部略有残缺，满文题名不存。初修时间为乾隆七年，后陆续添写至咸丰元年，未满幅。该印轴与后文《正蓝旗满洲岳索礼世管佐领下族长伊尔格布印轴》所载佐领根源部分完全一致，可借助后者识别原文中少量缺失信息。

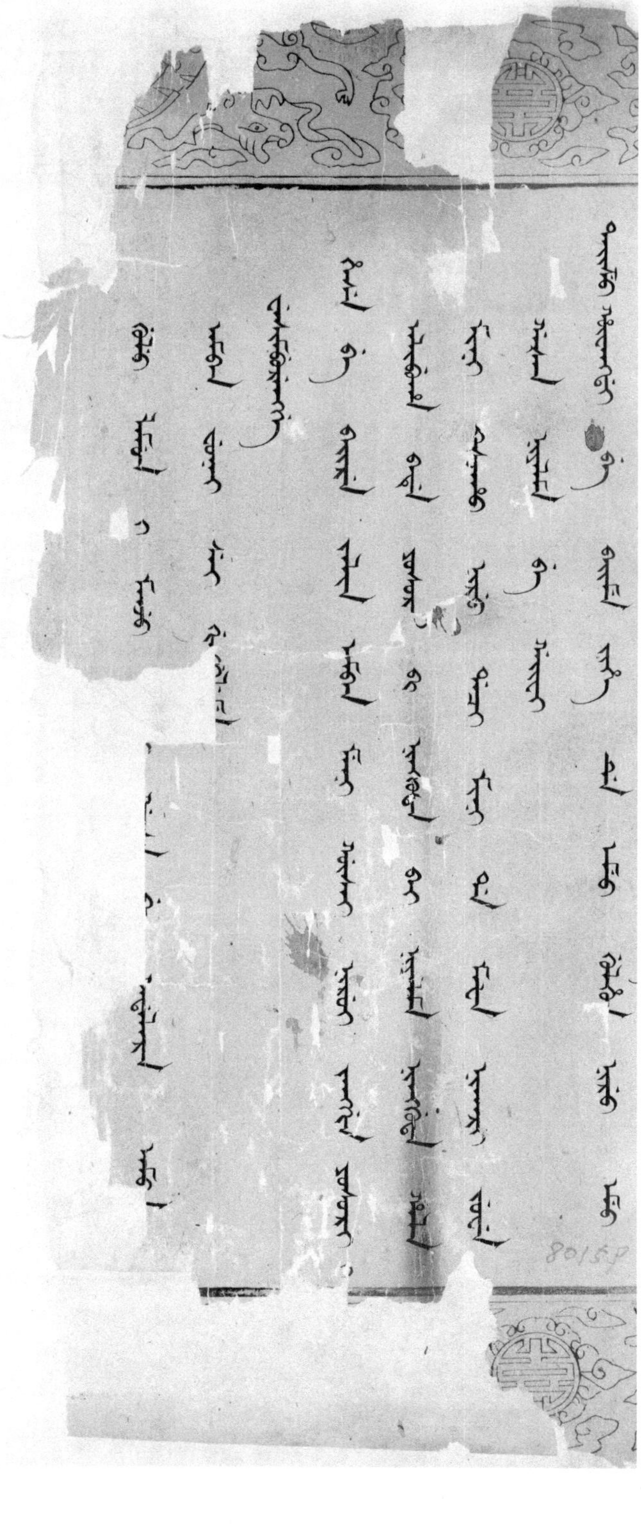

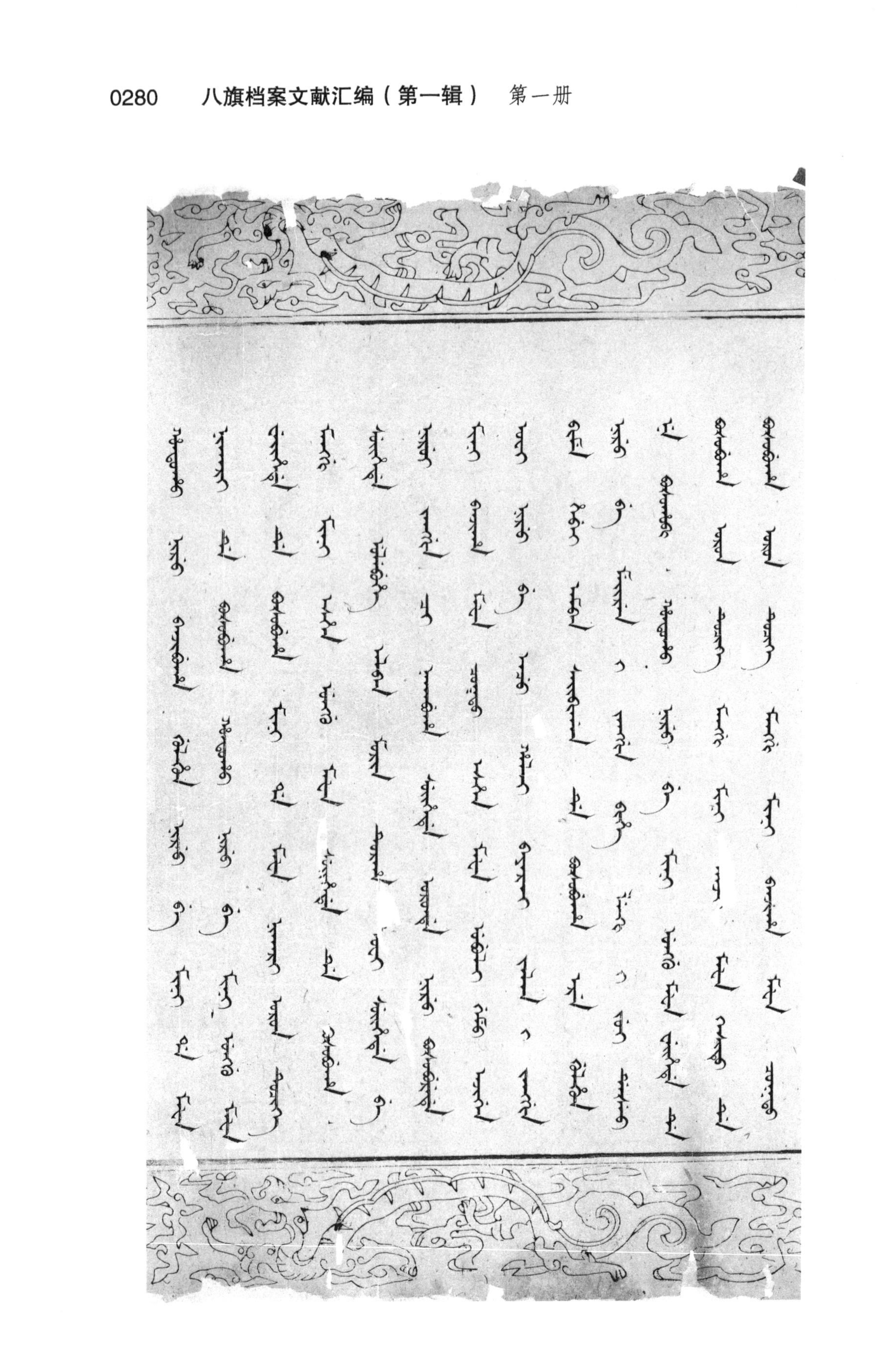

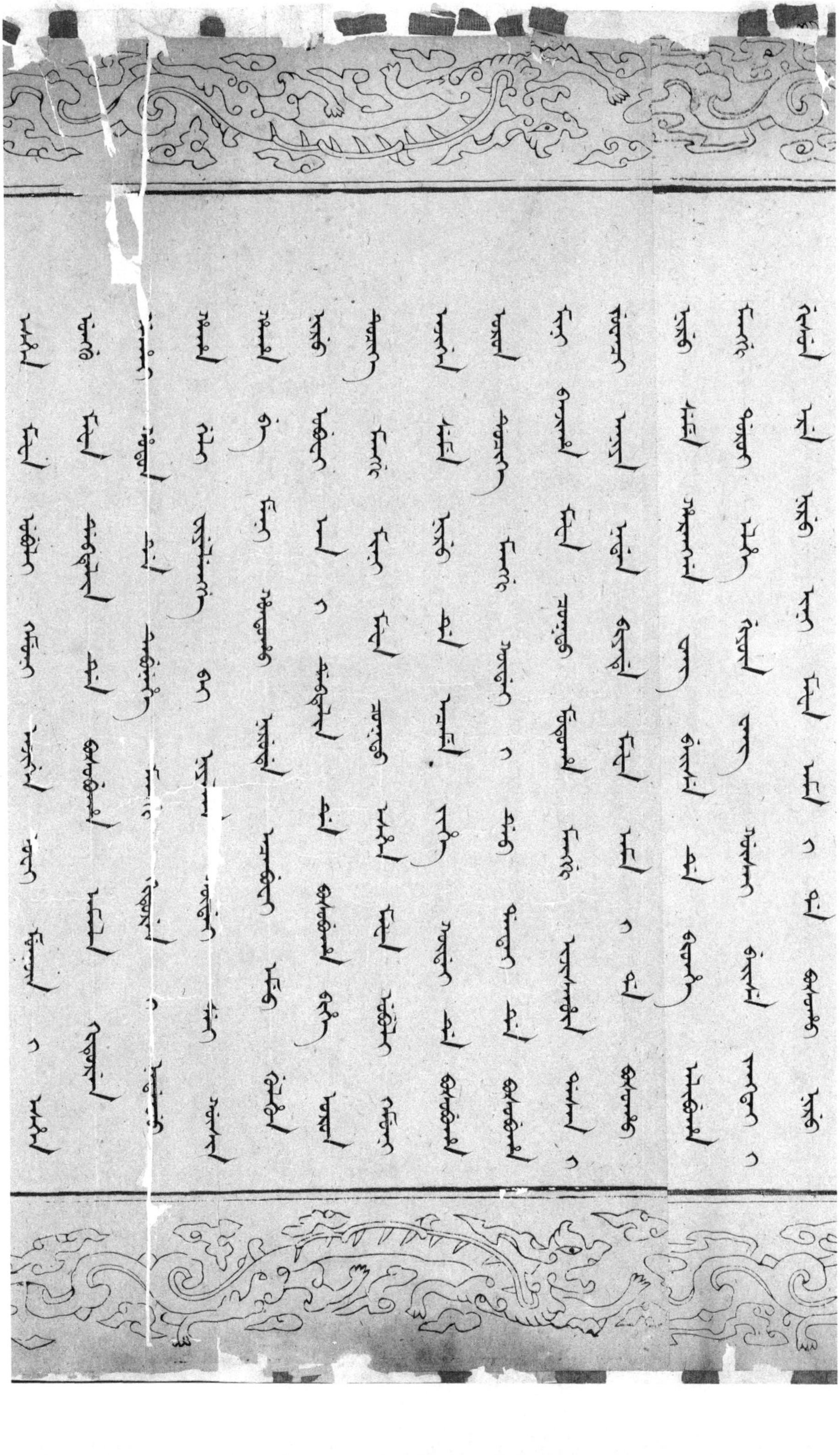

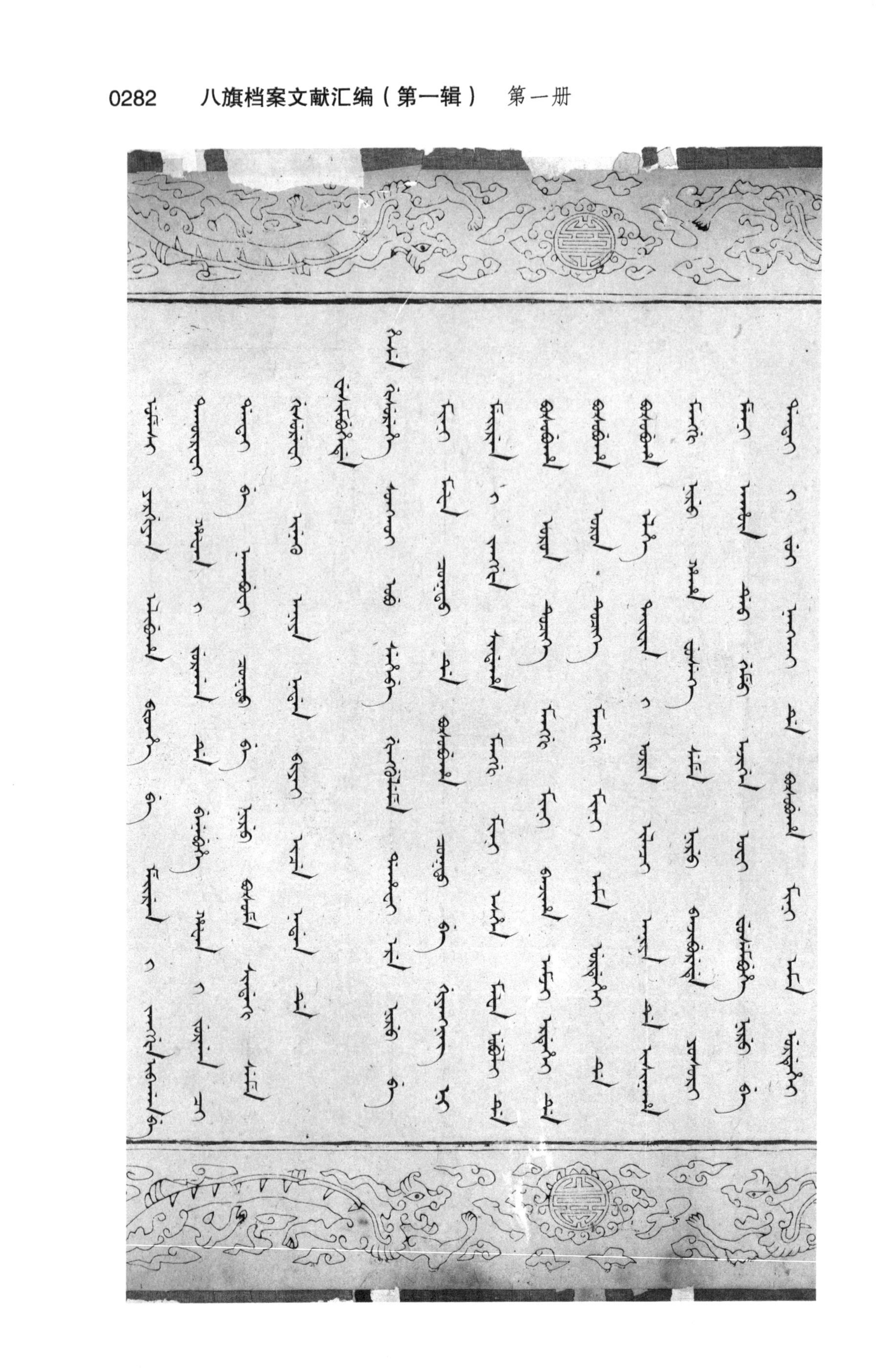

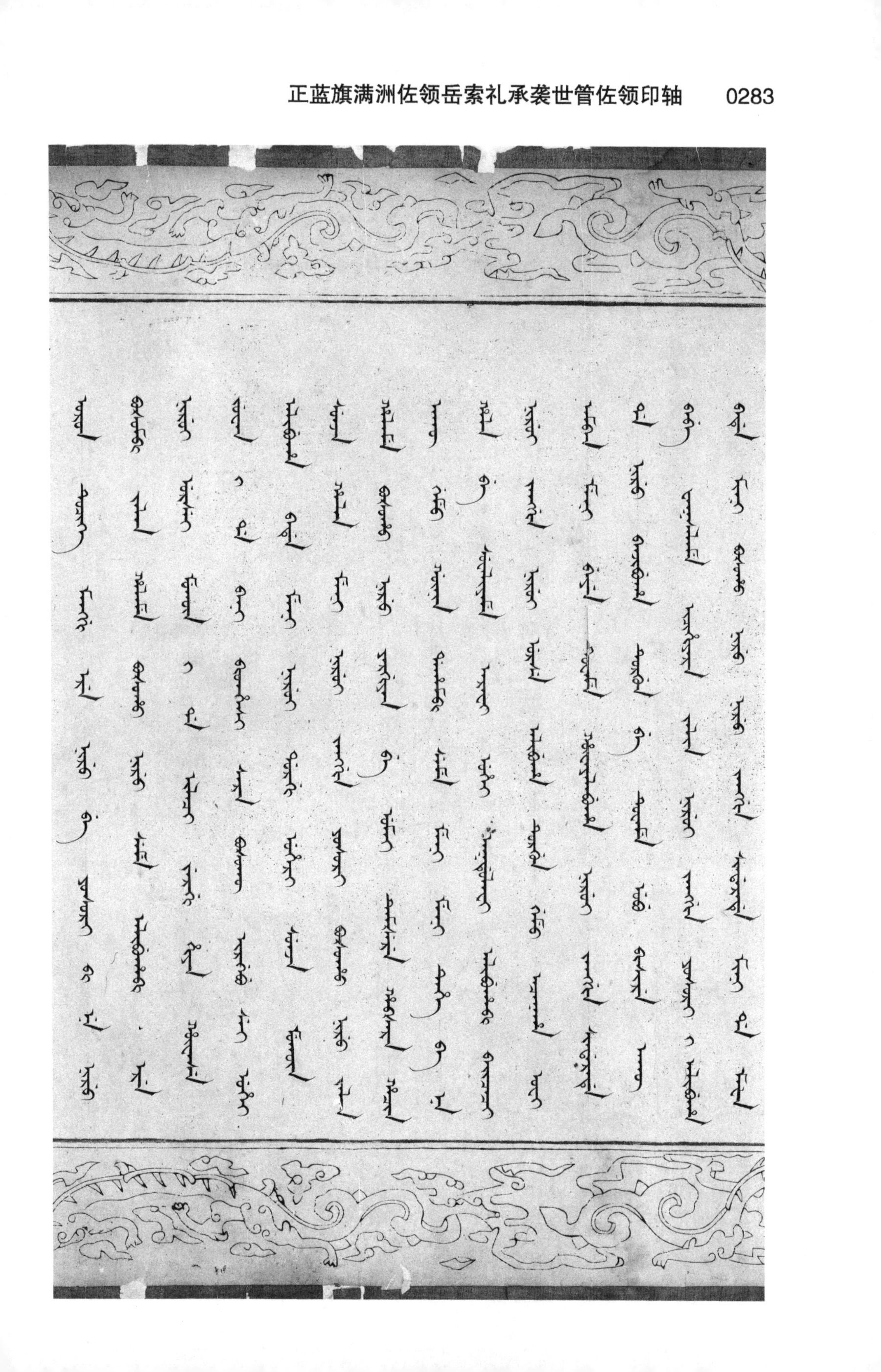

[illegible]

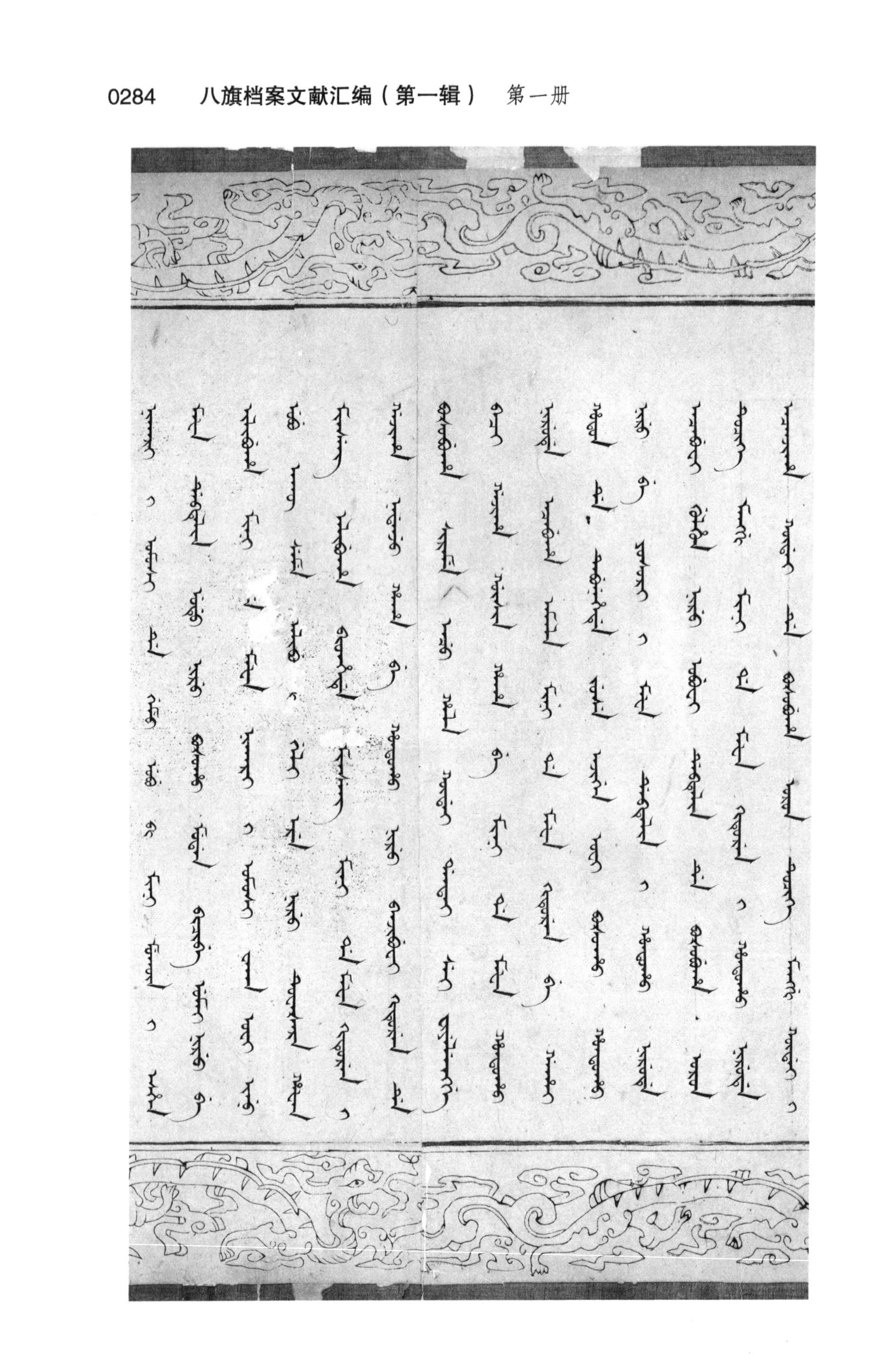

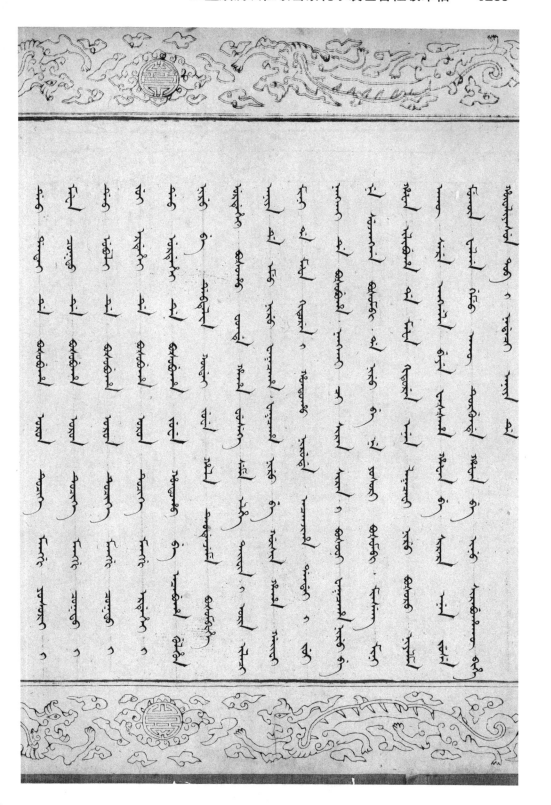

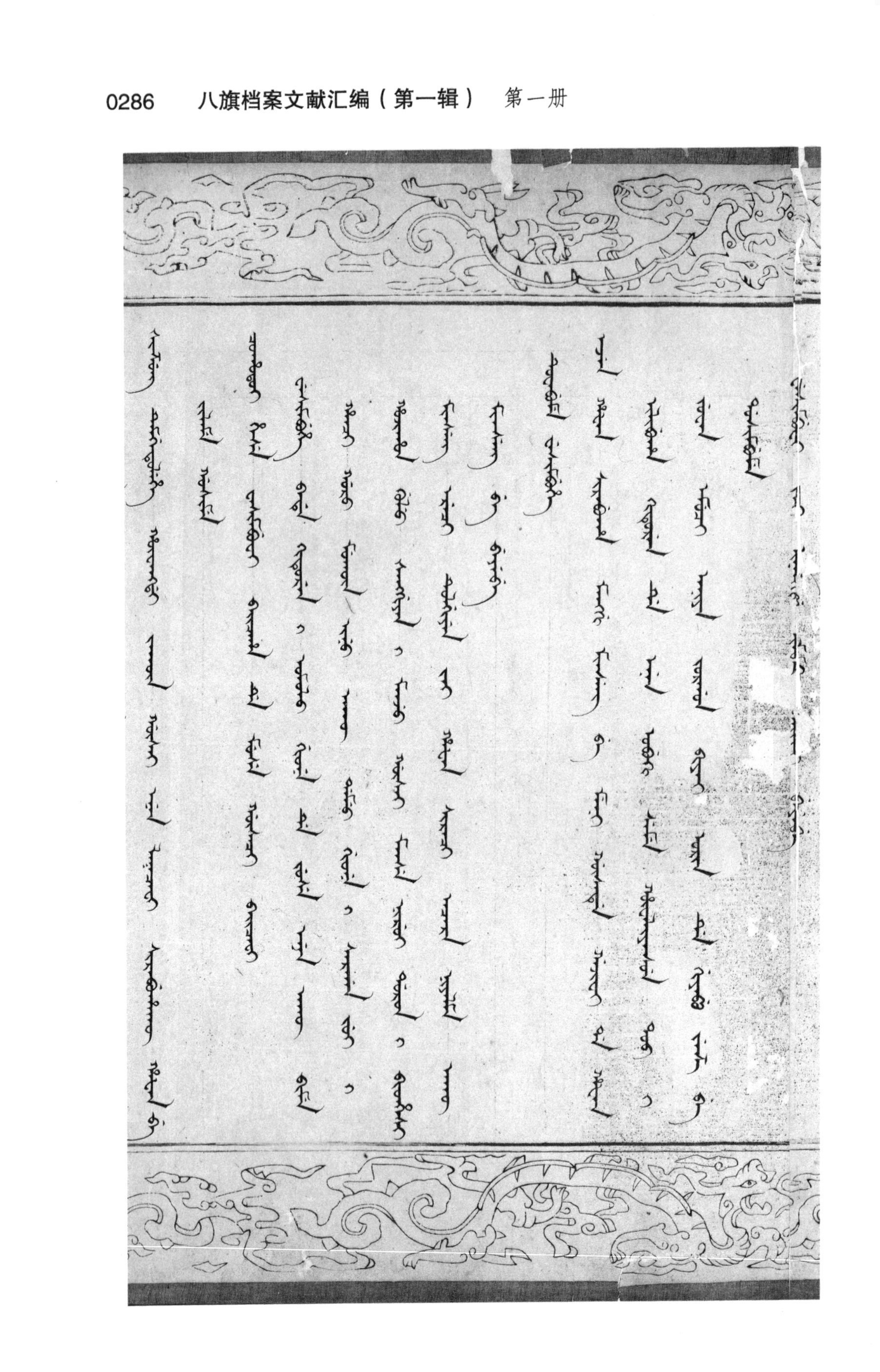

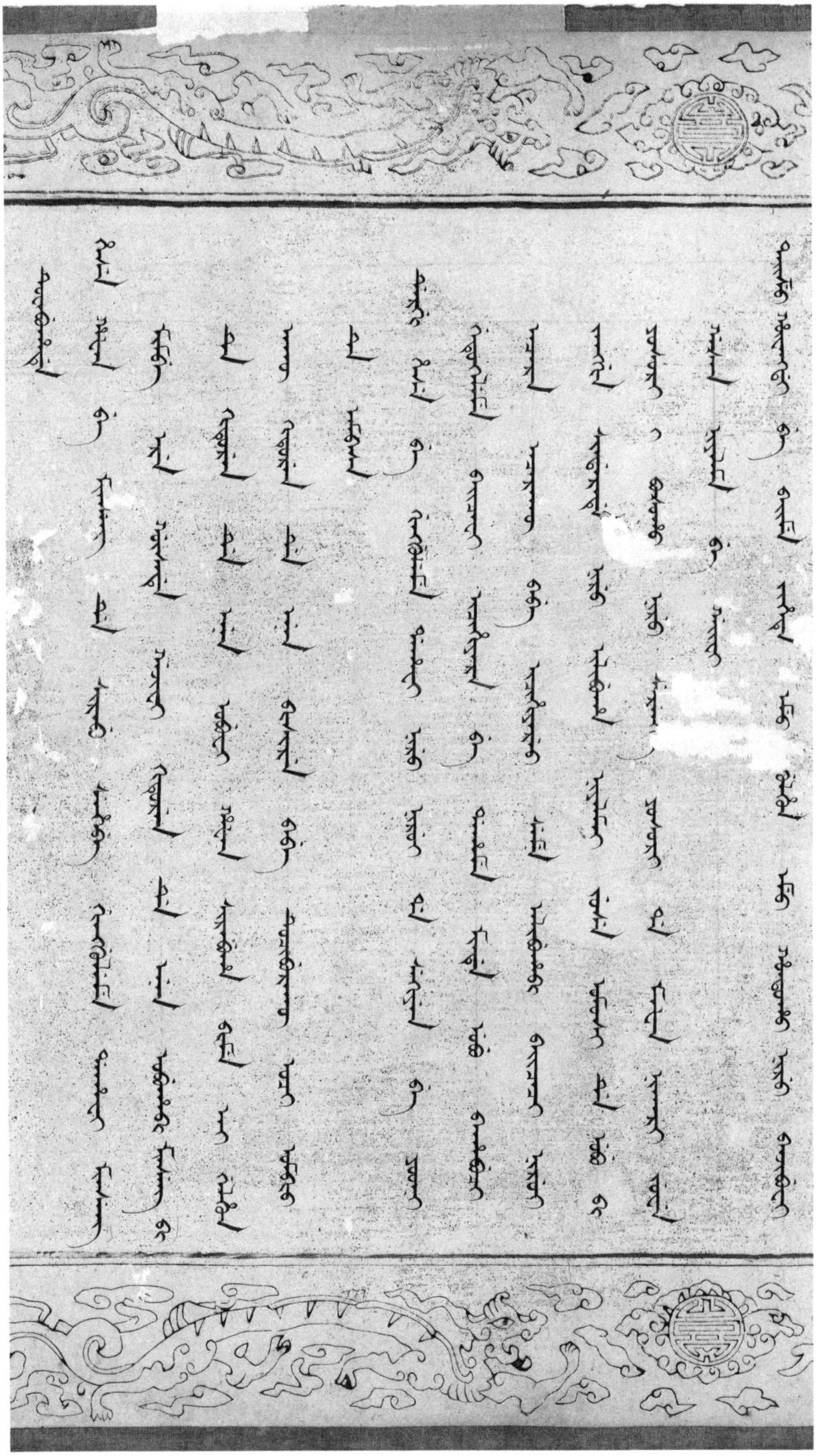

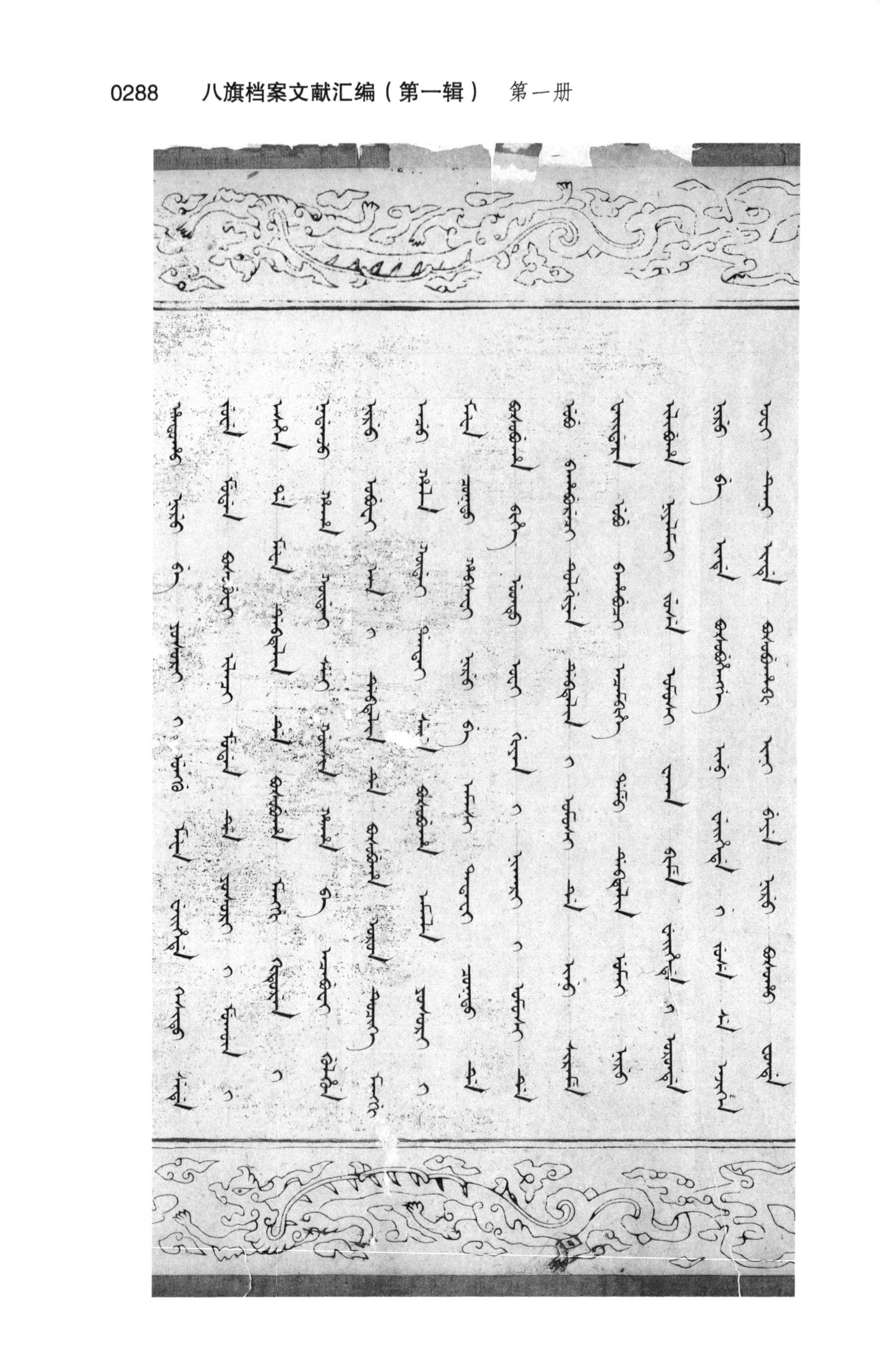

[illegible]

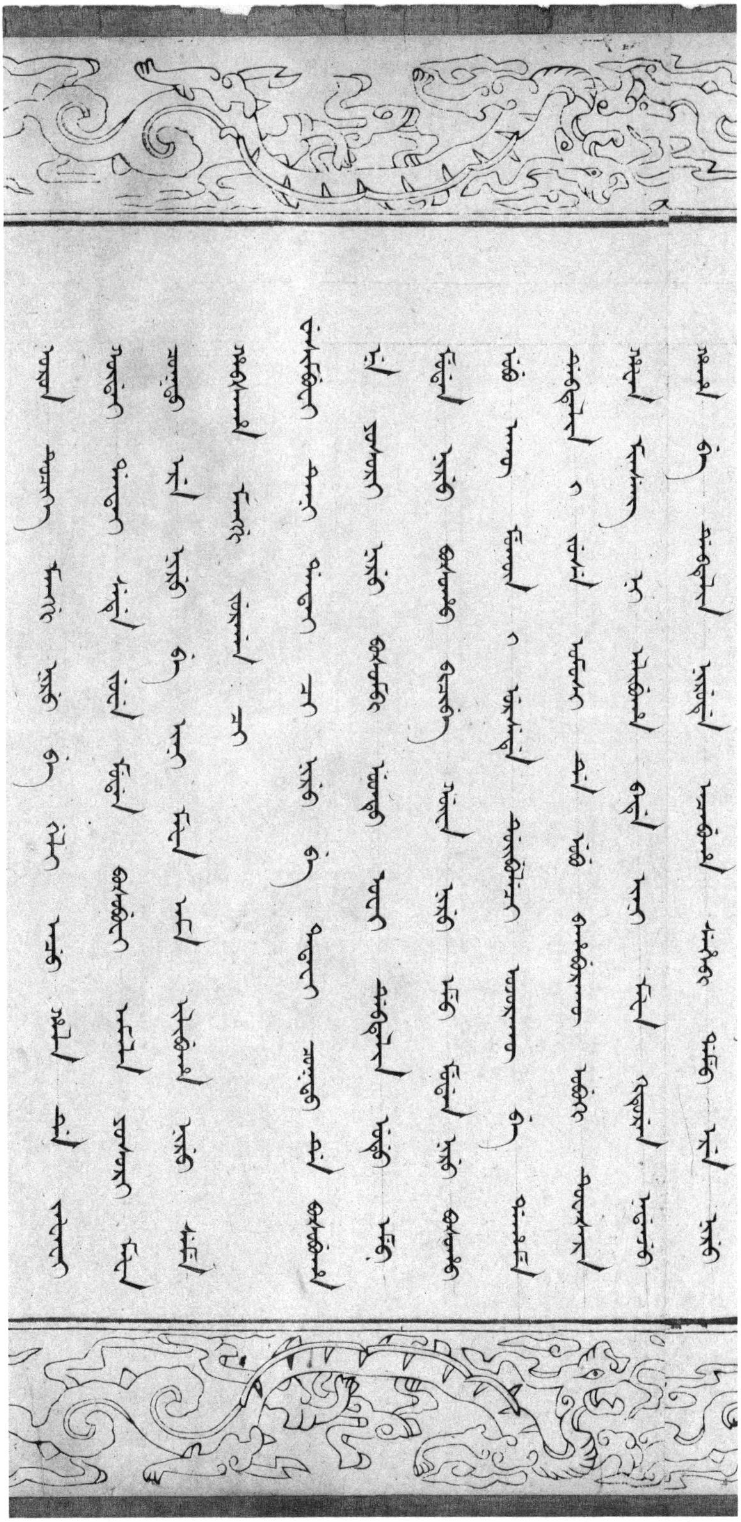

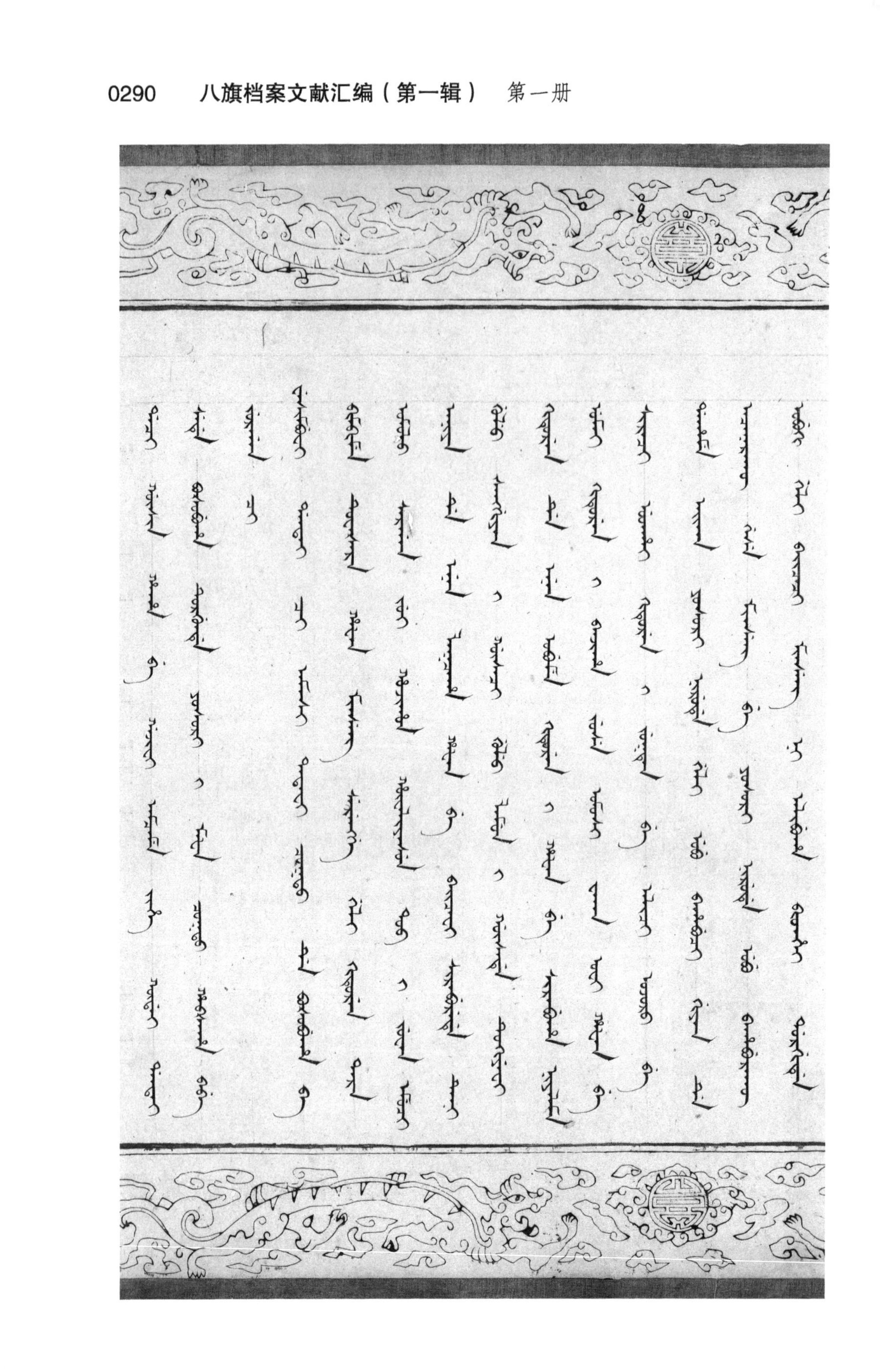

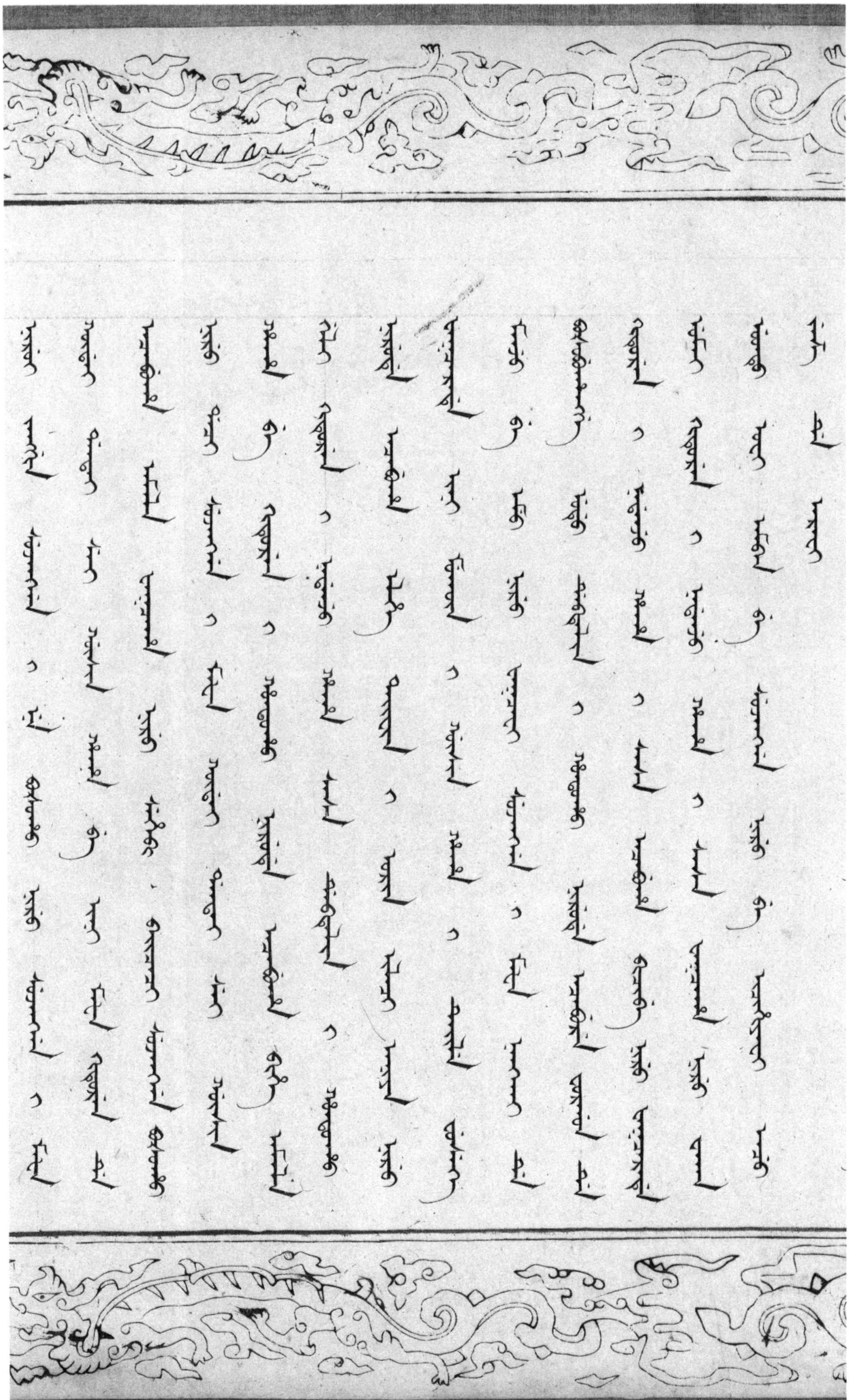

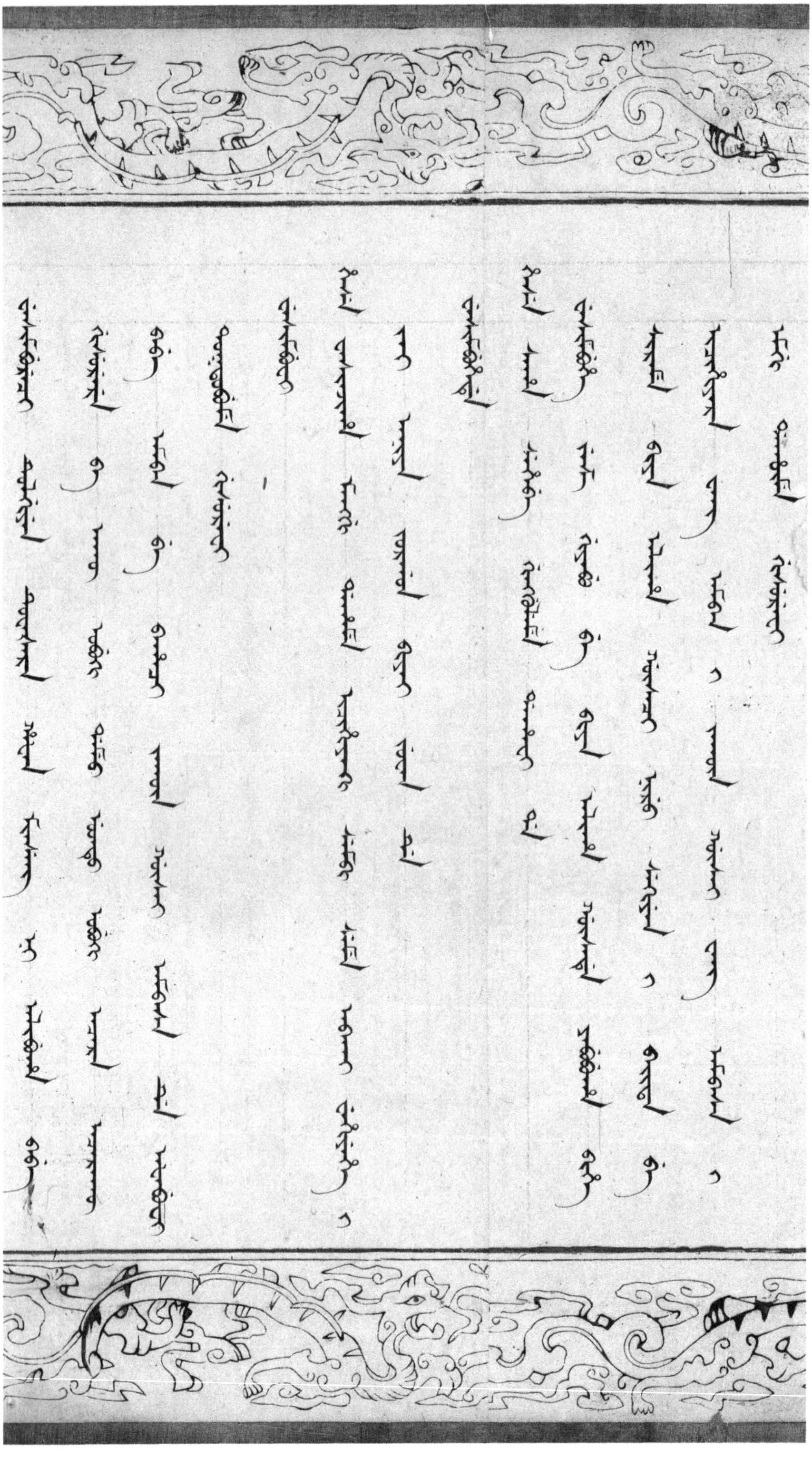

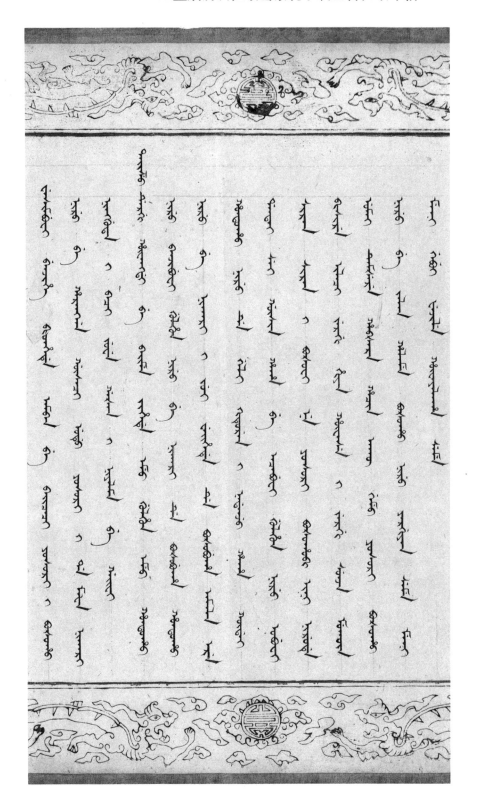

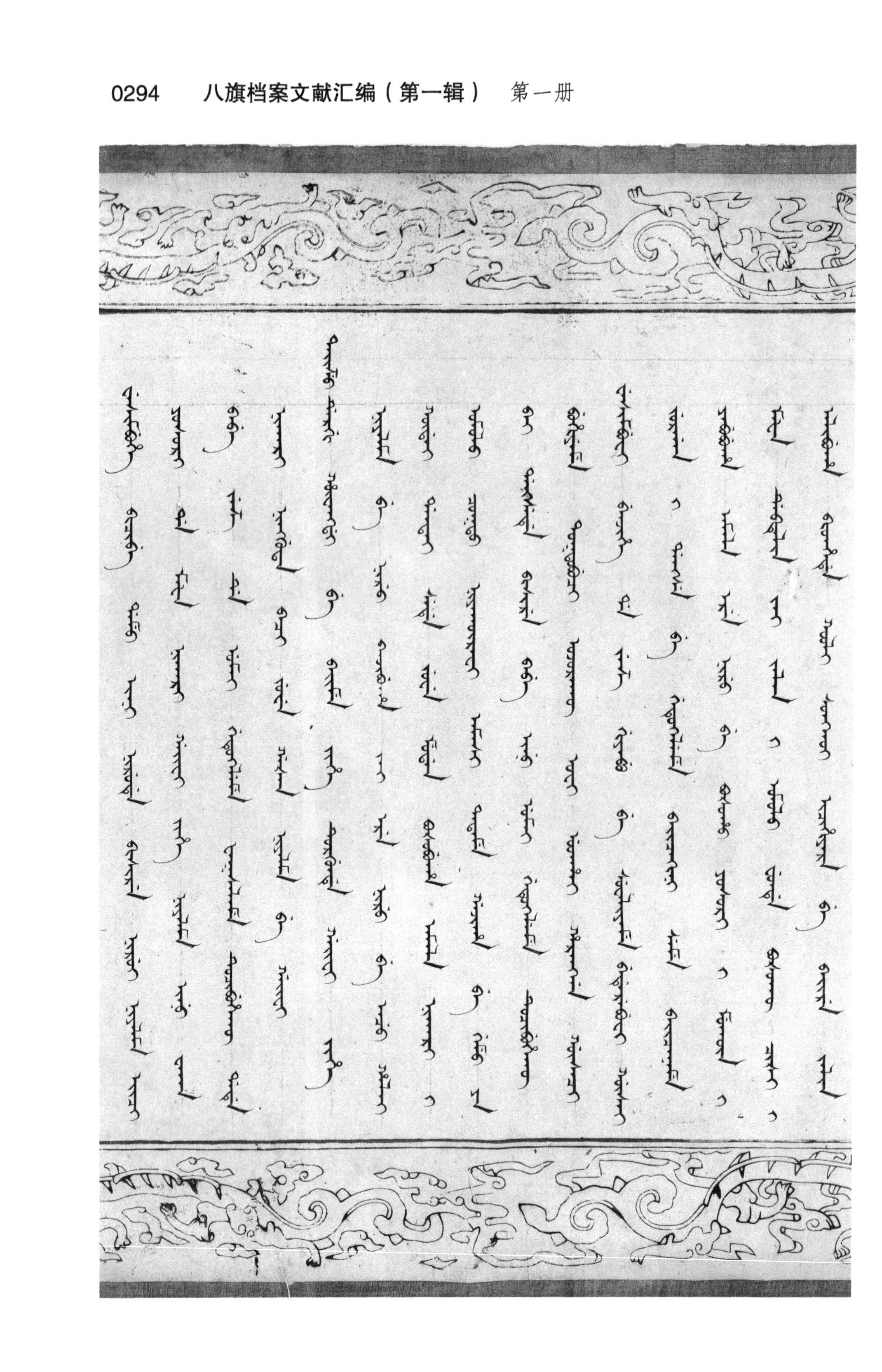

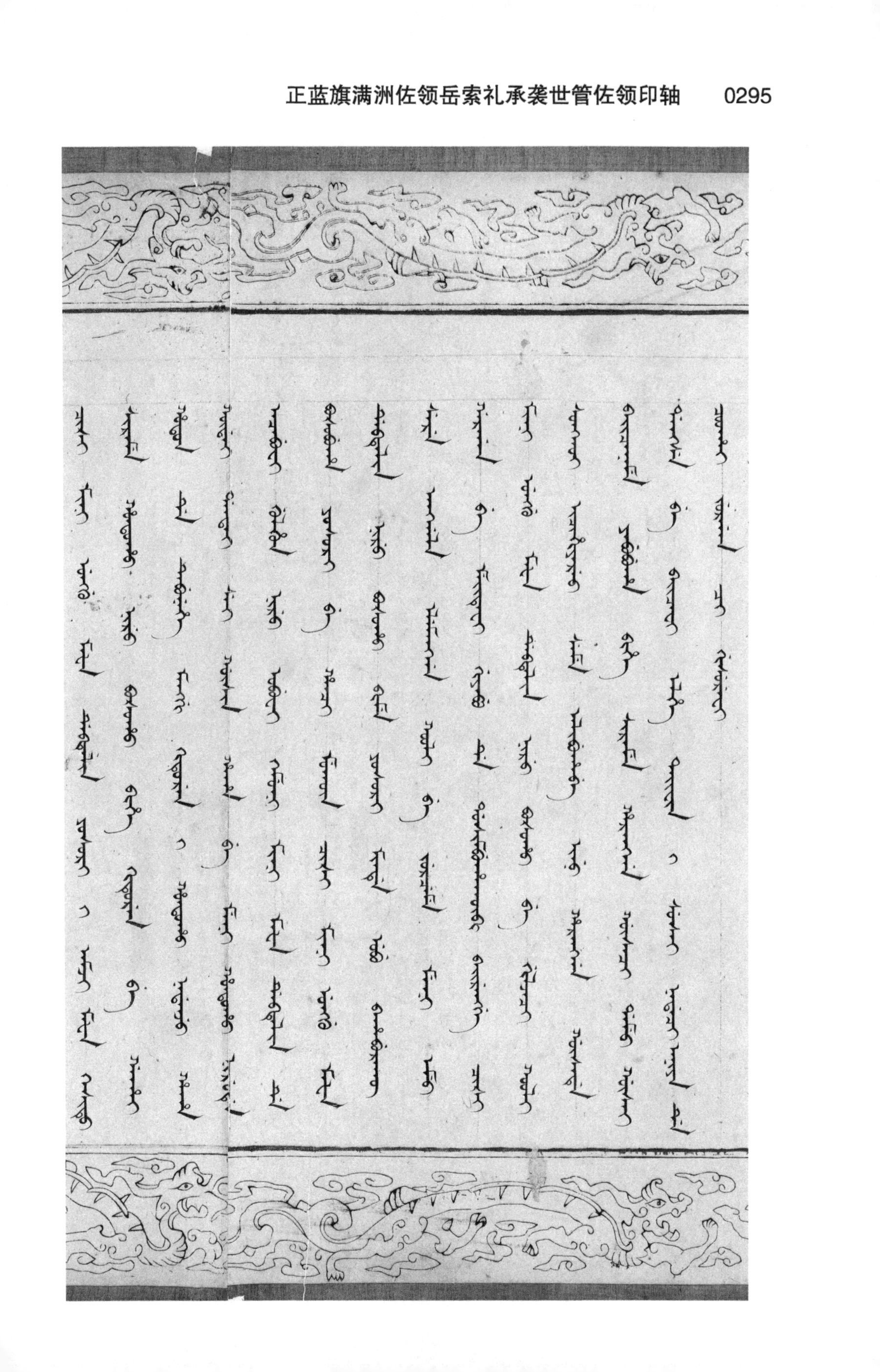

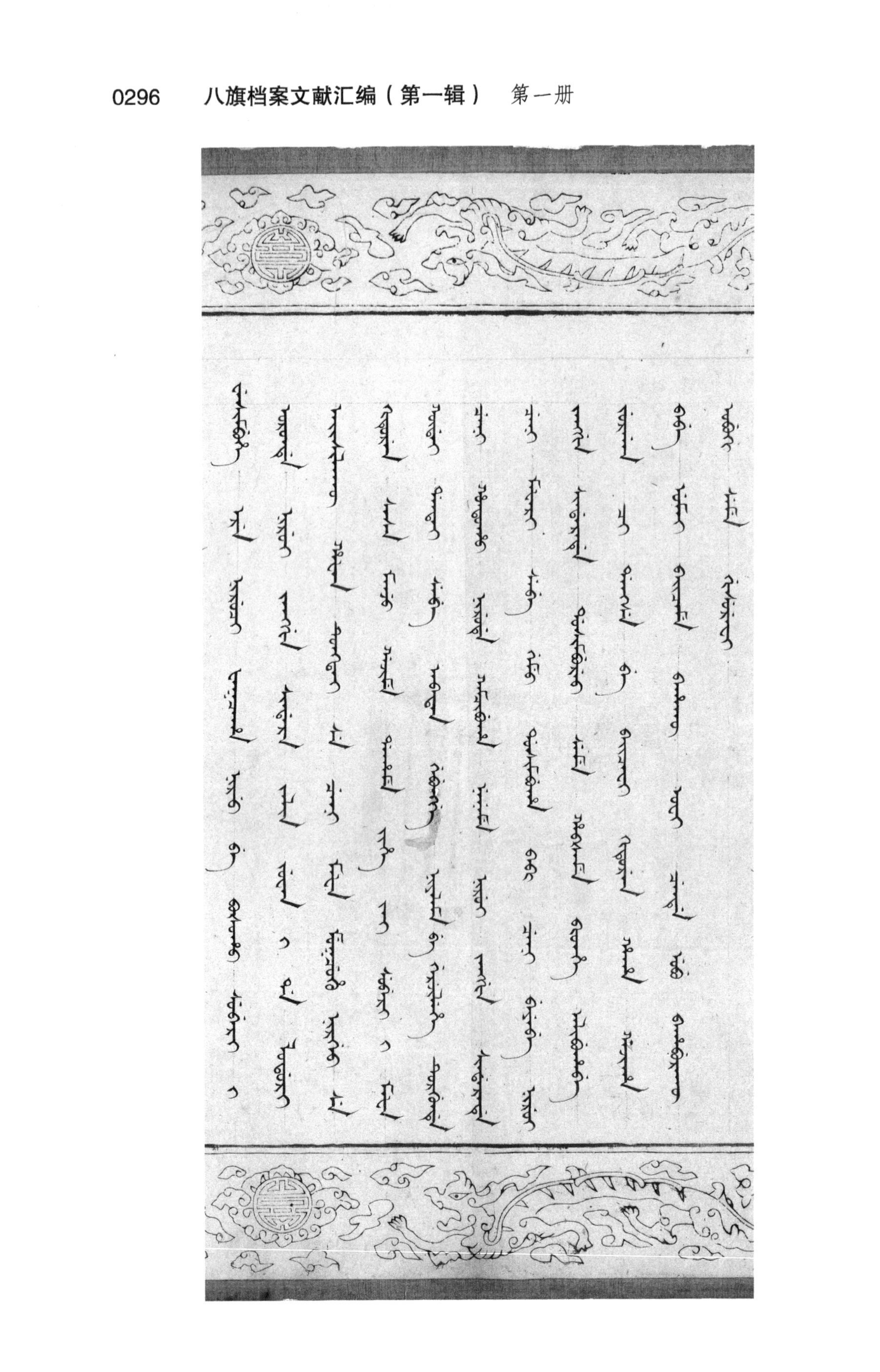

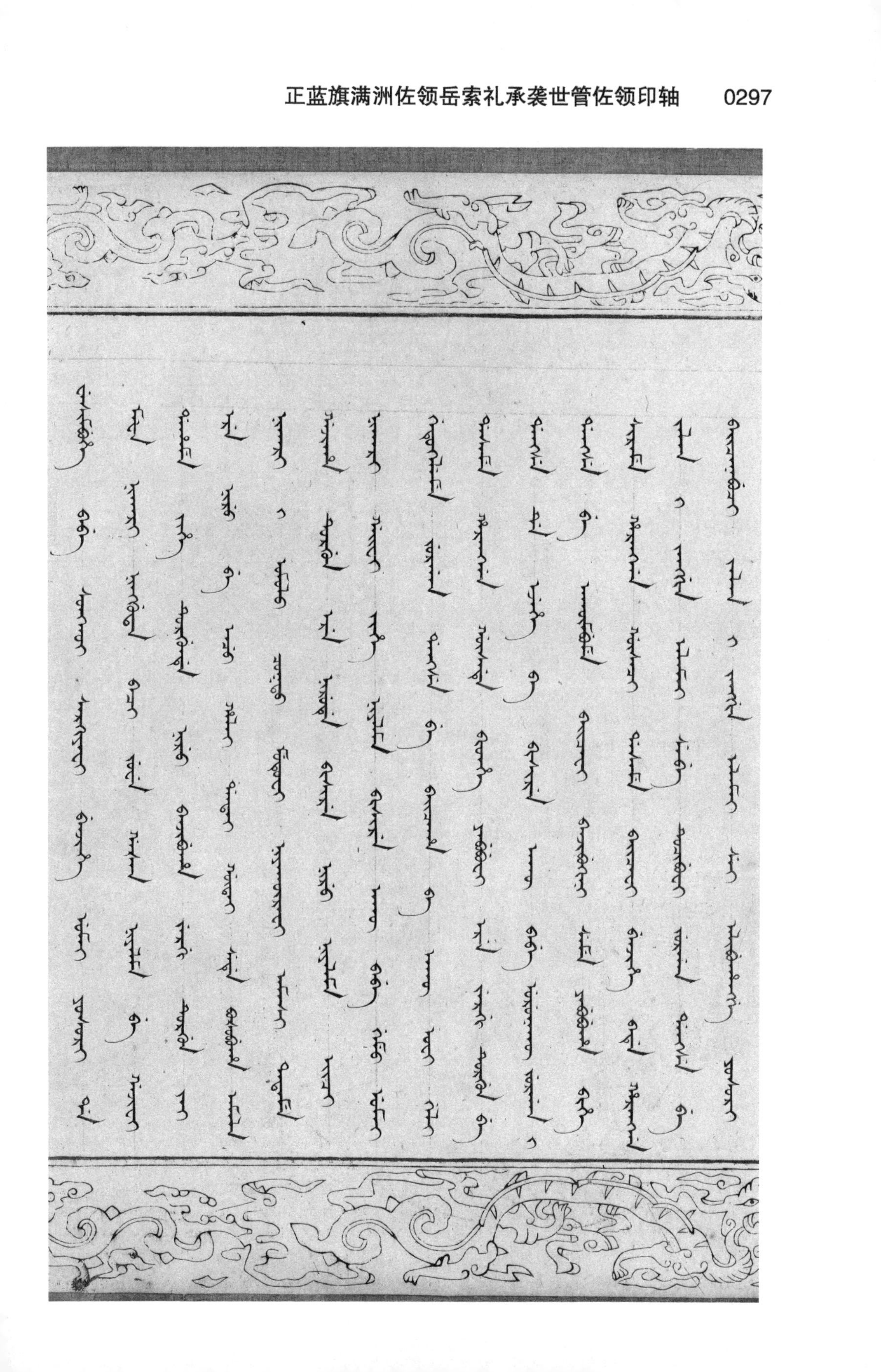

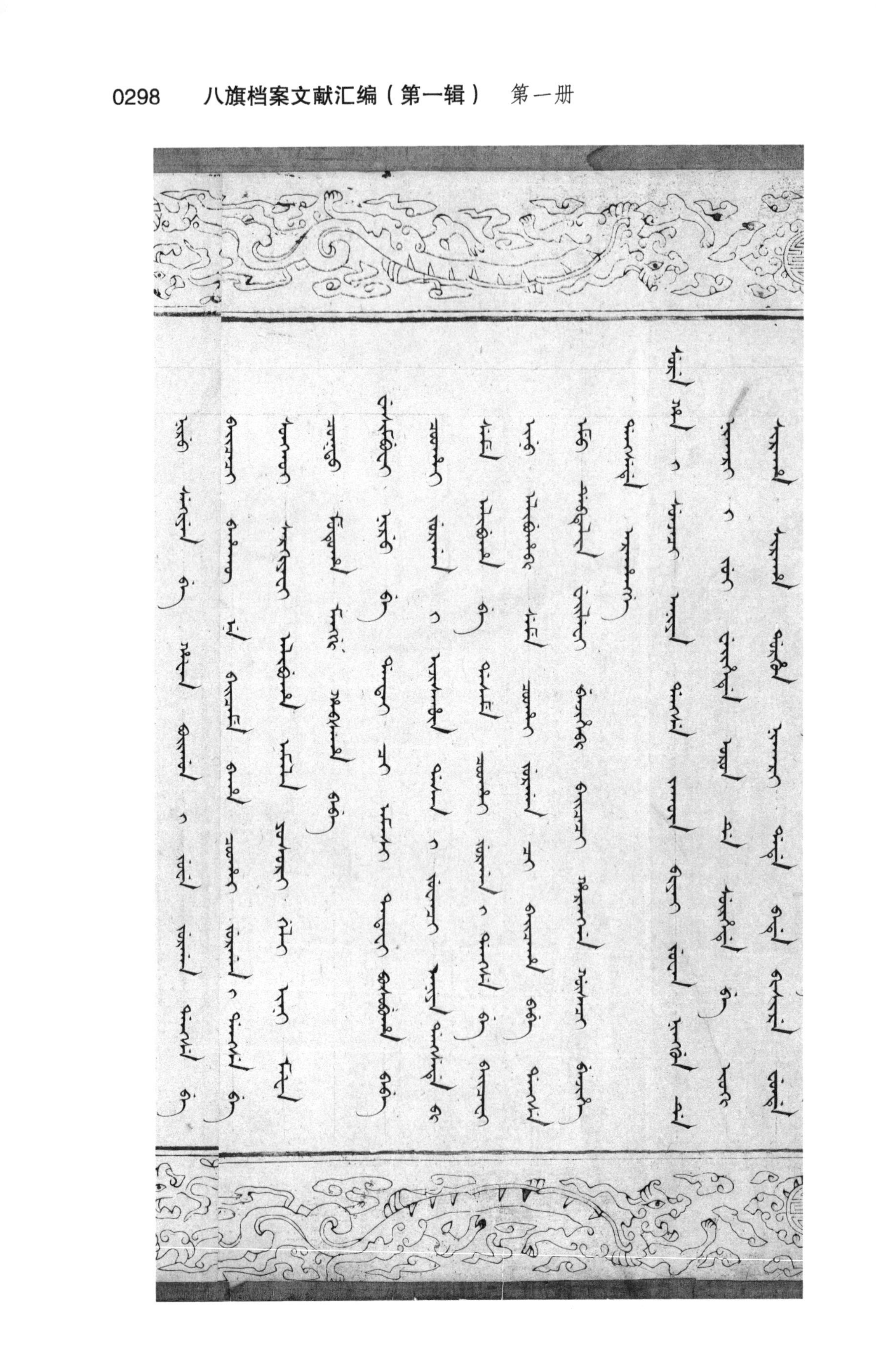

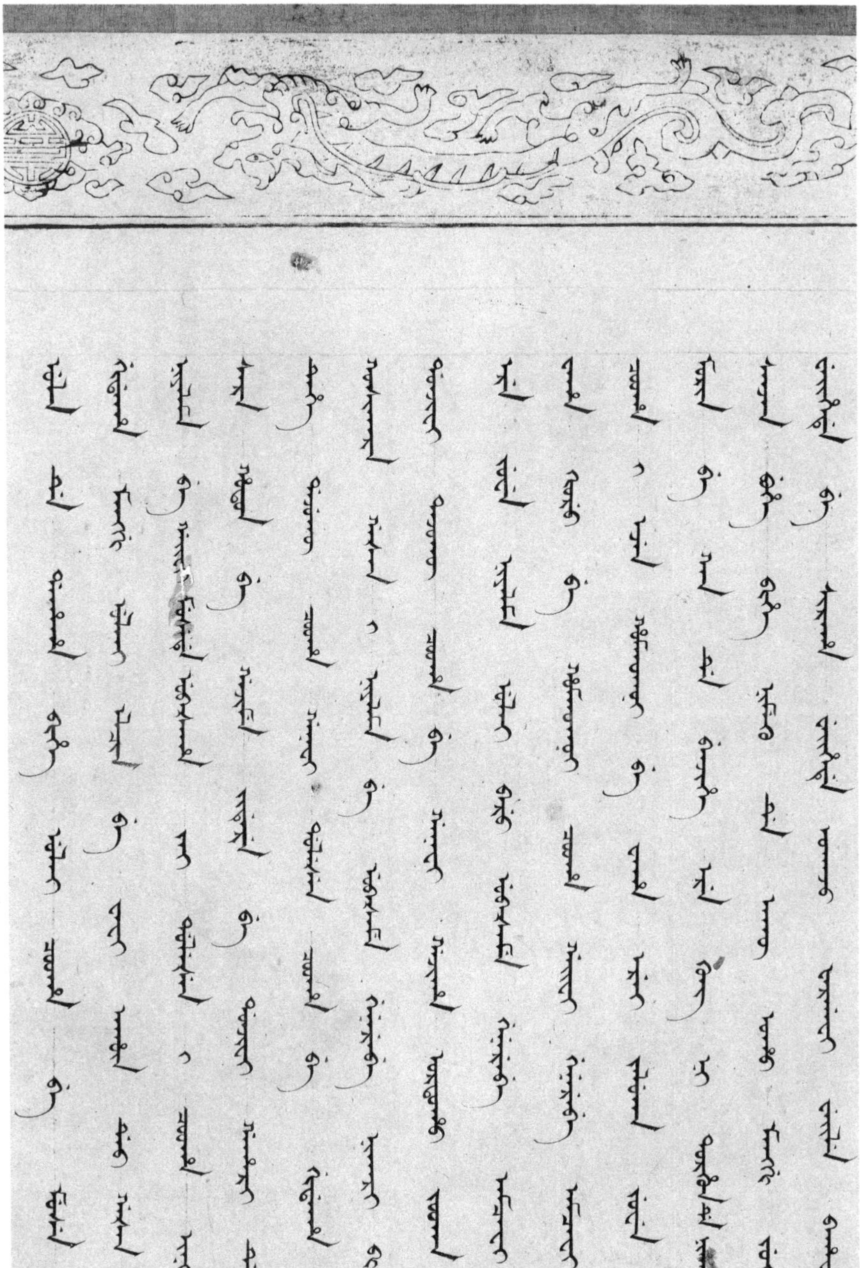

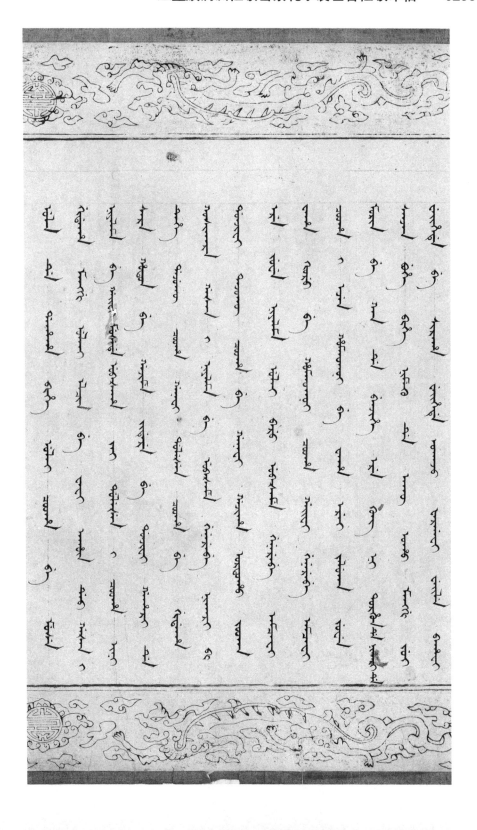

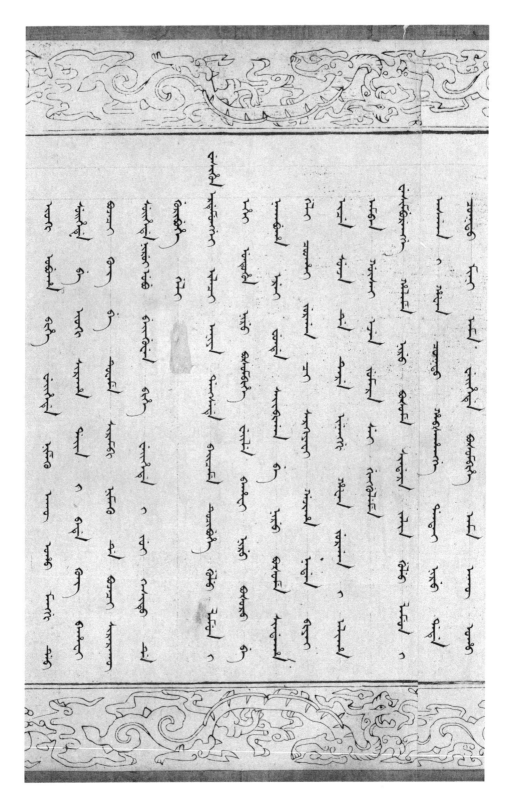

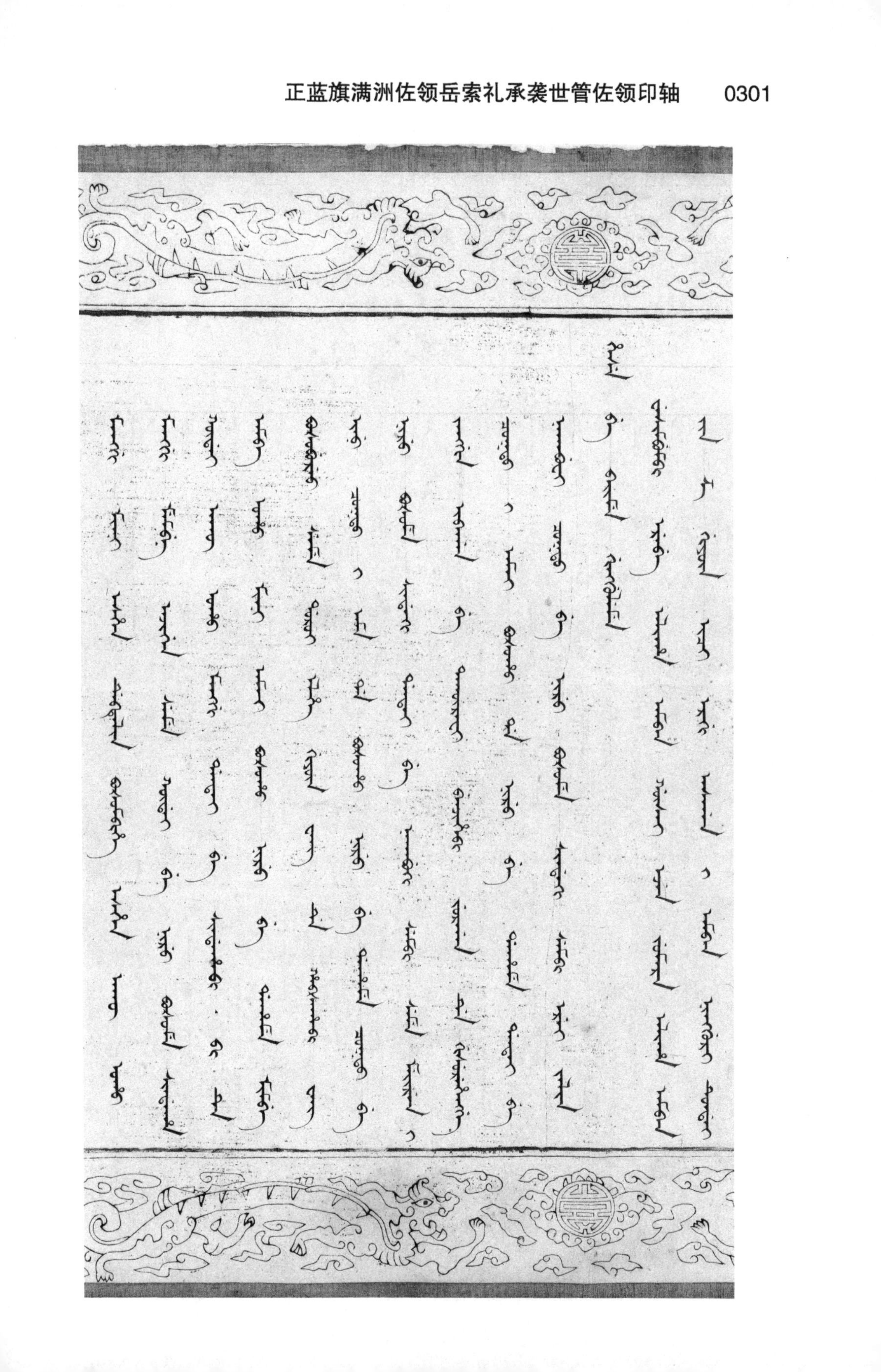

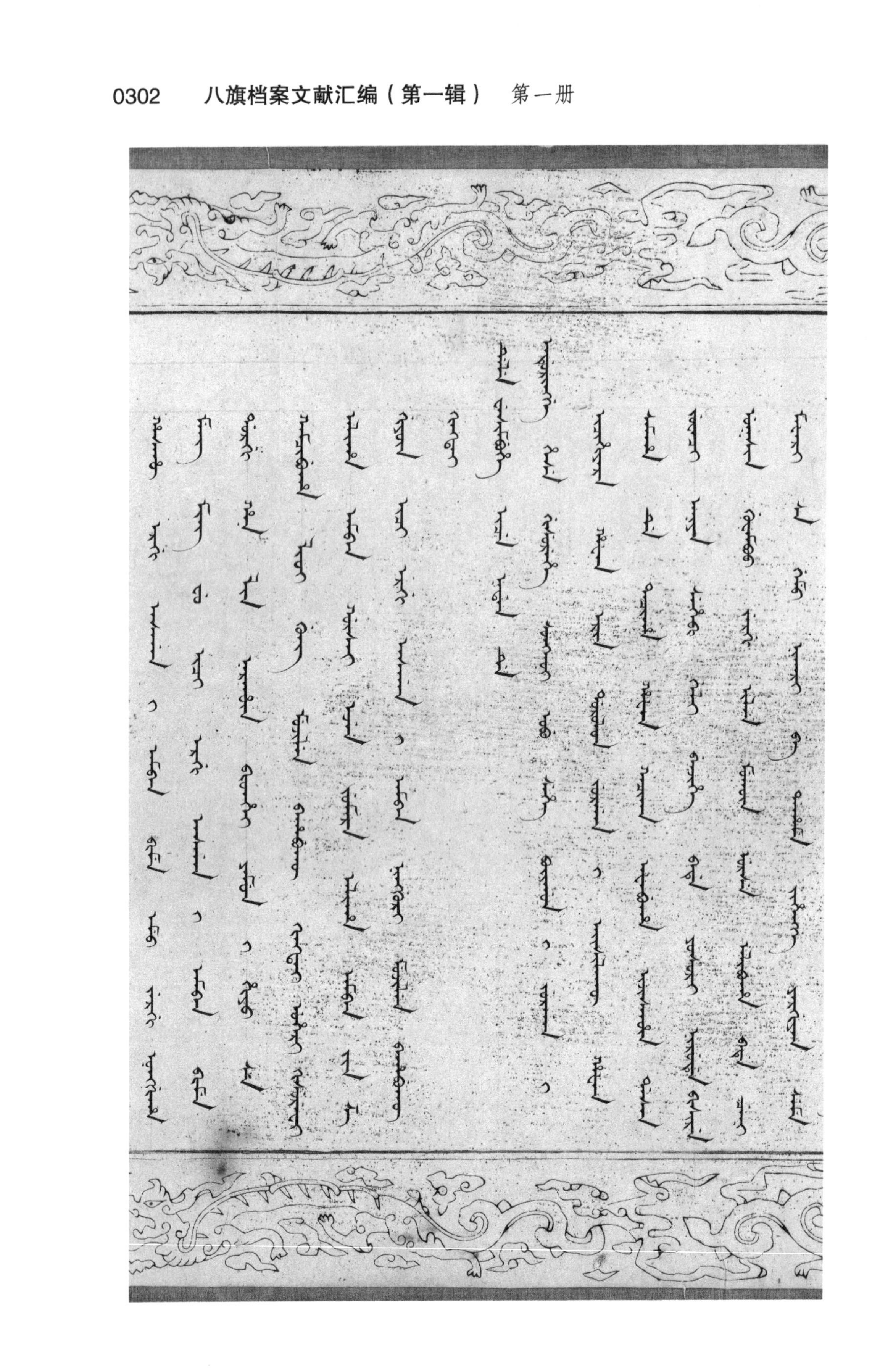

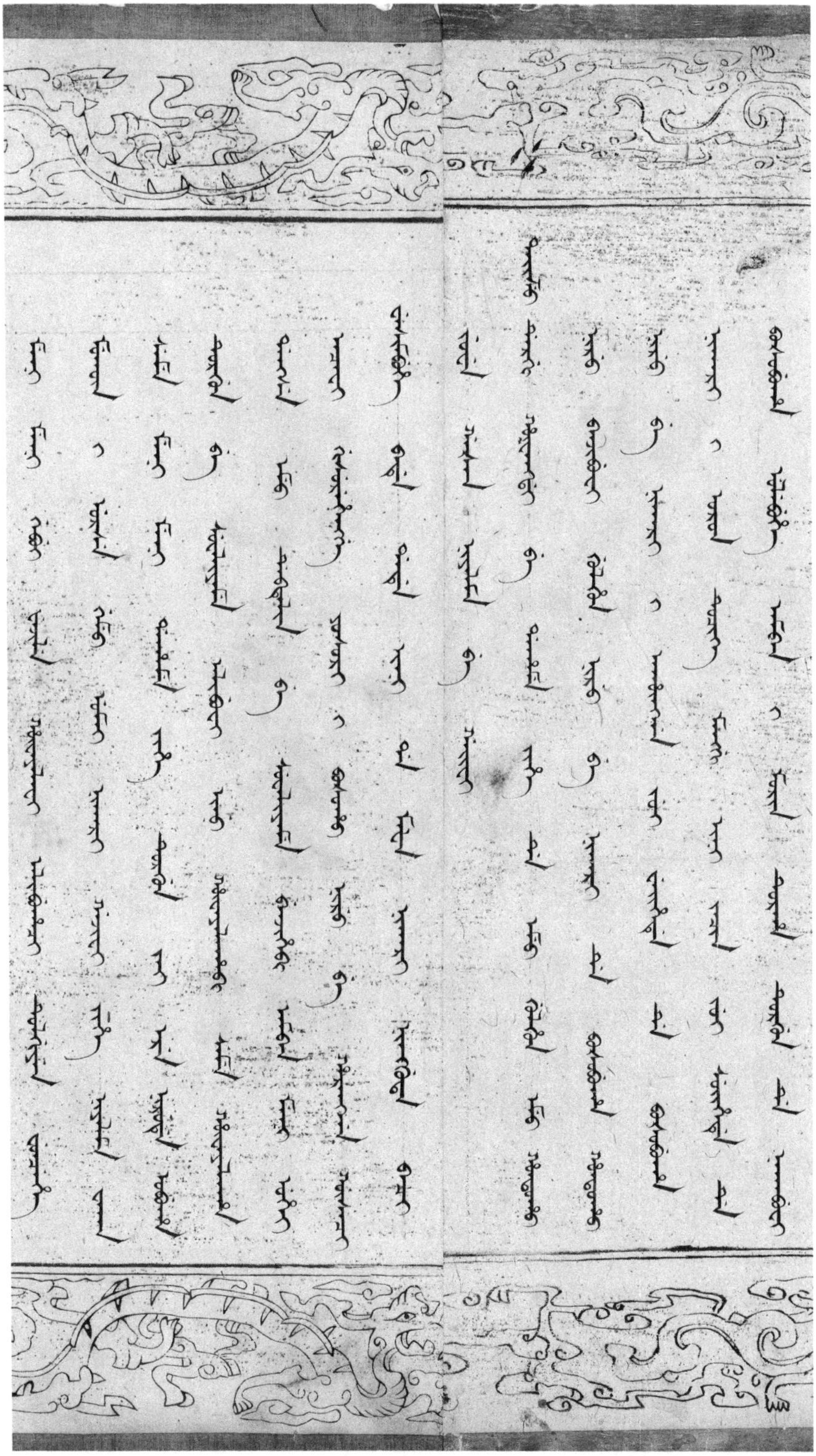

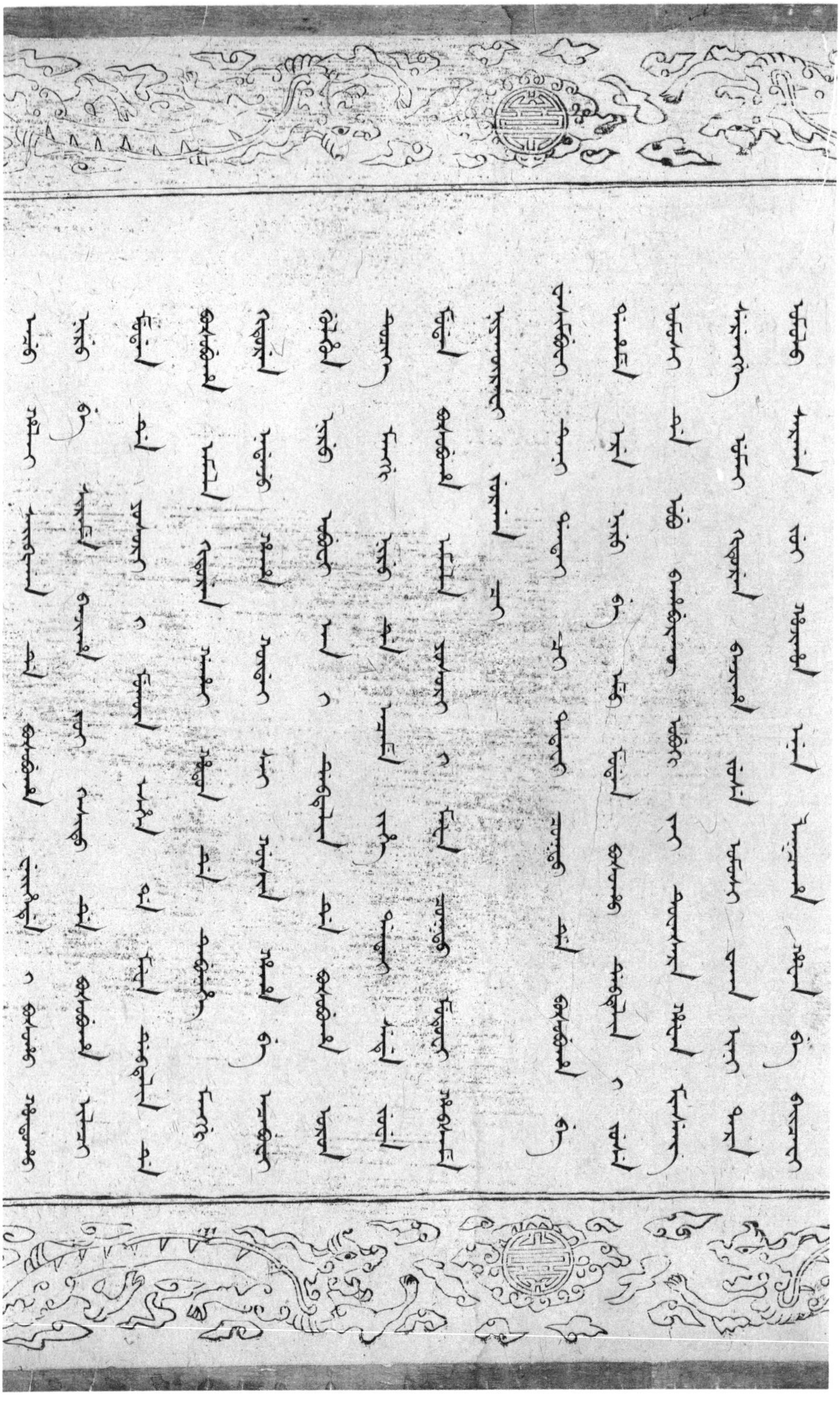

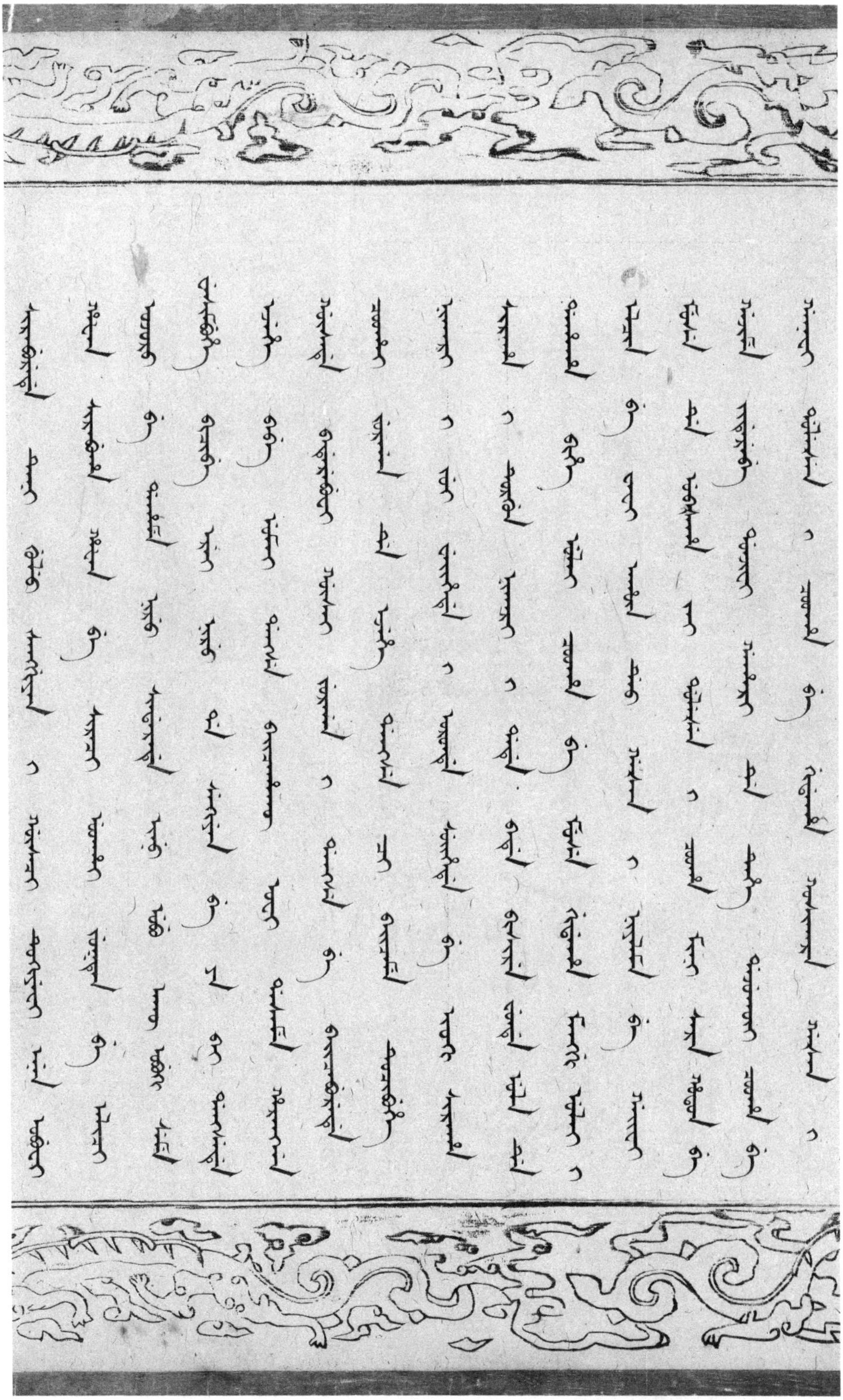

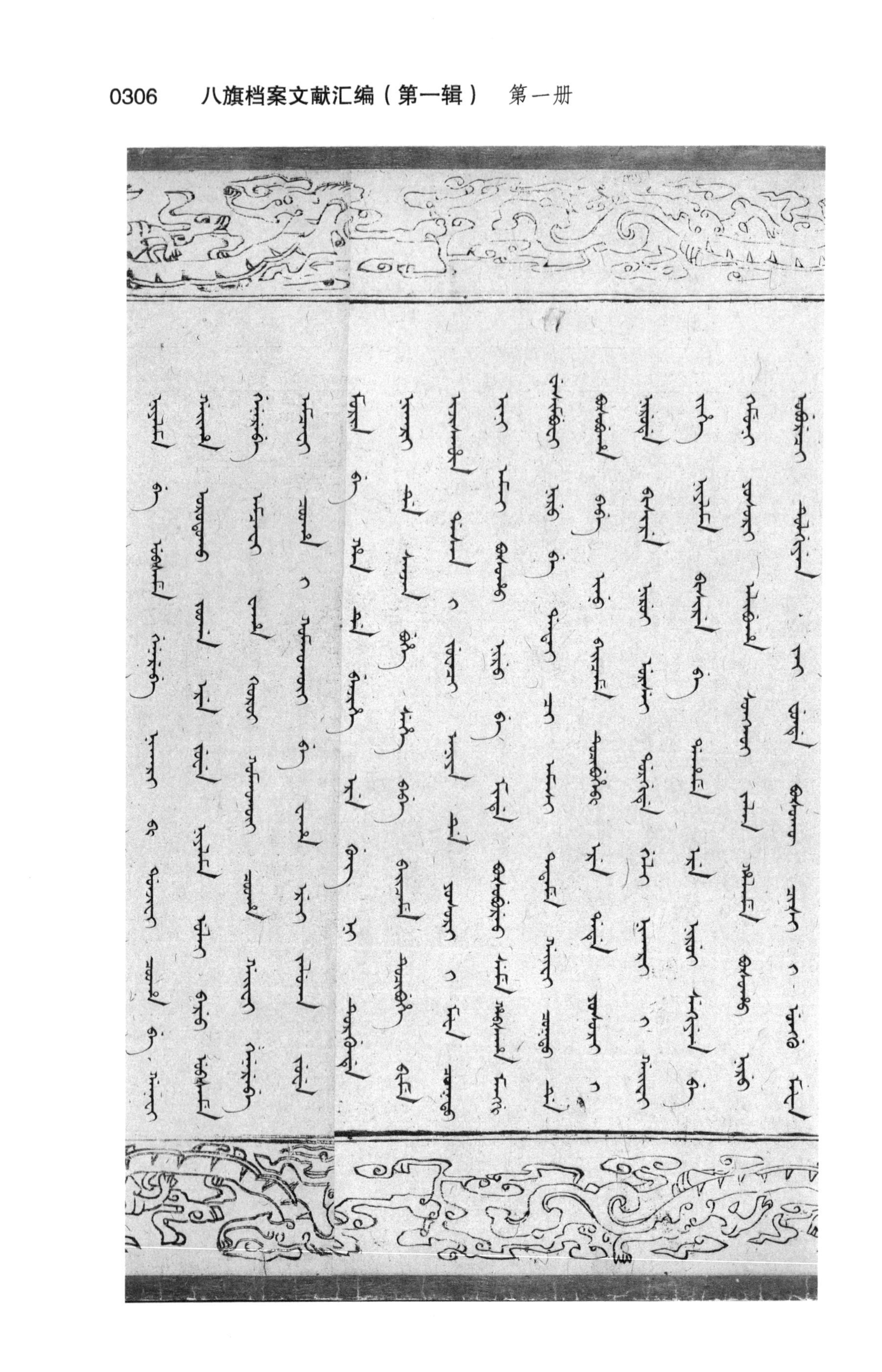

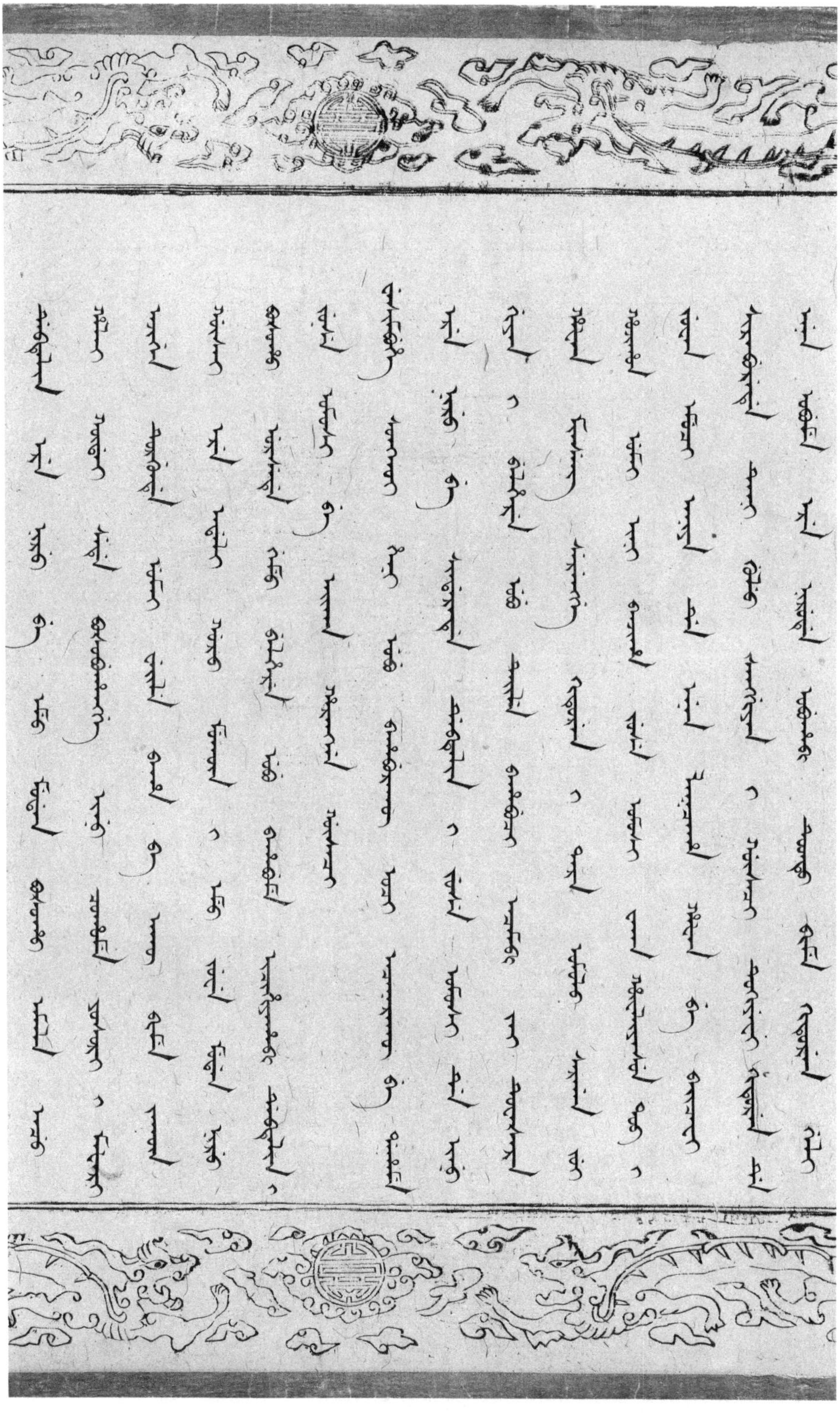

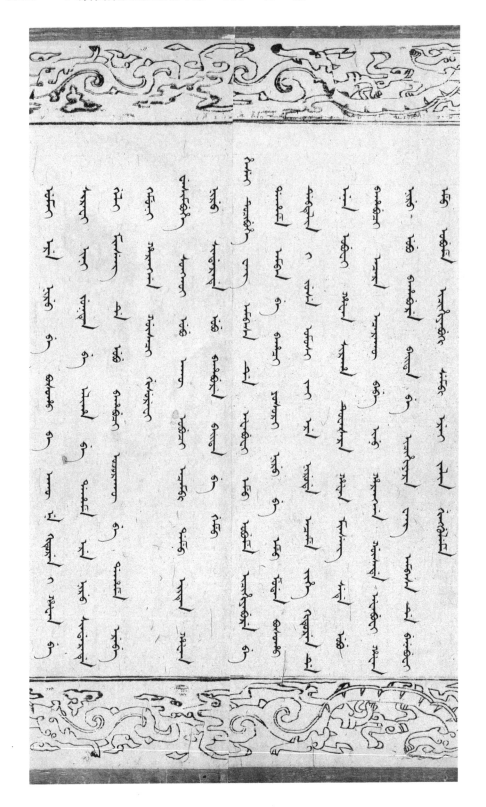

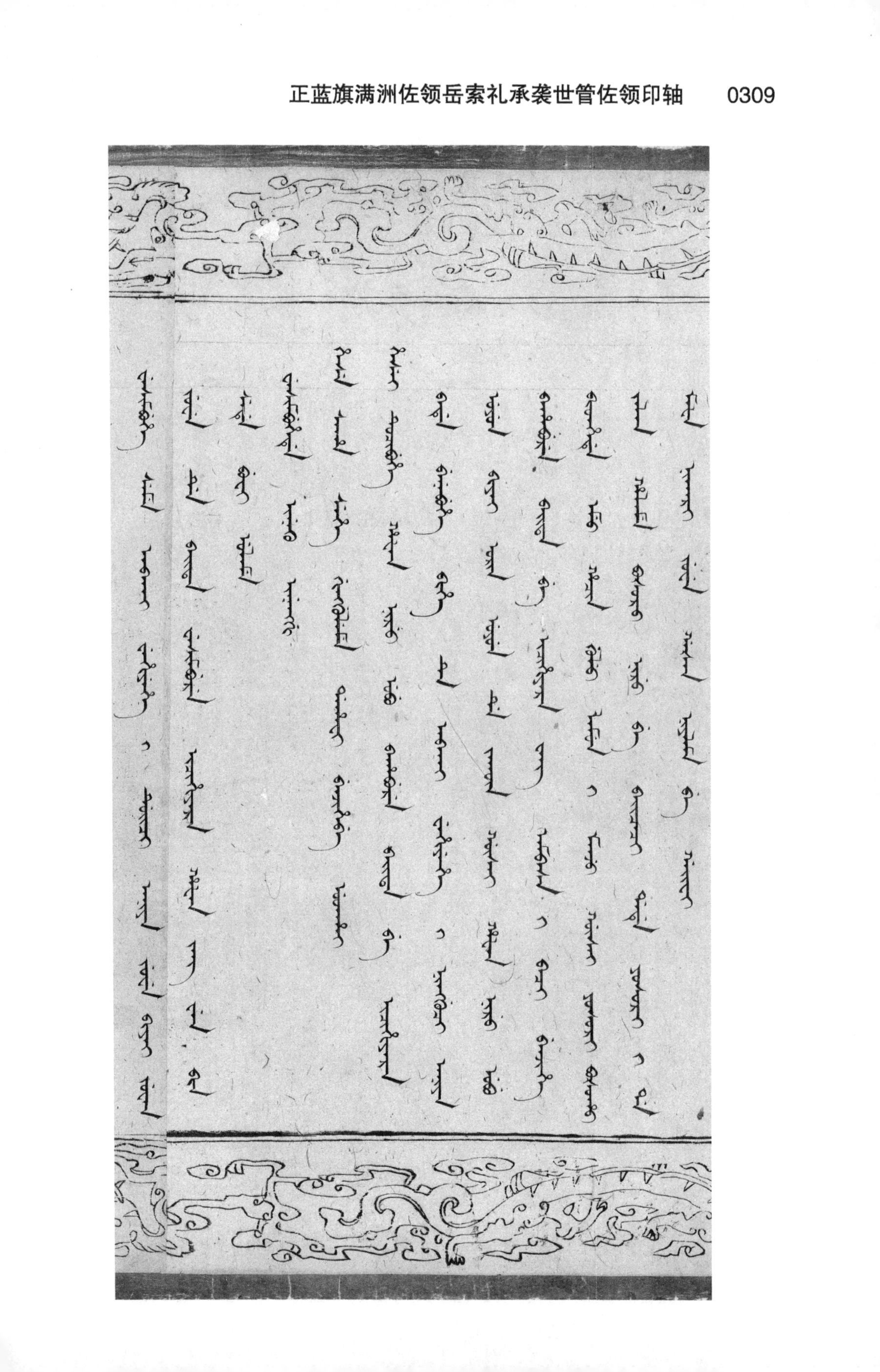

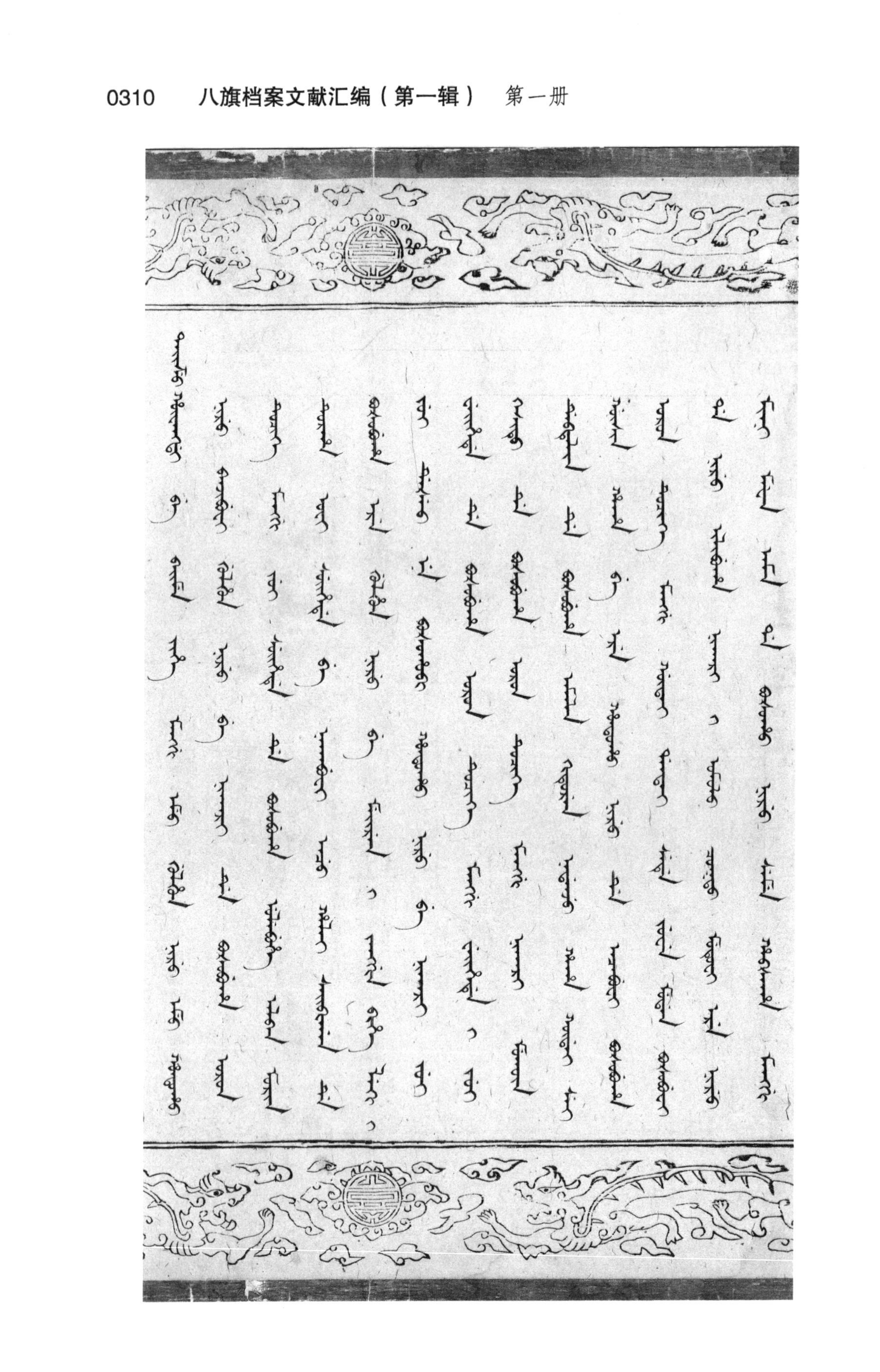

[illegible]

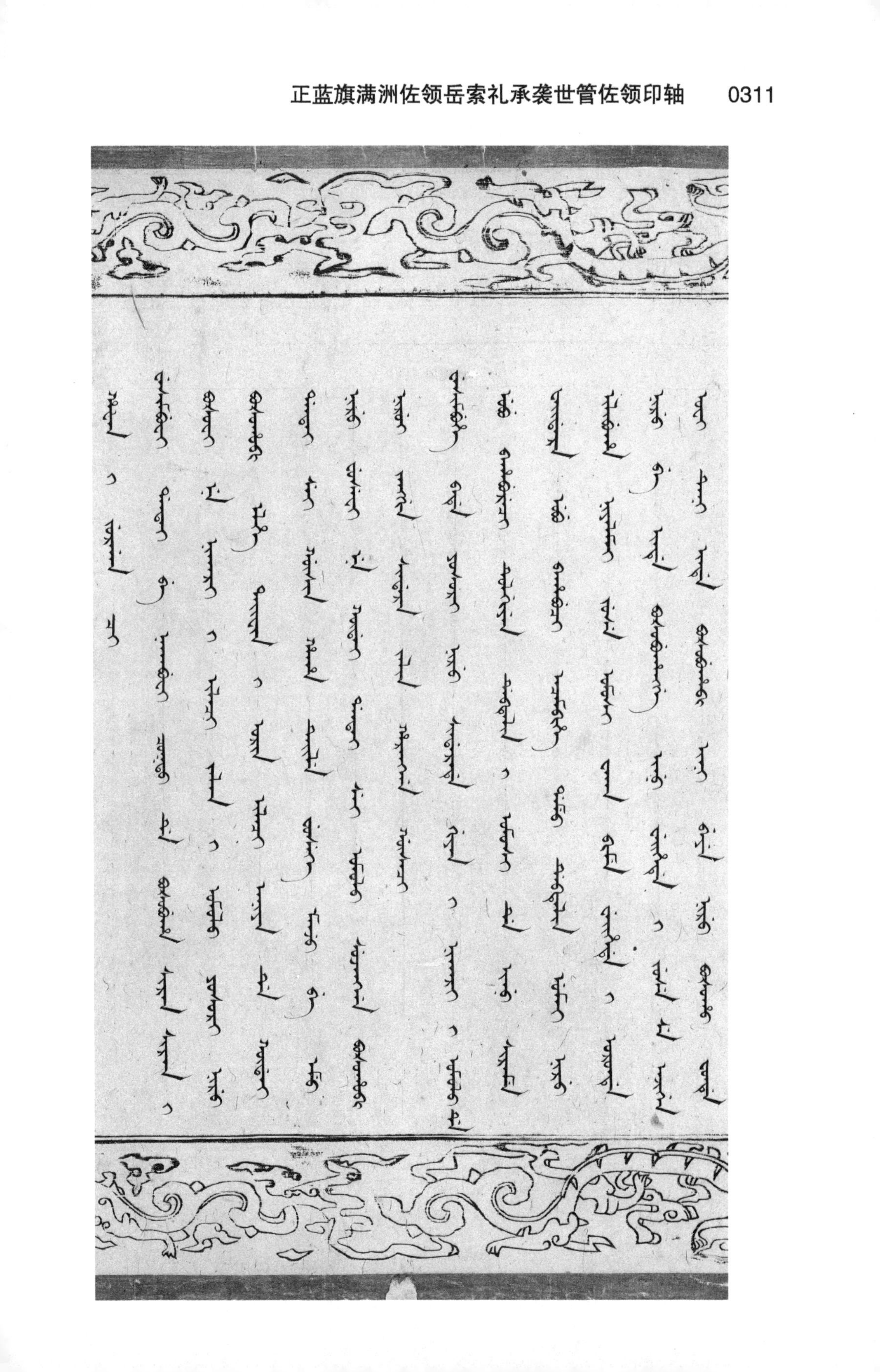

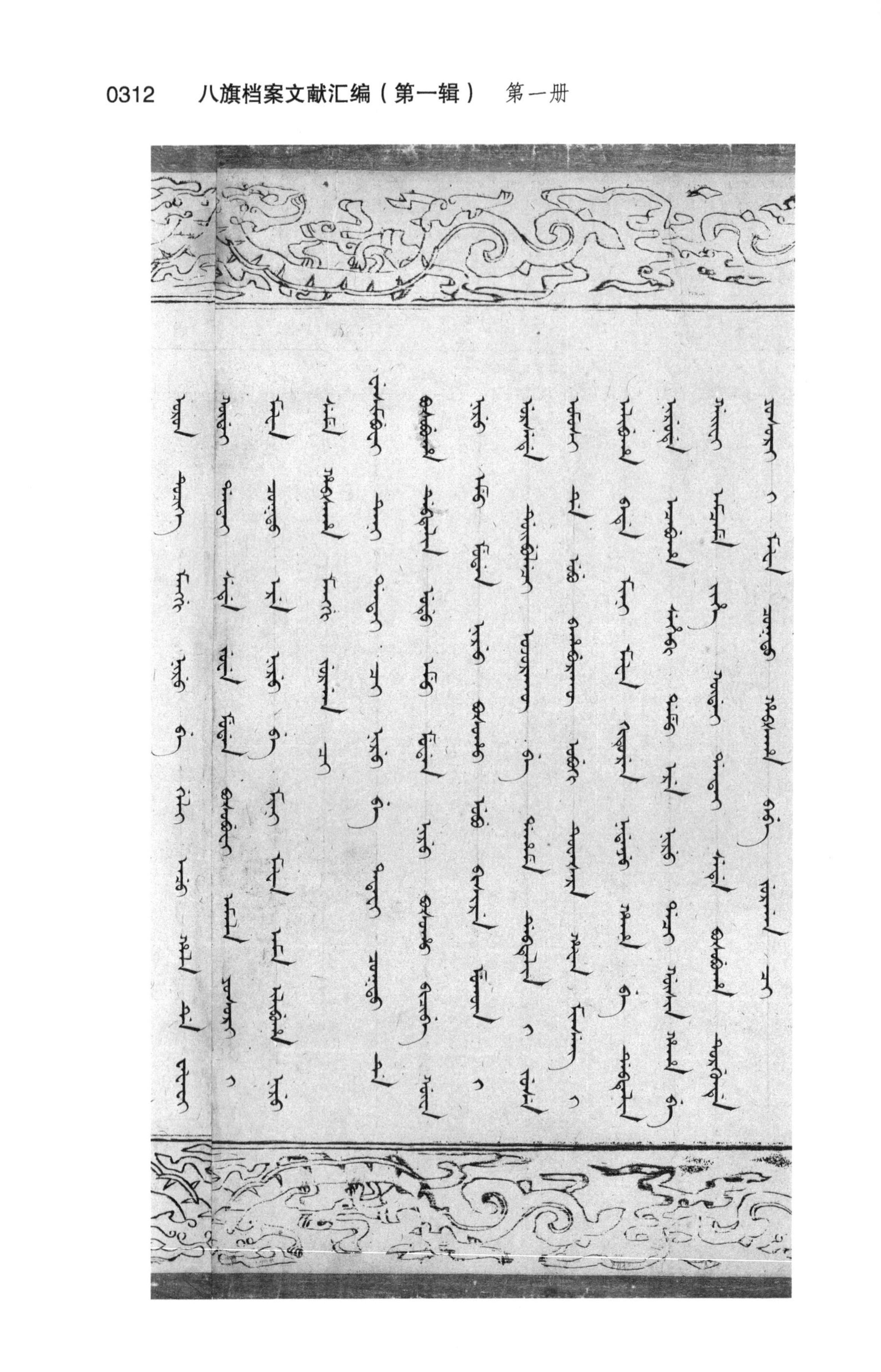

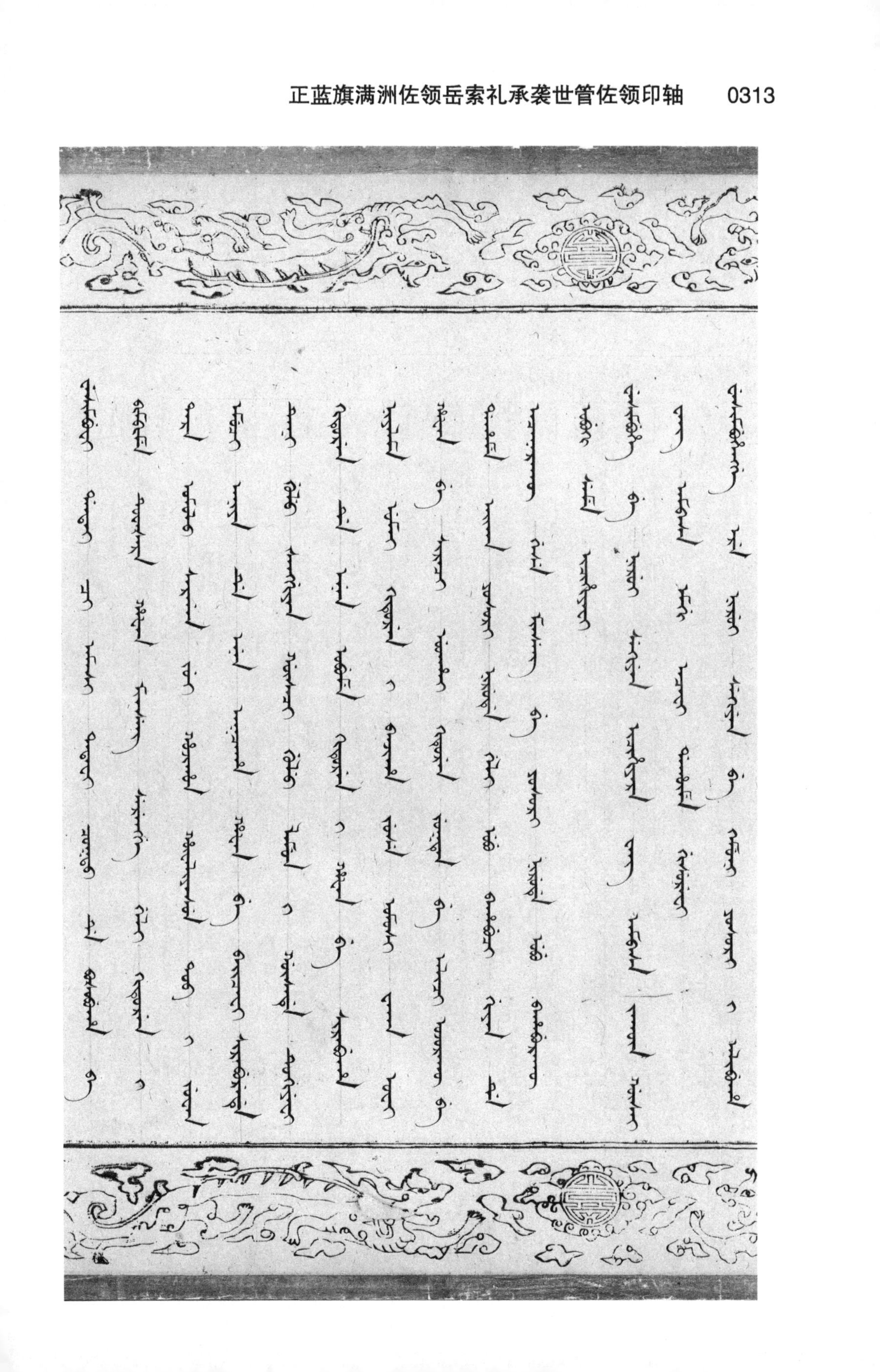

[illegible]

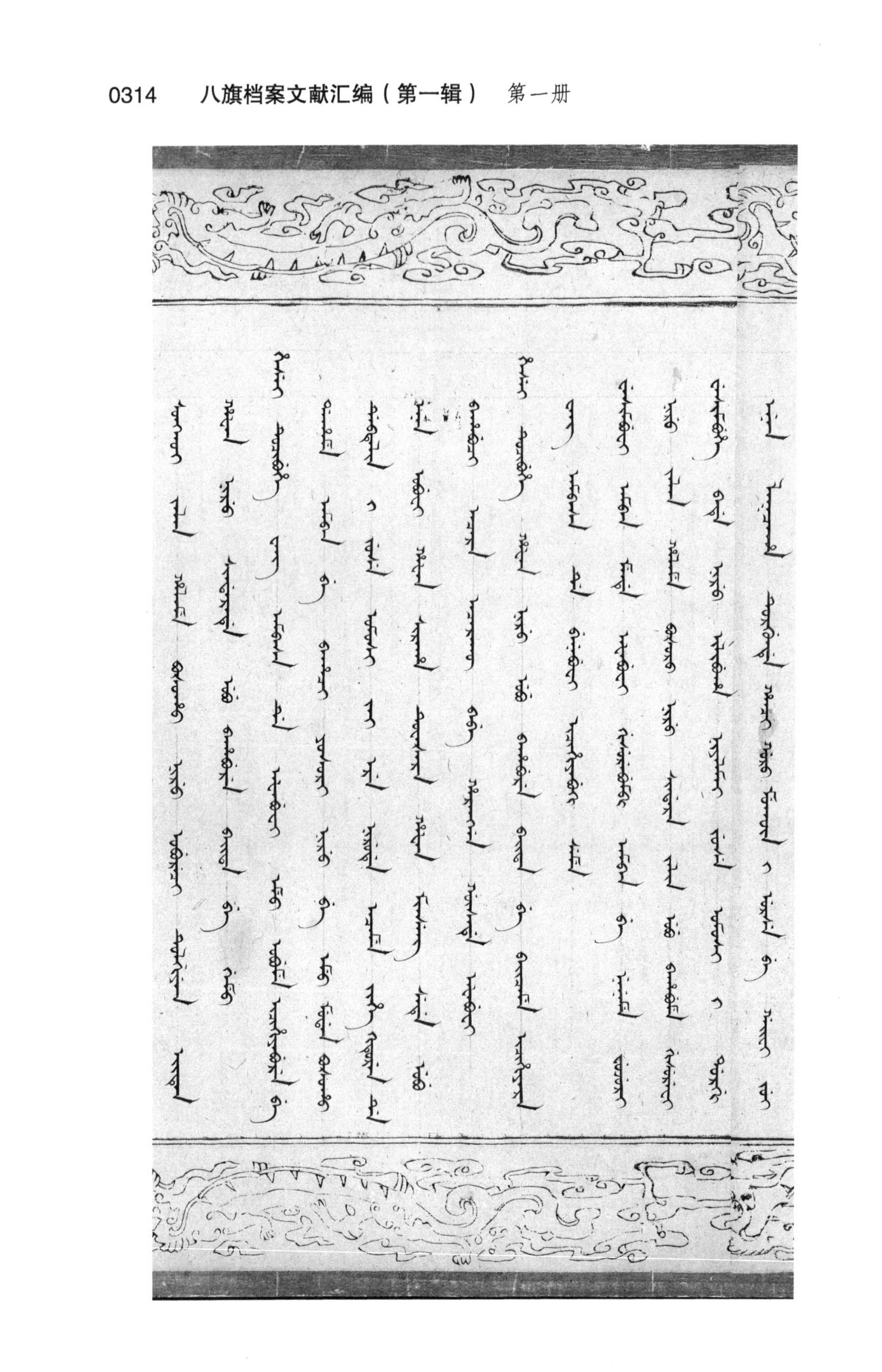

[illegible]

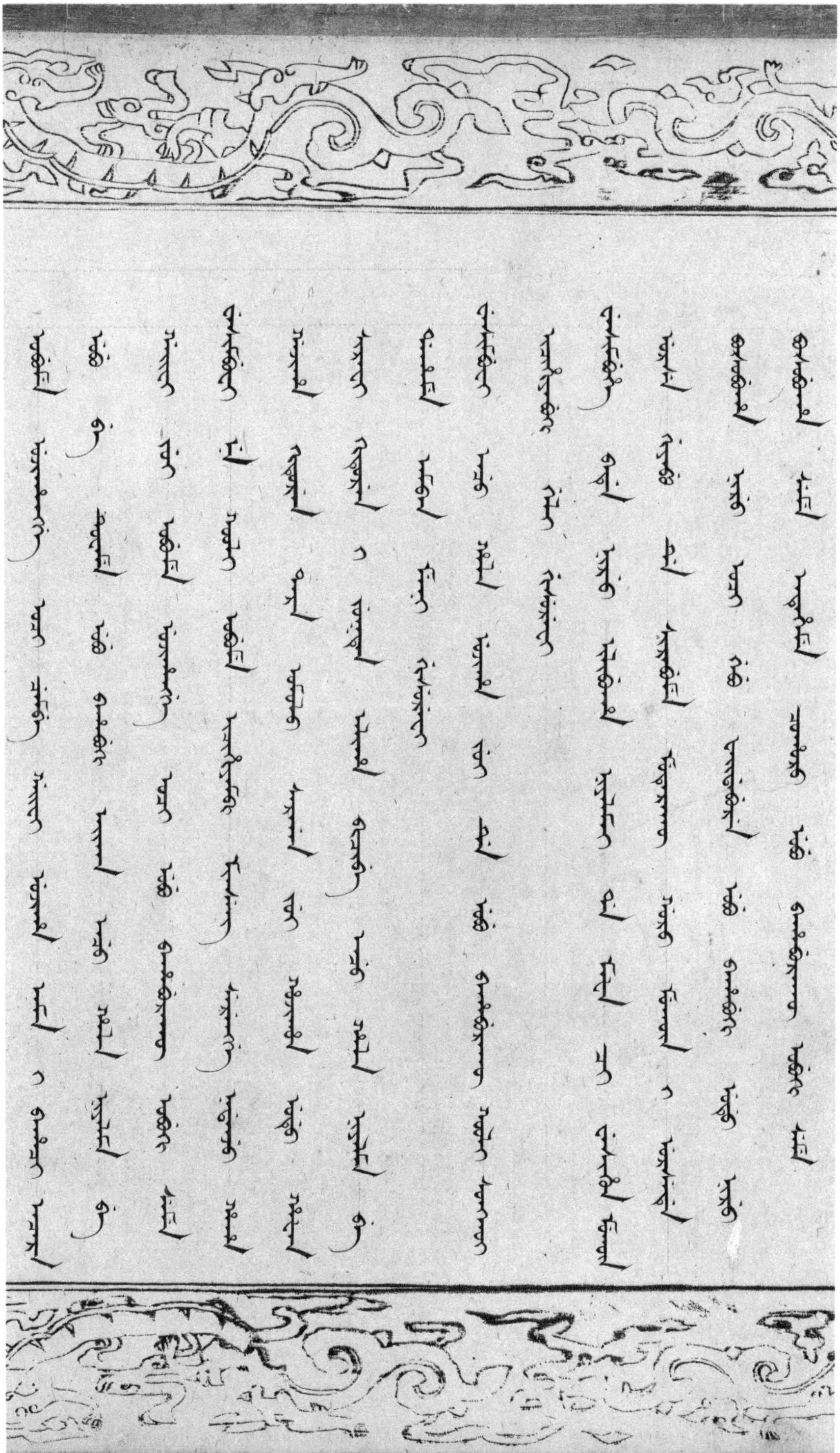

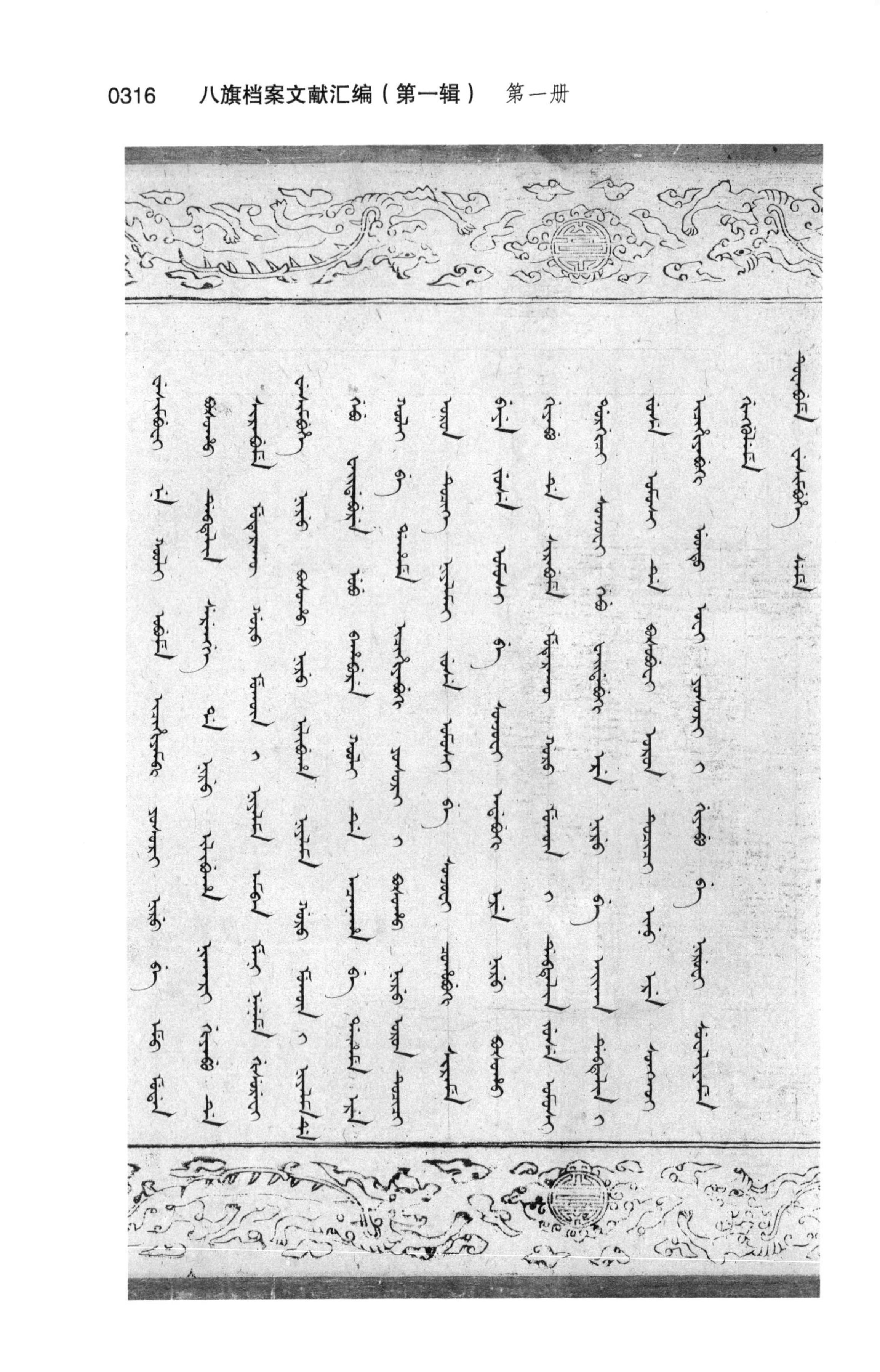

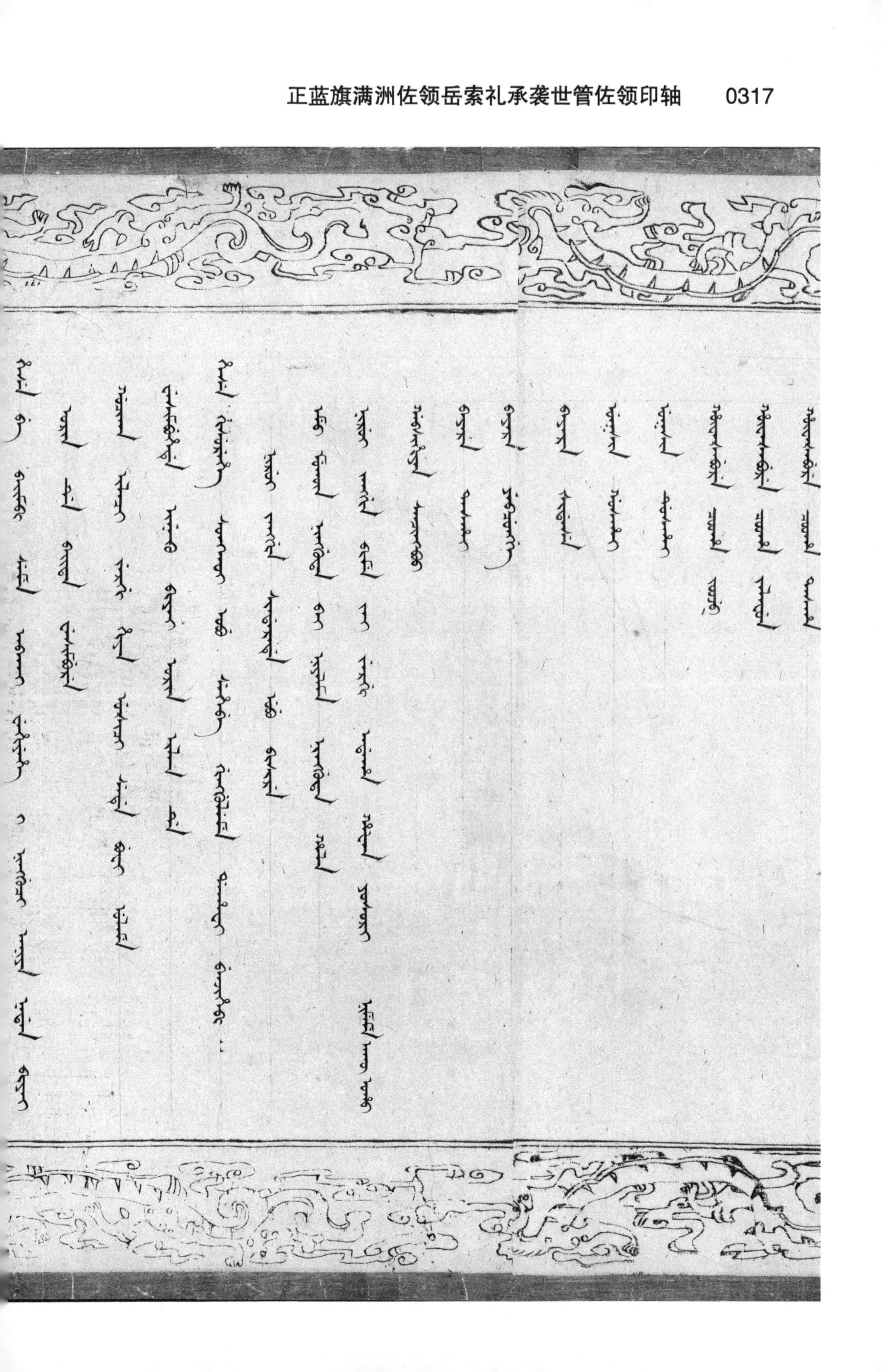

[illegible]

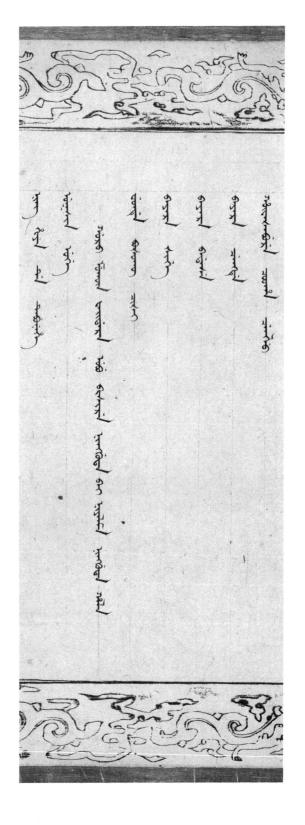

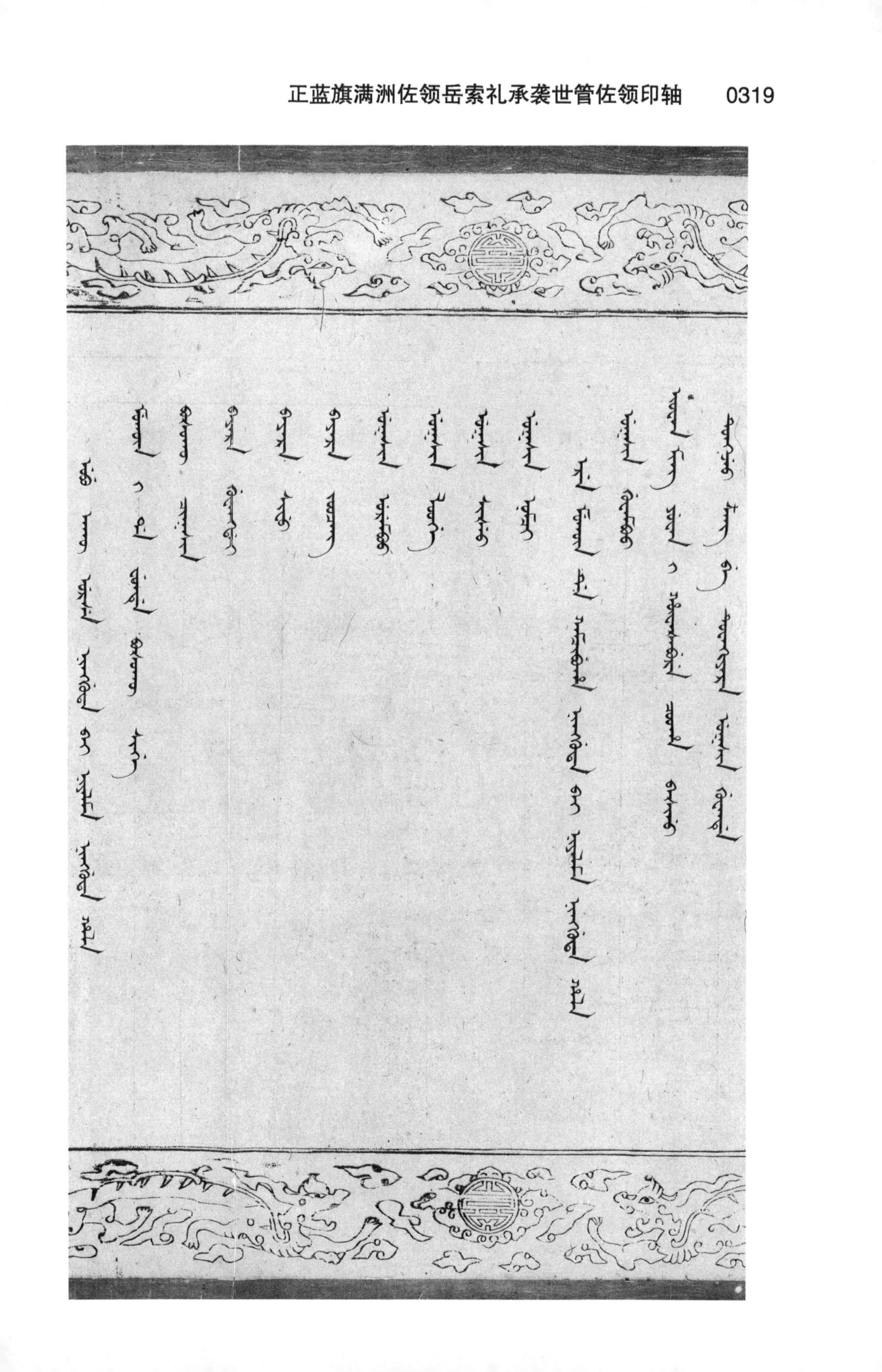

[illegible]

[illegible]

[illegible]

[illegible]

[illegible]

[illegible]

[illegible]

[illegible]

[illegible]

[illegible]

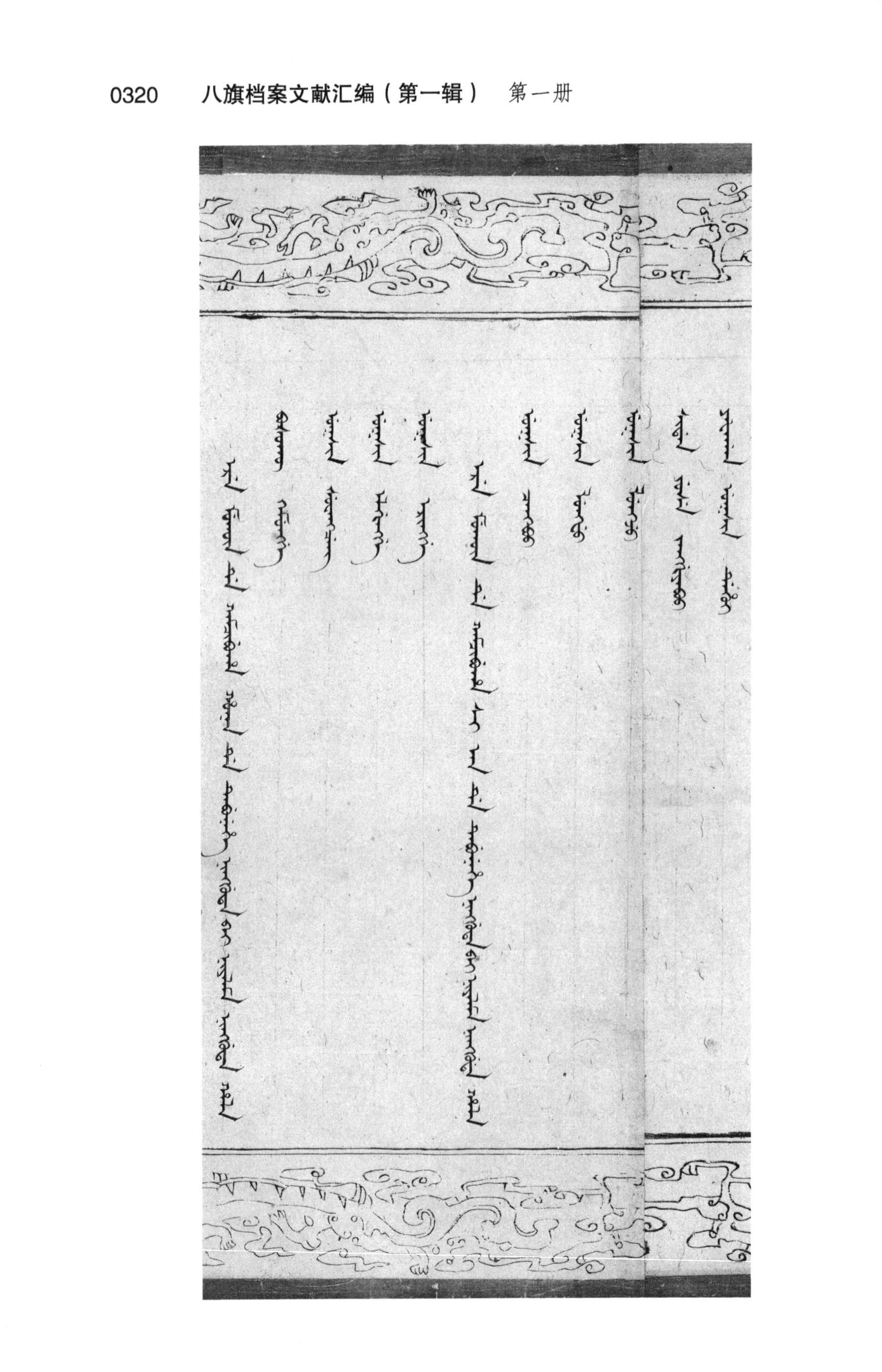

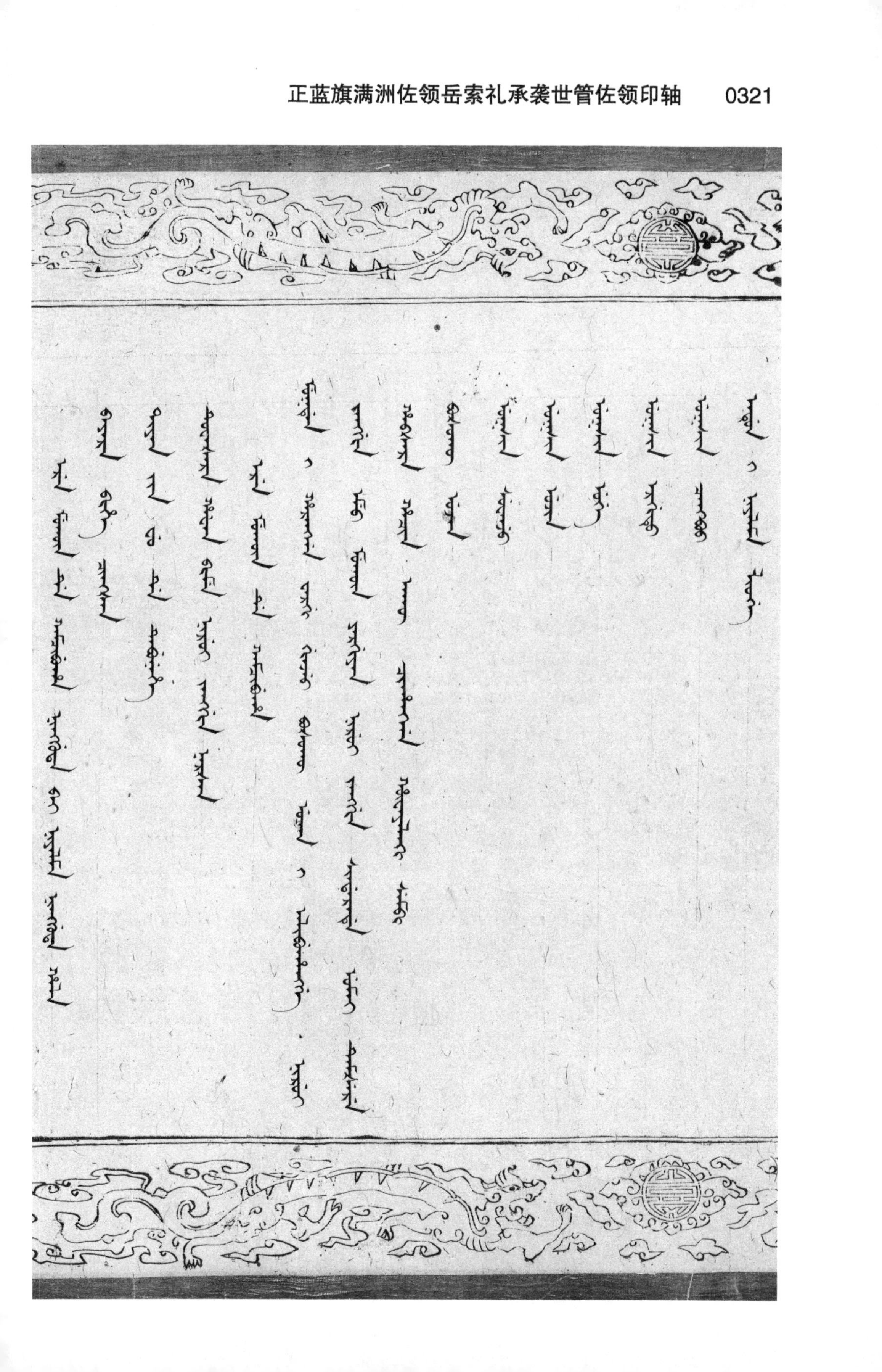

[illegible]

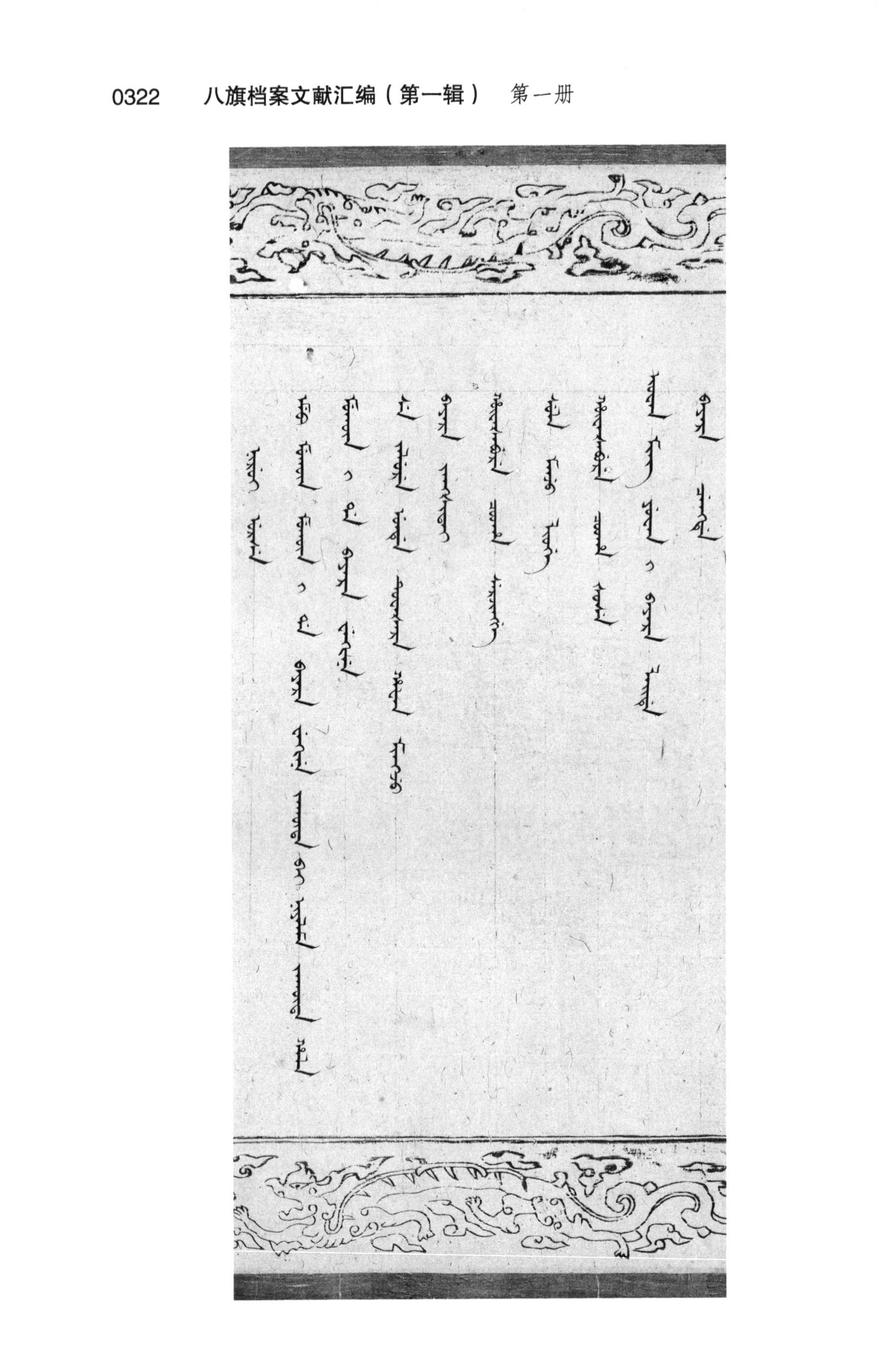

[illegible]

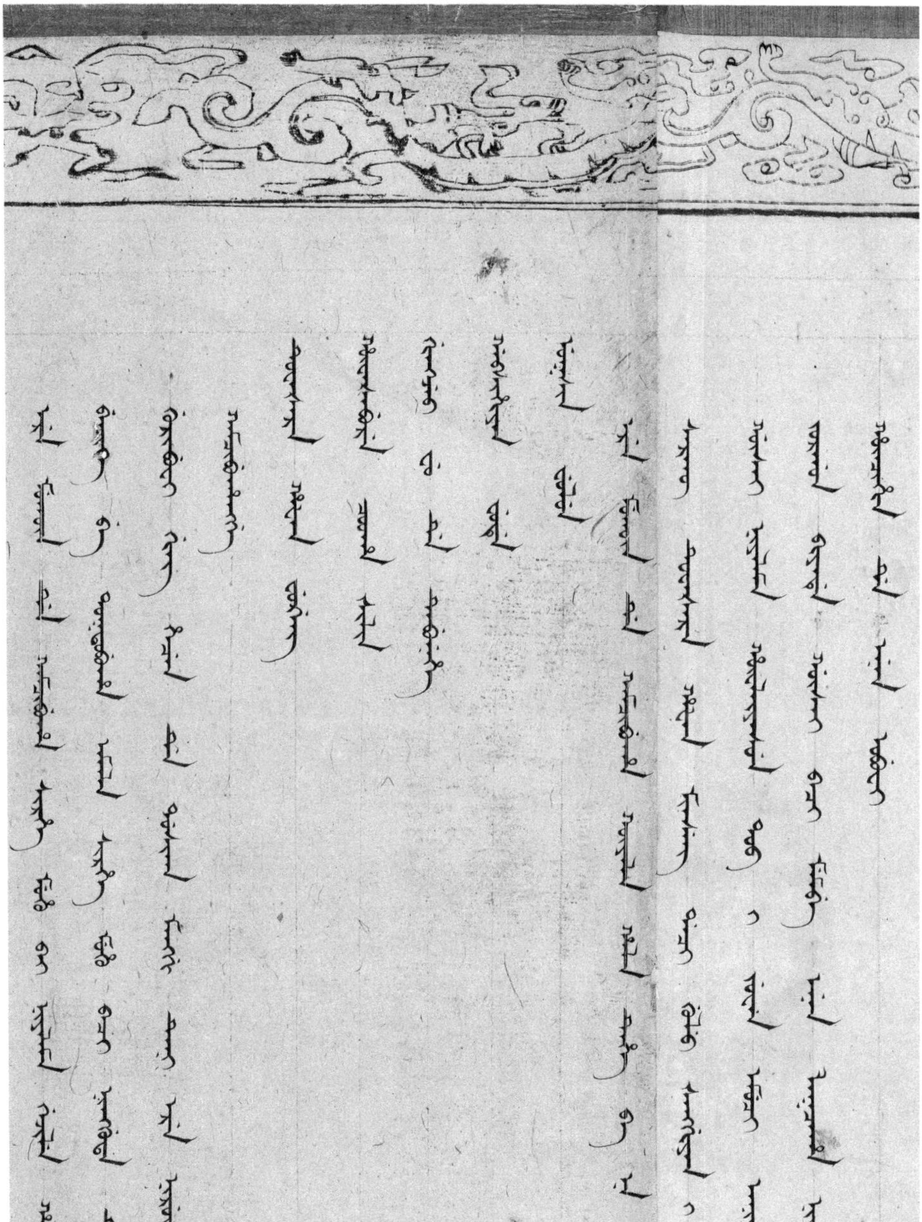

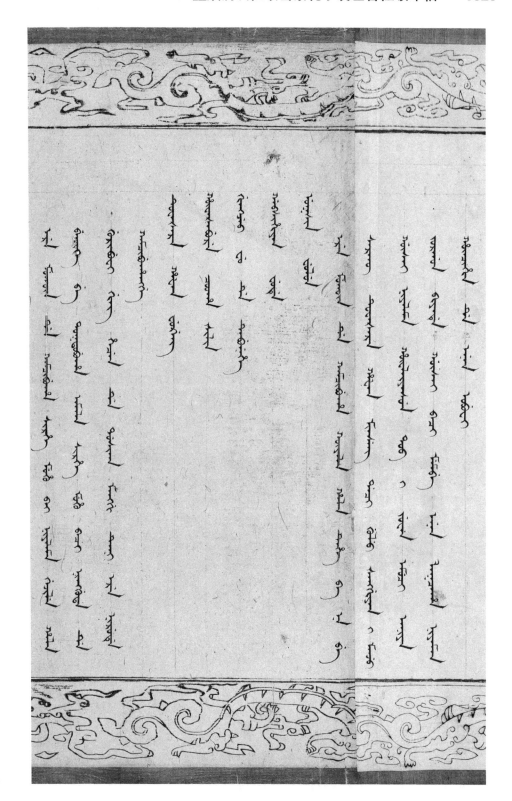

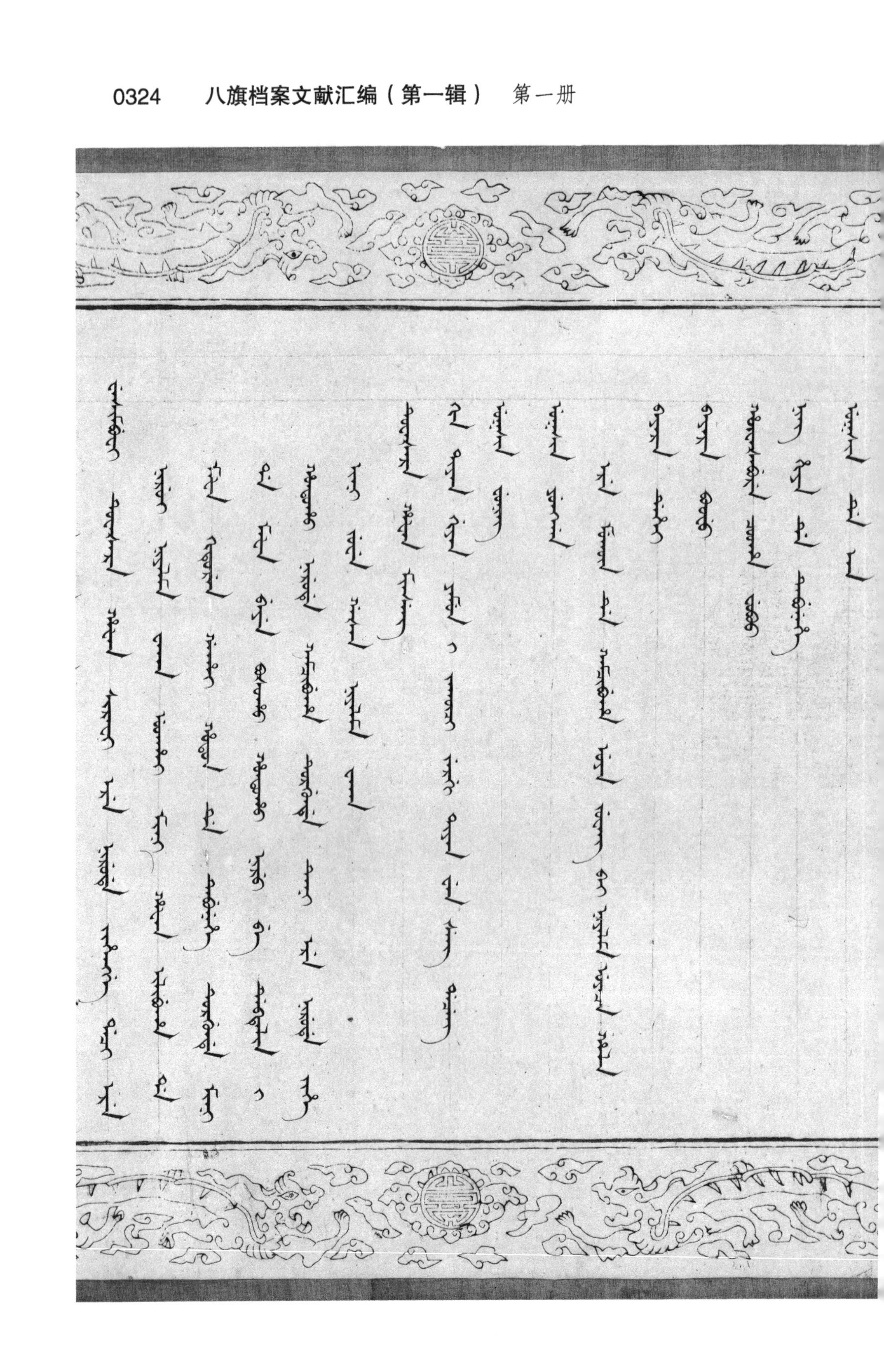

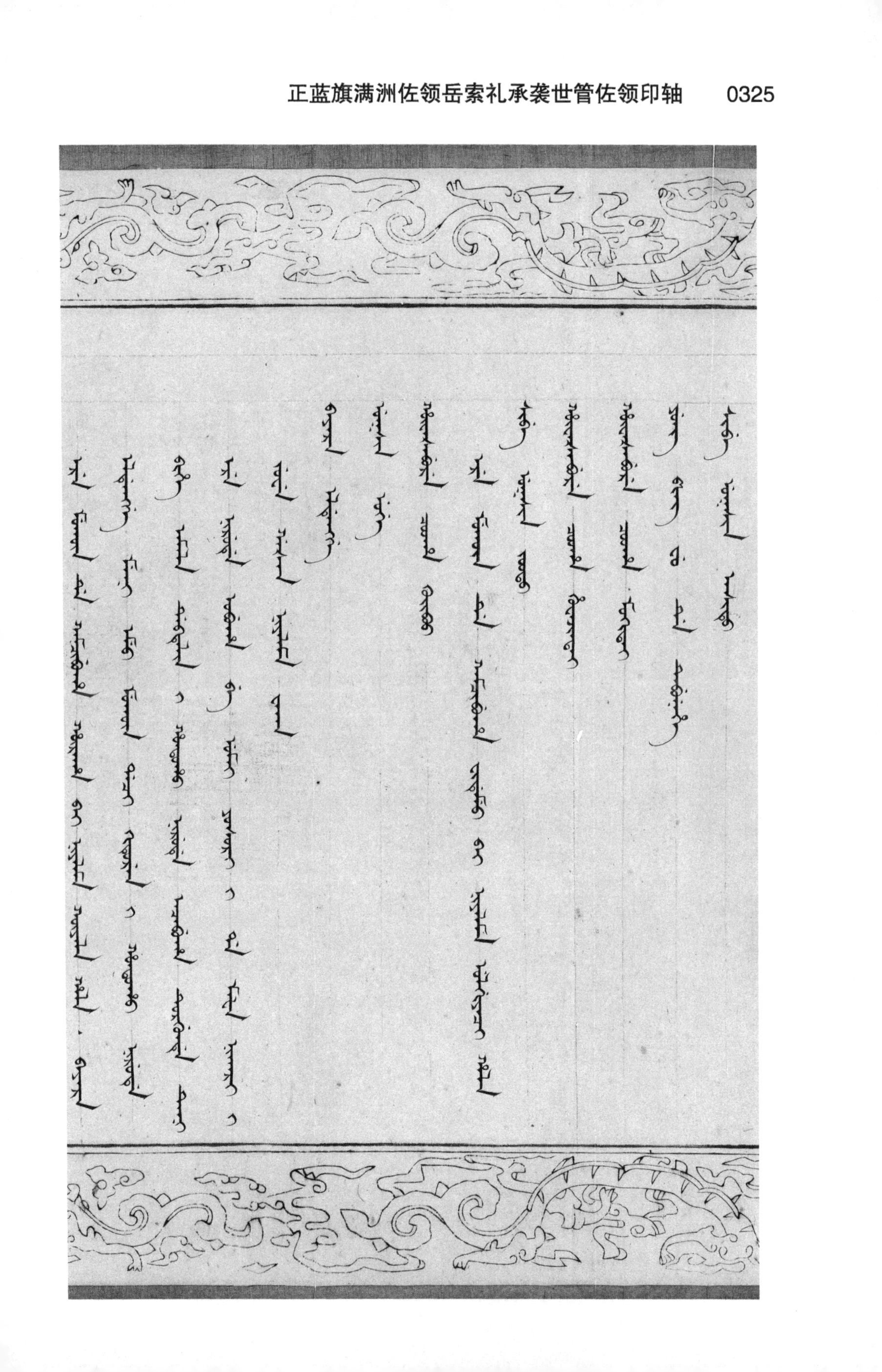

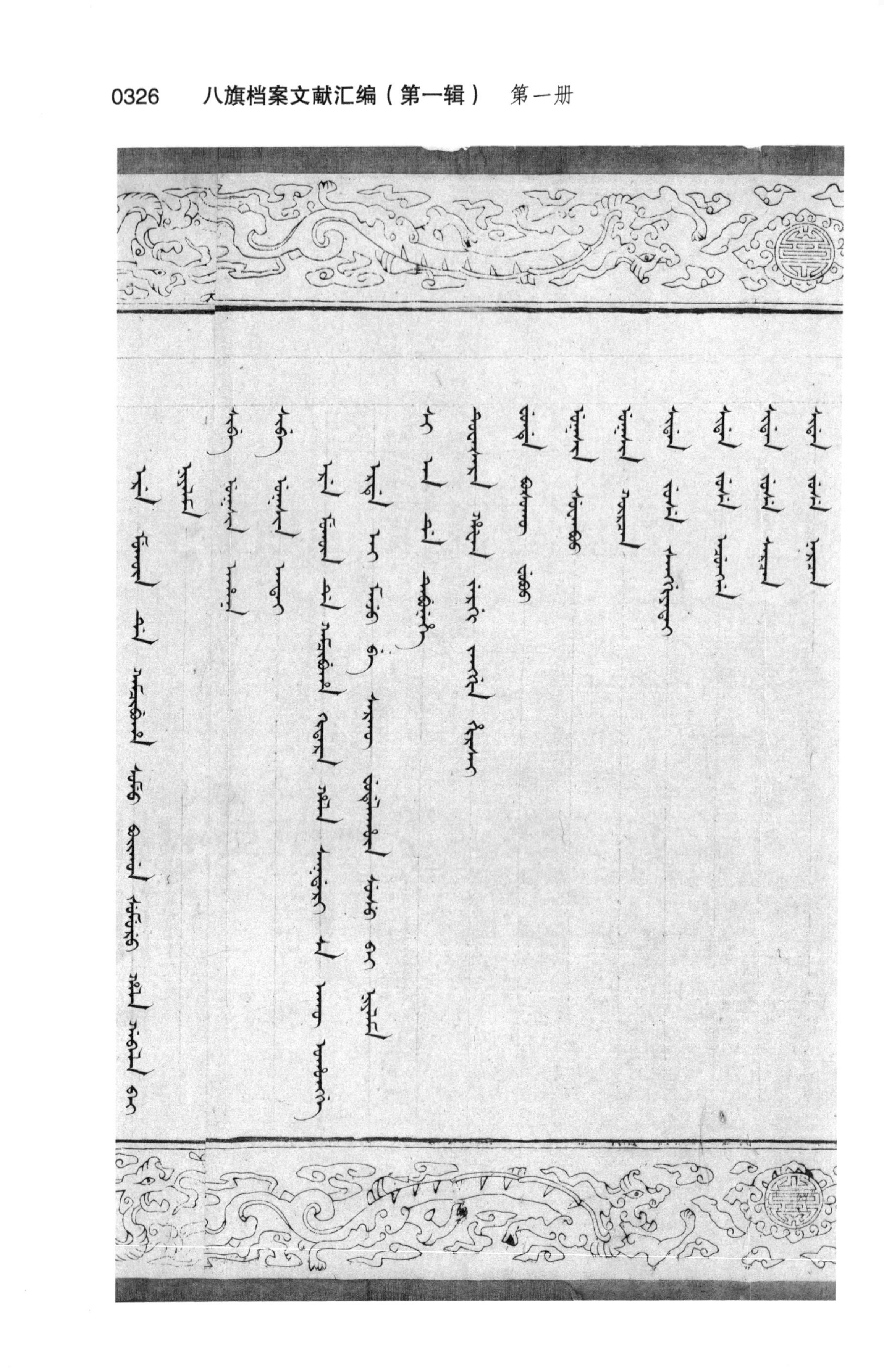

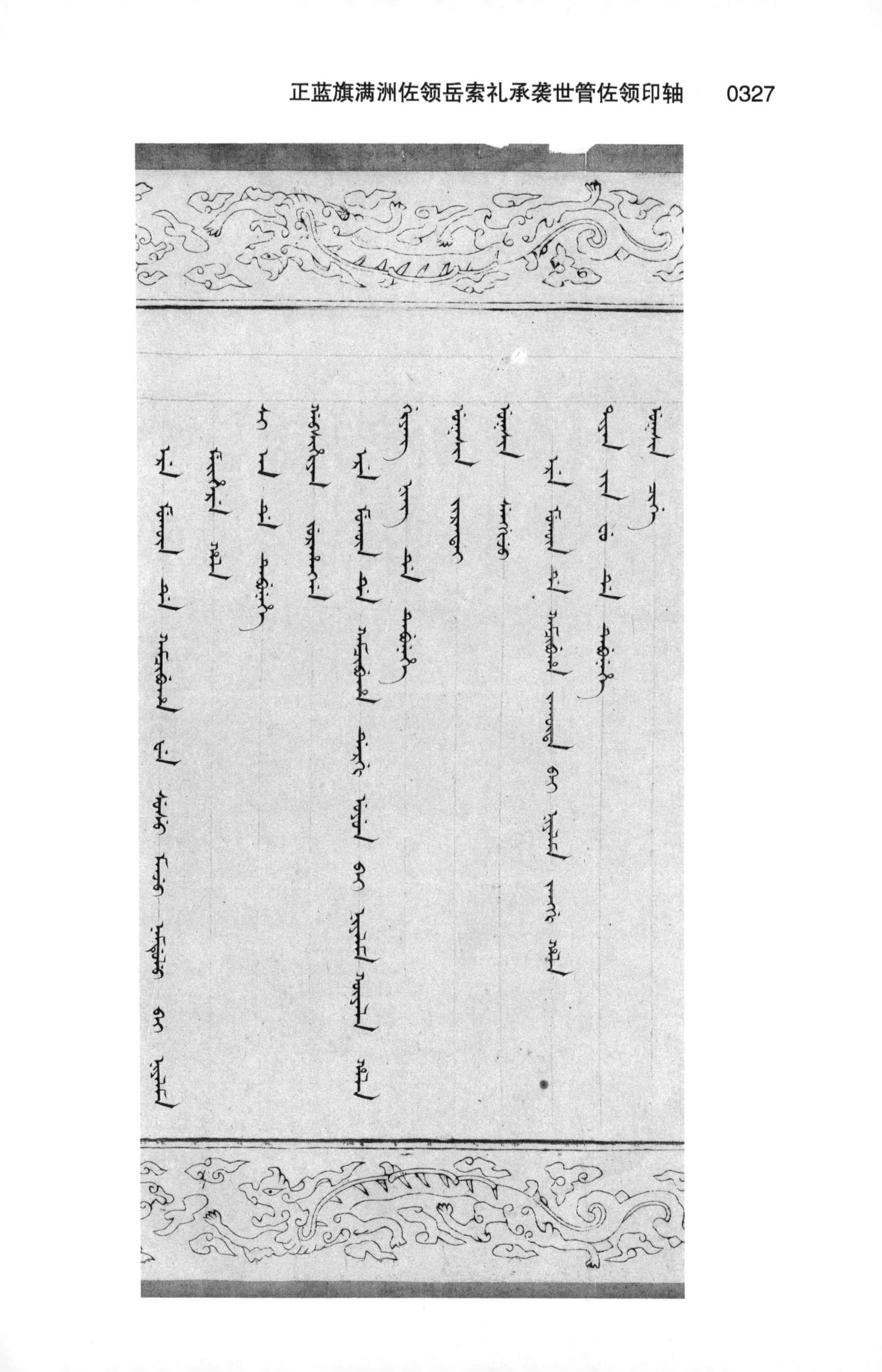

ᡝᡵᡝ ᠪᠠᡳᡨᠠ ᠪᡝ ᡤᡳᠩᡤᡠᠯᡝᠮᡝ ᠸᡝᠰᡳᠮᠪᡠᡥᡝ ᡥᡝᠰᡝ ᠪᡝ ᠪᠠᡳᠮᠪᡳ

ᠠᡥᠠ ᠰᠠᠪᡳ ᠠᡳ ᠮᡠᠰᡝᡳ

ᠮᠠᠨᠵᡠ ᡳ ᠪᠣ ᠪᡝᡳᡨᡝ ᡳᠨᡤᡤᡝ ᠵᠠᡴᡡ ᡳᠨᠠᡴᡳ ᠪᡳᡨᡥᡝ ᡳᠨᡝᠩᡤᡳ ᡳ ᡳᠨᡝᠩᡤᡳ

ᡥᠣᠰᡳᠨ ᡳᠨᡝᠩᡤᡳ

ᡶᡠᠯᡤᡳᠶᠠᠨ ᡥᠣᠰᠣᠪᡠ
ᡶᡠᠯᡤᡳᠶᠠᠨ ᠪᠠᠶᠠᠨ
ᡶᡠᠯᡤᡳᠶᠠᠨ ᠴᡳᡵᡤᡝ
ᡶᡠᠯᡤᡳᠶᠠᠨ ᡥᡝᠣᡝᡴᡝ
ᡶᡠᠯᡤᡳᠶᠠᠨ ᡥᠣᠰᡳᠩᡤᠠ
ᡶᡠᠯᡤᡳᠶᠠᠨ ᡥᡝᡤᡝᠯᡝ
ᡧᠠᠩᡤᡳᠶᠠᠨ ᠵᠠᡴᡡ
ᡧᠠᠩᡤᡳᠶᠠᠨ ᠰᠠᡵᠠᡥᡡ
ᡧᠠᠩᡤᡳᠶᠠᠨ ᠵᠠᡴᡠᠨᠪᡠ
ᡧᠠᠩᡤᡳᠶᠠᠨ ᡳᠯᡝᠩᡤᡝ
ᡧᠠᠩᡤᡳᠶᠠᠨ ᠠᡩᠠᠨ
ᡧᠠᠩᡤᡳᠶᠠᠨ ᠪᠠᠶᡝᠨ

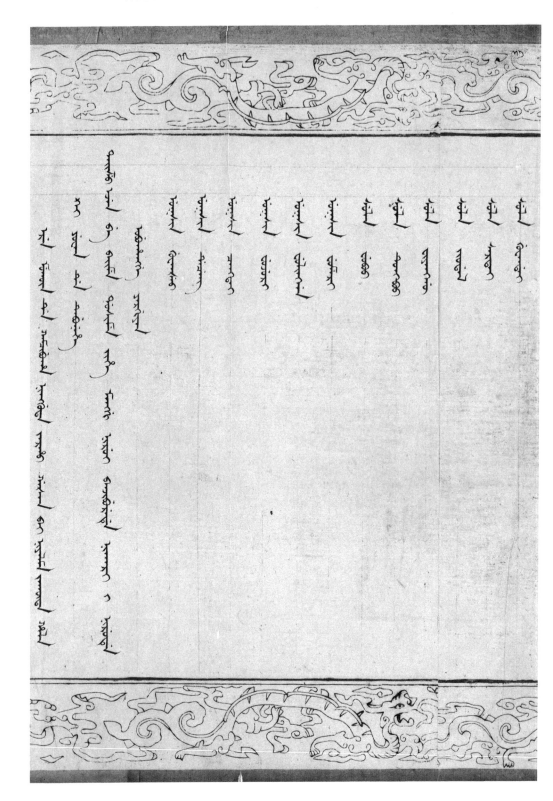

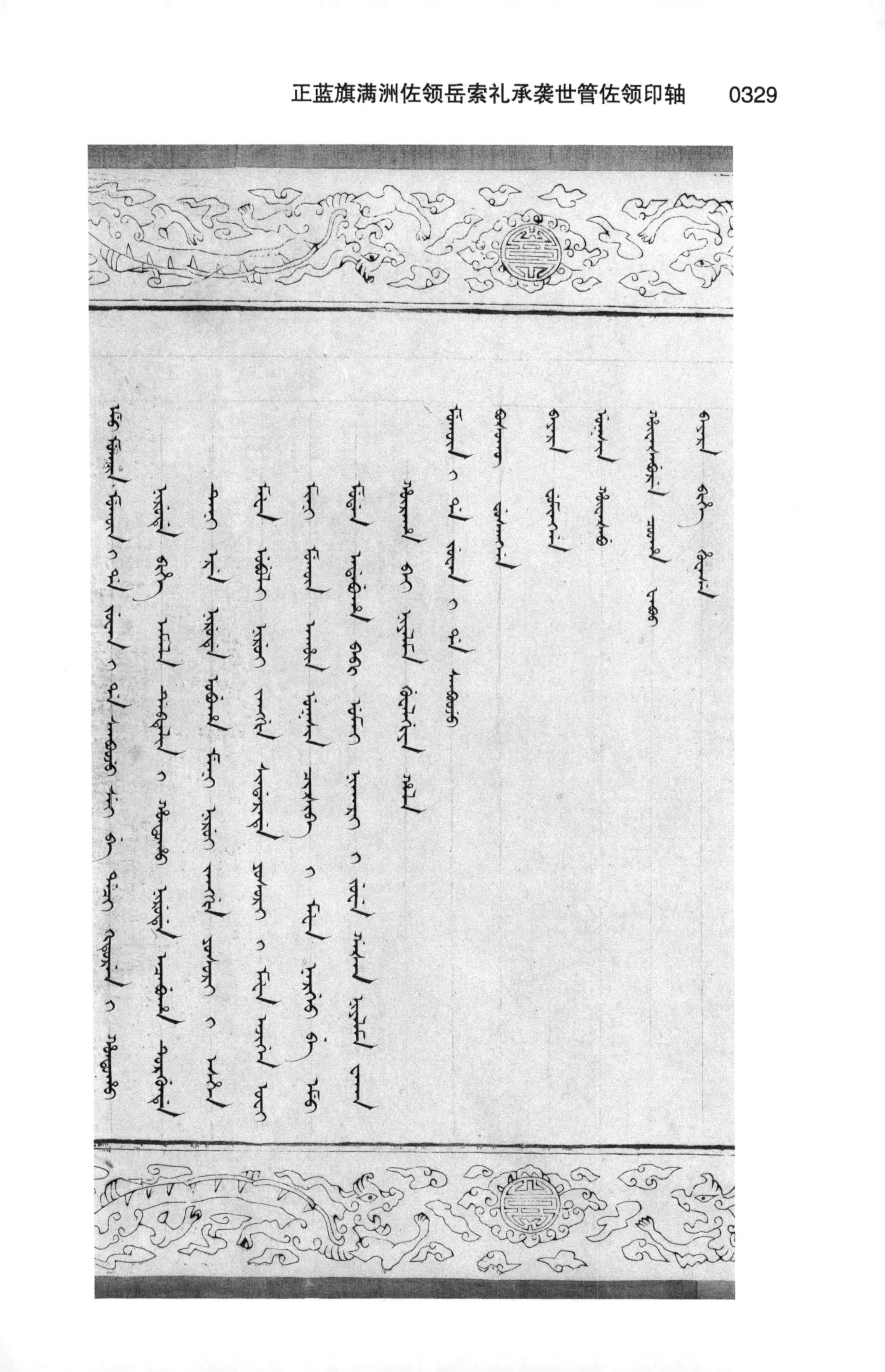

ᡤᡡᠰᠠᠨ ᡳ ᠪᡝ ᠠᠮᠪᠠᠰᠠ ᡳ ᠵᡠ ᡤᡡᠰᠠᠨ ᠪᡝ ᠰᡳᠨᡩᡝᡵᡝ ᠮᠣᠩᡤᠣᠨ

ᡝᠵᡝᡥᡝ ᠵᠠᠯᠠᡴᡡ

ᡤᡡᠰᠠᠨ ᡳ ᠪᡝ ᠠᠮᠪᠠᠰᠠ ᡳ ᠵᡠ ᡤᡡᠰᠠᠨ ᠪᡝ ᠰᡳᠨᡩᡝᡵᡝ ᠮᠣᠩᡤᠣᠨ

ᠪᠣᠣᠰᠠ ᠰᡳᠨᡝ

ᠮᡠᠵᡳᠯᡝᠨ ᠵᡠᠯᡤᡝ ᠠᡳᠰᡳᠯᠠᠨ

ᡤᡡᠰᠠᠨ ᡳ ᠪᡝ ᠠᠮᠪᠠᠰᠠ ᡳ ᠵᡠ ᡤᡡᠰᠠᠨ ᠪᡝ ᠰᡳᠨᡩᡝᡵᡝ ᠮᠣᠩᡤᠣᠨ

ᡤᡳᠰᡠᠨ ᡝᠵᡝᡥᡝ ᠠᠰᡥᠠᠪᡠ

ᠮᡠᠵᡳᠯᡝᠨ ᠵᡠᠯᡤᡝ ᠪᠣᠯᡤᠣ

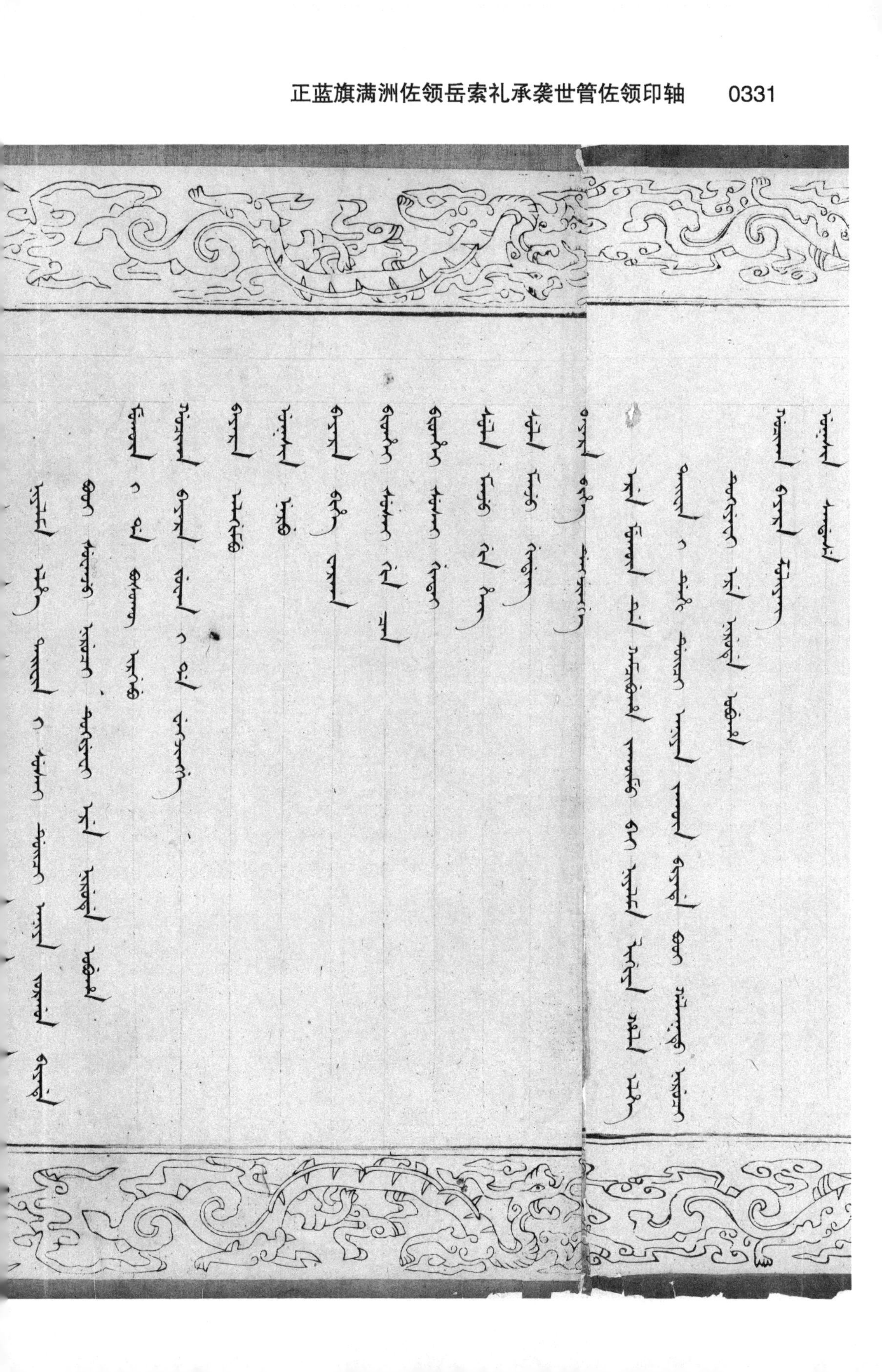

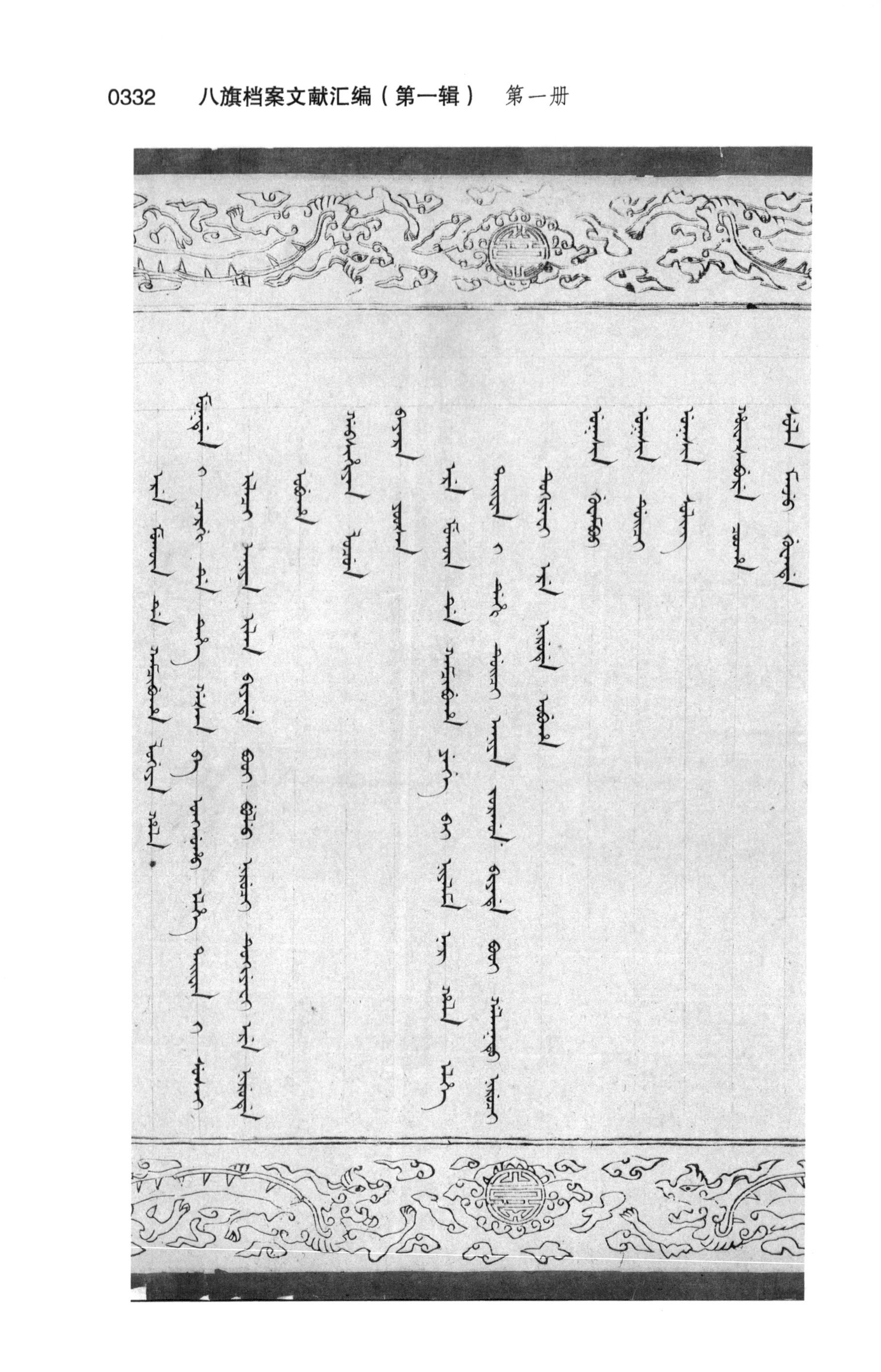

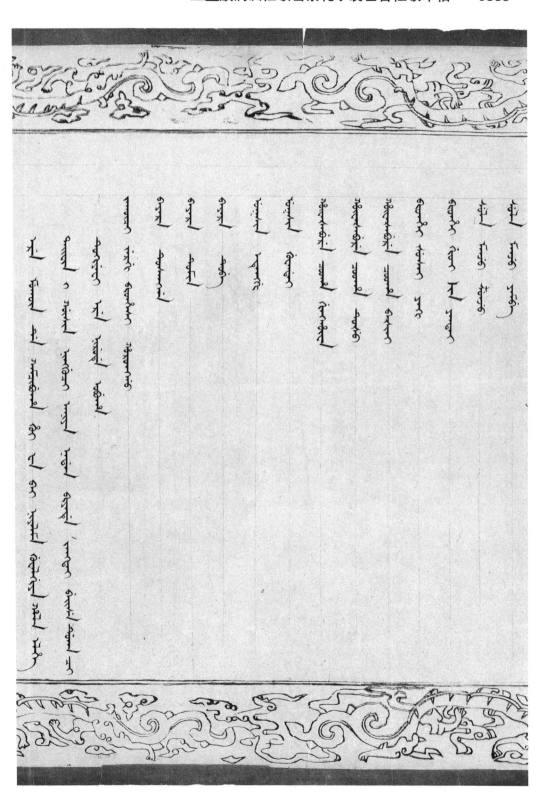

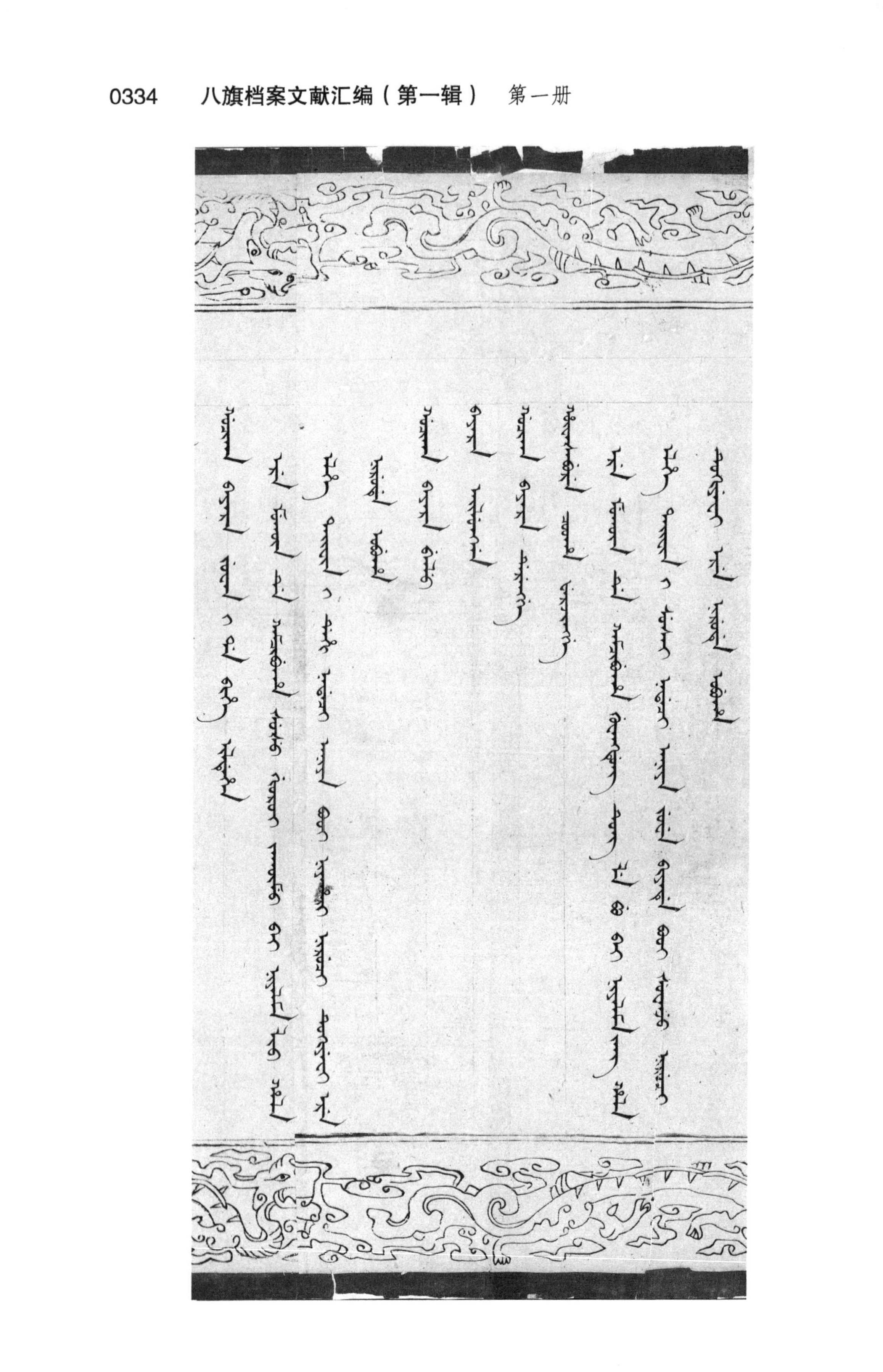

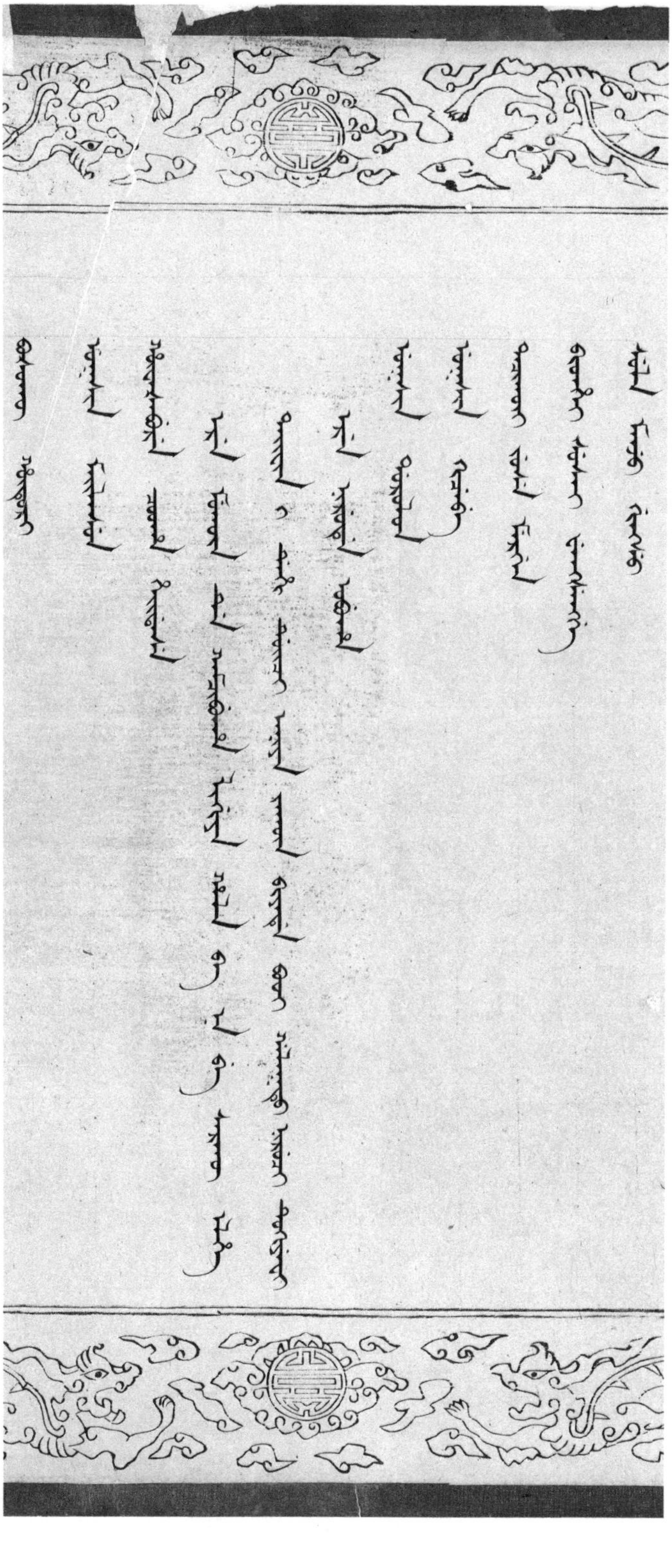

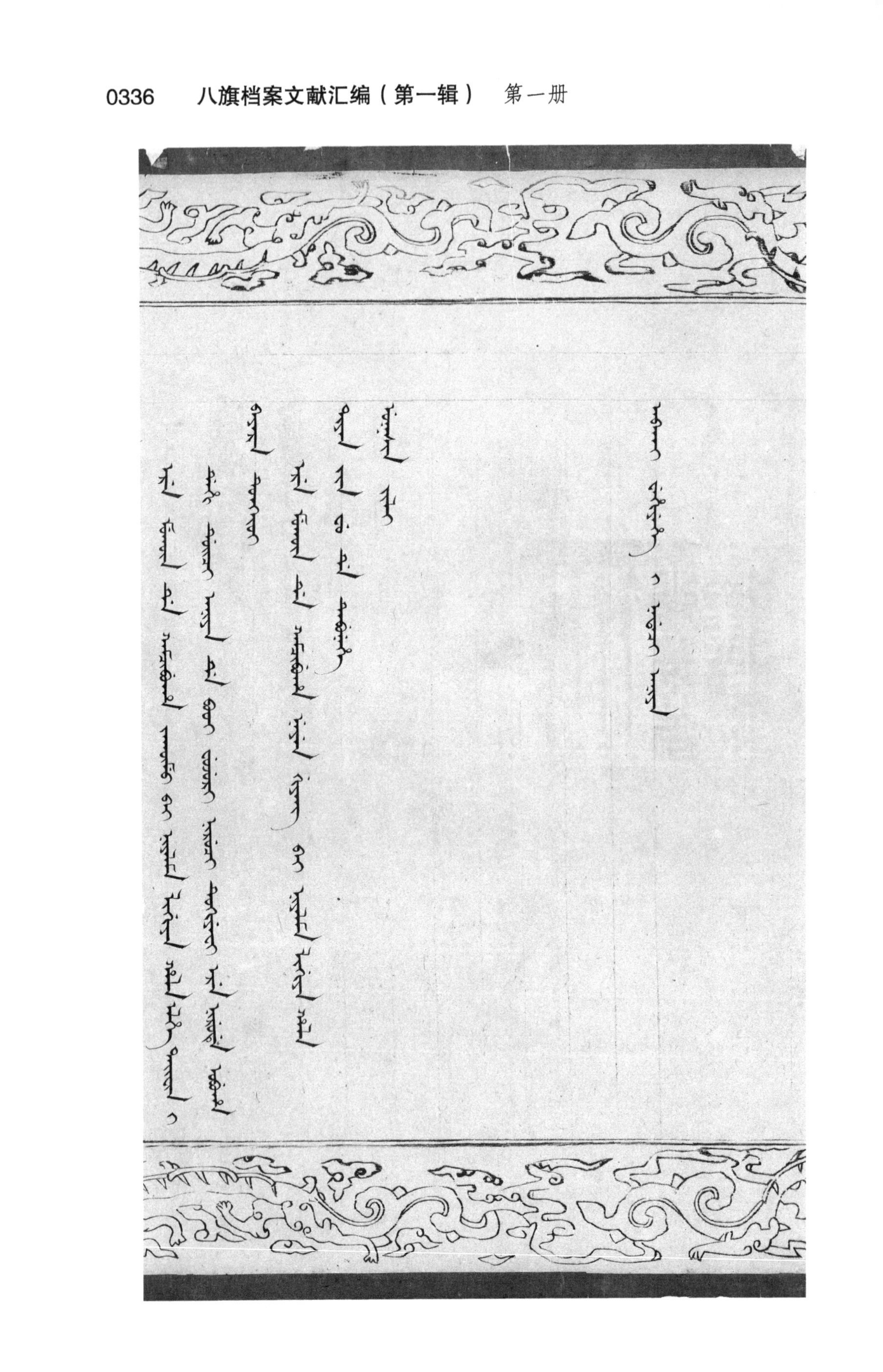

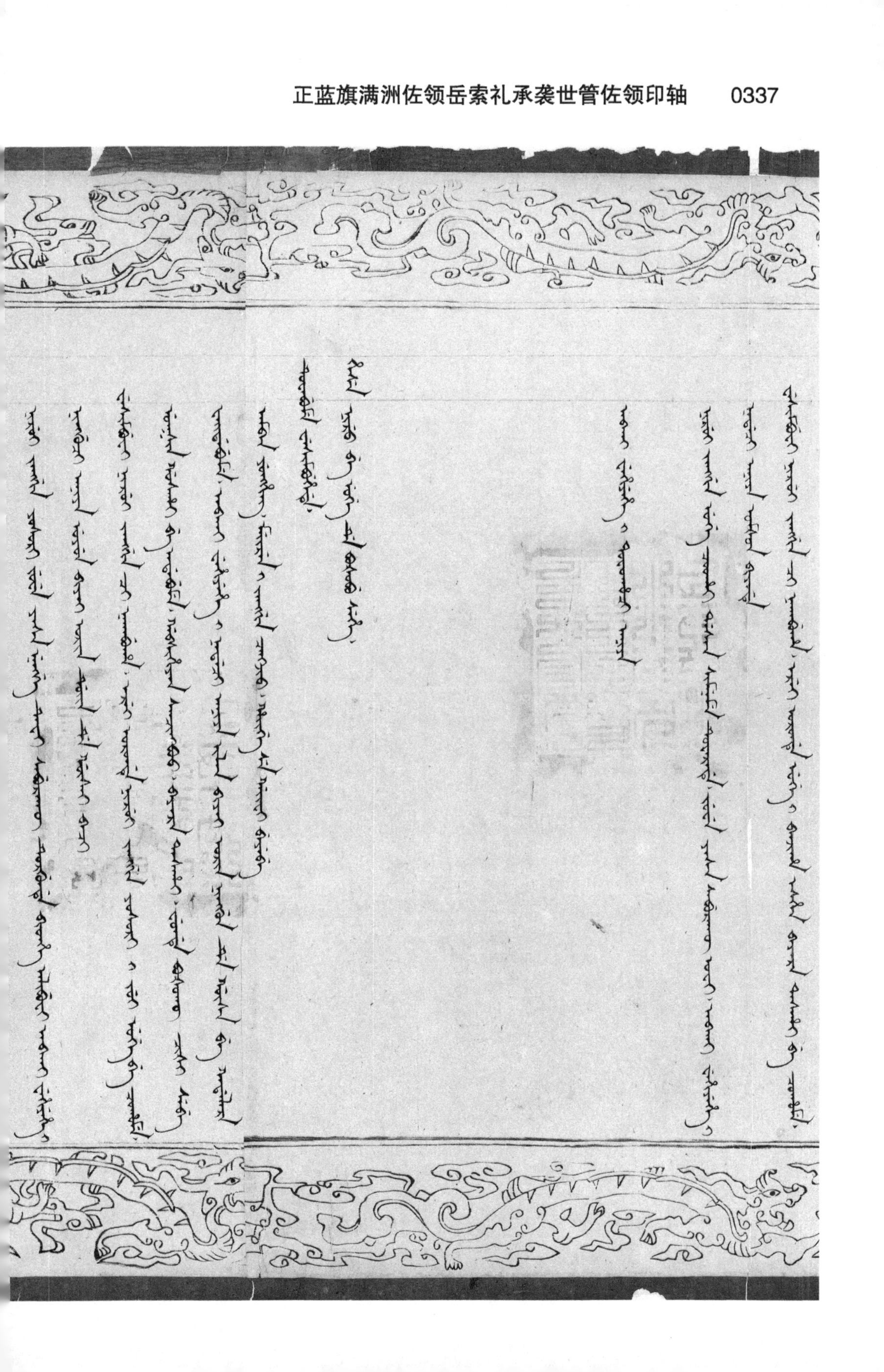

[illegible]

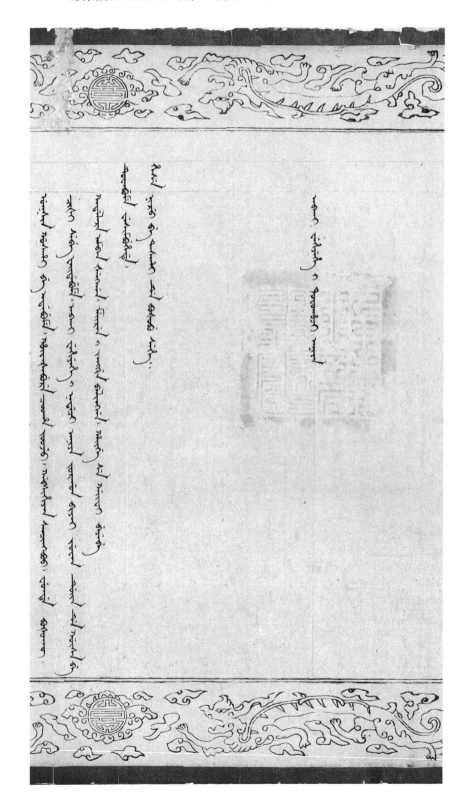

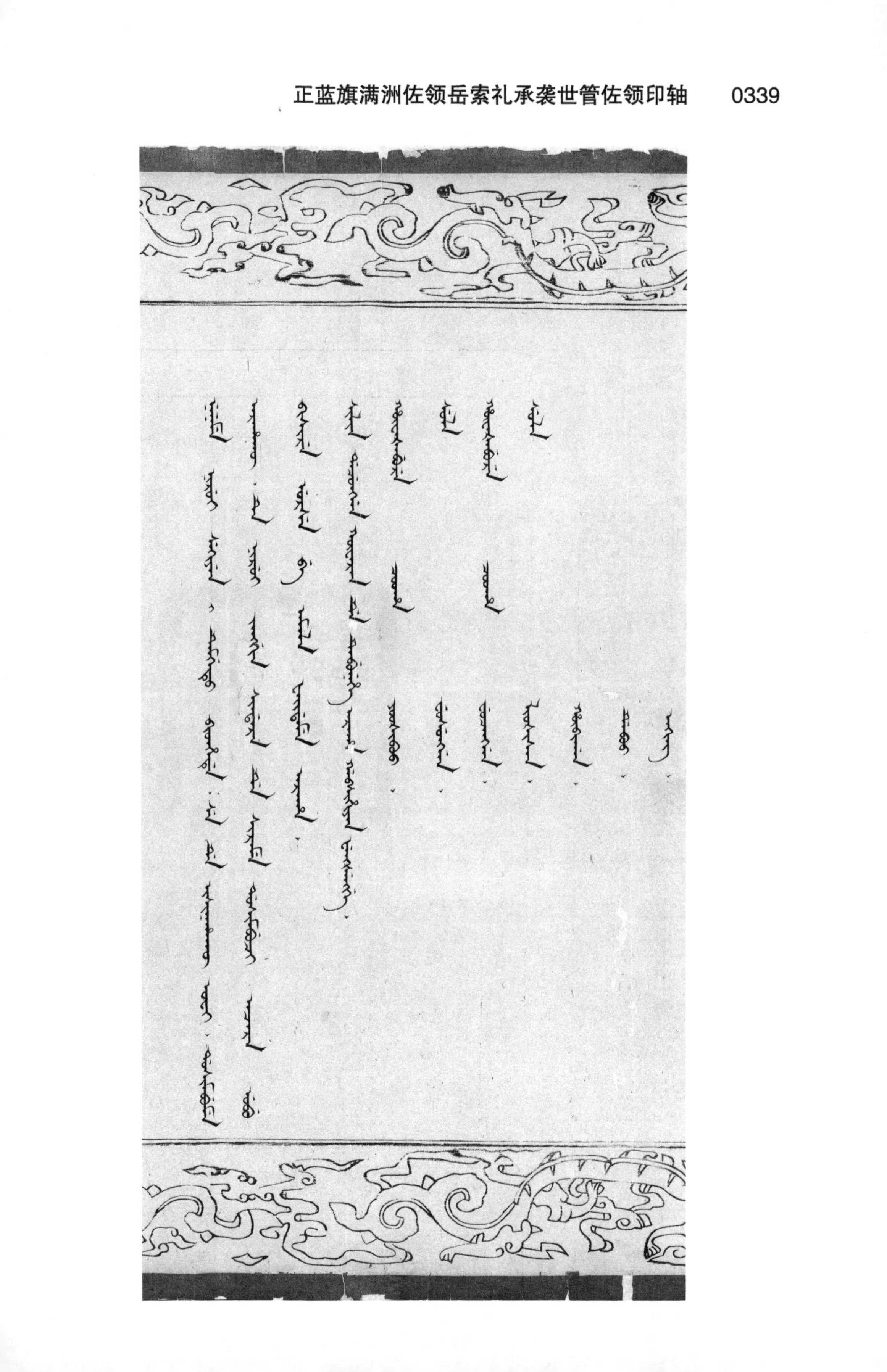

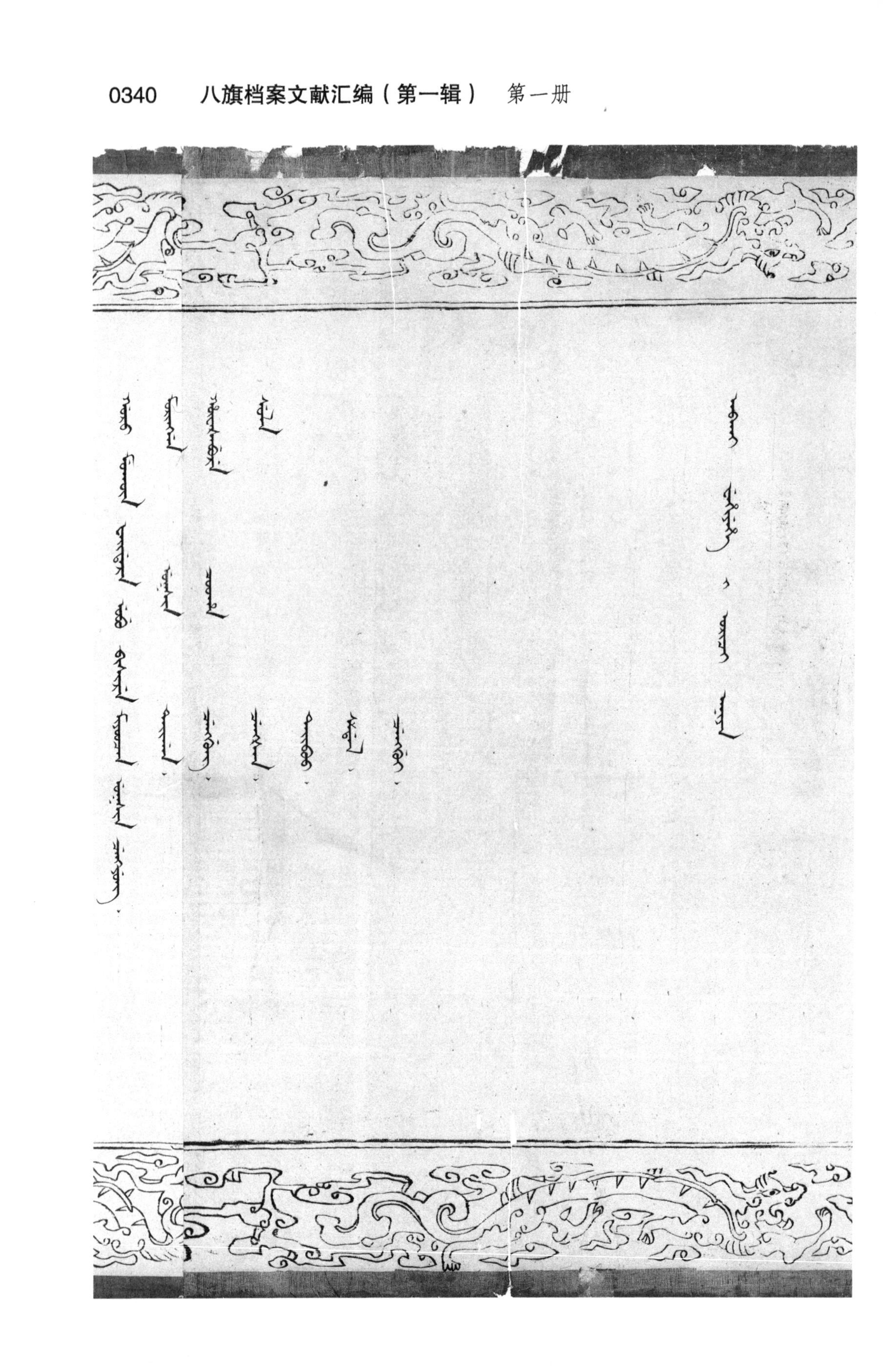

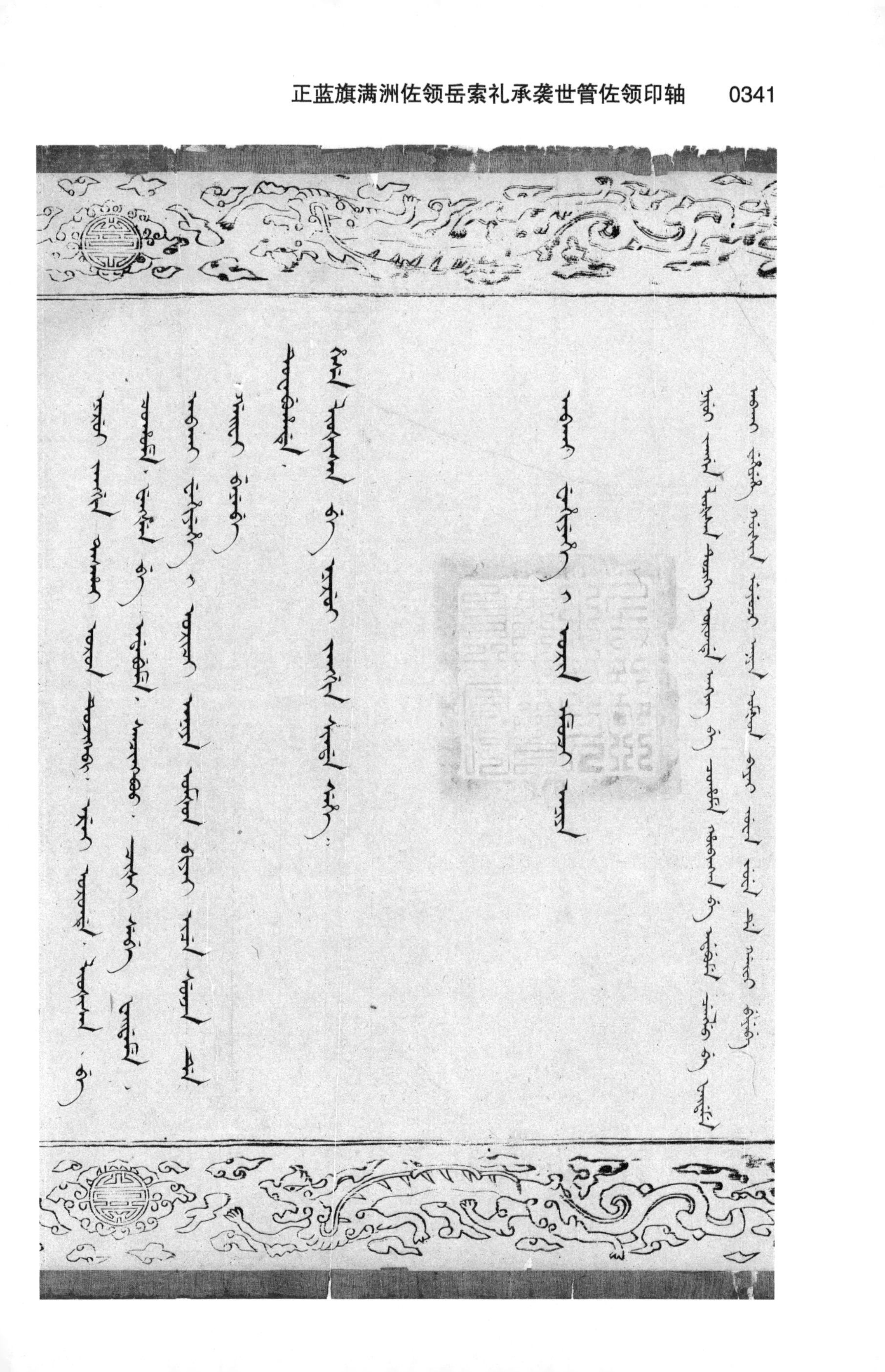

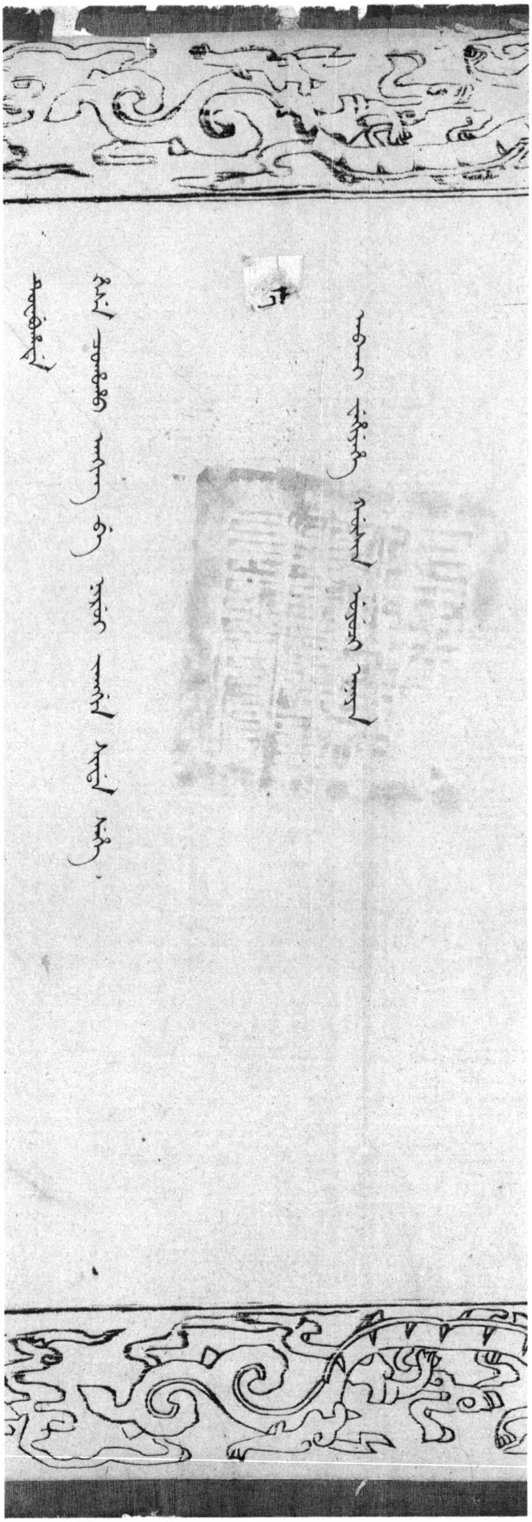

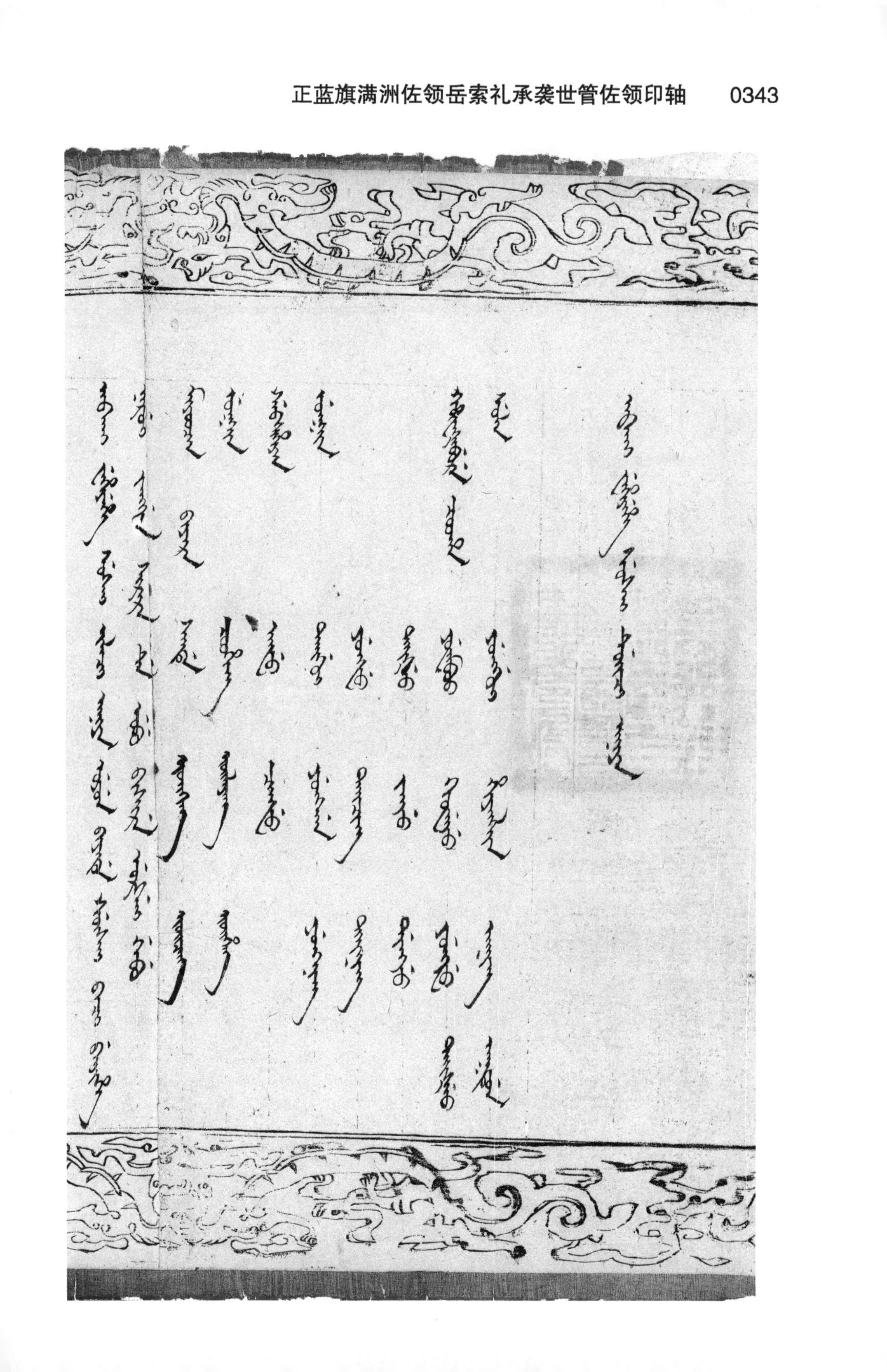

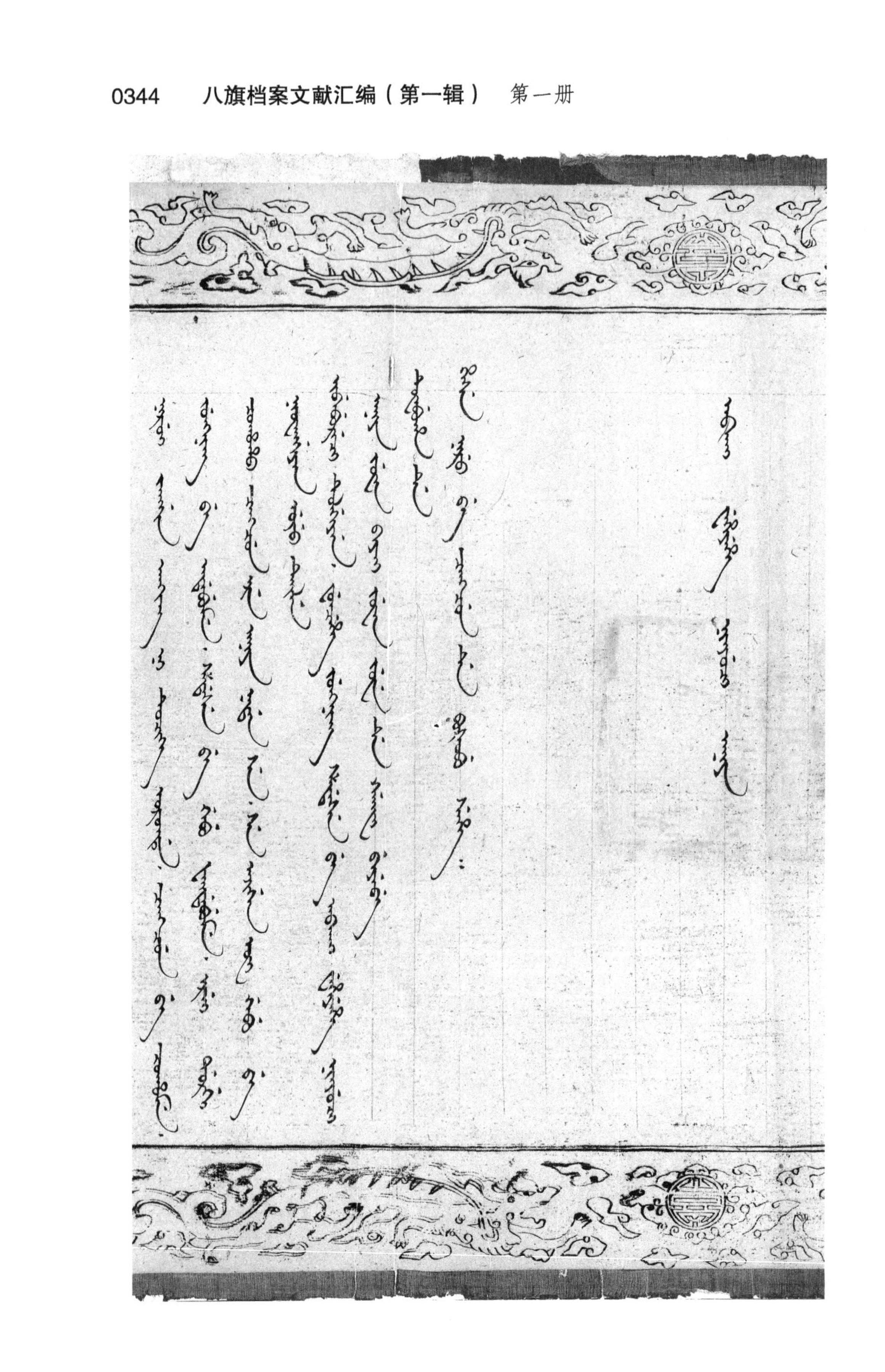

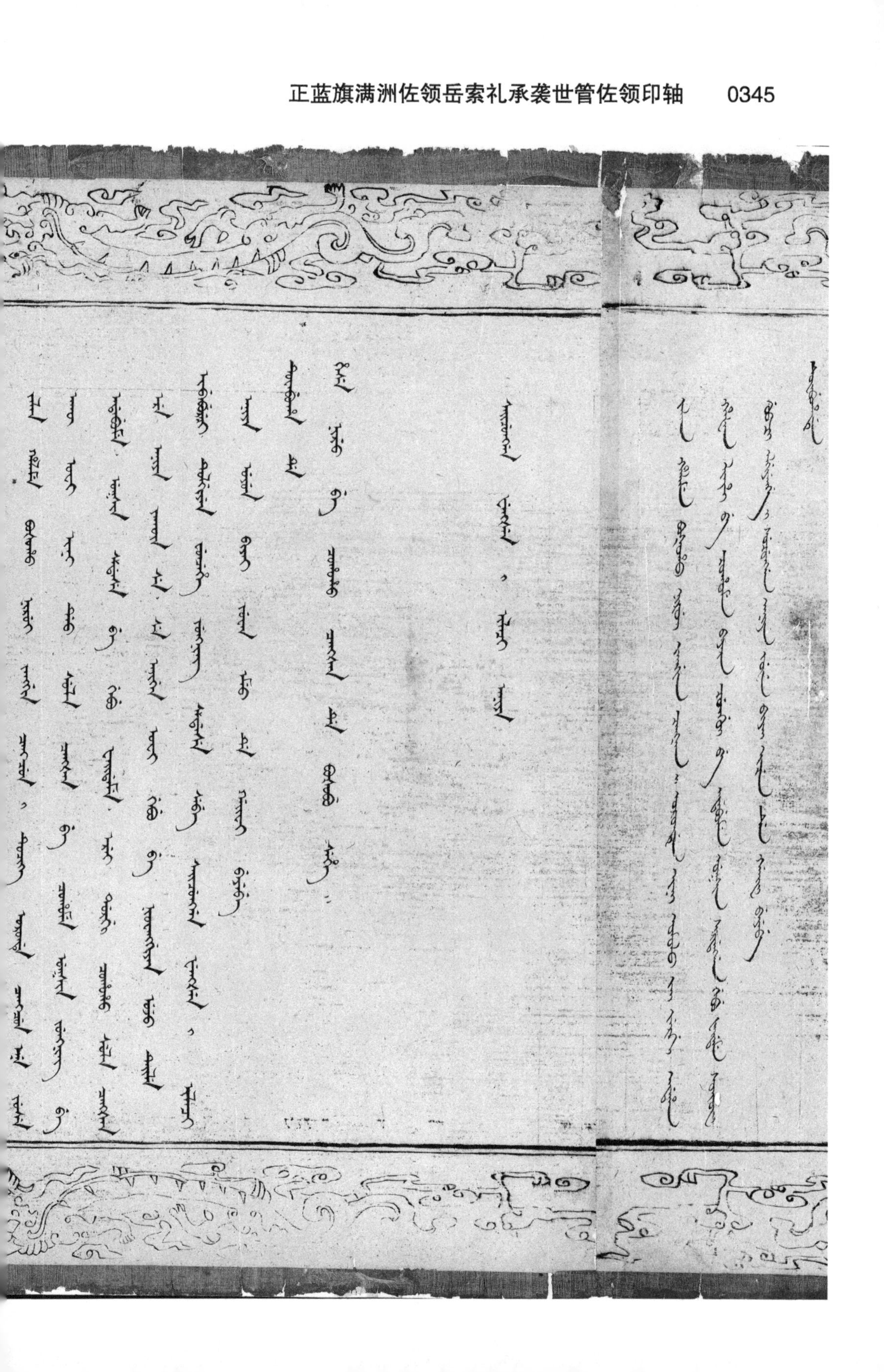

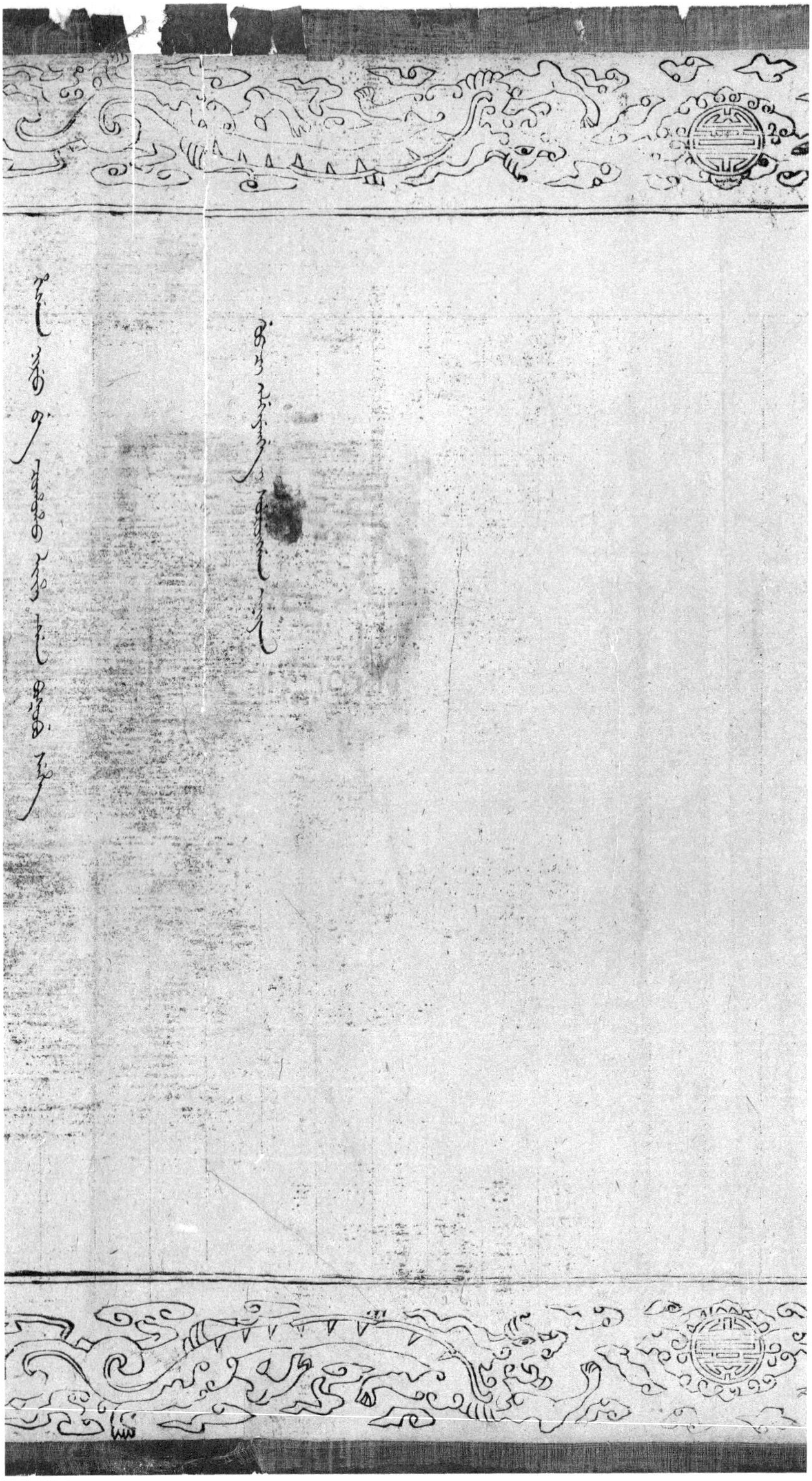

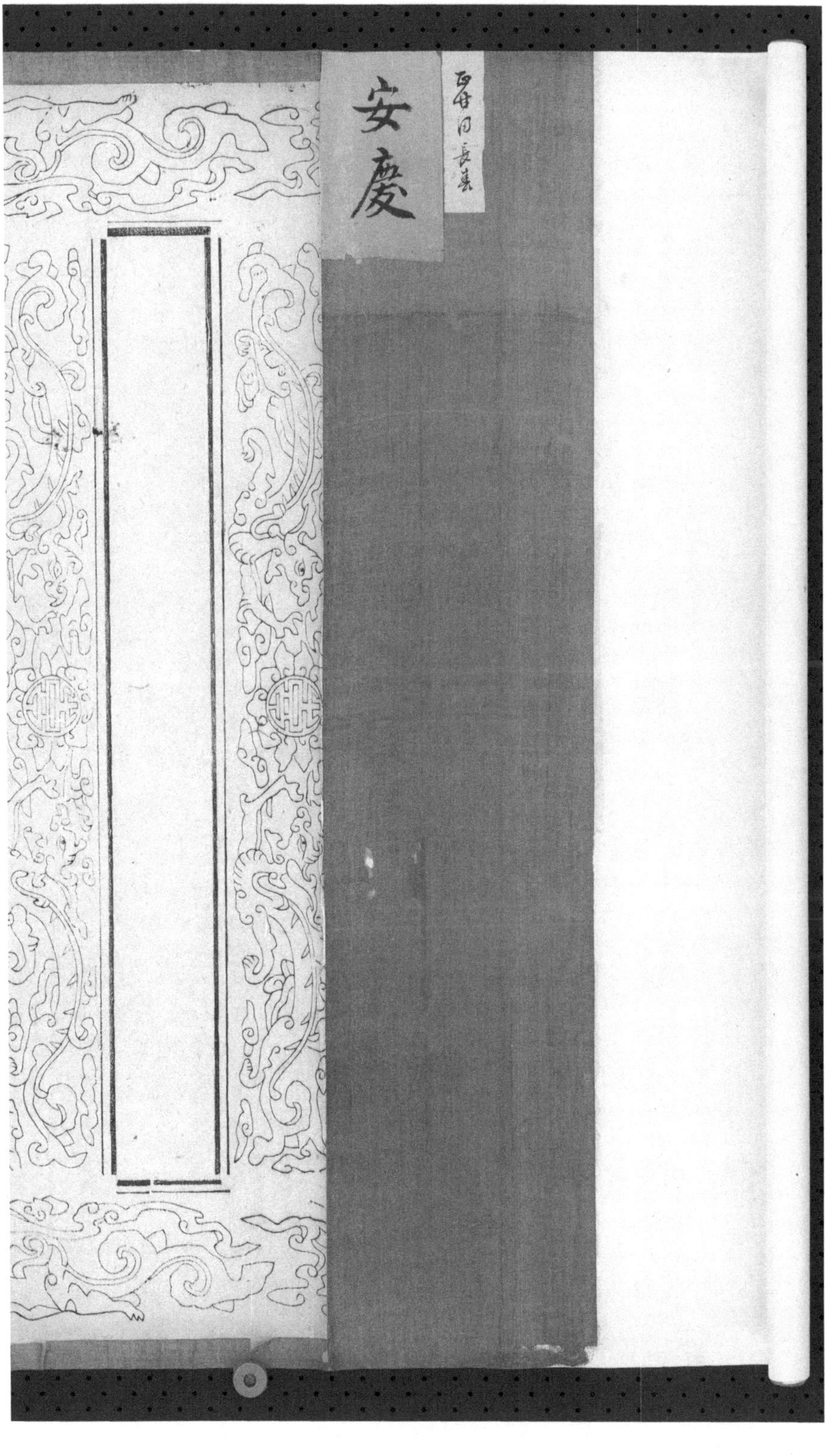
安慶

镶蓝旗满洲佐领朱章阿承袭世管佐领印轴

满文写本，卷轴装，页面47.7cm×1085.0cm，四周双边，螭文，钤兵部印，前部略有残缺，满文题名不存。初修时间为乾隆十年，后陆续添写至道光十六年，满幅。

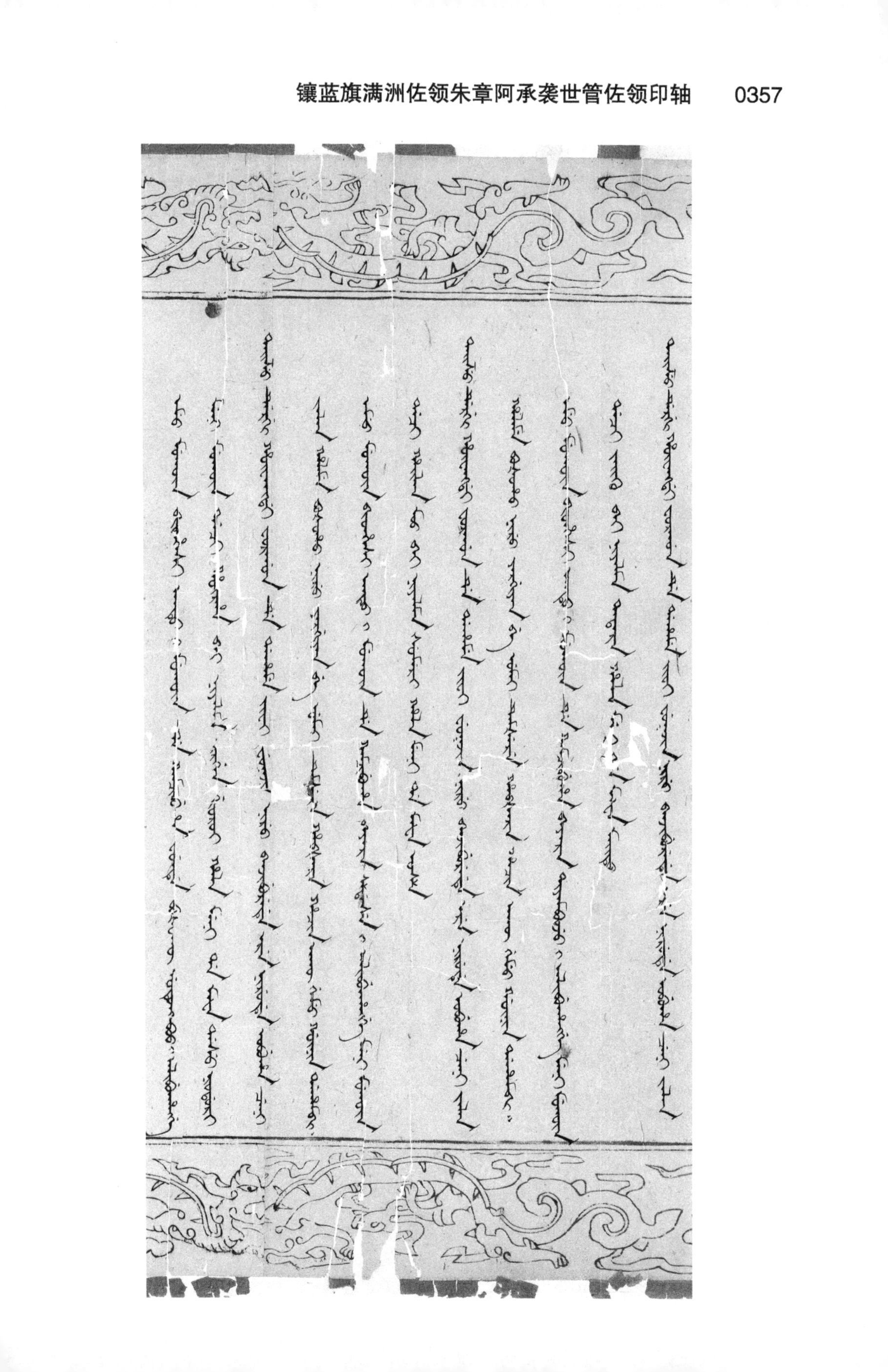

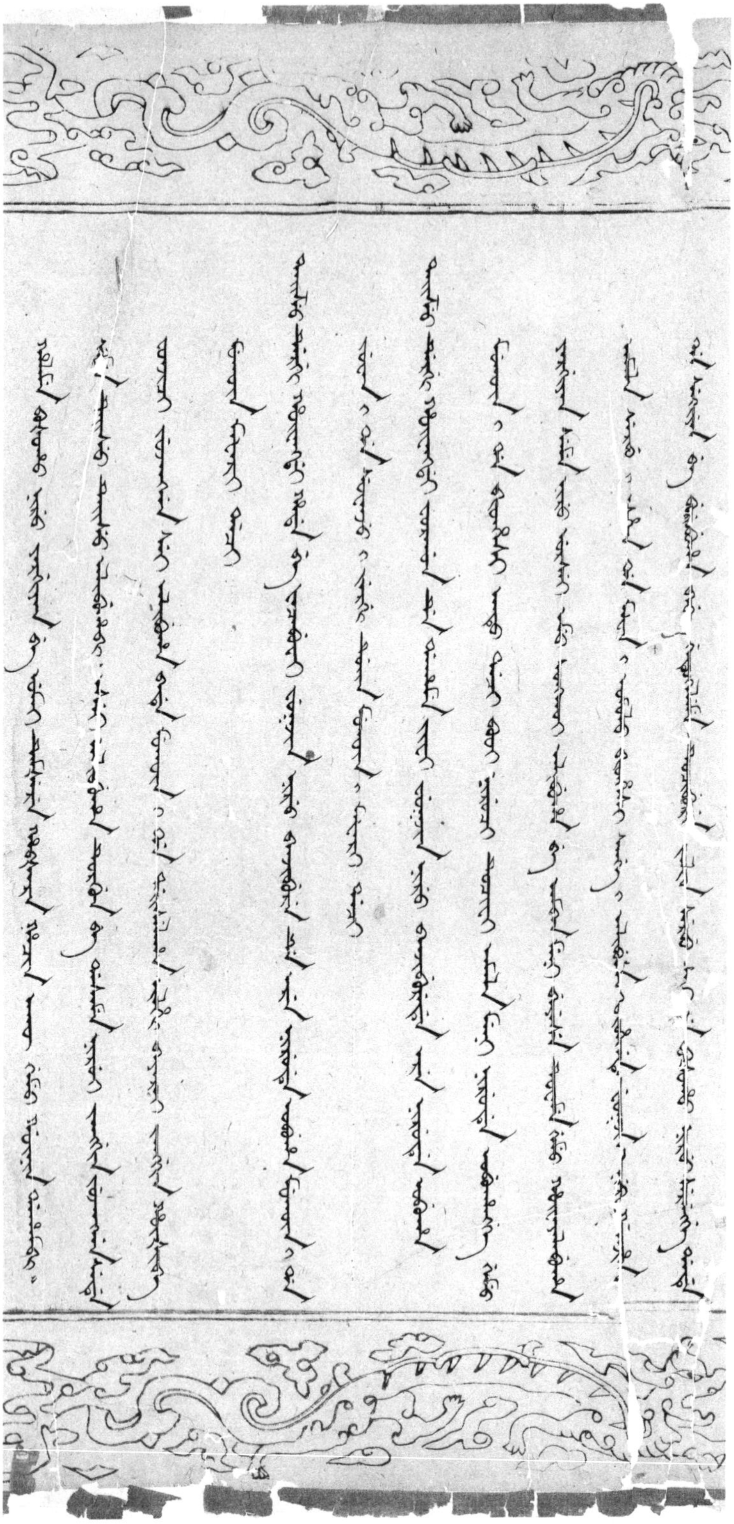

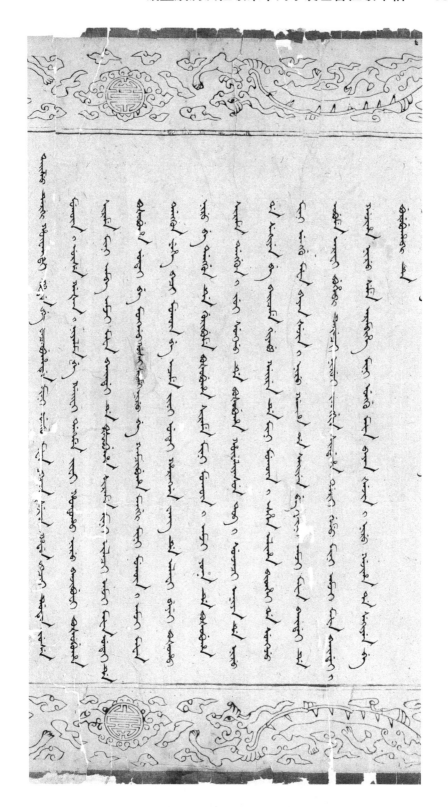

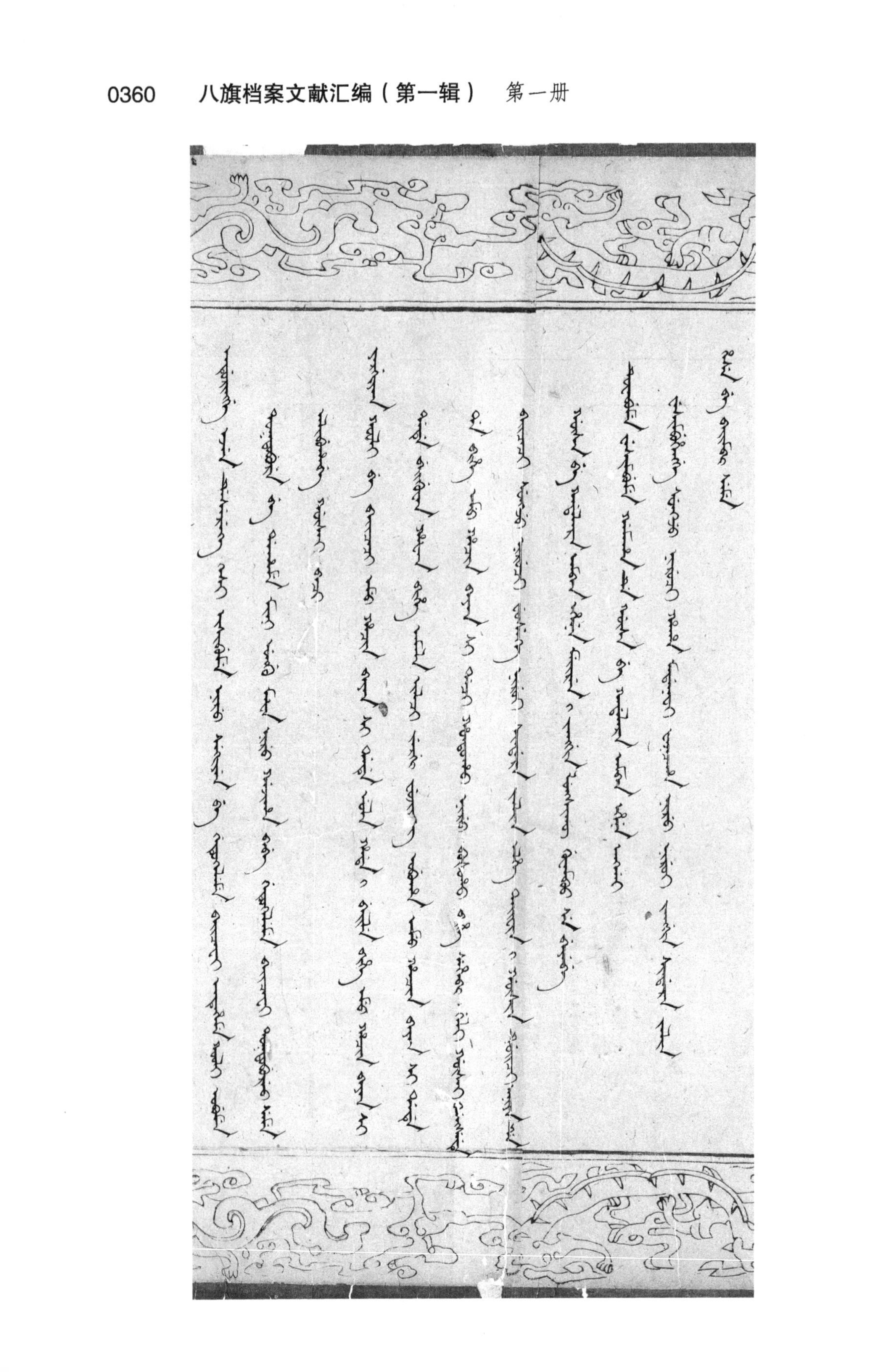

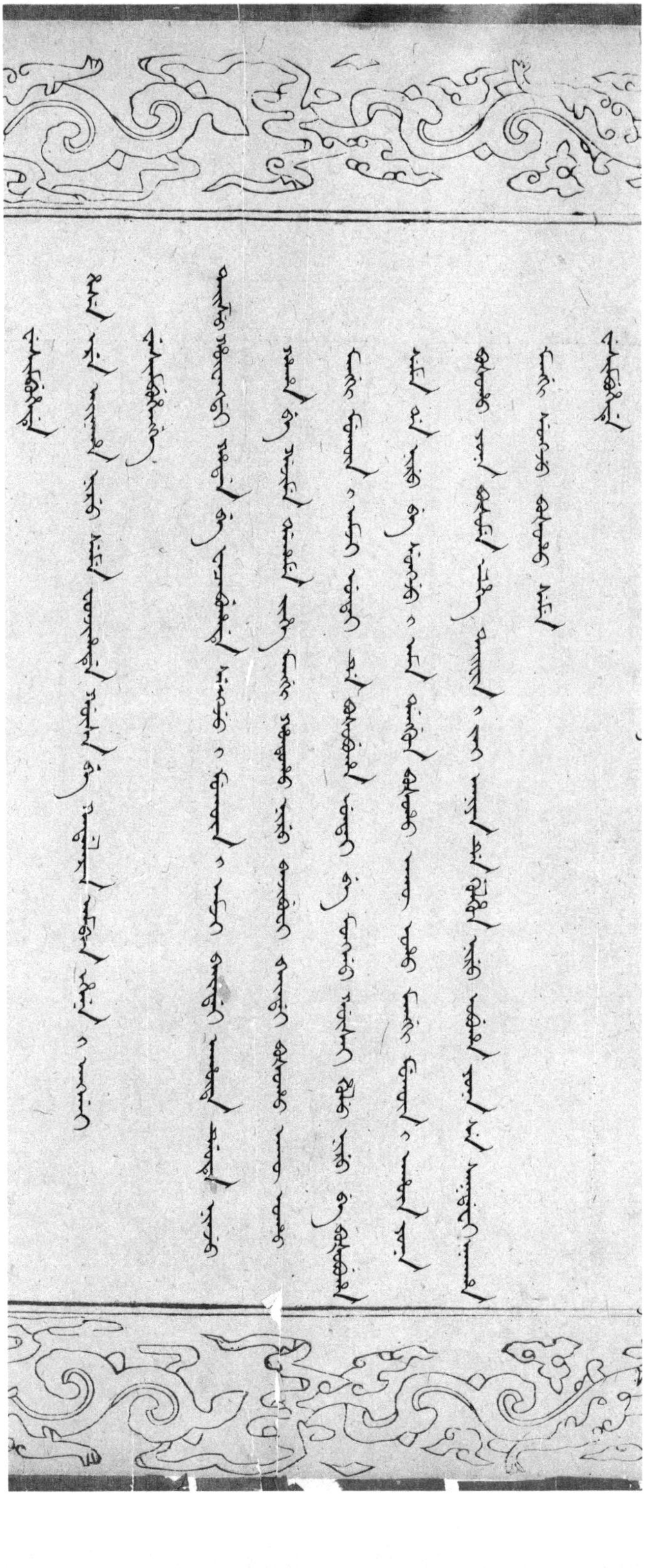
[illegible]

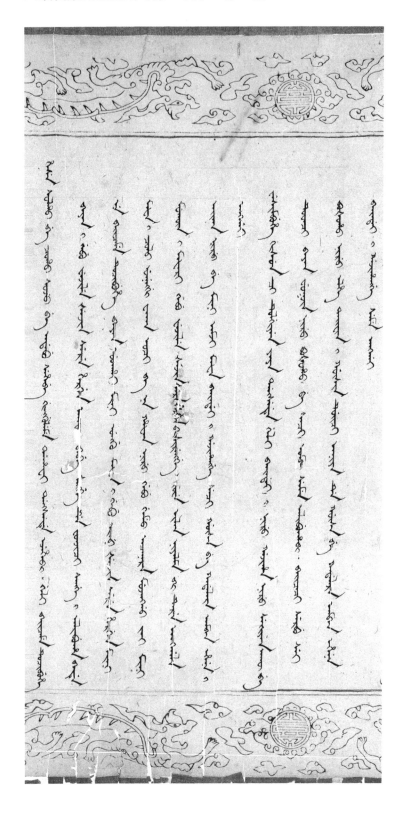

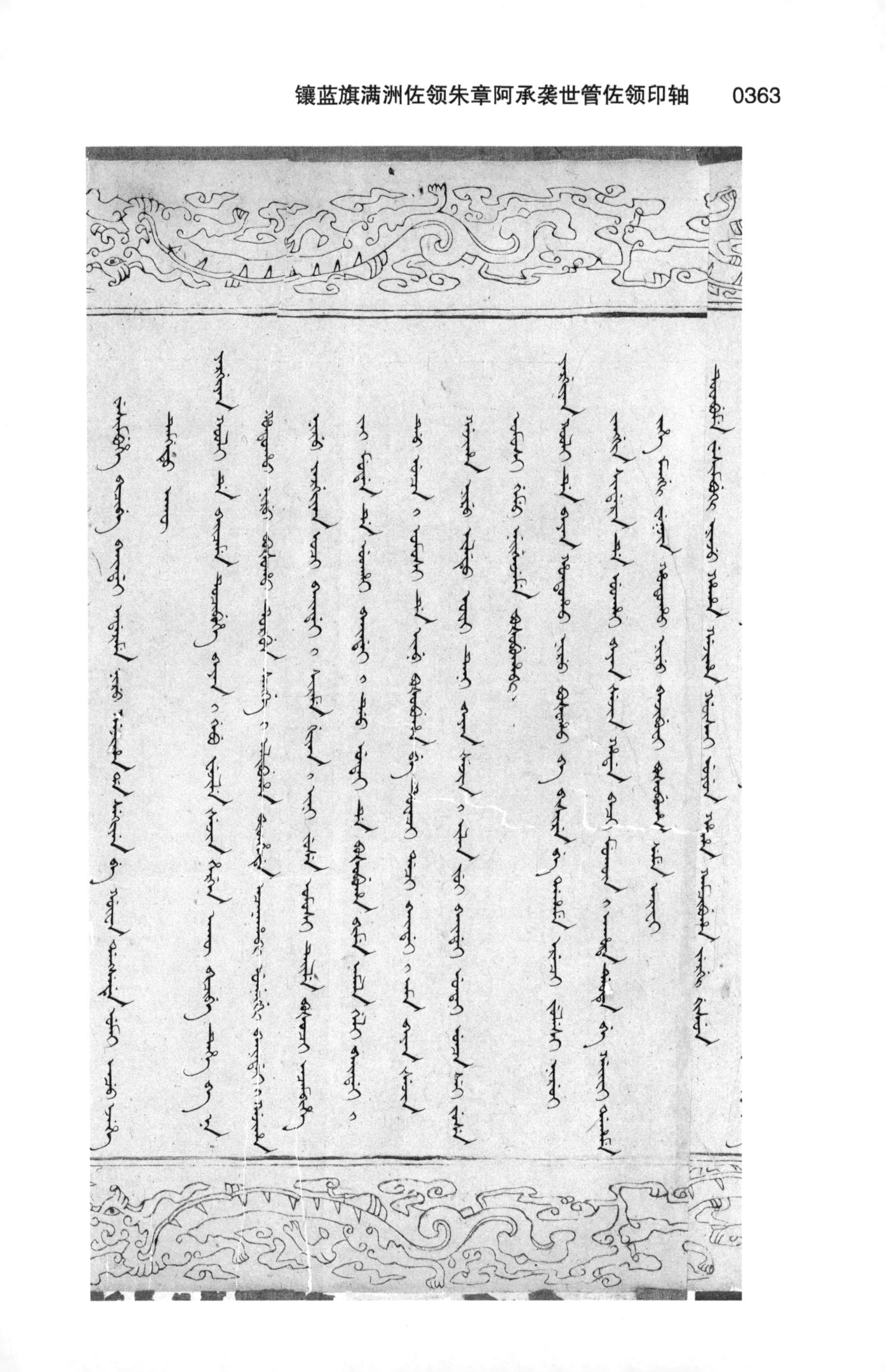

[illegible]

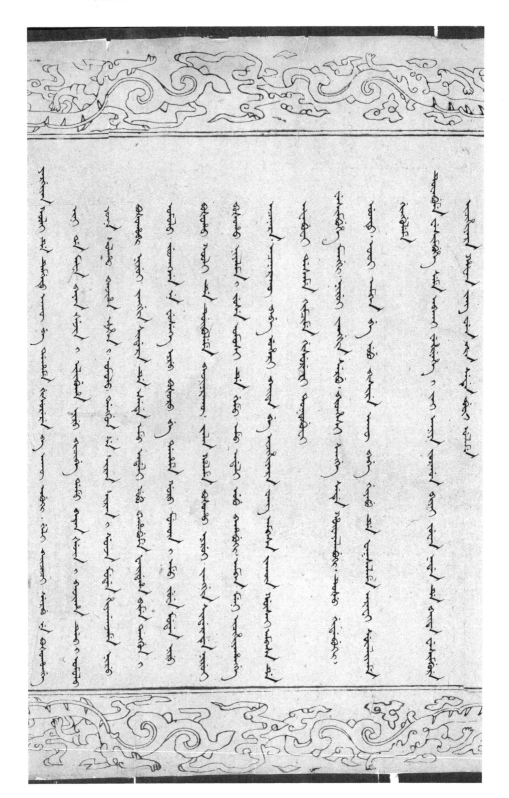

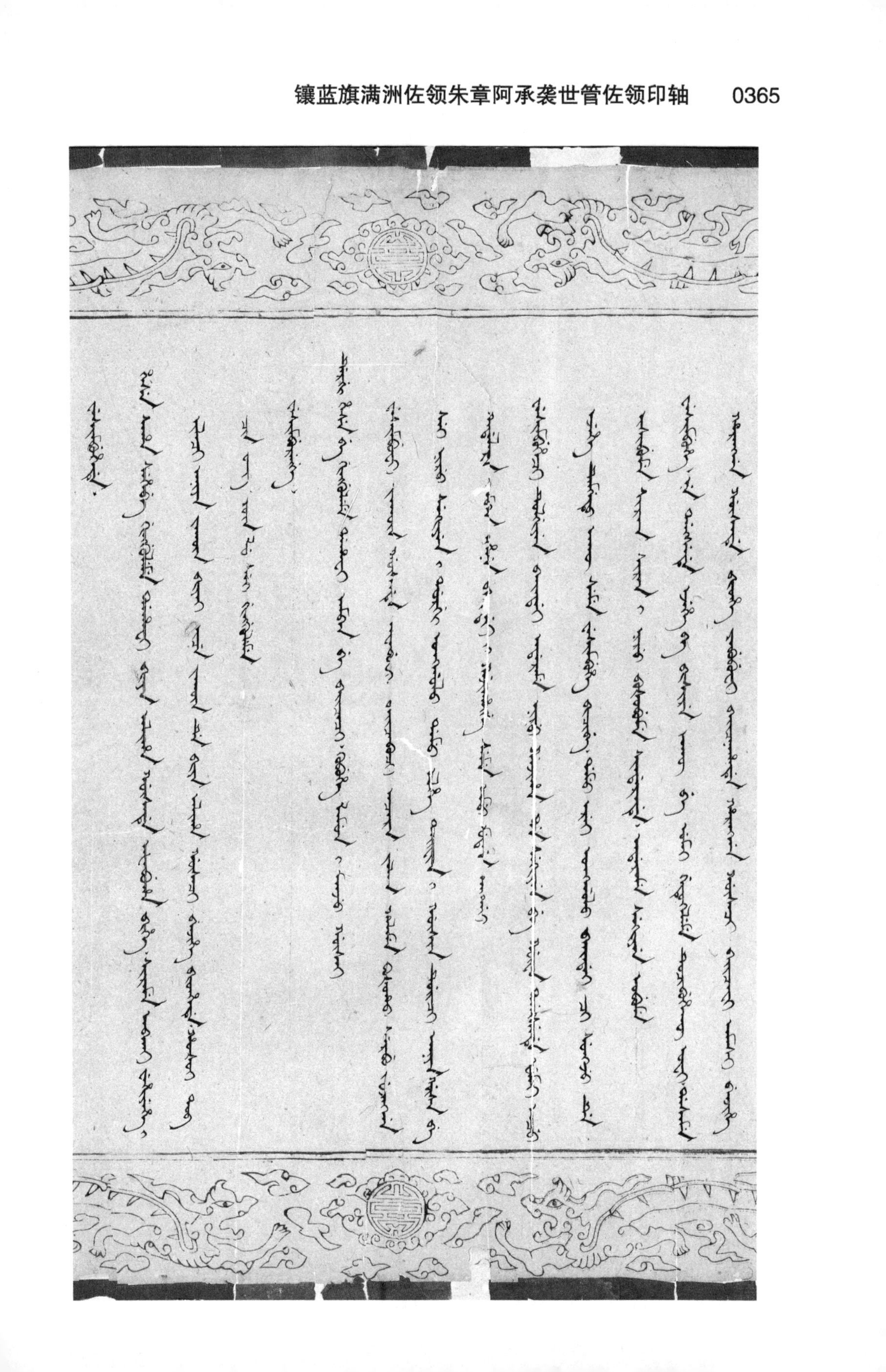

[illegible]

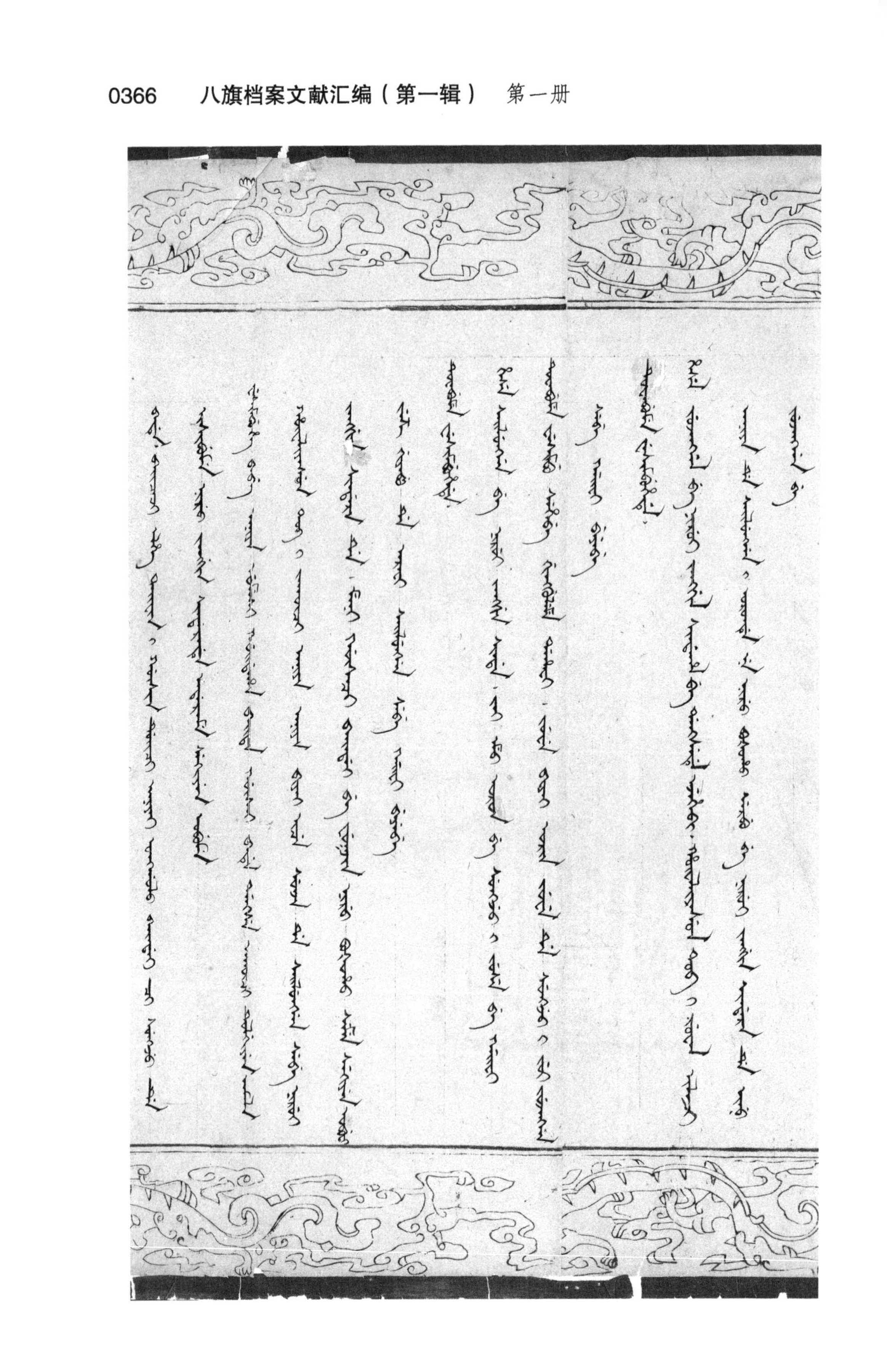

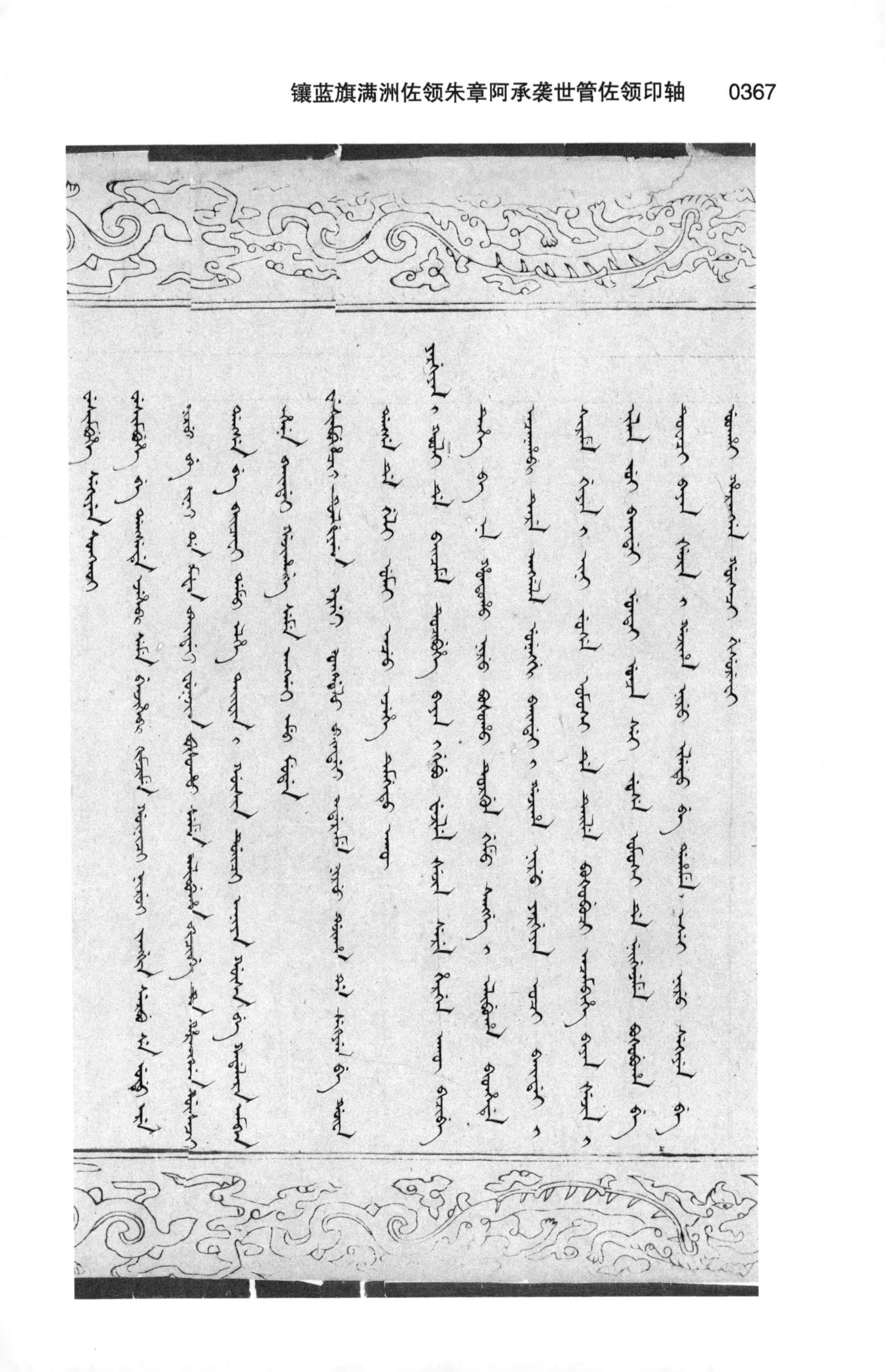

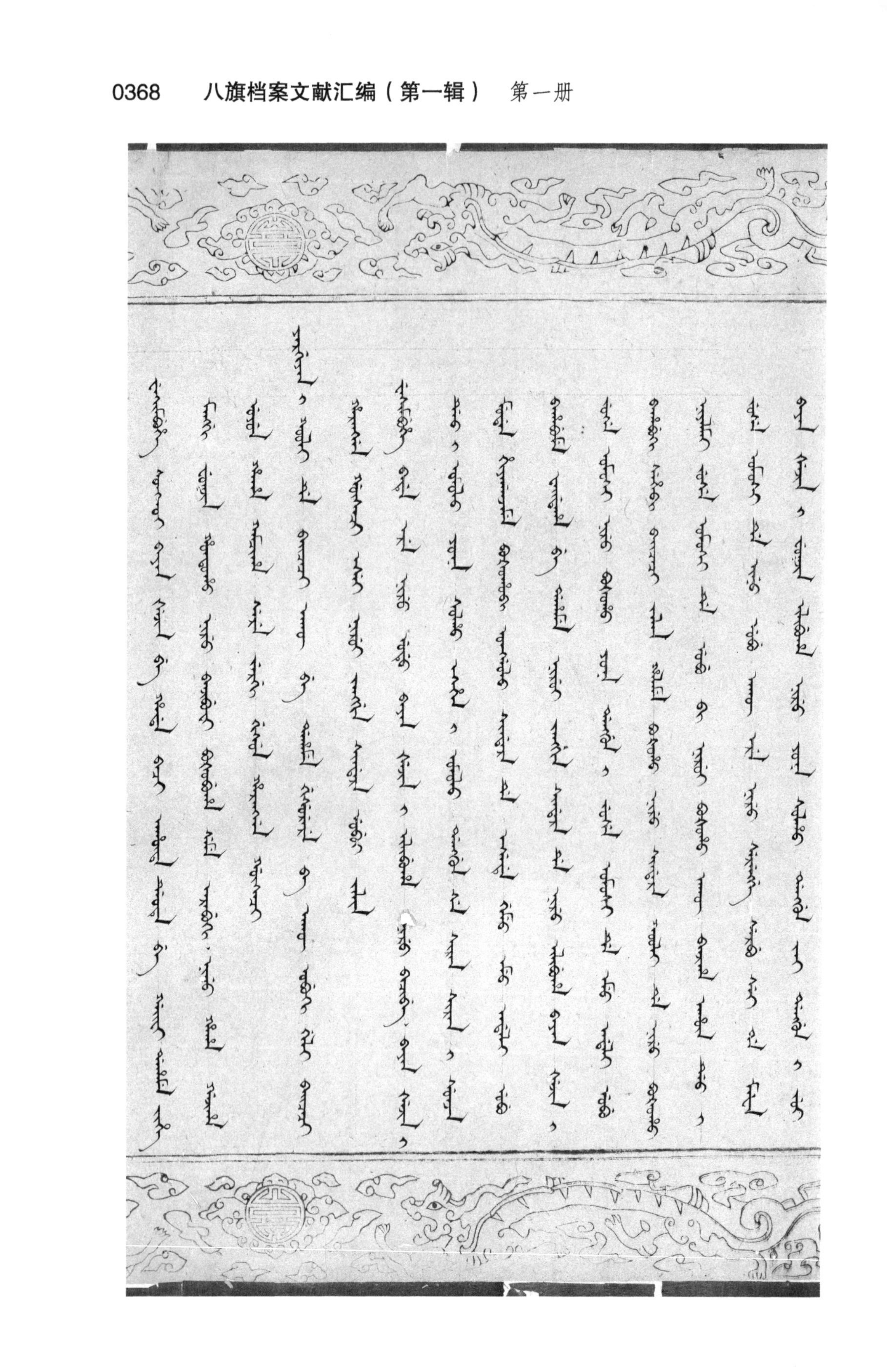

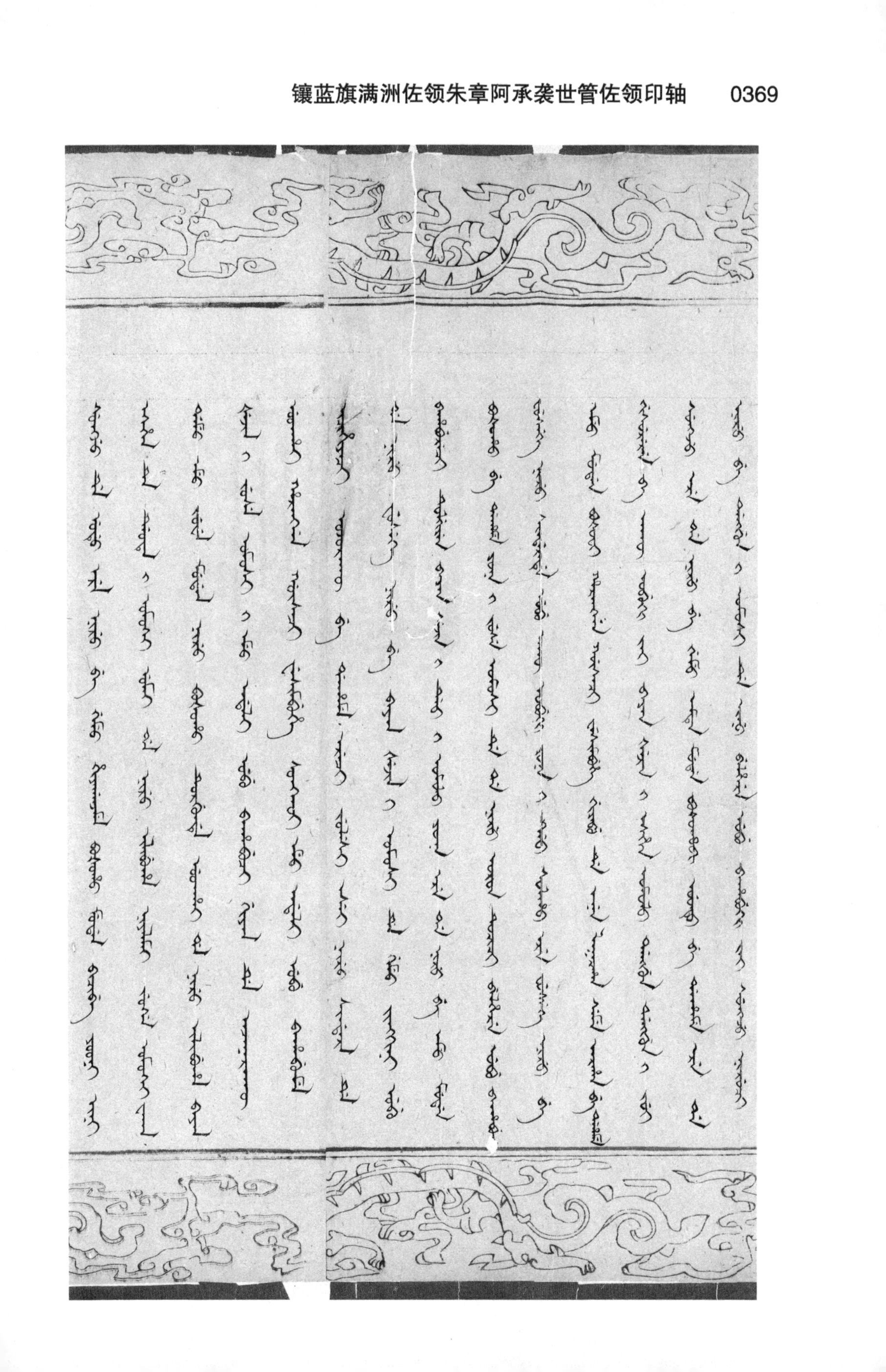

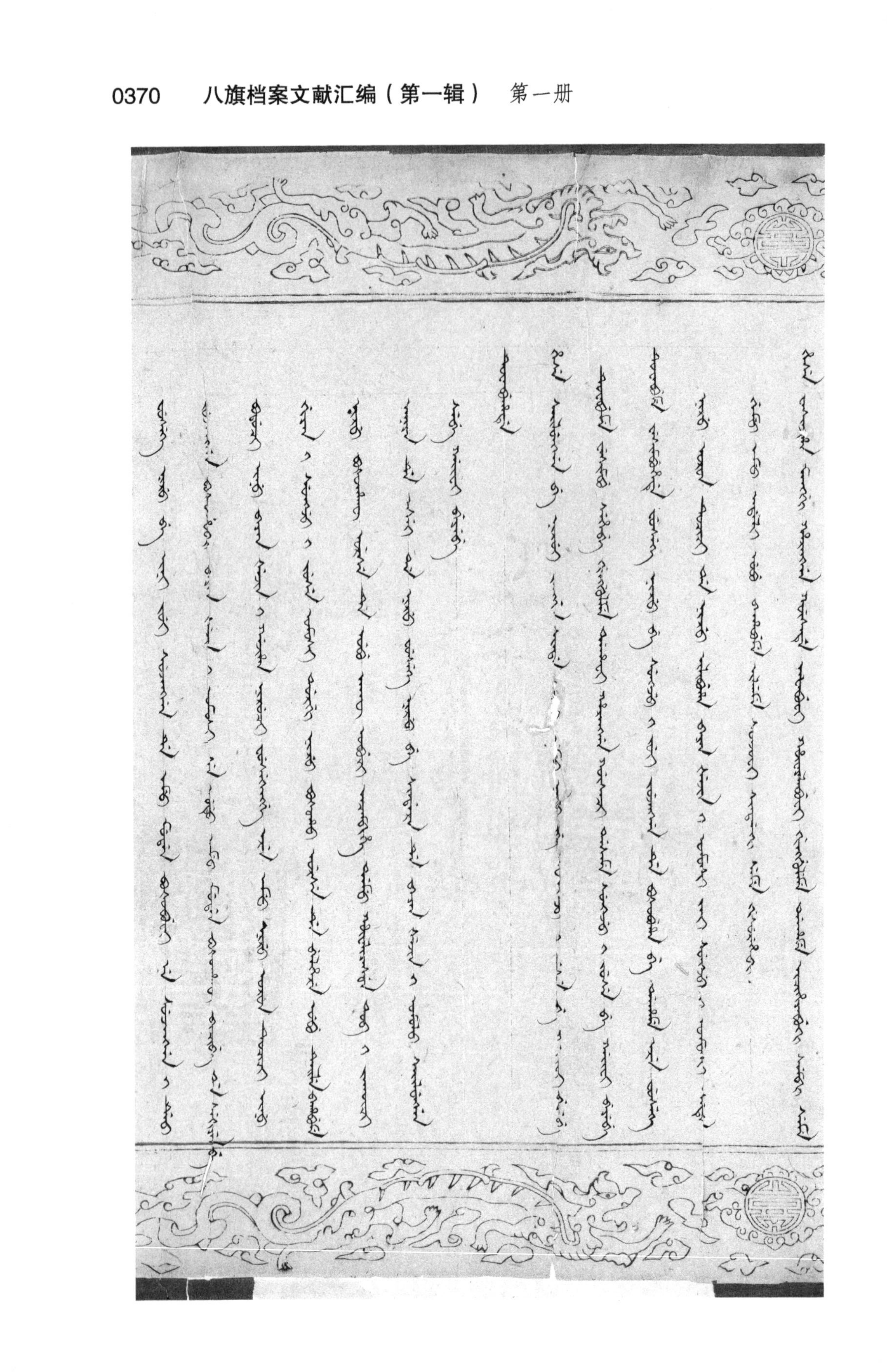

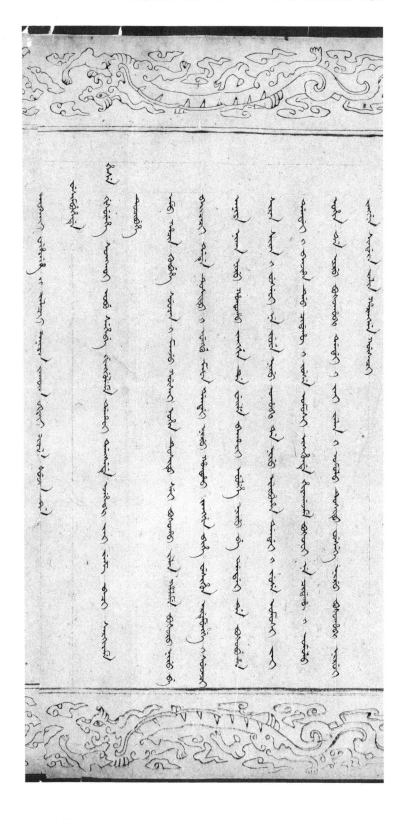

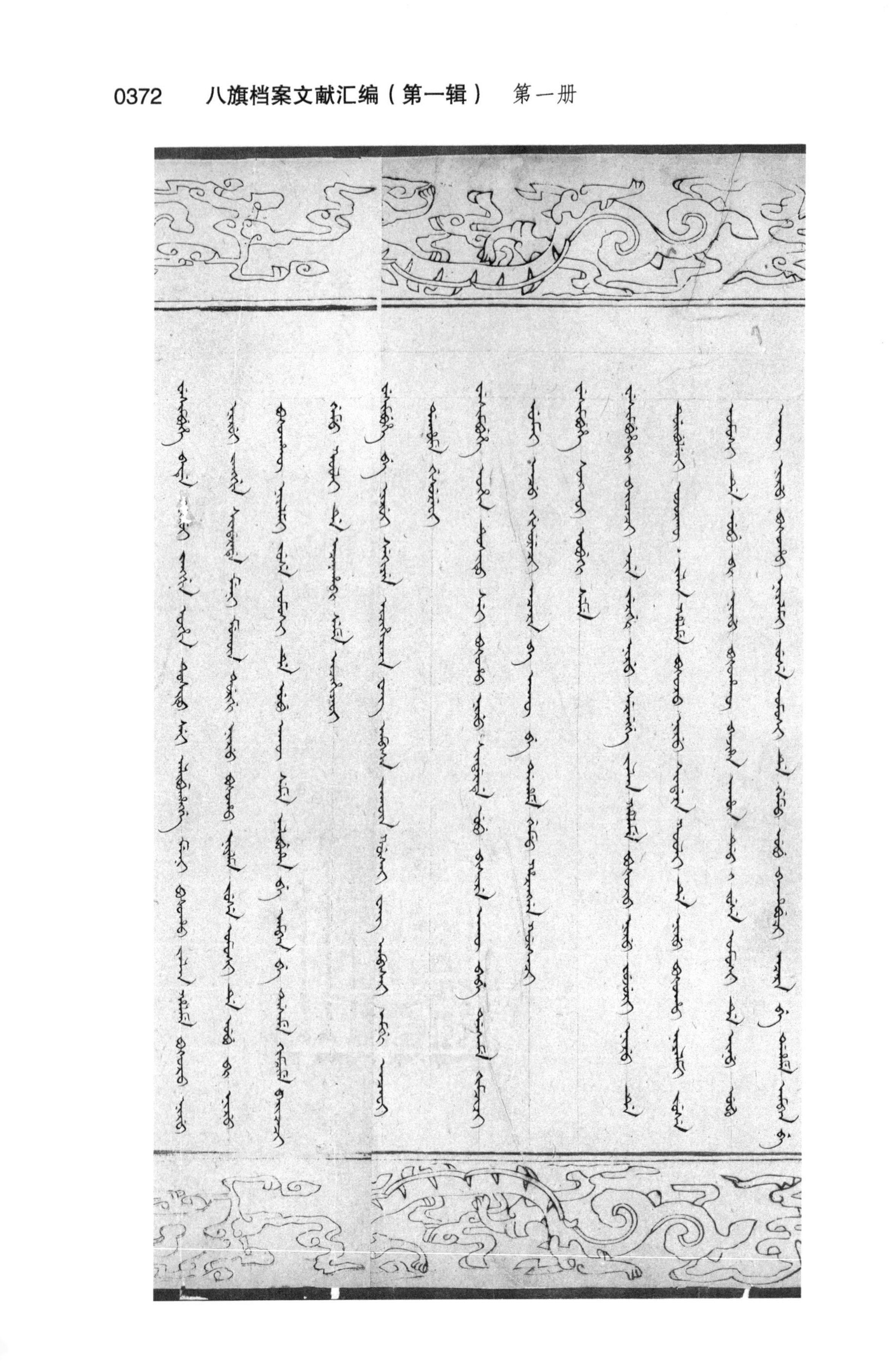

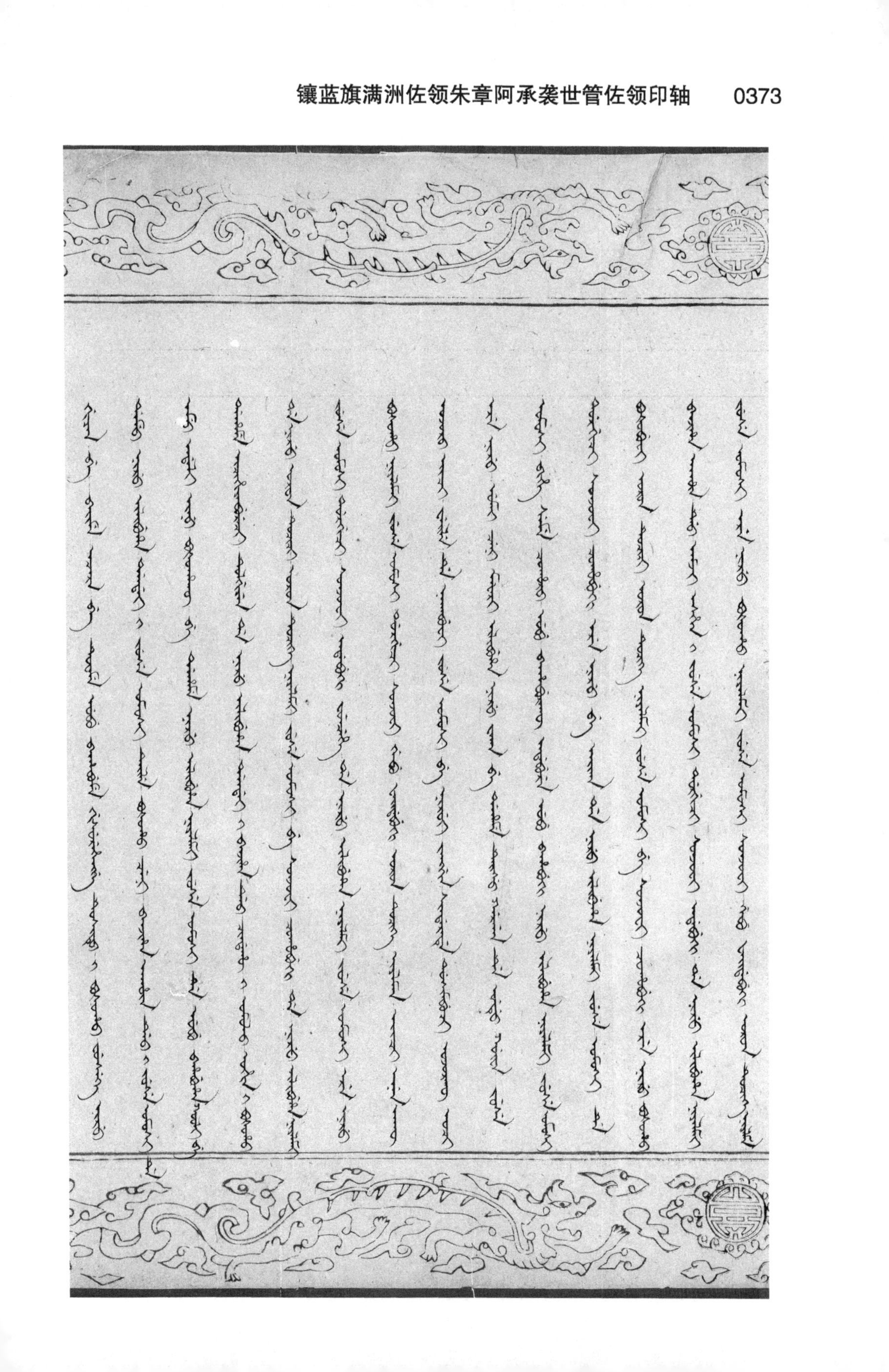

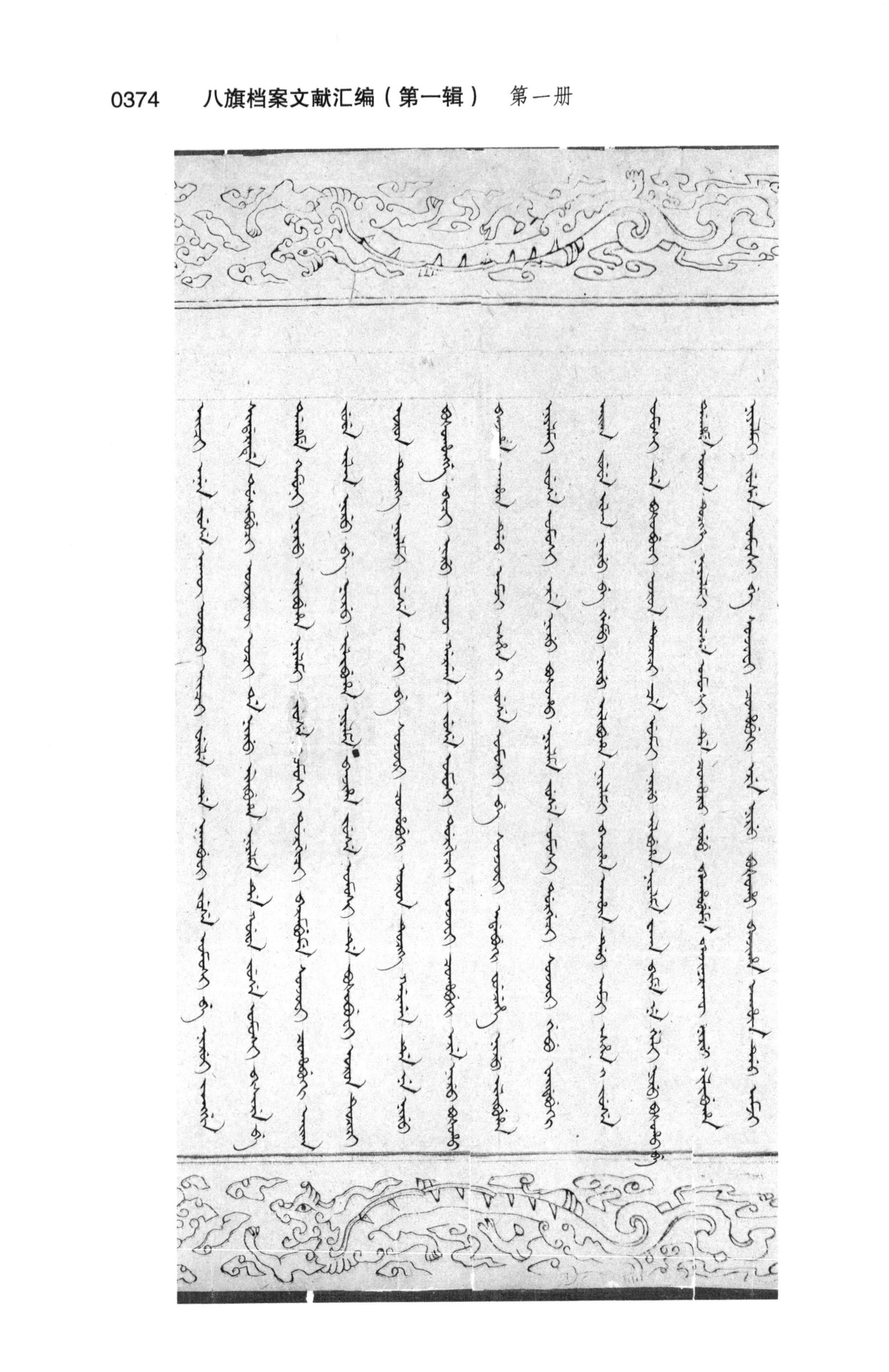

[illegible]

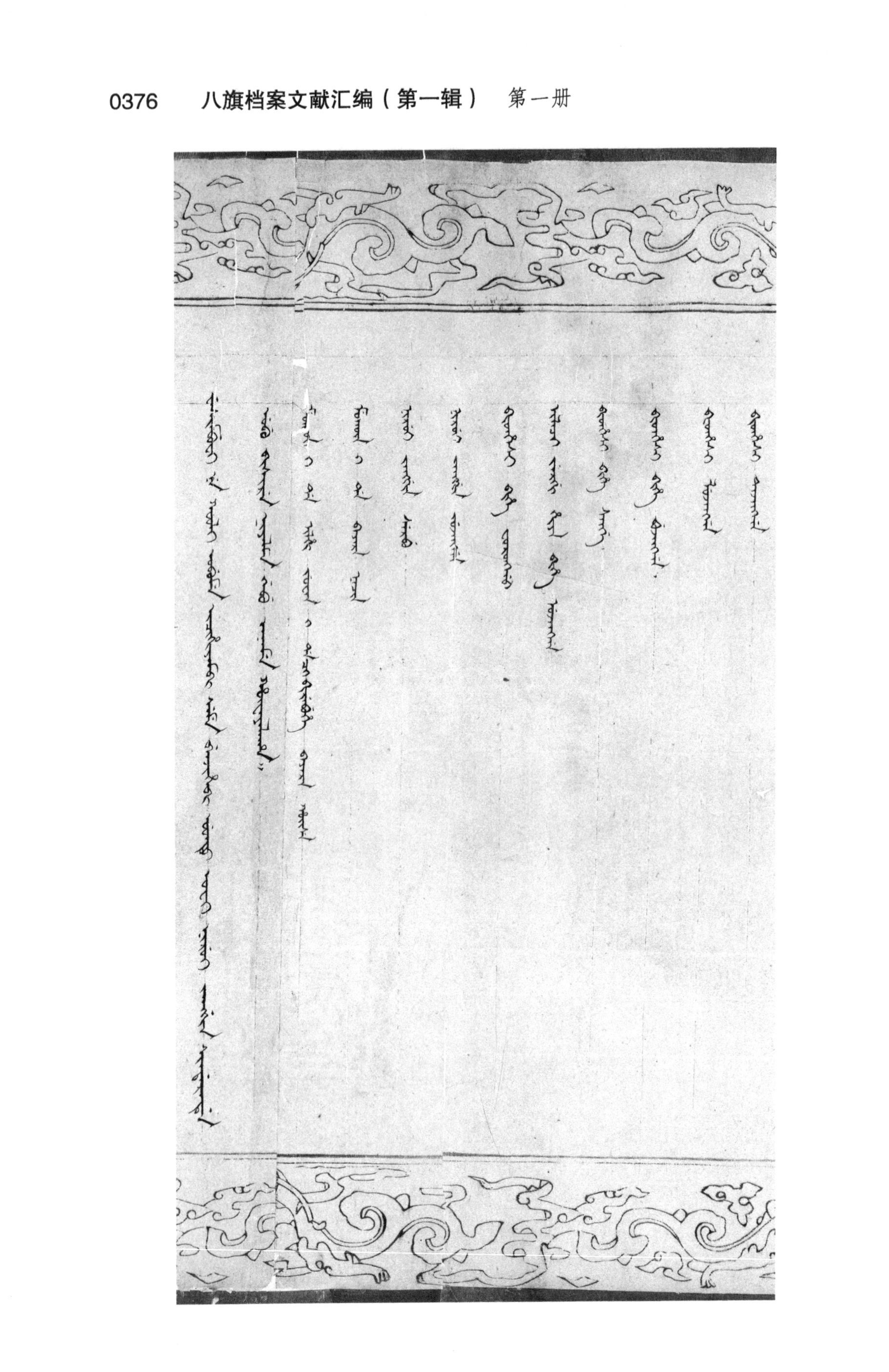

[illegible]

[illegible]

[illegible]

[illegible]

[illegible]

[illegible]

[illegible]

[illegible]

[illegible]

[illegible]

[illegible]

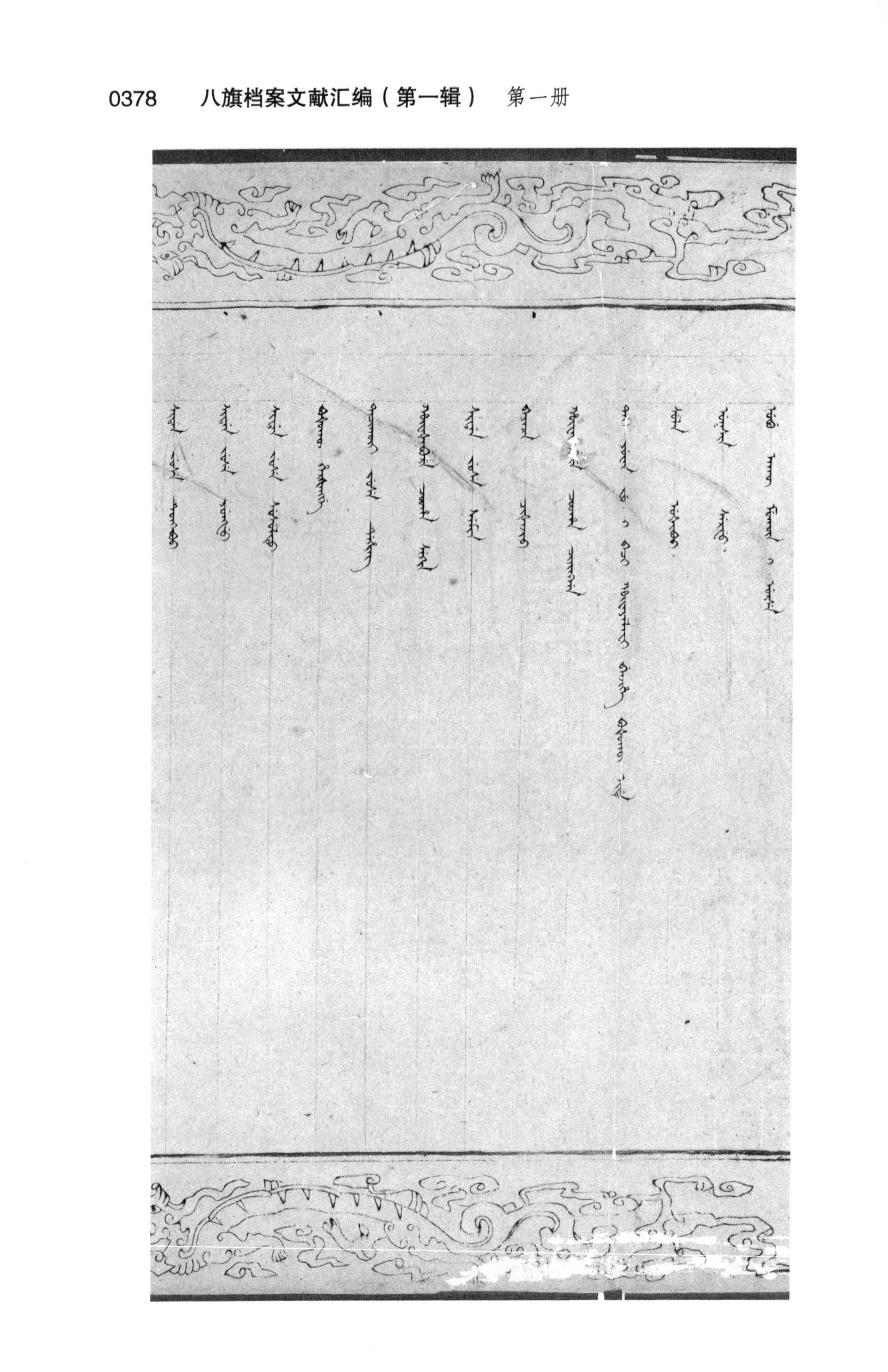

[illegible]

[illegible]

[illegible] [illegible] [illegible]

ᠪᠣᡧᠣᡴᡡ [illegible]

ᠪᠣᡧᠣᡴᡡ [illegible]

[illegible] [illegible] [illegible]

[illegible] [illegible] [illegible] [illegible] [illegible] [illegible]

[illegible] [illegible] [illegible]

[illegible] [illegible]

[illegible] [illegible]

[illegible] [illegible]

ᠪᠣᡧᠣᡴᡡ [illegible]

ᠪᠣᡧᠣᡴᡡ [illegible]

[illegible] [illegible] [illegible] [illegible] [illegible] [illegible]

ᡳᠨᡝᠩᡤᡳ [illegible]

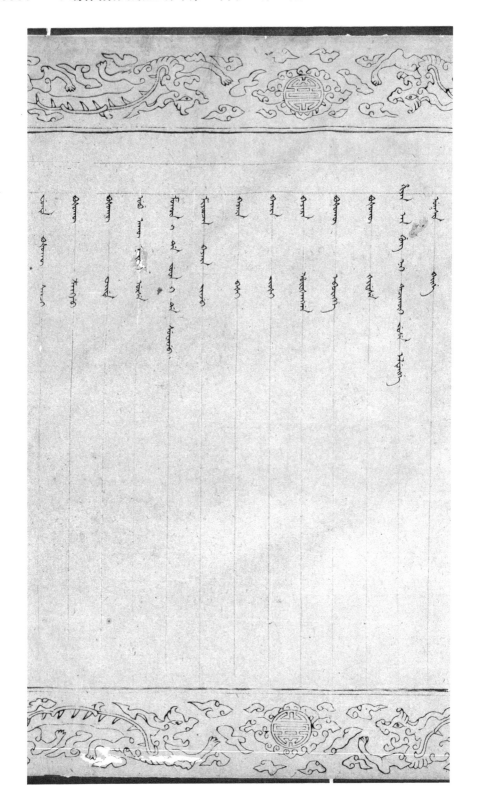

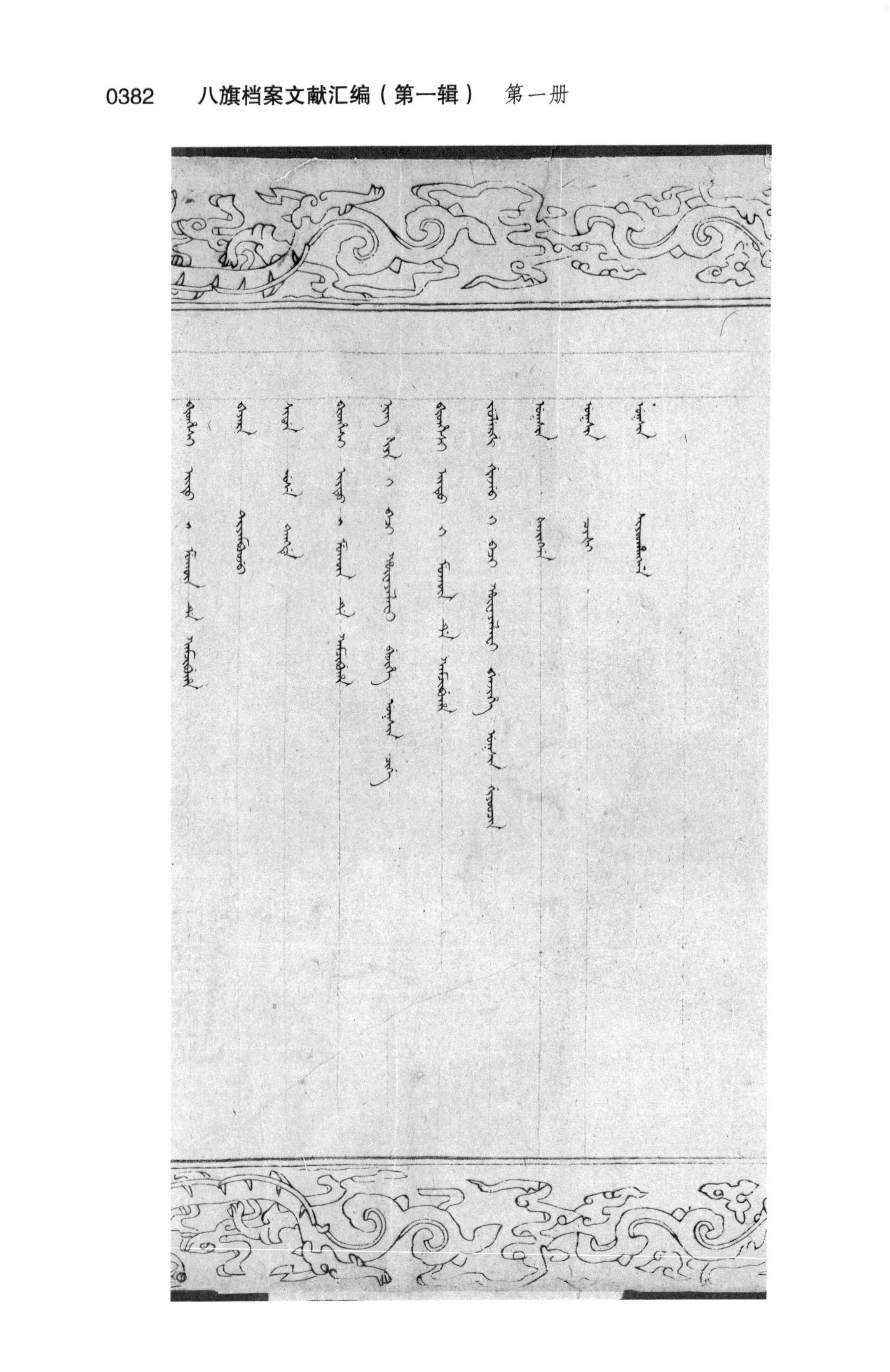

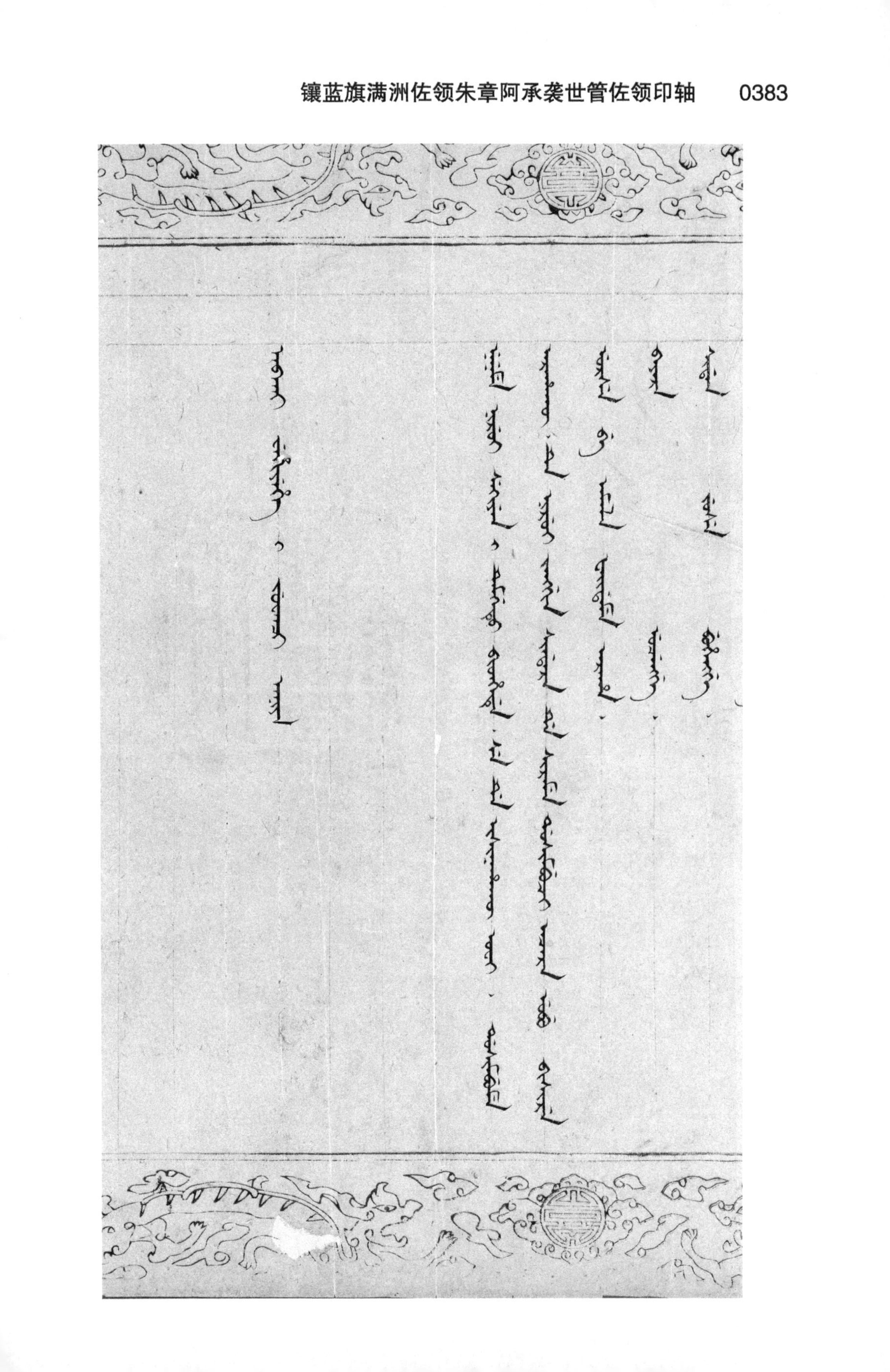

[illegible]

[illegible]

[illegible]

[illegible]

[illegible]

[illegible]

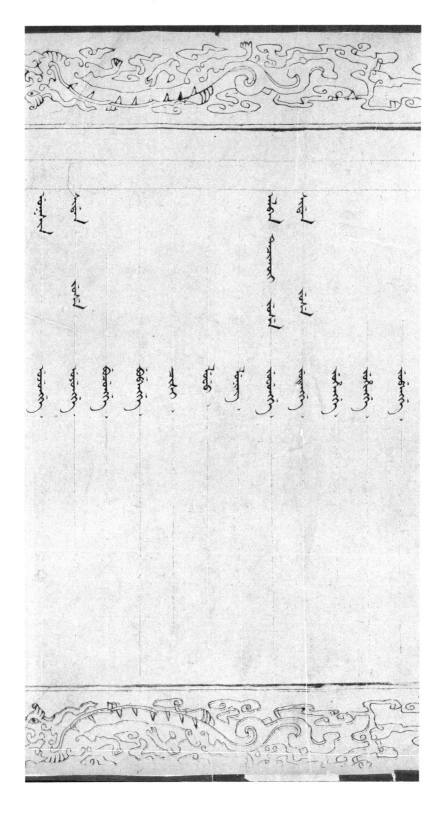

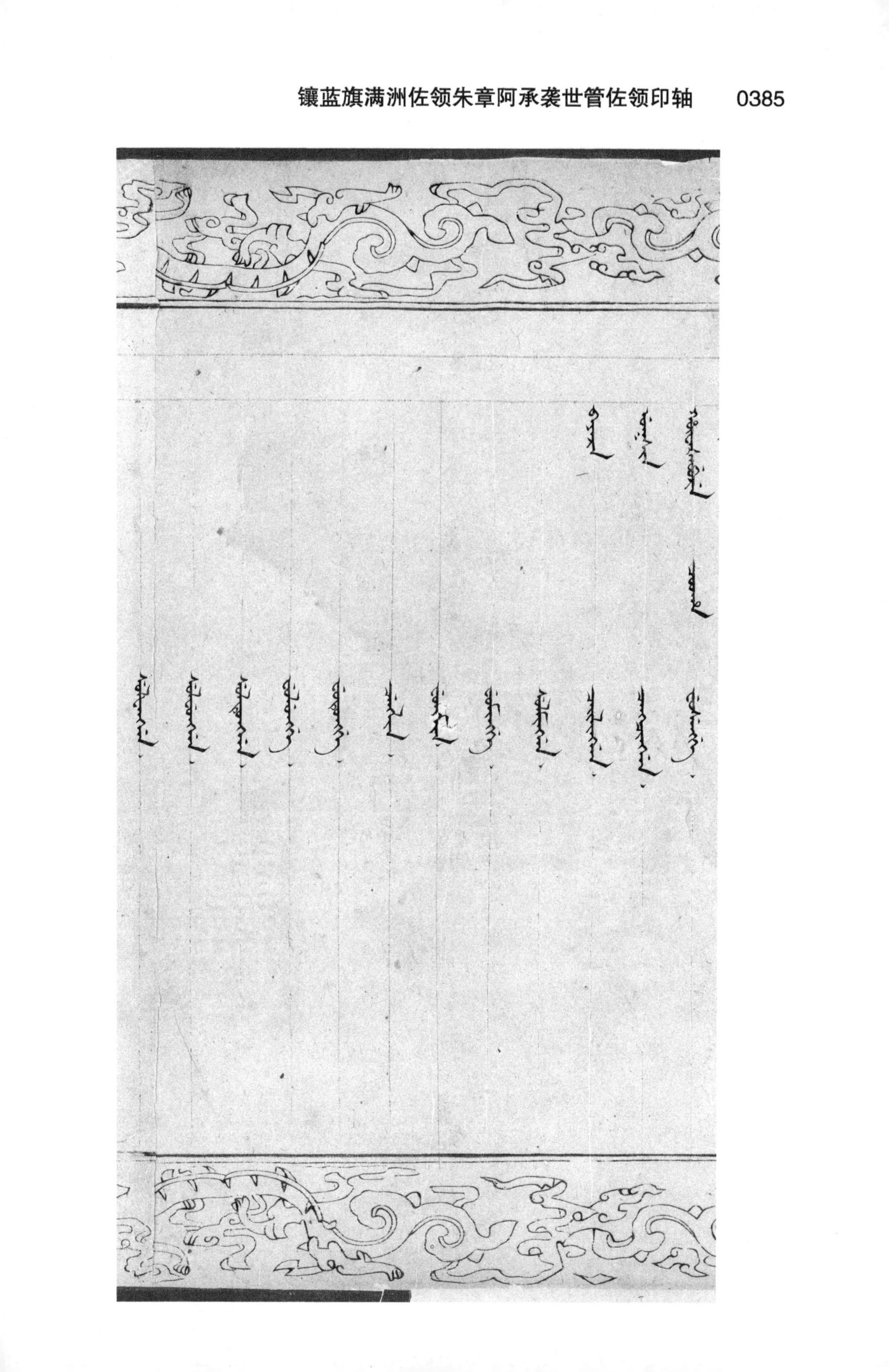

[illegible]

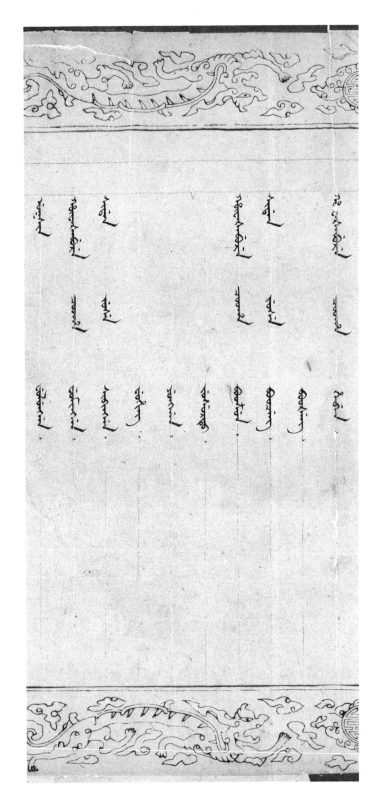

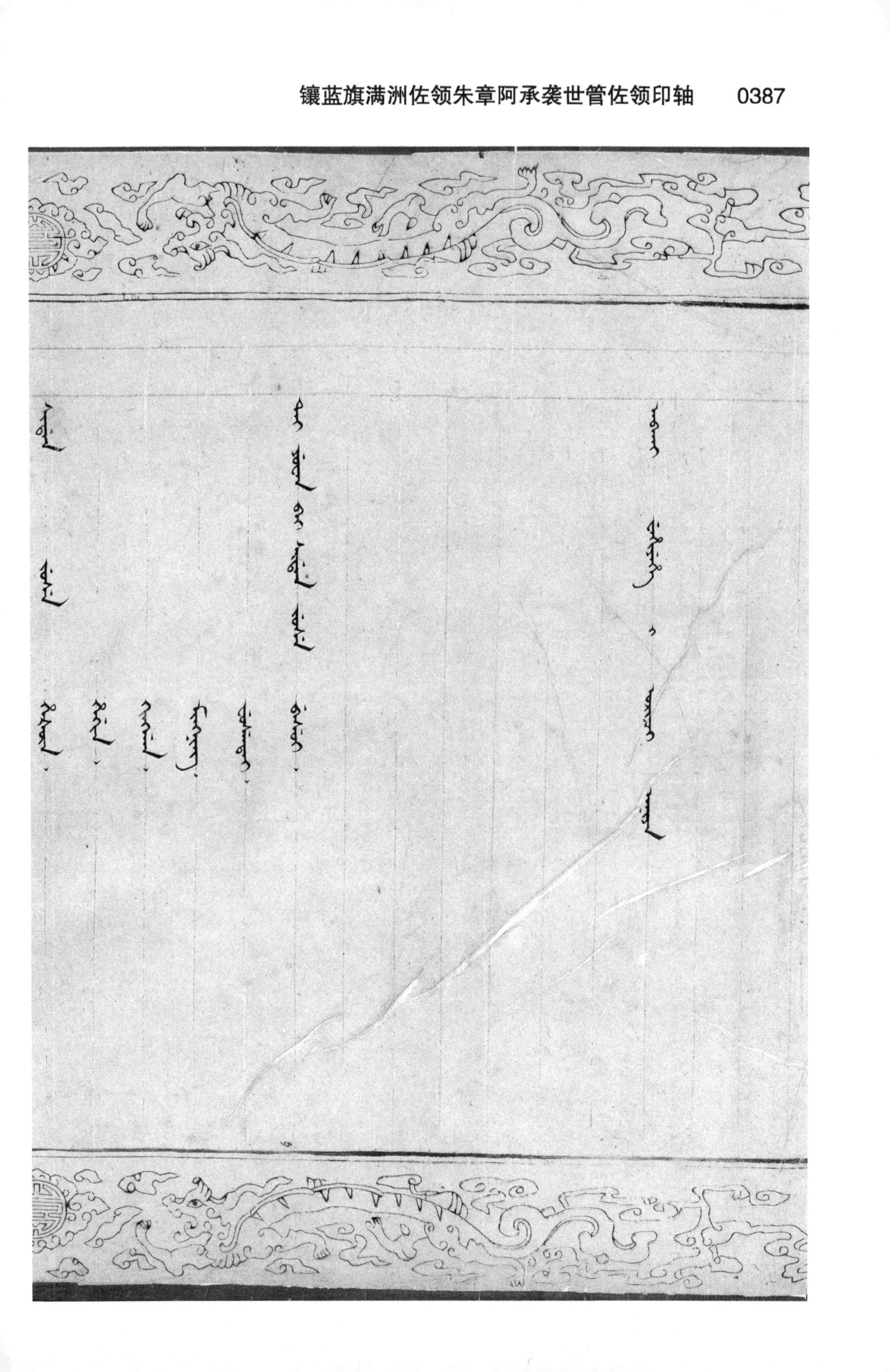

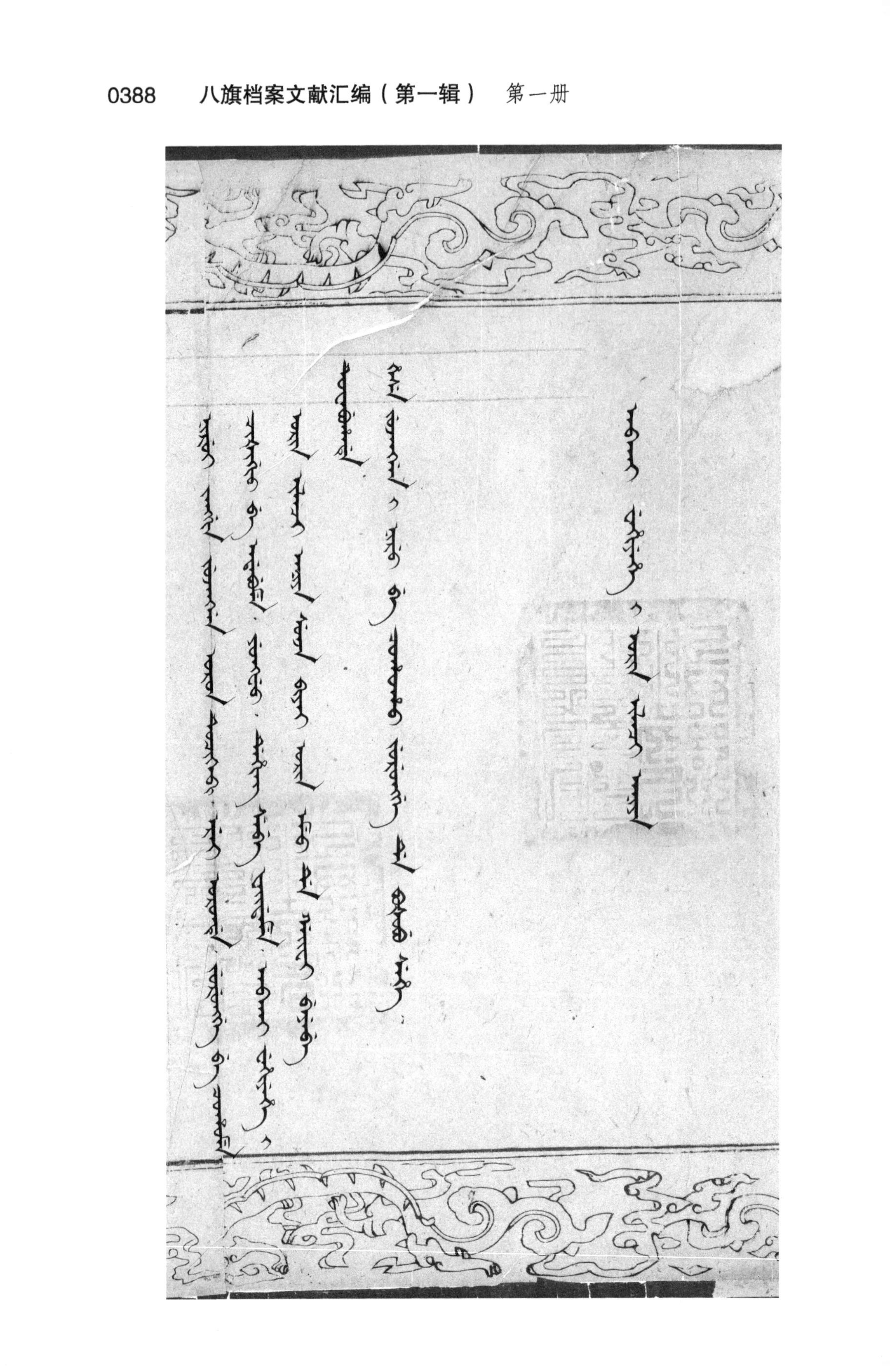

[illegible]

[illegible]

[illegible]

[illegible]

[illegible]

[illegible]

ᡝᠯᡥᡝ ᡨᠠᡳᡶᡳᠨ ᡳ ᠵᡠᠸᠠᠨ ᠨᠠᡩᠠᠴᡳ ᠠᠨᡳᠶᠠ

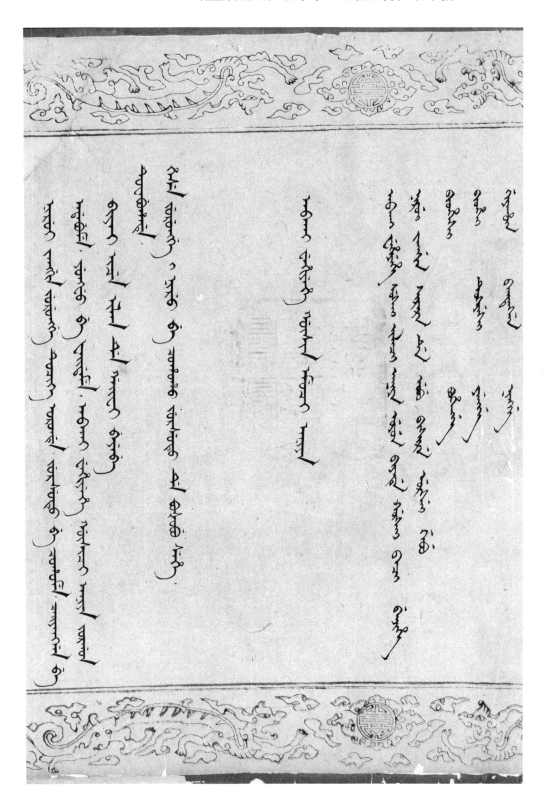

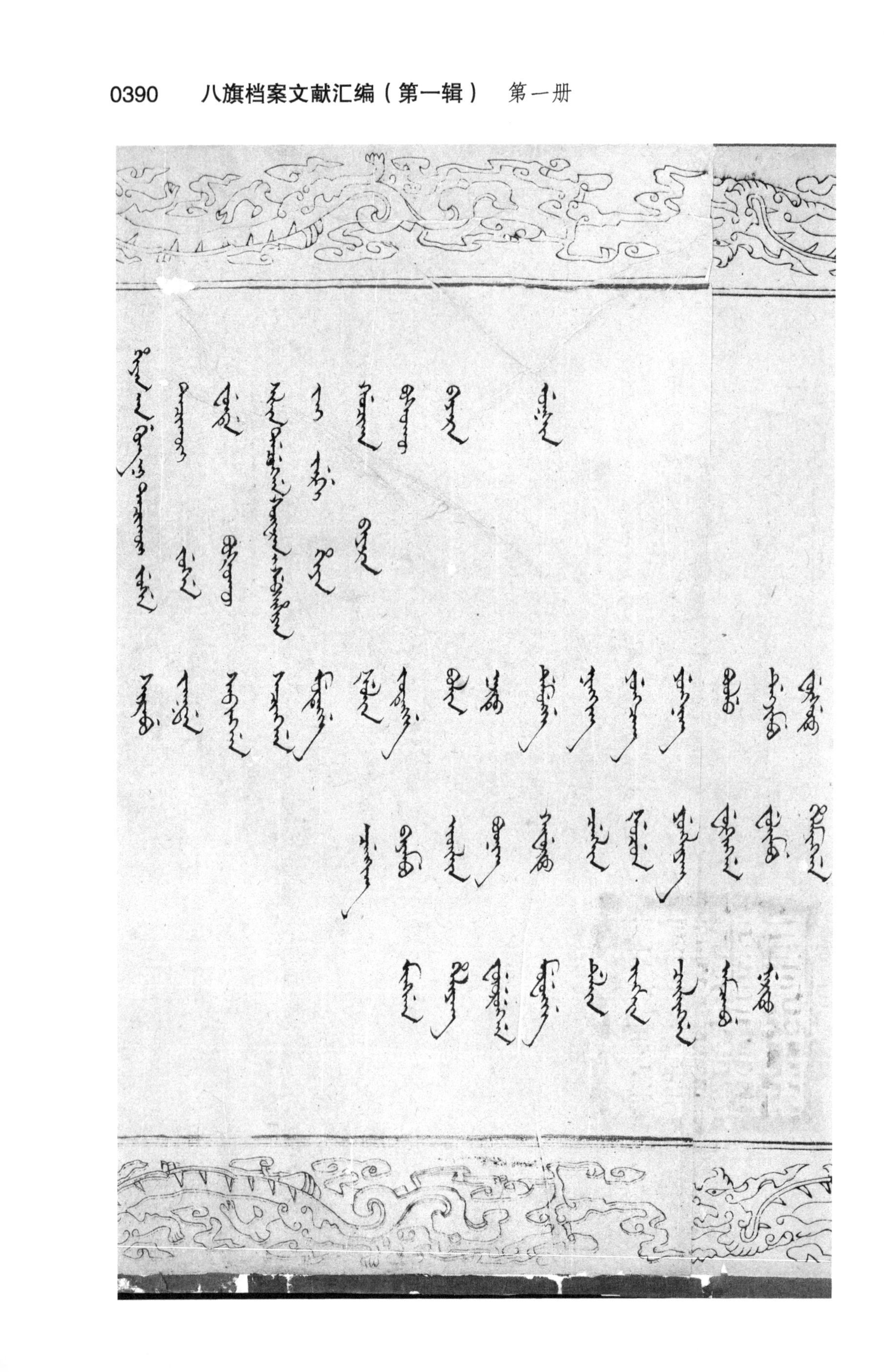

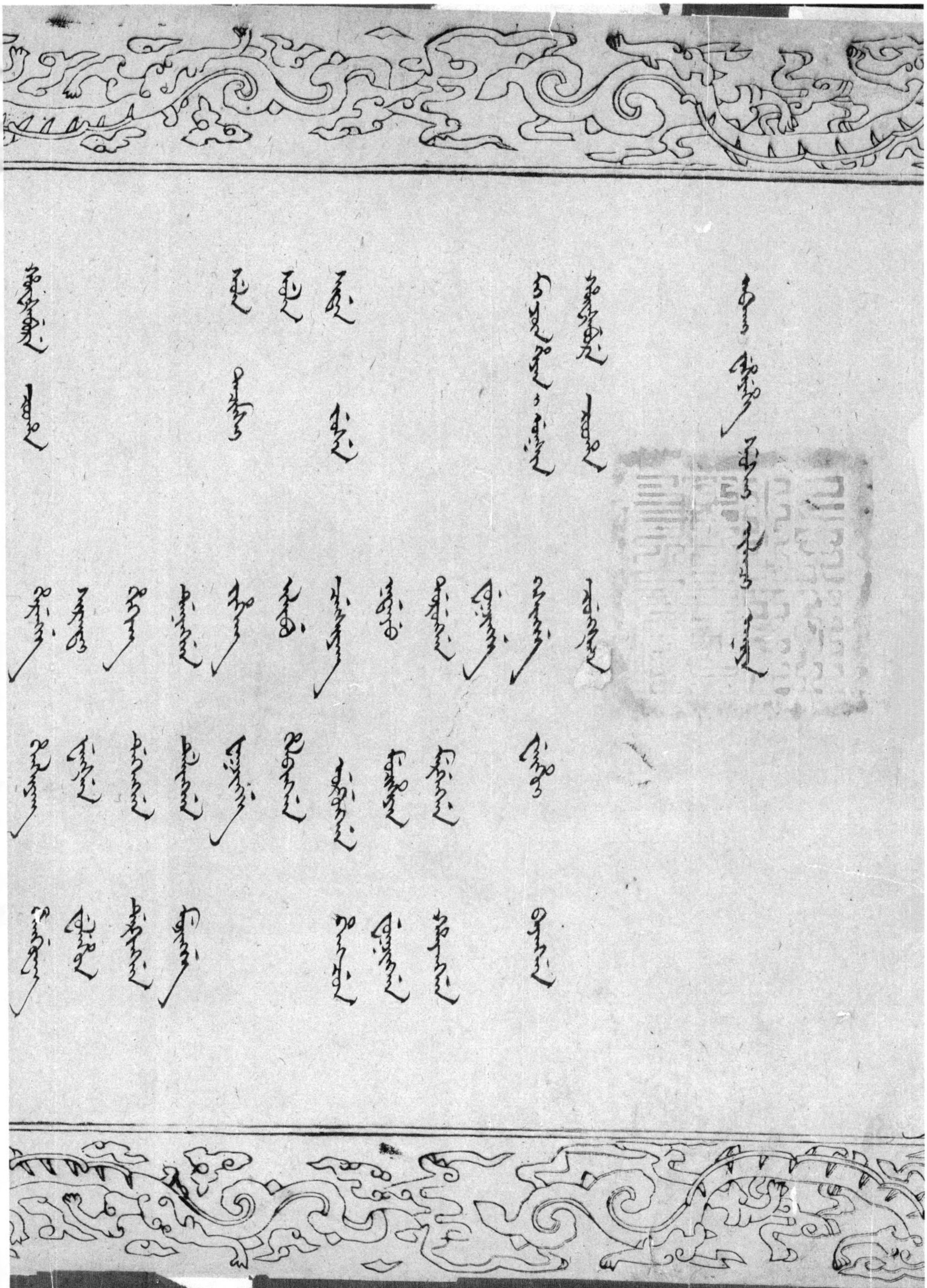

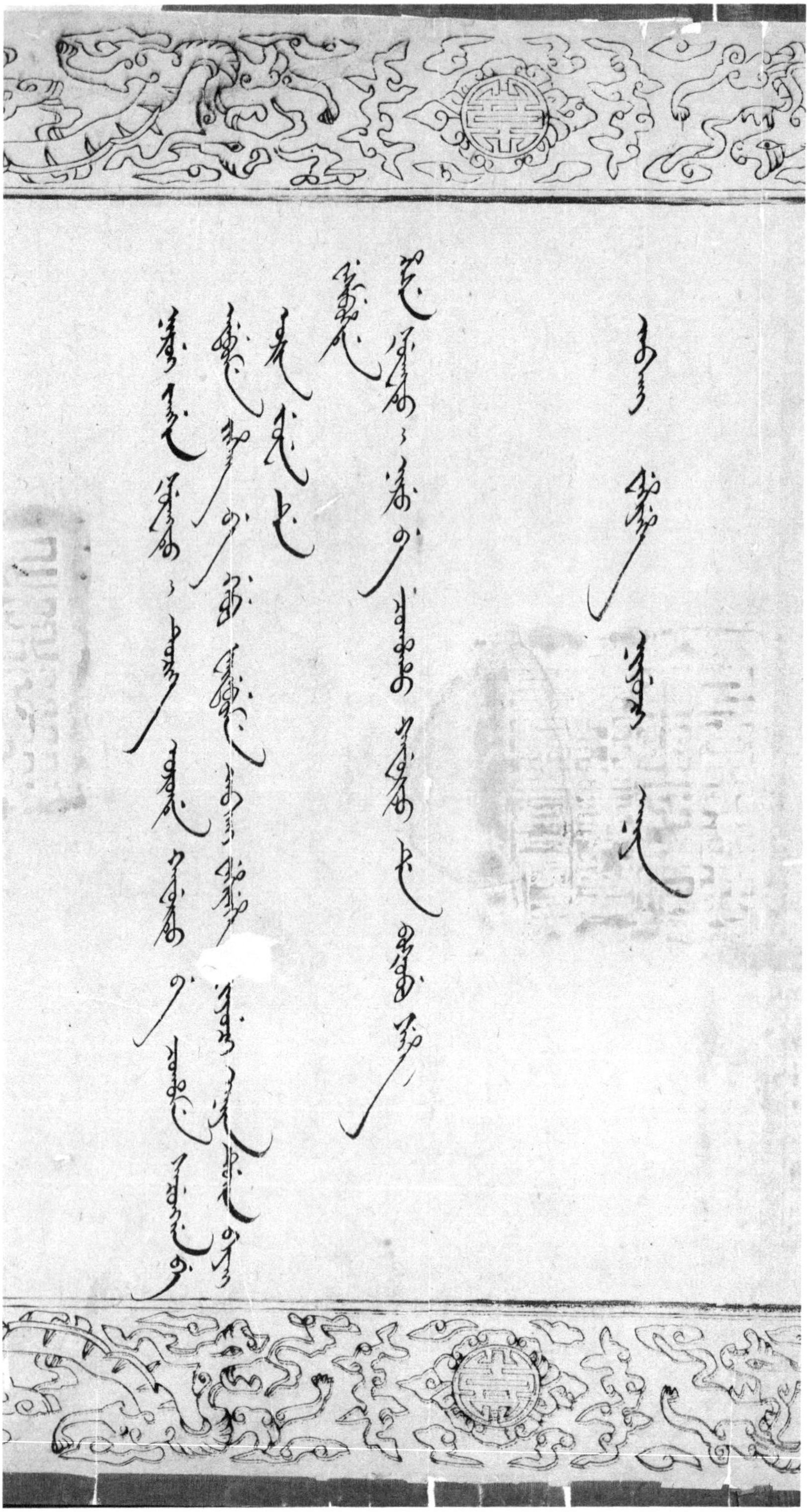

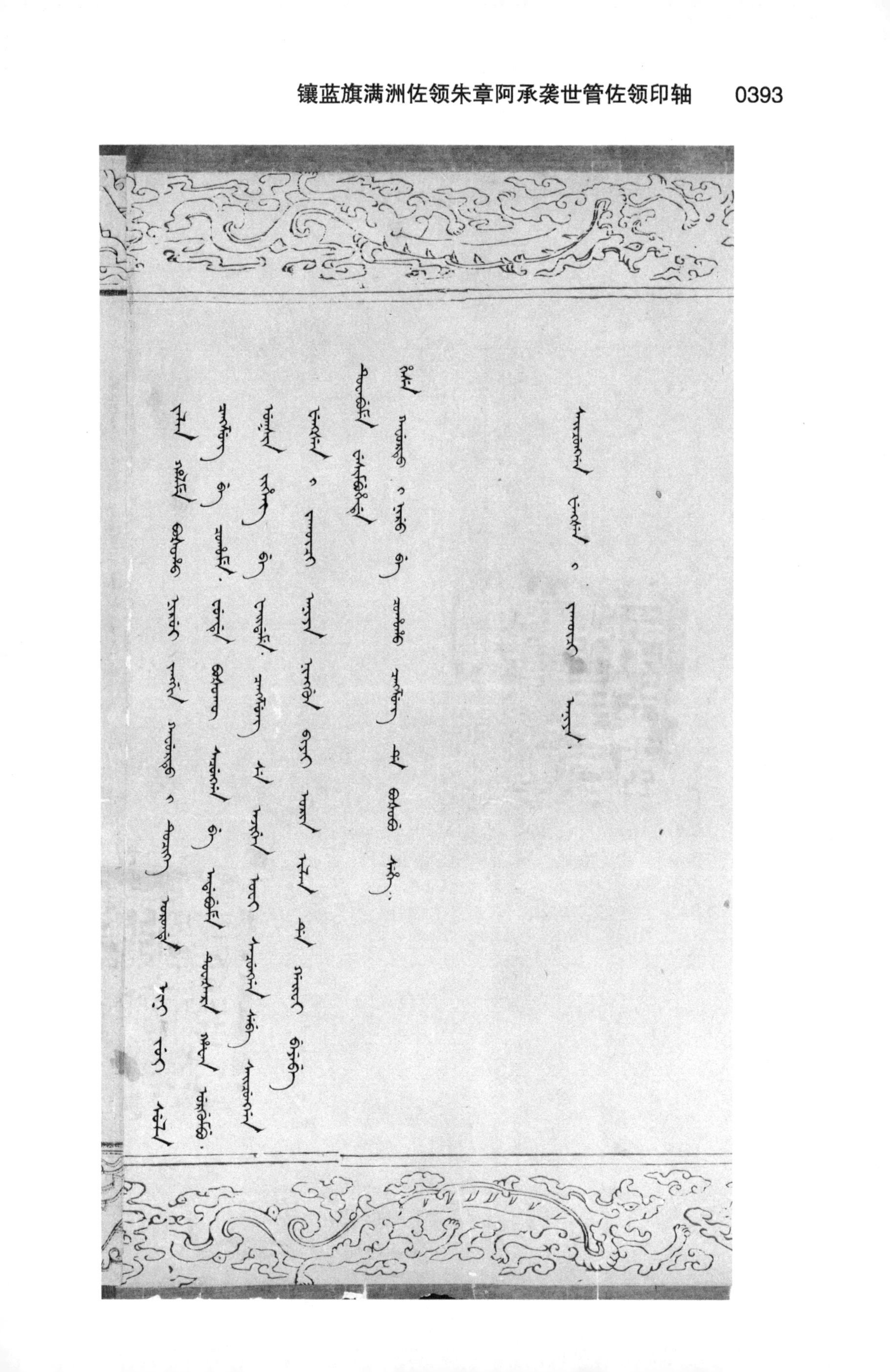

ᠠᠪᡴᠠᡳ ᡥᡝᠰᡝᡳ ᡶᠣᡵᡤᠣᠨ ᠪᡝ ᠠᠯᡳᡥᠠ ᡥᡡᠸᠠᠩᡩᡳ ᡥᡝᠰᡝ

[illegible]

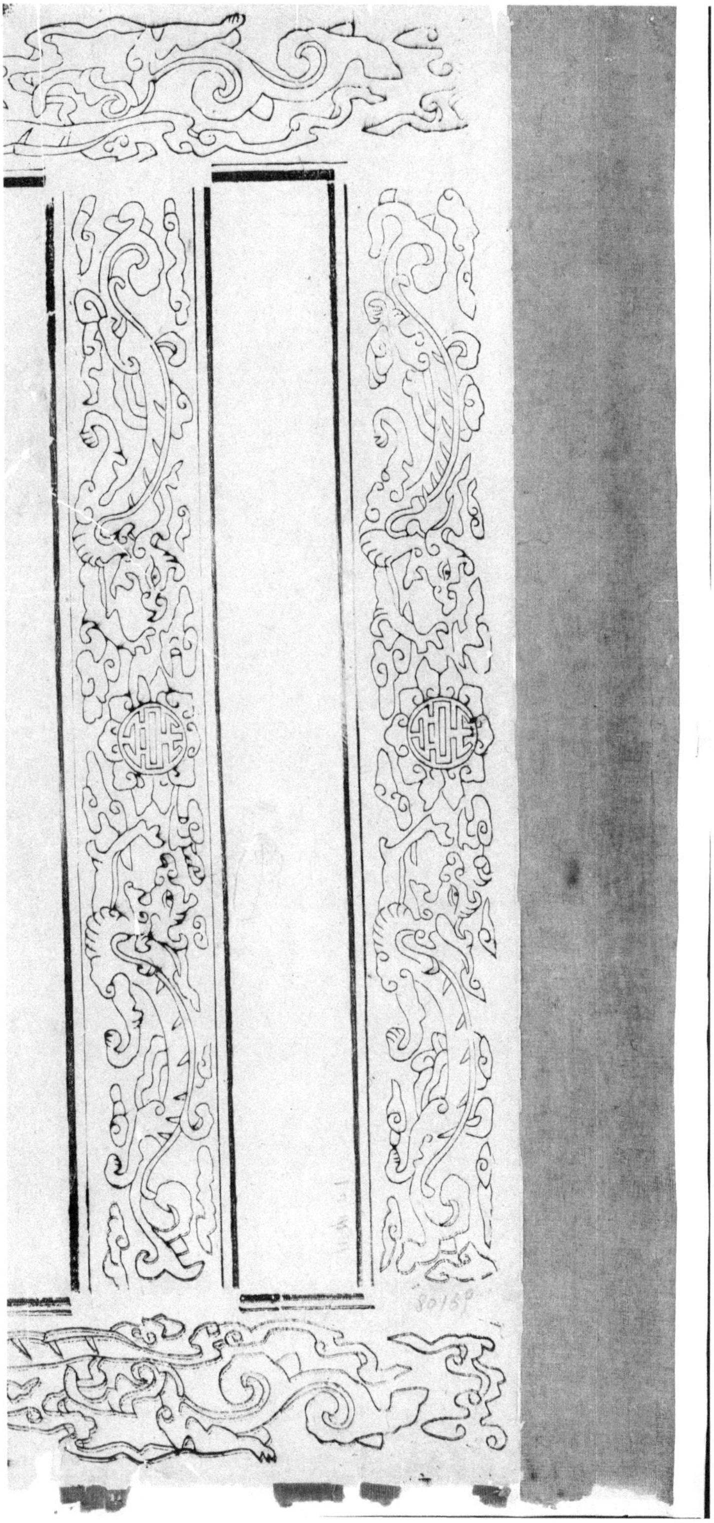

正白旗蒙古佐领富森泰承袭轮管佐领印轴

满文写本，卷轴装，页面49.5cm×1683.0cm，四周双边，螭文，钤兵部印，前部略有残缺，满文题名不存。初修时间为乾隆八年，后陆续添写至光绪二十九年，未满幅。

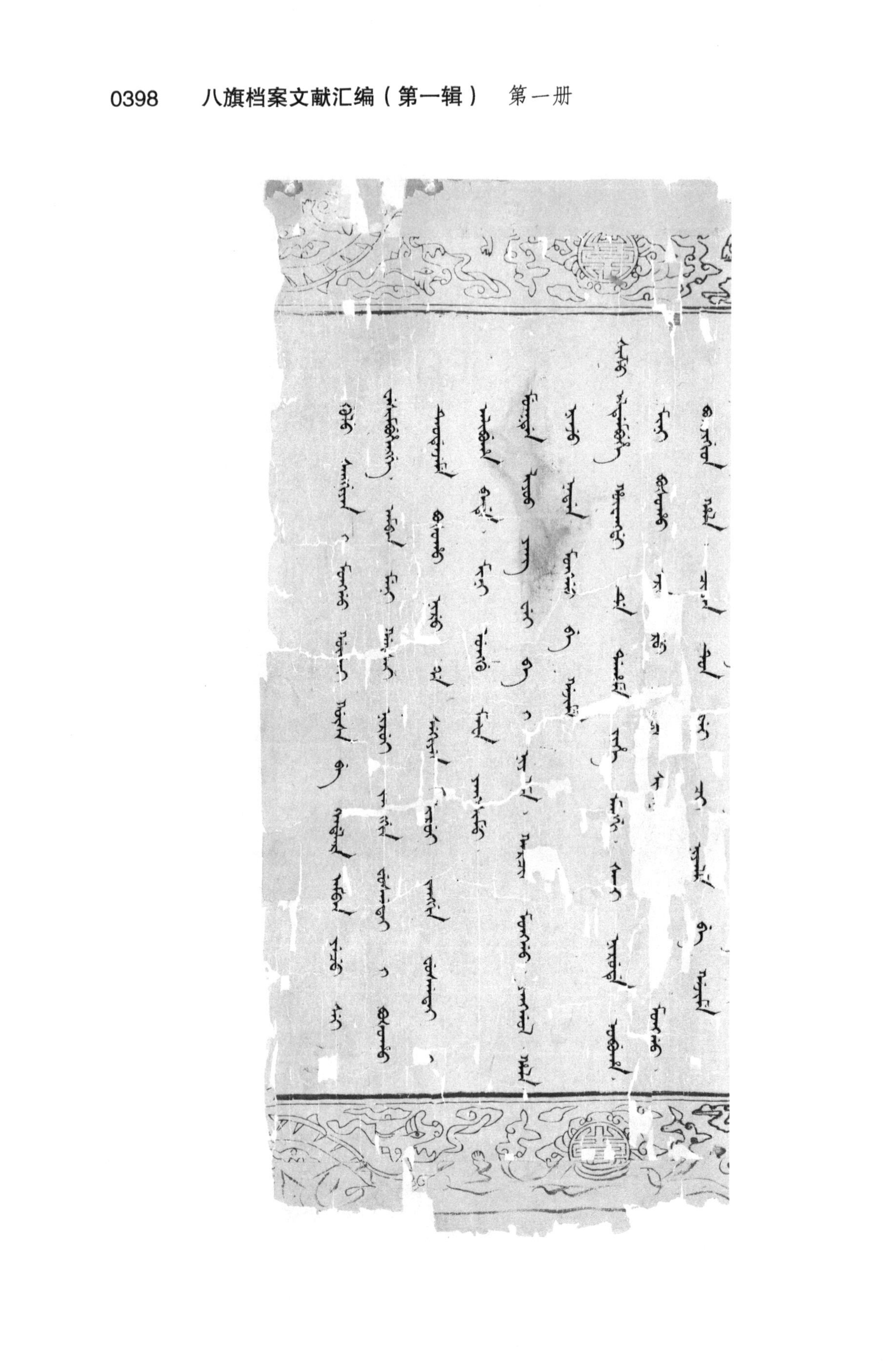

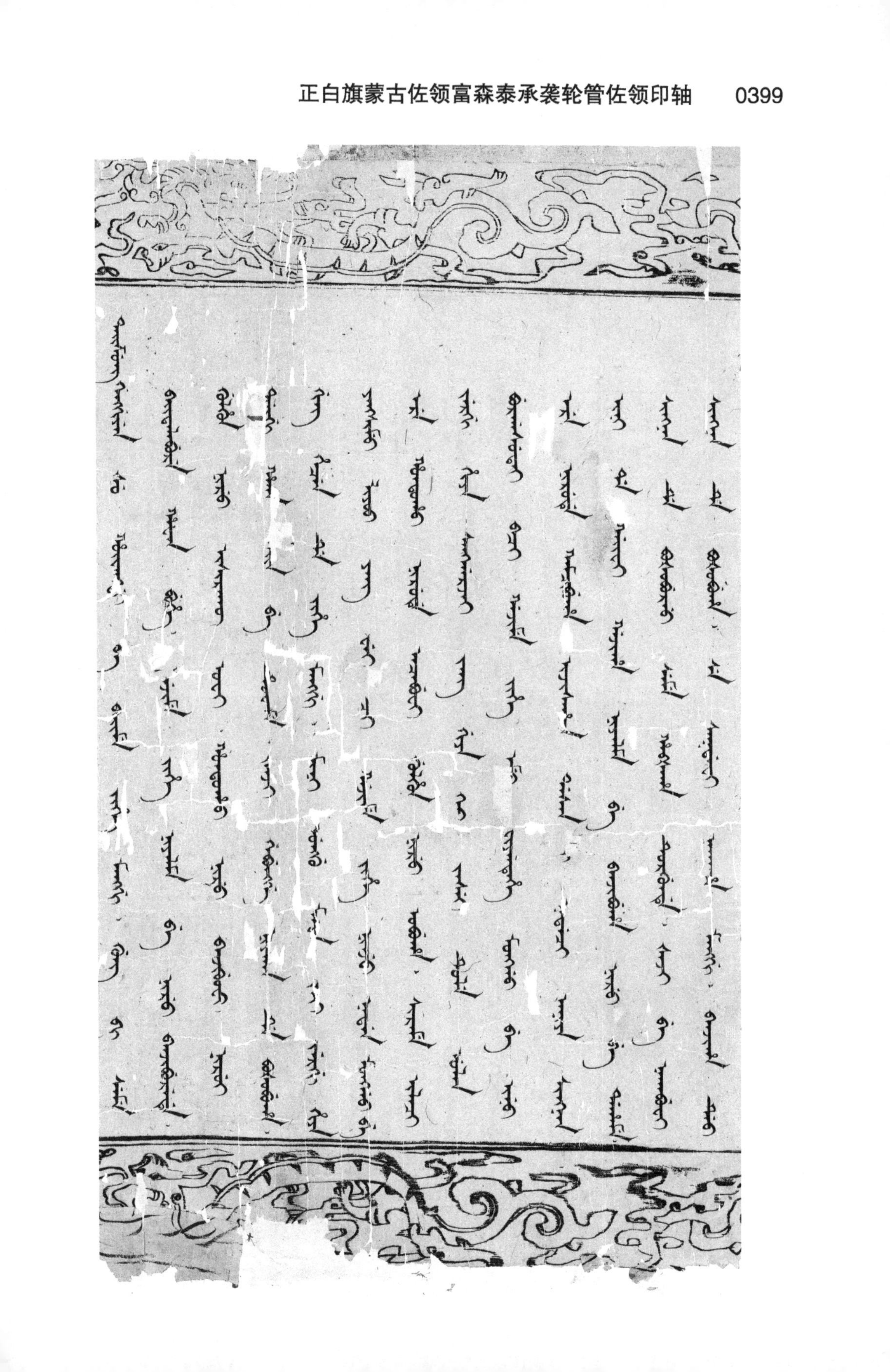

[illegible]

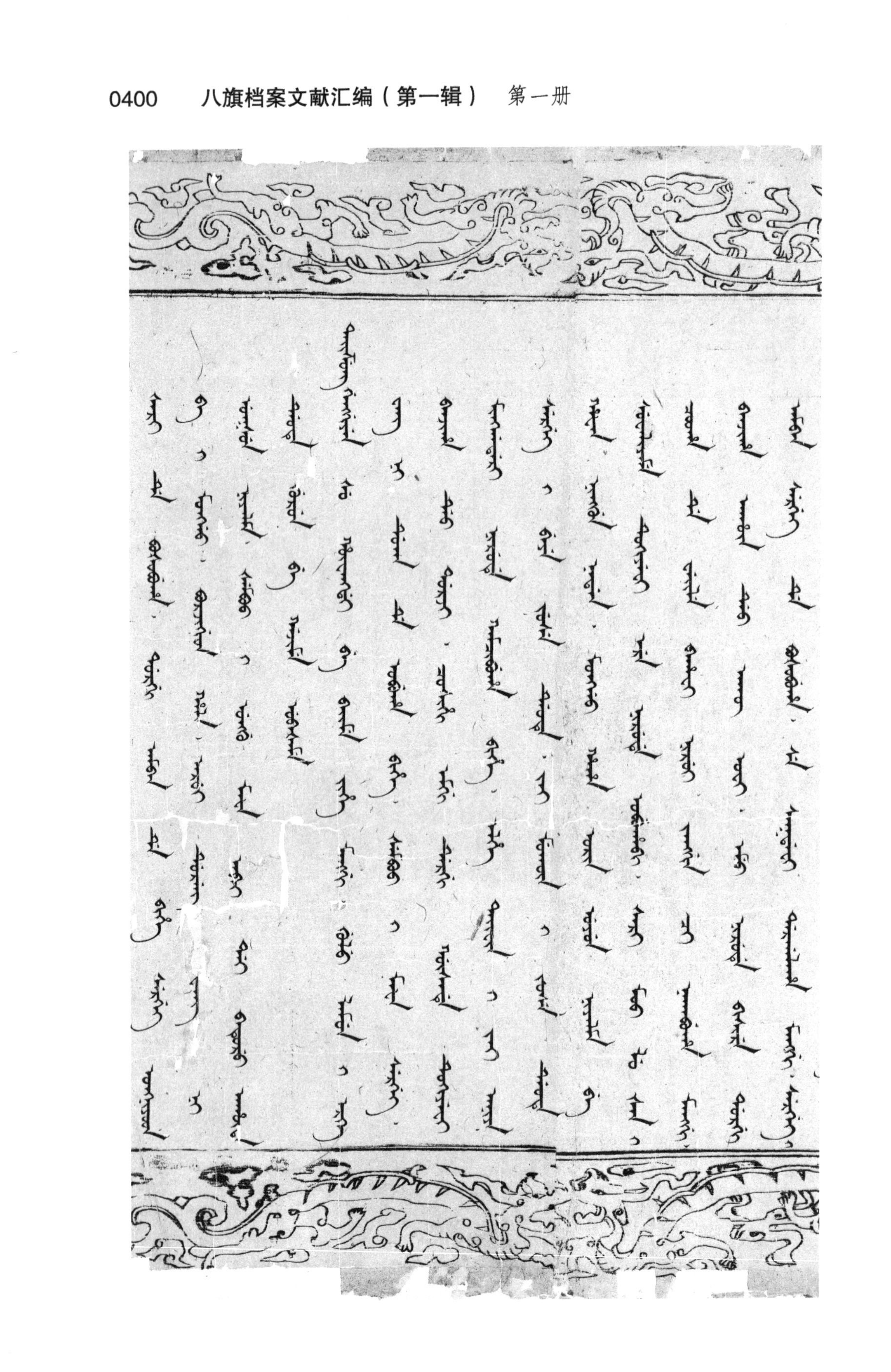

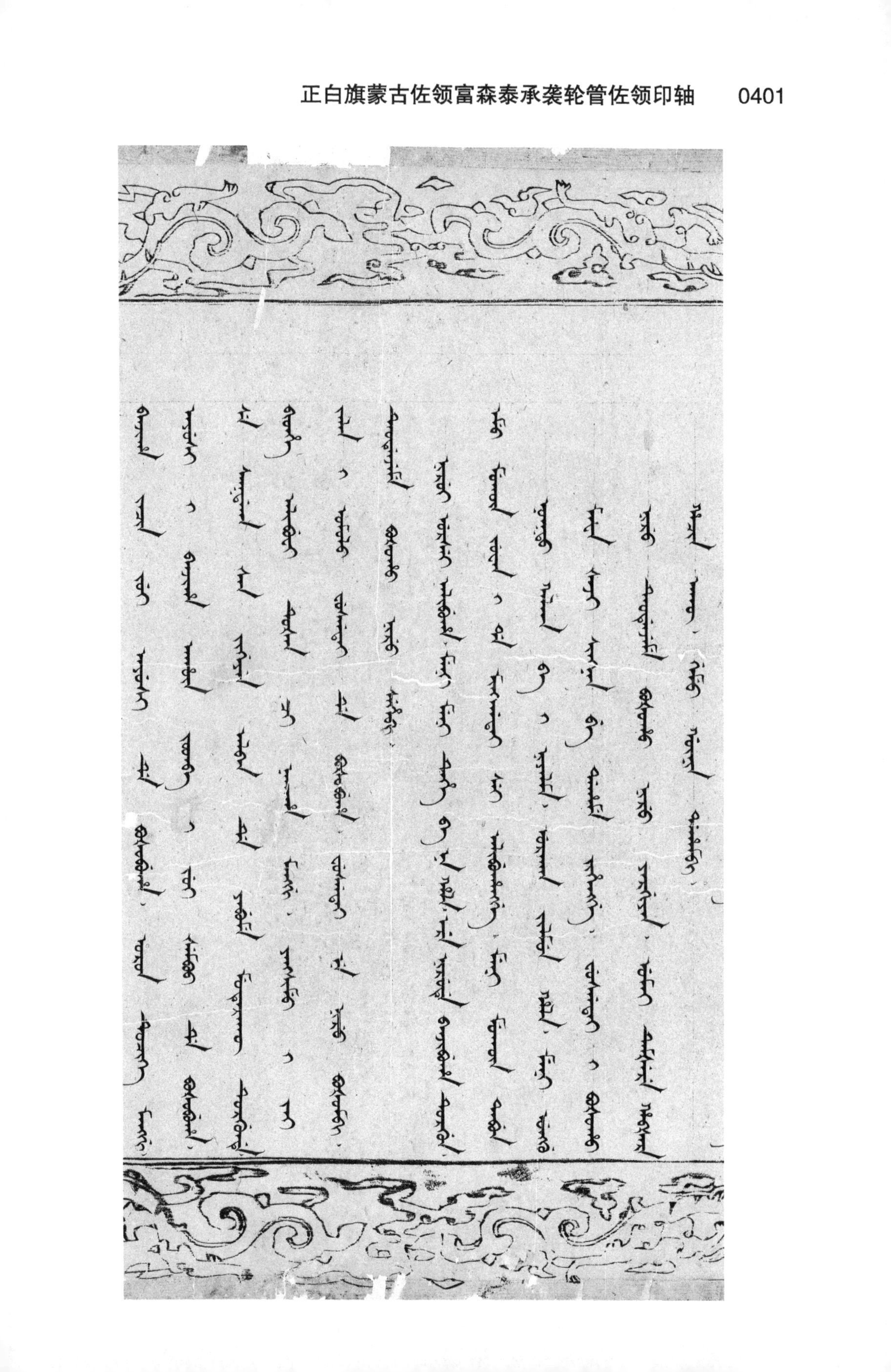

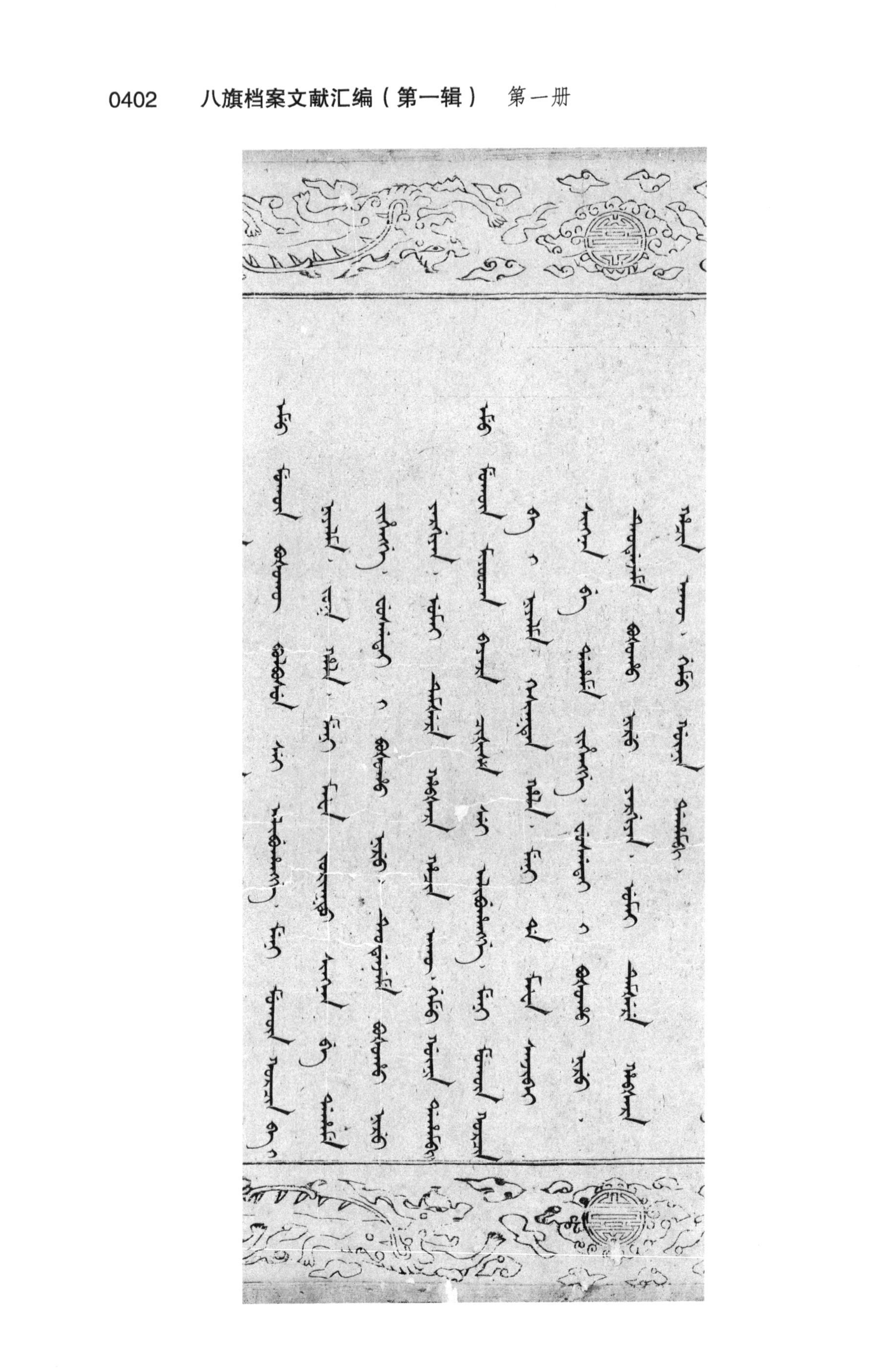

[illegible]

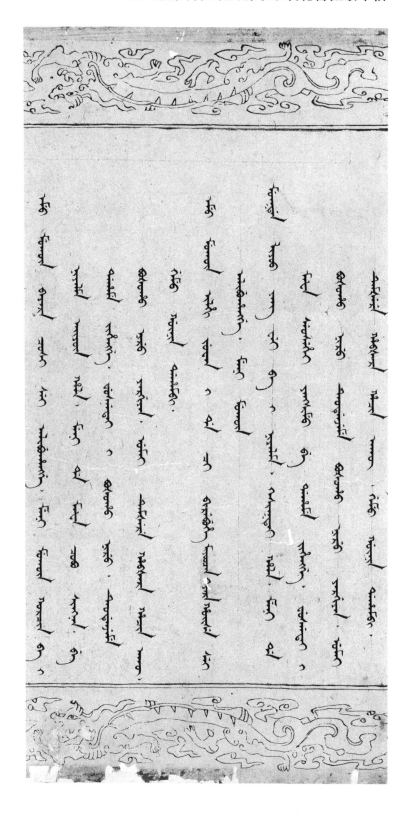

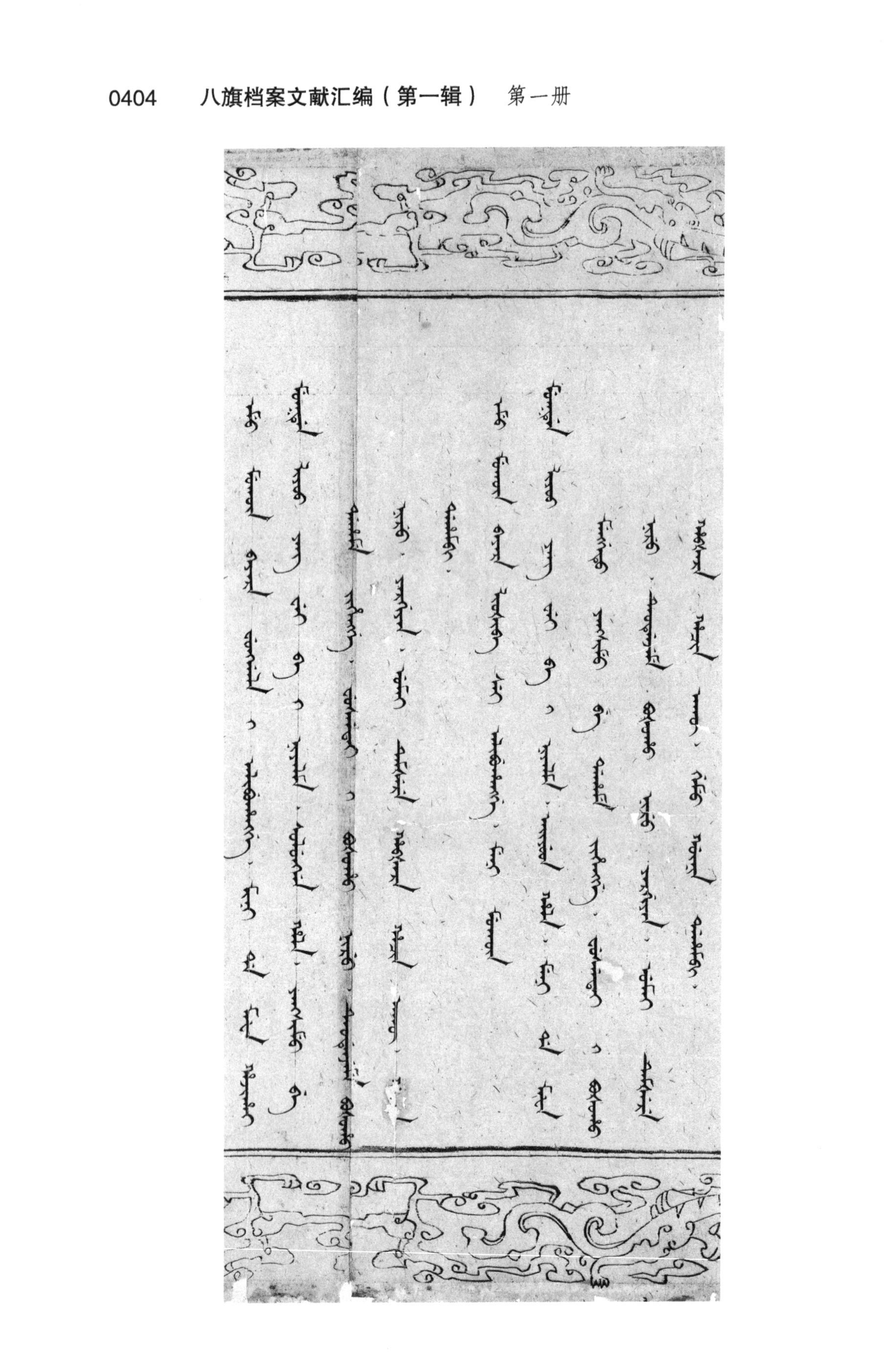

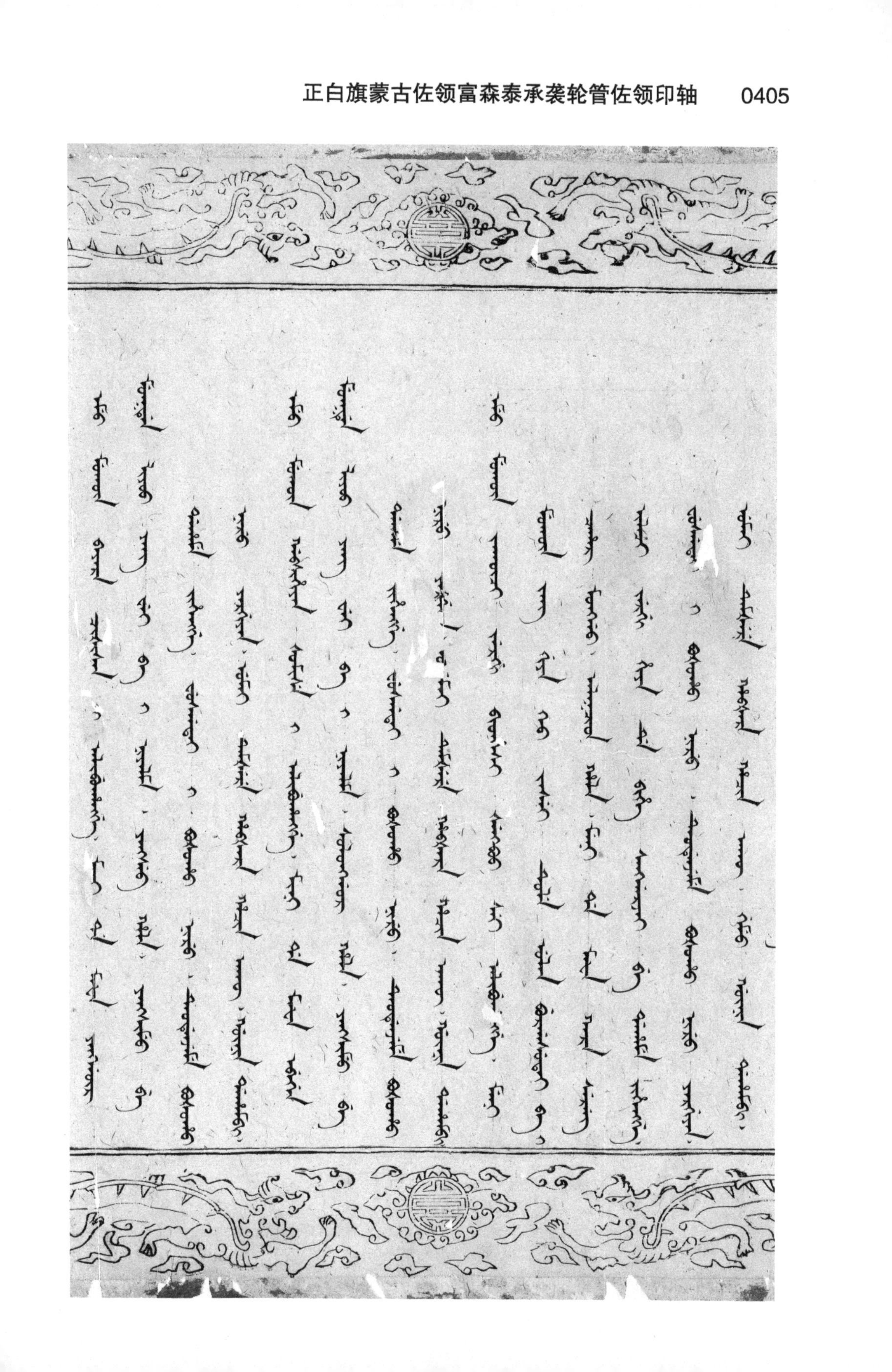

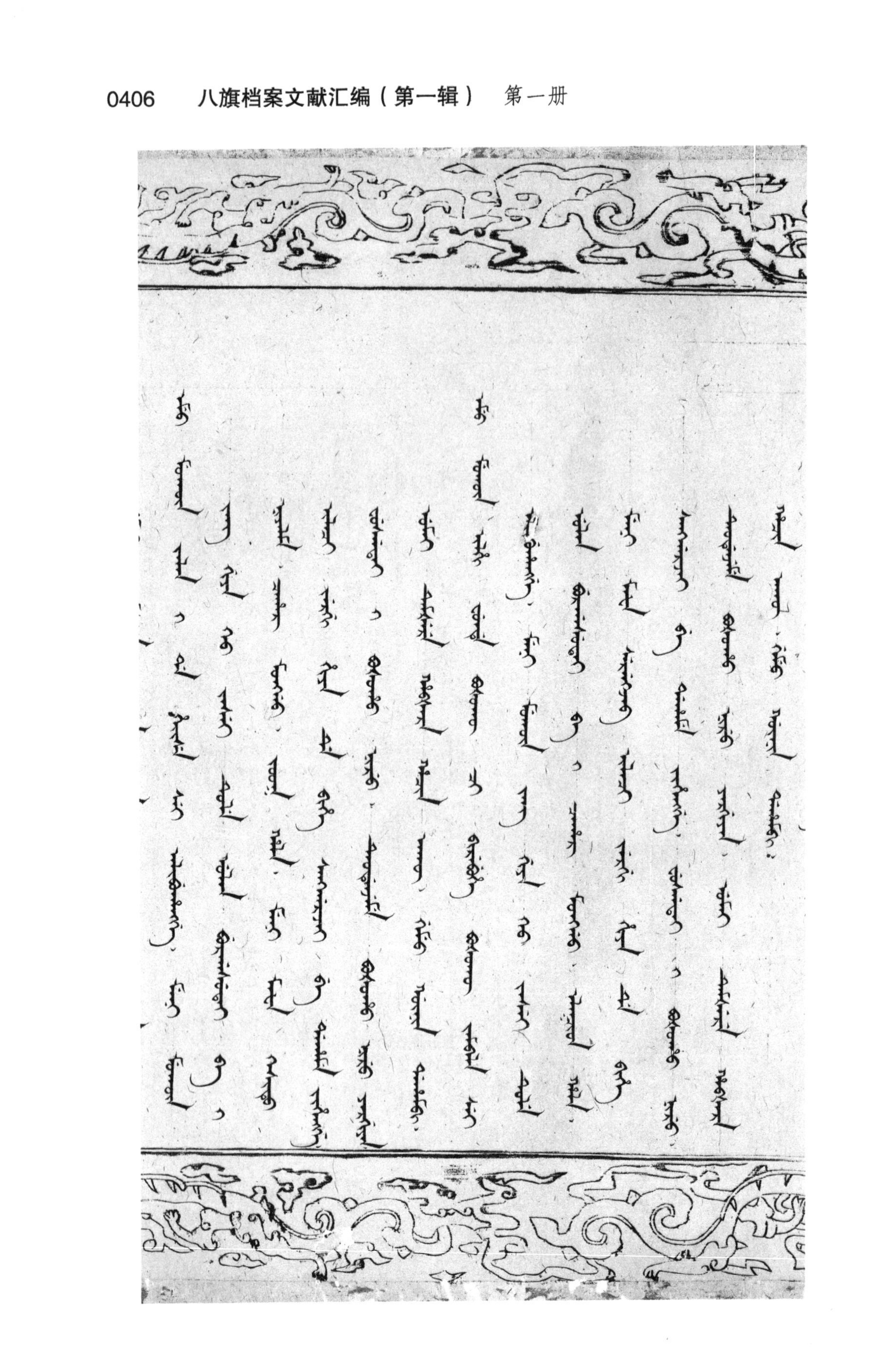

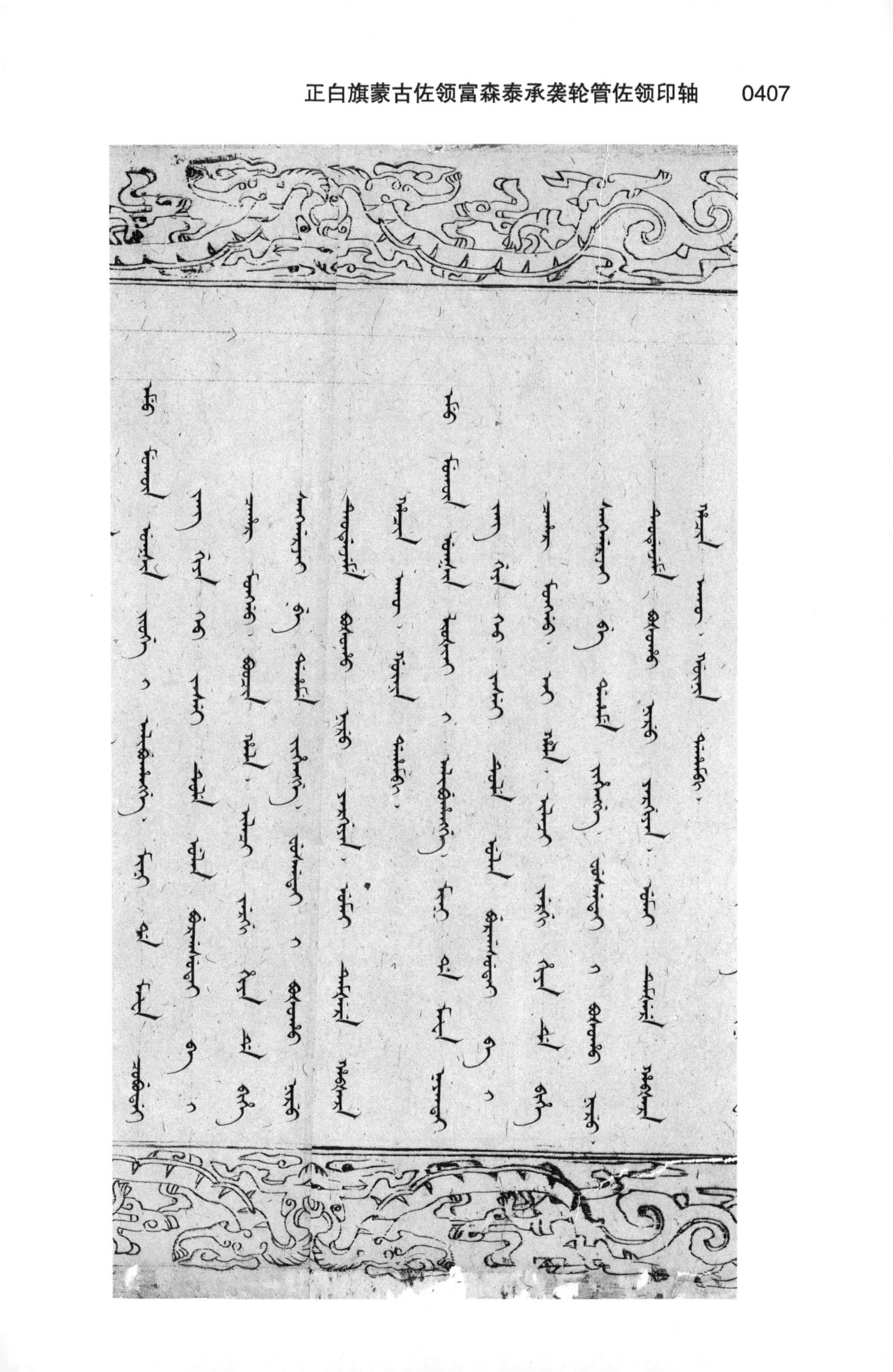

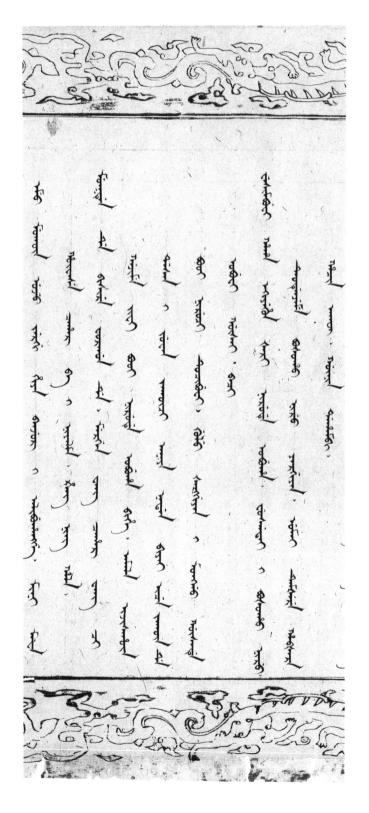

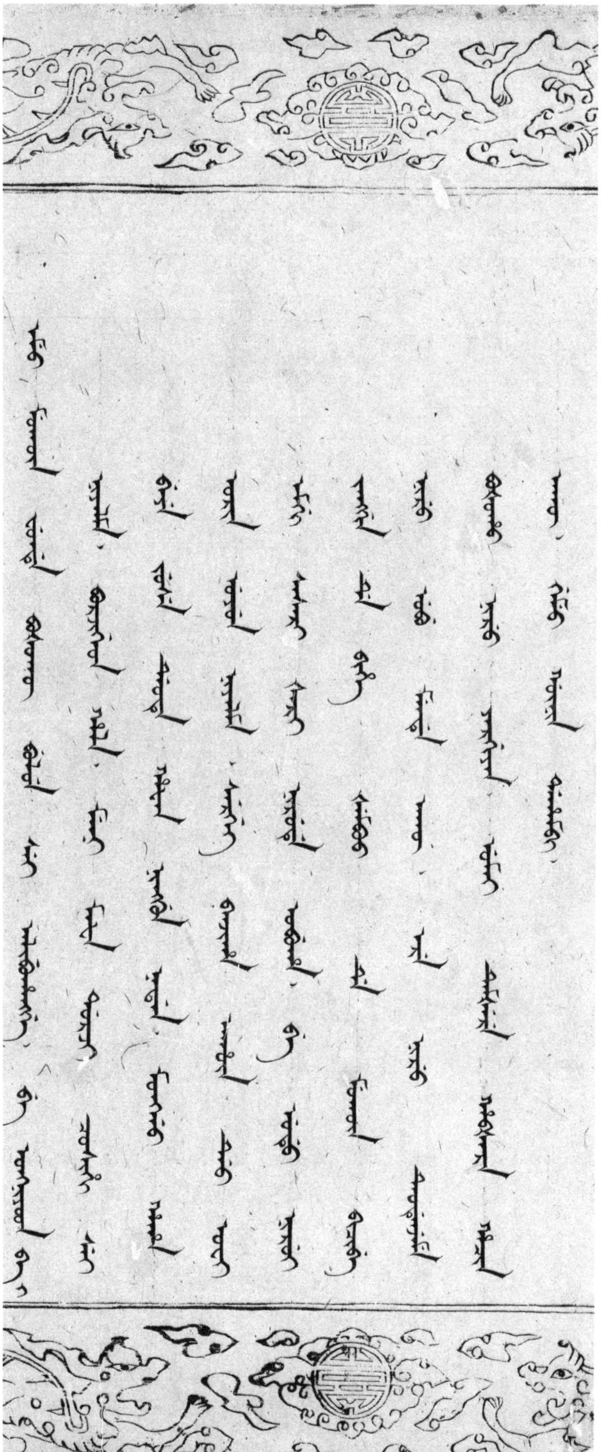

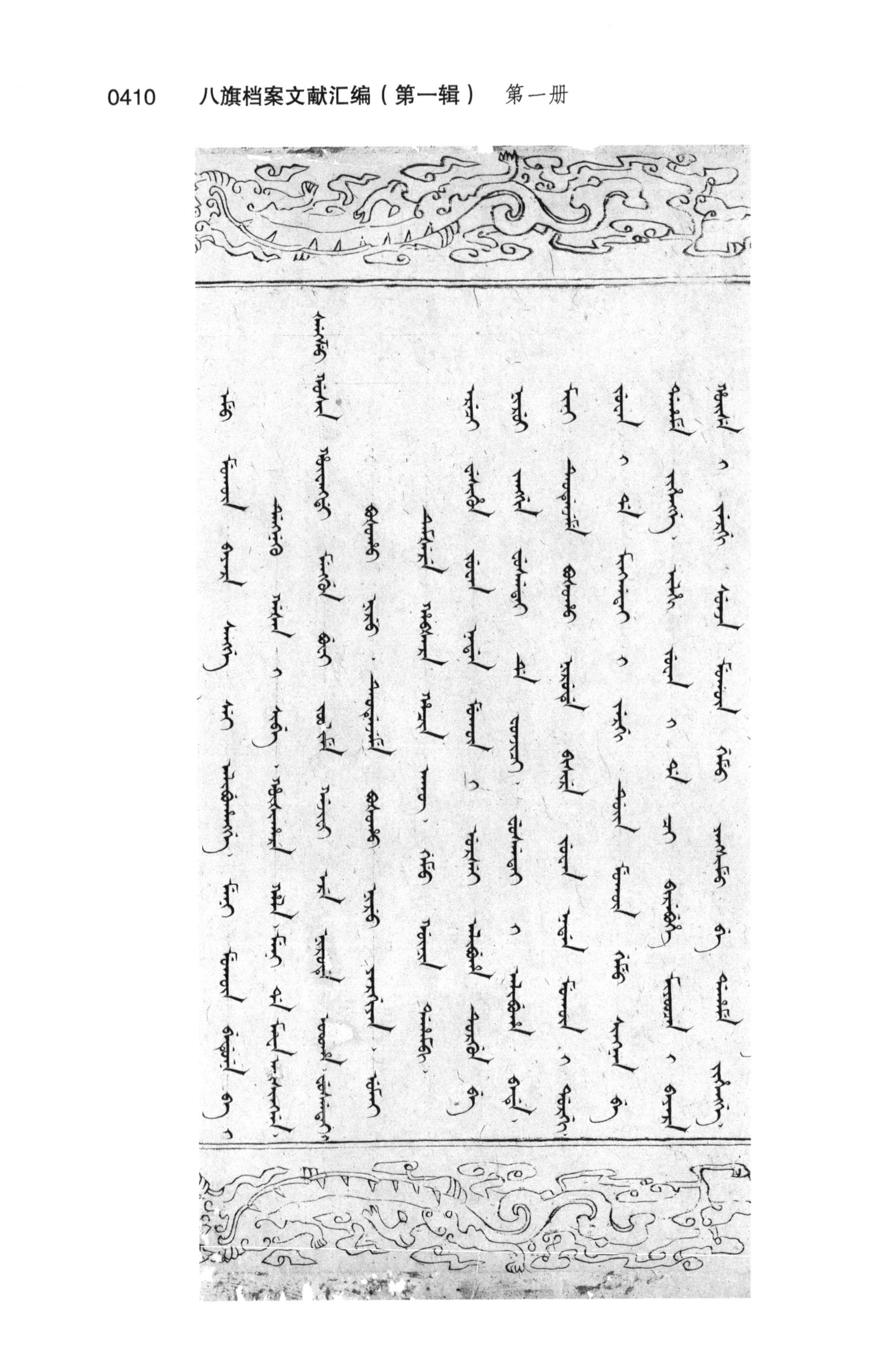

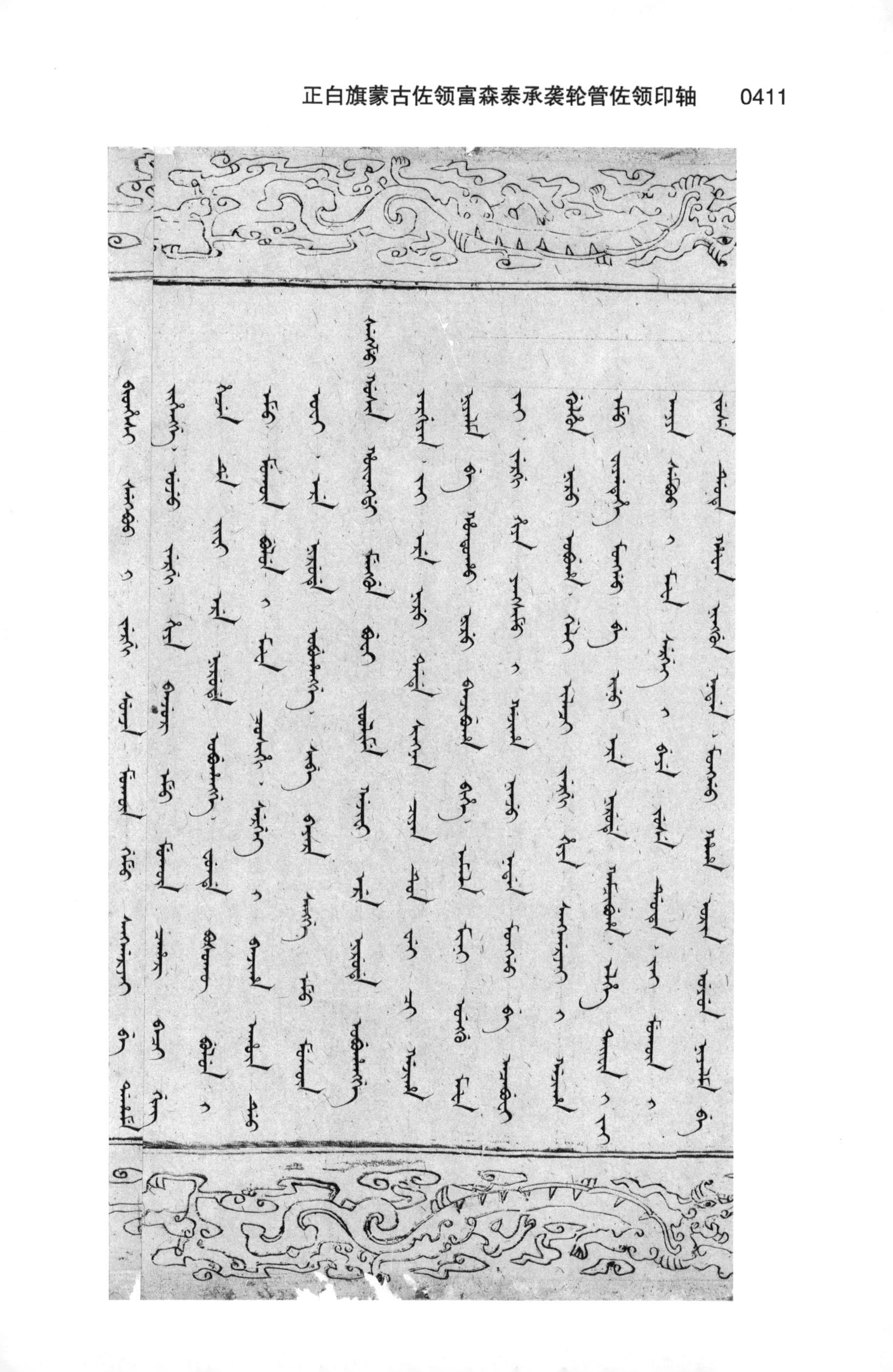

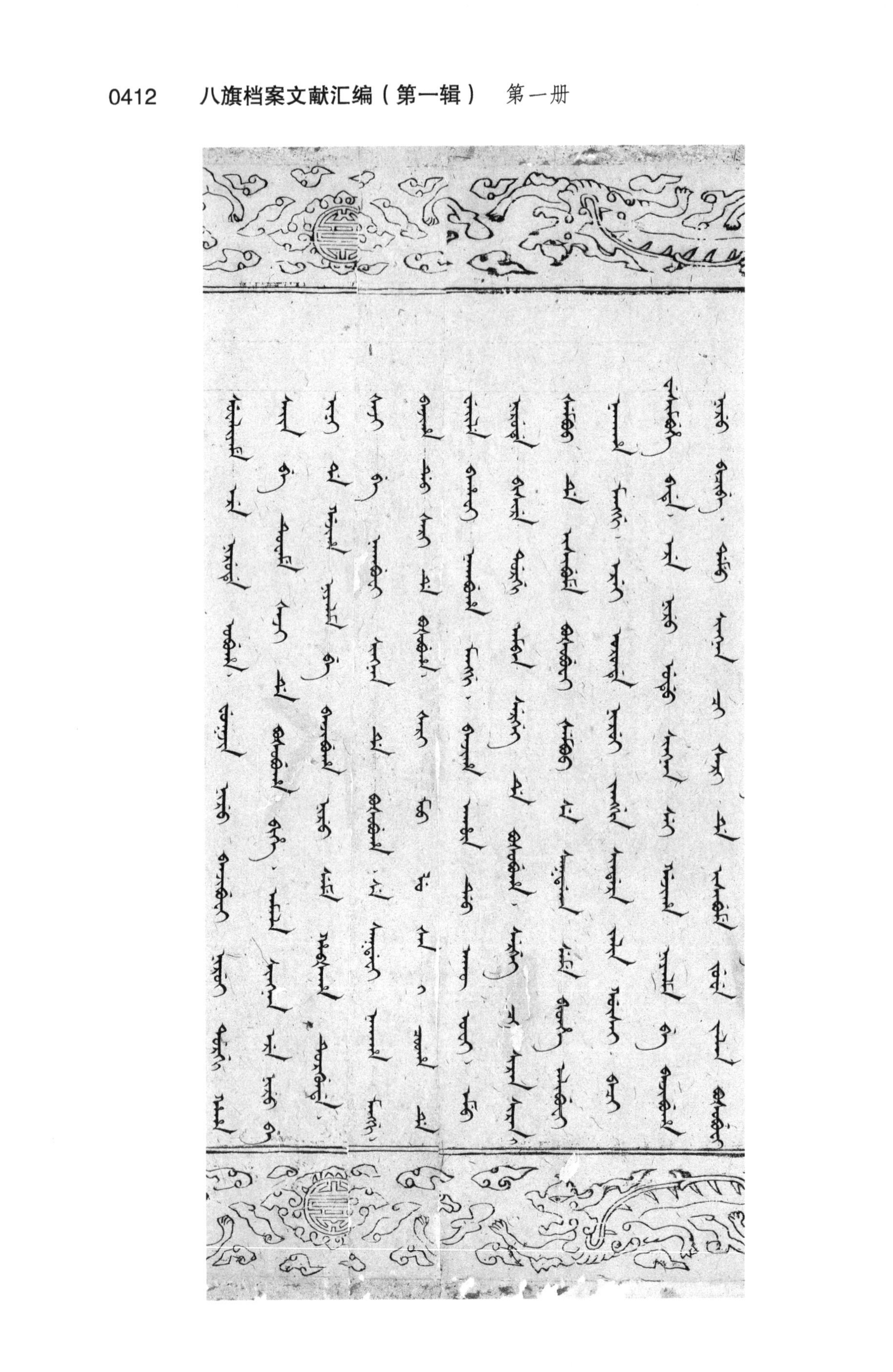

[illegible]

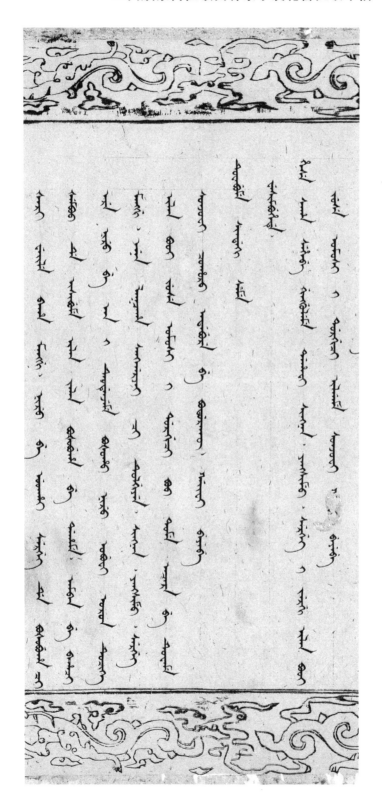

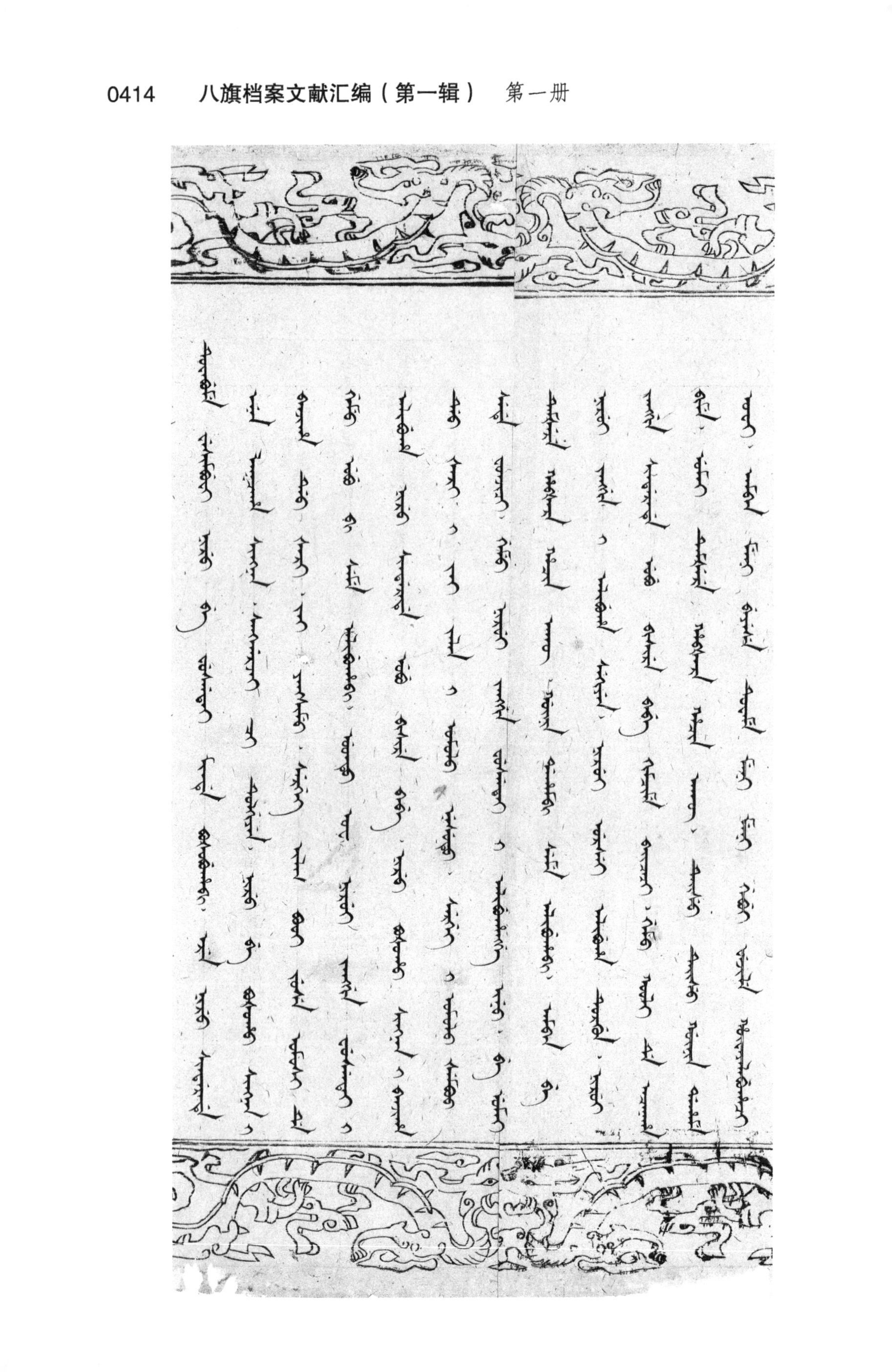

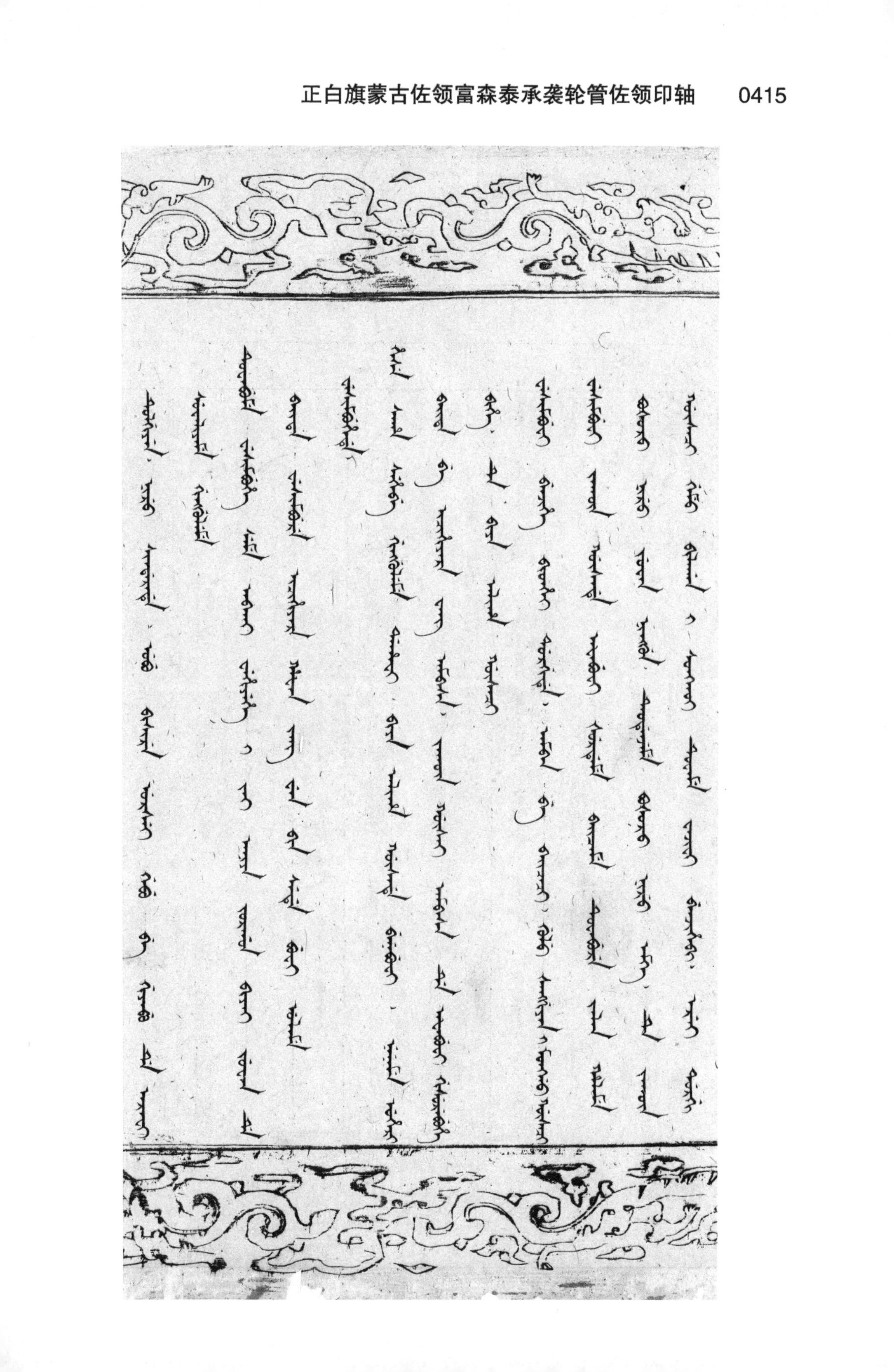

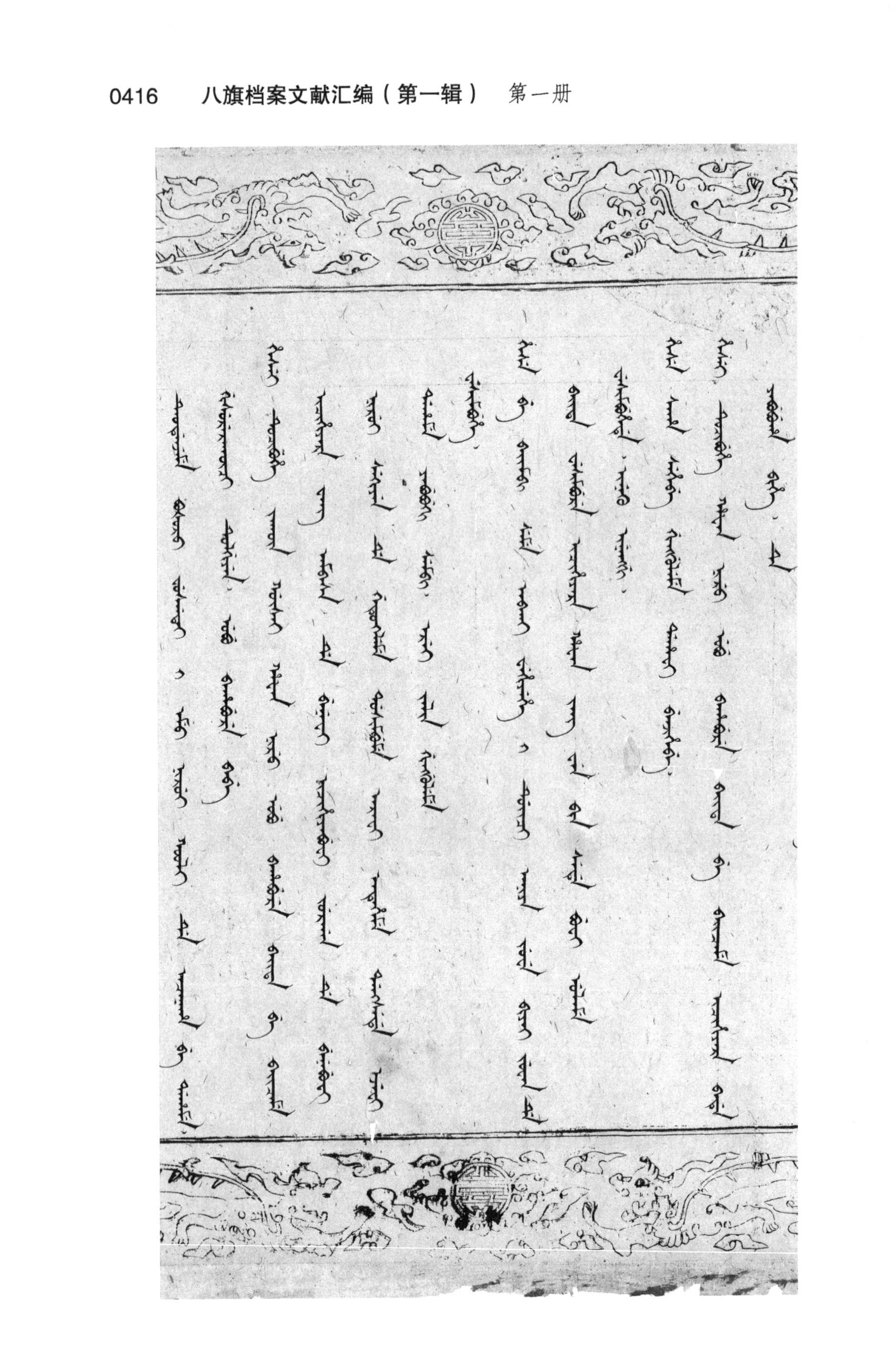

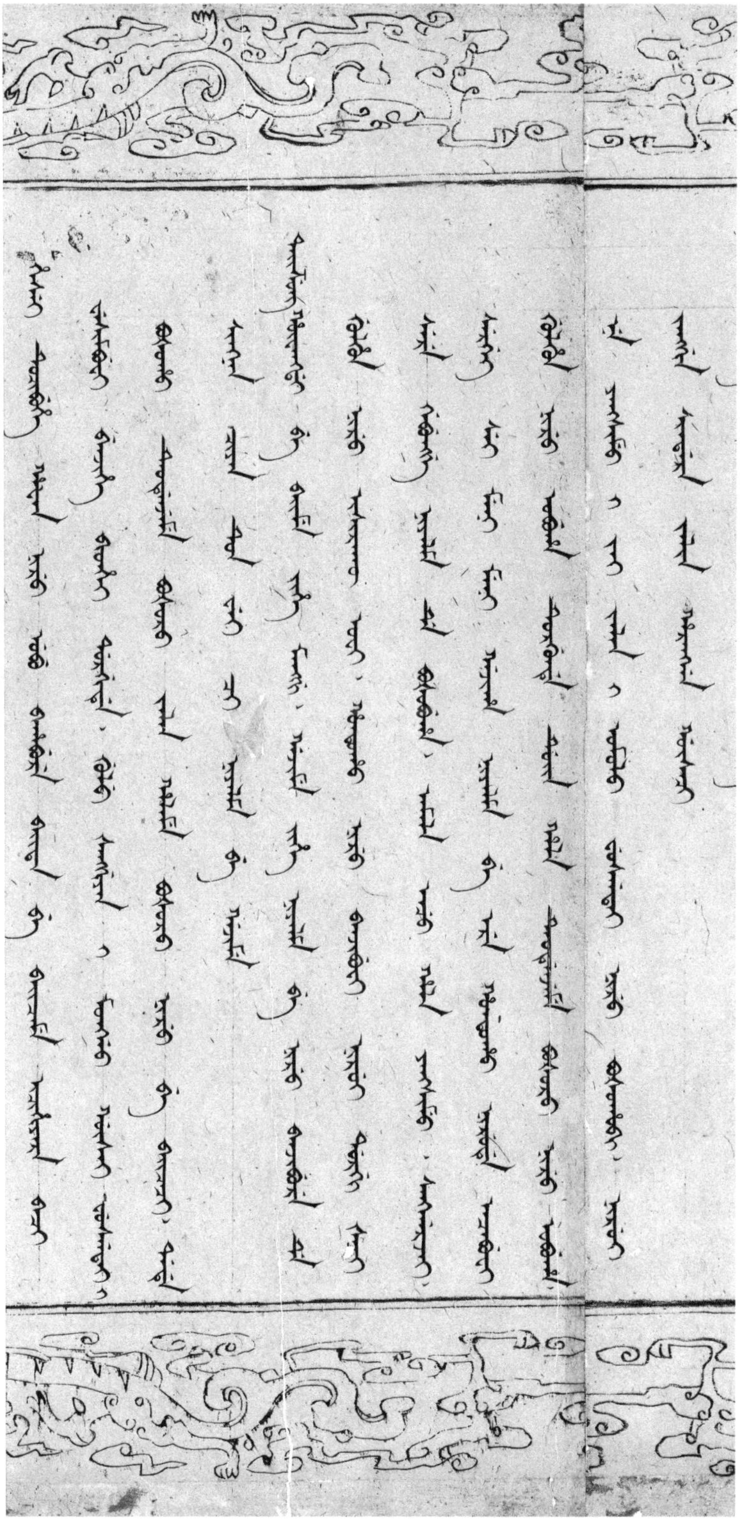

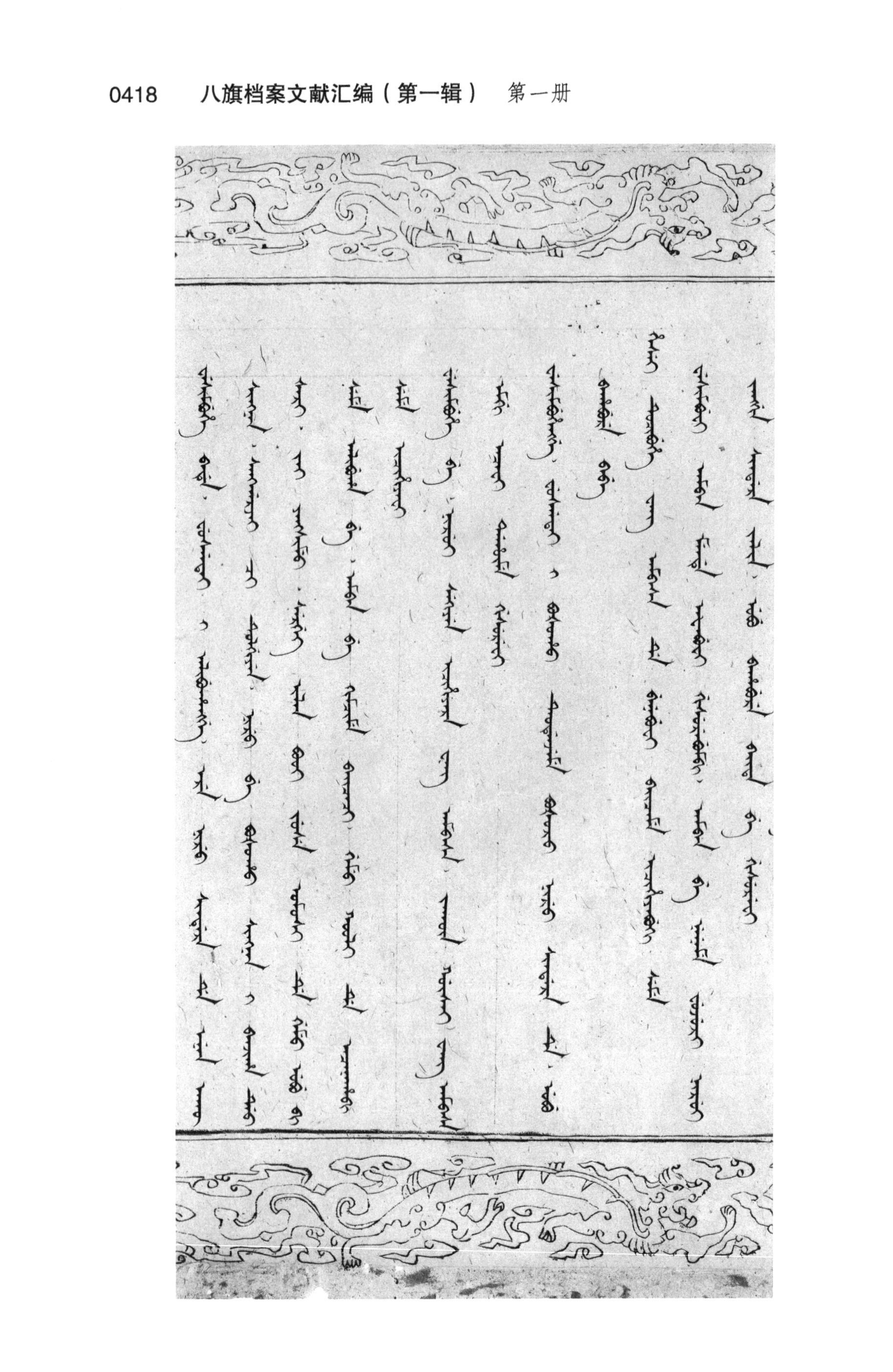

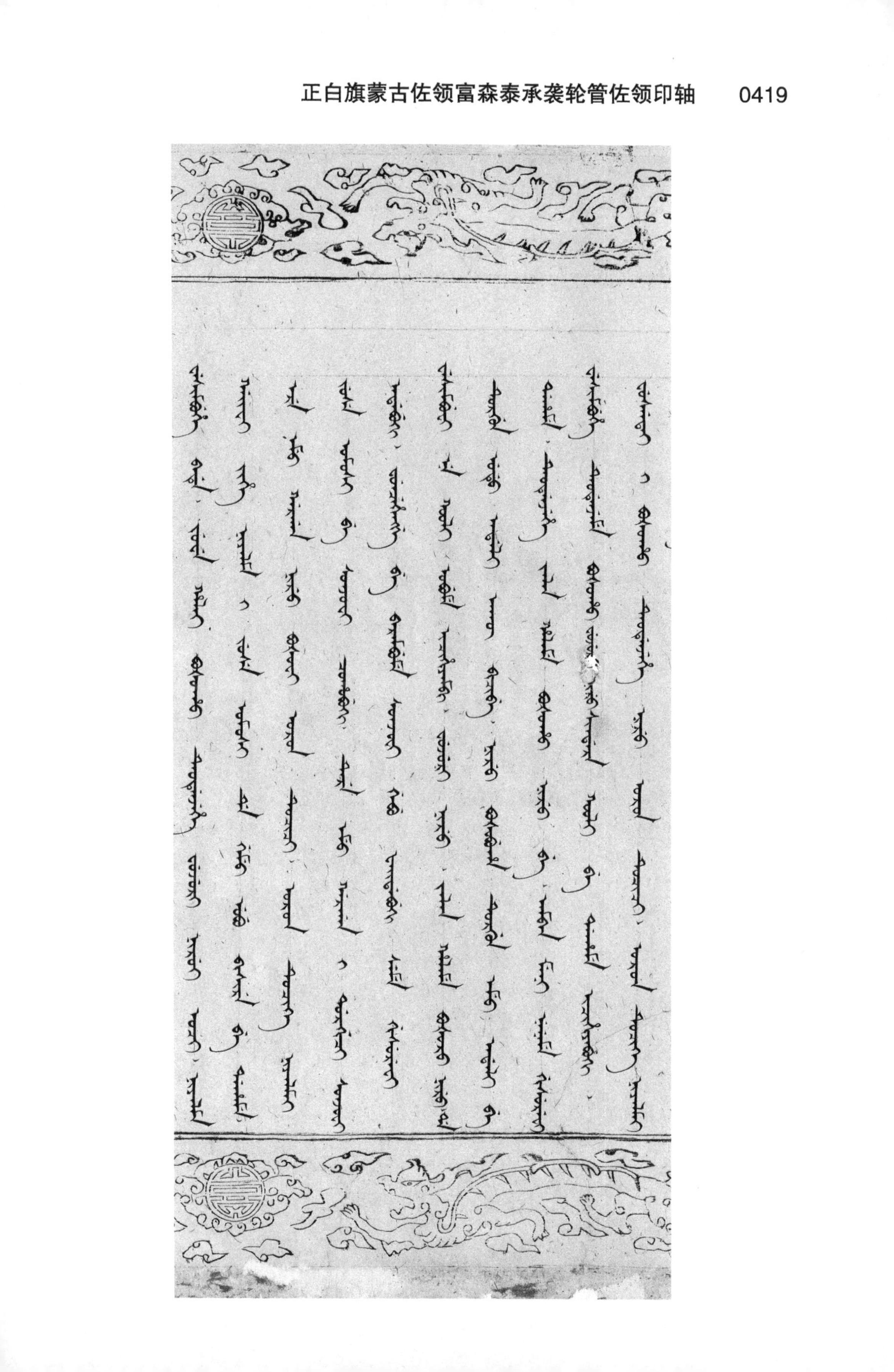

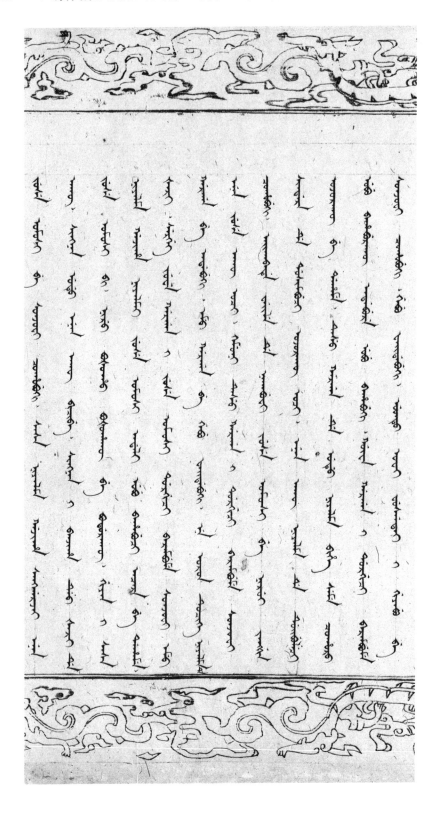

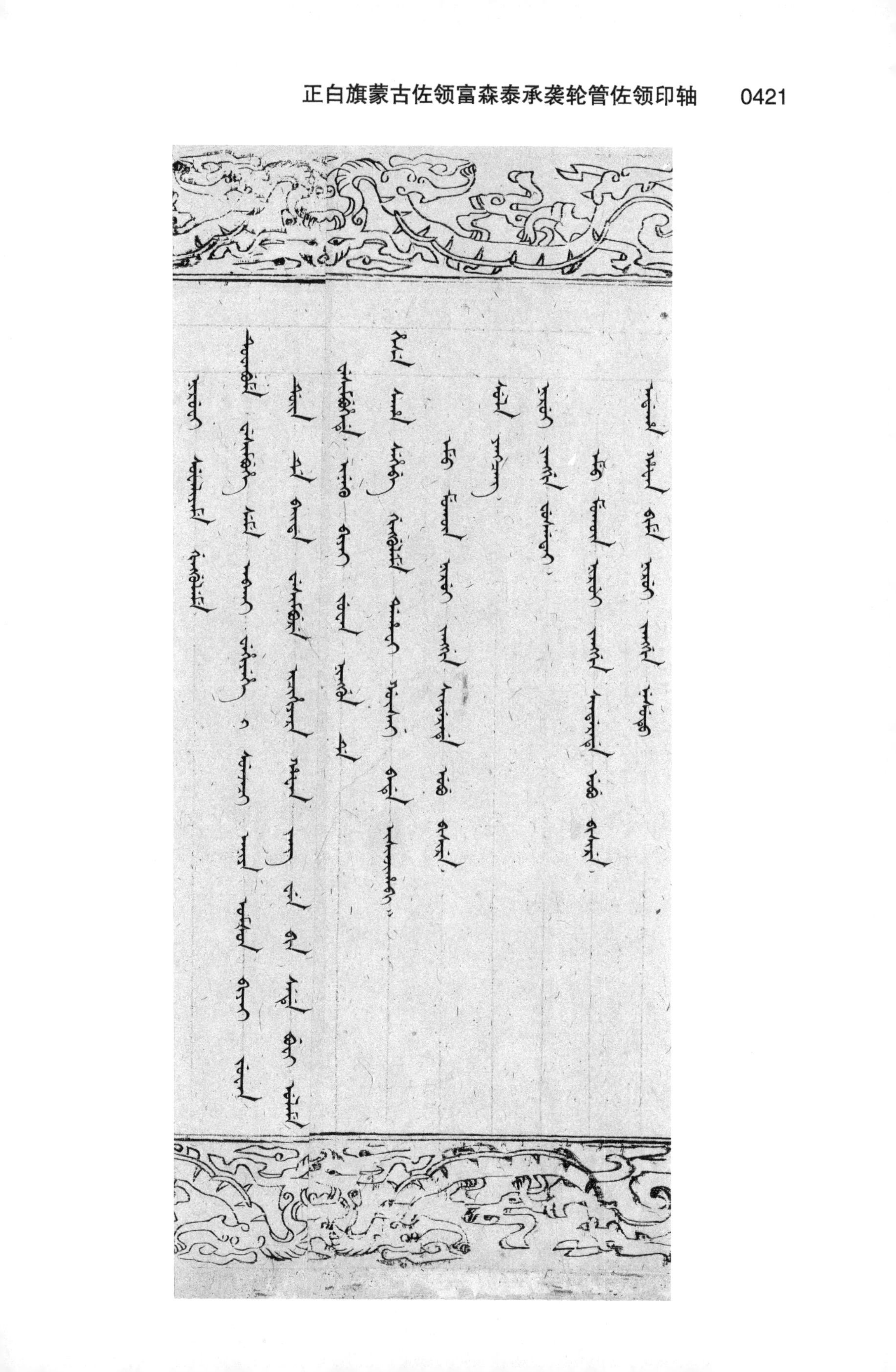

[illegible]

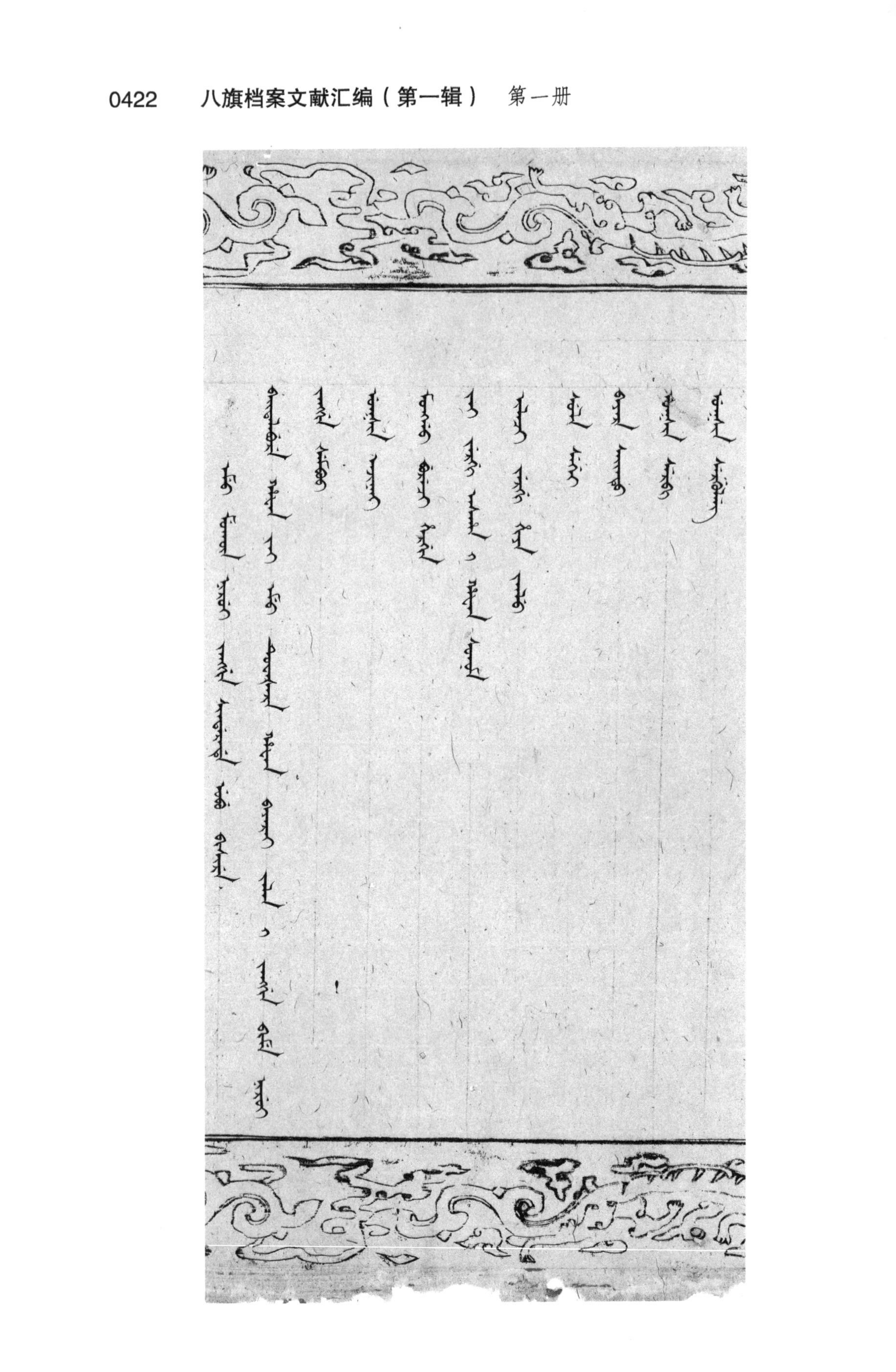

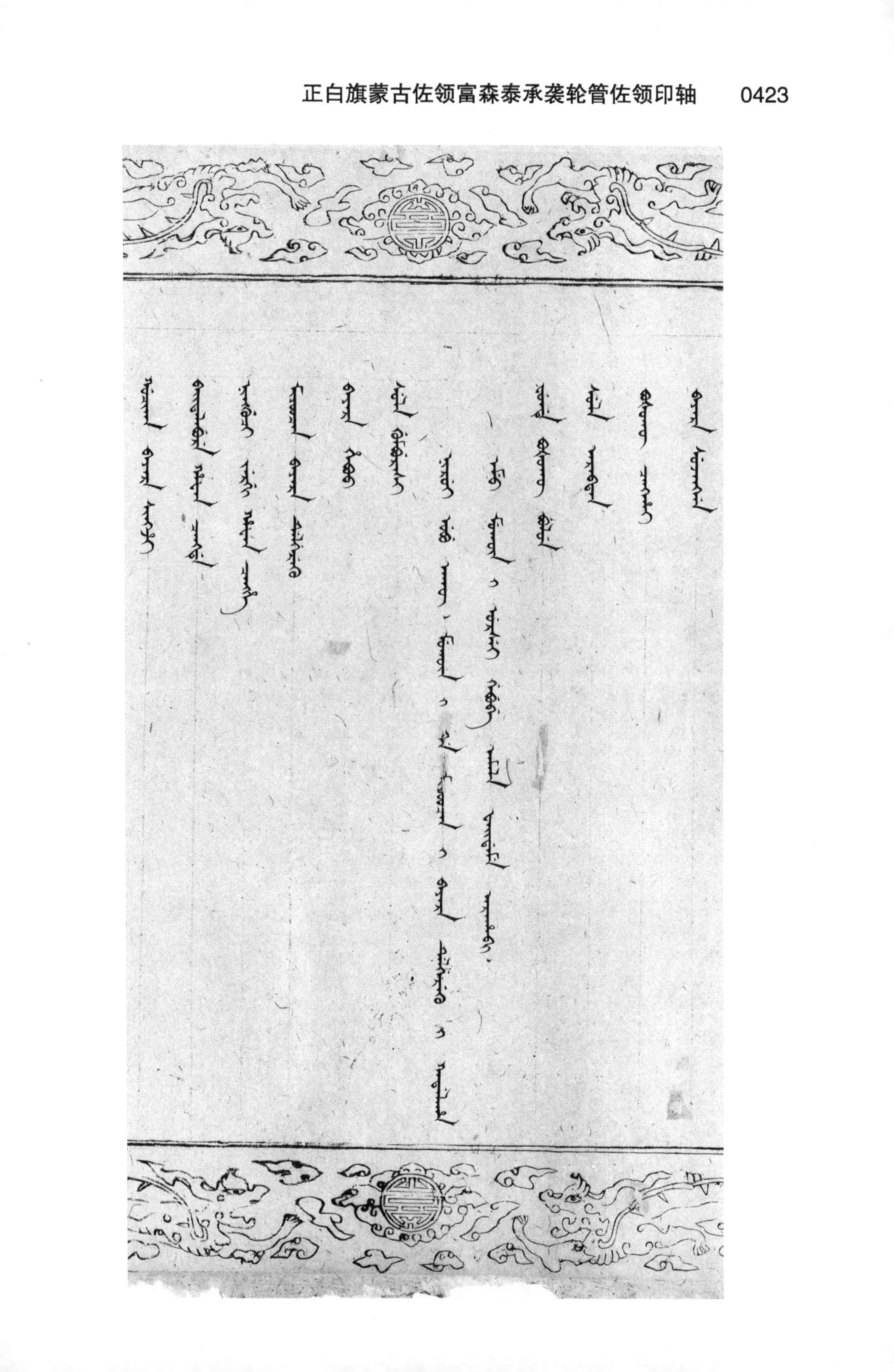

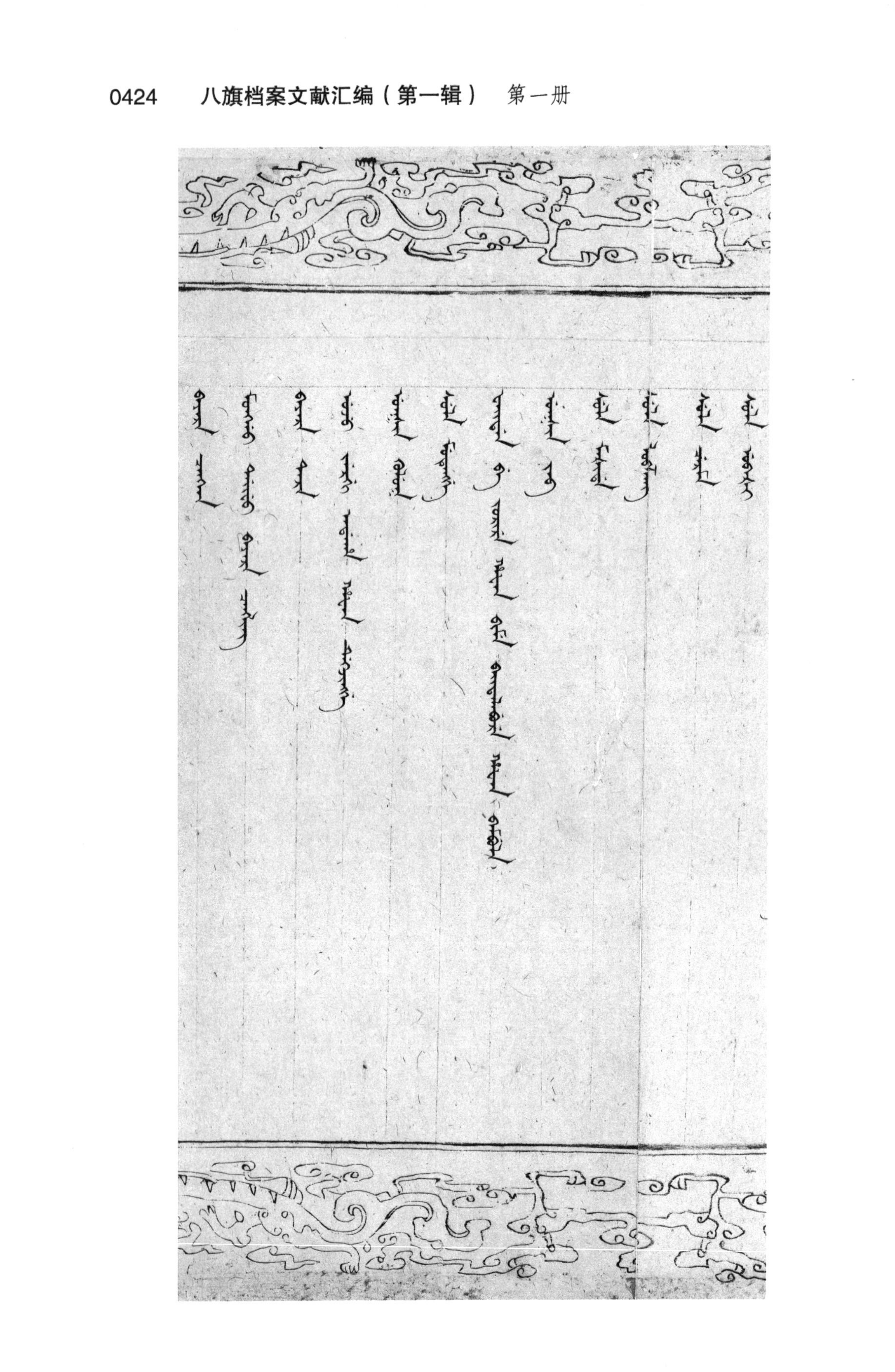

[illegible]

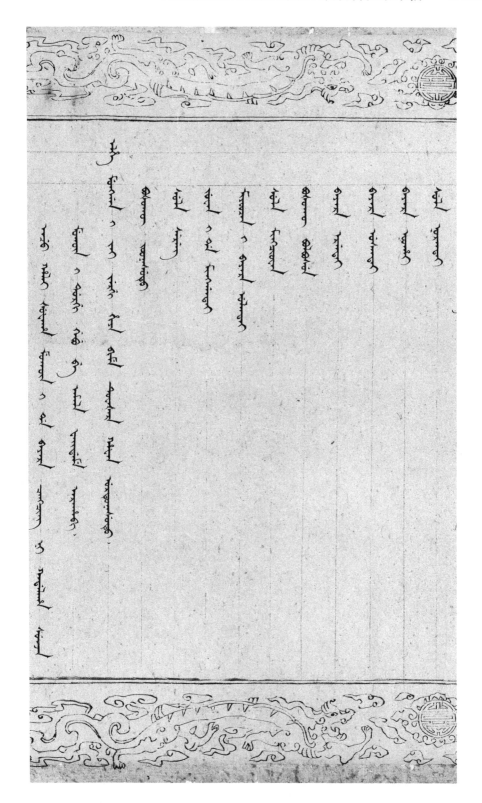

[illegible]

[illegible]

[illegible]

[illegible]

[illegible]

[illegible]

[illegible]

[illegible]

[illegible]

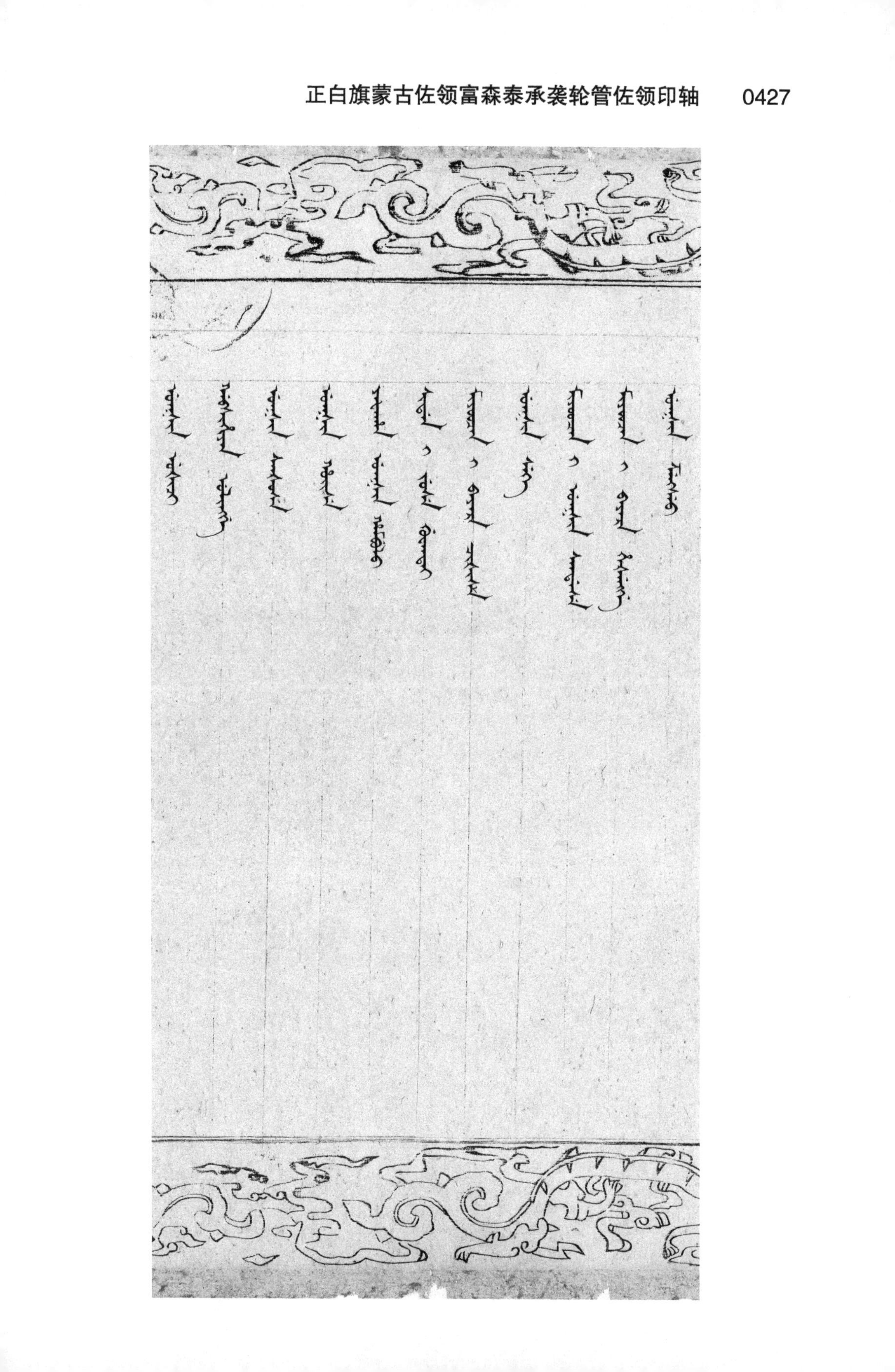

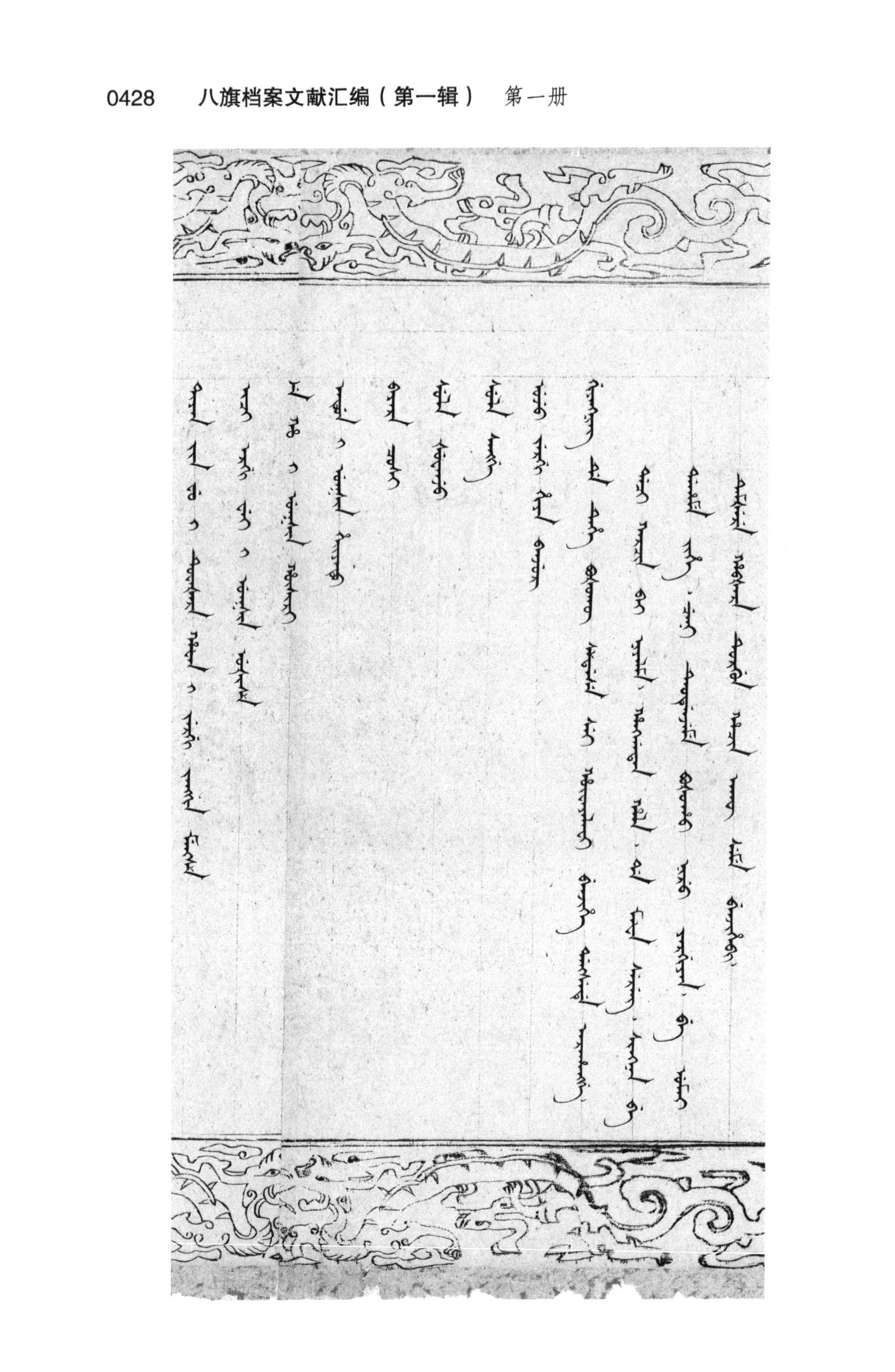

[illegible]

[illegible]

[illegible]

[illegible]

[illegible]

[illegible]

[illegible]

[illegible]

[illegible]

[illegible]

[illegible]

[illegible]

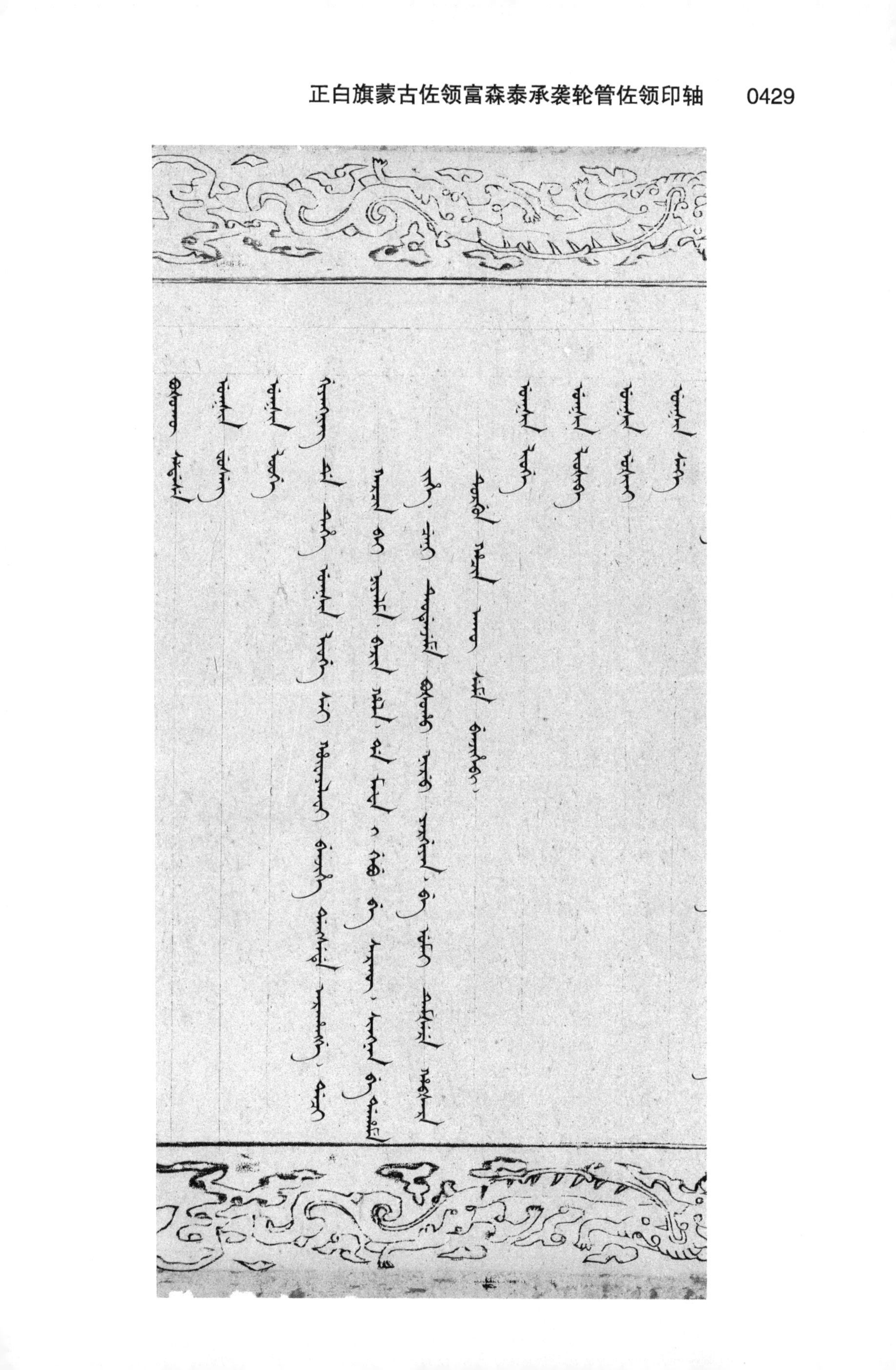

[illegible]

[illegible]

[illegible]

[illegible]

[illegible]

[illegible]

[illegible]

[illegible]

[illegible]

[illegible]

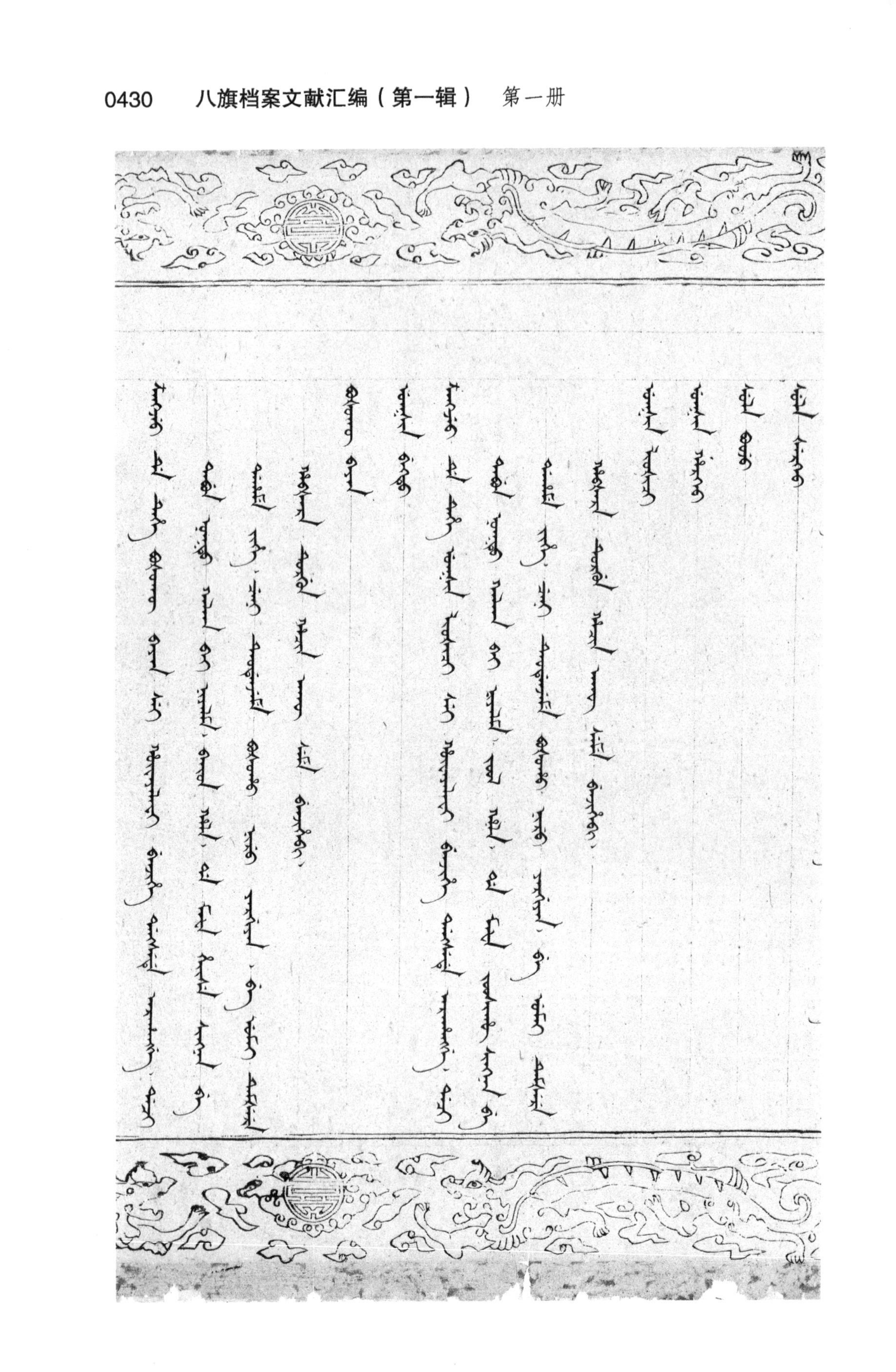

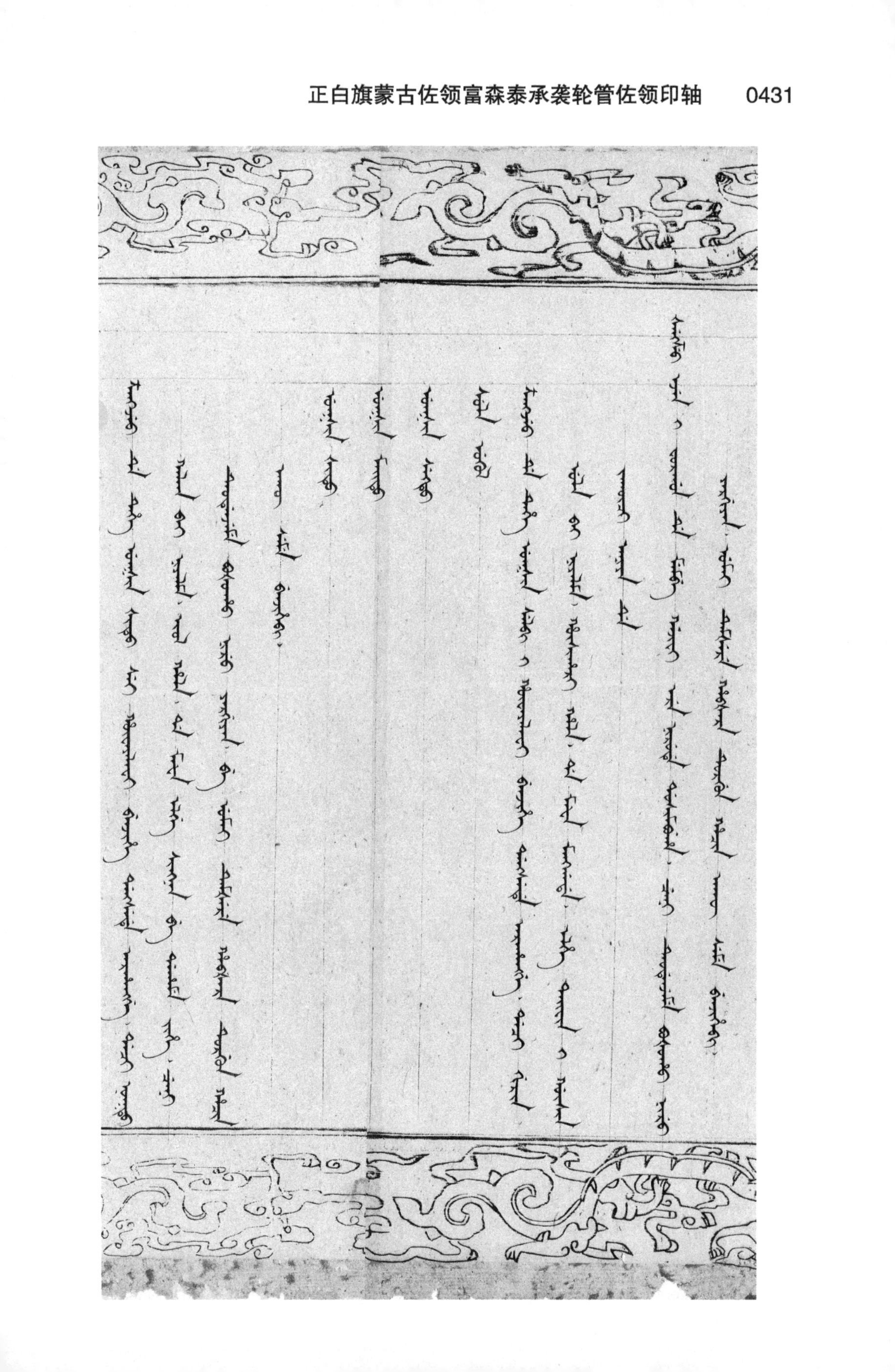

[illegible]

[illegible]

[illegible]

[illegible]

[illegible]

[illegible]

[illegible]

[illegible]

[illegible]

[illegible]

[illegible]

[illegible]

[illegible]

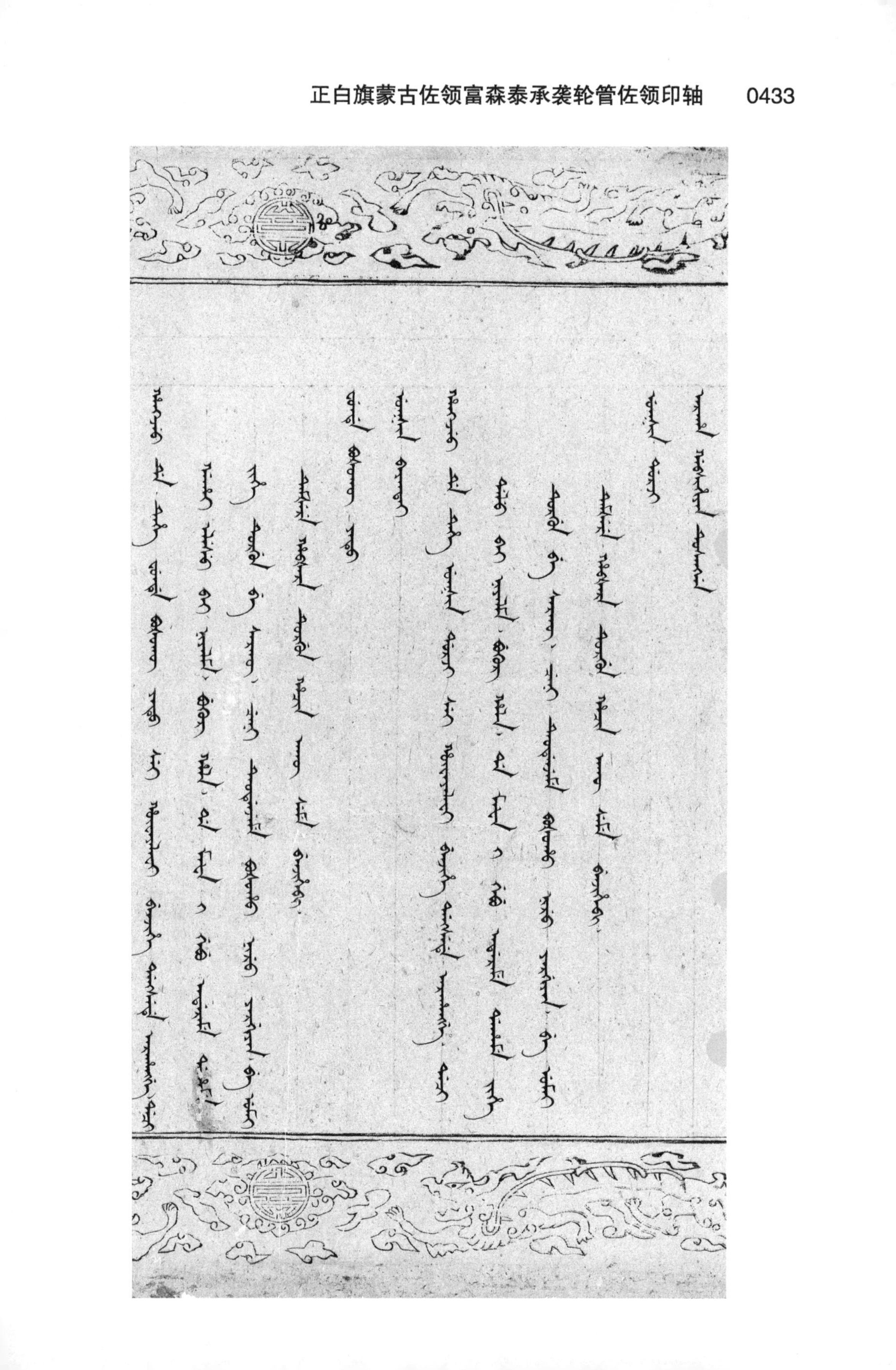

[illegible]

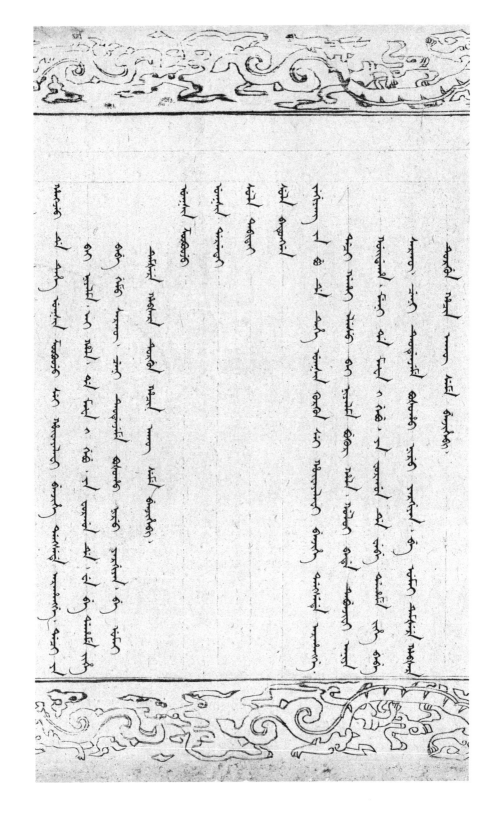

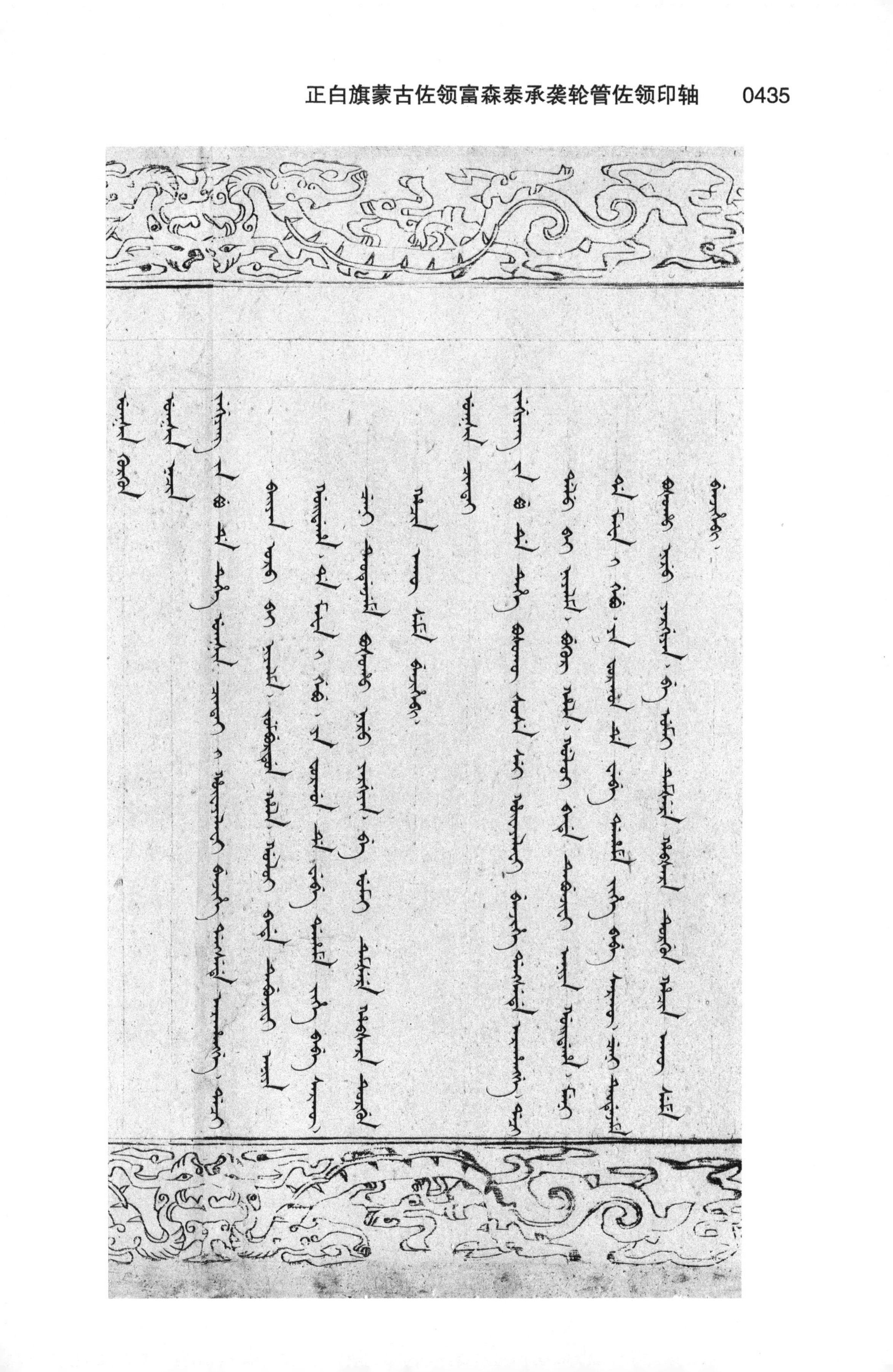

[illegible]

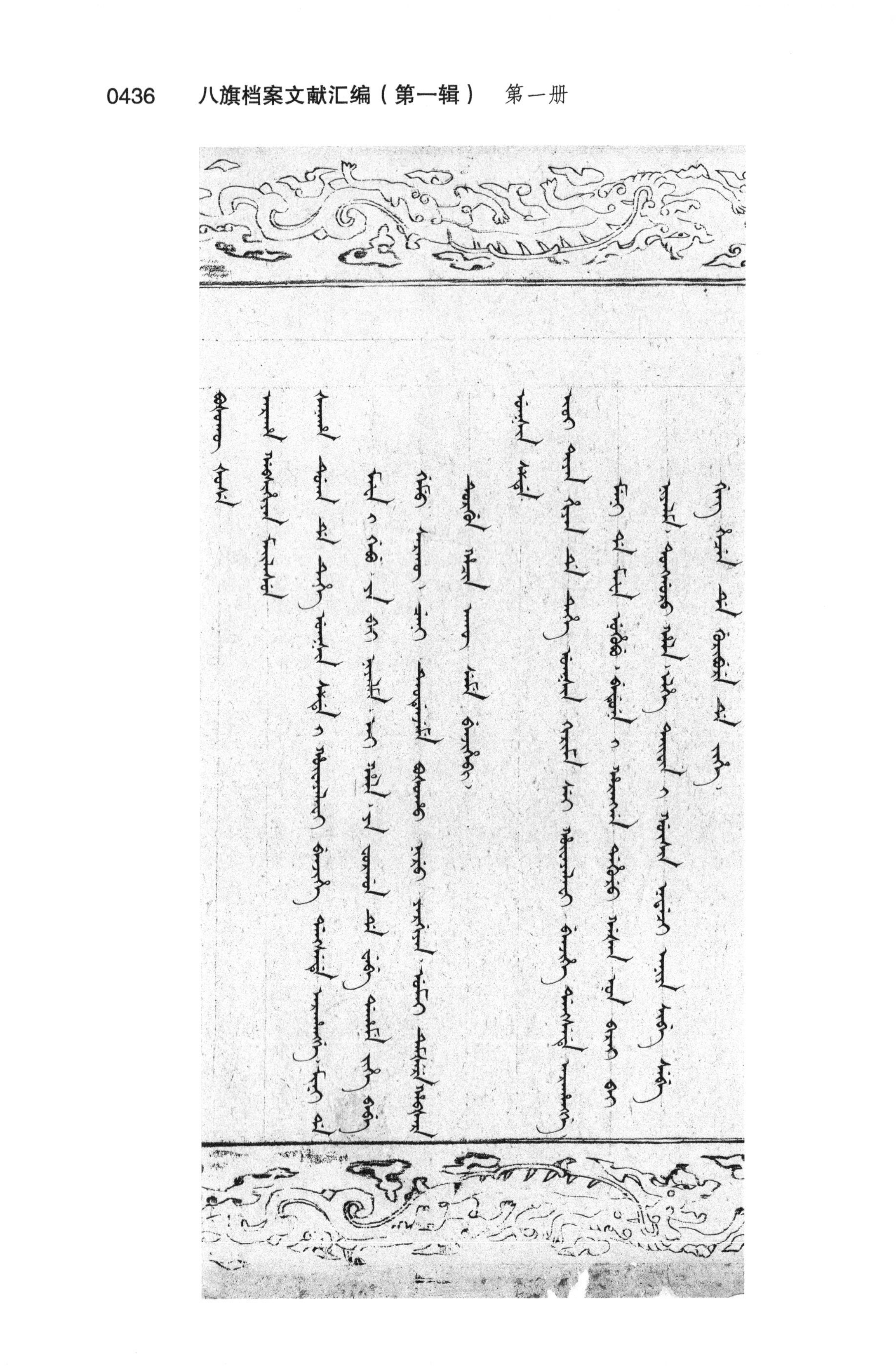

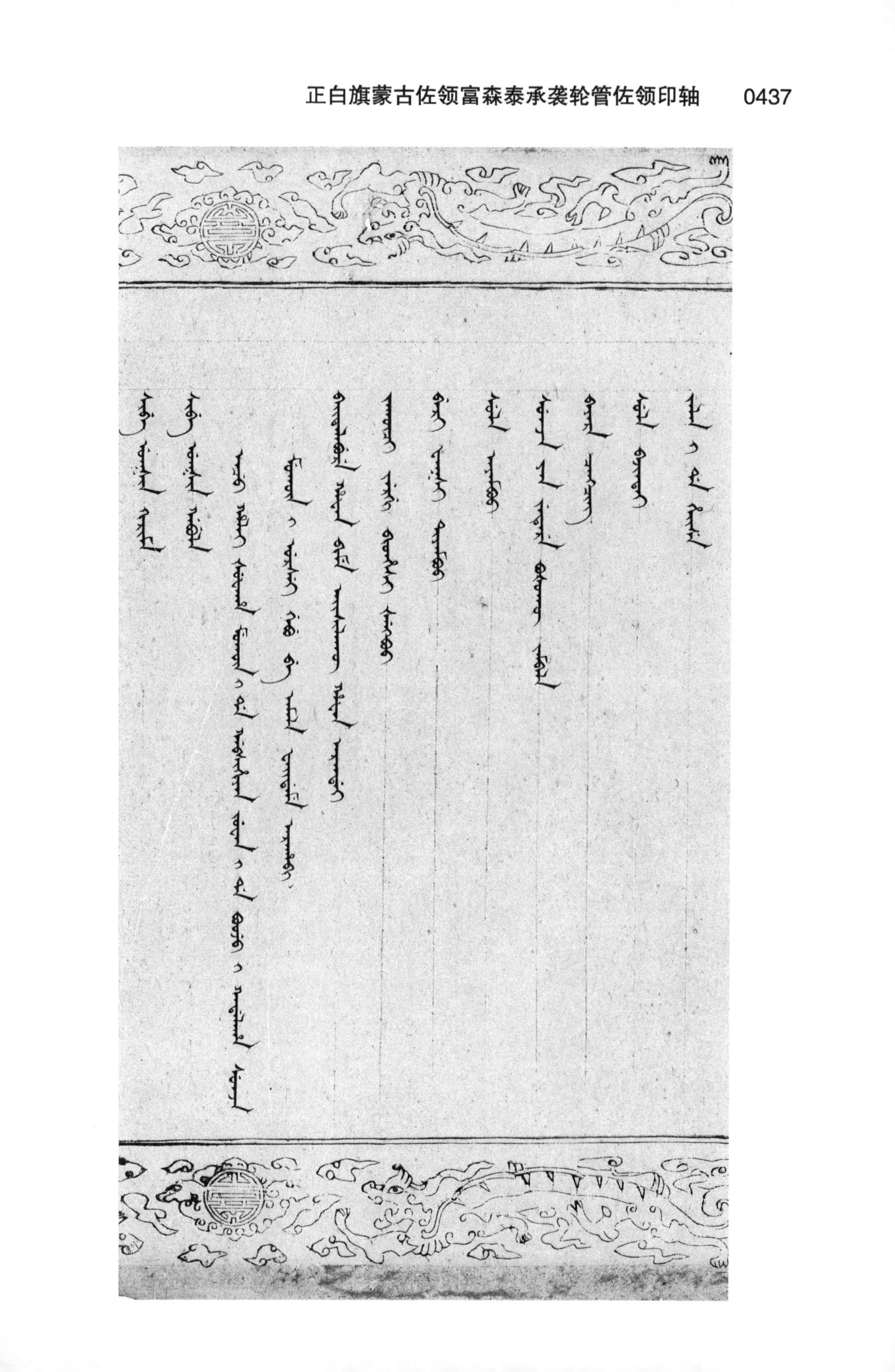

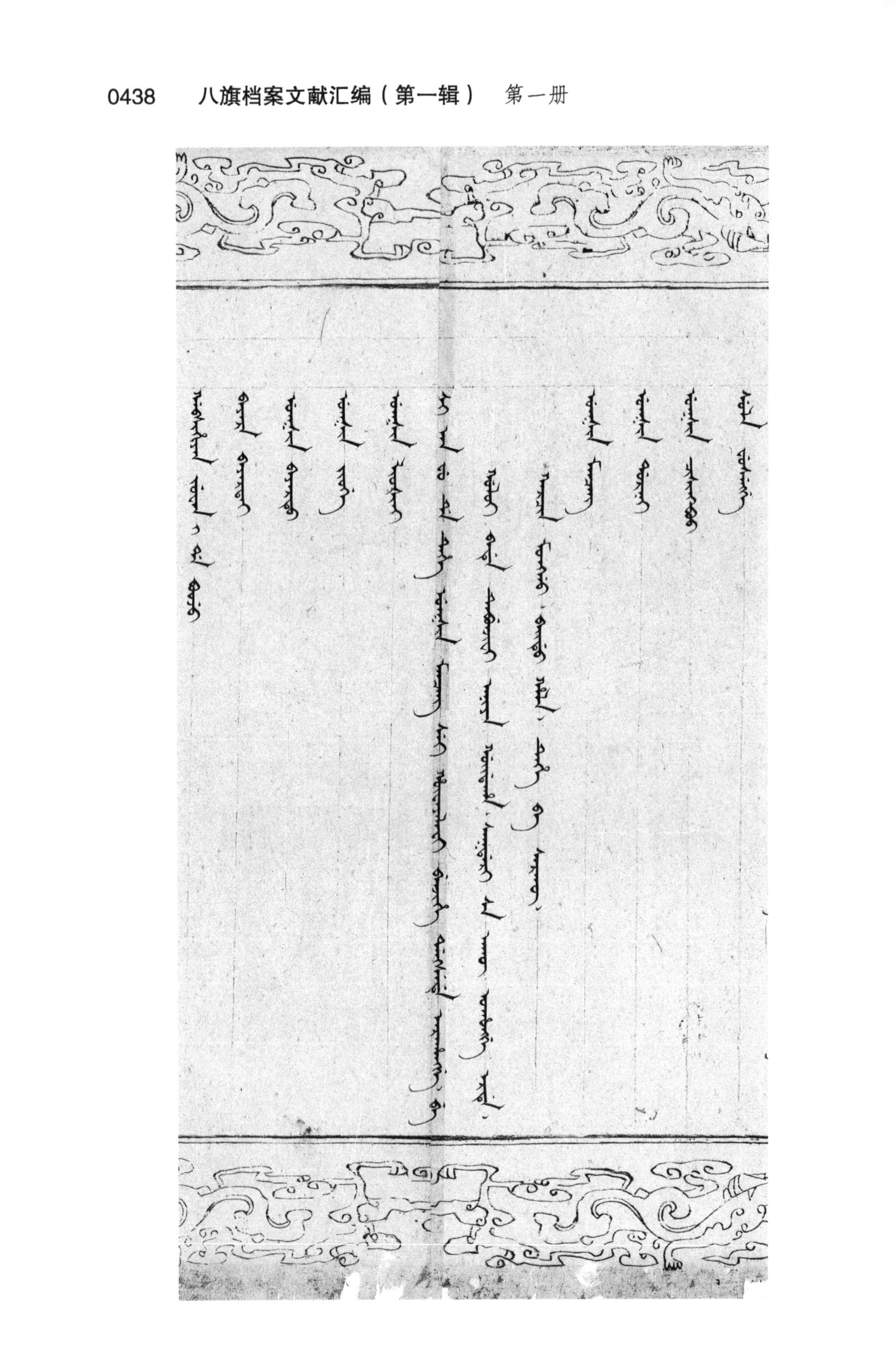

[illegible]

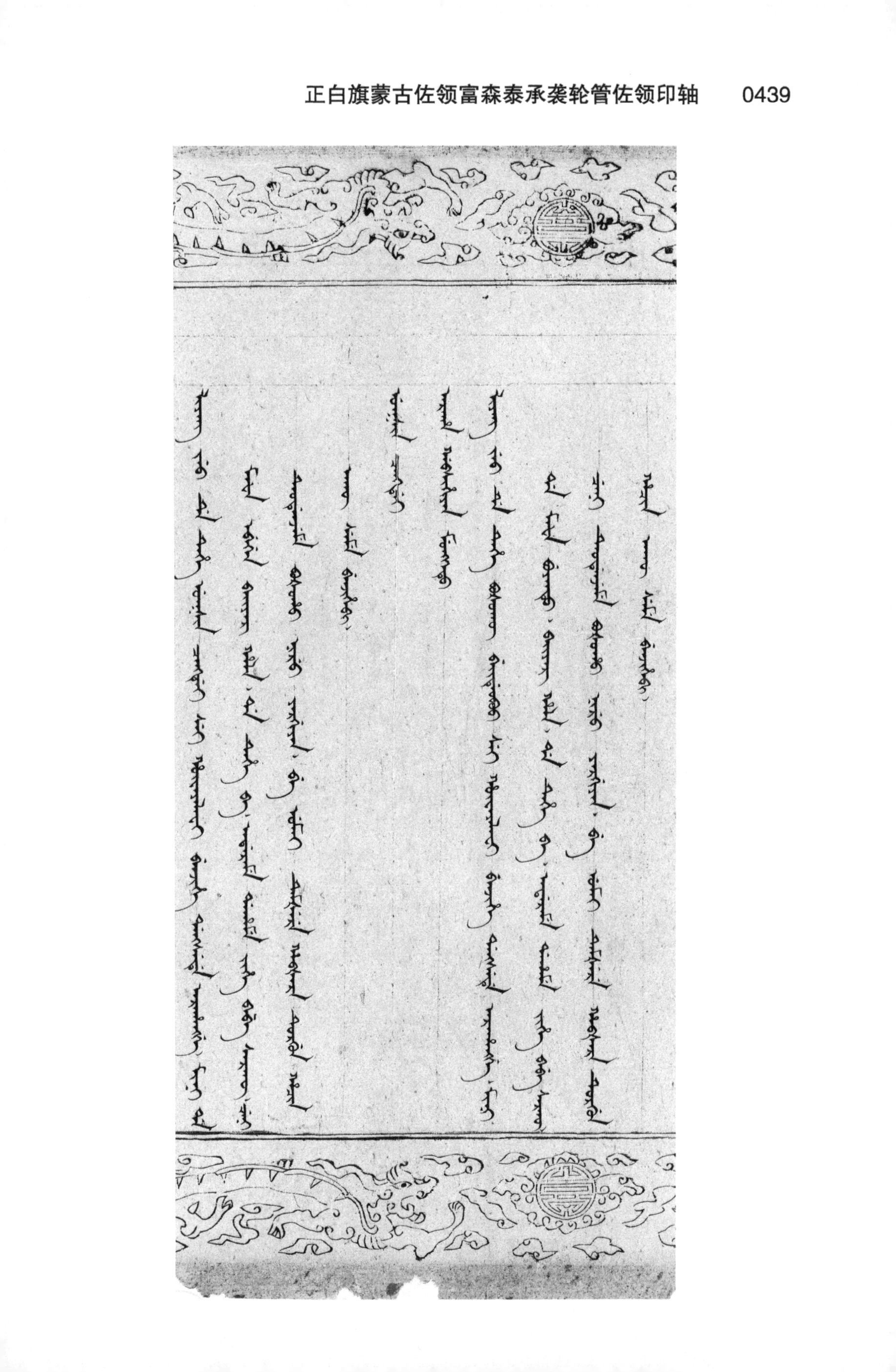

[illegible]

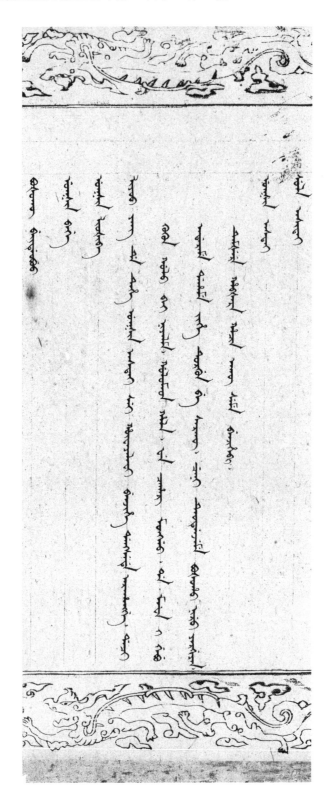

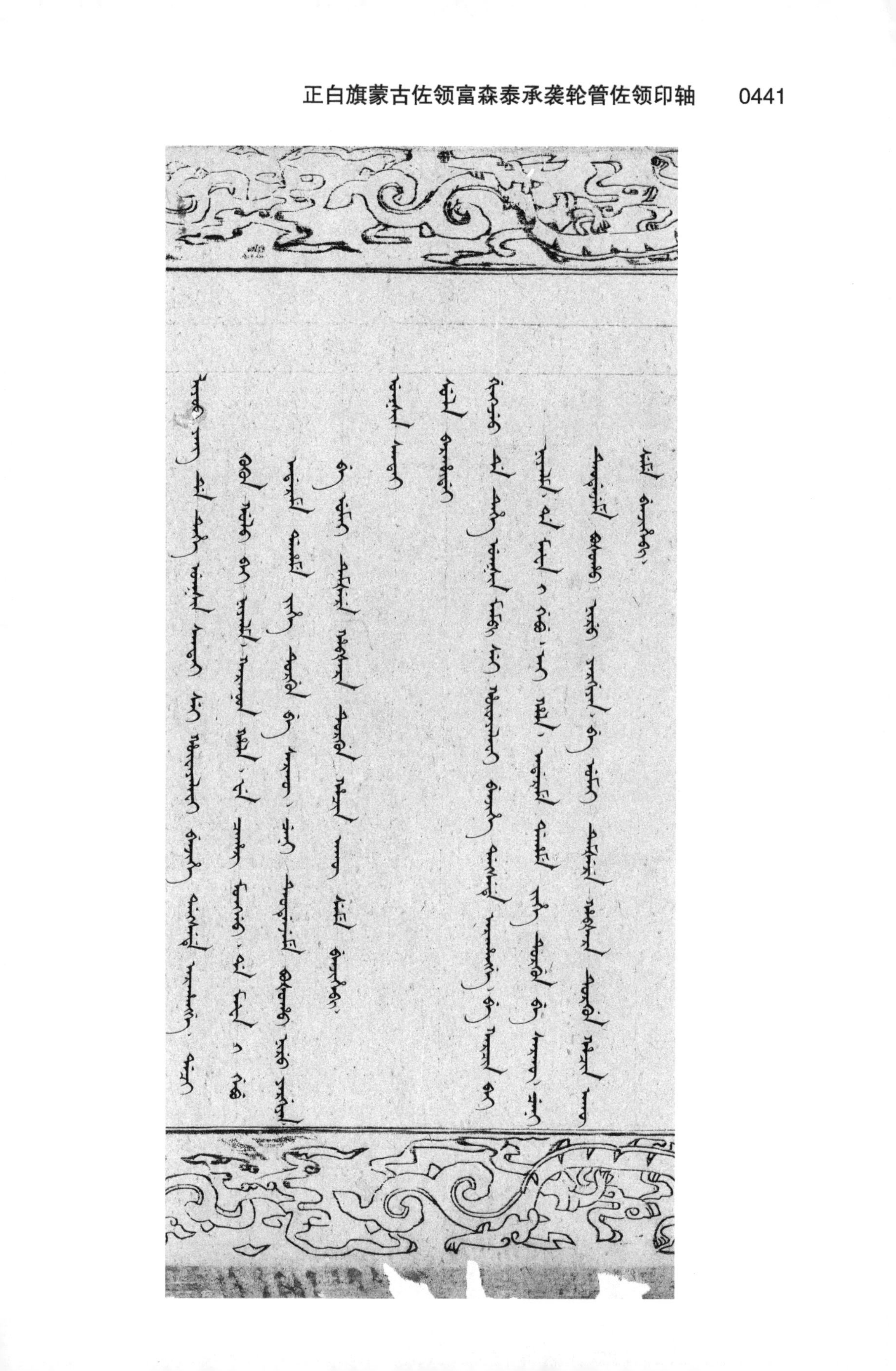

ᠪᡳᡨᡥᡝᠰᡳ ᠪᠠᠪᡠ

ᠪᡳᡨᡥᡝᠰᡳ ᠪᠣᠣᠰᡳᡥᠠ

ᠪᡳᡨᡥᡝᠰᡳ ᠨᡳᡴᠠᠨ

ᡠᠵᡠ ᠵᡳ

ᠶᠣᠰᠣᠨ ᡤᡳᠶᠠᠨ ᡳ ᠠᠮᠪᠠᠨ ᠠᠰᡥᠠᠨ ᠪᠣᠣ

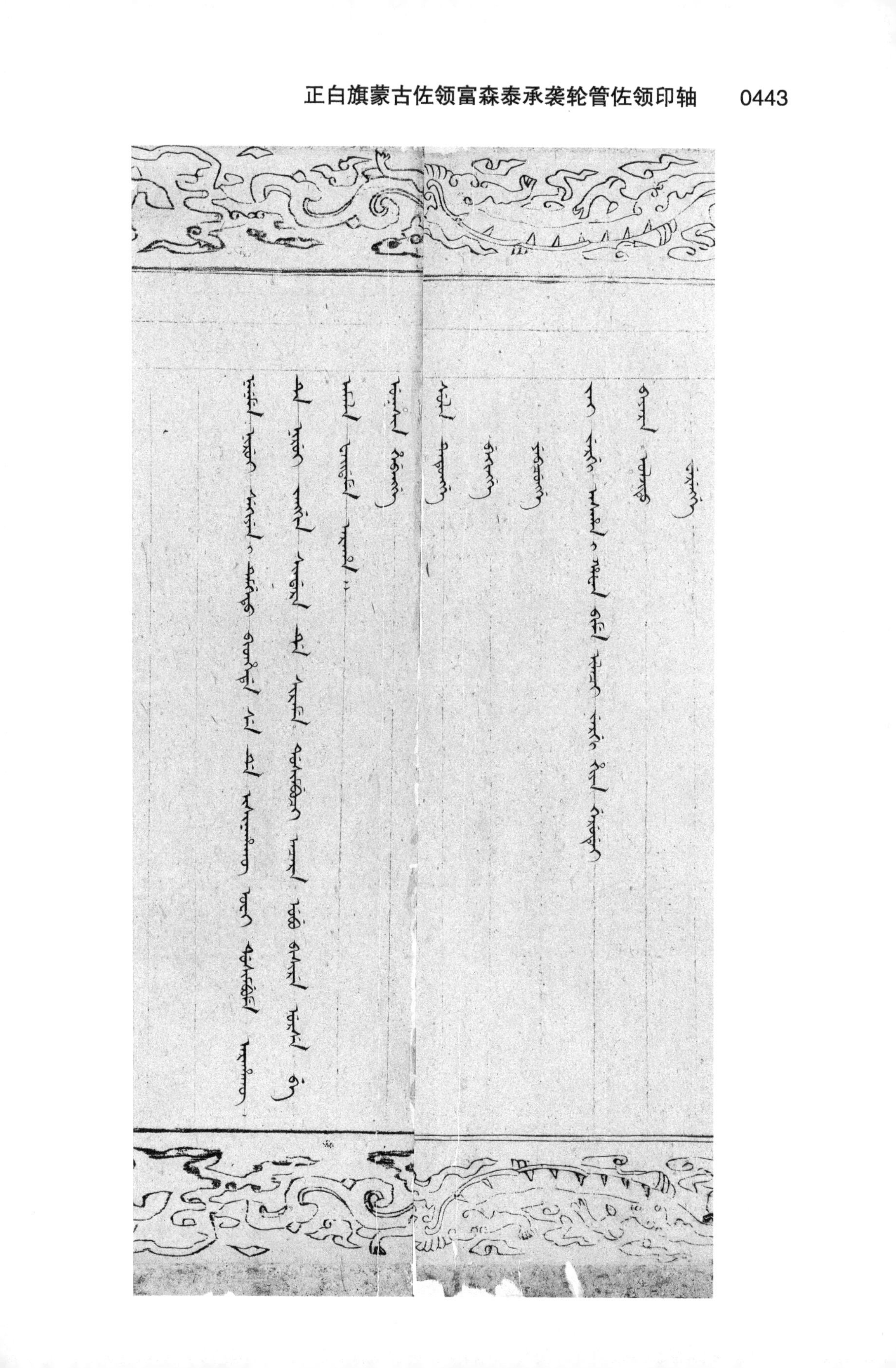

[illegible]
[illegible]
[illegible]
[illegible]
[illegible]
[illegible]
[illegible]
[illegible]
[illegible]
[illegible]

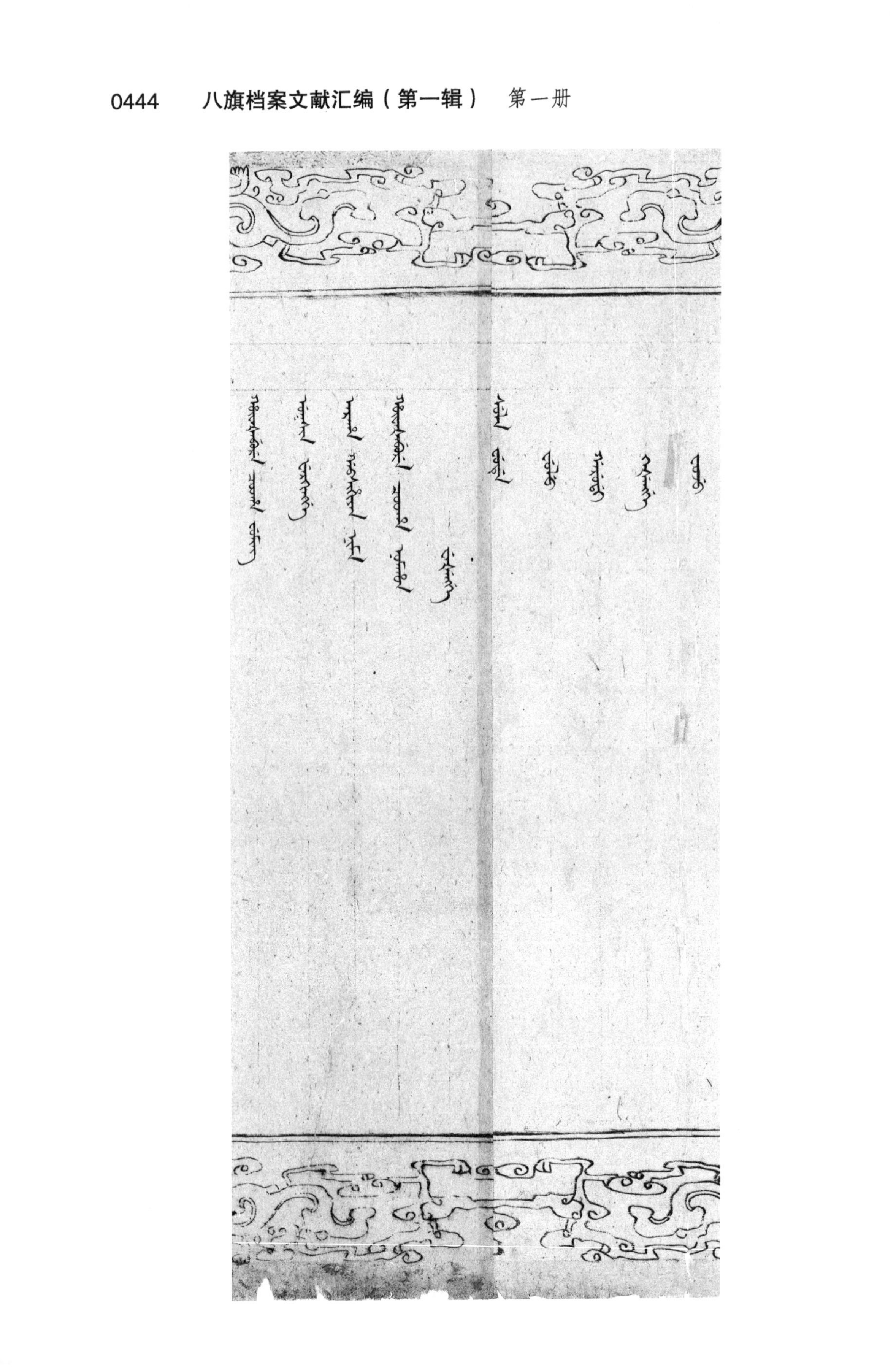

[illegible]

[illegible]

[illegible]

[illegible]

[illegible]

[illegible]

[illegible]

[illegible]

[illegible]

[illegible]

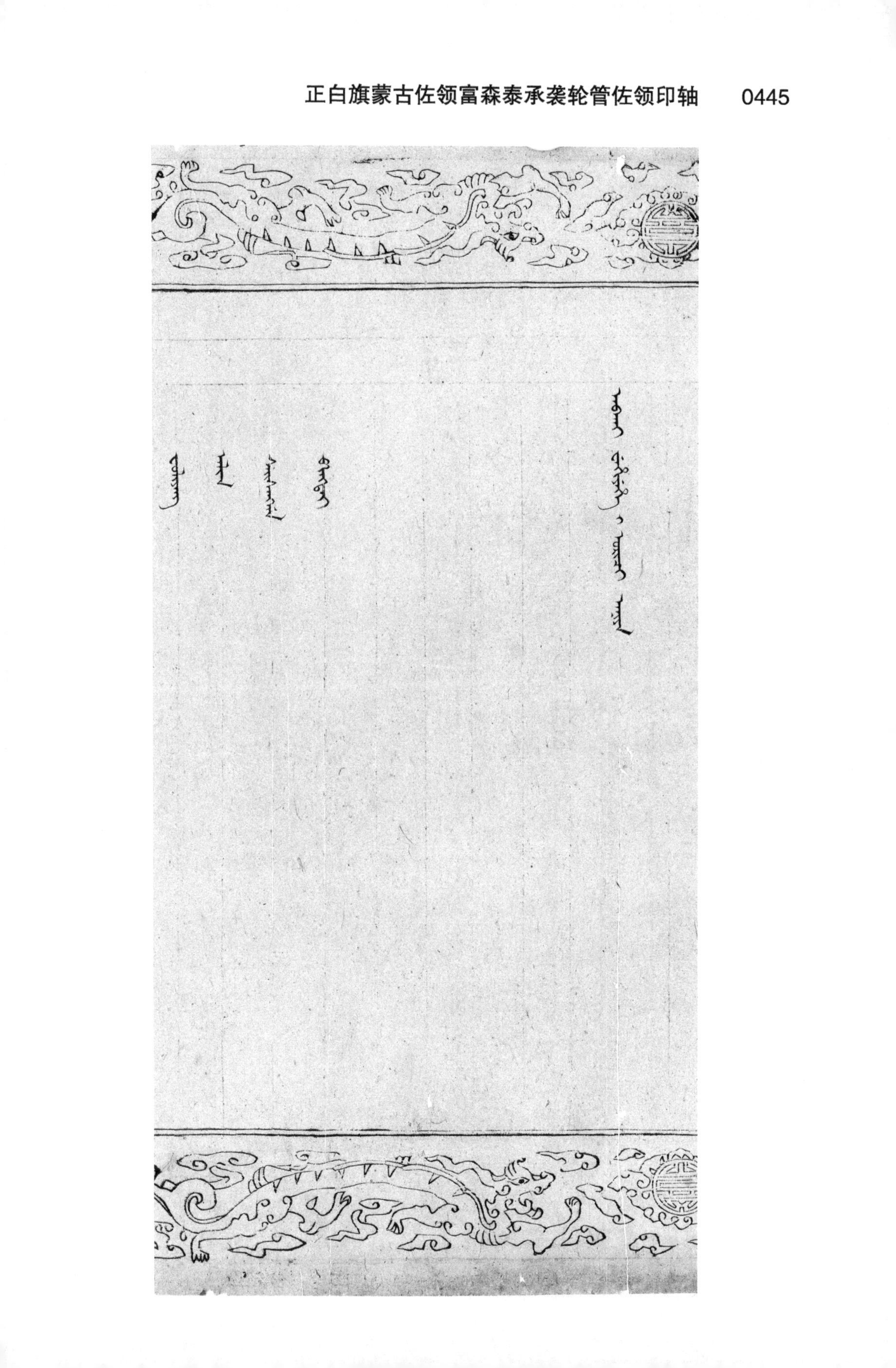

[illegible]

[illegible]

[illegible]

[illegible]

[illegible]

ᠠᠪᡴᠠᡳ ᡥᡝᠰᡝᡳ ᡶᠣᡵᡤᠣᠨ ᠪᡝ ᠠᠯᡳᡥᠠ

[illegible]

[illegible]

[illegible]

[illegible]

[illegible]

[illegible]

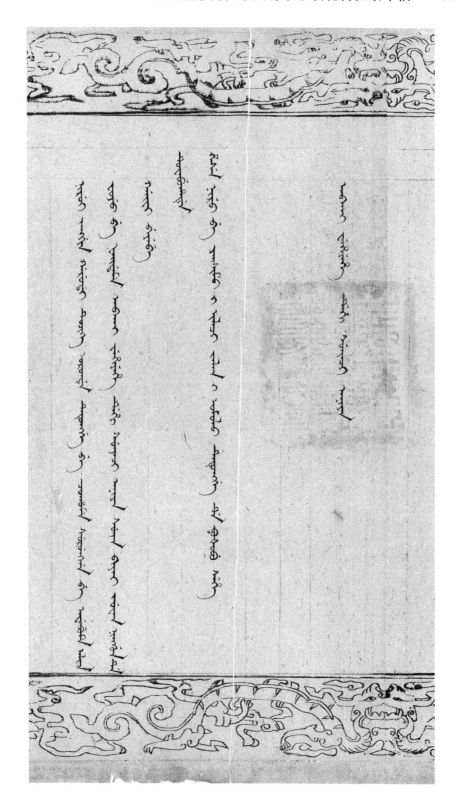

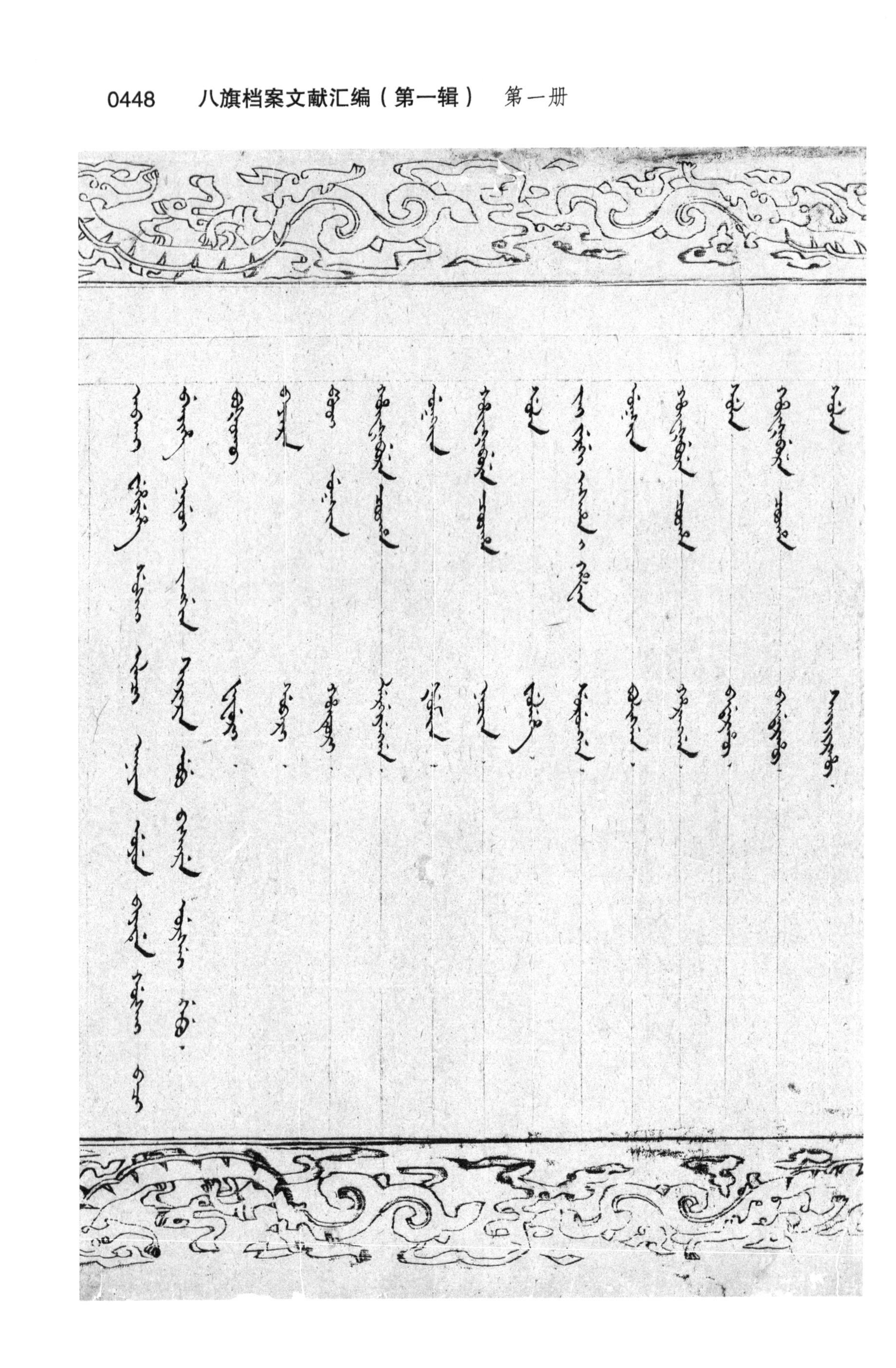

[illegible]

[illegible]

[illegible]

[illegible]

[illegible]

[illegible]

[illegible]

[illegible]

[illegible]

[illegible]

[illegible]

[illegible]

[illegible]

[illegible]

[illegible]

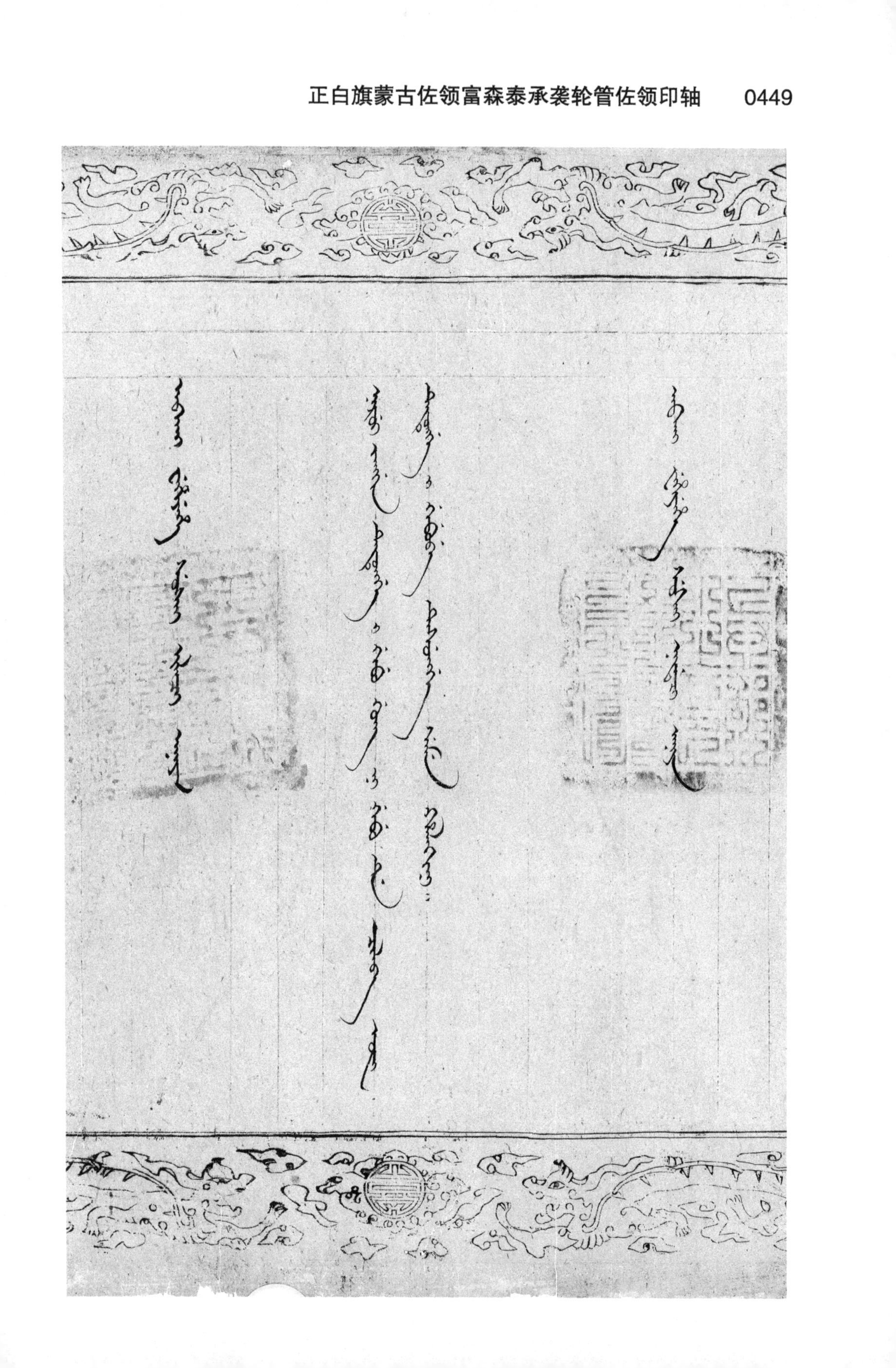

[illegible]

[illegible]

[illegible]

[illegible]

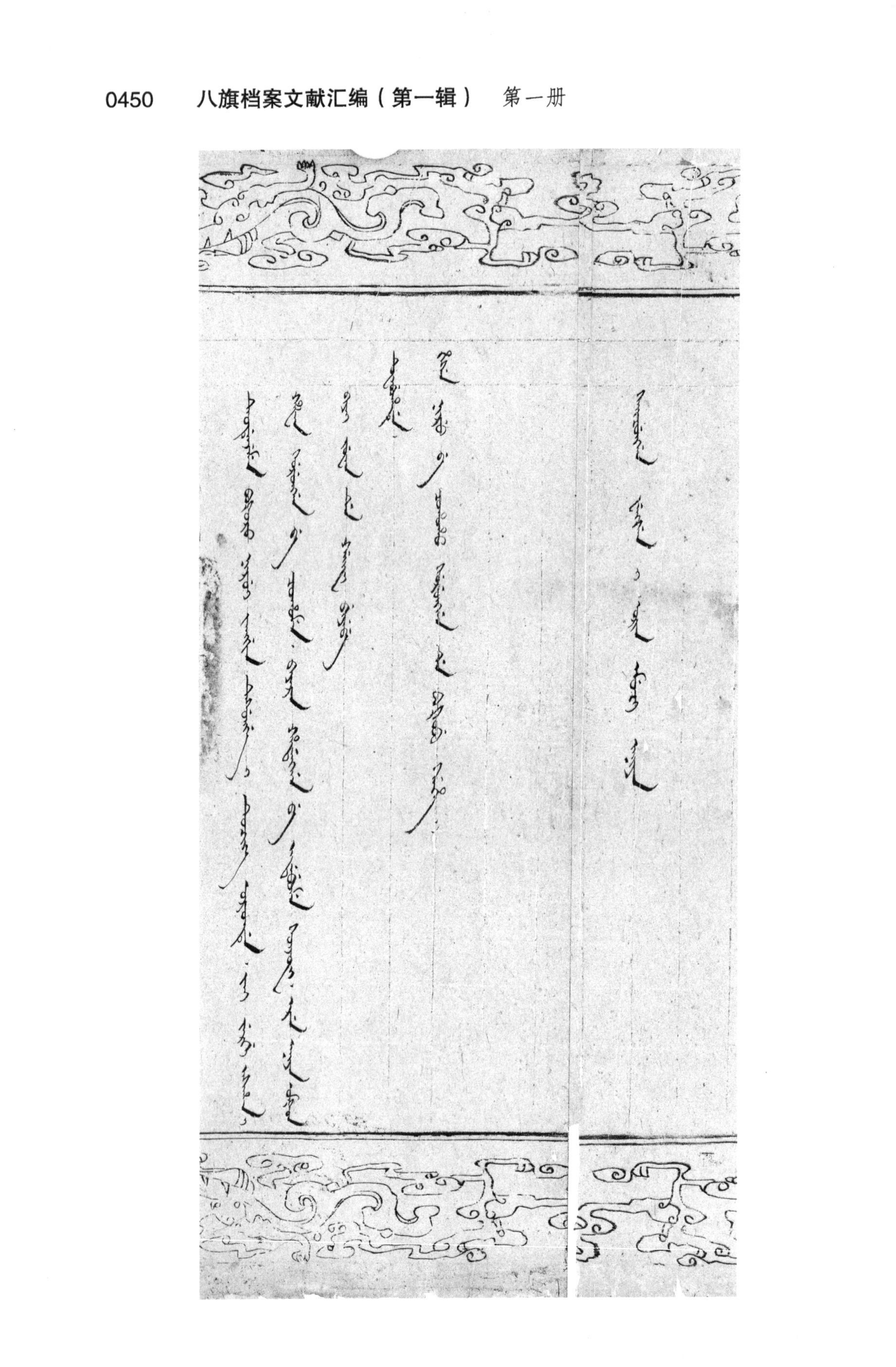

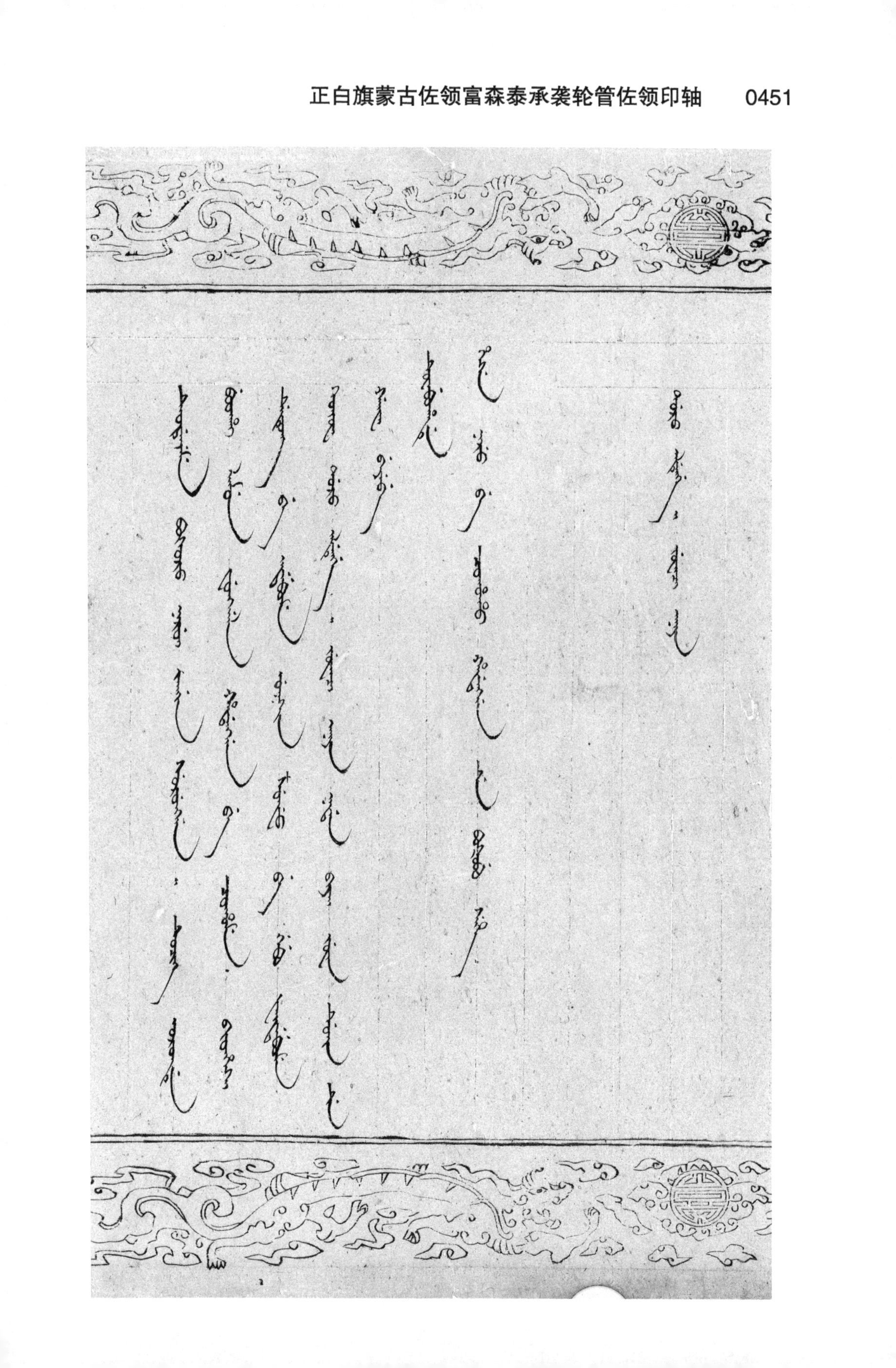

[illegible]

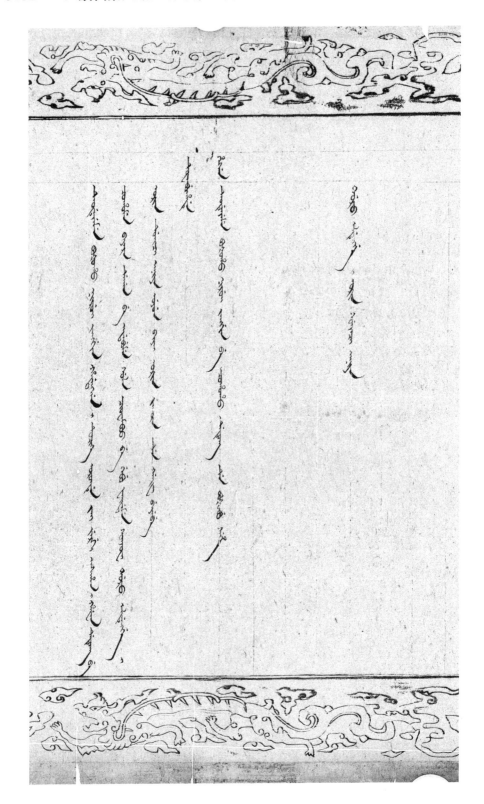

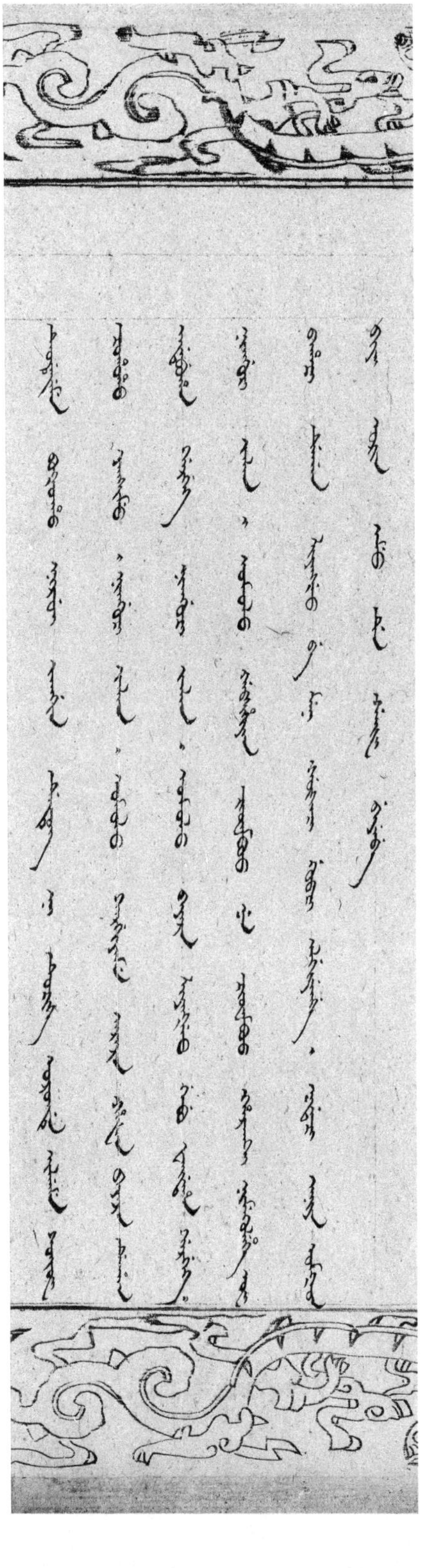

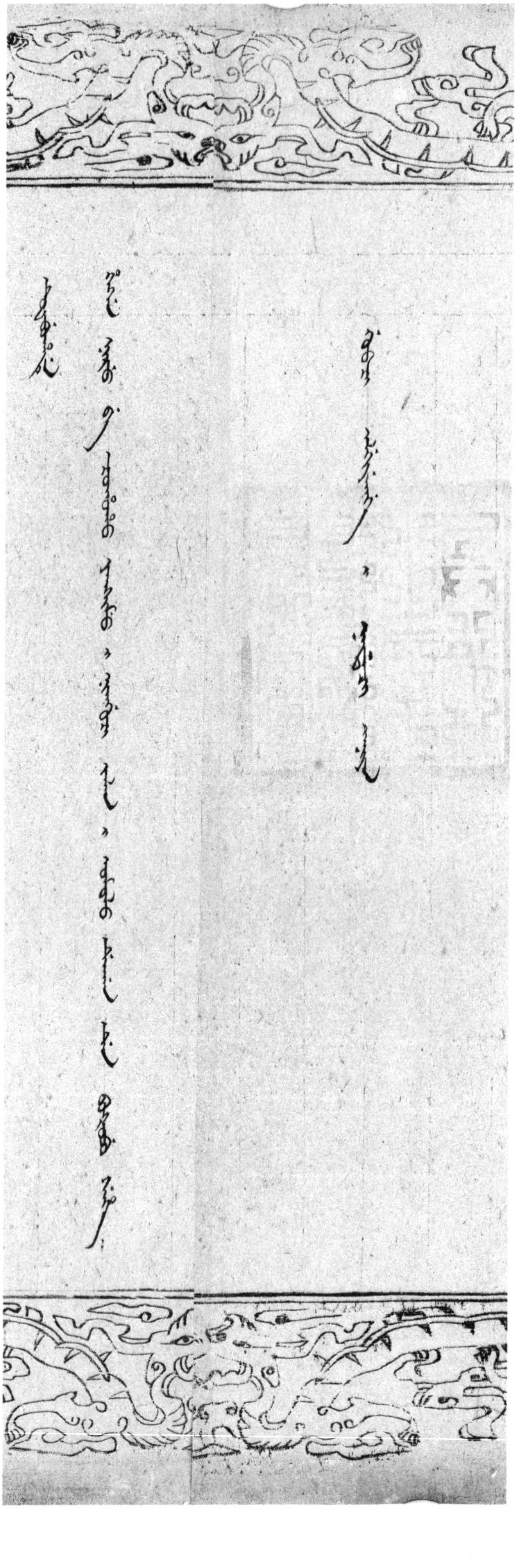

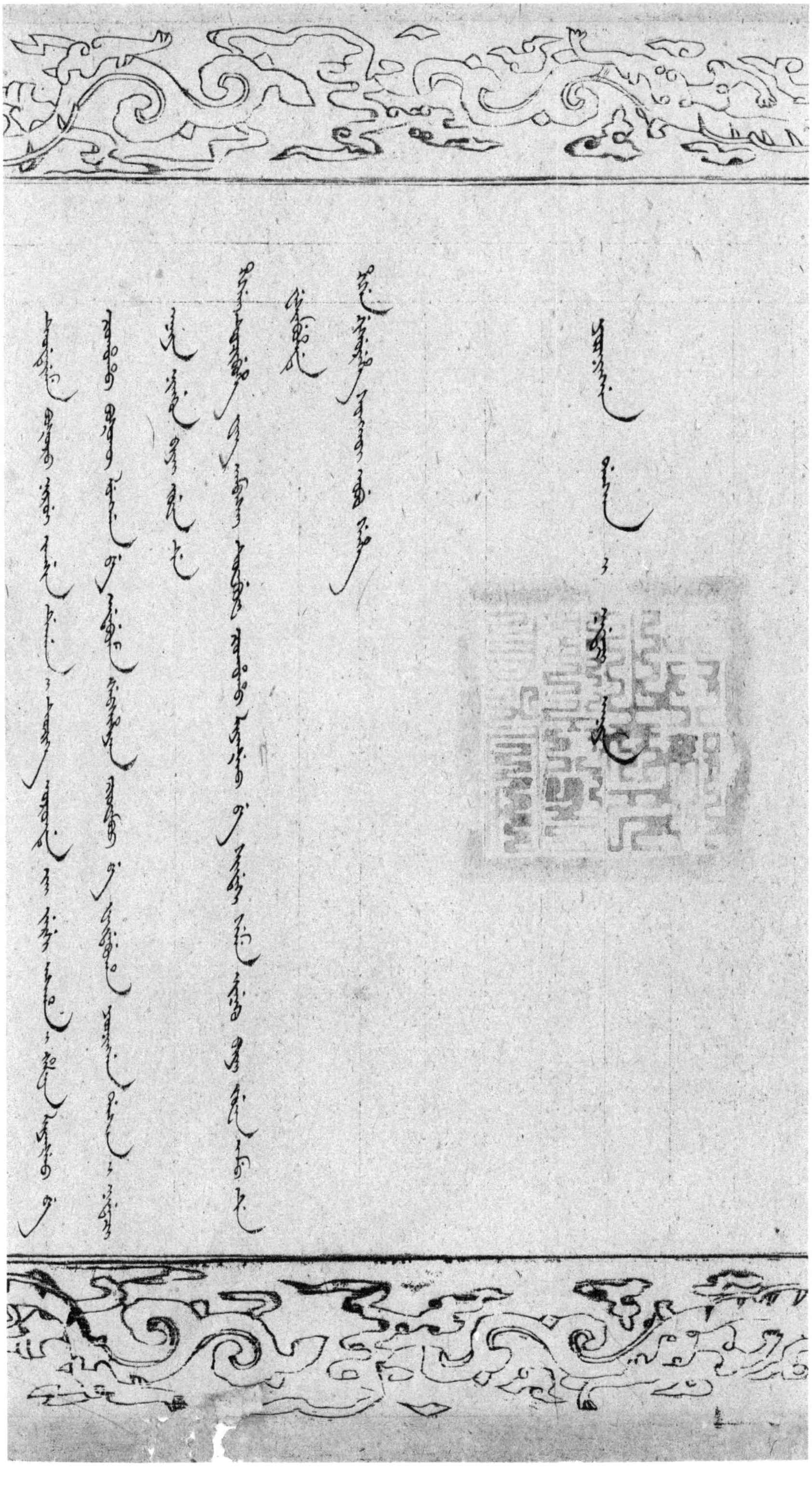

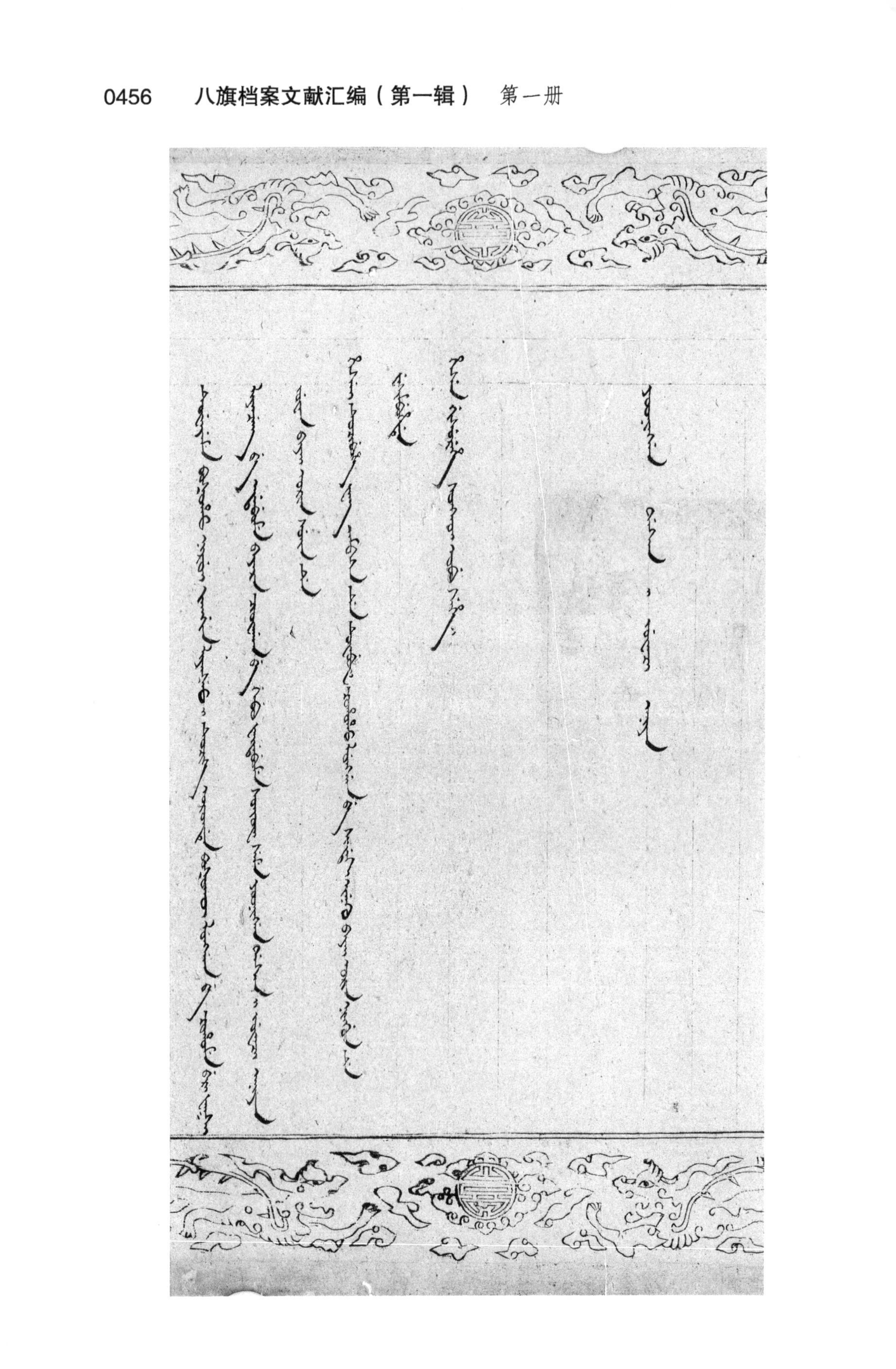

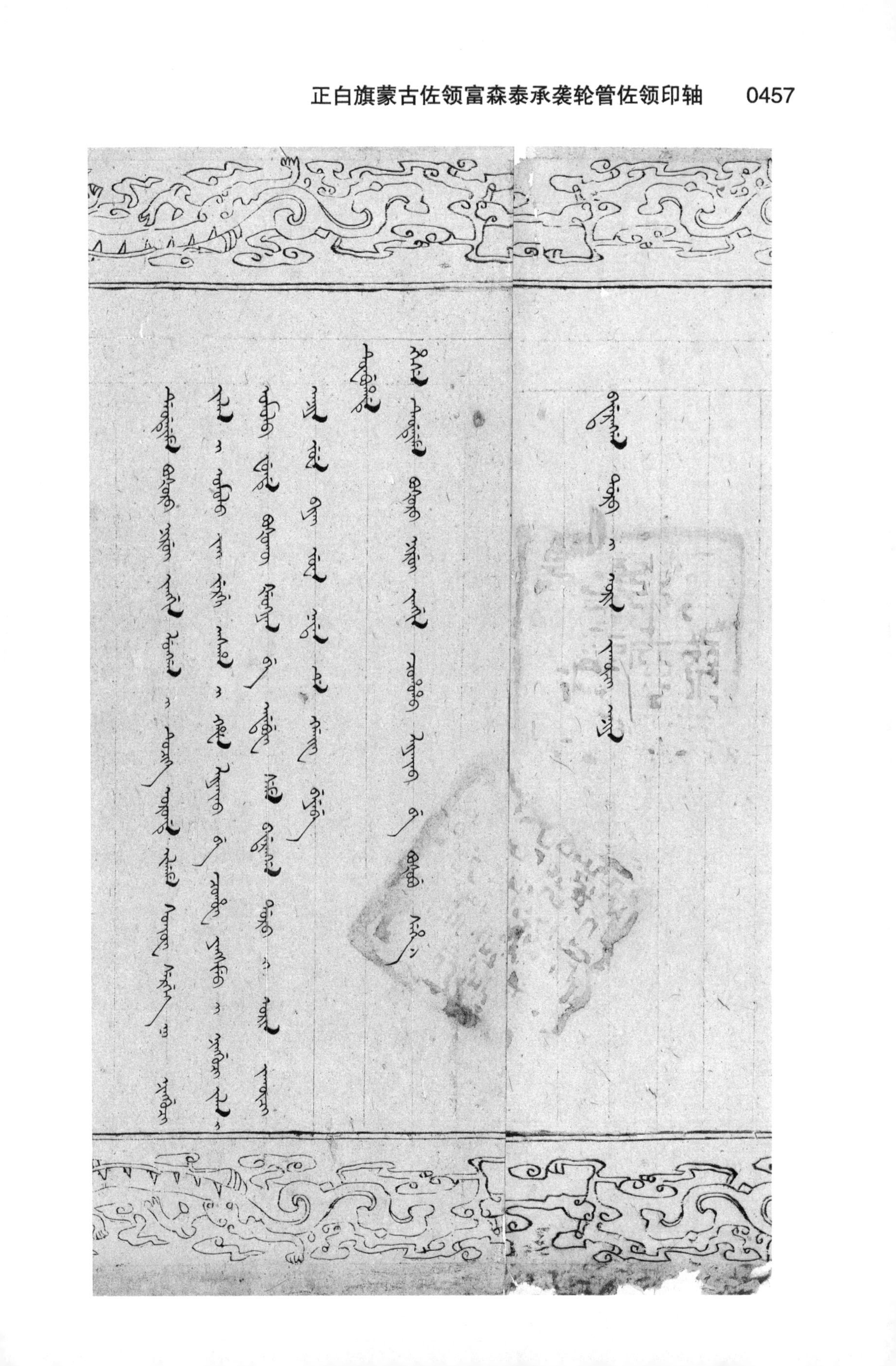

[illegible]

[illegible]

[illegible]

[illegible]

[illegible]

[illegible]

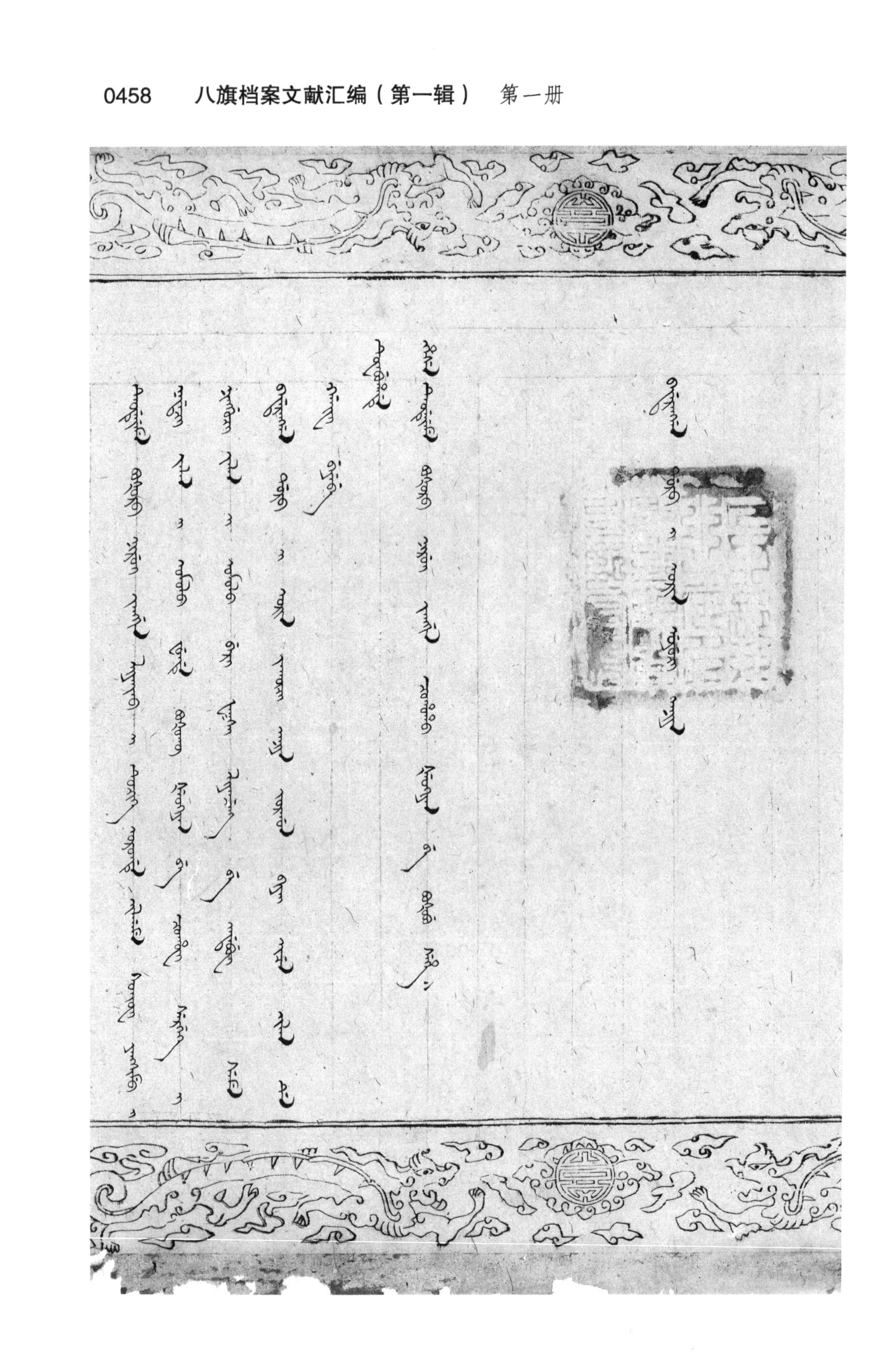

[illegible]

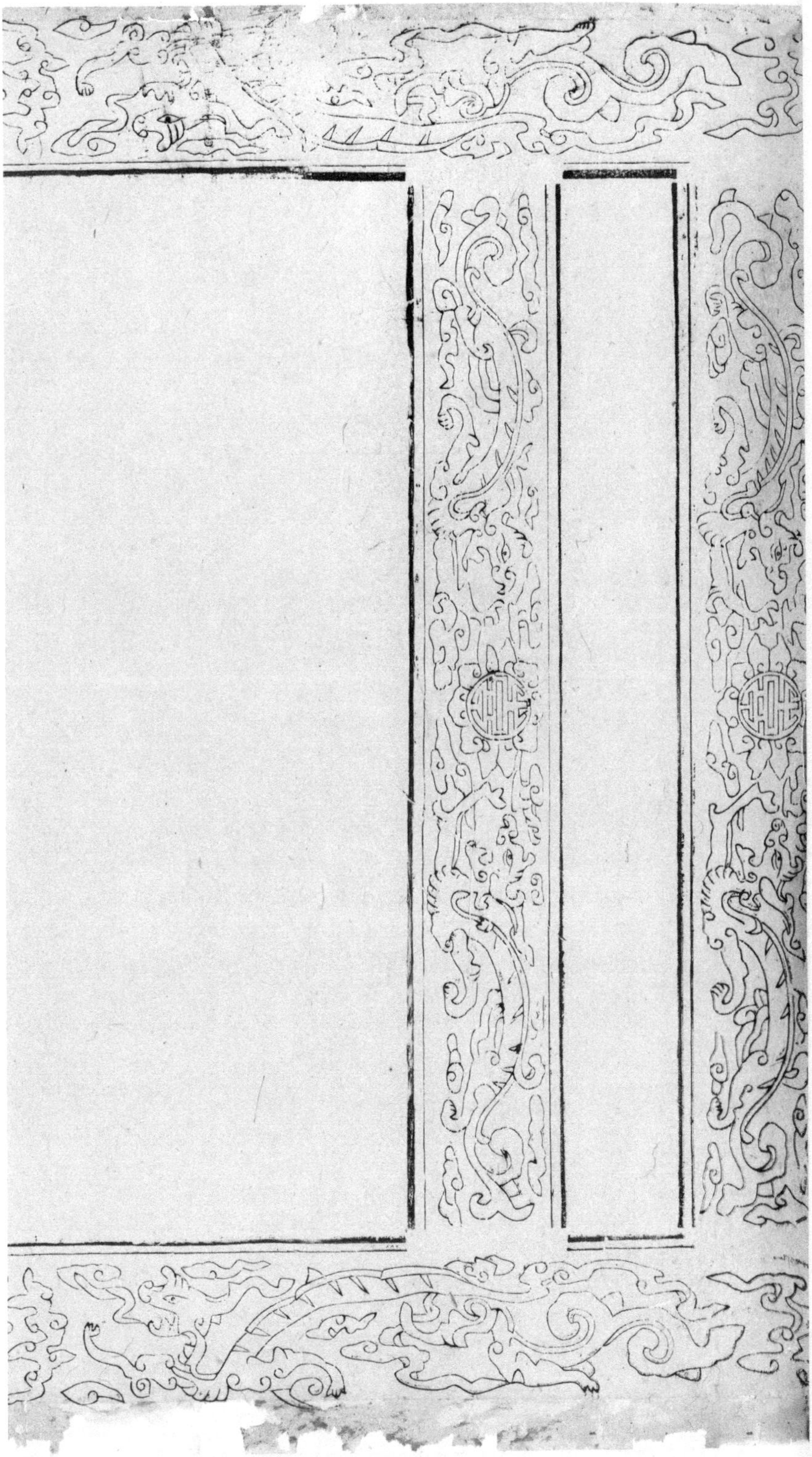

本丛书出版获得
中央民族大学“铸牢中华民族共同体意识”研究专项基金
中央民族大学中国史一级学科建设专项经费
资助

八旗档案文献汇编

【第一辑】第二册

哈斯巴根 主编

佐领印轴

族长印轴

钦定拣放佐领则例

中国边疆民族多语种历史文献丛书

社会科学文献出版社
SOCIAL SCIENCES ACADEMIC PRESS (CHINA)

目　录

第二册

镶红旗蒙古佐领萨尔柱承袭世管佐领印轴

满文写本，卷轴装，页面47.5cm×1463.5cm，四周双边，螭文，钤兵部印，前部残缺，满文题名不存。初修时间为乾隆八年，后陆续添写至光绪十年，未满幅。

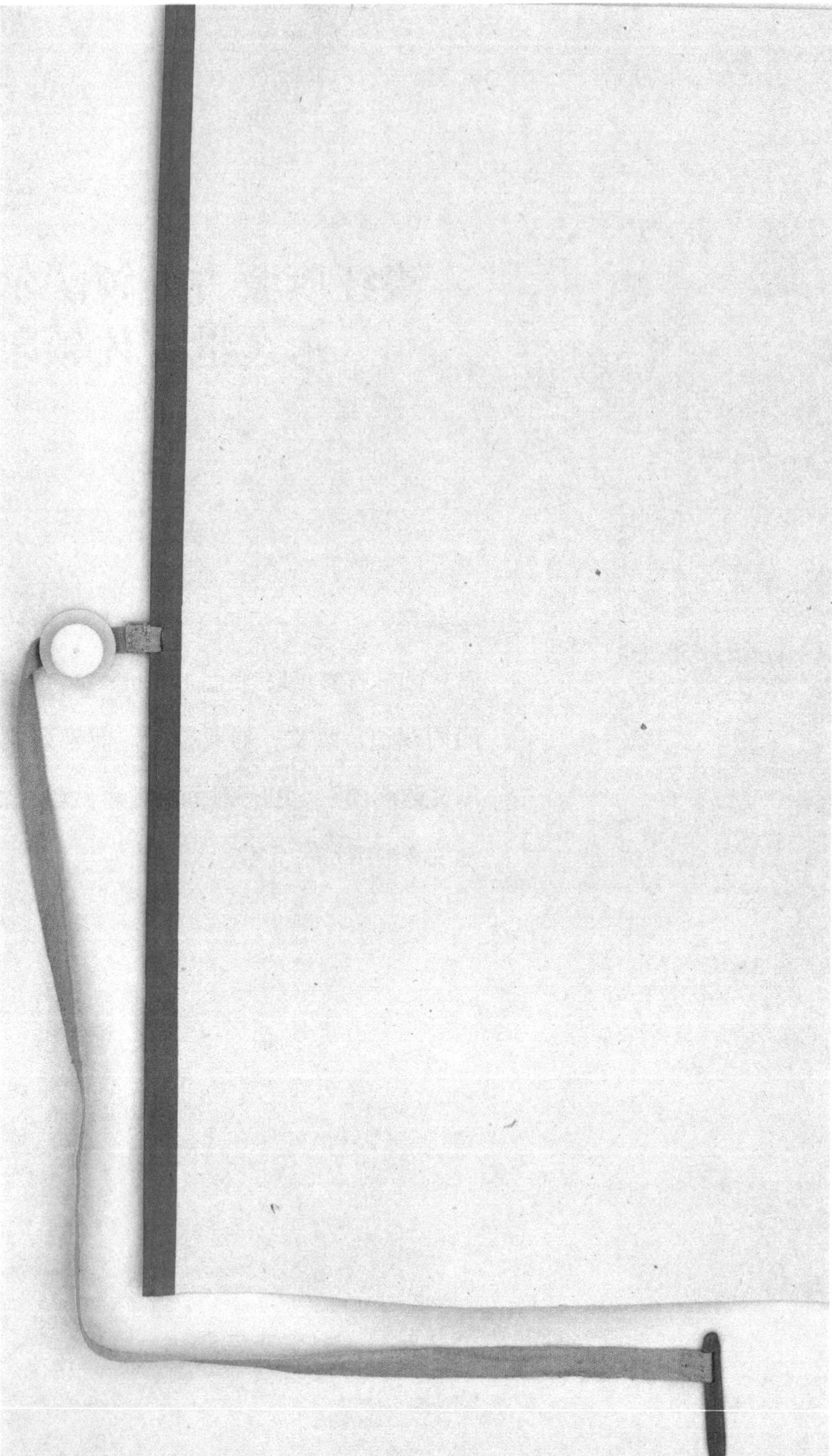

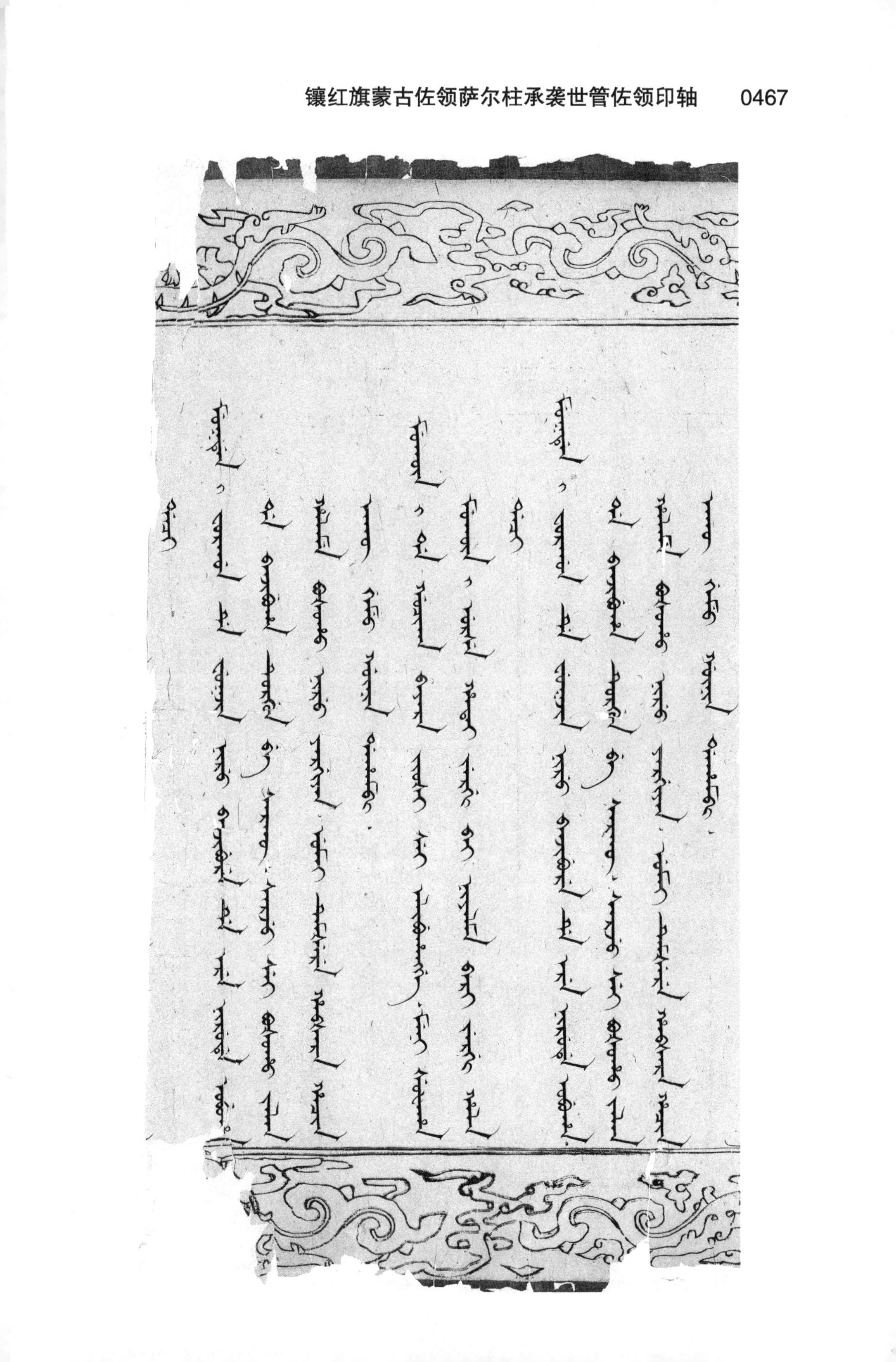

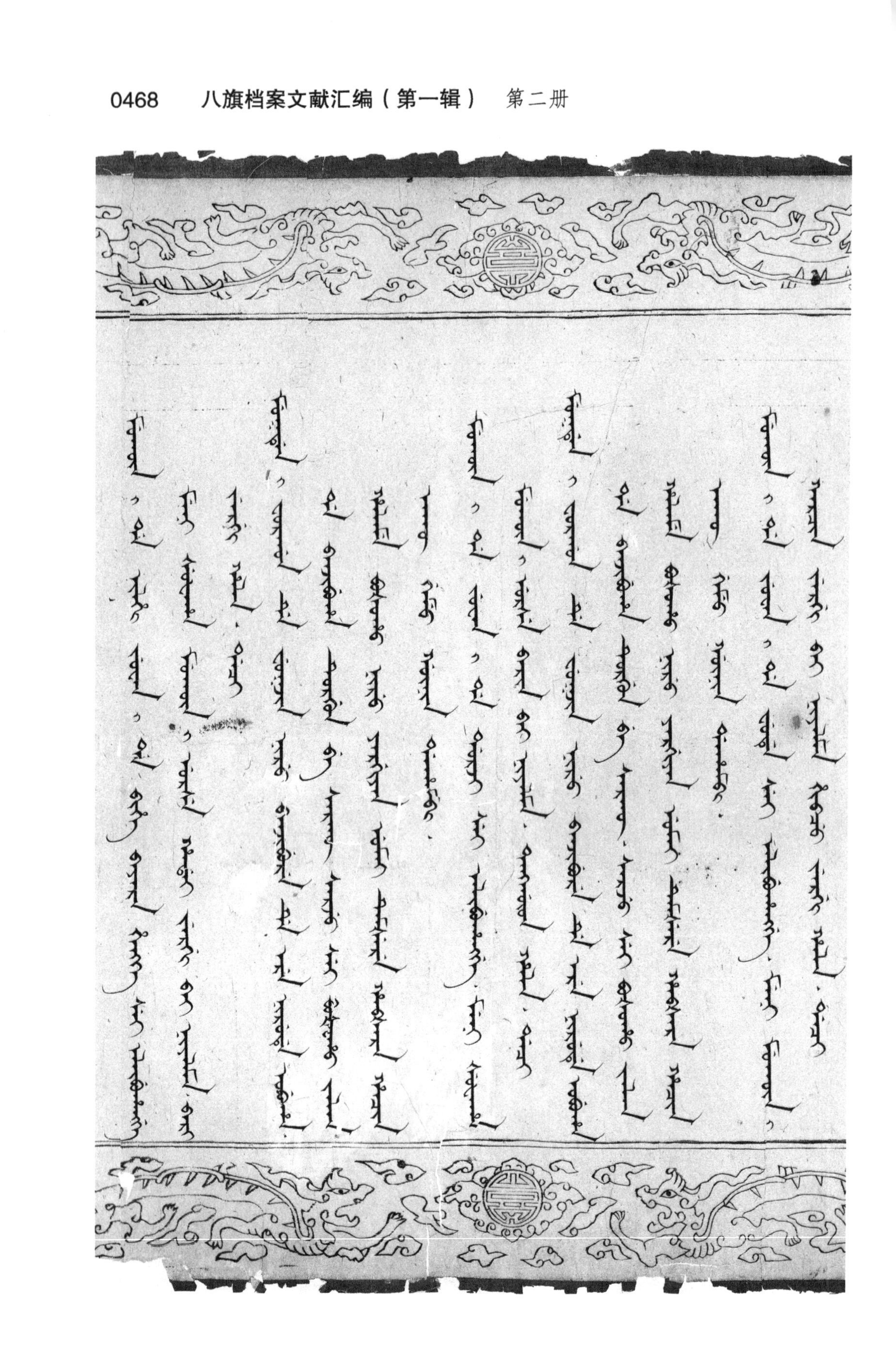

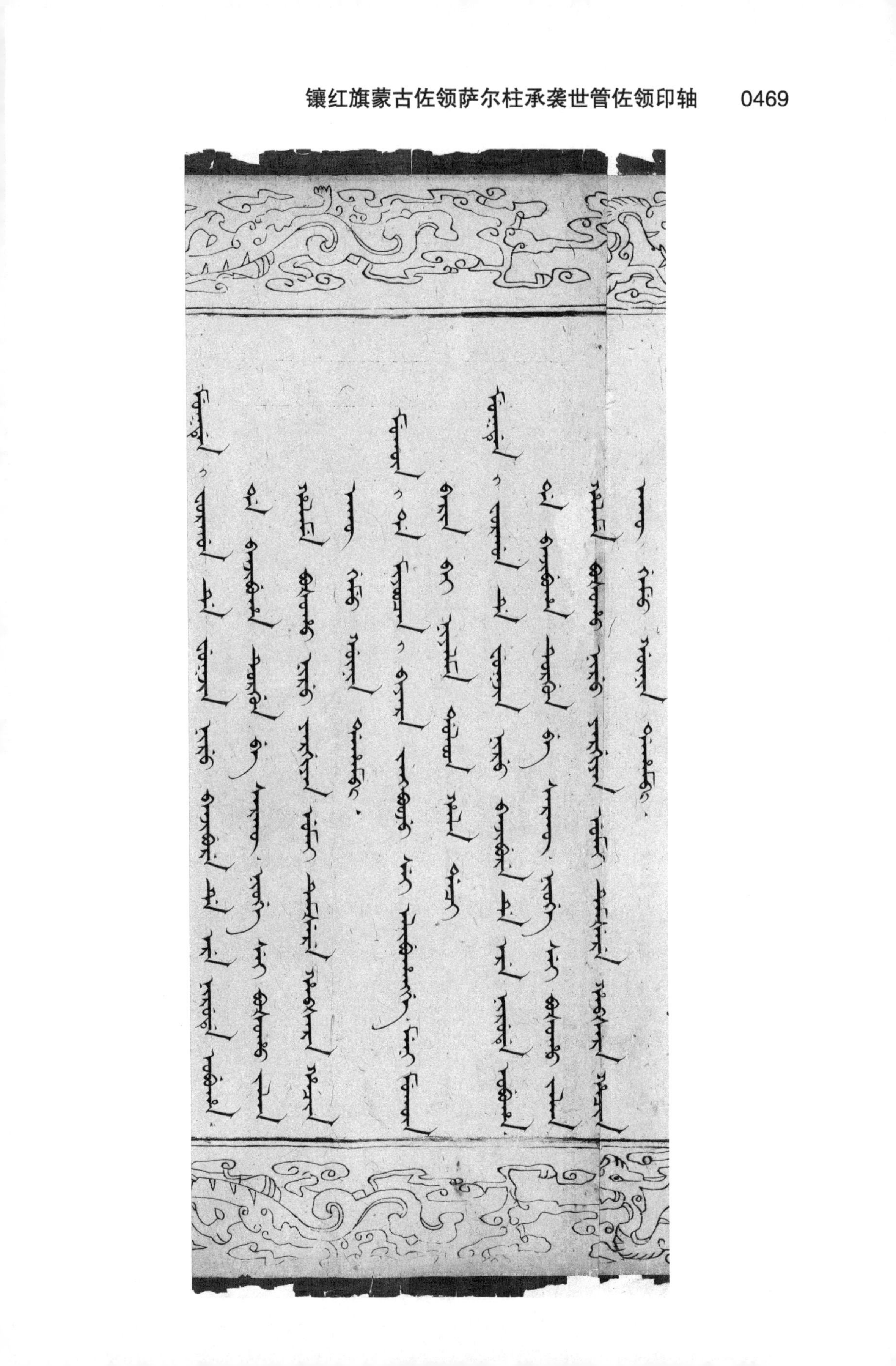

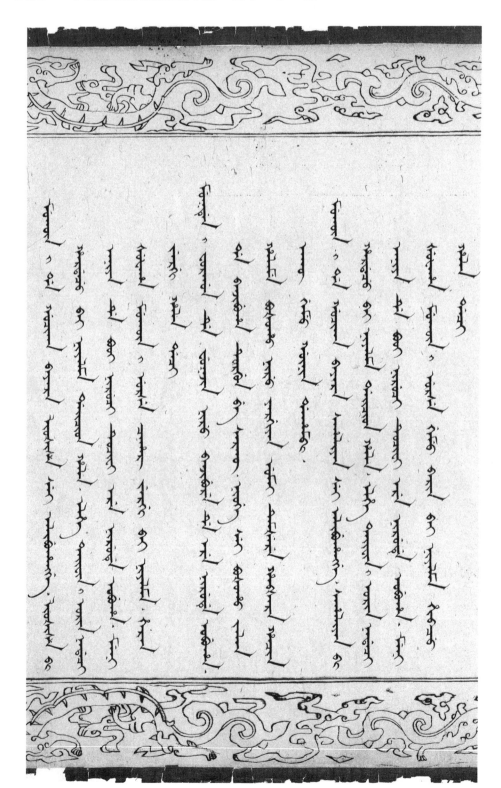

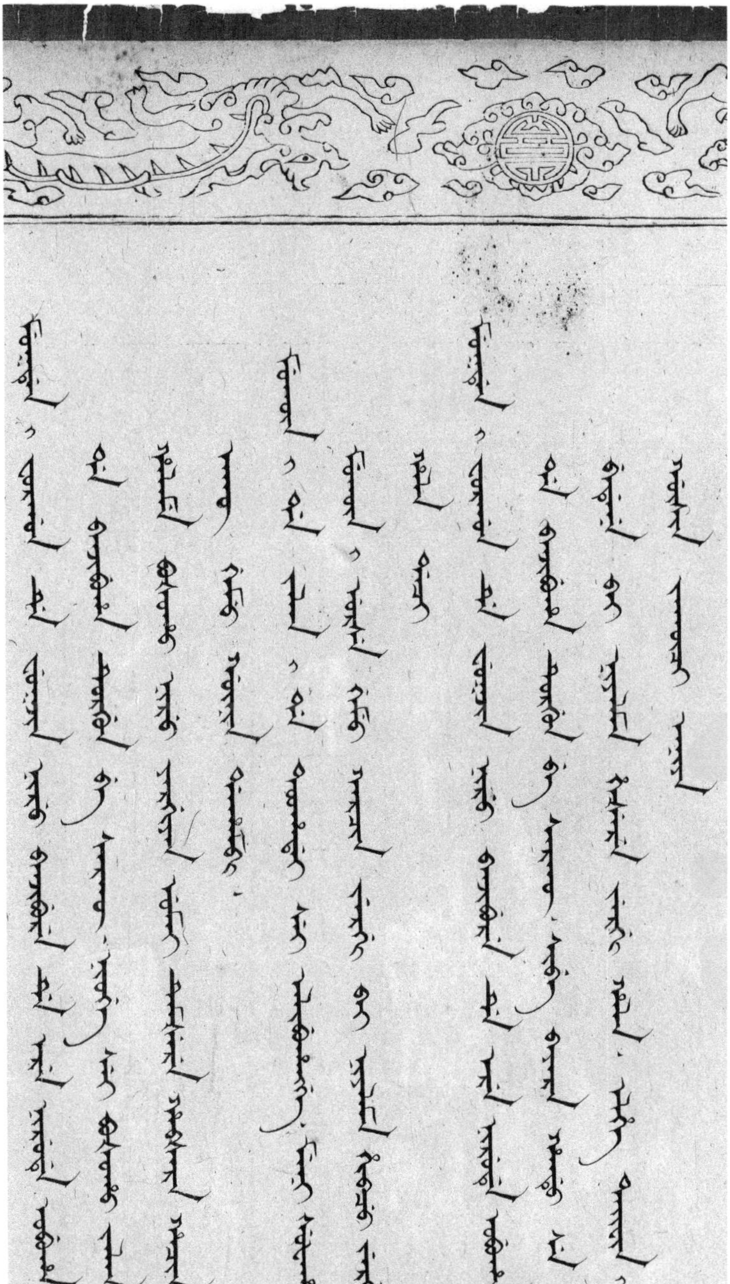

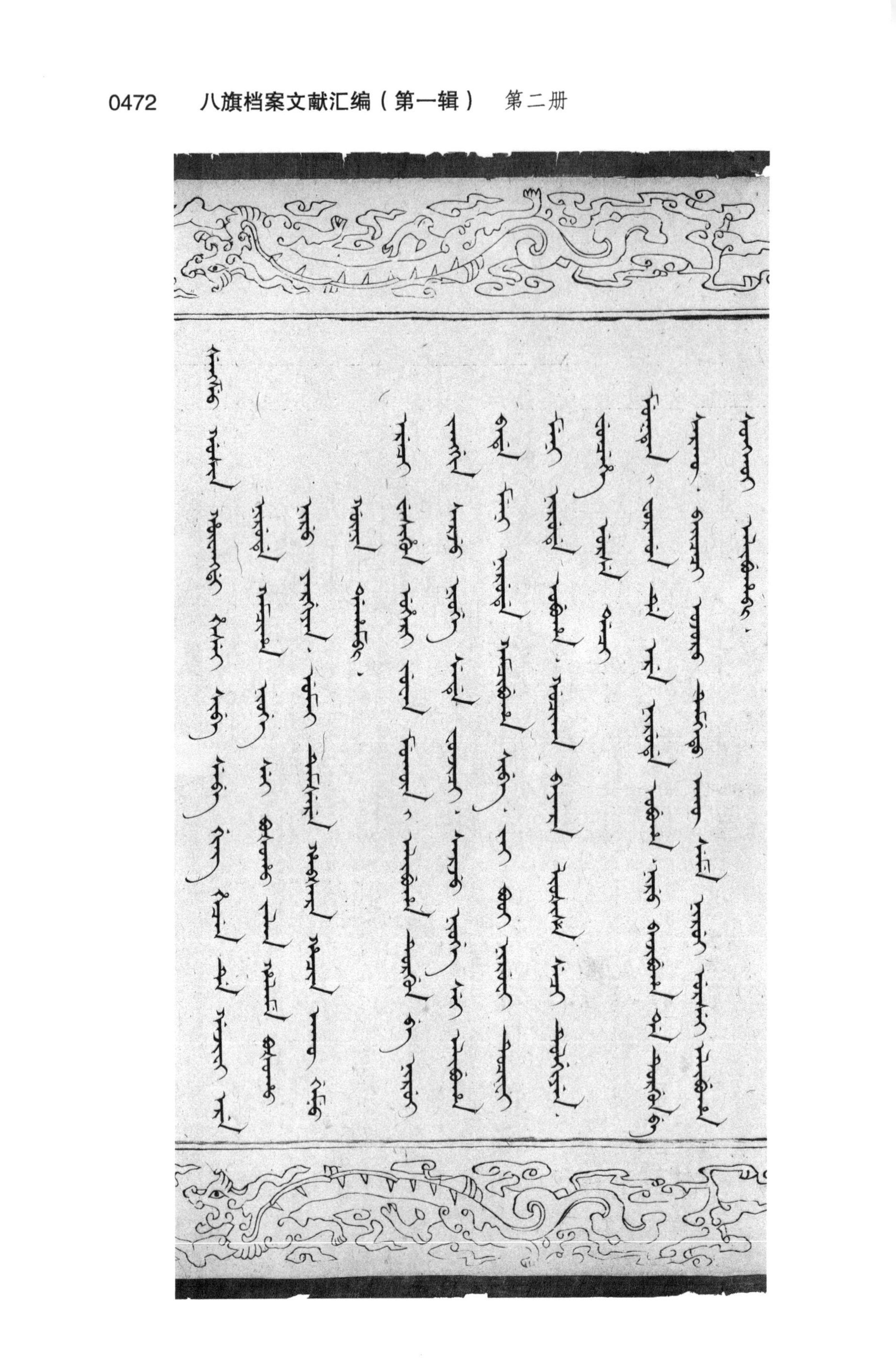

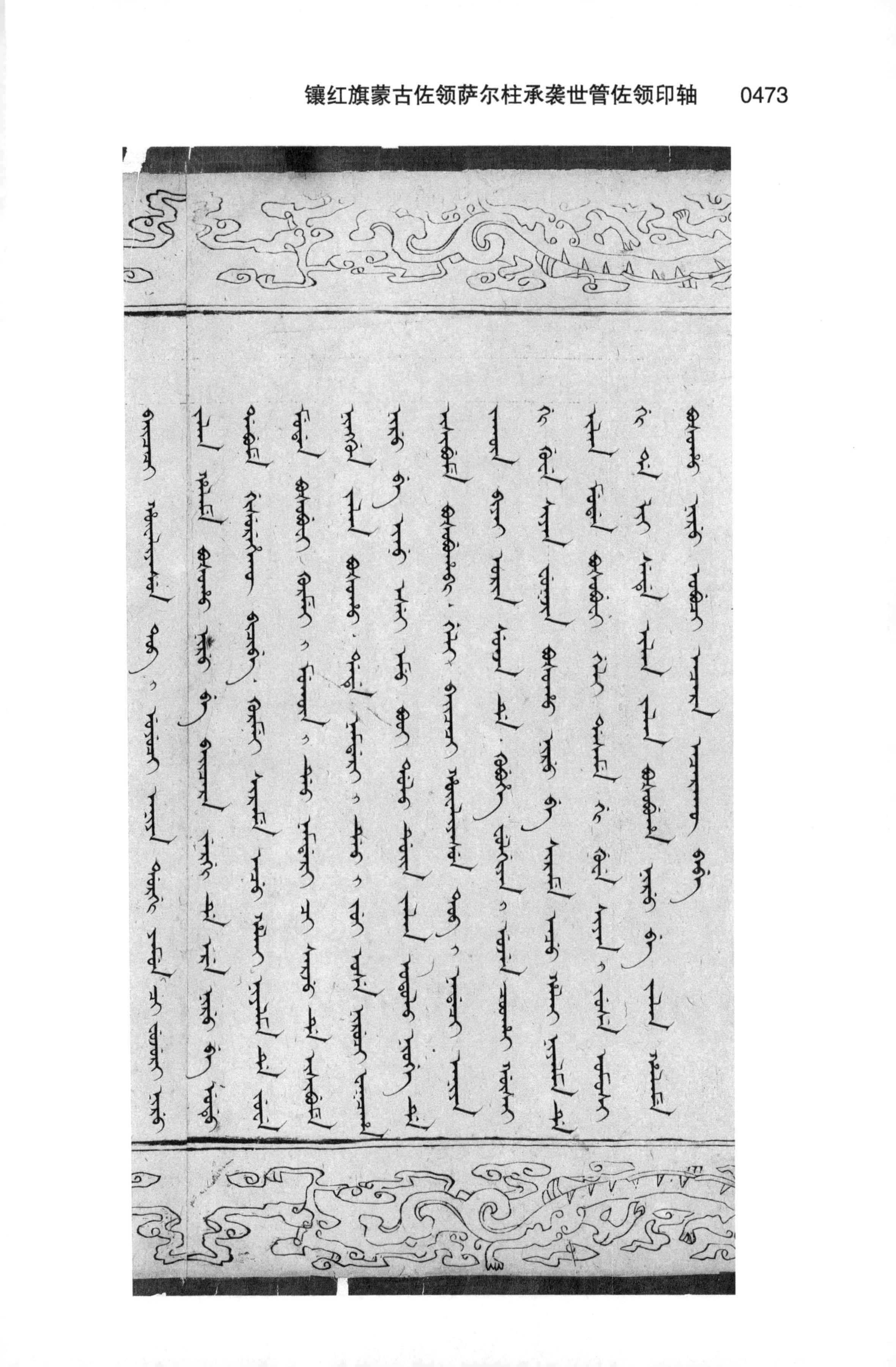

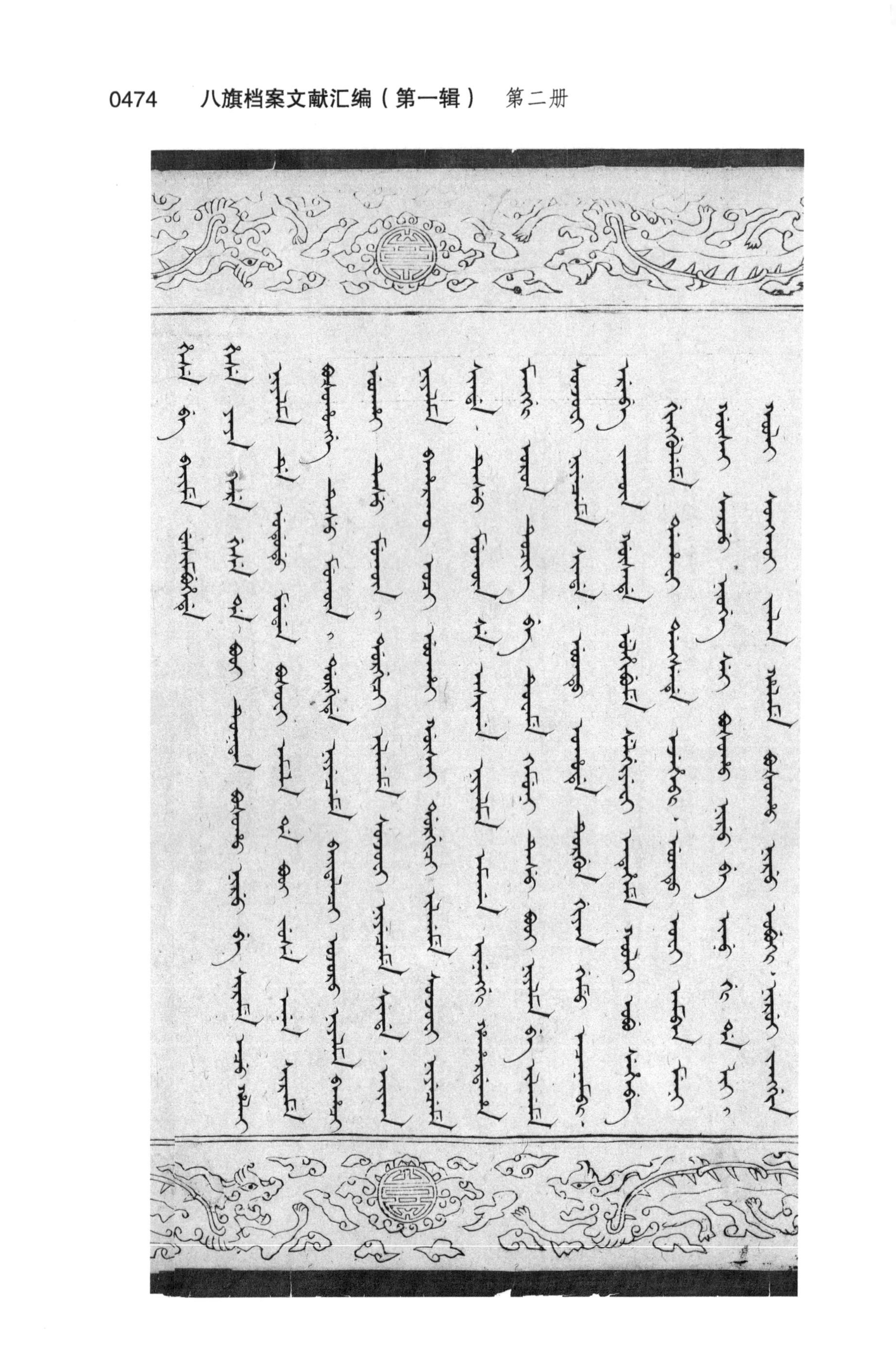

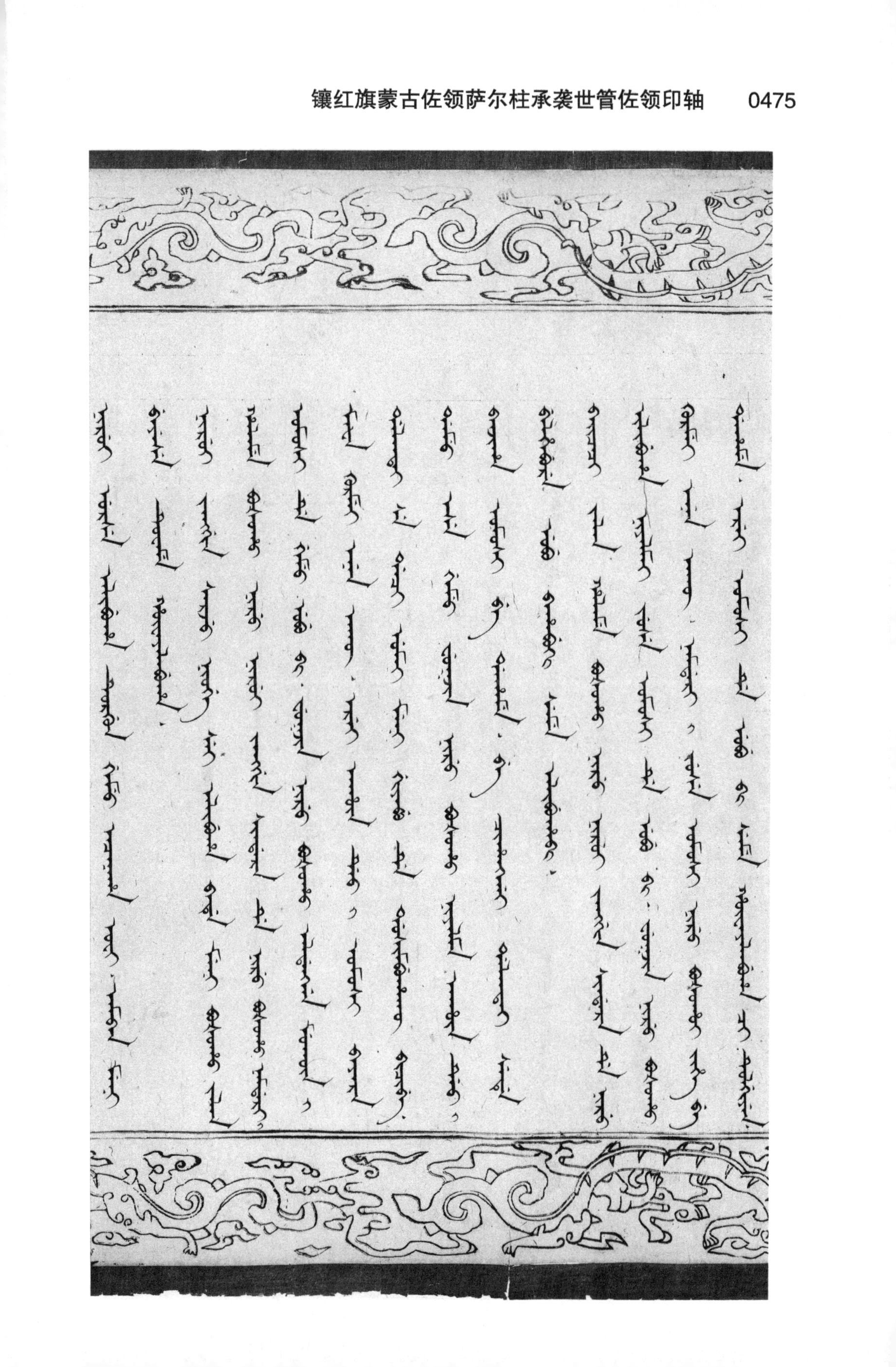

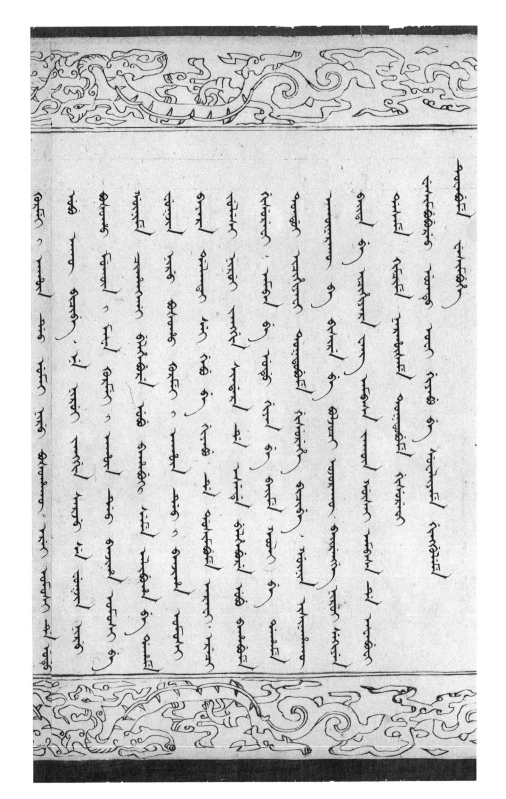

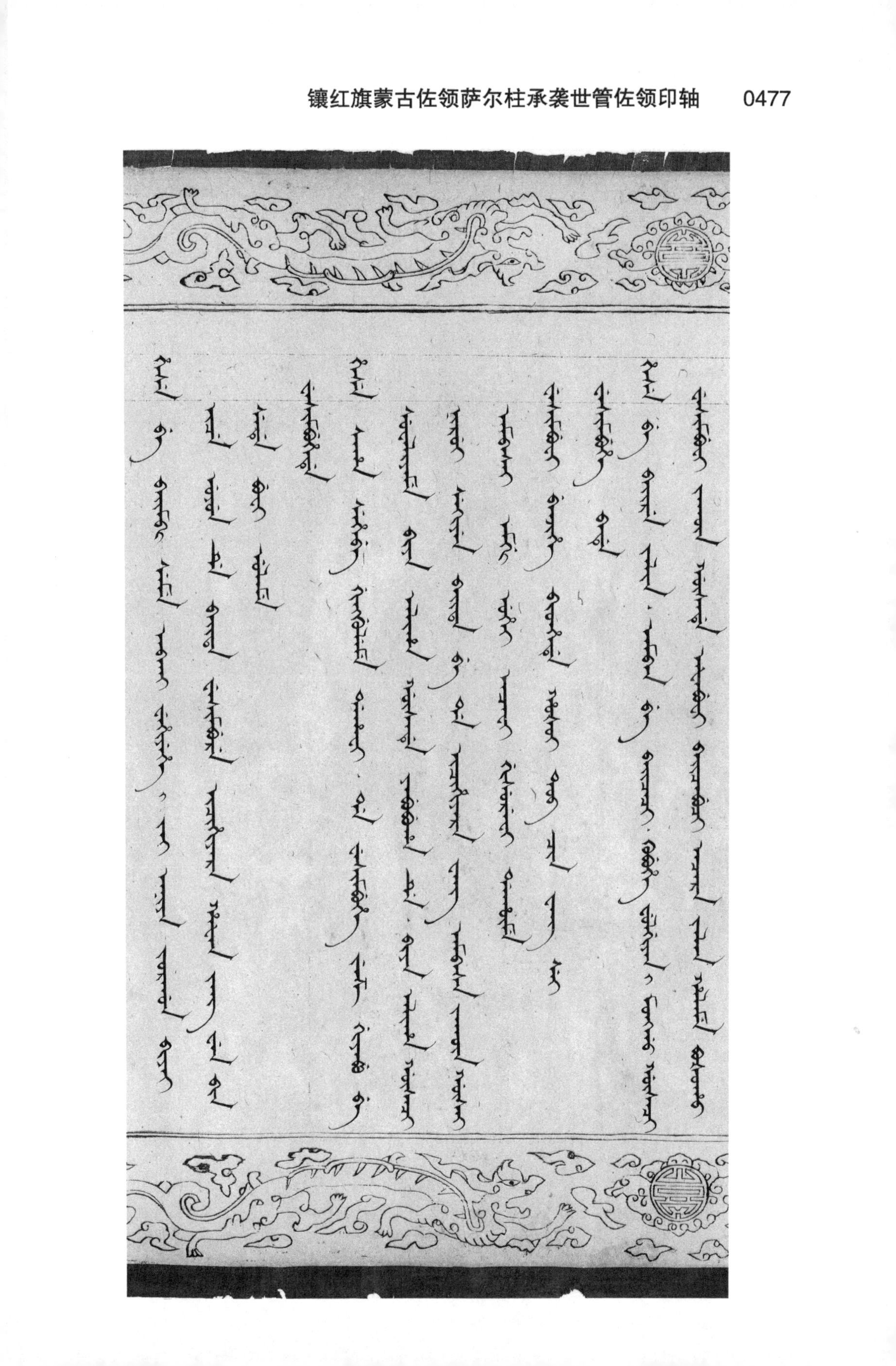

[illegible]

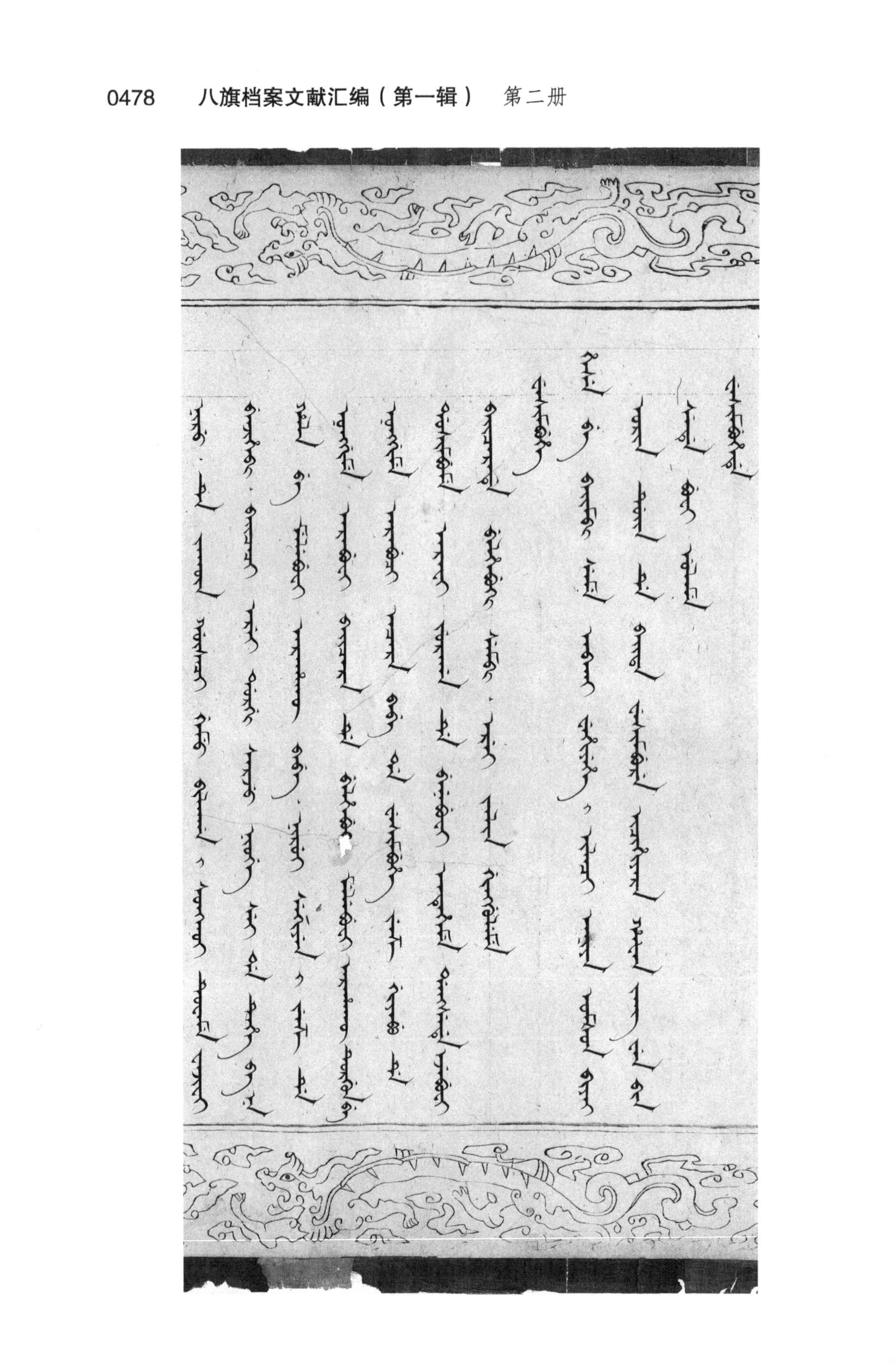

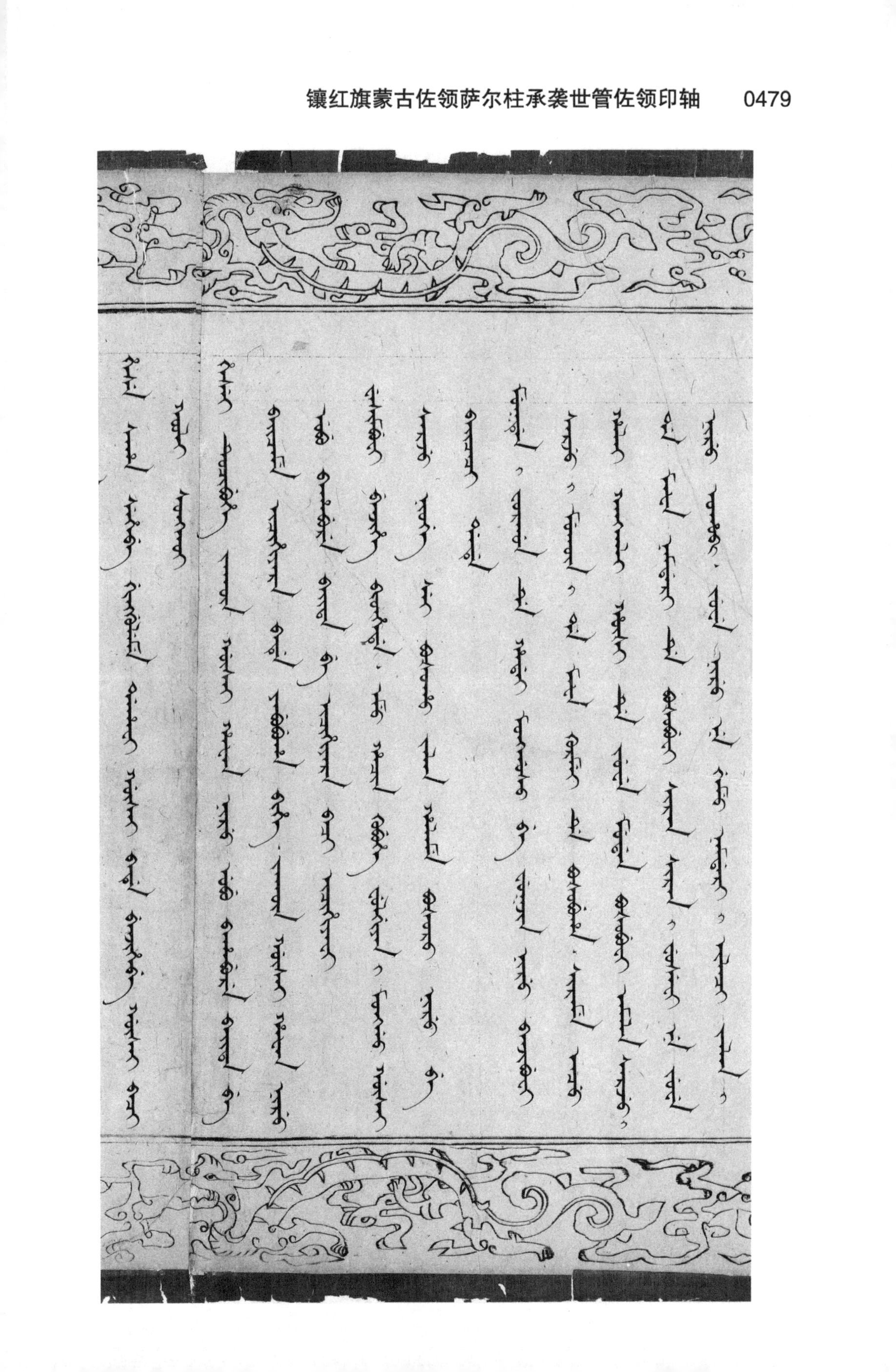

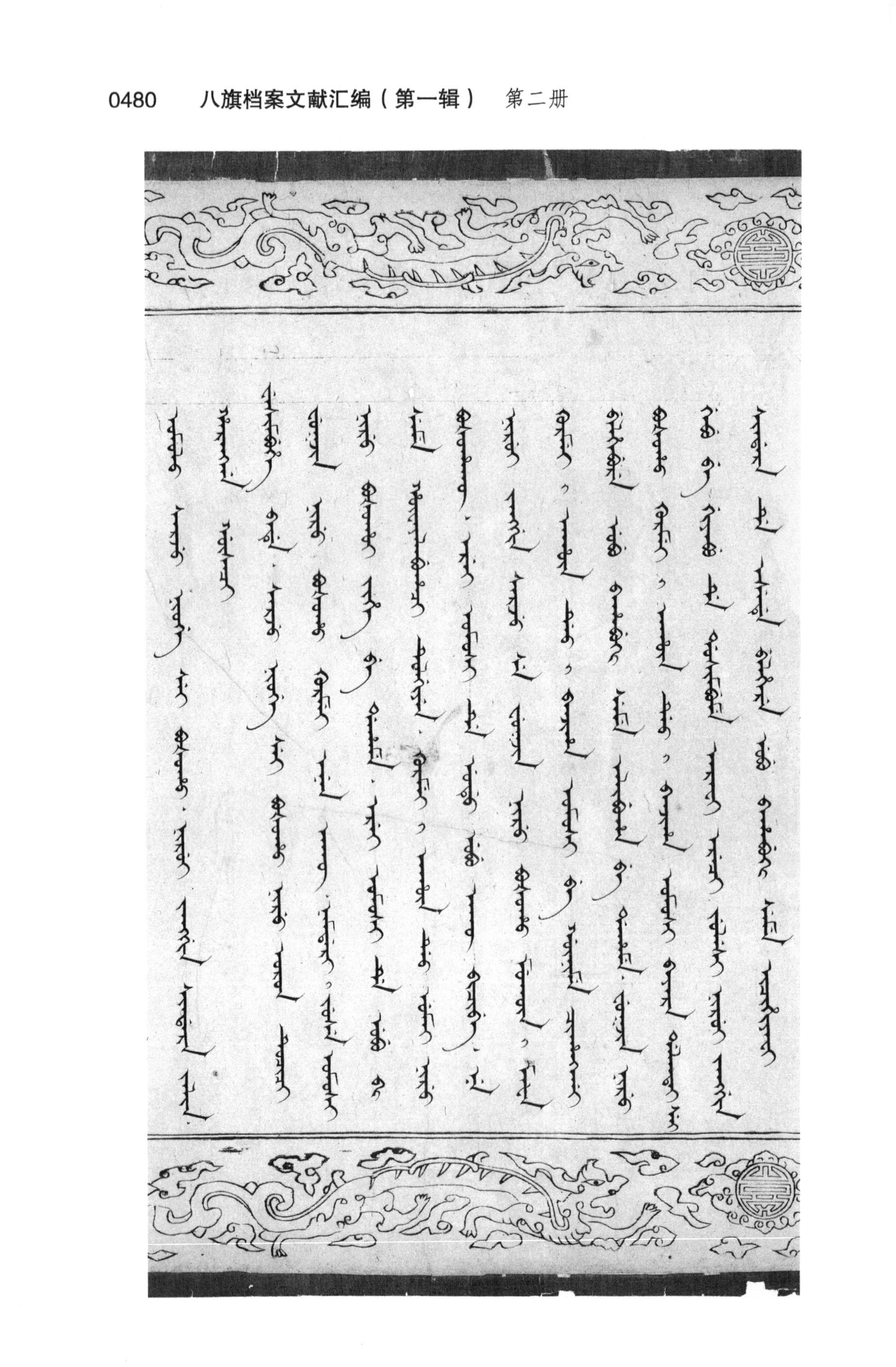

[illegible]

[illegible]

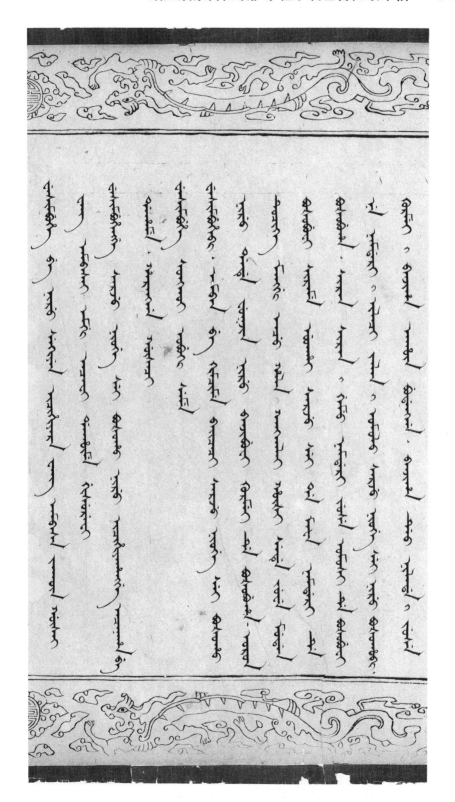

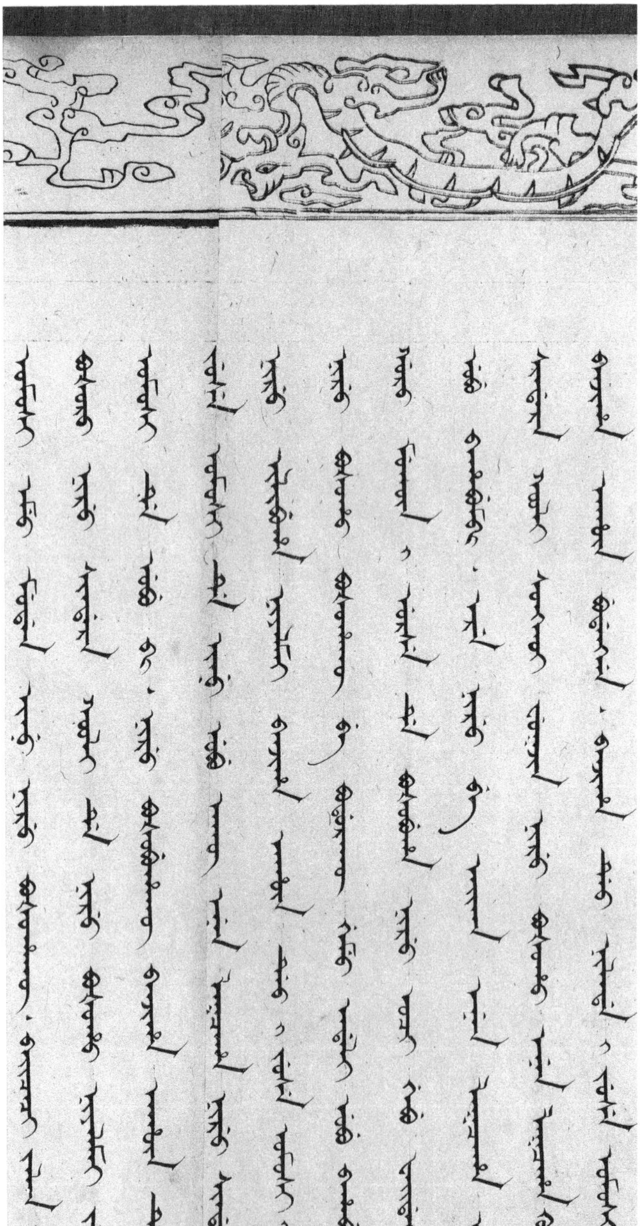

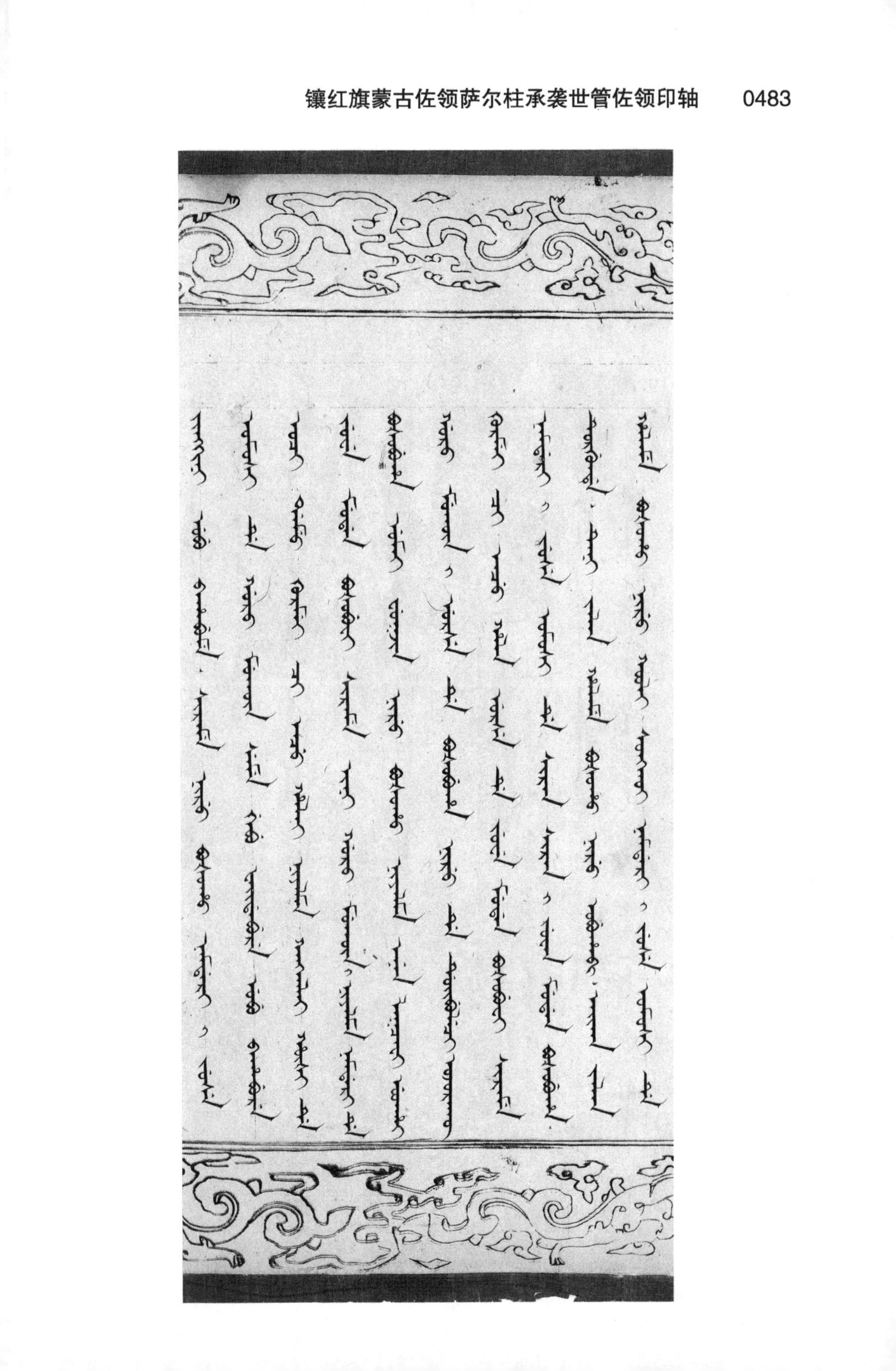

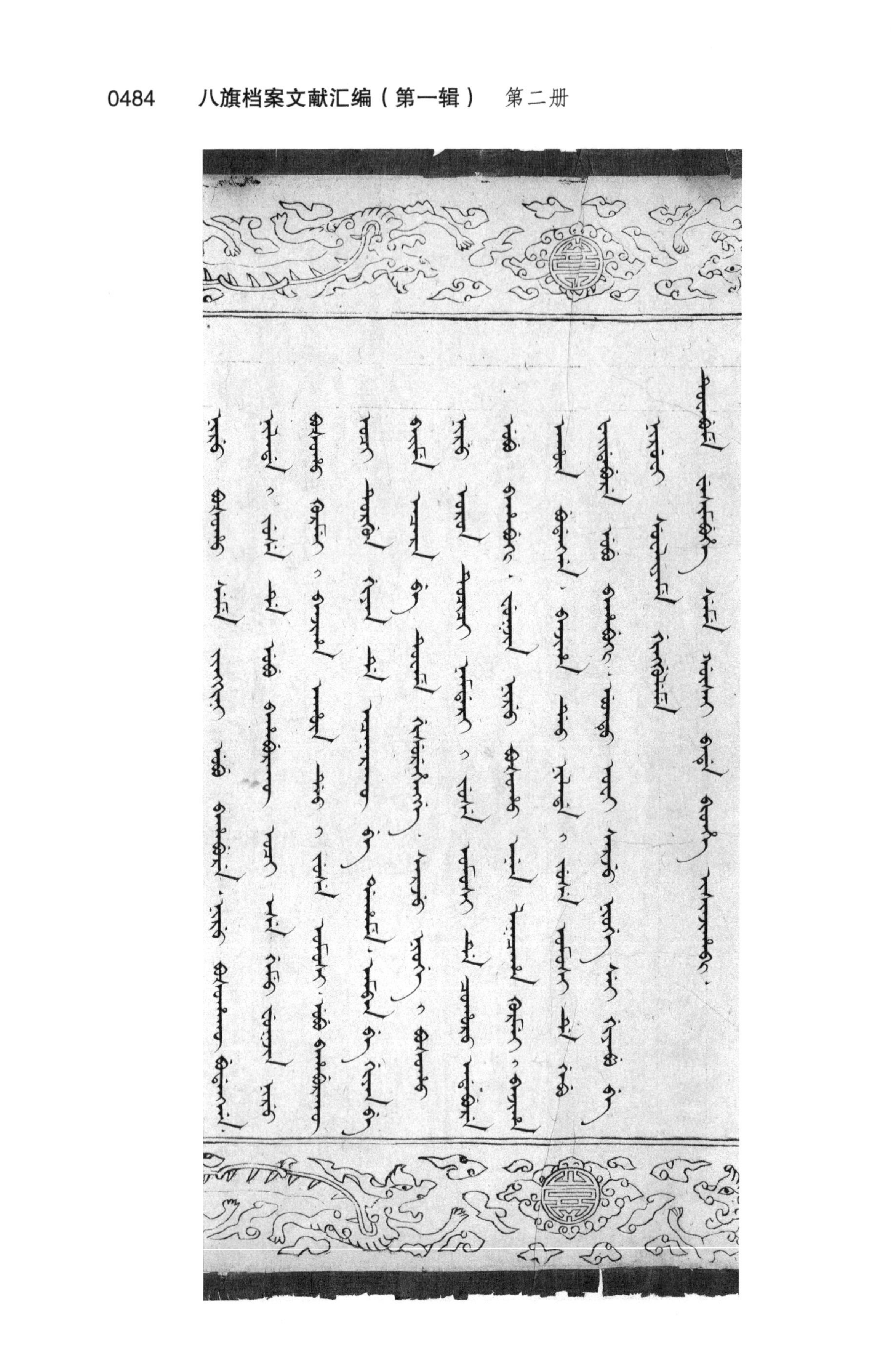

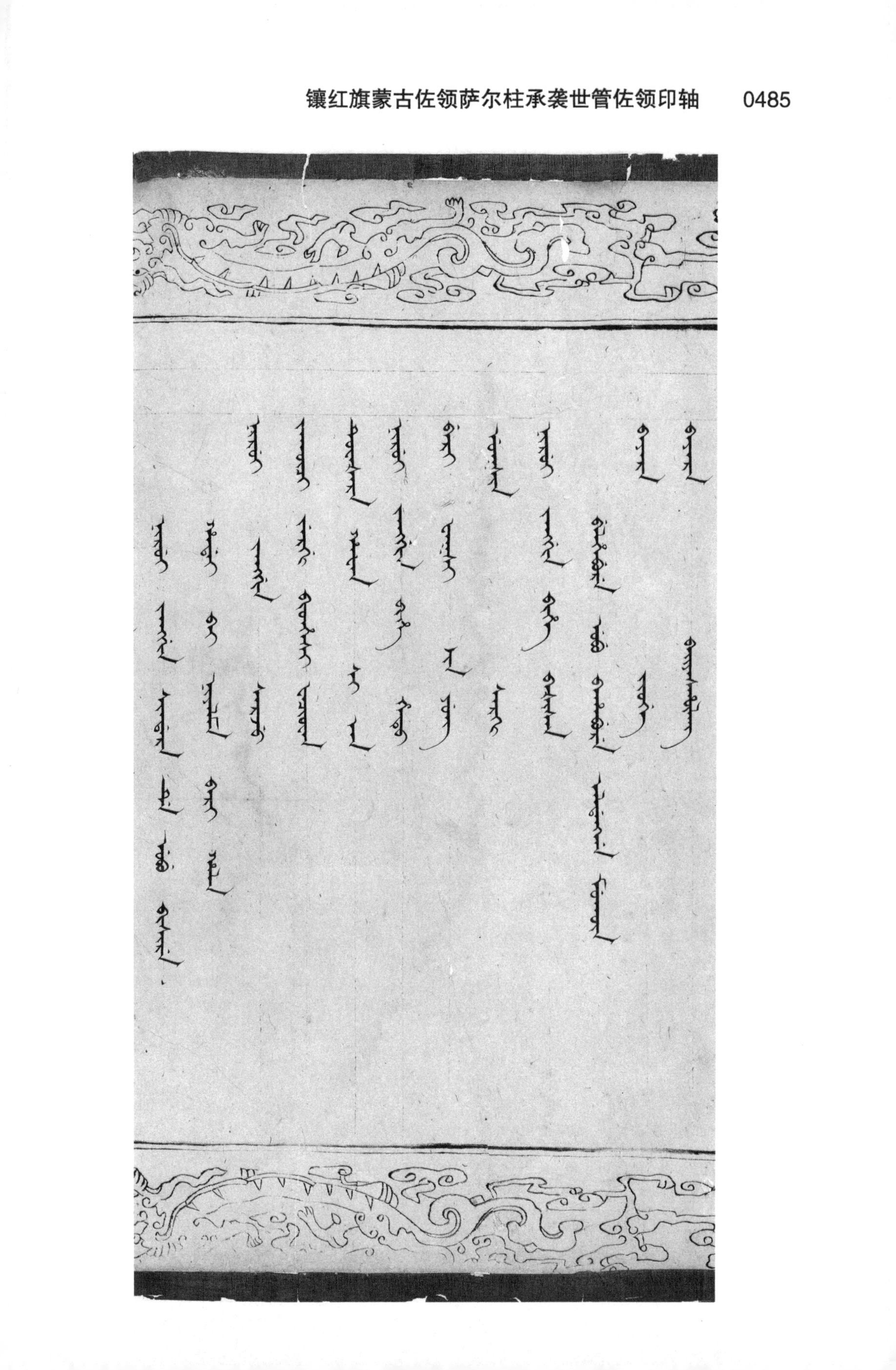

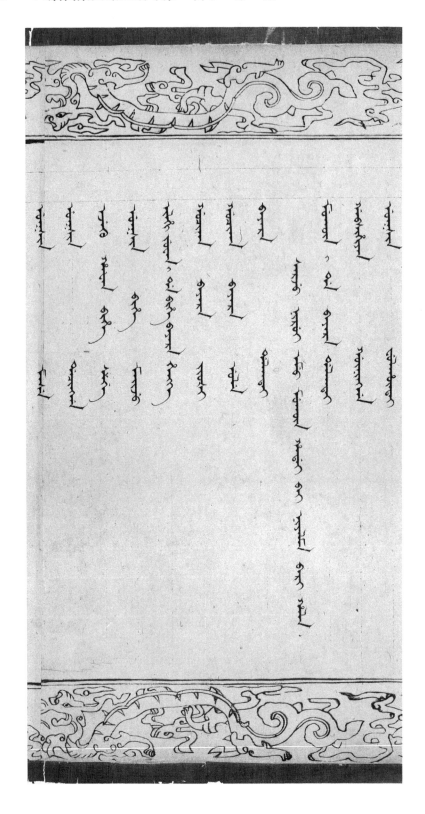

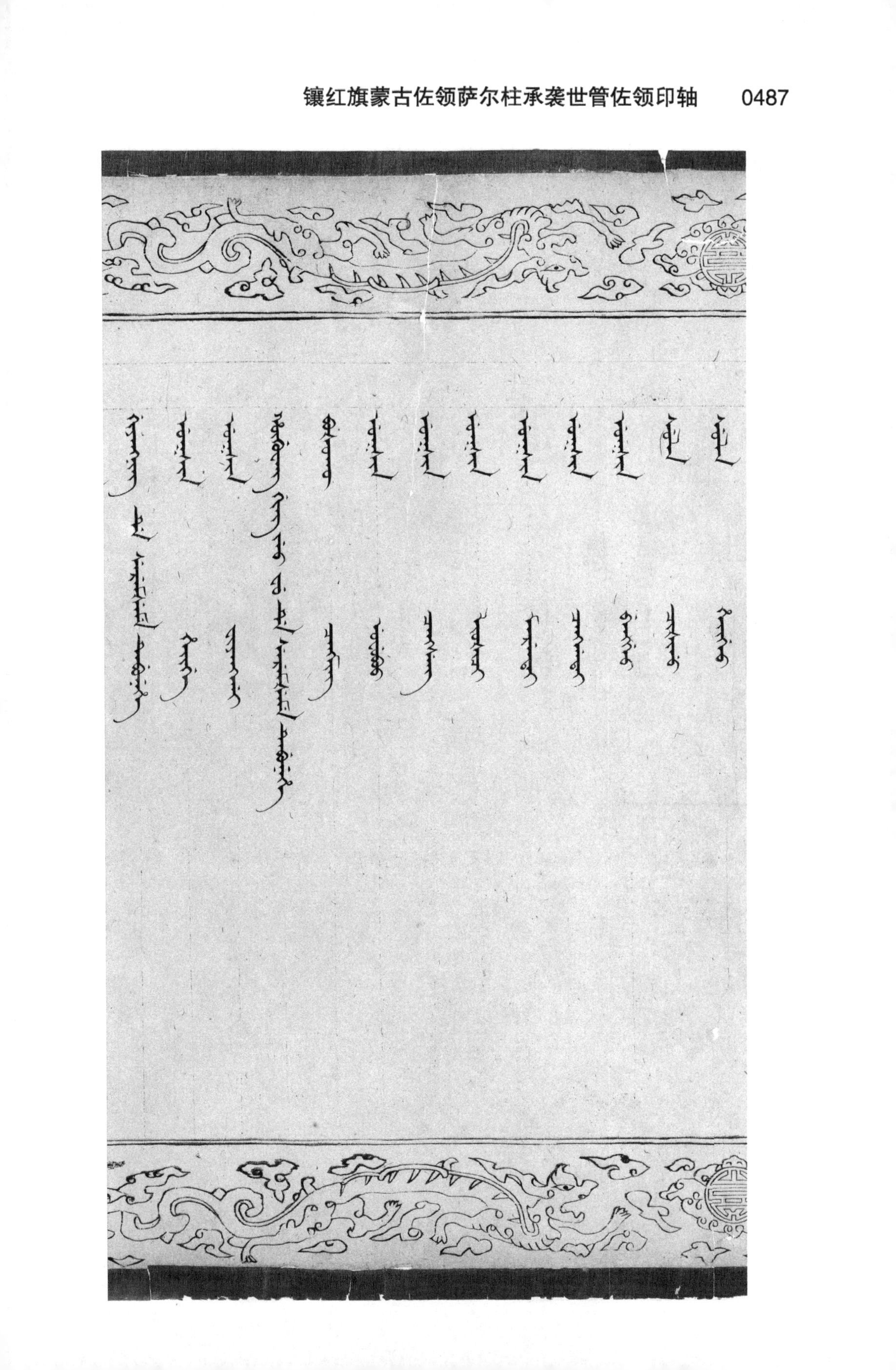

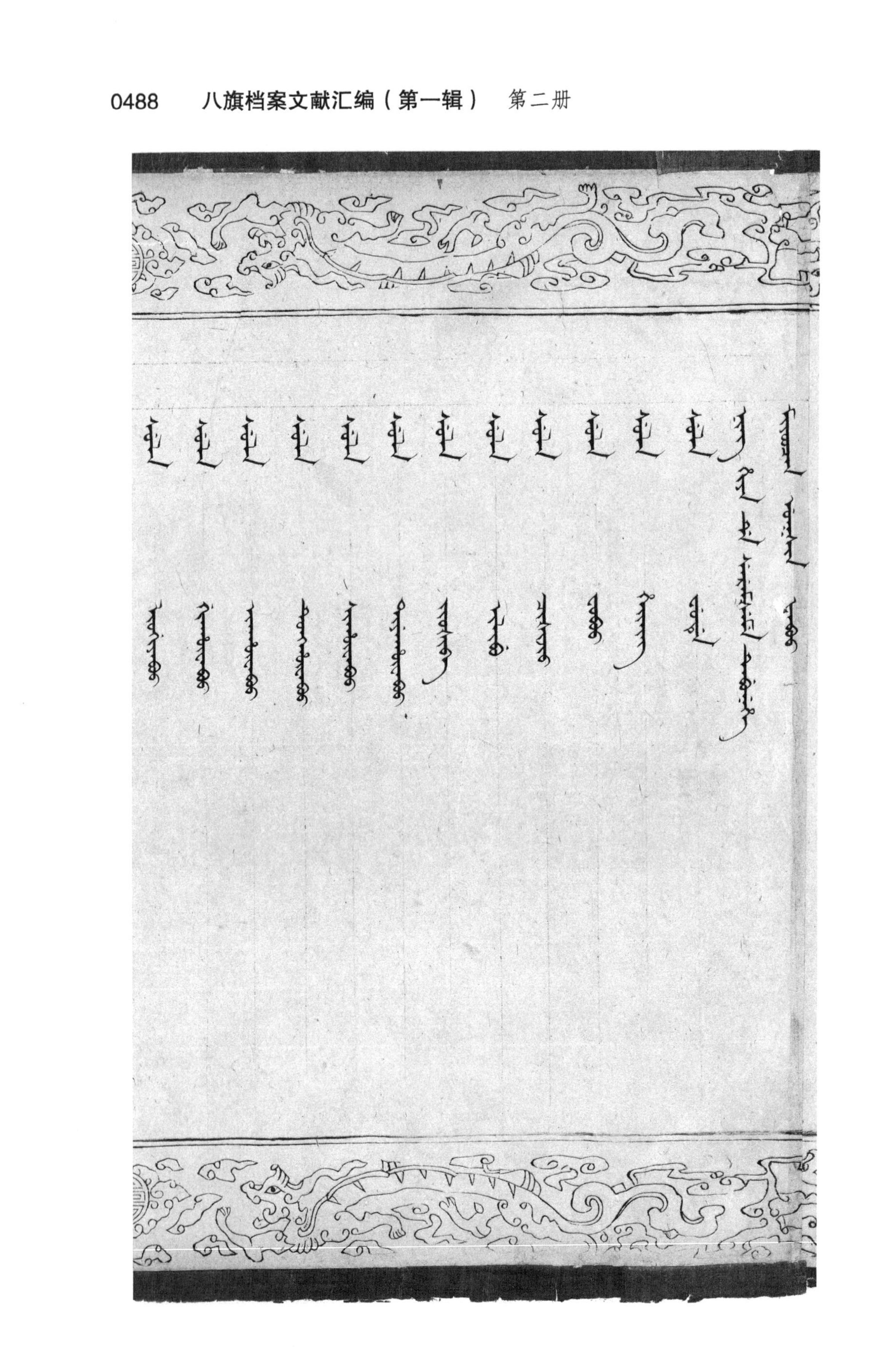

[illegible]

[illegible]

[illegible]

[illegible]

[illegible]

[illegible]

[illegible]

[illegible]

[illegible]

[illegible]

[illegible]

[illegible]

[illegible]

[illegible]

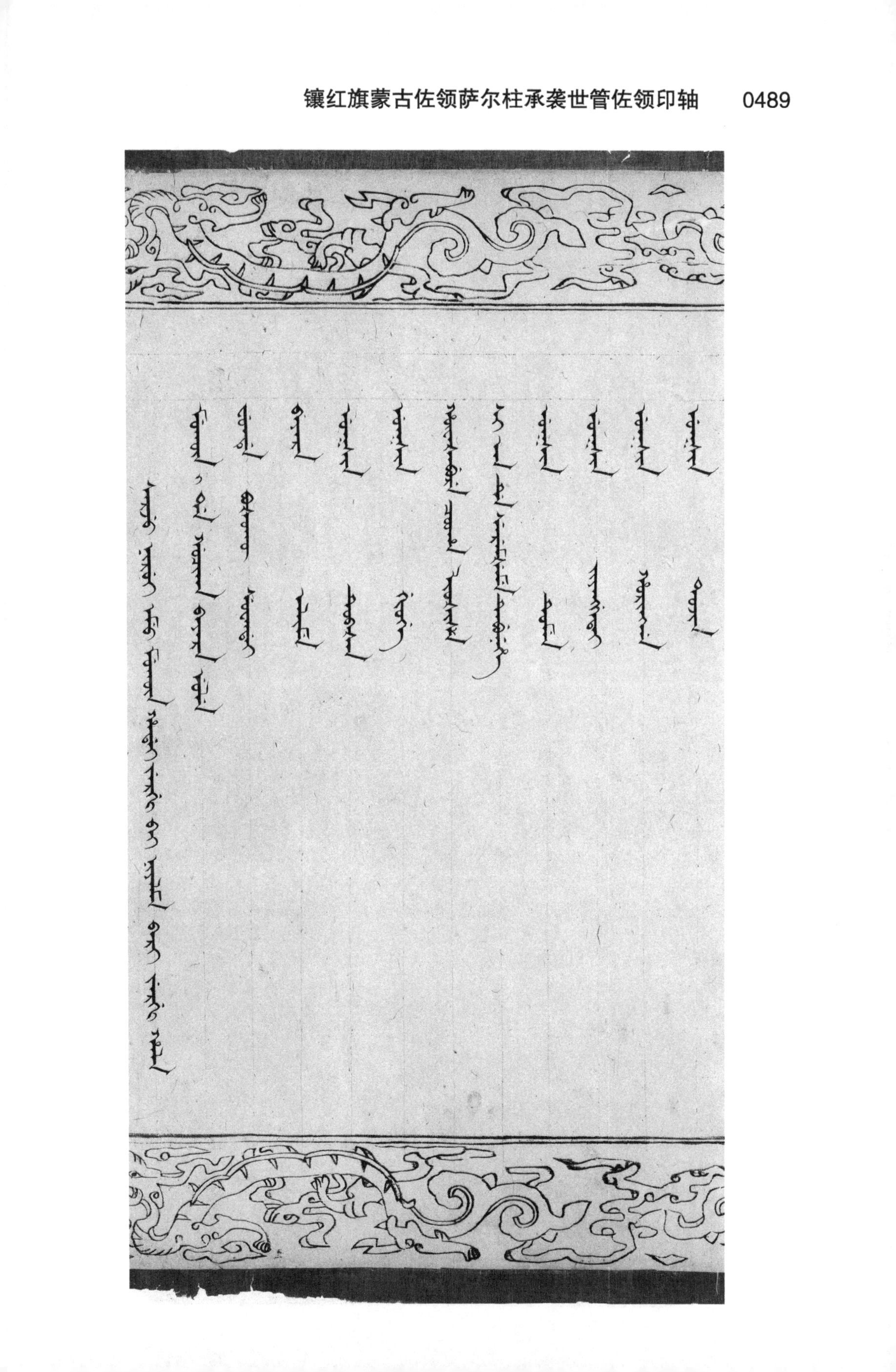

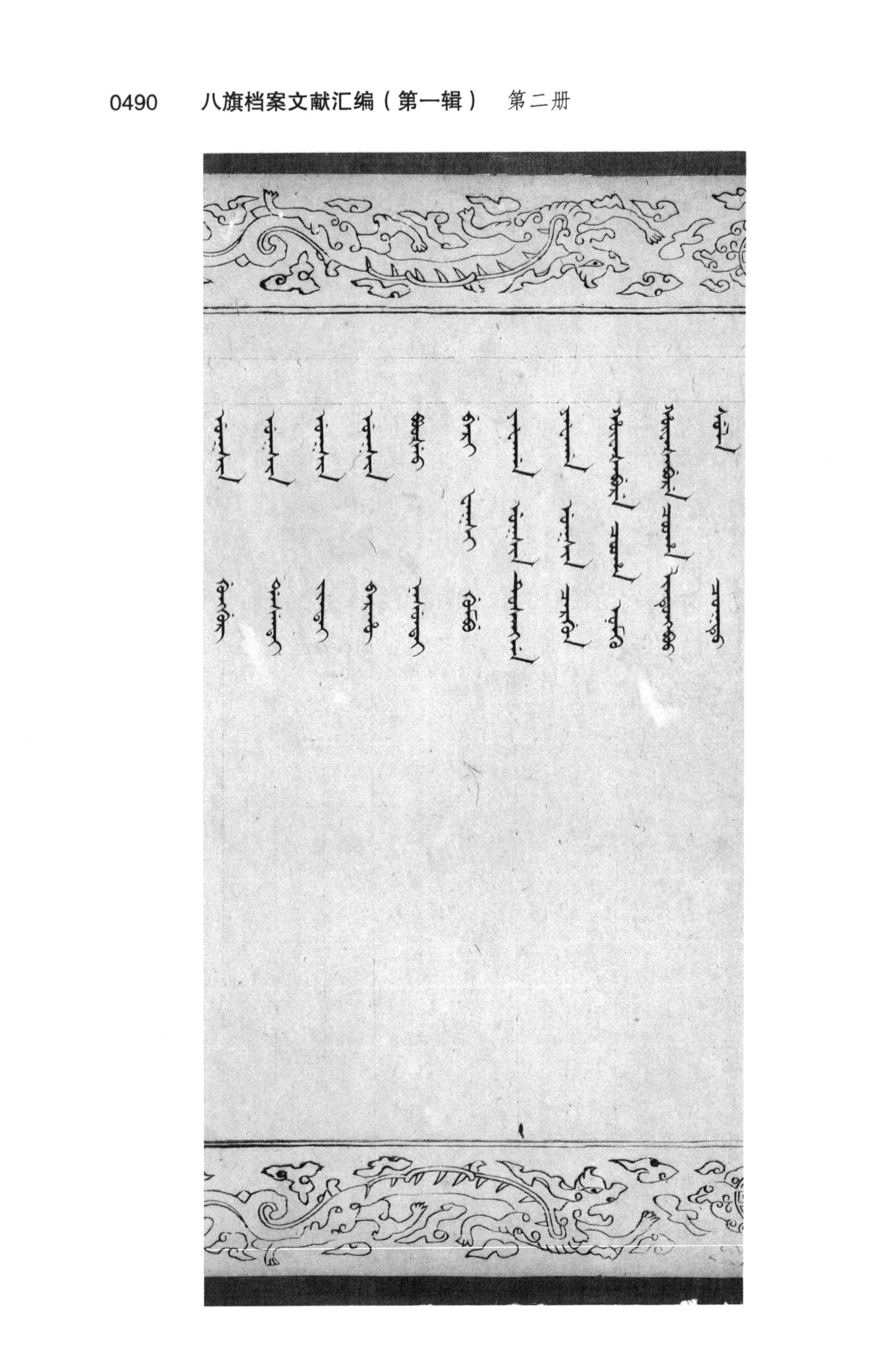

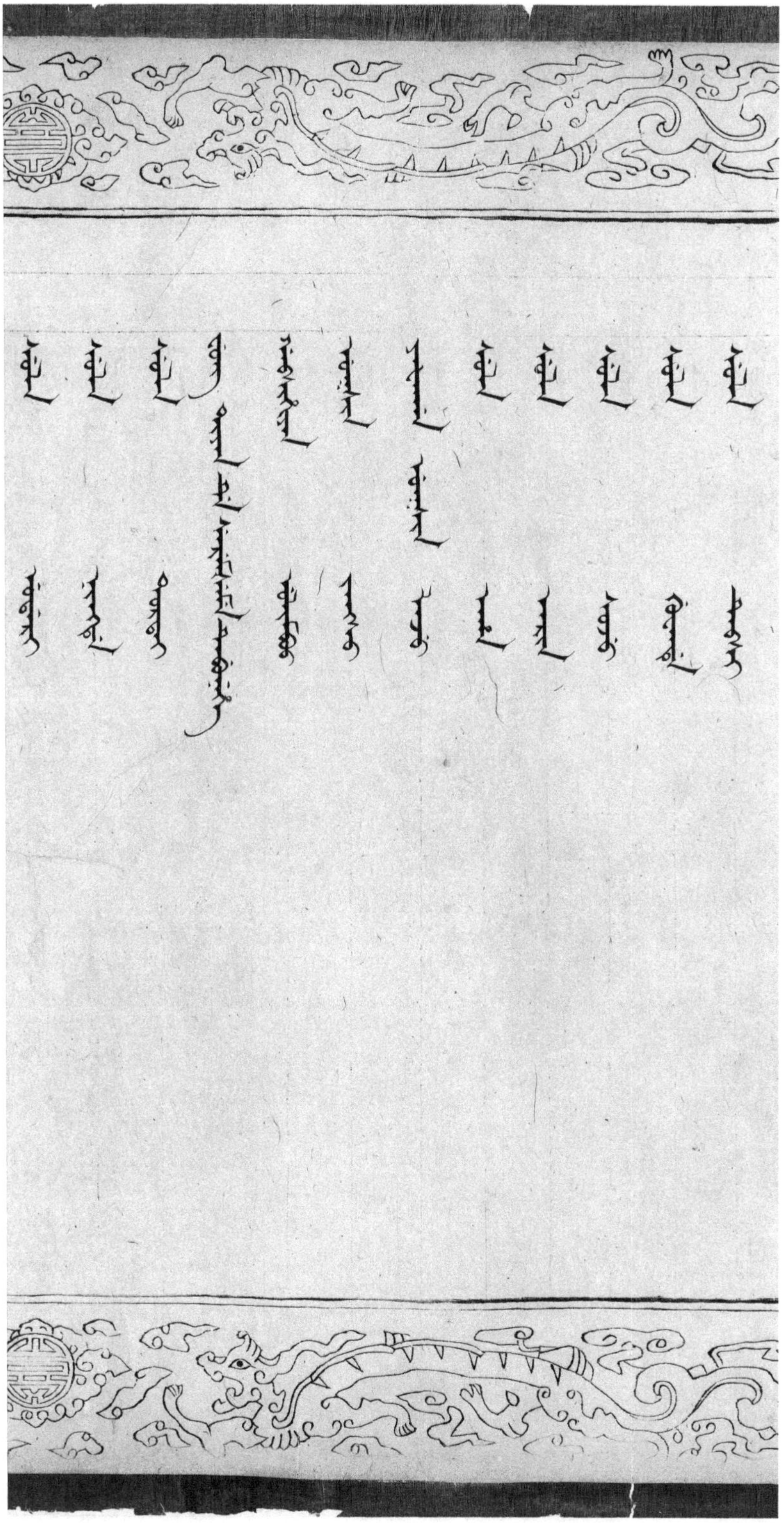

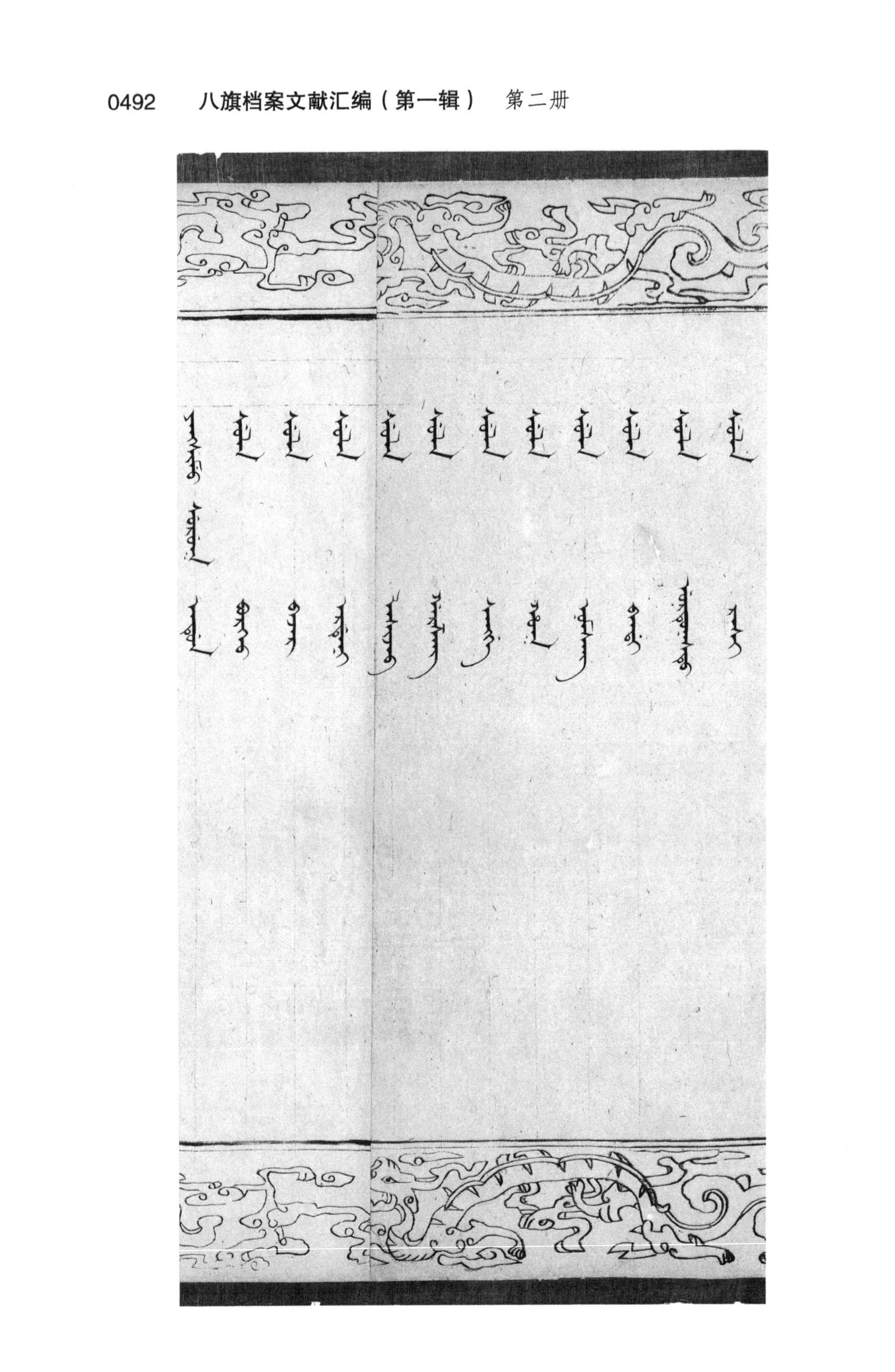

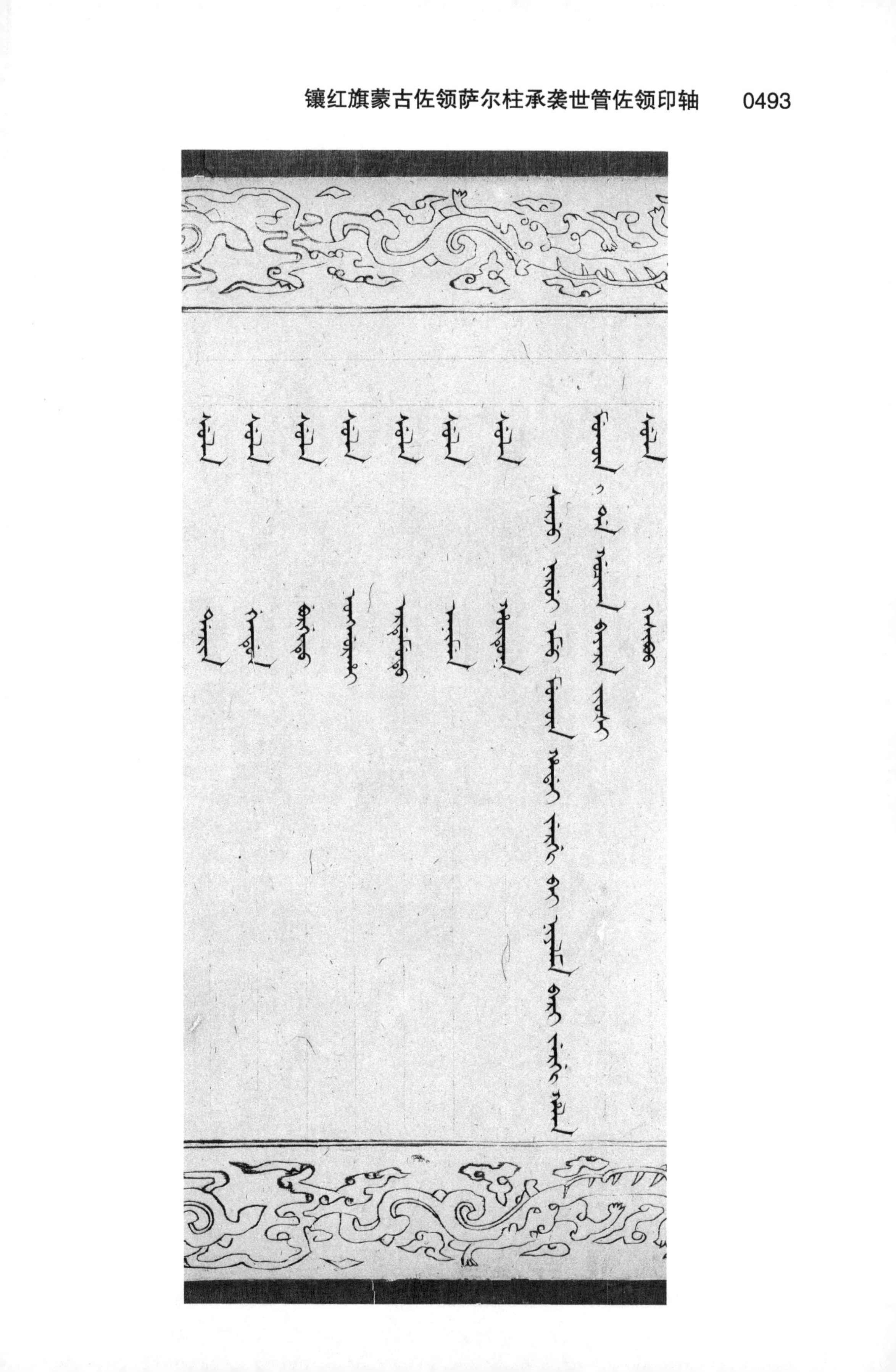

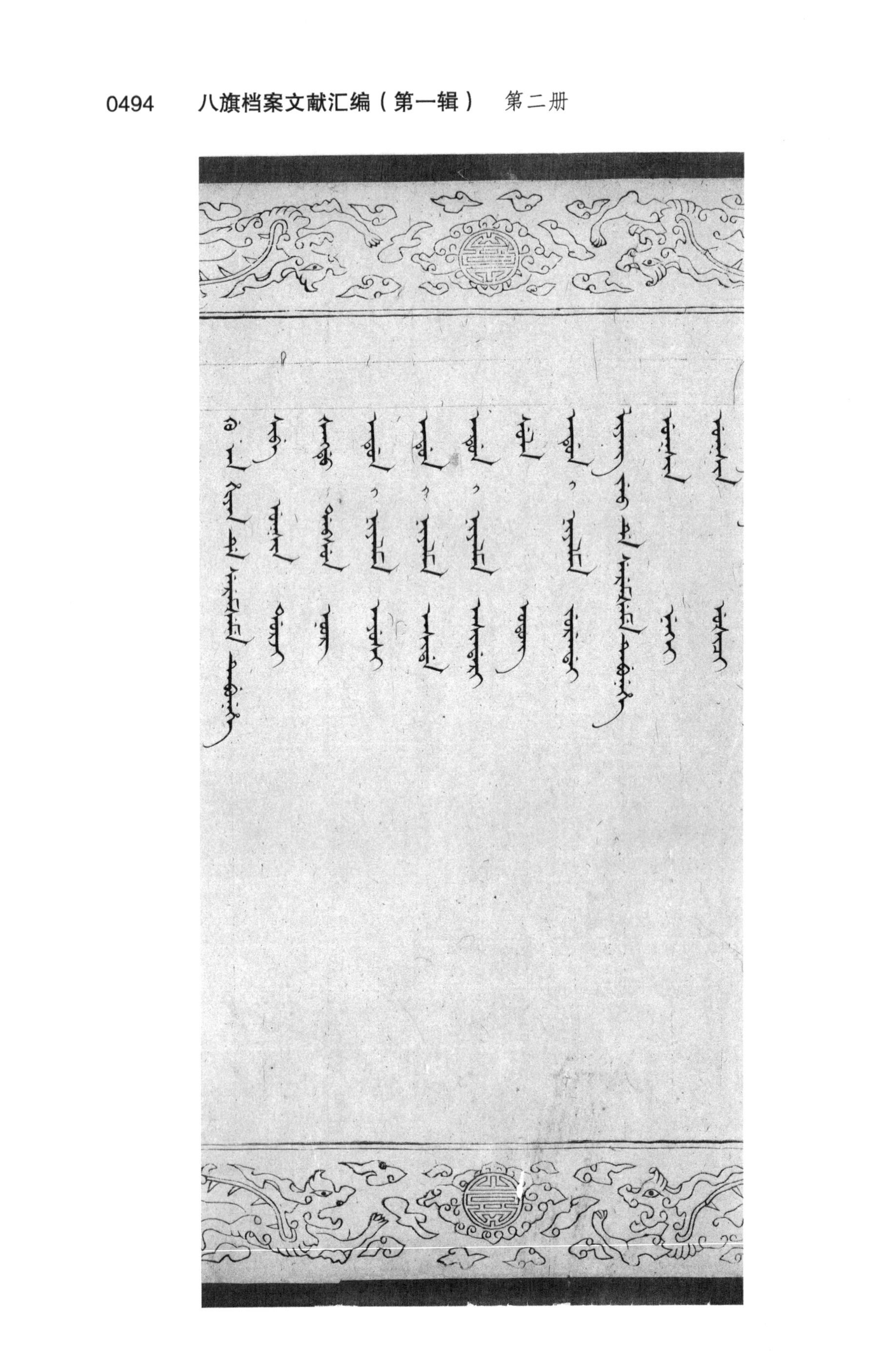

[illegible]

[illegible]

[illegible]

[illegible]

[illegible]

[illegible]

[illegible]

[illegible]

[illegible]

[illegible]

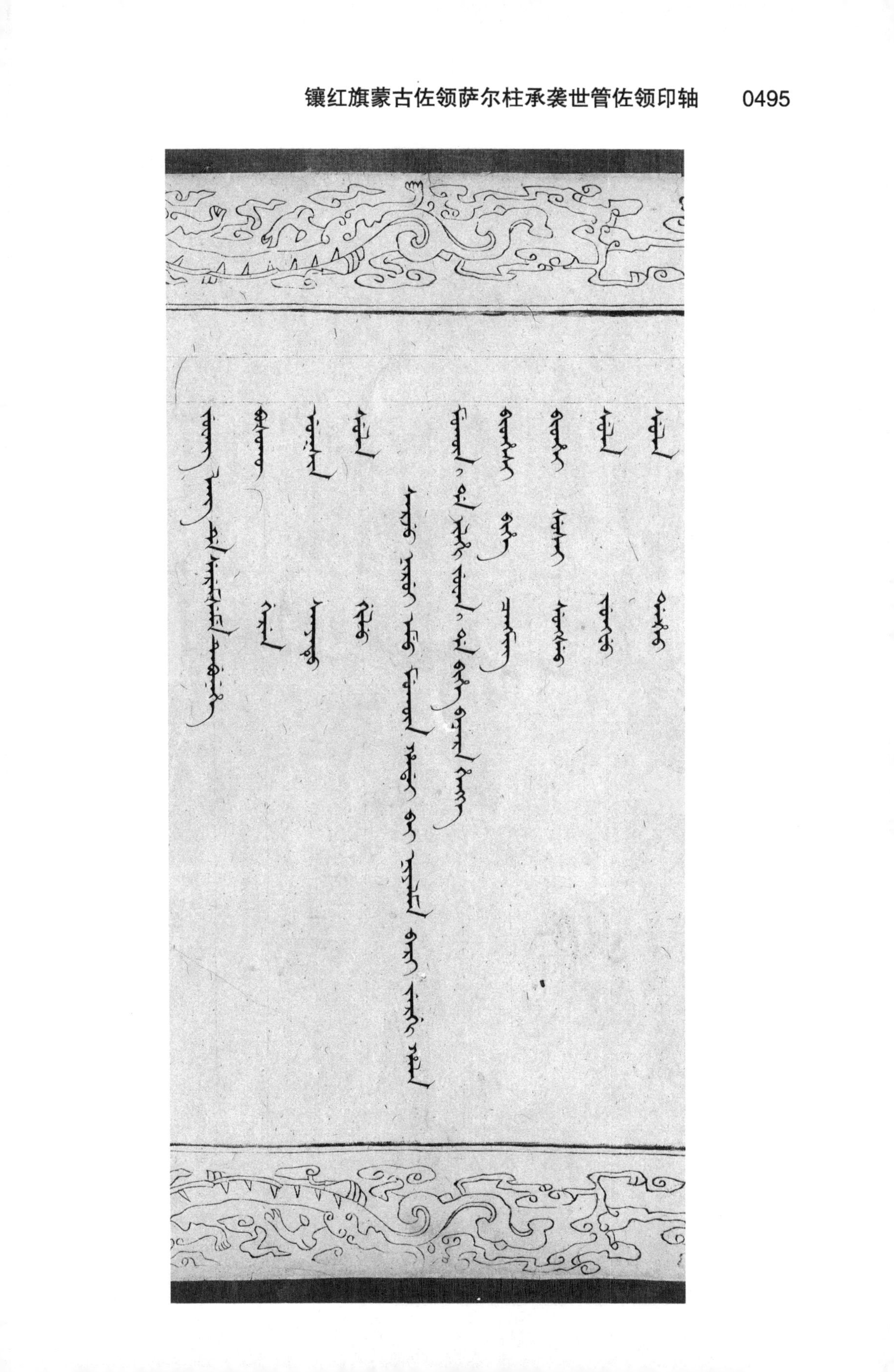

[illegible]

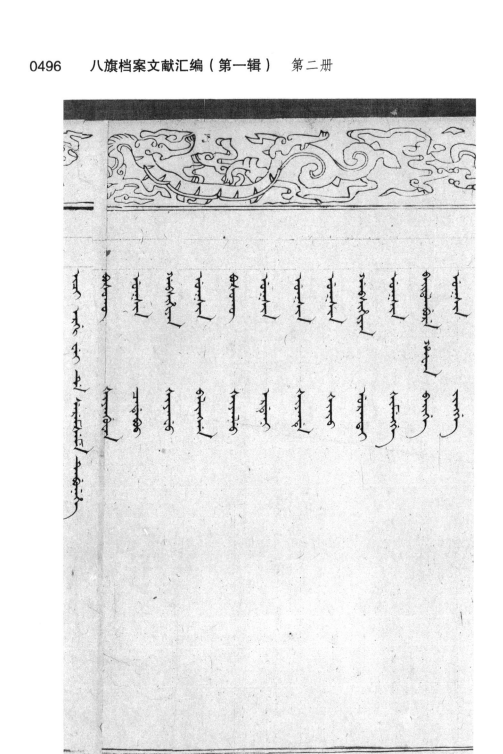

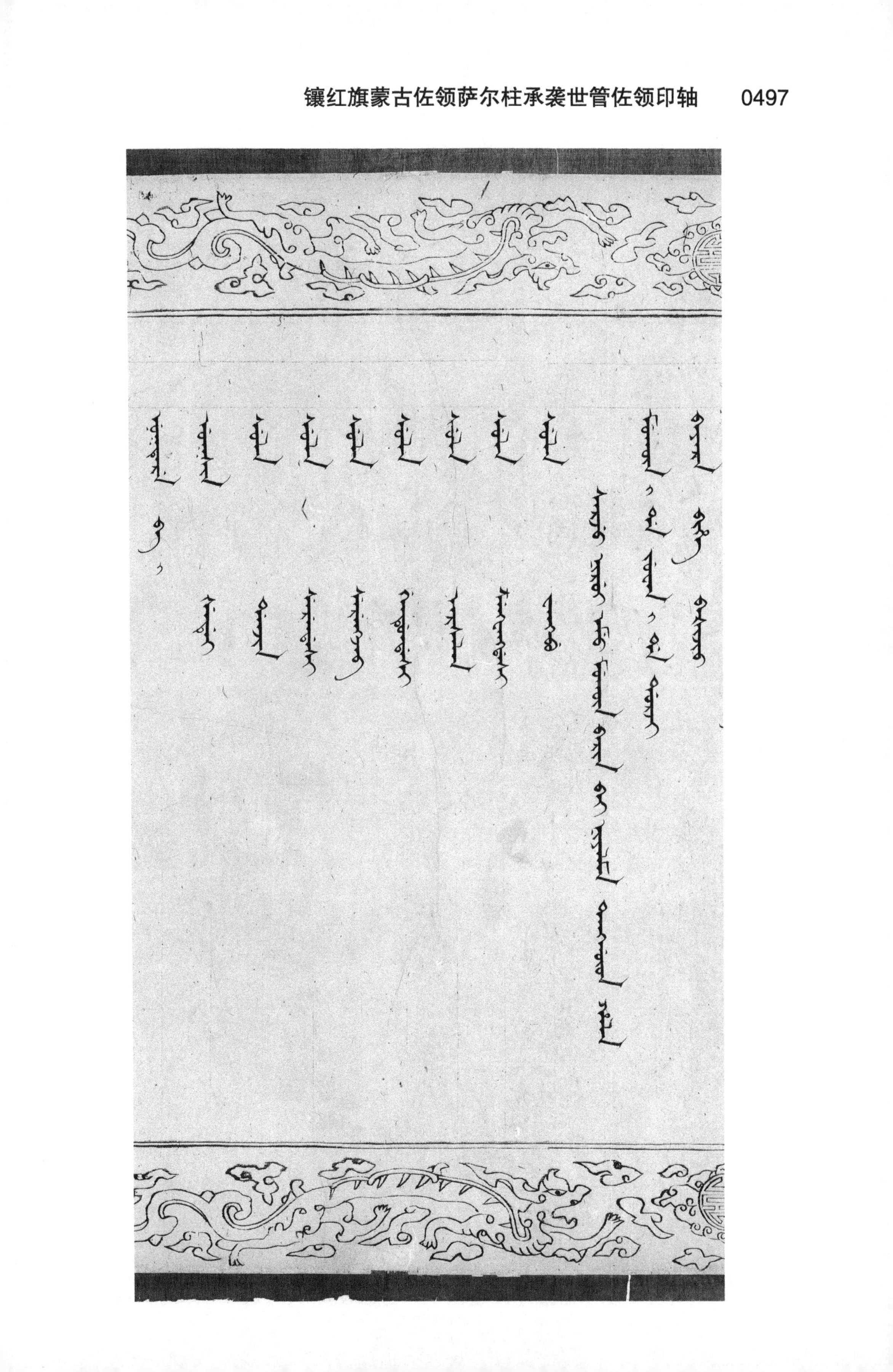

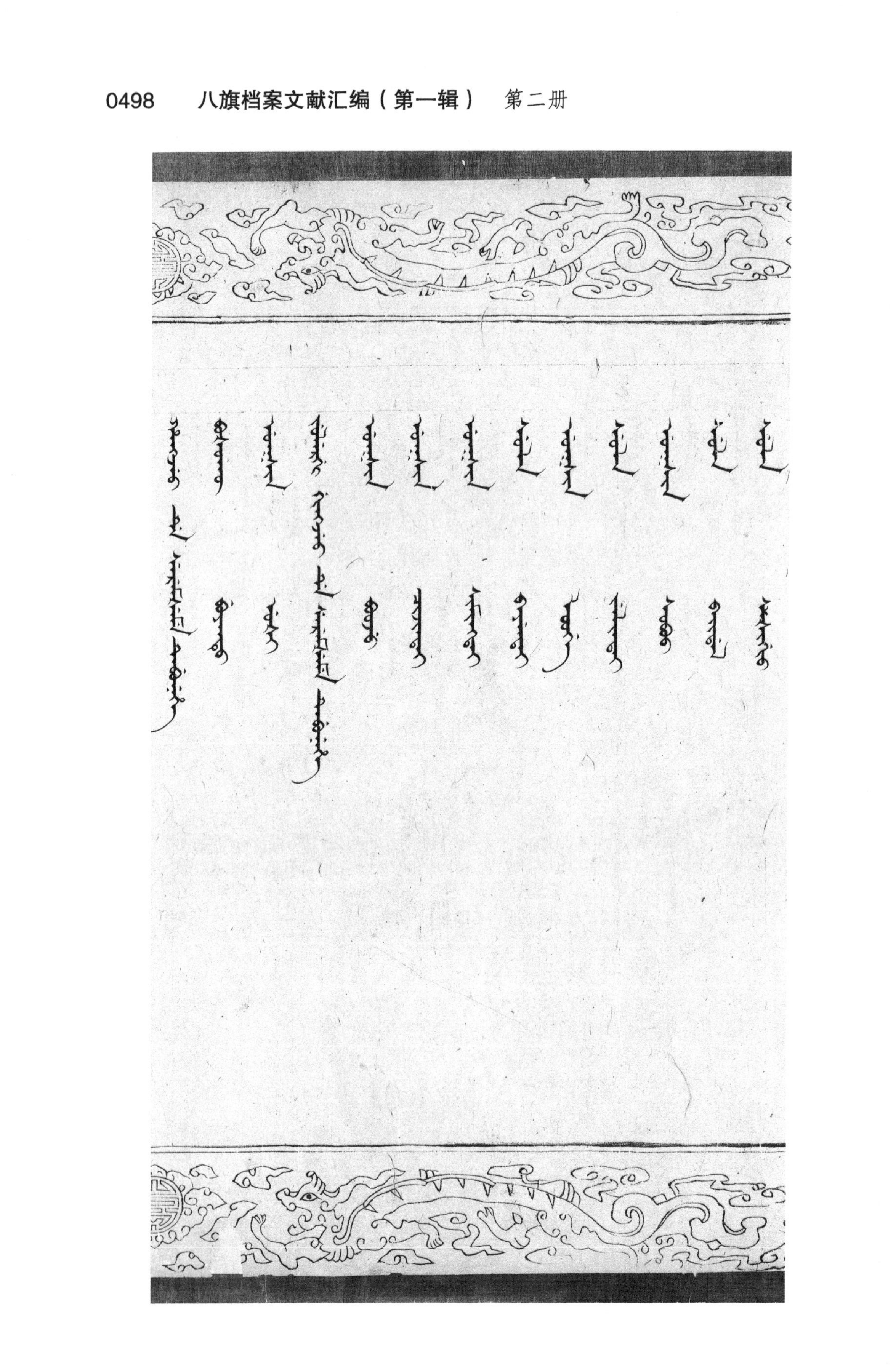

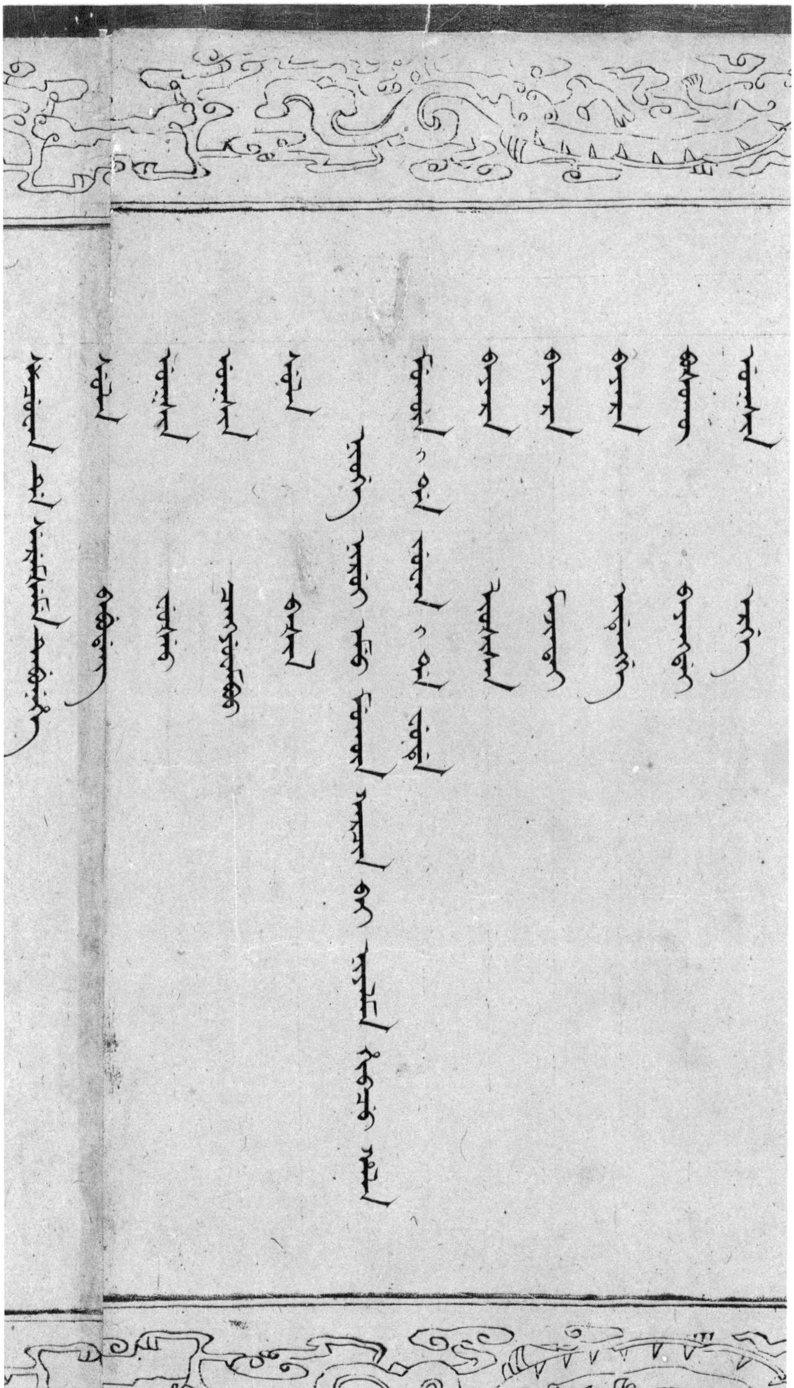

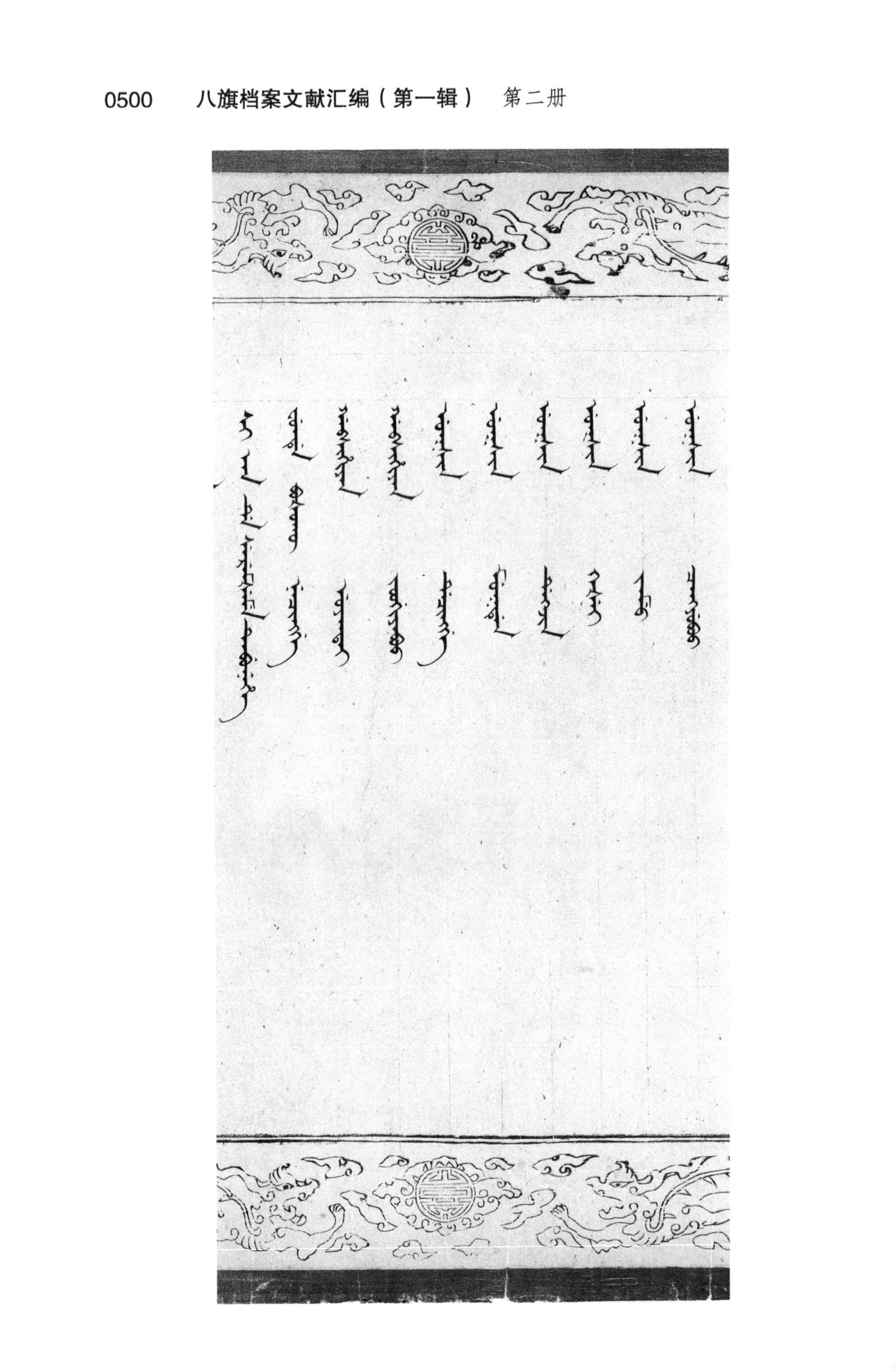

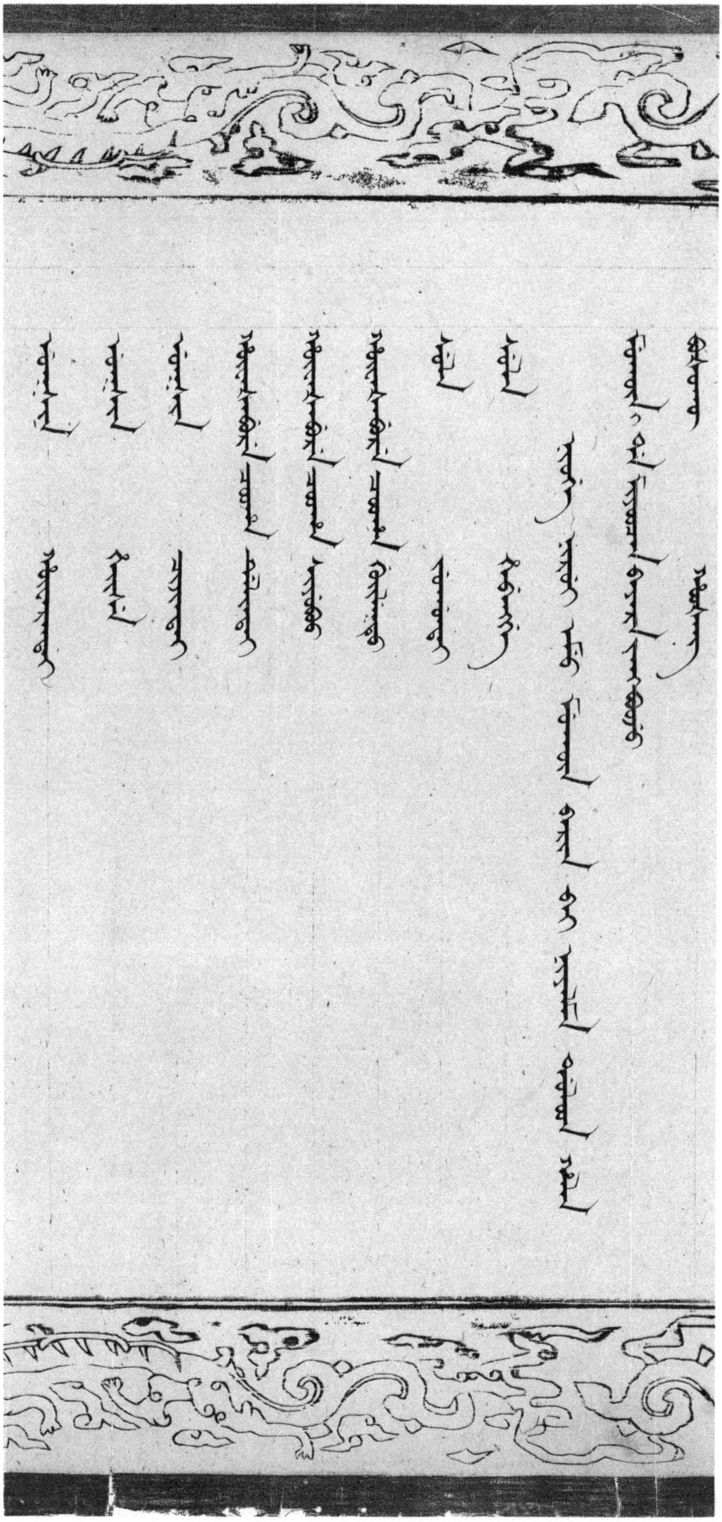

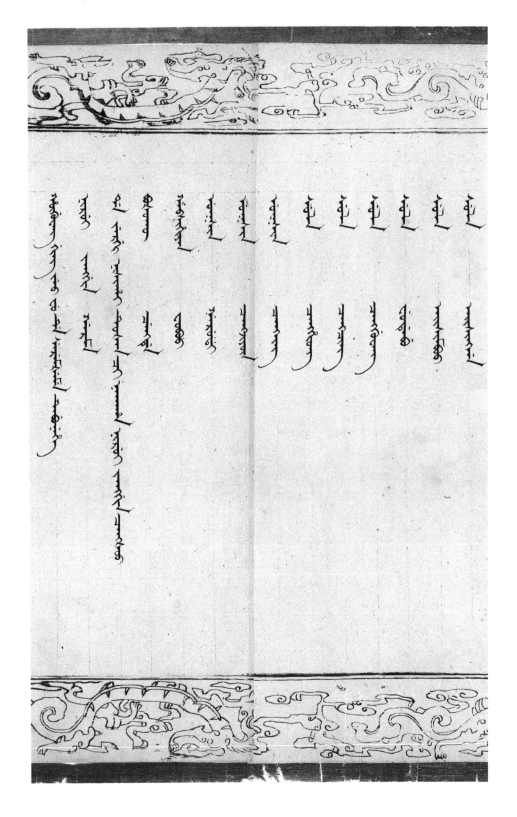

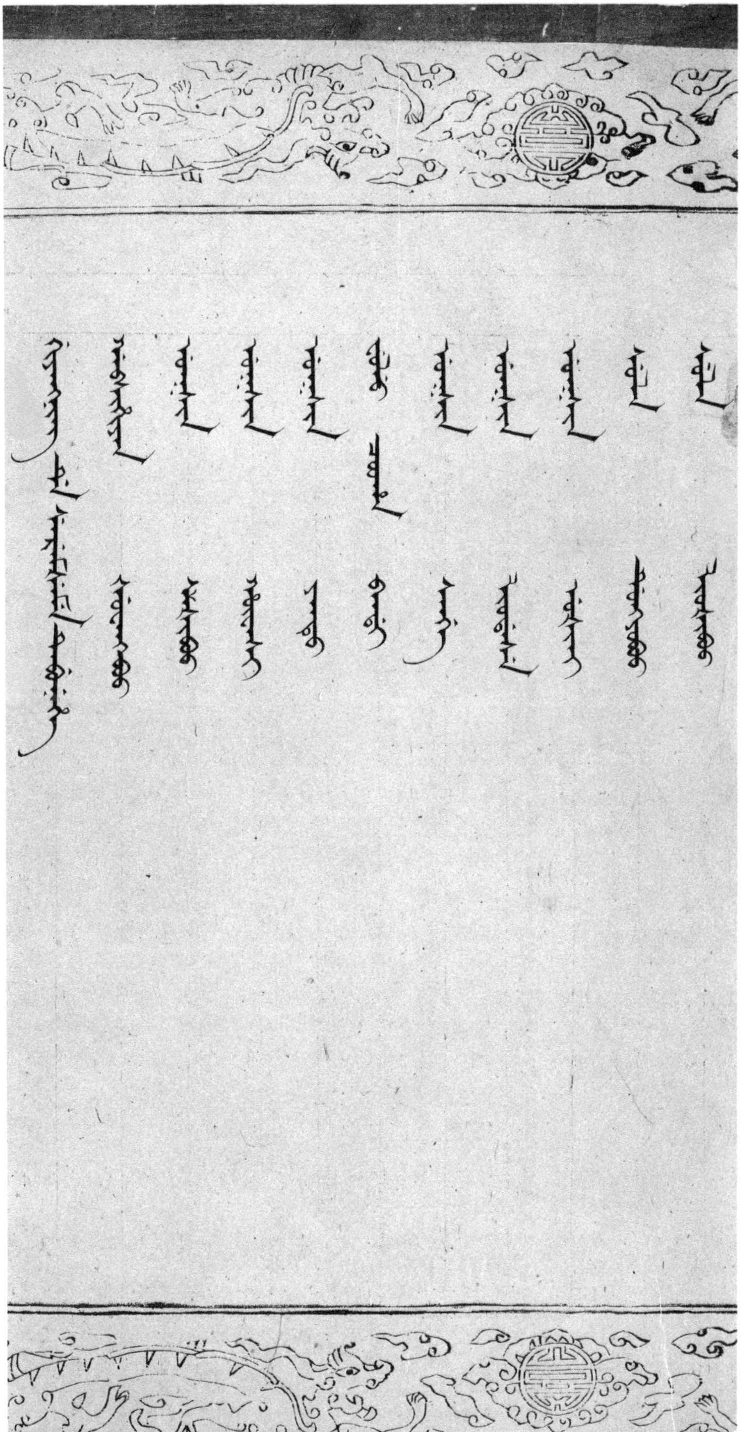

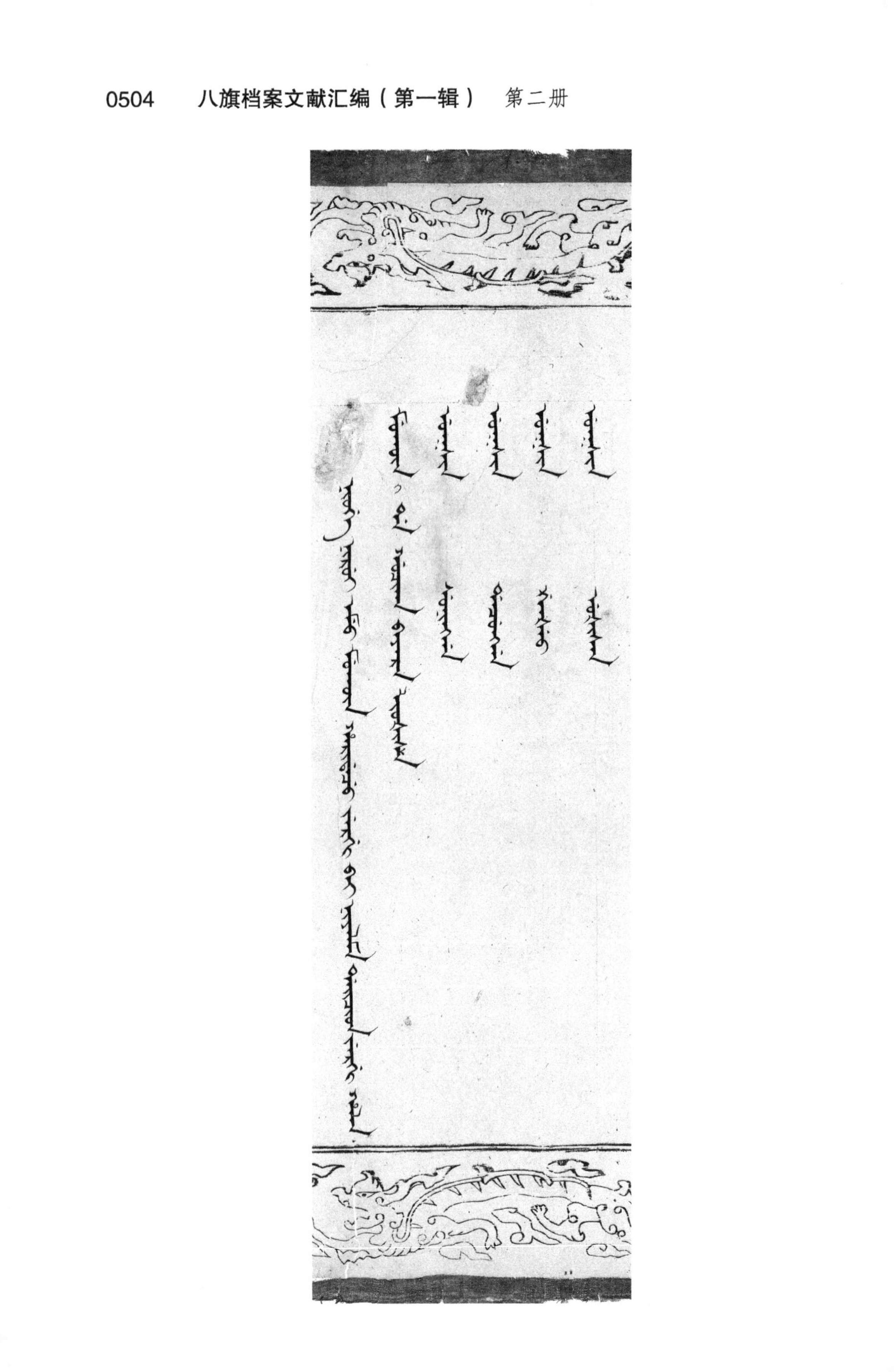

[illegible]

[illegible]

[illegible]

[illegible]

[illegible]

[illegible]

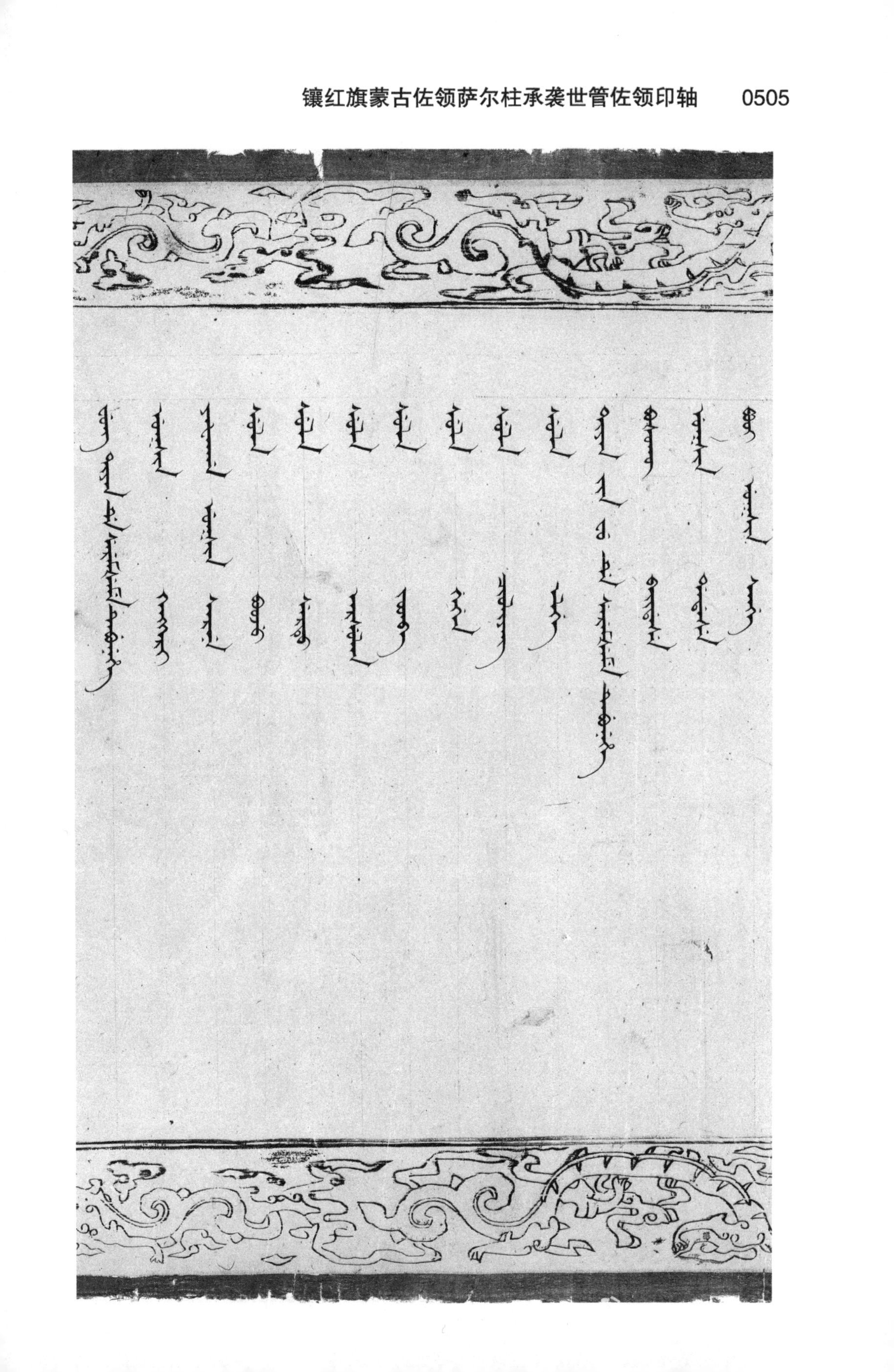

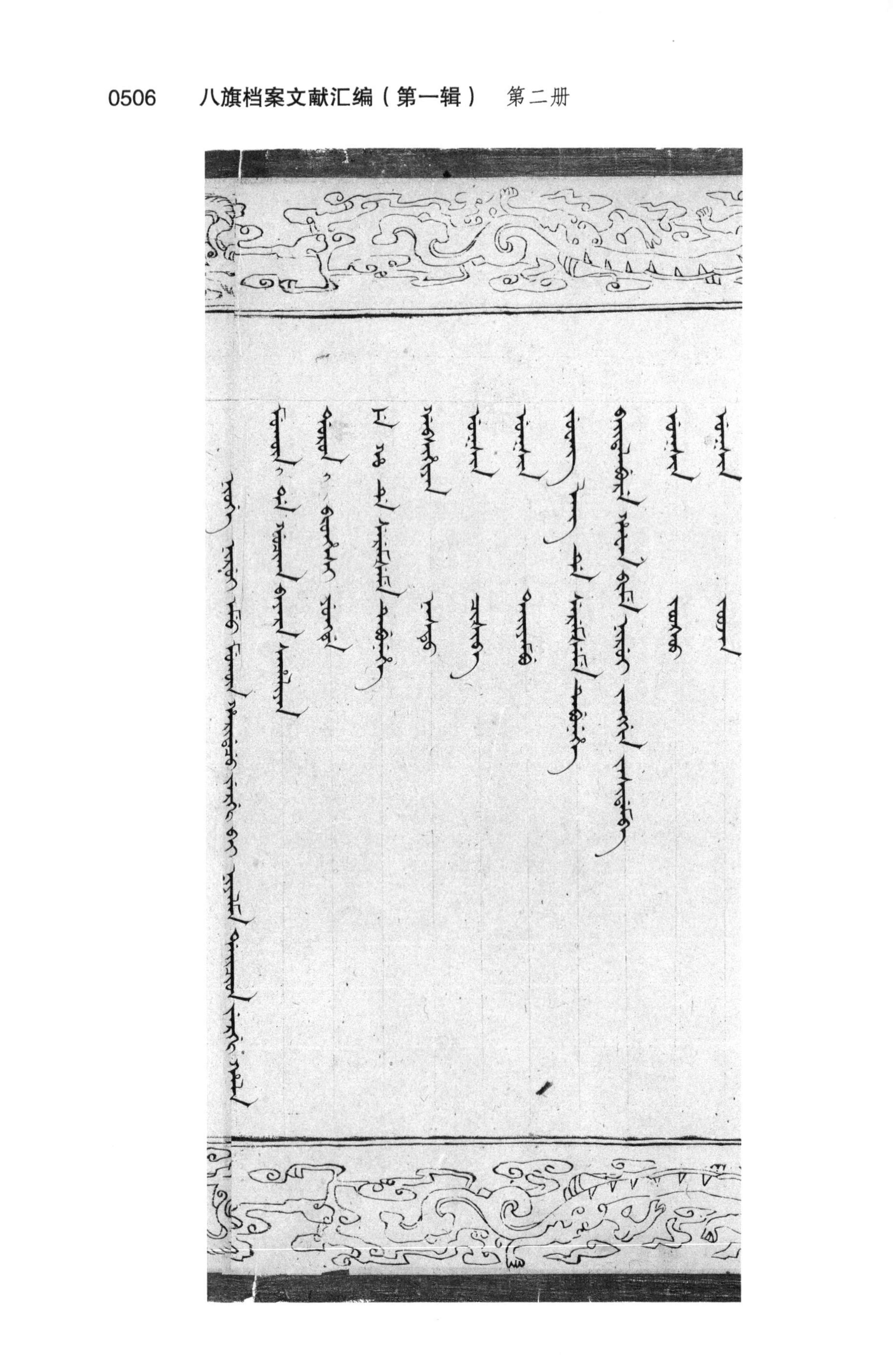

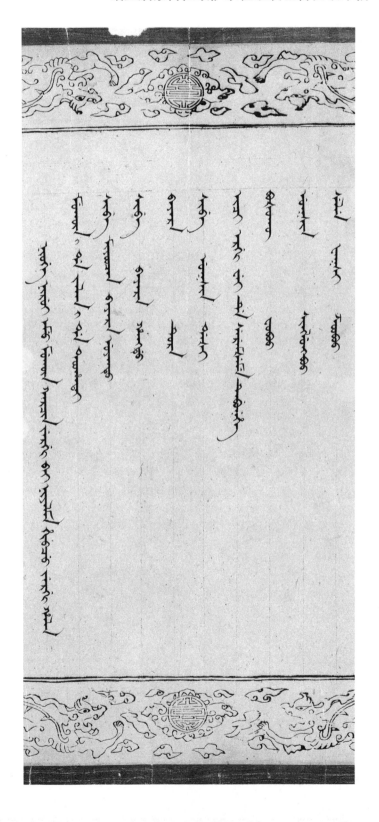

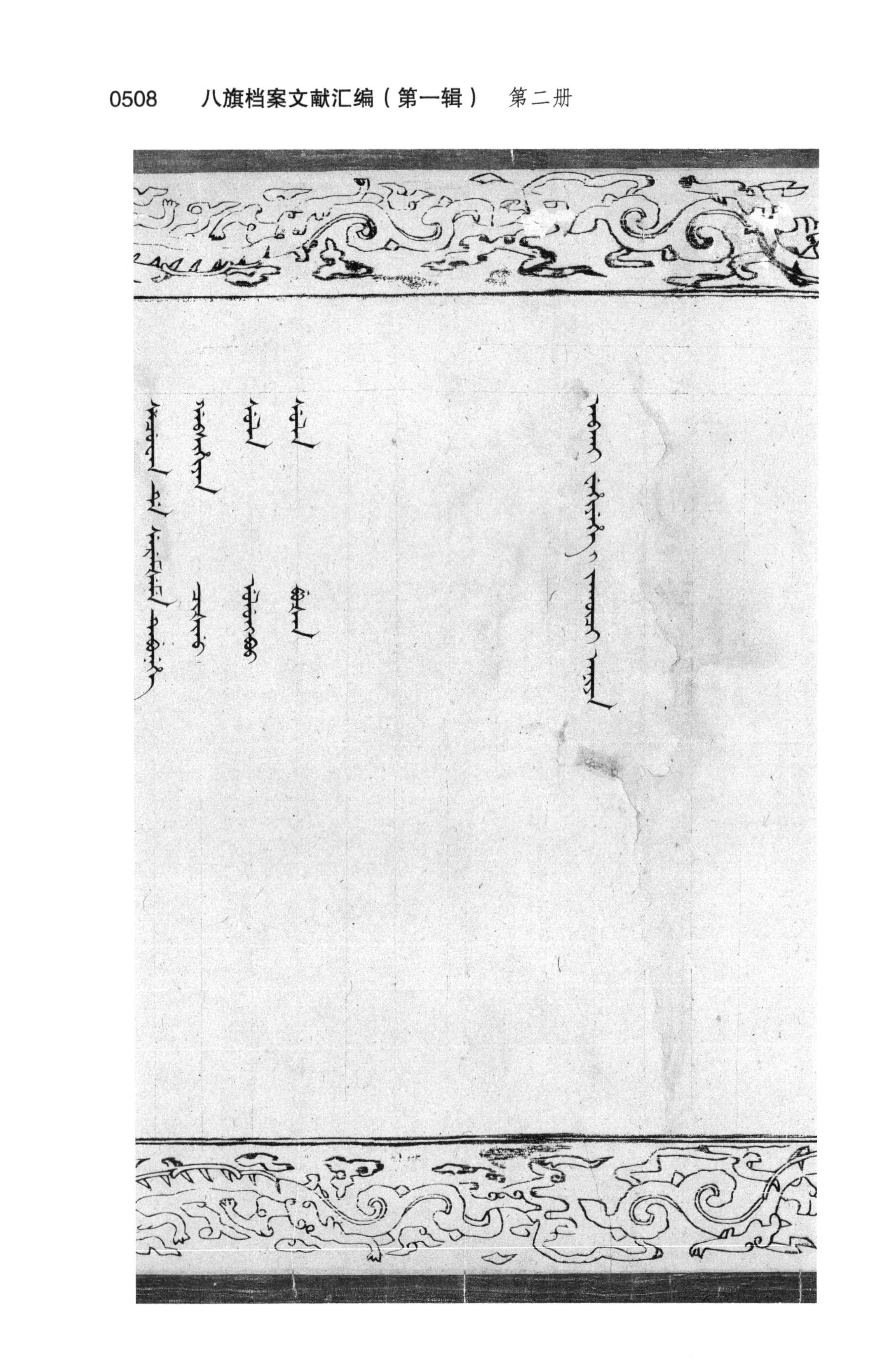

[illegible]

[illegible]

[illegible]

[illegible]

[illegible]

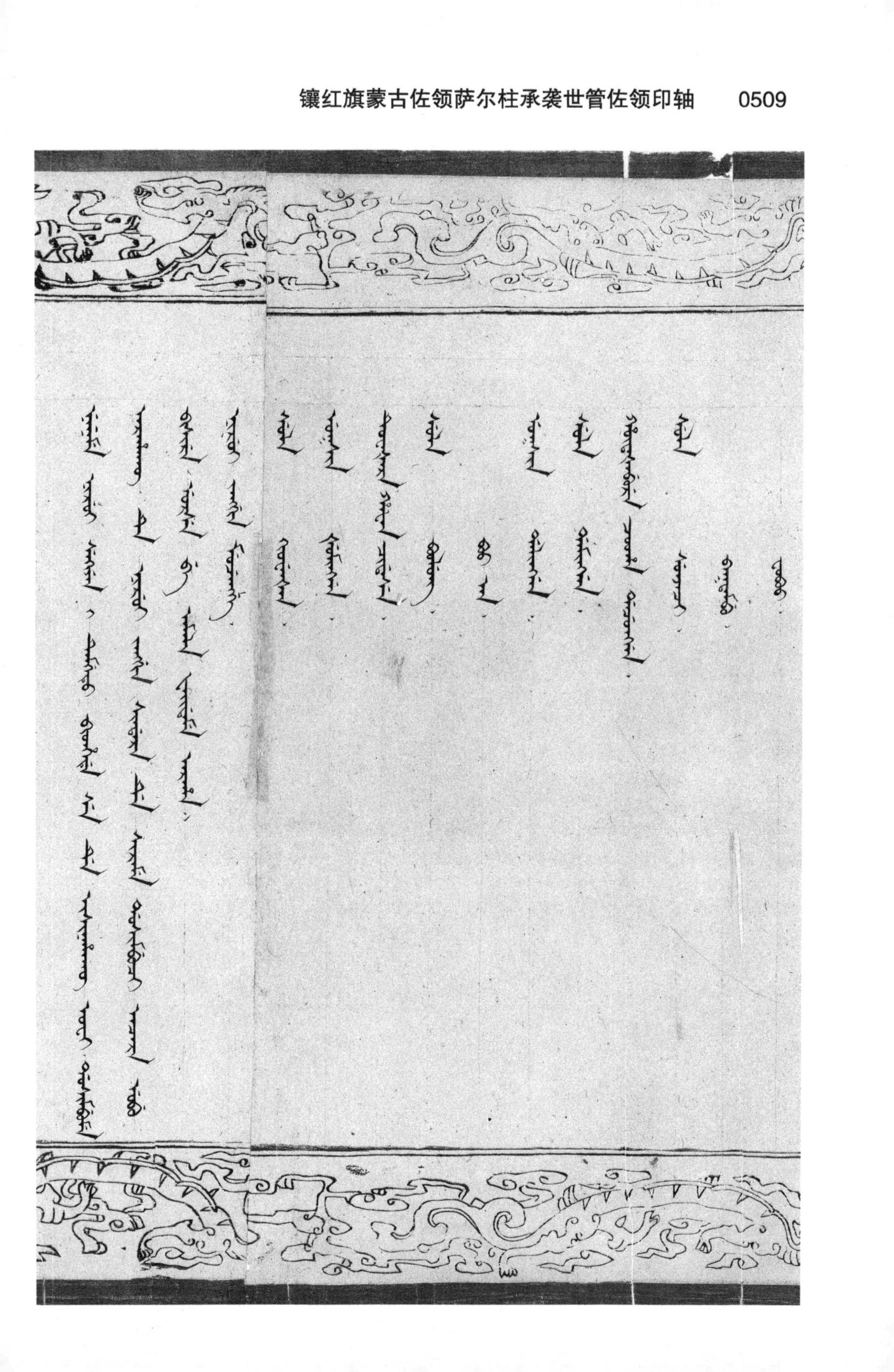

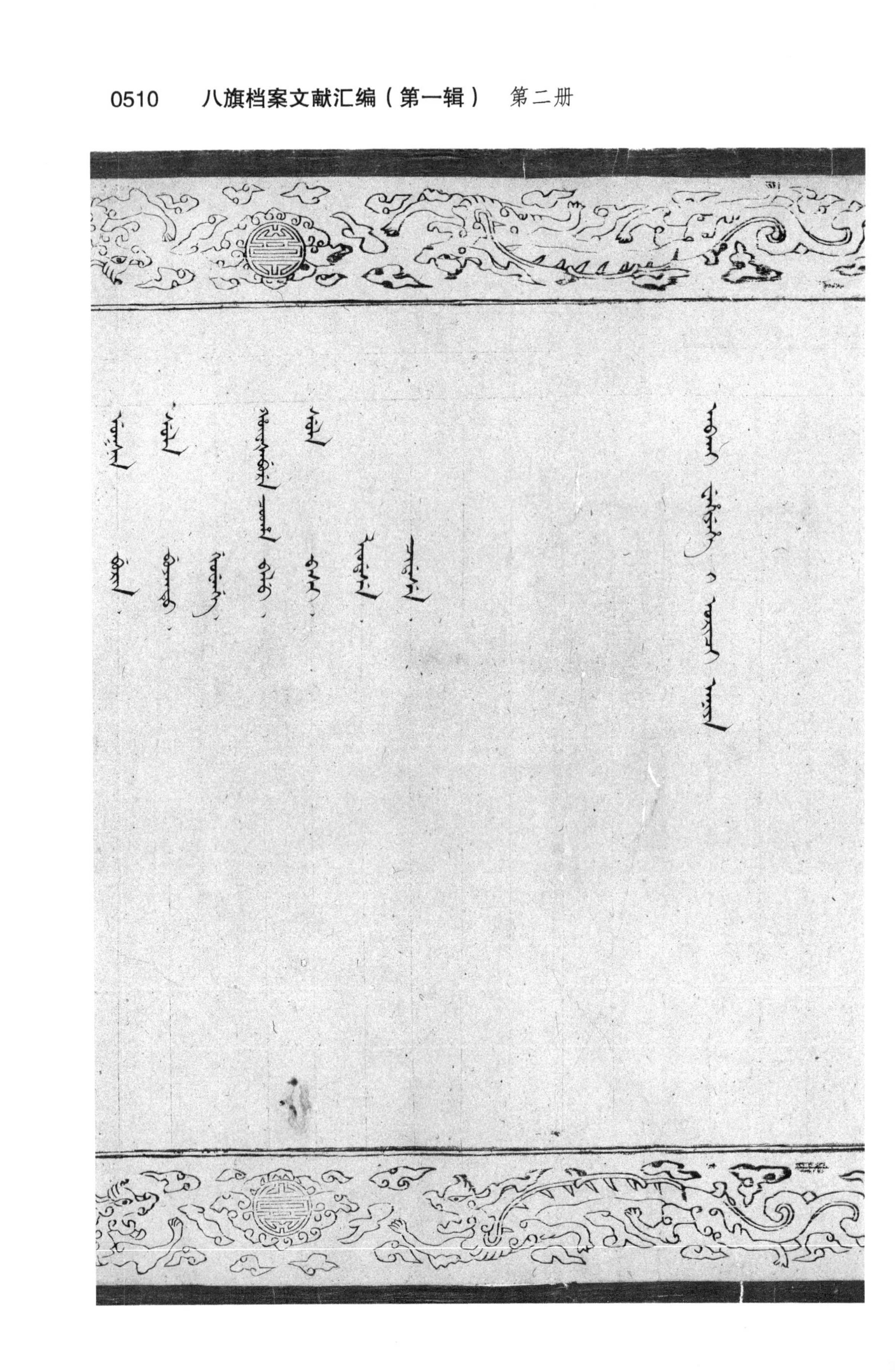

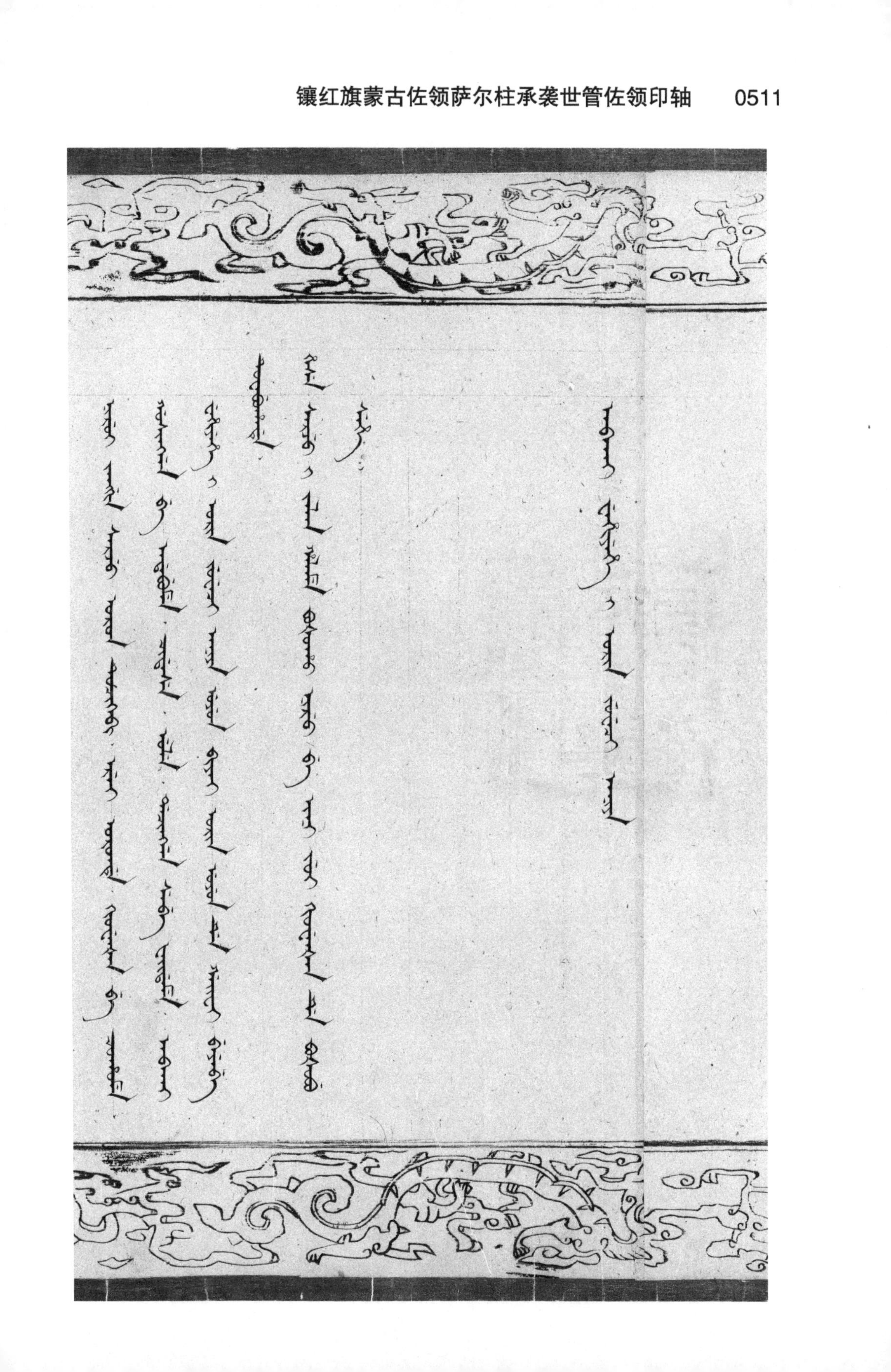

ᠠᠪᡴᠠᡳ ᡥᡝᠰᡝᡳ ᡶᠣᡵᡤᠣᠨ ᠪᡝ ᠠᠯᡳᡥᠠ

[illegible]

[illegible]

[illegible]

[illegible]

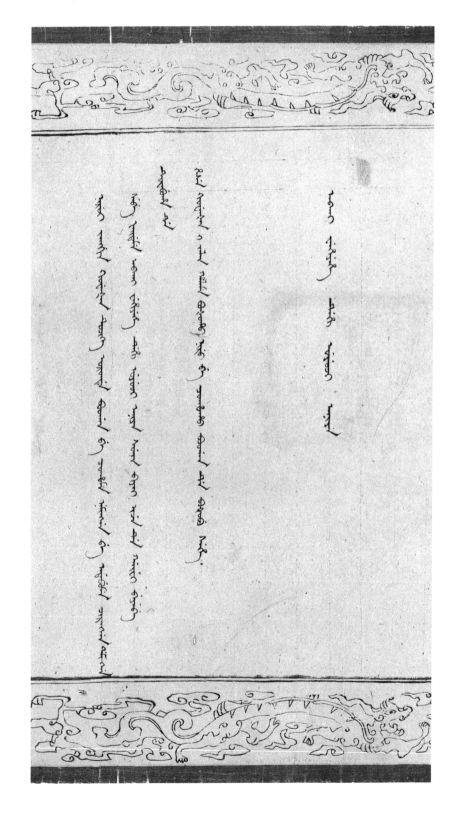

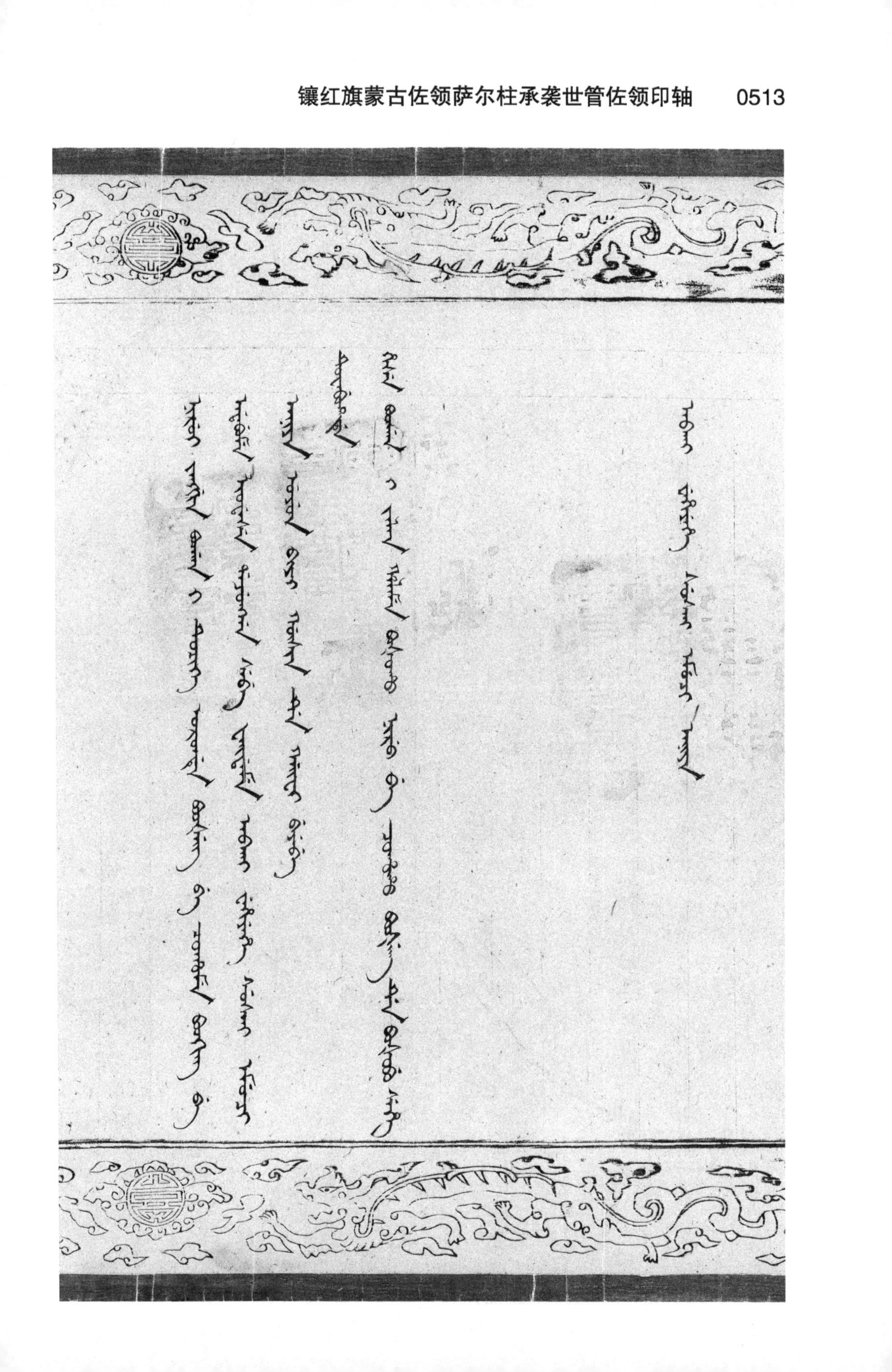

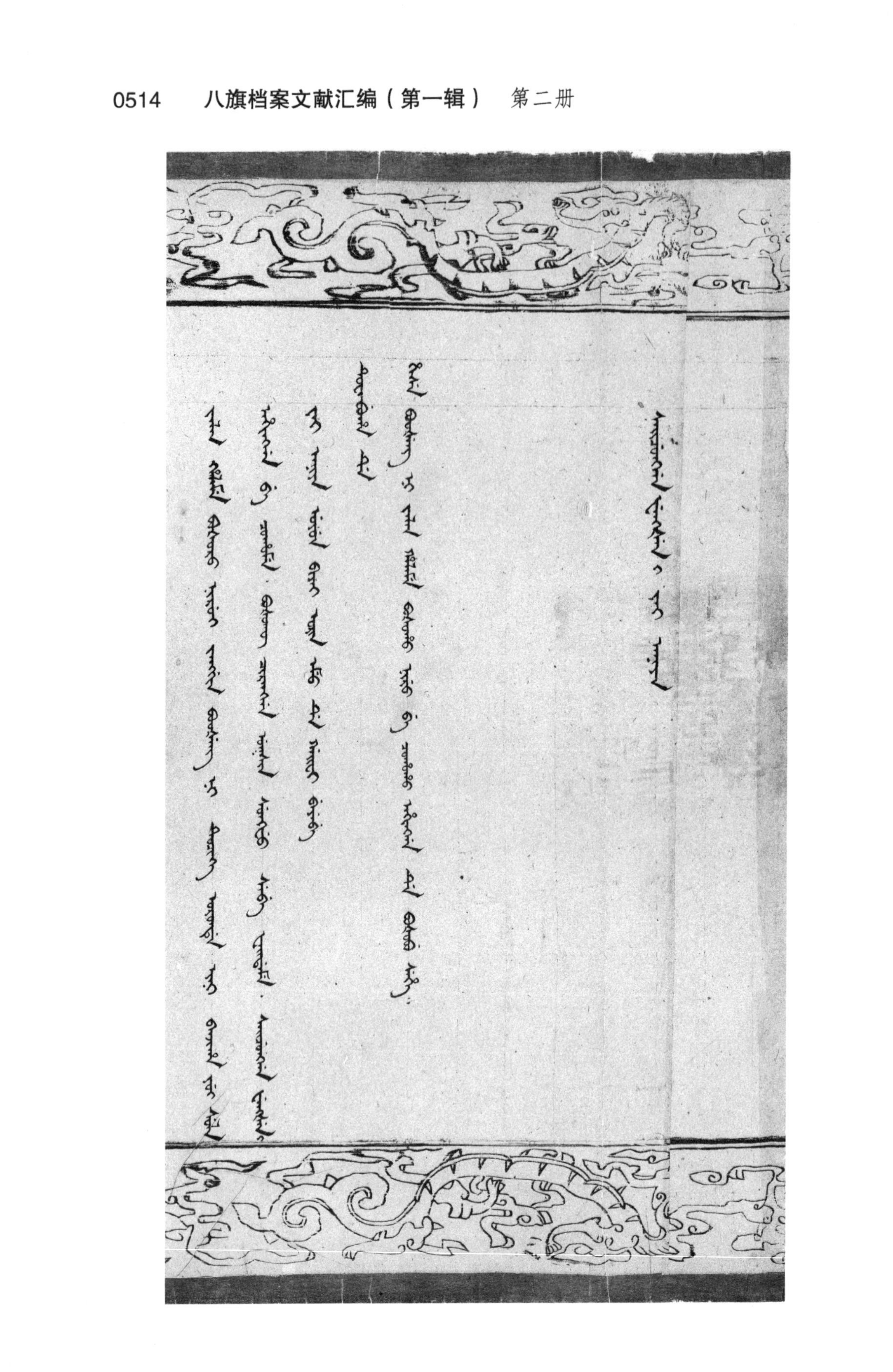

[illegible]

[illegible]

[illegible]

[illegible]

[illegible]

[illegible]

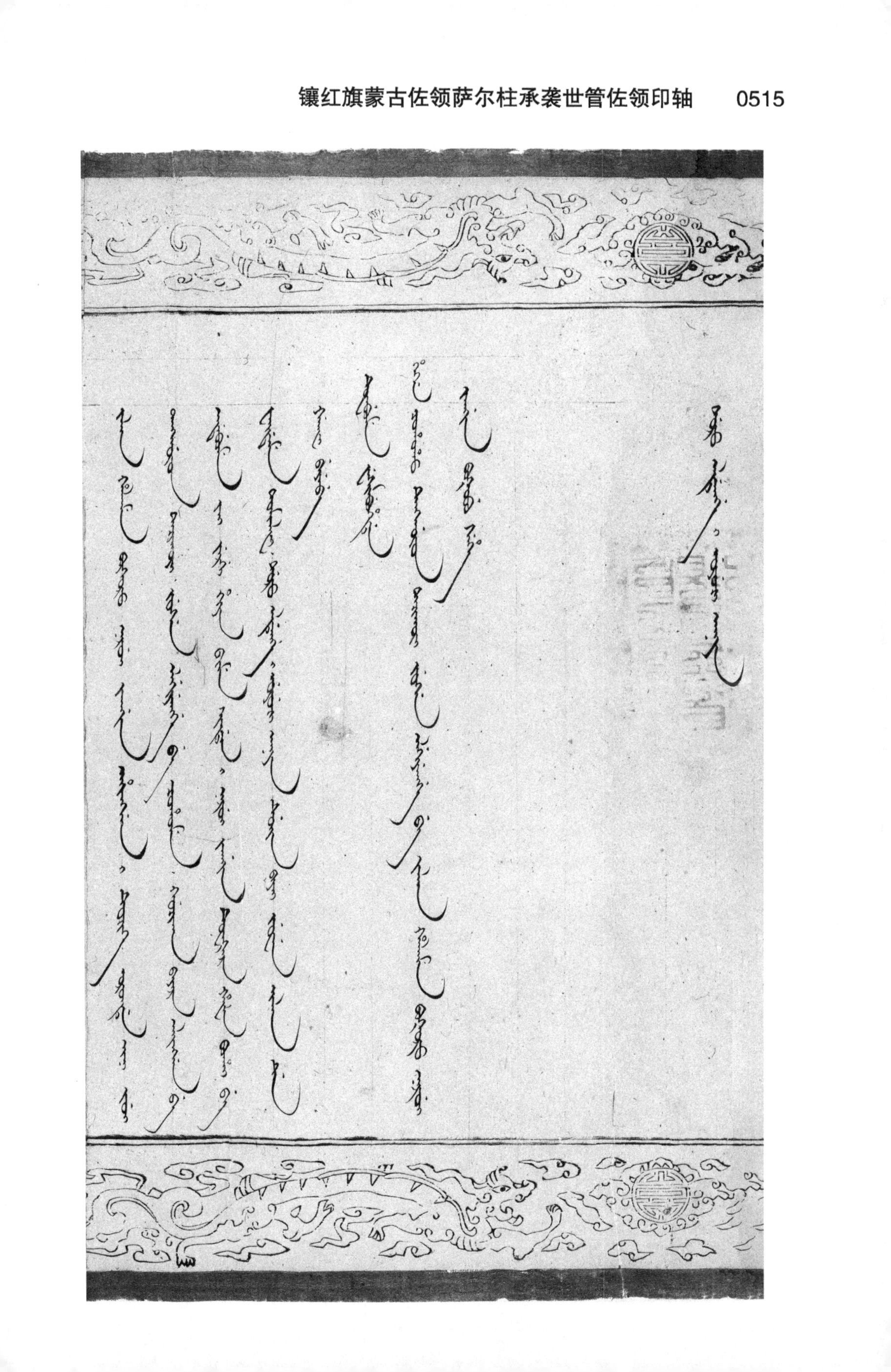

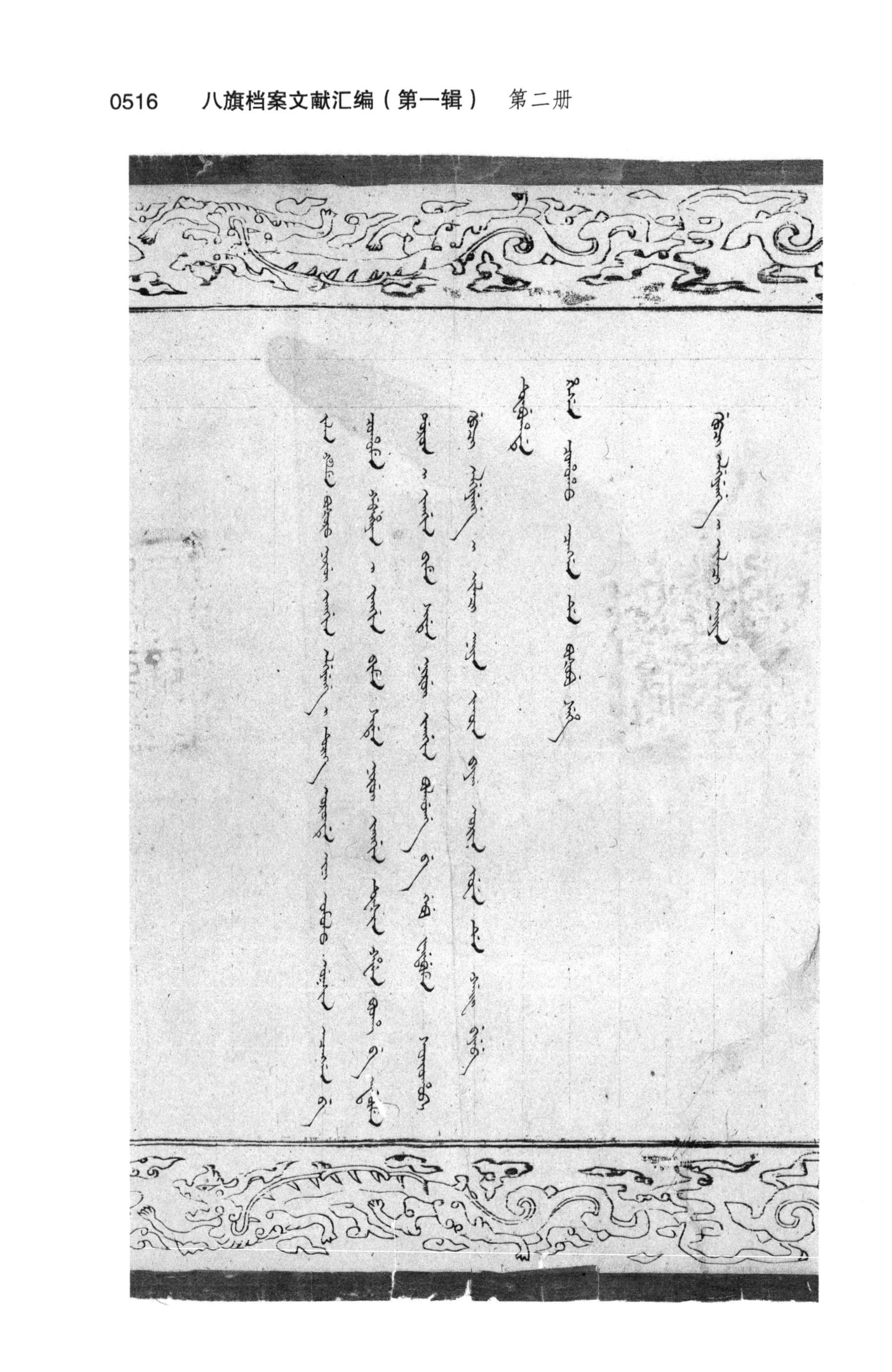

[illegible]

[illegible]

[illegible]

[illegible]

[illegible]

[illegible]

[illegible]

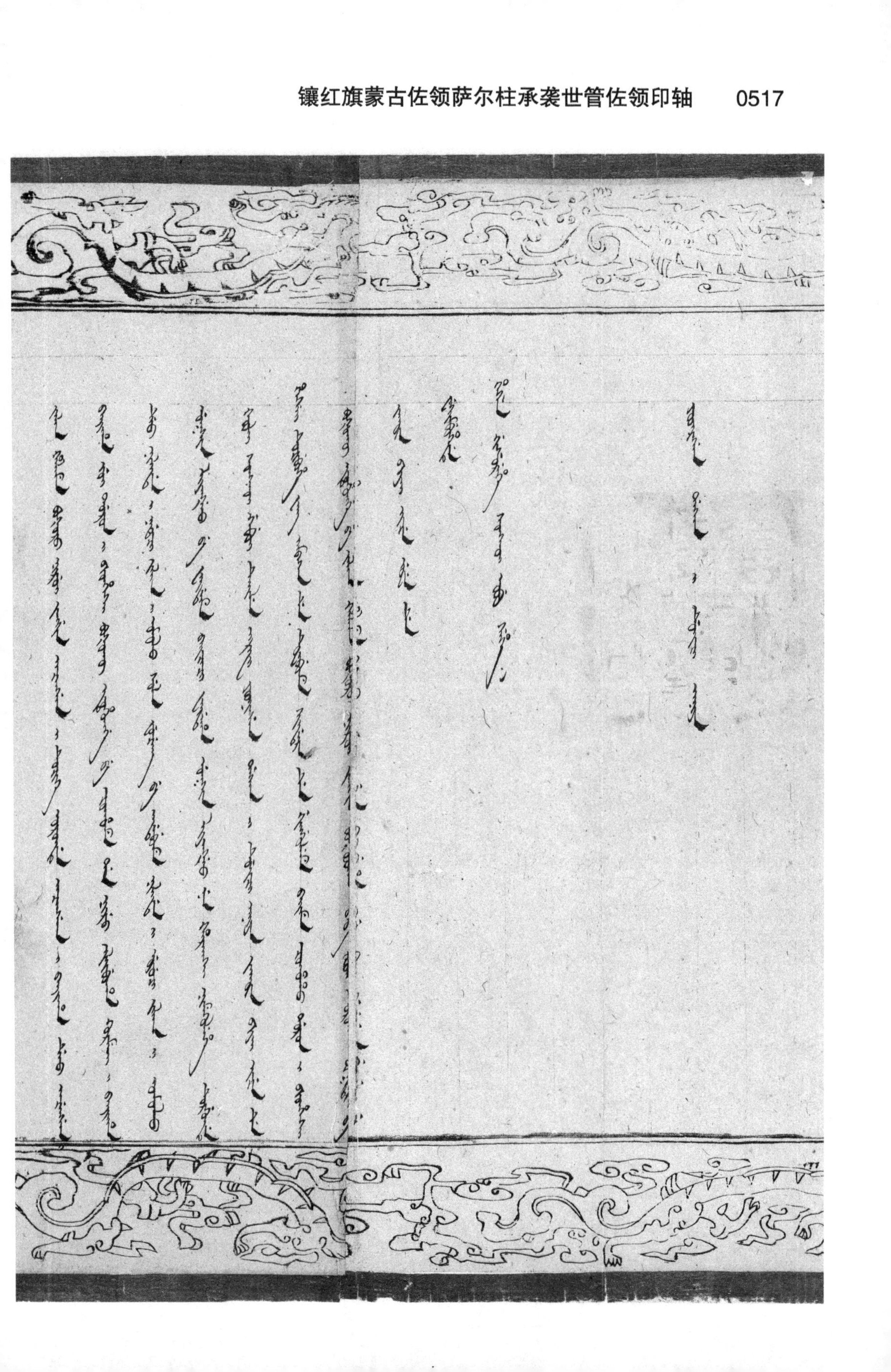

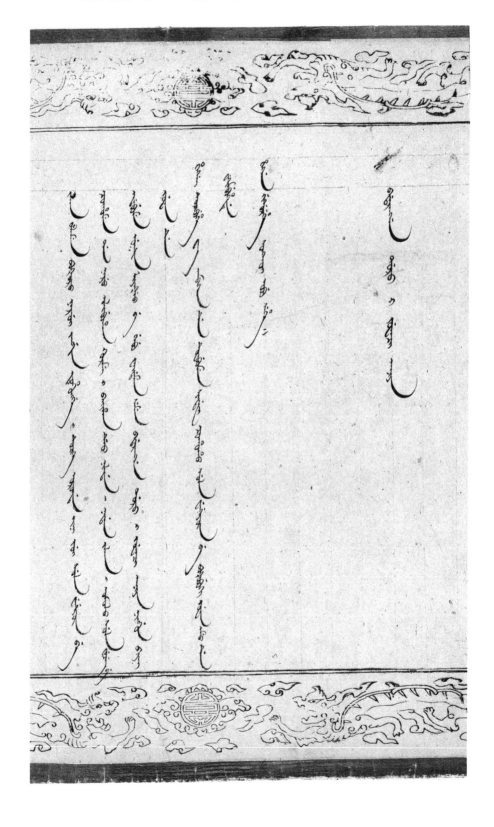

正黄旗汉军佐领耿溥承袭勋旧佐领印轴

满文写本，卷轴装，页面48.5cm×2600.0cm，四周双边，螭文，钤兵部印，前部少量残缺，满文题名为gulu suwayan i ujen coohai gūsai nirui janggin geng pu i bošoho fujuri nirui temgetu bithe。初修时间为乾隆五年，后陆续添写至光绪二十八年，未满幅。

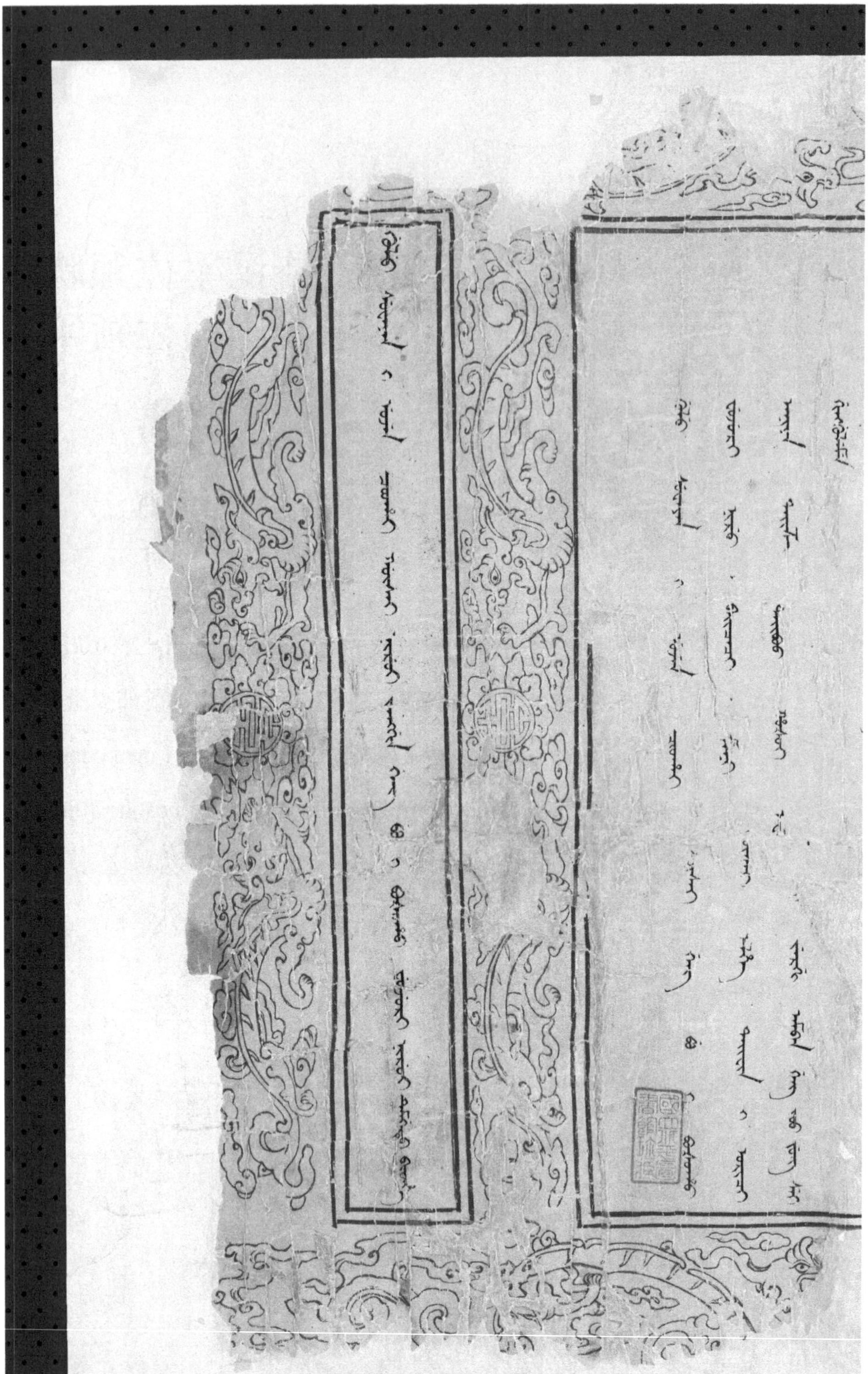

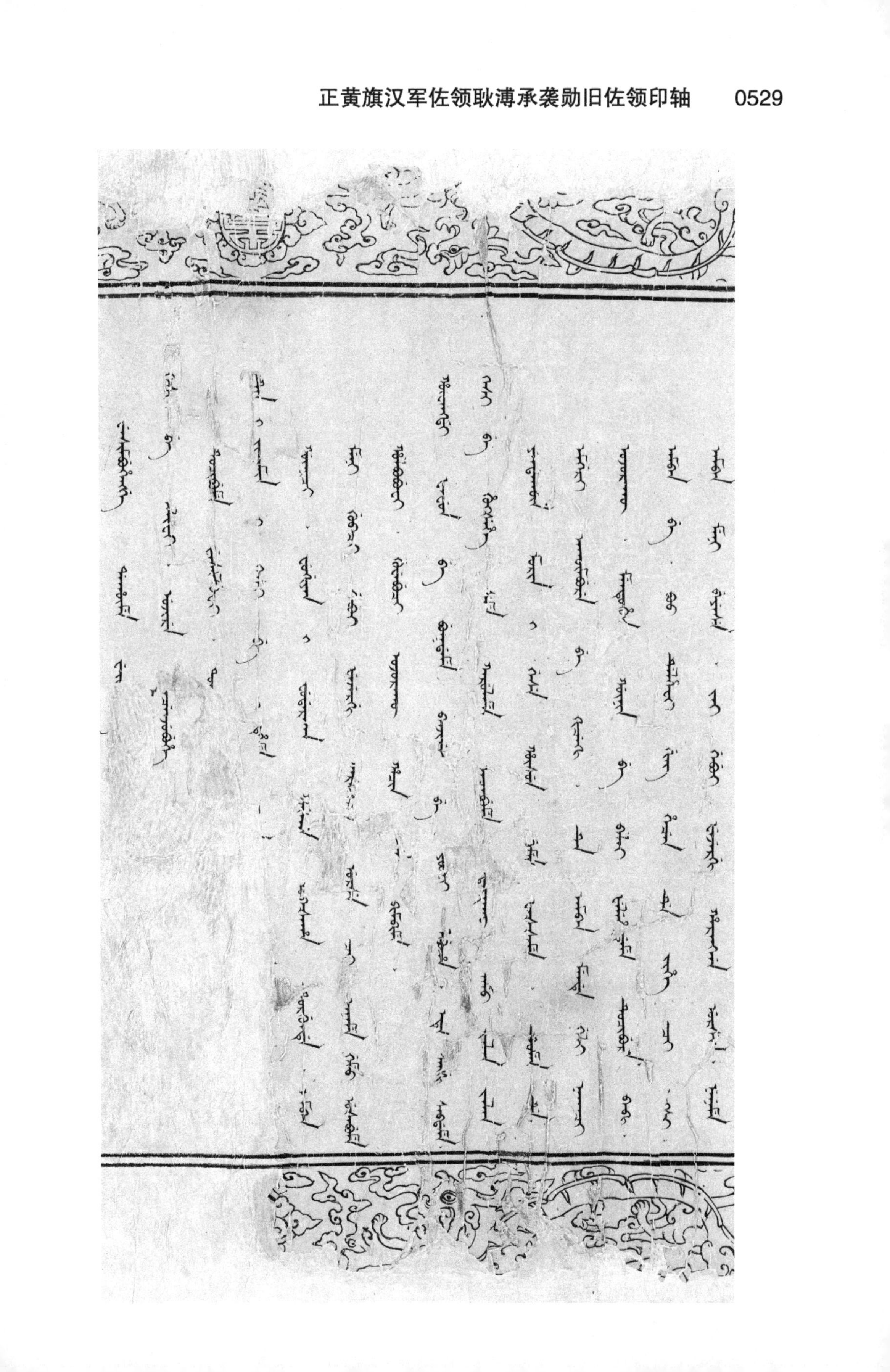

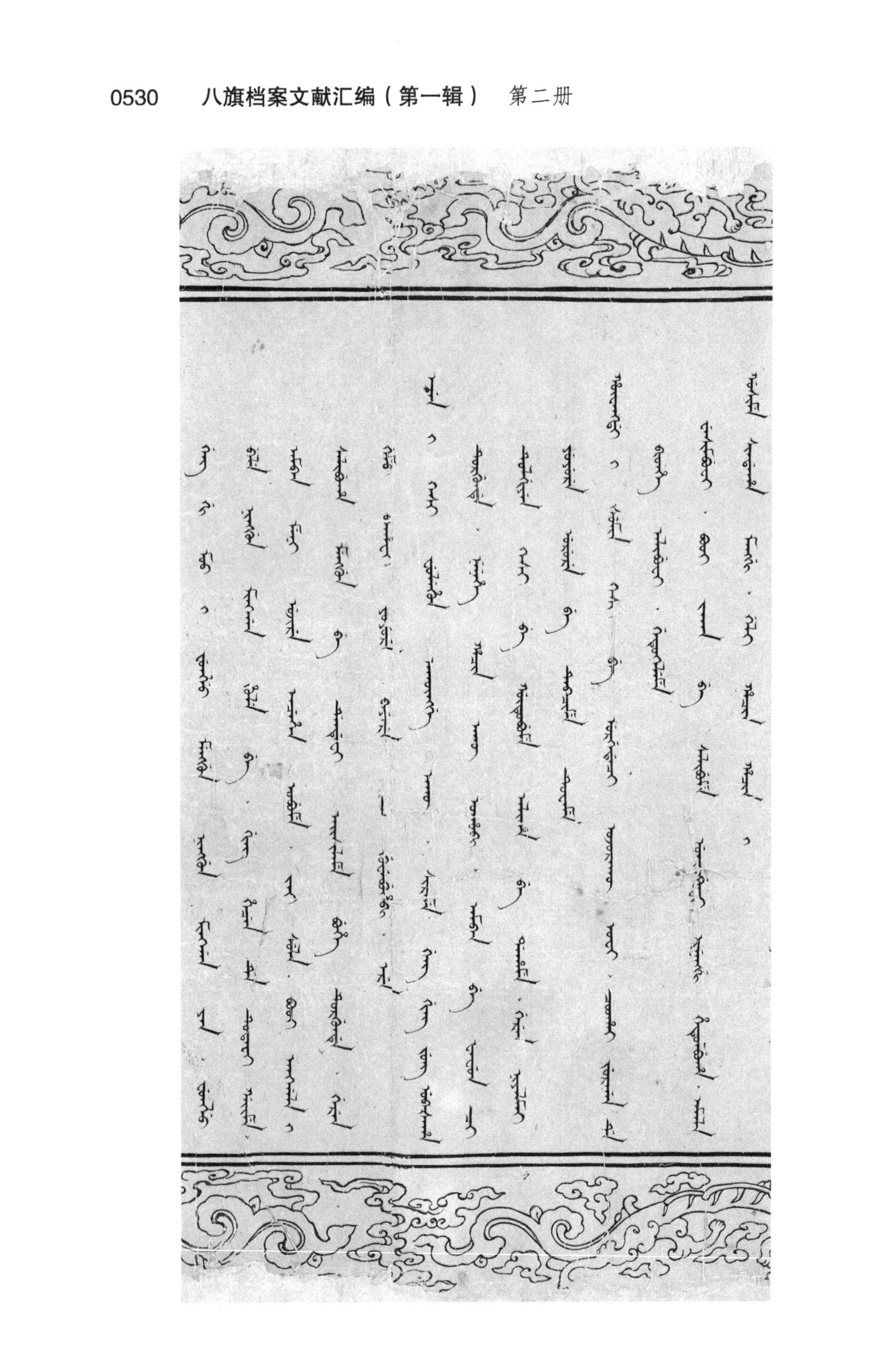

[illegible]

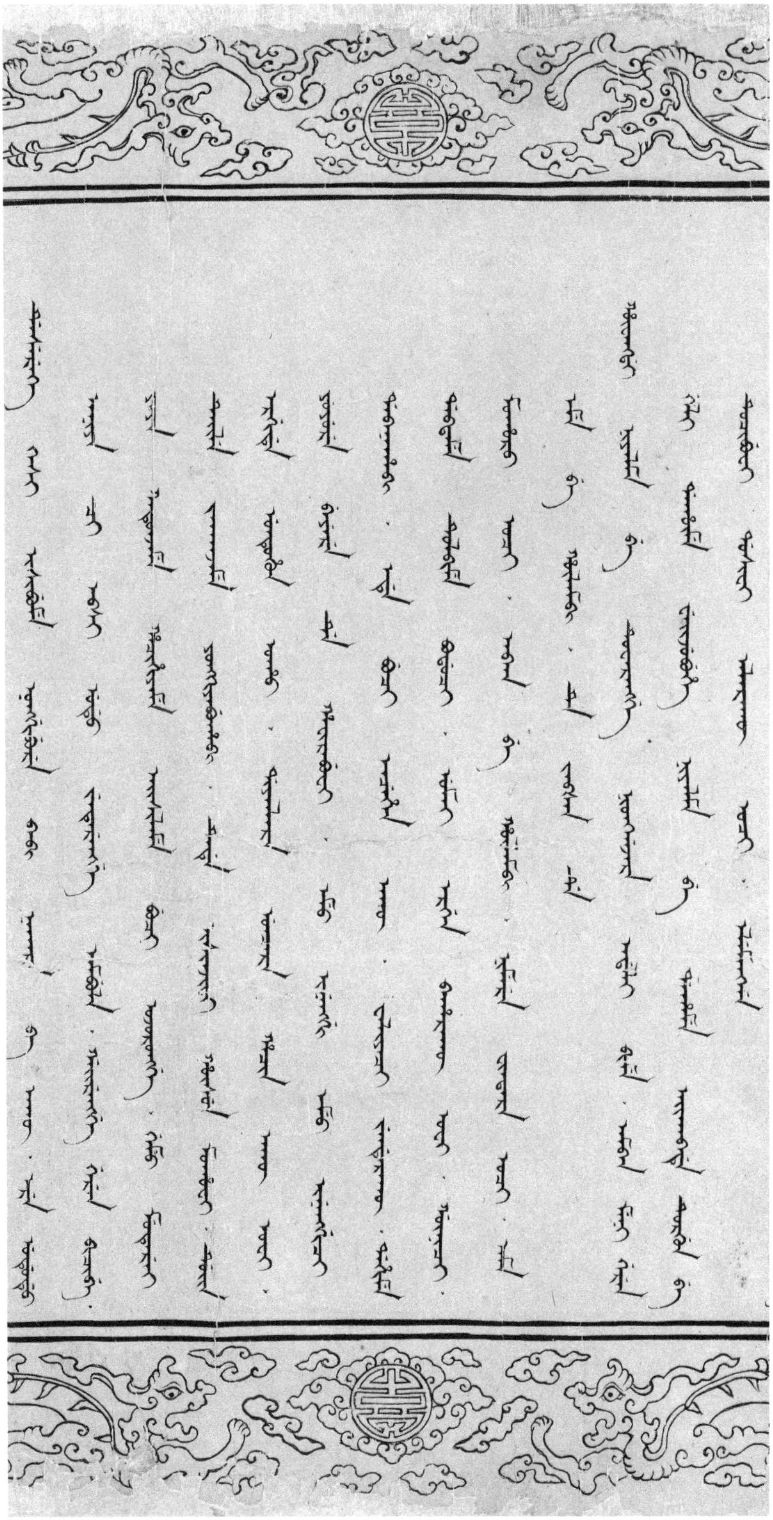

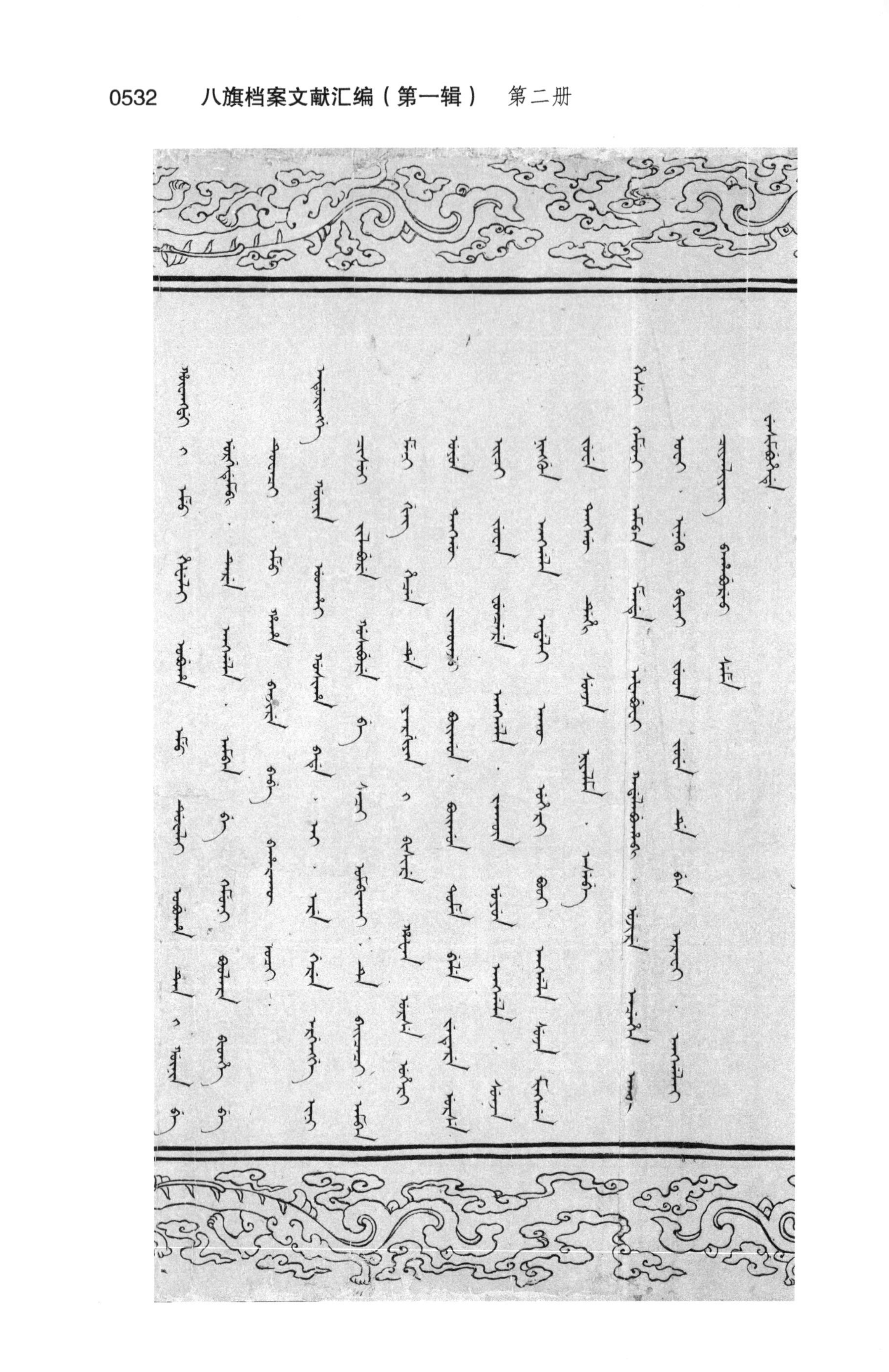

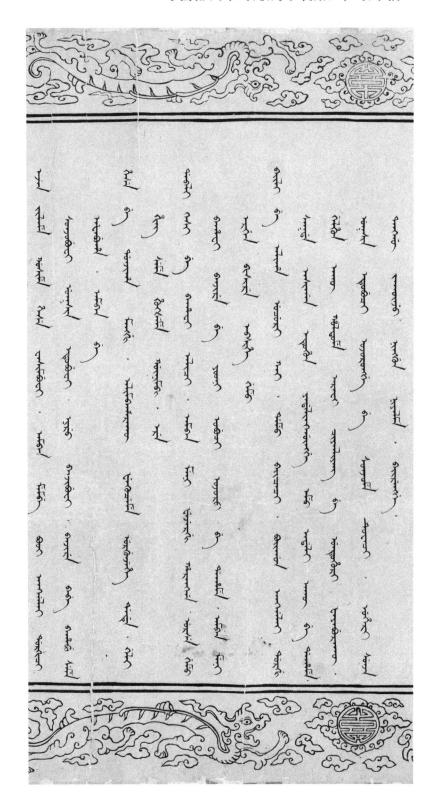

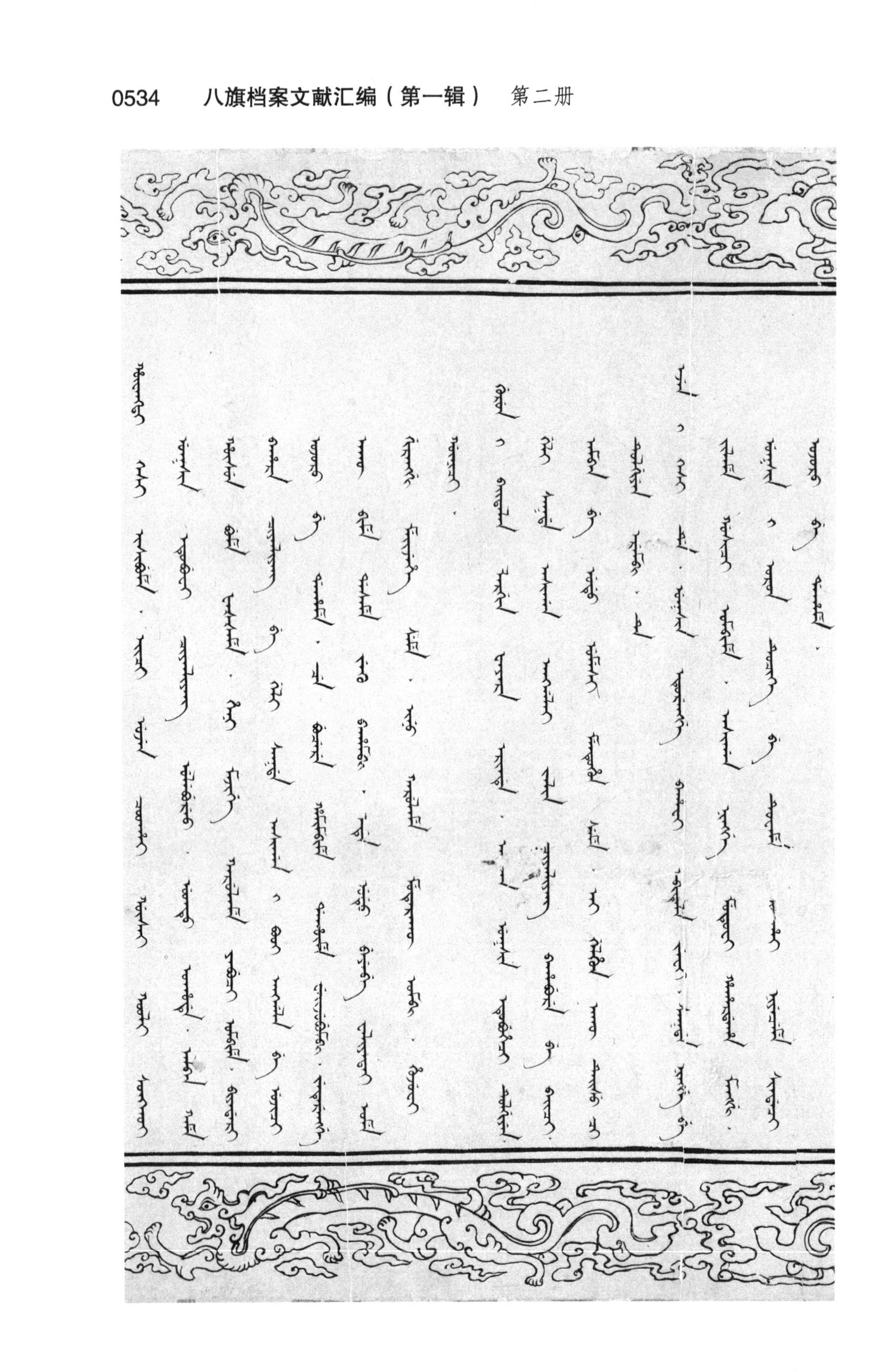

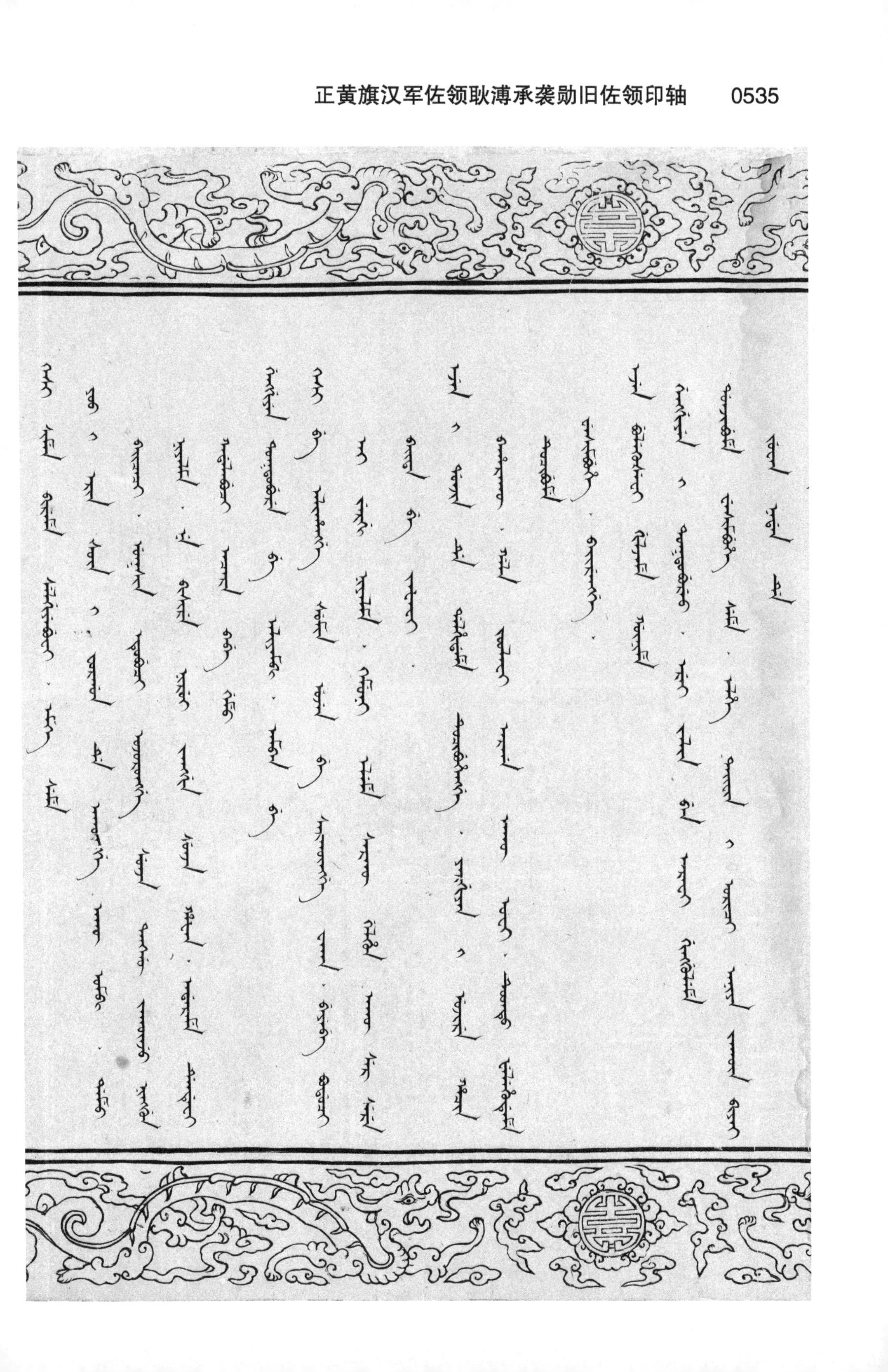

[illegible]

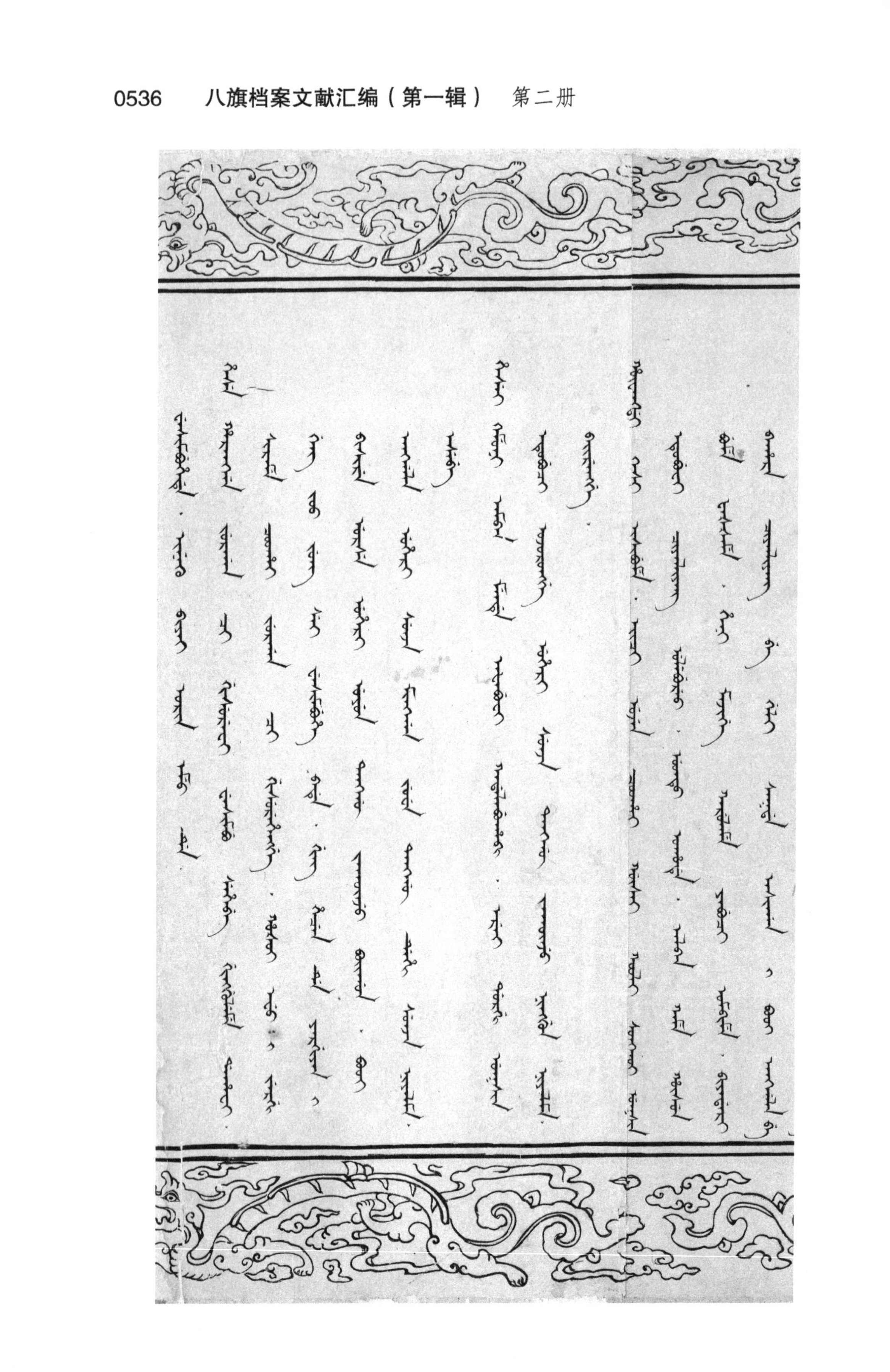

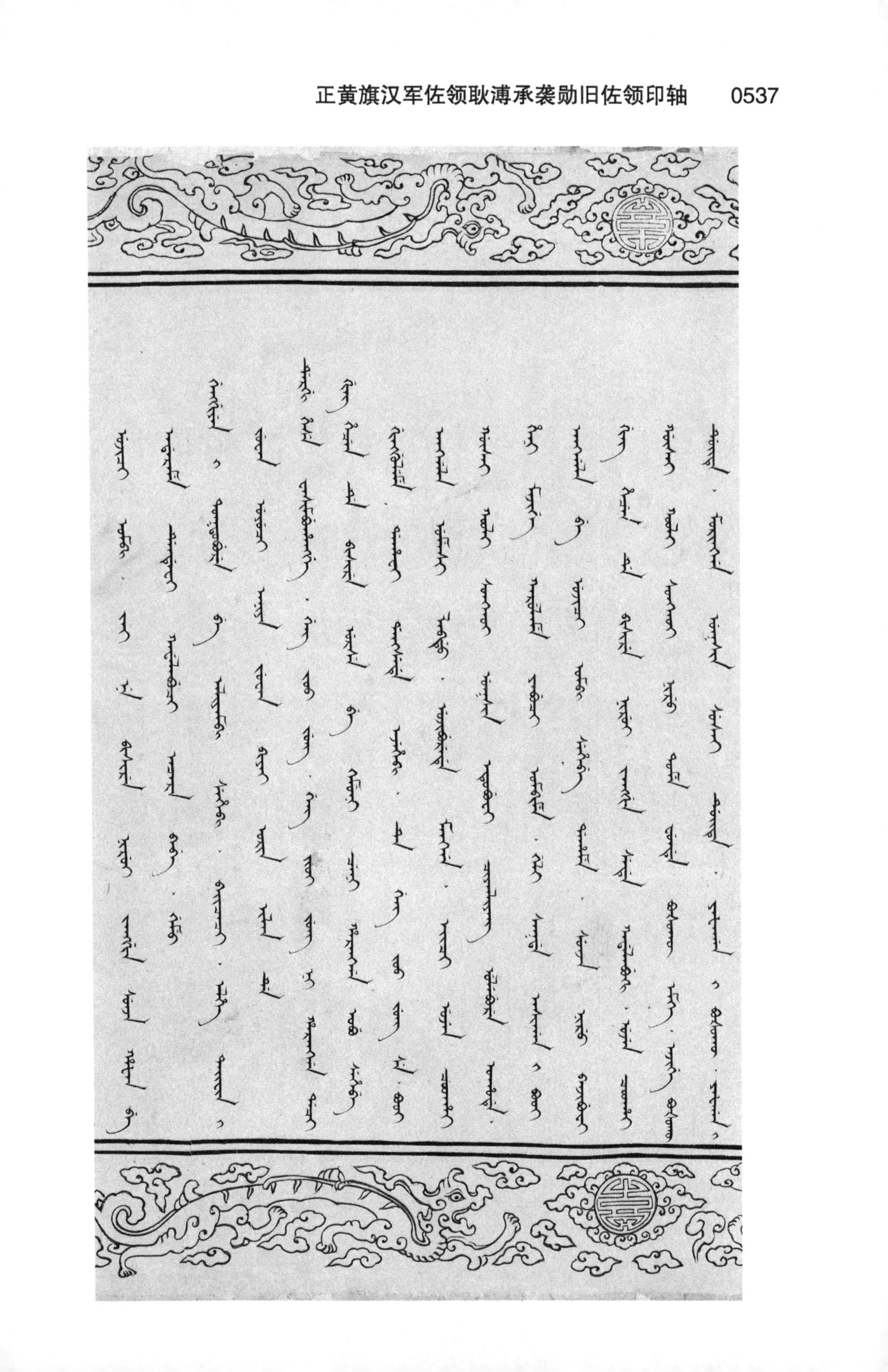

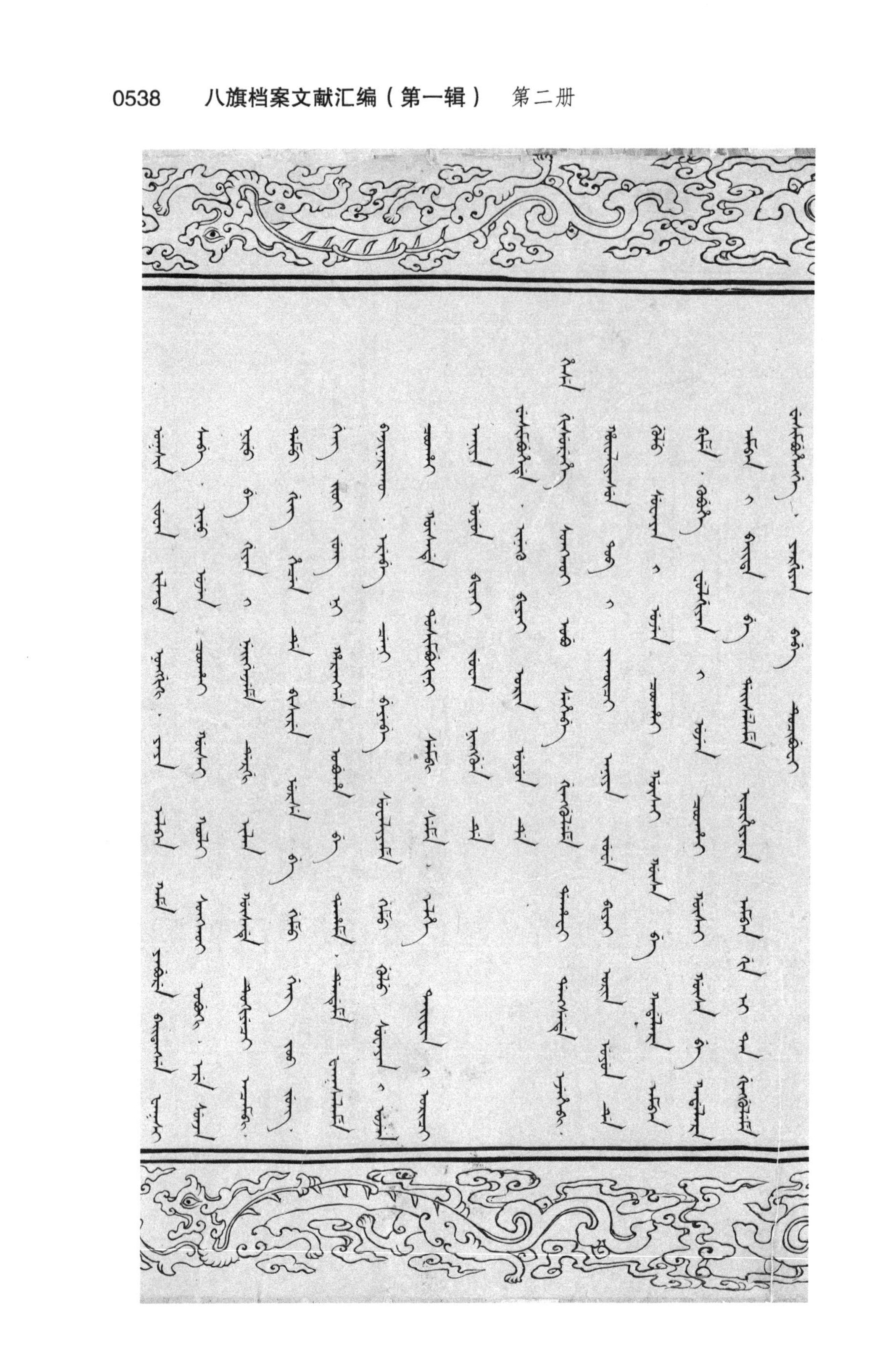

[illegible]

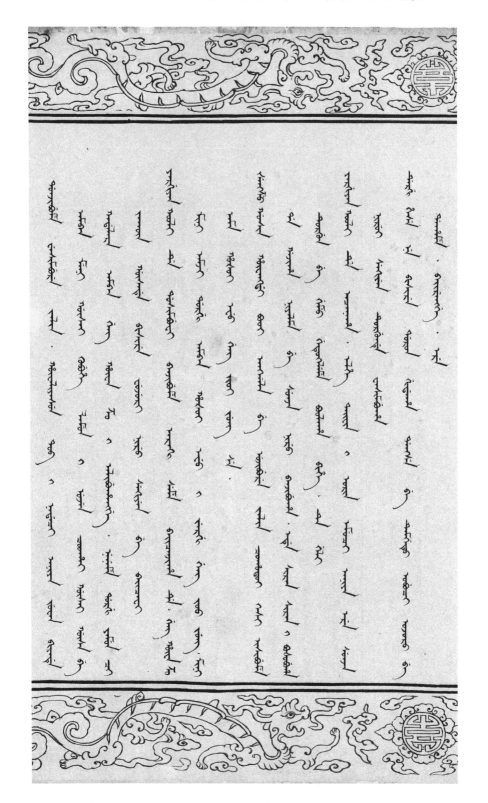

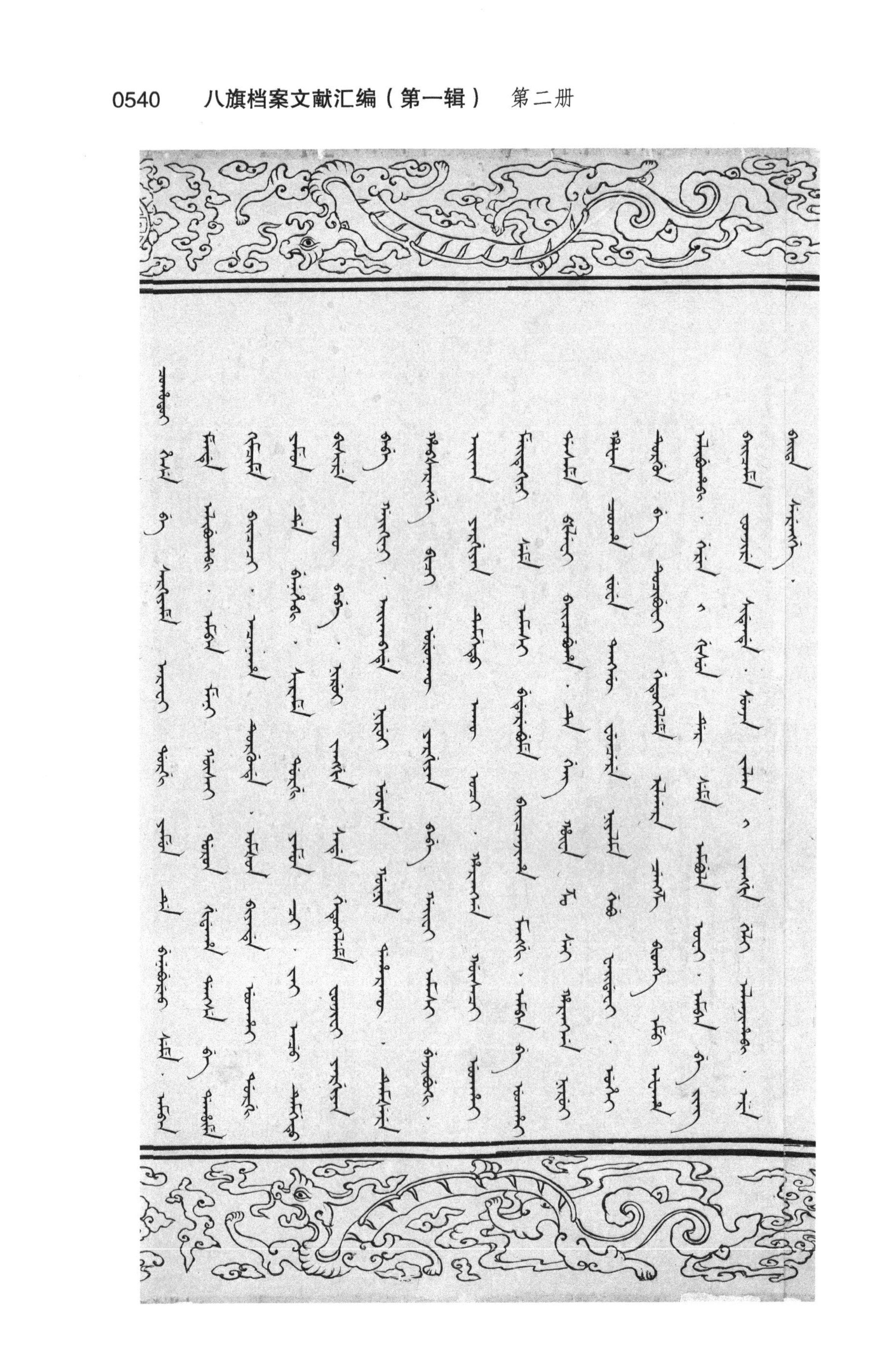

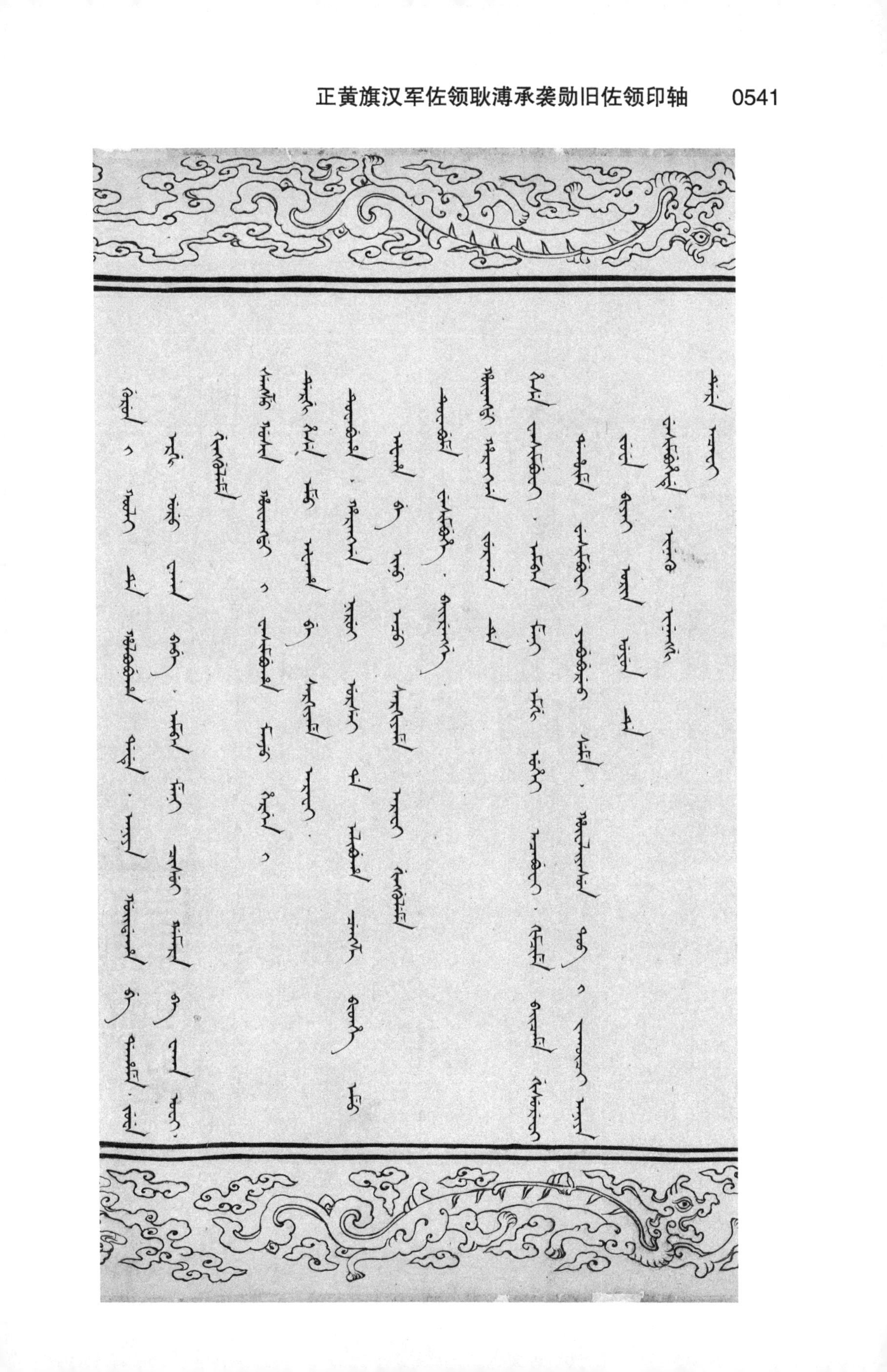

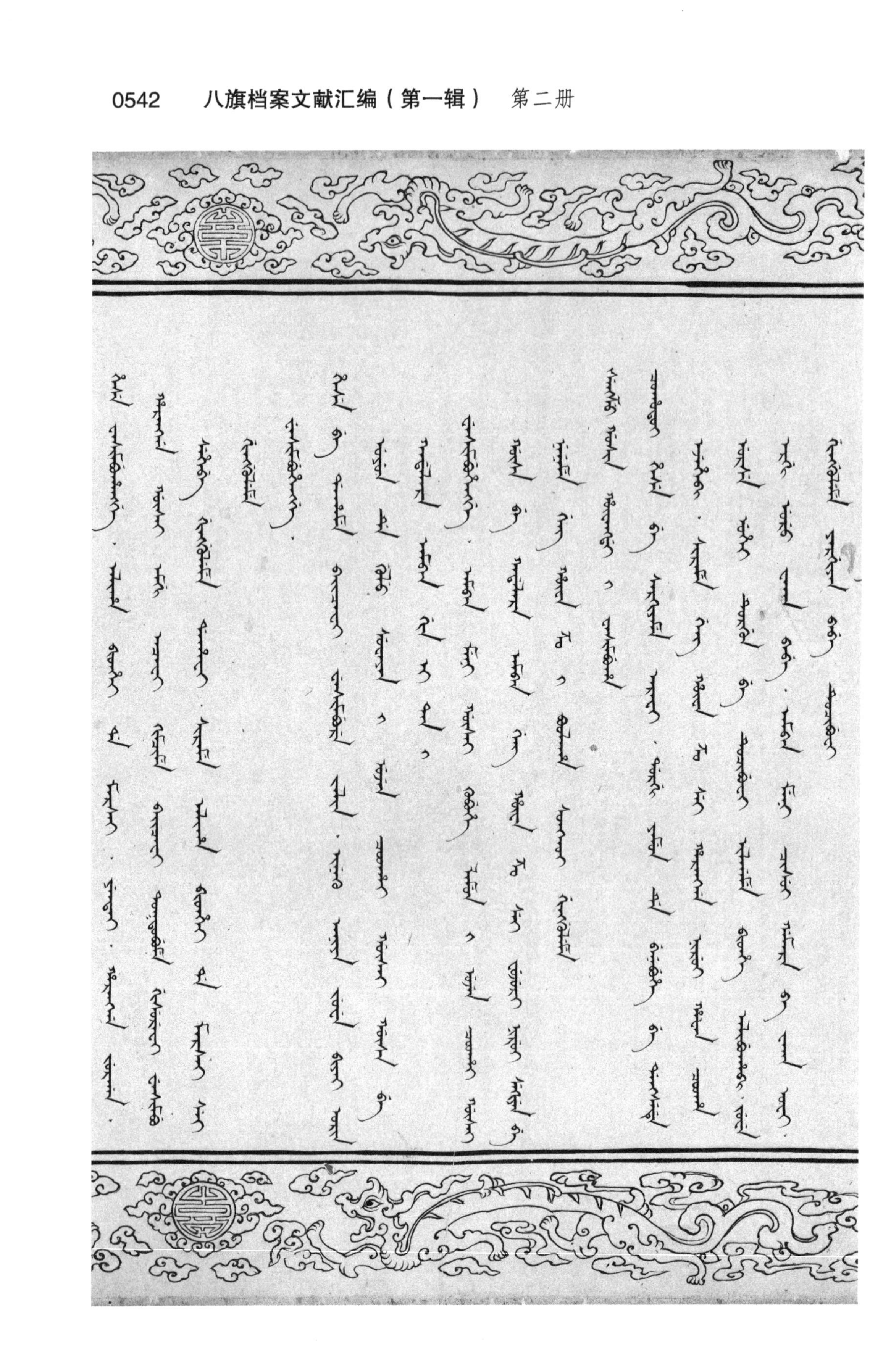

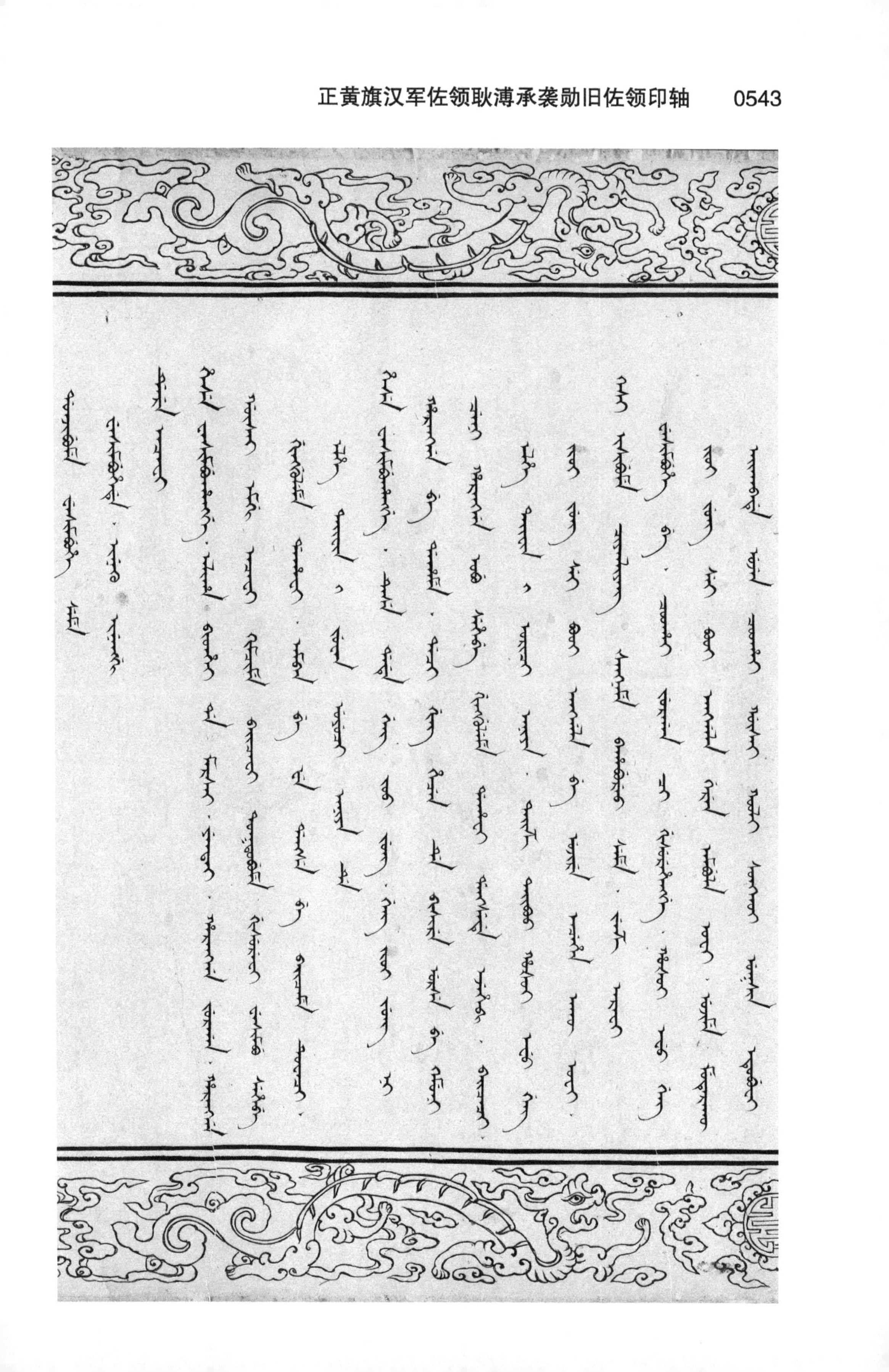

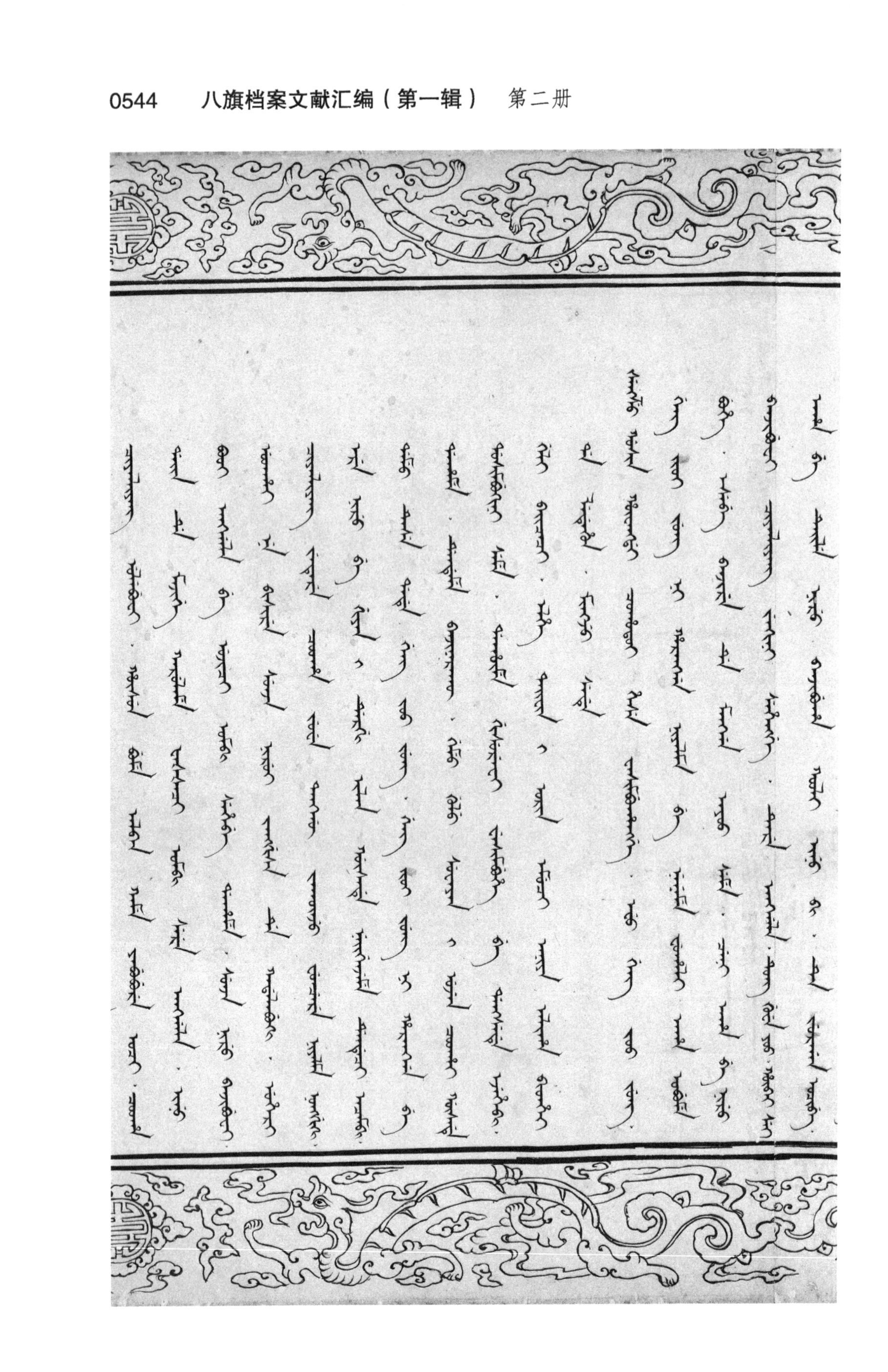

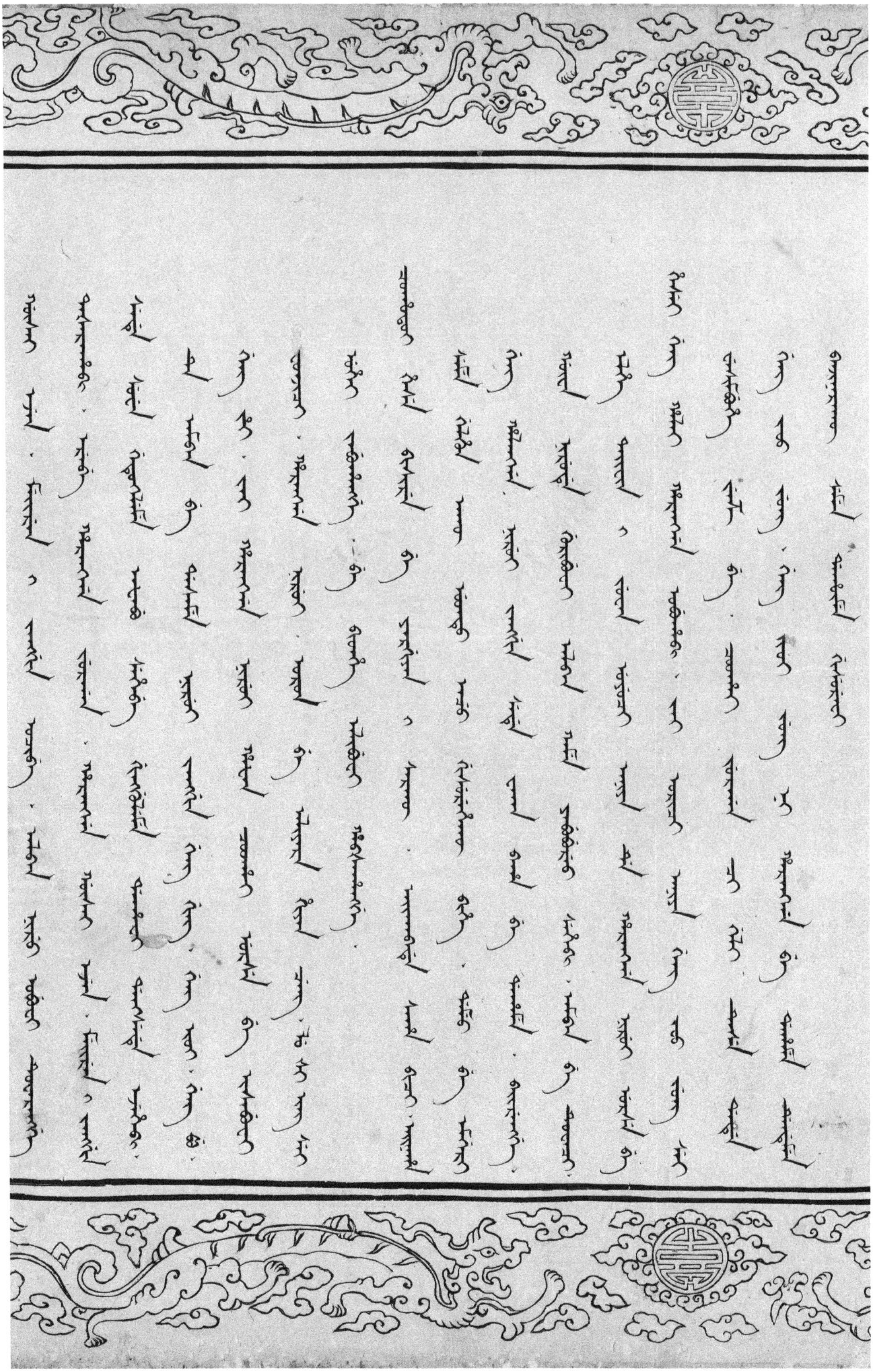

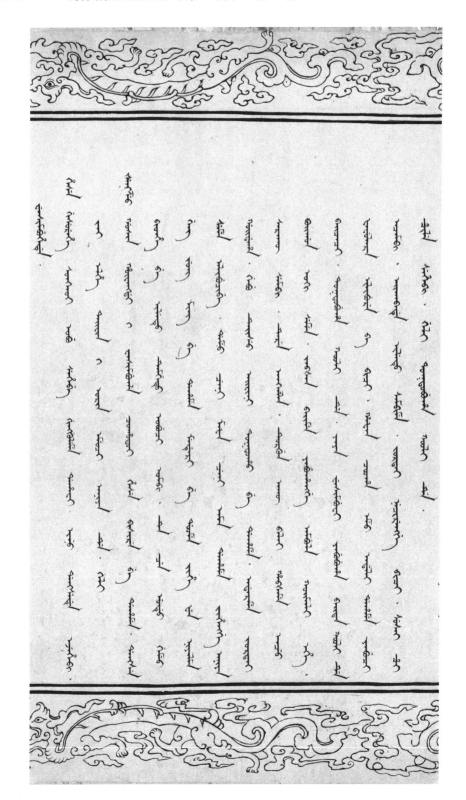

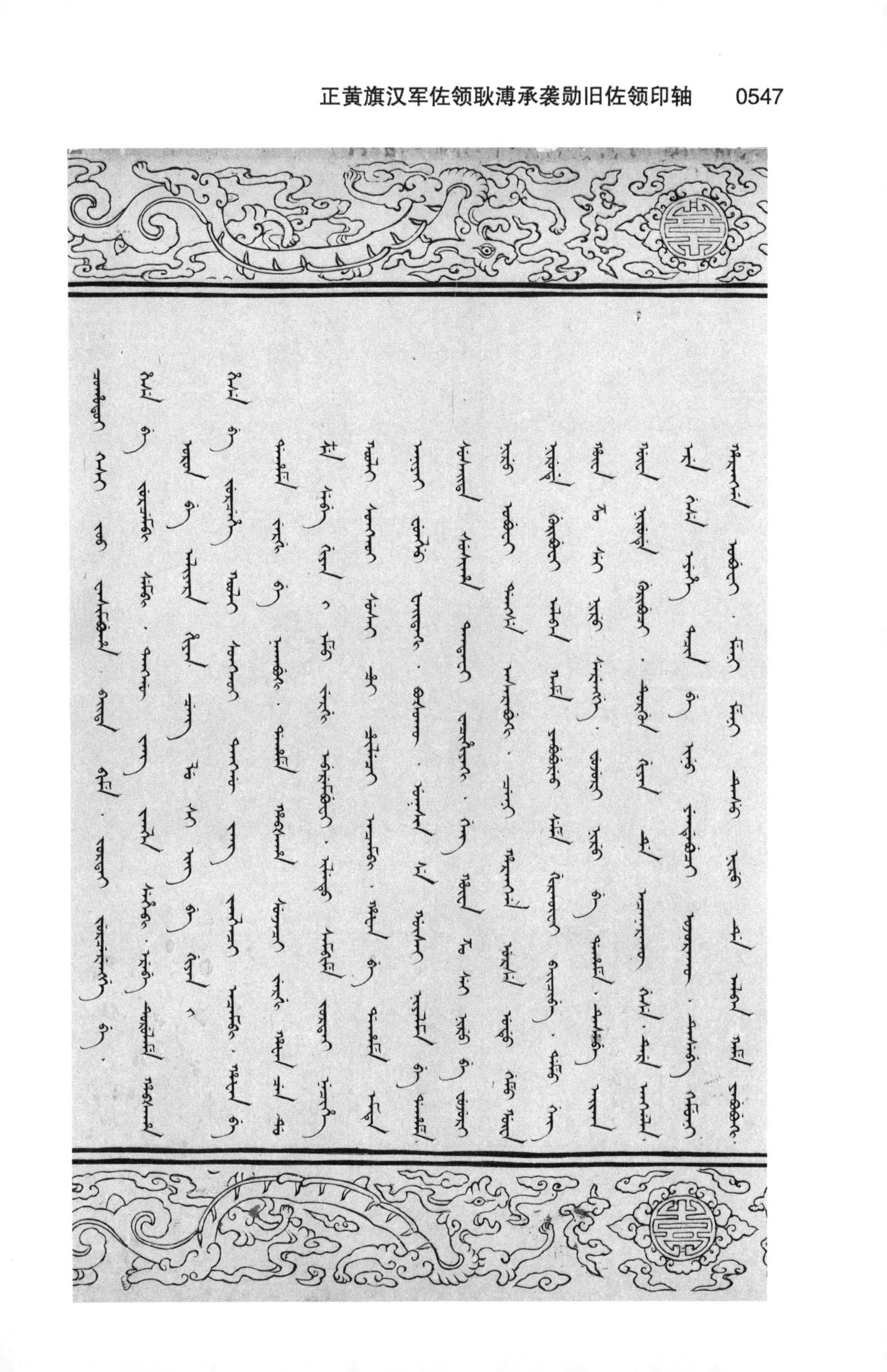

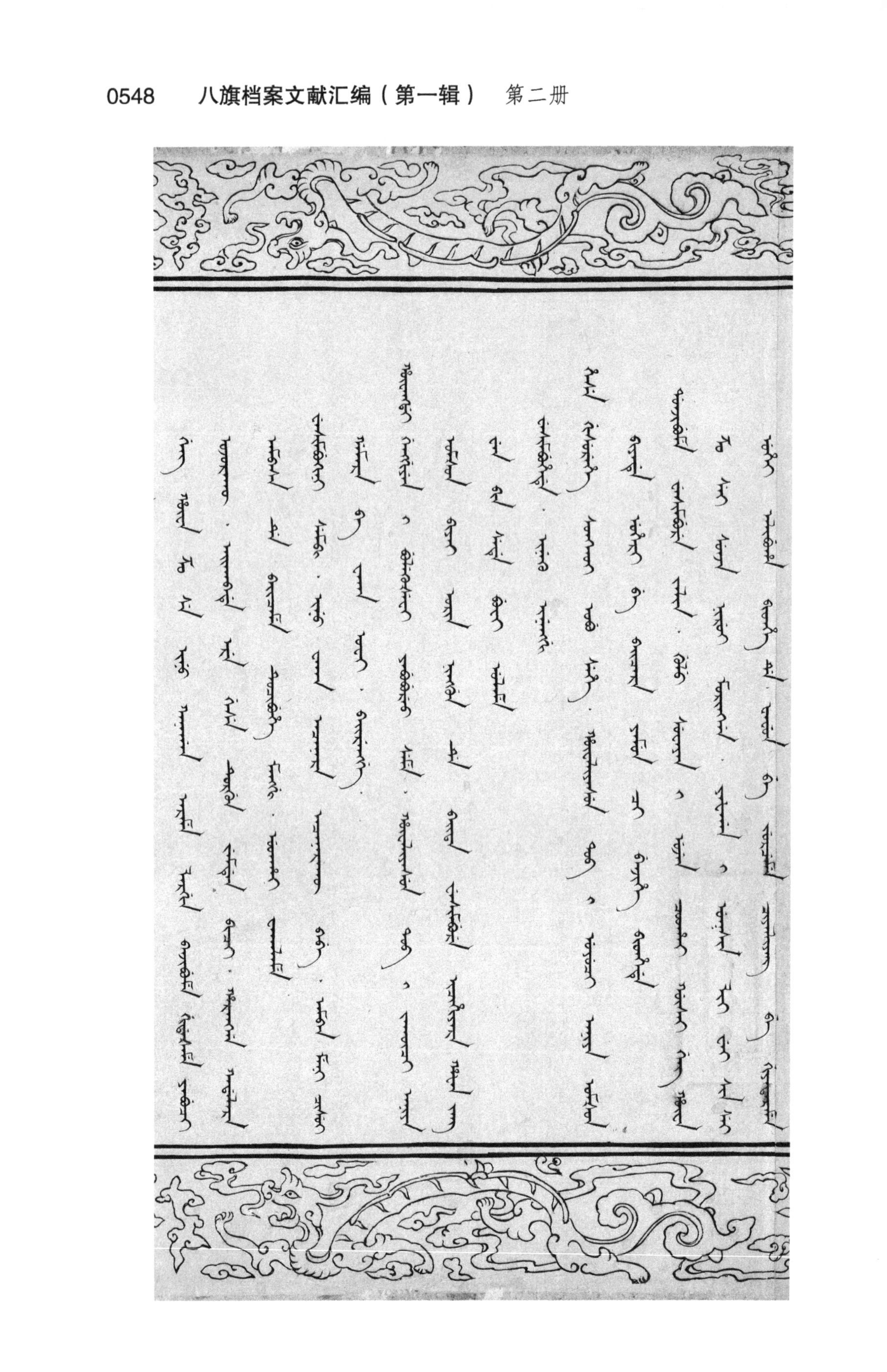

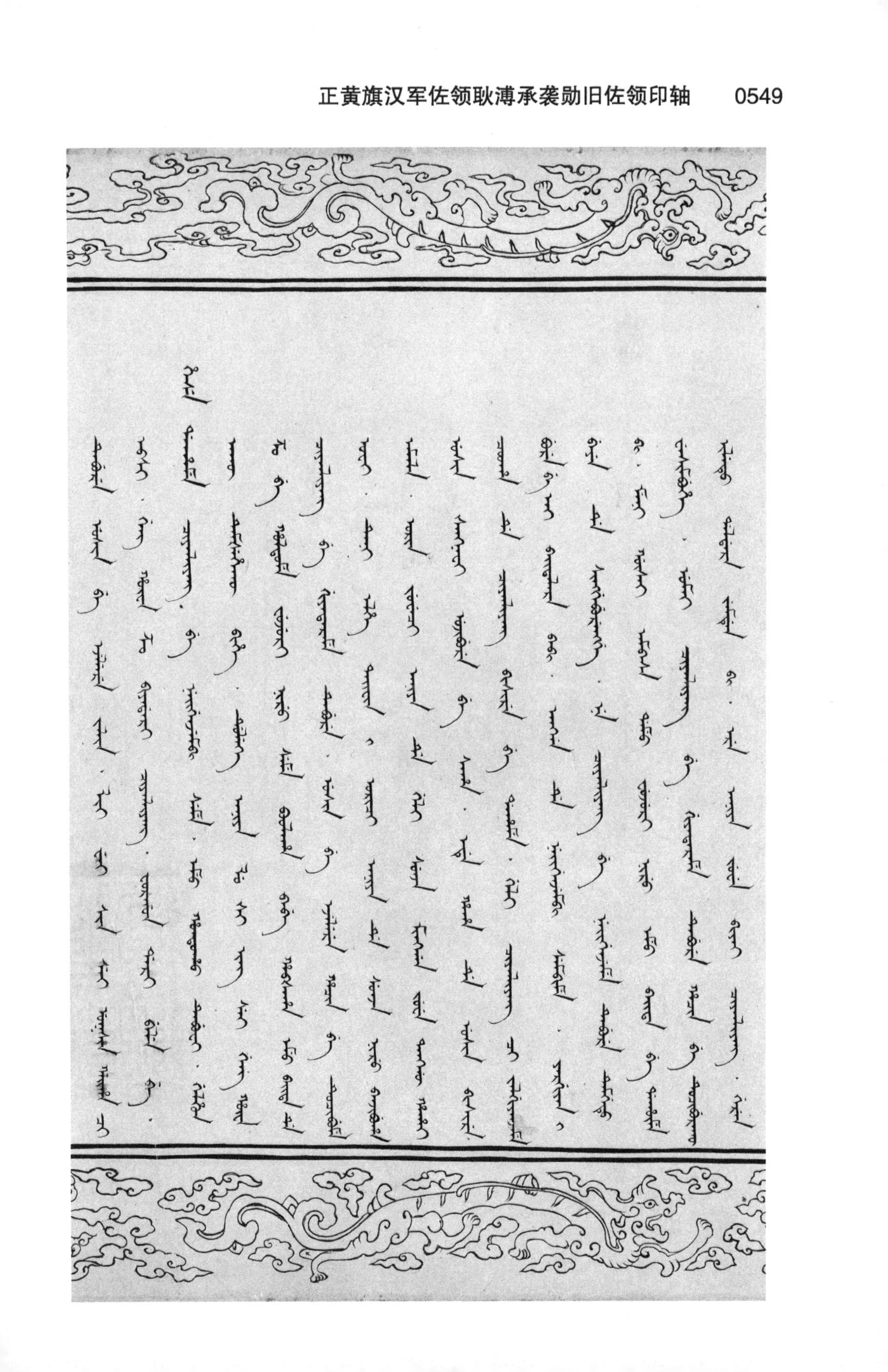

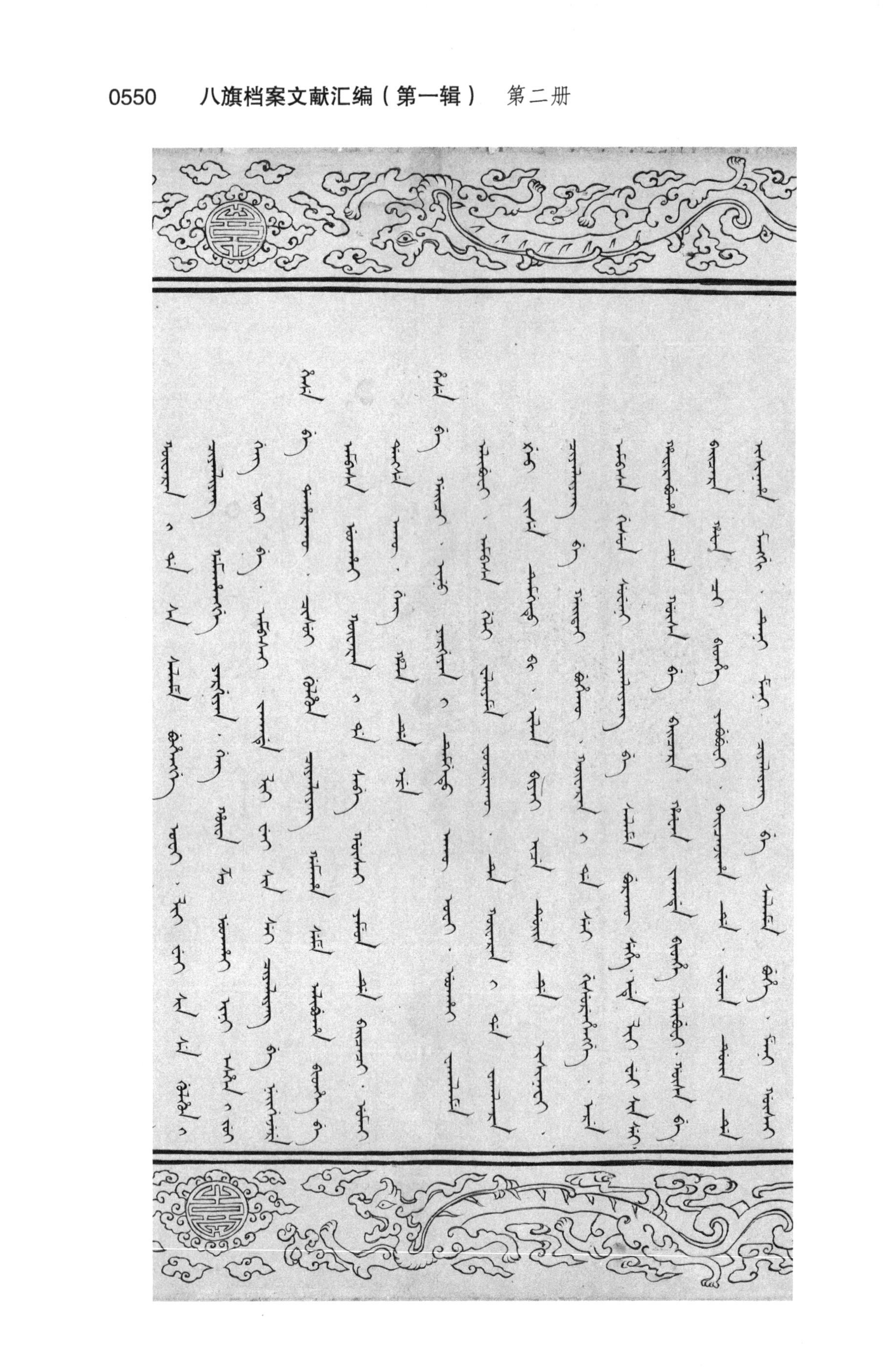

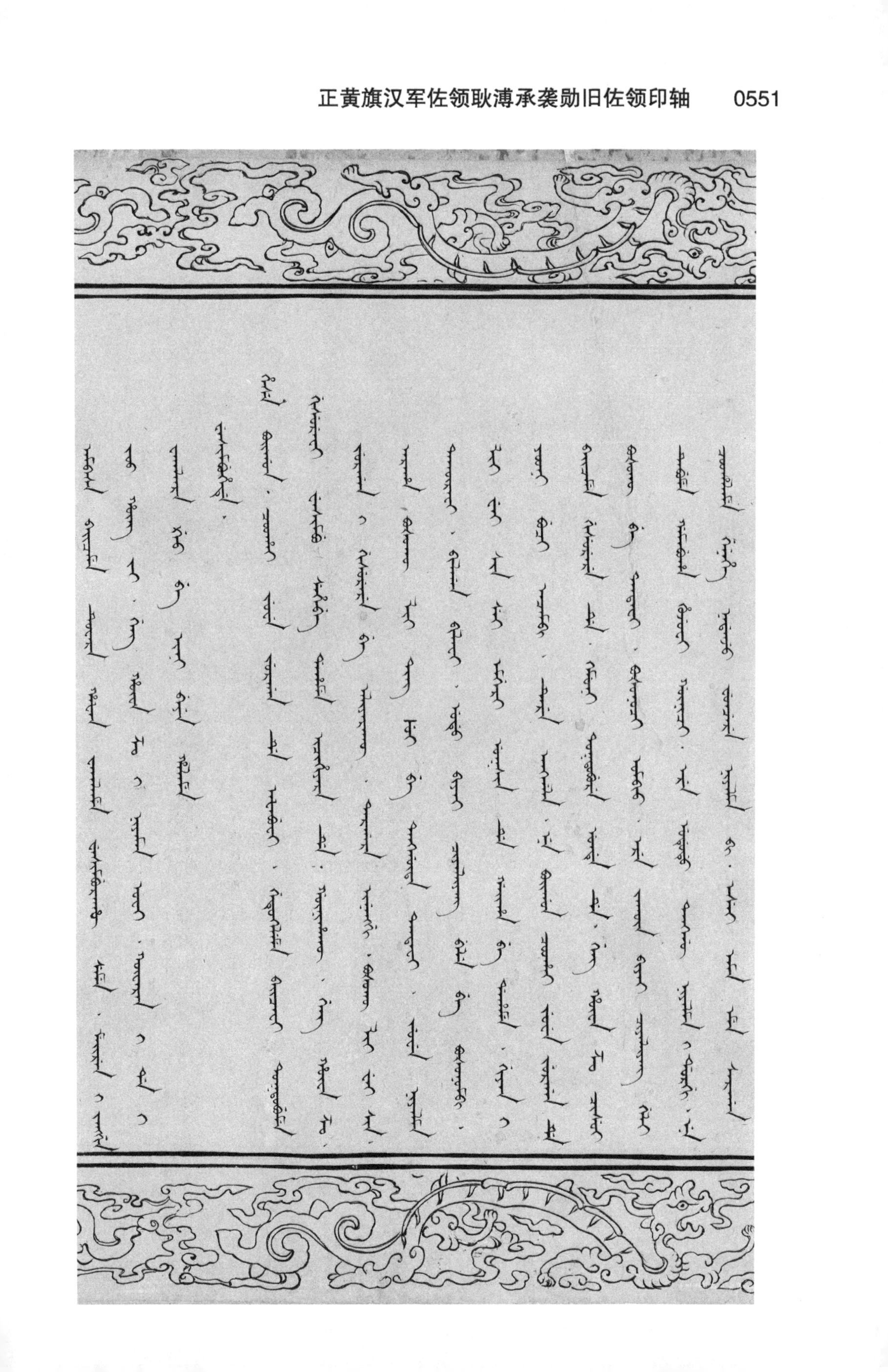

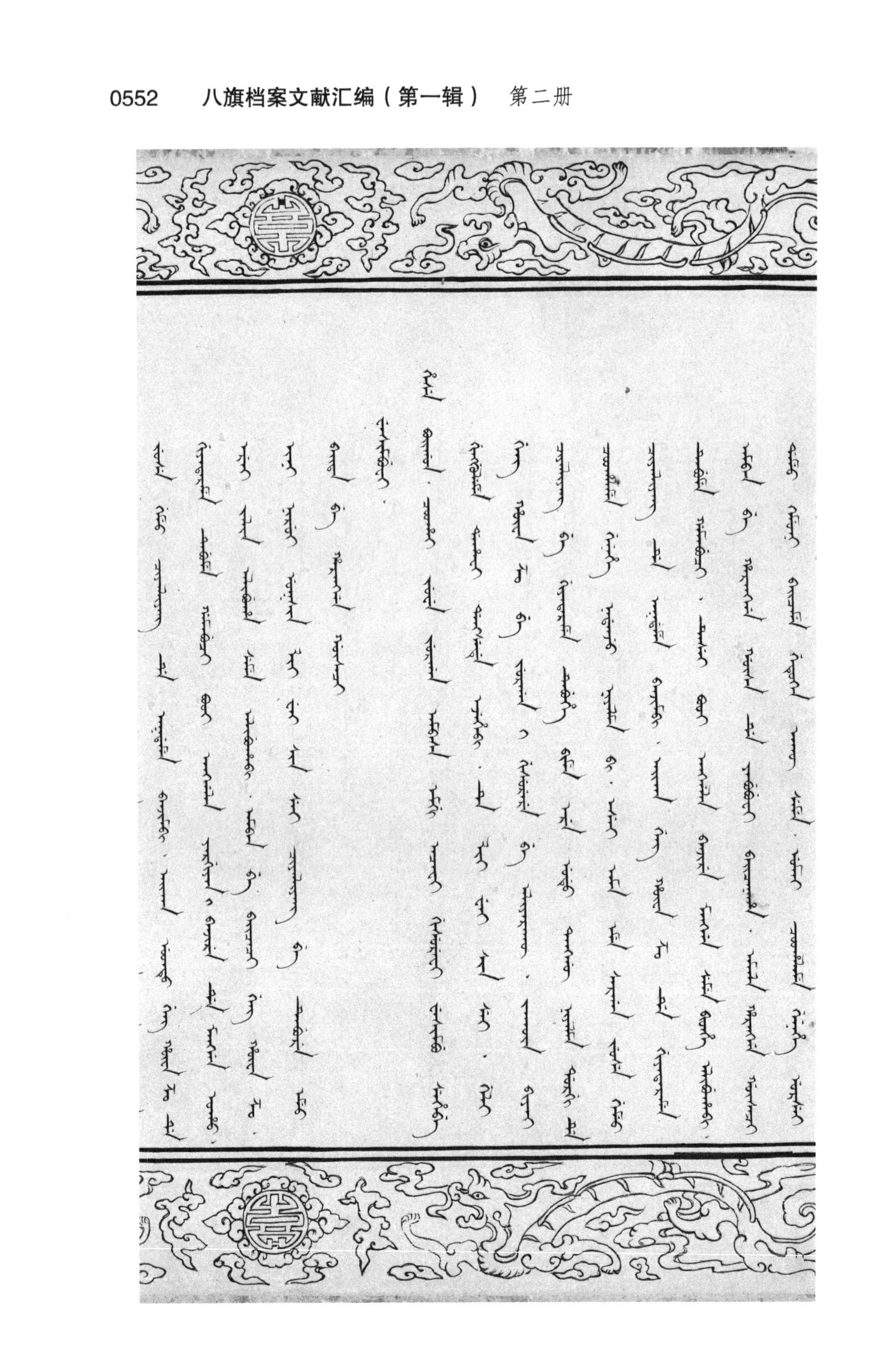

[illegible]

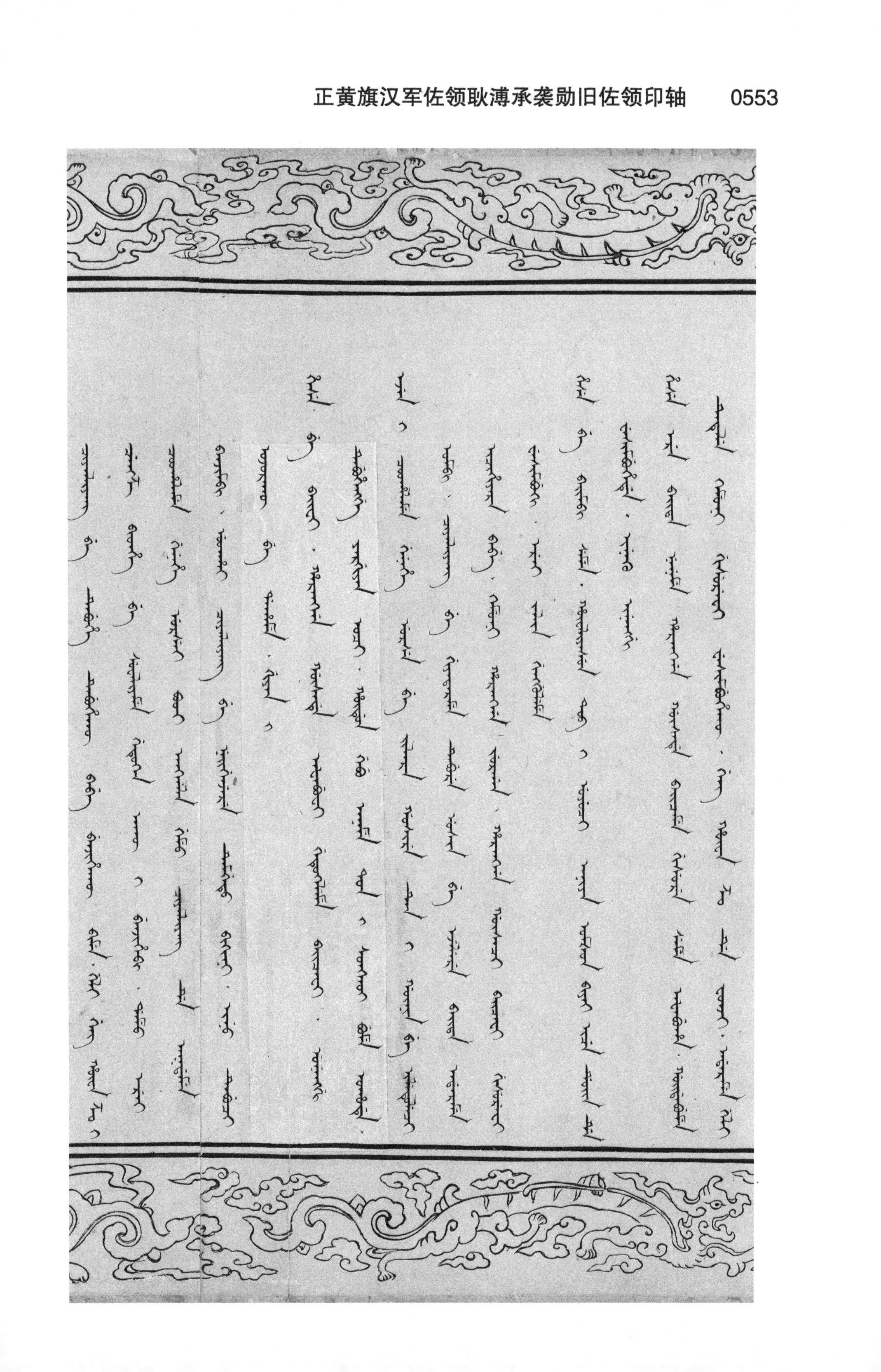

[illegible]

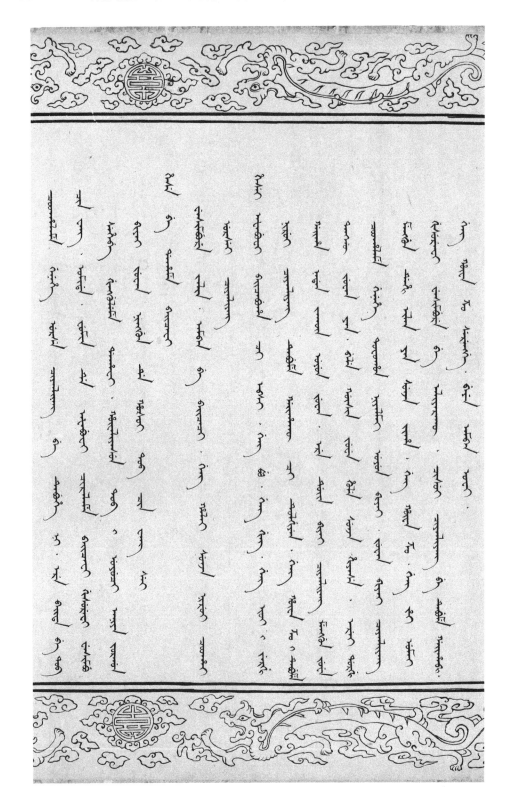

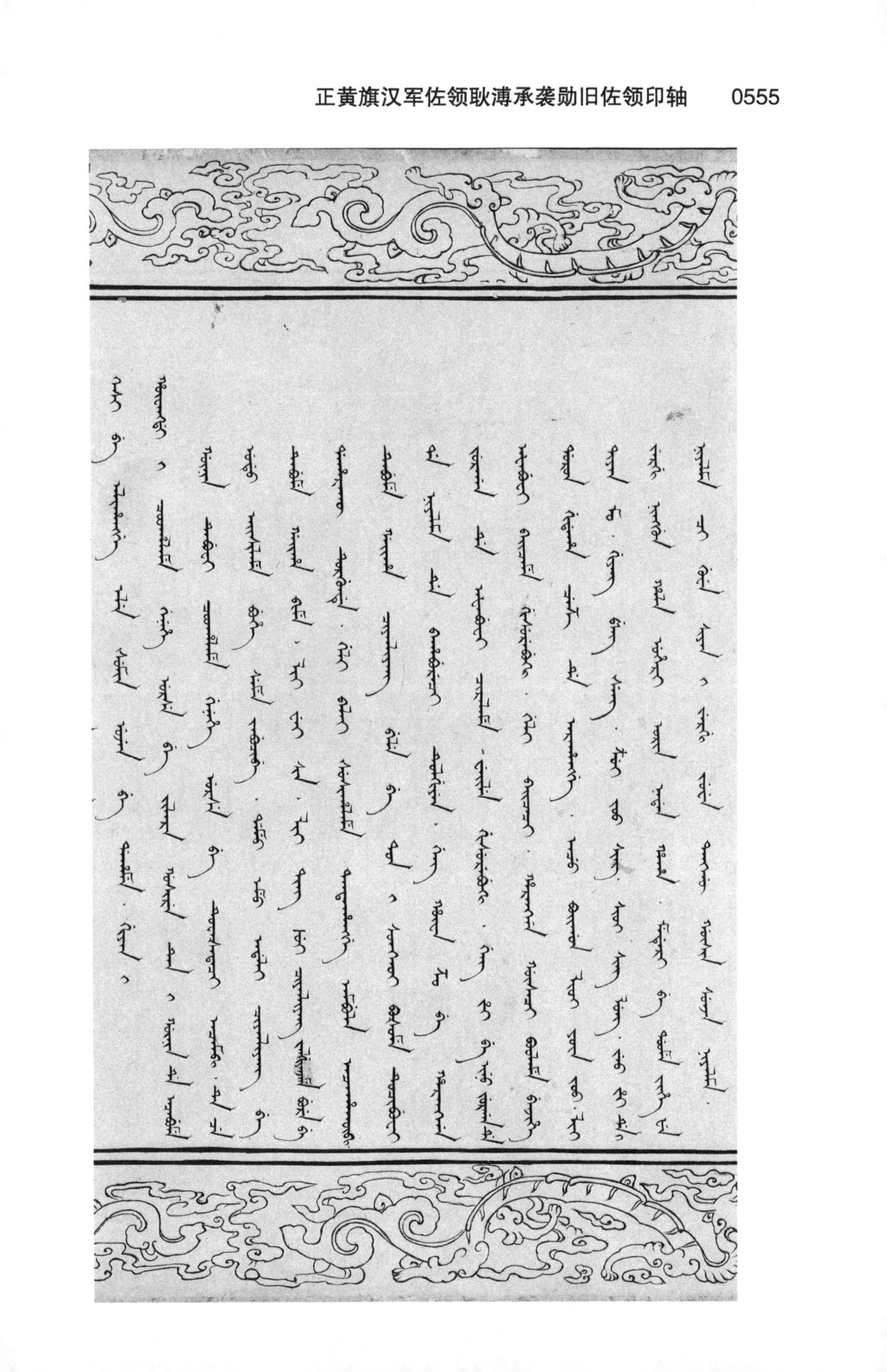

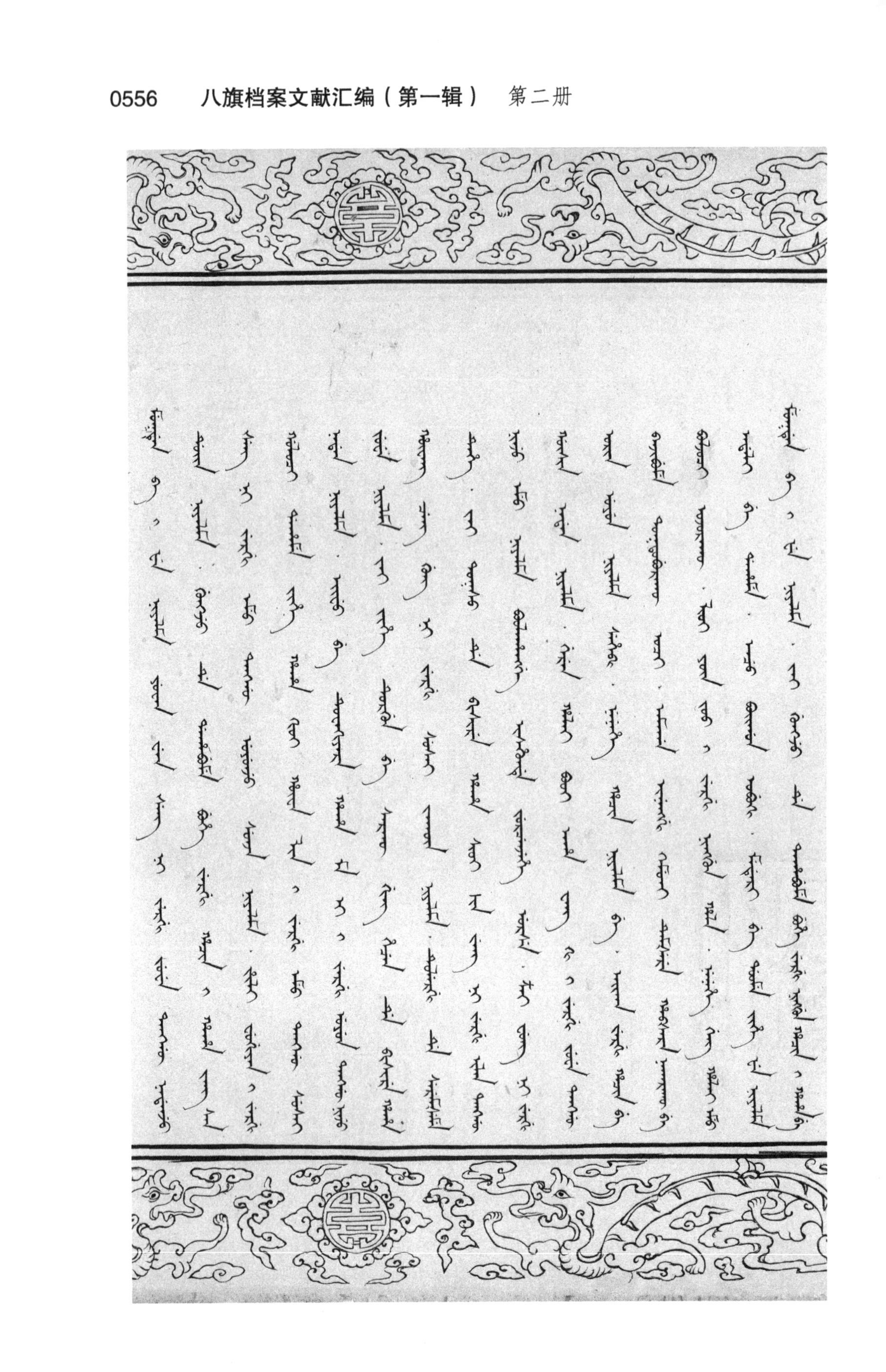

[illegible]

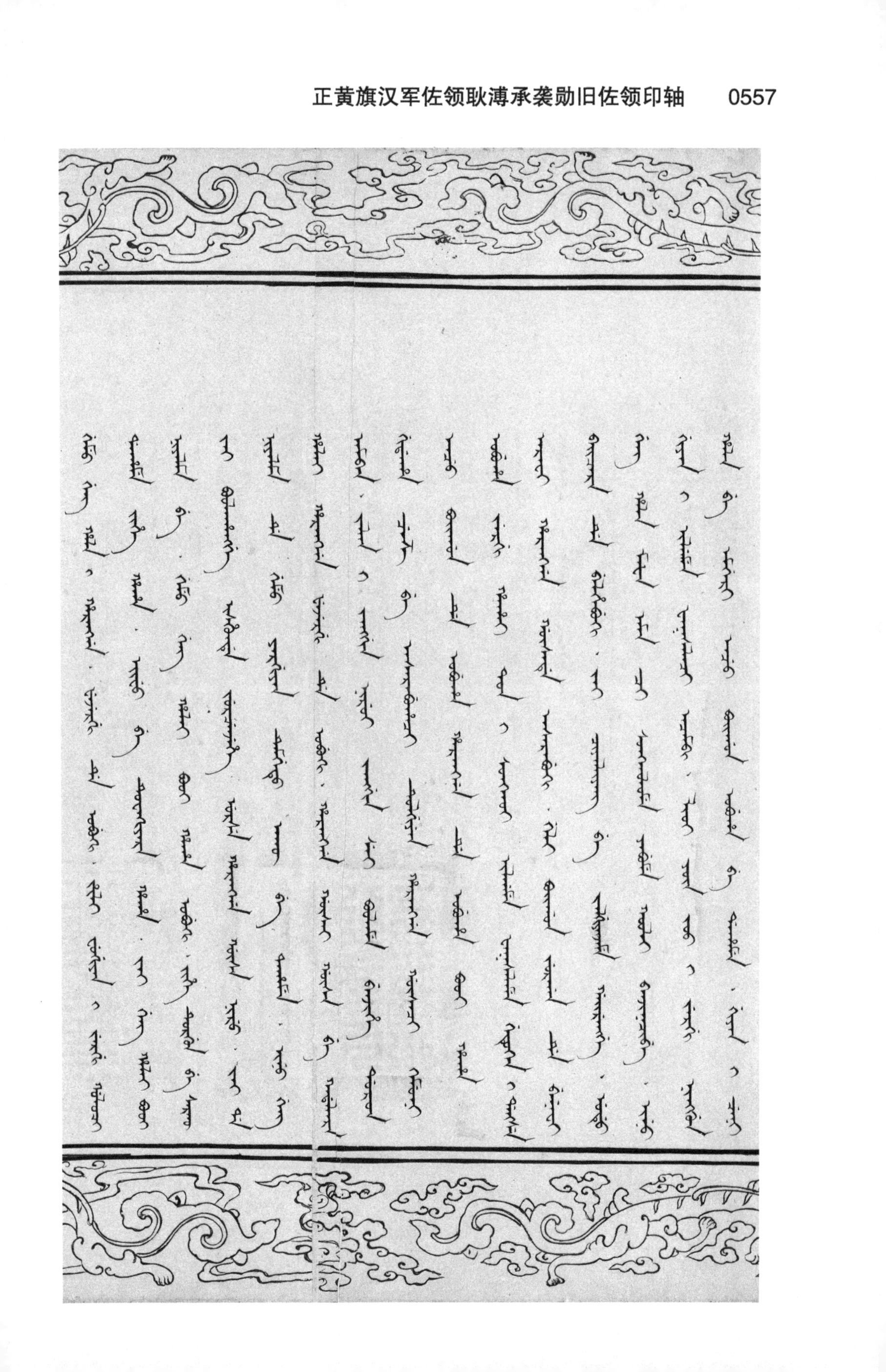

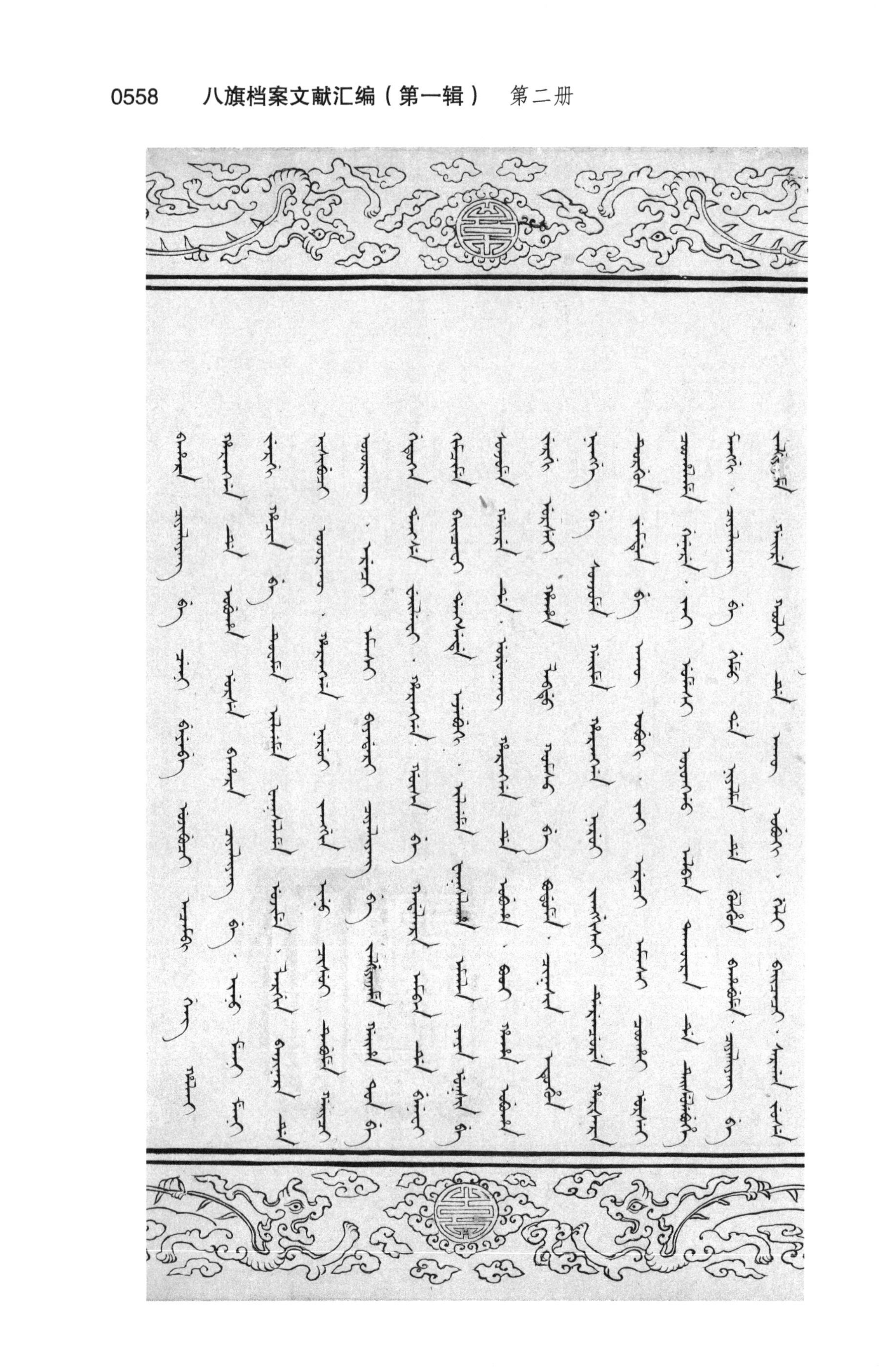

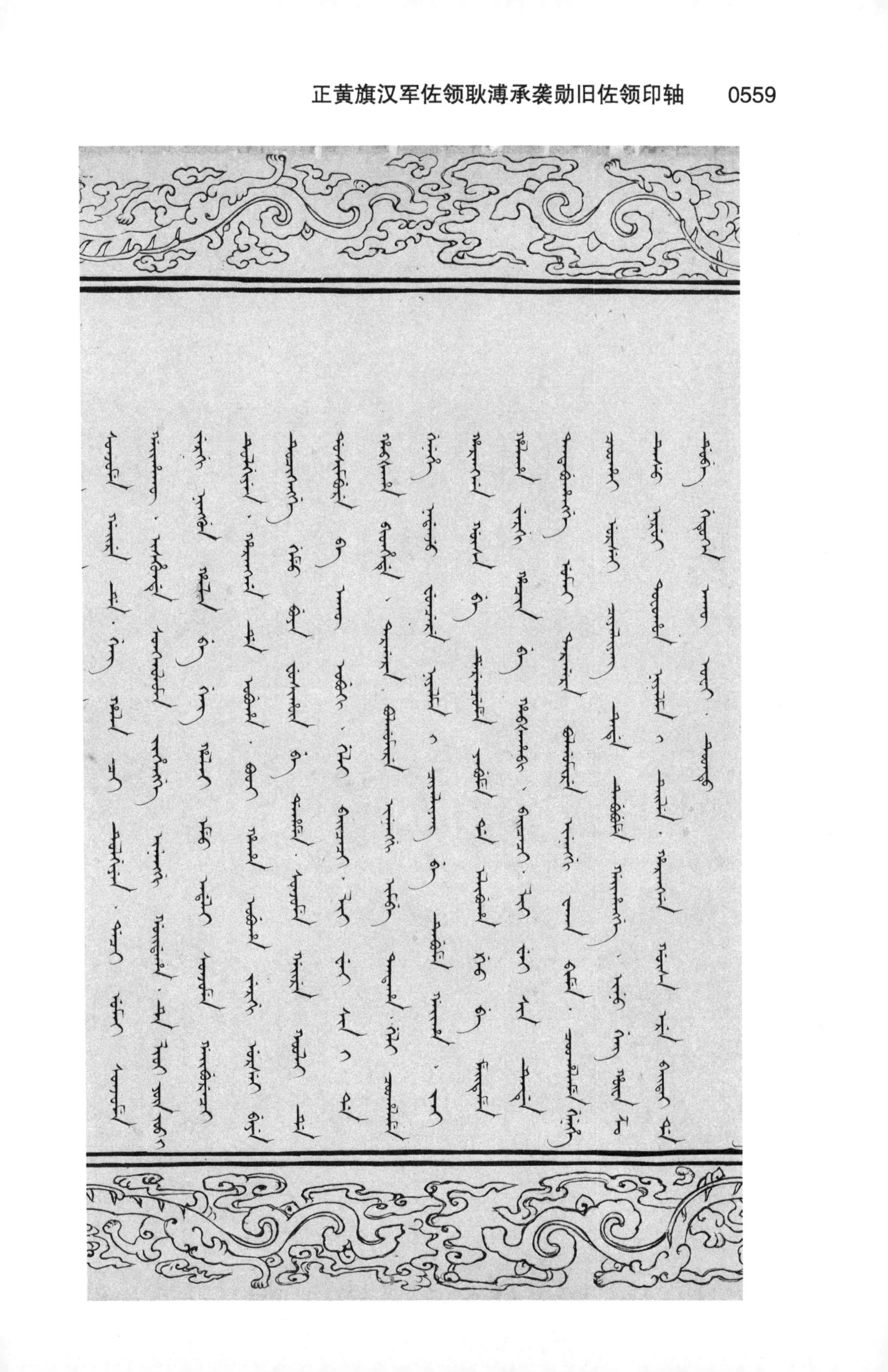

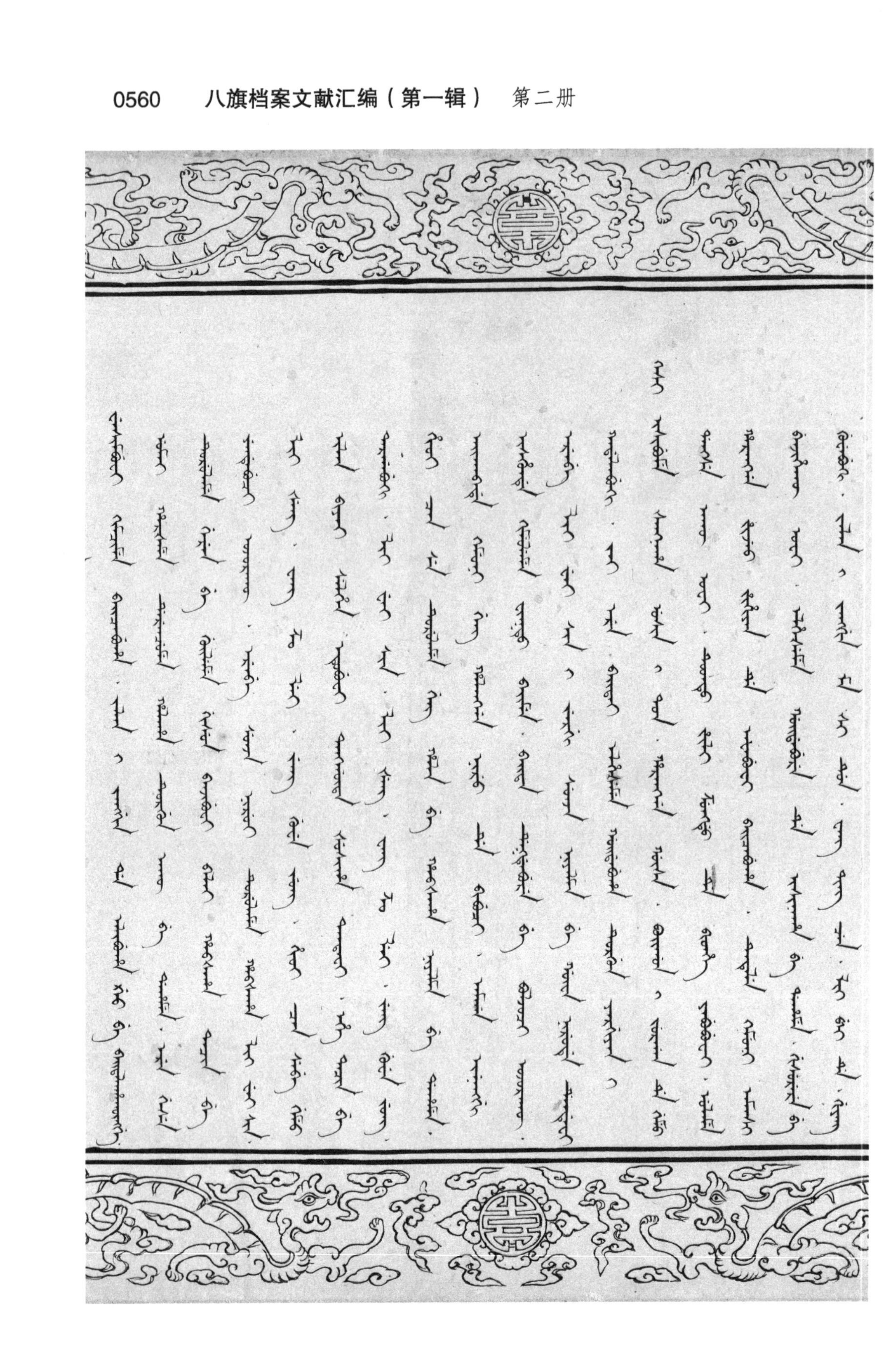

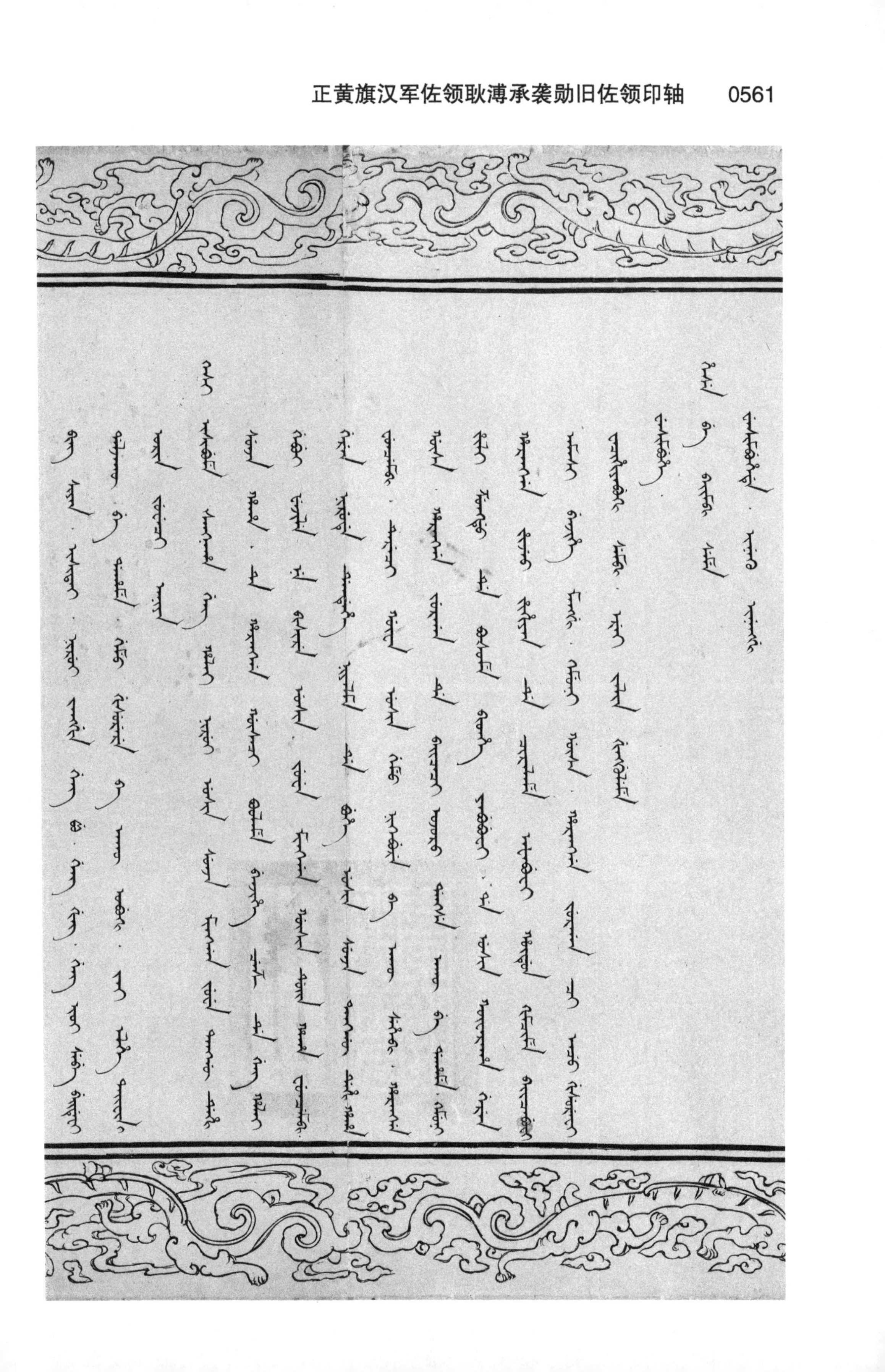

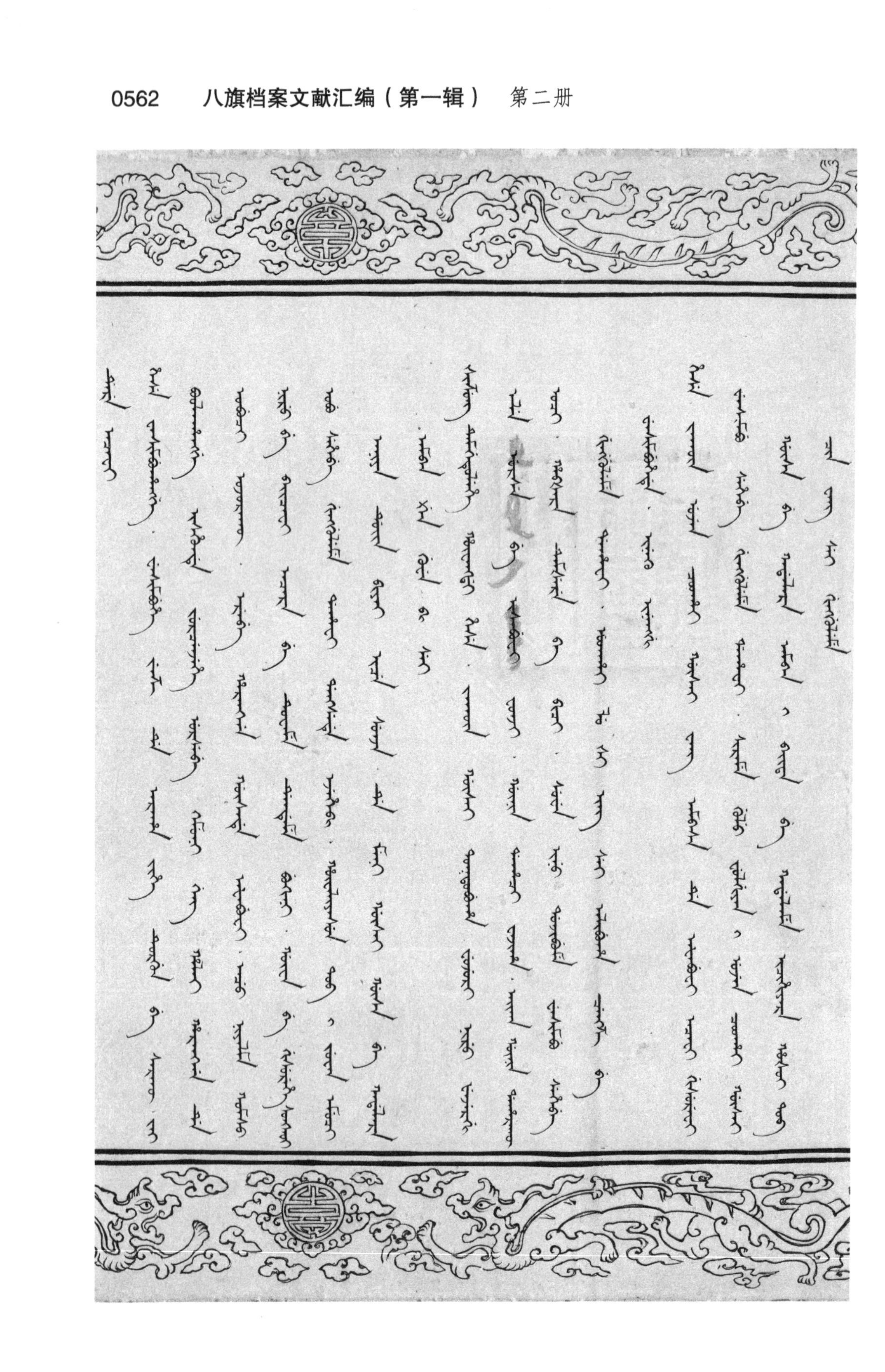

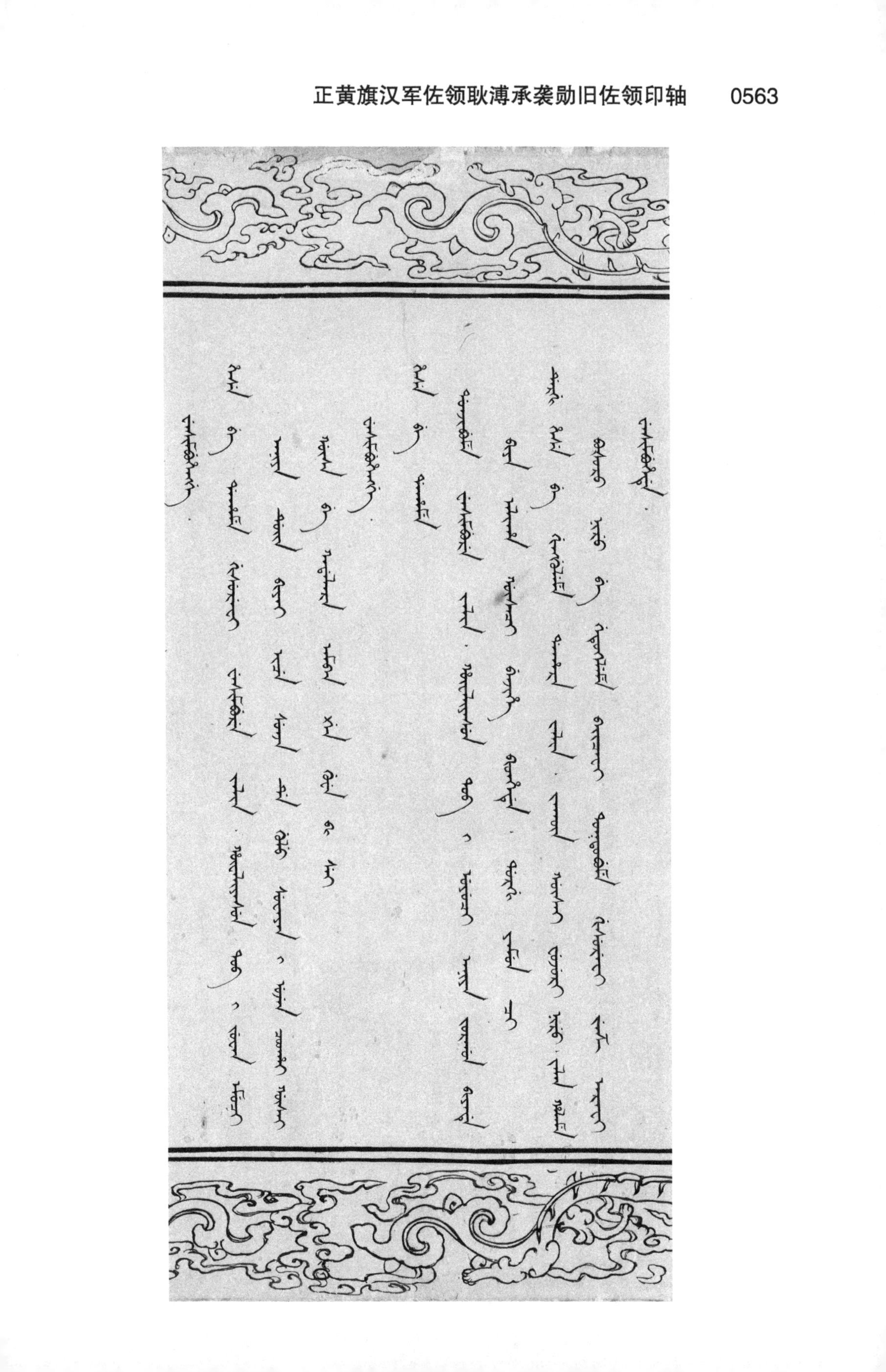

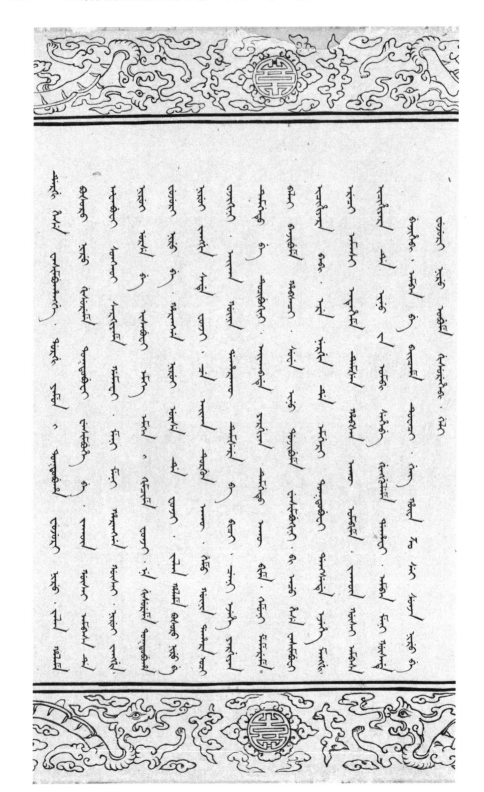

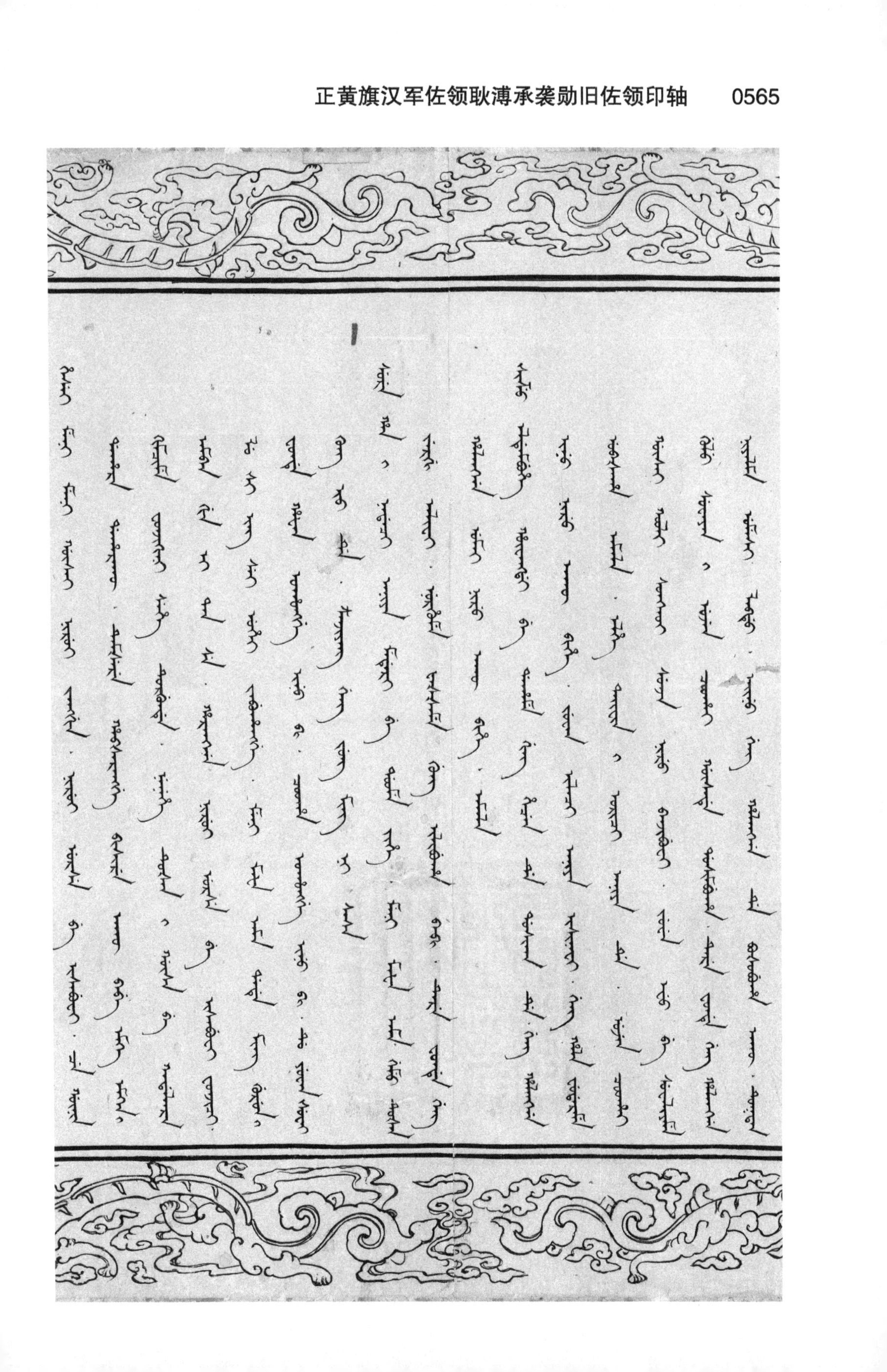

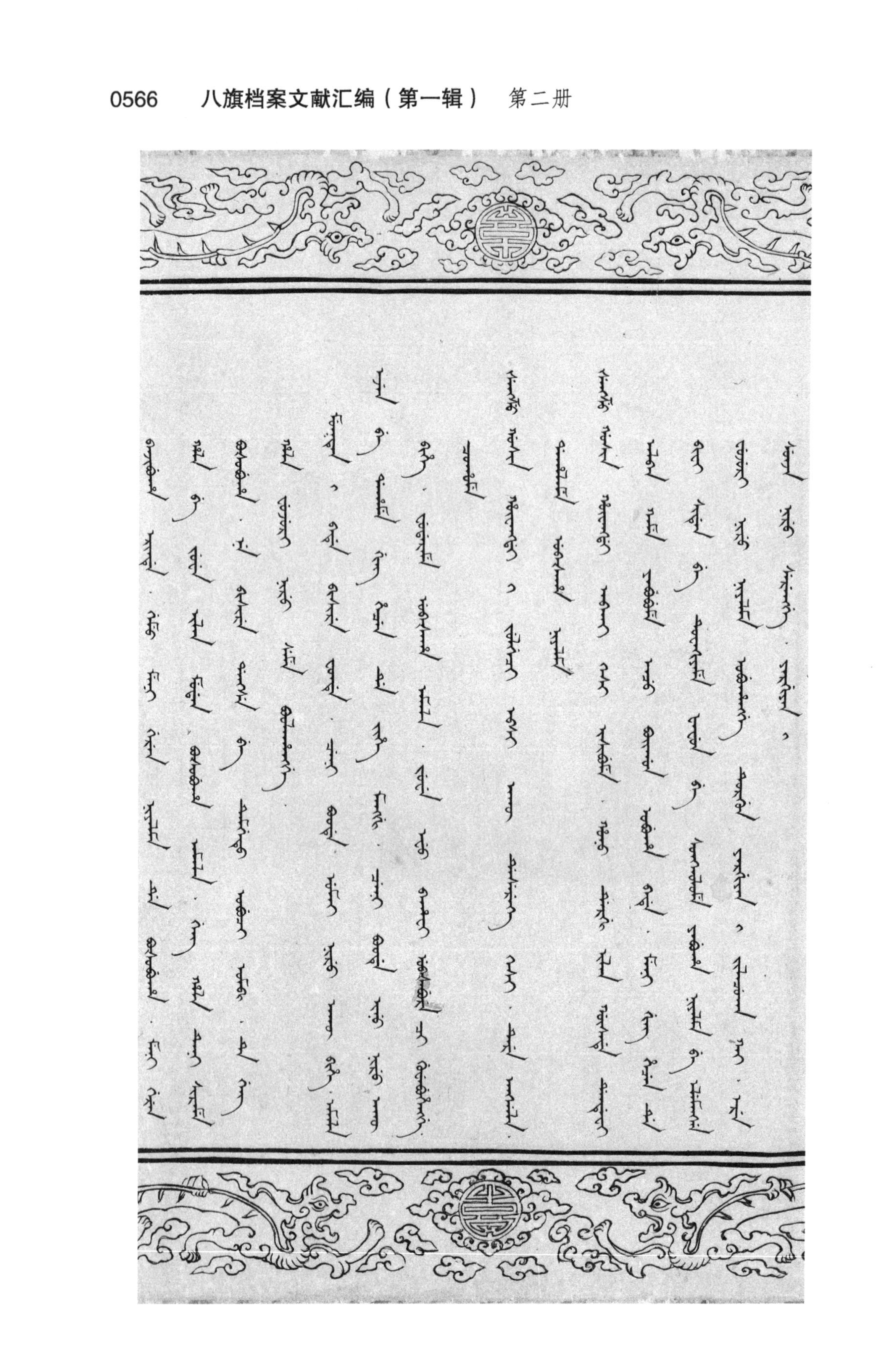

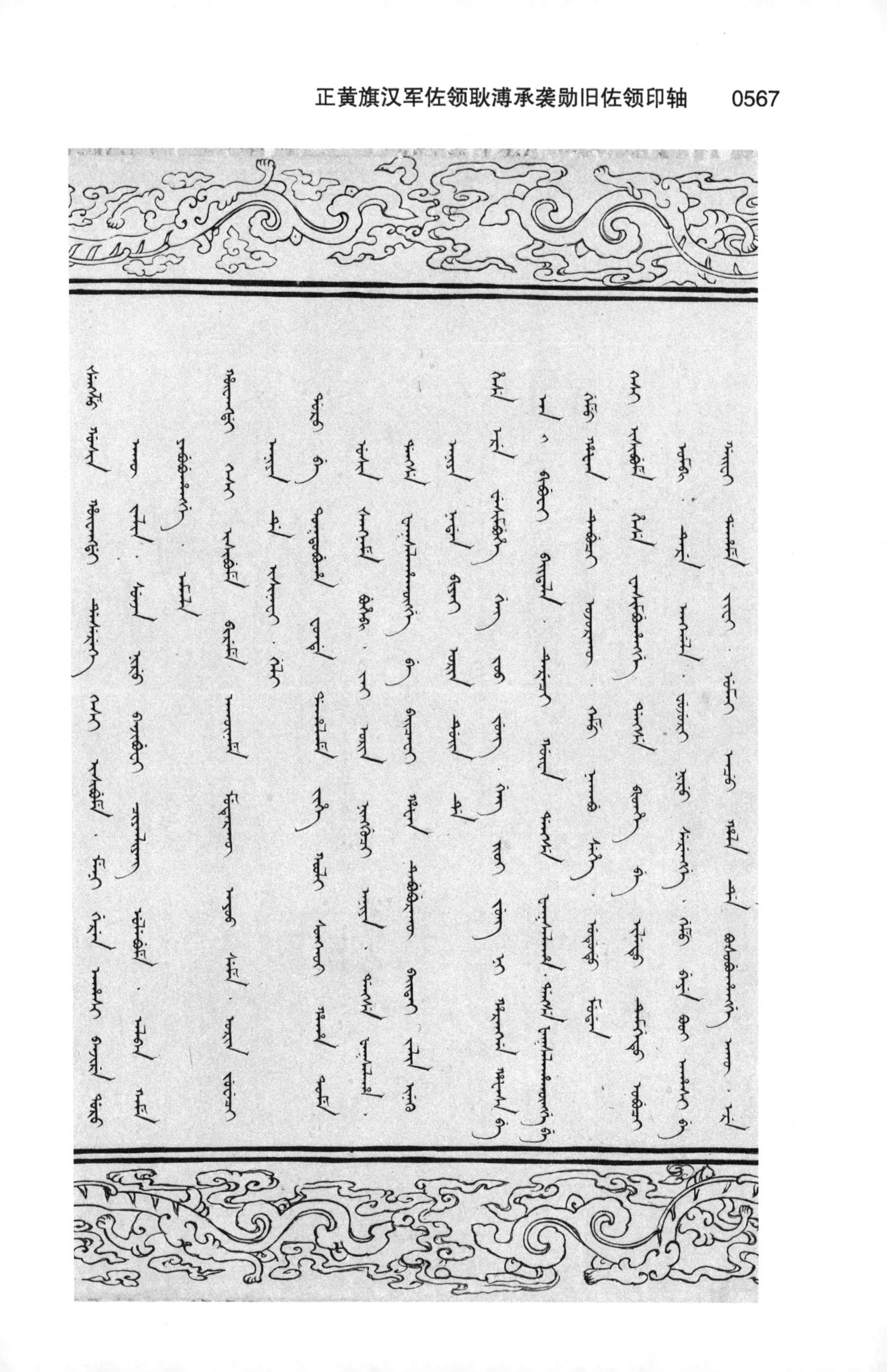

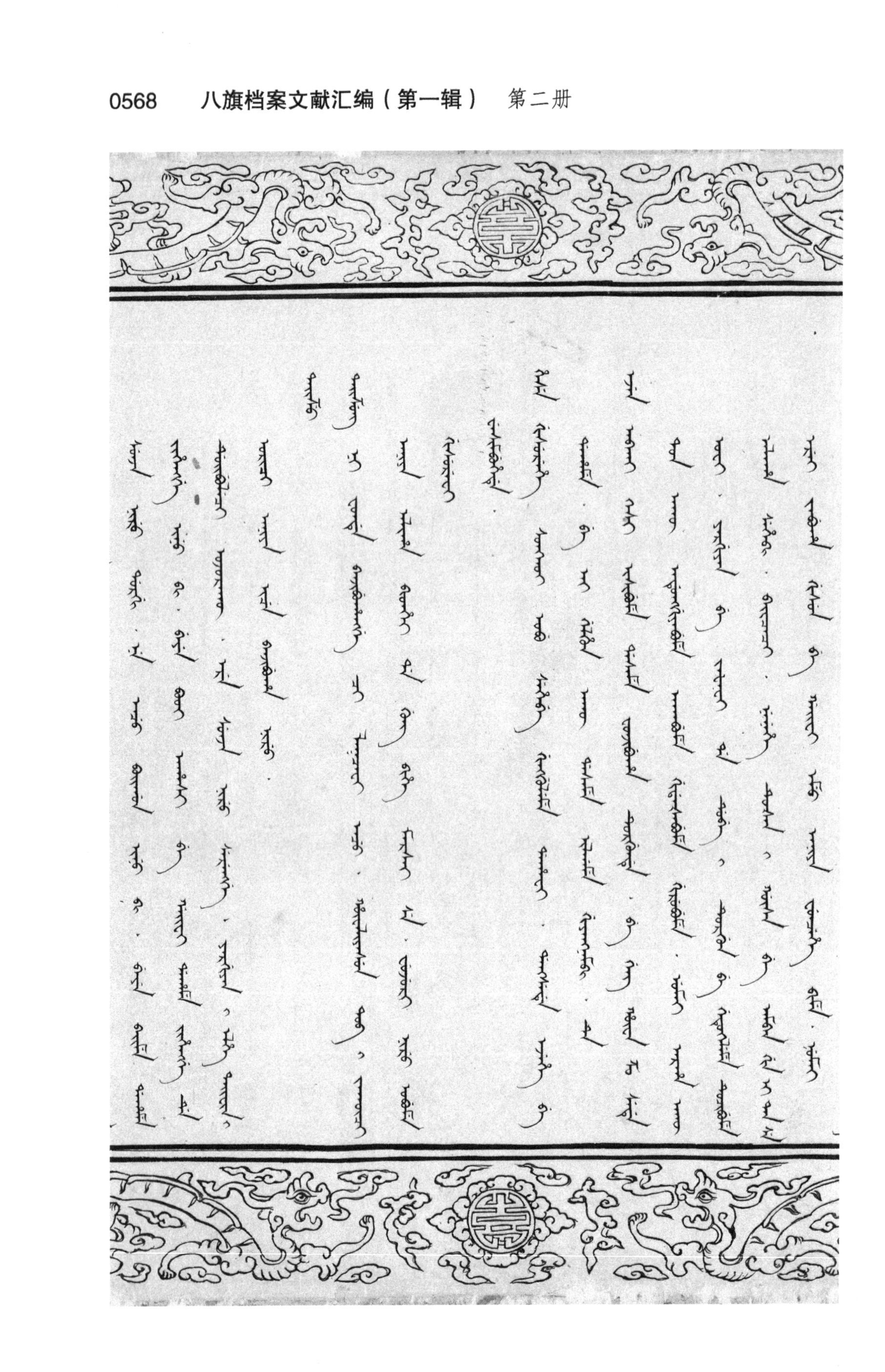

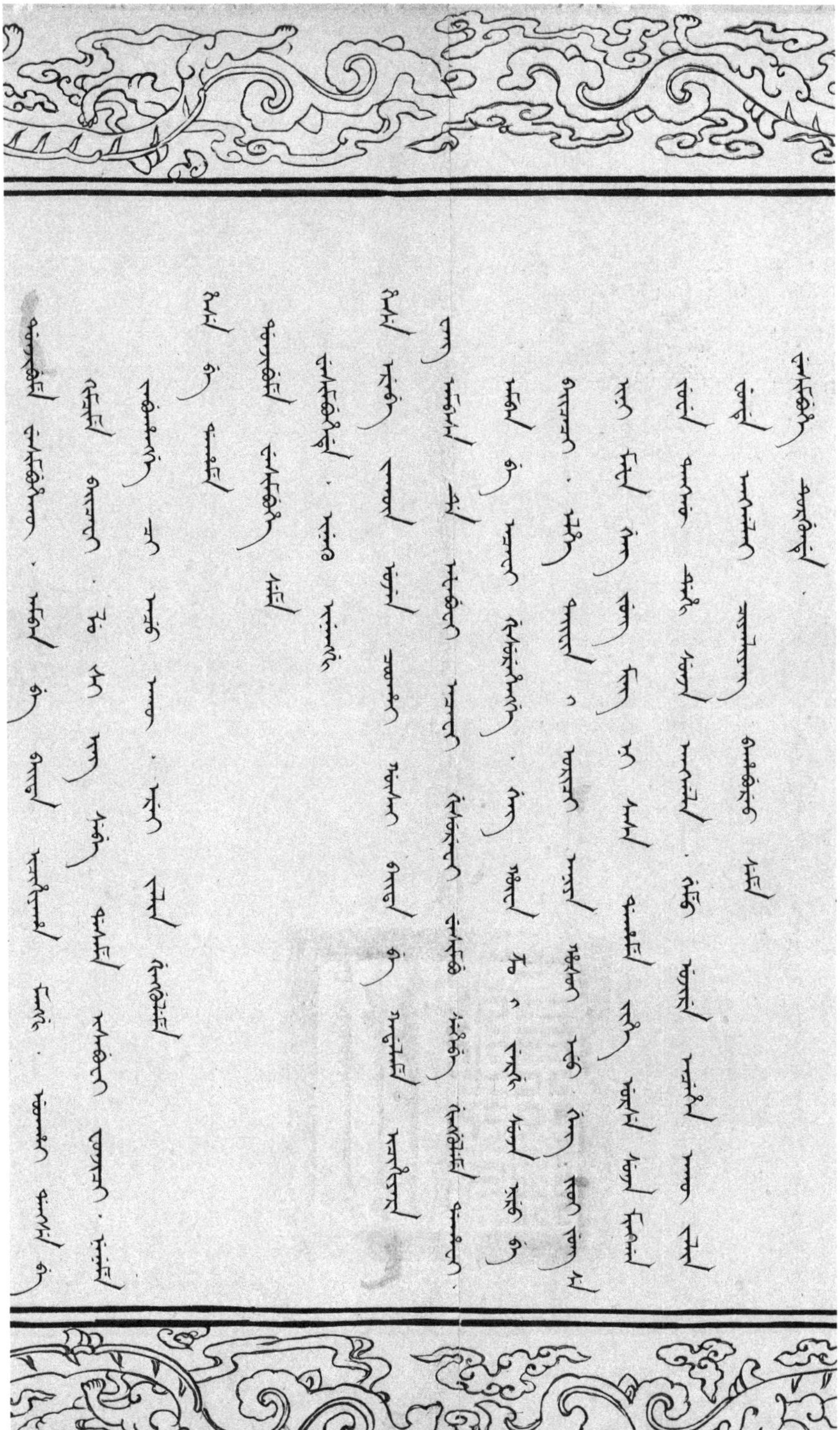

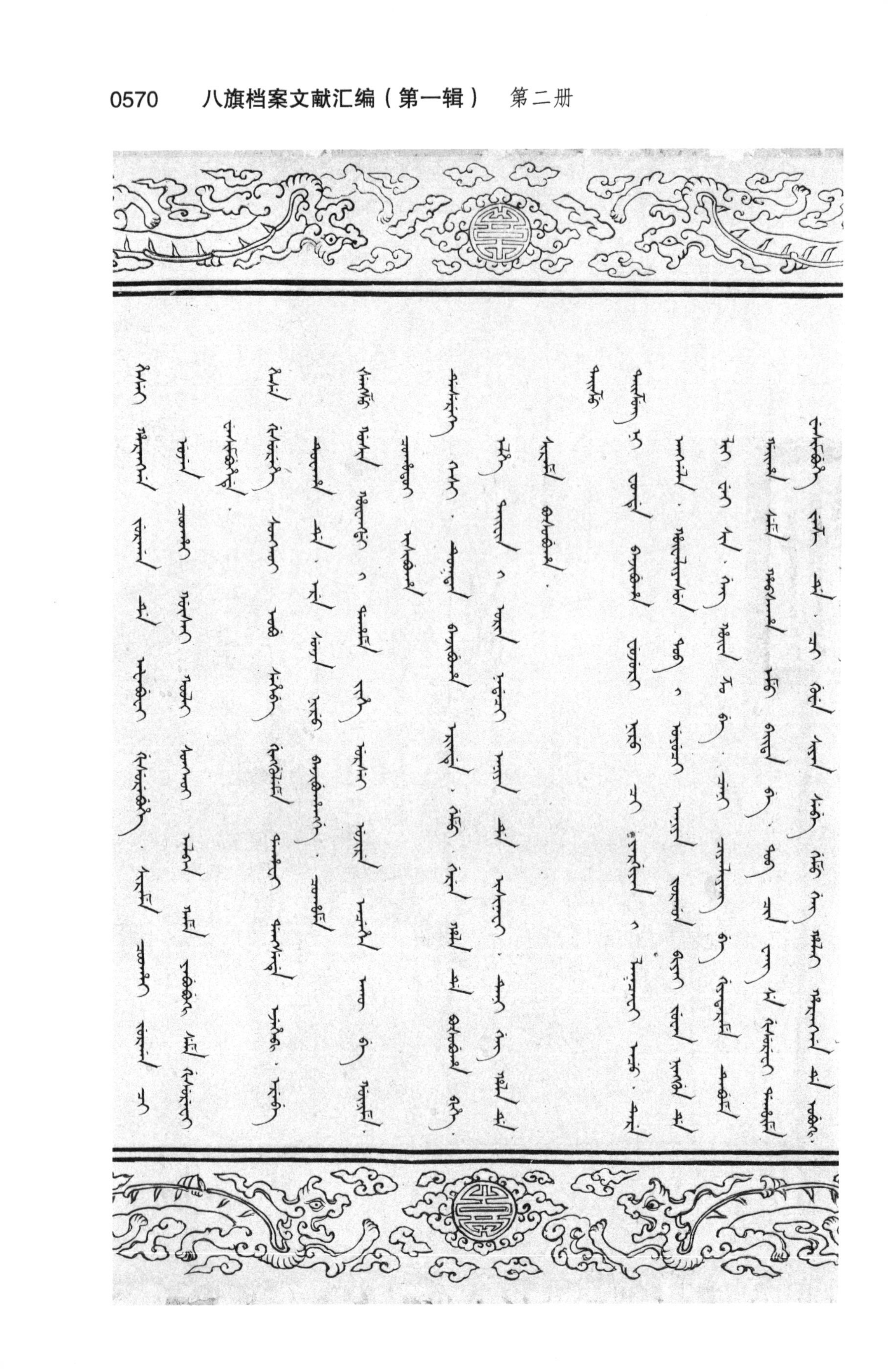

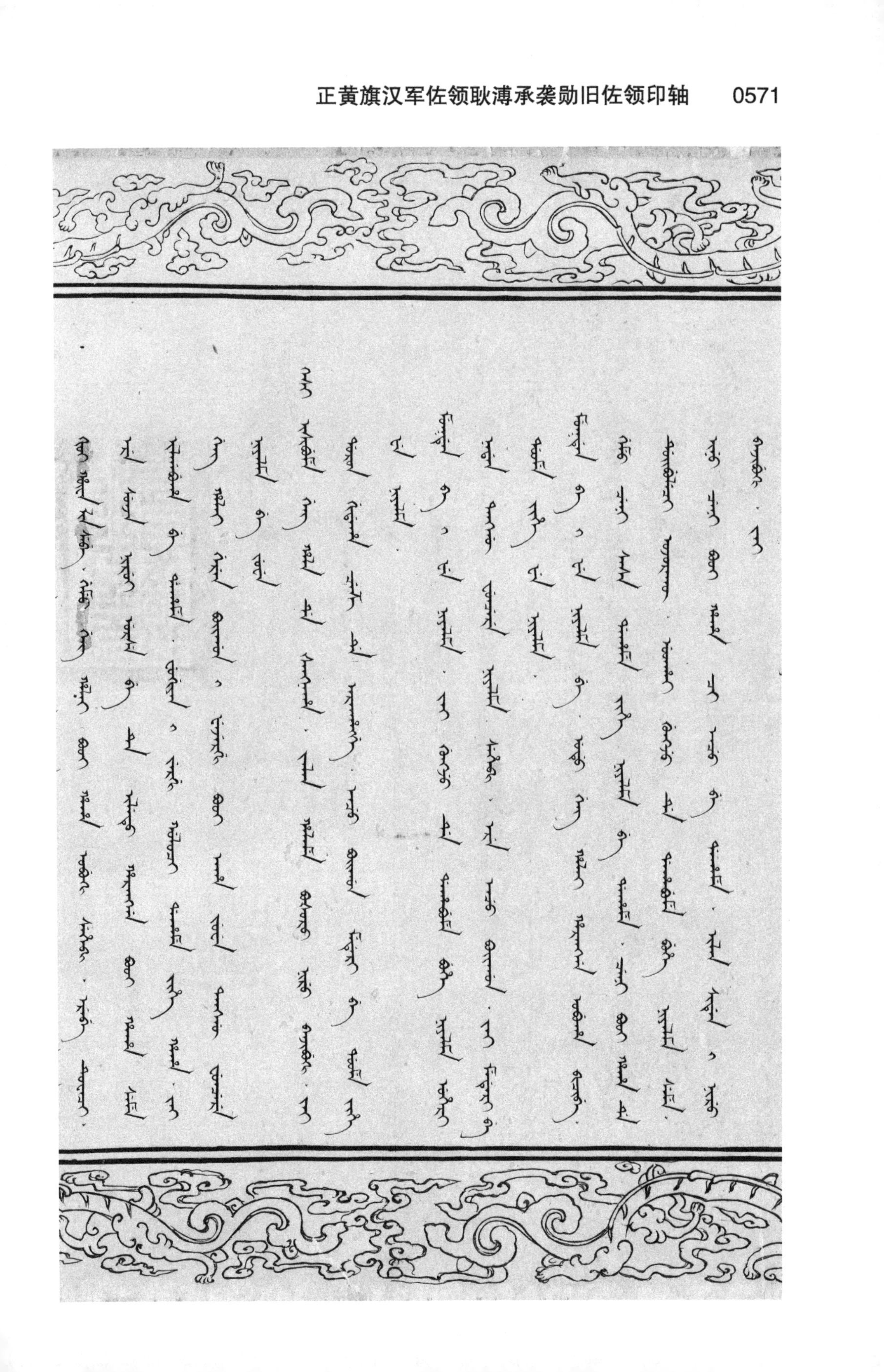

[illegible]

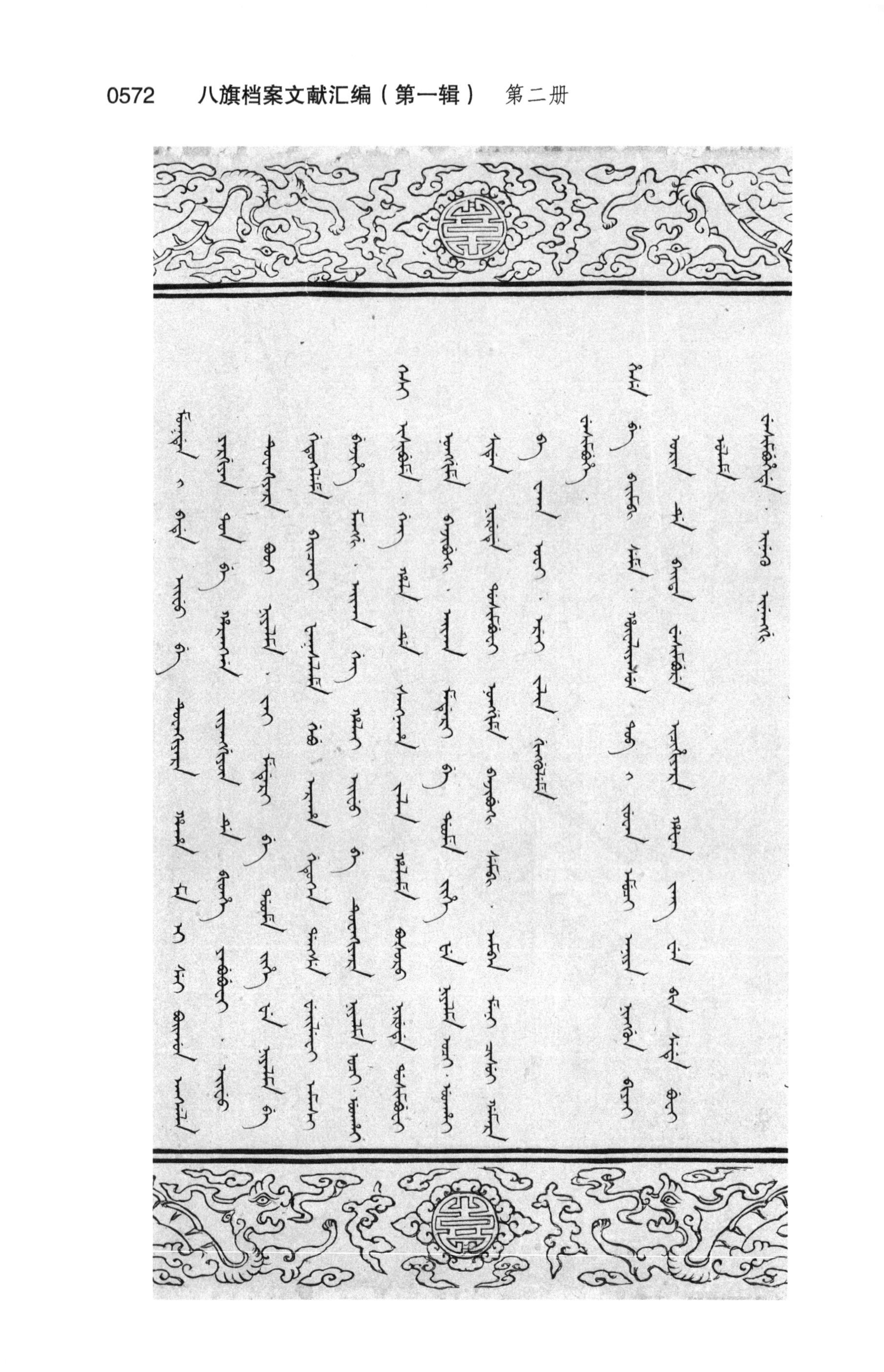

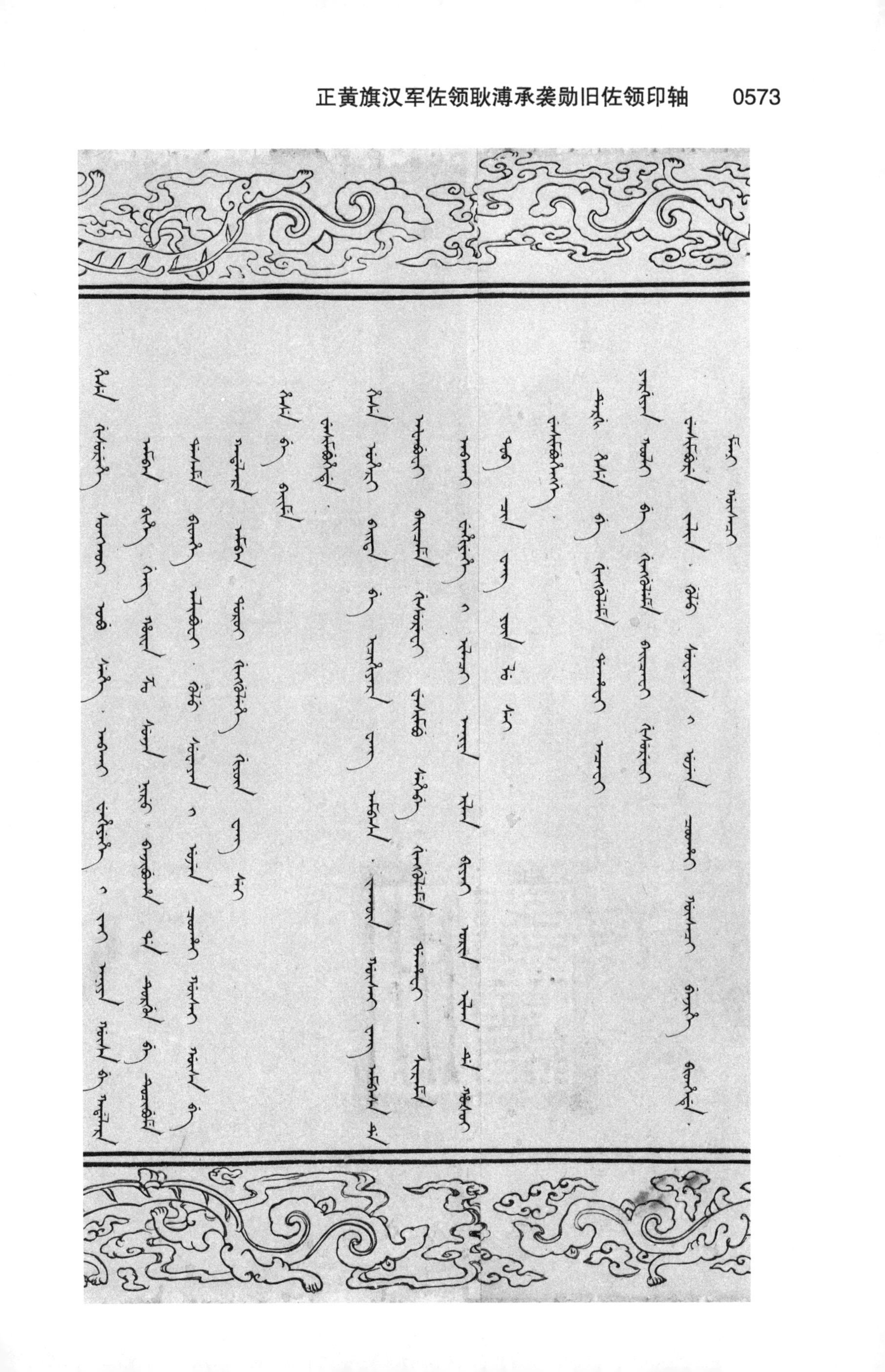

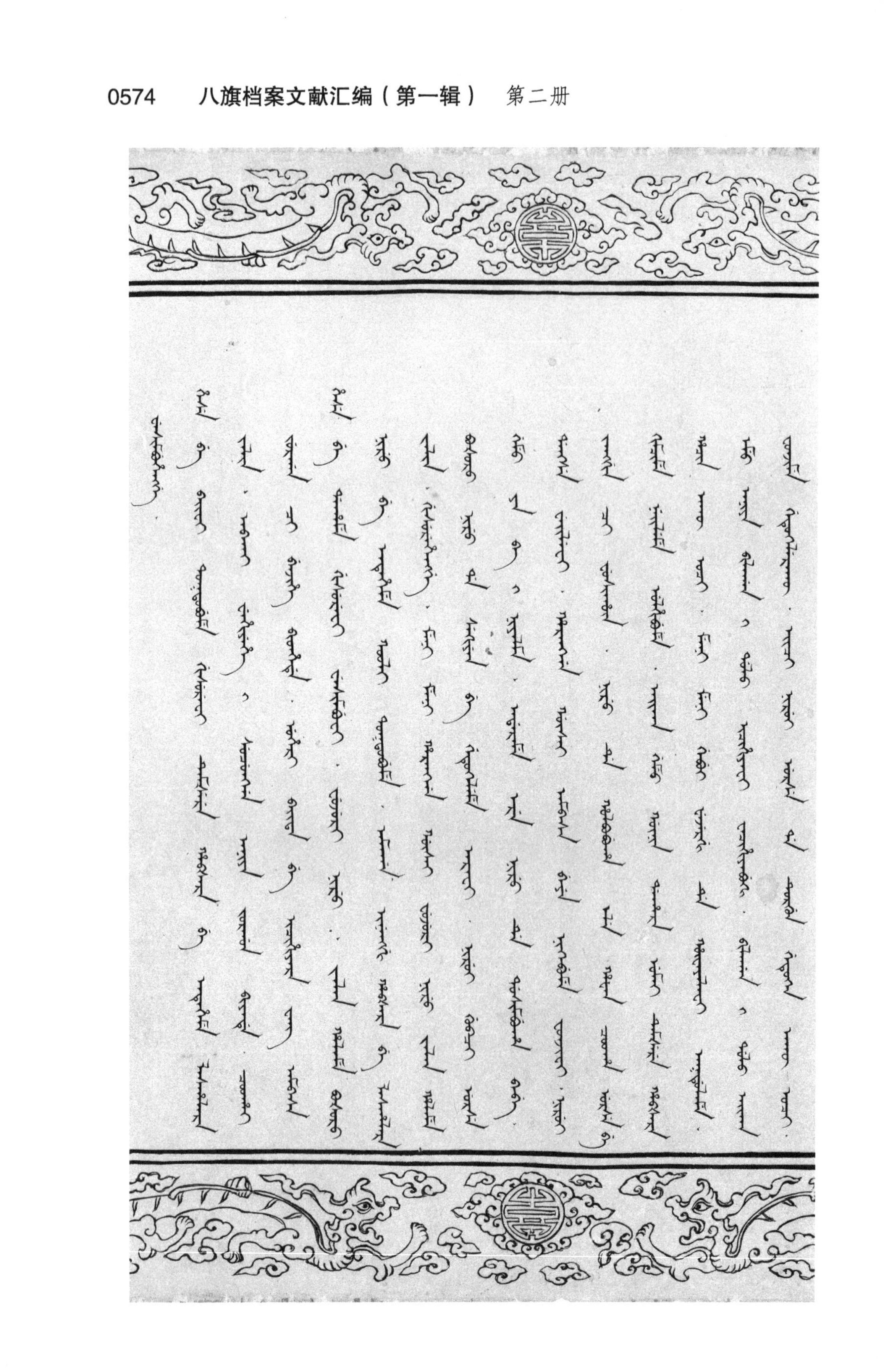

[illegible]

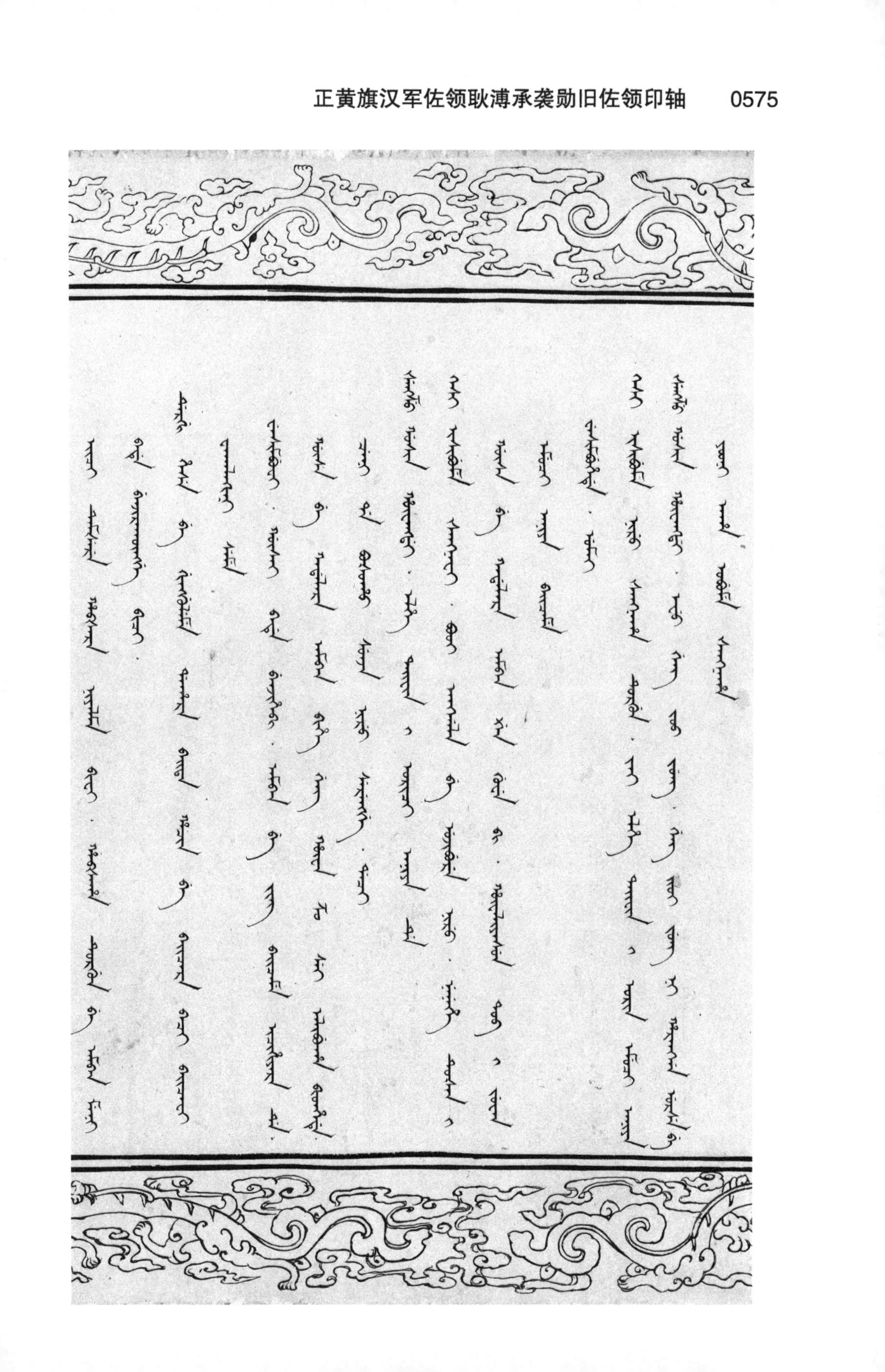

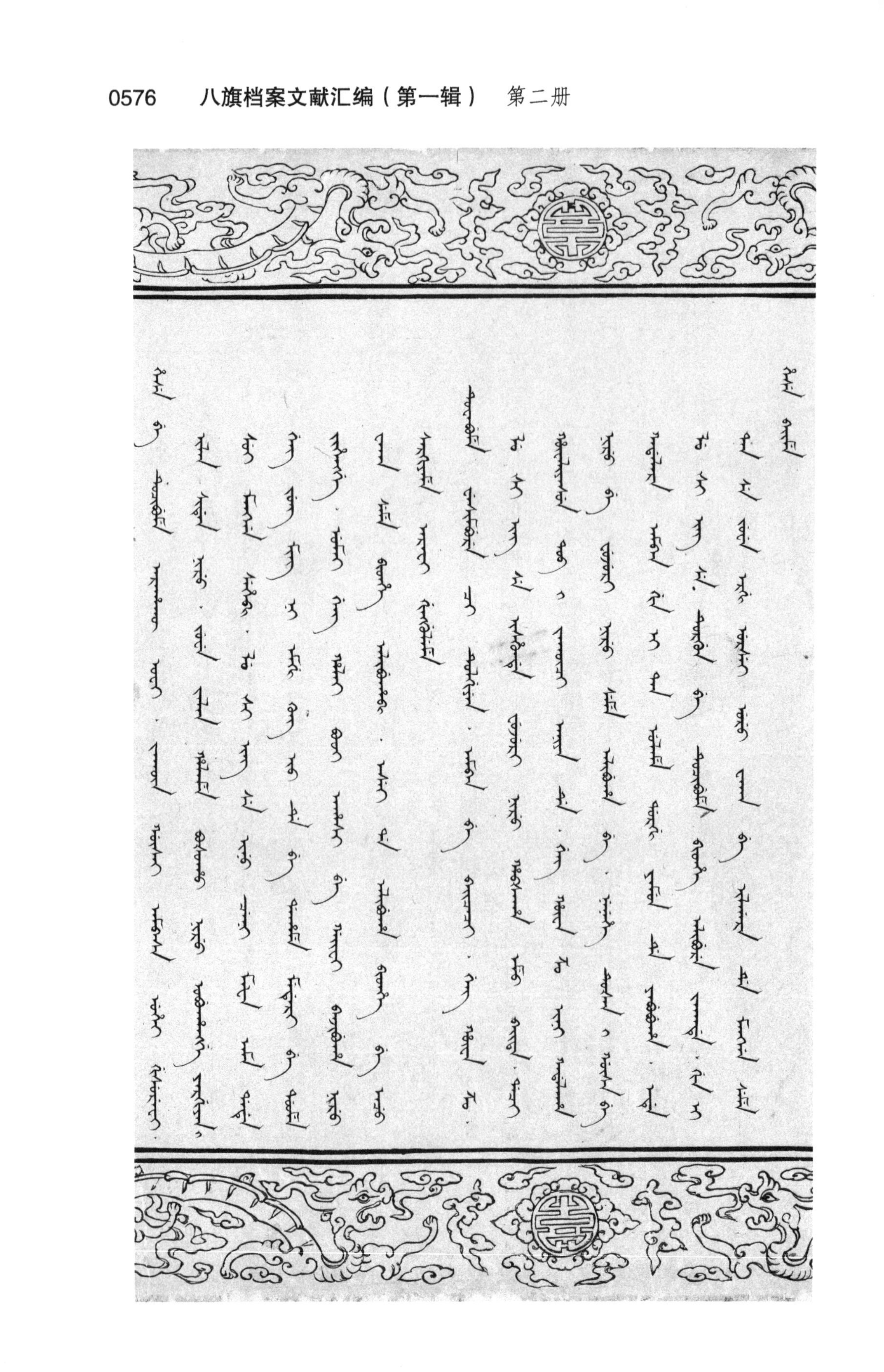

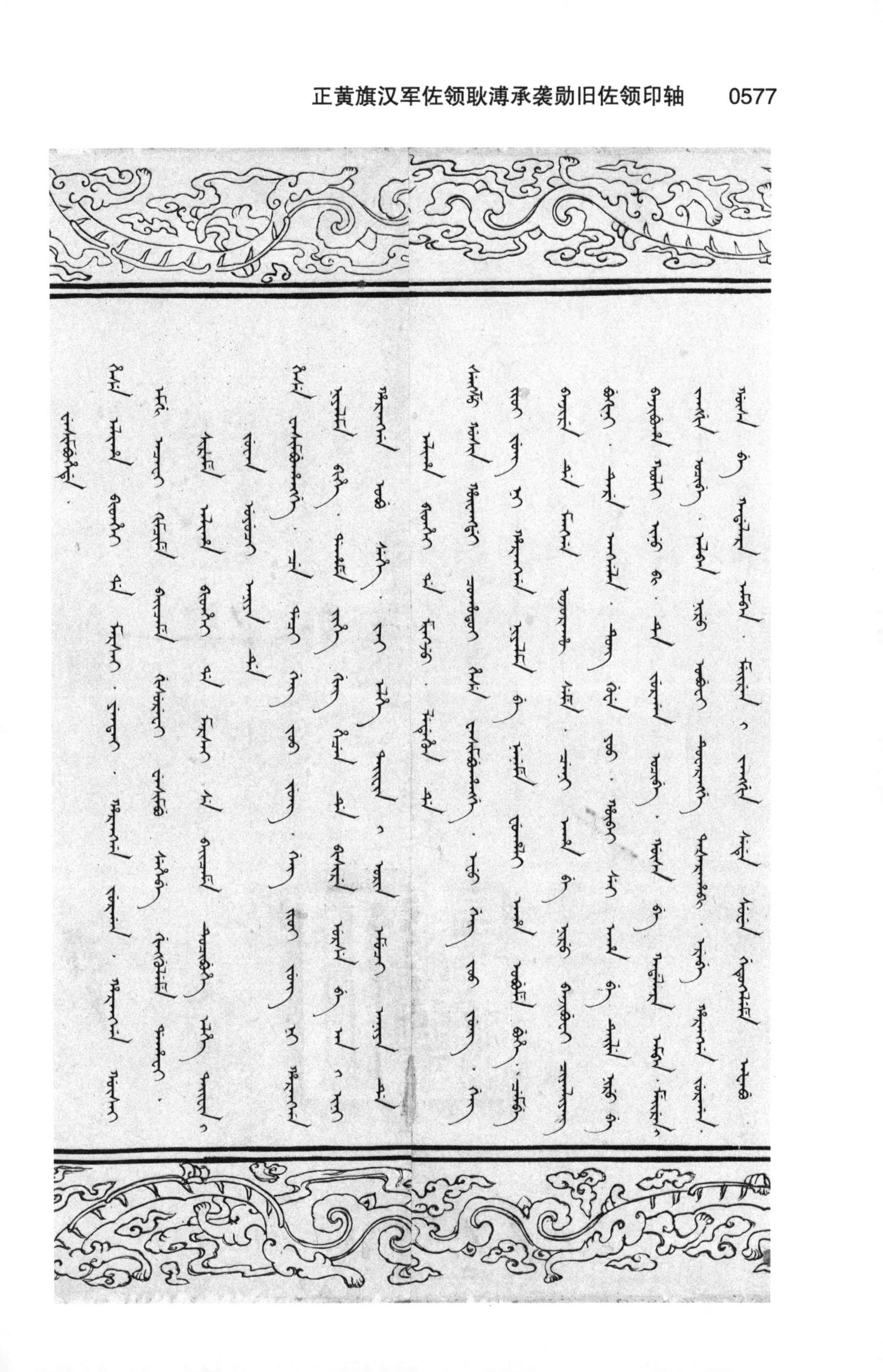

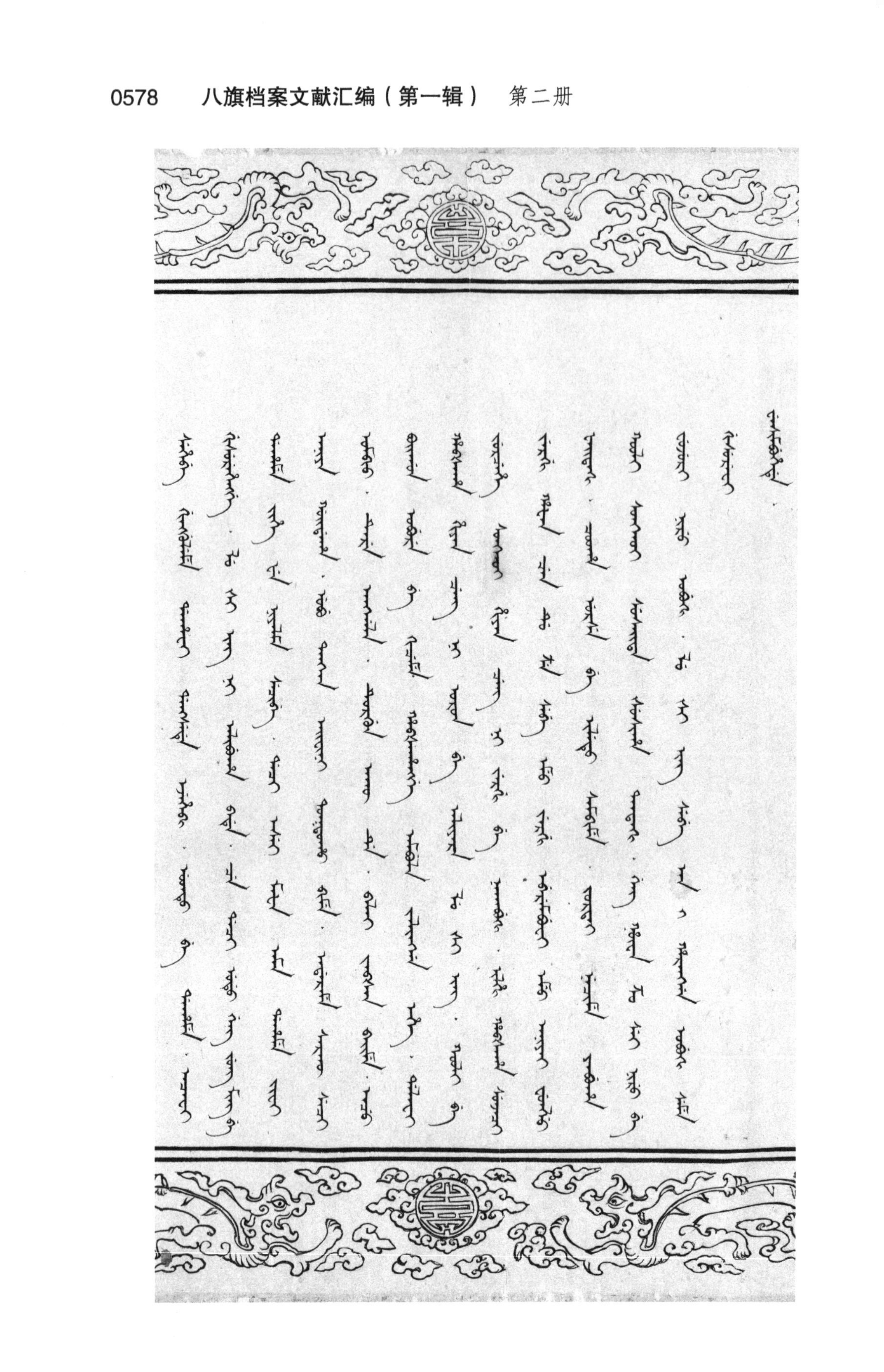

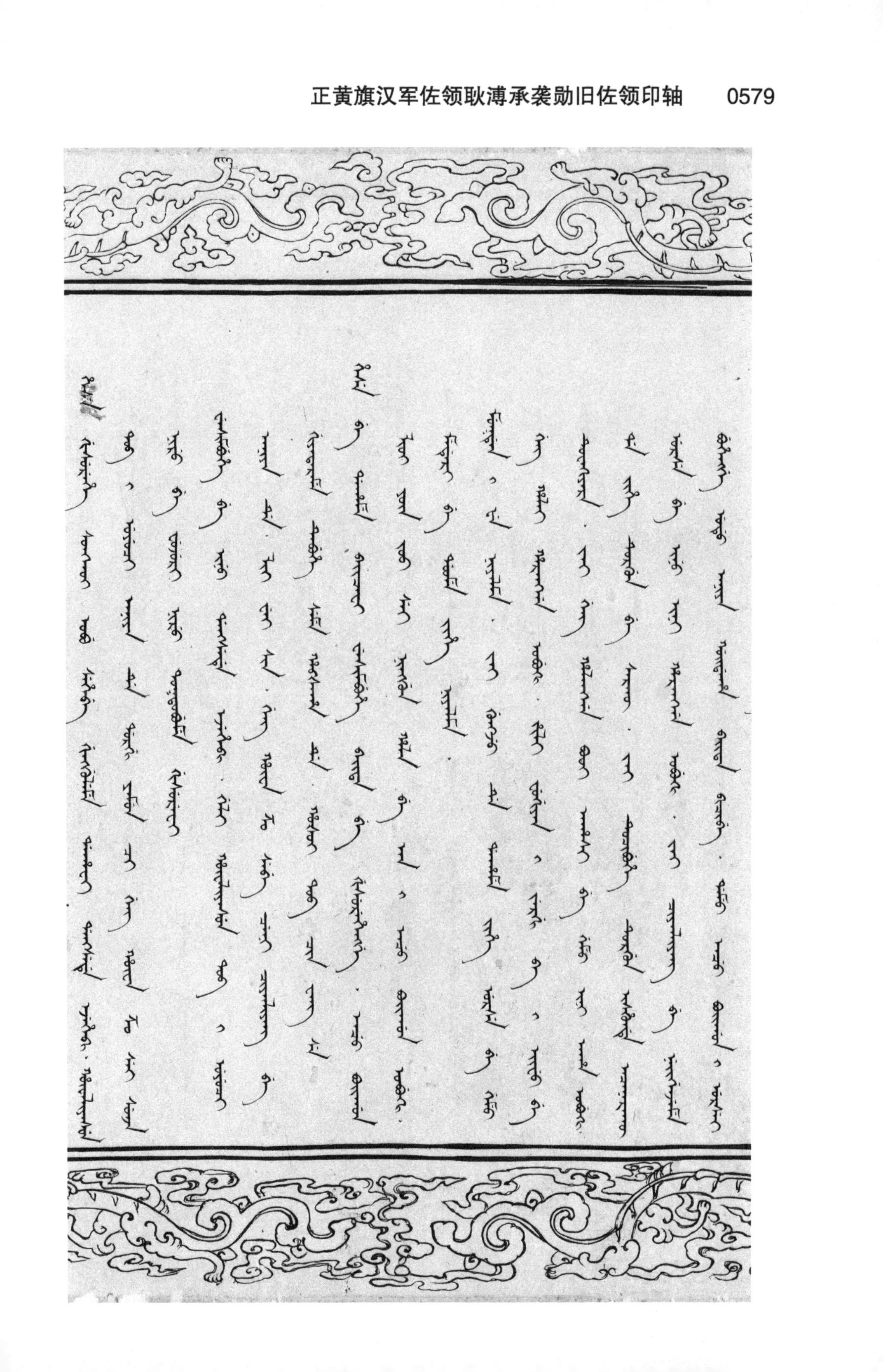

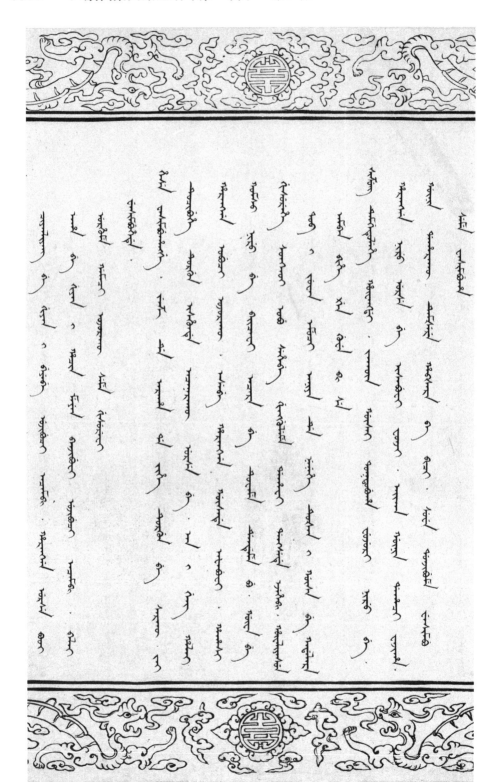

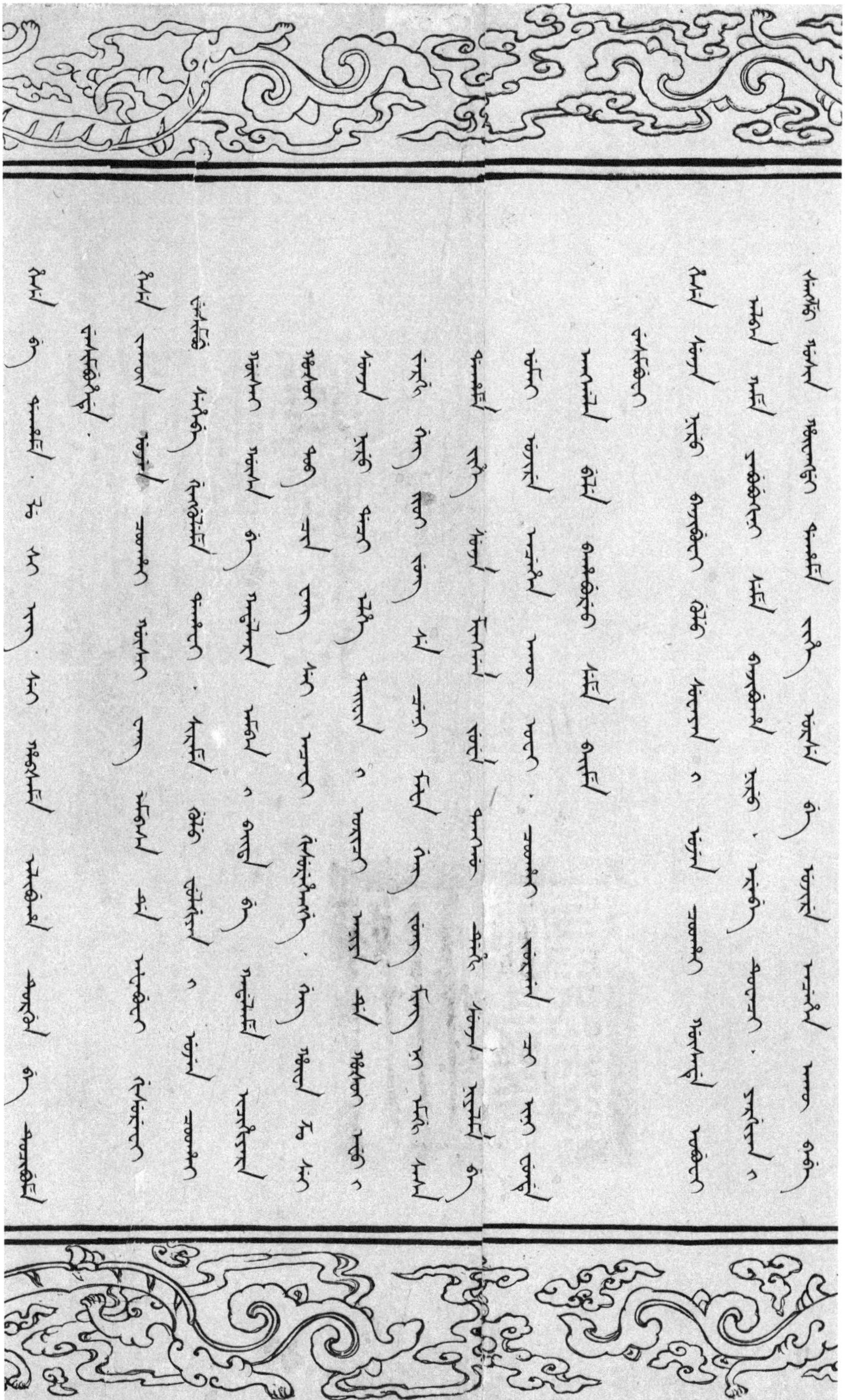

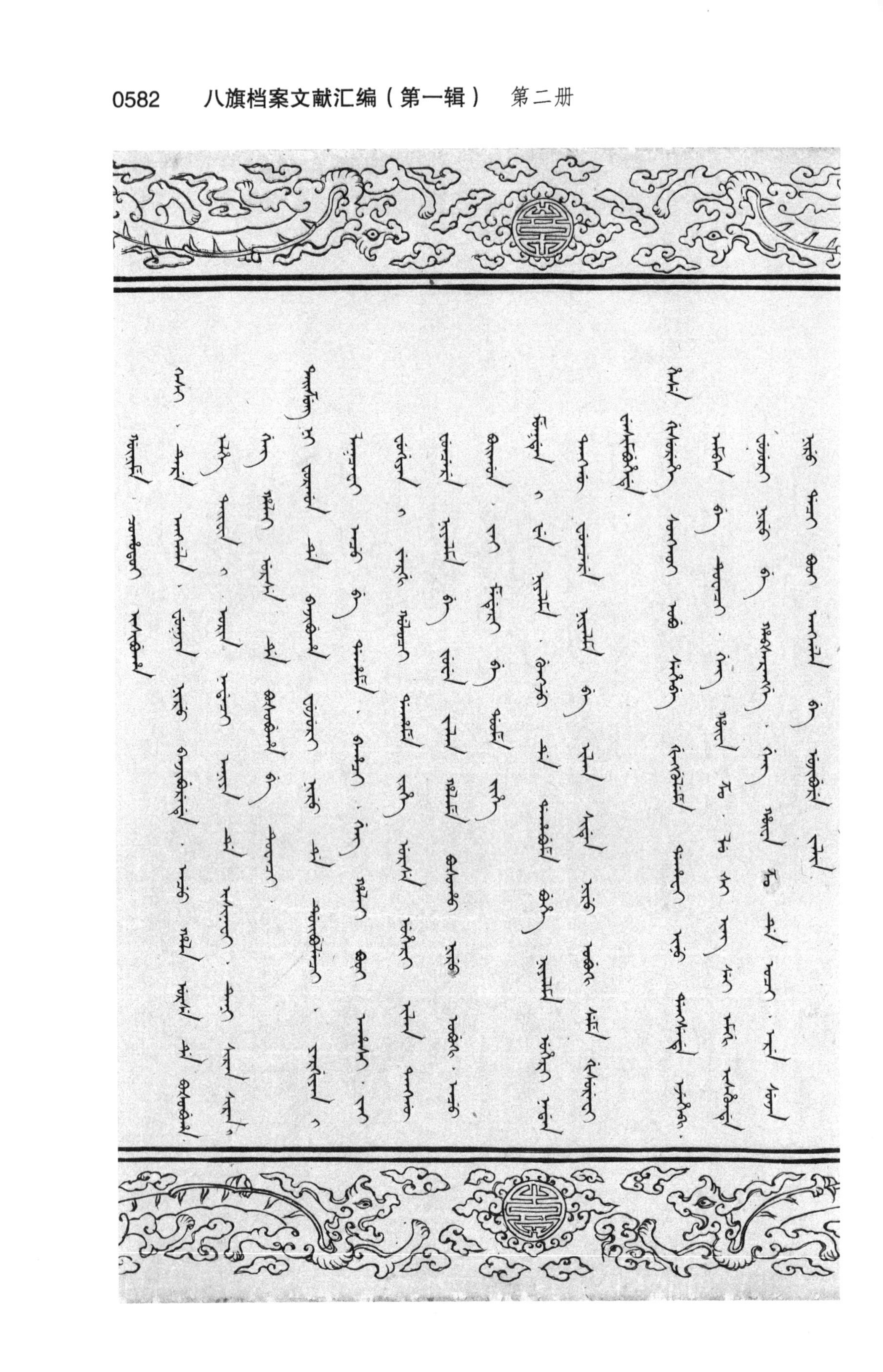

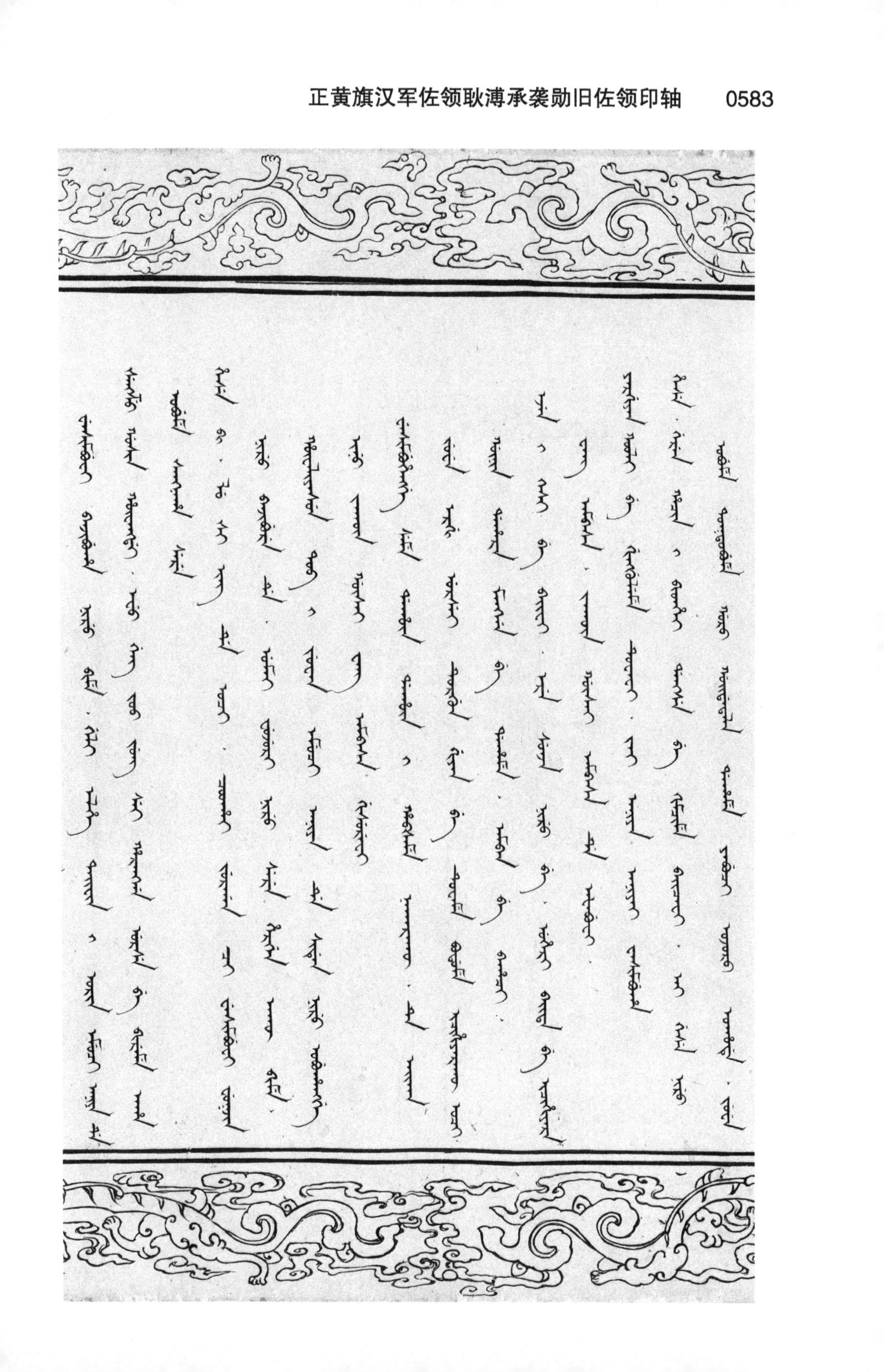

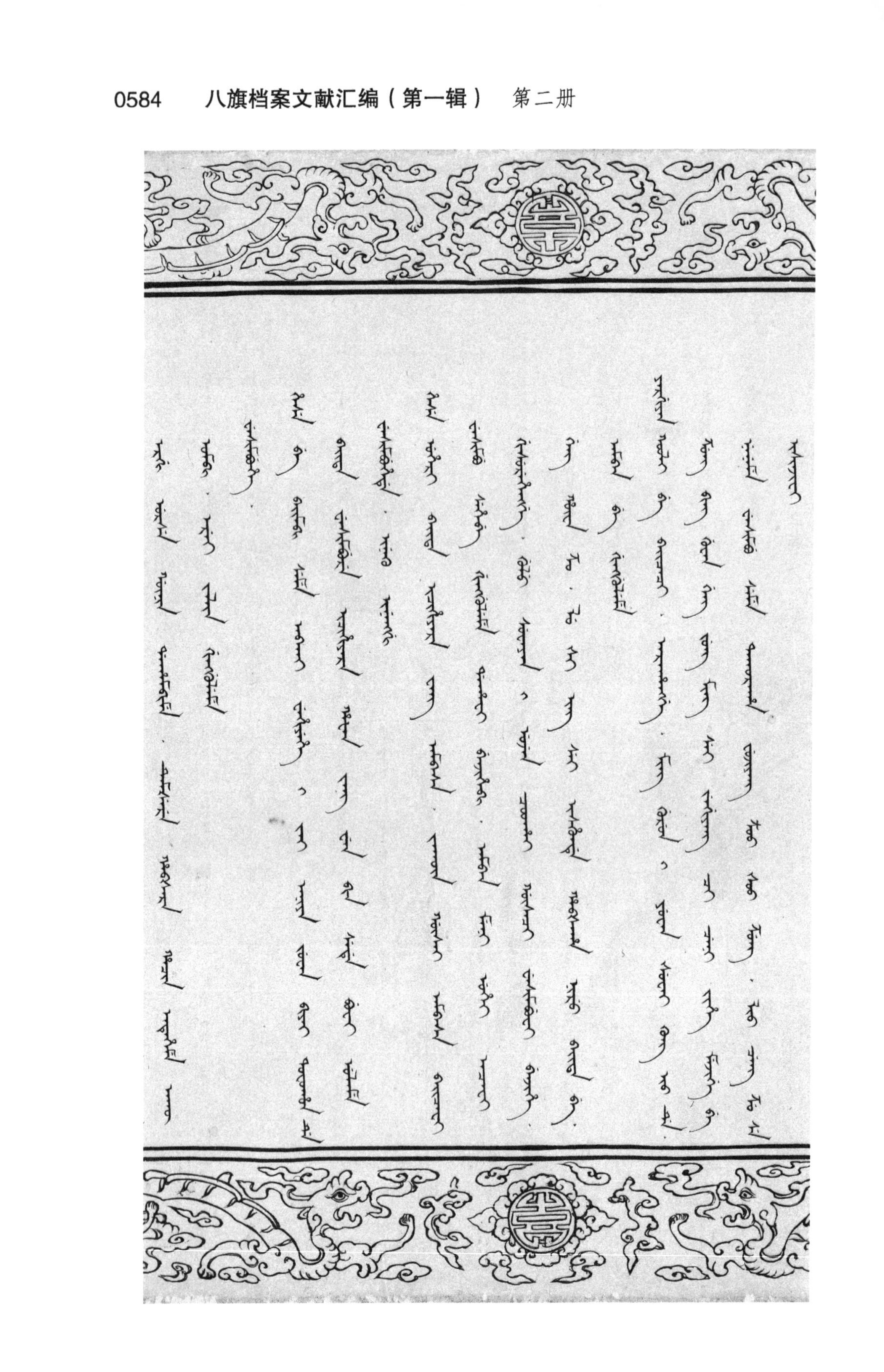

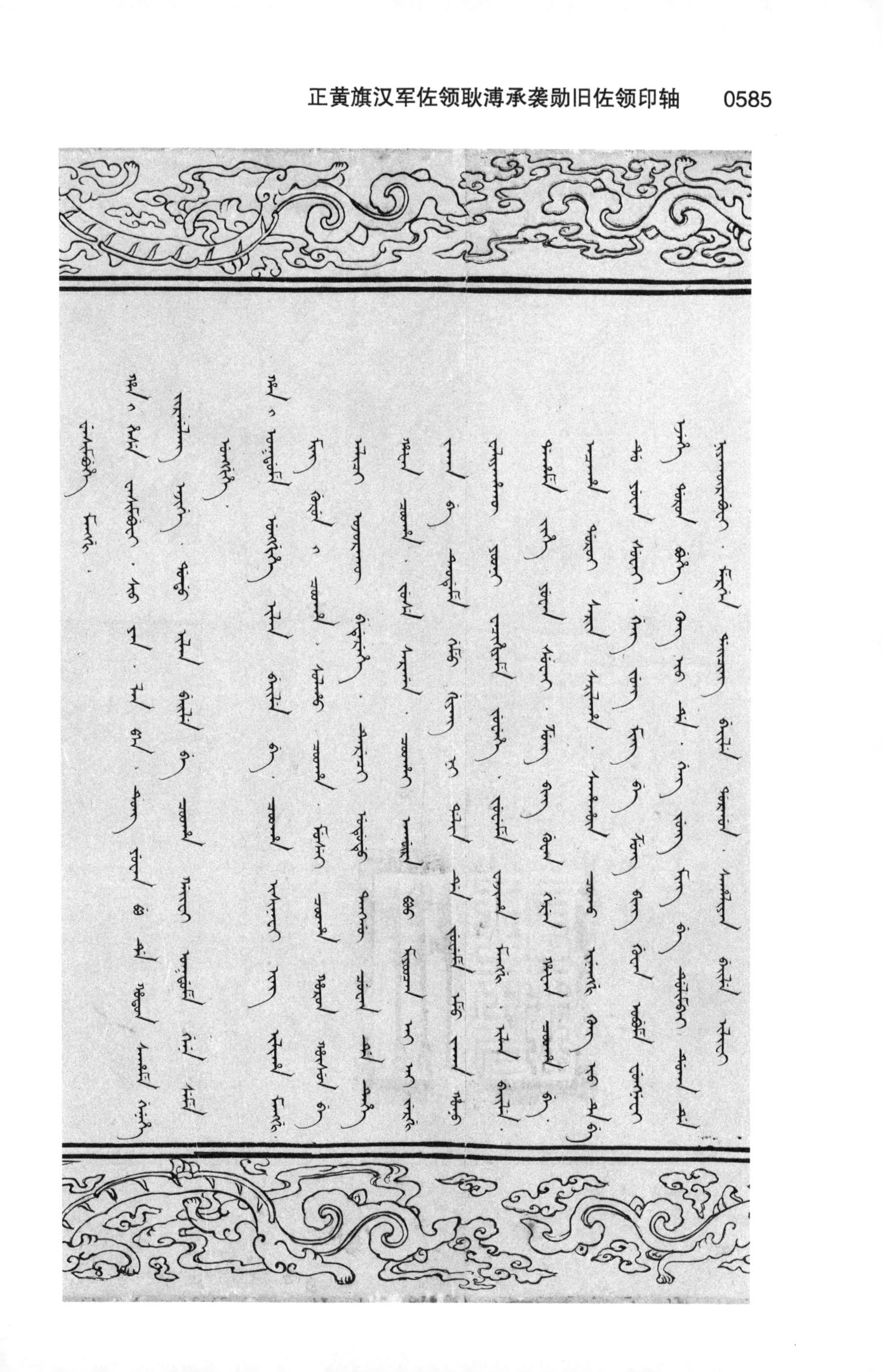

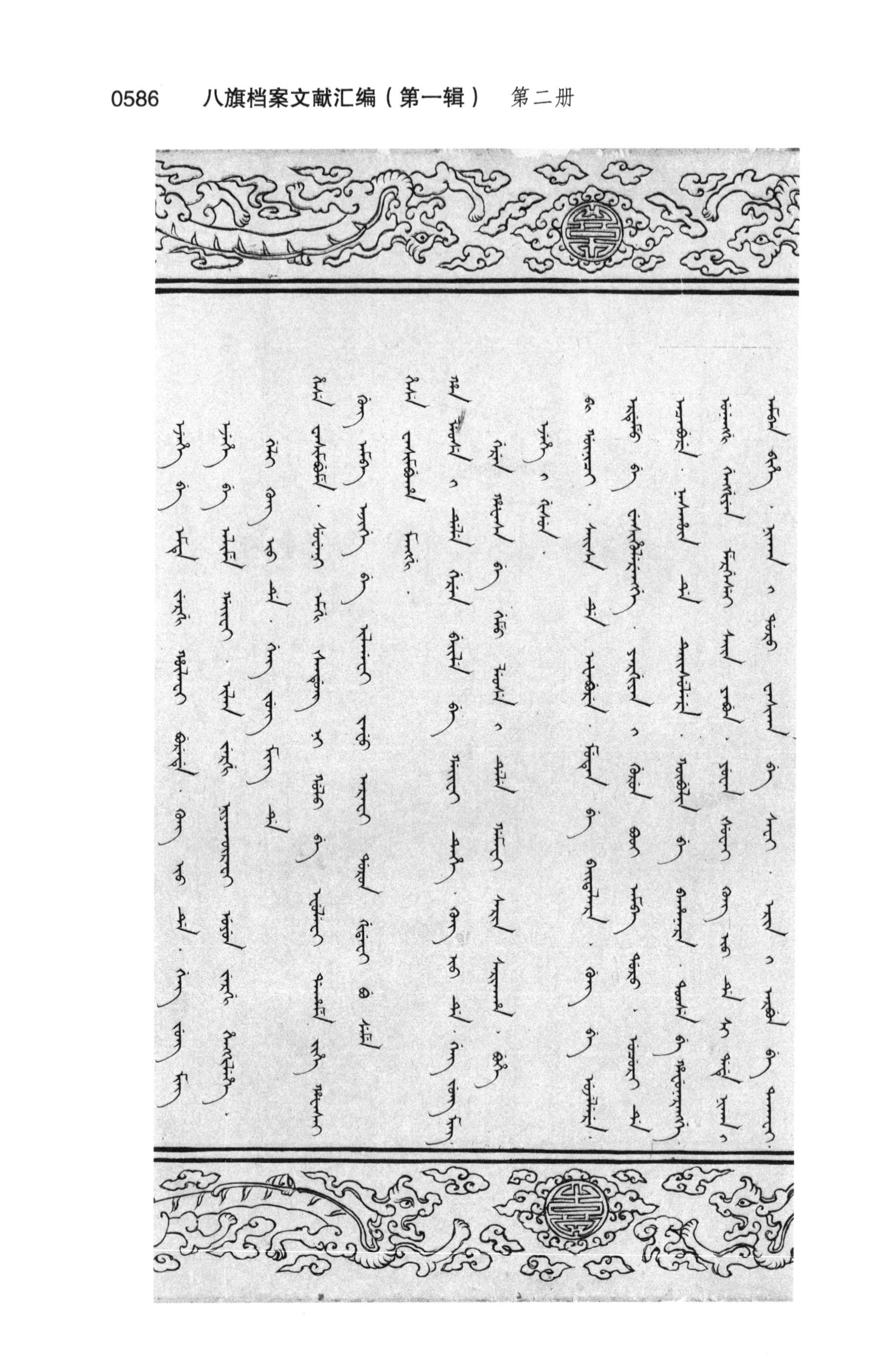

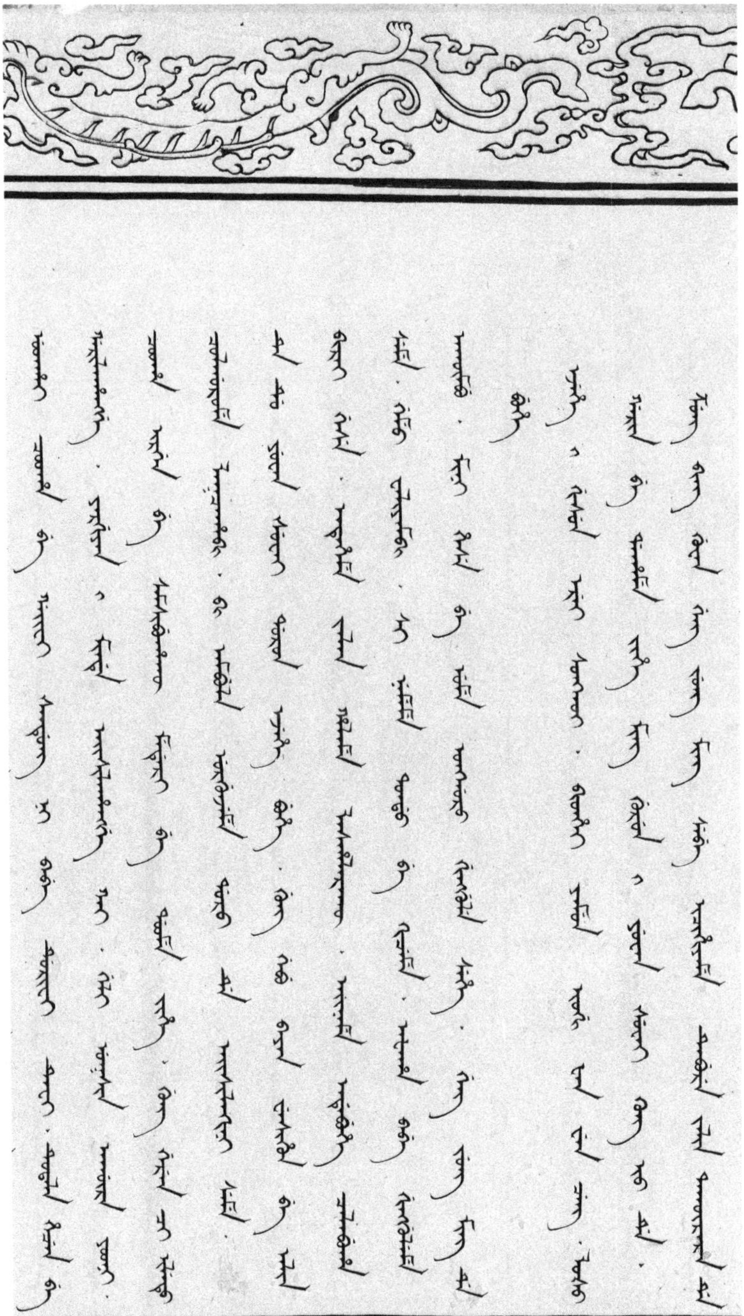

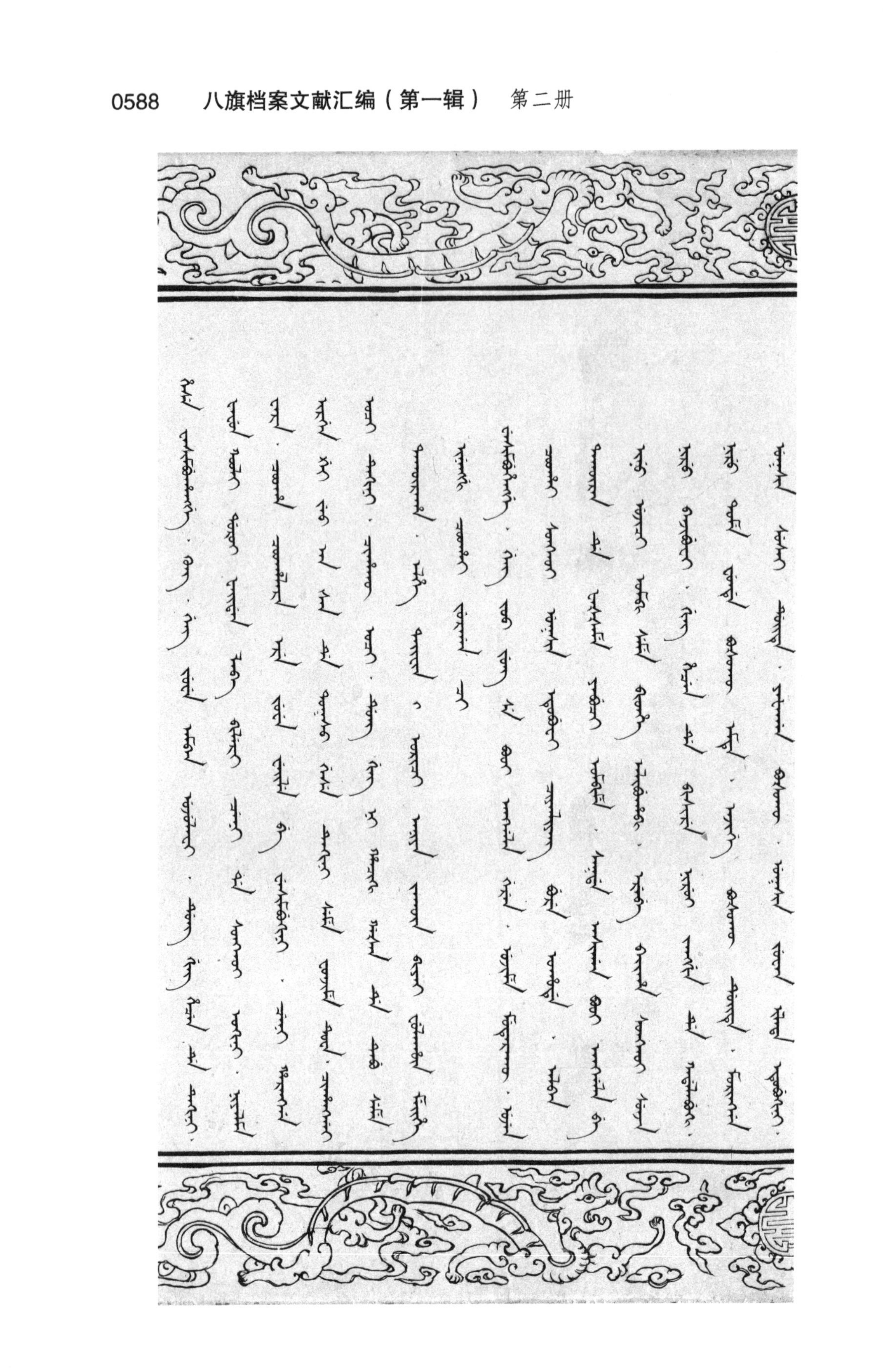

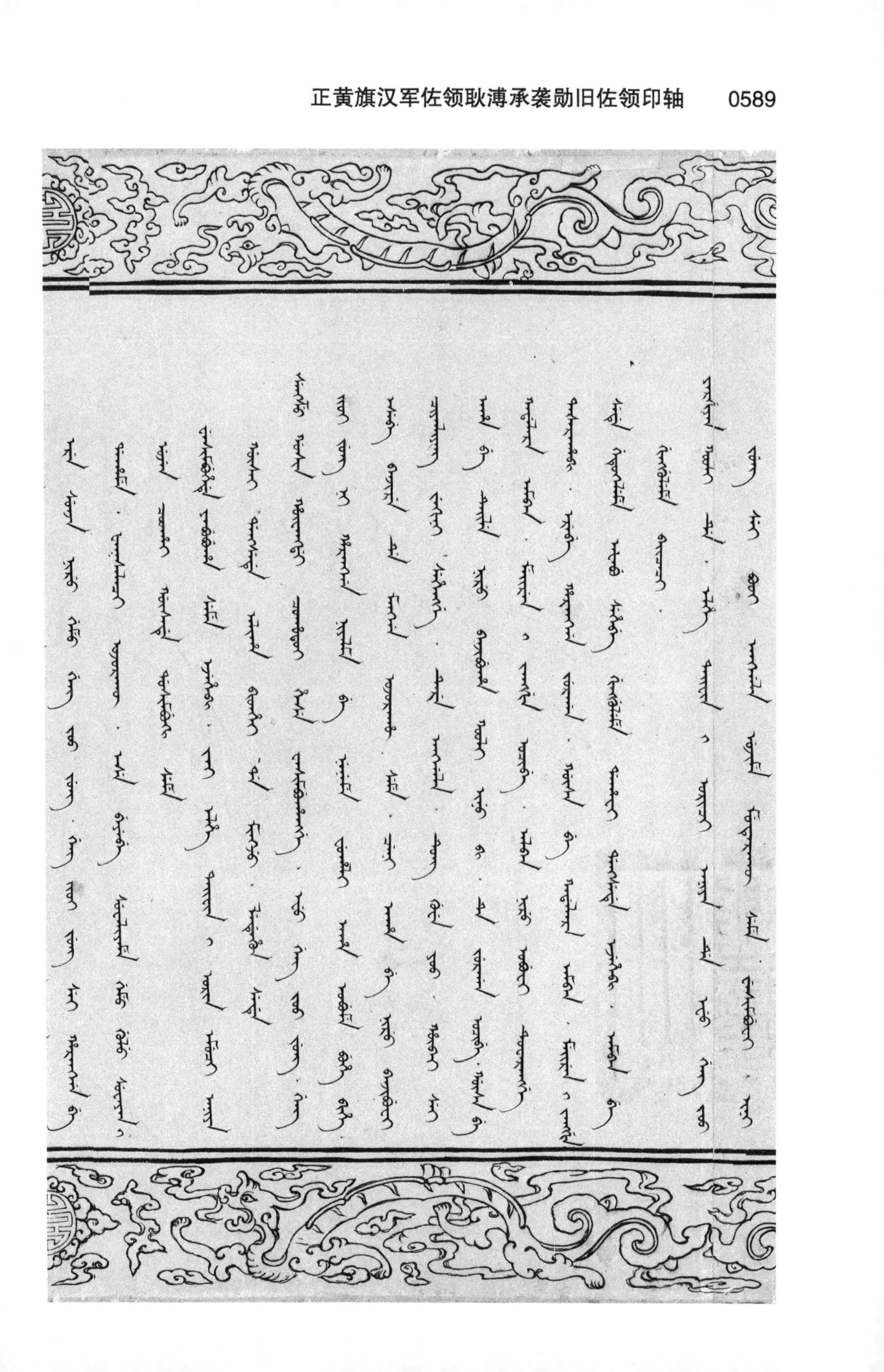

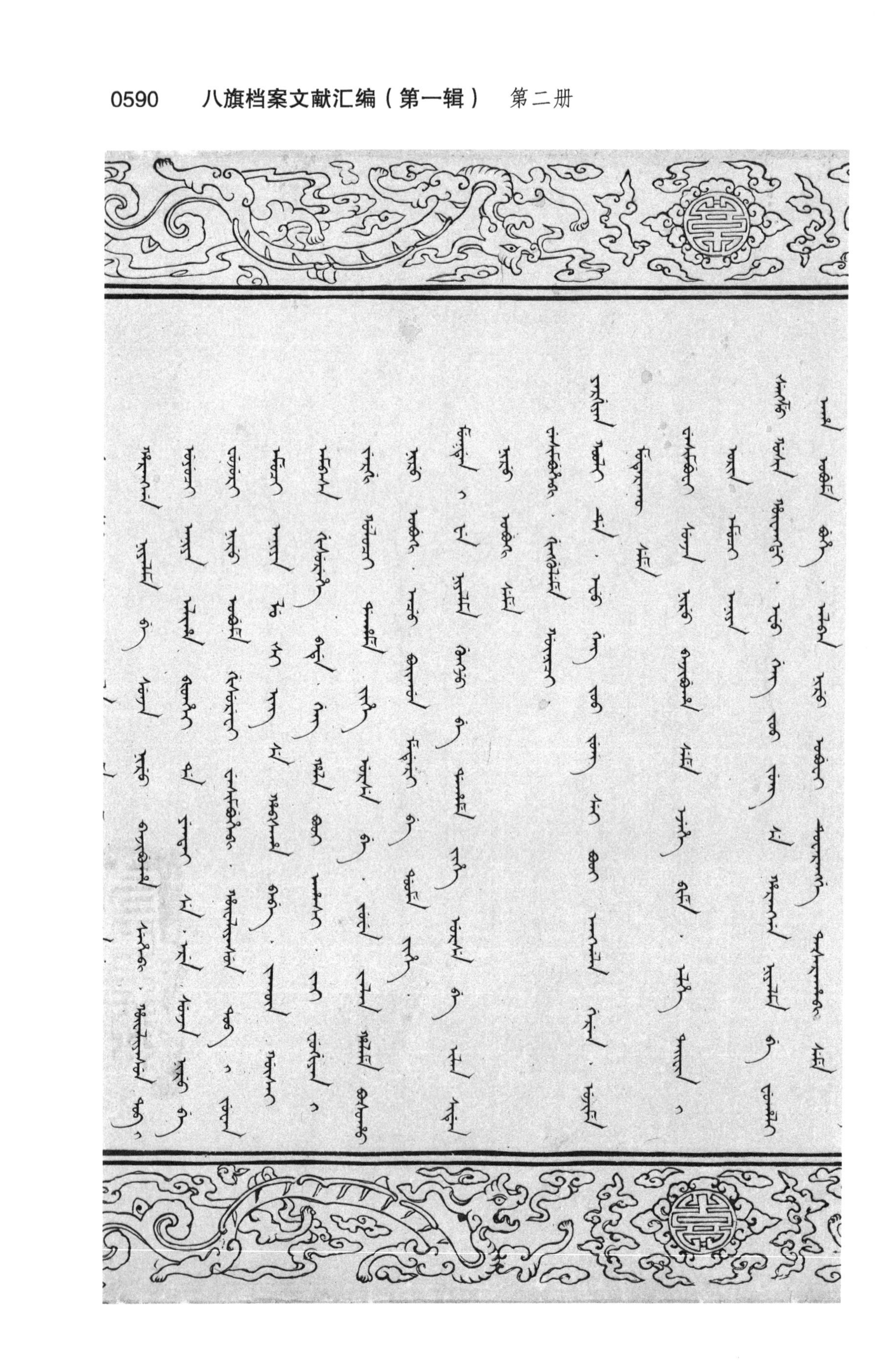

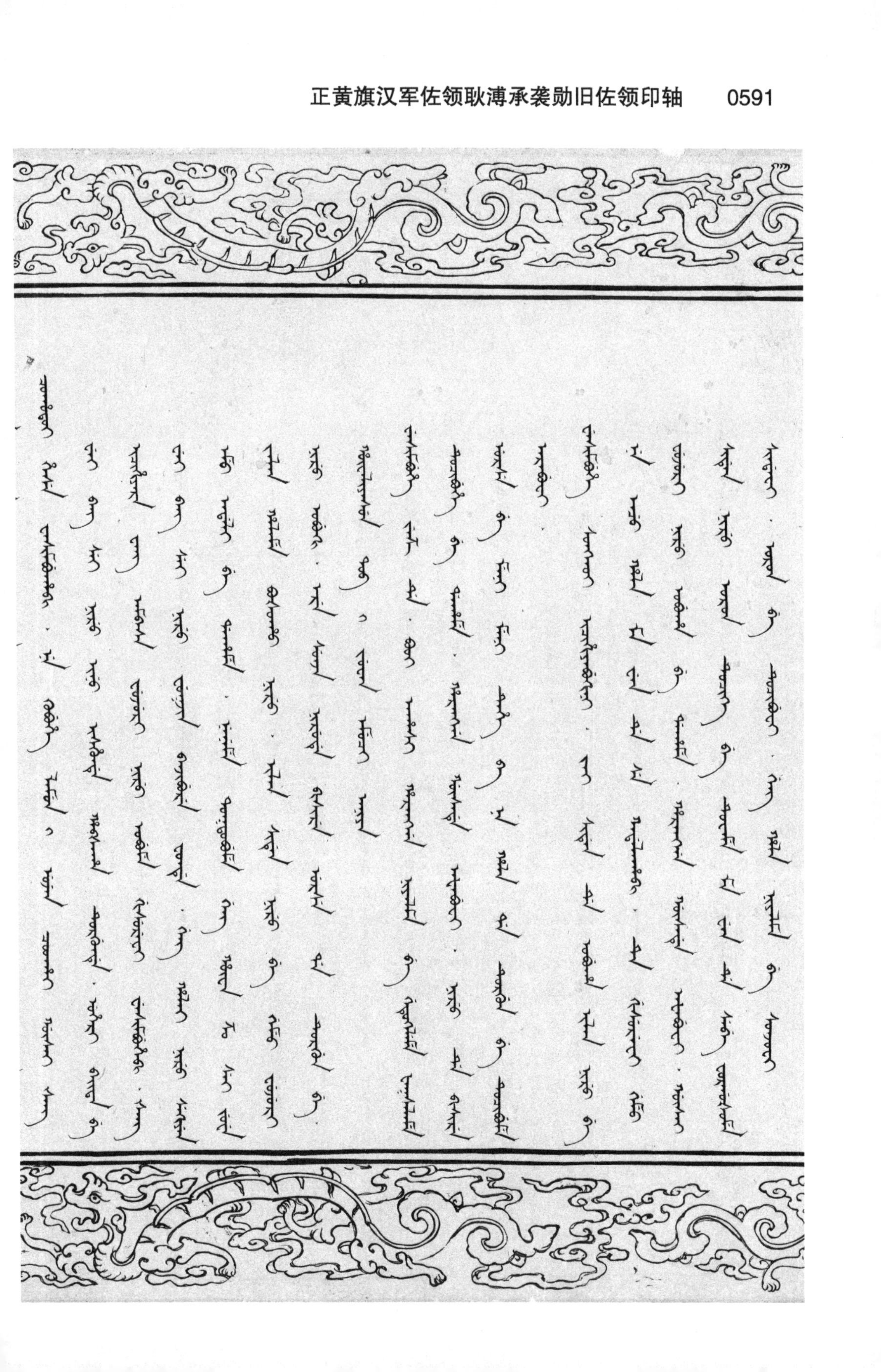

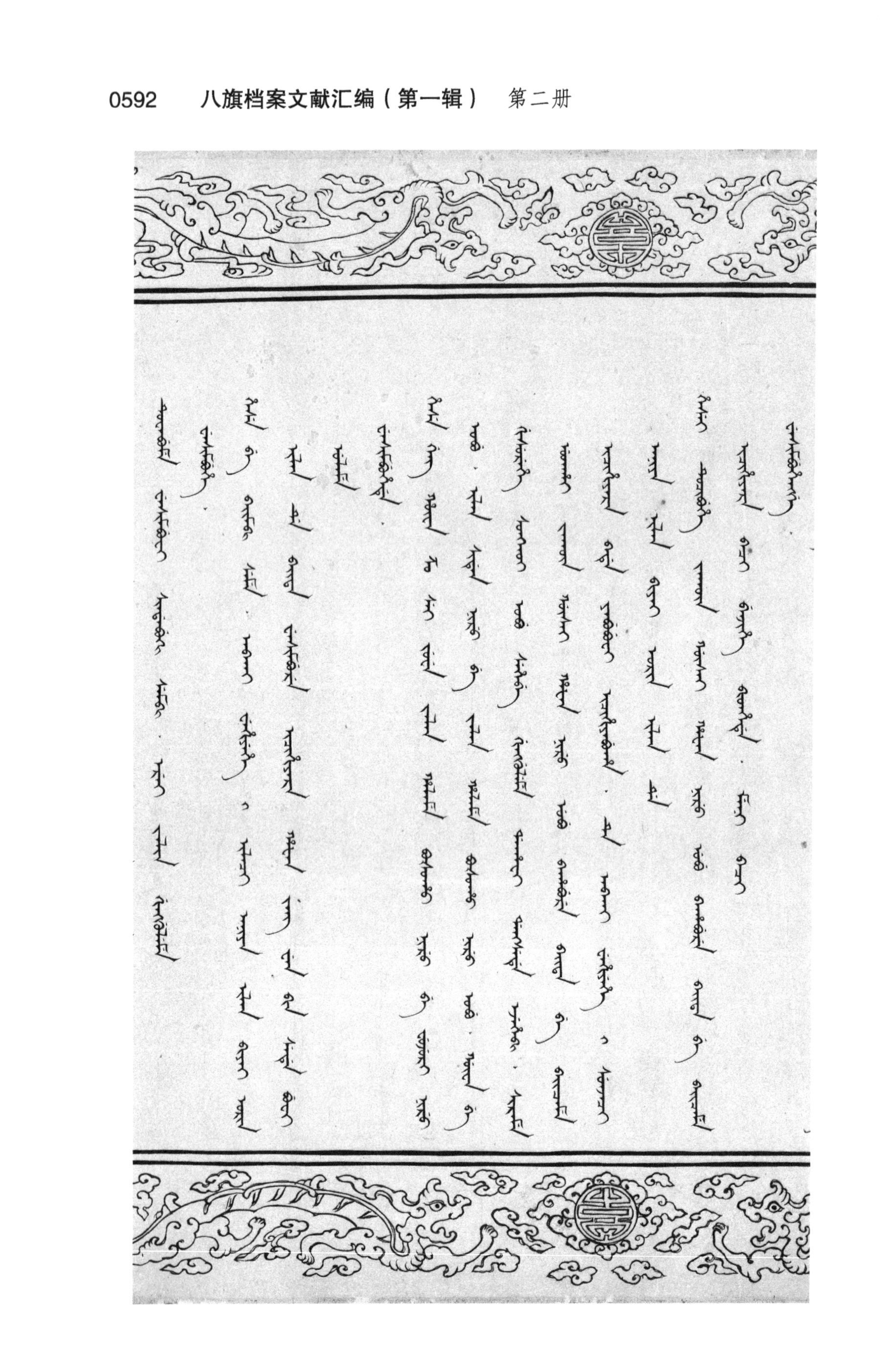

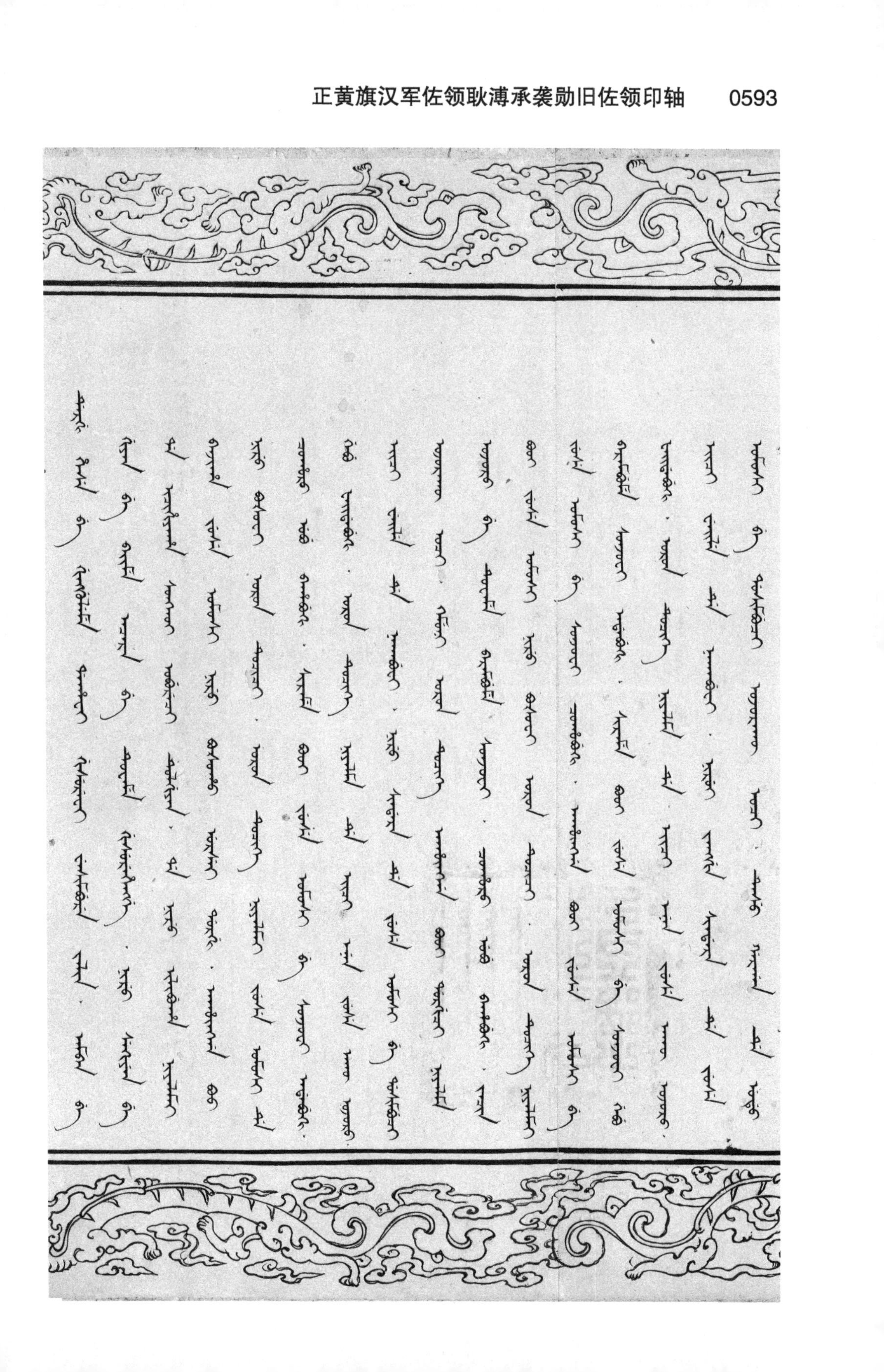

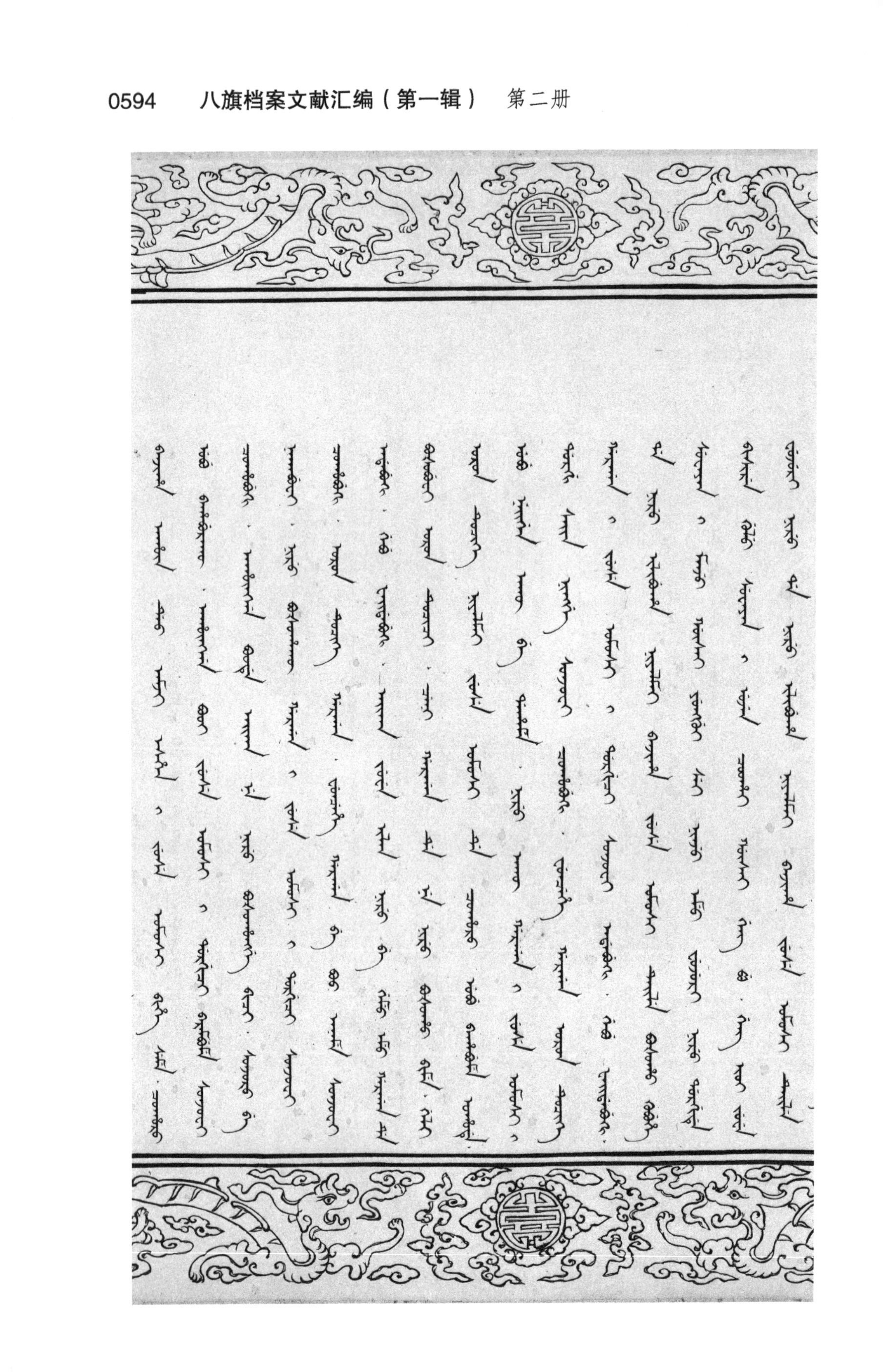

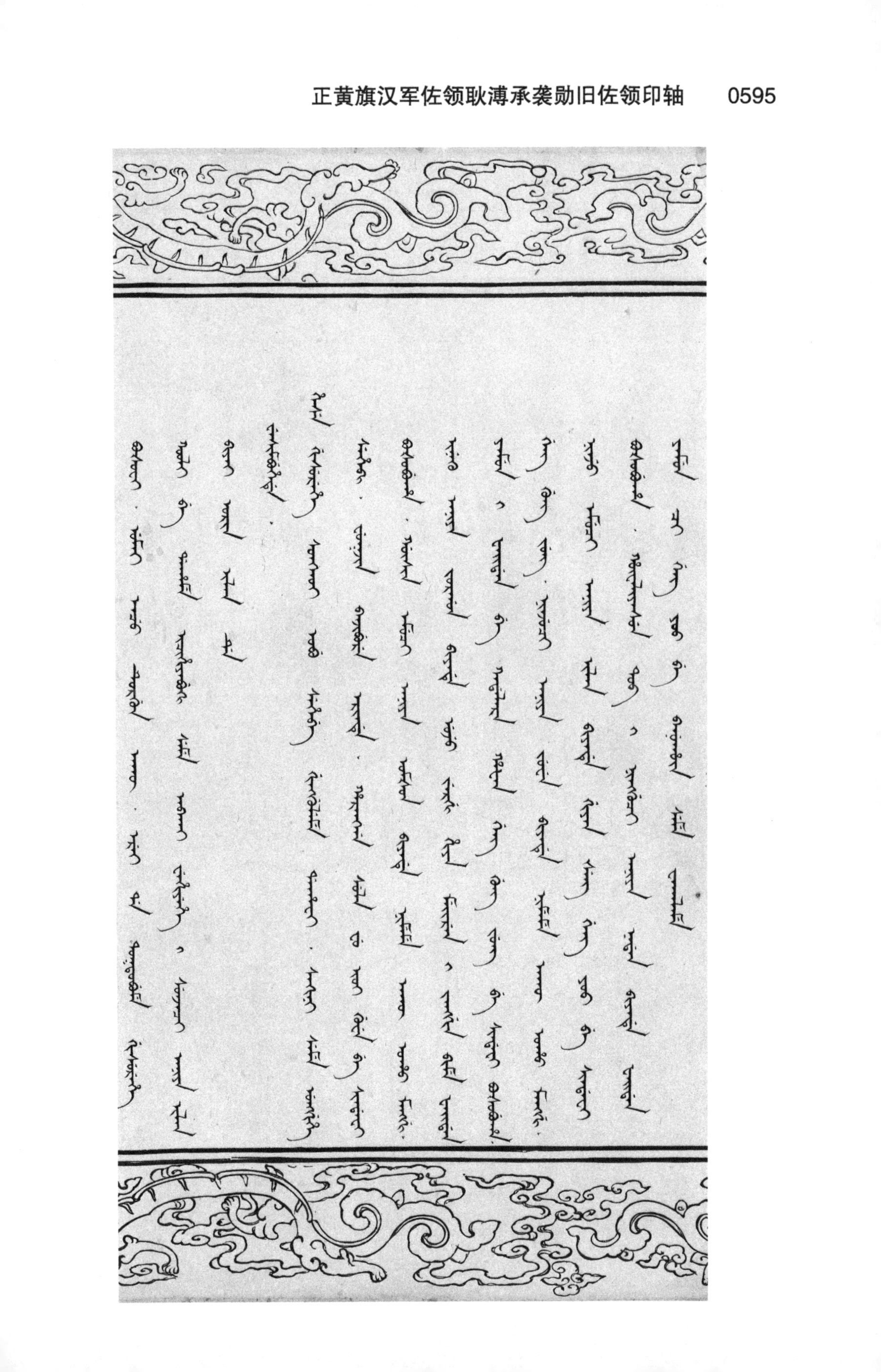

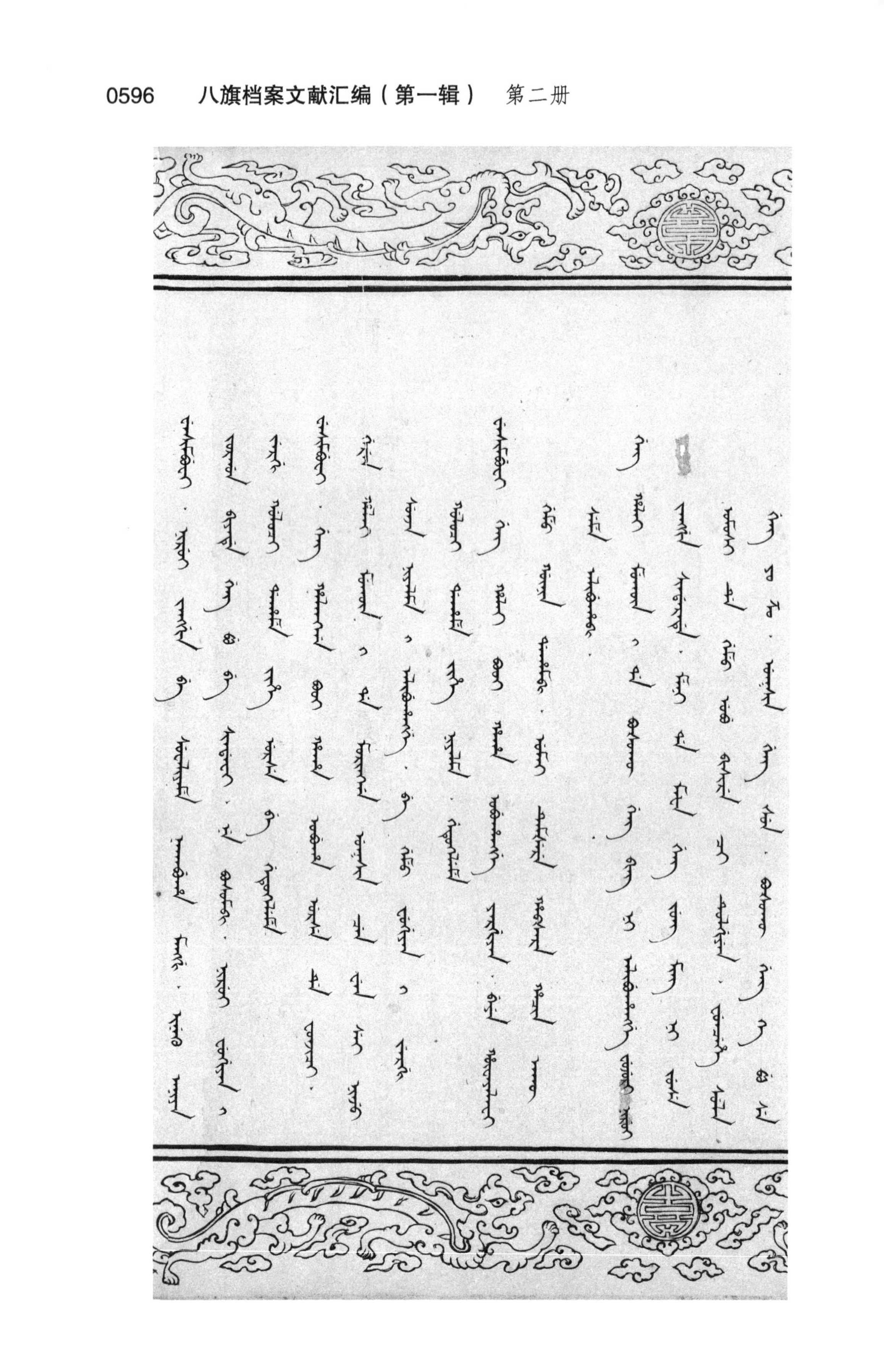

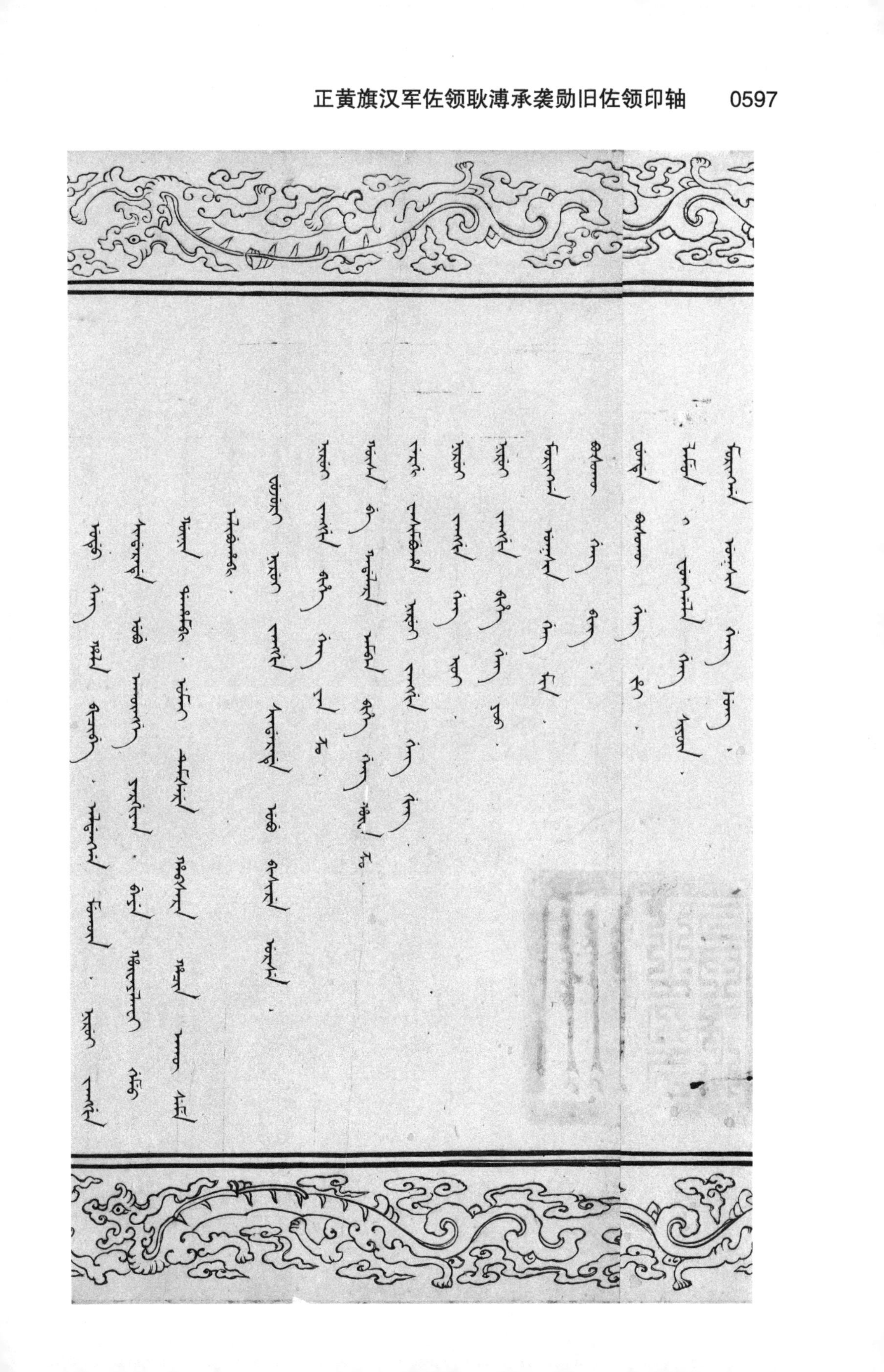

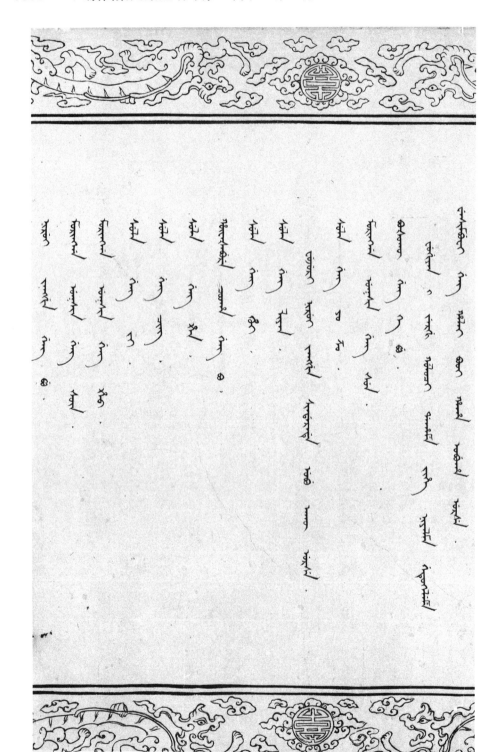

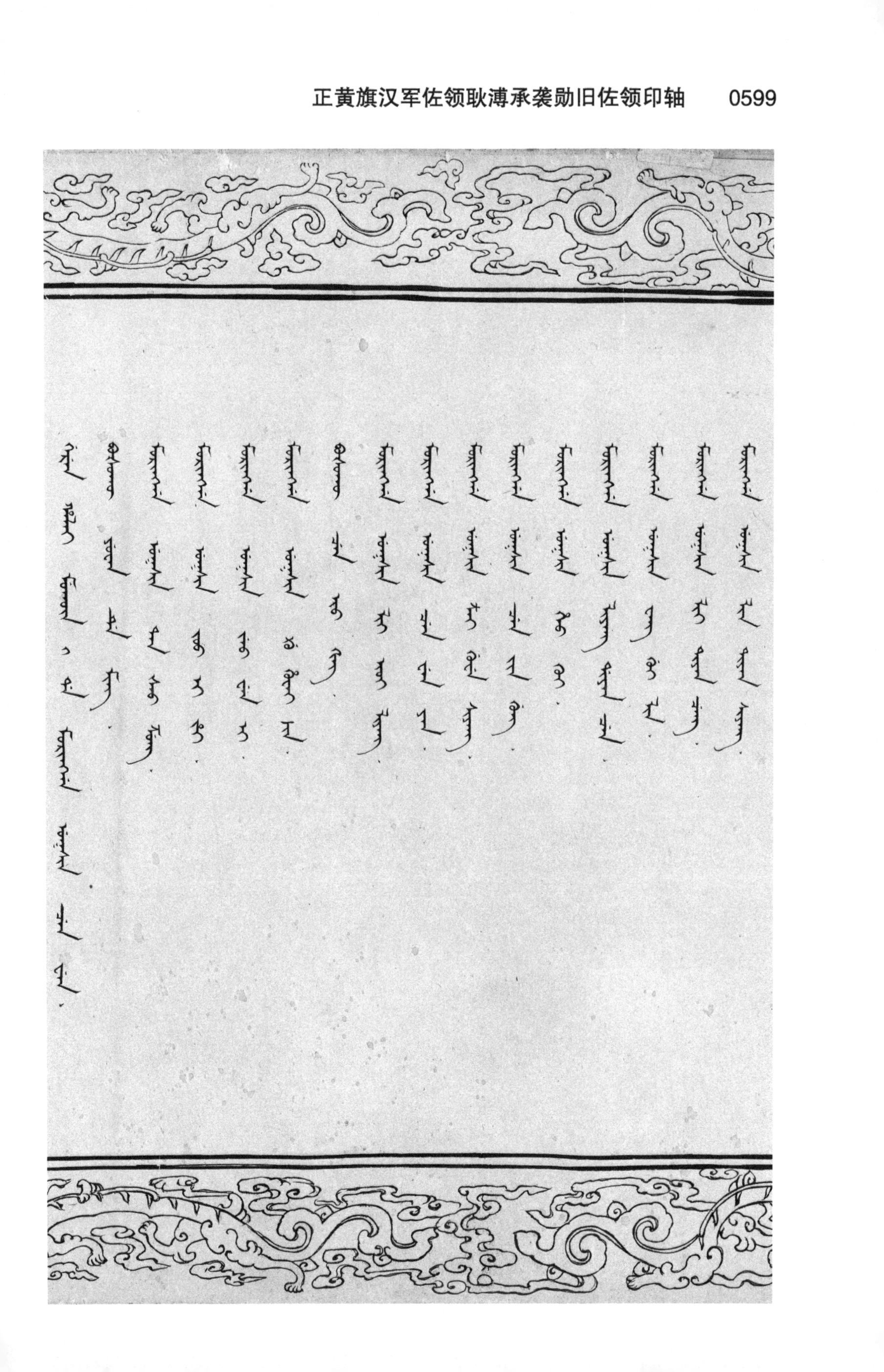

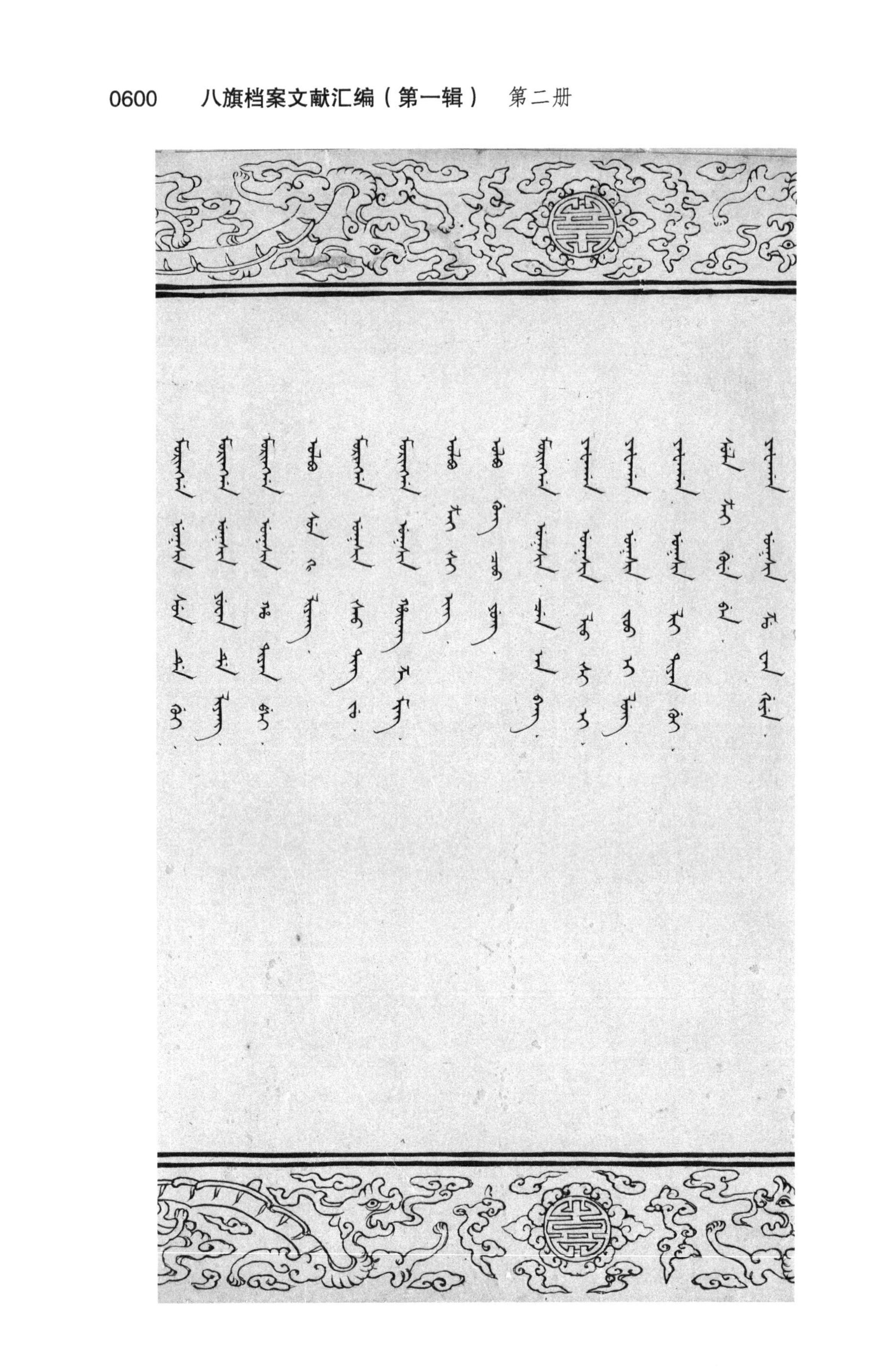

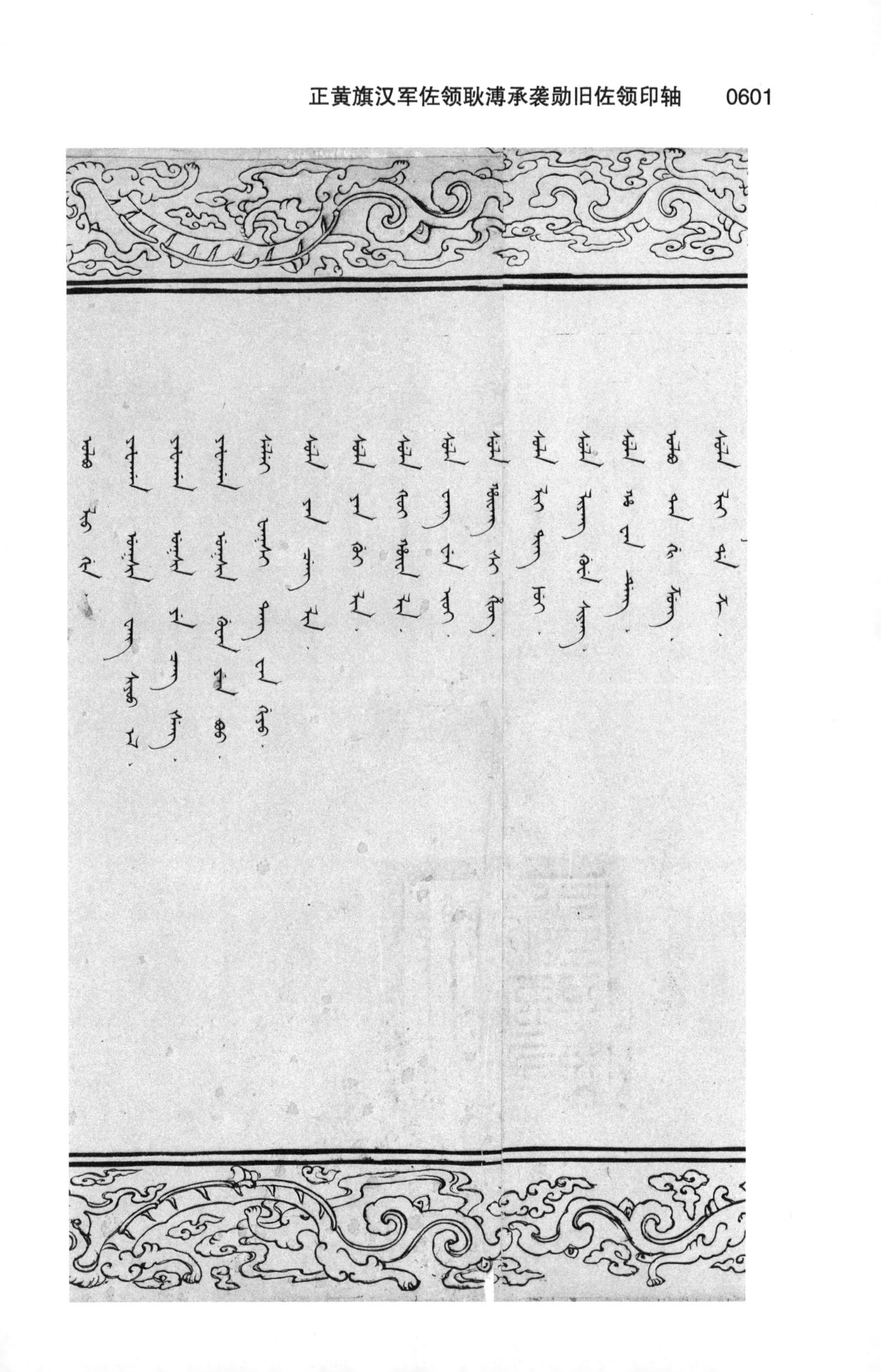

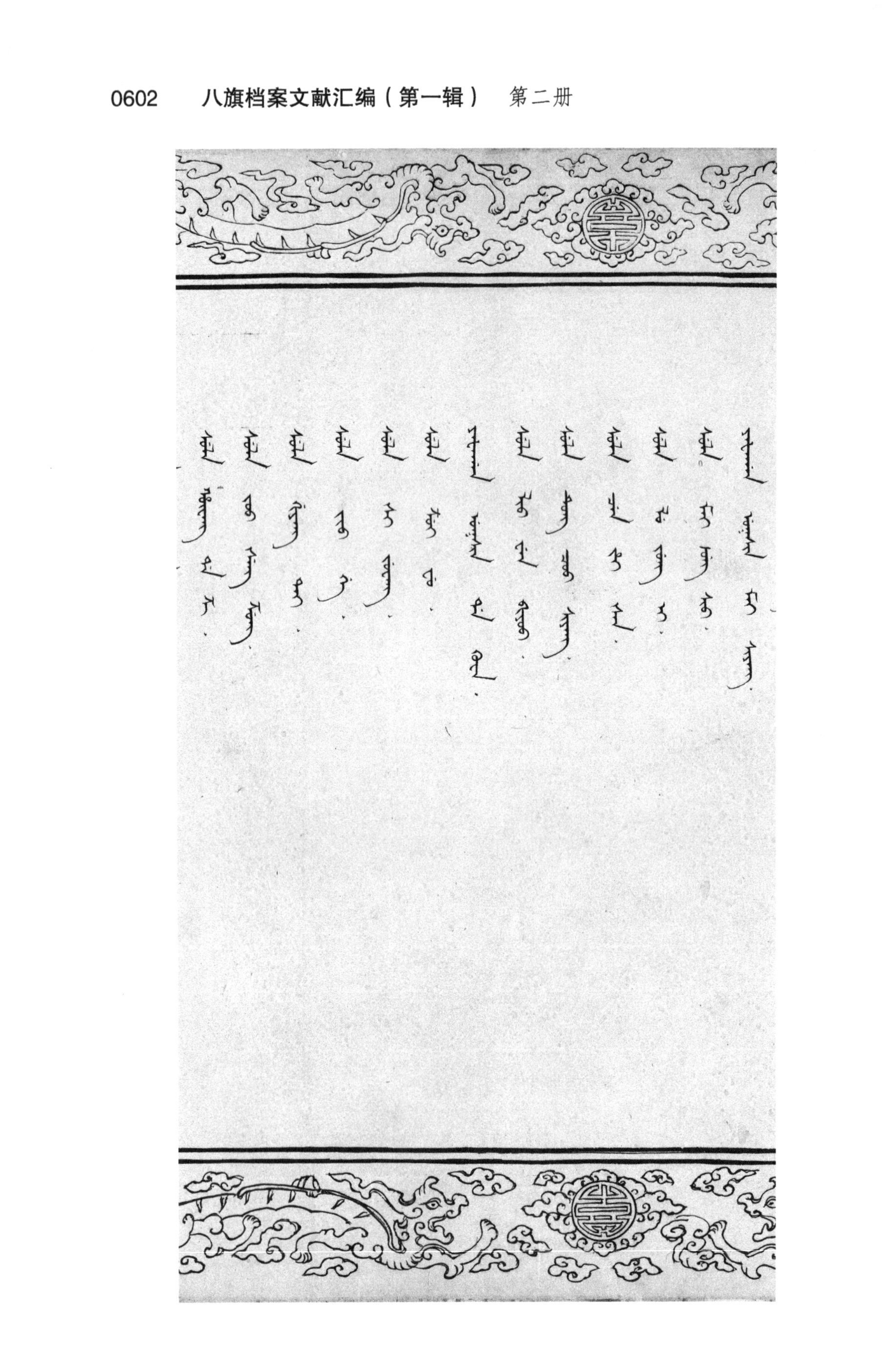

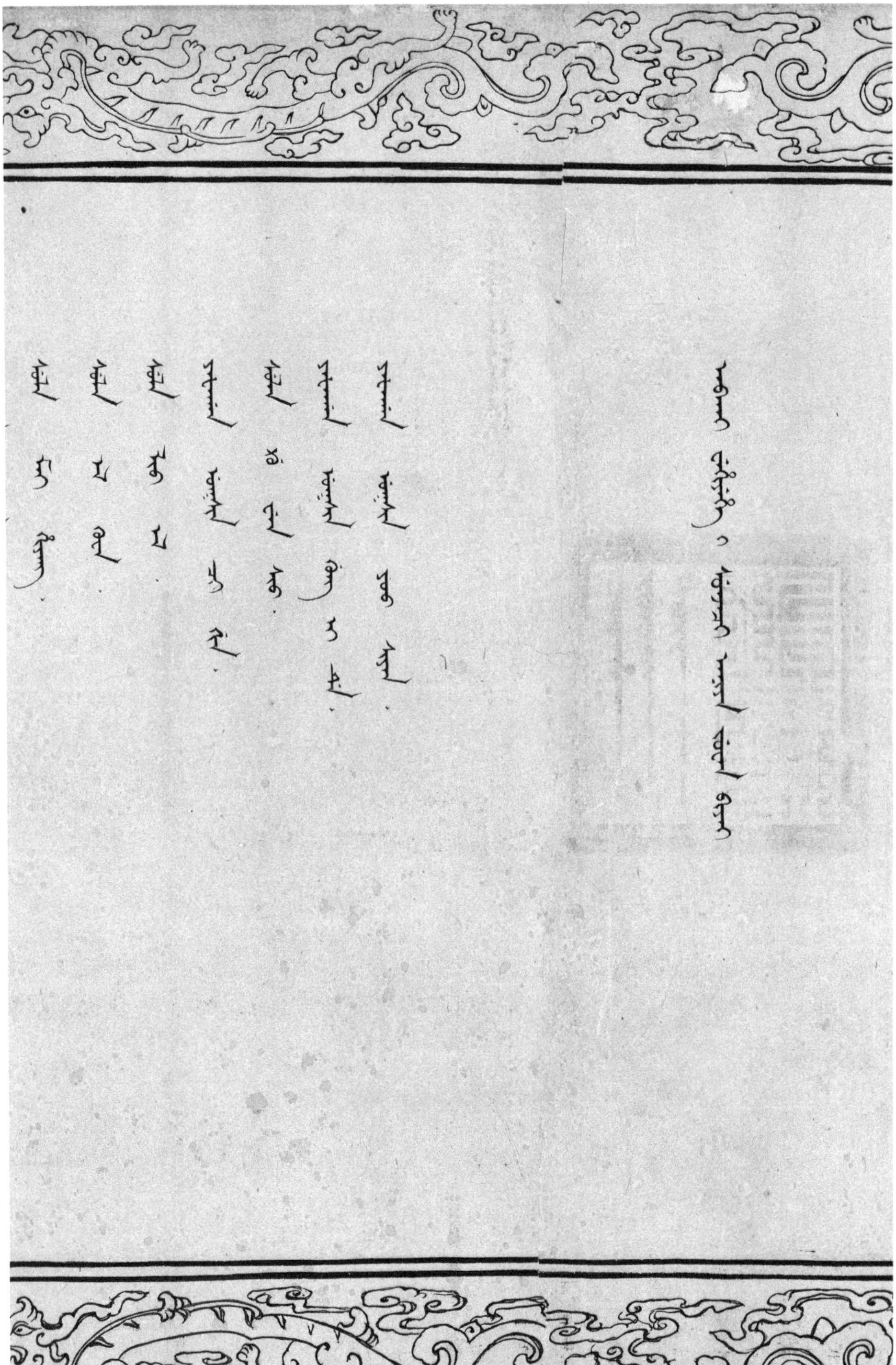

[illegible]

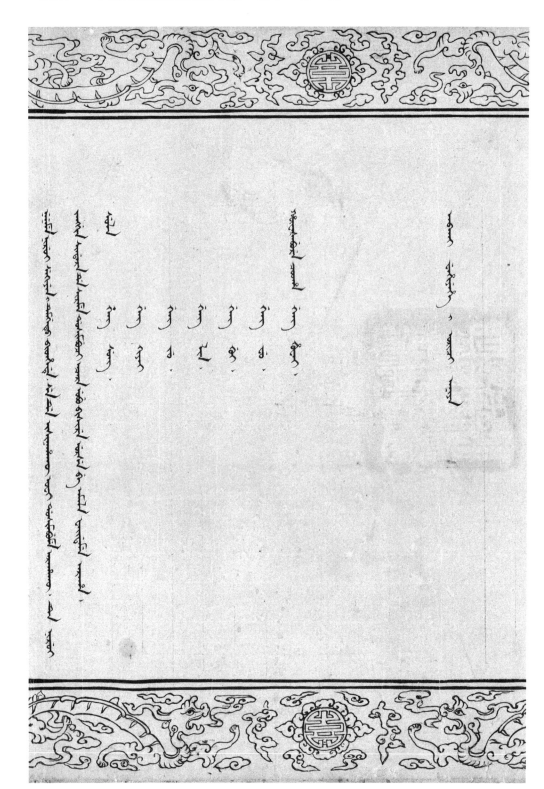

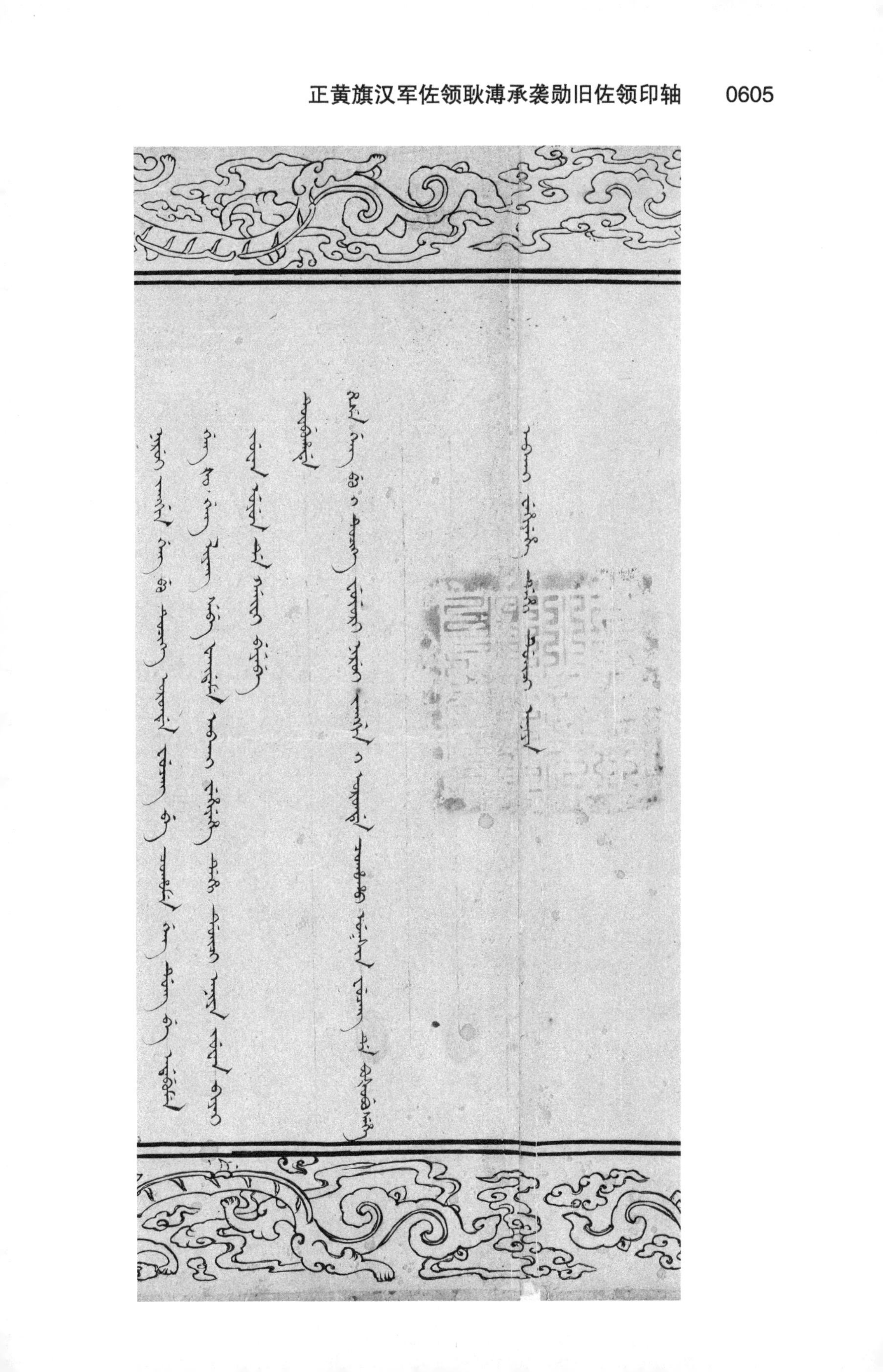

[illegible]

[illegible]

[illegible]

[illegible]

[illegible]

[illegible]

[illegible]

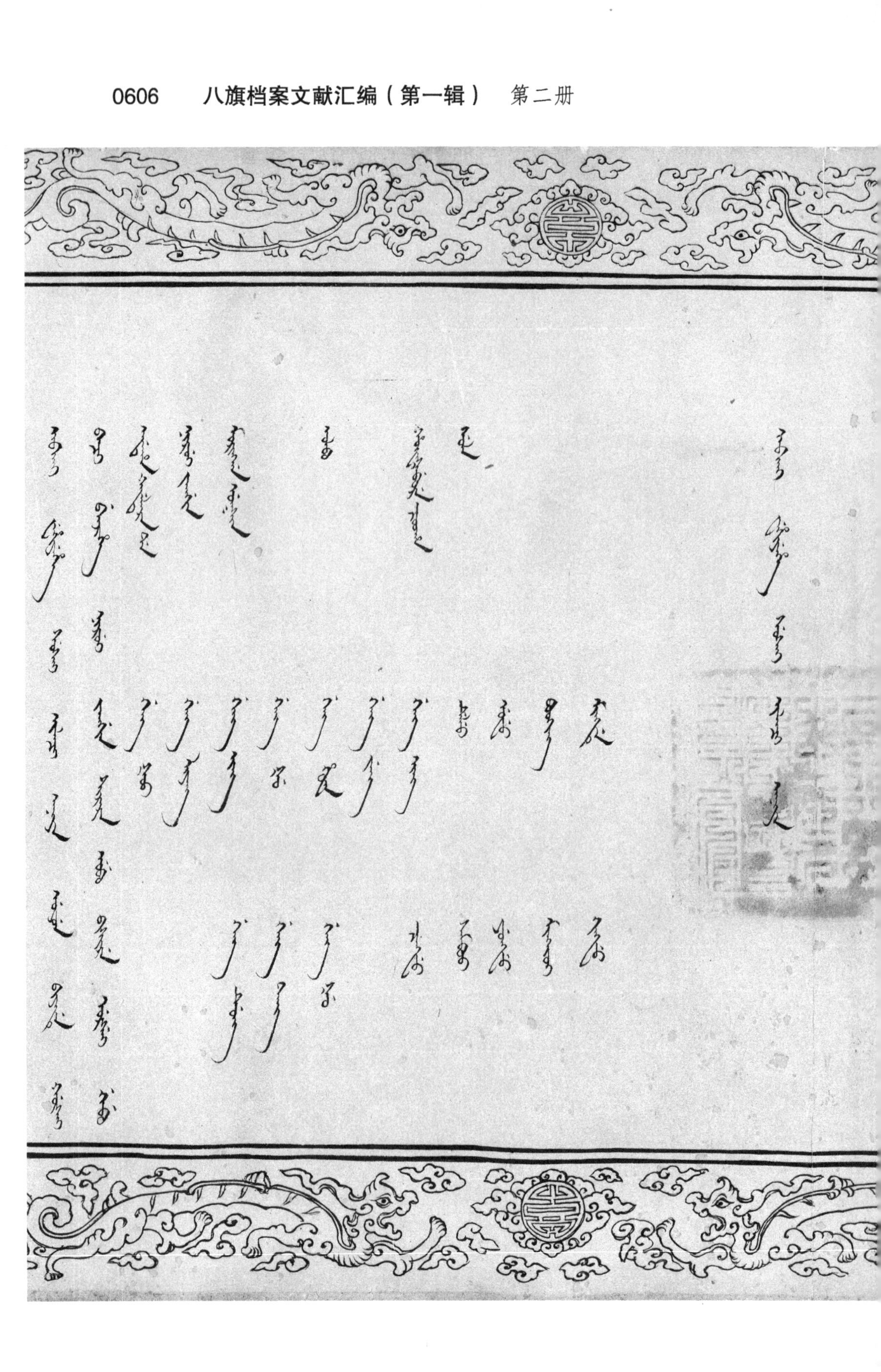

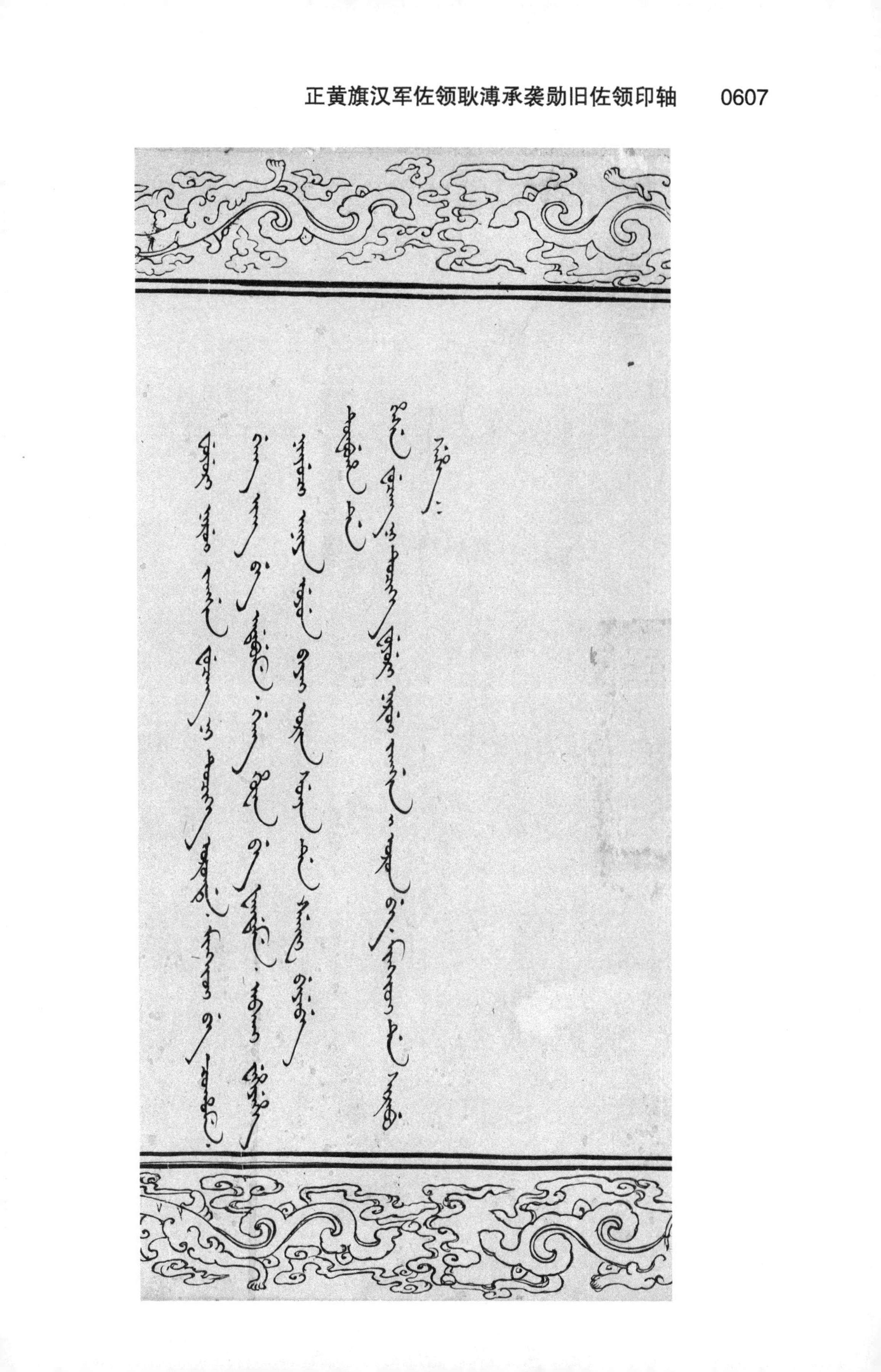

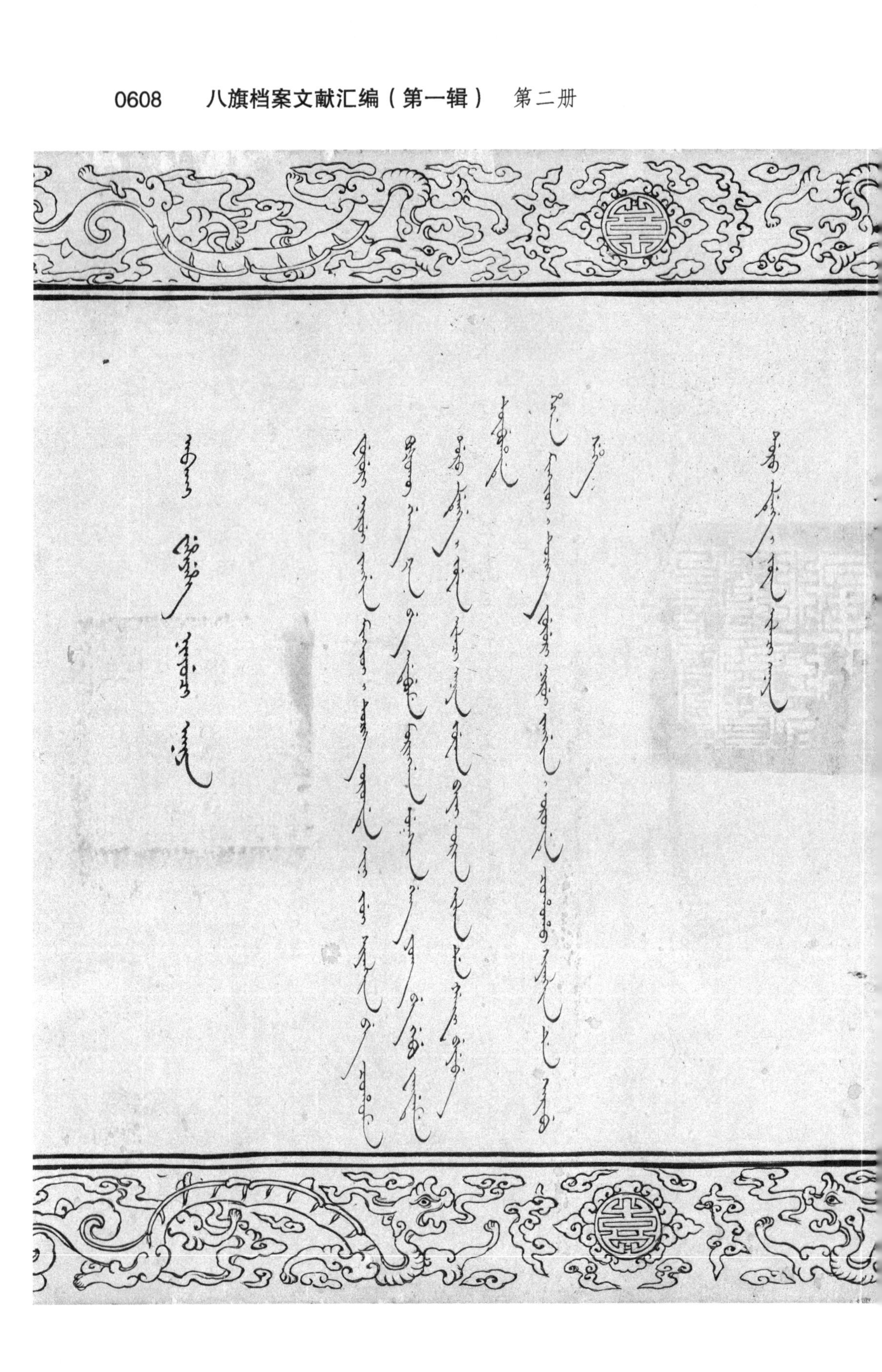

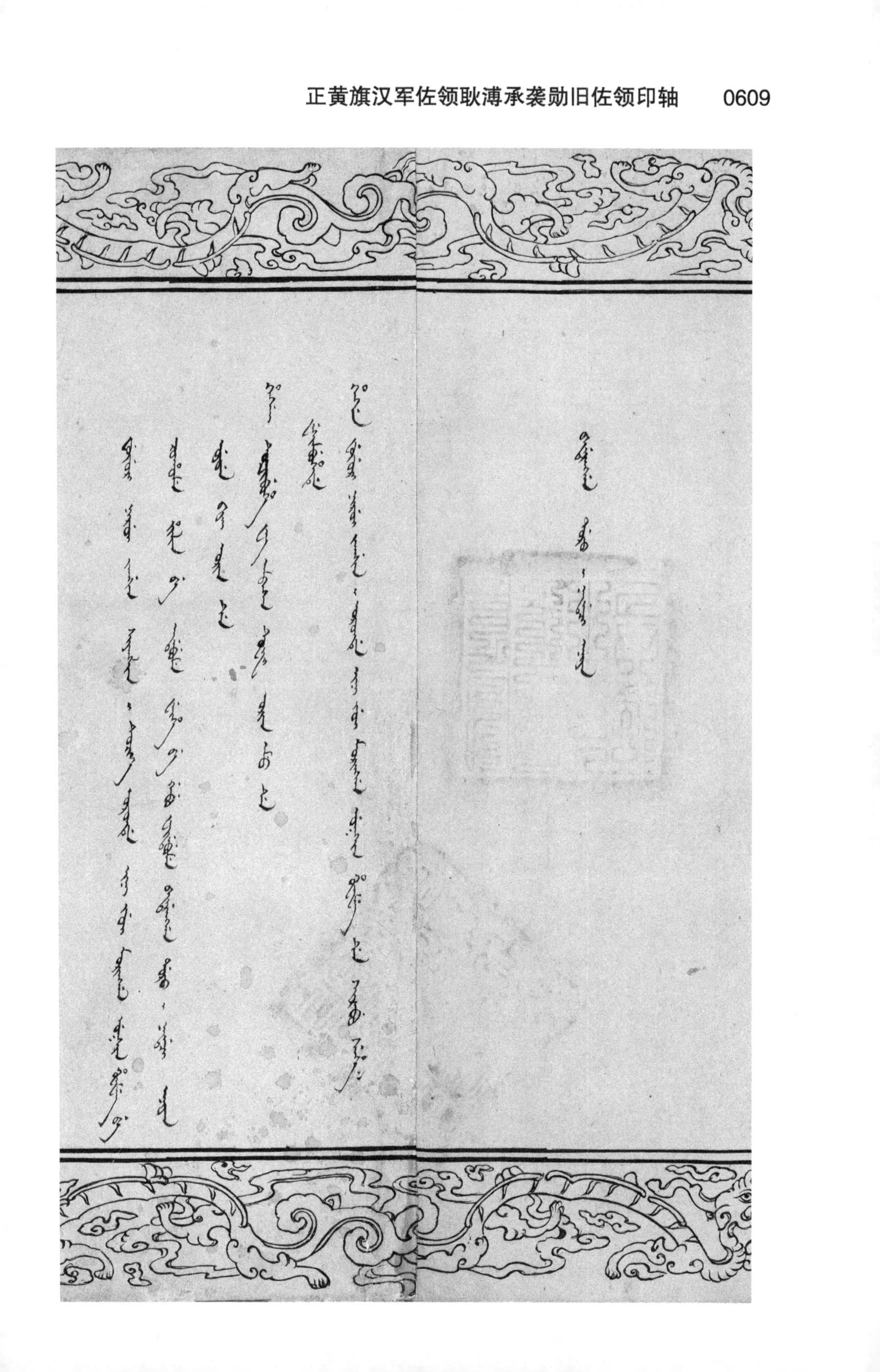

ᠪᠠᡩᠠᡵᠠᠩᡤᠠ ᡩᠣᡵᠣ ᡳ ᠵᡠᠸᠠᠨ ᠠᠨᡳᠶᠠ

ᡥᡝᠰᡝ

ᡩᡝ ᡥᡠᠸᠠᠩᡩᡳ ᠪᡝᠶᡝ ᡳ ᠰᡠᠸᠠᠨ ᠮᠠᠨ ᠮᡝ ᠪᡝ ᠮᡠᠰᡝ ᡩᡝ ᡤᡳᠰᡠᠨ

ᡤᡳᠰᡠᠨ ᠪᡝ

ᠪᠠᡥᠠᠩᡤᡝ ᡝᠮᡠ ᡳ ᠪᡝᠶᡝ ᠠᠮᠠᠨ ᠪᡝ ᡨᡝ ᠪᡝ ᠪᡝᠶᡝ ᠪᡝᠶᡝ ᡩᡝ

ᡥᡠᠸᠠᠩᡩᡳ ᡩᠣᡵᠣ ᠪᡝ ᡩᡝ ᠰᡳ ᠮᡝ ᠪᡝ ᡥᡠᠸᠠᠩᡩᡳ ᠪᡝ ᠮᡝ ᡩᡝ ᠪᡝ

ᠪᡝᠶᡝ ᠪᡝᠶᡝ ᠪᡝ ᠪᡝᠶᡝ ᡳ ᠪᡝᠶᡝ ᠪᡝᠶᡝ ᡩᡝ ᠪᡝᠶᡝ ᡨᡝ ᠮᡝ ᡩᡝ ᠮᡝ ᠪᡝ

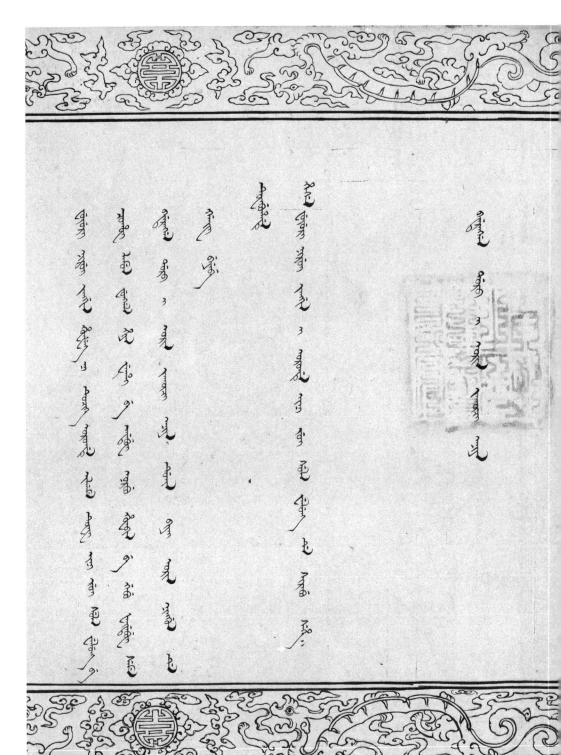

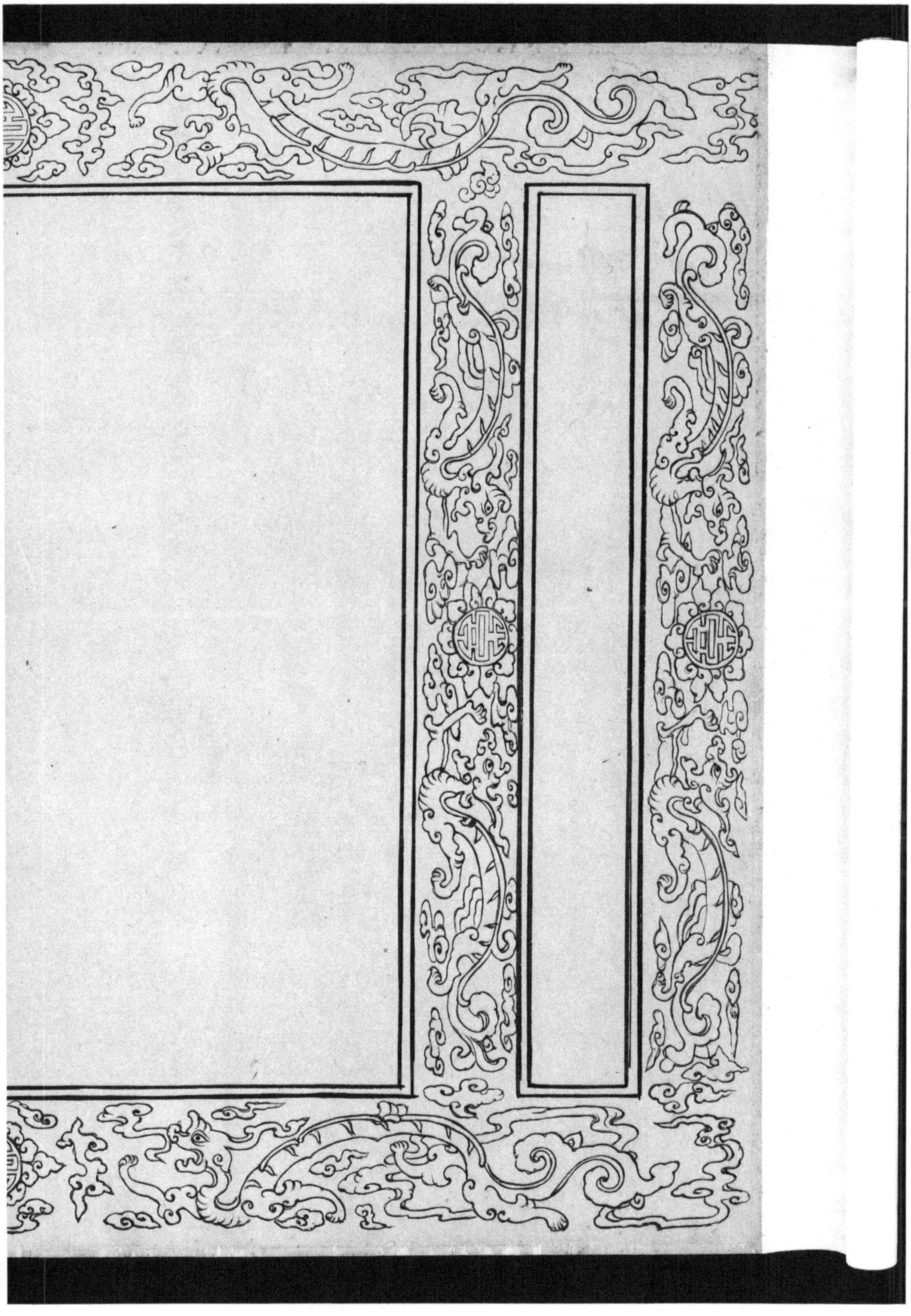

正红旗汉军佐领闵文辉承袭世管佐领印轴

满文写本，卷轴装，页面57.7cm×1240.0cm，四周双边，螭文，钤兵部印，前部残缺，满文题名不存。初修时间为乾隆六年，后陆续添写至光绪四年，未满幅。此印轴实际上由两件印轴错粘在一起形成，前部为该佐领下尚之贤族长印轴，后部为闵文辉之佐领印轴。

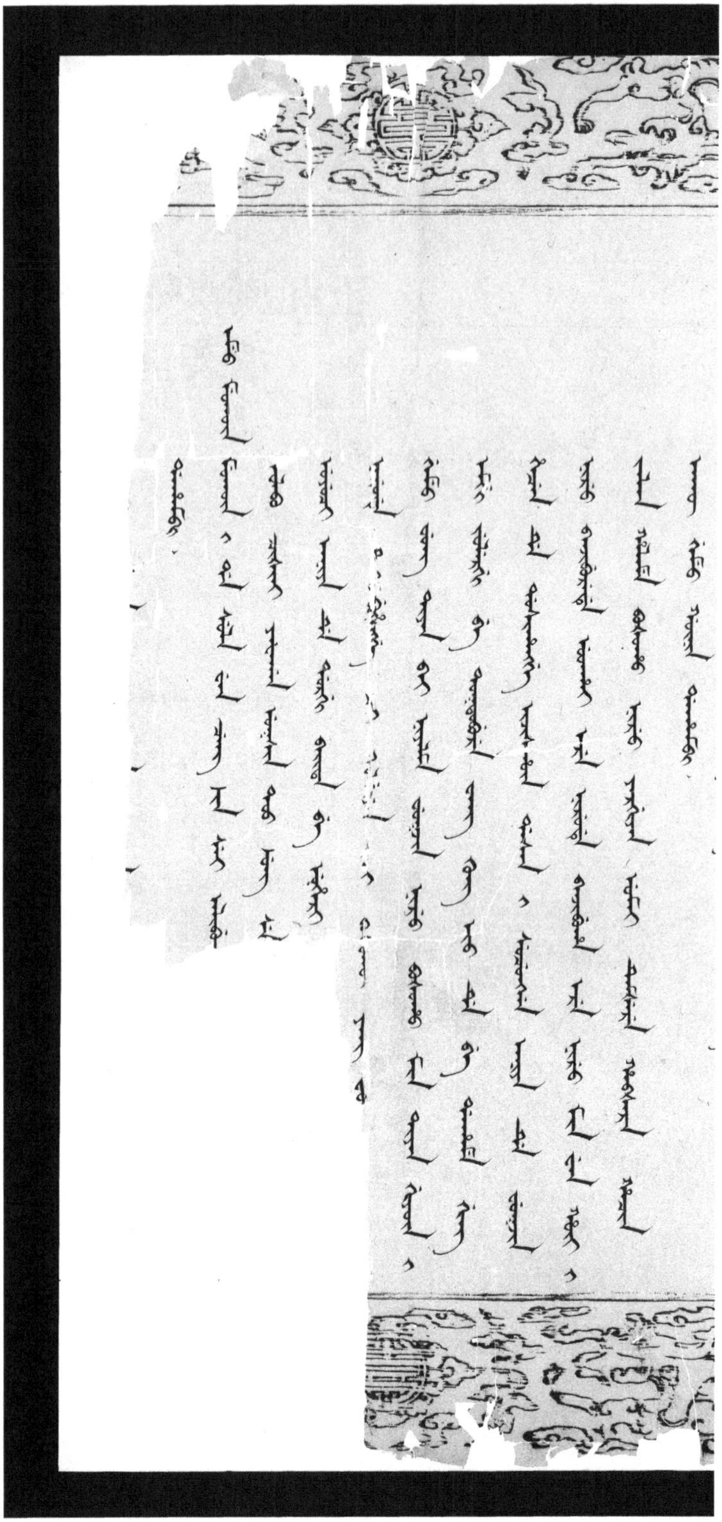

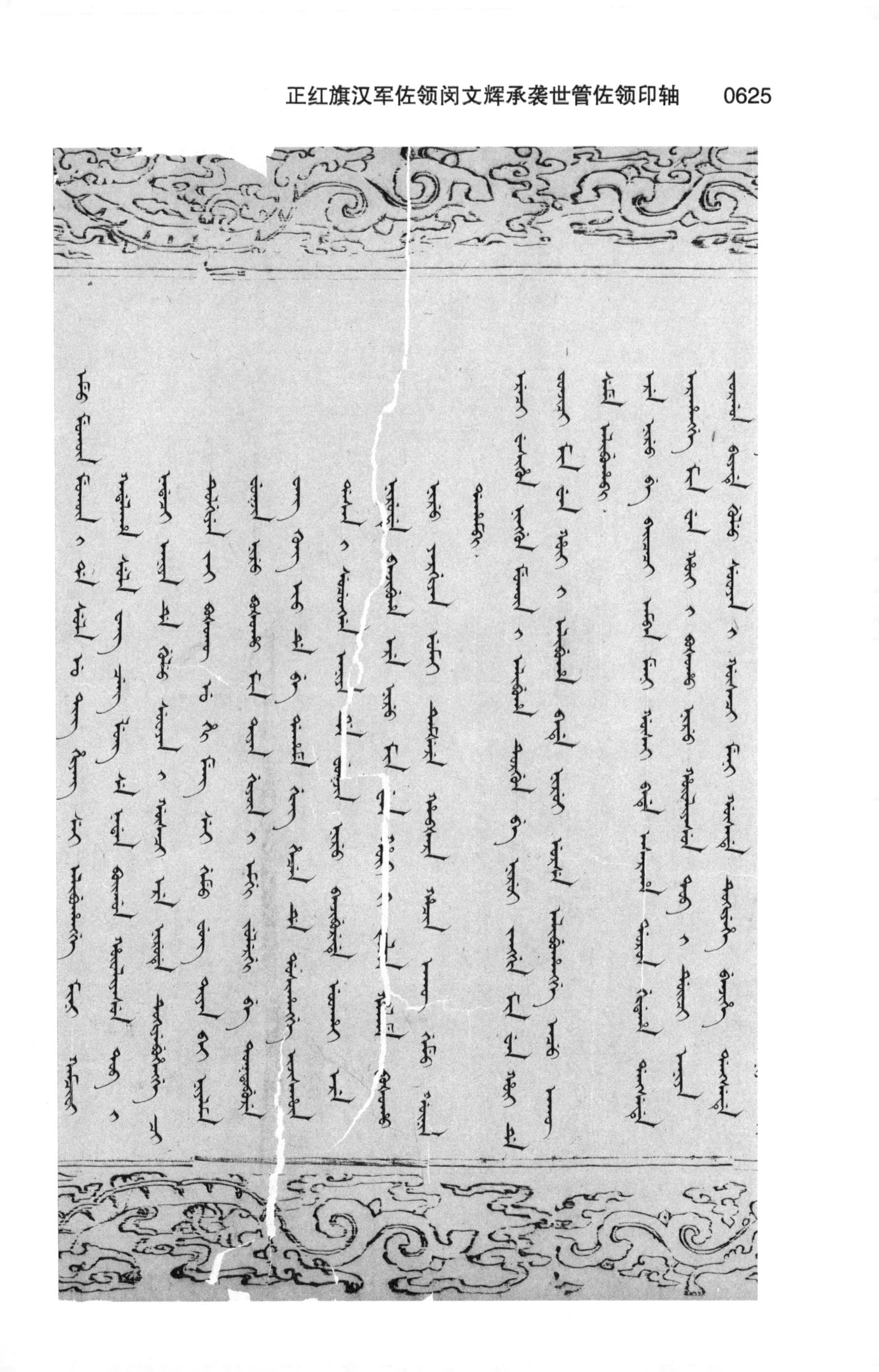

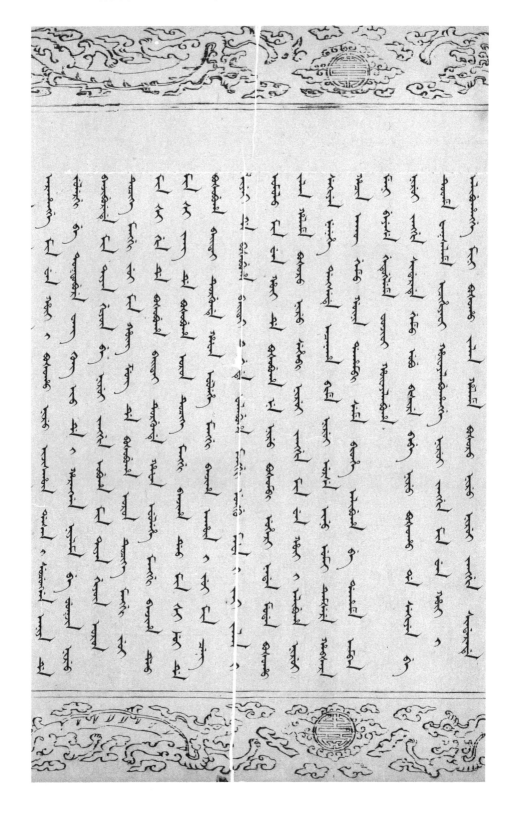

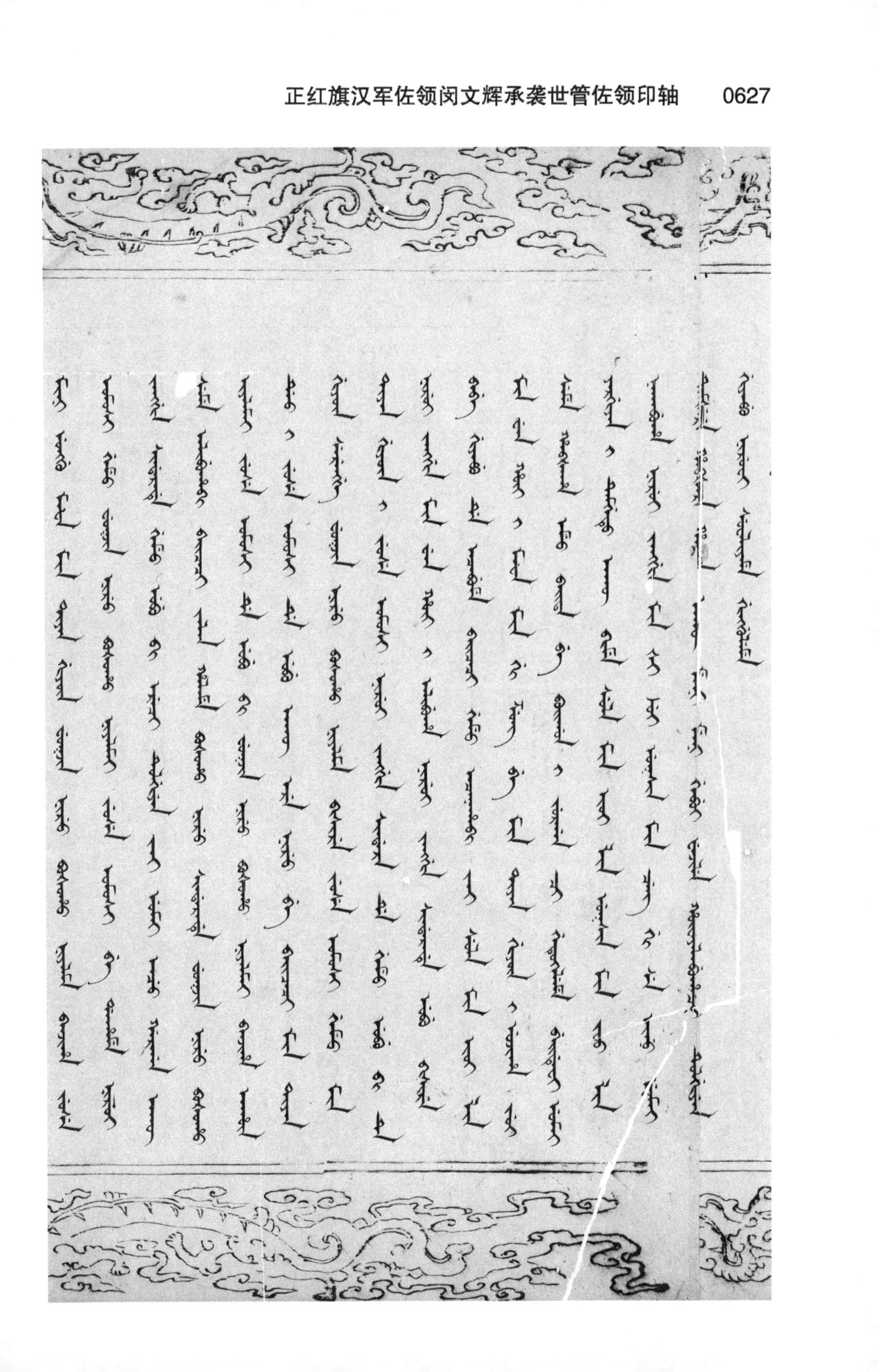

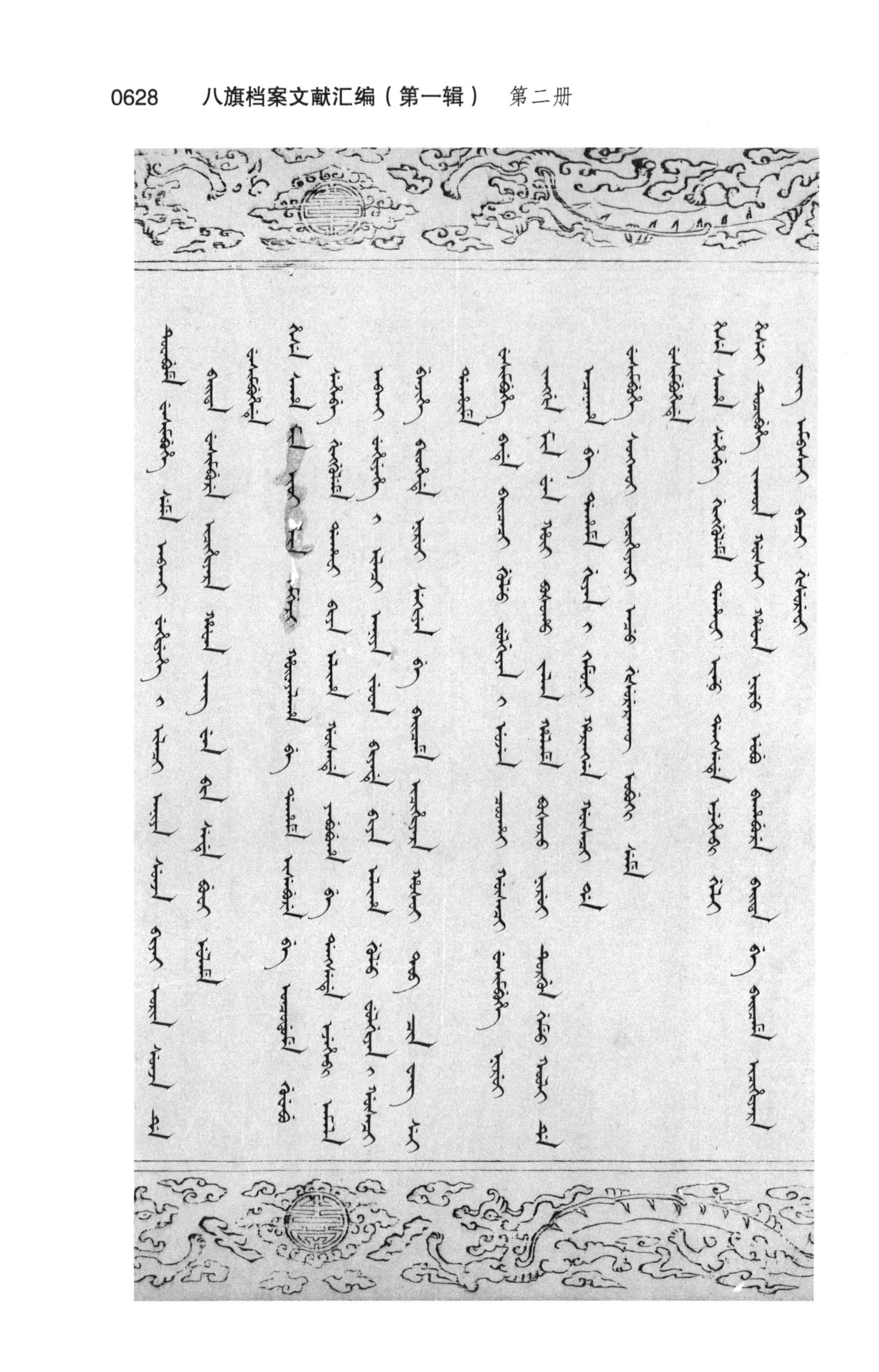

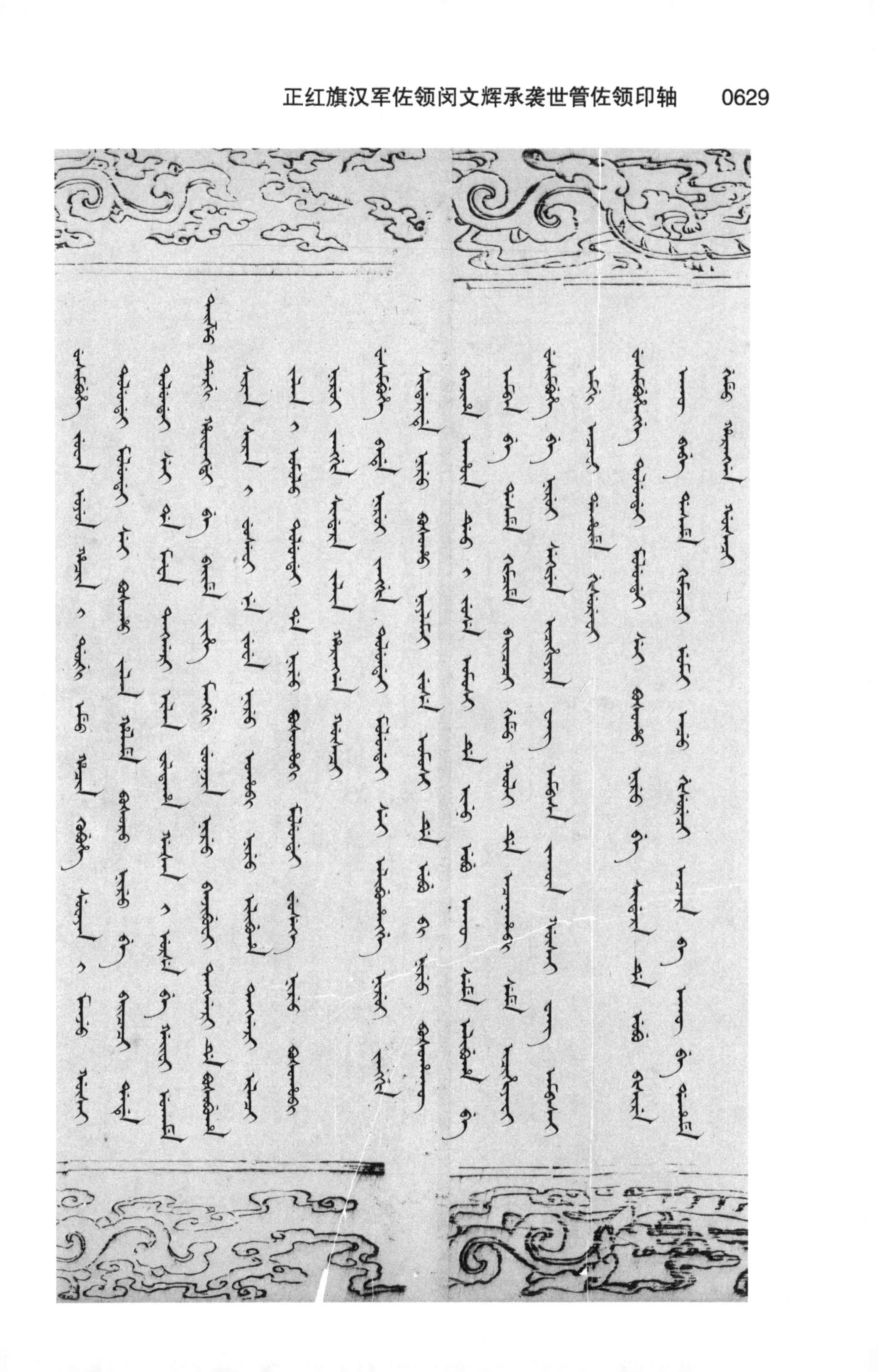

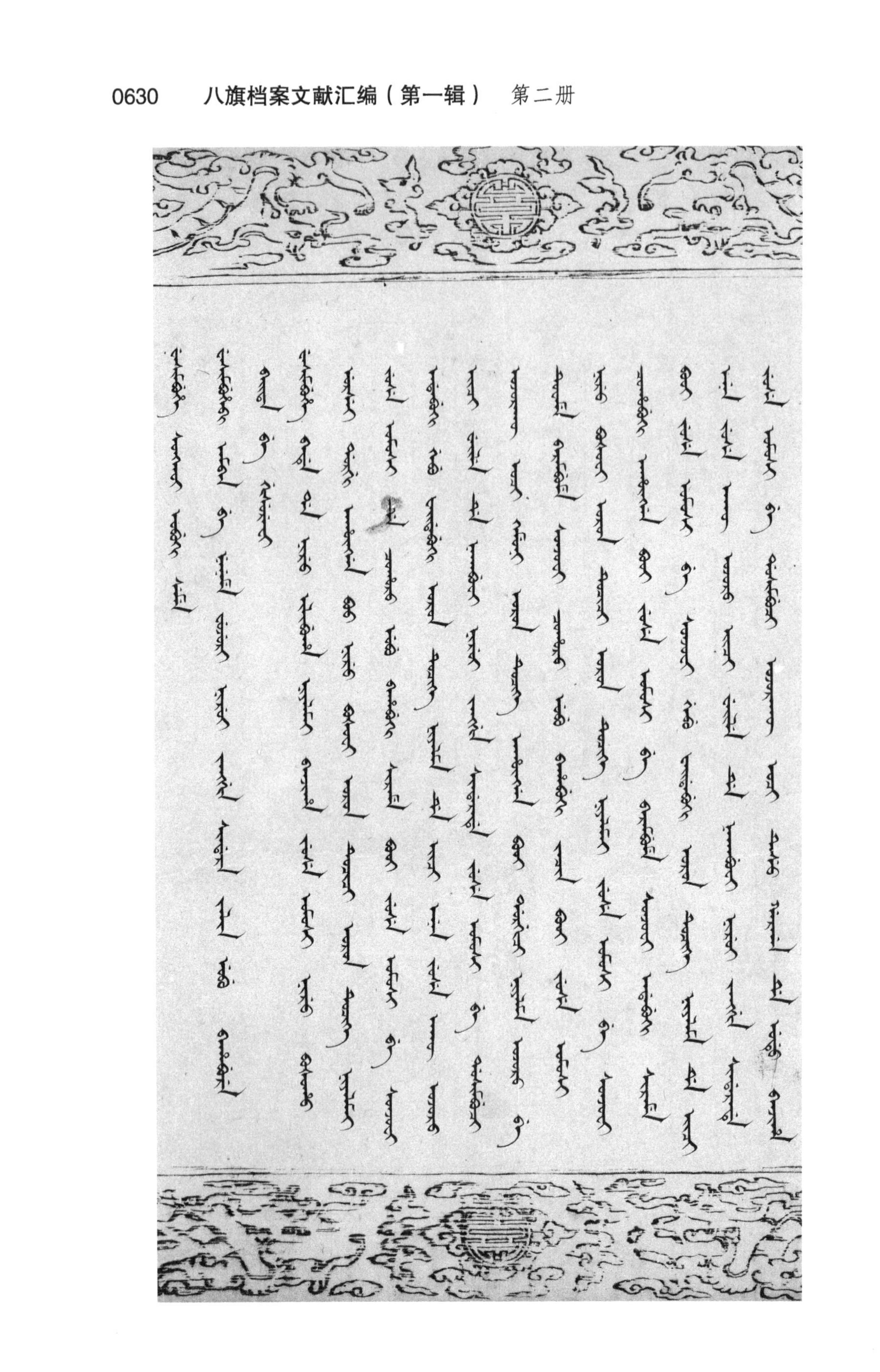

[illegible]

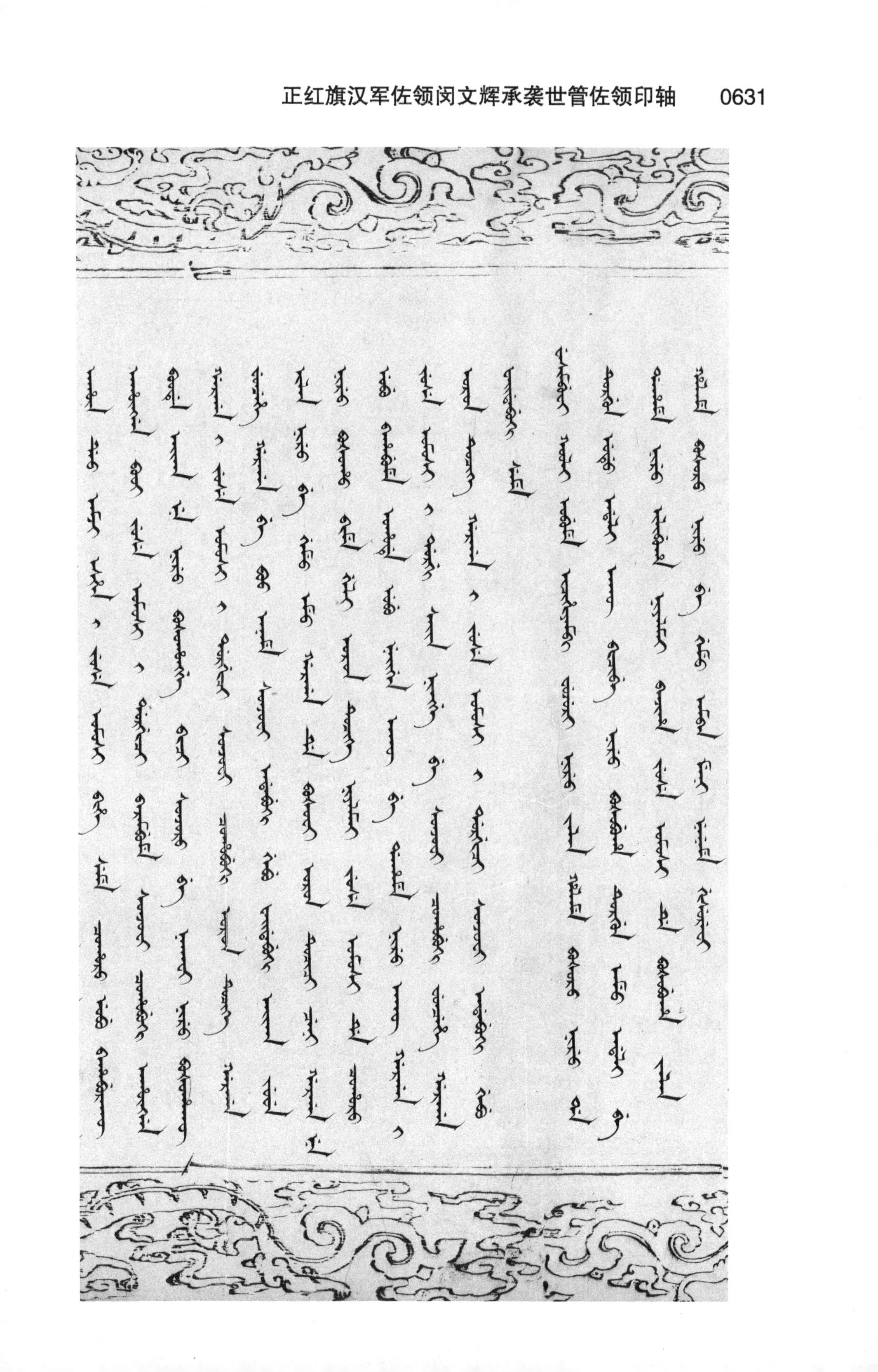

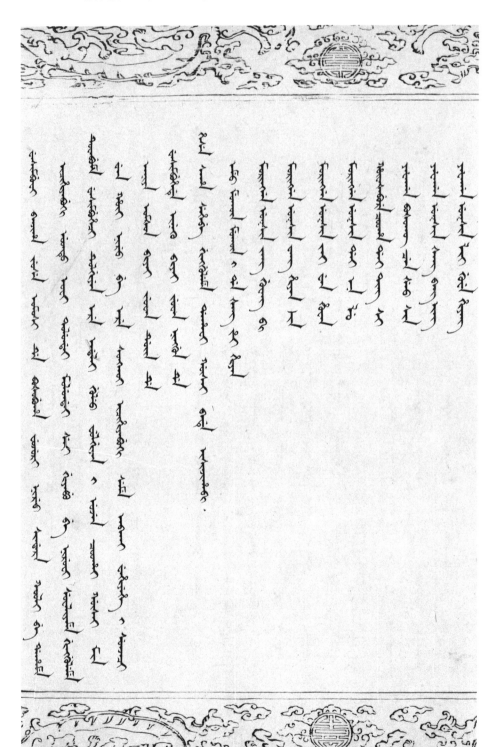

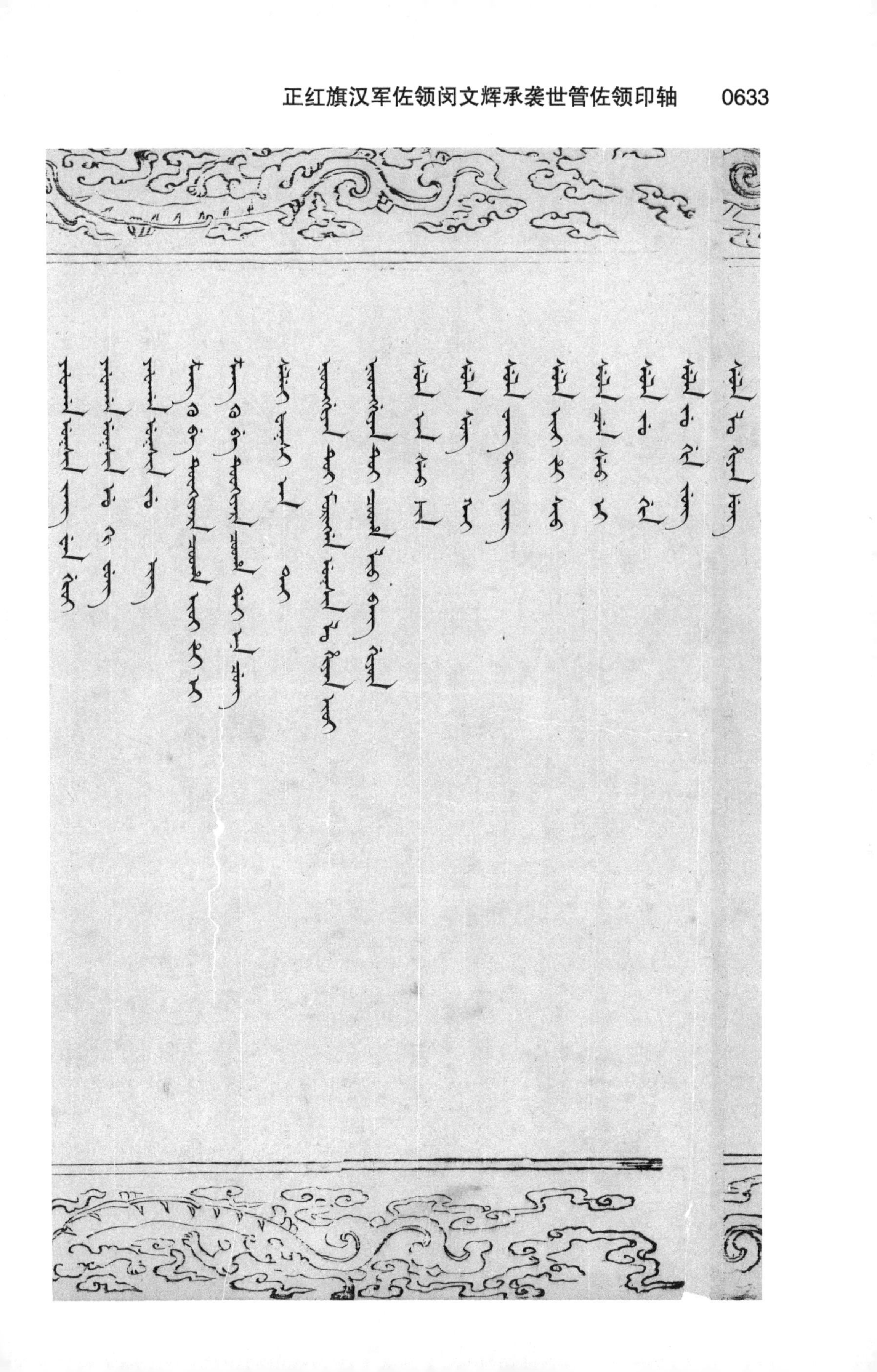

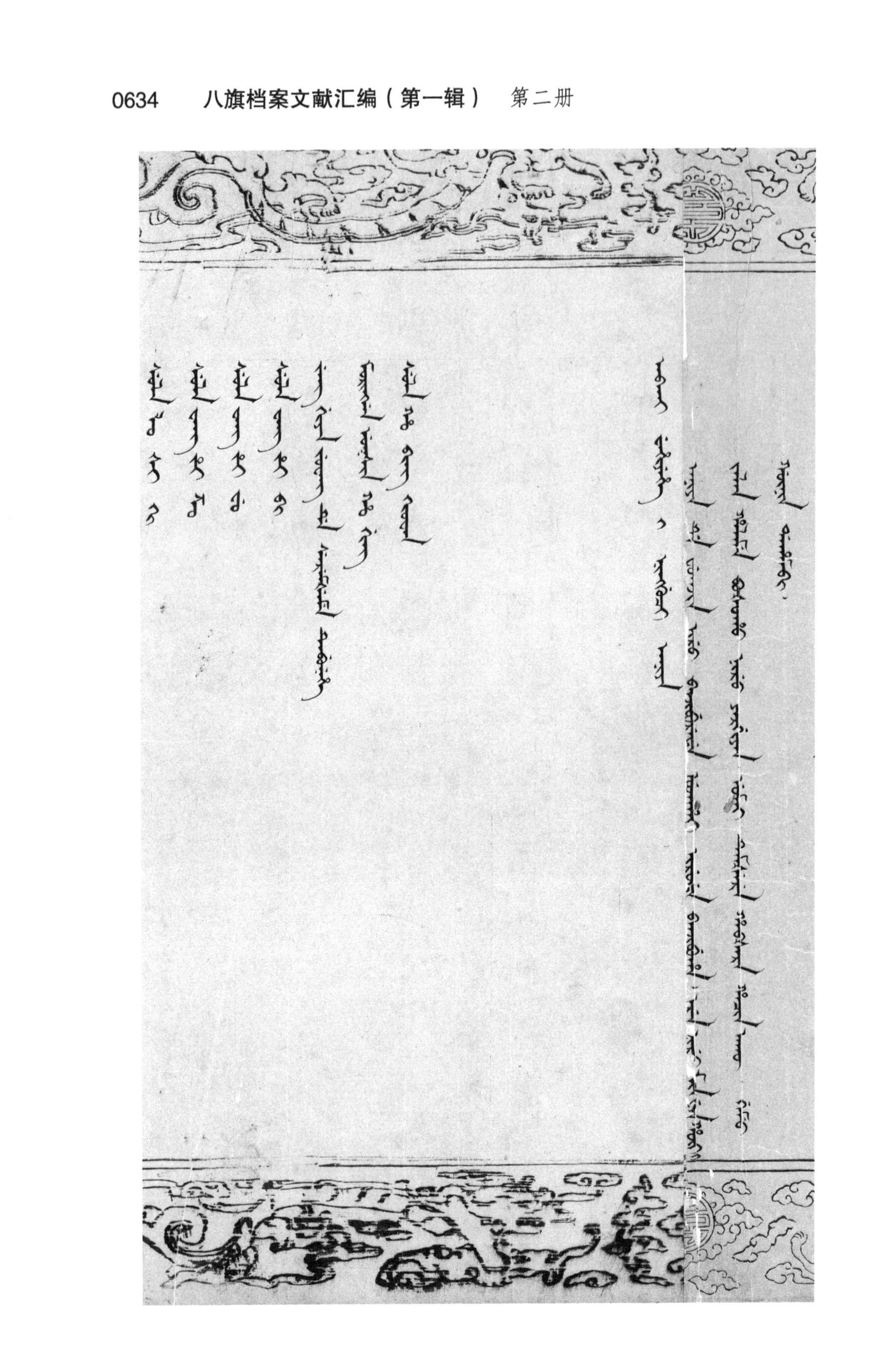

[illegible]

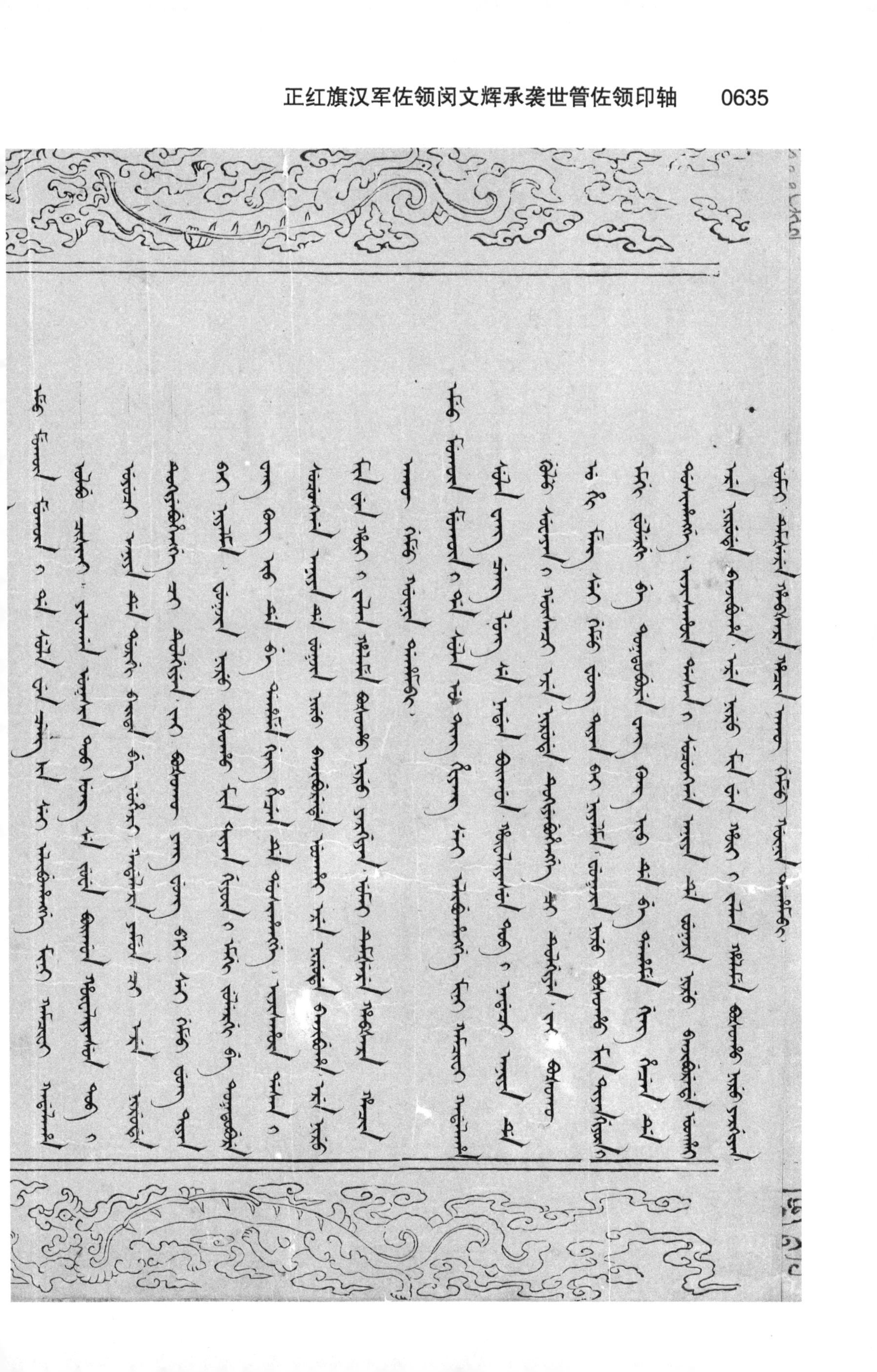

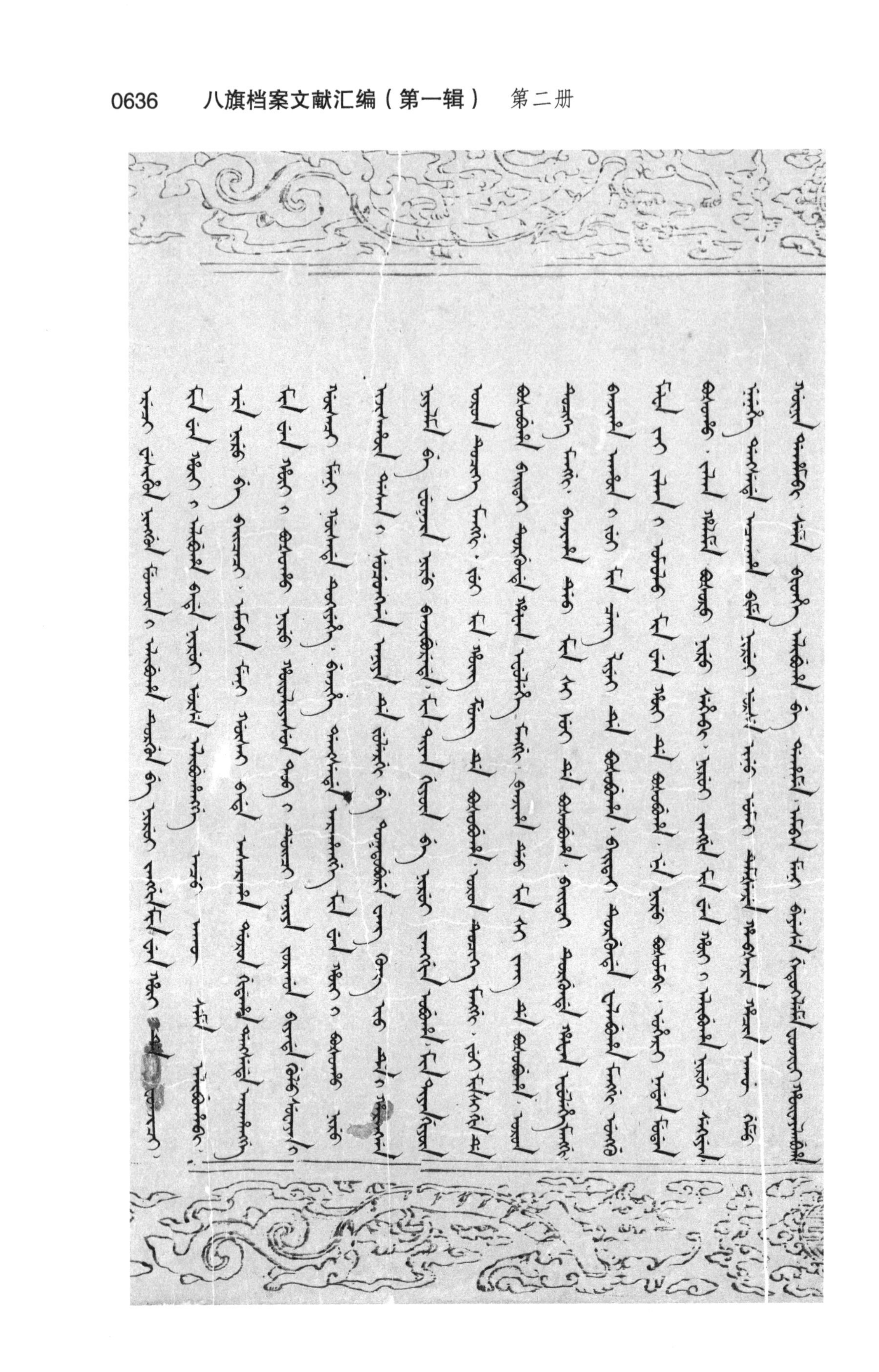

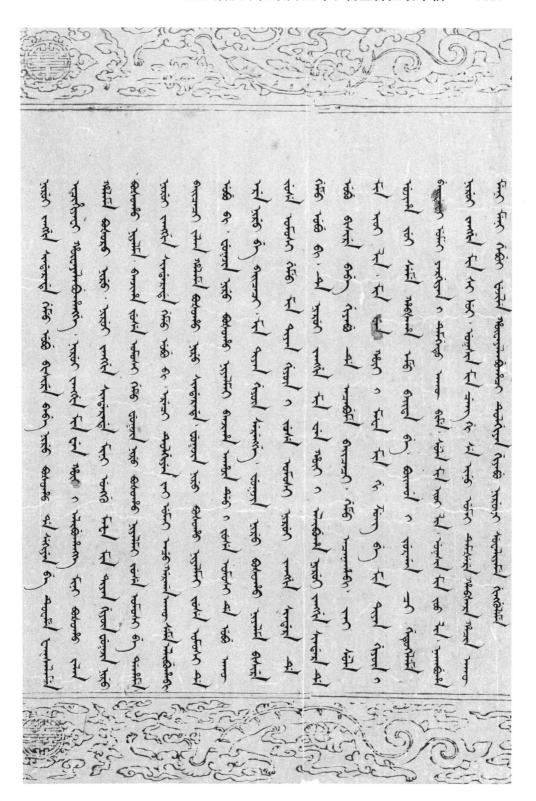

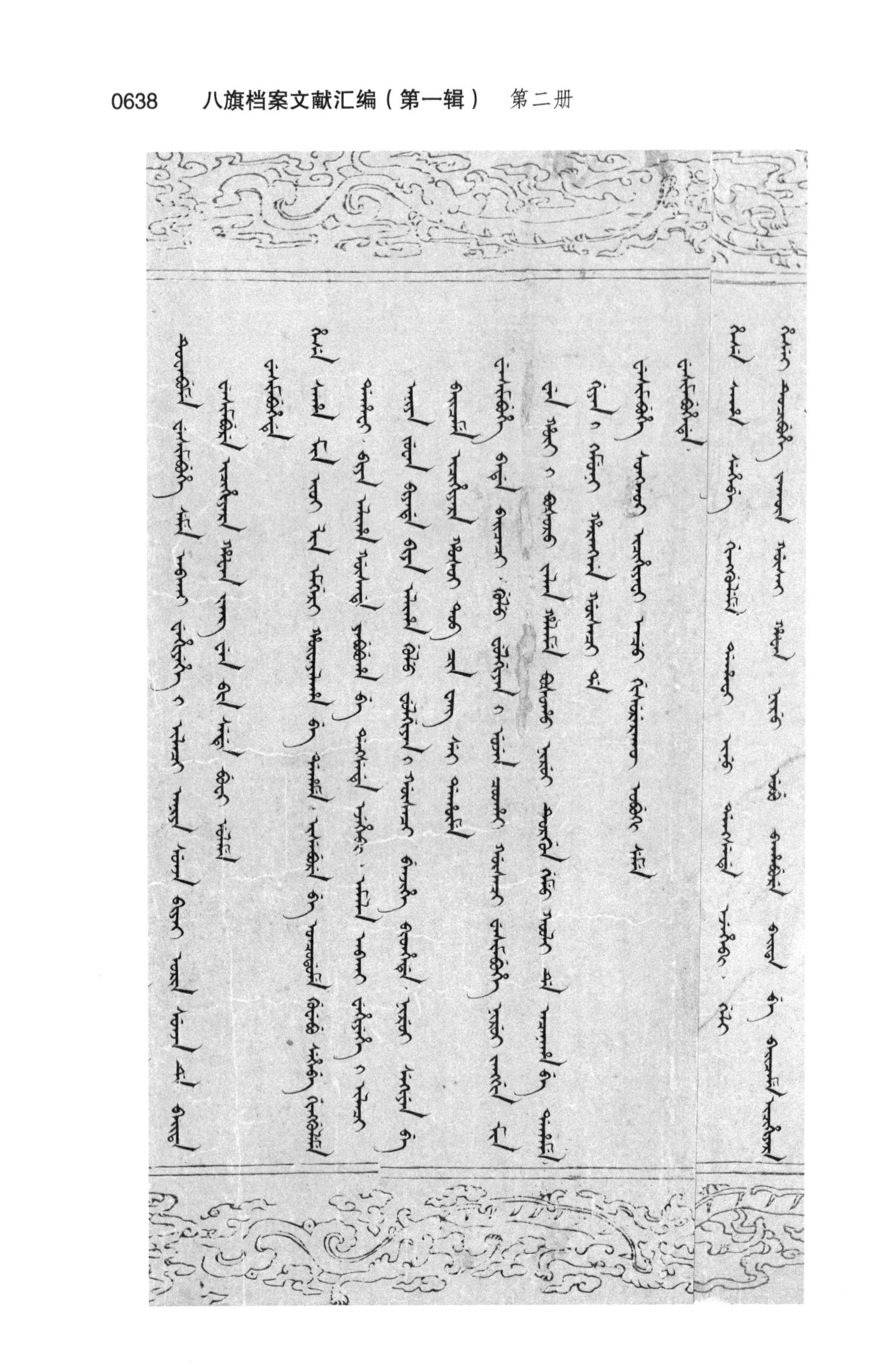

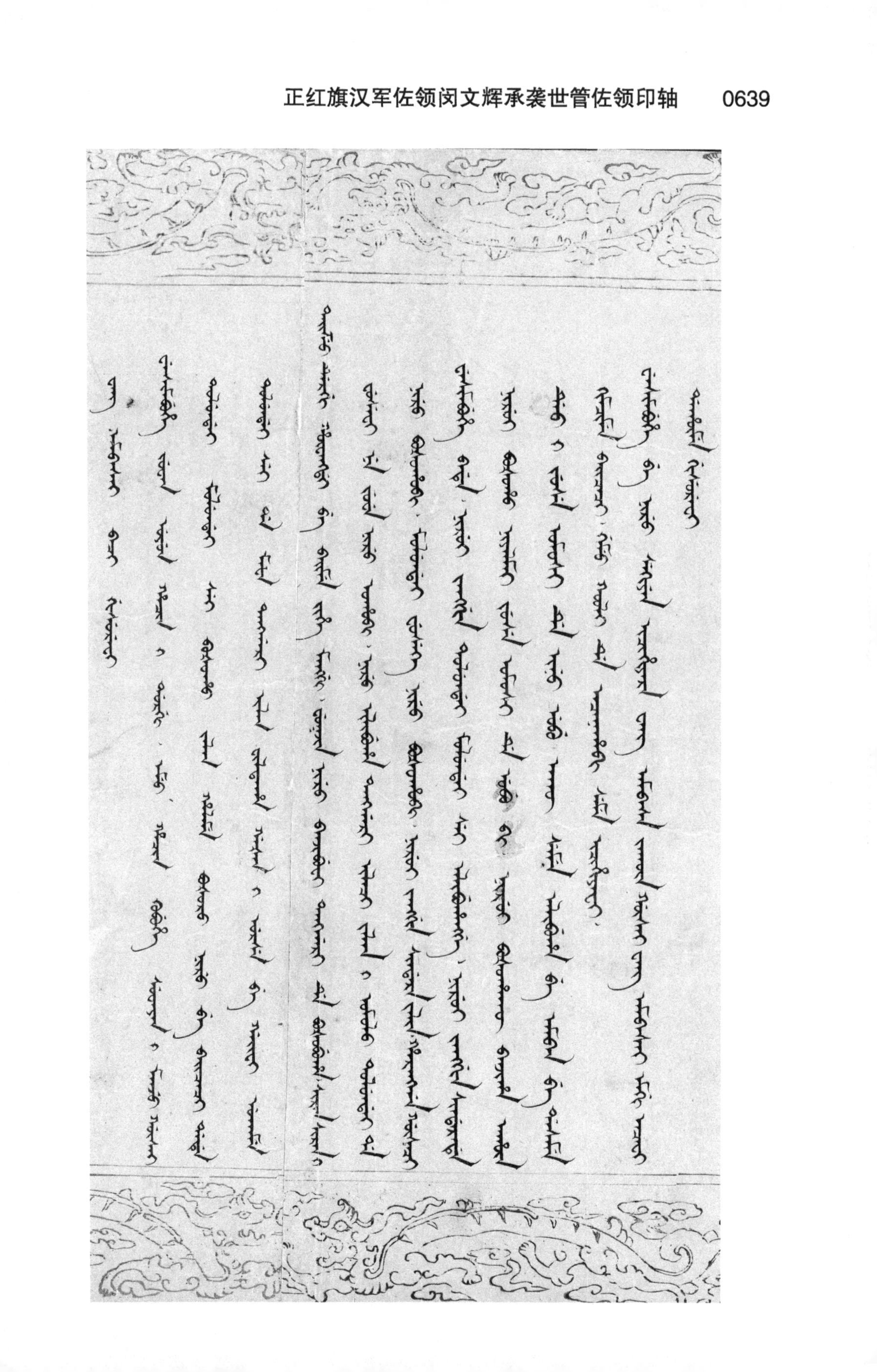

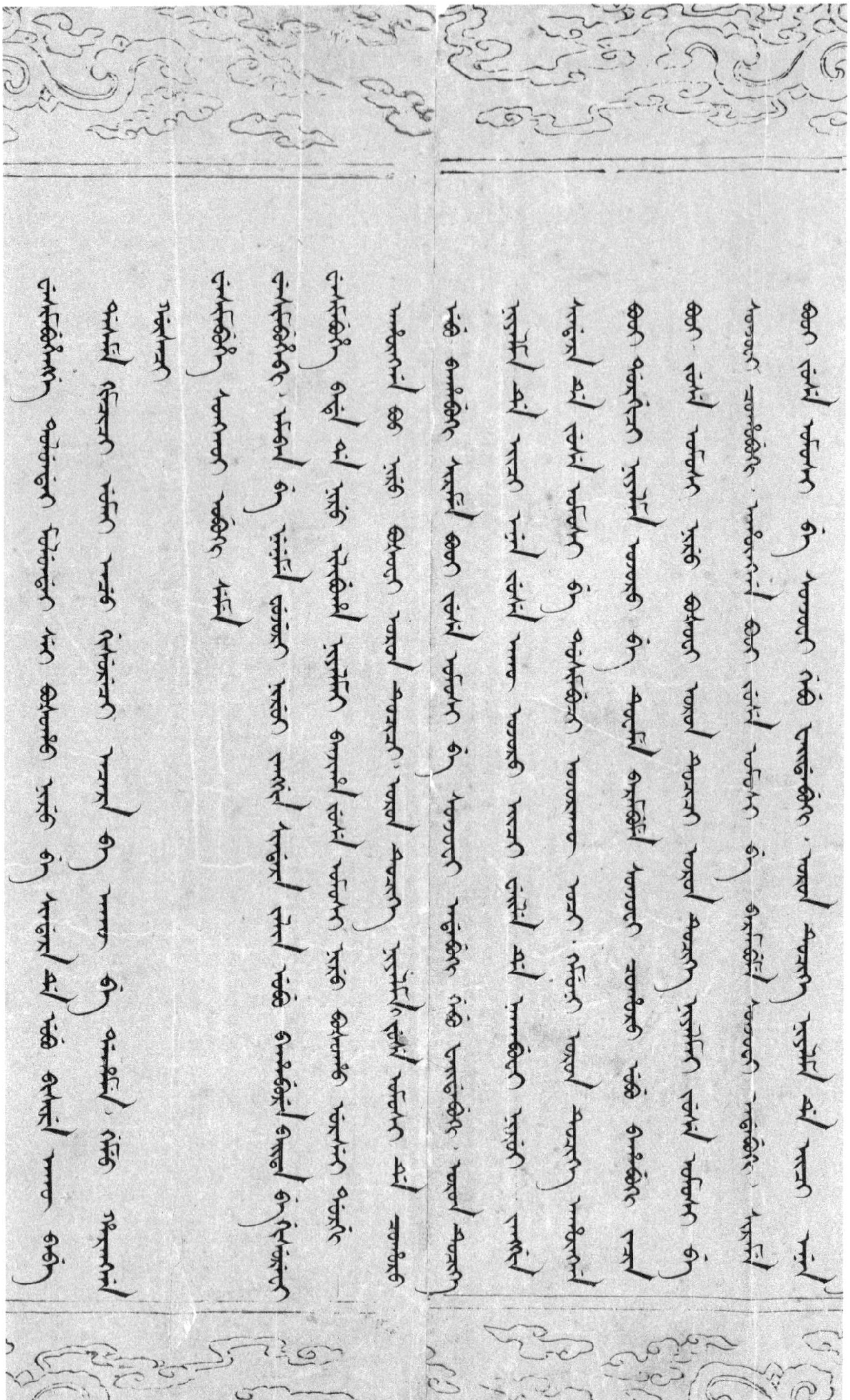

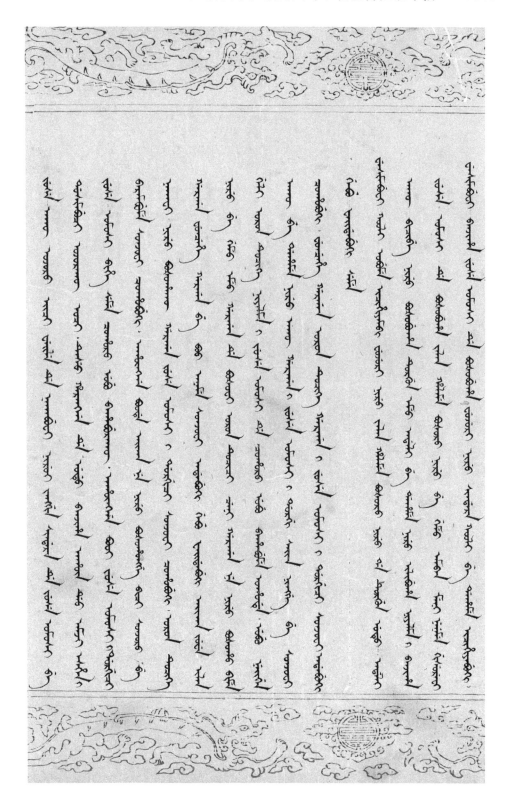

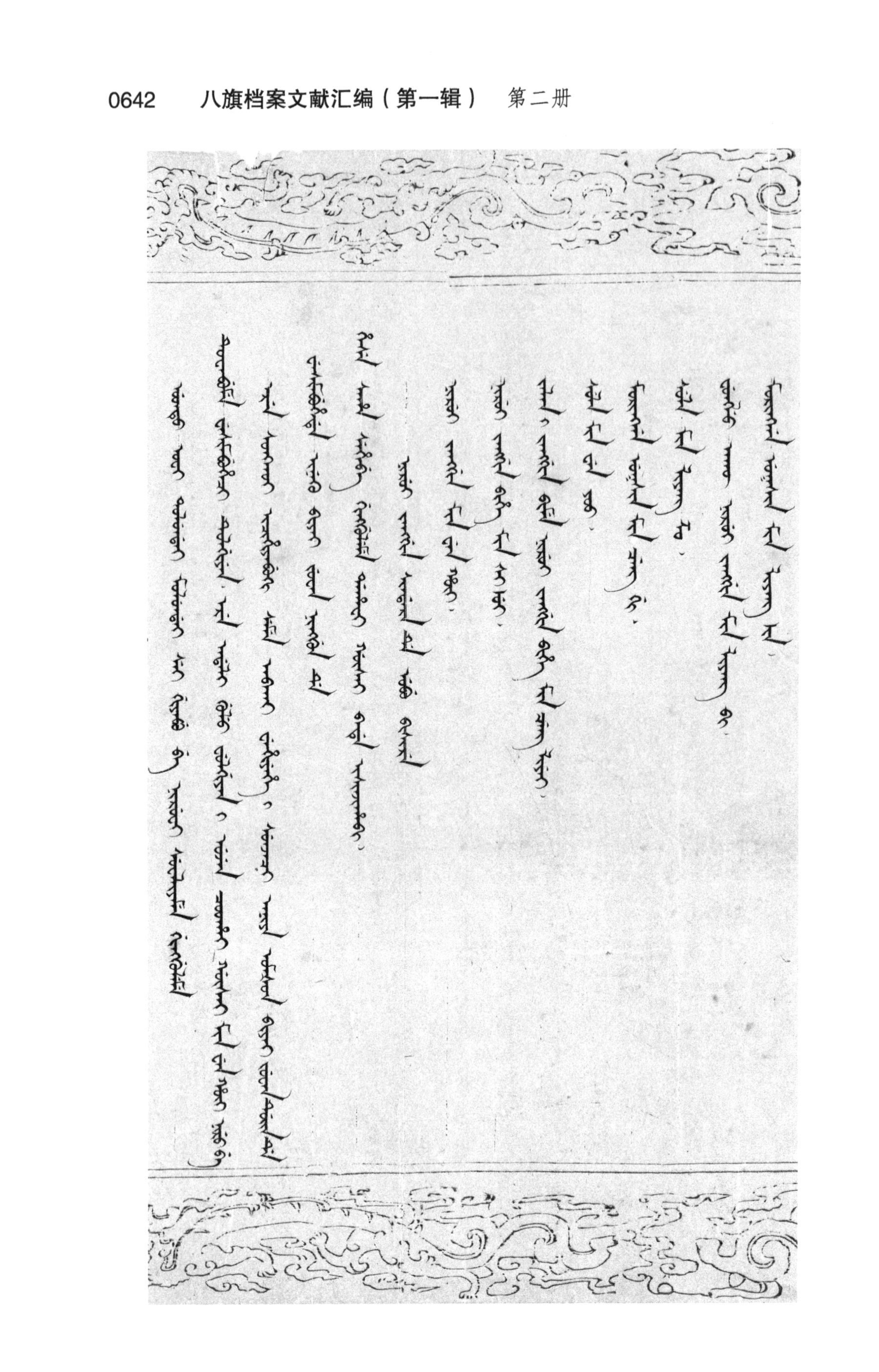

[illegible]

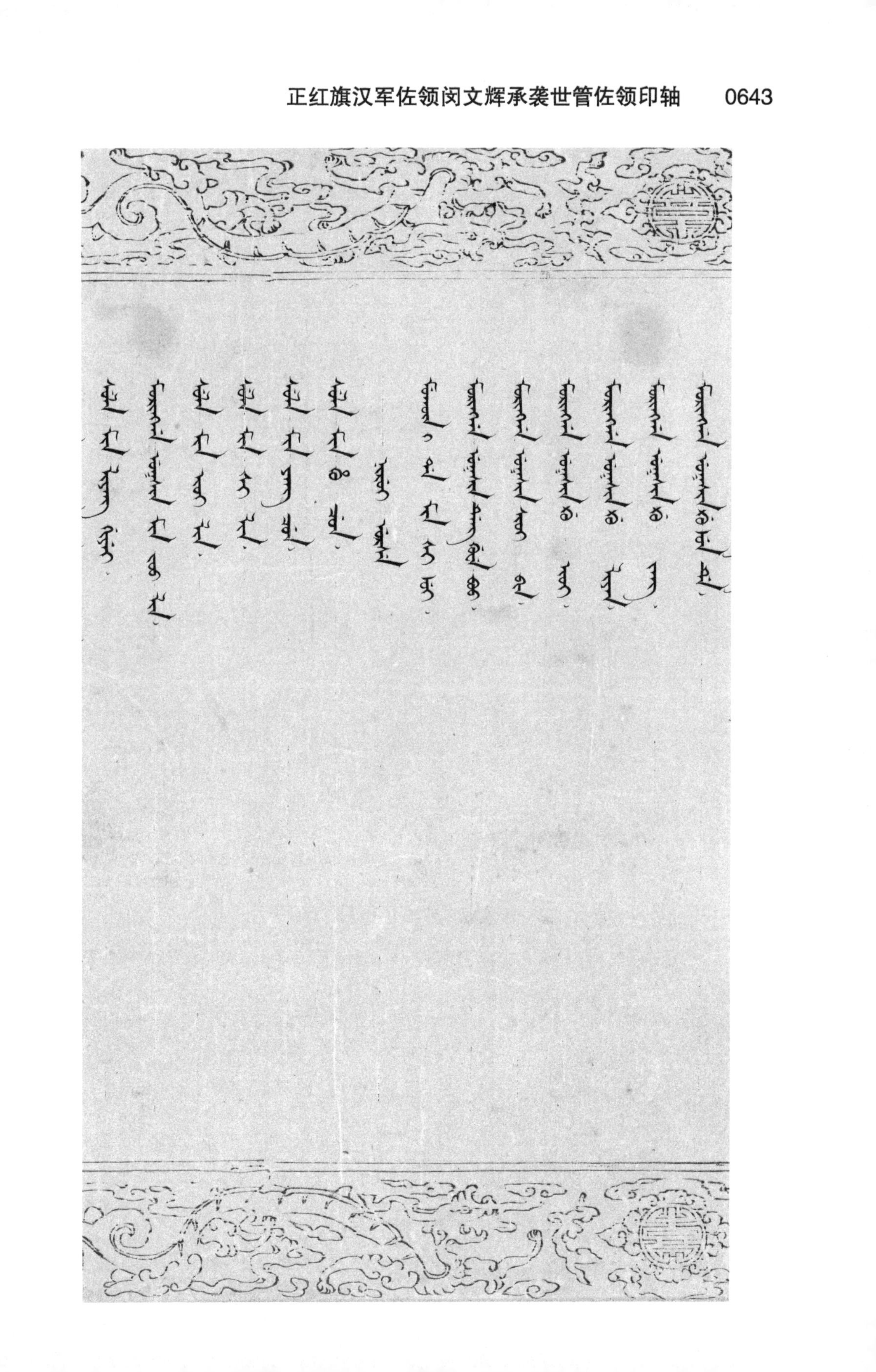

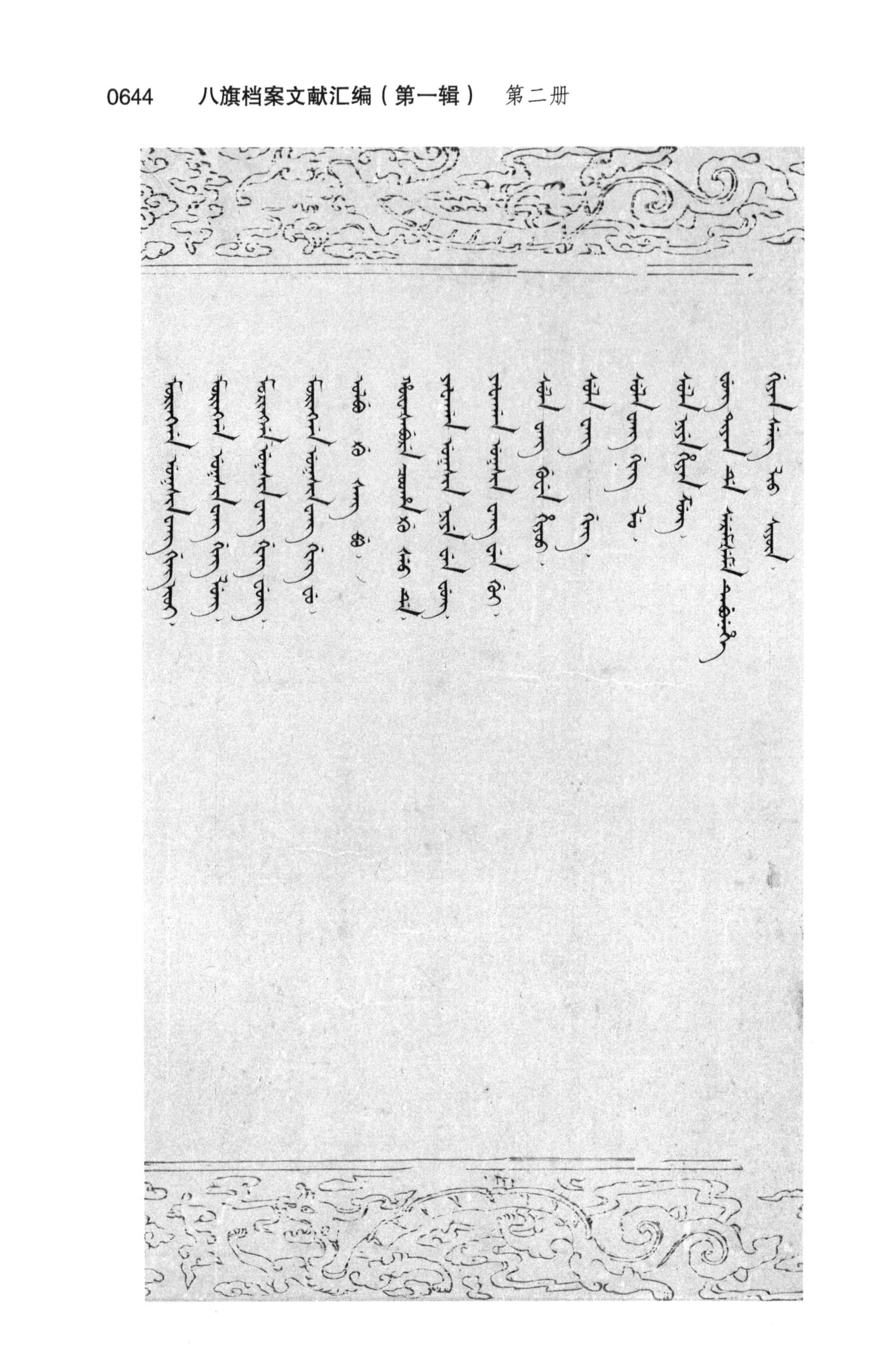

[illegible]

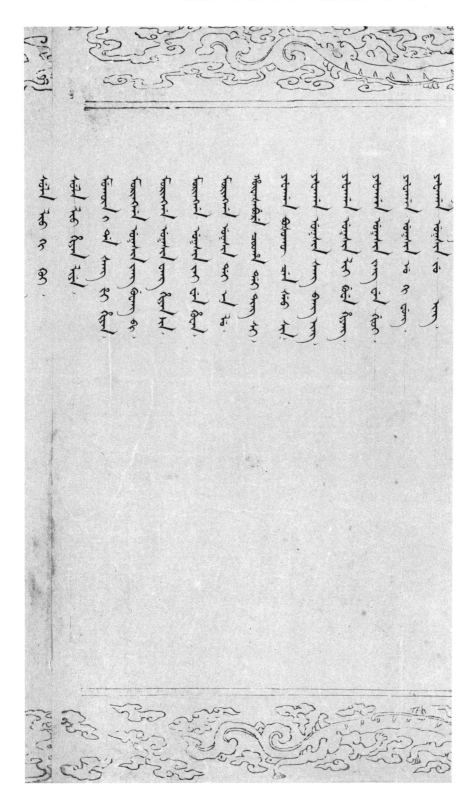

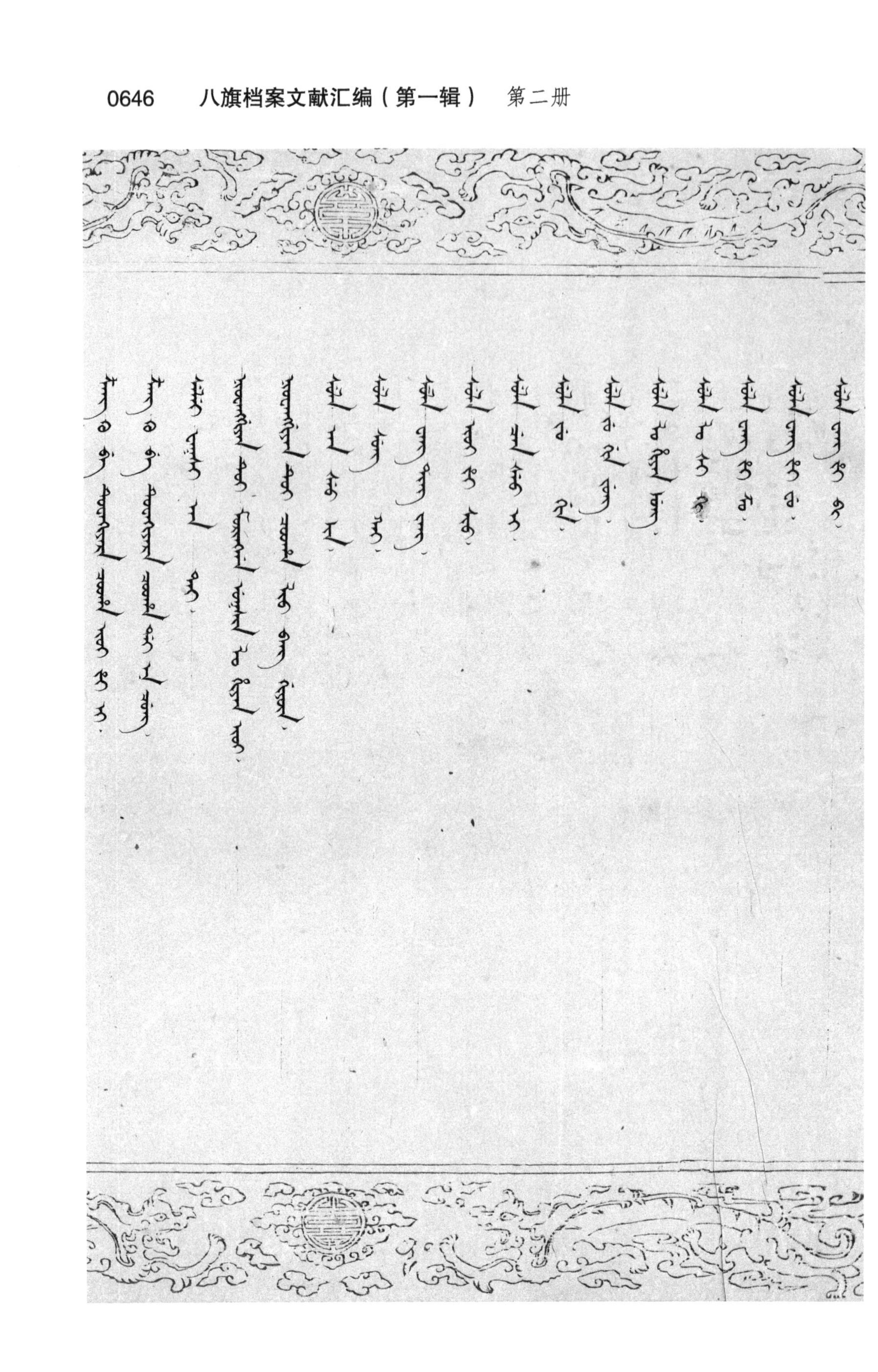

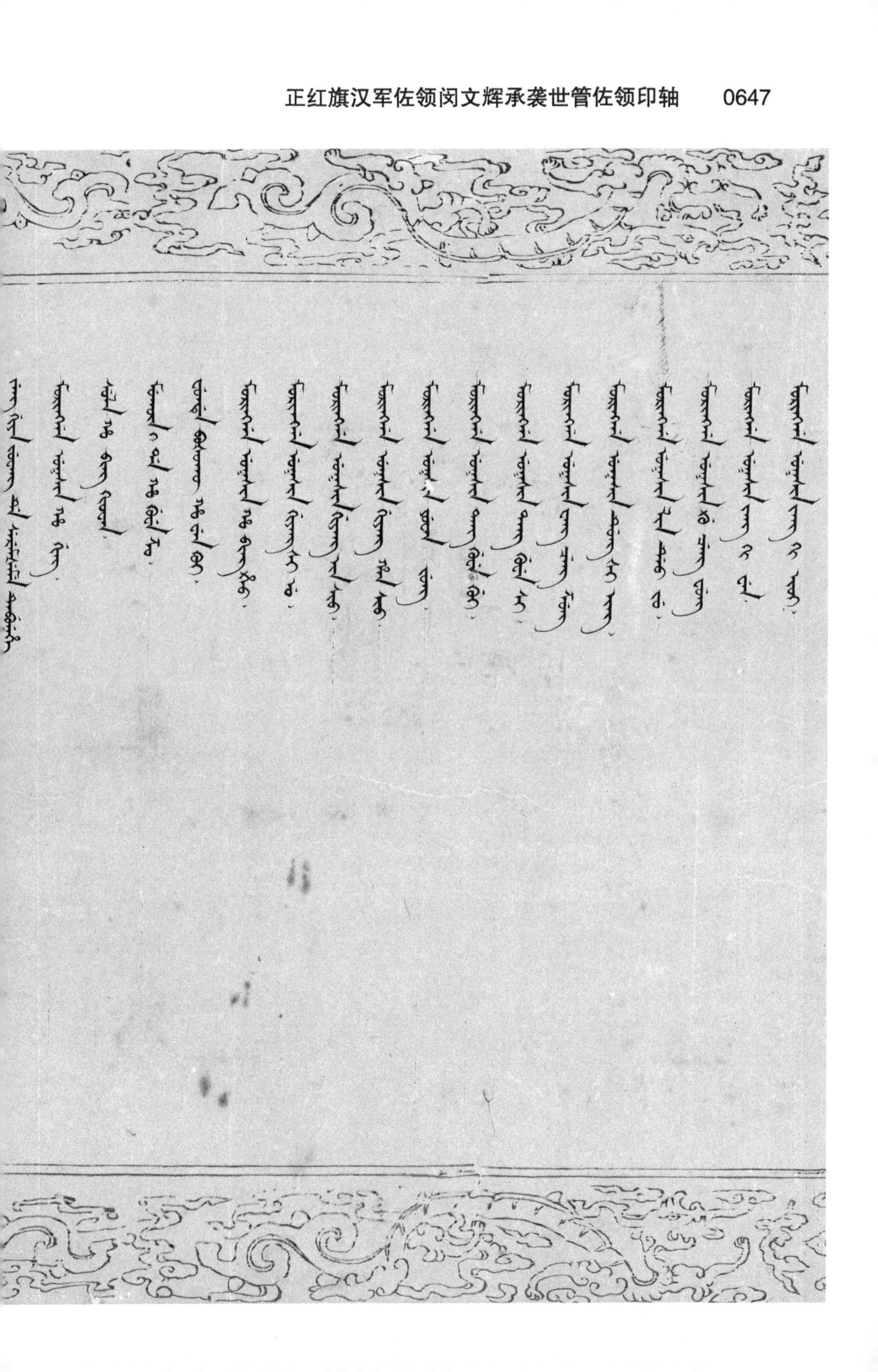

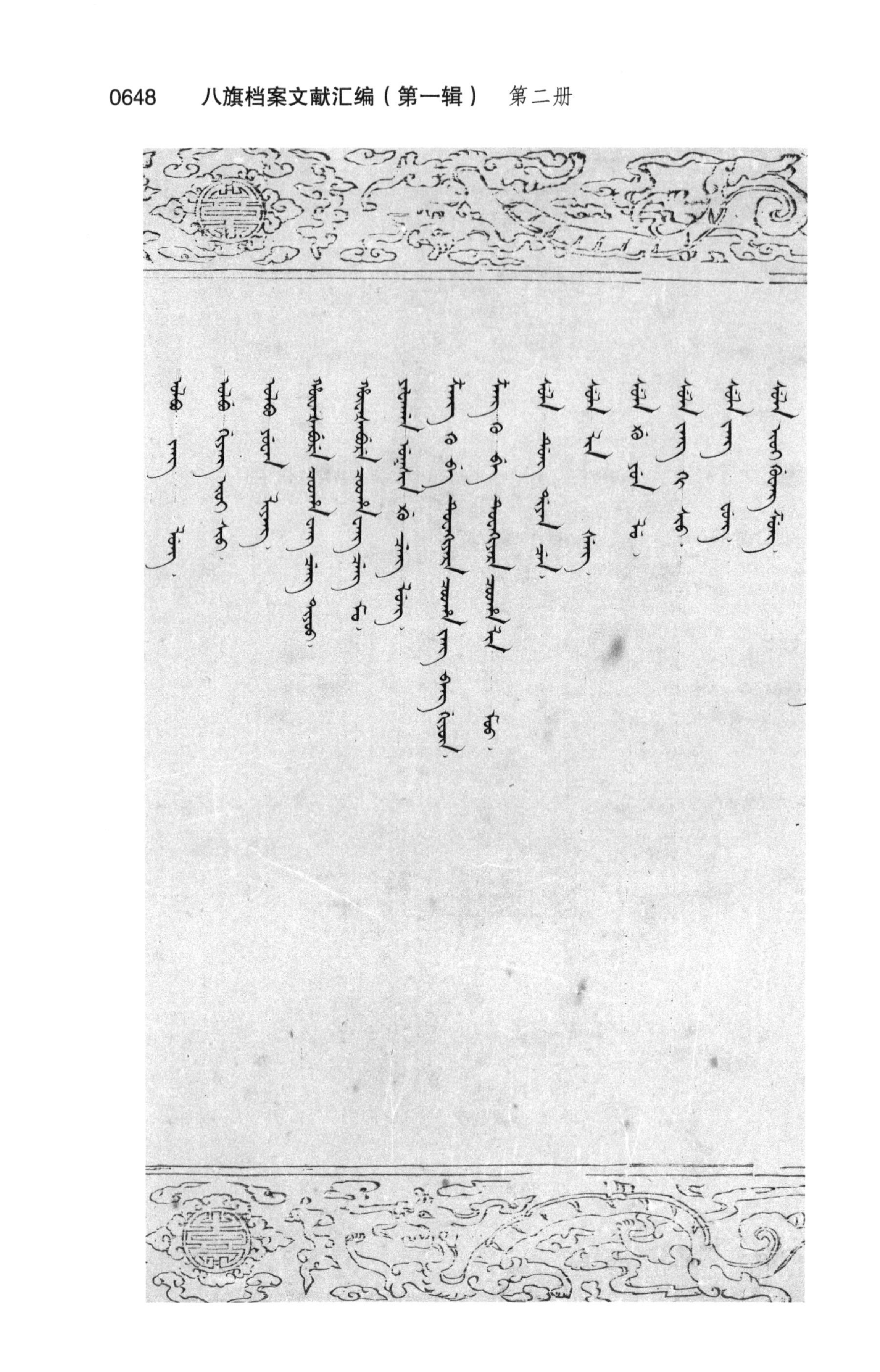

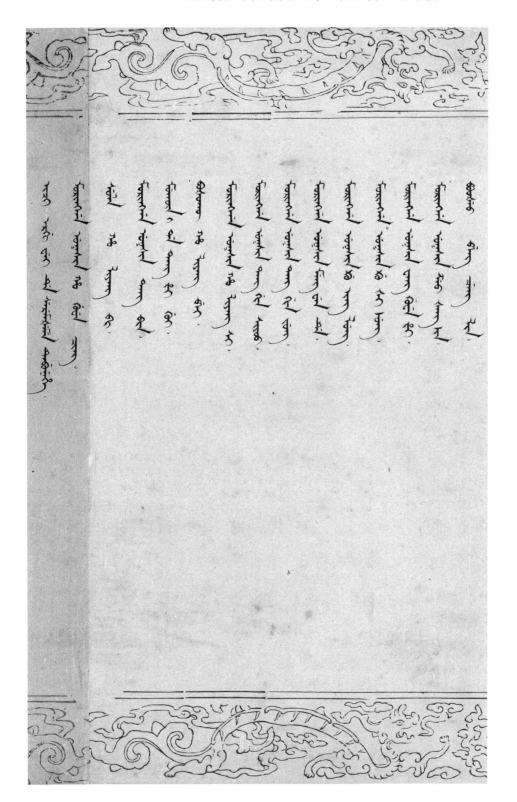

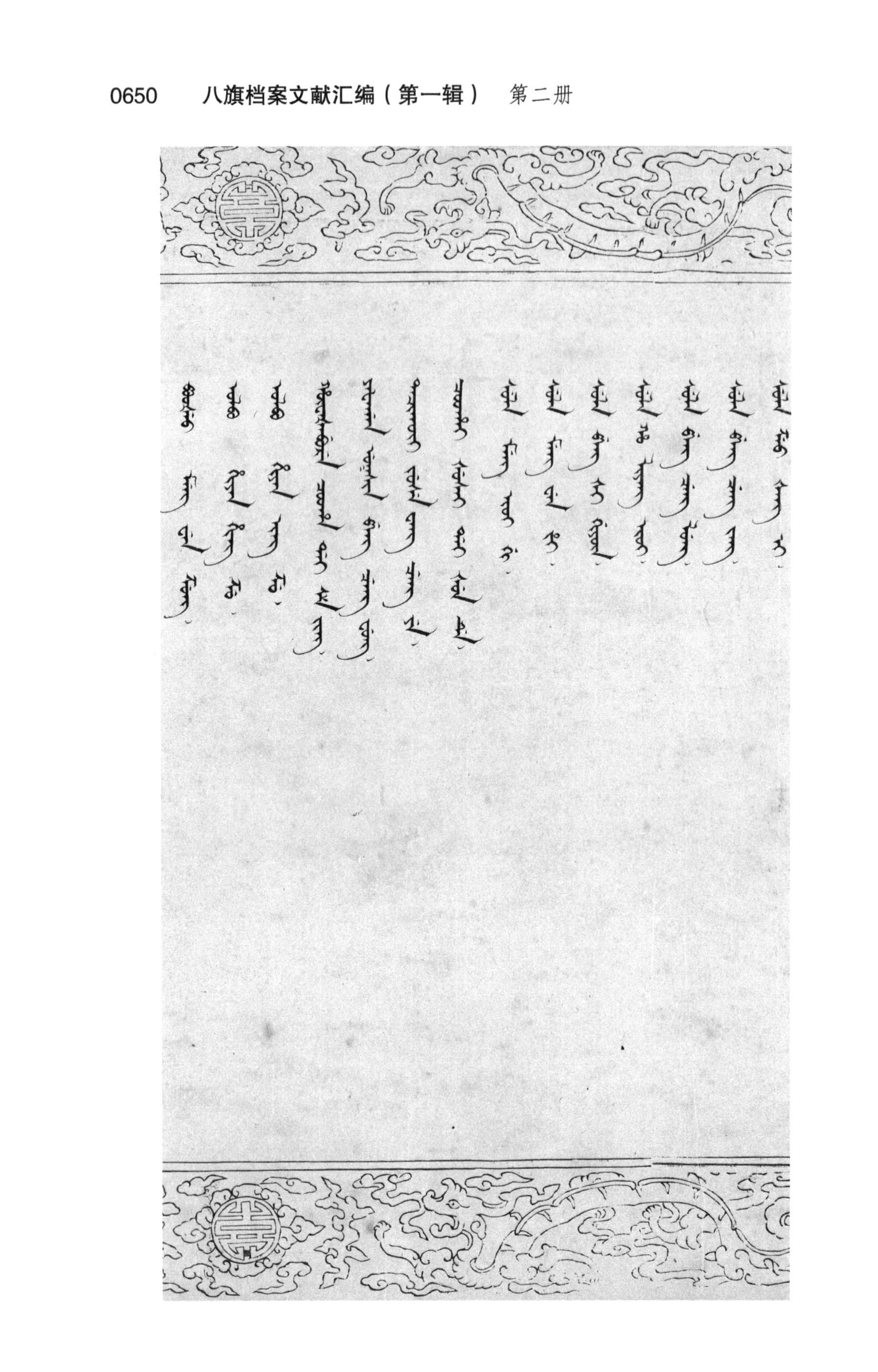

[illegible]

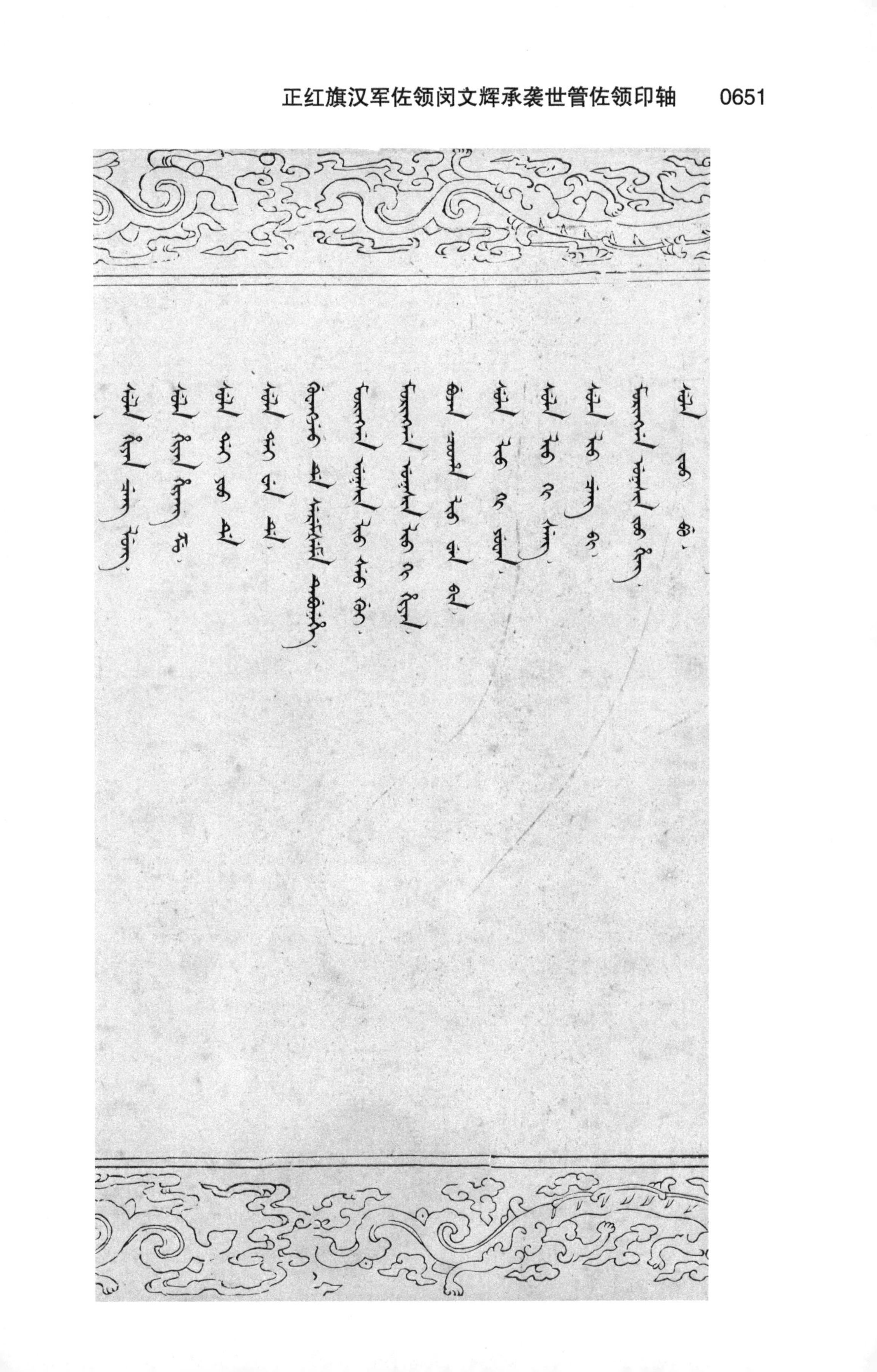

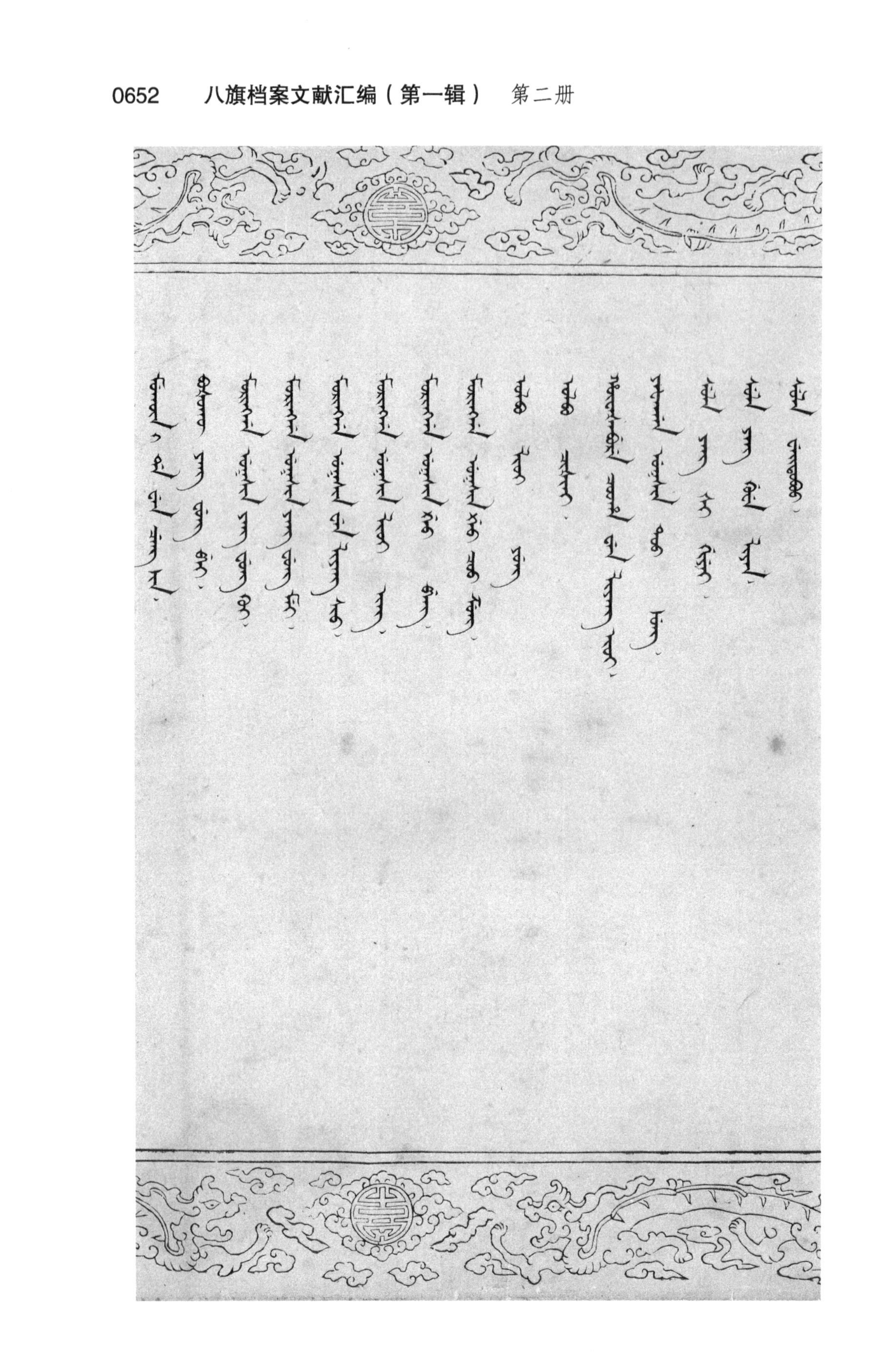

[illegible]

[illegible]

[illegible]

[illegible]

[illegible]

[illegible]

[illegible]

[illegible]

[illegible]

[illegible]

[illegible]

[illegible]

[illegible]

[illegible]

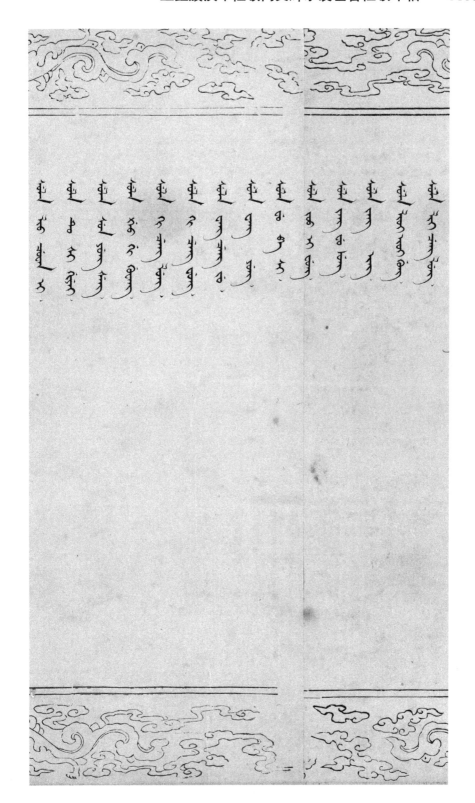

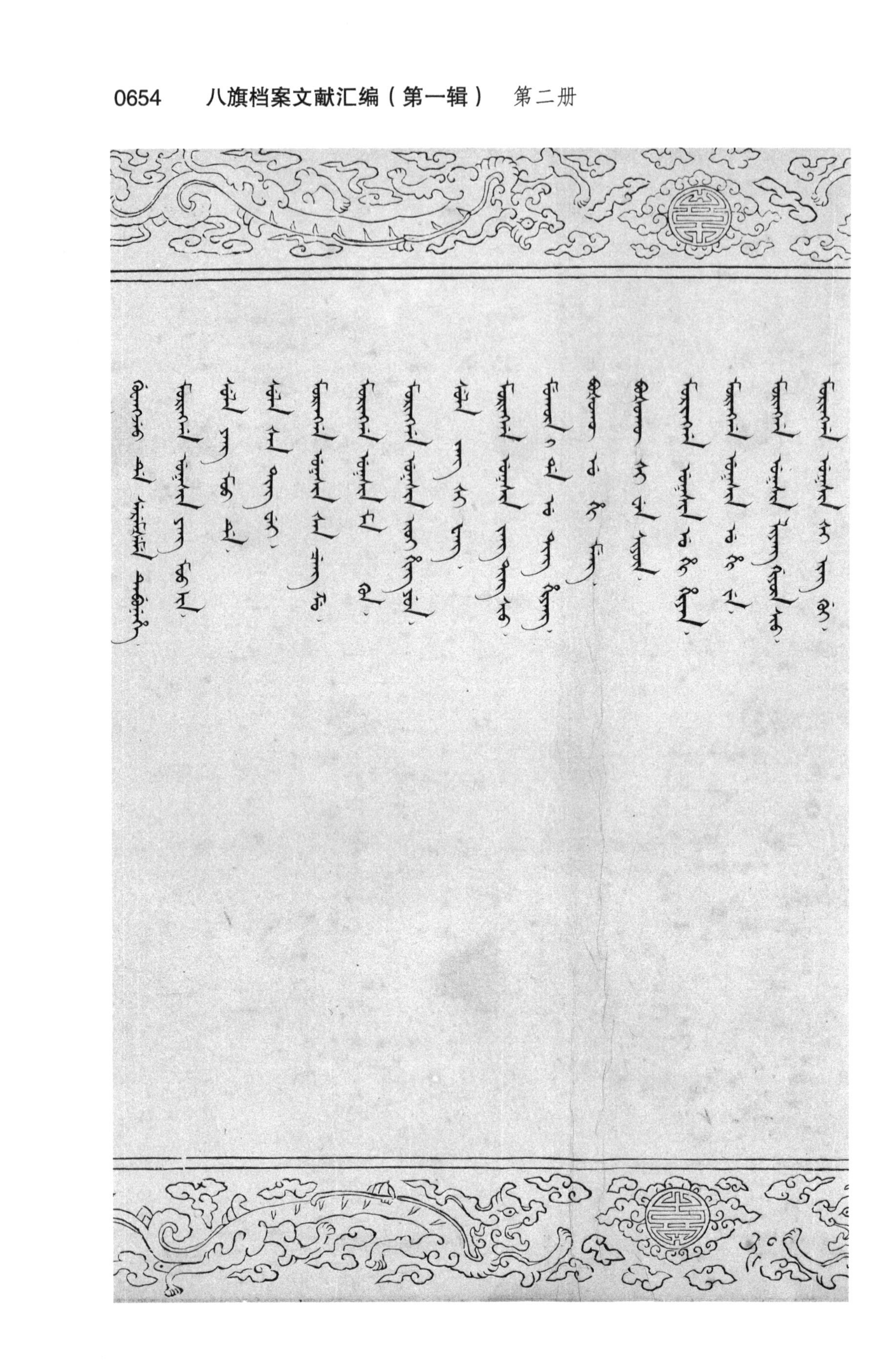

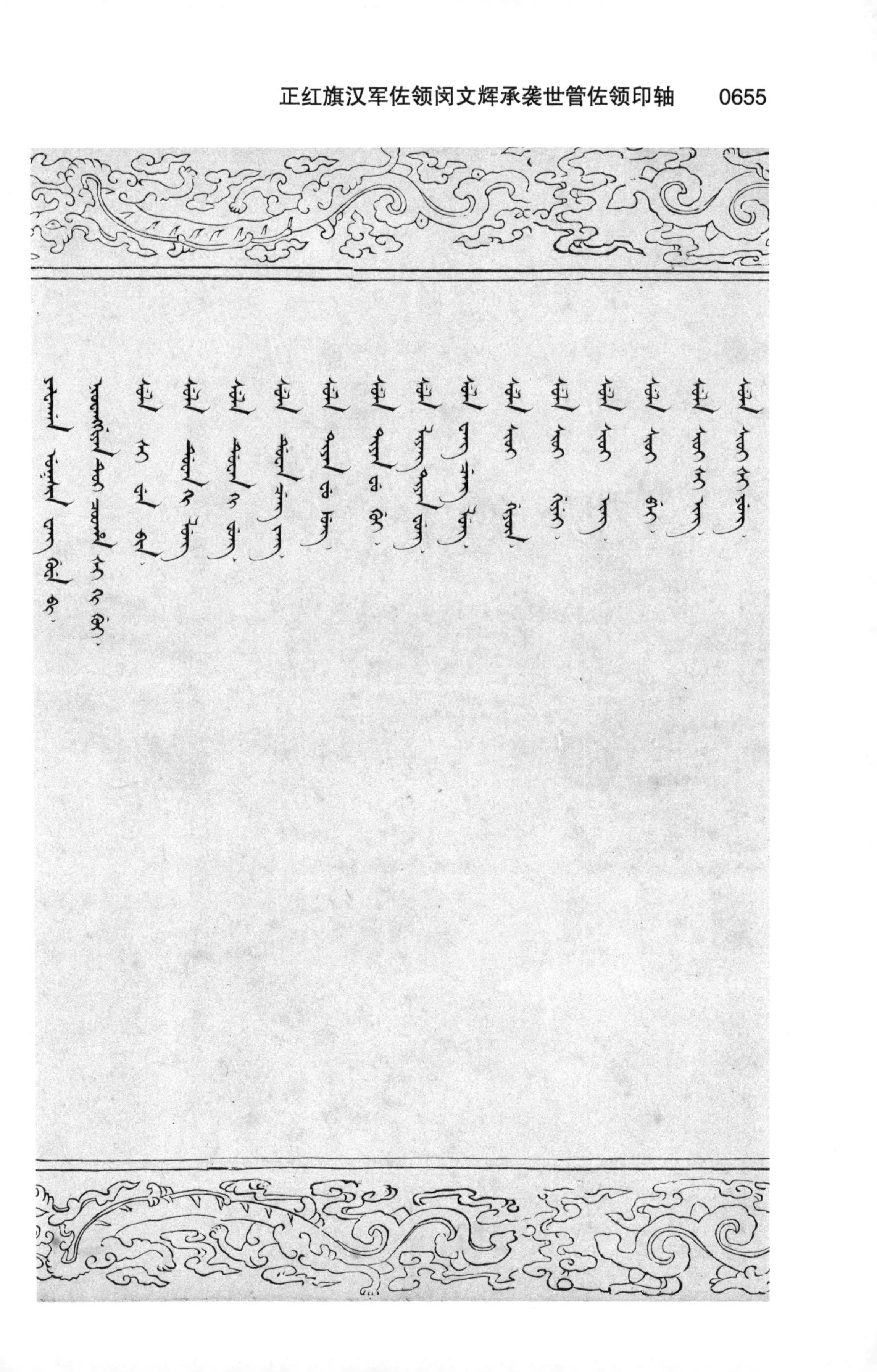

[illegible]

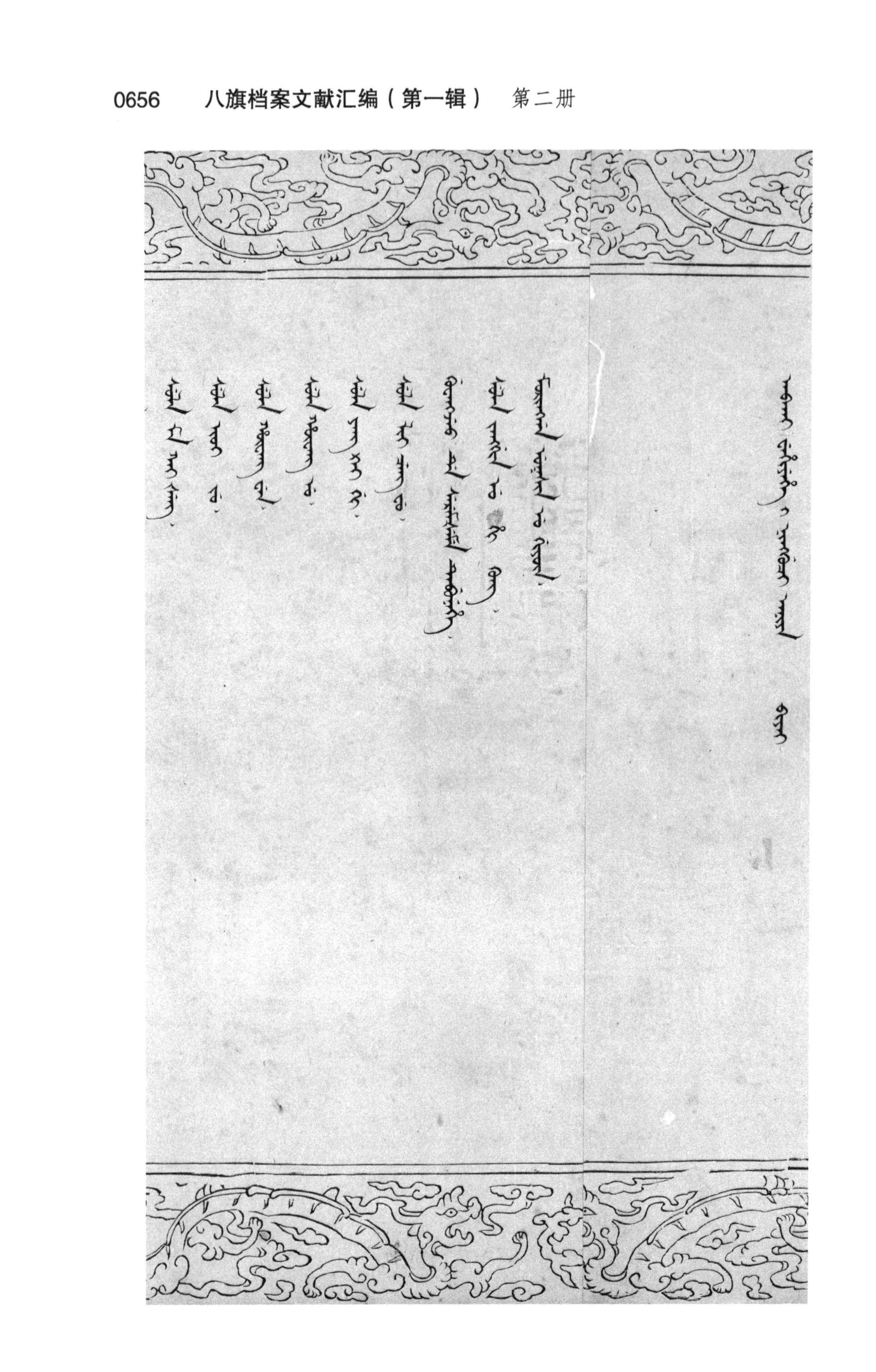

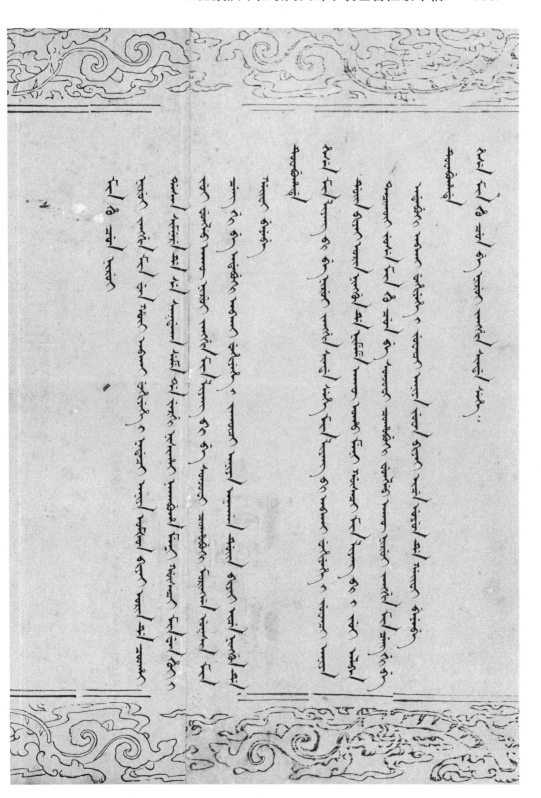

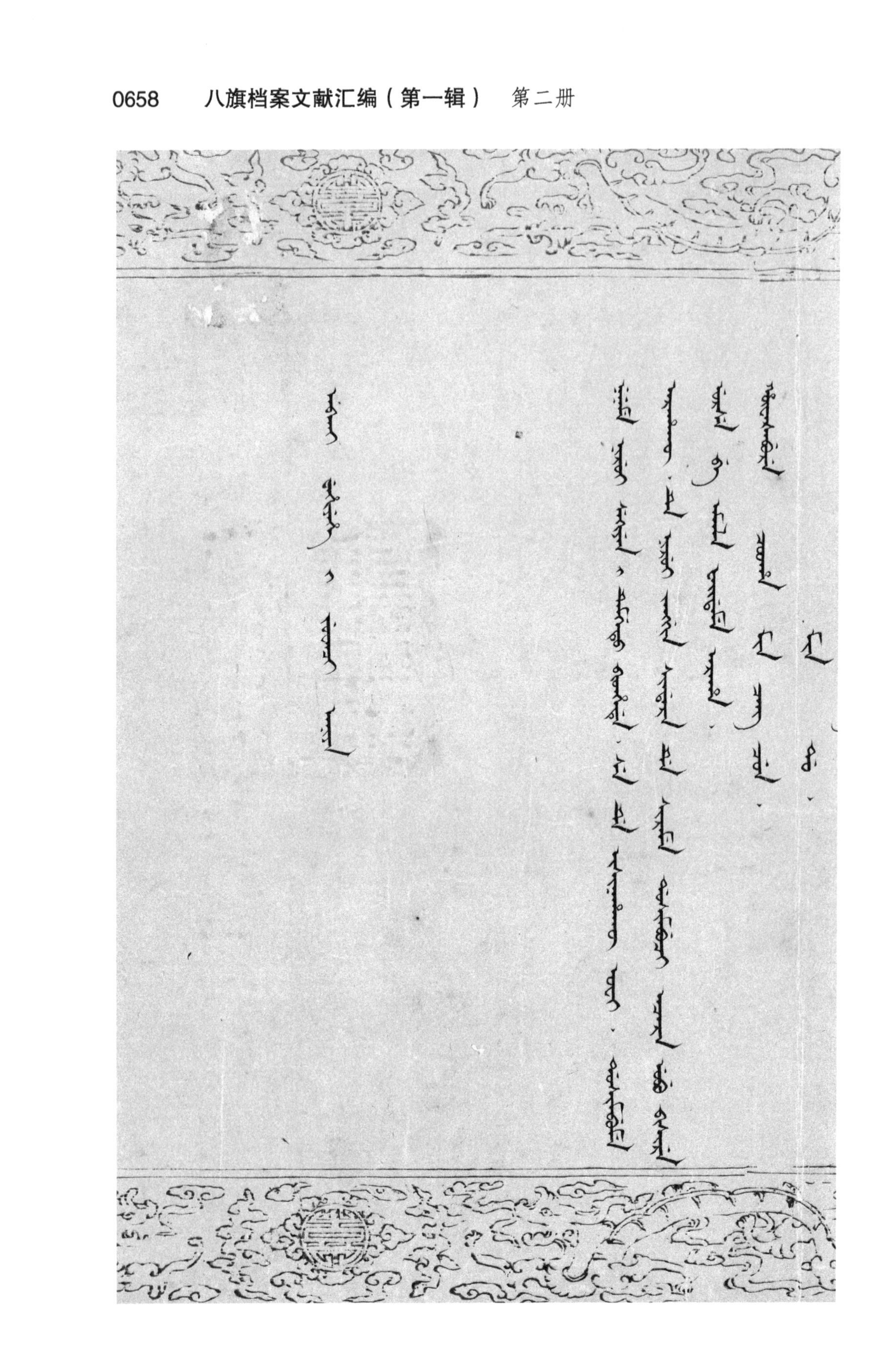

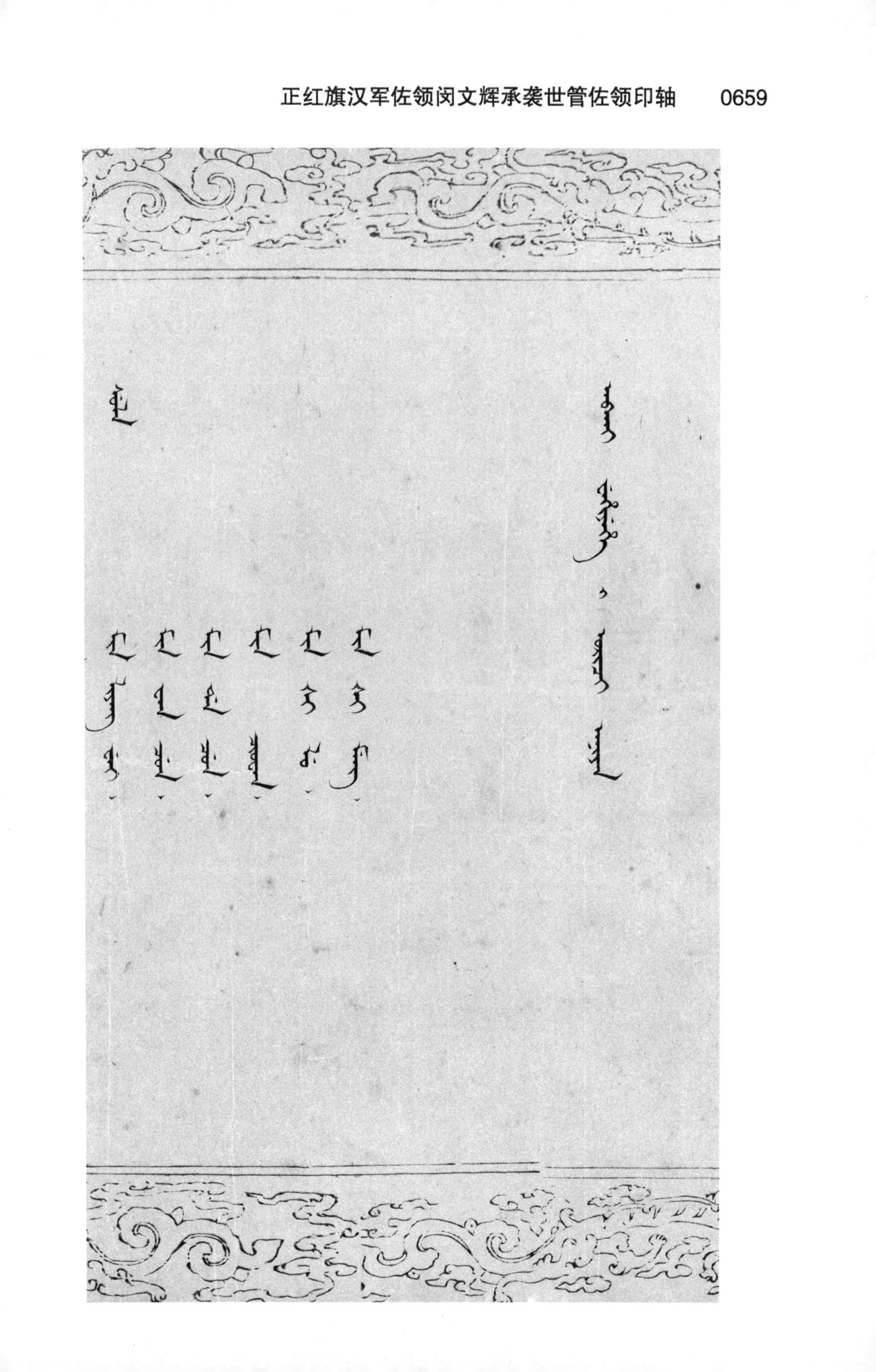

ᠰᡳᡵᠠᠪᡠᠮᡝ ᠠᠮᠪᠠ ᡳ ᠪᡠ ᡝᠨ ᡨᡠᠸᠠᠪᡠᡥᠠ ᡥᡡᠸᠠᡧᠠᠪᡠᡥᠠ ᡳ ᠪᡝ ᡤᡝᠮᡠ
ᡥᡡᡨᡠᡵᡳ ᡥᡡᠸᠠᡧᠠᠪᡠᡥᠠ ᠪᡝ ᠰᡳᠮᡝᡥᡠᠨ ᡳ ᠠᠯᡳᠮᡝ ᠪᡳ ᠪᡝᡳᠯᡝ ᠠᠮᠪᠠ ᡝᡵᡝ ᠪᡝ ᠰᡠᠮᡝ
ᠰᠣᠮᡝ ᡝᡵᡳᠨ ᡨᡠᠸᠠᠮᡝ ᠪᠠᡳᠮᡝ ᠪᡝ ᡥᡡᠸᠠᡧᠠᠮᡝ ᠰᡳᠮᡝ ᡝᡵᡳ
ᡨᡠᡵᡤᡠᠨ ᡳᠯᡳᡥᠠᠩᡤᠠ
ᡶᡠᡥᡳᡧᡝᠮᡝ
ᡤᡳᠩᡤᡠᠯᡝᡥᡝ ᡥᡡᡨᡠᡵᡳ ᡳᠰᡳᠪᡠᡥᡝ ᡳ ᠮᡠᠵᡳᠯᡝᠨ ᠪᡝ ᡨᡠᠸᠠᠮᡝ ᠪᠠᡳᠮᡝ ᡶᡠᠵᡳᠨ
ᠠᠮᠪᠠ ᡨᡠᠸᠠᠮᡝ ᡝᡵᡝᠮᡝ ᡥᡡᠸᠠᡧᠠᠮᡝ
ᡝᡵᡝ ᡥᡝᠰᡝ ᠪᡝ ᡤᡳᠩᡤᡠᠯᡝ

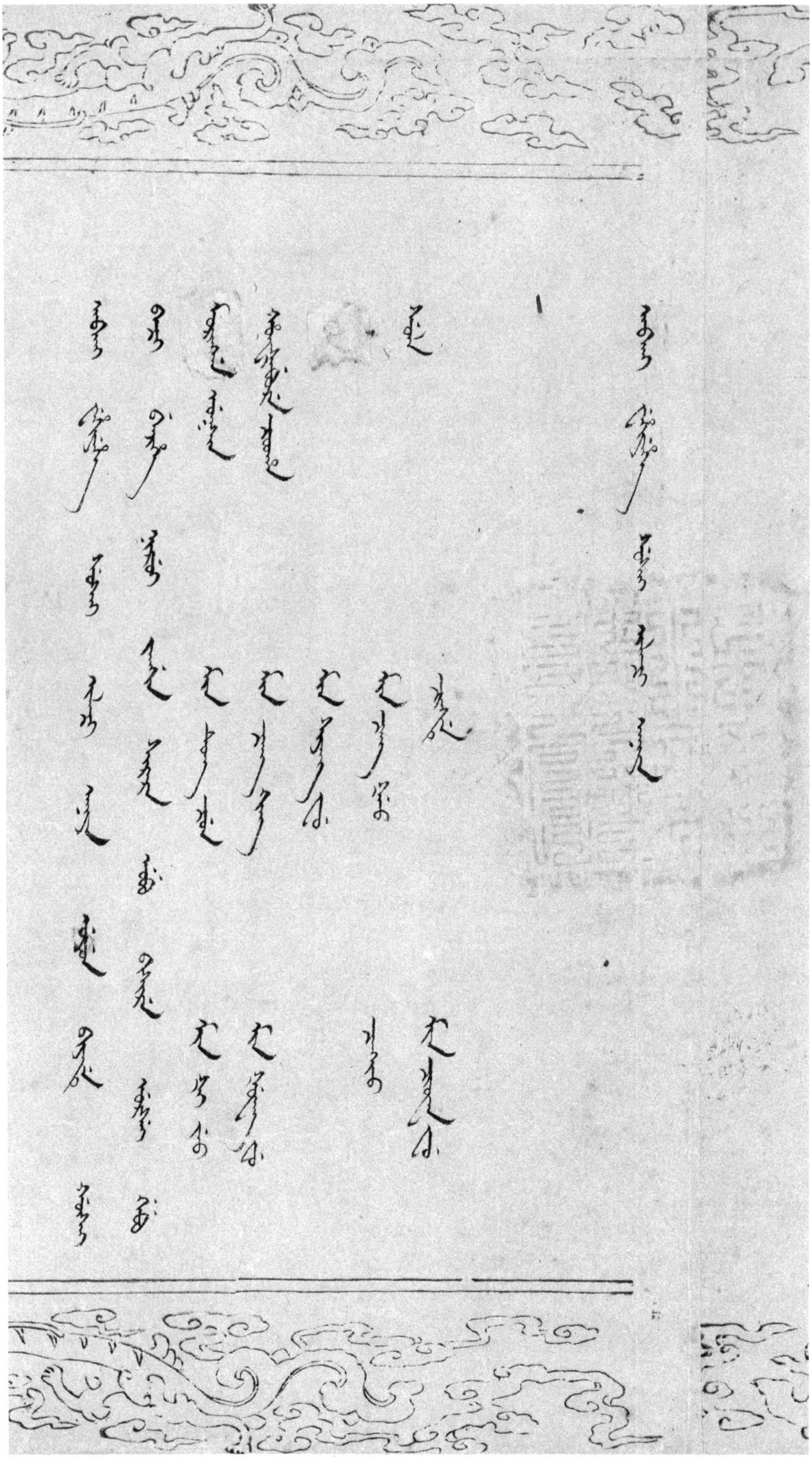

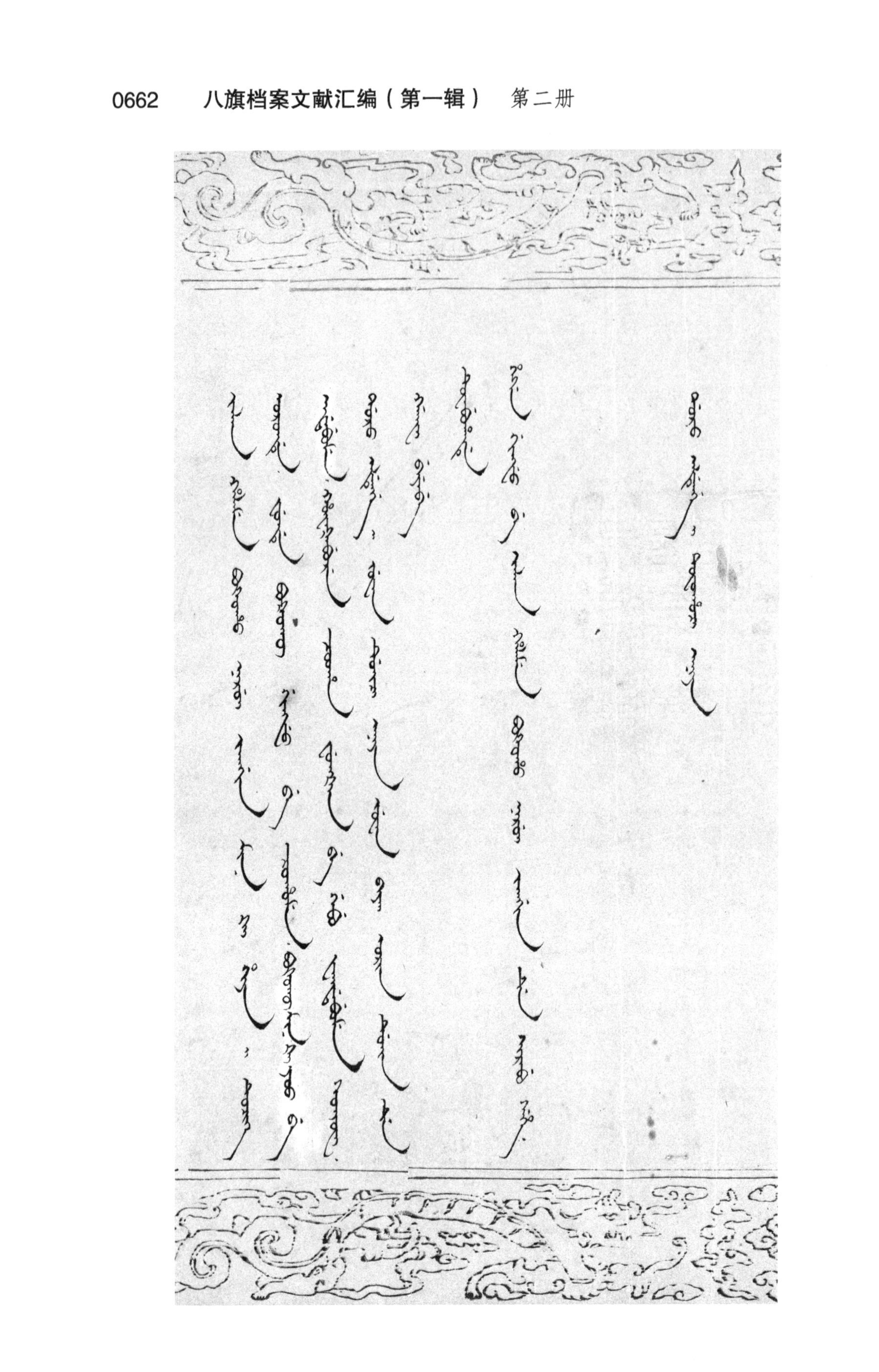

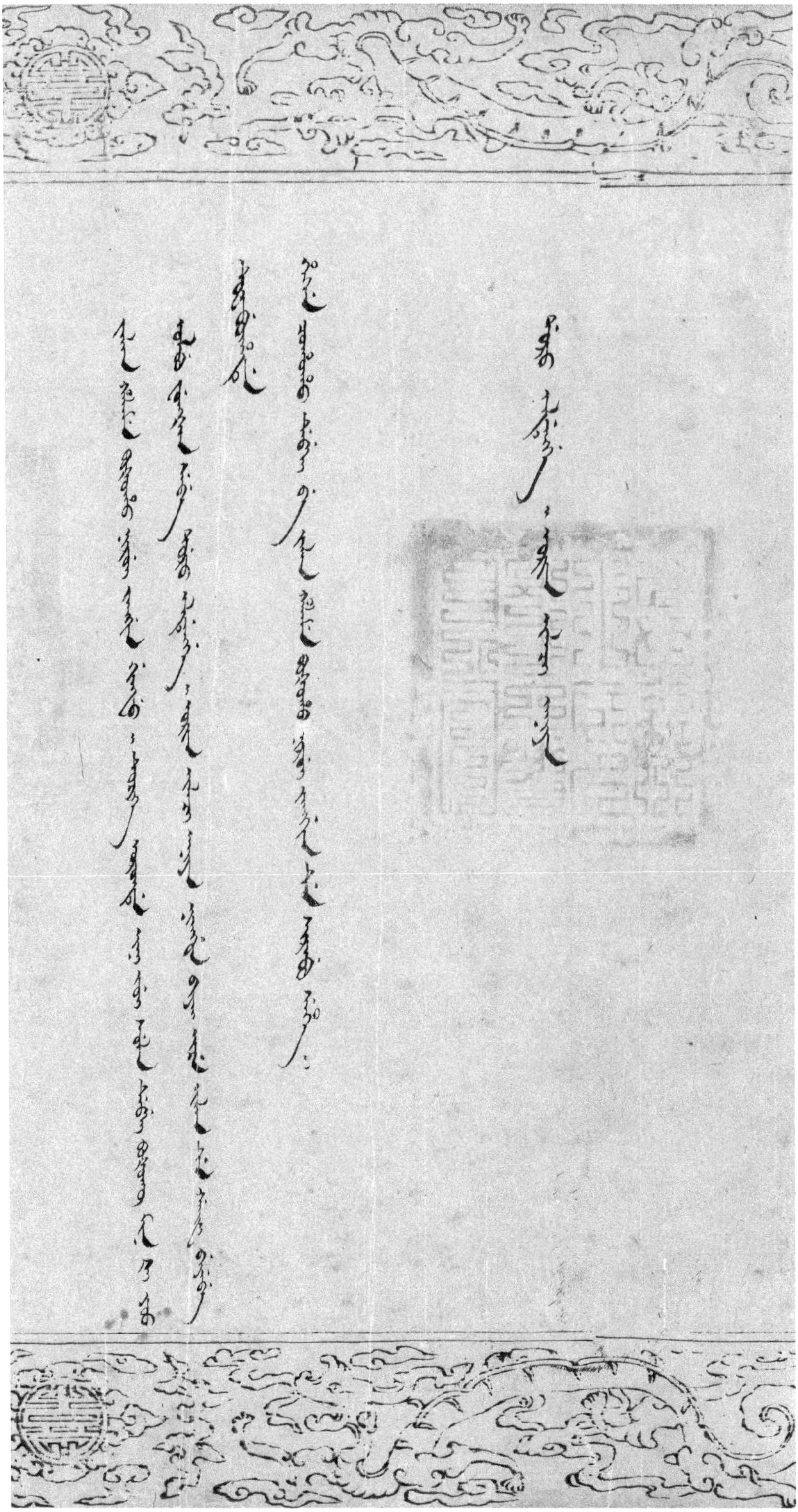

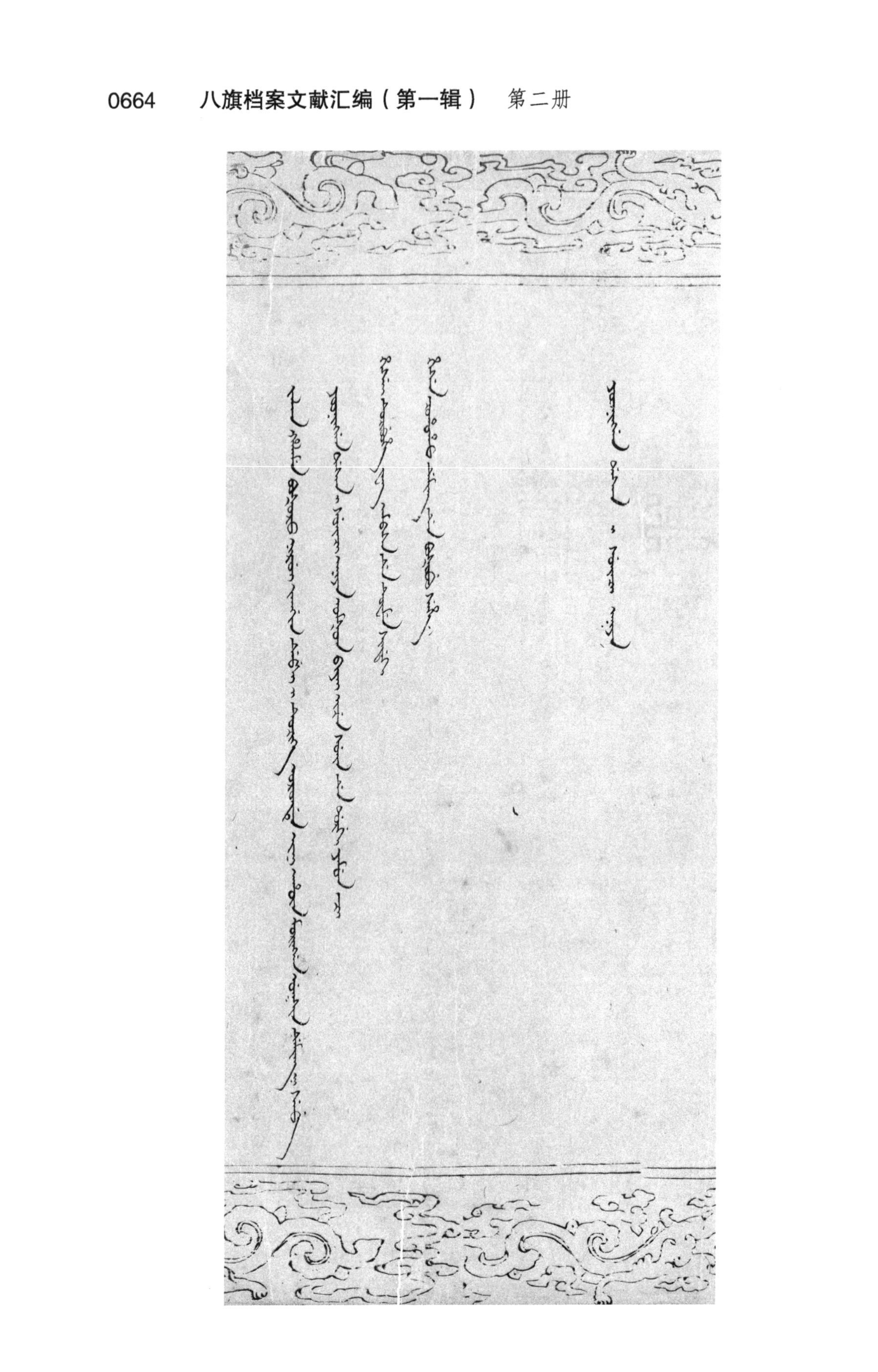

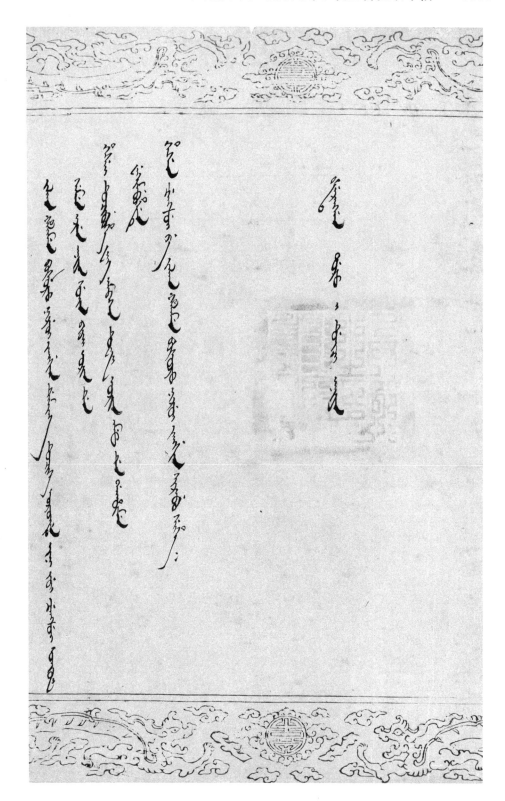

镶白旗汉军佐领王殿臣承袭世管佐领印轴

满文写本，卷轴装，页面47.4cm×1308.0cm，四周双边，螭文，钤兵部印及陆军部印，印轴保存完好，满文题名为kubuhe šanggiyan i ujen coohai gūsai nirui janggin wang diyan cen i bošoho jalan halame bošoro nirui temgetu bithe。初修时间为乾隆六年，后陆续添写至光绪三十四年，即将满幅。

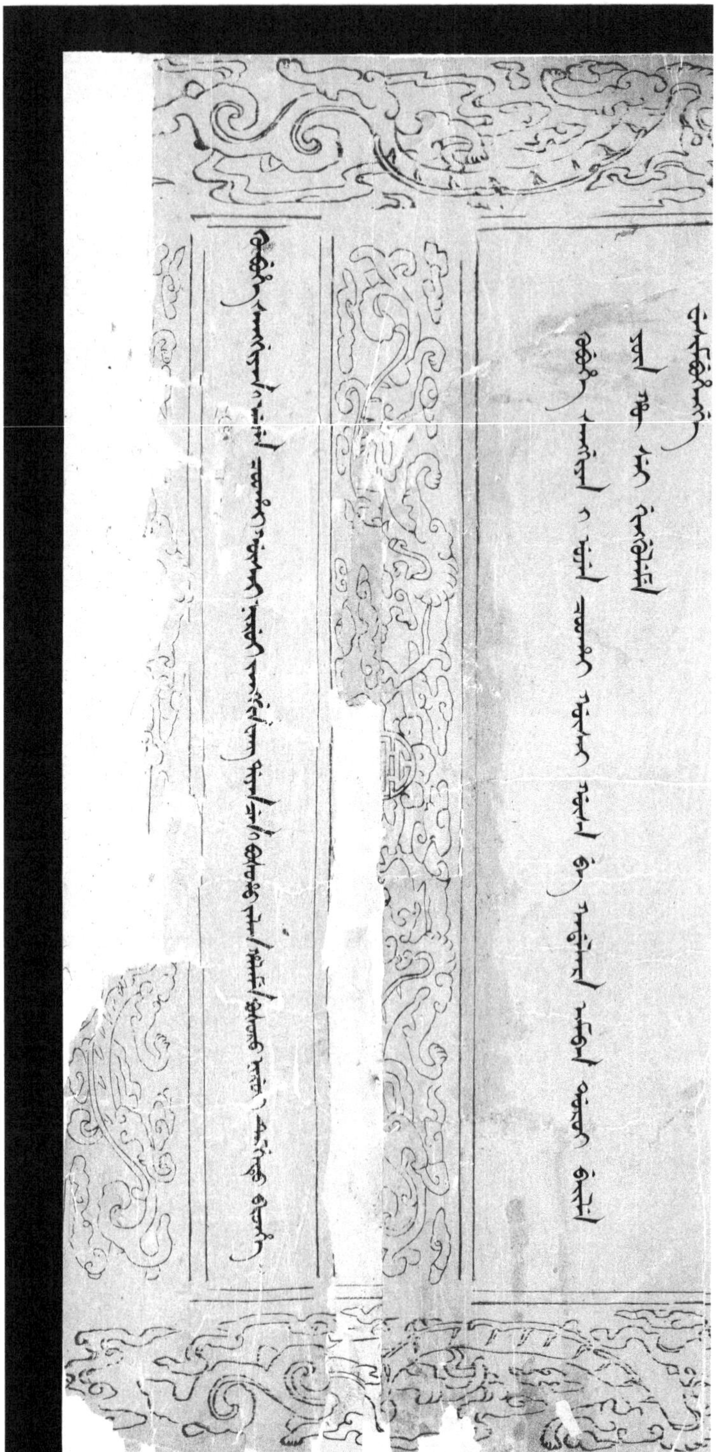

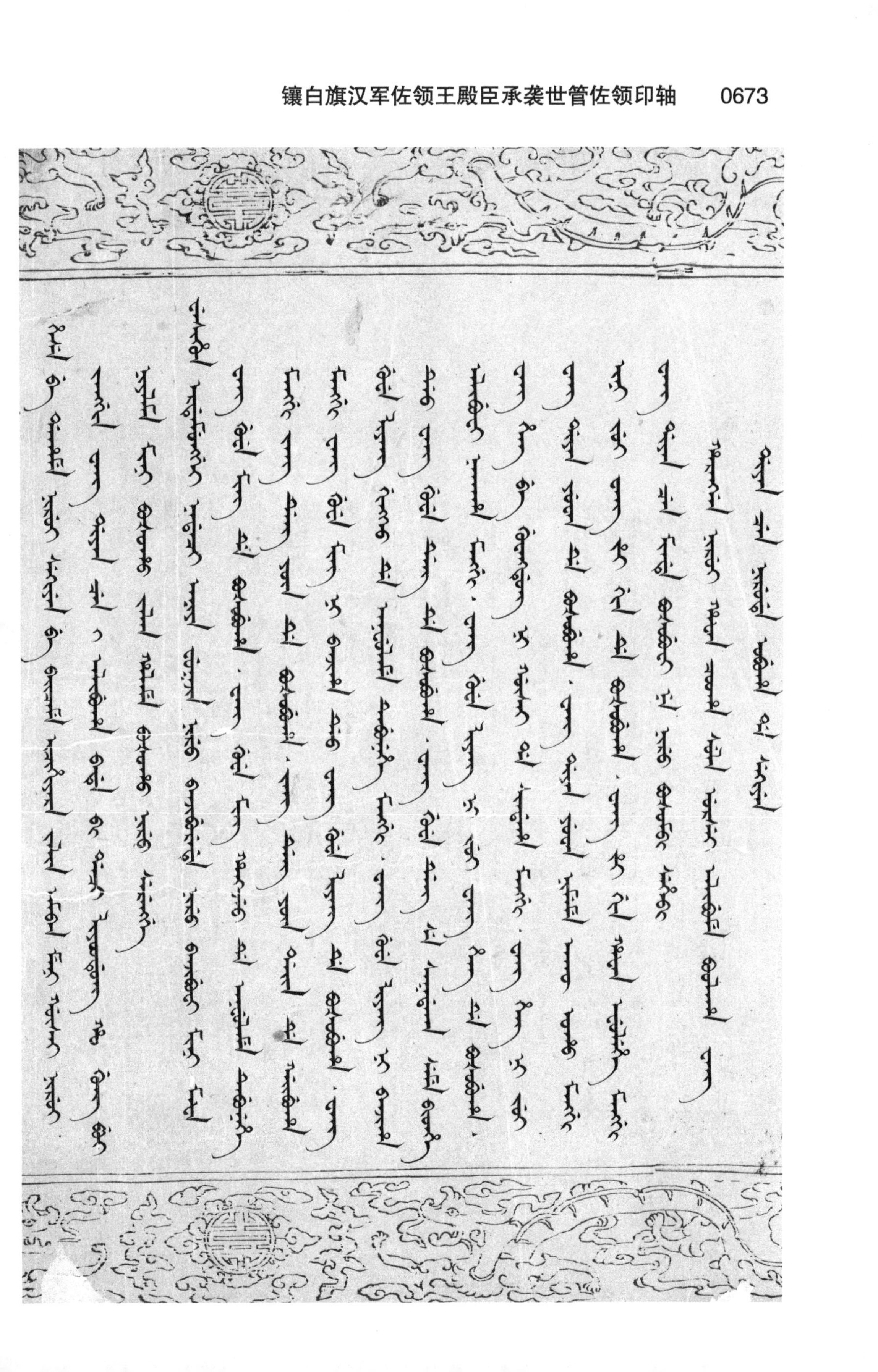

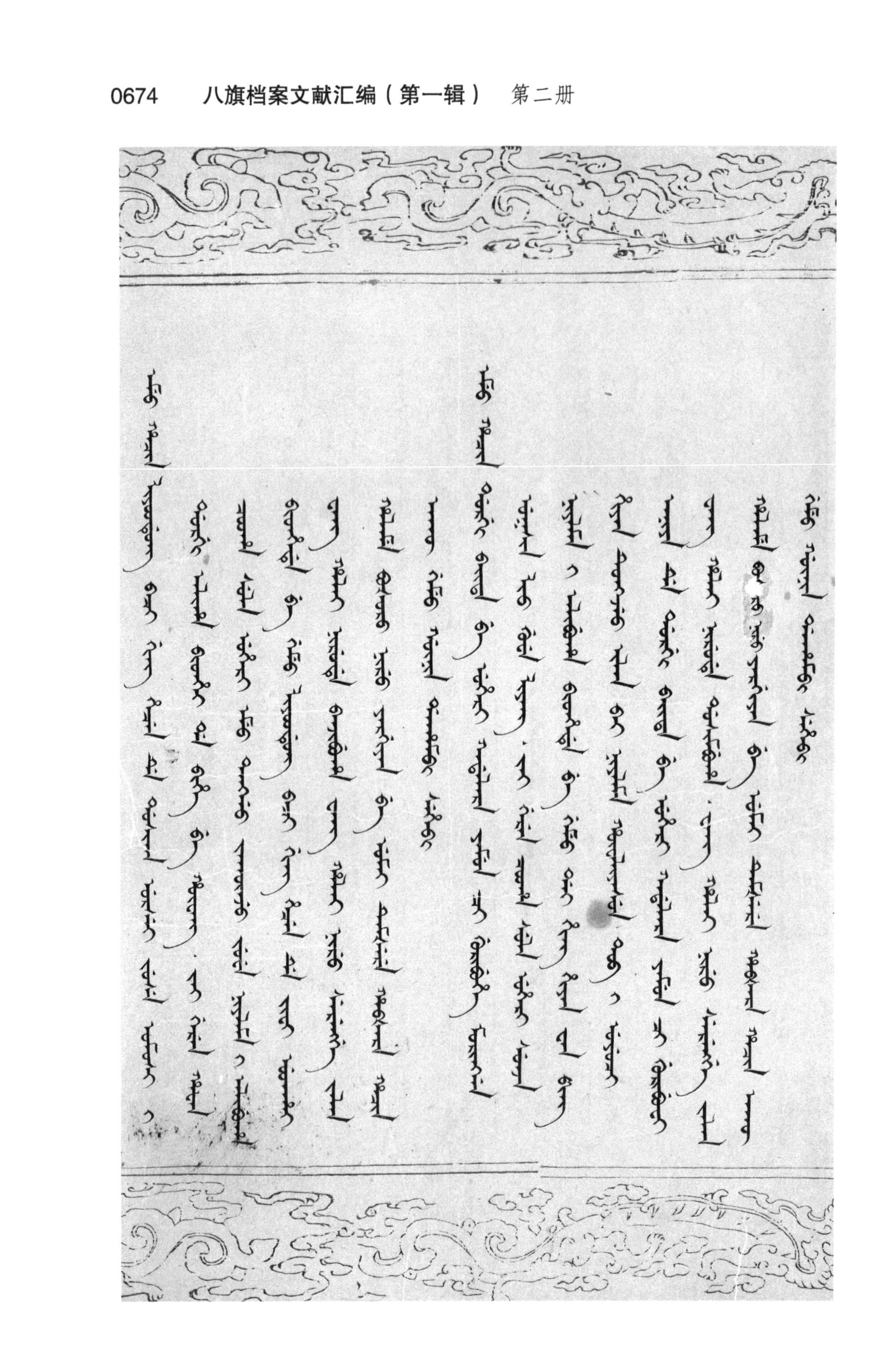

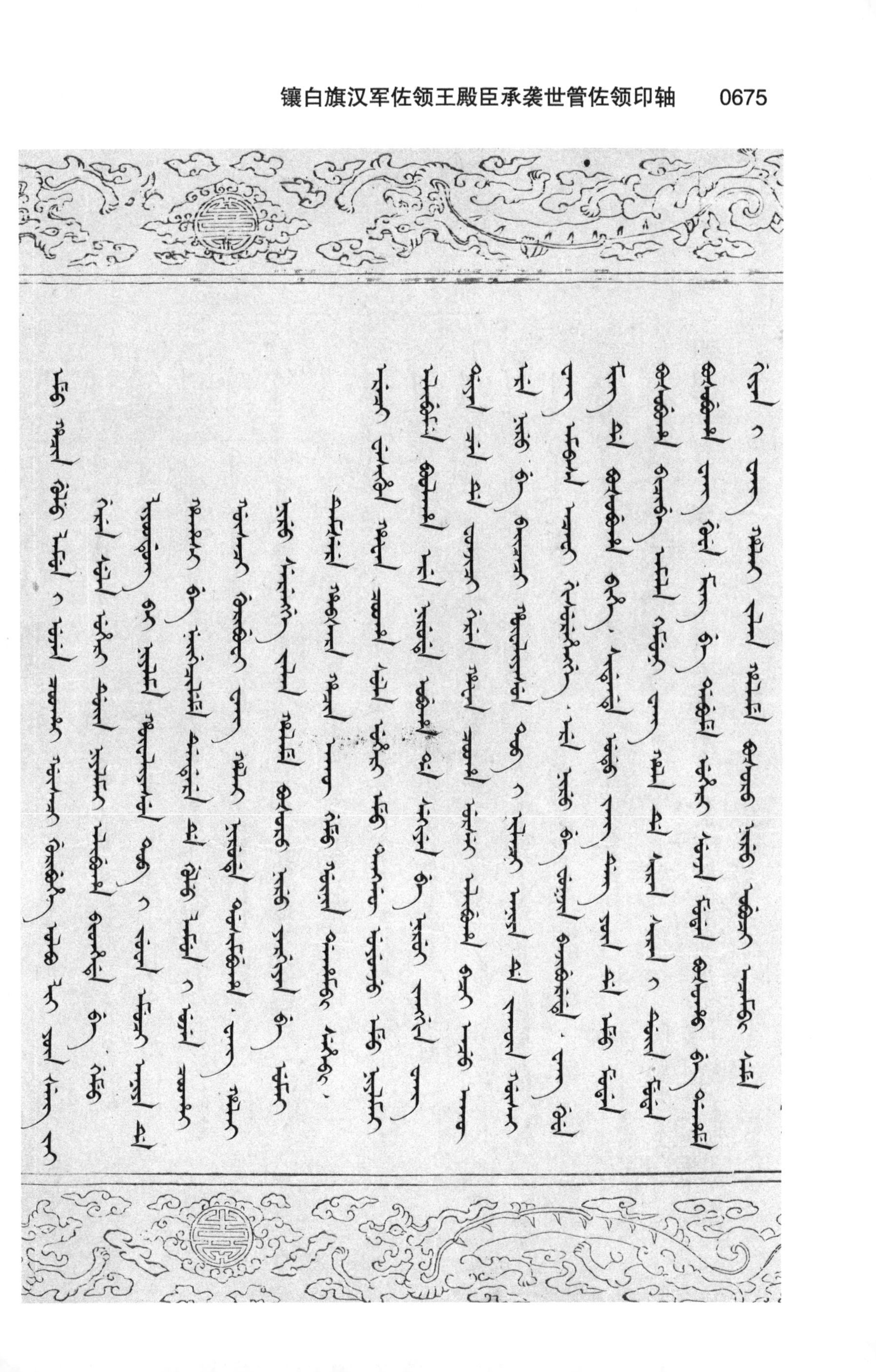

[illegible]

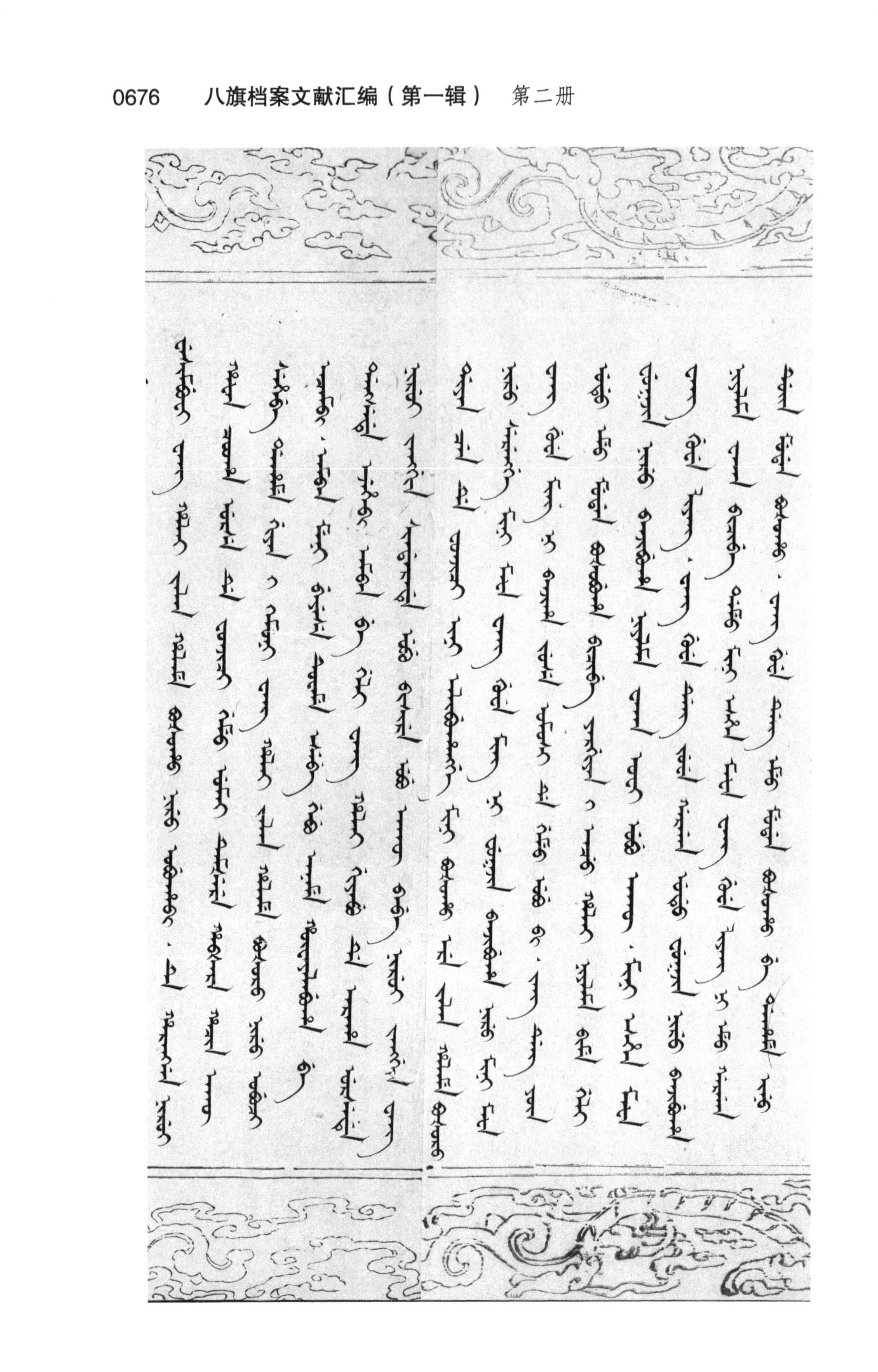

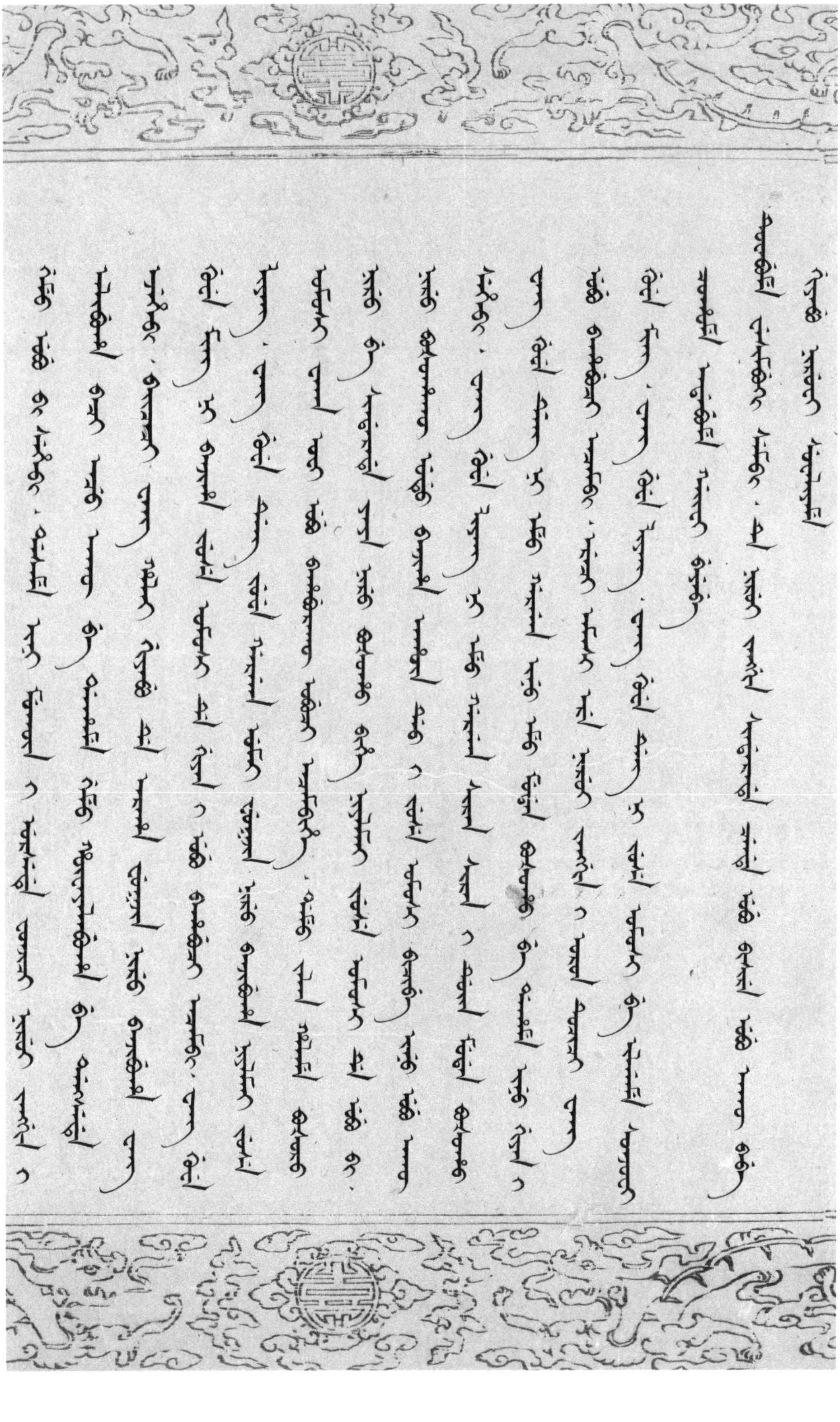

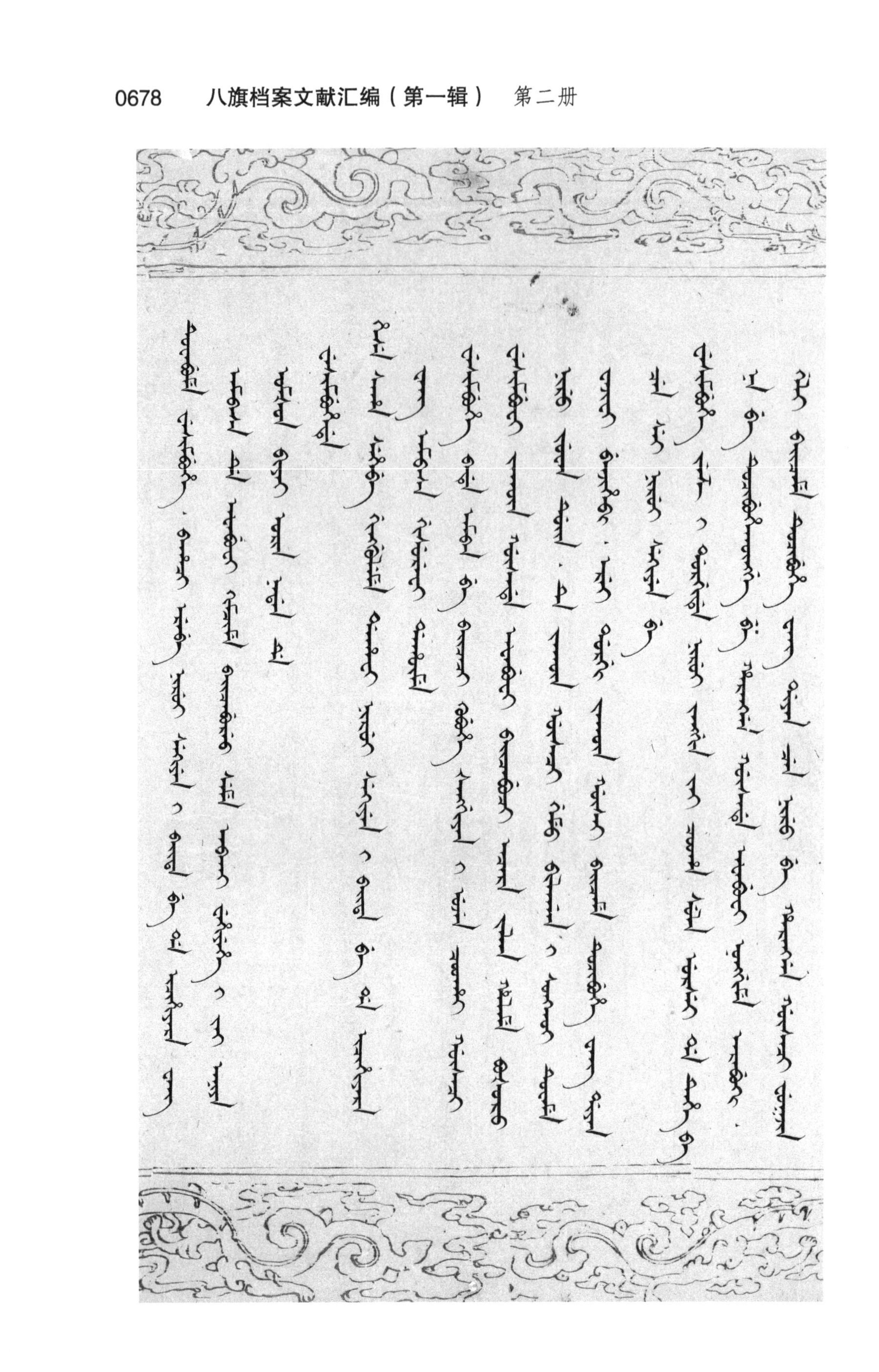

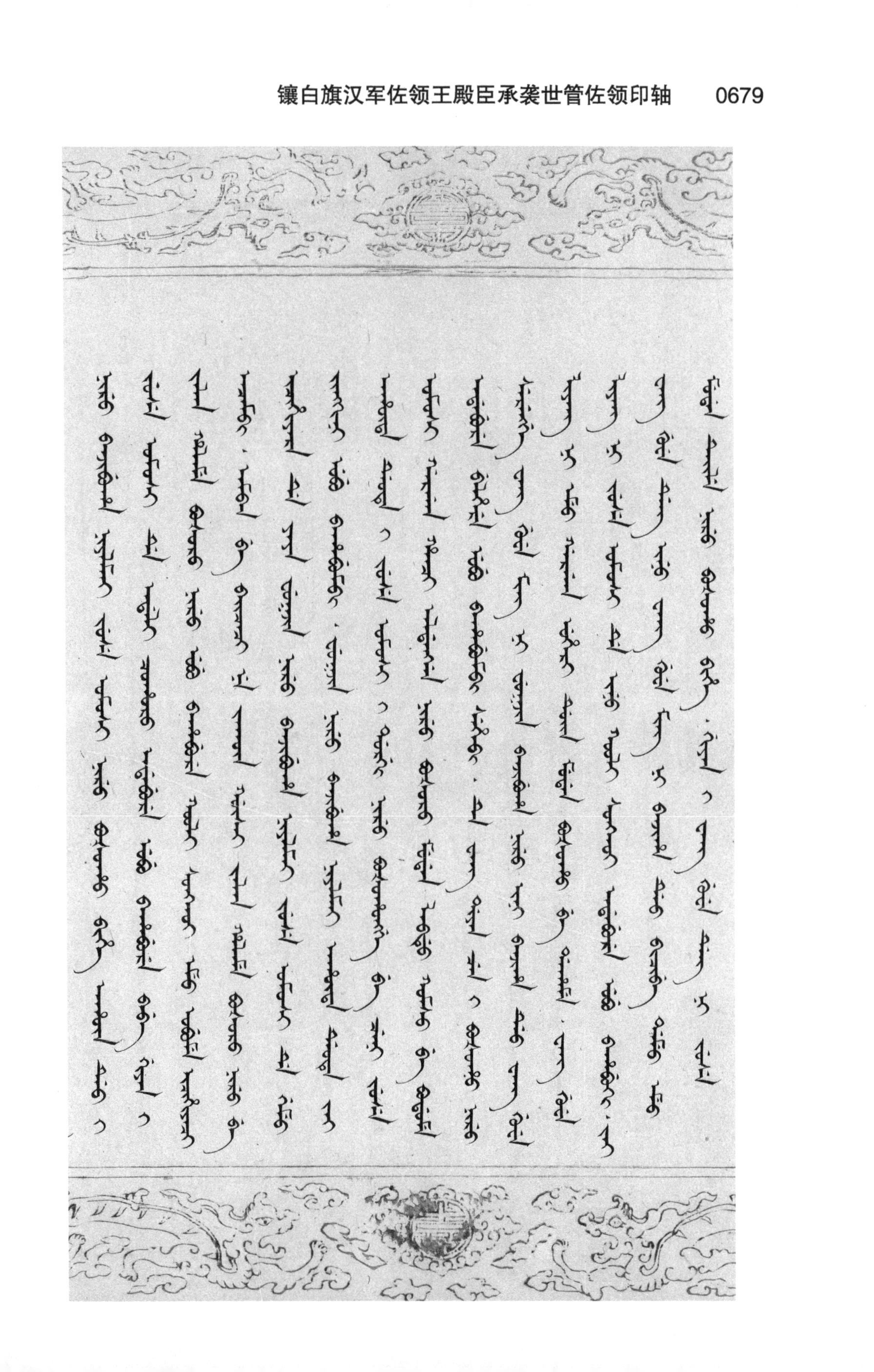

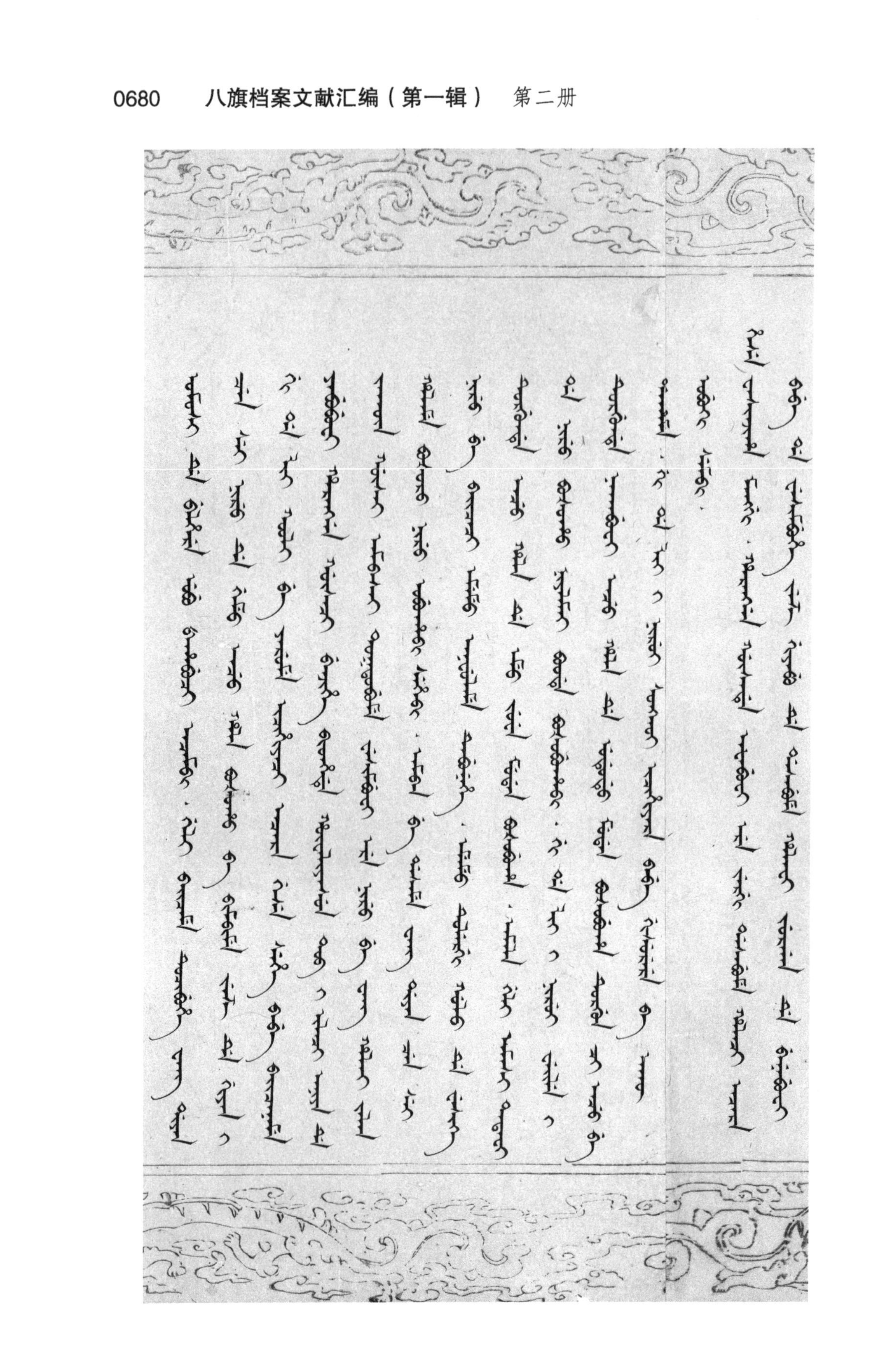

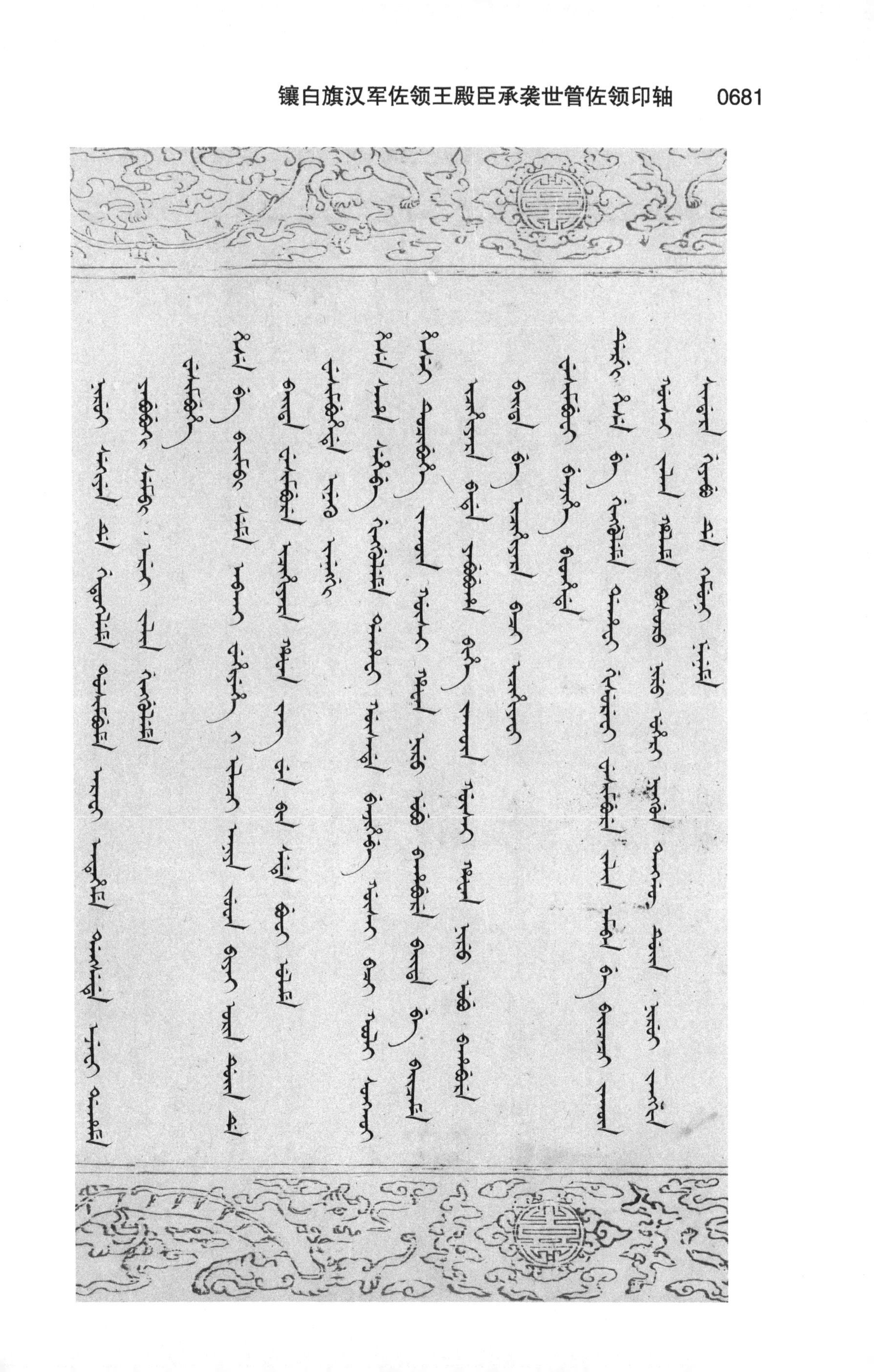

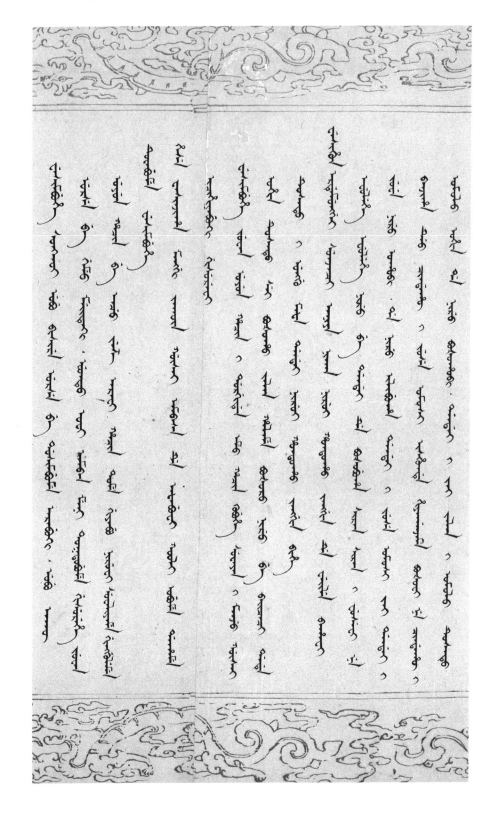

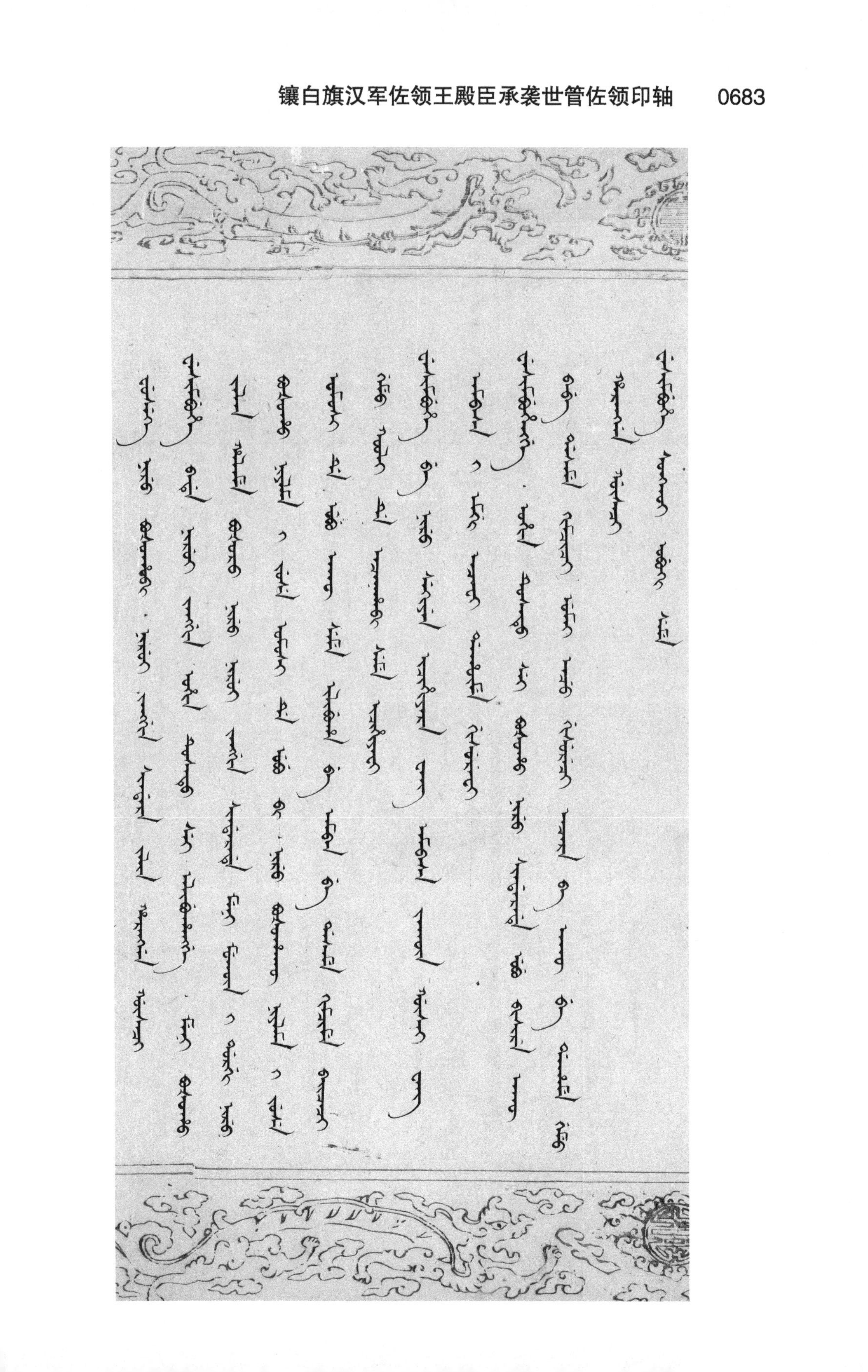

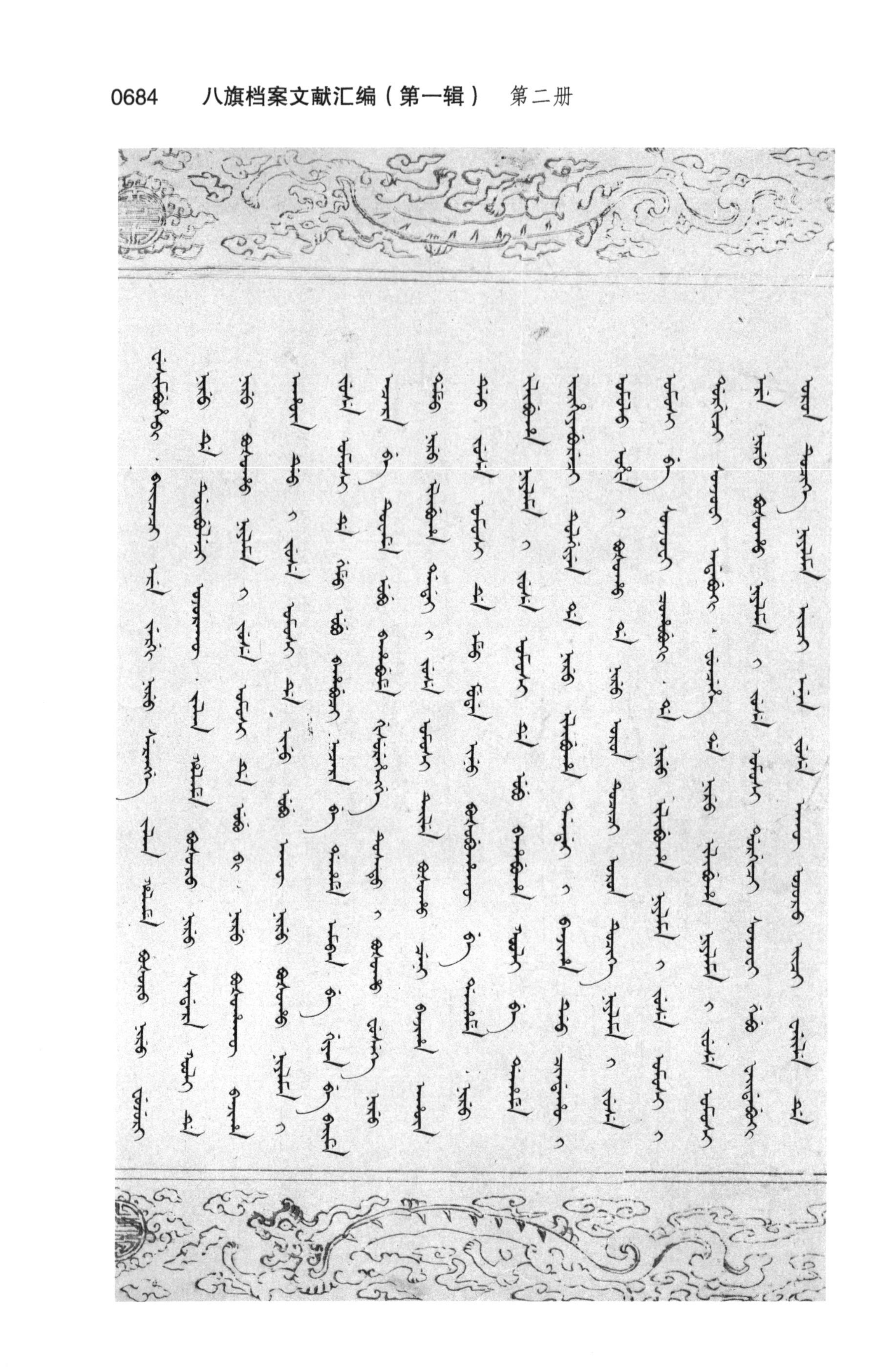

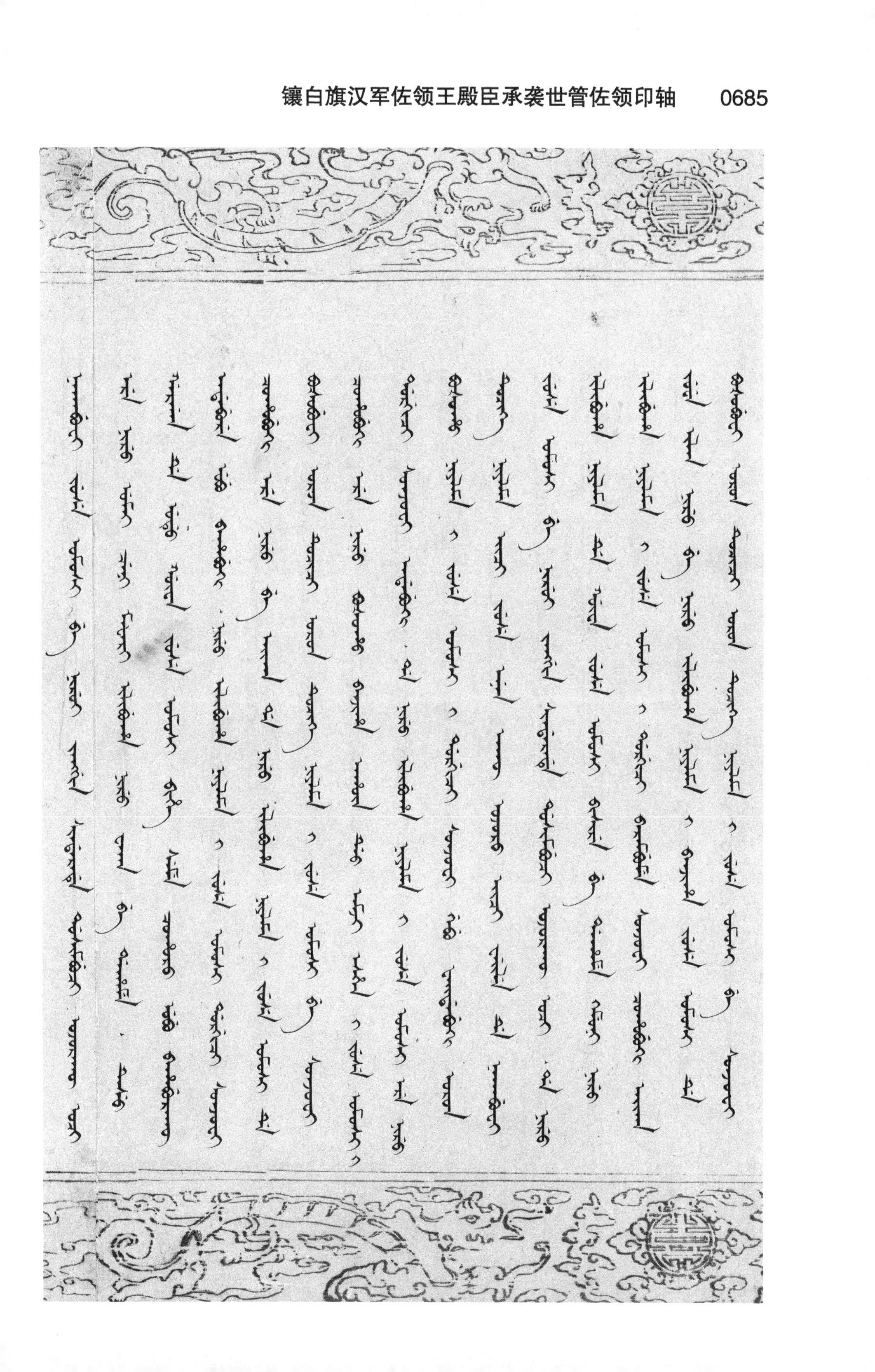

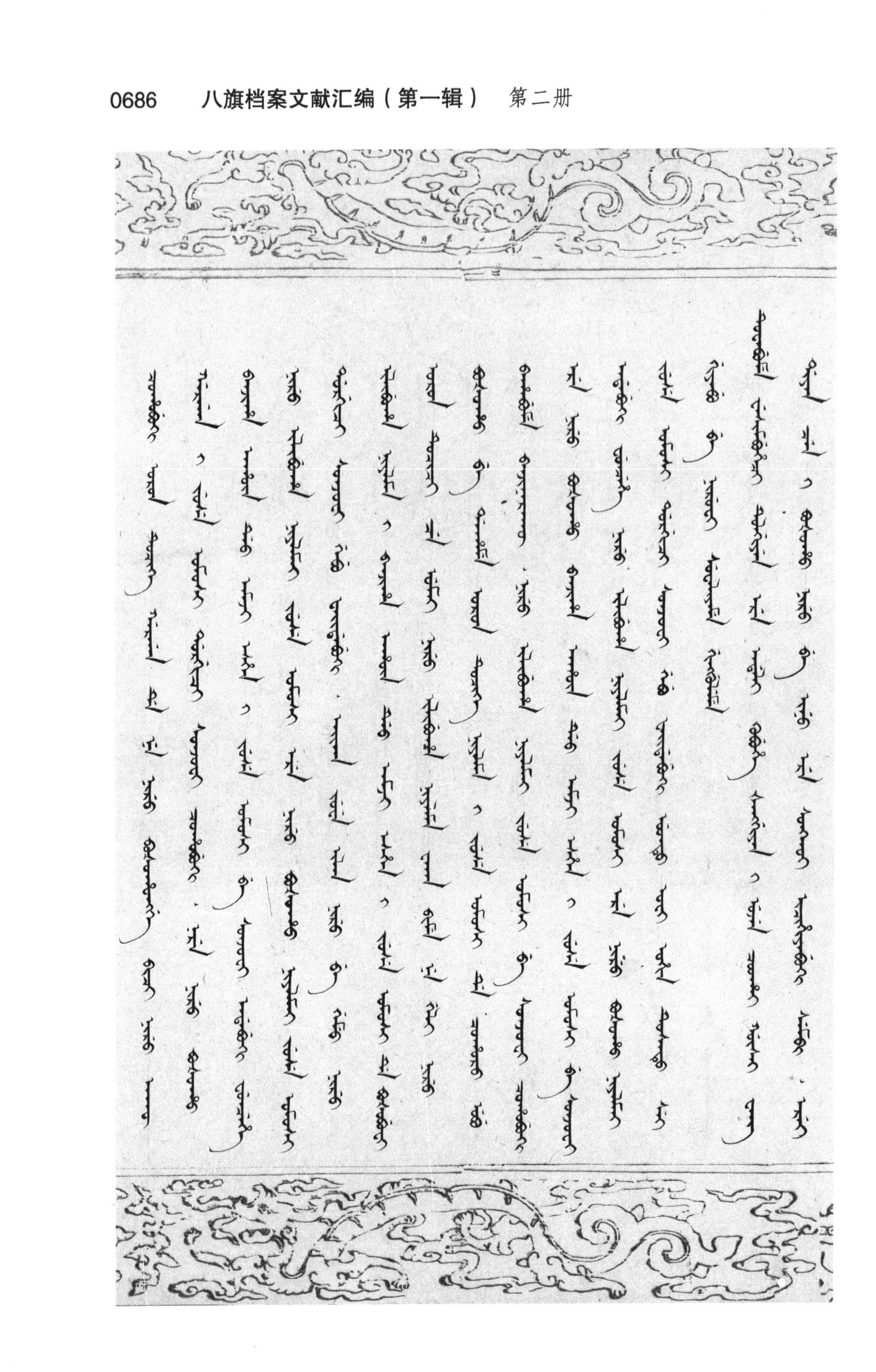

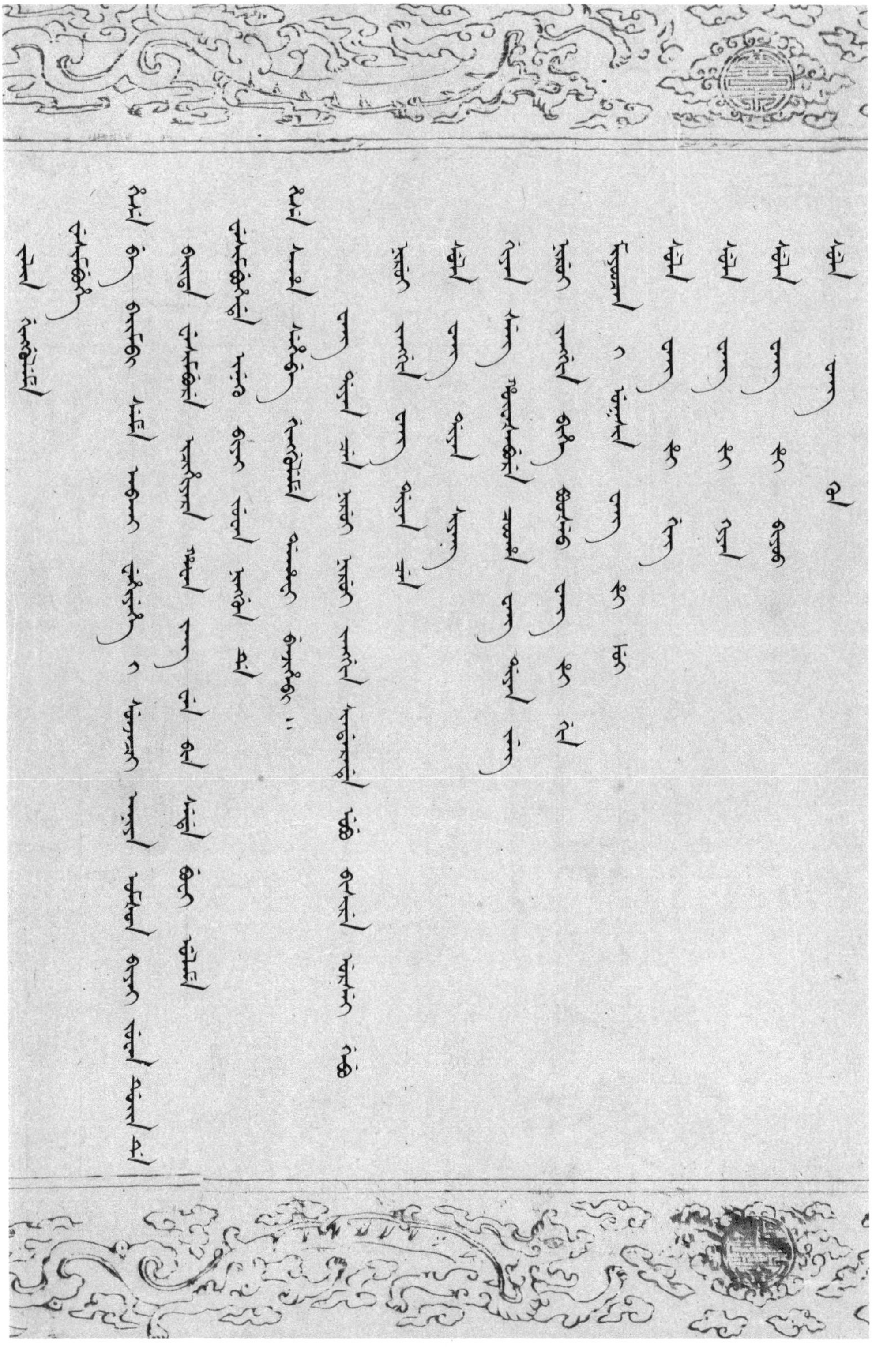

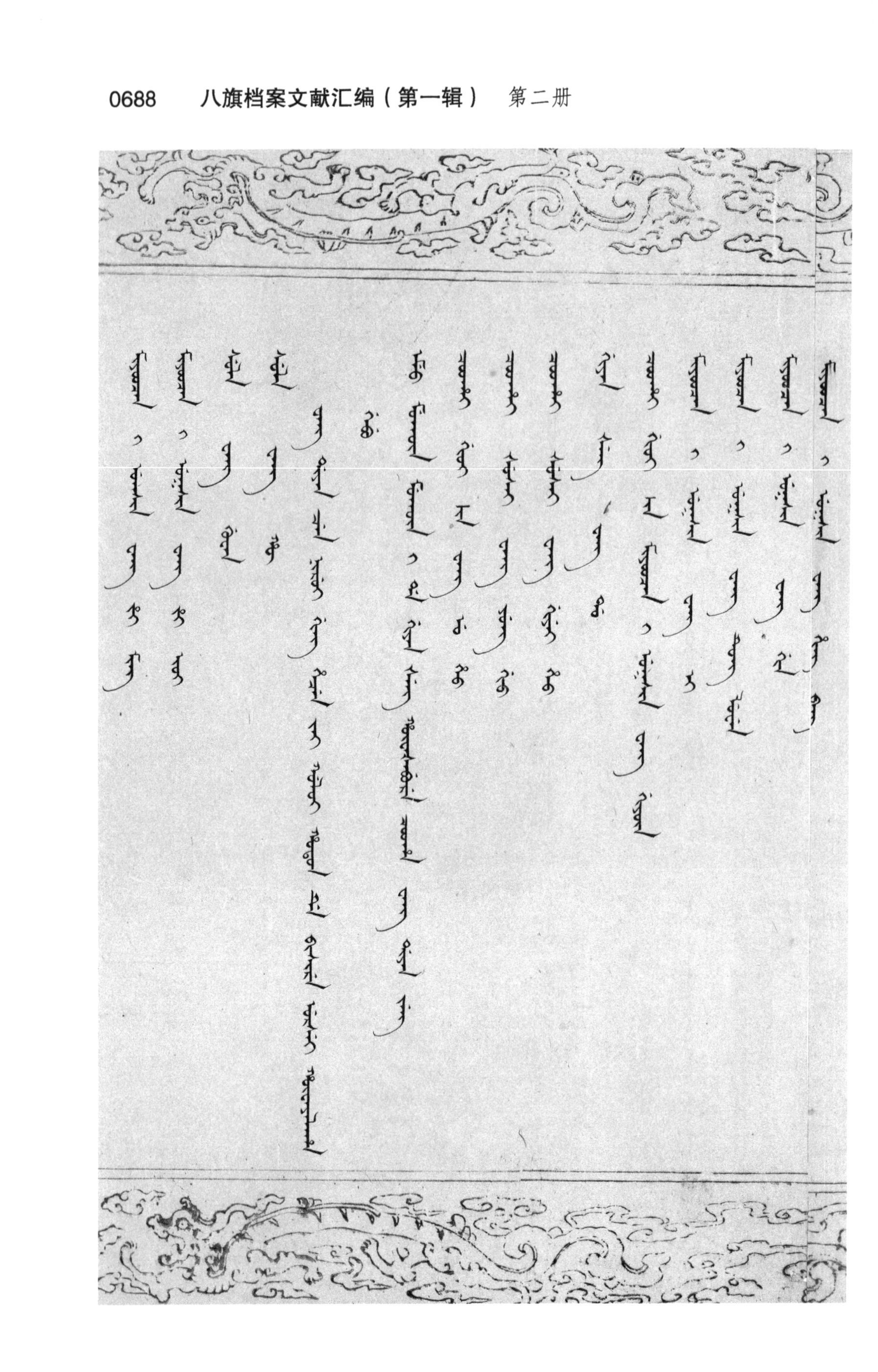

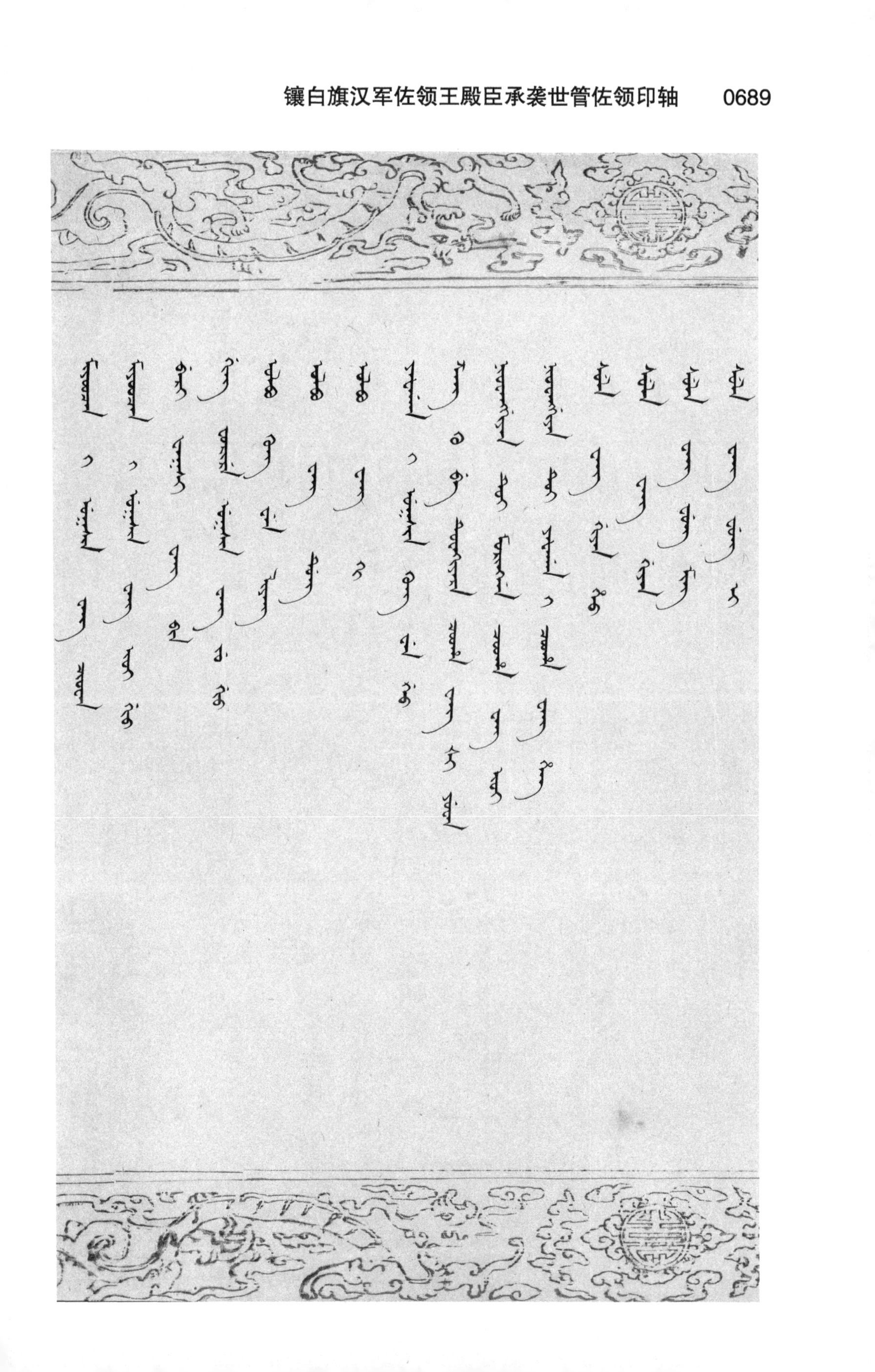

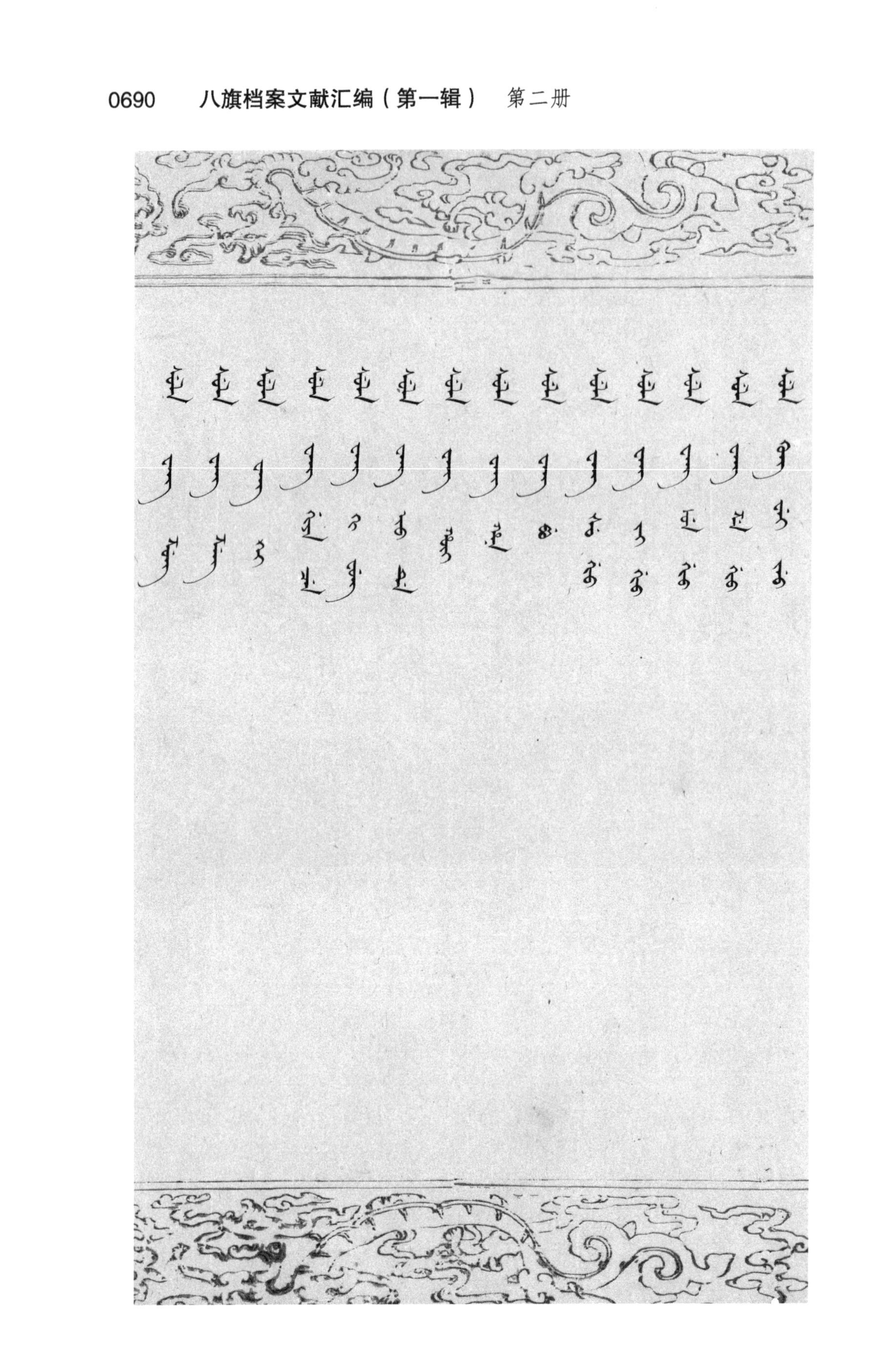

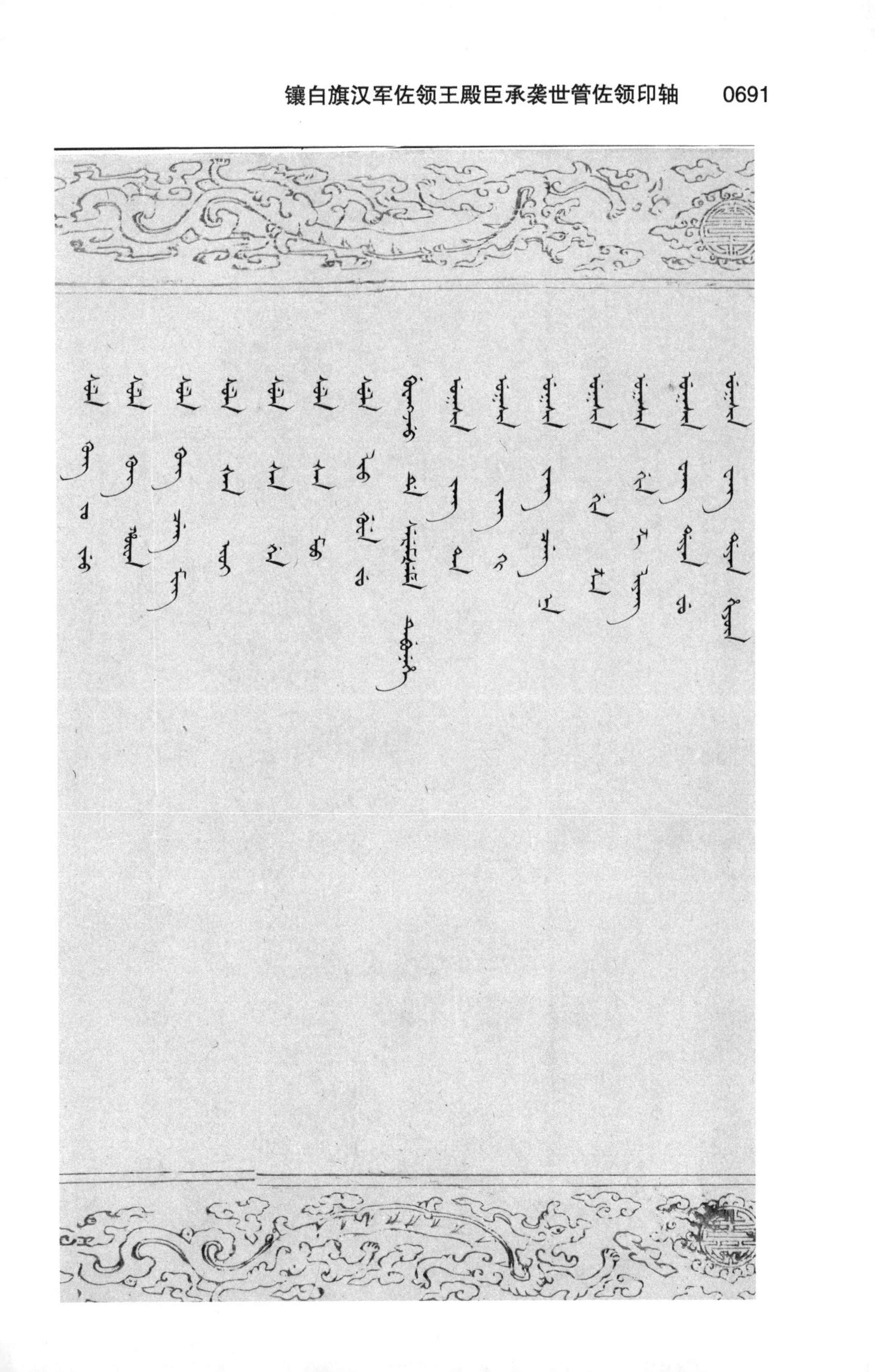

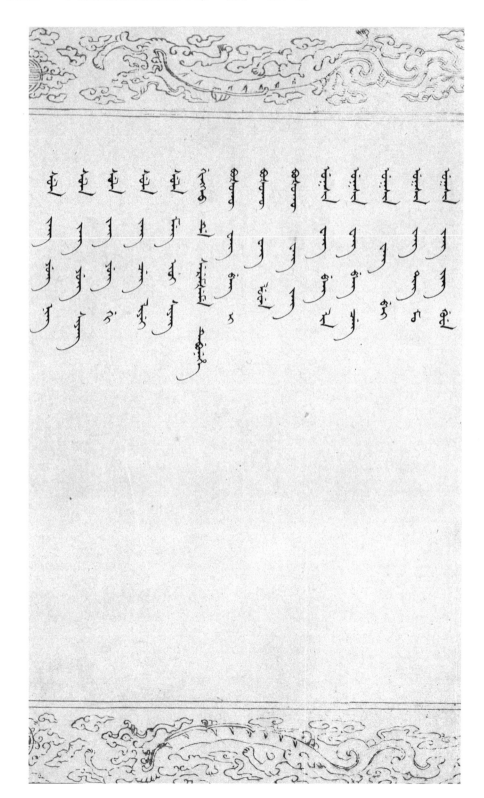

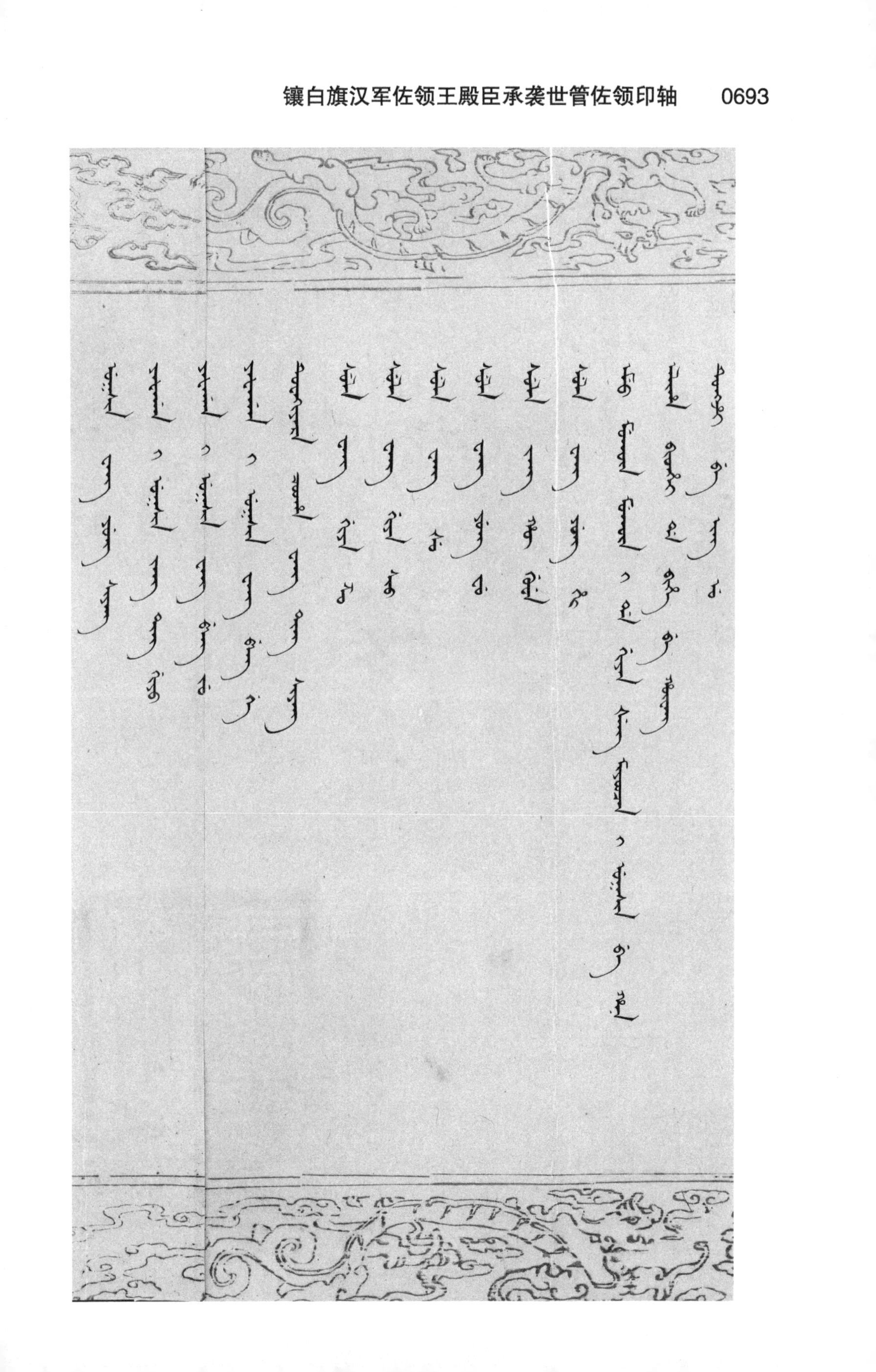

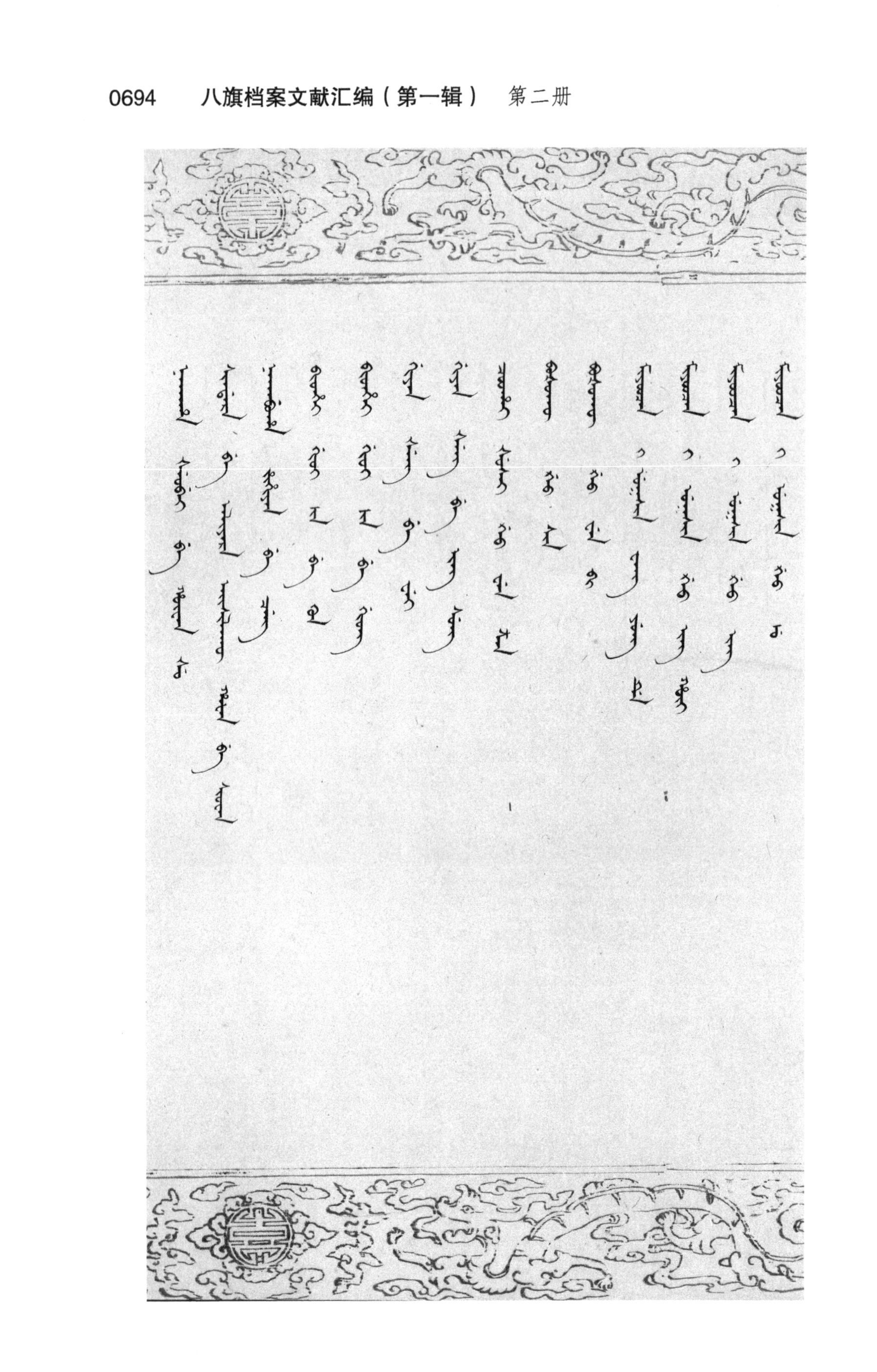

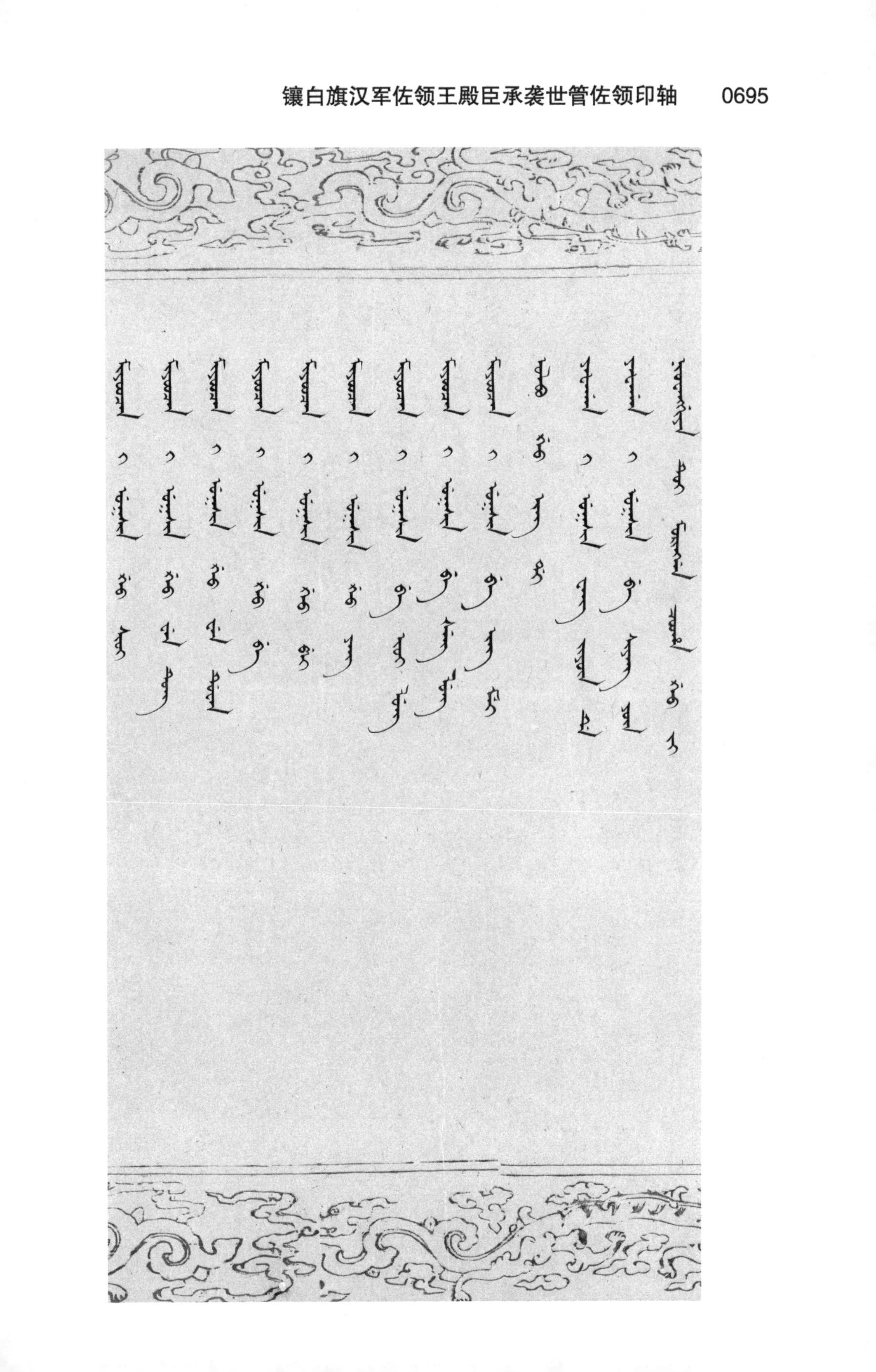

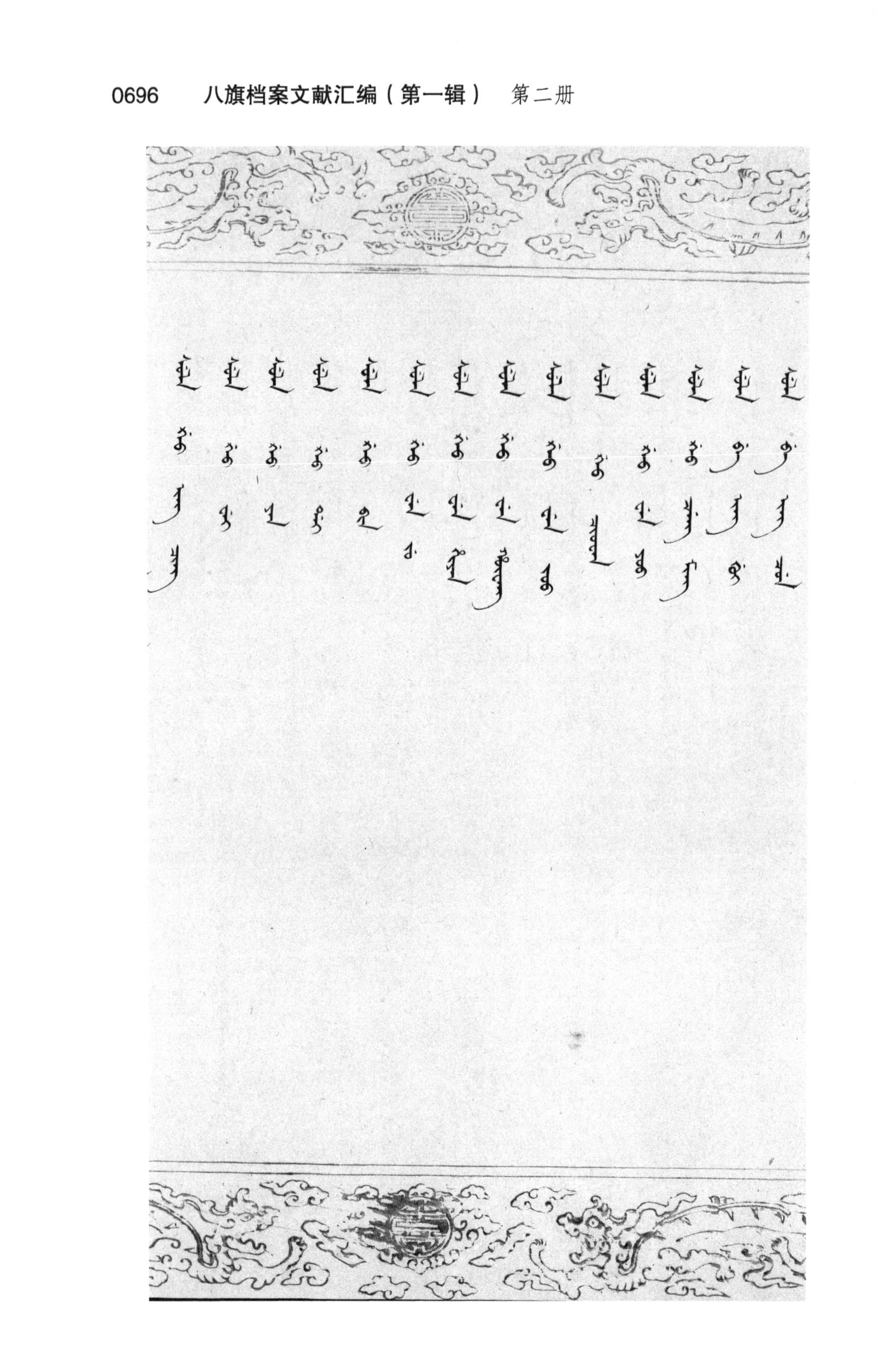

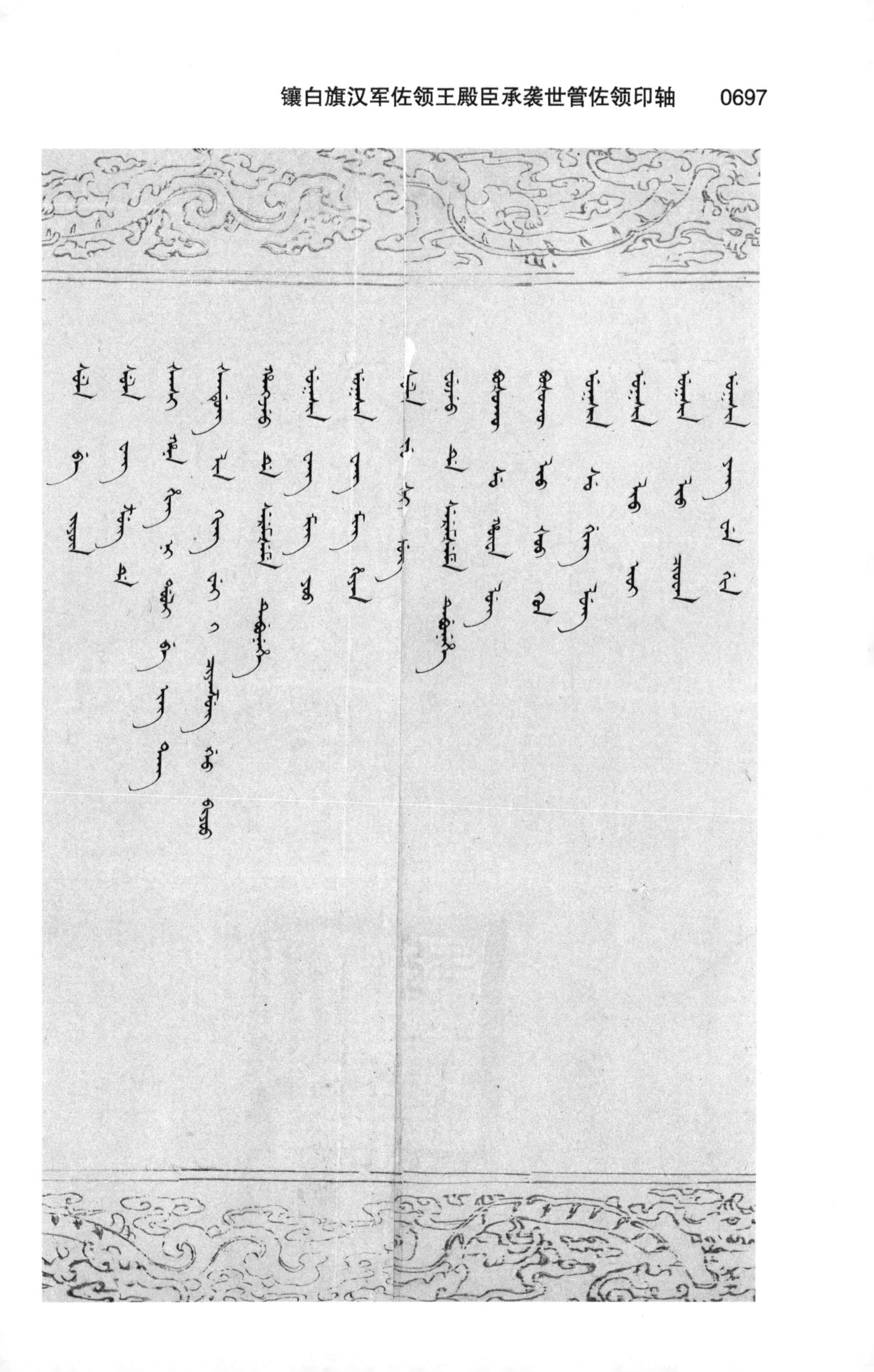

[illegible]

[illegible]

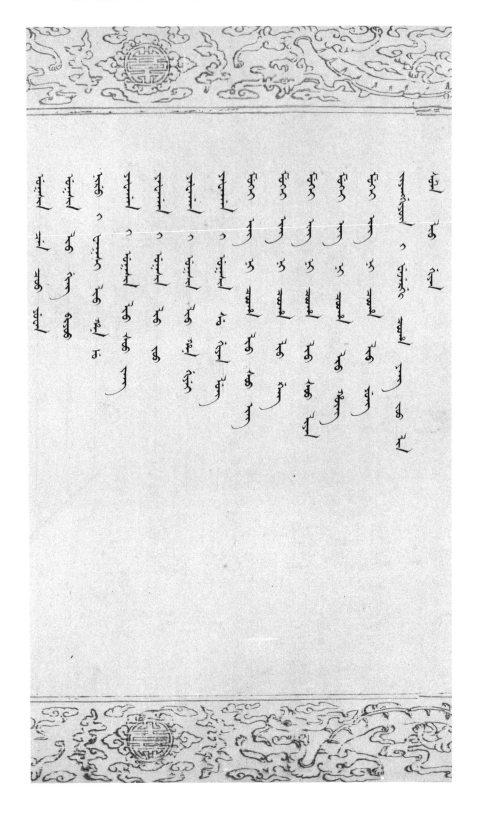

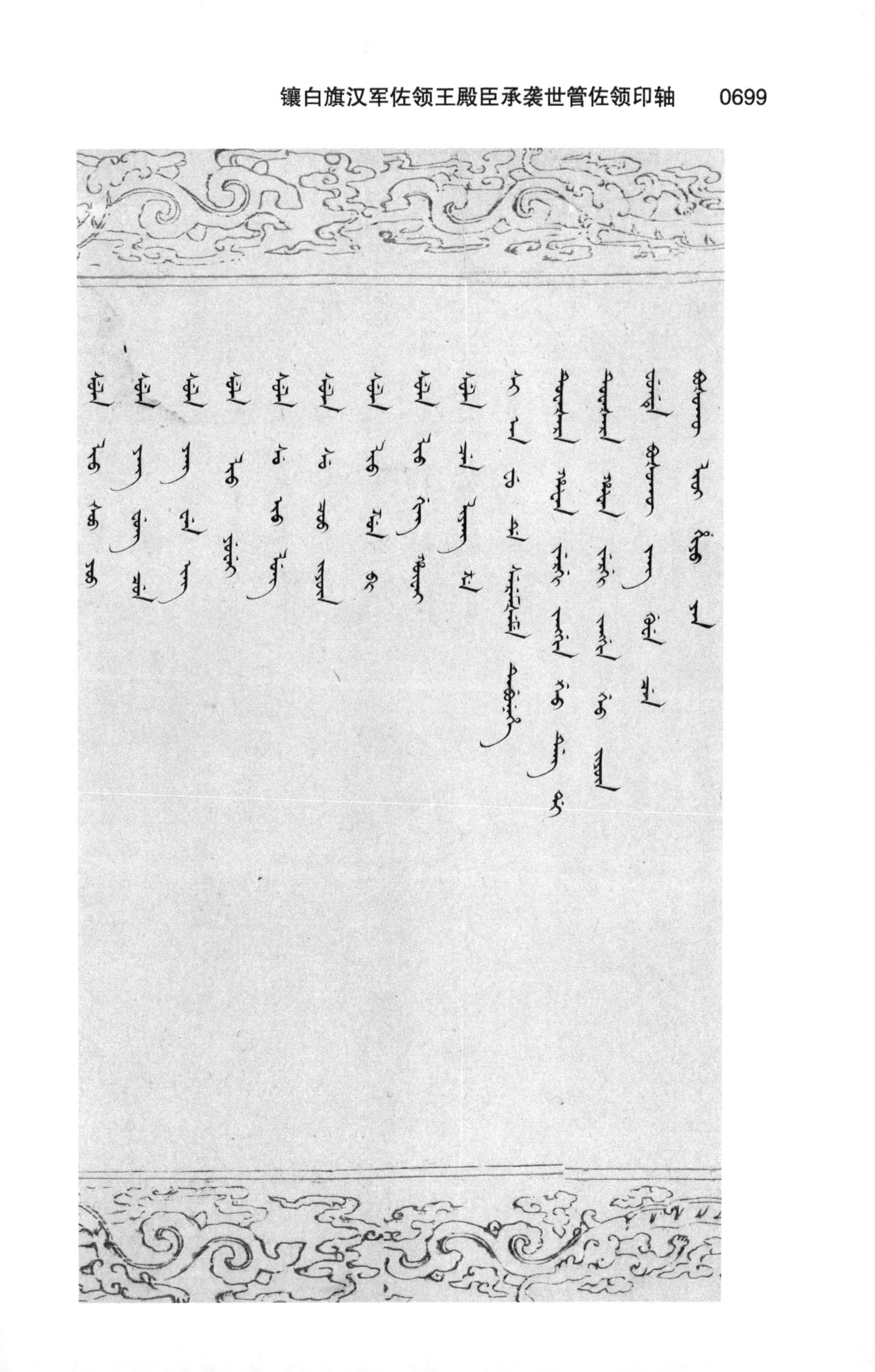

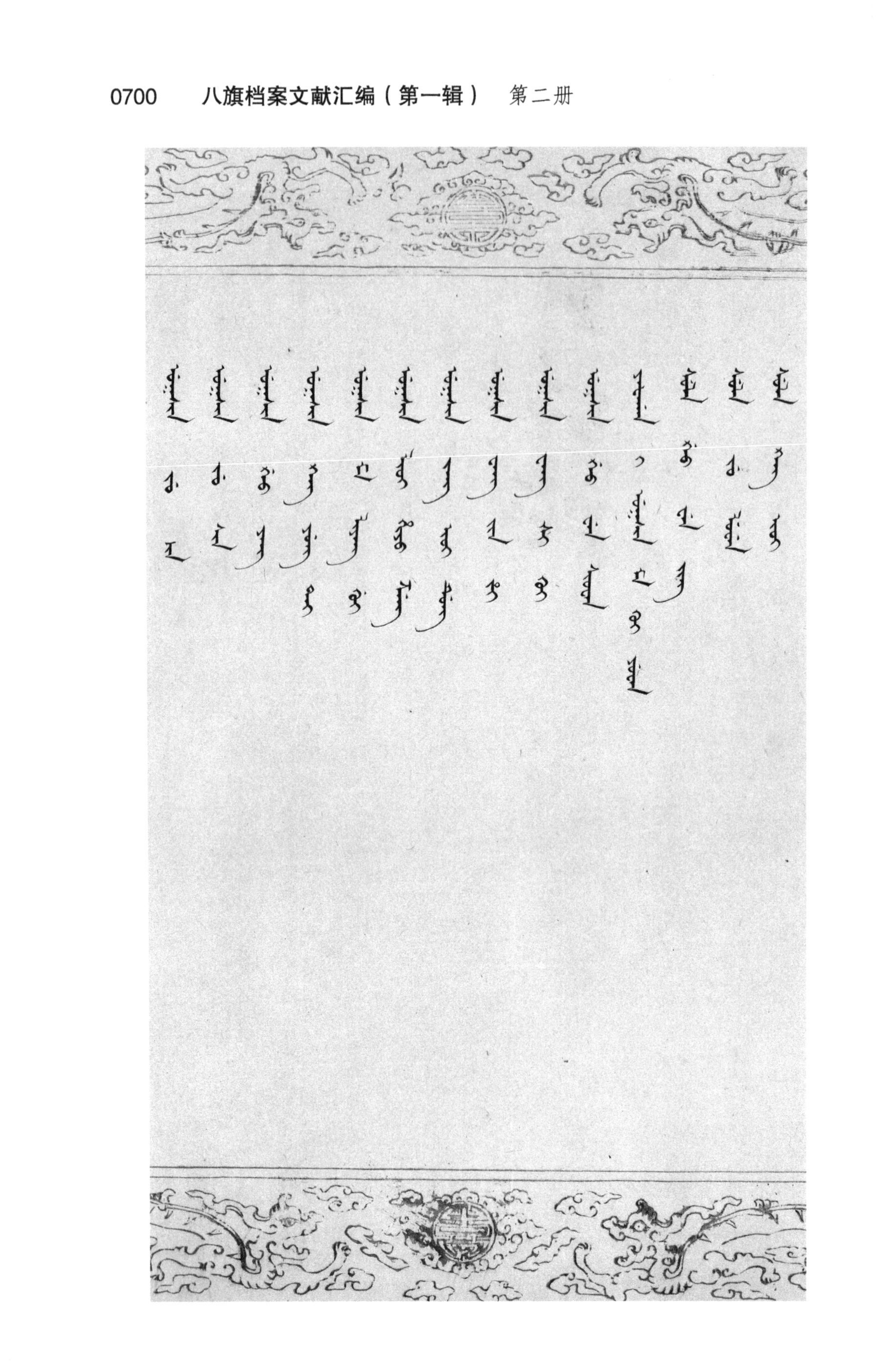

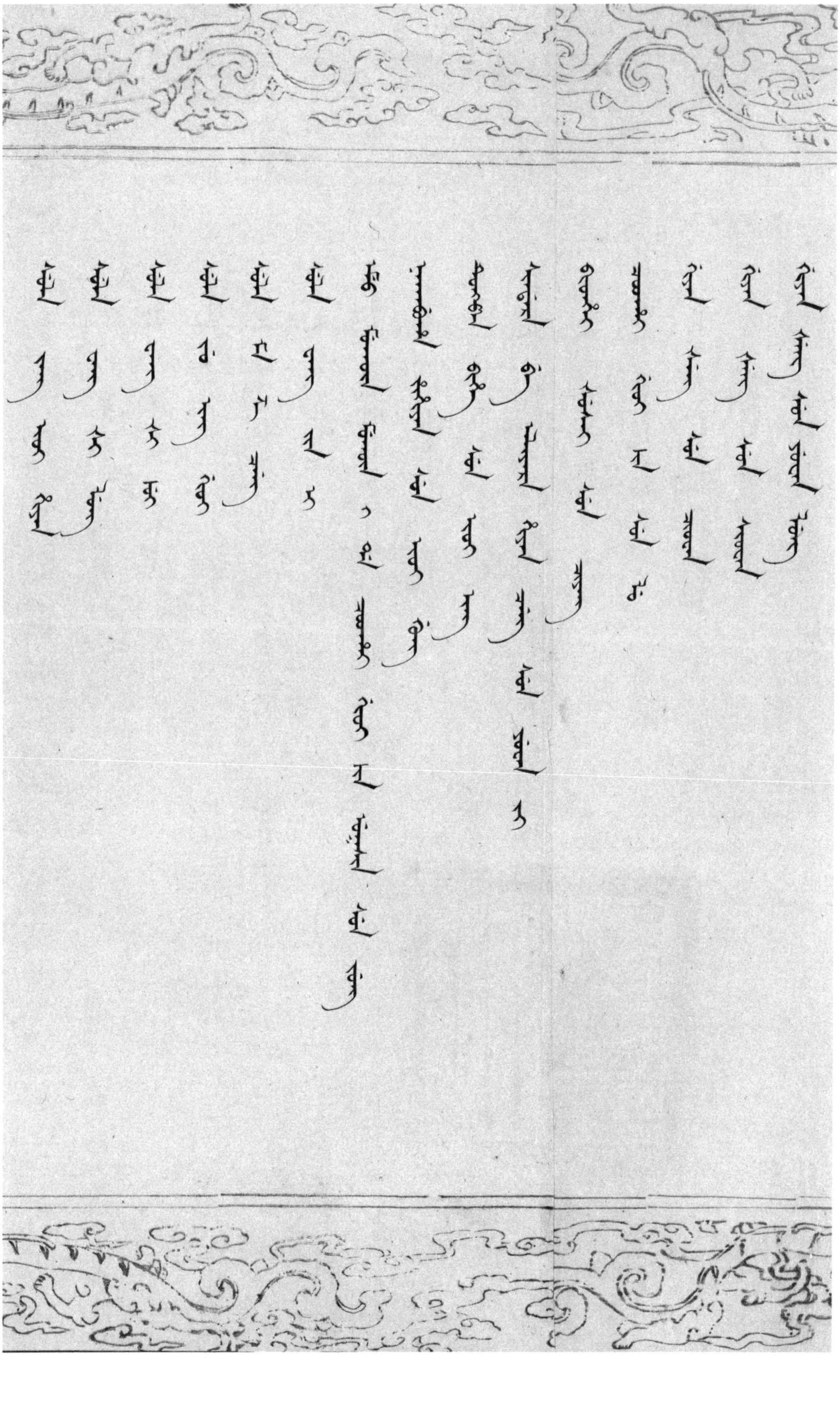

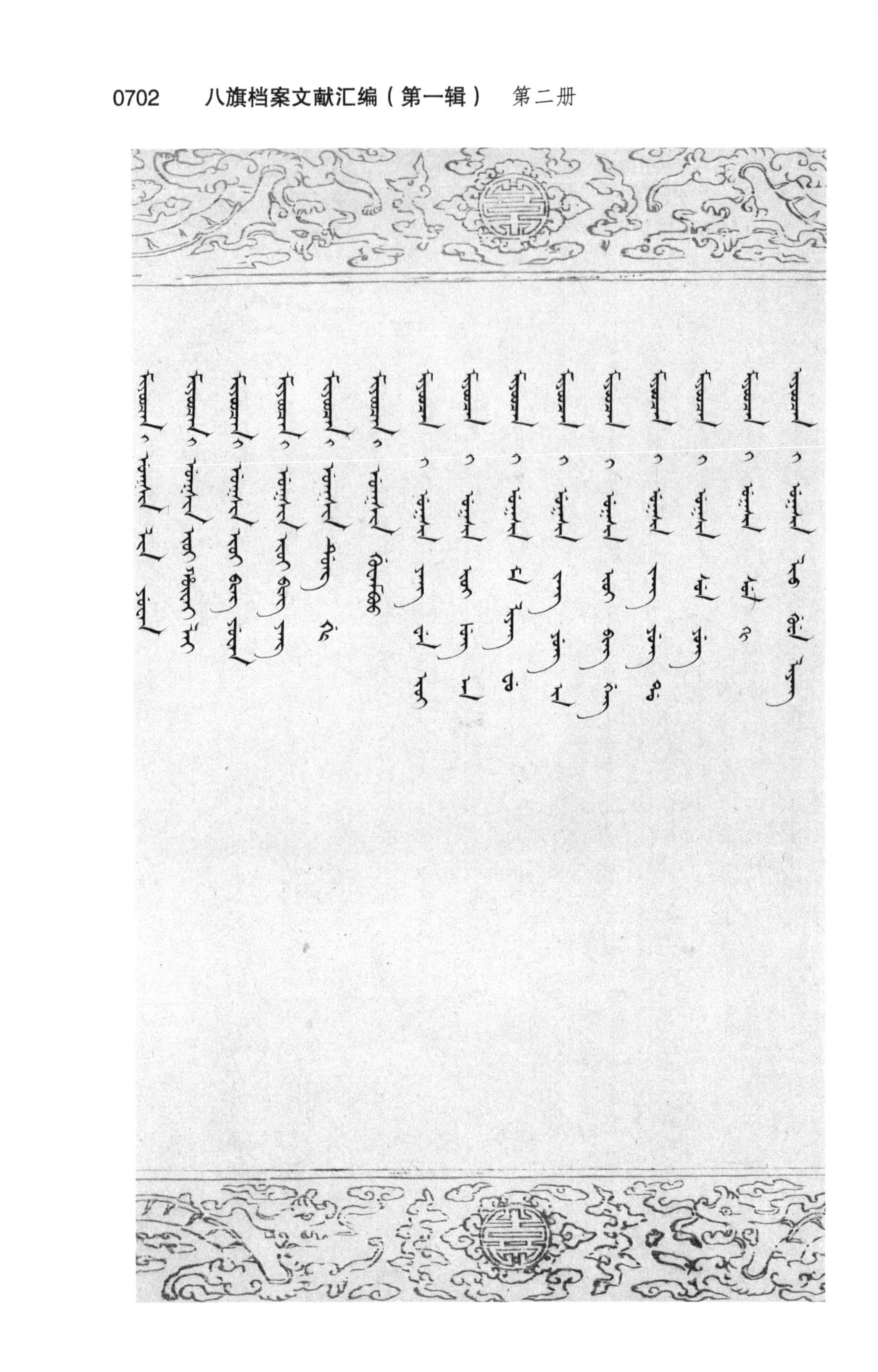

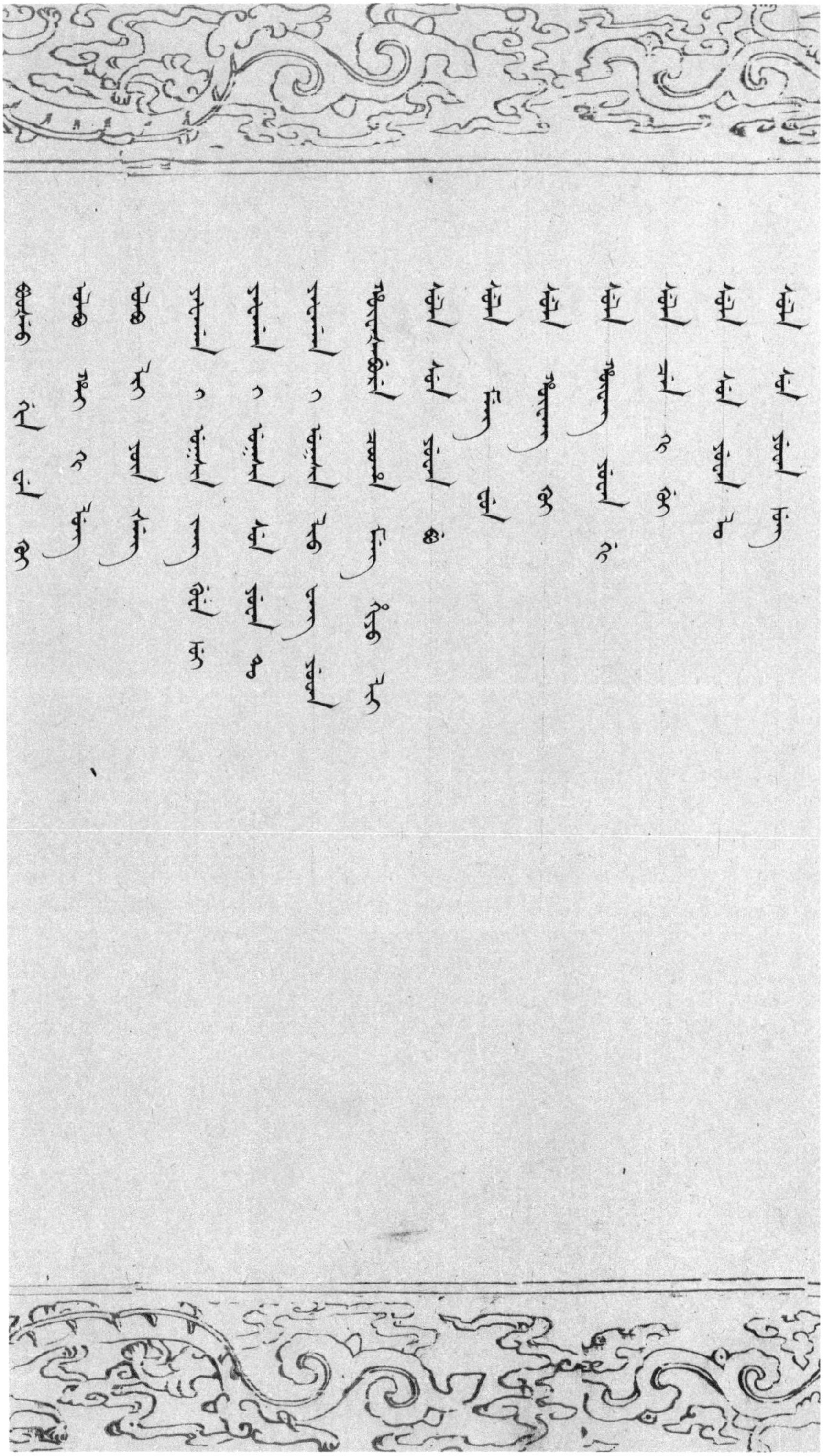

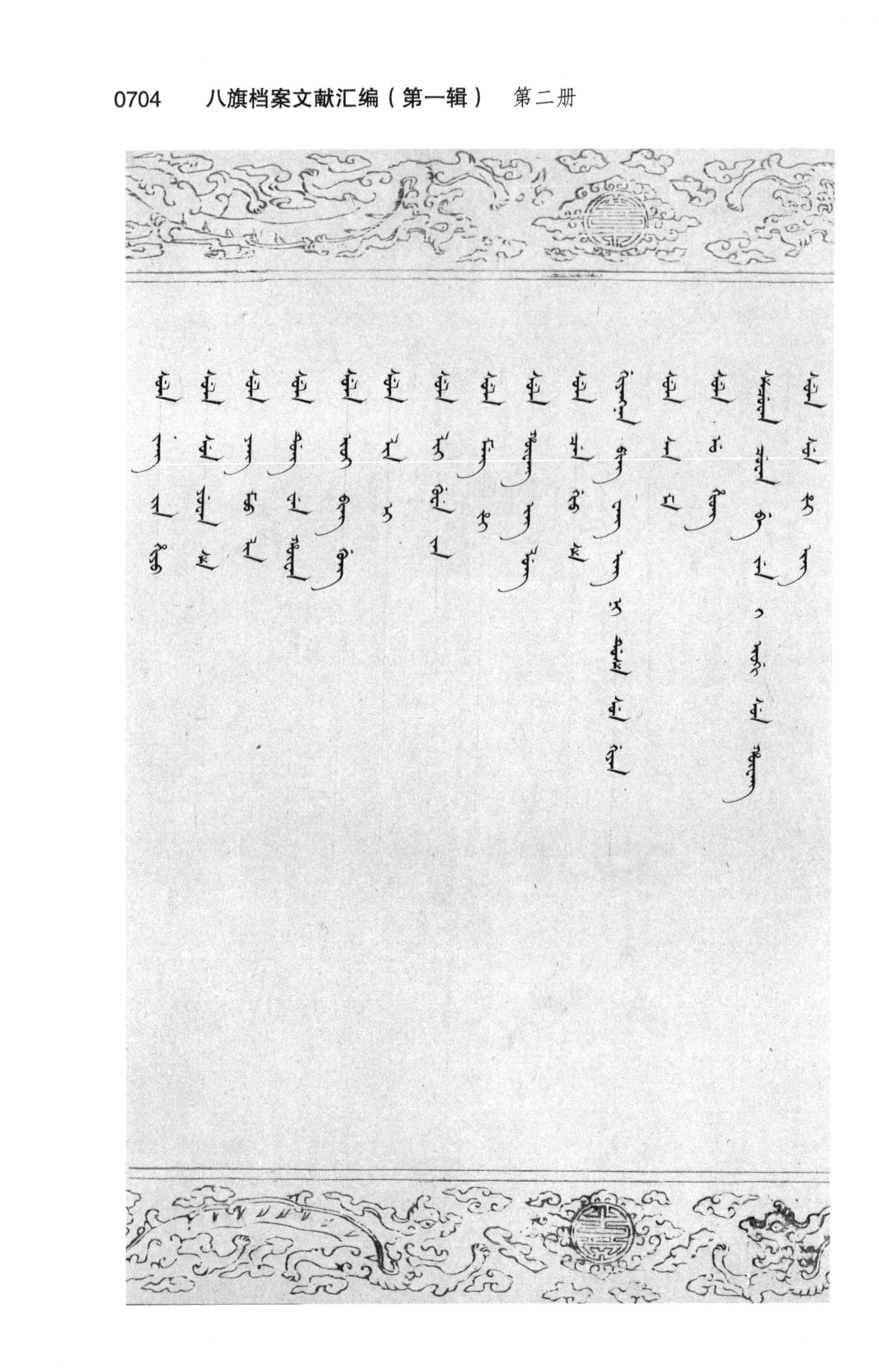

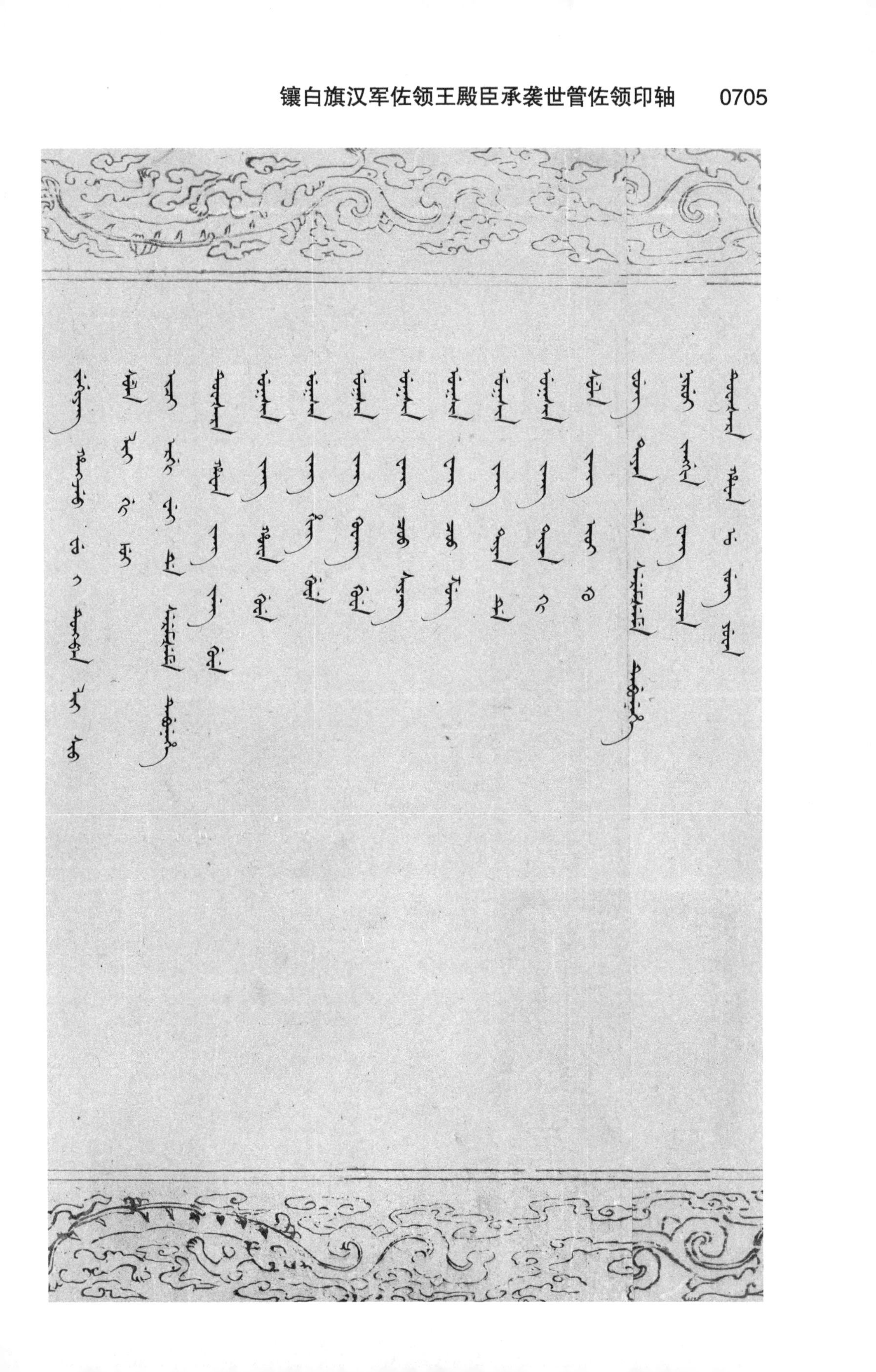

[illegible]

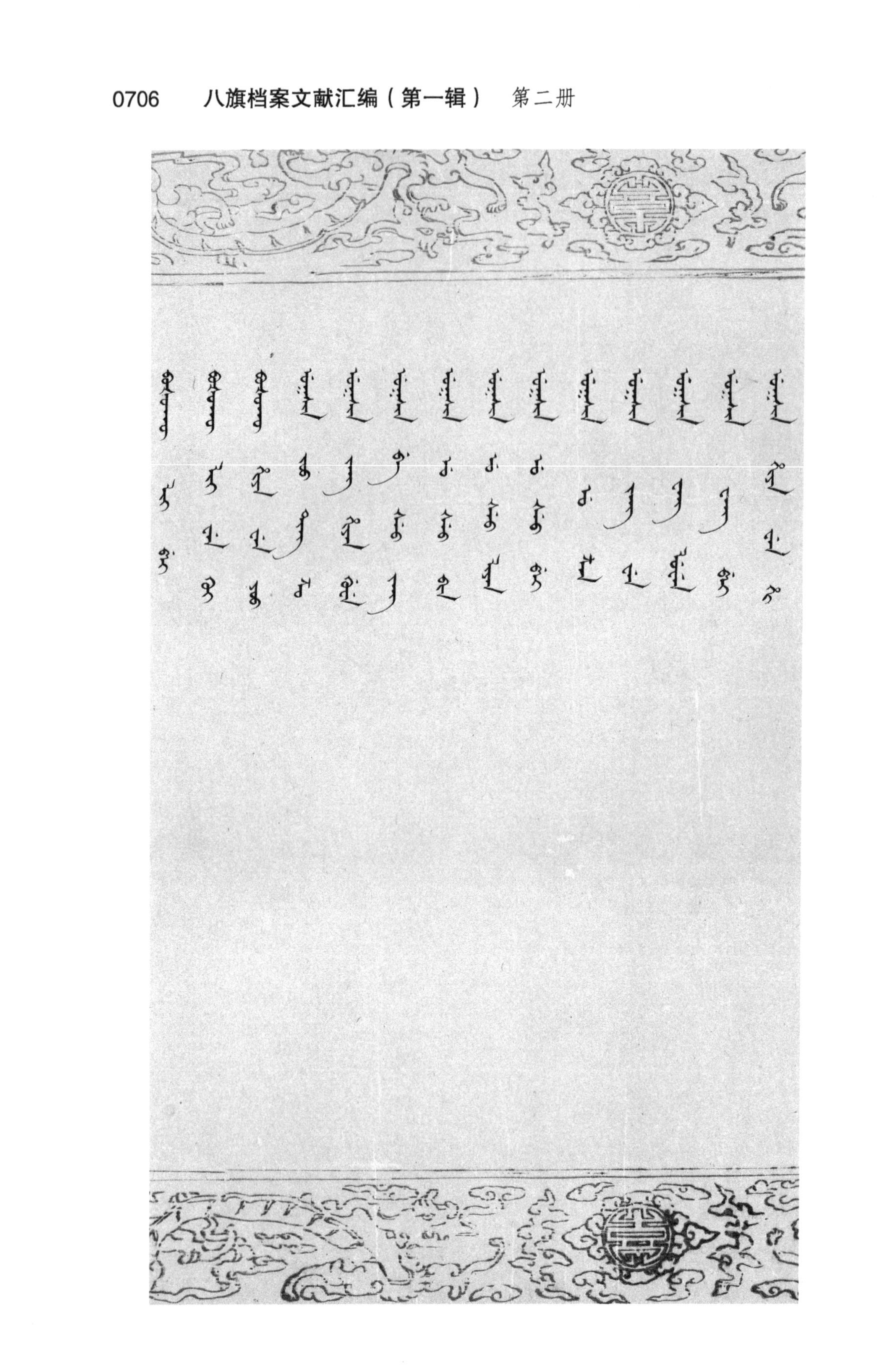

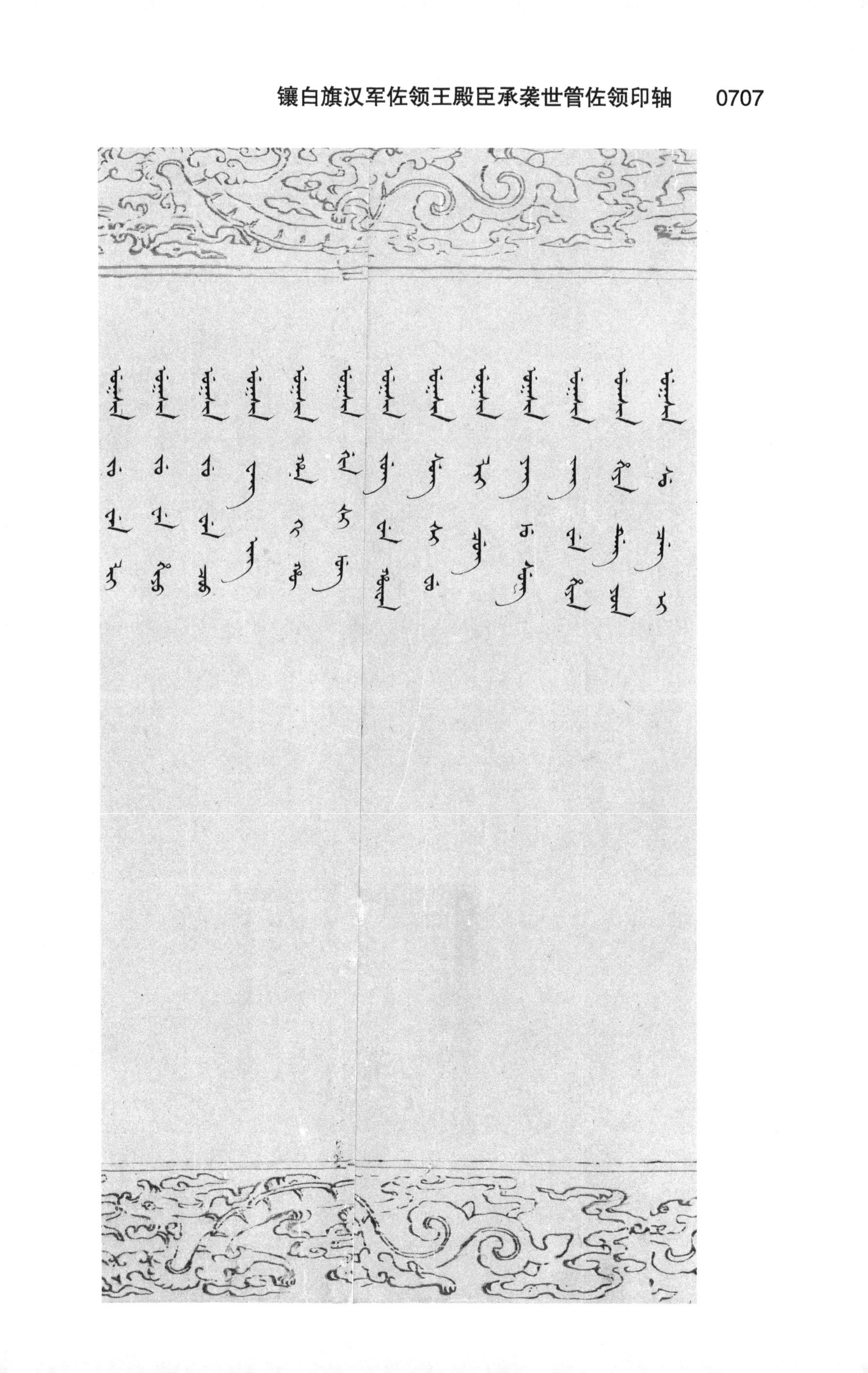

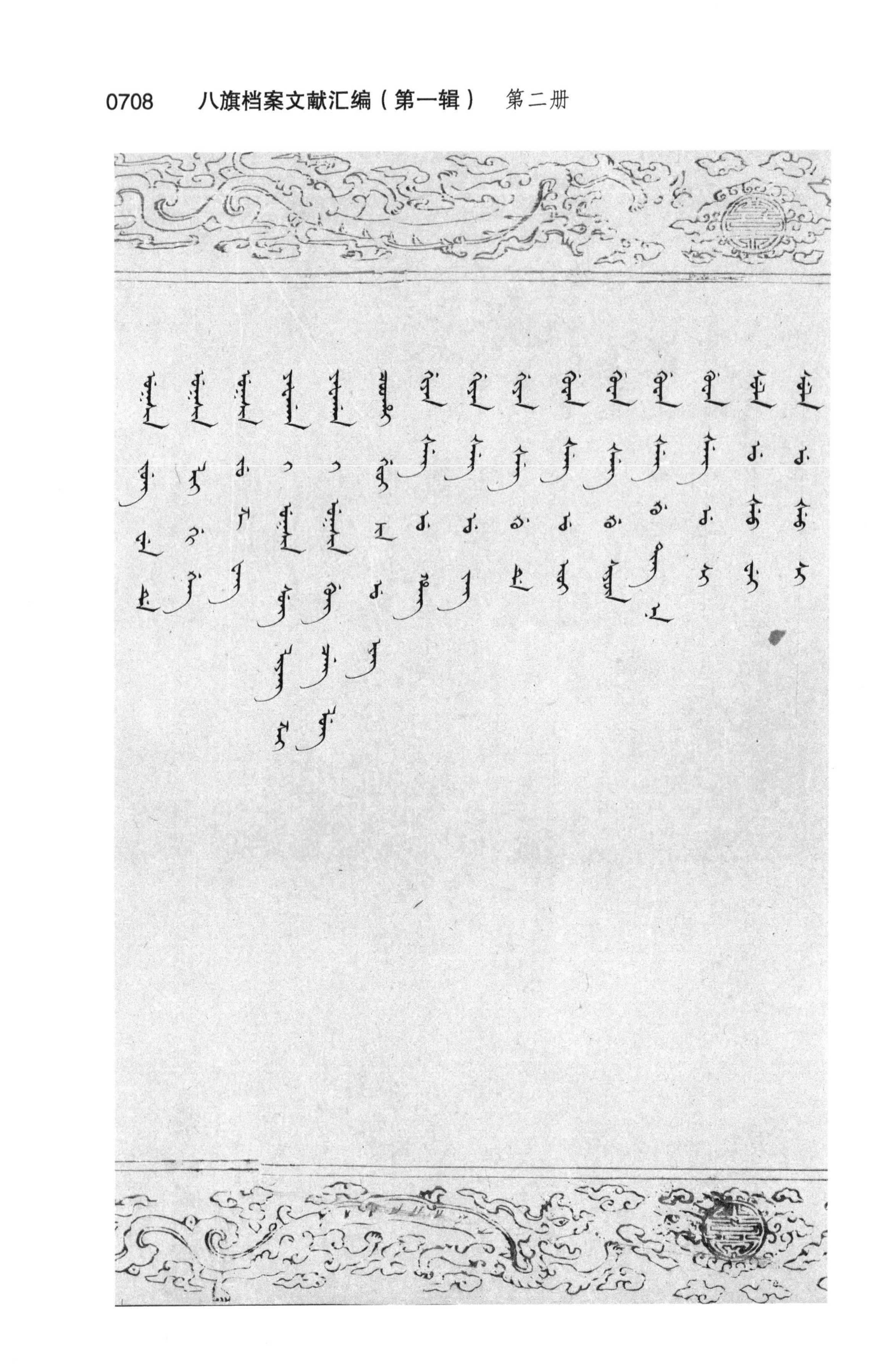

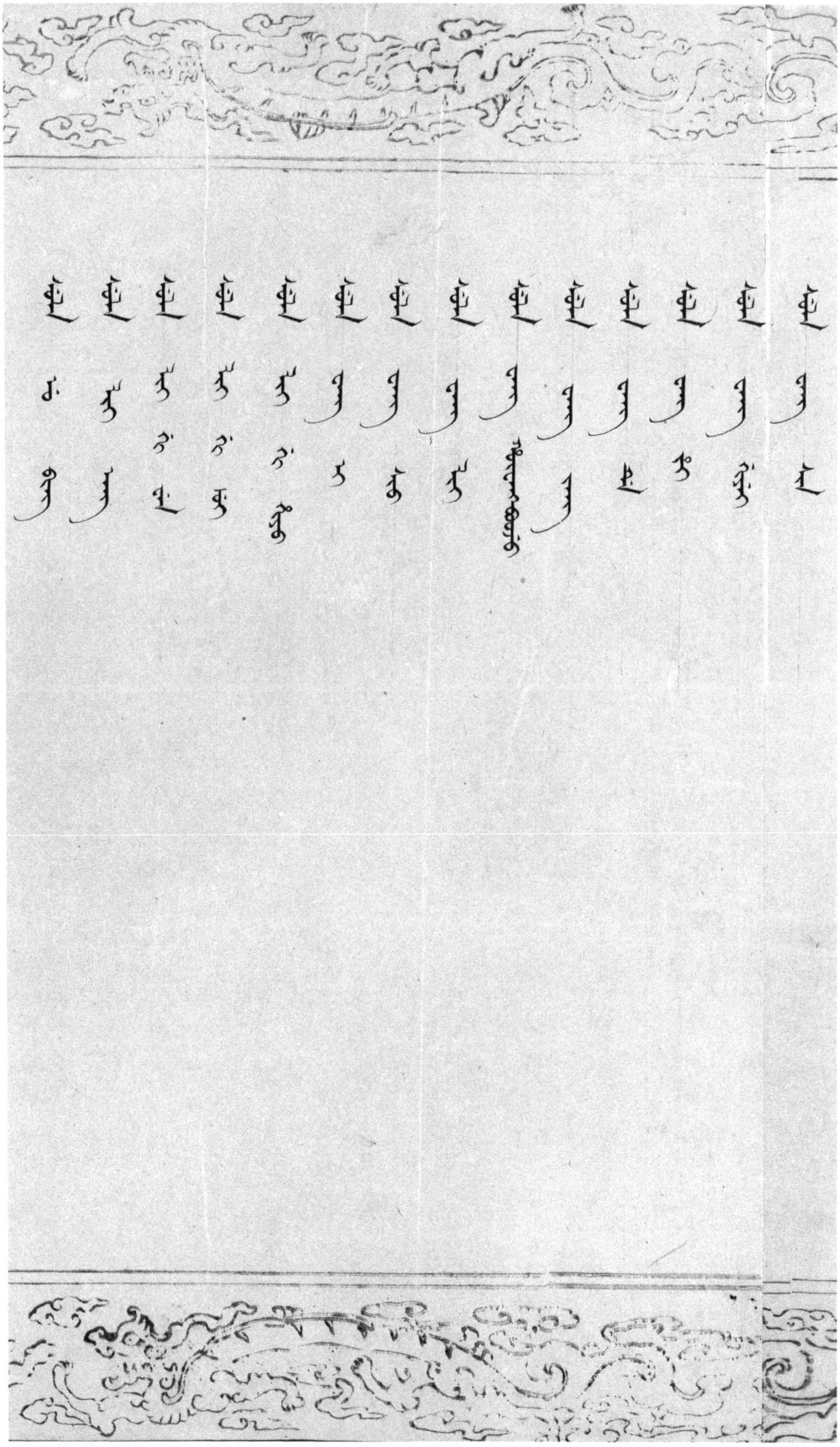

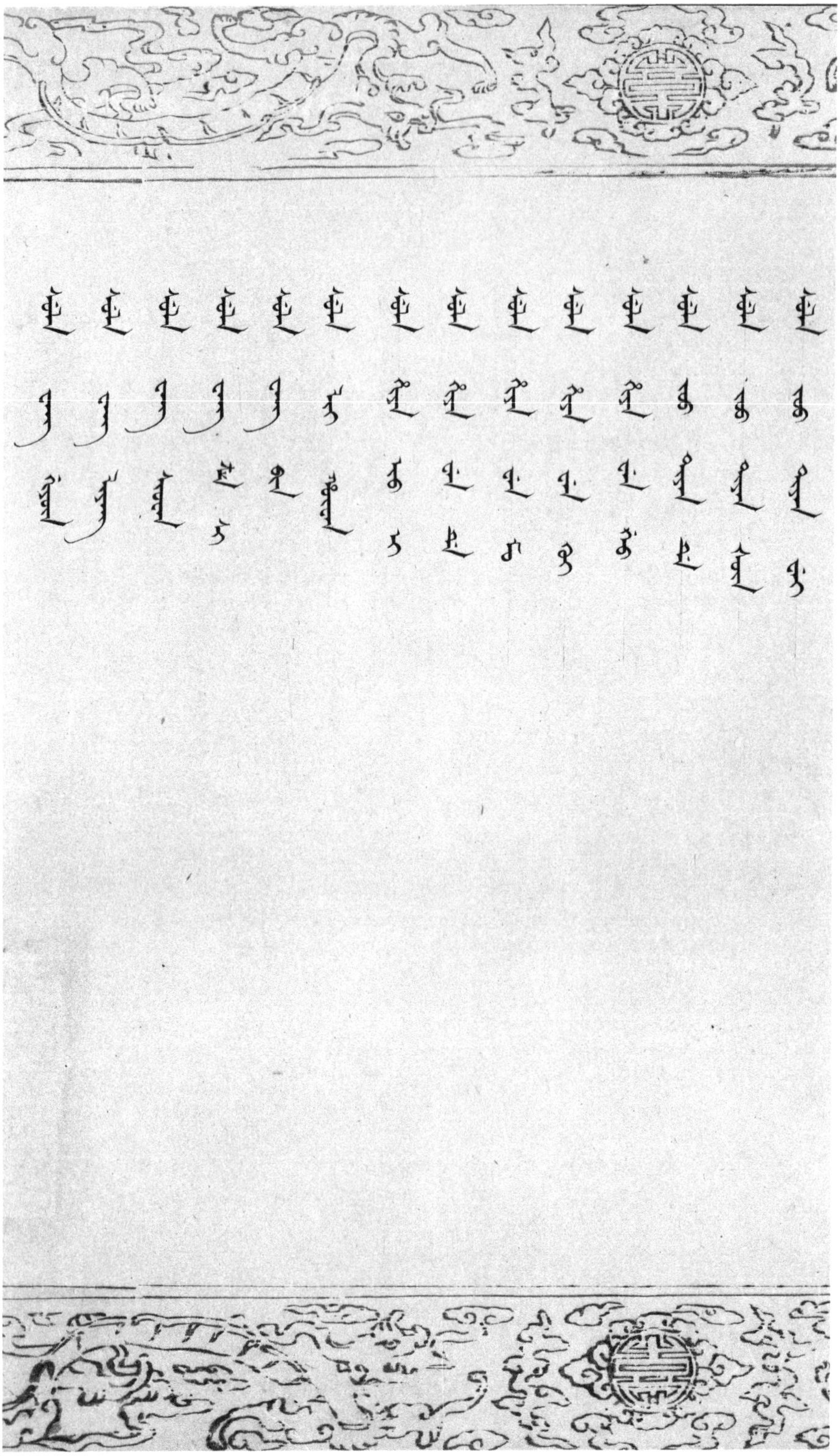

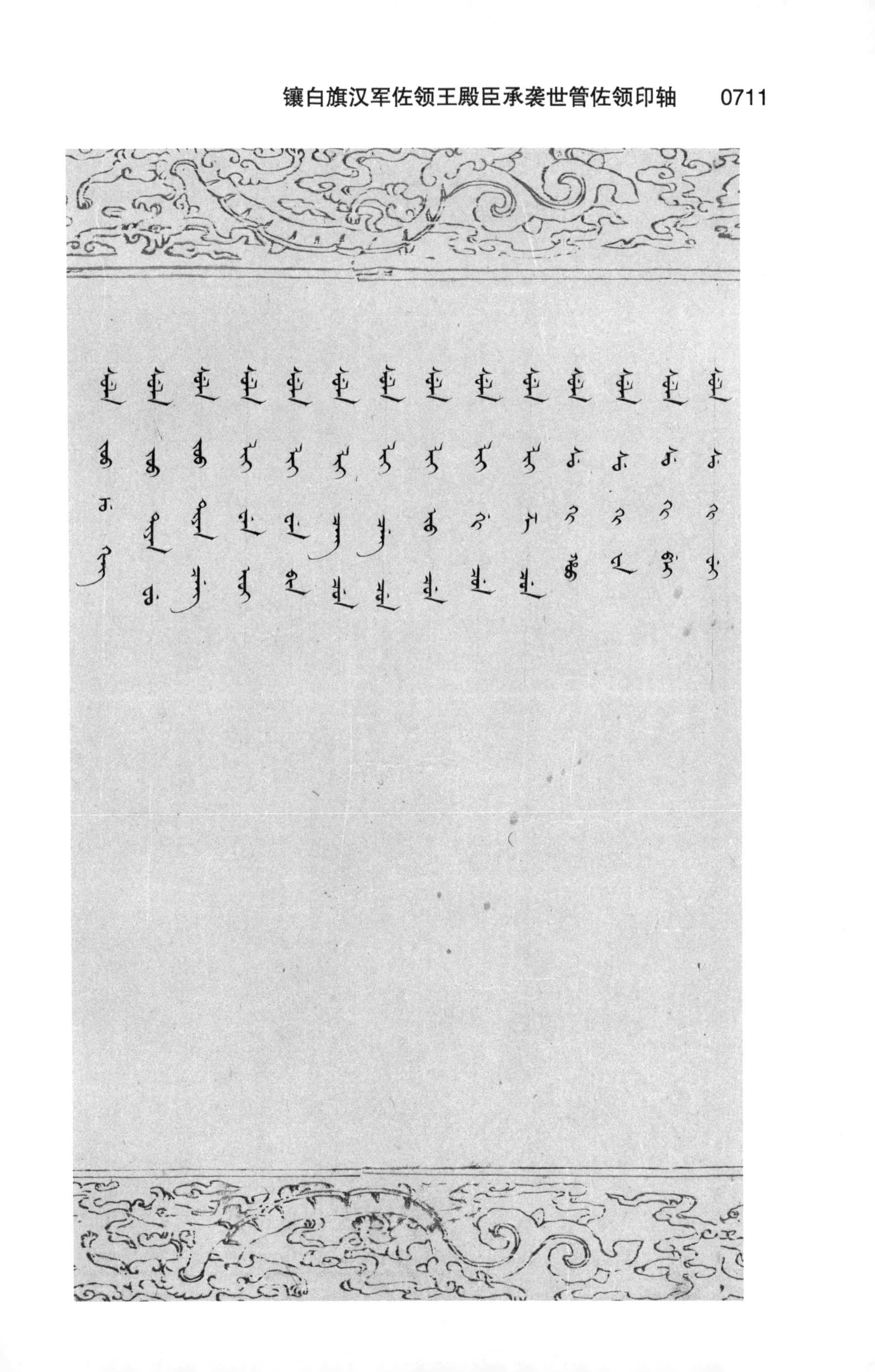

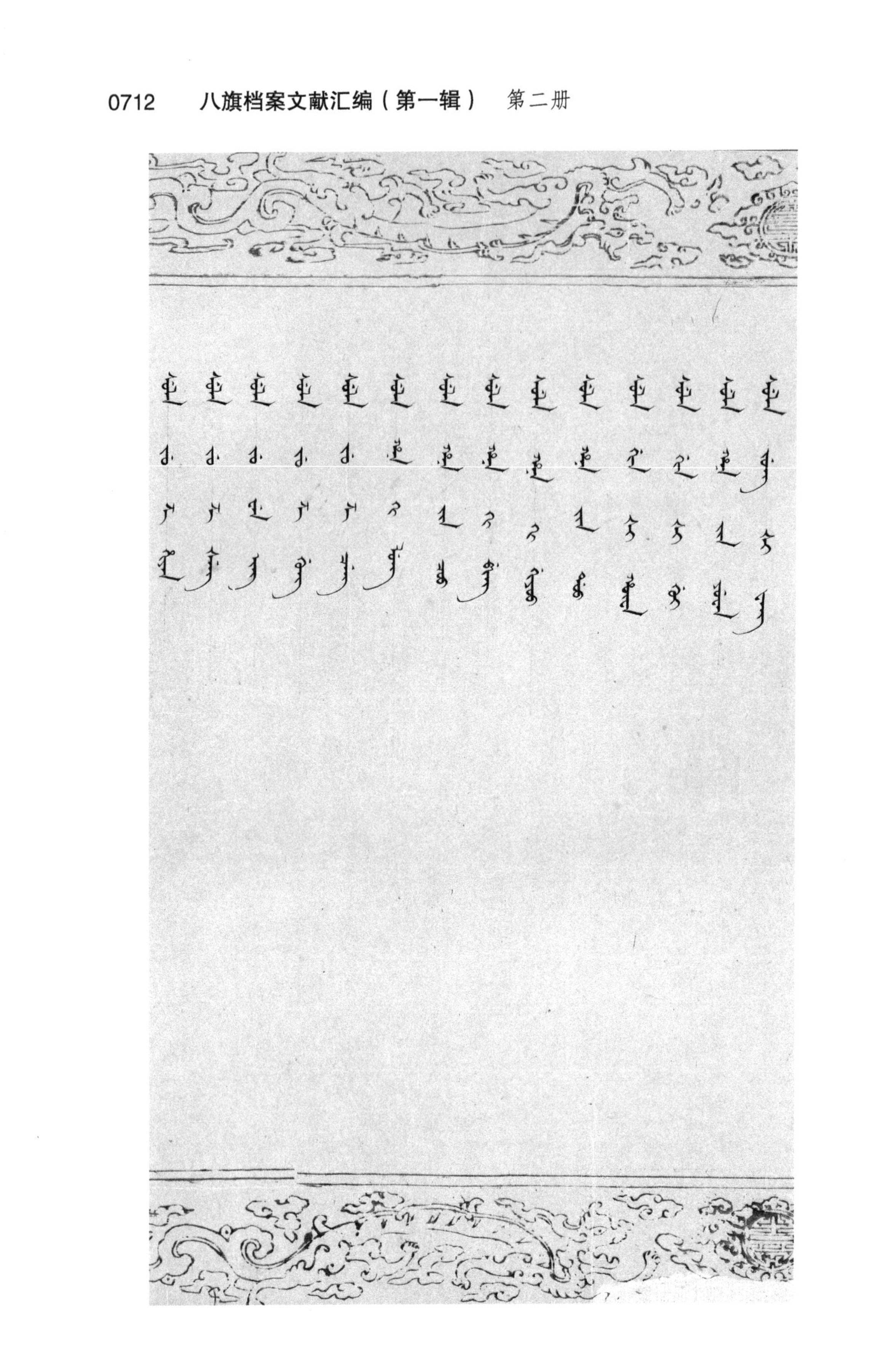

[illegible]

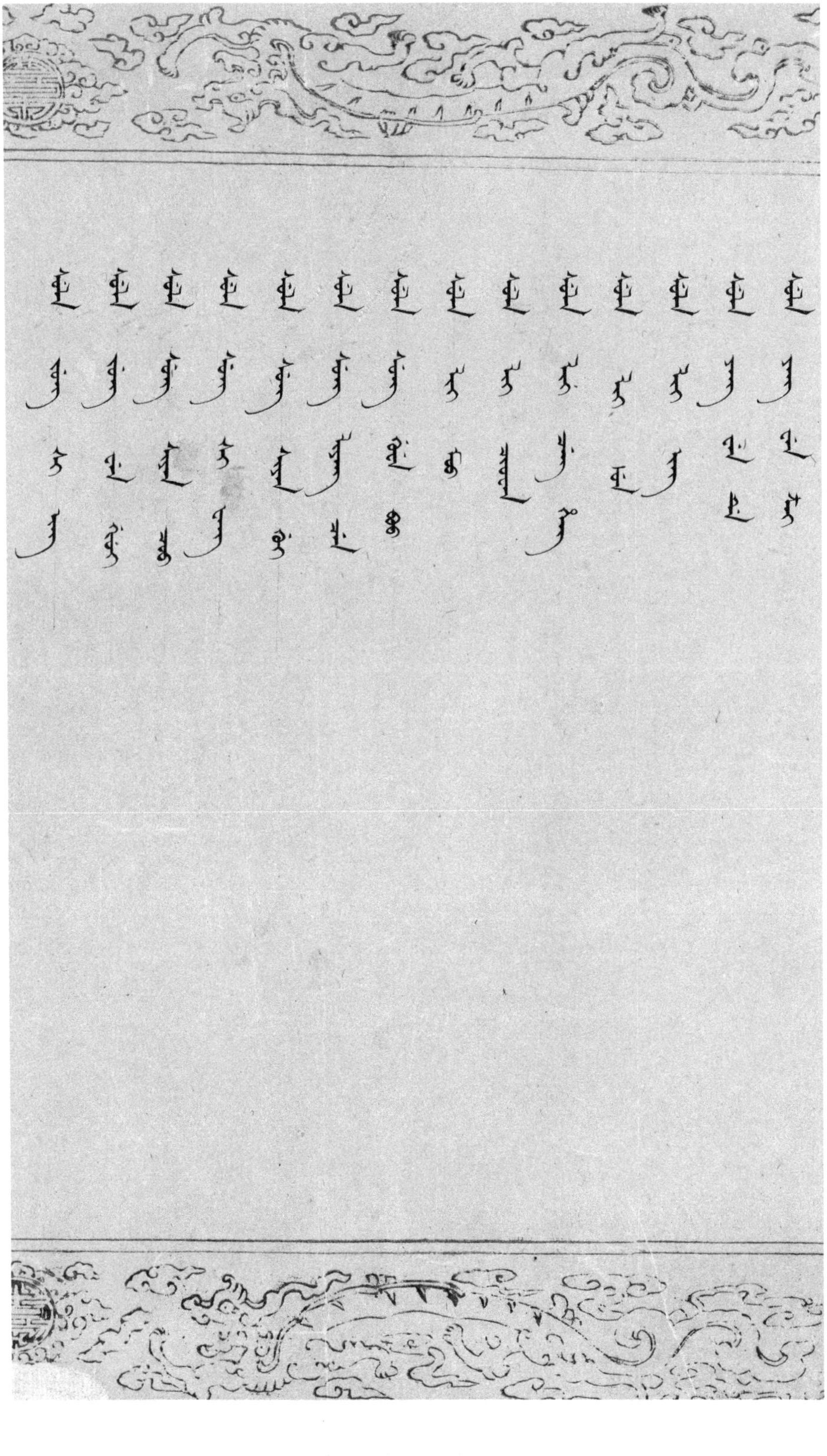

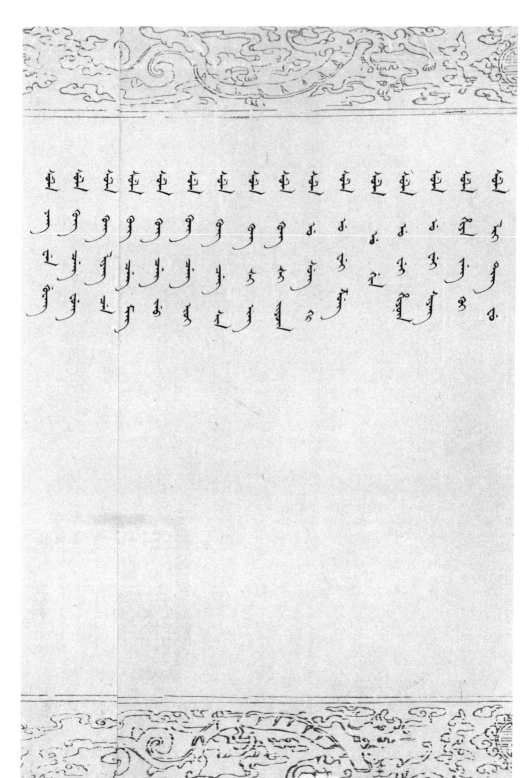

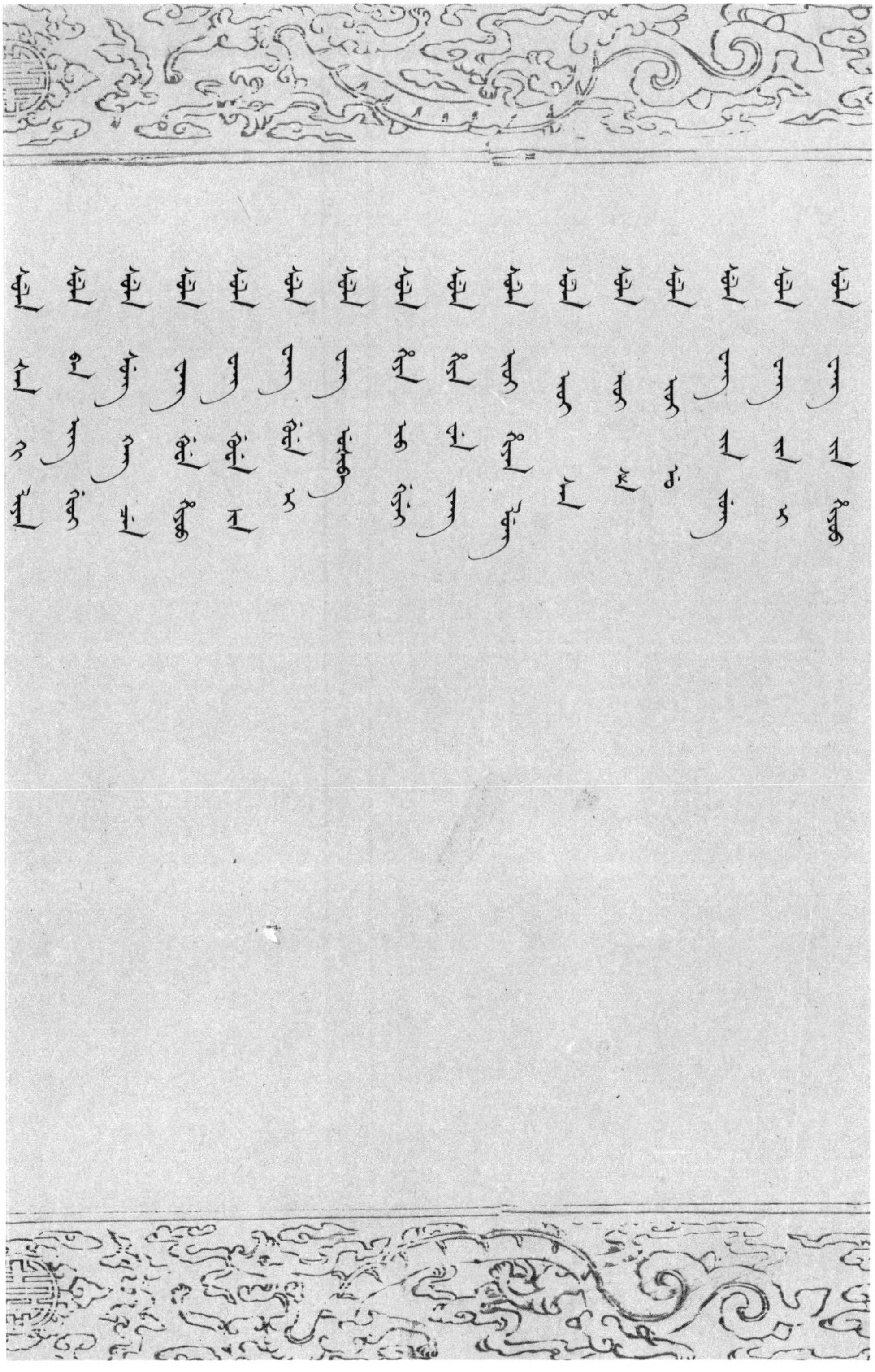

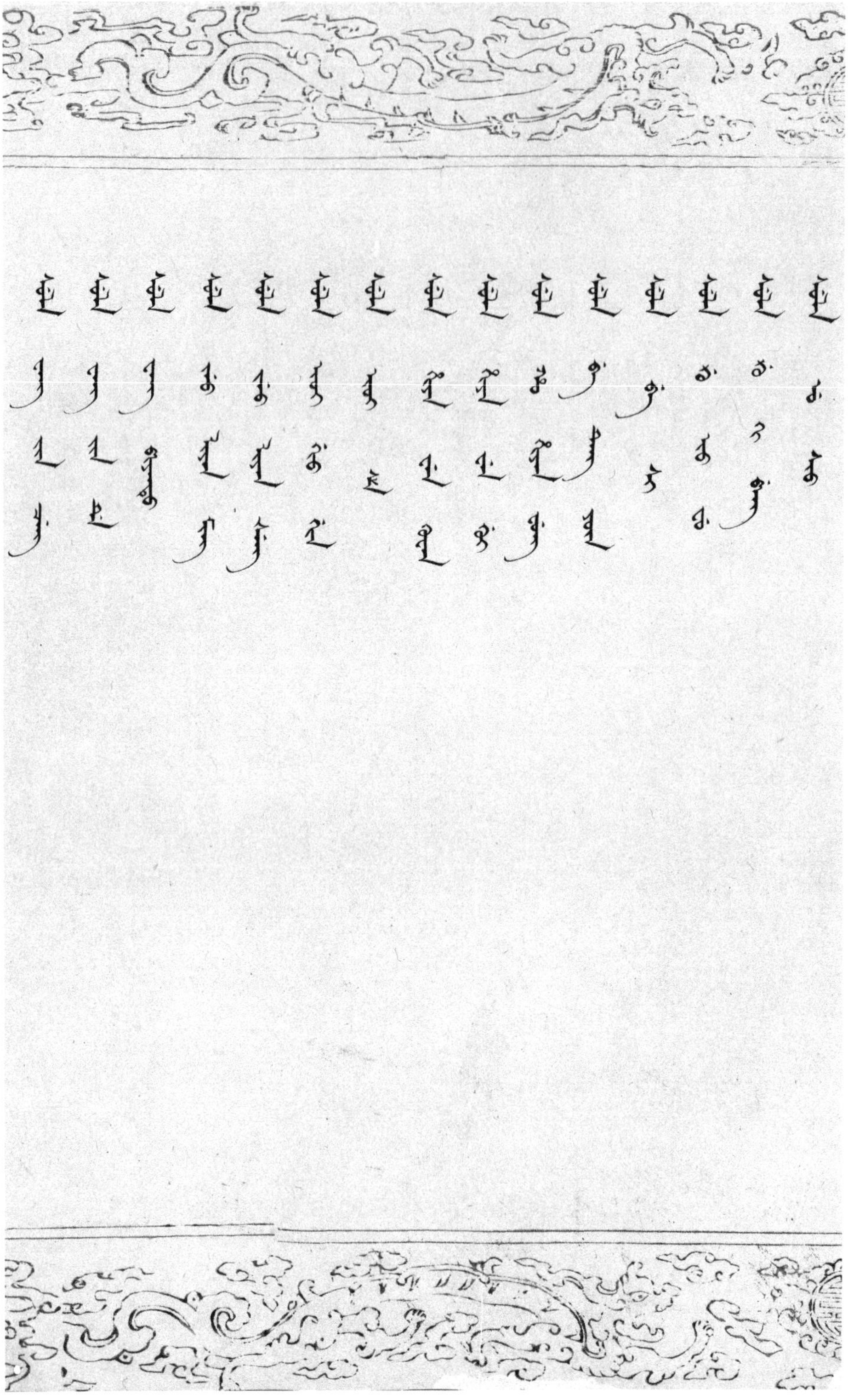

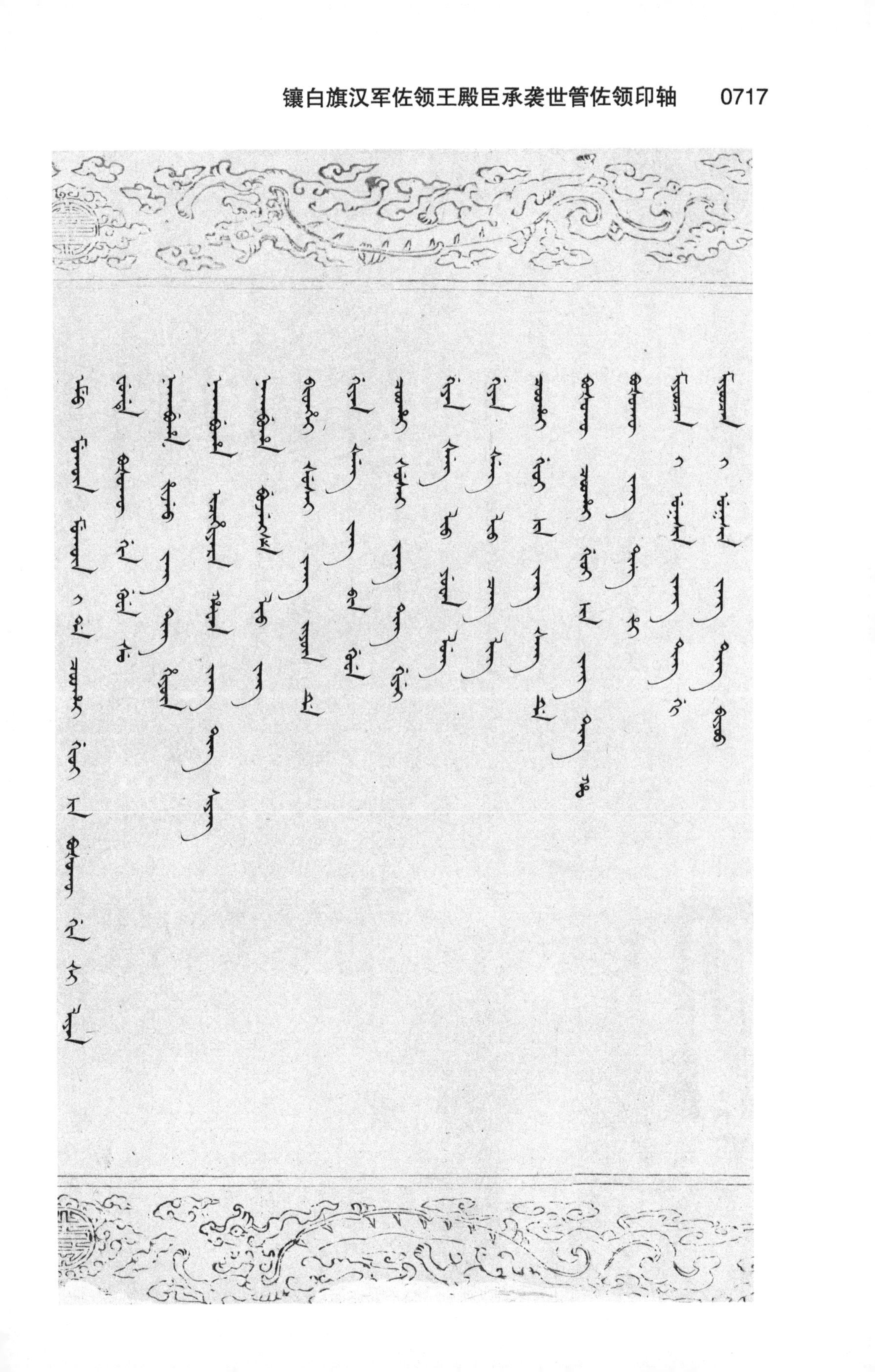

[illegible]

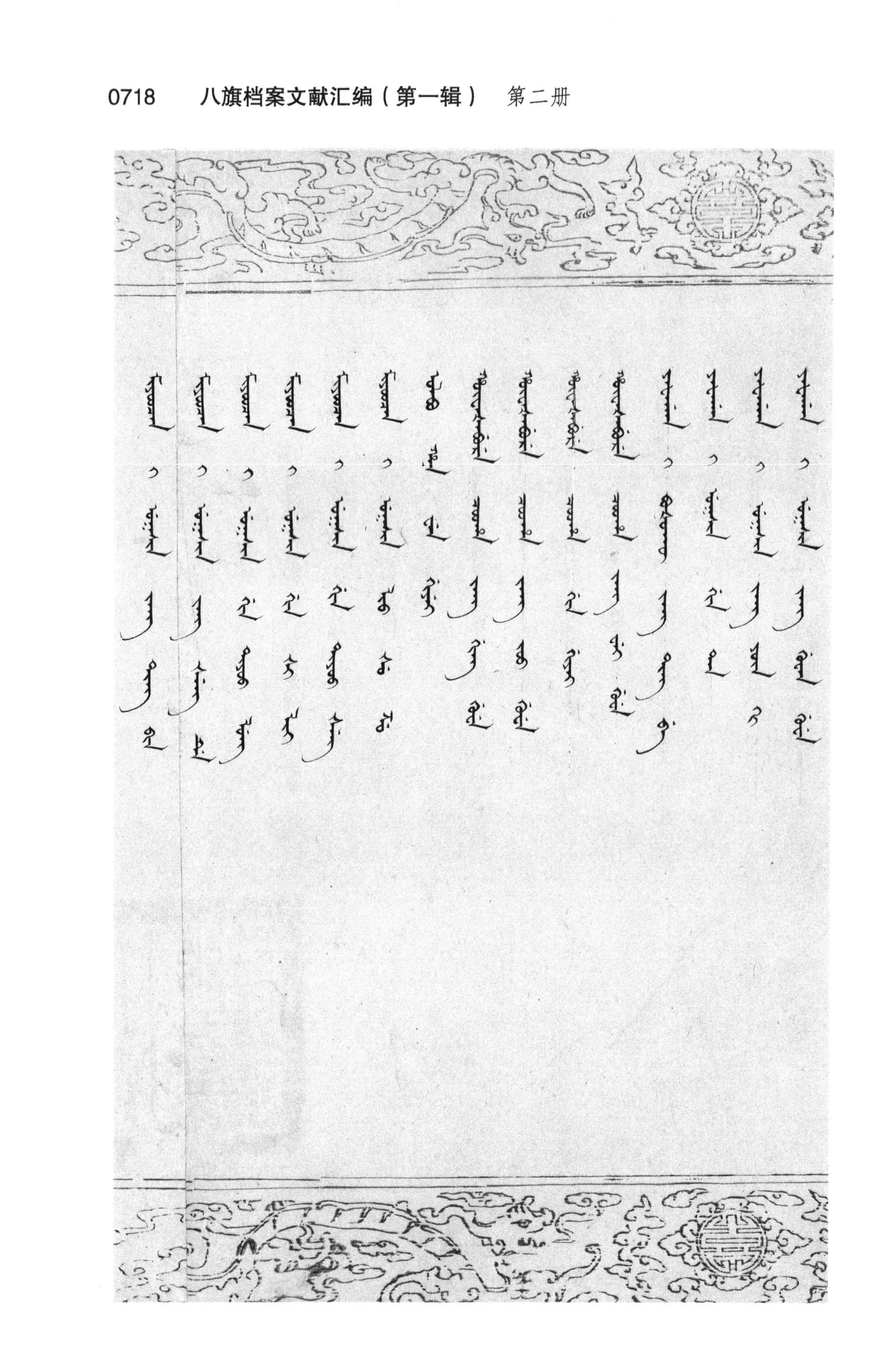

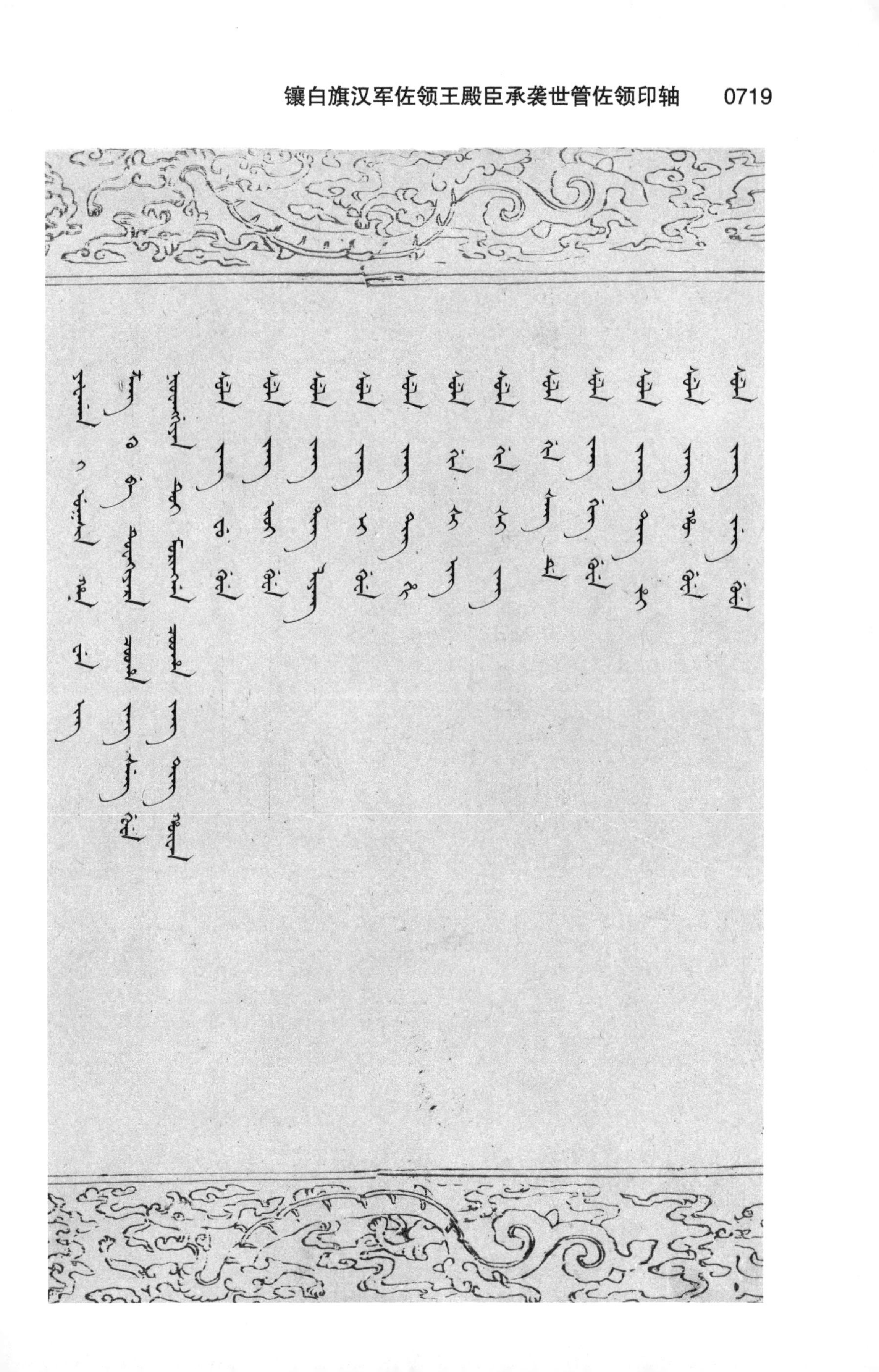

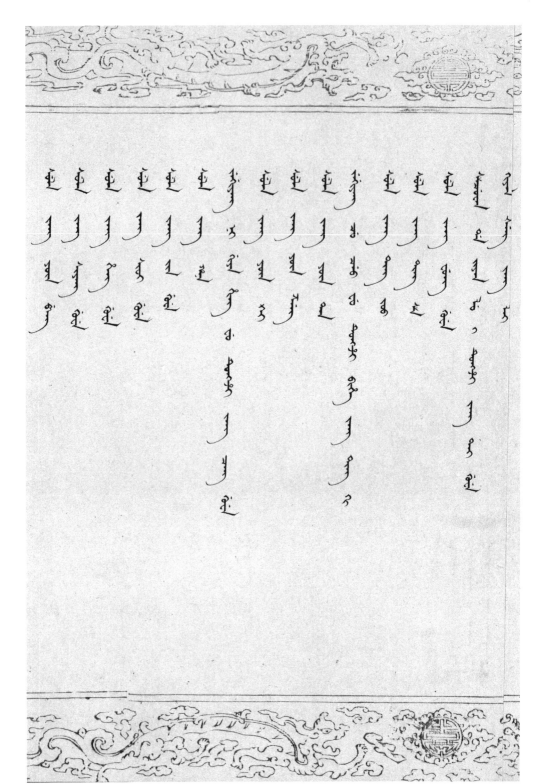

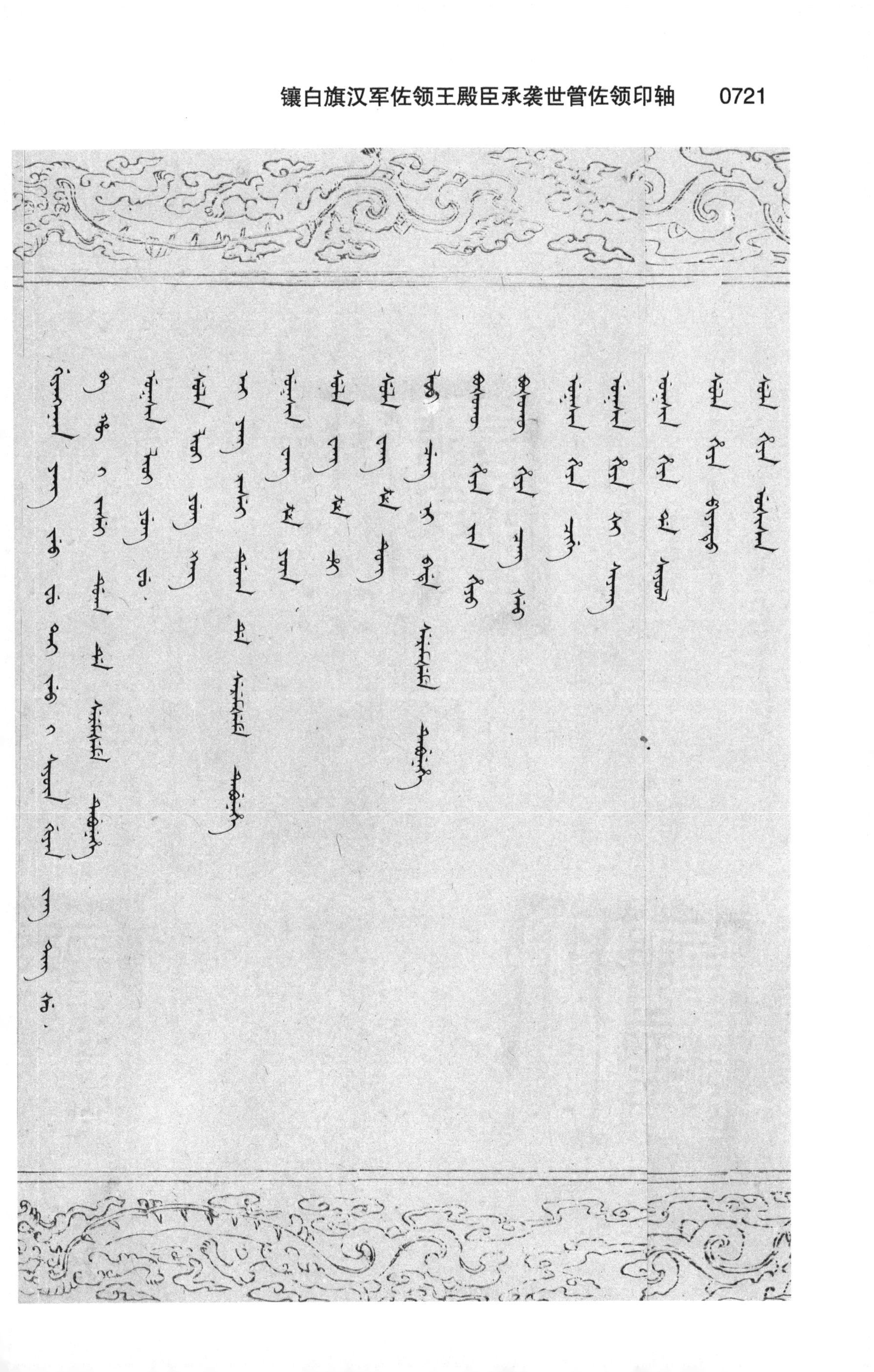

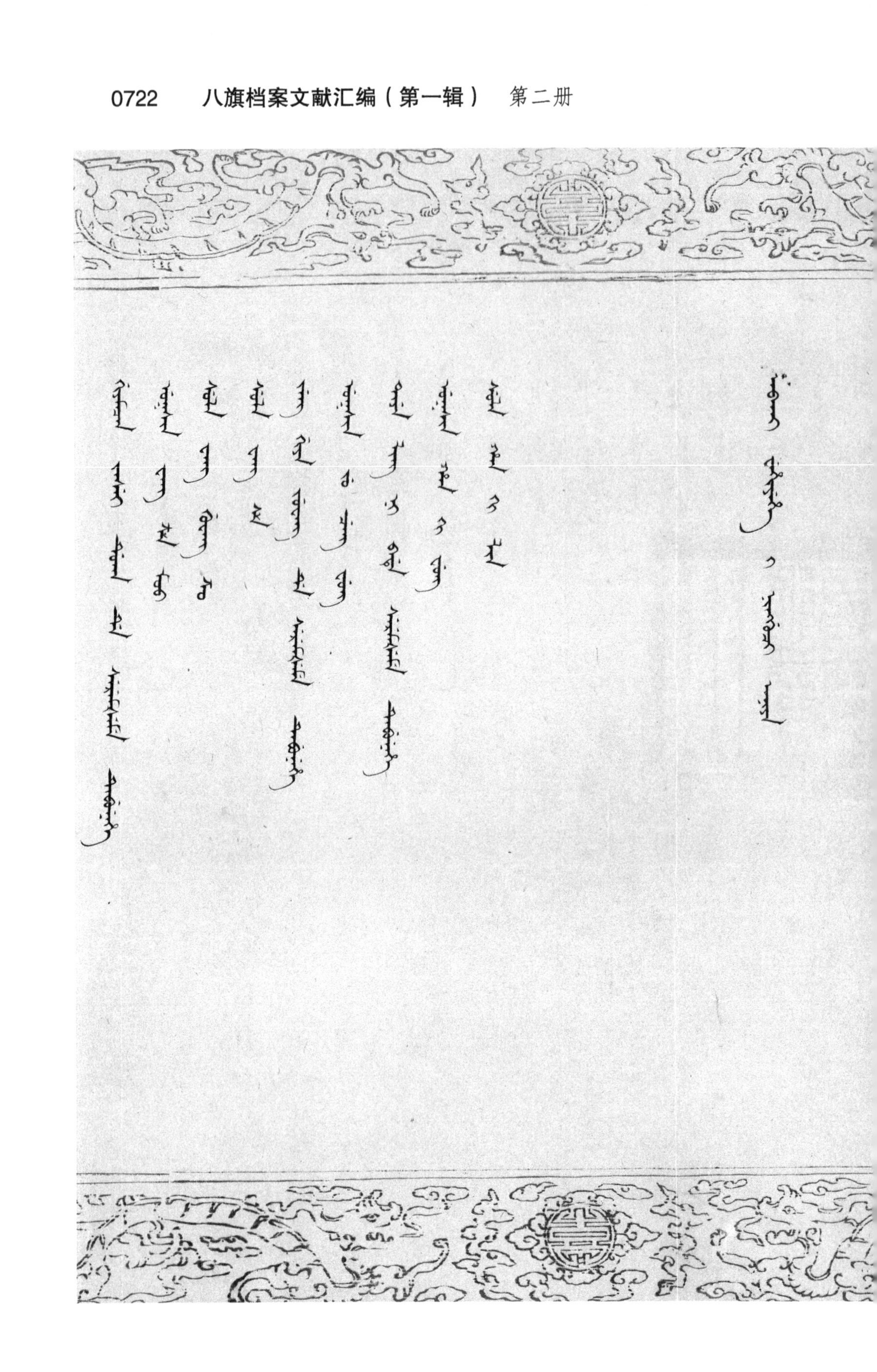

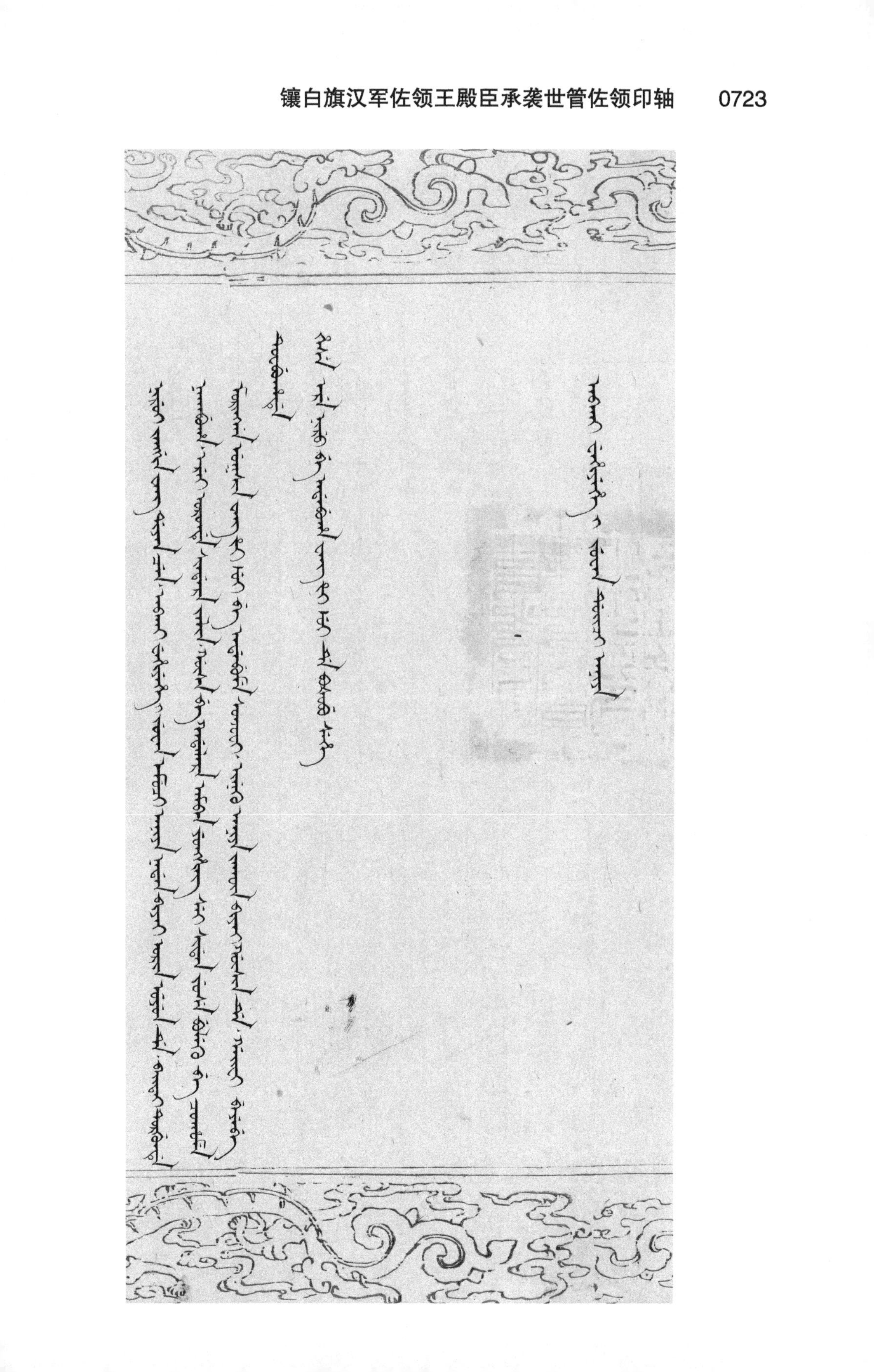

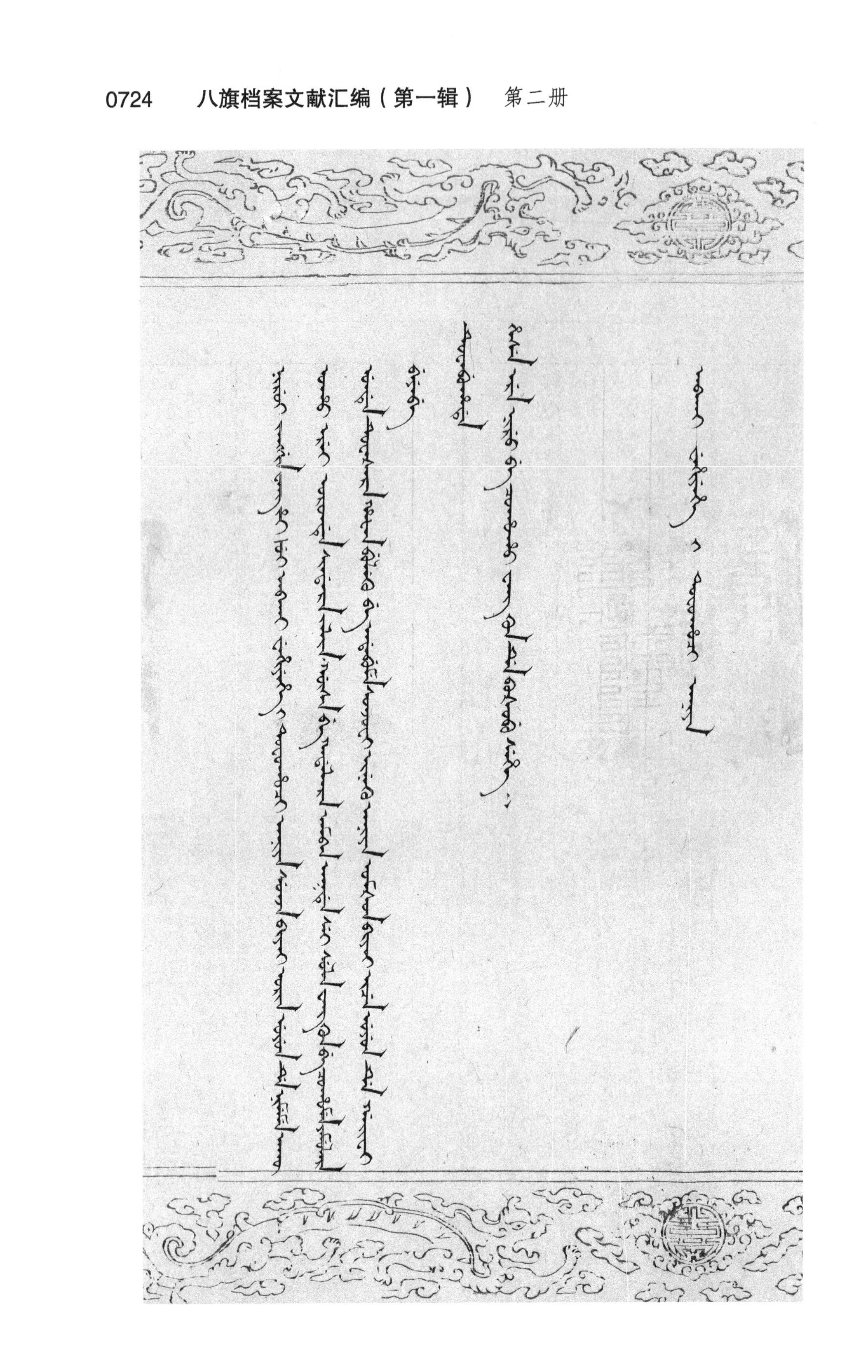

ᠰᡳᡵᠠᠮᡝ ᠨᡳᡵᡠ ᠰᡳᡵᠠᠮᡝ ᡳ ᠪᠠᡳᡨᠠ ᠪᡝ ᡤᡳᠰᡠᡵᡝᠮᡝ ᡨᡝ ᠰᡝ ᡨᡠᡨᠠᠪᡠᡥᠠ ᠪᡝ ᠪᠠᡳᡨᠠᠯᠠᠮᡝ ᠠᠯᡳᠪᡠᡥᠠ

ᠪᡝ ᠨᡳᡵᡠ ᡳᠯᡳᠪᡠᡥᠠ ᠰᡝ ᡤᡝᠮᡠ ᠵᡠᡵᡤᠠᠨ ᠪᡠ ᡤᡝᡵᡳ ᠰᡳᡵᠠᡵᡝ ᠪᡝ

ᠠᠮᠪᠠ ᠴᡝᠯᡳᠶᡝᠨ ᠠᠮᠪᠠᠨ

ᠵᡠᠸᡝ ᠵᡠᠸᡝ ᠸᠠᠩ ᡩᡳ ᠴᡝᠨ

ᠸᠠᠩ ᡩᡳᠶᠠᠨ ᠴᡝᠨ

ᡤᡠᠸᡝᡵᡤᡝ

ᡨᡠᠮᡝᠨ ᠪᡝ ᡤᡝᡵᡤᡝ

ᡴᡠᠪᡠᡥᡝ ᡧᠠᠩᡤᡳᠶᠠᠨ ᡳ ᡤᡡᠰᠠᡳ ᡠᠵᡝᠨ ᠴᠣᠣᡥᠠ

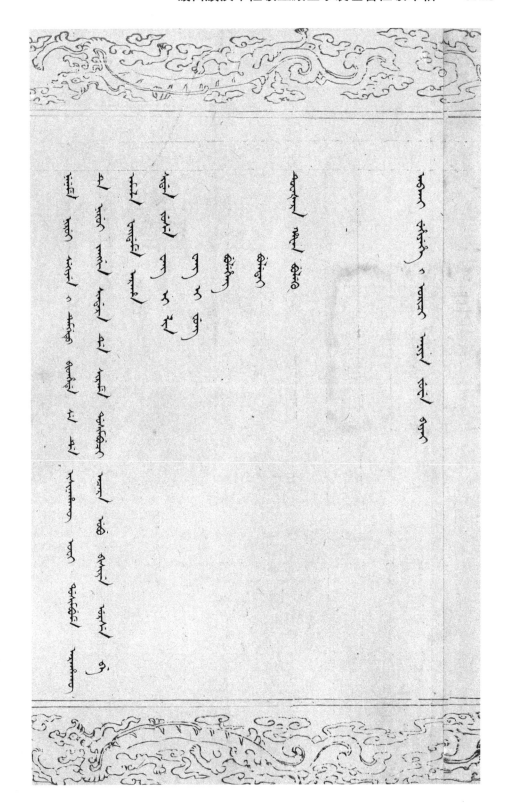

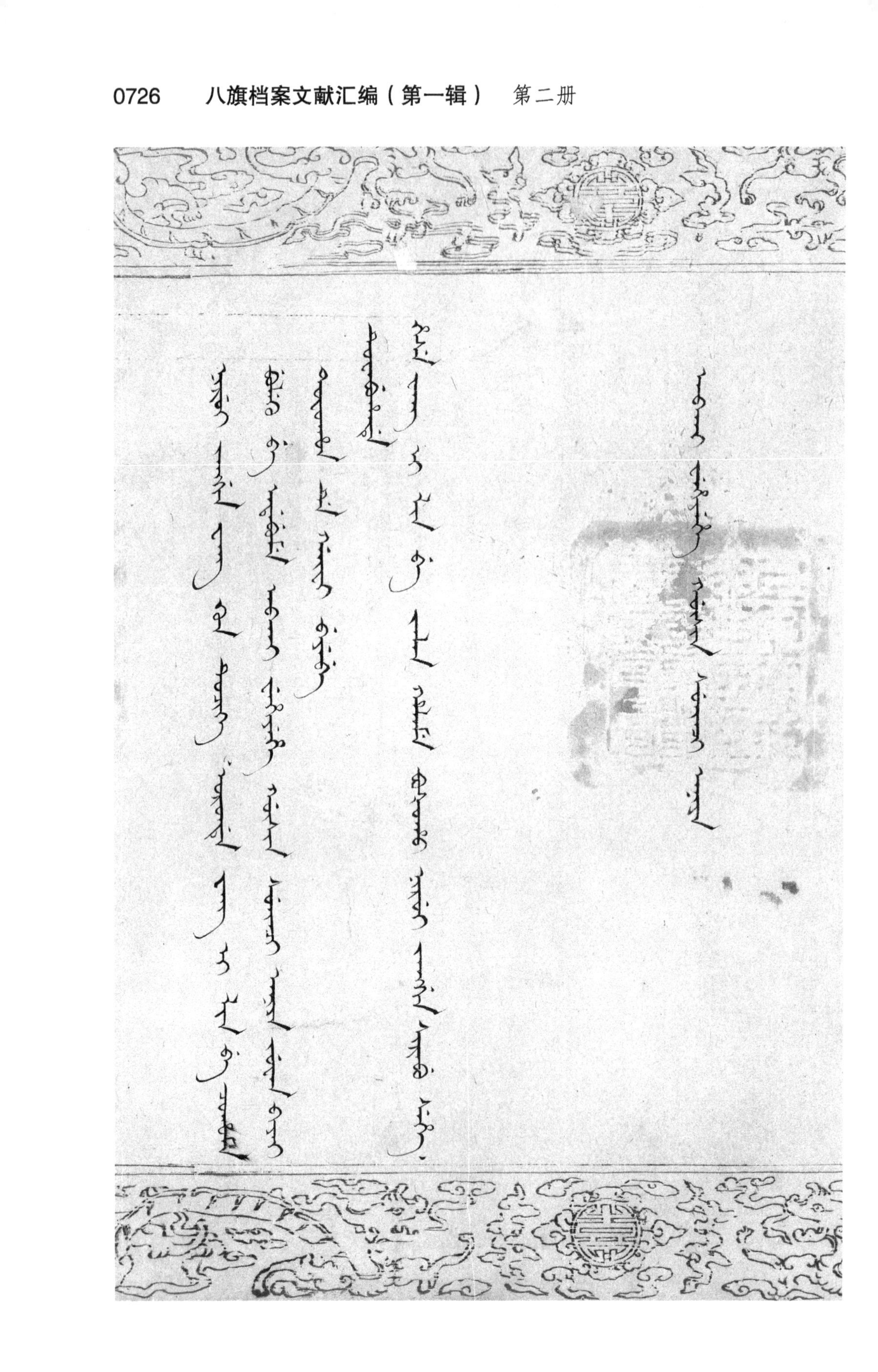

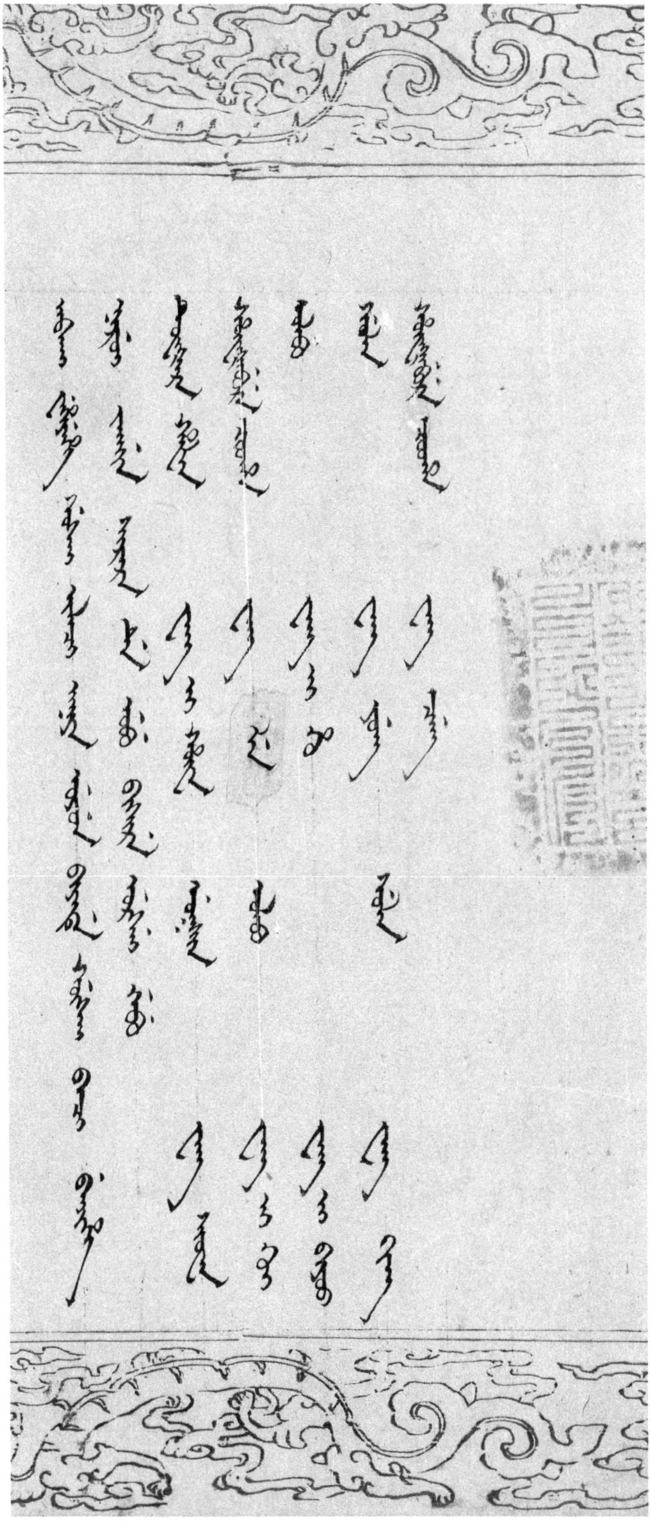

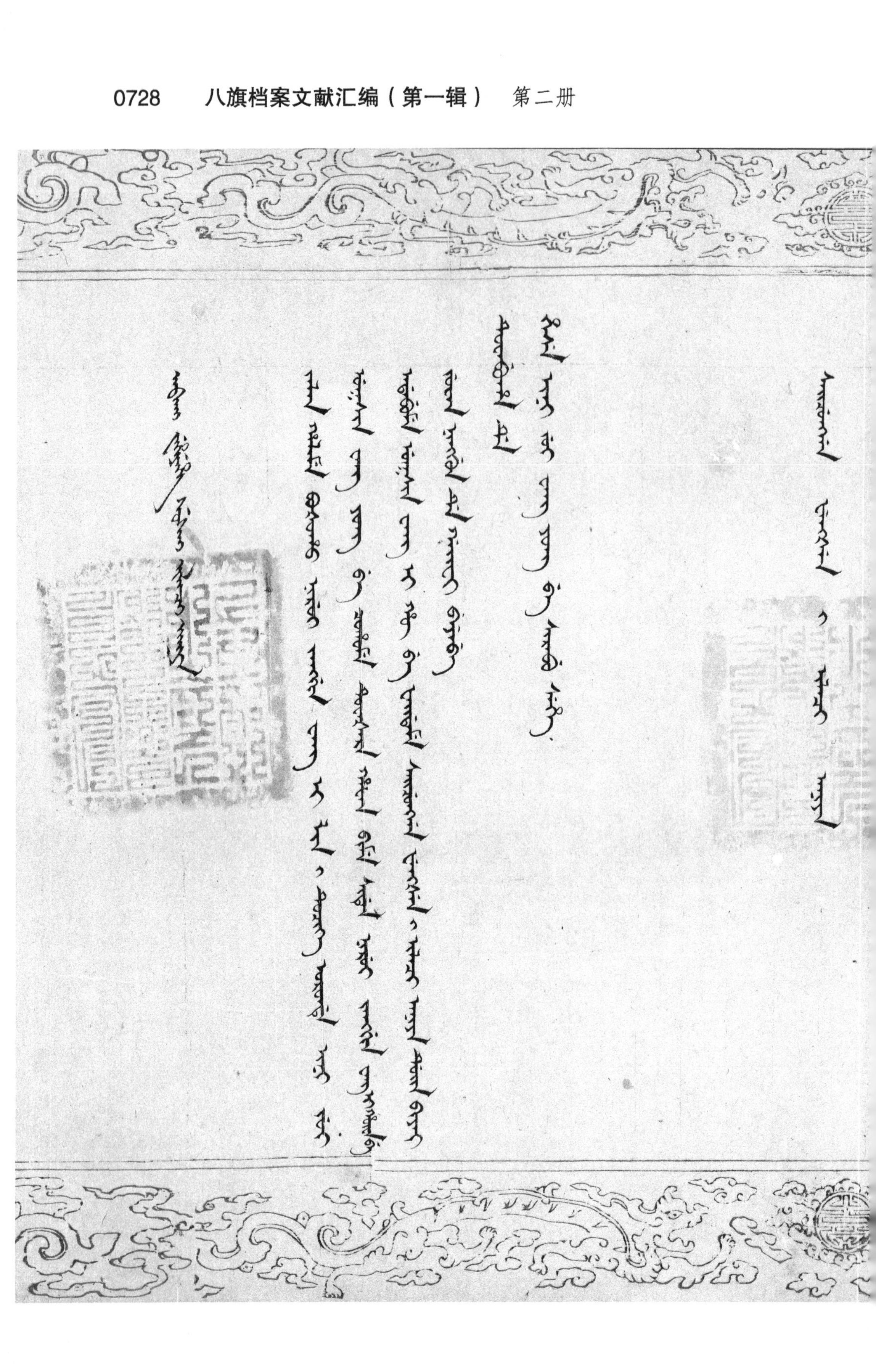

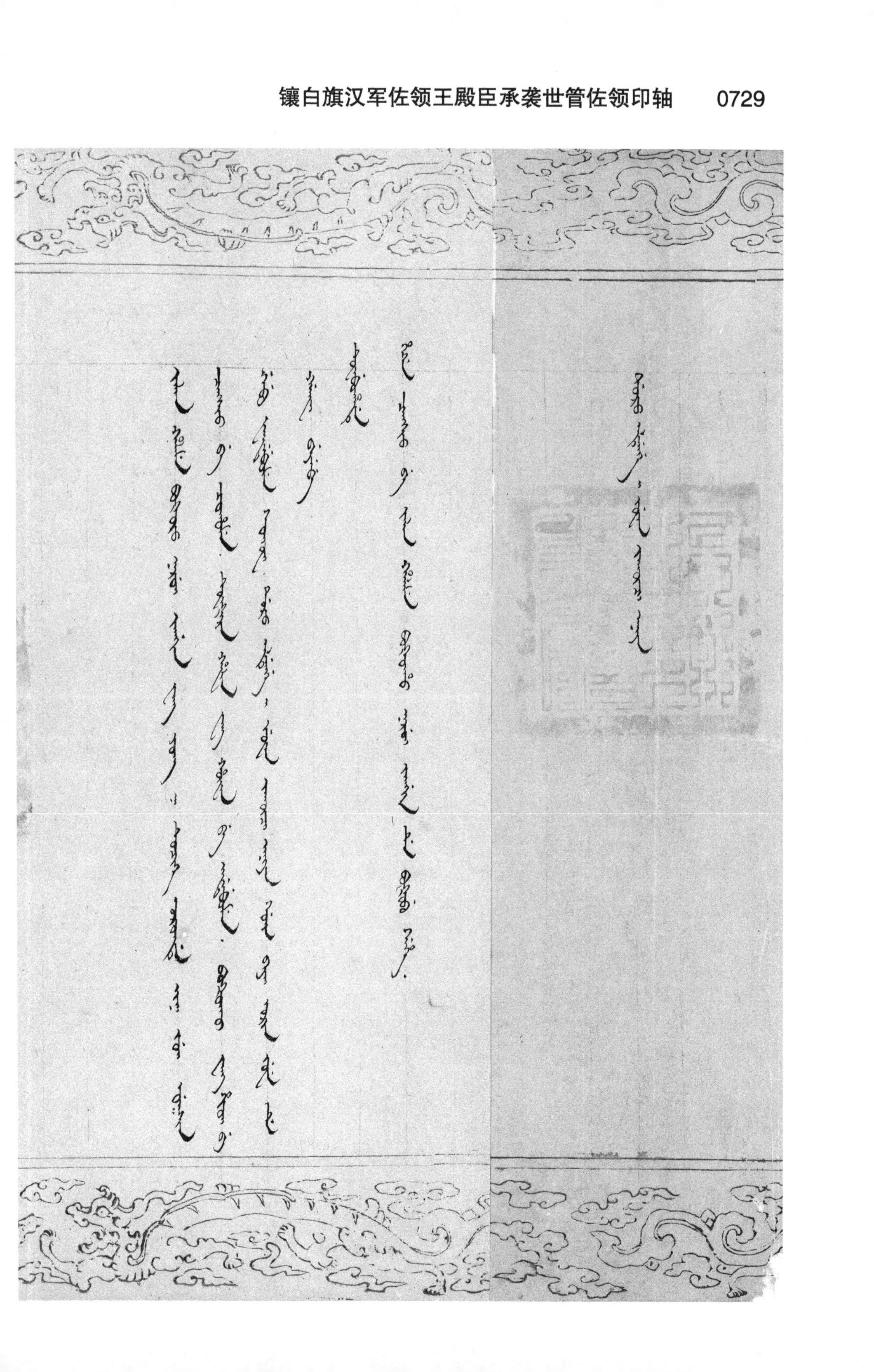

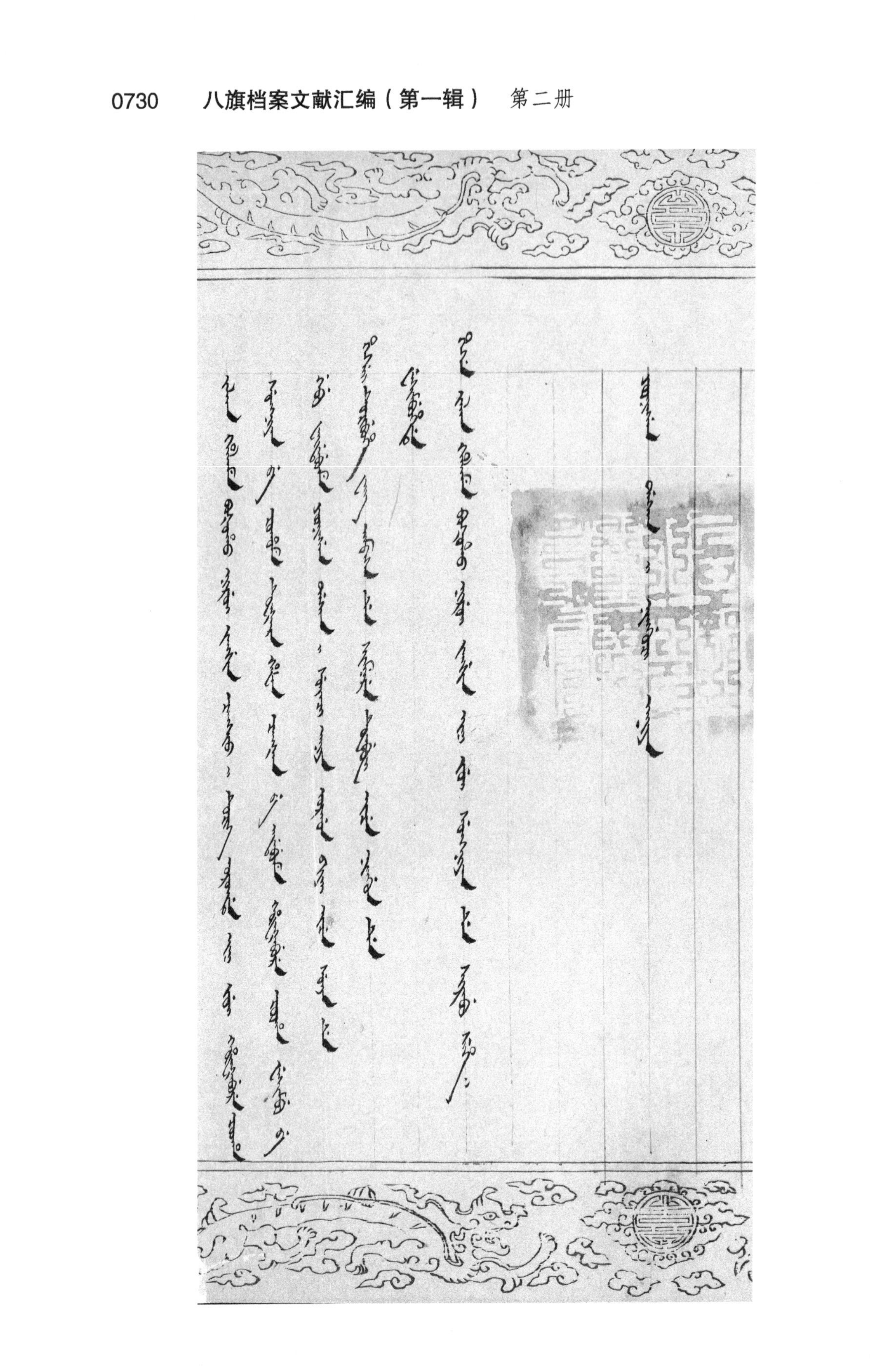

[illegible]

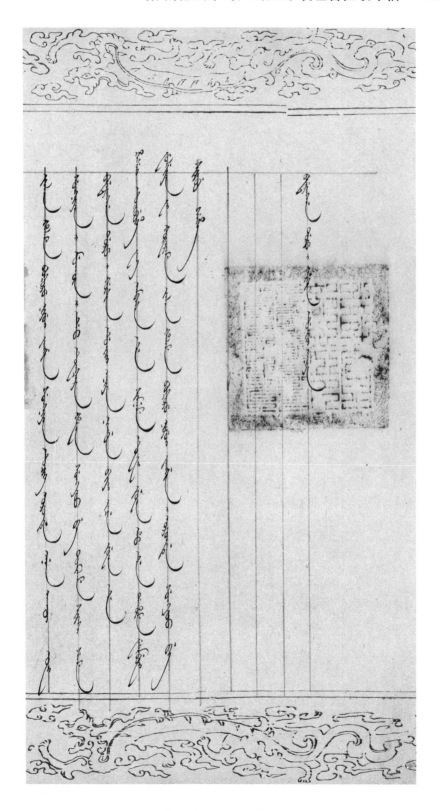

镶白旗汉军佐领李国纲承袭世管佐领印轴

满文写本，卷轴装，页面46.2cm×1532.0cm，四周双边，螭文，钤兵部印及陆军部印，印轴保存较好，少量字迹不清，满文题名为kubuhe šanggiyan i ujen coohai gūsai nirui janggin lii guwe g’ang ni bošoho jalan halame bošoro temgetu bithe。初修时间为乾隆六年，后陆续添写至宣统元年，未满幅。本印轴有错粘情况，佐领下部分族众名单置于佐领根源内容之中，或系印轴修整过程中失误所致。

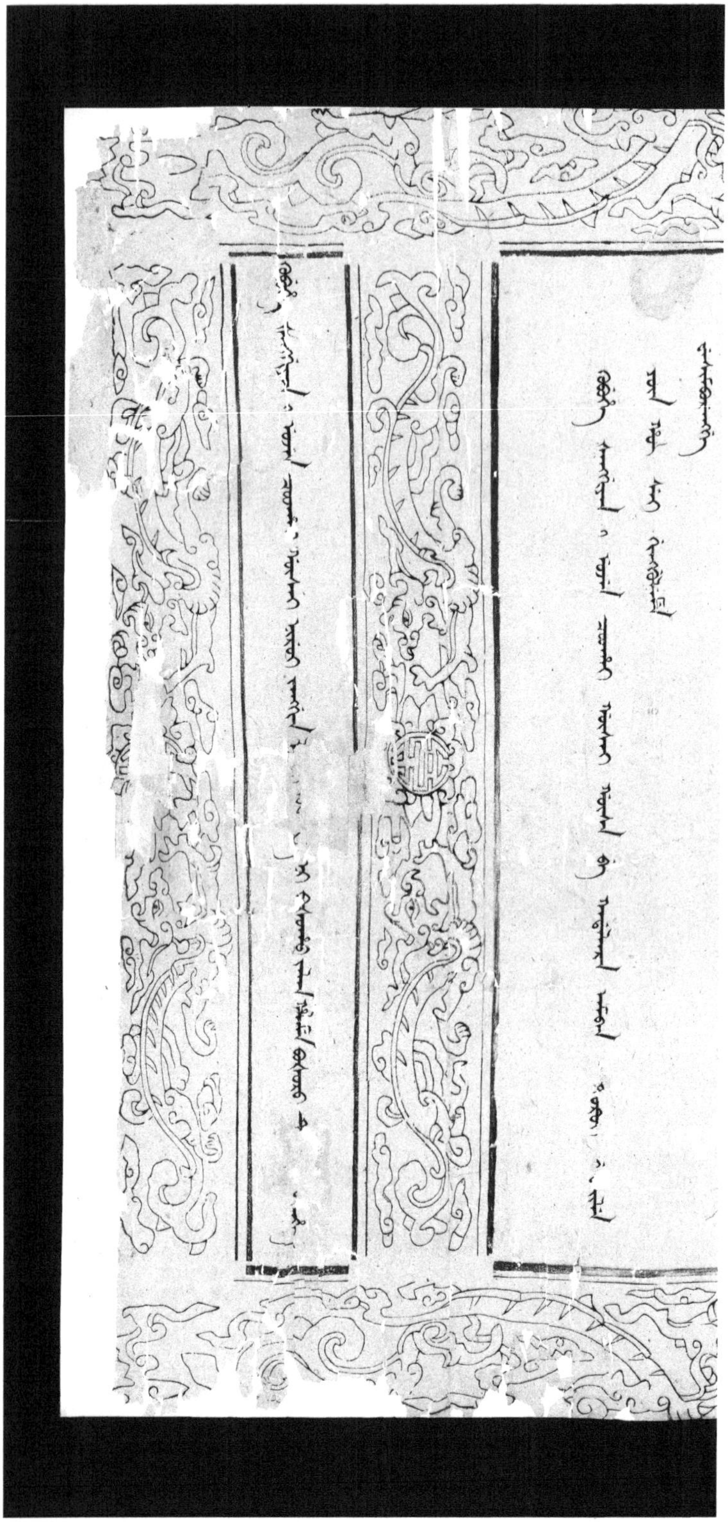

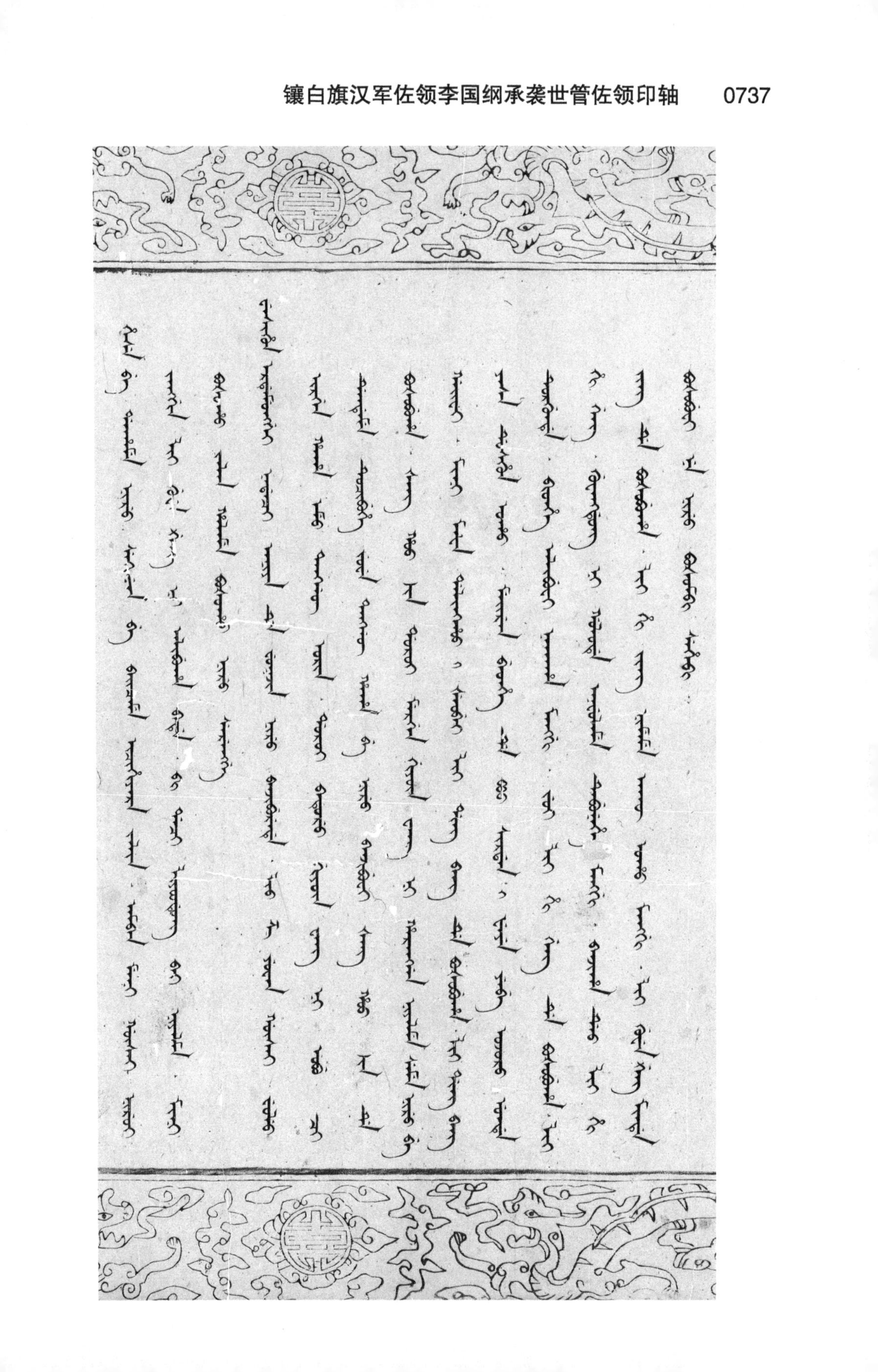

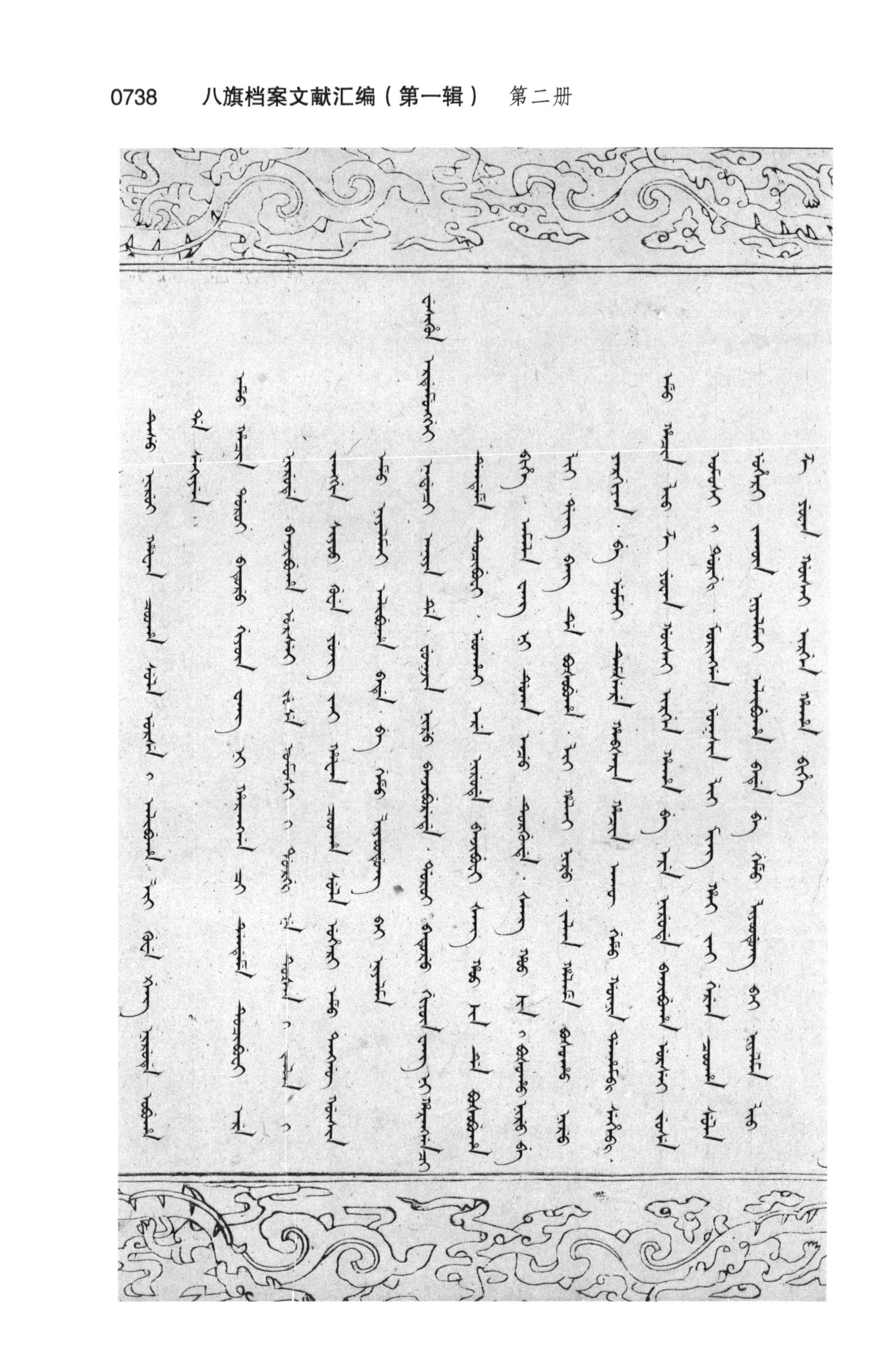

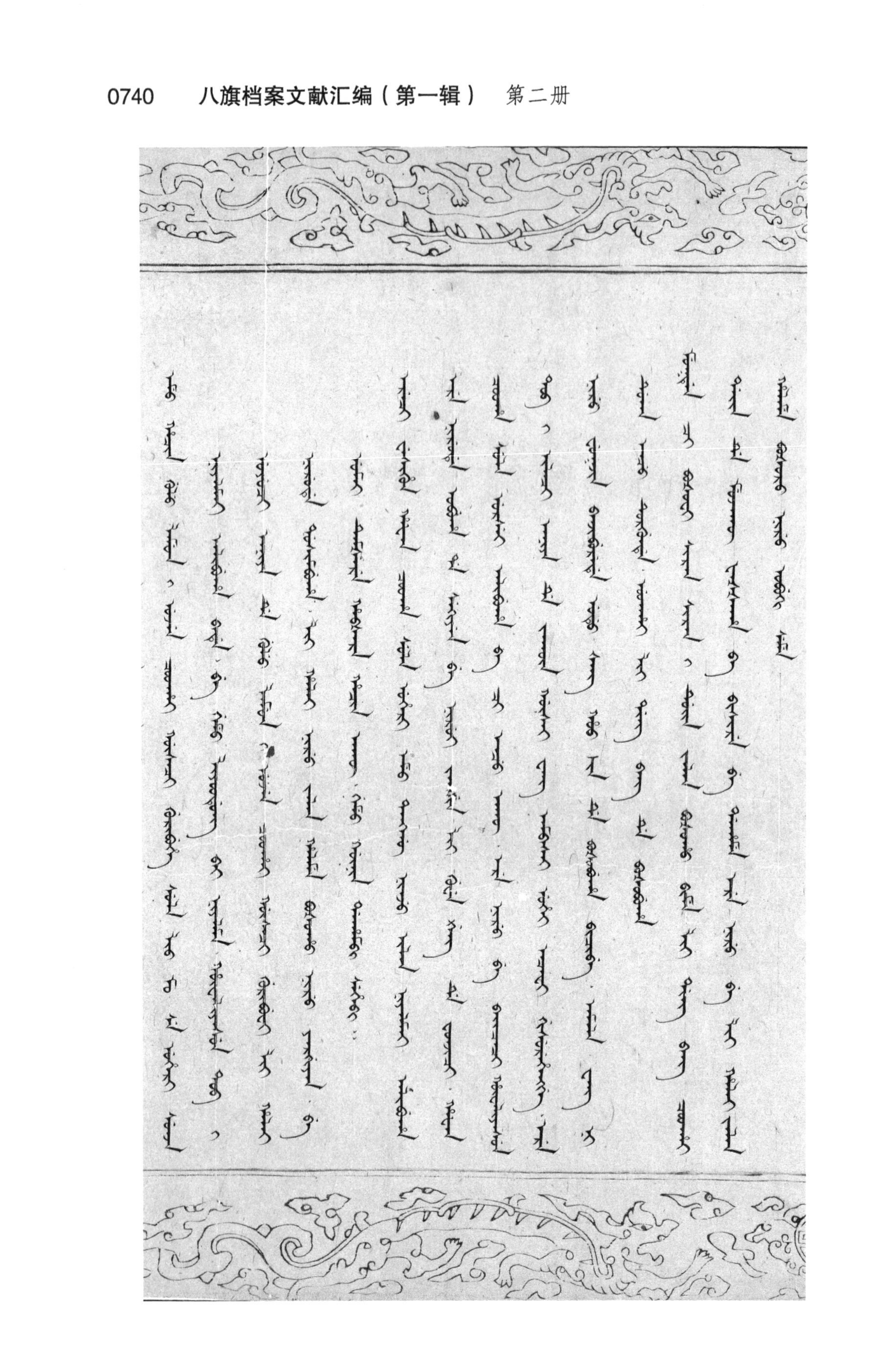

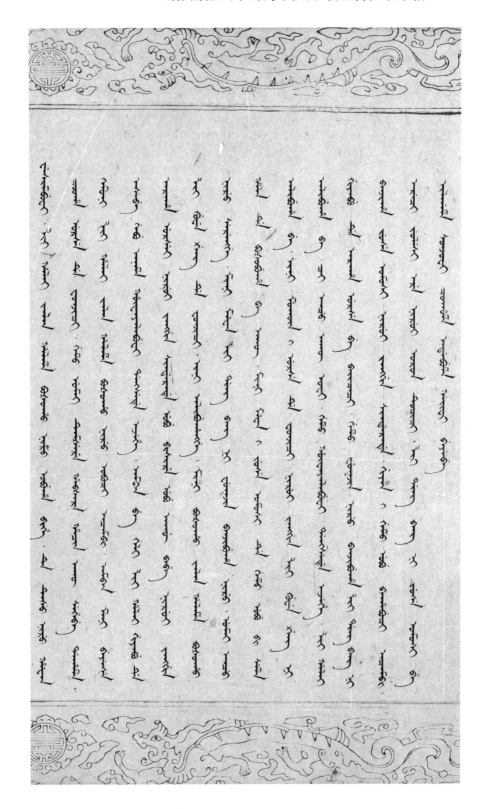

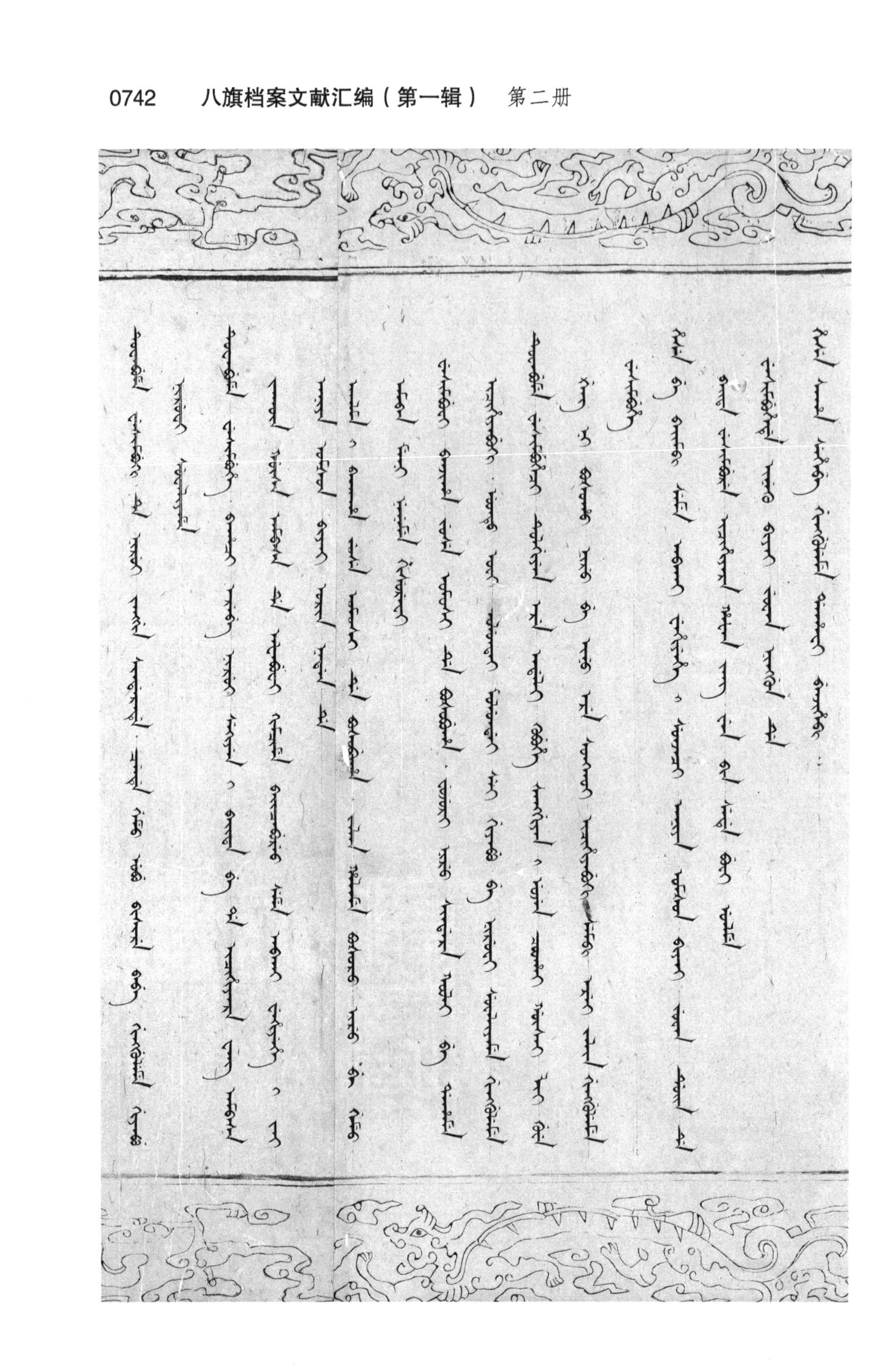

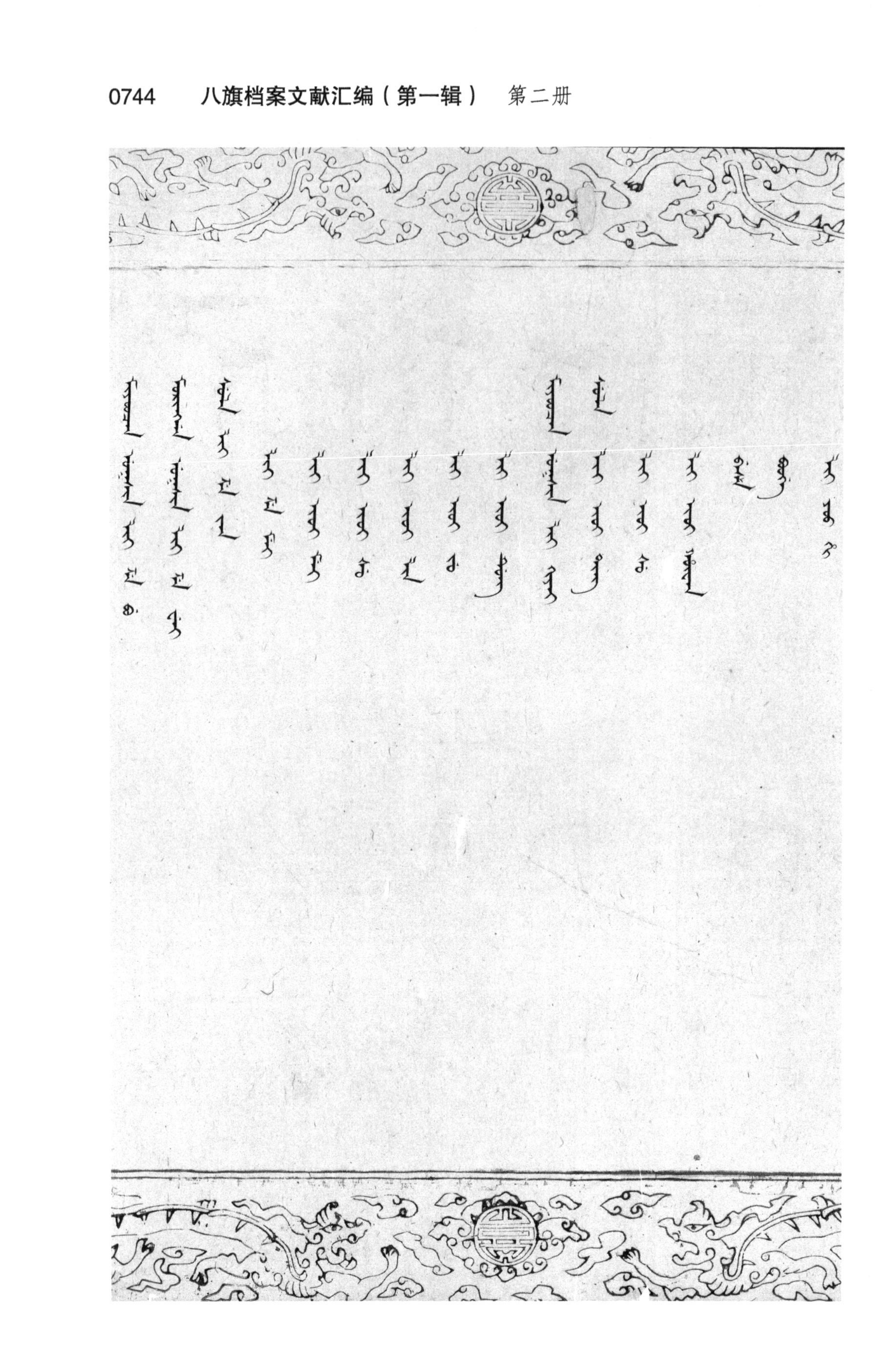

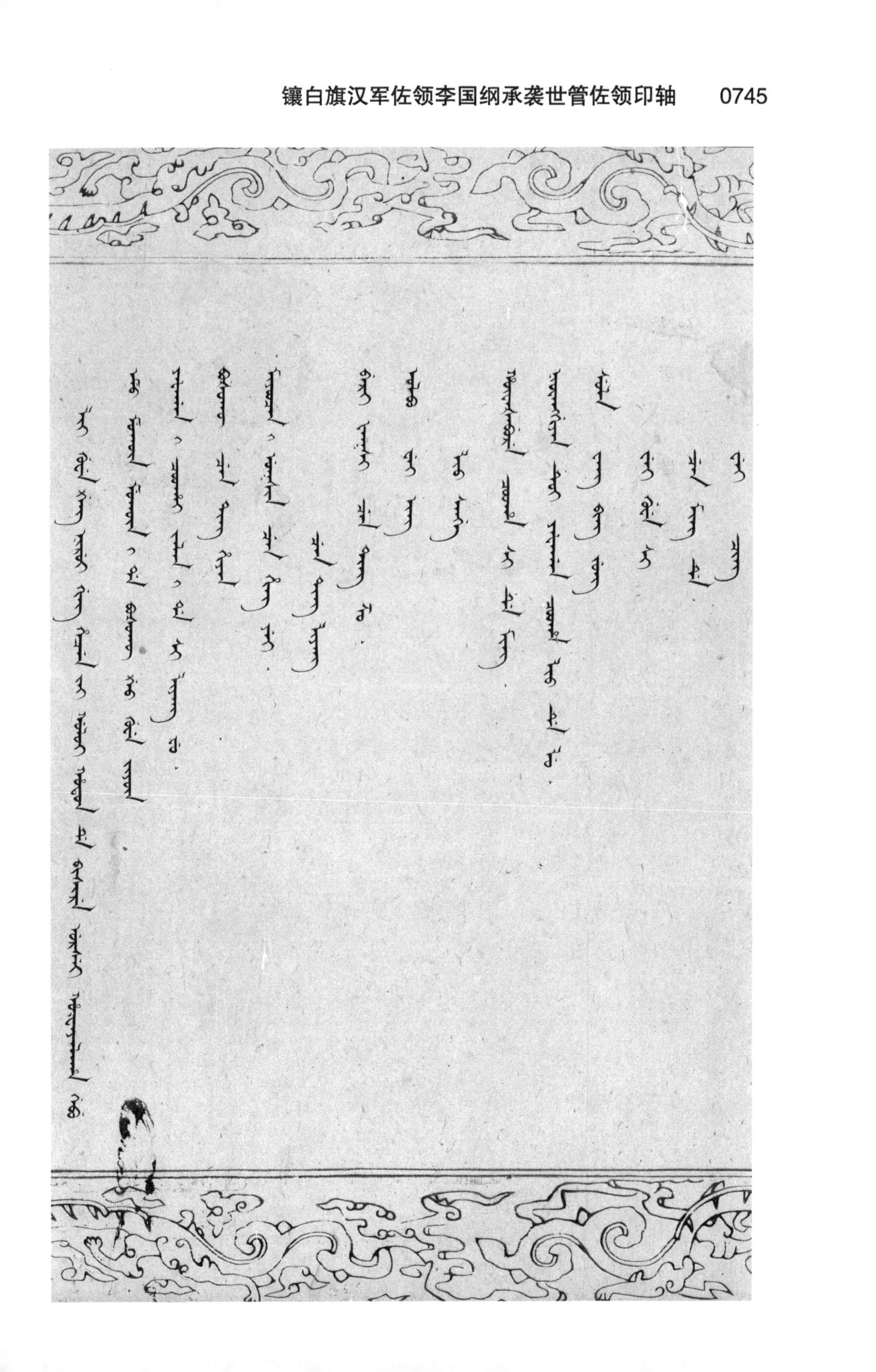

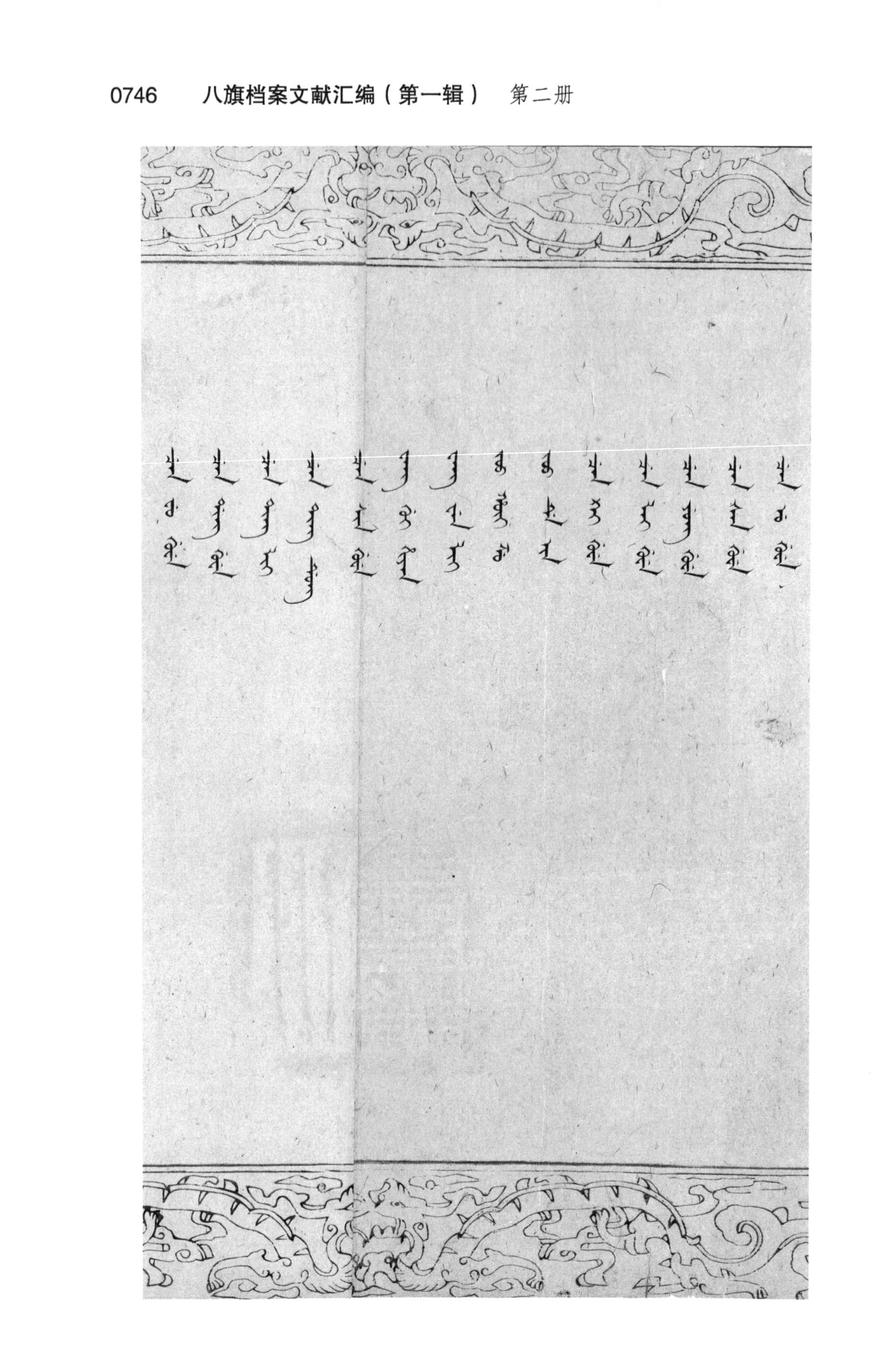

[illegible]

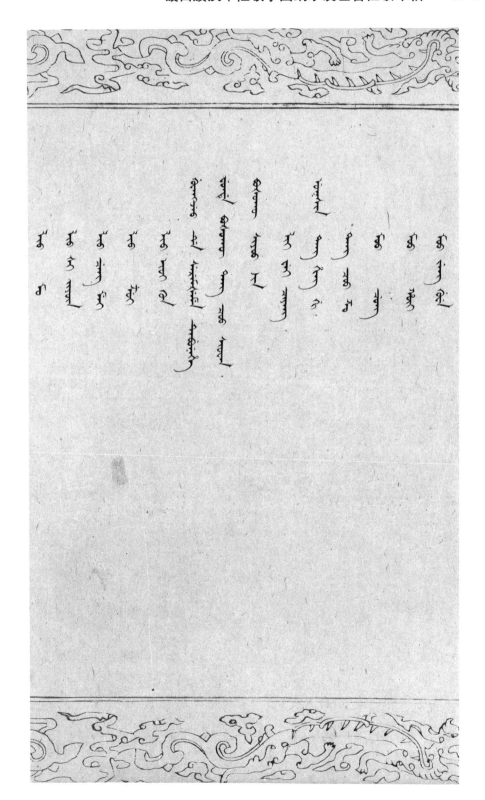

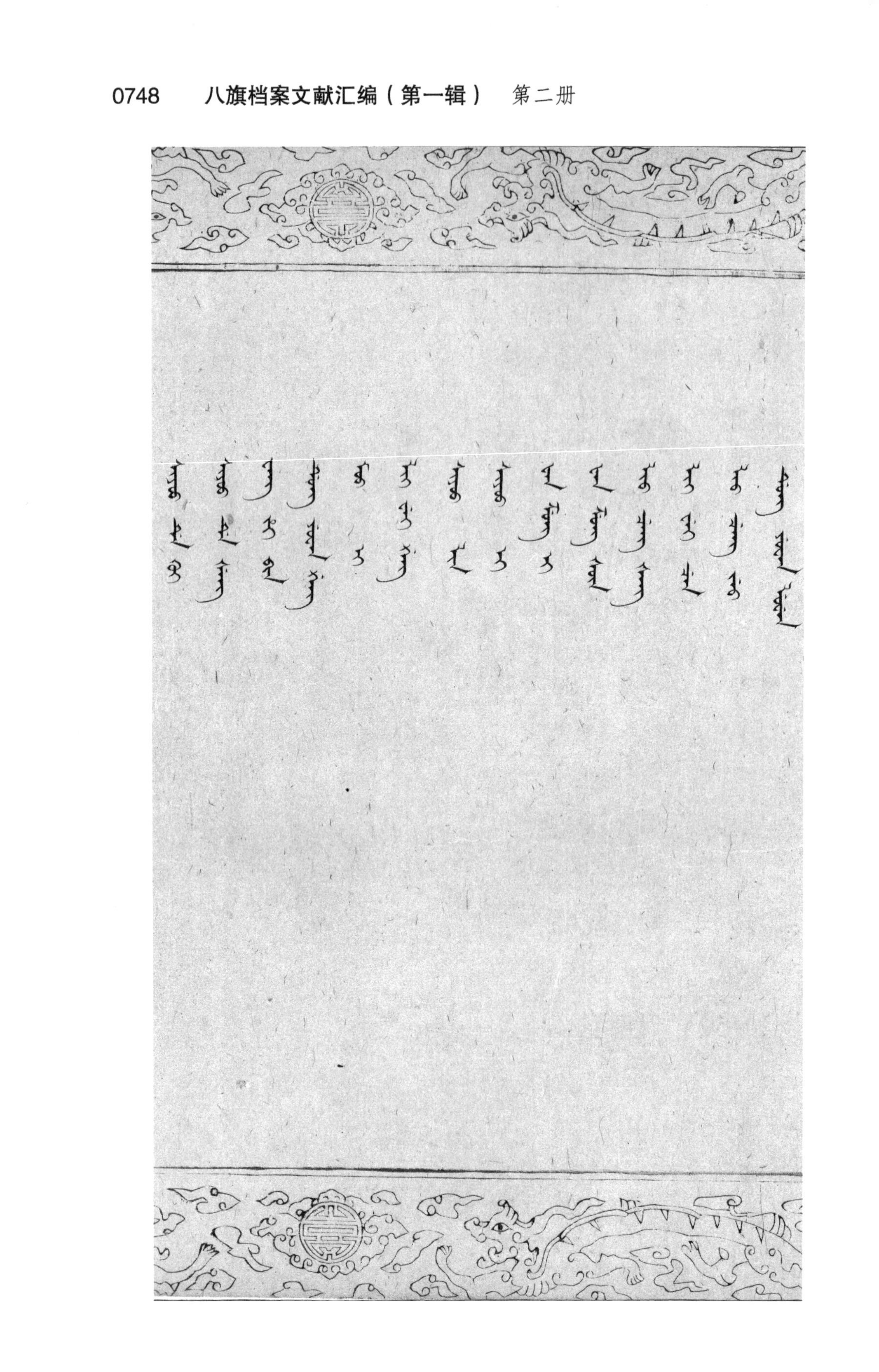

[illegible]

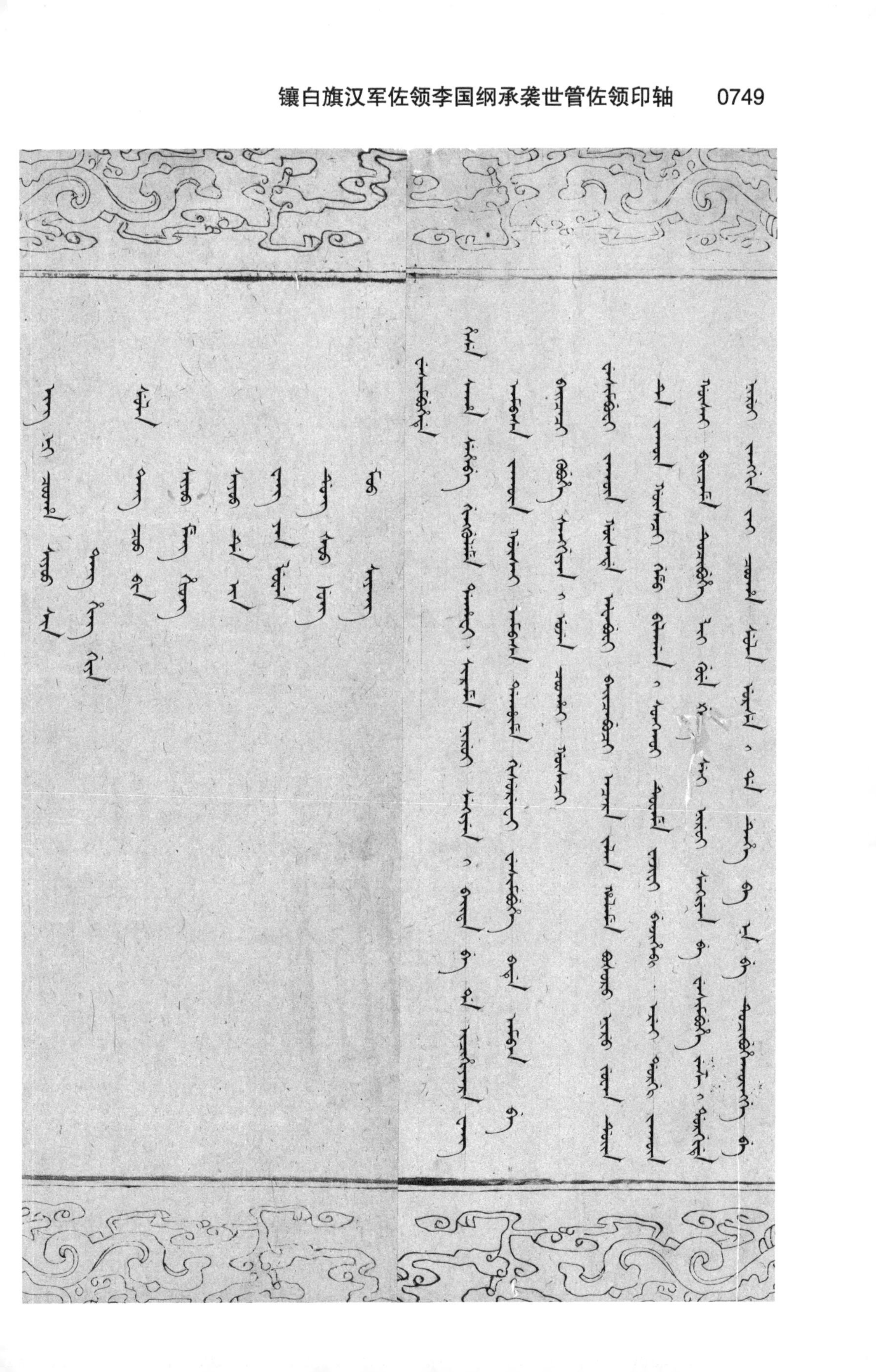

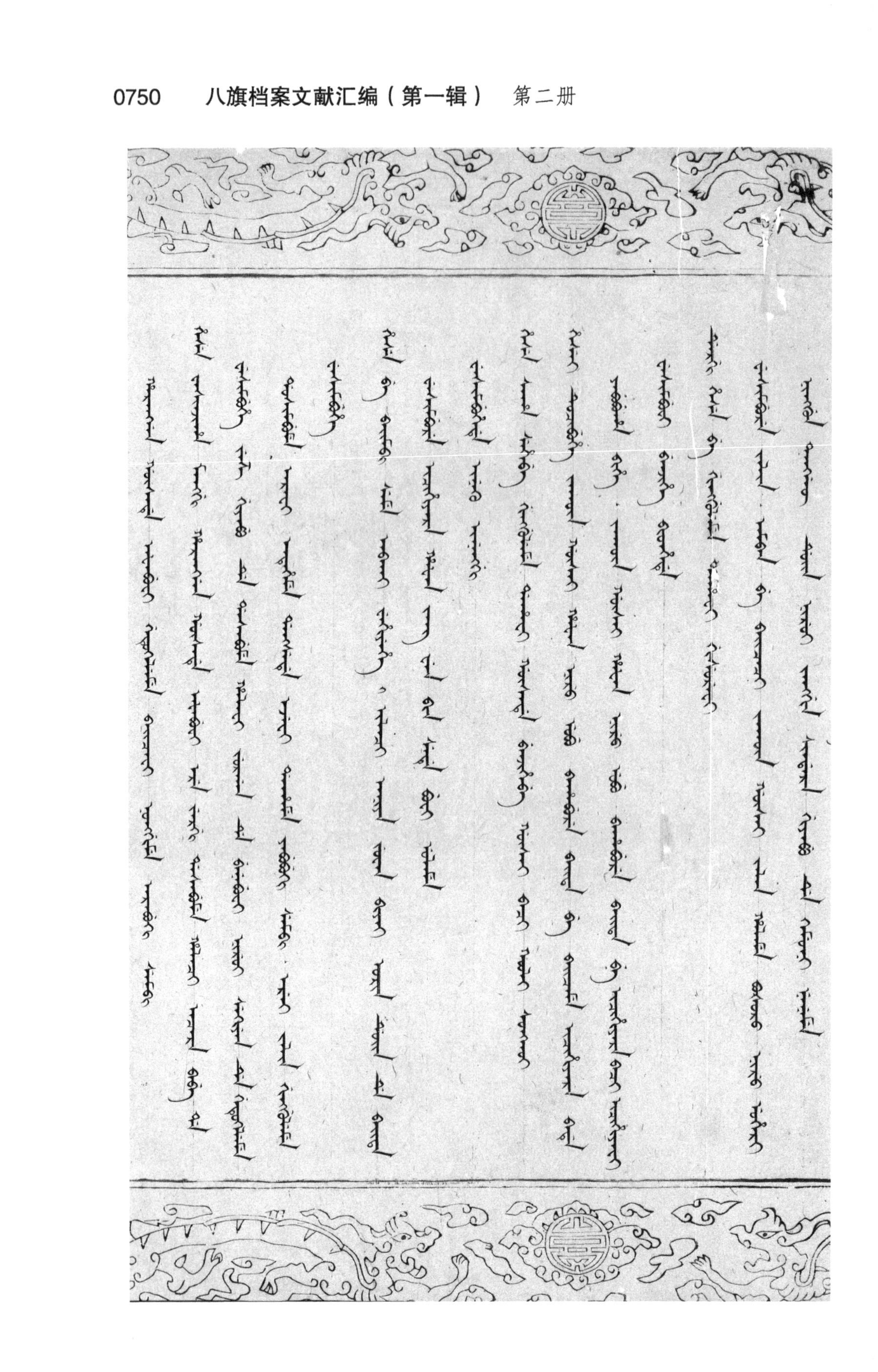

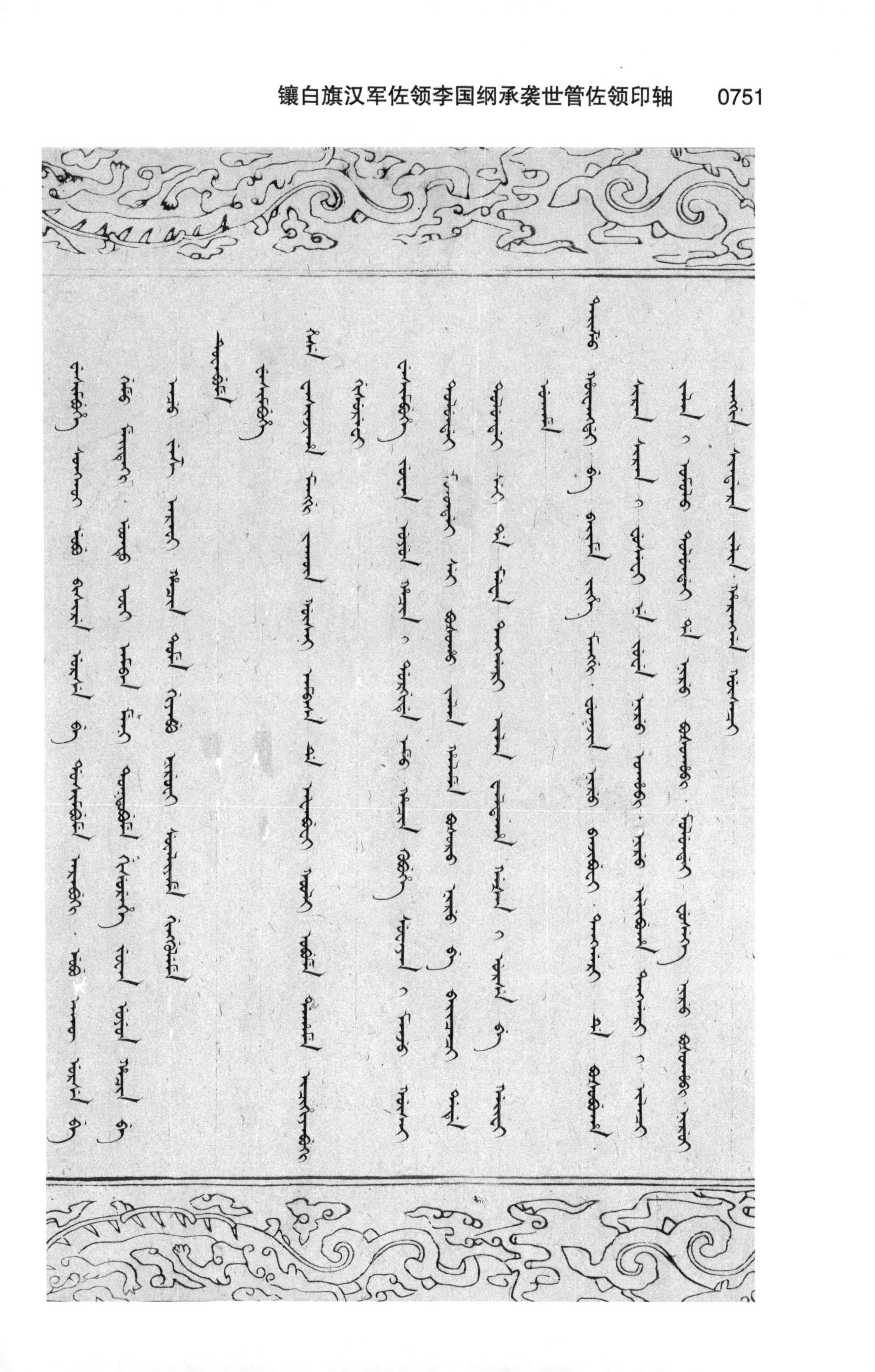

[illegible]

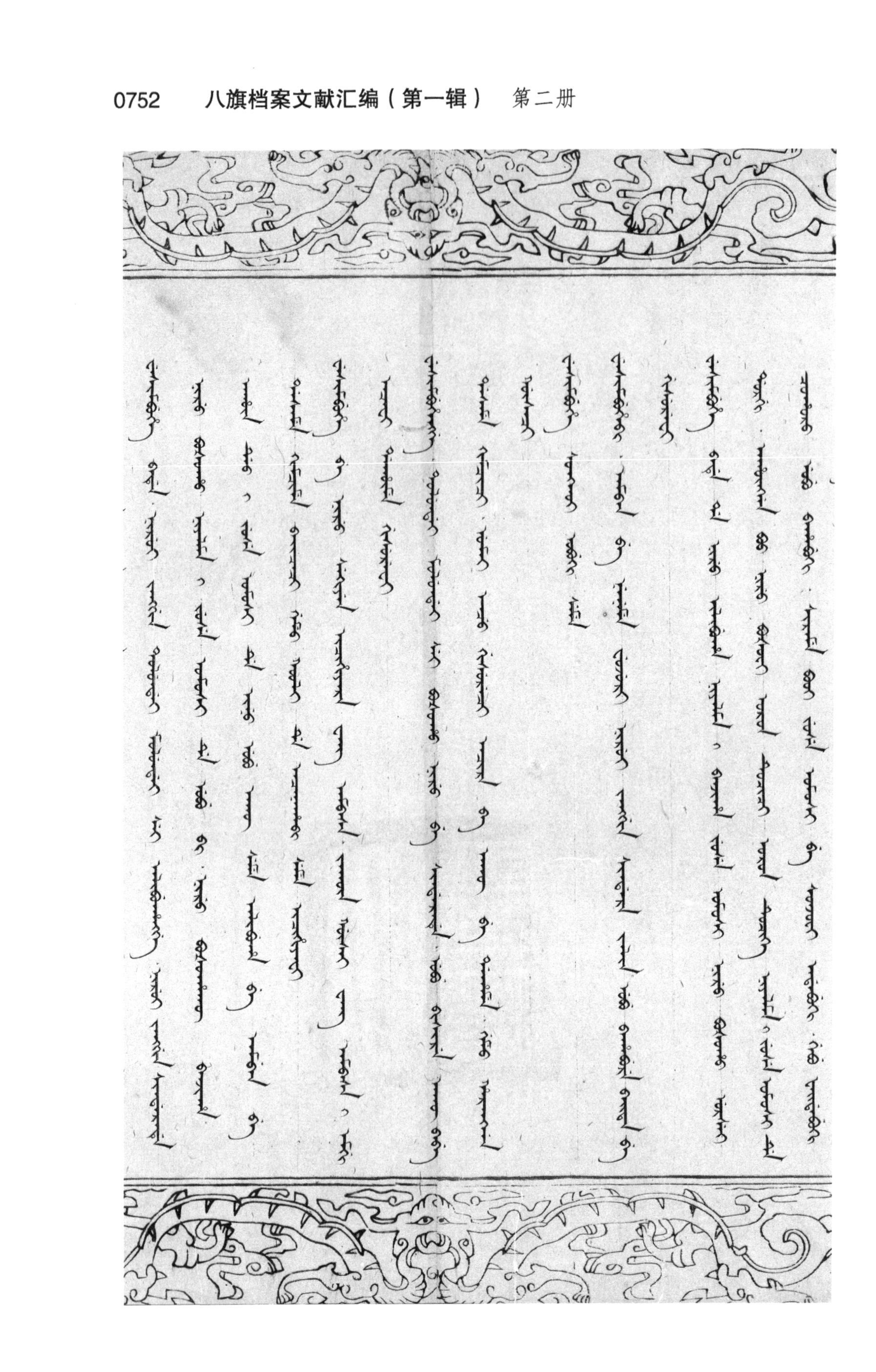

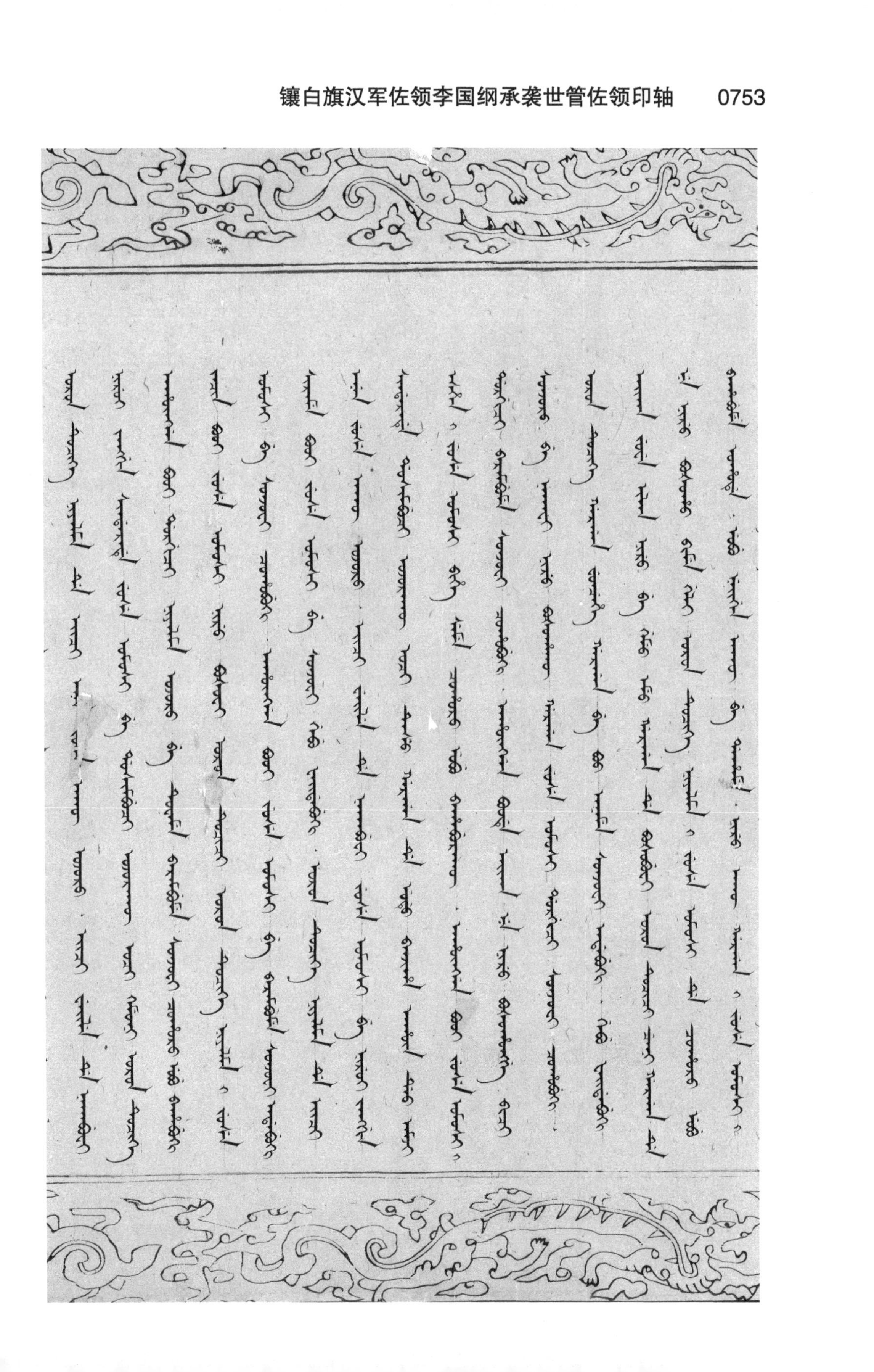

[illegible]

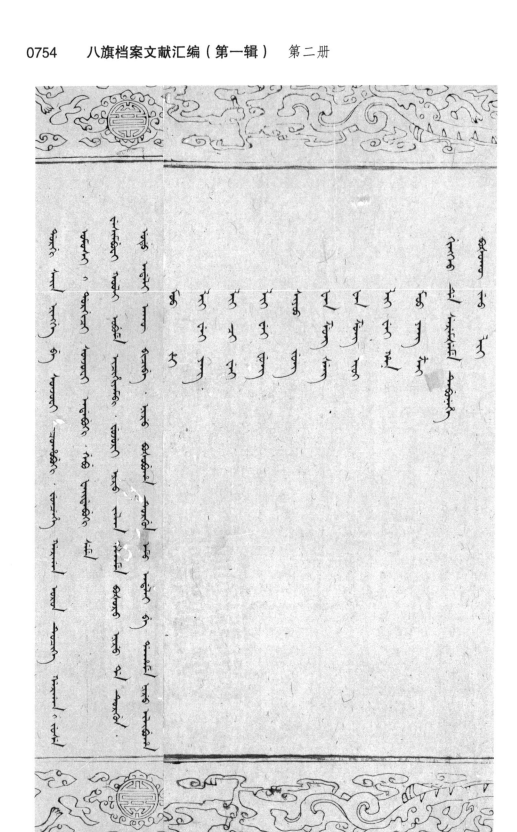

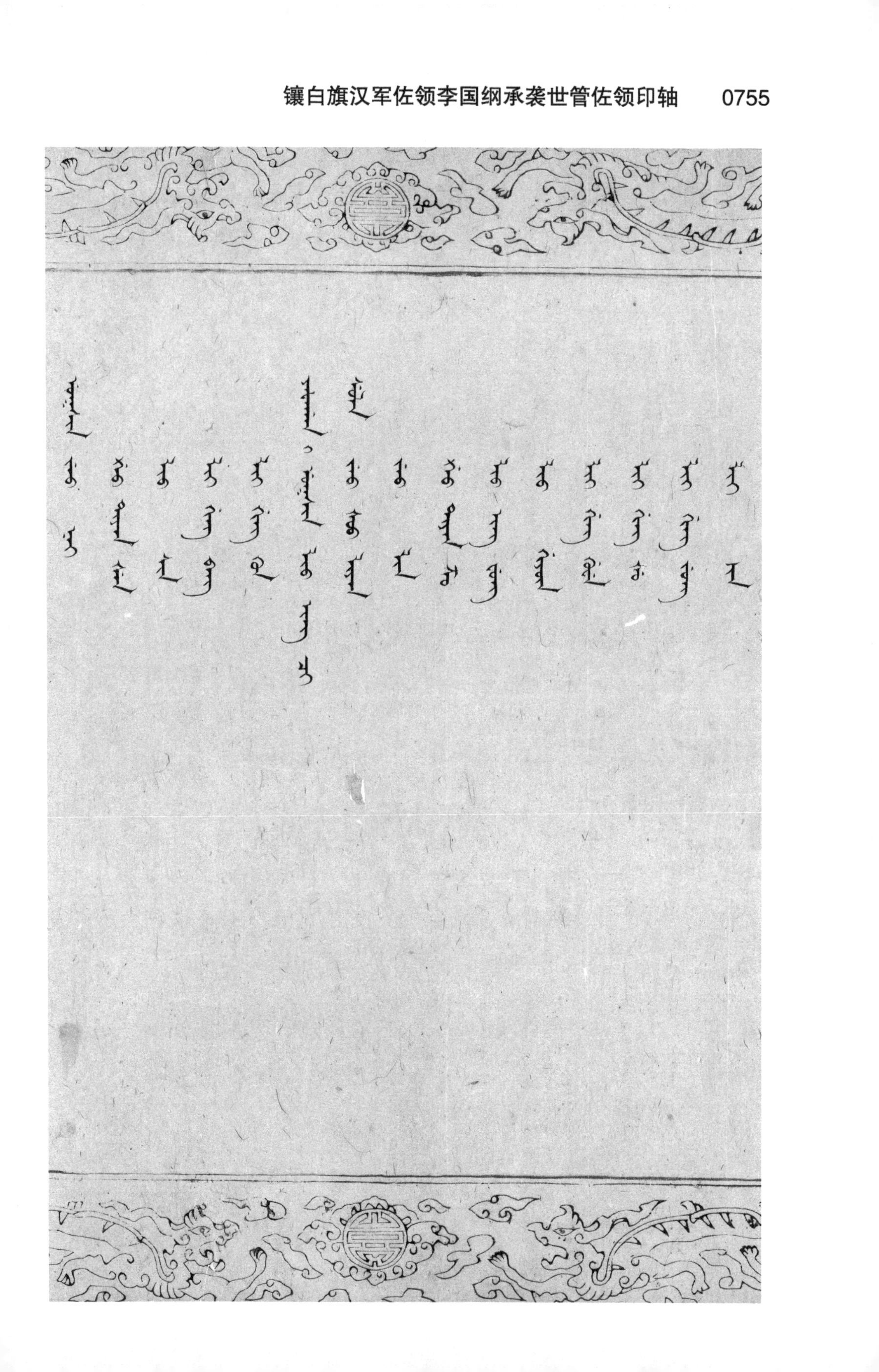

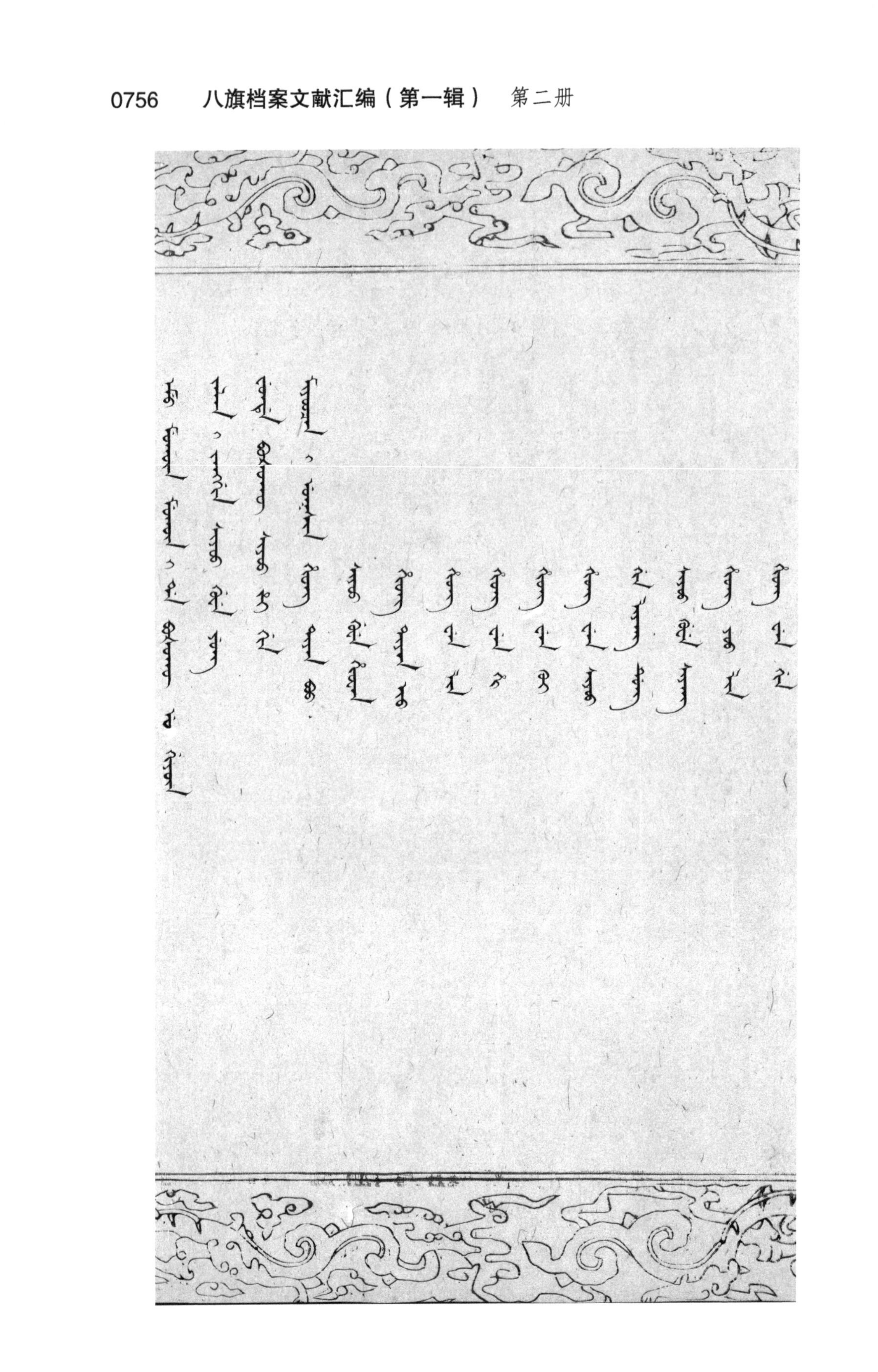

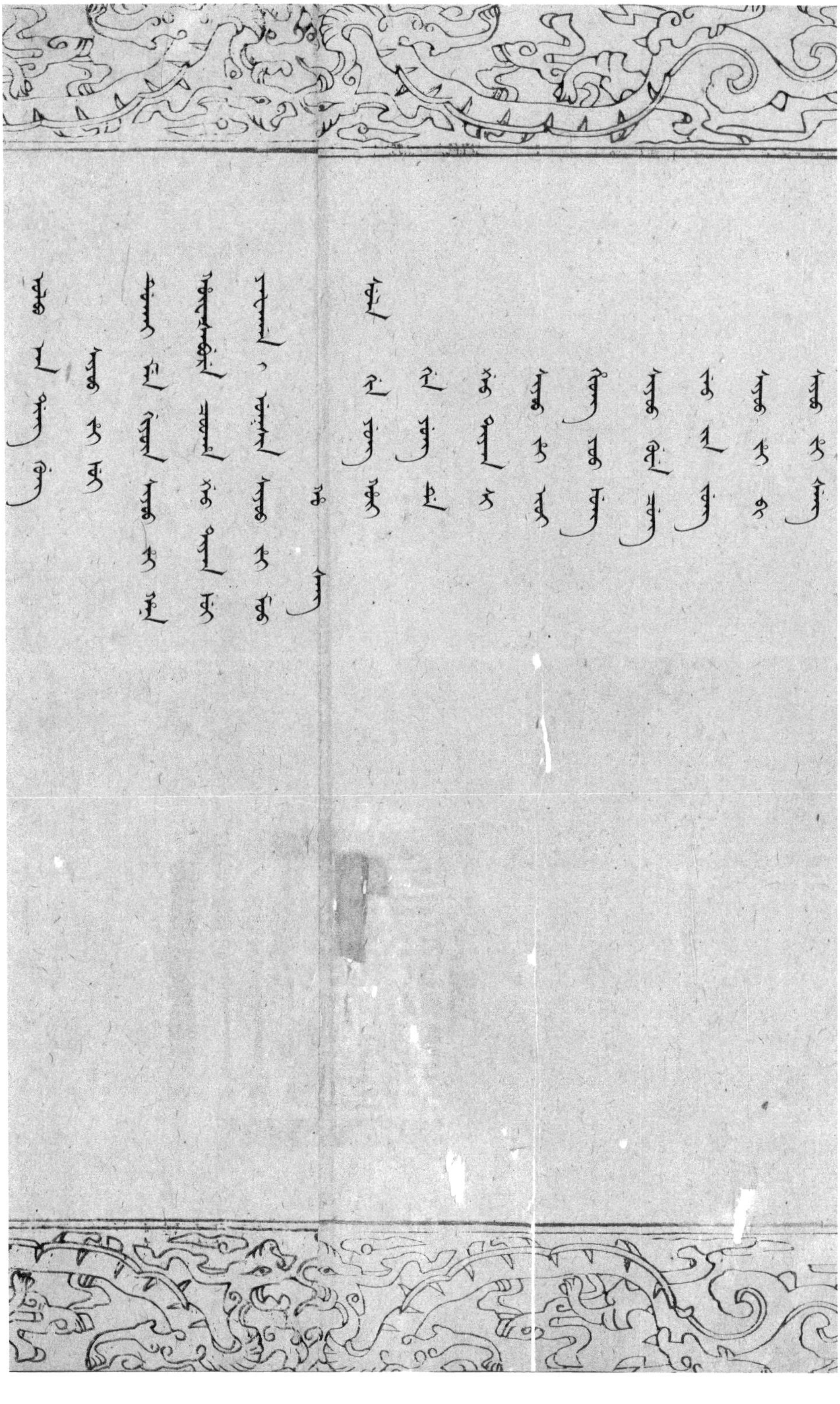

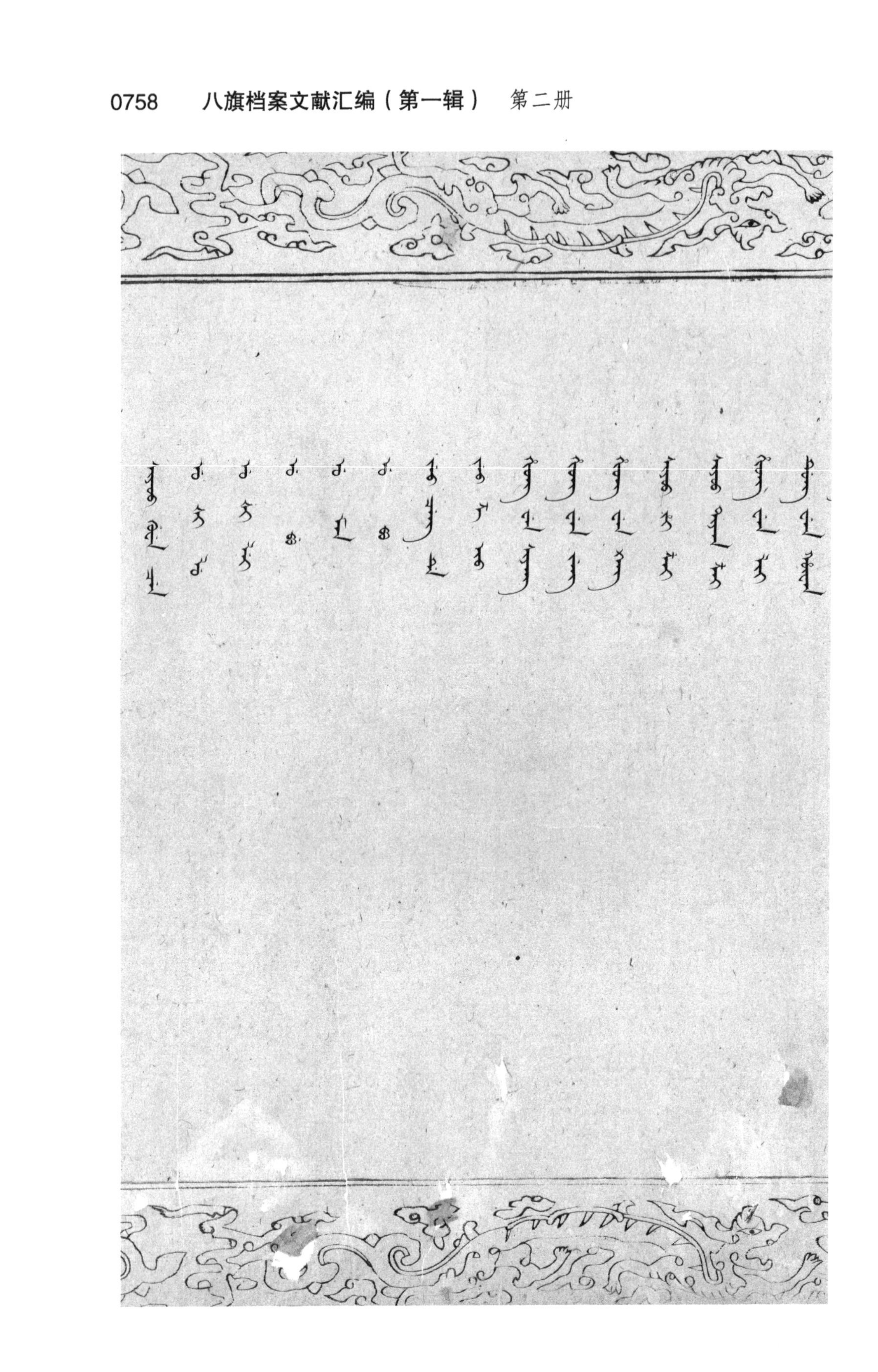

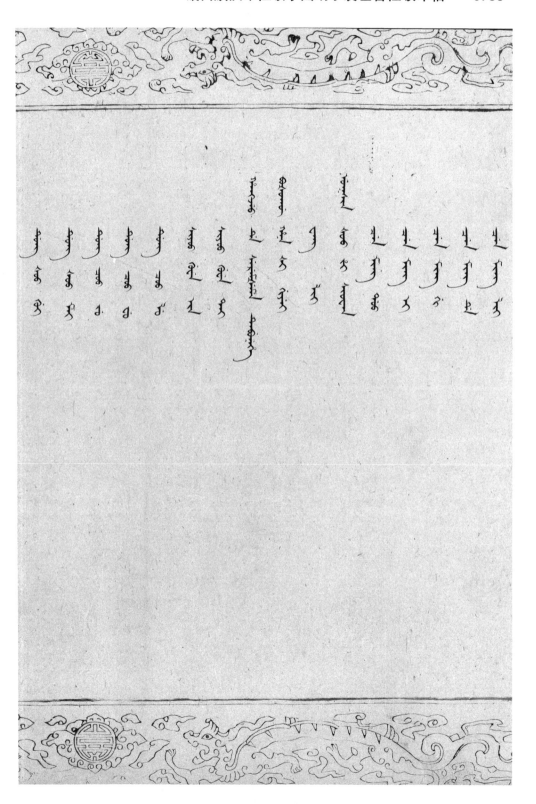

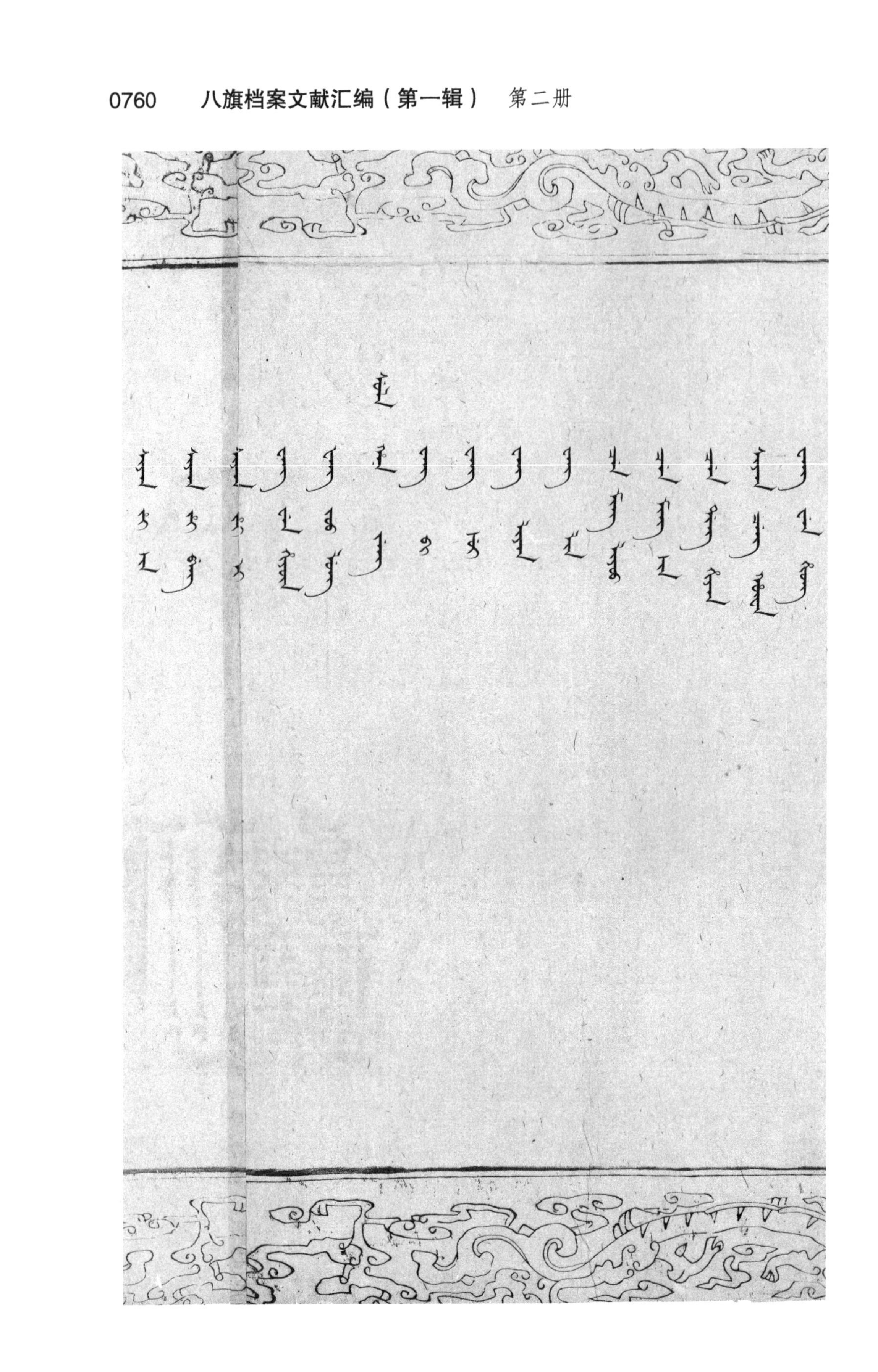

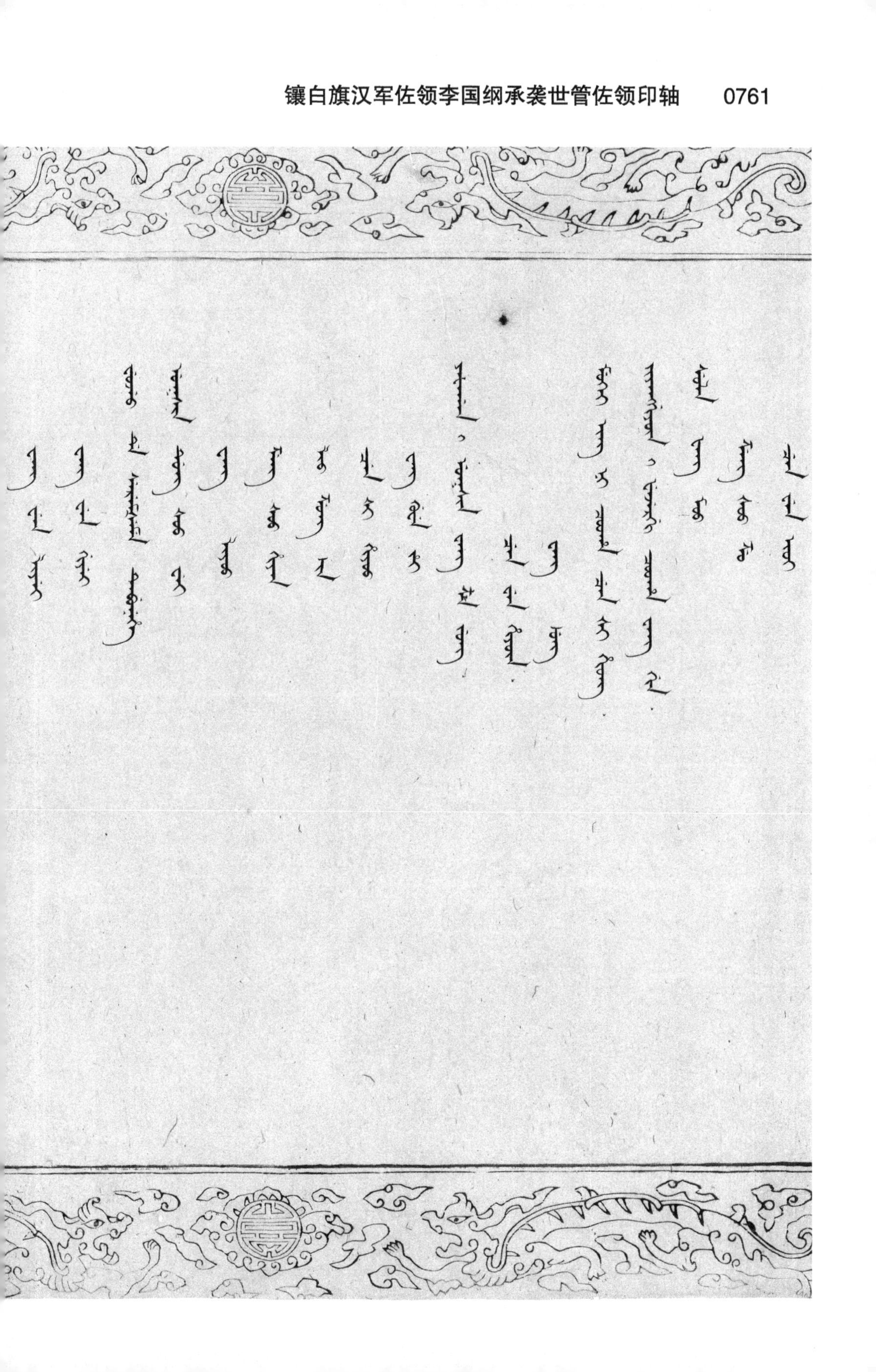

[illegible]

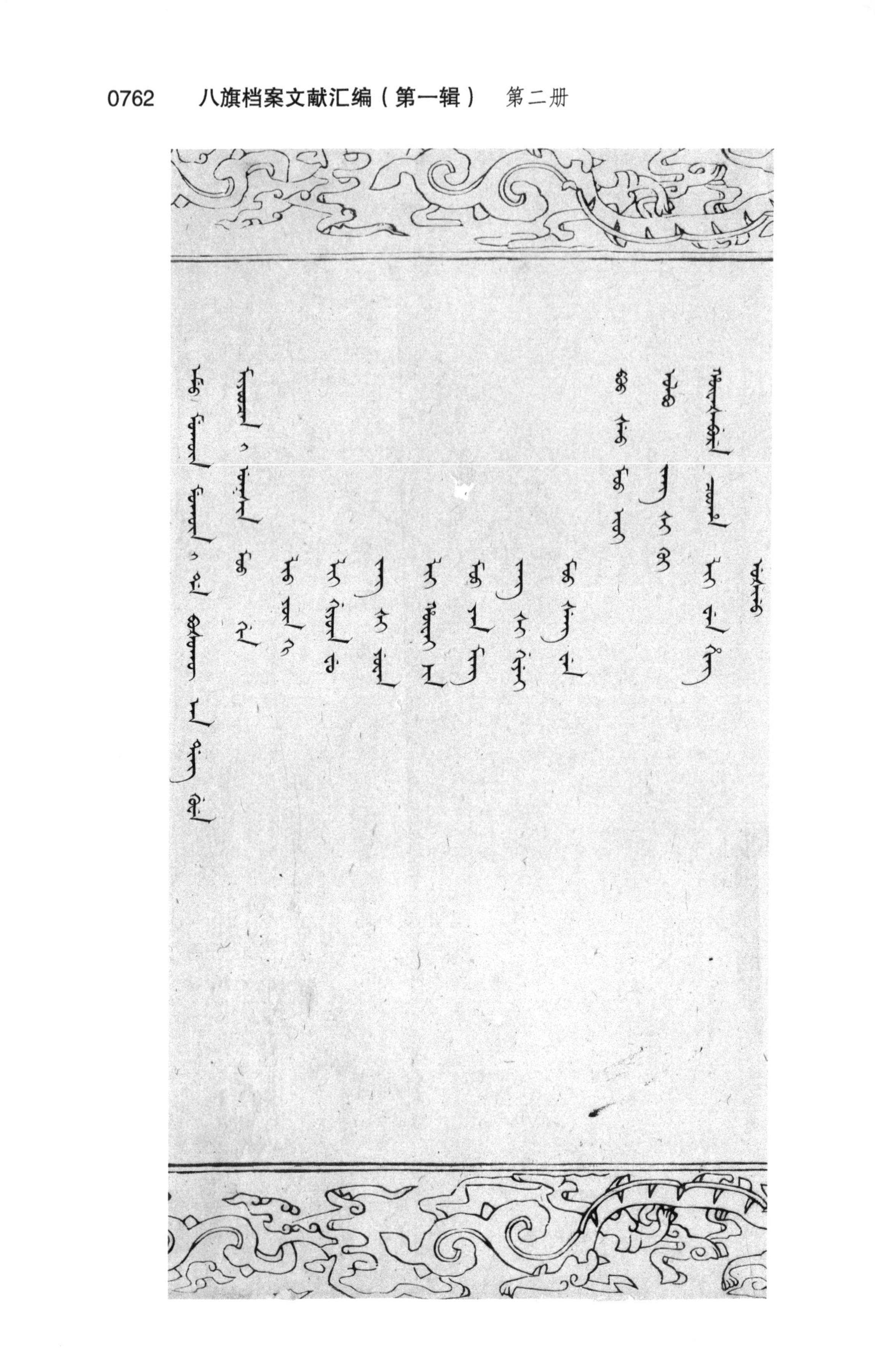

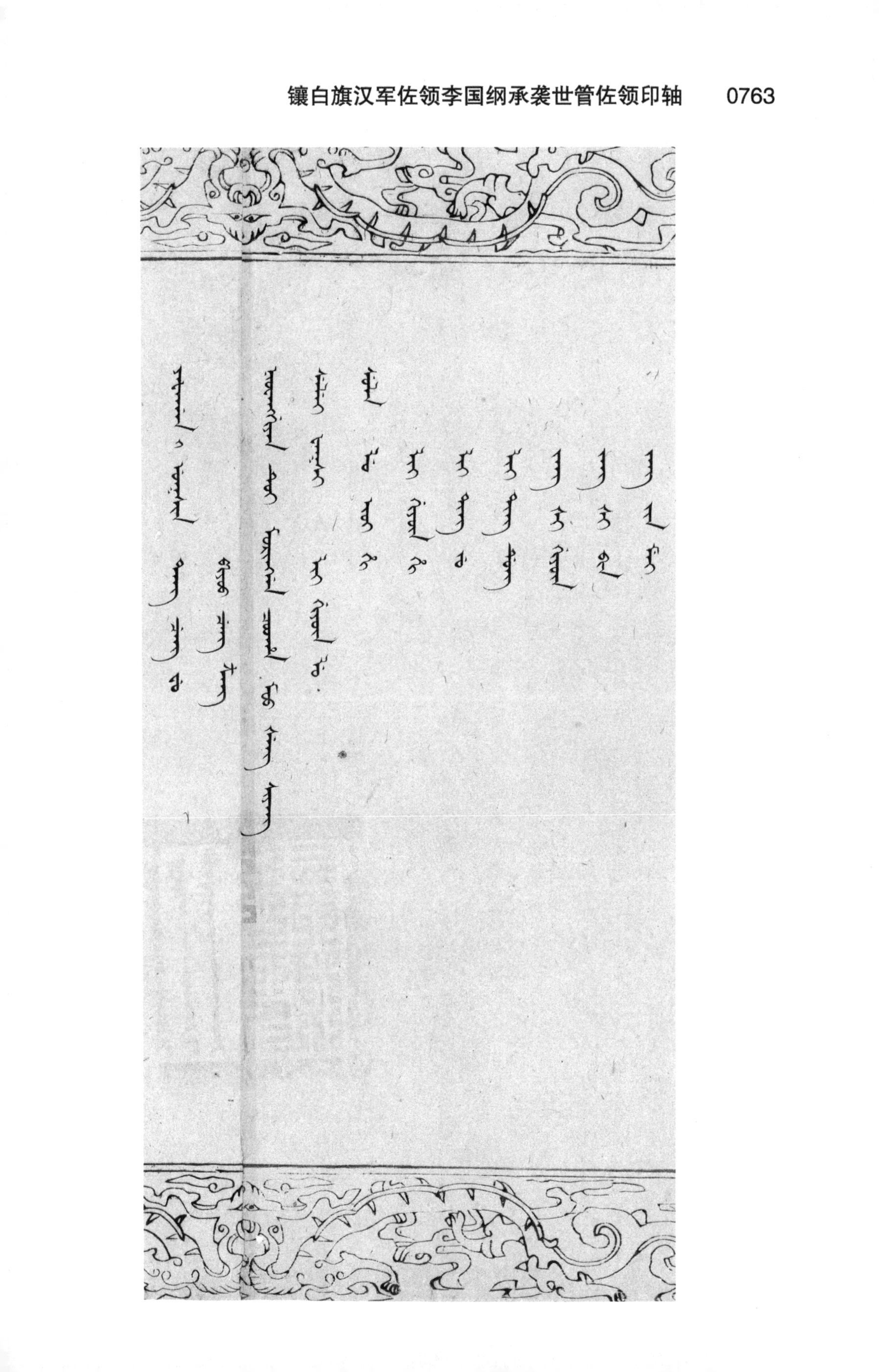

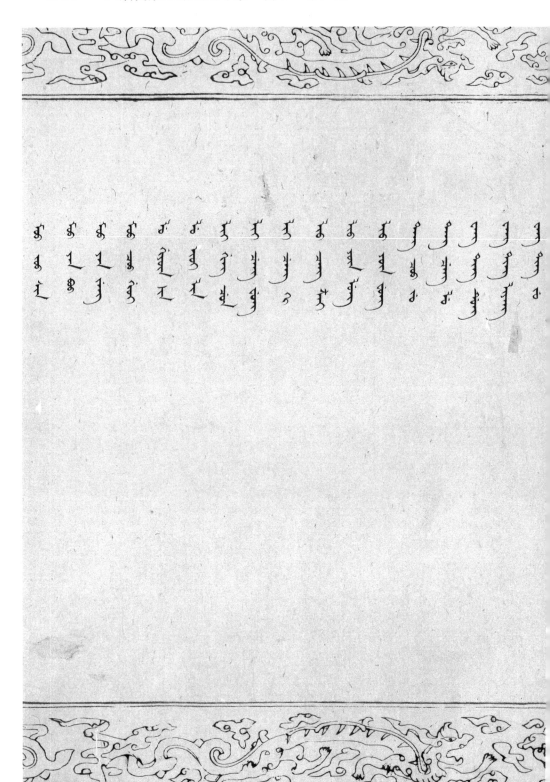

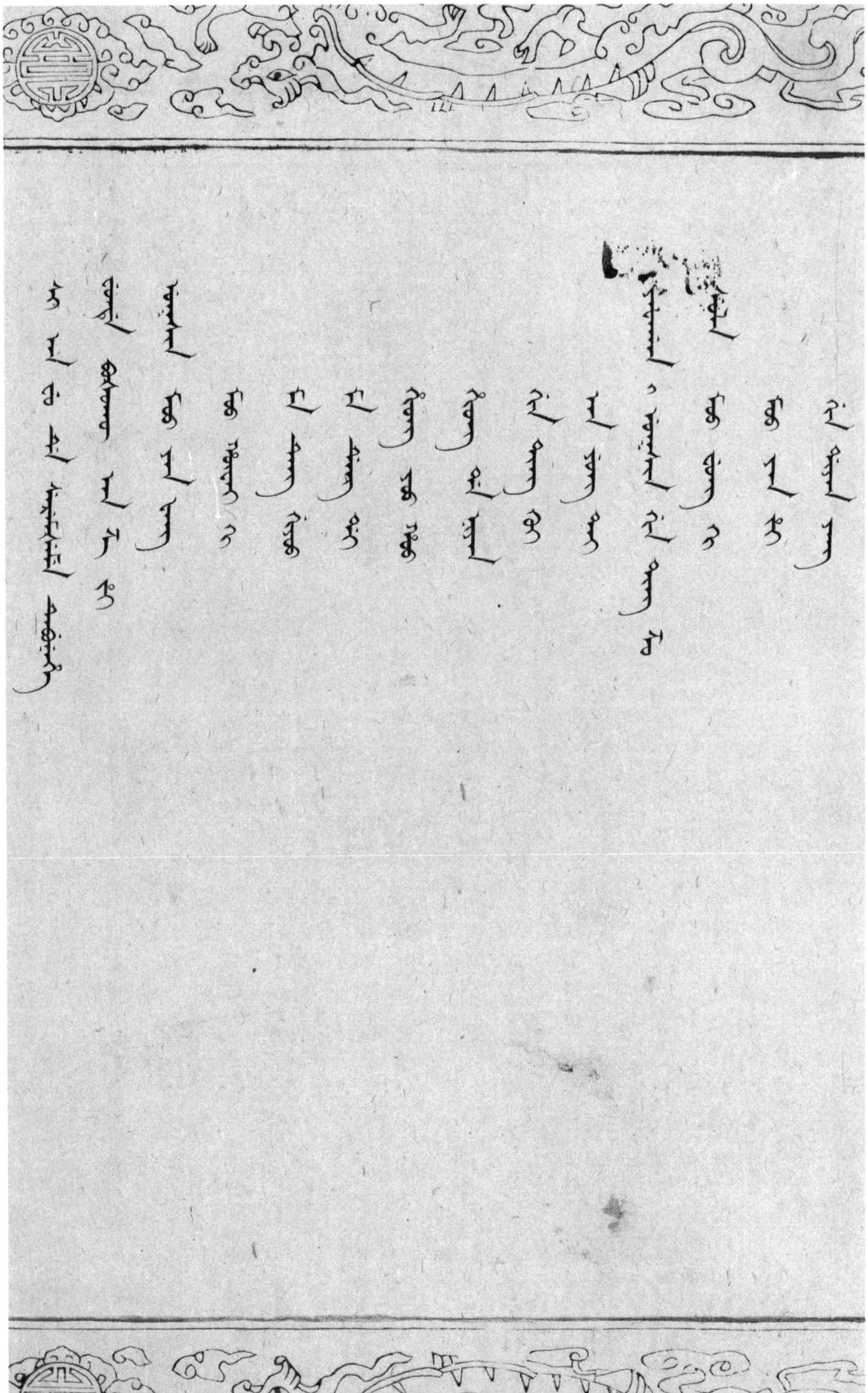

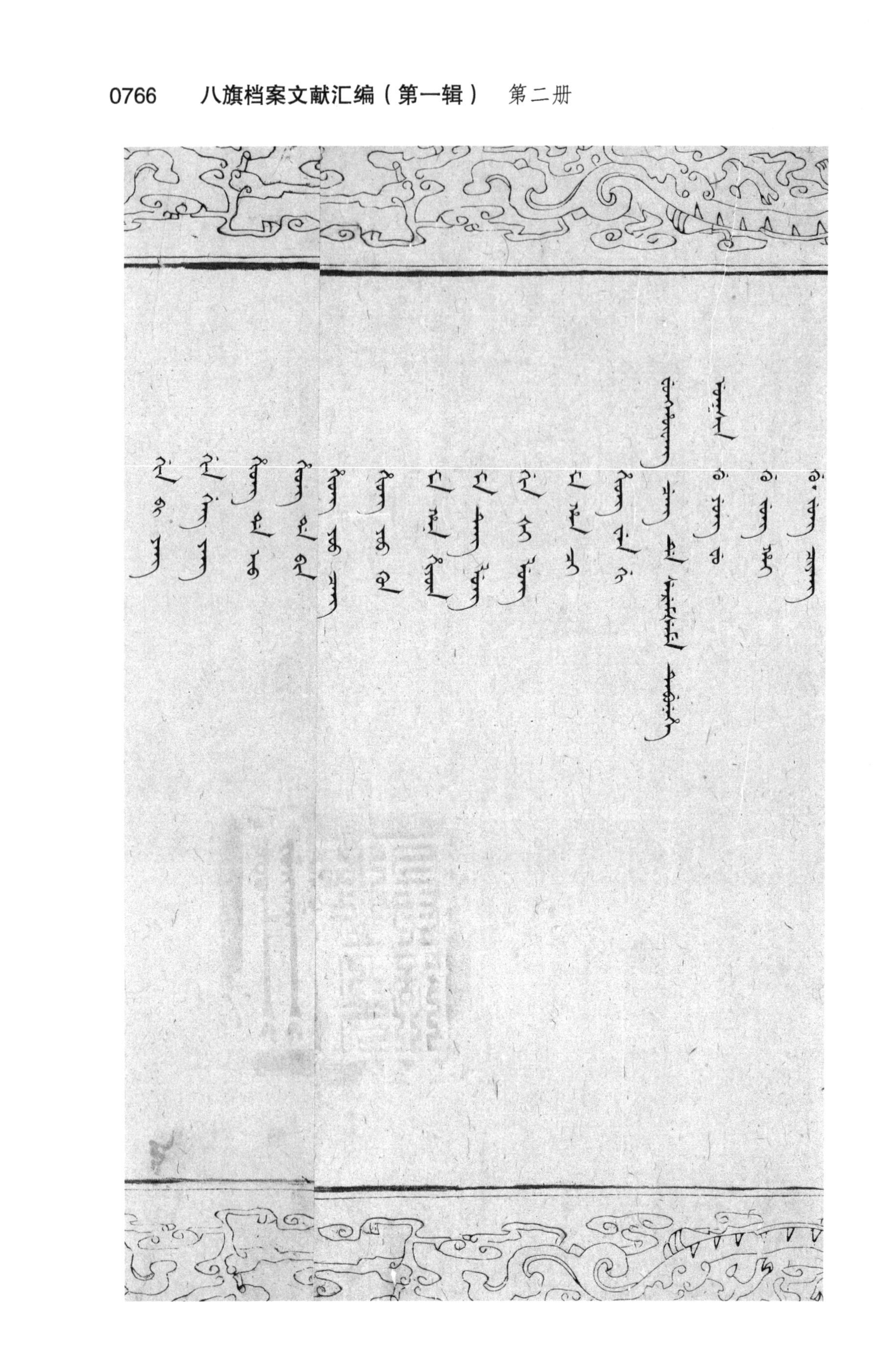

[illegible]

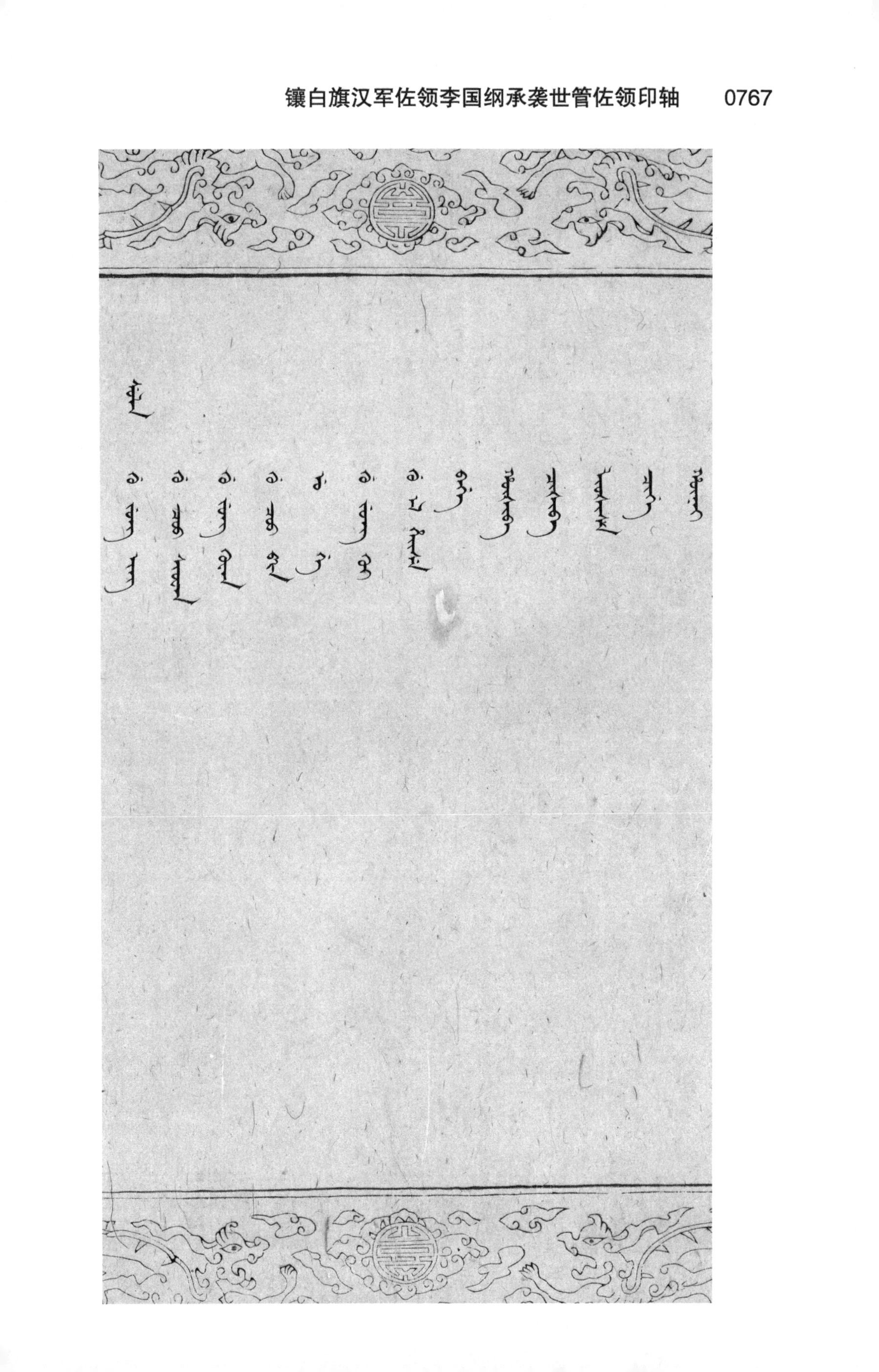

[illegible]

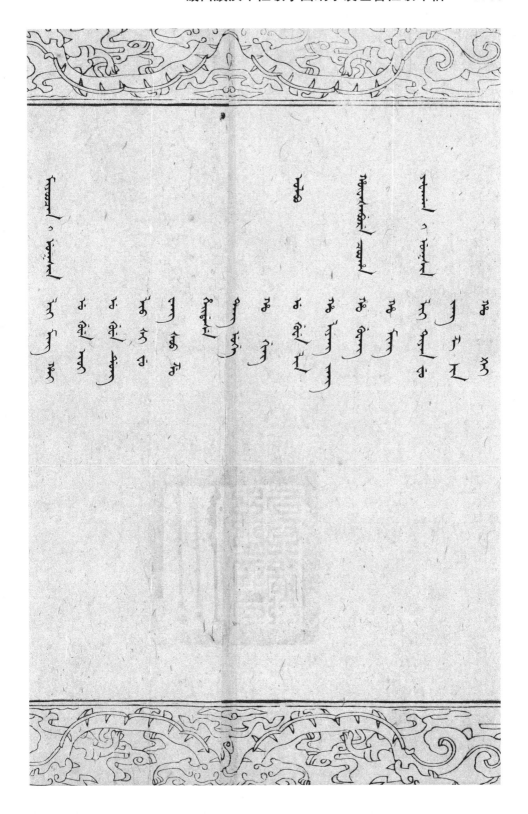

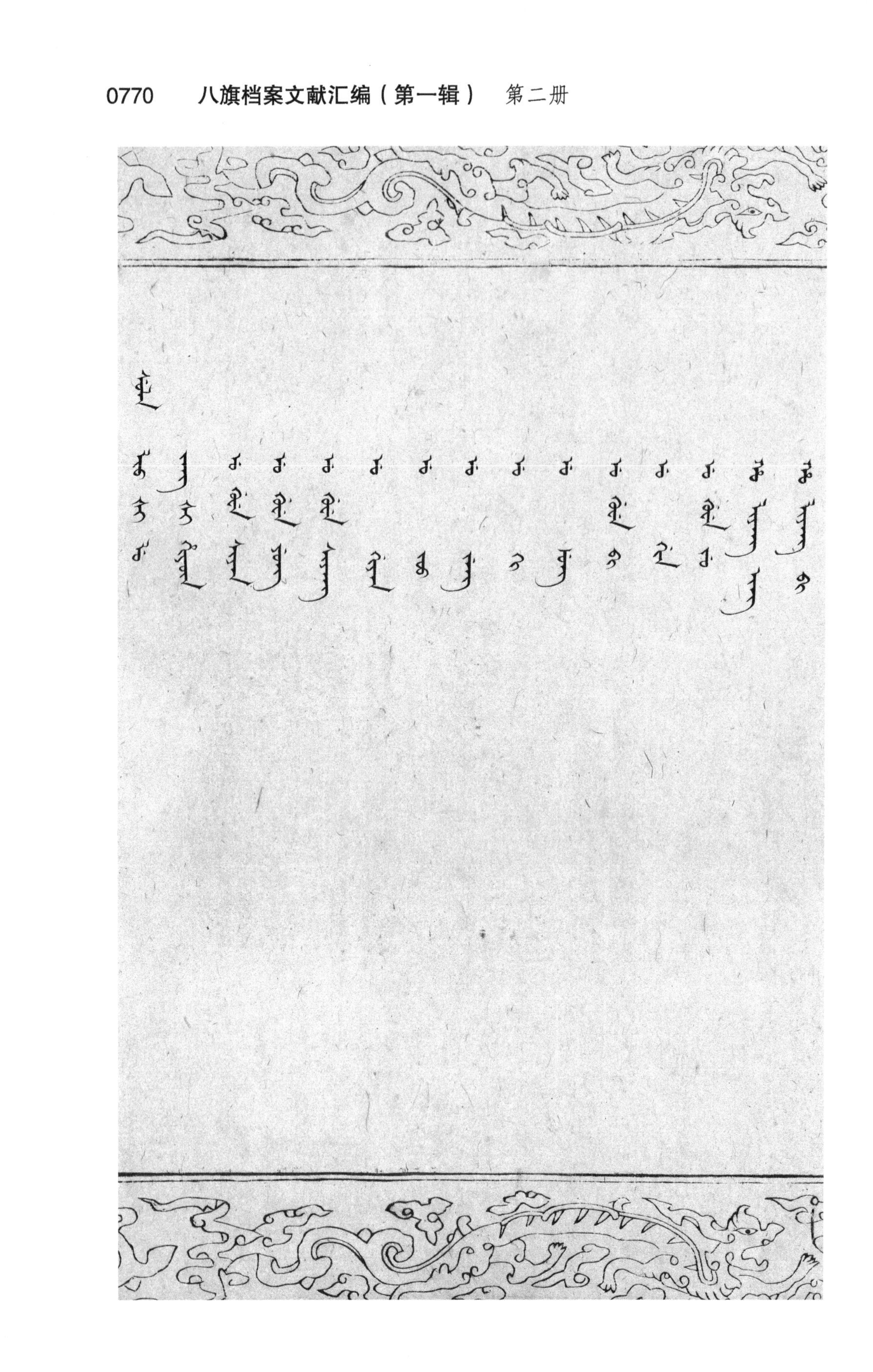

[illegible]

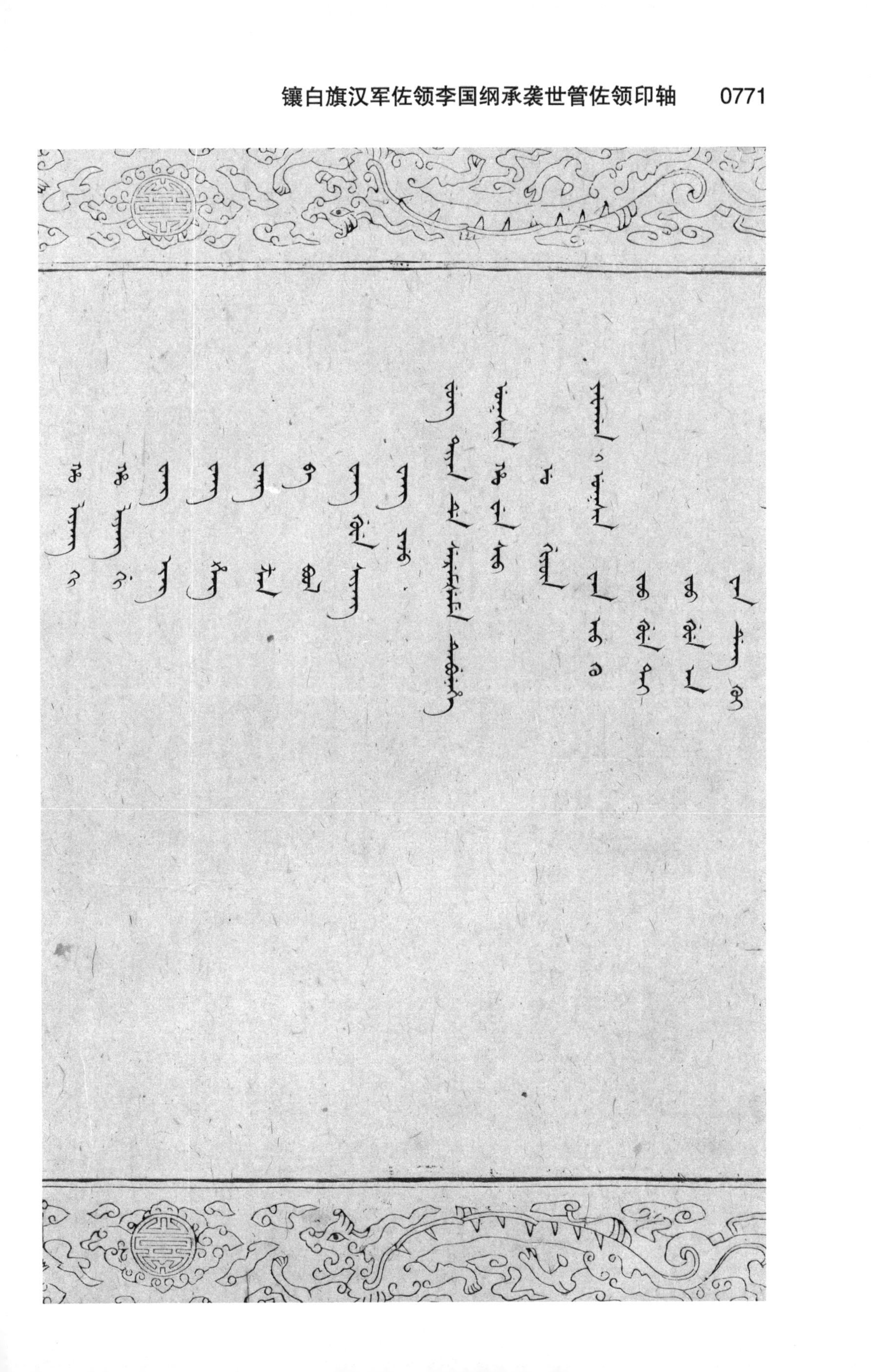

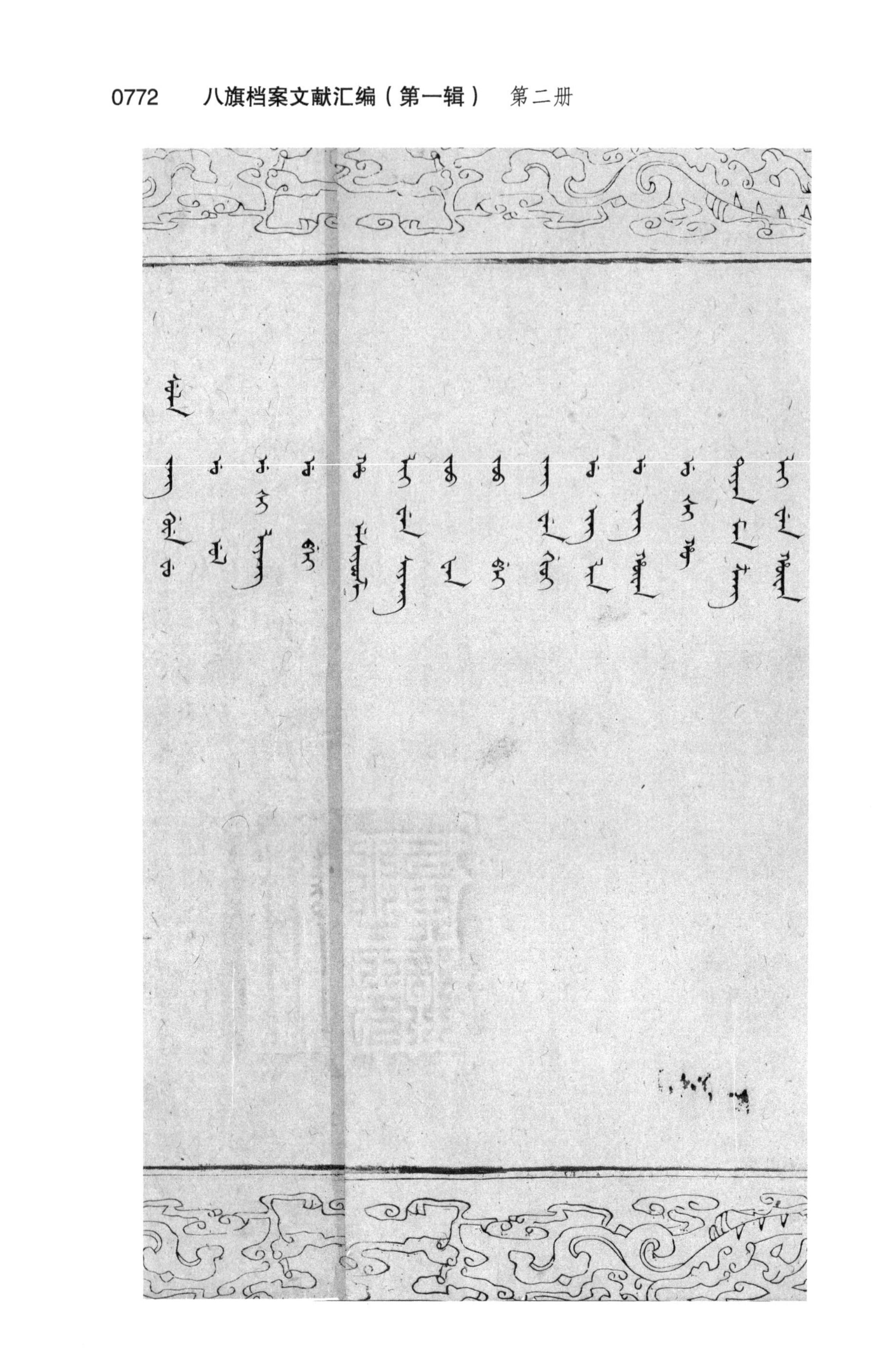

[illegible]

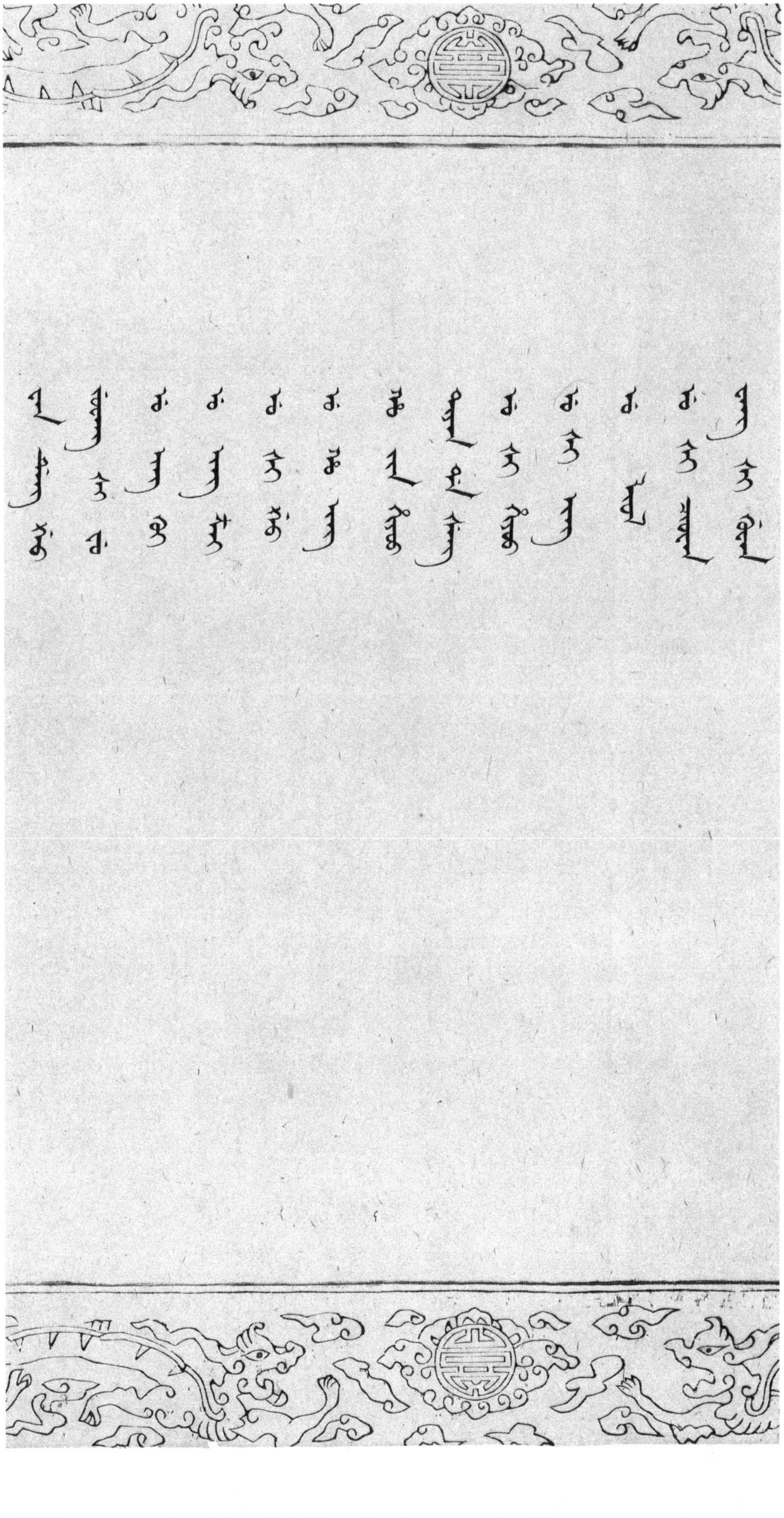

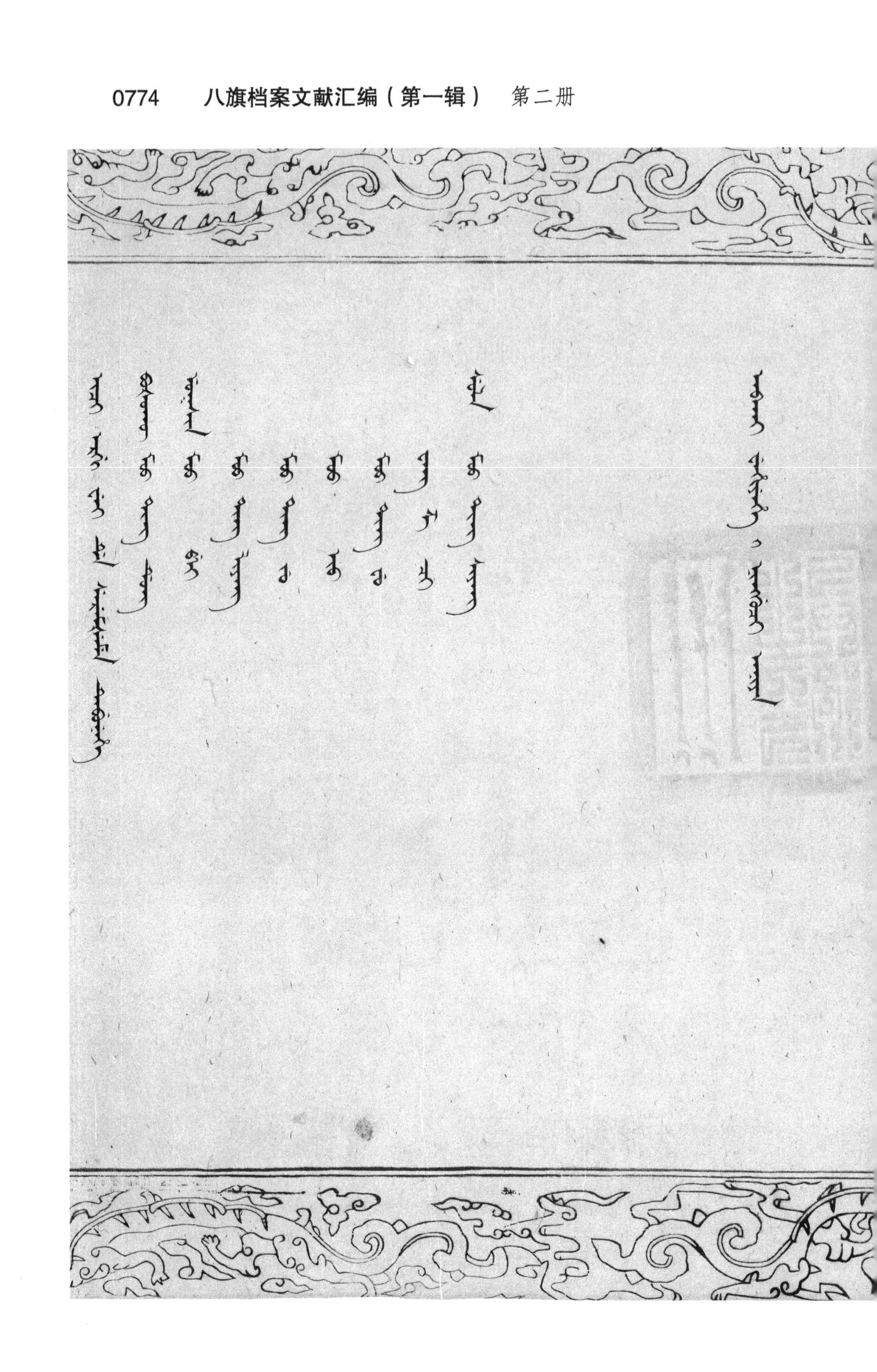

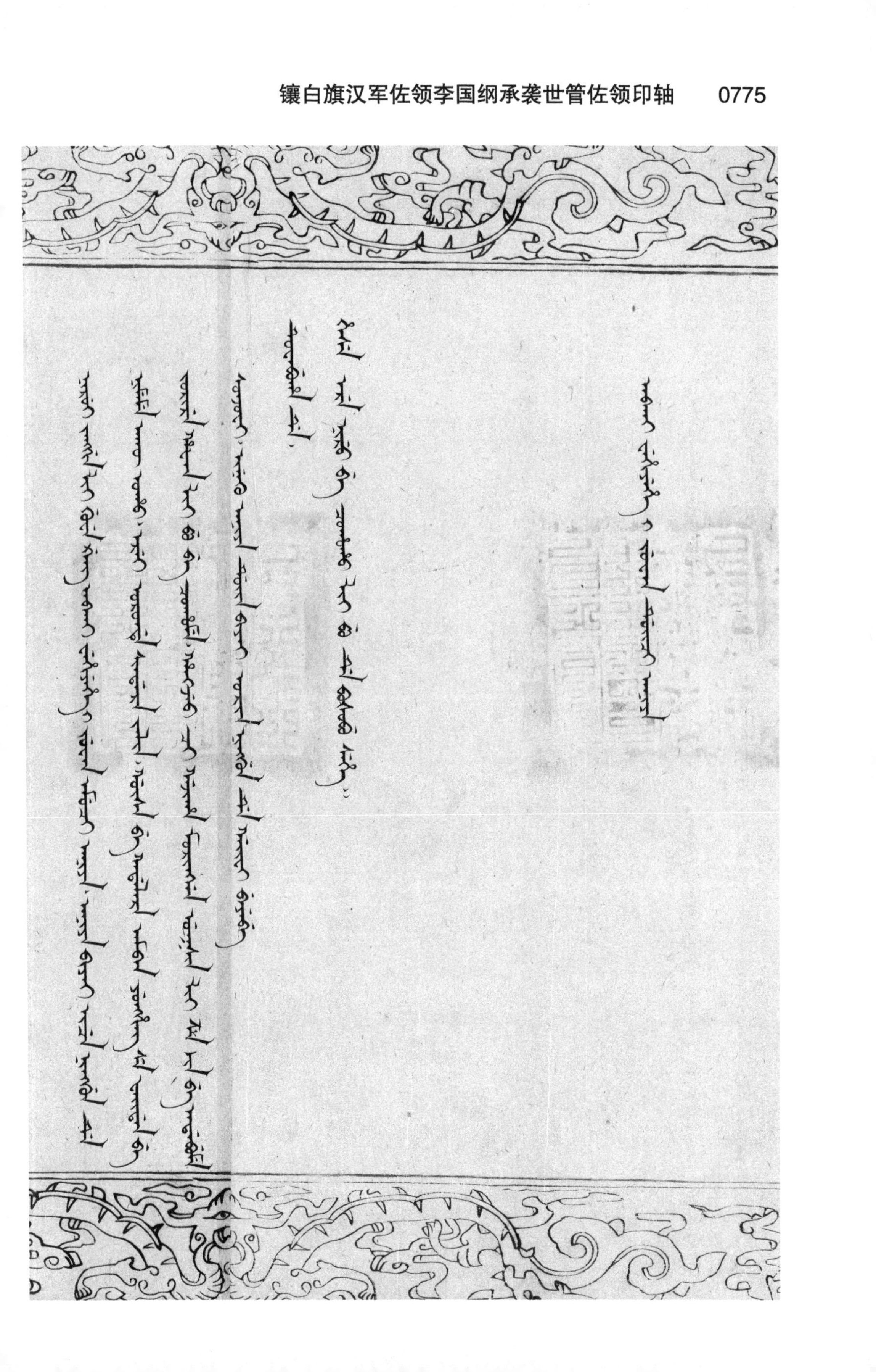

[illegible]

[illegible]

[illegible]

[illegible]

[illegible]

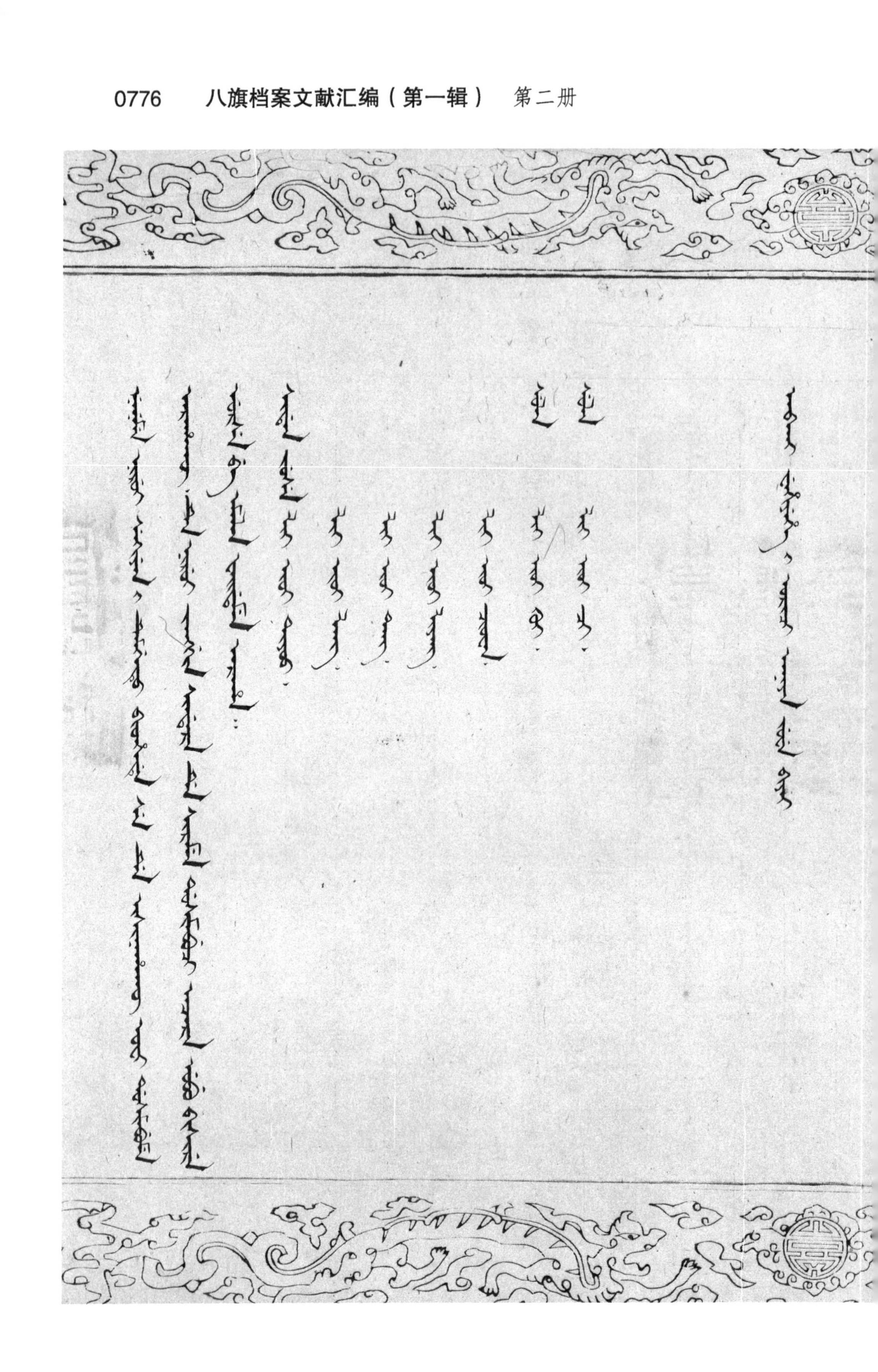

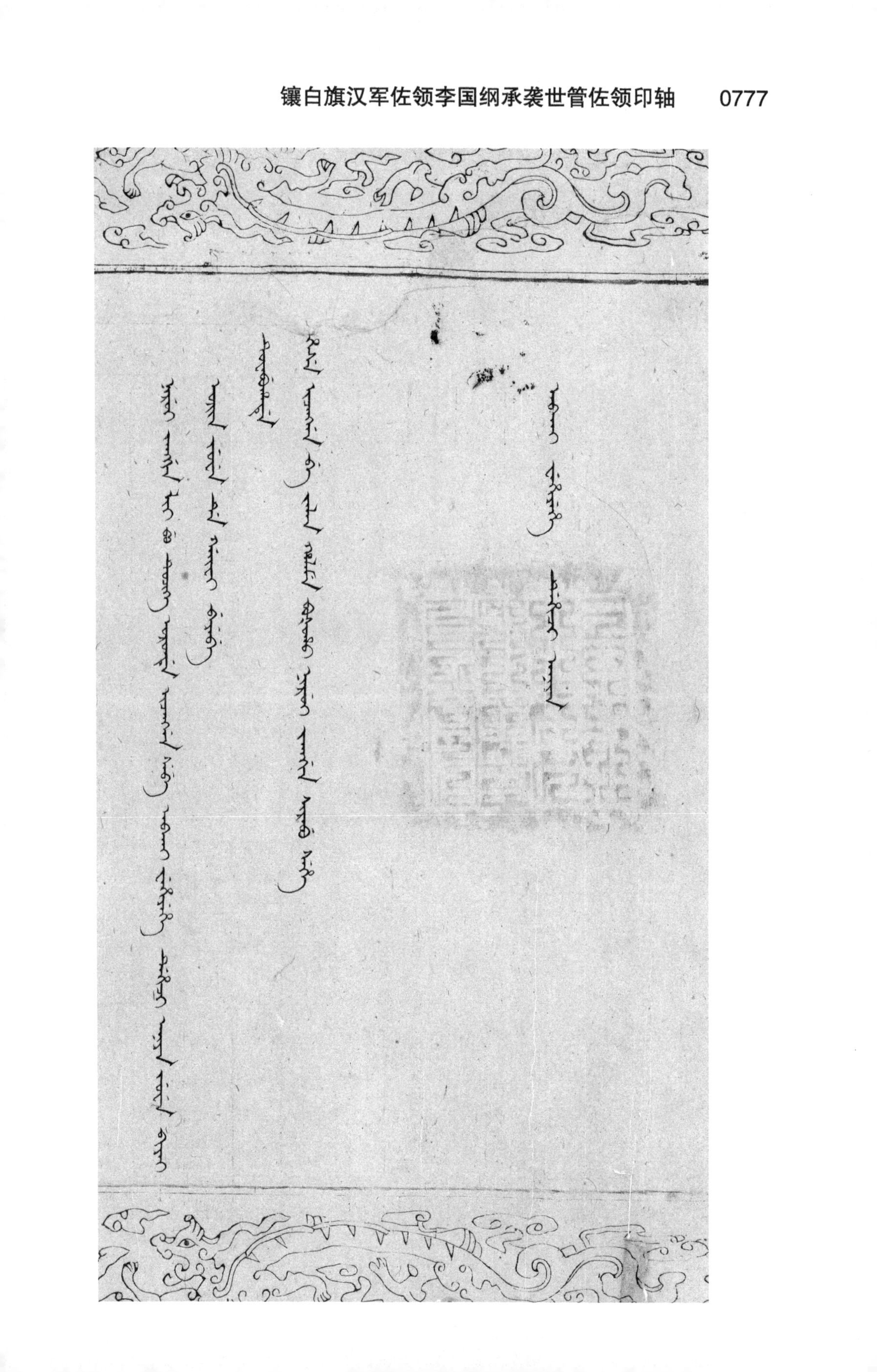

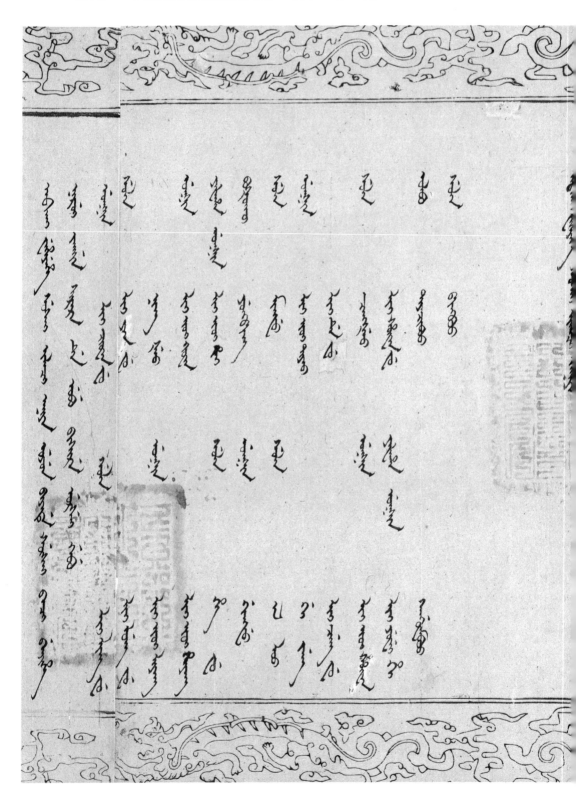

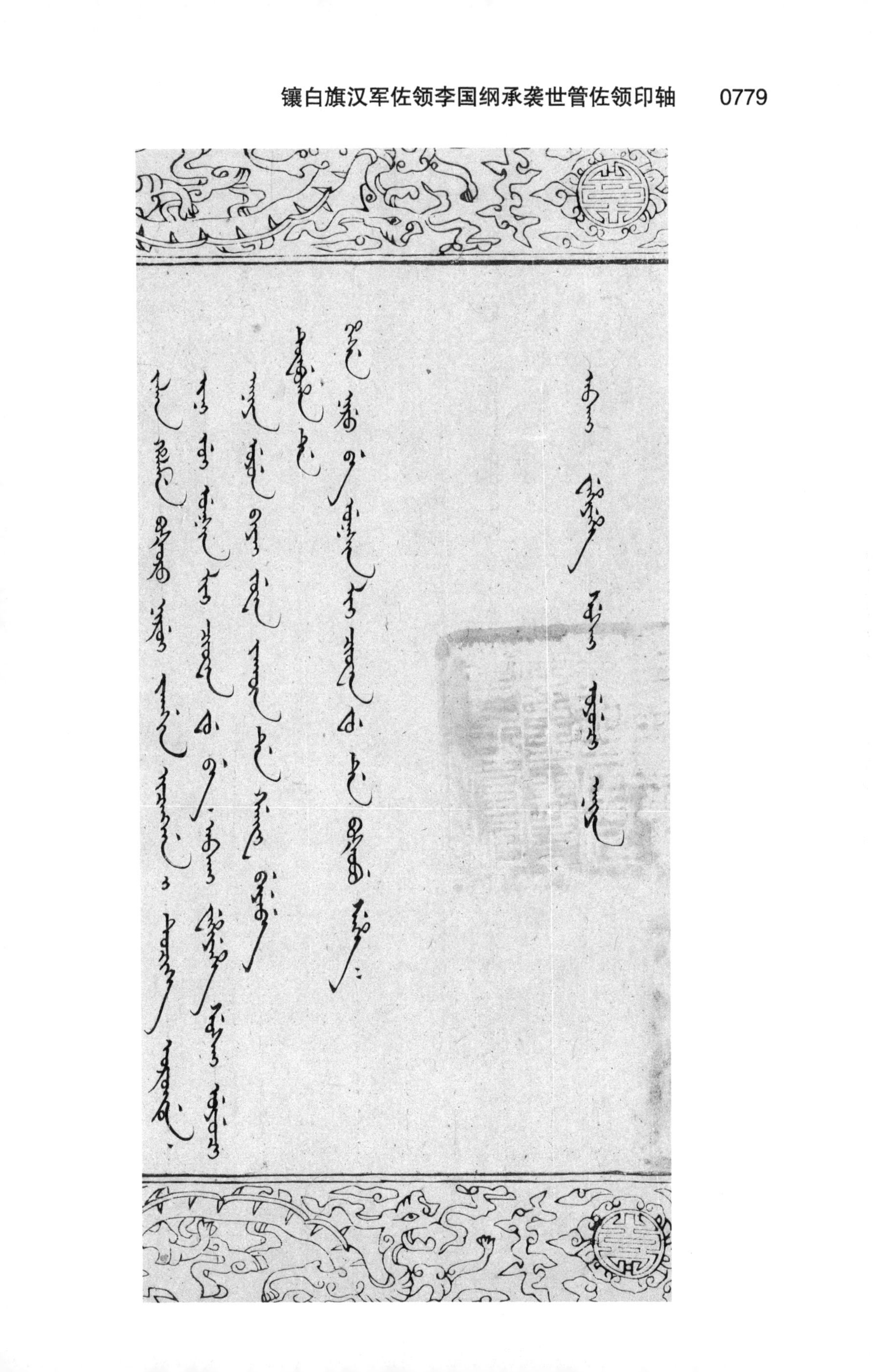

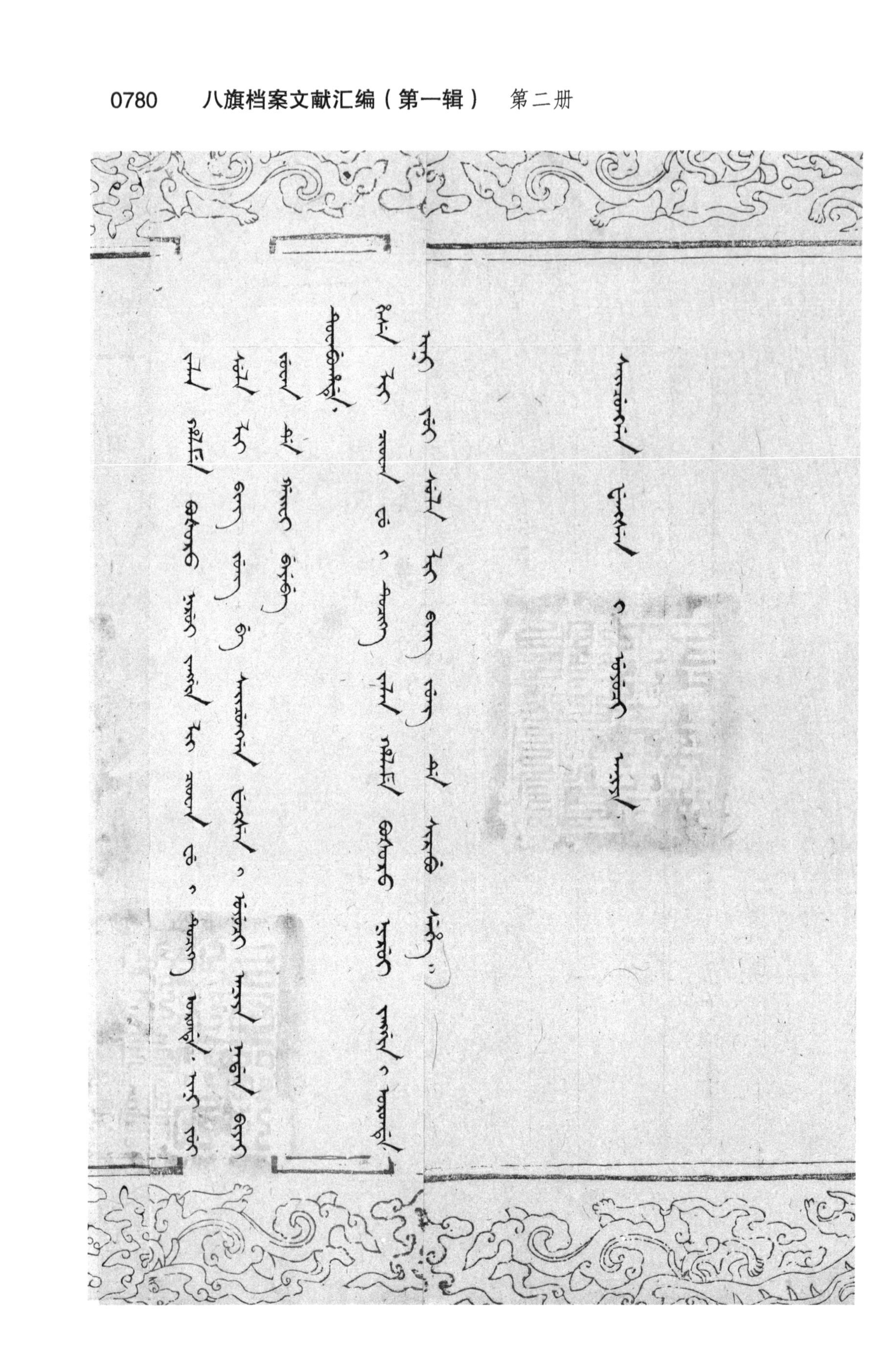

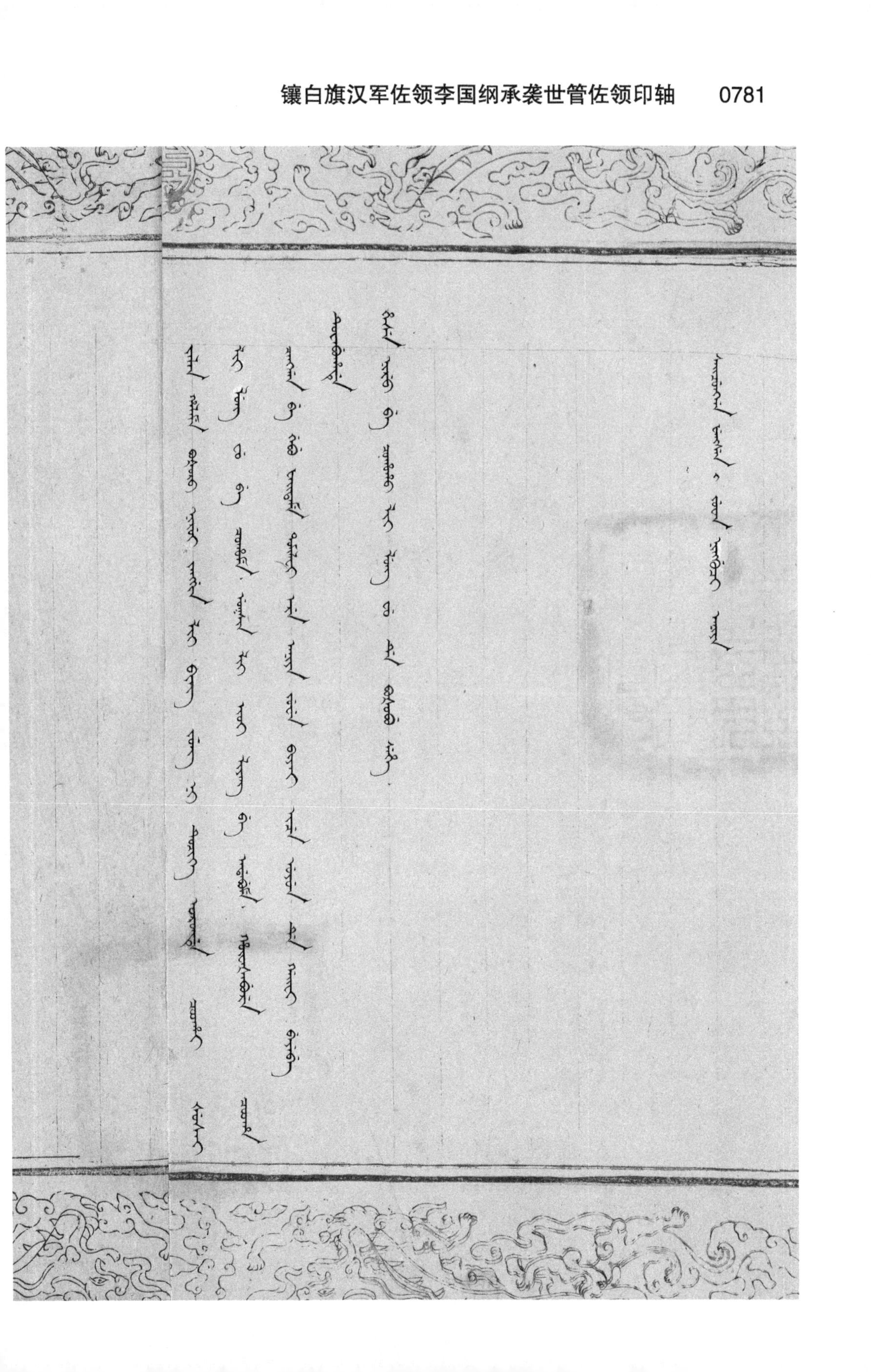

[illegible]

[illegible]

[illegible]

[illegible]

[illegible]

[illegible]

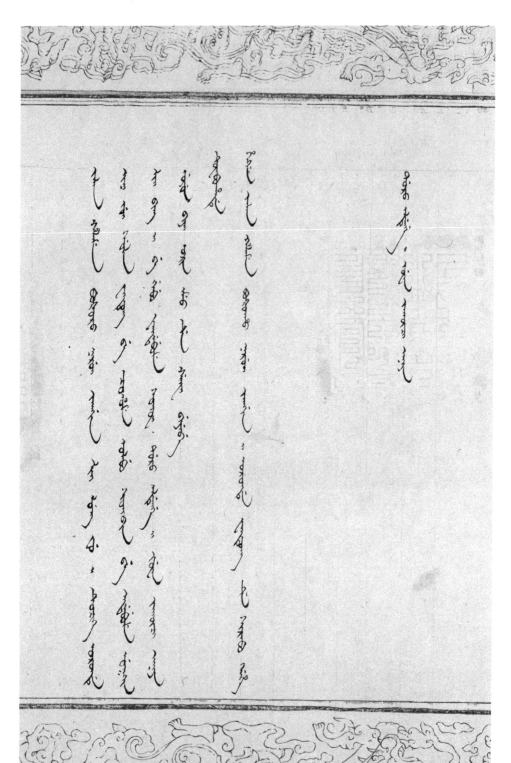

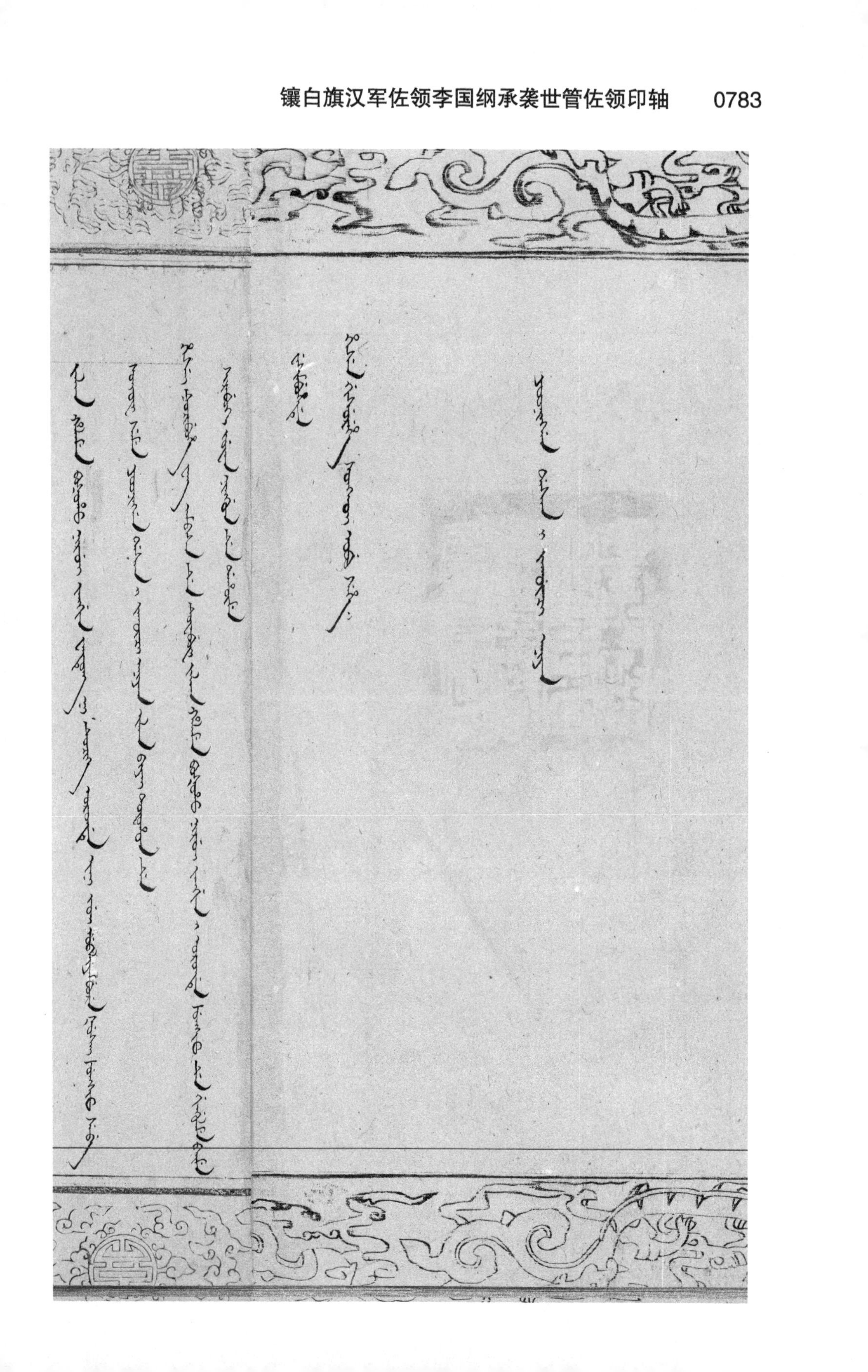

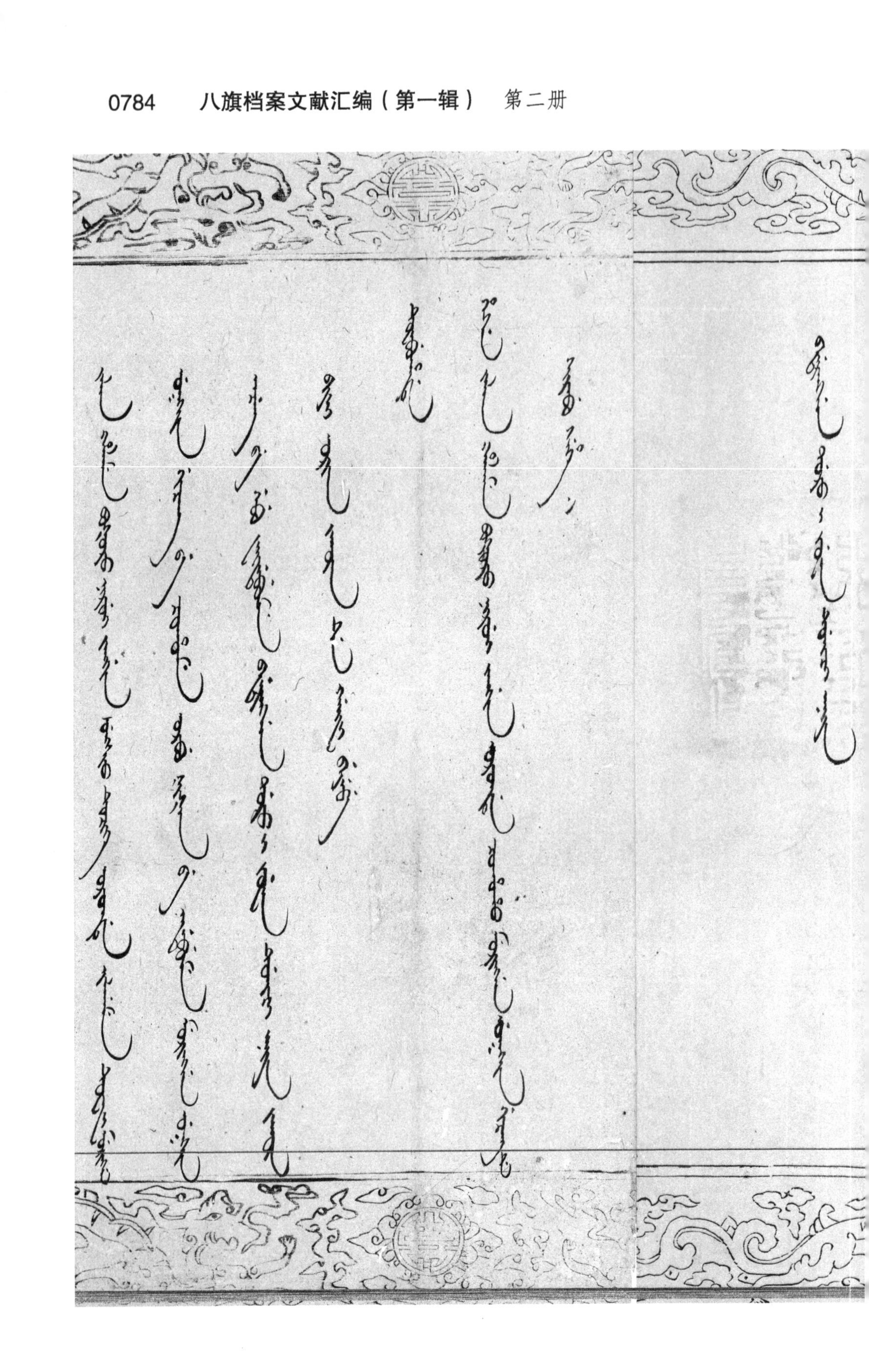

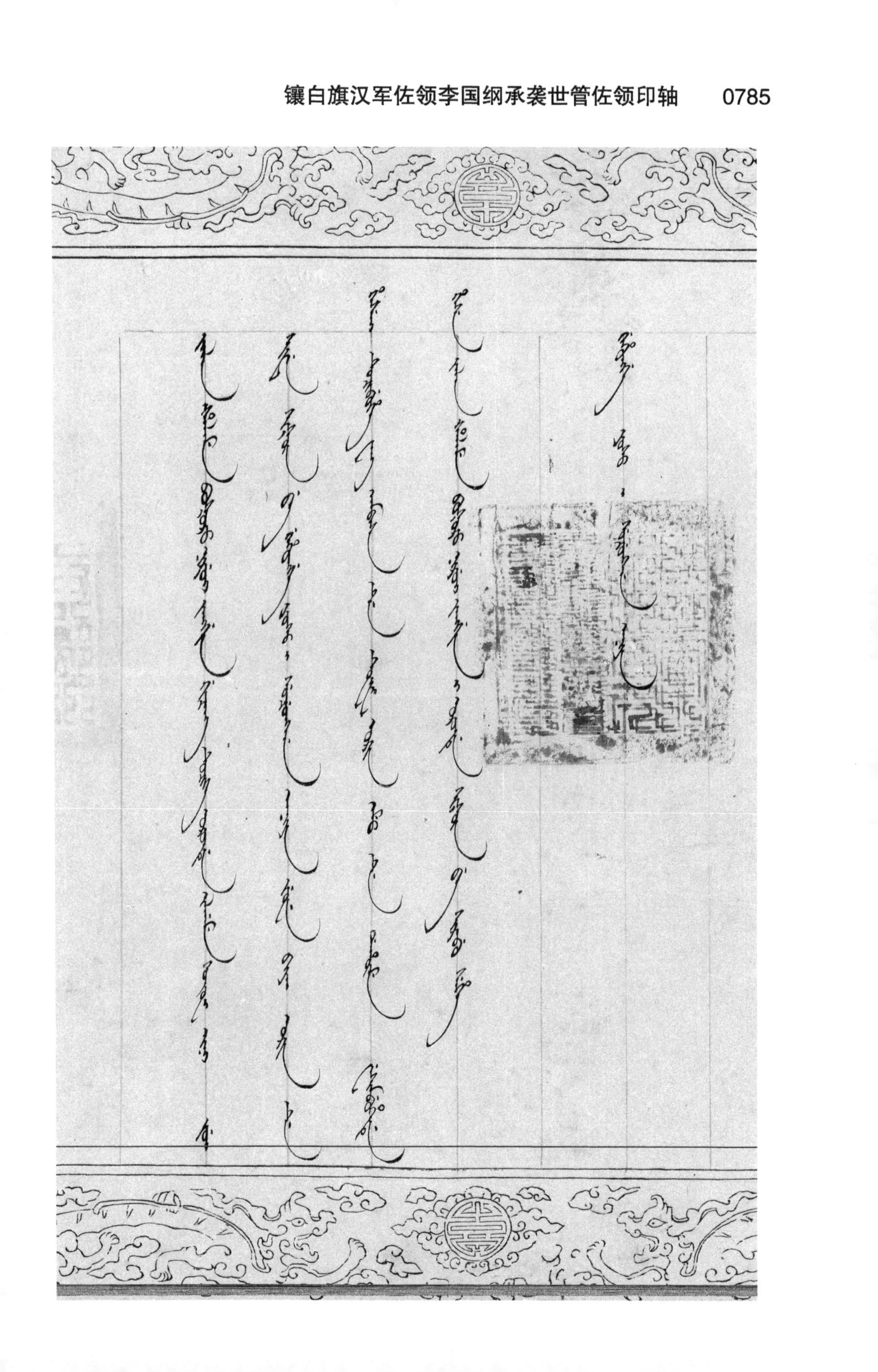

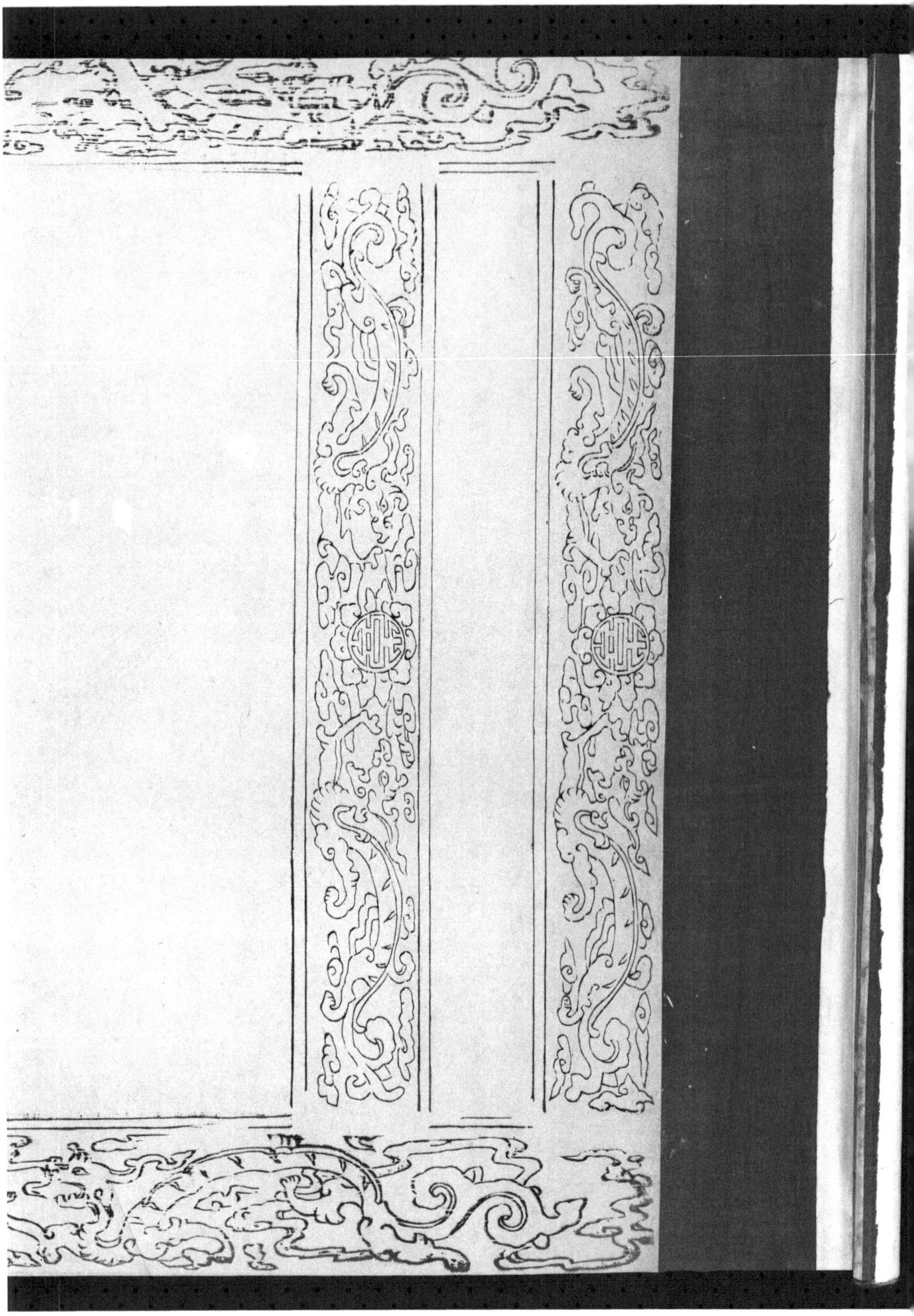

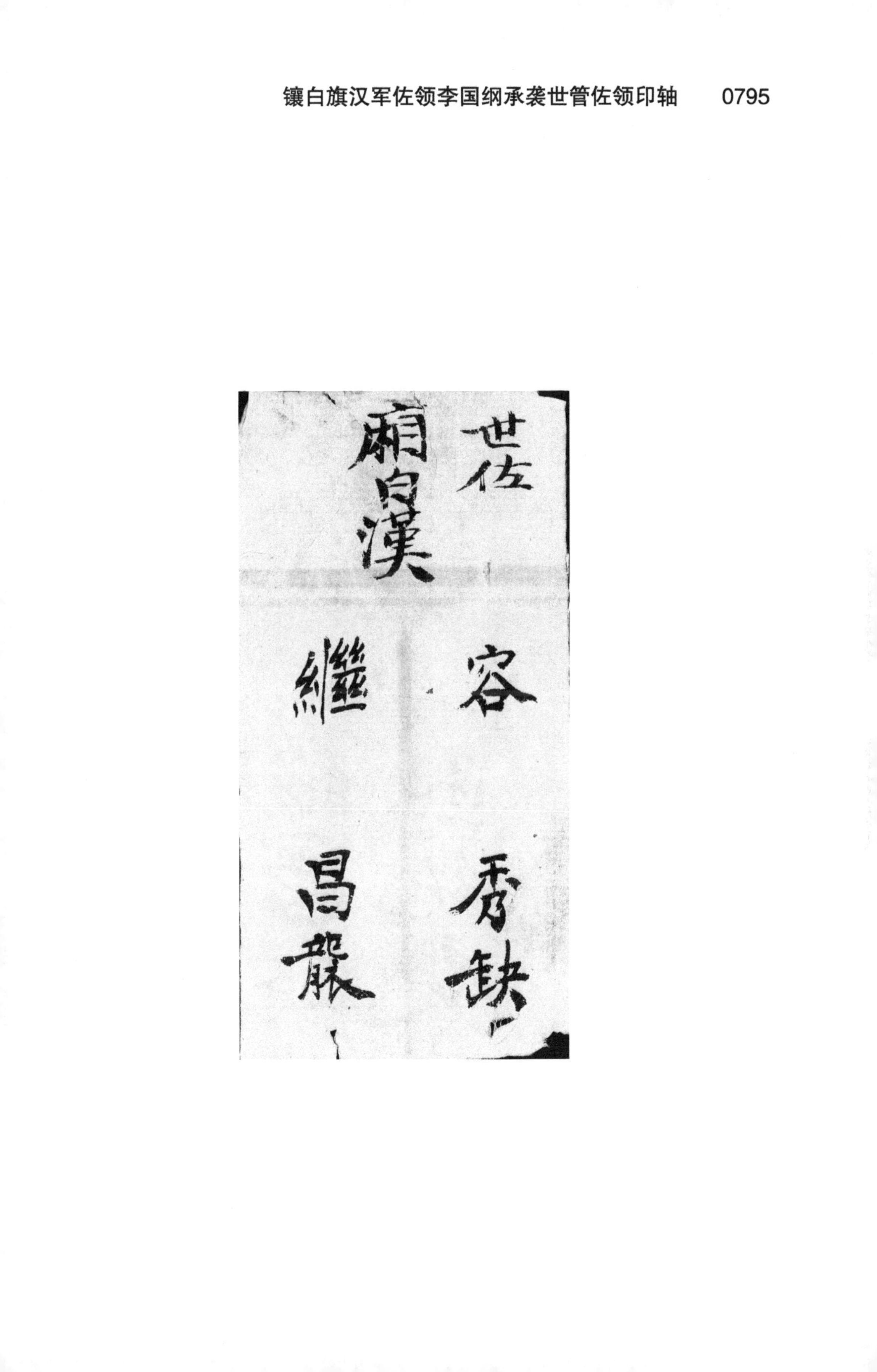

世佐　容　秀缺

廂白漢　繼　昌龍

厢白漢

世管佐領

繼昌缺

熙純襲

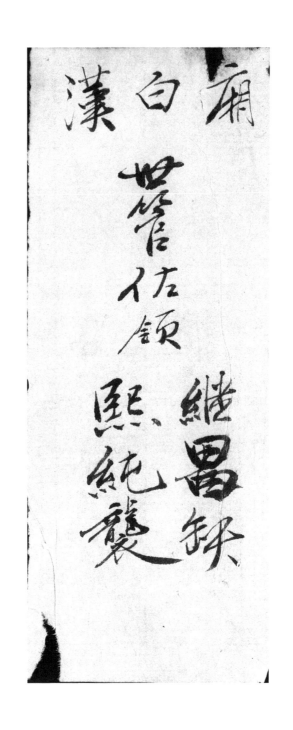

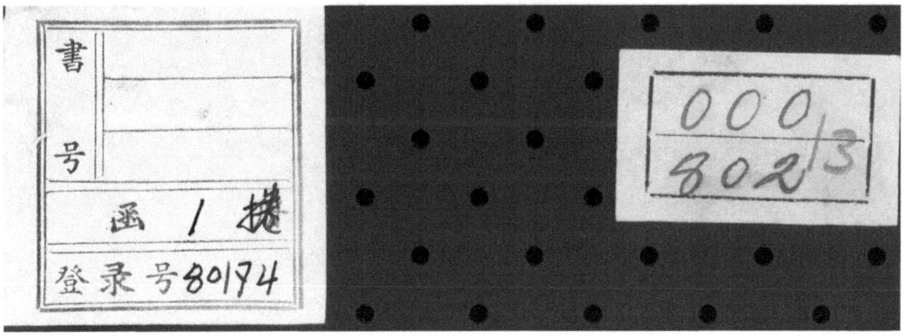
書
号
函 1
登录号80174
000
802
13

镶红旗汉军佐领金琏承袭世管佐领印轴

满文写本，卷轴装，页面47.7cm × 1569.0cm，四周双边，螭文，钤兵部印及陆军部印，印轴内容完整，后部略有残缺，满文题名为kubuhe fulgiyan i ujen coohai gūsai nirui janggin gin liyan i bošoho jalan halame bošoho nirui temgetu bithe。初修时间为乾隆六年，后陆续添写至光绪三十三年，满幅。

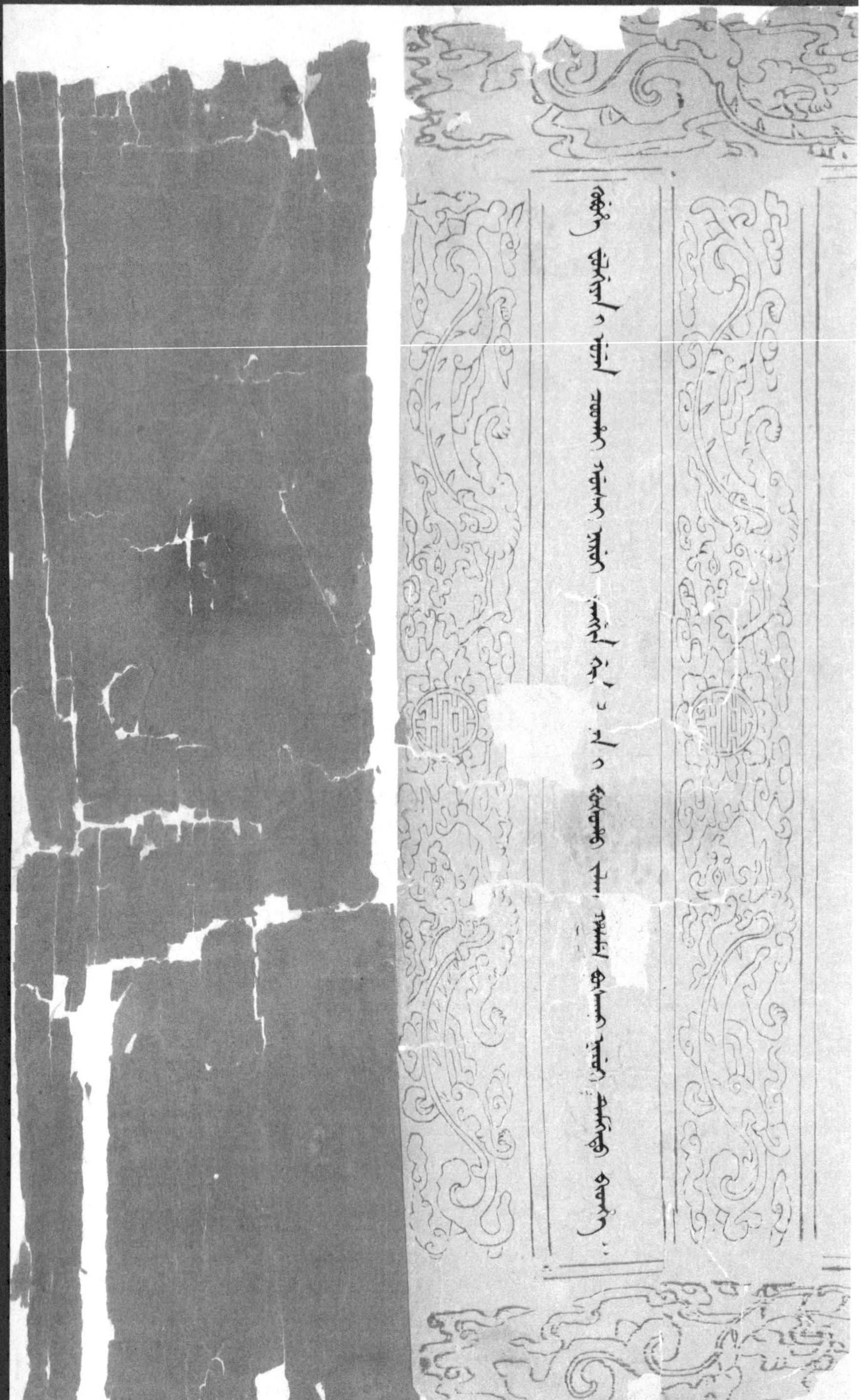

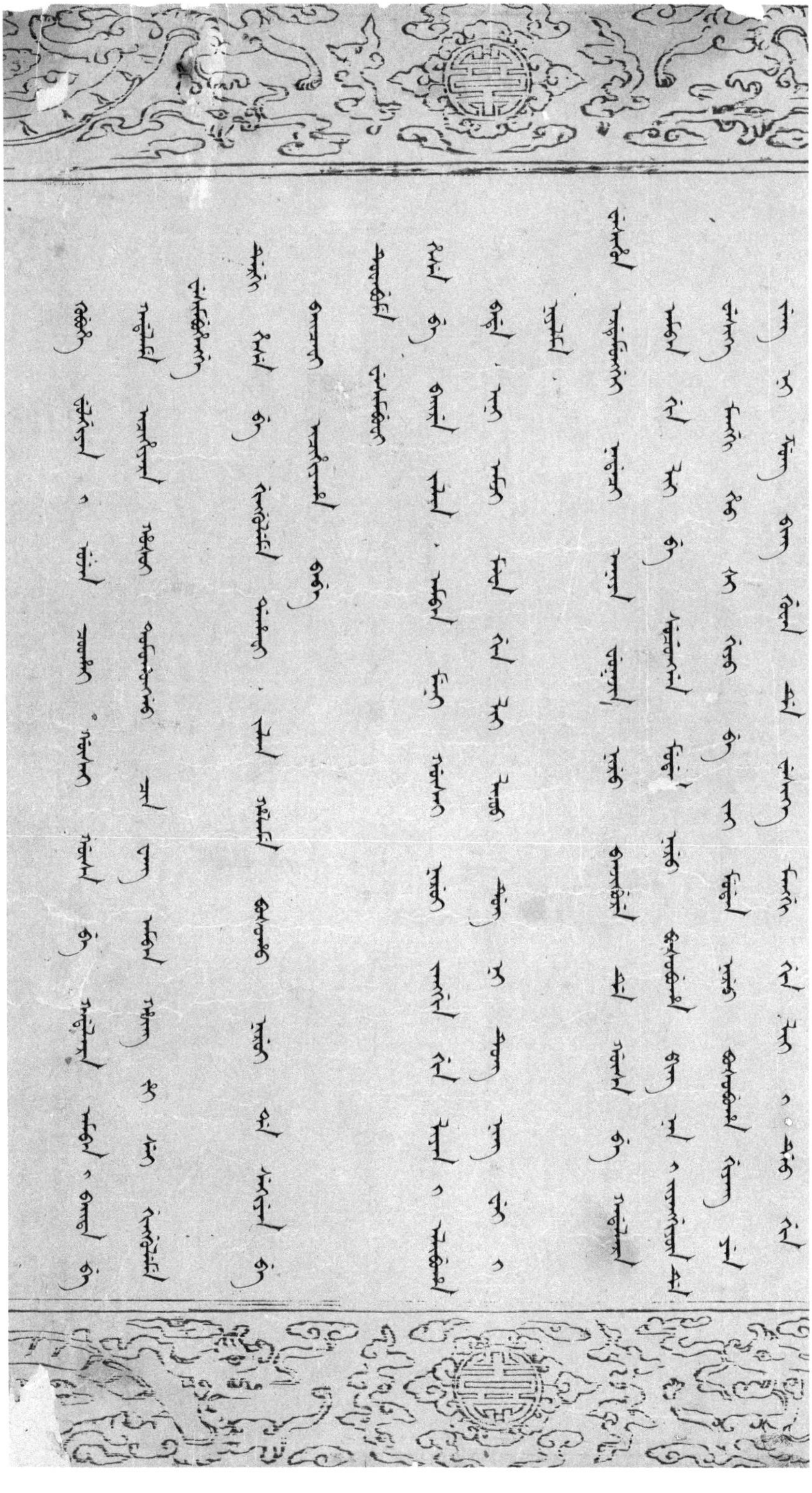

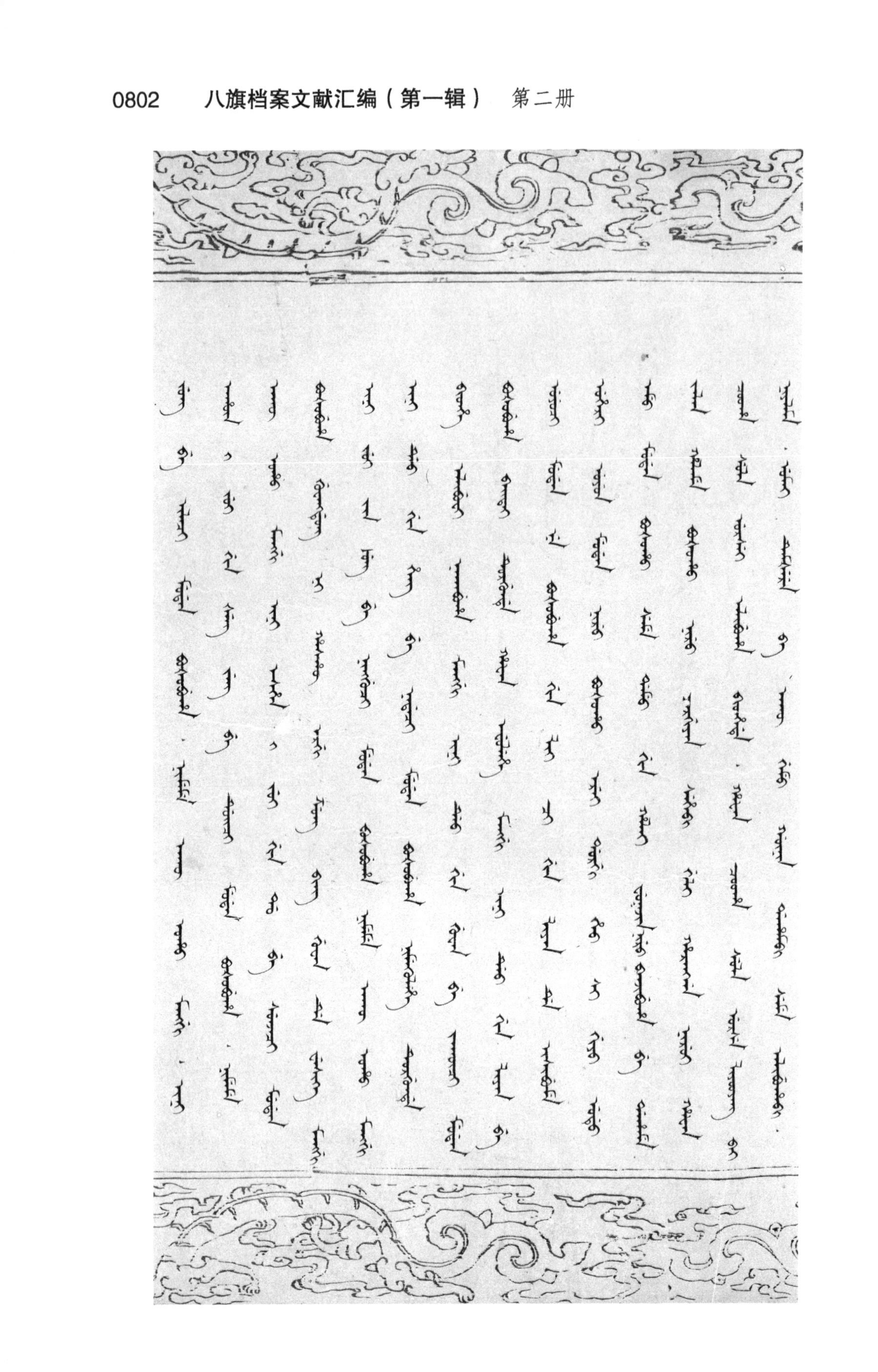

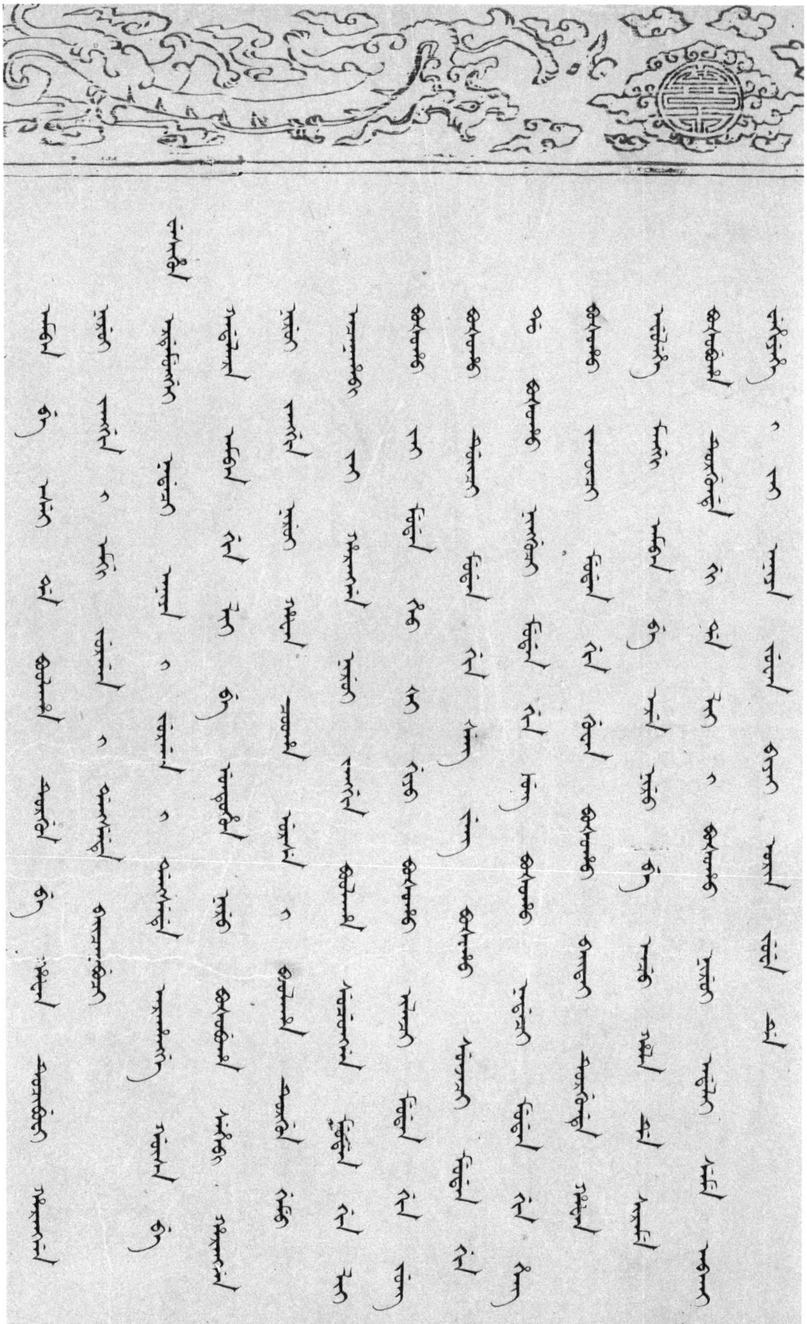

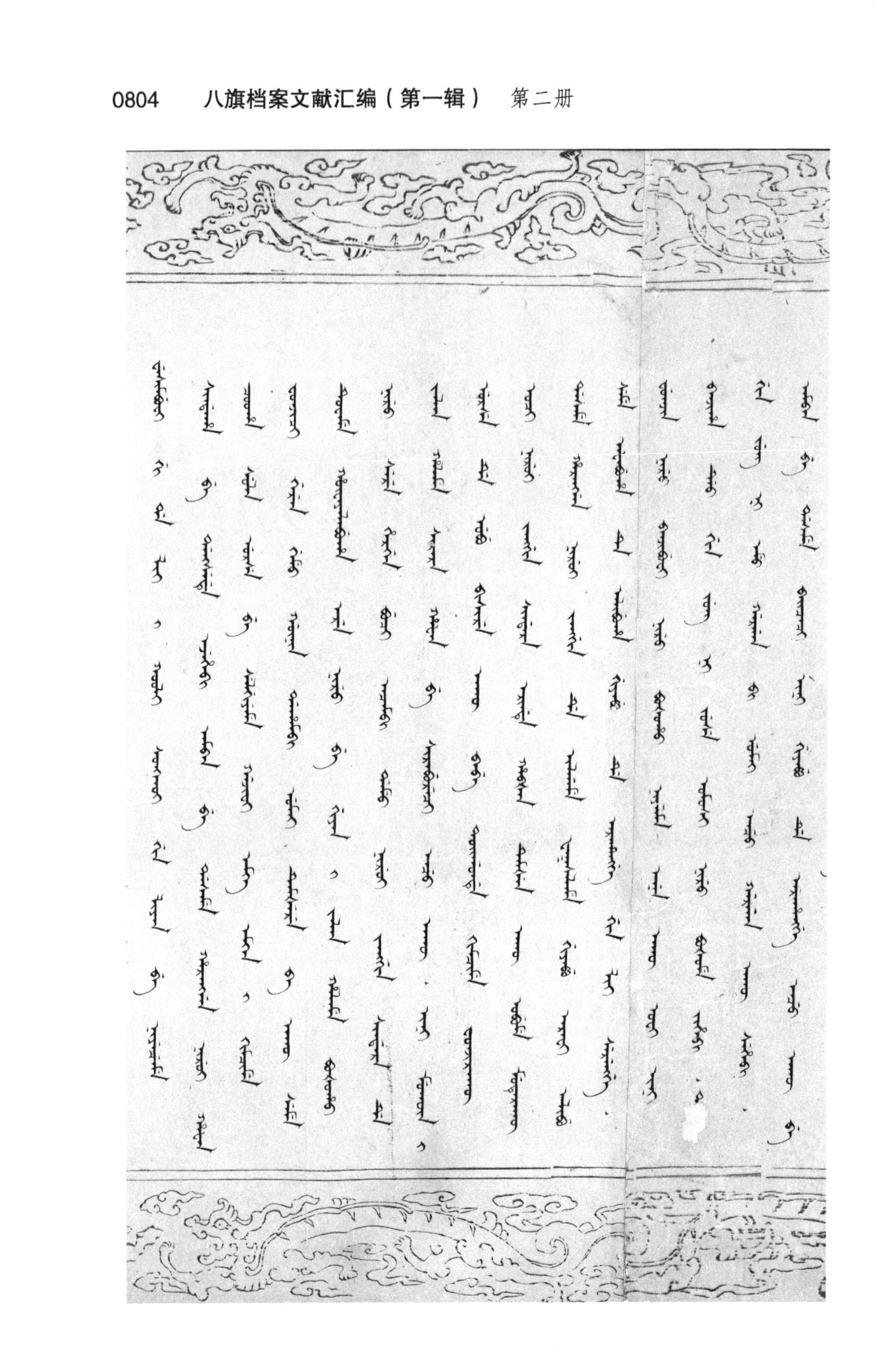

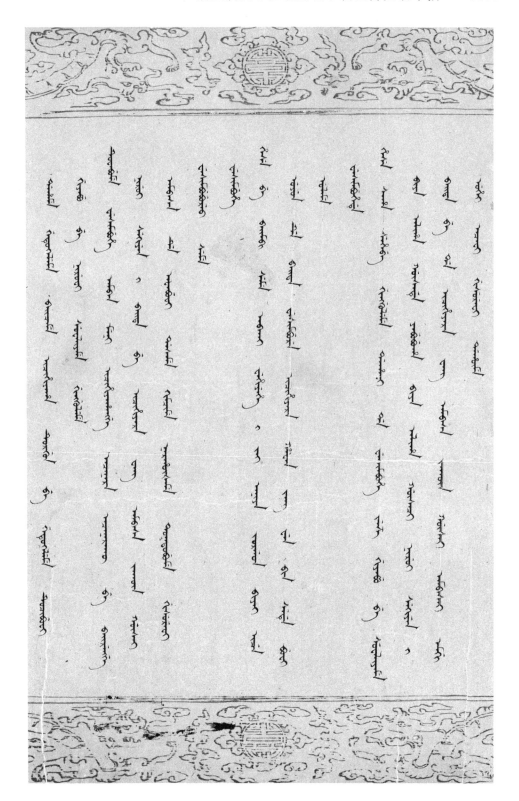

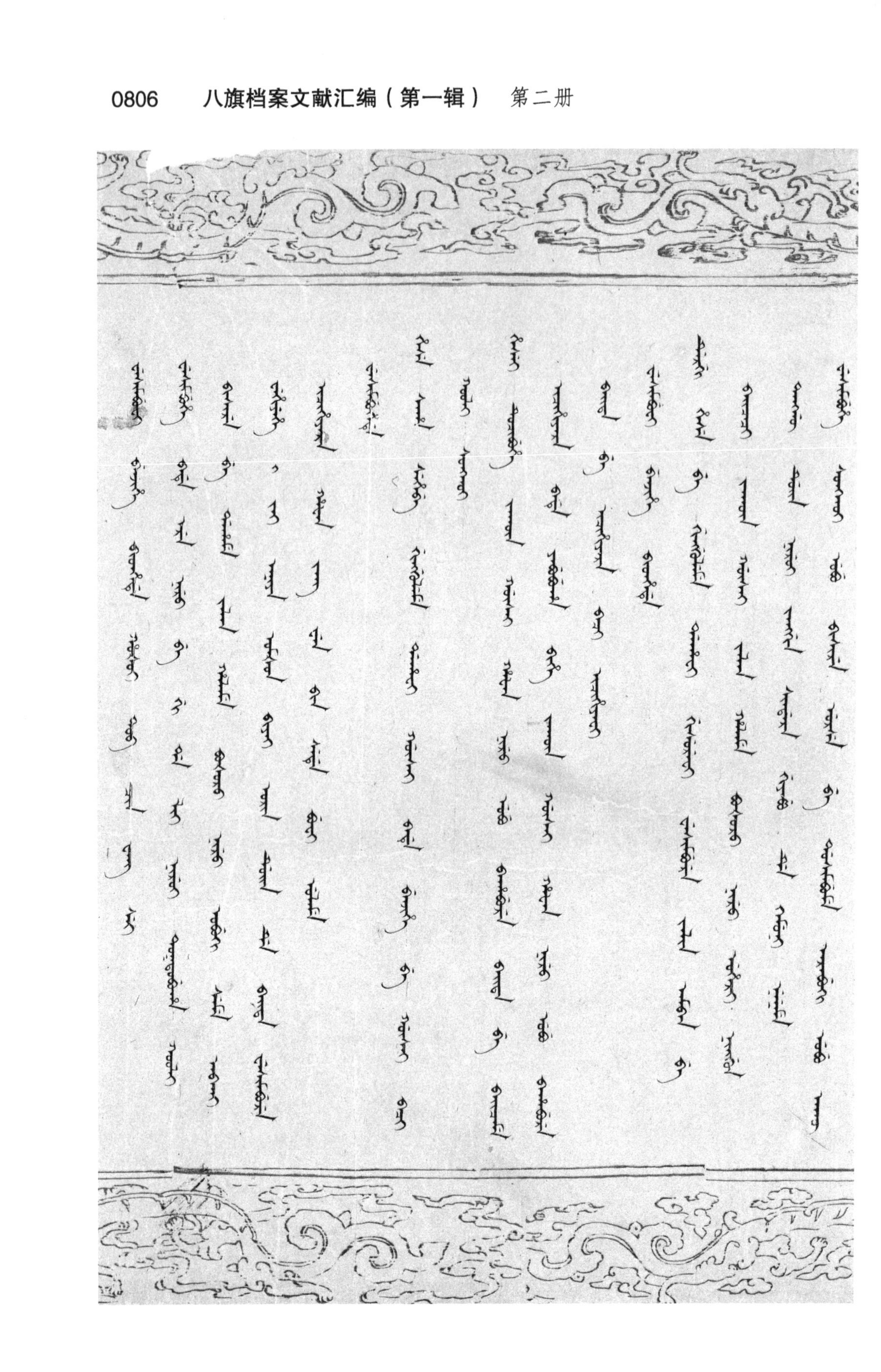

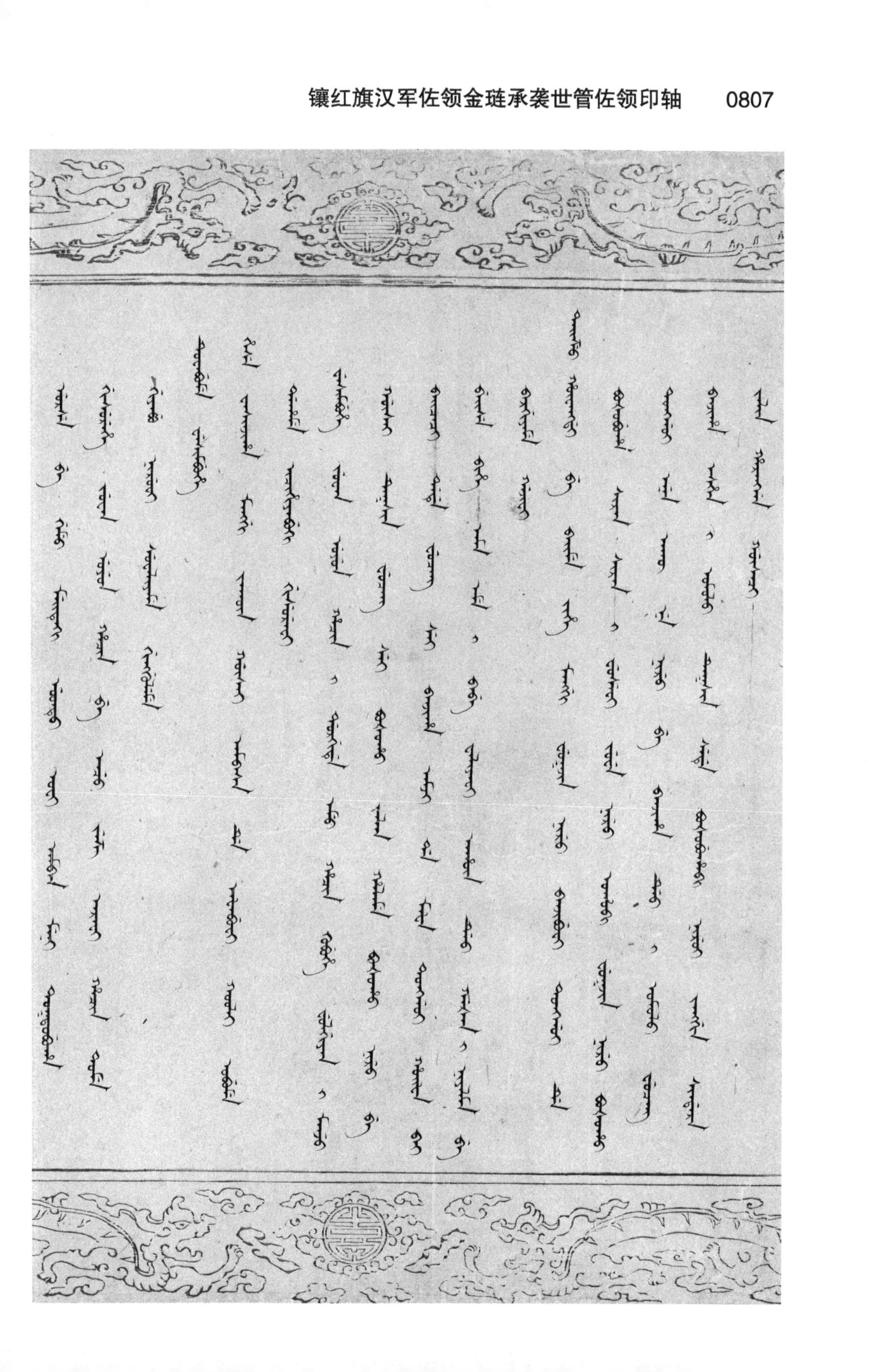

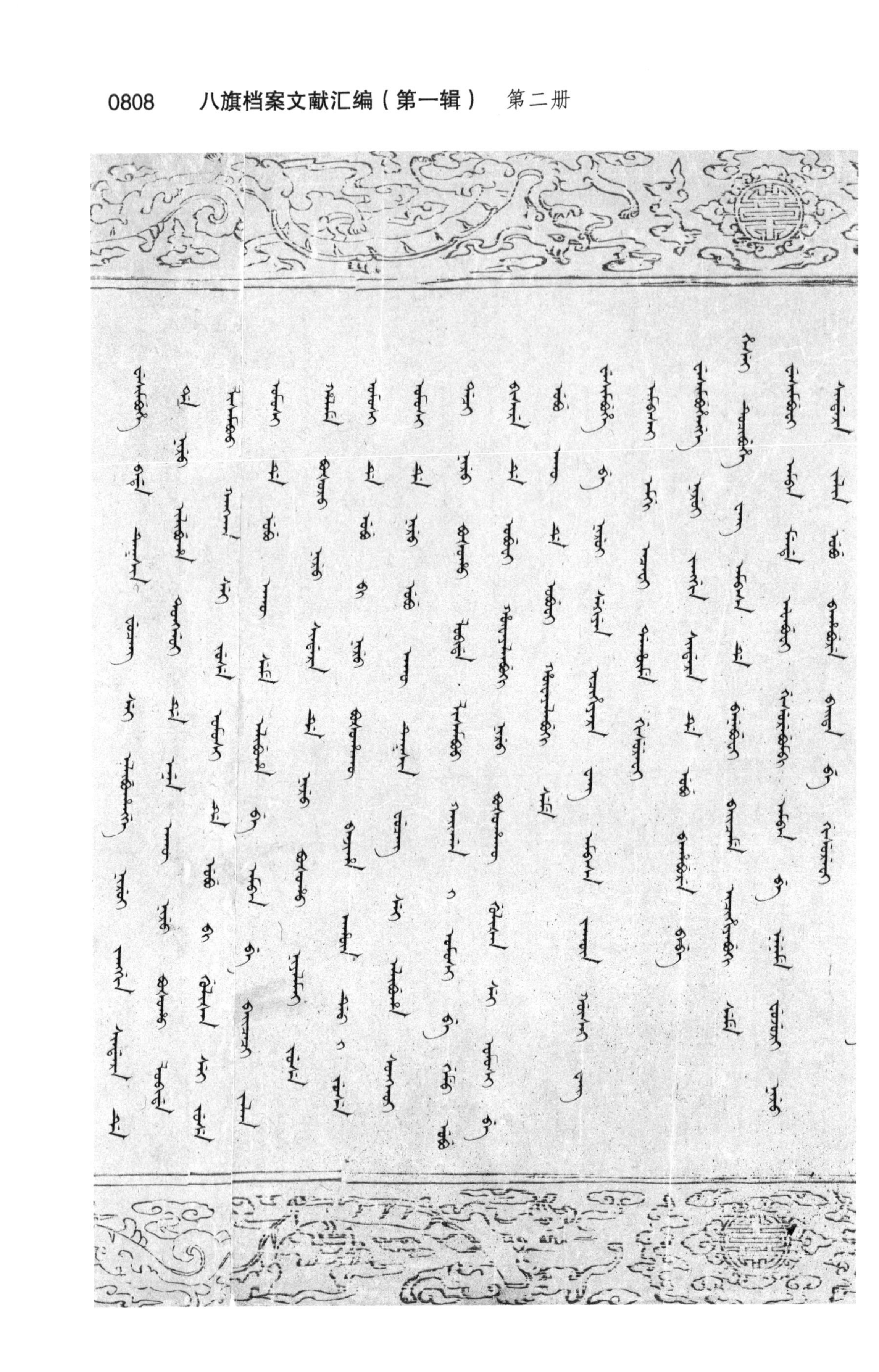

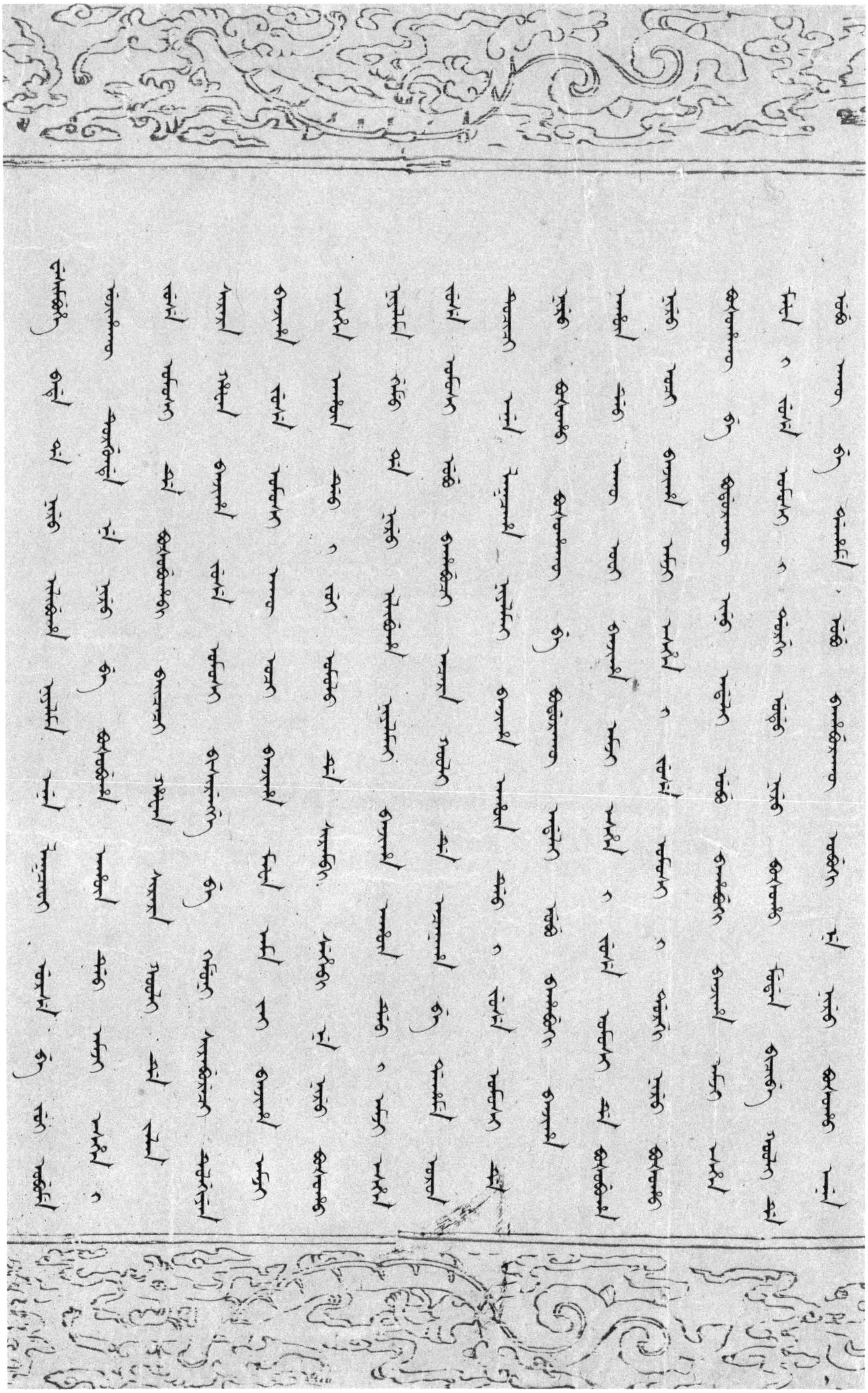

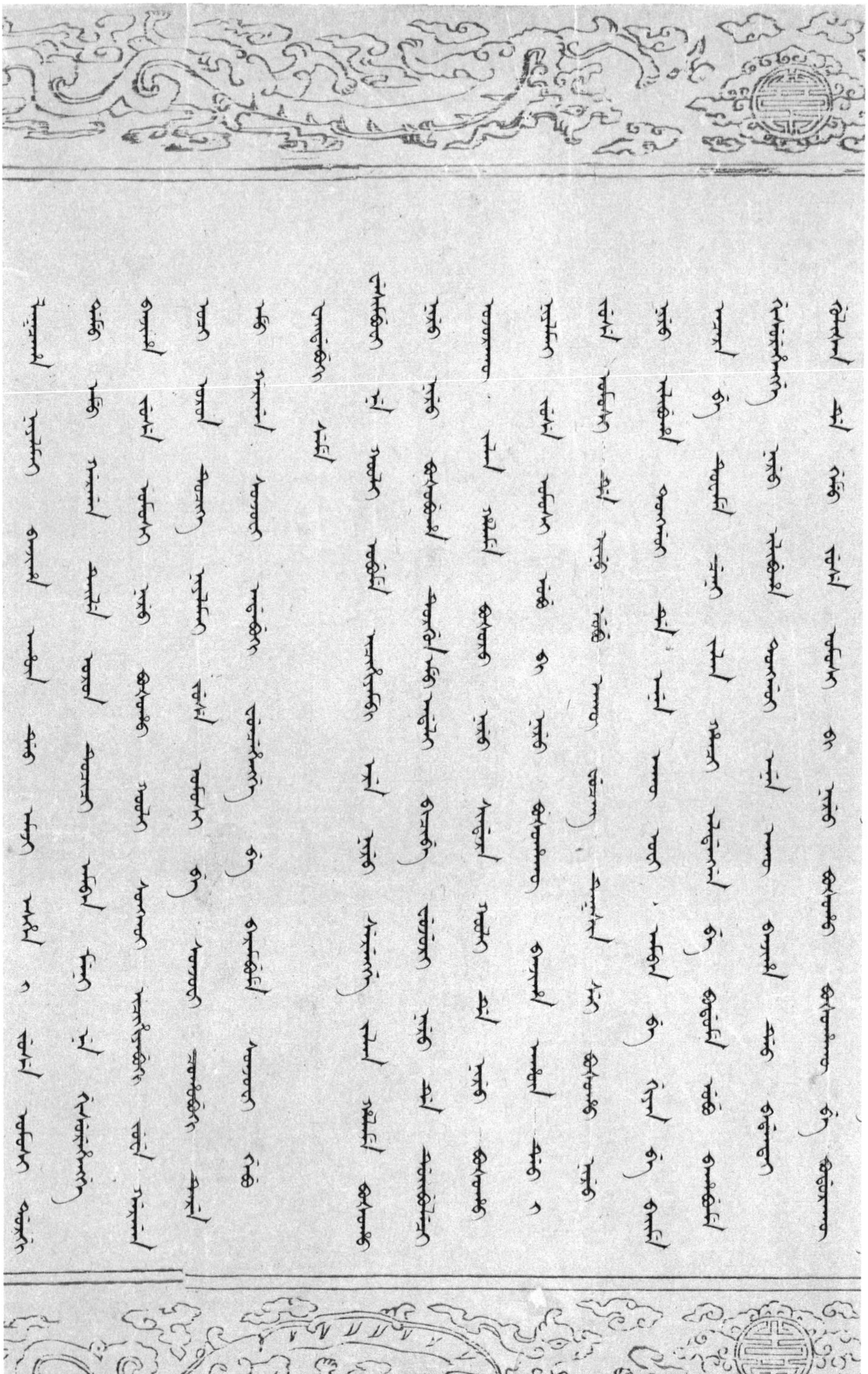

[illegible]

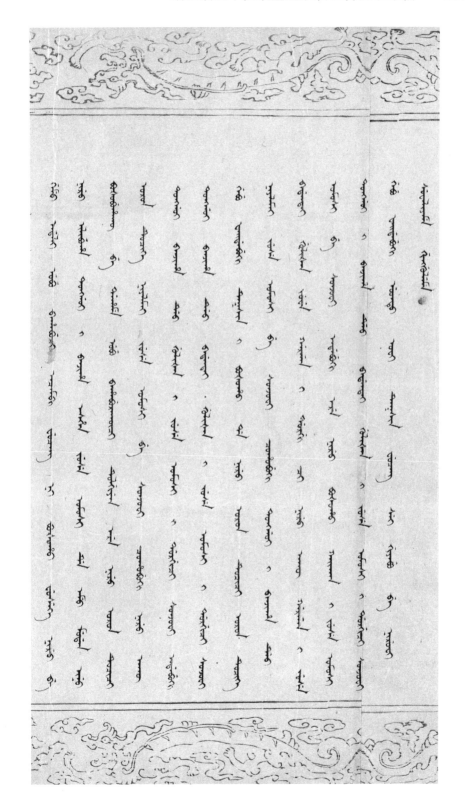

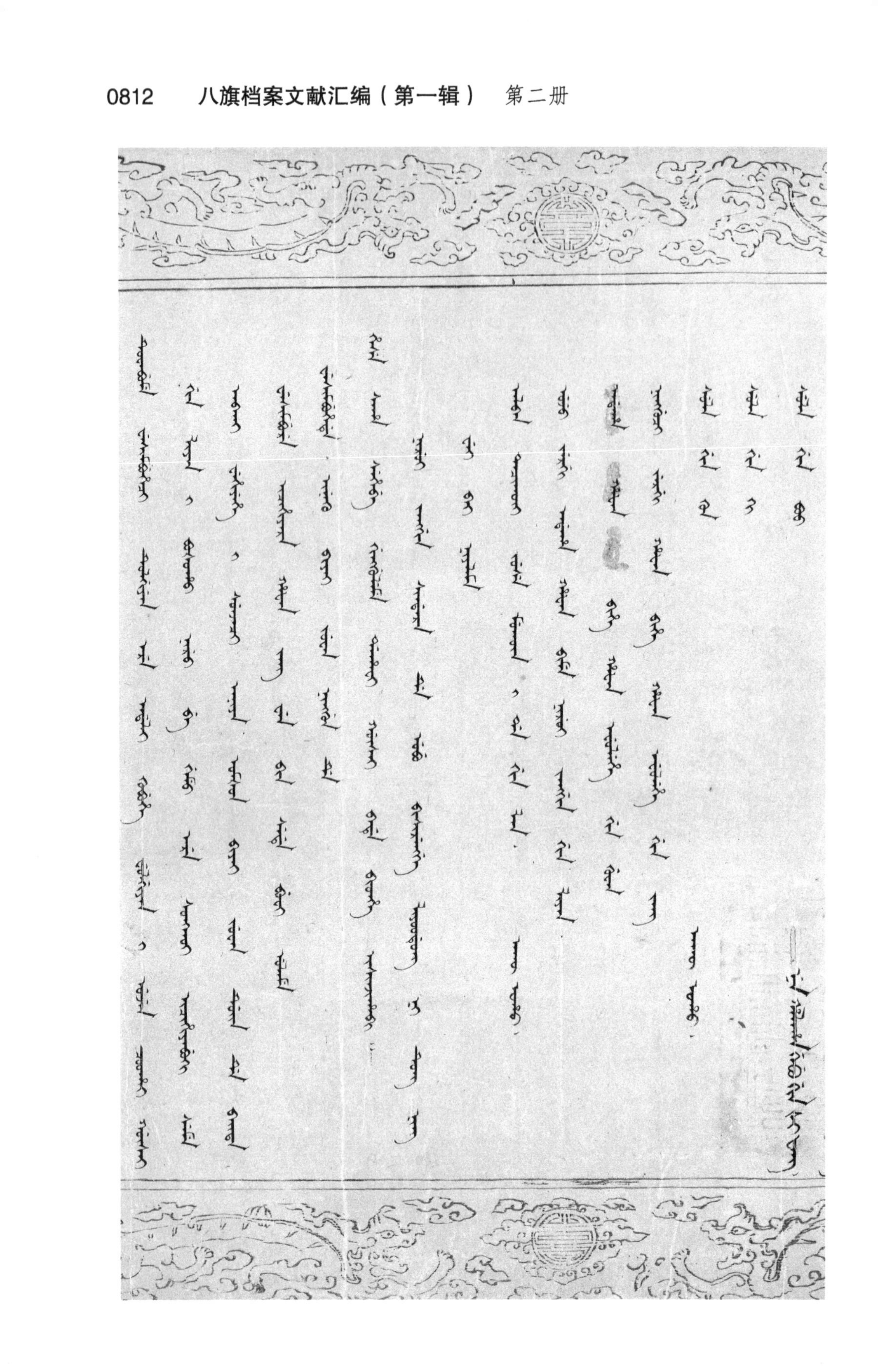

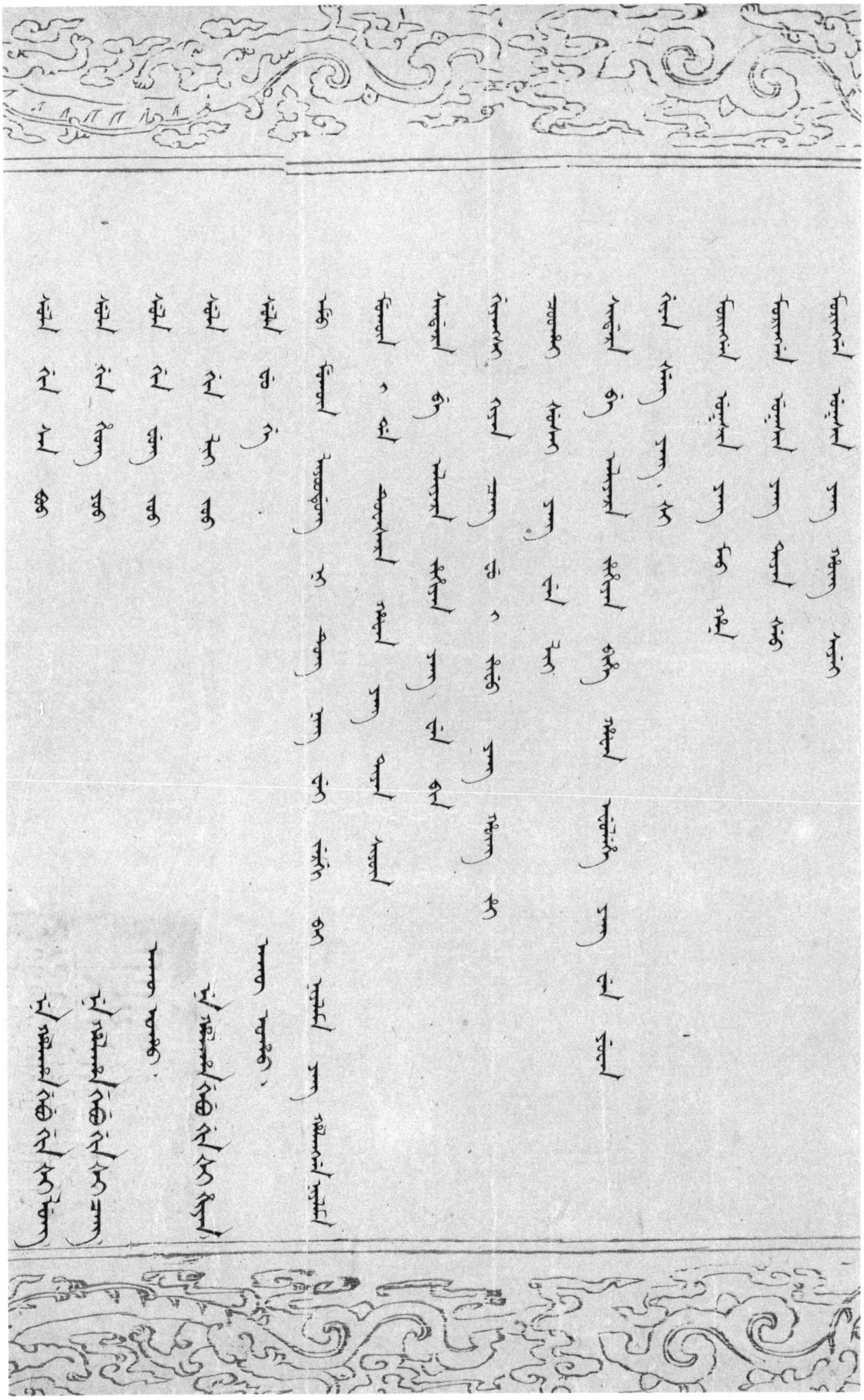

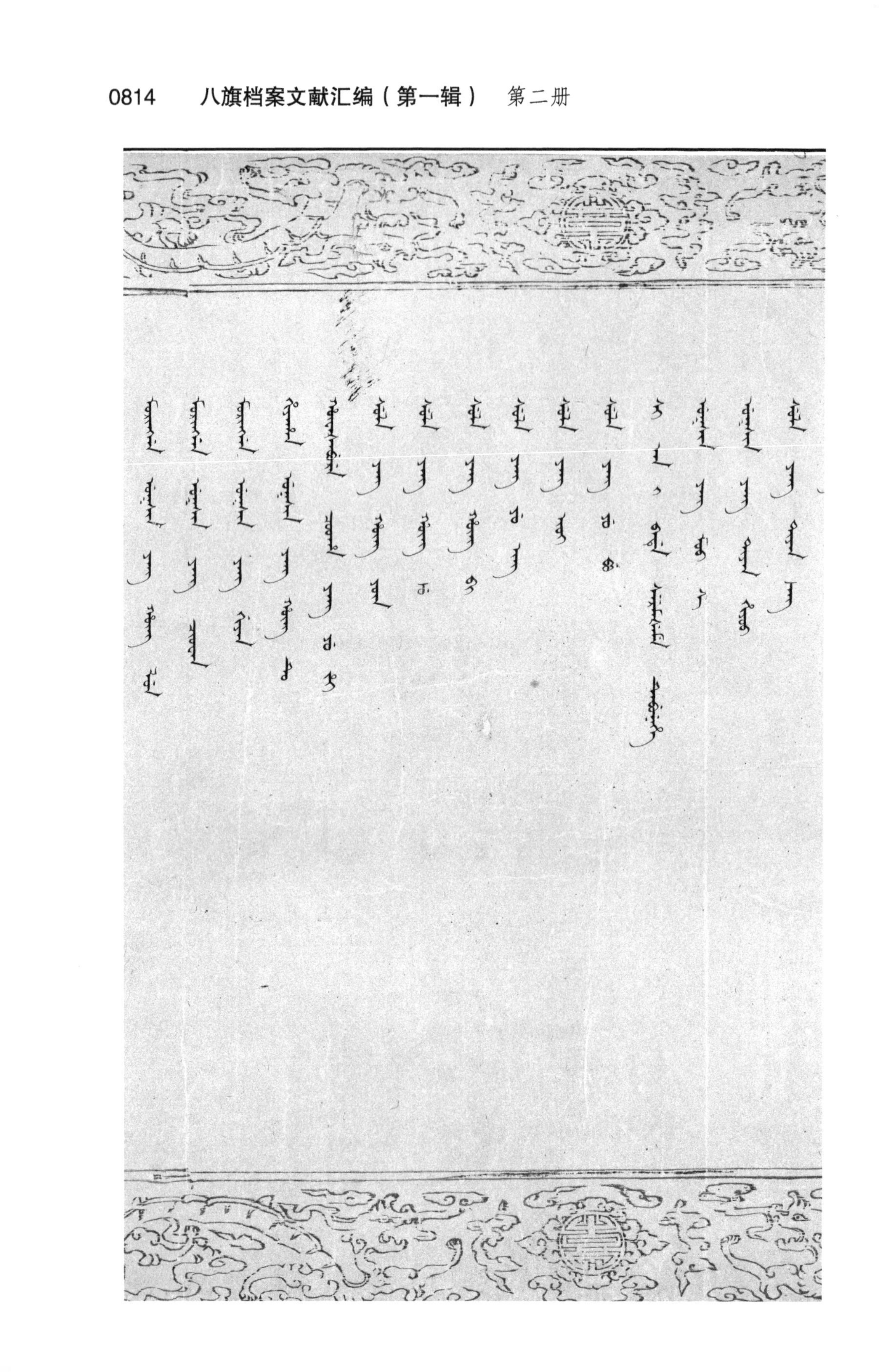

[illegible]

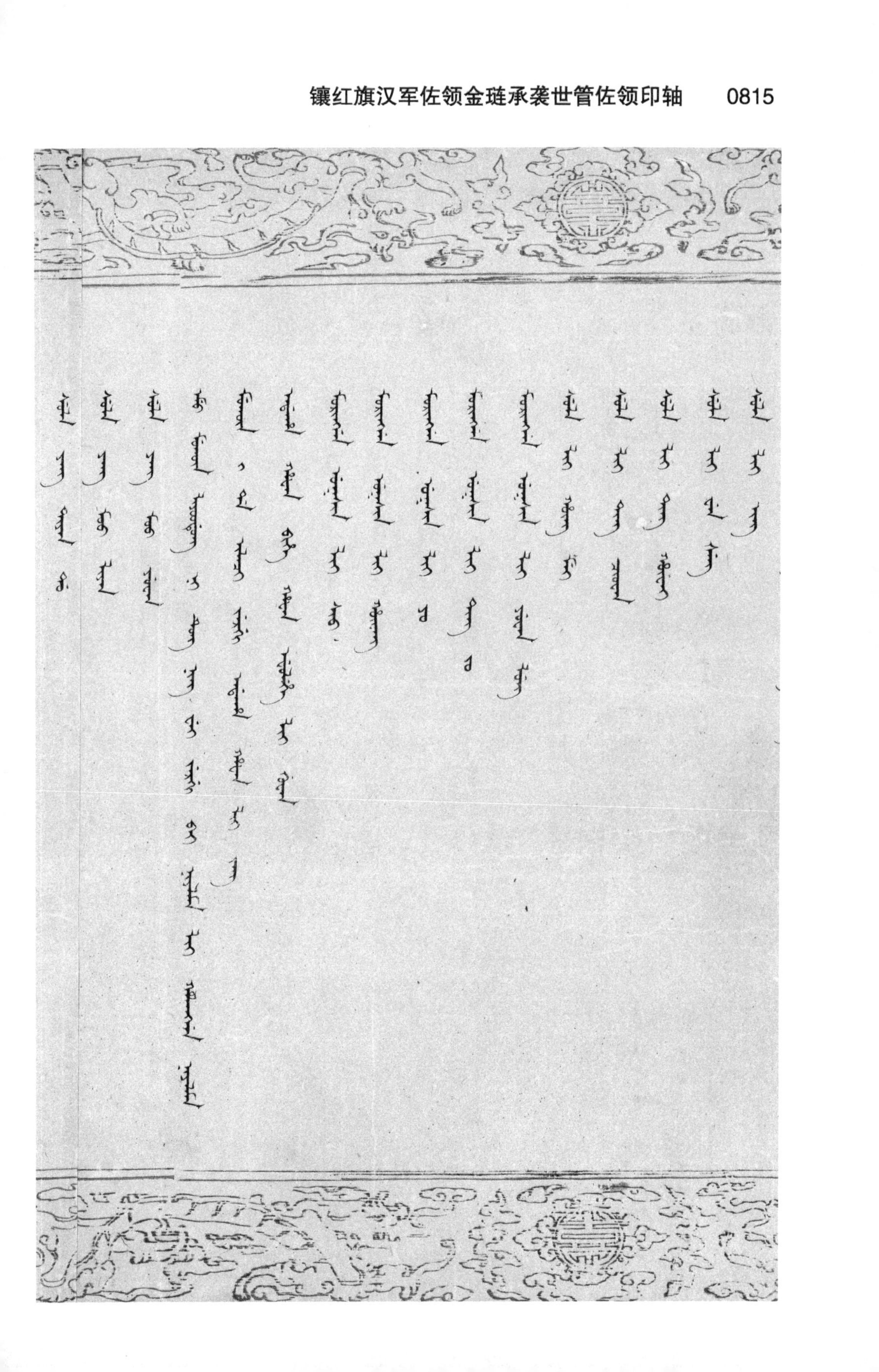

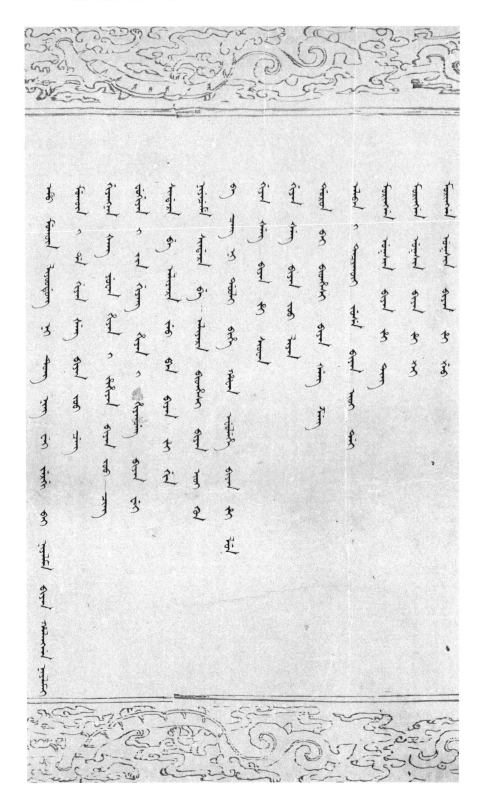

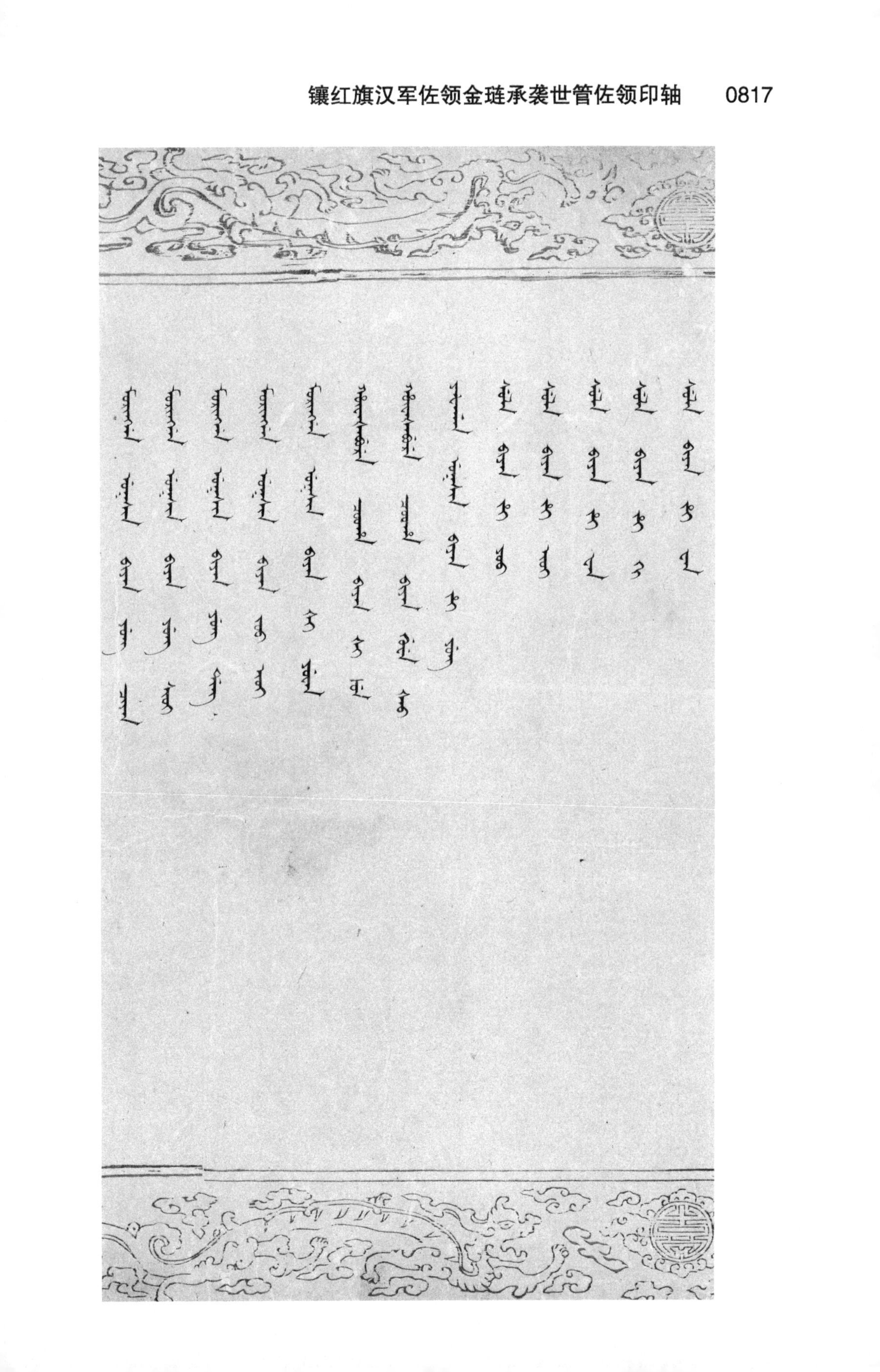

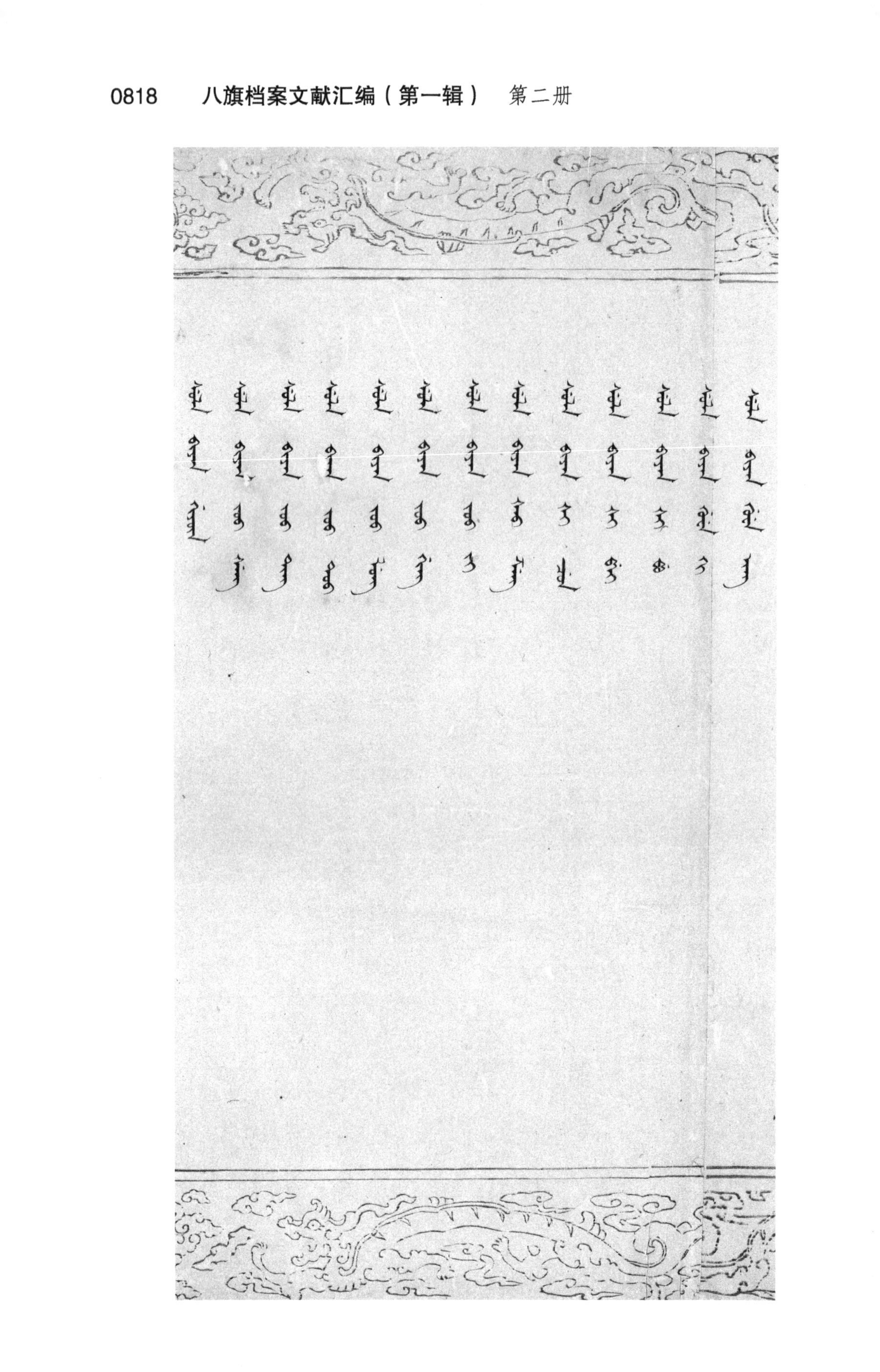

[illegible]

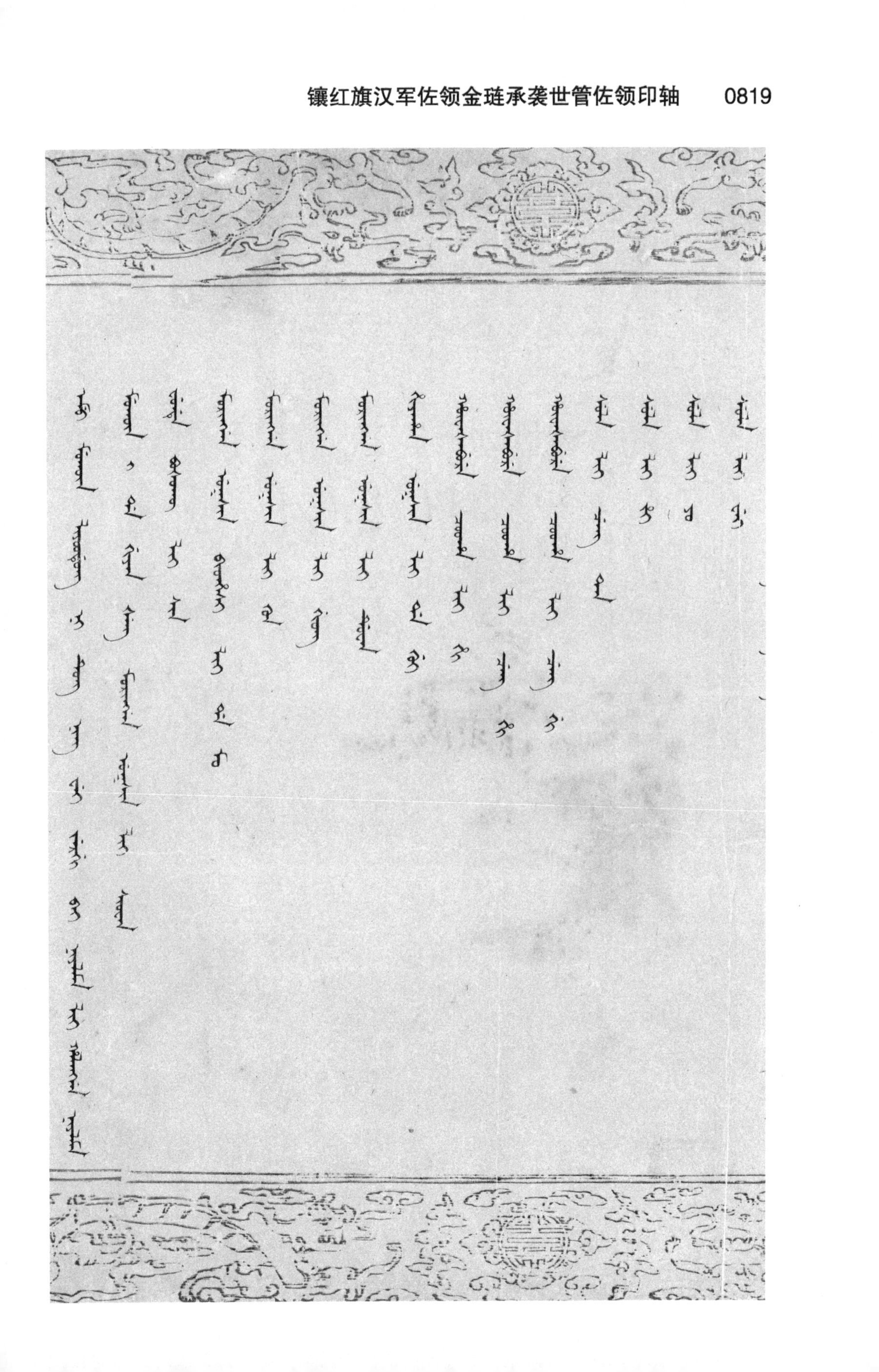

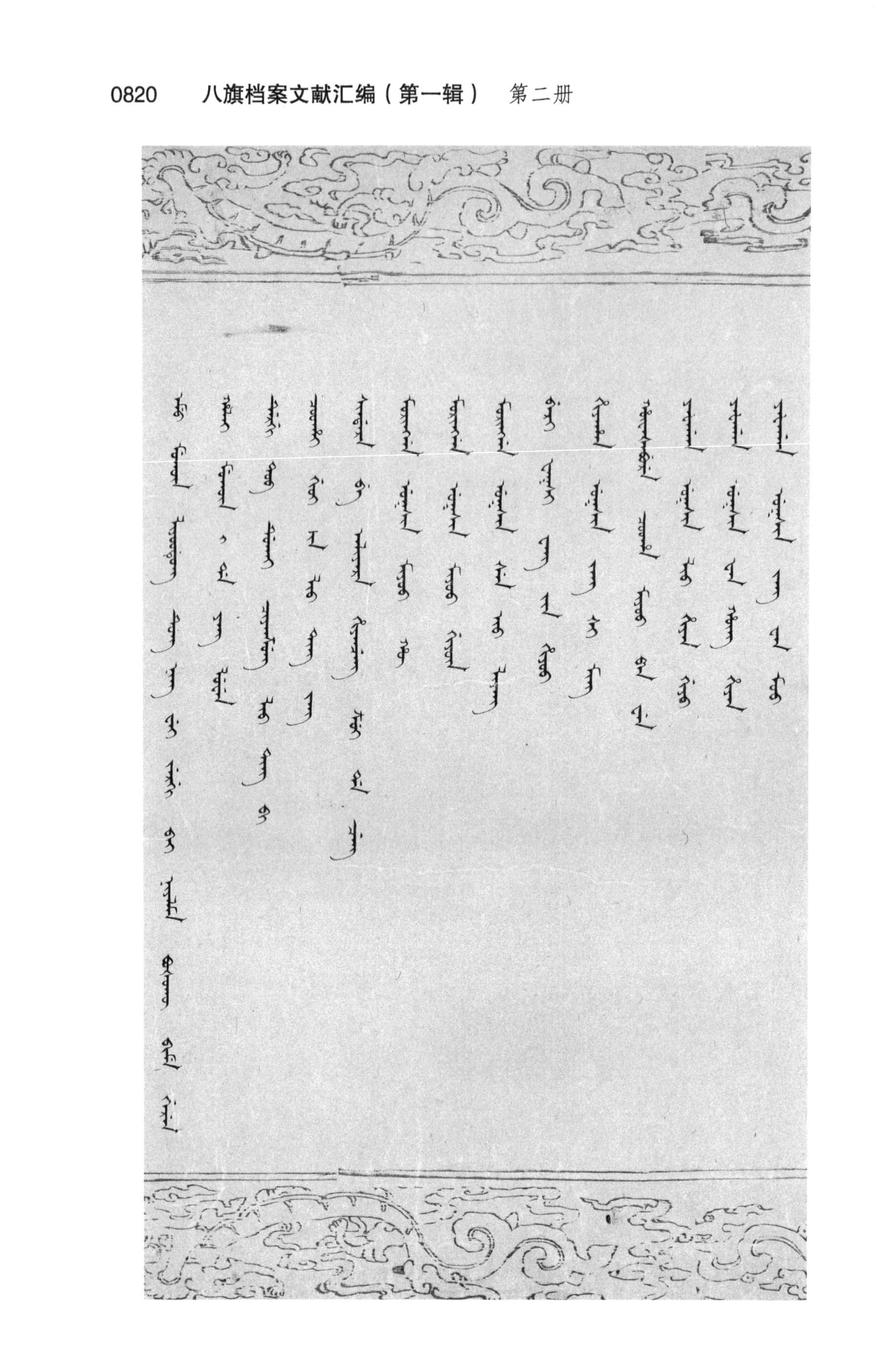

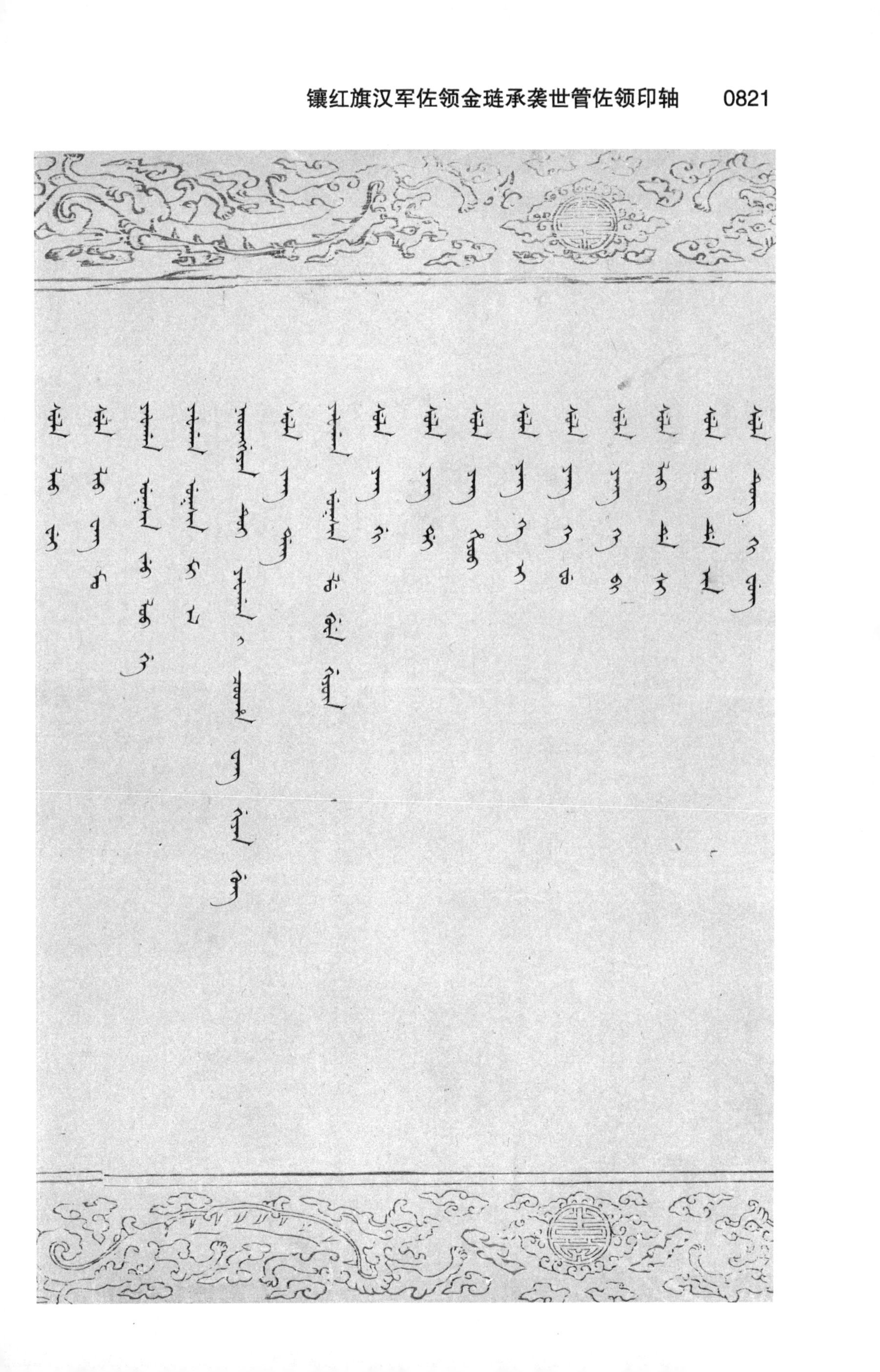

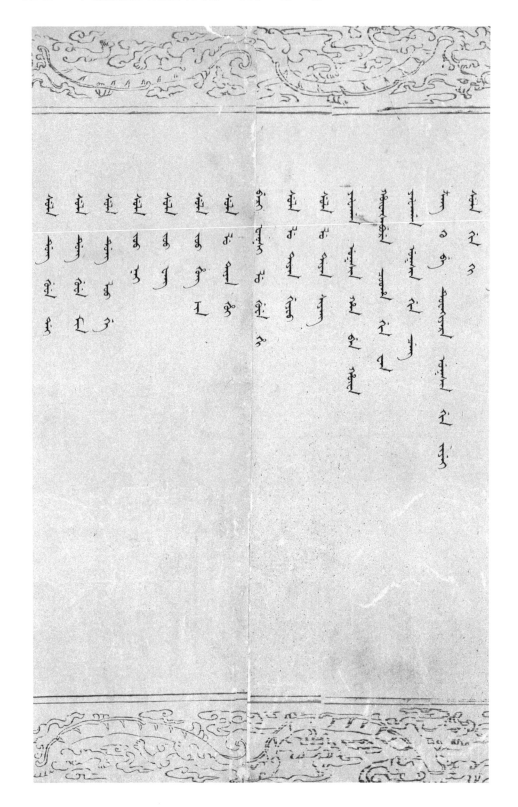

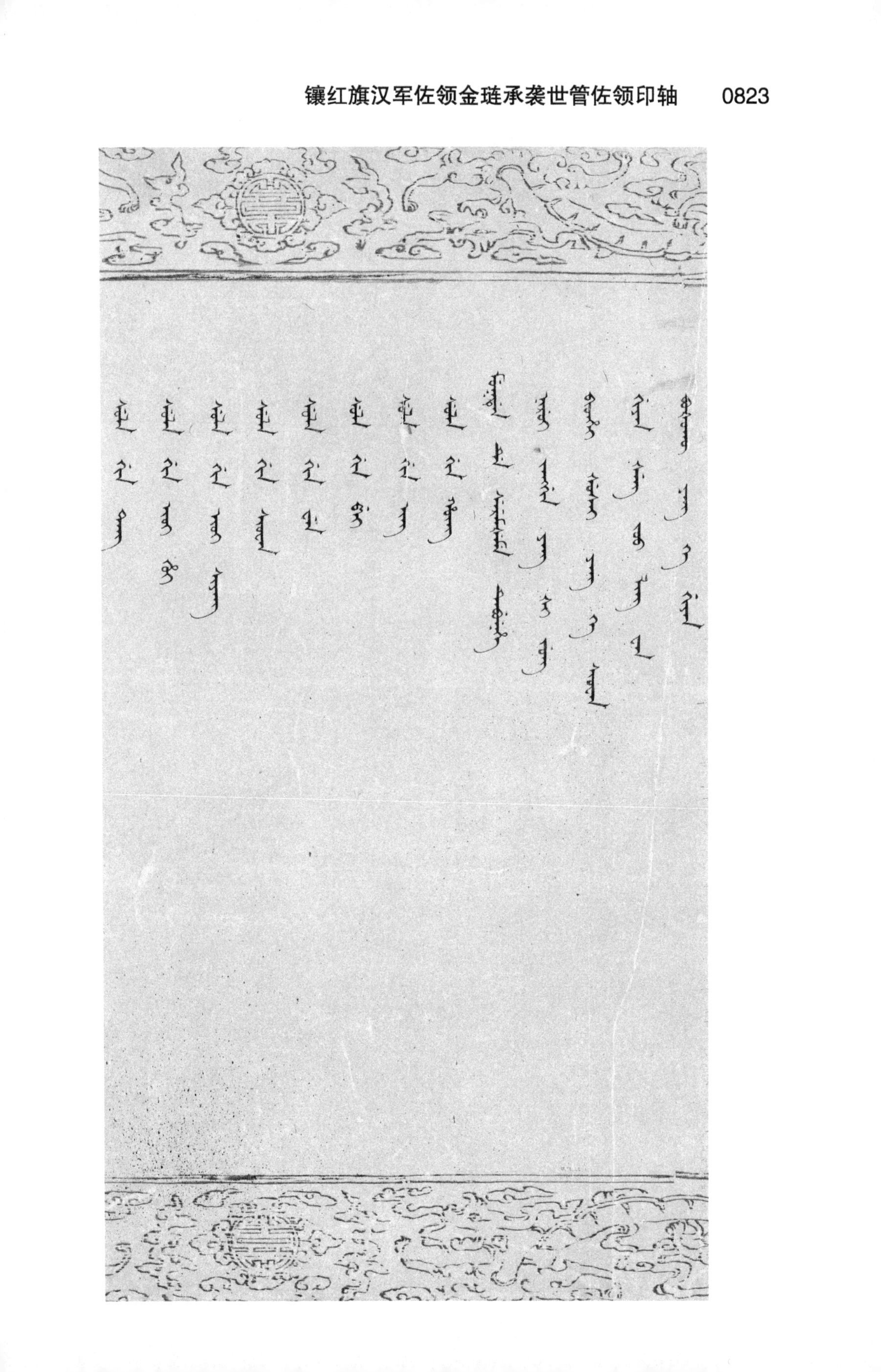

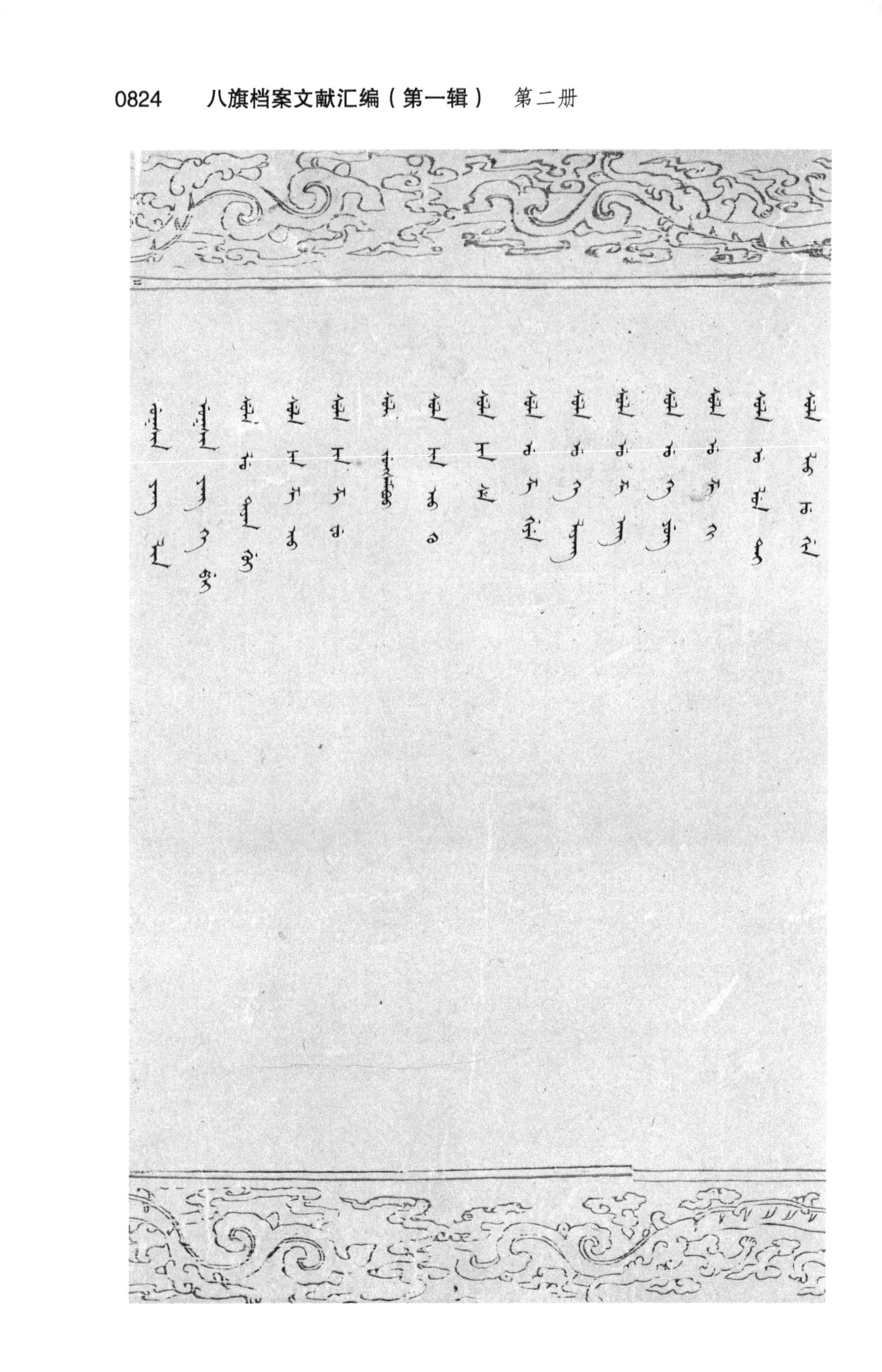

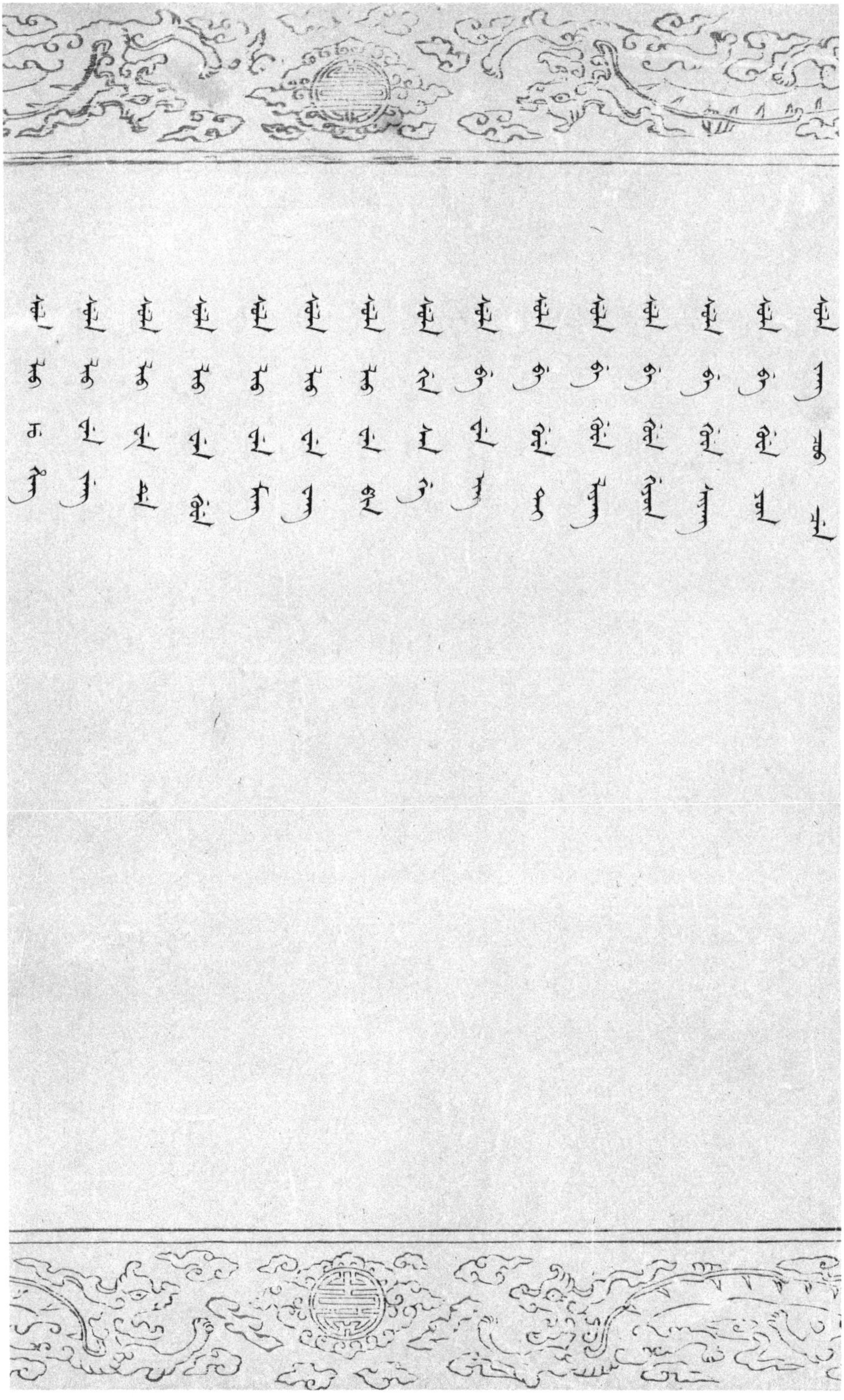

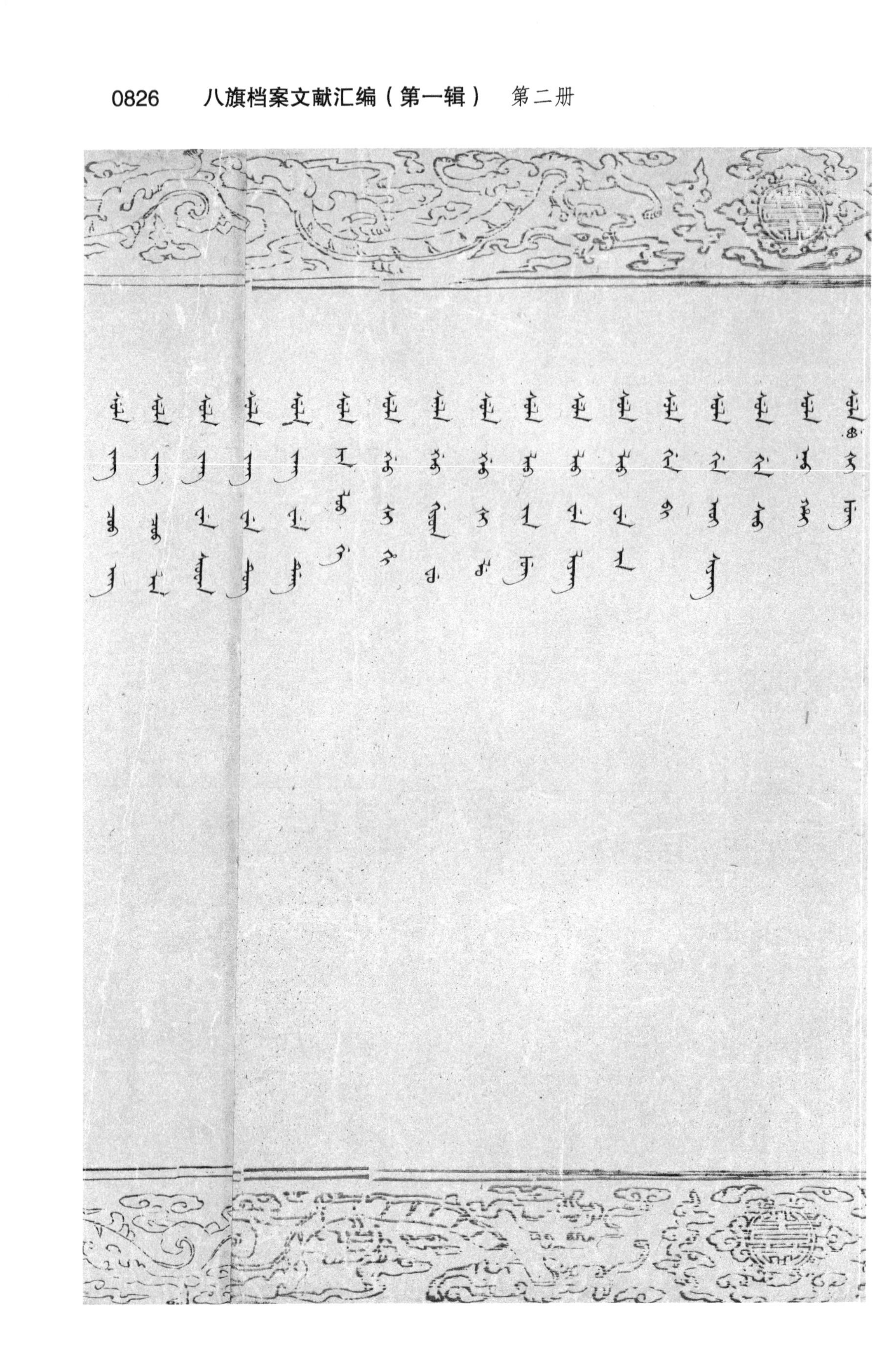

[illegible]

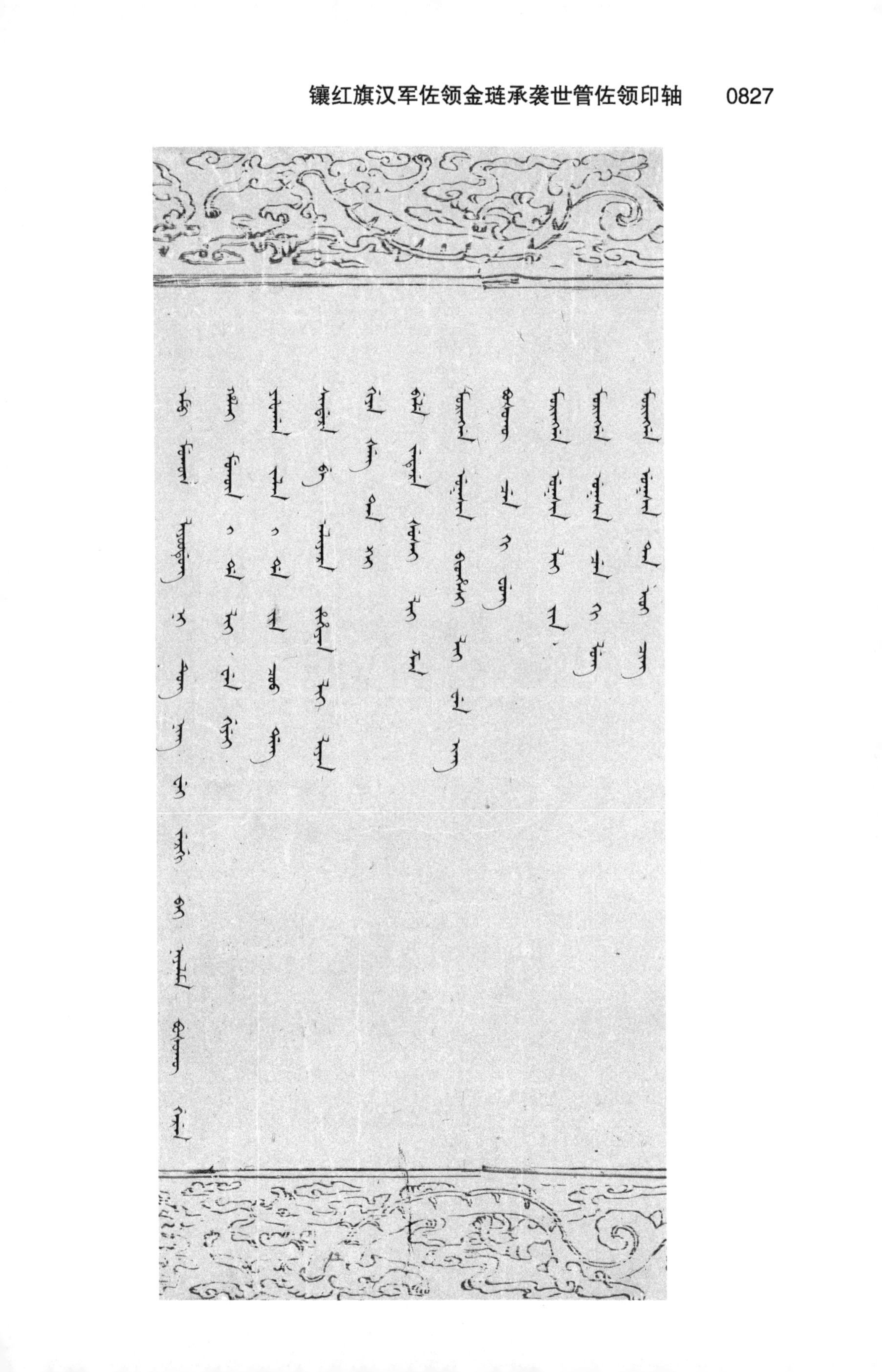

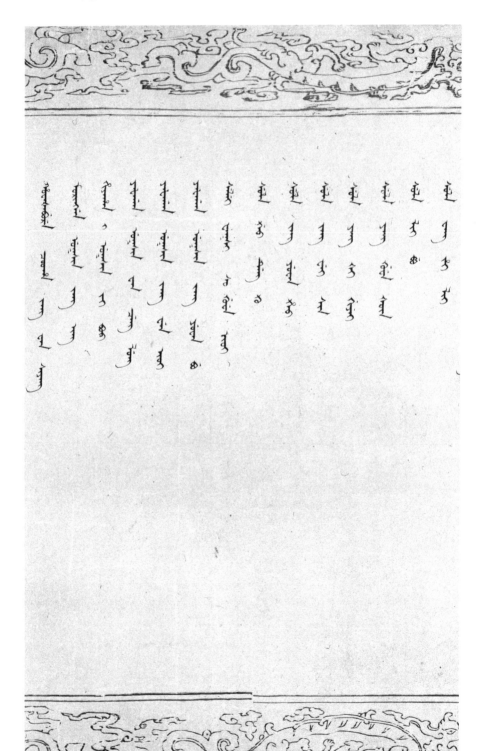

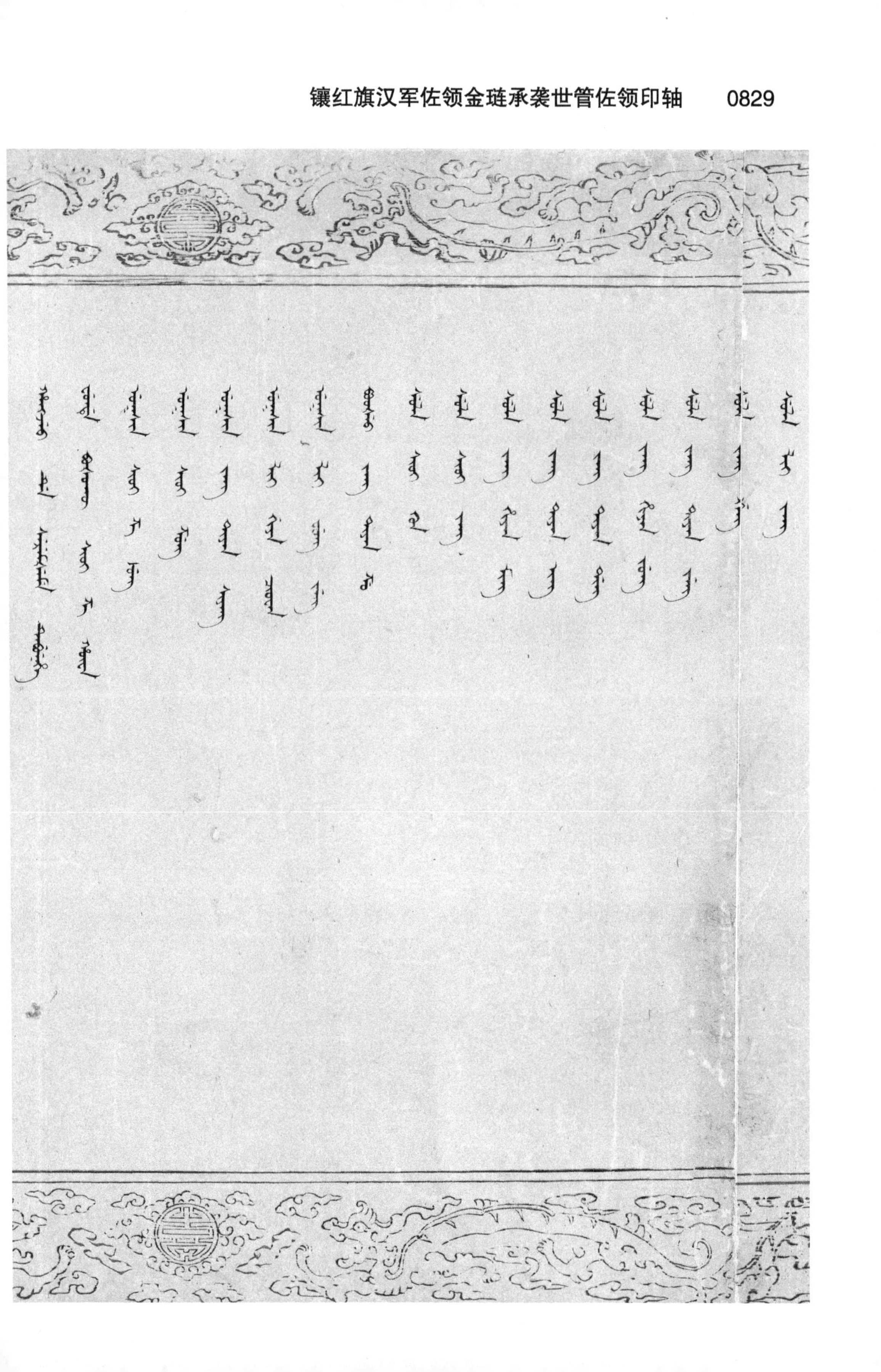

[illegible]

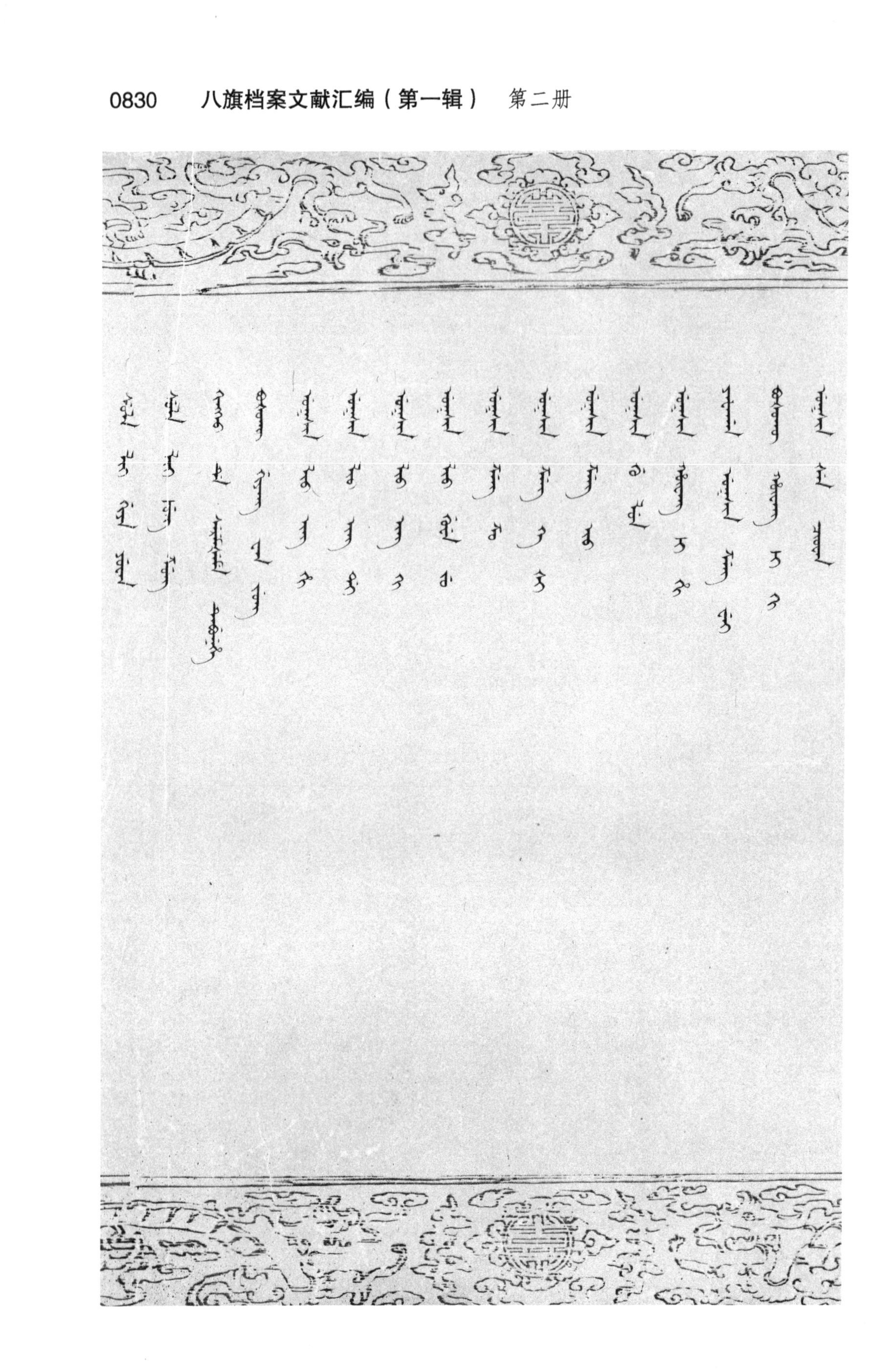

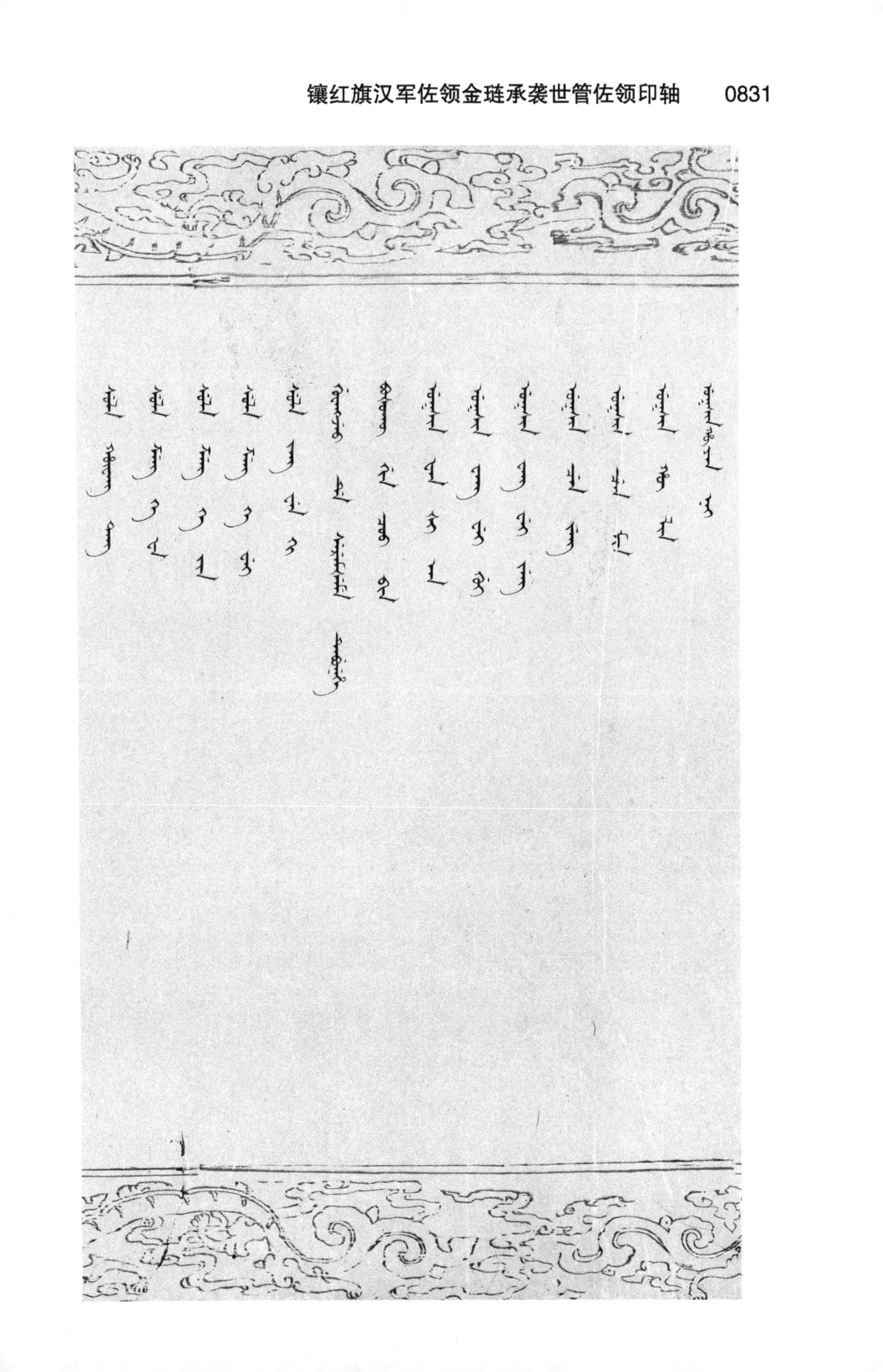

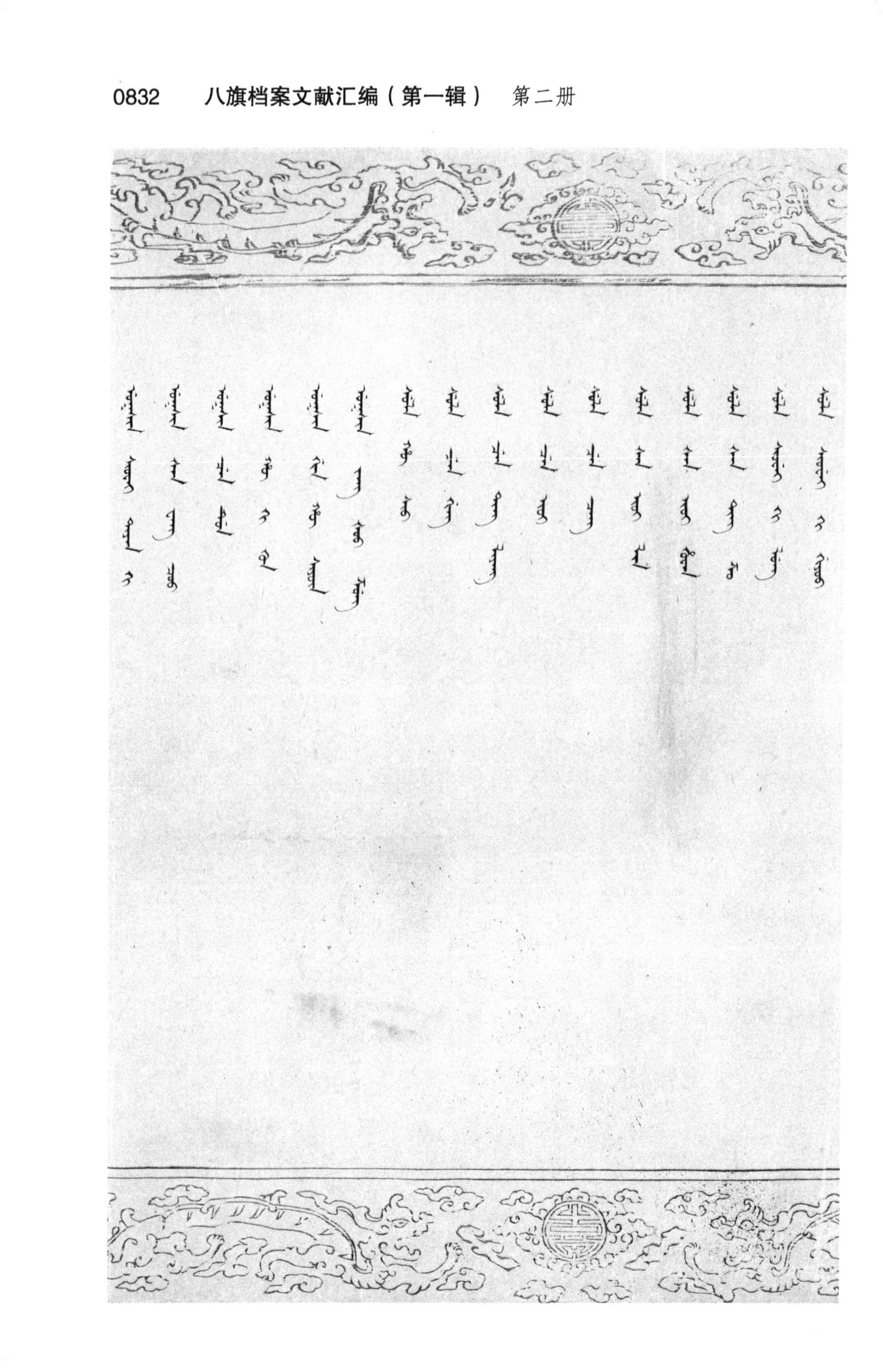

[illegible]

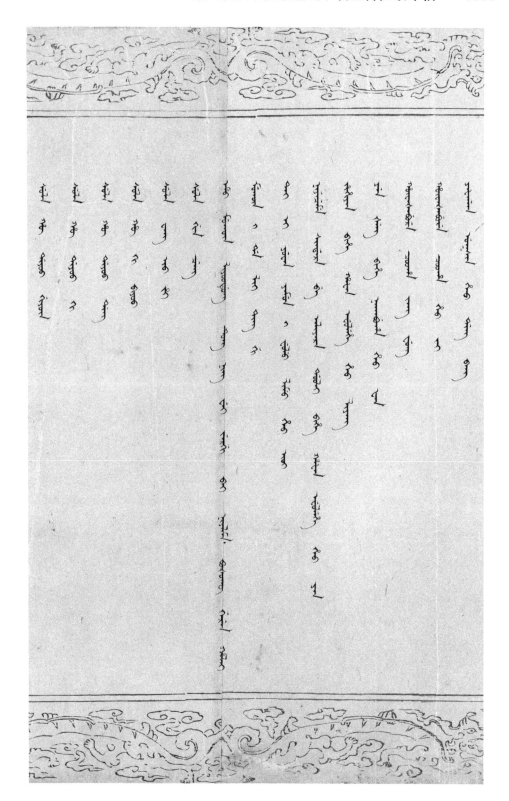

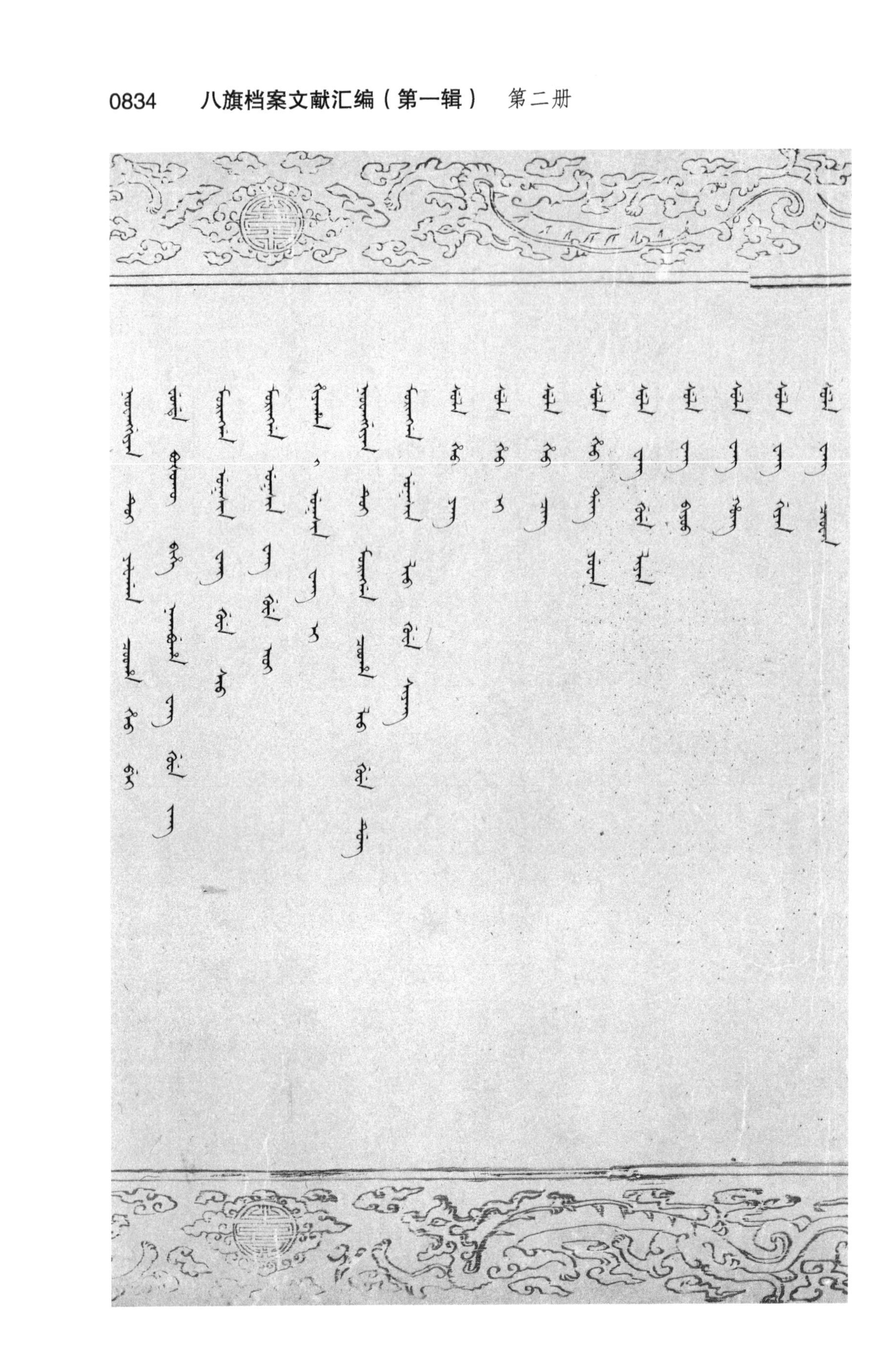

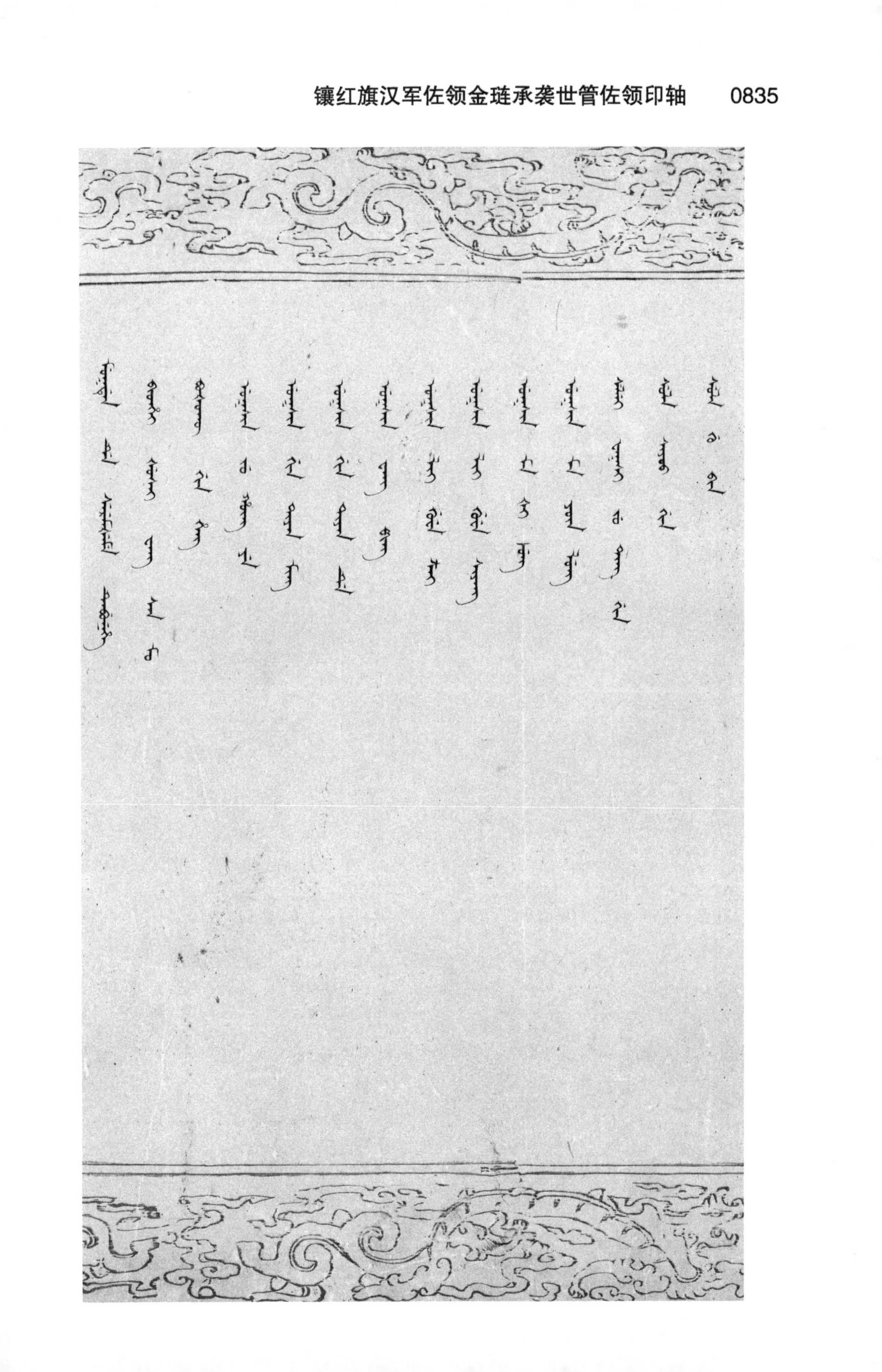

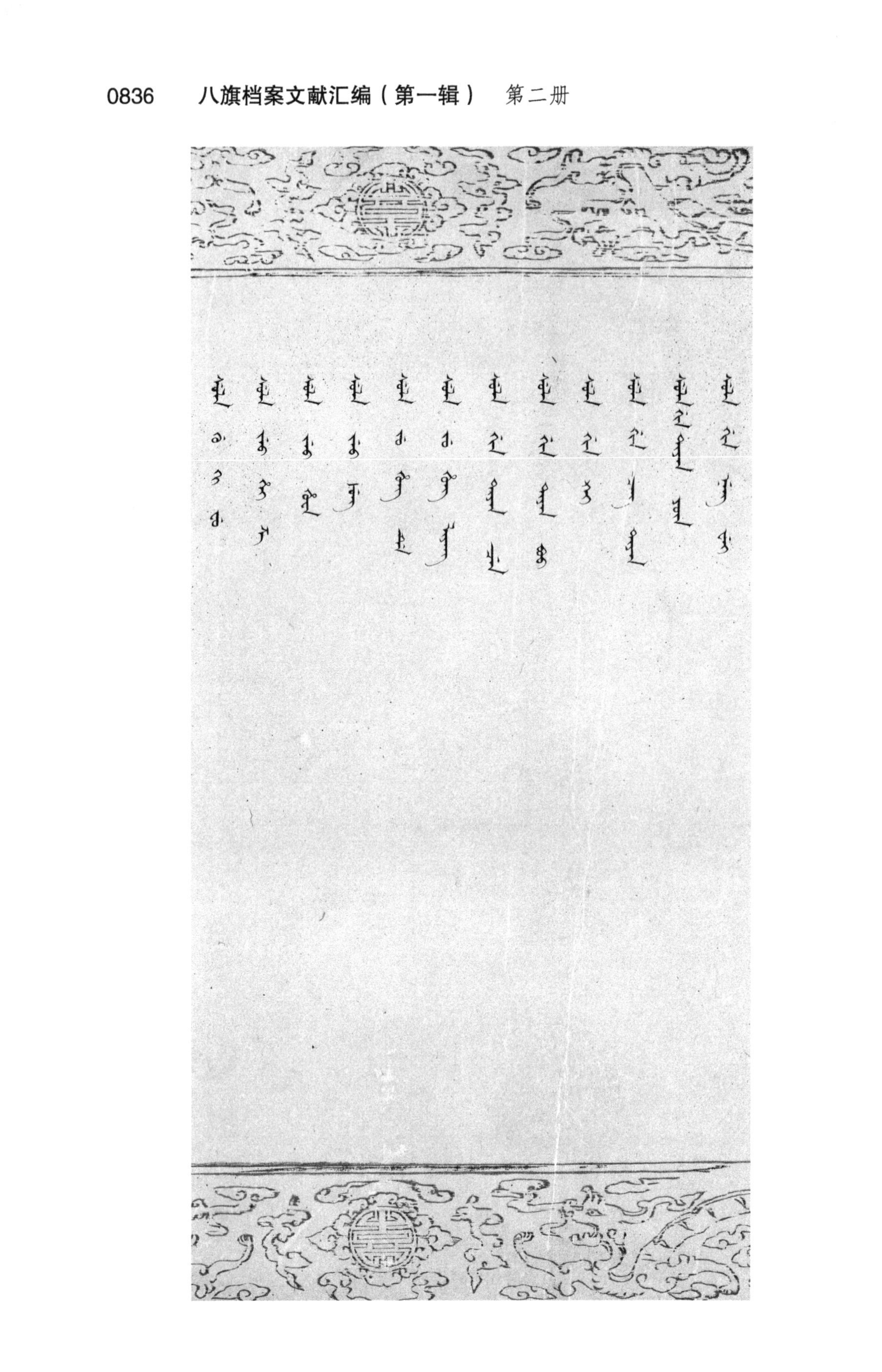

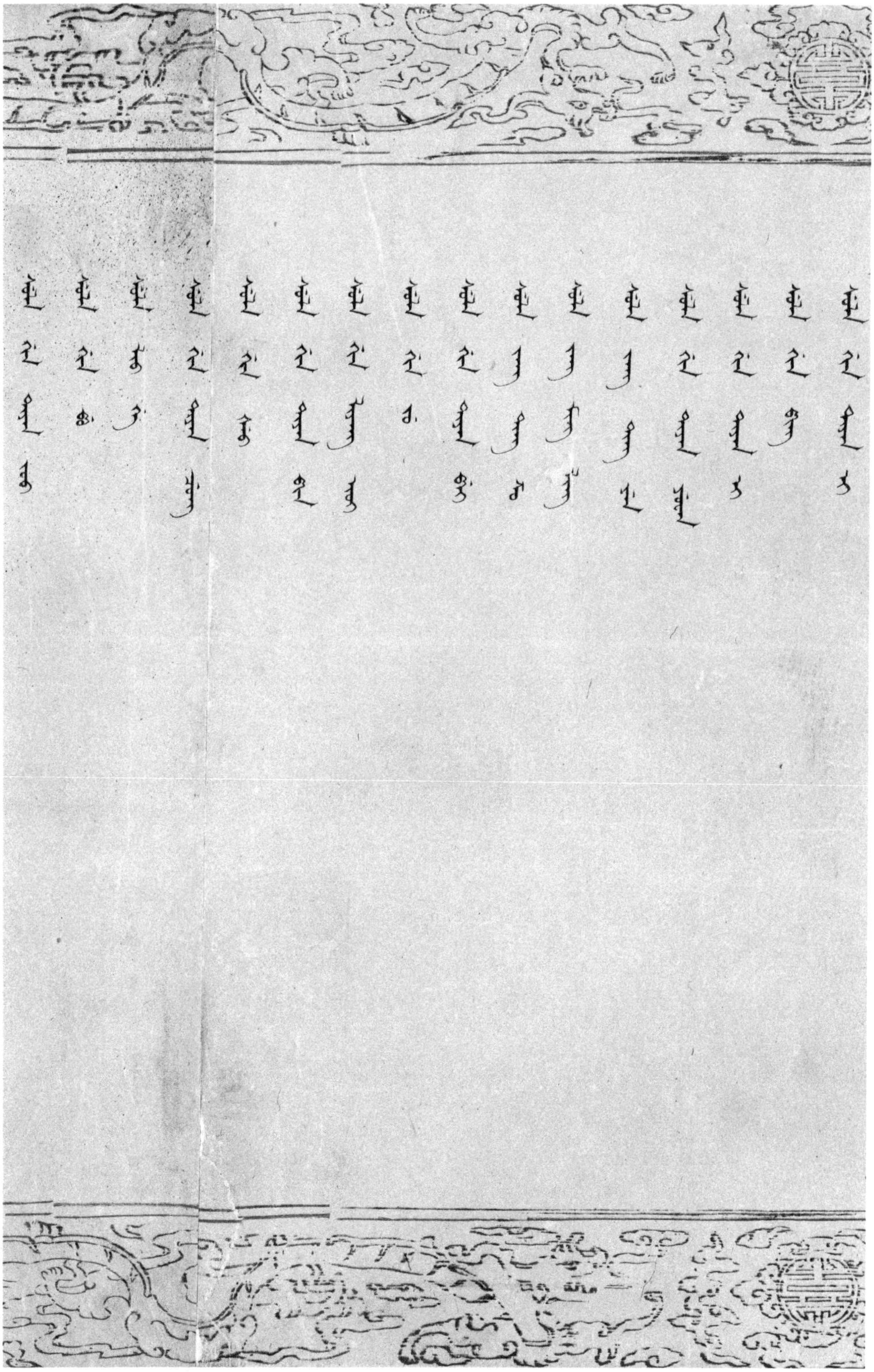

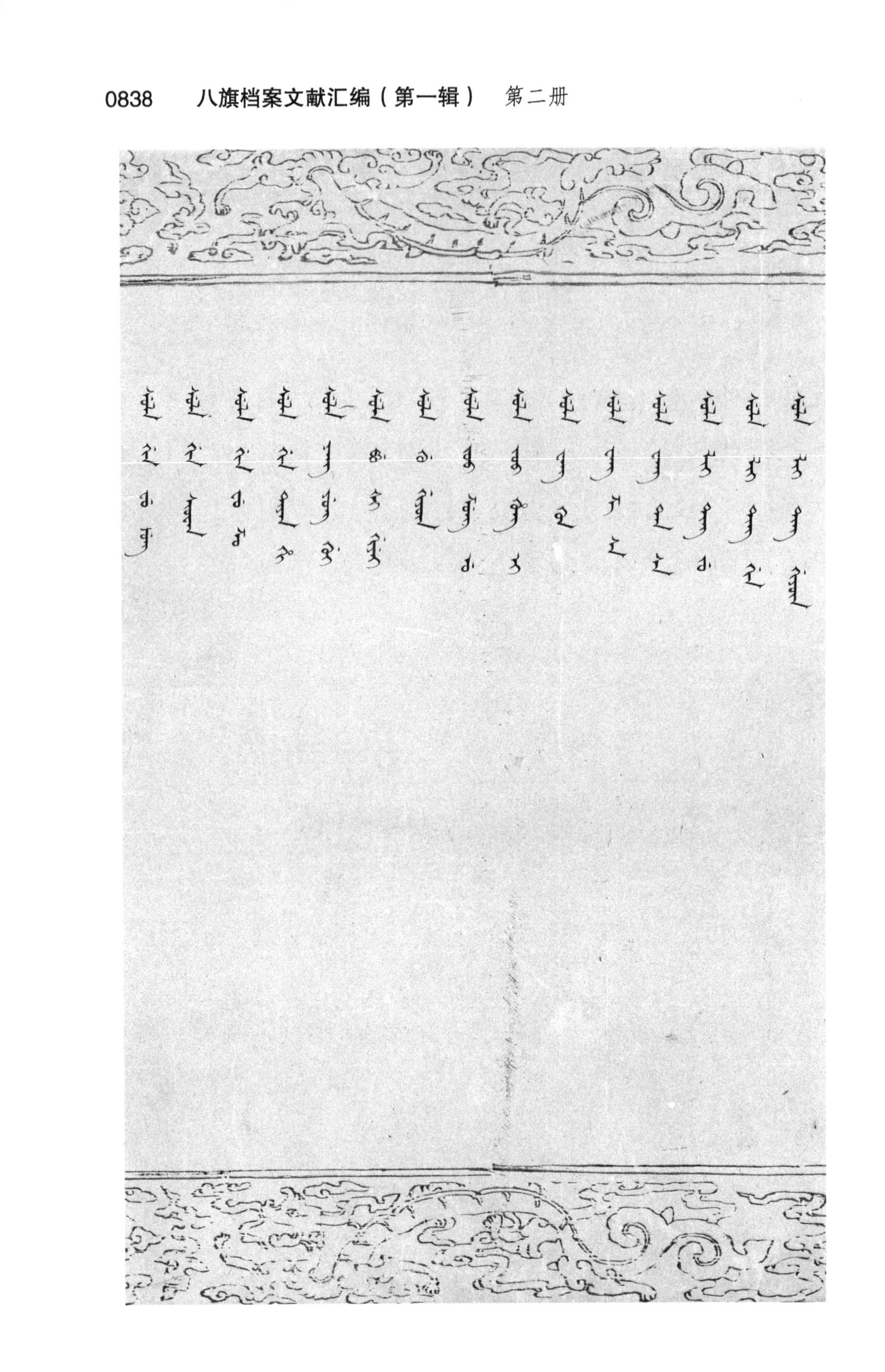

[illegible]

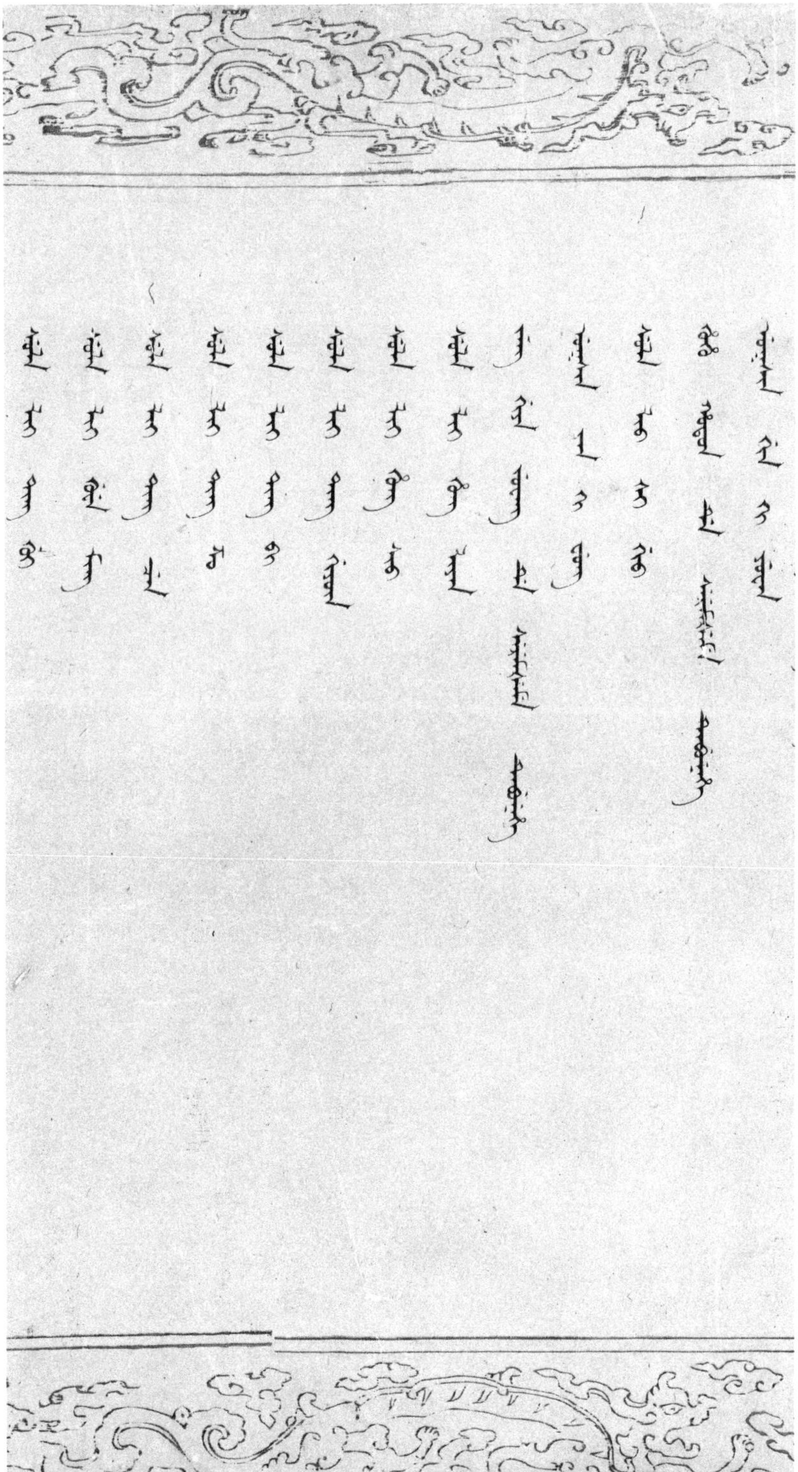

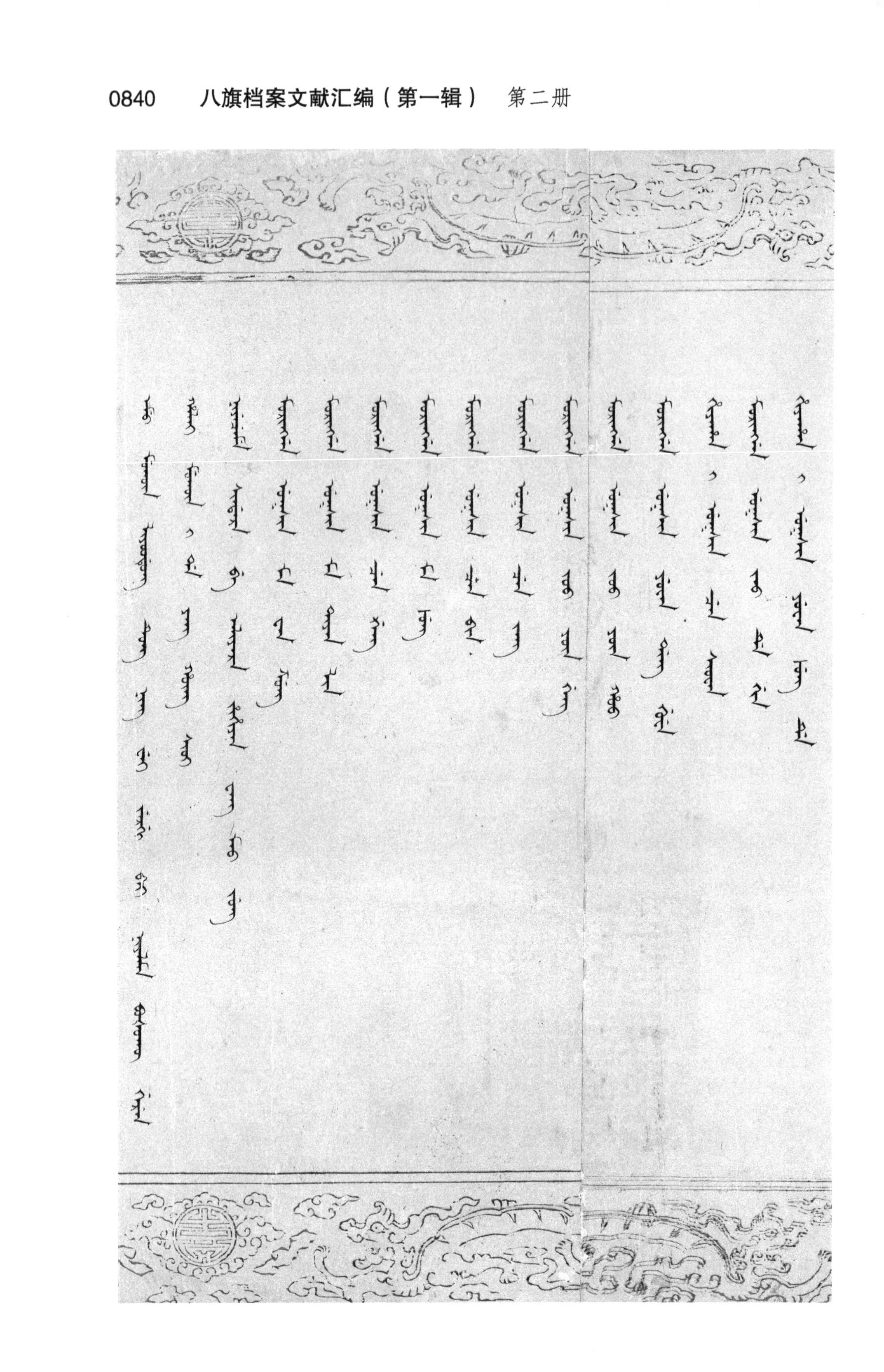

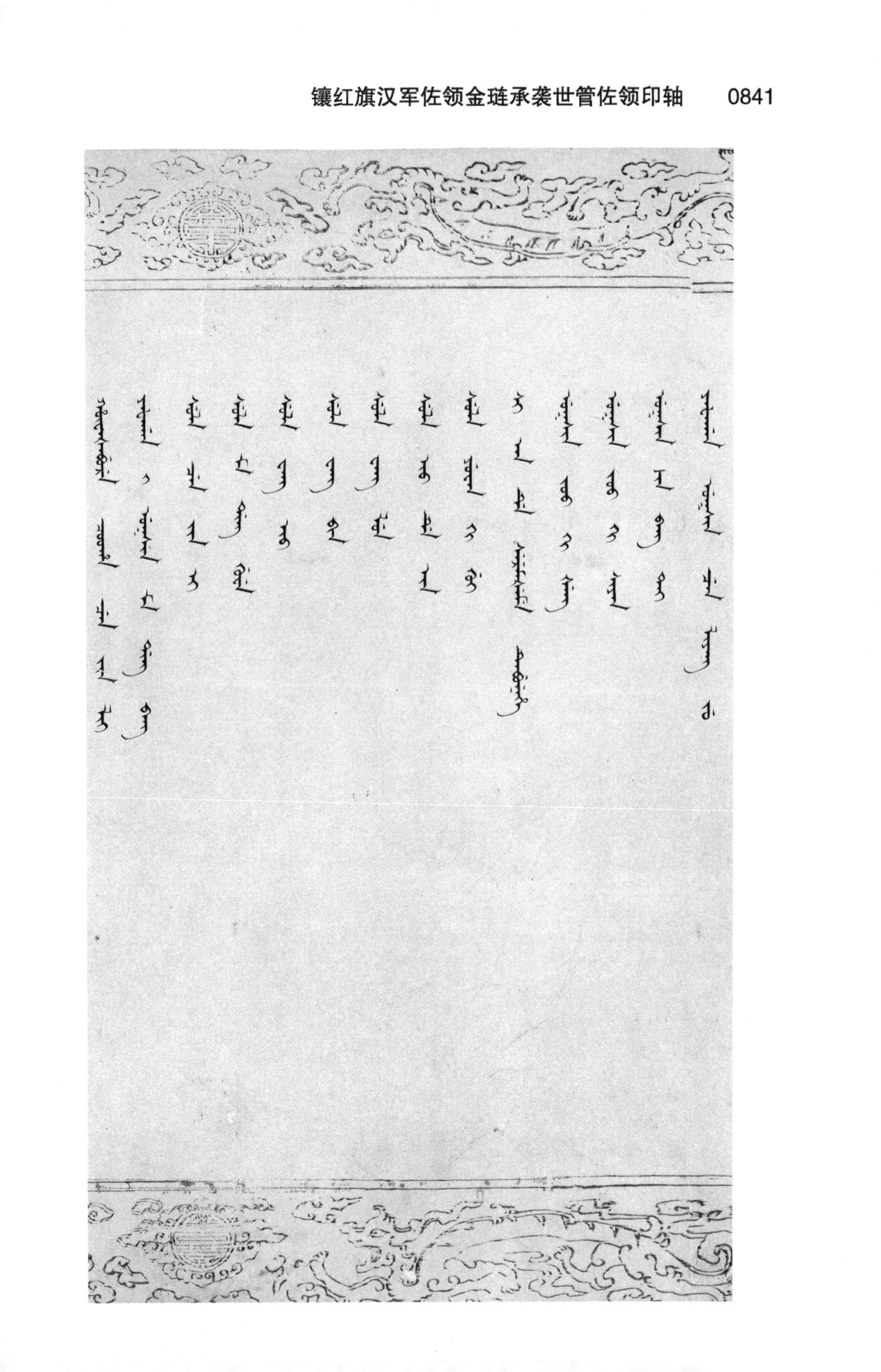

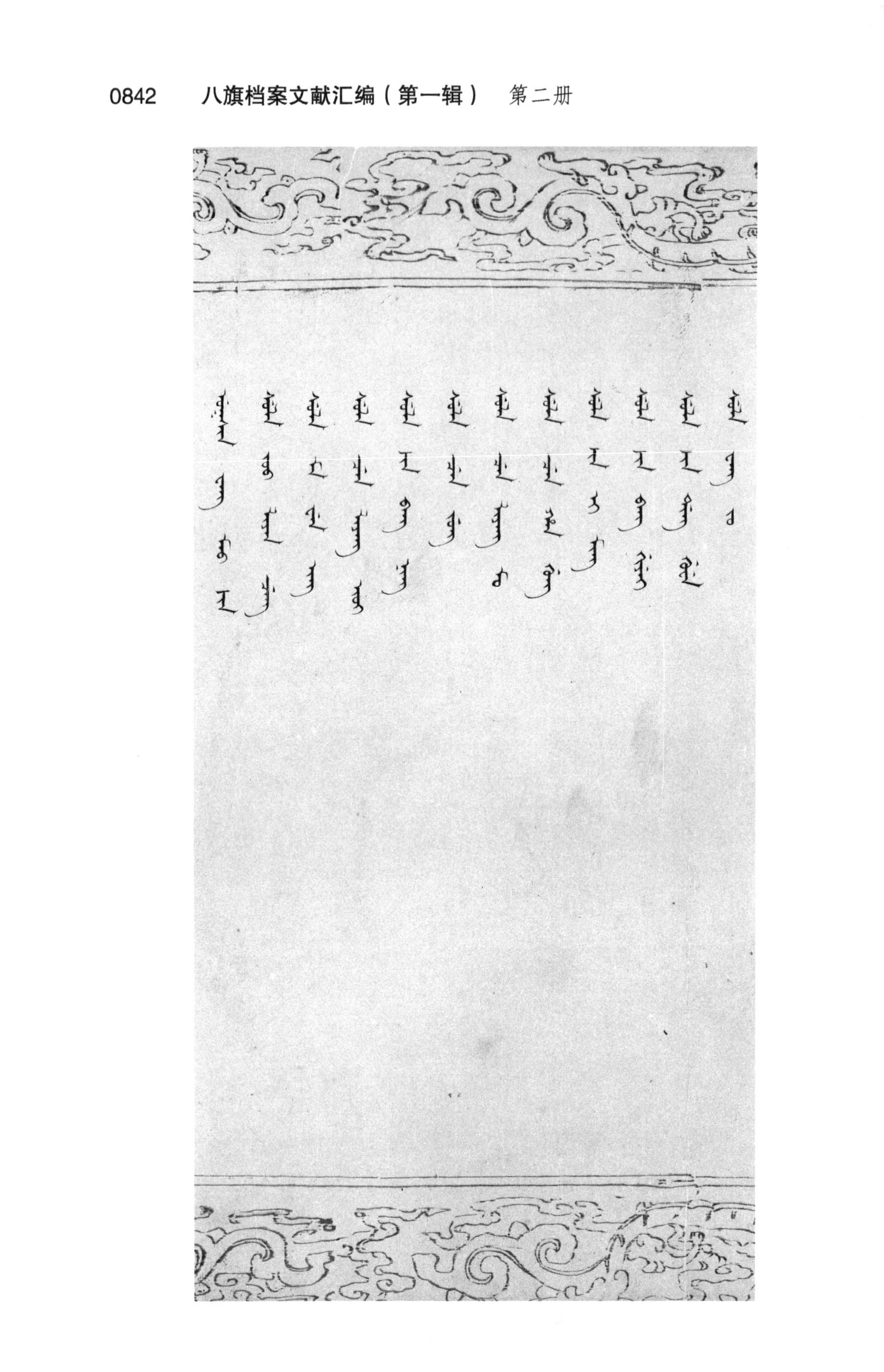

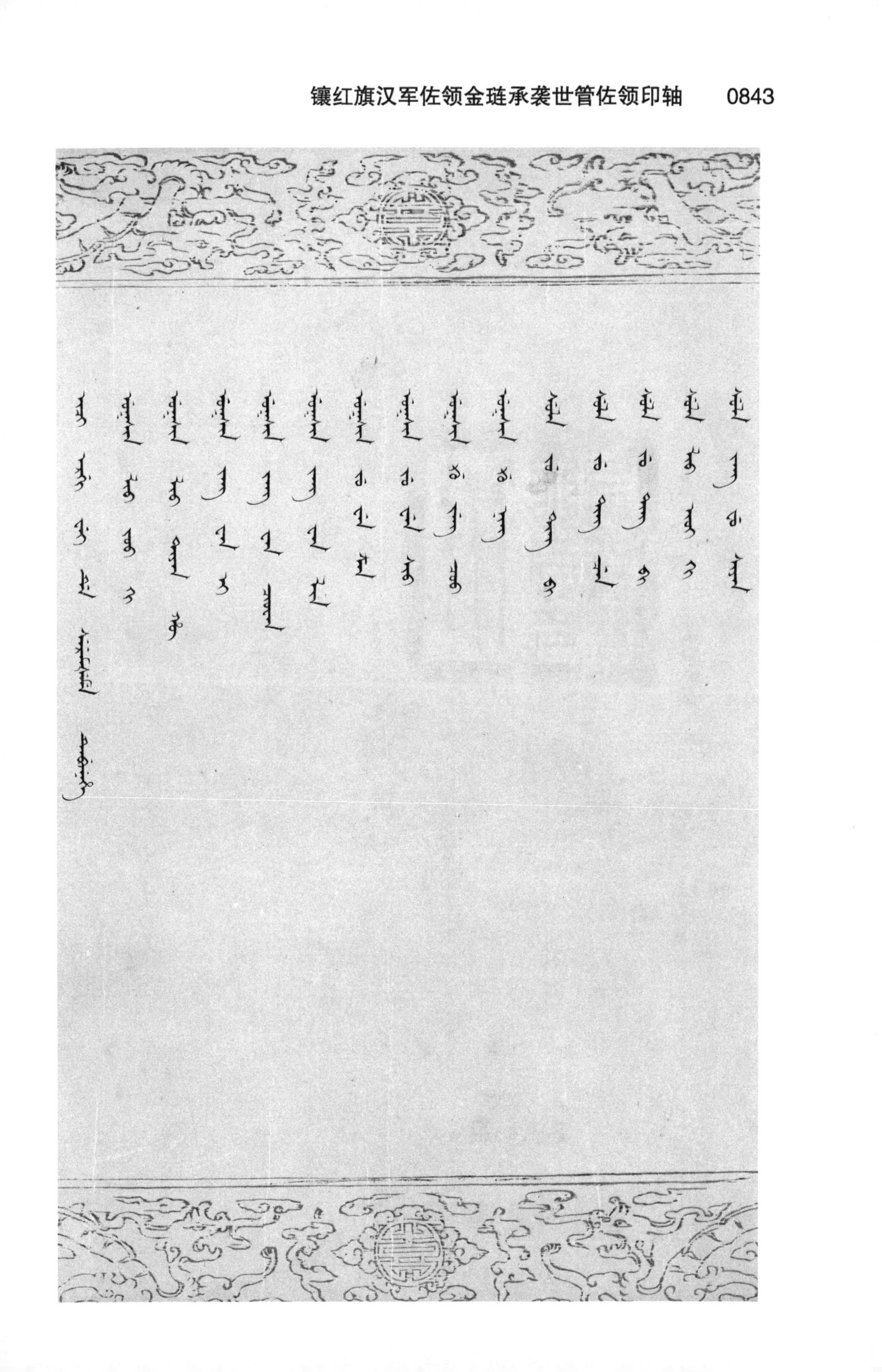

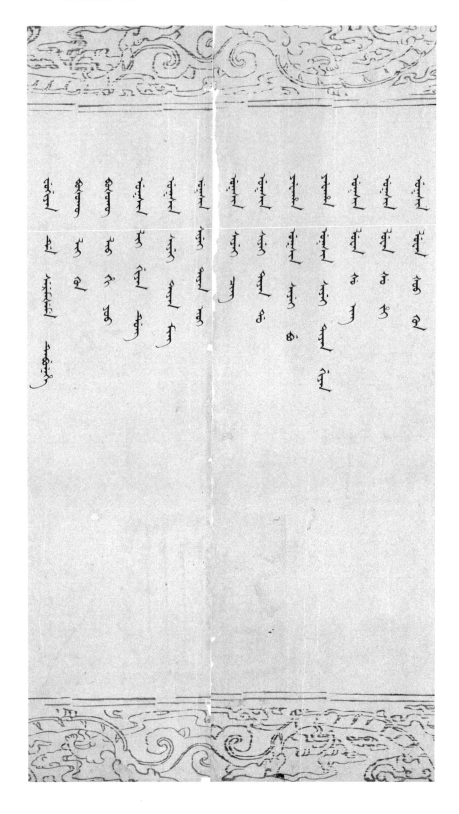

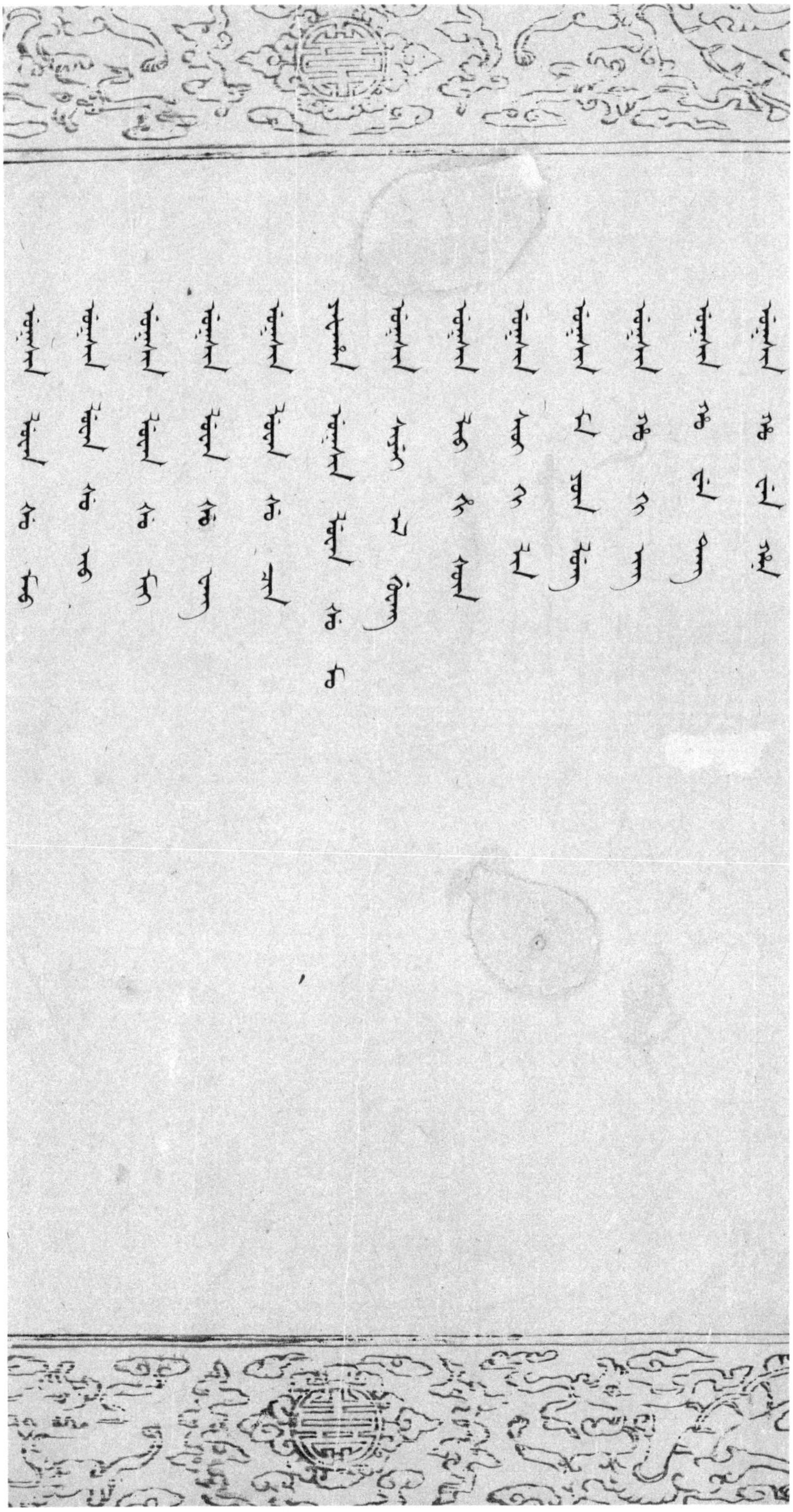

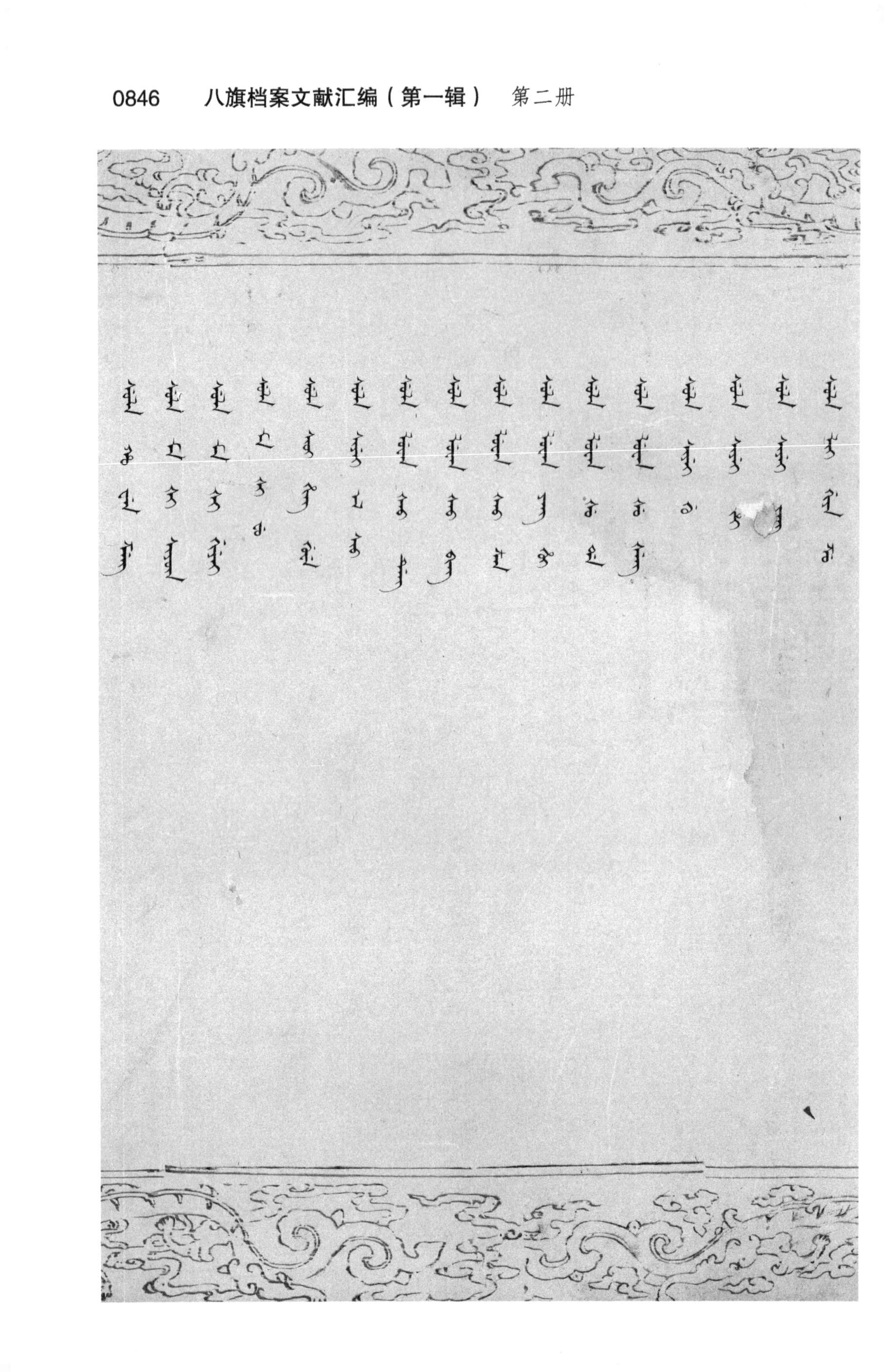

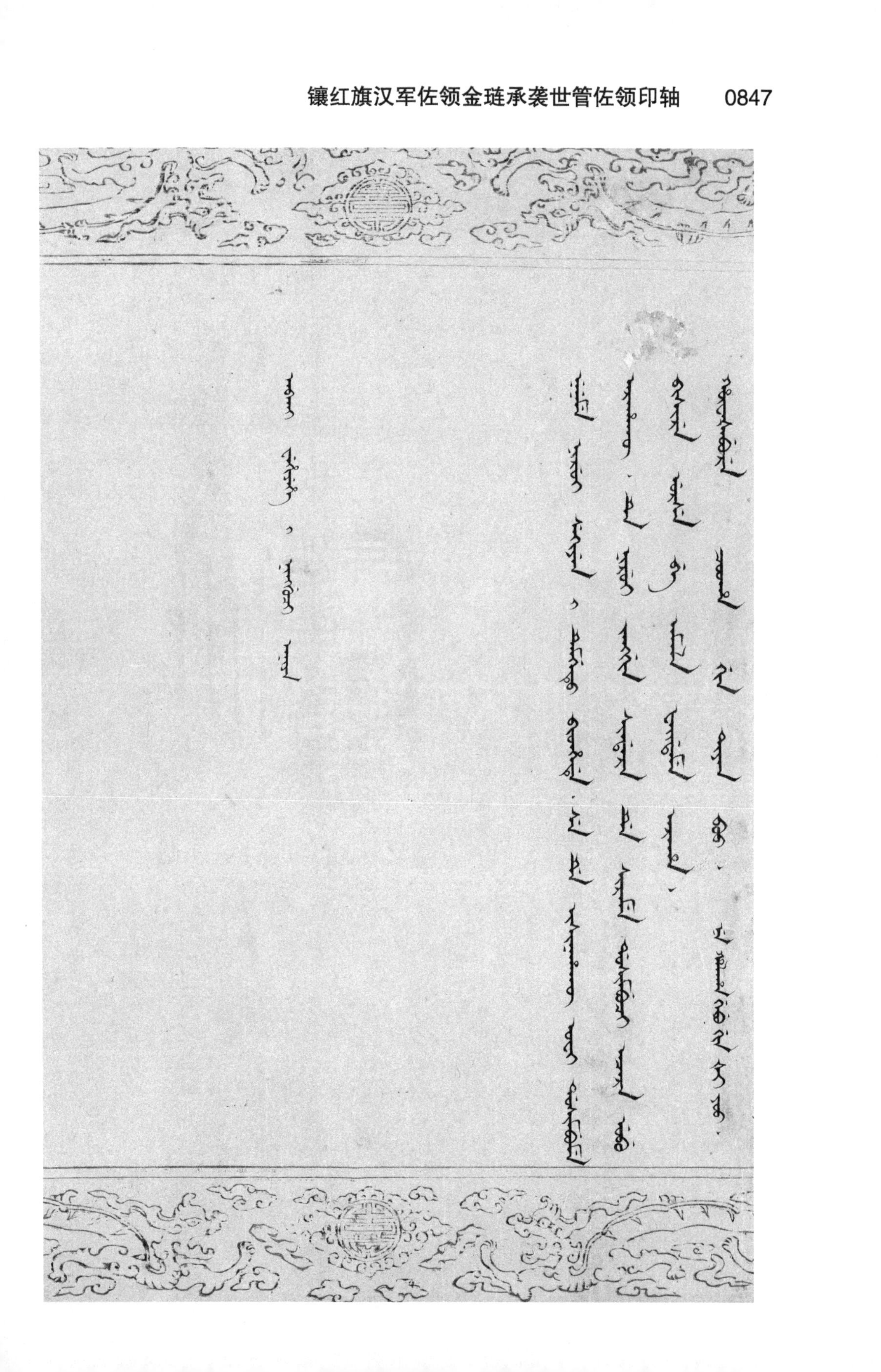

[illegible]

[illegible]

[illegible]

[illegible]

[illegible]

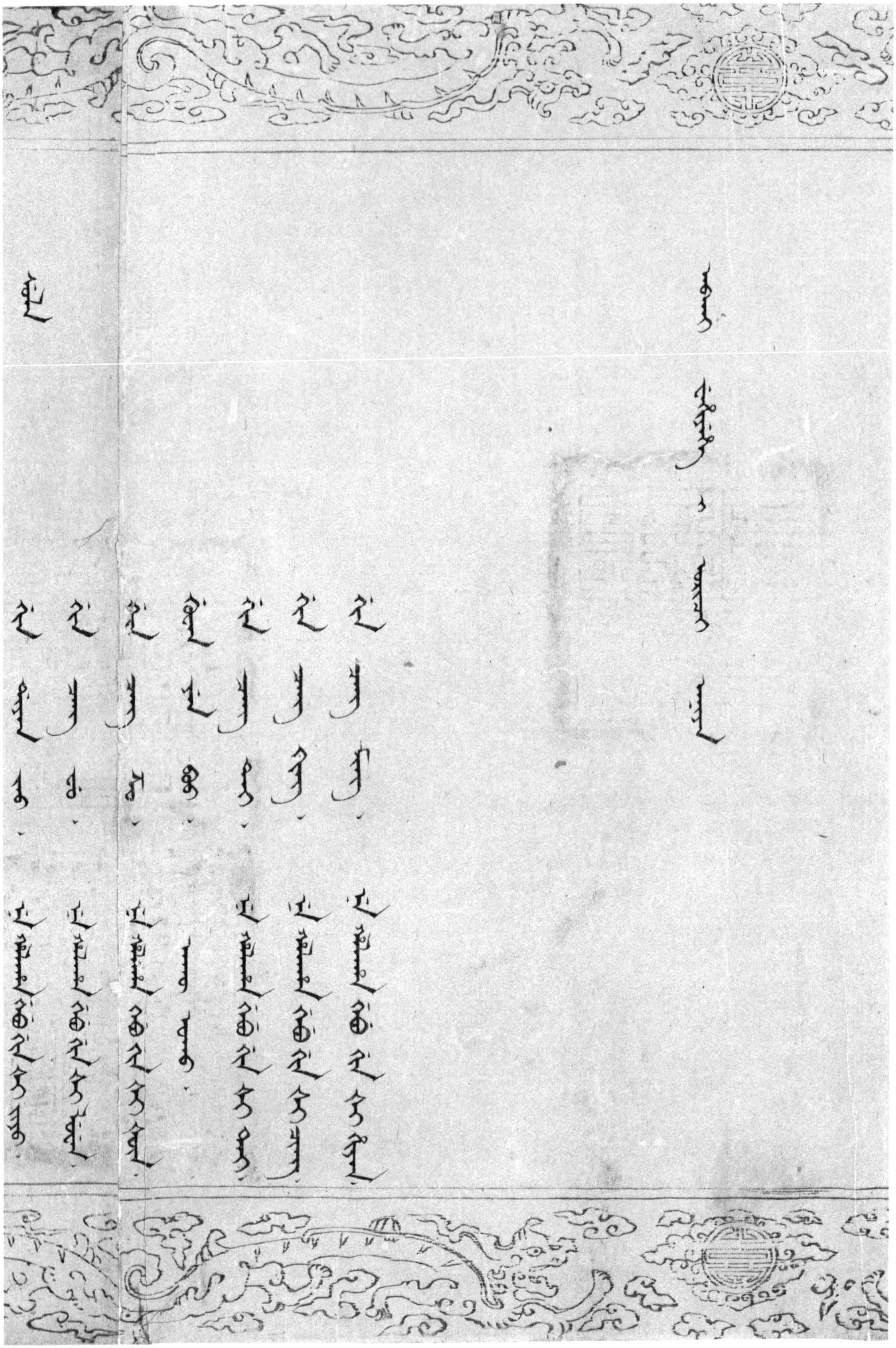

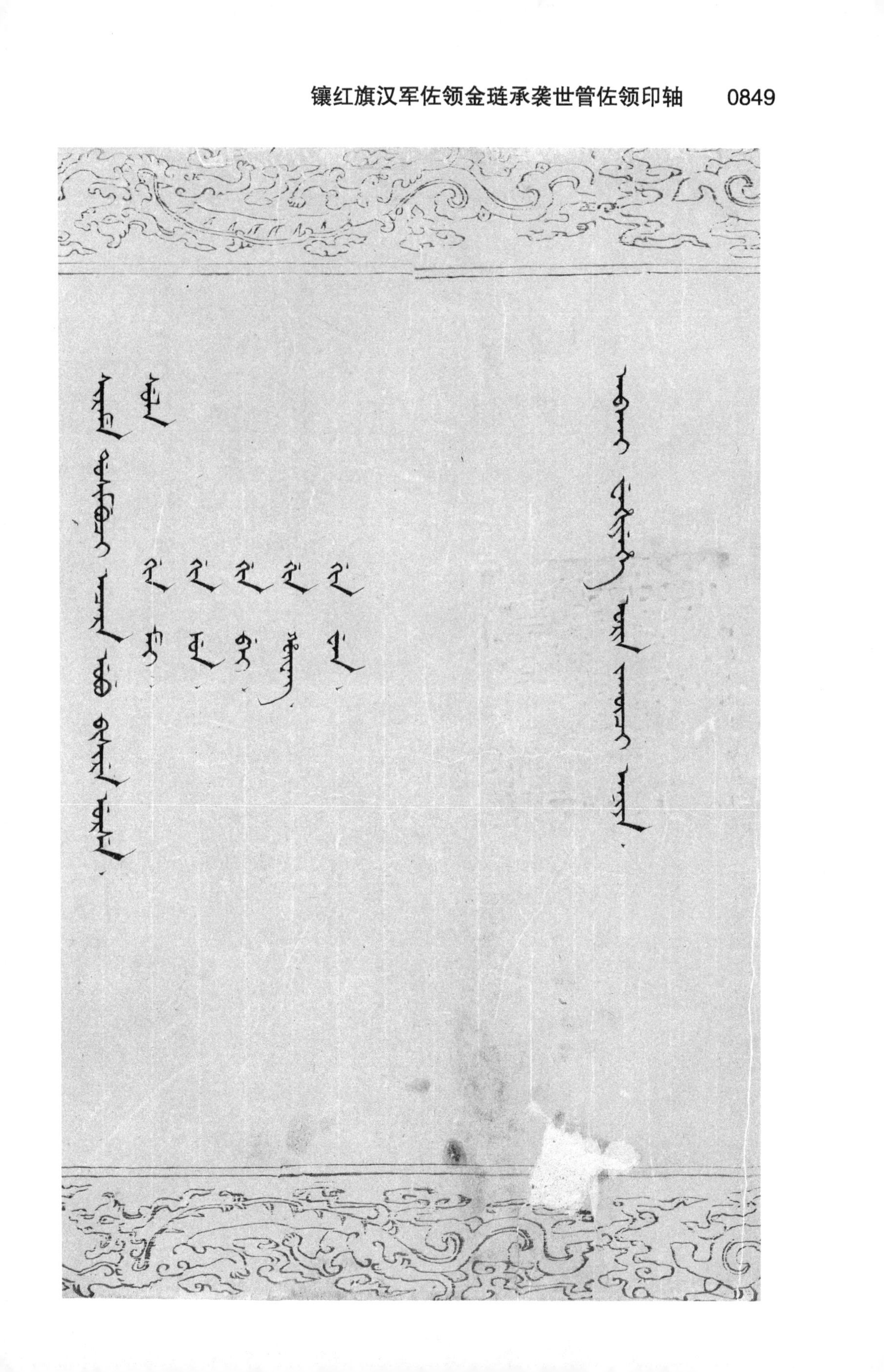

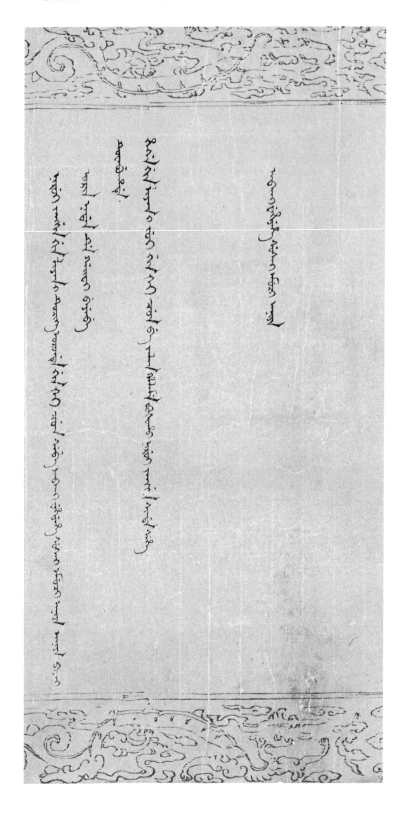

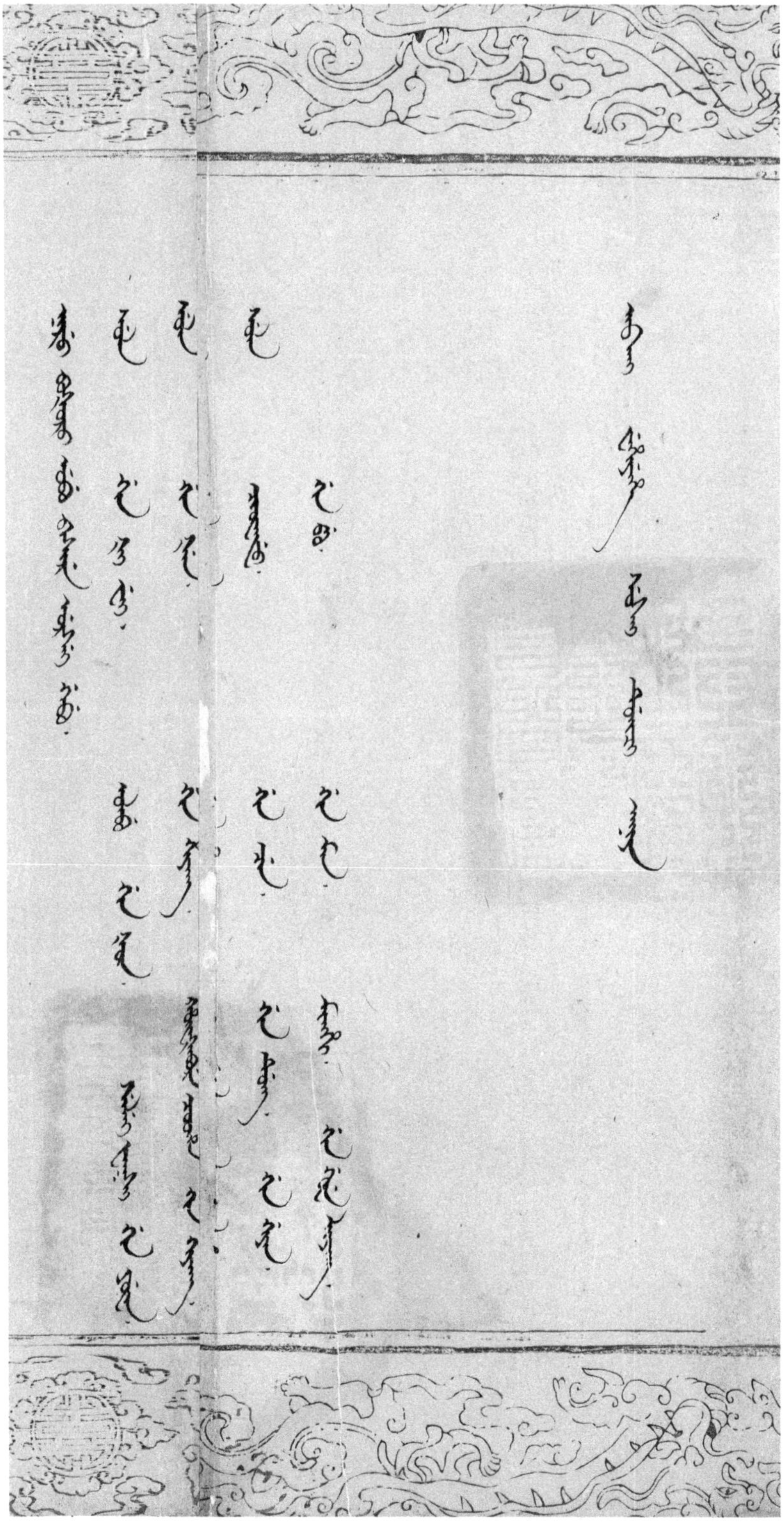

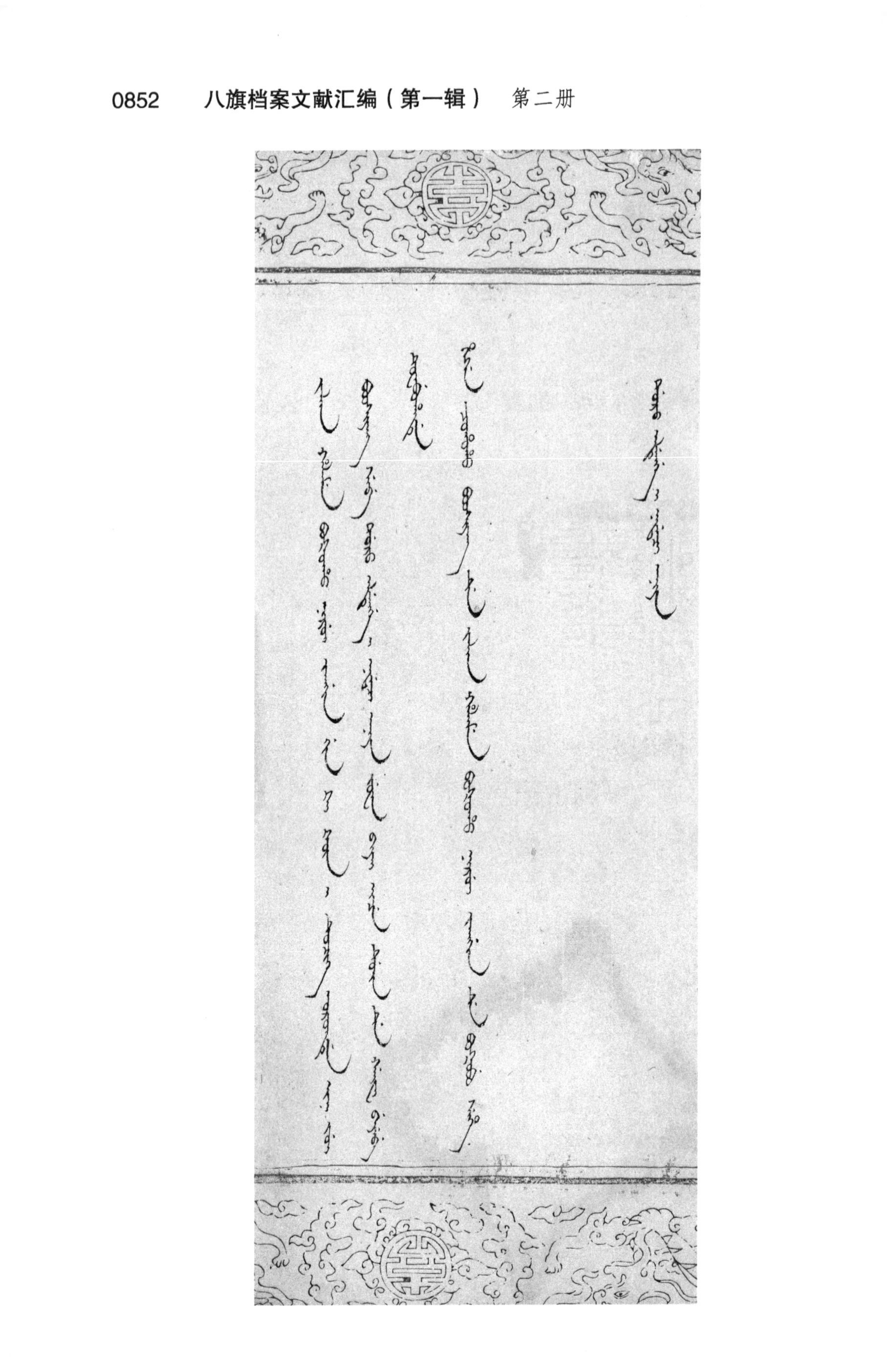

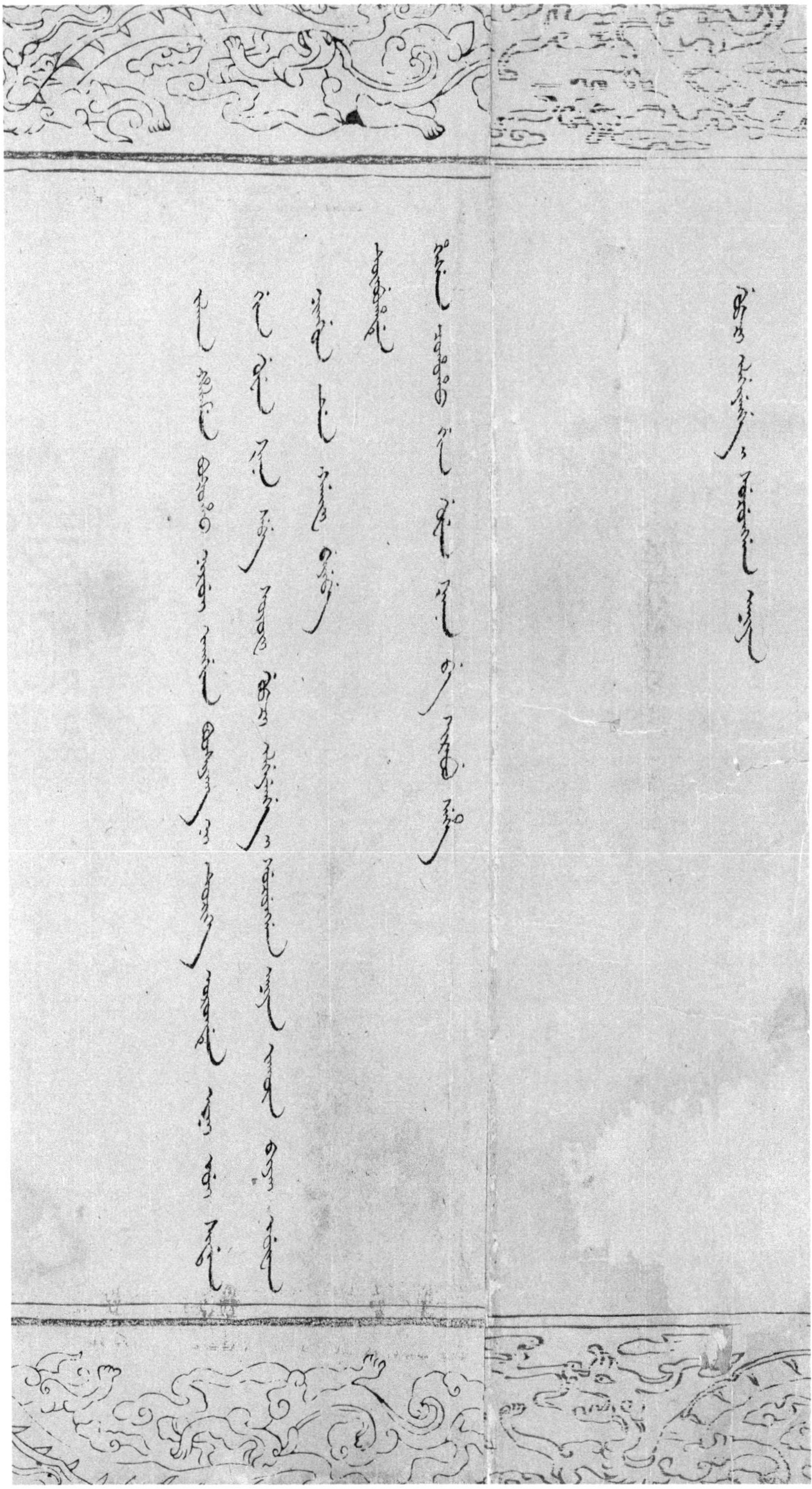

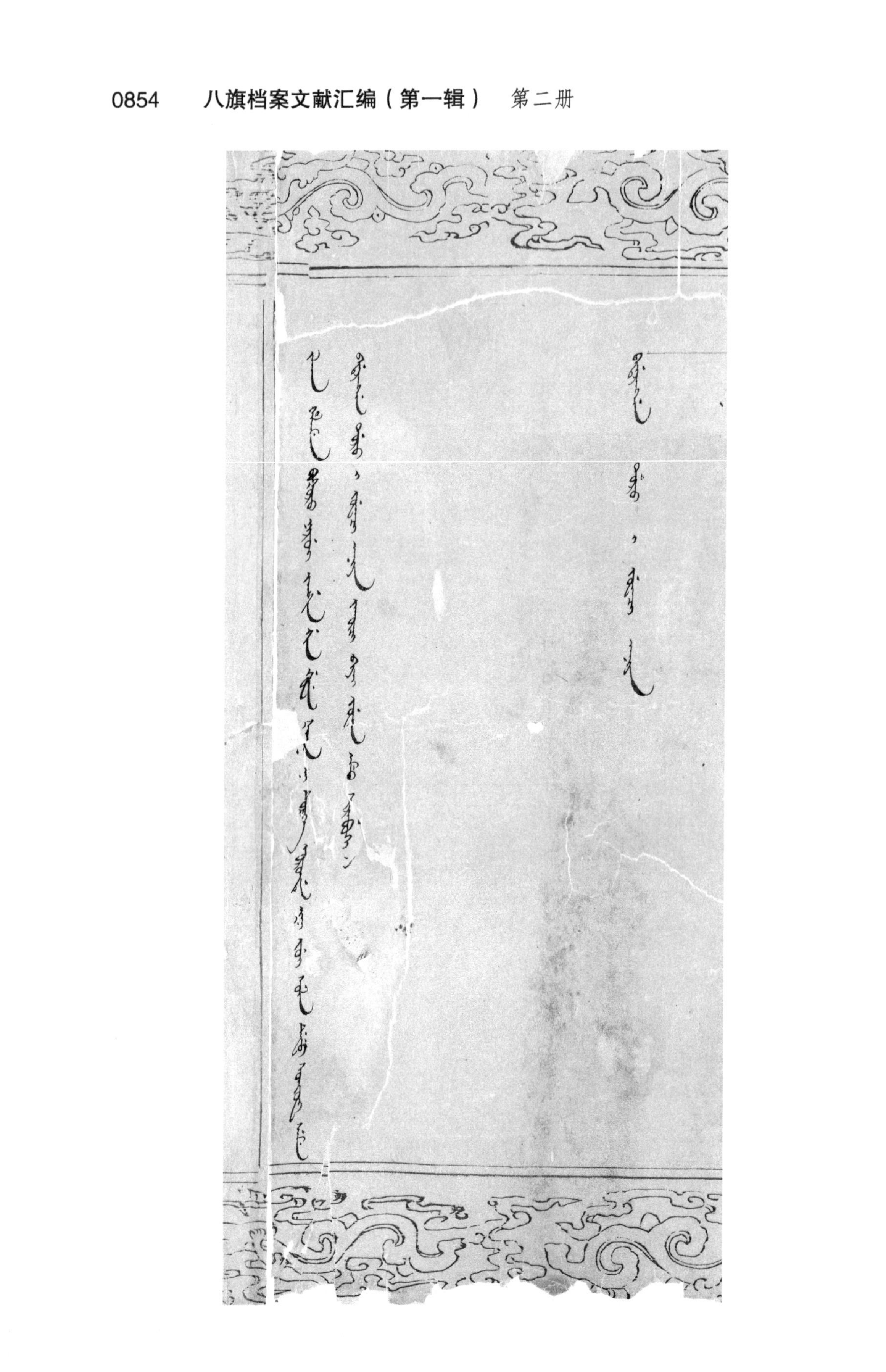

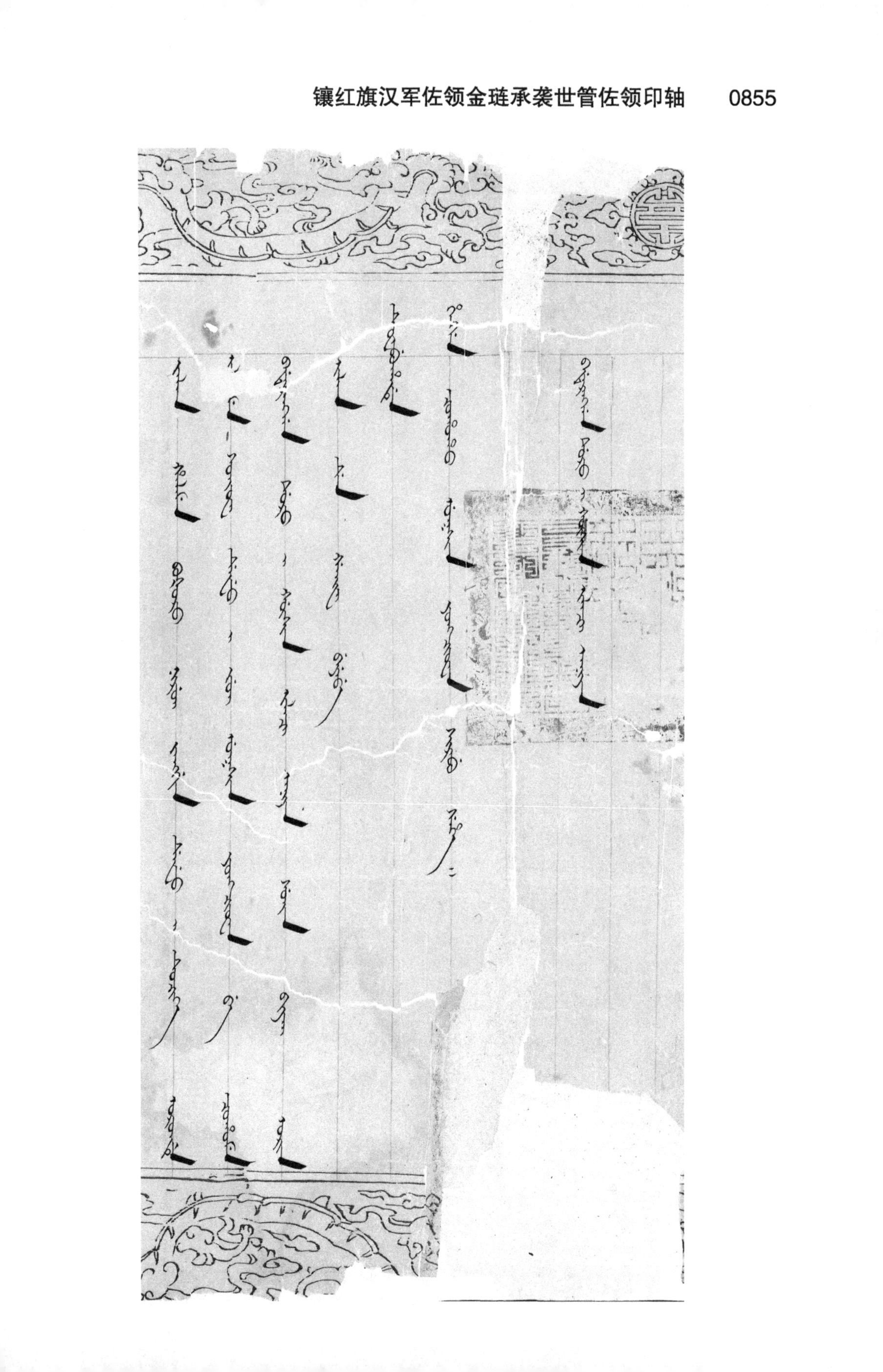

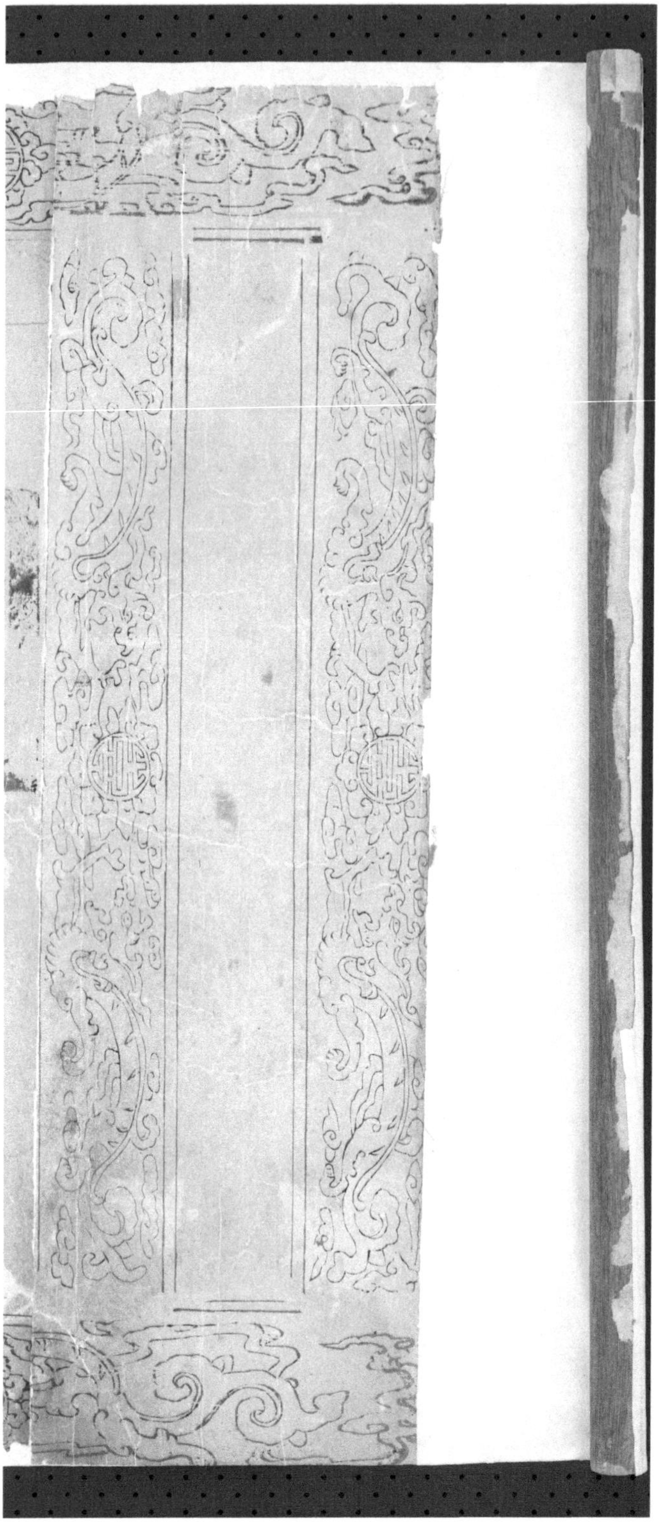

正蓝旗汉军佐领李淑楷承袭勋旧佐领印轴

满文写本，卷轴装，页面47.5cm×1415.0cm，四周双边，螭文，钤兵部印，前部内容残缺，中部略有字迹不清晰处，满文题名为gulu lamun i ujen coohai gūsai nirui janggin lii šu kiyai i bošoho fujuri nirui temgetu bithe。初修时间为乾隆五年，后陆续添写至光绪五年，满幅。

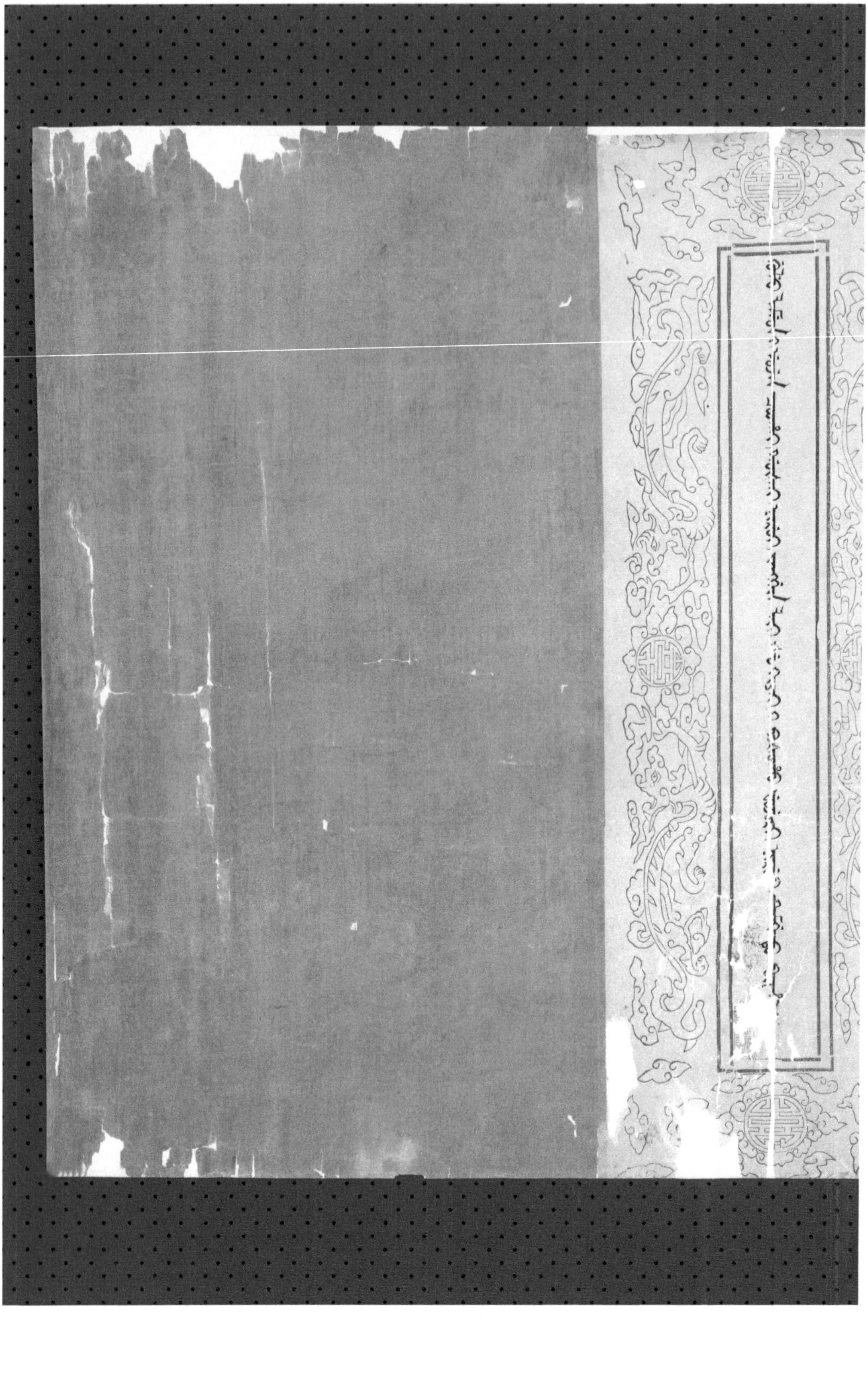

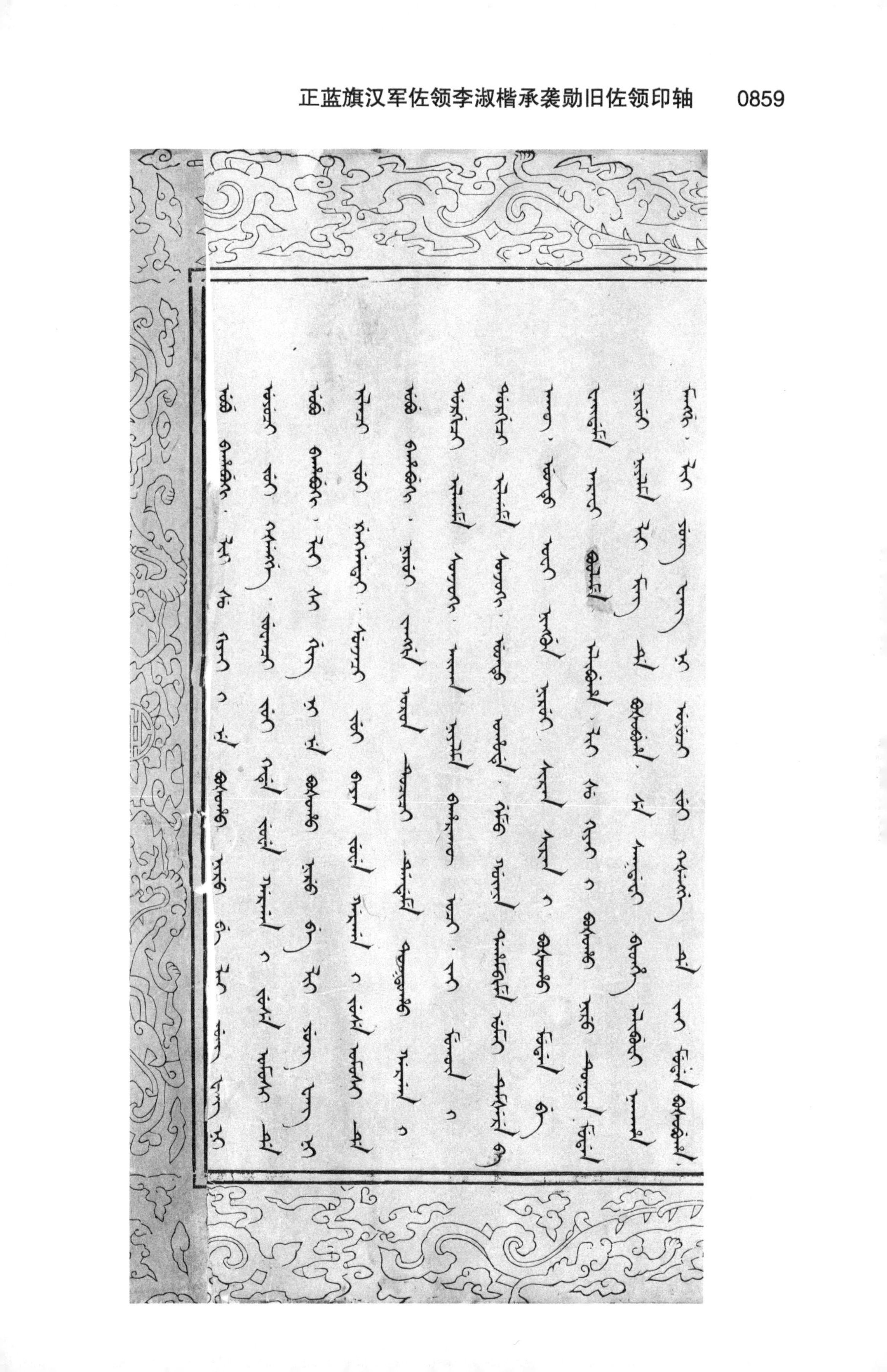

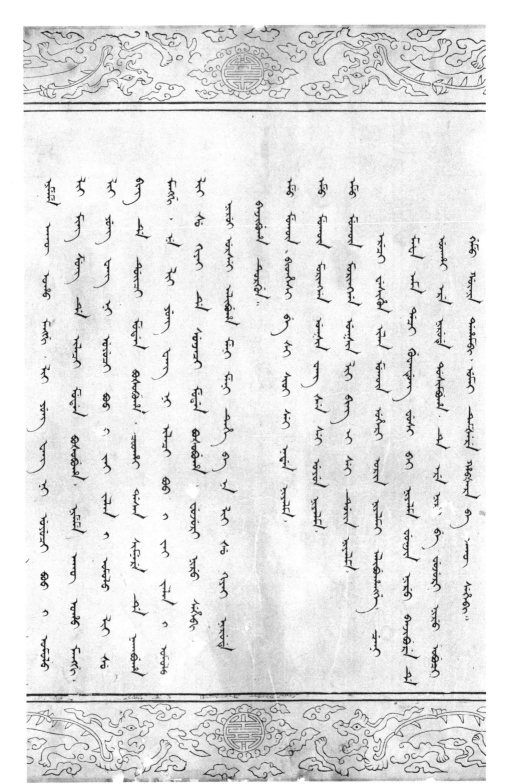

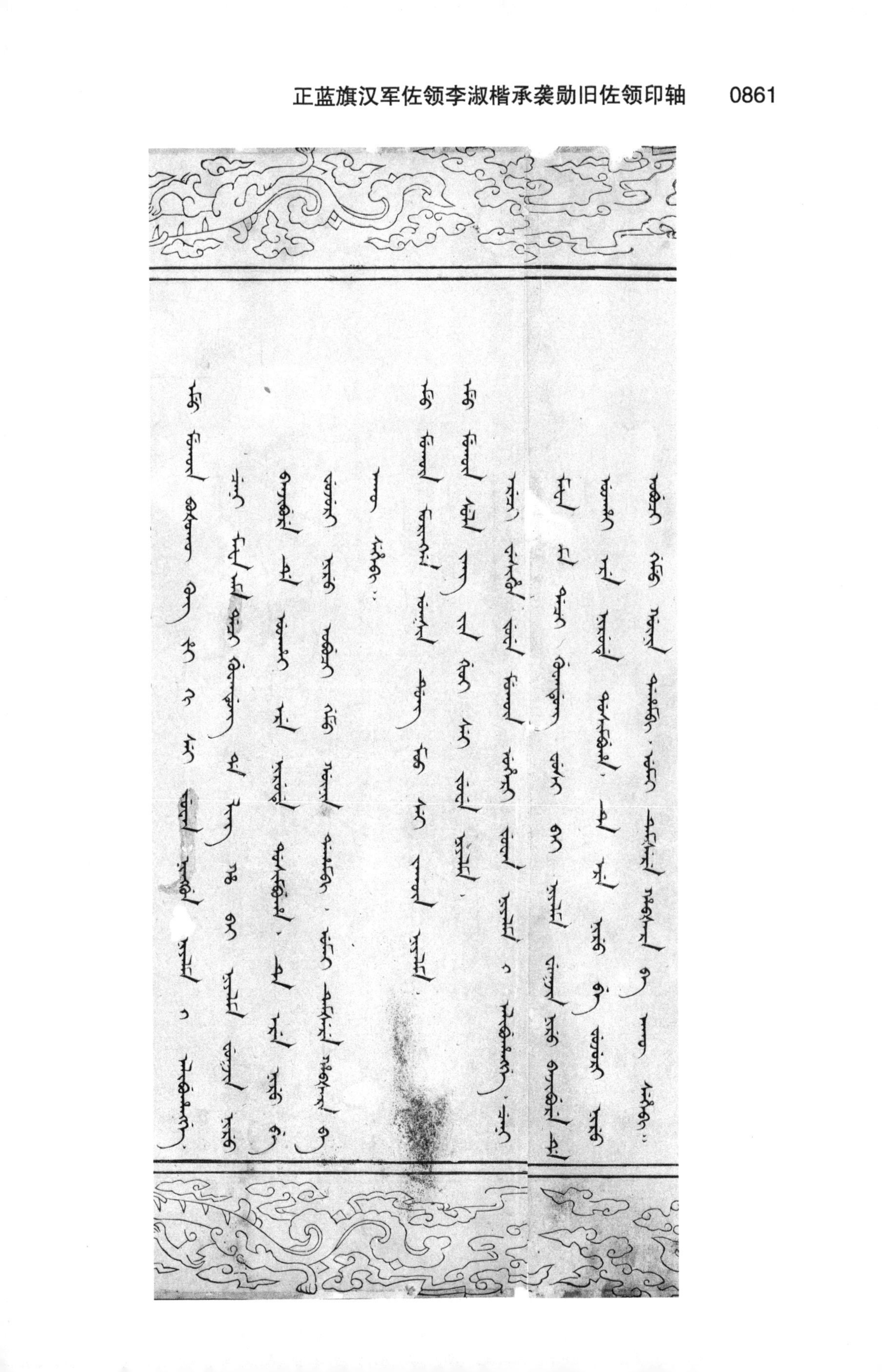

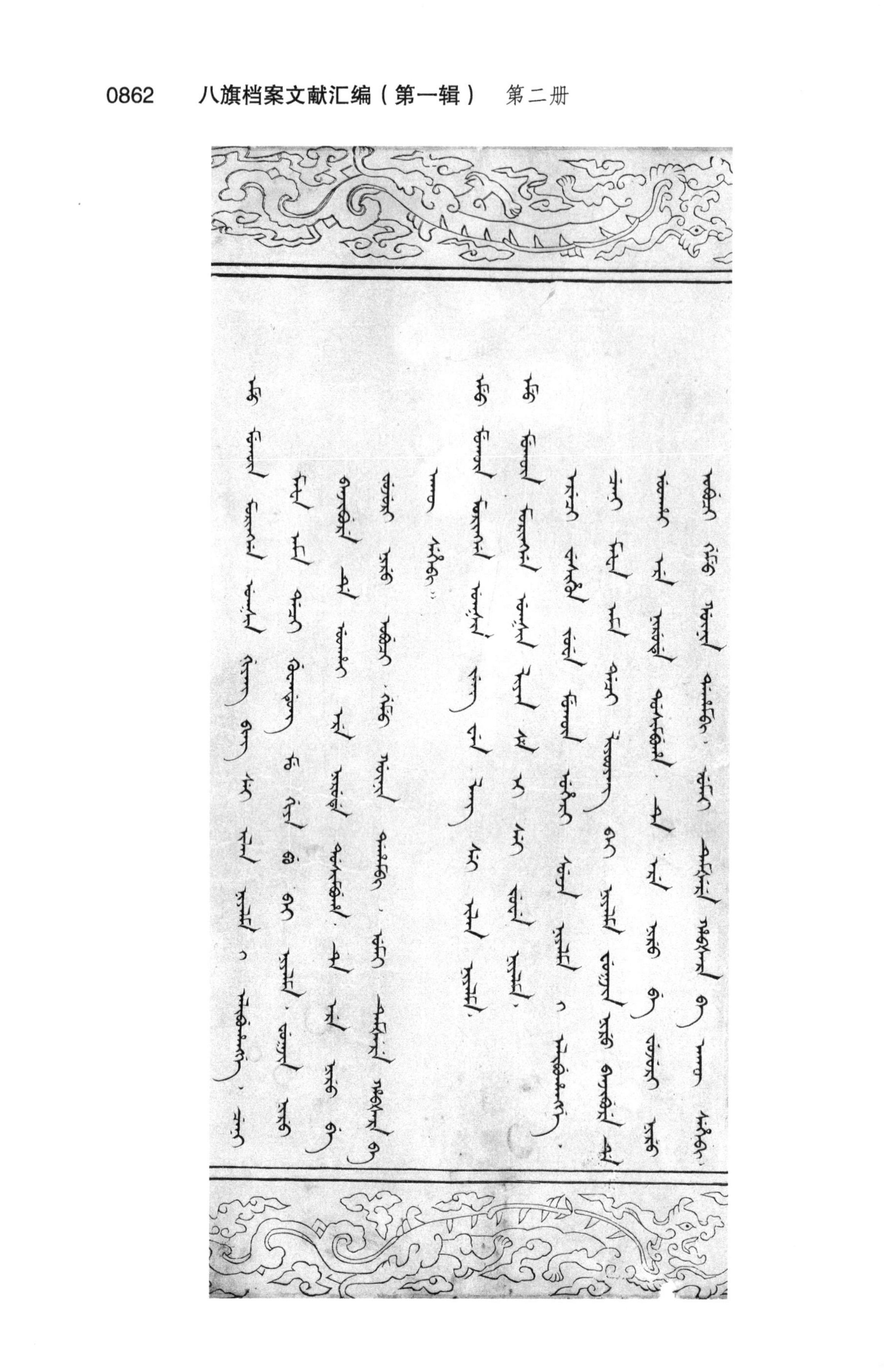

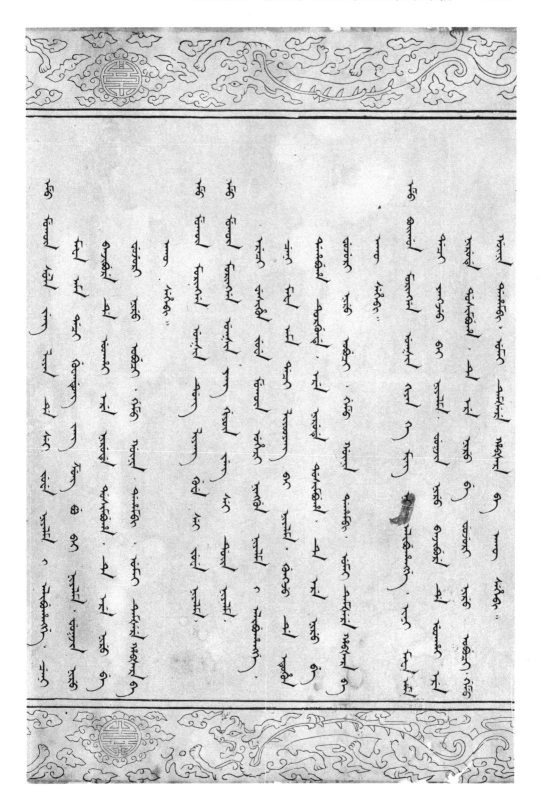

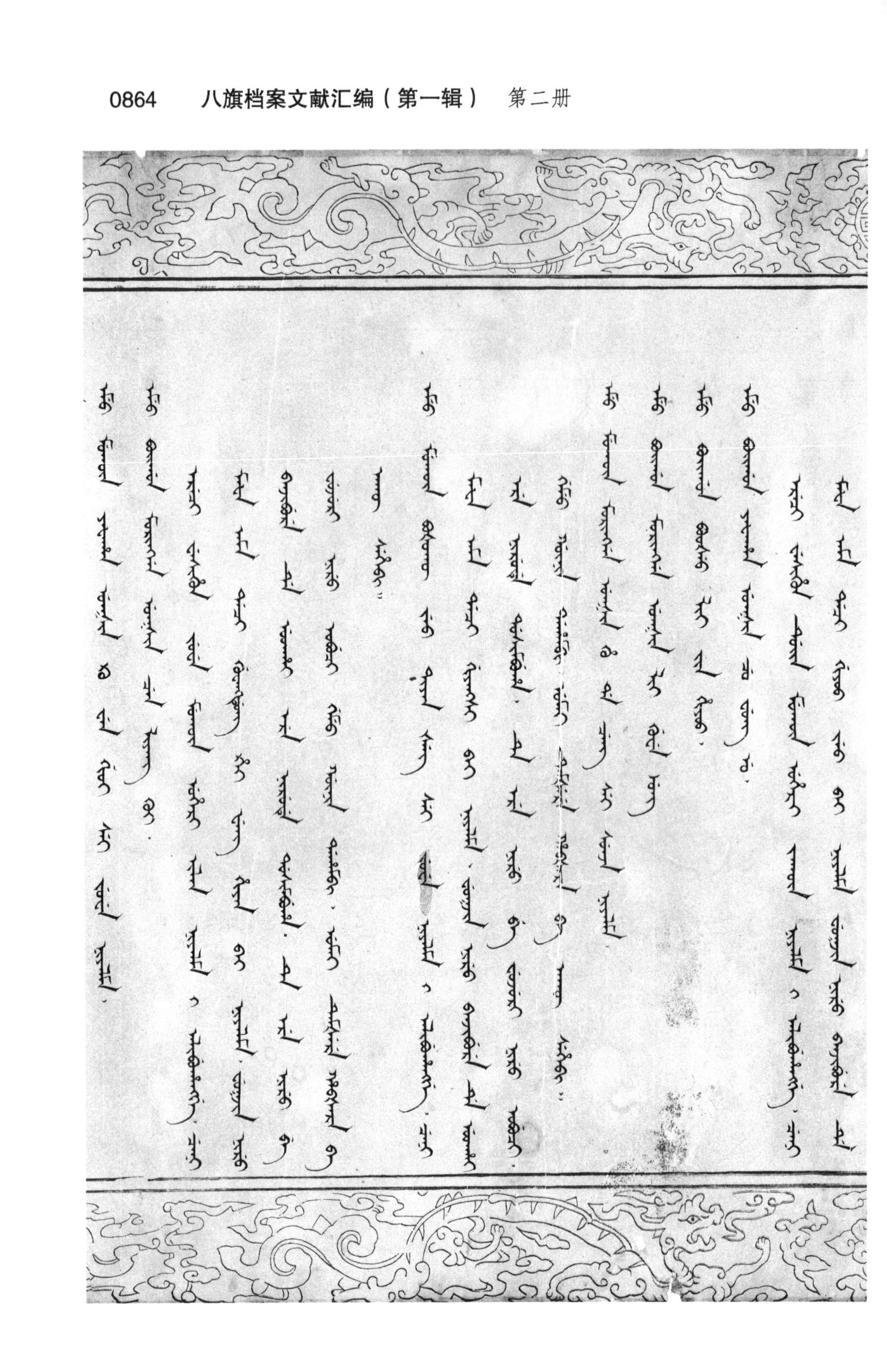

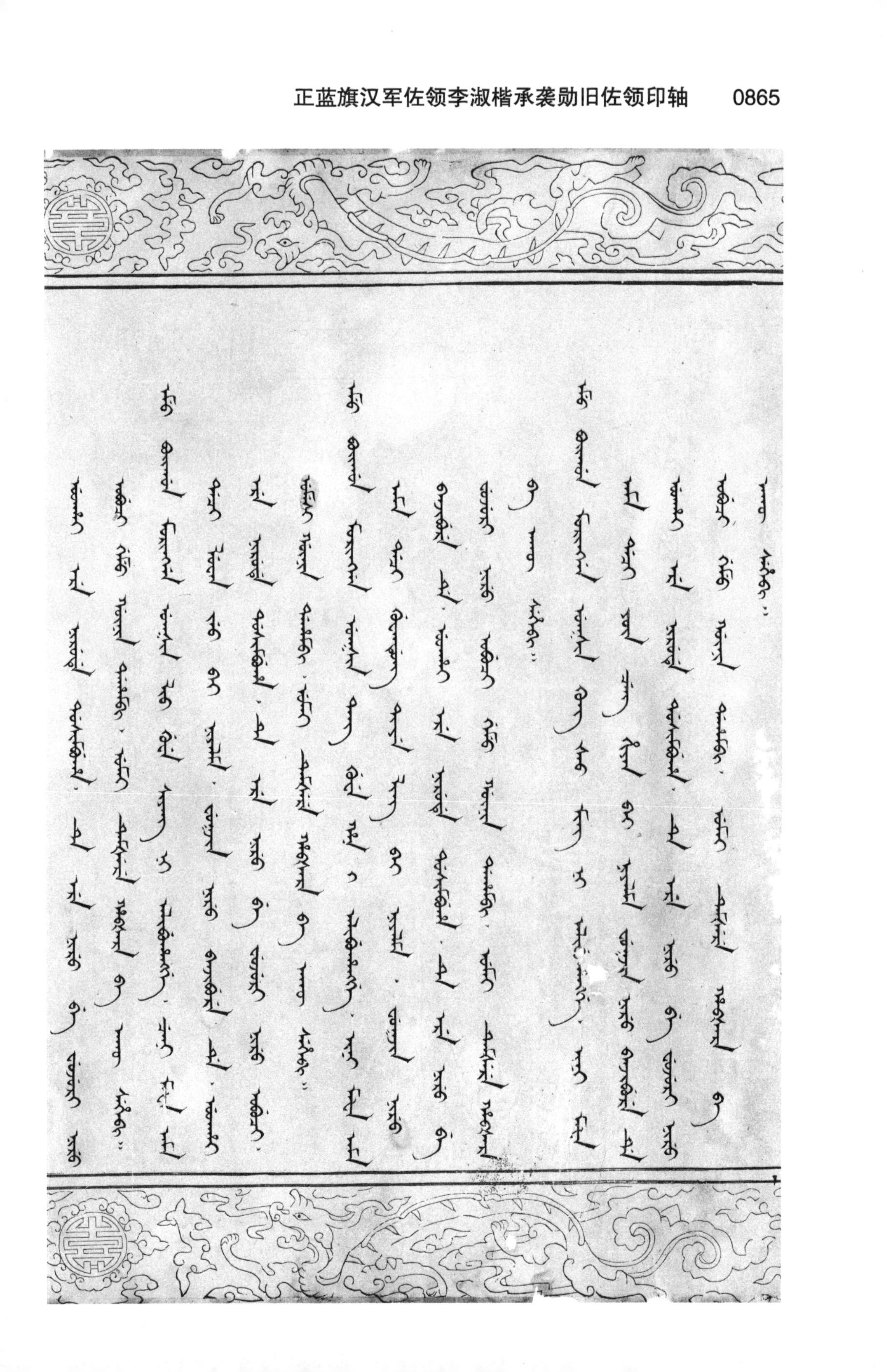

[illegible]

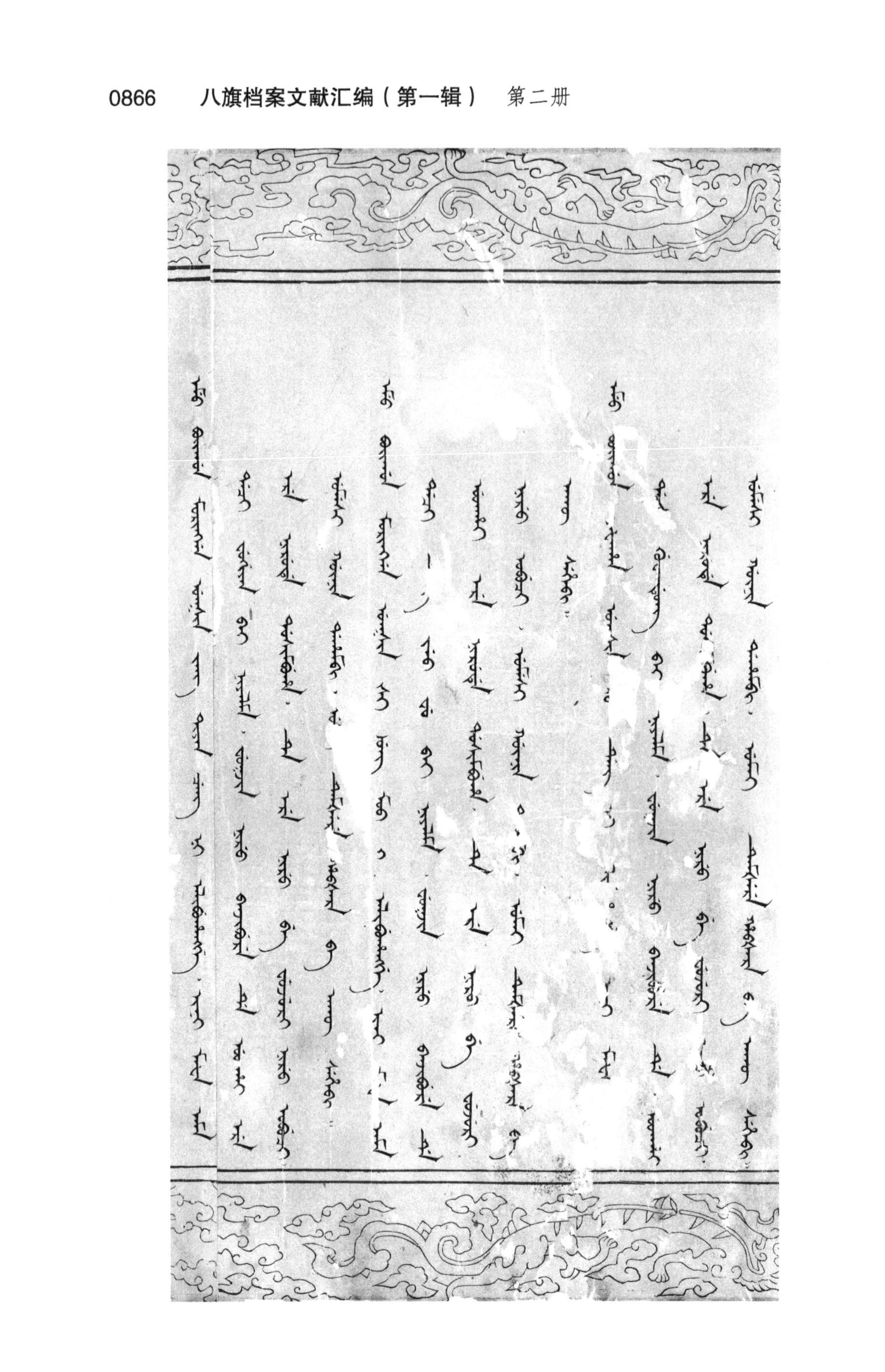

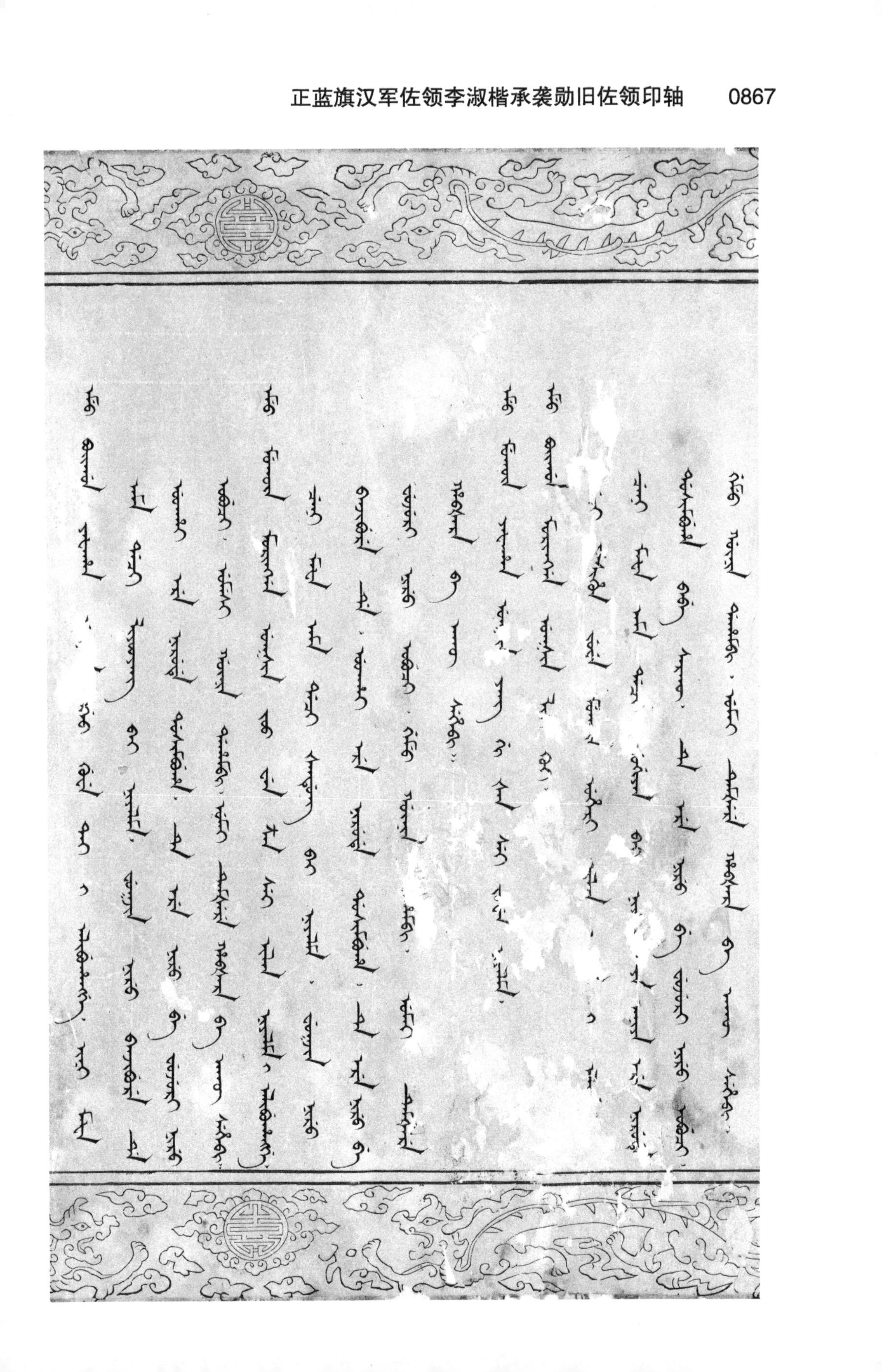

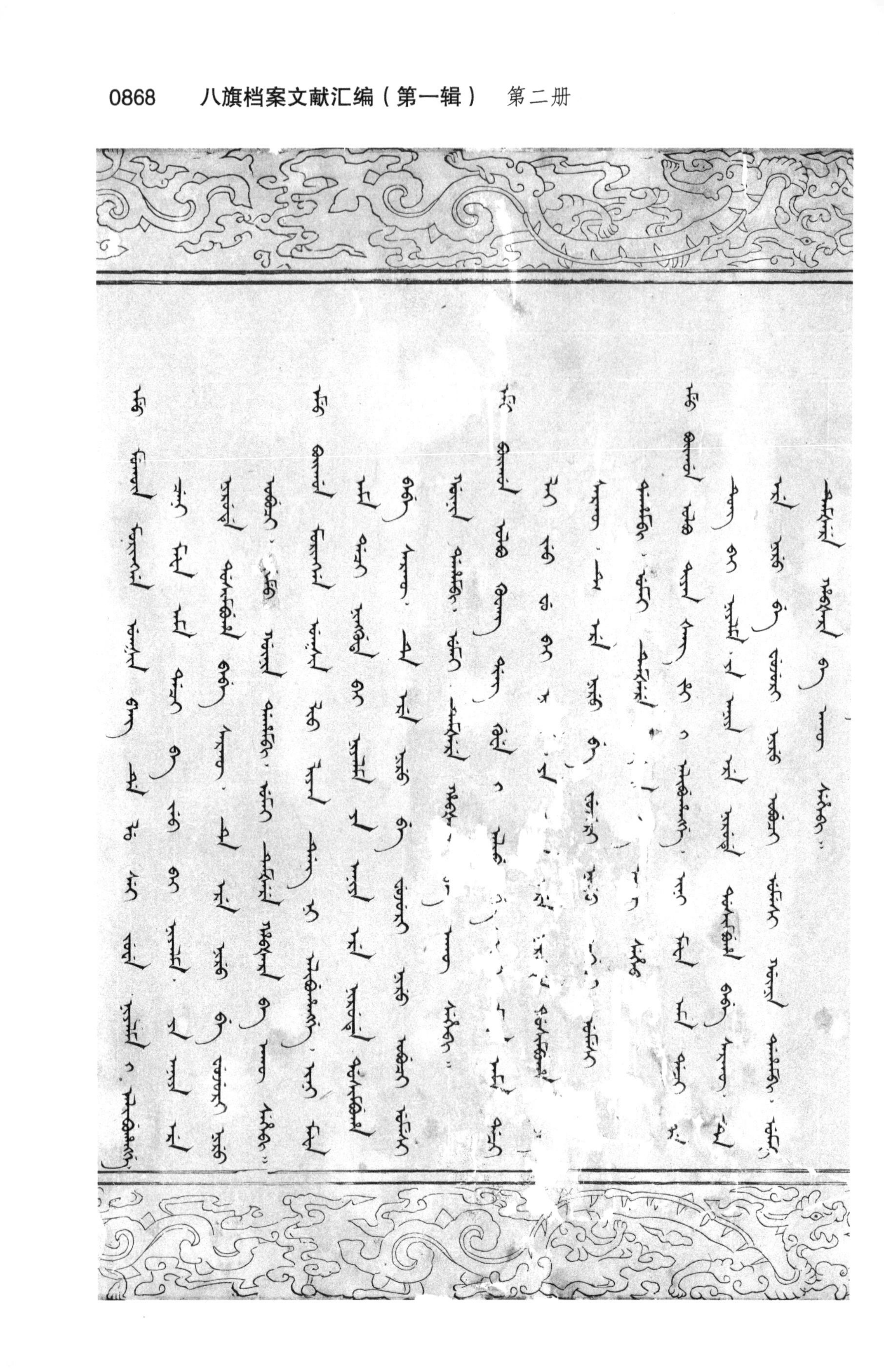

[illegible]

[illegible]

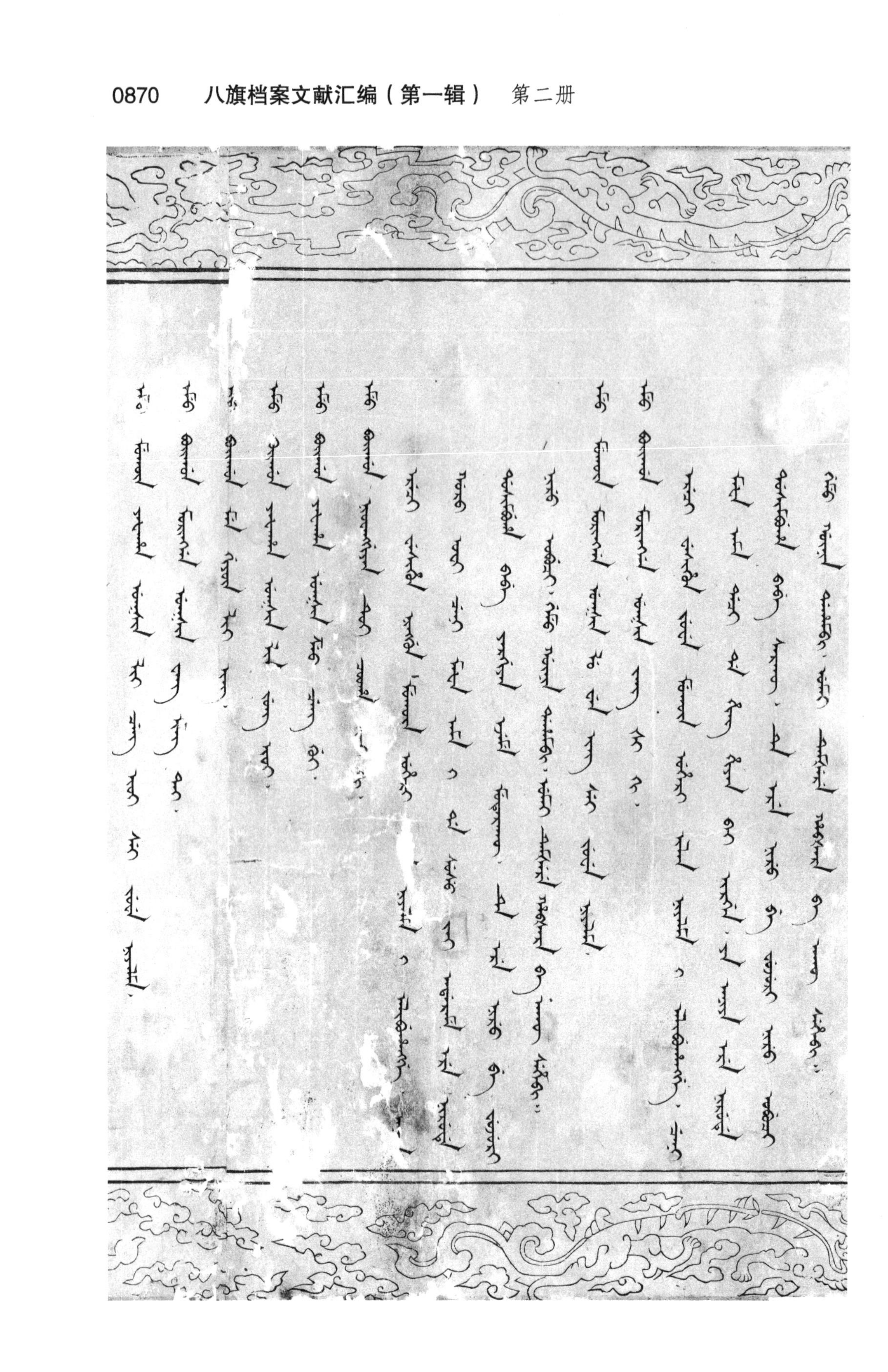

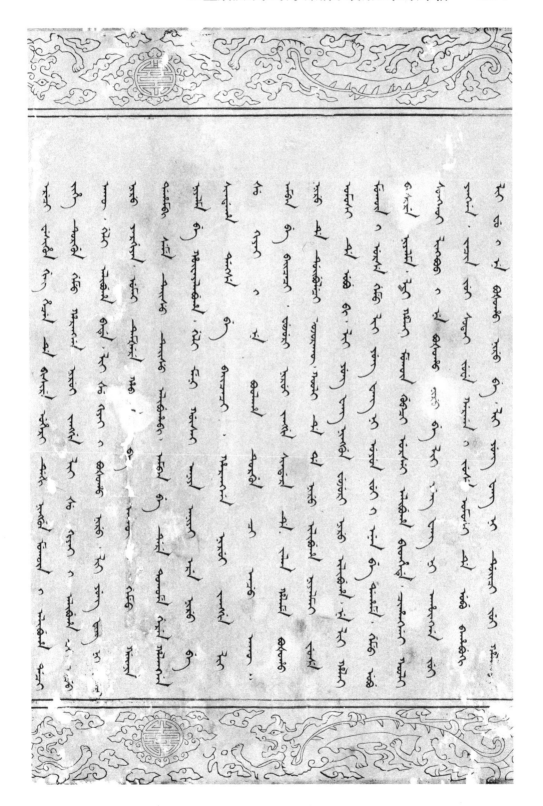

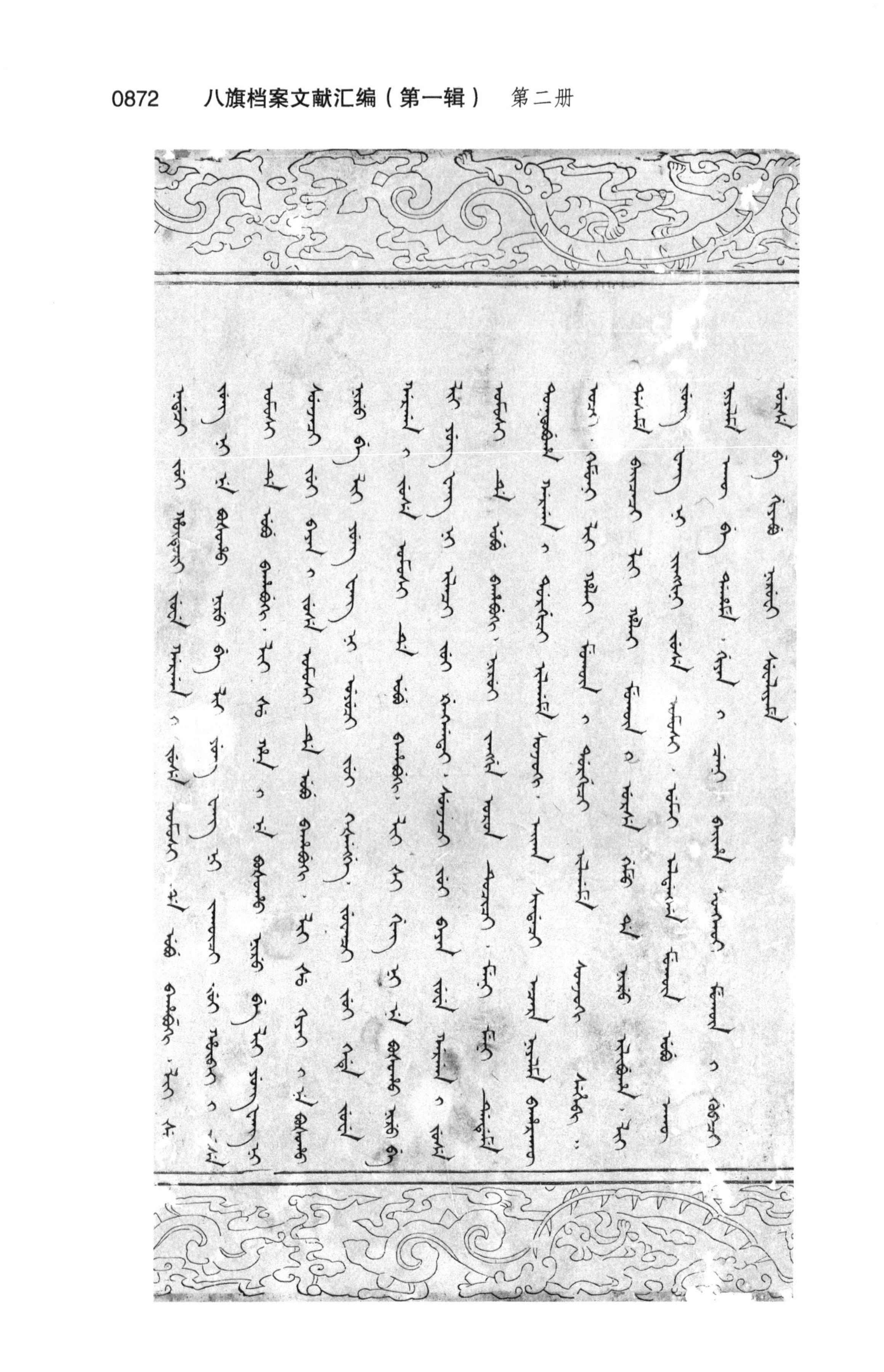

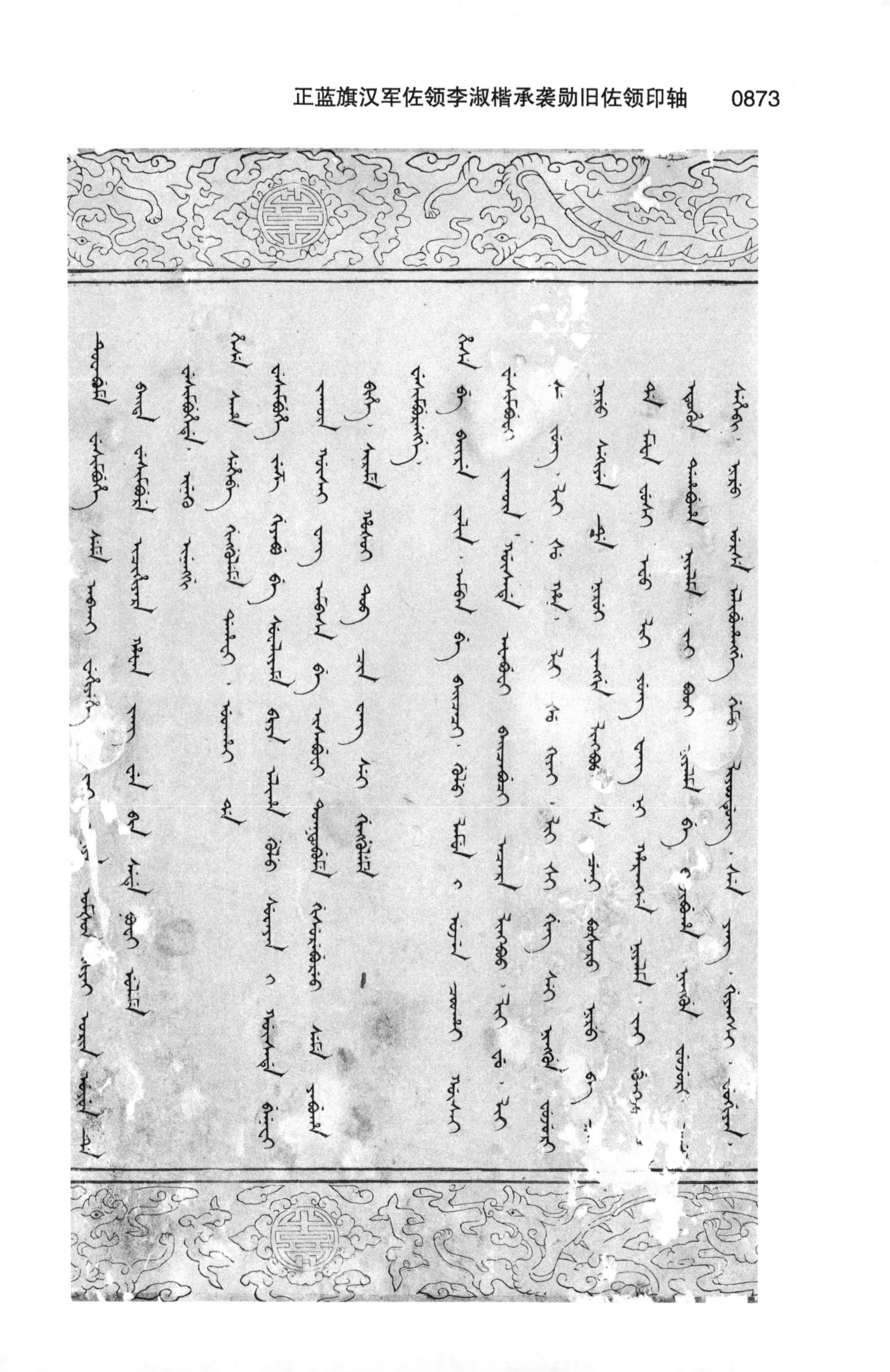

[illegible]

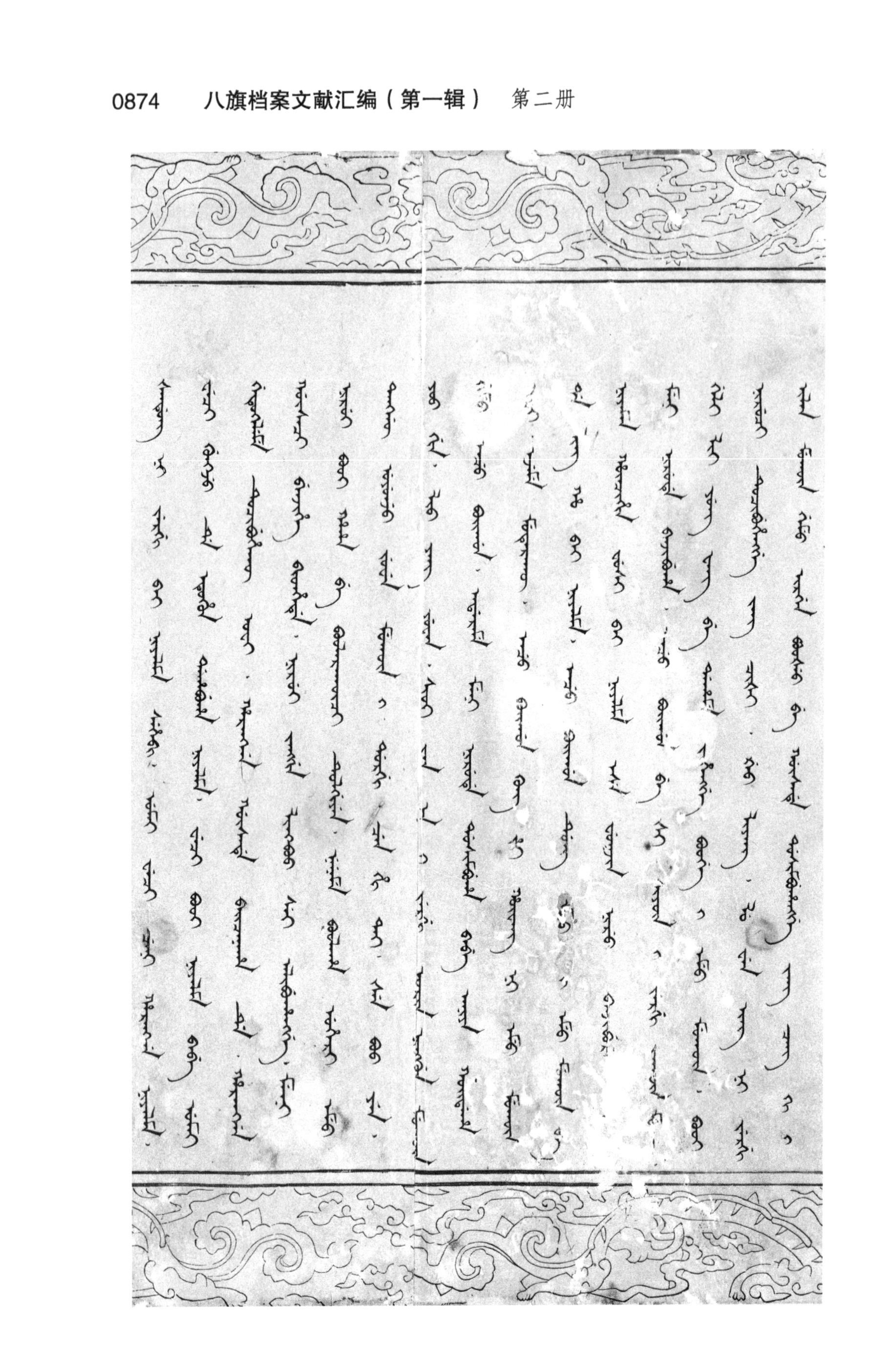

[illegible]

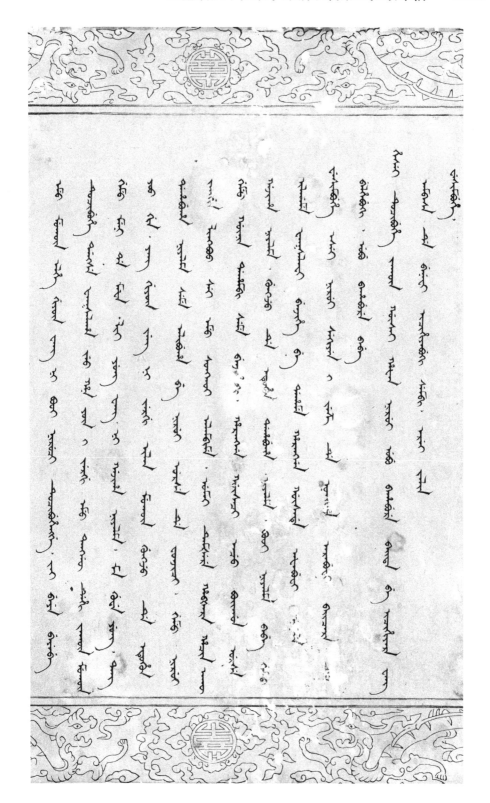

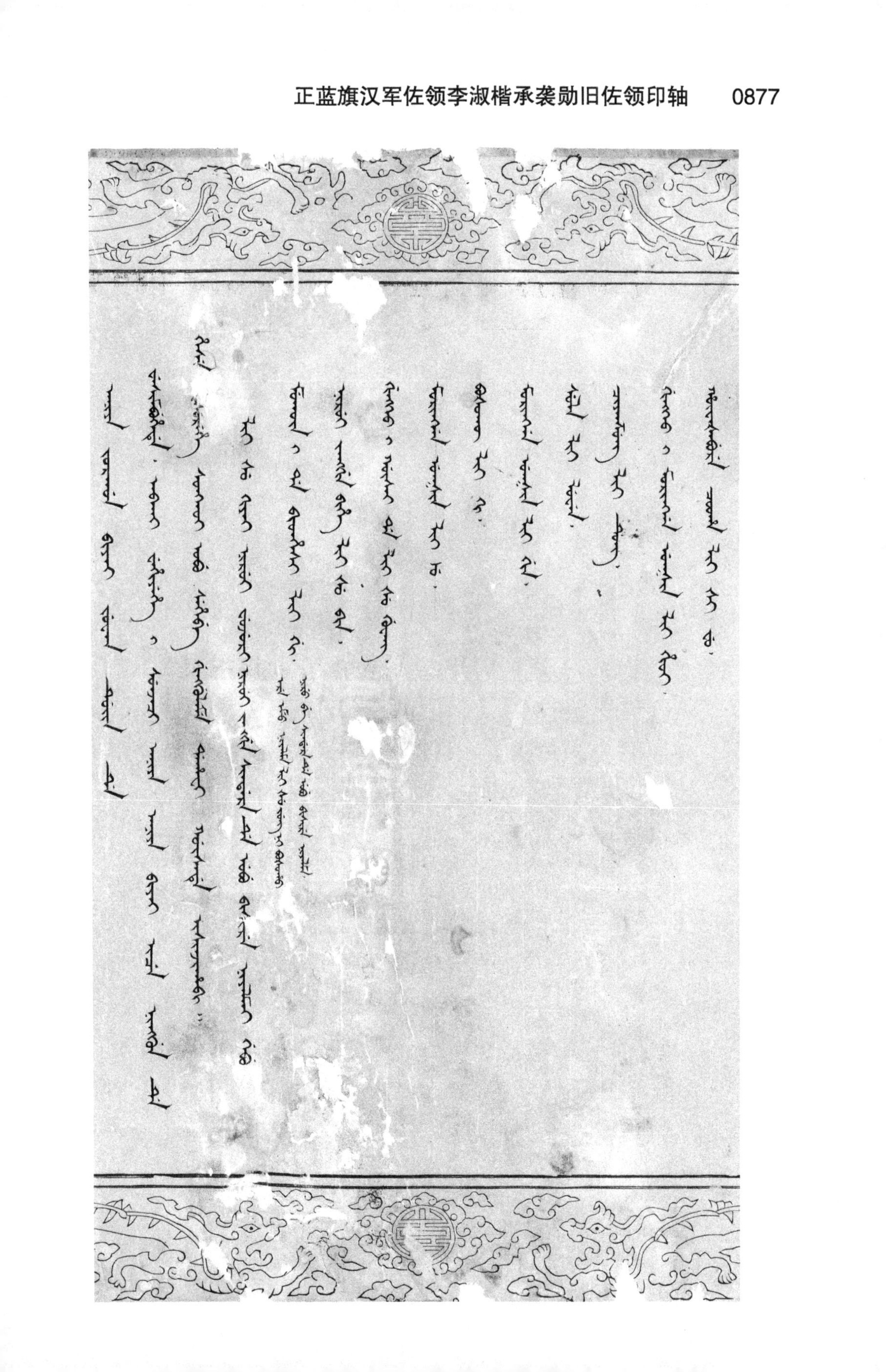

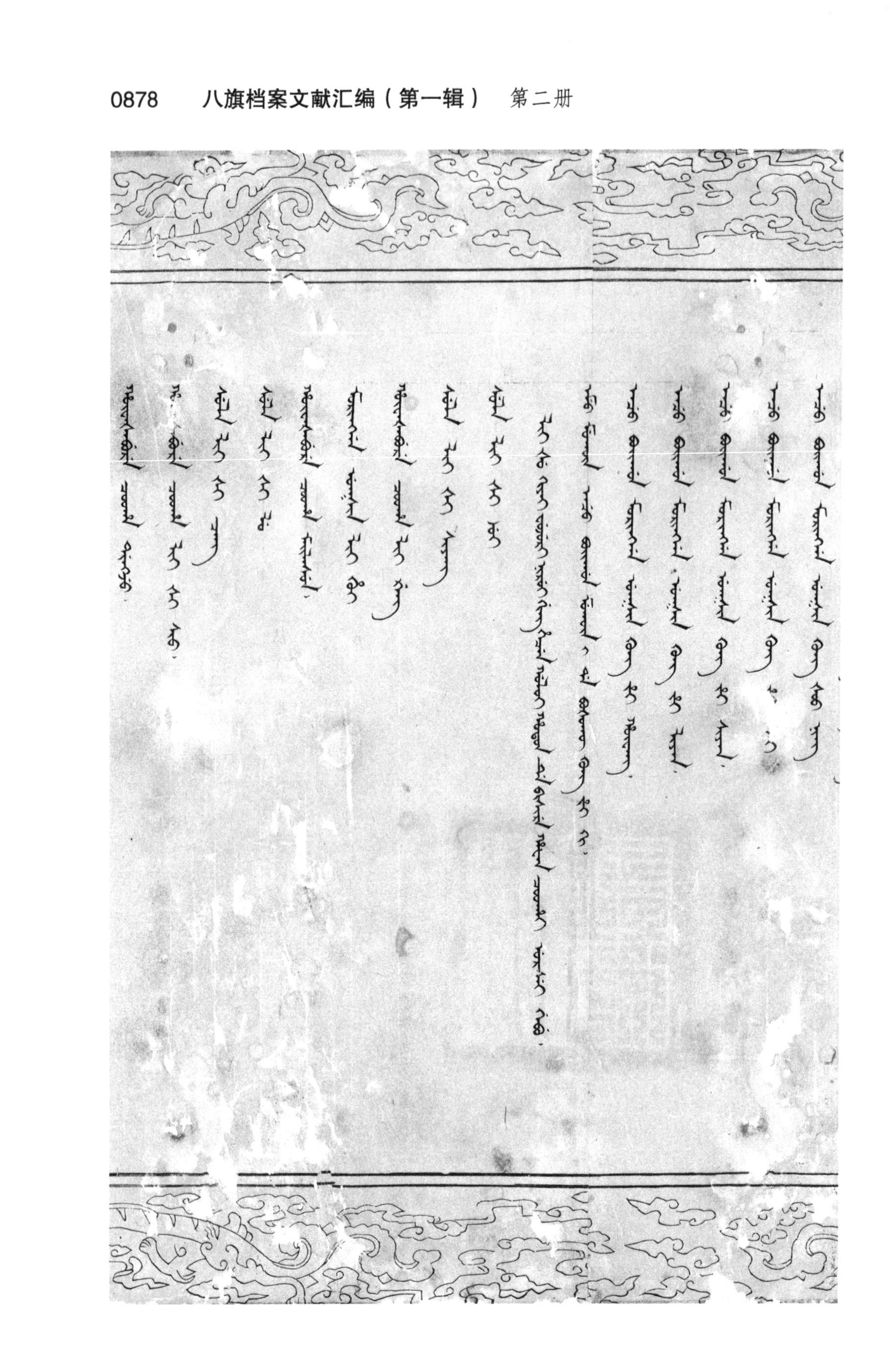

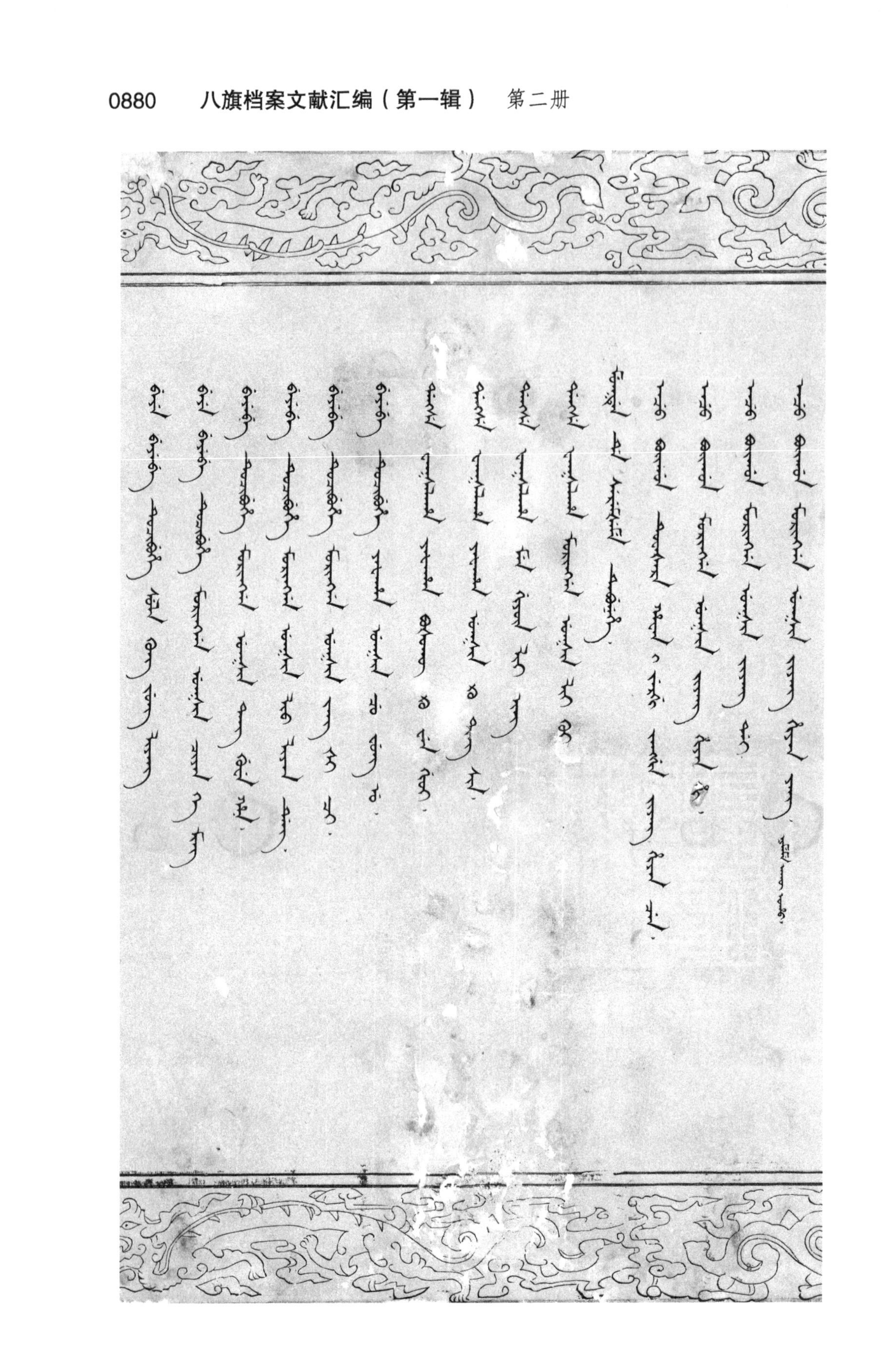

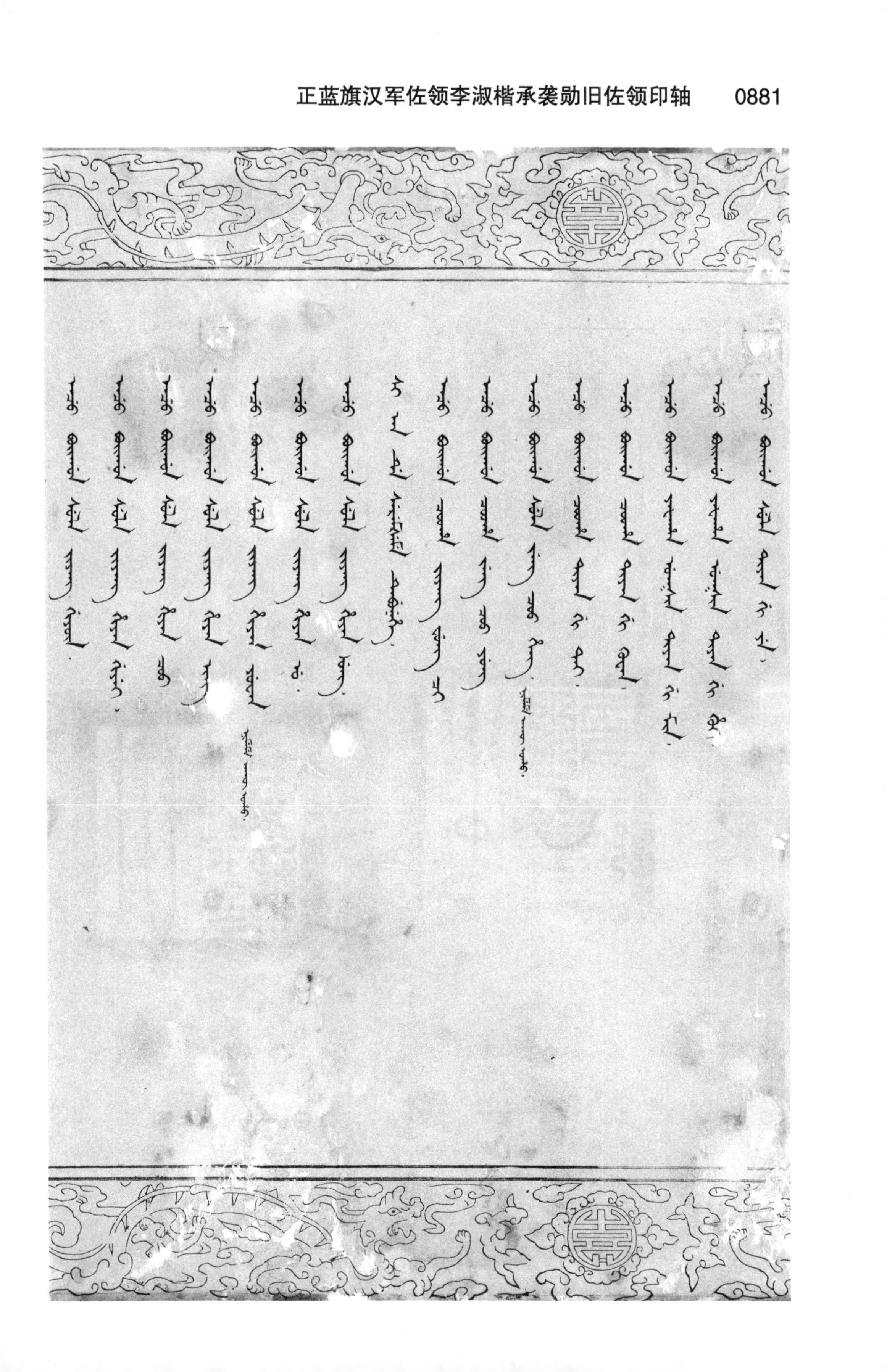

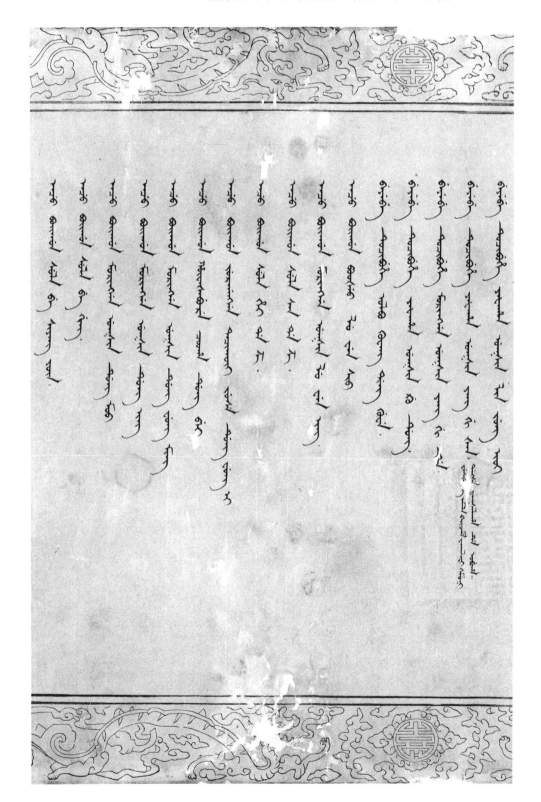

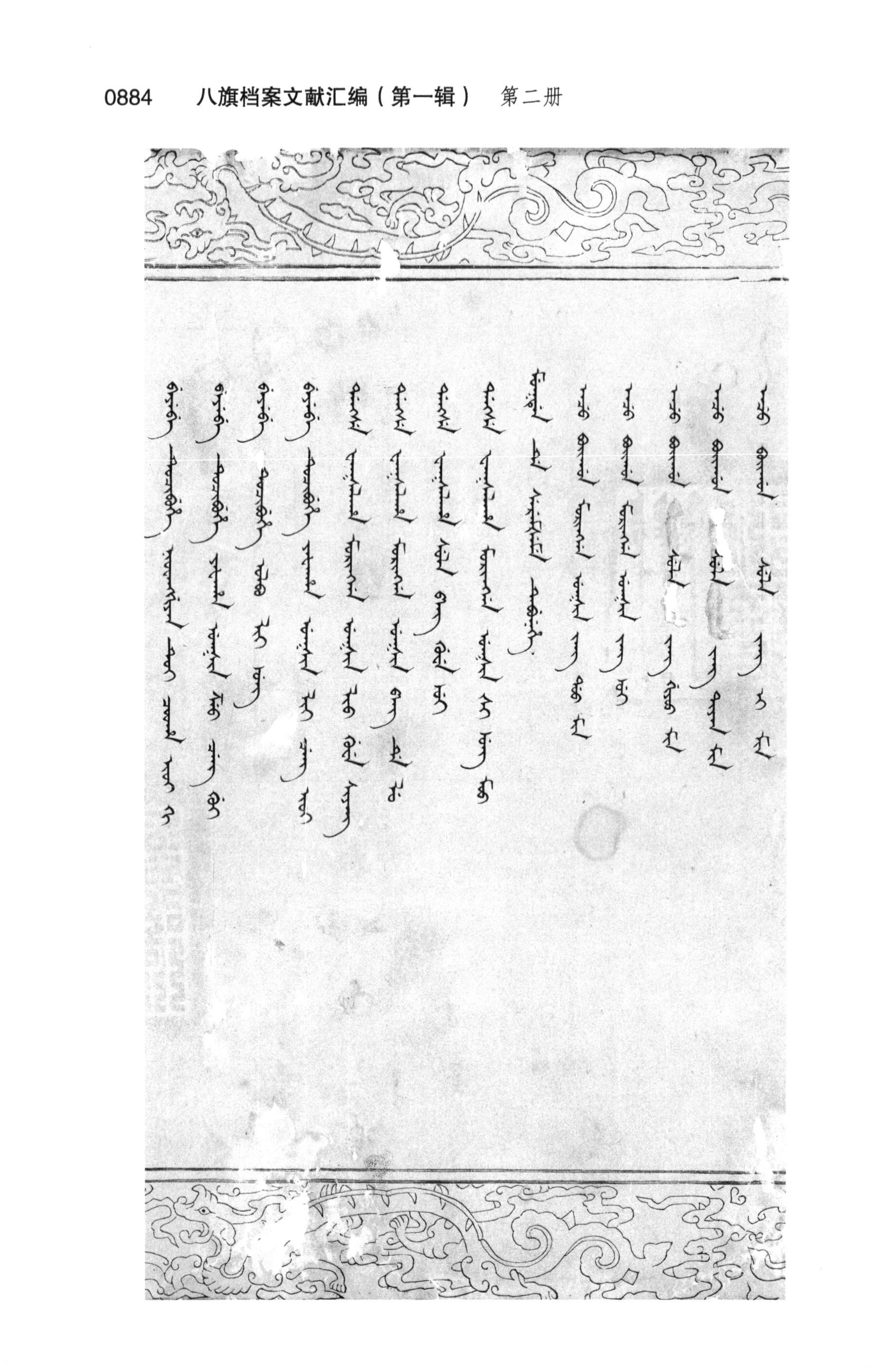

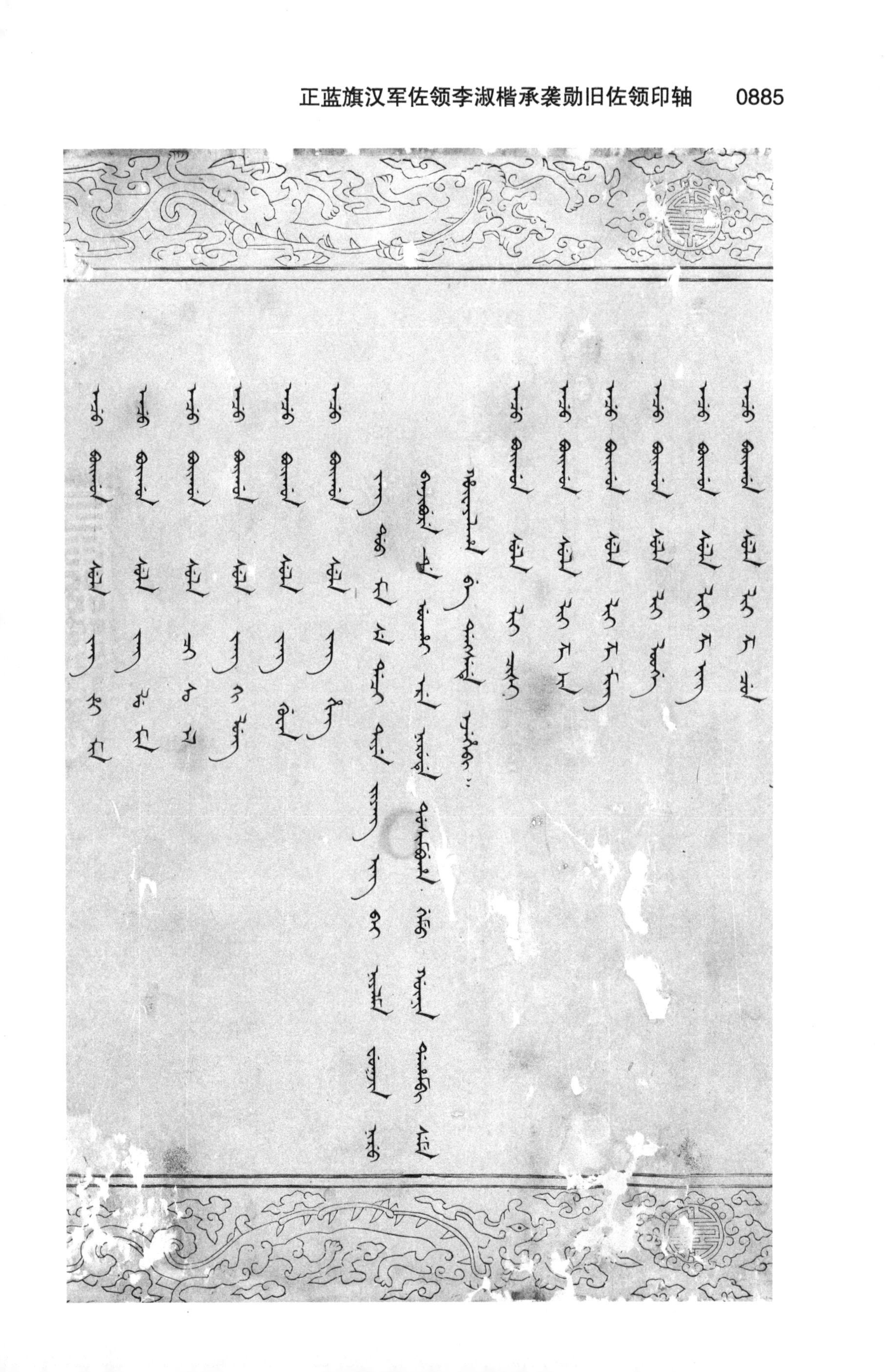

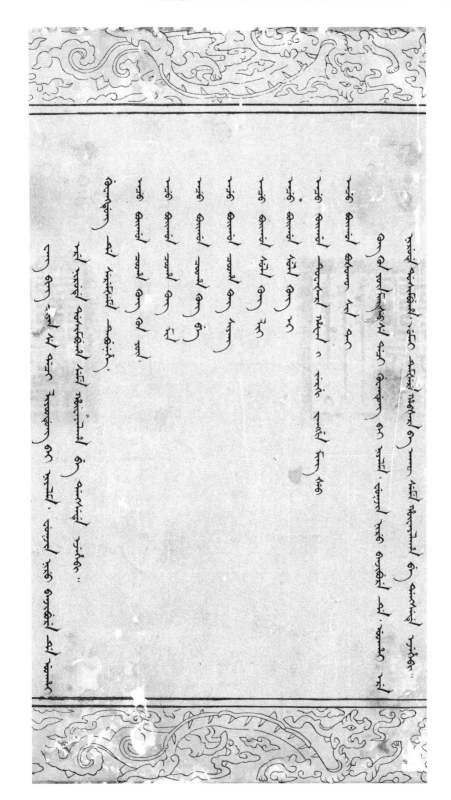

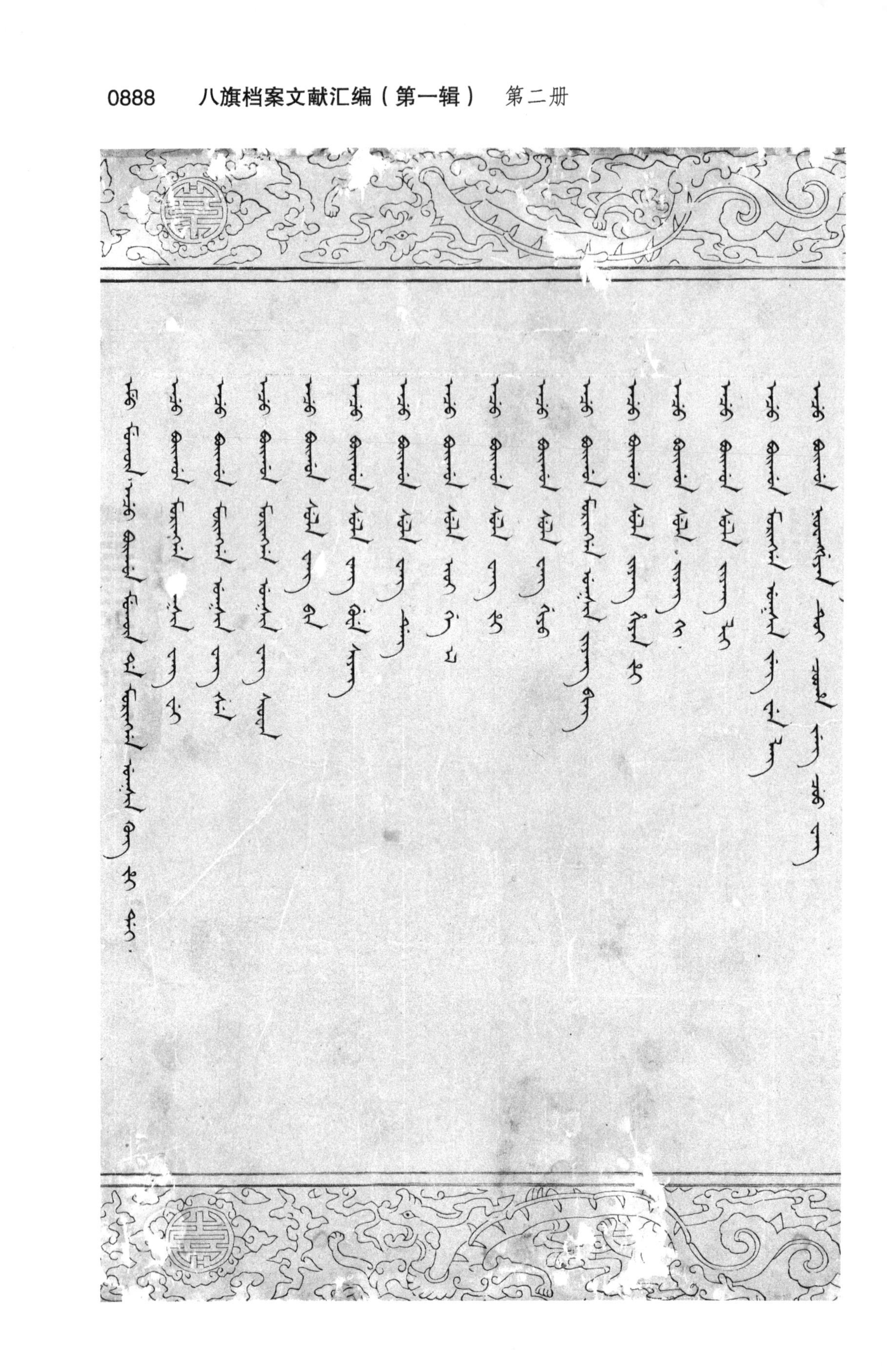

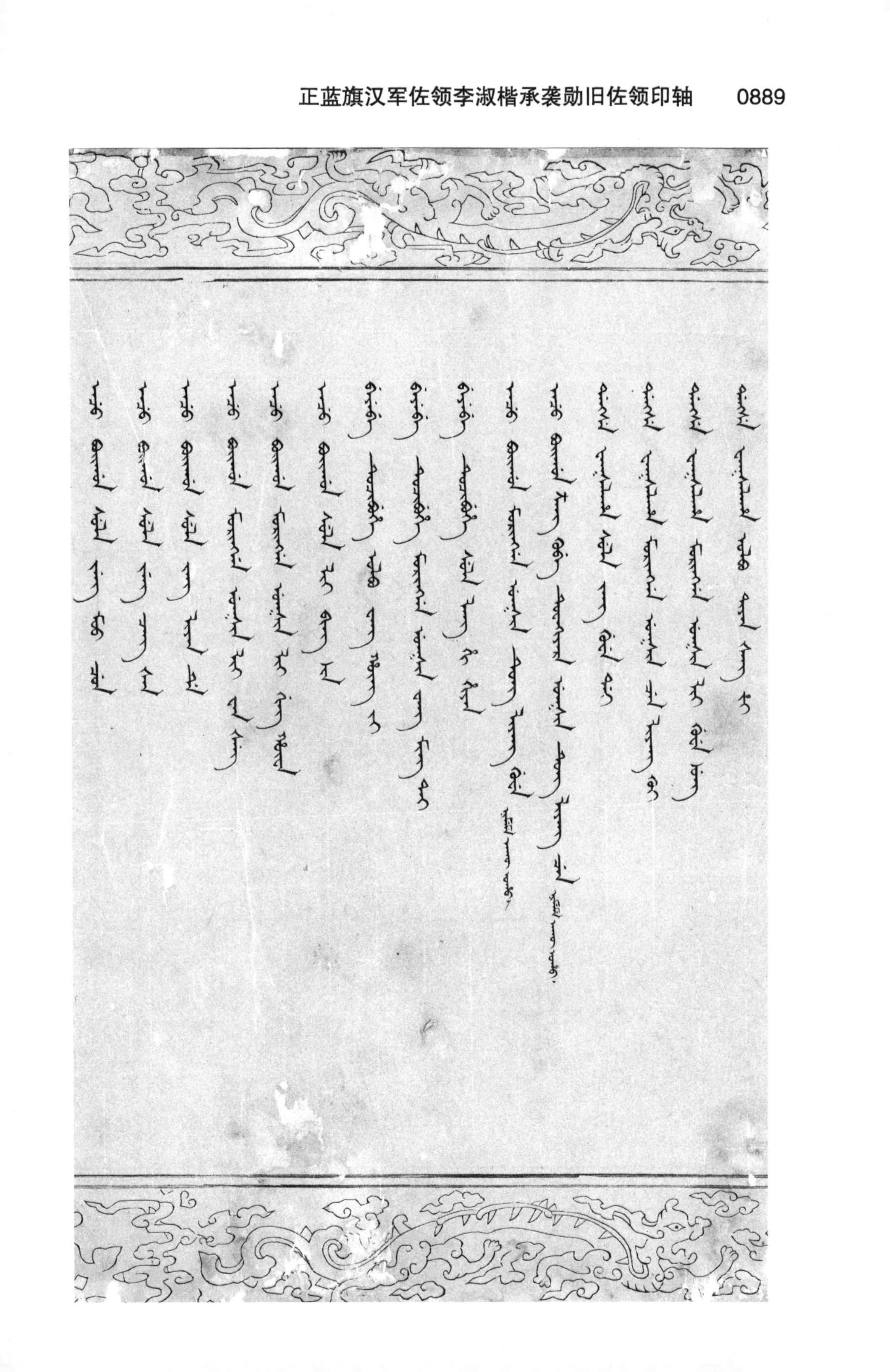

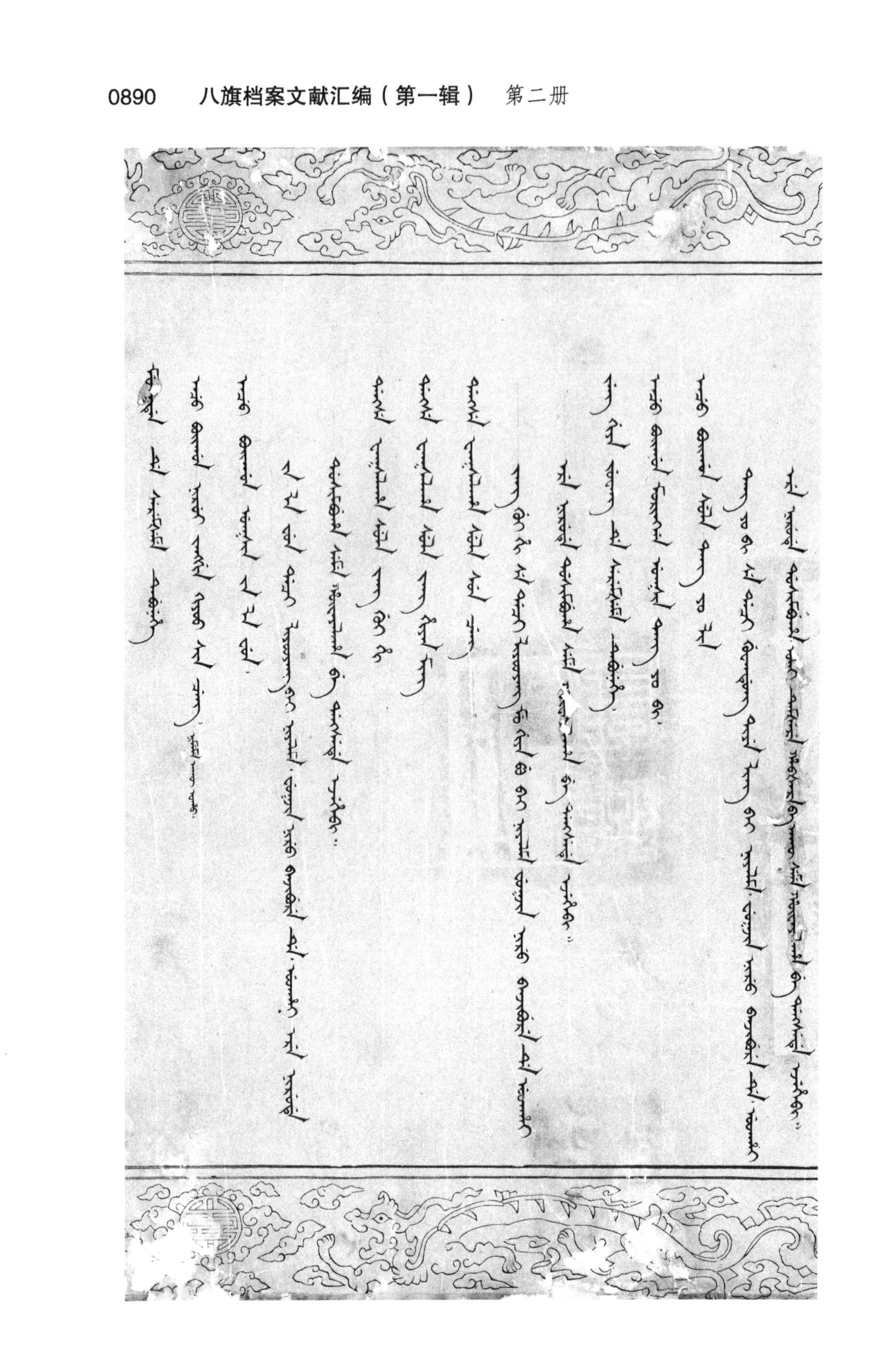

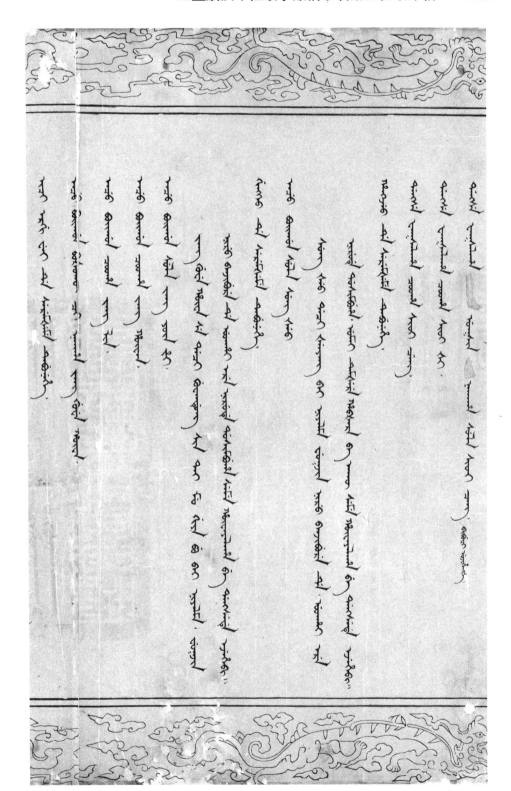

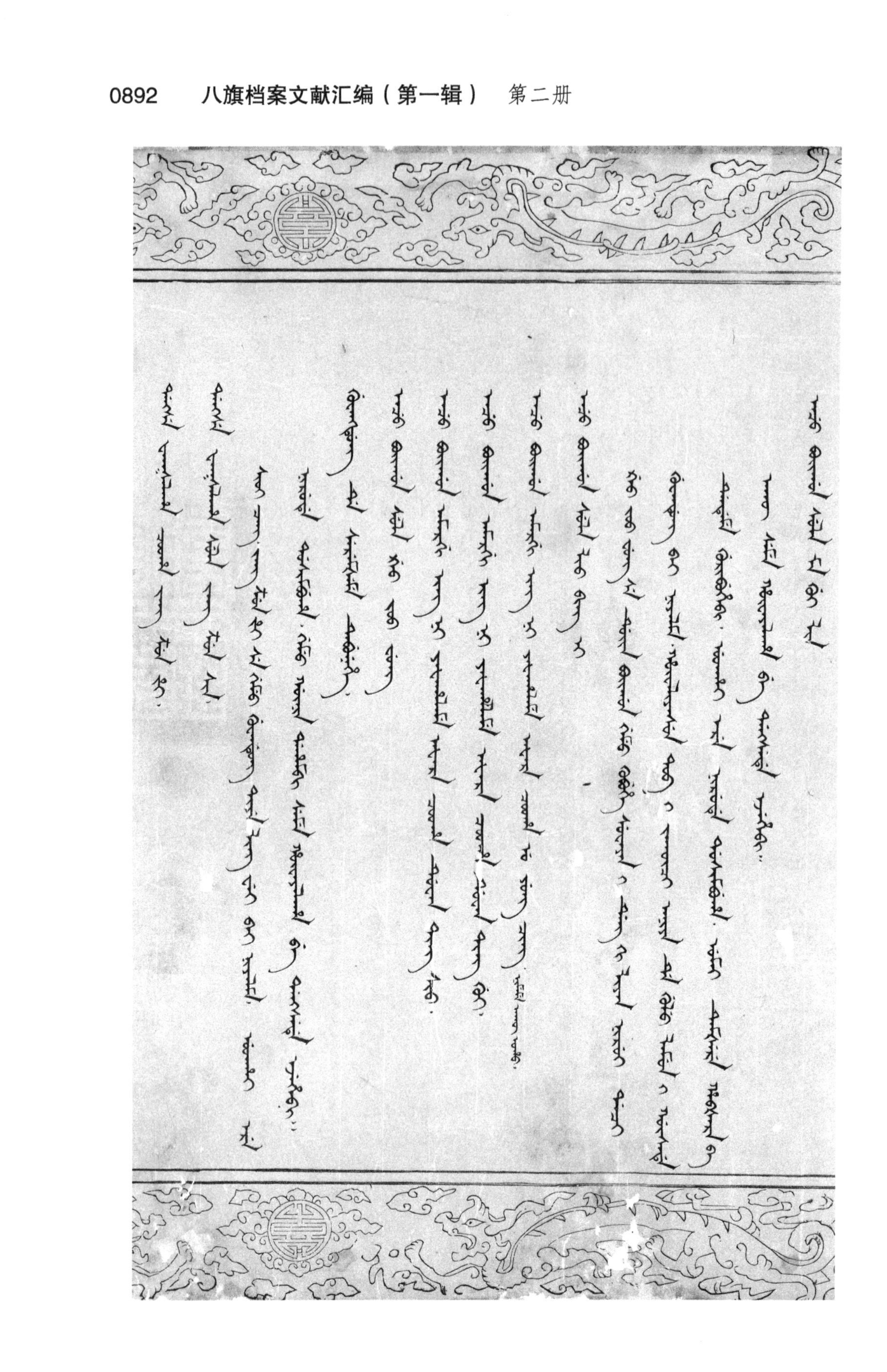

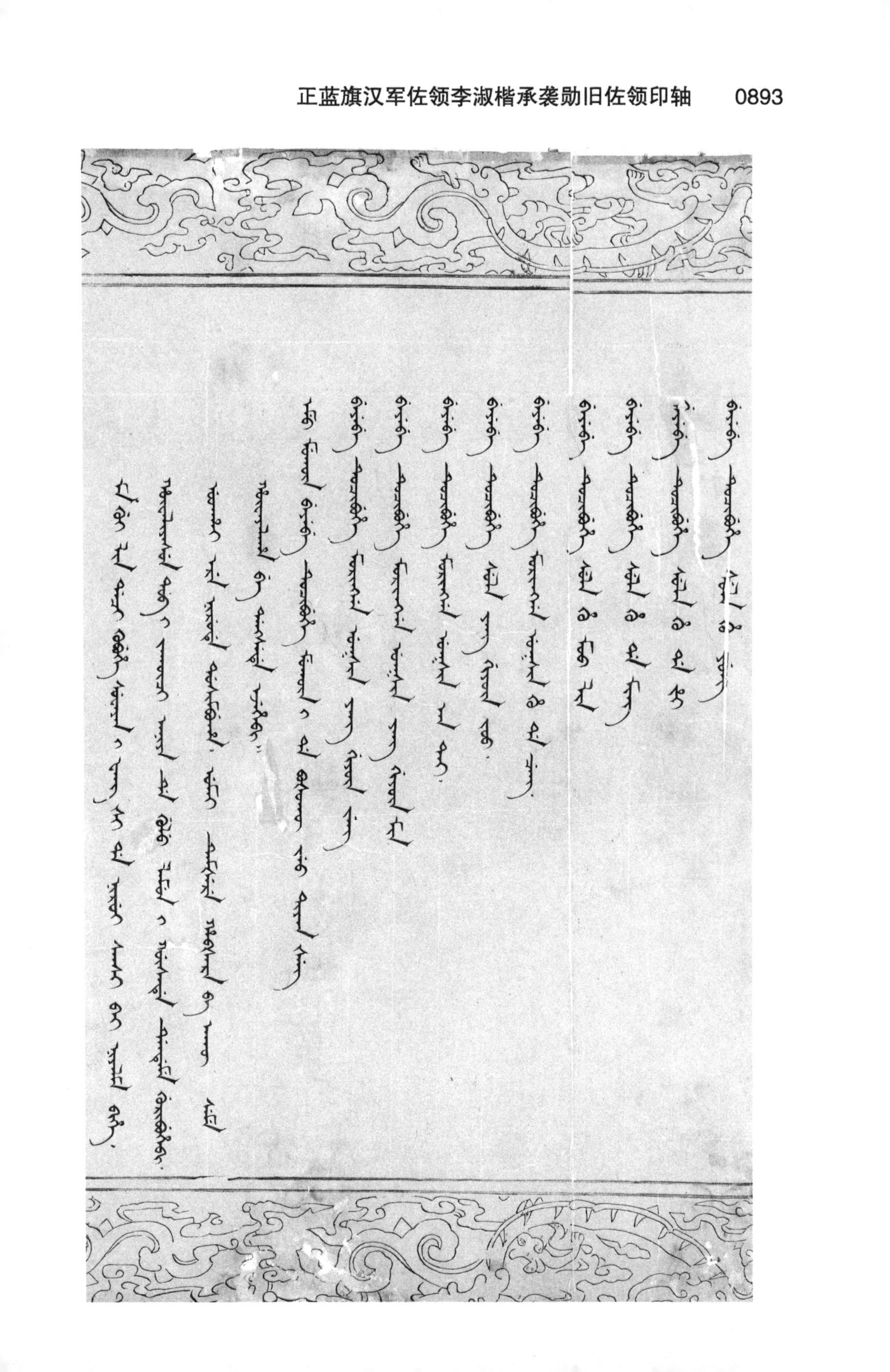

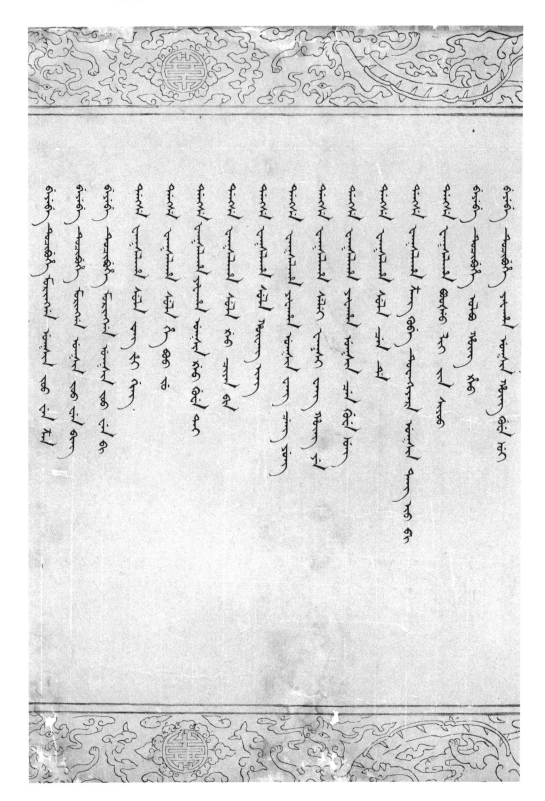

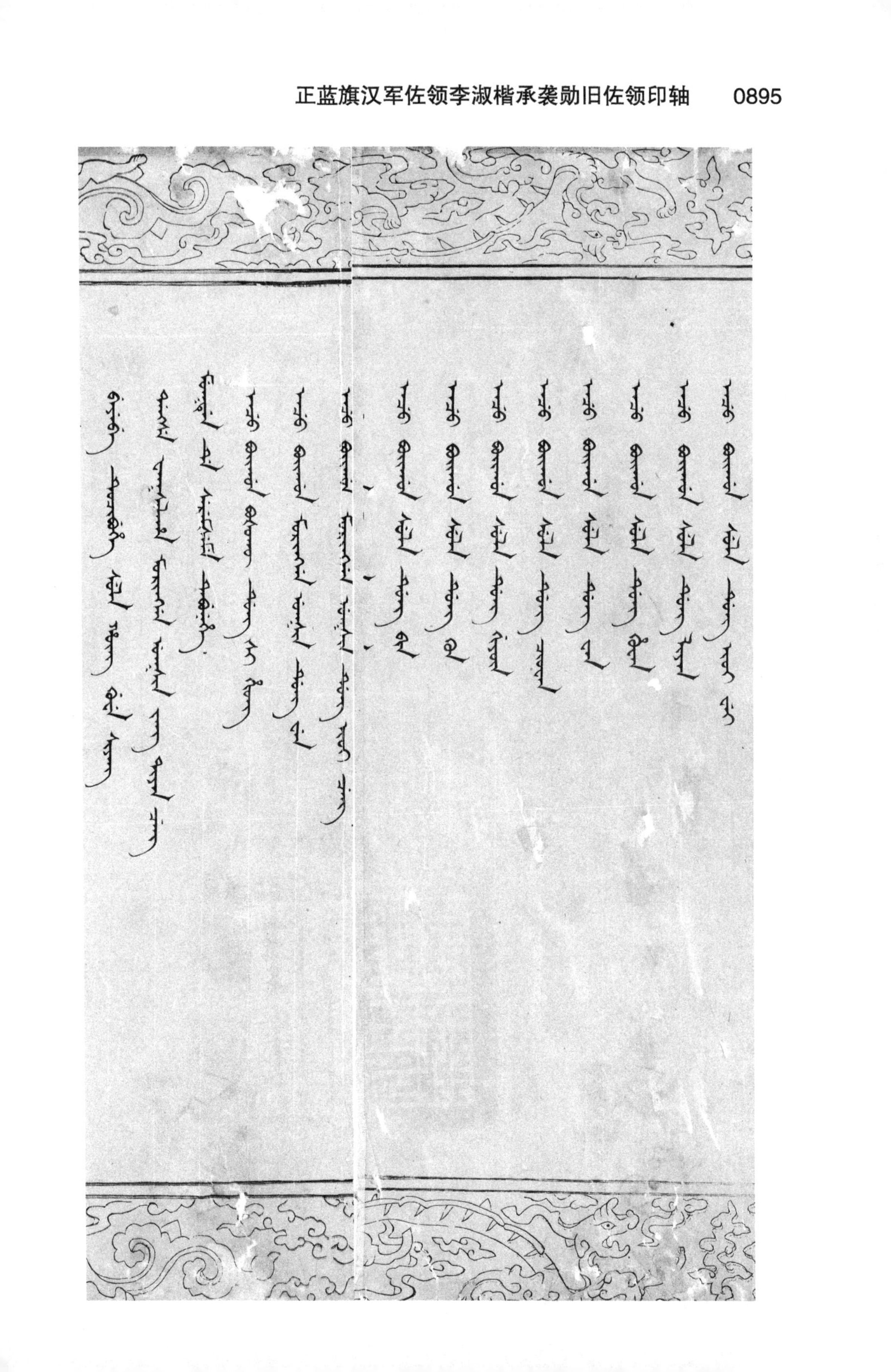

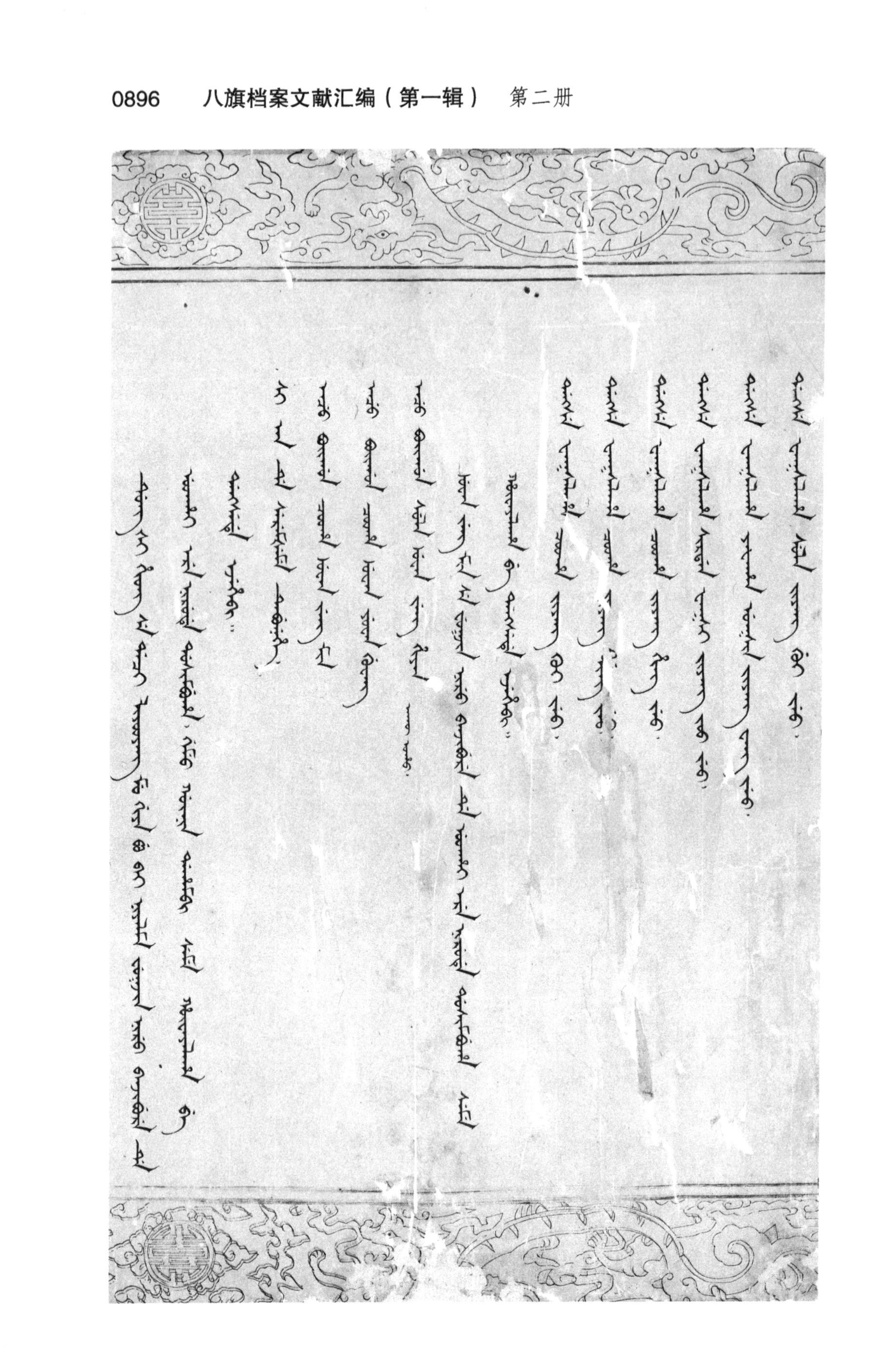

[illegible]
[illegible]
[illegible]
[illegible]
[illegible]
[illegible]
[illegible]
[illegible]
[illegible]
[illegible]
[illegible]
[illegible]
[illegible]

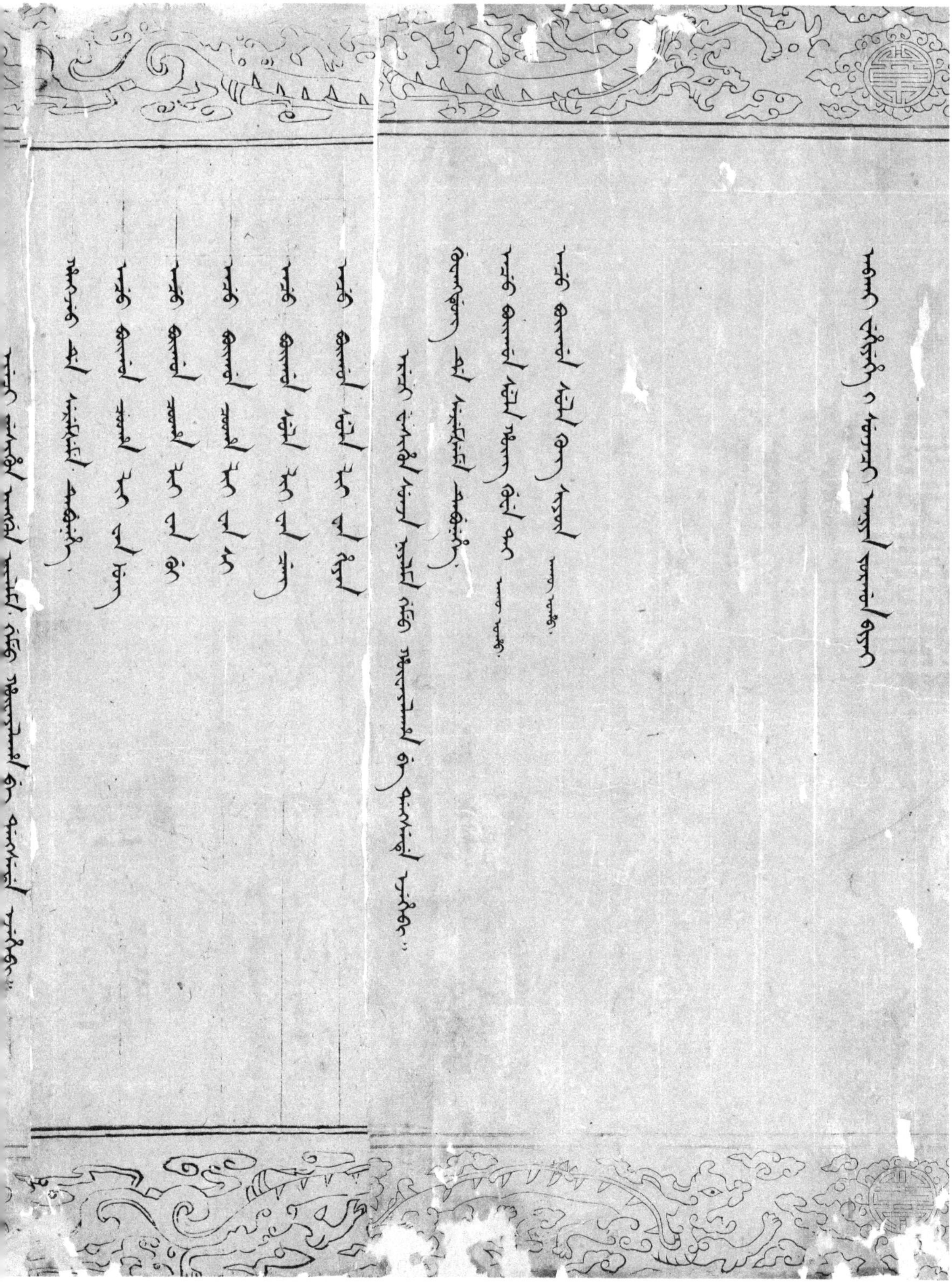

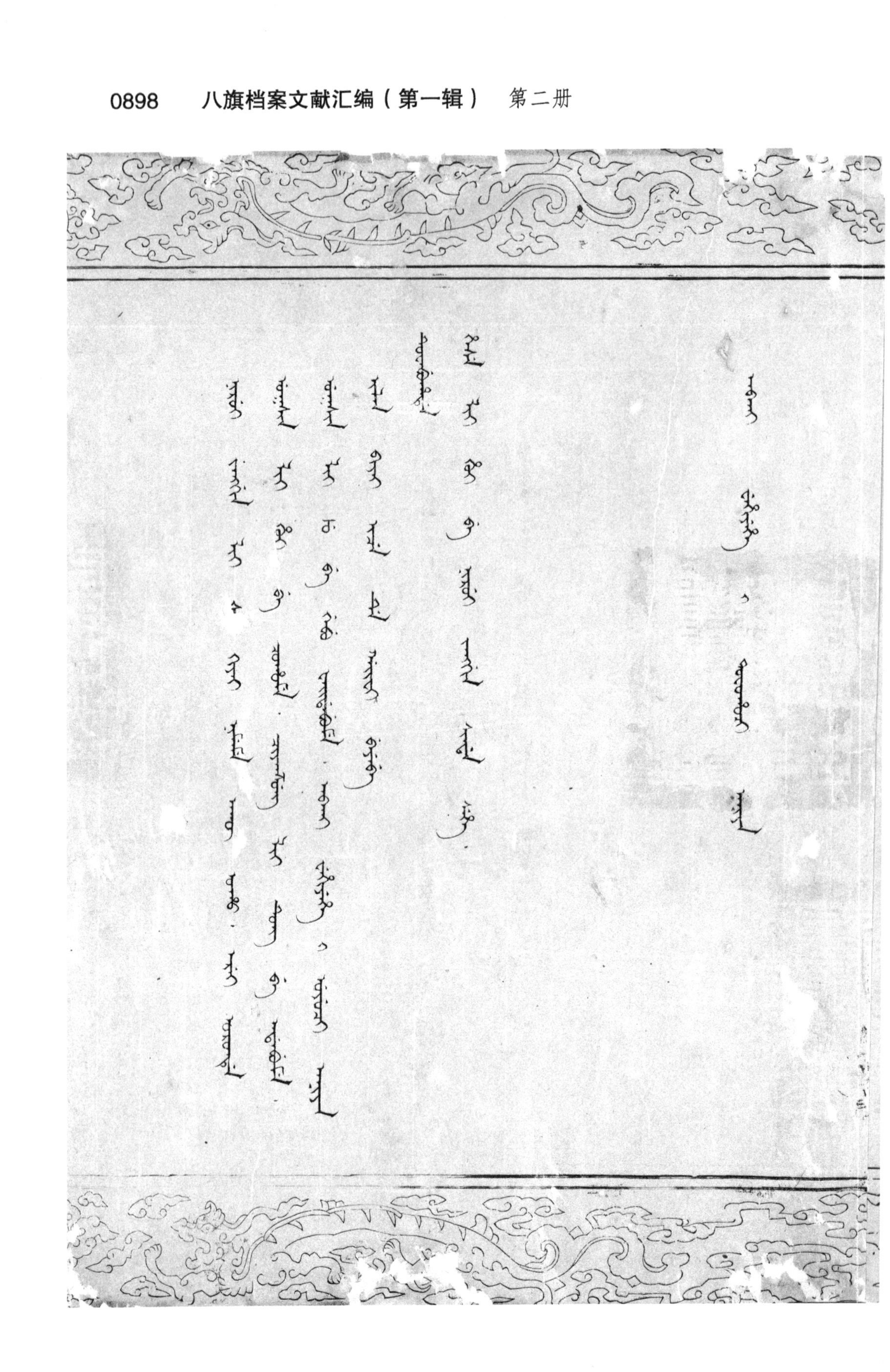

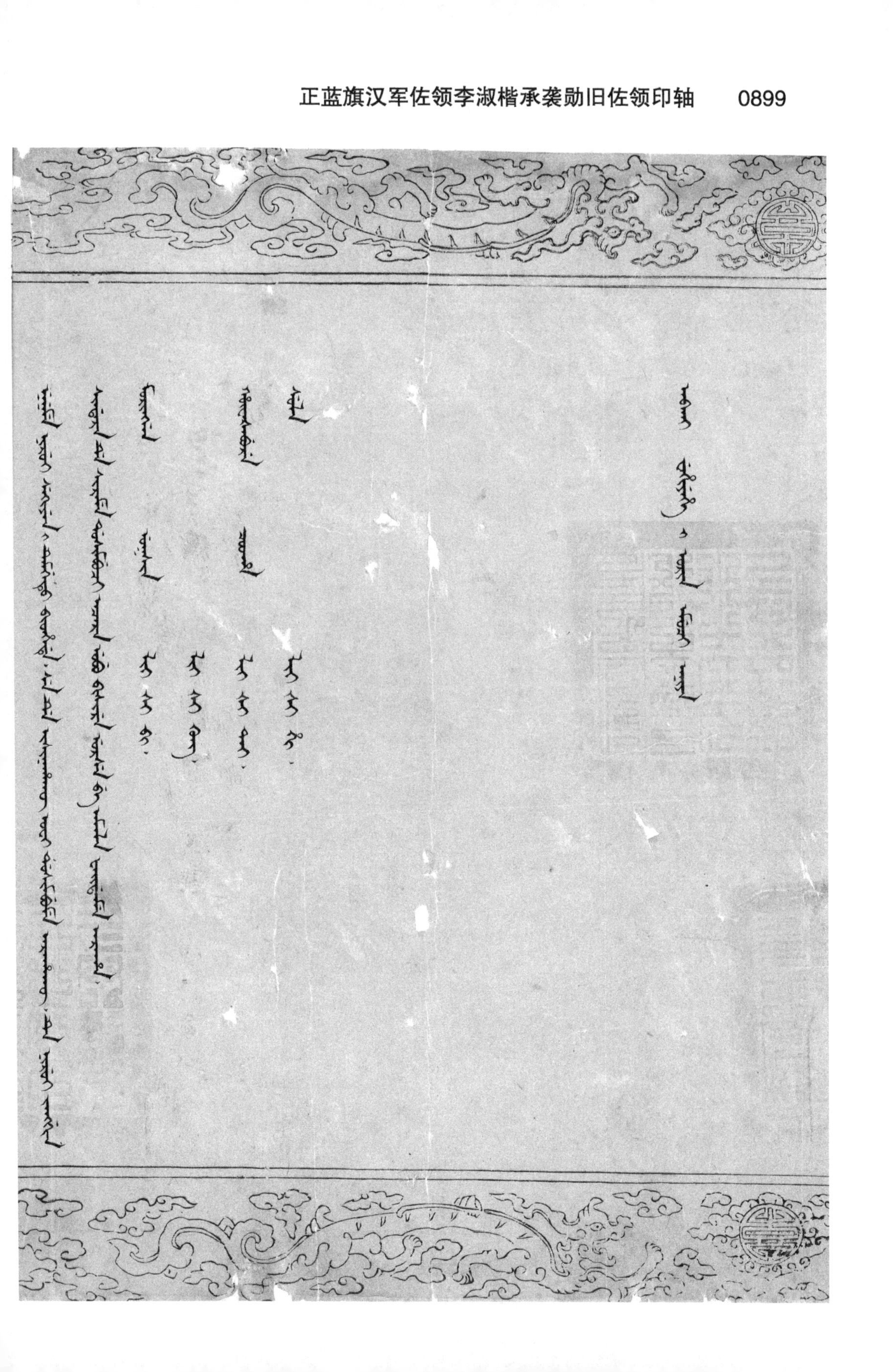

[illegible]

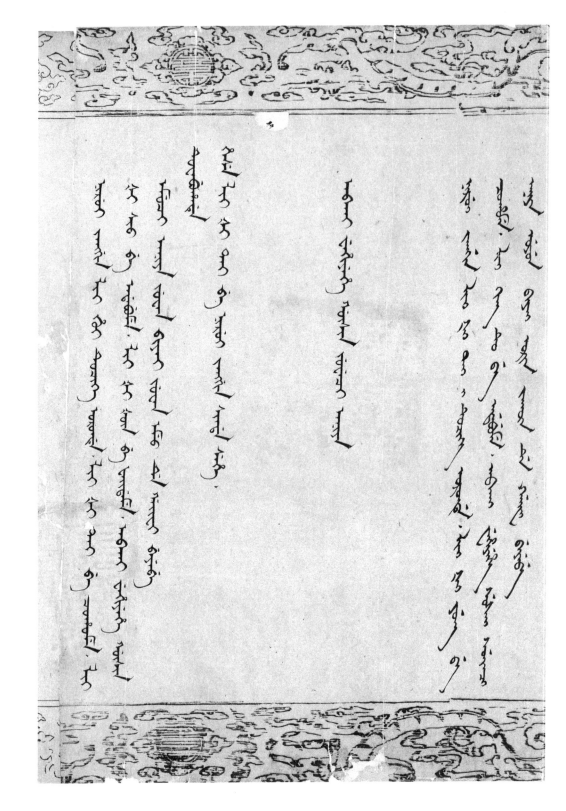

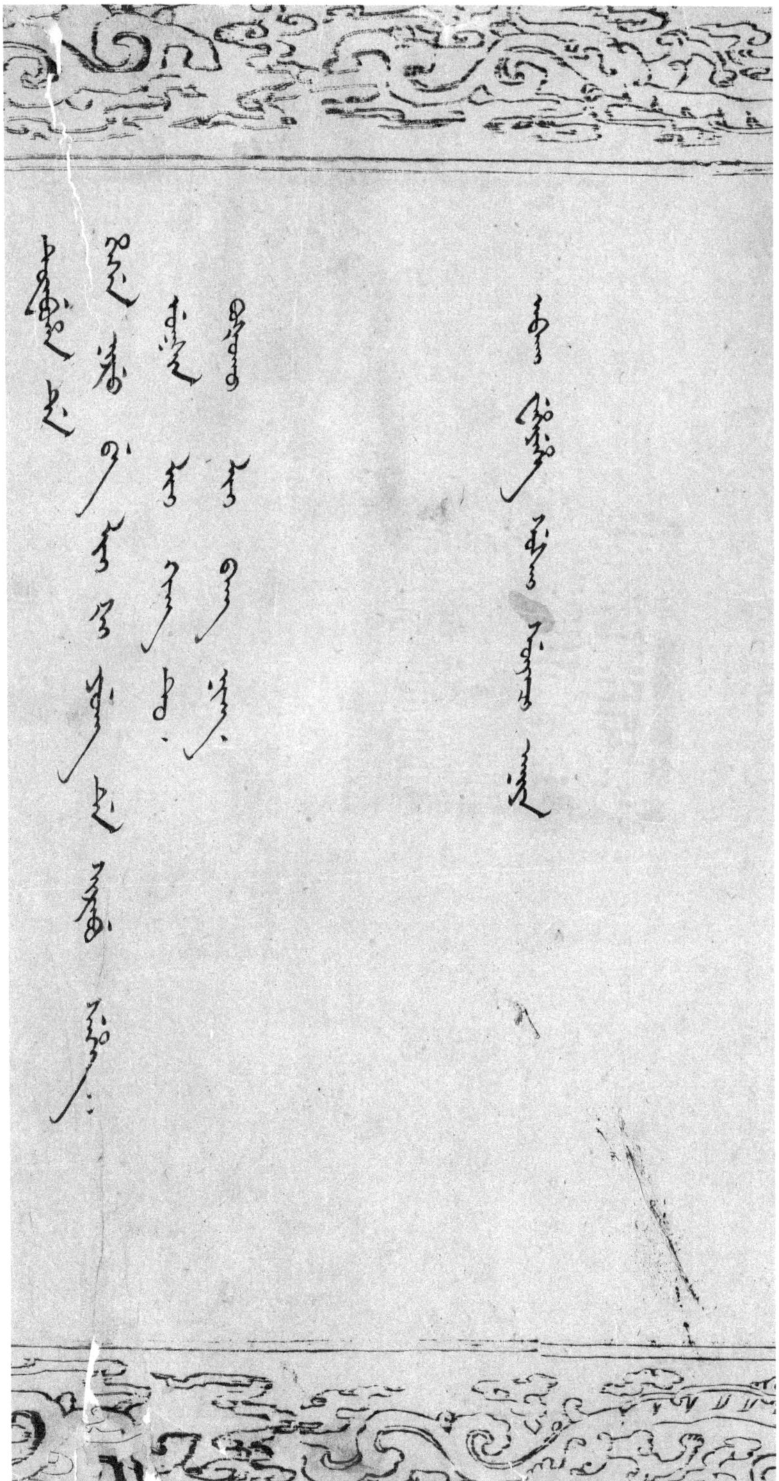

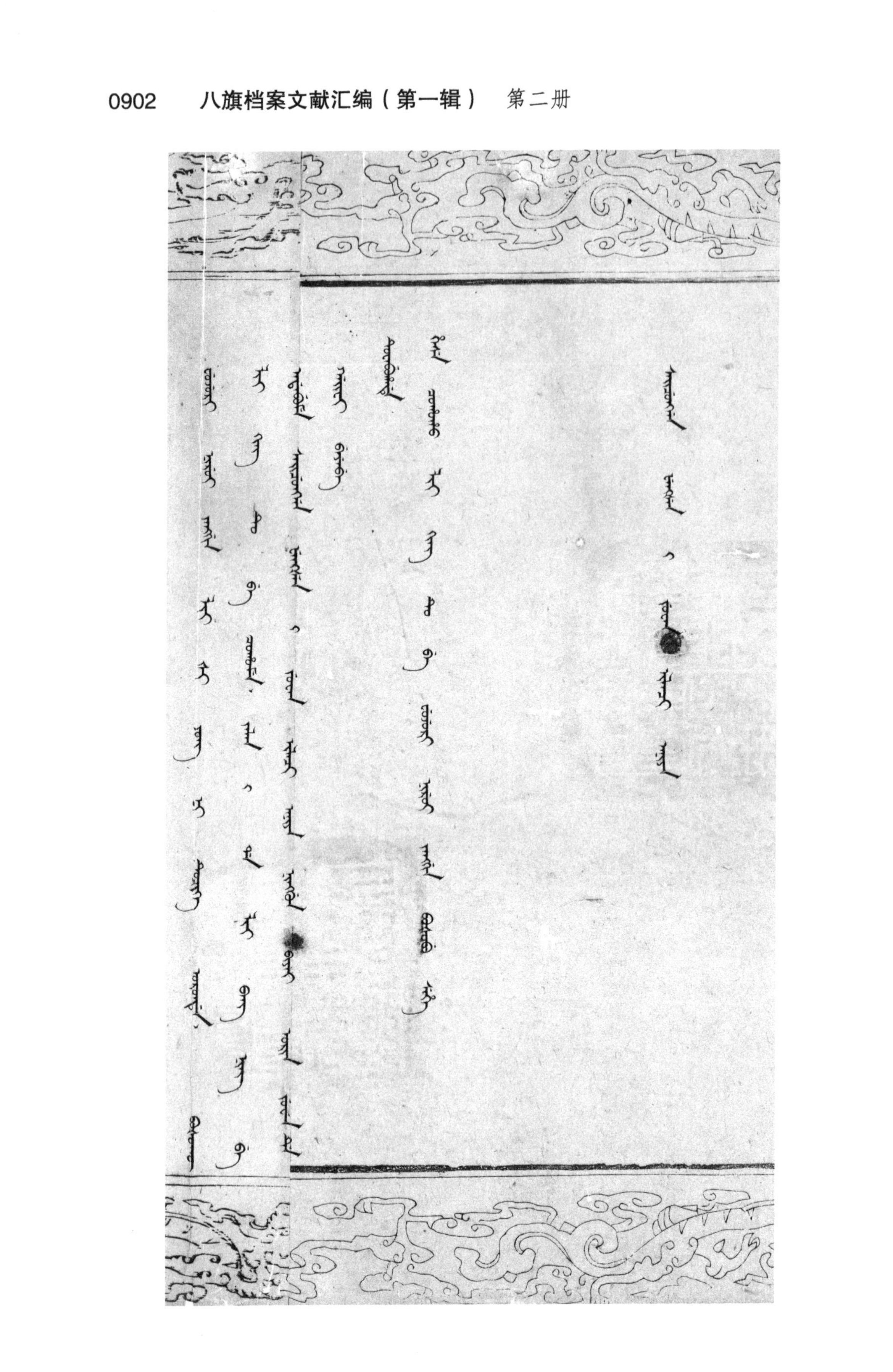

[illegible]

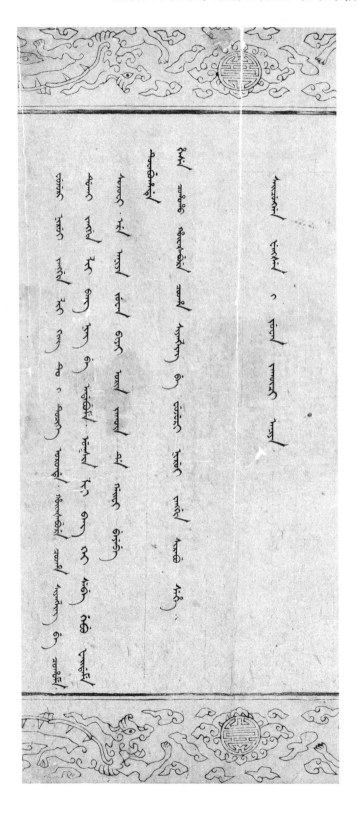

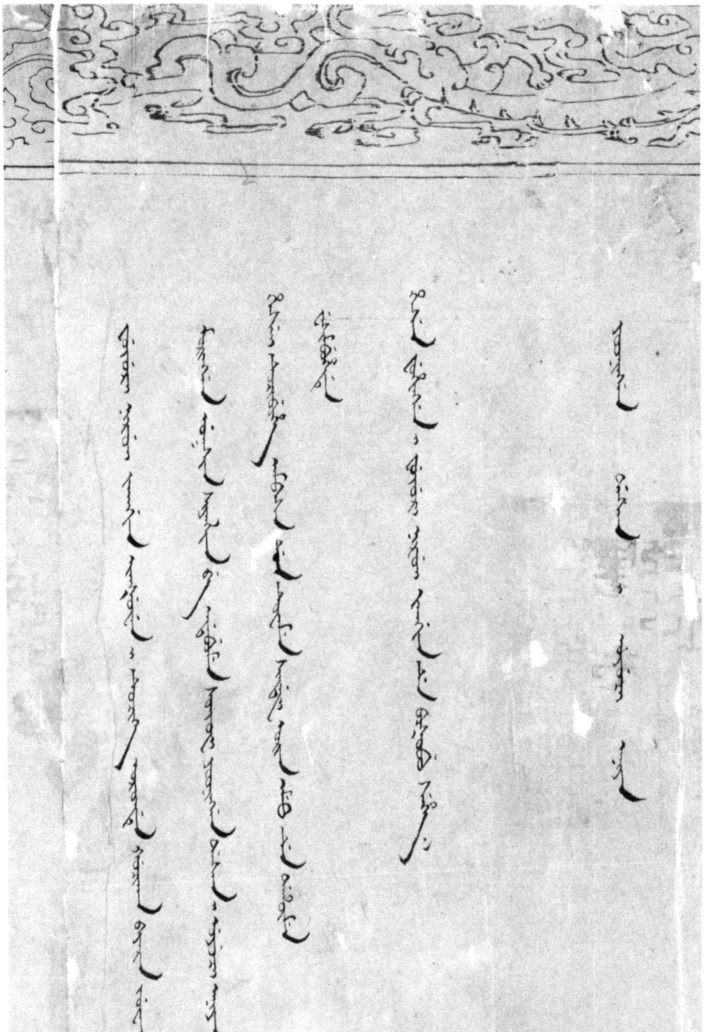

[illegible]

[illegible]

[illegible]

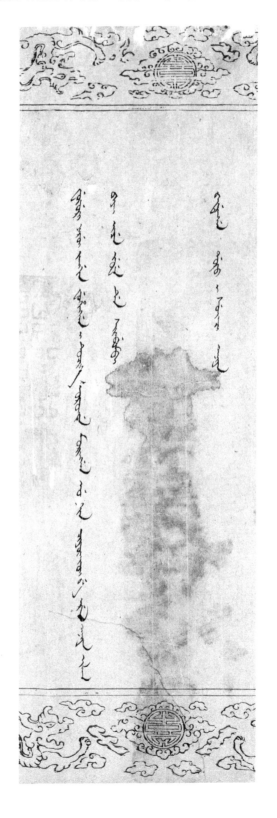

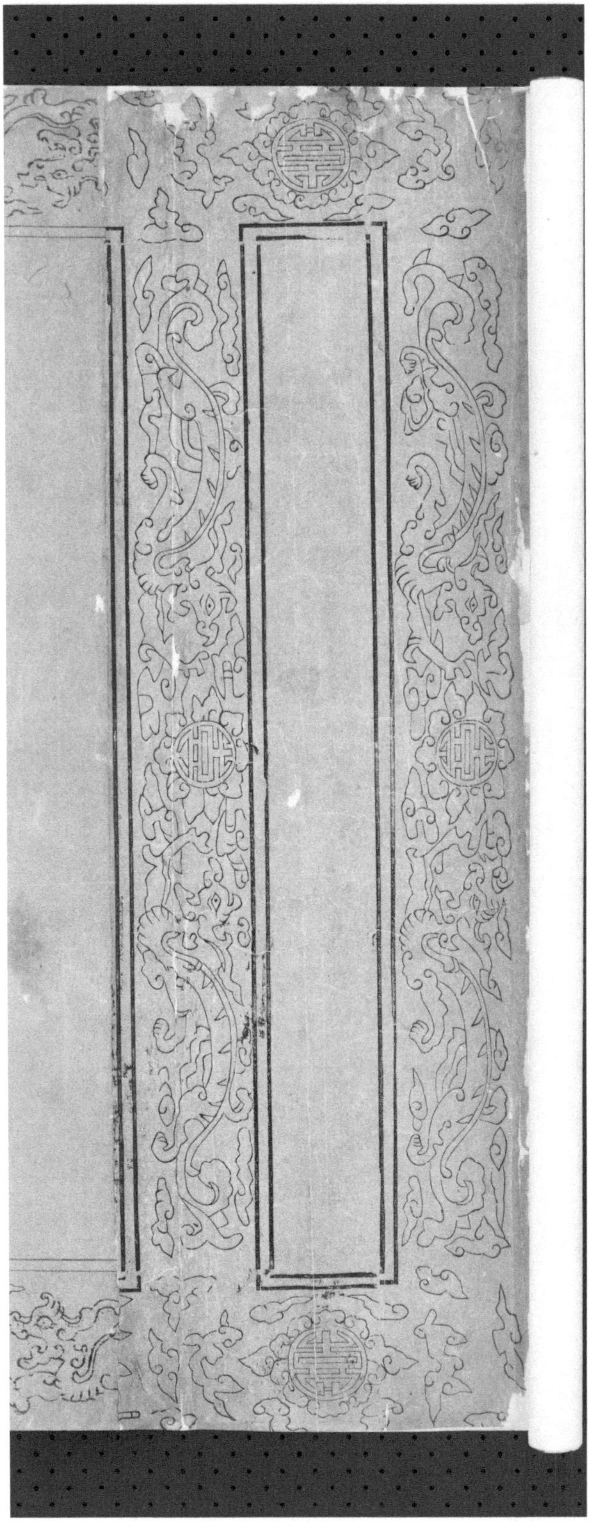

镶蓝旗汉军佐领朱国榕承袭世管佐领印轴

满文写本，卷轴装，页面48.0cm×2148.5cm，四周双边，螭文，钤兵部印及陆军部印，印轴所载内容完整，前部有破损数处，满文题名为 kubuhe lamun i ujen coohai gūsai nirui janggin ju guwe žung ni bošoho jalan halame bošoro nirui temgetu bithe。初修时间为乾隆八年，后陆续添写至宣统二年，未满幅。

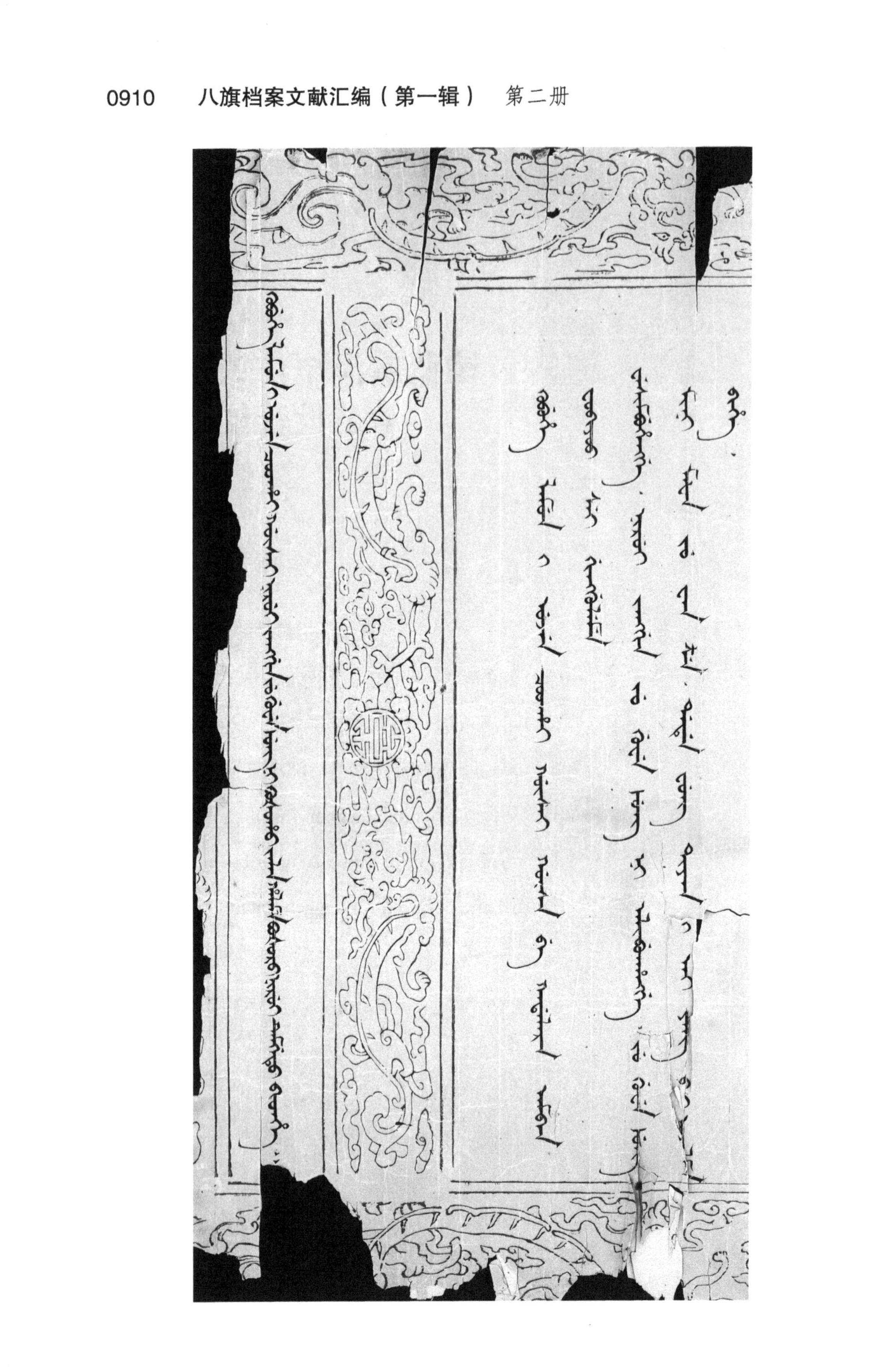

[illegible]

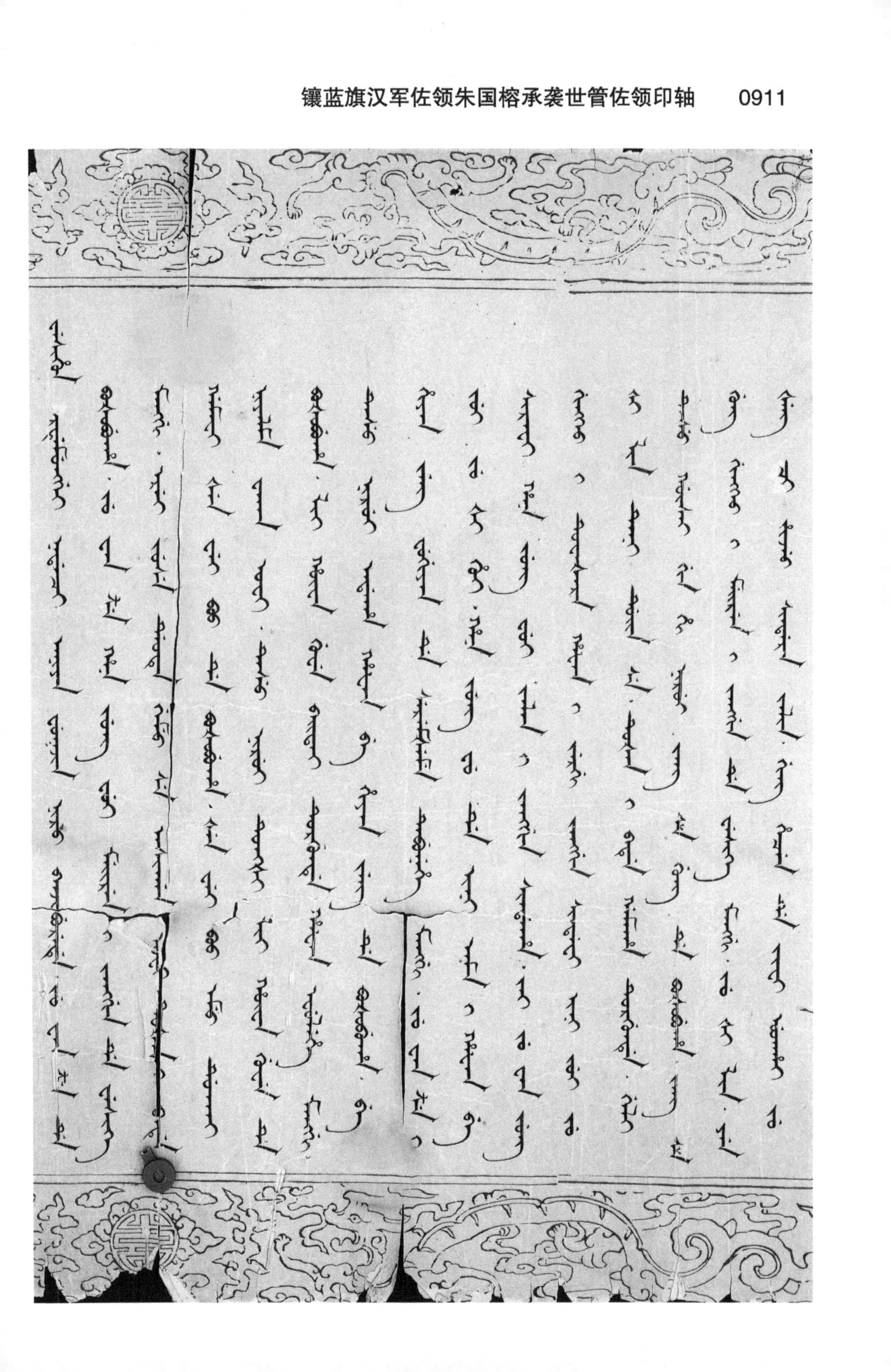

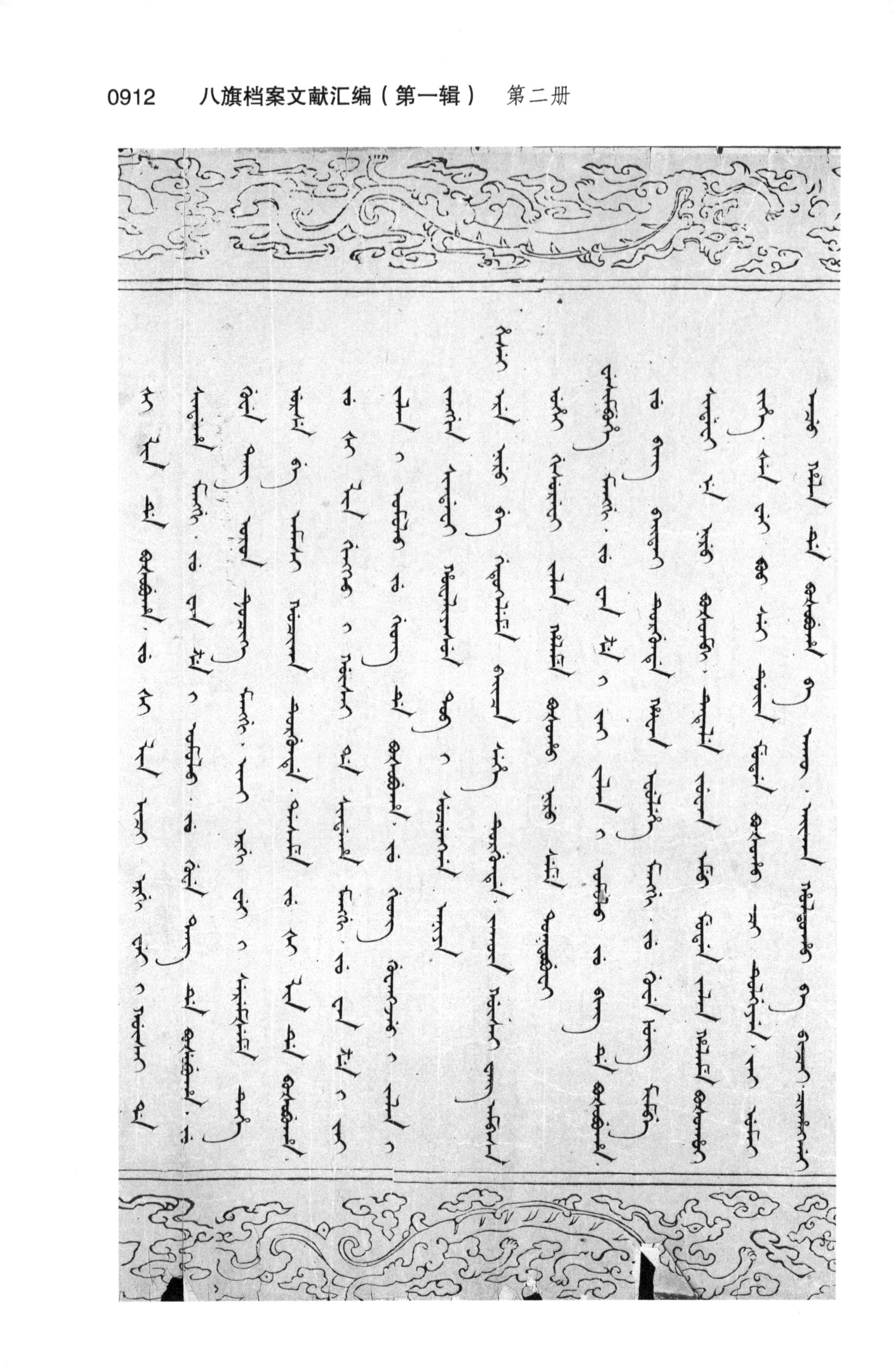

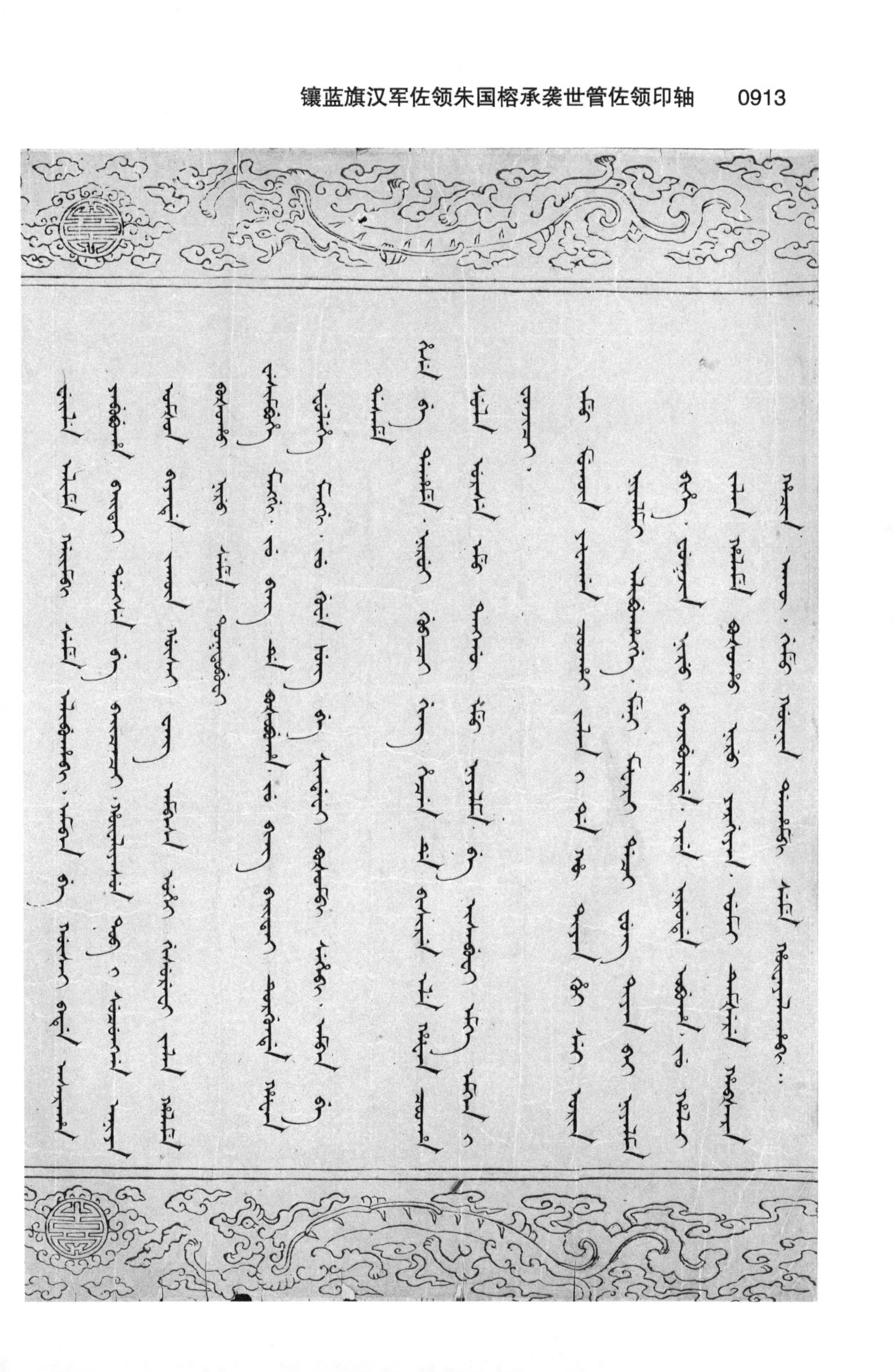

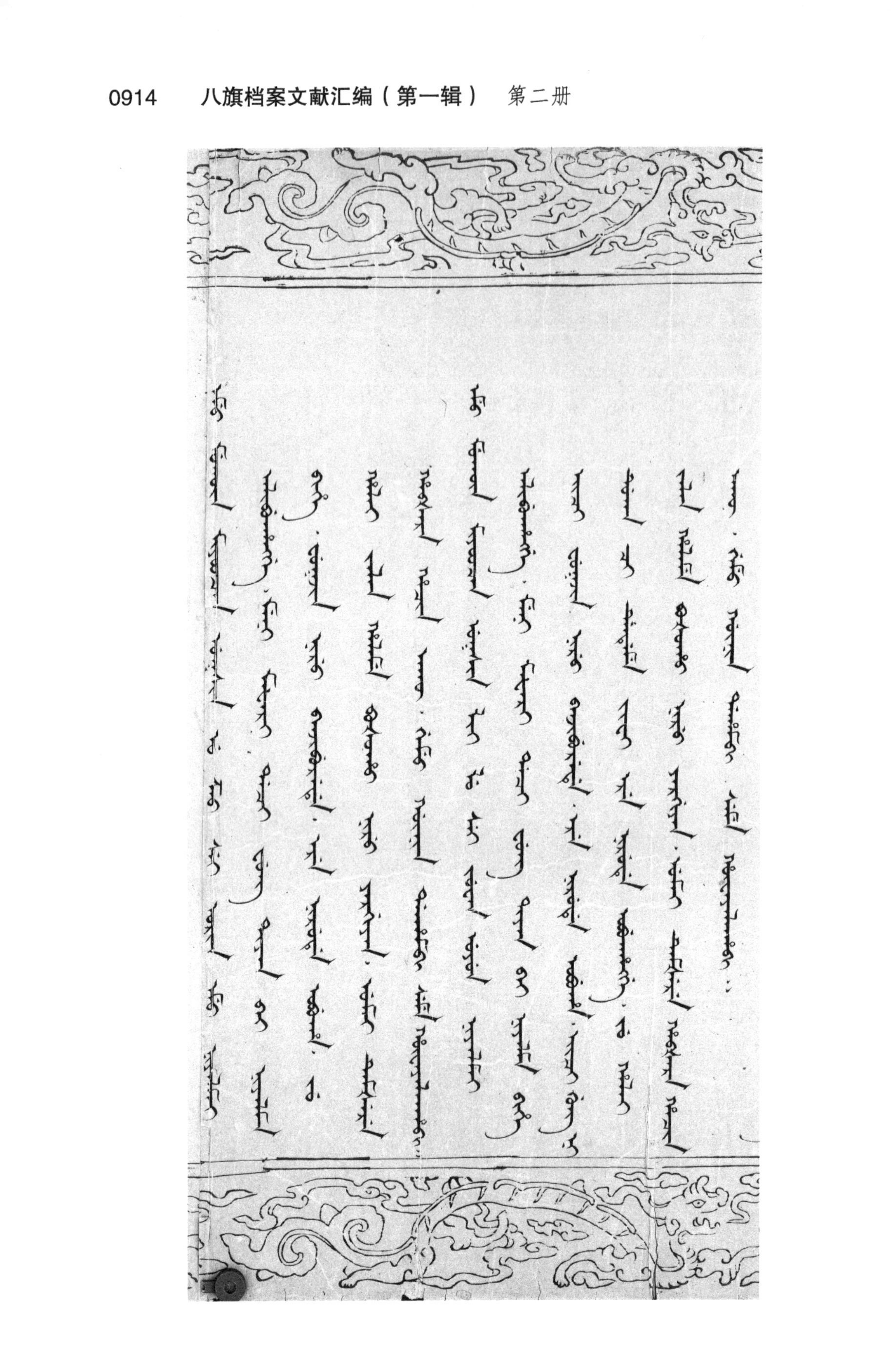

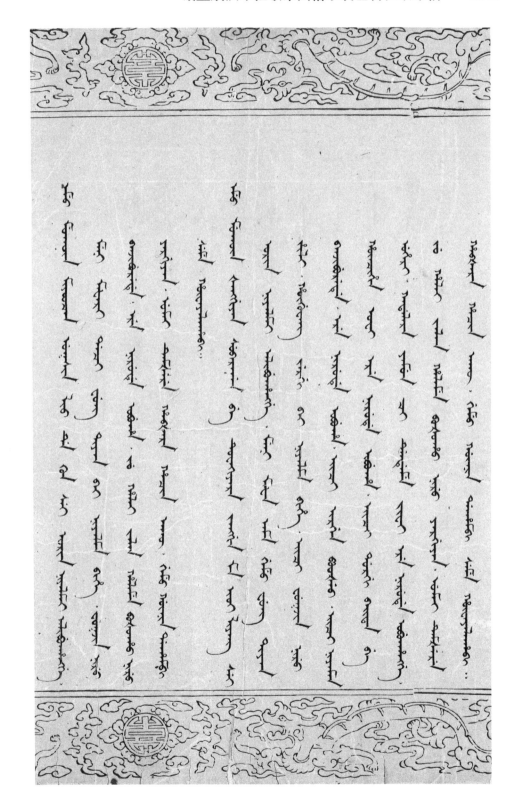

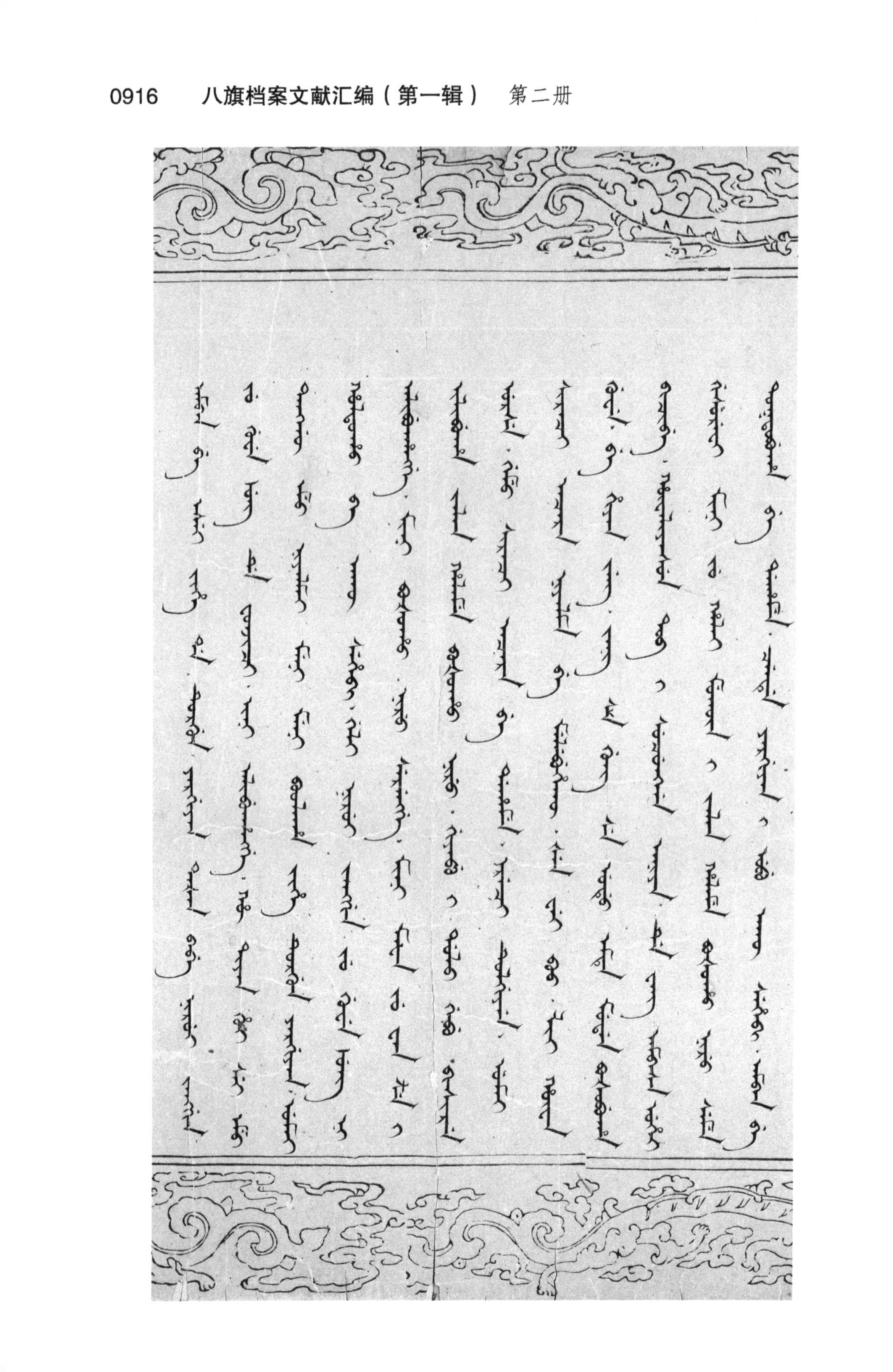

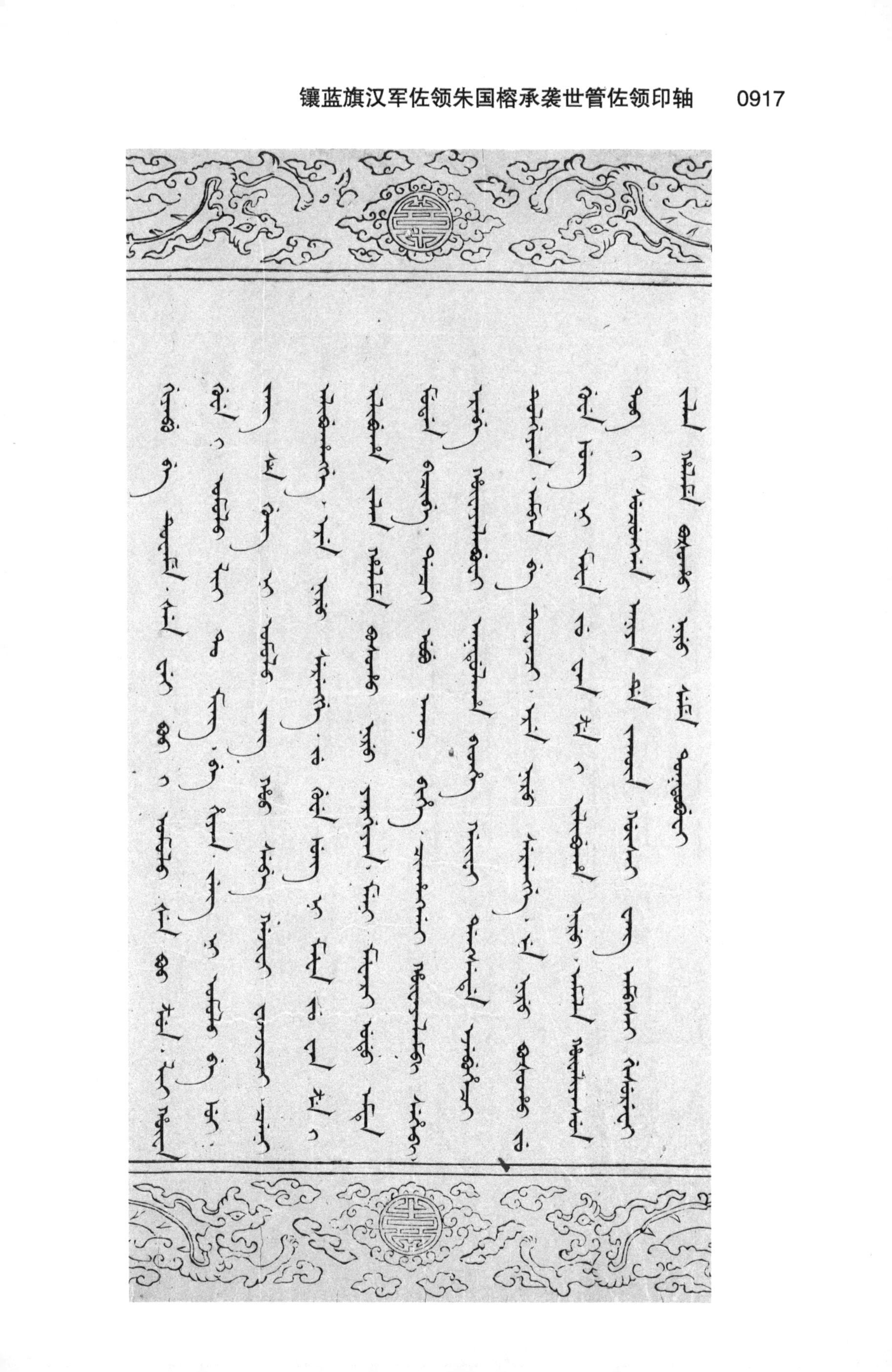

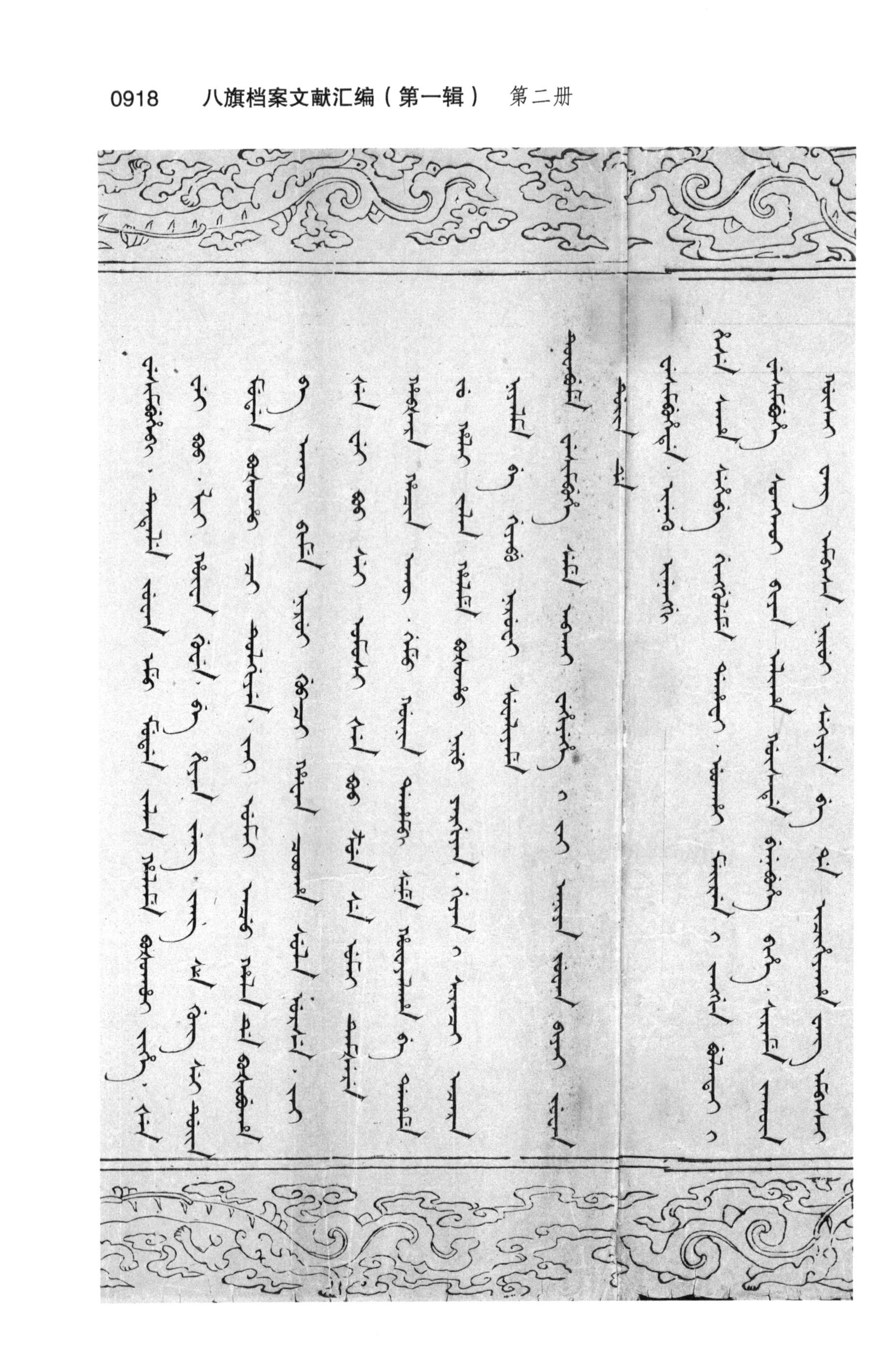

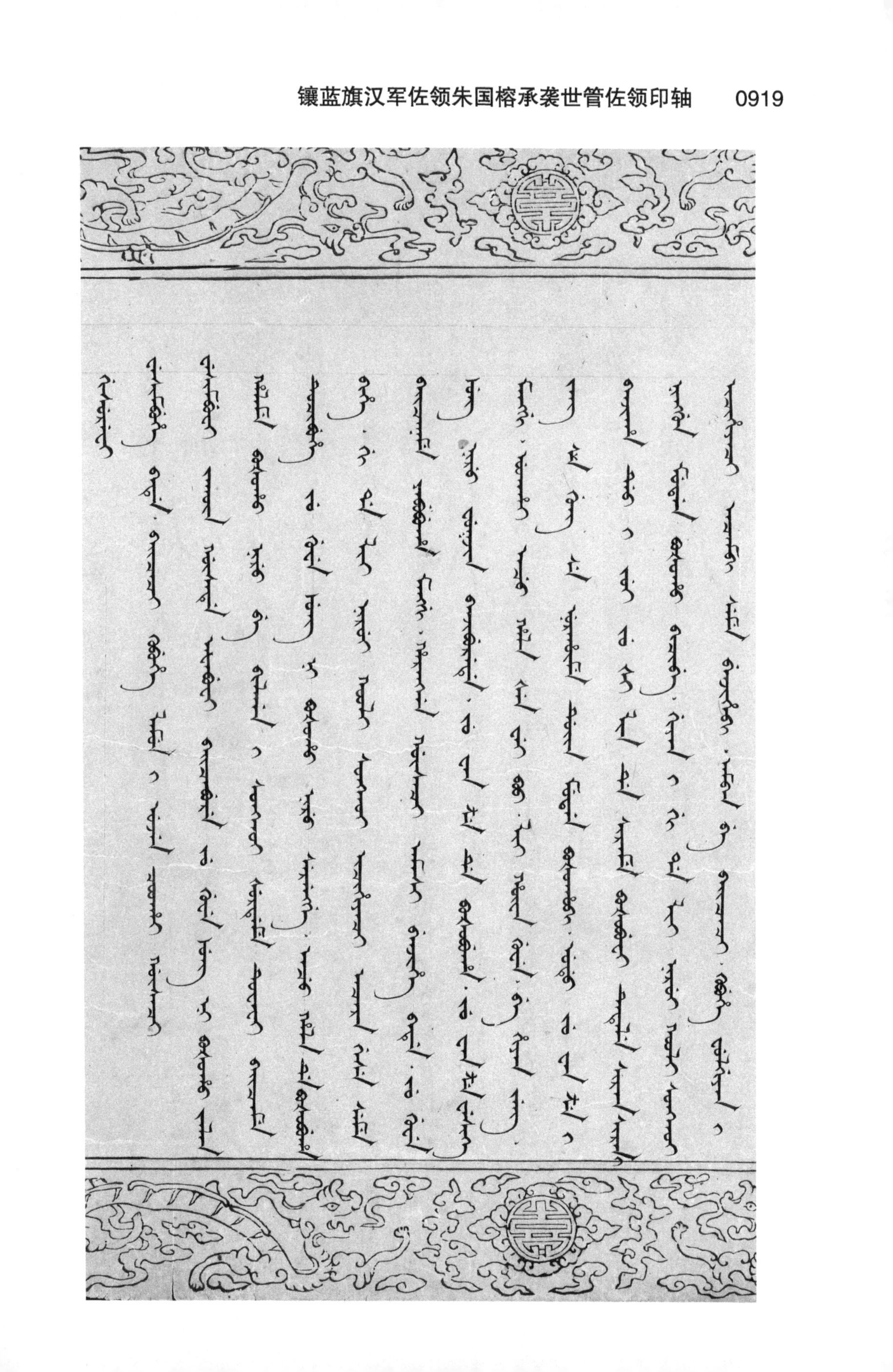

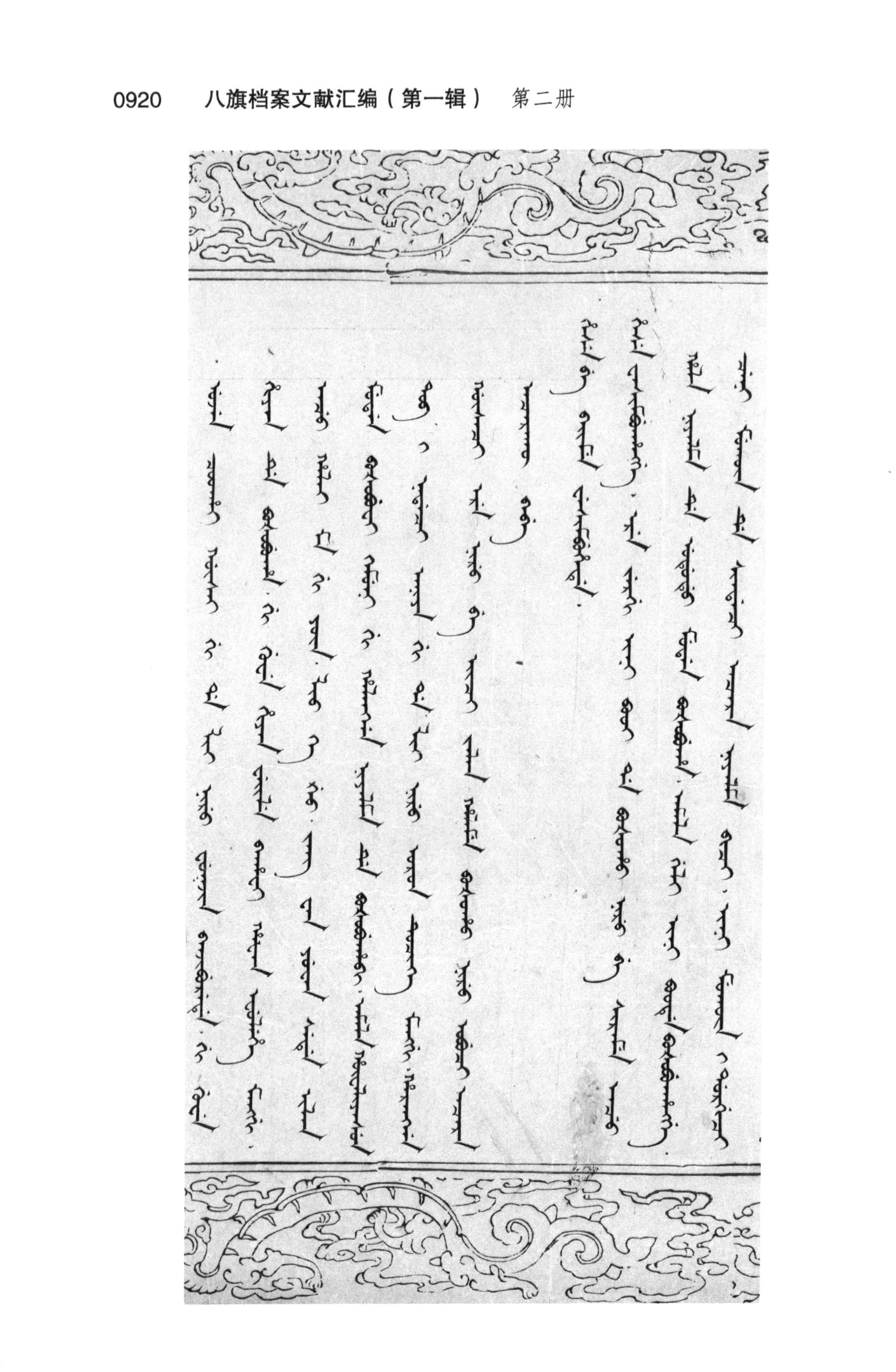

[illegible]

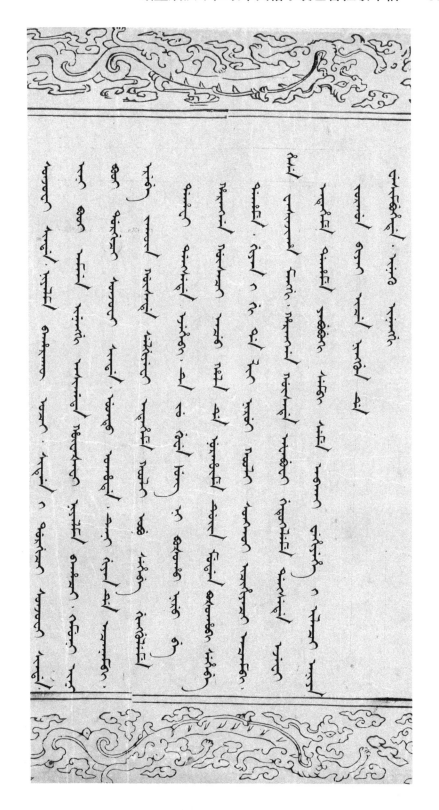

ᠠᠪᡴᠠᡳ ᡥᡝᠰᡝᡳ ᡶᠣᡵᡤᠣᠨ ᠪᡝ ᠠᠯᡳᡥᠠ ᡥᡡᠸᠠᠩᡩᡳ ᡥᡝᠰᡝ᠈

[illegible]

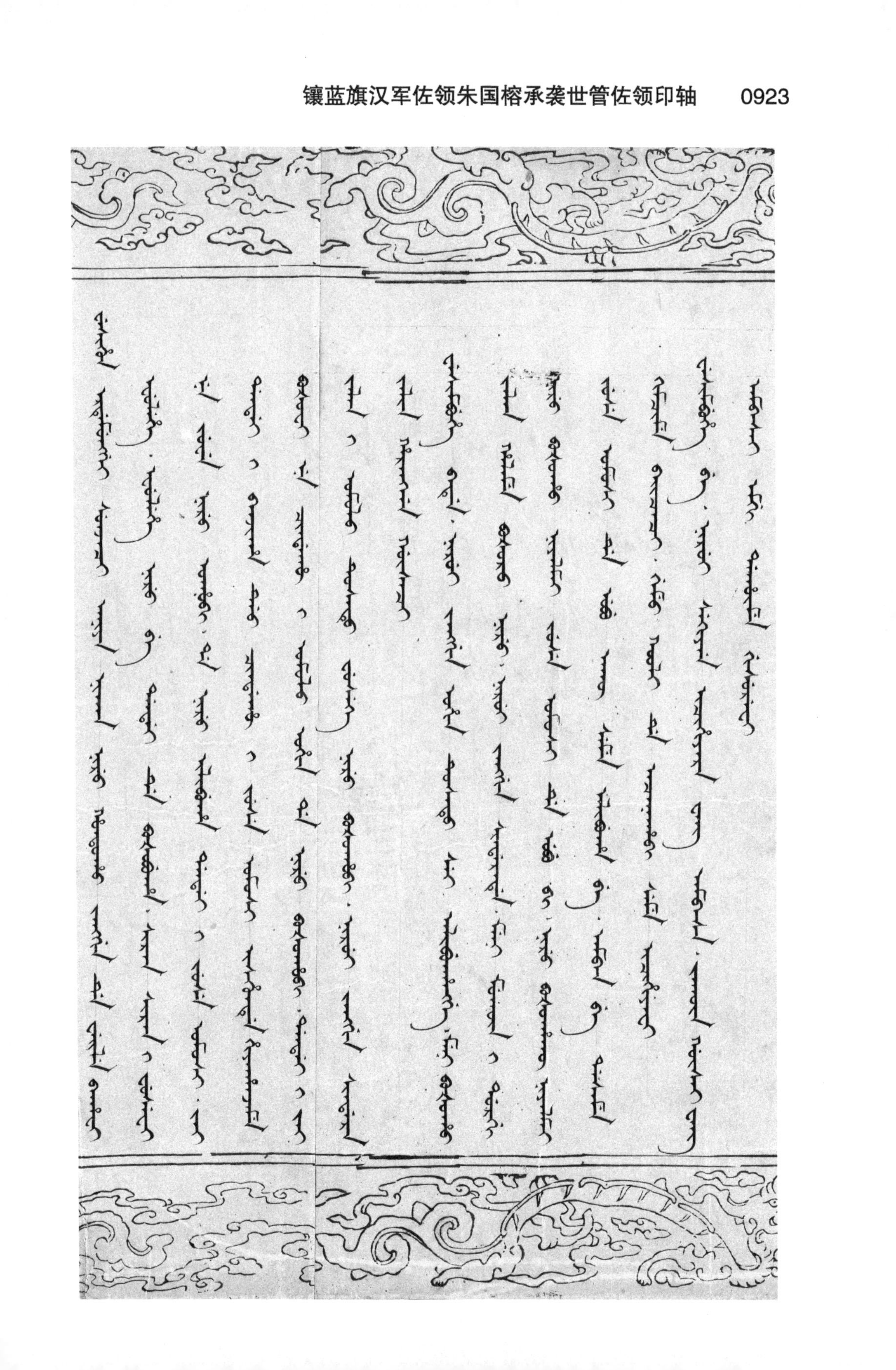

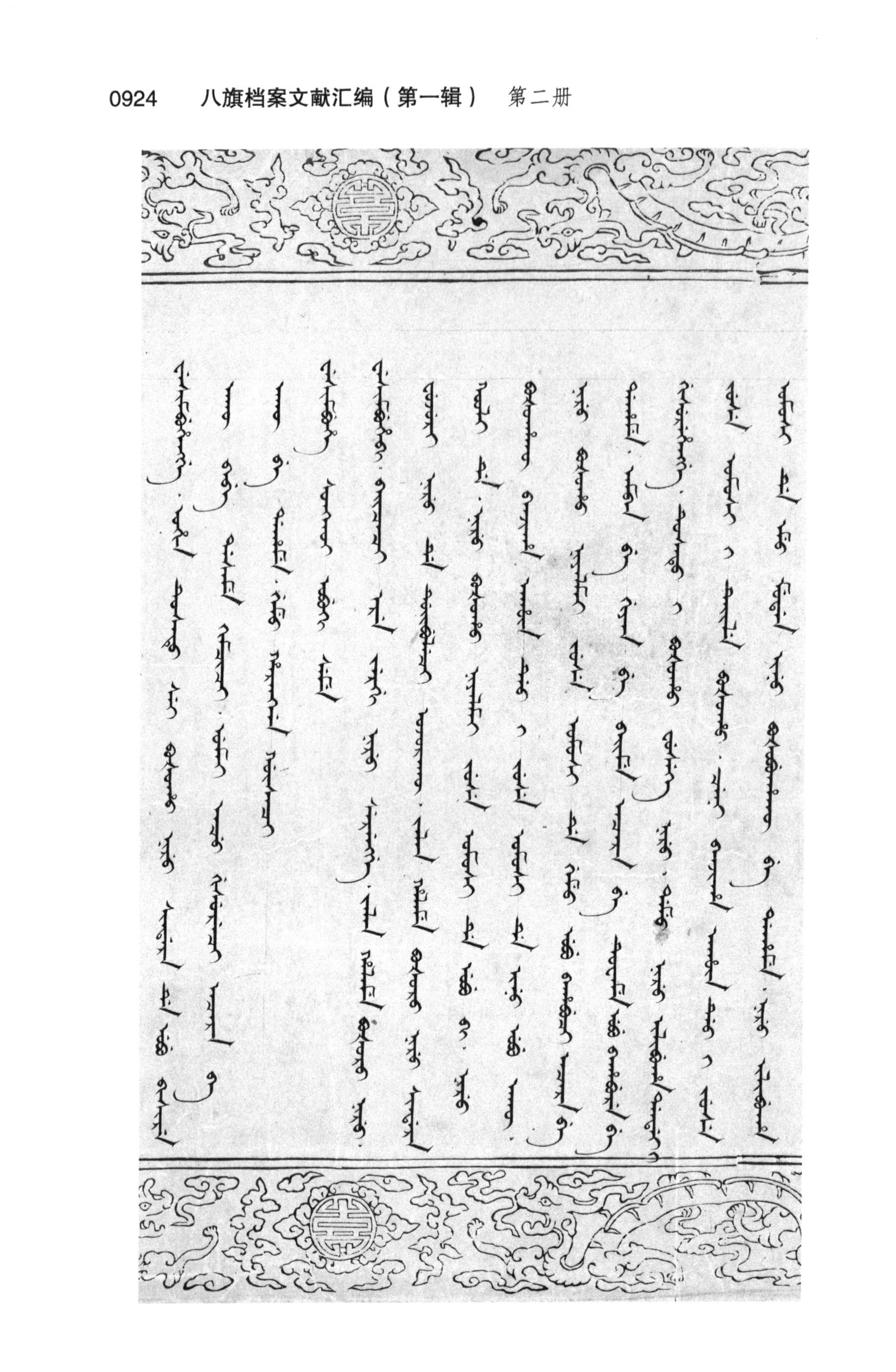

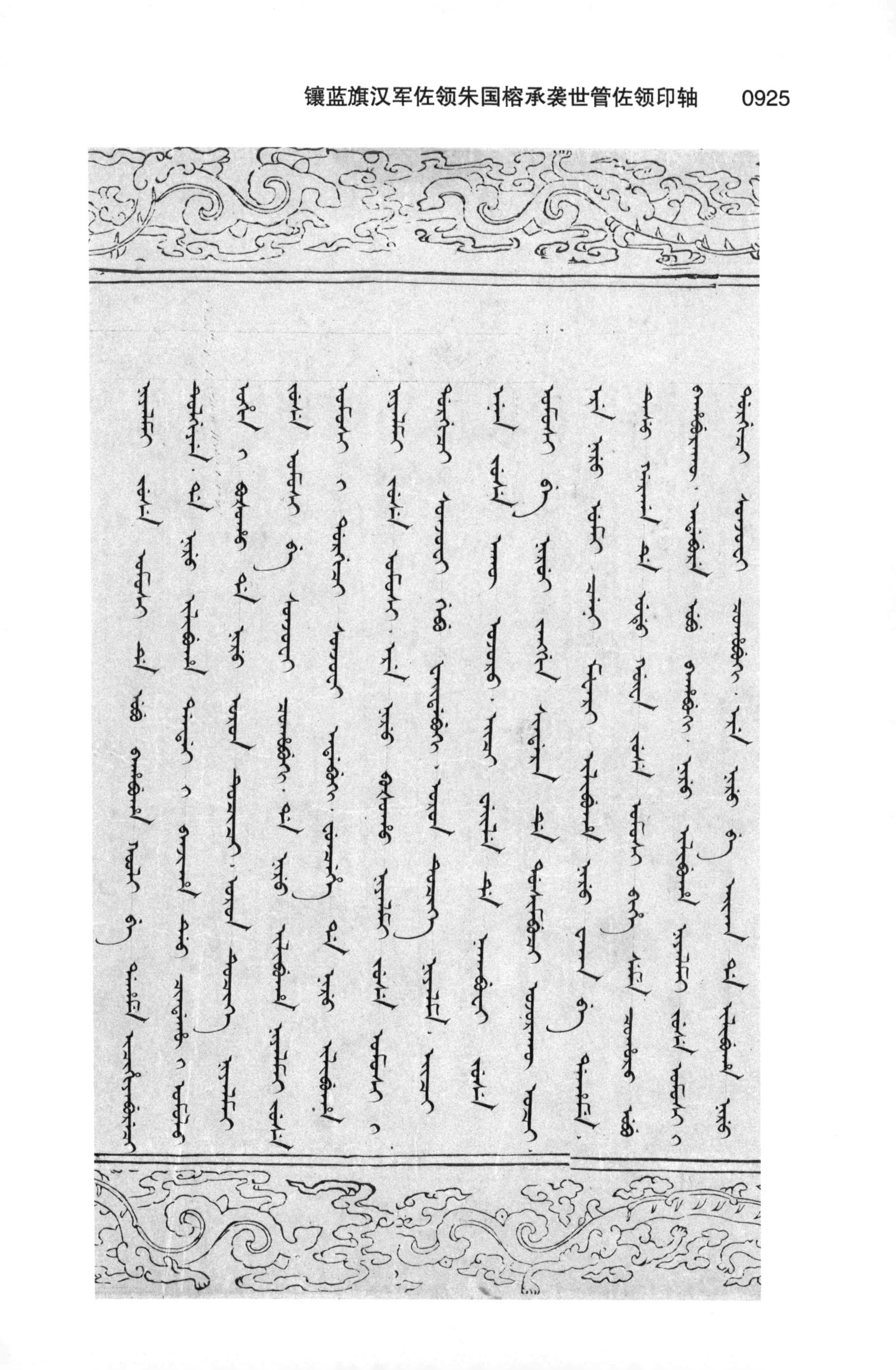

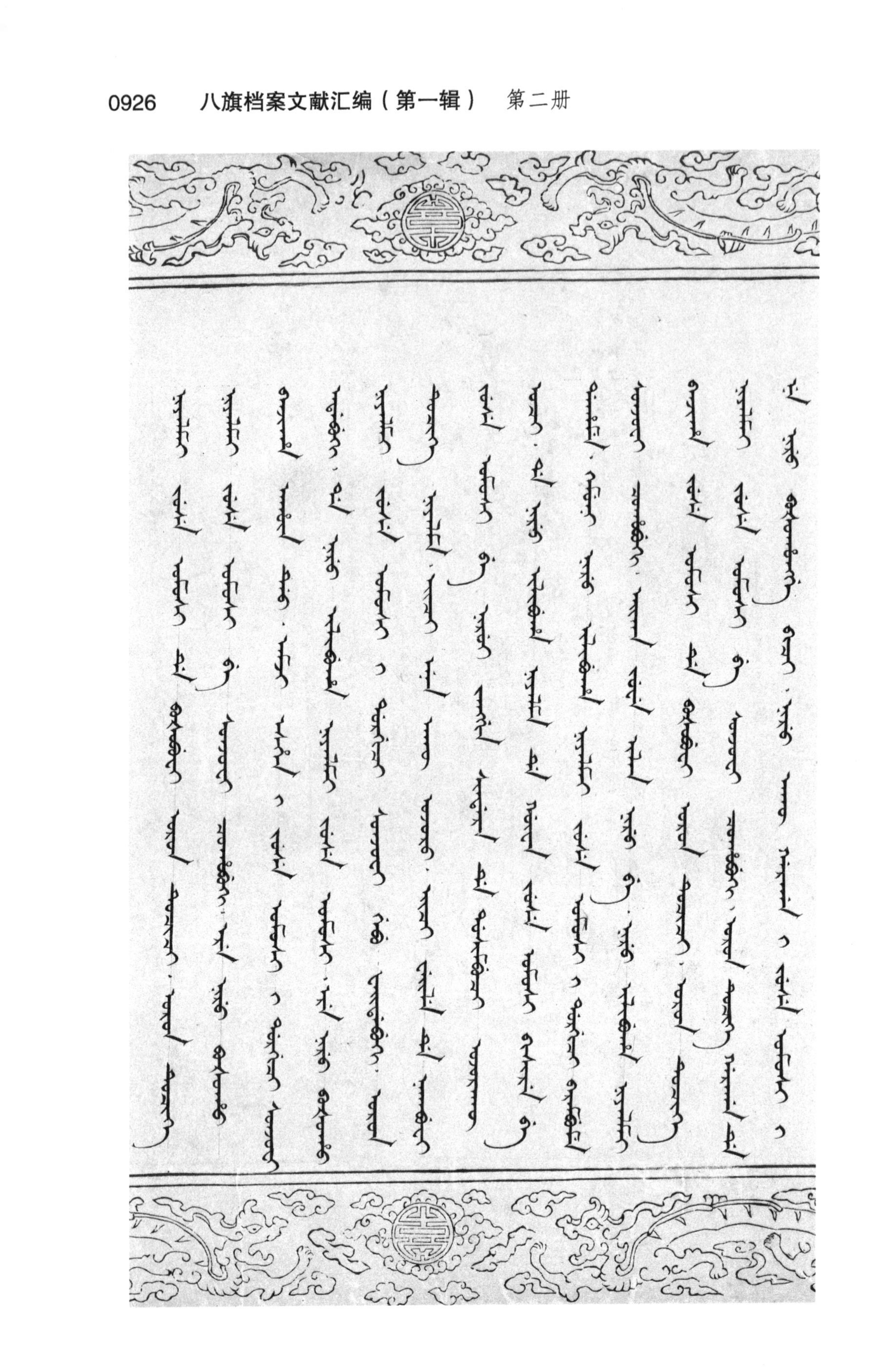

ᡶᡠᠵᡳᠶᠠᠨ ᡨᠣᡩᠣᠩ ᡨᡠᡧᠠᠪᡠᡥᠠ᠈ ᠵᡳ ᠨᡳᡵᡠ ᠪᠣᡧᠣᡴᠣ ᠪᠠᡳᡨᠠᠯᠠᠮᡝ ᠰᠣᠯᡤᠣᠮᡝ ᠵᡳᠪᡠ

ᠠᡵᠠ ᠠᠮᠪᠠᠨ ᡳ ᠵᡠᠩ ᡨᡠᠩ ᠪᡝ ᡨᠣᡩᠣᠩ ᠪᡳᠵᡠᡥᠠ᠈ ᠵᡠᡵᡤᠠᠨ ᠨᡳᡵᡠ ᠰᡳᡵᠠᠮᡝ

ᠨᡳᡴᠠᠰᠠ ᠵᡠᠩ ᡨᡠᠩ᠈ ᠰᡳ ᠨᡳᡵᡠ ᠪᠣᡧᠣᡴᠣ ᠨᡳᡴᠠᠰᠠ ᠵᡠᠩ ᡨᡠᠩ ᡳ

ᡶᡠᠵᡳᠶᠠᠨ ᡨᠣᡩᠣᠩ ᠵᡠ ᡨᡠᡧᠠᠪᡠᡥᠠ᠈ ᠠᠯᠠᠨ ᠵᡠᠩ ᠰᡳ ᠨᡳᡵᡠ ᠪᡝ ᠪᡳᠵᡠ

ᠨᡳᡵᡠ ᠰᡳᡵᠠᠮᠪᡠᡥᠠ ᠨᡳᡴᠠᠰᠠ ᠸᡝᠰᡳᠮᠪᡠᡥᡝ ᠠᠮᠪᠠᠯᠠ ᠪᡳᠵᡳ ᠠᡵᠠ ᠠᠮᠪᠠ ᡳ ᠵᡠᠩ

ᡨᠣᡩᠣᠩ ᠵᡳ ᠪᠣᡧᠣᡴᠣ ᡝᠵᡝᠨ ᡨᠣᠩᡤᠣᡩᠣᠨ᠈ ᠰᡳ ᠨᡳᡵᡠ ᠨᡳᡵᡠ ᠰᡳᡵᠠᠮᠪᡠᡥᠠ

ᠨᡳᡴᠠᠰᠠ ᠠᠮᠠ ᠸᡝᠵᡳ ᡳᠨᡳ ᠵᡠᠩ ᠨᡳᡵᡠ ᠪᠣᡧᠣᡴᠣ ᠪᡝ ᡨᠣᡩᠣᠩᠰᡳᠮᡝ᠈ ᡨᠣᡩᠣᠩ ᠪᡳᠰᡳᠨ

ᠨᡳᡴᠠᠰᠠ ᠵᡠᠩ ᡨᡠᠩ ᠵᡳ ᡨᠣᠮᠰᠣᡴᠣ ᠪᠣᡵᡠ ᠸᠠᠰᡳᠮᠪᡠᡥᡝ ᠸᡝᠰᡳᡴᡠᠨᠵᡝᠮᠪᡠᡥᡝ᠈ ᠨᡳᡵᡠ

ᠰᡳᡵᠠᠮᠪᡠᡥᠠ ᠨᡳᡴᠠᠰᠠ ᠵᡠᠩ ᡨᡠᠩ ᠪᡝ ᡨᠣᡩᠣᠩ ᠨᡳᡴᠠᠰᠠ ᡨᠣᠮᠰᠣᡴᠣ᠈ ᠰᡳ ᠨᡳᡵᡠ

ᠪᠣᡧᠣᡴᠣ ᠸᠠᠰᡳᠮᡝ ᠠᠮᠪᠠᠯᠠ ᠵᡠᠩ ᠰᡳᠨ ᠠᡵᠠ ᡳ ᠵᡠᠩ ᡨᡠᠩ ᠪᡝ

ᡨᠣᡩᠣᠩ ᠰᡳᡵᠠᠮᠪᡠᡥᠠ᠈ ᠵᡠᡵᡤᠠᠨ ᠨᡳᡵᡠ ᠰᡳᡵᠠᠮᠪᡠᡥᠠ ᠨᡳᡴᠠᠰᠠ ᡨᠣᡩᠣᠩ ᠪᡳᠵᡠ ᡨᠣᠮᠰᠣᡴᠣ᠈ ᠰᡳ

ᠨᡳᡵᡠ ᠪᠣᡧᠣᡴᠣ ᠨᡳᡴᠠᠰᠠ ᠵᡠᠩ ᡨᡠᠩ ᡳ ᠨᡳᡴᠠᠰᠠ ᠵᡠᠩ ᡨᡠᠩ ᡳ ᠰᡳ

ᠪᠣᡧᠣᡴᠣ ᠠᠮᠠ ᠠᡵᠠ ᠪᠣᠰᡳᠮᡝ ᠰᡳᠨ ᠵᡠᠩ ᠪᡝ ᠨᡳᡴᠠᠰᠠ ᠪᠣᡵᡤᠣᠨ ᠪᡳᠰᡳᠮᡝ ᠪᡳᠰᡳᠮᡝᠨ

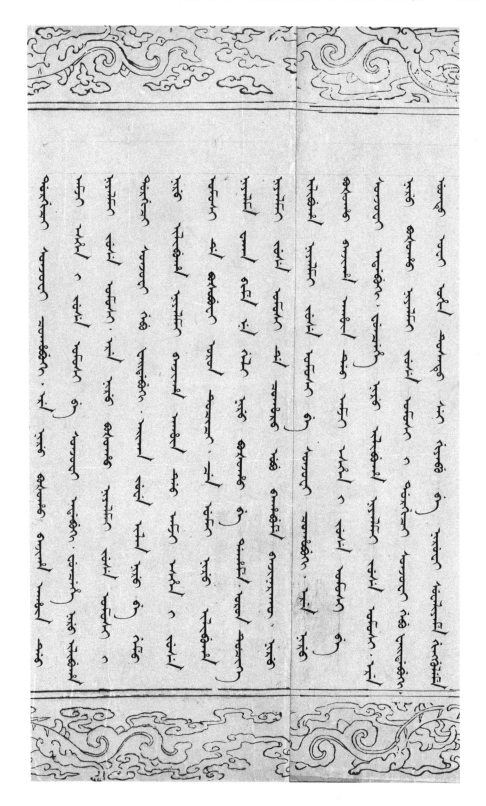

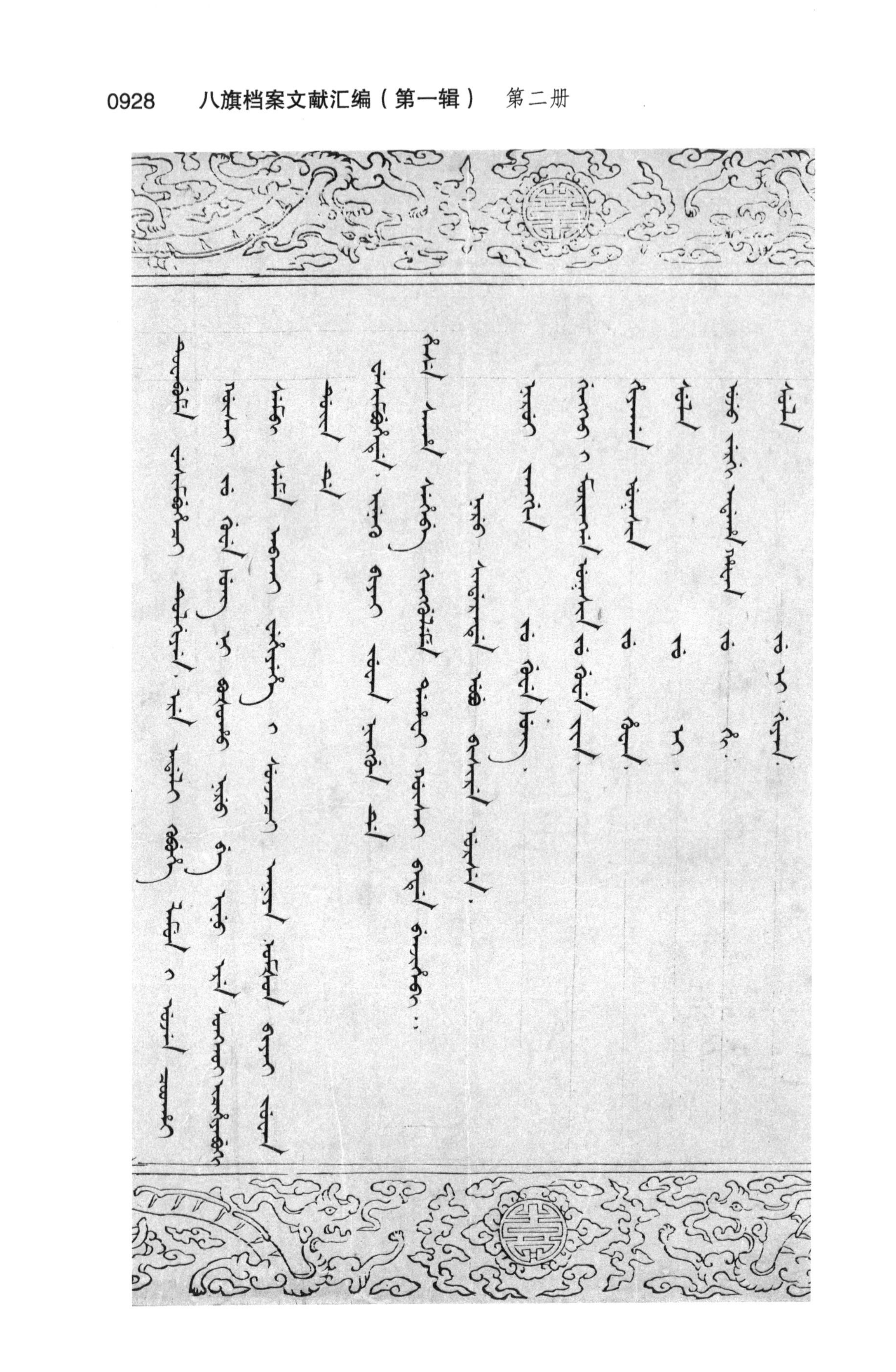

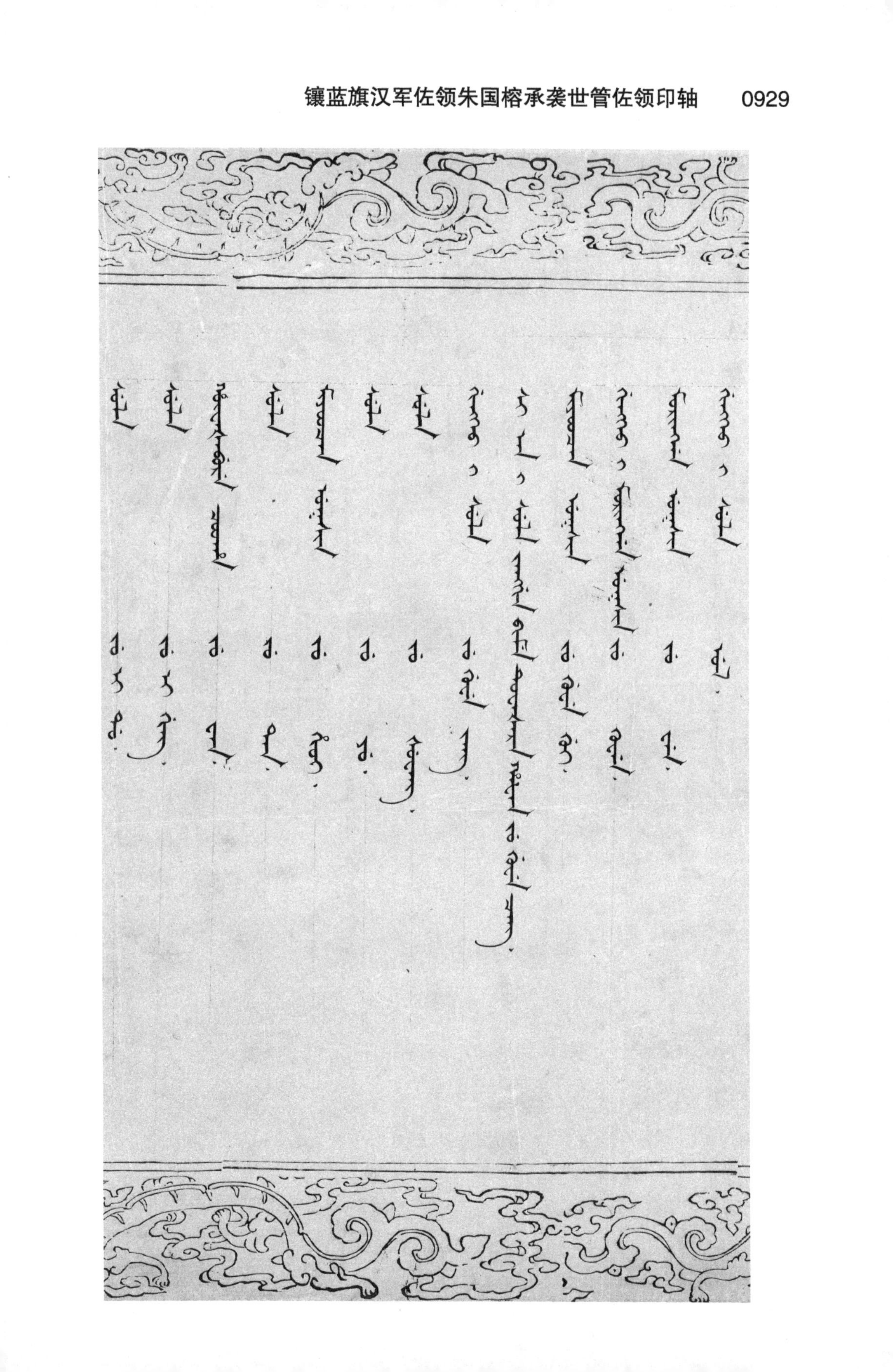

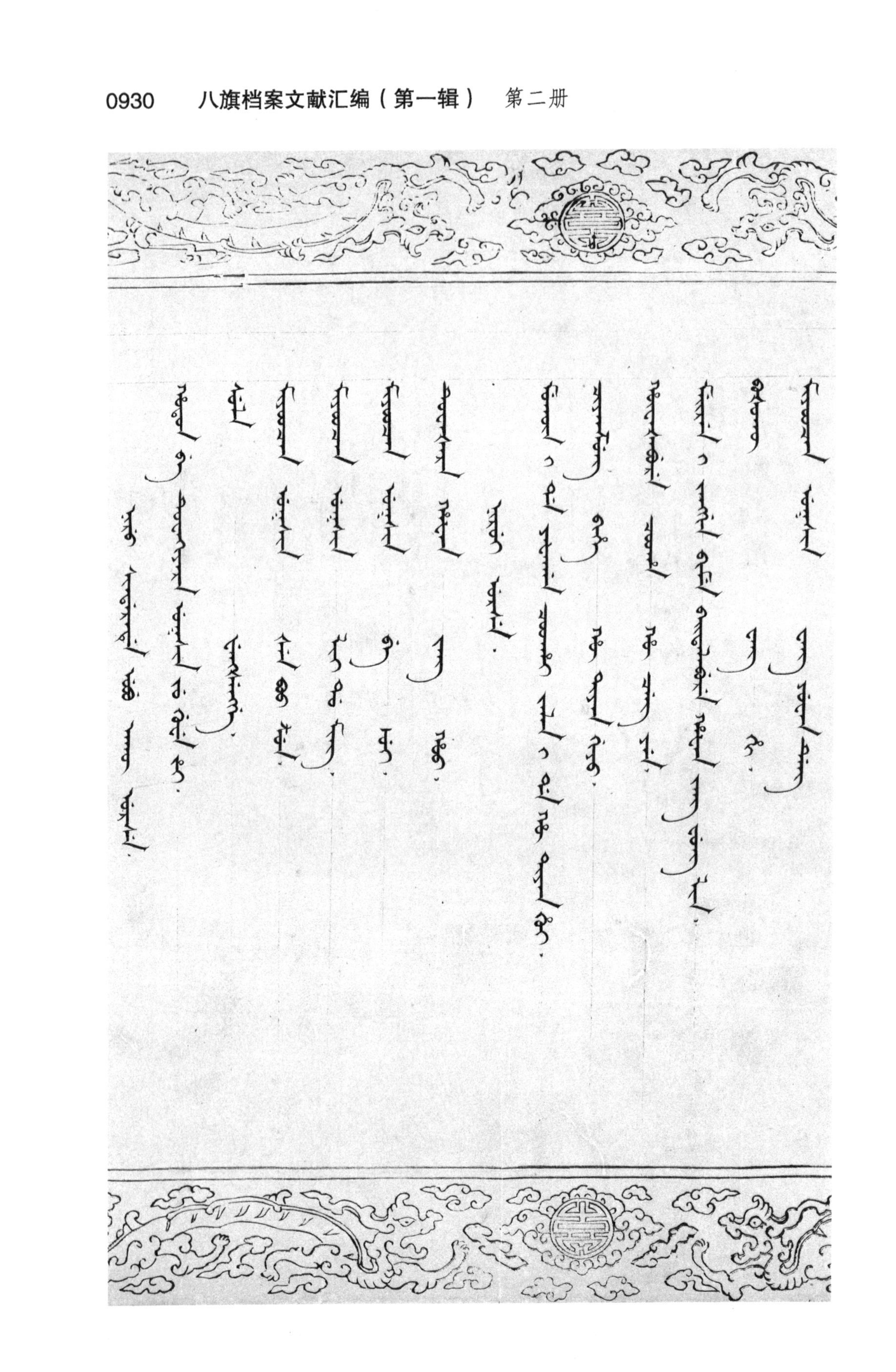

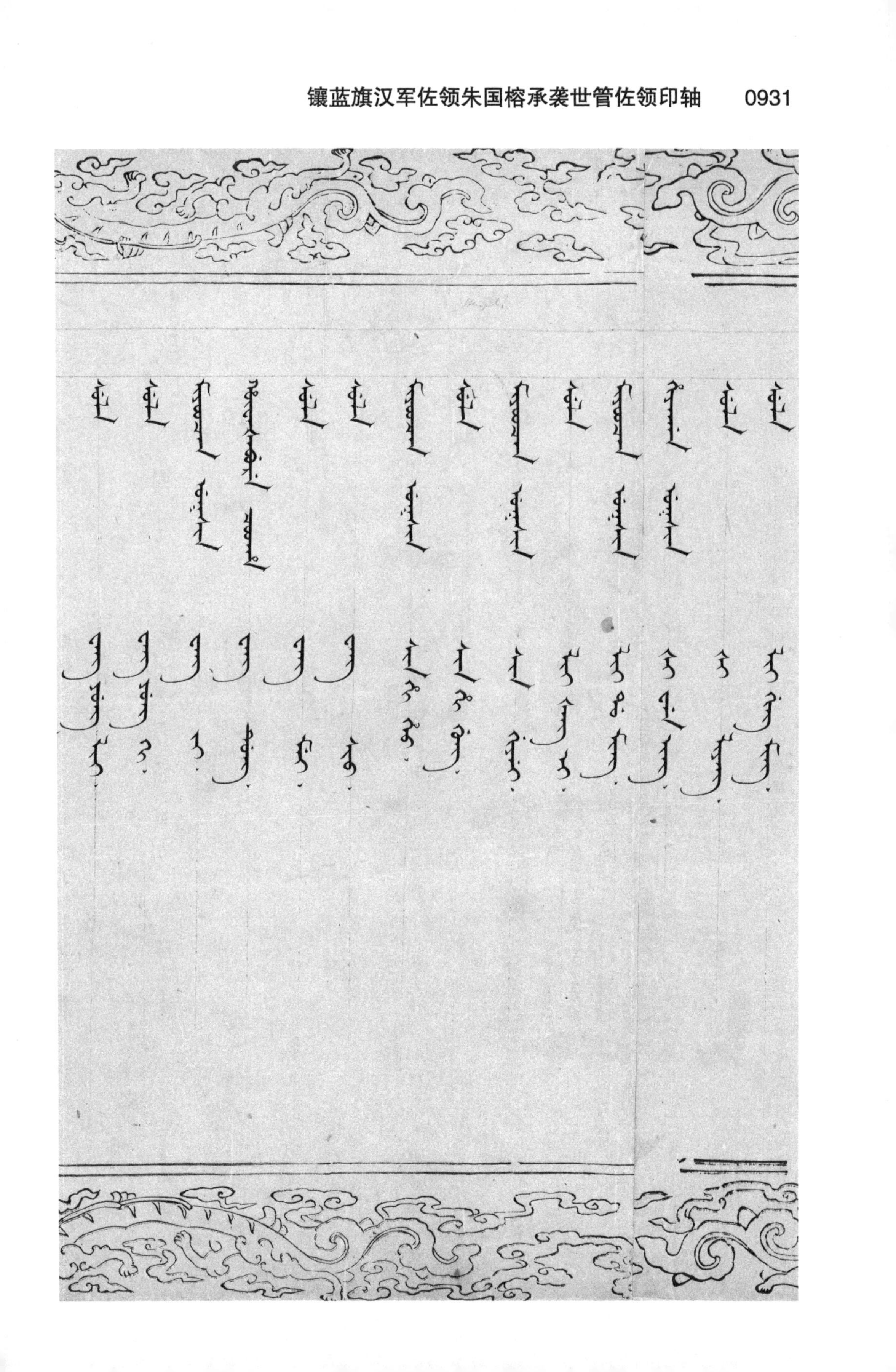

[illegible]

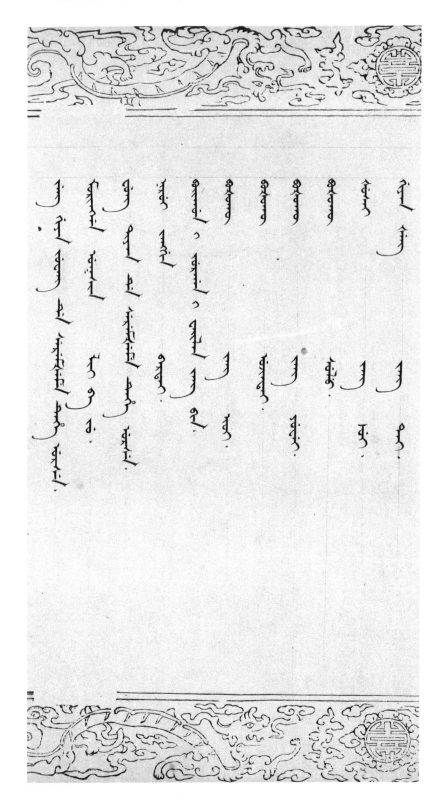

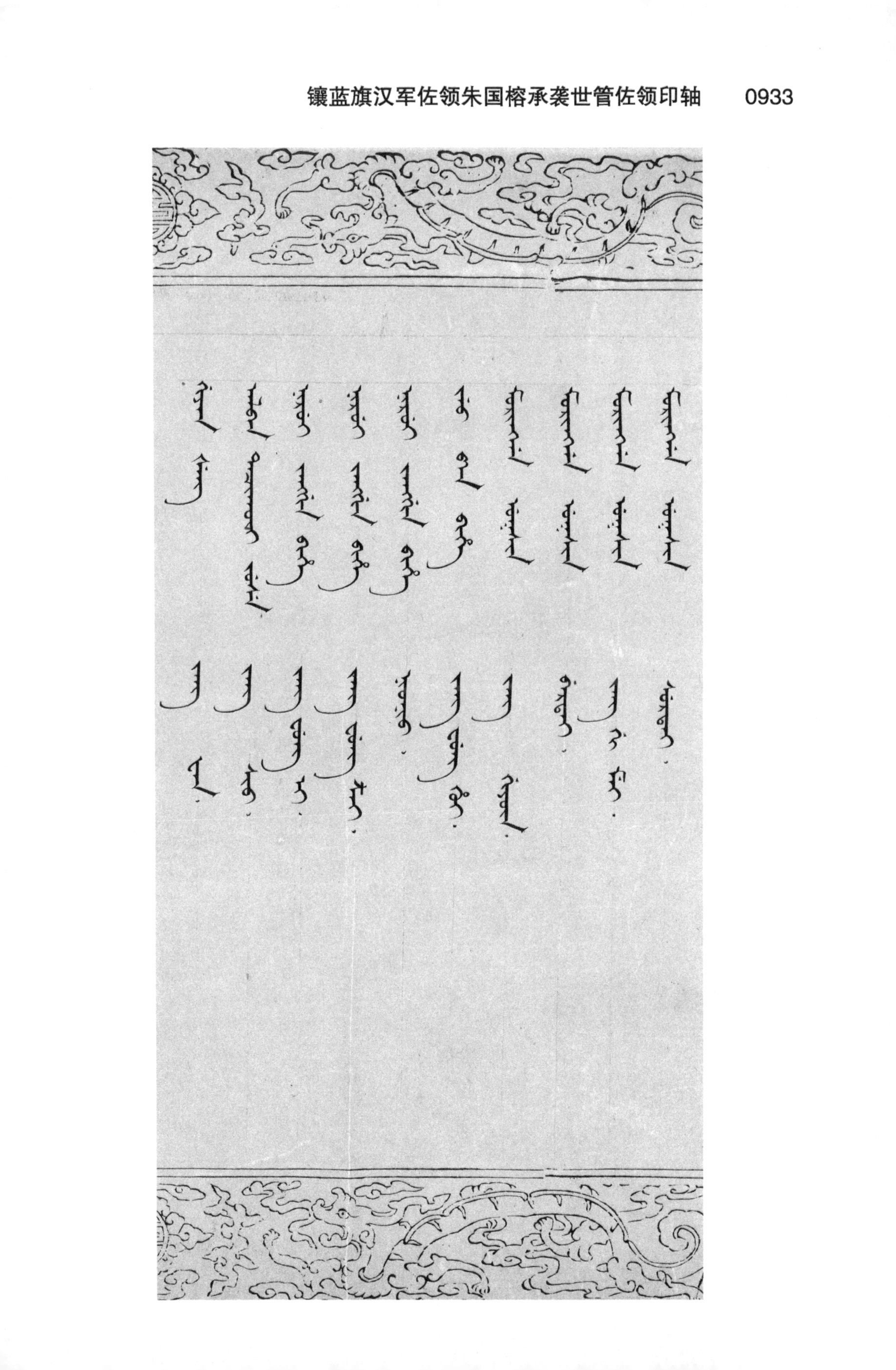

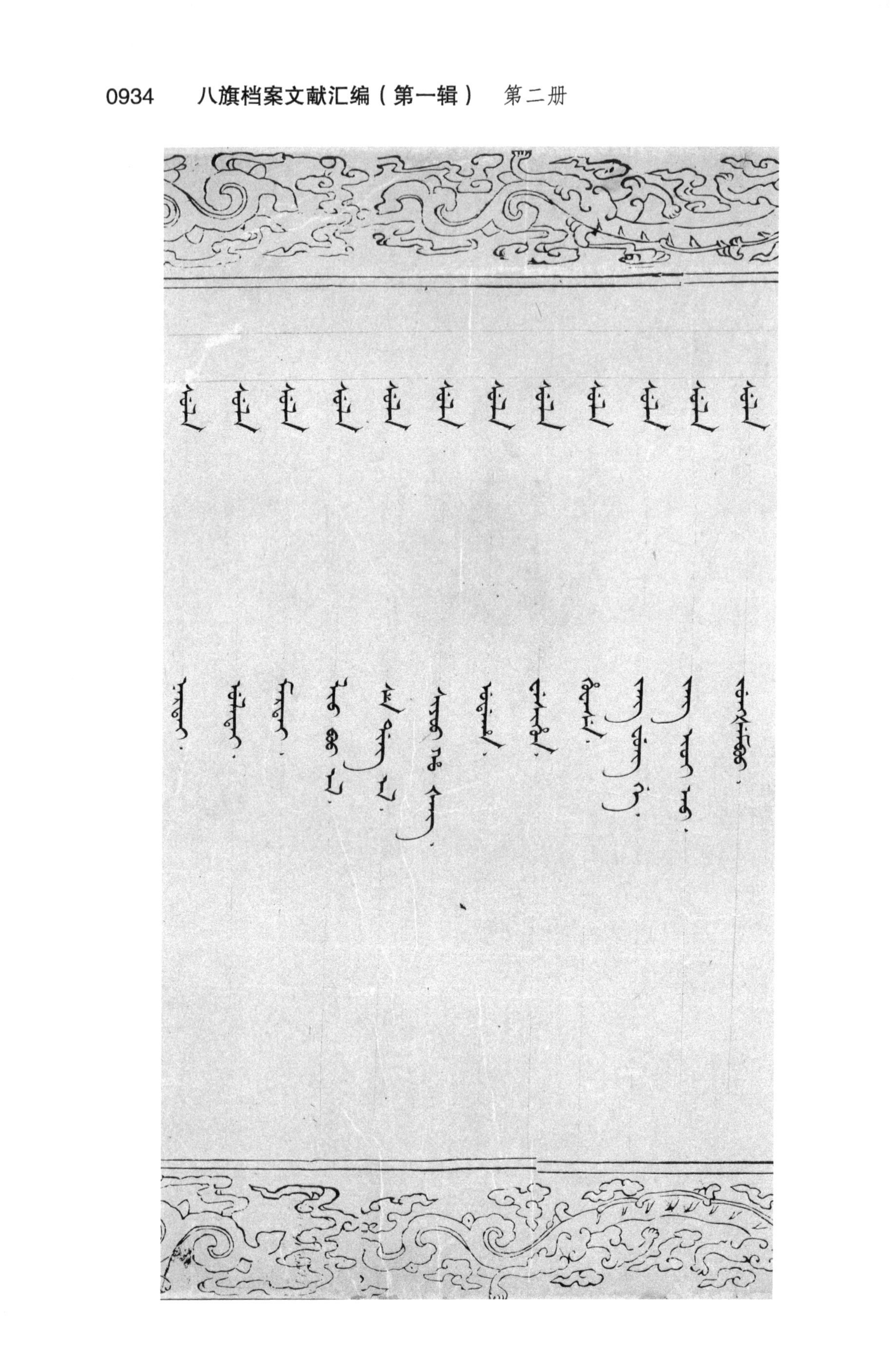

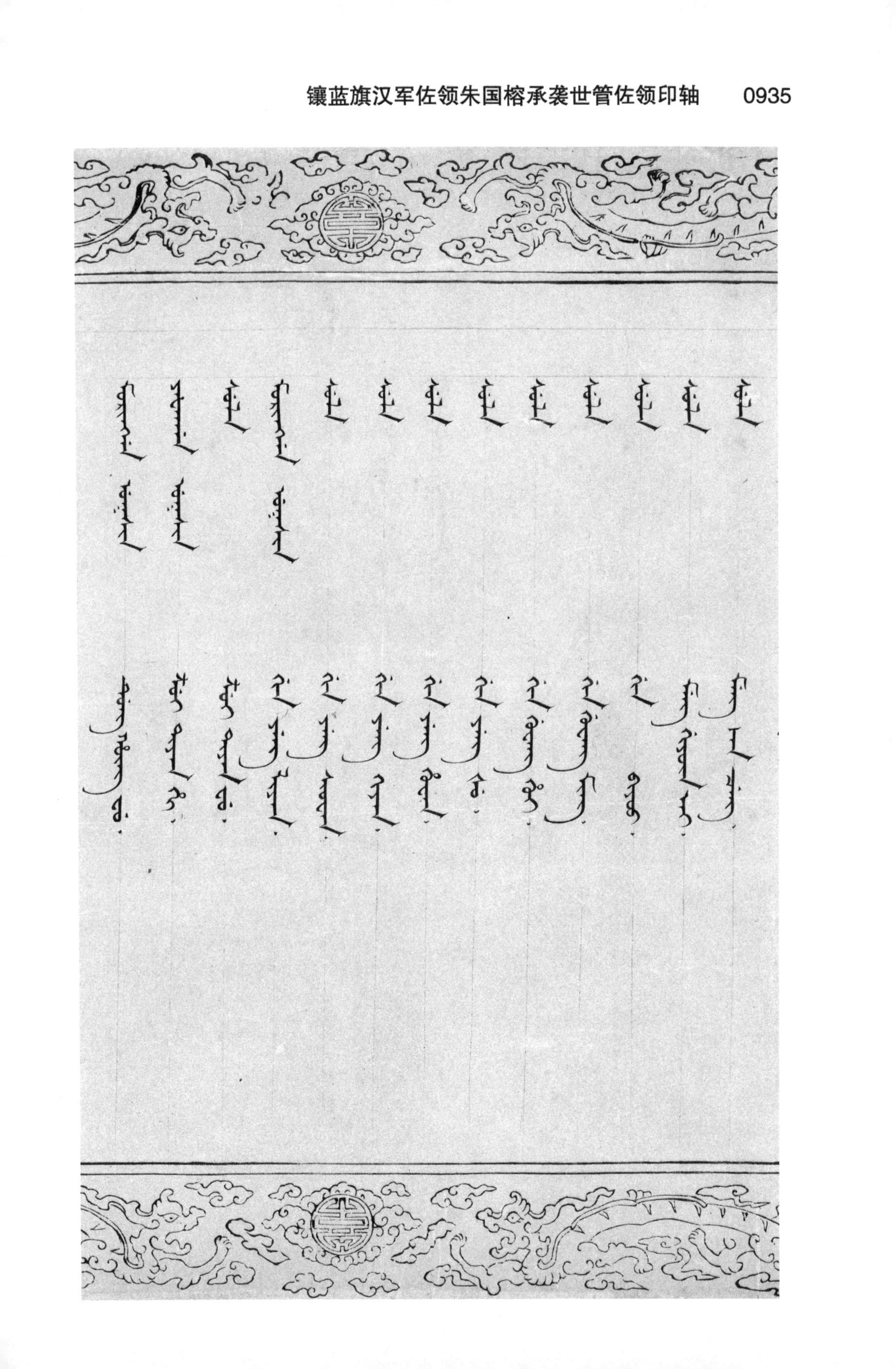

[illegible]

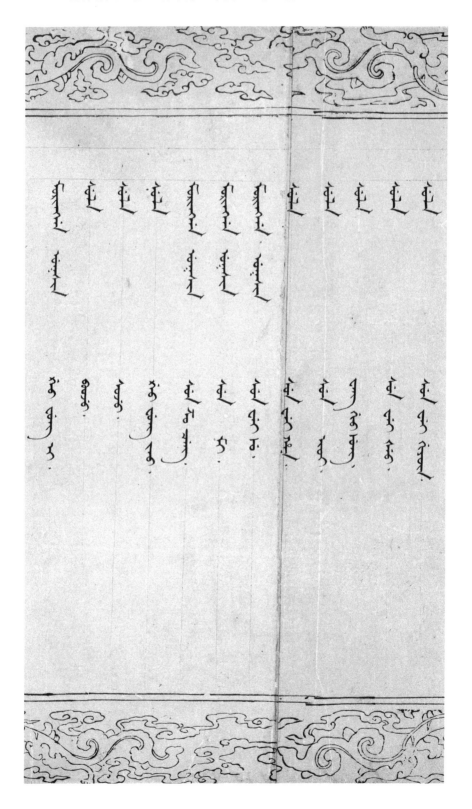

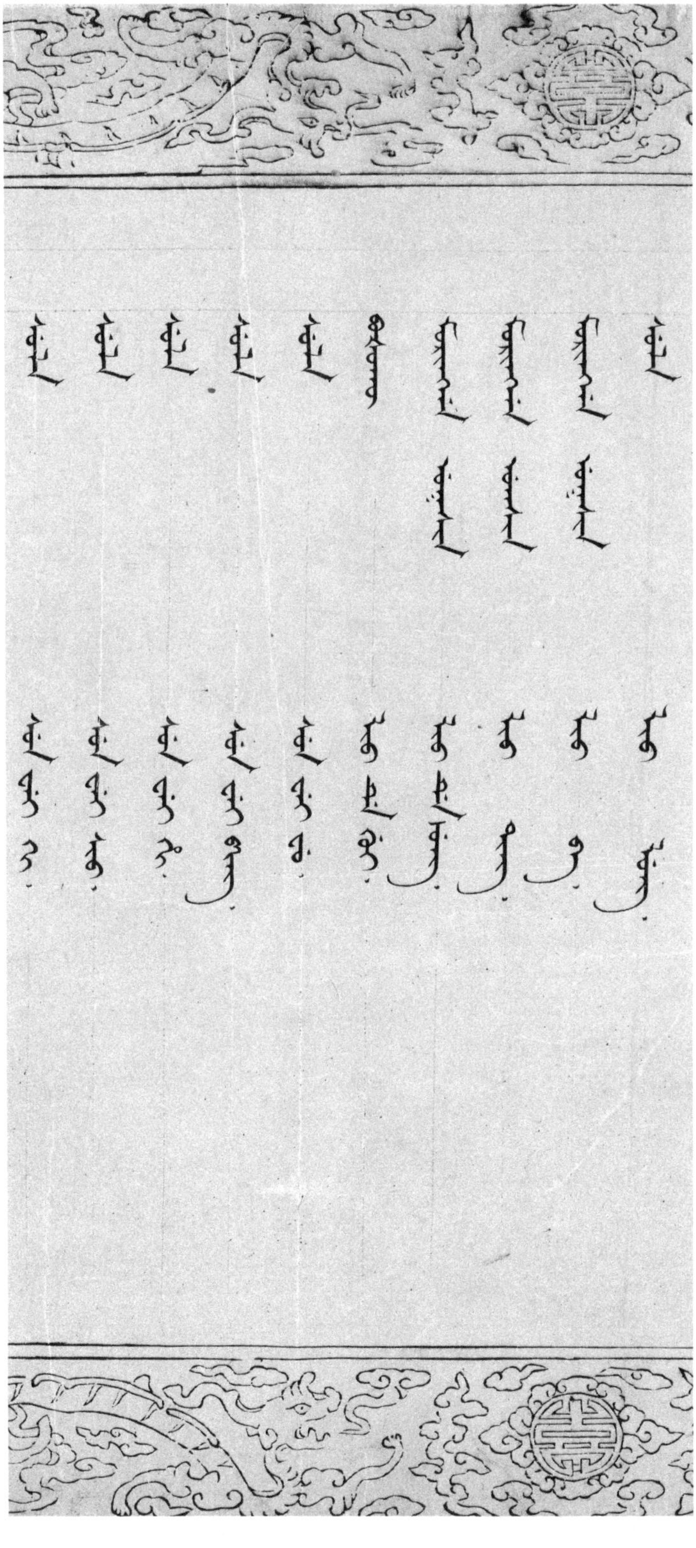

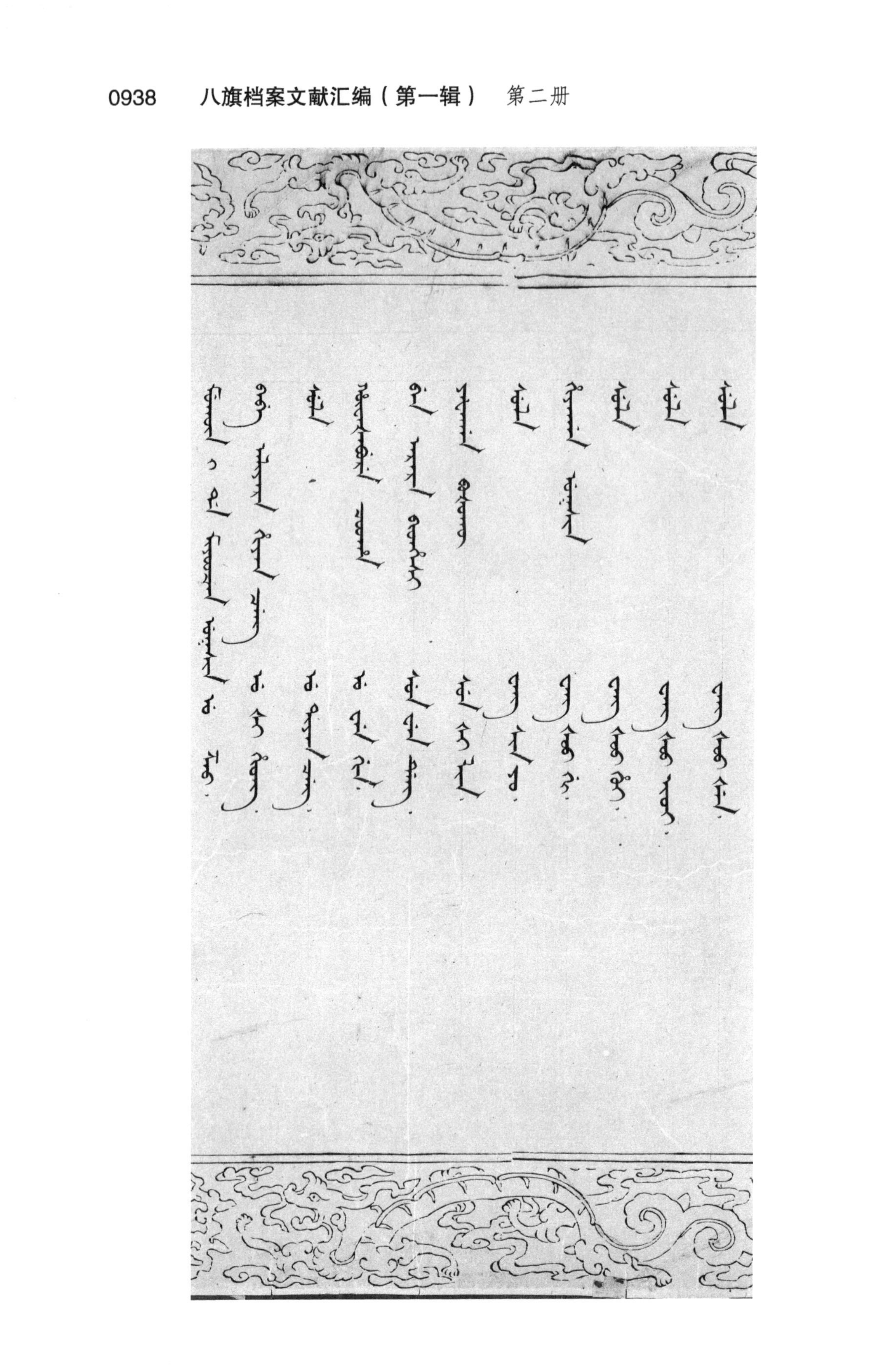

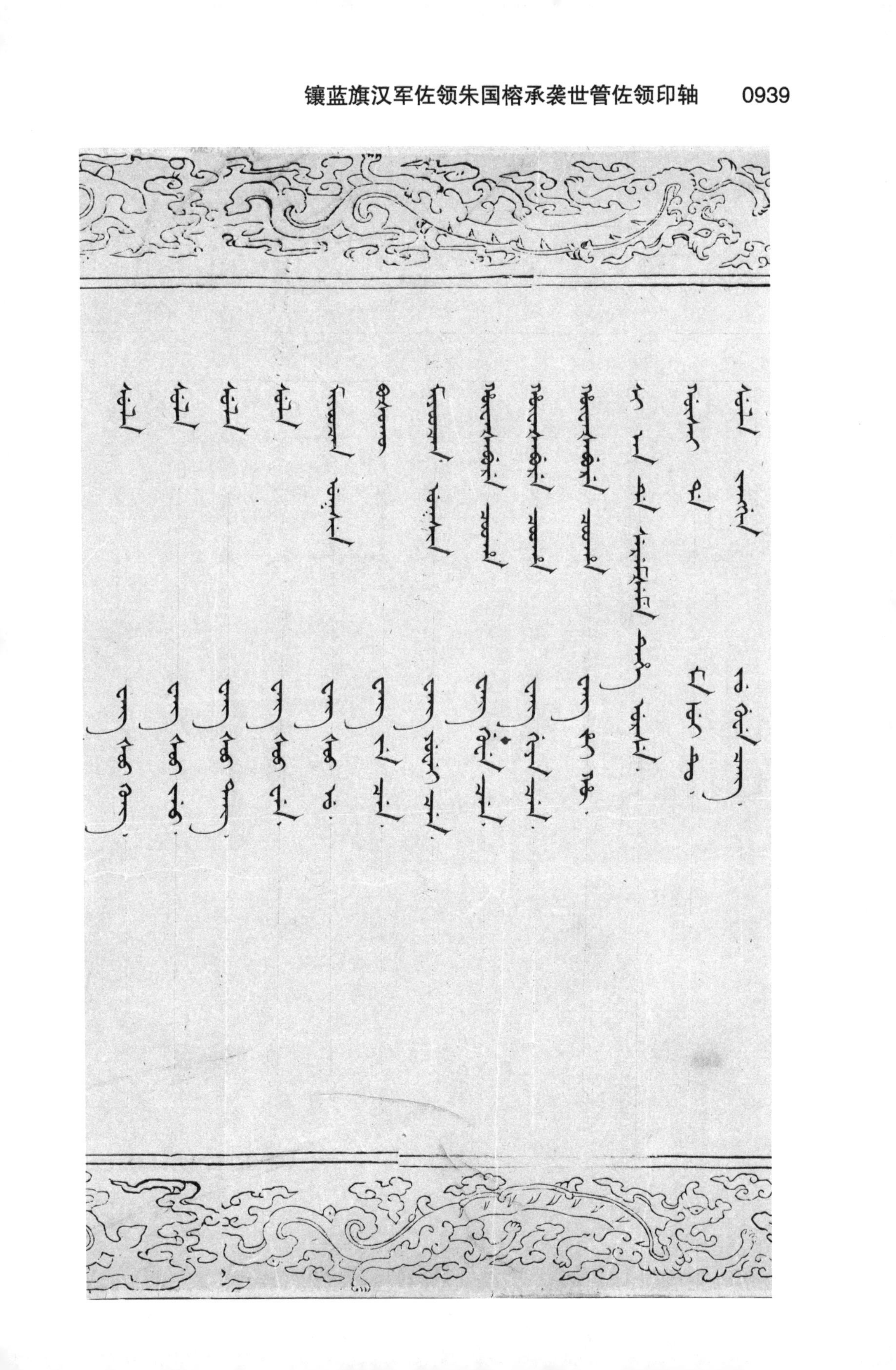

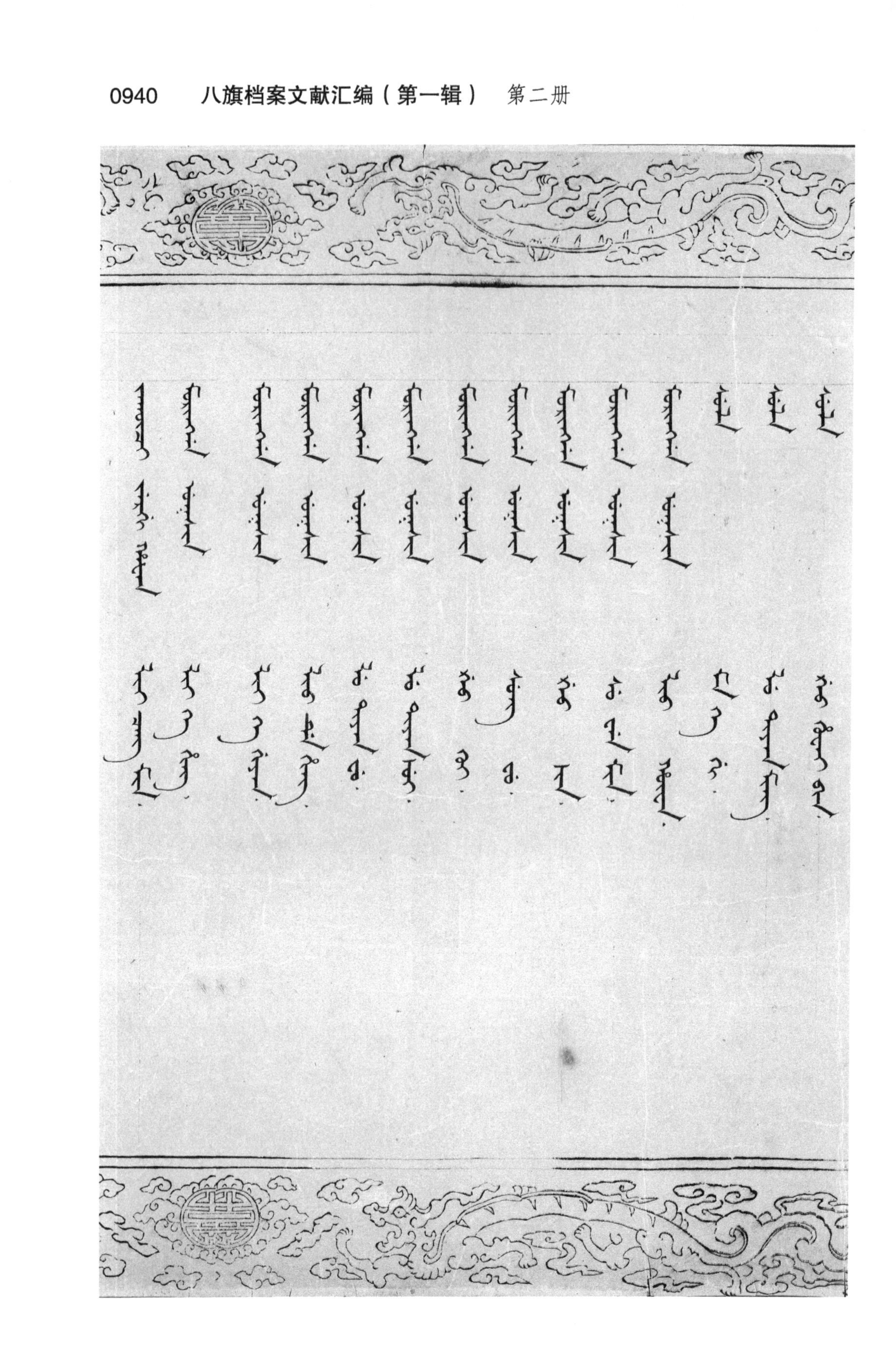

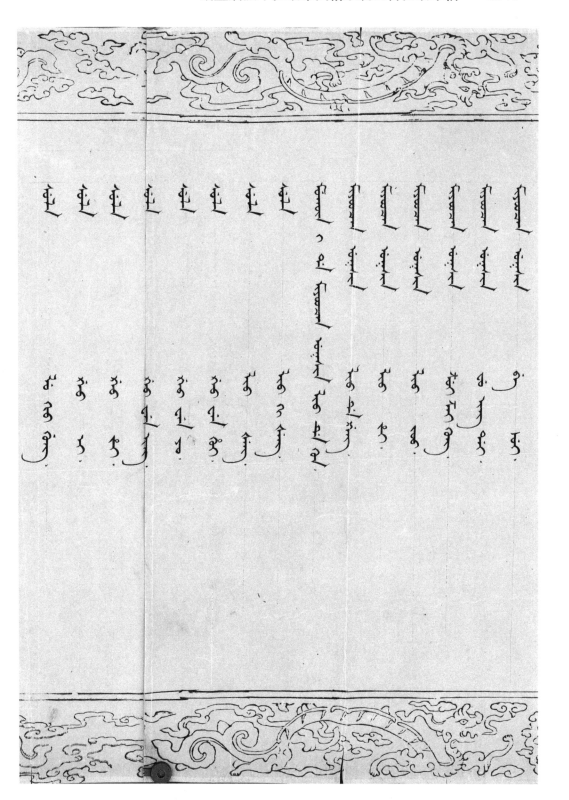

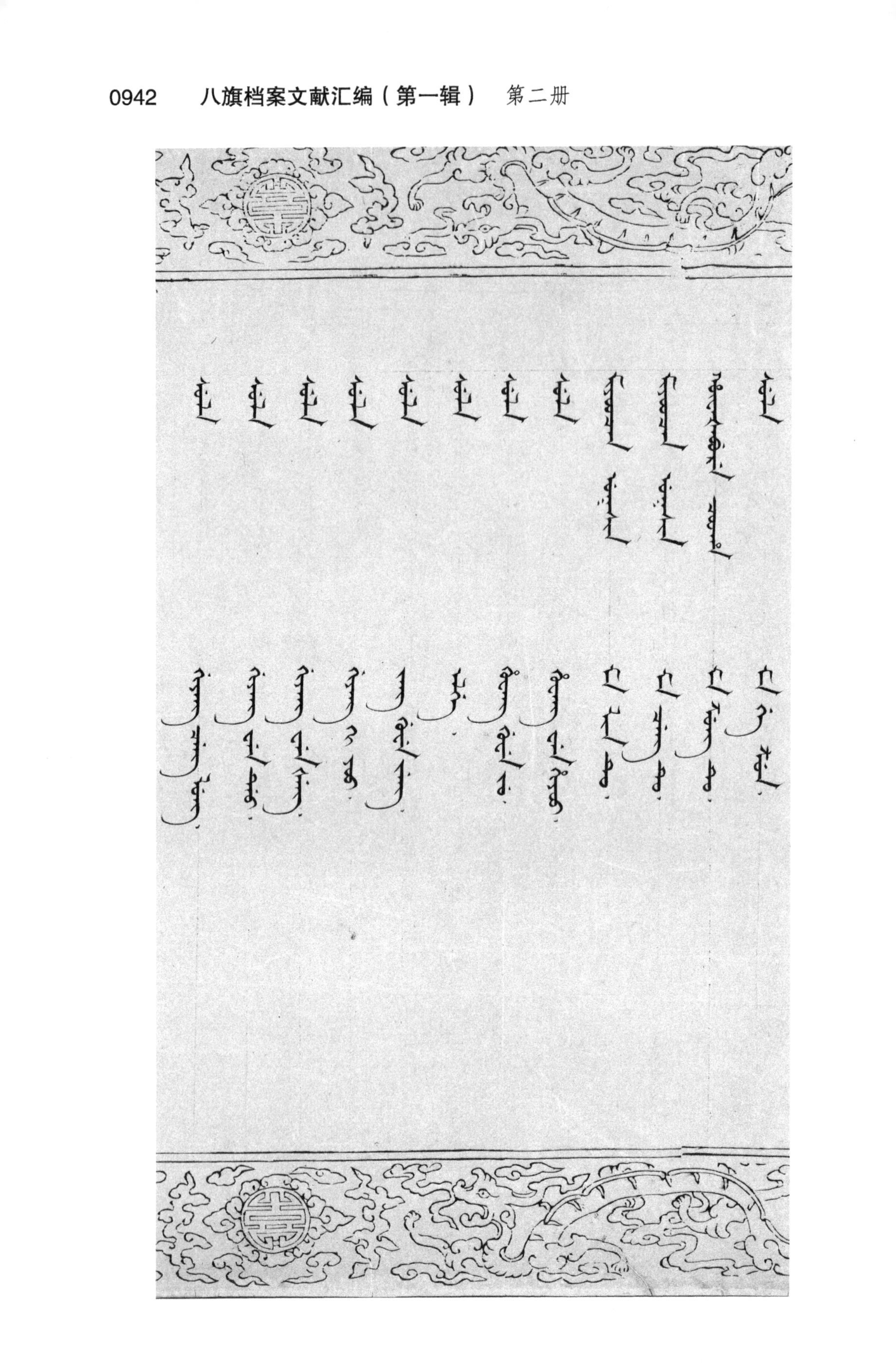

ᠵᡠᡳ ᠵᡠᡳ ᠵᡠᡳ ᠵᡠᡳ ᠵᡠᡳ ᠵᡠᡳ ᠵᡠᡳ ᠵᡠᡳ [illegible] [illegible] [illegible] ᠵᡠᡳ

[illegible]

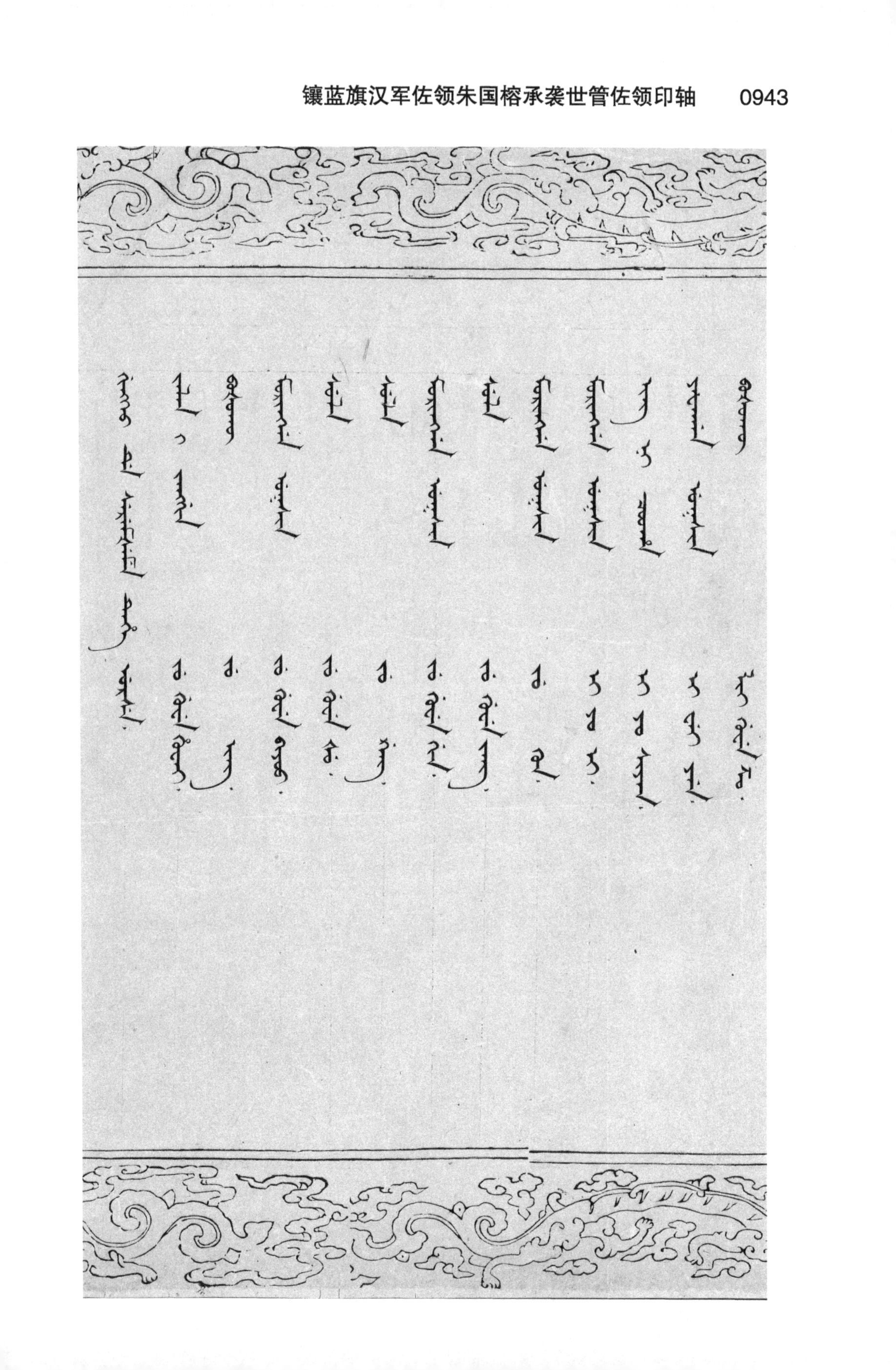

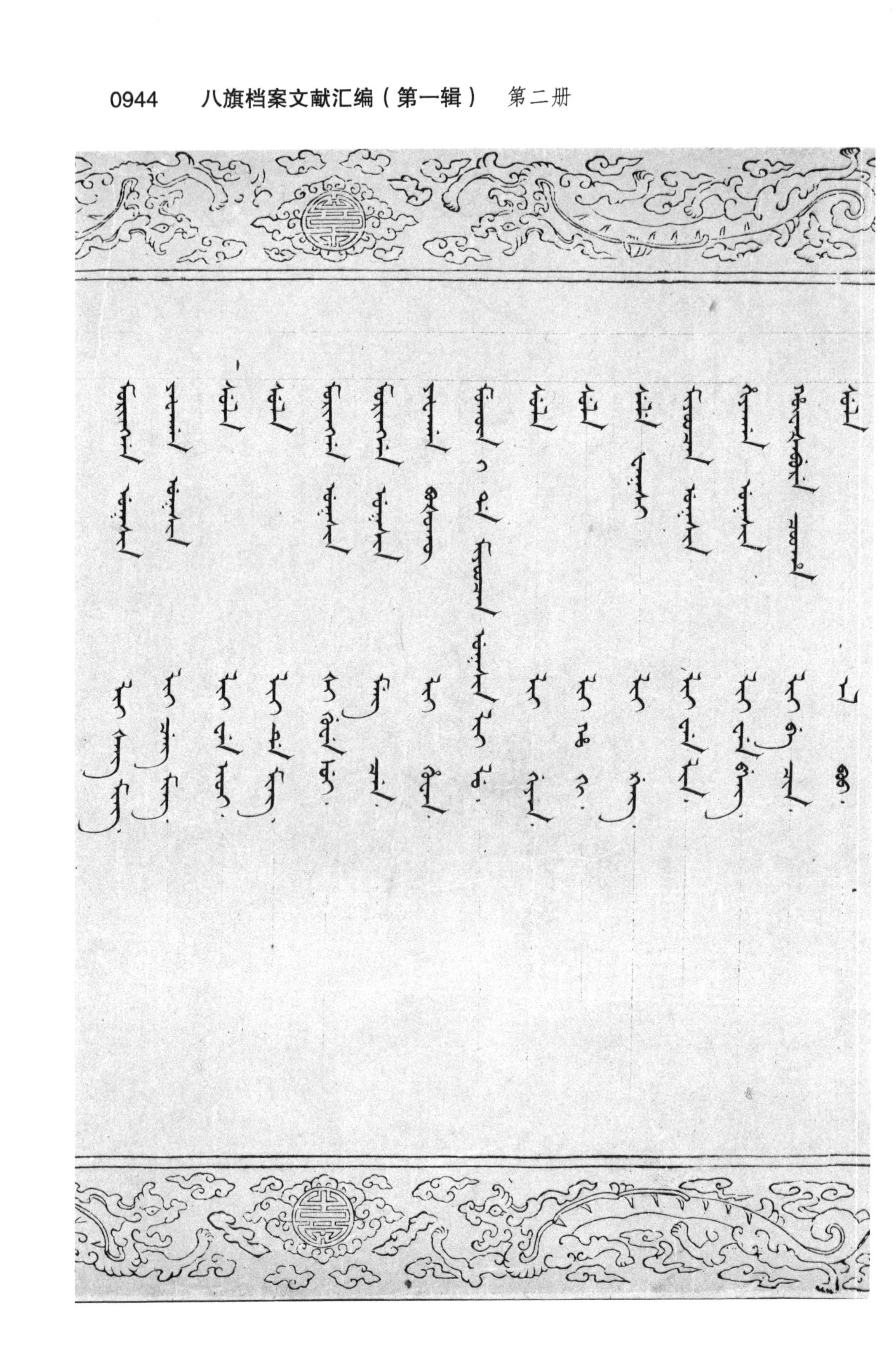

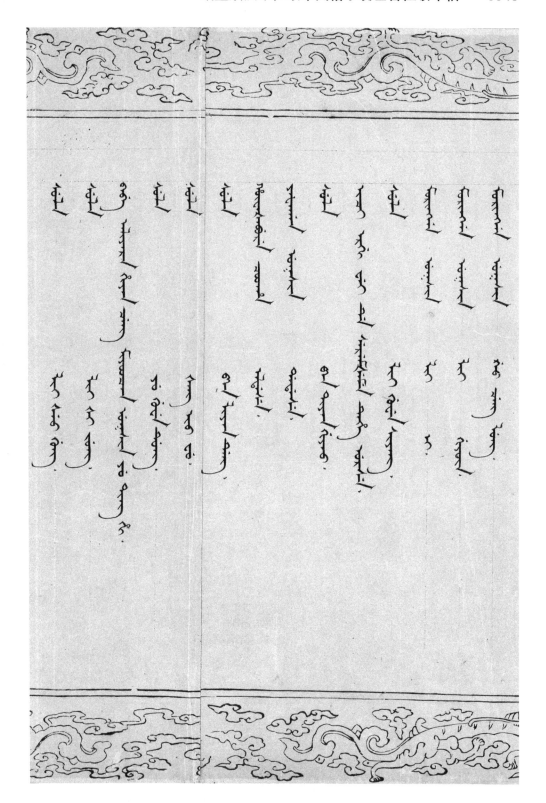

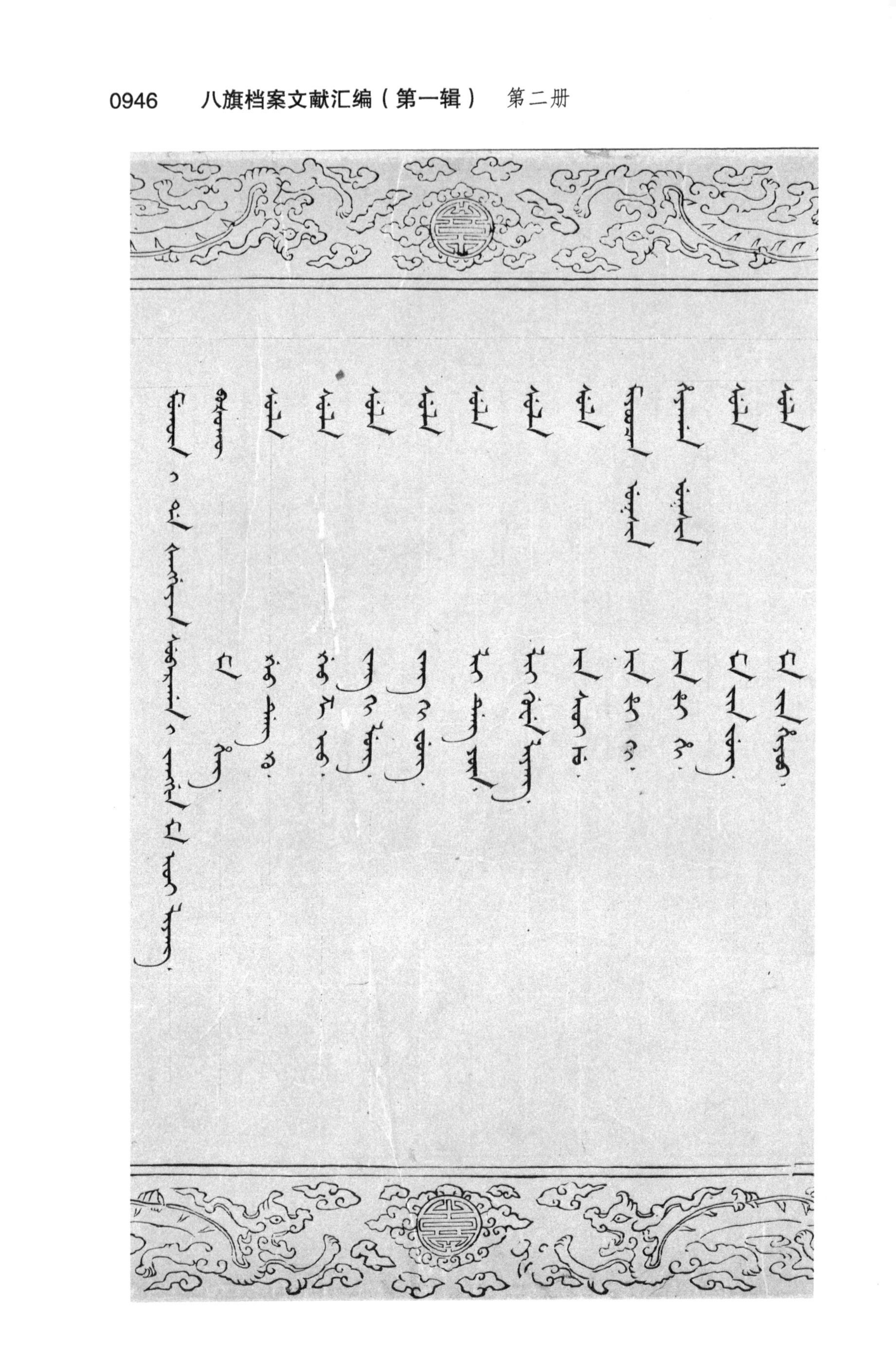

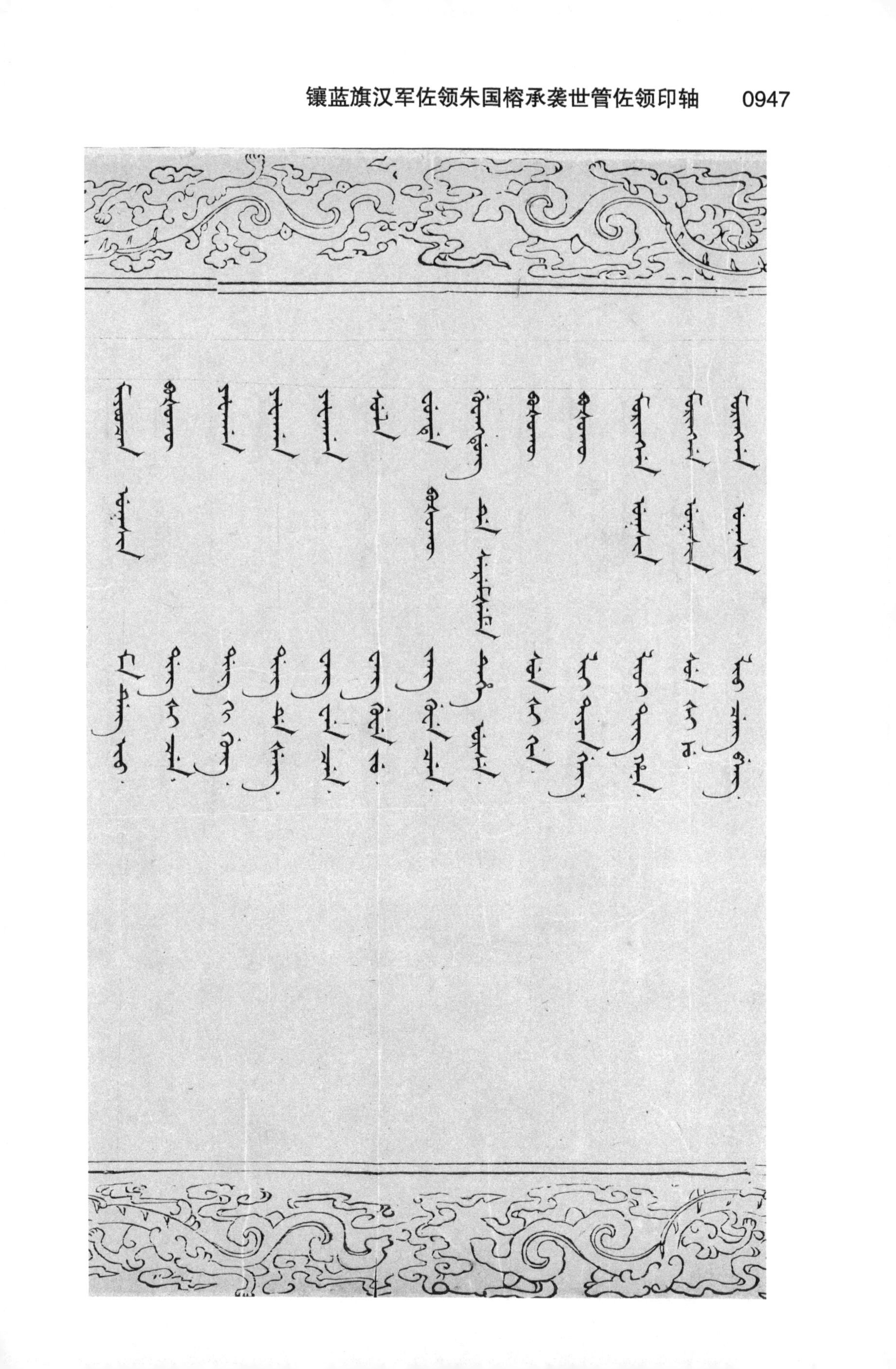

[illegible]

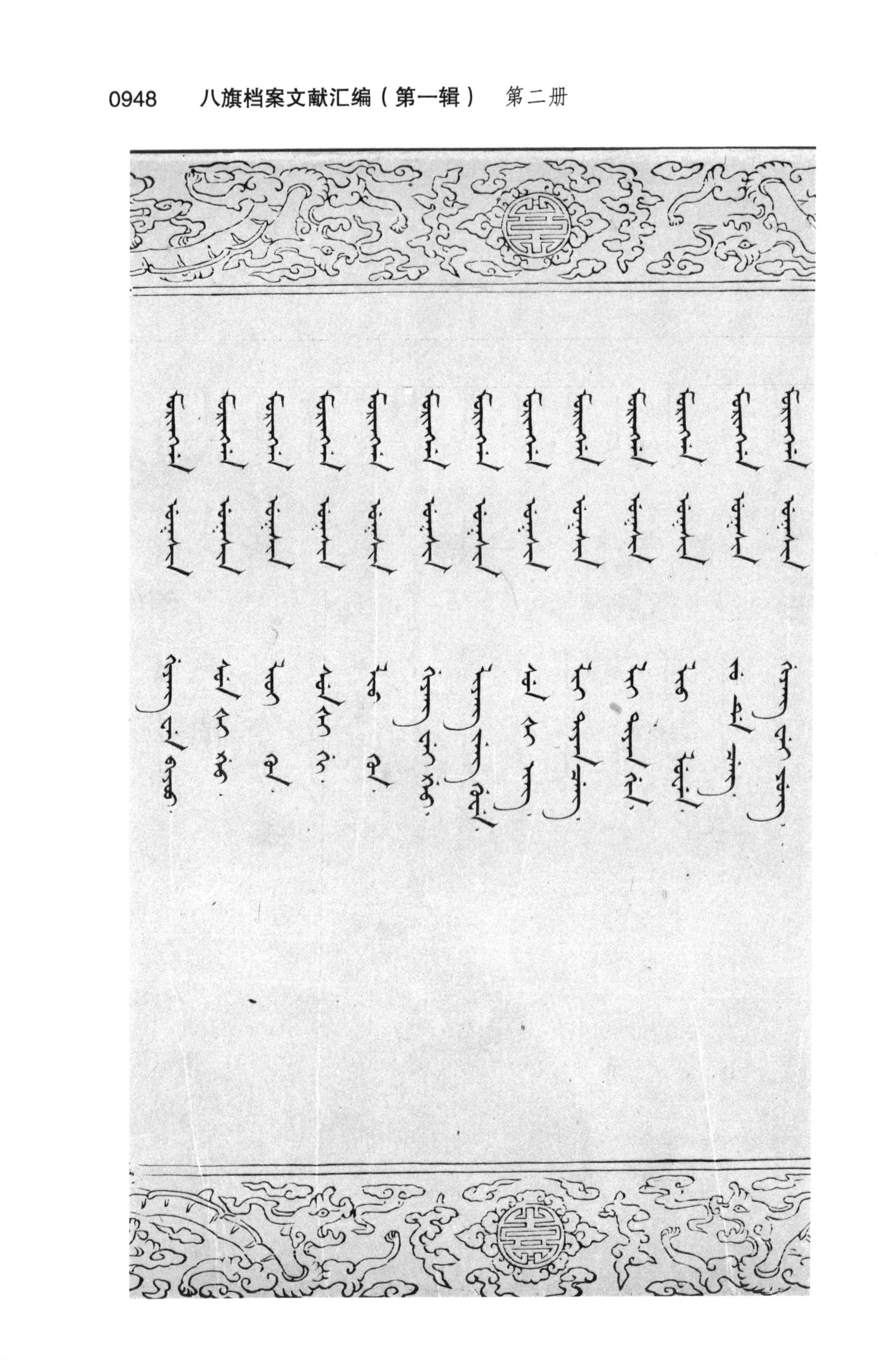

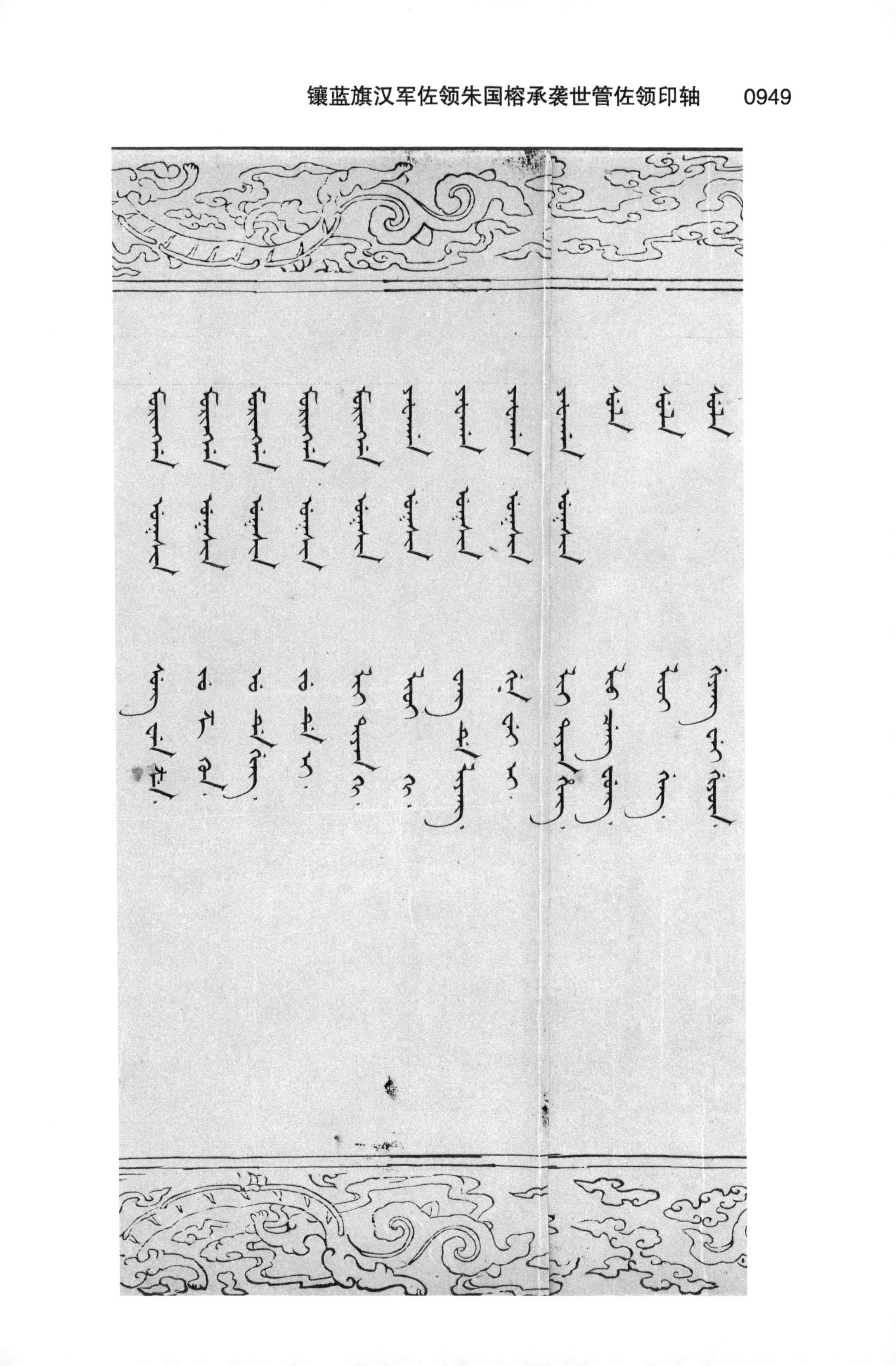

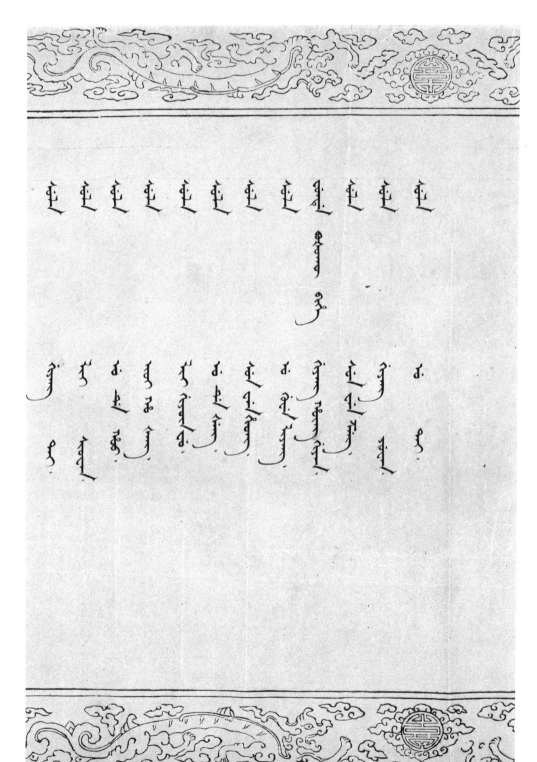

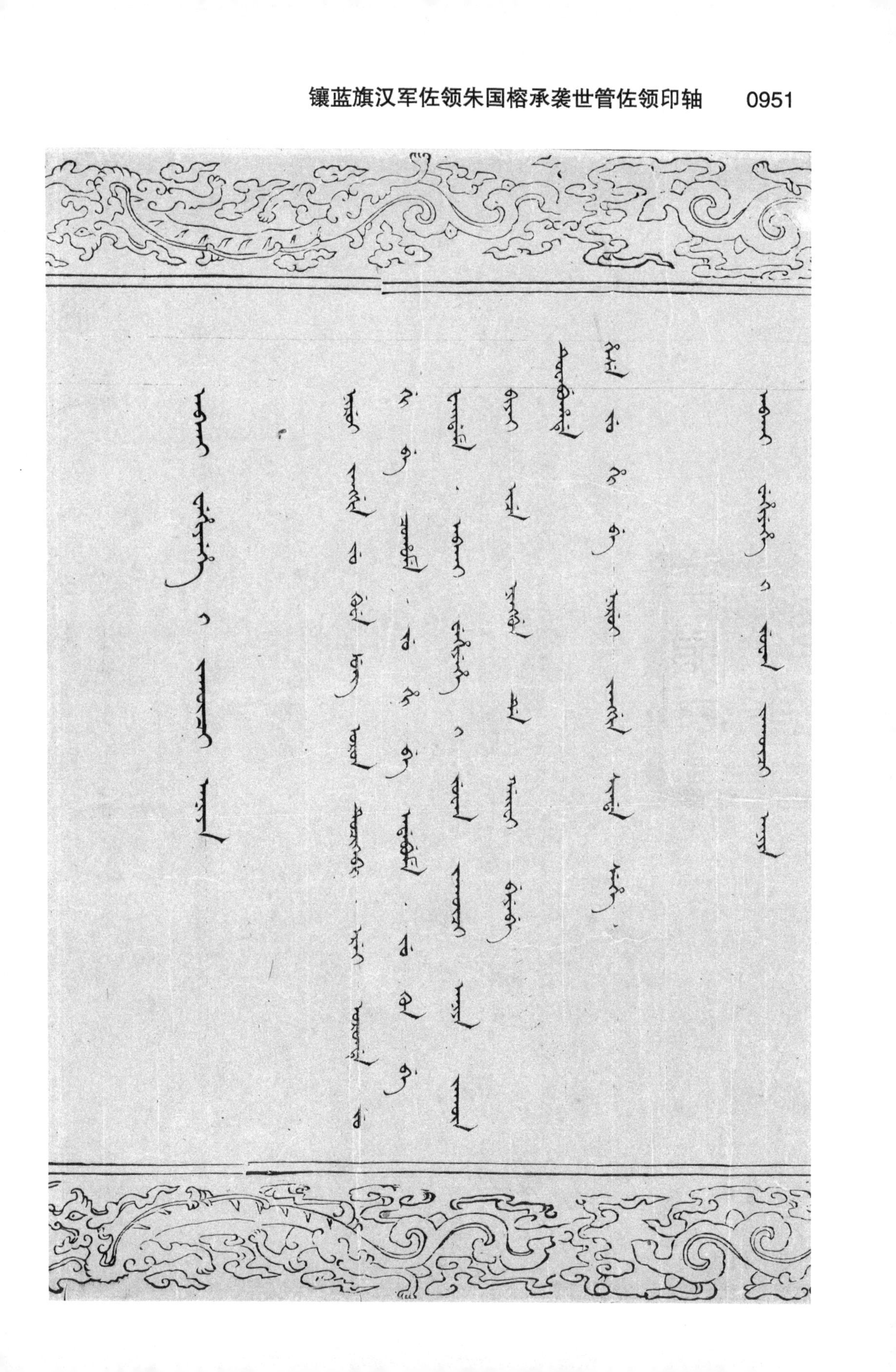

[illegible]

[illegible]

[illegible]

[illegible]

[illegible]

[illegible]

[illegible]

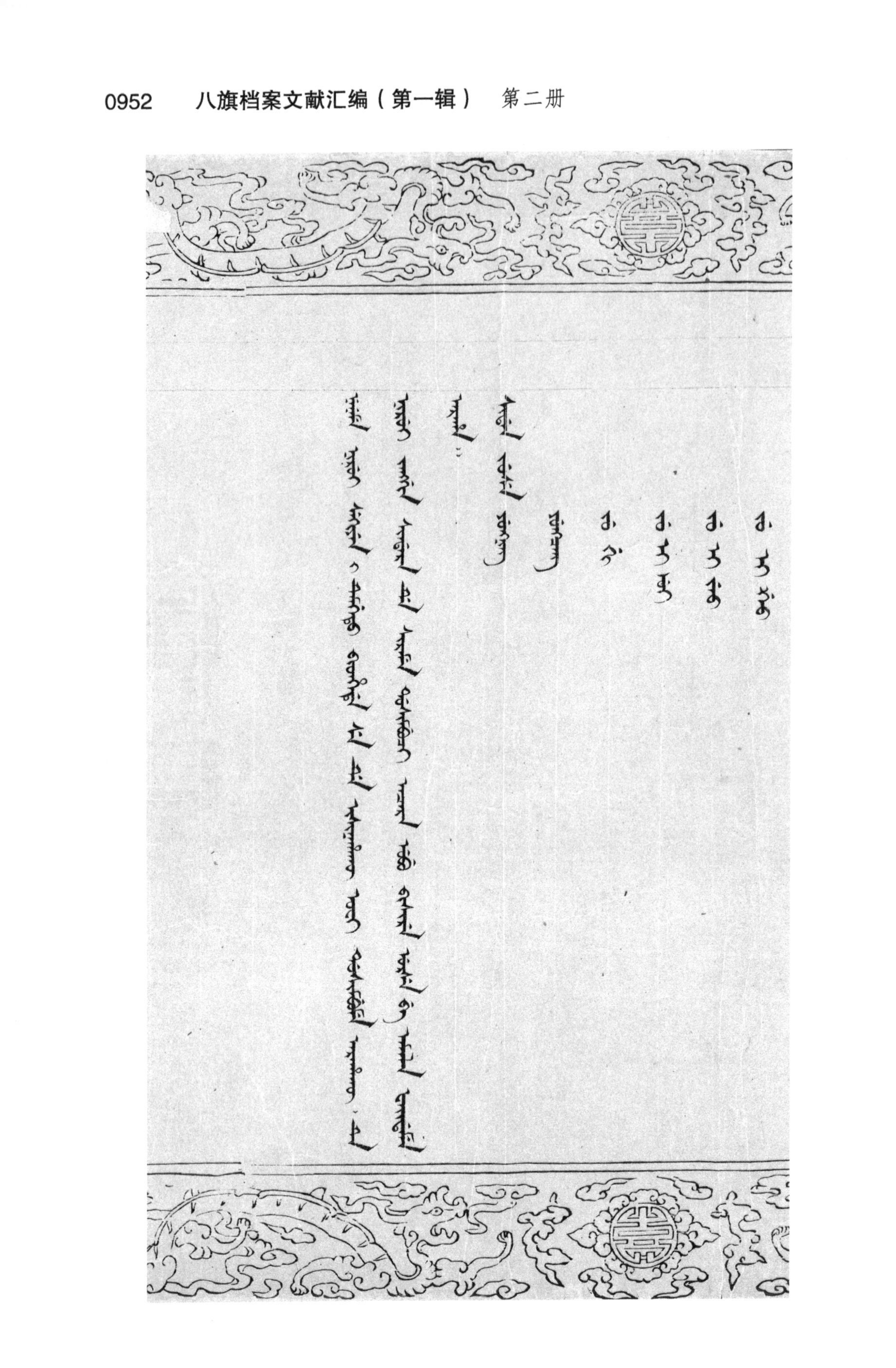

[illegible]

[illegible]

[illegible]

[illegible]

[illegible]

[illegible]

[illegible]

[illegible]

[illegible]

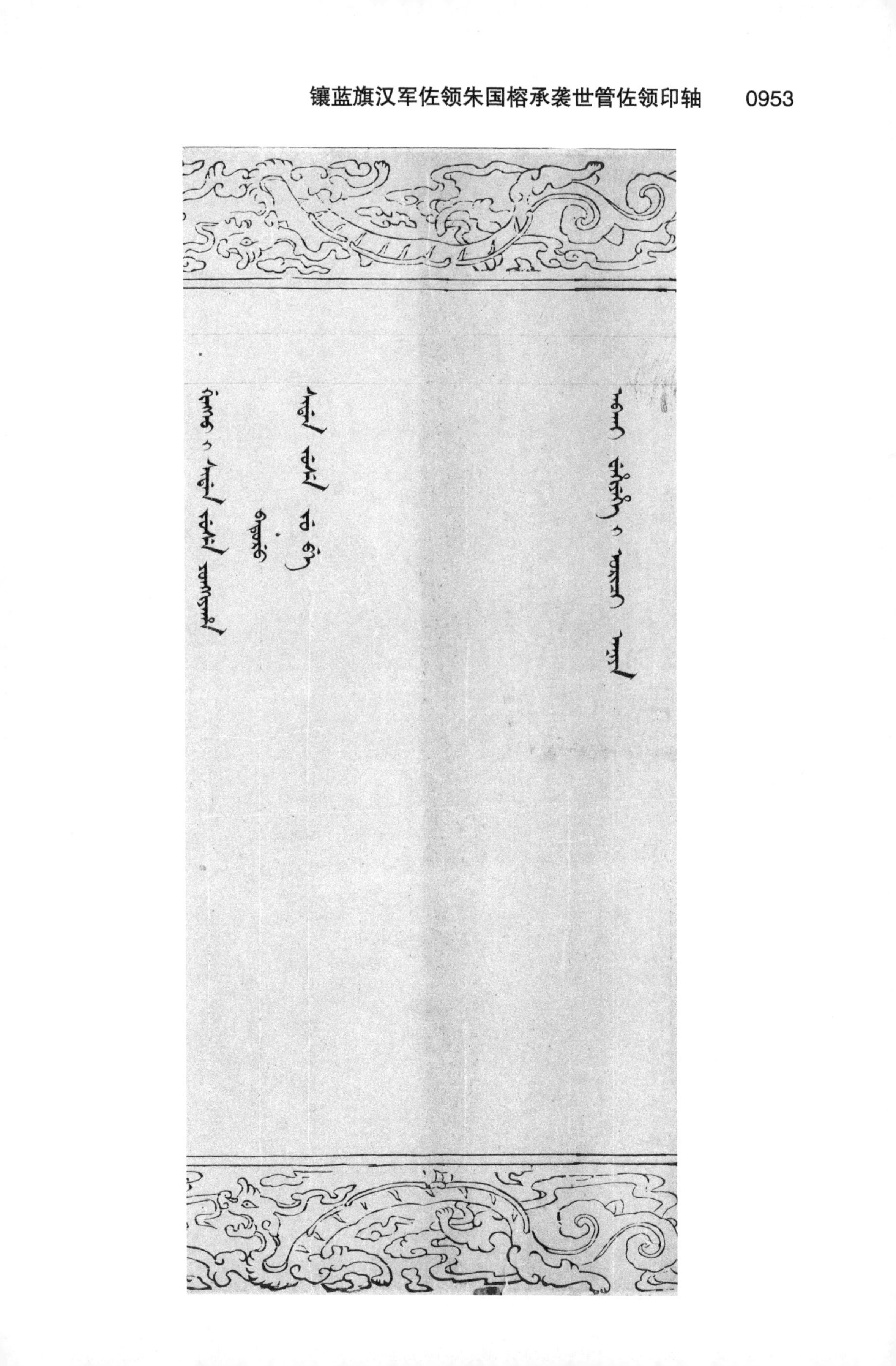

[illegible]

[illegible]

[illegible]

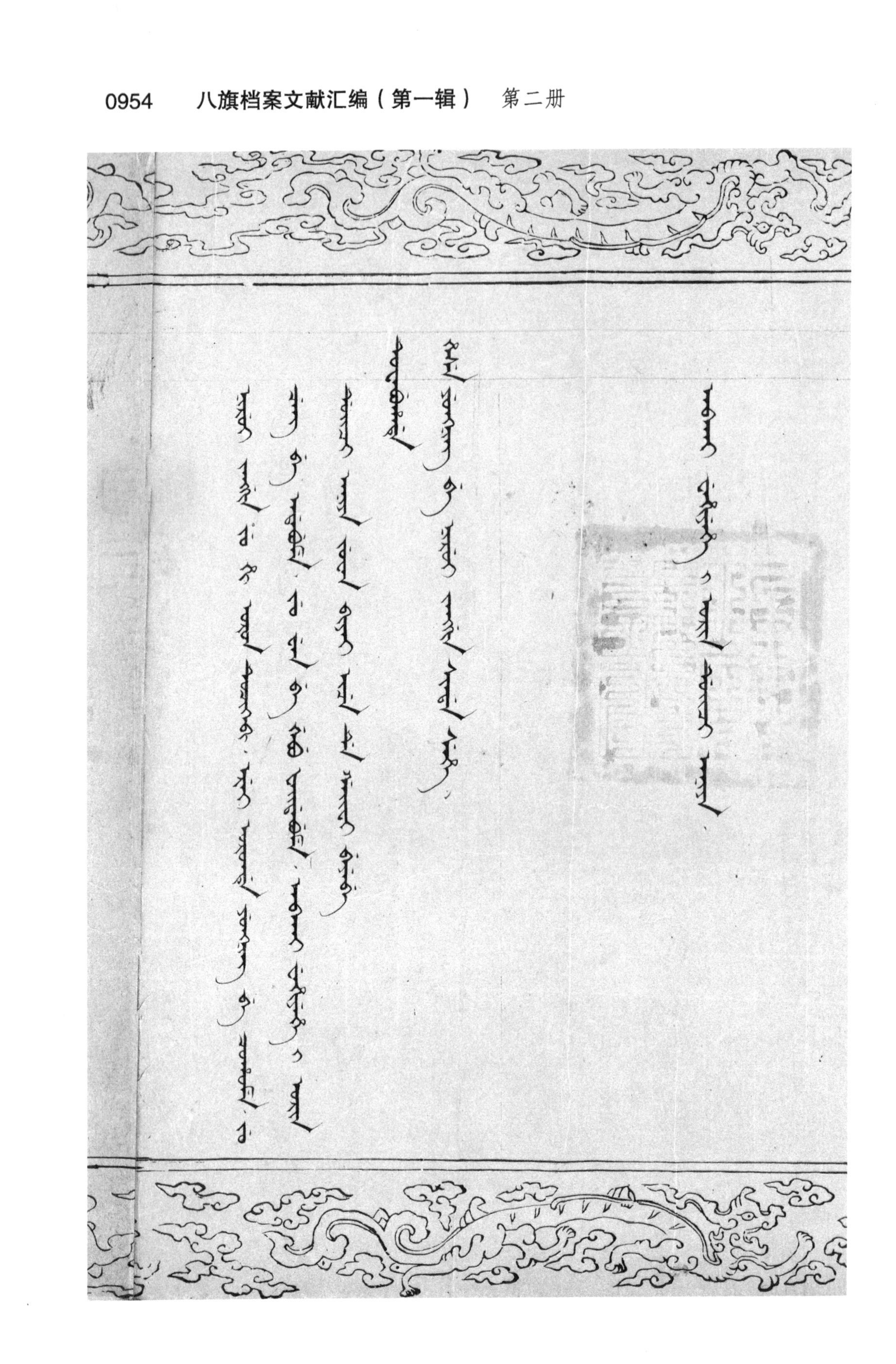

[illegible]

[illegible]

[illegible]

[illegible]

[illegible]

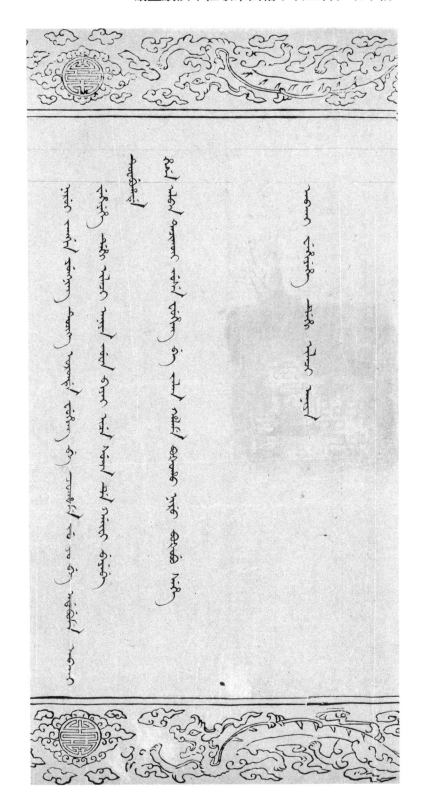

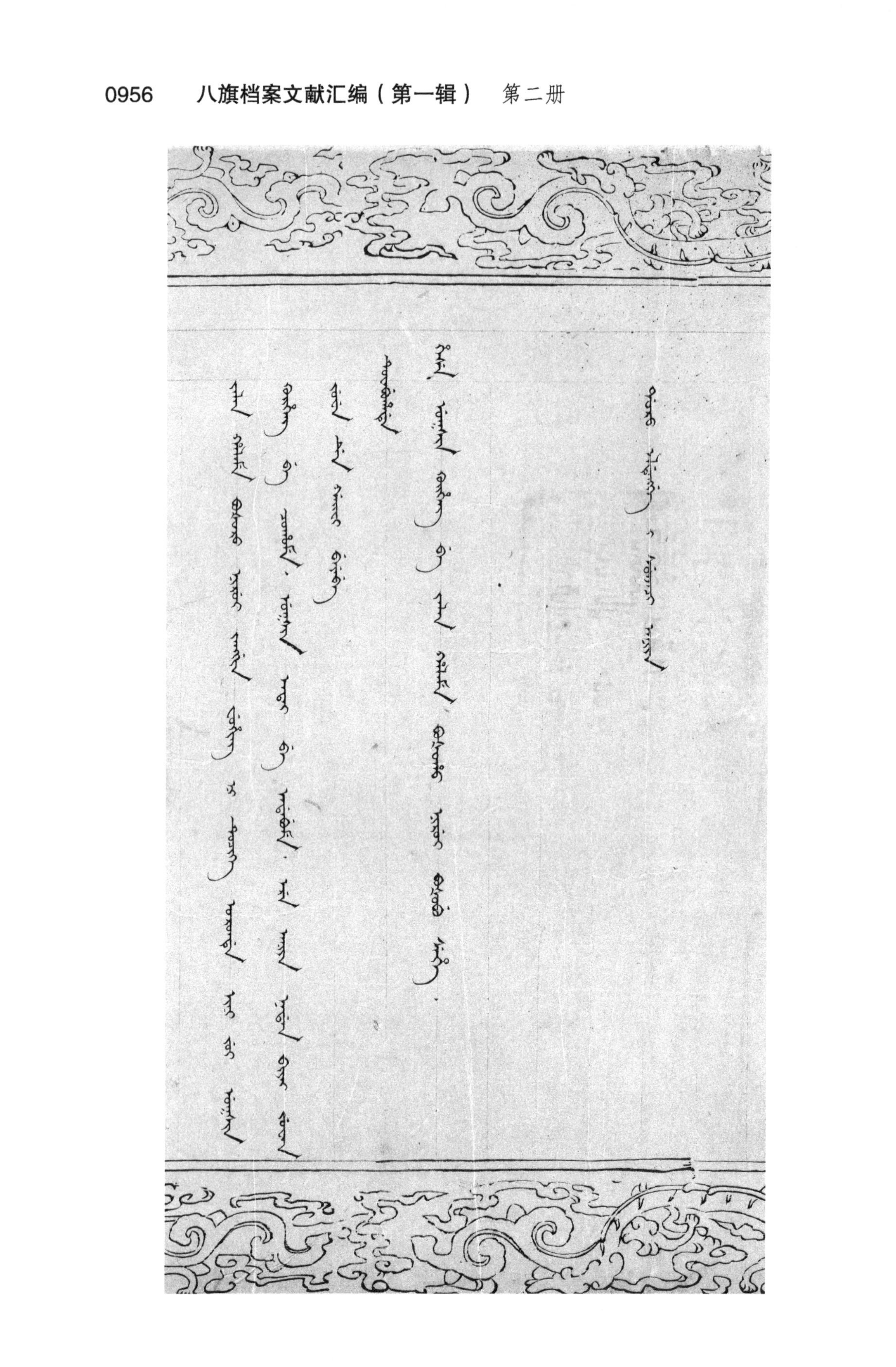

[illegible]

[illegible]

[illegible]

[illegible]

[illegible]

[illegible]

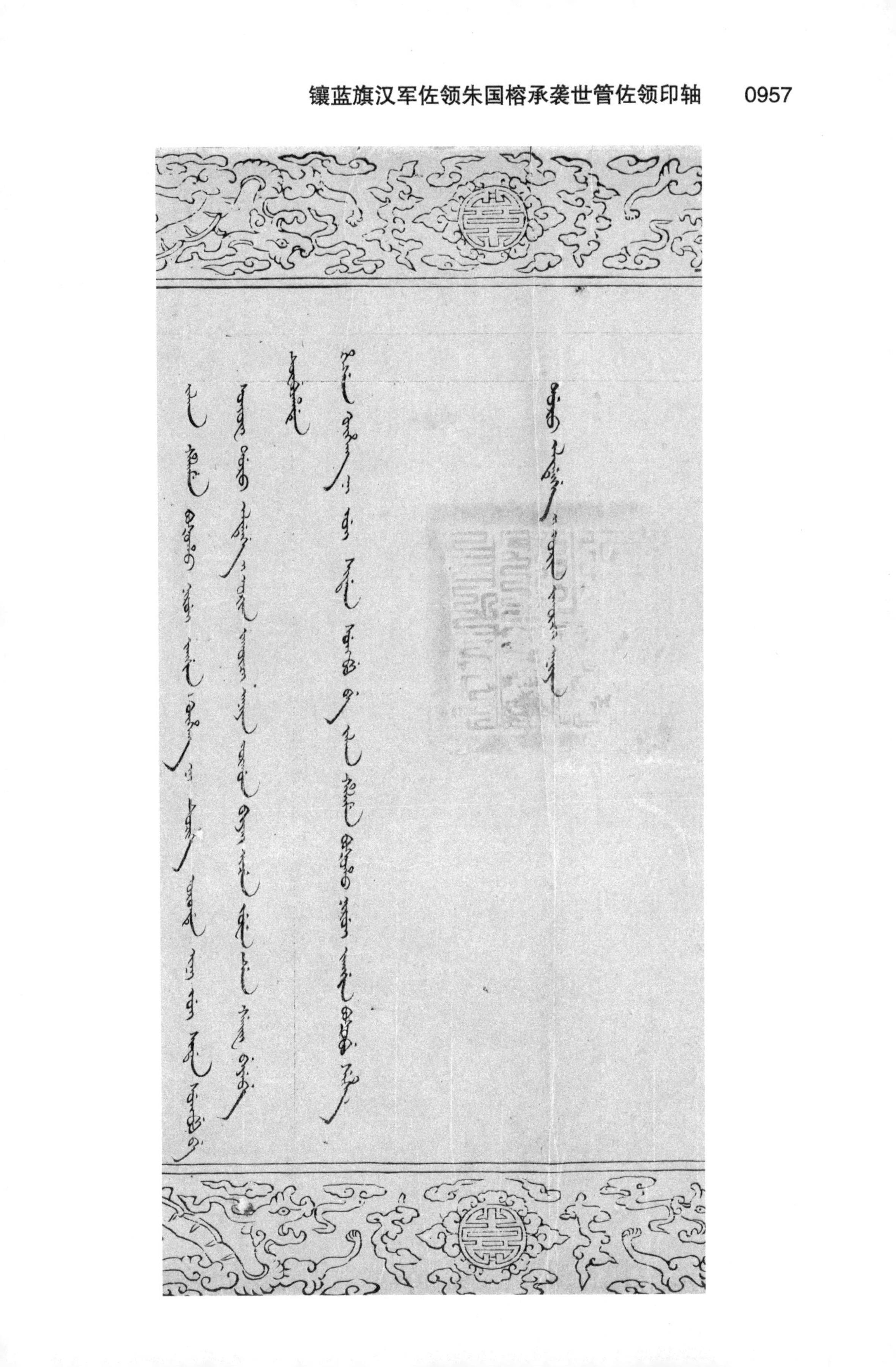

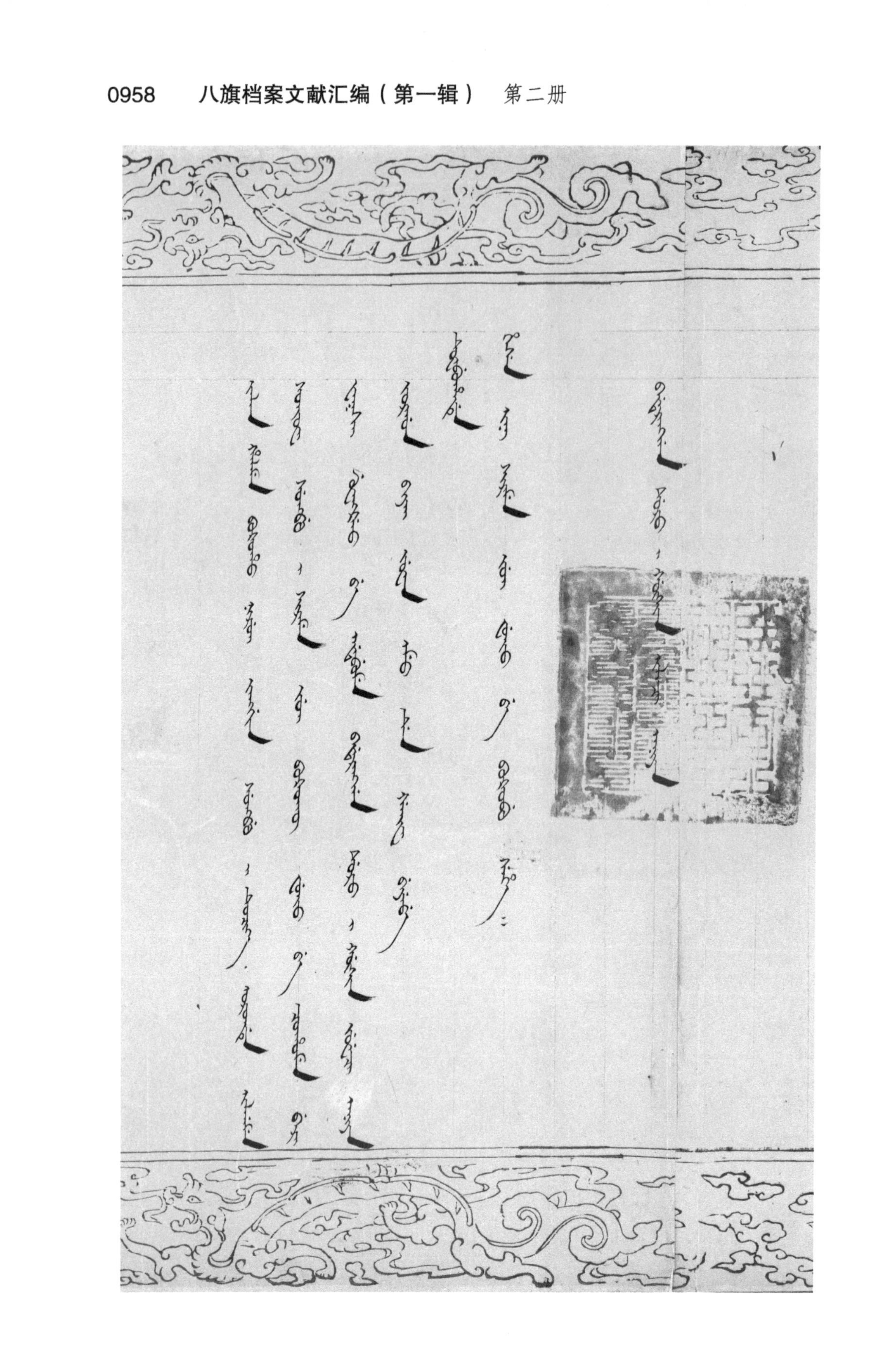

[illegible]

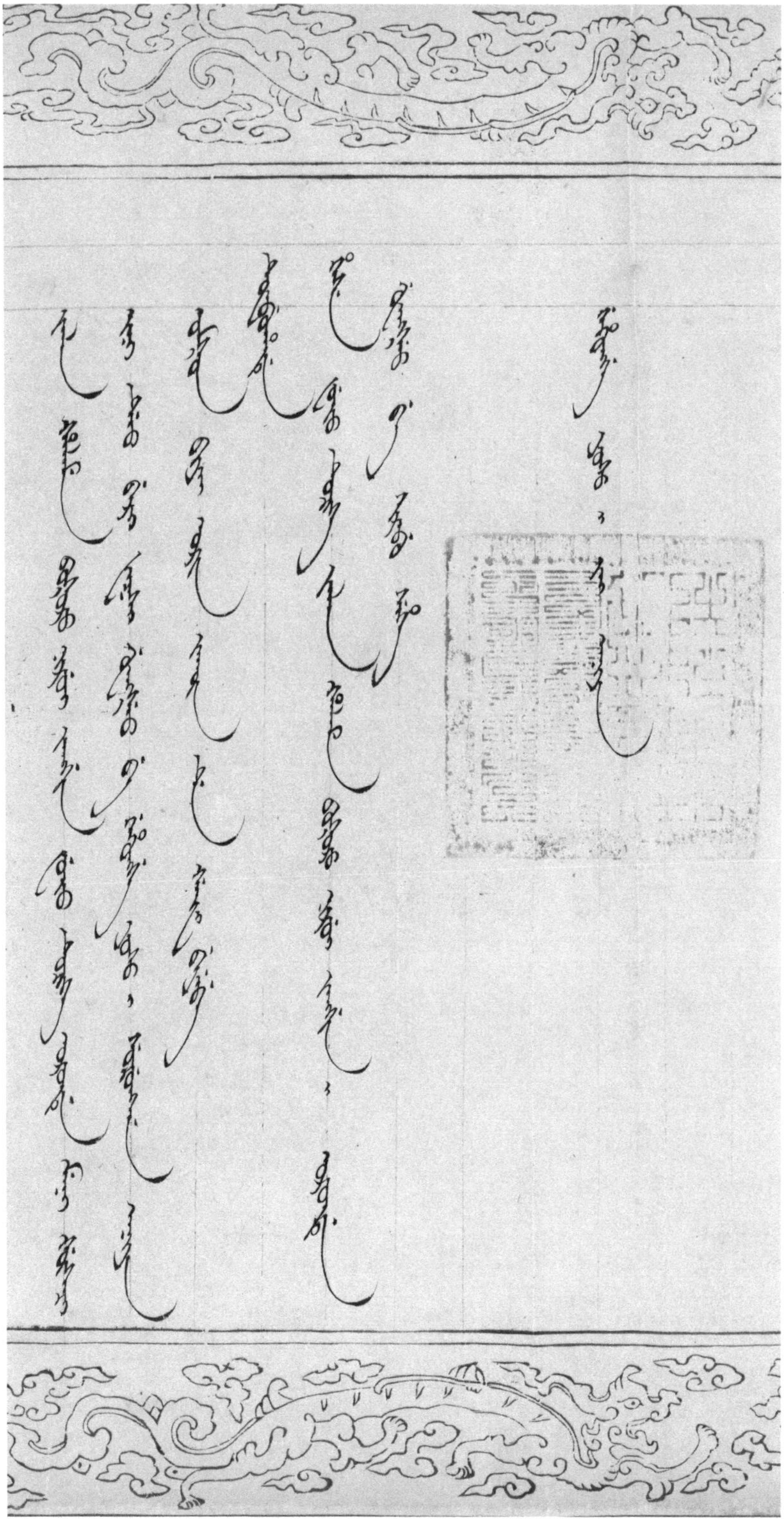

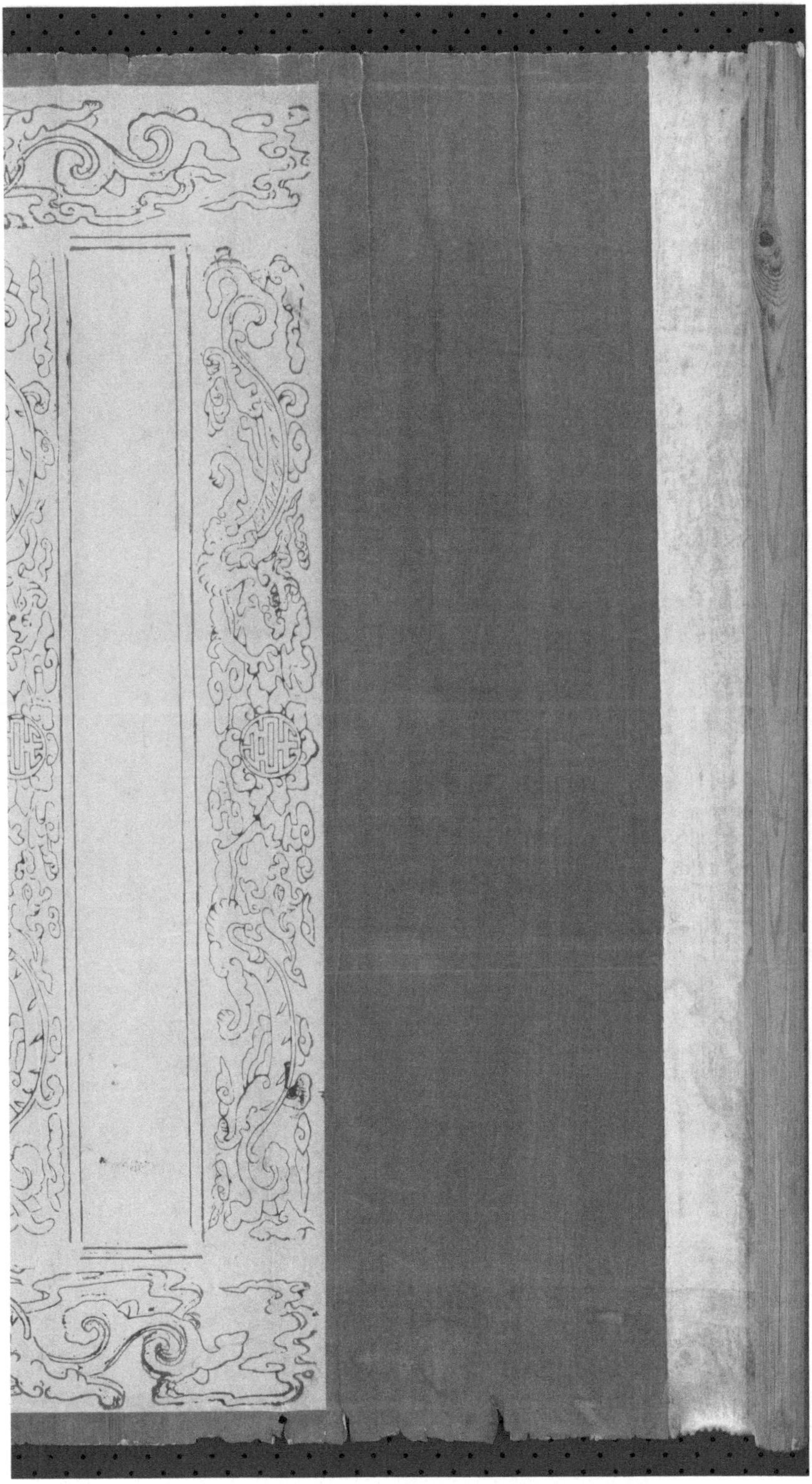

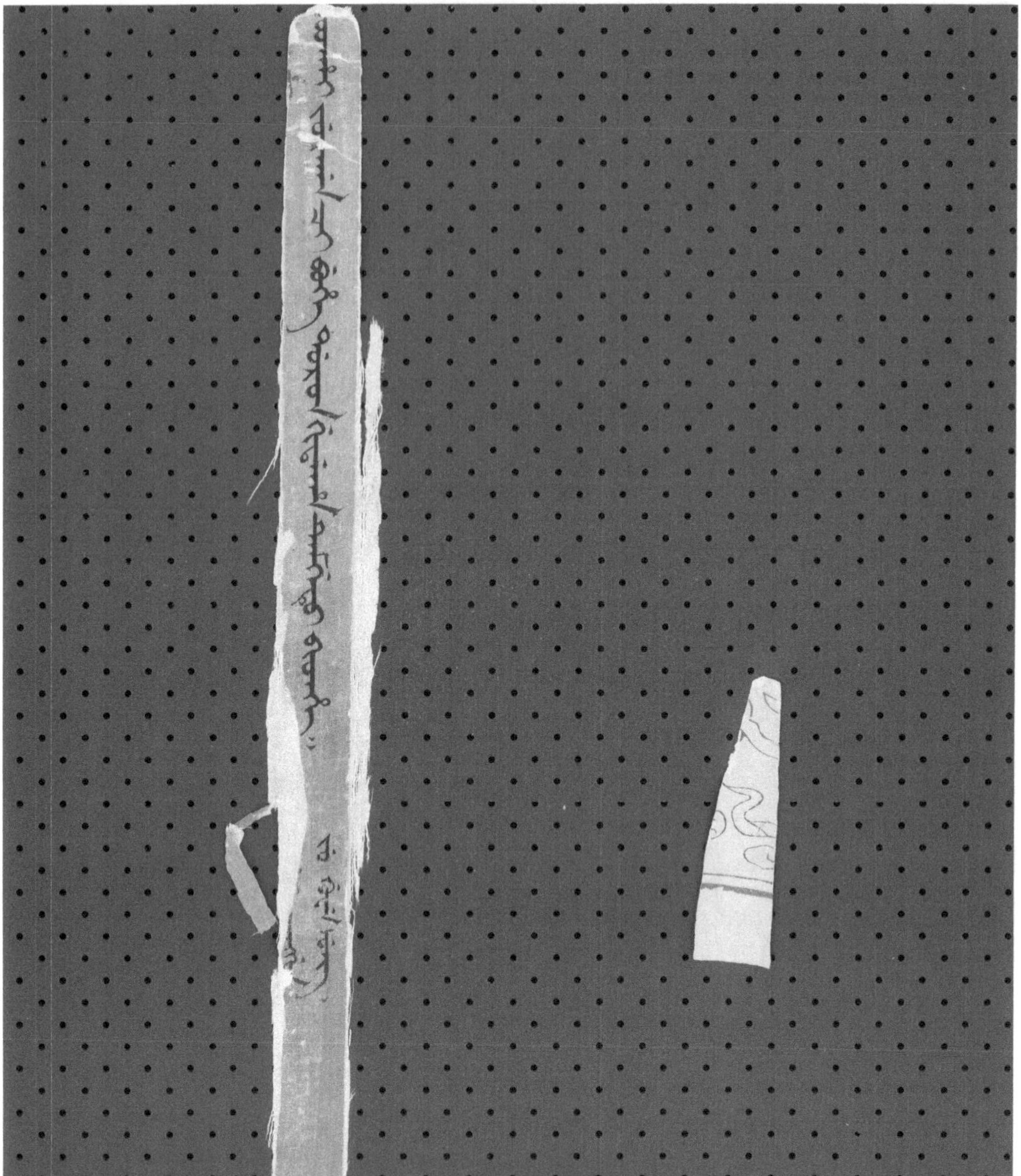

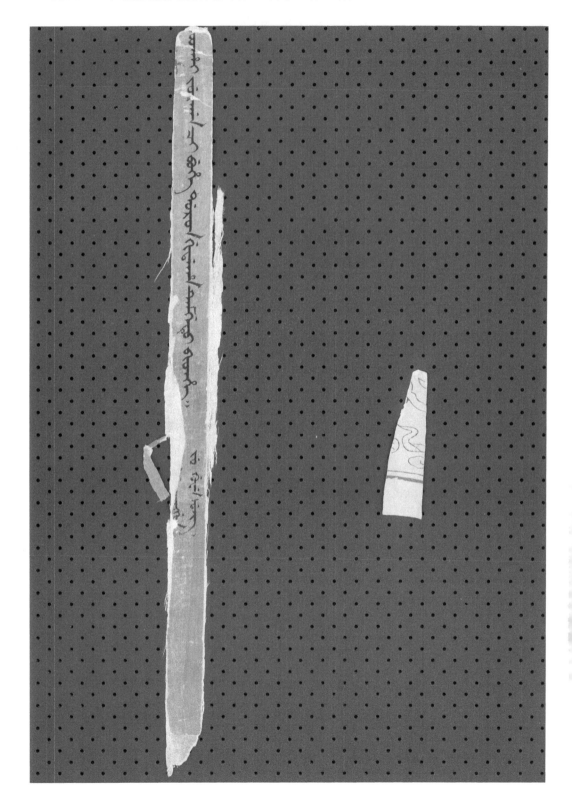

本丛书出版获得
中央民族大学“铸牢中华民族共同体意识”研究专项基金
中央民族大学中国史一级学科建设专项经费
资助

八旗档案文献汇编

【第一辑】第三册

哈斯巴根 主编

佐领印轴

族长印轴

钦定拣放佐领则例

中国边疆民族多语种历史文献丛书

社会科学文献出版社
SOCIAL SCIENCES ACADEMIC PRESS (CHINA)

目　录

第三册

第二部分　族长印轴

第三部分　钦定拣放佐领则例

| 第二部分 |

族长印轴

镶黄旗满洲舒德世管佐领下族长伊兰泰印轴

满文写本，卷轴装，页面48.1cm×664.0cm，四周双边，螭文，无钤印，印轴保存完好，满文题名为kubuhe suwayan i manju gūsai šude i bošoho jalan halame bošoro nirui mukūn i da irantai i temgetu bithe。落款时间为乾隆六年，无添写记录，未满幅。

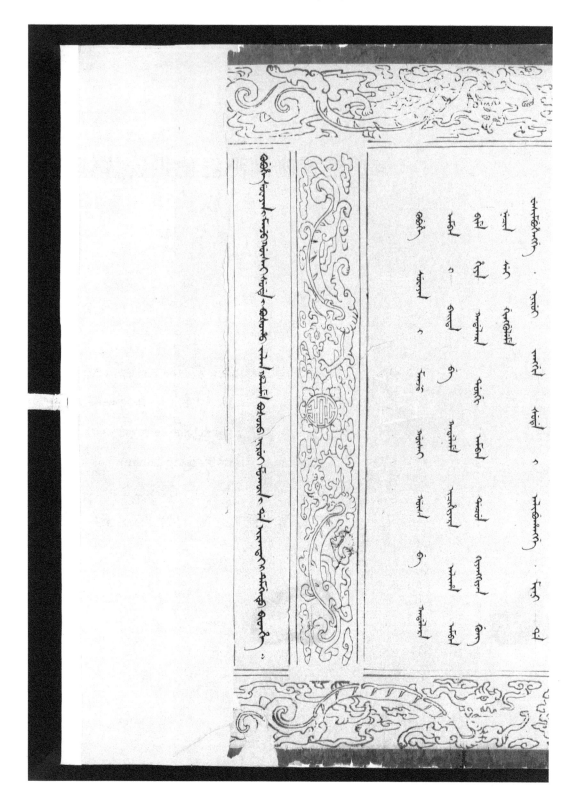

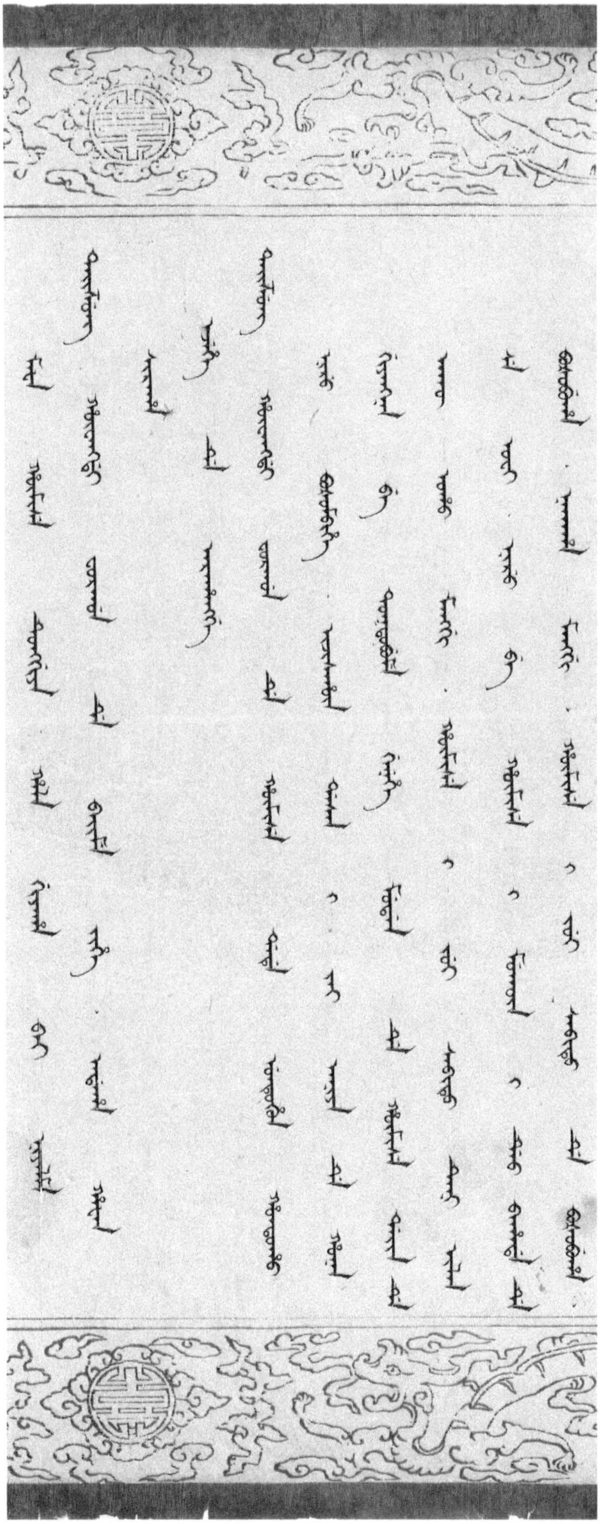

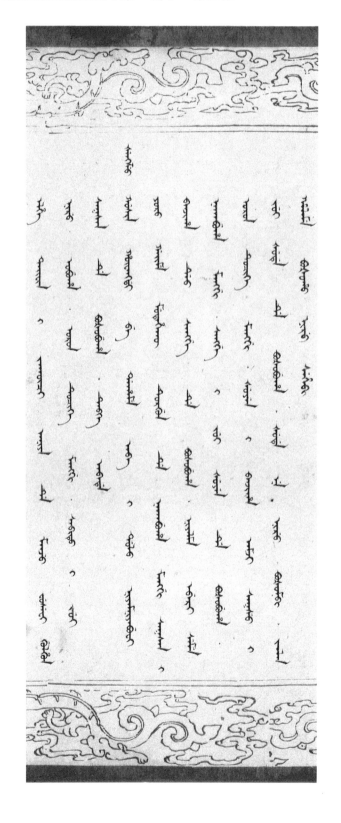

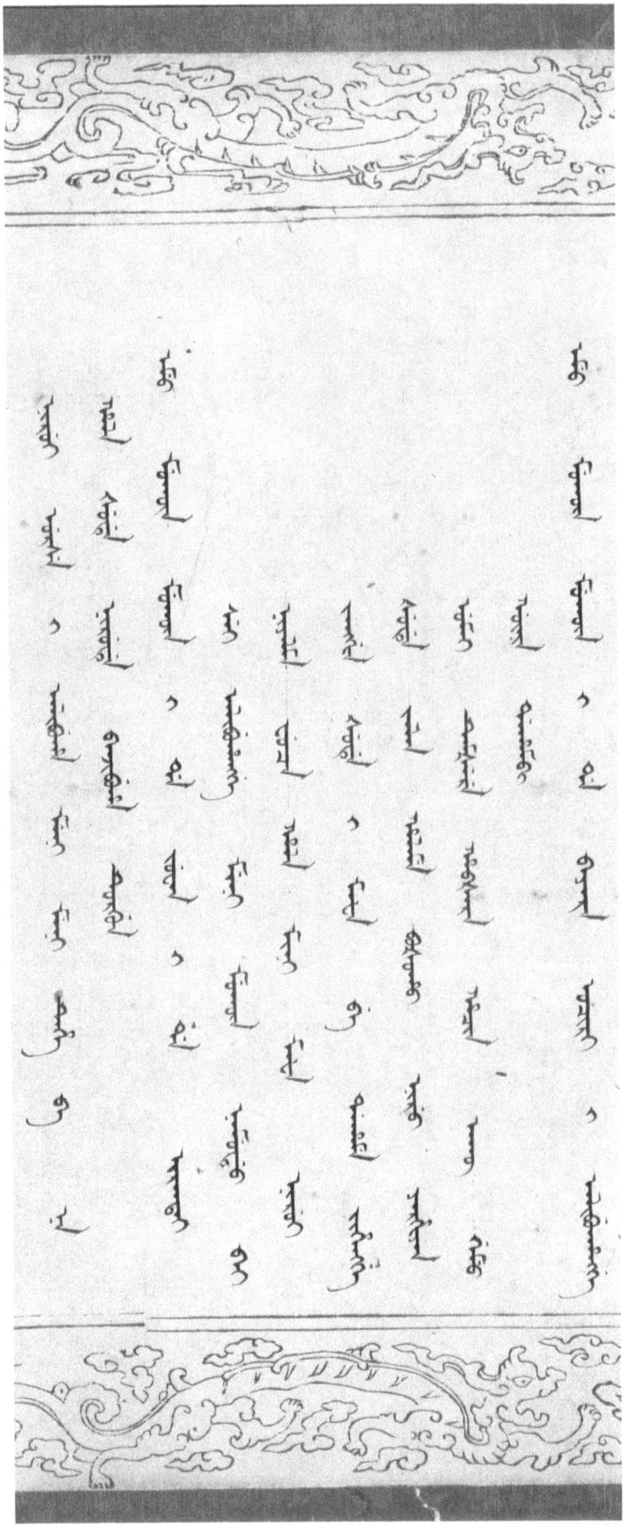

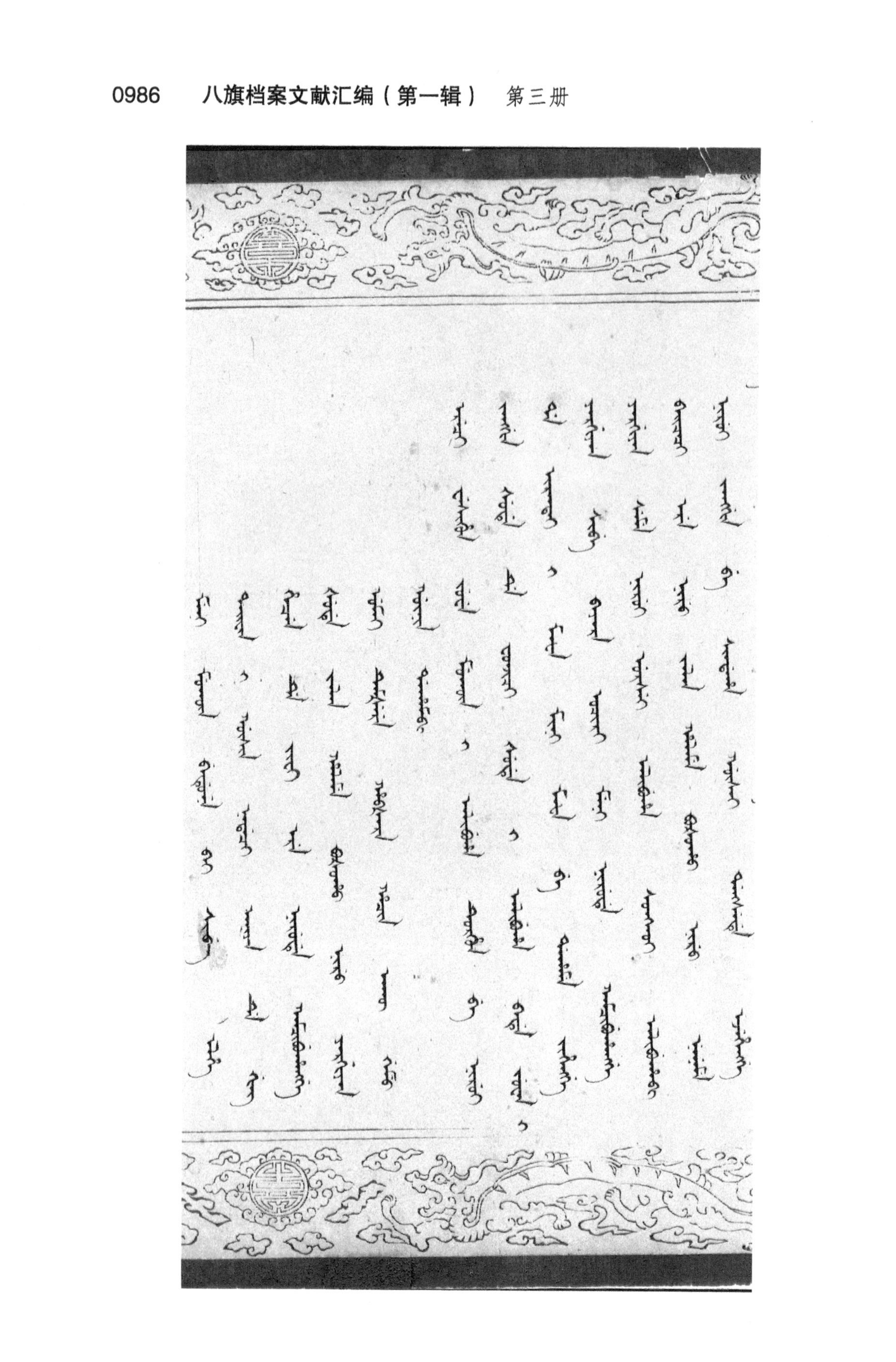

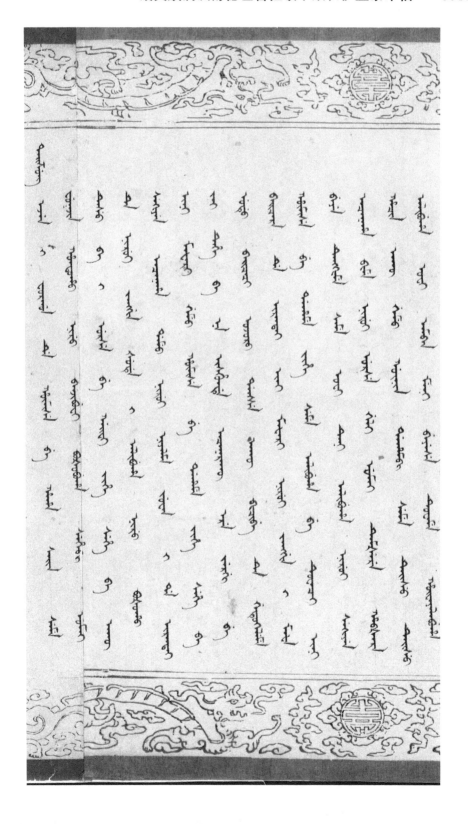

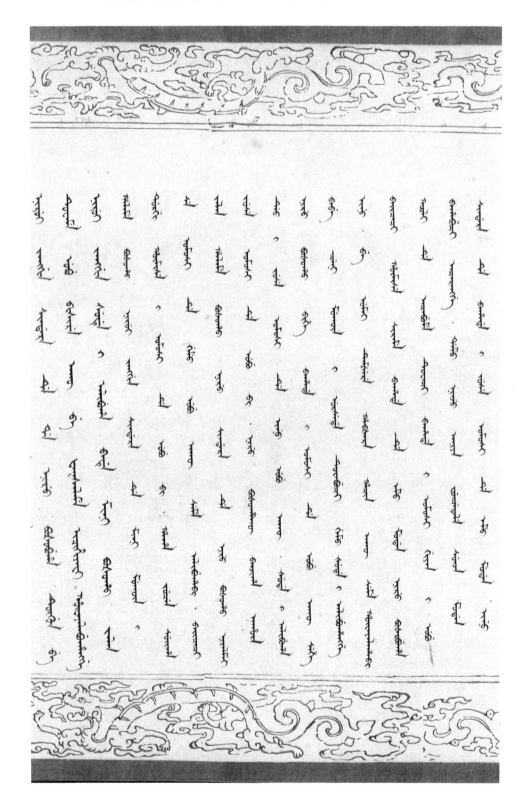

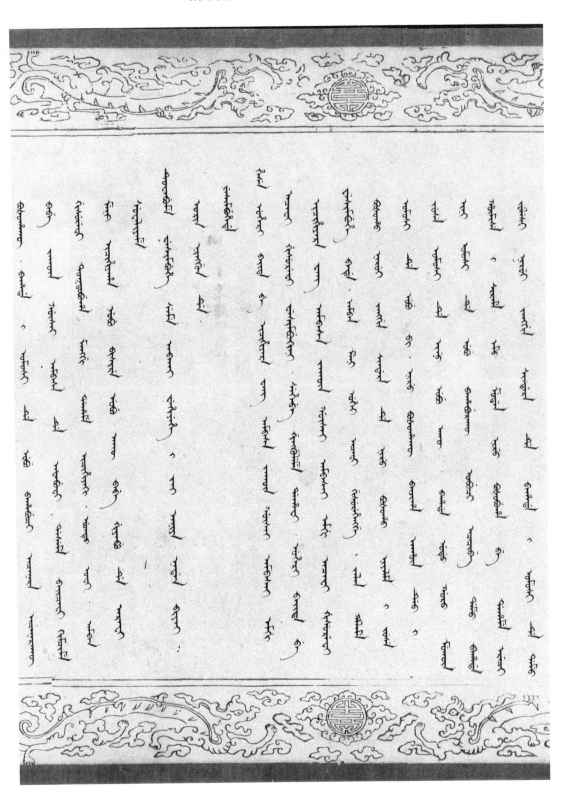

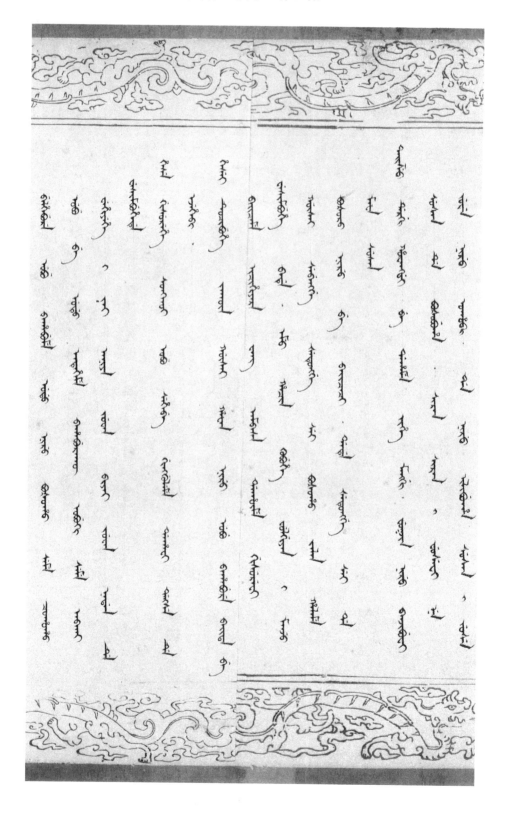

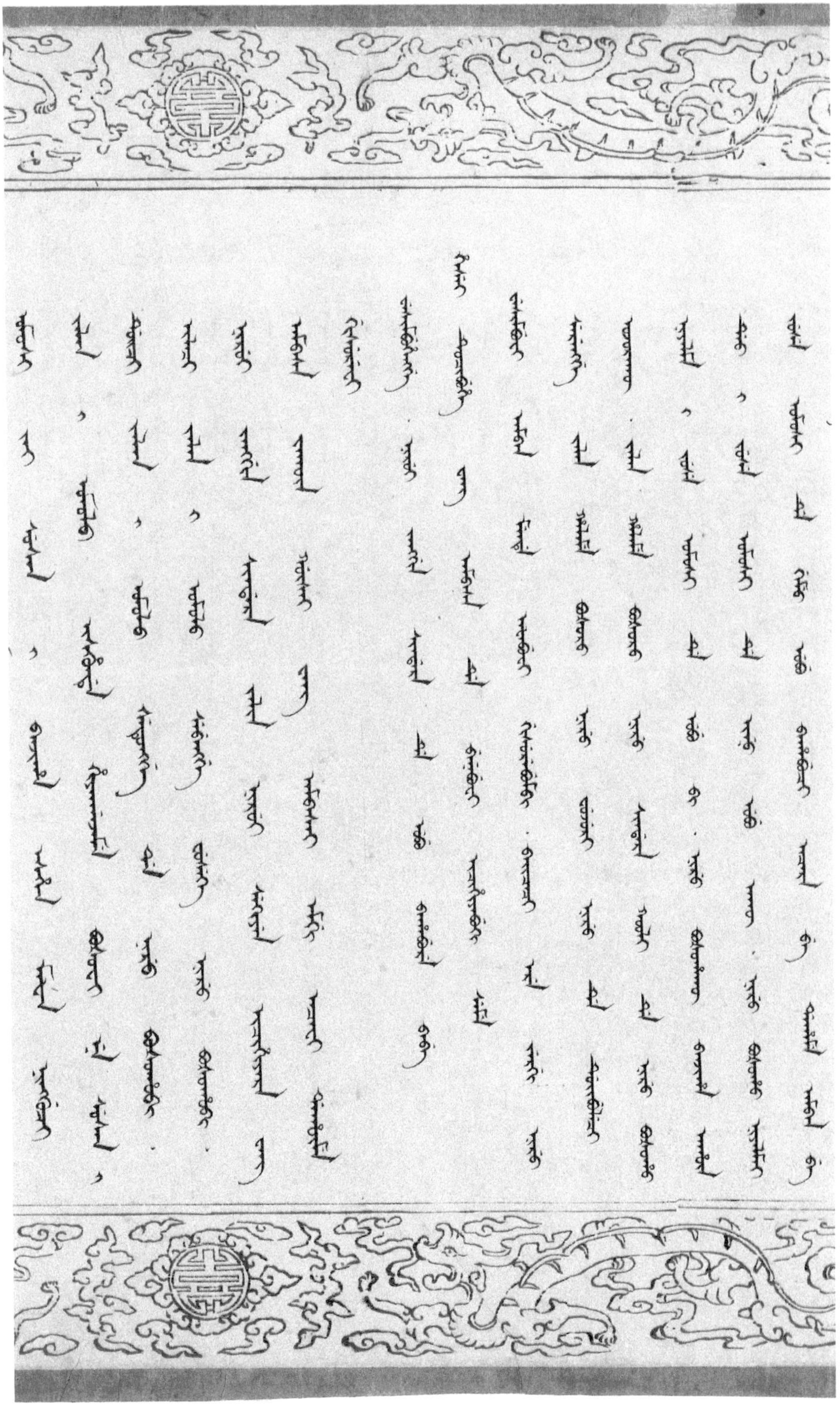

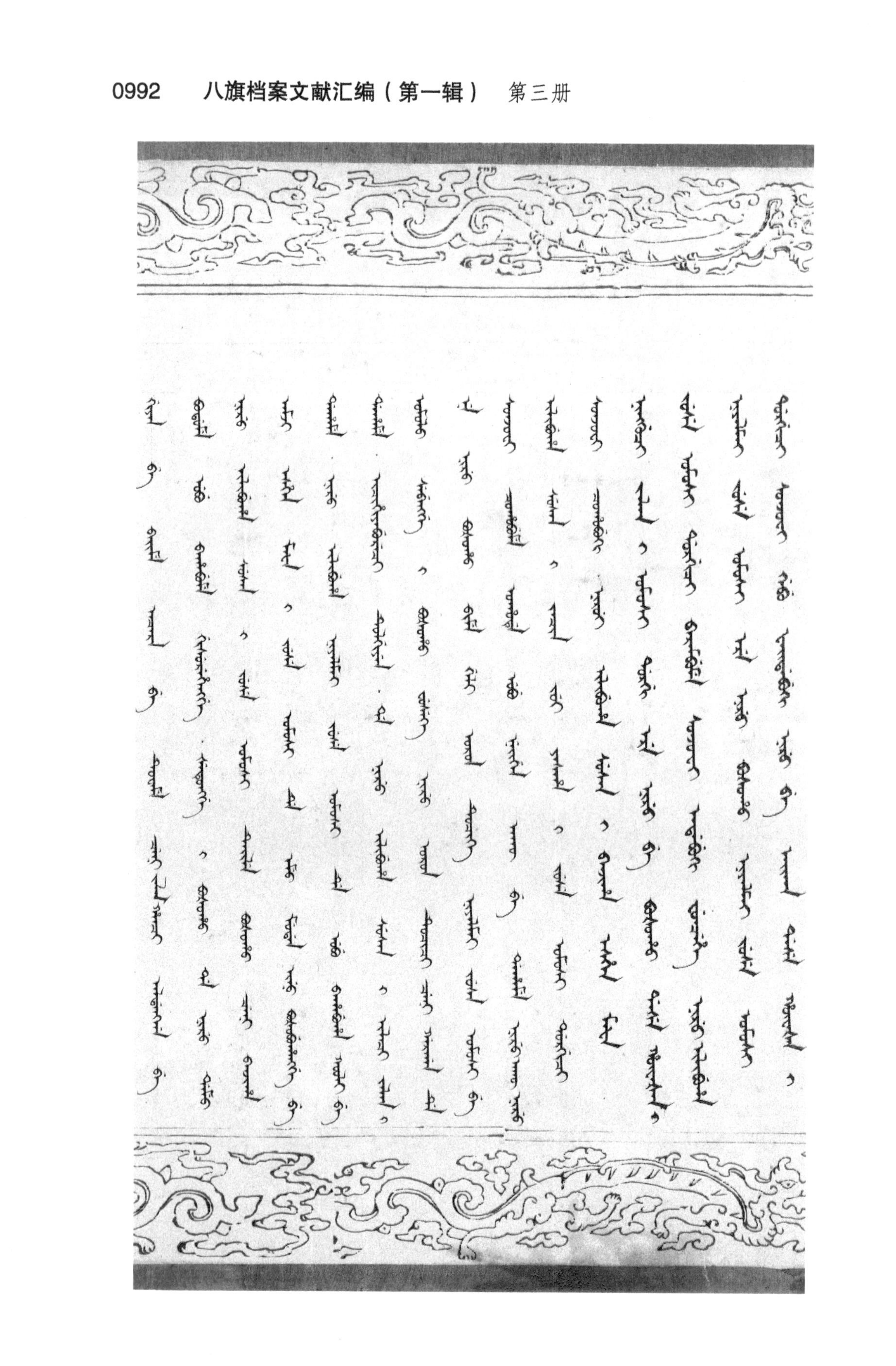

[illegible]

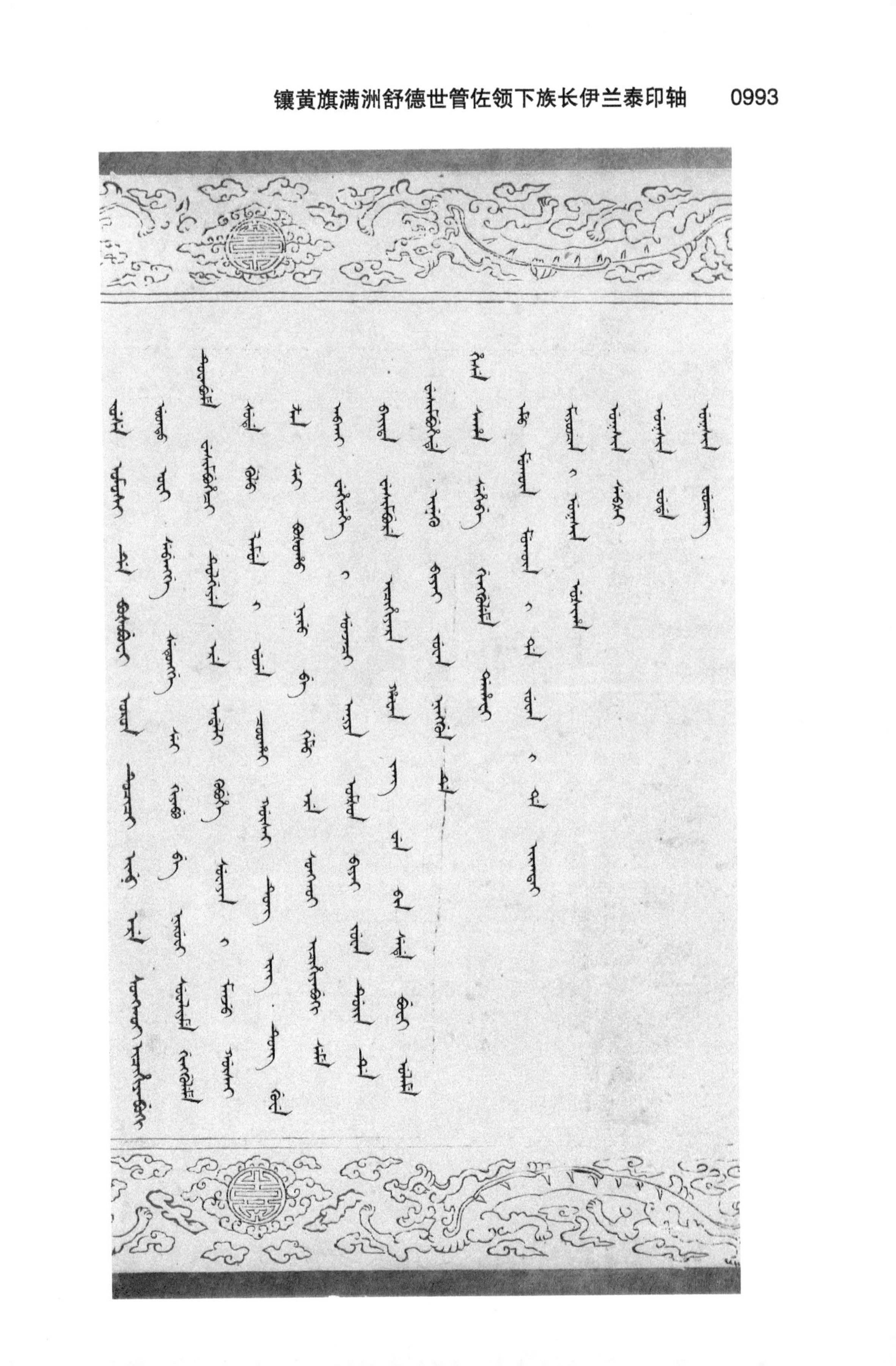

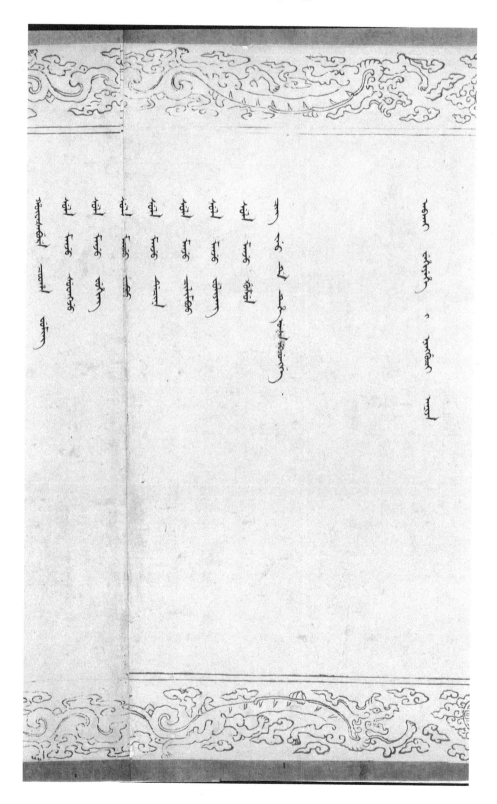

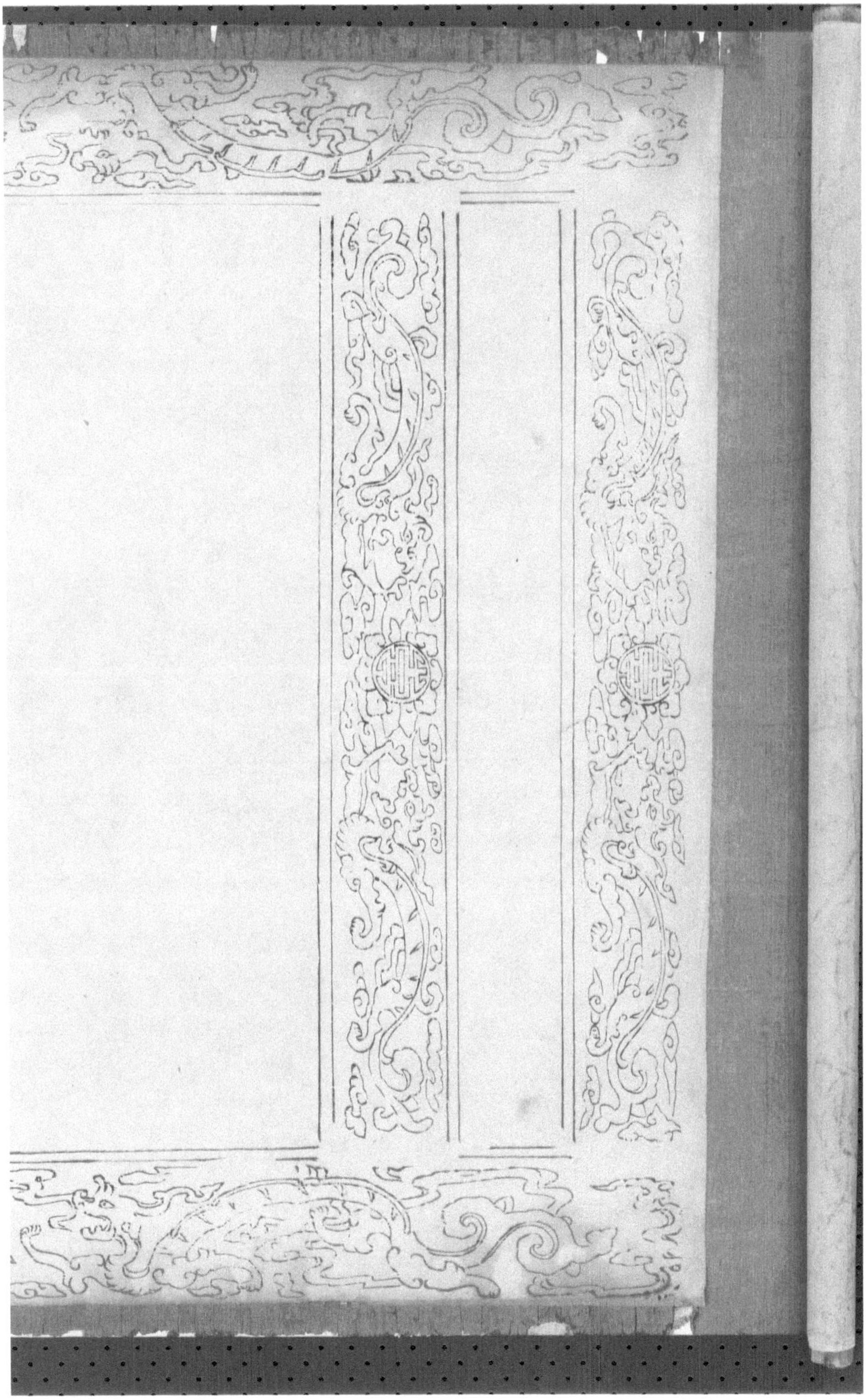

正黄旗满洲偏图世管佐领下族长纳柱印轴

满文写本，卷轴装，页面48.2cm×761.5cm，四周双边，螭文，钤兵部印，印轴前部残缺，满文题名不存。落款时间为乾隆六年，无添写记录，未满幅。

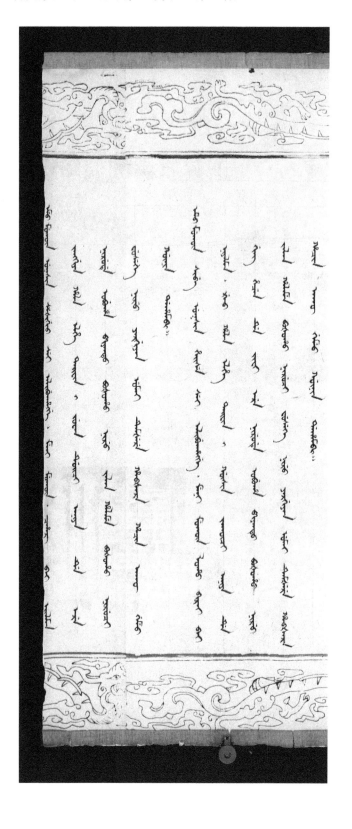

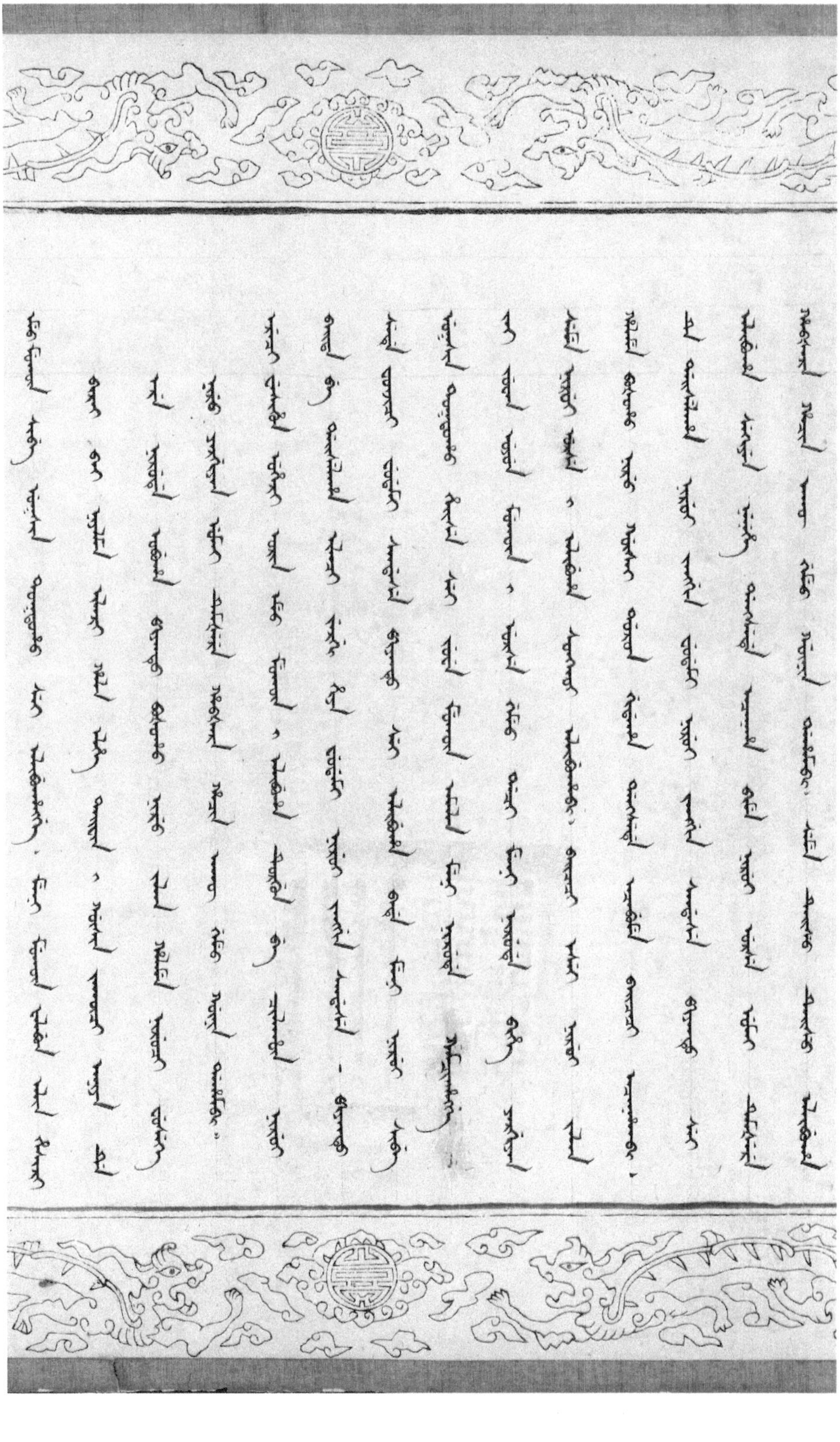

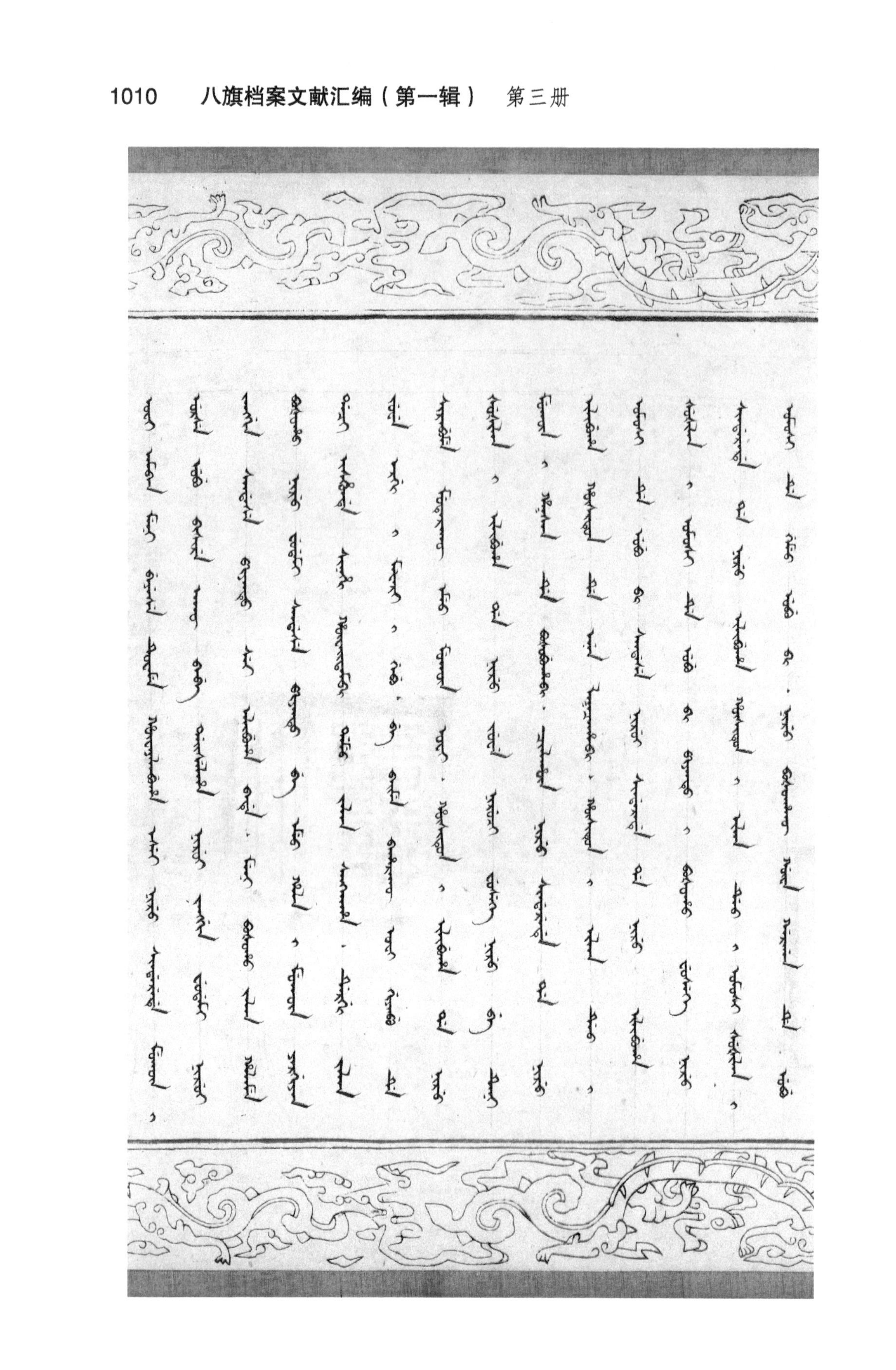

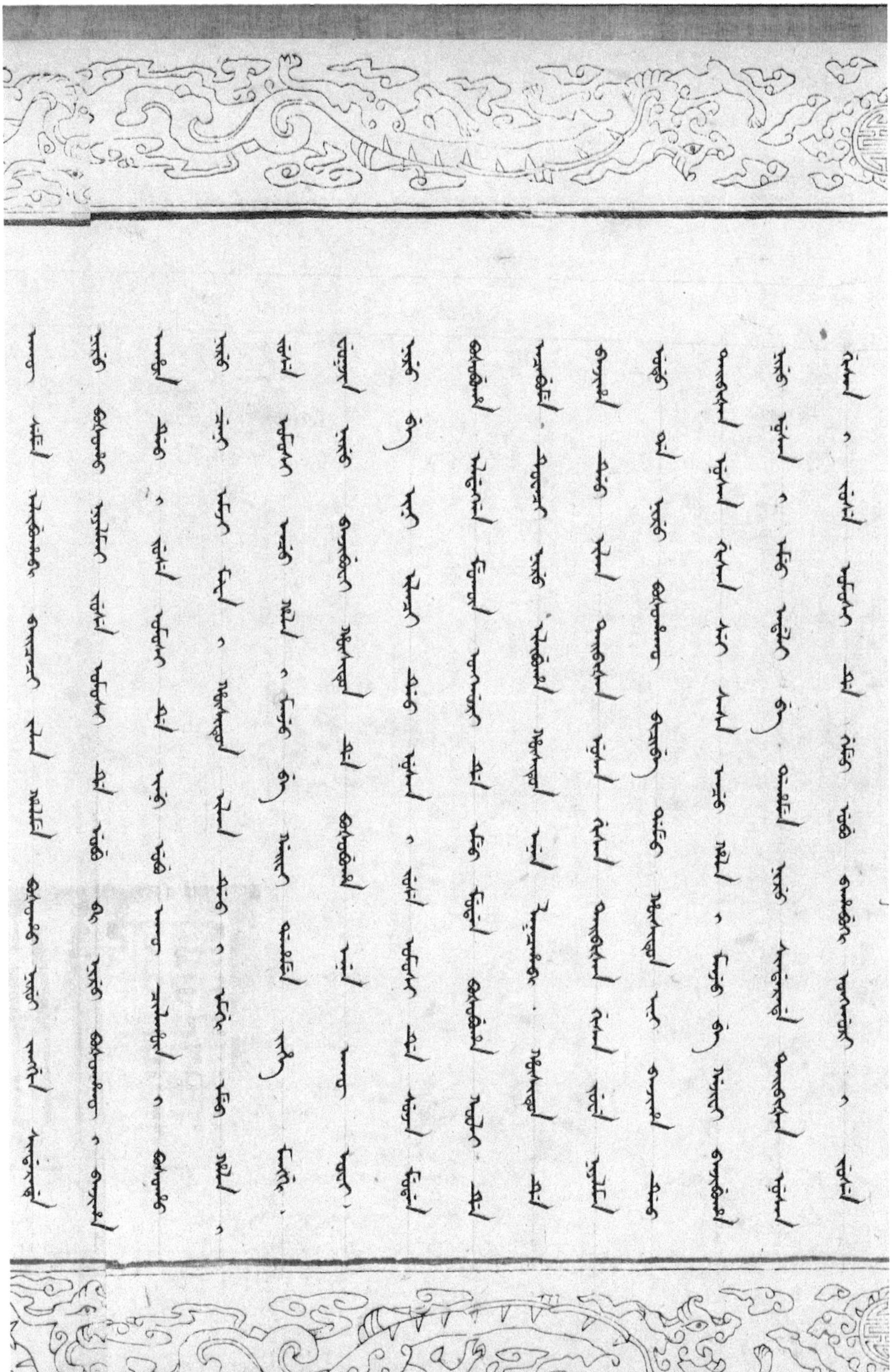

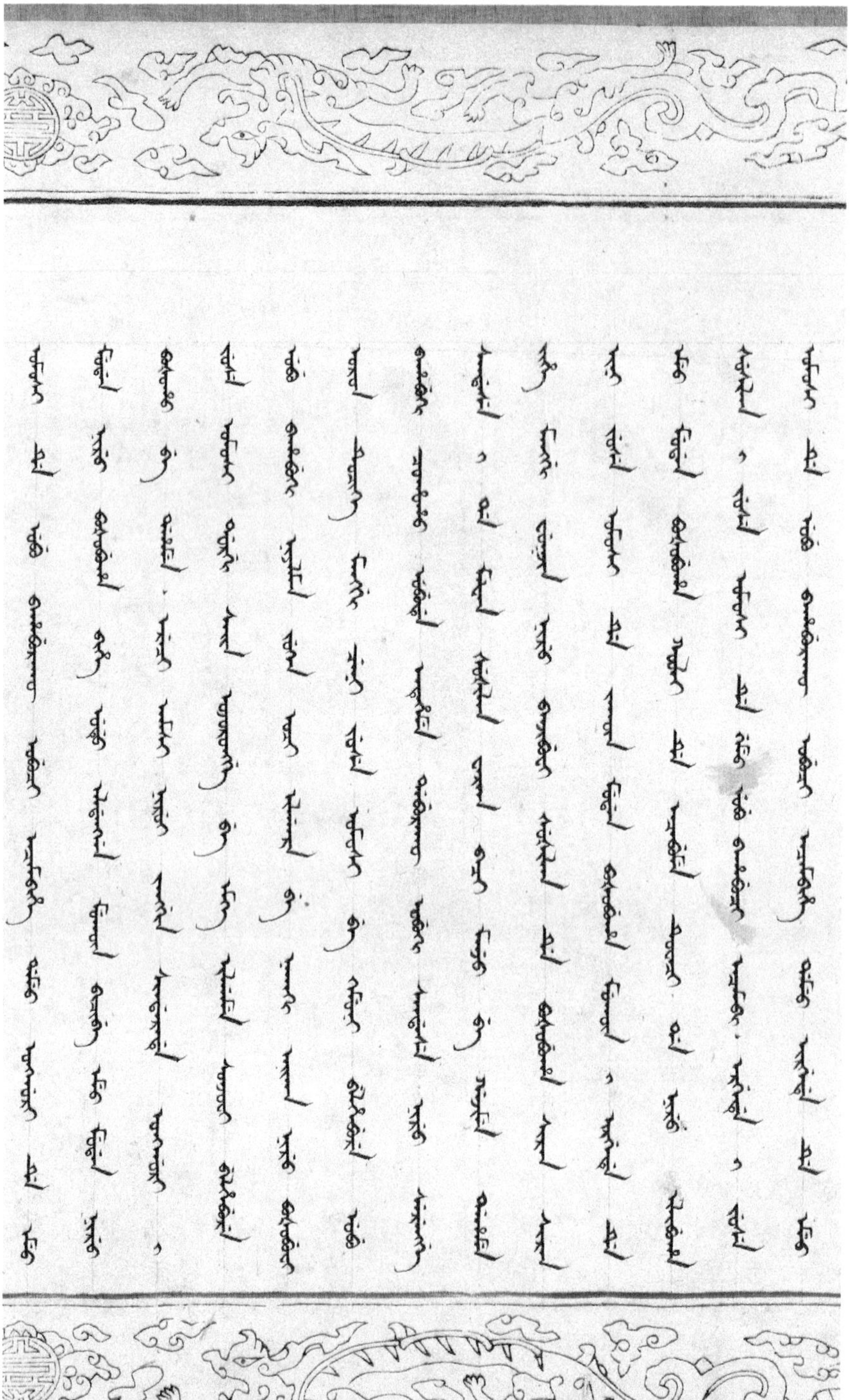

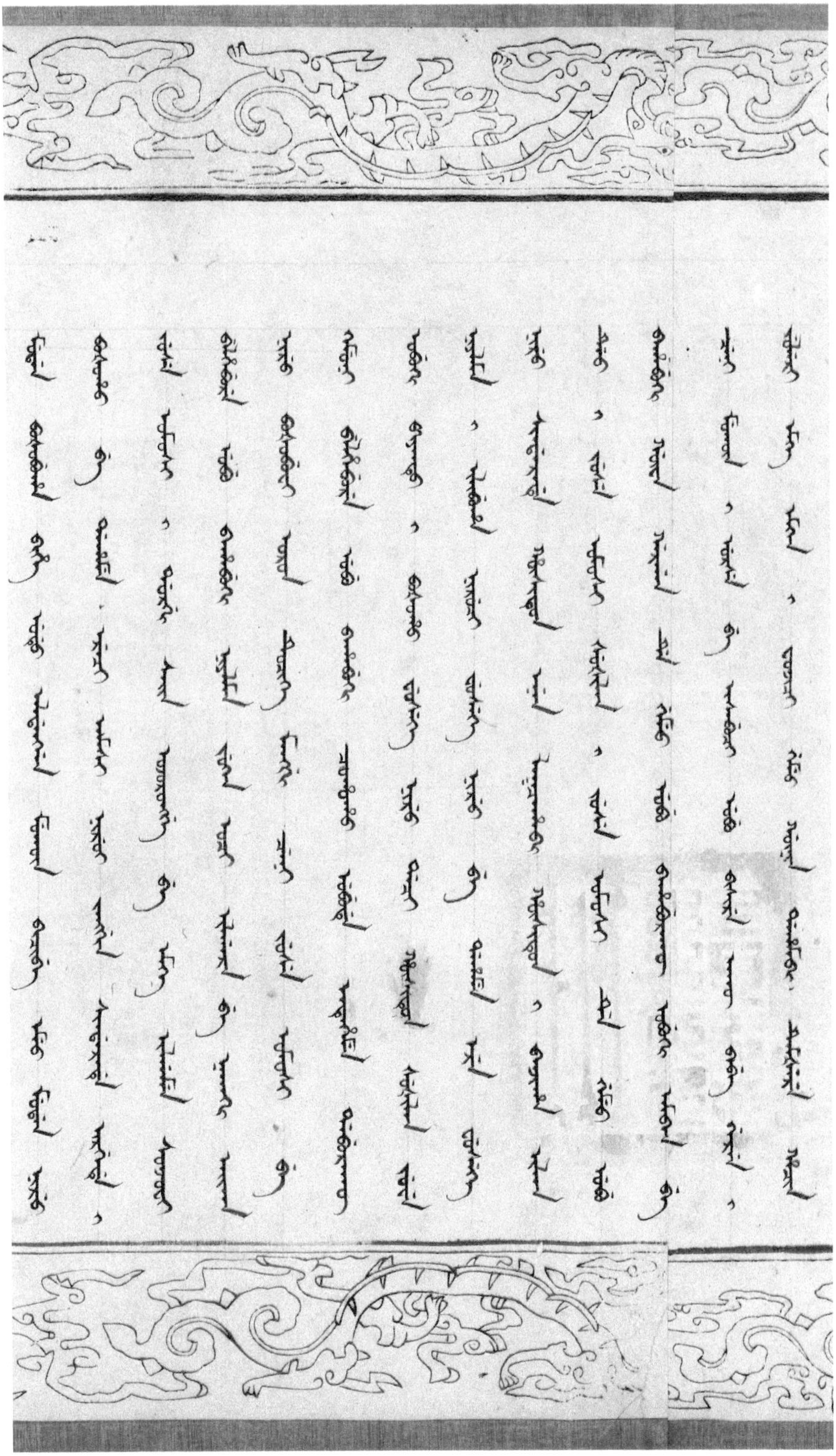

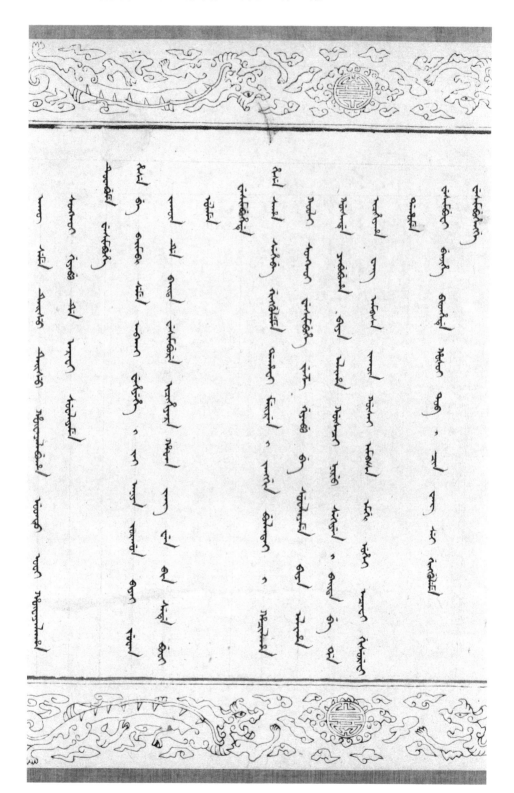

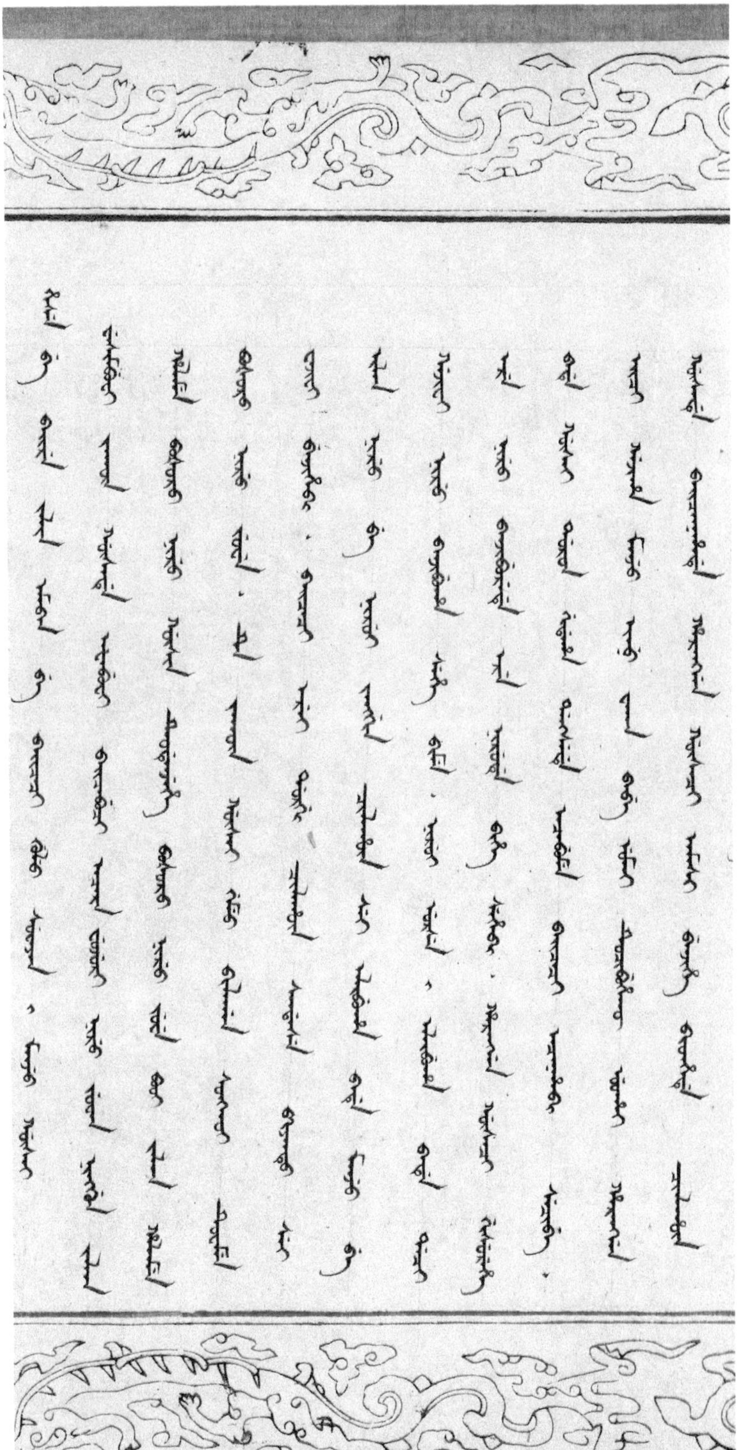

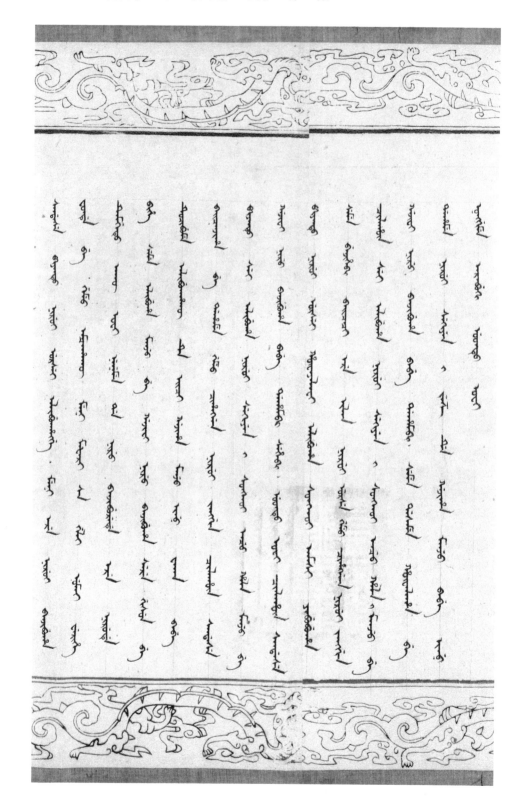

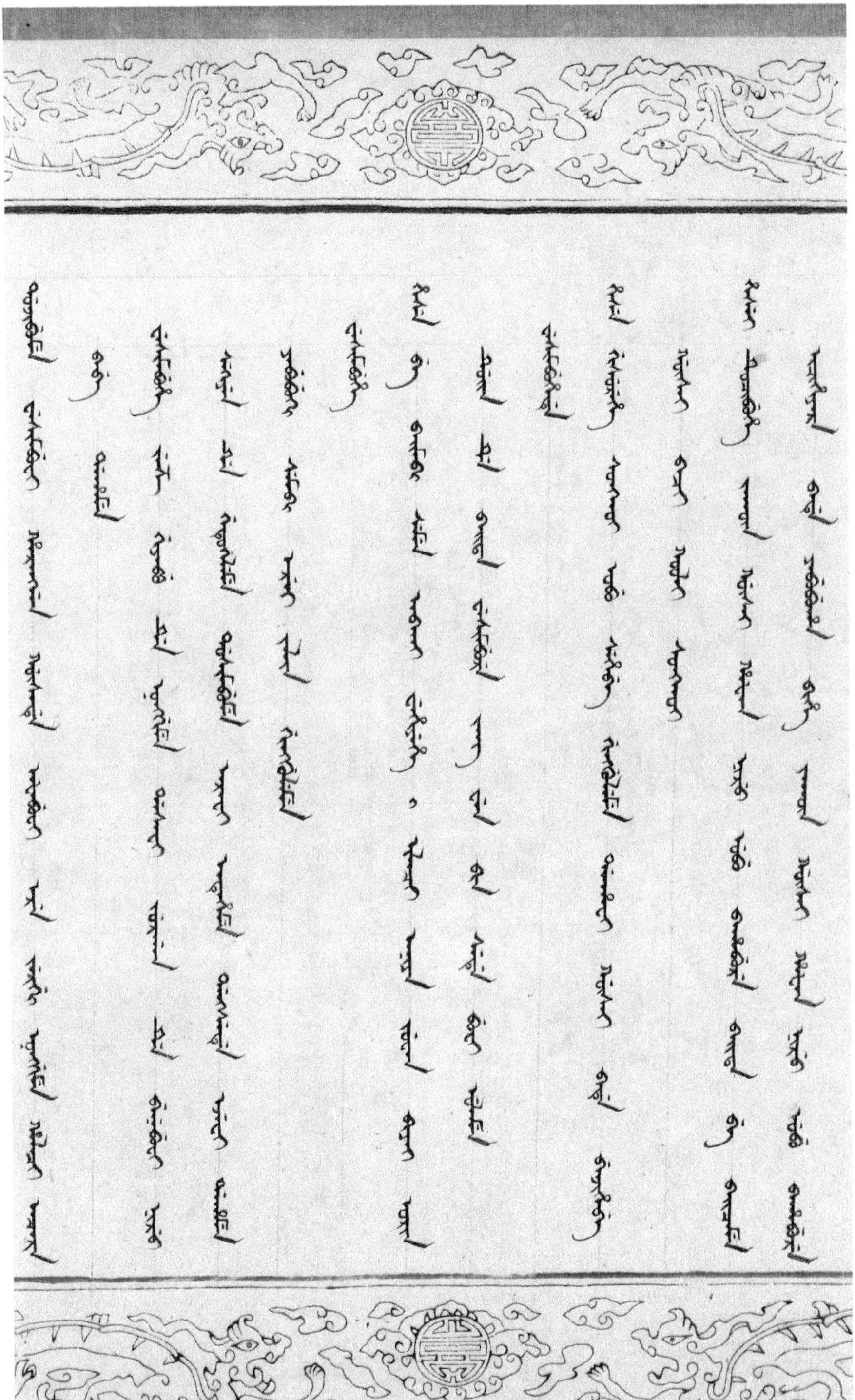

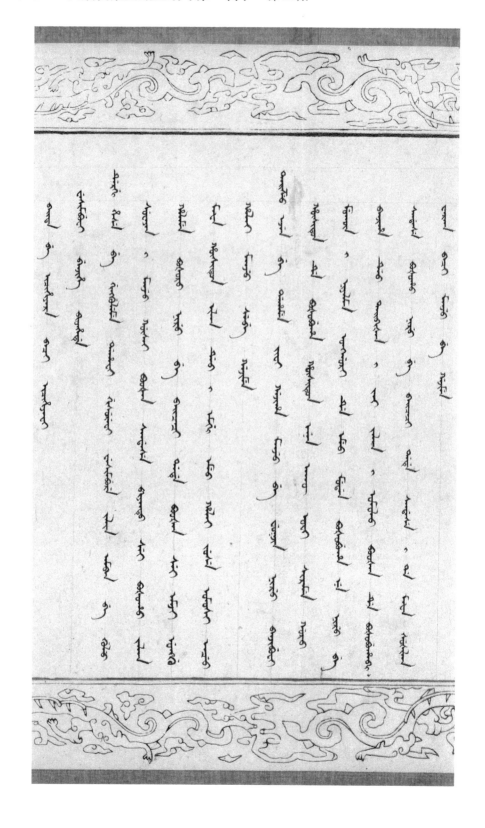

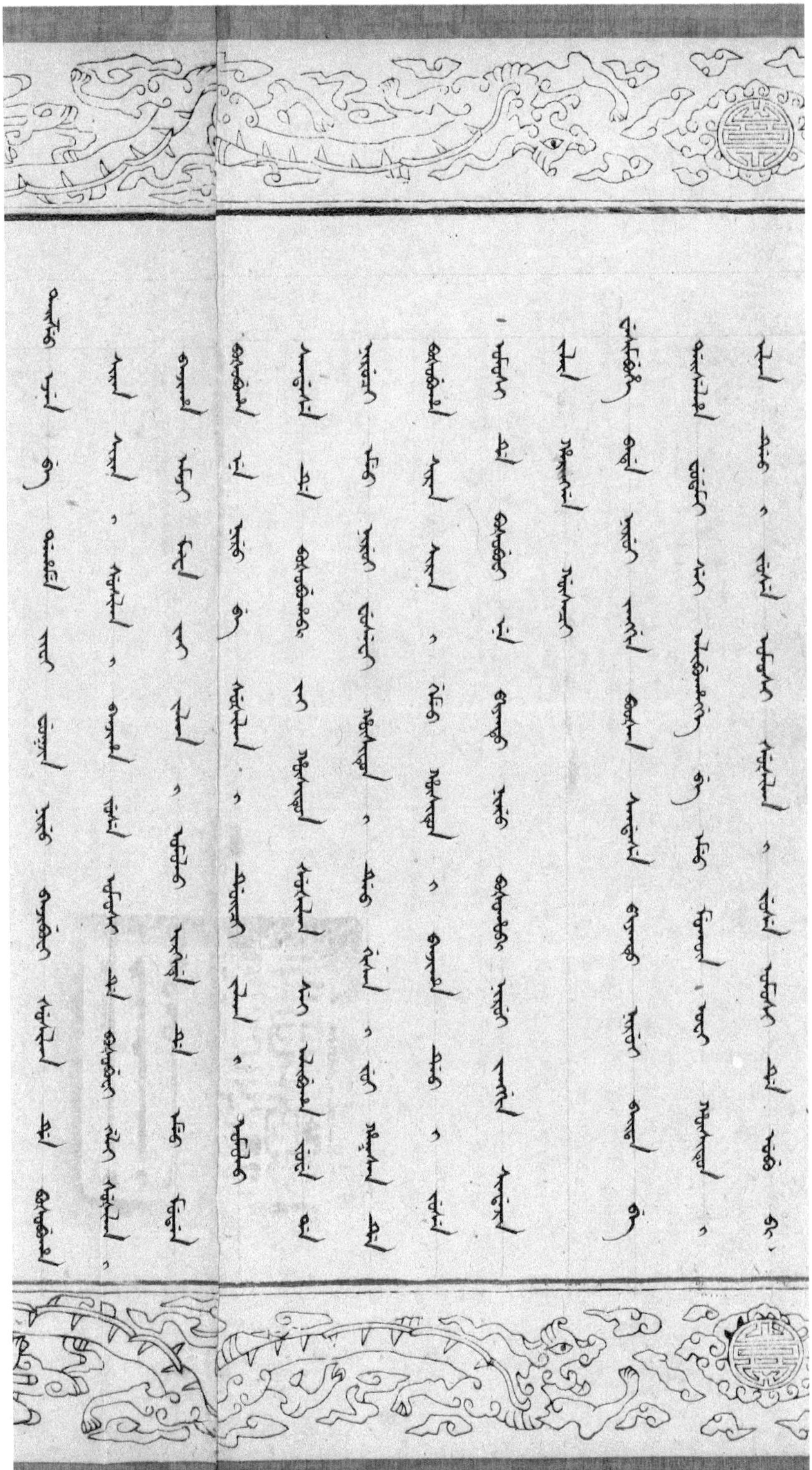

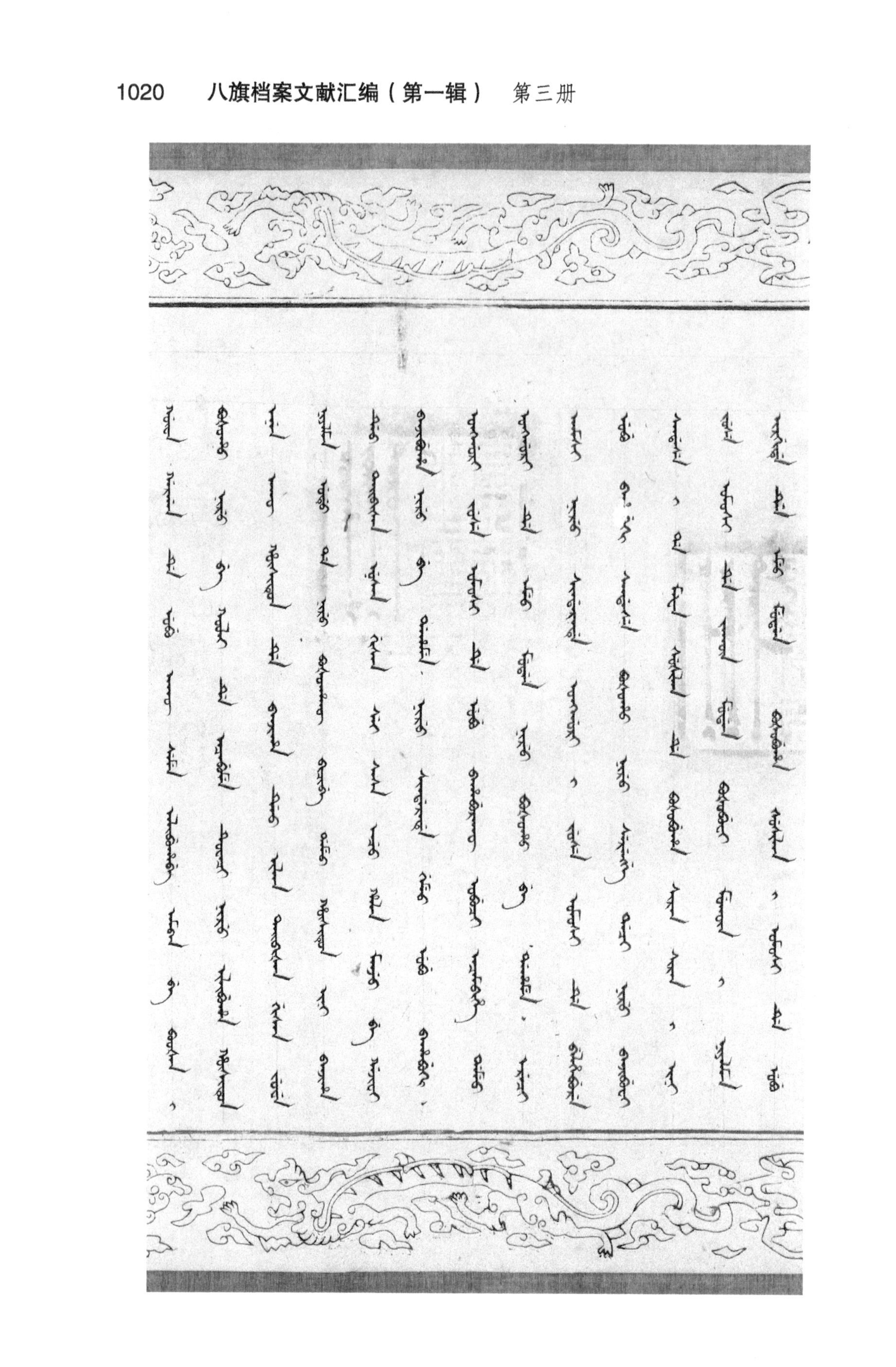

[illegible]

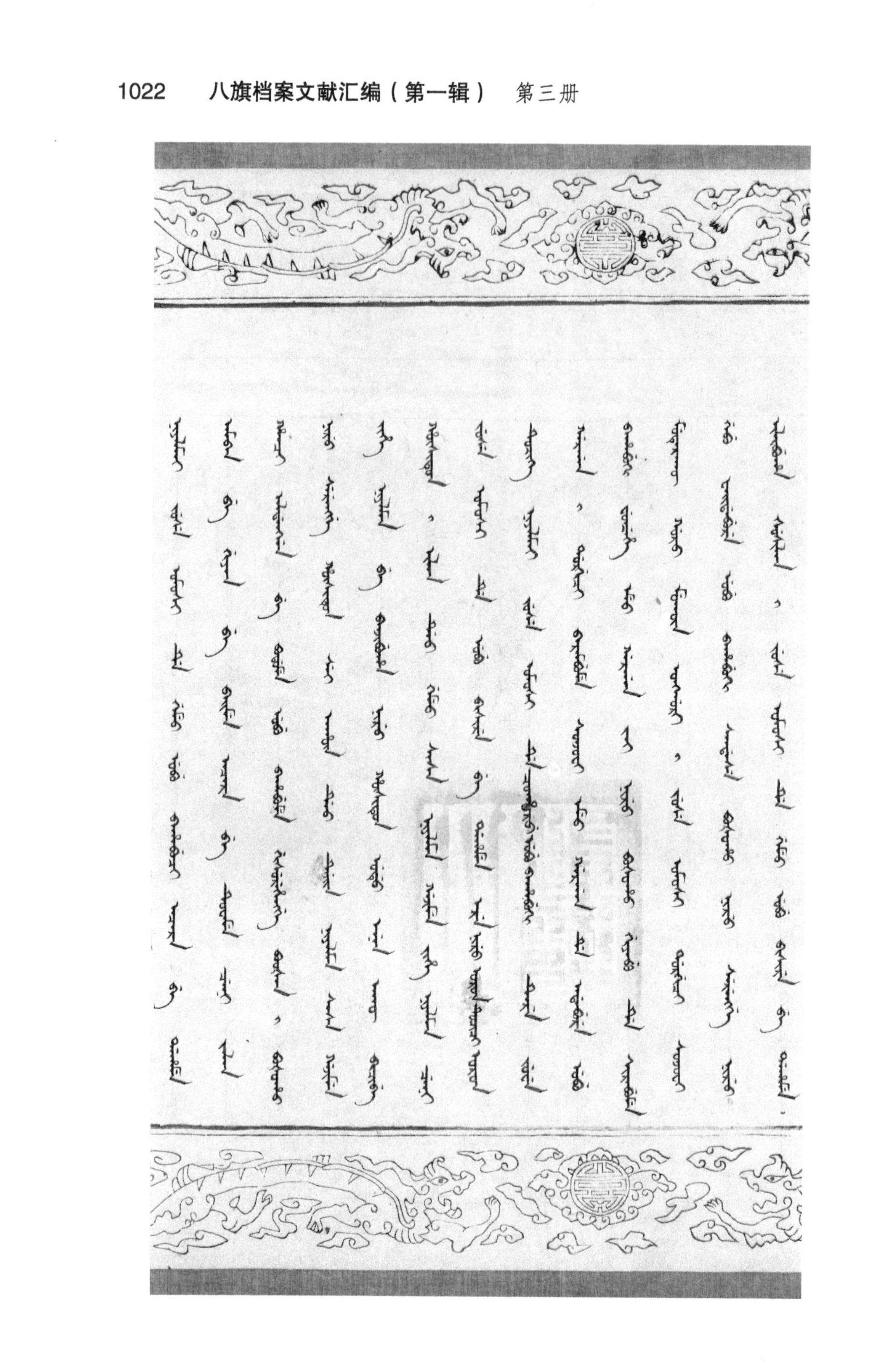

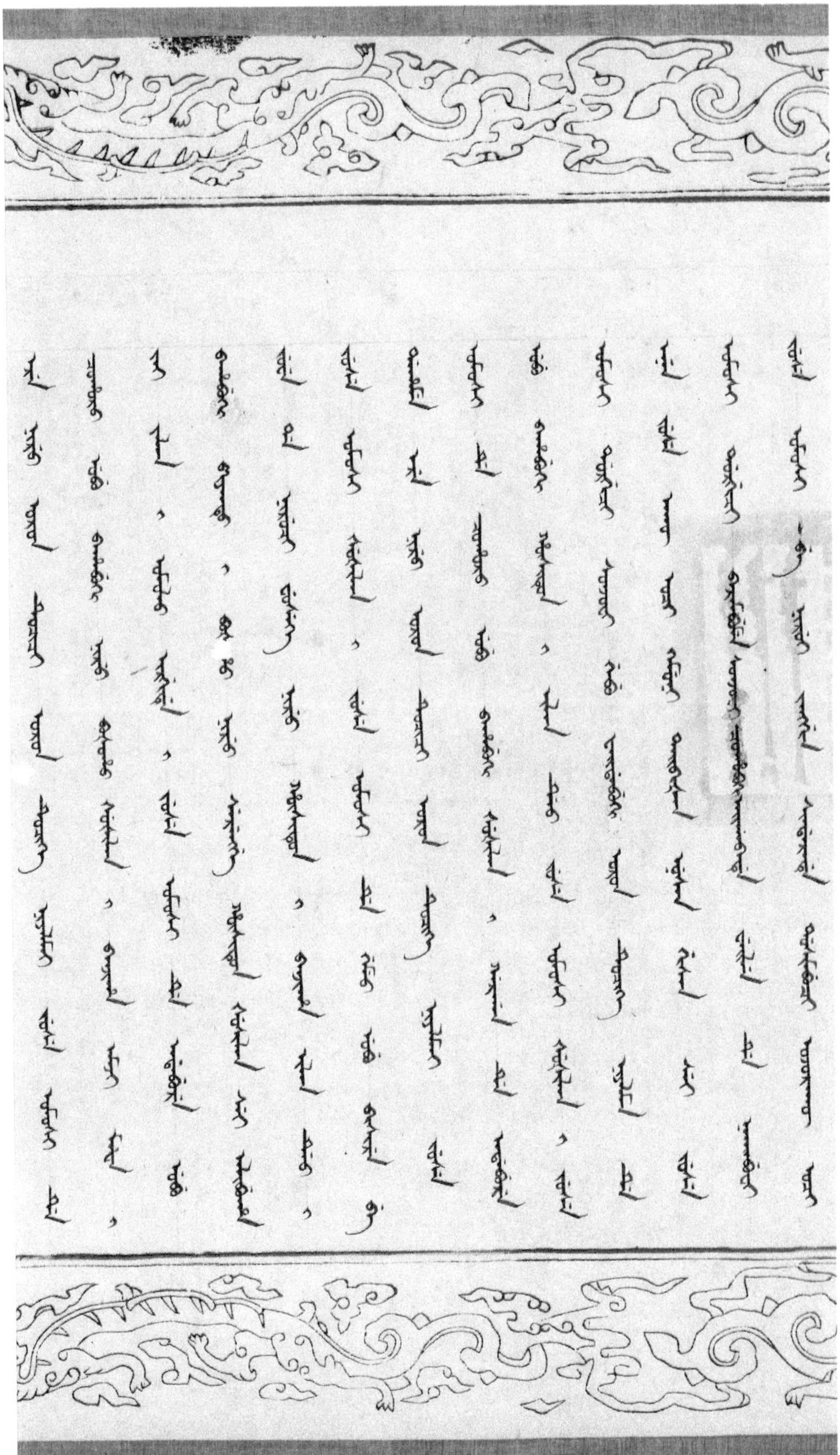

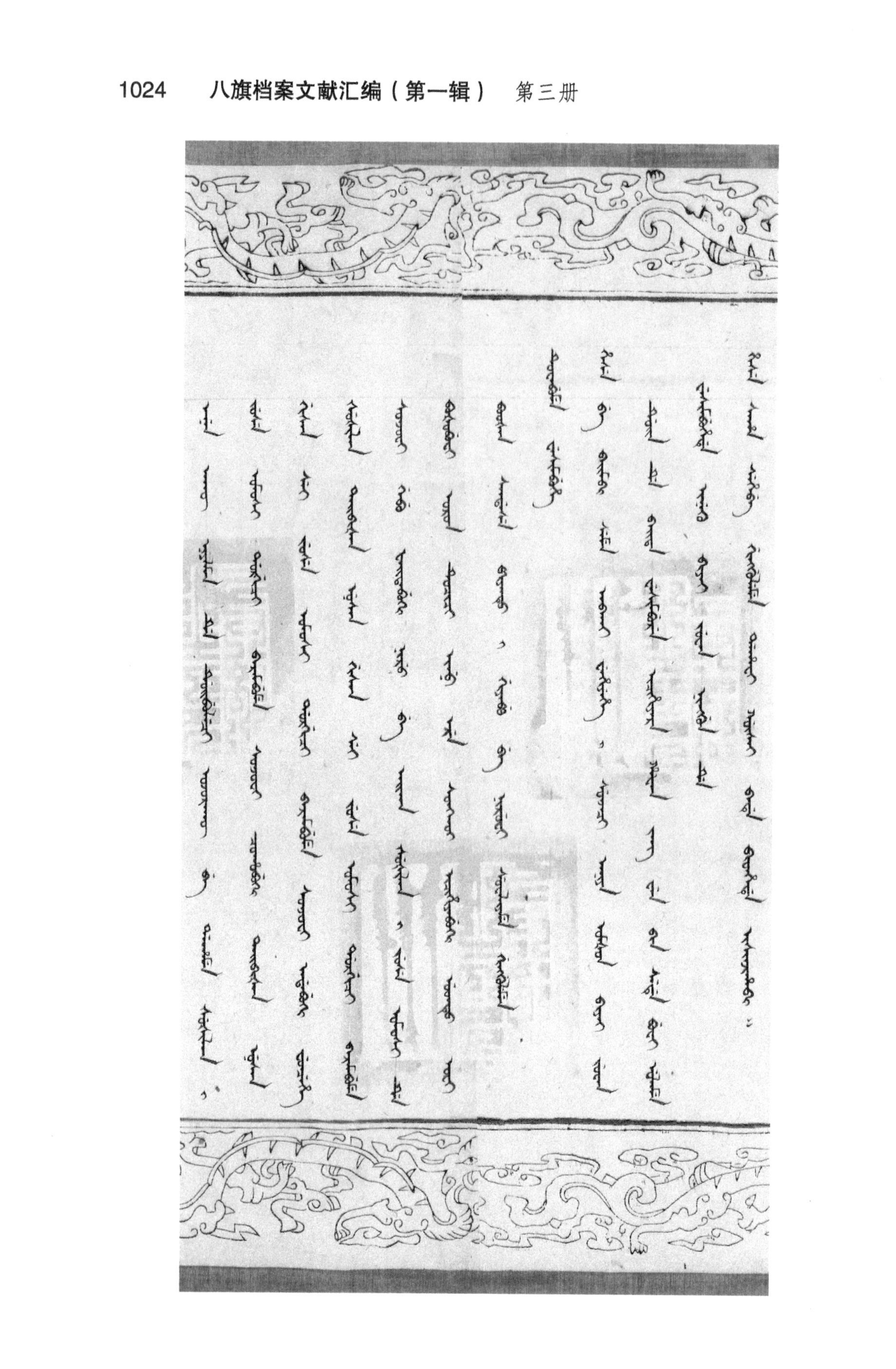

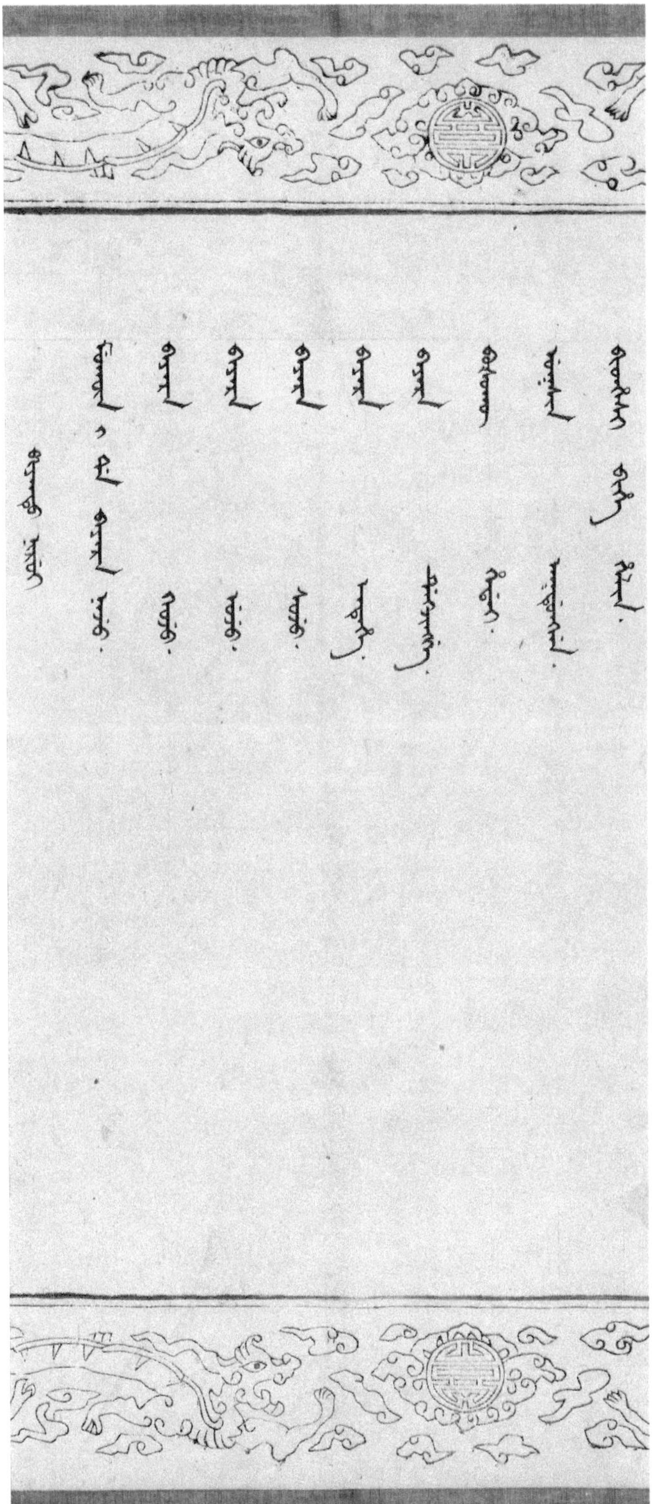

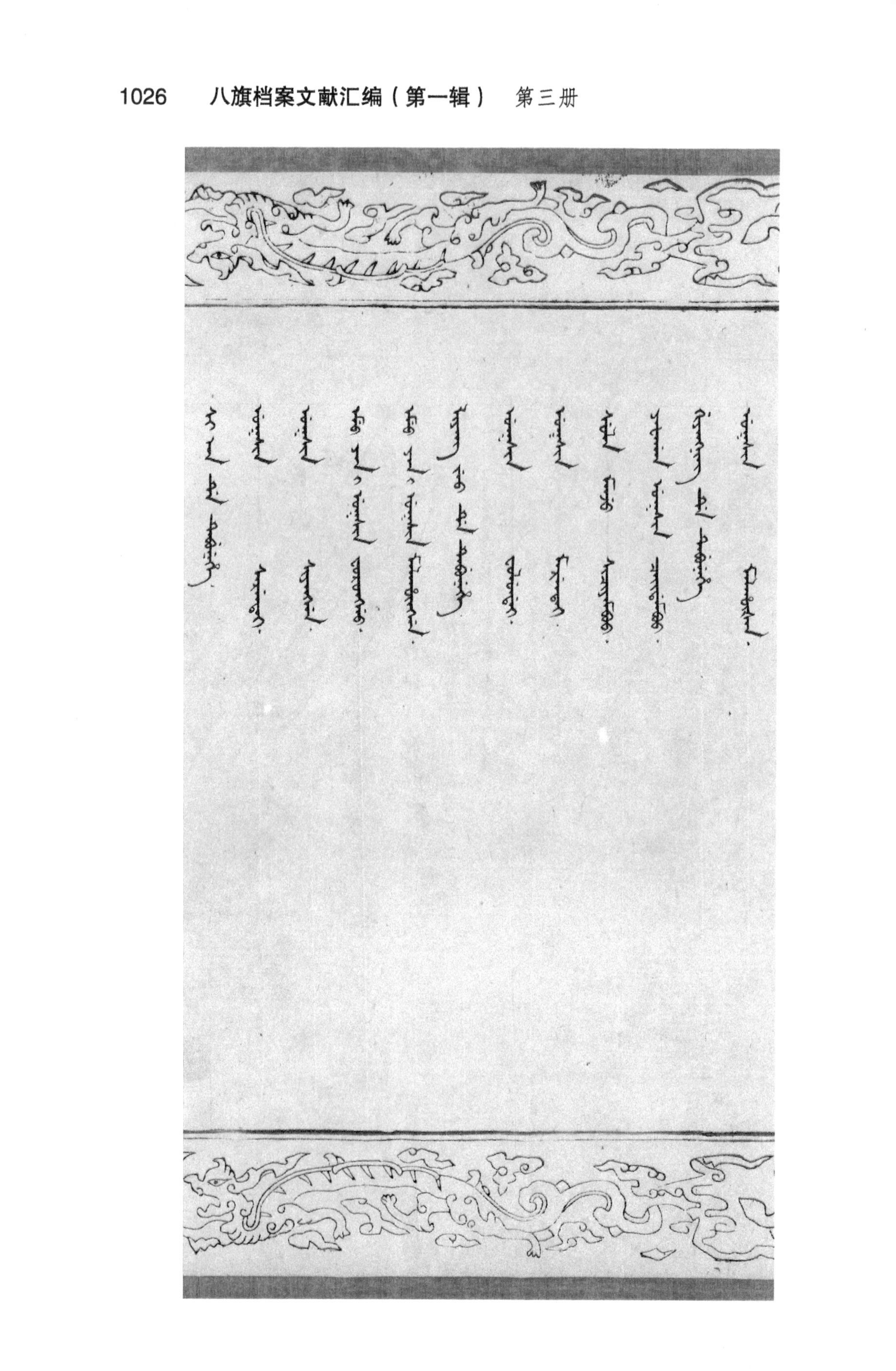

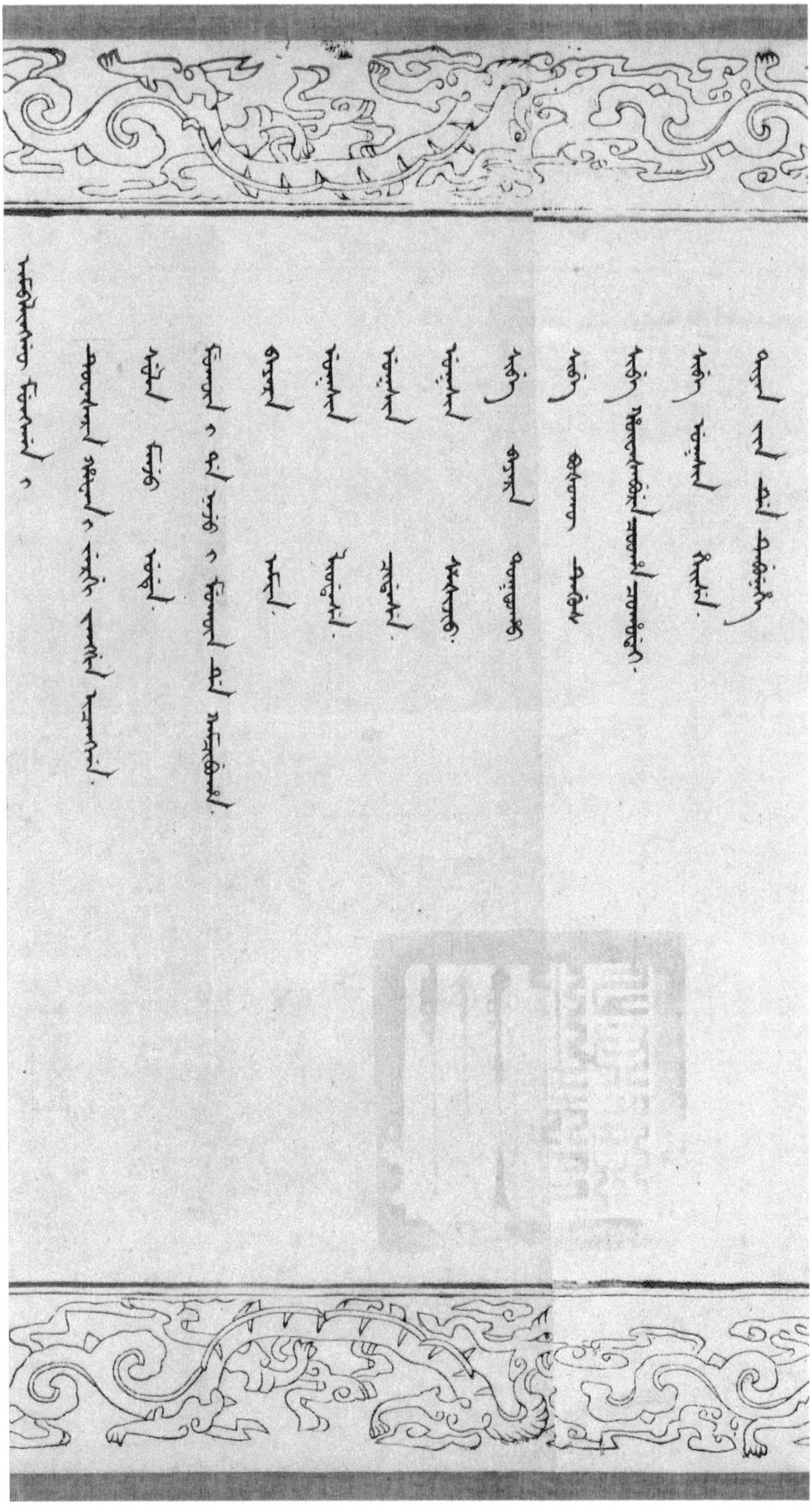

ᠠᠪᡴᠠᡳ ᠸᡝᡥᡳᠶᡝᡥᡝ ᡳ [illegible] ᠠᠨᡳᠶᠠ [illegible] ᠪᡳᠶᠠ

[illegible]

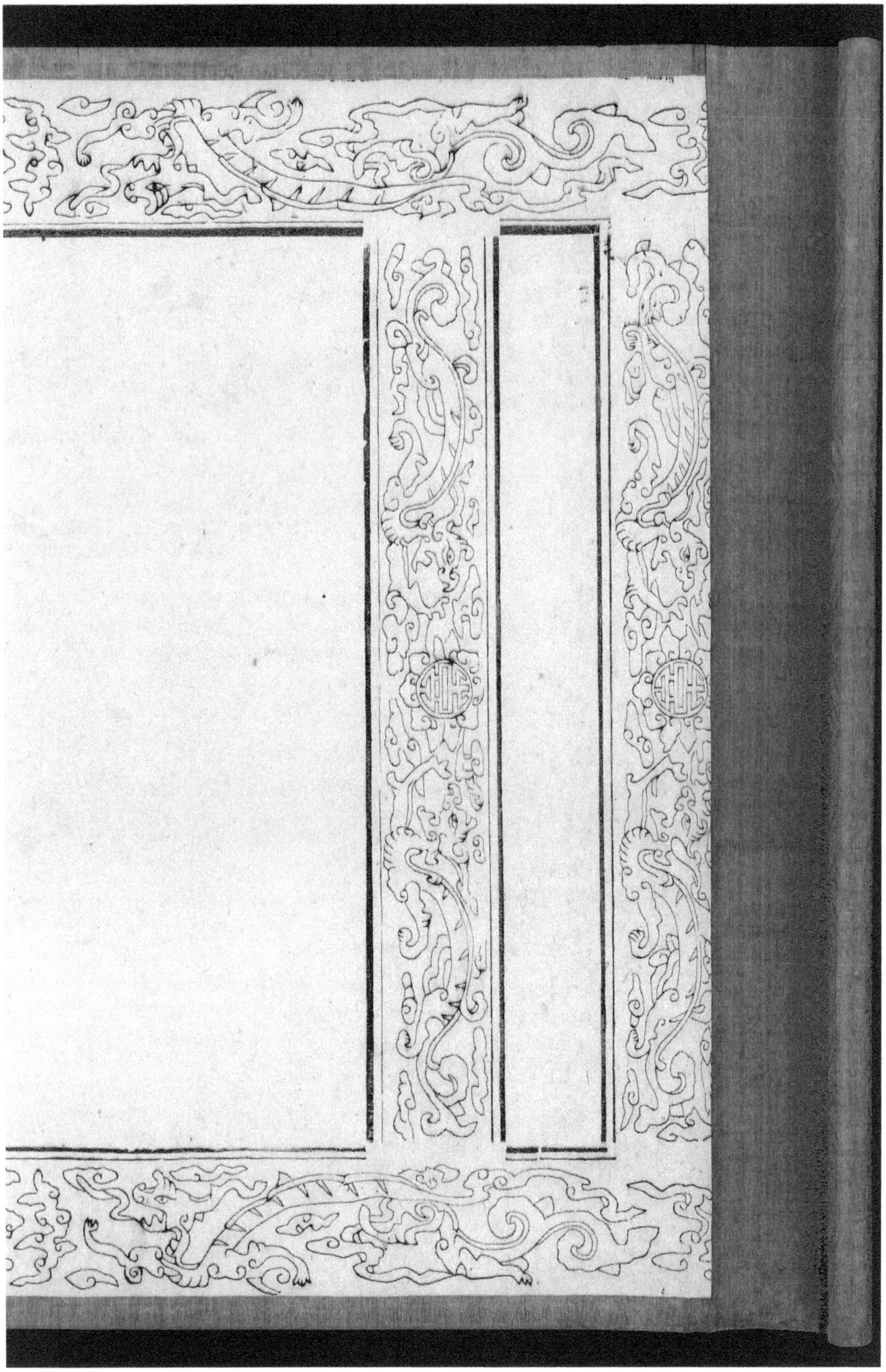

正黄旗满洲宁秀世管佐领下族长七十一印轴

满文写本，卷轴装，页面48.2cm×1250.0cm，四周双边，螭文，钤兵部印，印轴前部残缺，满文题名不存。落款时间为乾隆七年，无添写记录，满幅。

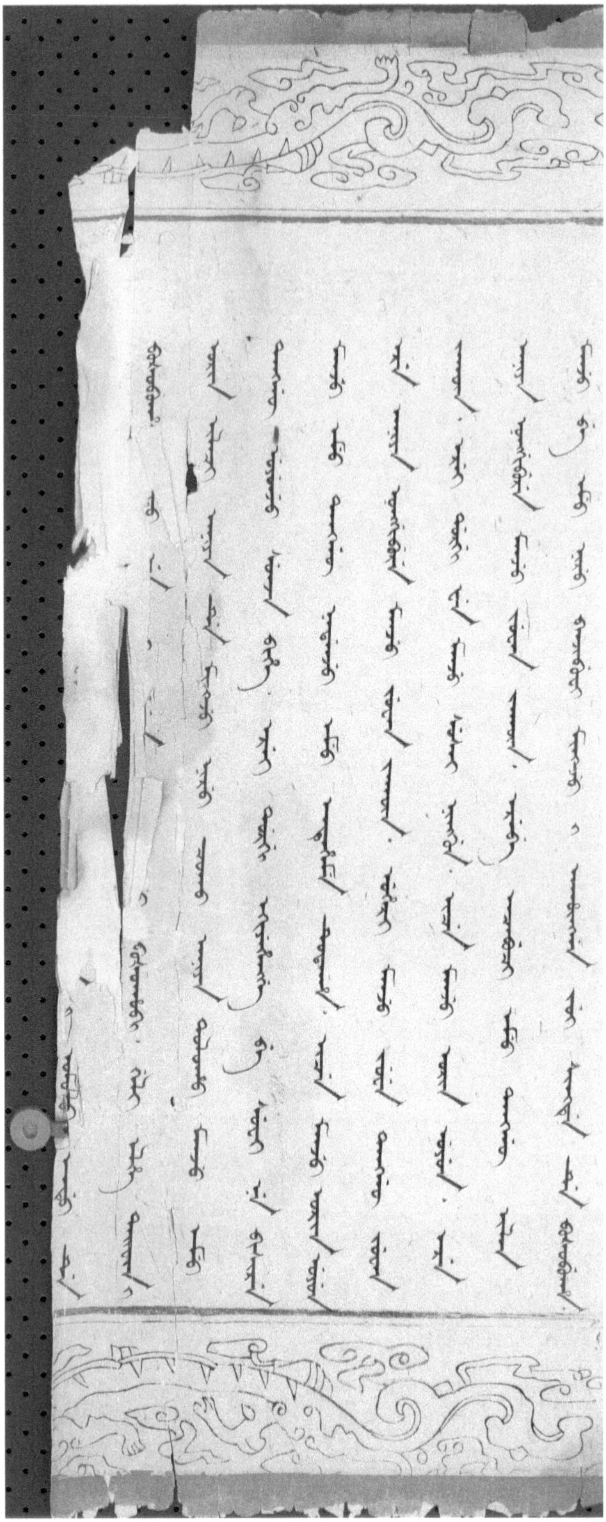

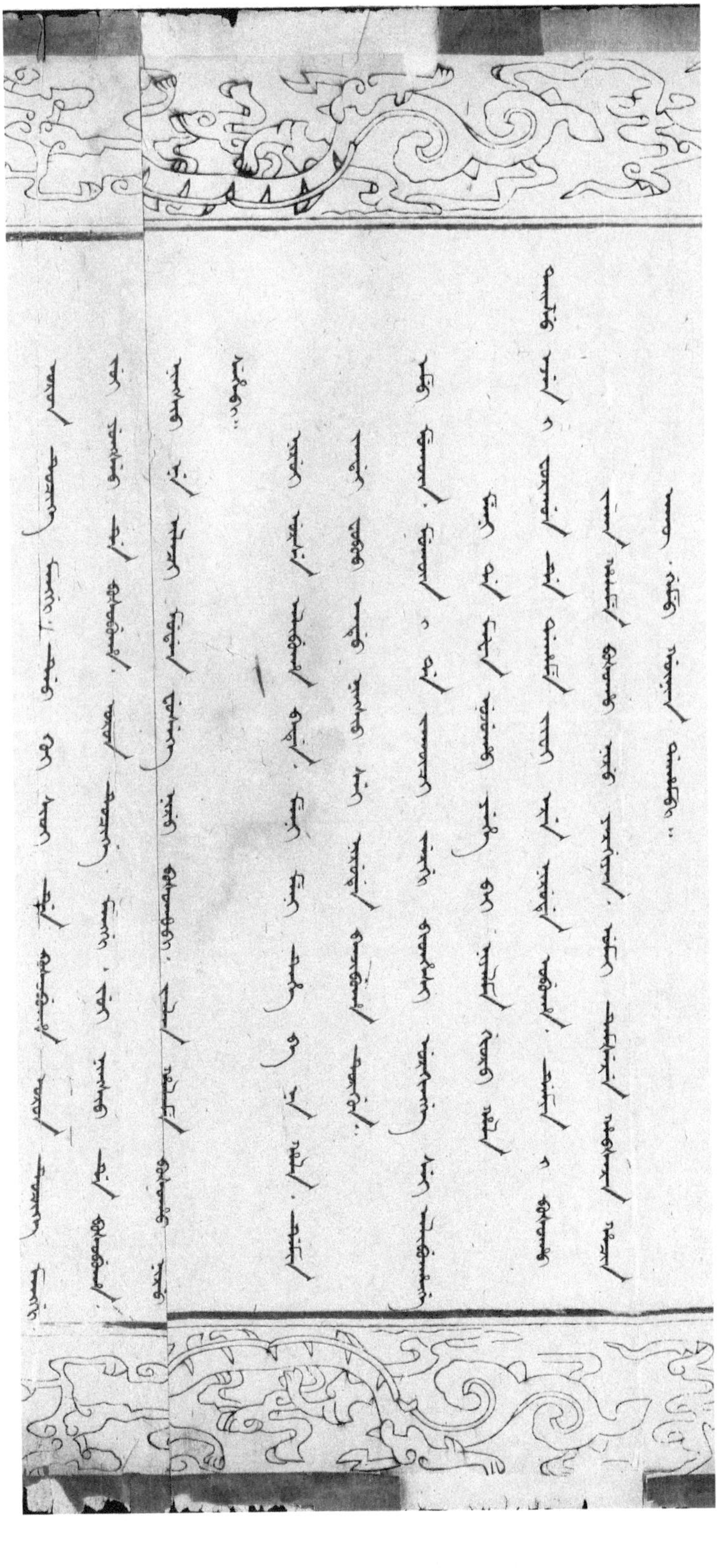

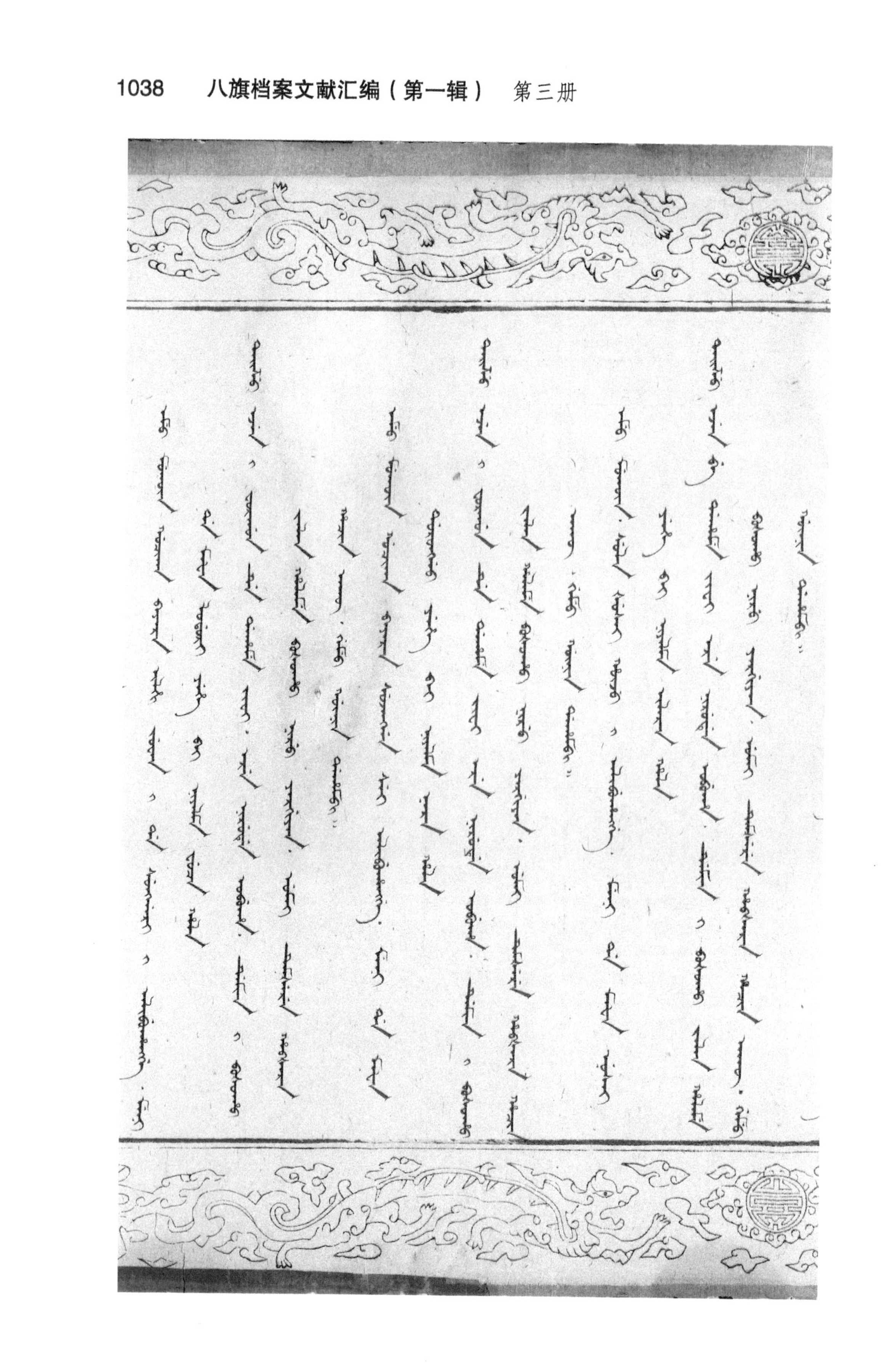

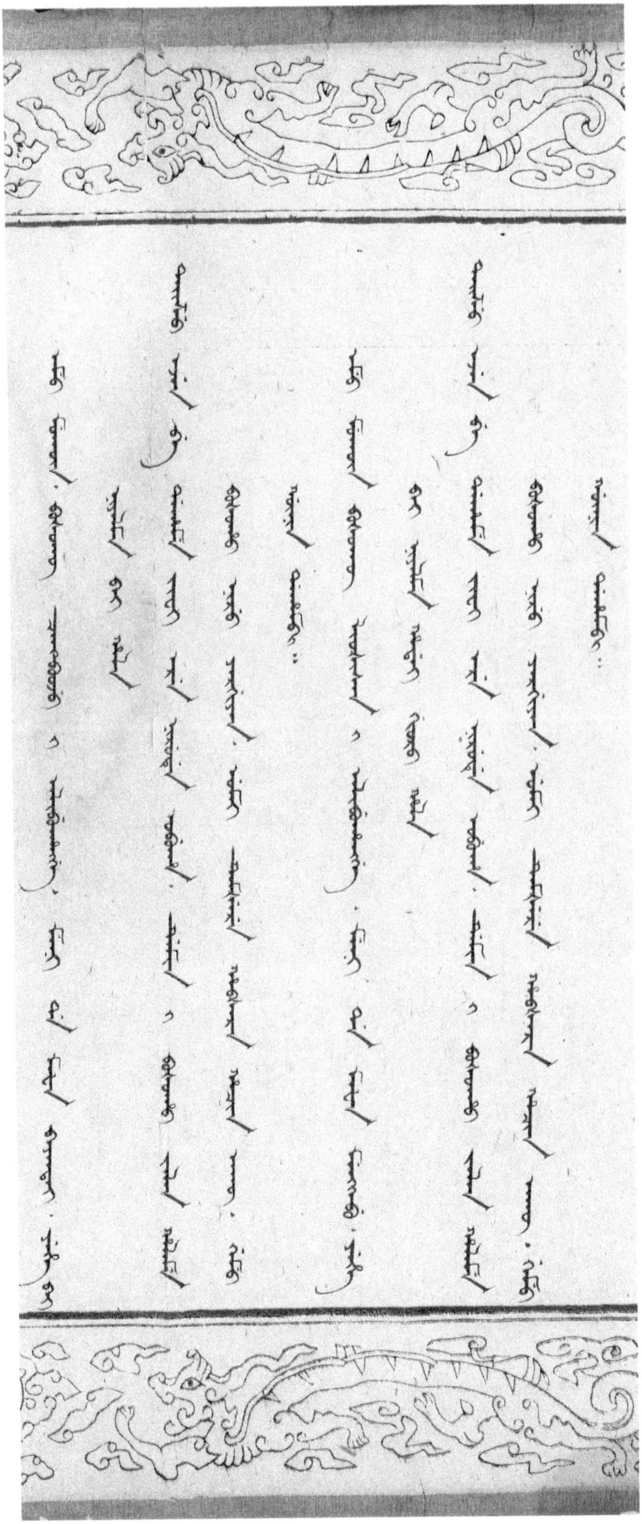

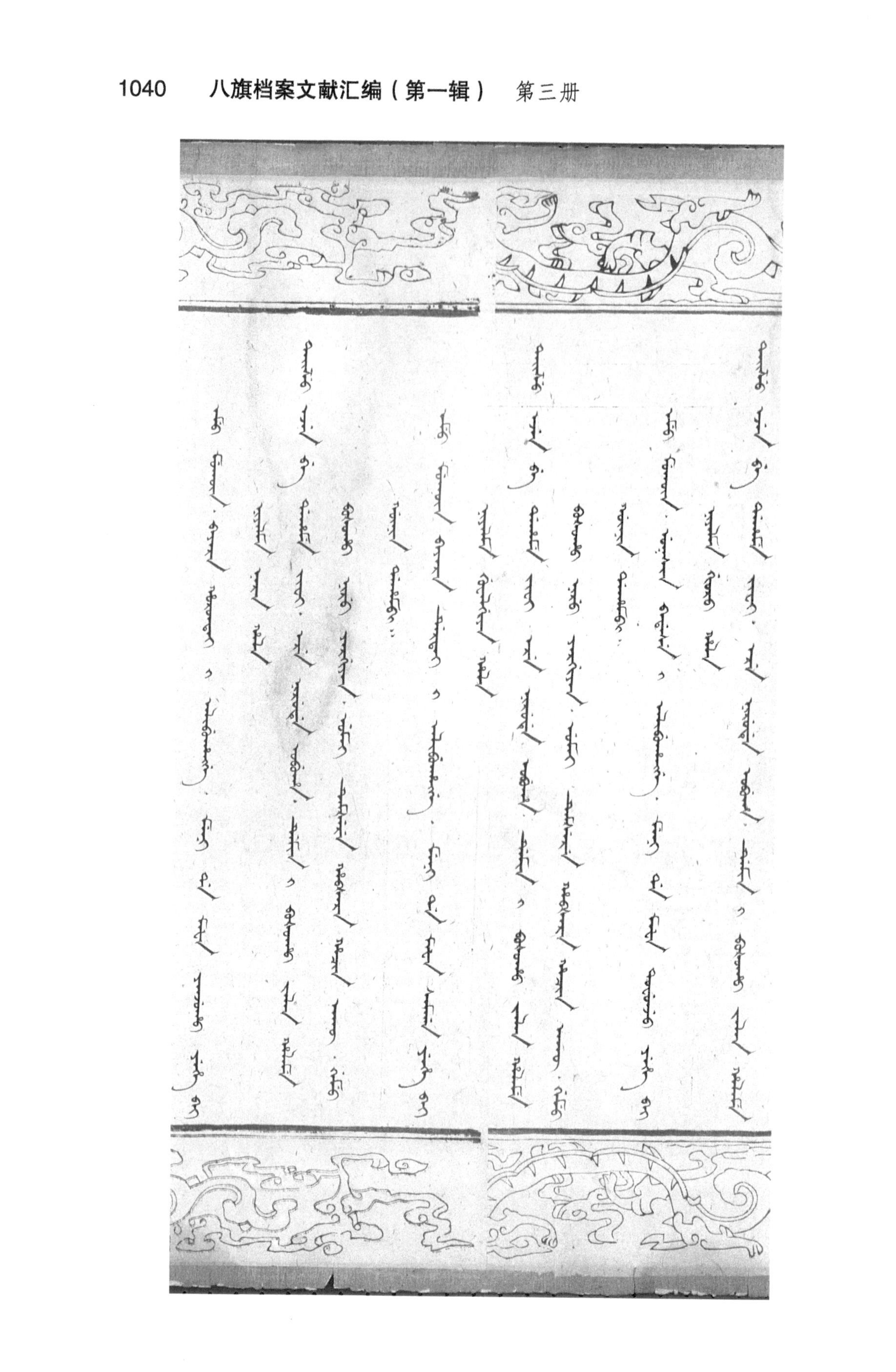

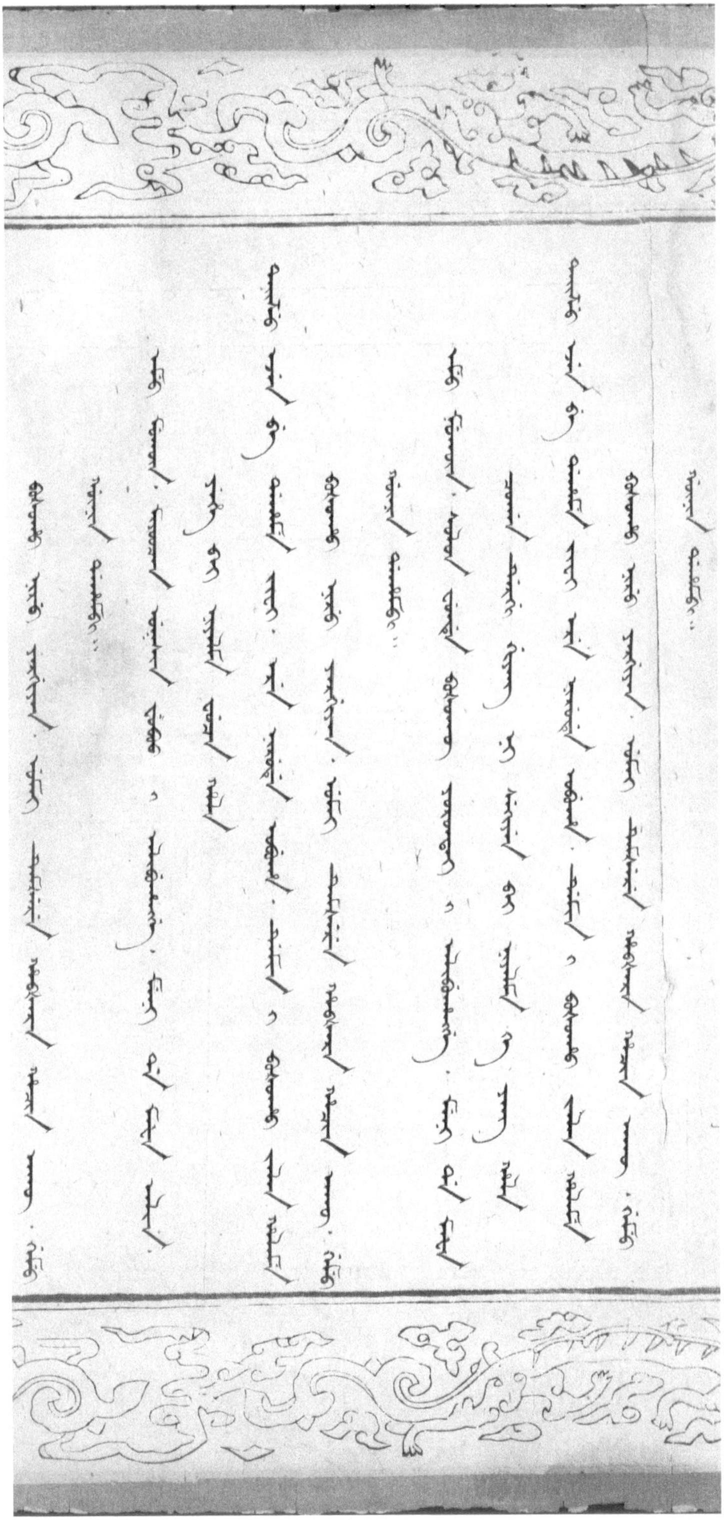

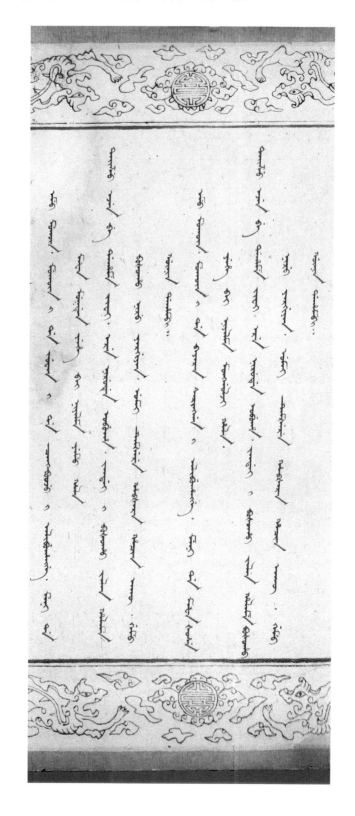

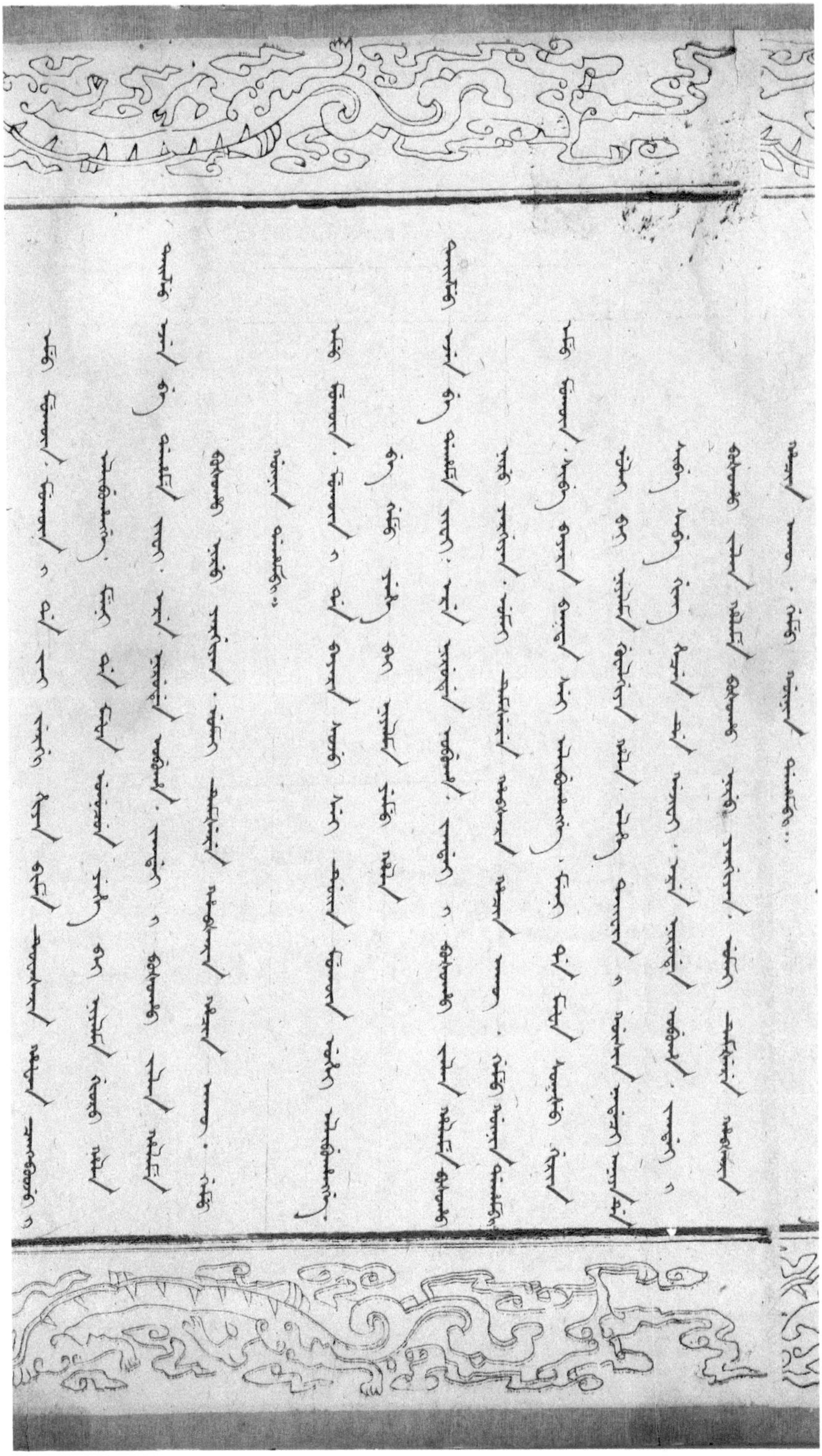

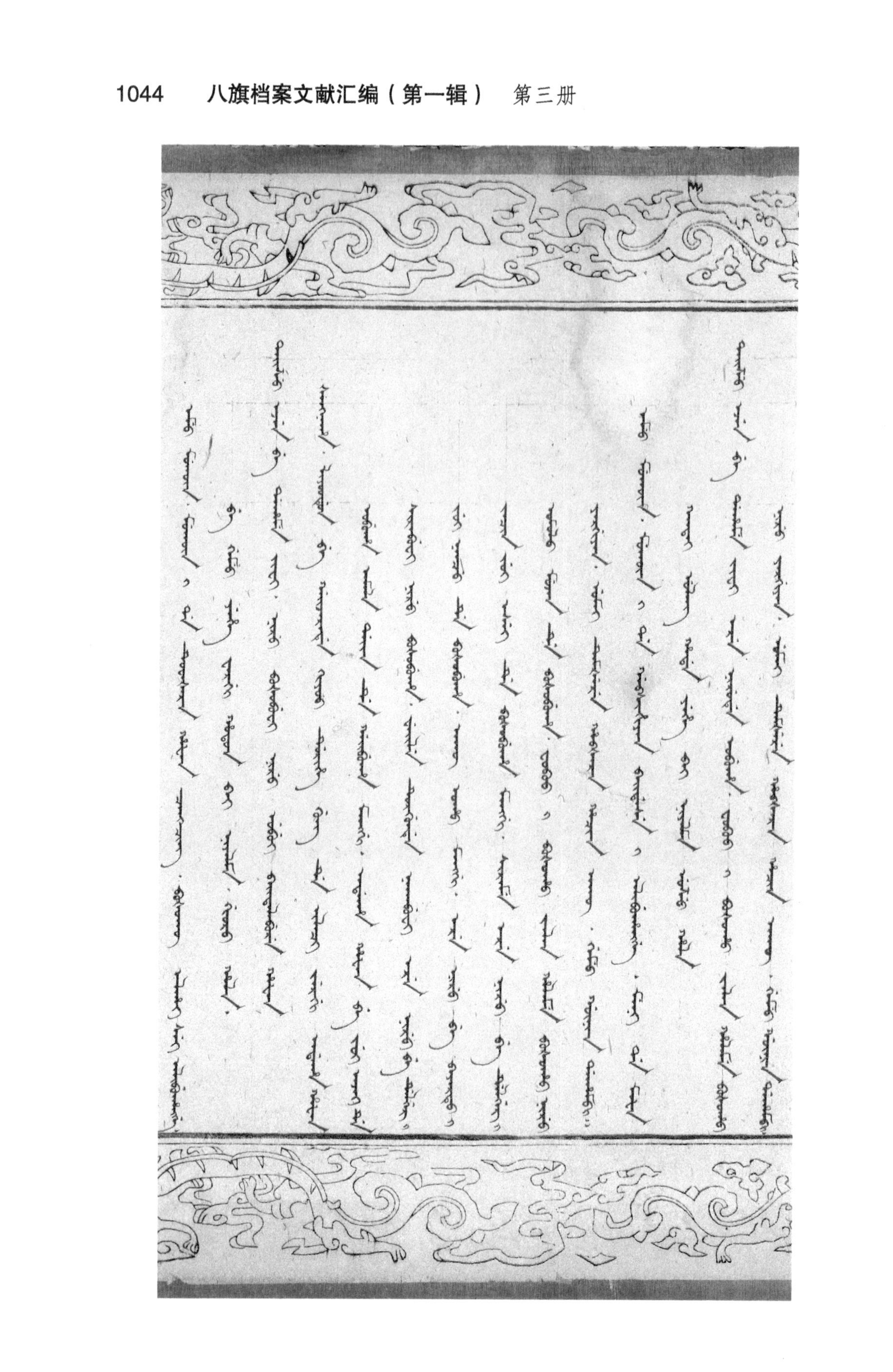

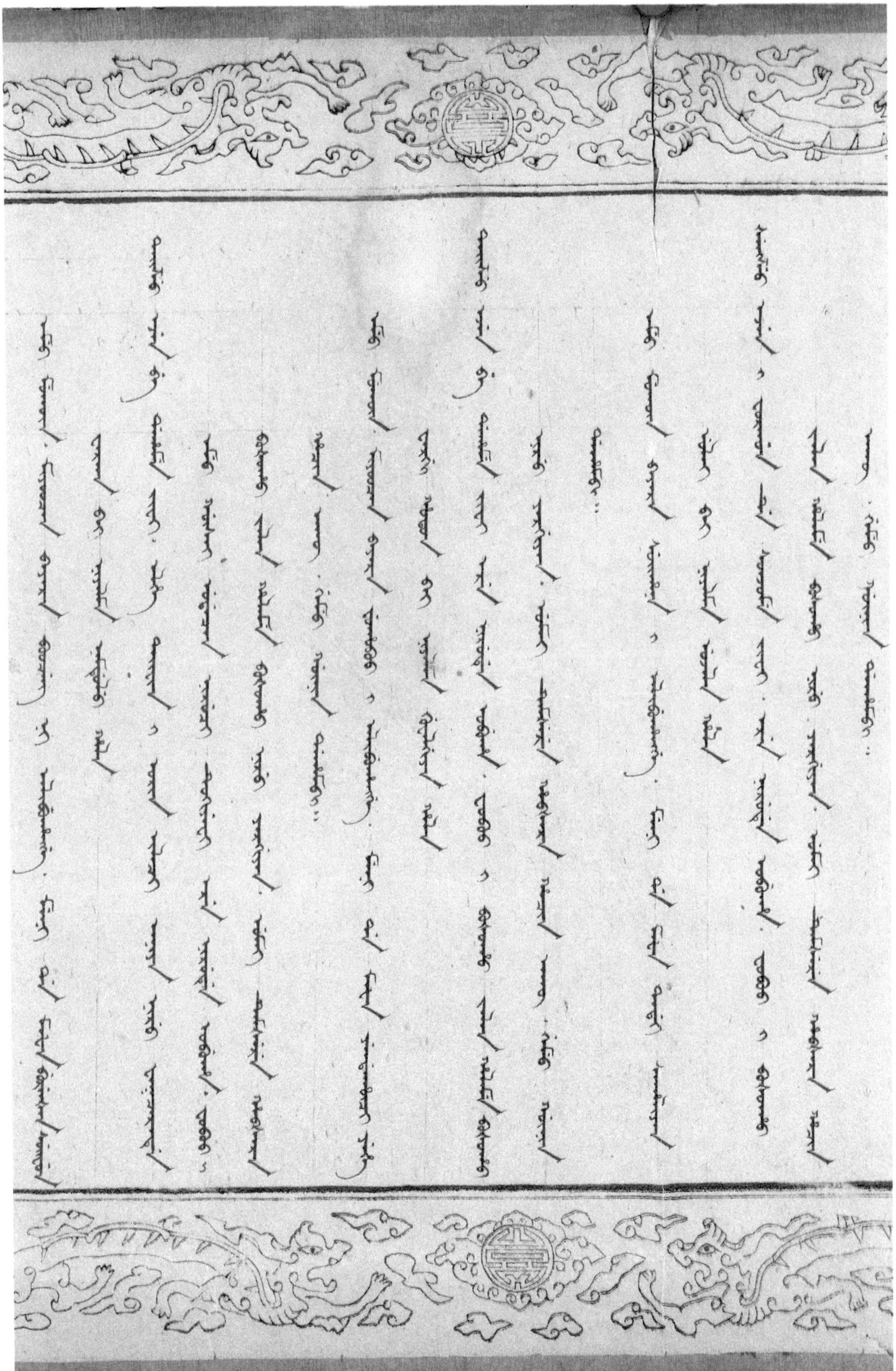

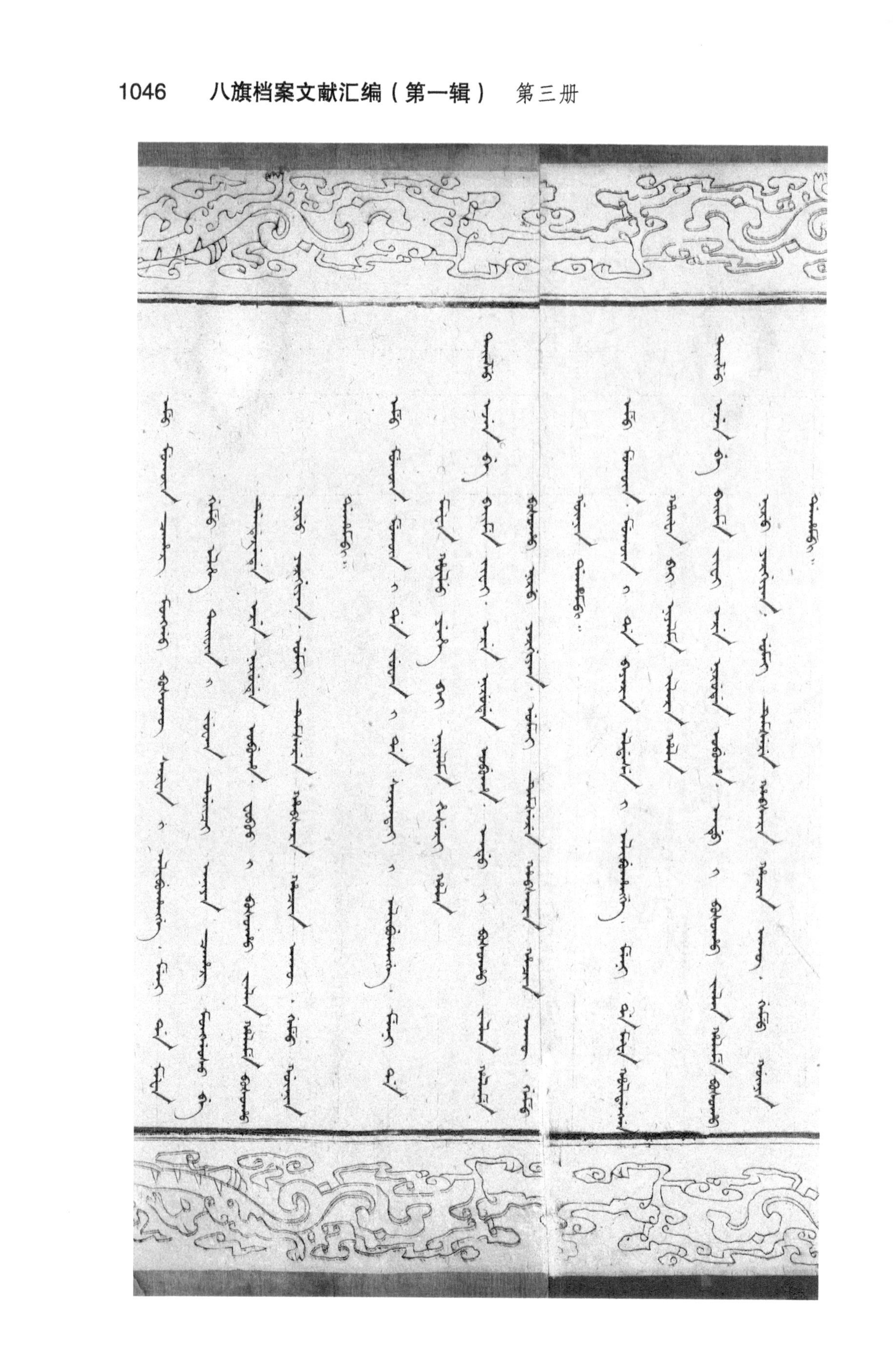

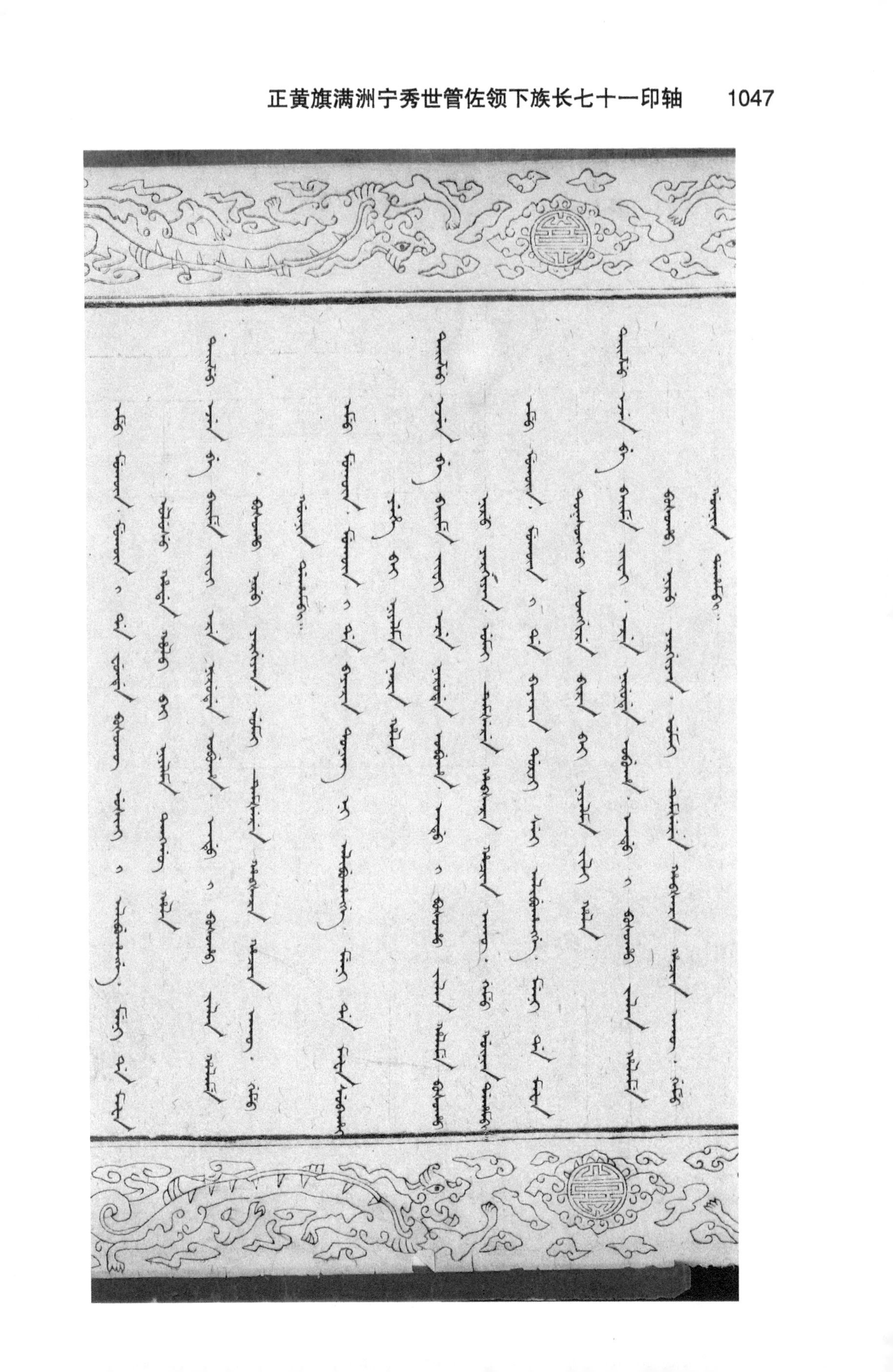

[illegible]

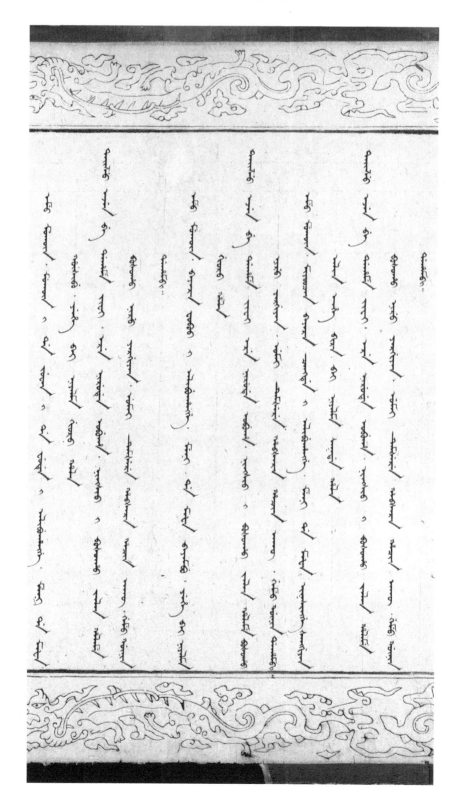

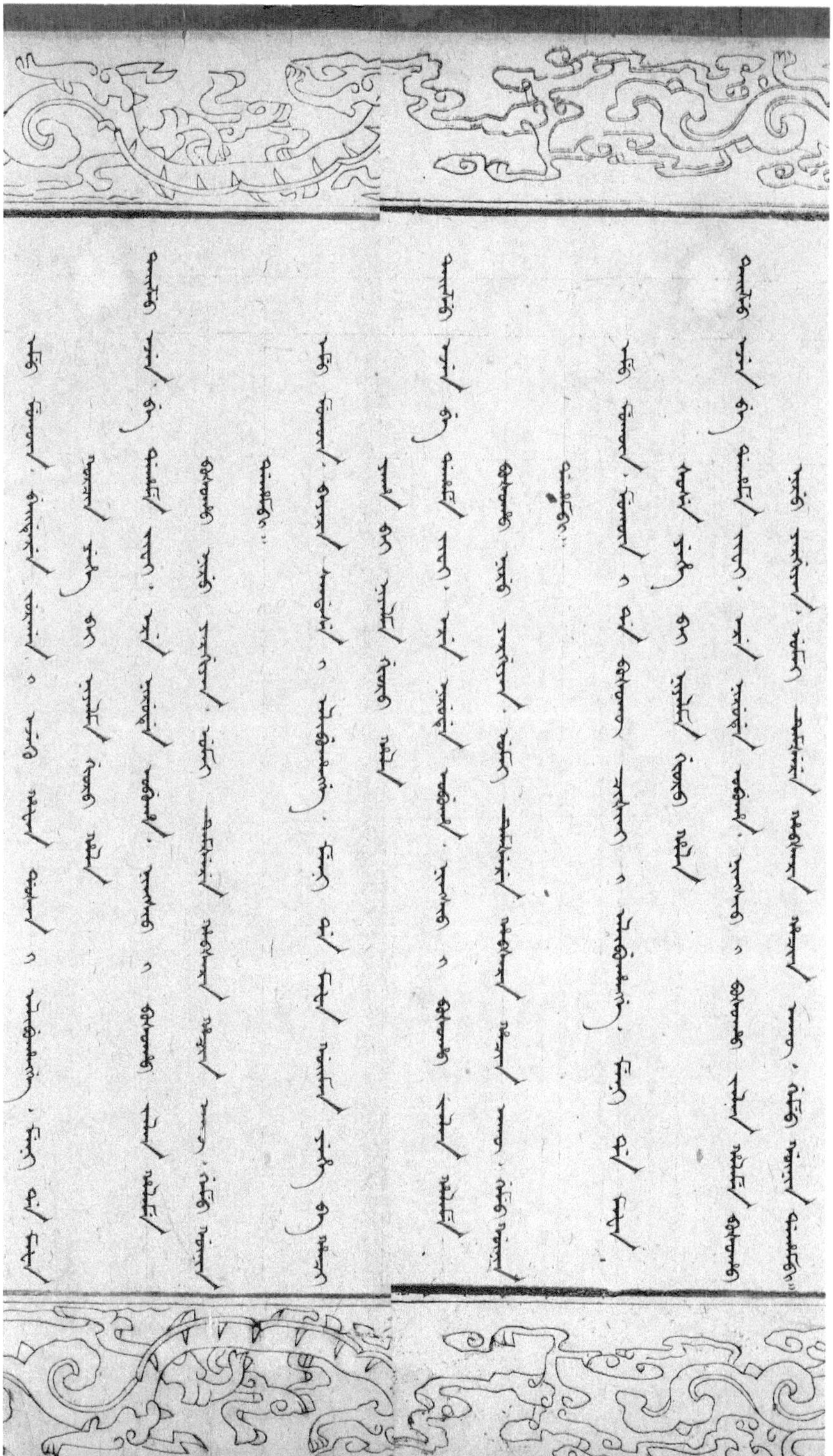

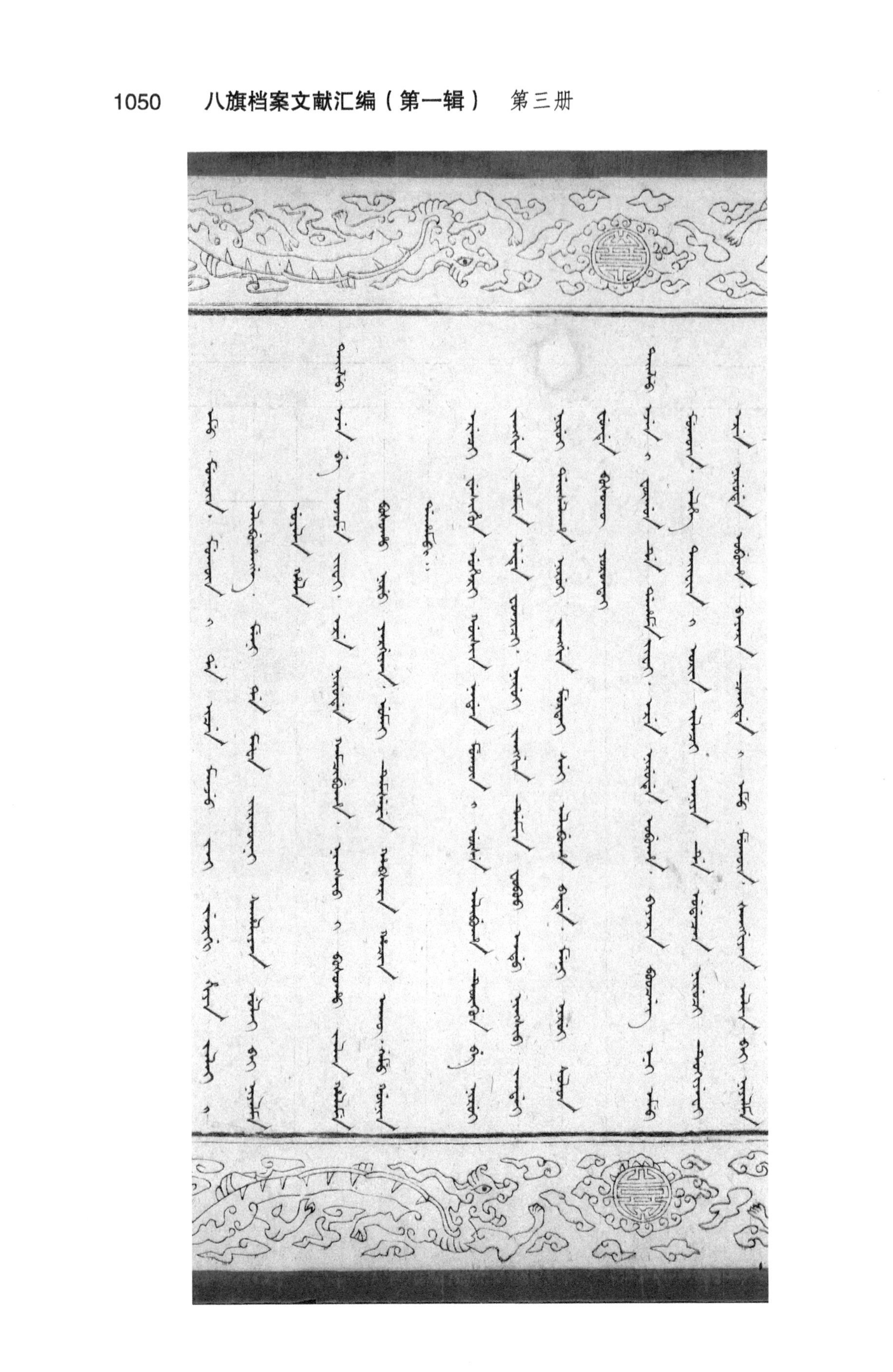

[illegible]

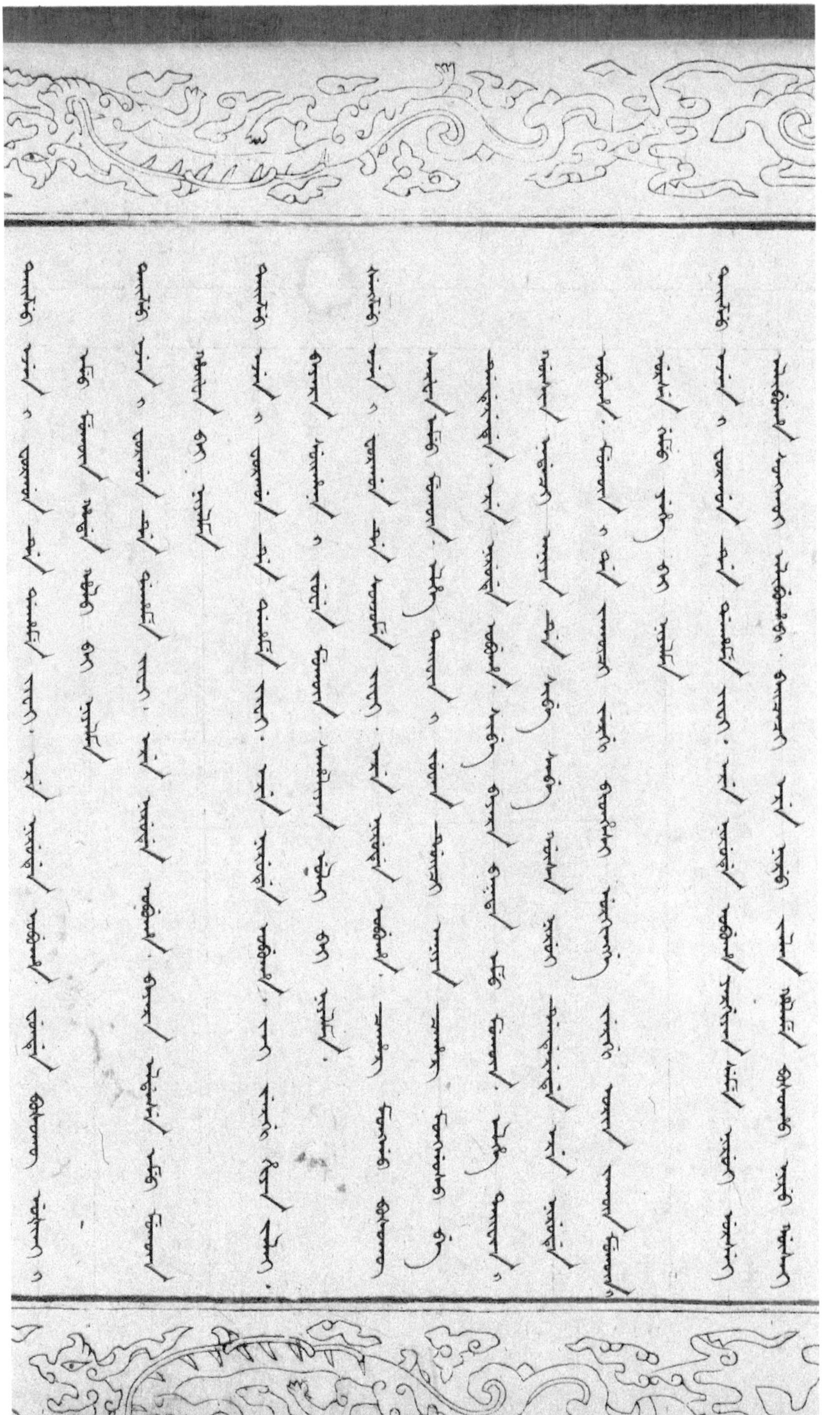

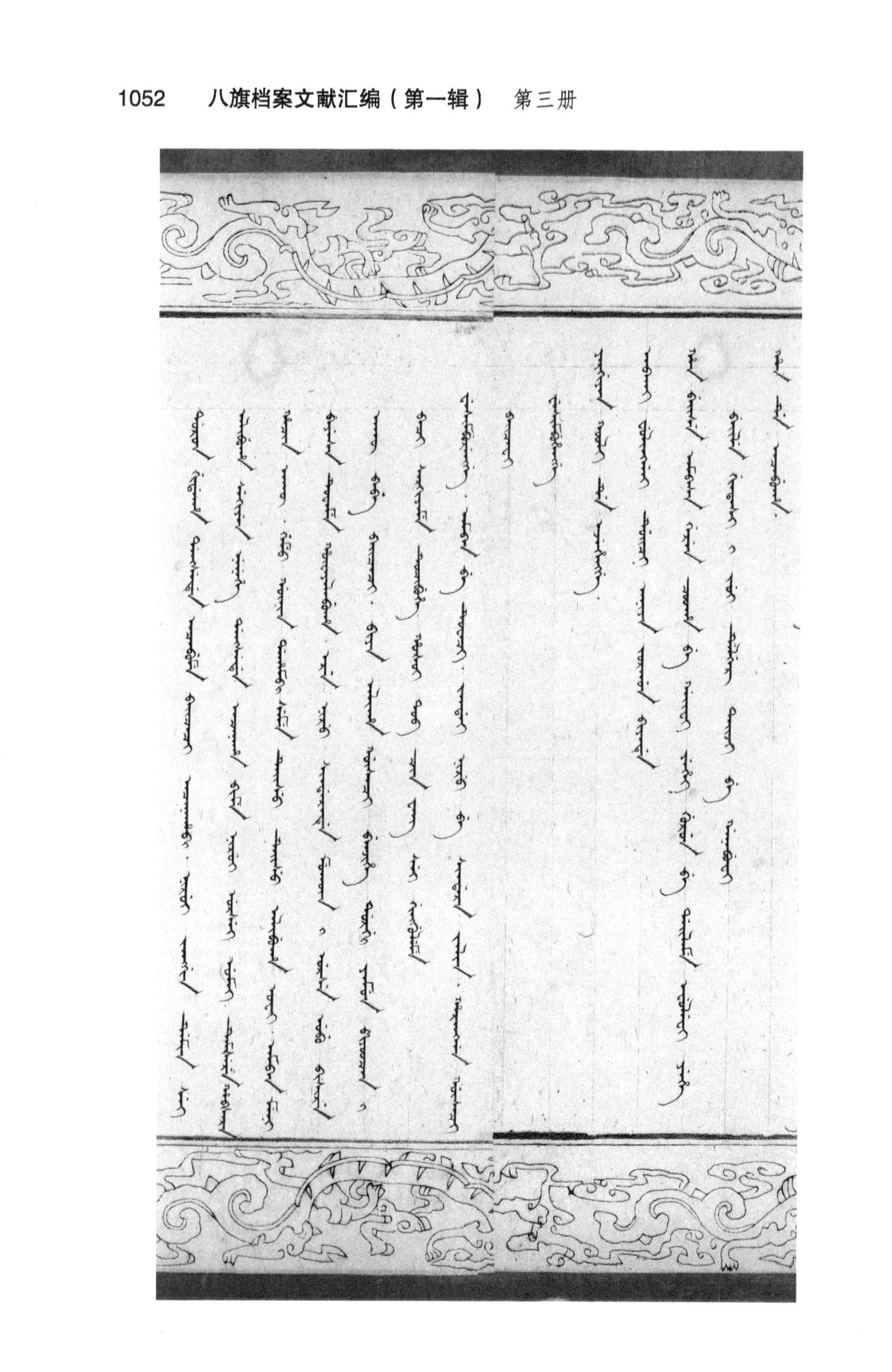

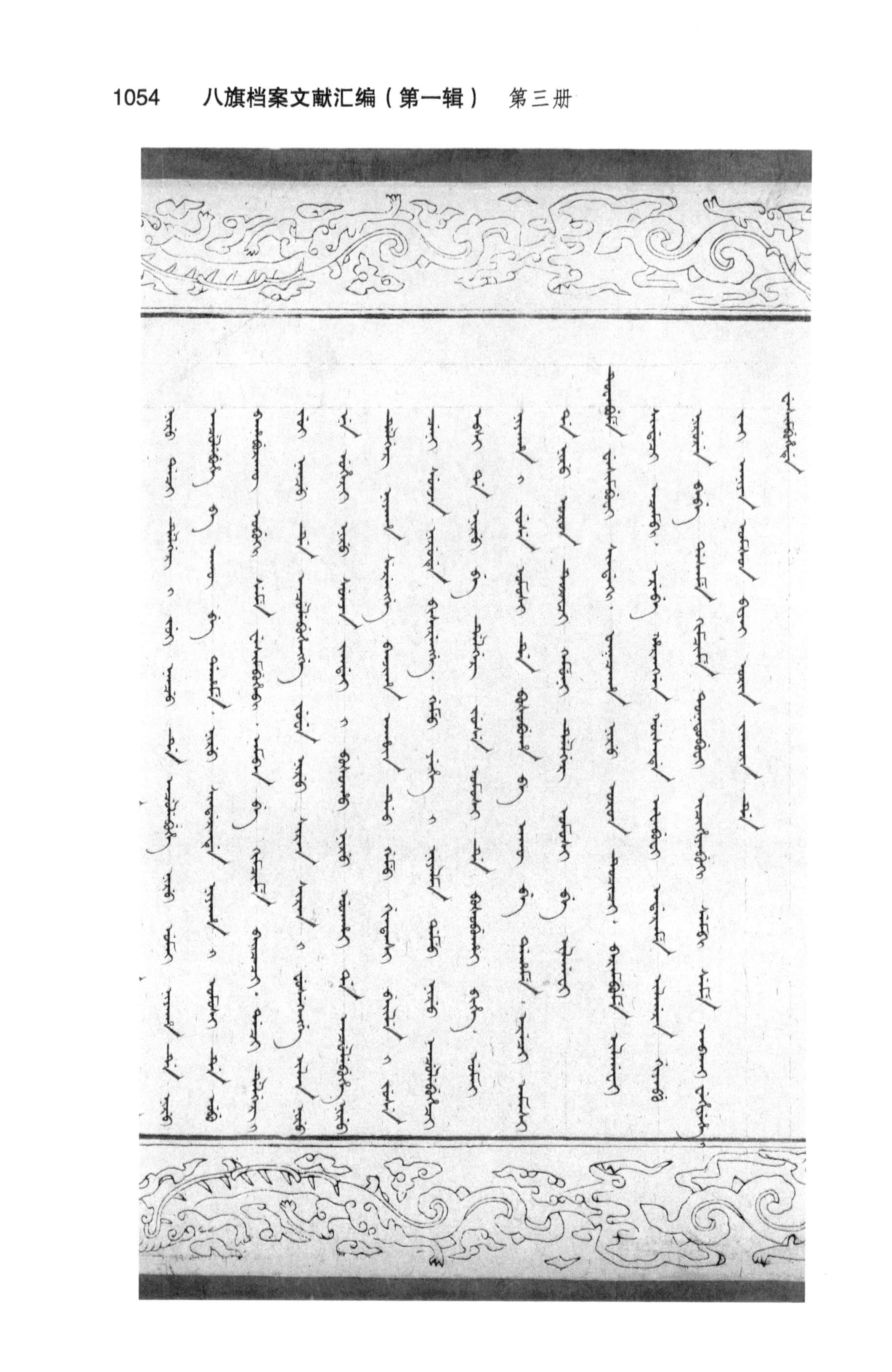

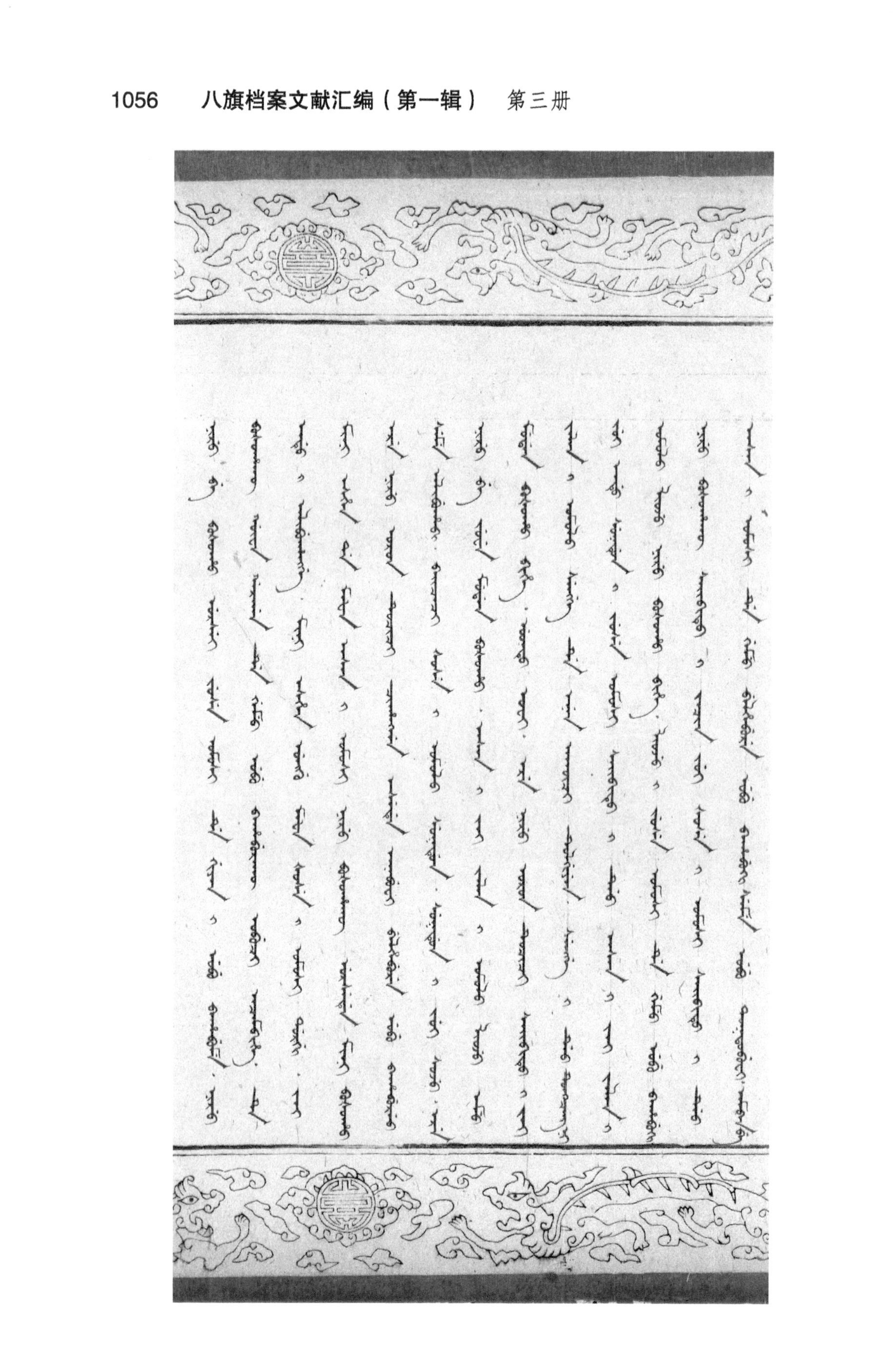

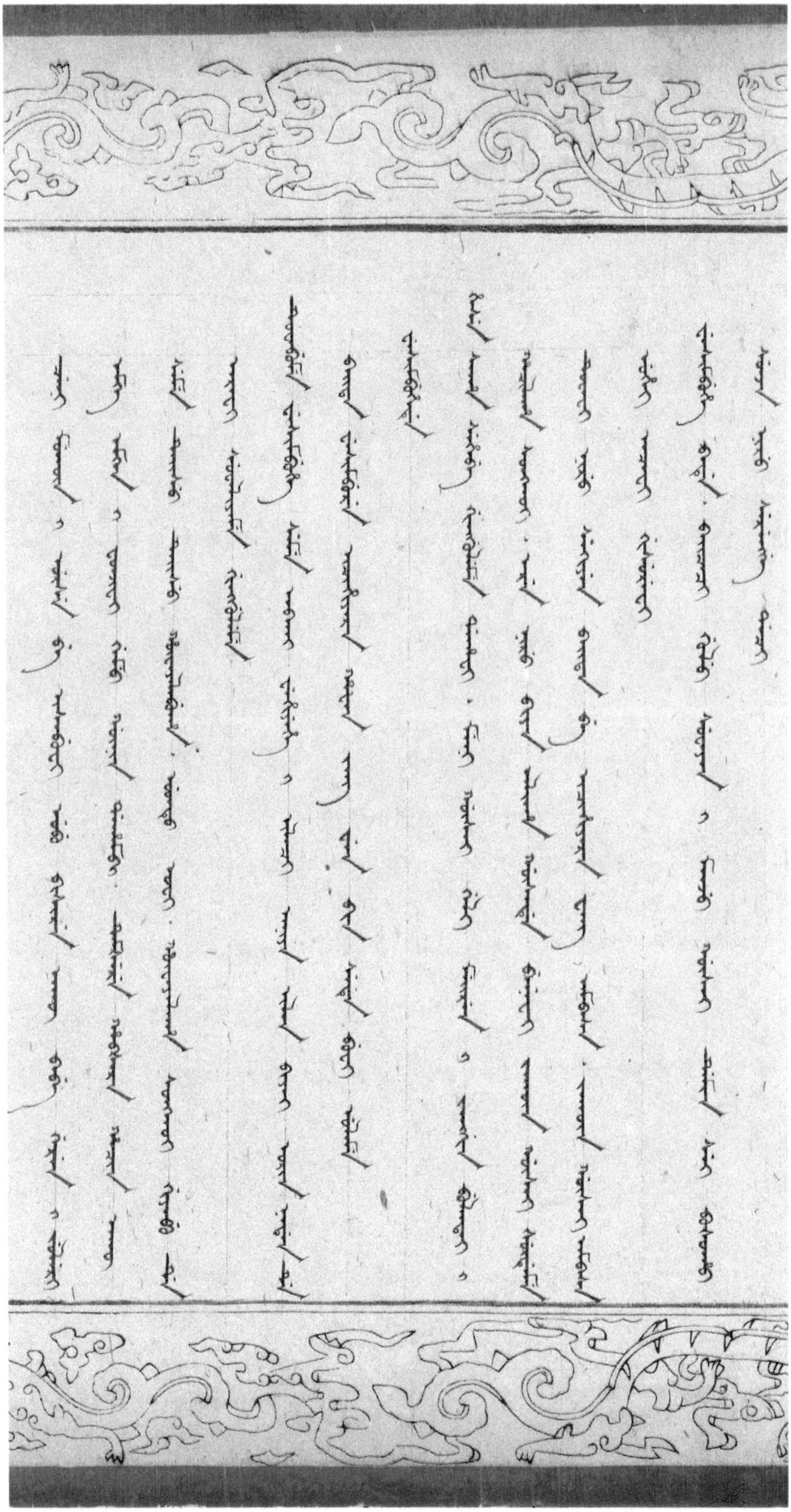

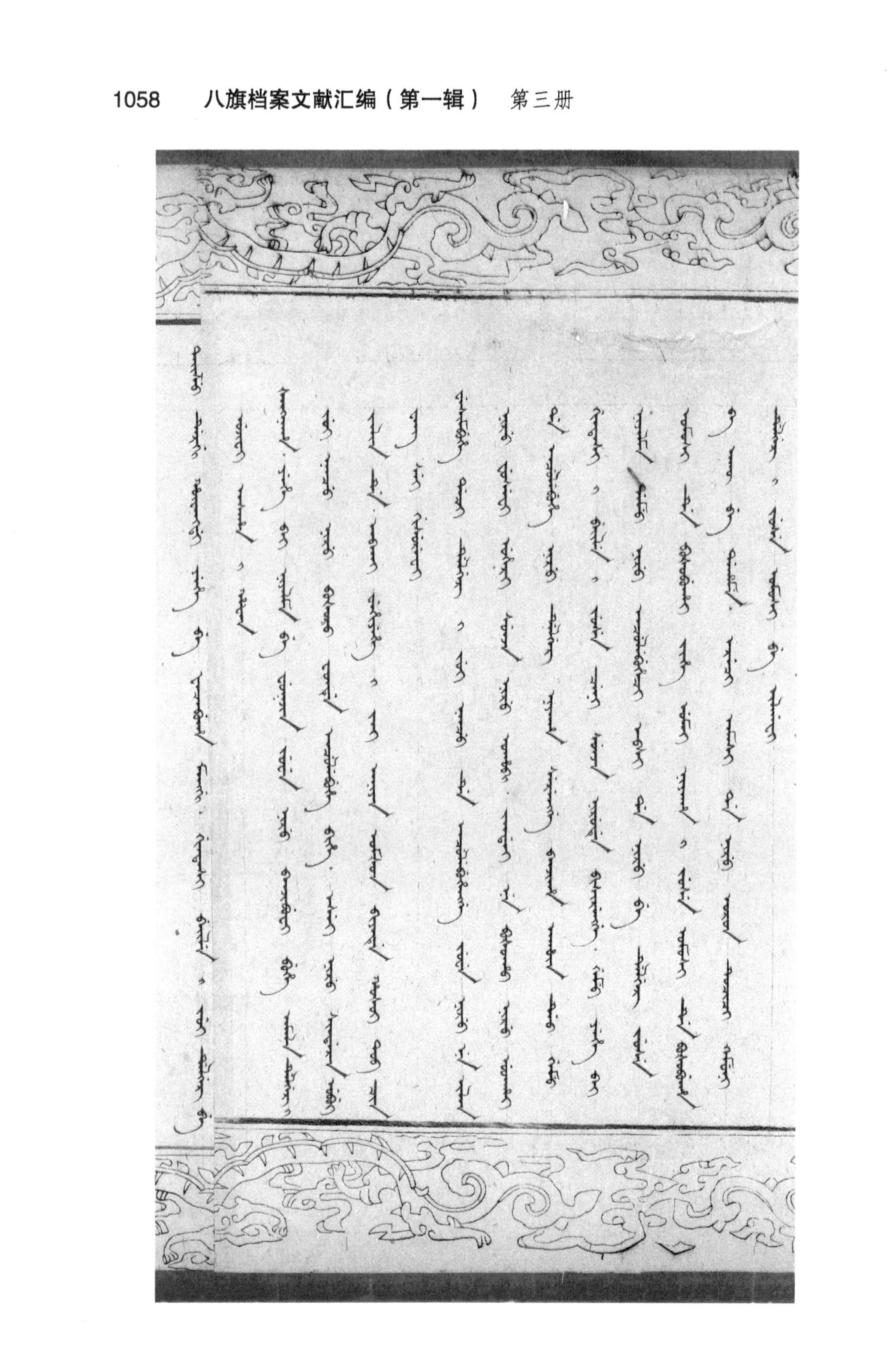

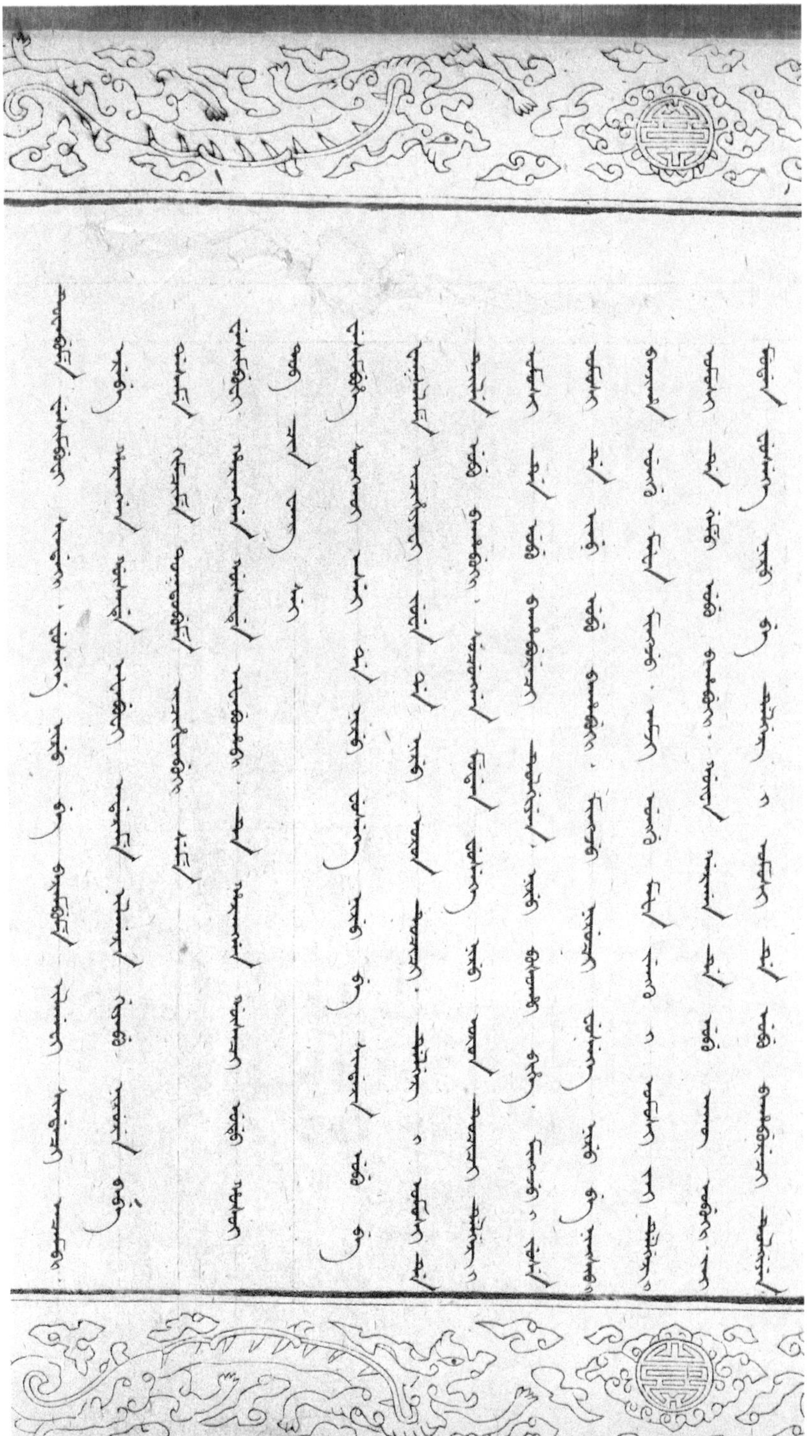

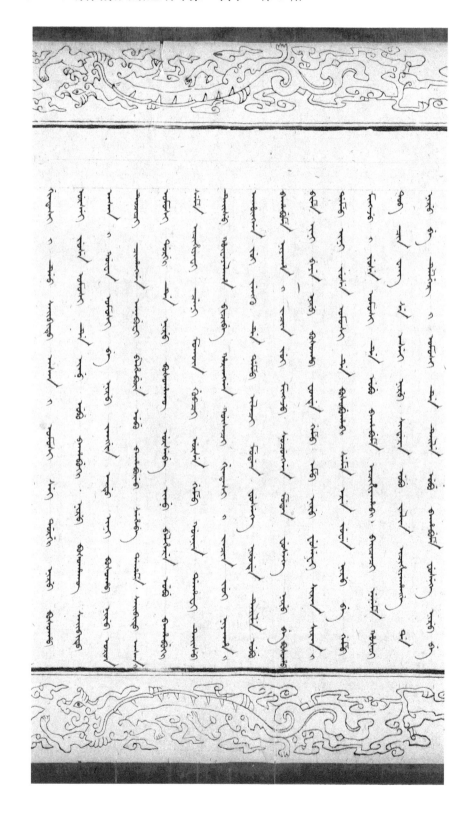

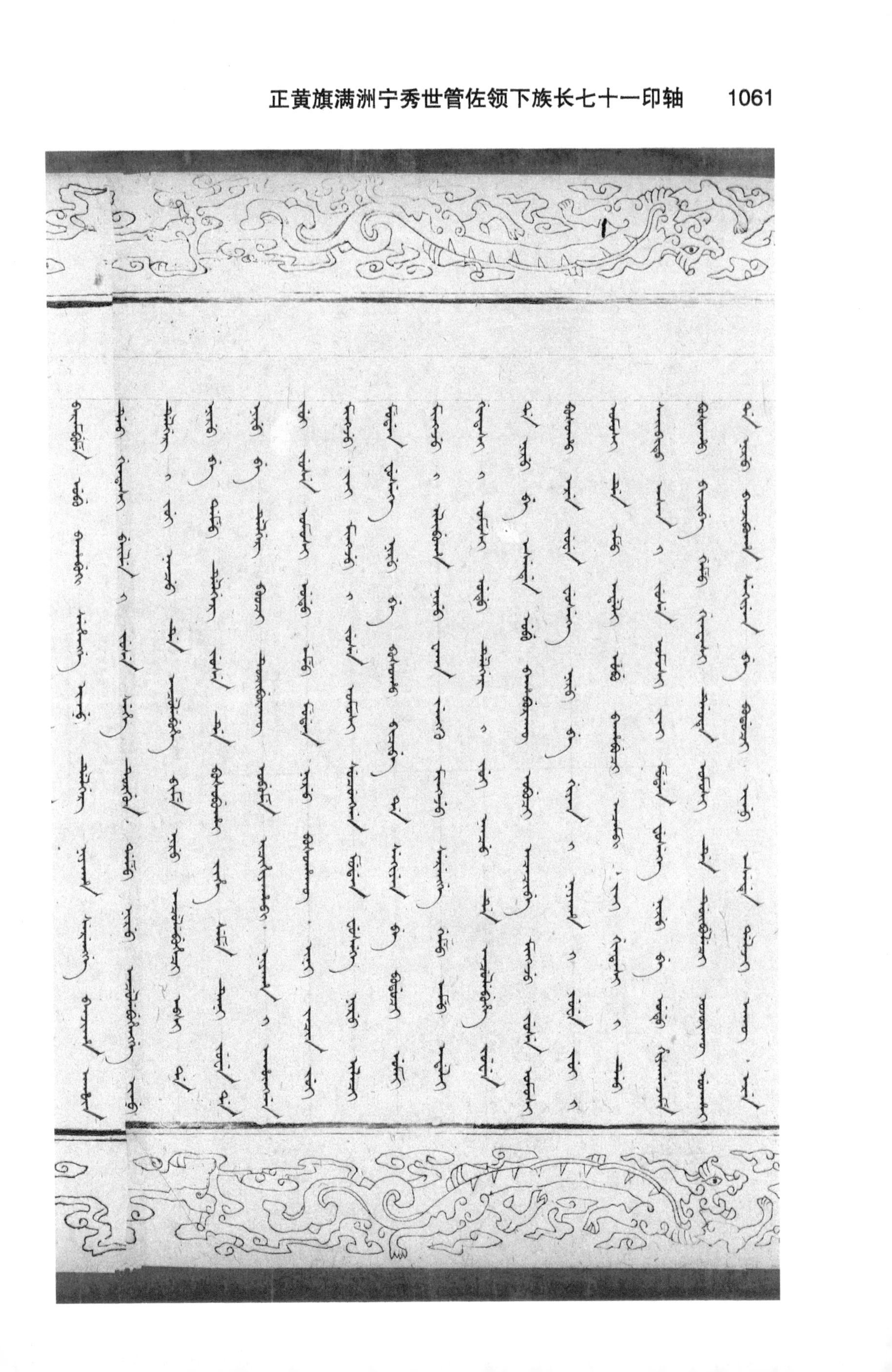

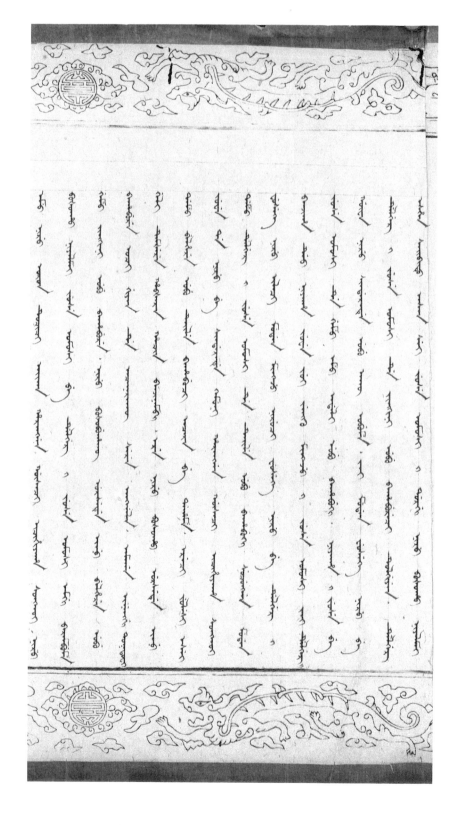

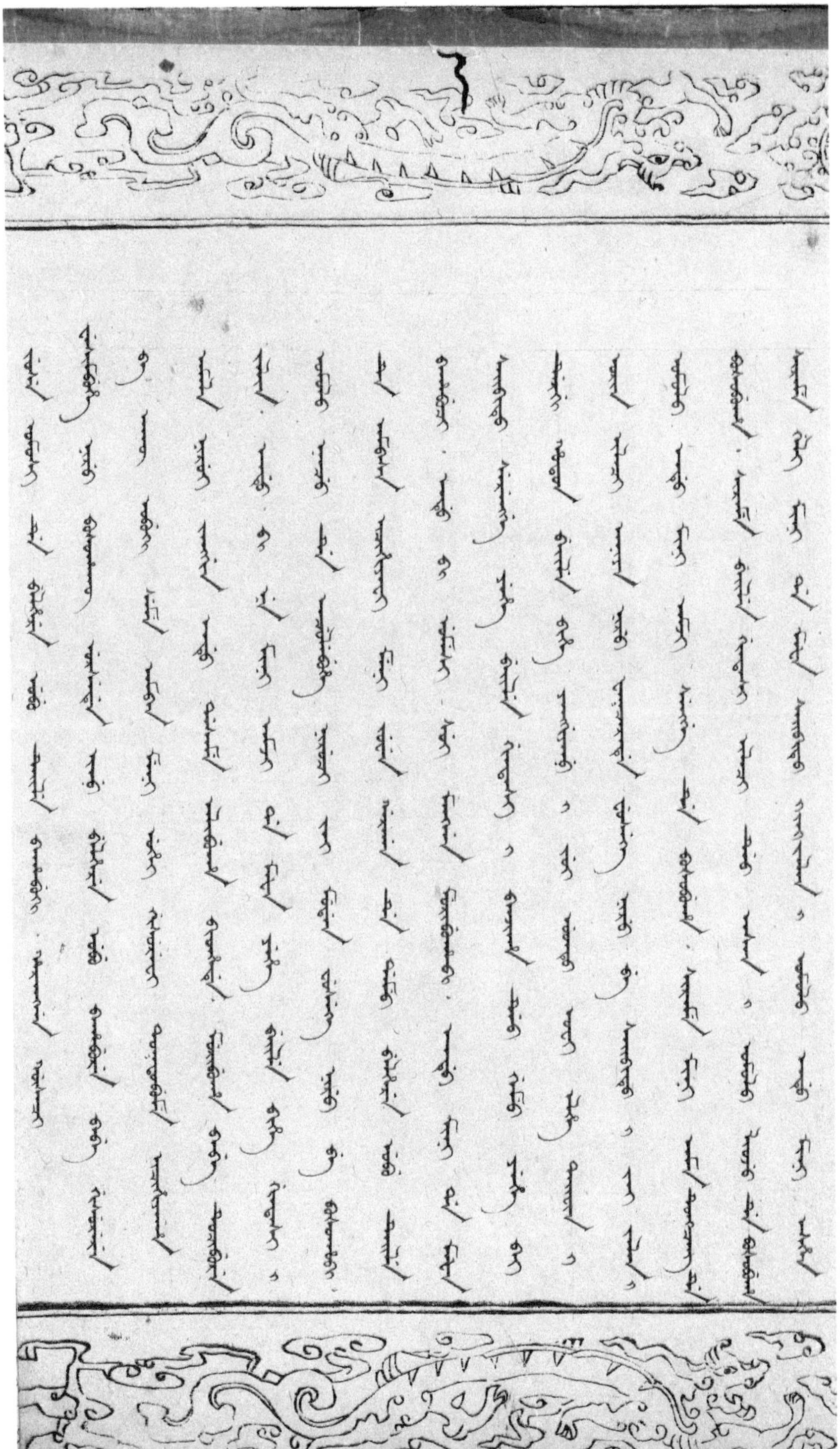

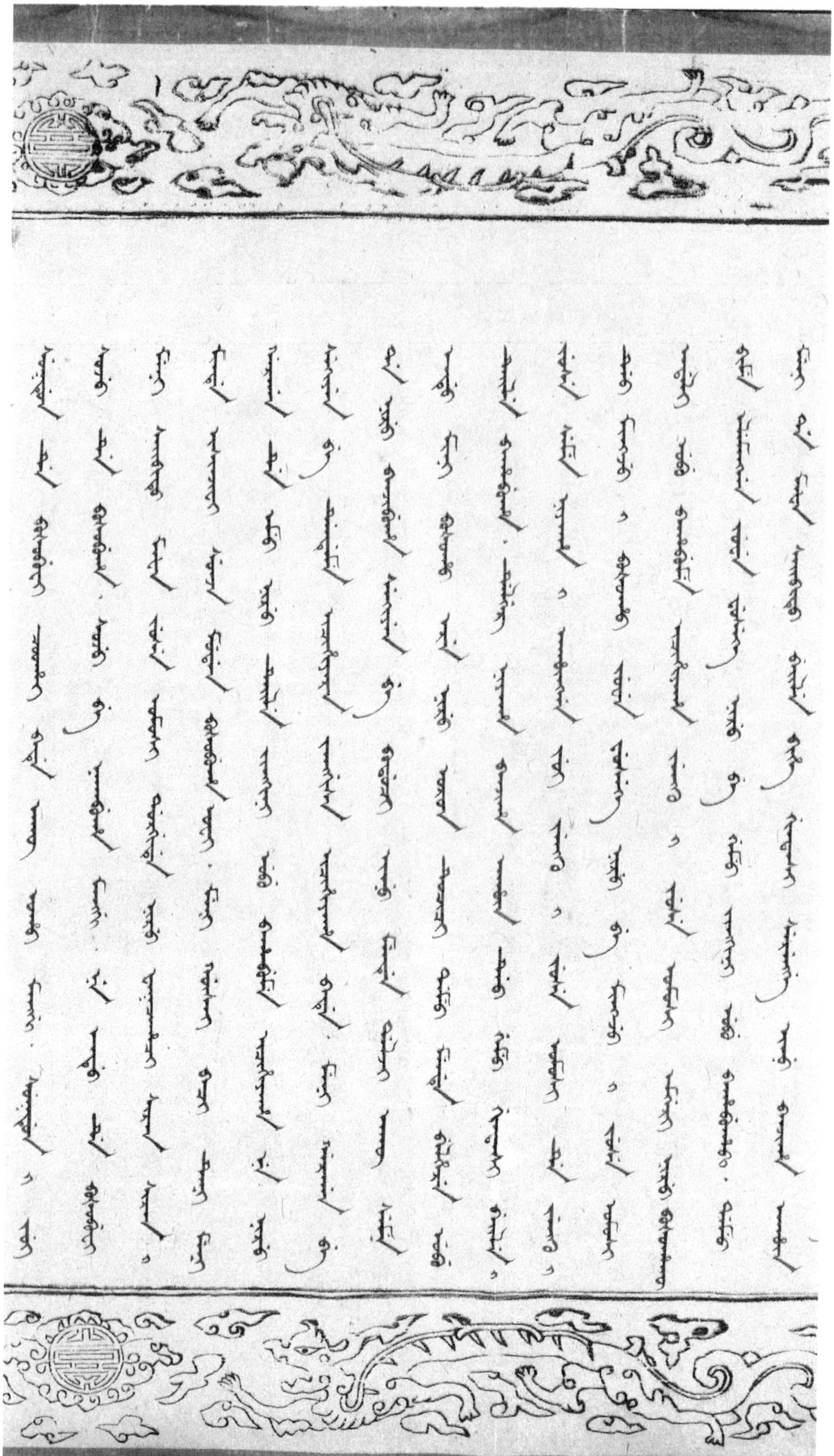

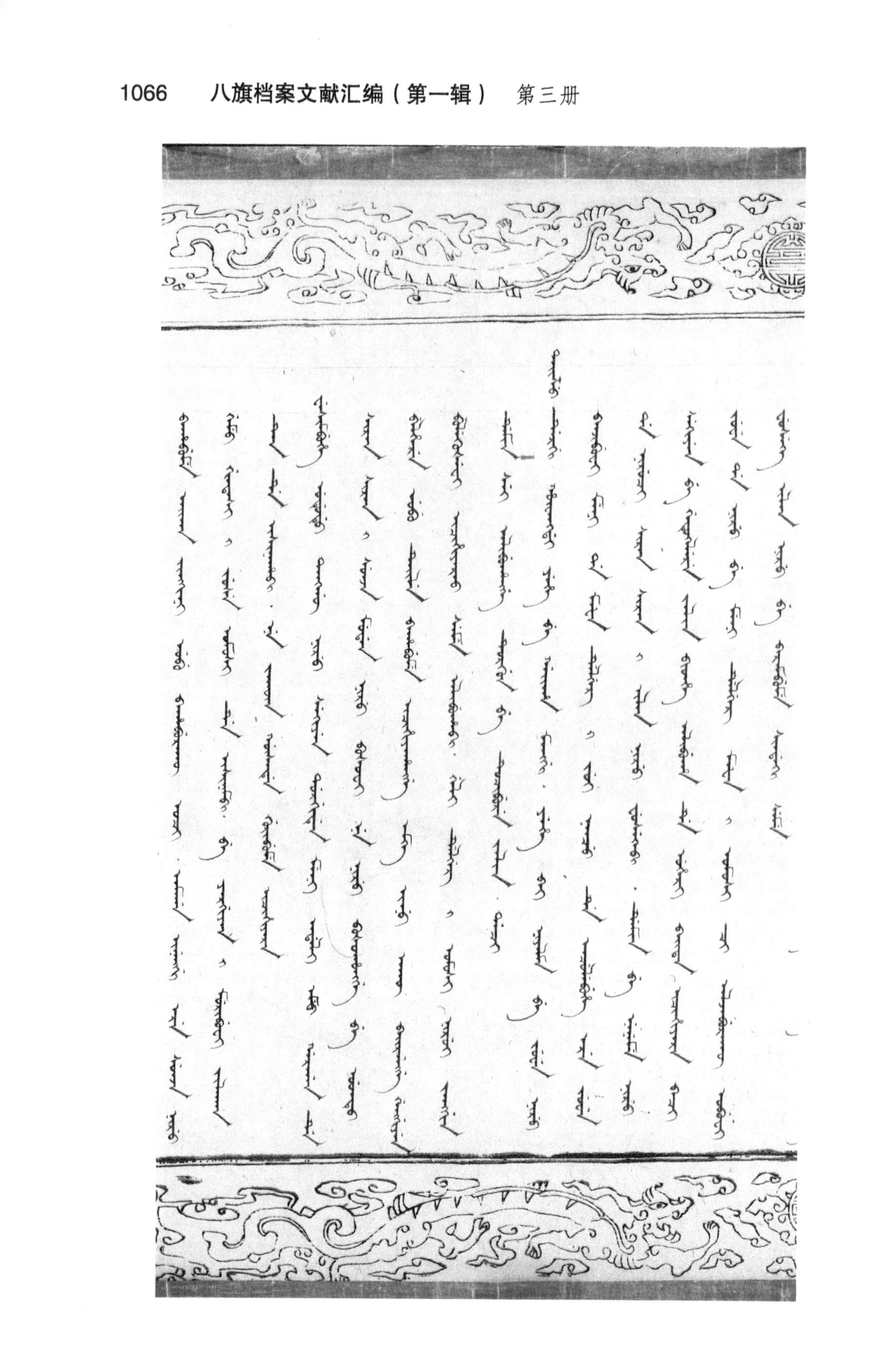

[illegible]

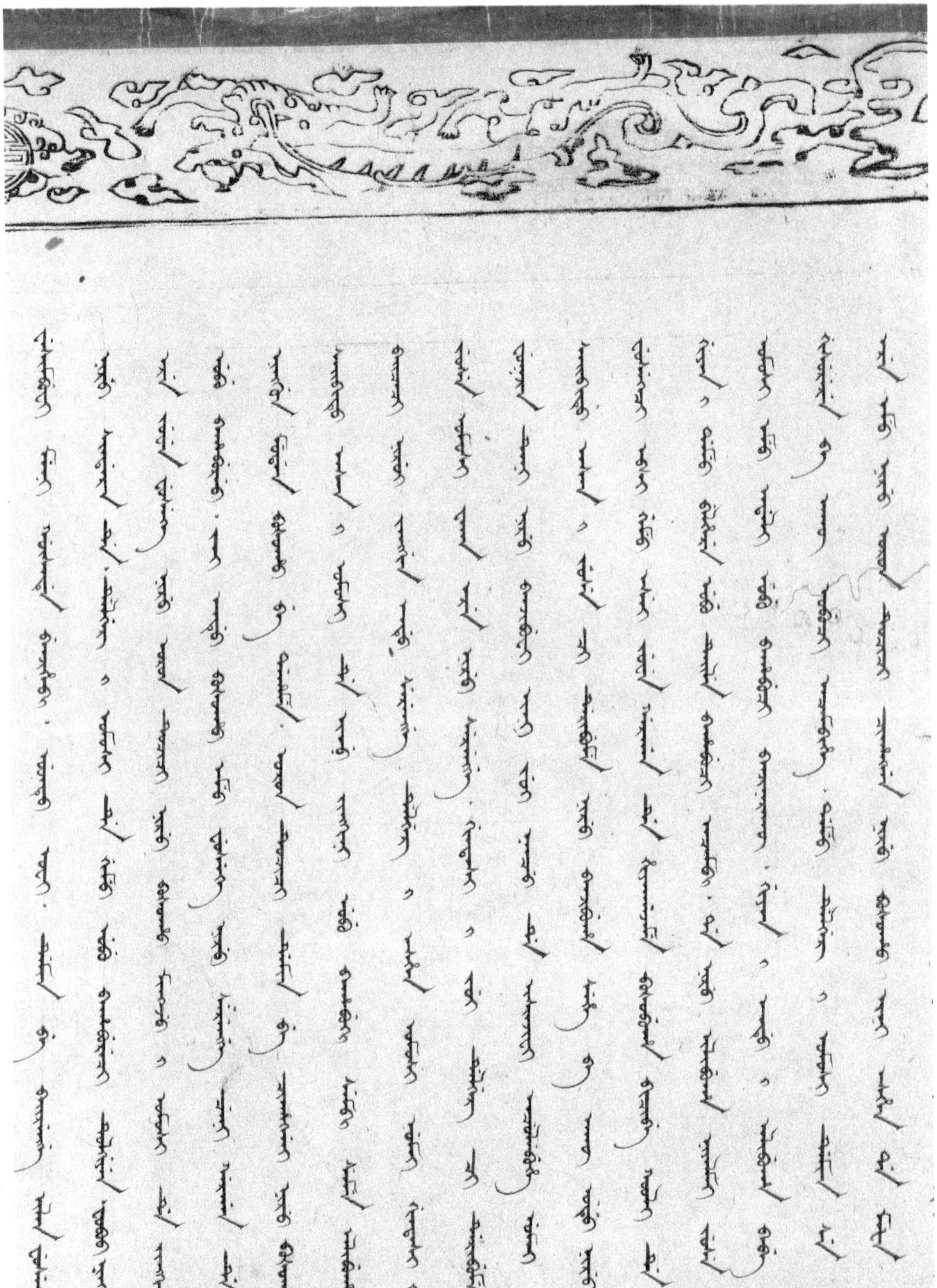

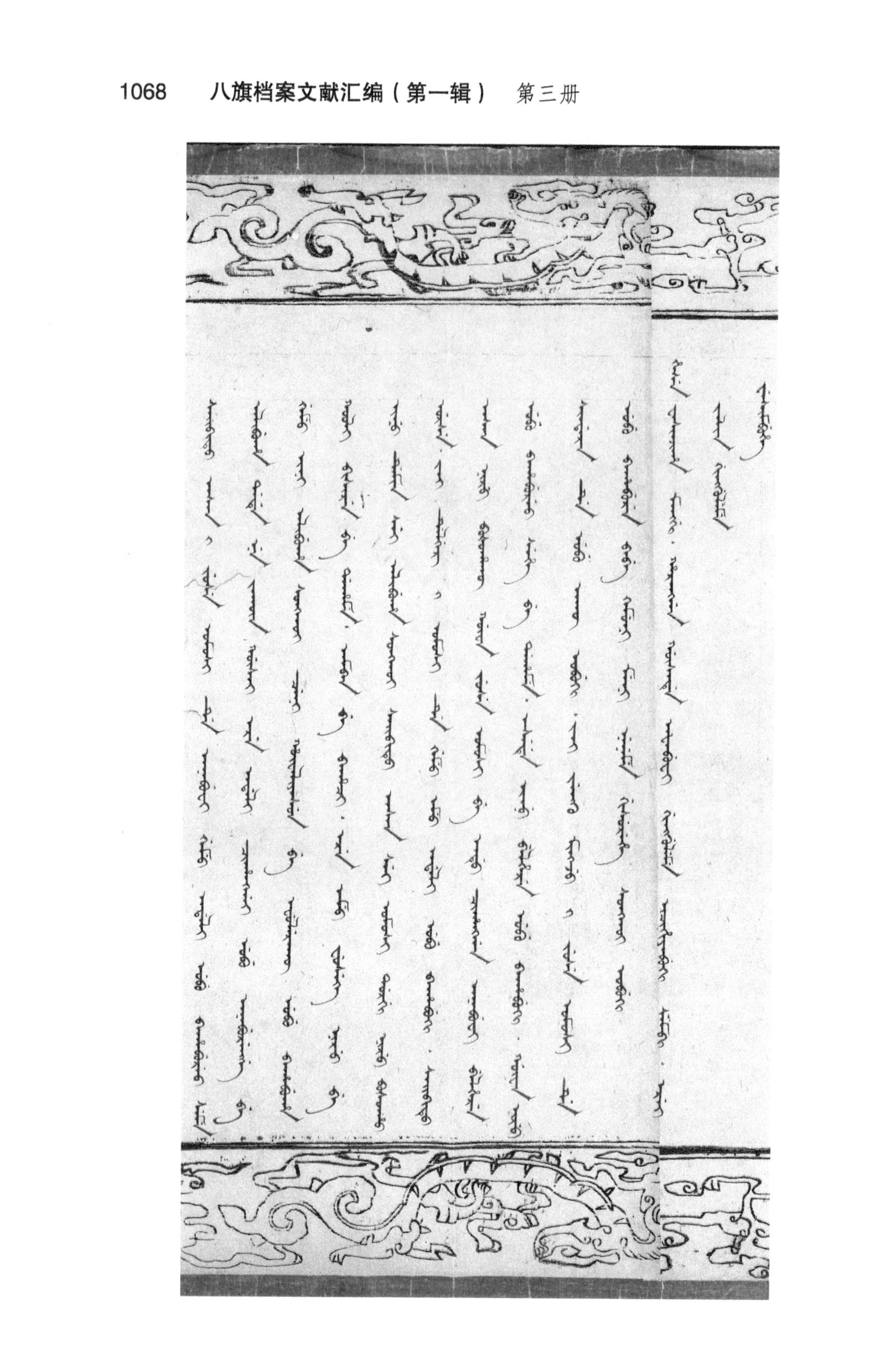

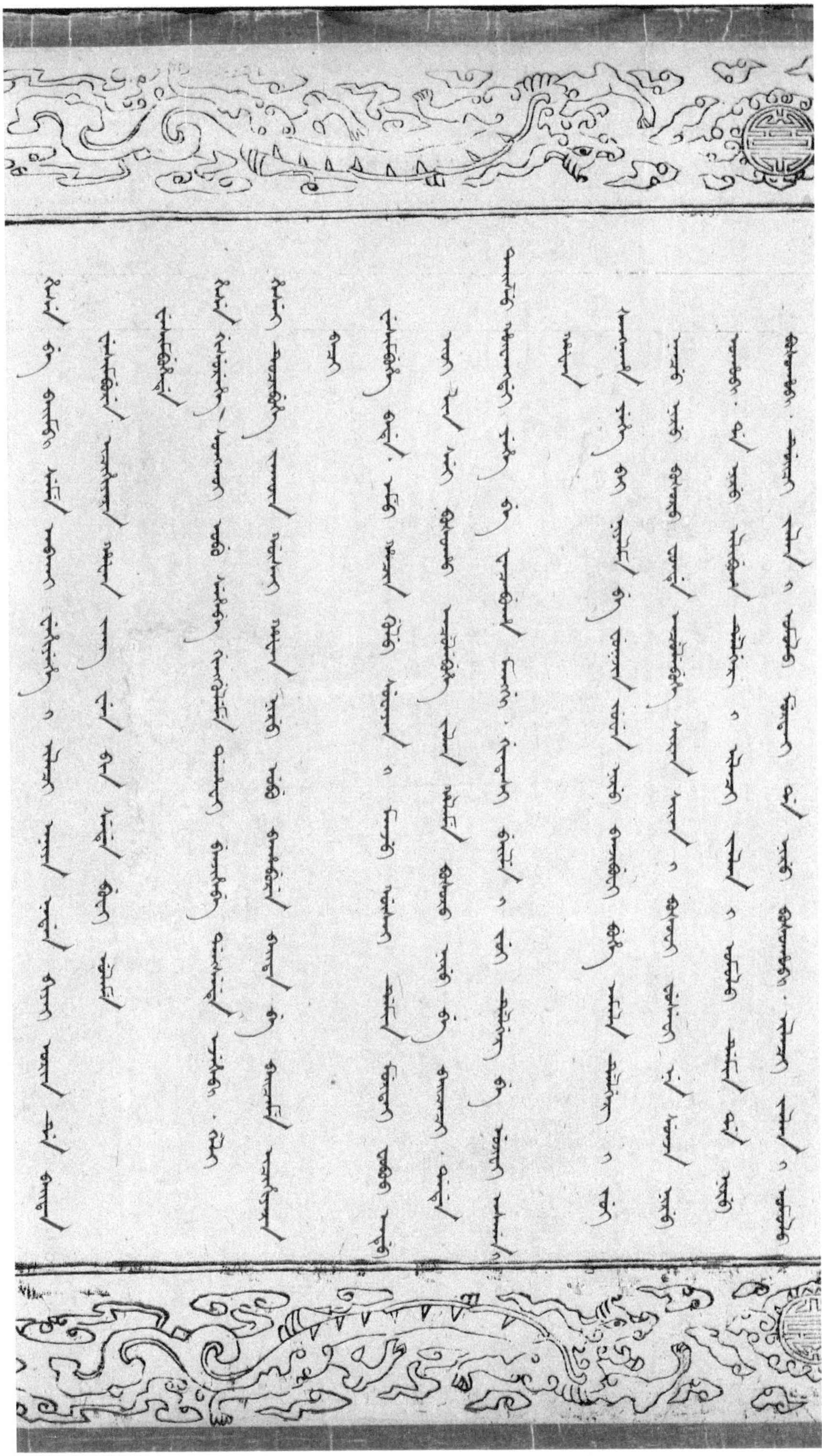

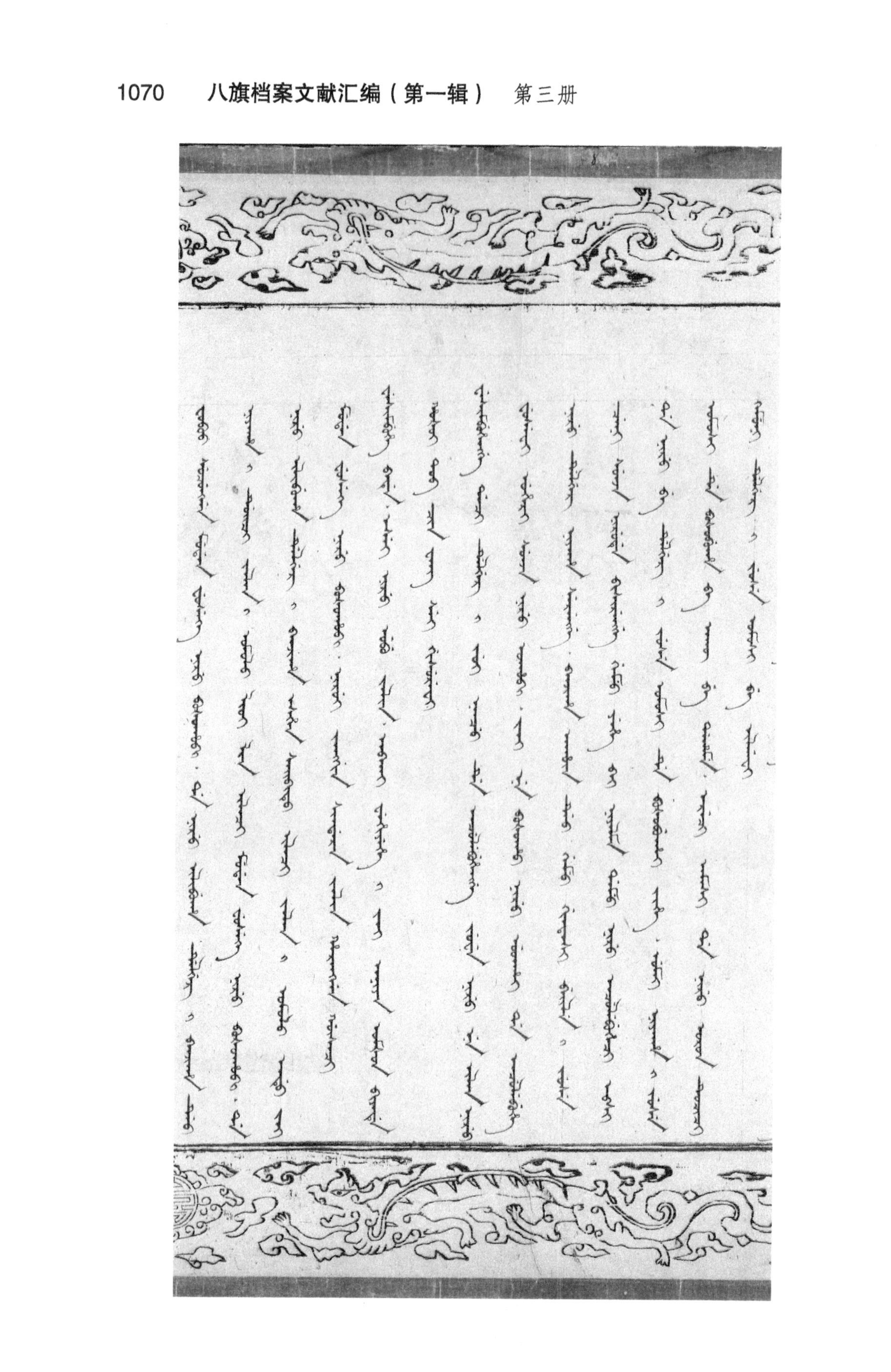

[illegible]

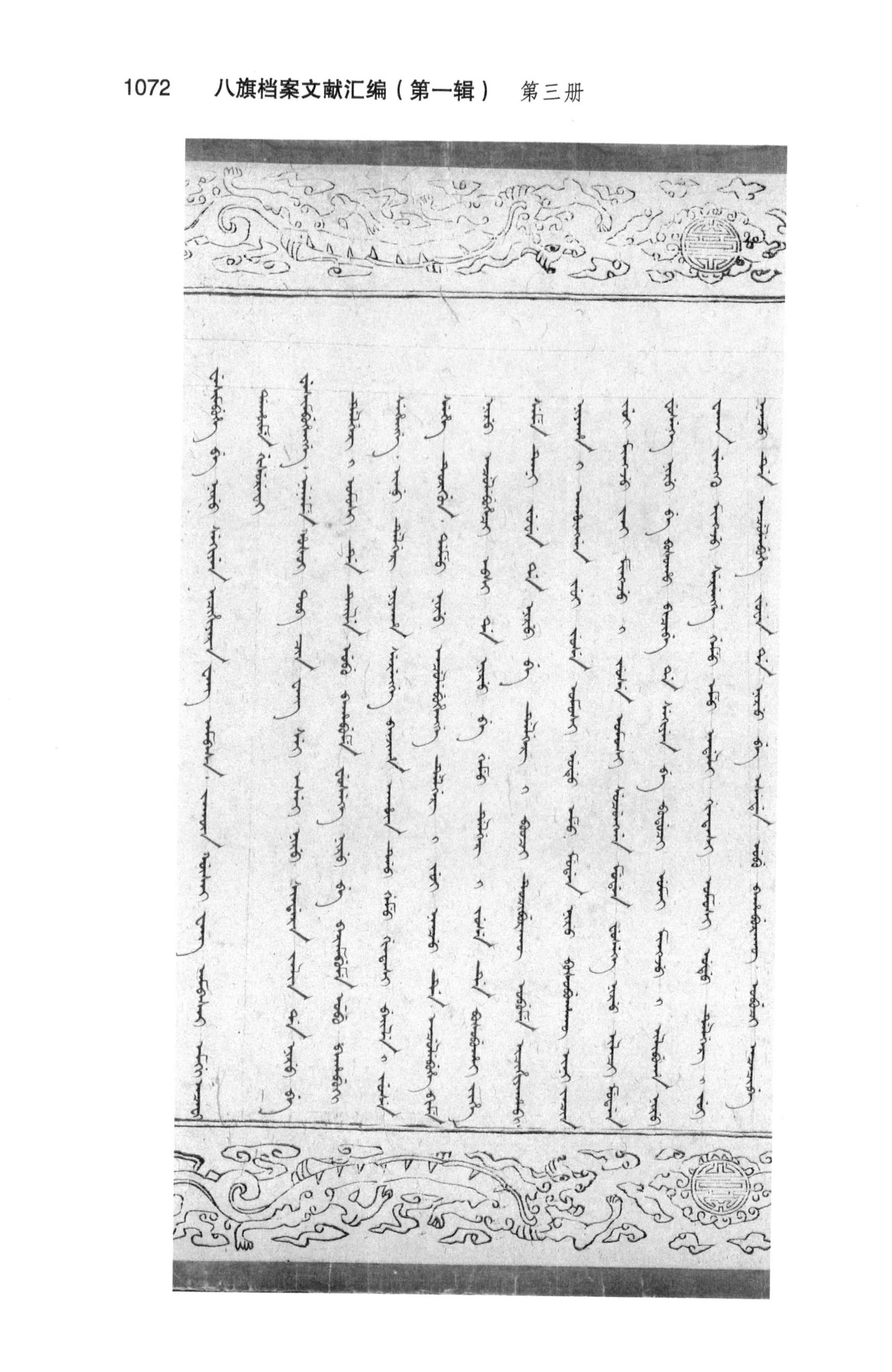

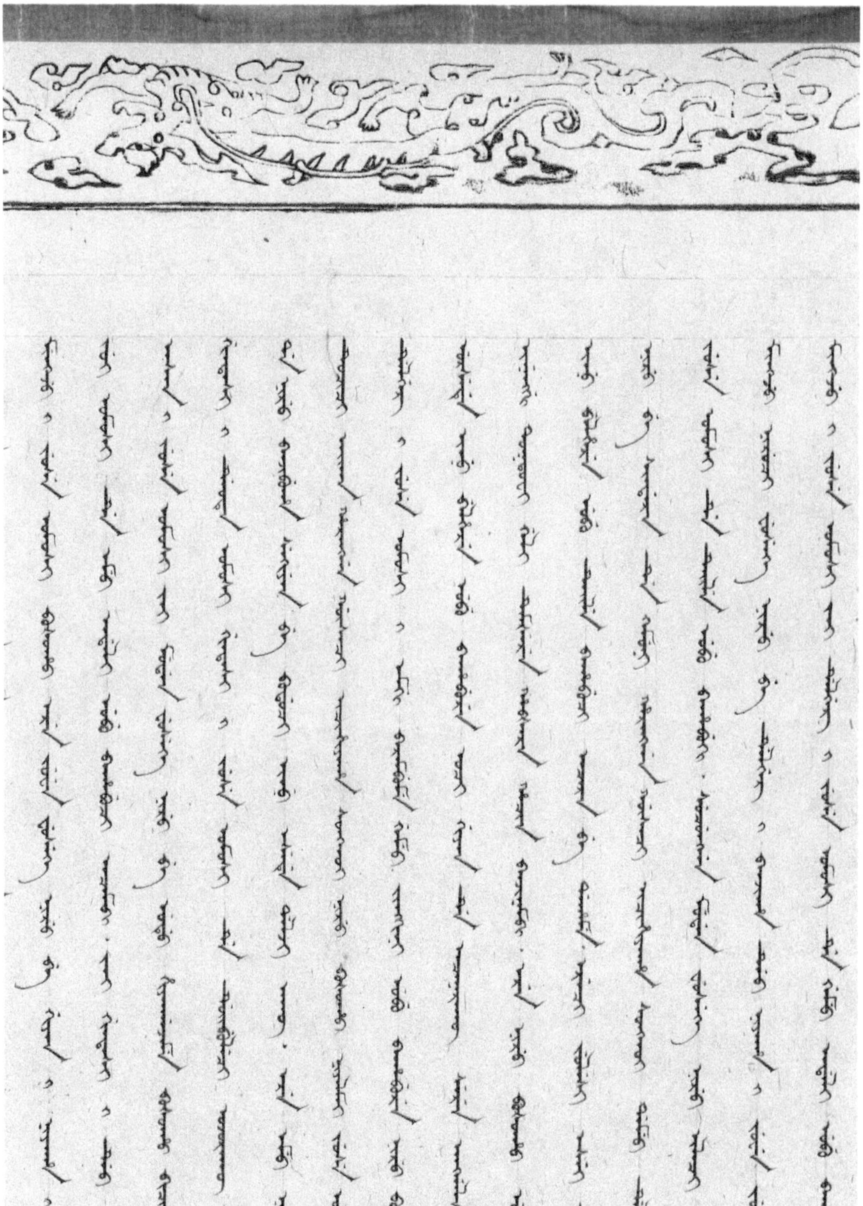

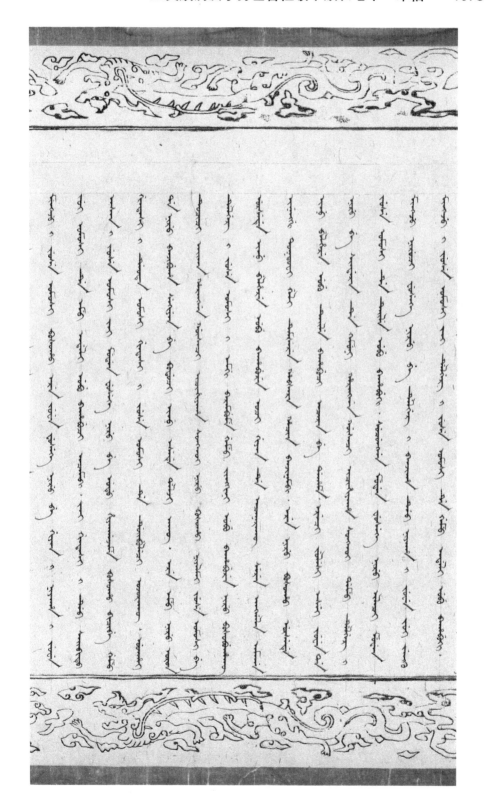

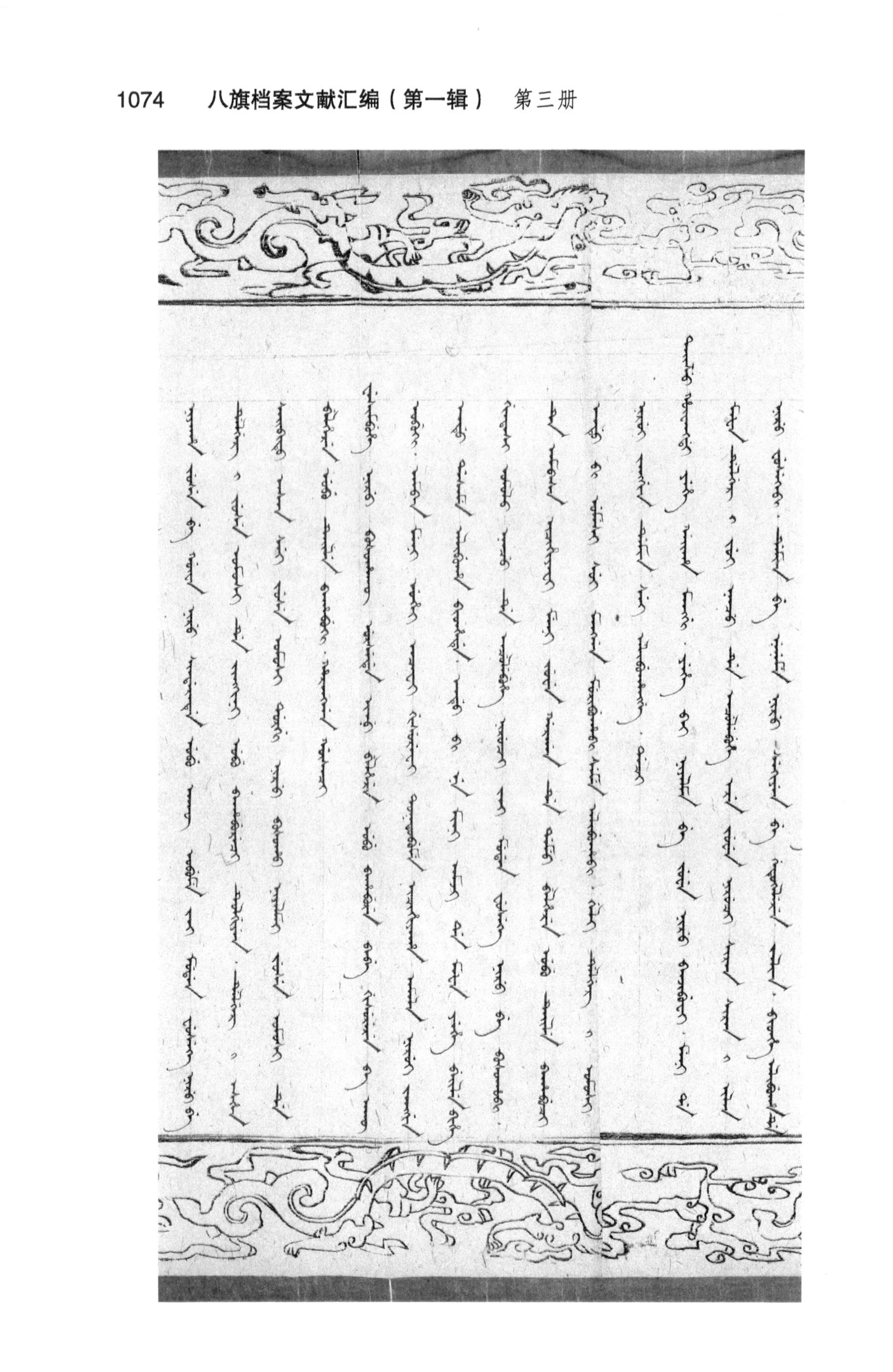

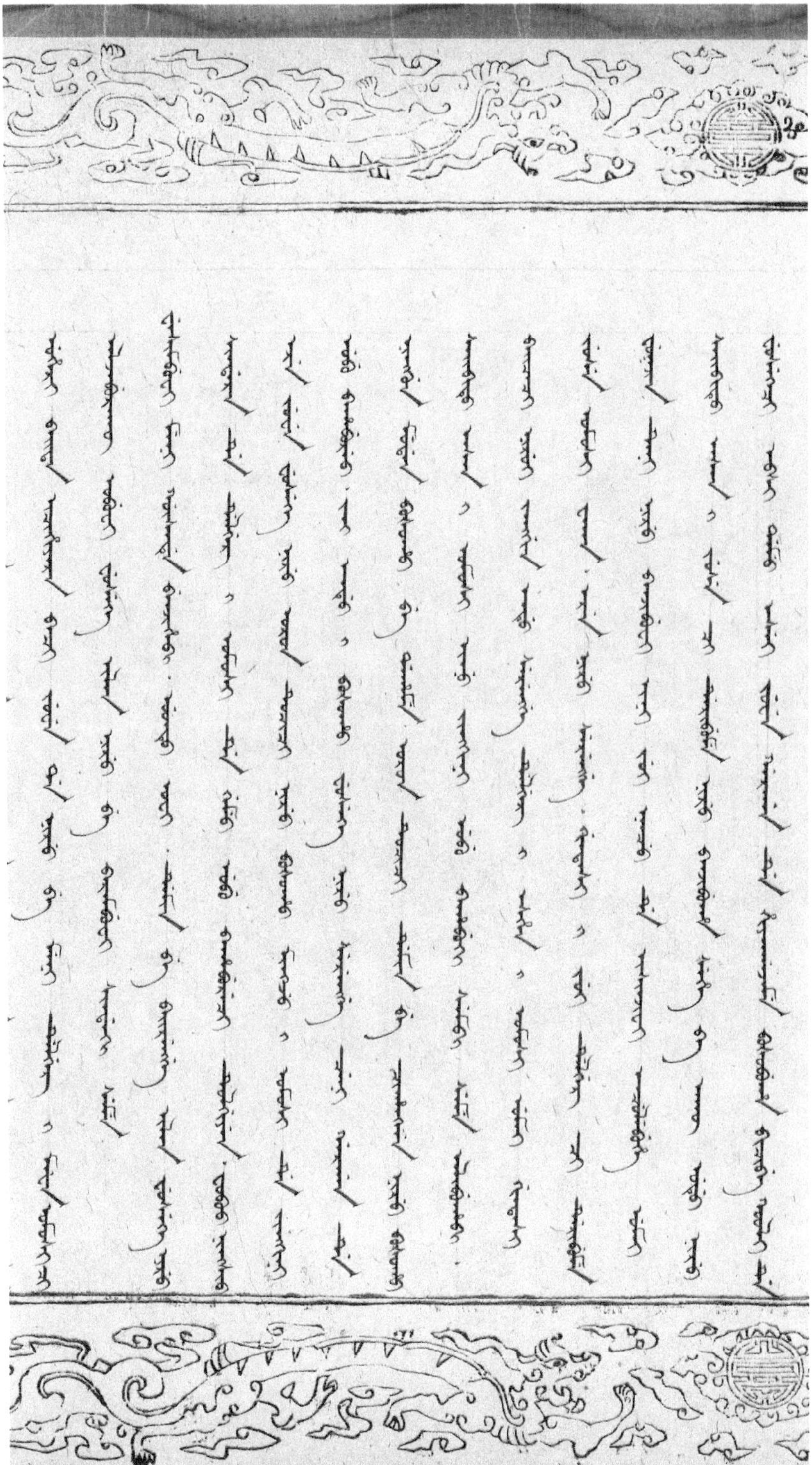

[illegible]

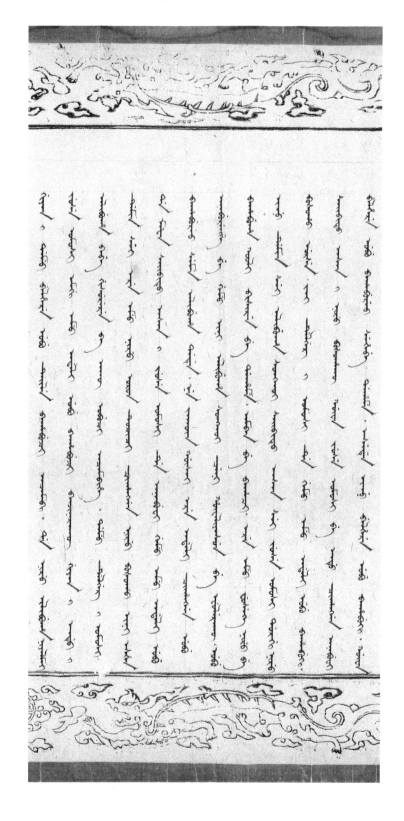

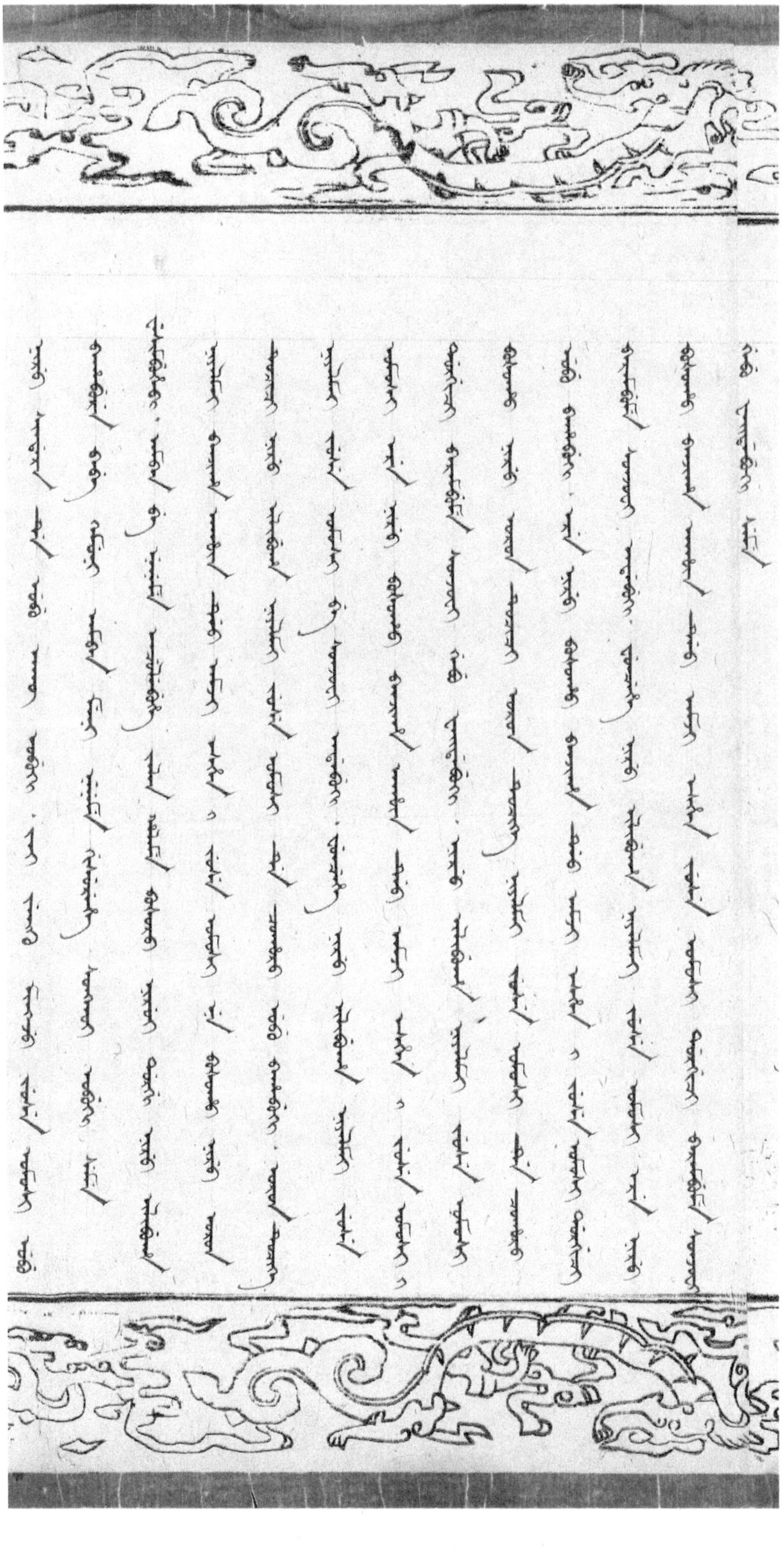

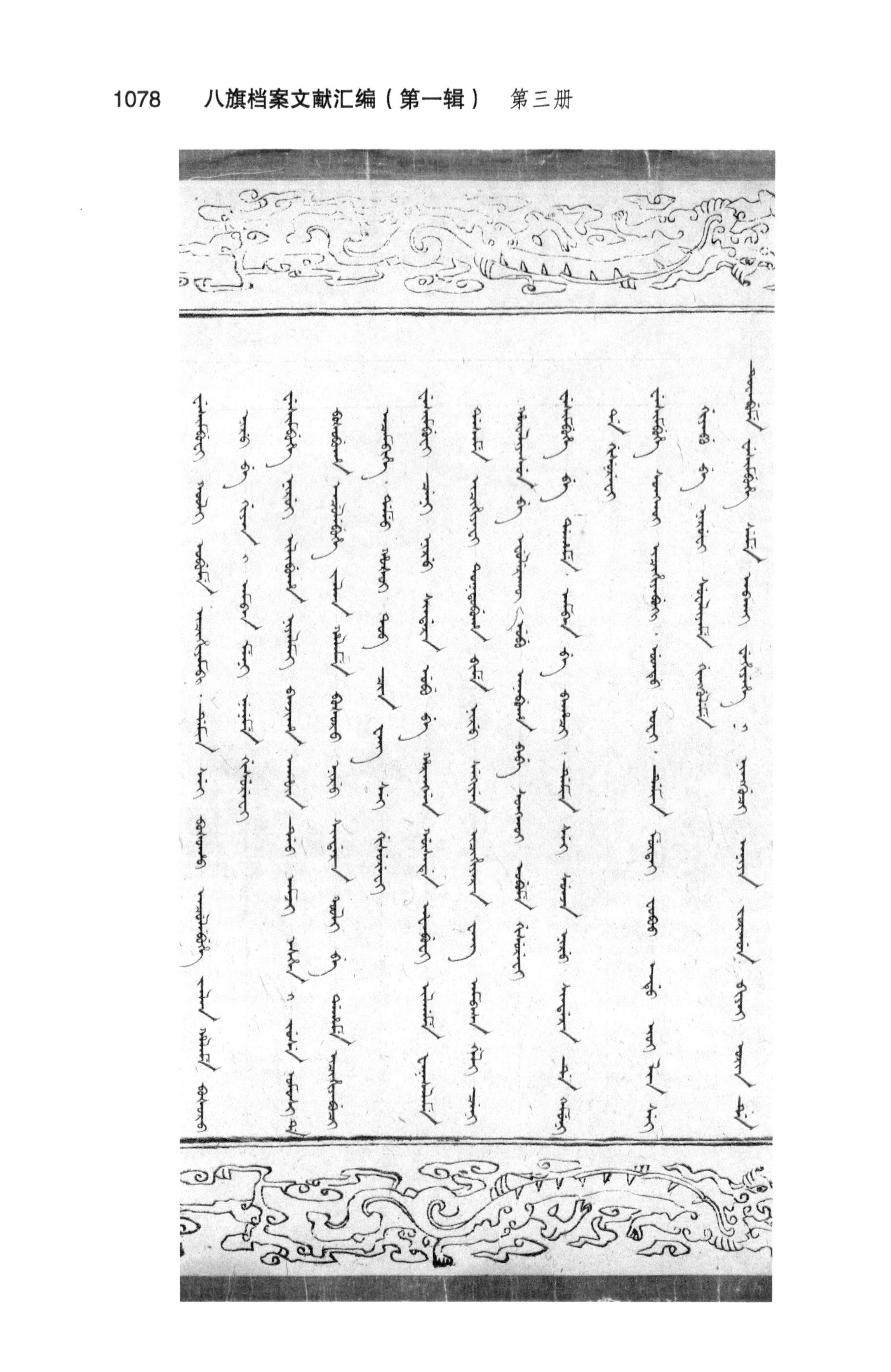

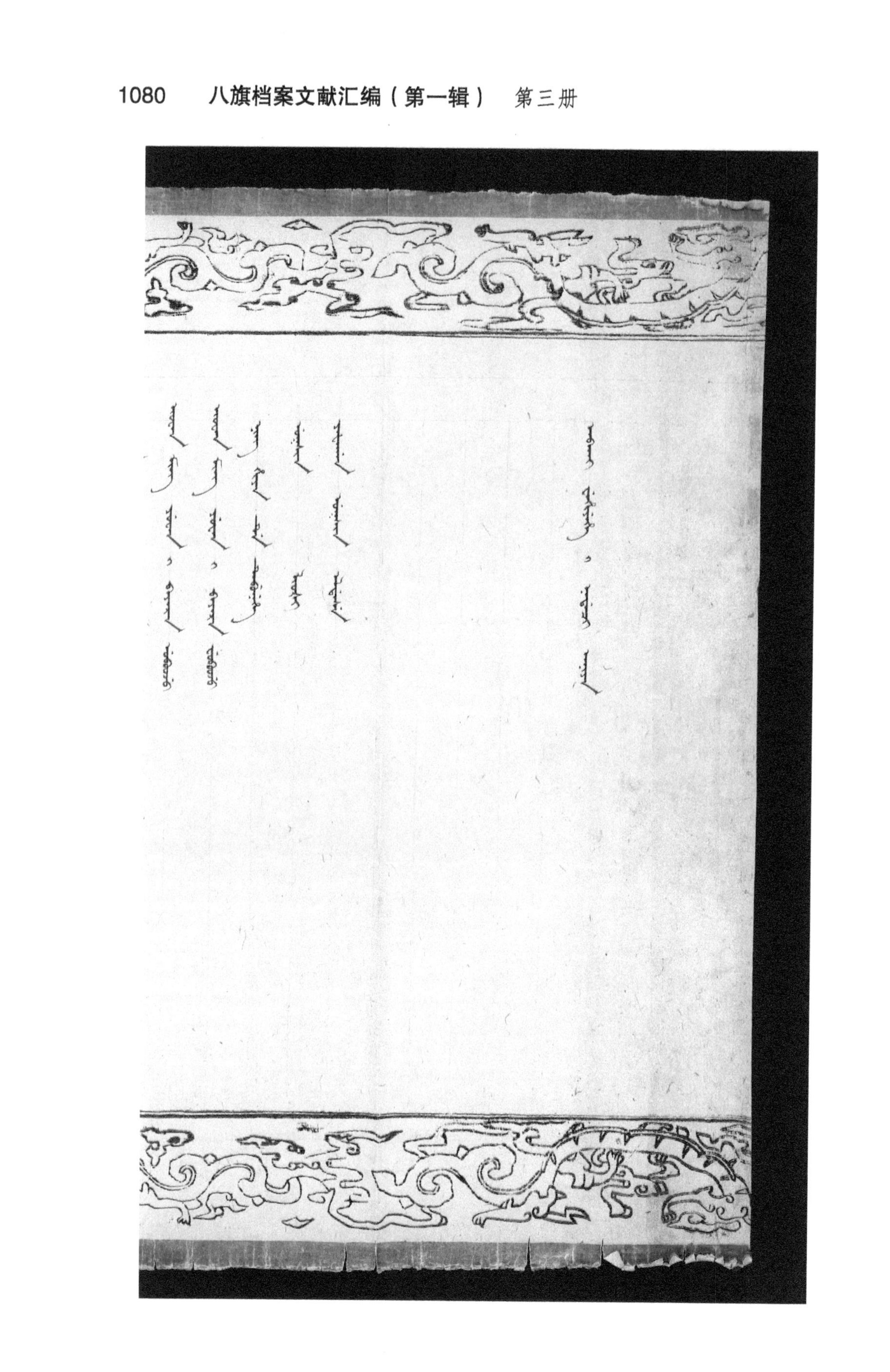

正白旗满洲百福世管佐领下族长巴当阿印轴

满文写本，卷轴装，页面48.0cm×1007.0cm，四周双边，螭文，钤兵部印，印轴前部残缺，满文题名不存。落款时间为乾隆八年，无添写记录，未满幅。

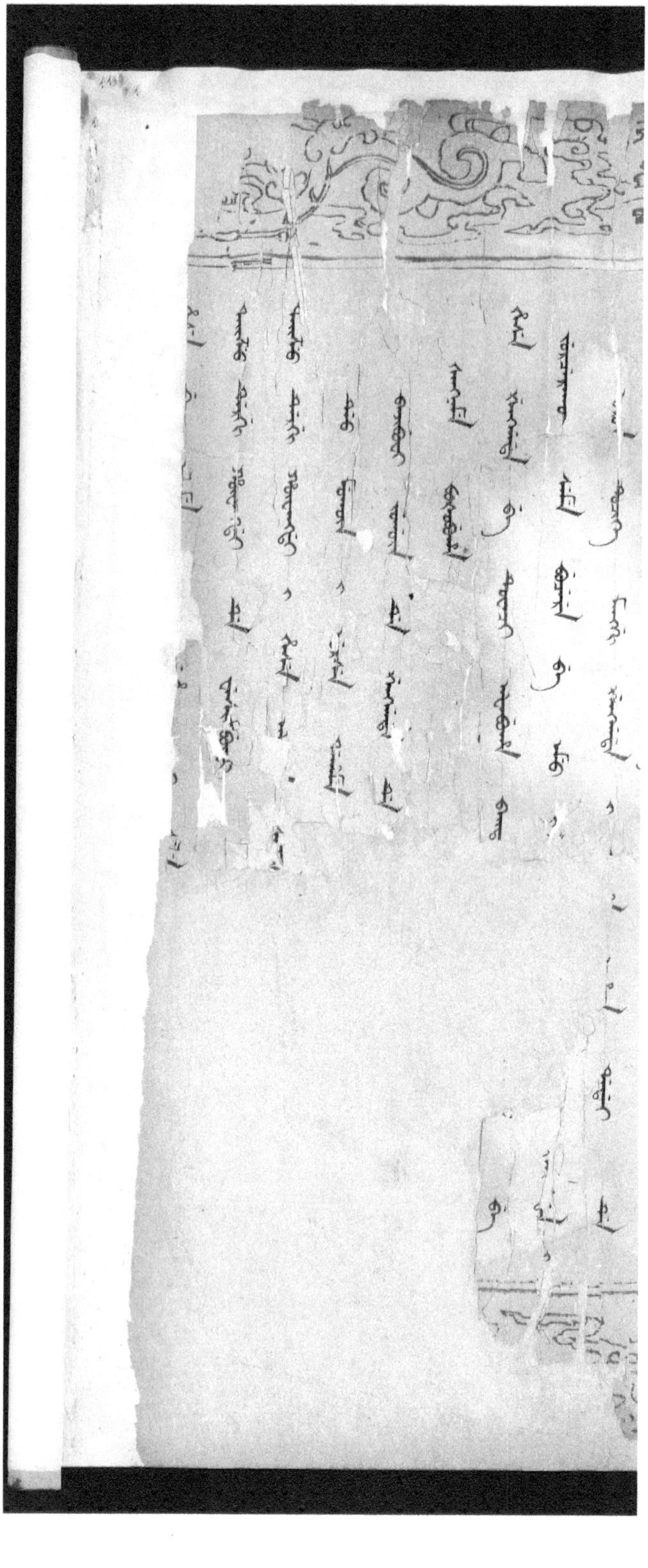

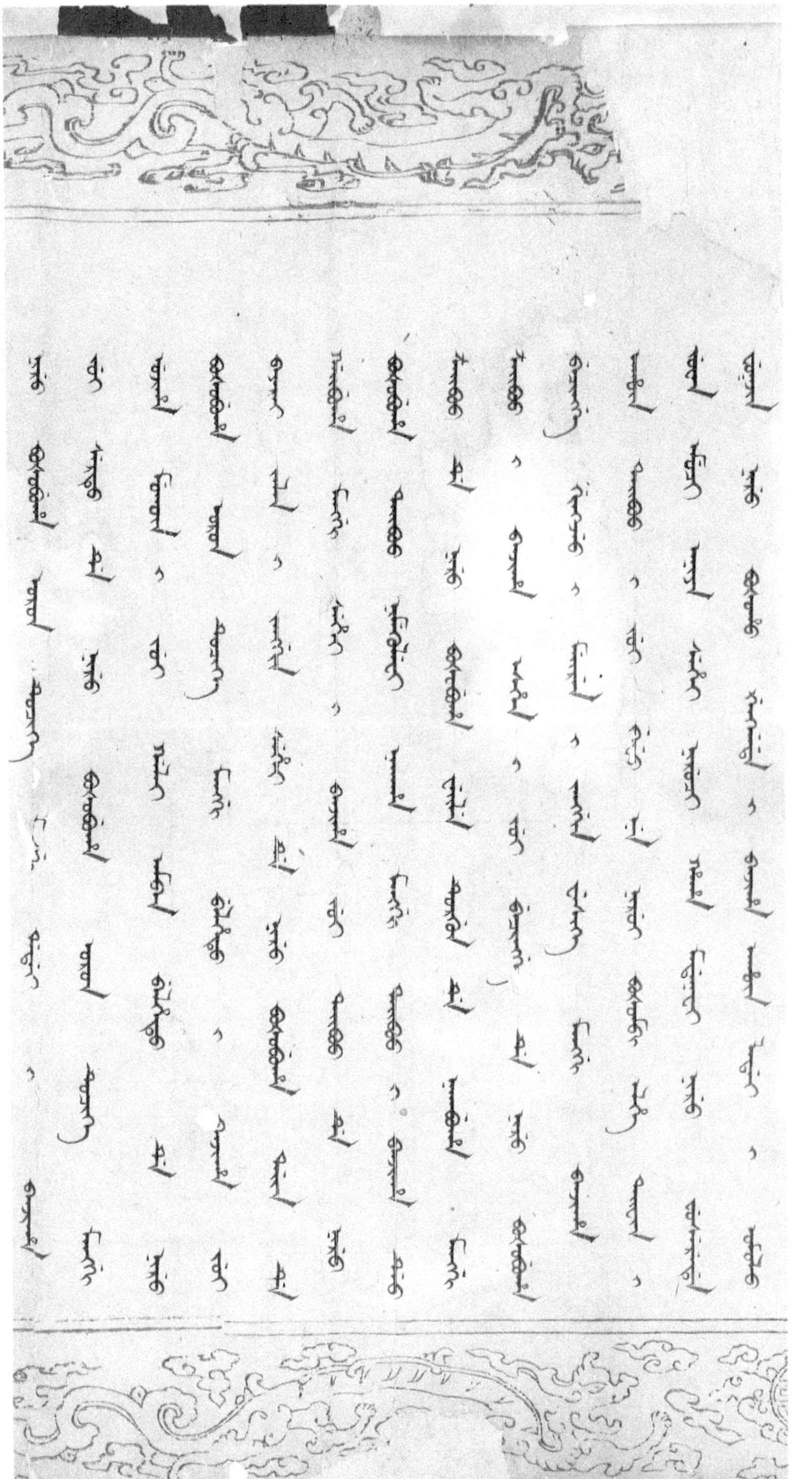

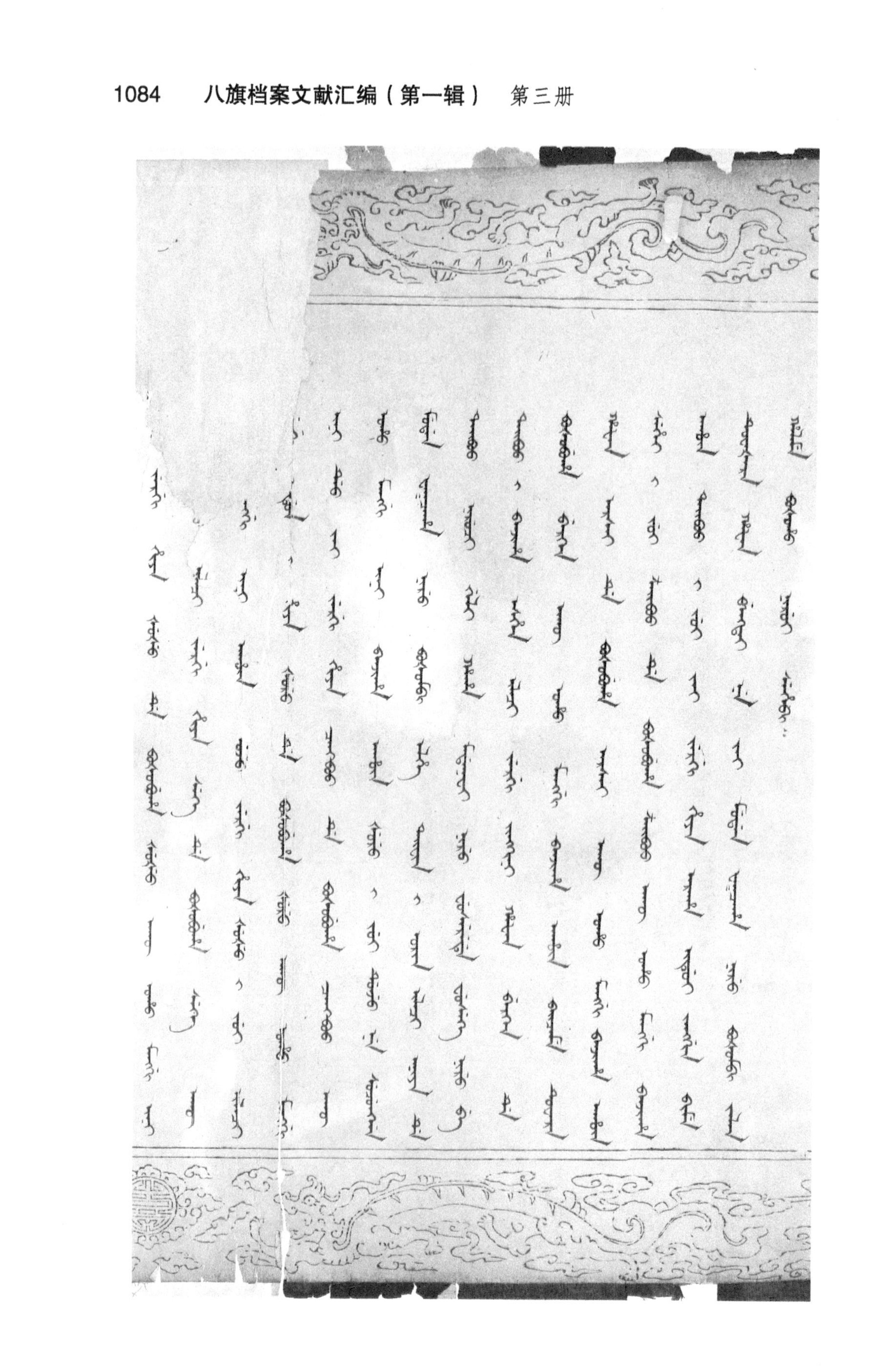

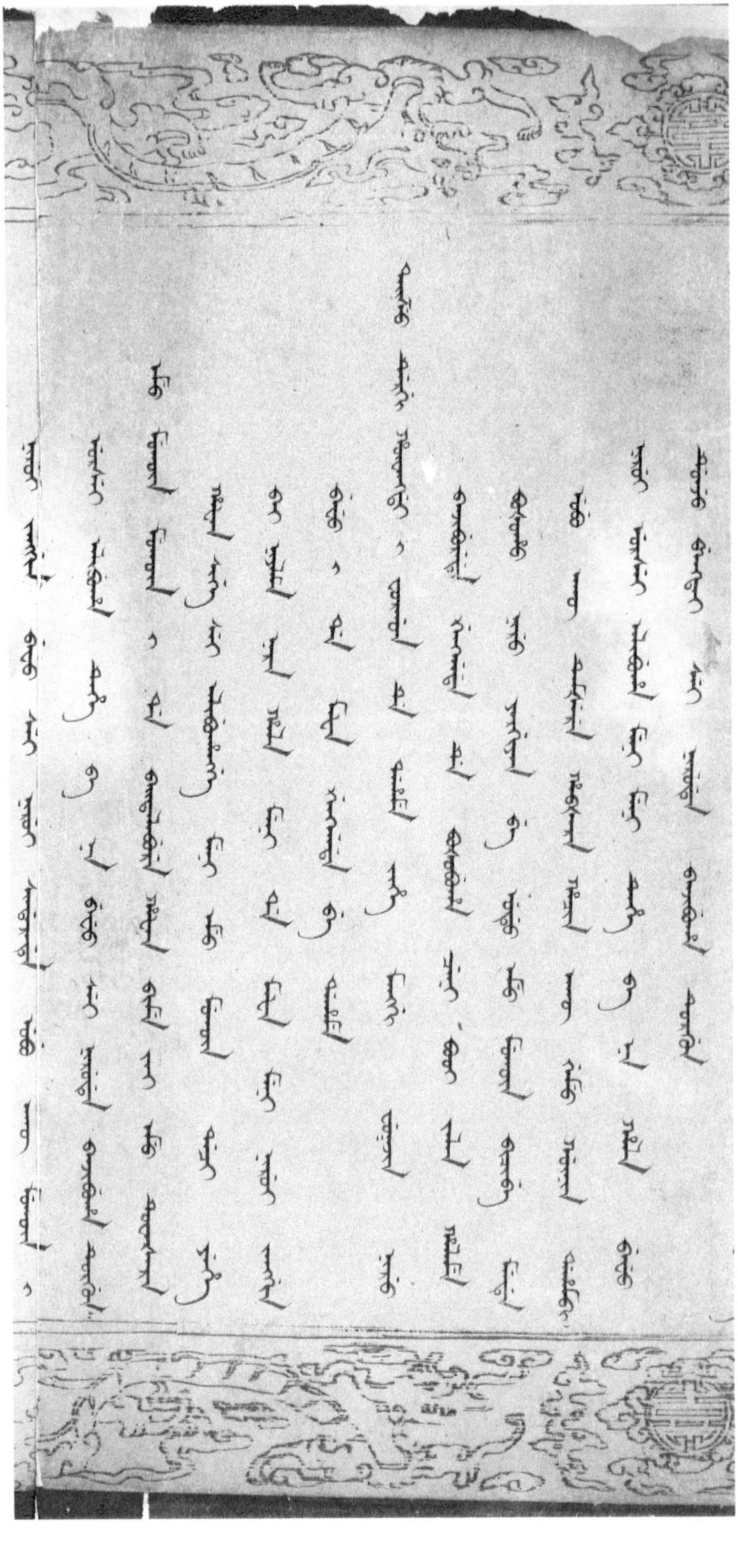

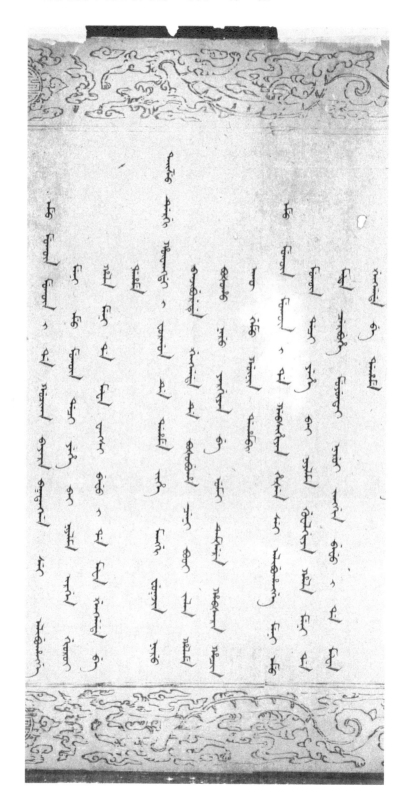

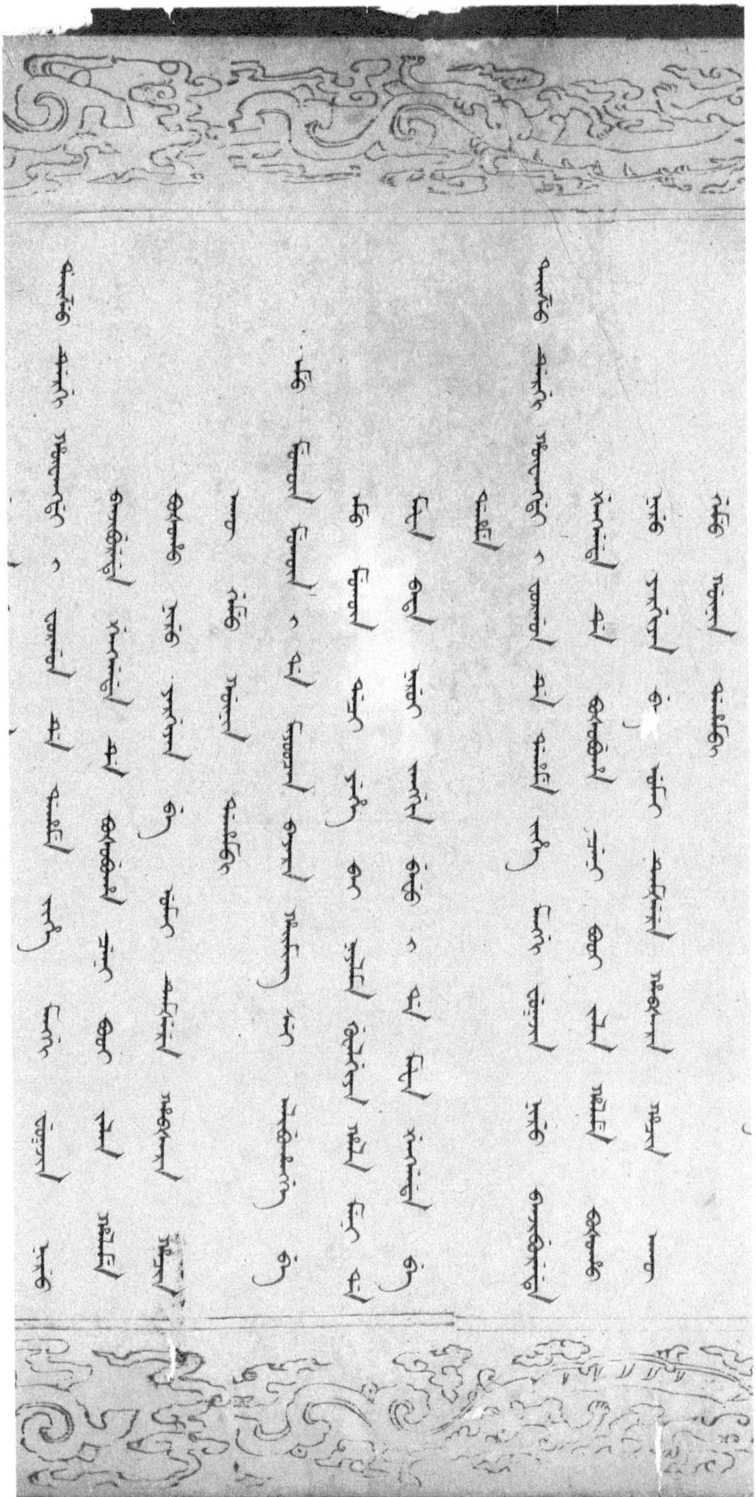

[illegible]

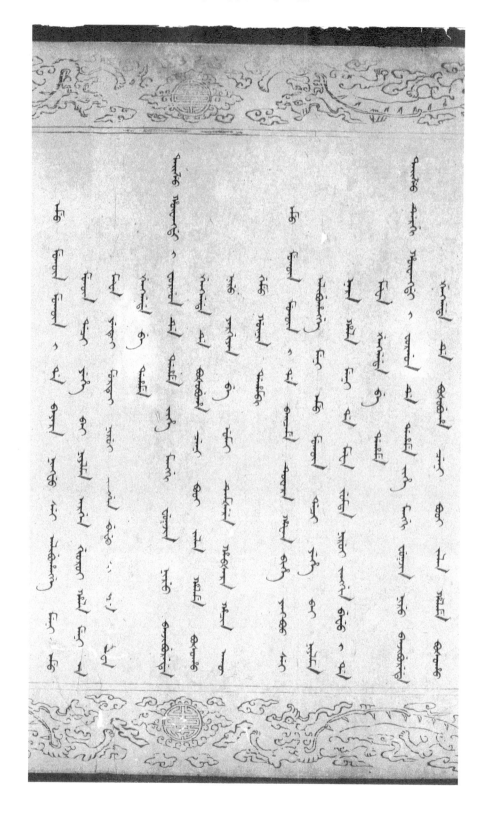

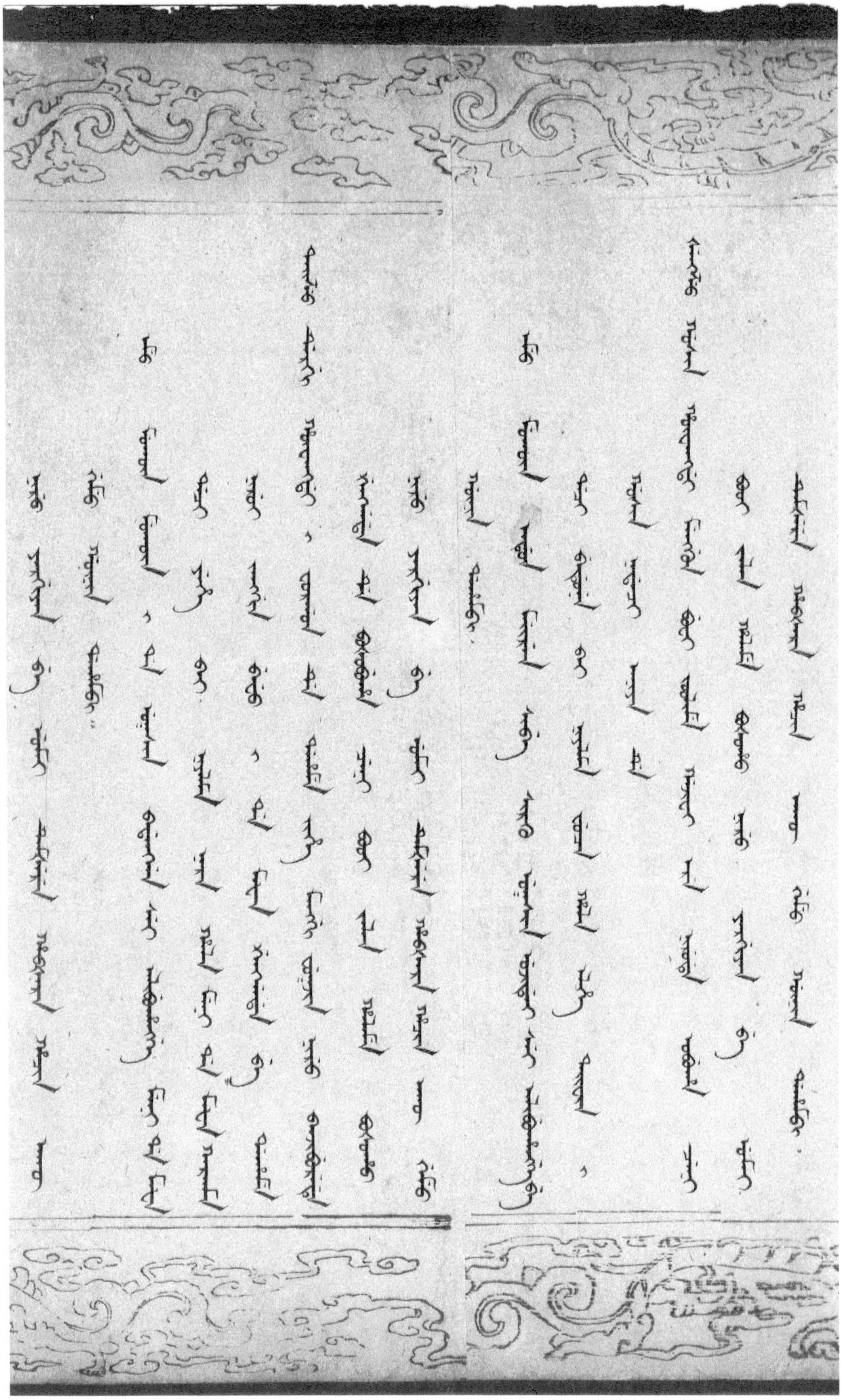

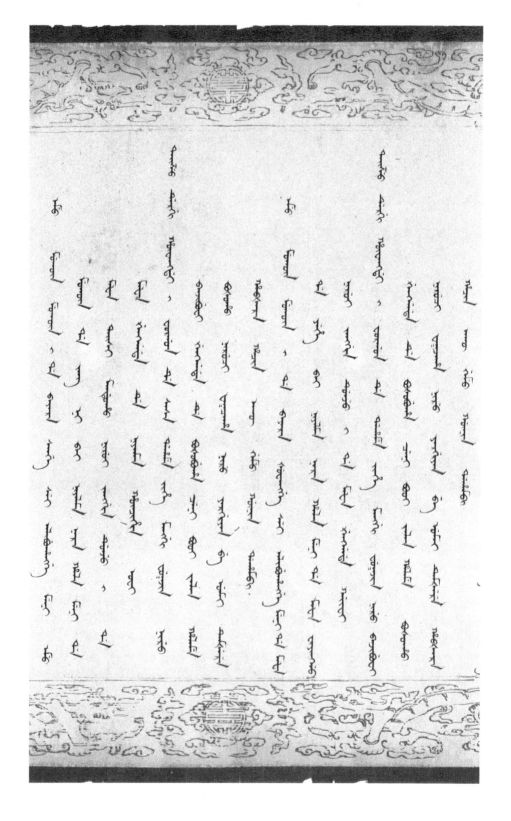

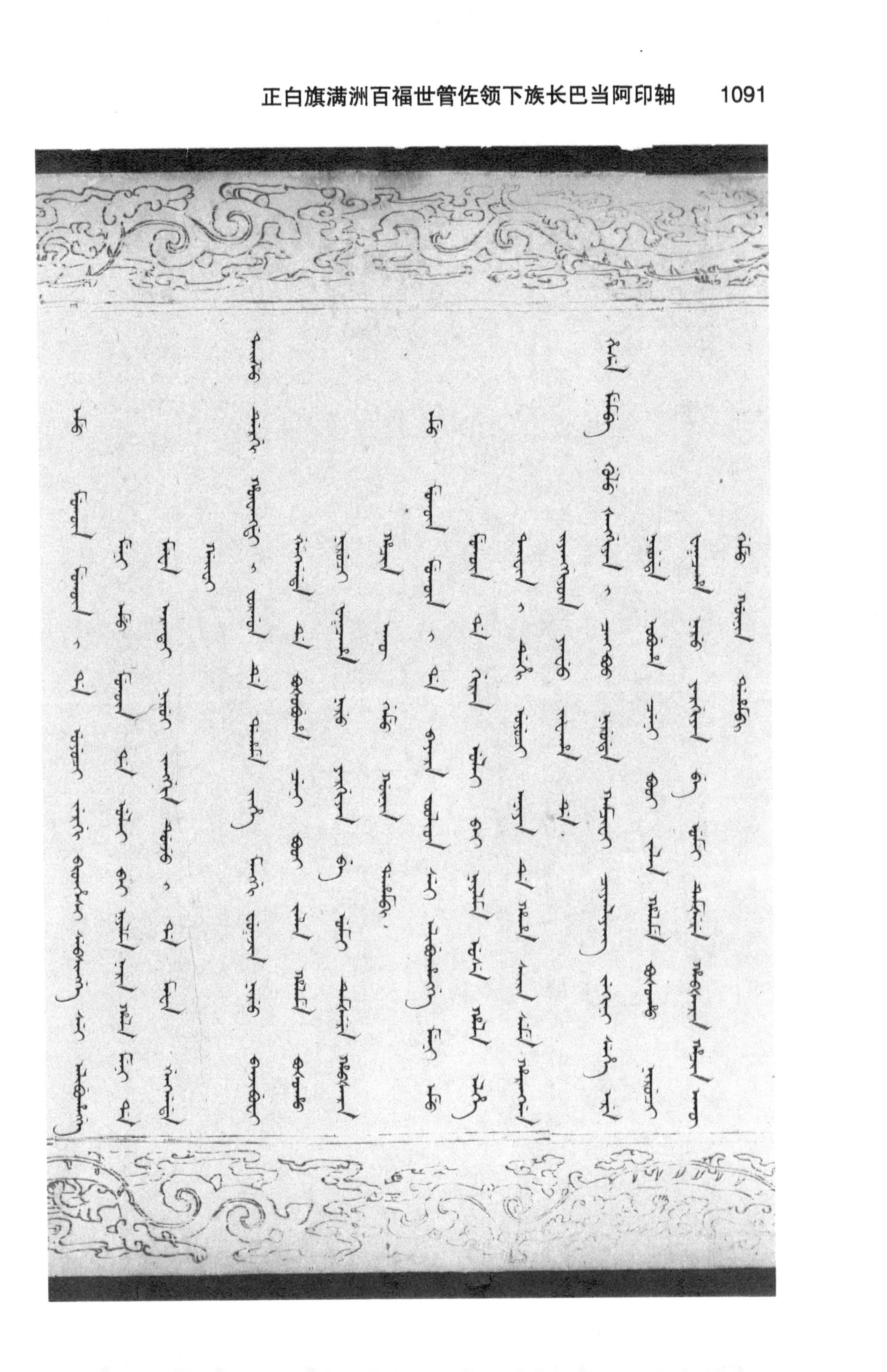

[illegible]

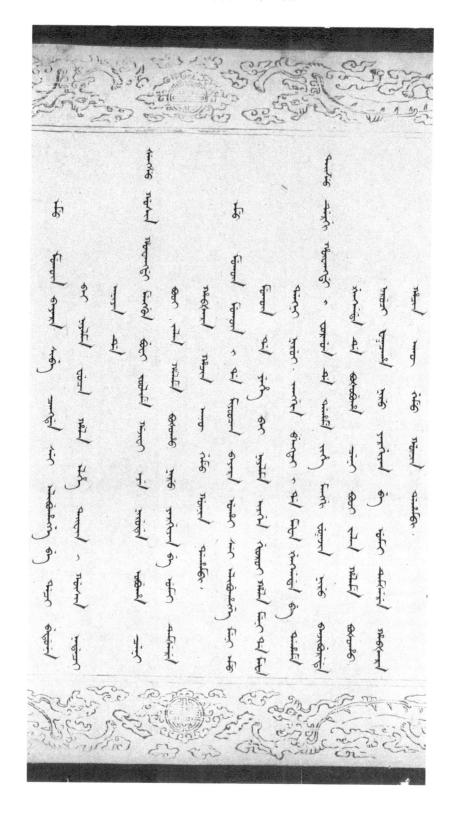

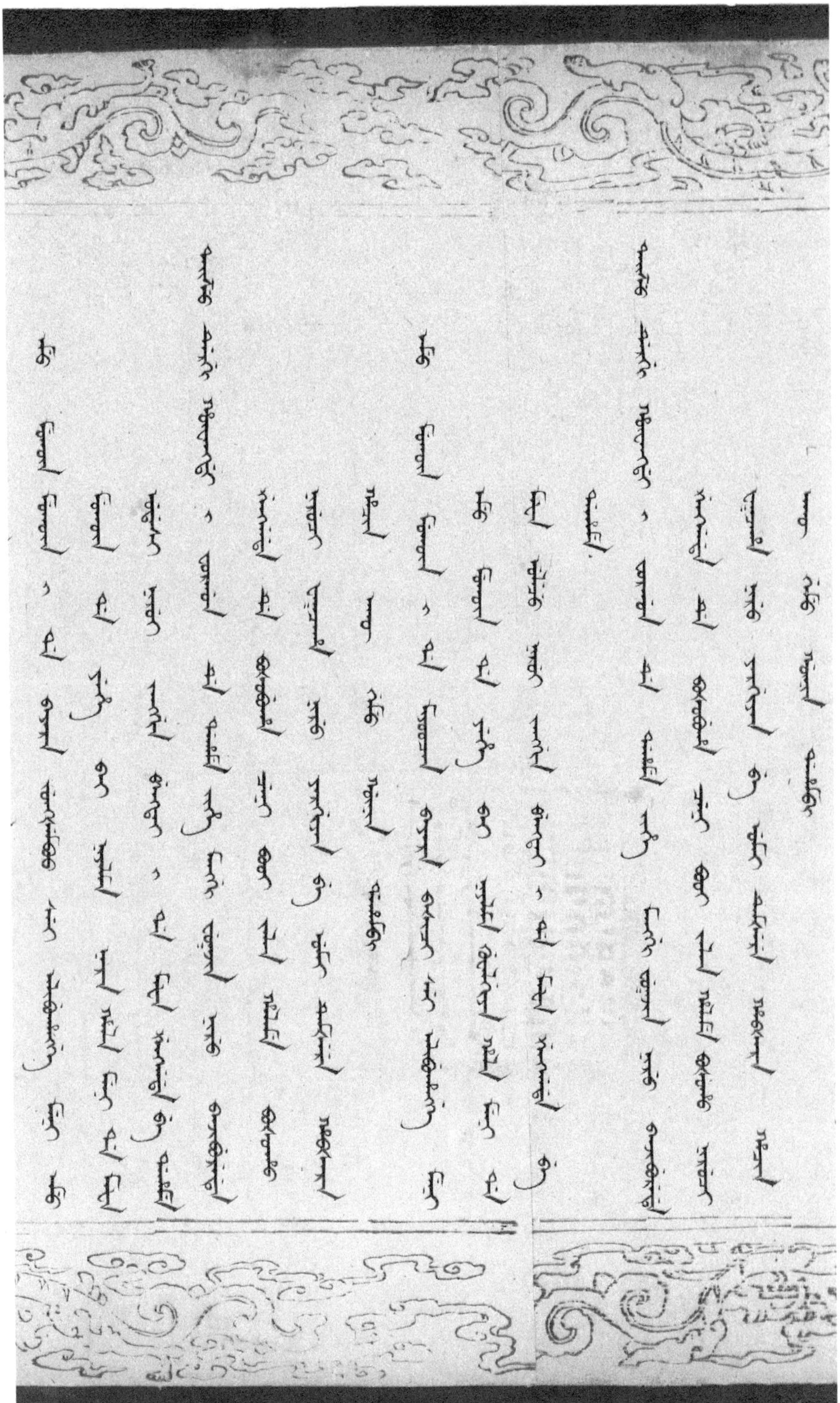

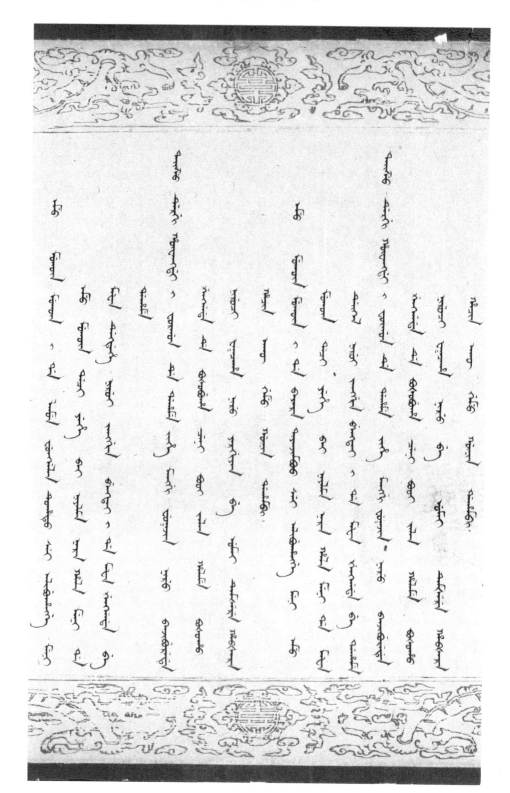

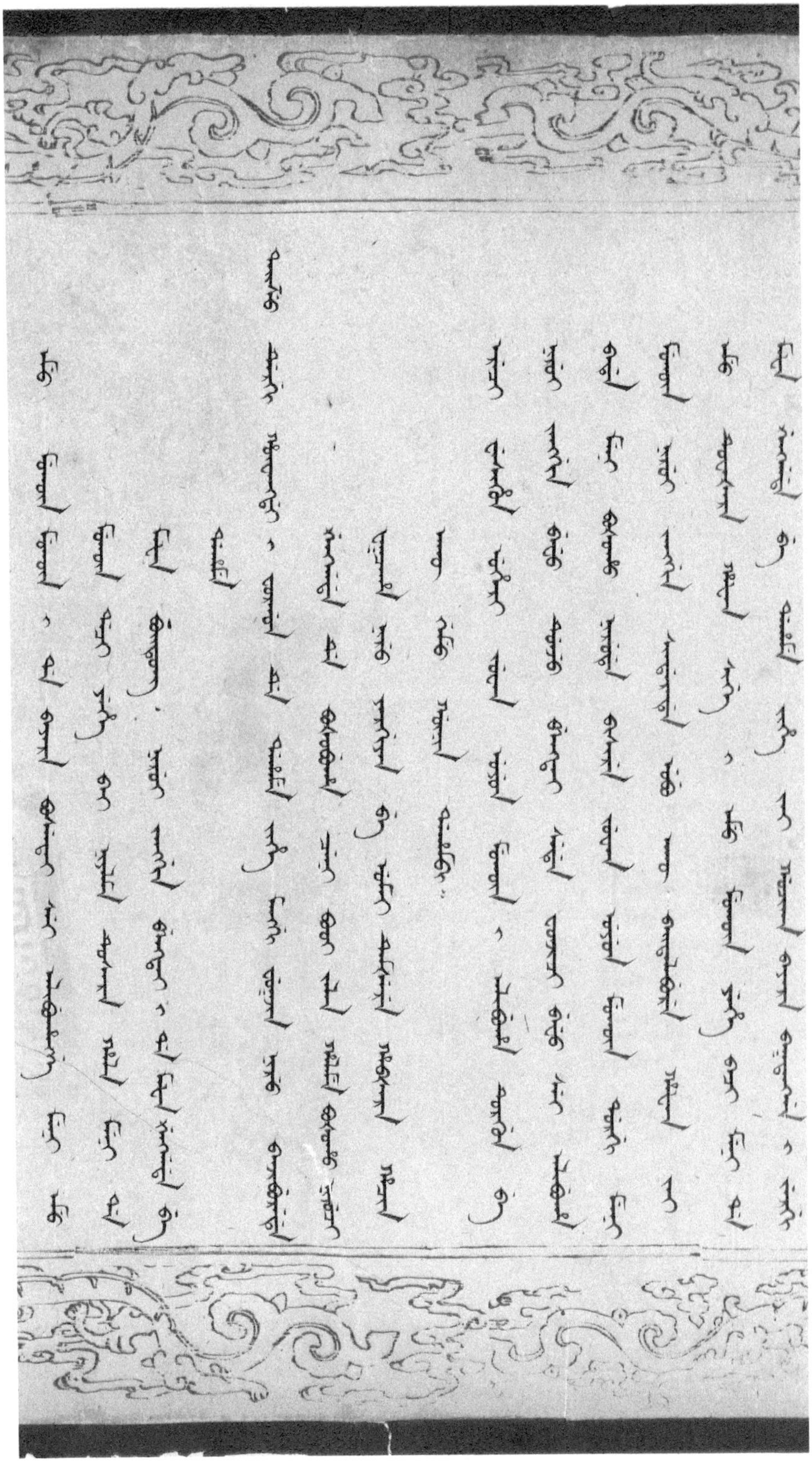

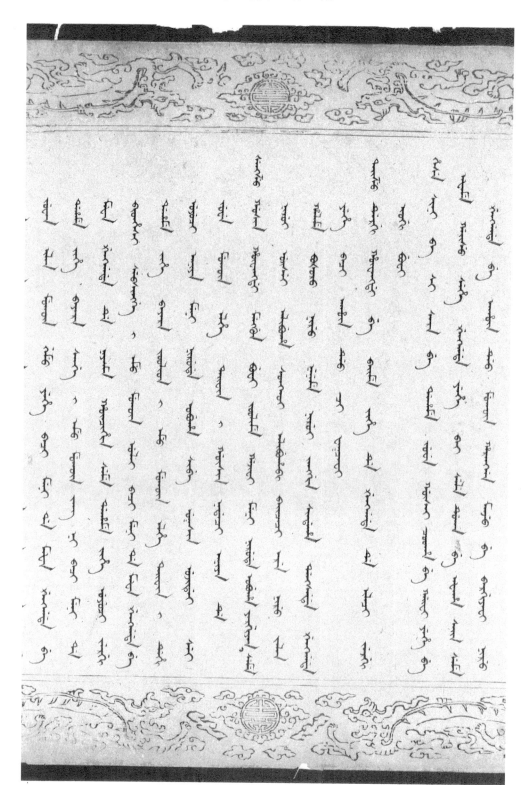

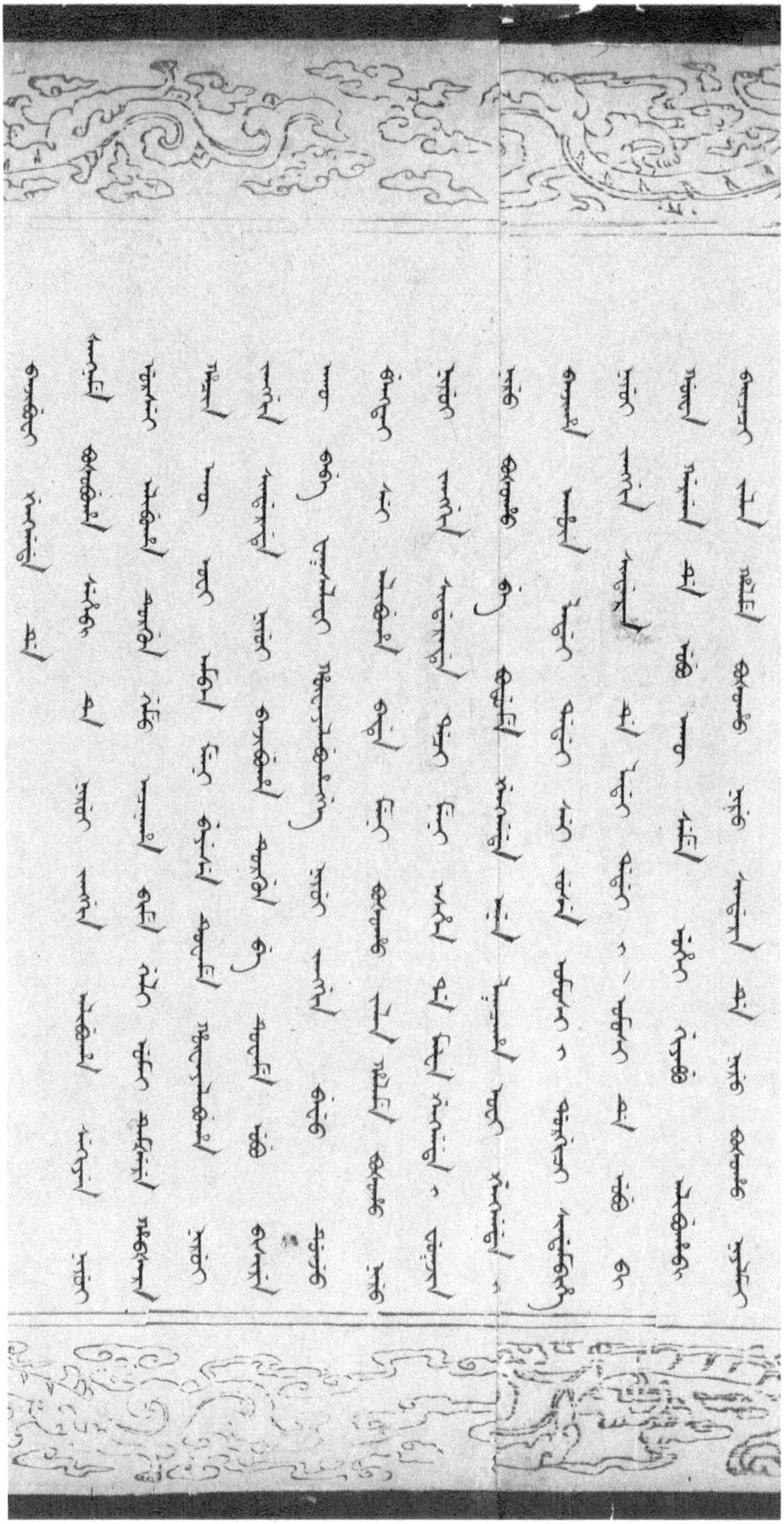

[illegible]

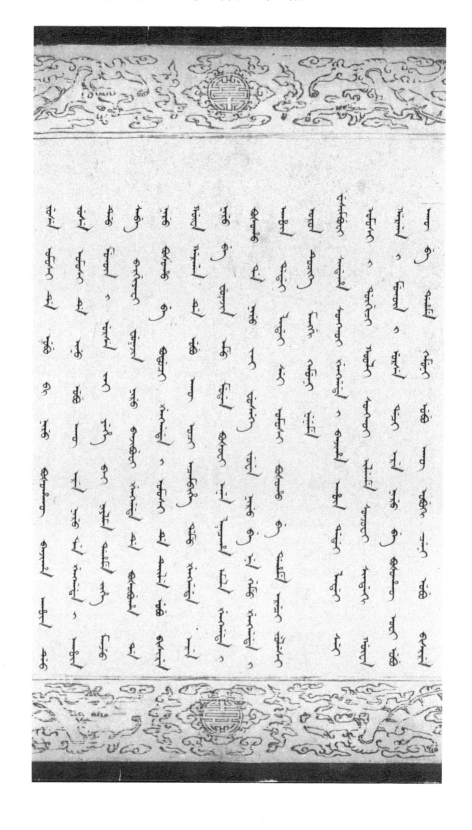

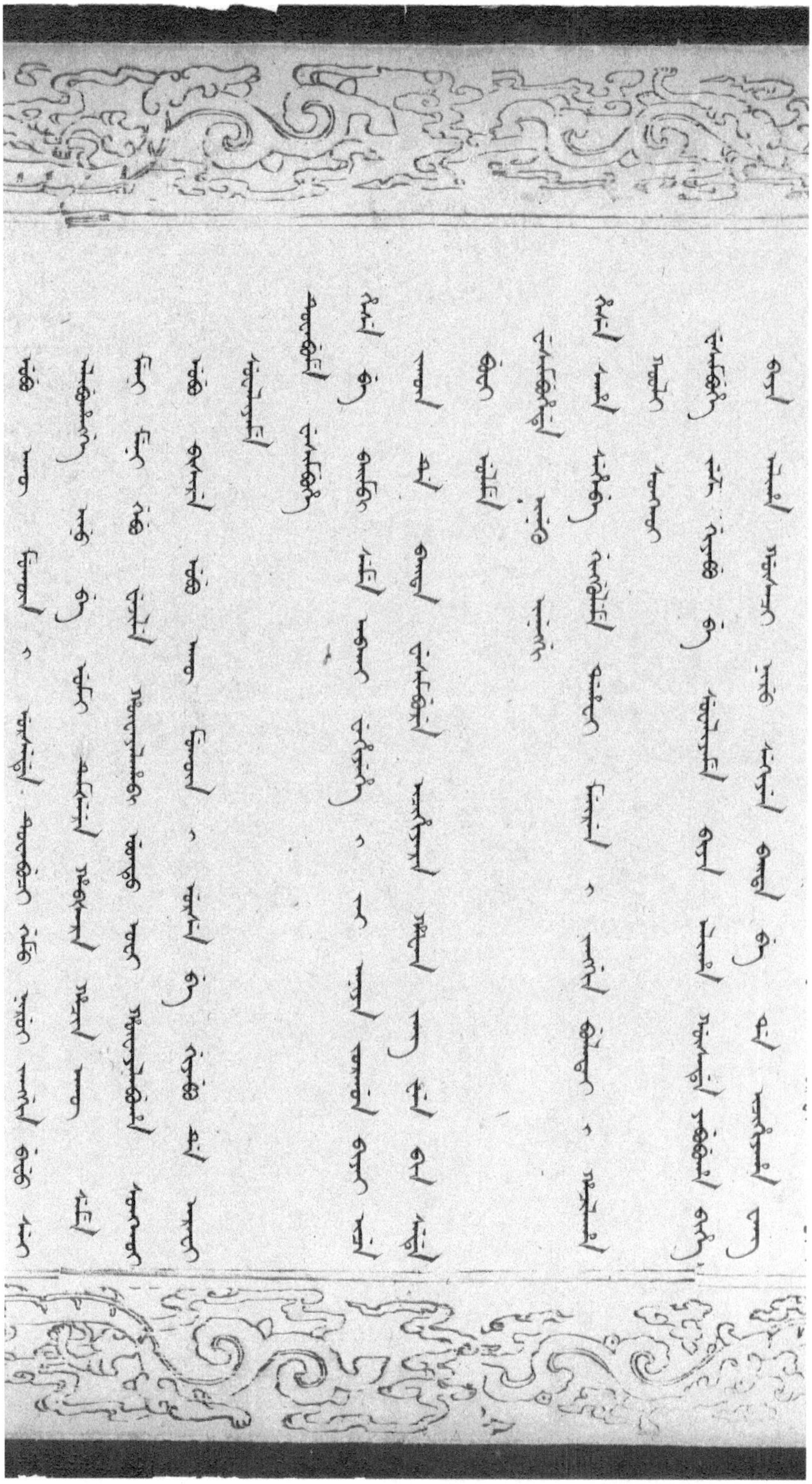

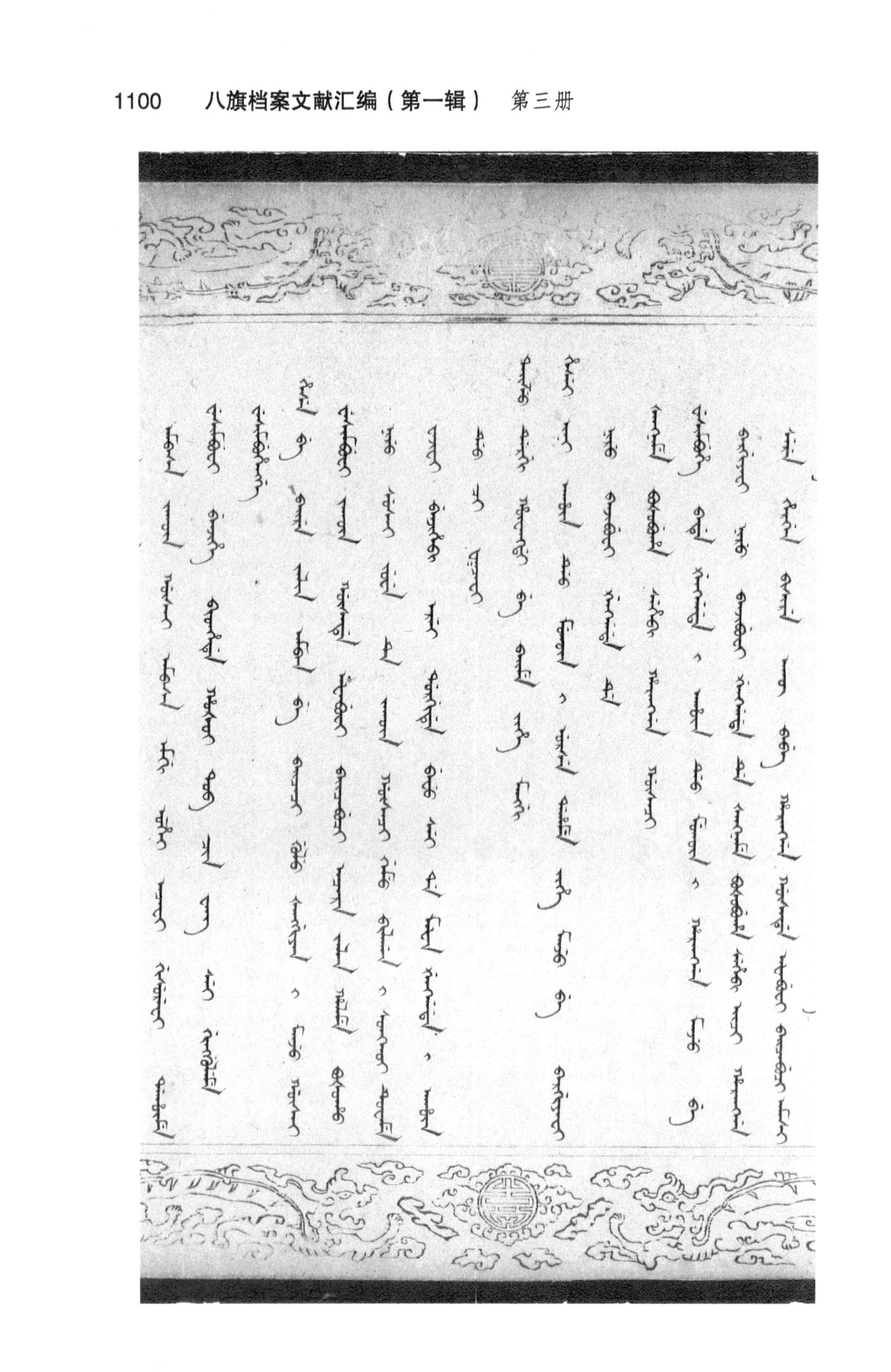

[illegible]

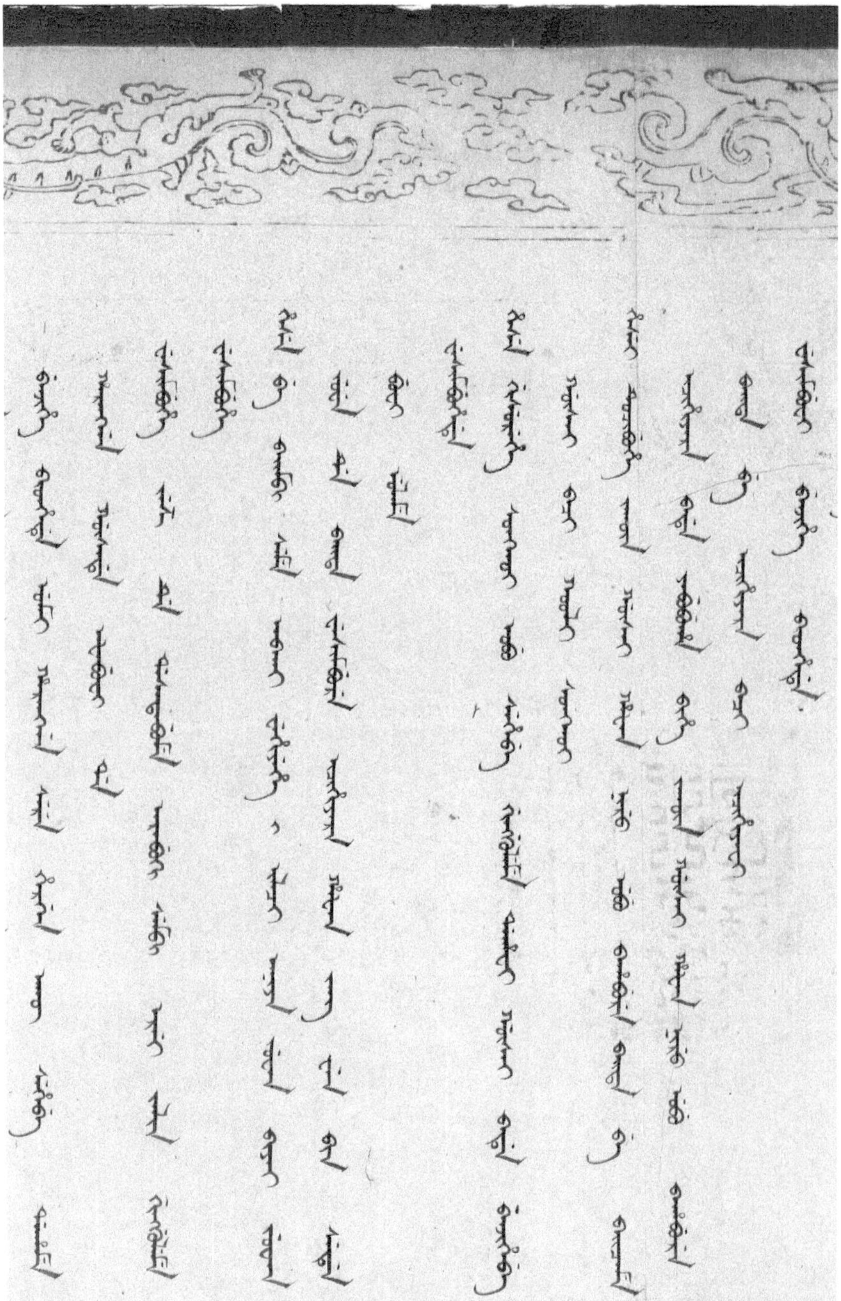

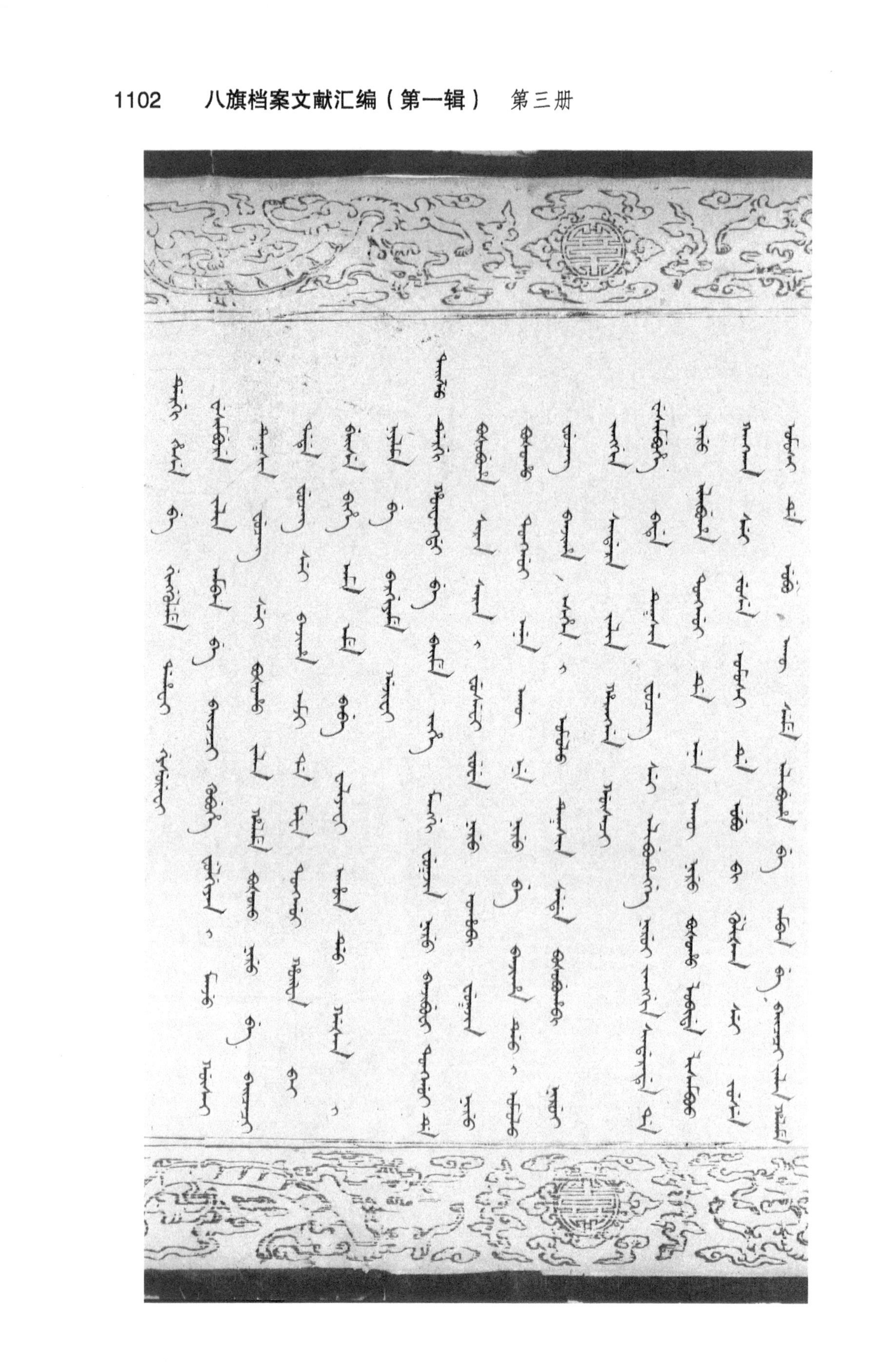

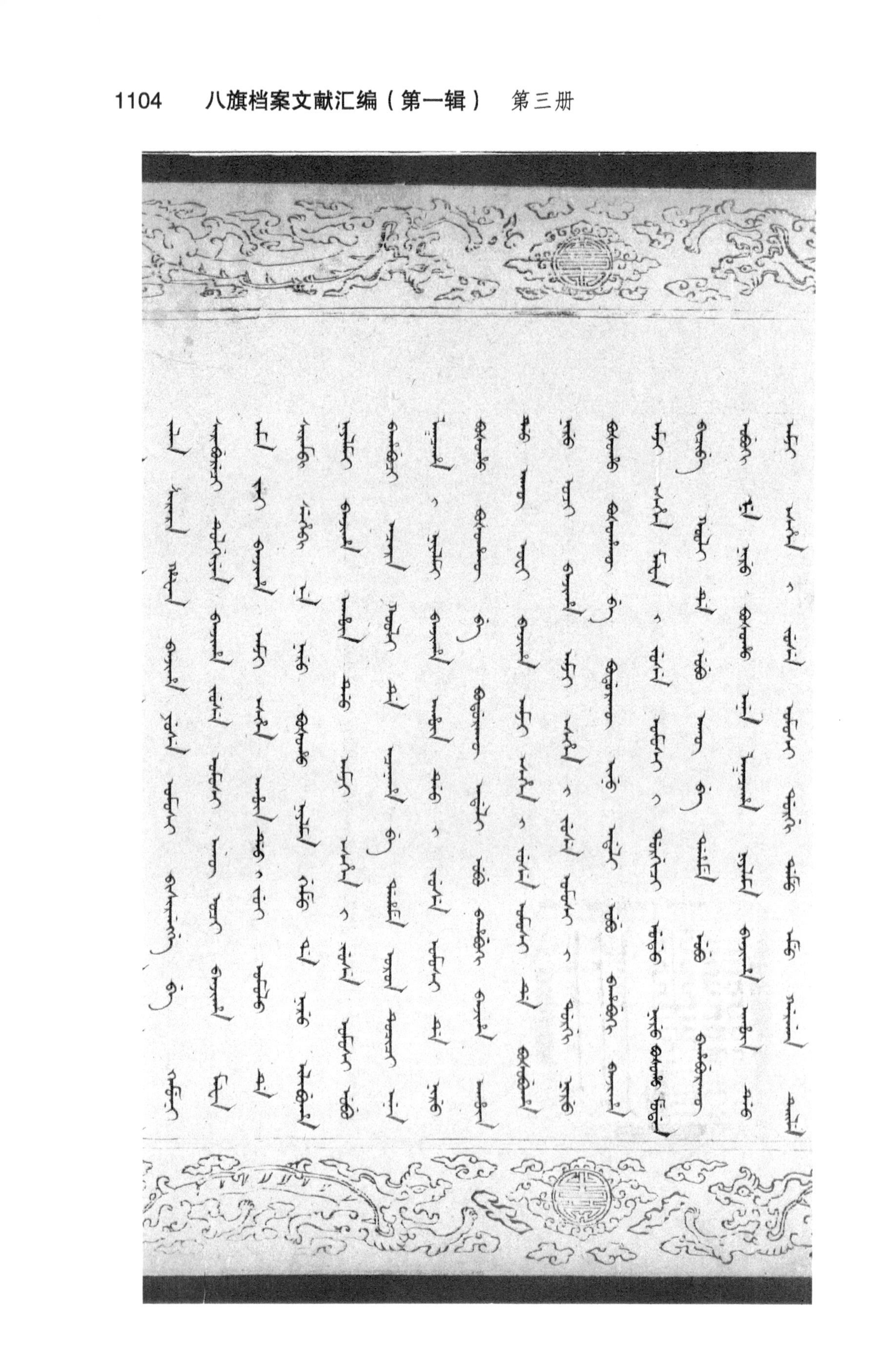

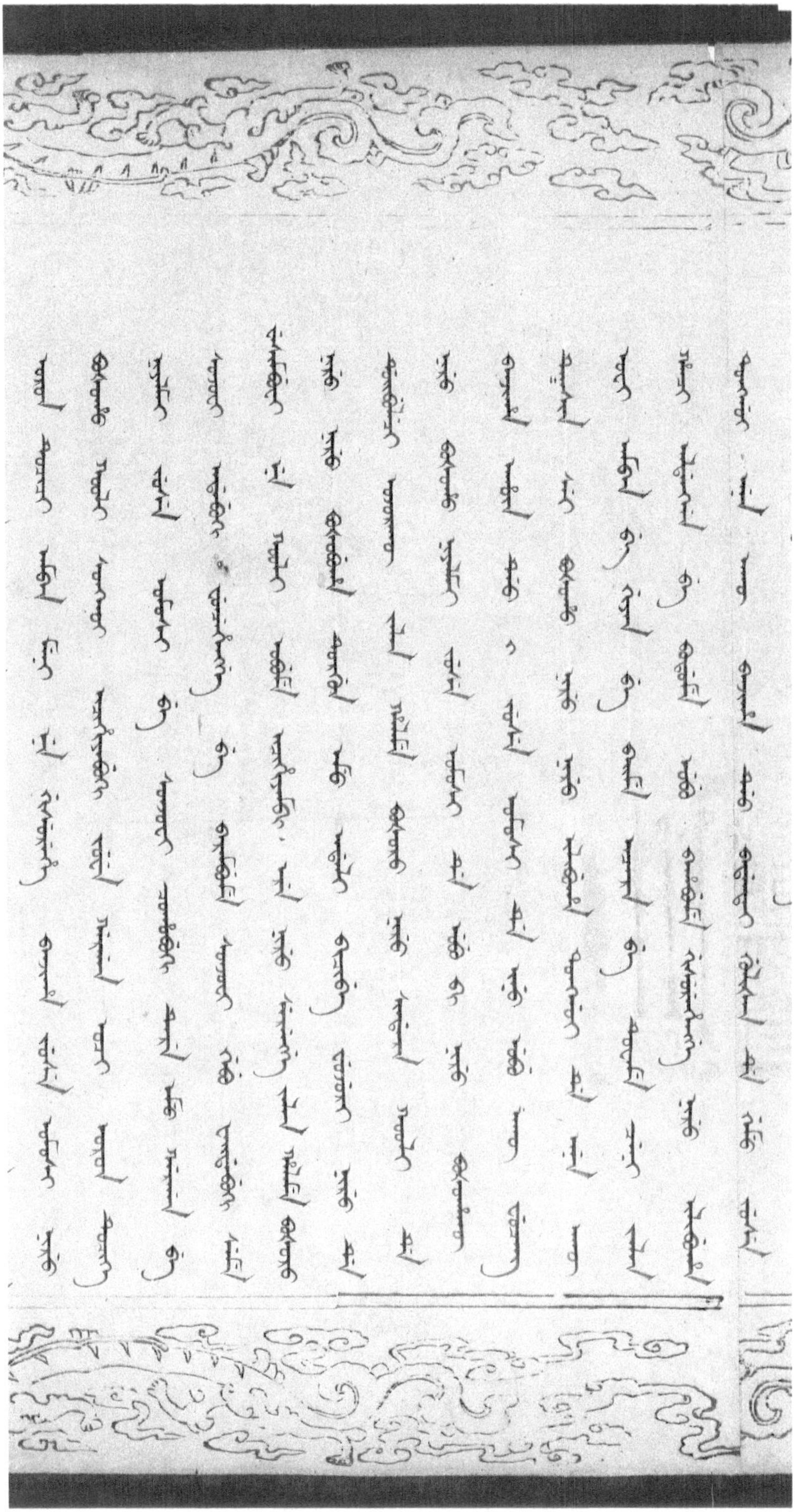

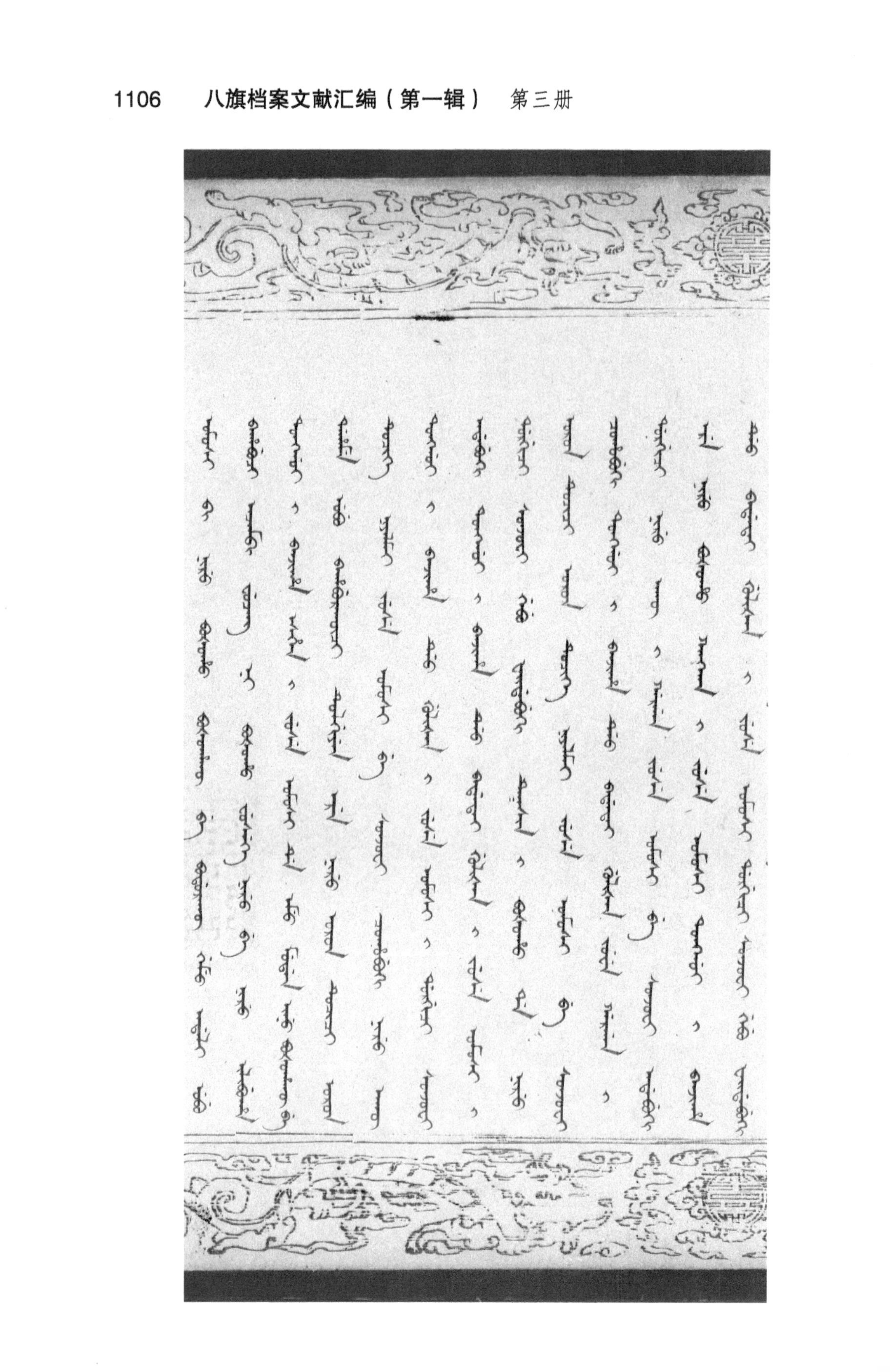

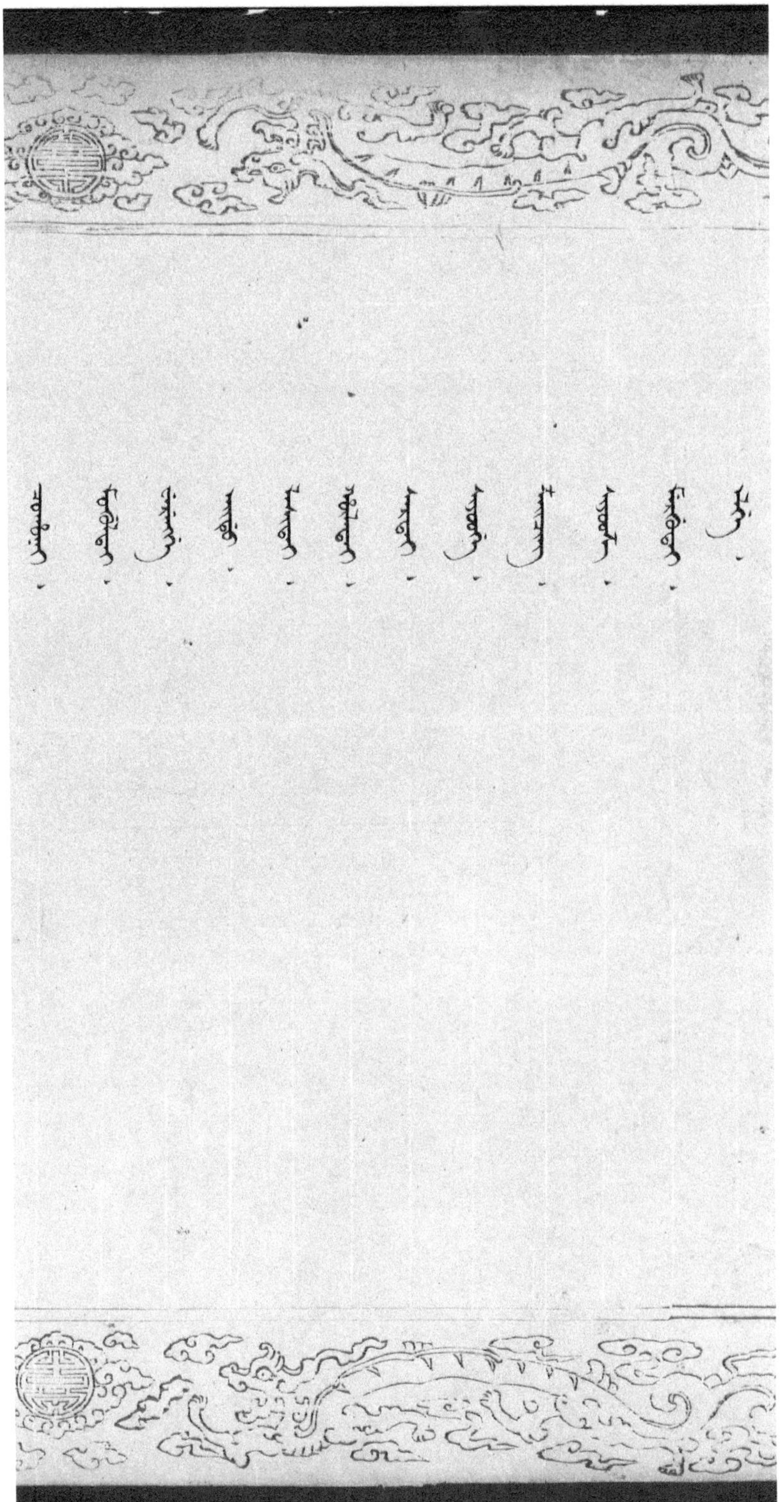

ᡝᠯᡥᡝ ᡨᠠᡳᡶᡳᠨ ᡳ ᡠᠶᡠᠨ ᠠᠨᡳᠶᠠ

[illegible]

[illegible]

[illegible]

[illegible]

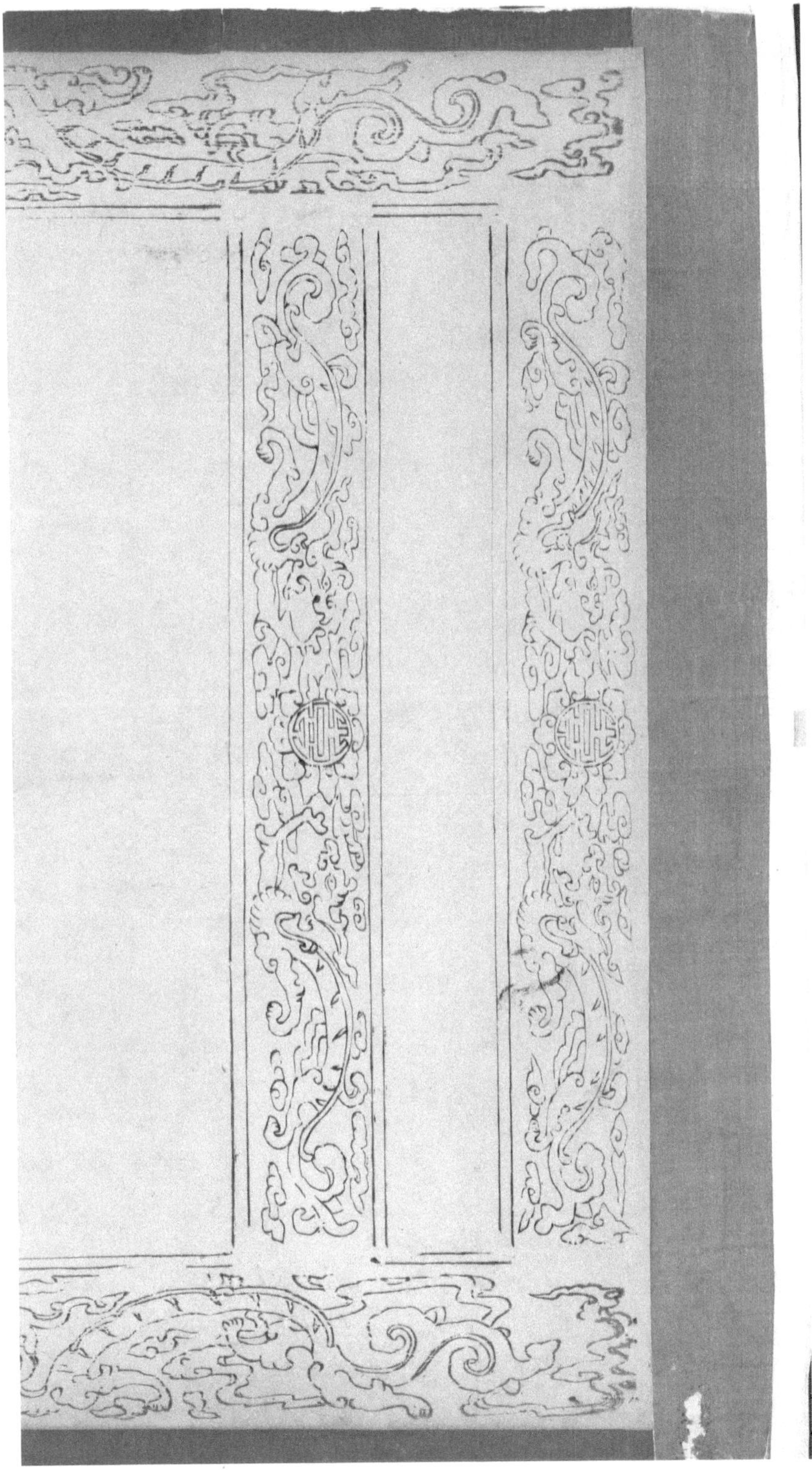

镶红旗满洲七十世管佐领下族长觉罗罗尔逊印轴

满文写本，卷轴装，页面47.8cm × 929.0cm，四周双边，螭文，钤兵部印，印轴前部少量残缺，满文题名不存。落款时间为乾隆七年，无添写记录，满幅。

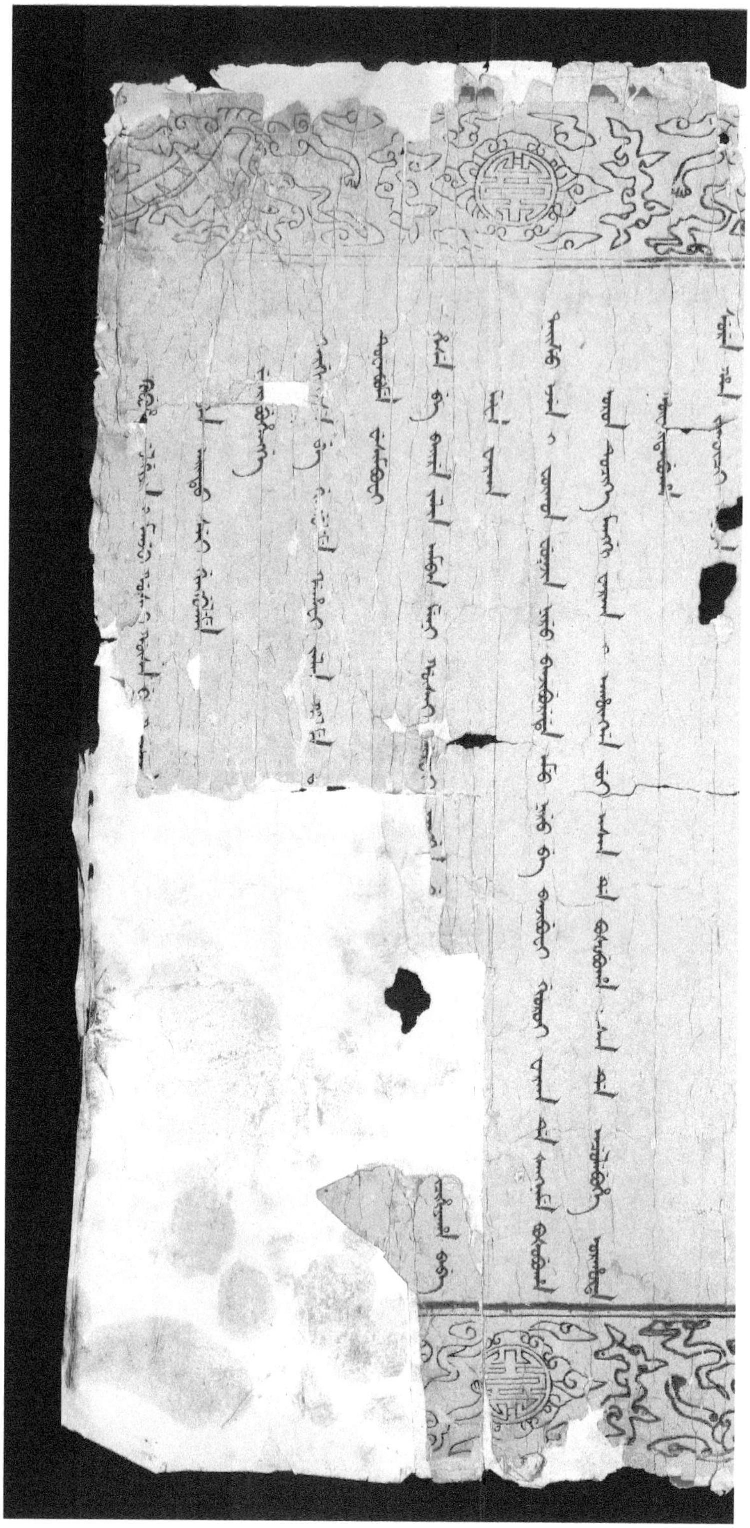

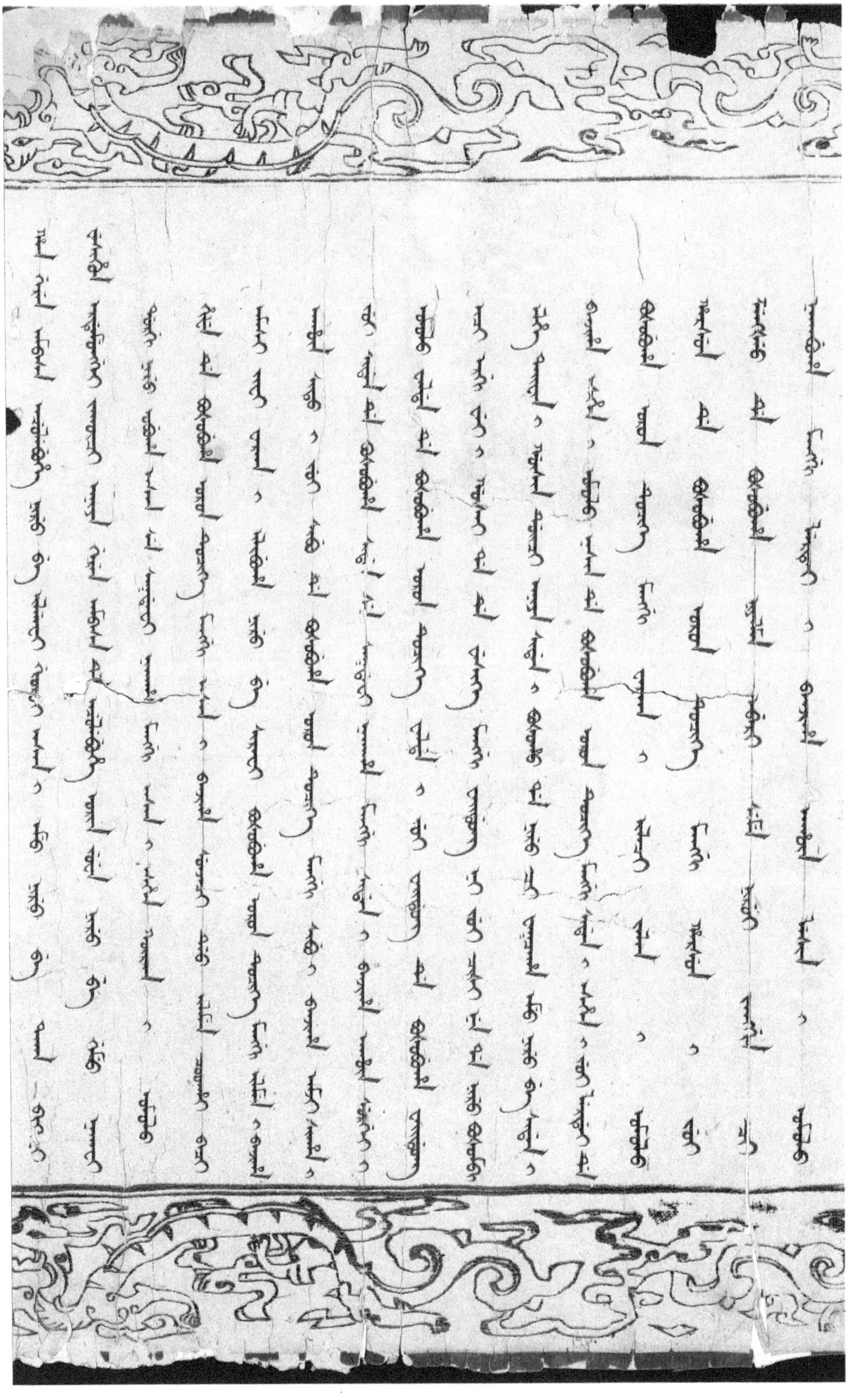

[illegible]

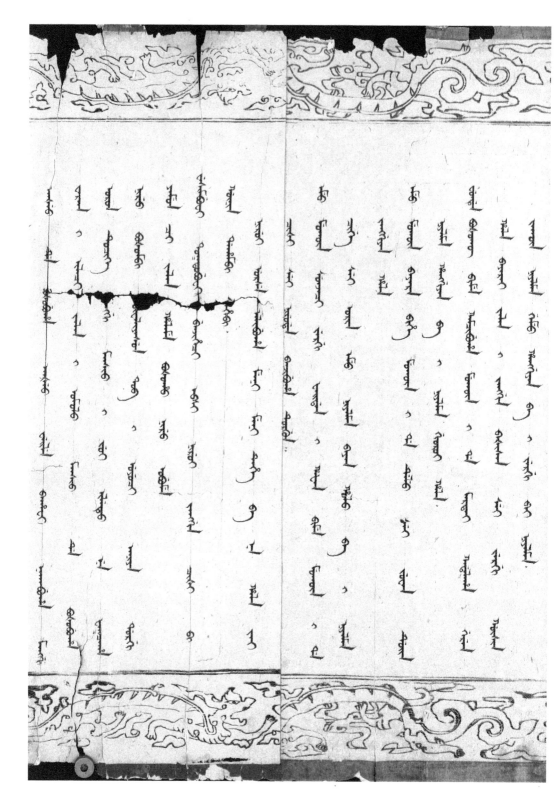

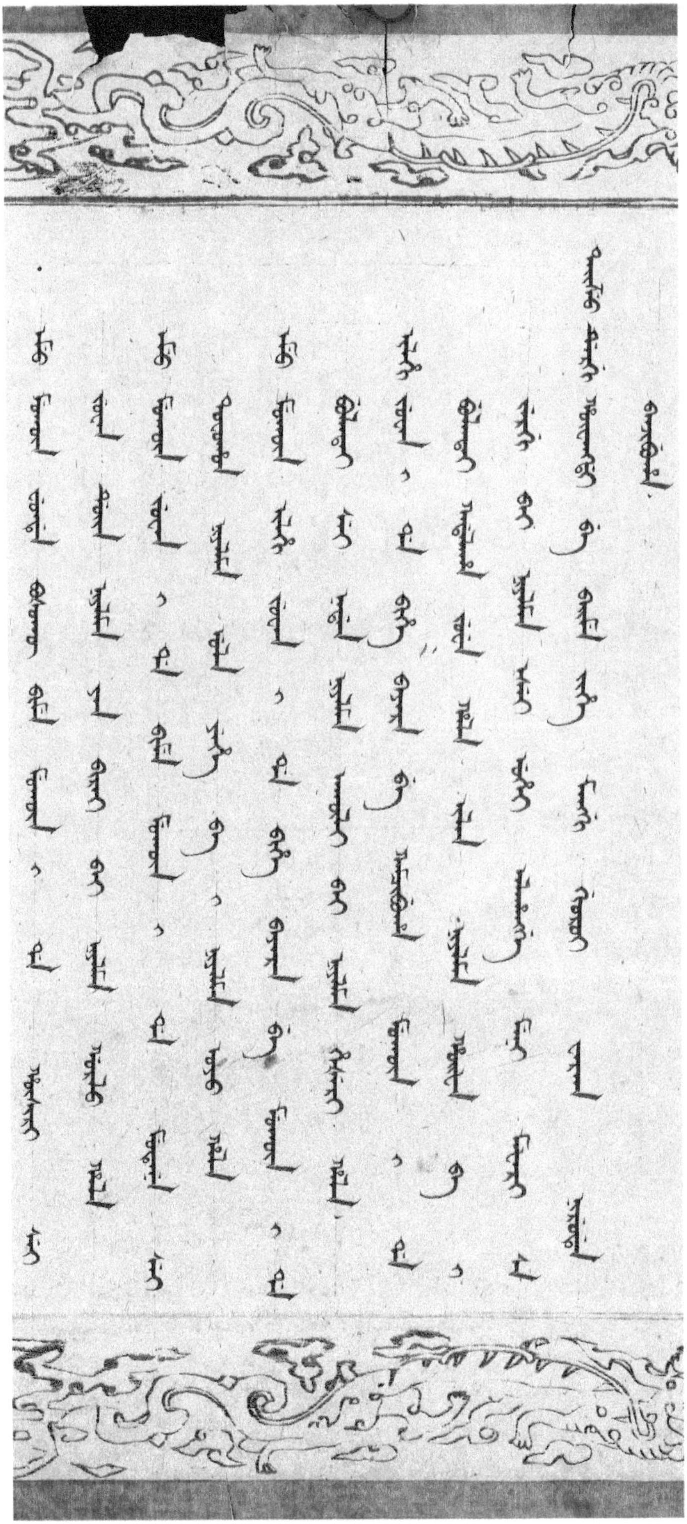

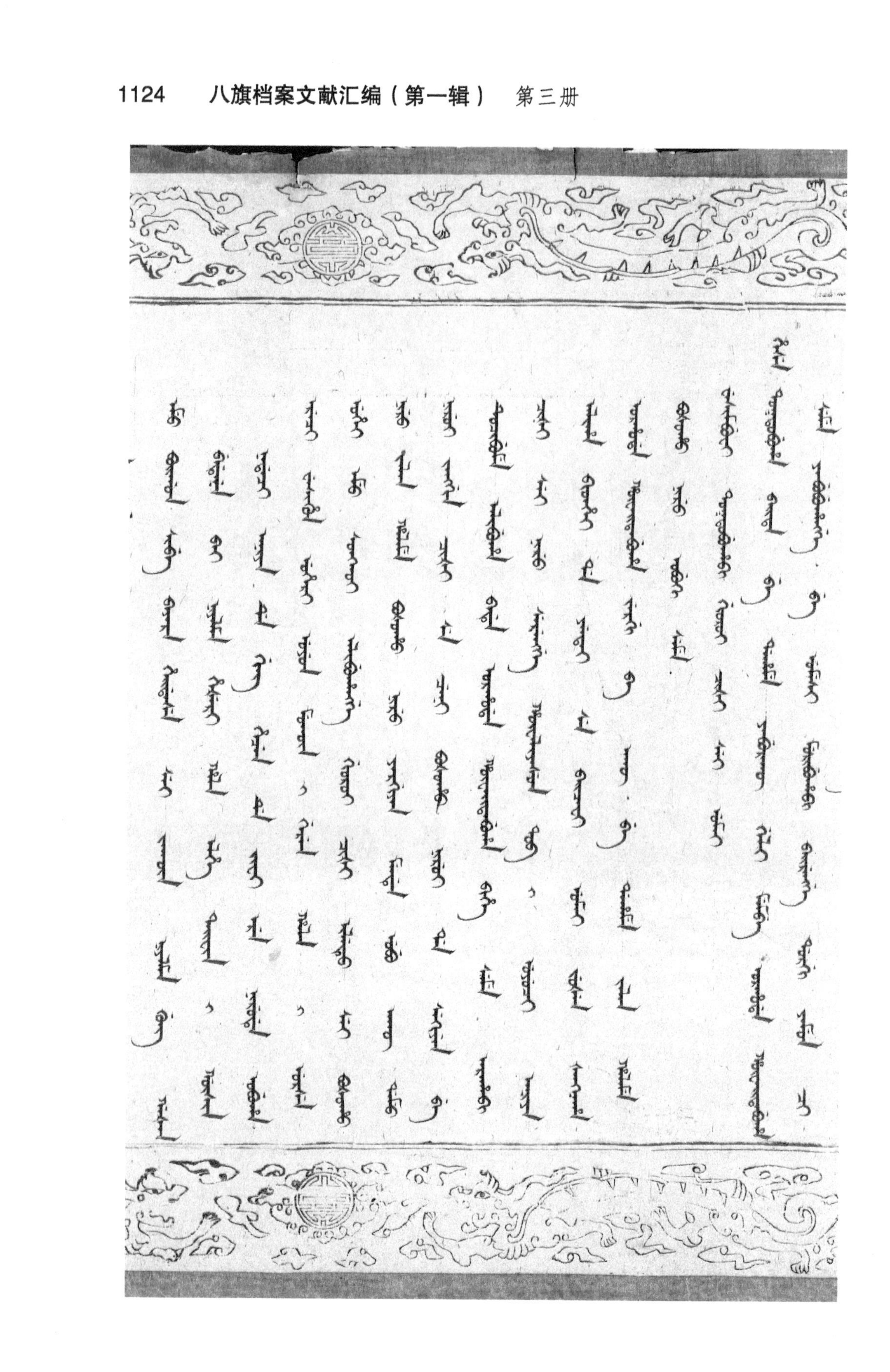

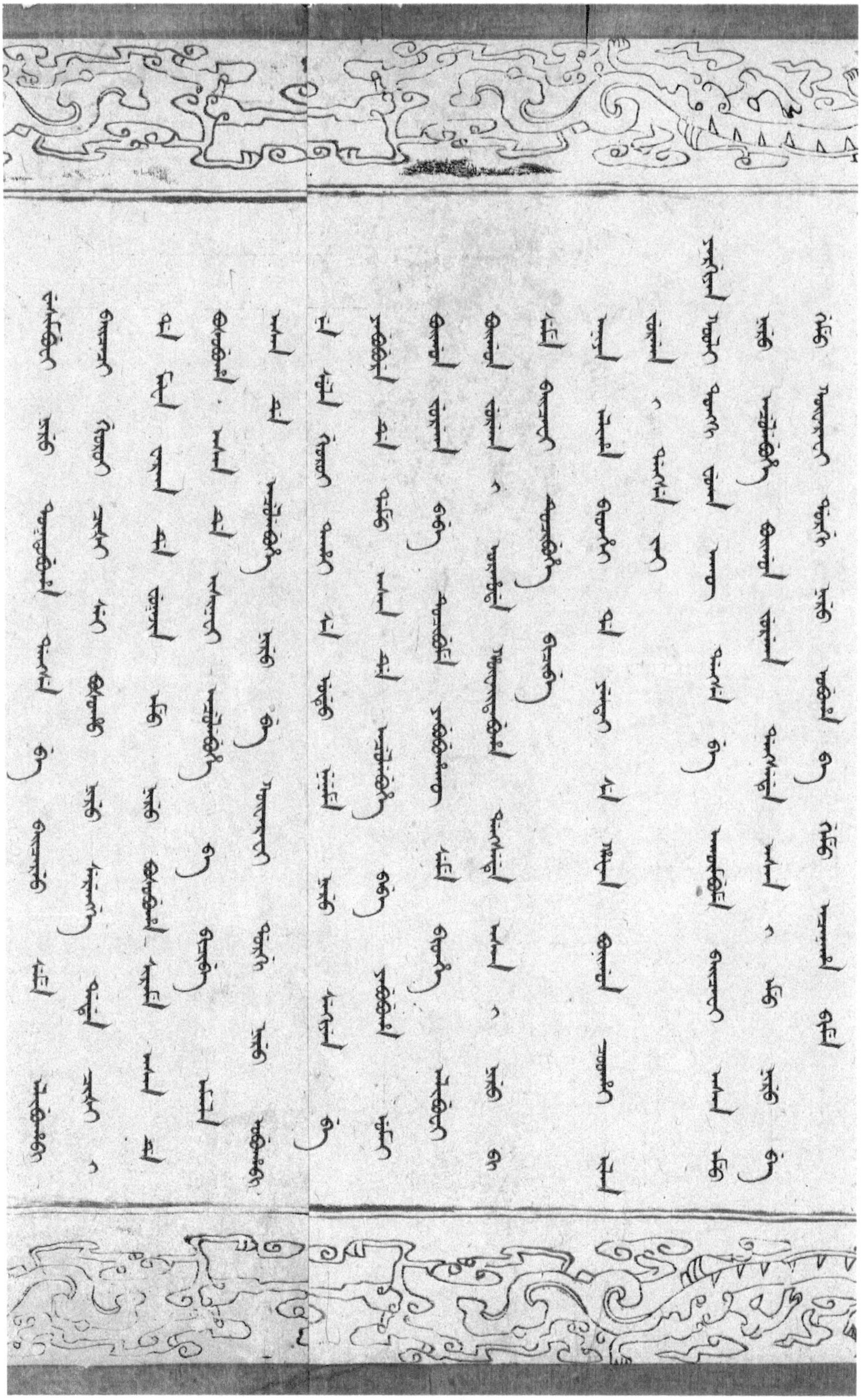

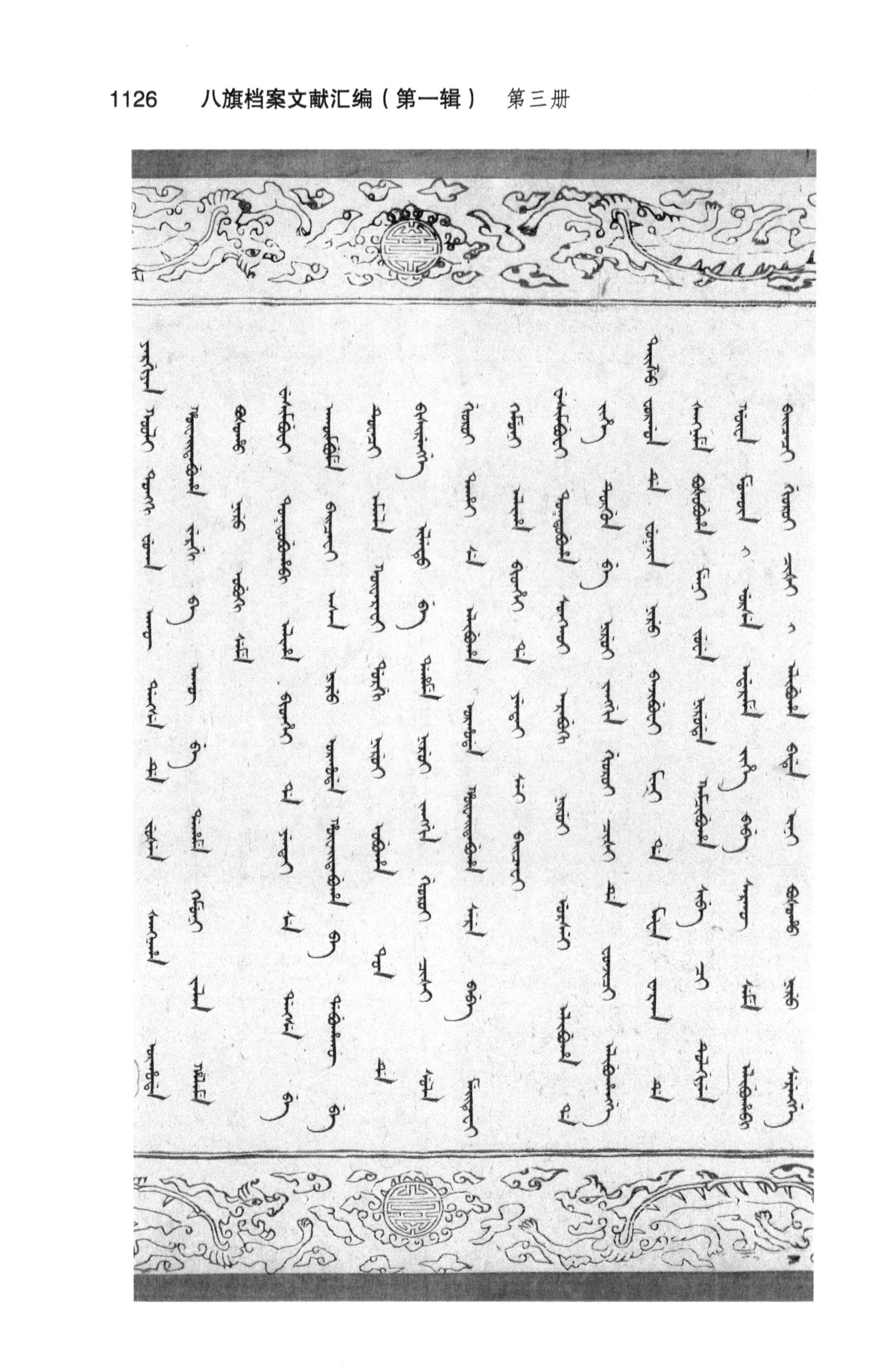

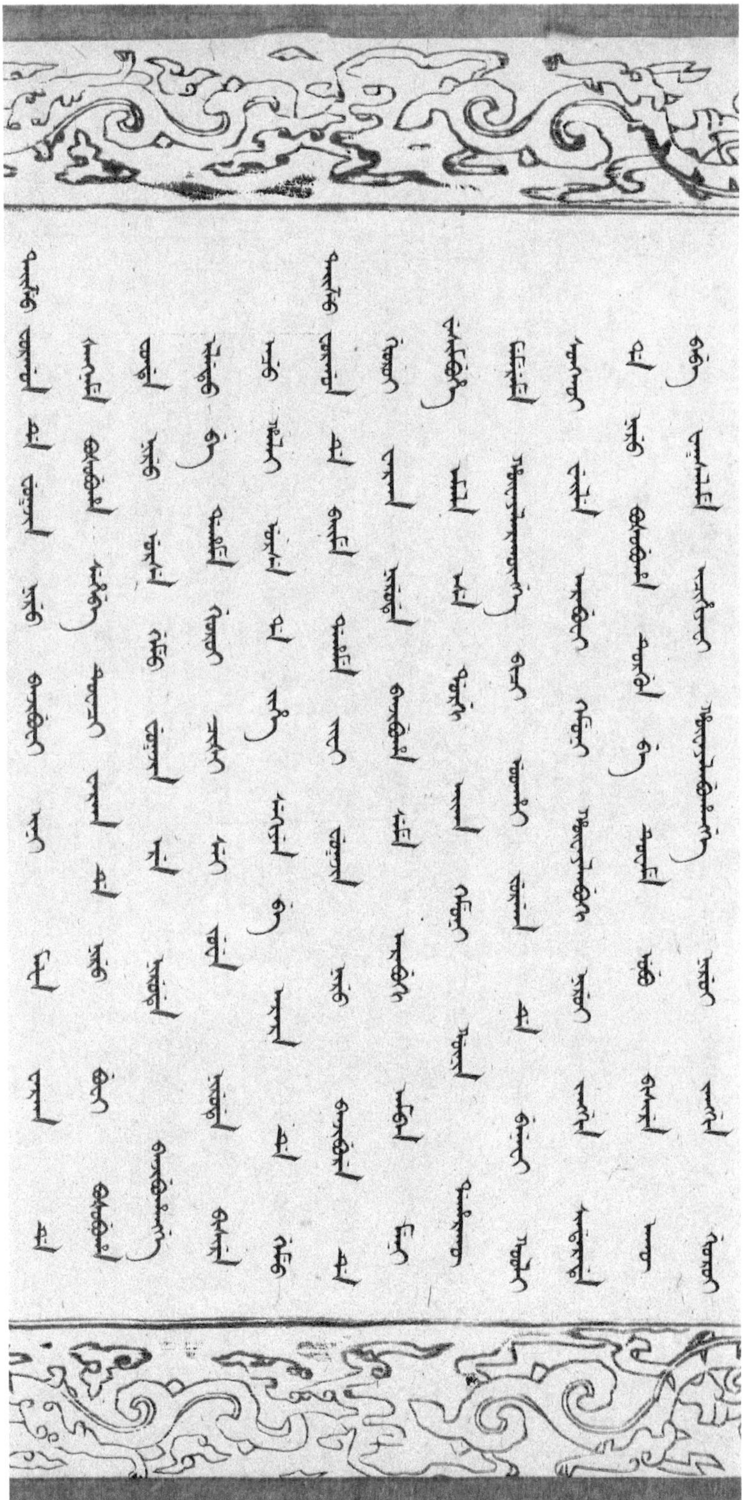

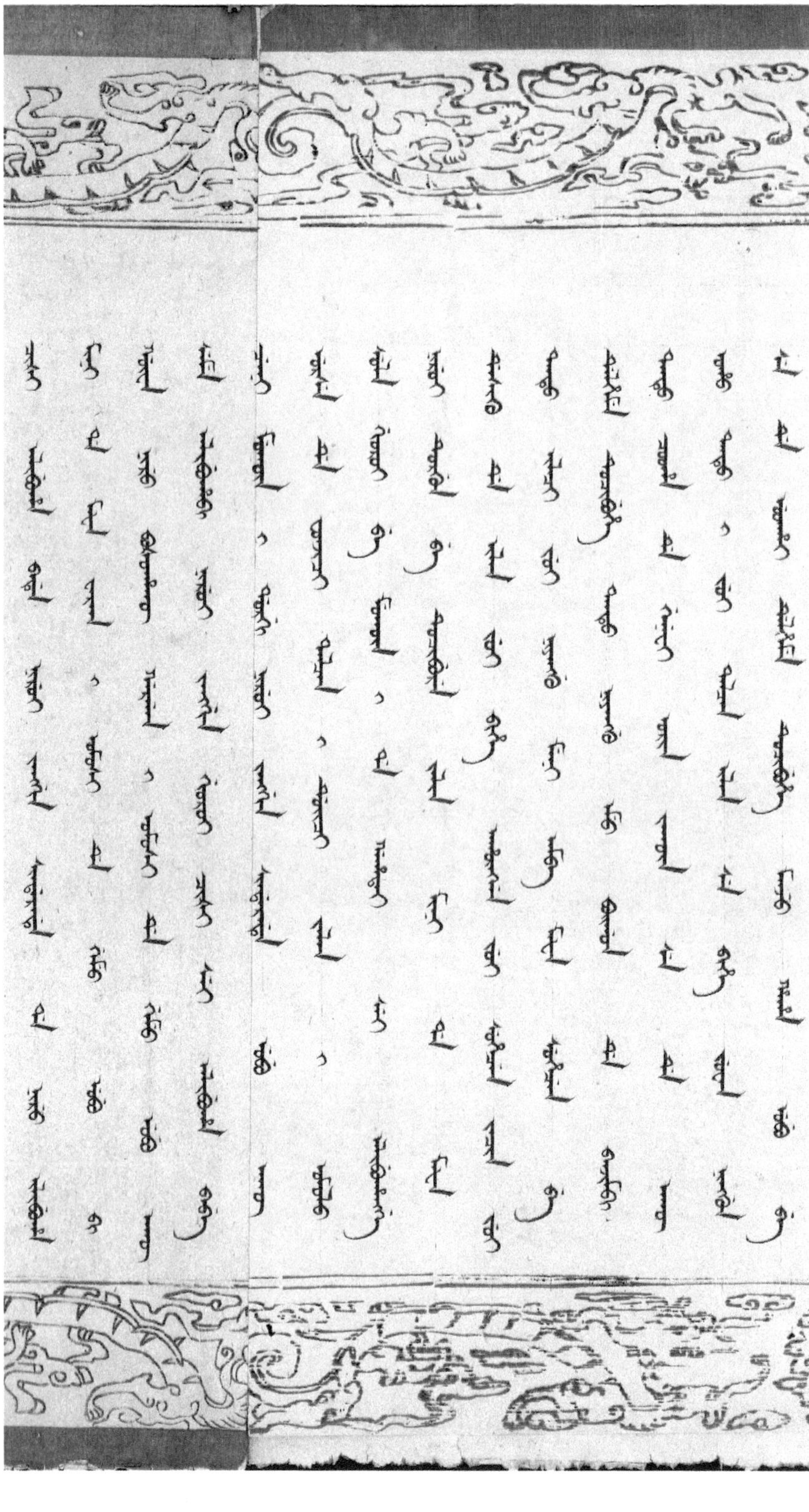

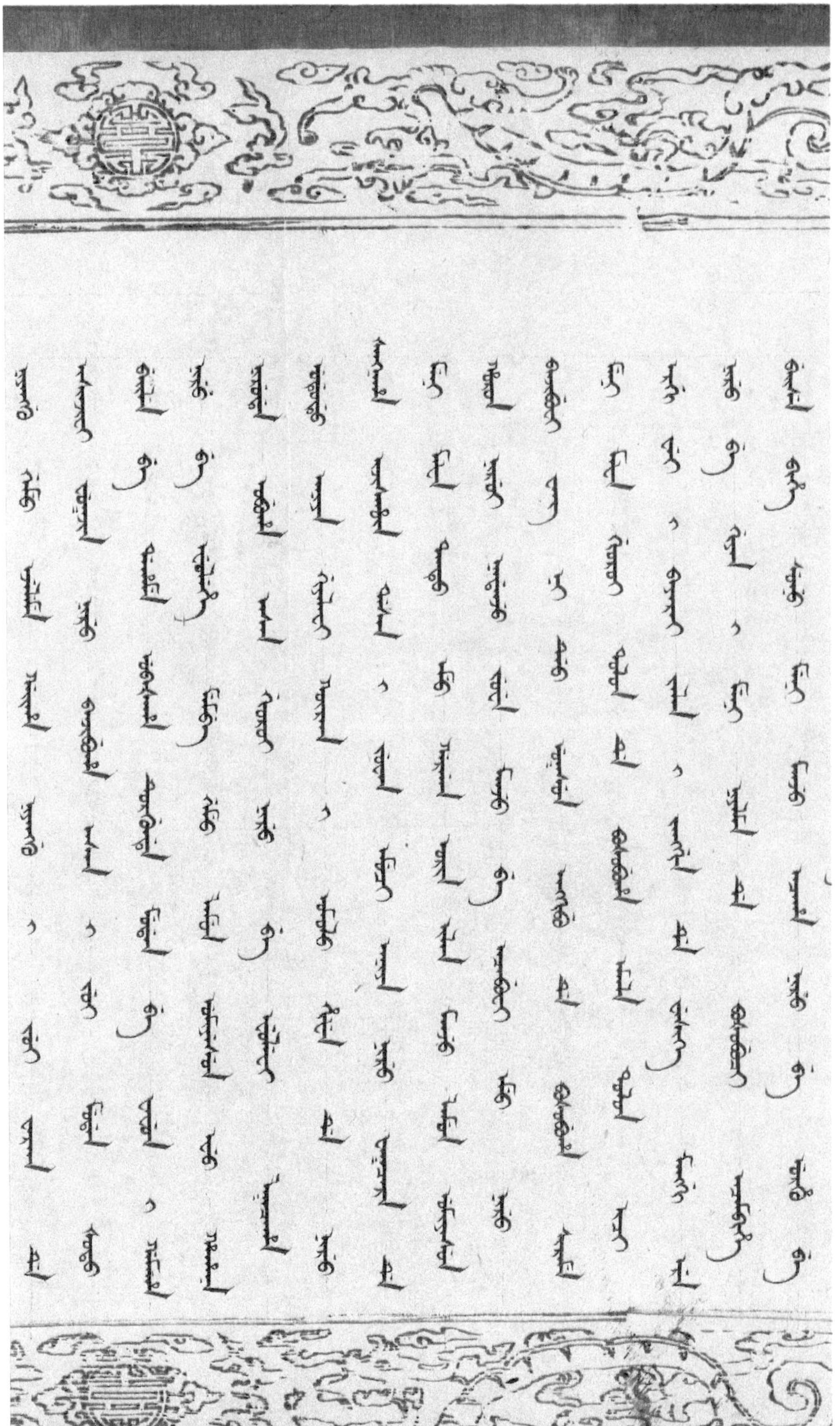

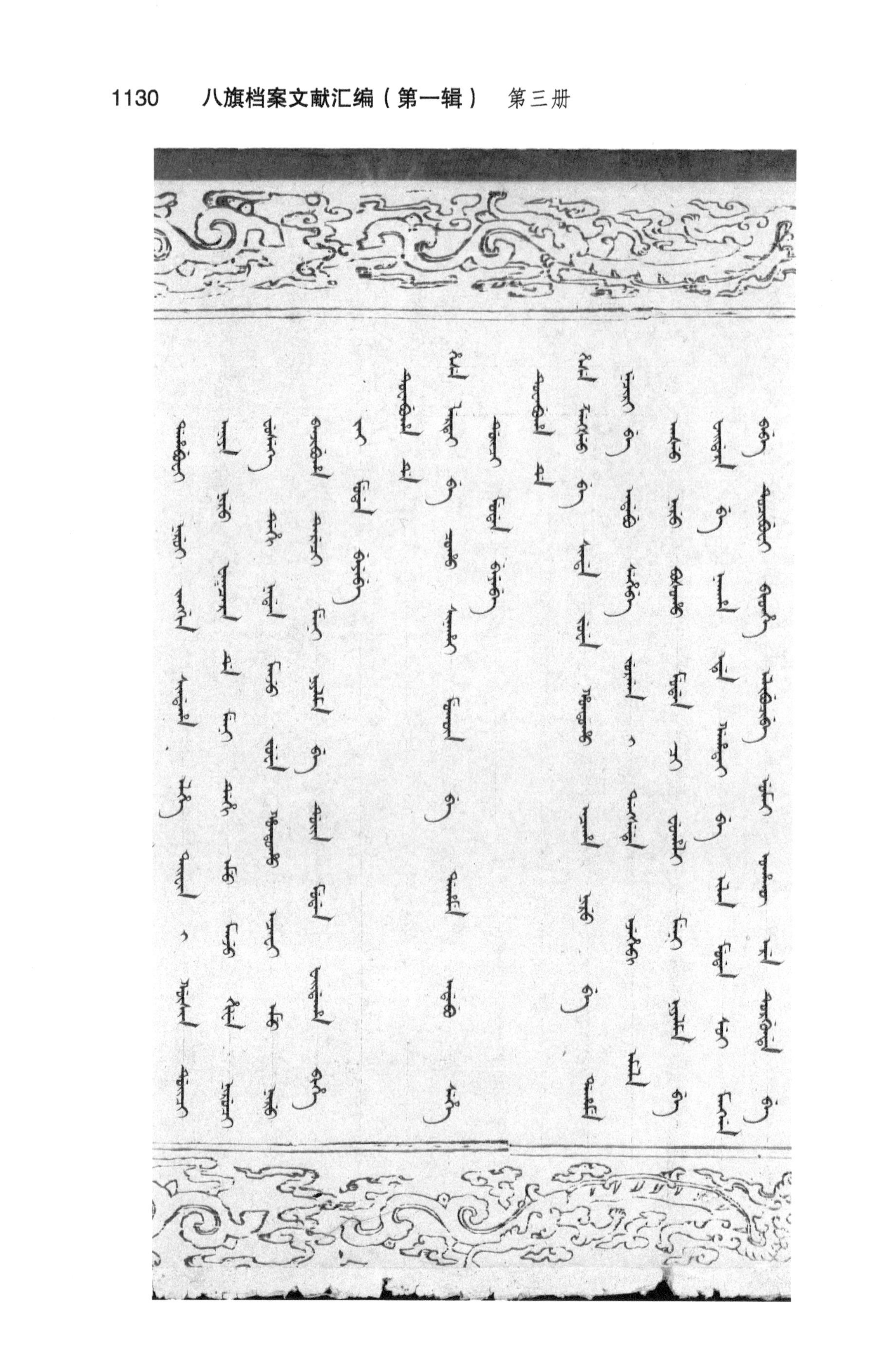

[illegible]

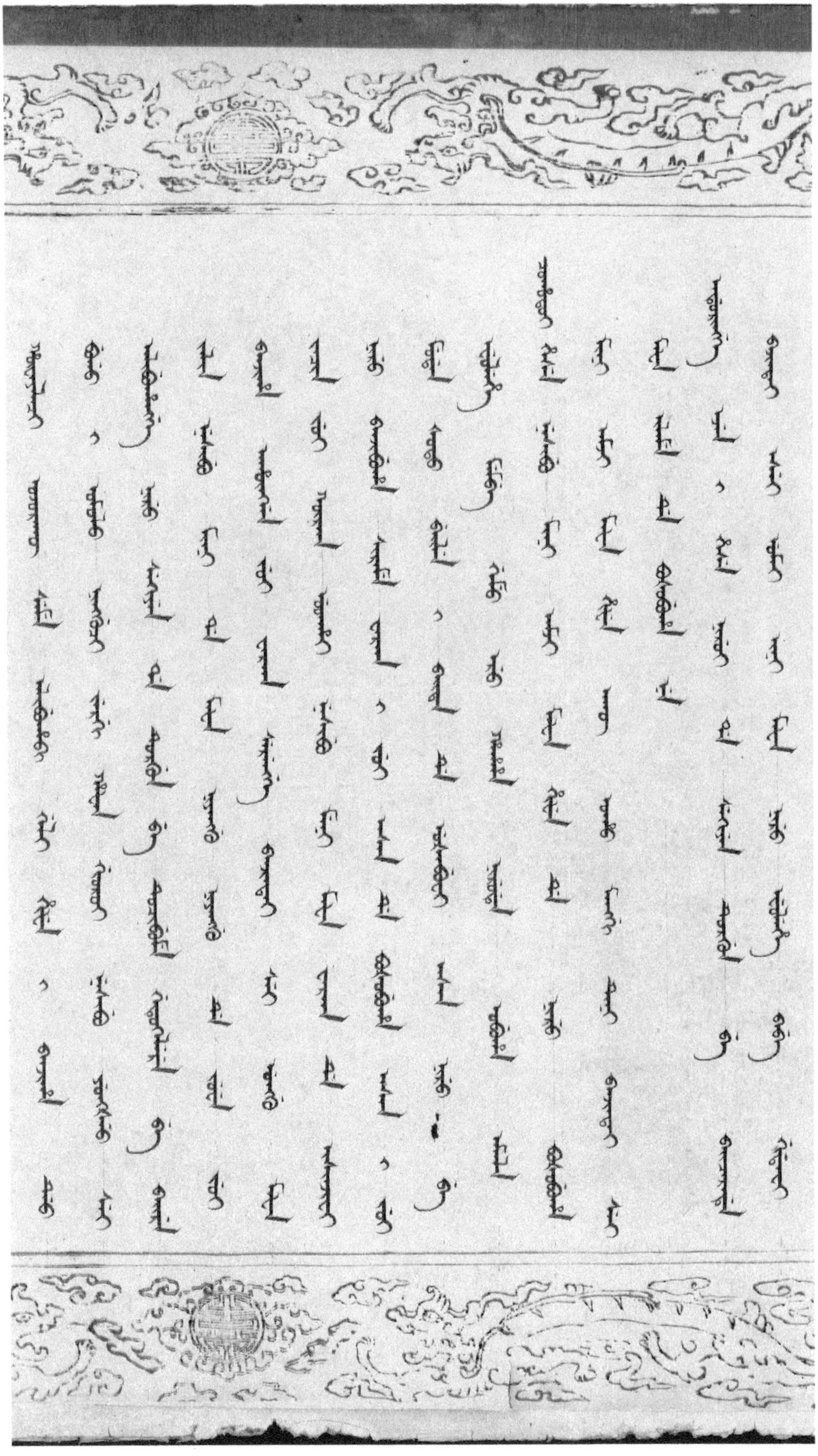

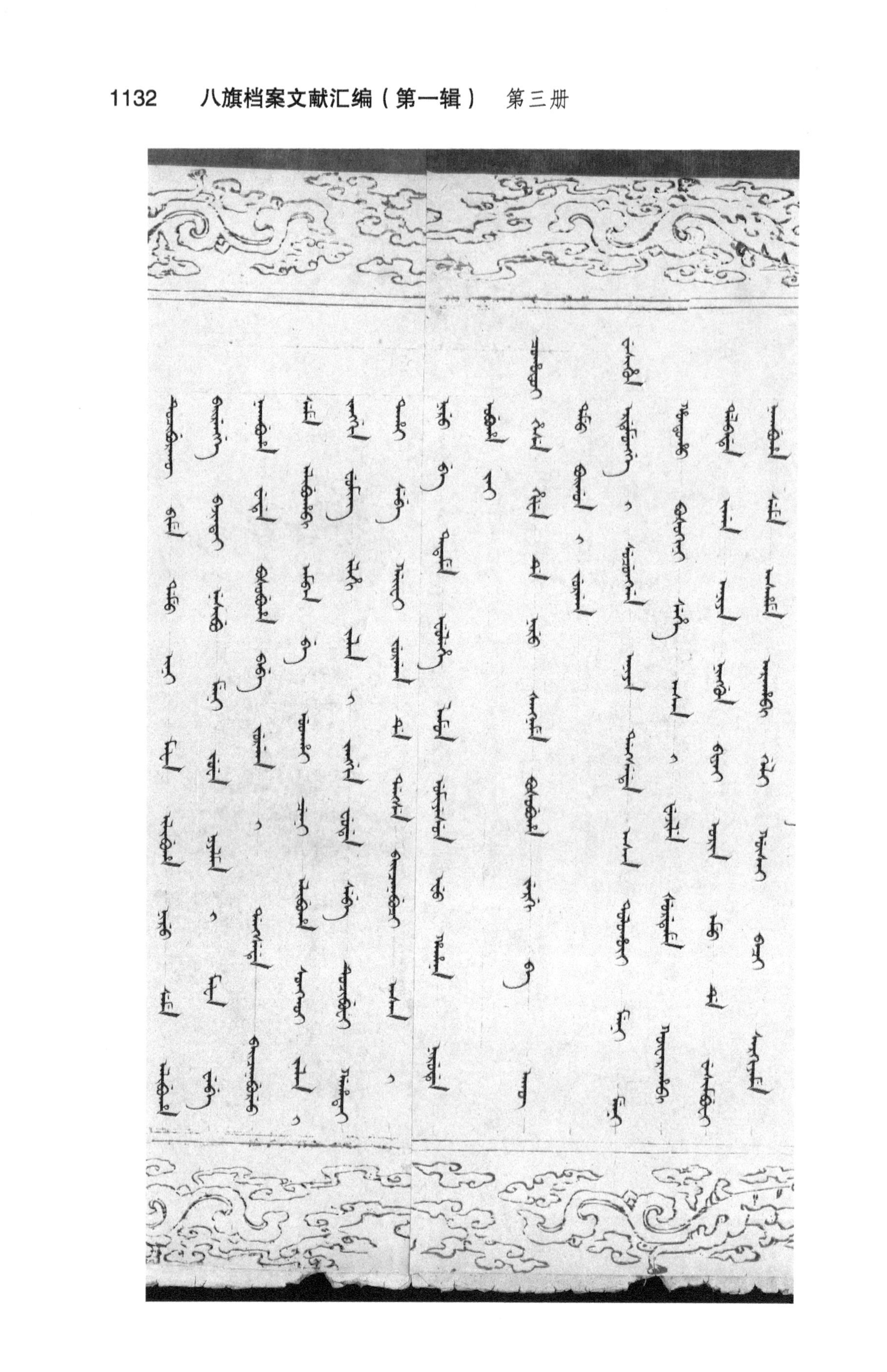

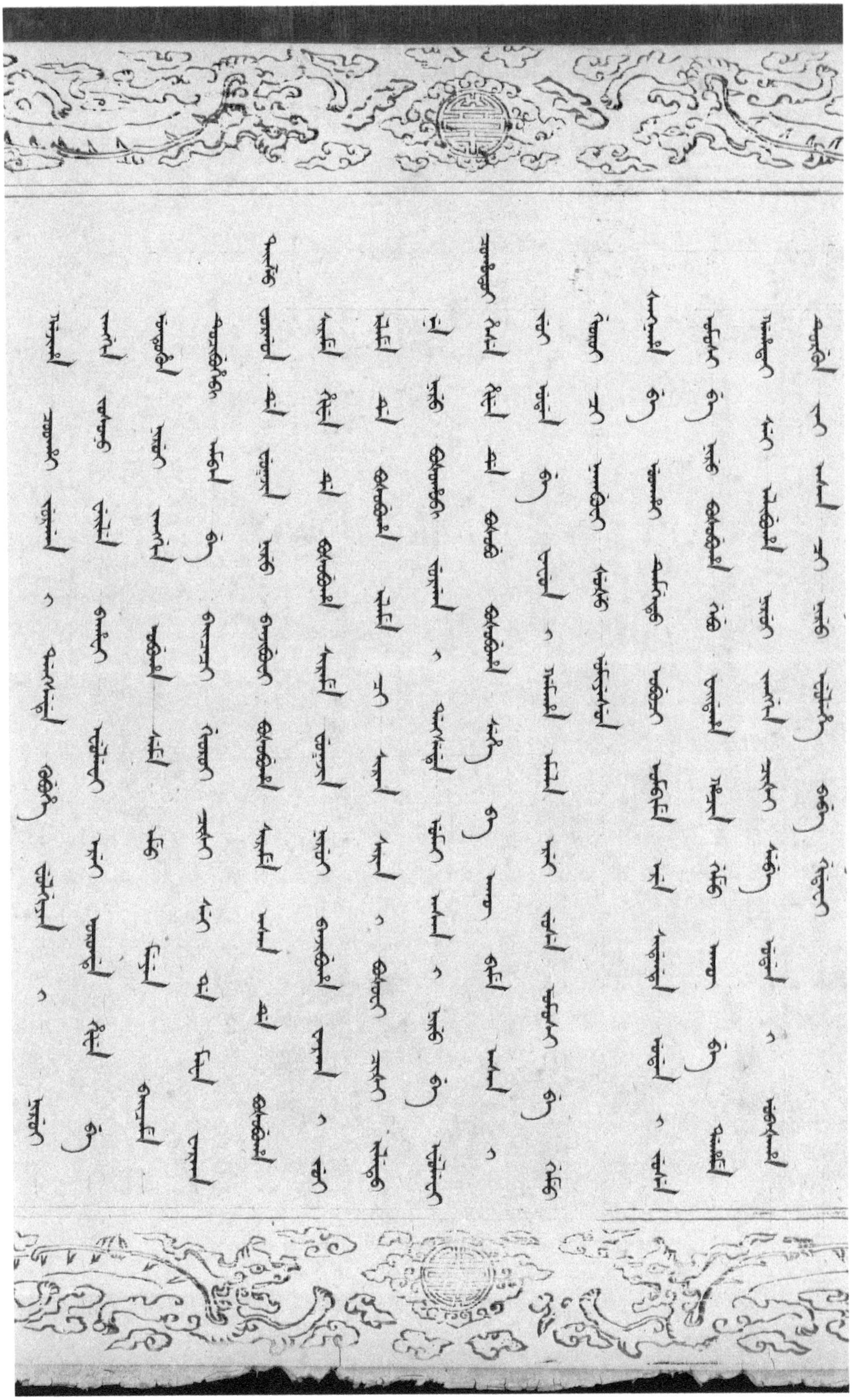

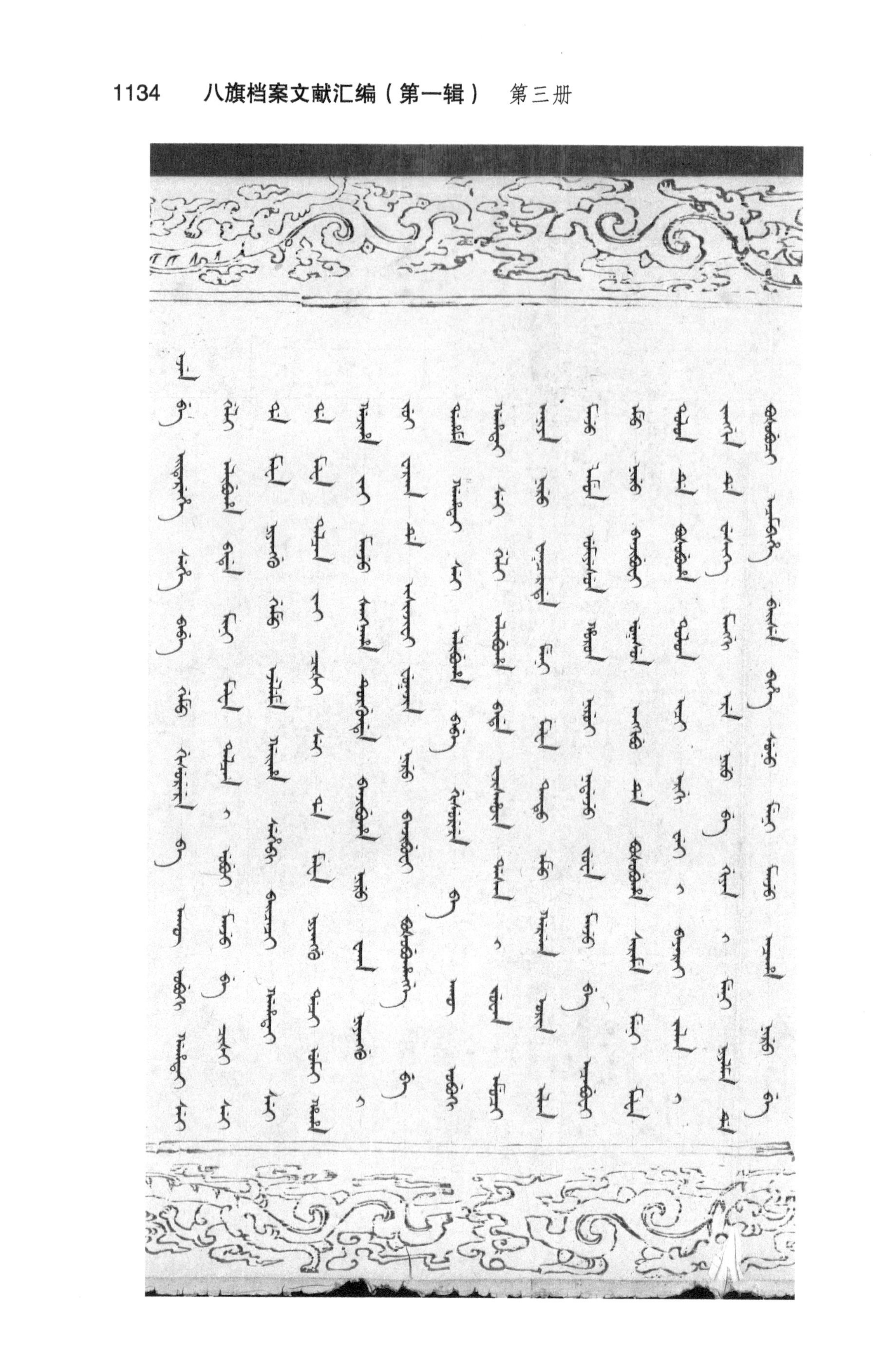

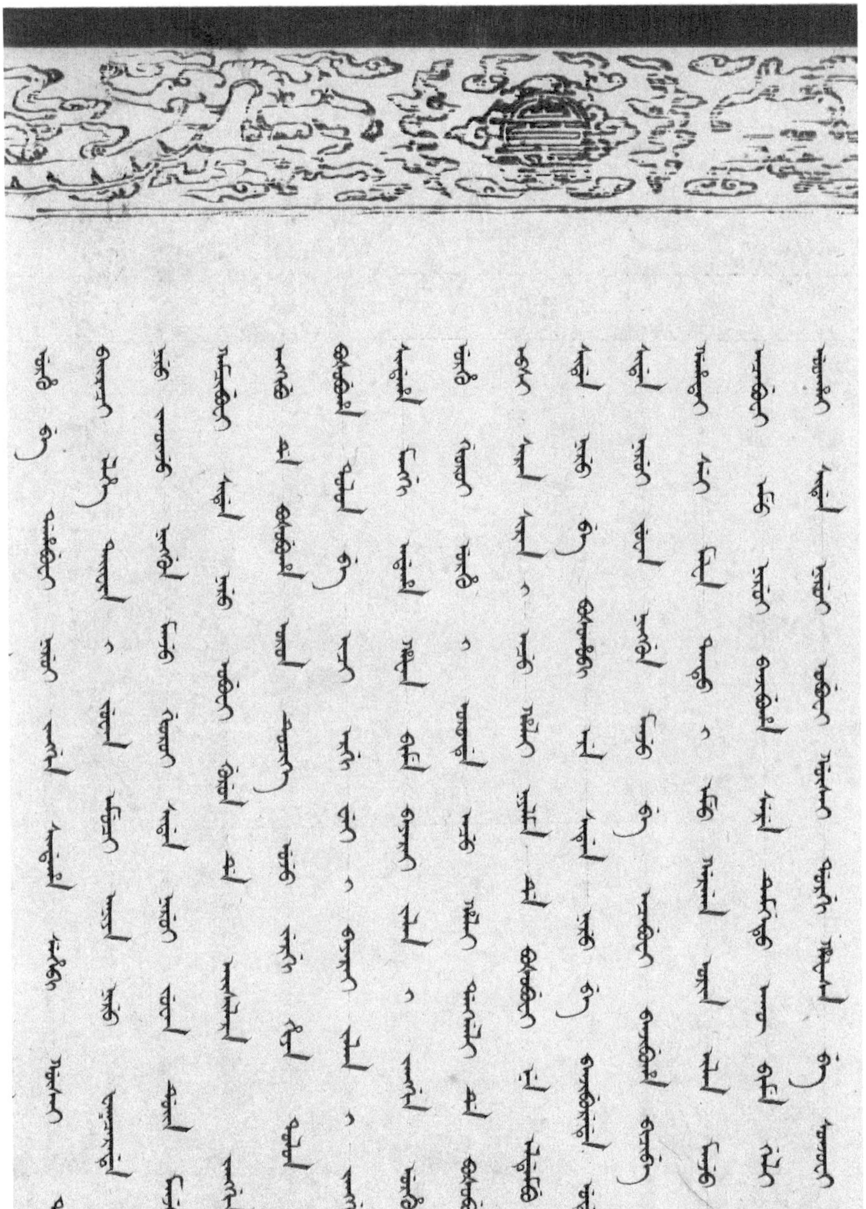

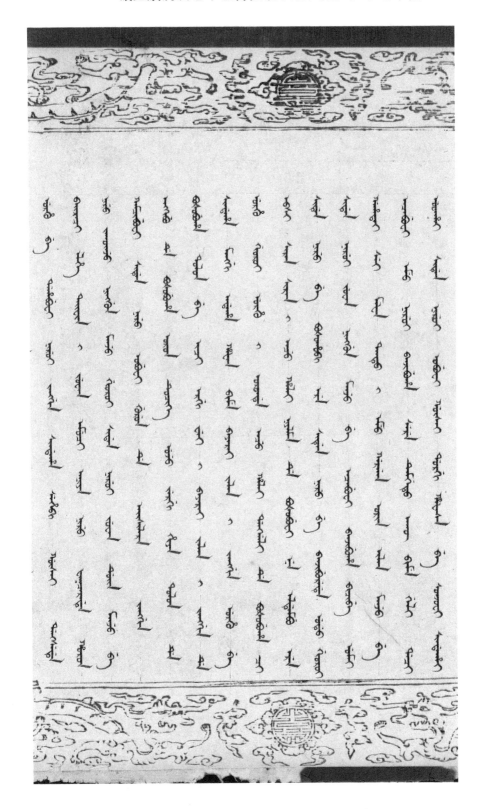

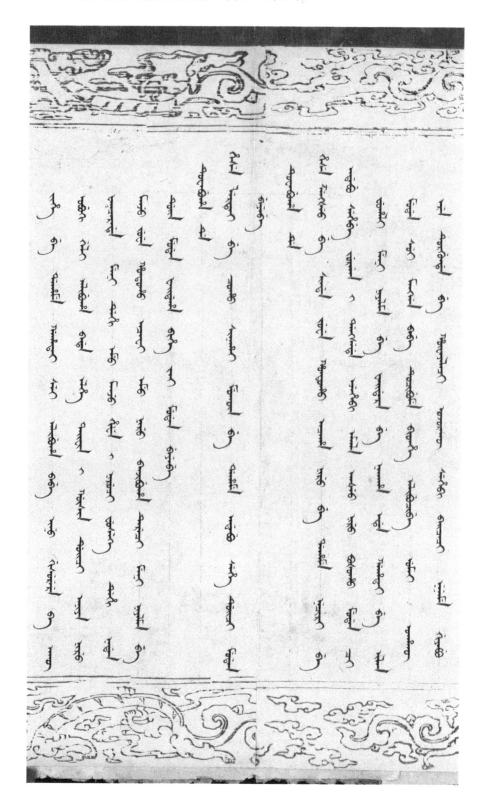

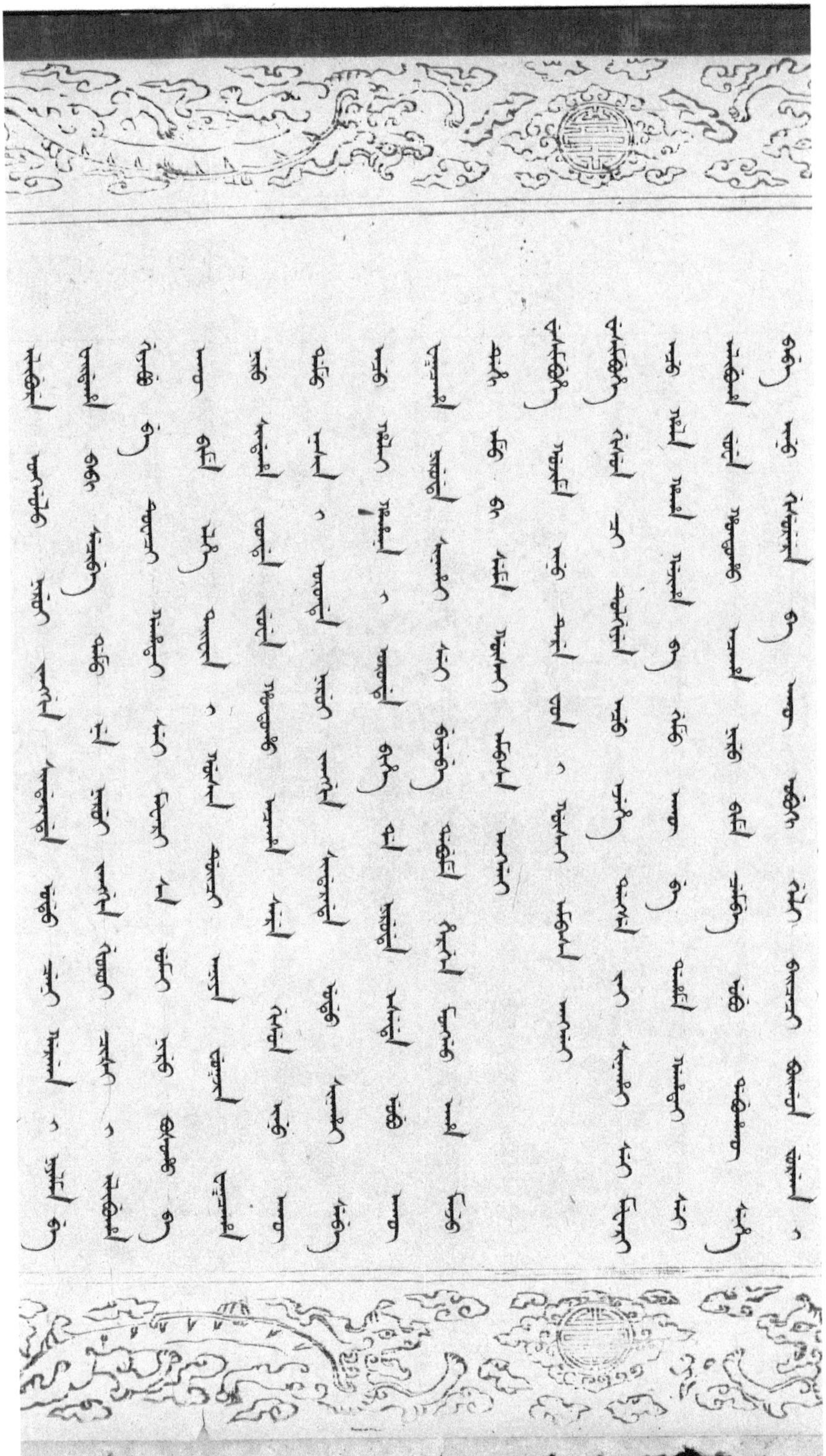

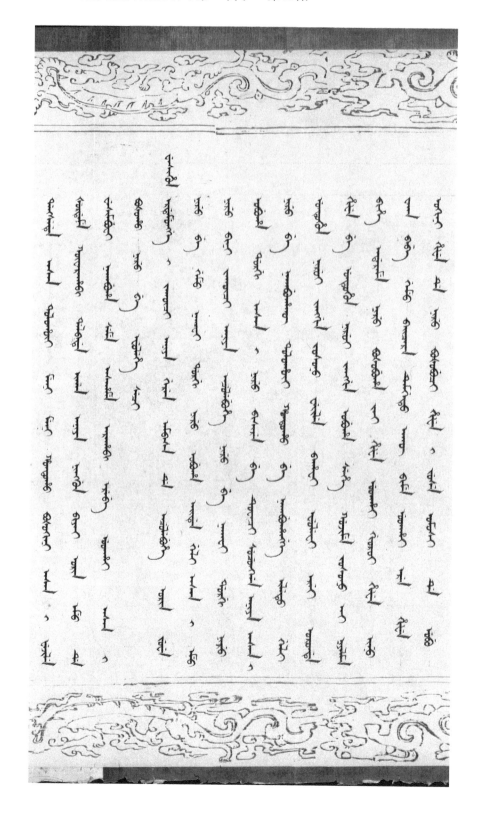

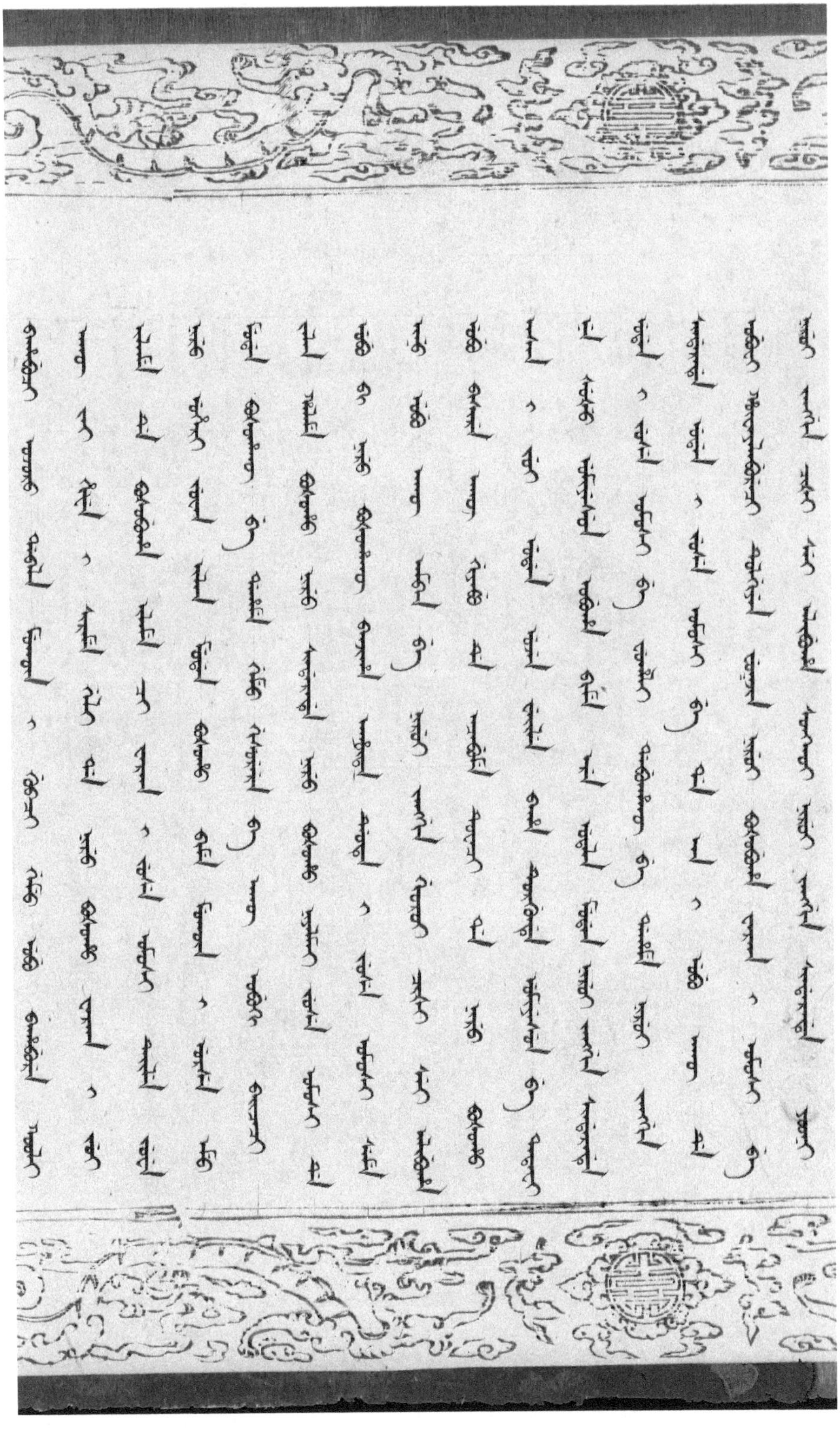

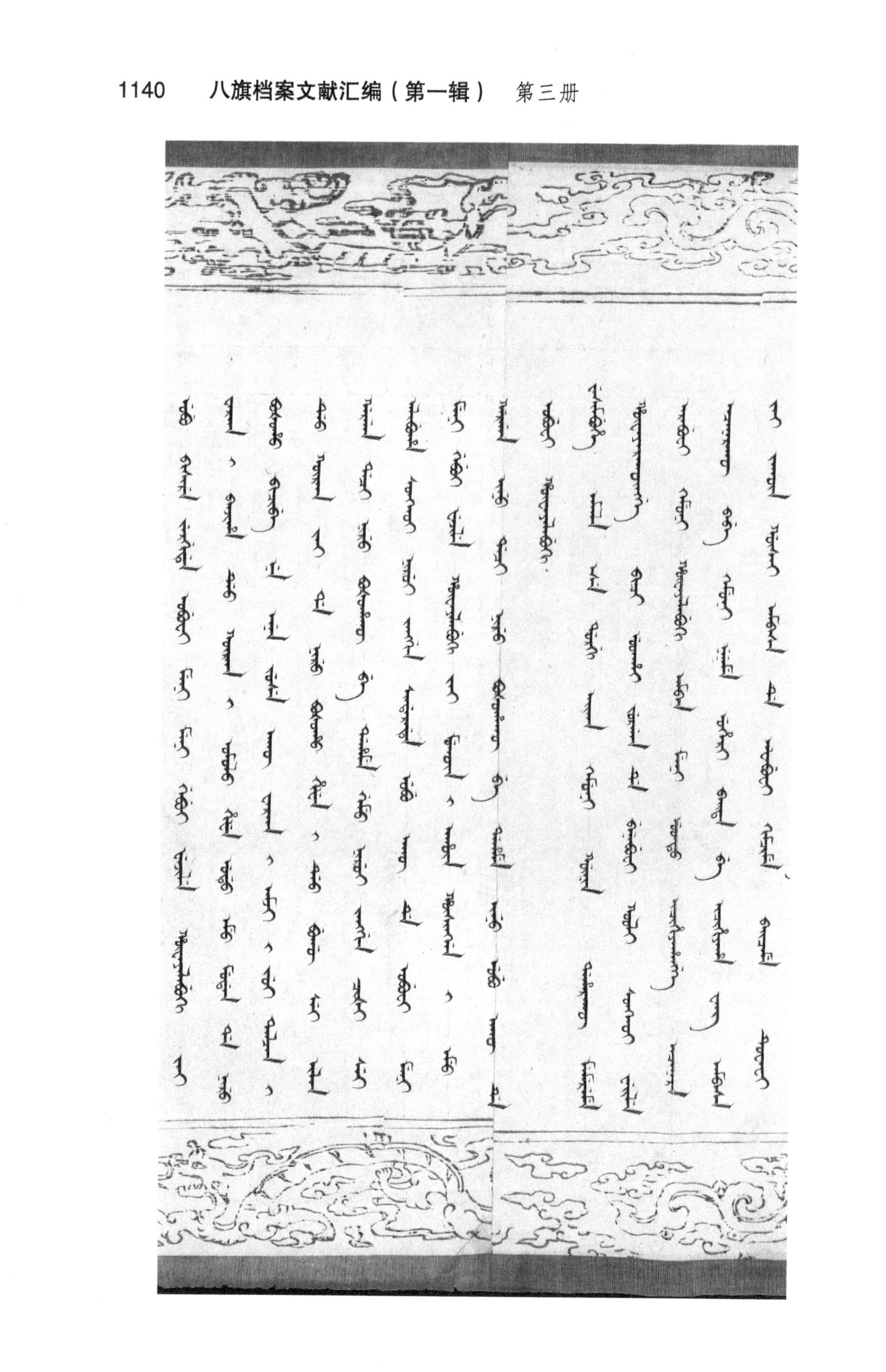

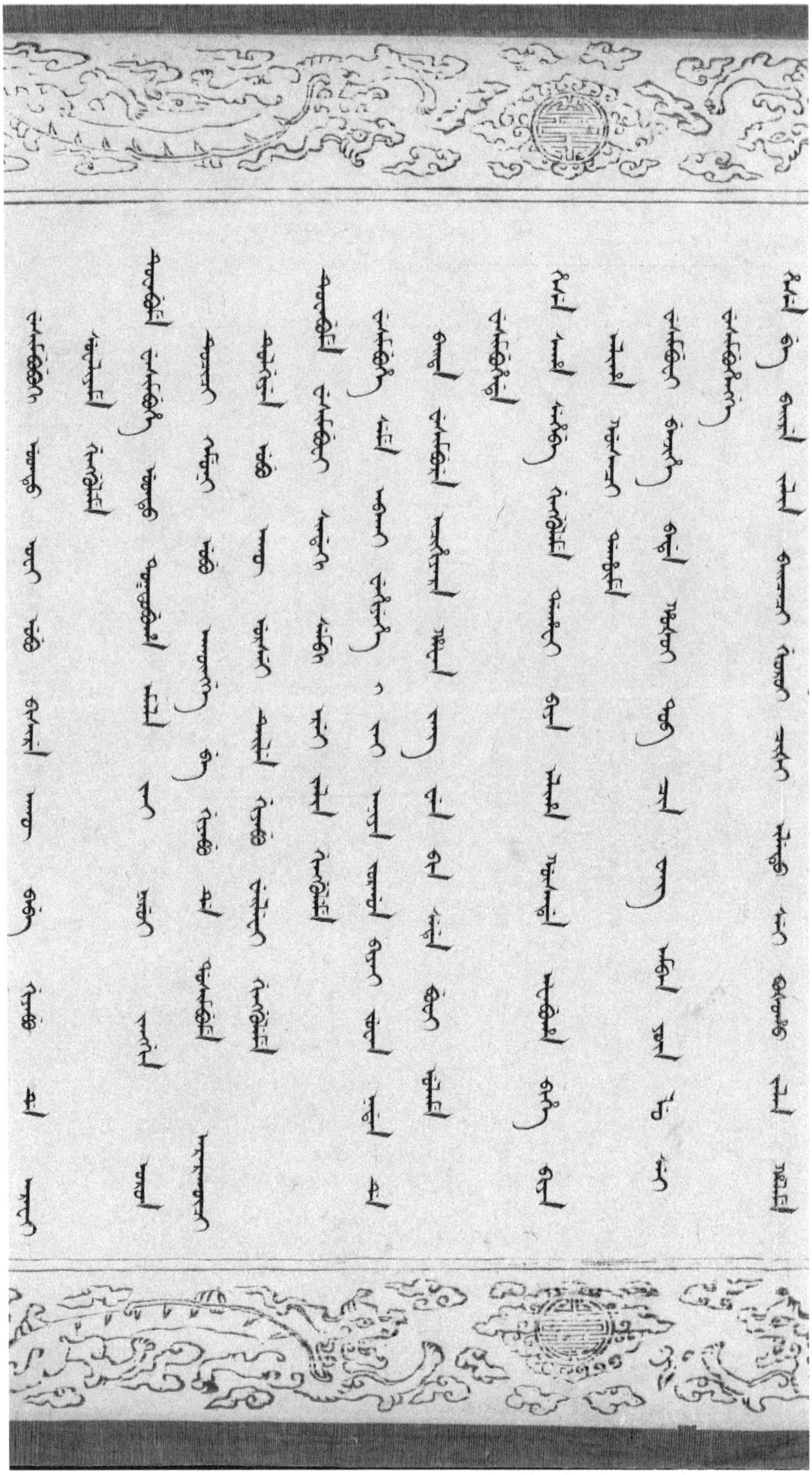

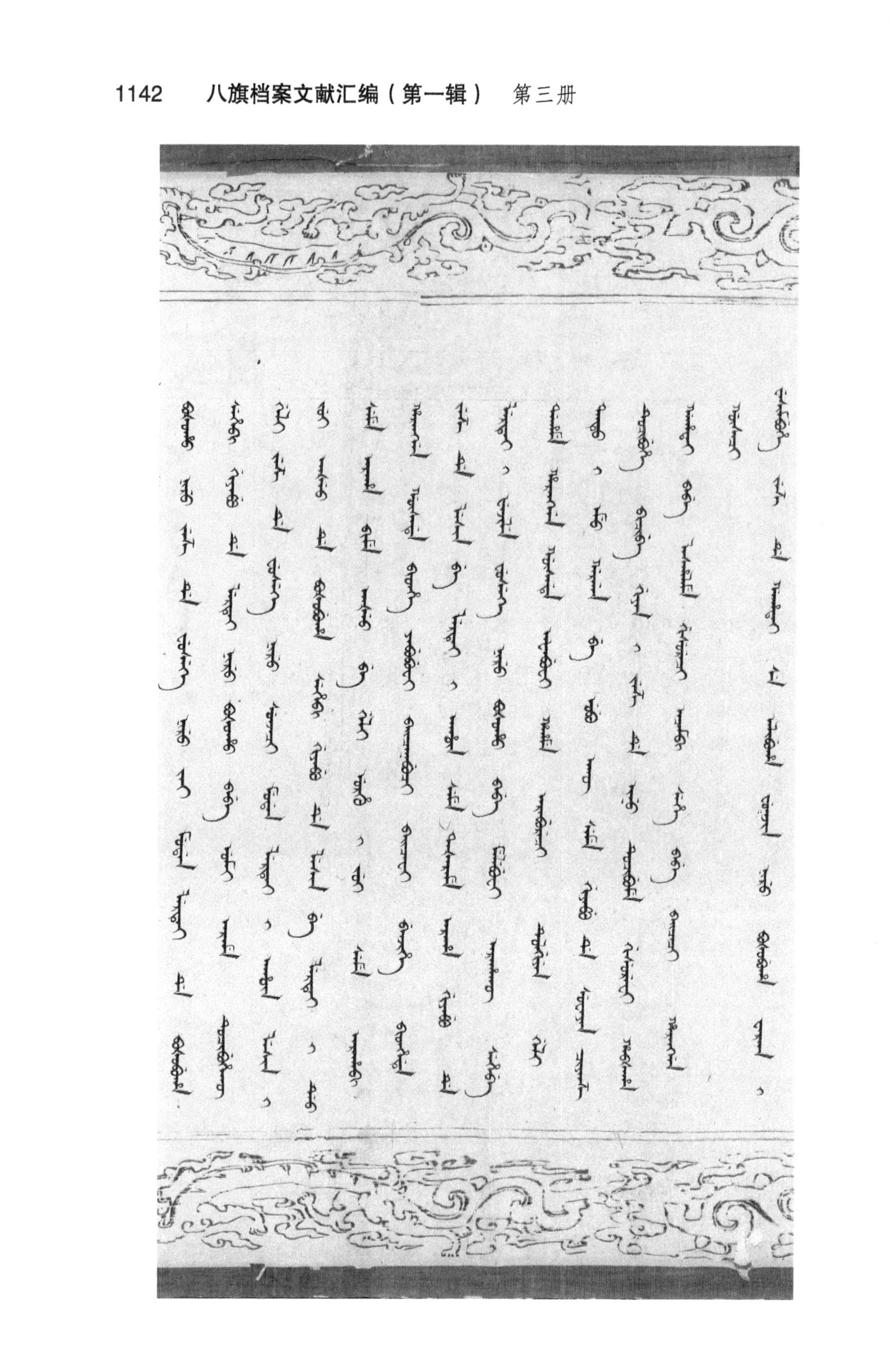

[illegible]

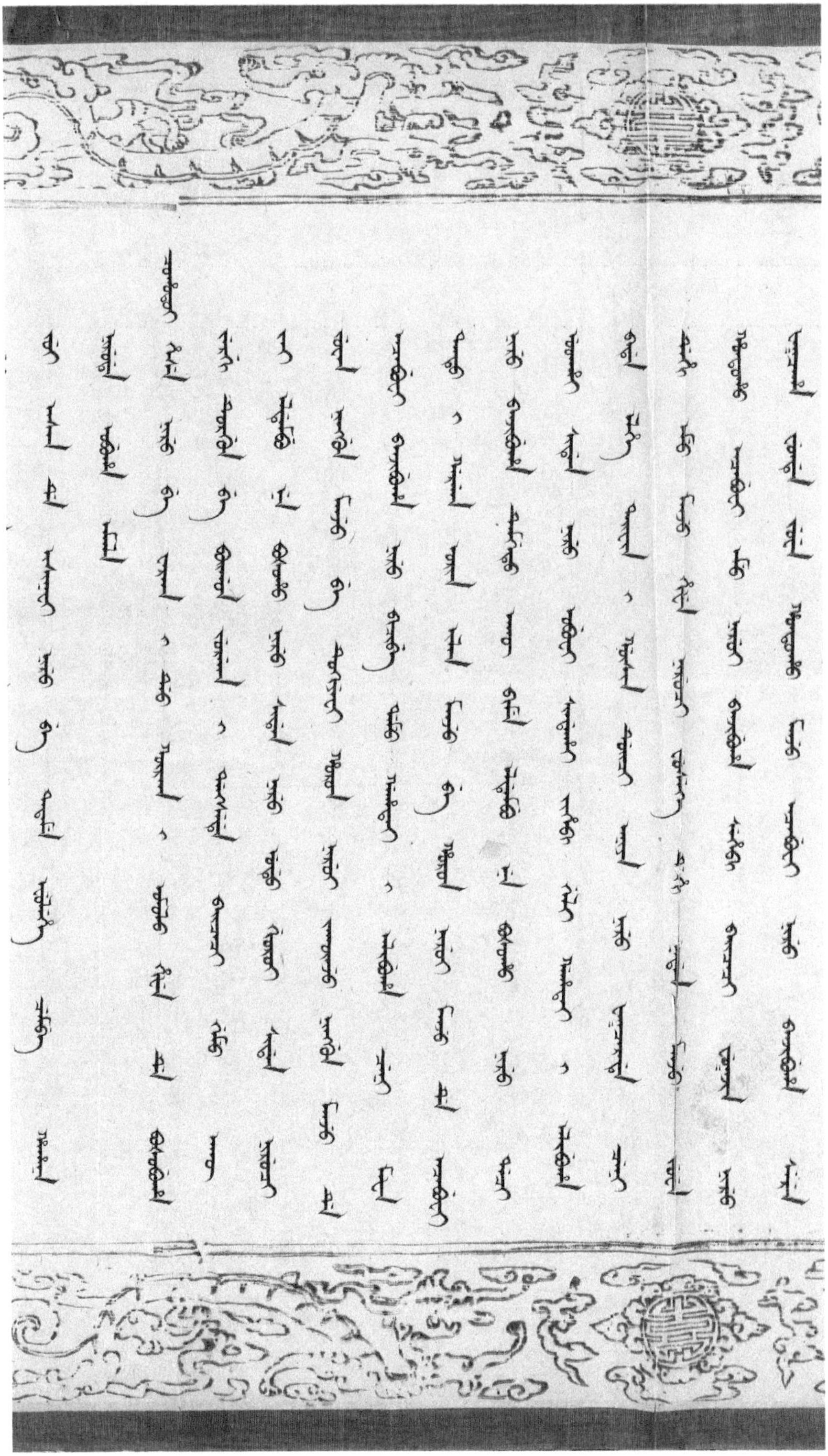

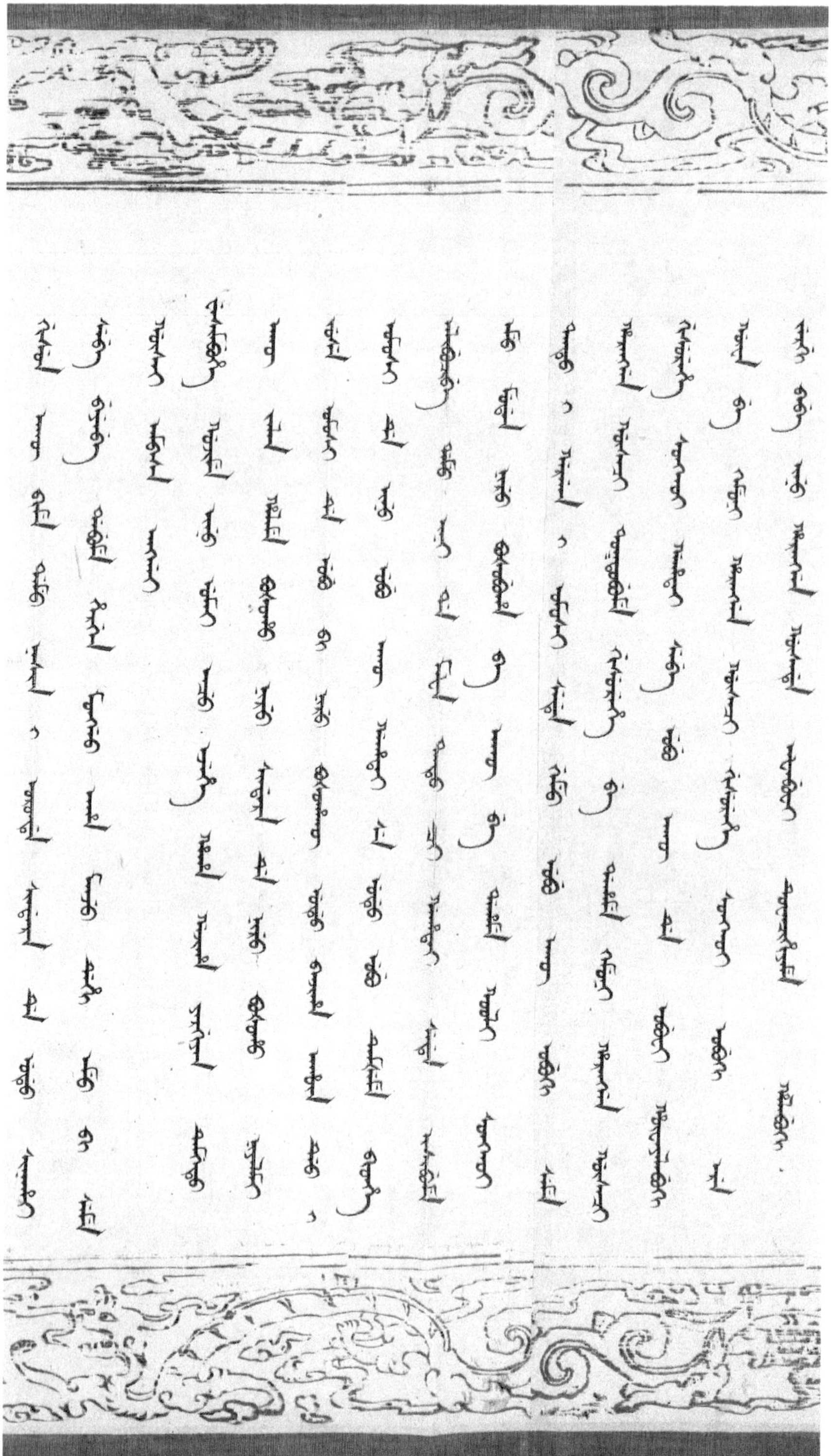

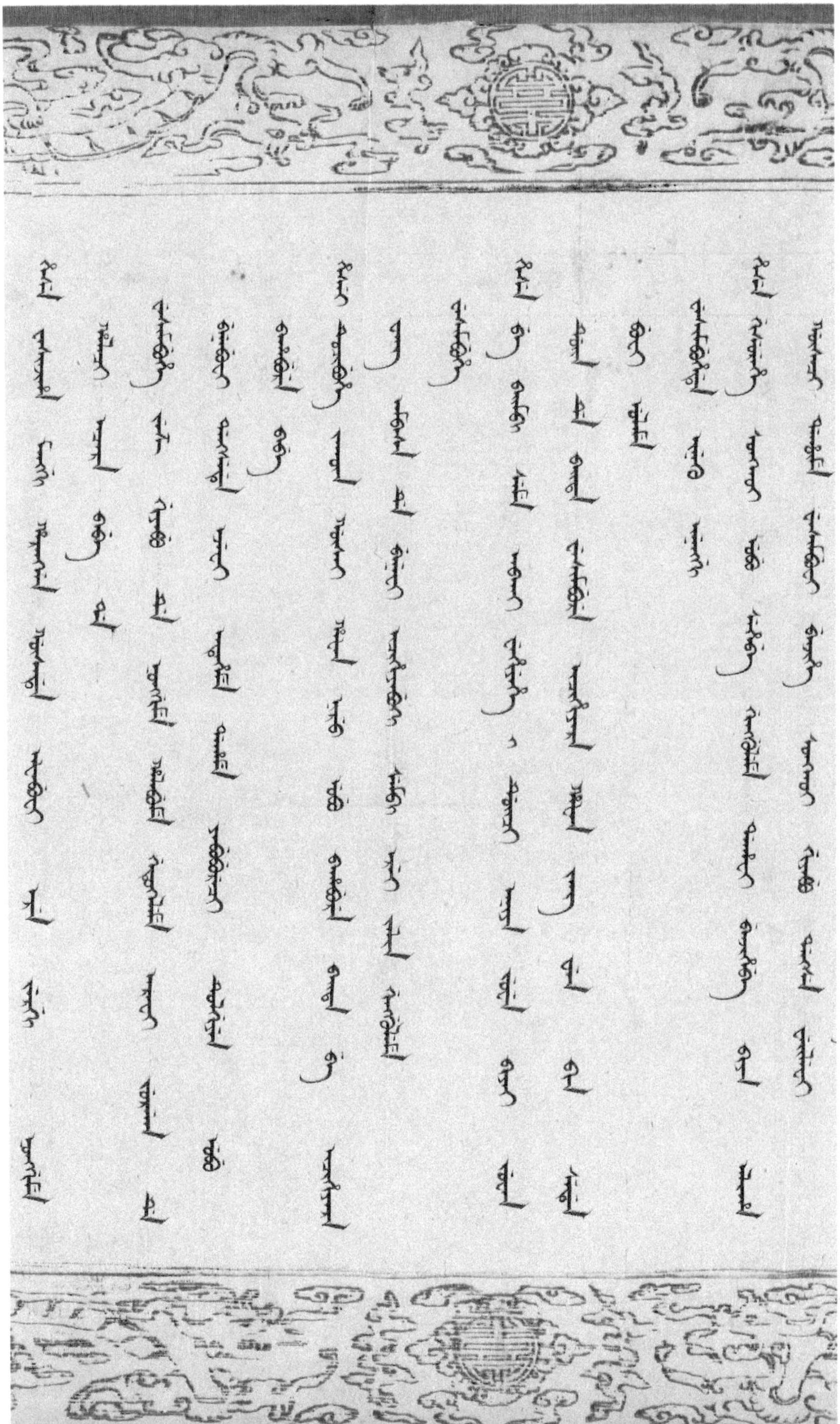

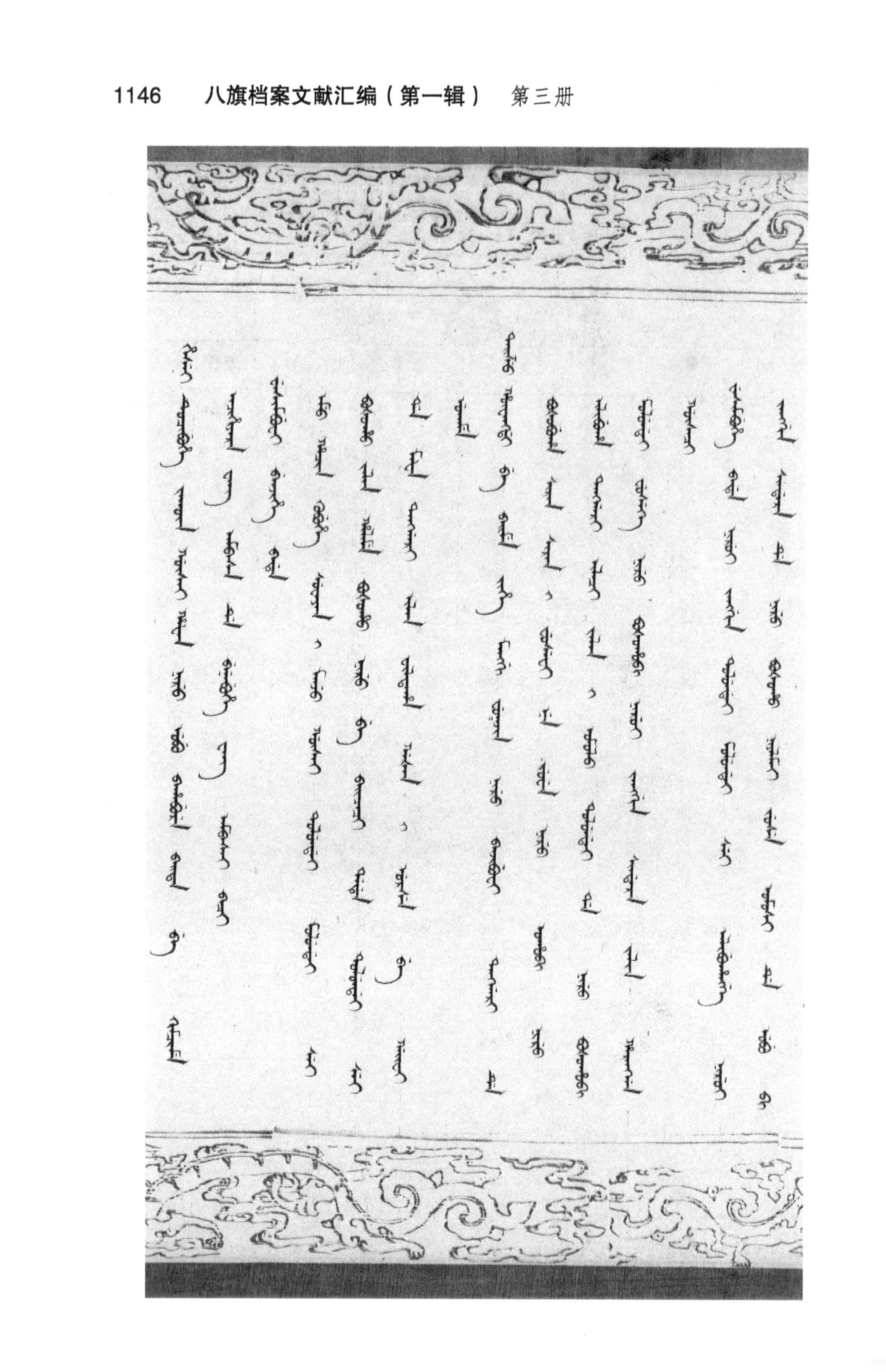

[illegible]

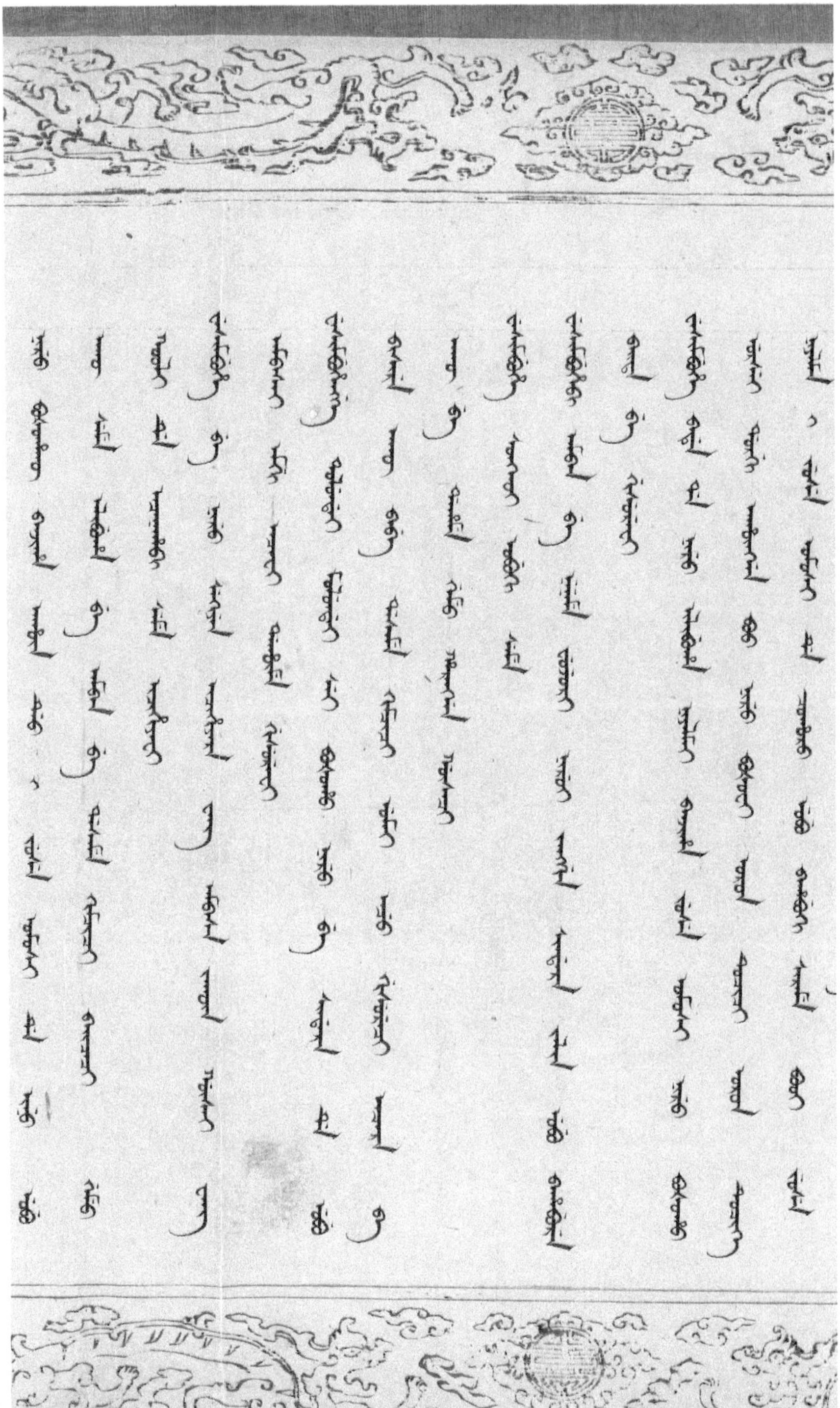

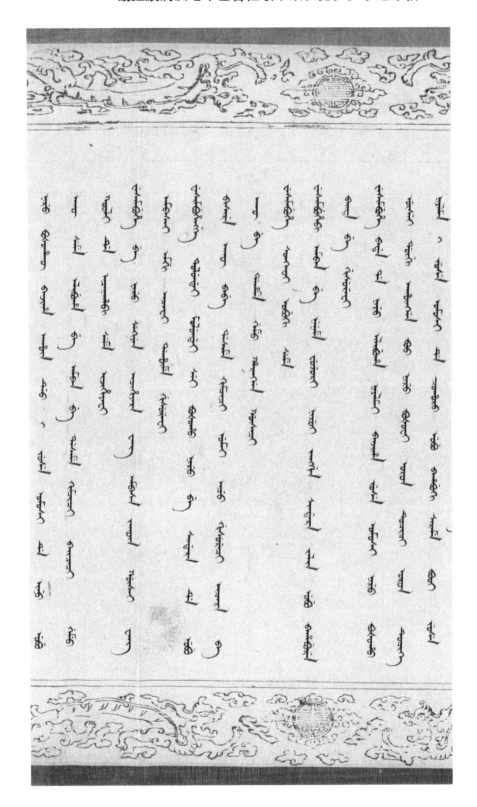

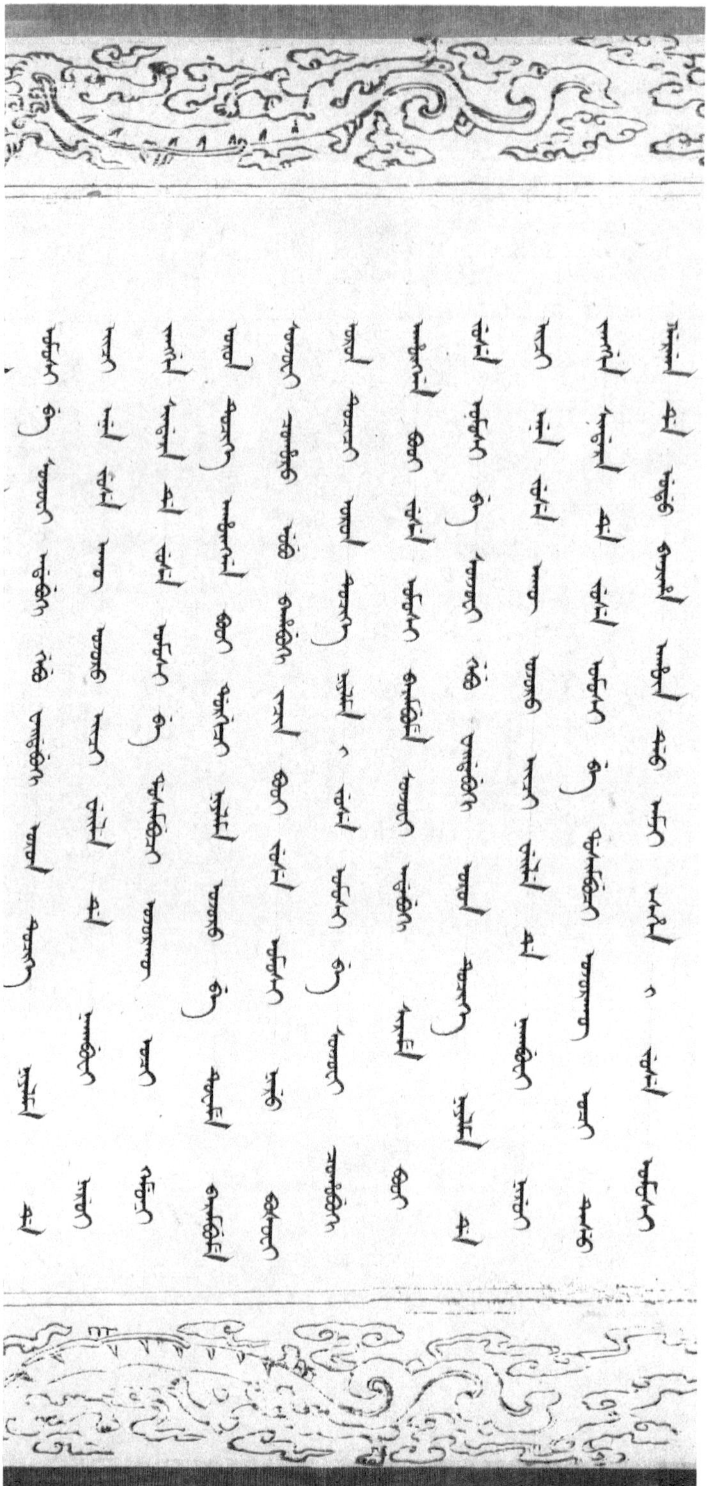

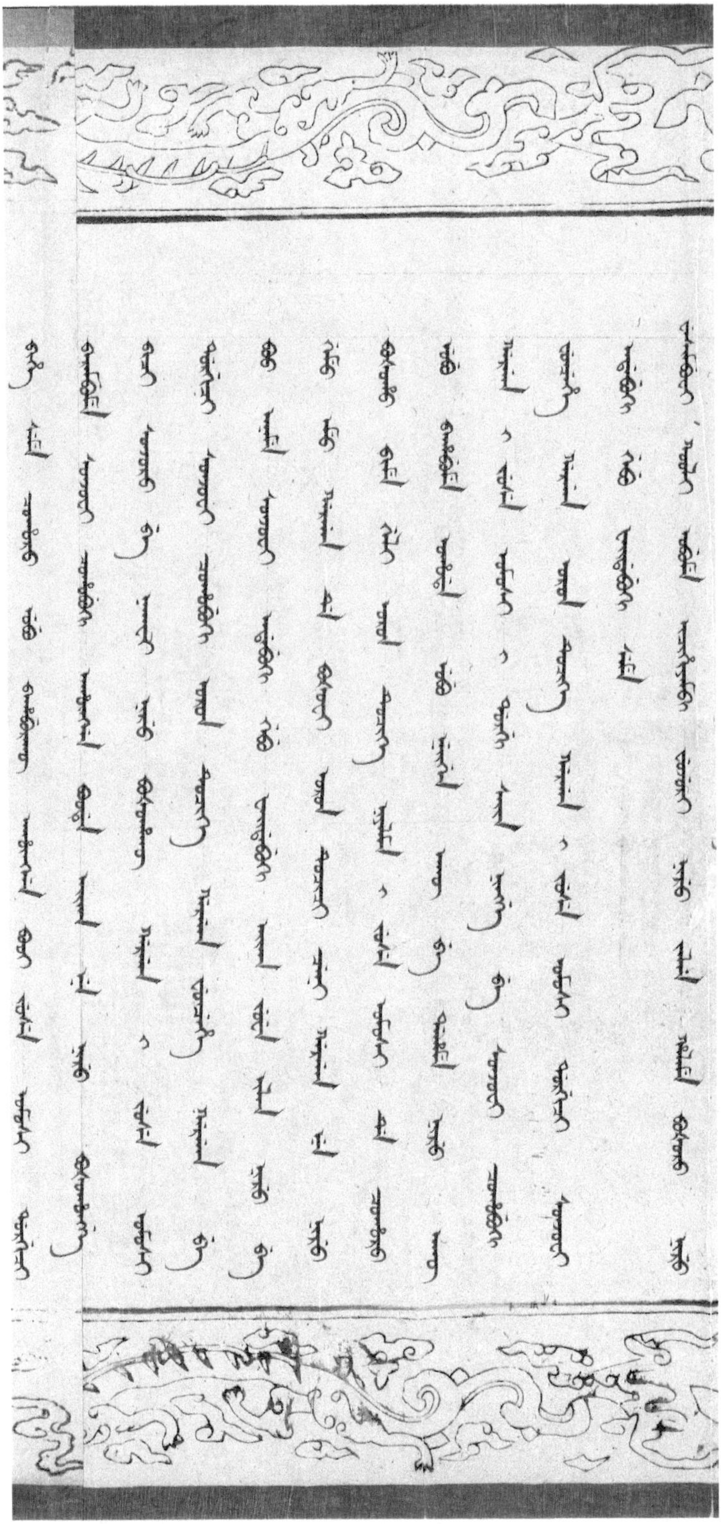

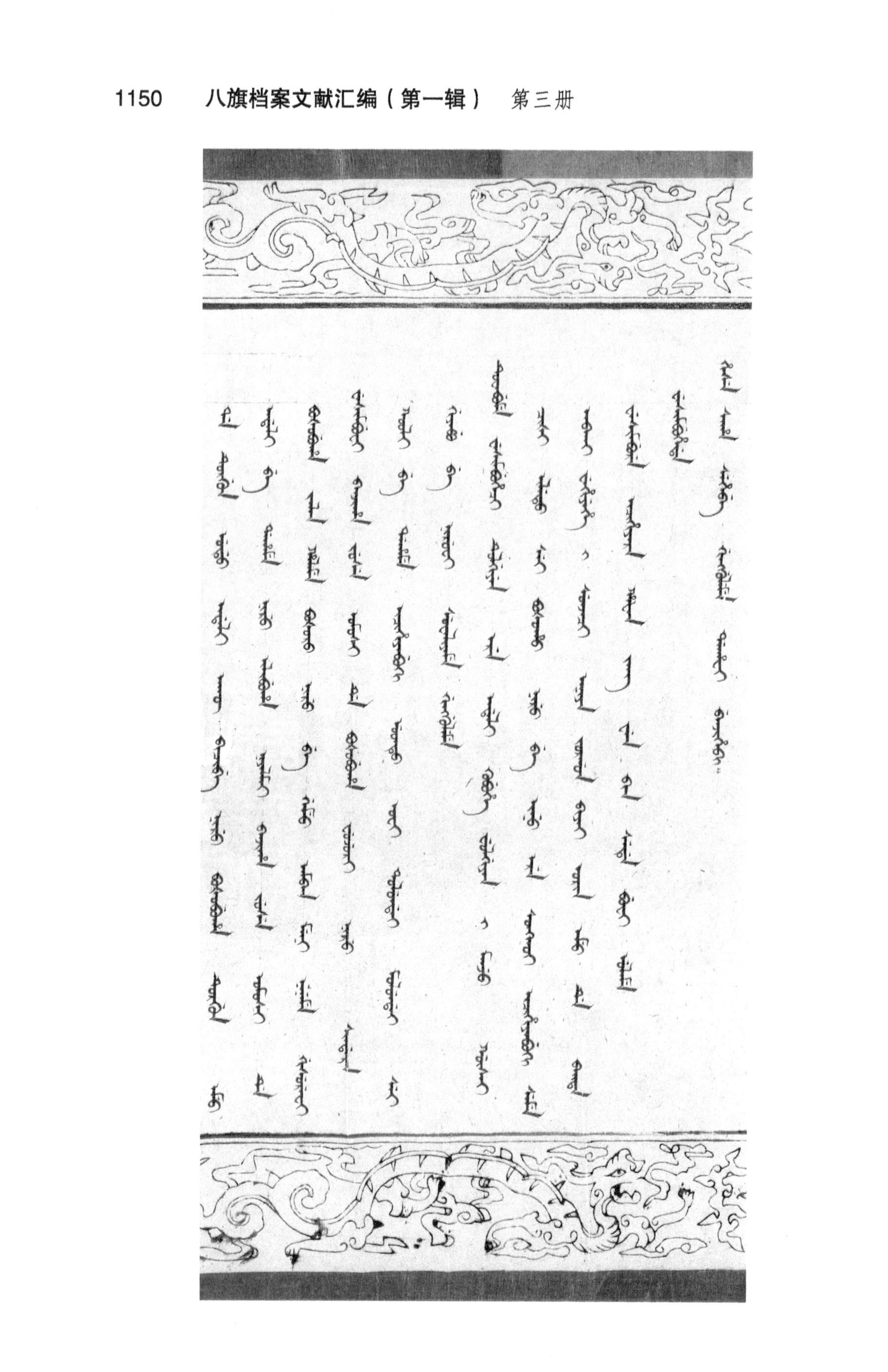

[illegible]

[illegible]

[illegible]

[illegible]

[illegible]

[illegible]

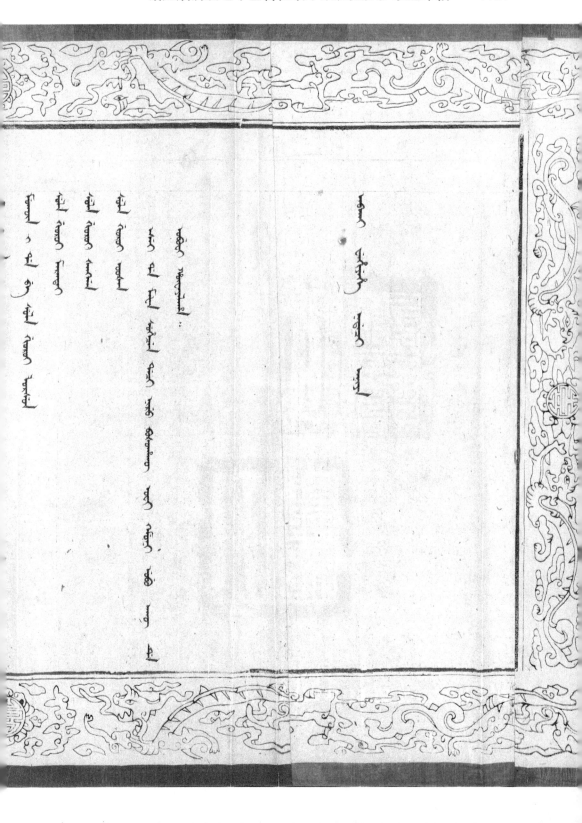

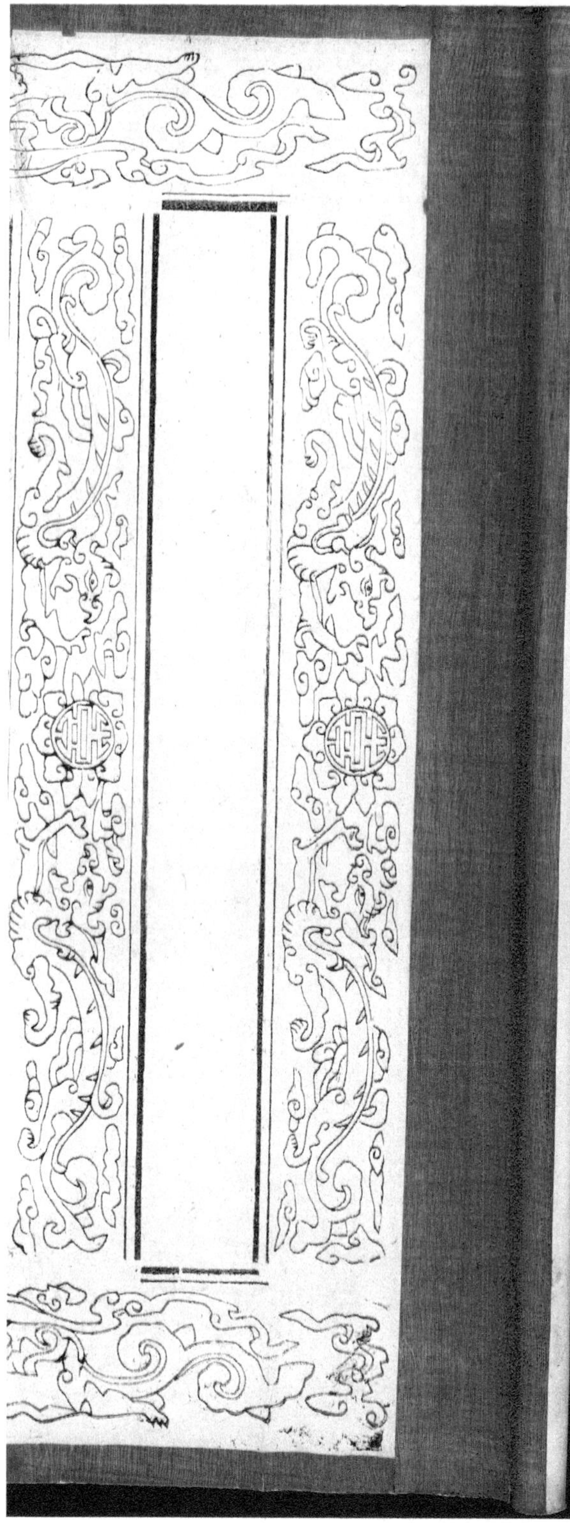

正蓝旗满洲岳索礼世管佐领下族长伊尔格布印轴

满文写本，卷轴装，页面47.8cm×1164.0cm，四周双边，螭文，钤兵部印，印轴前部少量残缺，满文题名不存。落款时间只写乾隆，无添写记录，未满幅。此印轴与前文《正蓝旗满洲佐领岳索礼承袭世管佐领印轴》所载佐领根源内容完全相同。

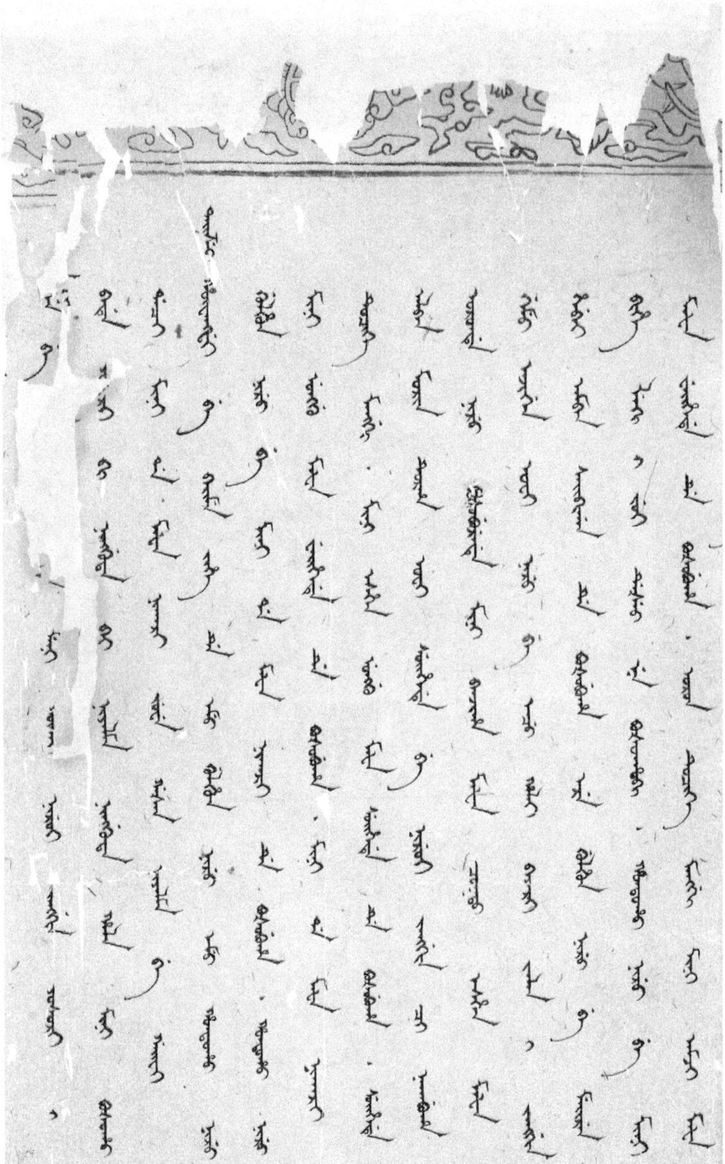

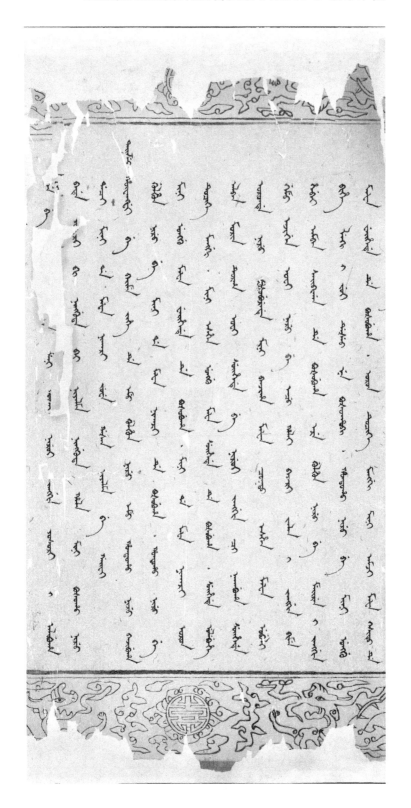

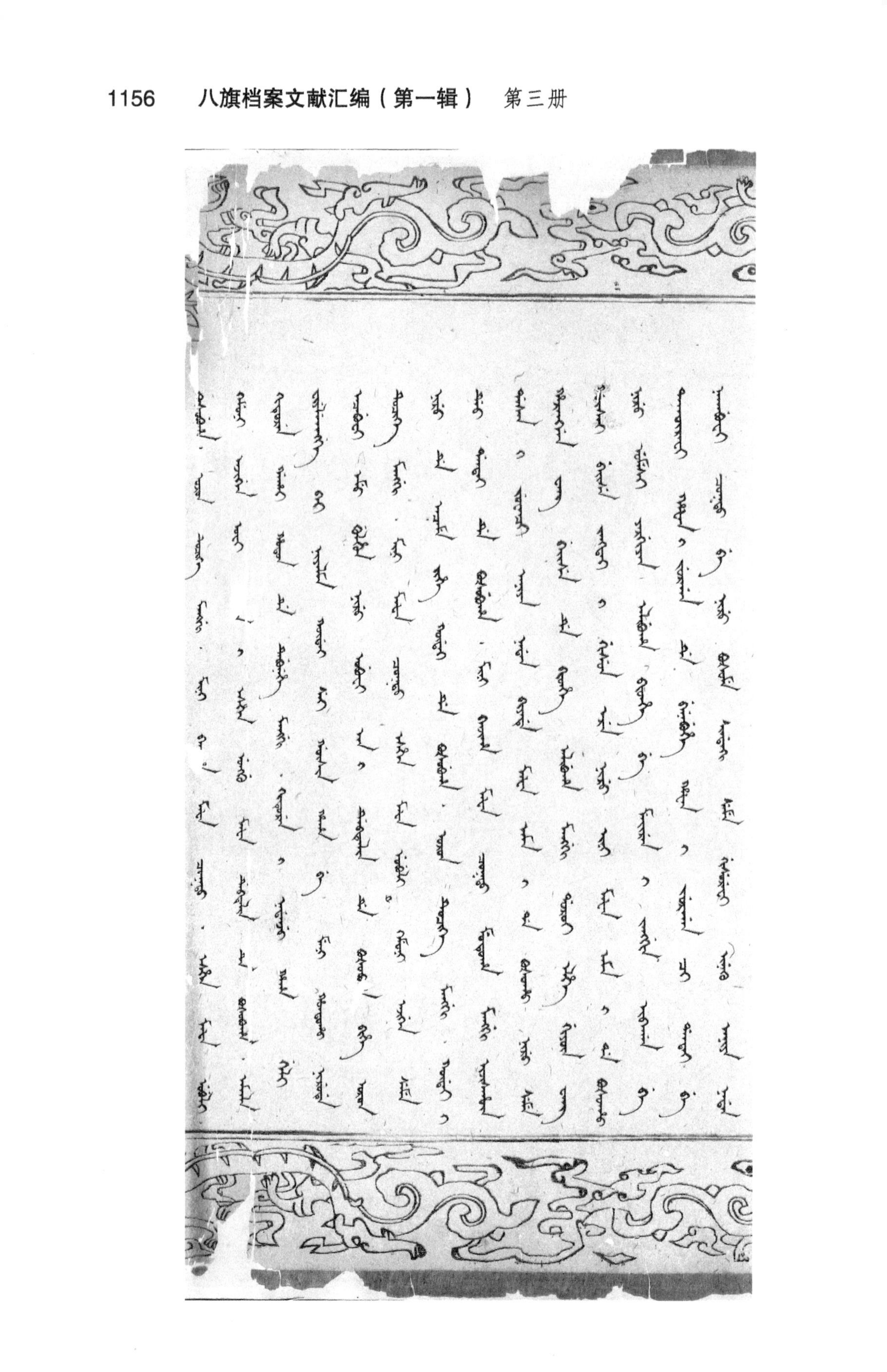

[illegible]

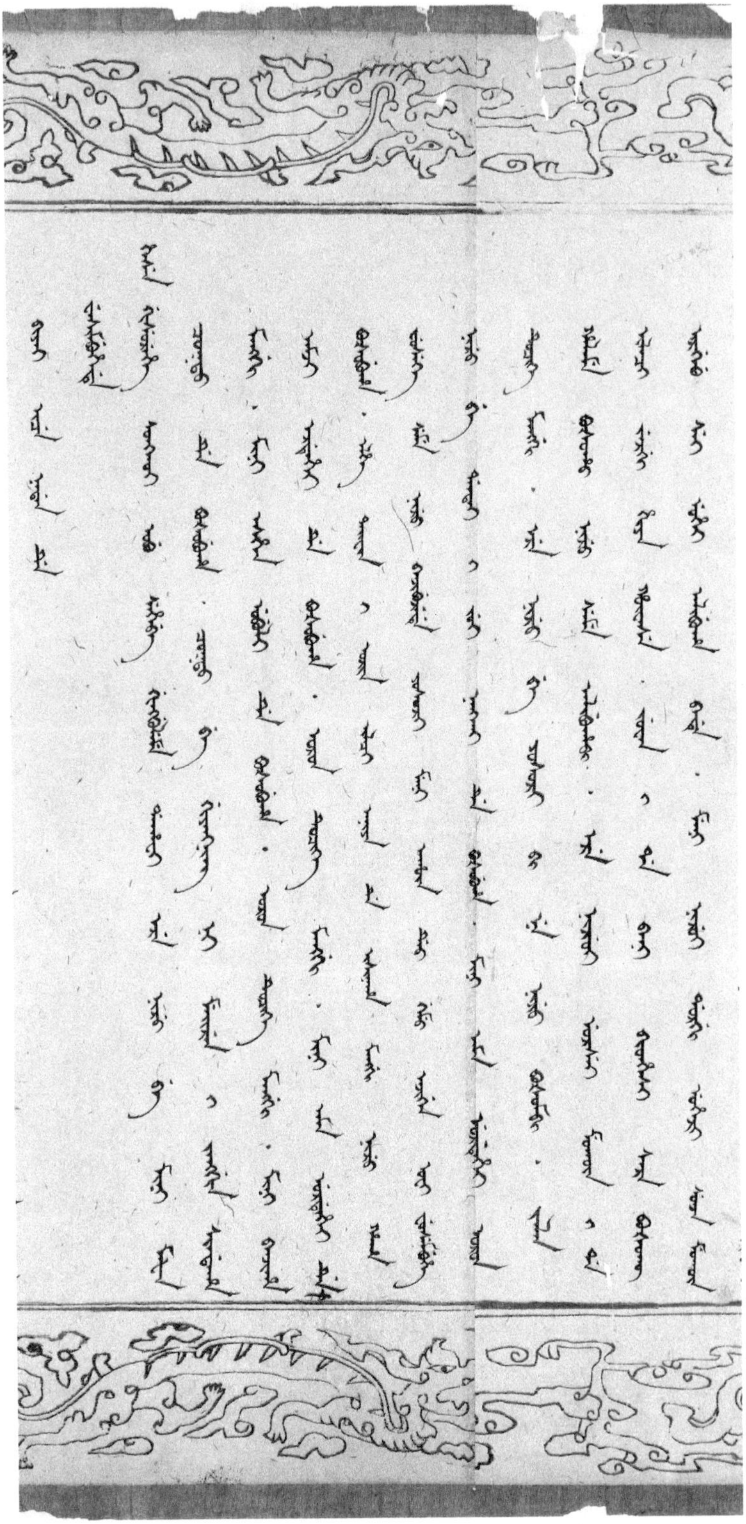

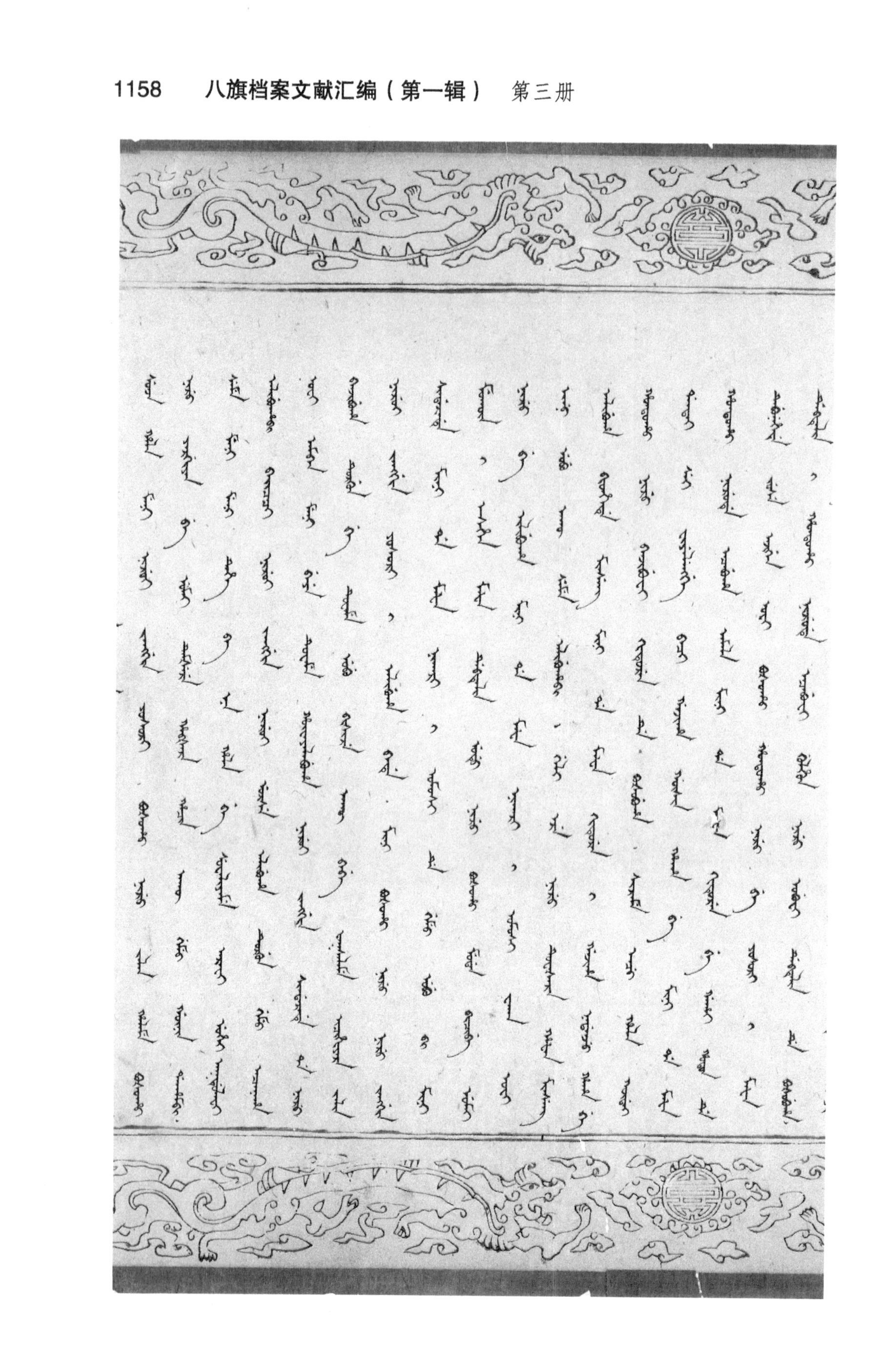

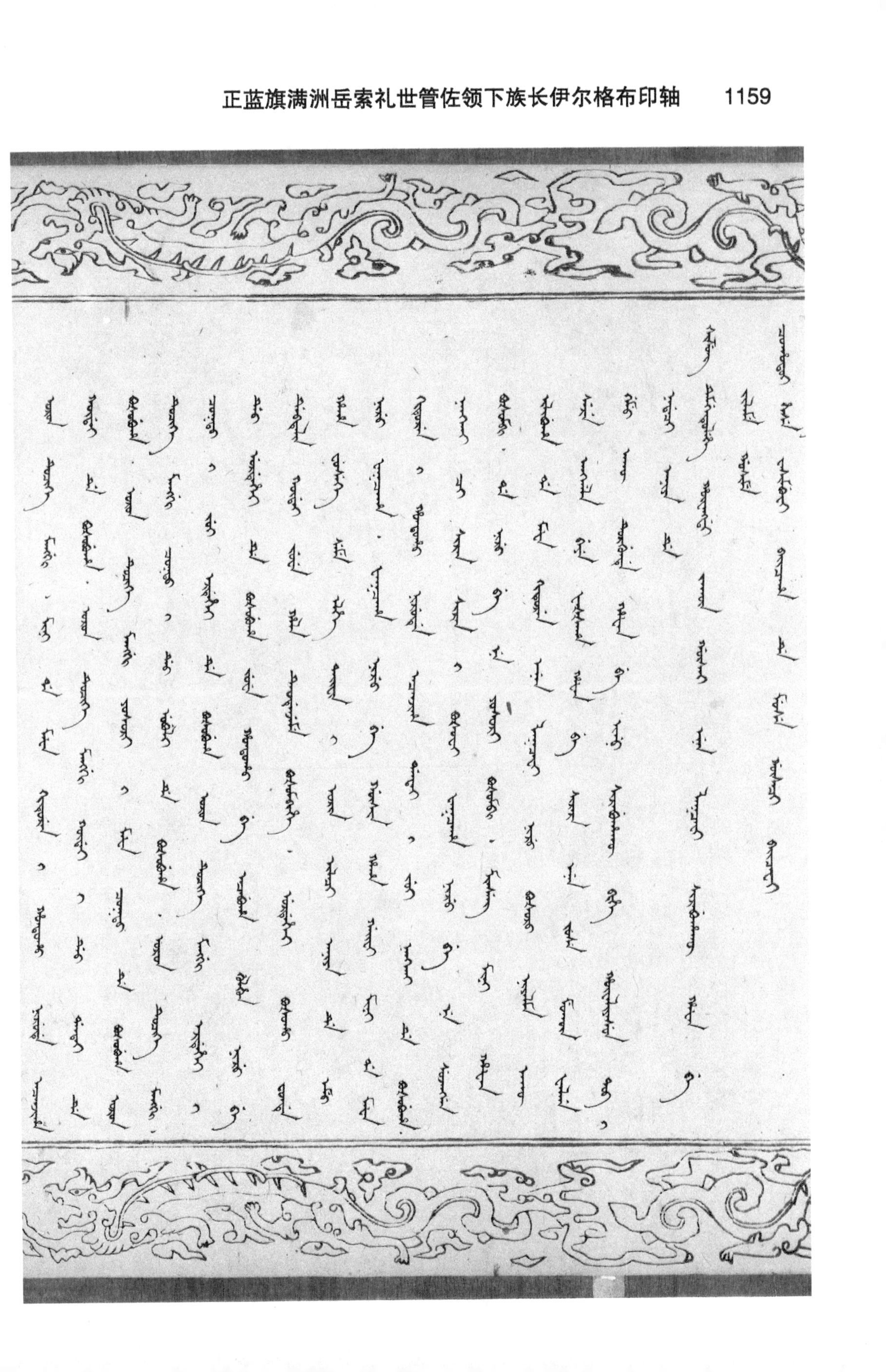

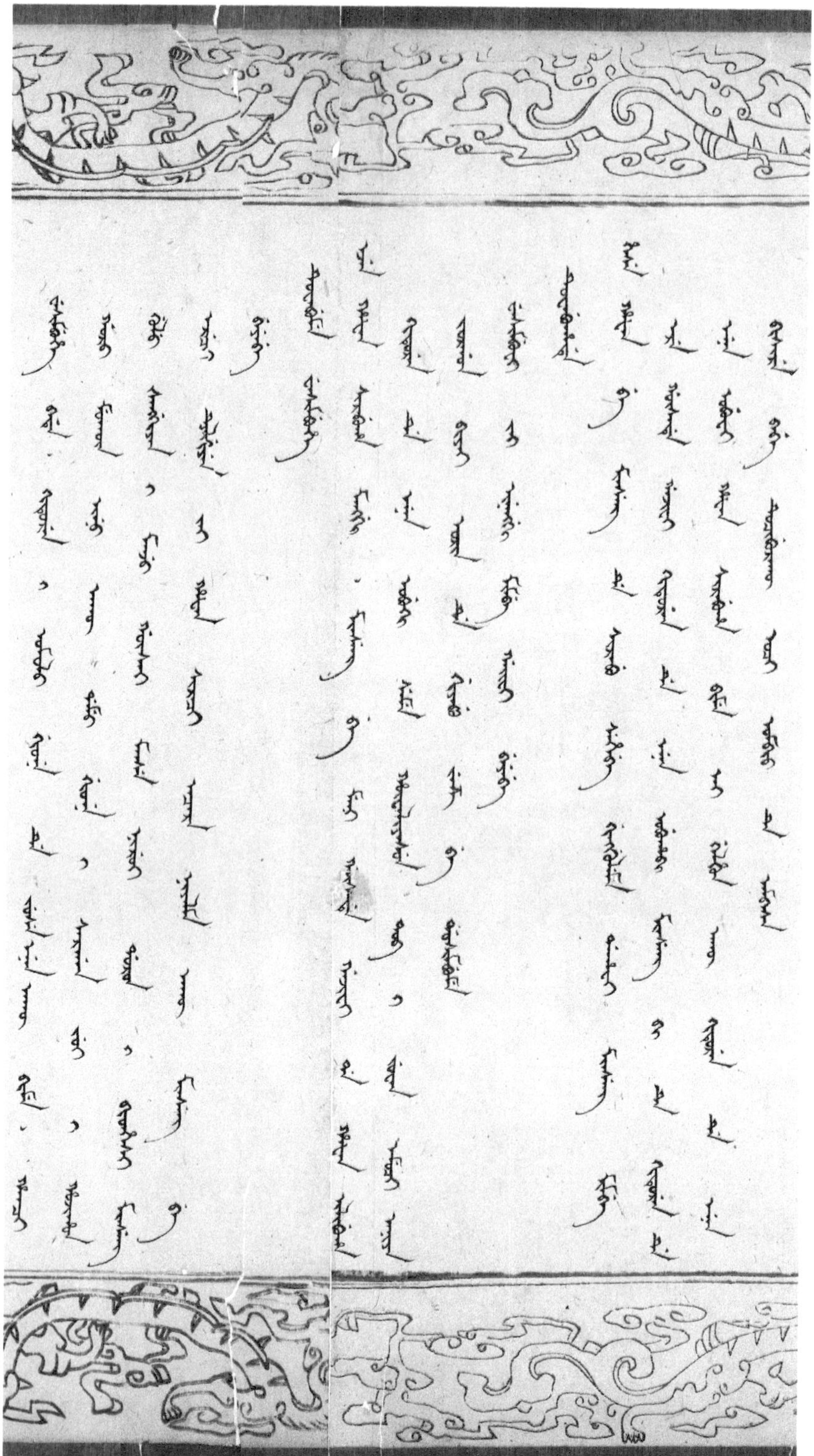

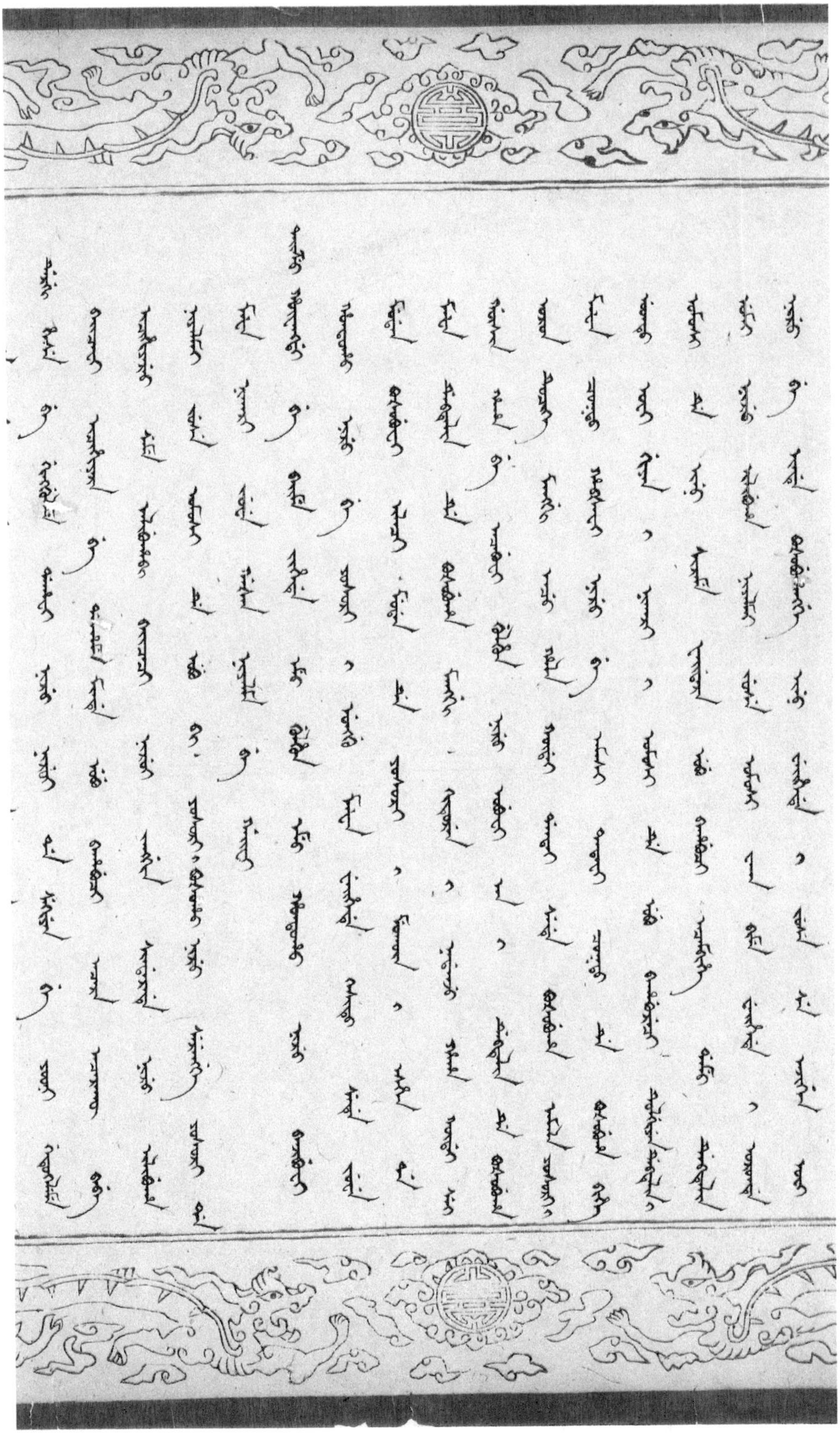

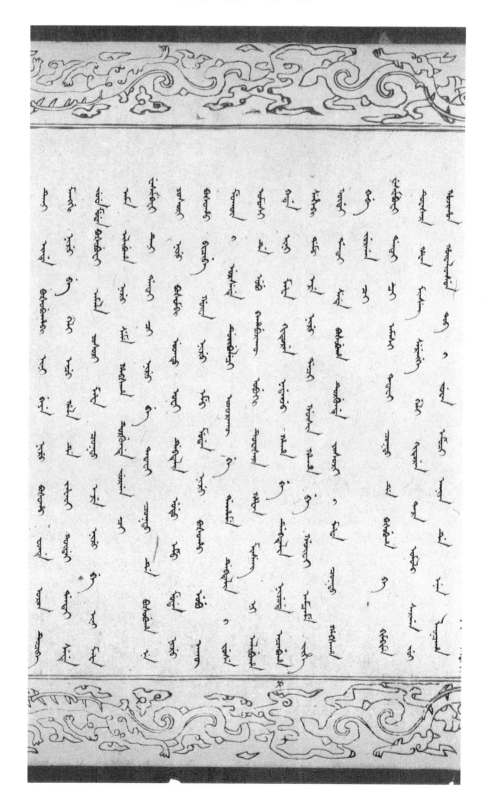

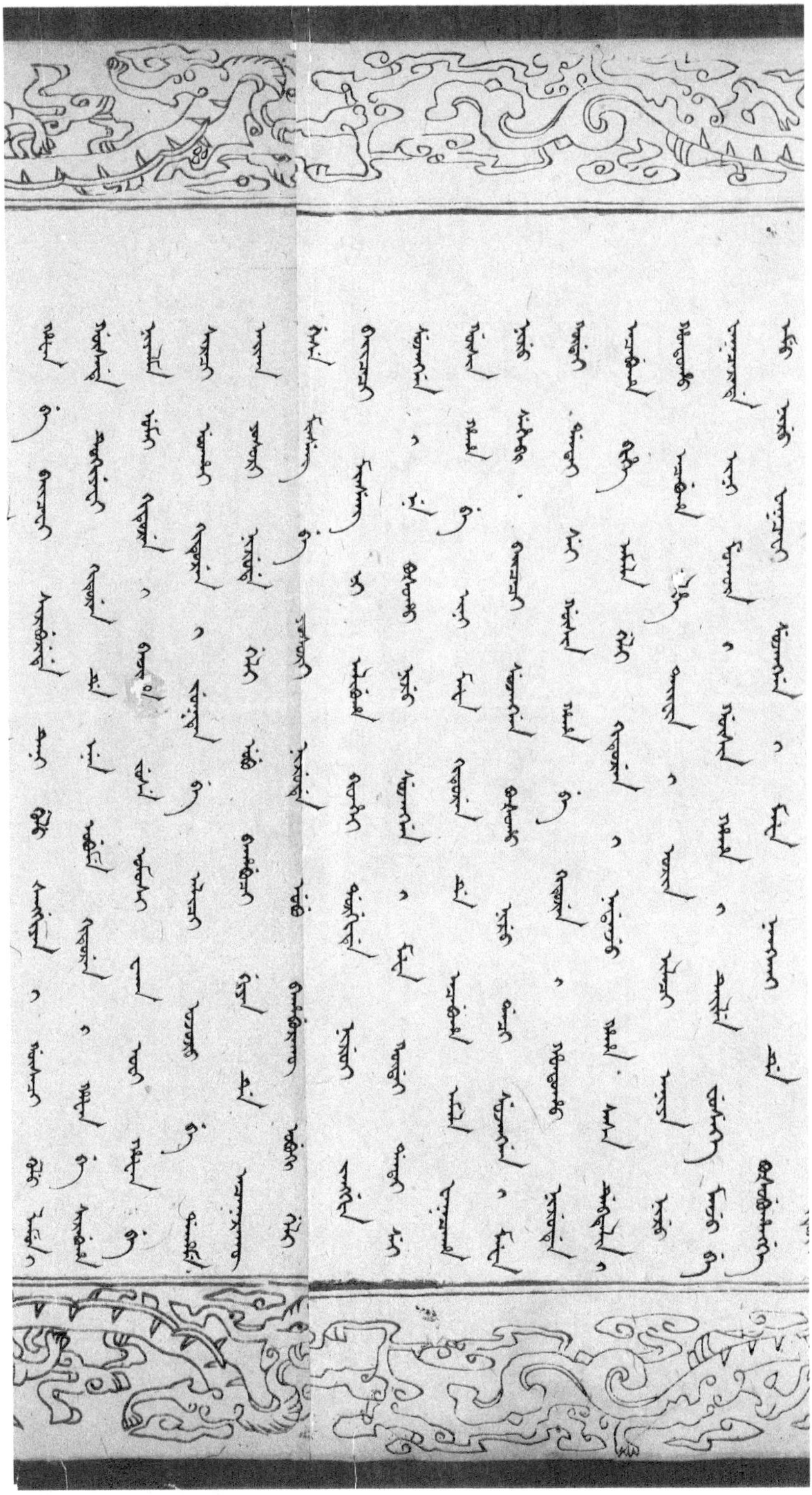

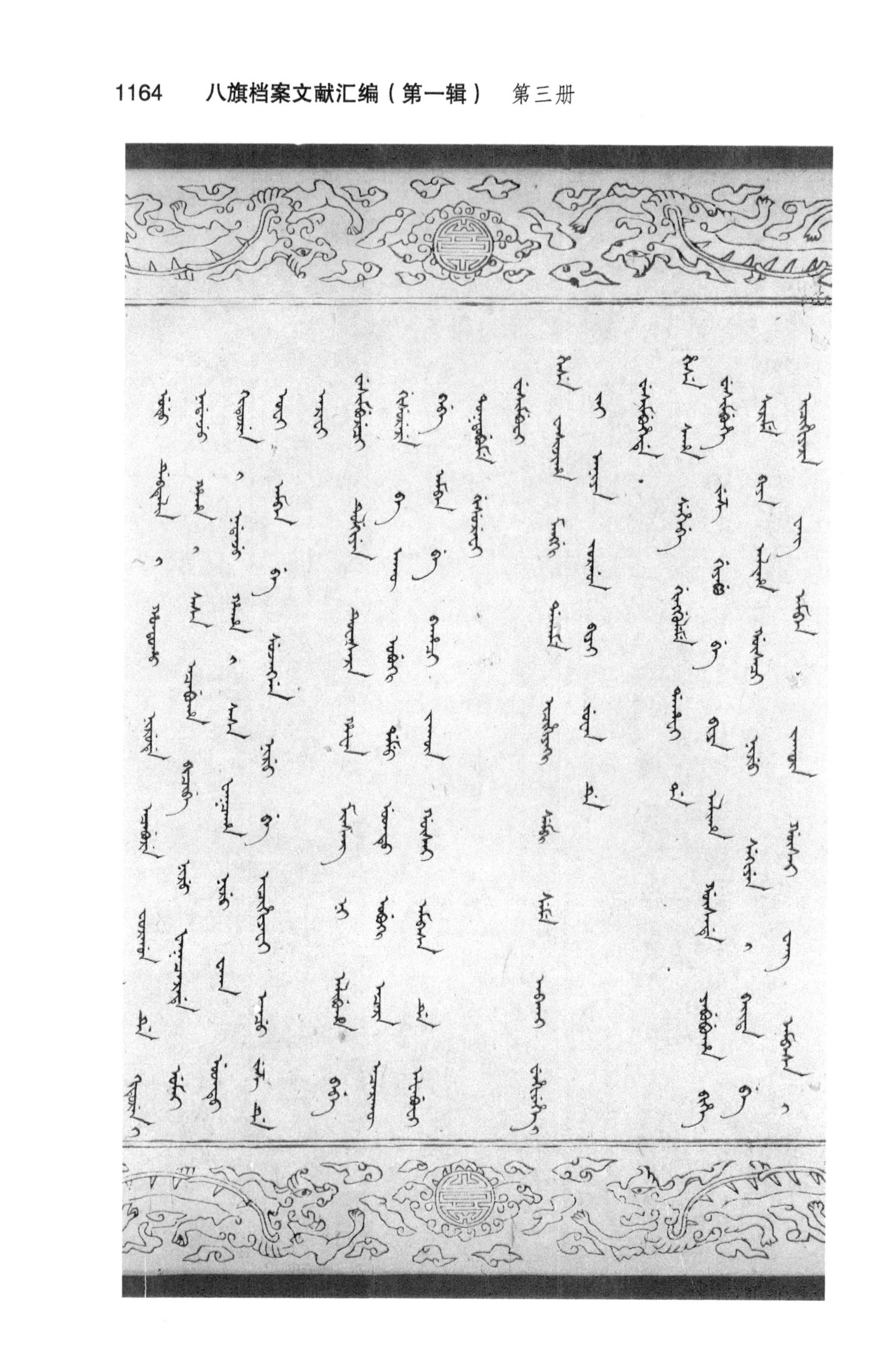

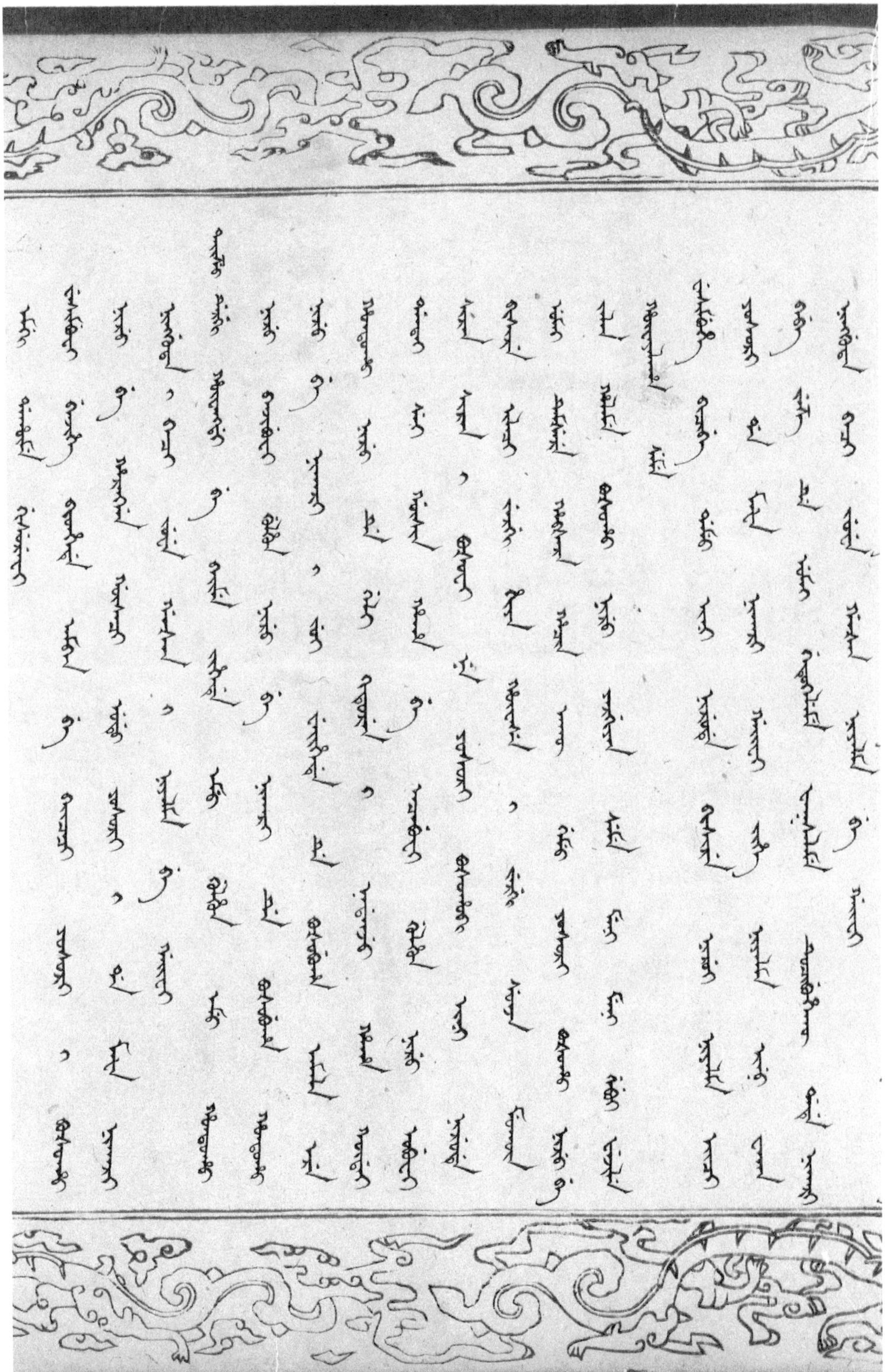

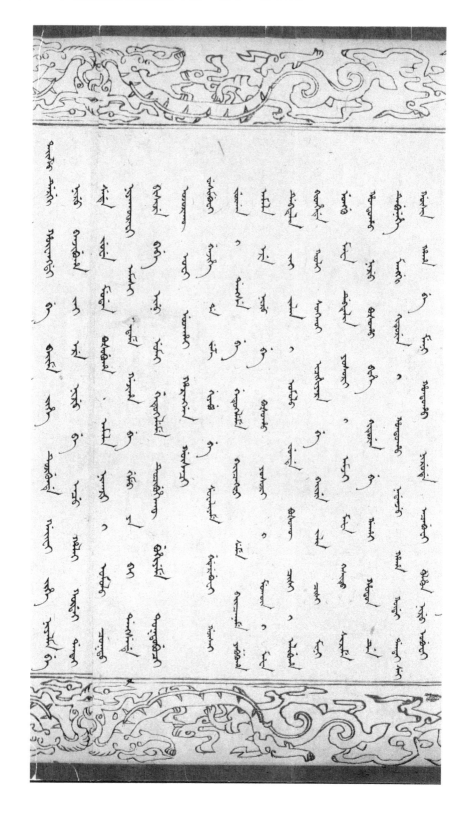

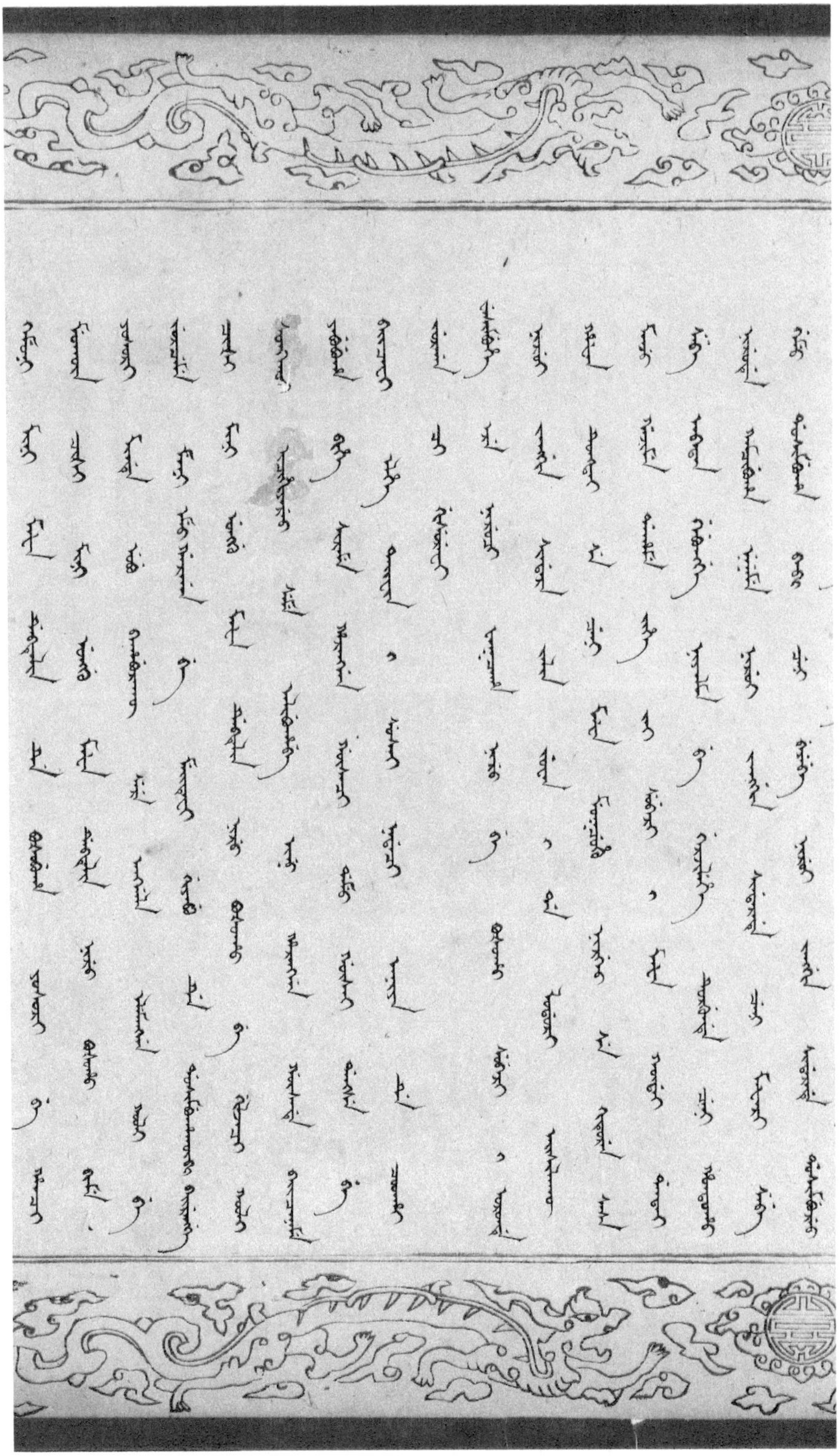

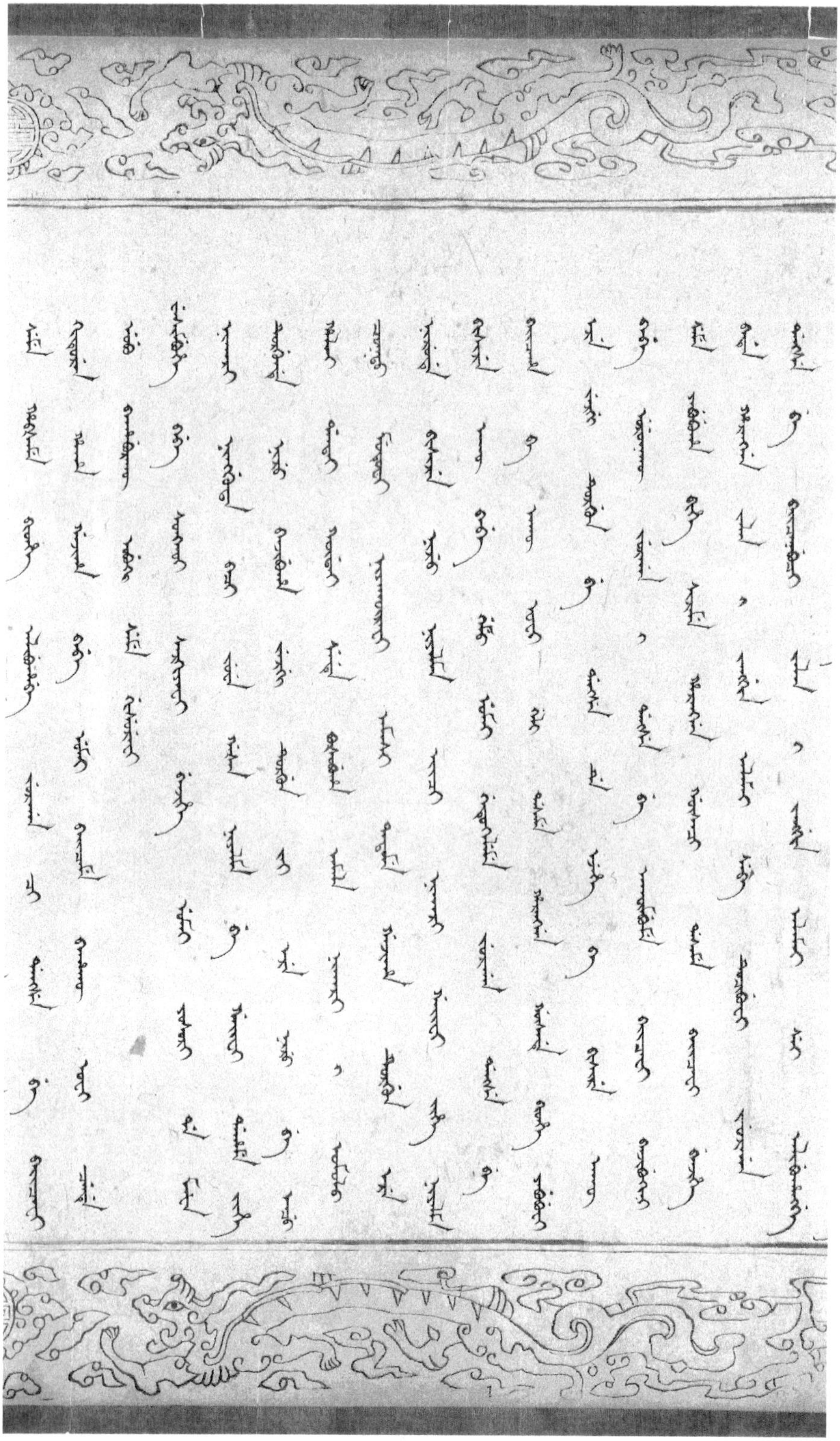

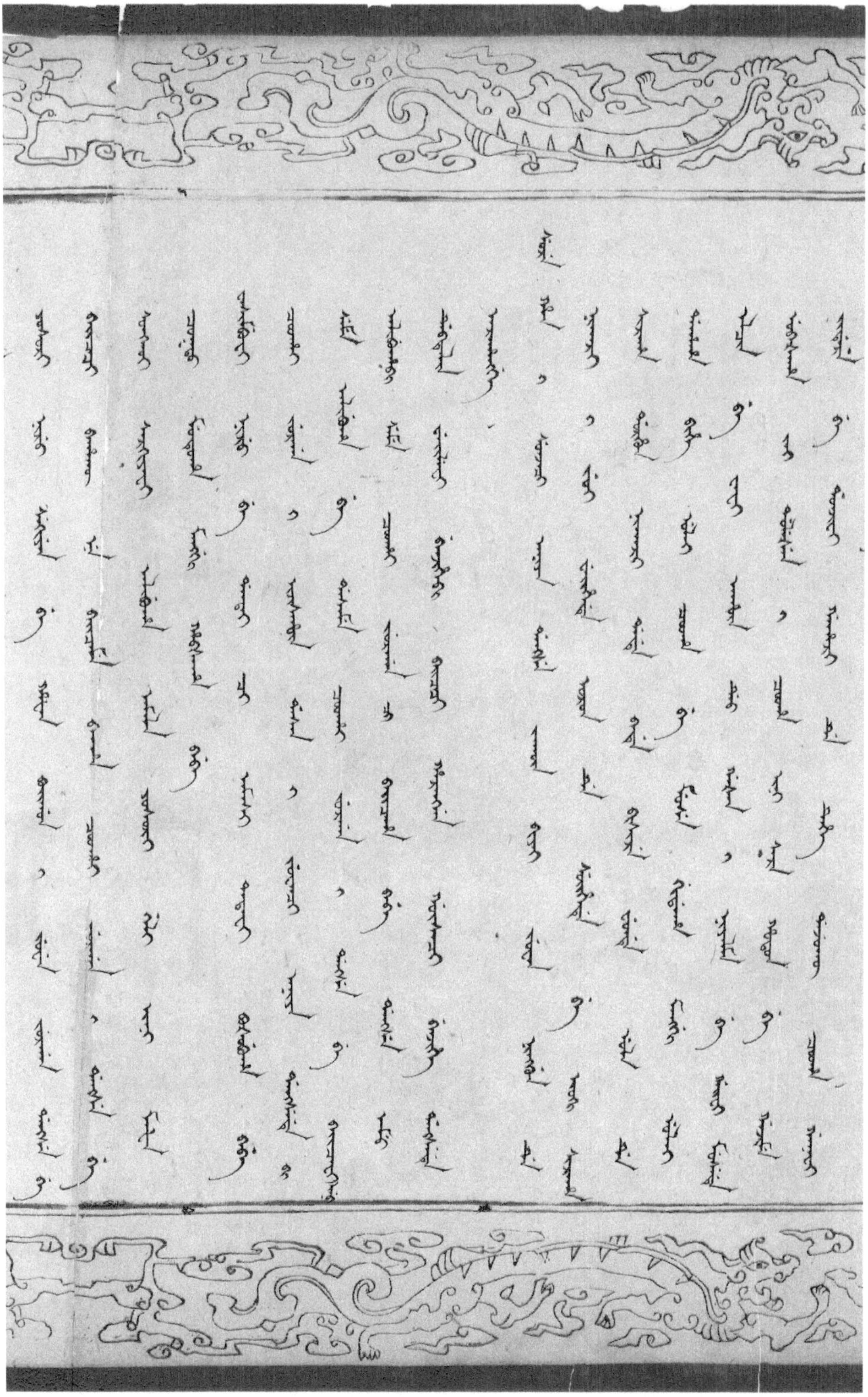

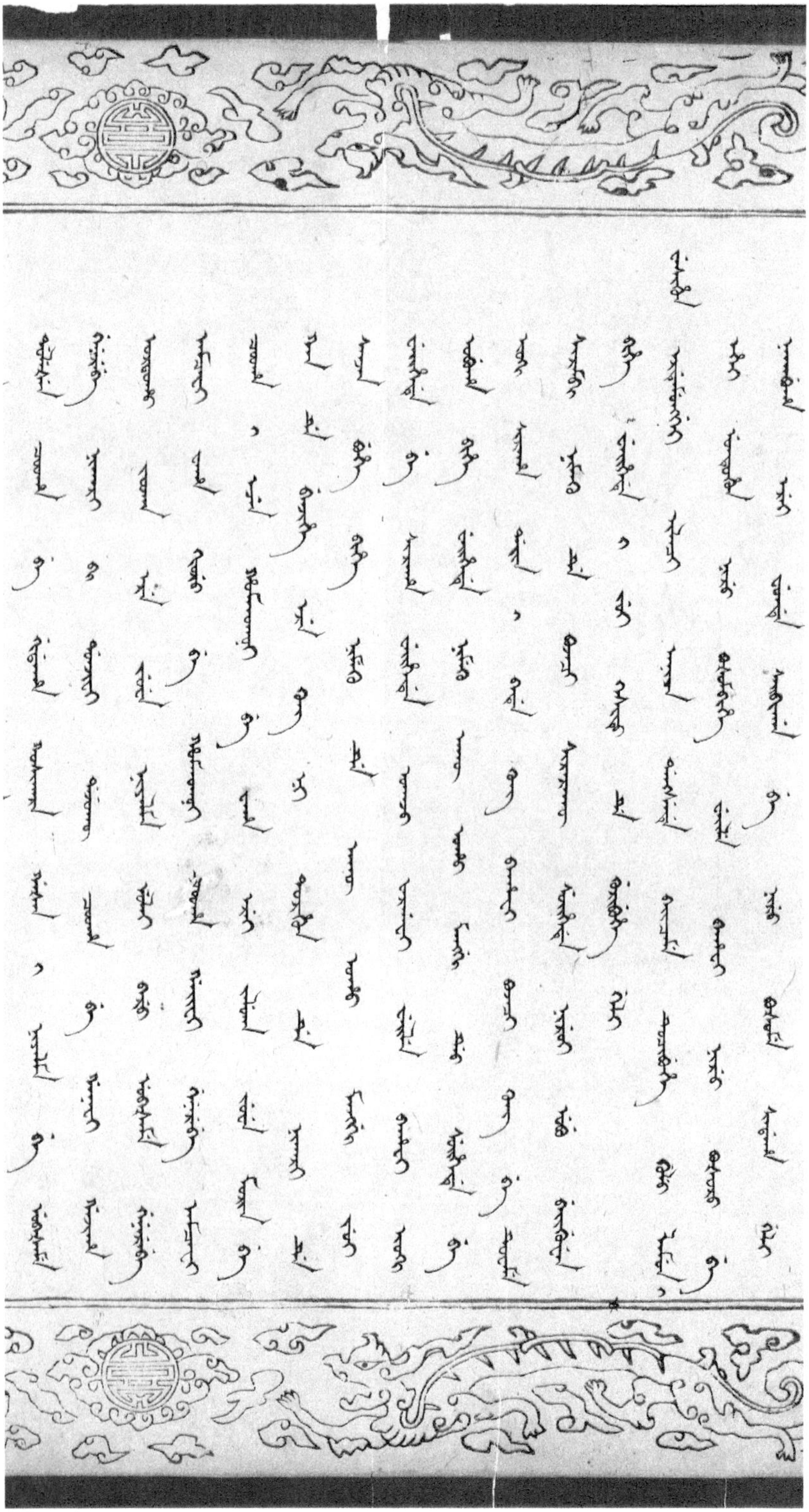

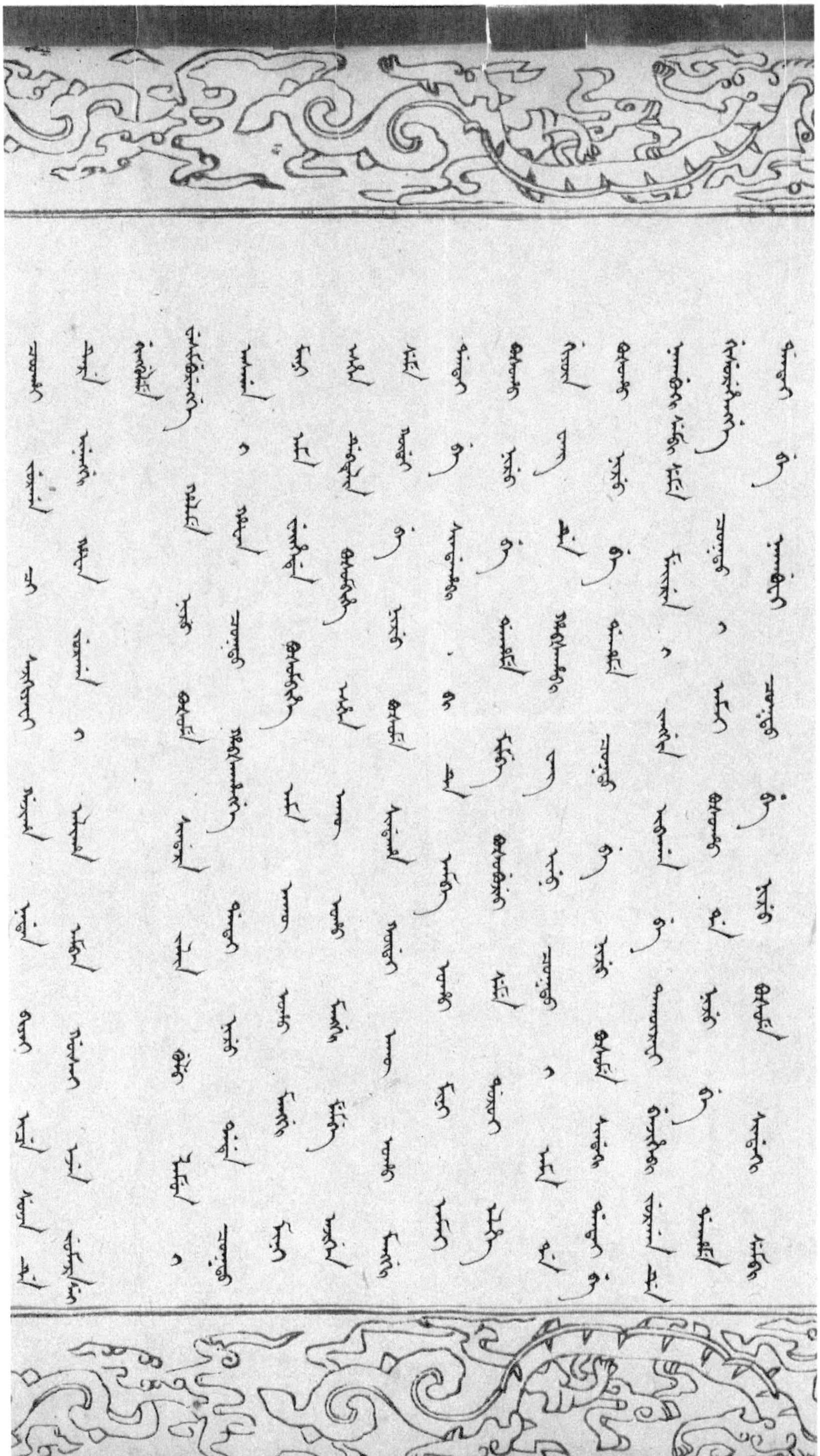

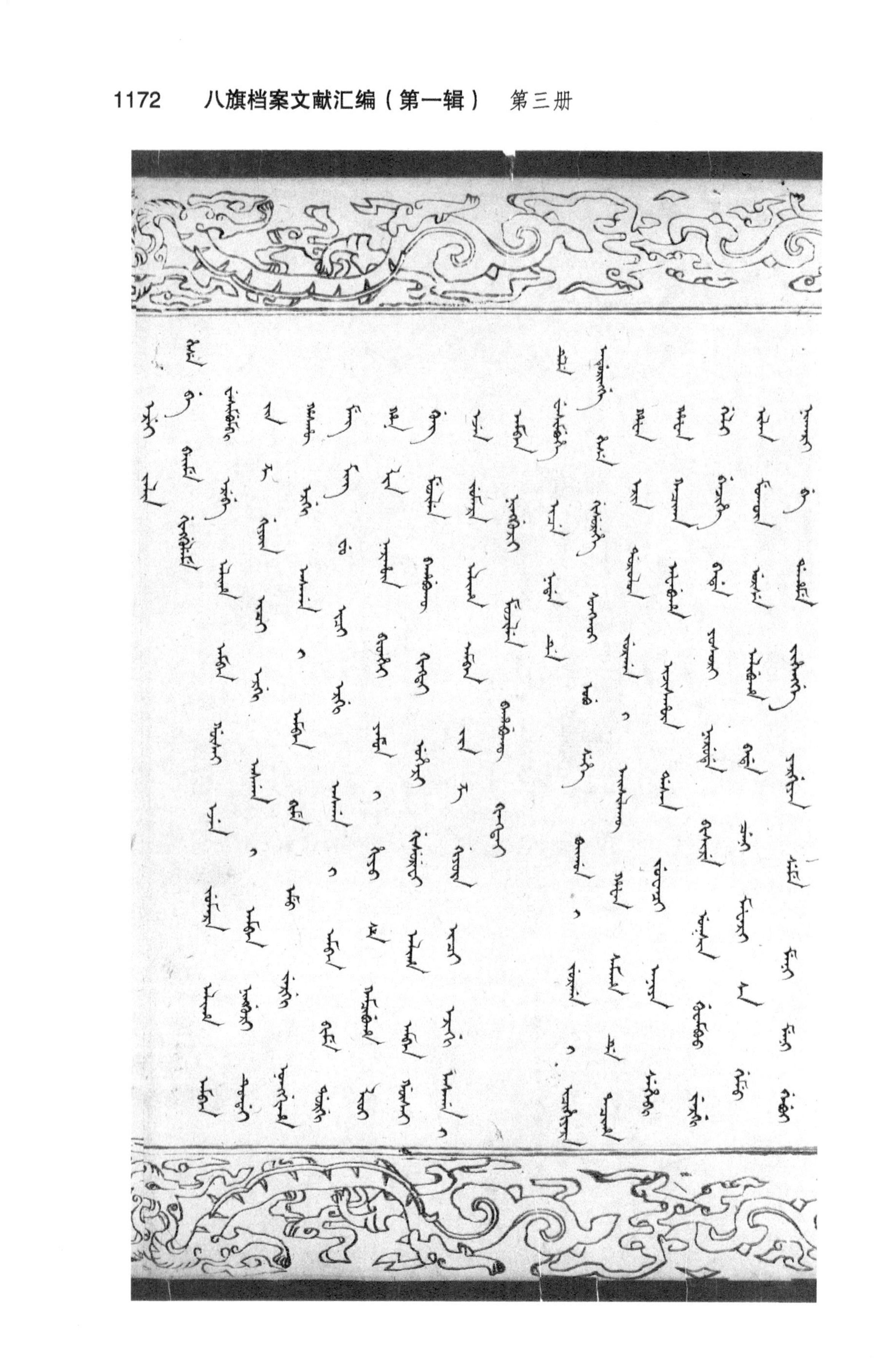

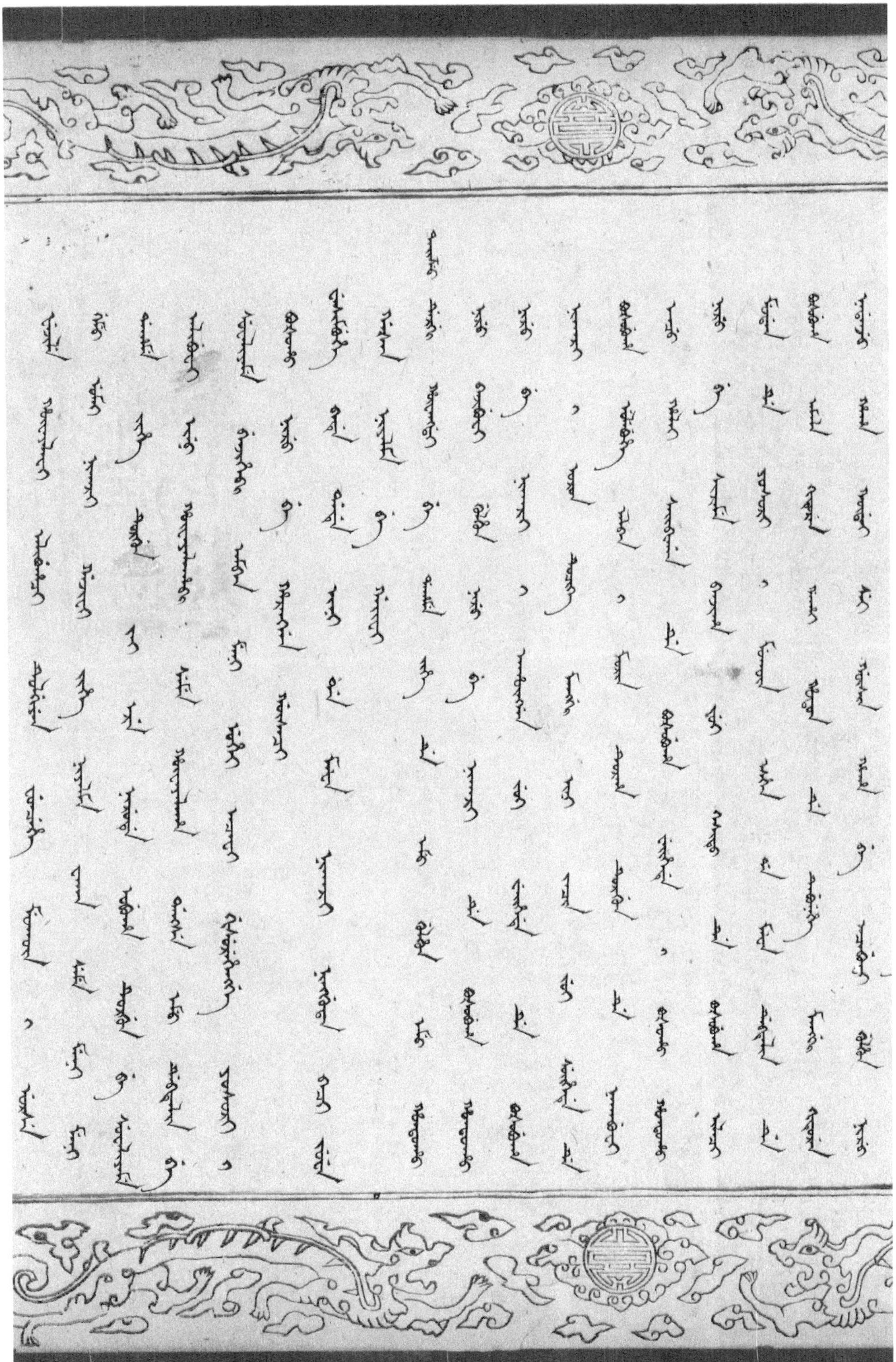

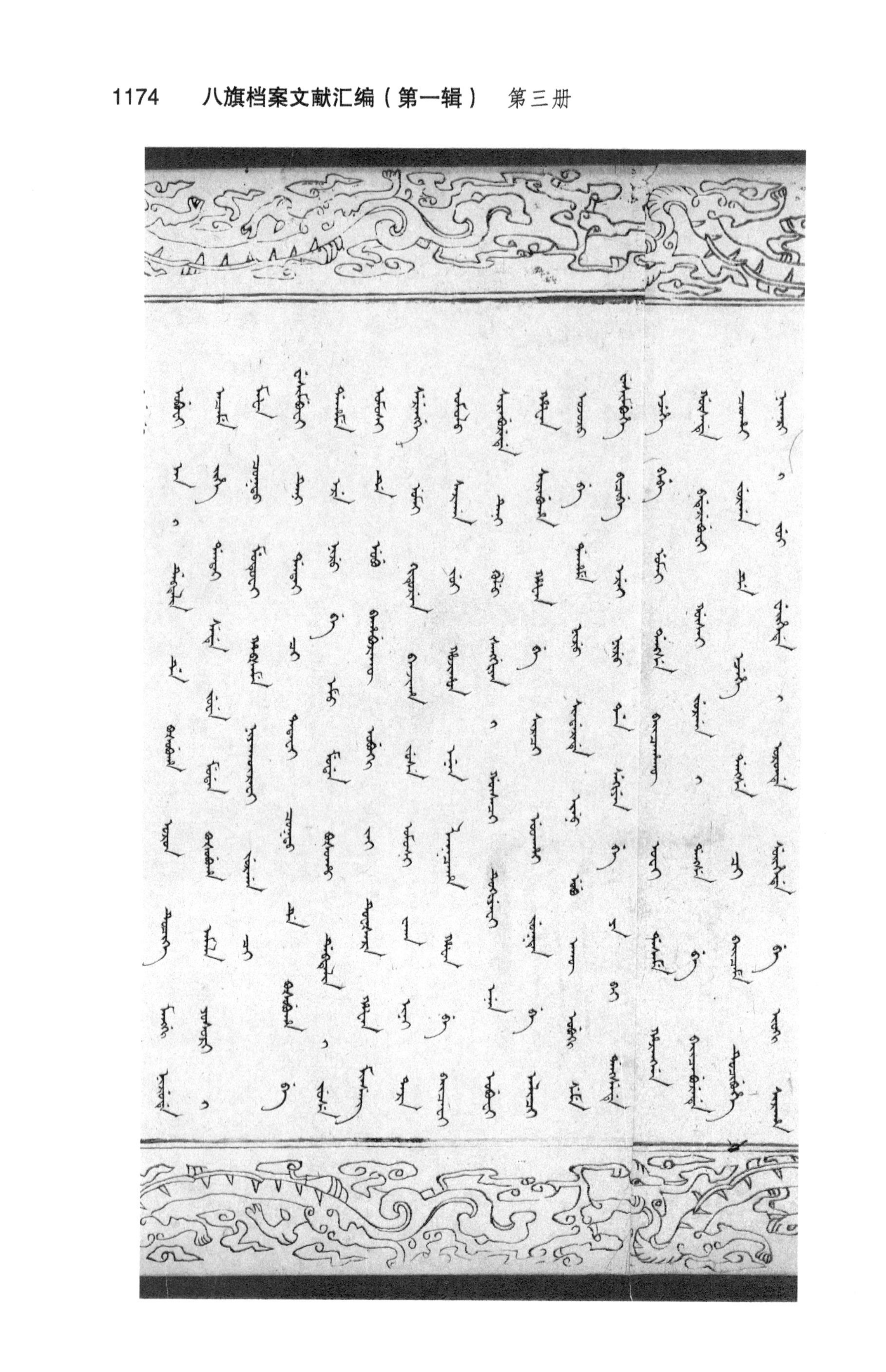

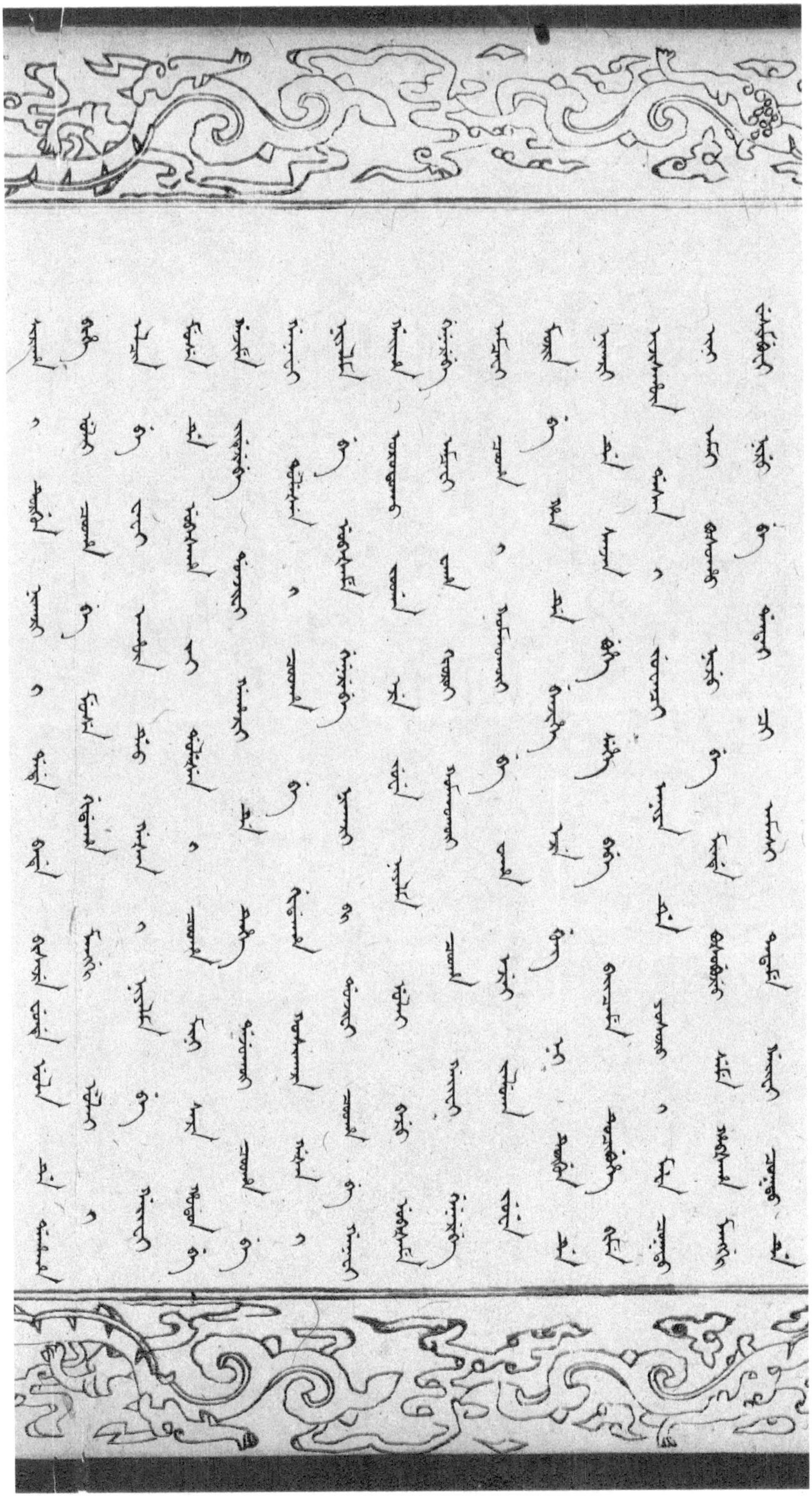

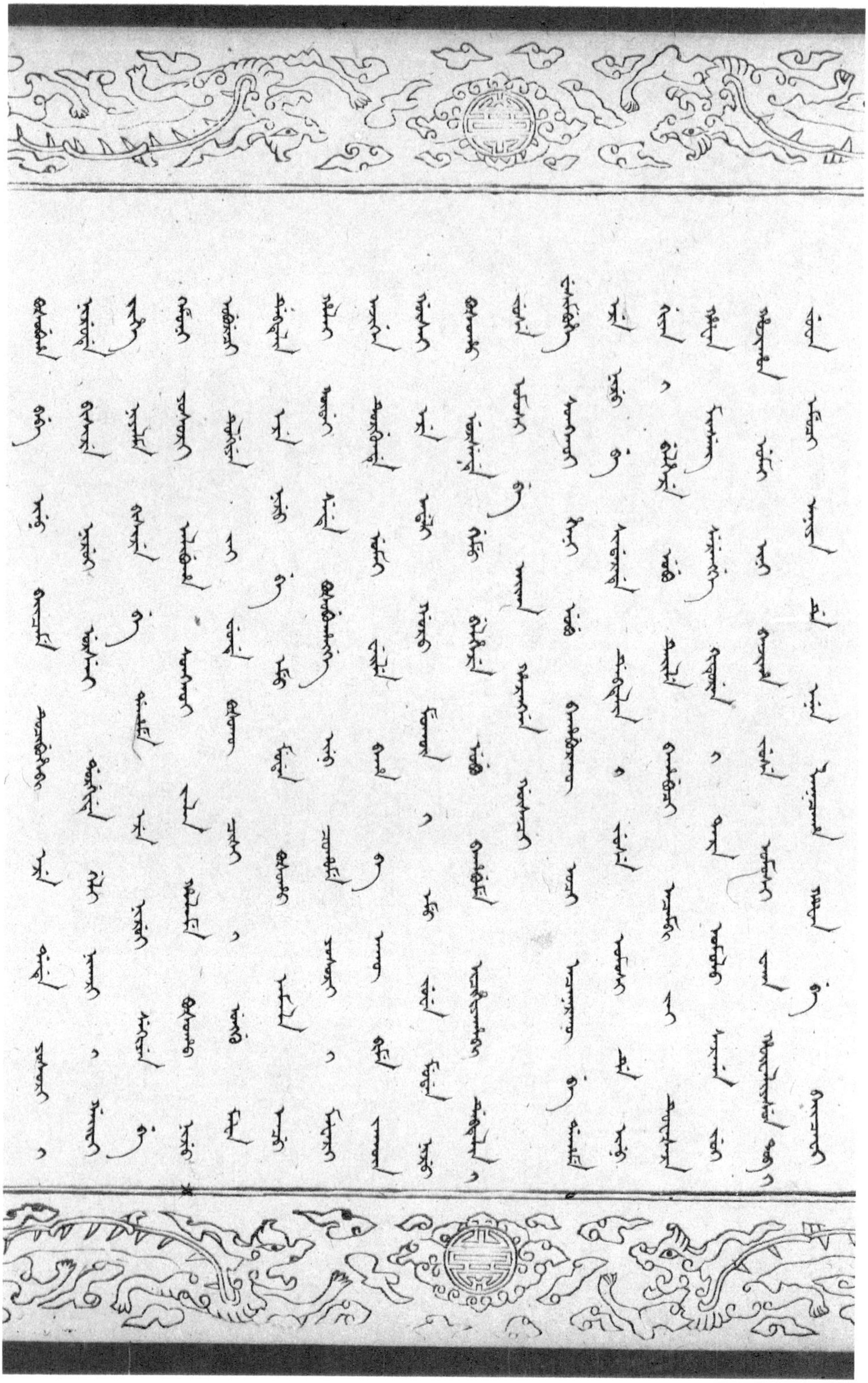

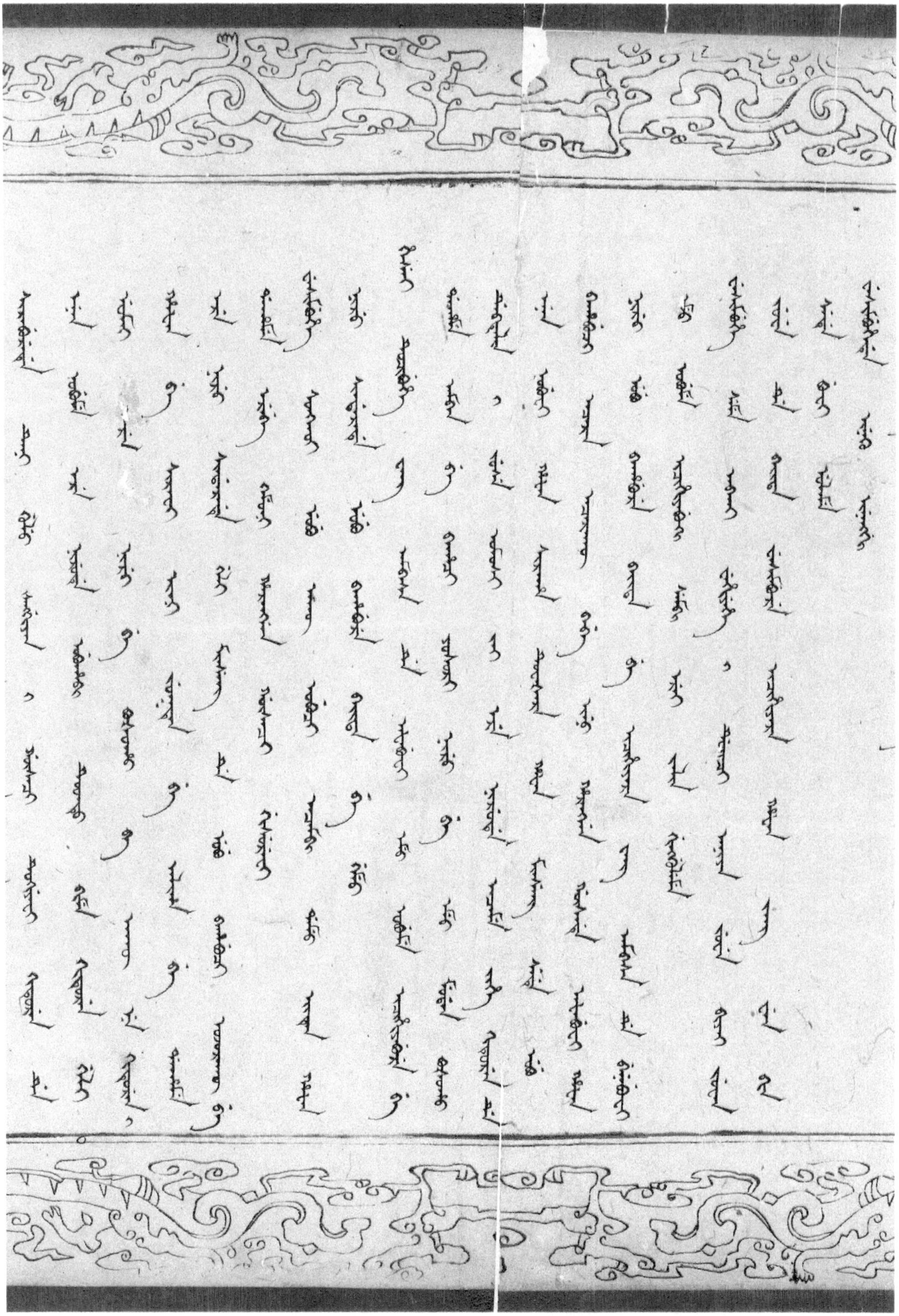

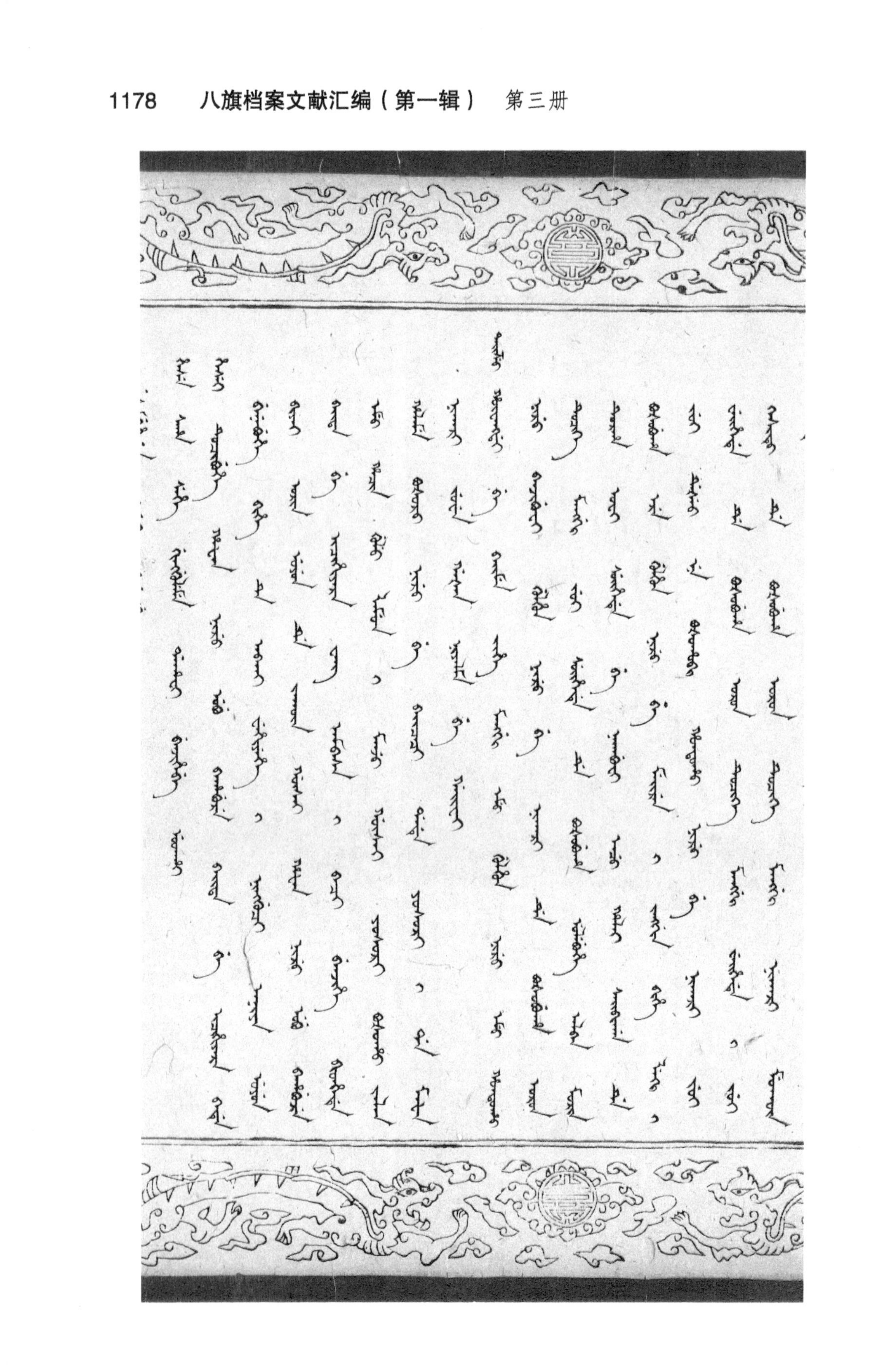

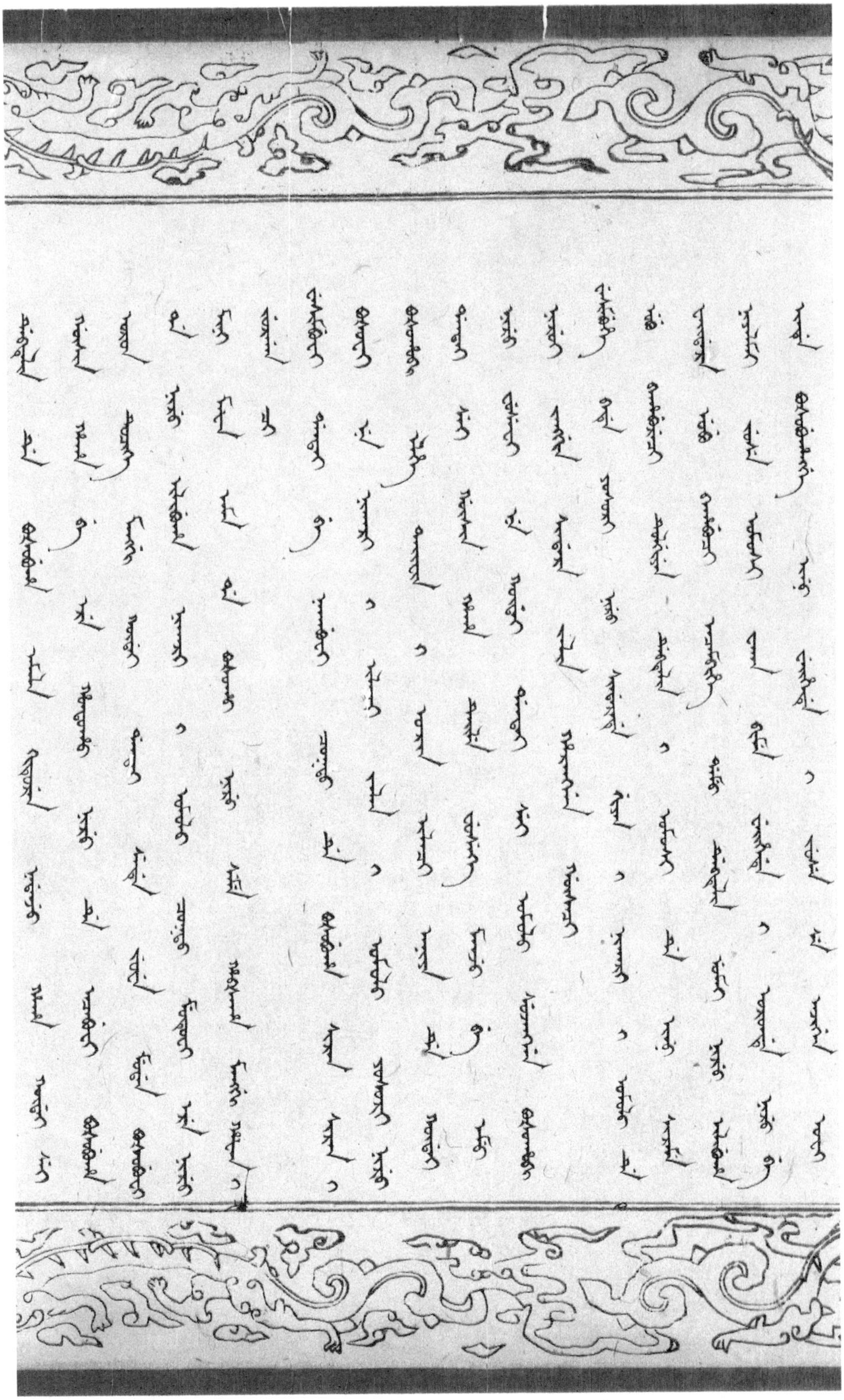

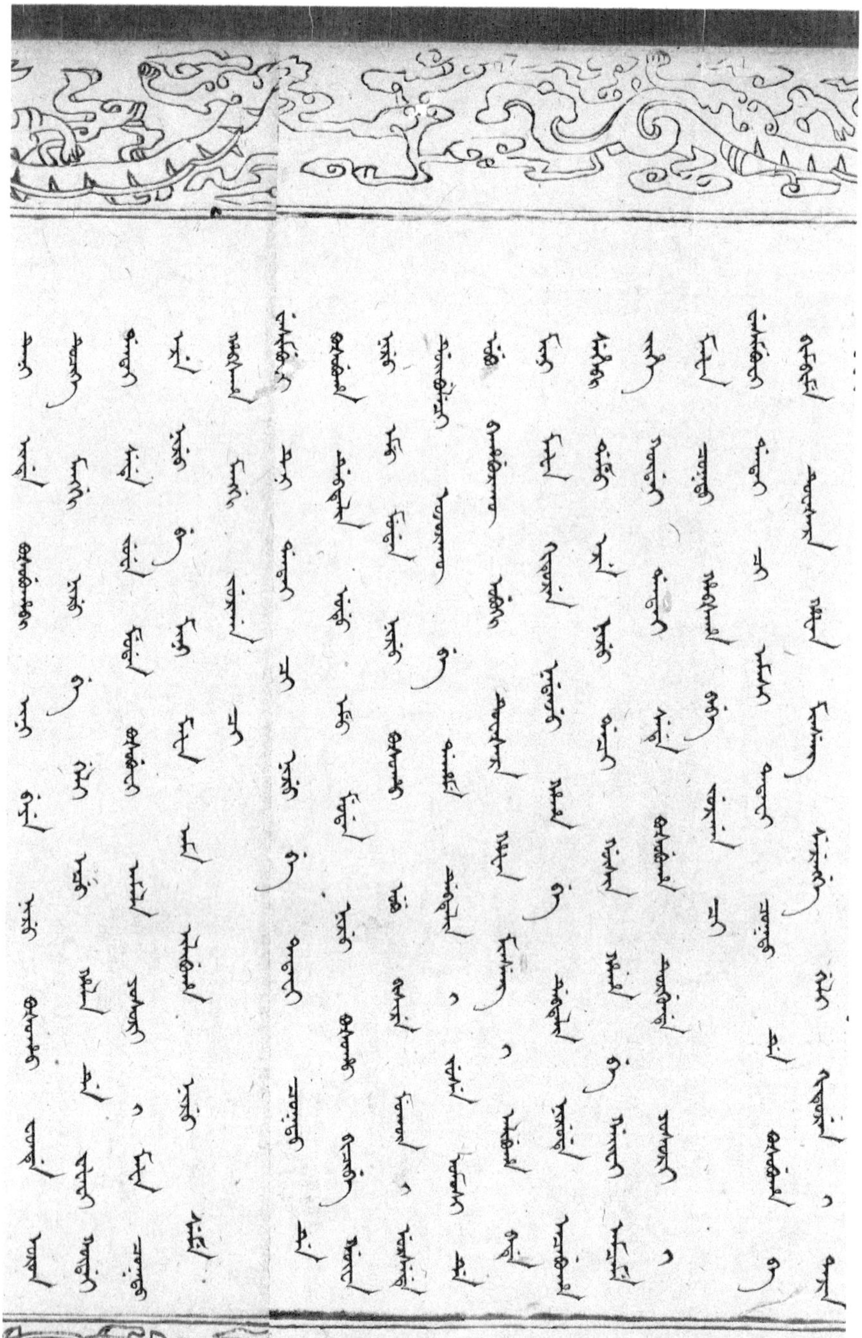

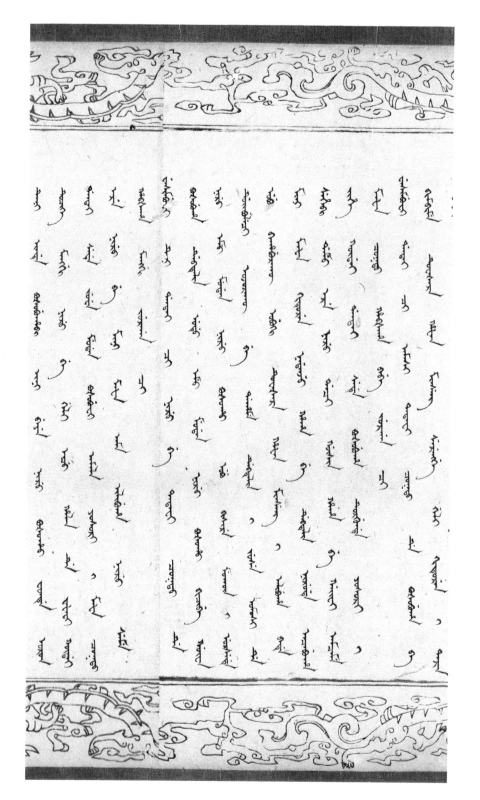

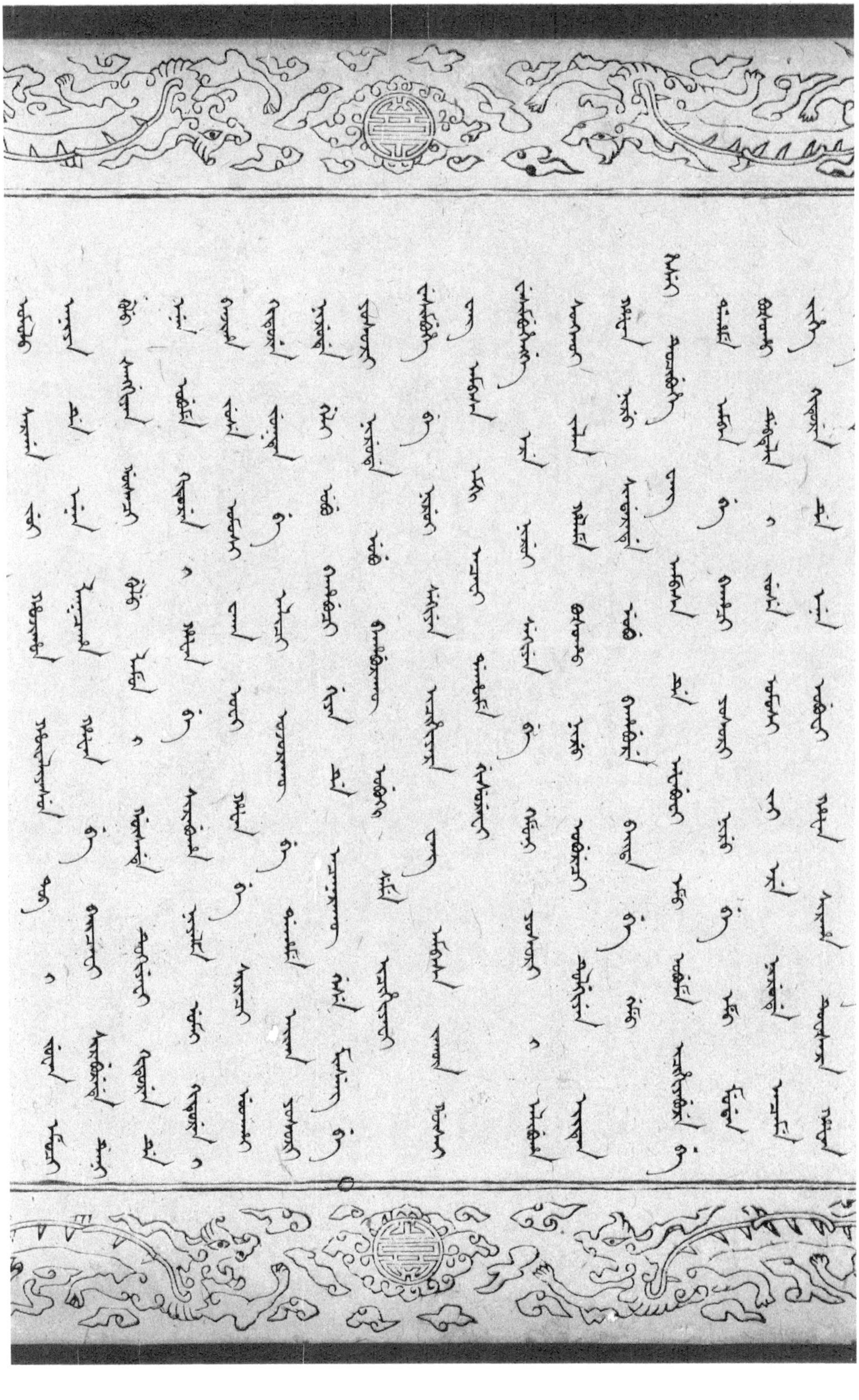

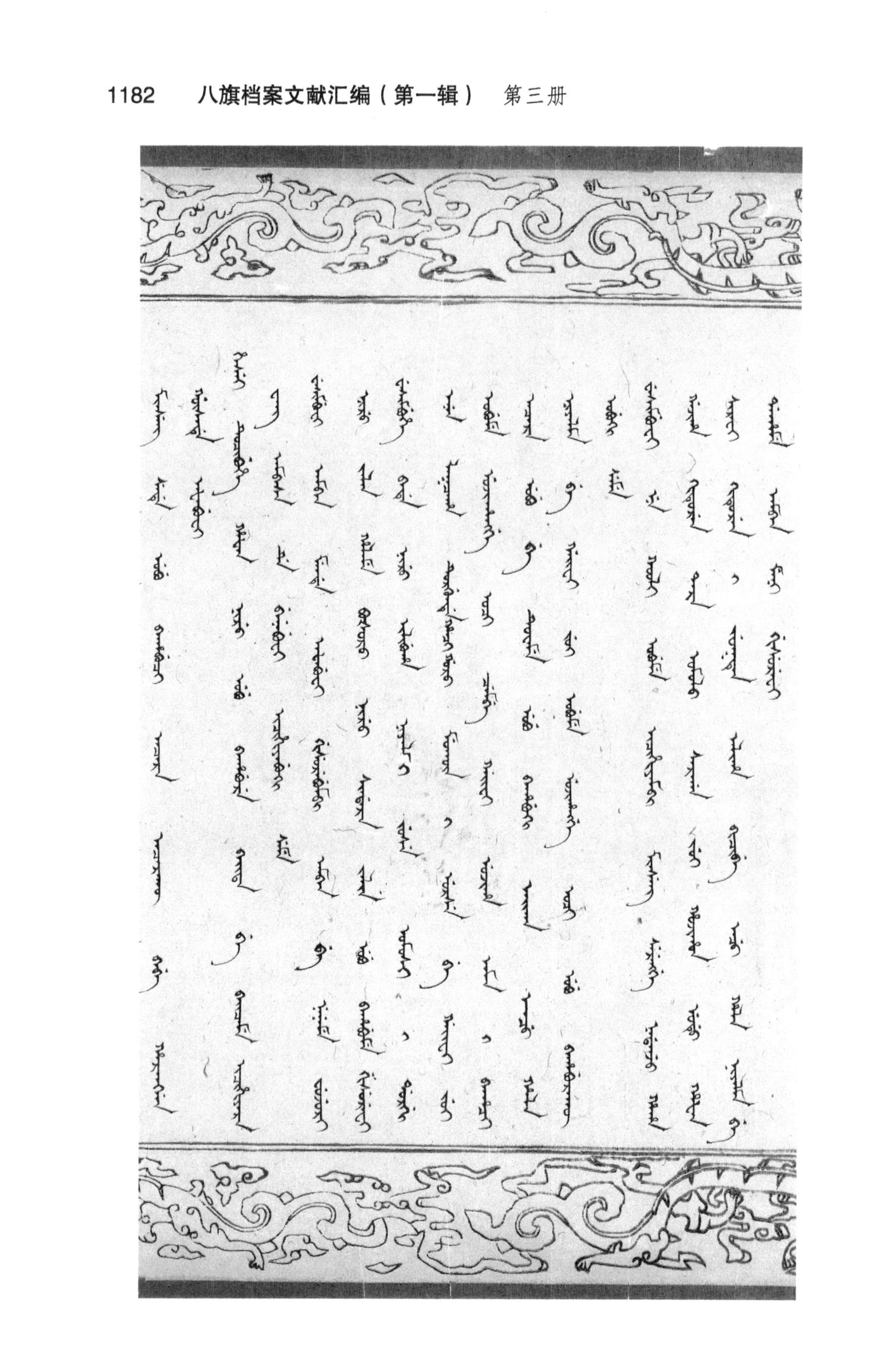

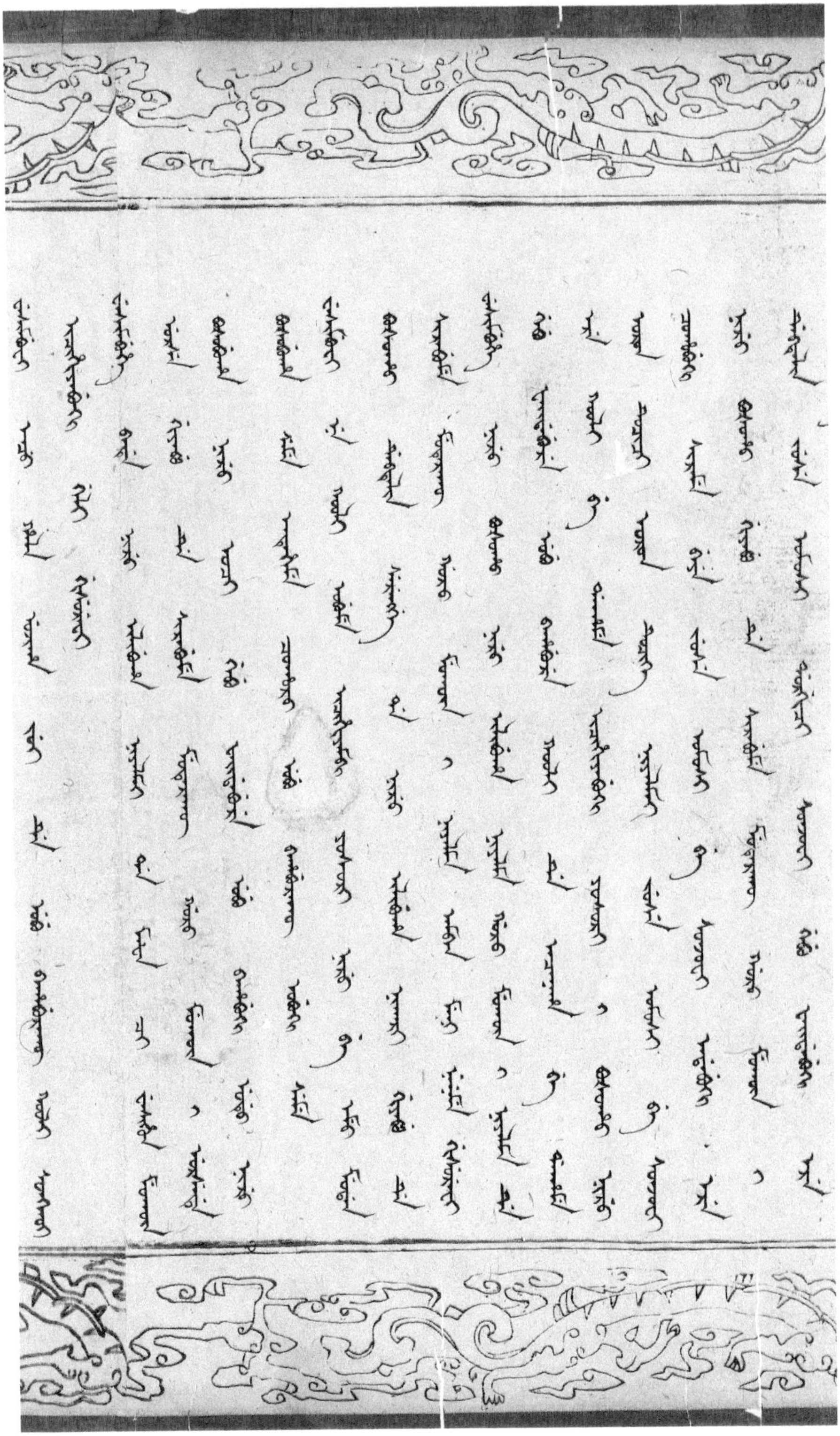

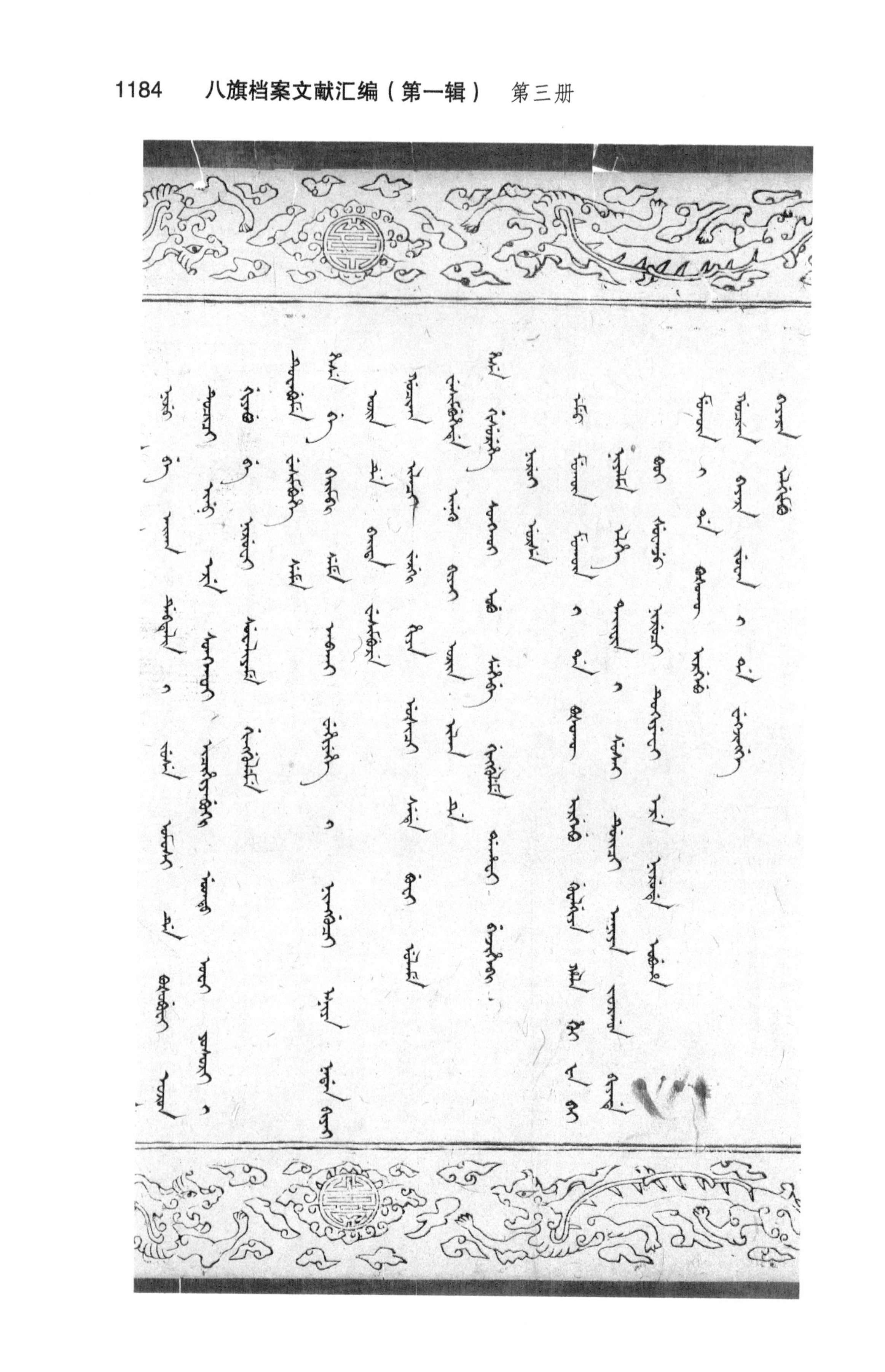

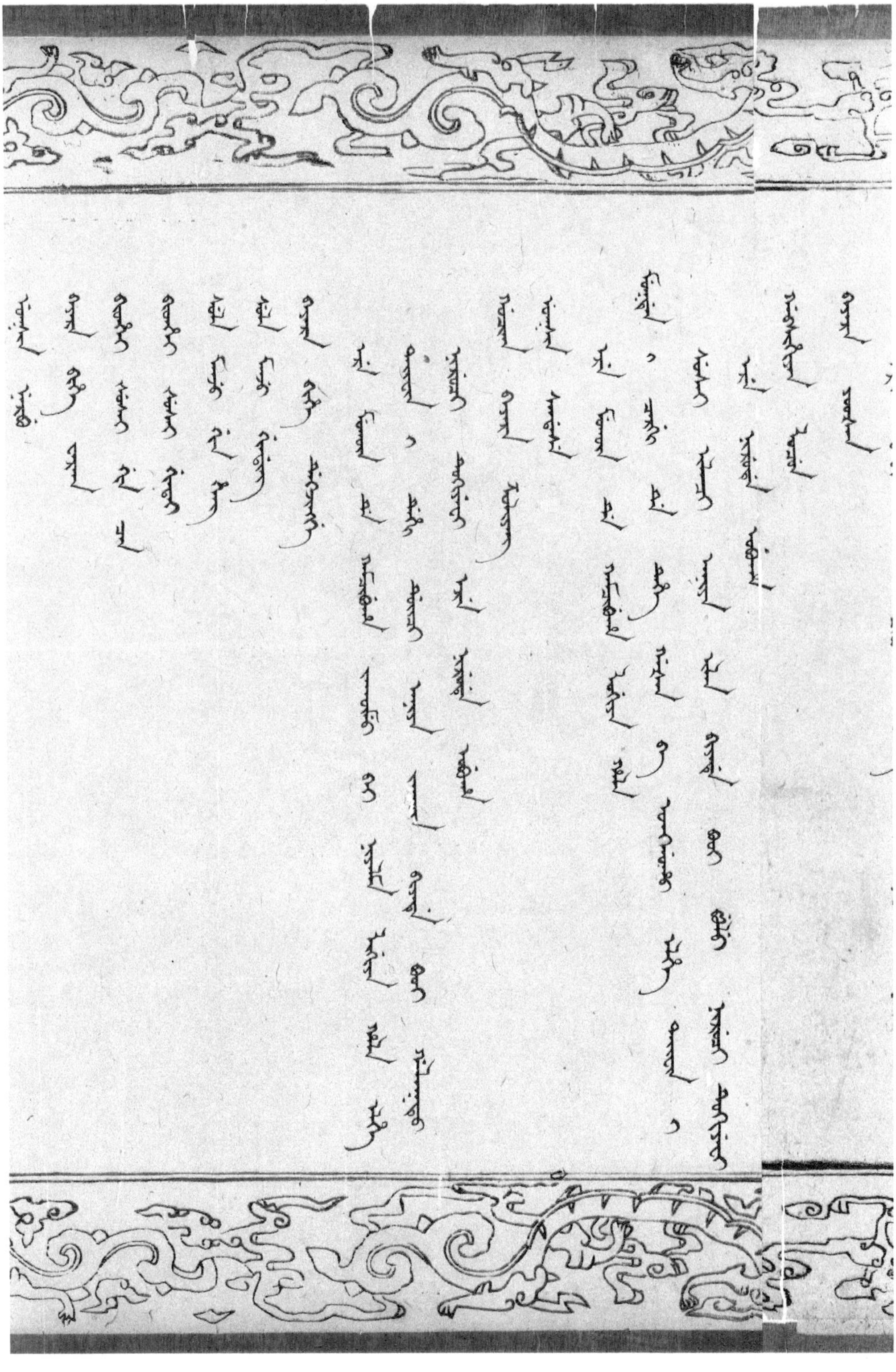

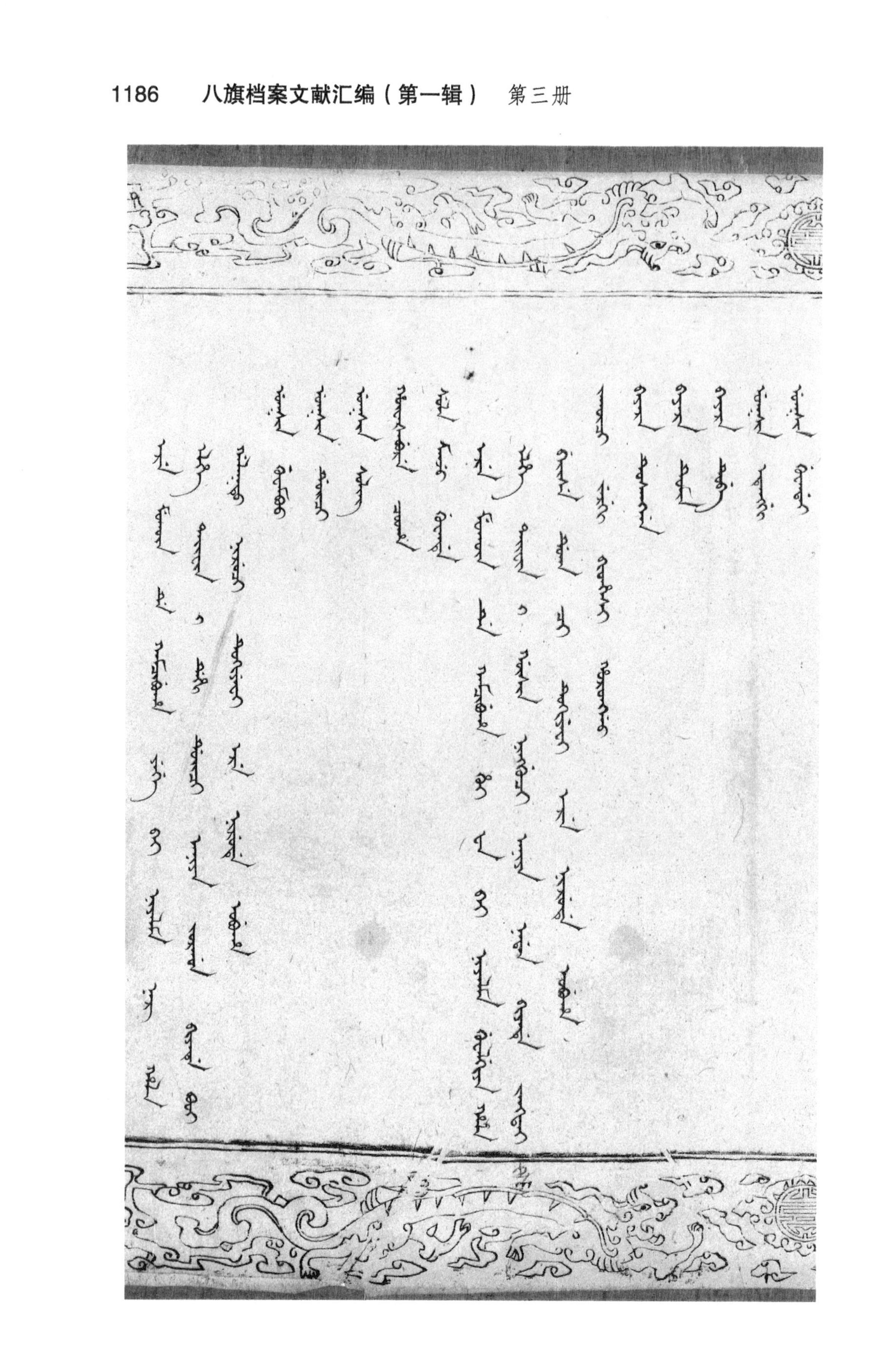

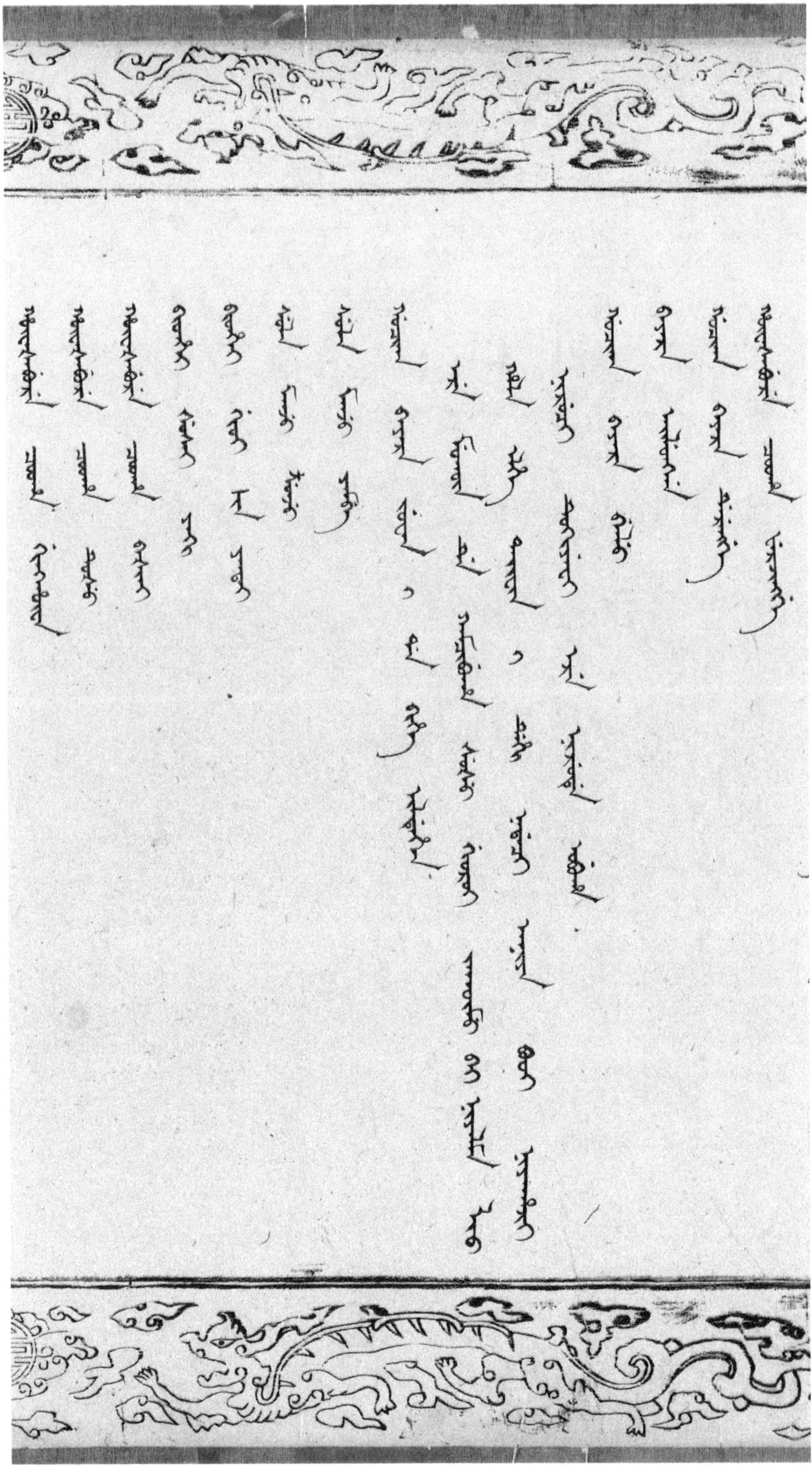

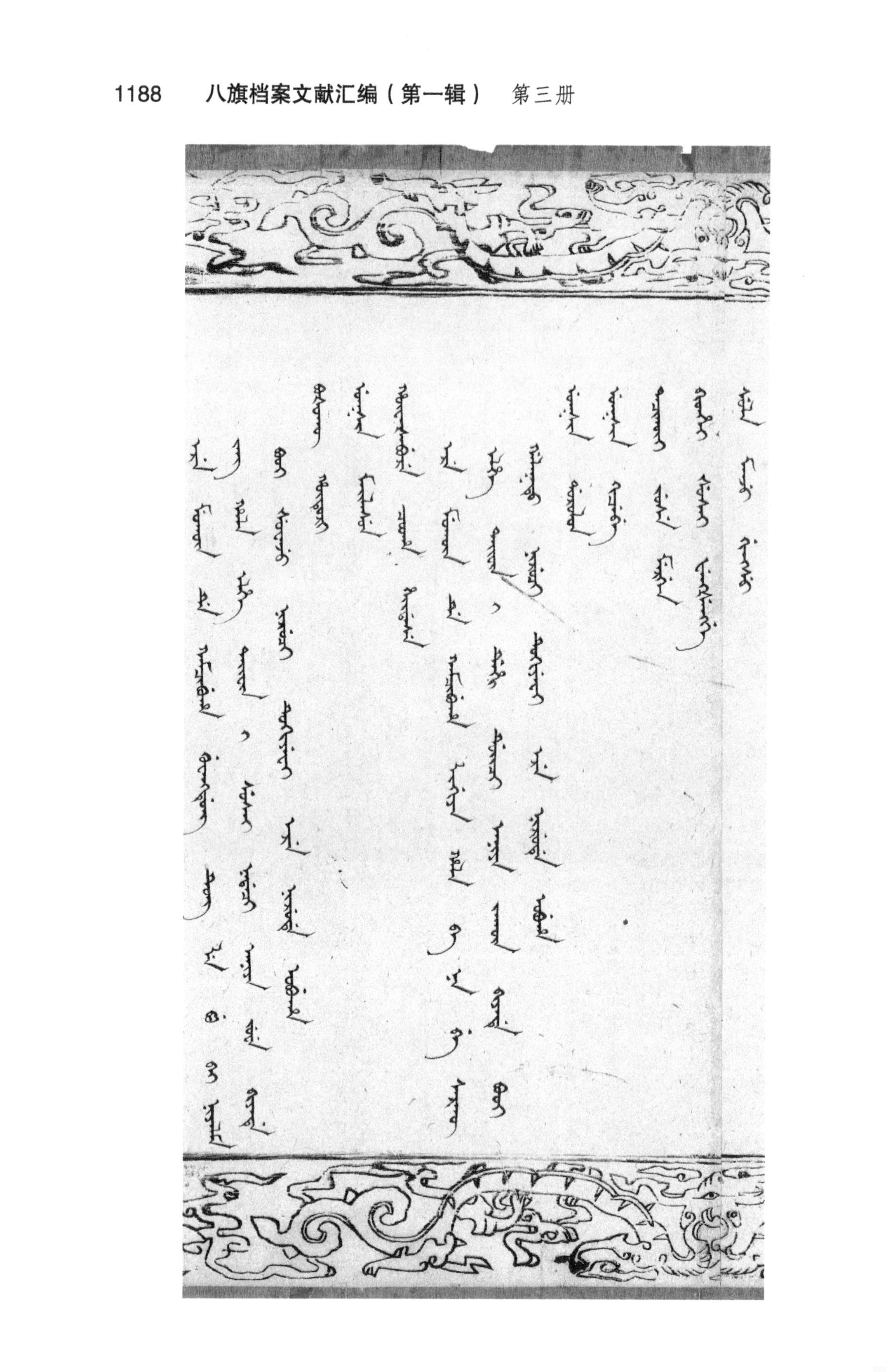

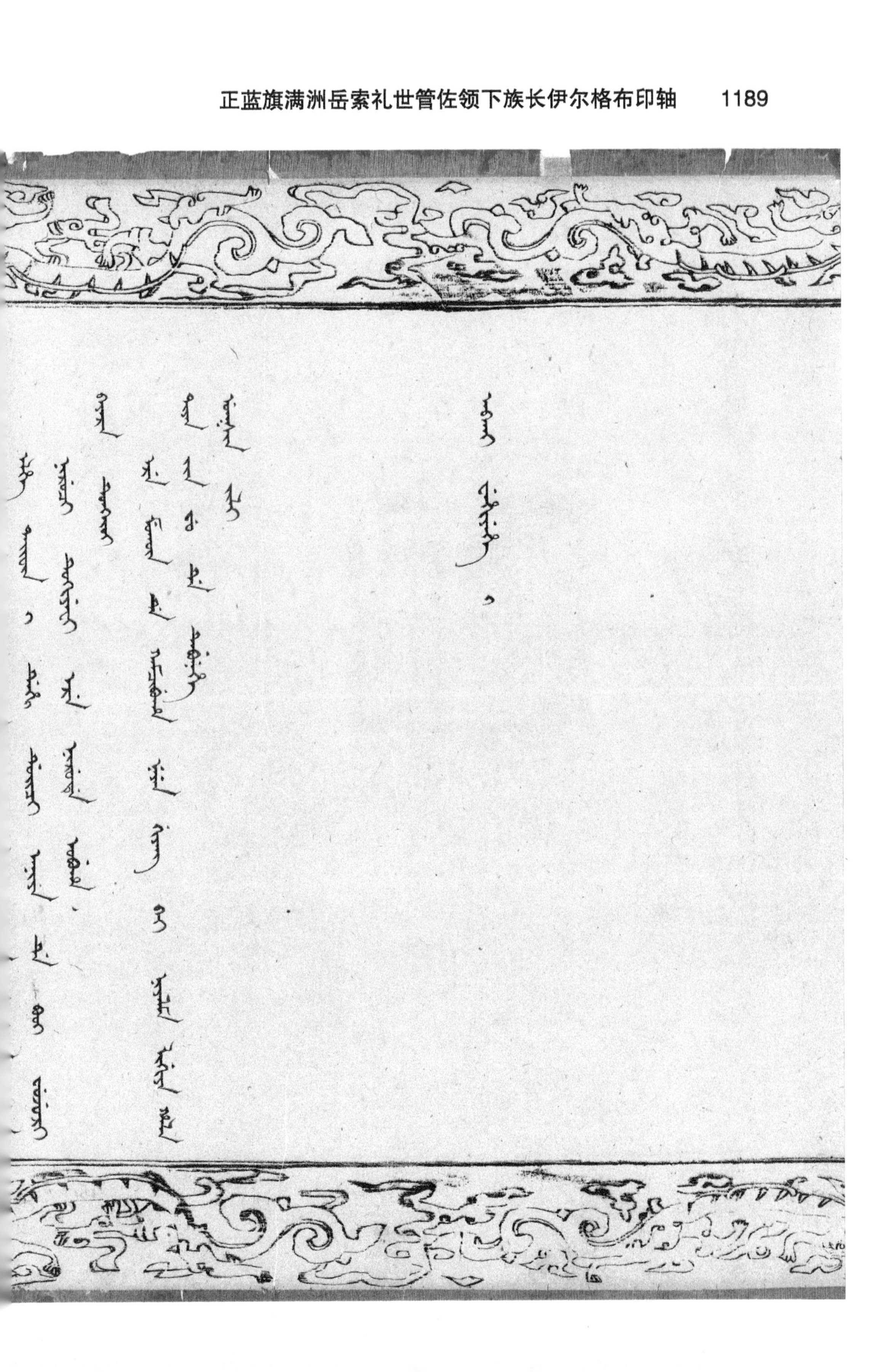

ᠨᡳᡵᡠᡳ ᠮᡠᡴᡡᠨ ᡳ ᡩᠠ [illegible]

[illegible]

[illegible]

[illegible]

[illegible]

[illegible]

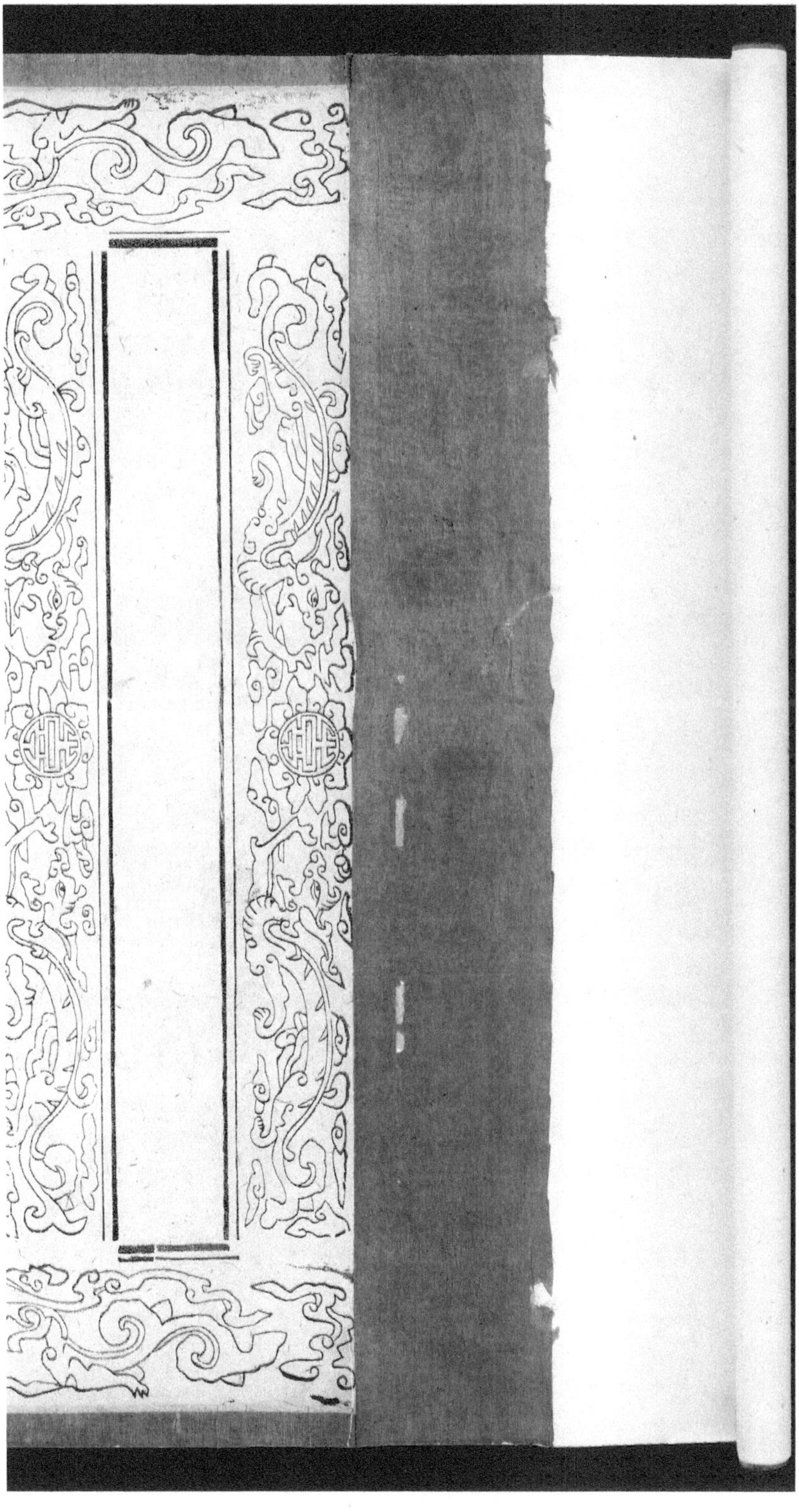

镶红旗蒙古萨克萨哈佐领下族长阿进泰印轴

满文写本，卷轴装，页面48.0cm×650.5cm，四周双边，螭文，钤兵部印，印轴保存完好，满文题名为kubuhe fulgiyan i monggo gūsai saksaha nirui mukūn i da ajintai i temgetu bithe。落款时间为乾隆五年十月，无添写记录，未满幅。

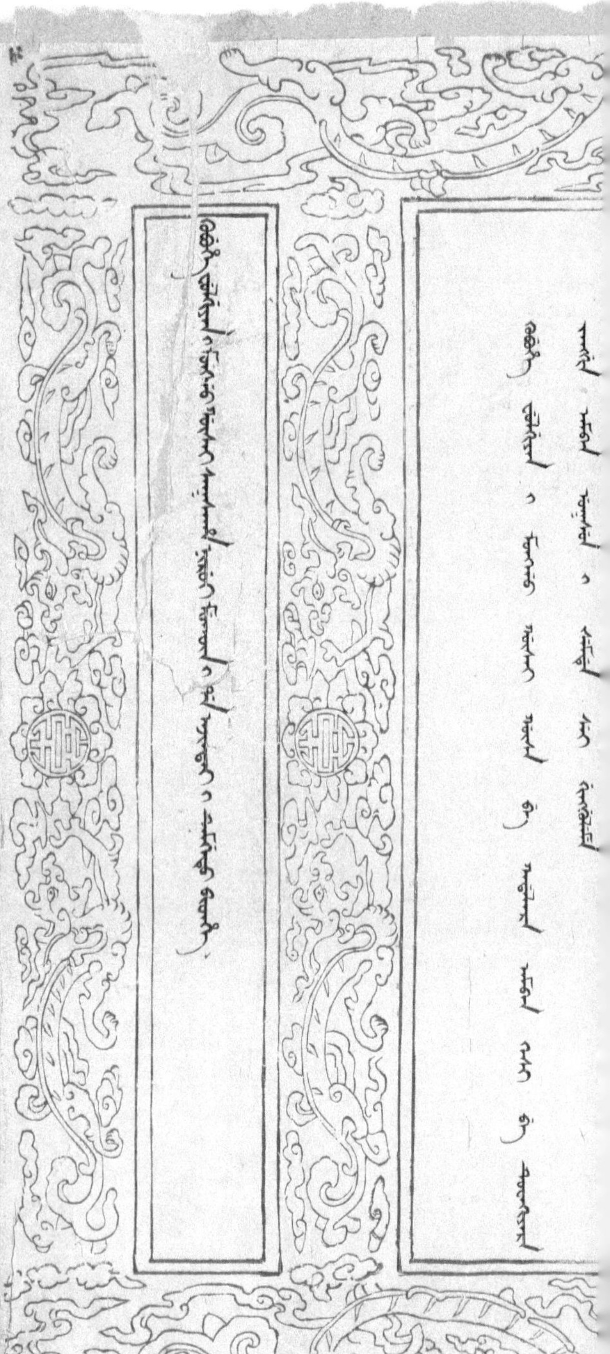

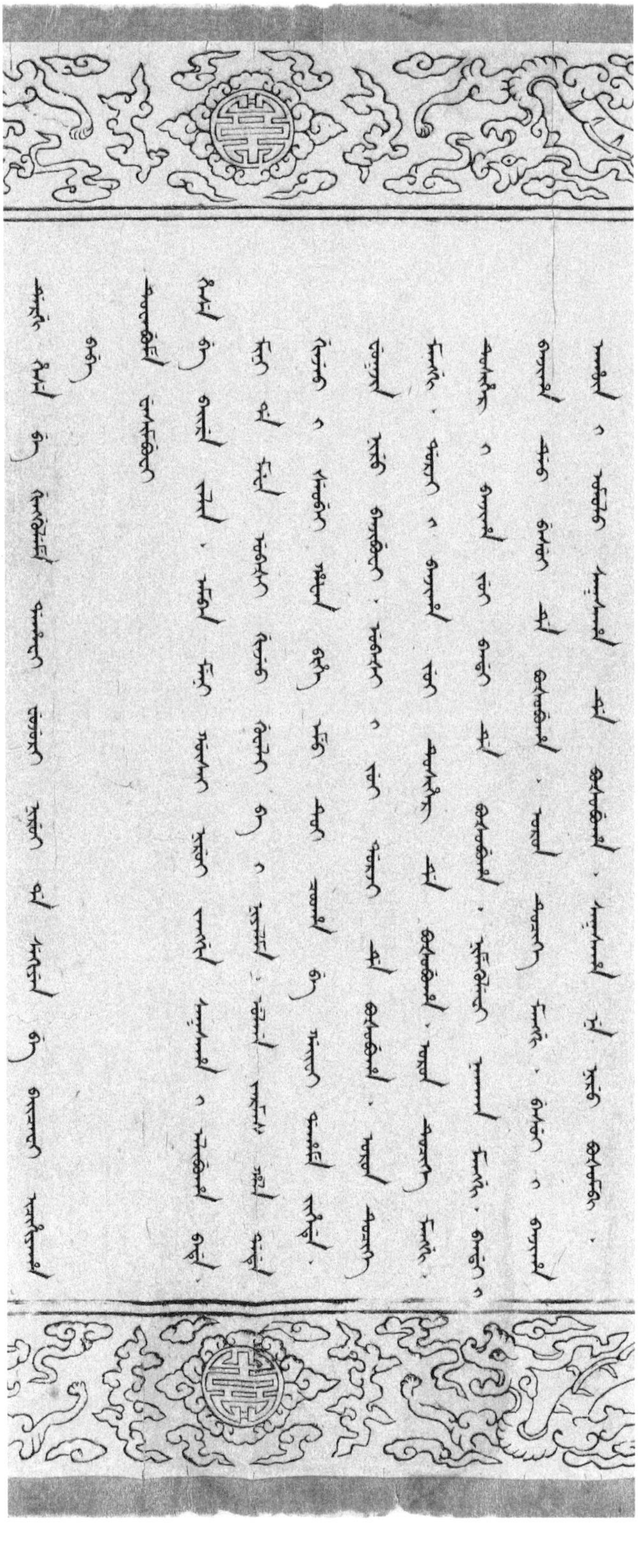

[illegible]

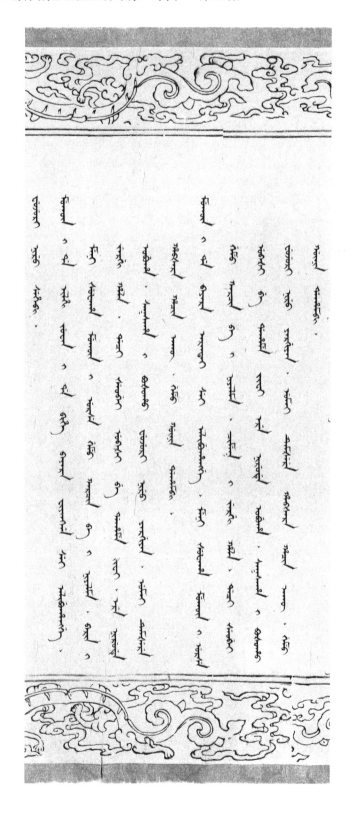

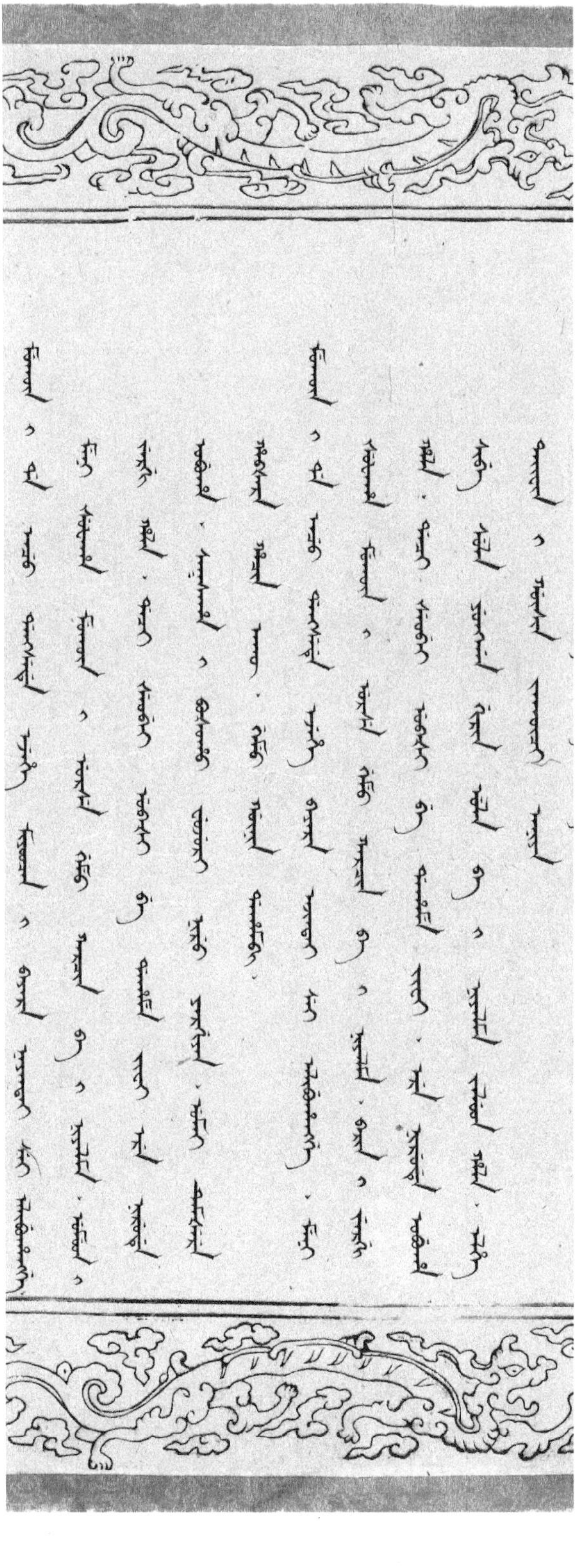

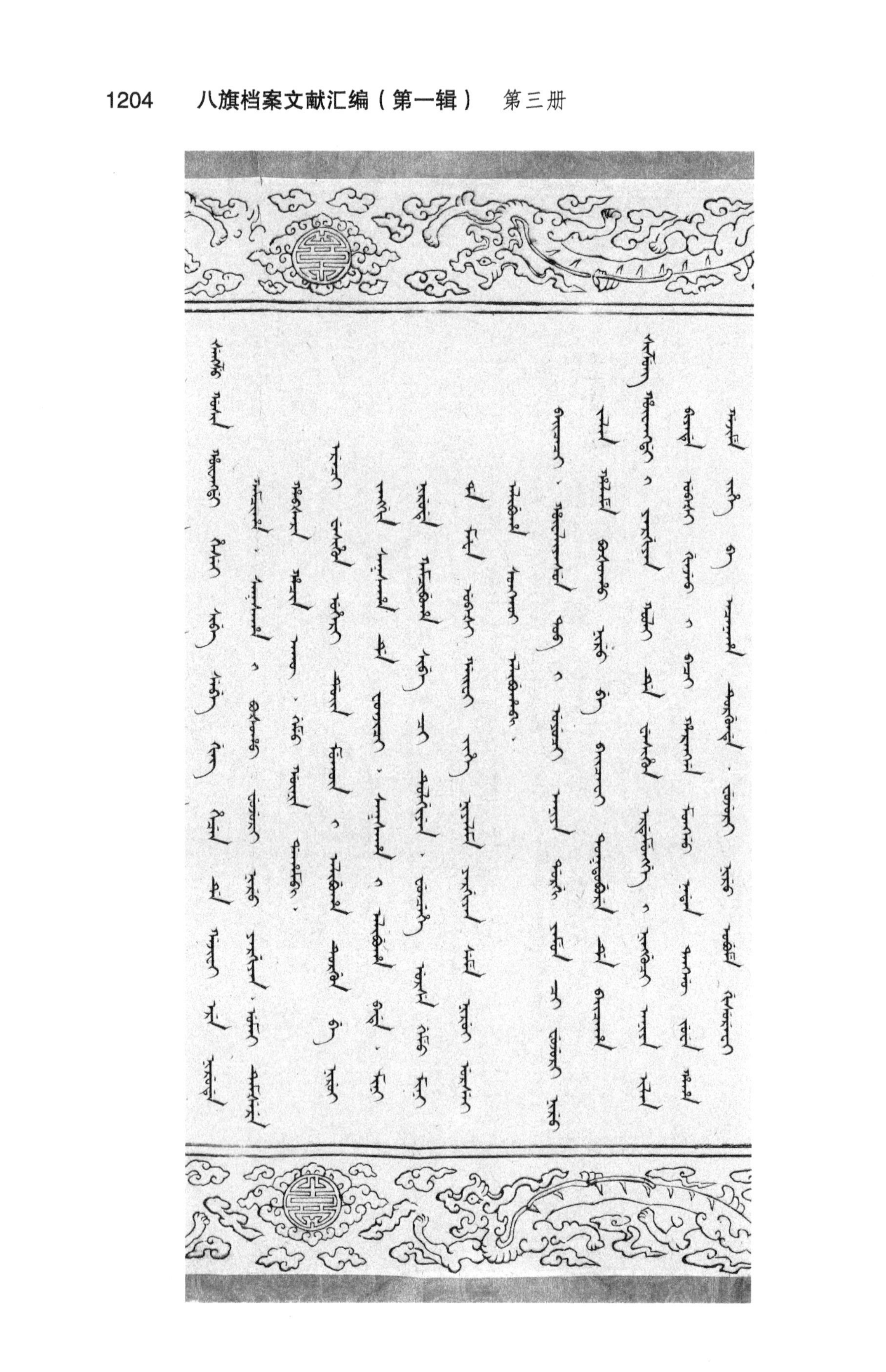

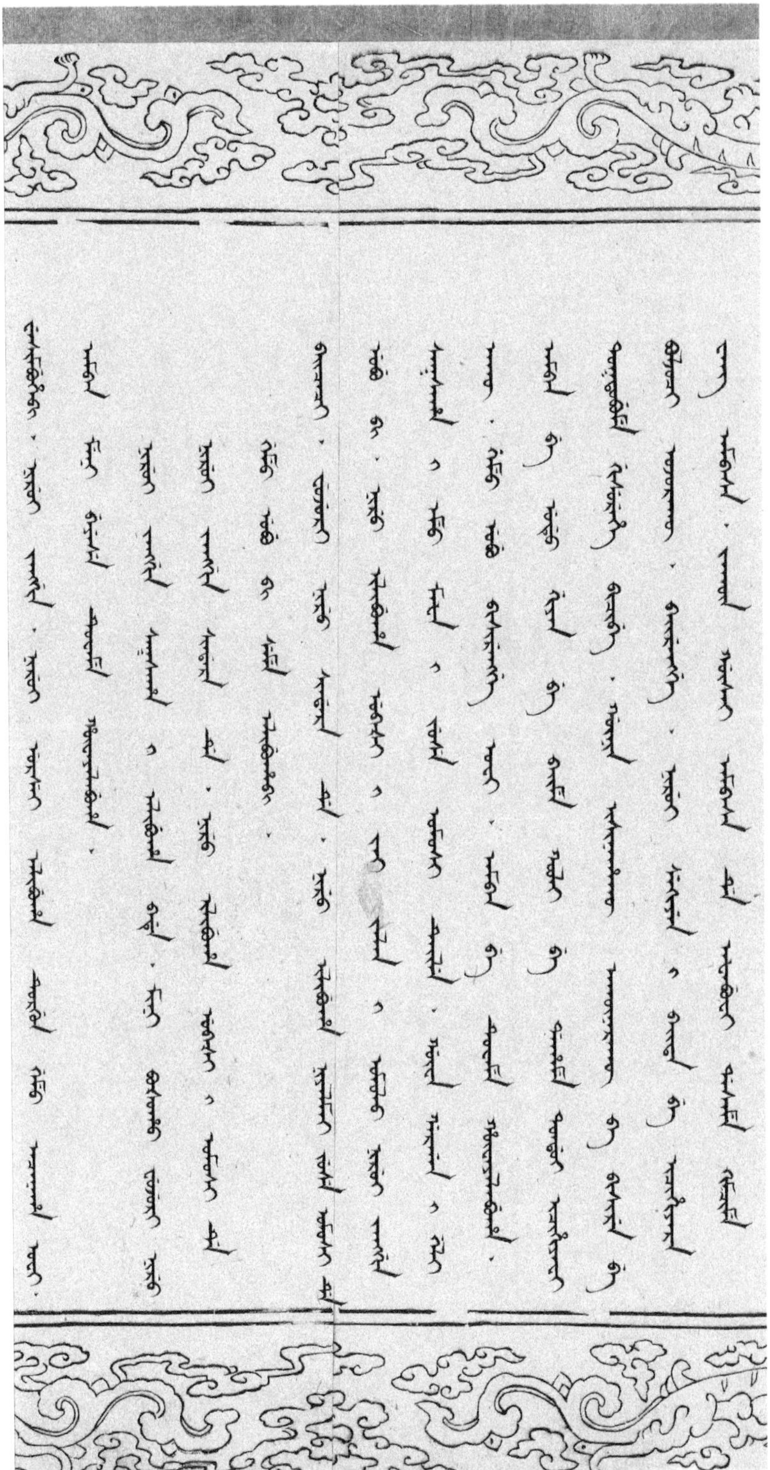

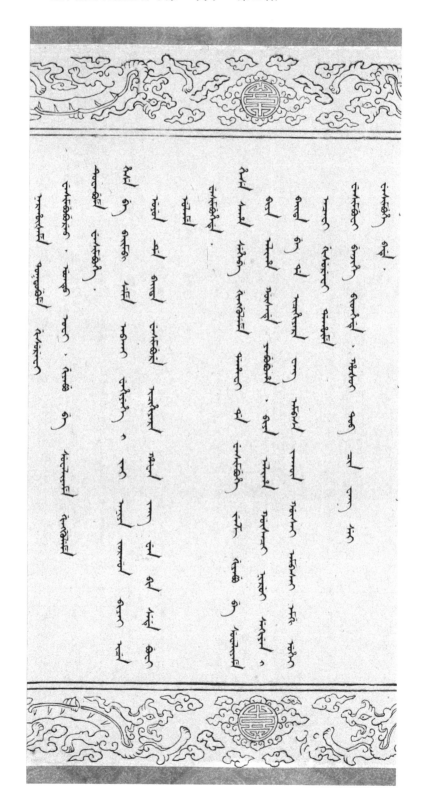

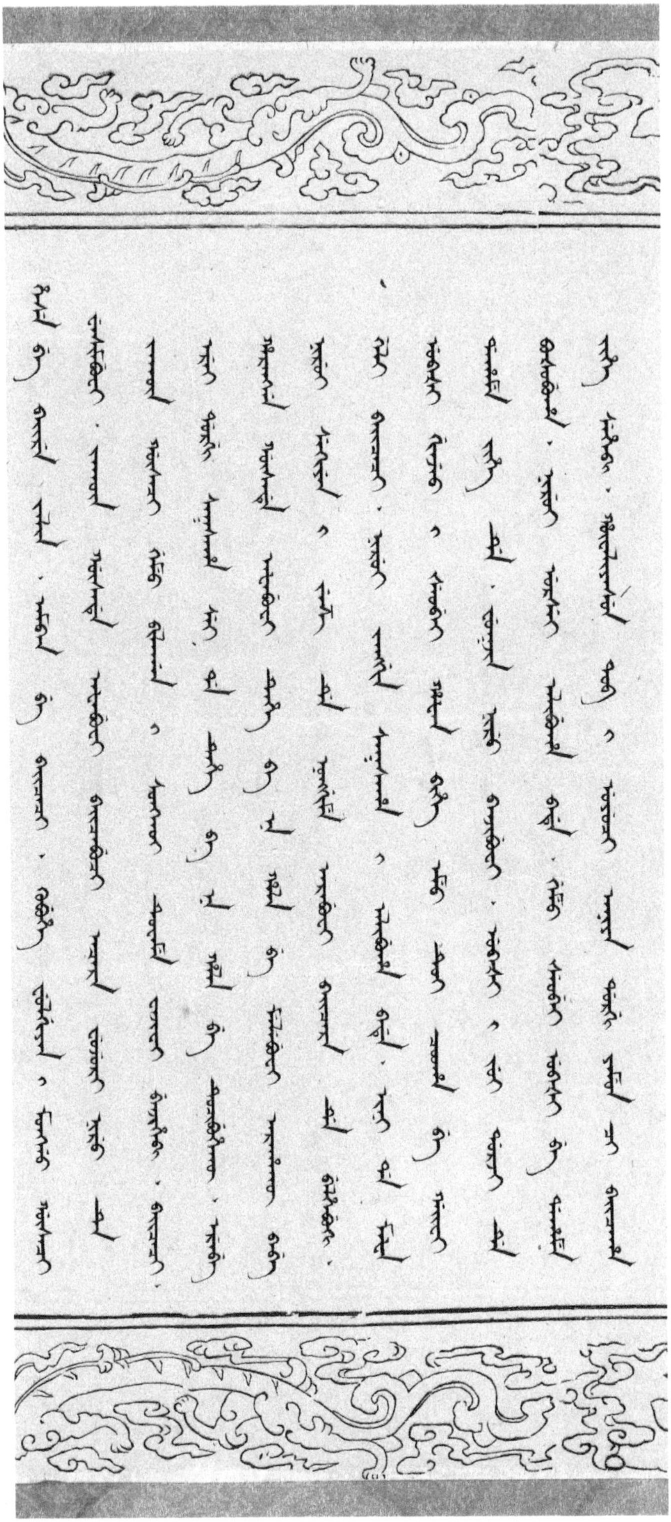

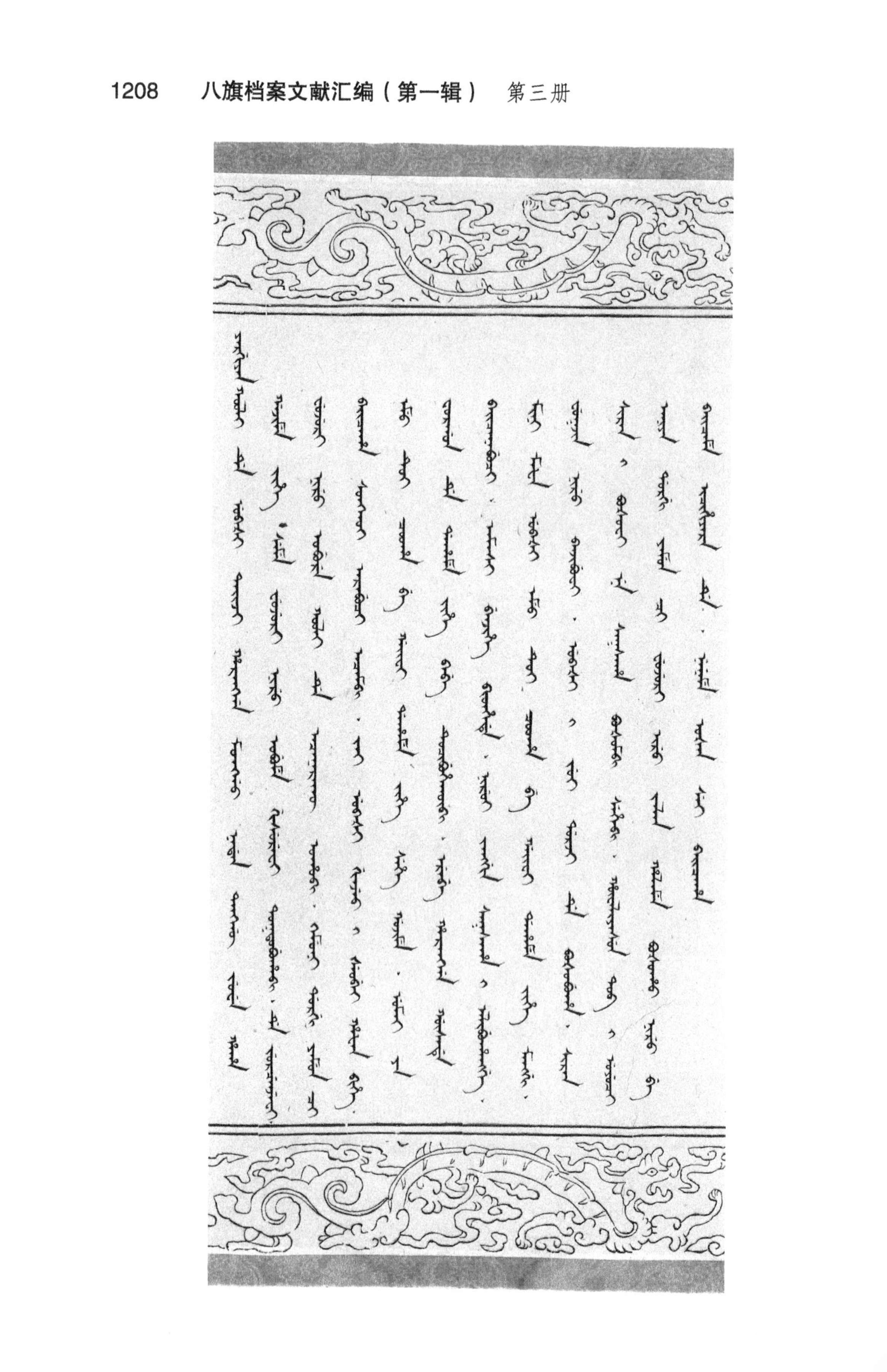

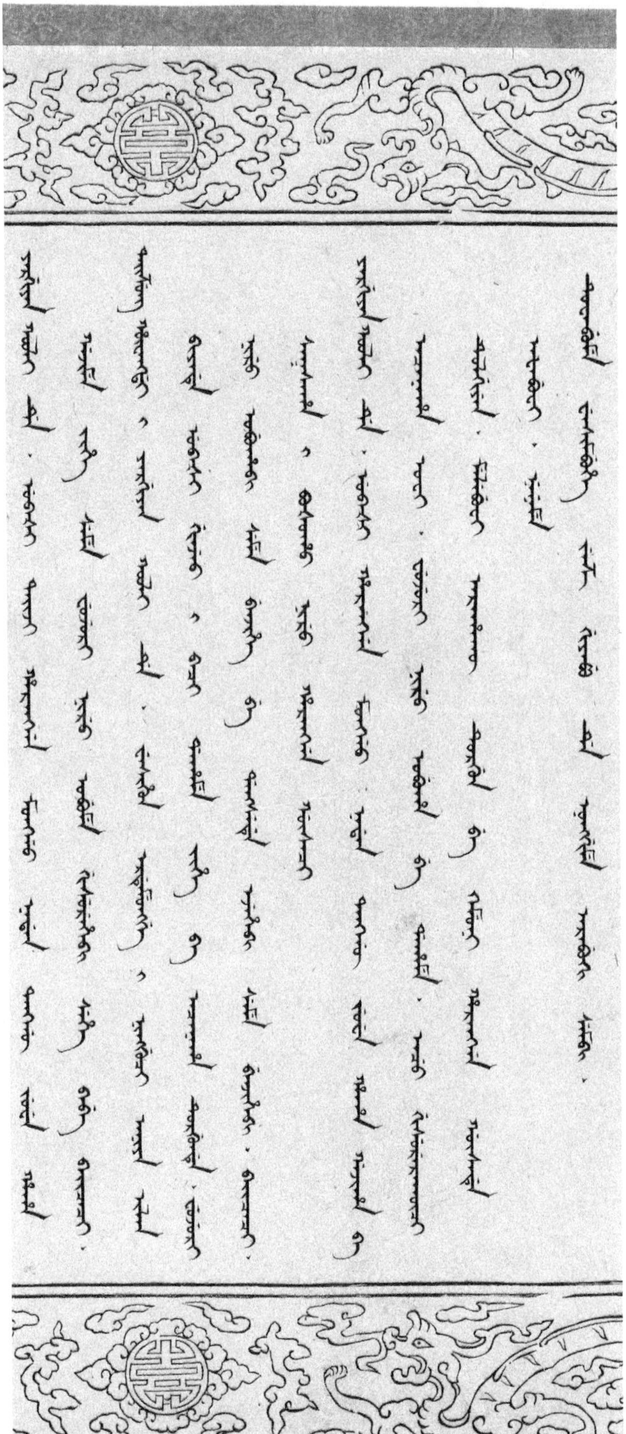

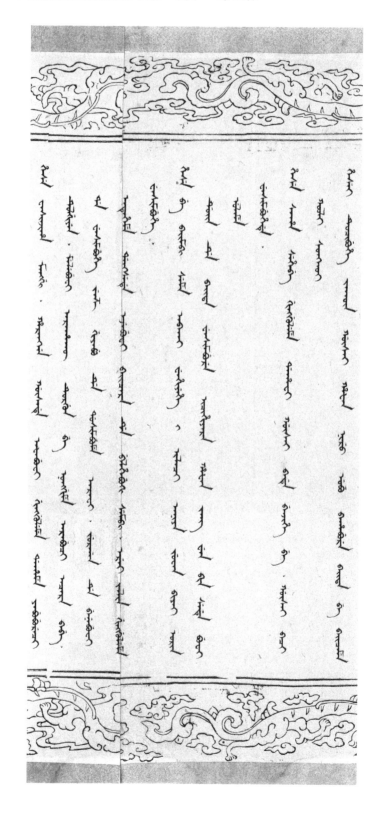

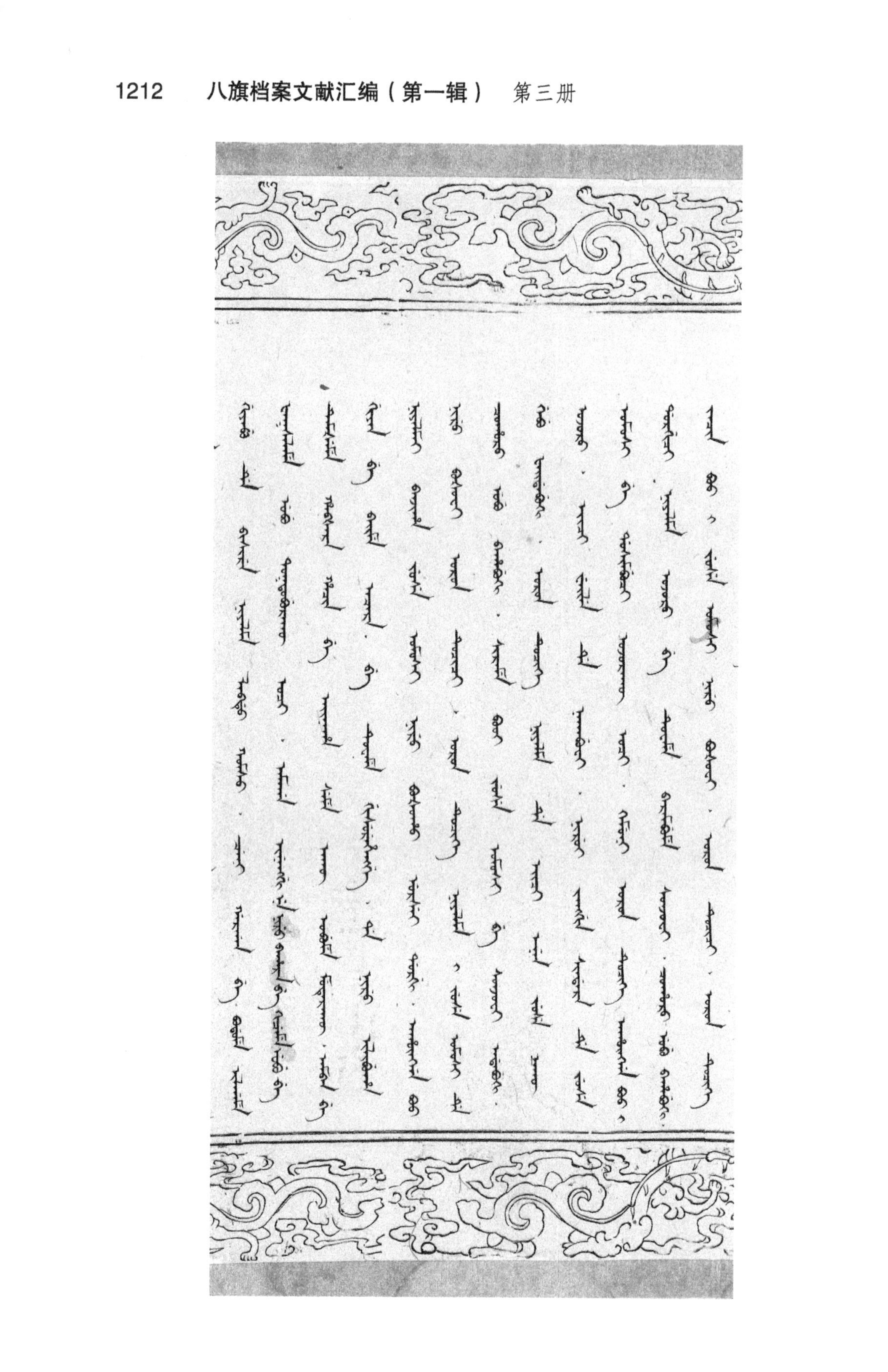

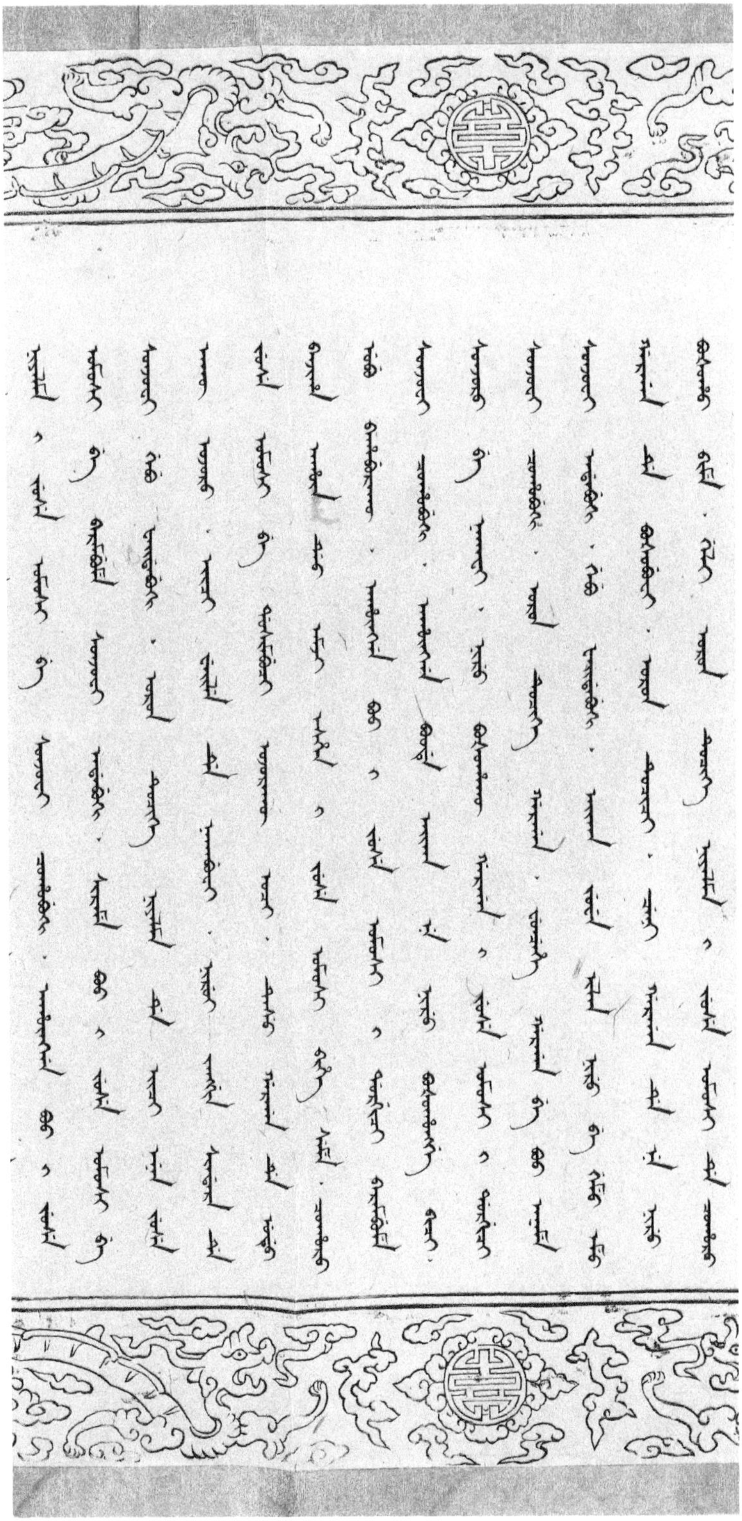

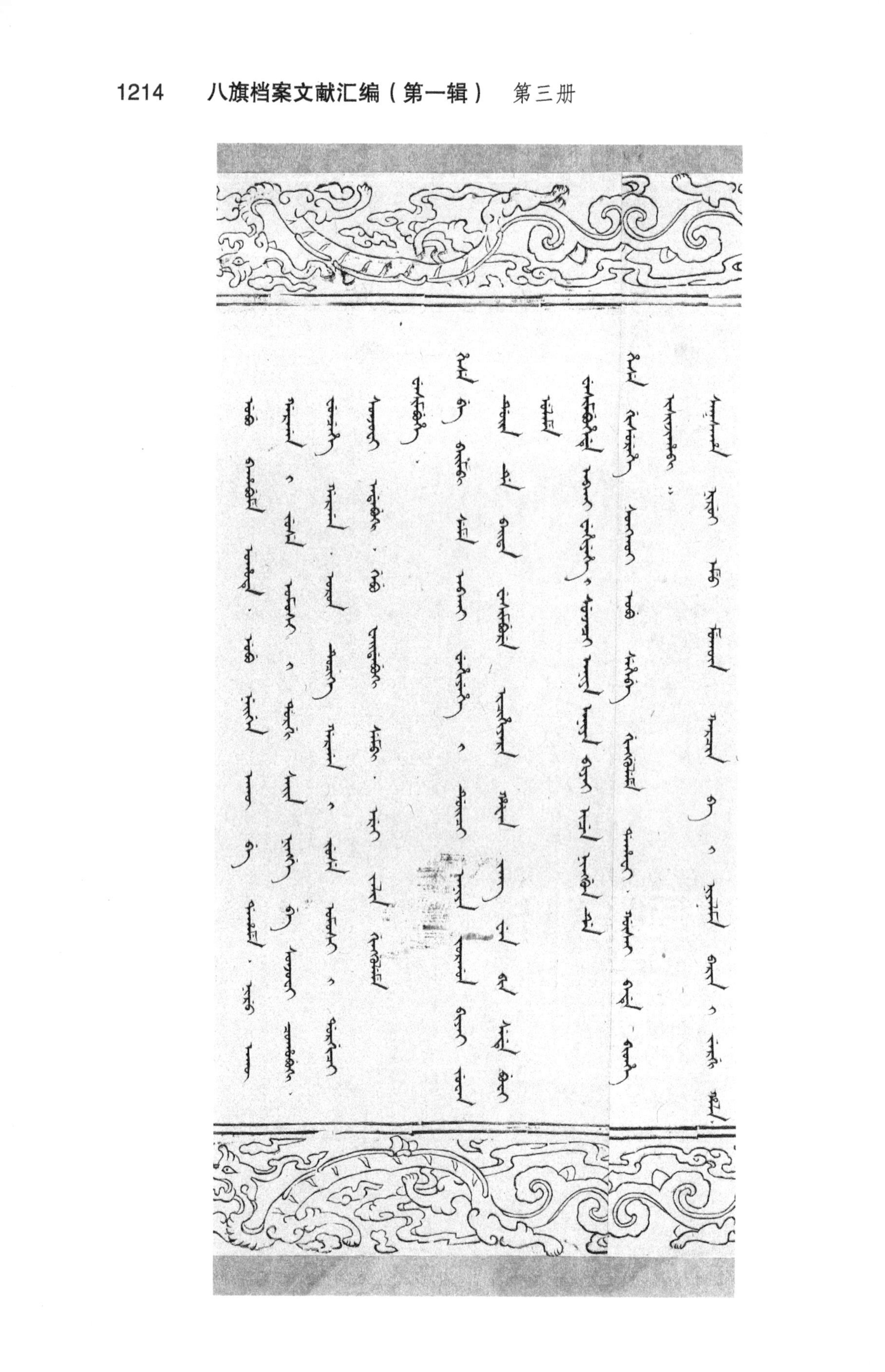

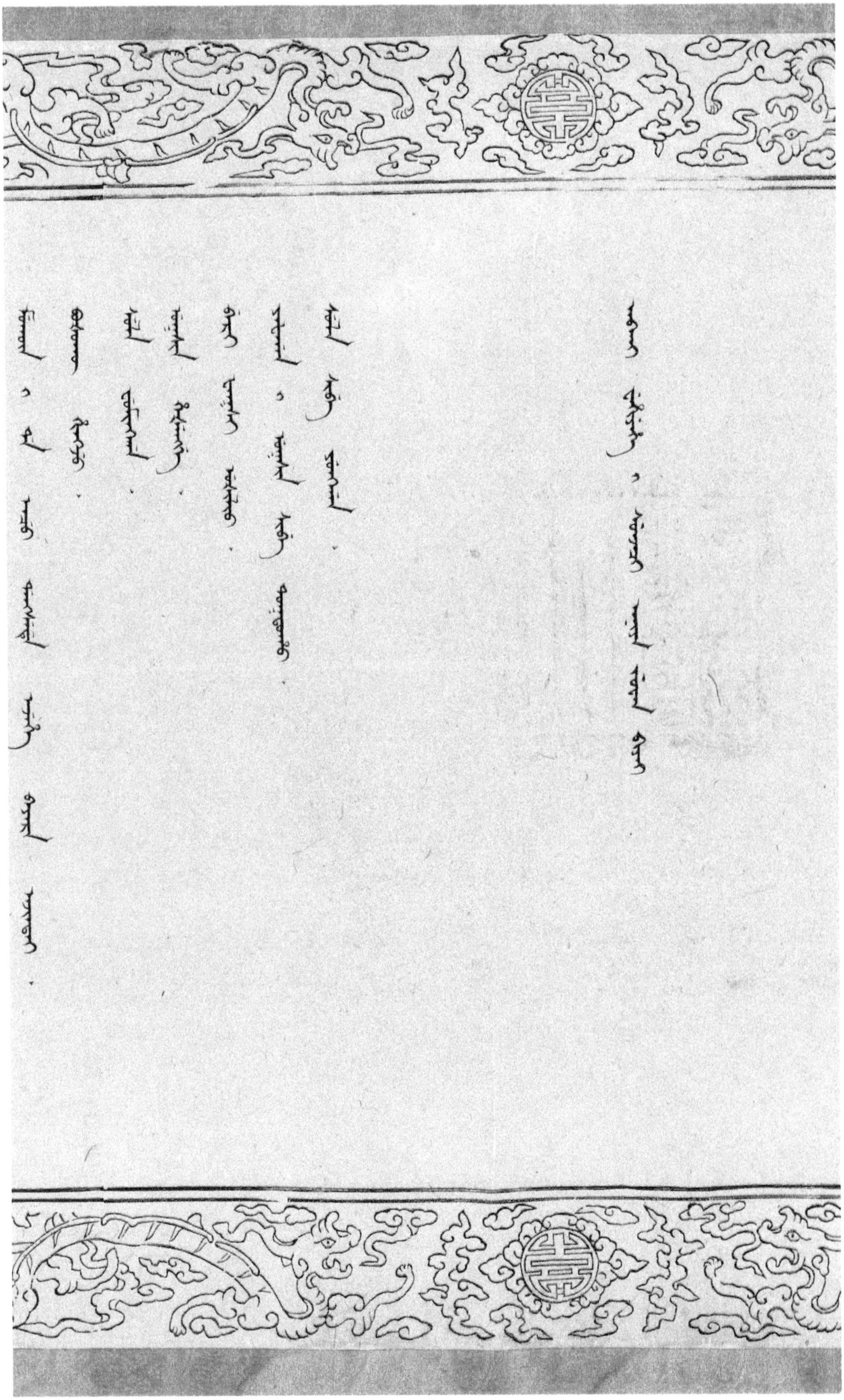

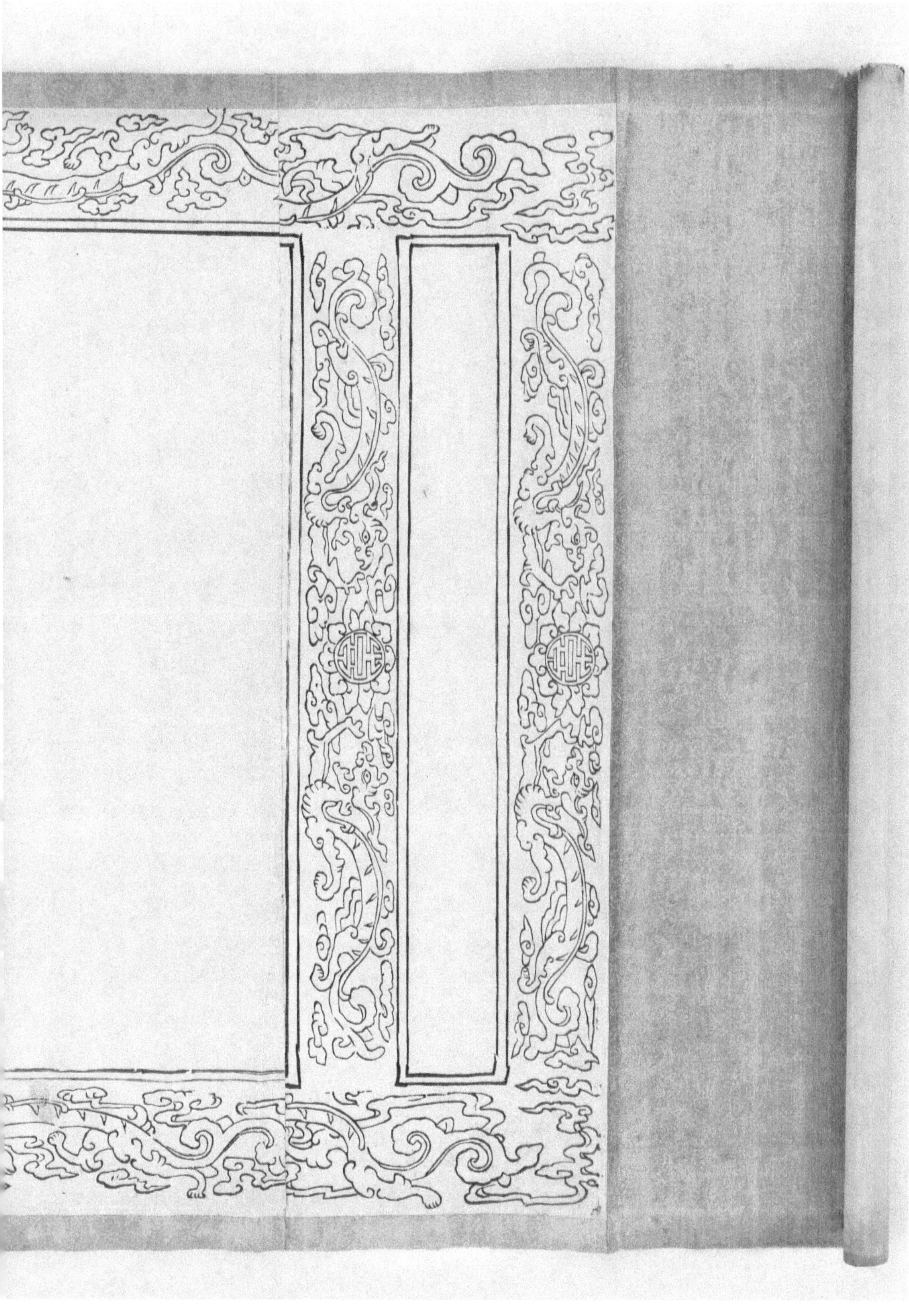

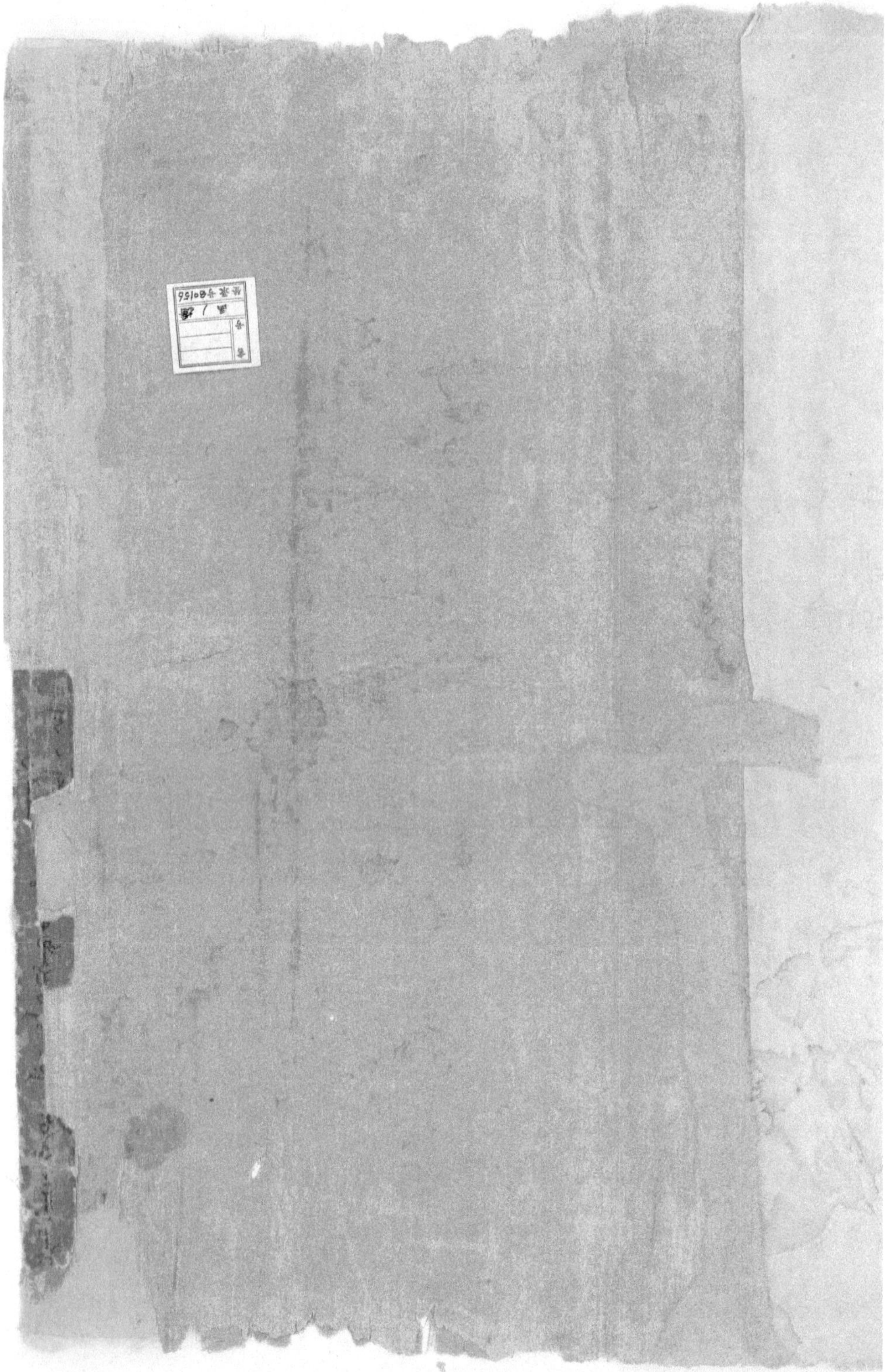

正黄旗汉军金璋佐领下族长温志明印轴

满文写本，卷轴装，页面50.3cm×781.5cm，四周双边，螭文，钤兵部印，印轴保存较完整，满文题名为 gulu suwayan i ujen coohai gūsai gin jang nirui mukūn i da wen jy ming ni temgetu bithe。落款时间为乾隆六年，无添写记录，未满幅。

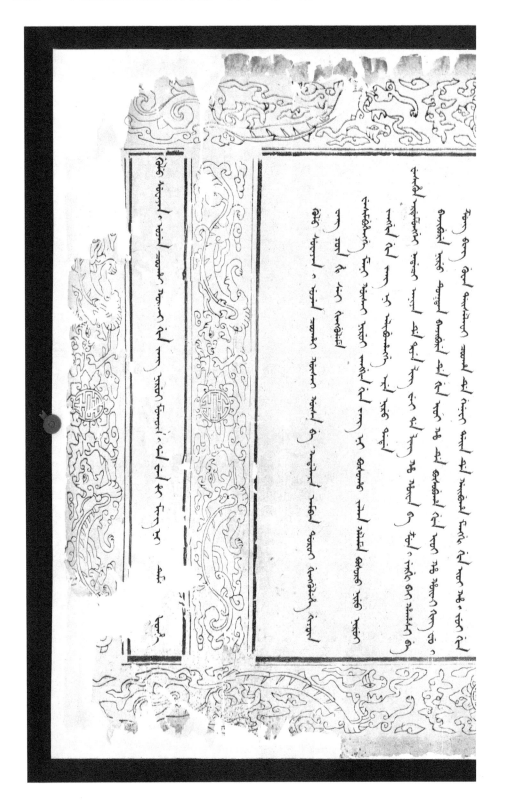

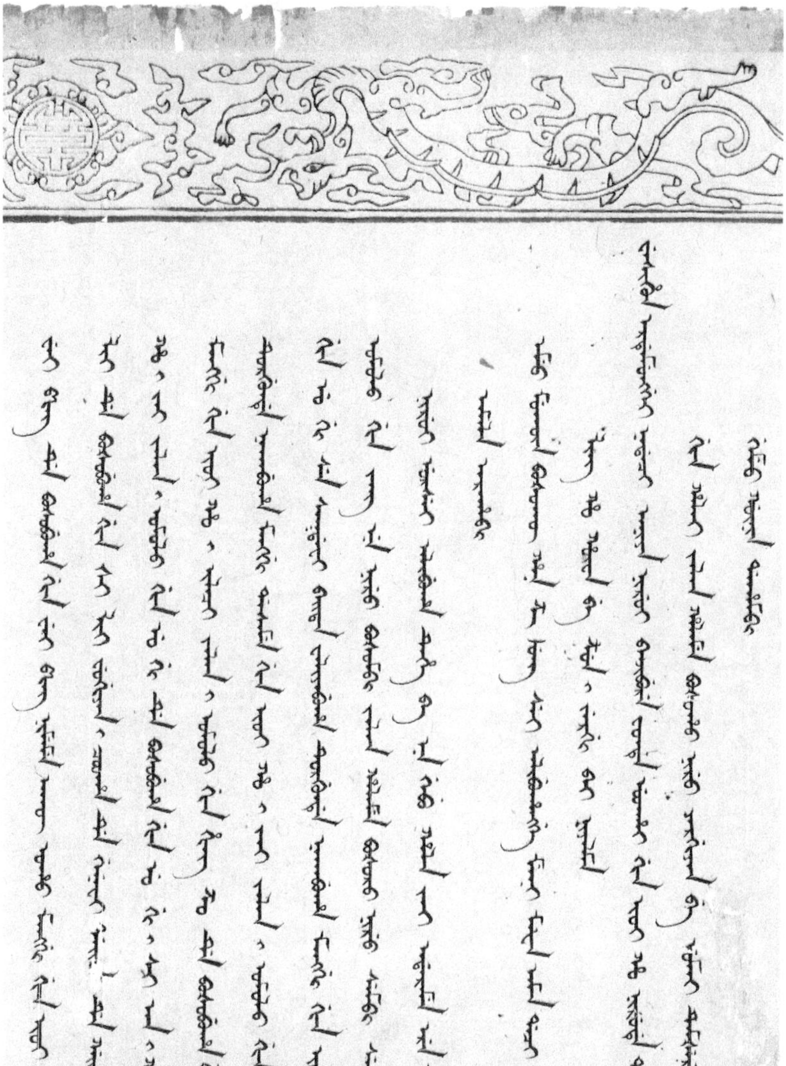

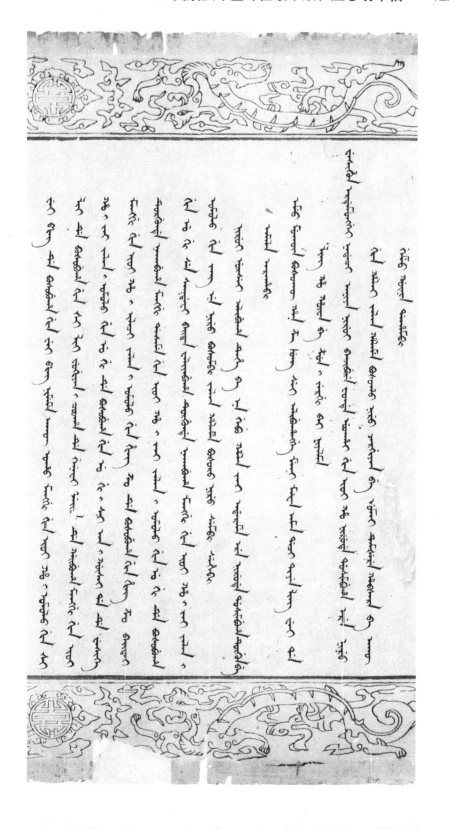

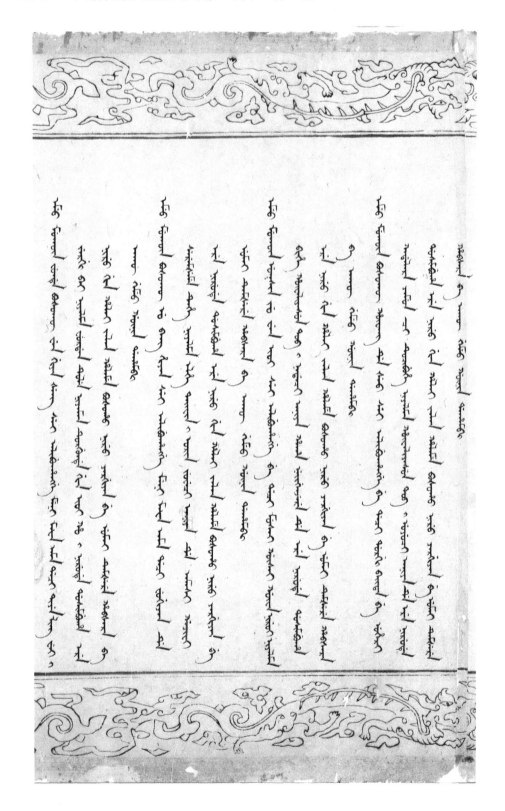

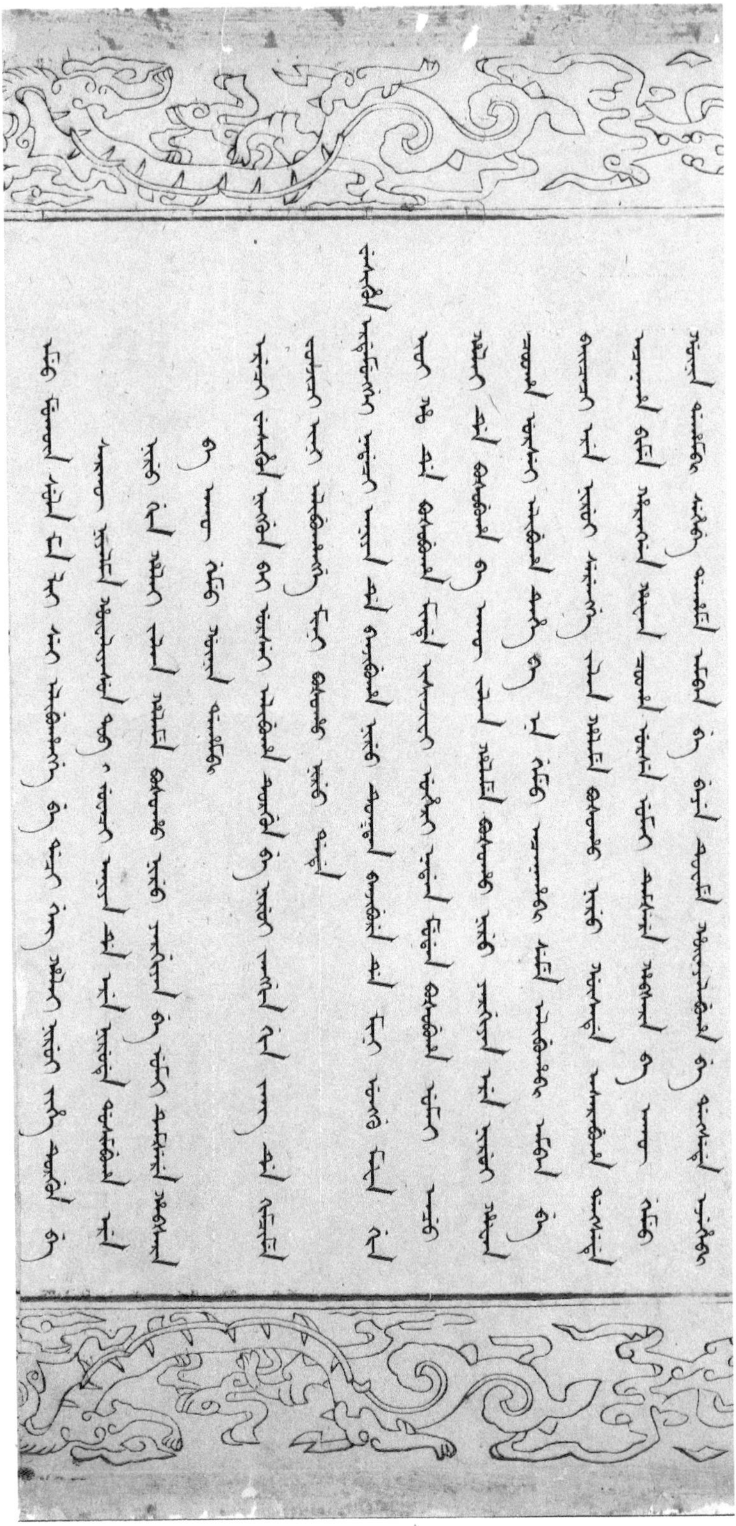

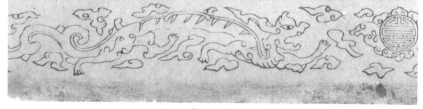

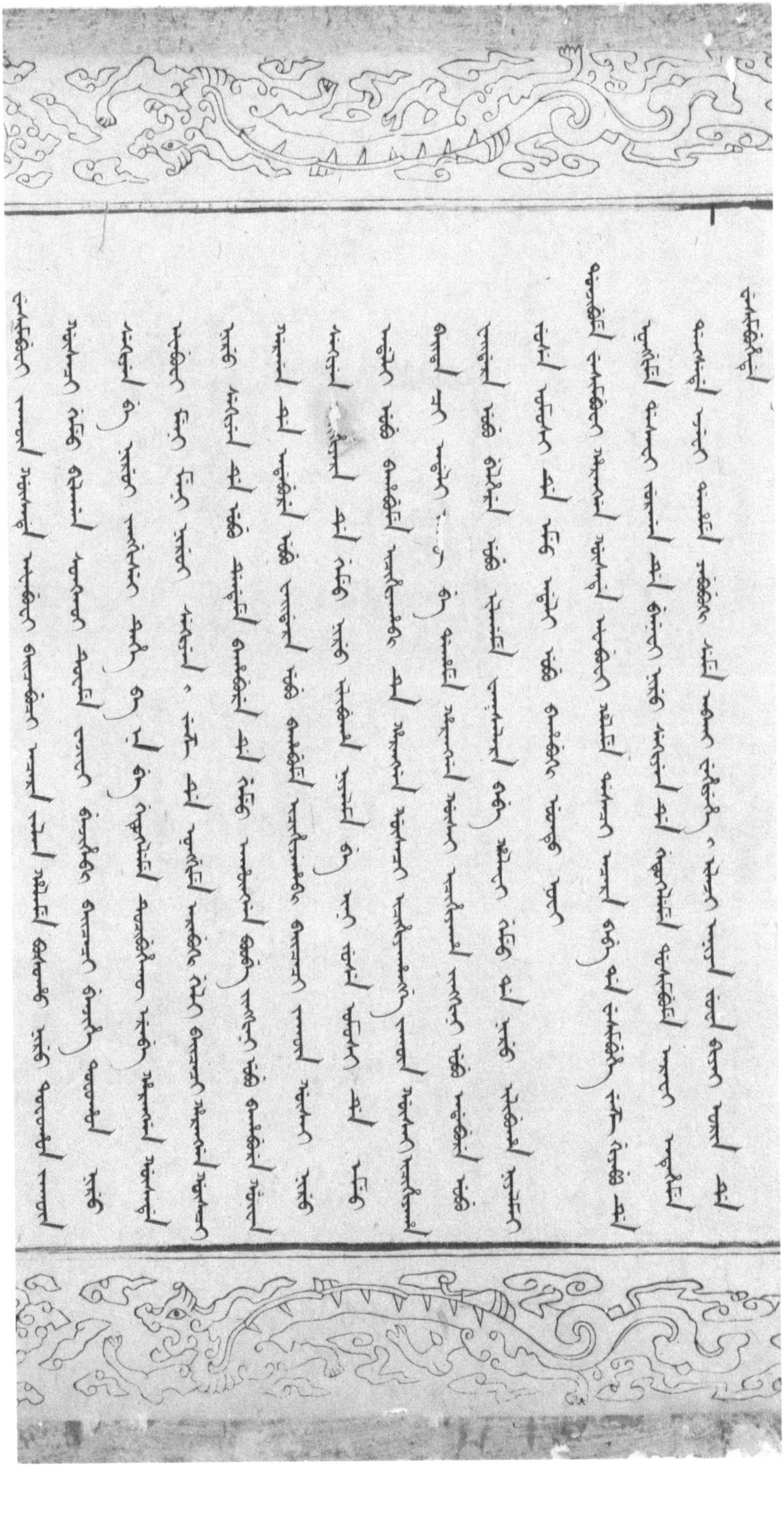

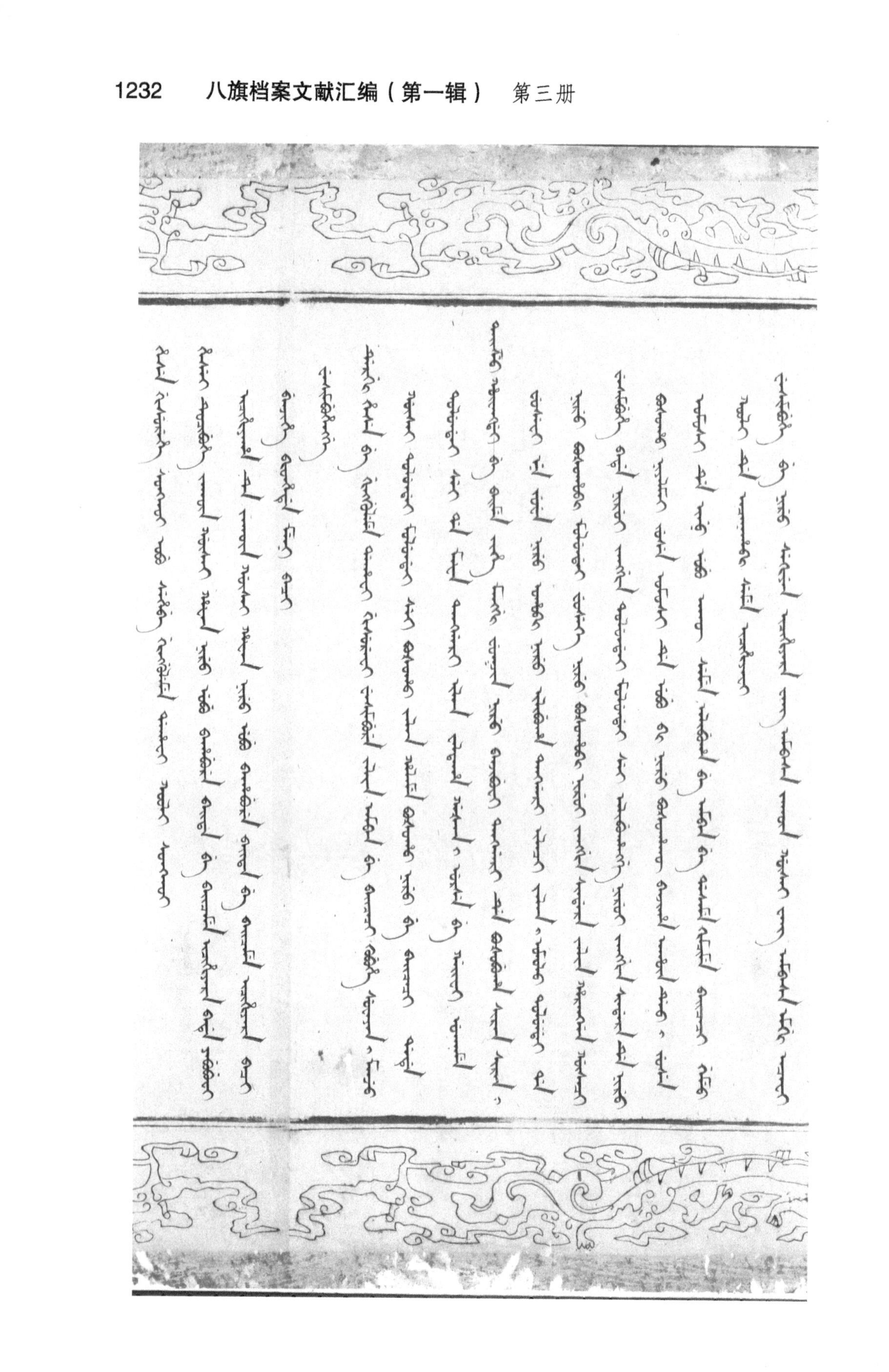

[illegible]

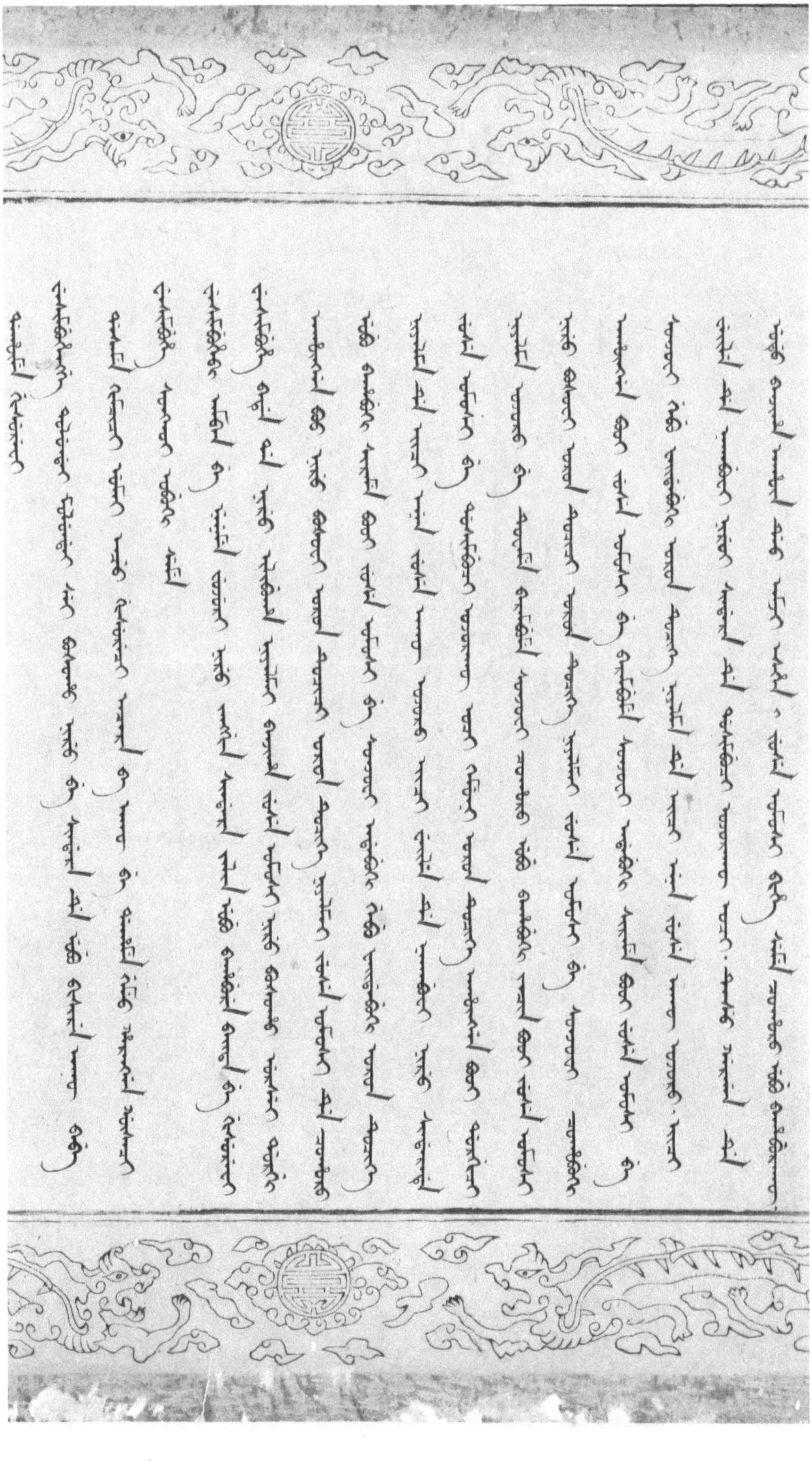

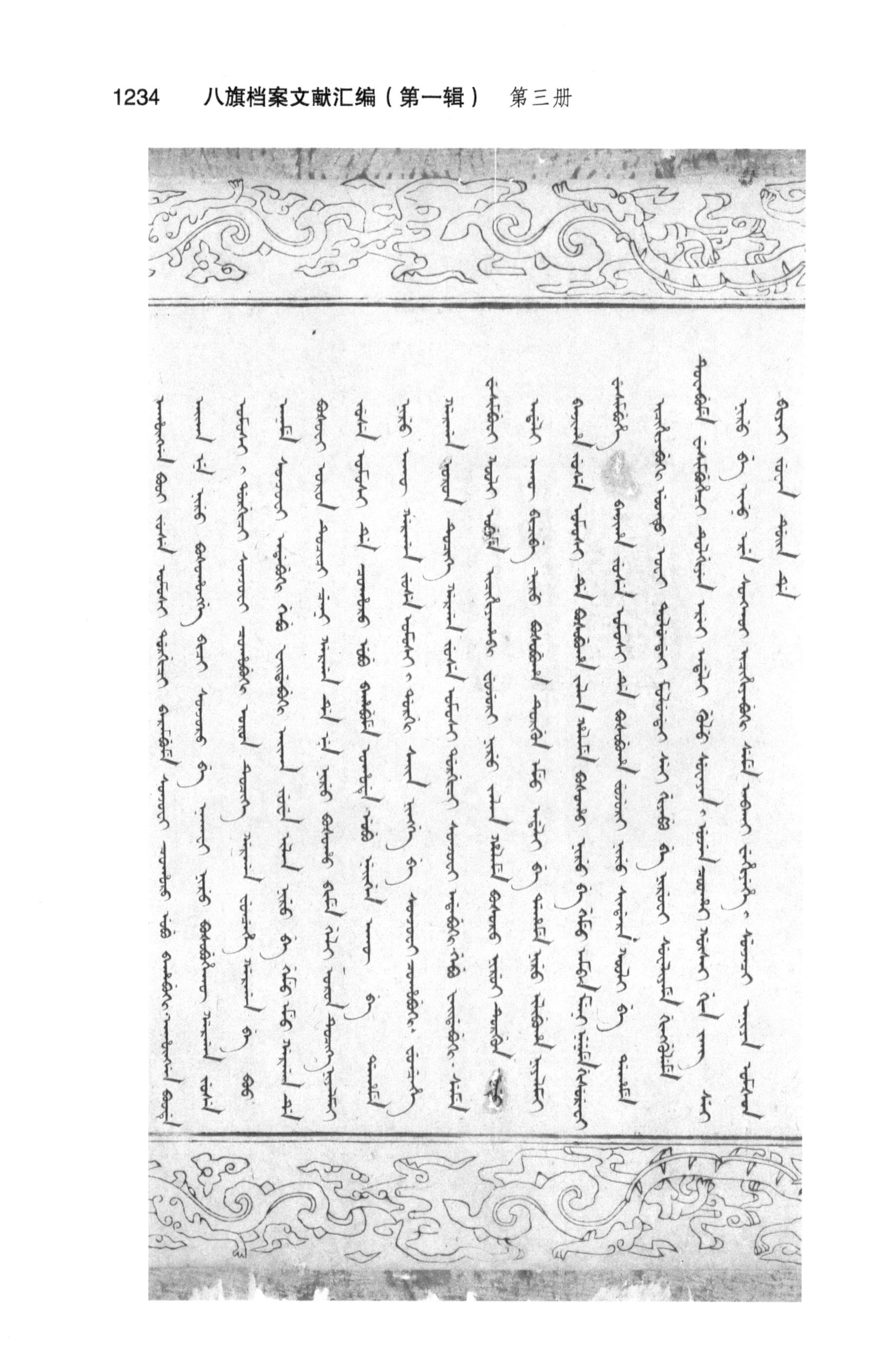

[illegible]

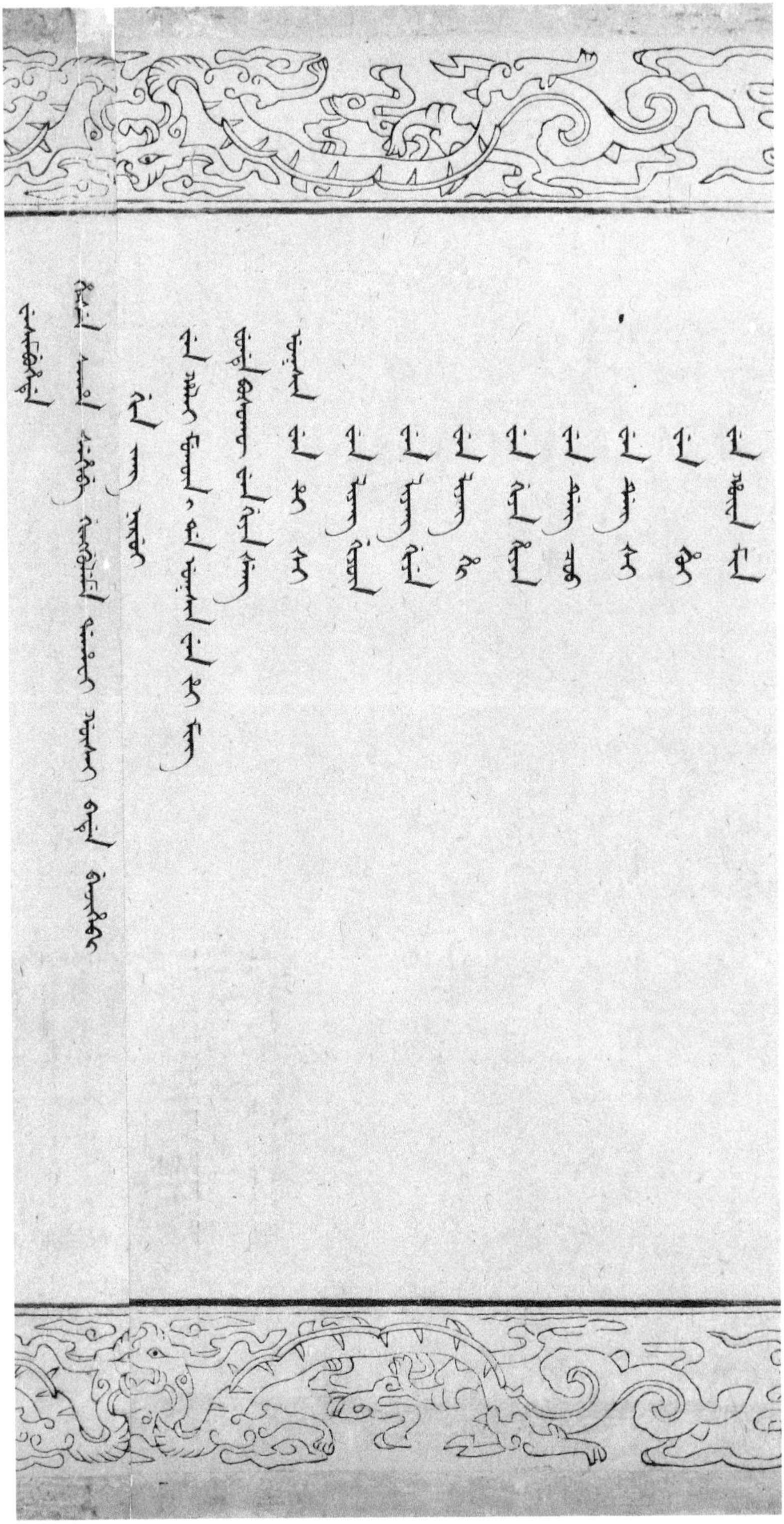

[illegible]

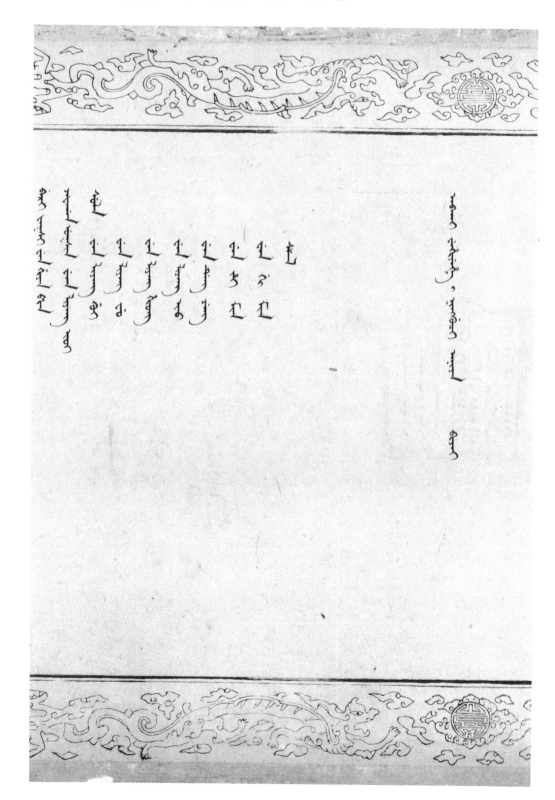

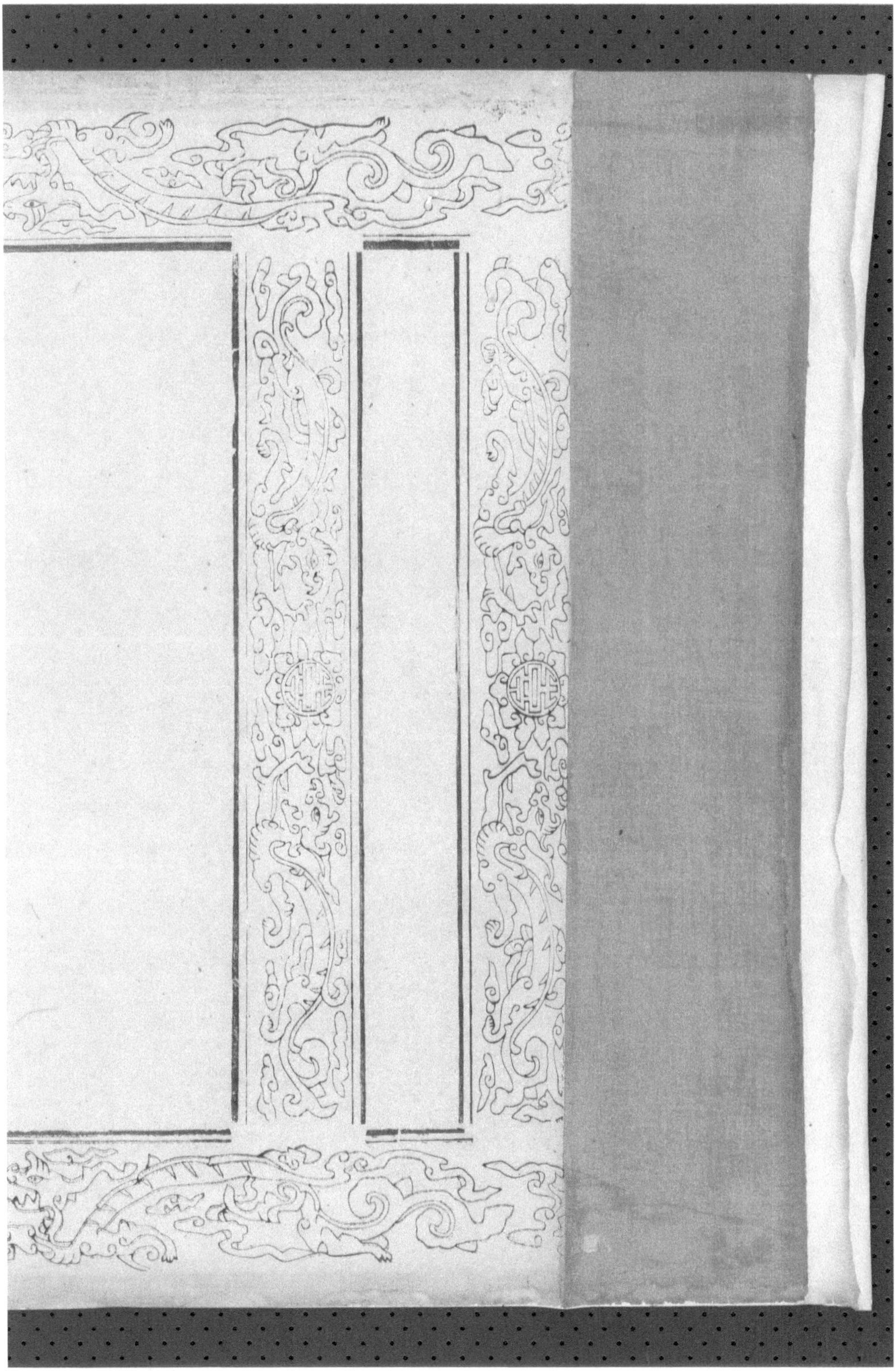

| 第三部分 |

钦定拣放佐领则例

满、汉文抄本，线装，两卷，页面 47cm×33.2cm，每页 15 行，计 85 页，钤镶白旗汉军都统之印，满文题名为 hesei toktobuha jakūn gūsai niru sindara jalin ubu bahabuha kooli hacin。内附有世袭谱图 11 张，其中满文 10 张，汉文 1 张。

《钦定拣放佐领则例》卷一

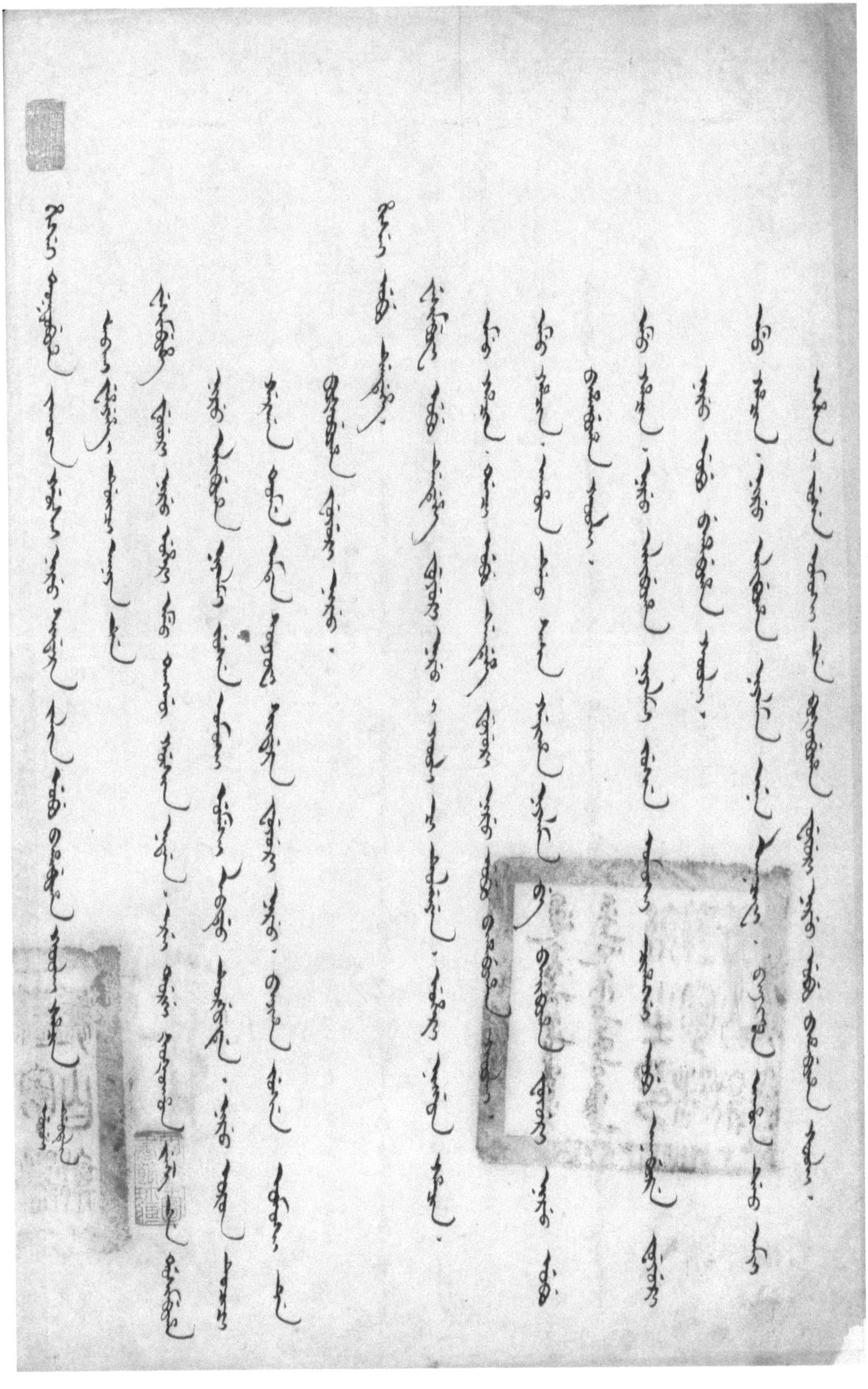

[illegible]

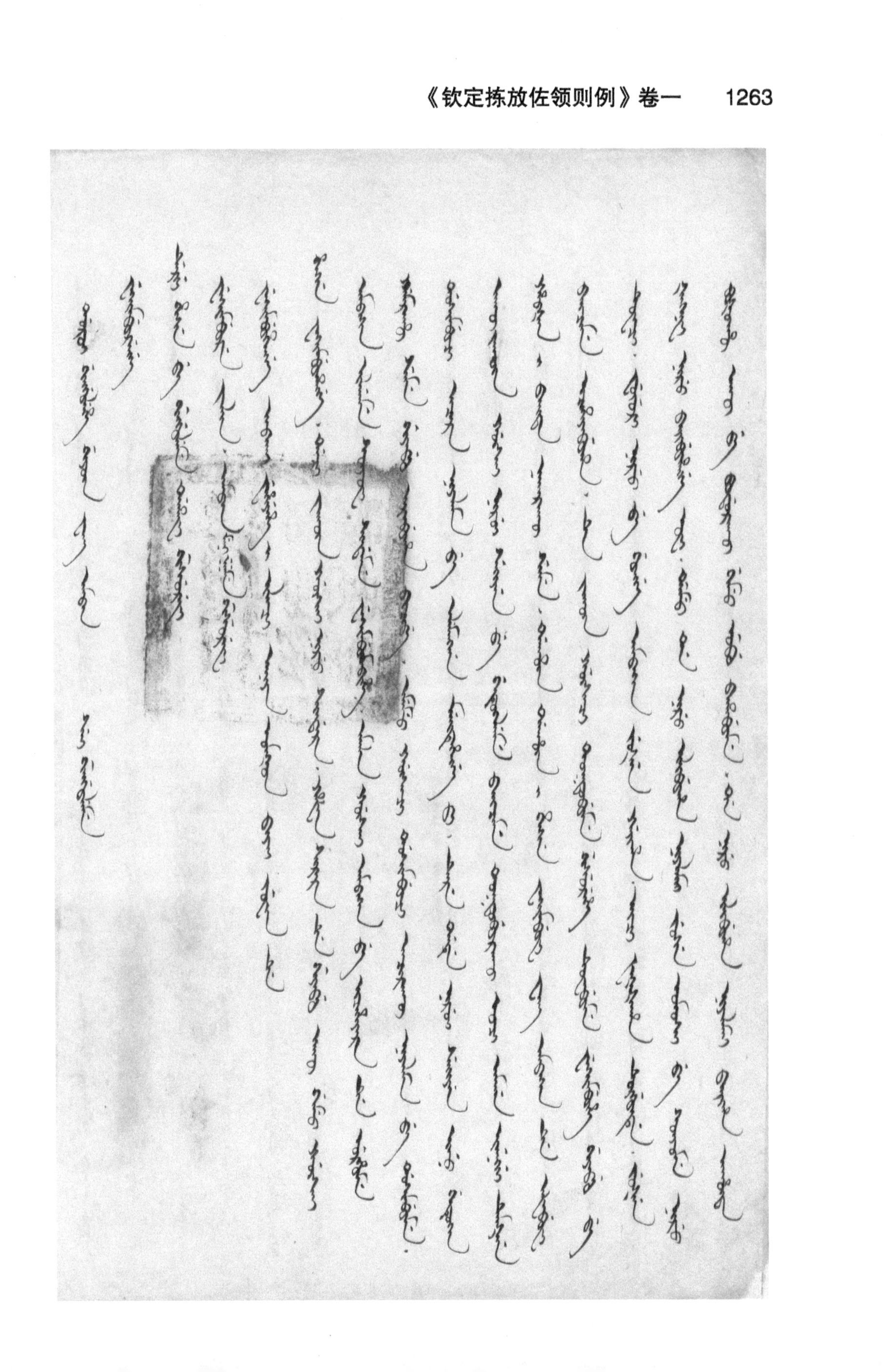

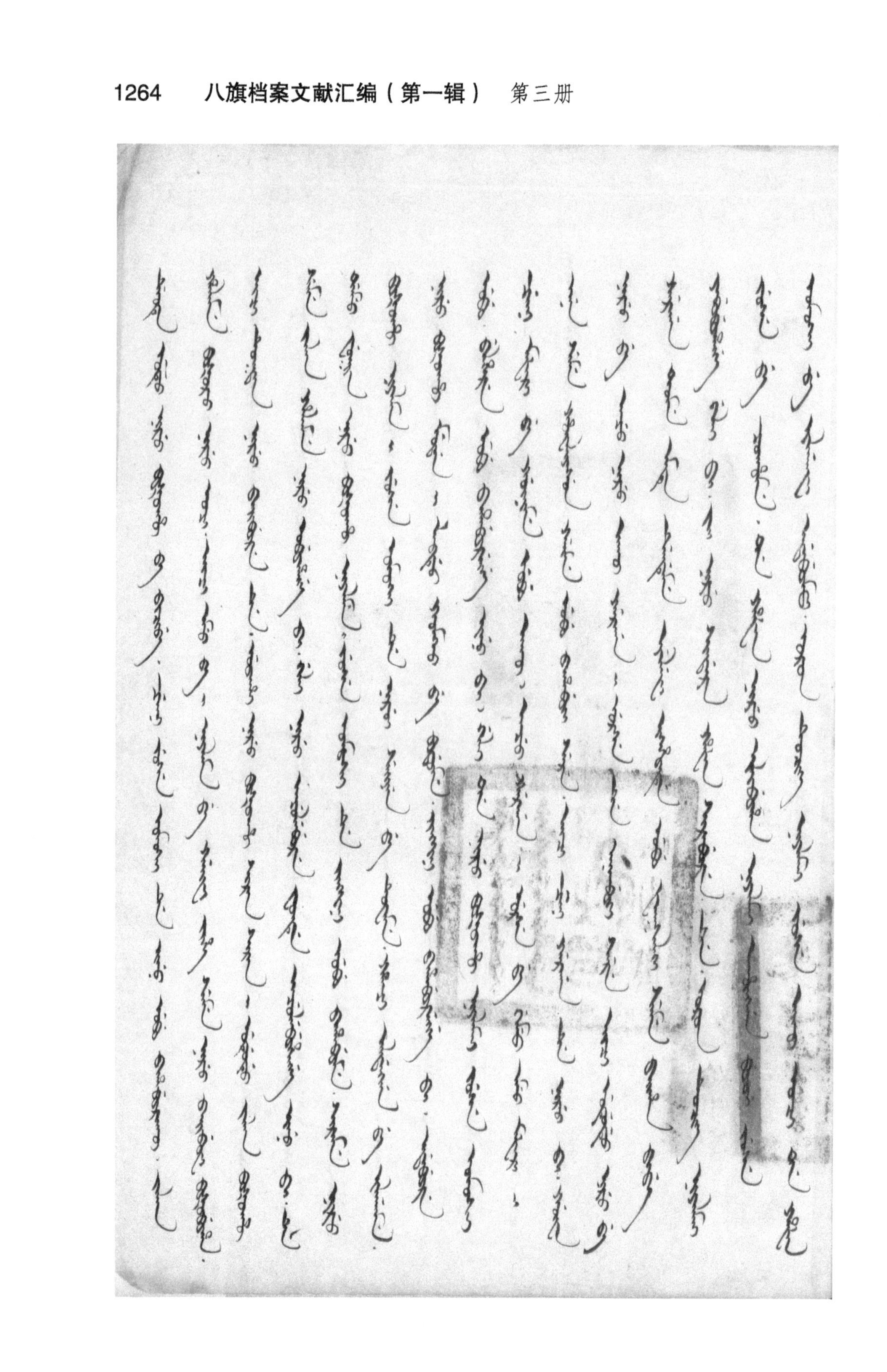

[illegible]

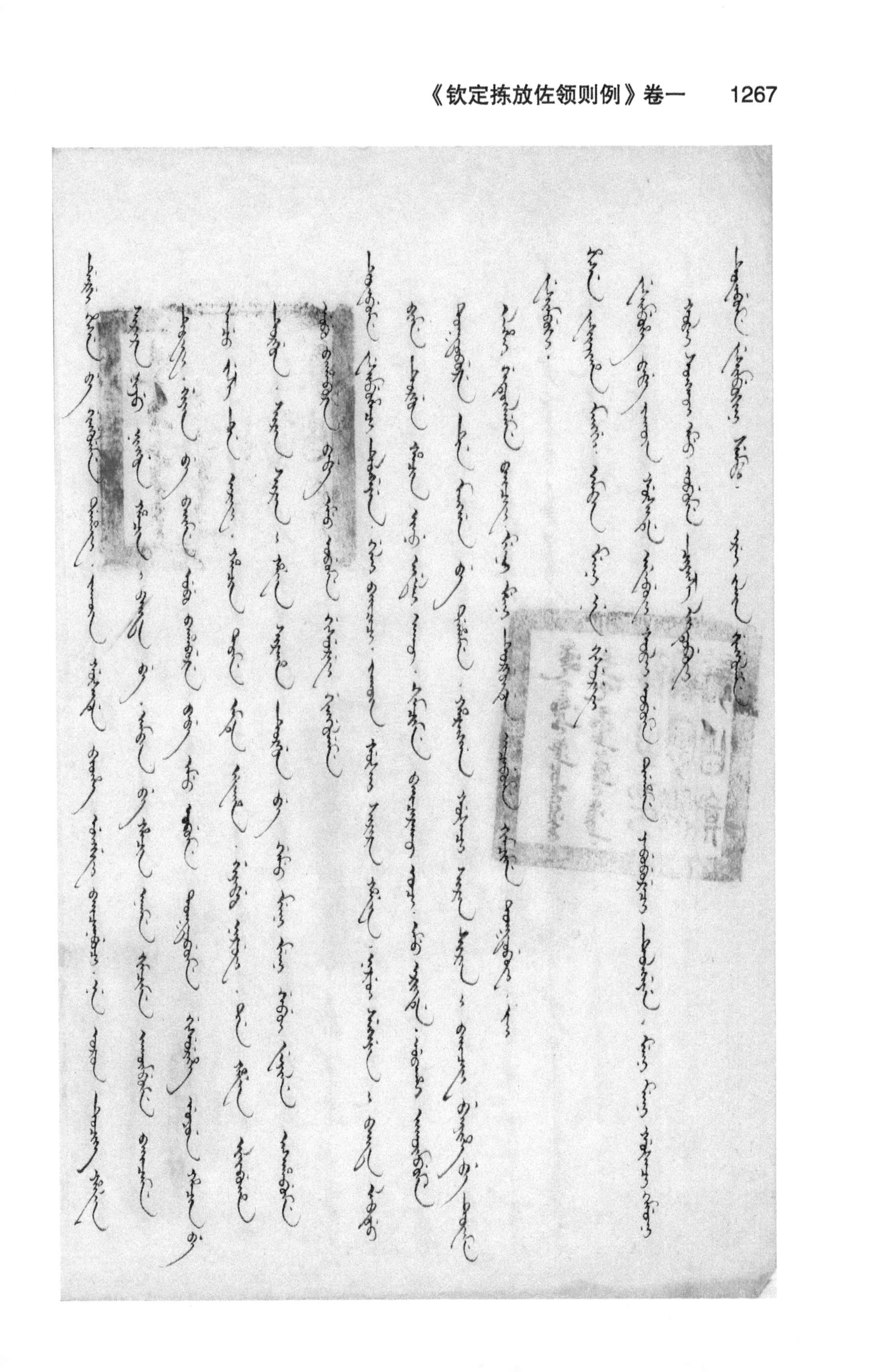

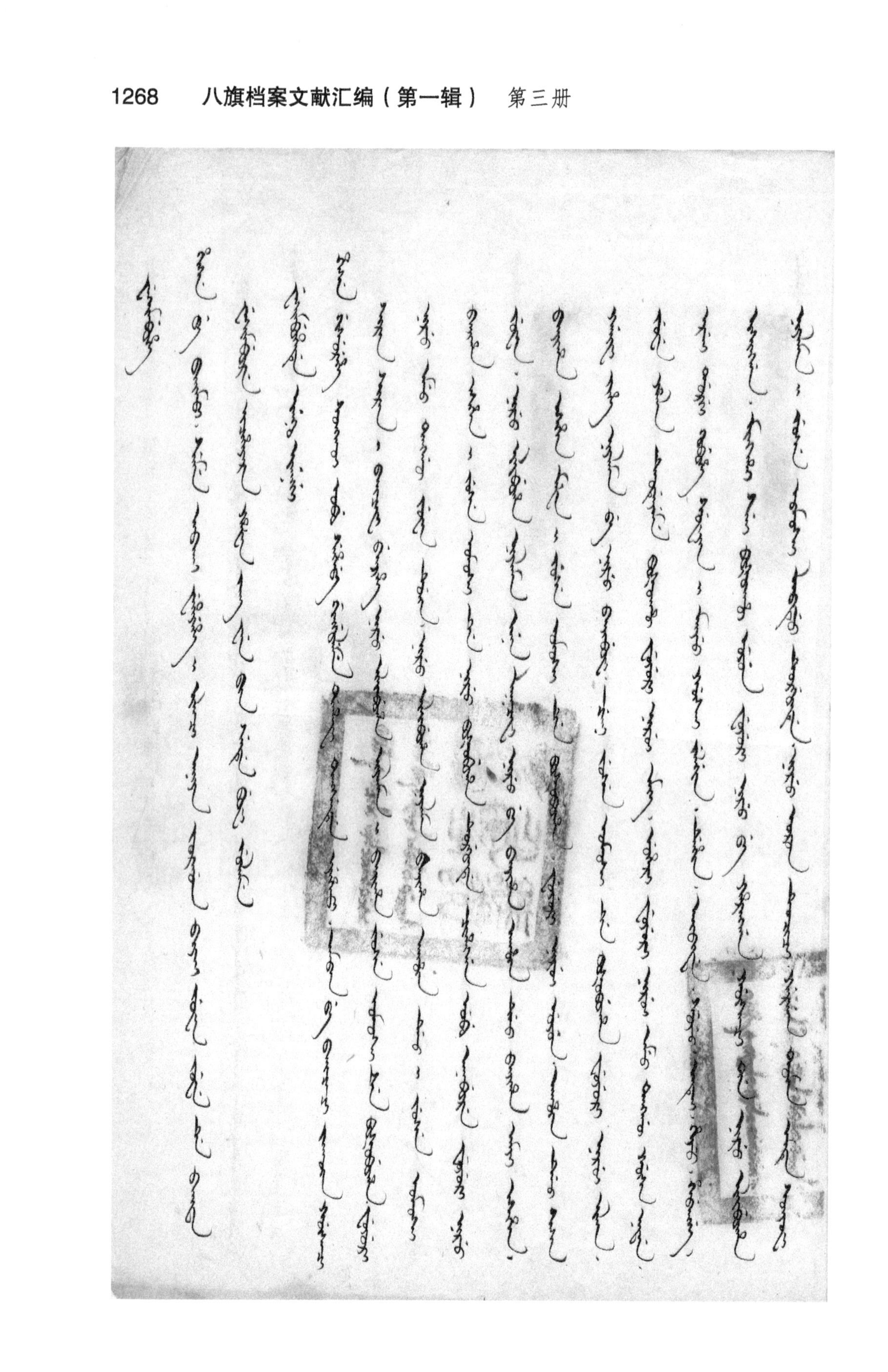

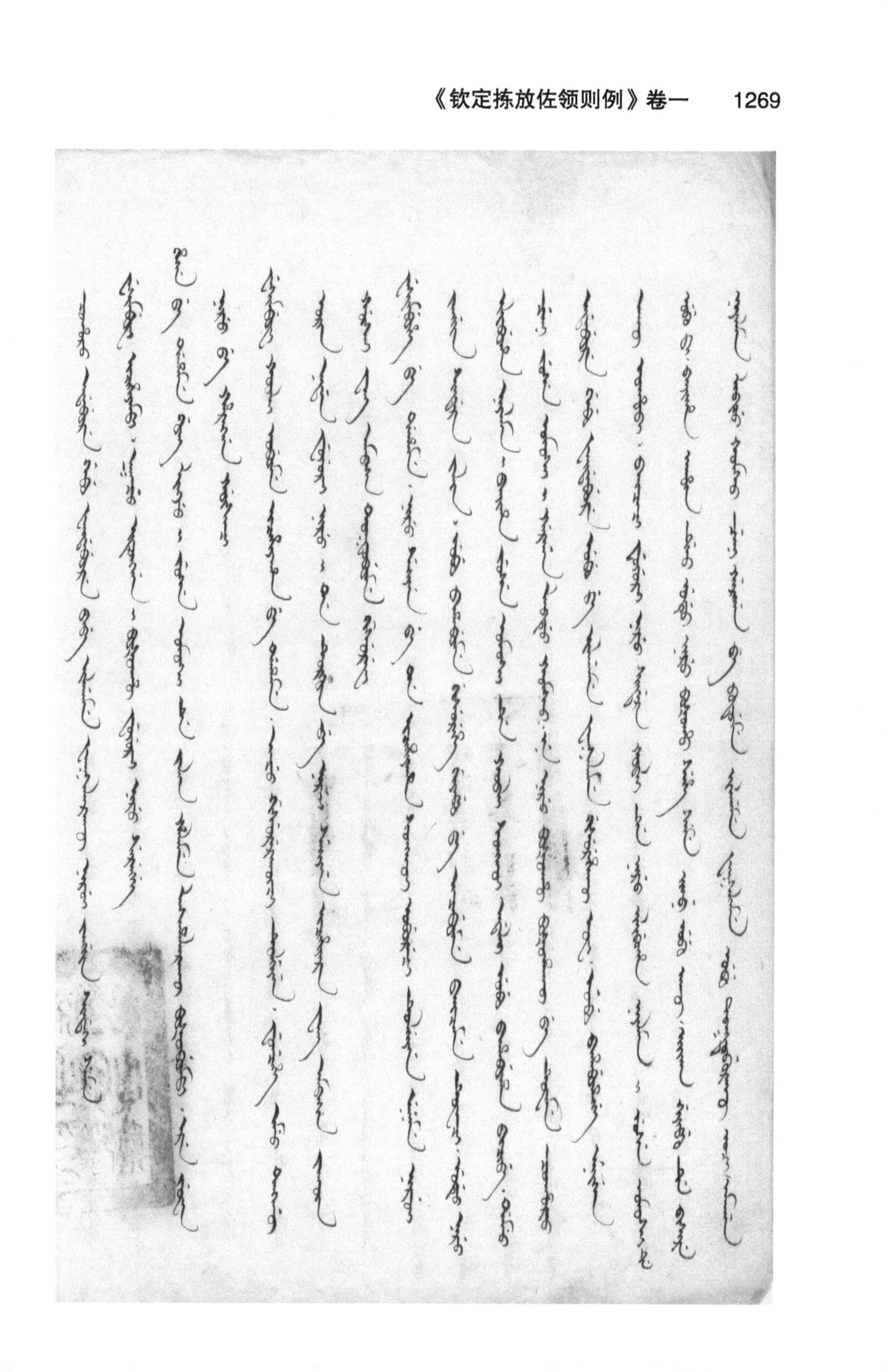

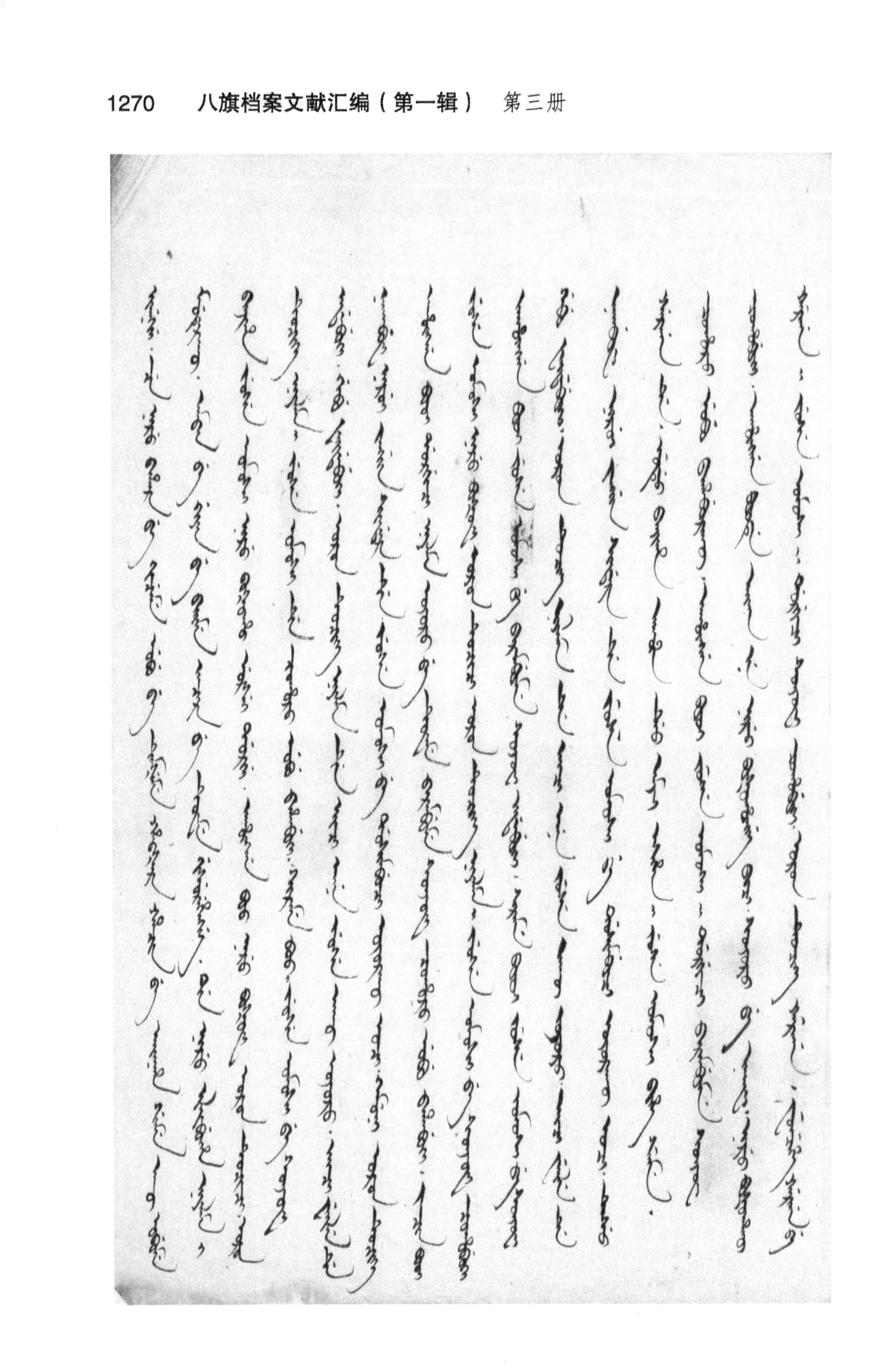

[illegible]

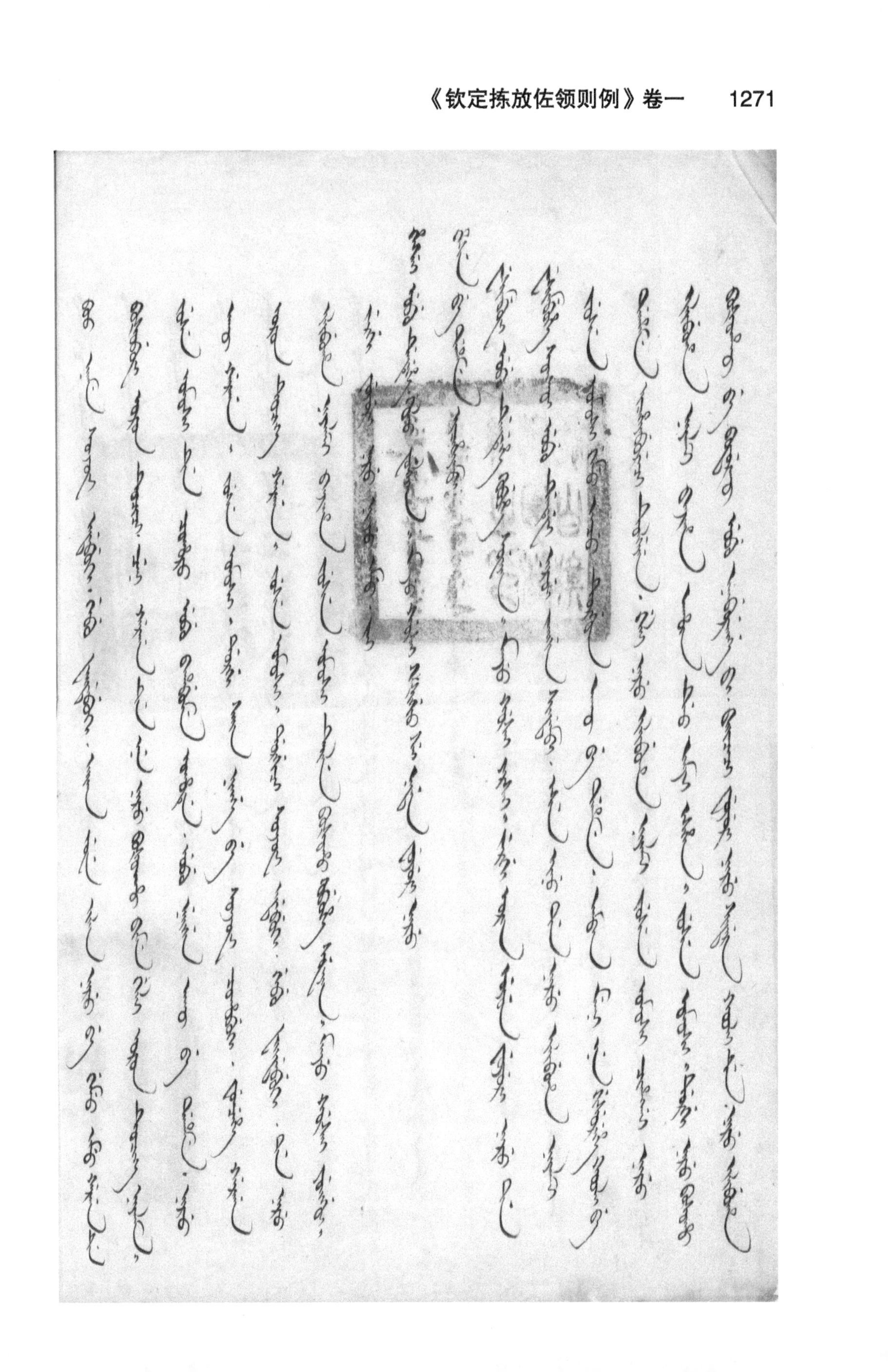

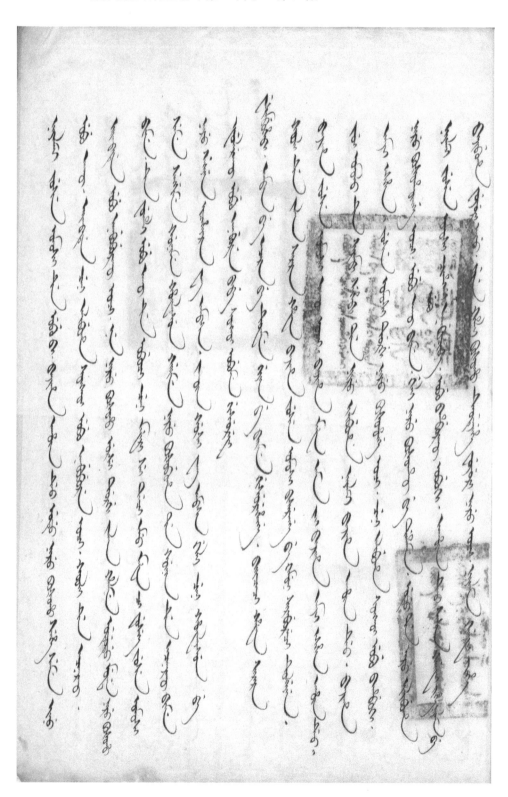

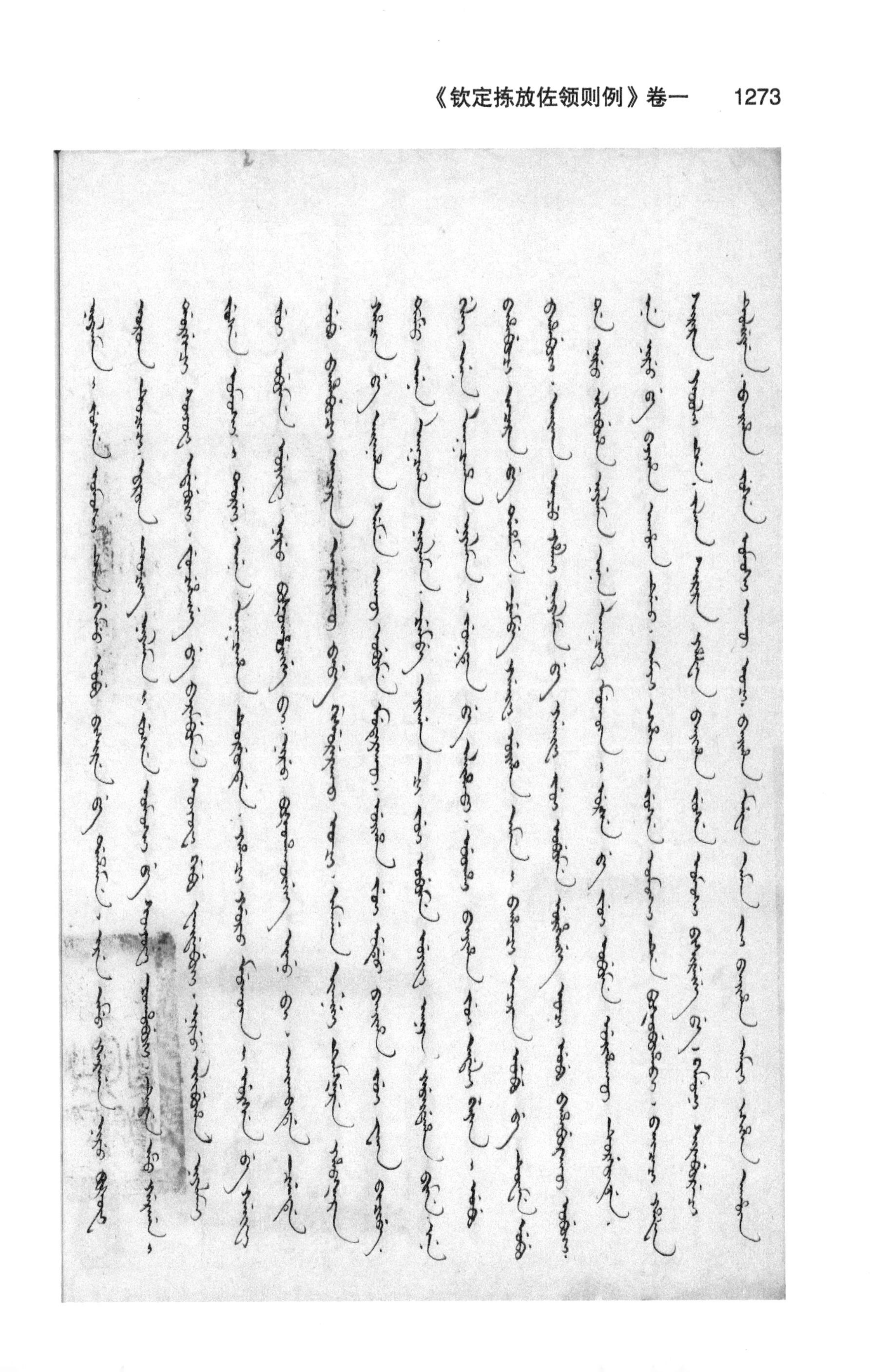

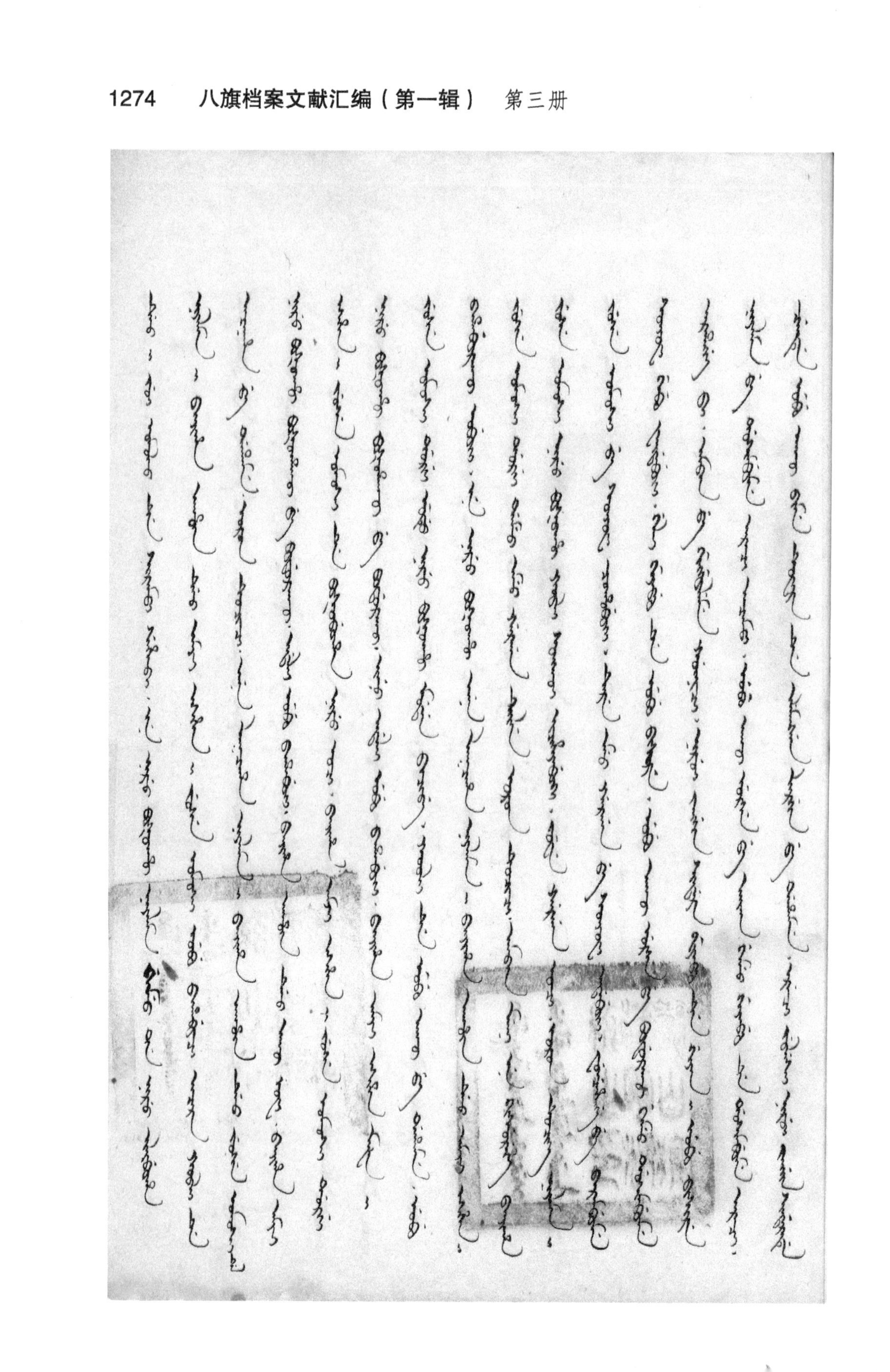

[illegible]

[illegible]

[illegible]

[illegible]

[illegible]

[illegible]

[illegible]

[illegible]

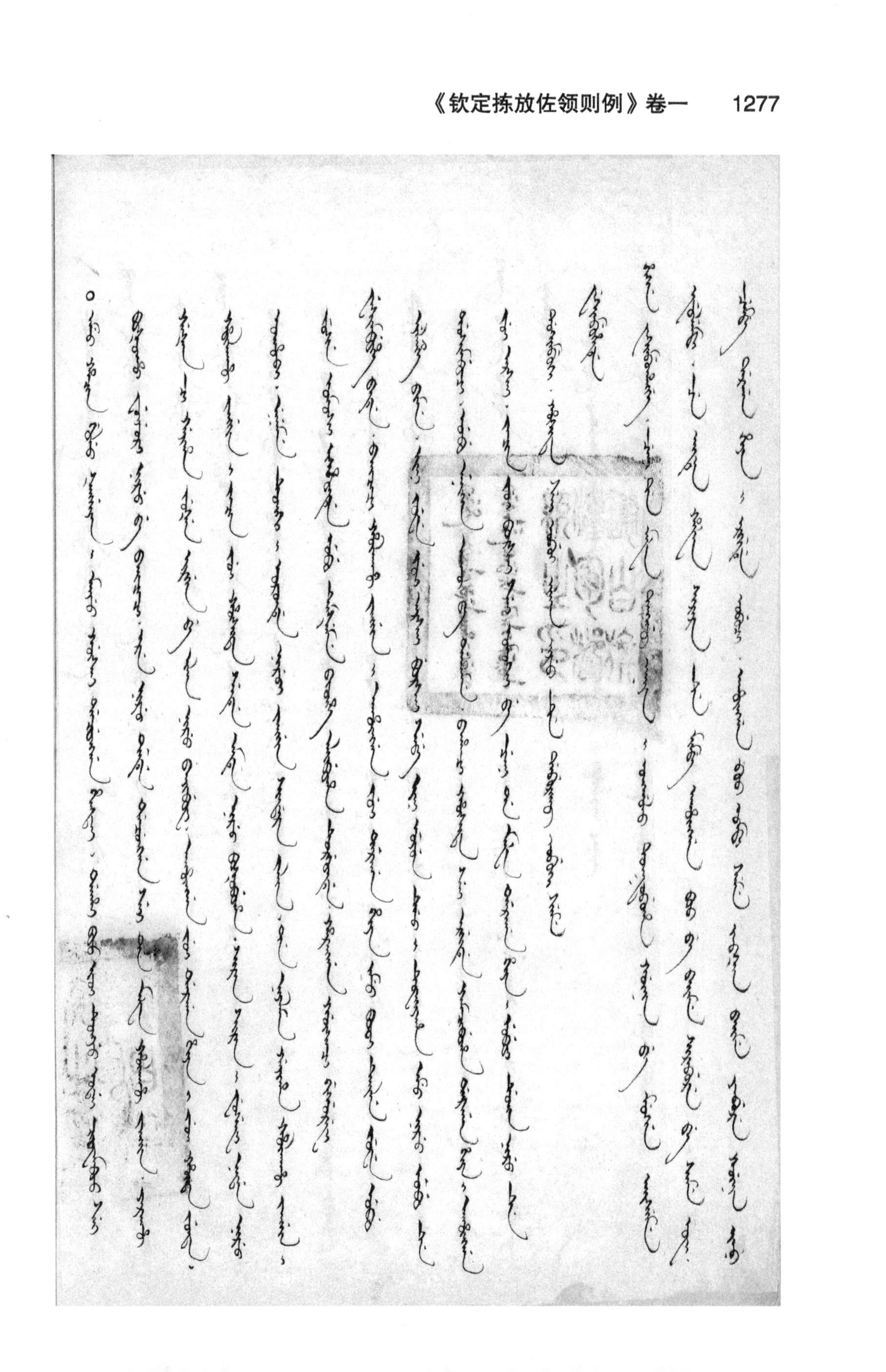

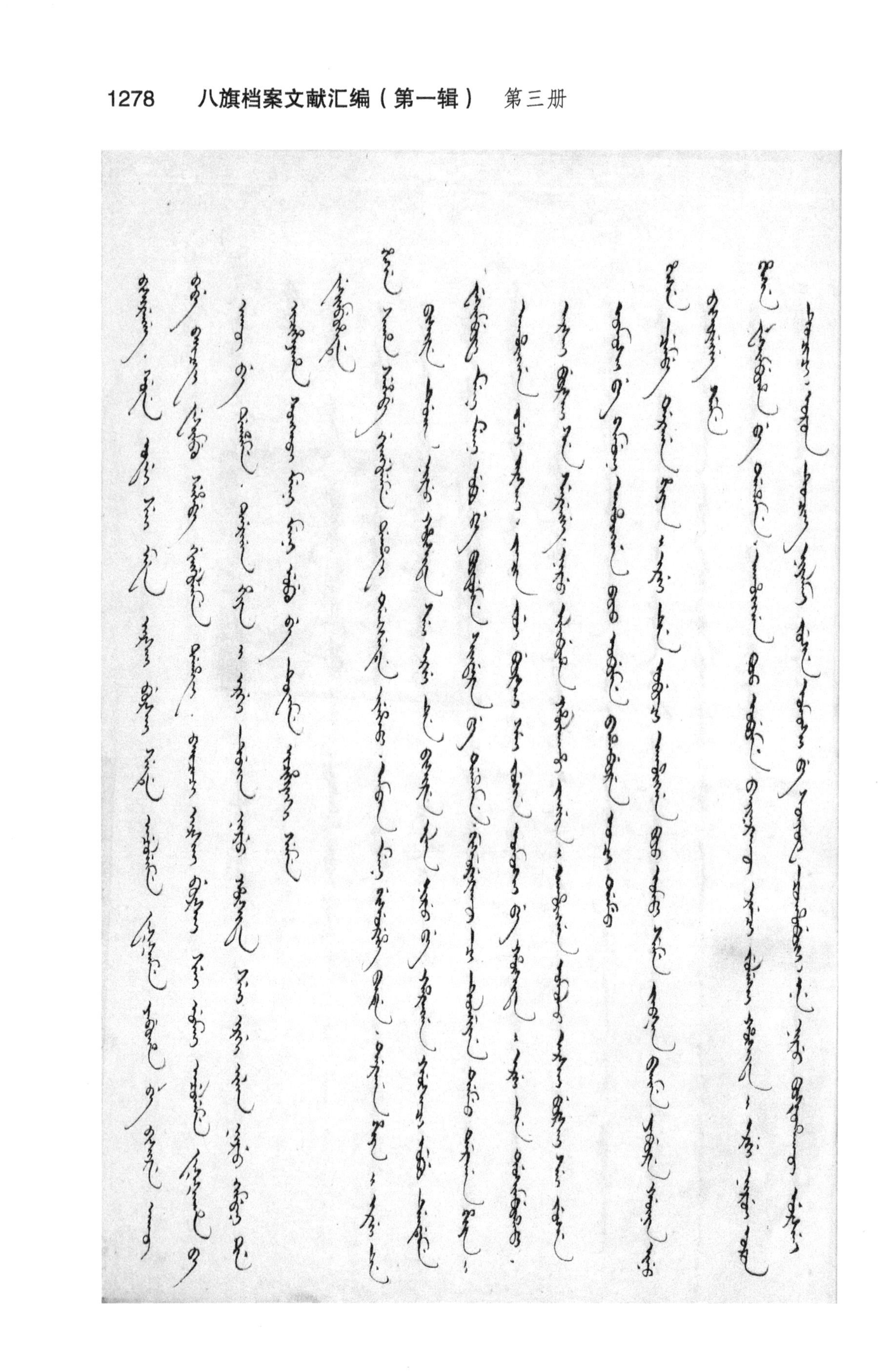

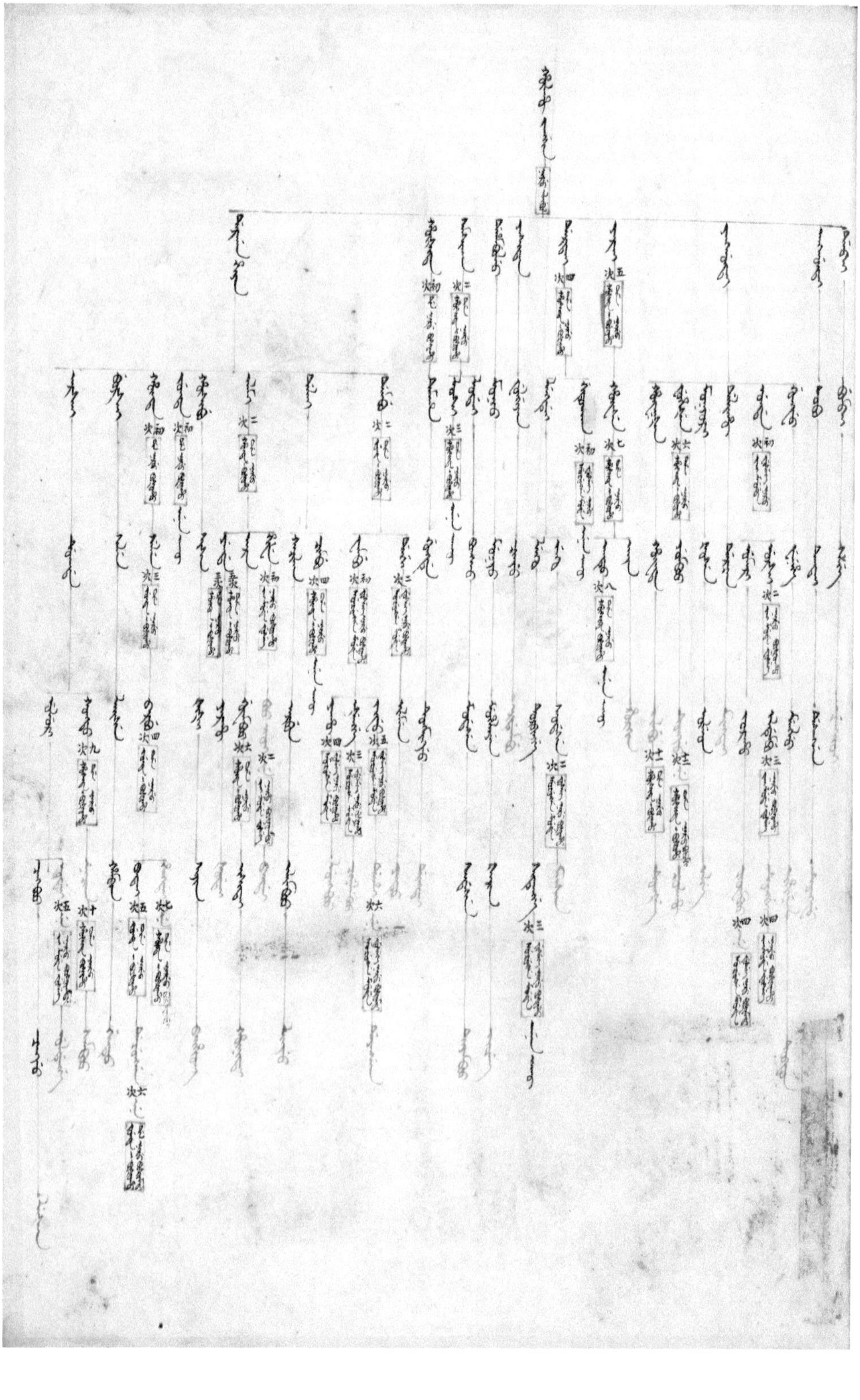

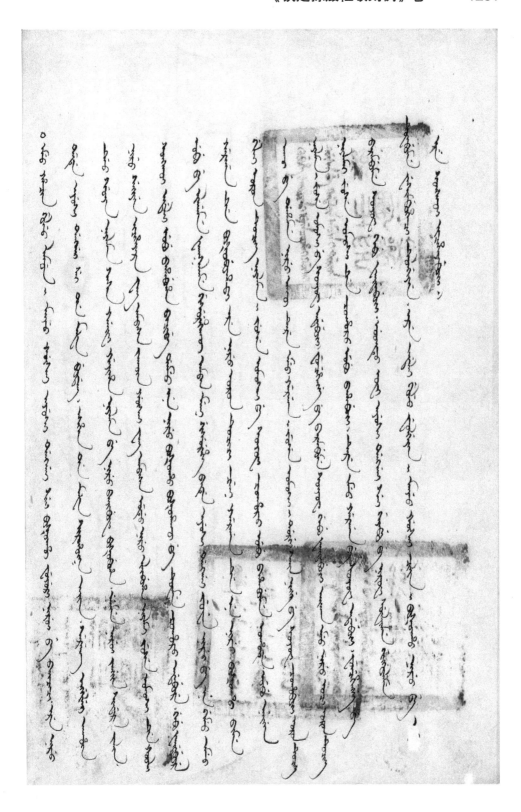

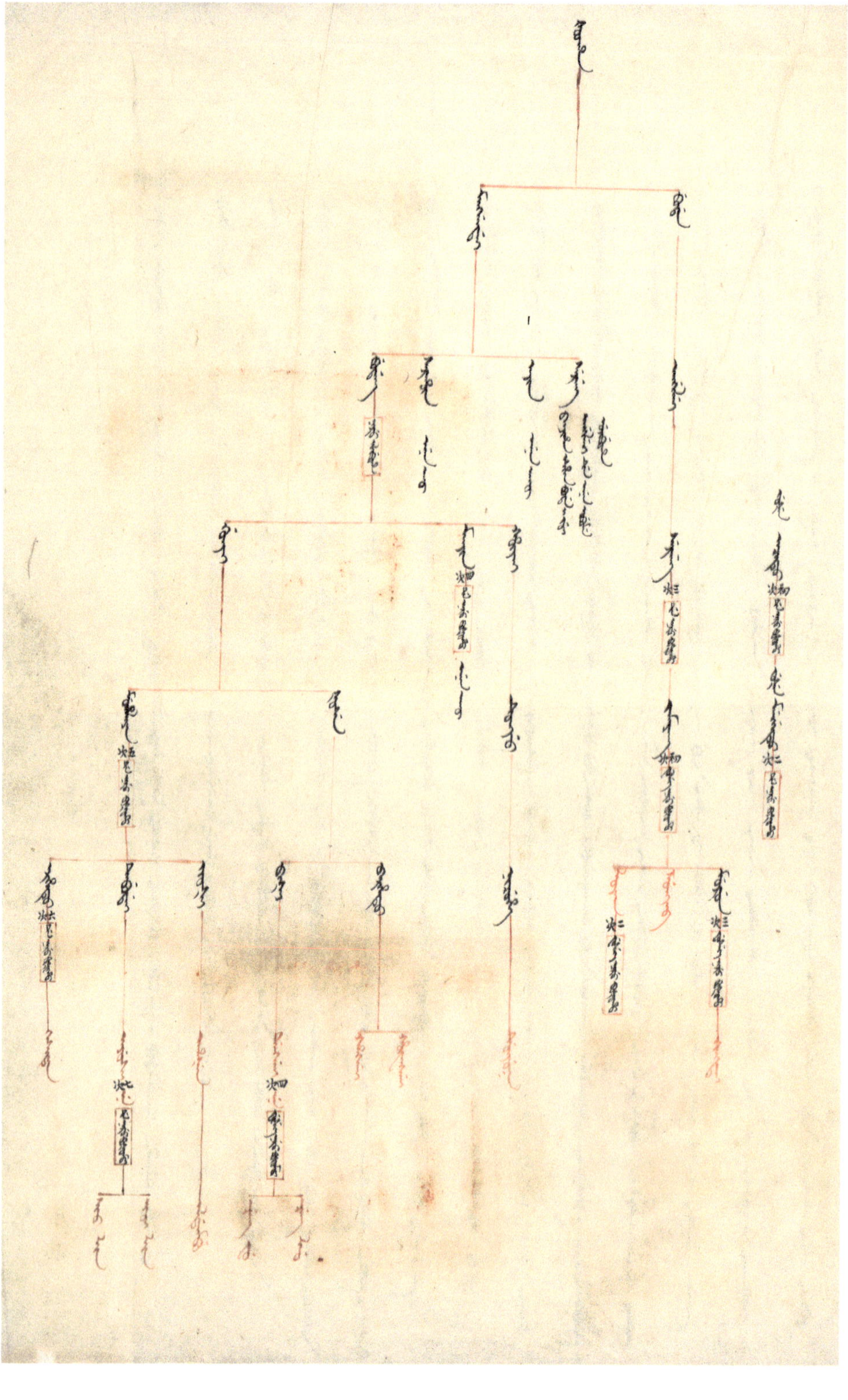

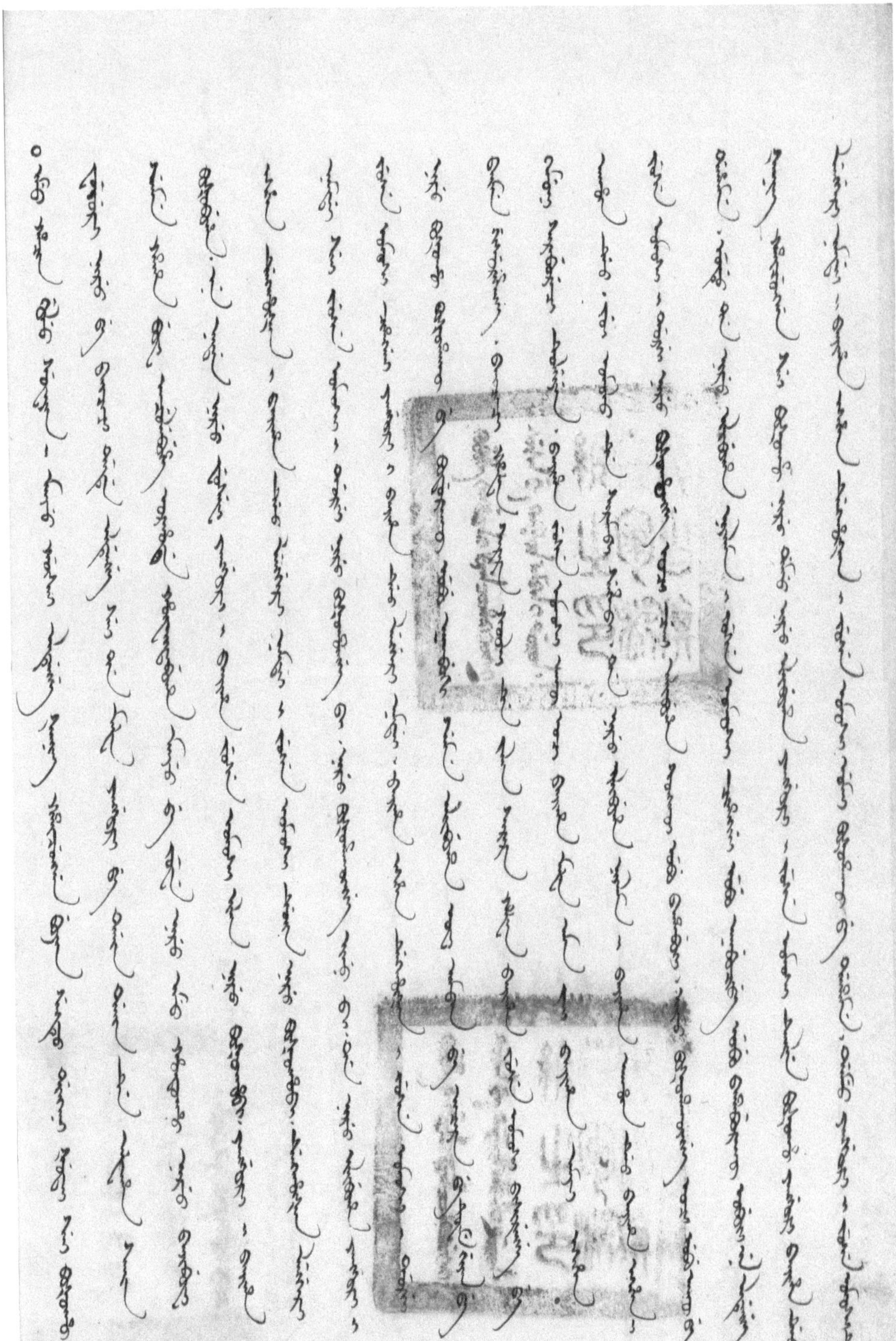

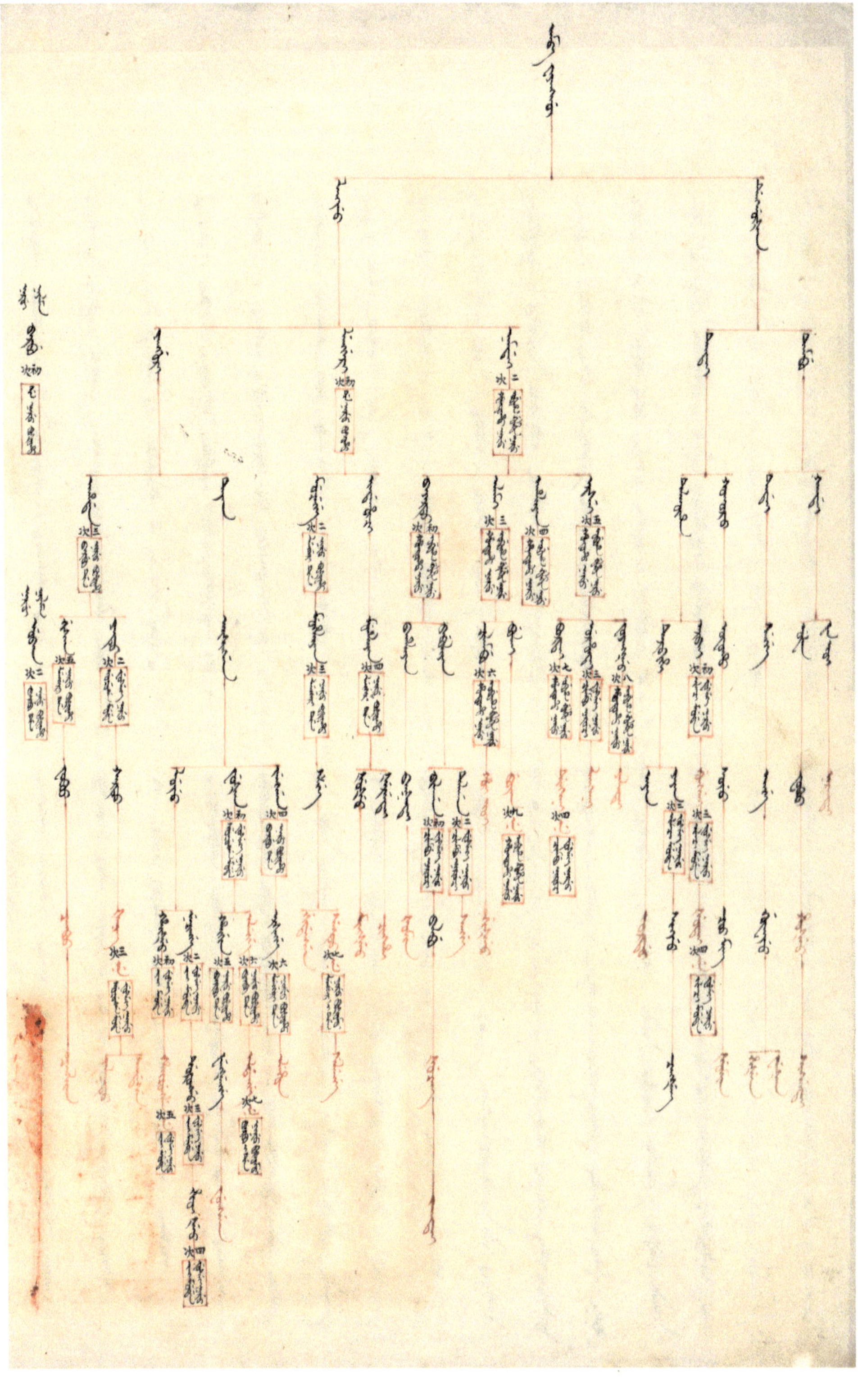

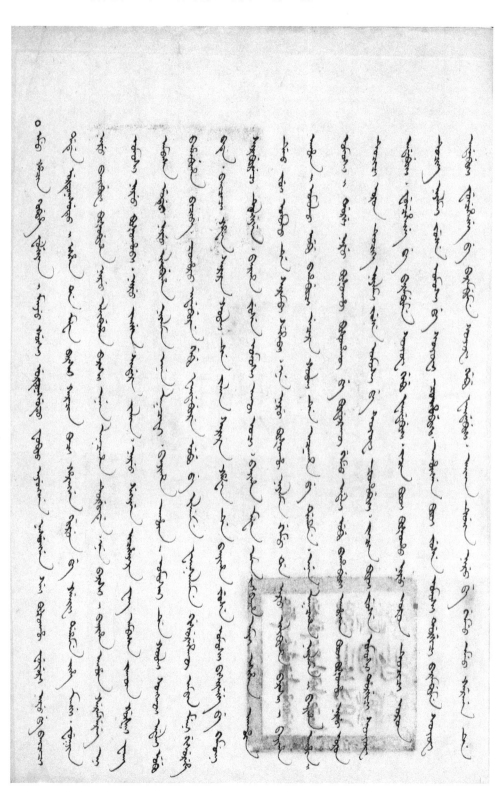

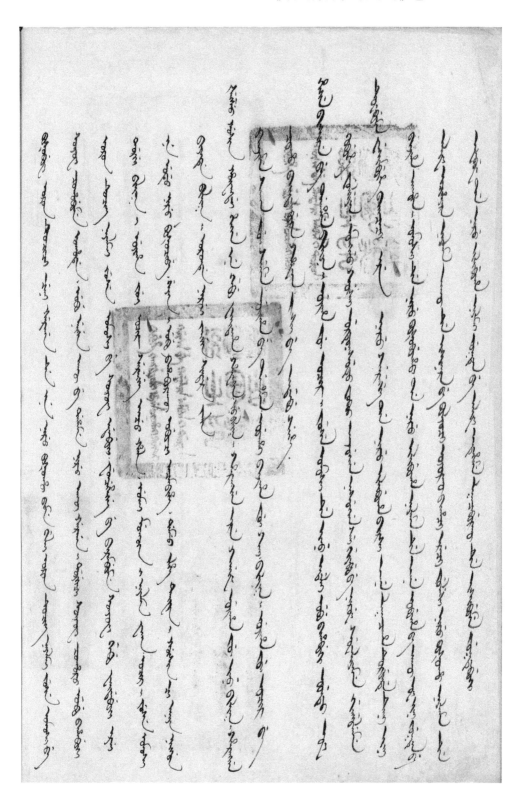

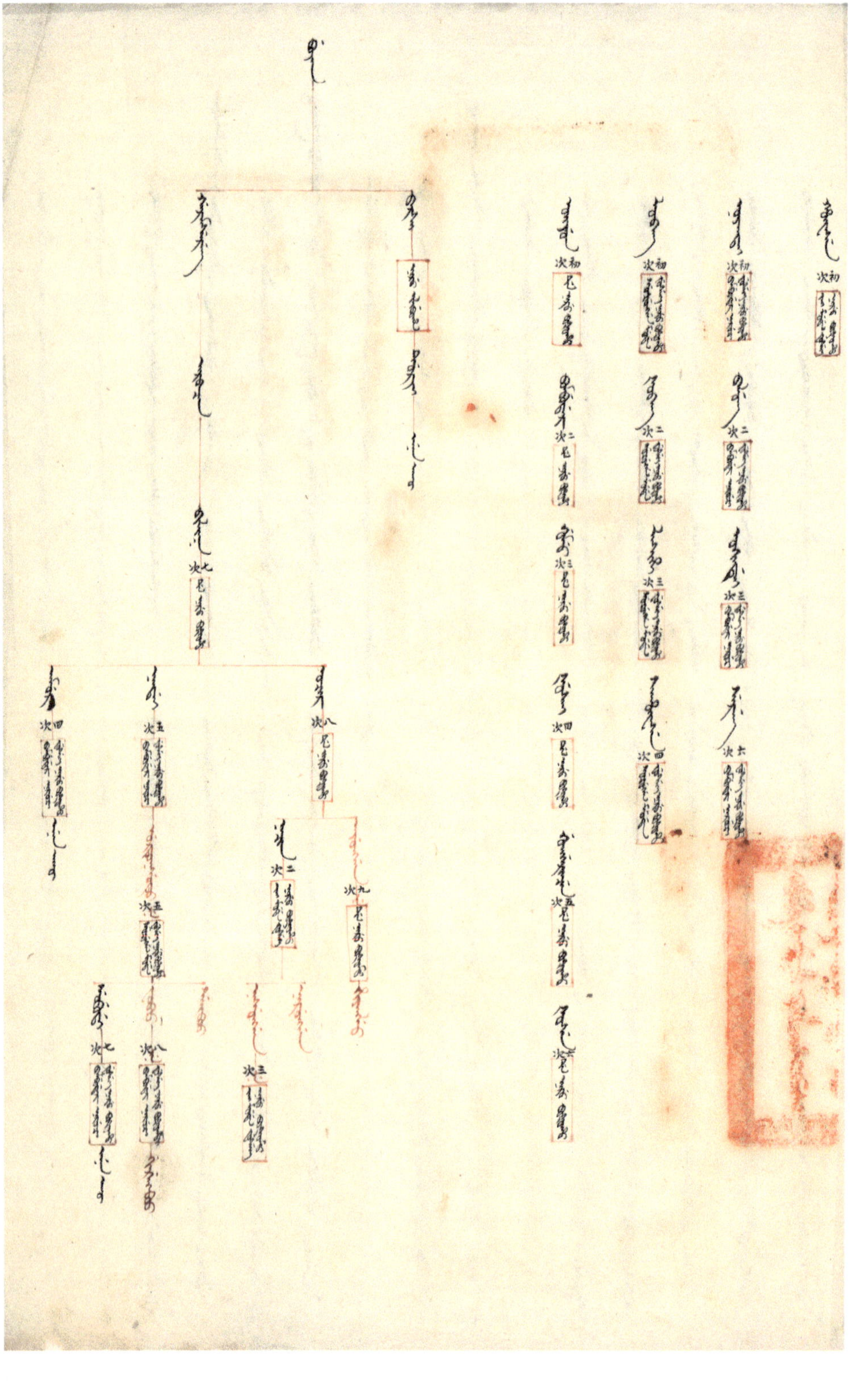

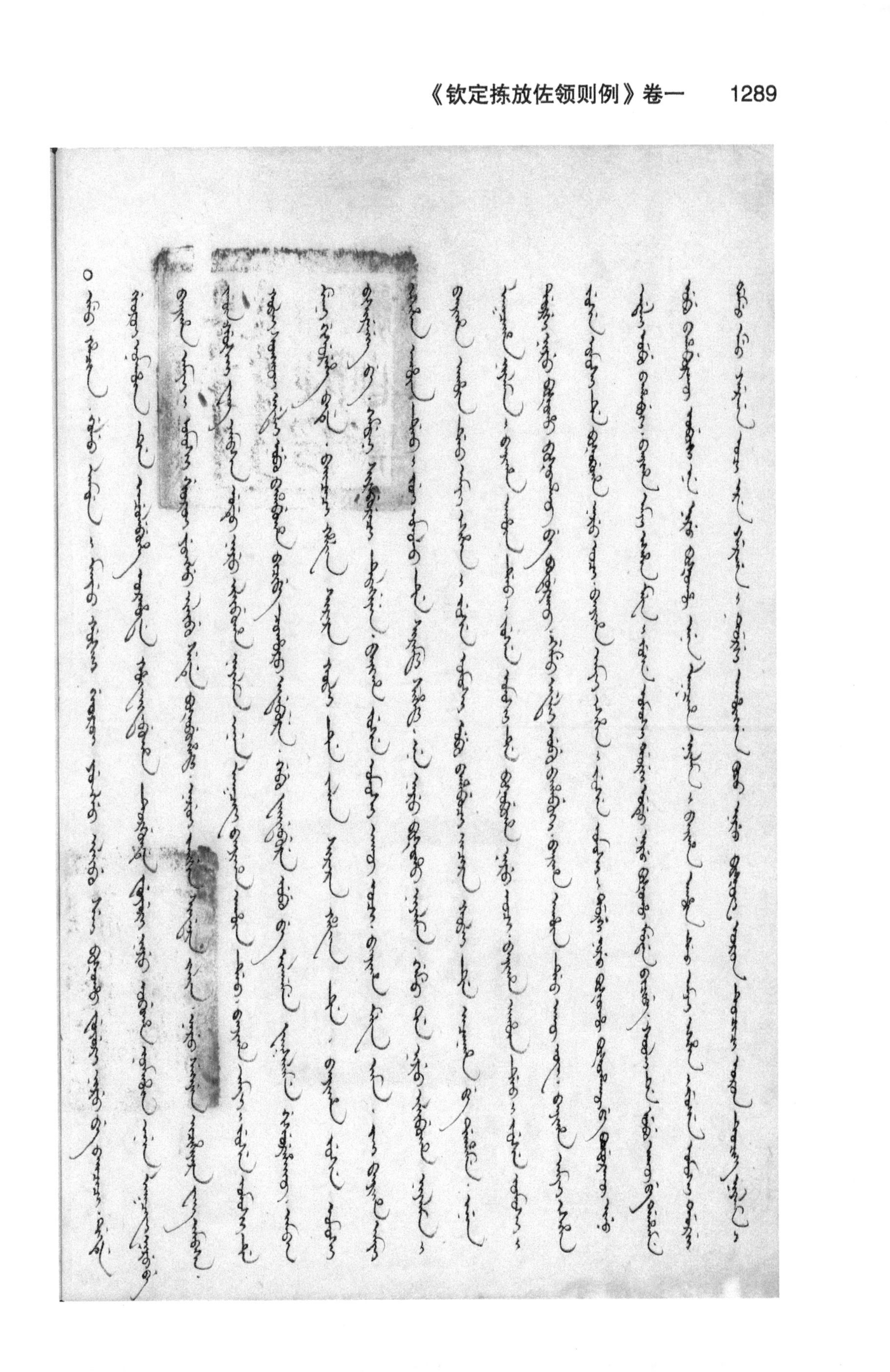

[illegible]

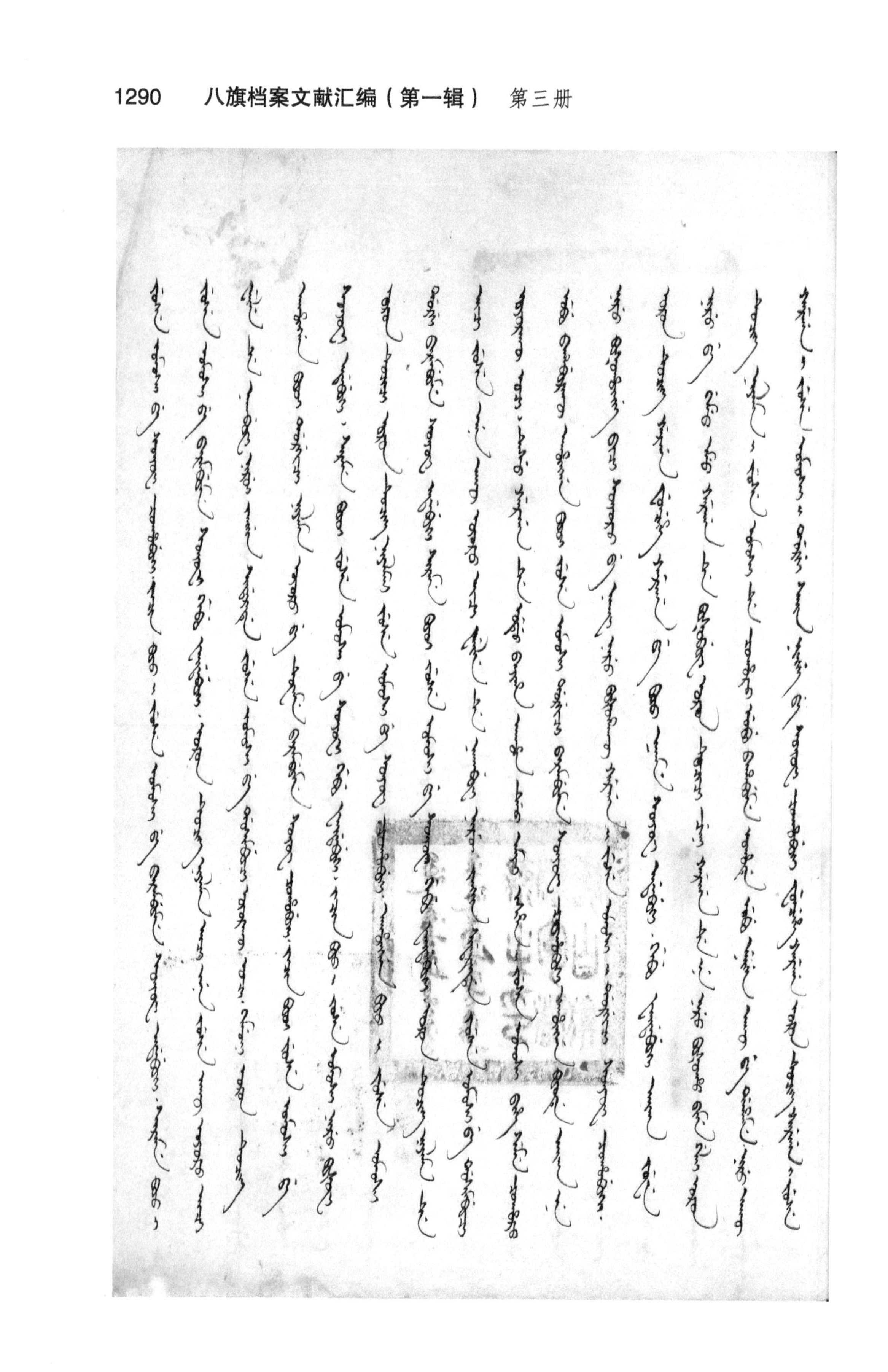

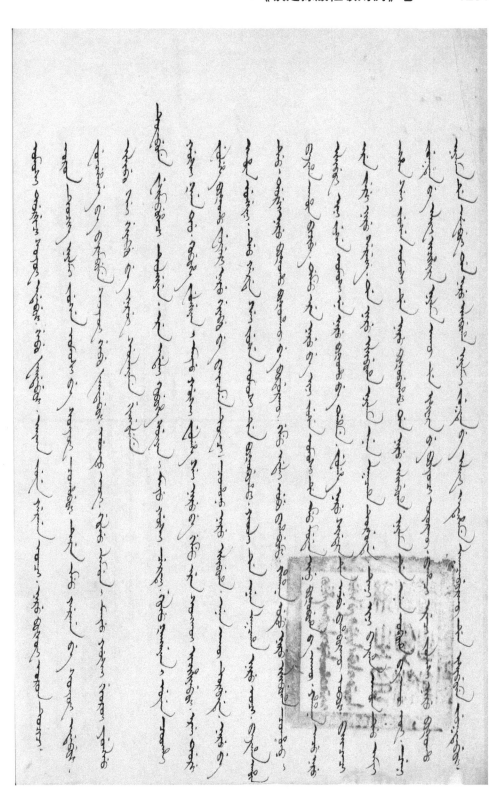

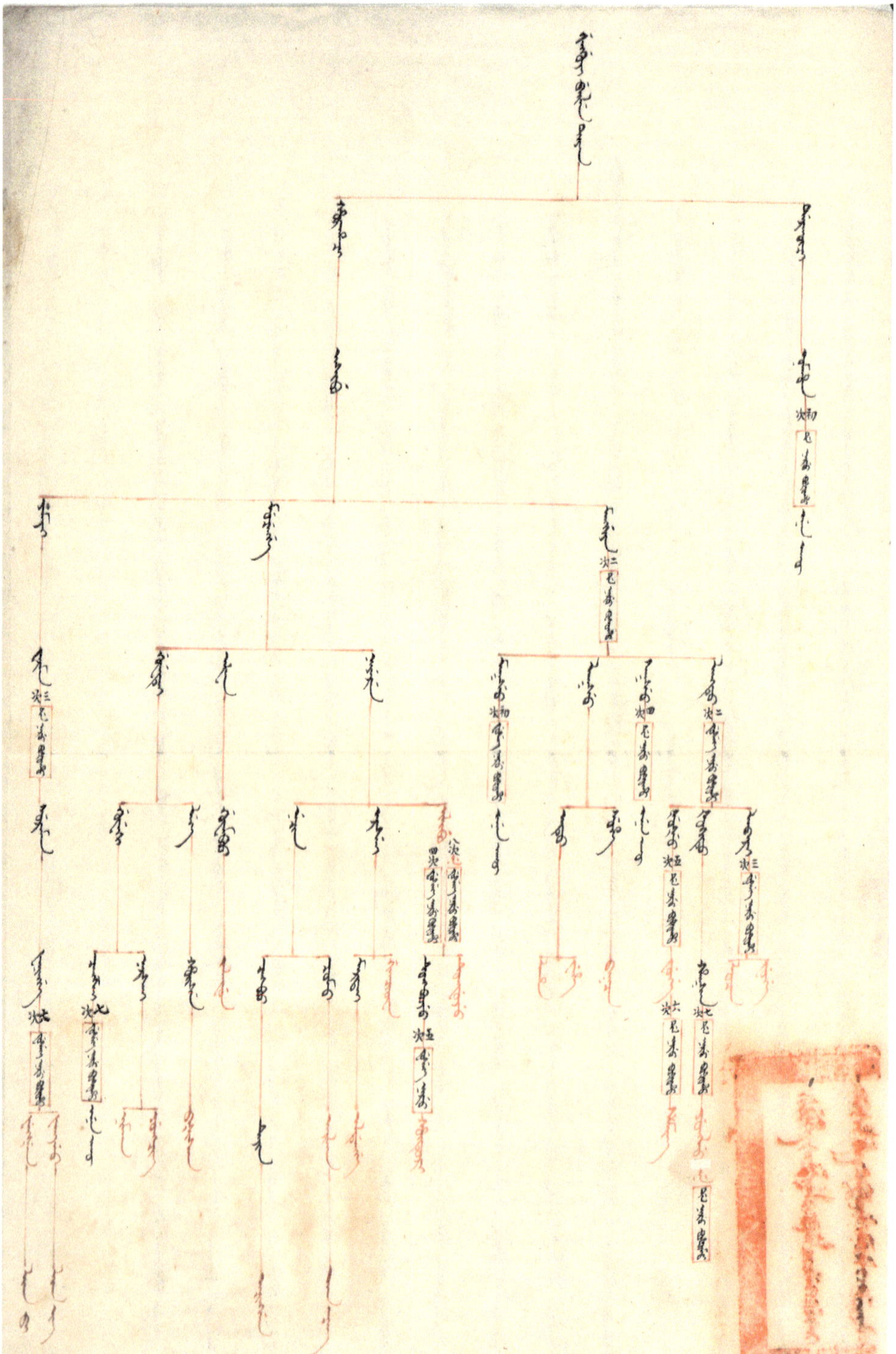

鄭錦
- 鄭克塽 三次管初編佐領
  - 鄭安福 三次管初編佐領
  - 鄭安康 初次現管五管佐領
- 鄭克壆 初次管初編佐領
  - 鄭安畿
    - 鄭士俊
- 鄭克均
  - 鄭安甸
- 鄭克坺
  - 鄭安禄
- 鄭克塙 初次管第二佐領
  - 鄭安德 二次管第二个佐領
    - 鄭咸寧
    - 七達子
- 鄭克商
- 鄭克折

劉國軒 立佐領
- 劉德任 初次管佐領
- 劉德仁 二次管佐領
  - 劉顯 四次管佐領
- 劉德傑 三次管佐領

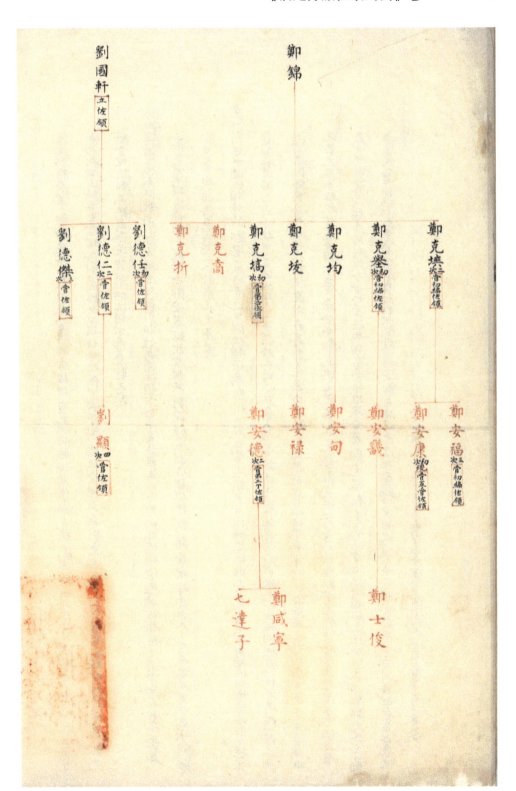

一件正紅旗漢軍鄭安康所管二姓互管之原管佐領查此佐領根源原係鄭克塽劉國軒由臺灣投誠時將各人所帶之人丁編為兩個佐領各自管理其劉國軒之佐領初編時係伊長子劉德任管理並無別支其鄭克塽之佐領初編時係伊親弟鄭克壆管理後鄭克塽因家道貧寒一個佐領不足養贍又懇

恩添設一個佐領令伊親弟鄭克塙管理後因鄭姓兩個佐領下人丁不足於雍正二年將兩個佐領併為一個佐領後又因人丁不足於雍正六年改為半個佐領後將鄭克塽之子鄭安康補放管理其劉國軒之一個佐領伊孫劉顯管理時亦因人丁不足改為半個佐領劉顯緣事革職因無應襲之人於雍正十年遵

旨將劉姓半個佐領歸於鄭安康所管之半個佐領併為鄭劉二姓互管之一個原管佐領現係鄭安康管理經辦理佐領根源王大臣八旗王大臣等將原帶人丁之子孫與管過佐領人之子孫給與均分在案今臣等議得此佐領缺出時於出缺人之子孫內揀選擬正其彼一姓之子孫揀選擬陪其餘兩姓之人一體揀選列名再鄭克塽尚有親弟二支俱曾管過佐領查補放原管佐領之例立佐領人之子孫有分如親弟兄之家雖經管過佐領亦屬無分今鄭克塽之親弟鄭克壆鄭克塙等子孫俱雖經管過佐領按照定例應屬無分查臣等現議原管佐領有情願讓分者將管過佐領之家議准讓分查鄭克壆鄭克塙俱曾管過佐領雖無讓分字樣但據鄭克塽之子鄭安康原報內稱伊叔鄭克壆係原管理初次編設佐領之人鄭克塙係原管理二次編設佐領之人伊等子孫亦應有分等因畫押在案亦應准其一體有分其未管過佐領鄭克塽之弟鄭克均鄭克坺鄭克卨鄭克折之子孫應屬無分謹將鄭劉二姓家譜繕寫一併恭

呈

御覽

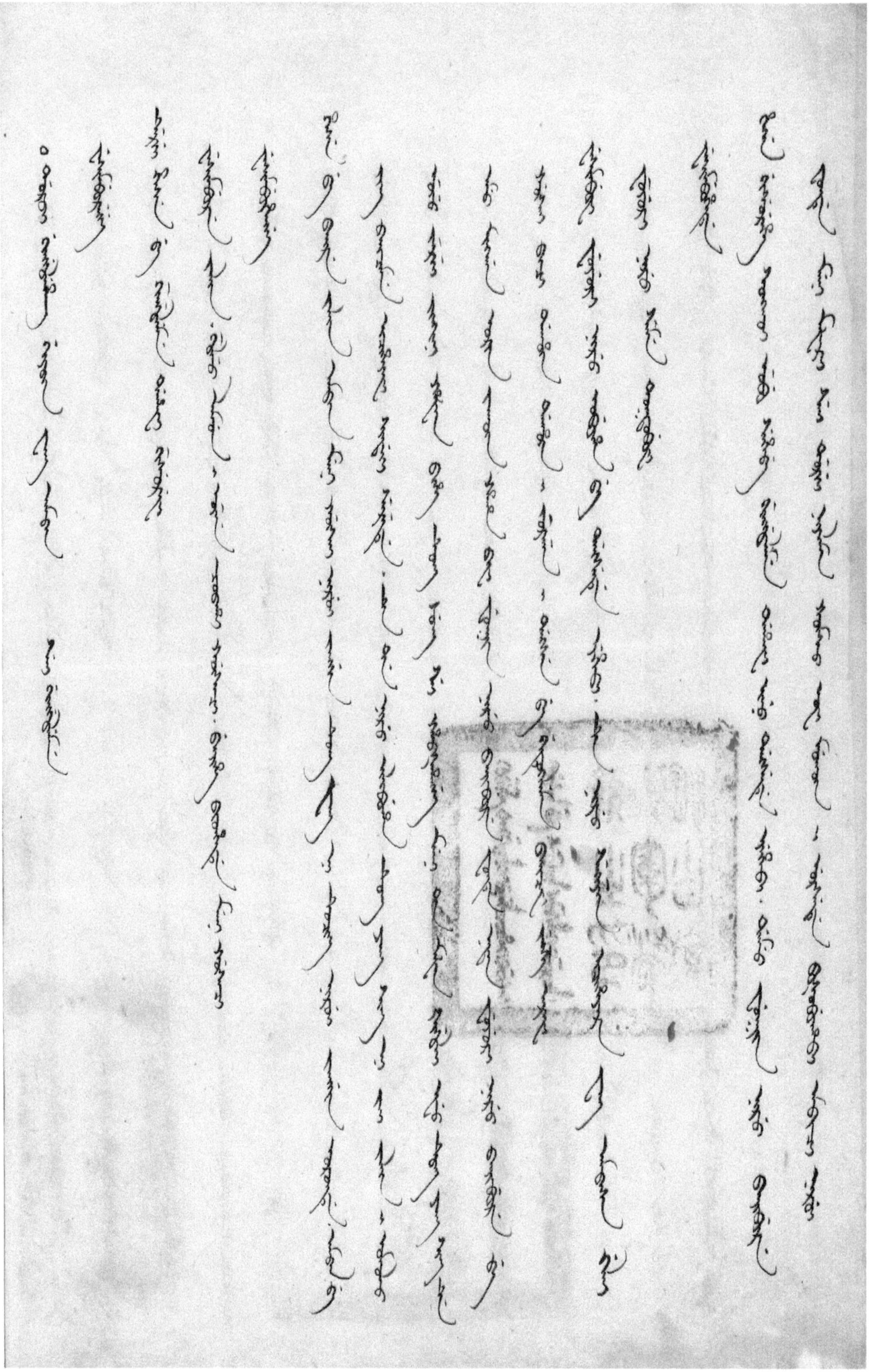

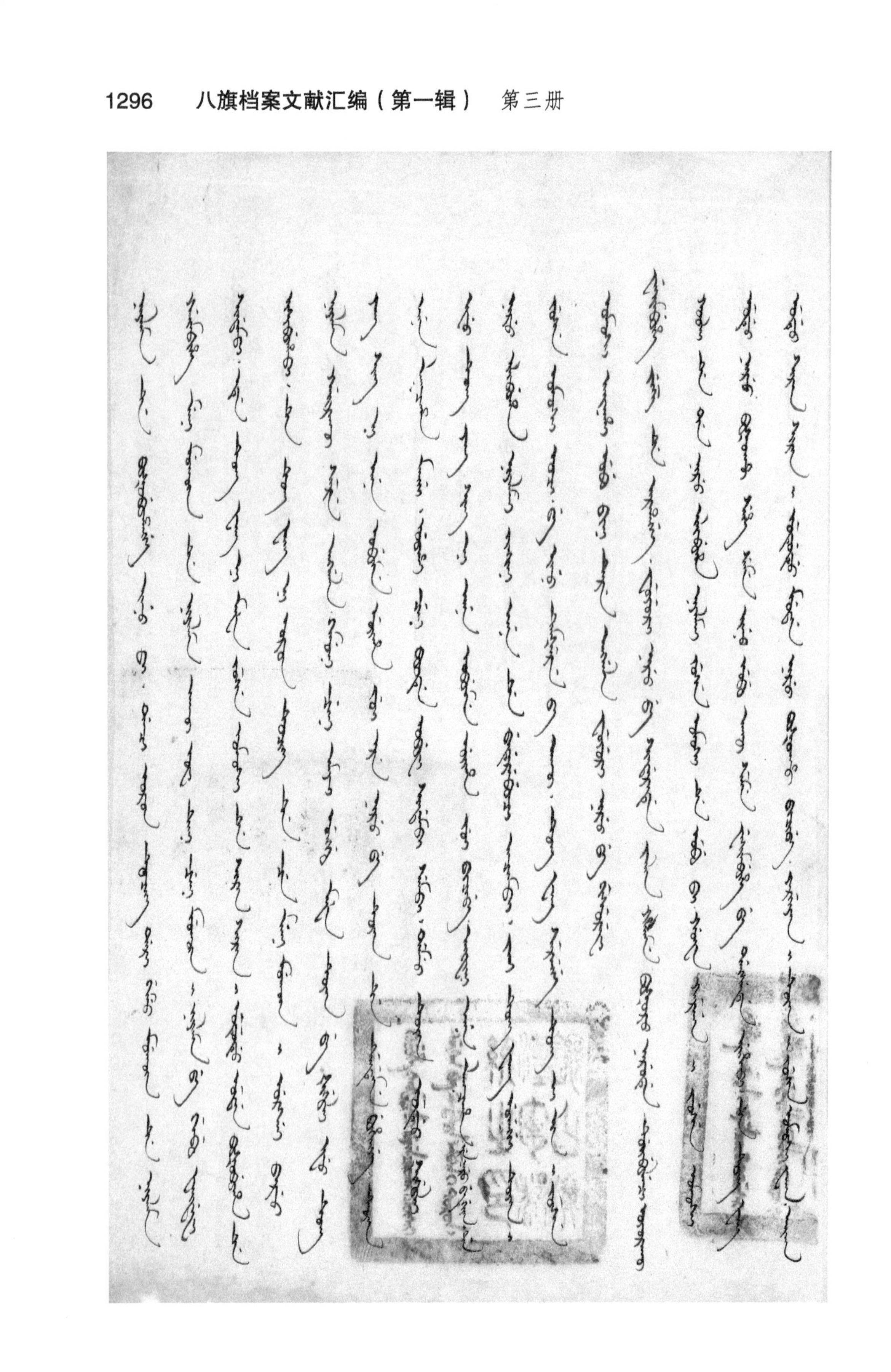

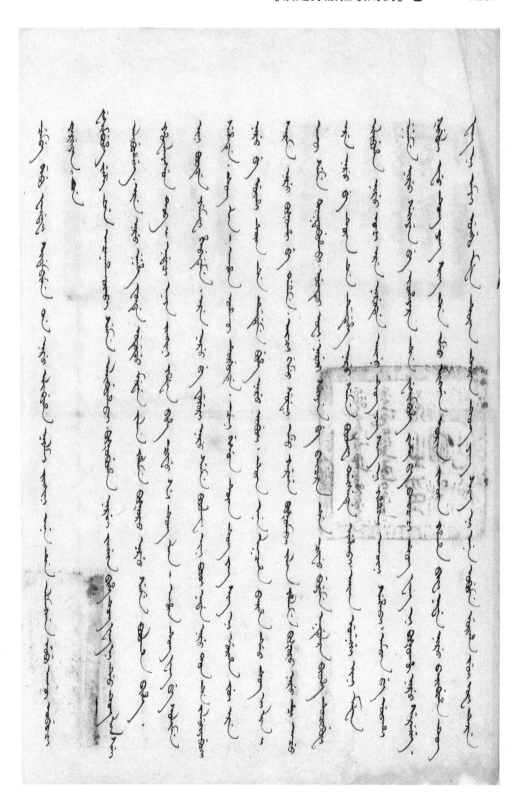

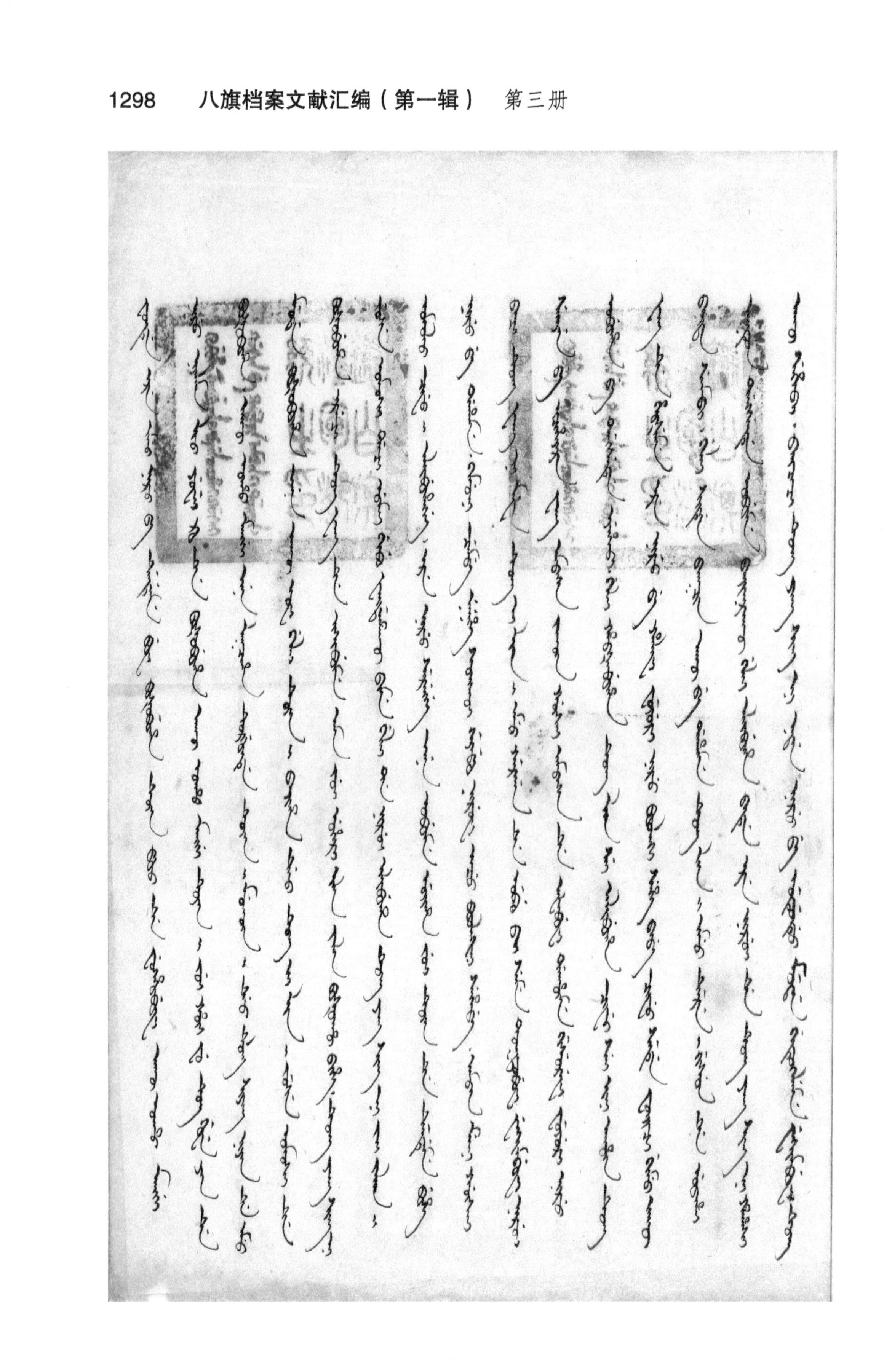

[illegible]

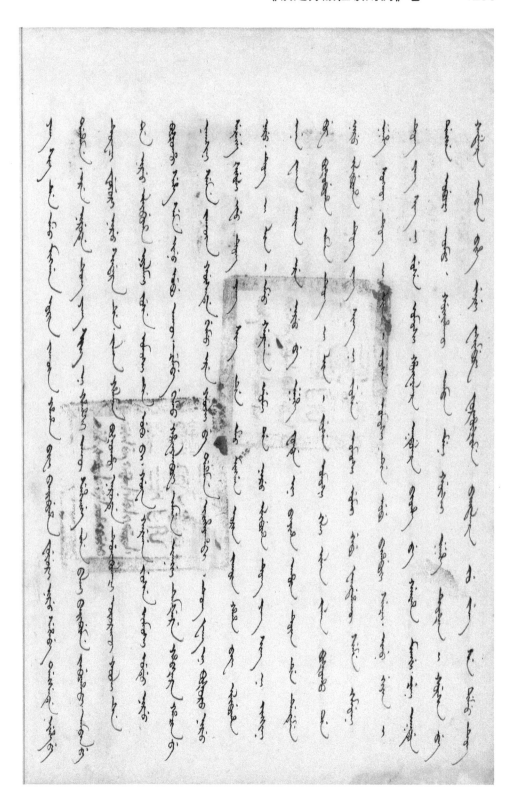

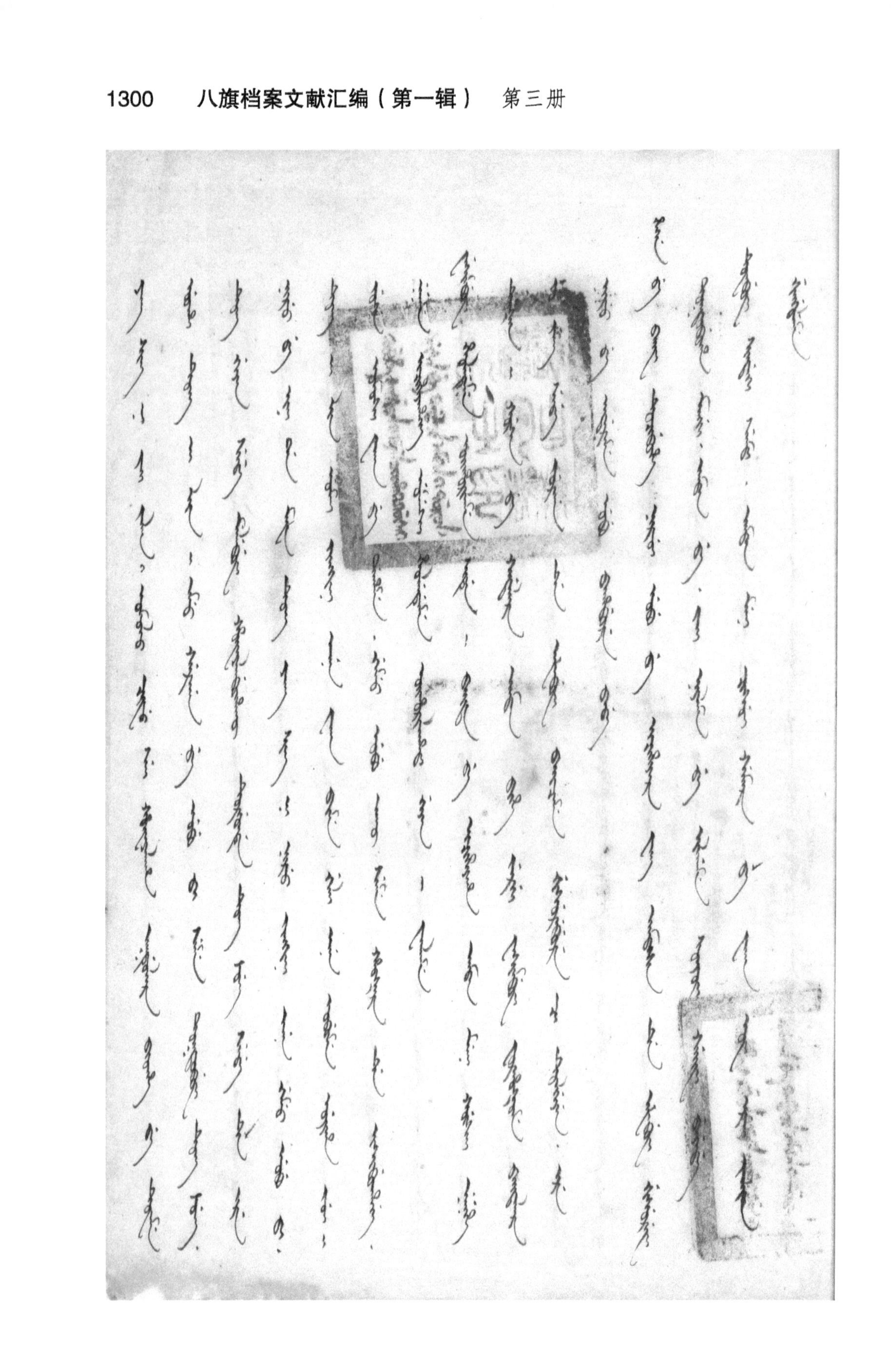

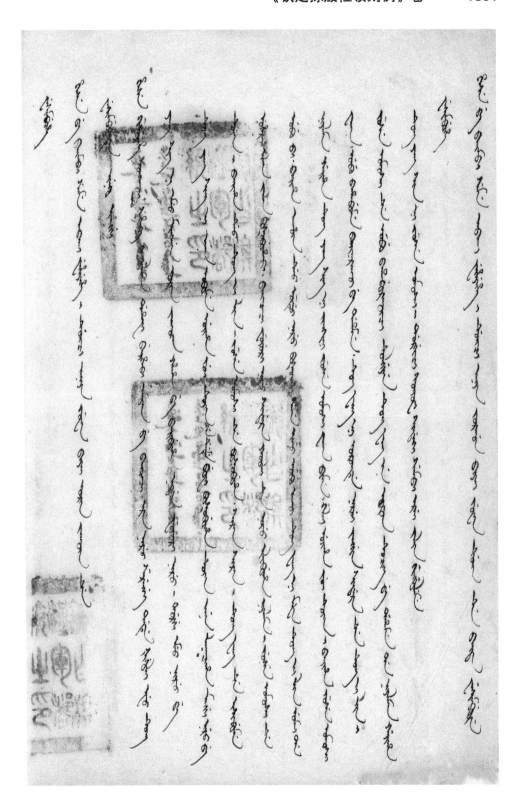

[illegible]

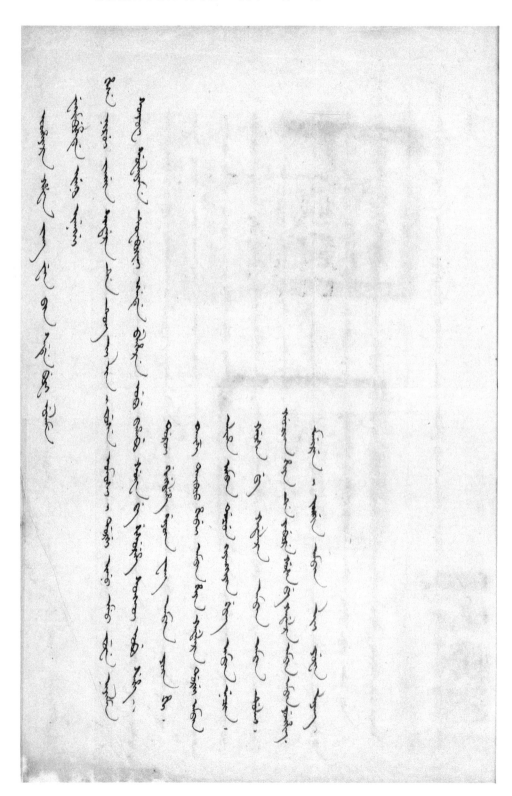

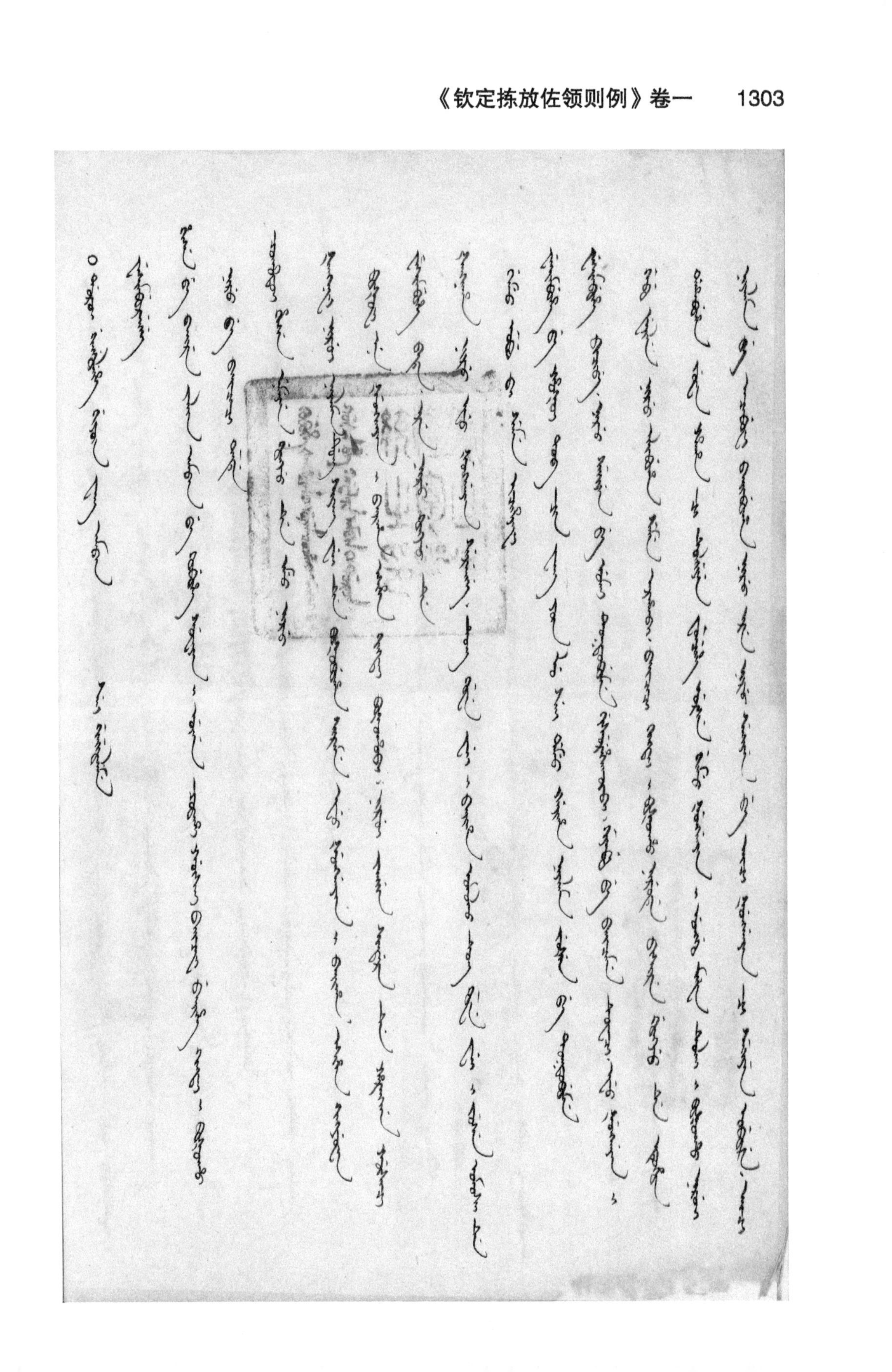

[illegible]

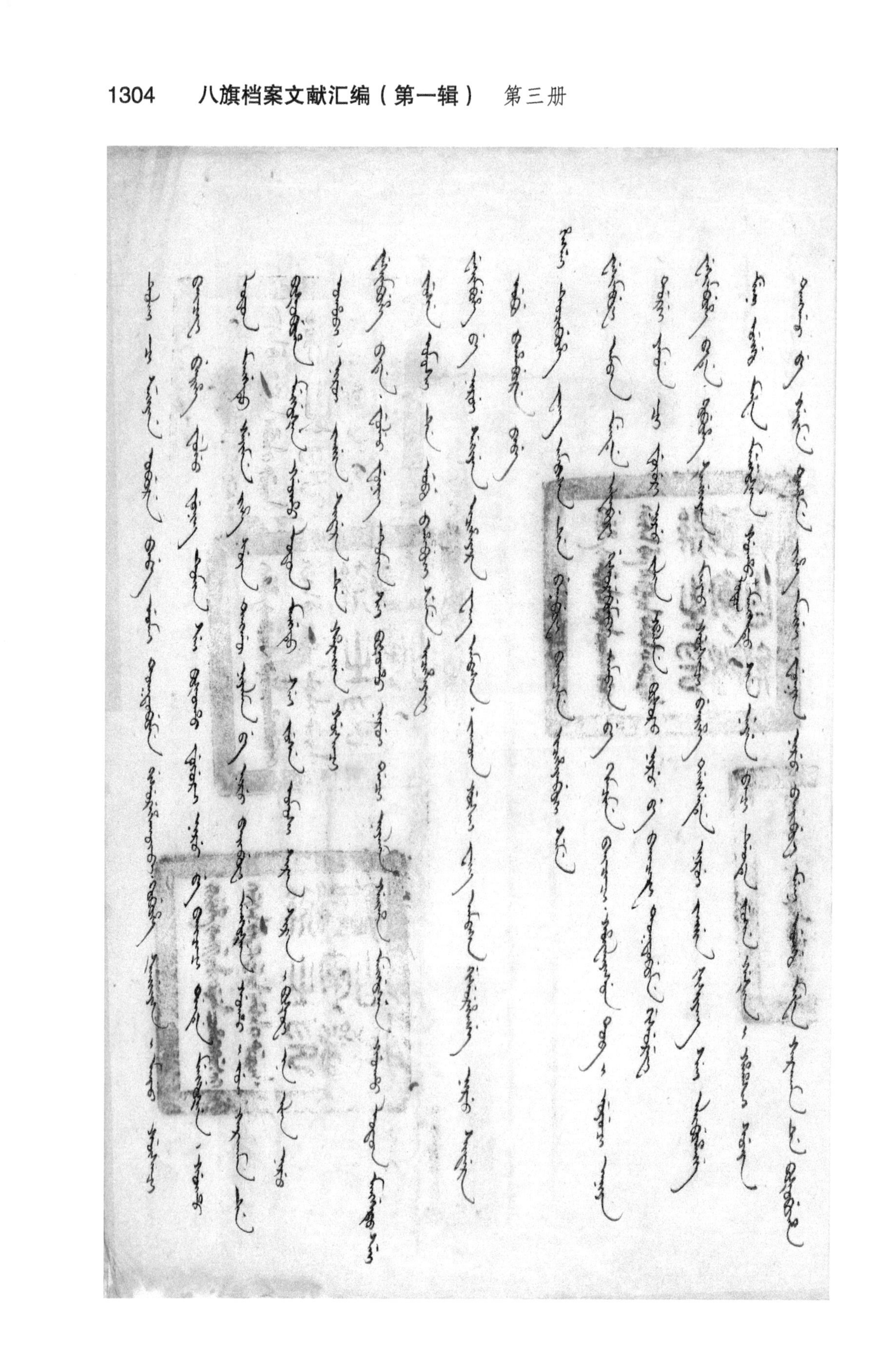

[illegible]

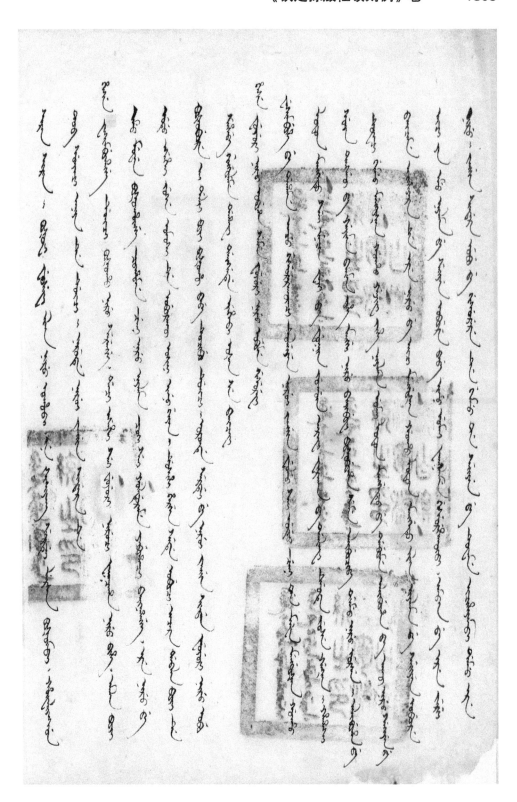

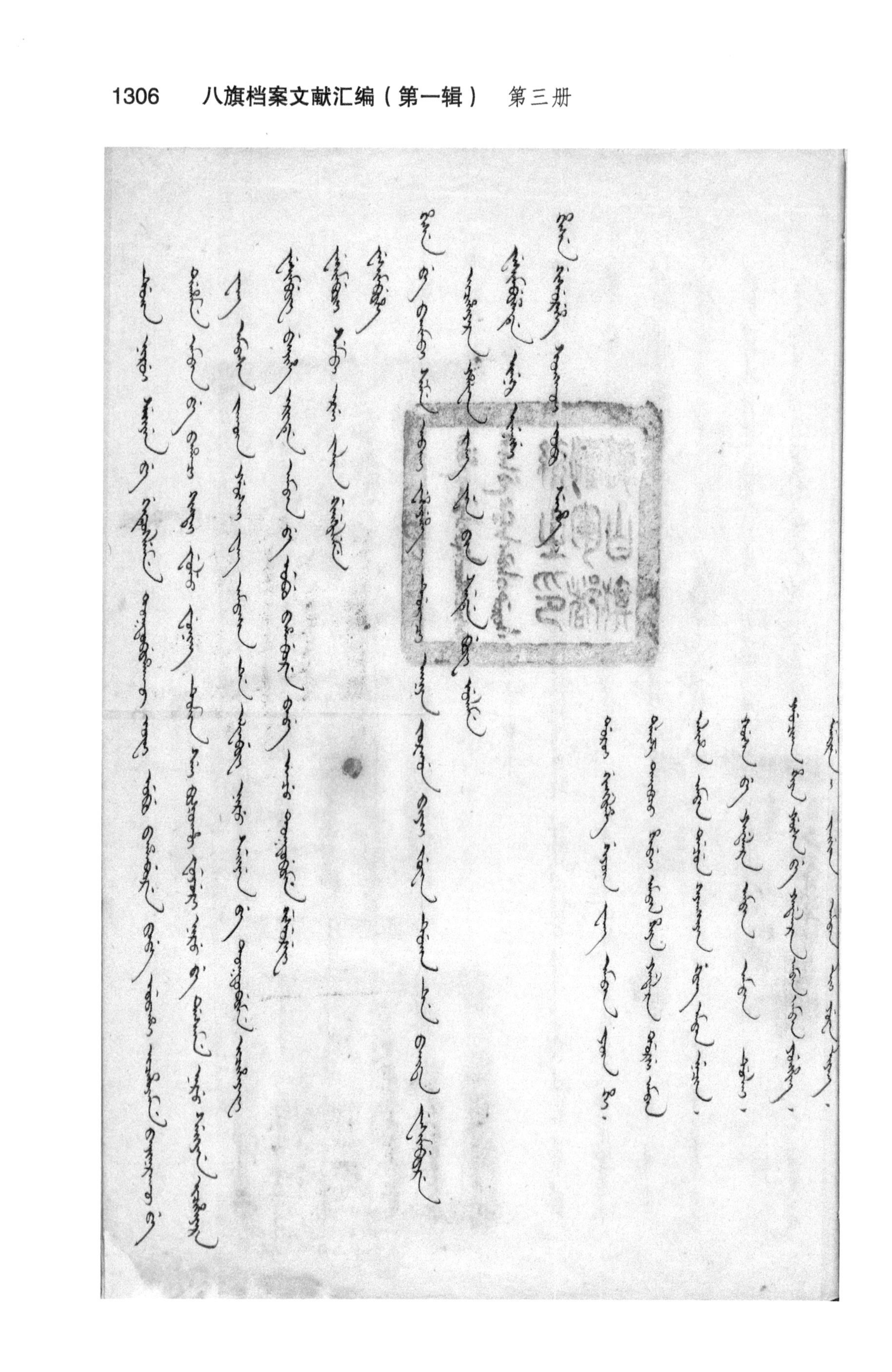

[illegible]

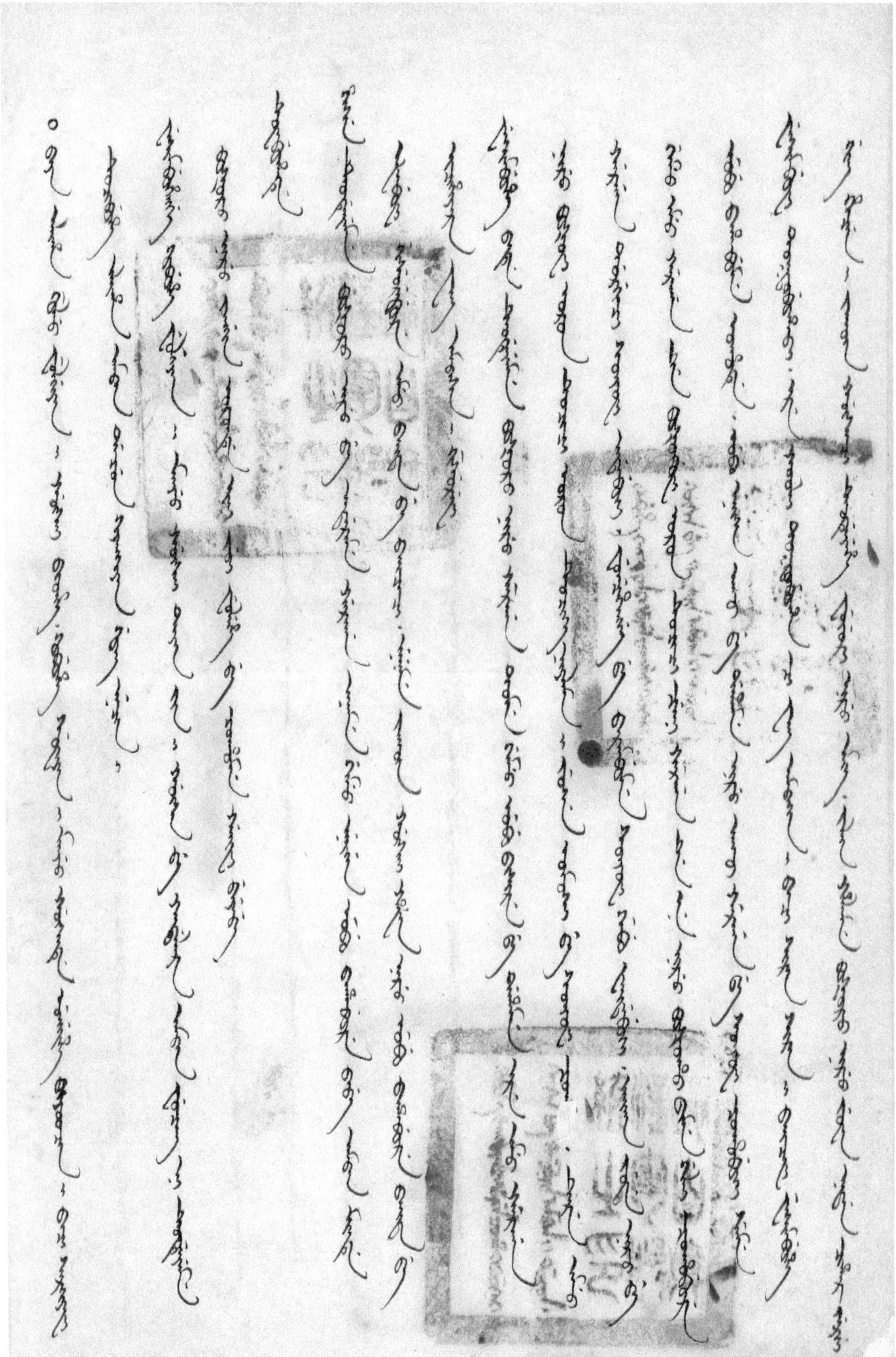

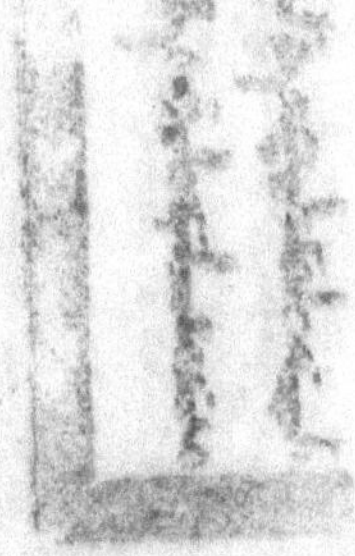

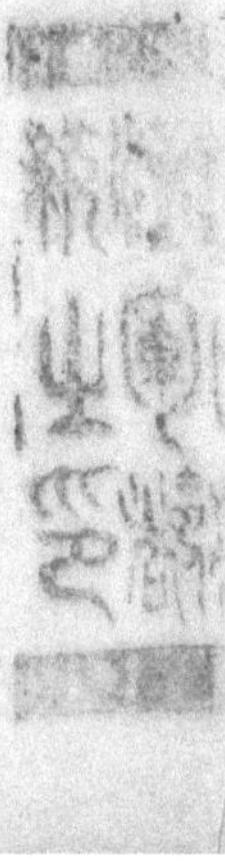

《钦定拣放佐领则例》卷二

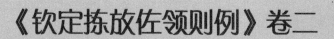

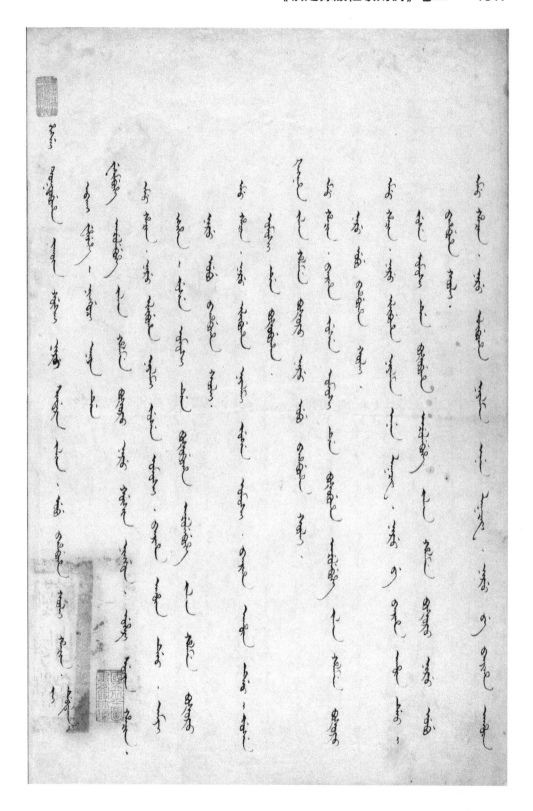

[illegible]

[illegible]

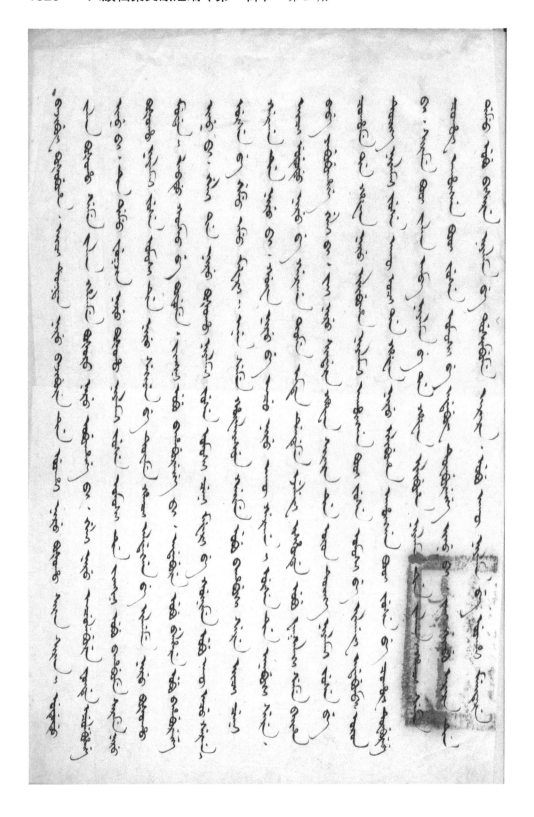

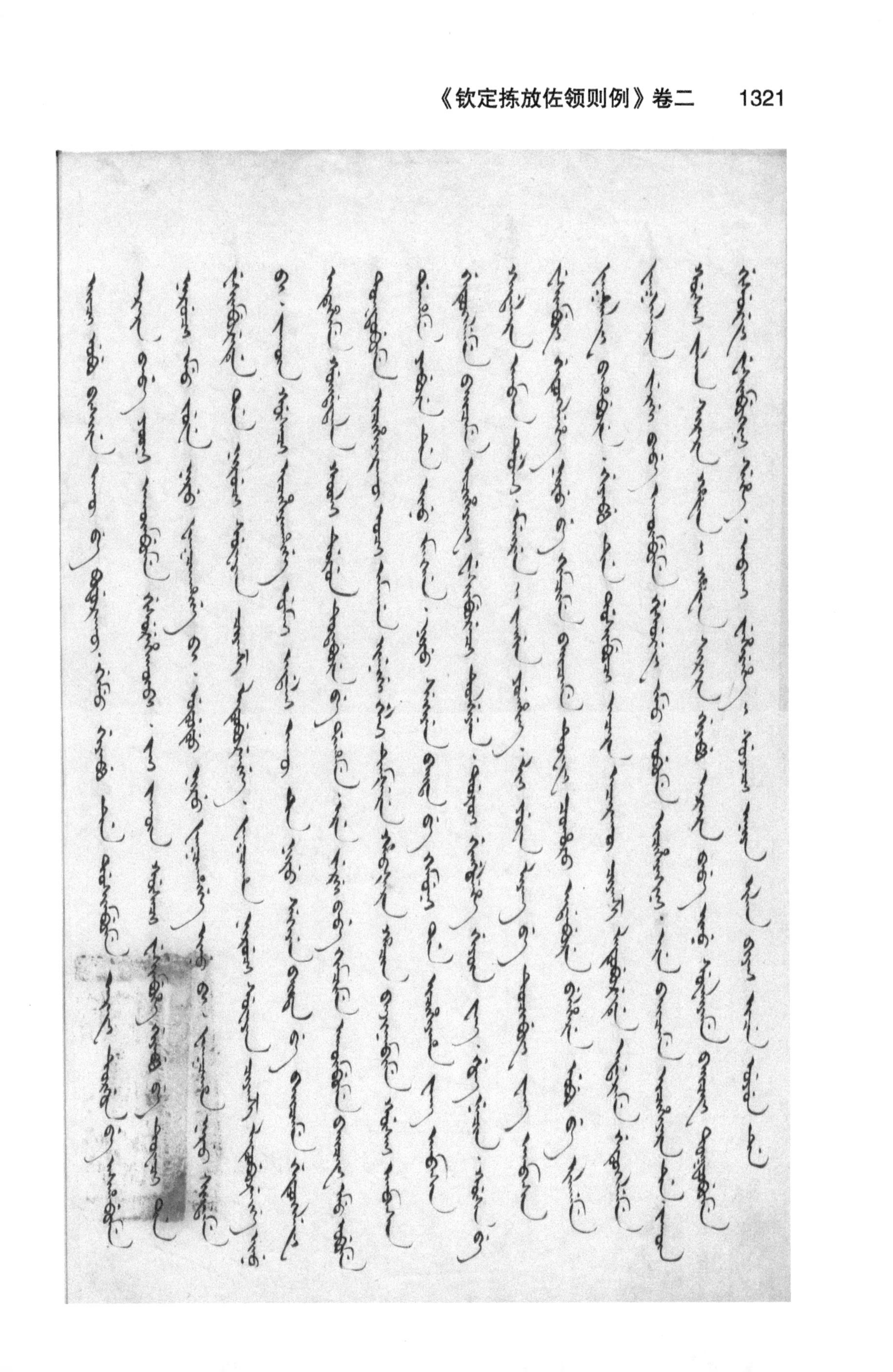

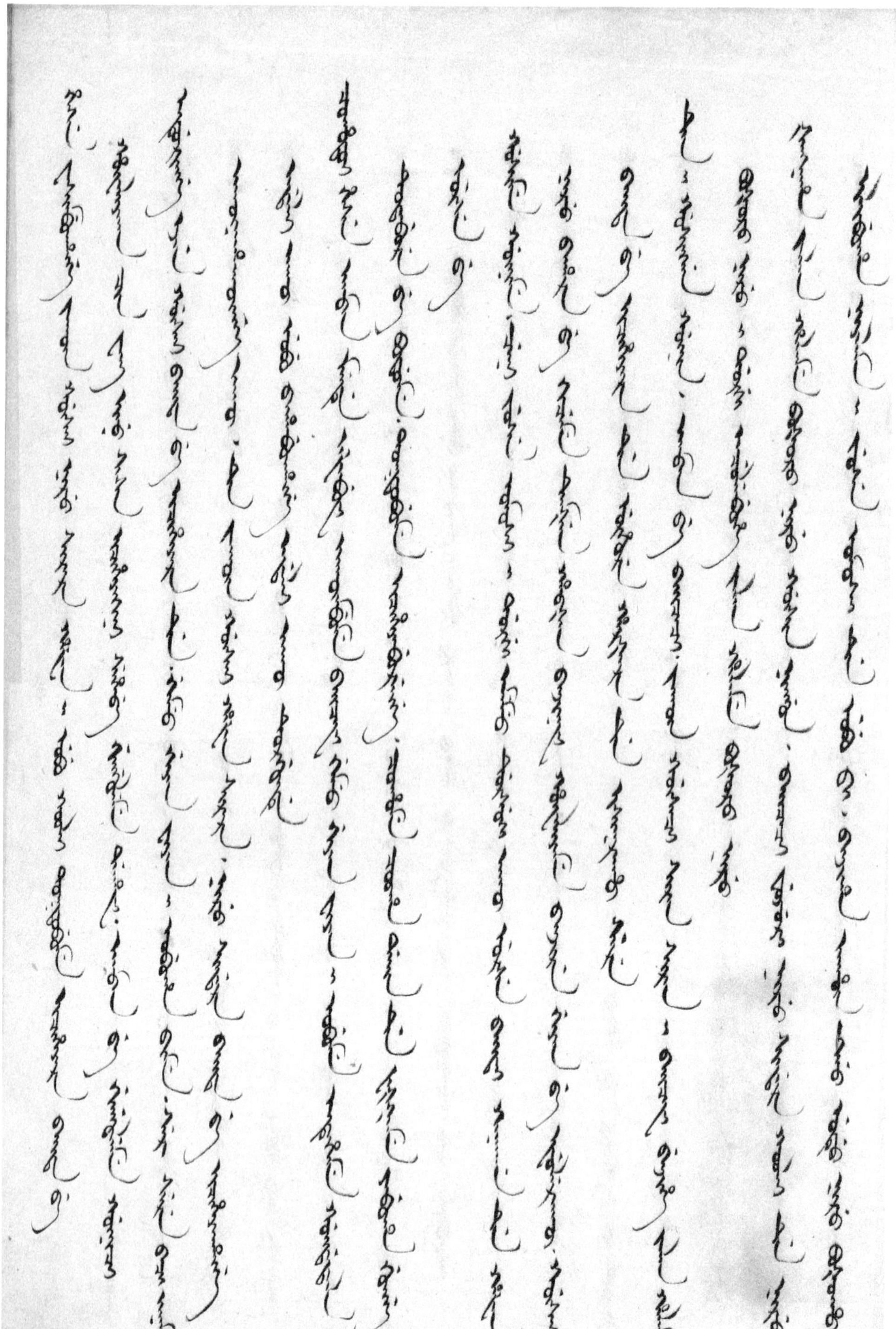

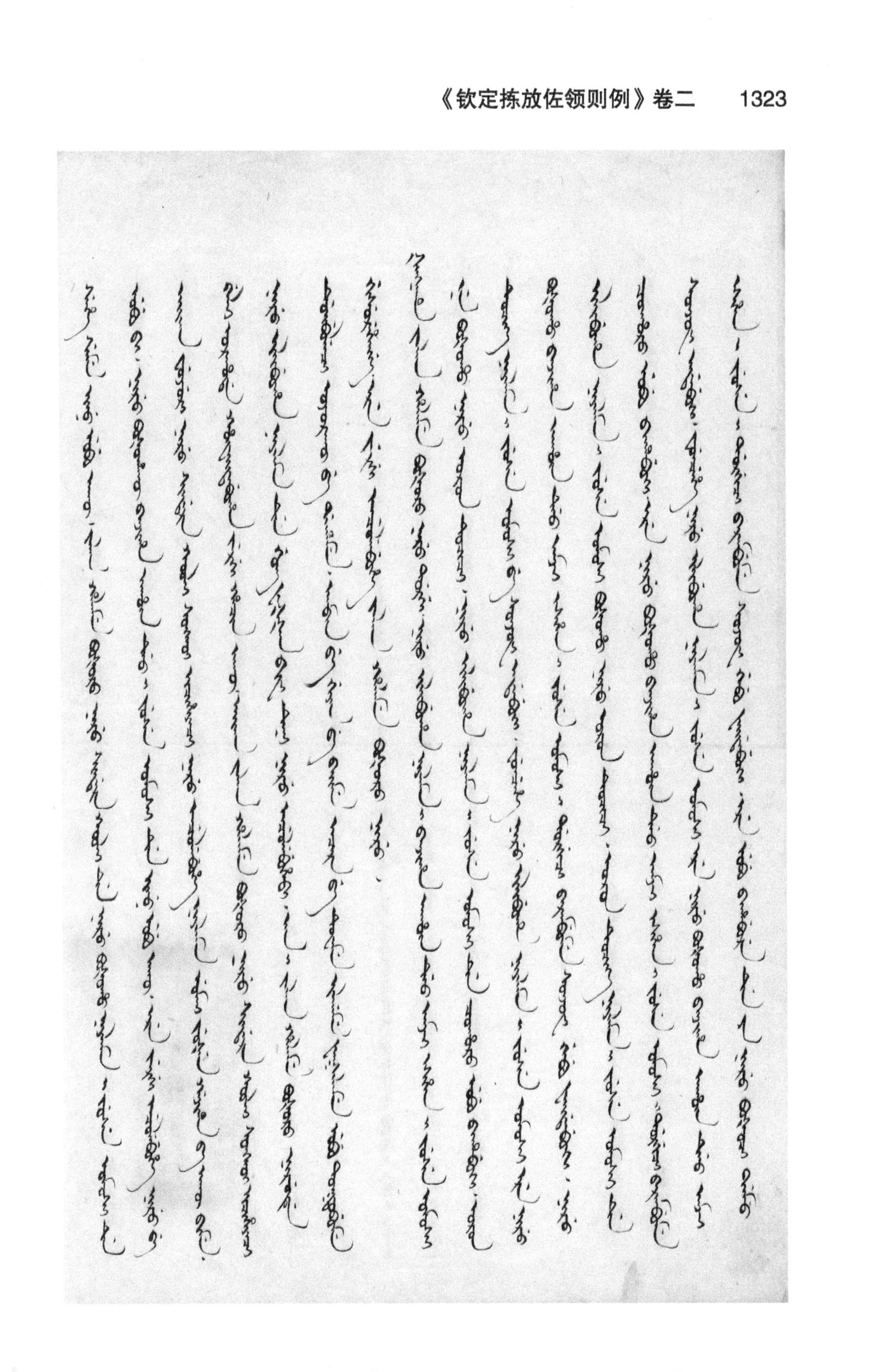

[illegible]

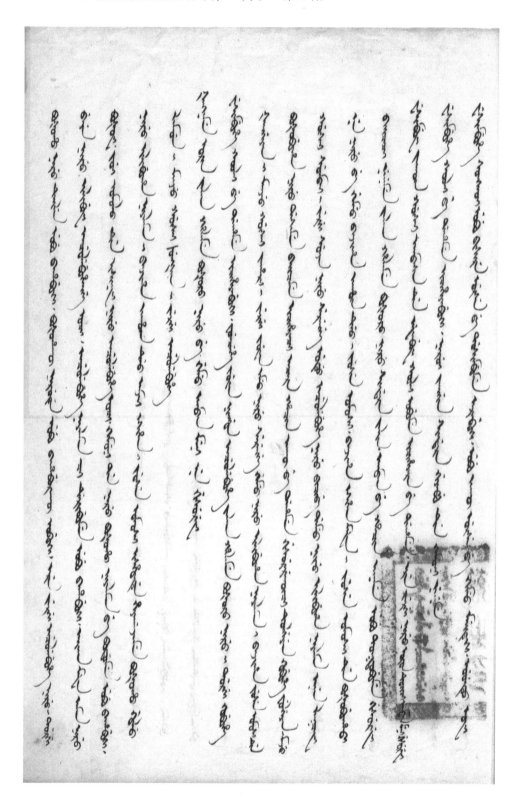

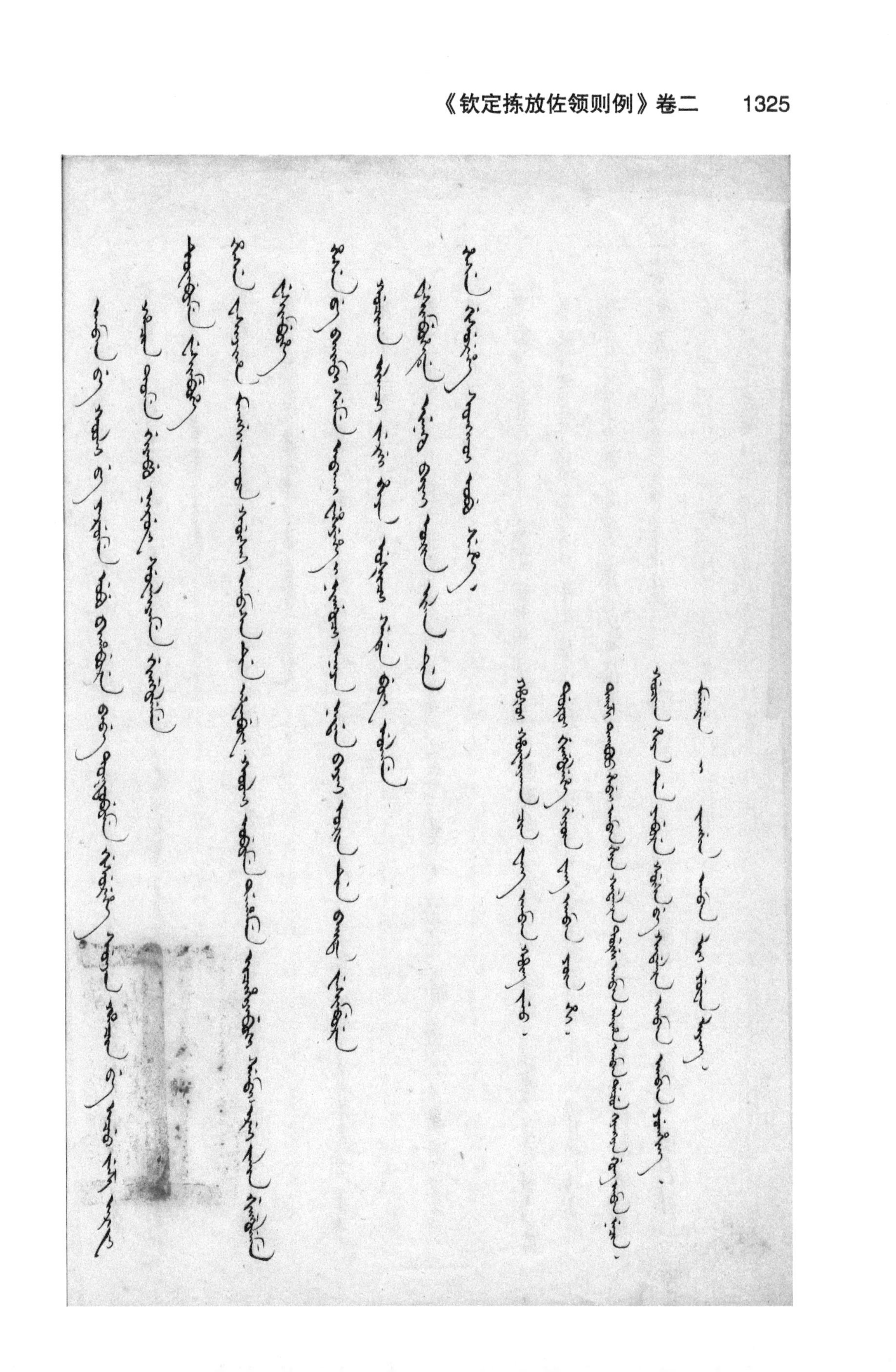

[illegible]

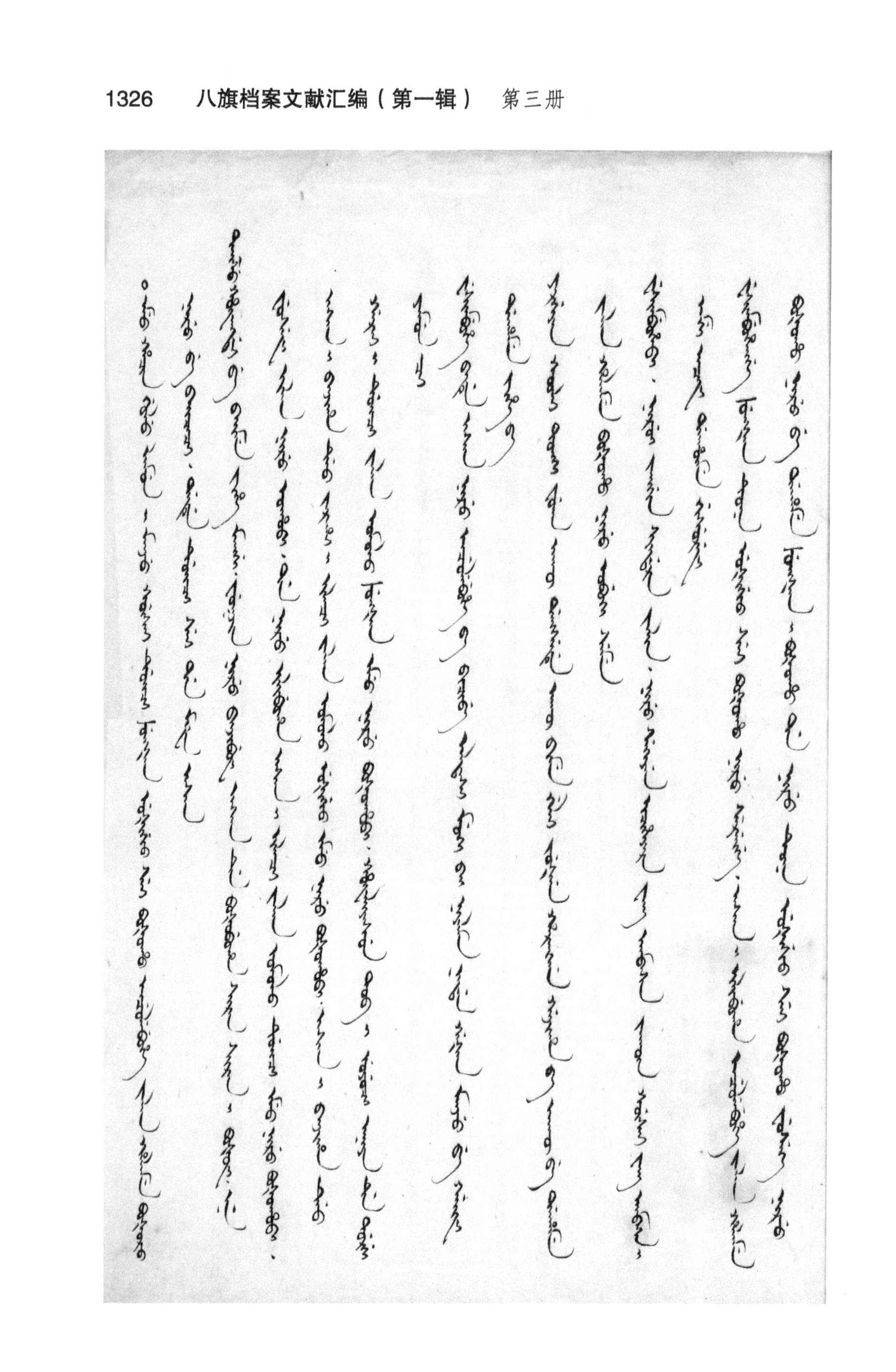

[illegible]

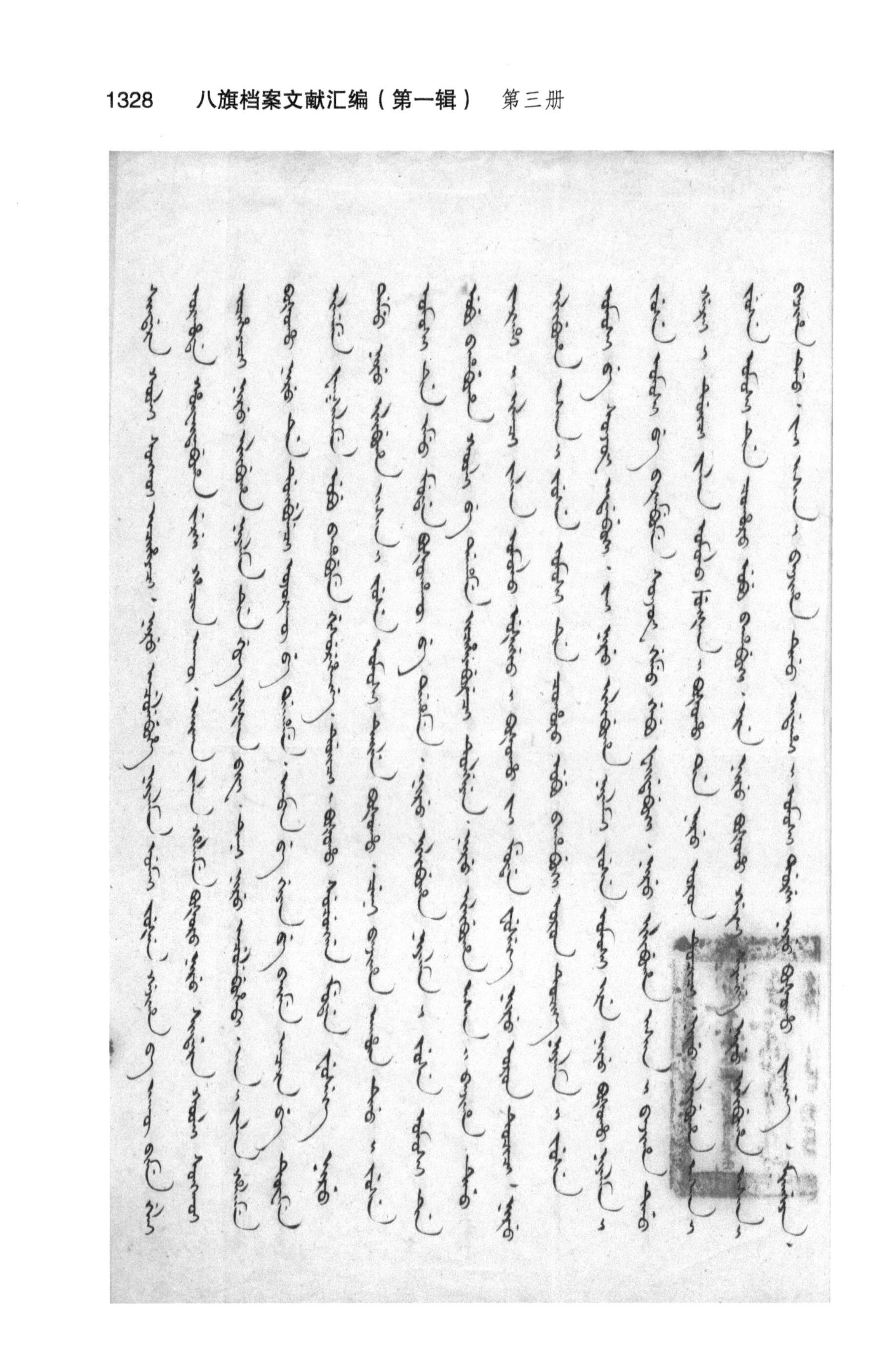

[illegible]

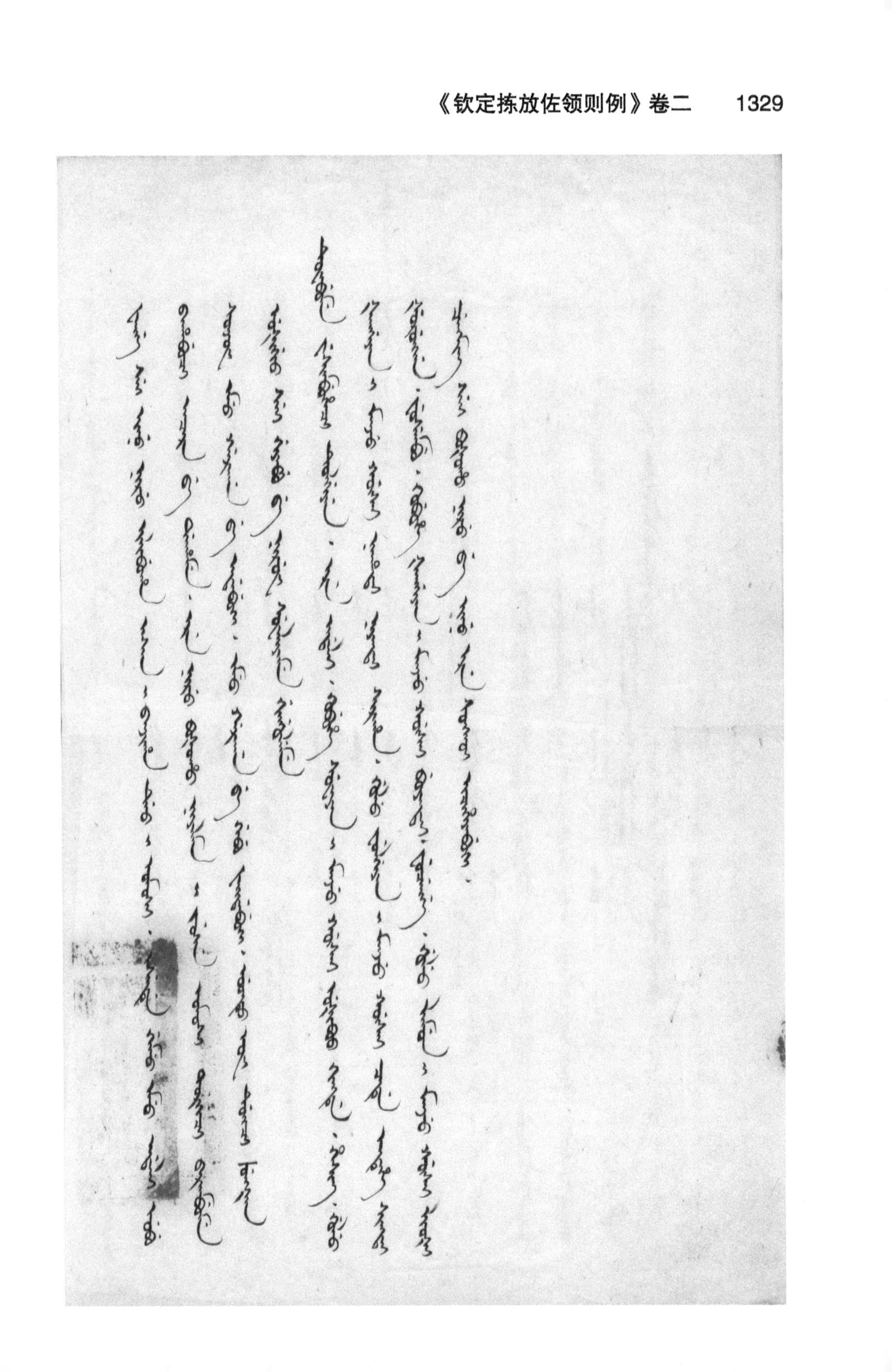

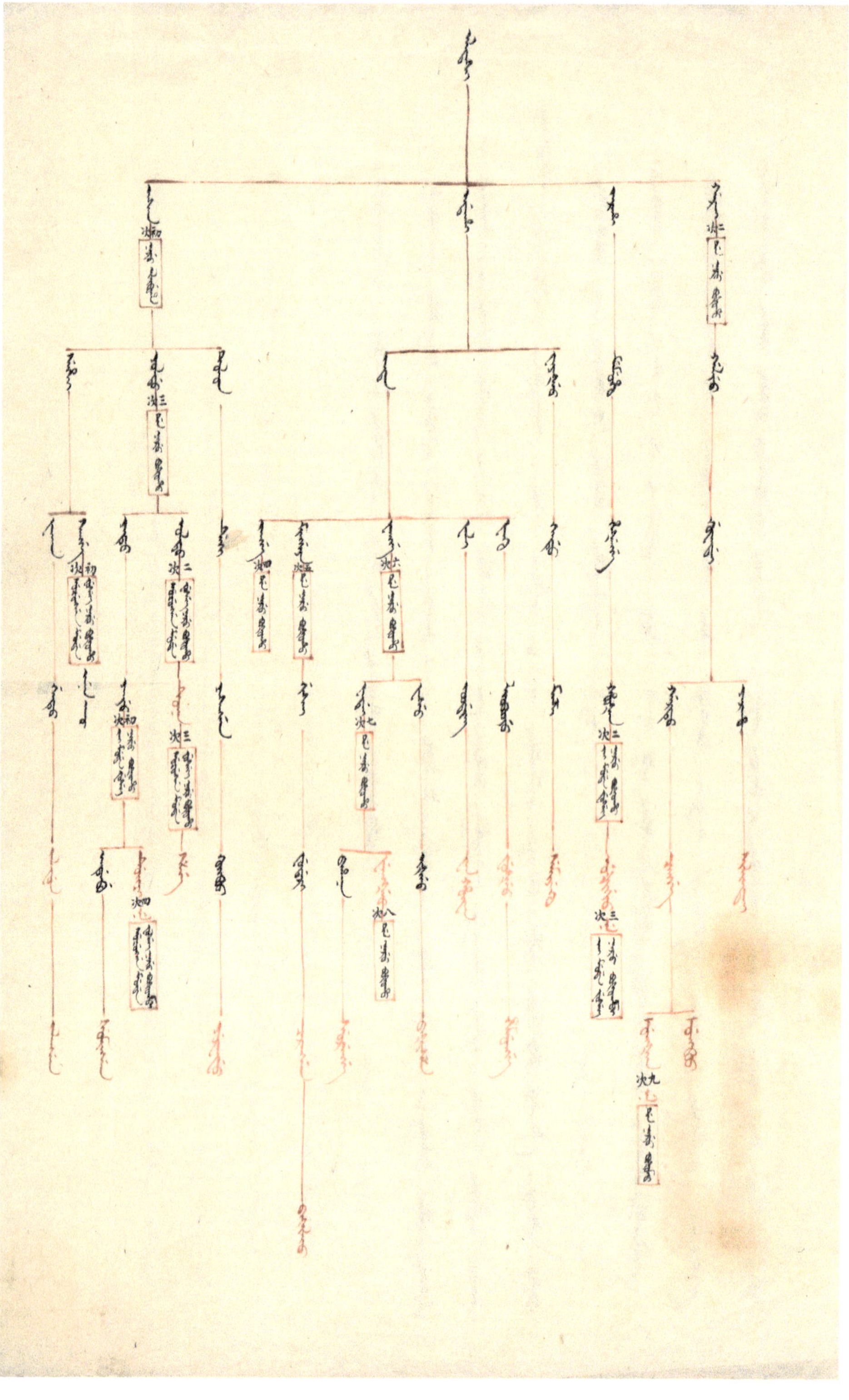

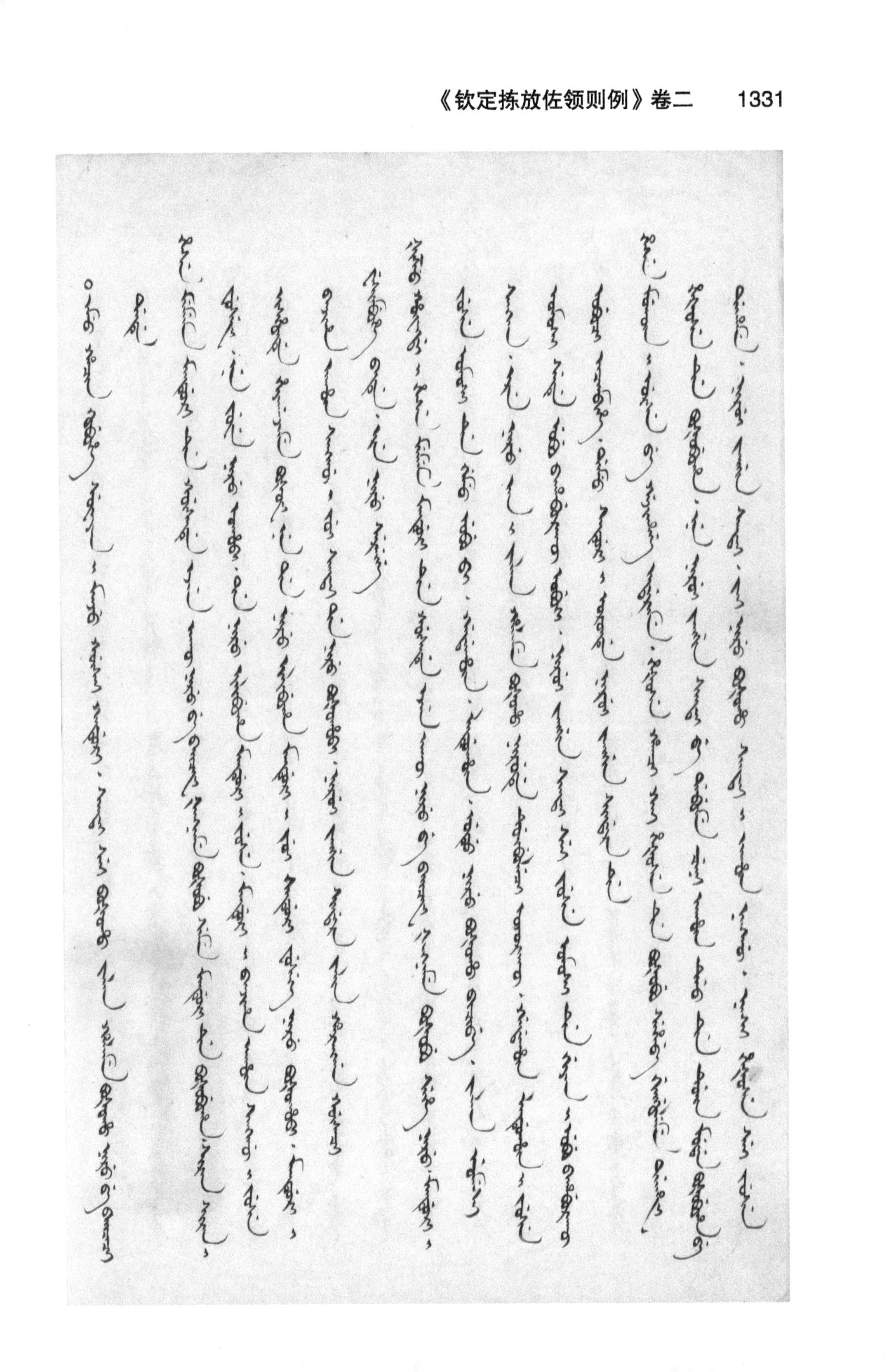

[illegible]

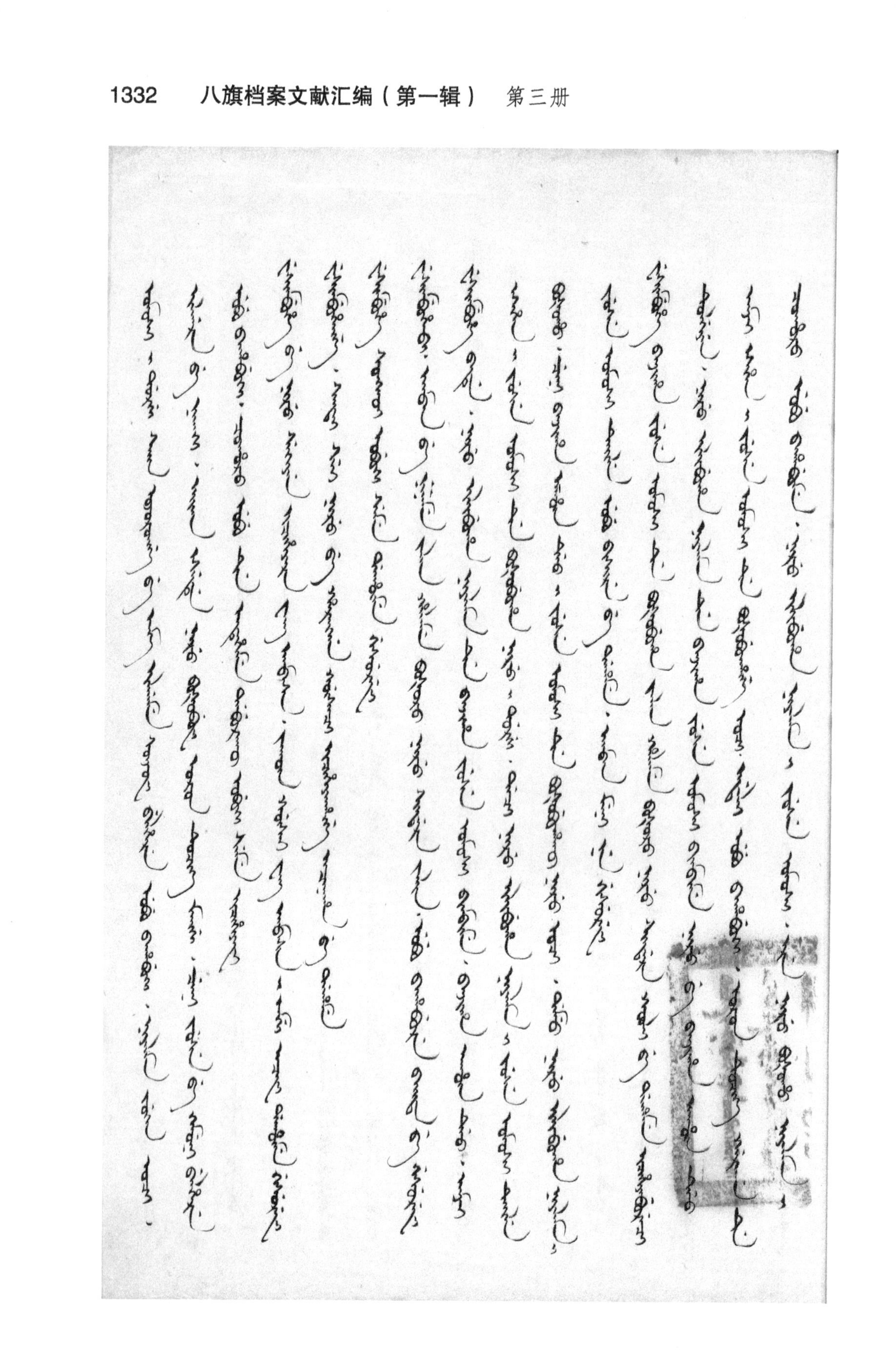

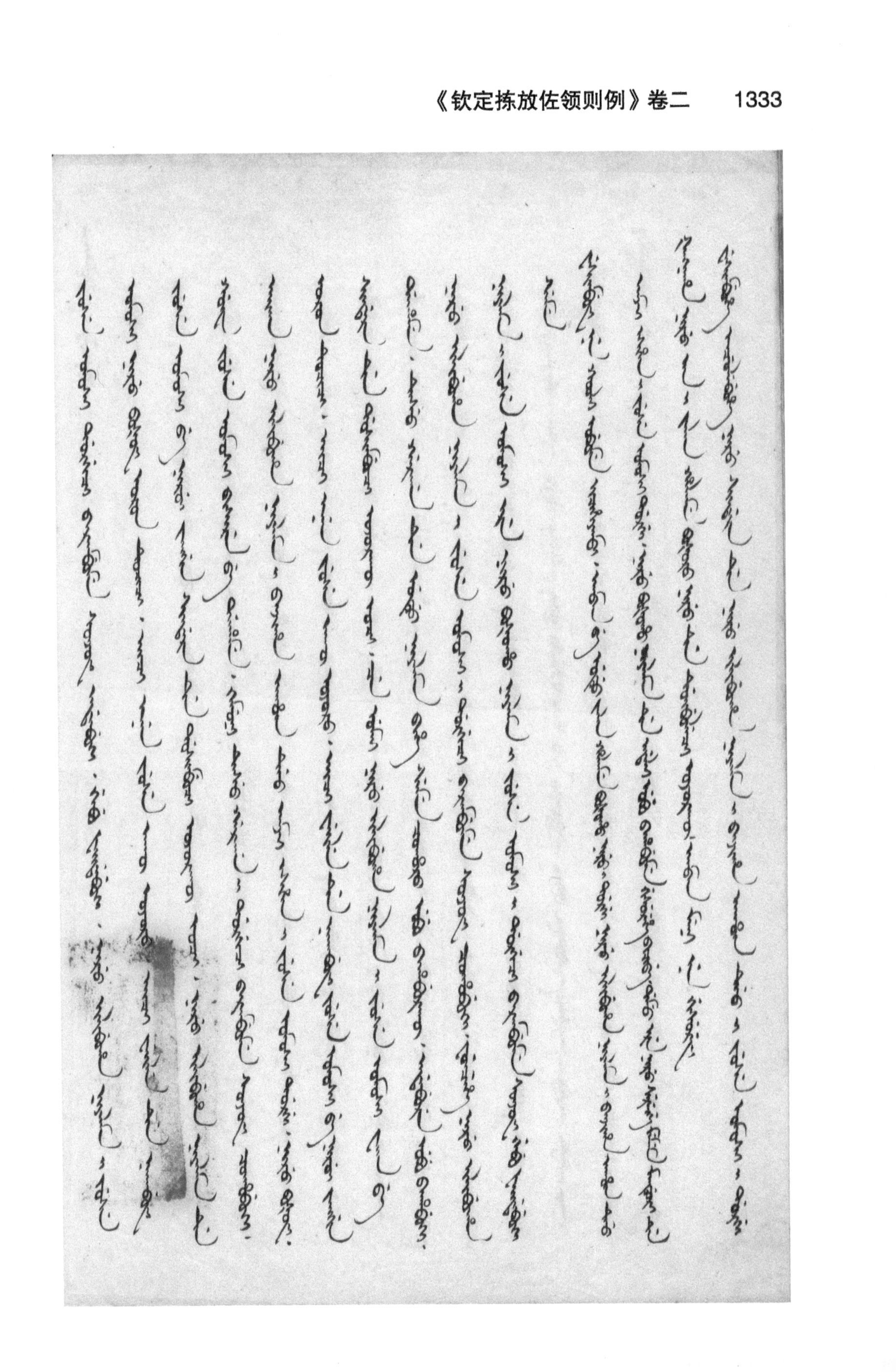

[illegible]

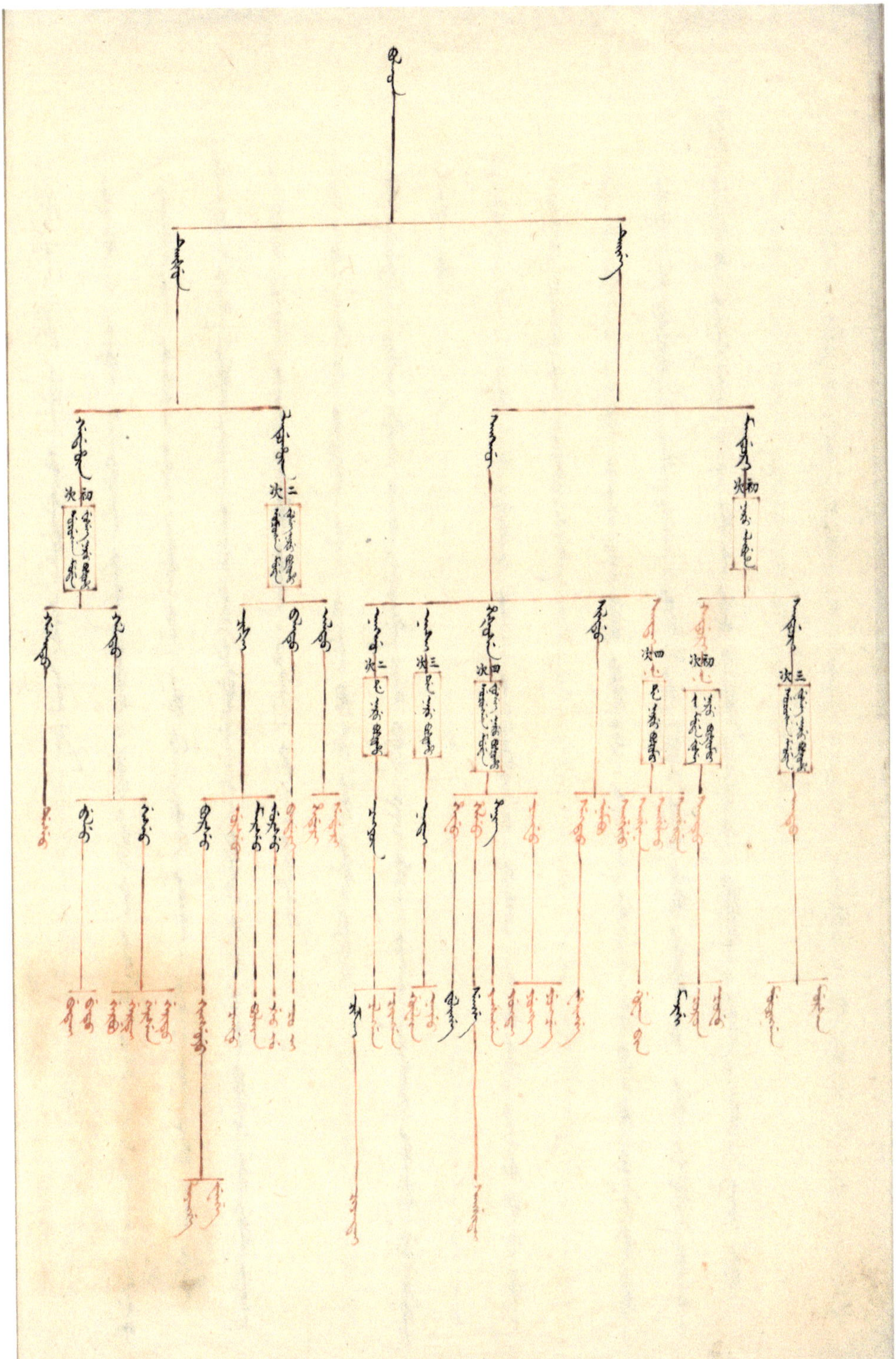
初次
二次
初次
二次
三次
四次
四次
初次
三次

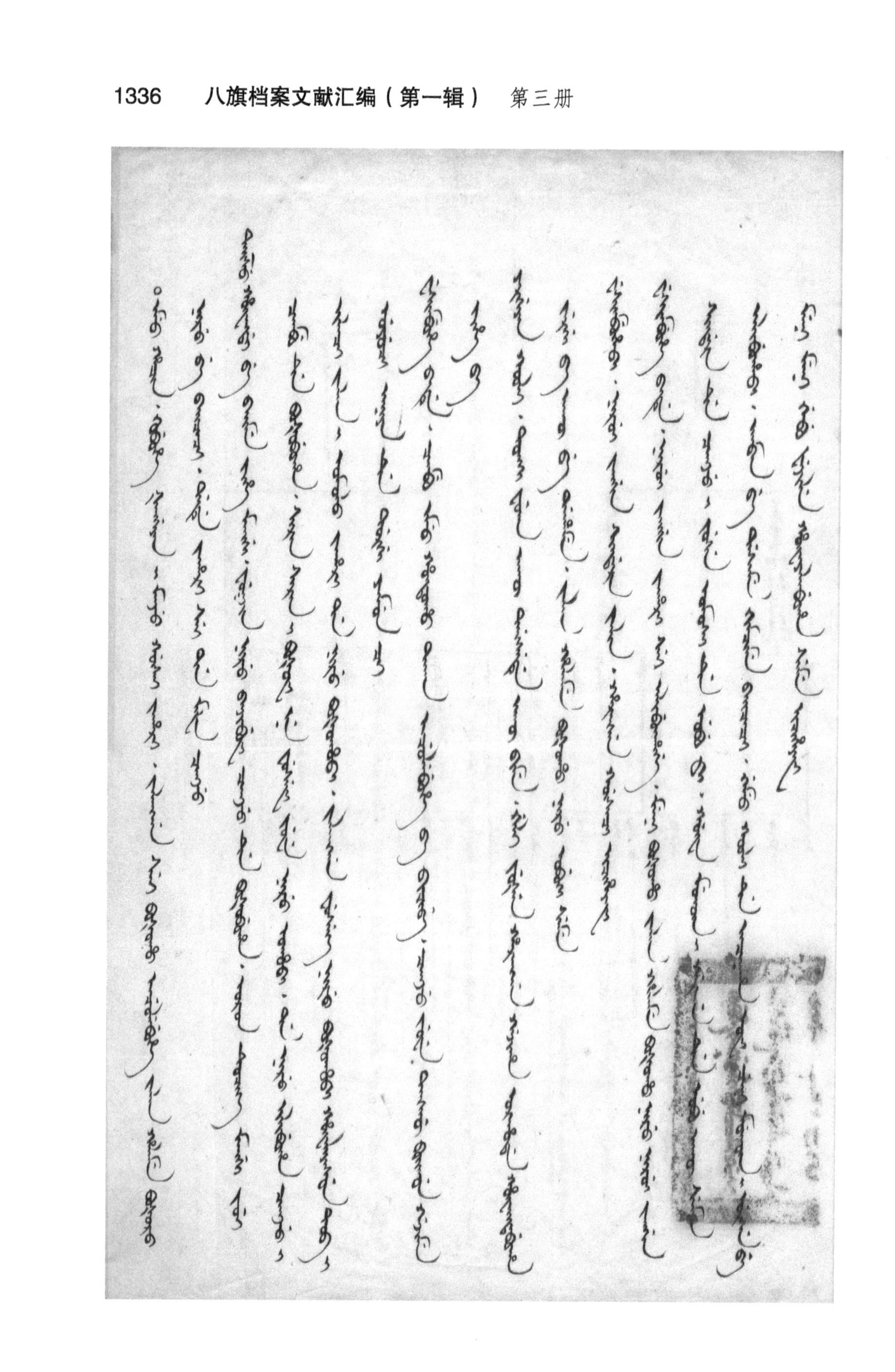

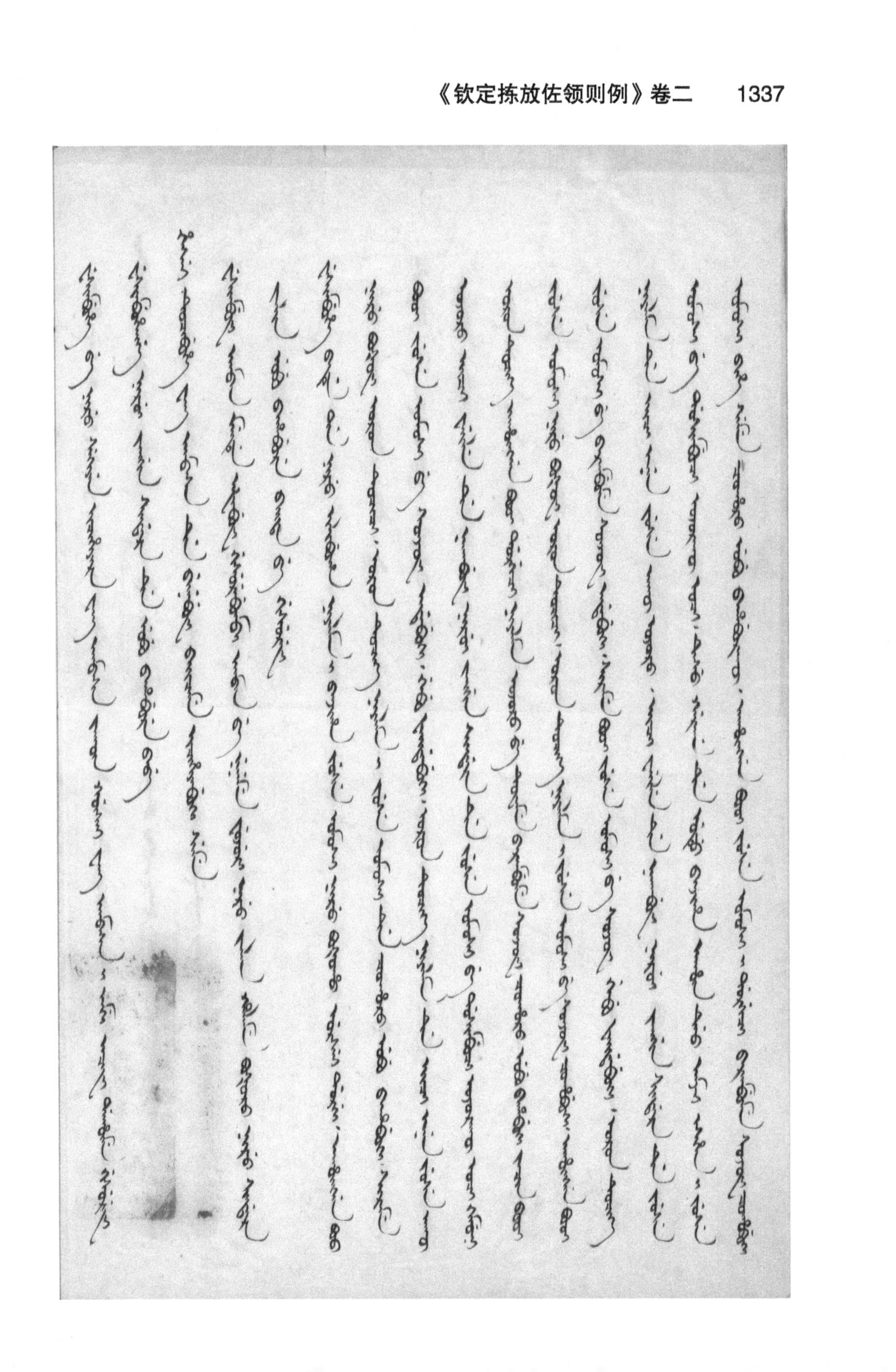

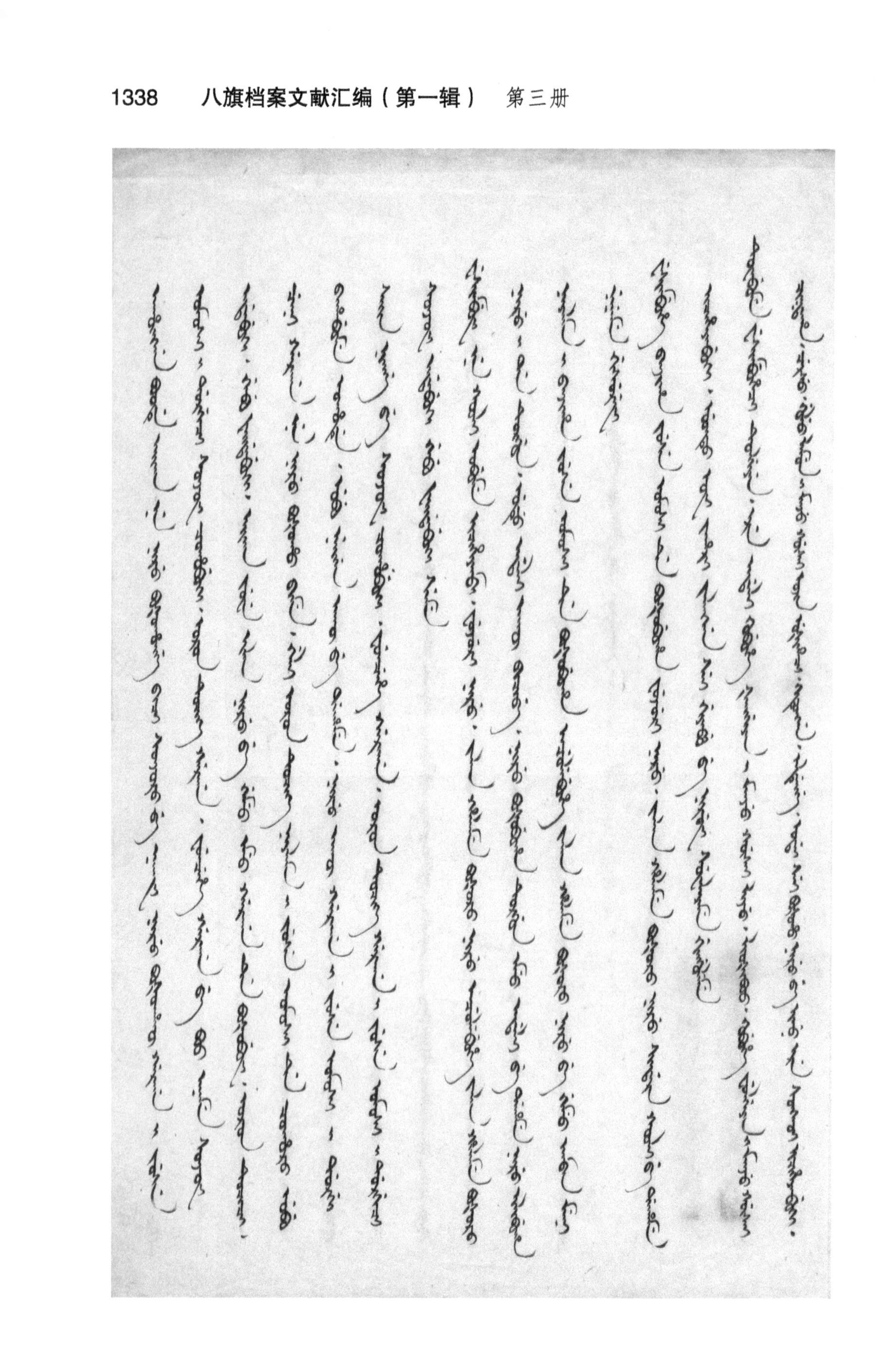

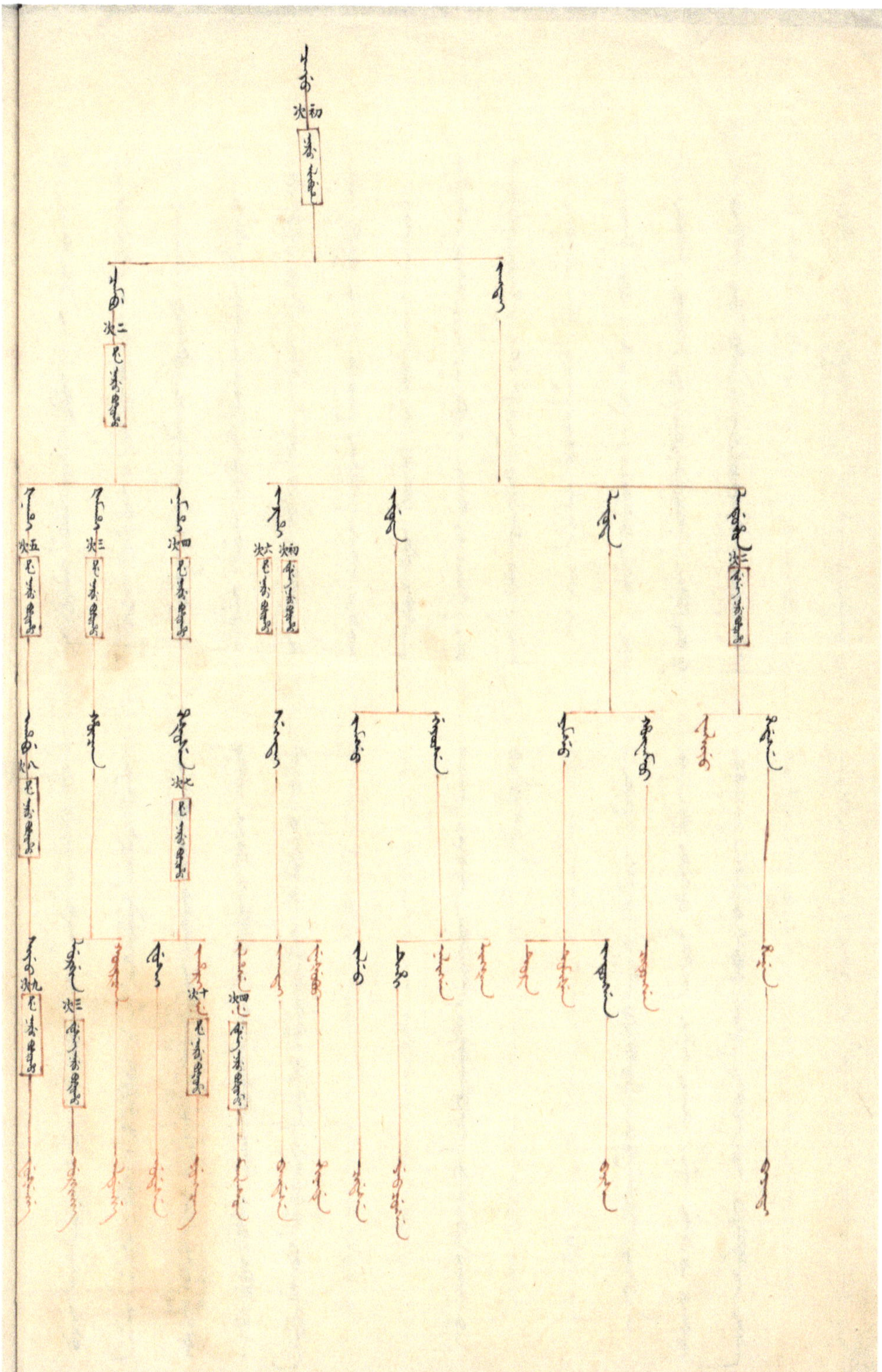

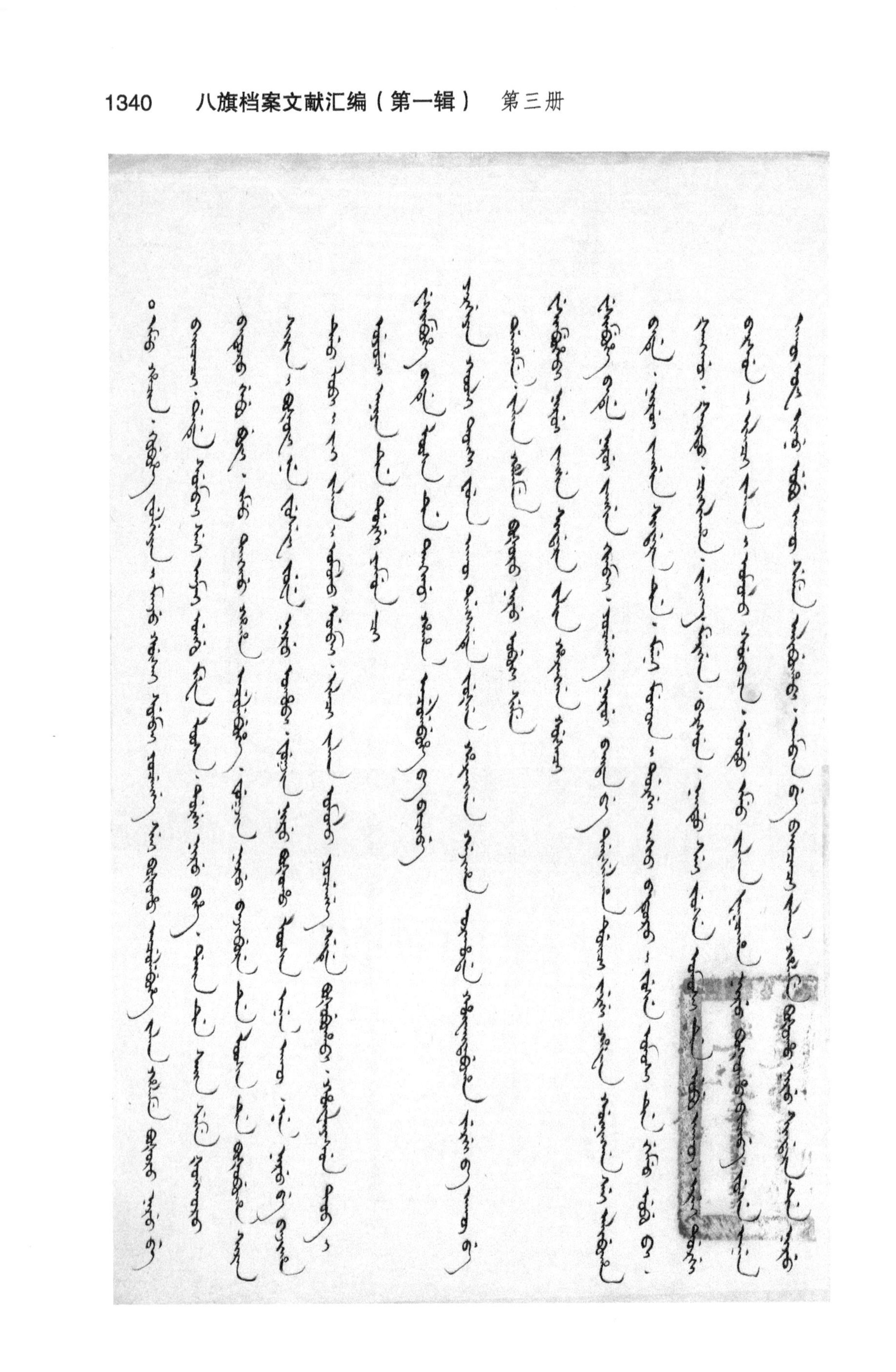

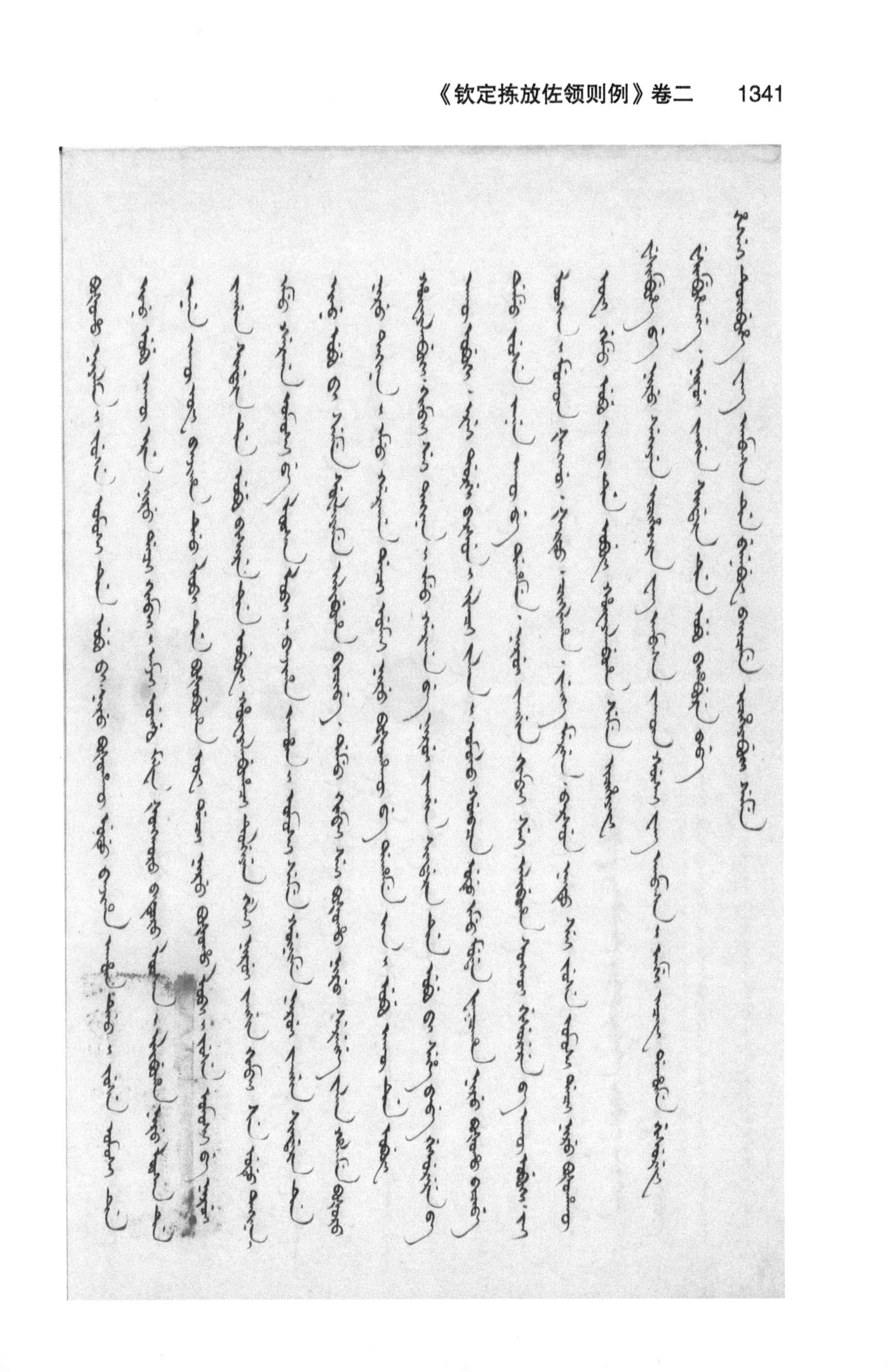

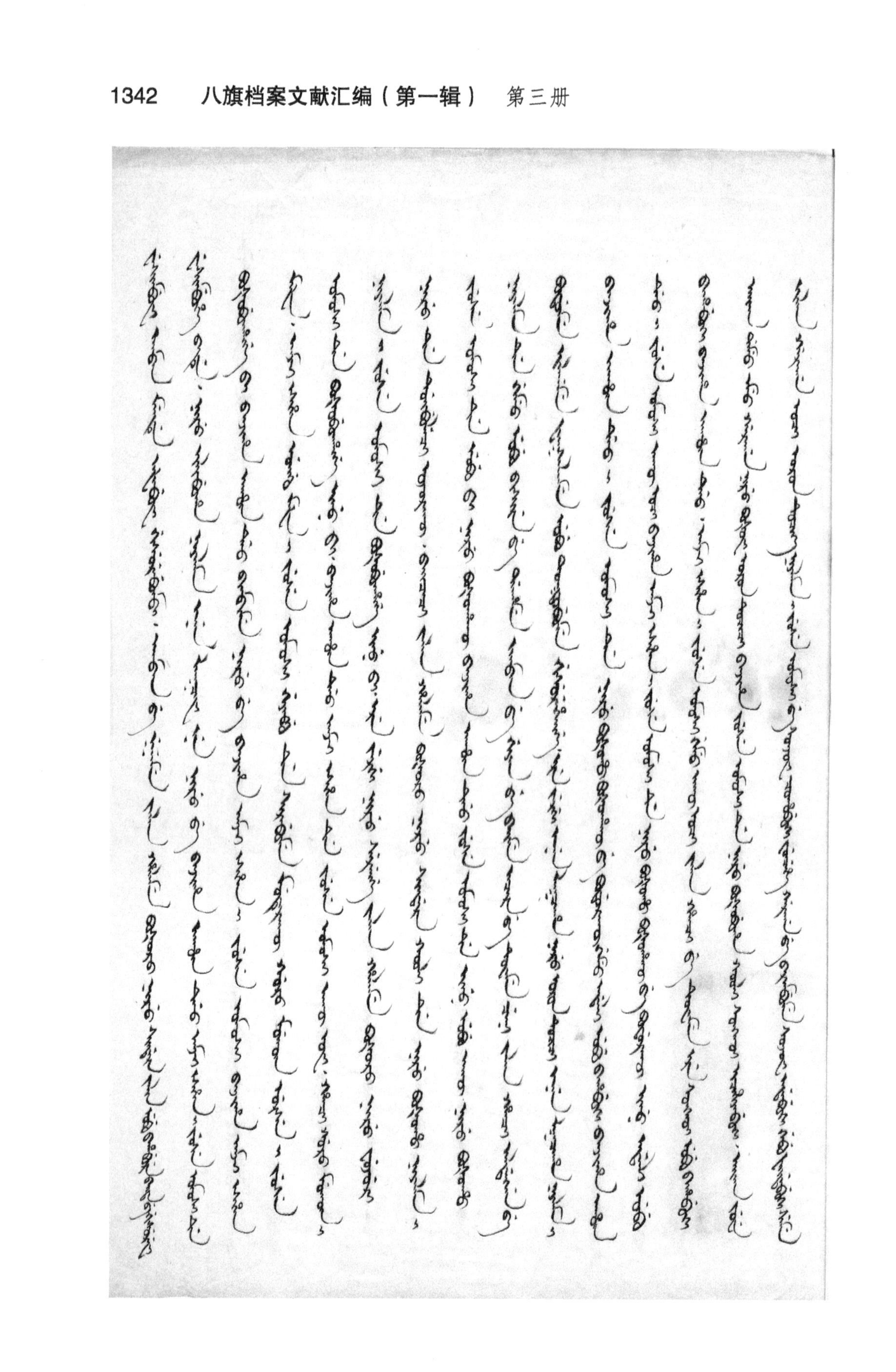

[illegible]

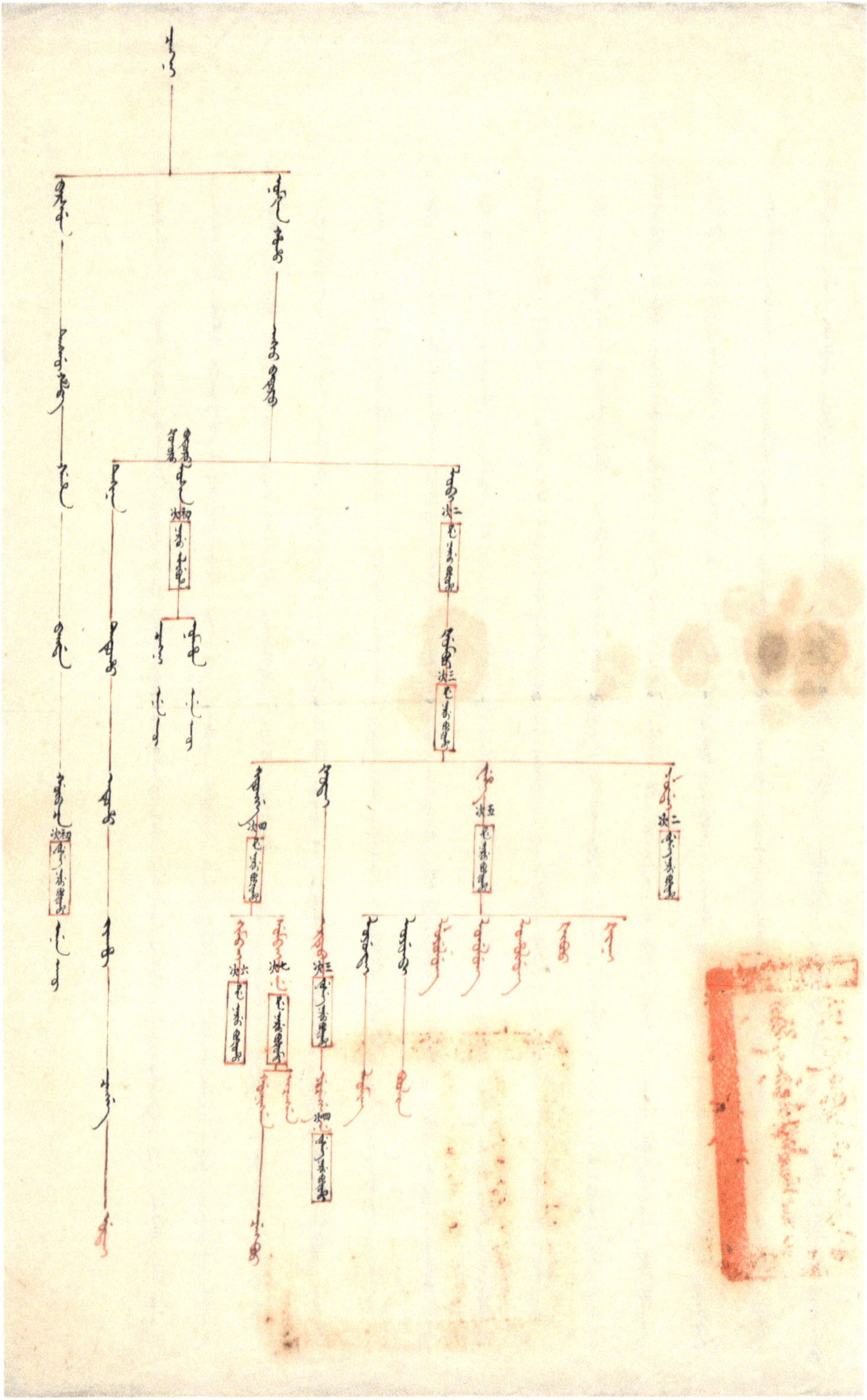

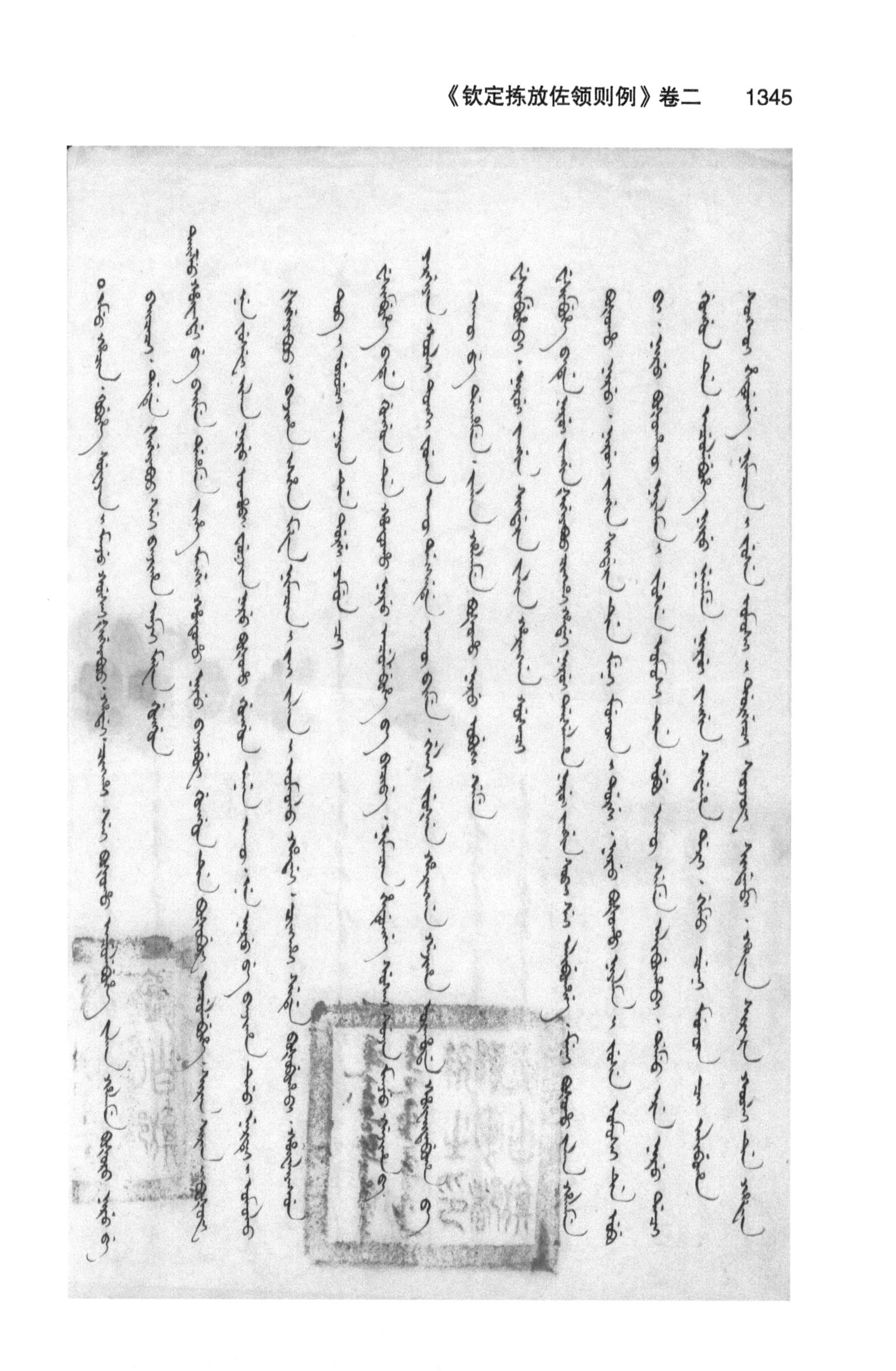

[illegible]

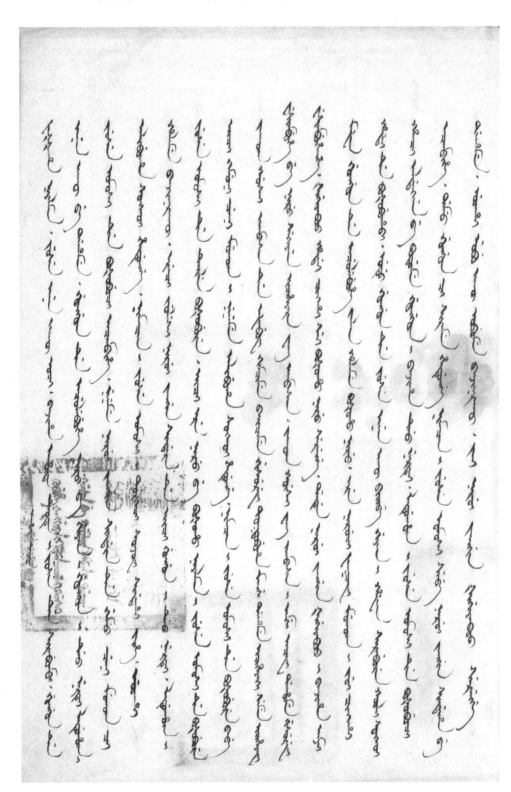

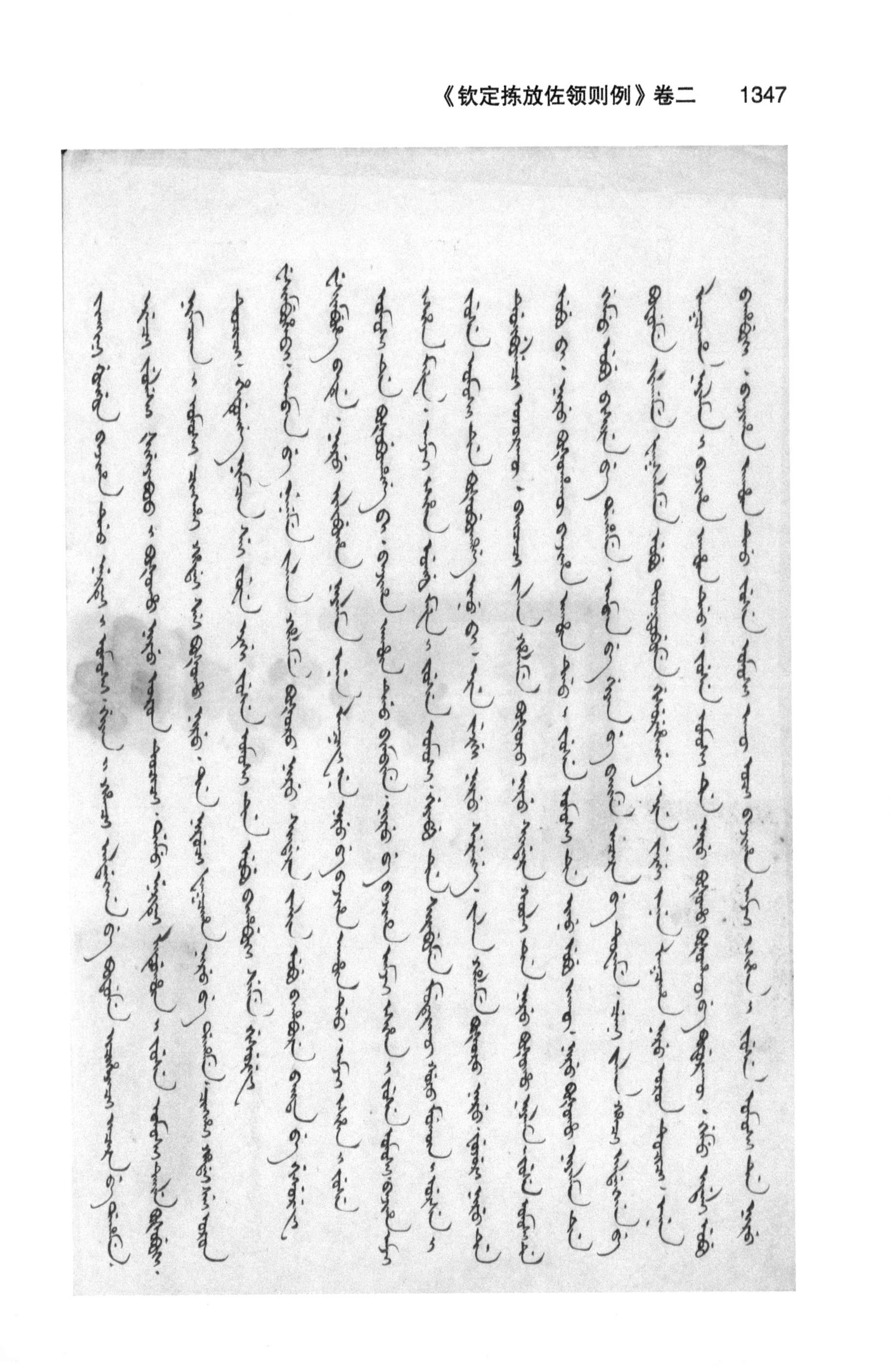

[illegible]

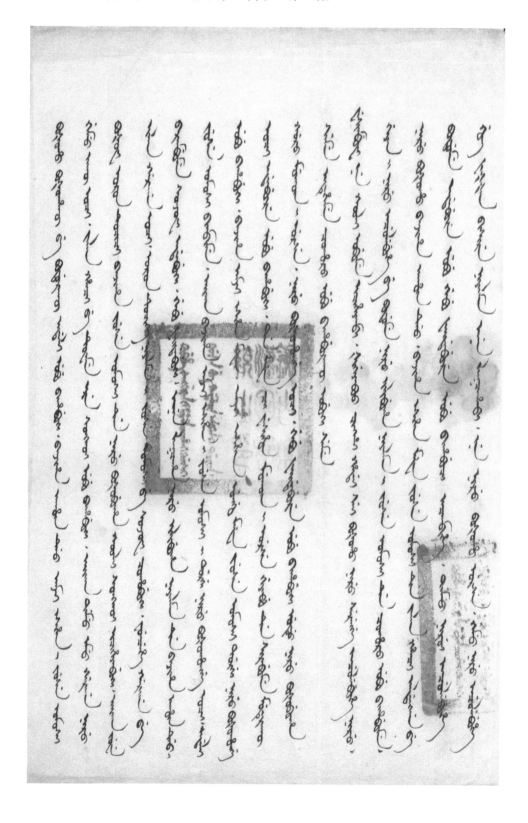

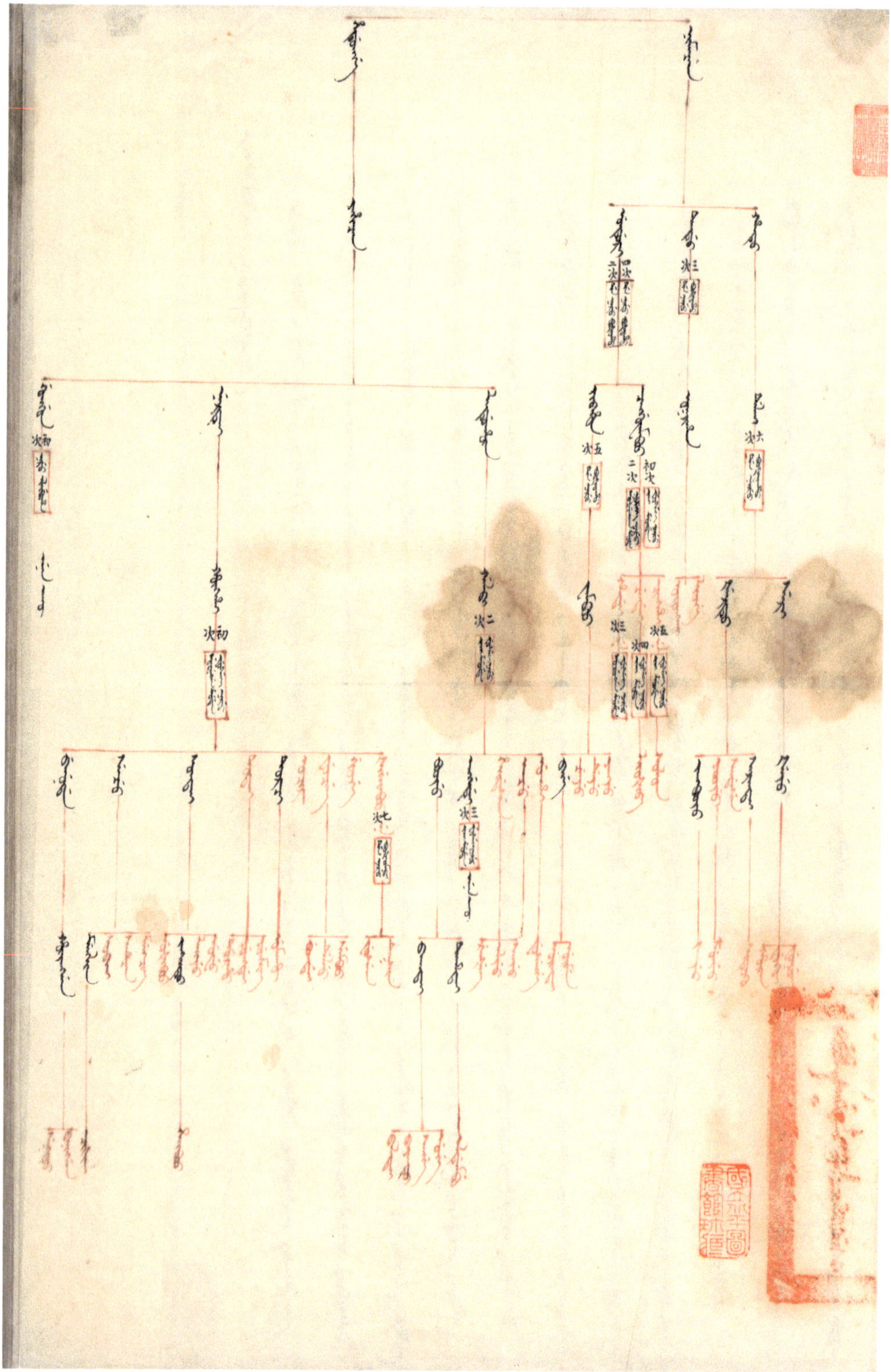

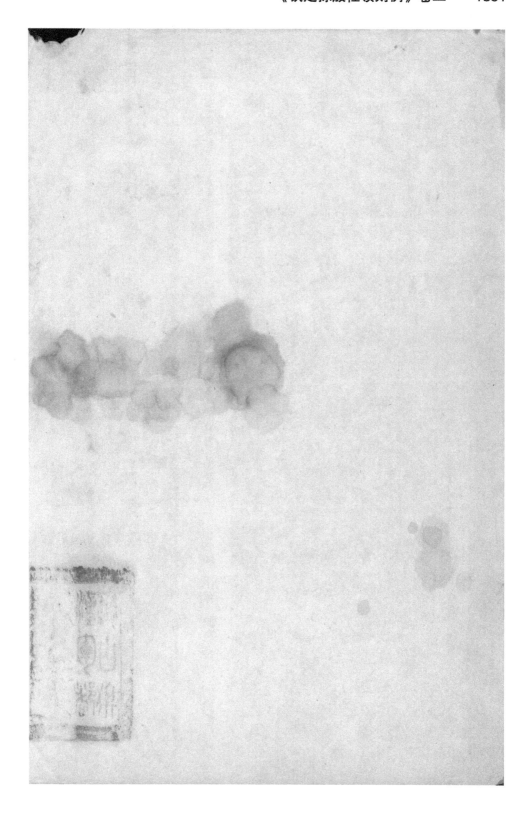

图书在版编目（CIP）数据

八旗档案文献汇编. 第一辑：全三册 / 哈斯巴根主编. -- 北京：社会科学文献出版社, 2022.5（2024.4重印）
（中国边疆民族多语种历史文献丛书）
ISBN 978-7-5201-9859-2

Ⅰ. ①八… Ⅱ. ①哈… Ⅲ. ①八旗制度-档案文献-汇编-中国 Ⅳ. ①D691.2

中国版本图书馆CIP数据核字（2022）第044692号

·中国边疆民族多语种历史文献丛书·
八旗档案文献汇编（第一辑）（全三册）

主　　编 / 哈斯巴根

出 版 人 / 冀祥德
责任编辑 / 陈肖寒
责任印制 / 王京美

出　　版 / 社会科学文献出版社·历史学分社（010）59367256
地址：北京市北三环中路甲29号院华龙大厦　邮编：100029
网址：www.ssap.com.cn
发　　行 / 社会科学文献出版社（010）59367028
印　　装 / 北京虎彩文化传播有限公司

规　　格 / 开　本：787mm×1092mm　1/16
印　张：86.5　字　数：16千字　幅　数：1335幅
版　　次 / 2022年5月第1版　2024年4月第3次印刷
书　　号 / ISBN 978-7-5201-9859-2
定　　价 / 798.00元（全三册）

读者服务电话：4008918866